**图书在版编目（CIP）数据**

2017山西经济年鉴/《山西经济年鉴》编辑委员会编．—太原：山西经济出版社，2018.3
ISBN 978-7-5577-0314-1

Ⅰ．①2…　Ⅱ．①山…　Ⅲ．①区域经济发展—山西—2017—年鉴　Ⅳ．①F127．25-54

中国版本图书馆CIP数据核字（2018）第061454号

山西经济年鉴·2017
shan xi jing ji nian jian · 2017

编　　者：《山西经济年鉴》编辑委员会
责任编辑：李慧平　吴　迪
特约编辑：任永玲
装帧设计：太原方正新锐广告设计有限公司

出 版 者：山西出版传媒集团·山西经济出版社
社　　址：太原市建设南路21号
邮　　编：030012
电　　话：0351-4922133（发行中心）
　　　　　0351-4922085（综合办）
E-mail：sxjjfx@163.com
　　　　jingjshb@sxskcb.com
网　　址：www.sxjjcb.com

经 销 者：山西出版传媒集团·山西经济出版社
承 印 者：山西臣功印刷包装有限公司

开　　本：787mm×1092mm　1/16
印　　张：66
字　　数：1650千字
版　　次：2018年3月第1版
印　　次：2018年3月太原第1次印刷
书　　号：ISBN 978-7-5577-0314-1
定　　价：300.00元

ISBN 978-7-5577-0314-1

# 山西经济年鉴

YEARBOOK OF SHANXI ECONOMY

2017

《山西经济年鉴》编辑委员会　编

山西出版传媒集团　山西经济出版社

# 编　辑　说　明

1. 本年鉴是由山西省人民政府组织编纂的一部反映山西经济发展实绩的资料性工具书，由山西省人民政府办公厅主管。

2. 本年鉴于1985年创刊，现在出版的是第33辑。

3. 本年鉴2017年卷的内容分为26个部分：(1)特载，(2)专题，(3)山西概况，(4)综合管理，(5)财政·税收，(6)出入境检验检疫·海关，(7)农业，(8)工业，(9)交通·邮电，(10)住房和城乡建设，(11)贸易，(12)金融业，(13)保险业，(14)证券·期货，(15)旅游业，(16)科学·教育，(17)文化·新闻·广播·出版事业，(18)卫生·体育，(19)民政事业，(20)防震减灾，(21)人民生活，(22)县域经济发展概况，(23)展望"十三五"专文，(24)2016年国民经济统计资料，(25)地方经济法规·规章，(26)山西经济大事记。

4. 本年鉴采用分类编辑法，以部类（如工业）为单元，由分目（如煤炭工业、冶金工业等）和条目组成。条目是辑录资料和介绍情况的主要形式，条目标题用黑体字加【　】表示。较长的条目根据内容需要加楷体字插题，以备读者检索。

5. 作者署名均在文内条目之后，如遇同一作者撰写数个条目，则只在最后一个条目后署名。

6. 本年鉴辑录的文章，分别由山西省人民政府各有关部门，各市，县人民政府，部分大型企业及有关单位指定专人撰写，并经《山西经济年鉴》编辑委员会编辑审定。

7. 本年鉴辑录的统计资料，由山西省统计局整理提供。《特载》部分由于文稿数字为年度快报数，与书中其他相关数据可能不尽一致。

8.《山西经济大事记》记录了2016年《山西日报》发表的经济类消息和山西省人民政府各有关部门、各市、县人民政府和部分大型企业提供的经济情况。

# 《山西经济年鉴》编辑委员会

# 山西经济年鉴社

社　　长：冯凌云
责任编辑：杜天生　马天天　王潇磊
编　　审：冯凌云　杨汉城　李仁贵
特约编辑：耿龙飞　张志坚　赵成全　李　鹏
　　　　　陈高晋　聂日旺　银培秀　张　静
　　　　　白涿军　张林海　李　改
专栏编辑：李吉喜　侯双平　王　维　任迎春
编　　务：马燕燕　尹晓强　刘　勇　高婷婷
照　　排：孙　静　张建莉
校　　对：张　玲

山西省社会保险局党委书记、局长孔宪江

# 迎难而上，认真履职 改善民生，增强福祉

——山西省社会保险局

人力资源和社会保障部社保中心党组书记尹志远、总后勤部军保中心助理许邦中在山西调研退役军人养老保险转移接续工作

省人社厅党组书记、厅长白秀平在省社保局调研

省社保局举办全省机关事业单位养老保险集中参保登记培训

2016年，全省各级社保经办机构迎难而上，认真履职，社保改革向纵深发展，保障水平持续提高，对全省经济发展和社会稳定做出了积极贡献。

截至2016年底，全省社会保险“五个险种、九种制度”，参保7010万人次，全省社会保险征缴总收入850.2亿元，各项社会保险扩面征缴指标全部超额完成年度目标任务。全民参保登记计划试点工作取得新进展。新增太原、阳泉、长治、临汾、运城5个市开展试点，生成有效数据366万条，全民参保登记计划试点工作基本完成。社会保险费申报缴纳行为进一步规范。全面规范缴费基数管理，2016年，全省实地稽核143.9万人，共查出少报、漏报缴费基数4.4亿元，应补缴养老保险费8349万元，补缴到账率达到100%。养老保险待遇按时足额发放，调待工作如期完成。2016年，全省为184.53万名企业、32.23万名机关事业单位离退休人员分别发放基本养老金611.83亿元、131.81亿元，按时足额发放率达到100%；为387.76万名符合条件的城乡老年居民发放养老保险待遇42.96亿元，按时足额发放率98.2%。各级社保经办机构全力以赴做好调待的发放、协调和调度工作。全省共为符合调待条件的175.4万名企业退休人员调整了待遇，全部调整发放到位；为48.8万名机关事业单位退休人员提高了基本养老金标准，基本调整发放到位。机关事业单位职工养老保险参保登记工作全面启动。帮扶困难企业渡难关成效显著。从2016年5月1日起至2018年4月30日两年内，阶段性降低企业养老、失业保险的单位缴费费率，据测算，两年内两项保险可为企业减负45亿元。同时，认真做好结构性改革过程中职工的社会保障工作，帮助困难企业走出困境，进一步维护社会稳定。基金监管力度进一步强化。2016年对全省企保、城居保经办机构进行了核查数据质量整改工作专项督查，并进行了督导整改。全年共核查养老保险待遇领取人数188.9万人，查出冒领人数1493人，冒领金额1288.8万元，追回1145.8万元，追回率88.9%。

（山西省社会保险局办公室　供稿）

省委书记骆惠宁参观全省"五小"竞赛优秀成果展

中华全国总工会党组书记、副主席、书记处第一书记李玉赋率全总慰问团在山西开展送温暖活动

# 以"素质提升年"活动为统领 在实现振兴崛起中充分发挥主力军作用

——山西省总工会

山西省总工会新一届领导班子

山西省总工会是山西省委和中华全国总工会领导下的山西省工人阶级群众组织，是山西省各地方工会组织和产业工会地方组织的领导机关，迄今已有80多年的历史。全省现有11个市总工会，119个县(市、区)总工会，15个省级产业工会(工委)。截至2016年底，全省基层工会组织达5.96万个，覆盖法人单位17.84万个，工会会员79.92万人。

2016年，省总工会坚持围绕中心、服务大局，履职担当、奋发有为，团结带领职工群众为不断塑造山西美好形象、逐步实现山西振兴崛起做出贡献，各项工作取得新进展。

★主动服务全省转型升级大局，引领职工在改革发展第一线建功立业。深化"五小"竞赛活动。2016年，全省"五小"竞赛活动参赛企事业单位2.02万余家，参赛职工492.4万人，竞赛重点示范企业1093家，收集竞赛成果10.5万项，产生直接经济效益53.7亿元。全省劳模(大师)创新工作室达到1132个，在推动实施"大众创业、万众创新"中发挥了平台和引领作用。发挥劳模示范带动作用。召开山西省“五一”表彰大会，开展寻访、选树“三晋工匠”活动，以“弘扬劳模精神，实现富民强省”为主题开展劳模宣传月活动，在全社会营造学习劳模、争当劳模的良好氛围。引导职工培育和践行社会主义核心价值观。举办以“向劳动者致敬”为主题的山西省“五一”文艺晚会，组织开展“社会主义核心价值观劳模故事大讲堂”活动、纪念红军长征胜利80周年书画展、全省首届职工羽毛球大赛，开展培育好家风——女职工在行动主题实践活动。

★突出维权重点，在构建和谐劳动关系中充分发挥工会组织作用。持续深入开展“农民工有困难找工会，拿不到工资找工会”专项行动，2016年帮助农民工追回欠薪981.53万元。以推行集体协商和集体合同制度为重点，推动健全劳动关系协调机制。组织开展“集体合同与工资集体协商月”活动，推动单独开展工资集体协商的建会企业90%以上达到合格标准。全省共签订综合性集体合同4.86万份，覆盖企业9.98万户，覆盖职工477万人；签订工资专项集体合同5.23万份，覆盖企业10.5万户，覆盖职工524万余人。以健全完善职代会制度为重点，大力推动企业民主管理工作提质扩面。深化“安康杯”竞赛，构筑安全生产第一道防线。

★切实做好帮扶服务工作，让广大职工群众共享改革发展成果。扎实开展“金秋助学、冬送温暖”活动，全省各级工会共筹集资金2907万元，发放助学款2881万元，资助困难职工子女上学1.05万人；全省各级工会组织筹措慰问款物总额7746万元，慰问困难企业1360家，走访慰问困难职工家庭12.85万户。扎实开展“一县一年一主题，一年解决一问题”活动。各级工会更多地关注就业、社保、工资、福利等职工劳动经济权益问题，推动工会保障工作品牌和项目纳入法治化和制度化轨道。全省共建立“妈咪小屋”328家，建成“爱心驿站”“户外劳动者歇脚点”379个。扎实开展精准扶贫和对口援疆，彰显工会社会责任。帮扶措施更加精准，2016年包扶村贫困户人均收入提高到4000元。全年对口援疆投入640万元。

★积极推进工会工作改革创新，不断加强工会组织自身建设。以改革的精神召开省工会十三大，有力有序推进工会改革，加强工会干部教育培训，加强工会组织建设。截至2016年底，全省累计净增基层工会组织258个，新发展会员22.56万人，新发展农民工会员22.27万人。

（李忠贵　冯千　供稿）

省长楼阳生参观全省“五小”竞赛优秀成果展

省委副书记黄晓薇在省总工会调研

省人大常委会副主任、省总工会主席田喜荣在西山煤电集团调研职工“五小”竞赛

# 打好"三大战役" 守护碧水蓝天

——山西省环境保护厅

省长楼阳生在省环保厅调研

省环保厅厅长郭长青带队夜查

2016年，全省环保系统以环境质量改善为导向，以打好大气、水和土壤污染防治三大战役为重点，以治理雾霾为切入点，坚持改革创新，坚持突出重点，坚持法治思维，积极应对不利因素，集中解决突出环境问题，全省环保工作取得积极成效。2016年全省环境空气质量综合指数为7.00，较2013年下降10.4%，好于周边多数省份；PM2.5平均浓度60微克/立方米，较2013年下降22%，提前完成国务院下达我省的到2017年PM2.5同比2013年下降20%的任务；优良天数249天，较2013年增加66天；达标天数比例67.9%，较2013年提高18个百分点。国家考核的58个地表水断面中水质优良断面占51.7%，较2013年提高2个百分点；劣Ⅴ类水质断面占25.9%，较2013年下降2个百分点。

★坚持改革创新，积极探索新形势下环保工作新路。推进环保督察制度改革，提请省委省政府印发了《山西省环境保护工作职责规定（试行）》和《山西省环境保护督察实施方案（试行）》。推进排污许可制度改革，以孝义市为试点，积极推进多污染物综合防治和统一监管，探索建立覆盖所有固定污染源的企业排放许可制。加快划定生态保护红线，初步形成了《山西省生态保护红线划定方案》《山西省生态保护红线图集》《山西省生态保护红线信息登记表》等成果。推进环评审批制度改革，探索建立规划环评、项目环评与区域环境质量改善联动的"三挂钩"机制，进一步下放环境管理权限，创造性提出规范、备案、关停"三个一批"的政策措施，清理整顿了全省8644个违法违规建设项目。

省环保厅召开"铁腕治污行动"电视电话会议

深入学校开展六五环境日宣传活动

★坚持以治霾为重点，推进大气、水、土壤污染防治。推进"三大战役"。大气污染防治方面，省大气办出台《山西省应对重污染天气调度令实施办法》，共下达9次应对重污染天气调度令，省市县三级联动实行最严的应急减排措施，有效缓解了空气污染程度。全省环保系统紧紧扭住"控煤、治污、管车、降尘"四项重点，实施综合整治。水污染治理方面，积极推进工业集聚区污水集中治理，组织实施农村环境综合工程，开展"千吨万人"饮用水水源保护区划定及规范化建设、水源保护区内违法建筑及排污口排查清理、饮用水水质监测体系建设等工作，全力推进地表水环境质量改善。土壤污染防治方面，编制并印发《山西省土壤污染防治工作实施方案》。同时，积极推进太原市小店区和忻州市忻府区两个耕地土壤修复国家试点项目建设，启动了土壤环境质量详查。

★坚持法治思维，突出环境执法监管。完善地方环保法规，报请省人大审议通过了《山西省环境保护条例(修订案)》。加大"三晋环保行"反馈问题的整改力度，共发现环境问题33个，已完成整改30个，其余3个正在持续整改中。进一步严格环境执法，2016年全省环保行政处罚3775件，处罚金额2.74亿元，查处四类典型案件大幅度增长，在全国排名第八位。深入开展"铁腕治污"专项行动，排查发现环境违法企业4887家，罚款9209.86万元，取缔土小企业1147家，查处四类典型案件941件，对环境违法行为起到了有效的震慑作用。

(山西省环保厅办公室　供稿)

"铁腕治污"行动组督查晋中一在建工地

"铁腕治污"行动组对浑源县土小企业现场取缔

中国铁路总公司党组书记、总经理盛光祖在大西高铁原平西至太原高速综合试验段调研

省长楼阳生在太原铁路局中鼎物流园调研

# 争当山西“创新驱动、转型升级”的火车头

## ——太原铁路局

太原铁路局路网纵贯三晋南北，横跨晋冀京津两省两市，主要担负着山西省的客货运输和冀、京、津、蒙、陕等省市区的部分货运任务，是全国货运量最大、重载技术最先进的铁路局，是山西省综合服务型5A级物流企业，所控股的大秦铁路股份有限公司是山西省市值最大的上市公司。

2016年，太原铁路局以习近平总书记系列重要讲话精神为指引，坚持在大局下行动，认真贯彻落实山西省委、省政府和铁路总公司决策部署，为助推国民经济发展和山西转型升级作出重要贡献。被评为2016年山西省100强、山西省服务业80强和2015年度山西省功勋企业，荣立山西省劳动竞赛集体“二等功”。

坚持以人民为中心，把满足人民群众不断增长的出行需求作为首要任务，主动承担起铁路作为大众化交通工具的社会责任。统筹高铁和普速客运资源，优化客车开行方案，创新客运产品供给，客运服务水平不断提升。增开了上海、济南、北京等热门方向列车，日常采取启用热备车组、动车组重联等灵活措施，全力满足不同结构、不同时段的旅客出行需要。大力推进站车改造和厕所环境卫生整治，增设售取票网点，创新推出银铁通、空铁通、常旅客积分等便民利民措施，倾力打造20个局级客运服务品牌，投资新购动客车装备。主动融入山西文化旅游产业链条，充当山西文化旅游运力支持者、文化传播者、形象代言人。创新推出“云冈号”一站直达品牌列车，成功开展了“一票在手、畅游运城”活动，“朔州号”“五台山号”等主题列车成功冠名，在全力服务山西人民出行的同时，展示了山西形象，实现了路地双赢。全年完成旅客发送量7101.1万人，全局日发送旅客最高突破32.6万人。

着眼国民经济发展和地方经济需求，优化运输组织，释放运输能力，全力确保关系国计民生的重点物资运输，为经济社会发展提供坚强的运力保障。适应经济发展新常态，积极应对煤炭市场低迷的状态，大力开发货运新产品，

省委常委、副省长付建华带领省办公厅、省经信委、晋中市等有关人员在太原铁路局中鼎物流园调研

全国“两会”代表委员乘坐高铁动车组赴京参会

新增特需班列产品18个，开行大宗直达班列2914列。面向周边企业推行实重计费、量价捆绑、阶梯运价等政策“红利”，主动为客户企业让利。与海运公司、港口等广泛开展合作，组织块煤入箱、铁水联运，不断拓展集装箱运输品类，满足不同企业个性化需求。精细编制大秦线日运量方案，大力压缩开车间隔，组织C80车辆跨局运输、重去重回，四季度大秦线非施工日运量持续保持在130万吨，创历史最高水平。大力挖掘新线潜力，瓦日线成功开行兴县北——日照的点对点煤炭直达列车，有效拉动了沿线经济发展。全年货物发送量完成5.12亿吨，晋煤外运完成3.86亿吨。

依靠“互联网+”、大数据，主动发挥铁路在综合交通体系中的骨干作用，实施天网、地网“双网合一、生态再造”战略，大力发展现代物流，打造“山西龙头、国内一流”的现代物流发展新平台，促进全省物流成本降低。推进以“1+3+13+300+N”为物流网络基础的“地网”建设，作为“1”的中鼎物流园已于11月7日成功开园；作为“3”的大同、运城、曹妃甸物流园建设有序展开；作为“13”的太原西、临汾北等13个既有货场升级改造稳步实施；作为“300+N”的无轨站已达313个，遍布管内。与百度、清华同方携手合作搭建“天网”，“中鼎智慧物流云平台”成功上线，“园区智能管理平台”投入使用。一个以铁路为主导、多种交通方式融合、线上线下互动、“天网”“地网”合一的现代物流产业新生态正在快速形成。

太原铁路局在国家“一带一路”战略中，加强路企合作，将中国中车股份有限公司制造的39辆米轨石砟车，采用“火车坐火车”的运输模式发往天津港，运抵阿根廷

太原铁路局局长赵春雷与百度公司董事长兼CEO李彦宏正式签约，共建“智慧物流云平台”

太原铁路局局长赵春雷与中国东方航空股份有限公司山西分公司总经理谢鹏军、山西省民航机场集团公司总经理郝孝义签署客运“空铁联运”三方合作协议，确定“空铁通”产品合作内容，标志着山西省内“空铁联运”进入了一个崭新的时代

## 路局资产开发十大品牌

太原电务器材厂

“云冈号”城际旅游列车开行项目

铁联公司“美餐思”绿色肉食品项目

太原客运段“佳佳吃”品牌项目

大同铁路路兴工程有限公司

先行公司全程物流总包业务

太铁联合物流公司商品汽车物流总包项目

晋太公司高架桥下土地开发项目

太原工务机械段焊轨基地业务

大同站活性碳商贸物流业务

“山西龙头，国内一流”的中鼎物流园在山西太原、晋中两市交界处，太原都市圈核心板块开园营业

充分发挥市场在资源配置中的决定性作用，统筹优化资源的市场配置，大力推进全资产开发、全方位经营。电液转辙机中标云贵高铁、出口巴基斯坦，75kg/m道岔、HXD2型车钩缓冲装置、客车合成闸片等产品市场份额不断扩大，装备制造板块利润占到全路的五分之一以上。客运延伸板块品牌化经营、一体化发展，“佳佳吃”“桑源水”双双入选“中国铁路餐饮”品牌。旅游列车开行列数、发送人数、旅游收入、经营创效4项指标同比均翻了一番以上。鸣李货场、许坦东街、太原动车所、晋中环城西路等高架桥土地开发项目取得新成效，“太铁广场”商业地产项目投入运营。创新代建涉铁工程管理体制，工程施工板块利润同比增长62.6%。

（太原铁路局　供稿）

山西铁路史上首趟“Y”（游）字头城际旅游列车“云冈号”开行，从大同一站直达省会太原，山西最大两座城市间的旅行时间首次缩短至3小时以内

太原铁路局开行首趟直达越南的“中越专列”国际联运货物列车

山西焦煤集团苯加氢项目

现代化矿井全貌

# 深化改革 创新驱动 转型升级 坚定不移推进企业做强做优做大

——山西焦煤集团有限责任公司

2016年，山西焦煤集团紧紧围绕企业“十三五”发展规划和“11236”发展战略，全面实施“668”年度行动计划，真抓实干、攻坚克难，主要生产经营指标逐季回升，企业整体实现稳健发展，“十三五”实现了开门红。各项指标基本完成计划任务，同比呈现“3升11降”特别是企业效益明显回升，利润在连续五年负增长后首次转正。

★全面开展六大攻坚，各项工作开创新局面。一是开展隐患整治攻坚，安全生产保持总体平稳。深入开展“重大隐患整治攻坚年”活动，加强“三基”建设，加强隐患排查与治理，安全生产总体平稳。山焦汾西、华晋、投资实现安全无事故。二是开展提质促销攻坚，营销龙头作用更加凸显。全年商品煤综合平均售价同比增长11%，通过新开发用户增加销量902万吨，煤炭货款回收率达到110%；完成外采统销614万吨，同比增长281%；山焦国发完成外采内供123万吨。积极推进“互联网+营销”，全年累计线上交易量1133万吨。三是开展降本增效攻坚，精细管理水平明显提升。推行“阿米巴”管理思维，深入实施四大工程，对标管理挖潜，促进成本降低。严格资金管控，加大风险防控力度，加强审计监察。进一步优化经营业绩考核。四是开展结构优化攻坚，转型升级步伐全面提速。积极主动去产能，2016年退出落后产能490万吨/年。突出项目带动作用，全年完成固定资产投资124亿元，40项重点工程和32项重大项目顺利推进。非煤产业稳步发展。五是开展三改双创攻坚，企业活力动力不断增强。积极推进国有资本投资公司改组试点工作，深入推进三项制度改革。建立6.3亿元重大技术攻关奖补资金促进科技创新，山焦华晋科研

山西焦煤西山古交矿区循环经济园区

山西焦煤集团杜儿坪矿集装箱式瓦斯发电厂

山西焦煤集团盐化产业——黑泥洗浴

现代化的综采工作面

项目荣膺中国工业大奖，山焦西山参与项目荣获国家科技进步二等奖。积极推进“双创”工作，建立全省首家国企“双创”基地。六是开展和谐稳定攻坚，企业发展环境持续改善。以燃煤电厂超低排放改造、清洁能源替代、沉陷区生态治理、基础设施升级等为主推进矿区环境整治改善；全年建成保障性住房80万平方米7318户，共提取支付各类社保基金61亿元。千方百计确保一线职工工资正常发放。加强信访稳定和困难帮扶。

★继续深化八大工程，转型升级取得新成效。一是循环经济园区关键项目取得突破。斜沟矿、庞庞塔矿产能置换方案取得国家批复；古交电厂三期进展顺利；古交、晋兴水泥项目已取得环评、能评批复；洪洞园区100万吨/年甲醇项目完成环评能评报告编制；曹妃甸“煤焦钢”园区运行经济社会效益良好。二是突出重点减亏增效工程深入开展。以焦化、焦炭、盐化三个企业减亏止亏为重点，各产业深入对标挖潜促进扭亏增效，2016年全年减亏增效5.4亿元。三是闲置资源资产盘活取得积极进展。2016年共盘活设备1314台（套），共3.5亿元。充分发挥洗选站台富余能力配洗配售，全年多销售炼焦精煤49万吨。四是富余人员转岗分流安置成效显著。2016年再转岗分流2.85万人。五是优化融资结构金融杠杆明显降低。加强筹融资工作，完成19.5亿元短转长；扩大直接融资规模，通过发行债券等创新产品融资66亿元。山焦焦化资产重组取得重大突破。与建设银行签订了全省首单市场化债转股协议，成功引进降本增效、转型升级基金250亿元。六是整合煤矿按照三个一批有序建设。全年共6座整合矿井完成生产能力公告，增加公告产能750万吨/年；4座矿井、产能420万吨/年组织了竣工验收；3座矿井、产能300万吨/年进入联合试运转；5座矿井、产能390万吨完成关闭退出。七是抓机遇低成本扩张工程稳步推进。晋电送冀、京唐焦化二期等一批重大对外合作项目推进顺利，与山西联通公司合作建设“能源云”数据中心。八是焦煤文化引领发展能力逐步提高。加强宣传教育和舆论引导，大力宣传先进典型和榜样，开展了形式多样的职工文化系列活动，营造了共渡难关的良好氛围。

（山西焦煤集团　供稿）

原省长李小鹏观看高速集团公司所属子公司监理公司研发的"高速公路隧道安全节能远程可编程控制系统"演示

副省长王一新高速集团调研指导工作

# 勇于担当　善于作为　精准发力　创新发展

## ——山西省高速公路集团有限责任公司

微笑服务，树立品牌

山西省高速公路集团有限责任公司是由省政府批准成立的，受让政府还贷高速公路权益和相关债务并承担新建高速公路投融资和建设任务及运营管理职能的大型国有独资企业，主要从事高速公路等交通运输基础设施的投资、建设、经营及现代物流等业务。集团内设12个部室，下设山西交通运输投融资集团有限责任公司（以下简称"交融公司"）、山西省交通建设工程监理有限责任公司（以下简称"监理公司"）和山西省高速公路集团太原有限责任公司（以下简称"太原公司"）三个全资子公司，参股晋商信用增进投资股份有限公司，现有从业人员1177人。

高速集团目前主要业务有高速公路运营和建设项目监理两大业务板块。经营范围为从事高速公路工程等交通运输基础设施的建设、工程咨询、工程监理、项目管理及代建、资产经营、设计、科研等；建设工程施工、机电工程施工、公路养护、结构补强、招标代理、造价咨询、机械设备租赁、建筑材料批发代购，现代物流、仓储、广告、房地产开发经营等业务。

交融公司主要从事高速公路等重大基础设施的投融资、建设、服务、经营、管理等业务，经营吕梁环城、平遥至榆

高速集团所属平榆高速云竹湖收费站

高速集团学习贯彻全省国有资产监督管理暨党风廉政建设工作会议精神

高速集团所属平榆高速紫金山隧道

社两条高速公路，太佳西高速项目正在履约过程中；监理公司主要从事公路工程施工监理业务，目前监理业务主要分布在山西、北京、青海、广东和云南等省市，同时经营太佳高速临县黄河大桥项目；太原公司经营范围为公路建筑、管理、养护，工程管理服务，房屋建筑，电子、机电工程，广告业务，互联网接入及信息服务等。

2016年是高速集团的开局之年，高速集团认真贯彻党的十八届六中全会精神及省委"一个指引，两手硬"的重大思路和要求，积极解决历史遗留问题，实现新旧企业的平稳对接融合。严格选人用人组建队伍，构建高效的集团总部。确立"依托高速公路，创新发展模式，开拓新型领域，实现强企目标"的指导思想，科学编制"十三五"规划，明晰了集团发展思路和愿景目标。本着"力求综合资金成本最低"的原则，积极推进项目履约，在为企业降低财务费用约1亿元的同时完成了平榆高速履约工作。加强制度建设，强化安全管理，积极对接市场，全面夯实发展基础。

2016年，高速集团累计经营收入9.41亿元，利润0.95亿元，超额完成省国资委下达的任务指标。截至2016年底，高速集团资产总额140.98亿元，负债总额78.28亿元，所有者权益62.7亿元，资产负债率55.53%。整合重组后累计营业收入10.63亿元，未分配利润2.05亿元，上缴税金1.16亿元，劳动生产总值2.91亿元。

一年来，高速集团法人治理结构逐步健全，现代企业制度初步建立；资产规模不断扩大，整体实力显著增强，融资能力有效提升，具备了独立承接新建、受让政府还贷高速公路权益和相关债务的能力；积极拓展经营业务，产业链条逐步完善；运营管理水平不断提升，行业竞争力逐步增强，整体盈利能力不断提高；党的建设、党风廉政建设和精神文明建设有效加强，成效明显。

（山西省高速公路集团有限责任公司　供稿）

# 打造世界一流的创新型特色园区

## ——太原不锈钢产业园区

2016年，不锈钢园区以经济发展为核心，以加大招商引资力度、加快重点项目建设和完善基础设施为重点，团结一致，开拓创新，迎难而上，园区经济社会各项事业呈现持续稳定发展的良好态势。2016年，园区规模以上工业增加值完成12亿元，比2015年增长30%；固定资产投资完成32.9亿元，增长15%；公共财政预算收入1.97亿元，增长1.5%。

★招商引资实现"四个拓展"。一是拓展思路。重新布局优质项目，2016年累计整合企业10家，盘活厂房6.8万平方米。原野、远航项目顺利入驻。二是拓展方向。紧盯"两新产业"进行产业链招商。新能源汽车产业方面，原野汽车拥有全省唯一集客车、乘用车、专用车于一体的全车型生产资质，2016年生产1636台，实现产值6.2亿元；销售535台，实现销售收入4.2亿元。远航汽车为国内首家太阳能电动车批量生产企业，多项核心技术为全国首创，目前正在进行设备安装。新材料产业方面，万创与园区合作建设新材料孵化器，已初步完成改造方案。三是拓展范围。大力实施"区区融合"战略，新能源汽车产业园、新材料产业园、中北大学科技园等园区主导的专业园区有序推进。四是拓展方式。创新招商方式，2016年共与110个项目洽谈对接200余次，签约项目21个，协议引资192亿元，包括新能源电动汽车产业园及其配套企业、石墨烯产业创新示范基地等项目。

★项目建设实现"四个强化"。一是强化用地保障。完成征地52.4公顷，完成拆迁面积5万平方米，支付征地补偿款1.6亿元。二是强化手续办理。推行"并联审批"制度，加快项目建设所需土地、规划、建设等前期手续办理，有效保障了建设项目的顺利推进。三是强化施工环境治理。加强部门联动，及时解决企业因拖欠工程款、农民工工资等引起的阻工、扰工问题，为项目营造了良好的投资建设环境。四是强化制度建设。建立了周督查工作机制和例会制度，对发现的难点问题及时研究解决，确保项目建设序时推进。

★基础设施建设力度不断加大，承载能力逐步提升。2016年完成投资0.63亿元，道路建设、水气暖配套、电力建设、园林绿化等园区基础设施进一步完善。

★创新服务方式，提升管理能力，园区发展环境进一步优化。扎实开展"进企业，搞服务，解难题，促发展"活

精密带钢

太原维太新材科技有限公司

动。综合服务功能日趋完善，全面推进服务大厅标准化建设，加快电子政务建设，行政服务管理进一步规范。“双创”工作稳步推进。加强与金融机构合作，切实解决融资难题。进一步规范社会服务，提升综合管理能力，综合执法规范有序，环境整治效果明显，安全生产形势持续稳定。

★实施民生工程，推动园区和谐发展。定点扶贫持续深入，向娄烦县盖家庄乡拨付300万元扶贫专项资金，制定了以沙棘、胡麻、油料牡丹为主的种植业及深加工扶贫计划，健全完善干部驻村帮扶机制，2016年共完成241户、706人的脱贫任务。双拥工作扎实开展，连续两届荣获市级“双拥先进单位”称号。积极落实失地农民保险，为被征地农民缴纳养老保险170余万元，保障人数95人，确保被征地农民的基本生活保障及长远生计。加大对外宣传力度，园区知名度进一步扩大。精神文明建设不断深化，大力推进“讲文明树新风”活动，以“道德讲堂”为载体，进一步加强园区干部职工思想道德教育。荣获“2014～2015年太原市精神文明单位”称号。

（太原不锈钢产业园区　供稿）

1000吨超高压循环流化床锅炉

生产车间

原野汽车

中国建设银行行长王祖继在山西调研时出席“债转股”签约仪式

建行山西省分行行长尚朝辉赴山西省警卫局开展“八一慰问”

# 深化转型　创新服务
# 助推山西经济振兴崛起

——建行山西省分行

2016年，建行山西省分行深化转型，创新服务，主动对接实体经济融资需求，支持地方经济卓有成效。全行投放各类信贷资金1215亿元，新增221亿元，四行占比38%，连续两年位居同业第一，为促进山西经济稳步向好、实现振兴崛起做出积极贡献。

★深化金融改革创新。整合升级太原地区6个二级机构，成立太原并州分行；推进“智慧型”网点建设，投放智慧柜员机1275台，节约人力成本1120余人。

★率先支持煤炭企业去杠杆。2016年12月8日，建设银行与山西省国资委、山西焦煤集团共同签署省内首单市场化债转股合作框架协议；分阶段设立“150亿焦煤集团降杠杆基金”和“100亿焦煤集团促转型基金”。此举为山西焦煤集团资产负债率降低5个百分点，节约财务成本10亿元。

★切实服务实体经济。响应省委省政府大力推动的城中村改造工程，与小店区政府合作设立“太原市小店区城中村改造基金”，总规模18亿元，首期已投放9.2亿。响应支持政府发债，作为主承销商，2016年累计承销政府一般性债券79.8亿元，承销企业债券128亿元。创新推出融资租赁服务，2016年投放规模达124亿元，有力助推企业转型升级。

建行山西省分行副行长樊宙代表建行与山西大昌汽车集团有限公司签订银企战略合作协议

开展进校园营销活动

开展征信关爱日宣传动

*建行山西省分行副行长斛文锋参加防范电信网络欺诈宣传活动*

*建行山西省分行纪委书记蒋睿在基层行调研指导工作*

*建行山西省分行副行长宋佐军代表建行与阳泉市政府签署银政战略合作协议*

*建行山西省分行副行长贾爱民亲切慰问基层员工*

★推进供给侧结构性改革。2016年重点支持煤炭行业“去产能”，突出非煤产业和煤炭行业的非煤板块，贷款新增前三位分别为交通、电力和服务业，合计新增78亿元；对七大煤企非煤板块信贷支持80亿元，煤炭行业信贷余额压缩2.6%，煤焦行业压缩5.6%。

★调整开办煤企转型升级中长期专项贷款业务。对省属七大煤炭集团确定“积极支持”策略，2016年完成煤炭行业转续贷240笔，金额226亿元，确保企业资金链条不断；推动山西焦煤集团到期债务全部转型升级为中长期专项贷款，焦煤集团在建行综合授信额度达184亿元。

★大力支持重点工程稳增长。紧抓地方经济支点，发挥金融全牌照优势，对所有重点客户制定综合金融服务方案；铁路行业支持晋豫鲁等重点项目；电力行业除传统火电外，优先支持以风电、新能源为主的项目；煤炭行业专项为山西焦煤集团投放16.35亿元“外采统销”贷款；装备制造业通过创新国际金融产品为重点客户提供外币融资12亿美元。

★精准支持脱贫攻坚。截至2016年末，发放各类扶贫开发贷款6.71亿元，在全省范围建设农村“金融综合服务站”7600余家，助农取款服务点1.42万个，发放农民社会保障卡750万张。

★大力发展普惠金融。开拓与高校、医院、军警等重点客户的业务合作领域；推进“社保、旅游、银校、有车、社区”个人金融生态圈系统建设，发放ETC卡42万张，市场占比60%；社保卡累计发卡1175万张，同业第一；先后投入30多亿元支持教育行业高校新区建设，投入5000万元支持高校信息数字化校园建设；累计投放2.5亿元为各地市卫生行业龙头医院提供信贷支持，投入4000万创新数字信息化“智慧医院”项目，投入银医通、银校通项目25个，同业最多；积极参与山西品牌“中华行”“网上行”活动，开设善融商务山西馆，成为建行系统内第一批开通地方特色馆的四家分行之一。

（建行山西省分行 供稿）

省长楼阳生深入晋商银行调研指导工作

副省长王一新为晋商消费金融公司揭牌

# 积极做强做大 倾力为民服务

## ——晋商银行

2016年是“十三五”计划的开局之年，也是晋商银行全面推进业务转型的关键一年。一年来，晋商银行创新思维、奋发作为，各项工作稳步前进。

★聚焦战略谋发展。围绕省委、省政府重点抓好的八个方面和供给侧结构性改革，充分运用信贷杠杆，创新融资工具，强化资金支持。2016年年末，各项融资余额917.39亿元，较年初增加66.58亿元；累计向2900户小微企业发放各项贷款349.78亿元，实现了“三个不低于”目标。聚焦政府寻求合作，为山西省累计承销地方债券39.22亿元；与临汾、大同、晋城等市政府建立全面战略合作关系，并达成53亿元合作意向；将“城中村”改造业务的合作范围扩大到临汾、大同、晋城等市，累计融资65.34亿元。聚焦高价值客户，与保利能源展开“互联网+”合作，助力六家煤焦企业成功上线保利电商平台；与太原煤炭交易中心合作，围绕核心企业办理供应链融资业务26.2亿元。

★聚焦转型出实招。零售转型不断深化。财富管理更趋专业，年内发行理财产品763.62亿元；“卡易贷”累计授信客户接近10万户，余额44.36亿元，推出了“商易贷”业务；晋商消费金融公司开业当年实现盈利。公司转型初见成效。围绕八大业务板块，以重点项目为抓手，提升资产质量，锻炼了资产管理和全行联动能力；深化银企合作，创新运用PPP模式，尝试以新的

优秀党员在延安革命纪念馆重温入党誓词

晋商银行与恒大集团举行战略合作签约仪式

参加2016年银行业金融知识宣传服务月启动仪式

方式进入医疗、旅游和其他社会公共资源类项目领域；积极争取业务牌照，取得债务融资工具资格。渠道转型多线并进。以网点核心竞争力提升项目为抓手，推动营业网点转型升级；组织“儿童图书馆”项目和标杆行评选，积极创新社区银行发展模式；以扩大电子银行覆盖范围为目标，新版个人网银客户端、网银助手正式推广，微信公众平台关注数创历史新高，晋商快付项目顺利上线。

★聚焦管理筑基础。狠抓风险管理。实施有进有退的信贷策略，优化调整信贷结构和投向；组织开展各类业务检查1861项，制定了业务连续性计划和应急处置预案，建立起全行业务连续性管理体系；启动了流动性风险管理系统建设。狠抓科技支撑。探寻自主研发，分别在北京、杭州建立实验室，挂牌“金融创新业务研发中心”；序时推动科技项目建设，组织开展重要信息系统应急演练。狠抓队伍建设。有效吸引、激励和培养各类专业人才，完善管理人员管理办法。狠抓金融服务。着力推进“一号工程”和柜面9.0系统升级改造，督促分支机构持续强化金融服务能力，进一步加大消费者权益保护工作力度。

★聚焦党建勇担当。把学习教育与思想建设相结合，通过“两学一做”规定动作的开展，进一步增强全行广大党员干部履职尽责的自觉性与坚定性，激发广大党员干部的积极性与创造性。把党建工作与业务发展相结合，以党建工作的深入开展，推动全行责任担当的落实。把从严治党与从严治行相结合，落实省纪委提出的整改意见，逐条逐项明确整改措施；以“用身边的事教育身边人”的形式，开展廉洁教育活动；坚持把纪律和规矩挺在前面，积极实践“四种形态”；按要求完成了任期届满的所属党委（党总支、党支部）的换届选举工作，组织召开晋商银行第一次党代会，不断推进党建工作制度化、规范化。

不忘初心，在“十三五”战略机遇期，晋商银行将在支持区域经济发展中提质增效，在践行普惠金融理念中赢得市场，在“塑造山西美好形象、实现山西振兴崛起”中做出新贡献。

（晋商银行　供稿）

晋商银行召开第一次党代会

董事长阎俊生主持召开“一村一品一主体”工作推进会

邮储银行山西省分行行长孙江涛深入基层营业网点调研

邮储银行山西省分行行长孙江涛一行在晋能集团调研

# 凝心聚力、主动作为 加快发展、提质增效

——邮储银行山西省分行

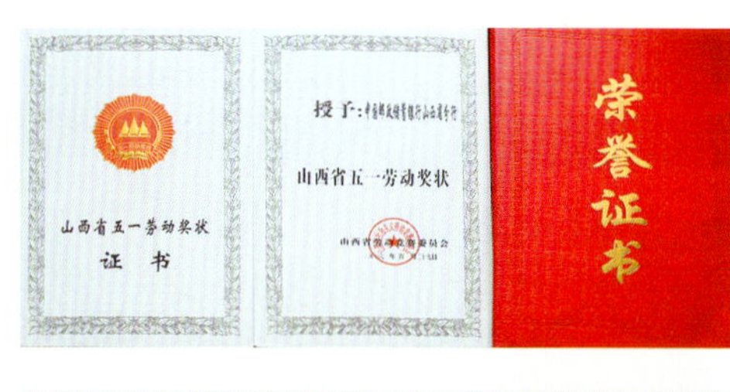

2016年，邮储银行山西省分行迎难而上，开拓进取，圆满完成全年工作任务，经营管理取得良好成绩。全省业务收入同比增长4.42%，完成总行预算计划的104.79%；净利润同比增长10.77%，完成总行预算计划的110.35%。贷款不良率0.8%，较年初下降0.17%；贷款不良金额4.28亿元，较年初增加400万元，两项指标分别控制在总行限额内。

★坚持转型升级，提升了企业效益。个人金融业务，全省储蓄存款余额增长224亿元，增长284%，创历史新高。信用卡业务，全年累计发卡16万张，创收6207万元，增长72%。中间业务，重点产品拉动明显，人民币理财业务增收1000余万元，增长60%。零售贷款业务，消费贷款余额净增29亿元，增长39%，创历史新高。小企业贷款，加快重点产品投放，余额净增1.16亿元。退出高风险客户17户、金额6458万元。三农贷款，以模式和产品创新为手段，以扶贫贷、"双创"贷为重点，余额净增1.6亿元。家庭农场（专业大户）等新型农业主体贷款余额净增

精细管理，强化服务

将信贷服务送到田间地头

2.46亿元，占小额贷款总余额的39%。公司金融业务，集中发力财政专项资金、代收付类资金，公司存款日均余额净增20.85亿元，公司贷款余额净增42.2亿元；结构调整成效显著，新增非煤非钢客户10户，煤炭行业集中度降至62%。累计票据直贴214.85亿元，敞口承兑、福费廷、信用证等产品落地，多元化产品体系初步形成。金融市场业务，累计实现收入3.99亿元，增长40.3%，并成功落地多项新业务。电子银行业务，全省新拓展客户93万户，总规模达到563万户。

邮储银行信贷员下企业了解企业运行情况

★坚持关口前移，增强了风险管控效果。全面风险管理深入推进。强化风险限额管理，开展零售贷款评级调研，突出管好信用风险，加快不良资产处置。全行不良贷款移交率较年初提升13.1%，累计清收不良贷款1.59亿元，核销呆账1.63亿元。内控案防基础不断夯实。启动三年内控合规建设，上线合规管理系统，保持案防高压态势，全年未发生资金案件。内部审计监督扎实开展。安全保卫能力持续提升。

★坚持创新引领，强化了支撑保障能力。科技作用有新发挥，进一步拓展数据应用。营运体系有新成果。105个网点完成高低柜整合优化，业务流程持续优化，网点转型有新突破。

★坚持制度先行，丰富了管理手段。授信管理提能增效。全省信贷投向结构持续优化，信审效率大幅提升，持续监测行业与重点客户，提升征信报送质量。财务管理凸显效益。夯实财务管理基础，提升资负管理能力，加强投资管理，规范采购行为，实施县域扭亏增盈三年规划，亏损网点减少5个，亏损金额减少1996万元。人力资源管理持续优化。

★坚持共创共享，形成了企业建设新格局。党建工作扎实有效，党委履行主体责任，纪委履行监督专责，工会发挥积极作用。

2016年省分行荣获山西省劳动竞赛委员会颁发的“五一劳动奖状”，连续八年荣膺“文明标兵单位”称号。服务三农、扶贫模式创新工作做法受到山西省政府表扬，央视、央广等5家中央和地方主流媒体进行了关注和报道。

（邮储银行山西省分行　供稿）

# 诚信守规 砥砺前行

## ——山西省晋神能源有限公司

公司党委书记、董事长李垚在沙坪洗煤厂调研指导工作

公司总经理张有河在沙坪煤业指导生产工作

山西省晋神能源有限公司成立于2004年10月，是由山西煤炭运销集团有限公司和神华集团有限责任公司共同出资组建的一个集煤炭生产、加工洗选、运销为一体化的国有股份有限公司。公司总部位于忻州市河曲县。公司下辖两矿（沙坪煤矿、磁窑沟煤矿）一厂（沙坪洗煤厂）四公司（铁路、销售、工贸、安装）和21个部室（安全生产信息指挥中心、安全监察局、生产技术部等）。矿井井田总面积33.21平方千米，矿井地质总储量8.74亿吨，两矿核准年生产能力640万吨。公司资产总额37.53亿元，从业人员2821人。

2016年，晋神公司全力以赴保销售，千方百计降成本，强化风险防控，深化体制改革，较好地完成了年初确定的各项生产经营任务。全年完成原煤产量512.13万吨；洗出精煤308.21万吨；销售商品煤732.15万吨，其中自产煤371.09万吨，贸易煤361.06万吨；销售收入16.51亿元。2017年1月，公司新的领导班子调整后，明确提出"做精主业、强基固本"的经营思路，以"讲诚信、守规矩、说实话、出实招、办实事"理念为指导，全力保障最大化的产能释放和外运提升，努力实现公司效益最大化。1～6月，晋神公司原煤产量完成345.05万吨，煤炭贸易量513.58万吨，营业收入18.15亿元，利润5251万元，顺利实现时间、任务"双过半"，主要经济指标均创历史新高。

★安全生产态势总体平稳。坚守"安全红线"，完善"六个体系"，夯实"三基"工作，强化监督检查，构建了安全生产长效机制，全面推进了"一落实、双建设、双达标"工作再上新台阶。

★生产组织更加优化，发展质量进一步提升。沙坪矿生产在保障矿井接续衔接基础上，挖掘矿井内在潜力，较好地完成了下组煤开拓延伸前期工作、8#煤下分层布置方案优化、18206综采工作面过空巷、1808切眼掘进工作和"三机"更新工作。磁窑沟矿根据采掘接续计划全盘布局矿务工程工作，按紧张、常规、长远三个等级合理调整矿务工程进度，缓解了采掘接续紧张程度，全面提高了单产单进水平。沙坪洗煤厂以"从容生产、均衡生产"为基准点，以"洗煤做精、管理做细"为着力点，以煤质管理标准化为抓手，顺利完成了煤质指标任务，设备完好率达96.95%。

★强化经营管理，舞活销售龙头。开展了对鲁能电厂、五寨县祥宇煤业有限公司的售煤业务，成立北京办事处、太原办事处，完成与偏关洗煤厂、五寨县鑫泰实业有限公司的结算，顺利移交了装车站、受煤站。积极推进外购煤，

晋神沙坪洗煤厂

晋神磁窑沟煤业

在朔黄沿线开展点对点煤炭购销业务，在黄骅港开展了下水煤业务。铁路公司不断优化运输生产组织，顺利实施了路肩加宽、补充道砟及边坡治理等多项影响行车安全的病害隐患治理工程。全年完成货运量786万吨，商品煤销量首次突破730万吨大关，贸易煤销量创历史新高。

★企业管理进一步增强，队伍专业技能进一步提升。完善法人治理，进一步优化调整公司的组织架构和各机构的业务职责。规范劳动用工和工资日常管理，开展职称评审和职业技能鉴定工作。沙坪洗煤厂技能大师工作室被评选为国家级技能大师工作室。沙坪煤业机电维修技能大师工作室、磁窑沟煤业矿井维修创新技能大师工作室被评选为集团级技能大师工作室。

★坚持党建兴企，从严落实管党治党责任。公司党委着力围绕公司的改革发展中心任务，开展“四讲四有”主题实践活动，推进“两学一做”学习教育常态化制度化，着力强化党员干部的“四种意识”教育，引导党员干部把坚定理想信念体现在履职尽责的具体行动上，体现在服务企业改革发展的过程中。党建活动与业务工作的紧密结合，为安全生产提供了坚强的政治保障。

（山西省晋神能源有限公司　供稿）

开展“两学一做”学习教育

开展职工技术比武活动

晋神公司快速装车系统

开展安全生产月活动

——山西晋神沙坪煤业有限公司

山西晋神沙坪煤业有限公司（简称沙坪煤业），位于“鸡鸣三省”的山西省河曲县，是隶属于山西省晋神能源有限公司的全资子公司，是山西省晋神能源有限公司遵循山西省委、省政府“关小建大、资源整合”政策的第一座现代化矿井，沙坪煤业法人治理结构完善，证照齐全，是山西煤销集团示范矿井之一。

2004年10月，沙坪煤业由河曲县境内的火山煤矿、巡镇石梯子煤矿、沙坪乡双口煤矿、旧县乡南正沟煤矿等6座生产矿井及3座关闭矿井整合而成，矿井东西宽约5.3千米，南北长约5.4千米，井田面积22.59平方千米，地质储量5.9亿吨，可采储量4.2亿吨，设计生产能力240万吨/年，2013年8月提升为400万吨/年，可采煤层共有8、9、10、11、12、13号六层。公司下设配备安全生产调度信息指挥中心、生产技术科、机电动力科、安全科、企业管理科等14个科室。现有在册职工776人。

建矿以来，沙坪煤业强化安全生产红线意识，落实煤矿安全生产主体责任，坚持安全第一，预防为主，安全生产再创新水平、再上新台阶。

★进一步强化安全风险分级管控和事故隐患排查治理双重预防性工作机制。一是建设“安全风险分级管控”体系。2014年2月着手建立了沙坪煤业风险预控管理体系，并逐步完成了全矿的危险源辨识工作，完成了《沙坪煤业风险预控考核评分标准》《沙坪煤业风险预控管理手册》等文件的编制。2015年8月沙坪煤业风险预控信息管理平台正式搭建，系统主要包含风险预控子系统、体系运行管理子系统、人员不安全行

开展群团工作

举办“新安全生产标准化”知识竞赛

2007年10月29日，沙坪煤矿试生产

沙坪煤矿首列火车进站

为管理子系统、隐患管理子系统、事故管理子系统五个部分，提供了危险源录入、体系持续改进、隐患闭合销号、三违以及事故管理等多种功能，实现了信息传递的迅捷化。至此，沙坪煤业风险预控体系基本建立完成。截至目前，全矿共辨识出危险源2124条，其中重大风险90条，较大风险1001条，一般风险840条，低风险193条。二是建设“事故隐患排查治理”体系。成立了以矿长(主要负责人)为组长，各分管副矿长为副组长，各单位负责人为成员的事故隐患排查治理领导组；对排查出的事故隐患进行分级分类治理，按照事故隐患的危害程度和治理的难易程度分为一般事故隐患和重大事故隐患；建立了五级事故隐患排查工作机制：区队班组日查、业务科室周查、安全小分队抽查、矿领导重点督查、矿井月查。

★积极开展安全生产标准化各专业专项治理活动。一是瓦斯管理。对所有采空区密闭和无人作业区域的瓦斯进行摸底检查；对照瓦斯防治“十条禁令”，逐条剖析，积极开展自我排查，保证符合法律法规和行业规定。二是顶板管理。积极采取措施，改变支护工艺；加强对锚杆、锚索施工质量的检查；定期开展顶板专项检查。三是防治水专项整治。加强探放水工作；加强矿井水害应急抗灾能力，在井下设立水害应急仓库，应急救援水泵、开关、管路等物资备用充足。四是机电运输管理。进一步掌握设备性能，运行参数，为日常设备检修、维护、保养创造条件；针对机电运输“七个一律”，对辅助运输系统开展隐患大排查。

先进的技术装备

★强化员工标准化培训，规范员工标准化行为。开展“每日一题、每周一训、每月一考”活动，将学标准、学规程应用到实践工作中。规范员工标准化操作程序。广泛开展各类技术比武和岗位练兵活动，激励和调动员工学习安全知识、业务技术的积极性。加强对职工的技术培训和思想教育工作，提高业务素质，增强责任感。

沙坪煤业秉承“以人为本，和谐发展”的思路，坚持安全第一，严格安全管理，强化数字化矿井建设，全面打造本质安全型矿井，实现了“造福员工、造福企业、反哺社会”的宏伟目标。

(沙坪煤业办公室　供稿)

井下作业

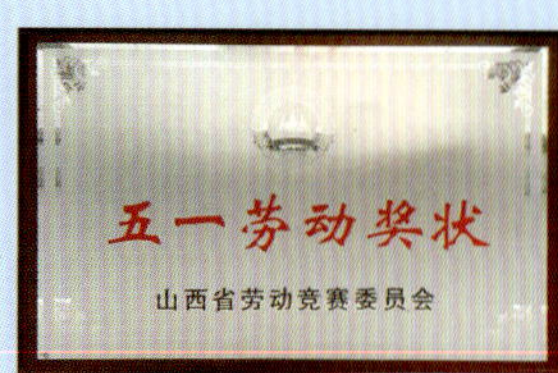

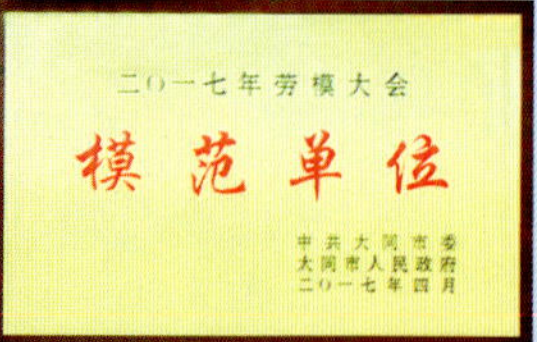


# 提供优质金融服务 助力同煤振兴发展

## ——大同煤矿集团财务有限责任公司

大同煤矿集团财务有限责任公司(以下简称"财务公司")于2013年2月16日成立,经中国银行业监督管理委员会山西监管局批准,由大同煤矿集团财务有限责任公司、大同煤业股份有限公司、山西漳泽电力股份有限公司共同出资组建。财务公司以"依托集团,服务集团"为宗旨,以"保持集团公司现金流安全、稳定、活跃、高效"为目标,是为集团成员单位提供金融服务的非银行金融机构。

自此,同煤集团形成了以财务公司为中心,融资租赁、融资担保、资产管理、资本投资、资管计划等多功能互联互通的六大金融一体化运作平台的金融板块,构建起了金融产业相对完整闭合的产业链,在金融产业的强力支持下,同煤集团相继建成7座千万吨级煤矿、14个电厂以及60万吨甲醇、10万吨活性炭等转型升级项目,打造了新兴产业效益增长点。同时,依托这些优质转型升级项目作为融资基础再融资,盘活固定资产,保障了企业实体项目发展。

2016年,财务公司完成利润6亿元,完成计划150%;人均创利超千万;营业收入8.75亿元;为集团节约财务费用9.45亿元。截至2016年底,财务公司资产总额206亿元,共有254家集团公司成员单位在公司开立461个结算账户,资金归集量最高达到162亿元,通过票据业务(票据代保管、票据签发、票据贴现、票据转贴现、票据再贴现、票据质押融资、同煤集团票据融资等)及同业拆借业务协助集团融资109亿元。全年共办理结算业务近12万笔,结算金额4604亿元;发放流动资金贷款151笔,金额295亿元,办理委托贷款业务27笔,金额30亿元;全年不良贷款率为零,利润率71.37%,净资产收益率8.56%,总资产报酬率2.29%,实现了经济效益和监管指标的双提升。

财务公司坚持严选拔、重培育的干部队伍建设,为集团公司金融板块培养了大批人才。推进绩效管理,突出业绩考

团结奋进的领导班子

业务大厅

安全宣传教育活动

学习活动

核，进一步夯实了全员绩效考核机制。优化部门设置，加强岗位管理，促进人岗匹配，人尽其才。2016年底在册人员56人，其中山西会计领军后备人才1人，硕士研究生4人；拥有高级专业技术职称7人，中级专业技术职称21人；21人通过银行从业资格考试，13人通过保险从业资格考试，4人通过证券从业资格考试。

2016年，财务公司认真履行集团公司金融平台角色，坚持创新发展，规范运作，得到了集团公司和监管部门的高度认可，实现了经济效益和集团综合效益的双丰收。同年获得山西省“五四红旗团支部”称号。2017获得“山西省五一劳动奖状”“大同市劳动模范单位”称号。连续3年获得同煤集团“模范标兵单位”称号。

（大同煤矿集团财务有限责任公司　供稿）

红色教育活动

# 优质供应创先锋

## ——中条山有色金属集团有限公司物资设备部物资设备库

证 书
兹命名 中条山有色金属集团有限公司物资设备库
为"全国工人先锋号"。

中条山有色金属集团有限公司物资设备部物资设备库(以下简称"物资设备库")是中条山集团物资设备存储一级仓库,现有员工38人。2008年以来,物资设备库以创建"工人先锋号"为契机,以创新发展为动力,深入践行"真诚无价、服务无限"的理念,不断提升物资仓储管理科学化水平,较好地保证了中条山集团重点工程建设项目和正常生产经营所需物资设备的高效配送和优质供应。

★强化物资配送,主动担当服务生产。物资设备库在中条山集团"强化一级储备、减少二级储备"和"低储备经济运营"工作总思路的引领下,保证生产需求,加快资金周转,减少库存占用,防止储备积压。在科学配送、经济配送、合理配送上下功夫,较好地满足了分子公司对物资配送服务的差异化需求,节约了配送成本,提高了配送效率。2016年共降低各项配送、装卸费用31.25万元。

★强化仓储管理,示范引领争创一流。物资设备库共有仓库55个,保管着中条山集团上万种物资设备。物资设备库不断挖掘自身潜力和优势,当好家,把好关,从源头上抓起,强化物资发放、质量管理、供应点服务、保管保养等方面的工作,较好地发挥了一级库示范引领和榜样带动作用。进一步加强代储代销物资管理,建立完善代储物资保管账目,有效提高了物资仓储管理水平。多次摘得中条山集团物资系统同业务竞赛"优胜单位"桂冠。

★强化技能培训,切实提升员工素质。物资设备库坚持开展"干部上讲台、培训到现场"活动,经常性组织员工进行物资保管保养、K3系统物资管理等业务知识培训班,定期组织开展"安康杯"保管员岗位技能比武活动,提升了物资仓储管理工作整体水平,提高了职工队伍综合素质。

2008~2016年,物资设备库连续多次获得中条山集团"工人先锋号"称号;2012年获得山西省总工会"工人先锋号"称号;2017年获得中华全国总工会"工人先锋号"称号。使命在肩,奋发有为。面向未来,物资设备库将再接再厉,锐意进取,以新姿态新业绩为中条山集团升级转型发展再立新功。

(中条山有色金属集团有限公司物资设备部物资设备库 供稿)

中条山集团物资设备部物资设备库主任王旭东

喜获荣誉后与中条山集团物资设备部领导合影

中条山集团物资设备部

中条山集团物资设备库钢材装卸作业

# 目　录

## 特　载


政府工作报告
——2017年1月14日在山西省第十二届人民
代表大会第七次会议上 ………… 楼阳生 1
关于山西省2016年国民经济和社会发展计划执行情况与2017年国民经济和社会发展计划草案的报告(摘要)
——2017年1月14日在山西省第十二届人民
代表大会第七次会议上 ……… 王　赋 13
关于山西省2016年全省和省本级预算执行情况与2017年全省和省本级预算草案的报告(摘要)
——2017年1月14日在山西省第十二届人民
代表大会第七次会议上 ……… 武　涛 17


## 专　题


山西省转型综改试验区建设情况 ………… 21
山西省组建公共资源交易中心(省政务服务中心) ……………………………… 24
山西省2016年扶贫开发工作 ………… 26
积极推进煤炭供给侧结构性改革 …………………………………… 30


## 山西概况

· 自然地理 ·


山西地势概貌 …………………………… 33
山西的主要山脉 ………………………… 34
山西的主要河流 ………………………… 34
山西气候雨量 …………………………… 35


· 经济地理 ·


山西矿产资源 …………………………… 36
山西植物资源 …………………………… 36
山西动物资源 …………………………… 36
山西旅游资源 …………………………… 37
山西省土地利用空间布局 ……………… 37
山西省土地利用区域划分 ……………… 38
山西省林业生态建设总体布局 ………… 39
山西省现代农业发展区域布局 ………… 39

·行政区划·

山西行政区划的历史变迁 …………………… 40

新中国成立以来山西行政区划的变化 …… 41

2016 年乡镇以上行政区划 ……………… 41

## 综合管理

·2016 年全省经济运行情况·

经济企稳回升,结构进一步优化 ………… 49

2016 年全省经济运行主要特点 ………… 49

·固定资产投资·

2016 年山西省全社会固定资产投资完成情况 ………………………………… 51

2016 年全省房地产开发建设和经营情况 ………………………………… 52

·发展与改革·

坚定不移推进供给侧结构性改革,促进产业转型升级 ……………………… 54

坚持以转型综改为牵引,全面深化改革扩大开放 ………………………… 55

积极扩大有效投资,切实优化投资发展环境 ………………………………… 55

加强生态文明建设,提升绿色发展能力 … 56

准确把握价格工作着力点,保持价格平稳运行 ………………………………… 56

紧扣补短板兜底线,扎实做好重点民生工作 ………………………………… 57

强化规划编制和政策研究,充分发挥参谋助手作用 …………………………… 57

积极沟通对接,全力争取中央重大政策、项目和资金支持 ………………… 57

·统　　计·

统计监测服务又上新水平 ……………… 58

统计数据质量得到新提高 ……………… 58

农业普查工作收获新成果 ……………… 58

统计改革创新实现新突破 ……………… 58

统计法治建设迈出新步伐 ……………… 59

部门统计工作开创新局面 ……………… 59

·审　　计·

2016 年审计工作重点任务全面完成 …… 59

加强审计法治建设 ……………………… 60

·国有资产监督管理·

国有企业主要经济指标完成情况 ……… 60

国有企业经营运行稳中向好 …………… 60

加快国有企业改革与转型 ……………… 60

国有企业履行社会责任 ………………… 61

国有资产监督管理 ……………………… 61

·安全生产监督·

2016 年全省安全生产形势持续稳定好转,呈现出“五个双下降”的态势 ………… 62

狠抓制度落实,开展专项整治,防范事故风险 ………………………………… 62

·工商行政管理·

深化商事制度改革,不断激发创新动力和创业活力 ………………………… 63

强化事中事后监管,不断推进体制机制

创新 …………………………………… 63
加大执法力度,充分发挥竞争政策作用 … 64
加大消费维权力度,不断挖掘潜在消费需求 …………………………………… 64
充分发挥职能作用,切实促进企业发展 … 64

·国土资源管理·
深化煤炭矿业权管理改革,提升国土资源供给质量和效益 ……………………… 65
大力推进国土资源改革创新,形成促进综改试验区建设的新动力 …………… 65
大力拓展转型发展用地空间,为全省经济社会发展提供有力资源保障 ………… 66
积极维护权益、保障民生,大力推进"互联网+"山西国土,促进全省国土资源事业科学发展 ………………………… 66

·测　　绘·
测绘法制建设与市场监管取得新成绩…… 67
测绘地理信息基础工作扎实有效 ………… 68
测绘地理信息重点工作有新发展 ………… 68
加强地图管理与地图服务 ………………… 69
积极推进测绘地理信息成果管理与应用 … 69
大力开展科技与标准化工作 ……………… 70
测绘地理信息行业单位工作概况 ………… 70

·地质勘探·
2016年地勘工作成效显著 ……………… 71
产业经济稳步向好 ………………………… 71
海外工作再创佳绩 ………………………… 72
安全生产工作持续稳定发展 ……………… 72
管理工作不断加强 ………………………… 72

·环境保护·
全省环保工作取得积极成效 ……………… 73
积极探索新形势下环保工作新路子 ……… 73
推进大气、水、土壤污染防治 ……………… 73
突出环境执法监管 ………………………… 74

·质量技术监督·
全省质监工作稳步推进 …………………… 74

·食品药品监督·
深化监管体制改革 ………………………… 75
强化食品药品安全监管 …………………… 75
创新监管方式,提高监管能力 …………… 76
加大案件查处力度 ………………………… 76
加快食品可追溯体系建设 ………………… 76
进一步推进食品安全城市创建工作 ……… 77
深入推进制度建设 ………………………… 77
加快医药产业发展 ………………………… 77

·人力资源与社会保障·
城乡就业逆势上扬,待遇调整顺利平稳 … 77
各项目标任务全面完成 …………………… 77

·经济法制建设·
政府法制建设综述 ………………………… 79
山西省地方性经济法规建设 ……………… 81
经济规章建设 ……………………………… 81

## 财政·税收

·财　　政·
2016年财政收入与支出 ………………… 83

确保财政平稳运行 …………………………… 83
推进供给侧改革 ……………………………… 84
推动转型创新 ………………………………… 84
保障改善民生 ………………………………… 84
深化财政管理改革 …………………………… 84

·国家税收·
税收收入情况 ………………………………… 85
税收收入特点与分析 ………………………… 85
营业税改增值税 ……………………………… 85
税收法治与政策 ……………………………… 85
税收监督与管理 ……………………………… 86

·地方税收·
地方税收概况 ………………………………… 86
税收收入特点与分析 ………………………… 87
核心业务改革创新相继实现突破 …………… 87
法治地税建设向纵深推进 …………………… 88

## 出入境检验检疫·海关

·出入境检验检疫·
2016 年山西省检验检疫工作综述 ………… 89
质量管理 ……………………………………… 89
检验检疫 ……………………………………… 89
服务山西经济社会发展 ……………………… 90
内部管理 ……………………………………… 90
分支机构挂牌运行 …………………………… 91

·海　　关·
主要业务发展概况 …………………………… 91
积极服务促进山西开放型经济发展 ………… 91

## 农　　业

·综　　述·
山西省农业农村经济平稳发展 ……………… 93
2016 年山西省农业重点工作 ……………… 93

·种　植　业·
2016 年山西省种植业持续向好发展 ……… 94
各项工作有效推进 …………………………… 94

·扶贫开发·
2016 年扶贫工作概况 ……………………… 97
扶贫资金来源与投向 ………………………… 97
扎实推进四大“重点工程”，扶贫开发工作
成效显著 ………………………………… 98
举合力打赢脱贫攻坚战 ……………………… 99
机制保障进一步加强 ………………………… 100

·畜　牧　业·
2016 年山西省畜牧业生产情况 …………… 100
产业振兴全面实施，现代畜牧业建设步伐
加快 ……………………………………… 100
大力开展招商引资，为畜牧业发展提供
保障 ……………………………………… 101
草牧业及粮改饲建设取得突破 ……………… 101
畜牧业供给侧改革大力推进 ………………… 101
狠抓畜禽养殖粪污治理，生态畜牧畜科技
推广增强 ………………………………… 101
重大动物疫病防控扎实开展，保障畜牧业

生产健康发展 …………………… 101
加强动物卫生监督,病死动物无害化处理成效明显 …………………… 102
开展兽药专项整治,加强兽药监督执法 … 102
做好兽医医政工作,提高兽医队伍信息化管理水平 …………………… 102
开展畜禽屠宰监管“扫雷行动”,确保群众“舌尖安全” …………………… 102

·农垦事业·
2016年农垦系统生产经营状况 ………… 103
农垦改革工作进一步深化 ………… 103
强力推进国有贫困农场扶贫开发工作 … 103
推进国有农场办社会职能改革工作 …… 103
全面落实安全生产责任 ………… 103

·林　　业·
生态建设与保护 ………… 103
林业脱贫攻坚初显成效 ………… 104

·水利事业·
2016年山西水利工作概述 ………… 106
保障、准备工作 ………… 106
水资源管理 ………… 107
节水型社会建设 ………… 108
水利工程建设与管理 ………… 108
防汛抗旱 ………… 109
农村水利 ………… 109
城乡供水 ………… 109
水土保持 ………… 110
水力发电 ………… 110
渔业建设 ………… 110

·农机事业·
全省农机化发展步伐加快 ………… 110
全省农机化工作取得明显成效 ………… 110

·气象事业·
2016年气候综述与基本气候概况 ……… 112
主要气象灾害、气候事件及其影响 ……… 112
气候影响专题评价 ………… 113
气象事业取得新发展,各项工作扎实推进 ………… 115

## 工　　业

·综　　述·
2016年全省工业经济运行情况 ………… 117
主要工业行业运行情况 ………… 117

·煤炭工业·
2016年山西煤炭工业发展概况 ………… 118
煤矿安全生产 ………… 119
煤炭生产管理 ………… 120
煤炭经济 ………… 120
煤炭科技创新 ………… 120
煤矿用工管理 ………… 120

·煤炭运销·
积极推进企业改革,安全生产经营各项工作保持平稳发展 ………… 121

·煤矿安全监察·
2016年全省煤矿安全生产形势总体

稳定 …………………………………… 121
突出铁的担当，坚决遏制煤矿重特大事故发生势头 ……………………… 121
突出着力治本，筑牢夯实煤矿安全生产根基 …………………………………… 122
突出创新超越，全面提升煤矿安全监察水平 …………………………………… 122

·电力工业·

2016年山西省电力企业发展概况 ……… 123
2016年山西省电力工业发展概况 ……… 123
2016年国网山西省电力公司经营概况 …………………………………… 123
践行央企责任，真诚服务地方发展大局 …………………………………… 124
科技与信息化发展步伐加快 …………… 124

·冶金工业·

2016年山西省冶金工业发展概况 ……… 125
项目建设及投产情况 …………………… 125
结构优化与提质增效 …………………… 125
兼并重组与淘汰落后 …………………… 126
节能减排与综合利用 …………………… 127
技术创新与科技成果 …………………… 127

·机械电子工业·

积极推进转型升级，基本做到稳中有进 …………………………………… 128
各项工作稳妥推进 ……………………… 128

·国防科技工业·

2016年山西国防科技工业经济稳健发展 …………………………………… 130
坚持创新驱动，全省武器装备科研生产任务圆满完成 ………………………… 130
坚持协调统筹推进，军民融合发展更加深入 …………………………………… 130
坚持履行社会责任，和谐军工建设更加扎实 …………………………………… 130
坚持法治军工建设，行政效能全面提升 …………………………………… 131
加强民爆安全监管，民爆行业保持平稳发展 …………………………………… 131

·化学工业·

行业经济实现平稳运行 ………………… 131
产业现状 ………………………………… 132
产业布局 ………………………………… 132
行业创新 ………………………………… 132
行业规划 ………………………………… 132

·建材工业·

2016年山西省建材工业经济运行情况 …………………………………… 132
产业结构中存在的问题 ………………… 133
行业管理方面的主要工作 ……………… 133

·医药工业·

2016年山西省医药工业整体运行情况 …………………………………… 134
2016年山西省医药工业运行特点 ……… 134
山西省医药工业存在的深层次问题 …… 134
起草完成《开展2016年山西省医药工业“三品”专项行动营造良好市场

环境实施方案》 …… 135
开展山西省能耗限额标准整合精简工作，做好《粉针剂、冻干粉针剂单位产品综合能耗》地方节能标准前的准备材料 …… 135
中药材提升和保障领域项目绩效评价 …… 135
参加万名干部入企活动 …… 135

·纺织工业·
2016 年山西省纺织工业经济运行情况 …… 135
新产品开发 …… 136
技术创新 …… 137

·轻 工 业·
行业运行情况 …… 137
加强科技创新 …… 137
制定政策情况 …… 138
进一步促进交流与合作 …… 138
加强行业建设 …… 138
2016 年山西省城镇集体工业系统发展概况 …… 138

·中小民营企业·
2016 年全省中小企业发展情况 …… 140
狠抓政策落实，优化中小企业发展环境 …… 142
实施“双创”工程，推动大众创业万众创新 …… 142
改善融资服务，缓解中小企业融资困难 …… 143
坚持分类指导，助推中小企业转型升级 …… 143
创新服务方式，强化中小企业公共服务 …… 143

## 交通·邮电

·铁 路·
太原铁路局经营概况 …… 145
山西地方铁路基本情况 …… 147

·公 路·
交通基础设施网络进一步完善 …… 149
多条高速公路竣工通车 …… 149
交通扶贫攻坚扎实推进 …… 149
交通运输改革不断深入 …… 149
交通运输服务管理水平进一步提升 …… 150
安全生产基础进一步夯实 …… 150
交通科技创新硕果累累 …… 150

·民用航空·
2016 年山西省民航机场集团公司发展概况 …… 151
2016 年东航山西分公司经营概况 …… 152

·通 信 业·
中国移动通信集团山西有限公司经营概况 …… 153
中国联合通信集团山西分公司经营概况 …… 155
中国电信山西分公司经营概况 …… 155

·邮 政 业·
2016年山西邮政业发展概况 …………… 157
行业发展环境持续优化 ………………… 157
依法治邮能力不断增强 ………………… 158
服务能力和水平明显提升 ……………… 158
行业安全态势持续稳固 ………………… 158
中国邮政集团公司山西省分公司经营
概况 …………………………………… 159

## 住房和城乡建设

·住房和城乡建设·
统筹推进城乡建设 ……………………… 161
以去库存为重点推进房地产业稳健
发展 …………………………………… 162
全力推进建筑业健康发展 ……………… 162
加强住房公积金管理 …………………… 163

·引黄工程·
转企改制顺利完成 ……………………… 163
加快推进工程项目建设,全力确保安全
稳定供水 ……………………………… 163
拓展水务市场,创新投融资体制 ………… 163

## 贸 易

·综 述·
2016年山西国内外贸易主要指标
稳中有进,稳中向好 ………………… 165
国内贸易 ………………………………… 165
对外贸易与经济 ………………………… 166
开发区成为转型升级新动能 …………… 167
"山西品牌中华行、丝路行、网上行"
引领全国 ……………………………… 167
参与"一带一路"建设取得重要进展 …… 167

·供销合作社·
全力破解难题,各项目标任务圆满
完成 …………………………………… 168
改革与发展 ……………………………… 170

·粮油购销·
2016年山西省粮油种植及生产概况 …… 171
粮食购销概况 …………………………… 171
粮食安全保障 …………………………… 171
粮食保供稳价 …………………………… 172
储备粮油管理 …………………………… 173
粮食行政监督 …………………………… 173
国有粮食企业改革进展情况 …………… 174

·烟草专卖·
烟草行业经济运行总体呈现低位企稳、
稳中向好的发展态势 ………………… 175
全力打好"三大战役" …………………… 175
扎实推进监督保障 ……………………… 176

## 金 融 业

·综 述·
金融运行情况 …………………………… 177
综合运用货币政策工具,增强调控

有效性 …………………………………… 178
发挥牵头引领作用，做好精准扶贫金融服务工作 …………………………… 178
加强金融风险监测与防控，切实维护全省金融稳定 …………………………… 178
深化金融服务社会功能，提升金融服务与管理水平 …………………………… 178
加强外汇管理和服务，支持对外发展经济 …………………………………… 180

·中国工商银行山西省分行·
主营业务经营质量和效益不断提升 …… 180
各项工作扎实推进 ………………………… 180

·中国银行山西省分行·
2016年主要经营情况 …………………… 181
多放贷，广融资，助力实体经济发展 …… 182
同舟共济，帮助困难企业恢复造血功能 …………………………………… 182
心系民生，大力发展普惠金融 ………… 183
多措并举，加大扶贫工作力度 ………… 183
坚持合规经营，持续筑牢内控防线 ……… 183

·中国建设银行山西省分行·
经营效益保持稳健，各项指标全面发展 …………………………………… 183
支持供给侧结构性改革，助推地方经济转型升级 ………………………… 183
深化金融服务创新，支持地方经济建设 …………………………………… 184
围绕转型综改，创新金融服务 ………… 184
着力优化信贷结构，推进资产业务发展 …………………………………… 185
打造金融生态系统，夯实负债业务基础 …………………………………… 185
突出综合融智服务，提升价值创造能力 …………………………………… 185
强化资产管控，提升不良处置 ………… 185
落实防控责任，严守风险底线 ………… 185

·中国农业银行山西省分行·
存款市场份额稳步提高 ………………… 185
支持实体经济稳中有进 ………………… 186
服务“三农”能力持续增强 ……………… 186
基础管理再上新台阶 …………………… 186

·中国农业发展银行山西省分行·
概述 ……………………………………… 187
强化责任担当，积极服务全省“三农”发展 …………………………………… 187
提升经营管理质效 ……………………… 187

·交通银行山西省分行·
实现“十三五”经营管理良好开局 ……… 188
各项业务快速健康发展 ………………… 188

·光大银行太原分行·
各项业务平稳健康发展 ………………… 189
2016年经营情况和信贷运行情况特点 …………………………………… 189

·华夏银行太原分行·
经营效益稳中有进，积极向好 ………… 190
搭建平台，转换机制，营销局面取得

新突破 …………………………………… 190
防控风险，强化管理，经营运行安全平稳 …………………………………… 190
完善服务体系，承担社会责任 …………… 191

·民生银行太原分行·

业务经营稳健发展 ……………………… 191
加大对省属煤炭集团支持力度 ………… 191
加大对非煤重点项目支持力度 ………… 192
加大对政府债券发行支持力度 ………… 192
聚焦减费让利，银企共渡难关 ………… 192
支持小微企业发展 ……………………… 192
聚焦普惠金融 …………………………… 192
维护消费者权益 ………………………… 192

·晋商银行股份有限公司·

2016年经营概况 ………………………… 193
积极支持地方经济发展 ………………… 193
积极推行绿色信贷 ……………………… 193
提升金融服务能力 ……………………… 193

·山西省农村信用社·

全力支持实体经济发展 ………………… 194
加快推进改革步伐 ……………………… 194
履行管理职责，加强风险防控 ………… 195
创新业务成果丰硕 ……………………… 195

·邮储银行山西省分行·

主营业务稳健发展 ……………………… 195
坚持转型升级，提升企业效益 ………… 195
坚持关口前移，增强风险管控 ………… 196
坚持创新引领，强化支撑保障能力 …… 196
坚持制度先行，丰富管理手段 ………… 197

·信托投资·

经营整体稳步向好 ……………………… 197
各项工作有效推进 ……………………… 197

## 保险业

·综　　述·

2016年山西保险业运行情况 …………… 199
保险业积极服务经济社会发展大局 …… 199
保险业改革发展步伐加快 ……………… 201
进一步规范保险市场秩序 ……………… 201
加强保险消费者权益保护 ……………… 202
强化保险业风险防范 …………………… 202

·中国人民财产保险股份有限公司山西省分公司·

保费规模攀升，经营效益稳定 ………… 202
各项工作扎实推进 ……………………… 203

·中国人寿保险股份有限公司山西省分公司·

公司发展亮点纷呈 ……………………… 203
坚决贯彻“底线、标准线和根本线”的发展新理念，坚持在转型升级中加快发展 …………………………………… 204
始终坚持“五个聚焦”布局，着力统筹“三位一体”运作 ……………………… 204
深入统筹三大战略，厚植核心领域和重点区域的竞争优势 …………………… 204
着力强化创新驱动，积极推进市场化改革 …………………………………… 204

着力推进集约运营，持续深化服务升级 …… 204
风险管控能力全面增强 …… 204

·中国太平洋财产保险股份有限公司山西分公司·
公司业务发展和经营水平持续提升 …… 205
坚持成本管控，实现承保盈利 …… 205
开拓创新产品，提升客户服务 …… 205
依法合规经营，提高管控能力 …… 205
助力公益事业，履行社会责任 …… 205

·中国太平洋人寿保险股份有限公司山西分公司·
2016 年主要业务经营概况 …… 206
个险业务持续稳健发展，客户经营品质不断提升 …… 206
法人业务深化改革，转型发展动力升级 …… 206
优化基础服务，创新技术运用，提升客户体验 …… 206
财务管理日趋完善 …… 207
合规经营防范风险 …… 207

·中国平安财产保险股份有限公司山西分公司·
坚持发展战略，业绩增速持续领先 …… 207
各项业务持续、稳健发展 …… 208
深挖客户需求，不断创新服务举措 …… 208

·中国平安人寿保险股份有限公司山西分公司·
各项业务持续、稳健发展 …… 208
提高服务质量，提升客户体验 …… 208
打造优质理赔服务，提升客户满意度 …… 209
加强风险防范，确保合规经营 …… 209

·永安财产保险股份有限公司山西分公司·
主要经营指标完成情况良好 …… 209
业务快速发展，保持高速增长 …… 209
加强和提升理赔管控和服务能力 …… 209
强化风险管控能力 …… 210
市场地位和影响力不断提升 …… 210

## 证券·期货

·证券期货监督管理·
概述 …… 211
2016 年山西省资本市场稳健发展 …… 211
资本市场各项改革力度不断加大 …… 212
资本市场监管工作取得明显成效 …… 213

## 旅 游 业

·旅 游 业·
2016 年山西省旅游业发展概况 …… 215
旅游监督管理 …… 217
旅游公共服务 …… 217
旅游规划与建设 …… 217

## 科学·教育

·科学事业·
多项科技活动驱动经济社会发展 …… 219
出台政策法规，积极支持地方经济建设 …… 220

国际科技合作专项项目为山西经济发展注入活力 …… 221
山西省重点实验室公众开放活动深入推进 …… 221
涌现出一批具有经济发展前景的重大技术成果 …… 221
农业研究硕果累累 …… 224
一项研究成果达到国际领先水平 …… 224
四项研究成果达到国际先进水平 …… 224
6 个新品种通过国家级审(鉴)定 …… 225
农业科技成果转化与示范推广取得新成效 …… 225

·教育事业·
积极落实立德树人根本任务 …… 225
教师队伍建设持续加强 …… 226
教育领域综合改革进一步深化 …… 226
大力推进实施教育精准扶贫 …… 227
基础教育质量稳步提升 …… 228
职业教育快速发展 …… 229
高等教育内涵建设成效显著 …… 231

## 文化·新闻·广播·出版事业

·文化事业·
文化政策体系不断完善 …… 233
艺术事业蓬勃发展 …… 233
公共文化服务水平进一步提高 …… 233
文化产业取得新突破 …… 234
非遗保护迈上新台阶 …… 234
文化市场管理服务进一步完善 …… 234
文化交流和文化援疆亮点突出 …… 234
扎实推进法治建设 …… 234

·文物事业·
贯彻落实文物工作的重大决策部署 …… 234
文物保护法治建设水平不断提高 …… 235
文物保护年度重点工作任务圆满完成 …… 235

·新闻出版事业·
新闻出版业发展概况 …… 236
广播影视事业发展概况 …… 237
版权管理与服务 …… 239

## 卫生·体育

·卫生和计生事业·
概述 …… 241
深化医药卫生体制改革 …… 241
深化计划生育服务管理改革 …… 242
推进基本公共卫生服务均等化 …… 242
提升医疗服务管理水平 …… 242
启动实施健康扶贫工程 …… 243
振兴中医药发展 …… 243
促进健康产业发展 …… 243

·体育事业·
群众体育公共服务效能提升 …… 243
竞技体育整体实力稳步提高 …… 244
体育产业发展规模及效益持续提升 …… 246
体育系统自身能力建设不断加强 …… 246
2016 年山西体育十大新闻 …… 246

## 民政事业

·民政事业·

2016 年民政工作任务全面完成 ………… 247

## 防震减灾

·防震减灾·

2016 年山西地震活动情况 …………… 249

地震监测与预报 ……………………… 249

防震减灾工作 ………………………… 250

地震应急体系建设 …………………… 251

## 人民生活

·城镇居民生活·

城镇居民可支配收入稳步增长,增速有企稳筑底迹象 ……………………… 253

城镇居民八大类消费“六升二降” ……… 254

制约城镇居民收入增长的不利因素 …… 255

·农村居民生活·

农村居民收入稳步增长,首破万元大关 … 255

人均消费支出增长 8.2%,消费结构进一步优化 ………………………… 257

## 县域经济发展概况

·太 原 市·

自然概况 …………………………… 259

经济发展概况 ……………………… 260

古交市 ……………………………… 261

太原市迎泽区 ……………………… 262

太原市杏花岭区 …………………… 263

太原市万柏林区 …………………… 264

太原市小店区 ……………………… 265

太原市尖草坪区 …………………… 265

太原市晋源区 ……………………… 266

清徐县 ……………………………… 268

阳曲县 ……………………………… 269

娄烦县 ……………………………… 270

太原不锈钢产业园区 ……………… 272

·大 同 市·

自然概况 …………………………… 272

经济发展概况 ……………………… 273

大同市城区 ………………………… 274

大同市矿区 ………………………… 275

大同市南郊区 ……………………… 275

大同市新荣区 ……………………… 276

左云县 ……………………………… 277

大同县 ……………………………… 279

天镇县 ……………………………… 279

浑源县 ……………………………… 280

广灵县 ……………………………… 281

灵丘县 ……………………………… 282

阳高县 ……………………………… 283

大同开发区 ………………………… 284

·阳 泉 市·

自然概况 …………………………… 284

经济发展概况 ……………………… 285

阳泉市城区 …… 286
阳泉市矿区 …… 287
阳泉市郊区 …… 288
盂县 …… 289
平定县 …… 290

·长 治 市·

自然概况 …… 291
经济发展概况 …… 291
长治市城区 …… 293
长治市郊区 …… 293
潞城市 …… 294
长治县 …… 295
襄垣县 …… 296
屯留县 …… 297
平顺县 …… 298
黎城县 …… 300
壶关县 …… 302
长子县 …… 303
武乡县 …… 303
沁县 …… 304
沁源县 …… 305
长治高新技术开发区 …… 306

·晋 城 市·

自然概况 …… 306
经济发展概况 …… 307
晋城市城区 …… 307
泽州县 …… 308
高平市 …… 309
陵川县 …… 311
阳城县 …… 312
沁水县 …… 313
晋城经济技术开发区 …… 314

·朔 州 市·

自然概况 …… 315
经济发展概况 …… 316
朔州市朔城区 …… 317
朔州市平鲁区 …… 318
山阴县 …… 319
应县 …… 320
怀仁县 …… 321
右玉县 …… 322
朔州经济开发区 …… 323

·忻 州 市·

自然概况 …… 323
经济发展概况 …… 324
忻州市忻府区 …… 325
原平市 …… 326
定襄县 …… 327
五台县 …… 328
代县 …… 328
繁峙县 …… 329
宁武县 …… 330
静乐县 …… 331
神池县 …… 332
五寨县 …… 333
岢岚县 …… 334
偏关县 …… 335
河曲县 …… 336
保德县 …… 337
五台山风景名胜区 …… 338

忻州经济开发区 …… 338

·晋 中 市·

自然概况 …… 339
经济发展概况 …… 340
晋中市榆次区 …… 340
介休市 …… 341
榆社县 …… 342
左权县 …… 343
和顺县 …… 344
昔阳县 …… 345
寿阳县 …… 346
太谷县 …… 347
祁县 …… 348
平遥县 …… 349
灵石县 …… 350
晋中经济技术开发区 …… 350

·吕 梁 市·

自然概况 …… 351
经济发展概况 …… 352
吕梁市离石区 …… 353
孝义市 …… 354
汾阳市 …… 355
文水县 …… 356
交城县 …… 357
兴县 …… 358
临县 …… 358
柳林县 …… 359
石楼县 …… 360
交口县 …… 361
方山县 …… 362
中阳县 …… 363
岚县 …… 364

·临 汾 市·

自然概况 …… 365
经济发展概况 …… 365
临汾市尧都区 …… 366
侯马市 …… 367
霍州市 …… 368
曲沃县 …… 369
翼城县 …… 370
襄汾县 …… 371
洪洞县 …… 372
古县 …… 373
浮山县 …… 373
吉县 …… 374
乡宁县 …… 375
蒲县 …… 376
大宁县 …… 377
永和县 …… 378
汾西县 …… 379
隰县 …… 380
安泽县 …… 381

·运 城 市·

自然概况 …… 382
经济发展概况 …… 383
运城市盐湖区 …… 384
永济市 …… 385
河津市 …… 385
临猗县 …… 386
芮城县 …… 387

万荣县 …………………………………… 388
新绛县 …………………………………… 389
稷山县 …………………………………… 390
闻喜县 …………………………………… 391
夏县 ……………………………………… 392
绛县 ……………………………………… 393
平陆县 …………………………………… 394
垣曲县 …………………………………… 395

## 转型跨越发展专文

以习近平总书记系列重要讲话精神为指引团结动员全省职工为全面建成小康社会做出新的更大贡献 … 田喜荣 397
加快实现"两个走在前列",开创龙城幸福美好未来 …………… 耿彦波 399
加快建设更具实力、更富活力、更有魅力、更加宜居、更加幸福的省城首善之区 ……………………… 李 慧 402
全力建设活力晋源、宜居晋源、魅力晋源、法治晋源建设 …………… 李永强 404
塑造小店美好形象,实现小店振兴崛起 ……………………… 李卫平 407
全面加快"三区"建设步伐,为太原"两个走在前列"做出新的更大的贡献 ……………… 杨俊民 409
加快建设和谐宜居、富有活力、崇文重教、文明幸福的现代城区 …… 李文权 412
推动古交转型升级,实现古交振兴崛起 ……………………… 翟永清 414
打造全省综合实力强县,谱写决胜全面小康华章 …………… 王琳玉 417
加快建设一个中心、三个大同,夺取全面建成小康社会的新胜利 ………… 大同市人民政府 420
加快推进现代服务业示范区、城市管理示范区、幸福大同示范区建设 …………… 大同市城区区长 423
全力打造"四区一中心" 同心同力建设美丽富裕幸福南郊 … 任希杰 425
推进"一轴一带三区"建设,实现"四个新荣"目标 ………… 李继忠 428
明确目标 苦干实干 全力推进"五型阳高"建设 …… 阳高县县长 431
加快把灵丘建设成为面向京津冀地区宜居、宜业、宜游的山水特色城镇 ……………………… 罗永山 433
加快建设民富、县强、域美、安康、宜居新广灵 ……………… 王丽萍 436
抓好"两大任务",扭住"四个关键"努力推动朔州经济转型升级、振兴崛起 …………………… 陈振亮 439
统筹推进经济、政治、文化、社会和生态文明建设,以优异成绩迎接党的十九大胜利召开 ………… 南志中 442
不忘初心、奋发图强,加快忻州全面脱贫、全面小康步伐 ……… 郑连生 445
加快建设"经济强、百姓富、生态美、人居优、文化兴、活力旺"的首善忻府 ………………… 崔向松 449
不忘初心,开拓进取,为实现原平人民的美好梦想而不懈奋斗 …… 马志强 451
砥砺前行 奋力开拓 决胜全面小康

实现富民强县 …………… 张生明 454
加快全面脱贫、全面小康进程，建设宜居、
宜业、宜游美丽新五台…… 武新亮 457
抢抓机遇，苦干实干 加快全面脱贫、
全面小康进程 …………… 郝江陵 459
促进经济稳步向好和提质增效 加快
全面脱贫、全面小康进程 … 崔峥岭 462
撸起袖子加油干、加快脱贫
奔小康 ……………………… 王 卓 465
着力脱贫攻坚 建设大美静乐 … 王 昕 468
坚决打赢攻坚战，勇于争当
排头兵 ……………………… 孟宏斌 470
撸起袖子加油干，建设美好
新五寨 ……………………… 张宇光 473
同心同力，苦干实干，加快美好
岢岚建设 ………………… 侯俊生 475
不忘初心、砥砺前行，奋力谱写决胜
全面小康新篇章 ………… 任鸿宾 478
实现新突破、全面建小康……… 韩 斌 481
以脱贫攻坚统揽全局，加快实现全面
小康进程 ………………… 曲俊安 483
围绕品质提升 推进综合整治
努力打造五台山世界知名旅游
目的地 ……………………………… 486
以脱贫攻坚统揽经济社会发展全局，
加快吕梁决胜全面小康
步伐 ……………………… 王立伟 488
凝心聚力、乘势而上，努力加快汾阳
全面小康步伐 …………… 吴晓东 491
聚力转型综改 推进城乡统筹
努力建设全国一流的现代化
区域性中心城市 ………… 王廷洪 493
顽强拼搏，锐意进取，谱写兴县
发展新篇章 ……………… 刘世庆 495
融入太原都市圈、打造省城后花园，
建设富裕美好新岚县 …… 乔 云 497
实现“三个转变”，建设美好临县 … 李双会 500
攻坚克难，真抓实干，率先脱贫，
决胜小康 ………………… 李溢涛 503
阔步前行，一步一个脚印向
“三个交城”目标迈进 …… 张潞萍 505
打赢脱贫攻坚战，建设文明、宜居、
小康新柳林 ……………… 刘惠民 508
坚定信心，开拓创新，奋力建设和
美厚实小康中阳 ………… 田安平 510
凝心聚力、开拓创新，加快建设
“五新”交口 ……………… 乔劲松 512
凝心聚力、开拓进取，全面挺进全省
第一方阵 ………………… 王 成 515
勇当全市排头兵，挺进全省
前十强 …………………… 张 鹏 518
苦干实干，敢于担当，争做晋中全面挺进
全省第一方阵的排头兵 … 张 驰 521
在全省振兴崛起、晋中晋位升级中 扮好
“灵石角色”，讲好“灵石故事”，
打好“灵石战役” ………… 刘 旋 524
上台阶、强实力、进前列 争当挺进全省
第一方阵排头兵 ………… 刘 伟 526
加快挺进晋中方阵第二梯队，建成美丽
文明、无煤有为新祁县…… 冯耀黎 529
为建设“大美古城，小康平遥，国际旅游
城市”而努力奋斗………… 石 勇 532
加快建设大美山川、小康榆社、生态旅游
宜居城 …………………… 韩 军 534

三年全面脱贫、整体位次前移、奋力
　　跻身全市第二梯队 ……… 马海军 537
团结拼搏，奋发进取，争创全市上游、
　　东山一流 ………………… 许利伟 540
全力促进经济发展稳中有进，确保在
　　全面挺进全省第一方阵中
　　首战告捷、勇站前列 ……… 史　洁 542
冲锋在第一线，争当晋中战役
　　“最强生力军” …………… 温毓诚 545
着力走好，转型升级、新型城镇化建设和
　　社会治理创新“三条路” … 武建功 546
努力把盂县建设成为宜居宜业宜游、服务
　　阳泉发展的首善之区 …… 孔禄泉 549
加快把开发区建设成为山西向东开放桥
　　头堡，晋东区域中心城，转型发展
　　先行市，统筹城乡示范区 … 杨全生 552
撸起袖子加油干，把长治打造成山西
　　重要的增长极 …………… 卢建明 554
凝心聚力，攻坚克难，谱写“品质之城、
　　幸福之区”新篇章 ………… 杨　隽 558
发展特色城郊经济，全面建成小康
　　社会 ……………………… 张晋伟 561
推进两个优化、实现二次崛起 … 秦苏良 564
弘扬革命精神，奋力迎难而上，
　　夺取脱贫攻坚、全面小康新
　　胜利 ……………………… 阎新平 566
以必胜信念铸就“北方水城、美丽沁州”
　　崛起之梦 ………………… 张宏伟 570
加快襄垣振兴崛起　全面建成
　　小康社会 ………………… 胡三虎 572
加快转型发展　建设全面小康 … 牛晨霞 575
对表对标、苦干实干　高质量全面
　　建成小康屯留 …………… 翟卫华 578
埋头苦干、勠力前行，加快建设共享、生态、
　　平安、人文、宜居新长子 … 赵永进 581
突出一个重点，打好六场硬仗
　　实现振兴崛起，建设美好
　　壶关 ……………………… 崔江华 583
实现脱贫摘帽　全面建成小康 … 连树斌 586
再铸黎都辉煌　全面建成小康 … 王现敏 589
突出高新特色　深化改革创新
　　全面开启高新区“二次
　　创业”新征程 ……………… 张　圣 592
加快创新驱动、转型升级，实现经济稳步
　　向好、社会和谐稳定 ……… 武宏文 594
加快实现振兴崛起，塑造高平美好
　　形象 ……………………… 邹树琦 598
打造新型城镇化示范县，率先全面
　　建成小康社会 …………… 高喜全 601
凝心聚力求发展　脱贫攻坚奔
　　小康 ……………………… 任彩虹 603
为建设生态美、百姓富、县域强的幸福
　　美好新阳城而努力奋斗 … 史小林 606
加快开发区转型升级创新发展，继续当好
　　改革开放的排头兵 ……… 程　琳 609
决胜全面小康，实现振兴崛起，建设富裕、
　　文明、绿色、幸福新临汾 … 刘予强 610
加快“五个尧都”建设，决胜全面小康，
　　实现振兴崛起 …………… 杨保春 613
进军省强市，全面达小康，共建文明
　　开放幸福美丽新霍州 …… 黄晓君 616
加快建设美丽永和、富裕永和、
　　人文永和、平安永和 ……… 范洋平 619
攻坚克难，真抓实干，打赢脱贫攻坚、

建设小康隰县 …………… 王晓斌 621
凝心聚力、攻坚克难，为打赢脱贫战，
全面建小康，实现大宁振兴
崛起而不懈努力 ………… 樊 宇 624
实施“五大战略”积蓄力量，保证
“保优夺魁”全面实现 …… 解高民 627
打好打赢“四场硬仗”，全面建成
小康社会 ………………… 牛庆国 629
加快建设富裕襄汾、文化襄汾、
法治襄汾、绿色襄汾……… 乔飞鸿 632
坚定信心，知难而进，决胜全面小康，
实现振兴崛起 …………… 刘舒华 635
加快建设绿色、开放、秀美、富裕新
浮山 ……………………… 廉海平 637
同心同德，攻坚克难，为加快实现翼城
振兴崛起、全面建成小康社会
而不懈努力 ……………… 高永贤 640
忠诚担当，奋发有为，全力谱写开发区
创新创业新篇章 ………… 张瑜庆 643
主动作为，开拓创新，加快建设幸福
盐湖 ……………………… 李 哲 645
顽强拼搏，开拓创新 奋力谱写
“四基地一名城”建设新
篇章 ……………………… 孙中全 647
奋力建设实力闻喜、活力闻喜、
绿色闻喜、幸福闻喜……… 黄亚平 650
抓重点，攻难点，补短板，
惠民生 …………………… 李永辉 653
坚定信心，锐意进取，为实现“六个
突破”、建设“三县一基地”
目标而努力奋斗 ………… 樊双全 656
努力建设经济繁荣、社会和谐、民生
殷实、生态优美新平陆…… 李 旸 659
攻坚克难，奋力拼搏，推动全省环境
质量进一步改善 ………… 郭长青 662
提升管理服务水平 开创社会保险
经办工作新局面 ………… 孔宪江 663
坚持创新发展 加快转型升级
全力助推山西经济社会
发展 ……………………… 赵春雷 666
立足三晋 服务全省 推动创新
支持转型 ………………… 尚朝辉 668
凝心聚力 主动作为 加快发展 提质增效
奋力开创邮储银行山西省分行
发展新局面 ……………… 孙江涛 670
做强做优做大，全力打造全球最大的炼焦煤
企业 … 山西焦煤集团有限责任公司 672
开拓创新，锐意进取 奋力打造一流的
国家级开发园区 ………… 郭建发 675
抓住机遇，精准发力，
努力开创集团经营发展
新局面 …………………… 韩文军 677
依托传统优势，打造大健康
产业 ……………………… 张 斌 679
夯基础 谋发展
全力打造具有竞争力的
现代化企业 ……………… 张有河 681

## 2016 年国民经济统计资料

行政区划（2016 年末）………………… 683
国民经济主要指标 …………………… 684
国民经济主要比例关系 ……………… 686

人口和自然资源 …………………………… 687
地区生产总值及构成 ……………………… 687
全社会固定资产投资 ……………………… 688
人民物质文化生活提高情况 ……………… 689
2016年全国各省市区国民经济主要指标排序 ………………………………… 690
2016年各市基本情况排序 ……………… 696
2016年全省各市(县、区)主要经济指标 … 697

## 地方经济法规·规章

### ·法　规·

山西省煤炭管理条例 ……………………… 703
山西省人口和计划生育条例 ……………… 706
山西省通信设施建设与保护条例 ………… 711
山西省永久性生态公益林保护条例 ……… 714
山西省安全生产条例 ……………………… 717
山西省环境保护条例 ……………………… 724

### ·规　章·

山西省重大建设项目稽察办法 …………… 728
山西省重大活动档案管理办法 …………… 732
山西省文物建筑构件保护办法 …………… 734
山西省流动人口服务管理办法 …………… 736

## 山西经济大事记

2016年山西经济大事记 ………………… 739

## 专　栏

山西省社会保险局 ………………………… 1
山西省总工会 ……………………………… 2
山西省环境保护厅 ………………………… 4
太原铁路局 ………………………………… 6
山西焦煤集团有限责任公司 ……………… 10
山西省高速公路集团有限责任公司 ………………………………… 12
太原不锈钢产业园区 ……………………… 14
建行山西省分行 …………………………… 16
晋商银行 …………………………………… 18
邮储银行山西省分行 ……………………… 20
山西省晋神能源有限公司 ………………… 22
山西晋神沙坪煤业有限公司 ……………… 24
大同煤矿集团财务有限责任公司 ………… 26
中条山有色金属集团有限公司物资设备部物资设备库 ………………………… 28
北方铜业股份有限公司铜矿峪矿 ………… 29
太原市 ……………………………………… 30
太原市迎泽区 ……………………………… 34
太原市杏花岭区 …………………………… 36
太原市万柏林区 …………………………… 38
太原市晋源区 ……………………………… 40
清徐县 ……………………………………… 42
古交市 ……………………………………… 44
大同市 ……………………………………… 46
大同市城区 ………………………………… 52
大同市新荣区 ……………………………… 54
灵丘县 ……………………………………… 56

大同市南郊区 …… 58
阳高县 …… 59
山西广誉远国药有限公司 …… 60
中阳县 …… 61
吕梁市 …… 62
孝义市 …… 66
汾阳市 …… 70
柳林县 …… 72
方山县 …… 76
兴县 …… 78
临县 …… 80
岚县 …… 82
交口县 …… 84
交城县 …… 86
朔州市 …… 88
山阴县 …… 94
忻州市 …… 96
忻州市忻府区 …… 100
原平市 …… 102
岢岚县 …… 106
河曲县 …… 108
偏关县 …… 111
保德县 …… 112
神池县 …… 114
宁武县 …… 116
静乐县 …… 118
繁峙县 …… 120
定襄县 …… 122
代县 …… 124
五台县 …… 126
五台山风景名胜区 …… 128
晋中市 …… 130
晋中市榆次区 …… 134
介休市 …… 136
灵石县 …… 140
平遥县 …… 144
太谷县 …… 146
和顺县 …… 148
昔阳县 …… 150
寿阳县 …… 152
祁县 …… 154
盂县 …… 156
晋中经济技术开发区 …… 158
榆社县 …… 160
阳泉市郊区 …… 161
阳泉经济技术开发区 …… 162
晋城市 …… 164
高平市 …… 170
泽州县 …… 174
阳城县 …… 176
陵川县 …… 178
晋城经济技术开发区 …… 180
临汾市 …… 182
临汾市尧都区 …… 186
洪洞县 …… 190
霍州市 …… 194
汾西县 …… 196
永和县 …… 198
大宁县 …… 200
翼城县 …… 202
蒲县 …… 204
襄汾县 …… 206
隰县 …… 208
曲沃县 …… 210

安泽县 …………………………………… 212
浮山县 …………………………………… 213
古县 ……………………………………… 214
乡宁县 …………………………………… 215
临汾经济技术开发区 …………………… 216
侯马开发区 ……………………………… 218
长治市 …………………………………… 220
长治市城区 ……………………………… 224
长治市郊区 ……………………………… 226
长治县 …………………………………… 228
潞城市 …………………………………… 232
武乡县 …………………………………… 234
襄垣县 …………………………………… 236
黎城县 …………………………………… 238
屯留县 …………………………………… 240
沁源县 …………………………………… 242
沁县 ……………………………………… 244
壶关县 …………………………………… 246
长治高新区 ……………………………… 248
长子县 …………………………………… 250
平陆县 …………………………………… 251
运城市盐湖区 …………………………… 252
永济市 …………………………………… 254
万荣县 …………………………………… 256
闻喜县 …………………………………… 258
夏县 ……………………………………… 260

# 特载

TEZAI

01

# 政府工作报告

——2017年1月14日在山西省第十二届人民代表大会第七次会议上

山西省省长　**楼阳生**

各位代表：

现在，我代表省人民政府向大会报告工作，请予审议，并请省政协委员和其他列席人员提出意见。

## 一、2016年工作回顾

2016年，是充满挑战的一年，也是孕育希望的一年。我们深入学习贯彻党的十八大、十八届三中、四中、五中、六中全会精神和习近平总书记系列重要讲话精神，在省委的坚强领导下，认真贯彻落实省第十一次党代会精神，按照"一个指引、两手硬"重大思路和要求，坚定不移推进供给侧结构性改革，坚定不移实施创新驱动、转型升级战略，统筹稳增长、促改革、调结构、惠民生、防风险等各项工作，在压力下砥砺前行、在困难中奋力开拓，全省经济实现了下半年好于上半年的目标。

预计全省地区生产总值增长4.5%左右，低于预期1.5个百分点；全社会固定资产投资增长1%左右，低于预期11个百分点；社会消费品零售总额增长7%左右，高于预期1.5个百分点；一般公共预算收入下降5.2%，好于下降7%的预期；城乡居民人均可支配收入分别增长6%左右、6%以上，实现预期目标；城镇新增就业46.46万人，城镇登记失业率3.52%，控制在预期4.2%以内；居民消费价格涨幅1.1%，控制在预期3%以内。约束性指标中，万元地区生产总值能耗下降幅度、二氧化碳排放量下降幅度、用水量下降幅度，二氧化硫、化学需氧量、氨氮、氮氧化物、烟尘、粉尘减排幅度，劣V类水体比例，农村贫困人口脱贫人数、城镇棚户区住房改造数量等指标均完成年度任务。设区市城市空气质量优良天数比例未完成年度任务，其中，大同、吕梁、忻州三市完成年度任务，阳泉、长治、晋中、太原、晋城、临汾、朔州、运城八市未完成年度任务。

综观2016年，全省经济仍未进入合理增长区间，增速已连续三年低位徘徊，但标志性、转折性、趋势性变化显著增加。地区生产总值一季度、上半年、前三季度、全年分别增长3%、3.4%、4%、4.5%左右，呈现逐季加快、逐步向好的态势。农业稳定发展，全年粮食总产量达131.85亿公斤，夺得历史第二丰收年。从9月份起，工业生产者出厂价格结束了连续54个月的下降趋势，扭转了与购进价格长达66个月的倒挂状态；从10月份起，规模以上工业增加值累计增速结束了连续21个月的负增长，企业效益结束了连续16个月的累计净亏损。这些积极变化，有效改善了市场预期，支撑了经济企稳向好。

一年来，主要抓了以下工作：

*坚定推进煤炭钢铁去产能。*认真落实"三去一降一补"重点任务，退出煤炭产能2325万吨，淘汰钢铁产能82万吨，率先实施煤炭减量化生产，全年压减煤炭产量1.43亿吨，占全国煤炭减量的40%左右，为促进工业止跌回升、企业扭亏为盈发挥了关键作用，为改善全国煤炭市场供求关系做出了重要贡献。

*倾力开辟转型综改主战场。*破解转型综改空间布局、平台载体等瓶颈制约，推进开发区改革创新发展，按国土面积的2%左右谋划布局全省开发区建设。整合太原都市区的8个产业园区、科技园区和高校新区，成立山西转型综改示范区，打造开发区建设和转型综改的排头兵。

积极培育经济新动能。抢抓新经济布局、区域竞争力重构机遇，加快布局数字经济、高端装备制造、新材料、新能源汽车等战略性新兴产业，实施云计算、轨道交通装备等一批转型新项目。推进文化旅游、金融、物流、会展等现代服务业发展。加快科技创新城建设，实施T800高端碳纤维、10兆瓦级锂电池储能技术等科技重大专项，引进中科院、浙江大学等科研团队，打造转型升级新引擎。

扎实推进重点领域改革。开展同煤、焦煤等国企改革试点，推进电力体制改革综合试点，成功争取国土资源部委托我省实施煤层气矿业权审批登记。推进农村集体经营性建设用地入市、集体土地征收制度改革试点，开展集体资产股份权能改革试点，基本完成农村土地承包经营权确权。推广政府与社会资本合作(PPP)模式，设立煤炭供给侧改革基金。全面实施企业“五证合一”和个体工商户“两证整合”。

努力构建开放合作新格局。实施“东融南承西联北拓”对外开放战略，主动对接京津冀，在科技人才、新兴产业、文化旅游、能源供应、现代农业等方面达成一批重大合作事项。与银行、保险、资产管理公司等金融机构实施战略合作，与华为、阿里巴巴、中铝等一批行业龙头企业开展项目合作。成功举办太原能源低碳发展论坛、民企助推转型创新发展大会等重大活动。

千方百计扶持实体经济。开展万名干部入企服务和各类项目受理大起底，实施工业提质增效“20条”、降低实体经济企业成本“44条”，推动物流业降本增效，开展电力直接交易，落实铁路公路运费优惠政策，缓缴资源价款，有效降低企业成本。开展煤企京城路演，推动金融机构通过贷款重组、“债转股”、资产证券化试点等方式，帮助企业降杠杆、防风险、渡难关。夺取脱贫攻坚首战首胜。制定“十三五”脱贫攻坚规划，全面实施精准扶贫八大工程二十个专项行动，加大特色产业扶贫力度，提前启动新一轮退耕还林还草，10万贫困人口实施易地扶贫搬迁，57万贫困人口实现脱贫，1900个贫困村有序退出。

持续改善民生和社会事业。积极做好高校毕业生、农村转移劳动力、城镇困难人员、退役军人等群体就业工作，安置煤炭钢铁去产能转岗职工3.16万人。提高城乡居民医保、低保标准和退休人员基本养老金。城乡居民大病保险实现全覆盖。完成城镇保障性安居工程建设和农村人居环境改善年度任务。义务教育“全面改薄”与均衡发展取得新进展。

狠抓生态环保和安全生产。在全国率先对永久性公益林进行立法保护，扎实推进汾河流域综合治理，完成营造林400万亩。加强大气、水、土壤污染治理，淘汰黄标车及老旧车17.2万辆。各类生产安全事故起数和死亡人数分别下降2.46%、2.14%，煤矿百万吨死亡率下降32.9%。加强和创新社会治理，社会保持和谐稳定。

着力改善发展环境。坚持依法行政，向省人大常委会提请审议地方性法规草案6件，制定政府规章5件，认真办理人大代表建议和政协提案。深化“放管服效”改革，继续取消、下放、清理规范一批行政审批和中介服务事项。省市县三级政务服务平台、省市两级公共资源交易平台基本建成并投入运行，行政审批“两集中、两到位”全面推行。建立“13710”工作制度。扎实开展“两学一做”学习教育，认真贯彻《关于新形势下党内政治生活的若干准则》和《中国共产党党内监督条例》，持续推进政府系统党风廉政建设和反腐败斗争，全面构建良好政治生态，政府自身建设得到进一步加强。

各位代表，山西经济正处于一个重大历史拐点。以省第十一次党代会为标志，山西发展翻开了新的一页。全省上下进一步强化了新发展理念，深化了对省情特点和资源型地区转型发展规律的认识，更加坚定了转型综改、创新驱动的信心和决心。摆脱煤炭过度依赖、加快战略重点转移、全力深化供给侧结构性改革和转型综改，正在成为发展的主旋律、最强音，山西已经开启转型综改、创新驱动、全面小康、振兴崛起的新征程!

困难中的转机来之不易，压力下的收获弥足珍贵。这是党中央、国务院亲切关怀、坚强领导的结果，是省委统揽全局、正确领导的结果，是省人大、省政协大力支持、有效监督的结果，是全省广大干部群众同心同德、攻坚克难的结果。在此，我代表省人民政府，向全省人民，向各民主党派、工商联和无党派人士，向各位人大代表、政协委员，向驻晋人民解放军、武警官兵、公安民警和中央驻晋单位，向所有关心支持山西改革发展的同志们、朋友们，表示崇高的敬意和衷心的感谢!

各位代表，我们清醒地认识到，全省经济虽然呈现低位企稳、稳步向好的态势，但仍没有走出困难时期，多年积累的“一煤独大”结构性矛盾、“一股独大”体制性矛盾、创新不足素质性矛盾远未从根本上解决，企稳向好的基础还不牢固，由此带来的一系列经济社会问题也是相互交织、错综复杂。特别是经济增长还缺乏大项目支撑、新要素新动能支撑和强有力的人才支撑，短期很难实现跳跃式增长；企业负债率偏高、区域性金融风险较大、财政收支不平衡、就业增收困难等问题仍然突出；城乡发展不平衡，脱贫攻坚难度大，民生社会事业欠账较多，补短板任务十分艰巨；安全生产隐患较多，社会管理粗放，维稳压力较大；资源环境约束加剧，大气、水、土壤污染问题突出，尤其是雾霾问题日益成为人民群众关注的焦点；发展环境不优，一些干部不愿为、不敢为、不会为，一些部门和地方服务意识不强、行政效率不高、工作落实不力，等等。解决这些矛盾和问题，唯有加快转型综改、创新驱动，舍此别无他途！

## 二、2017 年工作安排

2017 年是全面贯彻省第十一次党代会精神的起步之年，是供给侧结构性改革和转型综改的深化之年，也是山西走出经济困难局面的攻坚之年。政府工作的总体要求是，深入学习贯彻习近平总书记系列重要讲话精神和治国理政新理念新思想新战略，统筹推进“五位一体”总体布局，协调推进“四个全面”战略布局，认真贯彻省第十一次党代会和省委十一届二次全会暨经济工作会议总体部署，按照省委“一个指引、两手硬”重大思路和要求，坚持新发展理念，坚持稳中求进工作总基调，坚持深化供给侧结构性改革与深化转型综改试验区建设有机结合，坚持以提高发展质量和效益为中心，全面实施创新驱动、转型升级战略，全力促进经济稳步向好、民生不断改善和社会和谐稳定，为塑造美好形象、实现振兴崛起奠定更加坚实的基础，以优异成绩迎接党的十九大胜利召开。

主要预期指标是：地区生产总值增长 5.5%左右，全社会固定资产投资增长目标根据新的统计口径设置，社会消费品零售总额增长 7%左右，一般公共预算收入增速由负转平，城乡居民人均可支配收入分别增长 6%左右和 6%以上，居民消费价格涨幅控制在 3%左右，城镇新增就业 45 万人，城镇登记失业率控制在 4.2%以内。

约束性指标是：资源节约方面，万元地区生产总值能耗下降 3.2%，万元地区生产总值二氧化碳排放量下降 3.9%，万元地区生产总值用水量下降 3%。环境质量方面，包括设区市细颗粒物(PM2.5)浓度下降比例，设区市城市空气质量优良天数比例，达到或好于Ⅲ类水体比例，劣Ⅴ类水体比例，二氧化硫、化学需氧量、氨氮、氮氧化物减排幅度，完成国家下达任务。民生改善方面，农村贫困人口脱贫 66 万人，城镇棚户区住房改造 13 万套。

2017 年指标体系的设定，考虑了转型需要，突出了转型导向，体现了稳中求进。地区生产总值增速预期 5.5%左右，旨在为转型和改革留出空间，夯实全面小康、振兴崛起的基础，同时也是一个需要“跳起来”才能“够得着”的目标。一般公共预算收入增速由负转平，主要考虑我省实体经济依然困难，财政增收因素不多，尽管是零增长，但增速要比去年提高 5.2 个百分点，是一个积极进取的目标。同时，要坚持“紧日子、保基本、调结构、保战略”，调整财政支出结构，发挥好财政资金“四两拨千斤”的作用。固定资产投资工作，要摆脱过分追求增速的惯性，更加注重优化投资结构、提高精准性有效性，把重点放在扩大产业投资、促进民间投资、补齐发展短板上。约束性指标既是转型的标尺，也是基本的民生要求，必须不折不扣完成。

各位代表，经济社会发展指标是重要的风向标和指挥棒。我们还将出台深化转型综改的意见，制定转型综改、创新驱动指标体系，力促各地主动转型、创新转型、深度转型、全面转型。为了明天，为了子孙后代，我们坚决不要带血的 GDP、不要污染环境破坏生态的 GDP、不要掺假带水分的 GDP，要努力创造有质量有效益真金白银的 GDP、绿水青山可持续发展的 GDP、老百姓有实实在在获得感和幸福感的 GDP！

今年，重点抓好以下工作：

(一)大力推进“三去一降一补”。

坚定去产能。重点抓好煤炭去产能，更好运用市场化、法治化方式，严格执行环保、能耗、质量、安全等相关法律法规和标准，推动企业兼并重组，推进产能交易，关闭退出煤炭产能 2000 万吨左右。多渠道做好职工分流安置工作。坚持淘汰落后产能与发展先进产能相结合，实施减量置换、减量重组、提高单产、减人增效，提升安全生产水平，提高先进产能占比，有序释放先进产能，促进煤炭市场供需关系继续改善。退出钢铁产能 170 万吨。

努力去库存。加大棚户区改造和城中村改造货币化安置力度，促进库存商品房改造为安置住房。鼓励库存较大的市、县为进城农业转移人口购房提供补贴，逐步推行先租后买。完善住房保障和供应体系，培育住房租赁市场，调整房地产市场结构，还原住房居住属性。力争商品房待售面积消化周期控制在 10 个月左右。支持企业搞好产销衔接，降低工业产成品库存。

稳步去杠杆。稳妥推进企业债务重组，支持企业市场化、法治化债转股，引导金融机构帮助企业置换债务。支持企业开展资源价格评估，重点开展煤炭企业清产核资。推进资产证券化试点。加大股权融资和应收账款融资。加强企业自身债务杠杆约束。建立企业债务重组和不良资产处置协调机制。

多措降成本。落实减税降费政策，进一步清理不合理收费，努力减轻企业税费负担。利用专项建设基金、应急周转保障资金、信用增进、再担保等方式，支持企业多渠道融取低成本资金。阶段性降低企业社保费、住房公积金缴存比例，合理降低企业人工成本。深化煤炭、电力、土地等领域改革，降低企业用能用地成本。完善物流配送网络，提高物流效率，降低企业物流成本。引导企业眼睛向内挖潜增效。

着力补短板。既补硬短板又补软短板，既补发展短板又补制度短板，着力加强人力资源、科技创新、生态环保、“岸、港、网”建设等薄弱环节。重中之重是加快补齐脱贫攻坚这个短板。坚持精准扶贫、精准脱贫，深入实施精准扶贫八大工程二十个专项行动。推进特色农业扶贫、光伏扶贫、旅游扶贫和电商扶贫，抓好新一轮退耕还林还草和干果经济林提质增效工程。采取政府购买、订单培训、定岗培训、“互联网＋培训”等模式，抓好农村贫困劳动力技能培训。到村到户精准落实各项社会保障和社会救助政策措施。全面推进统筹整合财政资金试点工作。开展资产收益扶贫试点。完善财政风险补偿机制，落实小额信贷、扶贫再贷款和保险扶贫等政策，创新精准扶贫小额信贷模式，完善信贷服务体系。健全脱贫攻坚责任制，确保完成14个贫困县摘帽、2270个贫困村有序退出，完成12万贫困人口易地搬迁和3万人同步搬迁。省市县三级已层层立下“军令状”，必须做足“成色”，如期“交账”，在奔小康的路上决不落下一个贫困村、一个贫困户、一个贫困人口！

（二）大力支持做强实体经济。

着力发展新一代信息技术产业。紧跟5G时代，充分发挥我省气候冷凉、区位适中、电力充沛等优势，围绕基础建设、数据应用、产业开发“三维一体”，实施大数据战略，发展数字经济，建设智慧山西，推进智能制造。加强顶层设计和管理，组建大数据产业发展局，出台促进大数据发展政策措施。推进移动、联通、电信、华为、百度、浪潮、吕梁军民融合云计算等数据中心建设，争取国家部委和金融机构在我省布局大数据中心或灾备中心，筹划建设智慧山西云平台，打通信息孤岛，推动数据资源开放共享。构建大数据全产业链，做大做强云计算、物联网、移动互联网、可信计算机等产业；开展大数据招商引资，吸引上下游产业链项目落地我省。实施“互联网＋”行动，在政府治理、公共服务和城市建设等领域广泛应用大数据，推动大数据与制造业、现代农业、服务业深度融合，以信息化促进新型工业化、新型城镇化和农业现代化。

加快发展装备制造业。围绕轨道交通装备、重型机械、能源装备、化工装备、电子信息装备、纺机装备等优势领域，着力提升自主研发和系统集成能力，推进制造业与互联网融合发展，加快向“山西智造”转变。创新军民产业融合机制，推进军民融合产业园和产业孵化基地建设。积极争取国家智能制造试点示范，筹划建设省级装备制造业创新中心，重点推进太重风电装备园区、富士康光机电及工业机器人、晋能光伏电池及组件等项目建设。

积极发展新兴潜力产业。依托新材料、新能源、新能源汽车、节能环保、生物医药等新兴潜力产业的既有基础，瞄准发展前沿，强化政策支持，加快占领行业高端，形成新的优势产业。做大做强新型金属材料、新型化工、新型无机非金属和前沿新材料，重点推进太钢350公里轮轴钢、T800高端碳纤维二期和中电科二所碳化硅半导体等项目建设。推动比亚迪新能源汽车二期、吉利新能源汽车、宇航新能源客车、临汾沃特玛新能源汽车产业园等项目建设，实现太原、晋中、晋城全区域新能源汽车充电设施全覆盖。发展风电、光伏发电和生物质能等新能源产业，推动太原西山国家新能源示范区及大同、长治、运城三个新能源示范城市建设，抓好汉能移动能源产业园建设。推进节能装备、环保设施、环保物联网、节能服务等领域重大项目建设。加快晋北原料药、晋中中成药、晋南新特药三大基地建设，筹建太原生物医药研究院和产业园。

改造提升传统产业。推进新型综合能源基地建设，抓好晋煤外运，扩大晋电外输，实施晋气外送，保障国家能源安全。加大传统产业技术改造，加快传统产业与新技术、新工艺、新模式相互嫁接，促进煤基产业和原材料产业绿色清洁高效循环发展。深化煤电联营，推动煤电材、煤焦化、煤焦钢一体化发展，推进中铝吕梁基地50万吨铝合金深加工、银光镁业500万只轮毂生产线等项目建设。发展差异化、高端化煤基化工产业，加快潞安180万吨煤制油等项目建设。深入开展消费品工业“增品种、提品质、创品牌”专项行动，推动食醋、白酒、乳制品、纺织、陶瓷、玻璃器皿、工艺品等产业提档升级。

做大做优建筑业。推动建筑企业整合重组，培育扶持专业资质企业，加快形成一批专业化大型企业集团。支持企业开拓省内外市场。打造省级建筑产业园区，提升钢结构、装配式混凝土和市政构件预制加工能力。支持企业建立全产业链生产体系，实现设计、构配件生产、施工、管理一体化发展。

各位代表，山西转型的希望在战略性新兴产业，潜力也在战略性新兴产业。我们要着力优化产业布局，细化产业目录，集中优势资源，实施“六大工程”，加快构建多元化中高端现代产业体系。力争经过五年、十年甚至更长一段时间的努力，有效破解“一煤独大”的结构性矛盾，使传统产业特别是煤炭产业在自身转型升级、做优做强的同时占比逐年下降，战略性新兴产业占比大幅提升，形成经济增长的多业支撑，让山西经济这座大厦基础更加稳固、结构更加合理、竞争力真正强大，坚实地屹立在中国经济版图上！

（三）大力推进农业供给侧结构性改革。

优化农业产业布局。适应农产品消费升级需要，以增加农民收入、保障有效供给为主要目标，大力发展特色优势产业。稳粮优经扩饲，稳定小麦生产，调减籽粒玉米，做精杂粮、做优果菜、做强畜牧、做好药材。构建汾河平原、上党盆地、雁门关、太行山、吕梁山和城郊农业六大特色农业发展区域。切实抓好雁门关农牧交错带建设，以养定种、种草养畜，推进草畜一体化发展。

发展农业产业化经营。打造一批特色农产品生产基地，建设全国优质杂粮产地交易市场和中药材交易中心，扩大农产品精深加工规模，大力发展休闲农业、农村电子商务、乡村旅游等新产业新业态，拓展农业产业链价值链。实施龙头企业转型升级计划，培育一批种业型、加工型、流通型、服务型农业龙头企业。创新农村集体经济合作组织，通过合作使农民同经济组织及企业结成利益共同体，实现互利共赢。

增加绿色优质农产品供给。加快发展功能农业，面向中高端市场，推进药食同源产品开发，大力发展保健食品等高附加值产品。实施农业标准化战略，推进“三品一标”认证，农业生产标准化率力争提高到30%以上。抓好出口食品农产品质量安全示范区建设，打造运城农产品出口平台，带动全省农产品质量提升。

推进农业科技创新。打造山西“农谷”，组建山西功能食品研究院，建设现代农业创新高地和功能农业示范区。加强新型职业农民培育。实施农业科技创新行动计划，力争在特色优势农业发展、旱作节水农业、农业生态保护等方面取得一批重大科技成果。

强化农业基础支撑。优先保障财政支农支出，改革财政支农投入使用机制，整合出台新的强农惠农政策，重点支持农业基础建设、科技创新、结构调整、农民增收。完成高标准农田建设200万亩，新增高效节水灌溉面积60万亩。建立完善科技、金融、流通、人才、政策五位一体的服务体系，培育多种形式的农业经营性服务组织。推进特色现代农业提质增效，真正让农业成为充满希望的产业。

（四）大力发展服务业。

加快发展现代服务业。推进金融业创新发展。完善地方金融体系，做大做强金控集团，推动晋商银行启动上市，推进农信社改制，组建晋商人寿保险公司，推动组建民营银行。培育壮大天使基金、种子基金、创投基金和私募股权基金，支持战略性新兴产业和现代服务业发展。通过可转债、永续债、企业债、公司债、中期票据等融资工具，促进能源产业升级改造。健全金融中介体系，规范发展互联网金融。推进咨询服务业快速发展。制定支持咨询服务业发展的政策措施，加快发展以会计、法律、审计、评估、专利代理为重点的咨询服务业，拓展商务咨询服务领域，引入政府采购机制，积极推动重大决策、重大项目和工程技术等领域引入咨询服务。推进物流业智慧发展。围绕能源矿产品、农产品、大宗工业品、生活日用品等，大力发展智慧物流、多式联运、城乡快递、冷链物流，培育现代物流企业集团，建设重要物流设施，规划建设全省智慧物流云平台，推进太铁中鼎物流园等项目建设，加快构建立体式现代物流产业格局。推进会展业提速发展。加快完善会展设施，在太原规划建设大型会展中心，引入市场化办会机制，培育会展市场主体，延伸会展产业链。办好太原能源低碳发展论坛等重点展会，鼓励各部门各行业积极引进本领域重要展会。推进幸福产业提质升级。发展文化、教育、体育、健康、休闲、养老等幸福产业，规划建设融旅游、度假、养老、医疗于一体的健康养老产业集群。进一步扩大新兴消费。培育信息消费、智能家居、可穿戴设备等新兴消费，推动消费结构升级。引深“山西品牌行”系列活动。加强流通基础设施建设，抓好太原智慧物流配送示范城市建设，完善市场服务体系，整顿和规范市场秩序，营造良好的消费环境。

优化提升传统服务业。适应大众消费多样化、个性化、信息化需求，推动商贸、餐饮、住宿、家政等行业加快业态创新、管理创新和服务创新，促进线上线下互动发展。优化城乡商贸流通网络，发展现代经营方式。积极打造晋菜品牌，弘扬山西面食文化，培育一批跨区域餐饮连锁示范企业，发展大众餐饮、特色餐饮。推进住宿业连锁化、品牌化发展。健全城乡居民家庭服务体系，提高居民生活便利化水平。

特别要把文化旅游业加快培育成战略性支柱产业。着力破解体制机制障碍，上半年基本完成全省旅游景区体制机制改革，进一步理顺管理体制、经营机制和各类利益关系。以“旅游业+”为思路，把握“安、顺、诚、特、需、愉”六字要诀，包装一批项目、引进一批战略合作者、培育一批经营主体、搭建一批投融资平台、打造一批旅游景区和精品线路，做强寻根觅祖、古建宗教、晋商民俗、太行山水、红色经典等旅游品牌。积极发展全域旅游。建设文化旅游产业融合发展试验示范区。组建省级文化旅游投资平台，实施大项目建设、大企业运作。提升五台山、云冈石窟、平遥古城等重点景区品质。发展生态游、商务游、休闲游、旅游养老、会展旅游、体育旅游等新业态。办好重大旅游节庆活动。抓好旅游公路和旅游服务设施建设。努力实现由文化旅游资源大省向文化旅游强省的跨越，把山西建成国内一流、国际知名的旅游目的地。

（五）大力推进重点领域改革。

加快开发区体制机制改革。科学修编全省开发区总体发展规划，推进开发区整合、改制、扩区、调规。理顺开发区管理体制、运行机制和各类利益关系，建立专业化、市场化、国际化的管理运行机制，实行领导班子任期制、全员岗位聘任制和绩效工资制。按照应放尽放、能放尽放的原则，切实向开发区简政放权。重点抓好山西转型综改示范区体制机制创新，赋予示范区省级投资项目核准权限，开展企业投资项目承诺制试点。力争4月底前启动起步区建设，引进实施一批重大产业和科技项目，在产业转型、创新驱动、体制改革、投资环境等方面为全省做出示范。

深化国企国资改革。坚持国企国资改革方向，坚持市场化、法治化取向，推动国有企业瘦身健体、固本培元、提质增效、转型升级。推进国有企业功能界定与分类，积极发展混合所有制经济，完善现代法人治理结构，推进市场化选聘经营管理者，加快剥离企业办社会职能，妥善解决历史遗留问题。积极推进国有资本投资、运营公司改革试点。推动国资监管体制向管资本为主转变。制定出台国企国资改革方案，全面启动省属国有企业改革。

深化投融资体制改革。落实企业投资自主权，实行企业投资项目管理负面清单、权力清单、责任清单制度。对核准类项目，只保留选址意见、用地预审以及重特大项目环评审批。对备案类项目，不设置前置条件，除国家有特殊规定外，全部实行属地管理。创新企业投资项目管理，探索建立多评合一、多审合一、多图联审、联合验收等新模式，对技术审查类的审批试行先建后验模式。发挥好政府投资的引导和带动作用，建立完善PPP有效推进机制，设立促进经济转型新动能投资基金。加快市场化融资步伐，加大贷款协调力度，稳步提高存贷比，优化企业贷款结构，大幅增加信贷规模；加大直接融资力度，推进绿色债、双创债等创新债券品种融资；实施企业上市培育和上市企业、挂牌企业再融资行动；引导保险机构资金和资产公司投资入晋。全面开放投融资中介市场，完善中介服务机构退出和惩戒机制。

深化电力体制改革。推进输配电价改革。抓好股份制电力交易机构运营。加快推进转型综改示范区产业园区等增量配电业务试点。以吕梁铝循环产业园区为试点，探索局域电网运营新模式。扩大直供电规模和范围，提高自备电装机比重，有效降低企业用电成本，努力把我省电力优势转化为竞争优势和发展优势。

深化商事制度改革。继续大力削减工商登记前置审批事项，抓好“证照分离”改革试点。在全面实施“五证合一、一照一码”登记制度的基础上，将更多涉企证照与营业执照整合，积极探索“多证合一”登记模式。有序推进电子营业执照和全程电子化试点，开展简易注销改革。支持去产能分流人员自主创业，为其从事经营或注册企业开辟“绿色通道”，并依法给予税费减免、担保贷款等政策扶持。创新事中事后监管，完善企业信用信息公示系统，推动企业信息共享交换和互认互用。

深化农村产权制度改革。完善农村土地所有权、承包权、经营权分置机制，基本完成农村土地承包经营权确权登记颁证。完成农村集体经营性建设用地入市、集体土地征收、集体资产股份权能改革试点。推进农村土地经营权和住房财产权抵押贷款试点工作。大力推进水权水务、小型水利工程产权和农业综合水价改革。加快推进国有林场改革，继续深化集体林权制度改革。深入推进供销合作社综合改革。

改革是决定转型成败的关键一招。我省各领域、各方面改革的任务极其繁重，既要“补课”，又要“争先”；既要抓住主要矛盾，大胆探索，先行先试，尽快取得突破，又要增强改革的系统性、整体性、协同性，通过改革不断激发创新驱动、转型升级的内生动力和创造活力。

（六）大力实施科技创新和人才强省战略。

扎实推进科技创新。落实国家创新驱动发展战略纲要，推进十大创新行动。建立完善科研经费管理、成果转化、资源共享、用地、人才等科技创新政策。围绕新一代信息技术、高端装备制造、新能源、新材料、节能环保、生物医药等新兴产业布局创新链，深入实施企业技术创新“百项重点项目计划”，推进科技重大专项和产业化示范项目。引导企业加大研发投入，支持企业与高校、科研院所深化合作，开展协同创新，推动企业成为技术创新主体。实施高新技术企业倍增计划。加强高层次创新团队建设，通过项目招标、人才招标、人才合作、共建重点实验室和研发中心等方式，引进一批领军型科技创新团队。开展科技成果转移转化试点，建立省级科技成果转化引导基金。加快科技创新城建设，打造新材料、新能源、信息技术、生物技术、煤基科技创新高地。建设基于互联网的创新平台，建成大型科学仪器和科技资源开放共享平台、科技成果转化和知识产权交易平台。建立首台（套）重大技术装备财政补助和保险补偿机制。深化科技体制改革，推进科研院所转制改制，赋予高校、科研院所经费预算调剂、经费分配使用、科研设备采购等方面更大的自主权。

实施一流的人才政策。全面对标发达地区人才政策，出台深化人才发展体制机制改革的实施意见，实施以增加知识价值为导向的分配政策。开展高层次人才年薪制、项目工资制、协议工资制、绩效工资制试点。取消机关事业单位控编进人卡和进人计划卡，全面落实用人主体自主权。构建全新的人才合理流动机制，打通政企、事企人才双向流动通道，顺向流动全部取消审批，横向流动单位自主办理，逆向流动实行科学调控。改革人才评价制度,取消附着在职称评聘上的非专业条件和限制性要求,实行评聘分离制度。用好本土人才,引进高端科技创新人才、高级经营管理人才和工匠型高技能人才,为他们解决好配偶就业、子女就读、住房保障等后顾之忧。

各位代表,创新是引领发展的第一动力,人才是支撑转型的第一资源。我们要面向经济主战场,聚焦产业、企业、企业家,聚合产业链、供应链、创新链、要素链、制度链,加快补齐科技和人才短板,为转型综改提供强大的动力和智力支撑!

(七)大力提升开放型经济水平。

实施"东融南承西联北拓"战略。积极参与京津冀一体化,深度融入环渤海经济圈,在产业发展、招才引智、科技创新、基础设施、能源供应、文化旅游等方面开展全方位合作。差异化承接国际市场以及长三角、珠三角、港澳台地区产业梯度转移。制定参与"一带一路"建设三年滚动计划,实施"千企百展"行动,开展国际产能合作。落实中部崛起战略,深化与中原经济区、沿黄经济区合作,推进晋陕豫黄河金三角、蒙晋冀长城金三角区域合作,融入中蒙俄经济走廊。

加快推进基础设施内通外联。完善我省综合交通运输体系,优化提升"铁、公、机",加快大张客专、太焦客专、原大客专、阳泉北至大寨城际铁路等重点项目建设,打通省际断头路,推进14个未连通高速公路出省口建设。完善骨干机场功能,发展临空经济。加快建设"岸、港、网",支持太原铁路口岸建设,启动太原航空口岸"一站式作业"试点,加快推进大同航空口岸正式开放,实现运城航空口岸临时开放,推进五台山航空口岸临时开放。加快太原、大同、临汾无水港建设,完善提升太原武宿综合保税区、太重(天津)重件码头等物流港功能。加快网络基础设施建设,推动山西(阳泉)智能物联网应用基地试点建设,力争将太原增设为国家级互联网骨干直联点。

推动外贸转型升级。复制推广国家自贸区改革试点经验,在投资管理、服务业开放、海关监管、检验检疫等领域,进一步探索新体制、新模式。加快国际贸易"单一窗口"建设,推进投资贸易便利化。培育外贸综合服务企业和跨境贸易电子商务等新兴业态。制定重点出口产品支持政策,扩大山西产品出口规模。积极扩大进口,重点支持先进设备、先进技术进口。承接发达地区加工贸易转移。

高效精准招商引资。围绕产业链条、产业集群、产业目录,实施专业招商、以商招商、会展招商、网络招商、委托招商等,抓好熟地储备、标准化厂房等要素供给,加强跟踪服务,促进项目落地投产。推进招商引资体制机制改革,强化驻外办事处和各类商会在招商引资中的窗口和桥梁作用。改进和完善招商引资考核体系,加大签约项目开工率、资金到位率考核权重。启动实施"晋商晋才回乡创业创新"工程,鼓励和吸引晋商晋才在我省设立总部企业、研发中心、营销中心、结算中心,实现人才要素回流回乡、创新创业。我们期盼新一代晋商茁壮成长,呼唤晋商骄子回乡兴业,欢迎八方有志之士来山西投资发展。我们将全力创造良好的投资环境,携手共铸新晋商、新辉煌!

(八)大力推进大众创业万众创新。

多层次培育双创主体。引导国有大企业自主创新,充分发挥龙头企业双创主体的示范效应,辐射带动区域关联企业提升创新能力。孵化培育一批创新型中小微企业。扶持一批高成长性创新型"小巨人"企业,引导企业创造新需求、新市场、新业态。推进创新型企业梯次发展,推动"个转企、小升规、规改股、股上市"。

支持创建双创示范基地。推动新建基地型、旧企业闲置厂房改造型、城市楼宇型等小企业创业基地发展,实现各类创业者"拎包创业"。培育认定一批众创空间,力争省级以上众创空间达到150家以上。深化创业型城市创建工作,举办创业大赛、创客山西等活动,组织创业项目洽谈对接,提高创业成功率。

加强创业创新政策支持。放宽新产业新业态市场准入,探索包容创业创新、多元参与的审慎监管方式。对创业者购买创新服务、开展技术合作等给予扶持,支持发展分享经济。完善知识产权创造、保护和运用制度,促进知识产权的自由流通和交易。加强双创财政金融支持,省级中小企业发展专项资金向小微企业倾斜,为更多的初创期小微企业提供第一笔政府性扶持资金;发展各类创业投资引导基金,鼓励发展众创、众包、众扶、众筹服务,拓宽创业创新融资渠道;积极推广"助保贷"等融资模式,有效化解小微企业融资难。

全力支持民营经济发展。完善产权保护制度,依法保障非公有制企业与公有制企业享有平等的财产权。建立公平竞争审查制度,按照统一市场、公平竞争的标准,对涉及市场准入、产业发展、招商引资、政府采购、经营行为规范、资质标准等政策措施进行审查,有序清理废除对民营经济的歧视性规定,保障非公有制经济与公有制经济一样,平等使用生产要素、公平参与市场竞争、同等受到法律保护。推动基础设施、公共服务、金融、能源、通信等领域向民间资本开放。鼓励民营资本参与国有企业改革。引导民营企业实施股份制改造。努力形成"龙头企业巨木参天、小巨人企业百木成林、小微企业漫山遍野"的产业生态。

(九)大力培育文化软实力。

挖掘文化宝藏。启动山西文化资源大调查。实施优秀传统文化传承工程和乡村文化记忆工程,抓好红色文化资源保护利用，推进晋中国家级文化生态保护实验区建设。实施“文明守望工程”，动员社会力量参与文物保护利用。推进文物密集区体制改革试点工作，筹备建设晋商博物馆，努力使文化记忆鲜活起来。做好修志编鉴工作，发挥资政育人作用。

提高文化普惠水平。健全省市县乡村五级公共文化服务设施，实施数字图书馆、电子阅览室、数字农家书屋等公共文化数字服务项目，推进基层综合性文化服务中心建设，让公共文化服务更加贴近群众。整合各类农村文化建设资金，提高使用效益。加大购买公共文化服务力度，继续开展好文化科技卫生“三下乡”、农村公益电影放映等文化惠民活动。推进全民阅读，建设书香社会。大力弘扬太行精神、吕梁精神、右玉精神，加强公民道德建设，选树山西好人、道德模范、文明家庭。推动移风易俗，树立文明乡风村风。

推进文化产业发展。开展全省文化产业统计普查。激发文化市场主体活力，壮大省属文化企业集团，支持中小微等各层次文化企业发展。整合资源，推动传统媒体与新兴媒体深度融合。发挥各类文化产业资金基金作用，加快文化与旅游、信息、科技、体育、金融等产业融合。积极发展文化创意、动漫游戏、数字出版等新业态，推进新闻出版广电数字内容产业基地、山西文化产业园、山西文化保税区等重大项目建设。探索建立省属国有文化资产三级管理体制，深化国有文化企业分类改革，构建有文化特色的现代企业制度，推进省属文化企业“双效”业绩考核。加快全省广播电视网络整合，完成首轮资产重组工作。办好第三届山西省文化产业博览交易会。

繁荣发展文化事业。发展新闻出版、广播影视、文学艺术事业，实施哲学社会科学创新工程，建设“文化晋军”。大力开展“深入生活、扎根人民”主题实践活动，推出一批富有中国气派、山西特色的精品力作。加强网络文化建设，净化网络环境。促进对外文化交流和贸易，推动山西优秀文化走出去，让三晋文化薪火相传、发扬光大！

（十）大力推进城乡一体化。

推动太原都市区提档升级。按照主体功能区定位，调整完善提升太原都市区规划，在太原开展“五规合一”试点，年底前在全省推开。推进太原都市区航空、铁路、高速公路和轨道交通建设，畅通人流、物流、信息流。加快晋中至太原城际铁路、太原地铁2号线建设，积极推进太原地铁3号线、1号线前期工作。着手规划建设以晋阳湖为中心的太原西山片区，打造山湖一体、河湖连通、古今交融、人文自然辉映的一流景区。支持太原做优做强、做特做名，在“五城联创”的基础上，着力建设创新城市、开放城市、品质城市、智慧城市、绿色城市、低碳城市、平安城市、幸福城市，加快提升省会城市的核心竞争力和知名度、美誉度。

优化城镇空间布局和功能。积极推进晋北、晋南、晋东南三大城镇群建设。推动区域中心城市发展，有序调整行政区划，扩大中心城区行政区域范围，逐步解决“一市一区”问题。继续实施“大县城战略”，推进产城融合，建设一批特色城镇。深入实施城市人居环境改善工程，加大老旧工业区改造力度，加强城市综合交通网络、地下综合管廊建设，提高城市水气热、通信、污水垃圾处理等设施保障能力。

省长楼阳生在省环保厅召开座谈会

推进美丽宜居乡村建设。改善农村人居环境，推动41个农村垃圾治理试点县和8个农村生活污水综合利用示范县建设，加大改气、改水、改厕力度。完成采煤沉陷区治理搬迁6.6万户，实施地质灾害治理搬迁4000户，开工改造城中村4.6万户，抓好400个省级美丽宜居示范创建村提档升级。特别要重视古村落保护，抓好108个重点传统村落保护及开发利用。

完善城乡一体化体制机制。加

快推进规划编制、基础设施、公共服务、产业布局、制度安排“五个一体化”。探索实施城镇建设用地增加规模同吸纳农业转移人口落户数量挂钩机制。鼓励就近城镇化、梯度城镇化，出台财政支持政策，促进符合条件的农业转移人口有序落户城镇。合理安排市域县域城镇建设、农田保护、产业集聚、村落分布、生态涵养等空间布局，推动水电路气等基础设施城乡联网、共建共享，促进各种资源要素在城乡协调配置，推进教育、医疗、文化、社保等基本公共服务均衡配置。

（十一）大力推进生态文明建设。

加大环境污染治理力度。实施大气、水、土壤污染防治三大战役，努力改善环境质量。加大控煤、治污、管车、降尘力度，实施散煤综合治理，加快推进集中供热，提高清洁供暖比重，全面完成燃煤发电机组超低排放改造，完成国家下达的黄标车及老旧车淘汰任务。支持太原市率先实现清洁供暖全覆盖，彻底解决城区冬季原煤散烧问题。建立重污染天气预警应急响应和联动机制，实施设区市空气质量信息共享、污染排放联合控制、联动执法，有效防治雾霾天气。加快城镇污水处理设施提标改造，开展农村生活污水综合处理试点。完成土壤污染治理与修复规划。因地制宜推行垃圾分类，开工建设一批垃圾处理项目。推进畜禽养殖废弃物处理和资源化利用。深化以省城太原为重点的中心城市环境综合整治工作。深入开展环保督察，引深“铁腕治污”行动，依法严惩各类环境违法违规行为。

实施山水林田湖系统治理。深入推进林业“六大工程”，营造林400万亩。有效开发空中水，合理利用地表水，严控开采地下水，优化全域水资源配置。推进大小水网建设，加快完成万家寨引黄全能力配套工程，实现大水网隧洞骨干连通工程全部贯通，辛安泉供水和东山供水工程正式投运，小浪底和中部引黄工程试运行，县域小水网工程取得实质性进展。推进汾河、桑干河等重点流域生态修复治理，开展京津冀晋地下水修复试点，完成水土流失治理面积525万亩。

推进能源资源集约节约利用。全面推进工业、建筑、交通、公共机构等领域节能，推进重点行业能效对标。实施建设用地总量控制，把土地产出率作为重要准入门槛。加大工矿废弃地复垦利用力度，推进土地、矿产集约节约高效利用。推广绿色建筑、装配式建筑。推进朔州国家工业固废综合利用示范基地建设。

创新生态文明体制机制。健全自然资源资产产权制度，明确各类自然资源产权主体权利。完善国土空间开发保护制度，划定生态保护红线，探索建立多元化生态保护补偿机制，逐步增加对重点生态功能区转移支付。建立污染防控区域联动机制。健全环境治理和生态保护市场。制定生态文明建设目标评价考核办法。全面推行“河长制”。推进省以下环保机构监测监察执法垂直管理改革。实施固定污染源“一证式”排污许可证管理制度。

各位代表，绿水青山就是金山银山。生态环境没有替代品，用之不觉、失之难存。我们要顺应人民群众关切，坚持不懈加强生态文明建设，坚持标本兼治，统筹抓好源头治理、过程治理、重点治理、专项治理和系统治理，最终实现彻底治理，努力建设山清水秀、天蓝地净的美丽家园！

（十二）大力推进民生改善。

积极扩大就业。加快发展服务业等劳动密集型产业，扶持中小微企业和民营企业发展，开发更多就业岗位。推进高校毕业生就业创业促进计划，实施“三支一扶”、就业见习等基层服务项目，吸纳更多高校毕业生就业。统筹中央奖补资金、就业专项资金和失业保险基金使用，做好去产能职工安置工作。扎实开展就业

晋城市城中村改造

援助专项行动，托底帮扶就业困难人员，确保零就业家庭动态清零。做好城镇失业人员、“4050”人群、退役军人等群体就业工作，转移农村劳动力33万人。实施职业培训全覆盖计划，提升劳动者就业创业能力和职业转换能力。

着力增加居民收入。适时适度调整全省最低工资标准，发布年度企业工资指导线。提高退休人员基本养老金标准，确保养老金按时足额发放。全面落实司法体制改革试点工资政策。围绕农民持续增收，推进农业提质增效，着力挖掘经营性收入增长潜力；扶持农民就业创业，努力增加就业岗位和创业机会，稳住工资性收入增长势头；深化农村赋权改革，释放财产性收入增长红利；健全农业支持保护政策，拓展转移性收入增长空间，让农民的钱袋子实实在在鼓起来。

全面加强社会保障。推动机关事业单位养老保险制度改革入轨运行。实现城乡居民基本医保制度并轨，推进基本医保异地结算和医保支付方式改革。在晋中市开展生育保险和基本医疗保险合并实施试点。提高城乡居民基本医保财政补助标准。提高城乡低保标准，推动脱贫线、低保线有效衔接。提高养老机构服务质量。实施残疾人精准康复服务行动。全面实施全民参保登记。

加快发展教育事业。实施第三期“学前教育行动计划”，推进普惠性民办幼儿园认定和扶持工作。在城镇新建住宅小区配套建设中小学幼儿园。统筹推进县域内城乡义务教育一体化发展，实施好义务教育“全面改薄”工作，启动实施农村中小学厕所“旱改水”工程，全省所有县(市、区)义务教育学校标准化建设通过省级抽查确认，再有20个县(市、区)通过国家义务教育均衡发展督导评估认定。统一城乡义务教育学生“两免一补”政策，实现教育经费随学生流动可携带。推动全省所有普通高中办学条件基本达标。推进职业教育产教融合，建立中职学校生均拨款制度。落实特殊教育提升计划。启动实施“1331”工程，促进高等教育振兴崛起。推进太原东山高校新区建设。做好山西中医药大学去筹工作，筹建山西艺术学院。加快发展民办教育。深化教育领域综合改革，推进招生考试制度改革。

推进健康山西建设。全面推开公立医院改革。落实政府办医责任，完善医院补偿机制，动态调整医疗服务价格。公立医院全部取消药品加成。加快建立分级诊疗制度，以基层首诊为导向，推进家庭医生签约服务，提升基层医疗卫生机构服务能力，推进县乡医疗卫生一体化。实施药品流通领域“两票制”改革，推进城乡药品配送一体化。落实社会办医与公立医院同等待遇，支持有条件的非公立医疗机构做大做强。提高基本公共卫生服务财政补助标准。启动健康城镇建设试点。推动中医药传承、创新、发展。完善全面两孩政策体系。推进全民健身和全民健康深度融合，做好第二届全国青运会筹备工作。

发展妇女儿童、老龄、慈善和红十字会等事业。加强气象、地震、人防、科普、档案、参事等工作。做好民族宗教、外事、侨务、港澳、对台等工作。支持国防建设，加强双拥工作。继续做好对口援疆工作。

各位代表，人民群众对美好生活的向往就是我们的奋斗目标。我们要牢固树立以人民为中心的发展思想，在继续改善人民群众生产生活条件的基础上，更加注重提高人的素质，促进人的全面发展。今年，省政府将再办好六件民生实事：一是实施3.5万名残疾预防重点干预和残疾儿童抢救性康复项目，二是对36个贫困县建档立卡的农村妇女免费进行“两癌”检查，三是为全省城乡怀孕妇女提供免费产前筛查和诊断服务，四是新建600个农村老年人日间照料中心，五是实施6万名建档立卡农村贫困劳动力免费职业培训，六是免费送戏下乡1万场。

(十三)大力抓好安全稳定工作。

压实安全生产责任。坚持“党政同责、一岗双责、企业(单位)主责、失职追责”，按照“三个必须”和谁主管谁负责的要求，压实各级政府领导责任和部门监管责任。依据工商注册企业名录，逐一落实生产经营单位的监管部门和监管责任人。严格落实企业主体责任，切实做到安全责任、管理、投入、培训和应急救援“五到位”。

推进依法治安。全面落实新修订的《山西省安全生产条例》。完善各级政府安全监管执法体制，重点充实市县两级安全生产监管执法人员，强化乡镇(街道)执法力量，完善开发区、工业园区、风景区等功能区的安全生产监管体制。进一步健全联合执法工作机制和安全生产“黑名单”制度，对违法违规行为零容忍、严查处。严格责任倒查制度，实行目标考核“一票否决”。

严查整治安全隐患。全面开展安全风险排查评估，完善人防、技防、物防等风险防控措施。在煤矿、非煤矿山、道路交通、危险化学品、油气管道、建筑施工、人员密集场所等行业领域开展安全生产隐患大排查大整治，加大对去产能企业、长期停工停产矿井和技改矿井的检查力度，及时消除各类事故隐患。对重大隐患实行挂牌督办、限期整改，整改无望的予以关闭，对非法生产经营建设行为坚决打击取缔。

提升安全生产基础保障水平。在重点领域强制推进安全生产标准化建设。开展反“三违”专项行动，强化企业生产一线、作业现场的安全生产管理。实施一批煤矿灾害治理、军工化工企业搬迁、公路防护工程等领域的重大安全治理项目。大型尾矿库全部安装在线监测系统，加快实现尾矿库安全在线监测全覆盖。

维护社会稳定大局。深化社区“网格化”管理，完善城乡社区、社会组织、社会工作联动机制。创新网上信访机制，完善社会稳定风险评估机制，有效调处化解过剩产能、征地拆迁等重点领域的矛盾纠纷，健全应急管理和防灾减灾体系。加强食品药品监管，加快建立重要产品追溯体系。加强社会信用体系建设，加大失信行为联合惩戒力度。创造良好金融生态环境，严厉打击恶意逃废金融债务和各类非法金融活动，着力维护金融安全，防止发生区域性、系统性金融风险。深化平安山西建设，狠抓社会治安综合治理，努力营造和谐稳定的社会环境。

各位代表，山西今天安全稳定的局面来之不易。在转型综改的关键时期，安全生产和社会稳定显得更为重要。我们一定要牢固树立总体安全观，进一步强化红线意识，以铁的担当尽责、铁的手腕治患、铁的心肠问责、铁的办法治本，坚决守住“三条底线”，绝不让安全稳定问题影响干扰转型综改的大局！

## 三、加强政府自身建设

面对转型综改的繁重任务，各级政府必须坚持党的领导，强化宗旨意识，忠实履行职责，与中央要求“对表”、与发达地区对标、与国际通行惯例对接，加强人民政府、法治政府、效能政府、担当政府、廉洁政府建设，不断提升政府治理体系和治理能力现代化水平。

加强人民政府建设。我们的政府是人民的政府，人民是我们的衣食父母，全心全意为人民服务是我们的天职。各级政府要在法律规定范围内，全面推进行政决策、执行、管理、服务、结果公开，保障人民群众的知情权、参与权、表达权、监督权。认真执行人大及其常委会的决议决定，依法向人大及其常委会报告工作，主动接受人大法律监督、工作监督、政协民主监督和人民群众监督，加强与民主党派、工商联、无党派人士的联系，积极支持工会、共青团、妇联等群众团体开展工作。认真办理人大代表建议、政协提案、人民群众来信来访，做到件件有着落。坚持重大决策问计于民，在政府机关设立建议提案和民生服务专门机构，常态化征集承办人大代表政协委员建议意见，办理民生事务。畅通与群众沟通渠道，完善行政首长信箱运行机制。借助互联网、新媒体，开展问政和评议活动，走好网上群众路线。全体政府公务人员要牢记，我们永远是人民的公仆！

加强法治政府建设。强化法治思维和法治意识，全面推进依法行政。坚持科学决策、民主决策、依法决策，实行重大行政决策合法性审查机制、终身责任追究制及责任倒查机制。加强决策咨询工作和政府智库建设。在各级政府普遍设立政府法律顾问和公职律师。加强行政复议和应诉工作。加强经济领域立法。今年首先在省政府组成部门设立专门的内审机构，加强审计监督，强化对行政权力的监督和制约。深入推进相对集中行政许可权改革试点，在市场监管、卫生计生、文化旅游、商务流通、城乡建设、城市管理等六个领域全面推开综合行政执法体制改革。探索建立行政执法全过程记录、重大行政执法决定法制审查等制度。全面推开“双随机、一公开”。扎实开展“七五”普法，加强法律援助工作。我们要通过系统的法制建设，确保政府工作在法制的轨道上、在制度的框架内运行，确保政府每一项工作经得起法律的审查和历史的检验。

加强效能政府建设。深化“放管服效”改革，努力做到审批最少、流程最优、体制最顺、机制最活、效率最高、服务最好。再取消下放一批省级行政审批等事项，清理取消一批相关证照的年检和与之挂钩的政府指定培训。加快推进投资审批网上办理和并联审批。深化拓展延伸“13710”工作制度，今年6月底前在省市县乡四级政府全面建成电子督办平台，将重点工程项目、企业技改项目和招商引资项目纳入平台管理，推动政府各项工作见人见事、见根见果，抓细抓小、抓紧抓实。用好省市县企业咨询投诉举报新平台。推进“互联网＋政务服务”，提升“两平台”服务功能，建设全省政务服务“一张网”，实现服务事项“一号申请、一窗受理、一网通办”。出台优化营商环境实施意见，开展优化投资营商环境专项行动。启动政府部门“大处(室)制”改革，开展政府绩效第三方评估。

加强担当政府建设。认真落实省委激励干部担当作为干事创业办法、支持干部改革创新合理容错办法，坚持“三个区分开来”，鼓励大胆作为，宽容合理失误，旗帜鲜明地保护那些作风正派、敢作敢为、锐意进取的干部。对工作主动作为、行动迅速、成效明显的，要予以褒奖。实行重点工作清单化管理，建立清晰明确可追溯的责任体系。健全重点工作督查机制，充实督查力量，强化督查职能，明确督查重点，盯住关键环节，督任务、督进度、督成效，确保各项工作任务全面及时高效落实。推进追责问责制度化、常态化，对不作为、慢作为、不落实、假落实行为，严肃追责问责。时代赋予了我们重任，也给了我们干事创业的机会，我们要义无反顾地把转型综改这一历史重任担当起来！

加强廉洁政府建设。认真贯彻党的十八届六中全会和中央纪委七次全会精神，按照省委“巩固、深化、提高”的六字方针，增强全面从严治党的系统性、创造性、实效性，继续在常和长、严和实、深和细上下功夫。履行好各级政府党组落实全面从严治党任务的主体责任，严格执行党内政治生活准则，深入推进政府系统党风廉政建设和反腐败斗争。今年在省政府组成部门设立党组（党委）办公室，切实加强政府系统党的建设。坚决把纪律和规矩挺在前面，健全“把权力关进制度笼子”的长效机制。对公共资金、国有资产、国有资源和领导干部履行经济责任实行审计全覆盖。推动落实中央八项规定和国务院“约法三章”常态化、长效化，牢固树立“过紧日子”思想，严控“三公”经费支出。坚决查处隐形变异“四风”问题，严肃整治推诿扯皮、吃拿卡要、数据造假等突出问题，抓好廉政教育和廉政文化建设，着力构建不敢腐、不能腐、不想腐的长效机制，努力建设政治生态的绿水青山！

各位代表，转型综改、创新驱动、全面小康、振兴崛起，是我们这一代人要走的新长征路。无论这条路有多少艰难险阻，我们都要坚定地走下去，坚实地走出来，直到光辉的彼岸。让我们更加紧密地团结在以习近平同志为核心的党中央周围，在省委的坚强领导下，忠诚担当、锐意进取，开拓创新、攻坚克难，只争朝夕、狠抓落实，以实际行动和出色业绩迎接党的十九大胜利召开！

# 关于山西省2016年国民经济和社会发展计划执行情况与2017年国民经济和社会发展计划草案的报告（摘要）

——2017年1月14日在山西省第十二届人民代表大会第七次会议上

山西省发展和改革委员会主任 **王 赋**

各位代表：

受省人民政府委托，我向大会报告山西省2016年国民经济和社会发展计划执行情况，以及2017年国民经济和社会发展计划草案，请予审议，并请省政协委员和其他列席人员提出意见。

## 一、2016年全省国民经济和社会发展计划执行情况

2016年下半年以来，面对复杂严峻的经济形势和持续较大的下行压力，全省上下在省委、省政府坚强领导下，认真贯彻落实党的十八大、十八届三中、四中、五中、六中全会精神和习近平总书记系列重要讲话精神，按照省委"一个指引、两手硬"重大思路和要求，坚定不移推进供给侧结构性改革，坚定不移实施创新驱动、转型升级战略，统筹推进稳增长、促改革、调结构、惠民生、防风险各项工作，全省经济趋势性、转折性和标志性变化明显增多，企稳回升的基础进一步巩固，稳步向好的态势更加明显，稳中有进的步伐更加坚实，实现了下半年好于上半年的目标。初步预计，2016年全省地区生产总值增长4.5%左右，全社会固定资产投资增长1%左右。社会消费品零售总额6456亿元，增长7%左右。一般公共预算收入1557亿元，下降5.2%。城镇居民人均可支配收入27378元，增长6%左右。农村居民人均可支配收入10050元，增长6%以上。城镇新增就业46.46万人，超额完成年度任务。城镇登记失业率3.52%，控制在年度目标4.2%以内。居民消费价格上涨1.1%，低于3%左右的年度控制目标。除设区市空气质量优良天数比例外，万元地区生产总值能耗、二氧化碳排放量、用水量降幅，劣Ⅴ类水体比例、二氧化硫、化学需氧量、氨氮、氮氧化物、烟尘、粉尘排放量降幅、农村贫困人口脱贫人数、城镇棚户区住房改造数量等约束性指标均完成年度任务。

（一）坚定不移推进供给侧结构性改革，"三去一降一补"成效明显。去产能任务提前完成，全年压减炼铁产能82万吨，退出煤炭产能2325万吨，压减煤炭产量1.4亿吨。去库存压力明显缓解，2016年11月末，商品房库存消化周期10.1个月，比2015年底缩短3.6个月。去杠杆稳妥推进，2016年1～11月低成本的债券融资2726.25亿元，同比多增726.71亿元，11月末高成本的表外融资余额比年初减少680.03亿元。降成本成效显著，2016年1～11月规模以上工业企业主营业务成本下降8.5%，财务费用下降6.8%，每百元主营业务收入中的成本为85.3元，同比下降1.9元。补短板力度加大，全年预计基础设施、高技术产业投资

分别增长11%、14%左右，产业扶贫投资完成260.3亿元。

（二）突出抓好转型综改试验区建设，重点领域改革取得新进展。出台实施全省转型综改实施方案（2016～2020年）、2016年“2455”行动计划，推动国资国企、电力体制、“放管服效”、价格、财税金融、农村产权制度、社会保障、生态文明体制等重点领域改革不断取得新进展和突破。部署推进开发区改革创新发展，成立山西转型综改示范区。

（三）着力扩大有效需求，经济企稳回升基础进一步巩固。积极扩大有效投资。集中开展“冬季行动”“各类项目受理大起底”等专项行动，推动重大项目加快建设。深化投融资体制改革，研究制定深化投融资体制改革实施意见。促进居民消费扩大升级。开展山西品牌“中华行”“丝路行”“网上行”专题促消费活动。开展“美丽山西休闲游”活动和乡村旅游惠民工程，加快发展电子商务。全省旅游总收入增长23.2%，社会消费品零售总额增长7%左右。努力稳定外贸和扩大对外合作。积极承接东部沿海地区加工贸易转移，签约项目2227个，到位资金6010亿元。预计全年进出口总额增长19.1%，实际利用外资30亿美元。大力扶持实体经济。深入开展“万名干部入企服务”工作，实施精准帮扶。积极开展大用户直接交易，全年完成交易电量427亿千瓦时。全省规上工业企业扭亏为盈。

（四）积极推进产业结构调整，转型升级步伐明显加快。夯实农业基础地位。新实施十项强农惠农政策，资金总规模达63.89亿元。全年粮食总产量131.85亿公斤，为历史第二高产年。农产品加工企业销售收入预计完成1515亿元。统筹推进国家新型综合能源基地建设。积极向国家上报20座煤矿产能置换方案或化解过剩产能方案，其中18个获国家复函确认，新增产能1.228亿吨/年，将推动先进产能占比由10%提高到16.9%。加快4条在建外送电通道建设，蒙西～天津南输电通道已基本建成。2016年底全省发电装机容量7640.16万千瓦，其中新能源装机1752.24万千瓦。全年预计煤层气（煤矿瓦斯）抽采量106亿立方米，利用量62亿立方米。潞安油化电热一体化示范等重点项目扎实推进。推动新兴产业快速发展。加快布局数字经济、高端装备制造、新材料、新能源汽车等战略性新兴产业，实施云计算、高端碳纤维、轨道交通装备等一批转型项目，部署推进文化旅游、金融、物流、会展等现代服务业发展。2016年预计，煤焦冶电四大传统产业增加值占规上工业的73%，回落1个百分点。装备制造业增加值占规上工业的11.4%，提高1.1个百分点。服务业增加值增长7%左右，三次产业增加值比例由2015年的6.1 ∶ 40.7 ∶ 53.2转变为6.1 ∶ 38.7 ∶ 55.2。

（五）加大生态环境治理力度，生态文明建设取得新成效。强化节能降耗工作，万元GDP能耗下降3.2%以上。加强大气、水、土壤污染治理，加大重污染天气监测预警及应对。主要污染物排放量削减幅度全部完成年度目标。出台“十三五”控制温室气体排放规划，积极参与全国碳排放权交易市场。在全国率先对永久性生态公益林进行立法保护，全年完成营造林400万亩。

（六）持续保障和改善民生，各项社会事业全面进步。脱贫攻坚首战首胜，10万贫困人口实施易地扶贫搬迁，57万贫困人口实现脱贫，1900个贫困村有序退出。城镇新增就业46.46万人，农村劳动力转移就业34.36万人。教育、医疗等基本公共服务均等化水平持续提升。安全生产形势稳定向好，各类安全生产事故起数、死亡人数分别下降2.46%、2.14%，煤矿百万吨死亡率为0.053。

（七）积极对接全力争取，国家支持力度进一步加大。重大政策方面：争取我省成为国家电网覆盖范围内首个全省域电改综合试点；争取国土资源部委托我省行使部分煤层气勘查开采审批登记；支持在我省开展煤炭交易体制改革试点；盐湖区、太谷县、石楼县列为国家农村产业融合发展试点示范县；国家发改委明确将我省晋北现代煤化工基地列入国家级化工园区（基地）；介休、寿阳和蒲县列为结合新型城镇化支持农民工等人员返乡创业试点。项目方面：争取国家正式核准潞安油化电热一体化示范项目，争取国家下达我省2016年光伏发电规模指标220万千瓦、2016年风电开发建设规模160万千瓦、晋北风电基地装机规模700万千瓦。太焦铁路、原大客专开工建设，北京至太原铁路列入《中长期铁路网规划》。资金方面：2016年中央共安排我省均衡性转移支付、县级财力保障奖补、财力补助较上年增加81.4亿元；争取将我省近几年（包括今后三年）应上缴的“两权价款”共150.43亿元留给我省用于采煤沉陷区治理；争取中央预算内投资80.4亿元、国家专项建设基金217.4亿元。

## 二、2017年全省经济社会发展总体安排和主要任务

2017年全省上下要贯彻落实好省委十一届二次全会暨经济工作会议精神和政府工作的总体要求：深入学习贯彻习近平总书记系列重要讲话精神和治国理政新理念新思想新战略，统筹推进“五位一体”总体布

局，协调推进“四个全面”战略布局，认真贯彻省第十一次党代会和省委十一届二次全会暨经济工作会议总体部署，按照省委“一个指引、两手硬”重大思路和要求，坚持新发展理念，坚持稳中求进工作总基调，坚持深化供给侧结构性改革与深化转型综改试验区建设有机结合，坚持以提高发展质量和效益为中心，全面实施创新驱动、转型升级战略，全力促进经济稳步向好、民生不断改善和社会和谐稳定，为塑造美好形象、实现振兴崛起奠定更加坚实的基础，以优异成绩迎接党的十九大胜利召开。

2017年经济社会发展主要指标计划安排的建议是：

预期指标：地区生产总值增长5.5%左右，全社会固定资产投资增长目标根据新的统计口径设置，社会消费品零售总额增长7%左右，一般公共预算收入与上年持平，城镇居民人均可支配收入增长6%左右，农村居民人均可支配收入增长6%以上，城镇新增就业45万人，城镇登记失业率控制在4.2%以内，居民消费价格涨幅控制在3%左右。约束性指标：万元地区生产总值能耗下降3.2%，万元地区生产总值二氧化碳排放量下降3.9%，万元地区生产总值用水量下降3%，设区市细颗粒物（PM2.5）浓度下降比例、设区市城市空气质量优良天数比例、达到或好于Ⅲ类水体比例、劣Ⅴ类水体比例、二氧化硫、化学需氧量、氨氮、氮氧化物减排幅度等指标全面完成国家下达任务。农村贫困人口脱贫人数66万人、城镇棚户区住房改造13万套。

（一）全面深化供给侧结构性改革，确保“三去一降一补”取得实质性进展。坚定有力去产能，坚持把去产能与提高先进产能占比、促进结构转型升级结合起来。实施减量置换、减量重组、提高单产，提高煤炭先进产能占比。促进钢铁行业优化升级。推动电力行业结构调整。扎实推进去库存，坚持把去库存与加快人口城镇化和促进房地产平稳健康发展结合起来。打通去库存与棚户区和城中村改造之间的通道。打通去库存与农业转移人口进城购房之间的通道。引导工业企业以销定产，降低产成品库存。稳妥有序去杠杆，坚持把去杠杆与防范和化解金融风险结合起来，有效降低杠杆率。多措并举降成本，落实我省降低实体经济企业成本实施方案，研究出台一批突破性的配套政策措施，缓解实体经济企业困难。精准有效补短板，谋划实施一批大项目好项目，重点加大脱贫攻坚、科技创新、人力资源、新兴产业、“岸港网”、生态环保、棚户区改造等薄弱环节投资力度。

（二）充分释放需求潜力，促进经济稳步向好。着力提升础设施、城乡一体化、社会事业等四大板块28个重点领域的一批重大项目，力争完成年度投资8009亿元。推动169个示范性强、引领作用大的省级重点工程项目加快落地建设。着力拓宽项目融资渠道，深化投融资体制改革，激发民间投资活力。着力提升消费的带动力，深入开展“十大扩消费行动”，引深山西品牌“中华行”“丝路行”“网上行”促消费活动。积极促进外贸稳定发展，复制推广国家自贸区改革试点经验，稳定传统优势产品出口。

（三）加快构建中高端现代产业体系，推动实体经济全面振兴。大力培育发展战略性新兴产业，推进新一代信息技术、先进装备制造、新材料、新能源汽车、新能源、煤层气、现代煤化工产业做大做强。全面改造提升传统产业，按照淘汰低端、提升中端、发展高端的原则，加大煤焦冶电等传统产业技术改造力度。做大做优建筑业。积极推进农业供给侧结构性改革，坚持把推进农业供给侧结构性改革与农业提质增效和农民持续增收结合起来，整合出台新的惠农政策，推进农业科技创新，促进农民持续稳定增收。加快发展现代服务业，加快把文化旅游培育成战略性支柱产业，打造一批文化旅游产业融合发展试验示范区。加快构建立体式现代物流产业格局，促进金融业做大做强。统筹发展会展、电子商务等现代服务业。

（四）深化转型综改试验区建设，推动事关全局的重点改革取得新突破。积极争取国家尽快出台支持我省深化转型综改试验区建设的意见，争取重点领域取得更大突破性进展。重点推进财税金融、开发区、国资国企、电力、“放管服效”、农村产权等领域改革。

（五）深入实施科技创新、人才强省战略，打造转型升级新引擎。牢固树立创新发展理念，坚持把创新作为引领发展的第一动力，落实国家创新驱动战略纲要实施方案，扎实推进科技创新。全面对标发达地区人才政策，创新人才发展机制，实施一流的人才政策。大力推进大众创业万众创新。

（六）抓好区域合作和对外开放，提升开放型经济发展质量和水平。实施“东融南承西联北拓”战略，积极参与“一带一路”建设，深度融入环渤海经济圈。加快推进基础设施互联互通。加大精准招商引资力度，启动实施晋商晋才“回乡”创业创新工程，全面提升我省开放型经济发展水平。

（七）大力推进城乡一体化，促进城乡协调发展共同繁荣。按照“一核一圈三群”城镇化总体布局，提高城镇规划建设水平，加快形成大中小城市与小城镇协调发展的新型城镇化格局。加快推进符合条件的农业转移人口有序落户城镇，推进以人为核心的新型城镇化。改善农村人居环境，推进美丽宜居乡村建设。加快推进规划编制、基础设施、公共服务、产业布局、制度安排“五个一体化”，完善城乡一体化体制机制。

（八）扎实做好节能减排和生态治理工作，持续推进“美丽山西”建设。加强环境污染治理，以治理雾霾为重点，加大环境污染治理力度，实施大气、水、土壤污染防治三大战役。推动低碳循环发展，实行能源和水资源消耗、建设用地等总量和强度双控行动。加快生态修复治理，继续实施林业六大工程，全面实施以汾河流域为重点的河流生态修复与保护工程，推进矿山生态环境治理和地质灾害防治。健全生态文明制度体系。

（九）切实保障和改善民生，推动基本公共服务均等化。继续推进八大工程二十个专项行动，确保14个贫困县脱贫摘帽、2270个贫困村有序退出，66万贫困人口实现脱贫。研究促进就业创业新政策，积极扩大就业空间。落实好各项增资政策，促进居民持续增收。加强对居民生活必需品价格监测，有效防范价格异常波动。积极促进各项社会事业发展，加大对科学、文化、体育、计生、人口等领域的支持力度。

（十）毫不放松抓好安全工作，营造维护和谐稳定的社会环境。严守不发生重大生产安全事故等“三条底线”，按照“四铁”的要求，强化红线意识，进一步深化安全生产大检查，严防各类重特大事故发生。创新社会治理体制。健全矛盾纠纷多元化解机制。强化促一方发展、保一方平安责任，守住全社会系统安全底线，营造安全稳定的发展环境。

（十一）密切跟踪研究经济形势，提高经济运行调控能力。密切跟踪国内外经济形势，加强国家宏观政策预调微调动向的分析预测，及时研究有效的跟进措施。加强省市经济形势分析联动，准确把握经济发展变化态势。

各位代表，新的一年，全省加快创新驱动、转型升级，全面深化供给侧结构性改革和转型综改试验区建设任务繁重艰巨，让我们在省委、省人大、省政府、省政协的正确领导和监督支持下，认真贯彻落实省第十一次党代会、省委十一届二次全会暨经济工作会议精神，坚定信心、迎难而上，开拓进取、攻坚克难，全力促进全省经济稳步向好、民生不断改善和社会和谐稳定，以优异的成绩迎接党的十九大胜利召开！

# 关于山西省2016年全省和省本级预算执行情况与2017年全省和省本级预算草案的报告(摘要)

——2017年1月14日在山西省第十二届人民代表大会第七次会议上

山西省财政厅厅长　**武　涛**

各位代表：

受省人民政府委托，我向大会提出2016年全省和省本级预算执行情况与2017年全省和省本级预算草案的报告，请予审议，并请省政协委员和其他列席会议的人员提出意见。

## 一、2016年全省和省本级预算执行情况

2016年全省预算经省十二届人大五次会议审查批准后，各市县人民代表大会相继批准了本级预算，省政府于2016年9月汇总各市县预算报送省人大常委会备案。2016年全省一般公共预算收入为1600.91亿元，与备案预算一致；支出预算由3410.24亿元变动为3791.04亿元，主要是中央转移支付补助增加480.51亿元，以及各级财政收入短收等净减少支出99.71亿元。

2016年全省一般公共预算收入完成1556.96亿元，下降5.2%，好于年初计划1528亿元、下降7%的目标。一般公共预算支出严格在人大批准的预算范围内执行，重点领域支出和民生支出保持了增长，财政支出结构进一步优化。2016年，全省一般公共预算支出执行3441.7亿元，为预算的90.8%，增长0.5%。其中，教育、医疗卫生、社会保障和就业、住房保障等民生支出2837.8亿元，同口径增长5%。省本级一般公共预算收入完成502.36亿元，为预算的92.3%，下降13.1%；一般公共预算支出执行729.43亿元，为预算的81.9%，下降0.2%。

2016年全省政府性基金预算收入完成534.88亿元，为预算的103.7%，增长2.1%；预算支出执行671.11亿元，为预算的80.3%，下降2.5%。省本级政府性基金预算收入完成160.81亿元，为预算的102.1%，增长0.2%；预算支出执行218.63亿元，为预算的79.1%，下降18.3%。

2016年全省国有资本经营预算收入完成10.98亿元，为预算的54%，增长54.4%；预算支出执行20.16亿元，为预算的84.2%，下降26.8%。省本级国有资本经营预算收入完成1.81亿元，为预算的120.7%，增长212.1%，主要是2015年对全部省属国有企业免缴国有资本金收益；预算支出执行15.79亿元，为预算的99.7%，下降35.1%，主要是2015年中央一次性拨付我省厂办大集体改革补助。

2016年全省社会保险基金预算收入完成997.24亿元，为预算的81.3%；预算支出执行998.69亿元，为预算的82.39%，收支结余－1.45亿元。

截至2016年底，全省政府债务限额2386.8亿元，

其中：省本级358.5亿元，各市2028.3亿元。

2016年，全省财税部门主动服务全省发展大局，主动应对各种困难挑战，加大收入组织力度，调整优化支出结构，努力确保财政预算平稳运行，民生和重点支出得到较好保障。

1、全力确保预算平稳运行。积极争取中央支持，财政部打破有关公式、门槛束缚，安排我省财力性转移支付补助425亿元，比2015年增加99亿元；批准我省2016年发行新增政府债券264亿元，比2015年增加93亿元；将我省2015年上缴的两权价款88.71亿元一次性拨付我省用于采煤沉陷区综合治理，还分三年给予我省12亿元的补助。各级财政通过调整支出结构、压减项目支出、盘活资金存量、调入预算稳定调节基金、收回沉淀资金、使用债券资金等措施平衡财政收支。在财力吃紧的情况下，省财政还加大了对市县财力性转移支付和新增债券的支持力度，9个市本级、107个缺口县享受到财力补助，比2015年增长20.3%。

2、全面落实积极的财政政策。加快产业投资基金运作，已设立的政府性基金完成投资15.11亿元，投资领域涵盖新能源、装备制造、新材料等行业。大力推广应用PPP模式，国家PPP示范项目增加到13个，省级示范项目增加到26个，省级储备项目达到83个。运用资源重整、资本金注入、基金投放等手段，支持金控集团、省扶贫开发投资公司等金融机构和融资平台发展运营，撬动金融资本投向实体经济发展的重点领域和关键环节。

3、积极推进供给侧结构性改革。坚定不移去产能，通过争取中央财政补助、地方财政投入、企业筹集等途径，实施减量重组，同时综合运用内部分流、转移安置、转岗培训、帮扶稳岗等政策，对就业困难职工进行托底帮扶。全年拨付资金16.2亿元，支持全省超额完成去产能任务。千方百计降成本，将“营改增”改革范围扩大到建筑业、房地产业、金融业和生活服务业；继续暂免征收部分小微企业增值税，实施小型微利企业低税率并减半征收企业所得税优惠政策，从低确定我省非煤资源税改革税率。小微企业免征的18项行政事业性收费项目扩大到所有企业和个人。积极稳妥去杠杆，出资组建华融晋商资产管理股份有限公司，支持处置并盘活省内金融不良资产；发行置换债券525亿元，同比增长36%，按平均发行利率2.71%匡算，年可节约利息26亿元左右。

4、大力保障改善基本民生。全省民生支出执行2837.8亿元，总量占一般公共预算支出的82.5%。安排63.89亿元出台新的10项强农惠农富农政策。财政扶贫资金投入大幅增加，财政涉农政策全面向贫困县倾斜。制定出台了我省《关于统筹整合使用财政资金实施精准扶贫的意见》，比中央要求提前一年覆盖全省58个贫困县。支持10万建档立卡贫困人口和2.5万同步搬迁人口实施易地扶贫搬迁。采取竞争立项分配方式竞选出16个试点县开展美丽乡村建设。统一城乡义务教育学校生均公用经费基准定额，免除了4.8万名普通高中建档立卡家庭经济困难学生学杂费。提高机关事业单位和企业退休人员基本养老金，全省城乡居民最低生活保障标准每人每月提高20元，城乡居民医疗保险财政补助标准每人每年提高40元，基本公共卫生服务项目财政补助每人每年提高5元，困难残疾人生活补贴和重度残疾人护理补贴每人每月分别提高10元。

5、努力提升财政管理绩效。加大预算统筹力度，将水土保持补偿费、政府住房基金、无线电频率占用费等3项政府性基金转列一般公共预算。加大重点科目资金的统筹使用，项目执行慢的资金收回统筹用于经济社会发展急需的领域。清理整合规范专项资金，根据绩效评价结果取消压减14个专项资金项目。2016年省本级一般公共预算安排的专项转移支付数量减少60个，下降21.5%。加强政府债务管理，初步建立了债务限额管理机制、风险预警机制和存量债务化解机制。聚焦预算管理、资金分配等核心业务环节，制定了省财政厅内部控制基本制度、管理办法和操作规程。

## 二、2017年全省和省本级预算草案

(一)2017年预算安排原则

收入预算坚持实事求是、积极稳妥，确保与经济发展水平相适应，与宏观政策相衔接；支出预算坚持统筹兼顾、突出重点，充分体现“紧日子、保基本、调结构、保战略”的要求，合理调整财政支出结构；强化财政资金统筹使用，整合各类财政资金，保障省委、省政府确定的重大战略和重点领域；加大绩效评价结果应用力度，提高财政资金使用效益；加强政府债务限额管理和预算管理，健全规范举债融资渠道，防范和化解债务风险；推进预算公开，强化社会监督，促进依法理财。

(二)2017年收支预算

2017年全省一般公共预算收入1557亿元，与上年完成数持平，如果将2016年收入按营改增后新的分享比例转换并剔除一次性因素后，同口径比较，2017年全省一般公共预算收入比2016年增长6%。一般公共预算支出安排3010.44亿元，比2016年向省人大常委会备案预算同口径增长1.6%(系剔除中央专项转移支付提前下达数后的同口径比较，下同)。主要项

目安排情况是：一般公共服务支出269.08亿元，增长0.1%；公共安全支出163.42亿元，下降2%；教育支出579.79亿元，增长2.3%；科学技术支出43.55亿元，增长4.8%；文化体育与传媒支出57.52亿元，增长3.4%；社会保障和就业支出481.92亿元，增长3%；医疗卫生与计划生育支出264.01亿元，增长3.2%；节能环保支出57.68亿元，增长4%；城乡社区支出156.69亿元，增长0.7%；农林水支出307.89亿元，增长3.6%；交通运输支出211.88亿元，增长2.3%；住房保障支出89.23亿元，增长0.9%。上述全省预算草案为省代编预算，待各市县人民代表大会批准后，省财政将汇总各级预算，加上上年结转支出，一并报省人大常委会备案。

省本级一般公共预算收入安排471.8亿元，下降6.1%。其中：税收收入303.51亿元，下降2.8%；非税收入168.29亿元，下降11.5%，主要是2016年收入中包括水资源费集中入库和补提教育和农田水利建设资金等一次性因素。省本级一般公共预算支出安排703.95亿元，同口径增长2.4%。资金来源为：省本级一般公共预算收入471.8亿元，加上中央补助和市县上解收入1314.44亿元、调入资金126.62亿元，减去上解中央和补助市县等支出1208.91亿元。省本级主要支出项目安排情况是：一般公共服务支出41.03亿元，同口径(下同)增长2.6%；公共安全支出33.68亿元，增长9.1%；教育支出83.85亿元，增长4.5%；科学技术支出13.11亿元，增长7.2%；文化体育与传媒支出12.44亿元，下降9.6%；社会保障和就业支出146.91亿元，下降3.1%，主要是企业养老保险做实个人账户补助资金不再安排；医疗卫生与计划生育支出18.76亿元，增长2.6%；节能环保支出19.97亿元，增长50.4%，主要是新能源汽车财政补贴增加；农林水支出125.38亿元，增长4.4%；住房保障支出3.88亿元，下降84.4%，主要是采煤沉陷区治理省级负担资金转由融资解决，以及城市棚户区改造资金拟由政府债券资金解决。

经汇总，2017年省级公共预算安排“三公”经费预算3.54亿元，较2016年预算减少0.15亿元，下降4.1%。其中：出国(境)经费0.32亿元，车辆购置及运行费2.45亿元(其中车辆运行费2.32亿元)，均与2016年基本持平；公务接待费0.77亿元，减少0.14亿元。

2017年全省政府性基金预算收入490.2亿元，比上年完成数下降8.4%；预算支出安排495.63亿元，下降5%。省本级政府性基金预算收入157.2亿元，加上中央补助和市县上解收入5.79亿元，收入总计162.99亿元。

2017年全省国有资本经营预算收入5.56亿元，下降49.4%；预算支出安排5.56亿元，下降72.7%。省本级国有资本经营预算收入1亿元，下降44.8%；预算支出安排0.7亿元，调入一般公共预算用于保障和改善民生资金0.3亿元。

2017年全省社会保险基金亿元，收支结余－22.96亿元，缺口由历年结余解决。省本级社会保险基金预算收入安排469.35亿元，预算支出安排327.31亿元，收支结余142.04亿元。

## 三、完成2017年预算任务的主要措施

(一)加强收支管理，确保预算平衡。依法组织财政收入，加大税收特别是煤炭资源税的征管力度，严格规范征缴非税收入，重点做好两权价款征缴入库工作。坚决防止和纠正收取“过头税”、乱收费和采取“空转”方式虚增财政收入的行为。切实加强预算执行管理，提高支出执行到位率。建立财政支出进度考核奖惩制度。认真做好上下工作对接和政策资金配套衔接等工作，争取中央给予我省更大的资金政策支持。

(二)发挥财政职能，稳定经济增长。强化放水养鱼意识，继续落实并完善营改增试点和其他已出台的减负政策，再取消、调整和规范一批行政事业性收费项目。做大用好产业基金，整合现有政府投资基金，撬动金融资本和社会资本支持实体经济转型发展。启动运作供给侧改革发展投资基金。设立促转型增动能基金。设立技术改造专项资金。全面落实我省科技计划和科研项目资金改革管理举措，支持基础研究和关键技术研发。加强“双创”财政支持力度，鼓励民营经济发展。大力推进PPP工作，加快推进PPP示范项目建设。加强政银企合作，进一步撬动银行金融机构为全省重大项目融资。支持对国有煤炭等省属企业进行清产核资，对低估的采矿权进行再评估入账，降低企业负债率。

(三)加快脱贫攻坚，统筹城乡发展。在全面落实国家和我省各项强农惠农富农政策的基础上，整合出台新的强农惠农政策。加大涉农资金统筹整合使用力度，提高财政扶贫资金投入精准度，强化精准管理、精准拨付。推进一事一议财政奖补，扩大美丽乡村试点范围。整合资金支持发展休闲农业和乡村旅游。开展财政资产收益扶贫试点和扶持农村集体经济试点。加快省以下农业信贷担保体系建设和运营。

(四)办好民生实事，共享发展成果。完善城乡义务教育经费保障机制，统一城乡义务教育学生“两免一补”政策，改善贫困地区义务教育薄弱学校办学基本条

件。推进职业教育产教融合，支持实施“1331”工程。加强财政政策与就业创业政策配套衔接，以创业带动就业。统筹中央奖补资金、就业专项资金和失业保险基金，做好去产能职工分流安置工作。继续提高退休人员基本养老金水平，提高城乡居民医保财政补助标准和人均基本公共卫生服务标准。推动农村低保线和脱贫线的有效衔接。完成好省政府确定的六件民生实事。

（五）深化财政改革，完善财政管理体制。积极推进我省省以下财政事权和支出责任划分改革，出台支持农业转移人口市民化的财政政策措施，完善省以下财政转移支付制度。加大财政资金统筹力度，将新增建设用地土地有偿使用费等基金调整转列一般公共预算，取消关于排污费、水资源费等以收定支、专款专用的规定。扎实推进预决算公开，做到公开及时、内容真实、形式规范。加快建立政府债务应急处置机制。强化对重点民生支出和重大专项支出的绩效评价，积极推进第三方绩效评价工作。进一步加强重大财税政策实施情况和资金使用专项监督检查。

各位代表，2017年财政经济形势复杂严峻，财政改革发展任重道远。我们要在省委、省政府的正确领导下，在省人大和省政协的监督指导下，紧紧围绕创新驱动、转型综改和民生改善，忠诚担当、攻坚克难，扎实做好各项财政工作，用优异的成绩交出一份满意的答卷，迎接党的十九大胜利召开！

山西经济年鉴

YEAR BOOK OF SHANXI ECONOMY

# 专题

ZHUANTI

02

# 山西省转型综改试验区建设情况

2016年，山西省认真贯彻落实国家关于综改试验区建设的总体部署，深入推进资源型经济转型综合配套改革，在事关经济转型发展的重点领域和关键环节不断取得重要进展和突破，对全省稳增长、调结构、惠民生、防风险的促进作用和引领作用不断显现。

**【主要做法】** 2016年是山西部署"十三五"转型综改试验区建设的开局之年，也是全省转型综改步入第二阶段的关键一年。山西省紧紧抓住综改转段的关键时期，以产业转型升级为核心，以供给侧结构性改革为主线，部署和抓好各项改革任务的落实。

*抓好改革谋篇布局*。把改革任务布局作为综改试验区建设的重点，研究出台转型综改"十三五"《实施方案》，部署了"十三五"时期转型综改"8822"重点任务(即80项重大改革、80项重大事项、200项重大项目、20个重大课题)。将"十三五"时期改革任务落实到年度，出台2016年转型综改《行动计划》，部署了"2455"重点任务(即推进实施20项重大改革、40项重大事项、50个重大项目、5项重大课题)。为有序推进2016各项任务，编制印发改革任务细化工作方案，明确了任务的协同配合部门、进度节点、推进措施、成果表现形式和预期成效等。

*不断健全工作机制*。逐步建立完善了牵头部门负责制、改革月报和台账制度、改革任务项目化管理、分类推进和第三方评估办法等一系列工作推进和保障机制，同时加强横向协同和上下联动，定期召开协调推进会，实施综改专项督查考核并纳入全省目标责任考核体系，初步形成了行之有效的综改工作推进制度，确保各项任务按照细化工作方案明确的序时进度节点有序推进。

*强化试点示范引领*。抓好国家部署的改革试点以及各项省级改革试点，注重基层改革经验的挖掘和提炼，总结形成煤炭供给侧结构性改革、国资国企改革等方面的典型经验和创新模式上报国家发改委。为加强基层典型经验和案例的推广，9月份在灵丘县组织召开全省转型综改经验交流现场会，围绕发展有机农业、农业农村改革等方面进行了经验交流和现场观摩，收到良好效果。

*营造良好舆论氛围*。省主要新闻媒体加大对改革成效和典型经验的宣传力度，对煤炭供给侧结构性改革、脱贫攻坚等作了系列报道。特别是针对综改三年总结和"十三五"《实施方案》、2016年《行动计划》的宣传解读，连续进行宣传报道，掀起了两轮宣传高潮，在全省上下营造了人人关心综改的良好舆论氛围。

**【重点领域改革创新和突破】** *加快推进煤炭供给侧结构性改革*。2016年，山西省把推动煤炭供给侧结构性改革作为落实国家供给侧结构性改革的重要举措，出台《煤炭供给侧结构性改革实施意见》，部署了有效化解过剩产能、加大煤炭企业改革力度、进一步完善煤炭市场机制等8个方面30条意见，明确提出"十三五"期间，全省在扣除国家认定的先进产能后，关闭退出产能1.14亿吨(不含央企)的目标。对每项工作任务都明确了牵头单位、配合单位，并制定了实施细则。2016年，全省关闭退出和减量重组减少煤矿25座，退出能力2325万吨/年，10月底前已关停到位，全部完成省内验收。全年压减煤炭产量1.4亿吨，占全国的39.1%，为全国煤炭市场供求关系改善做出了突出贡献。

*统筹推进能源领域革命*。一是电力体制改革综合试点有序推进。2016年1月，国家发改委、国家能源局正式批复山西省电力体制改革试点实施方案，这是国家层面对山西的又一重大改革试点授权，也是国家

电网授权的第一个省级试点。山西省统筹谋划、积极作为，提出了推进输配电价改革、组建相对独立的电力交易机构、建立和完善电力市场交易机制等八大重点改革任务，并及时启动了专项试点方案的制定。二是煤层气审批改革试点取得重大突破。4 月，国土资源部正式委托山西省今后两年在省域内实施部分煤层气勘查开采审批登记，这在全国尚属首例。这一授权，把采煤采气一体化落到了实处，为实现“气化山西”奠定了坚实基础。为规范推进煤层气矿业权审批和监管，山西省出台加大用地政策支持力度促进煤层气产业发展、煤层气矿业权审批和监管的实施意见、完善煤层气试采审批管理、煤层气和煤炭矿业权重叠区争议解决办法等四项新政。三是推进新能源产业发展。争取国家下达山西省 2016 年光伏发电规模指标 220 万千瓦，规模居第一。建立光伏扶贫发展机制，在 2015 年试点基础上，将全省 35 个国定贫困县列入国家光伏扶贫工程重点实施范围。争取国家下达山西省 2016 年风电开发建设规模 160 万千瓦。全省风电、光伏装机突破 1000 万千瓦，进入新的历史阶段。

加快构建新兴产业发展促进机制。一是强化产业投资基金引导。政府注资 24 亿元，吸引 96 亿元社会民间资本，设立了总规模 120 亿元的战略新兴产业、文化产业、旅游文化体育产业投资基金，着力支持文化旅游、装备制造、新能源、新材料、节能环保、食品、医药、现代服务业等新兴产业发展壮大。二是新兴制造业加快发展。有序实施《中国制造 2025 山西行动纲要》，落实重点产业三年推进计划、2016 年行动计划，推动装备制造、新材料、节能环保、信息技术、食品、医药、轻工和纺织等 8 个新兴制造业发展壮大，积极加快形成一批新的经济增长点。三是服务业发展政策支撑不断增强。印发了进一步促进服务业发展的若干措施、加快发展生产性服务业促进产业结构调整升级实施方案和加快发展生活性服务业促进消费结构升级实施方案，推进生产性和生活性服务业同步发展，形成支持现代服务业发展的政策体系。

不断增强市场主体活力。国资国企改革持续不断深入。出台 2016 年度国资国企改革行动计划，部署了开展省属国有企业功能界定与分类、完善法人治理结构、巩固提升重大信息公开工作水平等 10 项重点改革任务。重点推进国企改革试点，启动同煤集团、晋能集团、焦煤集团深化国有企业改革试点；稳妥发展混合所有制经济，选择汾酒集团、中条山集团、建工集团 3 户省属企业在集团公司层面开展混合所有制试点；积极推进资产重组并购，晋煤集团重组太原煤气化获得证监会无条件通过，推动企业新三板上市等改革工作；推进国有企业管理体制改革，出台 2016 年山西省国有企业提质增效工作方案、省属国有企业外部董事管理办法、关于省属国有企业加强党的领导和完善法人治理结构的实施办法等，改革正在积极推进。民营经济发展步伐加快。出台加快民营经济发展的意见，设立了总规模 50 亿元的山西省民营企业创新转型投资基金，助推民营企业转型发展。建立了国税、地税等部门和金融机构组成的联席会议机制，领导干部联系民营企业制度，解决实际问题。开展民营经济“待批项目大起底”活动，召开了民营企业助推山西转型创新发展大会。

加快科技金融创新。率先完成省级科技计划管理体制改革。出台《山西省煤基重点科技攻关项目管理办法》，与国家自然科学基金委共同出资成立“煤基低碳联合基金”，与清华大学共建煤炭清洁高效利用研究院。建设了省级科技成果转化和知识产权交易信息平台，开展专业孵化器建设试点等，形成线上线下互联互通的转移转化交易机制。不断健全现代金融体系。出台促进金融振兴 2016 年行动计划，推动金融机构采取多种形式，对省内煤企进行针对性帮扶，着力破解融资难、融资贵问题，2016 年累计为 109 户煤炭企业办理短贷转长贷 1.07 万笔、金额 418 亿元。加快企业改制上市，全省 A 股上市公司 38 家，“新三板”挂牌企业总数 61 家，在山西股权交易中心展示企业 1311 家。有效防范和化解金融风险，积极稳妥去杠杆，依法处置联盛集团等省内重大金融风险事件，开展金融风险专项整治，形成监管合力。

推进生态文明制度建设。出台了生态文明体制改革实施方案，从“源头严防、过程严控、后果严惩”等三个方面部署 8 个方面 40 项重点改革任务。生态功能区划、资源总量管理和节约、环境保护督察等制度初步建立，在全国率先开展环保督察工作。绿色金融发展体系逐步完善，明确了重点项目绿色评估机制、依靠绿色金融发展环保产业、建设“互联网＋绿色金融”信息平台等任务。排污许可管理不断创新，加强建设项目环境保护验收与排污许可衔接管理，推动生态环境监测网络建设，强化党政领导干部生态环境损害责任追究制度，正在制定实施细则。通过一系列改革举措，全省生态环境质量明显改善。

构建城乡统筹发展新机制。新型城镇化建设加快推进。出台深入推进新型城镇化建设的实施意见、2016 年新型城镇化重点任务，对各项任务进行了全面部署。出台城市地下综合管廊实行有偿使用制度的实施意见，积极开展太原市、晋中市、吕梁市和长子县等 4 个省级综合管廊试点建设。介休市等国家新型城镇化综合试点、阳泉市和晋中市国家中小城市综合改革试点有序推进，晋中 108 廊带区域一体化发展示范区建设成效初显。农业农村改革持续深入。出台加快转变农业发展方式的实施意见、推进农村一、二、三产业融合发展的意见等制度性文件，农村土地承包经营权确权颁证基本完成，土地流转、新型农业经营主体培育等工作扎实推进。潞城市农村集体资产产权改革试点完善了相关配套政策，试点翟店镇小天贡村已基本完成改革任务，试点范围逐步扩大。泽州县农村集体经营性建设用地入市试点稳妥推进，已完成13宗7.6公顷农村集体经营性建设用地入市，有效盘活了存量土地资源。

深化行政管理体制改革。行政审批制度改革进一步深化。积极落实和承接国务院取消下放和调整的行政审批等事项，继续加大省级取消下放和调整力度。权力清单和责任清单制度全面推行，出台了省政府部门权责清单动态管理办法。商事制度改革全面开展，实施企业登记"三证合一、一照一码"制度，大大简化了企业登记注册手续。政府与社会资本合作继续深化。出台加快推进政府和社会资本合作若干政策措施，下发了在重点领域积极推广政府和社会资本合作模式的通知，对重点领域推广PPP模式进行了部署和安排。创新服务管理方式。出台全面加强政府自身建设2016年行动计划，政府自身建设全面加强。全省投资项目在线审批监管平台、信用信息平台、公共资源交易平台和12358物价投诉热线"四张网"已基本建成，全面推进网上受理、并联办理、在线留痕、全程监管。

构建开放型经济新体制。把全面扩大开放摆在更突出的位置，出台"十三五"开放型经济发展规划。构建区域合作新格局。积极参与"一带一路"建设，融入京津冀协同发展、环渤海地区合作发展，加快晋陕豫黄河"金三角"区域合作。通关便利化改革加快推进。太原海关列入丝绸之路经济带海关区域通关一体化改革10个试点之一，晋城海关正式开关运行，打开了山西发展外向型经济的新窗口。开发区管理体制改革迈出实质性步伐。整合太原都市区内的太原高新技术开发区、太原经济技术开发区、太原武宿综合保税区、太原工业园区、晋中经济开发区、山西榆次工业园区以及山西科技创新城、山西大学城等园区，建立山西转型综改示范区，以太原都市区规划为依据，涵盖太原、晋中两市的相关园区，推进开发区管理体制改革的"二次创新"，形成一个战场、两个集团军协同作战格局。

（杨昱莅）

# 山西省组建公共资源交易中心（省政务服务中心）

2016年2月，省委、省政府组建山西省公共资源交易中心（山西省政务服务中心）（以下简称"中心"），为省政府直属正厅级事业单位。主要职责为：组织协调开展政务服务、公共服务和公共资源交易服务；承担"两平台"（即：省政务服务平台和省公共资源交易平台）的日常管理和服务等。

省委、省政府高度重视"两平台"建设工作，省领导楼阳生、高建民、罗清宇、廉毅敏及省政府副秘书长闫晨曦等同志多次来中心调研，听取工作汇报，指导工作开展。根据省"两平台、一张网"建设工作相关会议的精神，经过紧张筹建和扎实准备，省"两平台"于6月29日提前运行，成为山西省转变政府职能、服务群众和市场主体的新窗口。

**【团结协作，认真做好中心各项工作】** 统筹协调，积极组织进驻工作。按照国家有关要求，根据省政府和省政务办的统一安排，首批进驻政务服务中心的有省发改委、省经信委等47个行政审批部门，涉及审批事项784项；进驻省高校毕业生就业指导中心等5个便民服务单位，进驻事项38项；进驻省级政府采购中心等7个公共资源交易单位，涉及工程建设项目招投标、土地使用权和矿业权出让等四大类交易内容。目前，共计进驻700余人，确保了"两平台"正常运行。

对接系统，确保网络互联互通。根据与进驻单位的对接实际，适时完成各进驻单位的网络对接、信息录入等工作，共录入审批项目信息1400余项；完成了政务中心网络域名的审批和办理工作。

优化服务，各项工作稳步开展。根据中心和各进驻单位的工作实际和制度流程，制定了50余条工作流程、规章制度和管理办法，如窗口管理和考勤制度、窗口首席代表工作制度、廉政建设制度、信息公开制度、投诉举报制度等。

行政审批方面，进一步精简审批环节，减少材料，压缩时限，坚持依法审批，最大化的体现"便民高效"的原则。截至2016年11月10日，中心共完成办件3.25万件，提前办结率69.23%，极大地方便了群众办事。

公共资源交易方面，按照《国务院办公厅关于印发整合建立统一的公共资源交易平台工作方案的通知》（国办发〔2015〕63号）、《山西省人民政府办公厅印发关于整合建立统一规范的公共资源交易平台实施方案的通知》（晋政办发〔2015〕80号）和山西省"两平台、一张网"建设工作相关会议和文件的要求，已于2016年6月30日实现了与全省11个市公共资源交易服务系统的初步对接，完成了招投标公告和相关交易数据的上传。截至2016年10月15日，全省归集项目1700余个，成交公示1100余项，累计成交金额约114亿元。目前已按照国家的数据规范和平台功能要求提前完成了与国家实现数据互联互通对接。

按照国家和山西省的相关规定，5家便民服务单位38项进驻事项已全部正常运行和办理，截至11月，共接待便民类服务办事群众9万余人次，接受电话咨询6000余人，办理便民事项3万余件，受理旅游投诉案件100余件，结案率95%。

加强学习，不断加强队伍建设。积极开展各类培训。一是于6月24日举行培训开班仪式，各厅局分管领导、审批处长参加，省政府副秘书长闫晨曦同志主持并做了第一讲，省编办副主任韩红同志讲授了行政审批制度改革相关事项。二是对所有行政审批入驻单位分批次开展了网络技术及规章制度培训。三是分批对五家便民服务入驻单位窗口工作人员进行了岗前培训。四是根据七家公共资源交易单位及其责任(监督)单位的入驻工作情况,完成了较为系统的公共资源交易培训。

为进一步加强山西省“两平台”建设,提高服务质量和水平,中心分批组织调研学习。先后分批次组织赴云南、贵州、四川、重庆、江苏、安徽等地的政务服务中心(公共资源交易中心)学习和调研,并参加了中国机电设备招标中心主办的全国招标中心系统电子交易平台座谈会,向已经形成成熟体系、具有先进经验的省市同行学习,取长补短,吸取经验,以更好地服务于山西省“两平台”建设。

# 山西省2016年扶贫开发工作

2016年，山西省委、省政府坚决贯彻落实中央和习近平总书记关于脱贫攻坚一系列重要决策部署，把脱贫攻坚作为第一民生，摆在全省工作突出位置，强化党委领导，落实各方责任，坚持目标导向、问题导向，找差距补短板，狠抓突出问题集中整改，以强有力举措持续发力。贫困地区坚持以脱贫攻坚统揽经济社会发展全局，各种力量要素向脱贫攻坚聚集，脱贫攻坚合力正在形成。经过一年努力，全省实现57万贫困人口脱贫，超年度目标14%。1900个贫困村有序退出，贫困地区农村居民人均可支配收入6623元，同比增长9%，高于全省平均水平2.4个百分点，年度脱贫目标任务圆满完成，首战之年实现良好开局。

**【扶贫资金投入】** 2016年中央和山西省加大财政扶贫投入，共安排财政专项扶贫资金34.09亿元，比2016年增加7.91亿元。其中：中央安排资金23.02亿元（含中央彩票公益金），增加7.82亿元；省级安排资金11.07亿元，增加980.78万元，考虑到山西省2016年省级一般公共预算收入完成502.4亿元，比2015年下降13%的实际情况，山西省级扶贫投入资金实际增长率应为16%。需要说明的是，山西省在经济持续下行的压力下，仍安排"十三五"期间农村公路建设债券资金10亿元和用于支持贫困村基础设施建设的债券资金12亿元；省级易地扶贫搬迁14.76亿元（地方债拨付9.76亿元，专项建设基金拨付5亿元）；市、县本级财政安排扶贫资金11.83亿元。

**【扶贫资金投向】** 补助市县项目支出29.43亿元。采用因素法分配切块到市、县资金28.03亿元；采用竞争方式安排的资金1.4亿元。按政策性因素分配资金15.39亿元。包括：市级易地扶贫搬迁投融资主体资本金7.41亿元；2014年移民第二批公用基础设施补助4000万元；光伏扶贫1.52亿元；旅游扶贫5000万元；构树扶贫300万元；老区贫困村帮扶项目9310万元；新型职业农民培育项目3000万元；项目管理费4070万元；扶贫项目贷款贴息1.5亿元；千村万人就业培训2000万元；精准扶贫信息管理补助1000万元；亚行贷款项目配套费101.01万元；少数民族发展资金804万元；以工代赈资金1.3亿元；国有贫困农场资金1023万元；国有贫困林场资金2267万元；全省统筹整合使用财政资金示范县奖补资金2700万元；资产收益扶贫试点示范县奖补资金1002万元。按客观性因素分配资金12.64亿元。采用扶贫对象规模、贫困发生率、人均可支配收入、人均财力、资金绩效评价等客观性因素分配，资金切块到市、县，支持贫困县以脱贫攻坚规划为引领，围绕脱贫攻坚目标任务，统筹整合使用财政资金，提高资金使用精准度和效益。采用竞争方式安排的资金1.4亿元。在36个国定贫困县中通过公开公平竞争方式，安排代县、岢岚、平顺、左权、吉县、方山、石楼等县，每县2000万元实施中央彩票公益金项目。主要支持建档立卡贫困村实施村内小型生产性公益设施建设项目。

省本级项目安排4.66亿元。其中：扶贫产业发展基金2亿元，易地扶贫搬迁贴息资金1.22亿元，易地扶贫搬迁项目政府购买服务费1.28亿元；亚行包容性发展项目前期准备经费支出286万元；省级扶贫培训项目经费390万元；项目管理费支出365万元；世行技援项目债务还款支出145.99万元；扶贫开发业务费支出335.7万元。

**【易地扶贫搬迁】** 2016年，山西省11个市80个县搬迁任务12.5万人，其中建档立卡贫困人口10万人、同步搬迁人口2.5万人。全年80个项目县，规划安置点542个，已全部开工，涉及4.43万户、12.51万人。346个集中安置点竣工，竣工率64%，涉及1.98万户、6.14万人。分散搬迁已落实2440户、7616人，已入住8822户、2.66万人，入住率21.3%。2016年易地扶贫搬迁项目总投资额41.8亿元，年度目标完成项目总投资的60%、25.08亿元，已完成投资32.62亿元，占项目总投资的78%，年度投资完成率130%。

**【生态保护扶贫】** 2016年，山西省实施退耕还林奖补、造林绿化投工、森林保护就业、经济林增效和林产业增收"五项措施"。退耕还林重点安排到贫困县贫困户，除国家补助外，省级每亩再补助800元；上一轮退耕还林，省级按每年每亩90元的补助标准延长5年；提前启动2017年120万亩退耕还林任务，2016年底前将国家每亩补助500元和省级配套补助150元兑现到退耕贫困户。采取议标形式，支持贫困人口达到60%的扶贫造林合作社优先承包造林工程。贫困县80%的护林员岗位提供给贫困户，2016年7000万元国家林业管护资金全部用于36个国定贫困县新聘用贫困劳动力。在贫困县实施干果经济林提质增效100万亩，每亩补助200元。汪洋副总理肯定了山西省的做法，批示在全国学习推广。

**【资产收益扶贫】** 2016年，山西省在长治市和隰县、大宁等17个贫困县开展特色农业、林业、供销和农机等资产收益扶贫试点工作，以财政资金、集体资产等折股量化为抓手，依托村集体经济组织加专业合作社、农机合作社、供销合作社和林业合作社，带动贫困户增收脱贫。天镇县政府与12家经营主体对接，投入2350万元扶贫资金，借本还息开展资产收益扶贫，支持47个贫困村每年每村增收5万元。

**【社会保障扶贫】** 2016年，山西省低保标准低于国家扶贫标准的县从91个减少到11个，政策衔接、标准衔接、对象衔接、管理衔接工作深入开展。民政、教育、健康和残疾人帮扶精准到户的24项政策得到认真落实。针对因病致贫问题，为180万农村贫困人口建立电子健康档案，认定医保扶贫对象20.96万人。新农合资助贫困人口100万人次8405万元，基本医保、大病保险和重特大疾病医疗救助实现贫困人口全覆盖。贫困人口就医免除普通门诊挂号费，太原、朔州、长治市实现县域内就医"先诊疗后付费"。贫困人口大病保险起付线由1万元降到5000元，报销比例提高2～3个百分点，慢性病补偿提高10%；33种重大疾病纳入救助范围，个人支付费用降至10%，贫困户孕产妇在县域内住院的正常分娩费用全免。针对因学致贫因贫失学问题，贫困户子女学前教育每生每年1000元生活补助，落实义务教育"两免一补"政策，率先对建档立卡家庭经济困难学生免除高中学杂费，对贫困户学生接受高等教育和职业教育资助做到全覆盖，72.89万贫困家庭学生受益。积极探索社会保障政策与保险扶贫政策衔接。山西省扶贫办联手人寿保险山西分公司，推出贫困户大病医疗补充保险和意外伤害保险专属特惠产品，大病医疗补充保险缴费18元最高可获20万元赔付，意外伤害保险缴费50元最高可获5万元赔付。全省43个县81万贫困人口参加医保补充险、74万贫困人口参加意外伤害险。

**【光伏扶贫】** 2016年山西省光伏扶贫项目指标总规模为58.4万千瓦，其中，村级光伏电站(含户用)18.4万千瓦，集中式地面电站40万千瓦。689座、18.4万千瓦村级电站已经全部启动，在10个市38个贫困县，已建成221座村级光伏扶贫电站、9.52千瓦，占到村级电站总规模的51.7%。其中大同市、吕梁市光伏扶贫项目推进速度较快，村级电站已完成规模指标量的80%以上，全省村级电站预计2017年9月底前全部建成并网。40万千瓦集中电站建设筹备工作正在推进，预计2017年5月前建成并具备并网条件。全部项目入网后，可惠及1690个建档立卡贫困村实现村集体经济"破零"，帮助5.3万户以上无劳动能力贫困户年均增收3000元，近10万户建档立卡贫困户受益。

**【乡村旅游扶贫】** 2016年，山西省乡村旅游扶贫按照以成熟景区周边连片贫困村为重点，以生态休闲和文化旅游"两村"建设为主的工作思路，立足全省具有旅游资源的791个建档立卡贫困村，2016年安排财政扶贫资金5000万元，支持100个建档立卡贫困村开展乡村旅游扶贫，共带动2830余户贫困户，户均增收700余元。山西省旅游扶贫的模式有：一是自主参与型，即贫困户通过出售旅游产品、到旅游企业打工或直接经营旅游项目等方式获得增收。二是结对帮扶型，即通过旅游扶贫企业、合作社等经济组织和贫困村进行一对一的帮扶对接，带动贫困村、贫困户增收。三是入股分红型，即贫困村、贫困户以土地、林地、房屋以及自有资金等方式入股旅游企业或合作社，获得股份分红。同时财政资金和社会帮扶资金也可以入股旅游扶贫项目，折股量化支持贫困村、贫困户增收。涌现出的乡村旅游扶贫典型：壶关县桥上乡大河村利用丰富旅游资源，在地方政府和省旅游局驻村工作队的帮扶下，通过企业投资、能人带动、农户参与等方式，使大河村从一个一穷二白的穷山沟，变成了远近闻名的绿色生态旅游村，被省旅游局命名为“山西农业旅游示范村”；乡宁县云丘山旅游开发有限责任公司将产业扶持、转移就业、易地扶贫搬迁、教育支持、医疗救助、社保兜底等措施有机结合，带动了乡宁县1/5的贫困人口实现了脱贫致富奔小康的目标。

**【电商扶贫】** 2016年，山西省出台《山西省电商扶贫行动方案》和《山西省2016年电商扶贫行动计划》，对“十三五”期间推动贫困地区电商网络结点建设、完善县乡村三级农村物流配送体系、贫困地区农产品网络销售、电商带动贫困人口用工、贫困地区电商人才培育等方面做出总体部署。多部门联合推动电商扶贫的模式正在形成初见成效。2016年省扶贫办与省供销社共同推进农村电商扶贫工作，双方签署精准扶贫战略合作框架协议，确定在贫困地区农村电商培训、发展农村电商等方面开展合作。山西供销农芯乐电子商务有限公司线下电商服务网络已覆盖全省贫困县51个，乡镇电子商务服务站366个，村级电商综合服务网点3513个，覆盖贫困村2029个，帮扶贫困人口6786人，带动贫困人口人均增收50.2元，开展电商培训90次，培训4900人次，增加就业岗位1147个，共销售贫困地区农产品3200万元。省扶贫办、省财政厅、省商务厅多部门联合推进电子商务进农村示范县工作。临县、和顺县、天镇县、右玉县、万荣县等5个贫困县成为2016年国家电子商务进农村综合示范县。2016年山西各级政府和省内外各大电商平台在贫困地区建设县级中心72个，建设乡级站点293个，建设村级网店个数4273个，创业就业达1.4万余人；电商帮扶贫困户1.18万余户，帮扶贫困人口3.5万余人，实现贫困户农产品网销金额2.1亿元，贫困人口人均增收565元。

**【精准培训和教育扶贫】** 2016年精准培训11.77万贫困劳动力，吕梁护工、天镇保姆培训1.6万人，输出6515人，首批102名山西护工在北京14家三甲医院就业，灵丘阿姨帮、五台泥瓦工等特色劳务品牌获得市场叫好。教育扶贫资助大学生7370人，中高职贫困生41897人，实现应助尽助。

**【外资扶贫】** 山西省亚行贷款河川农业综合开发项目。2016年根据山西省亚行贷款河川农业综合开发项目进度，下半年度项目工程财务计划263.6万元，6月底项目农户工程已全部完成。项目完成总投资12.8亿元，达到中期调整的91.11%，其中贷款资金1亿美元已全部报回，项目实施直接带动农户3.98万户，受益人口17.8万人，解决劳动就业9万多个，妇女参与4.3万多人；培训农户26万多人次；增加绿地覆盖面积7447公顷；减少土地退化和水土流失约251.5万吨，年增加水源涵养能力661.85万吨；养殖发展年增加有机肥生产还田142万吨；采用管灌、滴灌、渠灌、喷灌等节水灌溉技术，节水大约30%左右。该项目已成为当地产业发展、农业增效、农民增收的示范项目。山西包容性农业产业融合发展项目前期准备工作顺利开展，2016年3月与亚行考察团顺利对接《项目概念书》，就变更项目名称向国家发改委汇报并得到同意，7月筹备成立了项目技术支持服务专家团队，9月、10月亚行考察团完成了项目考察、企业财务评估和初步筛选。

**【驻村帮扶】** 2016年，山西省委、省政府出台完善干部驻村帮扶机制9项措施，在全省集中开展驻村帮扶督导落实专项行动、明察暗访和满意度测评等工作。省市县充实加强干部驻村帮扶工作领导小组，组织部部长、政府分管领导任正副组长，组织部门挂帅，统筹驻村工作队和第一书记管理工作。充实帮扶力量，省直机关新增派320名、市级新增派1630名第一书记到任务重的贫困县贫困村任职，省市两级派驻36个国定县的第一书记达到60%以上。加强队伍管理，除“双签”责任书外，省市县派出的驻村工作队和第一书记全部实行属地在编管理，驻县大队长挂任县委副书记，工作队长挂任乡镇副书记，工作队员全脱产。执行定期督查巡查、包村单位通报、领导约谈、工作队员和第一书记召回四项制度，对工作不力的追责问责。同时，省市县三级为驻村工作队、第一书记安排专项经费，明确补助标准，改善驻村条件，开展定期体检，办理人身保险，确保人到、心到、责任到、支持到。

**【社会力量帮扶】** 社会力量协同是精准扶贫的要求，是我们的政治优势和制度优势。省脱贫攻坚领导小组成员单位各司其职，协同配合，推动落实。省人大常委会专题审议、专题询问，省政协常委会专题协商、专题调研，中央26家定点帮扶单位高度重视、倾力支持，开展电商扶贫、就业培训、劳务输出等精准帮扶系列活动。14位挂职副县长为吕梁山货携手代言，组织贫困地区农特产品走进中直机关，深受干部群众欢迎。驻晋部队团以上单位结对帮扶贫困村，工商联开展“千企帮千村”，1500多户民营企业与1600多个贫困村结对帮扶，累计投资65.7亿元，捐资助困助学4200万元，帮助3万名贫困劳动力就业增收。共青团山西省委实施“双心双实”工程，省妇联开展“三晋巾帼脱贫行动”。58个贫困县县医院都有两家以上省市三级医院对口帮扶、专家兼职任职、290名技术骨干长期驻点。88所省级示范高中对口帮扶贫困县67所普通高中，60所职业院校对口帮扶58所贫困县职教中心。太原市六城区和开发区集中帮扶娄烦、阳曲两个贫困县,2016年各城区拿出财政收入的1%、共计1.33亿元。各机关、企事业单位对口帮扶两个县的15个贫困乡、157个贫困村,实施帮扶项目186个,提供就业岗位4100个。吕梁市组织孝义、汾阳、文水等3个县结对帮扶最贫困的临县、岚县和石楼县。

**【扶贫宣传】** 2016年,紧密围绕扶贫重点工作加强宣传,共形成宣传报道3199条,其中,国家级媒体942条,省级媒体2257条。对扶贫"冬季行动"进行集中宣传。围绕"创品牌、树形象"开展宣传报道,对"天镇保姆""吕梁护工"进行品牌宣传。围绕重要会议开展宣传报道。对山西省脱贫攻坚大会、全省脱贫攻坚推进大会和扶贫开发等会议开展有针对性的集中宣传,形成宣传报道70多条。围绕重大政策的出台开展宣传报道,召开新闻发布会,发布《山西省坚决打赢脱贫攻坚战的实施意见》,围绕八大工程20项行动、六大政策保障机制、四个"三位一体"组织体系等情况分4期进行解读。山西日报、山西电视台等媒体开设"走进贫困县""决战贫困"专栏专题,组织记者开展"精准扶贫基层行"采访报道;《山西日报》开设《走进36个国定贫困县》专栏,讲述36个重点县和集中连片贫困县、贫困村干部、贫困群众坚定信心、锐意进取、决战贫困的精神风貌和感人故事;《山西日报》以六论《坚决打赢脱贫攻坚这场硬仗》和对农业厅、林业厅、水利厅、扶贫开发办、金融办、财政厅进行访谈,对全省脱贫攻坚推进大会进行专题报道;《山西日报》开设《决战贫困一线行动》和《决战贫困一线人物》专栏,对在全省脱贫攻坚中扎根基层的一线典型人物进行全面报道;山西电视台开设《打赢脱贫攻坚战》专栏,播出《打赢脱贫攻坚战:从赏花到榨油,"脱贫牡丹"花开32县》《打赢脱贫攻坚战:光伏产业遇到扶贫,为深度贫困人口点亮希望》《打赢脱贫攻坚战:多个渠道引水,一个龙头放水,山西在58个贫困县实施财政资金整合扶贫》等24条新闻稿件;中央电视台《朝闻天下》播出《创新扶贫新理念引导电商进农户》《电商扶贫难题多　多措并举克难关》新闻;《人民日报》刊发了《要致富先得找对路》《电商扶贫推广百县名优产品》《山西方山:最穷村为啥变了样》。20多家新闻媒体宣传中央驻晋定点帮扶挂职干部举办的"吕梁山片区特色农产品网上年货节活动"。

**【机制保障】** 在财政投入上,2016年省财政安排扶贫专项资金87170万元,同比增长18%。发行地方债65.9亿元,支持易地搬迁、农村公路和贫困村基础设施建设。在58个贫困县全面开展财政资金统筹整合工作,涉及9大类、83项、105亿元,通过以县制定整合方案和资金管理办法,加大资金保障力度,健全工作协调机制,示范带动,专项督查等措施,提高了资金使用精准度。资金安排实行"一因素三挂钩"办法,按因素法切块到县,与资金盘活使用、扶贫成效和重点工程挂钩。2016年,中央彩票公益金项目引入竞争机制确定项目县,以县申报、现场陈述、专家评审、过程公开、结果公示。在金融扶贫上,与农发行、国开行签订协议,"十三五"贷款投放规模分别为350亿和300亿,2016年已分别投放15.79亿元和75.92亿元。银行业金融机构特色产业扶贫贷款余额81.17亿元,比2015年增加40.8亿。山西省探索完善以"二免一贴"为内容的扶贫小额信贷模式,把扶贫小额信贷作为"金融+精准扶贫"的重要抓手和加速贫困农户脱贫致富新手段,精心打造金字品牌。2016年,58个贫困县新发放扶贫小额贷款15.6亿元,覆盖贫困户4.8万户。在用地保障上,出台贫困县单列扶贫项目建设用地、保障土地增减挂钩、36个国定贫困县和贫困老区增减挂钩节余指标省内流转使用等8项政策,保证脱贫攻坚用地需求。在人才支持上,从高等院校、科研院所选派专业人才,到36个国定贫困县挂职副县长2～3年,主抓重点产业,主攻突出难题,推动产业扶贫。为脱贫攻坚任务重的8个市派驻金融服务专员。

（刘世锋）

# 积极推进煤炭供给侧结构性改革

**【高度重视顶层设计】** 党中央、国务院大力推进供给侧结构性改革，是把握经济新常态的重大战略，是适应综合国力竞争新形势的主动选择。省委、省政府高度重视顶层设计，着眼于远近结合、标本兼治、综合施策，2016 年 4 月 25 日以晋发〔2016〕16 号文件印发了《山西省煤炭供给侧结构性改革实施意见》，高端谋划了八个方面 30 项改革任务，配套出台 32 项实施细则，省政府成立了推进煤炭供给侧结构性改革工作领导小组和办公室，16 个牵头部门均成立专门组织机构，实行"日汇报、周调度、月总结"制度，全力推进各项改革任务。

**【营造改革氛围】** 建立政策解读和政策宣传机制，综合利用报纸、电视、电台、网络等多种媒体，中央媒体和省内主流媒体"一报两台"相互配合，每个《实施细则》按照"四合一"宣传模式，即原文刊登、政策解读、专家评点、阶段成果展示等全过程报道，积极反映改革的核心观点，鼓舞了改革士气，凝聚了社会各界支持煤炭供给侧结构性改革的正能量。

**【积极化解煤炭过剩产能】** 省煤炭厅积极与国家相关部委对接沟通，明确了山西省"十三五"期间和 2016 年度化解煤炭过剩产能的目标任务。根据有关市和企业申请，将 2016 年关闭退出煤矿由原目标责任书中签订的 21 座调整增加为 25 座，退出能力由 2000 万吨增加为 2325 万吨。截至 2016 年 10 月 31 日，25 座煤矿全部按照规定时限停止采掘，提前完成 2016 年度化解煤炭过剩产能任务，比国家部际联席会议要求的时间提前 1 个月。国家钢铁煤炭行业化解过剩产能和脱困发展工作部际联席会议验收抽查组对山西省化解过剩产能工作给予了充分肯定：一是高度重视、组织有力，二是真抓实干，三是程序总体齐全、验收基本规范。

**【率先实行减量化生产】** 严格落实国家减量化生产有关规定。2016 年 3 月下发《关于加强全省煤矿依法合规安全生产的紧急通知》，按照 276 个工作日制度重新确定了生产能力。严厉打击非法违法建设生产行为。组织开展违法违规煤矿停建停产专项行动，对未履行核准手续擅自组织生产建设的 16 座煤矿停止生产建设行为，并实施联合惩戒；对省属五大煤炭集团所属 207 座整合煤矿实行了不少于一个月的停产停建整顿；开展执法专项行动，停产整顿矿井 9 座，停止 5 个工作面采掘作业，暂扣 5 座矿井证照，有力促进了化解过剩产能工作的顺利开展。

**【优化煤炭企业结构】** *开展资本投资（运营）公司试点工作。*选择山西焦煤集团有限公司作为改组国有资本投资公司的试点企业，拟通过改组国有资本投资公司的方式，改善山西焦煤国有资本的分布结构和质量效益，重塑企业运营架构，提高资源配置效率，从而实现国有资本保值增值特定目标，并形成一整套可推广、可复制的成熟经验，再推及其他国有企业。

*加强党的领导，完善法人治理结构。*出台《关于省属国有企业加强党的领导和完善法人治理结构的实施办法》和《山西省省属国有企业外部董事管理办法（试行）》，完成了焦煤集团、同煤集团、晋能国际能源改革试点企业法人治理结构配置方案的报批工作，宣布了焦煤集团、同煤集团的法人治理结构。

*推进分离办社会职能、厂办大集体改革，深化企业三项制度改革。*建立健全企业员工公开招聘、竞争上岗的市场化用人制度，推进职业经理人队伍建设，

完善企业内部考核评价机制，积极出台相关政策，为实现“企业员工能进能出”“干部能上能下”“薪酬能高能低”，有效增强企业的生机和活力，提高综合竞争力。

**【完善煤炭市场机制】** 积极探索建立煤炭价格形成机制。探索建立能够正确反映市场供求关系、资源稀缺程度和环境损害成本的煤炭价格形成机制。积极推动阳煤集团和阳泉地方煤矿建立了区域性的煤炭销售协商机制平台，区域内所属煤炭企业全部建立价格自律机制，做到不随意降价，不压价倾销，定期发布企业不同热值和硫分商品煤的基准价格变动信息，其他煤种和地区正在积极推进。

探索建立企业自律机制。充分发挥山西省煤炭工业协会社团组织的作用，支持煤炭行业协会通过建立五大集团、主要产煤地区和无烟煤、焦煤价格协调机制，促进行业自律，防止出现压价竞销或哄抬价格等不正当手段。

创新煤炭交易机制。召开2016夏季全国煤炭交易会，并正式发布升级优化后的中国太原煤炭交易价格指数体系（CTPI-2.0）。

**【煤炭安全清洁高效生产和消费】** 认真开展安全质量标准化工作，努力提高安全生产和现代化水平。全省所有生产煤矿都达到了二级及二级以上安全质量标准化标准，累计建成129座现代化矿井；加快煤炭综合监管信息平台建设，实现产能监督、产量调控、运销监管、税费征收等功能集为一体，为省委、省政府经济管理提供数据支撑；积极推进煤炭绿色低碳消费，加快建设煤电外送基地、建设输电通道、发展高载能产业、稳步推进现代煤化工产业发展。蒙西—晋北—天津南交流特高压工程、榆横—晋中—潍坊交流工程（山西段）、晋北—江苏直流工程等一批重大项目顺利推进；出台了《关于电力供给侧结构性改革的实施意见》，启动了电力供给侧结构性改革工作；城乡取暖“煤改电”工程推进顺利。

**【煤炭产业科技创新】** 实施煤基科技重大专项和重点研发计划。以煤炭的清洁、高效利用为重点，实施了一批煤基低碳科技重大项目，强化政产学研合作机制，加速煤基低碳产业重大科技成果转化，全面布局企业技术创新平台，提升煤炭企业自主创新能力，积极探索科技计划项目国际合作立项模式，汇聚国内外优势创新资源。

全面加快建设山西科技创新城。全面推进山西科技创新城项目建设，加快省内重点入住研发机构开工建设，对接引进煤基低碳领域高端研发机构，大力营造富有吸引力的政策环境，为山西煤炭产业发展提供技术支持。

设立山西煤炭清洁利用投资基金。成立了煤炭清洁利用投资基金理事会。在引导产业发展，提升产业方面的社会关注度的同时，以政府资金撬动社会资金，缓解企业资金不足。将基金定向投资给煤电一体化产业、现代煤化工产业、煤层气抽采利用、碳交易及减排、碳捕集及封存等方面的重大项目，推动山西省清洁能源利用发展。

**【煤矿职工分流安置、转岗培训】** 积极支持企业通过转型转产、多种经营、主辅分离、辅业改制等方式多渠道分流安置职工。建立职工实名制数据库，完成了2016年去产能企业职工信息实名制录入和上传工作。制定职工分流安置政策，明确了内部安置、外部分流、转移就业、创新创业、自主择业、培训转岗、内部退养、灵活就业、公益性岗位托底安置等多种分流安置方式。各市、各集团公司细化安置方案，通过多种渠道已分流安置职工2.09万人，占需安置职工的99.64%。通过制订风险预案，及时召开职工代表大会，煤矿关闭退出期间没有发生重大群体性事件。

加大采煤沉陷区治理。千方百计改善矿区职工生产生活条件，将煤矿职工集中居住的矿区改造建设成为新型现代化小城镇或新社区。2016年，采煤沉陷区综合治理搬迁安置已开工乡镇151个，占全年149个应开工乡镇（第一批计划任务）的101.34%；完成投资72.74亿元，占全年政策投资（第一批计划任务）76.23亿元的95.42%。

**【以煤会友】** 充分利用“太原能源低碳发展论坛”平台作用，成功举办了主题为“黑色煤炭绿色发展，高碳资源低碳发展”的2016年“太原能源低碳发展论坛暨中国（太原）能源产业博览会”，来自全球18个国家和地区的嘉宾、19所国外大学和科研机构、26家国外知名企业代表、61家国内知名企业代表，以及11个市和省直有关部门、23所高校院所代表，共1000多人参加了此次论坛，为山西转型升级提供了强大推力，也为山西省在全球能源领域发声提供了平台，有力促进了全球能源产业绿色低碳发展。

借助“一带一路”和“环渤海经济圈”“京津唐一体化发展”的机遇，积极开展以煤会友深化与世界各产煤国家的交流合作、推进煤焦国际产能合作等举措，山西省已成为东北亚地区地方政府联合会的正式会员。

**【煤炭产业发展政策环境】** 进一步优化政策环境。加大金融行业直接融资力度，副省长王一新率煤炭企业参加北京金融路演活动，增强了对山西煤炭市场的投资信心。制定出台新的优惠政策，有力地减轻了企业的负担。2016 年 5 月 1 日至 2018 年 4 月 30 日，全省企业职工基本养老保险单位缴费比例由 20%降至 19%，失业保险单位缴费比例由 1.5%降至 1%；免缴 2016 年省属煤炭、冶金企业国有资本收益；缓缴 2016 年探矿权采矿权价款；暂停提取矿山环境恢复治理保证金和煤矿转产发展资金。

（王德善）

# 山西概况

SHANXI GAIKUANG

03

# 山西概况

## 自然地理

**【山西地势概貌】** 地理位置。山西省是中国的一个内陆省份。位于黄河中游东岸，华北平原西面的黄土高原上。省境四周山环水绕，与邻省(区)的自然境界分明。东以太行山与河北省为邻；西、南隔黄河与陕西省、河南省相望；北以外长城为界与内蒙古自治区毗连。全省疆域轮廓呈东北斜向西南的平行四边形，南北间距较长，最南端在芮城县南张村南，北纬 34°34′；最北端在天镇县远头村北，北纬 40°44′。纵长约 682 千米。东西间距较短，最东端在广灵县南坑村东，东经 114°33′；最西端在永济市长旺村西，东经 110°14′。宽约 385 千米。全省总面积为 15.67 万平方千米，占全国总面积的 1.6%。

地貌特点。山西省是典型的为黄土广泛覆盖的山地高原，地势东北高西南低，高原内部起伏不平，河谷纵横，地貌类型复杂多样，有山地、丘陵、台地、平原，山多川少，山地、丘陵面积为 12.55 万平方千米，占全省总面积的 80.1%，平川、河谷面积仅 3.12 万平方千米，占 19.9%。全省大部分地区海拔在 1500 米以上，最高点为五台山主峰北台顶(叶斗峰)，海拔 3061.1 米，有“华北屋脊”之称；最低点为垣曲县亳清河入黄河处的河滩，海拔仅 180 米。与东部海拔几十米的华北大平原相对照，山西地貌呈现整体隆起的地势，在高原中部，分列着一列雁行排列的断陷盆地。中部断陷盆地把山西高原斜截为二，东西两侧为山地和高原，使山西的地貌截面轮廓很像一个“凹”字形。

总的来看，山西地貌有以下几个特点：

1. 山西是典型的黄土覆盖的山地高原，山地多、平原少。

2. 山西地貌以高峻的中山地貌为骨架，山脉脉络清晰，延伸方向多为东北—西南展布。

3. 山西地貌单元与地质构造吻合，北斜成山，南斜成谷。

4. 山西黄土地貌类型繁多，黄土堆积地貌有黄土塬、黄土阶地等，黄土侵蚀地貌有黄土梁、黄土峁、黄土峡谷、黄土墙等，黄土重力地貌有黄土滑坡、崩塌、陷穴等。

5. 山西地貌分区明显，中部为一系列彼此相隔的断陷盆地，东西两侧为隆起的山地、高原。

地貌分区。山西地貌按其明显的特征从东到西可分为 3 个区域：

1. 东部山地区。东部山地区北起阳高县，南至芮城县，从北到南由贯穿省境东部和东南部的六棱山、恒山、五台山、系舟山、太行山、太岳山、中条山等山脉组成，山势大体呈东北—西南走向，海拔一般在 1500 米以上。该区山地在形成过程中因受构造断裂作用，与其东侧的华北平原、西侧的山西中部各盆地的界线十分清楚。山地北部，在六棱山、恒山、五台山之间，为浑河、滹沱河上游谷地。山地南部，在系舟山、太行山、太岳山、中条山之间，由于沁河、丹河、浊漳河等河流的侵蚀和堆积，形成黄土丘陵和长治、武乡—襄垣、黎城、高平、晋城、阳城等山间小盆地，一般称为“晋东南高原”或“沁潞高原”，是东部山地区的主要农业区。

2. 中部断陷盆地区。中部断陷盆地区，北起天镇县，南至永济市，纵贯省境中部，自东北至西南由一系列彼此分割的断陷盆地组成，依次为大同盆地、忻定盆地、太原盆地、临汾盆地、运城盆地。其中大同盆地、太原盆地和临汾盆地的面积均在5000平方千米以上。各盆地都以断层与山地相接,盆地之间由分水岭隔开;大同盆地与忻定盆地之间相隔宁武山(属恒山山系),忻定盆地与太原盆地之间相隔石岭关(属系舟山系),太原盆地与临汾盆地之间相隔韩侯岭(属太岳山系),临汾盆地与运城盆地之间则以峨眉台地相隔。盆地内部海拔的高低,由北向南地势逐渐降低,呈阶梯状,北端的大同盆地海拔在1000米以上,南端的运城盆地海拔在400米左右。盆地内广泛分布黄土和洪积冲积物,地势平坦,尤以中南部盆地区,土壤肥沃,气候适宜,灌溉便利,农业发达,城市密集,人口稠密,是山西经济最发达的地区。

3. 西部高原区。晋西高原区,又称西山地区,北起左云县,南至乡宁县,地处长城以南,黄河以东,吕梁山以西,由贯穿省境西部的一系列山地、高原组成,为我国黄土高原的主体部分之一。区内以吕梁山为主干,自北向南分布有采凉山、七峰山、洪涛山、黑驼山、管涔山、云中山、芦芽山、关帝山、紫荆山、龙门山等一系列东北—西南走向的山脉,海拔多在1500米以上。这些山脉东侧以断层与中部各盆地相接,山势雄伟,高出盆地700～1500米,山坡陡直,是山西的主要宜林区;西侧坡度则较平缓,形成了北高南低,由东向西倾斜的高原,地面普遍覆盖着较厚的黄土,称为“晋西高原”,高原境内河流大都短促,流水对地表侵蚀切割,水土流失严重,一遇暴雨,急流冲刷,致使地形破碎,千沟万壑,农业生产条件恶劣,是山西经济比较落后的地区。

**【山西的主要山脉】** 山西省境内多山,从北到南,主要山脉有:

恒山山脉。主山恒山是中国的名山之一,为五岳中之“北岳”。它是桑干河与滹沱河上游的分水岭,又是大同盆地和忻定盆地的界山。山脉呈北东走向延伸,西南端与省境西部的云中山、管涔山相邻,东北连接六棱山伸入河北省。在山西境内长约250千米,宽约20千米,海拔在2000米以上,山体两侧均有断层,北坡陡,断崖陡壁如削,内长城依山蜿蜒而筑,雄伟壮观,雁门关、阳方口、茹越口、平型关等著名关隘,自古就是兵家必争的战略要地。南坡倾斜稍缓,逐步过渡到繁峙、代县滹沱河谷地。属于该山脉的共有67座山。

五台山脉。主山五台山是驰名中外的中国佛教四大名山之一。位于五台县、繁峙县、代县之间，因由5个平台状的山峰组成而得名。北邻滹沱河谷地，西南与系舟山相接，东与太行山合为一体。山脉呈北东走向延伸，长约130千米。主峰北台叶斗峰，海拔3061.1米，是山西省第一高峰，也是华北地区的最高山峰。五台山四周群山层叠，北麓坡度陡峭，南麓倾斜徐缓，间有许多山间断陷盆地。属于该山脉的共有56座山。

太行山脉。主山太行山是山西东部山地区的主干,北接五台山,南抵晋城南端,在省境内长约350千米,宽约40～50千米,海拔一般在1500～1800米,最高地段海拔在2000米以上。山脊东侧,断崖壁立,西侧坡度缓斜,多是低山丘陵。太行山是山西、河北、河南3省间的界山,又是华北平原与黄土高原的天然分界线,属于该山脉的共有232座山。

太岳山脉。主山太岳山又称霍山,位于太行山西侧,北起介休市绵山,南至绛县的横岭关,与中条山相连,长约200千米,是汾河与沁河的分水岭。西翼以霍山大断层与太原盆地、临汾盆地相接,山势陡峻,主峰霍山海拔2348米。太岳山森林茂密,是省内主要林区之一。属于该山脉的共有105座山。

中条山脉。主山中条山位于省境内西南部,东北起自绛县横岭关,向西南延伸至黄河岸边,长约150千米,宽约10～20千米,海拔1200～2000米。山势东段较为宽阔,山顶平坦,以舜王坪为最高,海拔2321米;西段较窄,山势挺拔,兀立在运城盆地和黄河谷地之间,以雪苍山为最高,海拔1825米。山体北坡陡峻,南坡缓斜,为典型的地垒状山地。属于该山脉的共有45座山。

吕梁山脉。吕梁山脉位于省境西部高原山区,自北而南包括管涔山、芦芽山、云中山、关帝山、紫荆山、龙门山,绵延400千米,宽约30～100千米。北段山势高峻,海拔2000～2500米,山脉分为东西两列,东为云中山,西为管涔山和芦芽山,两山之间为静乐盆地。中段关帝山,是吕梁山最高山段,群峰汇集,主峰关帝山海拔2830米。南段山势较低,海拔1500米左右。吕梁山北中段山高林密,是山西的主要林区和夏季牧场。吕梁山末端的龙门山,近东西走向,被黄河穿切,形成落差10余米的黄河壶口瀑布和峡谷。属于该山脉的共有316座山。

**【山西的主要河流】** 山西河流源于东西高原山地,分属黄河、海河两大水系。向西向南流的属黄河水系,向东流的属海河水系。全省共有大小河流1000余条,其中,我国第二大河流黄河,沿山西境界流程968千米。境内流域面积大于10000平方千米的河流有5条(不包括黄河),小于10000平方千米大于1000平方千米的河流有48条,小于1000平方千米大于100平方千米的河流有397条。汾河是山西境内第一大河,干流全长695千米。山西属于黄河水系的较大河流有汾河、沁河、丹河、涑水河、三川河等142条,属于海河水系的较大河流有桑干河、滹沱河、浊漳河、清漳河等81条。黄河流域在山西境内的面积有9.71万平方千米,占全省总面积的62%;海河流域在山西的流域面积为5.91万平方千米,占全省总面积的37.7%。主要特点是河流较多,但以季节性河流为主,水量变化的季节性差异大。以径流量和开发条件比较,清漳河、沁河、滹沱河、浊漳河的条件较为优越,水能蕴藏量占到全省的80%～90%。山西省的主要水资源量由地表水资源和地下水资源组成,水资源的主要补给来源是当地降水。由于降水量分布不均及水文下垫面条件的差异,在地域上水资源分布极不均匀,总的趋势是由东南向西北递减。山西是全国水资源贫乏省份之一。1956～2000年系列全省多年平均水资源总量123.8亿立方米,其中,河川径流量为86.77亿立方米,地下天然水资源量为(即降水入渗补给量)84.04亿立方米,河川基流量(重复量)为47.01亿立方米。全省水资源可利用量为83.8亿立方米,为全国的67.7%,且多分布于盆地边缘及省境四周,人均占有量为全国的17%,亩均占有水量只有全国的11%。

黄河。黄河在山西省西部和南部边境。西面的一段流经晋、陕峡谷,纵贯南北,水流急湍,南达风陵渡后,折向东流。黄河流经省境地段,水量为全省河流水量的3倍,由于河床低,水流急,航运、灌溉比较困难,但水力资源丰富,可供开发利用。除在保德已建成天桥水电站外,还建设了规模宏大的偏关万家寨引黄入晋枢纽工程。

汾河。汾河是山西第一大河,也是黄河第二大支流,发源于宁武县管涔山的雷鸣寺,全长695千米,纵贯省内中部,流经太原、临汾盆地,至河津市禹门口入黄河。流域面积3.95万平方千米,是山西省主要的农业地带。主要支流有岚河、潇河、文峪河、昌源河、洪安涧河、浍河等。

沁河。沁河是山西第二大河,发源于沁源县西北的太岳山二郎庙沟,流经沁源、安泽、沁水、阳城等县,然后穿过太行山流向河南省境注入黄河,全长456千米。在山西省境内流长363千米,流域面积1.86万平方千米。主要支流有丹河、阳城河、端氏河等。沁河是山西省境内水量丰富、水质最清的河流。

涑水河。涑水河在山西南部,发源于绛县横岭关,流经绛县、闻喜、夏县、运城、临猗、永济汇入黄河,全长193千米,流域面积5565平方千米。由于流域内气温高,降水少,蒸发量大,河水经常断流干涸,下游河床已垦为农田。在涑水河南侧,有700平方千米的闭流区,分布着盐池、硝池、鸭子池、汤里滩、伍姓湖等湖群,水面有170平方千米,盛产食盐、芒硝、白钠镁矾等矿产。

桑干河。桑干河在省境东北部,发源于宁武县管涔山的天池,上源叫恢河,至朔州市与源子河汇合后称桑干河,流经大同盆地,至阳高县出省境,在河北省境内注入海河的支流永定河。在山西省境内流长252千米,流域面积1.55万平方千米。主要支流有黄水河、浑河、御河等。

滹沱河。滹沱河在省境东部,发源于繁峙泰戏山,流经五台山的北麓和西麓,贯穿忻定盆地折向东流,穿过太行山进入河北省,注入海河的支流子牙河。在山西省境内流长330千米,流域面积4282平方千米,较大支流有阳武河、云中河、牧马河、永兴河、清水河等。

漳河。漳河在山西省境内分为清漳河和浊漳河两支。清漳河又分东源与西源,东源发源于昔阳县境,西源发源于和顺县境,在左权县境汇合后,经黎城县流入河北省,全河长146千米,流域面积4159平方千米。浊漳河有南、北、西三源,南源发源于长子县境,北源发源于榆社县境,西源发源于沁源县境,三源于襄垣县境汇合,流经长治盆地,在平顺下马塔以东进入河南省,全河长237千米,流域面积1.17万平方千米。清漳河和浊漳河在河北省涉县交漳镇合流后称为漳河,它是河北省与河南省的界河,在河北省境内注入海河的支流卫河。

**【山西气候雨量】** 四季气候。山西地处中纬度地带的内陆,在气候类型上属于温带大陆性季风气候。由于太阳辐射、季风环流和地理因素影响,山西气候具有四季分明、雨热同步、光照充足、南北气候差异显著、冬夏气温悬殊、昼夜温差大的特点。山西省各地年平均气温介于4.2℃～14.2℃之间,总体分布趋势为由北向南升高,由盆地向高山降低;全省各地年降水量介于358～621毫米之间,季节分布不均,夏季6～8月降水相对集中,约占全年降水量的60%,且省内降水分布受地形影响较大。

1. 春季。春季气温受北方寒冷干燥气团控制减弱,太阳辐射增强,大地回暖很快,但时冷时暖,东西山区和北部地区常有急剧降温,出现早霜冻。由于暖湿气团尚未深入,春季多风少雨,因此常发生干旱。

2. 夏季。夏季受东南气流控制,暖湿空气进入省境,气温较高,7月最热,全省平均气温20℃～27℃,极端最高温出现在南部运城,达42.7℃。全年降水多集中在夏季,7、8、9月的降水量占全年的60%,且多为大雨、暴雨,易引起山洪暴发等自然灾害。

3. 秋季。秋季由于受北方冷空气控制,降温迅速,晴天较多,气候凉爽,平均气温逐月降低5℃～

7℃。由于秋季正处于气流交替时期，冷气团南下，将暖气团抬升，降水亦多，占年降水量的20%～30%，常出现秋涝灾害。

4. 冬季。冬季气候寒冷，1月最冷，平均气温介于-2℃～-16℃之间，极端最低温度出现在五台山山顶，曾达-44.8℃。冬季在寒冷干燥气团控制下，多刮西北风，降雨(雪)最少，仅占年降水量的2%～3%。

区域气候。山西气候按地理纬度和地形高低条件，分为6个气候区。

1. 晋北温带寒冷半干旱气候区。包括内长城以北，除灵丘、广灵外的大同、朔州两市所辖地区，忻州市西北的岢岚、五寨、偏关、神池、宁武等地，年平均气温在7℃以下，积温2000℃～3200℃，无霜期100～130天，年降水量380～460毫米。

2. 暖温带冷湿半湿润气候区。包括恒山、五台山、系舟山、芦芽山、吕梁山等山区，及其周围的低山、丘陵、河谷和盆地。年平均气温4℃～8℃，积温1600℃～3000℃，无霜期80～140天，年降水量450～700毫米。

3. 暖温带冷温重半干旱气候区。包括忻定、太原、阳泉、寿阳等盆地。年平均气温8℃～10.5℃，积温3100℃～3600℃，无霜期145～165天，年降水量400～490毫米。

4. 暖温带冷温轻半干旱气候区。包括黄河沿岸，从晋西北的保德、河曲到晋西南的吉县、乡宁，以及吕梁山以西的黄土高原区。年平均气温6.5℃～9℃，积温2600℃～3700℃，无霜期145～185天，年降水量400～500毫米。

5. 暖温带冷温半湿润气候区。包括和顺、榆社以南，太岳山以东的晋东南地区。年平均气温8℃～10℃，积温2600℃～3300℃，无霜期120～160天，年降水量550～670毫米。

6. 暖温带温和重半干旱气候区。包括临汾盆地和除中条山东段山区以外的运城市。年平均气温12℃～14℃，积温3900℃～4600℃，无霜期185～205天，年降水量480～570毫米。

雨量分布。山西的降水，由于受地形的影响较大，除少数山区外，大部分地区年降水量为400～600毫米，由东南向西北递减，总的趋势是山地多于盆地，迎风坡多于背风坡。晋东南的太行山区和中条山区、五台山区、吕梁山区是山西3个多雨区，年降水量普遍在600毫米以上，以五台山区降水最多，年降水量800毫米。这是由于山区迎风坡对夏季暖湿气流的抬升所致，降水量随山地高度的增加而增加。大同盆地、忻定盆地、吕梁山以西的黄土丘陵区则是山西的3个少雨区，年降水量一般在400～450毫米。这是由于受高山迭降的影响，阻止暖湿气流深入内地，所以成为少雨区。

山西全省降水有两个特征：一是由于季风环流的交替，降水的季节分布很不均匀，夏季受来自太平洋和印度洋暖湿气流的影响，故夏季降水高度集中，强度较大，约占年降水量60%以上；冬季和春季雨雪稀少，12月至2月的降水量仅占年降水量的2%～4%，3月至5月的降水量占12%～25%。二是降水的年际变化很大，有的年份少雨，有的年份多雨，形成这种情况主要是季风环流逐年进退有早有迟，影响有强有弱所致。以太原为例，平均年降水量为459.5毫米，少水年只有216毫米，多水年多达749毫米，两者相差2.5倍。

## 经济地理

**【山西矿产资源】** 山西省矿产资源极为丰富，已发现的地下矿种达120种，其中，探明储量的有70种，保有资源储量居全国前十位的有36种。目前，山西煤炭保有资源储量2767.85亿吨，约占全国保有资源储量的20.1%；煤层气保有资源储量1825.16亿立方米，占全国保有资源储量的88.2%；铝土矿保有资源储量14.16亿吨，占全国保有资源储量的36.5%。此外，锰、银、金、石墨、膨润土、高岭岩、石英岩、含钾岩石、花岗岩、沸石等10种矿产也有着良好的勘查、开发前景。

**【山西植物资源】** 山西植物资源丰富，目前已知的维管植物有2700多种，其中，木本植物有463种。山西植被从南到北可分为：南部和东南部是以落叶阔叶林和次生落叶灌丛为主的夏绿阔叶林或针叶阔叶混交林分布区，也是植被类型最多、种类最丰富的地区；中部是以针叶林及中生的落叶灌丛为主、夏绿阔叶林为次分布区，是森林分布面积较大的地区；北部和西北部是温带灌草丛和半干旱草原分布区，森林植被较少，优势植物是长芒草、旱生蒿类和柠条、沙棘等。山西野生植物资源丰富，国家一级保护植物有南方红豆杉，国家二级保护植物有连香树、翅果油树、水曲柳、核桃楸、紫椴等。野生药用植物有1000多种，广泛分布在丘陵山地，比较著名的有党参、黄芪、甘草、连翘等。山西省森林覆盖率18.03%。

**【山西动物资源】** 山西野生动物以陆栖类为主，已知的有439种(含历史记录种类)。属于国家重点保护的珍稀动物有71种,其中,一级保护动物有17种:褐马鸡、金雕、朱鹮、白鹳、黑鹳、玉带海雕、白尾海雕、虎头海雕、丹顶鹤、大鸨、胡兀鹫、遗鸥、虎、金钱豹、梅花鹿、原麝、林麝。二级保护动物有54种,包括鸟类42种,两栖类1种,兽类11种。属于省级重点保护的有苍鹭、星头啄木鸟等27种。属于有益的,有重要经济、科学研究价值的野生动物有315种。

**【山西旅游资源】** 山西是中华文明发祥地之一,是旅游资源富集省份。"华夏古文明,山西好风光"是对山西旅游的高度概括。山西省现存有国家级重点文物保护单位452处,位居第一,其中,大同云冈石窟、平遥古城、五台山为世界文化遗产。全国保存完好的宋、金以前的地面古建筑物70%以上在山西境内,山西享有"中国古代建筑艺术博物馆"的美誉。四大佛教圣地之一的五台山,寺庙群集千年之萃。建于北魏的恒山悬空寺悬于悬崖峭壁之上,以惊险奇特著称。太原的晋祠是形式多样的古建筑荟萃的游览胜地。平遥古城是全国现存三座古城之一,被列入世界文化遗产名录。芮城永乐宫是典型的元代道观建筑群,宫内壁画是我国绘画艺术的珍品。解州关帝庙是全国规模最大的武庙。云冈石窟是全国三大佛教石窟之一,气势雄伟。因拍摄《大红灯笼高高挂》而闻名的祁县乔家大院,加上祁县渠家大院、灵石王家大院、太谷三多堂等,共同展现了山西晋中的大院民俗文化。

山西名山大川遍布,自然风光资源丰富优美。北岳恒山是五岳之一,国家级风景名胜区。绵山气候宜人,自古就是避暑胜地。黄河壶口瀑布是仅次于黄果树瀑布的全国第二大瀑布,国家级风景名胜区。庞泉沟、芦芽山、历山、蟒河等自然保护区,风景秀丽,景致各异。

山西是老革命根据地,革命活动遗址和革命文物遍布全省。著名的有八路军总部旧址、黎城黄崖洞八路军兵工厂、文水刘胡兰纪念馆等。

**【山西省土地利用空间布局】** 按照《山西省土地利用总体规划(2006~2020年)》,到2020年山西省域土地利用空间布局为:

农业、林业、牧业生产用地布局。1.农业生产用地布局及主要方向。建设以六大盆地区为主体、以其他农业地区为重要组成的粮食生产发展格局。重点建设以临汾、运城盆地为主体的晋南优质强筋小麦、优质棉花主产区,以雁同、忻定、晋中、晋东南盆地丘陵区为主的优质玉米主产区,以东西两山为主的优质杂粮生产区。

2.林业生产用地布局及主要方向。建设以东西两山为生态屏障,以太行山、吕梁山、中条山、太岳山等山地为骨架,以"三北"防护林体系、太行山绿化、平原绿化为重点,以自然保护区、森林公园、风景名胜区、饮用水源和泉域保护区等组成的林业发展格局。重点建设五大林业生产体系:建设和完善以九大森林管理局范围为主的商品林与生态防护林并重的生产基地,在黄河流域建设以治理水土流失为主的生态防护林体系,在晋北建设以防沙治沙为主的林草生态防护林体系,在东西部土石山区营造以涵养水源为主的生态防护林体系,在六大盆地和通道沿线营造以保护农田、改善城乡环境为主的景观防护林和苗木商品生产体系。

3.牧业生产用地布局及主要方向。北部盆地重点发展优质奶牛业,中南部盆地重点发展生猪和蛋鸡、肉鸡及肉牛生产,东西两山重点发展肉牛、肉羊和绒山羊养殖生产。重点建设雁门关生态畜牧经济区。

城乡居民点用地布局。1.城镇用地空间布局。强化省域中心城市功能,将以太原为中心的城市群建设成为我国中西部重要的城市密集区。以南北纵贯的同蒲大运沿线串珠状分布的城市为主脉,以两翼地带拓展的东西向交通线和基础设施为支脉,共同组合成"叶脉型"的城镇体系布局框架体系。全省的城镇用地布局以"一圈、一带、两轴、多点"为发展重点。支持以太原为中心的经济圈建设用地,同时考虑大运经济带、太焦轴带、太旧—太汾柳轴带及其他发展轴线,适当安排城镇发展建设用地。

2.农村居民点用地布局。以新农村建设为契机,合理调整农村居民点用地规模与布局。重点加强集镇和中心村建设,积极改造城中村和城边村。对于位置偏远且生产生活条件差的村庄,以及位于采矿沉陷区需治理搬迁的村庄,要积极做好村庄迁建规划。加强城乡居民点用地空间管制,实行建设用地扩展边界控制。

工矿生产用地布局。建设新型能源和工业基地是山西省的一项长期战略任务,要按照战略部署,统筹煤炭工业和非煤产业发展、煤炭开发与生态环境协调发展,合理布局和安排工矿生产建设用地。全省的工业用地要进一步向工业园区集中。大运经济带要重点发展资源经济转型和循环经济产业。煤炭产业要重点支持晋北、晋中、晋东"三大"煤炭基地建设。电力工业用地重点支持大型坑口电站、煤矸石电厂、热电联产等项目建设,以及晋北、晋东、晋东南"三大"外送电力基地的项目建设,积极支持风电和太阳能发电等新能源项目建设。

交通发展建设用地布局。全省的交通发展建设及用地布局,将围绕"四大网络"(铁路、高速公路、一般干线公路、乡村公路)建设,以"煤运通道、高速公路、快速铁路客运系统”为重点。1. 公路建设用地布局。全省公路建设用地主要支持以高速公路为运输主通道、一般干线公路为集散通道(次骨架和连接层)、农村公路为出入道路(基础)的综合公路网体系建设。根据《山西省高速公路网调整规划》,全省高速公路网布局规划为“3纵11横11环”,即由3条纵线、11条横线和11条环线及连接线组成,形成纵贯南北、承东启西、覆盖全省、通达四邻的高速公路网络。

2. 铁路发展建设用地布局。全省铁路建设用地主要支持的是围绕新型能源和工业基地建设,加强快速铁路客运系统及晋煤外运通道的建设,具体考虑全省从北而南形成的三大铁路运输通道和十字形快速铁路客运系统,还要完善与国铁配套的地方铁路、铁路专用线及大型煤炭集运站建设。

水利发展建设用地布局。全省水利发展总体布局为“西引黄河,东抓拦蓄,腹部盆地突出水资源节约和保护,两翼边山全方位实施生态恢复与建设”,要以实现水资源的优化配置和可持续发展为目标,扎实抓好以应急水源工程为重点的全省兴水战略,保障水利建设的顺利开展。规划期间,共安排水利建设用地指标1.34万公顷,拟规划建设一批包括水库、水电站及引/供水工程的国家和地方重点水利建设项目。

**【山西省土地利用区域划分】** 按照《山西省土地利用总体规划(2006~2020年)》,到2020年山西省土地利用区域划分为:

晋北区域。本区域范围包括大同市和朔州市的17个县(区),土地总面积为2.47万平方千米。在本区域内又分为3个二级区,即朔同盆地平原区——包括大同市城区、矿区、南郊区、大同、应县、朔州市朔城区、山阴、怀仁等县(区),晋西北山地丘陵区——包括左云、右玉、平鲁、新荣等县(区),晋东北山地丘陵区——包括阳高、天镇、广灵、灵丘、浑源等县。

本区域土地利用管理重点及调控措施为:在改造提升煤电产业的同时,加强资源型经济转型,发展高新技术产业、旅游业、高载能工业和环保产业。重点保障煤电基地和运煤通道建设用地及引黄北干等重要水利设施用地。加强工矿废弃地复垦、污染防治和采煤塌陷区治理。新增建设用地要充分利用荒沟、荒坡、荒滩等未利用地资源和工矿废弃地。引导农业结构调整,支持商品粮基地建设,增加大宗农产品生产能力。大力发展畜牧产业及畜牧产品加工,重点建设雁门关生态畜牧经济区。支持盐碱地的改良和未利用地开发,加强风沙治理和生态建设。

中部区域。本区域范围包括太原、忻州、阳泉、吕梁和晋中等5个市的53个县(市、区),土地总面积为7.41万平方千米。在本区域内又分为5个二级区,即晋中盆地区——包括太原市的6个城区及阳曲、清徐、榆次、太谷、祁县、平遥、介休、文水、汾阳、孝义、交城、灵石等县(市、区),忻定原盆地区——包括忻府区、原平市、定襄县等3个县(市、区),晋西山地区——包括方山、古交、岚县、静乐、娄烦、宁武、岢岚等7个县(市),晋西黄土丘陵区——包括兴县、临县、离石区、柳林、中阳、偏关、河曲、保德、神池、五寨、石楼、交口等县(区),太行山山地丘陵区——包括盂县、寿阳、阳泉郊区、昔阳、平定、代县、繁峙、五台、榆社、左权、和顺等县(区)。

本区域土地利用管理重点及调控措施为:采取积极的城镇发展战略,建设以太原—榆次为核心,包括介(休)孝(义)汾(阳)、阳泉、忻(州)定(襄)原(平)在内的太原经济圈。适应城镇化和工业化加快进程,适当提高区域建设用地比重,积极培育人口及经济集聚能力。重点保障晋中煤电基地和石太铁路客运专线、同蒲铁路客运专线、太中银铁路、汾平高速等交通基础设施建设用地。在介孝汾、离柳等地建立煤炭能源重化工产业循环经济示范区。开发区建设要以节约集约用地为重点,提高项目用地投资强度、土地产出效益等用地标准和准入门槛,引导发展技术和知识含量高的制造业和现代服务业。加强区内基本农田保护,积极实施农田基本建设整理工程,促进稳产高产商品粮油基地建设。要加强晋西黄土丘陵区、太行山山地丘陵区的水土保持和生态屏障建设,加强汾河治理和环境保护。

晋南区域。本区域范围包括运城市和临汾市的30个县(市、区),土地总面积为3.45万平方千米。在本区域内又分为3个二级区,即晋南盆地区——包括尧都区、洪洞、襄汾、新绛、侯马、曲沃、翼城、永济、临猗、盐湖区、夏县、闻喜、绛县、霍州、万荣、河津、稷山等17个县(市、区),太岳中条山区——包括芮城、平陆、垣曲、古县、安泽、浮山等6个县,晋西南黄土丘陵山地区——包括乡宁、吉县、大宁、隰县、蒲县、永和、汾西等7个县。

本区域土地利用管理重点及调控措施为:加强临汾、运城、侯马等3个中心城市的建设,适当增加城镇建设用地。改造与提高焦化、煤炭、化学工业,扶持轻型工业和高新技术产业发展。加强区内基本农田保护,重点发展优质小麦、棉花,支持商品粮、棉基地建设,增加大宗农产品生产能力。加强区内汾河流域的综合治理和晋西南黄土丘陵山地区的水土流失治理,搞好东西两山的生态屏障建设。

晋东南区域。本区域范围包括长治市和晋城市的19个县(市、区),土地总面积为1.63万平方千米。在本区域内又分为3个二级区,即晋东南川谷盆地区——包括潞城、襄垣、屯留、长治城区、长治郊区、长治、长子、晋城城区、高平、泽州、阳城等11个县(市、区),太行山南部山区——包括武乡、沁县、平顺、壶关、黎城、陵川等6个县,晋东南西部山区——包括沁源、沁水等2个县。

本区域土地利用管理重点及调控措施为:着力完善中心城市功能,建立煤化工产业循环经济示范区。适当增加建设用地供给,积极培育人口及经济集聚能力。加强废弃煤矿、乡镇企业用地整理,开发未利用地,为工业化、城市化提供新的发展空间。合理安排建设用地,加大对基础设施建设的支持力度,促进公路、铁路、航运等交通网的完善和枢纽建设,提高区域的整体发展能力。重点加强太行山区生态建设、中部川谷盆地区环境治理和耕地资源保护。

**【山西省林业生态建设总体布局】** 按照《山西省生态功能区划》,全省划分为5个生态区、15个生态亚区、44个生态功能区。与这些生态功能区域相衔接,结合各地自然条件和树木生长特性,山西省林业生态建设的总体布局是:以汾河两岸为中轴线,以太行山和吕梁山为重点,集中建设四大生态屏障,发展五大产业集群,推进城乡全面绿化。

*四大生态屏障*。四大生态屏障是指晋北晋西北防风固沙林区、吕梁山黄土高原水土保持林区、太行山土石山水源涵养林区、中南部盆地防护经济林区。1.晋北晋西北防风固沙林区。在晋北晋西北建设以防风治沙为主要功能的乔灌草防护林体系,建设范围包括大同县、大同新荣区、大同城区、大同矿区、左云县、阳高县、天镇县、大同南郊区、浑源县、灵丘县、广灵县、右玉县、朔州平鲁区、朔城区、应县、山阴县、怀仁县、河曲县、保德县、偏关县、神池县、五寨县、岢岚县、宁武县、静乐县、繁峙县、代县等27个县(区)。通过大力植树造林,特别是大规模发展沙棘、柠条等灌木林,形成乔灌草相结合的绿色屏障,使晋北晋西北的风沙基本得到遏制。

2.吕梁山黄土高原水土保持林区。在吕梁山脉及周边地区建设以治理水土流失、降低土壤侵蚀模式为主要功能的防护林体系,建设范围包括原平市、忻州忻府区、兴县、临县、岚县、孝义市、石楼县、柳林县、方山县、中阳县、交口县、交城县、汾阳市、吕梁离石区、娄烦县、古交市、太原晋源区、太原尖草坪区、太原万柏林区、隰县、永和县、大宁县、吉县、乡宁县、蒲县、汾西县、新绛县、稷山县、河津市、万荣县等30个县(市、区)。通过实施退耕还林、天然林资源保护、"三北"防护林建设等国家重点林业工程,有效改善黄河东岸严重的水土流失状况,努力形成固土凝水、降温保湿、植被良好、林茂粮丰的可喜局面。

3.太行山土石山水源涵养林区。在太行山区域建设以涵养水源为主要功能的防护林体系,建设范围包括五台县、阳曲县、太原迎泽区、太原杏花岭区、榆社县、和顺县、左权县、寿阳县、昔阳县、灵石县、平定县、盂县、阳泉城区、阳泉矿区、阳泉郊区、平顺县、黎城县、壶关县、武乡县、沁源县、沁县、霍州市、安泽县、翼城县、古县、浮山县、陵川县、沁水县、阳城县、垣曲县、平陆县、芮城县等32个县(市、区)。通过大力造林、封山育林、积极护林,有效涵养太行土石山区珍贵的水资源,从根本上逐步改善山西十年九旱、长期缺水的自然状况。

4.中南部盆地防护经济林区。在山西中南部盆地建设防护经济林区,建设范围包括定襄县、清徐县、太原小店区、介休市、平遥县、祁县、太谷县、晋中榆次区、文水县、屯留县、长治县、潞城市、长子县、襄垣县、长治郊区、长治城区、高平市、泽州县、晋城城区、侯马市、襄汾县、曲沃县、临汾尧都区、洪洞县、运城盐湖区、临猗县、永济市、闻喜县、夏县、绛县等30个县(市、区)。通过大力营造干鲜果经济林,既获取经济效益,又发挥生态功能,收到大地增绿、林业增效、农民增收的良好效果。

*五大产业集群*。全省发展五大林业产业集群,主要是:干鲜果经济林建设,速生丰产用材林建设,林木种苗花卉产业,森林旅游产业,林下资源开发和灌木林产业。

*推进城乡全面绿化*。继续坚持"山上治本、身边增绿"的发展理念,以国家六大重点林业工程为骨架,以省十大造林绿化工程为重点,全力推进通道绿化、交通沿线荒山绿化、村镇绿化、环城绿化、厂矿区绿化、城市绿化、河流流域行洪河道两侧的滩涂绿化、城郊森林公园建设、生态庄园建设、碳汇造林等重点区域绿化,努力实现城乡绿化一体化。

**【山西省现代农业发展区域布局】** *区域布局*。全省现代农业发展的总体布局分为大同盆地、忻定盆地、晋中盆地、上党盆地、晋南盆地和太行山、吕梁山七大特色板块。大同盆地重点建设雁门关生态畜牧经济区,忻定盆地重点发展玉米、杂粮,晋中盆地重点发展蔬菜、水果、花卉等设施农业,上党盆地重点发展玉米、畜牧业,晋南盆地重点发展粮食、水果和蔬菜,太行山、吕梁山重点发展杂粮、林果业。

*产业发展布局*。按照区域布局,规划建设一批优势农产品产业区和产业带,形成跨区域、大规模、集群式、板块化推进的格局。

1.粮食产业布局。规划建设太行山、大同盆地、忻定盆地、晋中盆地和晋南盆地玉米优势生产区，到2015年，优势区玉米面积占全省的比重达到70%。规划建设南部运城、临汾、晋城中熟冬麦区，到2015年，小麦种植面积达到64万公顷，占全省的96%以上。以晋西北、太行山为重点，规划建设谷子、荞麦、莜麦、杂豆、马铃薯五大作物优势区域，优势区小杂粮的优质率、商品率、加工转化率达到80%、50%、60%。

2. 畜牧产业布局。规划建设一批生猪、蛋鸡、肉鸡、奶牛、肉牛和肉羊优势生产基地县，力争到2015年基地县畜产品产量占到全省70%左右。

3. 水果产业布局。规划建设晋南丘陵区、晋西边山丘陵区、晋中丘陵区三大优质苹果生产板块，忻定、晋中、晋东南和晋南4个优质梨生产区。

4. 蔬菜产业布局。重点在晋南、晋中、忻定、上党和大同五大盆地内具有优势的70个县发展蔬菜产业，播种面积、产量均占到全省播种面积、产量的85%以上。

现代农业示范区布局。以城乡统筹发展，推进农业现代化为目标定位，打造全省一流、全国领先的现代农业示范样板区。继续推进大同（包括阳高等5个县）、晋中（包括榆次等4个县区）和运城（包括盐湖等7个县区）三大现代农业示范区建设，实施朔州、临汾、忻州、长治、阳泉、太原、吕梁、晋城等8个市10个县现代农业示范县（区）及现代农垦示范场建设。以所在板块的主导产业为主，发展粮食、做强畜牧、提升果菜、深化加工。突出粮食高产创建、标准化规模健康养殖、设施蔬菜、高效园艺以及农产品加工增值等重点建设，因地制宜打造一批示范园和综合示范园。

# 行 政 区 划

**【山西行政区划的历史变迁】** 山西省是我国文化发祥地之一。相传尧都平阳，舜都蒲坂，禹都安邑，都建在今山西境内南部地区。西周时为唐国，后改为晋国，山西省简称晋即由此而来。战国时分属于赵、魏、韩。秦置代、雁门、太原、河东、上党5郡。西汉时置并州，辖代、雁门、太原、上党4郡，朔方辖西河郡，司隶部辖河东郡。东汉时并州辖定襄、雁门、太原、西河、上党5郡，司隶部辖河东郡，幽州辖代郡。三国时魏置并州辖雁门、新兴、西河、太原、东平、上党6郡，司州辖河东、平阳2郡，幽州辖代郡，冀州辖灵丘县，此外，天镇、山阴、平鲁西北属拓跋鲜卑，五寨、临县以西属羌。西晋时并州辖雁门、新兴、上党3郡及太原、东平、西河3国，司州辖河东、平阳2郡，幽州辖代郡，山阴以北仍属拓跋鲜卑，五寨、临县以西属羌。北魏置朔、恒、汾、肆、并5州，霍县、高平以南属司州。隋代改州为郡，置马邑、雁门、娄烦、离石、太原、龙泉、西河、临汾、文水、河东、绛、长平、上党13郡。唐代置河东道，辖太原府及云、蔚、朔、代、岚、忻、石、隰、汾、晋、慈、绛、蒲、辽、沁、潞、泽17州。五代后唐置太原、河中2府及云、蔚、应、寰、朔、代、岚、忻、石、隰、汾、晋、慈、绛、辽、沁、潞、泽19州。后晋置太原、河中2府及代、岚、宪、忻、石、隰、汾、晋、慈、绛、辽、沁、潞、泽14州，云蔚、应、寰、朔、代5州属契丹。后汉行政区划未变。北宋时置河东路，辖太原、隆德2府，代、忻、宪、岚、石、隰、汾、慈、晋、绛、辽、泽12州及火山、保德、岢岚、宁化、晋宁、平定、威胜7军，永兴路辖解州及河中府。大同府及朔、应、蔚3州属辽的西京道。金于山西置河东南路，河东北路，雁门关北属西京路。河东南路辖河中、平阳2府及隰、耿、绛、解、泽、潞、沁、辽8州，河东北路辖太原府及澳、保德、岢岚、岚、宁化、管、忻、代、石、汾、平定11州。西京路辖大同府及武、朔、应、蔚4州。元代置河东山西道，隶中书省，领大同、冀宁、晋宁3路，大同路辖应、朔、武、浑源4州及大同、白登等5县，冀宁路辖兴、岚、管、坚、代、崞、忻、台、临、石、汾、盂、平定12州及阳曲、文水等10县，晋宁路辖河中府及隰、吉、霍、绛、解、辽、沁、潞、泽9州及临汾等12县。明代置山西布政使司，辖大同、太原、平阳、潞安4府，汾、辽、沁、泽4州，共95县。清代山西省，辖朔平、大同、宁武、太原、汾州、平阳、潞安、泽州、蒲州9府，保德、代、忻、平定、辽、隰、霍、沁、绛、解10州及归化、绥远、萨拉齐、托克托、和林格尔等6厅，共辖108县。6厅及朔平、大同2府的北部系今长城以北的土默特、呼和浩特、集宁、丰镇等地区，民国2年（1913年）划归绥远、察哈尔两特别区。民国3年（1914年）山西省设雁门、冀宁、河东3道。雁门道辖晋北的26县，冀宁道辖晋中及晋东南的44县，河东道辖晋南的35县。1930年废道，县由省直辖。

1937年抗日战争爆发后，中国共产党在山西境内建立了晋冀鲁豫、晋绥、晋察冀3个边区抗日民主政府，其在山西境内辖区面积约占全省总面积的70%以上。解放战争初期，山西解放区各县分属太行、太岳、晋察冀、晋绥4个行政公署，行署下设专区，分别领导各县。

1945年8月抗日战争胜利后，阎锡山政府迁回太原，抢占了铁路沿线主要城市，按每个行政督察区辖5～7个县的原则，把全省划为18个区。1949年4月，随着太原的解放，全省复归统一，阎锡山政府的行政区划遂告结束。

**【新中国成立以来山西行政区划的变化】** 新中国成立以来，为适应社会主义建设发展的需要，山西省行政区划曾有过多次的调整。1949年10月，将雁北地区划归察哈尔省，山西省共设忻县、兴县、榆次、汾阳、临汾、运城、长治7个专区、92个县及太原市、阳泉工矿区、长治城关区和运城镇。1951年撤销汾阳专区。1952年撤销兴县专区。1952年11月察哈尔省撤销后，原雁北专区13个县及大同市划回山西省，全省共辖雁北、忻县、榆次、临汾、运城、长治6个专区及太原、阳泉、长治、大同4个市和运城镇，103个县。1958年，全省公社化后，行政区划进行了较大的合并，将6个专区并为晋北、晋中、晋南、晋东南4个专区，103个县合并为41个县，设太原市1个省辖市和大同、阳泉、长治、榆次、侯马5个专辖市。

20世纪60年代初期，全省行政区划又几经调整，原来合并的县先后分设，到1965年，全省设雁北、忻县、晋中、晋南、晋东南5个专区，太原、大同、阳泉3个省辖市，长治市为专辖市，县数为96个。1970年专区改为地区，同年撤销晋南专区，设立临汾、运城2个地区。

1971年，晋中地区分为晋中和吕梁2个地区，恢复侯马、临汾、榆次3市及古县、方山、娄烦3县，新设置柳林、交口2县，全省县数为101个。

1983年，对全省部分市、县区划及名称做了调整变动。全省划分为7个地区、4个省辖地级市、6个省辖县级市、96个县。

1985年，撤销晋东南地区，将其所属各县分别划归长治市和晋城市，晋城市升格为省辖地级市，全省设6个地区、5个地级市、5个县级市和96个县。

1989年设朔州市(地级市)和古交市(县级市)。

1990年霍县撤县建霍州市(县级市)。

1992年原平、孝义撤县建市(县级市)。

1993年撤销雁北地区，将其所辖县分别划归大同市和朔州市。同年，介休、高平县撤县建市(县级市)。

1994年潞城、永济、河津县撤县建市(县级市)。

1996年离石、汾阳撤县建市(县级市)，晋城市郊区撤区建立泽州县。

1997年太原市城区行政区划重新调整，将原北城区、南城区、河西区、北郊区、南郊区等5城区调整为：杏花岭区、迎泽区、万柏林区、尖草坪区、小店区、晋源区等6个城区。

1999年撤销晋中地区，成立晋中市(地级市)，原榆次市改为榆次区。

2000年撤销忻州地区、运城地区、临汾地区，成立忻州市、运城市、临汾市(地级市)，原县级忻州市、运城市、临汾市改为忻府区、盐湖区、尧都区。

2003年撤销吕梁地区，成立吕梁市(地级市)，原离石市(县级)改设为离石区。

**【2016年乡镇以上行政区划】** 截至2014年年底，山西省共设太原、大同、阳泉、长治、晋城、朔州、忻州、晋中、临汾、运城、吕梁等11个地级市，11个县级市，85个县，23个市辖区。现有202个街道，1196个乡镇，其中564个镇、632个乡，合计1398个乡级行政单位。2014年全省乡镇以上行政区划如下：

**太原市**

小店区

坞城街道　营盘街道　北营街道　平阳路街道
黄陵街道　小店街道　龙城街道　北格镇
西温庄乡　刘家堡乡

迎泽区

柳巷街道　文庙街道　庙前街道　迎泽街道
桥东街道　老军营街道　郝庄镇

杏花岭区

巨轮街道　三桥街道　鼓楼街道
杏花岭街道　坝陵桥街道　大东关街道
职工新街街道　敦化坊街道　涧河街道
杨家峪街道　中涧河乡　小返乡

尖草坪区

尖草坪街道　光社街道　上兰街道　南寒街道
迎新街道　古城街道　汇丰街道　柴村街道
新城街道　向阳镇　阳曲镇　马头水乡
柏板乡　西墕乡

万柏林区

千峰街道　下元街道　和平街道　兴华街道
万柏林街道　杜儿坪街道　白家庄街道　南寒街道
东社街道　化客头街道　神堂沟街道　西铭街道
长风西街街道　小井峪街道　王封乡

晋源区

义井街道　罗城街道　晋源街道　金胜镇　晋祠镇
姚村镇

清徐县

清源镇　徐沟镇　东于镇　孟封镇　马峪乡
柳杜乡　西谷乡　王答乡　集义乡

阳曲县

黄寨镇　大盂镇　东黄水镇　泥屯镇　高村乡

侯村乡　凌井店乡　西凌井乡　北小店乡　杨兴乡

娄烦县

娄烦镇　静游镇　杜交曲镇　庙湾乡　马家庄乡

盖家庄乡　米峪镇乡　天池店乡

古交市

东曲街道　西曲街道　桃园街道　屯兰街道　河口镇

镇城底镇　马兰镇　阁上乡　嘉乐泉乡　梭峪乡

岔口乡　常安乡　邢家社乡　原相乡

**大同市**

城　区

南关街道　北关街道　东街街道

西街街道　南街街道　北街街道

新建南路街道　新建北路街道　大庆路街道

新华街街道　西花园街道　老平旺街道

向阳里街道　振华南街街道

矿　区

新胜街道　新平旺街道　煤峪口街道

永定庄街道　同家梁街道　四老沟街道

忻州窑街道　白洞街街道　雁崖街道

挖金湾街道　晋华宫街道　马脊梁街道

大斗沟街道　王村街道　姜家湾街道

新泉路街道　民胜街道　口泉街道

马口街道　燕子山街道　杏儿沟街道

青磁窑街道　平泉路街道　四台沟街道

和瑞街道　和顺街道

南郊区

古店镇　高山镇　云冈镇　口泉乡

新旺乡　水泊寺乡　马军营乡　西韩岭乡

平旺乡　鸦儿崖乡

新荣区

新荣镇　破鲁堡乡　郭家窑乡　花园屯乡

西村乡　上深涧乡　堡子湾乡

阳高县

龙泉镇　罗文皂镇　大白登镇　王官屯镇

古城镇　东小村镇　友宰镇　长城乡

北徐屯乡　狮子屯乡　下深井乡　马家皂乡

鳌石乡

天镇县

玉泉镇　谷前堡镇　米薪关镇　逯家湾镇

新平堡镇　三十里铺乡　南河堡乡　贾家屯乡

赵家沟乡　南高崖乡　张西河乡

广灵县

壶泉镇　南村镇　一斗泉乡　蕉山乡　加斗乡

宜兴乡　作疃乡　梁庄乡　望狐乡

灵丘县

武灵镇　东河南镇　上寨镇　落水河乡　史庄乡

赵北乡　石家田乡　柳科乡　白崖台乡　红石塄乡

下关乡　独峪乡

浑源县

永安镇　西坊城镇　蔡村镇　沙圪坨镇

王庄堡镇　大磁窑镇　东坊城乡　裴村乡

驼峰乡　西留村乡　下韩村乡　南榆林乡

吴城乡　黄花滩乡　大仁庄乡　千佛岭乡

官儿乡　青磁窑乡

左云县

云兴镇　鹊儿山镇　店湾镇　管家堡乡

张家场乡　三屯乡　马道头乡　小京庄乡

水窑乡

大同县

西坪镇　倍加造镇　周士庄镇　吉家庄乡　峰峪乡

杜庄乡　党留庄乡　瓜园乡　聚乐乡　许堡乡

**阳泉市**

城　区

上站街道　下站街道　北大街街道　南山路街道

义井街道　坡底街道

矿　区

平潭街街道　桥头街道　蔡洼街道　赛鱼街道

沙坪街道　贵石沟街道

郊　区

荫营镇　河底镇　义井镇　平坦镇　西南舁乡

杨家庄乡　李家庄乡　旧街乡

平定县

冠山镇　冶西镇　锁簧镇　张庄镇　东回镇

柏井镇　娘子关镇　巨城镇　石门口乡　岔口乡

盂　县

秀水镇　孙家庄镇　路家村镇　南娄镇　牛村镇
苌池镇　上社镇　西烟镇　仙人乡　北下庄乡
下社乡　梁家寨乡　西潘乡　东梁乡

## 长治市

城　区

东街街道　西街街道　英雄南路街道　英雄中路街道
紫金街道　常青街道　太行西街街道　太行东街街道
五马街道　延安南路街道

郊　区

长北街道　故县街道　老顶山镇　堠北庄镇
大辛庄镇　马厂镇　黄碾镇　西白兔乡

长治县

韩店镇　苏店镇　荫城镇　西火镇　八义镇
贾掌镇　郝家庄乡　西池乡　北呈乡　东和乡
南宋乡

襄垣县

古韩镇　王桥镇　侯堡镇　夏店镇　虒亭镇　西营镇
王村镇　下良镇　善福乡　北底乡　上马乡

屯留县

麟绛镇　上村镇　渔泽镇　余吾镇　吾元镇　张店镇
丰宜镇　李高乡　路村乡　西贾乡　河神庙乡

平顺县

青羊镇　龙溪镇　石城镇　苗庄镇　杏城镇
西沟乡　东寺头乡　虹梯关乡　阳高乡　北耽车乡
北社乡　中五井乡

黎城县

东阳关镇　上遥镇　西井镇　黄崖洞镇
黎侯镇　西仵乡　停河铺乡　程家山乡
洪井乡

壶关县

龙泉镇　百尺镇　店上镇　晋庄镇　树掌镇
集店乡　黄山乡　东井岭乡　石坡乡　五龙山乡
鹅屋乡　桥上乡

长子县

丹朱镇　鲍店镇　石哲镇　大堡头镇　慈林镇
色头镇　南漳镇　岚水乡　碾张乡　常张乡
南陈乡　宋村乡

武乡县

丰州镇　洪水镇　蟠龙镇　监漳镇　故城镇　墨镫乡
韩北乡　大有乡　贾豁乡　故县乡　上司乡　石北乡
涌泉乡　分水岭乡

沁　县

定昌镇　郭村镇　故县镇　新店镇　漳源镇　册村镇
段柳乡　松村乡　次村乡　牛寺乡　南里乡　南泉乡
杨安乡

沁源县

沁河镇　郭道镇　灵空山镇　王和镇　李元镇
中峪乡　法中乡　交口乡　聪子峪乡　韩洪乡
官滩乡　景凤乡　赤石桥乡　王陶乡

潞城市

潞华街道　成家川街道　店上镇　微子镇
翟店镇　辛安泉镇　合室乡　黄牛蹄乡
史迴乡

## 晋城市

城　区

东街街道　西街街道　南街街道　北街街道
矿区街道　钟家庄街道　西上庄街道　北石店镇

沁水县

龙港镇　中村镇　郑庄镇　端氏镇　嘉峰镇
郑村镇　柿庄镇　樊村河乡　土沃乡　张村乡
苏庄乡　胡底乡　固县乡　十里乡

阳城县

凤城镇　北留镇　润城镇　町店镇　芹池镇
次营镇　横河镇　河北镇　蟒河镇　东冶镇
白桑乡　寺头乡　西河乡　演礼乡　固隆乡
董封乡　驾岭乡

陵川县

崇文镇　礼义镇　附城镇　西河底镇　平城镇
杨村镇　潞城镇　夺火乡　马圪当乡　古郊乡
六泉乡　秦家庄乡

泽州县

南村镇　下村镇　大东沟镇　周村镇　犁川镇
晋庙铺镇　金村镇　高都镇　巴公镇　大阳镇

山河镇　大箕镇　柳树口镇　北义城镇
川底乡　李寨乡　南岭乡

高平市
北城街道　东城街道　南城街道　米山镇　三甲镇
陈区镇　北诗镇　河西镇　马村镇　野川镇
寺庄镇　神农镇　建宁乡　石末乡　原村乡
永禄乡

**朔州市**

朔城区
北城街道　南城街道　神头街道　北旺庄街道
神头镇　利民镇　下团堡乡　小平易乡
滋润乡　福善庄乡　南榆林乡　贾庄乡
沙塄河乡　窑子头乡　张蔡庄乡

平鲁区
井坪镇　凤凰城镇　白堂乡　陶村乡
下水头乡　双碾乡　阻虎乡　高石庄乡
西水界乡　下面高乡　榆岭乡　下木角乡
向阳堡乡

山阴县
玉井镇　北周庄镇　古城镇　岱岳镇
吴马营乡　马营乡　下喇叭乡　合盛堡乡
安荣乡　薛圐圙乡　后所乡　张家庄乡
马营庄乡

应　县
金城镇　南河种镇　下社镇　镇子梁乡
义井乡　臧寨乡　大黄巍乡　杏寨乡
下马峪乡　南泉乡　大临河乡　白马石乡

右玉县
新城镇　右卫镇　威远镇　元堡子镇
牛心堡乡　白头里乡　高家堡乡　丁家窑乡
杨千河乡　李达窑乡

怀仁县
云中镇　吴家窑镇　金沙滩镇　毛家皂镇
何家堡乡　亲和乡　新家园乡　海北头乡
马辛庄乡　河头乡

**晋中市**

榆次区
北关街道　锦纶街道　新华街道　西南街道
路西街道　经纬街道　安宁街道　新建街道
晋华街道　乌金山镇　东阳镇　什贴镇
长凝镇　北田镇　修文镇　郭家堡乡
张庆乡　庄子乡　东赵乡

榆社县
箕城镇　云簇镇　郝北镇　社城镇　河峪乡
北寨乡　西马乡　岚峪乡　讲堂乡

左权县
辽阳镇　桐峪镇　麻田镇　芹泉镇　拐儿镇
石匣乡　粟城乡　羊角乡　寒王乡　龙泉乡

和顺县
义兴镇　李阳镇　松烟镇　青城镇　横岭镇
喂马乡　平松乡　牛川乡　马坊乡　阳光占乡

昔阳县
乐平镇　皋落镇　冶头镇　沾尚镇　大寨镇
李家庄乡　界都乡　三都乡　赵壁乡　孔氏乡
闫庄乡　西寨乡

寿阳县
朝阳镇　南燕竹镇　宗艾镇　平头镇　松塔镇
西洛镇　尹灵芝镇　平舒乡　解愁乡　温家庄乡
景尚乡　羊头崖乡　上湖乡　马首乡

太谷县
明星镇　胡村镇　范村镇　侯城乡　北洸乡
水秀乡　阳邑乡　小白乡　任村乡

祁　县
昭余镇　东观镇　古县镇　贾令镇　城赵镇
来远镇　峪口乡　西六支乡

平遥县
古城街道　城东街道　城南街道　古陶镇
段村镇　东泉镇　洪善镇　宁固镇
南政乡　中都乡　岳壁乡　卜宜乡
孟山乡　朱坑乡　襄垣乡　杜家庄乡
香乐乡

灵石县
翠峰镇　静升镇　两渡镇　夏门镇　南关镇
段纯镇　马和乡　英武乡　王禹乡　坛镇乡
梁家墕乡　交口乡

介休市

北关街道　西关街道　东南街道　西南街道
北坛街道　义安镇　张兰镇　连福镇
洪山镇　义棠镇　龙凤镇　绵山镇
城关乡　宋聕乡　三佳乡

## 运城市

盐湖区

中城街道　东城街道　西城街道　南城街道
北城街道　安邑街道　大渠街道　姚孟街道
龙居镇　陶村镇　东郭镇　三路里镇
北相镇　泓芝驿镇　解州镇　席张乡
金井乡　冯村乡　王范乡　上郭乡
上王乡

临猗县

猗氏镇　嵋阳镇　临晋镇　七级镇　东张镇
孙吉镇　三管镇　牛杜镇　耽子镇　楚侯乡
庙上乡　角杯乡　北辛乡　北景乡

万荣县

解店镇　通化镇　汉薛镇　荣河镇　万泉乡
里望乡　西村乡　南张乡　高村乡　皇甫乡
贾村乡　王显乡　光华乡　裴庄乡

闻喜县

桐城镇　郭家庄镇　畖底镇　薛店镇　东镇镇
礼元镇　河底镇　神柏乡　阳隅乡　侯村乡
裴社乡　后宫乡　石门乡

稷山县

稷峰镇　西社镇　化峪镇　翟店镇　清河镇
蔡村乡　太阳乡

新绛县

龙兴镇　三泉镇　泽掌镇　北张镇　古交镇
万安镇　阳王镇　泉掌镇　横桥乡

绛　县

古绛镇　横水镇　陈村镇　卫庄镇　磨里镇
南樊镇　安峪镇　大交镇　郝庄乡　冷口乡

垣曲县

新城镇　历山镇　古城镇　王茅镇　毛家湾镇
蒲掌乡　英言乡　解峪乡　华峰乡　长直乡
皋落乡

夏　县

瑶峰镇　庙前镇　裴介镇　水头镇　埝掌镇
泗交镇　尉郭乡　禹王乡　胡张乡　南大里乡
祁家河乡

平陆县

圣人涧镇　常乐镇　张店镇　张村镇　曹川镇
三门镇　洪池乡　杜马乡　部官乡　坡底乡

芮城县

古魏镇　风陵渡镇　陌南镇　西陌镇　永乐镇
大王镇　阳城镇　东垆乡　南磑乡　学张乡

永济市

城西街道　城北街道　城东街道　虞乡镇
卿头镇　开张镇　栲栳镇　蒲州镇
韩阳镇　张营镇

河津市

城区街道　清涧街道　樊村镇　僧楼镇
小梁乡　柴家乡　赵家庄乡　下化乡
阳村乡

## 忻州市

忻府区

秀容街道　长征街道　新建路街道　播明镇
奇村镇　三交镇　庄磨镇　豆罗镇
董村镇　曹张乡　高城乡　秦城乡
解原乡　合索乡　阳坡乡　兰村乡
紫岩乡　西张乡　东楼乡　北义井乡

定襄县

晋昌镇　河边镇　宏道镇　杨芳乡　南王乡
蒋村乡　神山乡　季庄乡　受禄乡

五台县

台城镇　台怀镇　耿镇镇　豆村镇
白家庄镇　东冶镇　沟南乡　东雷乡
高洪口乡　门限石乡　陈家庄乡　建安乡
神西乡　蒋坊乡　灵境乡　阳白乡
茹村乡　石咀乡　金岗库乡

代　县

上馆镇　阳明堡镇　峨口镇　聂营镇　枣林镇
滩上镇　新高乡　峪口乡　上磨坊乡　胡峪乡
雁门关乡

繁峙县

繁城镇　砂河镇　大营镇　下茹越乡
杏园乡　光裕堡乡　集义庄乡　东山乡
金山铺乡　柏家庄乡　横涧乡　神堂堡乡
岩头乡

宁武县

凤凰镇　阳方口镇　东寨镇　石家庄镇
薛家洼乡　榆庄乡　涔山乡　化北屯乡
西马坊乡　新堡乡　圪壕乡　迭台寺乡
怀道乡　东马坊乡

静乐县

鹅城镇　杜家村镇　康家会镇　丰润镇　堂尔上乡
中庄乡　双路乡　段家寨乡　辛村乡　王村乡
娑婆乡　神峪沟乡　娘子神乡　赤泥洼乡

神池县

龙泉镇　义井镇　八角镇　东湖乡　太平庄乡
虎北乡　贺职乡　长畛乡　烈堡乡　大严备乡

五寨县

砚城镇　小河头镇　三岔镇　前所乡　李家坪乡
孙家坪乡　梁家坪乡　胡会乡　新寨乡　韩家楼乡
东秀庄乡　杏岭子乡

岢岚县

岚漪镇　三井镇　神堂坪乡　高家会乡
李家沟乡　水峪贯乡　西豹峪乡　温泉乡
阳坪乡　大涧乡　宋家沟乡　王家岔乡

河曲县

文笔镇　楼子营镇　刘家塔镇　巡镇镇
鹿固乡　前川乡　单寨乡　土沟乡
旧县乡　沙坪乡　社梁乡　沙泉乡
赵家沟乡

保德县

东关镇　义门镇　桥头镇　杨家湾镇
腰庄乡　韩家川乡　林遮峪乡　冯家川乡
土崖塔乡　孙家沟乡　窑洼乡　窑圪台乡
南河沟乡

偏关县

新关镇　天峰坪镇　老营镇　万家寨镇
窑头乡　楼沟乡　尚峪乡　南堡子乡
水泉乡　陈家营乡

原平市

北城街道　南城街道　轩煤矿街道　东社镇
苏龙口镇　崞阳镇　大牛店镇　阎庄镇
长梁沟镇　轩岗镇　新原乡　南白乡
子干乡　中阳乡　沿沟乡　大林乡
西镇乡　解村乡　王家庄乡　楼板寨乡
段家堡乡

**临汾市**

尧都区

解放路街道　鼓楼西街道　水塔街道　南街街道
乡贤街道　辛寺街道　路东街道　滨河街道
车站街道　汾河街道　屯里镇　乔李镇
大阳镇　县底镇　刘村镇　金殿镇
吴村镇　土门镇　魏村镇　尧庙镇
段店乡　贾得乡　贺家庄乡　一平垣乡
枕头乡　河底乡

曲沃县

乐昌镇　史村镇　曲村镇　高显镇　里村镇
北董乡　杨谈乡

翼城县

唐兴镇　南梁镇　里砦镇　隆化镇　桥上镇
西阎镇　中卫乡　南唐乡　王庄乡　浇底乡

襄汾县

新城镇　赵康镇　汾城镇　南贾镇　古城镇
襄陵镇　邓庄镇　陶寺乡　永固乡　景毛乡
西贾乡　南辛店乡　大邓乡

洪洞县

大槐树镇　甘亭镇　曲亭镇　苏堡镇　广胜寺镇
明姜镇　赵城镇　万安镇　刘家垣镇　淹底乡
兴唐寺乡　堤村乡　辛村乡　龙马乡　山头乡
左木乡

古　县

岳阳镇　北平镇　古阳镇　旧县镇　石壁乡
永乐乡　南垣乡

安泽县

府城镇　和川镇　唐城镇　冀氏镇　马壁乡
杜村乡　良马乡

浮山县
天坛镇　响水河镇　张庄乡　东张乡　槐埝乡
北王乡　北韩乡　米家垣乡　寨圪塔乡

吉　县
吉昌镇　屯里镇　壶口镇　车城乡　文城乡
东城乡　柏山寺乡　中垛乡

乡宁县
昌宁镇　光华镇　台头镇　管头镇　西坡镇
双鹤乡　关王庙乡　尉庄乡　西交口乡　枣岭乡

大宁县
昕水镇　曲峨镇　三多乡　太德乡　徐家垛乡
太古乡

隰　县
龙泉镇　午城镇　黄土镇　阳头升乡　寨子乡
陡坡乡　下李乡　城南乡

永和县
芝河镇　桑壁镇　阁底乡　南庄乡　打石腰乡
坡头乡　交口乡

蒲　县
蒲城镇　薛关镇　黑龙关镇　克城镇　山中乡
古县乡　红道乡　乔家湾乡　太林乡

汾西县
永安镇　对竹镇　勍香镇　和平镇　僧念镇
佃坪乡　团柏乡　邢家要乡

侯马市
路东街道　路西街道　浍滨街道　上马街道
张村街道　新田乡　高村乡　凤城乡

霍州市
鼓楼街道　北环路街道　南环路街道
开元街街道　退沙街道　白龙镇　辛置镇
大张镇　李曹镇　陶唐峪乡　三教乡
师庄乡

**吕梁市**

离石区
凤山街道　城北街道　滨河街道
莲花池街道　田家会街道　西属巴街道
交口街道　吴城镇　信义镇　红眼川乡　枣林乡
坪头乡

文水县
凤城镇　开栅镇　南庄镇　南安镇　刘胡兰镇
下曲镇　孝义镇　南武乡　西城乡　北张乡
马西乡　西槽头乡

交城县
天宁镇　夏家营镇　西营镇　水峪贯镇
西社镇　庞泉沟镇　洪相乡　岭底乡
会立乡　东坡底乡

兴　县
蔚汾镇　魏家滩镇　瓦塘镇　康宁镇
高家村镇　罗峪口镇　蔡家会镇　交楼申乡
恶虎滩乡　东会乡　固贤乡　奥家湾乡
蔡家崖乡　贺家会乡　孟家坪乡　赵家坪乡
圪垯上乡

临　县
临泉镇　白文镇　城庄镇　兔坂镇
克虎寨镇　三交镇　湍水头镇　林家坪镇
招贤镇　碛口镇　刘家会镇　丛罗峪镇
曲峪镇　木瓜坪乡　安业乡　玉坪乡
青凉寺乡　石白头乡　雷家碛乡　第八堡乡
大禹乡　车赶乡　安家庄乡

柳林县
柳林镇　穆村镇　薛村镇　庄上镇
留誉镇　下三交镇　成家庄镇　孟门镇
李家湾乡　贾家垣乡　陈家湾乡　金家庄乡
石西乡　高家沟乡　西王家沟乡

石楼县
灵泉镇　罗村镇　义牒镇　小蒜镇　龙交乡
和合乡　前山乡　曹家垣乡　裴沟乡

岚　县
东村镇　岚城镇　普明镇　界河口镇　土峪乡
上明乡　王狮乡　梁家庄乡　顺会乡　河口乡
社科乡　大蛇头乡

方山县
圪洞镇　马坊镇　峪口镇　大武镇　北武当镇
积翠乡　麻地会乡

中阳县

宁乡镇　金罗镇　枝柯镇　武家庄镇　暖泉镇
下枣林乡　车鸣峪乡

交口县

水头镇　康城镇　双池镇　桃红坡镇　石口乡
回龙乡　温泉乡

孝义市

新义街道　中阳楼街道　振兴街道
崇文街道　兑镇镇　阳泉曲镇　下堡镇
西辛庄镇　高阳镇　梧桐镇　柱濮镇
大孝堡乡　下栅乡　驿马乡　南阳乡
杜村乡

汾阳市

文峰街道　太和桥街道　贾家庄镇　杏花村镇
冀村镇　肖家庄镇　演武镇　三泉镇
石庄镇　杨家庄镇　峪道河镇　西河乡
阳城乡　栗家庄乡

山西经济年鉴

YEAR BOOK OF SHANXI ECONOMY

# 综合管理

ZONGHE GUANLI

04

# 综合管理

## 2016年全省经济运行情况

**【经济企稳回升，结构进一步优化】** 2016年，全省地区生产总值12928.34亿元，按可比价格计算，比2015年增长4.5%，增速比一季度、上半年、前三季度分别加快1.5个、1.1个、0.5个百分点，比2015年加快1.4个百分点。分产业看，第一产业增加值784.57亿元，增长2.9%；第二产业增加值4926.4亿元，增长1.5%；第三产业增加值7217.37亿元，增长7%。三次产业结构为6.1∶38.1∶55.8。

**【2016年全省经济运行主要特点】** *农业稳定发展，粮食生产夺得历史第二丰收年。*一是2016年粮食总产量为历史上第二个高产年，粮食单产创历史最高水平。全年全省粮食总产量131.85亿千克，比2015年增加5.89亿千克，增产4.7%，是历史第二高产年，其中，夏粮27.5亿千克，增产0.8%；秋粮104.35亿千克，增产5.8%。粮食亩产271.2千克，增加15.7千克，增产6.2%，创历史最高水平。二是畜牧业稳定增长。2016年全省羊出栏517.8万只，增长6.9%；牛出栏40.3万头，增长0.1%；家禽出栏9639.6万只，增长9.8%；生猪出栏748.9万头，下降4.4%。牛奶产量95.1万吨，增长3.5%；禽蛋产量89万吨，增长2.1%；猪牛羊禽四种肉产量83.3万吨，下降3.2%。

*工业增速稳步回升，企业效益得到改善。*2016年全省规模以上工业增加值比2015年增长1.1%，12月份当月增长2.9%。全省规模以上工业增加值继10月份结束了21个月的累计负增长后，增速持续回升(1～10月份、1～11月份和全年分别增长0.4%、0.7%和1.1%)。

分行业看，12个行业增加值“9增3降”。其中，电力(1.3%)、冶金(5%)、装备制造业(6.5%)、食品(4.9%)、焦炭(15.3%)、建材(10.4%)、医药(7.3%)、纺织(4.3%)、其他工业(4.0%)等9个行业增加值保持增长；煤炭、化学、煤层气采掘业等3个行业增加值同比下降。分产品看，全省规模以上12种主要工业产品产量中，除原煤(－14.4%)和钢材(－0.9%)外，焦炭(2.2%)、水泥(3.4%)、生铁(1.9%)、粗钢(2.2%)、原铝(43.6%)、氧化铝(10.8%)、发电量(0.6%)、煤层气(5.3%)、化学药品原药(9.4%)、移动通信手持机(手机)(32.1%)等10种产品产量增长。

1～11月，全省工业实现利润121.9亿元，继1～10月份(盈利39.4亿元)结束了16个月的累计净亏损后效益继续好转。

工业生产者出厂价格稳步回升。全年全省工业生产者出厂价格下降3.2%，降幅较上半年、前三季度分别收窄8.7个、5.6个百分点；12月当月上涨20.9%。全年全省工业生产者购进价格下降1.9%；12月当月上涨14.2%。

先行指标走势继续向好。全年全省全社会用电量1797.2亿千瓦时，比2015年增长3.5%，其中，工业用电量1391.1亿千瓦时，增长2.6%，增速继8月份持平后涨幅逐月扩大(9月份以来累计增速分别为0.2%、1%、1.9%和2.6%)。太铁货运量5.1亿吨，下降12.8%。公路货运量10.2亿吨，增长12.0%。

*固定资产投资结构继续优化，高技术产业投资较快增长。*2016年全社会固定资产投资完成14285亿元，比2015年增长1%，其中，固定资产投资(不含跨省、农户)完成

13859.4亿元，增长0.8%。全省固定资产投资中，第一产业完成投资1797.4亿元，增长19.8%；第二产业完成投资4908.5亿元，下降5.7%；第三产业完成投资7153.4亿元，增长1.6%。全省三次产业投资比例由2015年的10.9：37.9：51.2转变为13：35.4：51.6，第一、三产业占比分别提升2.1个、0.4个百分点。房地产开发投资完成1597.4亿元，增长6.9%。

民间投资、高技术产业投资等较快增长，占比提升，结构持续优化。全省固定资产投资中，民间固定资产投资完成9024.1亿元，增长7.4%，占全省固定资产投资的65.1%，比2015年上升4个百分点；高技术产业投资完成586.7亿元，增长14.4%，占比4.2%，提升0.5个百分点；基础设施投资完成2571.9亿元，增长11%，占比18.6%，上升1.7个百分点。

市场消费平稳增长，消费升级类商品增长较快。2016年全省社会消费品零售总额6480.5亿元，比2015年增长7.4%，其中限额以上零售额2325.7亿元，增长1.1%。社会消费品零售总额中，分地域看，城镇零售总额5284.5亿元，增长7.5%；乡村零售总额1196.0亿元，增长7.1%。分消费形态看，餐饮收入576.0亿元，增长6.9%；商品零售5904.5亿元，增长7.5%。

消费结构持续升级，网购消费继续保持快速增长。2016年全省限额以上消费品零售额中，中西药品类、化妆品类商品比2015年分别增长16.2%、10.9%；全省限额以上网上商品零售额实现28.7亿元，增长70.7%。

旅游业保持快速发展。2016年全省旅游总收入4247.1亿元，增长23.2%；接待国内旅游者人数4.4亿人次，增长23.1%；接待海外旅游者人数63万人次，增长6.1%。

进出口快速增长，电器及电子产品出口高速增长。2016年全省海关进出口总额1099.0亿元，比2015年增长20.5%，其中，进口443.6亿元，增长14.2%；出口655.3亿元，增长25.2%。出口产品中，电器及电子产品出口421.3亿元，占出口比重64.3%，增长67.2%。

财政支出持平，金融运行稳定。2016年全省一般公共预算收入1557.0亿元，比2015年下降5.2%，其中税收完成1036.6亿元，下降1.9%；非税收入完成520.3亿元，下降11.2%。一般公共预算支出3441.7亿元，与2015年持平。

12月末，全省金融机构本外币各项存款余额30869.1亿元，比年初增加2227.7亿元；各项贷款余额20356.5亿元，比年初增加1781.7亿元。

城乡居民收入平稳增长，物价低位运行。2016年全省城镇居民人均可支配收入27352元，比2015年增长5.9%；农村居民人均可支配收入10082元，增长6.6%，农村居民收入增速快于城镇0.7个百分点。城乡居民人均可支配收入倍差为2.71，缩小0.23个百分点。

全年全省居民消费价格上涨1.1%，其中，城市上涨1.1%，农村上涨1.1%。分类别看，食品烟酒价格上涨2.8%，衣着上涨1%，居住下降0.1%，生活用品及服务持平，交通和通信下降1.7%，教育文化和娱乐上涨1.3%，医疗保健上涨2.4%，其他用品和服务上涨1.2%。

日新月异的太原

12月份当月全省居民消费价格上涨1.2%。

供给侧结构性改革成效明显，产业结构继续优化。“三去一降一补”成效明显。去产能、减量化生产方面，全年全省规模以上原煤产量8.16亿吨，比2015年减少1.37亿吨，下降14.4%；规模以上钢材产量4279万吨，减少38.9万吨，下降0.9%。去库存方面，11月末，全省规模以上工业产成品存货同比下降8.5%。商品房库存水平持续下降，12月末全省商品房待售面积1761万平方米，比2015年末少55万平方米。降成本方面，1～11月份，全省规模以上工业企业主营业务成本同比下降8.5%，期间费用下降4.4%。补短板方面，短板领域高技术、基础设施等投资加快，全省固定资产投资中，高技术产业投资、基础设施投资分别增长14.4%、11%，分别快于全省固定资产投资13.6个、10.2个百分点。

产业结构继续优化。全年第三产业增加值占地区生产总值的比重为55.8%，比2015年提升2.6个百分点，高于第二产业17.7个百分点。全年全省规模以上工业中，非煤产业增加值占比56.2%，提升3个百分点；非传统产业增加值占比27.1%，提升1.1个百分点；战略性新兴产业增加值占比12.6%，提升1.2个百分点；高技术产业增加值占比7.9%，提升1.1个百分点。

人口总量平稳增长，城镇化率继续提高。据2016年全国1%人口抽样调查，2016末全省常住人口3681.6万人，比2015年末增加17.5万人。全年全省出生人口37.8万人，人口出生率10.29‰；死亡人口20.3万人，死亡率5.52‰；自然增长率4.77‰，上升0.35个千分点。从性别结构看，男性人口1886万人，女性人口1795.6万人，常住人口性别比为105.03(以女性为100)。从年龄构成看，16周岁以上至60周岁以下(不含60周岁)的劳动年龄人口2517.9万人，减少6万人，占常住人口的比重为68.39%；60周岁及以上人口554.4万人，占常住人口的15.06%；65周岁及以上人口349.4万人，占常住人口的9.49%。从城乡结构看，城镇常住人口2069.6万人，增加53万人；乡村常住人口1612万人，减少36万人。城镇人口占常住人口比重(城镇化率)为56.21%，上升1.18个百分点。

全年全省城镇新增就业人数46.46万人，转移农村劳动力34.36万人，城镇登记失业率为3.52%。

(董晓玲)

## 固定资产投资

**【2016年山西省全社会固定资产投资完成情况】** 2016年，全社会固定资产投资完成14285亿元，比2015年增长1%。其中，房地产开发投资完成1597.4亿元，增长6.9%；农户投资完成338.6亿元，增长2.8%。

按构成分。2016年，在全社会投资中，全省建筑安装工程投资完成10651.9亿元，比2015年增长2.77%；设备工器具购置投资完成2210.5亿元，下降6.4%；其他费用投资完成1422.7亿元，增长0.8%。

按经济类型分。2016年，在全社会投资中，全省国有固定资产投资4941.7亿元，比2015年下降6.9%，增幅比2015年回落11.7个百分点。全省非国有固定资产投资9343.3亿元，增长5.8%，增幅回落15.1个百分点，其中，外商及港澳台投资完成282.1亿元，增长18.1%，增幅回落16.8个百分点。

按三次产业分。2016年，在全省全社会投资中，第一产业投资完成1870.4亿元，比2015年增长19.6%，增幅比2015年下降45.7个百分点，占全省全社会投资的比重为13.1%，提高2个百分点；第二产业投资完成4910亿元，下降5.7%，增幅回落9.7个百分点，占比34.4%，回落2.5个百分点；第三产业投资完成7505亿元，增长1.9%，增幅回落13.1个百分点，占比52.5%，提高0.4个百分点。

按资金来源分。2016年，在全省全社会投资中，国家预算内资金投资完成732.8亿元，比2015年增长1.6%，增幅回落13.7个百分点，占全省全社会到位资金的比重为6.1%，与2015年提高0.2个百分点；国内贷款投资完成734亿元，增长5.3%，增幅提高22.8个百分点，占比6.1%，提高0.4个百分点；利用外资投资完成5.6亿元，增长122.6%，增幅提高216.8个百分点，占比0.05%，提高0.03个百分点；自筹资金投资完成9522.8亿元，下降4.3%，增幅回落24个百分点，占比79.2%，回落2.3个百分点；其他资金投资完成1023.1亿元，增长22.3%，增幅提高19.4个百分点，占比8.5%，提高1.7个百分点。

按国民经济行业分。2016年，在全省全社会投资中，农林牧渔业投资完成1978.8亿元，比2015年增长21.3%，增幅比2015年回落42.2个百分点，占全省全社会投资的比重为13.9%，比2015年提高2.3个百分点。

工业投资完成4961.9亿元，下降6.1%，增幅回落10.7个百分点，占比34.7%，回落2.7个百分点。其中，采矿业投资完成1054.6亿元，下降25.3%，增幅回落25.1个百分点，占比7.4%，下降2.6个百分点；制造业投资完成2643.4亿元，增长5.1%，增幅提高11.2个百分点，占比18.5%，提高0.7个百分点；电力、热力、燃气及水的生产和供应业投资完成1264亿元，下降6.8%，增幅回落48.1个百分点，占比8.8%，回落0.7个百分点。

建筑业投资完成14.2亿元，增长36.2%，增幅回落37.5个百分点，占比0.1%，与2015年持平。

批发和零售业投资完成370亿元，增长6.0%，增幅回落31.1个百分点，占比2.6%，提高0.1个百分点。

交通运输、仓储和邮政业投资完成999.6亿元，增长1.6%，增幅回落13.4个百分点，占比7%，与2015年持平。

住宿和餐饮业投资完成75.6亿元，下降4.9%，增幅回落45个百分点，占比0.5%，回落0.1个百分点。

信息传输、软件和信息技术服务业投资完成100.9亿元，下降3.5%，增幅回落81.8个百分点，占比0.7%，与2015年持平。

金融业投资完成9.2亿元，增长105.2%，增幅上升13.4个百分点，占比0.1%，提高0.07个百分点。

房地产业投资完成2940.8亿元，下降11.7%，增幅回落21.3个百分点，占比20.6%，下降3个百分点。

租赁和商务服务业的投资164.8亿元，增长128.8%，增幅提高137.4个百分点，占比1.2%，提高0.6个百分点。

科学研究和技术服务业投资完成104.6亿元，增长36%，增幅回落31.9个百分点，占比0.7%，提高0.2个百分点。

水利、环境和公共设施管理业投资完成1873.6亿元，增长16.6%，增幅上升3.2个百分点，占比13.1%，提高1.7个百分点。

居民服务、修理和其他服务业投资完成45.2亿元，下降8.6%，增幅回落2.2个百分点，占比0.3%，与2015年持平。

教育业投资完成188.5亿元，增长3.3%，增幅回落26.5个百分点，占比1.3%，与2015年持平。

卫生和社会工作投资完成167亿元，增长32.8%，增幅回落48.6个百分点，占比1.2%，提高0.3个百分点。

文化、体育和娱乐业投资完成192.9亿元，下降1.3%，增幅回落15.3个百分点，占比1.4%，与2015年持平。

公共管理、社会保障和社会组织业投资完成97.1亿元，增长97.6%，增幅上升108个百分点，占比0.7%，提高0.3个百分点。

（邱慧东）

**【2016年全省房地产开发建设和经营情况】** 房地产开发企业的基本情况。2016年，全省房地产开发经营企业有2485家，比2015年增加55家，其中内资企业2465家，增加55家；港澳台企业13家，与2015年持平；外资企业7家，与2015年持平。年末从业人数5.6万人，减少0.3万人。从企业的资质等级看，一级企业18家，与2015年持平，占比0.7%；二级企业183家，增加3家，占比7.4%；三级企业306家，减少20家，占比12.3%；四级企业1227家，增加9家，占比49.4%；四级以下的企业751家，增加63家，占比30.2%。

房地产开发企业投资规模。2016年，全省房地产业开发项目计划总投资7902.7亿元，比2015年增长13.4%。房地产开发投资完成1494.9亿元，增长6.5%。按构成分，建筑工程投资完成960.1亿元，增长1.4%；安装工程投资完成216.8亿元，增长10.6%；设备工器具购置23.8亿元，增长4.3%；其他费用294.1亿元，增长23.7%。按用途分，住宅投资完成1098.3亿元，增长8.7%，占全省房地产开发投资的比重由2015年的72%提高到73.5%，其中90平方米及以下住房投资完成366.5亿元，增长49.1%，占比由24.3%提高到33.4%；办公楼投资完成85.5亿元，增长23.5%，占比由4.9%提高到5.7%；商业营业用房投资完成171.2亿元，下降10.5%，占比由13.6%下降到11.5%。按控股情况分，国有控股企业投资完成248.8亿元，下降13.9%，占全省房地产开发投资的比重由2015年的20.6%下降到16.6%；集体控股企业投资完成11.5亿元，下降15.0%，占比由1.0%下降到0.8%；私人控股企业投资完成1163.6亿元，增长15.5%，占比由71.8%提高到77.8%；港澳台控股企业投资完成4.3亿元，下降16.3%，占比由0.4%下降到0.3%；外商控股企业投资完成5.7亿元，下降16.3%，占比由0.5%下降到0.4%。

房地产开发企业资金来源情况。2016年，房地产开发企业到位资金1588.0亿元，比2015年增长10.1%，加上上年结余资金共计2030.8亿元，比2015年增长11.9%，是本年投资完成额的1.3倍。在本年到位资金中，国内贷款98.3亿元，下降9.6%，占本年到位资金的比重由2015年的7.5%下降到6.2%，其中银行贷款79.1亿元，下降14.6%，占比由6.4%下降到5%；自筹资金811.1亿元，增长0.2%，占比由56.1%下降到51.1%，其中企业自有资金361.2亿元，下降13.9%，占比由29.1%下降到22.7%；其他资金687.6亿元，增长29.4%，占比由36.4%提高到42.7%，其中定金和预收款424.8亿元，增长16.9%，占比由25.2%提高到26.8%；个人按揭贷款188.1亿元，增长60.9%，占比由8.1%提高到11.8%。

房屋施工、竣工及造价情况。2016年，全省房屋施工面积17069.3万平方米，比2015年增长8.5%。其中，住宅施工面积12222.3万平方米，增长6.7%；办公楼施工面积 607.5 万平方米，增长 21.0%；商业营业用房施工面积 2150.1 万平方米，增长 12.3%；其他类房屋施工面积 2089.3 万平方米，增长 11.9%。

2016 年，全省房屋新开工面积 3854.8 万平方米，增长 4.2%。其中，住宅新开工面积 2654.3 万平方米，增长 1.1%；办公楼新开工面积 157.7 万平方米，增长 67.7%；商业营业用房新开工面积 494.3 万平方米，增长 1.9%；其他类房屋新开工面积 548.5 万平方米，增长 10.3%。

2016 年，全省房屋竣工面积 2683.6 万平方米，增长 26.9%。其中，住宅竣工面积 2042.2 万平方米，增长 29.7%；办公竣工楼面积 42 万平方米，下降 19.4%；商业营业用房竣工面积 298.4 万平方米，增长 23.2%；其他类房屋竣工面积 300.9 万平方米，增长 22.6%。

2016 年，全省房屋竣工价值 785.6 亿元，增长 37.5%，平均每平方米造价 2927 元，增加 225 元。其中，住宅竣工价值 605.8 亿元，增长 43.9%，平均每平方米造价 2966 元，增加 292 元；办公楼竣工价值 13.4 亿元，下降 10.9%；每平方米平均造价 3197 元，增加 306 元；商业营业用房竣工价值 97.2 亿元，增长 36.4%；平均每平方米造价 3256 元，增加 317 元；其他房屋竣工价值 69.2 亿元，增长 8.2%；平均每平方米造价 2300 元，减少 308 元。

*商品房销售情况*。2016 年，全省商品房销售面积 2061.1 万平方米，比 2015 年增长 29.4%，其中现房销售面积 797 万平方米，增长 66.7%；期房销售面积 1264.1 万平方米，增长 13.4%。商品住宅销售面积 1881.5 万平方米，增长 27.0%，其中现房销售面积 704.7 万平方米，增长 73%；期房销售面积 1176.8 万平方米，增长 9.6%。在商品住宅销售中，90 平方米及以下住房销售面积 300.6 万平方米，增长 32.1%；144 平方米以上住房销售面积 331.9 万平方米，增长 24.6%；别墅和高档公寓销售面积 18.9 万平方米，增长 0.7%。办公楼销售面积 38.6 万平方米，增长 79.7%，其中现房销售面积 4.7 万平方米，下降 53.1%；期房销售面积 33.8 万平方米，增长 199.4%。商业营业用房销售面积 98.7 万平方米，增长 64.9%，其中现房销售面积 60 万平方米，增长 43.0%；期房销售面积 38.7 万平方米，增长 116.1%。其他商品房销售面积 42.2 万平方米，增长 40.4%，其中现房销售面积 5.4 万平方米，增长 48.3%；期房销售面积 14.7 万平方米，增长 27.7%。

2016 年，全省商品房销售额 1027.1 亿元，比 2015 年增长 32.4%，其中现房销售额 315.3 亿元，增长 71.6%；期房销售额 711.8 亿元，增长 20.4%。商品住宅销售额 900.8 亿元，增长 28.3%，其中现房销售额 267.2 亿元，增长 82.6%；期房销售额 633.5 亿元，增长 14.0%。在商品住宅销售中，90 平方米及以下住房销售额 128.2 亿元，增长 20.5%；144 平方米以上住房销售额 201.7 亿元，增长 44.3%；别墅和高档公寓销售额 18.9 亿元，增长 2.9%。办公楼销售额 33.5 亿元，增长 72.4%，其中现房销售额 3.1 亿元，下降 51.3%；期房销售额 30.3 亿元，增长 133.8%。商业营业用房销售额 79.8 亿元，增长 74.5%，其中现房销售额 38.3 亿元，增长 50.5%；期房销售额 41.5 亿元，增长 104.6%。其他商品房销售额 13.0 亿元，增长 59.4%，其中现房销售额 6.6 亿元，增长 20.3%；期房销售额 6.4 亿元，增长 140.5%。

2016 年，全省房地产开发各类商品房平均销售价格 4984 元/平方米，比 2015 年增长 2.3%。商品住宅平均销售价格 4788 元/平方米，增长 1%。在住宅销售价格中，90 平方米及以下住房平均销售价格 4265 元/平方米，下降 8.8%；144 平方米以上住房平均销售价格 6078 元/平方米，增长 15.8%；别墅和高档公寓销售额平均销售价格 9992 元/平方米，增长 2.2%。办公楼平均销售价格 8669 元/平方米，下降 4.1%。商业营业用房平均销售价格 8089 元/平方米，增长 5.8%。其他商品房平均销售价格 3087 元/平方米，增长 13.5%。（注：商品房平均销售价格是由全省商品房销售额除以销售面积计算得出，只是参考价格，并不能代表房地产市场交易价格）

2016 年底，全省商品房待售面积 1761 万平方米，比 2015 年下降 3%，其中待售 1 至 3 年（含 1 年）的房屋面积 703.6 万平方米，下降 4.8%；待售 3 年以上（含 3 年）房屋面积 43.2 万平方米，增长 194.4%。商品住宅待售面积 1234.3 万平方米，下降 4%，其中 90 平方米及以下住房待售面积 264.3 万平方米，下降 9.4%；144 平方米以上住房待售面积 271.2 万平方米，增长 3.9%；别墅和高档公寓待售面积 19.1 万平方米，增长 41.4%。办公楼待售面积 41.5 万平方米，下降 12.9%；商业营业用房待售面积309.8万平方米，增长 4.6%；其他商品房待售面积 175.5 万平方米，下降 6.0%。

*房地产经营效益*。2016 年，全省房地产企业资产总计 8191.1 亿元，比 2015 年增长 16.2%；所有者权益 930.6 亿元，增长 12.6%，其中实收资本合计 774.2 亿元，增长 9.4%；负债合计 7260.6 亿元，增长 16.6%；主营业务收入 866.1 亿元，增长 36.7%；主营业务成本 683.9 亿元，增长 38.6%；主营业务税金及附加 54.4 亿元，增长 7.4%；利润总额 29 亿元，增长 206.1%。

（郝志军）

## 发展与改革

**【坚定不移推进供给侧结构性改革，促进产业转型升级】** 全面落实“三去一降一补”五大任务。去产能任务提前完成。2016年压减炼铁产能82万吨，退出煤炭产能2325万吨，均比国家要求提前完成。在全国率先实行276个工作日减量化生产，全年规模以上原煤产量8.16亿吨，比2015年减少1.37亿吨，下降14.4%，超过全国5个百分点，全省减少量超过内蒙古、陕西、河南、山东、安徽五省(区)之和，占全国的39.5%，为改善全国煤炭市场供求关系发挥了关键作用、做出了突出贡献。降成本成效明显。贯彻落实国务院降低实体经济企业成本工作方案通知要求，牵头会同相关部门制定山西省降低实体经济企业成本实施方案(44条)，以省政府文件印发全省执行。充分利用价格手段切实降低企业成本，2016年先后两次降低全省一般工商业销售电价，预计减轻企业电费负担11.7亿元。对万家寨引黄工程供工业用水实行限价政策。对煤炭交易费、焦炭现货交易手续费实行减半收取政策，预计年可减轻企业和用户负担约3400万元。扩大小微企业行政事业性收费免征范围。2016年，山西省规模以上工业企业主营业务成本下降6.6%(全国增长4.8%)，每百元主营业务收入中的成本84.64元(全国85.52元)，下降2.63元(全国下降0.1元)。补短板力度加大。围绕重大基础设施、产业转型、城镇化和生态环境治理、民生社会事业等领域谋划实施了一批重大项目，补齐经济社会发展短板。2016年，高技术产业投资、基础设施投资分别增长14.4%、11%，分别占全省固定资产投资的4.2%、18.6%，分别提高0.5个、1.7个百分点；产业扶贫投资完成260.3亿元，占年度计划的108.5%。同时，积极配合相关部门推进去库存、去杠杆工作。2016年末，商品房待售面积1761万平方米，比2015年末减少55万平方米，商品房库存消化周期10.3个月，减少3.4个月。2016年全省低成本的债券融资2893.52亿元，同比多增611.73亿元；高成本的表外融资余额比年初减少689.34亿元，同比少增649.34亿元。

统筹推进国家新型综合能源基地建设。煤炭产业，把去产能与提升先进产能占比结合起来，一方面坚决去落后产能，另一方面积极推进先进产能项目的产能置换，向国家上报20座煤矿(含1座央企煤矿)的产能置换方案或化解过剩产能方案。其中18个项目方案已获国家复函确认，新增产能1.228亿吨/年，将使山西省先进产能占比由10%提高到16.9%。电力产业，编制完成全省“十三五”电力发展规划、配电网建设改造“十三五”规划、电动汽车充电基础设施发展规划(2016~2020年)，2016年底全省发电装机容量达到7640.16万千瓦。加快蒙西—晋北—天津南1000千伏特高压交流输电工程、榆横—晋中—潍坊1000千伏特高压交流输电工程、晋北—江苏±800千伏直流特高压工程、盂县电厂—河北南网500千伏交流输电工程等4条外送电通道建设，蒙西—天津南输电通道已于11月24日建成。新能源产业，截至2016年底，全省新能源装机容量达到1752.24万千瓦。其中，风电770.73万千瓦，光伏296.83万千瓦，水电243.98万千瓦，生物质发电37.3万千瓦，燃气发电403.4万千瓦。全省风电、光伏装机突破1000万千瓦，达到1067.56万千瓦，占全省发电总装机的14%，有力促进了能源产业结构调整。煤层气产业，编制完成山西省“十三五”煤层气产业发展规划、输气管道发展规划，协调推进山西省与中石化签署“十三五”战略合作框架协议。先后批复太原东山复线、河津—运城、榆林—济南线平遥管线、保德—三岔、怀仁—左云—右玉等管道项目。2016年煤层气(煤矿瓦斯)抽采量107.4亿立方米，利用量62亿立方米。现代煤化工产业，重点现代煤化工项目积极推进，2016年11月16日国家发改委核准潞安煤制油项目，已基本完成主体工程及设备安装。同煤与中海油煤制天然气项目核准所需17个专篇均取得批复。焦煤甲醇制烯烃项目部分长周期设备已订货。

推动新兴产业快速发展。装备制造业，持续推进轨道交通装备、煤机装备、煤层气装备、电力装备、煤化工装备、新能源汽车重大项目布局，2016年省发改委审批的太重集团风力发电机组关键零部件智能化工厂、晋能集团年产2吉瓦异质结太阳能电池及组件项目、比亚迪太原新能源汽车生产基地等项目开工建设。山西易通环能科技集团脱硫脱硝项目、太重轨道交通公司高速列车轮轴、大同电力机车公司HXD2F机车等建成项目正抓紧进行产品推广。2016年，装备制造业增加值同比增长6.5%，占规上工业增加值的11.3%，同比提高0.9个百分点。铝工业，推动山西省从原材料基地向终端产品生产基地转变，在中铝华润公司落实电解铝产能置换情况下，对兴县中铝华润一期50万吨轻合金项目进行了备案。现代服务业，编制“十三五”服务业发展规划，实施加快发展生活性服务业促进消费升级的方案、进一步支持服务业发展的50条措施，部署推进文化旅游、金融、物流、会展等现代服务业发展，加快发展健康养老产业，鼓励社会资本建设服务设施，推广医养结合等模式。2016年，全省服务业增加值增长7%，拉动全省地区生产总值增长3.7个百分点。现代农业，会同有关部门研究编制山西省"十三五"现代农业发展规划，继续推进优质杂粮、草食畜牧、设施蔬菜，干鲜果品和中药材等特色农业发展。制定出台农村一二三产业融合发展实施意见，发挥专项建设基金政策引导作用，积极推进农村三产融合，拉长产业链，大力促进农业龙头企业和休闲农业发展。调整种养结构，继续实施畜牧业规模化养殖工程和沼气利用工程，提高农业资源综合利用水平。

*扎实做好"双创"工作。*建立并发挥好由省发改委牵头的大众创业万众创新厅际联席会议制度，出台了一系列支持创业创新的政策举措，成功举办双创活动周。双创政策体系初步构建，创业创新生态环境不断优化。

**【坚持以转型综改为牵引，全面深化改革扩大开放】** *推动转型综改工作。*研究制定全省转型综改实施方案（2016～2020年），印发2016年"2455"行动计划。组织召开全省转型综改工作推进会和转型综改经验交流现场会。落实改革任务"一事一表""一月一报"制度，试行改革任务的项目化管理、分类推进和第三方评估制度，加大督查考核和宣传力度，推动重点领域改革不断取得新的进展和突破，一批制度性成果文件落地实施。

*推进牵头改革任务。*电力体制改革有序推进。认真履行省电改领导小组办公室职责，牵头制定印发了电力体制改革重点任务分工方案、电力体制改革各项政策文件起草制定分工表。积极推进14个专项试点方案的制定，《山西省售电侧改革实施方案》及《山西省电力交易机构组建方案》等两个方案已经省政府办公厅印发，两个专项试点方案通过了领导组审议，3个专项试点方案已完成编制工作，7个专项试点方案正在调研编制中。山西电力交易中心有限公司正式挂牌成立，51家售电公司在工商部门登记成立。与经信委联合印发《山西省放开增量配电业务试点方案》，加快推进增量配电业务试点工作，积极争取太原工业新区110千伏输变电工程等3个项目列为国家第一批增量配电业务试点。价格改革稳步推进。资源性产品价格方面，推进输配电价改革，开展电网输配电价核定工作；调整环境保护、资源补偿收费政策，加大环保电价政策支持力度；建立健全农业水价形成机制；研究推进煤炭价格形成机制，探索建立煤炭价格发现和传导机制。服务价格方面，制定山西省城市地下综合管廊实行有偿使用制度的实施意见；规范公证、司法鉴定、律师和基层法律服务等价格管理。收费方面，将对小微企业免征的18项行政事业性收费扩大到所有企业和个人，对政府还贷高速公路货车通行费实行"新三减"优惠政策。实行差异化排污费收费政策，修订完善水土保持补偿费收费标准。整合归并药品、医疗器械注册、审批、登记收费项目，研究制定药品、医疗器械产品注册收费标准。对已公布6个行政事业性收费目录清单实行常态化公示，动态化更新，确保清单之外无收费。生态文明体制改革扎实推进。牵头起草了《山西省生态文明体制改革实施方案》，省委、省政府印发全省执行，从健全自然资源资产产权制度、建立国土空间开发保护制度、建立空间规划体系、完善资源总量管理和全面节约制度、健全资源有偿使用和生态补偿机制、建立健全环境治理体系、健全环境治理和生态保护市场体系等方面提出了具体工作任务。放管服"四个平台"成为强化监管和服务的重要抓手。基本完成涉及省级公共资源交易平台的机构建设、场所资源整合任务，省政府明确的省级公共资源交易平台先期进驻的7家公共资源交易机构已全部按期入驻。建成投运全省投资项目在线审批监管平台，出台投资项目在线审批监管平台监督管理办法，推动实现省市县三级纵向贯通，截至2016年末，平台共受理投资项目8490个，涉及总投资7352亿元。信用信息共享交换平台门户网站"信用山西"网正式上线运行，与国家平台和"信用中国"网实现了全面对接，与省投资项目在线审批监管平台实现了业务对接，2016年末累计归集信用信息近3600万条。依托12358价格监管平台，严肃查处价格违法行为。

*深化区域合作。*牵头制定出台山西省融入环渤海地区发展的实施意见，全面深化省际在能源、交通、产业、旅游等多方面的协调合作。在国家发改委指导下，与河南、陕西两省发改委积极协调相关市人民政府，就加强区域合作协调机制事宜进行了充分协商，形成《晋陕豫黄河金三角区域合作协调机制方案》，推动合作又迈出实质性的一步。建立了蒙晋冀合作区联席会议制度，蒙晋冀三省（区）发改委已联合向国家发改委呈报了《关于请审定〈蒙晋冀（乌大张）长城金三角合作区规划〉的请示》，恳请国家发改委将其列入规划审批范围。牵头起草省政府与北京、天津、河北的全面深化合作框架协议，推动实现优势互补、互利共赢、共同发展。

**【积极扩大有效投资，切实优化投资发展环境】** *推进重点领域项目建设。*充分发挥重点领域投资带动作用，推动重大项目加快建设。集中开展"冬季行动"、全面对标发达地区投资环境，太焦客专、原大高铁等一批重点项目开工建设。

*着力加强投资管理。*把投资管理工作的立足点放到为企业投资活动做好服务上，加快项目审批进度，

不断优化项目审批流程。截至2016年底，全委共审批、核准、备案项目460项，涉及总投资4708亿元。强化项目储备管理，推动条件成熟的项目及时出库，全省储备项目4700多个，计划总投资约15.8万亿元。健全重大项目稽察制度，出台实施《山西省重大建设项目稽察办法》，加大对重大项目依法监督管理力度，保障建设工程质量和资金安全，提高投资效益。

深化投融资体制改革。研究制定《深化投融资体制改革实施方案》。提出山西省清理规范报建审批事项工作方案，将全省投资项目开工前的报建事项由58项减至36项，向省直17个有关部门印发了贯彻落实通知并抓紧协调推进。下放投资项目备案权限，除跨市项目及国家明确要求由省级备案的项目外，企业固定资产投资备案权限下放至设区的市(扩权强县试点县、省级转型综改试点县)发展改革委(局)。

积极推广PPP模式。印发在重点领域积极推广政府和社会资本合作模式的通知。开展政府推动PPP项目课题研究。举办PPP工作培训班。组织建立PPP项目库，截至2016年底，全省已筛选出900余个PPP项目，总投资6000多亿元。加大项目推介力度，已公开发布PPP项目475个，总投资约3017亿元，其中有159个项目纳入国家发改委项目推介库中，涉及总投资1138亿元。

牵头组织“各类受理项目大起底”工作。9月5日～12月15日，省发改委牵头会同各市、18个省直部门在全省组织开展了为期100天的“各类受理项目大起底”活动，共分类办理解决632个项目难题，有力推动一批项目手续办结、开工建设，持续深化投资领域“放管服效”改革，优化发展环境，取得了良好成效，达到了预期目标。

**【加强生态文明建设，提升绿色发展能力】** 持续推进循环经济相关试点示范工作。牵头编制《山西省“十三五”循环经济发展规划》，推进太原不锈钢园区循环化改造，积极推动孝义市循环经济示范城市创建工作，加快太原市餐厨废弃物处理试点进展。

加强应对气候变化协调能力。编制实施“十三五”控制温室气体排放规划，积极参与全国碳排放权交易市场，积极推动晋城国家低碳城市试点、太原高新技术产业开发区国家低碳工业园区试点工作，积极推进省级低碳市县试点示范工作。牵头举办2016太原能源低碳发展论坛分论坛—低碳城市论坛。

加快推进主体功能区战略。组织编写《山西省省级空间规划研究报告》并上报国家发改委。选择14个县(市)、镇开展“多规合一”试点工作。完善山西省国家重点生态功能区产业准入负面清单，部署山西省国家级重点生态功能区(忻州、吕梁、临汾3市的18个县)开展负面清单修改完善工作并将清单正式上报国家发改委。

**【准确把握价格工作着力点，保持价格平稳运行】** 全省居民消费价格保持低位运行。2016年，全省居民消费价格指数累计上涨1.1%，明显低于全国平均水平。

稳定市场价格。认真开展居民消费品价格日常监测，及时准确上报监测信息，对重点时段、重点商品进行重点监测。认真开展价格分析研判，把握价格运行态势，为政府宏观调控、价格决策提供科学依据。

深化价格机制改革。加快推进资源价格市场化。着力推进输配电价改革。牵头拟定了《山西电网输配电价改革试点方案》，2016年5月底上报国家发改委审核。目前省发改委正在开展输配电价总水平和分电压等级输配电价标准测算工作。深化煤炭价格改革。积极推进煤炭供给侧结构性改革，完善煤炭价格形成机制和自律机制；对煤炭交易费和焦炭现货交易手续费实施减半收取政策，每年可减轻煤炭(焦炭)生产企业和用户负担约3400万元。在全省设市城市全面实行居民阶梯水价制度的基础上，督促指导全省县城及具备条件的建制镇全面实行居民阶梯水价制度。深化医疗服务价格改革。积极巩固县级公立医院医药价格改革成果，开展县级公立医院价格改革总结调研工作。有序开展城市公立医院医药价格改革，制定了山西省省级公立医院取消药品加成改革工作方案。

创新公用事业和公益性服务价格管理。完善山西省机动车停放服务收费管理，健全停车服务价格形成机制，社会资本全额投资建设停车设施服务收费标准以经营者依法自主制定为主，重要交通枢纽配套停车场、重要公益性服务机构配套停车场等五类少数具有自然垄断经营特征的机动车停放服务收费实行政府定价或政府指导价管理。会同省住建厅制定了山西省城市地下综合管廊实行有偿使用制度，建立主要由市场形成价格的机制，城市地下综合管廊各入廊管线单位向管廊建设运营单位支付管廊的有偿使用费标准，由管廊建设运营单位与入廊管线单位协商确定。加强旅游景区门票价格管理。按照国家统一部署，自2015年9月至2016年8月开展了为期一年的景区门票价格专项整治工作，全省旅游景区门票价格及相关服务价格秩序得到了进一步规范，49个国有及国有控股A级景区门票价格统一降价15%，对60周岁以上老年人实行免票游览，部分民营景区也自愿参加了此次调整。规范了全省公证、司法鉴定、律师和基层法律服务收费管理，四项服务价格实行政府指导价管理。

建立健全政府定价制度。推进

政府定价项目清单化。根据《山西省定价目录》(2015年版)和《政府制定价格听证办法》,对《山西省价格听证目录》进行了全面修订,于2016年1月1日颁布实施。加强收费公示工作,在省发改委网站对全省公布的6个收费目录清单进行了公示,确保清单之外无收费。按照国家发改委要求,开展了价格市场化程度测算工作,2012年至2014年山西省政府管理的价格分别为1.699%、1.774%、0.978%。

规范市场价格秩序。加强12358价格举报平台建设,加强节日市场价格监管,开展涉企、医疗、教育、银行收费检查和涉煤执法专项整治。

**【紧扣补短板兜底线,扎实做好重点民生工作】** 加快实施采煤沉陷区治理提速工程。2016年新启动实施采煤沉陷区7.6万户、21万人搬迁任务。截至2016年底,采煤沉陷区治理搬迁安置已开工乡镇151个,开工率101.3%。

扎实推进脱贫攻坚。争取国家下达山西省易地扶贫搬迁中央预算内资金7亿元,并及时下达给山西扶贫开发投资有限公司,2016年10月底前,有易地搬迁任务的80个县已全部开工建设。争取国家以工代赈投资2.21亿元,下达省级预算内投资1亿元,支持贫困县实施一批切实能够改善农村生产生活条件的基础设施项目。争取国家下达山西省11个市55个贫困县光伏扶贫建设规模指标58.4万千瓦,光伏扶贫工作从试点向全面铺开。

支持科教文卫等社会事业发展。继续加强教育卫生等基础设施建设,在教育领域争取中央预算内投资4.17亿元,医疗卫生领域5.83亿元,文化、养老、社会福利、体育、旅游基础设施等领域3.57亿元。

切实抓好援疆工作。编制山西省"十三五"对口支援新疆经济社会发展规划,全年安排援疆项目43项,2.51亿元援助资金在2016年5月8日全部下达,是计划和资金下达最早的援疆省份之一。组织新疆昌吉州发改系统40名干部来晋培训。

认真抓好油气管道保护、新能源行业安全生产。在全省范围内组织开展油气输送管道保护大检查、新能源行业安全生产大检查,监督企业落实主体责任,及时查找整改问题隐患,保持安全生产形势总体稳定。截至2016年底,全省发改系统在历次检查督查中共出动了1.7万余人次,检查管线70余条,站场100余座。

**【强化规划编制和政策研究,充分发挥参谋助手作用】** 顺利完成"十三五"规划编制工作。科学编制山西省国民经济和社会发展"十三五"规划纲要,被国家授予"优秀成果奖"。统筹推进68个专项规划编制,截至2016年底已发布57个,编制发布节奏明显快于全国。组织开展山西省"十三五"规划实施情况年度监测工作,确保规划落到实处,切实发挥引领作用。

强化经济形势分析监测。按月牵头组织召开经济形势分析联席会议,撰写全省经济形势分析报告,并向省政府常务会议专题汇报,提出有针对性的工作建议。

研究制定一批重大政策。在供给侧结构性改革、转型综改、新型城镇化、生态文明建设、区域合作和对外开放、服务业发展、新消费等方面研究制定了一系列政策措施,包括深入推进新型城镇化建设实施意见、降低实体经济企业成本实施方案、推进国际产能和装备制造合作工作实施方案、融合环渤海地区发展实施意见、推进生态文明建设实施方案、加强物流短板建设促进有效投资和居民消费实施方案、积极发挥新消费引领作用加快培育形成新供给新动力的实施意见等。

积极反映山西省重大政策诉求。及时向省委、省政府和全国人大代表提供调研素材,利用全国"两会"、发展改革工作会议等重要契机,积极向国家反映山西诉求,其中,进一步控制煤炭进口规模、全国统一标准用市场化法治化手段淘汰煤炭落后产能、研究出台煤矿"减量重组"等重大政策诉求和建议得到国家层面高度重视。

**【积极沟通对接,全力争取中央重大政策、项目和资金支持】** 重大政策方面。争取山西省成为国家电网覆盖范围内首个全省域电改综合试点;争取国土资源部委托山西省行使部分煤层气勘查开采审批登记;支持在山西省开展煤炭交易体制改革试点、完善煤炭价格形成机制和价格自律机制;争取盐湖区、太谷县、石楼县列为国家农村产业融合发展试点示范县;在国家"十三五"规划《纲要》中增加"优化建设国家综合能源基地、华北电力外送通道"以及"将山西纳入地下水修复试点"等内容;太原高新技术产业开发区国家低碳工业园区试点实施方案已经国家批复;国家发改委《关于实施制造业升级改造重大工程包的通知》中明确将山西省晋北现代煤化工基地列入国家级化工园区(基地)。争取介休市、寿阳县和蒲县列为结合新型城镇化支持农民工等人员返乡创业试点。

项目方面。现代煤化工项目,国家正式核准潞安高硫煤清洁利用油化电热一体化示范项目。新能源汽车项目,争取国家对晋中吉利年产10万辆乘用车项目进行了备案。新能源项目,争取国家下达山西省2016年光伏发电规模指标220万千瓦,规模居全国第一;下达山西省2016年风电开发建设规模160万千瓦;下达晋北风电基地装机规模700万千瓦,其中2017年200万千瓦。

煤层气项目，争取国家对中石油石楼西区块永和18井区产能建设方案、东宝能投长子区块煤层气开发项目进行了备案，可新增煤层气产能近10亿立方米。扶贫项目，争取国家安排山西省2016年第一批光伏扶贫村级电站(含用户)规模18.4万千瓦，集中式电站规模40万千瓦。交通项目，太焦铁路、原大客专开工建设。北京至太原铁路列入《中长期铁路网规划》(2016～2030)。外资项目，争取4个项目列入国家外国政府贷款备选和滚动项目库，贷款额近2亿美元。指导企业境外发债4.65亿美元。

资金方面。2016年，中央共安排山西省均衡性转移支付、县级财力保障奖补、财力补助407.4亿元，较2015年增加81.4亿元；争取将山西省近几年(包括今后三年)应上缴的"两权价款"共150.43亿元留给山西省，用于采煤沉陷区治理；争取中央预算内投资80.4亿元、国家专项建设基金217.4亿元。

(马润卯)

## 统　计

**【统计监测服务又上新水平】** 实施《创新统计监测服务2016年行动计划》，系统联动，深入研判经济走势，深度解读经济形势。一是加强经济运行监测预警。坚持事前预判与事后分析并重、全程监测与一线调研并举、专业分析和综合研判相结合，进一步完善监测预警制度机制，客观准确反映经济社会发展变化。在省委省政府对全省经济社会发展做出重大判断和决策过程中，统计部门发挥的作用更加凸显。二是强化重点领域专项监测。紧紧围绕供给侧结构性改革和创新驱动、转型升级等省委省政府中心工作，创新开展"三去一降一补"、战略性新兴产业和高技术产业、"三新""双创""四众"等重点领域统计监测和分析研究。三是大力开展专题和系列分析研究。注重独立客观反映、预测预判预警和分析对策建议并重，聚焦决策需要和社会关切，推出时效性强、有针对性的专题和系列分析研究报告，省统计局305篇统计专报和报告，有46篇获省领导批示，统计"补短板"在创新中不断突破。四是加大统计信息公开透明力度。联合山西主流媒体，通过全省统计信息网站集群、新闻发布会等平台及时发布和解读统计信息，统计服务社会公众的水平进一步提高。

**【统计数据质量得到新提高】** 推进《保障统计数据客观权威2016年行动计划》，系统上下强基固本，共同发力保障统计数据质量。夯实统计"双基"。深入开展"八个全覆盖"回头看。制定《山西省联网直报单位统计工作规范(试行)》及实施方案，编印《企业统计工作手册》，实现联网直报单位业务培训全覆盖。完善源头数据审核机制。坚持"开网即查、逐日比对、动态监测"工作模式，加强对"一套表"联网直报数据的实时审核，源头数据质量得到有效管控。加强宏观数据审核评估。修订完善数据审核评估管理办法及专业实施细则，加强专业之间、行业之间数据关联度审核评估。构建保障统计数据质量的技术屏障。以统计调度指挥平台建设为龙头，全面推进办公自动化系统、统计快速调查处理系统、统计调度指挥系统、协同办公系统建设，着力提升现代信息技术应用水平，保障数据质量的技术屏障进一步加固。

**【农业普查工作收获新成果】** 以《山西省第三次全国农业普查2016年行动计划》为时间表、路线图和任务书，按照"倒计时"方式推动各项任务落到实处。强化政府主导。楼阳生省长、高建民常务副省长、郭迎光副省长多次听取工作汇报、做出重要批示、进行协调指导；11个市全部召开政府常务会议或专题会议进行研究部署；省、市、县、乡层层签订了农业普查目标管理责任书。强化部门协作。各成员单位对分工职责签字背书，按要求及时提供涉农行政记录和资料，与农普办就各领域农普工作联合发文或召开专题会议研究部署，对农业普查顺利开展起到了重要促进作用。强化宣传动员。省政府发布农业普查通告，省农普办协调移动、联通、电信三大运营商，向用户发送宣传短信，为普查营造了良好环境。强化质量控制。在全国农普方案基础上，结合省、市、县三级农业普查试点经验，研究制定实施细则，全流程、多环节加强质量控制。强化清单管理。出台《农普任务清单》，充分运用统计调度指挥平台、电话调查系统、农普专题网页、简报编发等方式，加强对农普工作的调度指挥和督导落实，使普查各项要求第一时间在各级、各部门得到贯彻落实。

**【统计改革创新实现新突破】** 积极推进专业统计改革。地区生产总值(GDP)核算注重与专业、部门统筹协调，健全部门联席会议制度，进一步修订完善市级核算办法；能源统计建立部门联络协调机制，客观反映煤炭供给侧改革的进展情况；投资统计顺利实施5000万元及以上投资项目联网直报，强化单位、项目入库管理及数据审核评估力度，合理把控趋势；服务业统计加快调查频率，扩大调查范围，拓展调查内容；人口就业统计圆满完成全国唯一的劳动工资抽样调查改革试点任务，全面推进全省月度劳动力调查。

积极探索"五证合一"登记制度改革。全面清理与登记制度改革不相符的法规规章和规范性文件，建立具有山西特色的"五证合一"部门信息交换共享机制和平台;积极利用"五证合一"资料进行名录库更新试点。

创新完善山西特色统计监测制度。按照省政府安排部署,改进完善"山西转型综改统计监测指标体系",省市联动完成《2015山西转型综改统计监测报告》;探索建立"创新驱动发展评价指标体系",开展中小微企业、民营经济统计监测,建立实施开发区统计制度、市级战略性新兴产业监测制度。

**【统计法治建设迈出新步伐】** 坚持把依法统计、依法治统作为统计改革发展和提高数据质量的重要保障,坚决防范和惩治统计造假、弄虚作假。加强统计普法教育。制定实施统计"七五"普法规划,开展三级局长和执法骨干法治培训,省市县联动全省"四上"企业依法统计培训全覆盖。加大统计执法力度。制定执法检查"两随机"抽查制度,从严查处重大典型案件。开展统计专项治理。清理纠正违背统计法精神的做法。

**【部门统计工作开创新局面】** 认真落实省政府办公厅《关于进一步加强部门统计工作的意见》,不断强化对部门统计工作的业务指导和管理。严格部门新建统计制度审批管理,规范部门综合统计报表制度。全面梳理各专业综合类报表,取消部门无法提供的统计指标,进一步推进部门统计与政府综合统计的协调衔接和规范统一。加强与部门统计合作联动。与省住建厅、经信委、商务厅、煤炭厅等部门联合印发《关于进一步加强企业统计工作的通知》,联合成立协调工作组,联合开展企业培训。与省发改委、经信委、商务厅等单位联合开展专项调查和重点专题研究,部门合作不断深化。建立健全信息共享共用机制。积极开展部门统计人员业务培训,扎实推进名录库信息部门共享,不断加强部门间工作交流和信息沟通,政府统计整体效能和公信力进一步提升。

(董晓玲)

# 审　计

**【2016年审计工作重点任务全面完成】** 2016年,全省各级审计机关共审计和调查单位5259个,查出违规金额1027.24亿元,促进增收节支165.57亿元。

持续跟踪政策落实。2016年,按照国务院要求和审计署统一部署,组织市县审计机关持续开展对11个市本级和119个县(市、区)贯彻落实国家和山西省重大政策措施情况的跟踪审计,对474个单位和项目涉及的财政资金统筹使用、扶贫任务落实、深化"放管服"改革、涉企收费清理、重大项目建设等方面情况进行了审计,涉及资金164.77亿元。

不断深化财政审计。依法开展对14个省级部门2015年预算执行和20个部门单位2014、2015年财务收支情况的审计,延伸审计二、三级预算单位133个,着力反映结构性、体制机制性问题,促进拨付到位20多亿元,提高了财政资金使用绩效。并依法向省人大常委会报告2015年度省本级预算执行和其他财政财务收支的审计情况,向社会公告。

切实加强民生审计。组织对农业综合开发、城乡低保补助、水污染防治、水利基础设施建设、工伤保险基金、抚恤救助等20项专项资金进行了审计。持续开展城镇保障性安居工程跟踪审计,促进追回和归还资金630多万元,整改违规分配使用住房等510多套。开展对世界银行贷款中国农村卫生发展等11个外资项目的公证审计,提高外资利用水平。

扎实推进投资审计。开展对高速公路、城镇基础设施建设等政府重点投资建设项目竣工决算审计,对山西科技创新城、援疆工程、大水网建设等重点项目进行跟踪审计。揭示了部分项目投资超概算、虚报冒领骗取建设资金、损失浪费、违规招投标等工程建设领域的突出问题,促进优化经济结构、提高投资绩效。

着力加大企业审计。强化对国有企业执行国家政策措施、运营国有资本以及对外投资业务等情况的审计,省审计厅重点对国新能源、省经贸集团、省投资集团等3户企业和晋商银行以及市属国有金融机构2014年、2015年资产负债损益情况进行审计,促进国有企业和金融机构深化改革、防范风险、依法经营、提质增效。

稳步开展经济责任审计。坚持党政同责、同责同审,对45名省管领导干部进行经济责任审计,任中审计占94%。对朔州、长治2市市委书记与市长开展经济责任同步审计,更好地监督、评价、鉴证"一把手"经济责任履行情况,促进领导干部依法行政、履职尽责。开展对朔州市市长和清徐、沁源县县长自然资源资产审计试点,促进领导干部依法履行自然资源资产管理和环境保护责任。

严肃揭露查处问题。始终坚持问题导向,严肃揭露和查处案件线索600多件170多人。同时,全省还抽调1500多人次配合和协助巡视、纪检监察和司法机关查处了一批腐败案件。

强化问题分析研判。密切关注改革措施的推进和协调配合情况,关注体制性障碍和制度性缺陷,提出解决突出问题和推动长远发展的建议,促进改革深化和制度创新。提交审计报告和信息6351篇,提出审计建议8800条，促进建立健全制度措施312项。

【加强审计法治建设】 贯彻落实改革任务，省委办公厅、省政府办公厅出台了《关于实行审计全覆盖的实施意见》，召开新闻发布会，扩大审计影响力。省政府出台了《关于进一步加强内部审计工作的意见》，全面加强对内部审计工作的指导监督。全省采取动态报告、质量检查、抽查复审、跟踪审理等方式，加强审计过程控制，建立权力清单和责任清单，制定修订内控制度。聚焦主责主业，全省审计机关清理退出与法定职责无关的各类协调机构。全面推进数字化审计方式，加快实施“金审工程”三期，运用大数据技术进行审计和宏观分析的能力进一步提升。

（宁红伟　宁丽丽）

## 国有资产监督管理

【国有企业主要经济指标完成情况】 2016年，全省国资系统实现营业收入1.2万亿元，比2015下降14.9%；实现利润15.7亿元，增加51.2亿元；上缴税金490.2亿元，下降5.9%。其中，省国资委监管企业完成营业收入1.17万亿元，下降13.7%；实现利润34.6亿元，其中12月份实现11.7亿元；实现利税512.6亿元，增长14.3%；实现增加值1817亿元，下降12.7%；资产总额2.05万亿元，增长4.8%；所有者权益4210.6亿元，增长4.2%。整体上，企业经济运行下半年好于上半年。

【国有企业经营运行稳中向好】 2016年，全省国资系统强化投资拉动，提高省属企业项目投资的精准性和有效性，全年完成投资1296亿元，完成率104.3%，其中，90个省重点工程完成投资635.9亿元，完成率111.7%。高度重视招商引资项目储备，参加了5场国内重大招商推介活动，全年招商引资在建项目29个，引资338.9亿元。省属企业加强同行业企业之间业务协同、互助合作，晋煤将煤层气业务资产注入太原煤气化上市公司，化解上市公司退市风险；同煤加强指标跨省合作，抢（增）发电量113.5亿千瓦/小时，创造经济价值8亿元；潞安通过互相参股、股权置换、股权转让等方式，构建煤电一体化新格局；国际能源与新奥集团合作，探索综合能源增值服务、分布式能源，寻找新的增长点。紧盯市场变化，变革营销模式，着力拓展国内外市场，太钢成为山西省首个海关AEO企业和首批外贸综合服务企业培育对象；焦煤推进全省炼焦煤集中统一销售，打造“焦煤在线”电子商务平台；晋煤启动煤化工交易中心，搭建现货电子商场交易平台，争取尿素市场定价权；太重、建工主动对接“一带一路”，抢占国外市场；能投建立“物流＋服务”营销模式；山煤发挥进出口牌照作用，参与山西省“中西部现代物流中心”建设；汾酒“文化＋品牌”联动，突破营销瓶颈。

【加快国有企业改革与转型】 继续深化国企改革。加快改革步伐，对国资国企改革进行了两轮调研，省国贸委牵头起草调研总报告，形成了山西省国资国企改革实施意见的雏形。起草了《省国资委监管企业功能界定与分类方案》；出台两类公司试点实施细则，选择焦煤集团开展了改组国有资本投资公司试点；黄河万家寨集团改制工作基本完成，初步建立了法人治理结构。完善法人治理结构，制定《省属企业加强党的领导和完善法人治理结构实施办法》和《省属企业外部董事管理办法》，在焦煤、同煤和晋能集团下属6户二级企业开展了经理层市场化选聘和任期制、契约化管理试点。深化企业财务等重大信息公开，公开的深度深入到省属企业四级子公司，公开的宽度扩展到全省11个市。鼓励省属企业通过股权收购、资产重组、增资扩股等方式发展混合所有制经济，在汾酒、中条山、建工集团开展混合所有制改革试点，在10户省属企业下属国有控股混合所有制企业开展员工持股试点。深化企业分配制度改革，出台《省属企业负责人薪酬管理暂行办法》；起草了外部董事薪酬管理办法；制定深化企业三项制度改革的实施细则，改进工资总额管理办法；制定省属科技型企业股权和分红激励实施细则，在晋能集团清洁能源公司进行了研发团队股权激励试点。着力解决历史遗留问题，起草了《山西省加快剥离国有企业办社会职能和解决历史遗留问题工作方案》；同煤集团分离企业办社会职能试点工作取得积极进展；15家省属企业的543户大集体企业，已有7家326户改革总体方案批复实施，改革面60%；煤焦公路销售体制改革职工转岗分流有序推进，截至2016年底已经安置27362人，安置率80.7%；省直机关所属企业脱钩改革继续推进，2016年又有2户企业宣告破产、2户企业实施注销；全年为32户特困企业的2.2万余名职工解决医保补助费用2315.6万元，受惠职工人数和补助资金总额均为历年最多。

推进供给侧结构性改革。全省国资系统认真贯彻落实省委、省政府“三去一降一补”决策部署，推动供给侧结构性改革取得重要进展。坚决淘汰落后产能，钢铁企业退出产能82万吨；煤炭企业退出产能2130万吨，占全省的92%，关闭煤矿23座，占全省的92%，分流安置职工2.02万人。严格执行276个工作日和节假日公休制度，全年减产煤炭7300万吨，约占全省减产量的60%，占全国的24%。省属企业不断加大去杠杆和风险防控力度，妥善应对重大债务及资产损失风险。全年通过债券市场直接融资约1700亿元，发行可交换公司债券融资40亿元，A股定增融资35.5亿元；煤炭企业开展集体赴京路演和百名行长（经理）进煤企等活动；非煤企业出资成立了全国第一家省级信用增进投资公司；太钢、焦煤、同煤和阳煤开展市场化债转股；交投组建山西高速公路PPP项目投资平台；路桥参股太原农村商业银行，启动融资租赁业务。多管齐下、持续发力，深化对标管理，加强绩效考核，加强成本费用管控，省属企业全年营业成本比2015年下降15.8%，快于收入降幅2.1个百分点；销售费用下降8.1%。太钢、山煤营业成本降幅超过30%，国新能源降幅高达49.8%；阳煤开展“降本增效、补漏止血”专项行动，压缩成本157亿元；中条山推进对标管理，劳动生产率提高7.6%。推进传统产业升级，培育壮大新兴产业，着力补齐短板。省属煤炭企业加快现有煤矿的先进化升级改造和安全高效现代化矿井建设，提升先进产能占比；太钢T800H高端碳纤维填补了国内生产空白；煤炭企业金融板块成为共性增长点；国新能源等企业大力发展燃气产业，全省气化率56%；山煤全面推进碳基新材料制备项目。

加快国有企业产业转型。全省国资系统坚持实施创新驱动发展战略，不断加强创新能力建设，科技创新水平明显提高。搭建科技创新平台。省属企业8个山西科创城项目开工建设，2016年完成投资13.49亿元；焦煤建成双创基地，吸引25家企业入驻，与山西联通合作建立“能源云”数据中心；阳煤以院士工作站为平台，瞄准煤炭行业技术前沿组织技术探索；潞安依托国家煤基合成工程技术研究中心，推进主导技术、核心技术攻关；晋煤建立创新创业园区，搭建以“首席专家”“大师工作室”为载体的创新平台；国际能源建成国家级工程研究中心；国控设立全省首个3D打印院士工作站；中条山积极推进国家级企业技术中心创建工作；经贸在各市建立创投公司，参与吕梁、太原大数据安全应用等新兴产业投资，支持山西省煤层气、焦炉煤气生产金刚石等技术就地转化。省属企业在重要领域、关键环节掌握了一批核心技术，创新能力明显提升。太钢成功研发并生产笔头钢260吨，制定了《笔头用易切削不锈钢丝》行业标准；焦煤创新项目获得中国工业大奖；同煤获得省部级以上科技进步奖41项，3个项目成功获批国家“十三五”重点专项课题；阳煤“晋华炉”为“三高煤”综合利用提供了新方法、新手段；“晋煤炉”工业示范装置建设全面启动；太重授权专利127项，其中发明专利73项。

**【国有企业履行社会责任】** 省国资委在全力以赴稳增长、促进国有资产保值增值的同时，积极引领省属企业履行社会责任。按照国有资本收益共享机制的要求，省本级国有资本收益的30%调入一般公共预算，用于民生支出。大力实施产业扶贫，2016年省属企业共实施产业扶贫项目40个，完成项目投资49.7亿元，发展了晋能黄花、阳煤果品等带动效应明显的农产品项目，实施了光伏扶贫、土地复垦等生态扶贫项目，产生了良好的经济效益和社会效益。积极做好煤炭、钢铁企业去产能和煤焦公路销售体制改革过程中职工转岗分流安置工作，全力保障职工合法权益。省属企业尤其是煤炭、钢铁企业严格落实环保责任，推进节能减排和污染防控项目建设，提高绿色发展水平，太钢废水资源化循环利用技术及应用成果获冶金科学技术奖评审一等奖；太原垃圾电站年处理城市垃圾50万吨，有效改善了环境质量；黄河万家寨集团积极做好农村生活污水治理。坚持安全发展理念，完善安全责任体系，加强隐患排查与治理，注重安全技术培训，煤炭生产百万吨死亡率远低于全国平均水平。黄河万家寨集团、水务集团全力保障城市用水安全；高速、交投、路桥集团严格执行鲜活农产品“绿色通道”及节假日小客车免费通行政策，确保改革红利惠及广大人民。构建完善帮扶救助长效工作机制，积极做好困难职工帮扶救助工作。

**【国有资产监督管理】** 全省国资系统认真履行职责，不断改进监管方式，积极推进以管资本为主加强国资监管。厘清监管边界，突出国资监管职能定位，研究国资监管法规体系，修订完善了具有国资特色的“两单两图”，公开了权力清单、责任清单；全面清理规范性文件，共清理出文件115份，其中宣布废止的文件17份，予以修改的文件13份，继续有效的文件85份。改进监管方式，组织开展应收款项清理专项工作和融资贸易、库存管理专项整治，全面排查贸易业务风险，严控融资性贸易业务；开展财务决算管理分类审核，推动企业加强问题整改和基层企业管理；坚持经济运行分析例会制度，持续强化运行监测，准确把握省属企业经济运行态势。强化服务意识，协调解决全省万名干部入企服务工作反馈的企业问题和困难；推进国资监管信息公开，公开了企业年度经营业绩考核结果、企业负责人职务变动信息；密切关注经济运行中资金管理情况，协调有关部门保障企业资金需求，确保资金链安全。加强监督检查，起草了《关于加强和改进企业国有资产监督，防止国有资产流失的实施意见》和《关于进一步加强和改进省属国有企业监事会工作的意见》，全年完成全面监督检查报告6份、专项报告及总报告23份、一事一报告14份、季度报告及季度总报告28份、整改评估报告8份,下达整改意见书5份,整改建议函9份。推行"全面建立问题台账,全程实施动态监督"的监督工作机制;制定了《监事会年度监督检查报告指引》,实施报告预审制度,确保报告质量;开展了企业负责人履职待遇和业务支出情况专项检查;完成了省政府部署的两次全面督查;审计省属企业投资过亿建设项目520个,涉及金额3444亿元;对两户企业领导人员进行了经济责任审计。强化监督成果运用,将监事会发现的问题和风险分送委内职能处室,监事会主席联席会议邀请委内相关处室列席。

（匡德龙）

## 安全生产监督

**【2016年全省安全生产形势持续稳定好转,呈现出"五个双下降"的态势】** 一是各类生产安全事故总起数、总死亡人数双下降。2016年,全省共发生各类生产安全事故2182起,死亡1512人,比2015年减少55起、33人,分别下降2.46%和2.14%。二是较大事故总起数、总死亡人数双下降。全省共发生较大事故37起,死亡139人,减少2起、14人,分别下降5.13%和9.15%。三是采矿业事故起数、死亡人数双下降。全省共发生事故26起,死亡55人,减少11起、27人,分别下降29.73%和32.93%。其中,煤矿发生事故19起,死亡44人,减少14起、33人。煤矿百万吨死亡率0.053,减少0.026,下降32.91%。四是交通运输和仓储业事故起数、死亡人数双下降。全省共发生事故2056起,死亡1335人,减少78起、42人,分别下降3.66%和3.05%。五是商贸制造业事故起数、死亡人数双下降。全省共发生死亡事故31起,死亡37人,减少7起、12人,分别下降18.42%和24.49%。

**【狠抓制度落实,开展专项整治,防范事故风险】** 突出统筹安排。省委、省政府高度重视安全生产工作,多次召开省委常委会、省政府常务会、省安委会、省政府安全例会等会议,统筹安排全省安全生产工作,确保人民群众生命和财产安全。2016年,在坚持每季度一次安委会的基础上,以上率下实行了安全生产工作月例会制度,由分管安全的副省长主持召开会议,及时分析研判形势,解决问题、部署工作。按照省政府一号文件要求,全省各级都建立并实施了安全生产例会制度,上一级安委办定期派人参加下一级安全例会,指导督促工作落实。

突出党政领导齐抓共管。省委、省政府主要领导带头落实安全生产党政同责要求,安排部署工作,及时解决重大问题。2016年7月2日,晋城沁和能源集团中村煤矿发生透水事故后,骆惠宁书记第一时间赶赴事故现场,指导抢险救援工作,并对抓好安全生产工作做出了重要指示。7月7日和7月11日,根据骆惠宁书记的指示要求,省委分别组织召开了全省安全稳定风险隐患大排查大整治形势分析会和工作推进会,其中对安全生产工作提出了明确具体的要求。楼阳生省长主持召开的第一个省政府常务会议就研究部署安全生产工作,在研究同煤集团同生安平煤业"3·23"重大事故调查处理意见时,提出了"以铁的担当尽责,以铁的手腕治患,以铁的心肠问责,以铁的办法治本"的安全生产工作要求。11月28日、29日,骆惠宁书记、楼阳生省长分别对全省安全生产工作做出重要批示。12月8日,省委常委、副省长孙绍骋写给省煤炭厅、省安监局、山西煤监局主要负责人一封信,要求各级、各部门以高度负责的精神,动脑筋、想办法,千方百计把省委、省政府的安排落实到基层,确保全省安全生产形势持续稳定好转。各级党政领导经常采取"四不两直"方式深入基层企业督查检查,及时解决重点难点问题,推动安全生产工作有效落实。

突出监管责任落实。始终把政府监管责任放在首位,按照"党政同责、一岗双责、齐抓共管、失职追责"的要求,全省基本落实了安全生产党政同责"五级五覆盖"。11个市、119个县(市、区)以及所有开发区(园区)、乡镇和有工矿企业的行政村,都制定出台了安全生产党政同责的规定。大力推广晋中市经验做法,以工商注册企业名录明确安全监管责任部门。目前,全省工商注册企业监管责任基本都落实到了相关部门。

突出企业主体责任落实。按照"五落实五到位"的要求,督促企业严格落实主体责任。多数大中型企业都制定并落实了党政同责、一岗双责制度。推动企业严格落实"班组日查、车间周查、厂矿月查、集团公司季查"制度,及时发现和消除隐患。针对生产安全事故绝大多数是由违章指挥、违章作业、违反劳动纪律"三违"行为导致的问题,在全省集中开展了反"三违"专项行动,督促企业健全完善安全管理制度和安全作业规程,强化职工教育培训,树立正面典型,严惩"三违"行为。

突出安全生产大检查。深刻吸取同煤集团同生安平煤业"3·23"重大事故教训,在全省各行业领域开展了为期5个月的安全生产大检查。全省共排查一般隐患25.06万条,已整改24.5万条,整改率97.78%;排查出重大隐患18条,已整改16条,整改率88.89%。未整改的5566条一般隐患和2条重大隐患都做到了整改责任、措施、资金、时限、预案“五落实”。特别是对2015年安全大检查发现但未及时得到整改的5869条存量隐患，采取列出清单、挂牌督办、跟踪整改、复查验收、逐项销号等措施，大力推进整改治理。除有2条整改难度大、工程复杂的隐患在按计划进行整改外，其余已全部整改销号。10月下旬，根据全国安全生产电视电话会议精神和国务院安委办通知要求，在全省部署开展了新一轮安全生产大检查，切实加强岁末年初安全生产工作。

突出安全生产专项整治。坚持问题导向，在煤矿、道路交通、危险化学品、油气输送管道、金属非金属矿山和尾矿库、建筑施工等9个行业领域继续深化专项整治。全省煤矿系统以“十排查、十整治”为主要内容扎实开展防治水专项行动，共排查出一般隐患24.19万条，整改率98%，责令8座煤矿停产整顿，3座煤矿停建整顿，25个采掘作业点停止作业。晋济高速岩后隧道“3·1”特大事故发生后，全省安排专项资金4.3亿元，对隧道基础设施进行完善改造。大力推进油气输送管道隐患整治，中石油西气东输临汾蒲县、浮山段改线工程正在加紧施工。4月和9月份，省安委办先后两次派出督查组，对各市、各有关部门开展专项整治等省政府一号文件和省安委会部署的重点工作进行了督查。

突出遏制重特大事故。根据国务院安委办《关于印发标本兼治遏制重特大事故工作指南的通知》精神，省政府以遏制煤矿重特大事故为重点，专门召开会议，研究部署全省遏制煤矿重特大事故工作。省安委会制定下发了遏制重特大事故工作实施意见，煤矿、非煤矿山、危险化学品、冶金工贸、道路交通等重点行业领域都制定出台了遏制重特大事故工作方案。阳泉市被国家确定为首批遏制重特大事故11个试点城市之一，省市两级高度重视，积极推进试点工作。

突出地方性立法。新修改的《安全生产法》颁布实施后，省人大将《山西省安全生产条例》修订列入2016年重点立法项目。省政府连续两年把修订条例作为重要工作写入省政府一号文件。省安监局协同省人大、省政府法制办，通过广泛调研、论证等，对《山西省安全生产条例》进行了修订。7月13日，省政府常务会研究通过；12月8日，山西省第十二届人民代表大会常务委员会第三十二次会议修订通过。修订后的《山西省安全生产条例》，自2017年3月1日起施行。

突出安全生产宣传培训和警示教育。省委宣传部、省安监局等八部门建立联席会议制度，联合下发安全生产宣传教育实施意见。认真组织以“强化安全发展观念，提升全民安全素质”为主题的第15个安全生产月活动。11月，省安监局会同省委组织部，组织各市、县分管安全生产工作领导和各市安监局局长共200余人进行了一期安全生产集中培训，提高了参加培训人员抓安全工作的能力。省政府连续两年召开“3·1”特大事故警示教育电视电话会议，省安委办针对国内外发生的较大以上典型事故，及时下发28份事故通报。煤炭厅、交通运输厅、安监局等部门拍摄典型事故案例，下发基层，开展警示教育，以事故教训推动安全生产工作。

（关永革）

## 工商行政管理

**【深化商事制度改革，不断激发创新动力和创业活力】** 推进“一照一码”改革。从2016年9月1日起实施企业“五证合一”登记，9月30日起实施个体工商户营业执照、税务登记证“两证整合”，分别比国务院要求的时间节点提前了1个月和2个月。至2016年底，全省共发放“五证合一”企业营业执照35.86万张，“两证整合”个体工商户营业执照11.77万张。

推进工商登记注册便利化。实现名称登记全程电子化办理和内资企业网上注册登记，企业领取营业执照的时间由改革前的15个工作日平均缩短为3个工作日。对《山西省市场主体住所（经营场所）登记管理办法》提出修改建议，进一步放宽登记条件，释放住所资源。

推进“先照后证”改革。修订企业登记前置审批项目目录，工商登记前置和后置审批事项分别削减至67项和201项。实现工商登记审批事项目录的动态管理。严格落实“双告知”职责，推动实现工商登记和审批监管有序衔接。

试点企业简易注销改革。配合去产能清理“僵尸企业”，指导太原市局开展未开业、无债权债务企业简易注销试点，为全省开展企业简易注销工作，构建便捷有序的市场退出机制积累经验。个体工商户简易注销在太原、大同、临汾三市开始试点。

商事制度改革激发出创业就业热潮，新设市场主体保持旺盛增长势头，“双创”及“互联网＋”等新产业、新业态、新模式的蓬勃发展，对扩大就业、维护社会和谐稳定发挥了重要作用。2016年，全省新设主体33.68万户，比2015年增长12.4%，日均新设1347户，新设企业活跃度达到70.1%。截至2016年底，全省实有各类市场主体194.97万户，其中内资企业45.11万户，外资企业3749户，个体工商户140.18万户，农民专业合作社9.31万户。

**【强化事中事后监管，不断推进体制**

**机制创新】** 明确事中事后监管职责。起草并以省政府和省政府办公厅名义出台了《山西省人民政府关于"先照后证"改革后加强事中事后监管的实施意见》《山西省人民政府办公厅关于做好"双告知"工作加强事中事后监管的通知》,明确了"谁审批、谁监管,谁主管、谁监管"的监管原则和"照""证"衔接过程中的监管职责,为实现部门间网络互联互通、信息归集共享、监管联动响应提供了政策保障。

推进"一张网"建设。按照总局标准规范整合山西省市场主体信用信息公示(共享)系统,建成国家企业信用信息公示系统(山西)"一张网"并通过总局验收,实现了省、市、县三级政府48个部门共5068家单位的数据互联互通。截至2016年底,已归集公示全省309.9万余户市场主体(含注销、吊销户)的登记、行政许可、行政处罚信息,为联合协同监管奠定了基础。

强化市场主体信息公示工作。省政府专题召开年报工作推进会进行安排部署。2016年度全省企业年报公示率达90.12%,高于88.32%的全国平均水平,排名第13位。行政处罚信息公示实现了公示率、及时率、准确率三个100%。

推行"双随机、一公开"抽查工作。按照国务院、国家工商总局和省政府办公厅关于开展"双随机、一公开"工作的要求,制定《山西省工商行政管理局市场监管"双随机"抽查实施意见》《"双随机"抽查工作规范(试行)》《随机抽查事项清单》,建成全系统行政执法人员名录库,省、市、县局均按要求认真开展了抽查工作。

**【加大执法力度,充分发挥竞争政策作用】** 加大反垄断和反不正当竞争执法力度。2016年全省经检系统共查处各类案件240起,集中整治了以供水、供电、供气、公共交通、殡葬等行业为重点的公用企业限制竞争和垄断行为专项执法行动,立案36起,查处25起。

加强市场规范管理工作。建成山西省网络交易诚信系统,推进网络经营主体"亮证亮标",圆满完成了总局的联网测试任务。加强网络市场监管,立案查处93件。深入推进重点领域市场治理,抽检农资商品911批次,成品油2045批次。推进诚信市场创建,77户商品交易市场被评为山西省诚信示范市场。

深入推进打击侵权假冒工作。全年立案查处商标侵权假冒案件404件,结案382件,移送司法机关11件。重点开展了关于保护汾酒集团"汾""杏花村及图""竹叶青及图"驰名商标整治行动,查处侵权假冒汾酒注册商标专用权案件43件。

加强广告监管执法。重点开展了互联网金融广告及以投资理财名义从事金融活动风险专项整治、涉嫌非法集资广告资讯信息排查清理和房地产广告集中整治行动。约谈了重点媒体单位22家。2016年,全省共监测检查广告196.37万条次,收缴违法印刷品广告20.67万份,查处违法广告案件206件,罚没403.9万元。

加大打击传销力度。全年立案查处传销案件12起,移送公安机关网络传销案件4起,捣毁传销窝点569个,遣散传销人员6382人。开展"无传销城市"创建活动,发展打传联络员9200余人。加大对直销企业的监管力度,检查直销企业专卖店、服务网点等经营场所2952户次。

规范合同格式条款。以公用事业类、旅游类行业为重点,开展合同格式条款专项整治,走访企业370户次,约谈企业159户次,备案格式合同221份,推行涉农合同示范文本17个。263家企业被国家工商总局公示为国家级"守合同重信用"企业。

**【加大消费维权力度,不断挖掘潜在消费需求】** 强化流通领域商品质量监管。2016年,以家用电器、装饰装修、儿童用品、汽车用品等为重点,对3271组流通领域重点商品实施了质量抽查检验,向社会公示了其中997组不合格商品。严厉查处假冒伪劣及质量不合格商品,查办案件1466件,为消费者挽回经济损失1035.7万元。

充分发挥消协组织作用。全省消费者组织严格贯彻新《消法》赋予的公益性职责,全年共受理消费者投诉2023件,妥善解决各种消费争议1987件,调解率98.22%;加强消费警示引导,发布消费警示348期;完成320批次比较试验并向社会公示。

加快12315平台建设。推进12315规范化、效能化建设,对全省12315申诉举报信息系统进行改造升级。加强大数据质量综合分析,特别是与日常消费密切相关的重点商品和服务的跟踪量化分析,为市场监管和政府制定消费政策提供参考。

**【充分发挥职能作用,切实促进企业发展】** 积极开展入企帮扶活动。开展万名干部入企服务、领导干部联系民营企业是省委、省政府促进经济平稳健康发展的重大举措。省工商局共选派22名干部深入21户企业,立足工商职能,积极协调沟通,切实帮助企业解决发展中的困难问题。省局领导分别深入所联系的民营企业,了解需求,解决困难。

大力实施商标品牌战略。全年商标注册申请量1.91万件,商标注册量1.07万件,认定著名商标459件,注册地理标志商标4件。截至2016年底,全省驰名商标、著名商标、地理标志商标和有效商标总量分别达到89件、1121件、47件和8.65万件。太原市、长治市工商局被国家工商总局批准为商标注册受理点，便利了商标申请。

帮助企业缓解融资困难。积极支持村镇银行、融资再担保公司、小额再贷款公司等金融机构规范发展。通过指导、规范企业运用股权质押、动产抵押、拍卖备案等方式，帮助企业融资244亿元。运城市工商局被确定为全国首批25个商标权质押受理点之一。全省累计办理商标专用权质押41件，授信额达10亿元，实际贷款总额3.6亿元。

（樊伟强　薛宝元）

## 国土资源管理

**【深化煤炭矿业权管理改革，提升国土资源供给质量和效益】** 围绕“去产能”，落实“两严格、两暂停、一鼓励、一支持”。2016年，省政府转发国土资源厅《关于严格控制煤炭资源配置的实施细则》，“两严格”：严格审批煤炭采矿权新立、严格控制煤炭矿业权出让；“两暂停”：暂停出让煤炭矿业权、暂停煤炭探矿权转采矿权审批；“一鼓励”：鼓励煤矿企业进一步兼并重组整合；“一支持”：加大煤层气开发的支持力度。全省煤炭采矿权新立为“零”、煤炭矿业权出让计划为“零”。根据省煤炭行业办要求和企业申请，省国土资源厅依法依规注销“去产能”关闭煤矿的24个采矿许可证。其中，15个正在注销，8个因经济纠纷、减量重组等原因申请暂缓注销，1个为部发证，正积极向国土资源部申请注销。

围绕“去库存”，严厉打击违法违规生产建设煤矿。2016年，省国土资源厅与省煤炭厅、煤矿安全监察局联合开展严厉打击违法违规生产建设煤矿专项整治行动，公示20个违规生产建设煤矿，严肃叫停违法开采。公开通报、挂牌督办4起典型违法案件，形成较大社会震慑。针对煤炭价格上升、违法开采不同程度抬头的形势，下发《进一步做好今冬严厉打击非法违法采矿工作的通知》，保持严格执法的高压态势。与省煤炭厅、煤矿安全监察局再次联合发文，开展全省打击土地矿产违法行为专项督查行动，积极巩固“去库存”成果，维护稳定的矿产开发秩序。

围绕“降成本”，着力推动矿山企业减负脱困转型。创新价款征缴制度，出台矿山企业缓缴矿业权价款政策，缓缴167亿元，惠及508家企业。积极服务企业融资，办理矿权抵押备案65宗、额度227亿元。同时，大力征缴应缴价款，完成年度百亿目标。实行矿产资源开发利用方案、地质环境保护与治理恢复方案、土地复垦方案“三合一”，与以往相比，审批时间大幅缩短、费用大幅降低。

围绕“补短板”，全面规范煤炭矿业权市场管理。2016年，省政府出台《山西省煤炭资源矿业权出让转让管理办法》，《办法》细化煤炭矿业权市场管理，规范煤炭资源市场化配置，实行回避制度、负面清单、黑名单制度，限制超额利润，是煤炭资源管理领域推进改革、遏制腐败、促进可持续发展的重大举措。

围绕“提水平”，着力推进矿产资源集约与综合利用。出台《关于加强矿产资源集约与综合利用的指导意见》，明确加强综合勘查、推进综合利用、推广先进技术、建设绿色矿山等目标任务。特别是推进共伴生资源综合利用，建立省国土资源厅牵头，发改、经信等10个省直部门联动配合的协调机制。加大煤炭共伴生资源研究，向省委省政府提交《国内外煤炭中共伴生矿产资源利用研究》，省地勘基金设立煤炭共伴生锂、镓、锗等7个资源评价项目。

**【大力推进国土资源改革创新，形成促进综改试验区建设的新动力】** 煤层气审批委托，为煤层气产业加快发展奠定政策基础。国土资源部以部长令方式，在全国率先委托山西省国土资源厅行使煤层气审批登记等4项权力，这是山西转型综改试验区建设的又一重大政策创新成果，对于加快煤层气产业发展具有重要意义。省政府高度重视，及时批准省国土资源厅新设油气处、成立油气研究院。明确“承接委托不走样、审批标准不降低、办事效率有提高、管理机制有创新、服务发展见成效”的总体思路，制定“153”工作计划。编制《山西省煤层气资源勘查开发规划（2016～2020年）》。省政府印发了《关于加大用地政策支持力度促进煤层气产业发展的通知》《山西省煤层气矿业权审批和监管的实施意见》《关于完善煤层气试采审批管理工作的通知》《关于印发山西省煤层气和煤炭矿业权重叠区争议解决办法（试行）的通知》，分别明确支持煤层气产业用地、规范煤层气矿业权审批和监管、允许煤层气试采延期、解决煤层气矿业权重叠区争议等政策，省国土资源厅出台《煤层气矿业权登记审查工作细则》，健全煤层气审批制度体系，已经顺利办理8宗煤层气探矿权延续登记。榆社—左权项目、山阴—怀仁项目、全省采空区煤层气资源调查评价等3个项目进展顺利，为煤层气产业发展提供资源储备。

铝土矿出让改革，为铝工业转型升级提供政策保障。针对铝土矿资源禀赋较好，但铝土矿资源配置门槛较高，制约铝土矿市场发展的问题，国土资源部大力支持山西铝土矿出让制度改革，批复同意取消铝土矿资源开发利用规划中的限制性门槛内容。此项改革政策的落实，有利于建立山西省健康开放的铝土矿业权市场，进一步促进铝工业发展。

不动产统一登记，为产权经济

加快发展打造政策平台。全省各市、县政府加快推进不动产统一登记制度落地。按照"基础先行,制度保障,部门协同,便民高效"的总体要求,加强督查检查,狠抓工作落实。截至10月1日,全省107个不动产登记发证主体全部"停旧发新",完成率100%,提前3个月圆满完成年度目标任务。

农村土地改革试点,为集体经营性建设用地入市探索经验。坚守三条底线,稳步推进泽州县农村集体经营性建设用地入市试点,建立完善13项配套制度,规范入市管理。完成交易13宗土地、12.9公顷,农民获得土地收益大幅提高,有效保障了群众土地权益。

创新推进找矿突破,为经济社会发展提供矿产资源储备。创新找矿项目管理,由委托制变为竞争性磋商制,推进找矿项目市场化运作,节约找矿经费。投入5.5亿元安排勘查项目103个,把找矿的重点放在煤层气和煤炭综合利用勘查上,积极为转型发展提供资源储备。验收往年找矿项目,煤炭、铝土矿等新增一批资源储量。

**【大力拓展转型发展用地空间,为全省经济社会发展提供有力资源保障】** 优化用地规划布局,进一步拓展转型发展空间。在土地利用总体规划调整完善中,争取国土资源部大力支持,核减全省耕地保有量16.47万公顷、基本农田13.27万公顷,增加建设用地规模4.97万公顷,建设用地流量指标4.2万公顷,有效确保"十三五"期间特别是开发区改革创新用地需求。着眼于全省未来5年发展大局,请示省政府同意,确定省级土地利用总体规划修改方案。科学合理分配新增的4.97万公顷指标,保障国家和省两级能源、交通、水利、化工、民生等重点项目2.5万公顷;分配下达11个市2.47万公顷。明确了土地利用规划保障转型综改示范区、开发区改革创新的思路。核减8个市退耕还林耕地保有量任务8万公顷,保障退耕还林扶贫政策落地。修改2个市级、85个县级土地利用总体规划,释放用地空间近2.67万公顷,为全省经济社会发展拓展更大用地空间。

划定永久基本农田,进一步坚守全省耕地红线。2016年,省市县乡村5级层层签订耕地保护目标任务,落实耕地保护责任。上半年全面完成全省城市周边永久基本农田划定核实举证工作。扎实推进全域永久基本农田划定工作,省级和太原、大同全域永久基本农田划定方案已报国土资源部。大力推进耕地开发项目,省市两级新开发耕地1.01万公顷,新增耕地解决蒙华铁路、潞安清洁能源等重点项目耕地占补平衡难题。出台《关于鼓励和引导民间资本规范有序开发造地的指导意见(试行)》,进一步拓宽耕地占补平衡渠道,提升耕地保护水平。

全力抓好用地保障,进一步促进重点项目落地。开通绿色通道,高效办理原大、太焦高铁等重点项目压覆矿产资源、用地预审和先行用地,加快项目落地。全省报批建设用地6333公顷,供应土地1.23万公顷,征收国土资源收益530.28亿元。落实万名干部入企服务工作部署,安排两位副厅级干部带队,全系统43名干部入企服务。深入开展受理项目大起底行动,推进解决企业用地难题。

大力推进节约用地,进一步提高土地利用效率。推进节约集约用地,印发《进一步推进节约集约用地的实施方案》,省政府连续3年严格考核11个市节约集约用地水平,开展开发区和城市节约集约用地评价。加大闲置土地处置力度,2009～2013年闲置土地处置完成率96.6%。深入开展"批而未供"土地清理专项行动,短期内提高供地率8个百分点,取得了积极成效。

出台扶贫组合政策,进一步增强脱贫内生动力。省政府办公厅印发《关于用好用活土地政策积极支持扶贫开发的通知》,提出土地利用规划计划指标、生态退耕、增减挂钩、土地整治项目资金、零星小块地开发、占补平衡指标异地交易等8项政策组合拳。率先在扶贫点岢岚县实施,交易了3宗耕地占补平衡指标,岢岚县收益近3000万元。土地政策扶贫组合拳成为贫困地区增强造血功能、推进脱贫攻坚的重要途径。同时,围绕确保岢岚县阳坪乡384户精准贫困户、782人精准贫困人口在2020年全部脱贫目标,认真落实"一对一"精准帮扶,稳步推进了扶贫开发工作。

**【积极维护权益、保障民生,大力推进"互联网+"山西国土,促进全省国土资源事业科学发展】** 抓好地质灾害防治,进一步维护群众生命财产安全。积极应对强降雨,牵头组织相关部门赴11个市督促工作落实,强化地质灾害防治共同责任机制。加强巡查检查,突出预警预报,形成良好工作局面。联合晋中市政府等举行突发地质灾害应急演练,提高应急处置能力。扎实推进农村地质灾害治理搬迁,4000户农村地质灾害治理搬迁任务开工率91.85%、竣工率84.63%、入住率54.95%,均高于目标任务要求。

加强地质环境管理,进一步推进采煤沉陷区综合治理。2016年,印发采煤沉陷区综合治理地质环境治理专项工作方案,明确59座煤矿地质环境治理和40个重点矿区采矿破坏土地复垦任务。启动20个治理项目、15个复垦任务,启动全省采煤沉陷区地质环境详细调查和59座煤矿地质环境专项调查。

全面启动法治国土建设活动,进一步健全国土资源管理机制。坚持把法治理念、法治思维和法治原则贯穿到国土资源管理的全过程和各个环节，厅党组印发《全面推进法治国土建设的实施意见》，拟用5年时间，建成法制完备、职能科学、权责统一的国土资源管理体系，努力实现法治统筹、公正文明、守法诚信的国土资源管理秩序。启动《山西省矿山地质灾害防治保证金管理办法》等一系列法制建设工作，出台了一批制度。落实审批事项进驻省政务服务平台、省国土资源交易事项进驻省公共资源交易平台"两进驻"，成立行政审批管理处，19项审批事项进驻省政务服务平台，进驻后审批效率大幅提升，公开出让矿业权3宗。

*开展矿产管理法治化行动，进一步推进历史遗留问题解决。*印发《矿产资源管理法治化行动实施方案》和工作要点，以"合法办矿、科学采矿、依法管矿、保护环境"为主要内容，以实现矿产资源"利用效率高、安全有保障、环境污染少、经济效益好"的协调可持续发展为目标，深入开展矿产管理法治化行动。通过法制和市场的办法，积极妥善推进解决五台山风景名胜区关闭矿历史遗留问题。9宗探矿权正在重新核查地质情况，争取2017年一季度通过招标方式公开出让；还有两宗正在推进前期工作。扎实推进第三轮矿产资源总体规划编制工作。

*启动"互联网＋"山西国土，进一步整合全省国土资源"大数据"。*按照"开放共享、融合创新、变革转型、引领跨越、安全有序"的原则，建设集电子政务、行政审批、综合管理、监督管理、基础信息管理、公共服务平台6大管理平台于一体的"互联网＋"山西国土应用服务平台。完成省市县三级互联互通、公务员绩效考核、档案管理、油气矿业权信息系统等开发建设，基本完成电子政务平台升级改造，正在推进建设基础信息平台。

（程广勇）

# 测　　绘

**【测绘法制建设与市场监管取得新成绩】**　*法制建设。*山西省测绘地理信息局加强测绘地理信息立法工作，成立局党组法治建设领导组，明确办事机构和具体职责分工，健全局推动法治建设的领导体制和工作机制。积极与省人大、省政府法制办联系，建议将《山西省测绘管理条例》的修订列入省人大五年立法规划；建议将《山西省地理空间数据交换和共享管理办法》（制定）列入2017年政府规章立法计划。开展政府规章清理工作。全面修订《山西省测绘地理信息局规范性文件制定程序规定》，进一步明确细化规范性文件的制定、合法性审查、备案等内容。完成《山西省测绘地理信息局测绘地理信息质量管理实施办法》的合法性审查和备案工作。印发《山西省测绘地理信息局推广随机抽查规范事中事后监管工作实施方案》，在测绘地理信息市场监管、测绘资质巡查、测绘成果质量监管、测绘成果保密管理及地图市场监管等方面探索开展"双随机"监督检查。组织开展制定测绘地理信息行政处罚裁量权基准规范行政处罚裁量权工作，印发《山西省测绘地理信息局测绘地理信息行政处罚裁量权适用规则》和《山西省测绘地理信息局测绘地理信息行政处罚裁量权细化标准》。

*法制宣传。*制定印发《2016年山西省测绘地理信息普法依法治理工作要点》。开展《国家安全法》和知识产权法律法规宣传教育活动。在全省范围开展2016年测绘法宣传日主题口号、宣传口号、公益短信、宣传画有奖征集活动。"8·29"测绘法宣传日活动共编印地图管理条例宣传页1000多份，进一步提高了测绘地理信息事业和测绘法律法规的社会认识度。印发《山西省测绘地理信息法治宣传教育第七个五年规划（2016～2020年）》，成立"七五"法治宣传教育工作领导小组，全面启动测绘地理信息"七五"普法工作。

*综合执法。*落实《国土资源部、国家测绘地理信息局深化部局业务协作实施方案》，加强执法能力建设有新成果。加强部门与部门之间联合执法，配合省国家安全厅多次开展涉嫌违法行为排查；委托各市对涉嫌无测绘资质从事测绘地理信息活动的26家单位进行核实。按照省委、省政府综合执法体制改革的部署和省国土资源厅的要求，对近几年测绘地理信息行政执法情况进行总结，为国土、环保、测绘综合执法改革提供依据。开展2016年行政执法证件审核注册工作，申请注册行政执法证40人，换发行政执法证10人，注销行政执法证8人，新申领行政执法证2人。组织测绘地理信息行政执法证件年度注册工作，对应予注册的20多人进行注册。

积极配合国家测绘地理信息局做好综合执法有关工作，调整执法体制，推动执法重心下移。除法律法规明确规定由省级行使的行政处罚外，将12项行政处罚改革为"属地管理"，5项行政处罚明确为"省市县分级行使"，切实落实执法重心下移的要求。

组织开展专项执法检查，依法查处测绘违法案件。组织开展测绘航空摄影资质单位调研工作，对东方通用航空摄影有限公司、省测绘工程院进行专题调研。组织开展测绘资质单位定密授权工作，对山西迪奥普科技有限公司等测绘资质单位进行定密授权，确保国家秘密安全。

*测绘资质管理。*依法做好测绘

资质审查工作。截至2016年12月底，共审查批准测绘资质申请45家，办理测绘资质升级20家，办理测绘资质延期10家，办理注销测绘资质6家。

信用管理。按要求做好信用管理平台应用、测绘资质单位信用信息征集、发布等工作。制定印发《关于开展全省测绘地理信息行业信用征集和发布工作的通知》，推广使用新上线的测绘地理信息行业信用管理平台。按时完成全省甲级测绘资质单位信用信息征集和上报工作；组织开展全省乙、丙、丁级测绘资质单位信用信息征集和发布工作。积极配合开展"信用山西"建设，做好信用信息"双公示"工作，及时上报行政许可和行政处罚信用信息。妥善做好信用信息异议处理和信用报告查询服务。全年无信用信息异议处理。

日常监管。在门户网站公开测绘资质单位年度报告，接受公众监督。开展2015年度测绘资质年度报告公示工作，全省共公示乙、丙、丁级测绘资质单位551家，3家未报送年度报告。测绘资质年度报告公示情况在"信用山西"网站和局网站进行公开。依法做好测绘项目登记工作，2016年共办理测绘项目登记9件。

遵循"双随机"和联合执法的原则和要求，印发《关于开展2016年测绘资质巡查工作的通知》，开展全省测绘资质巡查，对太原市、大同市、忻州市、临汾市4个市，山西亚太数字遥感新技术有限公司等8家乙级测绘资质单位进行巡查。协助国家测绘地理信息局法规与行业管理司对太原市、阳泉市、临汾市的4家甲级测绘资质单位进行"双随机"检查。

放宽市场准入，在测绘资质审查中落实《山西省人民政府关于落实和承接国务院第一批清理规范89项国务院部门行政审批中介服务事项的通知》，不再将ISO9000质量管理体系认证、测绘工程项目质量检验合格证明、测绘计量器具检定等3项中介服务事项作为各等级测绘资质审批的受理条件。贯彻落实《全省万名干部入企服务工作方案》精神，结合测绘资质巡查、测绘航空摄影专题调研等工作的开展，及时掌握测绘资质单位发展现状、存在的困难等情况，有效地把企业诉求"带上来"，把解决问题的办法"带下去"，尽可能帮助企业解决制约发展的突出问题。完成测绘行业统计年报、测绘行政执法统计年报和测绘统计季报等统计工作。

**【测绘地理信息基础工作扎实有效】**

基础测绘。一是开展单位自查和实地检查。自查阶段向11个地市测绘行政主管部门及相关23家单位下发通知及《山西省卫星导航定位基准站安全自查表》进行摸底，完成各单位反馈情况汇总分析；实地检查阶段，成立山西省卫星导航定位基准站安全风险点排查工作联合检查组，对太原、阳泉、长治、晋城、临汾、吕梁、朔州、大同8个地级市的22家有关单位开展基准站安全风险点排查。形成《山西省卫星导航定位基准站安全风险点排查工作报告》，并按时上报国家测绘地理信息局。二是做好全省卫星导航定位站备案工作。三是推进2000国家大地坐标系在全省范围内的使用。省级基础地理信息数据库已完成2000坐标系的转换，新的基础测绘生产、建库及系统建设都已使用2000坐标系。四是组织实施1：1万基础地理信息数据更新工作，编制完成《山西省1：1万基础测绘项目管理办法》，成立局基础测绘生产技术委员会，加强项目实施管理工作。五是协助黑龙江省测绘地理信息局开展好2016年山西省范围内国家1：5万基础地理信息数据库的更新工作。

航空航天遥感影像获取与应用。积极与国家基础地理信息中心及航摄公司沟通协调晋北及晋西摄区的影像获取工作，向国家基础地理信息中心申领陕北摄区的74幅航摄影像资料（属于晋北作业范围），并选派省内专家参与航摄项目验收工作，完成晋北摄区航摄项目。为切实做好全省卫星遥感影像的统筹管理工作，按照国家测绘地理信息局要求，与卫星测绘应用中心建立遥感影像资料的推送机制，成立山西省遥感影像分中心，为今后卫星遥感影像的统筹管理奠定基础。

智慧城市、数字城市建设。山西省测绘地理信息局配套100万元经费，支持"智慧太原"时空信息政务云平台建设。数字城市方面，山西省11个地级市全部列入国家测绘地理信息局试点或推广立项计划，除吕梁市还未完成建设外，其余10个地级市均已完成数字城市地理空间框架建设任务。省级组织实施的数字县区工作，21个县（市）已开展，其中12个已完成验收。

质量管理。印发《山西省测绘地理信息局测绘地理信息质量管理实施办法》。开展了1：5万数据库动态更新成果质量外业抽检。配合国家监督抽查第一小组对山西省地质测绘院的质量管理体系和运行情况开展监督检查。开展2016年全省测绘地理信息质量监督检查，质量体系建立和运行监督检查涉及太原、晋中、阳泉、运城4个市的40家测绘资质单位，其中32家单位"符合"，8家单位"基本符合"；20个项目成果质量17个"合格"，3个"不合格"。

**【测绘地理信息重点工作有新发展】**

地理国情普查。2016年，省测绘地理信息局完成普查成果建库、省地理国情普查数据库管理系统和成果展示系统；完成117个县市的基本统计对算工作；117个县市、11个地级市以及全省共129个地理普查基本统计报告编写、普查统计数据汇编和普查公报编写。

地理国情监测。完成了山西省地级以上城市及太原市城市群空间格局变化监测项目,包括11个地级城市5个时间段城市边界提取和城市内部结构提取工作及太原市城市群空间分布格局和内部结构信息提取和分析工作。向省政府上报《关于开展2017年度山西省地理国情基础性监测项目的请示》。加强同中国测绘科学研究院的联系,就省级地理国情监测顶层设计进行初步沟通,为制定全省地理国情监测顶层设计奠定基础。积极开展省级专题性监测试点示范,与省生态环境研究中心合作,利用地理国情普查成果完成山西省119个县市区生态红线范围内地表覆盖情况统计分析工作。

发展地理信息重点领域。山西省测绘地理信息局和山西长娥北斗导航数据服务有限公司签署开展山西省北斗地基增强系统建设战略合作框架协议。积极推进山西省连续运行基准站网改造,实现对北斗的兼容,统筹规划省级北斗地基增强系统基准站的选址和建设,构建省级北斗地基基准站(网),为各类用户提供位置服务数据。统筹指导企业参与北斗地基增强系统建设,积极推动北斗应用产业化。双方将加快推进山西省北斗导航位置服务,更好地满足省政府科学决策、社会精细化管理以及大众生活便捷等方面的需求,促进地理信息产业的发展与壮大,为山西省经济社会发展提供测绘地理信息服务保障。

优化地理信息产业发展方式。2016年开展了全省地理信息产业单位名录库的核查认定及补充完善工作。国家测绘地理信息局下发山西省的地理信息产业单位数为1447家,根据唯一性认定原则,最终核查认定单位数为386家,其中测绘地理信息服务类335家;测绘地理信息硬件制造与软件开发类5家;测绘地理信息产业配套服务类46家。

**【加强地图管理与地图服务】** 地图审核。山西省测绘地理信息局2016年完成《山西省廉政文化地图》《山西省红色文化》《山西省法治文化地图》《山西省地图》《山西省脱贫攻坚任务图》《和顺县“十三五”脱贫攻坚任务图》《太原市城区图》《山西省省情教育(七、八年级)》《太原城区新楼盘图》《山西省全国重点文物维护单位分布图》《山西省古村镇分布图》《济南—榆林输气管道工程地质灾害危险性评估图》等地图审核共计14项。

地图编制与出版。山西省地图集编纂委员会办公室完成《山西省百镇地图》编制工作。推进《山西省国土资源地图集》编制工作。山西省地图院完成《山西省县域经济发展地图集》(临汾卷、吕梁卷)的印刷出版工作。

地图市场监管。全省各市对本地区各类地图市场、文化用品市场、展览(展会)、纪念馆、博物馆、有关互联网地图服务网站等进行全面检查。共抽查各类门户网、电子商务网站、论坛等各类网站近300个。地图市场检查共检查100多家单位,检查各类地图2000多件,其中查处违法违规地图产品500多件。通过开展地图市场全面大检查,依法查处一批违法、违规地图,地图编制、出版、展示、登载、备案以及互联网地图服务等得到有效规范,违法违规行为得到有效遏制,地图市场秩序明显好转,公民的国家版图意识和安全保密意识进一步增强。利用互联网地图监管系统开展全省互联网地图监管工作。通过该系统对几十家互联网地图网站进行检查,检查中未发现问题地图产品。

地图服务。山西省地图集编纂委员会办公室完成2016版《省领导工作用图》编制工作。为省领导外出考察、调研提供紧急公务用图;为新入晋省领导提供全方位介绍山西的系列地图集共9种;为省领导提供山西省立体地图。

**【积极推进测绘地理信息成果管理与应用】** “天地图”建设与应用。完成“天地图·山西”2016年山西省级节点与国家主节点的数据融合工作,开展省级节点与太原市、晋中市的省市节点数据融合更新工作,开展省级节点与晋城市、长治市的省市节点数据融合工作。按照国家测绘地理信息局的要求制定市级节点考核方案,推进市级节点的建设和考核工作。积极拓展天地图·山西应用领域,重点推动面向应急、精准扶贫、不动产登记等各级政府和专业部门的应用。完成山西省生态红线采集核查系统、太原市小学学区划片查询系统的研发;全力服务于全省精准扶贫工作,将45万建档立卡贫困人口信息空间化,开发完成山西省精准扶贫地理信息管理系统,为省扶贫开发投资公司进行的易地扶贫搬迁工作提供有效的技术手段。制定印发《2016年山西省天地图市县级节点建设与技术评估工作方案》。

成果汇交与分发。山西省测绘资料档案馆向各级各部门提供1:1万地形图2179幅2744张,1:5万地形图327幅480张,其他比例尺地形图11幅11张;1:5万图形数据62幅;三角点49个,水准点480个,GPS点564个。山西省综合地理信息中心向用户提供1:1万基础地理信息数据865幅,专题地图1365张。

涉密成果管理。省测绘地理信息局对太原市、长治市、大同市等市卫星导航定位基准站涉密测绘成果的保管和使用情况进行排查。在全省测绘资质单位巡查工作中,重点对各抽查单位的涉密测绘成果保管和使用情况进行检查，对发现的问题提出整改意见，限期整改。

测绘保密培训。落实测绘成果核心涉密人员管理制度，全省共举办涉密测绘成果管理人员岗位培训班2期，培训人员共341人，通过考试并取得证书339人。

测量标志管理。2016年，完成了芮城县西陌乡上庄村D级GPS点上庄村迁建、大同市矿区房地产开发公司三等水准点Ⅲ-007迁建、太原市城市建设管理中心三等三角点马练营迁建、高平市住房城乡建设局D级GPS点汽车南站迁建、晋城市湖滨木甜岭现代农业发展有限公司D级GPS点毕家庄迁建、阳城县芹池镇庙坡村D级GPS点庙圪梁迁建、高平市老年精神康复托养中心D级GPS点秋子村迁建、大同市公路分局二等水准点迁建、太原国有投资集团有限公司晋阳湖治理工程迁建2座测量标志等测量标志迁建行政审批9件，共迁建测量标志10座。按照山西省发展和改革委员会《关于印发〈山西省行政许可和行政处罚等信用信息公示工作实施方案〉的通知》（晋发改财金发〔2015〕1064号）规定，录入《山西省信用信息共享平台》。

完成大同市云冈石窟景区（5A级景区）和运城市芮城县永乐宫景区（4A级景区）两座景观型测量标志建设。完成朔州市测量标志普查和警示牌维修工作。

应急保障。2016年5月，省测绘地理信息局积极参与省国土资源厅在晋中市平遥县赵家山村组织开展的突发滑坡应急演练，圆满完成应急测绘保障任务。6月18日凌晨，太原市清徐县李家楼村一废弃采石场发生山体滑坡险情，根据省应急测绘预案快速响应要求，省测绘地理信息局立即派出应急监测人员、监测型无人机、应急监测车赶赴现场，圆满完成险情处置工作。

**【大力开展科技与标准化工作】** 科技项目与科技奖励。2016年，山西省测绘地理信息局参与完成的“国家数字城市地理空间框架技术体系构建与应用”获国家科学技术进步二等奖；山西省工程测绘院完成的“大规模卫星导航定位基准站网精密数据处理方法及其应用”项目荣获2016中国地理信息产业卫星导航定位科技进步奖特等奖；山西省工程测绘院完成的“高精度数字高程模型技术体系构建及其规模化应用”项目荣获山西省科技进步二等奖；山西省工程测绘院完成的“数字大同地理空间框架建设”项目荣获2016中国地理信息产业优秀工程金奖；山西省基础地理信息院完成的“山西省吕梁市第一次全国地理国情普查”项目荣获2016中国地理信息产业优秀工程金奖；山西省综合地理信息中心编制的《山西省森林资源地图集》荣获中国测绘地理信息学会全国优秀地图作品裴秀奖金奖；山西省地图集编纂委员会办公室编制的《山西省能源地图集》荣获中国测绘地理信息学会全国优秀地图作品裴秀奖银奖；山西省地图院编制的《山西省县域经济发展地图集(11地市卷)》荣获中国测绘地理信息学会全国优秀地图作品裴秀奖银奖；山西省基础地理信息院完成的“高动态公路移动测量关键技术及工程示范”荣获中国测绘地理信息学会测绘科技进步奖二等奖；山西省地图院完成的“朔州市在线触控式领导工作用图信息系统”项目荣获中国地理信息学会全国优秀测绘工程奖银奖；山西省地图集编纂委员会办公室编制的《山西省民俗地图集》荣获中国测绘地理信息学会全国优秀地图作品裴秀奖铜奖；山西省地图院编制的“山西省三个文化地图（廉政、法治、红色）”荣获中国测绘地理信息学会全国优秀地图作品裴秀奖铜奖；山西省工程测绘院完成的“山西省地理国情普查技术体系研究”项目荣获中国地理信息产业协会测绘地理信息科技进步三等奖；山西省遥感中心完成的“数字长治地理空间框架建设”项目荣获中国地理信息产业协会测绘地理信息科技进步三等奖。

标准化工作。积极参与国家和行业标准修订工作，不断加强标准宣传贯彻力度，加大标准执行监督检查，努力提高标准应用水平。对国家测绘地理信息局卫星测绘应用中心《1∶2.5万、1∶5万光学测绘卫星遥感影像产品（征求意见稿）》、国家测绘地理信息局标准化工作委员会《数字城市地理信息公共平台服务接口规范（征求意见稿）》《时空政务地理信息术语（征求意见稿）》和《时空政务地理信息应用服务接口技术规范（征求意见稿）》等多项国家和行业标准征求意见，并及时进行回馈。在全省测绘地理信息质量监督检查中，将测绘标准执行情况作为专项，对测绘业务范围现行标准配备、标准受控情况、标准培训、项目引用技术标准、技术设计书、技术总结、检查报告与标准符合情况等进行全面检查。

**【测绘地理信息行业单位工作概况】** 2016年，全省测绘资质持证单位共计620家，其中甲级26家、乙级72家、丙级209家、丁级313家；私营企业371家，占持证单位总数的59.8%。全省测绘服务总值14.25亿元。

完成的重大测绘地理信息项目包括数字高平地理空间框架建设、晋城市2014～2015年度基础测绘项目、晋城市2016年度基础测绘项目、泽州1∶1000基础测绘项目、鄂州市机场建设区数码航空摄影、山西重点地区地面沉降地裂缝灾害监测、云南省农村土地承包经营权确权登记颁证工作二期一标段摄区航空摄影和底图制作项目、云南弥勒摄区航空摄影项目、太原南摄区航空摄影项目、大同摄区航空遥感影像获取项目、徐州市摄区国家航空遥感影像获取项目、晋中摄区航空摄影项目、宁武县摄区航空摄影项目、灵石摄区航空摄影项目、翼城县西阎村地形图测量及保护煤柱设计、阳泉市御康山庄四期土工布挡墙沉降监测、阳泉市李家庄新村楼体沉降观测、交口县城区地下综合管线数据普查及数据库建设项目、河津市中心城市地下管线普查项目、内蒙古乌拉特前旗土地确权正射影像图制作、山西大唐国际云冈热电有限责任公司电厂沉降观测服务、大同左云光伏220千伏汇集站送出工程(南京庄—赵庄220千伏线路工程)勘测、朔州平鲁红石茆风电厂220千伏送出工程勘测、大同阳高下深井风电场220千伏送出工程勘测、中广核山西盂县西潘风电厂一期(50千伏)工程项目1∶2000地形图测绘。

完成渝万铁路客运专线、郑徐客运专线、兰渝铁路项目、沪昆客运专线云南段等项目的(桥梁\隧道\线路控制测量和施工测放样测量),2016年度西山城郊森林公园测绘及数据建库服务项目,2016年明太原县城历史建筑测绘项目,太原市凯旋街2号地块棚户区改造安置及开发变形观测项目,太原铁路局中铁物流园1∶500地形图测绘,太原万科城三期项目基坑边形观测工程,太原市小店区城中村信息数据库数据采集测绘服务,云桂铁路轨道精测精调工程DK455+000～DK 621+700轨道精测,南宁市轨道交通3号线一期工程施工监测,新建铁路重庆至万州客运专线YWZQ-2标段CPIII控制网复测(DK1+800-DK249+460)。

编制完成《沁水县地图》《晋城市政区图》《山西省百镇地图》《山西省传统村落地图集》《紧急公务用图》2016版、《省领导工作用图》2016版。完成陕西省设区市旅游产品《版图史略》中国历史地图数据采集,大同市基础地理信息数据建设,左云县农村土地承包经营权登记颁证测绘,云冈石窟18窟三维扫描数字化项目,无人机测绘浑源县城60平方千米影像。

(任玉荣)

# 地质勘探

**【2016年地勘工作成效显著】** 地质找矿取得新突破。2016年共承担实施各类财政资金地质勘查项目108项,完成钻探工作量8.36万米,开展基础地质调查面积3.41万平方千米,完成地质灾害调查面积3.17万平方千米,发现并探明了一批新的矿产地,预计可提交资源量煤20.32亿吨、铝土矿4.5亿吨、铁矿2.21万吨、金矿4吨。山阴北周庄——怀仁鹅毛口页岩气煤层气预查项目首次发现气源异常和烃源岩,填补了大同盆地常规天然气的空白,为在该区进一步开展油气勘探提供了重要依据。

地质支撑展现新作为。积极配合忻州市开展了五台山国家地质公园地质遗迹科教科普游开发相关工作。省地质调查院与高平市政府签署协议,合作开展了富硒农产品研究及开发工作,助力当地现代特色农业产业发展。应省政协要求,就民盟、民革山西省委提出的对山西省采煤引发地质灾害进行风险性评价、中小型勘察设计企业改制等相关提案,分别进行了答复。配合省国土资源厅开展了第十八届国际矿业大会参展标本采集、宣传资料制作等工作,参与完成了山西省“十三五”矿产资源规划、山西省国土资源科技创新工作方案相关内容的编写工作。

立项投标取得新成效。向省国土厅推荐2017年度省地质勘查项目163个,部分项目已通过主管部门论证。积极参与中央和地方财政出资地质项目公开招投标工作,分别中标中国地质调查局中央财政地质项目16个,项目经费2098.25万元;中标2017年度省地质勘查项目66个,项目经费3.32亿元,项目个数和经费分别占到全部项目的70.9%、69.5%,凸显了省地勘局地质工作主力军作用。

**【产业经济稳步向好】** 经济运行企稳回升。继2015年全局产业经济大幅下滑,增速首次出现负增长后,2016年面对经济下行压力持续加大、外部环境日益趋紧的严峻形势,局队上下积极贯彻省委“一个指引、两手硬”重大思路和要求,坚持把发展作为第一要务,局党委每季度召开专题会议研究经济形势,分阶段提出推进产业发展的思路要求,各单位按照局党委确定的“1234”发展战略,立足实际创新发展思路,着眼市场拓展生存空间,全局经济呈现低位企稳、稳中有进、稳步向好的良好态势。全年实现经营收入与2015年基本持平,降幅从21.1%收窄为0.5%,扭转了经济下行的不利形势。

运行质量明显提升。从全局2016年度目标责任完成考核情况看,大部分指标完成较好,其中列入考核的10个地勘单位经营收入到账率有9个单位超额完成目标;职工人均占有货币资金有7个单位完成年度目标;在册职工人均年收入有8个单位超额完成目标;全局设备增值完成1.62亿元、设备当年折旧完成5005.43万元,分别为年度目标的105.3%、144.5%。

经济结构发生趋势性变化。一是受供给侧结构性改革煤炭、钢铁“去产能”影响,社会地质勘查工作投入锐减,地质勘查市场急剧萎缩,全局产业经济构成中物化探勘查、地质勘查、岩矿测试、工程勘查收入比2015年分别减少58.1%、19.9%、11.3%、10.8%；基础施工、水井施工、测绘测量、水文勘查、地质灾害治理收入逆势上扬，分别增长59.2%、33.1%、13.9%、5.93%，成为地勘经济发展主要支撑。二是与国内市场增长乏力相比，境外市场稳步发展，经营收入增长9.85%，在全局经济格局中所占比重从2015年的12.47%提高到13.8%。三是各单位在应用新技术、新方法，发展新兴产业，培育新经济增长点方面取得新进展，比如使用新型多功能钻机施工煤层气水平定向钻探、开展城市地下管线探测、利用无人机探矿等，积极推进了全局产业结构调整和多元化发展，一定程度上弥补了由于传统地质市场项目减少对全局经济带来的影响，有力推动了全局经济持续稳定发展。

**【海外工作再创佳绩】** 经营规模稳中有进。2016年，全局境外新签合同2.38亿元，比2015年增长55.2%；实现经营收入2.39亿元，增长9.85%，其中海外公司完成1.56亿元、二勘院完成5782万元、213队完成2170万元、212队完成282万元、214队完成50万元，总体发展势头良好。

业务范围不断拓展。各单位在巩固原有工程承包、工勘施工等传统产业的同时，立足于推进多元化经营，拉长做粗产业链，积极开展了地质勘查、矿产开发、测量测绘、宝玉石开发、商贸服务等工作，成为推进海外经营持续稳步发展的新动能。海外公司着眼于长远发展，在对非洲市场深入研究的基础上，精心谋篇布局，着力培育新的市场，相继在加纳、香港组建公司，搭建工作平台，拓宽了生存发展空间。

内联外引成效显著。近年来随着外资企业大量进入非洲市场，加之受世界经济复苏乏力影响，海外市场竞争日趋激烈。2016年，局属单位密切合作，抱团取暖，共谋发展，刚果(金)砂金矿、马达加斯加玛瑙石矿相继投产见效，坦桑尼亚、加纳矿产勘查项目有序开展，展现了良好前景。海外公司与山西四建集团签署战略合作协议，利用双方商务平台和资质、技术、资金优势共同开发海外市场，成功中标坦桑尼亚供水项目和加纳土建项目，双方还就在肯尼亚合作开展房屋建筑达成意向。此外，海外公司与以色列兰丹景公司合作，引进高效节水节能增产综合性农业灌溉项目，该项目为以色列政府援华资金项目，经双方协商，项目分别落户阳曲县和大同县并签约启动，项目试验成功后有望推广到全省及全国其他地区。这是近年来省地勘局首次引进外资项目，对推进全局引资引智引技工作具有积极的示范作用。

**【安全生产工作持续稳定发展】** 安全发展成为全局共识。各单位干部职工坚持践行习近平总书记关于安全生产系列重要讲话精神，不断增强“红线”意识，强化安全发展理念，大力实施安全发展战略，在全局形成了“齐抓共管、安全发展”的浓厚氛围。

保障体系日益完善。坚持健全落实安全生产责任制，着力推动生产经营单位安全生产主体责任落实和全员岗位安全责任制落实。坚持以法治安，深入开展专项整治、打非治违、反“三违”等安全活动。坚持抓基层基础，深入开展了安全生产标准化建设、宣传教育和基层安全管理“四个能力”建设活动。物化院、213队等单位安全生产标准化创建扎实推进，三勘院、地调院等单位安全教育独具特色。

监督检查持续加强。坚持抓隐患排查治理，深入开展安全生产大检查活动，先后组织开展了春季、冬季安全大检查以及春节前消防安全专项检查、重大节日安全专项检查，参加了全省安全大检查活动，共检查发现和督促整改151项事故隐患和管理问题。坚持改革创新促安全，国土资源学校、装备中心推行的安全绩效考核全员化改革取得一定成效，212队实行的红黑榜制度、二水推行的远程实时监控等创新管理成效明显，217队和地矿宾馆承担的“智慧式用电安全隐患监管服务系统”课题已调研论证完毕，进入实施阶段。

安全生产再创佳绩。2016年省地勘局安全生产工作全面完成省政府下达的控制目标和工作目标，经省安委会考核达到优秀等次，实现“安全生产工作先进单位”17连冠。

**【管理工作不断加强】** 稳步推进队伍结构调整。211队在与217队合并重组8年之后，重新恢复原有独立建制，各项工作步入正轨。顺利完成金洋公司资产清查和接管相关工作，进一步理顺了关系，为公司长远发展创造了条件。

规范资产财务管理。在局属事业单位全面开展资产清查和产权登记工作，摸清了全局事业单位“家底”。加强对局属单位银行账户、往来账务、货币资金经常性监督检查，确保了资金安全。开展事业单位内部控制基础性评价工作，健全完善相关制度体系，为逐步实现内部控制“管理制度化、制度流程化、流程信息化”奠定了基础。

重视审计工作。顺利通过省审计厅2015年度预算审计工作。局队审计部门2016年共计完成审计项目55个，涉及资金44.48亿元，提出问题和整改建议214条。加强了审计人才队伍建设。

强化技术质量管理。进一步完善质量管理相关制度体系，组织开展了原始地质资料展评、地质成果评优、现场观摩学习等活动。组织开展机台标准化建设，建立了标准化机台样板钻机。建立全局探矿工程技术人员及钻机机长微信群，地勘院、三勘院分别与中国地调局勘探技术研究所、探矿工程技术研究所签署战略合作协议，有效促进了钻探技术提升。

（曹拥军）

## 环境保护

如画汾河

**【全省环保工作取得积极成效】** 2016年，全省环境空气质量综合指数为7.00，较2013年下降10.4%，好于周边多数省份；PM2.5平均浓度60微克/立方米，较2013年下降22%，提前完成国务院下达山西省到2017年PM2.5比2013年下降20%的任务；优良天数249天，较2013年增加66天；达标天数比例67.9%，较2013年提高18个百分点。国家考核的58个地表水断面中水质优良断面占51.7%，较2013年提高2个百分点；劣V类水质断面占25.9%，较2013年下降2个百分点。

**【积极探索新形势下环保工作新路子】** 推进环保督察制度改革。提请省委省政府印发了《山西省环境保护工作职责规定（试行）》和《山西省环境保护督察实施方案（试行）》，进一步厘清各级党委、政府及相关职能部门的环保工作职责，强化环境保护“党政同责、一岗双责、部门履职、失职追责”。省环境保护督察组分两批对长治、晋城、阳泉、临汾四个市实施环保督察，期间受理信访举报1972件，整治违法排污问题1716个，罚款3117.6万元，问责830人，在推动市（县、区）党委政府落实环境保护主体责任、层层传递环保工作压力、解决突出环境问题等方面起到了积极作用。

推进排污许可制度改革。以孝义市为试点，积极推进多污染物综合防治和统一监管，探索建立覆盖所有固定污染源的企业排放许可制，解决交叉许可、多重许可和法外“旁路”式许可等环境监管问题，为全省实施“一证式”排污许可制管理奠定了基础。

加快划定生态保护红线。初步形成了《山西省生态保护红线划定方案》《山西省生态保护红线图集》《山西省生态保护红线信息登记表》等成果，为推进产业合理布局提供政策依据。

推进环评审批制度改革。探索建立规划环评、项目环评与区域环境质量改善联动的“三挂钩”机制，从源头上促进产业结构转型升级；进一步下放环境管理权限，优化环评审批流程，压缩环评审批时限，提升行政审批效能，助推全省经济发展；同时，创造性提出规范、备案、关停“三个一批”的政策措施，清理整顿全省8644个违法违规建设项目，得到环保部肯定。

**【推进大气、水、土壤污染防治】** 大气污染防治方面。省委省政府高度重视大气污染防治工作，省政府先后召开大气污染防治太原推进会、大气污染防治冬防工作会，对全省大气污染防治专题安排部署并提出明确要求。省政府常务会议约谈了环境质量改善工作有差距的市政府。特别是进入秋冬季，针对全省连续出现高强度、大范围雾霾，空气质量急剧恶化的情况，省长楼阳生到省环保厅调研指导工作，强调“坚决不要污染环境破坏生态的GDP”，并对强化环境执法工作提出要求。省大气办出台《山西省应对重污染天气调度令实施办法》，共下达9次应对重污染天气调度令，省市县三级联动实行最严的应急减排措施，有效缓解了空气污染程度。全省环保系统紧紧扭住“控煤、治污、管车、降尘”四项重点，实施综合整治。其中，控煤方面，全省淘汰燃煤锅炉4850台，完成34.41万户、126.54万吨清洁焦（型煤）置换，推动5000户居民、50个高速公路服务区完成“煤改电”任务。完成653台燃煤锅炉和74户工业窑炉除尘设施升级改造。治污方面，完成32台燃煤发电机组超低排放技术改造，钢铁、焦化企业提标改造完成率达到98%和80.6%，138家企业完成挥发性有机物治理。管车方面，全省共淘汰黄标车老旧车17余万辆，完成年度任务的142%；太原市率先供应国Ⅴ车用汽、柴油。降尘方面，在全省范围内开展施工工地扬尘综合整治，759项受监在建项目全部按要求采取了扬尘污染控制措施，城市道路机械化清扫率达到70%。

*水污染治理方面。*积极推进工业集聚区污水集中治理，全面排查并取缔"十小"企业300余个。组织开展沿河村庄排水情况调查，争取中央资金7643万元组织实施农村环境综合工程，并在8个县(市)471个村庄开展农村生活污水综合利用项目建设。开展"千吨万人"饮用水水源保护区划定及规范化建设、水源保护区内违法建筑及排污口排查清理、饮用水水质监测体系建设等工作。出台水污染防治二十条强化措施，逐月向各市通报全省水环境质量状况，重点督办和约谈水质恶化的市政府，全力推进地表水环境质量改善。

*土壤污染防治方面。*编制并印发《山西省土壤污染防治工作实施方案》。同时，积极推进太原市小店区和忻州市忻府区两个耕地土壤修复国家试点项目建设，启动了土壤环境质量详查。

**【突出环境执法监管】** *完善地方环保法规。*报请省人大审议通过了《山西省环境保护条例(修订案)》，在强化责任追究、严格源头治理、突出综合施策、加强制度建设等方面提出了更加严格的要求。受省政府委托，向省人大报告环境保护工作，主动接受省人大监督。加大"三晋环保行"反馈问题的整改力度，2016年省人大组织以"低碳排放、消除雾霾"为主题的"三晋环保行"活动，共发现环境问题33个。省环保厅将问题整改作为重点任务，建立台账，落实责任，强化整改，逐个销号。目前已完成整改30个，其余3个正在持续整改中。

*进一步严格环境执法。*强化行政执法与刑事司法的衔接，加大四类典型案件查处力度，始终保持严厉环境违法行为的高压态势。2016年，全省环保行政处罚3775件，处罚金额2.74亿元，较2015年分别增长58.3%和112%。查处四类典型案件大幅度增长，其中，按日计罚49件(罚款3631万元)、查封扣押363件、限产停产280件、移送司法154件(涉嫌犯罪案件21件)，分别为2015年的2.2倍、7.4倍、1.6倍和2.8倍，在全国排名第八位。

*深入开展"铁腕治污"专项行动。*制定了"一公告、二行动、三督办、四公开、五落实、六制度"等21项具体行动措施，并派出11个包市督查组实施严格督查。排查发现环境违法企业4887家，罚款9209.86万元，取缔土小企业1147家，查处四类典型案件941件，对环境违法行为起到了有效的震慑作用。同时，认真办理环境信访举报，省本级排查化解积案75件，妥善处置11起突发环境事件。

(山西省环保厅办公室)

## 质量技术监督

**【全省质监工作稳步推进】** 2016年，山西省质量技术监督局牵头制定并组织实施《山西省贯彻实施质量发展纲要2016年行动计划》，重点任务目标基本完成。认真开展中国质量奖评选表彰工作，开展政府质量奖励，全省6个市建立了市长质量奖。

*质量管理。*2016年，山西省质量技术监督局扎实推进质量统计分析工作，对全省制造业产品质量合格率进行调查统计；联合省政府研究室、山西大学商务学院等单位，组织开展了全省产品质量状况分析工作。全面开展"质量月"宣传活动。

*名牌战略。*2016年，山西省质量技术监督局大力推进"全国知名品牌创建示范区"建设，指导汾阳市白酒集中产区等6家单位开展创建工作，指导大同云岗旅游示范区完成考核验收并命名，指导洪洞大槐树寻根祭祖园有限公司等两个园区向总局递交申请，其中一个园区通过文审答辩。认真组织开展品牌评价工作，遴选亚宝药业等8家企业上报总局参加测评。配合省商务厅等部门，广泛开展"山西品牌中华行"和"山西品牌丝路行"宣传活动，努力提高山西品牌的影响力和市场占有率。进一步完善名牌评选工作机制，修订了《山西省名牌产品评选办法》。

*特种设备安全监察。*2016年，山西省质量技术监督局组织召开了全省特种设备安全工作会议，向11个市和18个省直有关部门颁发了2016年特种设备安全工作目标任务书，定期召开全省特种设备安全工作例会。重点围绕油气输送管道质量安全监管、电梯安全、锅炉安全开展了3场攻坚战。检查长输油气管道3680千米，对部分没有按要求定期检验、注册登记的正在积极协调相关部门进行整改；共检查锅炉5835台，发现存在隐患锅炉666台，已落实整改516台，强制报废150台；开展15年以上老旧电梯主要零部件报废综合治理，已完成综合治理70%，对摸底未完成整改的1784台电梯进行建档，现已完成整改1614台，正在整改147台，继续挂牌督办23台。针对大型游乐设施、客运索道等16项重点领域开展专项整治。创新监管思路，强化监管措

施，对全省23万台（套）特种设备、300余万只气瓶、8000多千米压力管道实施了有效监管，特种设备安全形势逐年好转，2013年至今未发生人员伤亡事故。

重点消费品质量安全监管。2016年，山西省质量技术监督局围绕农资、建材、儿童用品、成品油和汽车配件等重点领域，扎实开展了"质监利剑"行动和"双打"专项行动，精心组织开展了"农资打假下乡"和"进千村、入千户、抽千样"活动，严查假冒伪劣农资坑农害农行为。共出动执法人员4.3万人次，检查企业5715家，查处违法案件456起，查获假冒伪劣产品货值2400余万元，挽回经济损失622.69万元。进一步加强农资、建材和日用消费品等产品质量的监督抽查，首次开展电子商务和消防产品及器材产品质量监督抽查，共抽查78类1.21万批次产品，总体合格率为92.8%，其中山西省产品合格率超过95%。加大监督抽查后处理力度，发布监督抽查通报21期，发出不合格产品处理通知单120份，不合格产品企业全部限期整改落实。

标准化管理。2016年，省政府调整充实了省标准化工作领导小组，成员单位由37个增加至59个。召开了山西省标准化工作领导小组第一次全体（扩大）会议，出台《全省推进标准化改革发展2016年行动计划》《山西省标准化体系建设发展规划（2016～2020年）》《地方标准管理办法》等一系列政策文件，明确了今后一个时期标准化工作的目标任务和措施要求。对全省42项现行强制性地方标准进行整合精简，审查发布112项地方标准。深入推进标准化试点示范项目建设，目前全省共创建标准化示范市7个，国家级试点示范项目148个，省级项目106个，在建的国家级项目16个。

计量管理。2016年，山西省质量技术监督局筹备成立了长度、热学、力学、电学、化学等5个专业计量技术委员会。继续加强社会公用计量标准建设，全省新建标准70项。深化"计量惠民生、诚信促和谐"双十工程，着力加强对医疗卫生、加油机、眼镜制品、民用四表等重点领域计量器具的监督检查，严厉打击计量欺骗违法行为。对18家企业98批次商品实施包装计量监督抽查，全省1150家出租汽车公司、超限超载检测站、计量收费站和供水、供电、供气、供热公司实现诚信计量自我承诺。完成638家重点用能单位能源计量审查、15家中小企业计量保证能力评定和家用电磁灶等3种用能产品185批次的能源效率标识计量监督专项抽查。完成2家企业测量管理体系认证和10家中小企业计量保证能力评定。

认证认可管理。2016年，山西省质量技术监督局深入开展强制性认证产品质量安全整治和流通领域童车、轮胎类产品市场监督抽查等专项行动，扎实开展检验检测机构资质认定和日常监管，监督检查食品农产品、建材与建筑等重点领域的125家获证检验检测机构，对320家检验检测机构分别进行了11个参数的能力验证。建立了自愿性认证管理体系行政监管专家库，采用"双随机"方式检查获证企业82家。

科技基础建设。2016年，山西质监检验检测园区一期工程竣工验收。3个已建成的国家质检中心运行状况良好，5个获批筹建的国家质检中心正在加紧建设，1个拟申请筹建的国家级质检中心已通过初审。对全省21个已授权、6个已批准筹建和6个拟申报的省级质检中心（站）进行了督导考察。向总局申报的2个项目批准立项，申报山西省科技厅项目6项，重点实验室1个，推荐申报的国家总局技术装备改造项目5项。

法治质监建设。2016年，山西省质量技术监督局加大简政放权力度，省级质监行政审批项目由原来的12项精减为10项。制定了《行政审批改革工作推进方案》，按照"凡批必进，应进必进"的要求，将行政审批项目全部进驻省政府服务平台，实现"一个窗口对外、一站式审批、一条龙服务""大厅之外无审批"。全年共受理行政审批事项786件，办结696件，提前办结率100%。

（王冬洁）

## 食品药品监督

**【深化监管体制改革】** 2016年，按照国务院和省政府的改革要求，省食品药品监督管理局在省、市、县、乡四级监管机构全部到位的同时，全面落实国家总局提出的"四有两责"，按照"有人、有岗、有责、有手段"的要求，重点抓住乡镇执法人员装备到位差、基层检测检验能力弱的问题，加强督促检查指导，推进监管人员、执法装备尽快到位。全省共设立乡镇食品药品监管站1002个，核定编制5913名，已到位4592人，配备独立办公场所843个、执法车辆536辆、快检设备1196套，涌现出一批标准化、规范化乡镇站。全省新设置专门的稽查执法机构131个，2300人，10个地级市、96个县（市、区）的公安部门专门成立了食品药品犯罪侦查机构，有食药警察465名，基本形成省、市、县三级大稽查格局。

**【强化食品药品安全监管】** 食品安全监管。2016年，省食品药品监督管理局围绕重点品种、重点单位、薄弱环节和难点问题等，集中开展专项整治，一些突出问题得到有效治理。抓住乳制品、肉制品、酒类、食醋、食用油等重点品种和学校食堂、建筑工地食堂、旅游景区饭店、集体用餐配送单位以及中央厨房等重点单位，采取全面排查、突击抽查、重点检查、随机督查等方式，先后组织开展了包装饮用水市场、农村食品市场、酒类销售市场、学校及其周边餐饮安全、旅游景区餐饮服务等专项整治，共检查食品生产经营单位40.91万家，责令整改5.65万家，停产停业1471家，立案6479起。

药品、医疗器械安全监管。严格实施新版GMP、GSP药品质量规范，完善全过程管理，进一步提高药品质量。药品注册环节，以物料采供管理、生产工艺管理、质量控制管理、质量标准执行等为重点，组织开展了药包材生产企业、医疗机构制剂质量标准执行、高风险品种执行新版药典等专项监督检查，进一步提高企业质量标准意识。药品生产环节，以整治非法购进原辅料、质量检验不严格、记录不真实等问题为重点，集中开展了复方肝浸膏制剂、促肝细胞生长素、胸腺肽等药品生产企业和第二类精神药品原料药、药品类易制毒化学品原料药等特殊药品的专项检查，对检查发现的问题立即监督整改。药品流通环节，以整治购销管理不规范、冷链管理不严格等问题为重点，组织开展了打击购销“回收”药品、药品流通领域违法经营等专项整治。医疗器械方面，组织开展了注射用透明质酸钠、经营企业冷链管理、体外诊断试剂、定制式义齿质量安全等专项整治。2016年全省共检查药械生产经营单位12.07万家，责令整改1.71万家，停产停业65家，立案查处4059家，药械市场秩序进一步规范。

**【创新监管方式，提高监管能力】** 监管方式创新。2016年，按照风险级别与监管能力相匹配的原则，明确县局对辖区内监管对象实施100%全覆盖检查。市局对药品、医疗器械、保健食品、化妆品生产企业监督检查覆盖面要达到100%，对食品生产企业监督检查不少于30家。省食品药品监督管理局采取质量体系检查的办法开展监督抽查，每个监管处室全年监督抽查企业不少于15家，深入核查企业生产经营过程以及账目等情况，从更深层次查找发现漏洞和问题，直接检查各类企业138家，发现问题隐患678个，全部整改到位，有效防范了安全风险。特别是采取飞行检查、交叉检查、延伸检查、抽查检查等方式，对全省332家药品批发企业进行了质量核查，将证、票、货、账、款联系起来，抽取若干品种开展上下游延伸检查，从数据中发现问题，全年全省共立案查处2845件，罚没款743.48万元，分别比2015年增长104.68%、131.57%，收回GSP证书37张，撤销GSP证书71家，吊销经营许可证1张。

监管技术支撑体系建设。2016年，省食品药品监督管理局加快推进市县检测检验能力建设，共实施食品安全检(监)测能力建设项目12个，太原市、运城市项目建设已经完工并投入使用。古交、孝义等8个县(市)被列入全国检测检验资源整合试点，柳林、祁县、稷山等一批县级检测检验中心正在抓紧建设，基层检测检验能力得到加强。积极推进市级检验机构扩项认证，太原、朔州、晋中、阳泉、晋城、运城检验机构药品全检率达到90%以上，基本满足药品常规检验需要，太原、运城、忻州食品检验参数达到60个以上，全省检验检测能力有了明显提高。

2016年，省级共抽检食品6800批次，核查处置不合格产品311批次，问题发现率4.57%，食品生产企业覆盖率、核查处置率达到100%。坚持每周公开抽检结果，发布抽检公告44期，核查处置公告12期。市县两级监管部门积极落实食品监督抽检责任，11个市局全部开展了食品及食用农产品抽检工作，完成抽检5396批次。针对抽检发现的桶装饮用水铜绿假单胞菌超标、白酒中添加甜蜜素、水产品中检出硝基呋喃、鲜鸡蛋中检出氟苯尼考等问题，在全省范围开展集中整治，及时消除了安全隐患。全年组织完成药品监督抽验6729批次，不合格126批次，合格率98.13%；组织开展红花注射液、舒血宁注射液等高风险品种跟踪抽验246批次，不合格7批次，合格率为97.35%；开展中药材、中药饮片染色熏蒸专项抽验651批次，发现并处置了染色、二氧化硫及总灰分超标等问题。抽检医疗器械490批次、保健食品化妆品1018批次，发布监管公告6期，核查处置不合格产品113批次，防范了药械风险。

**【加大案件查处力度】** 2016年，全省持续加大案件查处力度，采取挂牌督办、定期通报、督查考核等有效措施，保持严查重处的高压态势。全年共查处各类案件1.27万起，罚没款4374万元。与公安部门联合办案280余次，通报案件线索180余条，移送涉刑案件91起，协助公安部门完成涉案物证鉴定110批，查处了山西滨海药业非法经营疫苗案，高东、朱林江等人生产销售假药案，罗钟等人销售有毒有害食品案等一批重大案件，有力震慑了违法犯罪行为。

**【加快食品可追溯体系建设】** 在省级层面，重点完善覆盖“四品一械”的监管业务信息系统，围绕行政许可、行政执法、监督抽检、产品追溯、信用管理，加强设施设备及系统建设，全省一体化食品药品投诉举报信息化平台正式上线运行，食品经营许可系统全面启用，已办理食品经营许可6.71万件。在市县层面，吕梁、忻州、运城市级监管平台建成并开始应用，介休、孝义、柳林、万柏林、稷山等一批县局监管平台也已投入使用，正在向乡镇站拓展延伸。

把监管信息化作为食品追溯体系的重要支撑，在肉制品、乳制品、白酒、食醋等重点品种上取得经验的同时，采取试点先行、逐步推开的办法，鼓励更多有条件的企业建立以信息化为基础的快捷的追溯体系，全省共有181家乳制品、肉制品、白酒、食醋、食用油生产企业，应用二维码识别技术，率先建立了信息化质量安全追溯系统。选择美特好超市为试点，开发了集基本信息、行政执法、日常监管为一体的食品流通追溯信息化平台，为食品经营企业建立追溯系统树立了样板。特别是白酒追溯体系建设被国家总局列为试点，吕梁汾阳市在36家白酒生产企业建立了信息化追溯体系，汾酒集团采用电子射频、在线赋码和电子标签等先进技术，建成白酒信息化追溯系统，初步实现了产品可追溯、公众可查询、风险可防控。

**【进一步推进食品安全城市创建工作】** 自2015年起，全省遴选出食品安全工作基础较好的太原、晋中、长治、晋城、运城5个市和13个县(市)，开展首批省级创建试点，通过全省动员部署、制定标准对照创建、各级联合督查指导、以奖代补经费补助等措施，创建工作整体有推动，点上有典型，涌现出晋中介休市、吕梁孝义市、阳泉盂县等一批亮点突出的市县。2016年5月，太原市、运城市被列为第三批国家级食品安全城市创建试点后，认真贯彻全国食品安全“两个创建”工作现场会精神，全面落实国家部署，加大创建工作力度。太原市从组织管理、监督执法、企业责任、应急管理、社会共治五个方面入手，推动乡镇站所建设、检验能力建设和追溯体系建设等工作取得明显成效。运城市以建设智慧食药信息平台建设、基层站所标准化建设、食品生产企业认证达标、餐饮业明厨亮灶、食品作坊提质达标、放心早餐工程、食品安全社区创建、农产品百园千村和果品提质增效工程等“八大工程”为抓手，推进食品安全治理能力明显提升。

**【深入推进制度建设】** 省食品药品监督管理局把制度建设作为加强监管工作的重要基础，积极建立完善科学合理的管理制度和运行机制，不断提升安全保障水平。进一步规范执法行为，梳理19项随机抽查重点事项，建立了市场主体名录库和省级行政执法检查人员名录库，深入推进食品药品监管执法“双随机、一公开”，确保行政执法公平公正。制定出台《食品药品行政处罚裁量权适用规则》和《食品药品行政处罚自由裁量权基准》，明确了行政处罚裁量的程序规定，缩减了裁量空间，规范了行政处罚裁量行为。严格落实食品药品安全举报奖励办法，2016年全省共受理投诉举报2.16万件，比2015年增长35.4%，兑现举报奖励15起共51.62万元。进一步扩大食品药品安全责任保险制度试点，全省有814家食品药品企业投保，保险金额127.8亿元，进一步增强了保险的风险控制和社会管理功能，社会共治格局逐步形成。

**【加快医药产业发展】** 2016年，省食品药品监督管理局以换发《药品生产许可证》为契机，大力推动企业兼并重组，实施资源整合，提高了产业集中度，增强了山西制药企业的核心竞争力。2016年全省医药产业呈现出健康快速发展的势头，工业产值近300亿元，增长速度是全省最快的产业之一。一批企业发展迅猛，在国内外市场有了较强的影响力和竞争力，威奇达药业、亚宝药业、振东制药进入全国百强，在亚宝药业、振东制药、仟源制药成功上市的基础上，康宝生物等一批企业也即将上市。一些优势产品在全国市场占据主导地位，克拉维酸钾全国销量第一，药用空心胶囊销量全国第一，红花注射液全国销量第一，土霉素原料药、复方苦参注射液、丁桂儿脐贴、银杏达莫注射液、舒血宁注射液在全国占有较大的市场份额，全省医药产业发展呈现出勃勃生机。

（杨晓锋）

# 人力资源与社会保障

**【城乡就业逆势上扬，待遇调整顺利平稳】** 2016年，山西省城镇新增就业46.46万人，完成目标任务的116.2%；转移农村劳动力34.36万人，完成目标任务的114.5%；城镇登记失业率3.52%，低于4.2%的控制目标。企业养老、机关事业养老、城乡居民养老、基本医疗、失业、工伤、生育保险费征缴额分别为441.49亿元、125.19亿元、17.61亿元、181.62亿元、22.92亿元、29.19亿元 .7.23亿元，完成全年目标任务的111.8%、139.2%、116.3%、119.5%、114.6%、116.8%、139.1%。全省城镇居民人均可支配收入27377元，比2015年增长6%。

**【各项目标任务全面完成】** 全力以赴促进城乡就业创业。实施大学生就业创业促进计划，2016年应届高校毕业生就业率92.3%。煤炭钢铁去产能分流安置职工3.16万人，安置率99.8%。取消职业资格许可和认定事项242项。建立各类创业孵化基地和创业园区122个，带动就业11.3万人。太原、晋城、运城市加大资金投入、优化创业环境，创业带动就业效果明显。实施职业培训全覆盖计划和新生代农民工职业技能提升计划，完成各类培训84.4万人次。密集开展系列公共就业服务活动，托底安置就业困难人员4.5万名，保持了就业局势的总体稳定。

多措并举提高城镇居民收入。通过促进就业创业扩大了工资性收入群体，发布鼓励企业工资增长指导线标准、提高机关事业单位工资标准、调整6项社保待遇标准、保障农民工工资发放等一系列促进城镇居民增收措施。2016年全年共调整29条待遇标准线，增加城镇居民收入408亿元，受益人数3445万人，年人均增收1184元。其中社保基金增加支出55.6亿元，受益人数674万人，年人均增收825元。在城镇居民增收的6个百分点中，人社工作工资性和转移性收入贡献了6.1个百分点。

着力推进社会保障制度改革。启动了机关事业单位养老保险制度改革，初步搭建起社会统筹和个人账户相结合、以职业年金为补充的制度体系。城乡居民医保制度整合取得重大突破，省市县三级共127个新农合机构全部快速划转移交人社部门管理。实施“五缓两降三补贴”政策，降低企业人工成本24.3亿元。全民参保登记试点范围扩大到7个市。累计制发社会保障卡2592万张，基本实现了参保人员人人持卡。2016年各项社会保险参保人数和基金征缴均超额完成目标任务，其中综合参保率达95%，基金增收达到4.6%。

深化人才发展体制机制和人事制度改革。研究提出“人才发展体制机制改革30条”。2016年全年新选拔享受政府特殊津贴专家57名、“三晋学者”40名、山西省学术技术带头人151名、新兴产业领军人才52名，新增高技能人才9.2万人，引进外国专家1500人次。圆满完成党政机关公务员考录任务，全省共招录公务员4144人。实施了国家工作人员宪法宣誓制度。建立了事业单位岗位动态调整机制，完善事业单位公开招聘制度，公开招聘事业单位工作人员6865人。圆满完成深化国防和军队改革期间军转干部安置任务，全面实行量化考核、积分选岗，共安置军转干部813名。落实各项解困政策，军转干部已成为全省改革发展稳定的重要生力军。

积极创新就业制度。出台贫困县试行劳务输出“员工制”管理的实施意见。提出将58个贫困县中“建档立卡”的青壮年劳动力组织起来，实行公司化运作、员工制管理，签订劳动合同，参加社会保险，政府给予补贴，扩大有组织劳务输出，实现农村贫困劳动力农转非、民转工、村转城“三个转变”，彻底帮助农村贫困劳动人口走上稳定就业、可持续增收脱贫的光明大道。制度模式受到国务院扶贫办高度重视并总结推广，以此推动山西省“吕梁护工”“天镇保姆”“晋中面食”等劳务品牌在产业发展上做强做大。探索创新矿区就业模式。山西焦煤集团先行先试，组建劳务公司，搭建就业管理服务平台，采用“异地就业、属地保障”的办法，依法建立规范分流安置职工或异地就业人员的劳动关系和社保关系，其他煤炭集团也普遍进行探索发展。积极支持配合转型综改示范区人事管理体制机制创新，研究推出了《关于深化转型综改示范区人力资源管理的意见》，全面落实省委、省政府领导提出的打造专业化、市场化、国际化的人力资源管理运行机制，引入竞争激励机制，试行领导班子任期制、全员岗位聘任制和绩效工资制，力争在示范区首先形成干部能上能下、人员能进能出、工资能高能低、充满生机活力的人力资源管理制度。

构建维护社会稳定工作机制。一是及时处置上访“苗头”。通过法定途径和程序分类处理信访事项，开辟网上信访信息平台，畅通投诉渠道，关注重点群体和群众合理诉求，妥善处置突发性群体上访事件，有效控制化解了矛盾纠纷。二是全面治理农民工欠薪。明确了以企业为主体、市县政府属地管理、相关部门协同监管的农民工工资支付保障责任体系，健全了解决欠薪问题的预防、处理、惩戒工作机制。吕梁、晋城两市开展了“无欠薪市”创建活动。向社会公布62起重大欠薪违法案件，有效遏制了欠薪高发势头。三是积极处置投诉争议纠纷。科学有机衔接监察、调解、仲裁工作机制，2016年全年有效处置举报投诉案件3228件，结案率100%；劳动人事争议立案8813件，结案率97.4%。

全面推进依法行政。深化行政审批制度改革，严格按照“两清单、两张图”运行权力，切实做到法定职责必须为、法无授权不可为。加强规范性文件合法性审查，完善重大行政决策机制。全面落实行政执法责任制，大力推行“双随机一公开”。妥善处理涉法事务，受理行政复议28件，行政诉讼52件，出庭应诉48次，全部胜诉。人社领域全年简政、放权和改革创新事项达到30多个。

强化理论研究和政策储备。积极开展重点课题研究。重点在深化人才发展体制机制改革、事业单位人事薪酬社保制度改革、扩大中等收入群体、解决矿区职工及其子女就业难、开展劳务输出员工制管理试点、规范灵活就业人员劳动关系和社保关系、提高机关事业单位工资收入、分类解决社保欠费、规范行政审批等13个方面超前部署课题、研究储备了一批政策措施，其中5项成果已转化为政策措施，进入实施操作状态。

山西管理职业学院教学科研成效显著。遵循职业教育发展规律，创新人才培养模式，4个专业入选省级重点专业建设项目。选拔优秀学生参加国家级、省级职业技能大赛，荣获奖项30个。3名教师获“优秀指导教师”奖。院级课题立项10个，申报省级教改项目5个，出版学术专著2部，公开发表学术论文37

篇,应届毕业生就业率达90%以上。

(刘大宇)

# 经济法制建设

【政府法制建设综述】 政府立法工作。2016年,山西省人民政府法制办公室(以下简称"省法制办")坚持贯彻落实五大发展理念、加强重点领域立法和服务保障全省深化改革的立法理念和方向,开展政府立法工作。根据《山西省十二届人大常委会2016年立法计划》和《2016年省政府规章项目计划》要益林保护条例(草案)》《山西省汾河流域生态修复与保护条例(草案)》《山西省实施〈中华人民共和国老年人权益保障法〉办法(修订草案)》和《山西省人口和计划生育条例(修正案草案)》6件,省政府规章草案包括《山西省重大活动档案管理办法(草案)》《山西省实施〈工伤保险条例〉办法(草案)》《山西省矿山地质灾害防治保证金管理办法(草案)》《山西省实施〈校车安全管理条例〉办法(草案)》《山西省文物构件保护办法(草案)》和《山西省人民政府关于废止部分政府规章的决定(草案)》6件。经过省人民政府常务会议讨论通过并向省十二届人民代表大会常务委员会提请审议的地方性法规草案议案6件,具体包括《山西省人民政府关于提请审议〈山西省人口和计划生育条例(修正案草案)〉的议案》(晋政函〔2016〕9号)、《山西省人民政府关于提请审议〈山西省通信设施建设与保护条例(草案)〉的议案》(晋政函〔2016〕48号)、《山西省人民政府关于提请审议〈山西省人民政府实施中华人民共和国老年人权益保障法办法(修订草案)〉的议案》(晋政函〔2016〕87号)、《山西省人民政府关于提请审议〈山西省安全生产条例(修订草案)〉的议案》(晋政函〔2016〕90号)、《山西省人民政府关于提请审议〈山西省汾河流域生态修复与保护条例(草案)〉的议案》(晋政函〔2016〕105号)和《山西省人民政府关于提请审议〈山西省永久性生态公益林保护条例(草案)〉的议案》(晋政函〔2016〕106号)。省人民政府经常务会议讨论通过,由省长签发山西省人民政府令向社会公布的省政府规章有4件,具体包括《山西省重大建设项目稽察办法》(山西省人民政府令第244号)、《山西省重大活动档案管理办法》(山西省人民政府令第245号)、《山西省文物构件保护办法》(山西省人民政府令第246号)和《山西省流动人口服务管理办法》(山西省人民政府令第247号)。省法制办经过征求意见、论证、认真研究和沟通协调等工作,向省人民政府提出了省人民政府2017年拟提请省人大常委会审议的地方性法规建议项目和2017年省人民政府规章立法项目计划,省人民政府经过常务会议讨论通过后,向省第十二届人大常委会报送了省人民政府关于2017年度提请省人大常委会审议的地方性法规议案项目的建议;省人民政府办公厅印发了《山西省人民政府办公厅关于做好2017年省政府规章制定工作的通知》(晋政办发〔2016〕161号)中附"2017年省政府规章项目计划"。省法制办对现行有效的115件省政府规章进行了清理,对34件国家法律、行政法规草案征求意见稿提出了书面意见和建议,办理了9件省人大代表和省政协委员提出的议案和提案。

省法制办还完成了《山西省实施〈校车安全管理条例〉办法(草案)》《山西省重大行政决策责任追究办法(草案)》《山西省矿山地质灾害防治保证金管理办法(草案)》3件省人民政府规章草案的审查工作。

规范性文件的合法性审查、前置审查和备案监督工作。省法制办严格落实规范性文件合法性审查和前置审查、备案审查制度,保证规范性文件合法、统一、有效。2016年,共审核以省政府及省政府办公厅名义发文的规范性文件草案87件,审查省政府及省政府办公厅清理的文件1922件,前置审查省直部门规范性文件草案126件,备案审查设区的市政府报送的规范性文件145件。同时,加强规范性文件备案审查的监督检查工作,对全年规范性文件审查备案情况进行了通报。全年办理省政府领导批办件和涉法事务78件。

全面推进依法行政,建设法治政府工作。2016年,省法制办根据省委、省政府加强法治政府建设工作部署和要求,成立法治建设领导小组及其办公室,制定了具体工作制度和年度法治建设工作要点及其分工方案,认真抓落实抓推进。具体开展和完成了以下工作:一是制定了《省政府法制办2016年工作要点》,安排部署年度政府法制工作任务,明确了牵头推进依法行政这一重要工作。二是全面总结2015年全省依法行政工作情况,起草并向省政府报送《山西省2015年法治政府建设情况报告(草案)》,经省政府批准后向社会公开了《山西省2015年法治政府建设情况报告》。三是依据中共中央、国务院印发的《法治政府建设实施纲要(2015～2020年)》,立足山西实际,起草并向省委省政府报送《山西省贯彻落实〈法治政府建设实施纲要(2015～2020年)〉的实施方案(草案)》,省委省政府同意后,以中共山西省委、山西省人民政府文件形式印发了《山西省贯彻落实〈法治政府建设实施纲要(2015～2020年)〉的实施方案》(晋发〔2016〕44号)。四是抓培训提素质工作,与省委组织部联合在省委党校举办了2期领导干部依法行政专题研讨班,全省有160余名处级和科级干部参加了学习研讨;举办11期法律知识更新培训班,培训全省各级各部门行政执法人员1875人;与中国政法大学联合举办"法治政府建设"专题培训班，培训市县部门法制工作人员135人。五是抓依法行政、建设法治政府的经验总结与交流工作，组织召开依法行政经验交流工作座谈会，相互学习借鉴先进的有益的经验，推动法治政府建设向更新更深入的阶段发展。六是抓督促检查工作，组织开展“深入推进依法行政，加快建设法治政府”的督促检查，对3个市和9个省直部门进行了抽查检查，同时结合各市各部门报送的工作总结，起草了《2016年全省法治政府建设情况报告(草案)》。七是加强依法行政制度建设，起草并以办文件印发《山西省政府规章立法后评估办法》，研究起草了《山西省委托第三方起草地方性法规和政府规章的办法(草案)》，负责起草并分别以省政府及省政府办公厅文件印发了《山西省重大行政决策合法性审查办法》和《山西省人民政府健全重大行政决策机制实施细则》，负责起草了《山西省重大行政决策责任追究办法(草案)》，负责起草并以省政府办公厅文件印发了《山西省政务服务管理办法》(晋政办发〔2017〕4号)，起草了《关于加强市县(区)政府法制机构和队伍建设的意见(草案)》。八是积极推进行政审批制度改革工作，配合省编办指导开展了优化简化“两张图”工作，推进省市县三级政府部门“两清单”回头看。九是全面梳理办职权事项，编制印发职权事项清单和职权事项工作流程图，完善了机关的工作制度。十是实行工作月计划、月小结、月报告制度，加强工作绩效考核。十一是积极推行政府法律顾问制度，负责起草了《关于在全省推行政府法律顾问制度的意见(代拟稿)》并报送省政府，对《山西省人民政府法律顾问委员会工作规则》做了进一步的修改完善后形成了《山西省人民政府法律顾问委员会工作规则(草案)》。

行政执法监督工作。2016年，省法制办在行政执法监督工作方面，主要开展和完成了以下具体工作：一是坚持按行业系统组织开展行政执法案卷评查工作，督促指导省交通运输厅在全省交通运输系统开展行政执法案卷评查，有力有效地促进了全省交通运输系统执法规范化建设工作。二是组织开展专项检查工作，对落实《山西省行政执法条例》《山西省行政执法证件管理办法》的情况进行了专项检查，督促指导各市和省直执法部门严格实施“一条例一办法”工作。三是进一步深化行政执法体制改革，加快推进综合行政执法，与省编办共同牵头，指导太原、晋中两市开展相对集中行政许可权改革试点工作；参与了省委省政府《关于深化综合行政执法体制改革的指导意见》的起草工作；配合省住建厅开展城市执法体制改革，参与了《山西省开展城市执法体制改革改进城市管理工作推进方案(草案)》的起草工作；跟踪指导晋中市、忻州市五台山风景名胜区管委会开展综合执法改革试点工作；与省编办共同牵头，督促指导太原经济技术开发区和晋中灵石县开展相对集中行政许可权改革试点工作。四是深入推进规范行政处罚裁量权工作，督促指导省直行政执法部门认真落实《山西省规范行政处罚裁量权规定》，省直主要执法部门基本完成规范行政处罚裁量权基准制度制定工作。五是清理行政审批中介服务事项，与省审改办共同牵头开展了清理规范省政府部门行政审批中介服务工作，编制并公布了省政府部门行政审批中介服务事项清单；与省审改办共同推进“双随机一公开”加强事中事后监管工作，审查了48个省直部门报送的“随机抽查事项清单”和“行政执法检查人员名录库”。六是加强行政执法人员的资格核查、资格认证考试和日常监管工作，全年共督促指导各市、县政府法制机构和省直部门对2.4万名拟申领行政执法证件人员进行了资格认证审查，为符合执法资格条件的2.1万人发放了山西省行政执法证件。

行政复议和仲裁工作。认真履行行政复议和行政应诉职责，充分发挥行政复议在解决行政争议中的重要作用，做到“定纷止争”“案结事了”。2016年，省本级办理行政复议申请112件，办理行政应诉案件108件。为适应形势和行政复议应诉工作任务发展的要求，经协调省编办，省法制办增设了行政复议应诉二处，加强了人员力量。为健全行政应诉工作制度，促进行政机关负责人出庭应诉，依法有效化解行政争议和纠纷，省法制办起草并以省政府办公厅文件印发了《山西省行政机关行政应诉办法》。继续推进行政复议体制改革，跟踪指导太原市、晋城市行政复议委员会试点工作，不断总结在全省可复制可推广的成功模式和有益经验。

省法制办加强了与太原、大同、晋中、阳泉、长治、晋城、临汾、运城8个仲裁委员会的联系和沟通，就进一步贯彻实施仲裁法、完善仲裁制度和提高仲裁公信力方面予以指导；就加强政府对仲裁工作的领导和健全仲裁机构内部组织及其工作考核、问责、联系等制度与市政府和仲裁机构进行了探讨，并提出了解决问题的意见和建议；就仲裁体制改革、仲裁队伍建设和仲裁事业发展等结合形势发展，提出了思考方面的新建议。省法制办根据国务院法制办公室的要求，还就自《仲裁法》颁布实施以来山西全省仲裁工作开展情况和仲裁事业发展情况进行了梳理总结，形成了《山西省关于贯彻实施〈中华人民共和国仲裁法〉情况的报告》，并报送国务院法制办公室。

政府法制的宣传、理论研究和培训工作。2016年，省法制办统筹安排、督促指导，在全省组织开展了第六个"依法行政宣传月""法治书刊送基层""12·4"法制宣传等活动。坚持在办机关办好"法治道德讲坛",使办机关干部在干好本职工作的同时接受专家、教授对党纪和国家新公布实施法律的讲解和体会,增长知识,开阔眼界,全年共举办10次涵盖党纪党规教育、法治政府建设、知识产权法、心理健康教育等主题内容的讲座。高度重视"七五"普法工作,编制了"七五"普法规划,成立"七五"普法领导组,召开了"七五"普法启动大会,编纂了《"七五"普法参考资料选编》。通过政府法制网站、编印《政府法制在大同市成功承办2016年度环渤海区域政府法制工作研讨会。高质量完成了承担省法学会的《环渤海区域法治政府建设的共性与地方性问题研究》《加强地方政府立法程序建设问题研究》和《重大行政决策风险评估机制研究》3项重点课题研究工作任务,前两项课题研究成果获得省法学研究优秀成果一等奖。编辑出版《〈法治政府建设实施纲要(2015～2020年)〉学习问答》一书,指导全省法治政府建设的具体工作。

**【山西省地方性经济法规建设】** 2016年,山西省第十二届人民代表大会常务委员会坚持立法质量优先、有效发挥立法对经济社会发展的引领和推动作用的方向,围绕经济发展重点领域、生态文明建设和改善民生领域、人大制度建设等开展立法工作,全年经过第二十四次至第三十三次常委会会议的审议讨论,通过并公布了共计11件地方性法规,其中新制定的地方性法规5件、修订的地方性法规3件、修正的地方性法规2件、废止的地方性法规1件。审查批准设区的市的地方性法规23件,审查报备规范性文件53件。此外,山西省人民代表大会常务委员会做出了《关于废止〈山西省人民代表大会常务委员会关于成立五台山风景区人民政府的决定〉的决定》和《山西省人民代表大会常务委员会关于在全省开展第七个五年法治宣传教育的决议》。

经济发展重点领域和生态文明建设的立法包括《山西省通信设施建设与保护条例》《山西省安全生产条例(修订)》《山西省煤炭条例(修正)》《山西省永久性生态公益林保护条例》和《山西省环境保护条例(修订)》,废止了《山西省乡镇企业条例》。《山西省通信设施建设与保护条例》的制定,填补了山西在通信领域地方立法的空白。《山西省永久性生态公益林保护条例》的制定,属全国首例保护永久性生态公益林的地方性法规,受到国家林业主管部门的表彰,在全国反响强烈。民生领域的立法包括《山西省人口和计划生育条例(修正)》和《山西省实施〈中华人民共和国老年人权益保护法〉办法(修订)》。人大制度建设方面的立法包括《山西省各级人民代表大会常务委员会监督司法工作办法》《山西省各级人民代表大会常务委员会专题询问办法》和《山西省人民代表大会常务委员会人事任免办法(修订)》。

2015年,山西省第十二届人民代表大会常务委员会批准太原市人民代表大会常务委员会制定和修订的地方性法规12件、大同市人民代表大会常务委员会制定和修订的地方性法规3件、运城市人民代表大会常务委员会制定的地方性法规1件、吕梁市人民代表大会常务委员会制定的地方性法规1件、晋城市人民代表大会常务委员会制定的地方性法规1件。太原市人民代表大会常务委员会制定和修订的地方性法规具体包括《太原市雷电灾害防御条例》《太原市城市地下管网条例》《太原市养老机构条例》《太原市中小学校幼儿园规划建设条例》《太原市立法条例(修订)》《太原市拥军优属规定(修订)》《太原市殡葬管理办法(修订)》《太原市体育设施建设和管理办法(修订)》《太原市城市节约用水条例(修订)》《太原市公园条例(修订)》《太原市户外广告设施设置管理办法(修订)》和《太原市档案管理条例(修订)》。大同市人民代表大会常务委员会制定和修订的地方性法规具体包括《大同市人民防空工程建设和管理条例》《大同市气象设施和探测环境保护条例(修订)》和《大同市电动车管理条例》。运城市人民代表大会常务委员会制定的1件地方性法规是《运城市关圣文化建筑群保护条例》。吕梁市人民代表大会及其常务委员会制定的1件地方性法规是《吕梁市人民代表大会及其常务委员会立法程序规定》。晋城市人民代表大会常务委员会制定的1件地方性法规是《晋城市地方立法条例》。

**【经济规章建设】** 2016年,经省政府法制办依法审查后报省人民政府常务会议讨论通过,并以山西省人民政府令向社会公布的省政府规章有4件,具体包括《山西省重大建设项目稽察办法》(山西省人民政府令第244号)、《山西省重大活动档案管理办法》(山西省人民政府令第245号)、《山西省文物建筑构件保护办法》(山西省人民政府令第246号)和《山西省流动人口服务管理办法》(山西省人民政府令第247号)。《山西省文物建筑构件保护办法》的制定,属全国首次就文物建筑构件保护进行的地方立法,具有示范作用。

2016年,太原市人民政府和大同市人民政府以市人民政府令向社会公布并向省人民政府备案的市政府规章有《太原市人民政府关于废止和修改部分政府规章的决定》(太原市人民政府令第86号)、《大同市人民政府关于废止部分政府规章的决定》(大同市人民政府令第72号)和《大同市人民政府关于废止〈大同市餐厨废弃物管理办法〉的决定》

(大同市人民政府令第73号)3件，具体修改的市政府规章有《太原市户外广告阵地有偿使用管理办法》(太原市人民政府令第25号)，具体废止的市政府规章有《太原市城市规划管理技术规定》(太原市人民政府令第27号)、《太原市机动车道路停车秩序管理规定》(太原市人民政府令第32号)、《太原市行政机关工作人员行政过错责任追究办法》(太原市人民政府令第33号)、《太原市群体性妨碍公共秩序事件处置办法》(太原市人民政府令第40号)、《太原市行政机关及其工作人员损害政务环境行为责任追究规定》(太原市人民政府令第52号)、《太原市企业信用信息征集和发布管理办法》(太原市人民政府令第56号)和《大同市餐厨废弃物管理办法》(大同市人民政府令第69号)。

(任刚军)

# 财政·税收

CAIZHENG SHUISHOU

05

# 财政·税收

## 财　政

**【2016年财政收入与支出】** 财政收入。2016年，全省一般公共预算收入完成1557亿元，比年初任务1528亿元超收29亿元，与2015年相比，下降5.2%，减收85.2亿元。分级次看，省级一般公共预算收入完成502.4亿元，下降13.0%，减收75.3亿元；市县一般公共预算收入完成1054.6亿元，下降0.9%，减收9.9亿元。11个市"4增7降"，其中运城、太原、长治和晋中等4个市分别增长5%、3.1%、2.2%和0.6%，其余7个市仍为下降，但降幅均低于10%。119个县中，60个县下降。分税种看，12项税种"5升7降"，其中，增值税（含营业税）完成511亿元，增长2%，增收10.1亿元；城市维护建设税、土地增值税、车船税、耕地占用税等小税种共增收5.2亿元。其余税种均为减收，减收较多的企业所得税完成116.5亿元，减收26.4亿元；资源税完成140.3亿元，减收2.8亿元，其中，煤炭资源税完成128亿元，减收2.2亿元。分征收部门看，国税完成411.9亿元，比年初任务超收0.9亿元，增长46.8%，增收131.2亿元；地税完成613亿元，比年初任务超收9亿元，下降19.6%，减收149.4亿元；财政完成532.1亿元（含中央返还税收11.8亿元），比年初任务超收19.1亿元，下降11.2%，减收67.1亿元。

财政支出。2016年，山西省一般公共预算支出执行3441.7亿元，为年度预算的90.8%，比2015年增长0.7%，支出规模与2015年基本持平（全年支出仅减支1.7亿元，下降0.05%）。分级次看，省级一般公共预算支出累计729.4亿元，完成年度调整预算的81.9%，慢于全省平均进度8.9个百分点，下降2.6%，减支19.2亿元；市县级支出累计2712.3亿元，完成年度调整预算的93.5%，快于全省平均进度2.7个百分点，增长0.7%，增支17.5亿元。11个市中支出增幅"6增5降"，临汾、运城、晋中、忻州、太原、吕梁等6个市分别增长8.9%、3.8%、2.6%、1.8%、0.9%、0.3%，朔州、阳泉、晋城、长治、大同等5个市分别下降8.3%、4.4%、3.8%、3.3%、1.1%。分科目看，21个大类支出科目中，14个科目增长，7个下降。其中，增支较多的科目有：一般公共服务支出增支21.6亿元、农林水支出增支37.3亿元、公共安全支出增支30.6亿元、住房保障支出增支22.6亿元、节能环保支出增支15.8亿元、医疗卫生与计划生育支出增支10.5亿元、资源勘探信息增支7.5亿元、社会保障和就业支出增支6.8亿元、教育支出增支5.2亿元；减支较多的科目有：国土海洋气象等支出减支133.7亿元、交通运输支出减支21.8亿元。

**【确保财政平稳运行】** 2016年，省财政积极争取中央支持，财政部打破有关公式、门槛束缚，安排山西省财力性转移支付补助425亿元，比2015年增加99亿元，为各级政府把"紧日子"过下来发挥了关键作用；批准山西省2016年发行新增政府债务264亿元，比2015年增加93亿元，弥补了各级民生事业资金短缺；一次性拨付山西省2015年上缴的两权价款88.71亿元用于采煤沉陷区综合治理，同时分三年给予山西省12亿元的补助，为市县保障基本民生腾出了资金。

在财力吃紧的情况下，省财政进一步加大了对市县财力性转移支付和新增债券的支持力度，9个市本级、107个缺口县享受到财力补助，比2015年增长20.3%；全省86.7%的新增债券、共计229亿元分配市县使用，有力缓解了市县财政困难。

【推进供给侧改革】 坚定不移去产能。通过争取中央财政补助、地方财政投入、企业筹集等途径，实施减量重组，同时综合运用内部分流、转移安置、转岗培训、帮扶稳岗等政策，对就业困难职工进行托底帮扶。2016年拨付资金16.2亿元，支持全省关闭煤矿25座，退出煤矿产能2325万吨，超额完成去产能任务。

千方百计降成本。将“营改增”改革范围扩大到建筑业、房地产业、金融业和生活服务业，累计为14.83万户新增试点行业纳税人减税13.44亿元；继续暂免征收部分小微企业增值税，实施小型微利企业低税率并减半征收企业所得税优惠政策，累计为56.4万户纳税人减税近15亿元；从低确定山西省非煤资源税改革税率，累计减轻企业税费负担3亿元，下降比例达38.6%。进一步清理取消、整合规范现有行政事业性收费和政府性基金，小微企业免征的18项行政事业性收费项目扩大到所有企业和个人。继续暂停提取矿山环境恢复治理保证金和煤矿转产发展资金，免缴一年省属煤炭、冶金企业国有资本收益，缓缴一年矿山企业探矿权采矿权价款，阶段性降低企业养老保险和失业保险费率，对困难企业实行“五缓三补”财政帮扶政策，有力减轻了企业负担。

积极稳妥去杠杆。出资组建华融晋商资产管理股份有限公司，支持处置并盘活省内金融不良资产，防范金融风险；发行置换债券525亿元，比2015年增长36%，按平均发行利率2.71%匡算，年可节约利息26亿元左右，有效防止了债务链断裂等风险的发生。

【推动转型创新】 一是加快运作产业投资基金。2016年已设立的政府性基金完成投资15.11亿元，投资领域涵盖新能源、装备制造、新材料等行业。争取国际金融组织、外国政府贷款和清洁发展基金委托贷款项目14个，总金额29.5亿元，比2015年增长46.6%，支持了全省能源交通、农林水利、教育卫生、城建环保等领域建设。二是积极推广应用PPP模式，研究出台支持PPP发展的政策措施，13个项目列入国家PPP示范项目，26个项目列入省级示范项目。大力支持创新驱动，深化科技计划管理体制改革，将省级科技计划整合为5大类并纳入统一平台管理，形成了集中力量攻关的格局。三是制定《山西省科研经费和科技活动经费管理办法》，赋予高校、科研院所经费预算调剂、经费分配使用、科研设备政府采购等方面更大的自主权，山西省成为继上海、重庆之后全国第三家为科研项目组成员发放劳务费的省份。财政投入10亿元支持太原市开展“双创”基地示范城市建设，省级中小企业创业基地达到100个。四是创新投融资机制，运用资源重整、资本金注入、基金投放等手段，支持金控集团、省扶贫开发投资公司、煤炭清洁利用投资公司等金融机构和融资平台发展运营；强化财政金融协调联动，撬动金融资本投向实体经济发展的重点领域和关键环节，帮助解决太钢T800高端碳纤维、山西焦煤强粘煤外采统销、太重风电项目等重点企业重点项目融资问题。

【保障改善民生】 一是在财政收入持续减收的情况下，财政资源继续向基层延伸、向农村覆盖、向基本民生倾斜。2016年全省民生支出执行2837.8亿元，占一般公共预算支出的82.5%。在全面落实国家和山西省各项强农惠农富农政策的基础上，安排63.89亿元出台新的10项强农惠农富农政策，重点支持了农田水利基本建设、中药材基地建设和产业发展、健全农村金融服务站等。二是财政扶贫资金投入大幅增加，财政涉农政策全面向贫困县倾斜。制定出台了《关于统筹整合使用财政资金实施精准扶贫的意见》，在中央统筹资金层面基础上，将省级所有能用于贫困县的9类83项资金纳入整合范围，比中央要求提前一年覆盖全省58个贫困县。农林水等行业主管部门除据实结算的普惠性资金和特殊用途以外的资金，全部向58个贫困县倾斜，并打破多种限制，扩大县级支配资金的主动权。三是积极统筹中央财政资金、地方政府债券资金和政策性贷款，拨付资金26亿元支持10万建档立卡贫困人口和2.5万同步搬迁人口实施易地扶贫搬迁。采取竞争立项分配方式，从全省75个县中竞选出16个试点县开展美丽乡村建设，整合投入财政资金6.6亿元，吸引社会资本25亿元。四是援企稳岗、社保补贴、税费减免等促进就业政策全部落实到位。统一城乡义务教育学校生均公用经费基准定额，完善公办高中运行省级补助政策，免除了4.8万名普通高中建档立卡家庭经济困难学生学杂费。提高机关事业单位和企业退休人员基本养老金，全省城乡居民最低生活保障标准每人每月提高20元，城乡居民医疗保险财政补助标准每人每年提高40元，基本公共卫生服务项目财政补助每人每年提高5元，困难残疾人生活补贴和重度残疾人护理补贴每人每月分别提高10元。适当提高了驻并省直机关事业单位人员冬季取暖费补助标准。

【深化财政管理改革】 一是加大预算统筹力度，将水土保持补偿费、政府住房基金、无线电频率占用费等3项政府性基金转列一般公共预算。加大重点科目资金的统筹使用，项目执行慢的资金收回统筹用于经济社会发展急需的领域。清理整合规范专项资金，对政策目标接近、资金投入方向类同、资金管理方式相近的项目予以整合。二是2016年省本级一般公共预算安排的专项转移支付数量减少60个，下降21.5%。建立健全财政存量资金和预算安排统筹结合机制，继续清理收回两年以上结转资金，同时加大对两年以内资金的清理盘活。全省财政存量资金从2015年底的1659.4亿元减少到659.6亿元，下降60.3%。政府预算、部门预算和“三公”经费预算公开率达100%，实现了预算公开全覆盖。三是加强政府债务管理，初步建立了债务限额管理机制、风险预警机制和存量债务化解机制。加强预算绩效管理，对50个重点项目和民生项目开展绩效评价，对72个重点项目开展绩效跟踪监控，并根据绩效评价结果，取消和压缩14个专项资金项目。进一步规范行政审批管理，深化“放管服”改革。完成全省行政事业单位资产清查工作。四是推进全省行政事业单位内部控制建设。聚焦预算管理、资金分配等核心业务环节，制定了内控基本制度、管理办法和操作规程，形成了财政部门符合自身特点的内控制度体系。全面启动财政票据电子化改革和部门单独编制政府购买服务目录工作。司法体制改革试点县财物纳入省级管理。启动第二期会计领军人才培养工作。组织开展了财政专项扶贫资金、非税收入收缴和地方预决算公开专项检查，对60家会计师事务所和25户资产评估机构的执业质量进行监督检查，政府采购监管力度不断加大，地方金融类企业监管得到加强。

（卫忠梅　梁智腾）

# 国家税收

**【税收收入情况】**　2016年，全省国税累计完成各项税收入1101.73亿元（含海关代征增值税、消费税，未扣减出口退税）。其中，海关代征完成13.85亿元，比2015年增收4.23亿元，增长43.94%；办理出口退税42.83亿元，增收4.4亿元，增长11.44%。国内增值税完成766.82亿元，增长20.31%，增收12.94亿元；国内消费税完成58.99亿元，增长5.39%，增收3.02亿元；企业所得税完成162.31亿元，下降22.27%，减收46.50亿元；车辆购置税完成57.18亿元，下降5.11%，减收3.08亿元；储蓄存款利息个人所得税完成89万元，下降31%，减收40万元。此外，文化事业建设费收入7254万元，下降10.04%，减收813万元。

**【税收收入特点与分析】**　2016年，全省国税收入主要有五个特点：一是收入规模再破千亿，结束2013年～2015年连续3年下降态势。二是月度收入波动较大，6月份后收入形势企稳回升。三是所辖税种有升有降，但增值税发展态势持续向好。四是重点行业税收普遍回暖，煤炭税收摆脱负增长态势。五是市县收入走势趋稳，多数征收单位实现同比增收。

2016年国税收入增长，主要是受营改增政策实施及煤炭等主导产品价格回升等因素影响，增值税实现自2013年以来的首次正增长。其中因四大行业营改增收入完成109.26亿元，对增值税增长的贡献率达到84.59%。同时，煤炭生产、焦炭、钢铁等主要工业行业以及商业增值税收入同比实现增长，是原增值税增收的主要拉动力量。

**【营业税改增值税】**　以最简程序和最小影响、最大努力和最好效果完成营改增税制顺利转换。营改增期间，系统上下协同推进、并肩作战，接连打赢“开好票”“报好税”“分析好”三场战役，稳步推进“改进好”战役，啃下税负只减不增的“硬骨头”。自营改增实施以来，建筑、房地产、金融和生活服务四大行业全部实现减税，试点纳税人整体减税22.13亿元。

**【税收法治与政策】**　*税收法治*。国地税联合推动出台《全省税收保障办法》，已列入省政府2017年规章制定计划。深化行政审批制度改革，持续跟进后续管理，省局行政审批事项成功进驻省政务服务平台，率先实现“两集中、两到位”，全系统办结行政审批事项3.97万件，全部实现“零超时”。税收法制建设进一步深入，完善公职律师管理办法和省局局长法律顾问制度，左云县国税局被命名为全国税务系统法治基地。

*税收政策落实*。落实“两项基本职责”，始终坚持依法征税，在主客观因素的作用下，转变2013年以来连续3年未完成收入计划和收入连年下降的态势，实现“两个重大转变”；始终坚持依规减免税，找准税收推进供给侧结构性改革的切入点，出台税收支持钢铁煤炭行业化解过剩产能实现脱困发展意见，促

近10年来山西国税年度收入规模与增幅变动图
（单位：亿元、%）

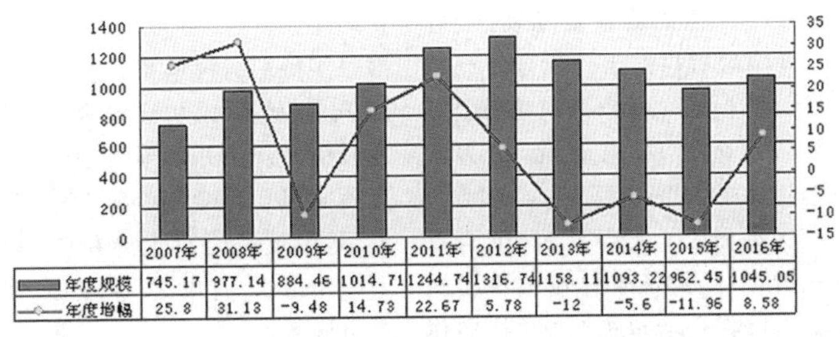

| | 2007年 | 2008年 | 2009年 | 2010年 | 2011年 | 2012年 | 2013年 | 2014年 | 2015年 | 2016年 |
|---|---|---|---|---|---|---|---|---|---|---|
| 年度规模 | 745.17 | 977.14 | 884.46 | 1014.71 | 1244.74 | 1316.74 | 1158.11 | 1093.22 | 962.45 | 1045.05 |
| 年度增幅 | 25.8 | 31.13 | -9.48 | 14.73 | 22.67 | 5.78 | -12 | -5.6 | -11.96 | 8.58 |

进产业转型升级。不折不扣落实扶持实体经济和小微企业发展的税收优惠政策,减免税收194.08亿元。全年办理出口退税42.83亿元,有力支持了外贸经济发展。

**【税收监督与管理】** 税种管理。一是制定残疾人就业、资源综合利用、财政性资金、企业重组、保险业务等增值税和所得税政策管理指引,统一税收政策后续管理规程。分析监控进销数据,实现发票数据、增值税纳税申报税款124万元,实现增值税与车购税的联动规范。二是落实《全国税务机关出口退(免)税管理工作规范(1.1版)》,推进出口退税规范化管理,改进分类管理结构,强化后续管理,建立绿色通道加快退税进度,2016年办理出口(免)退税42.83亿元,比2015年增长11.44%。三是制定《关于支持钢铁煤炭行业化解过剩产能实现脱困发展的实施意见》和《关于降低企业成本助推转型升级的实施意见》,精准助力供给侧结构性改革。创新宣传,全面落实各项税收优惠政策,防范风险,做好企业所得税汇算清缴。

纳税服务。深入开展"便民办税春风行动",推出10类40项便民措施。打破属地限制,在全省试行6大类31个办税事项的省内通办,实现"进一家门、办两家事"的全覆盖目标。加强国地税联合,共建办税服务厅,全省国税系统全面实现全省国地税办税服务厅联合共建工作,145个县级基层单位合作共建办税服务厅163个。科学开展信用评价,有效实施信用管理,推进评价结果运用。深化拓展银税互动,全省银行业金融机构推出银税合作产品97个,累计向2429户诚信纳税企业发放贷款金额79.14亿元,助力诚信企业发展。

税收征管。大力落实《山西省深化国税、地税征管体制改革实施方案》,以任务清单的形式"挂图作战",31项108条改革任务有序推进。落实国地税合作规范3.0版,联合纳税服务,协同税收执法,推进信息共享共用,互鉴管理经验,拓展合作内容,37项基本合作事项和13项创新合作事项基本落实到位,在15个县区局建立起国地税合作示范区,其中4个单位被命名为"全国百佳国税地税合作县级示范区"。深化"五证合成本,赢得纳税人点赞。完成金税三期工程换版,于10月8日实现全系统平稳运行。持续推进税收风险管理,开展税收风险分析监控,完成23期税收风险应对任务。夯实征管基础,做好征管质量监控和简并申报缴税,开展管户核实,推行实名办税,进行数据治理。

大企业税收服务与管理。深化大企业税收服务与改革,成立省局风险应对中心"太原工作部",打造税收风险应对核心团队。落实省局"便民办税年活动",召开税企高层见面会,签订《税收遵从合作协议》。完善大企业涉税事项协调会议制度,实现大企业涉税诉求的全面解答处理和政策执行的统一。承接总局税收风险任务,风险应对涉及所得税9609.3万元,其中调减亏损8564.72万元,入库1044.58万元;入库增值税9.65万元;滞纳金合计468万元。

国际税收管理。2016年,全省征收非居民企业税收2.5亿元。10户非居民企业享受税收协定待遇,减免所得税2045.27万元。组建反避税专业团队——太原反避税工作部,承担全省范围内的反避税工作,这是我国税务机关在中西部地区建立的第一个反避税专业机构,组建第一年特别纳税调整入库税款及利息1491万元,成功征收全国首笔幼儿园中外合作办学项目的非居民企业所得税,补缴税款15.84万元。编写《中俄蒙经济走廊税收信息指南》,为山西"走出去"企业提供税收政策服务。

税务稽查。制定《关于进一步完善稽查管理机制的意见》,全面推行"全省稽查一体化"新机制,建立"集中选案,统筹检查,主体审理,属地执行"集约化的稽查业务模式。2016年共检查和督察纳税人自查3292户,查补总额14.8亿元。严厉打击骗取出口退税和虚开增值税专用发票违法犯罪活动,查处虚开案源企业58户,已移送公安机关47户,公安机关已抓捕犯罪嫌疑人15人,认定接受虚开发票6.33万份、对外虚开发票4.63万份,实现查补总额13.53亿元。全面推进重点税源企业随机抽查,实现查补税款2.06亿元。继续开展打击发票违法犯罪活动,全省各级国税部门检查企业2028户,查处涉票违法企业1842户,查处非法发票4.86万份,查补总额7.51亿元。做好税收违法案件检举检查,全年税收违法检举案件查补总额1441.63万元。

电子税务管理。制定《山西省国家税务局"互联网+税务"工作实施方案》,推进应用项目建设,着力推进"互联网+税务"。研发网上服务平台,打通国地税办税"竖井",实现智能化申报纳税、个性化服务推送,被总局评为"互联网+税务"应用软件项目第一档。完善税收信息化管理制度,统筹全省税收信息化项目管理,提高税收信息化管理水平。加强数据管理,建立省局数据仓库,做好税收信息化基础工作。开展税务系统网络安全宣传周活动,做好各类信息安全防护系统维护,加强网站和信息系统安全管理,着力提升网络安全保障能力。

(董其文)

## 地方税收

**【地方税收概况】** 2016年,全省地税系统完成各项收入838.51亿元，比2015年下降14.74%，减收144.98亿元。其中各项税收完成743.2亿元，下降16.69%，减收148.9亿元；其他非税收入完成95.32亿元，增长4.28%，增收3.92亿元。税收中地方级收入完成612.76亿元，下降19.62%，减收149.58亿元，完成调整后计划（604亿元）的101.45%。

**【税收收入特点与分析】** 营业税完成历史使命。2016年"营改增"之前，全省营业税完成146.63亿元，比2015年同期增长32.9%，增收36.29亿元，增收部分全额为地方级收入。2016年营业税总计完成176.49亿元，比2015年下降41.13%，减收123.33亿元。随着"建筑业、房地产业、金融业、服务业"四大行业全面实施"营改增"，2017年地税收入规模将大幅度缩减。地税组建22年来，营业税累计完成2789.12亿元，占地税部门22年组织税收8573.25亿元的32.53%，是地税部门的第一大税种。

非煤资源税从价计征。2016年7月1日起，非煤产品资源税全面实施从价计征改革，收入发生较大变化。1～7月，非煤资源税累计完成5.49亿元，月均收入0.78亿元；8～12月累计完成3.58亿元，月均收入0.72亿元，除煤层气月均新增300万元税收以外，其他品目资源税月均收入明显降低，符合国家"清费立税、降低负担"的总体要求。

煤炭资源税前低后高。2016年，煤炭资源税完成131.38亿元，比2015年增长0.64%，增收0.84亿元。虽然总体持平，但从月度收入运行情况看，呈现明显的前低后高态势。1～12月月度收入分别为11.89亿元、6.9亿元、9.94亿元、7.44亿元、9.3亿元、10.08亿元、10.15亿元、10.25亿元、12.16亿元、14.34亿元、16.71亿元、12.21亿元。煤炭资源税的计税依据为销量和价格，导致税收随市场变化而变化。从煤炭资源税月度收入的变化情况，可以反映出今年煤炭市场"先抑后扬再挫"的变化情况。

所得税收入持续大幅下降。2016年，企业所得税完成103.14亿元，比2015年下降17.91%，减收22.51亿元。其中，工业企业所得税完成27.51亿元，下降46.08%，减收23.52亿元，是连续4年的大幅度下降，这与山西省四年来工业利润总额798.71亿元、547.91亿元、210.61亿元、－68.13亿元的走势一致。2016年前10个月，全省工业利润总额实现39.37亿元，但弥补以前年度亏损后才能成为企业所得税的计税依据，导致2017年工业企业所得税仍将呈现下滑态势。各行业中煤炭比重较大但逐年降低，房地产业比重则明显提高。企业所得税的收入变化，明显反映出山西省经济变化状况。

**【核心业务改革创新相继实现突破】** 认真贯彻中央深化征管体制改革要求，提请省委省政府出台《山西省深化国税、地税征管体制改革实施方案》，制定了《进一步深化地方税收改革与管理的意见》等一系列配套制度，努力突破工作瓶颈，推动税收管理向信息管税、合作管税和税收共治转变。2016年，认真落实税制调整政策，切实加强地方税种管理。"营改增"试点任务全面完成，纳税人销售不动产和个人出租不动产代征增值税和代开发票工作进展顺利，存量房评估系统持续扩围，房地产"去库存"优惠政策有效落实，税收助力山西省供给侧结构性改革效果显现，全面减负目标得到贯彻。落实省政府办公厅出台的《关于进一步加强煤炭资源税征收管理的实施细则》，由地税部门牵头在全省范围内开展了历时两个月的专项检查行动，有效堵塞征管漏洞，促进煤炭资源税增长。积极推进资源税全面从价计征改革，科学确定山西省矿产品适用税率、折算率、优惠事项等政策，认真开展改革前后政策效应监控分析，打赢了资源税改革攻坚战。在全国率先启动车船税联网征收欠税核查功能，土地增值税清算管理软件试点和土地使用税"以地控税"试点持续扩大，非居民企业税收管理、"走出去"企业涉税服务和反避税工作逐步加强。所得税风险管理成效明显，企业所得税预缴和汇算清缴不断规范，个人所得税全员全额扣缴申报管理和年所得12万元以上个人自行申报管理全面强化。规费征管全部纳入金税三期系统，规费收入实现就地缴库。不断加强国地税合作，全面推进合作管税。落实《国地税合作规范》，确定15个示范区进行试点，4个县被命名为全国百佳县级示范区。开展办税服务厅互派共建，全省地税进驻国税大厅110个，与国税共建联合办税厅25个，共同进驻政府政务大厅30个，基本实现联合办税全覆盖。建成国地税网上服务平台，实现国税增值税、消费税与地税4个附征税费的联合征收。推进联合开展税收分析、联合加强大企业管理服务、联合开展纳税信用评定、联合进行税务稽查等工作，总局确定的51项合作事项中，37项基本合作事项全部落实，14项创新合作事项有7项取得明显进展。广泛开展"互联网＋税务"行动，全面推进信息管税。落实新的《税收征管规范》和《纳税服务规范》，修订山西地税业务操作指南。强化分级分类管理和税收风险管理，建成大企业税收数据库，推进千户集团及省级大企业专项风险分析。开展金税三期应用系统换版，创造了两个月高质量完成换版任务的先例。拓展延伸信息网络系统，运维服务体系和安全防护体系基本成型，为信息管税提供了有力支撑。深化“便民办税春风行动”，推进办税便利化改革，完善首问负责、限时办结、预约办税、延时服务、24小时自助办税、财税库银联网缴税等服务机制，实现存量房评估系统与金税三期应用系统对接，推出办税事项“二维码”一次性告知、合理简并纳税人申报次数等多项便民措施，实现3大类15项涉税事项省内通办，改造升级12366热线，建成山西地税纳税服务微信平台，加强网上办税厅建设，开办网上纳税人学堂，开展纳税人满意度调查，对发现问题坚决进行整改。积极拓展跨部门税收合作，全面推进税收共治。巩固“三证合一”成果，开展“两证整合”试点，推行实名办税制度，拓展纳税人统一社会信用代码功能，促进诚信纳税。

**【法治地税建设向纵深推进】** 落实全面推进依法治税的实施意见，规范税务行政处罚裁量权，推进法治税务示范基地创建，泽州县地方税务局被命名为全国法治税务示范基地。推行公职律师制度，巩固法律顾问成果。深化税收科研工作，加强税收政策评估。严格涉税政策把关审核，组织规范性文件清理，加强重大税务案件审理。开展税收执法督察，对234人次进行责任追究。加强法治宣传教育，深入开展税收宣传月和“七五”普法等活动。深化行政审批制度改革，抓好“放管服”落实工作，在省政务中心设立地税窗口，规范税务行政审批事项，取消契税、耕地占用税减免审核。落实各项结构性减税政策，2016年为纳税人减免税收66.98亿元，其中为小微企业减免税收1.81亿元。推进“税银互动”助力小微企业发展，全省金融机构向2429户诚信纳税企业发放贷款79.14亿元。完善“一级稽查”与分类分级稽查管理制度，推进稽查现代化建设，强化稽查联动机制，推行“双随机、一公开”监管方式，开展重点税源企业随机抽查，全年查补收入23.61亿元，查处百万元以上案件33件，曝光“黑名单”及涉税违法案件69件，查处违法受票企业381户，移送发票违法案件2起。加强政务管理，公文运转、安全保密、信访工作不断强化，部门预算、经费收支、资产管理和政府采购更加规范，后勤管理服务保障能力持续提升，全系统依法行政和依法管理水平不断提高。

（徐　鸿）

# 出入境检验检疫·海关

CHURUJING JIANYAN JIANYI HAIGUAN

06

# 出入境检验检疫·海关

## 出入境检验检疫

**【2016年山西省检验检疫工作综述】** 2016年，山西检验检疫局共检验检疫出入境货物1.8万批、货值12.9亿美元，与2015年相比，批次增长40.8%、货值下降20%；签发各类优惠原产地证书1.3万份，签证金额6.51亿美元，份数增长0.9%、金额下降0.9%；检疫查验出入境人员38.4万人次，下降3.8%；健康检查6539人次，下降3.4%；从出入境货物中检验出不合格商品80批，不合格金额2215万美元，对外索赔242万美元；在出入境人员健康体检中，检出传染病51例；截获入境旅客携带的禁止进境物2764批、有害生物89种次。

**【质量管理】** 持续加强质量共治，对全省11个市实施进出口商品质量安全政府目标责任制专项考核，制定实施《贯彻质量发展纲要2016年行动计划》；与中国检科院、省质监局、省林业厅、山西农大等签署合作协议，内外执法环境和质量安全发展环境进一步优化。开展"质量月"系列活动，加强12365平台建设和信息宣传工作，喊响质量强国战略，传递质量好声音。持续提升质量供给水平，贯彻落实提升质量供给水平行动计划和"优进优出"部署，与商务厅、农业厅及相关市县政府建立合作机制，开展出口产品质量安全示范区建设，2016年新增国家级出口食品农产品质量安全示范区3个，省级示范区5个，国家级示范区累计达16个，获批数量居全国第4。提交的示范区建设有关建议得到山西省政府采纳，并列入山西省政府2017年重点工作，16个国家级示范区每个获得政府奖励50万元。新增2家"中国出口质量安全示范企业"、1家省级出口法兰锻件产品质量安全示范区，稷山翟店纸包装文化产业园获批全国首家国家级出口纸包装产品质量安全示范区。持续加强质量管理，理顺内部质量管理职责，落实企业质量主体责任，开展"质量诚信企业"推荐，3家企业获得检验检疫信用管理AA级称号，在"信用山西"平台公布进出口企业"红黑名单"等诚信信息。

**【检验检疫】** *强化口岸卫生检疫。*加强口岸核心能力建设，严防寨卡病毒病疫情传入；建立联防联控工作模式并在新建口岸复制，"国境口岸入境人员信息采集系统"上线运行。

*强化出入境动植物检疫。*深化口岸动植检规范化建设，持续开展"绿蕾行动"；开展了"国门生物安全进社区、进校园"等活动；完成了2批462头澳大利亚入境种牛隔离检疫工作任务，检出二类传染病8头，按照相关规定做扑杀销毁处理；主持制定《国家级出口牛质量安全示范企业考核标准》。

*强化进出口食品农产品质量安全。*开展"同线同标同质"帮扶行动计划，8家出口食品企业上线"三同"服务平台，30多家企业实现了"三同"；落实"食品安全防护计划"，实施"进口食品安全放心工程"，开展"清源"行动；加强风险监测预警和供港澳台食品质量安全监管；对获证企业开展"双随机、一公开"专项检查。

*强化进出口消费品质量安全。*开展"清风行动"维护进出口危化品质量安全，开展进口商品专项调查和起亚越野车等进口缺陷汽车后续监督检查；制定实施《跨境电子商务商品风险管理办法》，修订《入境维修企业管理与入境维修用途旧机电产品检验监管工作规范》，探索检验监管新模式；完成入境3C监督检查工作。2016年，在入境旅客携带物

中截获禁止进境物3232批，共截获有害生物89种次，其中并蛎蚧和双锤盾蚧为全国首次截获；在出入境人员体检中检出传染病134例；检出不合格进口商品67批、不合格金额2188万美元，对外索赔215万美元；对2起进口旧机电产品未如实申报案件进行了行政处罚。

【服务山西经济社会发展】 精准出台服务举措。围绕国务院"放管服"和总局改革任务，结合山西实际出台《促进山西外贸回稳向好工作措施》《支持山西承接加工贸易产业转移实施细则》《简化优化公共服务流程方便基层群众办事创业工作方案》等服务举措。

精准服务贸易便利化。强化区域合作，组织召开晋陕豫黄河金三角检验检疫合作机制第二次协作会议，推进检测资源共享；持续推进互联互通，与山西质监局签署战略合作协议；部署完成e－CIQ主干系统上线运行，实现全国检验检疫一体化；"三通""两直""三个一"和无纸化签证、报检、通关工作推进有序；参与山西电子口岸及国际贸易"单一窗口"建设工作并提出建设需求；优化流程，简化审批环节，服务富士康等重点企业发展；建立基于产品质量合格假定监管工作机制和放行模式，提高查验效率。

精准服务对外开放。推动大同、运城、五台山航空口岸和太原铁路口岸正式列入国家"十三五"口岸开放计划，积极推动大同航空口岸正式开放、运城航空口岸临时开放，支持武宿机场增开国际客货运航线，积极推进大同肉类指定口岸建设，太原武宿综保区跨境贸易电子商务平台正式上线运行，开展"冬季行动"，在"万名干部入企服务"中帮助企业解决问题26个。

精准服务山西"走出去"战略。"沁州牌"沁州黄小米实现山西生态原产地产品保护工作"零的突破"；出口水果实现两个"代表中国首发"：山西运城苹果在中秘签署协定11年后首次代表中国出口秘鲁，山西运城油桃历经10年谈判代表中国首次出口澳大利亚，落实李克强总理中、加(拿大)高访成果，山西祁县酥梨首次出口加拿大；新增30家食品农产品出口企业，出口食品农产品批次、货值比2015年分别增长70.9％、21.1％；新增9家进口肉类收货人备案资格企业，黄粉虫饲料首次成功出口韩国，繁峙肉牛首次直供香港，长治兔肉恢复对美出口并首次出口捷克，时隔16年山西省孝义鸡肉产品再次走进香港市场，昔阳县双孢菇首次出口泰国；服务山西高科技生物产业发展，创新出入境特殊物品监管模式，山西特殊物品进出口批次增长3倍；支持山西会展经济，积极服务"山西品牌丝路行"等国外展销活动，协助运城市举办首届山西国际水果博览会。

【内部管理】 强化法治建设。深化行政审批制度改革，再下放2项行政许可事项，实施权力清单及责任清单动态管理并发布分支机构"两个清单"；建立了"行政审批备案网"，8项审批备案事项实现"一点接入，全程网上办理"。强化内部管理。制修订规章制度30余项，完成质检总局"一审双查"回头看整改任务；加强"双轮驱动"和督查督办，落实政务公开和政府网站普查任务，调研工作进一步规范，政策理论研究进一步加强，政务信息和宣传工作进一步强化；严格预算管理，开展内部基础性控制评价、国有资产清查、公车改革相关工作；开展了认证执法专项监督检查等8项专项督察，对4个分支局进行了驻点督察。夯实工作基础。编制完成"十三五"总体规划和法治、科技、人事、财务、信息化、卫生检疫等6个专项规划，大同杂粮和运城温带果蔬两个国家级重点实验室获批筹建并纳入地方政府公共检测资源库，朔

山西晋城海关正式开关运行

州、运城保健中心获准筹建，大同局联合大同市商务局率先获批筹建大同市食品农产品公共检测服务平台；完成3个总局类科研立项和7项标准立项；信息化管理职能得到理顺，保障能力进一步提升；技术中心通过了CNAS监督+扩项评审，获批成为国家食品复检机构；业务技术用房建设实现了当年预期目标。

万荣油桃出口澳大利亚

**【分支机构挂牌运行】** 2016年3月18日，山西出入境检验检疫局太原武宿综合保税区办事处正式挂牌成立。3月31日，运城检验检疫局正式挂牌成立。10月9日，晋城办事处开检挂牌。

（郑　罡）

## 海　关

**【主要业务发展概况】** 2016年，山西省经济逐步扭转下行态势，稳步向好的基础不断巩固，进出口总值1099亿元人民币，自金融危机以来首次突破千亿元大关，比2015年增长20.5%，进出口增速居全国第一。太原海关共监管进出口货运量263.1万吨，征收税款15.02亿元。

**【积极服务促进山西开放型经济发展】** *积极为山西经济社会发展建言献策。*太原海关始终把服务山西开放型经济发展作为一项重要任务，2016年先后完成了《关于山西省园区经济改革发展的工作建议》《加快武宿综保区发展的工作建议》和《建设中国—新西兰（山西）食品工业园的工作建议》等三个课题研究。

*助推山西口岸进一步扩大开放。*2016年，大同、运城、五台山航空口岸以及太铁中鼎物流铁路口岸正式列入国家“十三五”口岸开放规划。主动跟进运城航空口岸临时开放工作，配合地方政府加快开放进度。9月13日，完成山西兰花保税物流中心（B型）预验收，并已做好正式验收各项准备。6月21日，新开通了由外航执飞的太原直飞莫斯科定期航班，成为太原航空口岸开放以来首条洲际国际客运航线；8月22日，开通“太原—平壤”航线，进一步拓宽了山西省国际航线网络。2016年，太原海关监管出入境飞机3128架次，进出境人员40万人次。

*对外开放平台建设取得显著成效。*2016年3月31日和10月9日，运城海关、晋城海关相继开关。运城位于“山西转型综改试于优化山西开放布局，提高两市外贸企业通关效率，扩大进出口规模，架起沟通世界、接轨国际的桥梁，将极大地促进山西转型综改，加速产业升级，推动经济社会进一步发展。此外，已经获批的长治海关筹建工作正在有序推进。

*促成苹果手机全球维修项目落户太原。*苹果手机维修项目全部投产后年产值超100亿元，吸纳就业近2万人。太原海关充分认识到该项目对山西承接产业转移、调整产业结构，以及我国加工贸易向检测维修等价值链高端延伸的重大意义，将该项目列入2016年重点工作。太原海关在项目启动到正式批复期间，80多天的时间内先后攻克了政策审批、监管办法、操作流程、系统平台等方面的难关。9月2日商务部和海关总署联合批复富士康太原公司成为全国唯一一个区外保税维修和工单式核销并行的企业，富士康苹果手机维修项目成功落地。

*推进太原市开展跨境电子商务正式启动。*太原海关积极回应地方政府开展跨境电子商务新业态发展的需求，主动向地方政府宣讲跨商项目现有运行模式、建设要求、实现路径，使地方政府对跨商认识日益清晰，并在反复论证的基础上确定依托武宿综保区开展网购保税模式

的跨境电子商务。从宏观政策和微观操作等方面设计工作方案，依据总署正面清单监管事项，制定海关监管办法。成立项目组协调推进跨境电商信息系统建设和业务建设，在关键环节和重点节点提供意见和建议，把好建设规划关、规范推进关、项目实施关。加强与海关总署相关部门沟通协调，争取工作支持和业务指导。积极参与系统和业务测试，成功对接总署统一版跨境电子商务系统，是全国海关第9家、非试点海关第2家。2016年3月14日，海关总署科技司批复同意《山西省太原市跨境贸易电子商务服务试点项目工作方案》。2016年8月18日，太原市跨境贸易电子商务平台正式上线运营，网购保税跨商模式在太原武宿综合保税区顺利落地，有效满足了山西省培育发展新动能、促进内需消费的需求。

查缉武器弹药案件取得重大突破。2016年"G20峰会"前夕，太原海关会同总署缉私局、地方安全部门对太原、哈尔滨、济南、重庆、贵阳、厦门等6个重点海关缉私局的案件信息数据进行集中研判，获取网络涉枪人员2854人、涉枪地址线索617条，案件线索移交公安部刑侦局后，由公安部统一部署"8·01集中行动"进行了专项打击，为"G20峰会"安保工作做出了积极贡献。

（宋　阳）

# 农业

NONGYE

07

# 农　业

## 综　述

**【山西省农业农村经济平稳发展】** 2016年，全省各级农业部门认真贯彻落实省委“一个指引、两手硬”的重大思路和要求，努力推进农业结构调整和发展方式转变，全省农业农村经济呈现出总体平稳、稳中有进的发展态势。第一产业增加值784.57亿元，比2015年增长2.9%。全年全省粮食总产量1318.5万吨，增加58.9万吨，增产4.7%，是历史第二高产年，其中，夏粮275万吨，增长0.8%；秋粮1043.5万吨，增长5.8%。粮食亩产271.2千克，增加15.7千克，增长6.2%，创历史最高水平。全年全省羊出栏517.8万只，增长6.9%；牛出栏40.3万头，增长0.1%；家禽出栏9639.6万只，增长9.8%；生猪出栏748.9万头，减少4.4%。牛奶产量95.1万吨，增长3.5%；禽蛋产量89.0万吨，增长2.1%；猪牛羊禽四种肉产量83.3万吨，下降3.2%。全省农民人均可支配收入突破万元大关，达到10082元，增长6.6%。农产品加工企业实现销售收入1520亿元，增长6.9%。

**【2016年山西省农业重点工作】** *农业结构调整。*制定农业结构调整实施方案，召开全省杂粮、草牧业推进会，举办全国性的中药材研讨和考察交流活动。大力调减“镰刀弯”等非优势区玉米面积，启动实施雁门关农牧交错带示范区建设，扎实推进朔州市草牧业和粮改饲试点，加大药食同源项目推进力度，加快发展杂粮、草食畜、水果、蔬菜、中药材等特色产业，进一步优化全省农业产业结构。全年调减籽粒玉米10.9万公顷，新发展设施蔬菜8000公顷，新建和改造老果园4.07万公顷，新发展中药材5万公顷，雁门关区新增种草8万公顷。全省蔬菜、水果、中药材产量分别达到2300万吨、910万吨和26.4万吨，比2015年分别增长2.2%、3.4%和14.8%。

*农产品质量安全。*大力推进农业标准化生产、农产品质量安全追溯体系建设、农产品质量安全县创建，新制定农业标准30项，登记认证“三品一标”1733个，其中地理标志登记农产品数119个。蔬菜、水果、畜产品例行监测合格率分别达到97.6%、100%、100%。以出口倒逼农产品质量提升，扩大了出口规模，全年农产品出口额4.29亿美元，增长19.8%。运城苹果出口美国、秘鲁。

*农业环境治理。*深入开展“六大”专项整治，狠抓春秋两季动物集中免疫，积极开展绿色防控和统防统治，全年没有发生重大动物疫情和农作物重大病虫危害。围绕“一控两减三基本”目标，大力推进农业面源污染治理。建设高标准农田节水示范区22个，推广农田节水技术19.3万公顷；推广精准化配方施肥示范面积7.13万公顷，化肥用量连续两年减少；建立病虫害统防统治与绿色防控融合示范基地20个，农药用量增幅控制在0.6%，超额完成5%的控制目标；开展畜禽养殖废弃物综合利用，改造粪污处理设施1000个，建设专业化病死畜禽无害化中心16个；启动13个农作物秸秆综合利用试点。推进草原建设和保护，建设草地16.13万公顷，完成草地保护20.73万公顷。

*一二三产业融合发展。*按照“做优一产、做强二产、做活三产”思路，推动农工融合、农商融合、农旅融合。开展农业企业大帮扶活动，搭建政证银企项目对接平台，促进农业企业转型升级和产业融合。2016年大象集团销售收入达到101亿元，成为山西首家过百亿的农业企业。成功举办了山西(运城·临汾·吕梁)特色农产品北京展销会，引进了王老吉、牧原、国药等一批知

名企业。王老吉集团在孝义投资22亿元建设顶养系列大健康产业园区。大力培育发展农村电商，推动100个省级农业龙头企业实现网上销售，培育了500个以电商为主要营销手段的新型农业经营主体，乐村淘、贡天下等一批农产品电商企业快速成长，全年网上销售各类农产品16亿元。推进休闲农业与乡村旅游发展，创建省级以上休闲农业和乡村旅游示范县32个、示范点180个。

*农村改革*。出台山西省《关于深化农村改革综合性实施方案》，召开深化农村改革孝义现场会，农村改革步伐明显加快。推进农村土地制度改革，基本完成了土地承包经营权权属调查工作。全省115个县级农村产权流转交易市场全部建成。农村土地经营权流转面积54.53万公顷，流转率16.8%。推进经营制度改革，深入开展“358”示范社创建，认定家庭农场9612个。推进资产收益扶贫，出台全省开展资产收益扶贫试点指导意见，在长治市和17个贫困县进行试点。加强朔州、祁县农村改革试验区试验成果的总结提炼，加大潞城市农村集体资产股份权能改革试点力度，完成了太谷现代农业示范区改革与建设试点任务。

*农业科技创新推广*。实施新型职业农民培育工程，在8个县启动新型职业农民精准培育试点，全省完成新型职业农民培训10.47万人，超额完成年度任务。继续深化基层农技推广体系改革与建设，在全省105个县实施基层农技推广补助项目，基本实现全覆盖。启动实施了以太谷为中心的“山西农谷”建设。开展农业科技创新行动计划，组建山西农业科技创新联盟，依托省农科院，完成了山西农业科技成果转化交易信息平台建设，农业科技水平进一步提升。

*改善农村人居环境*。强力推进完善提质、农民安居、环境整治、宜居示范“四大工程”，以省政府文件出台2016年行动计划，将任务分解到部门和市县，开展专项督查，推进责任落实。全年“四大工程”累计完成投资256亿元，完成年度任务的101.2%，在11个县启动农村垃圾治理试点，在8个县启动农村污水综合利用试点，实施36万座农村厕所改造，创建300个省级美丽宜居示范村，建成98个农村公共浴室。与农发行签订省部行战略合作协议，争取政策性贷款36亿元，拓宽了融资渠道。

*特色农业产业扶贫*。出台特色产业扶贫行动方案和行动计划，组织开展“一卡一库一培训”专项行动，全面宣传落实贫困户特色农业特惠补贴政策，建立农业产业扶贫项目库，强化技术培训。召开平顺现场推进会，总结推广振东中药材、大象生猪等一批可推广、可复制的产业扶贫范例。2016年全省产业脱贫达到31万余人。

（马小波）

## 种植业

**【2016年山西省种植业持续向好发展】** *粮食生产再获好收成*。2016年，全省各级农业部门深入贯彻落实农业部和省委省政府的各项工作部署，克服暴雨、冰雹等严重自然灾害及粮价波动影响，以稳粮增收调结构、提质增效转方式为主线，全省种植业生产稳中有进、稳中有为，保持了良好的发展势头。2016年，山西省粮食总产量1318.5万吨，比2015年增产4.7%，为山西省历史上第二个高产年。其中小麦单产271千克，增加3千克/亩，单产连续三年创历史新高。夏粮和秋粮单产均创新高。

*种植结构调整优化*。制定出台种植业结构和粮食结构调整的指导意见，提出了“稳、减、扩、提”的调整思路。“稳”就是稳定粮食产能，实施“藏粮于地、藏粮于技”战略。“减”就是在晋北农牧交错区和太行山沿线玉米产区，适度调减普通玉米种植面积。“扩”就是在优势产区，引导农民扩大杂粮和马铃薯种植，实施全产业链开发。“提”就是实施特色农产品品种改良、品质改进、品牌提升行动，努力打造晋粮、晋果、晋菜、晋药等特色优质品牌。2016年，全省玉米播种面积162.5万公顷，自2000年以来首次减少。在优势产区扩大果菜药及杂粮等特色高效作物种植，豆类、薯类、果菜药面积增加。其中豆类、薯类面积分别增加2640公顷和1.46万公顷，蔬菜面积增加2.91万公顷。全省种植业结构得到调整优化，种植业生产效益和水平有了较明显提升。此外，青饲料种植面积6.07万公顷，增加3.89万公顷。

*蔬菜生产稳定发展*。全年生产态势良好，产销形势好于上年。全省蔬菜产量2300万吨，增长2.2%；设施蔬菜面积达15.3万公顷，总产量1200万吨。蔬菜总产值达400亿元，农民人均蔬菜收入1150元，比2015年人均增收50元。2016年，山西省“设施蔬菜提质增效工程”和“露地特色蔬菜开发工程”等重点工程任务顺利完成。全年新建设施蔬菜面积8007公顷，建设优质露地特色蔬菜1636公顷，新建集约化育苗场12.74万平方米，创建部、省级标准园41个，冬春蔬菜自给率达到52%，分别完成任务的120.1%、122.7%、127.4%、103%、104%。

**【各项工作有效推进】** *加强惠农政策落实*。全面推开农业“三项补贴”改革。2016年是山西省农业“三项补贴”改革的关键之年，农、财部门密切配合，下发了关于推开农业“三项补贴”改革有关工作的通知，将农业“三项补贴”合并为“农业支持保护补贴”，政策目标调整为支持耕地地力保护和粮食适度规模经营。下拨2016年农业支持保护补贴资金28.7亿元，将补贴依据由原粮食包干面积调整为农业部门统计的粮食实际种植面积，明确补贴资金发放的标准和办法。同时，配合省财政厅下达产粮（油）大县奖补资金7.64亿元，用于对35个产粮大县、17个产油大县进行奖补，以及弥补由于玉米价格变化对种粮农民的影响。

抓好种植业生产指导。一是及时组织部署。组织召开了全省春季田间管理暨春耕备耕视频会、“三夏”生产形势分析会、秋粮形势分析会等会议，了解生产形势、掌握生产动态，安排部署重要工作。二是及时提出指导意见。在小麦春管、春播、“三夏”等重要农时季节，以明电下发紧急通知，对农业生产和防灾减灾工作做出安排。下发了《2016年冬小麦中后期田间管理意见》《关于切实做好“三夏”生产和农业防灾减灾工作的通知》《关于做好2016年冬小麦秋播工作的通知》等重要通知。三是及时开展生产督导。在春耕备耕、“三夏”生产及夏季防灾减灾等时节，确保措施落实到位，帮助解决生产中遇到的困难和问题。

深入开展高产创建活动。推进粮食绿色高产高效创建，实施化肥、农药零增长计划。2016年农业部安排山西省粮食高产高效创建资金3200万元，在全省8个县开展粮食高产高效整建制创建。根据结构调整方向和产业布局，在杂粮、小麦、玉米、马铃薯主产区和优势区，选择8个生产基础好、优势突出、特色鲜明、产业带动能力强的县开展整建制创建。其中杂粮创建县为左云、平鲁、兴县等3个县区，左云、平鲁两县区创建的具体作物为燕麦、兴县创建的具体作物为谷子，小麦创建县为河津、翼城，马铃薯创建县为沁源，玉米创建县为原平、寿阳。省财政安排高产创建专项资金3591万元，按照调结构、转方式要求，在77个县建设绿色增产模式攻关点30个，玉米、小麦、杂粮和油料等示范片126个。通过粮食绿色高产高效创建，集成示范推广成熟技术模式，促进农艺农机结合、良种良法配套，引领农业生产方式转变，为促进农业转型升级提供样板和支撑。

认真组织实施旱作农业综合技术。2016年，山西省利用中央财政现代农业生产发展、旱作农业技术推广项目资金，在全省54个县杂粮、马铃薯、玉米等粮食作物上推广以地膜覆盖为主的旱作农业技术44.6万公顷。在洪洞等4个县推广旱地小麦地膜覆盖4733公顷，在平陆等19个县推广小麦宽窄行探墒沟播2.6万公顷。一是科学制定方案。省农业厅、省财政厅联合制定下发了《2016～2017年度旱作农业技术推广小麦地膜覆盖项目实施方案》《2016～2017年度旱作农业技术推广小麦宽窄行探墒沟播项目实施方案》《2016年旱作农业技术推广地膜覆盖项目实施方案》《2016年现代农业地膜覆盖项目实施方案》，明确了项目的补贴范围、补贴内容及标准、实施区域、资金补贴方式和程序，项目建设要求。二是规范补贴程序。项目补贴方式主要采取以物代资的原则。地膜覆盖项目县全部采取集中采购统一发放的方式。各项目县根据实际情况，通过公开招标、竞争性谈判等方式确定供膜企业。在地膜发放过程中，采取以村为单位组织农户填写供膜清册、公示。三是加强技术指导。项目县都成立由专家和技术人员组成的技术指导组，制定地膜覆盖技术操作规程，落实相配套的品种、铺膜机具与高产栽培技术，充分发挥技术的综合增产效果。同时，各项目县在农时季节，组织专家和技术人员，分片包干，深入田间地头，开展技术指导服务和咨询，确保项目顺利进行。各项目县采取集中培训，现场指导、机械演示、发放明白纸等多种形式，强化对农技人员、农机手的培训。四是创新覆盖模式。大力推广渗水地膜、可降解膜等新型产品及全膜双垄沟播、宽膜多沟集雨覆盖、少耕穴灌等新模式，示范面积逐年扩大。2016年，山阴、神池等县示范推广渗水地膜2333公顷；阳曲县把推广全膜双垄沟播作为发展旱作农业、实现科技增粮的有效举措，推广全膜覆盖面积达8000公顷；柳林县推广宽膜多沟集雨覆盖，这些新模式的推广应用，为全省地膜覆盖推广起到了很好的示范引导。五是强化监督检查。制定下发对地膜覆盖检查考核的通知和考核标准，由各市组织，从组织领导、任务完成、资金管理、总结宣传四个方面13项内容对地膜覆盖项目县进行考评。

落实防灾减灾措施。一是落实防灾减灾技术。利用中央资金4400万元，对小麦“一喷三防”进行补助，补助面积58.67万公顷。指导农户及时落实镇压、追肥、浇水等技术措施，努力夺取夏粮丰收。二是加强减灾服务。及时预警、及时了解掌握灾害并核实汇总上报，有效开展救灾工作，恢复种植业生产。下发预警通知30多个，5次组织技术人员赴各地开展工作督导和生产指导。三是扎实抓好农情灾情信息报送工作。下发《关于进一步加强农情灾情信息报送工作的通知》，进一步强化责任，完善机制，建立了130多个农情信息员参加的微信群，及时掌握各地生产情况。加强农情队伍建设，组织开展全省农情信息员培训。加强信息网络建设，建成了农情会商系统，给16个基点县配备了信息报送终端。做好农情采集、分析上报工作。全年共上报农业部157张报表，20余篇专题材料。四是积极做好种植业保险理赔工作。与保险部门积极配合及时核查灾情，做好对群众的理赔工作，努力减轻灾害损失。

加快种业发展。一是培育壮大种子企业。种业资源要素加快向企业流动，市场对资源配置的基础性作用得以发挥，企业由单一的生产销售向“育繁推一体化”发展，种子企业逐步成为全省现代种业发展的主体。截至2016年末，全省注册资本3000万元以上的种子企业达到28家，其中，诚信种业、强盛种业、潞玉种业3家种子企业取得农业部“育繁推一体化”亿元种子经营许可证，全部入围中国种业信用骨干企业，大丰种业改制后注册资金达到1亿元，这些企业在全省市场占有率达到58%。全省种业的规模、档次和市场集中度进一步提高，市场竞争力明显增强。潞玉种业加入中农发集团，成为该集团的玉米生产销售主力；三联种业积极开发非洲市场，在非洲国家开展棉花种子生产经营，成效明显；诚信种业、大丰种业在新疆建立稳定的生产基地，开展规模化玉米制种。二是构建完善商业化育种体系。发挥市场对种业技术研发方向、路线选择和各类创新资源配置的导向作用，完善企业为主体的创新机制，组织开展科企合作，使企业成为种业技术创新决策、研发投入、科研组织和成果转化的主体。全省种子企业中有17家建立了科研机构，其中9家为独立法人科研机构。企业在省内外建立科研育种基地136个，面积1333公顷；建立生态鉴定试验站303个，面积215.6公顷；6家企业在海南建立固定科研基地77.1公顷。近年来，随着企业品种研发投入不断增加，种子企业商业化育种水平逐步提升，审定品种总数中企业自主选育品种比例提高到45%以上。潞玉36、潞玉39、强盛388、强盛369、强盛101、大丰30、诚信16等一批企业自主选育品种先后通过审定，并在生产上大面积推广应用。三是提升品种选育能力。2016年，共承担8种作物300余个品种35个区组86个试验点的国家级品种试验任务，组织安排21种作物355个品种62个区组360个试验点的省级品种试验，各作物试验全部成功，无一报废，试验效果和质量较高。共审定通过了5种主要农作物品种51个，其中，玉米品种36个、小麦品种11个、棉花品种2个、大豆品种1个、水稻品种1个，为促进全省农业增产增收提供了有力的科技支撑。建立省级优良品种展示筛选基地400公顷，市县级优良品种展示筛选基地3333公顷，推动全省优农作物良种覆盖率达到98%。

加快脱毒种薯繁育推广。把脱毒种薯繁育推广作为提高马铃薯产量的突破口，完善脱毒种薯三级繁育体系，加快脱毒马铃薯原原种、原种、一级种生产，为全省马铃薯生产提供充足的优质种源，不断提高脱毒种薯推广率。2016年，全省脱毒种薯繁育企业发展到45家，供种量3000吨以上的达到25家，建设原原种基地20.1公顷、原种基地1000公顷，引导种薯企业配套建设一级种薯基地约6667公顷，有效地保证了山西省脱毒种薯自主繁育供应。同时，围绕特色农业扶贫的总体要求，立足雁门关、太行山、吕梁山三大马铃薯优势产业带，项目资金向贫困地区倾斜，重点从脱毒种薯繁育基地建设、马铃薯生产保险、完善马铃薯生产扶持政策等方面积极推进马铃薯产业扶贫，带动了贫困地区脱贫增收。2016年，脱毒种薯繁育补贴资金共投入22个贫困县935万元，贫困县占到项目县的84.6%，投入贫困县资金达到项目资金的78%，带动18个贫困县马铃薯种植面积进入全省前20位，马铃薯产业逐渐成为贫困地区脱贫致富的新引擎。

大力开展病虫害防治。2016年累计防治农作物病虫害831万公顷次，占到病虫发生面积的93.87%，病虫草鼠总体危害损失率控制在5%以下。全年共挽回粮食损失159万吨，蔬菜132.6万吨，水果163.8万吨，油料4690吨，总经济效益50.36亿元。植保部门加强病虫监测与防治宣传，全年共制作播发农作物病虫防治专题节目493期，举办农作物病虫防治技术培训班316余期，发送病虫防治技术短信69万余条，覆盖农村人群260万人次。扎实开展病虫绿色防控与专业化统防统治。在全省建立病虫绿色防控示范区共325个，示范区总建设面积23.9万公顷。实施专业化统防统治面积293.3万公顷次，占到防治总面积的33.8%。绿色防控实施面积216.77万公顷次，蔬菜、水果及主要粮食作物病虫绿色防治覆盖率达到25.1%。努力提升用药水平，全省植保无人机达到68架，飞防面积1.35万公顷次，较2015年增长78.8%。组织农药安全使用技术、植保机械使用与维修技术培训56场次，培训农民2300余人次。

继续开展高标准农田建设。2016年，省政府工作报告提出全省要建成高标准农田13.3万公顷（200万亩），由省国土厅、省财政厅（农业综合开发办）、省农业厅、省水利厅等单位配合完成。其中，农业部门高标准农田建设任务1.27万公顷。截至2016年底，全省高标准农田建设资金全部落实，年度建设任务顺利完成。通过工程建设，项目区农田基础设施明显改善，耕地综合生产能力明显提升，抗风险能力显著增强。

开展耕地质量保护与提升行动。在深入一线调查研究、认真总结分析“十二五”期间中低产田改造与高标准农田建设及耕地保护与质量提升补助项目实施成果和成功经验的基础上，制定并下发了《山西省耕地质量保护与提升行动实施方案》。2016年，全省各地围绕行动方案要求，统筹当前和长远、生产和生态、工程和工艺、农机与农艺，突出“改、培、保、控”四字要领，认真抓落实，取得了初步成效。中南部盆地节水灌溉培肥改良区重点围绕大水网建设，通过实施中型灌区节水配套改造工程，推广节水灌溉技术，提高水资源利用率，同时配套实施“两改一增”“两茬还田”。东部太行山山地丘陵集水保墒培肥区以提高自然降水利用率、增强抗御自然灾害能力为主攻方向，实施“蓄排结合”“三改一盖”。南部低山丘陵蓄水保墒培肥区以改善农田基础设施条件，增强抗御自然灾害能力为主攻方向，实施“拦河修坝、两茬还田、绿肥种植”。西部吕梁山黄土高原水土保持培肥区，以水土保持为主攻方向，实行“建、培、改”相结合。2016年全省推广节水灌溉技术2万公顷，测土配方施肥面积320.2万公顷，实施秸秆还田173.3万公顷，有机肥施用面积188.67万公顷。

推进化肥使用量零增长行动。大力推广测土配方施肥技术。2015～2016年测土配方施肥项目跨年度实施，全省推广测土配方施肥面积达到320.2万公顷。全省共采集测试土壤样品4.24万个，设立田间肥效试验299个，配方校正试验268个，建设村级示范方5360个，新型农村经营组织示范2.18万公顷。发放测土配方施肥建议卡160万份，培训技术骨干4.08万人次，培训农民186.14万人次。通过实施测土配方施肥，小麦亩均增产3.8%左右，玉米亩均增产4%左右，棉花亩均增产4.1%左右。马铃薯亩均增产4.6%左右，谷子亩均增产4.2%左右，果树、蔬菜亩均增产6%左右。稳步推进配方肥社会化服务体系建设。年初制定下发《山西省配方肥社会化服务体系建设项目指导意见》，确定了6.67万公顷(100万亩)精准配方肥推广应用任务。27个项目县根据当地的土壤化验和田间试验数据，综合土壤肥料、作物栽培、种子以及肥料生产工艺等方面专家意见，制定了科学的肥料配方，按要求通过政府采购确定了配方肥生产供应单位。全省共推广应用精准配方肥7.1万公顷，超额完成4333公顷。积极开展减肥增效试点工作。临猗、芮城两个部级果树减肥增效试点县均建立减肥增效万亩示范方，以示范方和示范区为载体，大力示范推广增施有机肥、施用复合微生物肥、种植果园绿肥、基肥秋施、水肥一体化、根外追肥、施用高效缓释肥、配方肥和土壤调理剂改良土壤等节肥增效技术，示范区化肥用量降低幅度达到5%以上。忻府区作为省级减肥增效试点县推广玉米测土配方施肥面积4万公顷，项目区肥料利用率提高3%以上，平均亩减少化肥用量1.2千克，亩均增产玉米20千克。针对性开展高效新型肥料的试验示范工作。在用肥量较大的果树和主要粮食作物小麦、玉米上，针对性地试验示范推广高效缓释肥料、保水松土功能肥料、微生物肥料等新型肥料。凯盛微生物套餐肥料在果树上示范推广面积达到1.33万公顷，化肥减量增效效果明显。种肥同穴生物配肥技术在玉米、小麦等作物上示范推广面积达到3333公顷，亩均节肥10%左右。

(武少东)

## 扶贫开发

**【2016年扶贫工作概况】** 2016年，全省实现57万贫困人口脱贫，超年度目标14%，1900个贫困村有序退出，贫困地区农村居民人均可支配收入6623元，比2015年增长9%，高于全省平均水平2.4个百分点，年度脱贫目标任务圆满完成，首战之年实现良好开局。

**【扶贫资金来源与投向】** 扶贫资金投入。2016年，中央和山西省加大财政扶贫投入，共安排财政专项扶贫资金34.09亿元，比2015年增加7.91亿元。其中，中央安排资金23.02亿元(含中央彩票公益金)，增加7.82亿元；省级安排资金11.07亿元，增加980.78万元，考虑到山西省2016年省级一般公共预算收入完成502.4亿元，比2015年下降13%的实际情况，山西省级扶贫投入资金实际增长率应为16%。需要说明的是，山西省在经济持续下行的压力下，仍安排列入2130504科目管理的“十三五”期间农村公路建设债券资金10亿元和用于支持贫困村基础设施建设的债券资金12亿元；省级易地扶贫搬迁14.76亿元(地方债拨付9.76亿元，专项建设基金拨付5亿元)；市、县本级财政安排扶贫资金11.83亿元。

扶贫资金投向。(1)补助市县项目支出29.43亿元，其中采用因素法分配切块到市、县资金28.03亿元；采用竞争方式安排的资金1.4亿元。按政策性因素分配资金15.39亿元，包括：市级易地扶贫搬迁投融资主体资本金7.41亿元，2014年移民第二批公用基础设施补助4000万元，光伏扶贫1.52亿元，旅游扶贫5000万元，构树扶贫300万元，老区贫困村帮扶项目9310万元，新型职业农民培育项目3000万元，项目管理费4070万元，扶贫项目贷款贴息1.5亿元，千村万人就业培训2000万元，精准扶贫信息管理补助1000万元，亚行贷款项目配套费101.01万元，少数民族发展资金804万元，以工代赈资金1.3亿元，国有贫困农场资金1023万元，国有贫困林场资金2267万元，全省统筹整合使用财政资金示范县奖补资金2700万元，资产收益扶贫试点示范县奖补资金1002万元。按客观性因素分配资金12.64亿元，采用扶贫对象规模、贫困发生率、人均可支配收入、人均财力、资金绩效评价等客观性因素分配，资金切块到市、县，支持贫困县以脱贫攻坚规划为引领，围绕脱贫攻坚目标任务，统筹整合使用财政资金，提高资金使用精准度和效益。采用竞争方式安排的资金1.4亿元，在36个国定贫困县中通过公开公平竞争方式，安排代县、岢岚、平顺、左权、吉县、方山、石楼等县，每县2000万元实施中央彩票公益金项目。主要支持建档立卡贫困村实施村内小型生产性公益设施建设项目。(2)省本级项目安排4.66亿元。其中，扶贫产业发展基金2亿元，易地扶贫搬迁贴息资金1.22亿元，易地扶贫搬迁项目政府购买服务费1.28亿元；亚行包容性发展项目前期准备经费支出286万元；省级扶贫培训项目经费390万元；项目管理费支出365万元；世行技援项目债务还款支出145.99万元；扶贫开发业务费支出335.7万元。

**【扎实推进四大"重点工程"，扶贫开发工作成效显著】** 易地扶贫搬迁。2016年，全省11个市80个县搬迁任务12.5万人，其中建档立卡贫困人口10万、同步搬迁人口2.5万。全年80个项目县，规划安置点542个，全部开工，涉及4.43万户、12.51万人。346个集中安置点竣工，竣工率64%，涉及1.98万户、6.14万人；分散搬迁已落实2440户、7616人。已入住8822户、2.66万人，入住率21.3%。2016年易地扶贫搬迁项目总投资额41.8亿元，年度目标完成项目总投资的60%、25.08亿元，已完成投资32.62亿元，占项目总投资的78%，年度投资完成率130%。

生态保护扶贫。2016年，实施退耕还林奖补、造林绿化投工、森林保护就业、经济林增效和林产业增收"五项措施"。退耕还林重点安排到贫困县贫困户，除国家补助外，省级每亩再补助800元；上一轮退耕还林，省级按每年每亩90元的补助标准延长5年；提前启动2017年8万公顷(120万亩)退耕还林任务，2016年底前将国家每亩补助500元和省级配套补助150元兑现到退耕贫困户。采取议标形式，支持贫困人口达到60%的扶贫造林合作社优先承包造林工程。贫困县80%的护林员岗位提供给贫困户，2016年7000万元国家林业管护资金全部用于36个国定贫困县新聘用贫困劳动力。在贫困县实施干果经济林提质增效6.67万公顷(100万亩)，每亩补助200元。

资产收益扶贫。2016年，在长治市和隰县、大宁等17个贫困县开展特色农业、林业、供销和农机等资产收益扶贫试点工作，以财政资金、集体资产等折股量化为抓手，依托村集体经济组织加专业合作社、农机合作社、供销合作社和林业合作社，带动贫困户增收脱贫。天镇县政府与12家经营主体对接，投入2350万元扶贫资金，借本还息，开展资产收益扶贫，支持47个贫困村每年每村增收5万元。

社会保障扶贫。2016年，山西省低保标准低于国家扶贫标准的县从91个减少到11个，政策衔接、标准衔接、对象衔接、管理衔接工作深入开展。民政、教育、健康和残疾人帮扶精准到户的24项政策得到认真落实。针对因病致贫问题，为180万农村贫困人口建立电子健康档案，认定医保扶贫对象20.96万。新农合资助贫困人口100万人次、8405万元，基本医保、大病保险和重特大疾病医疗救助实现贫困人口全覆盖。贫困人口就医免除普通门诊挂号费，太原、朔州、长治市实现县域内就医"先诊疗后付费"。贫困人口大病保险起付线由1万元降到5000元，报销比例提高2～3个百分点，慢性病补偿提高10%；33种重大疾病纳入救助范围，个人支付费用降至10%，贫困户孕产妇在县域内住院的正常分娩费用全免。针对因学致贫因贫失学问题，贫困户子女学前教育每生每年1000元生活补助，落实义务教育"两免一补"政策，率先对建档立卡家庭经济困难学生免除高中学杂费，对贫困户学生接受高等教育和职业教育资助做到全覆盖，72.89万贫困家庭学生受益。积极探索社会保障政策与保险扶贫政策衔接。山西省扶贫办联手人寿保险山西分公司，推出贫困户大病医疗补充保险和意外伤害保险专属特惠产品，大病医疗补充保险缴费18元最高可获20万元赔付，意外伤害保险缴费50元最高可获5万元赔付。全省43个县81万贫困人口参加医保补充险、74万贫困人口参加意外伤害险。

光伏扶贫。2016年，山西省光伏扶贫项目指标总规模为58.4万千瓦，其中，村级光伏电站(含户用)18.4万千瓦，集中式地面电站40万千瓦。689座、18.4万千瓦村级电站已全部启动，在10个市38个贫困县，已建成221座村级光伏扶贫电站9.52千瓦，占到村级电站总规模的51.7%，其中大同市、吕梁市光伏扶贫项目推进速度较快，村级电站已完成规模指标量的80%以上，全省村级电站预计2017年9月底前全部建成并网。40万千瓦集中电站建设筹备工作正在推进，预计2017年5月前建成并具备并网条件。全部项目入网后，可惠及1690个建档立卡贫困村实现村集体经济"破零"，帮助5.3万户以上无劳动能力贫困户年均增收3000元，近10万户建档立卡贫困户受益。

乡村旅游扶贫。2016年，山西省乡村旅游扶贫按照以成熟景区周边连片贫困村为重点，以生态休闲和文化旅游"两村"建设为主的工作思路，立足全省具有旅游资源的791个建档立卡贫困村，2016年安排财政扶贫资金5000万元，支持100个建档立卡贫困村开展乡村旅游扶贫，共带动2830余户贫困户，户均增收700余元。山西省旅游扶贫的模式有三种，一是自主参与型，即贫困户通过出售旅游产品、到旅游企业打工或直接经营旅游项目等方式获得增收。二是结对帮扶型，即通过旅游扶贫企业、合作社等经济组织和贫困村进行一对一的帮扶对接，带动贫困村、贫困户增收。三是入股分红型，即贫困村、贫困户以土地、林地、房屋以及自有资金等方式入股旅游企业或合作社，获得股份分红。同时财政资金和社会帮扶资金也可以入股旅游扶贫项目，折股量化支持贫困村、贫困户增收。涌现出了一批乡村旅游扶贫典型。

*电商扶贫*。2016年，山西省出台《山西省电商扶贫行动方案》和《山西省2016年电商扶贫行动计划》，对“十三五”期间推动贫困地区电商网络结点建设、完善县乡村三级农村物流配送体系、贫困地区农产品网络销售、电商带动贫困人口用工、贫困地区电商人才培育等方面做出总体部署。多部门联合推动电商扶贫的模式正在形成。2016年省扶贫办与省供销社共同推进农村电商扶贫工作，双方签署精准扶贫战略合作框架协议，确定在贫困地区农村电商培训、发展农村电商等方面开展合作。山西供销农芯乐电子商务有限公司线下电商服务网络已覆盖全省贫困县51个，乡镇电子商务服务站366个，村级电商综合服务网点3513个，覆盖贫困村2029个，帮扶贫困人口6786人，带动贫困人口人均增收50.2元；开展电商培训90次，培训4900人次，增加就业岗位1147个，共销售贫困地区农产品3200万元。省扶贫办、省财政厅、省商务厅多部门联合推进电子商务进农村示范县工作。临县、和顺县、天镇县、右玉县、万荣县等5个贫困县成为2016年国家电子商务进农村综合示范县。全年全省各级政府和省内外各大电商平台在贫困地区建设县级中心72个，建设乡级站点293个，建设村级网店个数4273个，创业就业人员达1.4万余人；电商帮扶贫困户1.18万余户，帮扶贫困人口3.5万多人，实现贫困户农产品网销金额2.1亿元，贫困人口人均增收565元。

*精准培训和教育扶贫*。2016年精准培训11.77万贫困劳动力，吕梁护工、天镇保姆培训1.6万人，输出6515人，首批102名山西护工在北京14家三甲医院就业，灵丘阿姨帮、五台泥瓦工等特色劳务品牌市场叫好。教育扶贫资助大学生7370人，中高职贫困生41897人，实现应助尽助。

**【举合力打赢脱贫攻坚战】** *外资扶贫*。山西省亚行贷款河川农业综合开发项目。2016年根据山西省亚行贷款河川农业综合开发项目进度，下达年度项目工程财务计划263.6万元，6月底项目农户工程已全部完成。项目完成总投资12.8亿元，达到中期调整的91.11%，其中贷款资金1亿美元已全部报回，项目实施直接带动农户3.98万户，受益人口17.8万人，解决劳动就业大约9万多个，妇女参与4.3万多人；培训农户26万多人次；增加绿地覆盖面积7447公顷；减少土地退化和水土流失约251.5万吨，年增加水源涵养能力661.85万吨；养殖发展年增加有机肥生产还田142万吨；采用管灌、滴灌、渠灌、喷灌等节水灌溉技术，节水大约30%左右。项目已成为当地产业发展、农业增效、农民增收的示范项目。山西包容性农业产业融合发展项目前期准备工作顺利开展，2016年3月与亚行考察团顺利对接《项目概念书》，就变更项目名称向国家发改委汇报并得到同意，7月筹备成立了项目技术支持服务专家团队，9月、10月亚行考察团完成了项目考察、企业财务评估和初步筛选。

*驻村帮扶*。2016年，山西省委、省政府出台完善干部驻村帮扶机制9项措施，在全省集中开展驻村帮扶督导落实专项行动、明察暗访和满意度测评等工作。省市县充实加强干部驻村帮扶工作领导小组，组织部部长、政府分管领导任正副组长，组织部门挂帅，统筹驻村工作队和第一书记管理工作。充实帮扶力量，省直机关新增派320名、市级新增派1630名第一书记到任务重的贫困县贫困村任职，省市两级派驻36个国定县的第一书记达到60%以上。加强队伍管理，除“双签”责任书外，省市县派出的驻村工作队和第一书记全部实行属地在编管理，驻县大队长挂任县委副书记，工作队长挂任乡镇副书记，工作队员全脱产。执行定期督查巡查、包村单位通报、领导约谈、工作队员和第一书记召回四项制度，对工作不力的追责问责。同时，省市县三级为驻村工作队、第一书记安排专项经费，明确补助标准，改善驻村条件，开展定期体检，办理人身保险，确保人到、心到、责任到、支持到。

*社会力量帮扶*。省脱贫攻坚领导小组成员单位各司其职，协同配合，推动落实。省人大常委会专题审议、专题询问，省政协常委会专题协商、专题调研，中央26家定点帮扶单位高度重视、倾力支持，开展电商扶贫、就业培训、劳务输出等精准帮扶系列活动。14位挂职副县长为吕梁山货携手代言，组织贫困地区农特产品走进中直机关，深受干部群众欢迎。驻晋部队团以上单位结对帮扶贫困村，工商联开展“千企帮千村”，1500多户民营企业与1600多个贫困村结对帮扶，累计投资65.7亿元，捐资助困助学4200万元，帮助3万名贫困劳动力就业增

收。共青团山西省委实施“双心双实”工程，省妇联开展“三晋巾帼脱贫行动”。58个贫困县县医院都有两家以上省市三级医院对口帮扶、专家兼职任职、290名技术骨干长期驻点。88所省级示范高中对口帮扶贫困县67所普通高中，60所职业院校对口帮扶58所贫困县职教中心。太原市六城区和开发区集中帮扶娄烦、阳曲两个贫困县，2016年各城区拿出财政收入的1%、共计1.33亿元。各机关、企事业单位对口帮扶两个县的15个贫困乡、157个贫困村，实施帮扶项目186个，提供就业岗位4100个。吕梁市组织孝义、汾阳、文水等3个县结对帮扶3个最贫困的临县、岚县和石楼县。

扶贫宣传。2016年，紧密围绕扶贫重点工作，加强宣传工作，共形成宣传报道3199条，其中，国家级媒体942条，省级媒体2257条。对扶贫“冬季行动”进行集中宣传。围绕“创品牌、树形象”开展宣传报道，对“天镇保姆”“吕梁护工”进行品牌宣传。围绕重要会议开展宣传报道。对全省脱贫攻坚大会、全省脱贫攻坚推进大会和扶贫开发等会议开展有针对性的集中宣传，形成宣传报道70多条。围绕重大政策的出台开展宣传报道，召开新闻发布会，发布《山西省坚决打赢脱贫攻坚战的实施意见》，围绕八大工程20项行动、六大政策保障机制、四个“三位一体”组织体系等情况分4期进行解读。全年，山西日报、山西电视台等媒体开设“走进贫困县”“决战贫困”专栏专题，组织记者开展“精准扶贫基层行”采访报道。《山西日报》开设《走进36个国定贫困县》专栏。《山西日报》以六论《坚决打赢脱贫攻坚这场硬仗》和对农业厅、林业厅、水利厅、扶贫开发办、金融办、财政厅进行访谈，对全省脱贫攻坚推进大会进行专题报道。《山西日报》开设《决战贫困一线行动》和《决战贫困一线人物》专栏。山西电视台开设《打赢脱贫攻坚战》专栏。中央电视台《朝闻天下》播出《创新扶贫新理念引导电商进农户》《电商扶贫难题多　多措并举克难关》新闻，《人民日报》刊发了《要致富先得找对路》《电商扶贫推广百县名优产品》《山西方山：最穷村为啥变了样》。20多家新闻媒体宣传了中央驻晋定点帮扶挂职干部举办的“吕梁山片区特色农产品网上年货节活动”。

**【机制保障进一步加强】** 在财政投入上，2016年省财政安排扶贫专项资金8.72亿元，比2015年增长18%。发行地方债65.9亿元，支持易地搬迁、农村公路和贫困村基础设施建设。在58个贫困县全面开展财政资金统筹整合工作，涉及9大类、83项、105亿资金，通过以县制定整合方案和资金管理办法、加大资金保障力度、健全工作协调机制、示范带动、专项督查等措施，提高了资金使用精准度。资金安排实行“一因素三挂钩”办法，按因素法切块到县，与资金盘活使用、扶贫成效和重点工程挂钩。2016年中央彩票公益金项目引入竞争机制确定项目县，以县申报、现场陈述、专家评审、过程公开、结果公示。在金融扶贫上，与农发行、国开行签订协议，“十三五”贷款投放规模分别为350亿和300亿，2016年已分别投放15.79亿元和75.92亿元。银行业金融机构特色产业扶贫贷款余额81.17亿元，比2015年增加40.8亿元。探索完善以“二免一贴”为内容的扶贫小额信贷模式，把扶贫小额信贷作为“金融＋精准扶贫”的重要抓手和加速贫困农户脱贫致富新手段，精心打造金字品牌。2016年，58个贫困县新发放扶贫小额贷款15.6亿元，覆盖贫困户4.8万户。在用地保障上，出台贫困县单列扶贫项目建设用地、保障土地增减挂钩、36个国定贫困县和贫困老区增减挂钩节余指标省内流转使用等8项政策，保证脱贫攻坚用地需求。在人才支持上，从高等院校、科研院所选派专业人才，到36个国定贫困县挂职副县长2～3年，主抓重点产业，主攻突出难题，推动产业扶贫。为脱贫攻坚任务重的8个市派驻了金融服务专员。

（刘世锋）

## 畜　牧　业

**【2016年山西省畜牧业生产情况】** 2016年，全省肉、蛋、奶产量分别达到241万吨、141万吨、136万吨，比2015年分别增长5.33%、3.68%、2.25%；推广三元优质生猪896.3万头，推广蛋鸡标准化养殖878.9万只，改良羊761.8万只，对2.4万头奶牛进行了DHI生产性能测定；草地建设16.13万公顷，推广种植青贮玉米4.99万公顷，保护草地20.75万公顷。全年全省猪鸡牛羊存出栏分别可达1120万头、1.75亿只、194万头、1870万只和1900万头、2.86亿只、107万头、1790万只，分别增长2%、3.96%、1.94%、1.28%和6.32%、4.35%、5.04%、7.41%。畜禽规模化养殖比重达到60%。

**【产业振兴全面实施，现代畜牧业建设步伐加快】** 畜牧业转型升级明显加快。2016年，畜牧业提升工程重点在“十三五”规划确定的70个养殖重点县中实施，根据各县产业主攻方向安排资金项目，全年在40个畜禽养殖重点县（市、区）新建家庭畜牧场及标准化养殖场（小区）210个。雁门关生态畜牧经济区项目建设大力推进，在雁门关区5市36县推广生态养殖和循环经济模式，建设了以牛羊草食畜为重点的畜禽标准化养殖场100个。开展畜禽养殖标准化示范创建活动，以生态养殖场示范创建为重点，创建了10家国家级示范场，进一步完善了8个2015年国家级畜禽标准化养殖示范场建设，规模化养殖比重提高2个百分点。

装备智能化水平及先进技术明显提升。2016年，重点在5个奶牛主产市配发奶牛发情检测项圈、腕套（包括配套数据处理系统硬件软件）1万余个。实施畜禽产业科技支撑示范工程，支持符合畜禽科技示范条件的10个县开展畜新技术集成示范推广。在平定县、清徐县、高平市开展生猪良种补贴，生产4.67万头份冻精进行补贴，全年改良荷斯坦奶牛12万头，肉牛12万头。

**【大力开展招商引资，为畜牧业发展提供保障】** 在山西（运城·临汾·吕梁）特色农产品北京展销会上成功举办了畜牧业项目招商引资活动。全省已签约畜牧招商引资项目48个，涉及生猪、奶牛、肉牛、饲料、肉鸡等畜种。项目总投资318.74亿元，招商引资315.82亿元。与2015年相比，引资项目增加16个，项目总投资额增加253.74亿元，招商引资额增加276.82亿元。亿元以上的项目28个，牧原集团忻州生猪养殖体系项目、大同市正大集团新型农牧食品绿色循环综合示范暨“产业扶贫”合作项目、运城新绛牧原集团生猪养殖项目、朔州怀仁大象集团生猪养殖项目、晋中寿阳汉世伟集团生猪养殖项目、温氏集团万荣县生猪一体化养殖建设项目等投资额均在10亿元以上。

**【草牧业及粮改饲建设取得突破】**

耕地种草发展迅速，粮经饲三元结构格局形成。2016年，朔州市实施耕地种草3.95万公顷，其中种植青贮玉米面积2.61万公顷，苜蓿3333公顷，燕麦草8400公顷及其他牧草1600公顷。该市耕地种草总面积达到4.42万公顷，占到耕地总面积的13%。粮经饲结构调整到68∶19∶13，饲草种植面积是2014年的3.3倍。2016年在大同市实施耕地种草8000公顷，均为青贮玉米，青贮量达到36万吨。其中大同、阳高、浑源，每县种植面积2000公顷，饲草料收储量9万吨。

草产业初步形成，优质饲草供应能力增强。朔州市作为全国唯一的草牧业试点市，把工作重点放在“补短板”上，建成以平川区朔城区“金土地”200公顷、山阴县的农牧场226.7公顷集中连片为代表的高产优质苜蓿基地，以平鲁区山地丘陵区为代表的6000公顷不同规模集中连片苜蓿基地，并形成了种草、养羊、牧草加工一体化的模式。该市拥有青贮玉米收割机300余台，每天收割面积达2667公顷，青贮量达100万吨。

牛羊饲料结构优化，草食畜提质增效明显。2016年，朔州市150个奶牛场的10万头奶牛使用上优质全株玉米青贮，日增鲜奶3千克，奶牛平均日产鲜奶量已达到了25千克以上。肉羊养殖场使用苜蓿干草、全株玉米等优质牧草后，6月龄出栏肉羊增重2.5千克，每只羊增收30元。

**【畜牧业供给侧改革大力推进】** 在畜禽粪污处理上，通过对全省畜禽规模化畜禽养殖场（小区）的养殖排污、治理及利用情况进行摸底调研，组织编制了《山西省畜禽规模养殖场粪污处理和利用“十三五”规划》，制定了针对性的粪污处理措施，平均每个县投入2360万元，在全省11个市29个重点项目县建设5～10个畜禽粪污集中处理中心和50～65个规模养殖场。在病死畜无害化处理上，建设日处理能力5～10吨的中大型病死动物无害化处理场3个，日处理能力5吨以下的中小型无害化处理场13个，其中经太原市政府统筹安排，清徐县和太原市城区合并建设，16个处理场全部落实地点，部分已建设完成。

**【狠抓畜禽养殖粪污治理，生态畜牧畜科技推广增强】** 2016年，在全省29县投资2360万元，用于扶持45个污处理设施设备建设和10个粪污集中处理中心建设项目。重点是对新建、改扩建的规模化畜禽养殖场（小区）配套实施雨污分流和固体粪便储存设施，在散养密集区实行畜禽粪便污水分户收集、集中处理利用。

**【重大动物疫病防控扎实开展，保障畜牧业生产健康发展】** 突出抓好重大动物疫病防控。2016年，全省猪O型口蹄疫共免疫1514.32万头次，牛O型—亚洲Ⅰ型口蹄疫免疫240.2万头次，A型口蹄疫免疫84.92万头次，羊O型—亚洲Ⅰ型口蹄疫免疫3162.32万只次，高致病性禽流感免疫鸡21901.5万羽次，高致病性猪蓝耳病共免疫1485.83万头次，猪瘟免疫1521.8万头次，小反刍兽疫免疫羊1622.64万只，基本上做到了应免尽免、不留空当。

加强兽医实验室监测和动物防疫体系建设。2016年，全省动物疫病病原学监测数量和频率进一步增加，免疫抗体监测进一步加强。全年共监测样品24.43万份，其中血清学22.97万份、病原学1.46万份，其中禽流感监测6.71万份，合格率95.16%；口蹄疫监测5.95万份，合格率85.17%；猪瘟监测2.42万份，合格率89.72%；猪蓝耳病监测1.12万份，合格率91.07%；新城疫监测4.46万份，合格率96.59%；布病监测2.09万份，阳性率1.77%；牛结核监测1055份，阳性率0.18%；小反刍兽疫监测1074份，合格率73.28%。免疫抗体合格率全部超过70%的合格标准，阳性畜禽全部进行了无害化处理。

**【加强动物卫生监督,病死动物无害化处理成效明显】** 强化调运环节监管,严格规范跨省调运。2016年,根据《农业部办公厅关于开展跨省调运种用动物、乳用动物专项整治行动的通知》(农办医〔2016〕28号)要求,积极开展跨省调运种用动物、乳用动物专项整治行动,严格把好种用动物、乳用动物调运前审批、调运中监管和落地后隔离三道关卡,严厉打击违法违规调运种用动物、乳用动物行为,降低动物疫病传播风险,保障畜牧业的健康稳定发展。

加强诊疗监管,规范从业行为。在连续两年开展专项整治行动的基础上,结合全省实际,积极组织开展动物诊疗活动专项整治行动。以城市动物诊疗机构为重点,全面强化动物诊疗活动管理,严厉打击动物诊疗机构、兽药经营机构、执业兽医和乡村兽医无证经营、违规售药、非法行医、执业行为失范等违法行为,规范了动物诊疗活动和兽医从业行为,提升了动物诊疗机构和执业兽医从业服务水平。

无害化处理稳步推进。根据省政府强农惠农政策资金安排,2016年划拨山西省病死动物无害化处理奖补资金2500万元,用于对无害化处理场建设进行奖补。在清徐县、阳高县、太谷县、平遥县、襄汾县、曲沃县、汾西县、闻喜县、永济市、武乡县、长子县、高平市、泽州县、沁水县、文水县等16个县建设专业病死畜禽无害化处理场,进一步推进全省病死畜禽无害化处理建设工作,提高全省病死畜禽无害化处理水平,切实保障畜产品消费安全、食品安全和生态环境安全。

**【开展兽药专项整治,加强兽药监督执法】** 2016年,完成畜产品兽药残留例行监测及兽药残留监控共3210批次。其中完成畜产品例行监测2556批,合格率100%,其中猪肉170批、牛羊肉166批、猪尿985批、牛羊尿500批、鸡肉330批,生鲜乳405批;完成动物产品兽药残留监控654批,监测合格率100%,其中完成农业部兽药残留监控527批、辖区配套兽药残留监控127批。完成饲料监督抽检500批次,合格率98.8%(其中完成养殖环节饲料中违禁药物监测173批,合格率100%;完成反刍动物饲料中牛羊源性成分例行监测抽样86批次,合格率100%;完成饲料普遍性安全因素抽样检测176批次,合格率96.6%;完成蛋白饲料原料中三聚氰胺检测65批次,合格率100%)。完成兽药监督抽检277批,抽检合格率98.1%,其中完成国家抽检139批,辖区抽检139批。全年完成兽药委托复合检验2595批次,第四季度兽药抽检结果正在进行复合及数据整理中。完成动物产品兽药残留监控654批,抽检总合格率100%,其中鸡肉组织中检测磺胺类残留161批,鸡肝组织中检测地美硝唑/甲硝唑残留84批,猪肉组织中检测四环素类残留194批,牛奶检测β—内酰胺类残留218批。完成生鲜乳质量安全监测903批(其中生鲜乳质量安全监测801批、国标乳监测102批),实现了生鲜乳监督抽检奶站、运输车抽检全覆盖,检测项目为包括了目前风险较大的8种违禁添加物和重金属及黄曲霉毒素M1,监测总合格率达100%。

**【做好兽医医政工作,提高兽医队伍信息化管理水平】** 2016年,全省共确认官方兽医220人,取消48人官方兽医资格。共开展执法次数746次,出动执法人员2423人次,清理关闭15个不合格动物诊疗机构,查处违法案件3起,没收违法所得金额3087元,罚款金额3944元。核发25家动物诊疗许可证,注销2家动物诊所的诊疗许可证,没收销毁各类过期药品156盒。

**【开展畜禽屠宰监管"扫雷行动",确保群众"舌尖安全"】** 开展生猪屠宰监管"扫雷行动"。2016年,对全省屠宰企业进行了全面清查,代宰行为进一步规范。对使用"瘦肉精"、注水注胶、屠宰病死畜禽等违法行为进行了严厉打击。对小型屠宰场点所在地、城乡结合部、交通要道周边,以及专业村(户)、肉食品加工集中地、农村集贸市场等易发多发屠宰违法行为的地区加强风险隐患排查,开展集中整治。全面排查生猪定点屠宰企业,对于未获得生猪屠宰许可而从事生猪屠宰活动的企业,收回其定点屠宰证并协调相关部门吊销其生猪屠宰营业执照。审核清理其他畜禽屠宰企业,参照《关于加强生猪定点屠宰资格审核清理工作的通知》,按照属地管理和"谁审批、谁监管"原则,在当地政府统一领导下,对牛、羊、家禽屠宰企业进行资格审核。按照《山西省畜禽屠宰管理条例》规定,从严设立畜禽屠宰企业标准,对不符合法定设立条件的限期整改,达不到要求的禁止从事畜禽屠宰活动。

严格畜禽屠宰企业审批。根据《农业部畜禽屠宰行业健康发展指导意见》、省政府企业设置审批相关要求及农业厅行政审批相关规定,对新建企业严格把关,并指导企业做好选址、规划、设备选型等。

建立畜禽屠宰监管平台及追溯体系。朔州、晋中、晋城等市要求屠宰企业在关键区域安装高清摄像头,部分县可及时将监控信息上传至监管平台,监管效率大大提高。建立畜禽屠宰可追溯体系,包括屠宰企业生产信息报送、生产加工及病死畜禽无害化处理实时监控、生产台账查证、产品信息追溯等内容。

(于月丽 郑晓静)

# 农垦事业

**【2016年农垦系统生产经营状况】** 2016年，山西农垦系统有国有农场(公司)25个，其中，隶属山西省投资集团5个，市属8个，县属12个，分布在9市22县(区)境内，其主管单位主要隶属于各地开发区、国资委和农委等部门。垦区总人口4.78万人，职工3500多人。国土总面积2.34万公顷，其中耕地6473公顷，草地牧坡5313公顷，林地6847公顷，园地687公顷，建设用地1540公顷，未利用地2547公顷。

2016年，山西农垦经济继续保持了稳中有进的发展势头。全省垦区大多数农场以粮食生产、蔬菜种植和奶牛养殖为主业。2016年主营农业企业有24个，农作物种植面积5987公顷，粮食总产量2.98万吨，蔬菜总产量9072吨；乳牛存栏0.88万头，猪存栏1.04万头，羊存栏9万头，肉类总产量3301吨，牛奶产量2.84万吨。有4个农场兼营工业，主要涉及饲料加工、矿产开采、石材加工、家具制造、白酒及醋加工等；有11个农场兼营第三产业，主要从事农副产品批发和交通运输、商贸、服务业等，实现销售总额44.85亿元。2016年，全省垦区实现生产总值5.82亿元，其中第一产业1.31亿元，第二产业2.42亿元，第三产业增加值2.08亿元。人均纯收入8902元。

**【农垦改革工作进一步深化】** 由农业厅牵头组织省级相关部门开展了全省农垦系统20多个国有农场的调查摸底工作，形成《调研报告》并专报省委、省政府。成立了山西省推进农垦改革发展领导小组。起草了《关于进一步推进山西农垦改革发展的实施意见征求意见稿》。根据《农业部关于部署开展深化农垦改革专项试点工作的通知》(农垦发〔2016〕2号)精神，确定了两个场(公司)承担全国专项试点工作任务，山西省农业产业有限公司承担推进国有农场企业化改革和公司化改造试点任务；山西省临汾市尧都区奶牛场承担组建专业化农业产业公司和对农垦企业改革改制中涉及的国有划拨建设用地和农用地、采取作价出资(入股)方式处置改革专项试点任务，三项试点任务已被农业部确认备案。

**【强力推进国有贫困农场扶贫开发工作】** 2016年，农业部农垦局共安排山西省垦区国有贫困农场扶贫资金1023万元。围绕扶贫项目和资金，积极开展扶贫开发工作。一是规范项目资金管理。严格按照《山西农垦国有贫困农场财政扶贫项目及资金管理实施细则》，对项目资金的支付进行审批。二是加大项目督导检查力度。按照省农业厅统一安排和部署，以晋农业(垦)发〔2016〕5号文件下发通知，要求项目农场积极开展自查，发现问题及时进行整改。另外，协助和配合农业部农垦局对山西省2013年～2015年扶贫项目进行了抽查检查。三是全面推进扶贫项目的实施。向部农垦局报送了2015年扶贫项目建设情况，提出了2016年扶贫项目计划和2017年扶贫资金需求计划。同时积极组织对新申报项目的评审和论证，及时组织专家对已完工项目进行竣工验收，并注重项目绩效评价管理，确保扶贫资金发挥应有的效益。

**【推进国有农场办社会职能改革工作】** 自2013年以来，国务院农村综合改革工作小组连续四年将山西省符合条件的18个国有农场列为办社会职能改革试点农场。每年中央和省级财政下达18个农场(企业)财政奖励资金1422万元，其中省直5个农场每年享受财政奖励资金621万元，其他市县农场财政奖励资金直接下达各市县财政。省农垦局严格按照《山西省国有农场办社会职能改革财政奖励资金管理办法》，要求各场上报资金使用计划，加强财政奖励资金管理，做到专款专用，确保财政补贴资金使用规范、安全和有效。

**【全面落实安全生产责任】** 全省农垦系统继续贯彻落实"安全第一，预防为主、综合治理"的思想方针。一是在节假日来临之际，提前下发关于加强安全生产工作的各项通知，加大安全生产宣传力度，各企业积极组织开展安全生产自查和隐患排查治理，预防安全事故的发生。二是积极开展"安全生产宣传月"活动，局、站领导多次深入农场，重点对企业的森林草地防火、防汛抗旱和农牧业生产安全等进行了监督检查。三是联合厅安委办在永济举办了"山西农垦系统安全生产培训"和"安全生产宣传咨询"活动，发放各类宣传资料1200余份，进一步普及了农业安全生产知识。四是11月在临汾市举办了山西农垦系统安全生产管理培训班，在尧都区奶牛场举办了现场消防应急演练，进一步加强了农场实战训练水平，提高了农场处置突发事故的应急救援能力。

(闫维平)

# 林　业

**【生态建设与保护】** 全面完成国土绿化造林任务。2016年，打造了一大批新旧工程衔接、规模效益兼备的精品工程，大力推进吕梁山生态脆弱区、环京津冀生态屏障区、重要水源地植被恢复区和通道沿线两侧荒山造林，努力提升重点区域造林绿化水平。在树种选择上，将干鲜果经济林、特色经济林和木本药材等经济型树种作为结构调整的重点方向，加大双季槐、皂荚、油用牡丹、文冠果、构树、翅果油树等生态经济兼用树种在造林工程中的推广应用。在科技服务上，重点加大乡土阔叶树种造林技术的创新，用科技提升阔叶树的应用率和经济林树种对富民增收的贡献率。

2016年，全省共完成造林面积26.67万公顷，其中人工造林20.67万公顷，封山育林6万公顷。森林抚育面积6.13万公顷。吕梁山生态脆弱区造林9.84万公顷，占全省造林任务的36.9%。此外，全省还完成四旁植树1.01亿株，其中：义务植树5076.6万株，其他植树5054.7万株。育苗面积7.28万公顷，其中国有育苗面积8000公顷，新育苗面积1.89万公顷。配合农村人居环境改善，完成村庄绿化500个，大同市南郊区口泉乡杨家窑村等5个行政村被授予"全国生态文化村"称号。

*森林资源管理全面加强。*森林防火进一步强化网格化巡查和定点看护制度，2016年，共接到热点129个，发生火情43起，森林火灾受害率为0.014‰，全省没有发生重特大森林火灾。全面加强林业有害生物预测预报和防治工作，林业有害生物成灾率控制在0.4‰，圆满完成了国家林业局和省政府下达的目标考核任务。严格执行"十三五"期间年森林采伐限额，深入开展"毁林犯罪严打"专项行动、打击破坏野生动物资源违法犯罪的"冬季行动"，全年全省森林公安机关共查处各类森林和野生动物案件3255起，为国家挽回直接经济损失2000余万元。新批建大同桑干河、洪洞汾河、右玉苍头河三处国家湿地公园，千泉湖湿地公园、古城湿地公园晋升为国家湿地公园，全省湿地公园总数达到50处，42.48%的湿地纳入了自然保护区和湿地公园范围。新增省级森林公园5处，全省森林公园总数达到132处，占省国土总面积的3.65%。扎实推进未成林造林地管护和森林经营工作，国家林业局在山西召开森林经营培训班，学习推广山西省的先进经验和经营模式。开展古树普查工作，围绕古树名木的生态、历史、文化、经济、科研、景观价值，开展了魅力古树看山西活动，出版《晋祠古树风韵》，对600株古树进行复壮保护，制定发布了《古树名木保护技术规范》《古树名木养护管理规范》等4个地方标准，建立古树名木专家库，开展古树名木保护立法工作，形成保护古树名木的技术支持、法制支撑和专家团队支撑体系。

*深入推进林业各项改革任务。*国有林场改革工作扎实有序，全省11个市和省直9个林局的方案已全部批复，晋城、临汾、长治、吕梁、太原等市的方案已印发实施。省编委会、省编办将省直林局（场）机构类别由公益二类整体调整为公益一类，明确将100余名事业编制民警转政法编制，新批了12个副处级中心林场和两个国家级湿地公园机构。省财政新增补贴1.19亿元，总额达到3亿元，省直林区经费得到保障。现有的9869万元债务化解达成协议。省财政安排省直林区基础设施建设资金1800万元，用于林区道路建设和场部基础设施建设。省交通厅将林区需改造道路9245.7千米纳入交通部门"十三五"规划和年度建设计划。永久性生态公益林保护立法加速推进，省政府第130次常务会议对《山西省永久性生态公益林保护条例（草案）》进行了讨论研究。十二届省人大常委会第29次会议对《条例（草案）》进行了初次审议。11月8日省人大主任会议研究决定，同意报省委审批，提请常委会会议审议。编制了《山西省永久性生态公益林保护规划》，拟划定永久性生态公益林373.3万公顷，以国有林场为基础，依法确立山西森林生态底线，建立最严格的森林保护制度，保障生态安全屏障更加稳固，促进经济社会可持续发展。集体林权制度改革全面深化，在古县、乡宁县开展林地经营权流转证核发和林地经营权流转证抵押贷款试点工作，对核桃经济林核发林木权证并进行抵押贷款。

*林业产业发展迈出新步。*继续加强经济林基地建设，安排发展核桃、红枣等传统经济林和双季槐、连翘、皂荚等特色经济林4.67万公顷，改造低质低效经济林1.9万公顷，核桃、红枣产量提高30%左右。成功举办第四届山西苗木及花卉博览会。确定15个县、8个国有林场为林下经济种植示范基地，投入资金630万元，发展林下经济中药材种植2100公顷。森林公园取得新发展，完成5处省级森林公园批建工作。继续在全省开展林业产业开发调查工作，4家林业企业获国家级林业重点龙头企业称号。编制《全省干果经济林及特色经济林发展规划》，提出北部地区干果经济林发展指导意见。

**【林业脱贫攻坚初显成效】** *党委政府高度重视，生态脱贫推进有力。*2016年，先后召开的全省脱贫攻坚会议和全省脱贫攻坚推进大会，把林业工作放在省委、省政府推进脱贫攻坚十项具体措施首位。明确提出加大贫困地区生态治理力度，支持贫困群众直接参与重大生态工程建设，探索有利于贫困地区和贫困人口的生态环境保护补偿机制。要求把脱贫攻坚与生态文明建设紧密结合起来，下决心在"一个战场"上打好脱贫攻坚、生态治理"两个攻坚战"。省委、省政府《关于坚决打赢全省脱贫攻坚战的实施意见》中，把林业生态脱贫作为精准实施脱贫攻坚的“八大工程”之一，大力开展退耕还林脱贫一批、生态治理脱贫一批、生态保护脱贫一批、干果经济林管理脱贫一批、林业产业脱贫一批等“五个一批”工作，靠林业支持和带动42万左右农村贫困人口增加收入稳定脱贫。省政府先后召开全省生态建设推进脱贫攻坚座谈会、全省造林绿化运城现场推进会、全省生态脱贫暨提前启动实施新一轮退耕还林还草电视电话会议，重点对生态脱贫攻坚进行全面安排部署，围绕荒山增绿、群众增收两条主线，力争到2020年全省森林覆盖率和林业对农民增收的贡献率均达到23%以上。启动新一轮退耕还林，加强永久性生态公益林保护。在省委、省政府的大力推进下，全省各地坚持把脱贫攻坚和生态文明建设紧密结合起来，积极探索生态脱贫、绿色发展新路子。

*自觉扛起扶贫责任，立足林情谋划部署。*一是制定了山西林业推进脱贫攻坚的指导意见、行动方案、林业资产性收益等一揽子政策规定，下发《关于做好新一轮退耕还林还草地类地块调查落实工作的通知》《关于提前启动实施2017年新一轮退耕还林还草的实施方案》，明确思路任务，细化政策措施，找到了精准扶贫的突破口和着力点。二是联合省农业厅、省扶贫办、省工商局制定出台《关于扶持发展扶贫攻坚造林专业合作社的指导意见》，鼓励贫困户成立扶贫攻坚造林专业合作社，参与造林绿化工程建设，获得劳务收入，从政策和制度层面保证各项扶贫措施靶向正确、精准到位。三是省级编制完成退耕还林、造林绿化、林地资源管护、干果经济林提质增效四个专项规划，汇总形成全省林业脱贫攻坚总体规划，并督导市县林业扶贫规划、方案的编制，以规划促进扶贫、引领攻坚。

*不断创新发展机制，全面激发扶贫活力。*一是将林业脱贫攻坚任务较重的兴县、岚县、静乐三县作为全省林业脱贫攻坚试点县，由林业厅造林处负责对接兴县、林改处对接岚县、造林局对接静乐县，在政策落实、项目推动、贫困人口参与、体制机制等方面，先行先试、大胆创新，走一步带一步，辐射带动全省林业脱贫攻坚进度更快、质量更好、成效更实。二是扶持发展扶贫攻坚造林专业合作社，优先鼓励具有一定经济实力的造林公司、社会组织和集体个人，创办贫困人口占到60%～80%的扶贫攻坚造林专业合作社，采取议标的形式，承担贫困县的造林绿化工程，吸收更多的贫困群众在造林绿化中增收致富。扶贫攻坚造林专业合作社的模式，在全省引发热烈反响。全省已组建2853个扶贫攻坚造林专业合作社，入社农民7.5万人，其中建档立卡贫困人口6.1万人。三是根据省领导安排，积极探索山西省林业资产收益扶贫工作，确定临汾市大宁县、隰县和吕梁市兴县、临县、石楼县为全省林业资产收益扶贫试点县，5个试点县分别建立1～2个林业资产收益扶贫新型组织，省直林局分别组建1个股份联营（合作）试点林场。鼓励具有一定出资、筹资能力的国有林场、民营企业、造林绿化公司等经营主体和林业大户、技术人员、村干部等具有组织能力的人员，带领农民以林地包括退耕地经营权、林木所有权和政府涉林补助资金入股，牵头领办以经营退耕还林地、宜林荒山、干果经济林、生态公益林、林下经济为主的股份合作组织，盘活林地资源，探索建立有效增加农民资产收益的长效机制，实现“资源变资产、资金变股金、农民变股东”，促进和带动农民持续增收、稳定脱贫。

*五位一体扶贫攻坚，增绿增收紧密结合。*全省大力实施林业扶贫攻坚“五个一批”战略，在造林营林、管林护林、林产发展中全方位提升贫困群众的劳务收入和资产性收入。一是退耕还林脱贫一批。省政府坚持将退耕还林作为农民增收最直接、群众受益最广泛、脱贫攻坚最有效的工程。对上一轮退耕还林，省级按照每年每亩90元的补助标准延长补助5年，保证国家补助政策到期后群众收入不减。对新一轮退耕还林，实施退耕还林的农户现金补助在国家每亩补助1200元的基础上，由省级配套300元，每亩达到1500元；种苗造林补助对58个贫困县在国家每亩补助300元的基础上由省级配套500元，每亩达到800元；对其他非贫困县，在国家每亩补助300元的基础上由省级配套200元，每亩达到500元。为有效缓解当前农民收入下行压力，使农民群众有更多的获得感，在国家退耕指标尚未下达、省级财政极度困难的情况下，提前启动了2017年度新一轮退耕还林，省政府于10月20日印发了《关于提前启动2017年度新一轮退耕还林还草实施方案》（晋政办发〔2016〕143号），要求将任务重点安排到贫困县，做到应退尽退、愿退尽退；省林业厅下发了《关于做好新一轮退耕还林还草地类地块调查落实工作的通知》和《120万亩退耕还林任务的预计划》。二是生态治理脱贫一批。优先鼓励具有一定经济实力的造林公司、社会组织和集体个人，创办贫困人口占到60%～80%的扶贫攻坚造林专业合作社，采取议标的形式，承担贫困县的造林绿化工程，让老百姓在参与植树造林、治山治水、治沟治坡中脱贫增收。三是生态保护脱贫一批。加快永久性生态公益林立法保护，将山西省生态区位极为重要或生态状况极为脆弱的生态公益林，通过立法长期严格保护，确保山西的林业生态红线不破、底线不越。根据36个贫困县有林地面积和贫困人口数量两个因素将中央财政安排山西省聘用生态护林员管护投资7000万元

投资分配到县。全部完成县级《建档立卡贫困人员生态护林员选聘实施方案》的编制工作，制定了管护员聘用和管理办法，划定了管护责任区，设置了管护岗位。全省共聘用生态护林员1.06万人，涉及36个国定贫困县，413个乡镇，7951个行政村（或自然村）。经县扶贫部门认定完成具体人员身份信息，开始签订管护协议，经培训后上岗开展巡护工作。四是干果经济林管理脱贫一批。全省58个贫困县现有20.87万公顷低产低效林，普遍存在产量不达标、达标不达效的问题。优先将贫困户现有的干果经济林全部列入补助范围，连续扶持3年，做到项目扶持全覆盖。由林业部门的科技人员、乡村两级的技术能手牵头组织贫困人员成立技术服务队，承包实施项目建设，既使经济林稳产高产，又让贫困户获取劳务收益。2016年全省安排干果经济林提质增效项目3.33万公顷，安排到贫困县1.98万公顷，对4.38万建档立卡贫困户的1.18万公顷低产低效经济林进行了改良换优和综合丰产管理，初步统计当年增产30%以上，可为贫困群众增收5300万元，户均增收1200元。五是林业产业脱贫一批。全面推进“政府引导、企业主导、农民参与、市场运作”的发展机制，加强基地建设，调整林业种植结构。2016年新建完成了8个特色林业产业示范基地，主抓了种苗花卉产业、森林食品产业和森林旅游产业。以运城果品交易博览会为契机，对78名“绿色产业领头人”进行了“林产品综合开发、创新及电商平台建设，产业管理”等内容的培训。组织省内43家涉林企业负责人、林业专家学者及技术带头人等76人召开了参加全省林产品加工企业代表座谈会，共同研讨行业企业发展现状、存在问题、政策建议等，为退耕还林工程和林业精准扶贫提供决策依据。利用“山西林业产业网”，发布有关产业方面的政策，发布、转载林业产业相关新闻热点。

*加强资金投入管理，健全投资融资机制。*一是省林业厅与政策性银行开展业务对接，积极争取将贫困县新造林、退耕还林、资源管护和干果经济林提质增效“十三五”预算外新增资金纳入银行贷款支持范围。二是山西省被确定为林业资源开发与保护贷款试点。省林业厅与中国农业发展银行山西省分行于10月17日签订《全面支持林业发展战略合作框架协议》，省农发行将在“十三五”期间对山西省生态储备林基地建设、国家和省级林业重点工程建设、林业扶贫工程、国有林区和林场基础设施建设、林业产业发展、生态旅游开发等领域给予支持，为山西省林业提供150亿元的信贷额度。三是坚持服务生态脱贫、规范运作和保值增值的原则，组建山西林业开发投资公司作为融资平台，负责全省国土绿化、退耕还林、林业生态保护、林业产业增效、森林质量提升、林业扶贫攻坚等林业“六大”工程专项融资，发挥政府购买服务承接主体作用，加快资金落实到位进度。

（张桂香）

# 水利事业

**【2016年山西水利工作概述】** *大水网攻坚取得重大进展。*2016年完成隧洞掘进及管道铺设257.2千米。隧洞掘进累计完成629.1千米。辛安泉供水工程实现通水，东山供水工程具备上水条件，中部引黄和小浪底引黄两大泵站地下洞群及厂房开挖快速推进。与大水网骨干工程相配套的县域小水网全面启动。

*以汾河流域为重点的河流生态修复扎实推进。*汾河中游核心区15座干流蓄水闸坝基础工程完工。沿汾6市按照“一市一重点、一县一工程”的布局和思路，分别制定了汾河流域生态修复2016～2018年3年项目滚动规划。汾河太原段综合治理三期等一批重点工程扎实推进。

*民生水利发展基础进一步夯实。*全省完成农田实灌面积156.8万公顷。新建和改扩建农村饮水安全工程909处，巩固和提升了44.5万农村人口的饮水安全标准。完成了36个国定贫困县、51.43万户建档立卡贫困户的饮水安全入户调查，全面启动实施了水利脱贫攻坚“3211”工程，全省完成水土流失治理面积36.5万公顷。中央安排的65处抗旱规划引调提水工程全面建成。

*防汛抗洪工作取得全面胜利。*2016年，成功抗御了“7·19”等各类汛情险情，全省600座水库、18161座淤地坝无一垮坝，主要河流均未决口，重要城市和重要基础设施安全度汛，防汛抗洪抢险救灾工作取得全面胜利。

*进一步落实最严格的水资源管理制度。*全省万元地区生产总值用水量较2015年度下降1.1%，全年压减地下水开采量1.28亿立方米，全省地下水位持续回升。晋祠泉复流工程扎实推进，难老泉地下水位较年初上升1.96米，已累计上升23.38米。

*重点水利工程争取国家支持取得重大突破。*大水网中部引黄供水水源工程列入国家172项重大水利工程。地下水修复列入国家“十三五”规划纲要，作为京津冀晋区域地下水修复试点。桑干河治理纳入国家《永定河综合治理与生态修复总体方案》，成为京津冀协同发展的重要组成。

**【保障、准备工作】** （1）《山西省水利发展“十三五”规划》编制完成。（2）《汾河流域生态修复规划（2015～

2030年)》完成报批。(3)全面启动桑干河、滹沱河、漳河、沁河、涑水河、御河6条河流生态修复与保护规划的编制工作。(4)将桑干河(含御河)纳入永定河综合治理与生态修复治理体系,编制完成的《总体方案》初稿征求意见。(5)省水利厅编制完成《山西省加快灾后水利薄弱环节建设实施方案》《山西省江河湖库水系连通实施方案》《山西省抗旱规划"十三五"实施方案小型水库》等规划。(6)启动汾河流域生态修复工程13个项目。(7)2011年水利部开展的大型灌区续建配套与节水改造骨干项目山西省涉及9大灌区(汾河、尊村、大禹渡、汾西、禹门口、潇河、文峪河、桑干河、册田灌区)的年度实施方案全部批复完成。山西省列入全国抗旱规划"十三五"实施方案(2017～2020)的27个小型水库可研报告完成编制。

**【水资源管理】** 完成了国家、省两级最严格水资源管理考核及最严格水资源管理制度试点技术预验收。完成了国务院对山西省人民政府2015年度最严格水资源管理考核。2015年,山西省实际用水总量为73.59亿立方米,目标值为76.4亿立方米;万元工业增加值用水量24.7立方米,比2010年下降27%,与目标值持平;农田灌溉水有效利用系数实际值0.530,高于目标值0.524;重要江河湖泊水功能区水质达标率55.9%,高于目标值53%。山西省用水总量、用水效率、重要水功能区水质达标率"三条红线"、四项指标全部符合目标要求。

全面开展晋祠泉域黄河水水源置换、加大渗漏补给、关闭岩溶水井、煤矿禁采限采、水质保护等工作。截至2016年11月,晋祠难老泉地下水埋深4.94米,比年初的6.43米上升了1.49米,提前完成了晋祠泉年底力争岩溶地下水位上升1米左右的目标。

基本完成压减地下水开采量1.2亿立方米的责任制目标。2015年底,省政府办公厅印发《关于加强地下水管理与保护工作的通知》,重新核定了地下水超采区和严重超采区、划定了禁采区和限采区,提出了地下水水量、水位双控制等新时期管理办法和目标要求;继续在引黄工程供水区和兴水战略、大水网工程覆盖区,重点实施原水直供、水源置换、关井压采、泉域保护和水资源监控体系建设项目,各项工作进展良好,保障了本省地下水位持续回升。积极推进地下水水位与水量"双控体系"建设,将地下水压采量作为衡量各市地下水保护的量化指标并进行考核,鼓励各地多用黄河水、水库水、地表水及再生水。贯彻"扩大引黄水供水范围、多用地表水、少用地下水"的用水方针,在地表水覆盖区、大水网受水区以及地下水超采区、严重超采区、禁采区、限采区积极实施原水直供、水源置换和关井压采。计划压采地下水0.4亿立方米、置换地下水0.8亿立方米,2016年10月底已完成年度任务90%。

积极开展水功能区监督管理。按照《水功能区管理办法》《水功能区达标评价技术方案》要求,从2016年起对纳入国家监测名录的99个断面全部进行月频次监测。为促进全省各地共同关注水功能区的监督管理,省水利厅按月向各市政府及省环保厅通报当月水质监测结果并达标情况,作为重要江河湖泊水功能区减排、限排等水污染治理的重要依据。根据1～9月份监测结果,全省纳入全国重要水功能区水质监测范围的99个断面,达标41个,达标率48.8%,未达到年度目标值55%。

山西省国家水资源监控能力建设项目通过国家项目办(水利部)技术评估。配合国家项目办进行项目总体试运行,做好基础数据校核、监测数据报送、业务系统应用等工作,每日进行设备及数据上报情况的巡检,异常情况及时处理,加强系统和监测站点运行维护,确保试运行期间相关指标达到水利部总体要求。同时,进一步加强了省级水资源监控系统的管理和维护,保障了国控、省控监测系统的正常运行。开展二期(2016～2018)项目技术方案的编制、国控点的现场勘察工作、水质自动站建设工作,完善省级监控平台。二期项目软件系统、项目集成、水源地建设等部分的方案设计完成,建设点位初步选定,并分6个组逐点进行现场勘察,技术方案已上报水利部。

重点项目建设。汾河古交段集中整治工程是财政部确定的全国江河湖库水系联通项目,项目总投资7000万元,其中,省级资金2000万元,中央资金5000万元。9月下旬完成招标工作,10月1日开工,截至2016年底完成了项目总投资的80%。

积极推进农村水价改革工作。完成的《关于深化农村水权制度改革的意见(初稿)》提出:要积极实施农村水权制度改革,充分发挥水权制度在资源利用中的市场驱动与调节作用,力争本省农业灌溉地下水用量在一般水平年实现采补平衡,农业灌溉用水效率明显提高。具体包括:建立科学合理的农村地下水水权分配制度;建立科学便捷易用的地下水用水计量体系;建立县级农村水权交易制度和村级水权交易平台。

促进水资源节约保护和合理利用,建立健全生态补偿机制。与中国水科院就开展矿坑水监测计量与处理利用关键技术研究进行多次磋商和技术路线论证,对不同条件下的煤矿开采对水资源影响程度进行了典型调查研究。开展了矿坑水测量计量办法及水资源费收费政策研究,争取2017年出台新的采矿排水水资源费政策。启动了山西省第三次水资源评价工作。印发了《关于做好2016年度全省用水计划管理工作的通知》《关于加强重点监控用水单位监督管理工作的通知》等文件，开展了全省生态环境综合治理水利专项整治及重点泉域、国家重要饮用水源地保护区内违法违规生产建设煤矿的整治活动，对贫困县采煤深陷区水资源情况开展调查，完成了全国重要饮用水水源地2015年度自查。

**【节水型社会建设】** 推广膜下滴灌。2016年，在太原举办膜下滴灌前期建设培训班，重点对市、县主管部门负责人如何进行项目选择和需注意的关键问题等培训，解决项目建设和管理过程中可能出现的问题等。省水利厅以大同、朔州、忻州北部3市为重点，投入省级资金1亿元，分两批建设6667公顷(10万亩)左右膜下滴灌示范工程，项目受益区204处，涵盖玉米、蔬菜、经济林等大部分穴播作物。将吕梁市石楼县灵泉镇马村核桃项目区列为小流域治理精准扶贫的典型区，安排300万元对该村80公顷核桃种植实施膜下滴灌给予扶持，总结经验以在全省丘陵山区精准扶贫灌溉中进行推广。

节水型社会建设资金使用。2016年下达节水型社会建设资金4300万元，其中切块下各市1600万元，留省部分2700万元。切块下市节水型社会建设项目重点安排在已成立节水办和列入全国节水型社会建设试点的市，扶持市县开展工业、城市生活节水技术改造和市级节水载体建设，促进各市节水型社会建设的开展。留省节水型社会建设项目扶持的重点包括六方面内容：一是在省委、省政府等17家省直和省水利厅直属机关事业单位开展节水型单位建设。二是扶持北赵引黄工程建设管理局等17家单位开展推广节水灌溉技术，建设节水示范园区。三是开展节水宣传。四是由省水科院、水资所等5家单位牵头开展节水技术研究和推广。五是由水资源管理中心牵头开展合同节水管理模式探讨。六是由水文局牵头选择机械制造行业龙头企业——太重集团为试点单位，开展水平衡测试相关研究。

控制用水效率指标。用水效率指标控制包括两个方面，即万元地区生产总值用水量降幅和万元工业增加值用水量降幅，其中万元地区生产总值用水量降幅列入政府目标责任考核范围，万元工业增加值用水量降幅纳入政府年度重点工作任务范围。水利部2016年以“关于印发‘十三五’水资源消耗总量和强度双控行动方案的通知”明确了山西省“十三五”的用水效率控制指标，即到2020年底，万元国内生产总值用水量比2015年下降15%、万元工业增加值用水量比2015年下降13%。根据山西省2016年国民经济运行情况，拟定了2016年度的控制指标，即2016年万元国内生产总值用水量比2015年下降1.1%、万元工业增加值用水量比2015年下降2.1%；从2017年起，将逐年加大用水效率控制力度，到2020年底完成国家分解的用水效率控制要求。

节水管理。一是完善节水管理机构。根据最严格水资源管理制度考核要求，各市水利主管部门尽快按照规定设立市、县节水管理机构，推动节水工作的开展。2016年底，已有6个市21个县独立设置节水管理机构。二是积极开展节水载体建设。联合省机关事务管理局，开展第一批省级公共机构节水型单位评审工作，中共山西省委办公厅、省政府办公厅、省发改委等59家单位达到节水型单位建设标准要求，被授予第一批公共机构节水型单位；联合省教育厅，开展第一批省级中小学节水教育社会实践基地评审工作，省水科院等7家单位被授予第一批省级中小学节水教育社会实践基地。2016年全省共命名国家、省、市、县四级节水载体185家。三是配合水利部和世行项目办完成山西省世行贷款节水灌溉二期项目的监督和管理工作。世行项目中期调整后总投资4.01亿元，发展和改善节水灌溉面积1.07万公顷。至年底，累计完成投资3.61亿元。

**【水利工程建设与管理】** 大水网四大骨干工程。截至2016年底，四大骨干工程完成隧洞掘进130.2千米、衬砌144.4千米，管道铺设127千米，占年度建设任务的100.1%，圆满完成年度建设任务。同期完成投资51.37亿元，占年度建设目标51亿元的100.7%。

配套县域小水网工程。2016年，四沟水库(蒲县)完建；北掌水库(汾西县)完成大坝基础开挖25万立方米；南峪水库(隰县)开建；张良调蓄水库(运城)完成库区开挖工程，完成坝体工程的40%及管理房工程；平遥小水网源神庙灌区改造工程、县小水网昌源河灌区改造工程完建，太谷县小水网侯城乡灌区改造工程完成90%。到年底完成投资2.95亿元，占年度建设目标(2亿元)的148%。

汾河清水复流北赵联接段工程等15项续建和新建重点水利工程，年度累计完成11.87亿元。

病险水库除险加固。(1)规划内病险水库除险加固工程。“十二五”期间，全省383座小型病险水库列入水利部除险加固规划。(2)110座水库应急专项除险加固工程。除并入全国专项规划内批复实施或专题申请列入水利部规划进行除险加固的水库及调整的项目，剩余开展应急专项除险加固工程的水库共涉及72座，2016年底全部完工，并完成验收。(3)新增小型病险水库除险加固工程。全省新增小型病险水库除险加固项目经水利部复核后共17座水库，至2016年10月已全部完工。2016年底全部完成验收。上述病险水库除险加固工程共计475座水库（中央规划400座，省级规划75座），截至2016年底，除4座未完工项目外，其余全部完成竣工验收。

*小型水库更新建设*。2016年10月，36座水库可研报告由省发改委批复立项，完成初设批复26座，下达资金计划21座。

*水库工程标准化建设*。2015～2016年，水库工程标准化建设全面开展，省水利厅组织对所有水库的观测值班房、水库照明设备、抢险救生设施、应急备用电源、抢险石料等软硬件附属设施标准化情况进行全面摸底，针对不同情况分类指导各市和省直水库单位制定了符合实际的实施方案。该项目涉及全省229座大中型水库及蓄水的小Ⅰ型水库，批复投资1.65亿元，分三批实施。

*河道管理*。2016年，共发放采砂许可证28个，涉及代县、垣曲、平陆3县。有效遏制了河道内非法采砂、滥采乱挖现象，取得了明显效果。河维费1997年起逐步开征，至2016年9月底征收达到4.1亿元。2016年共批复涉省管河库工程建设行政许可11项。

*启动汾河生态环境治理修复与保护工程*。相关水库、河道管理单位通过联合调度、跨流域调水、调整供水结构和扩大供水量等措施，向汾河河道补水，以维持汾河干流长年不断流、河滨植被系统不退化。根据汾河沿河补水单位实测数据，汾河上游河道年均补水量2.6亿立方米，汾河中下游河道年均补水量0.26亿立方米，对汾河流域生态保护起到了关键作用。

**【防汛抗旱】** *防汛*。2016年，受超强厄尔尼诺持续影响，山西省汛期极端天气频发，先后出现8次大范围强降水过程，局地强对流天气时有发生。汛期降雨过程强度之大、历时之长、范围之广、受灾之重为多年所罕见。特别是“7·19”普降大到暴雨，多地出现超历史极值，为60年来范围最广、强度最大的降雨过程。省防汛抗旱指挥部和地方各级防指靠前指挥，科学防控，县乡村等部门坚持群防群控，及时组织受威胁群众撤离避险，党员干部群众和解放军、驻地武警、民兵预备役奋战在抗洪一线，确保了全省600座水库、18161座淤地坝无一垮坝，主要河流均未决口，重要城市和重要基础设施安全度汛。突出抓了山洪灾害防御、水库安全度汛、中小河流防洪、城市防洪排涝、黄河干流防洪五大重点。汛期全省共有88个县发布过山洪灾害预警，县级监测预警平台发布预警1101次，发布预警短信5.82万条，启动预警广播站次7684次，相关县防指成员、水利部门及乡镇、村防汛责任人、预警员1.5万人接收到预警信号并及时开展查险、巡堤、转移撤避等工作，通过及时预警撤避转移9128人。县级山洪灾害监测预警平台系统在2016年“7·19”防汛抗洪中发挥了不可替代的重要作用，有效避免了重大人员伤亡和财产损失。在抗御灾害中，全省投入抢险救灾人数11.7万人次，总物资消耗折算资金3333.26万元。防洪减灾共减淹面积20.53千公顷，避免粮食减收85.38万吨，减少受灾人口24.64万人，解救洪水围困群众1.82万人，减灾经济效益20:09亿元。

*抗旱工作*。2016年全省农作物受旱面积29.67万公顷、受灾面积7.73万公顷。因旱累计造成临时饮水困难人口11万人，大牲畜5万头。造成农业损失7.8亿元，造成林牧业、水产养殖等经济损失3.2亿元，水产因旱减产137吨。2015年10月初和2016年5月底，各地水管单位扎实做好抗旱灌溉工作，全省投入开动各类水利设施近5.5万眼（处），投入抗旱人员40万人，完成实灌面积127.67万公顷，共浇灌228.53万公顷次。各市积极筹措资金，加大抗旱资金投入。至2016年10月底，全省共投入抗旱资金2.36亿元。2016年，抗旱规划引调提水工程项目建设涉及9市20个县，共65处工程项目，总投资2.42亿元。

**【农村水利】** 一是开展了高标准农田建设、坝滩地整理、现代设施农业、水保生态治理、中小河流治理和农村饮水安全等工程建设，圆满完成冬春农田水利基本建设任务，共投入农田水利基本建设资金145.37亿元（不包括大江、大河、大库投入），修复水毁工程1815处，加固堤防1184.3千米，疏浚河道1.78万千米，清淤沟渠6354.7千米，建设村镇供水工程314处。二是2016年农田实灌面积达到156.67万公顷。三是大力进行大型灌区节水改造、大型泵站更新改造、小农水重点县为主的重点农田水利工程和高效节水、西山提黄为主的脱贫攻坚工程，累计安排投资20.12亿元。四是强农惠农政策补贴资金下达7250万元。五是管理体制改革取得阶段性成果。清徐、汾阳、稷山、临猗4个小型农田水利设施产权制度和运行机制改革工作阶段性任务完成，并报水利部。省级试点运城市各县改革工作取得阶段性成果。完成编制《山西省中型灌区节水改造“十三五”规划》《山西省中型泵站更新改造“十三五”规划》《山西省山区农业灌溉技术指导意见》。

**【城乡供水】** 一是提升农村饮水安全。编制完成《山西省农村饮水安全巩固提升工程“十三五”规划》。规划纳入国家考核总投资50亿元，建设各类工程9642处，巩固提升635万农村居民的饮水问题。其中建档立卡贫困人口130.64万人。各市县在省级规划的基础上，修改完成各自的农村饮水安全巩固提升“十三五”规划，报送本级政府批复。二是工程运行管理。全省95%以上的县由政府或水利局出台了工程管理办法，落实相关用电、用地、税收等优惠政策，50%以上的县落实了维修养护资金。实施了农村饮水安全工程维修养护专项补助政策。推广县级农村饮水管服中心典型经验，推广陵川县管理经验，以县为单位，依托县级抗旱服务队，成立县级农村饮水安全管理服务中心，进一步提升农村饮水工程专业维护水平。三是水质检测中心建设管理。在市县两级建设了118个区域水质检测中心(其中市级9个、县级109个)，检测指标均达到42项以上，最多达95项。印发《关于加强农村饮水安全工程水质检测工作的实施意见》，规范完善“水质自检、抽检、巡检体系”，保障农村饮水安全。2016年底，所建检测中心均达到运行条件。

**【水土保持】** 2016年水土流失治理任务按时完成，共完成水土流失治理面积35万公顷。水利扶贫“3211”工程全力推进，《关于依托淤地坝工程开发利用小流域地表水的指导意见》印发各市，各市县均完成编制水土流失综合治理规划和分县水土流失综合治理规划。水保重点工程项目进展顺利，实施了国家水土保持重点建设工程、国家水土保持重点工程、淤地坝除险加固工程、坡耕地水土流失综合治理工程、国家农业综合开发水土保持项目、京津风沙源治理工程水利水保项目和省水土保持生态工程、坝滩联治工程等国家和省水土保持重点工程项目。淤地坝安全运用。强化监督管理及预防保护，开展了“生态环境综合治理生产建设项目水土保持专项整治活动”。

**【水力发电】** 全面推进农村水电工程项目建设步伐，“十二五”全省共实施31项农村水电增效扩容改造工程，批复投资1.64亿元，改造前装机容量7.76万千瓦，改造后装机容量达到7.94万千瓦。启动“十三五”农村水电增效扩容改造项目，13个项目全部开工，27个河流生态修复项目11个开工建设。完善农村水电各项规划，“十三五”拟在宁武等13个国家级贫困县，规划建设水电站23座，实施农村水电网改造项目1个，共规划新增水电装机容量3.05万千瓦，投资8.1亿元。

**【渔业建设】** 加强水产品质量安全管理，加大科技工作力度，提高行业管理水平，渔业经济稳定发展。2016年山西省水产品总产量5.3万吨，较2015年增长2%；渔业经济总产值8.45亿元，增长3%；渔民人均纯收入8400元，增长5%。产地水产品质量安全监督抽查合格率为100%。

(梁述杰)

## 农机事业

**【全省农机化发展步伐加快】** *农机装备结构进一步优化。*2016年，全省农机总动力1744.3万千瓦，比2015年增加42.3万千瓦，增长2.5%。其中，50马力以上大中型拖拉机保有量5.6万台，增加3367台，增长6.4%，占拖拉机新增量的92.5%；玉米联合收割机2.3万台，增加1928台，增长9.2%，占联合收获机新增量的82.1%；畜牧业、设施农业、林果业、农产品初加工等机械协调发展，农业机械向多功能、高效能、复式作业机械快速增长，为山西省现代农业建设提供了强有力的装备支撑。

*农机作业水平再创新高。*2016年，全省机耕、机播、机收面积分别完成271.5万公顷、260.6万公顷、182.9万公顷，机耕、机播、机收水平分别达到77.6%、69.8%和49%，与2015年相比分别提高了1.7个、1个和1.5个百分点。全省主要农作物耕种收综合机械化率达到66.6%，提高1.4个百分点，超出全国平均水平1.6个百分点。其中，小麦耕种收综合机械化率89.2%，提高0.4个百分点；玉米耕种收综合机械化率79.5%，提高1.5个百分点。

*农机化经营效益持续增加。*2016年全省农机化经营总收入91.1亿元，纯收入42.8亿元，为粮食增产、农民增收、农业增效、农村劳动力转移提供了坚强保障。

*农机安全生产形势稳中向好。*2016年全省发生2起一般农机事故，继2014年之后第二次实现农机安全生产零死亡，各项指标均低于省政府下达的农机安全生产考核指标，农机安全生产形势稳中向好。

**【全省农机化工作取得明显成效】** *扎实推进率先实现农业机械化综合示范县乡村创建活动。*2016年，投入2500万元，扶持25个示范县、126个示范乡和502个示范村开展创建活动。共建设机耕道155千米，机库棚1.3万平方米，培训技术和管理人员2000多人次；为农机具安装GPS设备800多台(套)，引进先进适用机具140余台(套)。25个示范县农机总动力达到589.9万千瓦，占全省农机总动力的33.8%；主要农作物耕种收综合机械化率达到73.5%，超出全省平均水平6.9个百分点。其中，10个县已基本建成率先实现农业机械化综合示范县。

*在全国率先开展电动农机奖补试点工作。*2016年，省政府将电动农机奖补列入十项强农惠农富农政策，并安排了5000万元专项资金。

在全省无电动农机生产企业、无电动农机产品、无电动农机技术标准，在国内没有可供参考经验的情况下，迎难而上，积极作为，在全国率先开展电动农机奖补试点。以省政府办公厅名义出台《关于推进电动农机发展的实施意见》；在太原、大同等7个市12个县创建13个省级电动农机技术装备应用示范点，带动市县创建45个电动农机技术装备应用示范点；筛选26家农机生产企业54个电动农机新产品，列入电动农机奖补产品名录；制定《电动农机新产品奖补工作实施方案》，在20个试点县开展电动农机新产品奖补工作。

扎实推进“1+6”主要农作物全程机械化。在继续抓好小麦全程机械化的基础上，重点示范推广玉米、马铃薯、高粱、胡麻、莜麦、谷子等六大农作物耕、种、管、收等机械化生产主要环节急需机具和技术。2016年，共建设全程机械化示范点70个。全省玉米全程机械作业面积达到101.3万公顷，比2015年增加1.7万公顷，增长1.7%，玉米耕种收综合机械化率达到79.5%；马铃薯全程机械化作业面积9.2万公顷，增加0.6万公顷，增长6.9%，马铃薯生产综合机械化率达到76.3%。高粱、胡麻、莜麦、谷子全程机械化作业面积达到4.7万公顷。芮城县成为全国首批28个基本实现主要农作物全程机械化示范县之一。

精准、规范、高效落实农机购置补贴政策。2016年，山西省共落实中央财政农机购置补贴资金3.96亿元，补贴5万户农民购买6.2万台件农机具。进一步缩小补贴范围，将补贴品目由57个缩减为46个，集中资金补贴主要农作物全程机械化以及丘陵山区农业机械化发展所需机具，并倡导各市对免耕播种机等6个品目实行敞开补贴。适度降低机具补贴比例，缓解资金紧张矛盾，尽可能满足农民购机需求，提高普惠程度。鼓励有条件的市、县将补贴机具的核实任务和补贴资金的受理工作下放到乡镇进行，为购机户提供方便。农机购置补贴辅助管理系统实行“实名制AB角”管理，做到权责明确、互相监督。进一步加大农机购置补贴信息公开力度，对补贴产品、补贴产品生产企业和经销企业以及补贴资金使用进度等情况进行实时公示，全方位接受社会监督。进一步规范农机购置补贴产品产销、购买与核实行为，先后对30家违规产销企业进行了处理通报。

组织实施农机深松整地作业。制定《山西省农机深松整地作业实施规划（2016～2020年》，对“十三五”期间全省农机深松整地作业进行了全面部署。督促检查了2013～2015年全省农机深松整地作业补助资金兑付情况，对补助资金兑付不及时的市县进行了通报。以省政府办公厅名义印发《关于做好农机深松整地工作的通知》，启动农机深松整地作业进度月报和作业集中期周报制度，定期向各市人民政府通报当地农机深松整地作业进展情况。安装农机深松整地作业监控设备1208台(套)，远程监测作业面积占到实际补助面积的37%，增强了农机深松整地作业质量监管的准确性和权威性。2016年，全省共完成农机深松整地作业面积22.7万公顷，其中实施农机深松整地作业补助面积7.7万公顷。

大力培育新型农机化经营主体。从培育现代农业新型农机化经营主体出发，以“诚信、规范、创新、共赢”为发展理念，采取健全组织机构、完善章程制度、资金项目倾斜、创建农机化示范社场户等措施，在全省培育农机示范合作社41个、示范家庭农场35个、示范农机大户62个，全省农机专业合作社和农机大户分别达到2450个和7271个。成功举办山西省农机手大赛和第三届中国农机手大赛北方联赛，选派48名优秀农机手参加了全国总决赛，长治市屯留县农机手王旭东荣获全国农机手大赛季军，12名农机操作手被评为“全国百强机手”。9个农机专业合作社被农业部认定为全国农机示范合作社。山阴县泰和农机合作社理事长陈永和荣获“全国20佳理事长”称号。

强化农机化新技术新机具示范推广和科研开发。2016年，全省共组织各类新技术新机具现场演示活动160余次，各类技术培训班200多期，培训农机技术人员、农机操作手以及农民3.6万人次。其中，第十一届北方现代农业装备推广展示交易会被评为“2016年度中国十佳优秀特色展会”。组织国家863课题中的柠条饲料制粒智能化温控系统研究等5个项目通过省级科技成果鉴定，均达到国际先进水平。15个科研项目列入2016年度现代农机装备引进试验项目，均取得显著成果。“玉米丰产方机收秸秆还田技术推广”项目获农业部2014～2016年度全国农牧渔业丰收奖农机技术推广成果奖三等奖。马铃薯全程机械化生产技术示范推广项目获得农村技术承包二等奖。省农机化技术推广总站获得全国农业技术推广成果三等奖。2名农机化技术推广人员获得全国农业技术推广贡献奖。

狠抓农机安全生产。严格按照安全生产“党政同责、一岗双责、失职追责”和“管行业必须管安全、管业务必须管安全、管生产经营必须管安全”的要求，集中开展了农机安全生产大检查、打非治违专项整治、“反对违章指挥、违章作业和违反劳动纪律”专项行动，共发送“一信三书”(“一信”：致广大农机手的一封慰问信；“三书”：注册登记告知书、检验告知书和隐患排查治理告知书)2万多份，排查拖拉机、联合收割机1.5万多台次，排查整改各类隐患2742项。免征拖拉机号牌费、行驶证费、登记证费、驾驶证费和安全技术检验费等费用130多万元。太谷县被评为省级“平安农机”示范县。2016年，全省新注册登记拖拉机、联合收割机1.4万台，检验6万台，新训新考驾驶员5833人，期满换发驾驶证3978人。

（秦永红）

# 气象事业

**【2016年气候综述与基本气候概况】** 2016年，山西省年降水量为近10年最多，其中夏季降水明显偏多，且各地降水量时空分布不均，造成区域性、阶段性的洪涝和干旱灾害；各地年平均气温普遍偏高，全省均值为近10年第三高，12月气温为历史最高；年日照时数全省大部偏少。春季气温冷暖起伏变化大，造成部分地区出现寒潮和霜冻灾害。年内，山西省主要气象灾害及气候事件有暴雨、冰雹、寒潮、干旱等，其中暴雨、冰雹造成的影响较为严重。

降水。年降水量为近10年最多。2016年（1～12月）山西省年平均降水量582毫米，较常年值（468.3毫米）偏多113.7毫米。

气温。年平均气温偏高。2016年（1～12月），山西省年平均气温10.6℃，较常年（9.8℃）偏高0.8℃，较2015年偏低0.1℃。从历年山西省气温变化来看，2016年平均气温为近10年第三高。

日照。年日照时数接近常年略偏少。2016年（1～12月），山西省平均日照时数2321小时，较常年偏少126.8小时。

**【主要气象灾害、气候事件及其影响】** 2016年，山西省年降水量较常年偏多，但是各地降水量时空分布不均，造成山西省局部洪涝和干旱灾害；春季气温冷暖起伏变化大，造成部分地区出现寒潮和霜冻灾害。年内，山西省主要气象灾害及气候事件有暴雨、冰雹、干旱、霜冻、大风、高温、寒潮等，灾害性天气给全省工农业生产及人民生活造成了一定的影响，其中暴雨、冰雹造成的影响最为严重。

暴雨。2016年，山西省暴雨天气频发，全年共有147站次降暴雨，为历史最多（次多为2013年134站次）。年内暴雨天气主要集中在6～8月，7月出现暴雨站次最多（109站次），为自1961年以来第二多（2013年为110站次）；其次为8月（23站次）。

2016年多次暴雨天气，给全省工农业生产和人民生活造成较大危害。暴雨引发的洪水，造成部分农村基础设施受损，房屋倒塌、大棚温室垮塌，农田被淹、土壤过湿和作物倒伏，养殖业受灾等。暴雨还造成了大部分地区出现严重的城乡内涝，太原市多处停电、公交改线、路面塌陷，给人民生活造成极大不便。

7月18日20时～7月19日20时，晋城市出现入汛以后的最强降雨过程，造成农作物受灾面积1.8万公顷，其中成灾面积0.91万公顷、绝收0.14万公顷；倒塌房屋525户、1077间，严重损坏房屋45户、230间，一般损坏房屋447户、1587间。另外，水毁村村通公路11万余米，公路护坡塌方1.3万米，涵洞损毁14余处，9处桥梁损毁，猪头山水库坝底出现漏水情况，古郊乡水库塘坝损毁7处，315米。共造成直接经济损失4.39亿元。

7月18日至20日，太原市出现大范围暴雨到大暴雨，清徐县、尖草坪区、阳曲、小店等地受灾，尤以清徐、尖草坪和阳曲县严重，三县区直接经济损失约2.93亿元。到7月21日早8时，全市农作物累计受灾面积16695.8公顷，受灾人口约17.5万人（累次），紧急转移安置950人（集中安置361人），倒塌房屋22间，严重损坏房屋156间，一般损坏房屋3924间。

7月18日至20日受强降雨影响，阳泉市21座中小型水库、13座塘坝全部超汛线水位泄洪放水。全市12条主要河流，200千米堤坝发生了1996年以来不遇的大洪水，南川河贵石沟段流量达到241立方米每秒，桃河、温河、南川河、阳胜河、苇泊河等多条主要河流河坝冲毁53处、2780米，直接影响到了沿岸群众的生命财产安全。由于山体滑坡、泥石流等地质灾害，造成客运、铁路、高速公路、国道、公路多处中断。截至7月20日18时，全市32个乡镇农作物受灾面积5860公顷。受损电力设施23处，通信设施41处，供水设施7处，供气设施11处，滑坡57处，房屋倒塌674间，涉及114户，紧急撤离疏散7734人。直接经济损失2.8亿元。

8月，全省共有23站次出现暴雨天气，大部分分布在北中部地区。其中，受损较严重的是吕梁市临县，从8月13日上午开始，临县出现局地性强降水天气，截至8月16日15时全县324个行政村受灾，受灾人口1.63万人，紧急转移安置1479人，农作物受灾面积4039.13公顷，农作物成灾面积2812.53公顷，农作物绝收面积998.1公顷。房屋倒塌200户279间，严重损坏房屋172户433间，一般损坏260户1048间。毁损田间路2512处，728.5千米；乡村公路965处，185.7千米；县道24处，2.2千米；省道9处，914米；国道2处，61米；各类桥梁17座。同时，水利、教育、畜牧、电力等各类设施损毁严重。造成直接经济损失1.17亿元。

冰雹。2016年春季后期及夏初，山西省冰雹、短时强降水、雷暴大风等强对流天气频发，尤其是冰雹天气，给农业生产和人民生活造成较大危害。山西省2016年共有89站次出现冰雹，少于常年，多于2015年。2016年冰雹天气主要出现在6、7、9三个月，4月、8月也有出现，但是出现站次较少。2016年冰雹天气主要出现在夏季，一般伴随局地的强降水和大风天气。给山西农业生产和国民经济带来严重损失。

6月3日至4日，受强对流天气影响，古交市、平定县、长治市郊区、潞城市、长治县、襄垣县、壶关县、长子县、武乡县、沁县、高平市、陵川县、介休市、和顺县、灵石县、永济市、临猗县、万荣县、平陆县、吉县、乡宁县、石楼县等22个县(市、区)75个乡镇遭受风雹灾害，直接经济损失1.77亿元。受灾最重的是万荣、临猗、吉县，6月4日17时至20时，万荣县8个乡镇遭受冰雹袭击，冰雹直径1～2厘米，最大4厘米，持续5～30分钟，小麦、苹果、桃、梨、葡萄等损失严重。

6月5日至10日，全省再次出现较强降水天气过程，部分地区伴有短时强降水、大风或冰雹等强对流天气，广灵县、灵丘县、潞城市、泽州县、朔州市朔城区、榆社县、闻喜县、绛县、芮城县、五寨县、偏关县、襄汾县、浮山县、吉县、隰县、永和县、吕梁市离石区、文水县、临县、柳林县、岚县、方山县、交口县等23个县(市、区)59个乡镇遭受风雹、洪涝灾害。此阶段灾害造成13.02万人受灾，农作物受灾面积1.84万公顷，直接经济损失1.72亿元。

6月12日至14日，长治市、大同市、晋中市、晋城市、阳泉市、忻州市、临汾市、吕梁市等8个市受强对流天气影响，出现短时强降水、冰雹或大风天气，致使44个县(市、区)168个乡镇遭受风雹灾害。风雹灾害造成55.1万人受灾，农作物受灾面积5.01万公顷，直接经济损失3.85亿元。其中，长治市受灾严重，冰雹还导致大量露天车辆玻璃破损、车体被砸，居民太阳能设施损坏。

7月29日晚20时后，原平市遭受暴雨、冰雹、大风袭击，致使苏龙口、中阳、沿沟、崞阳、新原、大林、西镇等7个乡镇受灾严重。受灾人口5.63万人，农作物受灾面积1.13万公顷，直接经济损失1.15亿元。

干旱。2016年，由于降水时空分布不均，山西省发生区域性、阶段性干旱。3月下旬，山西省出现几次降水过程，但降水分布不均，且气温回升、蒸发旺盛，导致旱象开始显现并逐步发展，4月上旬发展为干旱最严重时期；进入夏季，北部旱情持续且有所发展，南部基本无旱；夏末秋初，北部旱情得到缓解，南部旱情发展。直至10月下旬，全省旱情基本解除。春、秋季由于气温偏高、降水偏少、降水分布不均等原因，导致了旱情的持续发展。干旱持续期间虽有降水过程使局部旱情缓解，但依然给灌溉条件较差地区的农作物生长带来影响，给当地农业生产和人民生活造成了一定损失。

霜冻。2016年春季，由于3月和4月山西省大部分地区气温明显偏高，经济林果和农作物生长期提前，因此在5月份出现的霜冻天气给全省农业生产带来了较大危害。

5月13日早晨，五台、宁武、神池、五寨、岢岚、静乐、代县出现轻霜冻；15日早晨，宁武、神池、岢岚再次出现轻霜冻。5月13日、15日凌晨，五寨县境内出现低温冻害天气，全县农作物主要以玉米、谷子受灾为主，受灾人口6.87万人，农作物玉米受灾面积3.86万公顷，谷子受灾面积1.78万公顷，直接经济损失3562.2万元。

5月3～4日、7、13、15、24日，吕梁岚县出现降温天气，地面最低均小于0℃，终霜冻出现在5月24日，其中最强一次出现在5月13日，最低气温为－1.9℃，使该县经济林幼果和早播农作物受到一定影响。

大风。2016年，山西省共有743站次出现大风天气，少于常年。2016年各月均有大风天气出现，6月份出现站次最多，共出现183站次，4月和5月次之，分别出现122站次和108站次。夏季多以局地性大风为主，春季多以区域性大风为主。

高温。2016年，山西省共有458站次出现日最高气温≥35℃的天气，少于常年。日最高气温≥35℃以上天气基本出现在6～8月，6月出现站次最多，达201站次，7月和8月分别出现108、142站次。7月出现天数最多，为20天，其次为6月和8月，分别出现14天和13天。

寒潮。2016年全省共出现6次较大范围的寒潮天气，从时间分布看，大范围寒潮天气基本出现在年初和入秋后，春季寒潮范围相对较小。其中最强寒潮出现在1月23～24日，各地极端最低气温介于－11.4～－31.1℃之间，北中部大部分地区达到－20℃以下，南部运城等地也在－10℃以下。本次降温过程中，大宁(－21.7℃)、汾西(－20.6℃)超气温历史极低值，浮山(－19.2℃)平历史极低值；小店、平定、交口、灵石、霍州、古县、陵川等6站超过或平历史次低值。年内最大范围的寒潮天气出现在2月12日，全省共有97站出现寒潮，寒潮过程最大24小时降温为12.9℃(偏关)，最低气温为－27.5℃(五寨)。从影响程度方面来看，春季寒潮虽然范围小且没有冬季气温低，但强烈降温会使农作物及果树遭受冻害，因而较冬季寒潮危害更大。5月12日，31县市出现寒潮天气导致部分农作物和经济林幼果受冻。

**【气候影响专题评价】** 气候对农作物的影响。2016年影响山西省农作物生长发育的气象灾害及极端气候事件主要有暴雨、干旱等。一是冬小麦。2016年度冬小麦生育期内虽降水分布不均，局部地区出现干旱，但在产量形成的各关键期光、温、水匹配较好，灾害性天气影响较小，农业气象条件对其生长发育及产量形成较为有利。二是玉米。2016年玉米生育期内光、温充足，大部墒情适宜，气象条件总体上对玉米产量较为有利。

气候对水资源的影响。2016年，全省降水资源量约为907.8亿立方米，较累年值偏多177.8立方米，较2015年偏多221.6亿立方米。根据降水资源及丰枯标准，山西省2016年降水资源总量属异常丰水年份。从各地市降水资源总量分布看，2016年山西省各地降水资源大部为丰水年。全省11个地市中仅临汾和运城2个市属正常，其余地市均为丰水到异常丰水年。与2015年同期相比，11个地市降水资源均有增加，增加量介于2.8亿～44.5亿立方米。其中，吕梁市增加最多，为44.5亿立方米；运城市增加较少，约2.8亿立方米。

气候对人体舒适度的影响。人体舒适度是从气象角度评价单个人体或一定人群对外界气象环境感受舒适与否及其程度的指标，反映了气温、湿度、风等气象因子对人体的综合作用。2016年山西省舒适日数为143天，比累年均值偏多7天，较2015年偏多5天。从各季节历年变化来看，2016年山西省冬、夏季舒适日数偏少，夏季偏少较多；春、秋季舒适日数偏多，秋季偏多较多。其中，夏季全省舒适日数为65天，较常年偏少约9天；冬季全省舒适日数为11天，较常年偏少约2天；春季全省舒适日数为31天，较常年偏多3天；秋季全省舒适日数为34天，较常年偏多9天。

气候对交通的影响。2016年影响山西省交通的天气事件主要有雾和霾、雨雪天气和局地强对流等，其中，2016年山西省雾和霾天气出现较多，基本上各季都有出现。主要集中在春秋和冬季。3月18～22日，受静稳天气影响，晋城市出现持续性的霾，空气质量较差；4月12日、29日，晋城市大部分地区出现最小能见度小于1000米的雾，有两站次小于100米(高平最小能见度为50米，陵川最小能见度为93米)，由于大雾天气造成的低能见度导致高速公路封闭，给交通运营及人们出行带来不便。9月4～5日，稷山、永济、盐湖、河津、新绛出现能见度小于50米的浓雾，造成高速公路封闭，对交通运输产生不利影响；21日上午9时，京昆高速平阳段太原方向65千米＋500米处，发生56辆车先后相撞的交通事故。12月，山西省各地市出现不同程度的雾霾天气，尤其是中南部地区，部分地区发布重污染红色预警，霾天气给道路交通安全、运输业等都带来不利的影响。

年初和年末各地出现的雨雪天气，给道路交通安全带来了不利影响。其中2月10～14日，全省大部地区出现降水(雪)天气过程，适逢春节假期返程高峰，积雪和道路结冰给春运和人们出行带来不便。12月出现3次雨雪天气，分别为11～13日、20～22日和24～26日，其中24～26日雨雪范围较大。

夏、秋季部分地区出现的强降水等天气，局地雨量大，致使部分道路桥梁等交通设施被毁，对人们出行和交通运输有较大影响。7月18～20日，受强降雨影响，造成石太铁路客运专线、石太货运铁路两条铁路中断；太旧高速公路、太阳高速公路两条高速公路中断；307、207两条国道中断；省、市、县公路中断283处。8月12日、15日，忻州市部分乡镇分别遭受短时强降水、风雹和暴雨灾害袭击，道路冲毁310千米，冲毁乡村道路15千米，对道路交通和人们的出行带来不利影响。11月21～23日，晋城市普降雨雪，气温骤降，48小时气温下降6.3～9.8℃，并伴有4级左右偏北风。雨雪降温天气使道路湿滑、结冰，导致全市高速公路关闭，对交通运输不利。

气候对植被的影响。根据遥感植被指数监测信息，2016年8月EOS/MODIS－TERRA卫星资料显示山西省大部地区植被长势较好，植被指数在0.3～0.5之间，植被长势最好地区主要集中在五台山、云中山、吕梁山、太岳山和太行山等山区，植被指数在0.5以上。从2016年8月与2015年8月植被指数监测比较图可见，2016年全省大部地区的植被长势与2015年持平。大同市西部、云中山、吕梁山、太岳山、长治市和晋城市等地区植被长势好于2015年同期，其余地区植被长势差于2015年同期。

气候对林果业影响。2016年对林果业影响的气候事件主要有局地强对流、连阴雨等。其中，春季山西北部和中南部部分地区出现的冰雹天气，南部运城市受灾较为严重。4月27日下午至当晚19时，运城市永济、临猗、芮城、新绛、绛县、稷山、闻喜等县、市遭遇冰雹、大风等强对流天气袭击，致使苹果、桃、山楂等被打伤、打落，其中永济市、新绛县受灾较为严重。夏、秋季暴雨、局地强对流及阴雨天对中南部部分地区的林果和经济作物影响较大。其中，6月3日晚23点30分左右，万荣县通化镇、万泉乡、荣河镇、解店镇、皇甫乡遭受冰雹袭击，冰雹造成苹果、杏、桃、梨等经济作物受到影响，直接经济损失约780万元。6月13日19时至20时，石楼县境内出现大风雷雨天气，造成全县9个乡镇经济林受灾6204公顷。7月18～20日，尖草坪区出现暴雨，经济损失1160万元。10月20日08时至28日08时，运城市出现连阴雨天气，持续8天，过程平均雨量达74.2毫米，对未收获的果类造成不利影响。

气候对旅游的影响。2016年影响人们出行旅游的气象灾害主要有雨雪、雾和霾等。其中,年初和初级中期出现的降雪、雾和霾天气,造成道路积冰,空气质量较差,对人们的出行及身体健康都有不利的影响。其中,2月山西省适逢春节长假,全省出现两次降水过程,尤其中旬降水的后期逢春节假期返程高峰,积雪和道路结冰给春运和人们出行带来不便。夏季降水较多,气温也较为适宜,人们出行及长、短线旅游人数增多,但雷暴大风、短时强降水等强对流天气也对人们出行带来安全隐患。中秋国庆假日期间,秋高气爽,景色宜人,此期的气象条件则比较适宜人们外出旅行。

**【气象事业取得新发展,各项工作扎实推进】** 气象防灾减灾和气象服务工作成效显著。2016年山西省气候异常,出现20余次重大灾害性天气,省气象局启动气象灾害应急响应9次,发布预警信号1.4万余次,报送决策服务材料709期,省领导批示39次。积极参加G20杭州峰会气象保障服务,全力做好晋城沁水煤矿透水事故、11.21京昆高速平阳段重大事故的应急救援气象服务,圆满完成8.12朔州高铁开工仪式等重大活动气象保障。省政府办公厅修订印发《山西省气象灾害应急预案》,进一步完善气象防灾减灾体系。省气象局建立了气象灾害预警信息实时通报制度,与交通、国土、水利、农业、林业、环保等20多个部门签署合作协议。突发事件预警信息发布系统与国土、林业、环保、农业、地震等9个部门实现信息对接。由气象部门牵头,安监、国土、水利、交通、煤炭、地震、测绘等部门参与的预警信息"一张图"建设第一期建设任务圆满完成。太原、阳泉作为试点,将防灾减灾气象服务融入智慧城市建设。省气象局不断加强专业气象服务。一是加强军地合作,为太原卫星发射中心提供军事航天气象服务保障。二是与省旅游局合作建设山西省山岳型景区旅游气象服务系统,省市县三级气象、旅游部门联合推进旅游文化产业发展。三是交通气象服务领域不断拓展延伸,与省高管局签订交通气象服务合作协议、与地方海事局共同开发山西省地方海事局服务系统、与太原铁路局共同开发铁路气象服务系统。四是为国电山西分公司提供全网输电线精细化数值预报产品,能源气象保障服务能力得到提升。

气象为农服务积极推进。2016年,太原、大同、运城农业气象试验站建设纳入《山西省加快转变农业发展方式实施意见》重点任务。全省40余个县开展玉米和冬小麦政策性农业保险气象服务。各地气象部门与农业部门联合开展特色农业气象服务。有36个县继续承担中央财政"三农"气象服务专项建设任务,气象为农服务"两个体系"得到有效落实。2016年全省共组织飞机人工增雨作业139架次,开展地面增雨作业186次,增雨总量超过30亿立方米。开展地面人工防雹作业255次,防雹保护面积2万平方千米,人工影响天气成绩突出。

气象现代化建设全面推进。《山西省"十三五"气象发展规划》正式印发,气象内容写入《山西省国民经济和社会发展第十三个五年规划纲要》。积极推动《山西省"十三五"气象发展规划》确定的六项重点工程落实,生态文明建设人工影响天气保障工程和现代农业气象服务工程正在争取立项。推进精细化格点预报业务建设,强化灾害性天气短时临近实时监测、预报预警和天气联防工作,预测预报预警业务水平不断提高。2016年,全省暴雨24小时预报准确率为25.6%,暴雨预警时间提前量较2015年提高30.2分钟。109个国家站均实现双套自动站运行,完成了新旧站业务切换工作。提升农业气象、环境气象、旅游气象观测能力,新建农田(温室)小气候观测站28个,大气电场监测站10个。五寨、太原新一代天气雷达建设进展顺利。CIMISS系统投入业务运行,统一了省内数据环境,建立了虚拟化资源池,业务流程得到优化,气象信息传输能力得到提升。加快推进气象信息资源集约整合建设,省级信息网络资源整合取得明显进展,综合观测和信息系统得到加强。积极做好应对气候变化和气候资源开发利用决策服务,向省委省政府提交《山西省气候变化监测公报》《山西省空中云水资源分析评估及人工影响天气工作报告》等决策材料;与住建部门联合开展暴雨强度公式编制和城市内涝风险预警信息发布工作,成果应用于《排水防涝设施建设规划》;积极推进温室气体监测评估中心建设,应对气候变化工作卓有成效。

气象改革不断深化。按照省政府统一部署,省级气象行政审批事项全部进驻省审批政务大厅,气象行政审批及时办结率100%;清理规范了省、市、县三级防雷行政审批中介服务、施放气球、人影作业资格认定等事项,气象行政审批制度改革取得进展。稳步推进防雷减灾体制改革,省市两级均成立了气象灾害防御技术中心,理顺了防雷检测运行机制;强化防雷安全监管,制定了《山西省气象局随机抽查规范事中事后监管办法》;完成防雷安全重点单位名录库、执法人员名录库和施放气球重点企业(单位)名录库建设,开展防雷事中事后监管;与住建部门联合发文完成了建设工程防雷许可职责的划分及工作的交接,气象服务体制改革稳步推进。山西省气象部门作为全国两个试点省之一,落实全国气象部门科技创新大会精神,深入推进省气象科研所改革;加强科研项目过程化管理,建立科技成果转化机制;制定业务准入办法，推进科研成果业务转化，年内7个业务系统通过业务准入，气象业务科技体制改革不断深化。

气象法治和规范化建设继续强化。积极推进气象立法工作，《山西省气象设施和探测环境保护办法》列入省政府2017年立法计划。省气象局建立法律顾问制度，专业律师团队常年为省气象局提供经常性法律咨询服务。加强气象标准化建设，气象标准化纳入全省标准化发展规划。国家级“山西省人工影响天气防灾减灾公共服务标准化试点”建设顺利通过中期评估。积极主动申报承担行业、地方标准制订任务。

内部规范化管理水平进一步提高。强化气象部门安全生产和维稳工作。开展“安全生产月”活动两次，安全生产大检查6次。开展省气象局内部控制体系建设，规范各项行政管理工作运行。开展超职数配备领导干部规范工作，从严规范管理领导职数。推动组建山西省防雷减灾办公室。

科技创新和人才队伍建设得到加强。召开全省气象部门科技创新大会，明确科技人才队伍建设思路和气象科技创新体系建设思路。组建了山西省人工影响天气防灾减灾标准体系建设创新团队。建立了山西省气象科技咨询专家库。获批国家自然科学基金项目1项，省科技厅项目5项，参与项目获省部级一等奖1项、二等奖1项，核心期刊发表论文44篇，获批专利2项，软件著作权5项。制定印发《山西省气象局首席专家选拔考核办法（试行）》，评选“首批省局首席专家”5人。招聘本科以上毕业生38名，大气科学类专业和硕士研究生比例不断提高。选派54名业务人员进行全方位、多形式的技术交流、访问进修、实习锻炼、对口支援等工作，干部人才队伍建设进一步加强。

（杨　柳）

# 工业

GONGYE

08

# 工 业

## 综 述

**【2016年全省工业经济运行情况】** 2016年，全省工业增速逐月回升，特别是下半年以来，单月增速连续7个月实现正增长，累计增速从10月份开始实现由负转正，结束了自2015年2月以来的下降趋势，全省工业经济呈现低位回升、逐步向好的运行态势。2016年，全省规模以上工业增加值增长1.1%，比2015年加快3.9个百分点；实现销售收入13957亿元，下降3.7%，降幅较上半年收窄10.9个百分点；实现利润208.7亿元，减亏增利267.1亿元，其中，煤炭行业实现利润58.9亿元，非煤行业实现利润149.8亿元。每百元收入成本为84.6元，同比降低2.7元。全省3574户规上工业企业中，1316户企业亏损，亏损面36.8%，较上半年下降11.3个百分点，同比下降8.6个百分点；亏损企业亏损额438亿元，同比下降28.2%，降幅较上半年提高25.8个百分点；资产负债率76.1%，同比提高0.5个百分点。全省固定资产投资完成13859.4亿元，同比增长0.8%，增速回落14个百分点，同期全国增长8.1%，其中工业固定资产投资4961.6亿元，同比下降6.1%，低于全省投资增速6.9个百分点，低于全国工业投资平均水平10.3个百分点；占全省固定资产投资比重35.8%，同比下降2.6个百分点。

分轻重工业看。2016年，轻工业增加值增长6.5%，拉动全省工业增长0.5个百分点；重工业增长0.6%，拉动全省工业增长0.6个百分点。轻重工业比重为8.1∶91.9，轻工业比重提高0.8个百分点。

分隶属关系看。2016年，中央企业工业增加值下降0.5%，负拉动全省工业增长0.1个百分点；省属企业下降8.8%，负拉动全省工业2.8个百分点；省属以下企业增长7.6%，拉动全省工业增长4个百分点。

分经济类型看。2016年，国有控股企业工业增加值下降3.9%，负拉动全省工业1.9个百分点；非公有制企业增长7%，拉动全省工业增长3个百分点。

分企业规模看。2016年，大中型企业工业增加值下降1.9%，负拉动全省1.4个百分点；占全省工业比重73.7%，下降2.6个百分点。

分地市看。2016年，太原(7%)、晋中(5%)、朔州(2.7%)、忻州(2.6%)、吕梁(2.6%)、长治(2.5%)、晋城(2.5%)、运城(2.3%)和阳泉(2.1%)等9个市工业增加值实现正增长；临汾市下降0.4%，大同市下降14.5%。

**【主要工业行业运行情况】** 发用电。2016年，全省发电量2510.5亿千瓦/小时，增长2.2%，增速较上半年加快4.7个百分点，比2015年加快9.2个百分点。全社会用电量1797.2亿千瓦/小时，增长3.5%，增速较上半年加快3.6个百分点，同比加快8.3个百分点。工业用电量1391.1亿千瓦/小时，增长2.6%，较上半年加快4.3个百分点，同比加快9.2个百分点。外送电713.3亿千瓦/小时，下降1%，较上半年回升7.3个百分点，同比回升11.2个百分点。

铁路运输。2016年，全省铁路货运量5.4亿万吨，比2015年下降6.2%，降幅较上半年收窄4个百分点，同比收窄1.3个百分点。其中煤炭货运量4.56亿吨，下降8.9%，降幅较上半年收窄3.2个百分点；其他货运量8435.1万吨，增长12%，增速较上半年加快9.4个百分点。分路局情况看，2016年，太原铁路局山西片区完成运量3.96亿吨，下降10.6%，占全省铁路货运量的73.3%；郑州铁路局山西片区完成运量8464.9万吨，增长5.9%，占比15.7%；北京铁路局山西片区完成运量5971.9万吨，增长13.1%，占比11%。

煤炭行业。受去产能及减量化生产政策影响，煤炭产量同比明显减少，同时由于供求矛盾缓解，煤炭价格持续上涨，企业效益逐步改善。2016年，全省煤炭产量8.16亿吨，下降14.4%；煤矿企业商品煤销量完成7.52亿吨，减少6537万吨，下降8%，降幅同比扩大6个百分点。截至12月末，全省煤矿企业库存2856万吨，比年初减少2134万吨，下降42.8%；综合售价291.6元/吨，增加28.6元，增长10.9%。2016年，全省煤炭行业实现销售收入5381亿元，下降6.9%；实现利润58.9亿元，同比减亏增利215.5亿元；1046户规模以上煤炭企业中451户亏损，亏损面43.1%，较2015年下降15.8个百分点；亏损企业亏损额214.8亿元，下降30%；全行业资产负债率78.4%，同比提高1.8个百分点。

冶金行业。钢铁企业受去产能政策效应显现影响，钢铁产品价格呈现持续上涨态势，企业运行负荷逐步提高；铝行业受新项目投产及房地产市场拉动影响，量价齐升，企业生产经营明显好于同期。2016年，全省生铁、粗钢产量分别比2015年增长1.9%、2.2%，增速较上半年分别加快7.9、5.9个百分点；钢材产量下降0.9%，降幅较上半年收窄3.9个百分点；原铝、氧化铝产量分别增长43.6%、10.8%，较上半年分别加快22、5.7个百分点。冶金行业增加值增长5%，增速较2015年加快14个百分点，拉动全省工业增长0.6个百分点；占全省工业比重11.4%，下降0.4个百分点。2016年，全省冶金行业实现销售收入2522.4亿元，下降8.3%；实现利润32亿元，同比减亏增利88.6亿元，其中钢铁行业实现利润18.1亿元，有色行业实现利润13.9亿元；447户规模以上冶金企业中178户亏损，亏损面39.8%，下降10.8个百分点，亏损企业亏损额42.2亿元，下降61.4%；全行业资产负债率72.1%，较2015年下降5.3个百分点。

焦化行业。受煤炭、钢铁市场持续反弹回升影响，焦炭价格大幅回升，产品产量快速增长，行业运行逐步向好。焦炭量价齐涨。2016年，全省焦炭产量8186万吨，比2015年增长2.2%，增速加快10.6个百分点。受煤炭、钢铁市场的拉动，焦炭价格持续反弹回升，总体处于高位区间运行，12月末二级冶金焦炭价格1750元/吨，同比回升1200元/吨。2016年，全省焦化行业实现销售收入909.5亿元，增长15.7%，增速加快40.4个百分点；实现利润盈亏相抵净亏损12.8亿元(当月盈利6.2亿元)，减亏66.2亿元；135户规模以上焦化企业中72户亏损，亏损面53.3%，下降24.6个百分点，亏损企业亏损额38亿元，下降55%；全行业资产负债率88.5%，提高0.7个百分点。

电力行业。装机规模不断扩大，产能发挥明显不足，同时由于原材料价格上涨，企业利润空间逐步缩减。产能发挥明显不足。2016年，全省电力行业增长1.3%，拉动全省工业增长0.2个百分点，占全省工业比重13.7%，比2015年提高1.7个百分点。截至12月末，全省装机容量7640.2万千瓦，增加674.2万千瓦。全省发电设备平均利用小时3478小时，减少259小时；产能利用率39.7%，下降3个百分点。2016年，全省电力行业实现销售收入1417.9亿元，下降4.7%；实现利润56.7亿元，下降54.2%；销售收入利润率4%，下降4.3个百分点；178户规模以上电力企业中65户亏损，亏损面36.5%，提高8.2个百分点，亏损企业亏损额33.3亿元，增长187.1%；全行业资产负债率74.3%，下降0.2个百分点。

化工行业。受原材料价格上涨带动，产品价格震荡上行，但总体上市场供求矛盾依然突出，行业增长乏力，效益不断下滑。产品产量保持小幅增长。2016年，全省化肥(折纯)产量437.5万吨，比2015年下降1.5%；尿素(折含N100%)392.6万吨，增长0.3%；甲醇产量278.6万吨，增长5.5%；聚氯乙烯树脂66.8万吨，增长3.9%。2016年重点监测的化工企业完成产值232.9亿元，下降11.2%，降幅较上半年收窄4.5个百分点。2016年全省化工行业实现销售收入614.4亿元，下降12.7%；实现利润盈亏相抵净亏损28.2亿元，增亏12.2亿元；265户规模以上化工企业中97户亏损，亏损面36.6%，下降3.8个百分点，亏损企业亏损额43.5亿元，增长11.8%；全行业资产负债率79.8%，较2015年提高4个百分点。

机电行业。受电子信息、节能环保、汽车等贴近终端消费的产品生产企业稳定增长影响，全行业总体保持平稳运行；但煤机、焦化设备、铁路设备等产品生产企业订单不足，运行负荷较低。2016年，全省装备制造业增长6.5%，拉动全省工业增长0.7个百分点；占全省工业比重11.3%，提高0.9个百分点。2016年，全省机电行业实现销售收入1582.3亿元，比2015年增长6.1%；实现利润34.2亿元，下降44.8%；550户规模以上机电企业中166户亏损，亏损面30.2%，与2015年持平，亏损企业亏损额35.5亿元，增长80.2%；全行业资产负债率71.6%，提高1.9个百分点。

（石　卉）

## 煤炭工业

**【2016年山西煤炭工业发展概况】**

2016年，全省煤炭行业面对经济持续下行的严峻形势，肩负去产能、调结构、稳增长、促转型的繁重任务，在省委、省政府的坚强领导下，积极践行新发展理念，敢于担当、攻坚克难，推进煤炭供给侧结构性改革初见成效，完成了煤炭去产能任务；率先在全国实行了减量化生产，推动煤炭价格恢复性上涨，实现了市场止跌趋稳向好；严格以“铁的担当尽责、铁的手腕治患、铁的心肠问责、铁的办法治本”的要求、狠抓责任落实，全省煤矿安全生产形势稳定好转，为全省经济平稳健康发展发挥了重要作用。

主要指标完成情况。2016年，全省煤炭产量8.3亿吨，比2015年下降14.1%；煤矿企业商品煤销量7.52亿吨，减少6537万吨，下降8%；煤矿企业库存2856万吨，比年初减少2134万吨，下降42.76%；综合售价291.6元/吨，增加28.6元，增长10.9%；全行业实现利润16.9亿元，扭亏为盈。全省煤炭价格结束了从2011年5月至2016年4月连续59个月下跌、行业效益从2014年7月至2016年9月连续26个月亏损的局面，对全省经济企稳向好起到了积极作用。

煤炭工业“十三五”规划。《山西省“十三五”煤炭工业发展规划》编制工作自2014年5月正式启动，结合全省煤炭供给侧结构性改革、化解煤炭产能过剩、煤炭管理体制改革、煤炭转型综改等工作统筹考虑，对规划文本进行了科学研制、修改完善。《山西省“十三五”煤炭工业发展规划》在全面总结“十二五”煤炭工业发展工作的基础上，系统分析全省煤炭工业面临的形势，提出了“十三五”时期的指导思想、发展目标、开发布局、推进措施以及政策建议，于2017年2月正式向社会发布。

煤炭供给侧结构性改革。推进煤炭供给侧结构性改革是省委、省政府确定的重大工作任务，省煤炭厅认真履行领导小组办公室职责，全力推进煤炭供给侧结构性改革。参与和配合省委、省政府出台了《山西省煤炭供给侧结构性改革实施意见》(〔2016〕16号)，确定了煤炭去产能减产量、安置煤矿职工、推进煤炭清洁高效利用、加快煤炭产业科技创新等8个方面30项改革任务。配套出台32个实施细则，形成了与《实施意见》相配套完整的煤炭供给侧结构性改革政策体系，完成了山西煤炭供给侧结构性改革顶层设计，为改革全面进入抓落实阶段提供了政策保障。健全工作机制，制定省领导小组及其办公室工作规则，实行“日汇报、周调度、月总结”工作制度，与省直各牵头部门和单位建立工作联络机制，保障了各项工作的顺利进行。建立新闻宣传机制，积极反映煤炭供给侧结构性改革的核心观点和鼓舞人心的观点，通过全文发布、政策解读、专家评点、阶段成果展示等全过程报道，综合利用报纸、电视、电台、网络等多媒体组合式全方位宣传，鼓舞了改革士气，凝聚了社会各界支持煤炭供给侧结构性改革的正能量。

煤炭“去产能”。按照国务院7号文《国务院关于进一步加强淘汰落后产能工作的通知》的总体要求，省委、省政府落实目标责任、优化政策环境，成立了山西省钢铁煤炭行业化解过剩产能实现脱困发展领导小组，煤炭行业办公室设在省煤炭厅。省煤炭厅认真履行职责，积极作为，真抓实干，多措并举化解煤炭过剩产能，科学编报《山西省化解煤炭过剩产能实施方案》；与市、县及企业全部签订目标责任书，明确了全省煤炭行业化解过剩产能工作的目标任务；制定关闭退出煤矿的工作步骤，选定焦煤集团白家庄煤矿和潞安集团石圪节煤矿2座矿井，开展煤矿关闭退出试点；开展全省煤炭行业化解过剩产能专项督查，组织协调省级验收。2016年关闭25座煤矿，退出产能2325万吨，全面圆满完成了国家和省煤炭去产能任务。同时，积极争取国家出台“减量置换”政策，抓住机遇大力发展先进产能，为进一步加快全省煤炭产业结构调整步伐，推进新旧动能转换奠定了良好基础。

**【煤矿安全生产】** 一是全力推进瓦斯抽采全覆盖工程和瓦斯抽采管路改造工作。全年完成瓦斯抽采量107.5亿立方米，利用量60.9亿立方米，全部完成了100万米井下非金属瓦斯抽采管路改造任务。二是全面开展资源整合矿井水患补充调查工作和全省煤矿防治水专项整治行动。完成了502座资源整合煤矿水患补充调查，进一步查清井下采空积水情况。同时，在全省开展了为期四个月的煤矿防治水专项整治行动，取得明显成效。三是稳步推进煤矿重大灾害防治。重点围绕瓦斯、水害、防灭火、冲击地压、提升运输和顶板、煤尘等7个方面，组织开展了9次执法检查，重点排查整治48种重大灾害情形，责令12座煤矿停产停建、31个采掘点停止作业。四是深入开展煤矿安全大检查。深刻汲取省外重特大煤矿事故和同煤同生安平煤业“3·23”重大事故教训，严格煤矿安全大检查，在全省组织开展了瓦斯、防治水、“反三违”、机电运输、重组整合建设煤矿、违法违规生产建设煤矿、应急防汛等一系列专项检查行动，对未履行核准手续擅自组织生产建设的16座煤矿责令停止生产建设，对省属五大集团所属的207座整合煤矿实施停产停建整顿。2016年全省煤矿安全生产形势取得了“三下降”的好成绩：一是事故起数和死亡人数下降。2016年，全省煤矿共发生19起事故、死亡44人，比2015年减少14起、33人，分别下降42.42%、42.86%。二是较大及以上事故下降。2016年，全省煤矿发生较大及以上事故3起、死亡27人，减少4起、19人，分别下降57.14%、41.3%。其中，较大事故2起、死亡7人，减少4起、18人，分别下降66.67%、72%；重大事故1起、死亡20人，事故起数持平，死亡人数减少1人、下降4.76%。三是煤矿百万吨死亡率下降。2016年，全省煤矿百万吨死亡率为0.053，减少0.026、下降32.91%。为全省经济社会建设创造了稳定的安全环境，煤矿安全生产工作走在了全国前列。

**【煤炭生产管理】** 率先实行减量化生产。认真贯彻落实国家和省减量化生产有关要求，全省煤矿从2016年4月1日起在全国率先实行276个工作日生产制度，组织开展督促检查工作，全年压减产量1.36亿吨，占全国压减量3.37亿吨的40.5%，改善了市场供求关系，推动了煤炭价格恢复性上涨，促进了煤炭市场止跌企稳。

积极有序释放先进产能。根据国家保障煤炭稳定供应的要求，全省符合产能释放条件的495座煤矿按照330个工作日制度进行了产能释放，平均每月增加产量997万吨。同时，推进全省煤矿基本建设，加快联合试运转，有效稳定了煤炭供应。

严厉打击非法违法生产建设行为。对未履行核准手续擅自组织生产建设的16座煤矿停止生产建设行为、对省属五大煤炭集团所属207座整合煤矿，要求不少于一个月的停产停建整顿，有力促进了化解煤炭过剩产能工作的顺利开展。

全面落实生产能力公告和生产要素管理制度。修订了《煤矿生产能力等要素登记公告管理办法》，全省所有生产煤矿全部及时完成生产能力登记公告，建立生产要素动态核查机制，完成了对560座生产煤矿全面动态核查。及时对79座新投产煤矿生产能力进行登记公告，变更330座煤矿的各类生产要素，取消36座煤矿生产能力的登记公告。

积极推进千人矿井减人提效。全省共有11座单班入井超千人的矿井，通过采取综合措施，全部于2016年底前实现了控制在千人之内的目标。

**【煤炭经济】** 认真贯彻落实国家宏观调控政策和各项决策部署，充分发挥化解煤炭过剩产能对改善市场供求关系、促进煤炭经济平稳发展的积极作用，强化对煤炭经济运行的日常监测调控和分析研判，引导企业运用新技术、新工艺，开发生产适销对路的新产品；推动落实"三省两公司"协调机制，加强煤炭企业与电力等用户的中长期战略合作，建立了省内炼焦煤和无烟煤稳定运行协商机制；全面落实国家和省一系列煤炭脱困政策，引导企业加强自律，进一步促进了煤炭经济平稳运行、稳中有进。

推进煤炭销售协商机制。2016年，共召开5次全省煤炭经济运行协商机制会议，引导和鼓励阳煤集团、晋煤集团分别与所在地方煤矿建立了区域性煤炭销售协同机制。推进焦煤集团与吕梁、临汾、晋中地方煤矿建立了炼焦煤销售协商机制。

鼓励开发煤炭新产品。引导煤炭企业采用现代新技术、新工艺开发新产品，融入京津冀、加入环渤海开拓新市场，为用户提供清洁环保、适销对路的产品，提高和增强了煤炭市场竞争力。

**【煤炭科技创新】** 坚持以提升煤矿机械化、自动化、信息化和智能化建设水平为重点，大力推进"机械化换人、自动化减人"，加强科技重大项目技术攻关，全省煤炭行业整体科技创新能力和水平得到明显增强。

煤炭科技创新能力进一步提高。积极推广智能化综采技术，全省已有31个综采工作面进行了智能化和电液控改造。同时，全省煤矿在充填开采、沿空留巷等技术应用方面均取得积极成效。进一步加强科技攻关，2016年全省煤炭行业科技创新取得重大突破。一是全年全行业获得国家和省科技进步奖共计117项，其中，西山煤电集团参与完成的"煤层瓦斯安全高效抽采关键技术体系及工程应用"项目和阳煤集团参与完成的"智能煤矿建设关键技术与示范工程"项目，荣获2016年度国家科学技术进步奖二等奖，中煤协会科技进步奖74项，山西省科技进步奖41项；二是焦煤集团"近距离突出煤层群稀缺资源安全开发与利用"项目，荣获"中国工业大奖"，这是迄今为止山西省煤炭工业唯一获此奖项的企业，也是本届评选中唯一获"中国工业大奖"的煤炭企业技术创新项目；三是阳煤集团世界首台"晋华炉"问世，标志着山西省"气化炉高温合成气热量回收技术研究及工程示范"省级煤基低碳重大科技攻关项目取得实质性突破。煤炭科技创新能力和水平明显提升，煤炭企业内生动力进一步增强。

全力推进煤炭监管信息平台建设。2016年，山西煤炭监管信息平台全面建成并投入试运行，建立数据采集传输、管理机制，建立同级数据传送、多部门配合查证的工作模式，实现了集全省煤炭行业安全管理和安全监控、煤炭经济运行管理和监测及行业其他方面的综合管理功能为一体，为行业管理和政府决策提供技术支撑和数据依据，促进了煤炭行业管理能力现代化。

**【煤矿用工管理】** 山西省煤炭行业进一步构建了全省煤矿劳动用工管理体系，不断规范煤矿用工管理秩序，强化全员准入和变招工为招生制度，加强煤矿职业健康管理，保障了煤矿从业人员安全健康权益。2016年,共组织培训煤矿主要负责人637人,安全生产管理人员1.86万人,培训煤矿特种作业人员4.9万人次;指导企业开展从业人员培训共计17.4万人次;继续开展煤矿关键岗位中等教育,举办了新《煤矿安全规程》培训。同时,切实发挥各级工会作用,维护职工合法权益,积极化解煤矿用工矛盾纠纷,稳定职工队伍,促进了经济平稳运行和安全生产。

(王德善)

## 煤炭运销

**【积极推进企业改革,安全生产经营各项工作保持平稳发展】** 生产经营逐步向好。2016年,晋能集团运营止跌回稳,生产经营一季好于一季,下半年好于上半年,营业收入减幅逐季收窄,一季度、上半年、前三季度、全年收入分别为109亿元、246.7亿元、413亿元、696.6亿元。与2015年相比,减幅全年比上半年收窄近20个百分点;利润前三季度下降50%,全年增长13.1%,增幅超过60%。安全生产保持平稳有序,全年杜绝了重特大事故,百万吨死亡率0.014,低于全国、全省平均水平。产业基础不断夯实,2016年,投产和进入联合试运转的煤矿达17座,新增产能1440万吨。目前集团生产和联合试运转矿井已达68座,产能达到7610万吨;新建成投运火电装机35万千瓦,运行总装机达到523.2万千瓦;清洁能源风电、光伏发电新建投运装机26.5万千瓦,总装机达到84.43万千瓦。文水光伏电池组件1.3千兆瓦扩产项目投产。

企业改革稳步推进。不断完善集团总体改革方案,同步推进各项改革,在全省率先完成长治赵屋、永丰两座矿井的关闭,退出产能120万吨。全力推进减少法人压缩管理层级工作。通过改制、注销、合并等办法已减少法人单位227户。公路销售体制改革全年完成分流安置人员7747人,截至2016年底,已分流安置2.73万人,顺利完成转岗安置任务。集团从业人员由2015年末的10.36万人减少到2016年末的9.95万人,减少4047人。

管理水平有效提升。落实"管理提升年"的各项要求,积极推进安全管理、生产经营、先进技术三个模式建设,企业的管理水平得到较大提升。制定完善了安全、项目、资金、环境、考核等几十项制度,企业管理进一步规范;出台并认真落实"资金管控失调""提质增效节支降耗十六条",成本管控和提质增效成效明显。

(杨　蓓)

## 煤矿安全监察

**【2016年全省煤矿安全生产形势总体稳定】** 全年发生煤矿事故19起、死亡44人,百万吨死亡率0.053,比2015年分别减少14起、33人、0.026,分别下降42.4%、42.9%和32.91%。

存在的突出问题。2016年共发生事故19起,死亡44人。其中,一般事故16起17人,较大事故2起7人,重大事故1起20人。呈现出7个规律特点:一是重特大事故仍未得到根本性遏制。2016年发生同煤集团同生安平煤业公司"3·23"重大瓦斯事故1起,死亡20人,事故起数和死亡人数占总事故起数和死亡人数的5.3%和45.5%。二是水害、瓦斯事故多发。水害和瓦斯事故共发生5起,死亡29人,分别占事故总数和死亡人数的26.3%、65.9%。其中水害事故4起,死亡9人,分别占事故总数和死亡人数的15.8%、20.5%,且都是险造成重大人员伤亡的涉险事故。水害、瓦斯是威胁山西省煤矿安生产全的两大"杀手"。三是机电、运输等事故多发。发生机电事故7起,死亡7人,分别占总数的36.8%、15.9%;发生运输事故5起,死亡5人,分别占总数的26.3%、11.4%。两者合计12起、12人,分别占总数的63.1%、27.3%。随着机械化水平的不断提高,机电运输已贯穿了生产各环节,涉及面广,技术性强,事故风险点多。四是国有重点煤矿事故多发。共发生事故11起,死亡30人,分别占事故总起数和死亡人数的57.9%,68.2%。国有重点煤矿日常安全监管监察难度大,发生事故之后的影响也较大。五是整合重组矿井事故多发。共发生事故9起,死亡29人,分别占事故总起数和死亡人数的47.4%和65.9%。资源整合矿井隐蔽致灾因素多、现场作业条件复杂、技术管理力量薄弱等问题比较突出。六是夜间事故多发。晚19时至早8时发生事故12起,占事故总起数的63.2%。且晚22时以后至次日早7时前发生事故8起。夜班是作业高峰期,同时也是人员作业疲劳期,思想上易麻痹大意,极易造成事故。七是事故瞒报、迟报现象多发,尤其是国有重点煤矿瞒报事故突出。共发生瞒报事故4起,均为国有重点煤矿,占总事故起数的21.1%;事故后迟报10起,其中国有重点3起,地方煤矿7起,占总事故起数的52.6%。

**【突出铁的担当,坚决遏制煤矿重特大事故发生势头】** 保持高压态势。对违法违规生产建设行为和重大安全隐患坚持"零容忍",2016年特别是"3·23"事故之后坚持安全检查不断线、双随机监察不断线、打非治违不断线,看死盯牢不放心矿井,看死盯牢资源整合重组矿井,看死盯牢去产能关闭淘汰退出矿井,保持对违法违规现象露头就打的高压态势。2016 年全省淘汰关闭 25 座煤矿,由于盯得紧、管得严,避免了"最后的疯狂",且无死灰复燃现象。临汾分局坚持铁面执法,采取重点矿井重点监察、问题矿井专项监察、一般矿井定期监察、在册矿井随机监察的方法,实现了辖区煤矿安全生产由乱到治,被评选为全国安全生产监管监察系统先进集体。

*敢于重拳出击。*严格督查《安全生产法》《煤矿安全监察条例》、新颁《煤矿安全规程》等法律法规的落实,组织开展山西煤监"利剑行动",加大突击检查、夜查、暗查暗访力度。对发现的重大隐患逐项列出清单、落实责任、挂牌督办、督促整改。对超层越界、超强度超能力生产、擅自复工复产等严重违法违规生产建设行为,从严从重从快处罚。同时,督促煤矿主体企业健全完善了煤矿全覆盖、无缝隙、不间断的安全生产包保责任体系,发生死亡事故对负责包保的人员尽职照单免责、失职照单问责。大同分局实施了驻矿盯守八项工作法,强化责任落实,加大问责力度,现场监察执法,盯住问题当场追责,形成了有力震慑。吕梁分局实施"零点行动"突击监察,并将监察情况通报地方政府和集团公司主要负责人,形成了煤矿安全监管监察工作的同频共振、联合发威。

*坚持严格问责。*在全系统倡导树立抓查处也是抓教育、抓预防的思想,对发生的每一起事故特别是瞒报、迟报事故行为坚持严肃查处、严厉追责。全年查结事故 14 起,追究责任 275 人,其中处级干部 43 人,厅局级干部 5 人;追究刑事责任 41 人,行政处分 159 人,党纪处分 64 人,行政处罚 93 人,事故罚款合计 2962.34 万元。在严格事故查处的同时,进一步加大对隐患排查治理责任倒查和责任追究力度,对重大隐患排查、治理、整改、复查不到位的,一律严肃追责。2016 年,全系统共监察矿井 981 座,占矿井总数的 93.2%,监察各类煤矿 2140 矿次,行政处罚 237 矿次,罚款 8221.11 万元,其中监察罚款 6236.43 万元。

**【突出着力治本,筑牢夯实煤矿安全生产根基】** *大力推动企业严格落实安全生产主体责任。*坚持抓住两个关键人即矿长和总工程师;抓住三个关键团队即以矿长为首的安全生产管理团队,以总工程师为首的工程技术管理团队,以区队长、班组长、安监员为主的现场管理团队,加大责任监察力度,抓住不落实的事、追究不落实的人。特别是聚焦企业安全投入,严禁使用国家明令禁止或淘汰的设备、工艺,大力推广"机械化换人,自动化减人",不断提高煤矿"四化"水平,推动本质安全型矿井建设。

*突出强化企业工程技术管理。*大力推动企业突出加强以总工程师为首的工程技术队伍建设,筑牢夯实企业技术防线。抓住新修订的《煤矿安全规程》颁布实施的有利时机,组织全省千名煤矿总工学规程,举办全省煤矿防治水和瓦斯治理脱产培训班,邀请省内外具有丰富实践经验和较高理论水平的煤矿技术专家为煤矿企业传授经验、培训人才,有力地促进了煤矿企业技术管理水平的提升。

*加大企业重大隐患排查治理督查力度。*督导企业落实技术管理的责任,充分发挥以总工程师为首的工程技术队伍的技术防线作用,查大系统、治大隐患、防大事故。特别是推进企业建立健全安全风险分级管控和隐患排查治理双重预防性工作机制,围绕瓦斯、水害、顶板、火灾等重大致灾因素,深入排查容易发生煤矿重特大事故的环节,落实重大事故隐患治理督办制度,把隐患当事故来对待,将隐患消除在事故之前,筑牢夯实防范和遏制重特大事故发生的"防火墙"。阳泉分局利用创建遏制重特大事故全国试点城市的契机,突出瓦斯、水害治理两个重点,实施"精准监察",加大执法力度,是 2016 年实现辖区煤矿零死亡的唯一分局。

*加强煤矿安全监察专业队伍建设。*为切实提高监察执法中发现事故隐患特别是重大隐患的能力,在组建煤矿瓦斯治理、煤层气抽采、防治水三支安全监察人员专家队伍的基础上,分批次强化培训,并且赴外参观学习瓦斯防治和水害治理先进经验,大大提升了全系统安全监察执法的专业化水平。

*大力强化煤矿安全宣传教育。*针对 7 月份以来全省全国煤矿安全严峻形势,加大了煤矿安全形势教育和煤矿事故警示教育力度,先后召开两次全省煤矿安全紧急视频会议,组织煤矿事故警示教育巡回宣讲,制作本省三起事故警示教育片巡回播放,以案示警;拍摄了安全情感教育片《血与泪的呼唤》,以情促警,持续敲响安全警钟。加大安全公益宣传力度,积极传播煤矿安全生产正能量,在山西广播电视台、新华网山西频道持续播放为期 3 个月的煤矿安全生产公益广告,营造全社会关爱生命、关注安全的浓厚氛围。

**【突出创新超越,全面提升煤矿安全监察水平】** 提出了构建煤矿安全"六道防线"、推进"六项监察"、坚持"上浮""下沉"相结合、在总局"八查"的基础上实施"十六查"等一系列新的监察执法思路措施。在进一步坚持抓好"三项监察"执法计划、切实提高监察执法质量和效果的基础上,每季度召开一次监察执法座谈会,总结推广监察执法创新经验。在全系统总结并大力推广实施监察执法载体创新,开展了以源头治理为主的“源头式监察”、以教育引导为主的“宣教式监察”、以技术指导为主的“授课式监察”、以责任倒查为主的“审计式监察”、以“十六查”为主的解剖式监察、以人情防范为主的“交叉式监察”和以台阶警示为主的“积分式监察”，增强了监察执法的针对性和实效性。

坚持重心下移，大力强化监察分局(站)安全监察执法工作，提出了超越自我、与时俱进不断创新的要求，呈现出了分局(站)之间八仙过海各显神通的大好局面。晋中分局提出煤监局“开方”、煤管局“抓药”、煤矿“吃药”的监管监察责任理念，采取“点”上抓典型、“线”上保高压、“面”上求覆盖的监察方法，实施全方位管控，消除监察盲区。长治分局实施“五组联动”监察法，把“一通报、两报告、两建议”直接送达地方政府主要负责人，强化了地方政府煤矿安全监管责任的落实。太原分局整合执法资源、实施大组监察，建立了“两库一清单”，完善“双随机”监察的工作机制，提升了监察执法工作的规范化水平。通过探索创新，全系统监察执法工作实现了“三个转变”，即由注重监察数量向注重监察质量转变、由粗放监察向精细监察转变、由定性监察向定量监察转变，效果明显。从执法情况看，各监察分局(站)全部完成或超额完成了全年的监察执法计划。全年共监察各类煤矿2140矿次。

(郭凤美)

## 电力工业

【**2016年山西省电力企业发展概况**】国网山西省电力公司是国家电网公司全资子公司，以电网规划、建设、运行管理及电力调度、经营等为主营业务，拥有资产779.39亿元，员工2.91万人，下设11个市供电公司、99个县级供电公司，供电区域覆盖山西省除12个趸售县以外的108个县(市、区)，直供营业区面积13.55万平方千米，直供用电客户1020.34万户，并承担着向京津唐、河北、江苏、湖北、山东等地外送电力的重要任务。

【**2016年山西省电力工业发展概况**】截至2016年底，山西电网总装机76303.42兆瓦。按调度单位划分，国调装机3300兆瓦，阳城电厂以点对网方式送江苏电网；华北网调直调机组容量5920兆瓦；省调装机容量62908.3兆瓦(其中进入商运容量为62908.3兆瓦)；地区小电厂合计容量4175.122兆瓦。省调机组按机组性质划分，光伏电站51座，容量2650兆瓦；风电场74座，容量7910.3兆瓦；煤层气电厂1座，容量120兆瓦；燃气机组9台，容量1845兆瓦(全部供热)；水电厂4座(含抽水蓄能)16台，容量2288兆瓦；火电机组169台，容量48095兆瓦(其中供热机组116台，容量29885兆瓦，占比62.1%，空冷机组136台，容量39825兆瓦，占比82.8%。循环流化床机组64台，容量11635兆瓦，占比24.1%。)

共有220千伏及以上电压等级变电站246座，主变534台，变电容量116495.57兆伏安，其中特高压变电站2座，变压器4台，容量12000兆伏安；500千伏变电站23座(含榆社开闭站)，主变43台，容量37500兆伏安；220千伏变电站221座，主变487台，容量66995.57兆伏安。

共有220千伏及以上输电线路752条，线路长度2.15万千米(不含跨省输电线路)。其中500千伏线路87条，长度5696.5千米；220千伏线路665条，1.58万千米(其中省调线路575条，1.44万千米)。另有跨省输电线路33条，长度3974.24千米。

【**2016年国网山西省电力公司经营概况**】 电网建设与发展。2016年，国网山西省电力公司完成固定资产投资195.66亿元，比2015年增长20.17%，其中电网投资180.84亿元，增长34.8%，均创历史新高。国网山西省电力公司立足于服务全省经济社会发展和新型综合能源基地建设，特高压和配电网投资分别增长2.5倍和1.5倍，规模和工程量创历史最高。“一口对外”破解难题，“一交一直”(灵州—绍兴直流率先架通，蒙西—晋北—天津南交流提前投运)顺利投运，“一交两直”(榆横—晋中—潍坊交流，晋北—江苏、上海庙—山东直流)线路基本架通，平鲁输变电、晋北换流站—平鲁三回线等关键工程按期竣工，500千伏“西通道”提前投运，外送能力和主网网架结构显著增强。

配合完成山西省“十三五”电力发展规划和新一轮农网改造升级规划，临汾西输变电工程等14个500千伏项目取得核准。落实中央新一轮农网改造升级部署，与省政府签署战略合作协议，完成755个小城镇(中心村)电网改造、2.37万眼机井通电、141个自然村动力电改造任务，按期投运煤改电试点配套电网工程，2015年新增农网改造升级工程通过验收。成立领导小组和工作组，对接帮扶西藏昌都市开展新一轮农网改造升级工程。蒙西—天津南输变电等4项工程荣获国网流动红旗，500千伏龙城、运城东变电站分获国家优质工程奖、中国电力优质工程奖，运城中杨、大同天镇变电站荣获国网“输变电创优示范工程”。

经营管理。2016年，国网山西省电力公司营业户数突破千万大关，省内售电量1338.3亿千瓦时，比2015年增长2.55%，3年来首次实现正增长；全省外送电量713.33亿千瓦时，超额完成省委省政府确定的700亿目标。营业收入731.63

亿元，下降4.15%；利税总额37.65亿元，增长4.7%；经济增加值7.47亿元，增加1.11亿元。

坚决落实改革部署，成立深化改革领导小组和电改办公室，制定公司《全面深化改革工作实施方案》，统筹推进改革工作。积极沟通汇报，深度参与电改配套方案编制。开展“问需求、送服务、促发展”秋季大走访活动，宣讲政策，凝聚共识。山西电力交易中心有限公司挂牌成立。完成大用户直接交易381.9亿千瓦时，增长139%，节约用户电费支出42.41亿元，有效释放改革红利。

健全完善管理创新平台，“供电企业重点任务全过程管控”获得国家级管理创新二等奖，6项管理创新及推广成果获得国网公司表彰，6项典型经验入选入围国网公司同业对标典型经验库。

安全生产。2016年，国网山西省电力公司落实本质安全要求，严格各级安全责任，扎实开展“三查三强化”专项行动，深入排查治理隐患，全面管控各类风险，未发生人身、电网、设备事故和信息安全事件，主要安全生产指标创历史最好水平。实施《安规》常态化调考，构建安全奖惩长效机制，各级人员安全意识普遍提高。深化大电网运行特性分析和风险研判，发布电网风险预警1643项，成功应对年初大范围低温降雪、夏季强降雨等极端恶劣天气，保证了电网稳定运行和电力可靠供应，圆满完成“G20”“能博会”等重大活动保电任务。强化现场安全管控，开展安全督（纠）察1.14万次，覆盖作业现场1.17万个。深化精益运维管理，完成44座35千伏及以上老旧变电站综合治理，开展“通道治理年”活动，500千伏及以上线路故障跳闸率及停运率下降54%和74%，10千伏配网故障停运率下降18%。强化应急管理，配合省政府编制发布《山西省大面积停电事件应急预案》，积极参与安平煤矿、中村煤业透水事故抢险救援，得到地方政府和社会好评。

电力营销。积极应对售电量低速增长、输配电资产折旧、运维费持续攀升的严峻形势，开拓市场、提质增效，圆满完成全年经营目标，净资产收益率等关键效益指标排名国网系统前列。密切跟踪京津冀鲁用电形势，“保南送、扩东送，稳长期、增短时”，在受端用电市场疲软、购电壁垒突出的情况下，超额完成年度外送计划。积极抢占市场增供扩销，组建配售电市场领导小组，增设太原科创城供电公司，开辟配套电网、业扩报装绿色通道，快速响应客户需求，办电效率提高30%，净增接电容量987.3万千伏安。努力挖掘省内用电需求，电能替代电量完成57.79亿千瓦时，44个高速及城市快充站建成投运，覆盖全省的“大字形”高速快充服务网络初具规模，4370个社会充电设施接入车联网平台，全省电动汽车充电量超过1亿千瓦时。接收用户资产12.29亿元，打开合表用户53.62万户，市场份额进一步巩固。落实“一户一策”，当年、陈欠电费回收率实现“两个100%”。计量中心生产自动化系统达到“先进级”，同期线损实现常态化监测管理。“营财一体化”全面建成，核减项目投资0.97亿元。物资招标采购节资1.92亿元，清理应收款项和存货14.8亿元。

**【践行央企责任，真诚服务地方发展大局】** 积极服务新能源发展，帮扶指导大同百万千瓦采煤沉陷区光伏基地项目按期投产发电，风电、光伏新能源并网容量突破千万千瓦。坚决落实中央打赢脱贫攻坚战部署，加快临汾、大同光伏电站配套电网建设，推进偏关定点扶贫村光伏电站建设，累计受理分布式光伏扶贫项目1.03万户、申请容量22.04万千瓦。试点供电服务“网格化”管理，开展营销服务投诉问题百日整治，重点投诉问题占比下降18%。推动“互联网＋营销服务”，“网上营业厅”累计注册531.6万户，占城乡客户比重突破50%，线上业务量增长10倍，服务转型成效初显。

**【科技与信息化发展步伐加快】** 科技研发成果取得新突破。“变压器冲击绝缘诊断装置”等16项成果获得省部级科技奖励，其中获山西省科学技术奖8项，获奖数量创历史新高。全年完成专利授权313项，其中发明专利81项。国网山西电科院1项专利获美国专利授权。信息通信支撑能力稳步提升，信息系统安全稳定运行。全年未发生八级及以上安全事件，信息系统可用率99.94%，获国网公司网络与信息安全工作优秀单位称号；完成三级及以上通信检修543次，通信运行保障率99.99%，圆满完成“G20”等重大活动保障任务。

科技创新能力不断提升。“电力系统运行与控制山西省重点实验室”通过山西省科技厅验收。科技成果指数完成16.89，增长73.94%。信息通信系统安全运行保持良好态势。积极开展“安全月”活动，深化安全监督，国网山西省电力公司信息安全红队获得山西省第一届网络安全竞赛团体二等奖，2人获竞赛优胜奖。40个信息系统实现账号实名制，“三不”网站全部关停。年度整改隐患68条，消除缺陷319条。应急处理能力进一步提升，修订完成2个应急预案和32个专项处置方案，开展信息系统应急演练24次，信息通信联合反事故演习1次，成功应对多次极端恶劣天气。全面应用信息通信一体化调度运行支撑平台（SG－I6000），接入业务系统54套，梳理核对设备台账6万余条，信息通信资产账卡物一致率达100%。

（龙　云）

# 冶金工业

**【2016年山西省冶金工业发展概况】** 2016年底，全省规模以上冶金工业企业447家，从业人员22.45万人。其中钢铁工业企业336家，从业人员17.08万人；有色金属工业企业111家，从业人员5.37万人。

*市场需求缓慢回升，价格大幅回升*。钢铁行业生产总量小幅增长，铜铝行业因项目投产或达产达效，增幅较大。2016年，受市场需求有所好转、钢材库存处于历史低位等多重因素影响，国内市场钢材价格波动回升。钢材综合价格指数从2015年12月历史最低点54.48点开始回升，4月末涨至84.66点，到11月末涨至90.38点，12月中旬达到103.4点，涨幅超过80%。

2016年前11个月，铝价一直稳步上升，到12月份铝价出现回落。2016年初，国内铝现货价格在10950元/吨，到了11月14日，铝价已冲高至15380元/吨。对比2月3日的全年最低价10500元/吨，2016年现货铝价最大涨幅达46.48%。12月底为12910元/吨，全年涨幅17.9%。

*主要产品产量完成情况*。2016年粗钢产量3936.1万吨，比2015年增长2.2%，高于全国1.06个百分点，其中不锈钢412.2万吨，增长2.58%；生铁3641.1万吨，增长1.9%，高于全国1.53个百分点；钢材4279万吨，下降0.9%，低于全国2.46个百分点。十种有色金属120.5万吨，增长23.35%，扭转了连续2年负增长局面，高于全国20.89个百分点，其中，电解铝86.8万吨，增长43.61%，高于全国42.3个百分点；精炼铜19.56万吨，增长8.1%，高于全国2.15个百分点；金属镁14.04万吨，下降26.21%，低于全国40.25个百分点，被宁夏超越，居全国第3位；氧化铝1414.14万吨，增长10.84%，超越河南，居全国第2位；铝材57.5万吨，下降1.93%，低于全国11.65个百分点；铜材2.59万吨，增长14.98%；镁合金18.81万吨，增长23.18%；镁材5098吨，增长25.55%。

*主要经济指标完成情况*。2016年，全省规模以上冶金工业主营业务收入2522.4亿元，占全省的18.07%，比2015年下降8.3%，其中钢铁工业1903亿元，下降12%；有色金属工业619.4亿元，增长5.3%。全省规模以上冶金工业增加值增长5%，高于全省3.9个百分点。2016年冶金工业实现利税95.8亿元，占全省的10.32%，比2015年增加109.6亿元，其中钢铁工业66.5亿元，增加111.9亿元；有色金属工业29.3亿元，下降7.28%。冶金工业实现利润32亿元，占全省的15.33%，增加89.3亿元，其中钢铁工业由2015年亏损75.2亿元转为盈利18.1亿元；有色金属工业13.9亿元，下降22.1%。

*进出口贸易*。2016年，钢材出口142.2万吨，货值103亿元，分别比2015年下降2.7%和10.2%。其中不锈钢出口19.9万吨，货值77.9亿元，分别增长10.4%和下降6%，钢材出口占全省出口总值的15.72%。出口镁及其制品4.9万吨，下降15.3%。

**【项目建设及投产情况】** (1)太钢集团袁家村铁矿采矿接续工程2015年5月开工建设，2017年3月建成投产；峨口铁矿露天转地下开采项目2012年8月开工建设，累计已完成计划总投资的36%，预计2018年12月建成投产；镍基耐热合金高技术产业化项目，2016年1月开工建设，已完成计划总投资的24%，预计2017年12月建设投产；冷轧硅钢常化酸洗线改造2014年8月开工建设，2016年5月建成投产。(2)首钢长钢瑞达工业园区焦化项目一期工程2号炉2016年3月30日正式点火烘炉，7月21日，热态联动试车一次成功；1号焦炉于11月8日开始烘炉。瑞达工业园区煤焦化项目是首钢长钢实施淘汰落后减量置换升级改造的高炉配套工程。(3)山西中铝华润有限公司吕梁轻合金循环产业基地一期50万吨合金铝项目，于2016年4月12日开工建设，计划2017年7月1日投产。是山西与中铝公司、华润集团加强合作的标志性工程，突破了山西电解铝行业多年来的投资空白。(4)华兴铝业二期100万吨氧化铝项目2016年4月12日正式投产，项目采用强化溶出技术，铝土矿中氧化铝的相对溶出率达96.25%，配套建设自备热电站，实行热电联产，是目前中国单条规模最大、也是世界首条一水硬铝石百万吨生产线。(5)东方希望晋中铝业一期100万吨氧化铝项目第一条氧化铝生产线从2015年9月份进入实质性建设阶段，2016年4月投入运行；第二条生产线12月投入运行。(6)2016年11月16日，山西铝厂和山西炬华合作的铝基催化新材料项目签约，该项目是山西铝厂托管河津铝工业园区后的第一个项目，建设周期3至5年、分三期建设，产品包括大孔铝基材料、硅铝干胶、催化剂等。

**【结构优化与提质增效】** 山西省冶金行业低端产品产能过剩，高端产品供给不足；以初级产品、粗加工产品为主，产品加工转换率低；高技术含量、高附加值产品少。2016年，山西省钢材产量4279万吨，其中线材和钢筋占55%，加上建筑用型材占到70%，产品同质化，销售区域重叠，恶性竞争加剧，生存环境堪忧。2016年，山西省氧化铝产量1414.14万吨，而电解铝产量只有86.8万吨，加工转换率仅为12%；精炼铜产量19.56万吨，而铜加工材只有2.59万吨，加工转换率为13%。资源、能源、区位优势，未能转换为经济优势。需求放缓，实施供给侧结构性改革变得尤为迫切。产品价格长期低位运行，产品成本居高不下，企业面临资金链断裂危险。(1)太钢集团从传统领域向新兴领域的转变正在换挡提速，除硅钢产品市场销售增长20.6%外，汽车排气系统用不锈钢、罐箱行业用不锈钢、双相不锈钢、超纯铁素体不锈钢、核电用不锈钢、取向硅钢分别比2015年增长36.7%、76%、200%、35.4%、51.3%和107%。2016年太钢新产品的市场贡献率达70%以上，不锈钢出口增长4.72%，并呈现出多渠道、多领域的特点。2016年，太钢集团实现降本增效22.32亿元。(2)首钢长钢2016年内部增效4.79亿元，吨钢增效209.84元。(3)中阳钢铁按照"普转优、优转精"的战略思路，形成"焊丝钢、Q195工业拉丝材占50%，优特钢占20%，建筑材占30%"的产品结构，从产品升级、品牌提升、产业链延伸等方面推动企业实现去产能、提质量、增效益的可持续发展。(4)2016年10月30日，立恒钢铁与麦肯锡(上海)咨询有限公司咨询服务合作项目正式启动，在能效速赢、全成本配料、端到端运营和非钢业务梳理等方面开展全方位的系统诊断，先后识别出80项降本举措，吨钢可挖掘潜力145元。试产250吨焊接钢用盘条，实施带钢升级改造项目。(5)山西建邦集团扎实推进"产量提升10%、成本降低10%、品种钢产量提高10%、人员优化10%、收入增加10%"生存目标的实现。在巩固老品种的同时，加大优特品种钢的研发生产力度，优特品种钢在品种规格和质量品质上有了明显提升。(6)晋城福盛钢铁以精细管理为手段，稳步提升产品质量，在优于国标和铁标的基础上，不断完善企业内控标准。(7)中条山集团营业收入、工业增加值、资产总额、矿山处理矿量、阴极铜产量、银锭产量、粗硫酸镍产量、粗碲产量、机加工产量及驻外公司利润等十余项指标创历史新高。(8)中铝山西分公司第二氧化铝厂大力开展技术攻关及运营转型攻关，实现了产量消耗的新突破；中铝山西分公司技术中心技术应用研究室针对不同碱水浓度配制絮凝剂进行试验研究，实现年节约费用100万元。(9)中电投山西铝业2016年矿耗、碱耗、电耗等8项主要技术指标同比降低。(10)山西华泽铝电通过优化技术指标、狠抓营销创效、大力压缩"两金"、加强机组精细化管理等措施，实现利润创2008年以来最好水平。

**【兼并重组与淘汰落后】** 优势企业作为兼并重组主体，输出先进管理理念，对传统产业进行升级改造，盘活企业资产，发展地方经济，维护社会稳定；上下游企业联合，延伸产业链条，实现优势互补；淘汰落后产能，为先进产能腾出发展空间。(1)海鑫集团于2014年3月19日全面停产，建龙集团子公司吉林钢铁有限责任公司作为并购主体，2015年9月26日正式接管海鑫集团。经过8个月的检修改造，2016年4月30日，山西建龙10号高炉送风点火成功，标志着山西建龙正式恢复生产运营。(2)中钢集团与山西省地方企业联合成立了混合所有制公司—中钢特材科技(山西)有限公司，通过重组原常平钢铁有限公司和原山西环鑫源不锈钢有限公司的设备资产和产能指标，开辟了一条由贸易物流为主业向实体经济转型的发展之路。常平钢铁2016年12底开始恢复生产。(3)2016年10月，山西铝厂与运城市政府签订河津铝工业

东方希望铝系综合循环经济项目

园区战略合作协议，共同创新园区管理体制和运行机制，加快建设河津铝工业园区，推进运城铝工业（国家）产业示范基地发展。

**【节能减排与综合利用】** （1）太钢集团积极推进节能减排循环经济，在气态、固态、液态废弃物综合利用上取得显著成效，创出了新水平。在气态废弃物利用方面，太钢实施了焦炉煤气脱硫脱氰制酸项目，2016年累计回收焦炉煤气12.67亿立方米，生产浓硫酸1.5万吨。建成饱和余热蒸汽发电机组，实现炼钢和热连轧工序产生的废热、余热全部回收利用。采用国际上最先进的活性炭吸附技术，建成国内第一套集脱硫、脱硝、脱二噁英、脱重金属、除尘“五位一体”的烧结烟气脱硫脱硝制酸系统。建成具有世界先进工艺技术的高炉煤气余压发电系统，将压能转化为电能。在固态废弃物综合利用方面，太钢建成具有国际先进工艺技术水平、世界上处理能力最大的矿渣超细粉生产线，实现高炉矿渣的深加工处理，2016年生产高品质高炉矿渣超细粉126.8万吨。采用国际先进的双热渣熔炼炉调质保温生产工艺技术，建成了高炉热熔渣制棉生产线，实现了对高炉渣显热的有效回收利用。建成脱硫石膏处理线，对电厂在脱硫过程中产生的石膏进行深加工。在液态废弃物综合利用方面，太钢建成工业废水处理、生活污水处理系统和双膜法深度处理系统。2016年，回收城市中水655万立方米，处理城市居民生活污水1737万立方米，减少城市COD排放5000余吨。硅钢盐酸再生处理系统高效运行，废盐酸全部实现回收再生。不锈钢废混酸再生系统高效稳定运行，实现了废混酸100%回收处理。太钢启动了具有战略意义的节能减排项目——烟气余热深度回收项目（将发电机组脱硫前的烟气余热进行回收后再利用），是燃煤电厂节能的重要措施。（2）首钢长钢坚持总量控制和排放达标原则，进一步加大环保投入和管理力度，做好高炉出铁烟尘、烧结机头烟气、炼钢二次除尘等污染治理，强化环保设施和在线监控设施的运行管控，确保达标排放；做好新焦化绿化美化工作。公司全年自发电量3.02亿千瓦/小时，自发电比例35%。（3）山西铝厂强化环保设施的运行与维护，确保环保设施有效运行，实现了生活污水和工业废水的零排放。（4）山西华泽铝电3号机组超低排放改造工程于2016年12月并网发电，环保数据完全符合设计需求，实现了超低排放。（5）山西华圣铝业创新、开发和应用一系列新节能技术，通过采用合同能源管理节能效益分享模式，对能耗较大的动力设备进行节能改造，实现了节能效益最大化。

**【技术创新与科技成果】** （1）太钢坚持把技术创新作为原动力，推动产品向特色化和高端化发展。2016年4月，不锈钢特种材料成功中标武汉青山长江大桥项目；5月，自主研发生产的不锈钢挤压件产品首次成功应用于“国际热核聚变实验堆”项目；6月，成为国内首家成功研发用于建造万吨以上化学品船的双相不锈钢新型材料的钢企；7月，成功研发的整体成型核电用不锈钢挤压方管首次用于中国自主设计的核电站建设；8月，双相不锈钢获得挪威国家石油标准认证，标志着太钢不锈钢特种材料从国际高端建筑领域迈向海洋、油气开采新市场；9月，核电产品首次以材料形式供应国外核电站建设项目；10月，硅钢产品进军新能源汽车领域；11月，太钢牵头的“高强高耐蚀不锈钢及应用”项目被纳入《国家重点研发计划重点基础材料技术提升与产业化重点专项实施方案》。2016年在钢产量同比下降的情况下，双相和耐热不锈钢、罐箱用不锈钢、铁素体不锈钢、油井和锅炉用不锈钢管坯开发量大幅增加。（2）太钢始终致力于关键材料的研发生产和国产化推广。与国内主要制笔企业和相关科研院所共同实施“十二五”国家科技支撑计划项目——“制笔行业关键材料制备技术研发与产业化”。2016年9月，太钢成功生产出第一批切削性好的直径2.3毫米的不锈钢钢丝材料。测试结果表明，圆珠笔出水均匀度、笔尖耐磨性基本稳定，产品质量与国外产品相当。在加快新材料研发的同时，太钢积极推进笔头用不锈钢材料生产的标准化建设。制定出我国第一部《笔头用易切削不锈钢丝》行业标准，填补了我国该类产品标准的空白。该标准已经通过全国钢标委审核认定。（3）首钢长钢发挥创新工作室科技创新的引领作用，开展了多样形式的小发明、小创造、小革新、小设计、小建议活动，并形成常态化、长效化的机制。炼钢厂“钢包全程加盖技术降低冶炼成本”项目的实施，可创造年经济效益308万余元。实施“数字化点检系统的完善及定修预警系统的开发与应用”项目攻关，全面实现了设备预防性维修管理。（4）2016年，立恒钢铁实施各种技术创新项目1444项，年可创效3.47亿元；开展修旧利废1819项，为公司增效节约3442万元。（5）中条山有色集团推进尾矿制备陶瓷、铜冶炼弃渣综合利用等技术研究，积极开展从烟灰及废酸中提取铼、铟等有价元素工作。2015年公司与中南大学合作完成《铜冶炼废酸液中铼的提取研究》，提取出了合格的铼酸铵产品，该成果2016年6月18日通过了山西省科技成果鉴定，为工业化生产提供了技术支撑。（6）2016年，太钢参与完成的《红土镍矿生产高品位镍铁关键技术与装备开发及应用》项目获国家科学技术进步奖二等奖。（7）2016年中国钢铁工业协会、中国金属学会冶金科学技术奖评审结果中，太钢有8项成果获奖。其中《黑色冶金过程废水资源化循环利用技术及应用》成果获得一等奖；《高品质中高碳合金热轧卷板关键工艺技术与系列产品开发》《核电用不锈钢异型材生产工艺技术开发》两项成果获二等奖；《露天铁矿大型群布叠层采空区安全探测与处理技术开发及应用》《复杂成因难焙烧赤铁矿链篦机——回转窑氧化球团制备关键技术及应用》《高炉、烧结及焦化原料成本协同智能系统研发与应用》《宽幅高碳马氏体不锈钢卷板关键工艺技术及产品开发》和《提高干熄焦余热回收利用效率的技术开发及应用》五项成果获得三等奖。(8)由中条山集团主持完成的《〈冰铜化学分析方法〉(YS/T990.1－18－2014)行业系列标准制定》、参与完成的《有色金属工业安装工程质量验收及评定系列标准(YS/T5421－2014、YS/T5424－2014)》分获2016年度中国有色金属工业科学技术二等奖；由中条山集团独立完成的《铜冶炼副产品及中间产品中稀贵金属综合回收利用的研究》、参与完成的《有色金属行业标准〈有色金属选矿回收伴生钼精矿〉YS/T947－2013》分获2016年度中国有色金属工业科学技术三等奖。(9)中北大学参与完成的《废杂铝再生目标成分铝合金产业化技术》、中色十二冶金建设有限公司参与完成的《轻金属冶炼安装工程施工及质量验收系列标准》分获2016年度中国有色金属工业科学技术奖励一等奖；山西华圣铝业主持完成的《铝电解槽母线分流及修补技术开发与应用》、山西铝厂设计院有限公司参与完成的《氧化铝厂工艺设计规范》、山西银光华盛镁业参与完成的《镁合金热挤压棒材》和《镁合金热挤压型材》分获2016年度中国有色金属工业科学技术奖励三等奖。

（康建基）

## 机械电子工业

**【积极推进转型升级，基本做到稳中有进】** 2016年，山西省装备制造业实现主营业务收入1582.1亿元，比2015年增长6.1%；实现利润34.2亿元，下降44.8%；实现利税66.9亿元，下降31.9%；实现工业增加值444亿元，增长6.5%；实现工业总产值1741.5亿元，增长3.2%。全年出口机电产品497.5亿元，增长44.3%；进口机电产品257.4亿元，增长30.6%。

**【各项工作稳妥推进】** 科技成果。(1)1月28日，中车永济电机公司为香港电车研制的永磁牵引系统通过了北京交大、西南交大和中国中车相关单位专家及香港电车公司的评审。专家评审结论表示，该系统设计达到国内电传动系统的先进水平，具备装车试运条件。(2)经过五年艰苦努力，通过自主创新与产学研相结合，太重榆液在高端柱塞泵研发的关键技术上实现重大突破，其耐久性试验已进行了连续4000个小时，容积效率下降率小于2%，超过国家标准(2400小时)要求。(3)晋西集团公司所属晋西铜业成功开发出物理性能、力学性能、表面、板型等符合用户要求的铜铬锆合金带材产品。样品已供客户试用，可以替代国外同类进口产品。(4)山西远航电动车业有限公司甲醇制氢发电，国内首创汽车新动能。(5)中车永济电机公司被评为“中国出口质量安全示范企业”。该称号是国家质检总局授予出口企业在质量方面的最高荣誉。被业界誉为“出口免验”的升级版。(6)太原重工荣获中国质量奖提名奖，是第二届中国质量奖山西省唯一获奖的企业。(7)国际铸造博览会暨中国铸造协会成立30周年表彰大会上，山西华翔集团有限公司斩获“中国绿色铸造企业”“优质铸件金奖”等16项奖牌。(8)在山东省济南市举行的“首届全国创新方法赛总决赛”中，代表山西省参赛的太重集团参赛项目“无主轴多齿箱紧凑型风力发电机组项目”获得了大赛唯一的金奖。

新产品。(1)中车永济电机研制出国内功率最大，牵引能力最强的电传动轨道车。主要用于铁路施工和牵引大型养路机械编组，线路施工材料及人员的运输，大型养路机械编组由驻地到施工现场的往返牵引及施工驻地转移的牵引工作。同时还具有工频发电功能和配套的供电设施，可为铁路施工提供大功率三相交流电源。(2)太重集团与中国铁建重工合作制造的山西省首台“龙城一号”直径6410毫米土压平衡盾构机成功下线。交付中铁十二局用于太原地铁施工建设。标志着太重集团成功进军盾构机市场，填补了山西省高端地下施工装备制造的空白。(3)太重集团、上海核工院共同研制的CAP1400环行起重机小车(也叫环吊小车)成功下线，并完成相关试验验收，标志着太重在核电领域实现了新突破，填补了国家空白。(4)全省首台电动车充电桩长治下线。填补了山西省电动车充电桩生产空白。该电动车充电桩由长治久豪科技公司联合中国矿业大学研发生产。久豪科技公司将为太原市首座3000千瓦电动汽车充电站提供25台产品，可满足50台电动公交大巴同时充电。(5)山西省首批电动物流汽车和微型客车样车在成功集团下线，填补了省内电动汽车行业的技术空白。

产品认证。太重煤机公司研发制造的智能型千万吨级煤炭综采成套设备荣获“中国能源装备十大年度创新产品”称号。设备设置了采区截割煤层地质构造的GIS数字平台,可实现截割轨迹的规划和导航;开发了采煤机姿态实时控制系统,可实现采煤机截割过程的智能控制和动态轨迹调控;采用综采机组优化协调控制新方法,实现了采煤机、支架及运输系统的协调控制与安全高效运行;建立了综采机组运行状态在线监测系统,具备自诊断、自纠偏、自预警的智能监控功能,实现了综采装备本地、远程监测、控制和故障预警;开发了超大功率采煤机自动调高控制技术、超大功率刮板运输机高压变频软启动控制技术,有效提高了综采机组运行可靠性;工作面操作人员由平常的12～16人减少到4～6人,人均效率提高50%,安全生产效益和社会效益达到国际领先水平,具有广阔的市场前景。

重点实验室。太重集团将建设国家重点实验室。太重集团"矿山采掘装备及智能制造国家重点实验室"建设与运行实施方案顺利通过山西省科技厅组织的专家论证。与会专家一致认为,太重集团"矿山采掘装备及智能制造国家重点实验室"定位准确,特色优势明显,研究方向符合国家和行业发展重大需求。太重集团"矿山采掘装备及智能制造国家重点实验室"瞄准国内领先、国际一流的矿山采掘装备技术创新前沿,致力于解决制约矿山采掘装备领域发展的应用基础问题和技术瓶颈,将围绕矿山采掘装备现代设计理论与方法、大型挖掘机全生命周期可靠性和矿山采掘装备智能化三个研究方向开展技术研究,为推动我国进入矿山采掘装备制造强国提供技术支撑。

重点投资项目。(1)国内首个瓦斯发电尾气脱硝装置在山西省投用。晋煤集团将瓦斯发电燃机尾气脱硝项目作为重点环保改造工程,先后投入4700余万元,利用选择性催化还原技术,对全厂12台余热蒸汽锅炉进行烟气脱硝改造。通过加氨将燃机尾气中的氮氧化物还原为氮气和水,使燃机尾气中氮氧化物的含量降低到不足之前含量的1/6。(2)太重风电整机智能化工厂项目开工建设。该项目总投资20亿元,总工期20个月,2017年9月建成投产后,可满足年产500台1.5兆瓦～3兆瓦风机的智能化生产需要;2020年追加工艺设备后,产能将提升至年产1000台,有力提升太重风电产业竞争力。(3)北斗导航数据山西分中心落地太原。3月4日通过专家组评审,国家北斗导航位置服务数据中心山西分中心暨山西北斗导航应用服务平台建设正式提上日程,标志着北斗导航产业发展在太原市拉开序幕。这是北斗导航数据中心展开全国布局后,国内较快落地且首家通过专家评审的项目。(4)比亚迪在太原打造中西部地区首个以纯电动客车、专用车、工矿作业车为重点领域的新能源汽车制造与研发基地。(5)沃特玛新能源汽车核心技术产业园落户临汾。项目总投资约112亿元,预计建成后总产值220.25亿元,可创造利税26.25亿元。(6)大同采煤沉陷区"国家先进技术光伏示范基地"13个光伏发电项目正式启动投产,该项目一期规划光伏电源100万千瓦,分两个50万千瓦片区建设,投产后分别接入山西电网大同220千伏南京庄变电站和220千伏北郊变电站,保证山西北部电力供应充足可靠。(7)中车永济电机有限公司通过实地调研和市场预测分析,出资成立大型永磁直驱风力发电机研发生产制造企业——托克逊中车永电能源装备有限公司。目前建成投产厂房占地3.3公顷,首批10台机组下线;计划建设生产基地6.6公顷,全部建成投产后,该公司将具备年产660台1.5兆瓦永磁直驱风电机(100万千瓦)的总装配能力。

对外合作。(1)经纬纺机榆次分公司成功签约印度2台JWG1728A－21型剑杆织机。JWG1728型剑杆织机是织机部自主开发的一款高速织机,拥有多项发明专利和实用新型专利。该机采用箱式墙板,主梁是焊接成型,整机刚性和稳定性加强,震动降低。(2)长治制造17120米超长管状输送带出口到印度尼西亚塔岛铁矿。标志着"山西凤凰制造"在东南亚能源及矿产领域市场有了新的拓展。(3)中车永济电机公司油田顶驱电机顺利交付俄罗斯客户。该批电机是公司为俄罗斯最大的钻机制造商乌拉莫什公司研制的315千瓦新型油田顶驱电机,也是公司油田顶驱电机的首次出口。(4)中北大学研发的六大类20项产品应用在"长征七号"中。中北大学仪器与电子学院为"长征七号"运载火箭配套研发的主要产品有:数据压缩单元、数据压缩单元地面测试仪、外系统等效器、助推电量变换器测试台及PCM流有线测试仪等,共20台测试仪产品分布在箭体内部各个部位。其中,自主研发的数据压缩单元编码器的应用尚属首次,其主要功能是对整个箭上测量系统四路噪声系统进行压缩处理。(5)又一批240瓦空气净化路灯从长治发往罗马尼亚。这些每支售价1050美元的路灯,将带回折合人民币980多万元的收入。由长治福万达公司研发的LED空气净化技术及延伸产品,走出国门,畅销海外。该企业也是全球首家生产净化路灯的企业。(6)太重大型矿用挖掘机首次出口印度。这不仅是太重20立方米大型矿用挖掘机首次出口印度,也是我国同类机型首次进入印度市场。太重生产的20立方米大型矿用挖掘机可与载重量为154吨～220吨的矿用自卸卡车相配套,适用于年产量1000万吨以上的大型露天煤矿、铁矿及有色金属矿的岩石剥离和矿物采装作业,至今已有30多台服务于国内各大露天矿。(7)太重集团第四台35立方米大型挖掘机出口南非。35立方米大型矿用挖掘机是用于大型露天矿成套设备中的关键设备。可与载重量为154吨至220吨的矿用自卸卡车相配套,适用于年产量1000万吨以上的大型露天煤矿、铁矿及有色金属矿的岩石剥离和矿物采装作业。

(高银银)

## 国防科技工业

**【2016年山西国防科技工业经济稳健发展】** 2016年,山西国防科技工业面对经济下行压力,狠抓核心能力结构调整,深入推进军民融合深度发展,着力实施重大项目和专项工程,全力推进国防科技工业持续稳定发展,军工经济保持了良好的发展态势。全省军工实现销售收入455.52亿元,比2015年增长8.2%;完成增加值93.14亿元,增长8.7%;实现利润4.7亿元,增长9.9%;职工年均收入5.52万元,增长6.96%,实现了"十三五"良好开局。

**【坚持创新驱动,全省武器装备科研生产任务圆满完成】** 2016年,全省国防科技工业坚持保重点、保节点、保质量、保交付,重点军品型号研制任务进展顺利,太航仪表公司等7个单位圆满完成"神舟十一号"和"天宫二号"重大科技专项研制配套任务,全行业未发生重大质量问题。全省军工核心能力进一步提升。探索和完善科技创新体制机制,落实《关于加强国防科技工业创新驱动发展的实施意见》,实施科技创新平台全覆盖计划,2016年全系统研发经费19.02亿元,比2015年增长3.65%。加大低浓度瓦斯发电、永磁同步电机、高端碳纤维等关键技术攻关,北方动力集团616厂"低浓度煤层气发电机组研制及示范"和山西汾西重工有限公司"矿用隔爆型永磁同步变频调速一体机研制"列入全省科技重大专项,太原钢铁集团有限公司成为航空和航天T800级碳纤维材料应用研制单位。年度获得国家科技奖3项,国防科技奖15项,省科学技术奖1项,组织评选2016年度全省国防科技工业创新奖18项,获授权专利598项。推荐国家高新技术企业5家,扎实推动大众创业、万众创新,全省军工科技创新能力明显增强。积极推动扩大"民参军"规模,积极搭建"民参军"服务平台,组织召开民口配套科研项目指南发布会13次,年内新增军品配套企业2家。

**【坚持协调统筹推进,军民融合发展更加深入】** 强化顶层设计,编制发布《山西省国防科技工业军民融合深度发展"十三五"规划》,努力形成全要素、多领域、高效益的军民深度融合发展新格局。制定《山西省军民融合领导机构设置建议方案》《山西省人民政府关于推进军民融合产业发展的意见》和《山西省军民融合产业投资基金设立方案》,加强协调,积极筹建山西省军民融合产业孵化基地,产业发展环境进一步优化。发挥军工优势,培育装备制造、数字经济、节能环保、新材料、新能源、现代服务业等六个优势领域,实施高端装备智能制造、高分辨率对地观测、北斗导航、"两化"融合和信息安全等五大专项。北方动力集团616厂高浓度燃气机组在阳煤集团顺利通过满载性能考核,低浓度瓦斯燃气机组示范工程在焦煤集团屯兰矿启动。电科二所"微电子陶瓷器件数字化车间"项目成功入围工信部2016智能制造综合标准化与新模式应用项目。山西卫星信息应用产业园于2016年4月15日在晋中奠基。全省北斗地基增强系统基站基本建成,北斗卫星应用产业发展方案正加紧实施。加快40个重点项目建设,努力打造高铁车轴、微组装设备、活性炭多元化应用、核与电磁防护检测、北斗导航地基增强系统、高端铜材、碳化硅第三代半导体、T800碳纤维等以战略性新兴产业为主的产业布局。强化军民资源融合,落实山西与国防科工局以及和6个军工集团的战略合作协议,努力建设军民融合示范区。强化与太原等市建立合作协同机制,支持太原市轨道交通及高端装备制造基地等9个军民结合产业基地建设,国防军工在地方经济社会发展中的贡献度和显示度进一步提升。

**【坚持履行社会责任,和谐军工建设更加扎实】** 全力抓好安全生产。认真贯彻习近平总书记、李克强总理和山西省委、省政府关于安全生产的指示批示和决策部署,以铁的担当尽责,年初印发工作要点,层层签订责任书,推动安全生产压力层层传递,始终保持高压态势。以铁的手腕治患,深入开展军工、民爆行业安全生产大检查和隐患排查治理,全年排查整改隐患317项,整改率100%,对8家军工单位外部安全距离隐患进行再梳理,进一步明确整改单位、责任。以铁的心肠问责,严格实行安全生产和重大安全生产事故风险"一票否决",对山西北化关铝化工有限公司"7·19"事故和山西北方晋东化工有限公司"8·3"事故的6名责任人分别给予党纪政纪处分,责令未取得武器装备科研生产许可的平顺工业园区停产。以铁的办法治本,坚持依法治安、科技兴安、制度兴安,推动军工和民爆安全标准化建设,持续加大安全投入,民爆雷管炸药生产线实现连续化、自动化、智能化生产,本质安全度不断提升。全力保证全系统安全生产形势稳定,圆满完成了山西省政府下达的安全生产控制指标和工作目标。

全力维护稳定大局。强化责任落实，加强源头预防，深入开展矛盾纠纷排查、信访积案化解，坚持开展维护稳定督查督办，全力做好全国重要会议、重大节日、重大活动期间的稳控工作；加强职工群众来信来访工作，全年共接待个体访21起40余人次，集体访1起30余人次，做到了件件有着落，事事有回音，实现了赴省进京非正常上访为零的目标，保持了全系统职工队伍整体稳定。

全力强化保密保卫监管。狠抓反奸防谍、安全保卫、安全保密责任制落实，强化武器装备大型实验和武器弹药押运安全保卫能力建设，加强科学定密，加强安全保密日常管理、涉密人员管理，完成了20家武器装备科研生产单位保密资格审查认证、8家单位保密资格复查、13家涉密业务咨询服务单位备案工作，安全保密保卫基础不断夯实，全年未发生失泄密事件。

**【坚持法治军工建设，行政效能全面提升】** 推进法治军工建设。调整法治建设领导小组组织机构，召开“七五”普法启动大会，制定法治军工建设工作要点和《关于贯彻落实法治政府建设实施纲要（2015～2020年）的实施方案》《关于强化机关干部学法用法的意见》，推动学法用法普法工作制度化、规范化。运用门户网站等阵地，组织开展“12·4”国家宪法日暨全国法制宣传日系列宣传教育活动。发挥法律工作协会平台，创新“以案释法”、专题培训、“总法律顾问谈法治”、咨询服务等方式，深入开展“法律进企业”系列活动。

推进行政审批改革。按照国务院和省里关于简政放权、放管结合、优化服务要求和部署，取消“军工关键设备设施登记”行政审批，承接“民用爆炸物品安全生产许可”，进一步理清和完善了权力清单和责任清单。除涉及保密外，行政审批事项全部入驻省行政审批服务大厅，全年共受理行政审批事项106项。全面启动行政许可和行政处罚信息“双公示”。加强事后管理，推行“两随机、一公开”工作机制。

**【加强民爆安全监管，民爆行业保持平稳发展】** 2016年，全省民爆行业在持续开展管理年活动的基础上，开展了“管理文化年”活动。持续推动结构调整，产品结构更加优化。同德集团、金恒集团在工信部不再新增产能的政策下，为满足用户需求，将地面生产线炸药产能置换为国家鼓励推广的现场混装炸药产能，并提供“一体化”爆破服务。2016年，国家提倡发展的导爆管雷管和电子雷管占工业雷管总量的63.5%（全国61.93%），现场混装炸药占炸药总量的60%（全国21.94%），完成了两个现场混装车地面站的建设。持续推进技术进步，全省民爆企业完成了5条生产线的技术升级改造，工业炸药、工业雷管、新建乳化炸药生产线实现了连续化、自动化、智能化，现场操作人员实现了不大于5人的要求，关键工序实现了人机隔离；粉状炸药和改造的乳化炸药生产线实现了连续化、自动化，现场操作人员实现了不大于9人的要求。全省民爆行业由间断式生产转为连续化生产，由手工作业转为自动化、智能化生产，极大地提高了生产过程的本质安全度。持续强化安全监管责任，认真落实安全生产责任，与全省20家民爆企业全部签订安全生产责任书；严把准入关，认真完成了生产许可的年检初审和安全生产许可的年检工作、到期生产许可证的换证初审和到期安全生产许可证的换证工作。严实有效开展安全生产月活动，开展专项整治、反“三违”和隐患排查安全生产大检查，持续推动安全生产标准化建设，9家生产企业和11家销售企业全部达标，全省民爆行业持续保持了安全生产平稳态势，实现了“零事故”。2016年，全省民爆行业实现工业总产值19.7亿元，比2015年增长4.68%；销售总值19.7亿元，增长2.28%。生产工业炸药31.2万吨，增长3.51%；销售31.4万吨，增长2.73%。生产工业雷管8242.18万发，下降6%；销售8696.16万发，下降3.2%。

（赵登斌）

## 化学工业

**【行业经济实现平稳运行】** 2016年，山西省规模以上化工企业279户，资产总计1883.6亿元，比2015年增长2.4%，全国排名第19位；主营业收入752.6亿元，下降6.2%，全国排名第27位；利润总额3.21亿元；企业亏损额44.9亿元，增长5.3%。行业经济下行压力进一步加大，受各种因素影响，传统煤化工行业主营业收入进一步降低，利润下降。

2016年山西省化工行业固定资产实际投资45.2亿元，比2015年下降91%；与2015年相比，固定资产投资增速放缓，原因是市场倒逼产能过剩行业减少投资，产能过快增长势头得到遏制；新施工项目增幅加大，说明行业结构调整加快，行业发展正从规模式增长向内涵式增长转变。

2016年，省重点企业的部分化工产品生产情况因市场环境开工率不足，产品与2015年同期相比主要产品有轻微上涨，行业经济运行总体保持平稳态势，但行业效益仍不乐观。1～12月，合成氨（无水氨）、甲醇、离子膜烧碱、硫酸、聚氯乙烯树脂、合成树脂及共聚物、合成橡胶保持平稳增长，合成氨（无水氨）产量564.13万吨，增长4.2%；甲醇产量278.57万吨，增长5.5%；离子膜烧碱产量46.74万吨，增长6.4%；硫酸产量53.62万吨，增长0.4%；聚氯乙烯树脂产量66.78万吨，增长3.9%；合成树脂及共聚物产量67.24万吨，增长2.5%；合成橡胶产量2.05万吨，增长16.1%。其他重点产品如化肥、纯苯、单晶硅、电石、子午线轮胎等均出现不同程度下滑，化肥总计（折纯）产量437.54万吨，下降1.5%；纯苯产量19.47万吨，下降7.3%；单晶硅产量105.8吨，下降11.3%；电石产量23.92万吨，下降28.6%，子午线轮胎产量134.56万条，下降5.3%。

**【产业现状】** 2016年，山西省化学工业依托资源禀赋，积极适应经济新常态，结构调整步伐加快，产业规模进一步扩大，自主创新能力不断增强，技术装备水平明显提高，行业总体保持平稳较快发展。

传统煤化工方面。主要集中在合成氨、化肥、甲醇、聚氯乙烯和煤焦油加工等几个行业，这些行业产能均居全国前列。相关重点企业99家，技术相对成熟，产量相对稳定。

现代煤化工方面。主要集中在全省五大煤炭集团。潞安集团、晋煤集团分别建成煤制油和甲醇制汽油（MTG）示范装置，并积极建设百万吨级工业化项目；阳煤集团年产百万吨乙二醇项目（一期）、昔阳氯碱项目和化工新材料园区基本建成；同煤集团建成60万吨/年甲醇项目，其中，阳煤集团（清徐）新材料工业园20万吨/年己内酰胺，襄矿集团20万吨/年合成气制乙二醇项目均在积极建设过程中。这些项目均处于投资建设阶段，还没有完全竣工投产、产生效益。

盐化工方面。山焦盐化公司无机盐总产能220万吨，无水硫酸钠产销量世界最大，硫化碱、硫酸钡、硫酸镁等产销量均为全国第一，日化洗涤用品总产能52万吨，品牌价值、产销量位居全国前列。氯碱化工方面，现有烧碱产能85.5万吨，聚氯乙烯产能76万吨。

精细化工方面。翔宇公司的橡胶防老剂、青山化工公司的荧光增白剂产能规模、技术水平和市场占有率处于行业领先地位；三维集团的聚乙烯醇和1,4—丁二醇、天脊集团的苯胺、山纳集团的氯丁橡胶等产品，在国内具有较高知名度；太钢集团建成了国内首条T800级聚丙烯腈基碳纤维生产线，填补多项国内空白。

**【产业布局】** 围绕晋东、晋中、晋北三大国家级煤炭基地，初步形成了晋东、晋中和晋北三大煤化工基地。晋东（主要包括长治、晋城、阳泉等市）是我国最大的无烟煤供应基地，依托潞安集团、晋煤集团、天脊集团、天泽集团等龙头企业，形成了全国最大的高浓度氮肥和复合肥生产基地和以煤制油为核心的现代煤化工示范基地。晋中（主要包括太原、晋中、吕梁、临汾、运城等市）是我国最大的优质焦煤供应基地和焦炭生产基地，形成了全省最重要的焦化化产深加工和化工新材料产业基地，包括以阳煤集团、焦煤集团等企业为龙头的炼焦化产品深加工基地，以山焦盐化、三维集团、青山化工、翔宇化工为代表的精细化工集聚区。晋北（包括大同、朔州、忻州等市）是我国最大的动力煤生产基地，依托其煤炭资源、黄河水资源、盐碱地资源等优势，以煤基清洁能源（煤制天然气、煤制油）和煤基高端石化产品（煤制烯烃、煤制芳烃）为发展方向，成为山西省现代煤化工产业发展的重要地区，已初步建成同煤集团塔山园区和阳高化工新材料循环经济园区，同煤集团煤制天然气和烯烃项目进入实质推进阶段。

**【行业创新】** 山西省聚集了中科院山西煤化所、太原理工大学国家级煤化工工程试验中心、赛鼎工程有限公司、山西省化工设计院等一大批国内知名的煤化工专业研究机构，在煤基合成油、焦炉煤气制甲醇等领域的科研成果国内领先。山西省大型化工企业均建立了科研技术中心，行业拥有省级企业技术中心25户，行业技术中心2户，其中，天脊集团、三维集团、南风化工、华顿实业等4户企业技术中心被认定为国家级技术中心，潞安集团组建了国家煤基合成工程技术研究中心。

**【行业规划】** 完成了山西省化工行业"十三五"规划的编制工作，并经省政府同意，正式发布。编制上报《山西省化工行业能效水平对标活动实施方案》，并由省经信委正式发布。对潞安集团的煤基合成油公司、太行润滑油公司、煤基化学品公司等进行调研，了解潞安集团煤制油产业现状、主要产品市场情况等，并完成上报《潞安集团煤制油项目调研情况的报告》，对潞安煤制油产业发展提出认识与建议。对烯烃、乙二醇、甲醇、芳烃等重点产品，煤化工和石油化工不同生产路线的竞争力进行分析，完成了《煤化工和石油化工产品及市场分析》的调研报告。

（张　平）

## 建材工业

**【2016年山西省建材工业经济运行情况】** 2016年，山西省建材工业完成主营业务收入346亿元，比2015年增长8.8%；全年实现利润总额-1亿元，减亏9亿元。全省统计的17种主要建材产品产量中，有14种保持增长，3种出现不同程度下降。

水泥3595.4万吨，增长3.4%；水泥熟料2629.5万吨，增长17.1%；平板玻璃1648.1万重量箱，增长17.7%；建筑陶瓷砖3337万平方米，增长39.3%；商品混凝土1064.7万立方米，增长33.9%；砖产量12.8亿块，增长26.3%。其余保持增长的产品有：水泥排水管、水泥压力管、水泥电杆、水泥混凝土桩、钢化玻璃、夹层玻璃、玻璃纤维纱和花岗石板材。石灰石、中空玻璃和石膏板等产量均呈现不同程度下降。

2016年，省建材工业经济总体保持平稳运行态势，经济总量持续增长，但增速放缓，主要建材产品产量走势分化，产能过剩矛盾突出，上半年产品价格下行压力巨大，下半年开始市场价格止跌，开始稳步回升，企业经济效益开始好转，全年建材工业形势处于趋稳回升的状态，但市场仍很不稳定，建材工业的发展已进入转型改革发展的“新常态”。

**【产业结构中存在的问题】** 水泥工业产能严重过剩。全省新型干法水泥大规模的建设起始于2007年，2007～2008年集中审批核准两区（山区、老区）水泥项目37个，2009～2015年每年新增水泥产能约1000万吨，2016年统计内44户水泥企业熟料产量2629.5万吨，水泥熟料产能利用率仅39.97%（若含在建项目利用率为35.85%）；统计内109户水泥企业水泥产量3595.4万吨，水泥产能利用率29.42%（若含在建项目利用率为27.12%），产能利用率远低于全国平均水平。2016年底，全省常住人口约3680.24万人，人均熟料1.79吨/人·年，产能过剩2倍以上。人均水泥3.32吨/人·年，已成为全国产能最过剩的省份之一。2016年，山西万元地区生产总值中水泥产能945千克，需求走低与新增产能持续叠加，持续加剧水泥产能严重过剩的矛盾。

产业集中度低。2016年，金隅冀东集团、山水集团、华润水泥、金圆水泥、中联水泥、威顿水泥集团等六大水泥集团熟料总产能约3246万吨，仅占全省熟料总产能的48.8%，产业集中度较低，市场掌控力较差。创新发展能力不足。水泥产品32.5等级占到50%以上，高强度等级水泥占比偏少，功能型特种水泥开发较少，产品结构急需创新转型。

**【行业管理方面的主要工作】** 认真贯彻落实国家产业政策，推动水泥企业积极落实错峰生产。省建材工业协会认真贯彻落实国务院办公厅《关于促进建材工业稳增长调结构增效益的指导意见》（国办发〔2016〕34号）的文件精神，组织企业向山西省经信委报送了尽快出台“山西省水泥行业错峰生产管理办法”政策建议的报告，省经信委以《山西省经济和信息化委员会关于委托山西省建材工业协会开展水泥行业错峰生产工作的函》，要求为贯彻落实国办34号文件“推行错峰生产”精神，提高全省水泥熟料产能利用率，提升行业总体效益，减少排放，山西省将全面推动错峰生产科学化、规范化、常态化。建材协会充分征求各企业意见，出台了《关于山西省水泥行业实施错峰生产的通知》（晋建材协字〔2016〕29号），通过制定全省水泥企业2016年9月至2018年3月期间的错峰生产计划，并按计划分区域组织各水泥企业实施错峰生产，确保了行业的稳定运行，效益有效提升，排放物明显减少。

错峰生产以已投产或具备投产能力的2500吨/天及以上熟料生产线水泥企业为主体，涉及44户企业，50条熟料生产线，设计熟料总产能5547万吨/年；再加上2000吨/天以下两户企业（长治华泰、大同七峰山），以及运城威顿的1条1200吨/天生产线，设计熟料产能121万吨/年；总计设计熟料产能5668万吨/年；若按超产12%能力测算，全年熟料产能约6377万吨。上述企业中有7户企业、10条熟料生产线（含3户双熟料生产线企业）全年停产，实际生产企业有39户企业、43条生产线；设计熟料产能14.9万吨/天、4644万吨/年；实际产能17万吨/天、5274万吨/年；2016年按全省平均停窑天数135天测算，减少熟料产能约2295万吨。2016年水泥熟料产量2629.5万吨，水泥行业错峰生产收到了较大成效，水泥熟料价格从年初的平均价格100多元上涨到300多元。

做好全省建材行业经济运行分析工作。根据国家相关统计制度规定要求，建材协会对全省建材工业重点企业的月度、季度经济运行报表进行收集整理，认真做好本行业及重点企业经济运行情况的实时监控和统计分析，及时了解和掌握本行业生产、供应、销售、价格及投资等方面的信息，主动为企业提供产业发展、市场、技术、管理等方面的咨询，按季度对全省建材工业经济运行情况进行分析、预测并及时通过山西省建材网、《山西省建材工业协会会讯》向社会公布。

认真抓好水泥企业化验室监督管理工作和职工上岗培训工作。省建材协会组织专家对提出申请化验室合格证申领的4户水泥企业进行评审考核，并颁发了水泥企业化验室合格证和水泥检验报告专用章。组织评审员会同各市建材主管部门对全省126户水泥企业化验室分组进行了年度考核工作。聘请国家及省内专家，对部分水泥企业的化验室主任和质量统计员进行岗位培训，并颁发了相应岗位资格证书。

继续做好建材品牌培育工作。按照新时期经济新常态下“创新、协调、绿色、开放、共享”的发展理念提出的新要求，为进一步引导环渤海区域内建材企业走出一条创新型可持续发展的道路，促进建材工业科技进步。北京市建材行业联合会、天津市建材工业协会、河北省建材工业协会、山东省建材工业协会、辽宁省建材工业协会、山西省建材工业协会、内蒙古自治区水泥协会紧密配合，顺利完成了对环渤海区域建材行业最具影响力企业、知名品牌、诚信企业和技术创新型企业的评选工作。山西省有3家企业获得“诚信企业”称号、7个品牌获得“知名品牌”、5家企业获得“技术创新型企业”称号。

（樊　江）

# 医药工业

**【2016年山西省医药工业整体运行情况】** 2016年，山西省医药工业主营业务收入增速放缓，前三季度连续低位负增长运行，四季度转为正增长，各项经济指标也有所改善，但受经济整体形势及政策、市场等因素影响，与2015年相比，增长速度仍然较低。2016年，全省规模以上医药制造企业85家，占全省规模工业企业总数的2.38%，占全省消费品行业的17.03%。2016年山西省医药工业实现主营业务收入177.1亿元，比2015年增长2.6%，其中收入超10亿的有振东、威奇达、亚宝、威奇达中抗4家；实现利润16.4亿元，下降4.7%；实现利税26.8亿元，下降0.4%；资产总计371.9亿元，增长11.6%。与2015年同期相比，规模以上企业数在全省工业中所占比重提高0.13个百分点；主营业务收入增速低1.4个百分点；利润、利税增速由正转负。

**【2016年山西省医药工业运行特点】** *与工业运行趋势相同，低位回升，逐步向好。*2016年，山西正处于发展动力深度转换、经济结构全面升级的新阶段，省委、省政府高度重视，多项举措助力经济发展，工业经济持续改善，下半年好于上半年，低位回升趋势确立，逐步向好的态势更趋明显。2016年，山西省医药工业主营业务收入前三季度一直处于低位负增长运行，于10月份由负转正，各项经济指标有所改善，逐步趋稳，与全省工业运行态势趋势基本一致。

*适应经济新常态，各子行业经济运行明显分化。*根据中国医药统计网重点企业监测数据看，按主营业务收入分析，高于医药行业平均水平的子行业分别是原料药和中成药子行业；而低于医药行业平均水平的子行业为化学制剂、生物药、卫生材料子行业，发展不均衡。总体看，生物药、卫生材料子行业占比较小，生物药子行业发展缓慢，卫材子行业规上企业、重点企业少，不同子行业呈现增降分明的发展状况，也显示出产业结构调整的任务极为迫切。

*受市场、政策影响，企业积极探索营销新模式。*龙头企业亚宝药业自2016年起，对工业销售板块中的商务销售模式进行由渠道驱动模式向终端拉动模式的改革，通过降低各级经销商储备库存的方式优化销售渠道，消化库存，探索营销新模式；广誉远以全产业链打造高品质中药战略为指导，加大非遗产品宣传，市场投入不断加大，产品结构进一步优化，其开发管理的药店终端和二甲以上医院数量在2016年末实现了大幅增长，带来了传统中药销售收入的大幅提升。

*库存压力加大、应收账款增加，影响生产经营。*2016年，山西省医药规模以上企业产成品增长2.4%，增速由负转正，企业库存压力加大；2016年山西省医药规模以上企业应收账款增长41.8%，医药工业企业生产经营面临的困难加大，导致医药行业资金沉淀、资产周转率低，增加了资金运行成本，影响企业生产经营。

*营业成本增加、药品价格下跌，盈利水平下降。*2016，山西省医药工业经济效益下滑，实现利润16.4亿元，比2015年下降4.7%。一是因为成本增加，医药工业主营业务成本增长2.5%，医药工业企业生产所需原材料价格、人工价格等持续上涨，企业经营成本增加，减少了企业利润；二是多因素导致药品价格持续下跌，一方面招标竞价导致药品价格明显下降，另一方面部分品种政府指导价下调，以及大宗化学原料药产能过剩造成价格大幅下滑，药品价格的下跌直接导致医药工业企业盈利水平不断下滑。

**【山西省医药工业存在的深层次问题】** *创新发展不足，作为新兴产业接续能力弱。*创新能力不足，创新基础薄弱，新药研发投入不足，同时，新药开发以仿制药居多，缺乏疗效稳定可靠、具有自主知识产权的新药；一些独家中成药品种由于营销模式、品牌认知度有限、后续个性化需求跟踪服务不到位等因素未能形成明显的市场优势，如太行药业的芪丹参麦片、桂枝颗粒和石药银湖的灵芝红花口服液等，此外，中成药当中的中药注射液的安全性、稳定性有待提高。

*供给侧结构性改革任务较重。*山西省医药工业产品低端，同质化严重，竞争优势不突出，行业供给侧结构性改革仍需大力推进。针对山西省医药工业主营业务收入增速在全国排名落后，在中部六省中排名最后的现状，在培育形成新供给新动力，促进产业迈向中高端，实现发展提质增效方面仍需努力。山西省医药产业与互联网产业未相互渗透加速、具有自主知识产权的品种少、医疗器械子行业发展不足等多种问题，需要加快抓紧研究制定可以落地实施的政策措施，加速转型升级，助力供给侧结构性改革。

政产学研结合、企业兼并重组和强强联合成效不明显。当前，山西省政产学研仍需充分协调合作，医药工业企业资源整合能力不强，强强联合与兼并重组成效不明显，需要不断推进。另外，企业兼并重组后资源整合能力不强，未能通过企业成功的流程再造和企业文化融合，实现资源优化配置，并最终形成合力。

**【起草完成《开展2016年山西省医药工业“三品”专项行动营造良好市场环境实施方案》】** 按照《国务院办公厅关于开展消费品工业“三品”专项行动营造良好市场环境的若干意见》(国办发〔2016〕40号)，以及省经信委要求，省医药行办起草了《开展2016年山西省医药工业“三品”专项行动营造良好市场环境实施方案》。实施方案以问题为导向，以“三品”为抓手，针对山西省医药工业总量偏小、品种较少、品质偏低、品牌较弱等突出问题，分别从营造良好市场环境、不断完善产业政策、加大金融扶持力度、不断强化激励机制、加强舆论引导等方面提出了保障措施，进一步开拓思路、创新政策，对促进山西省医药工业增品种、提品质、创品牌，营造良好市场环境，推进产业转型升级起到了积极作用。

**【开展山西省能耗限额标准整合精简工作，做好《粉针剂、冻干粉针剂单位产品综合能耗》地方节能标准前的准备材料】** 2016上半年，开展了由省医药行办起草的《红花提取液单位产品综合能耗限额》《大小容量注射剂单位产品综合能耗限额》两个医药行业地方标准的整合精简工作，在《粉针剂、冻干粉针剂单位产品综合能耗》尚未立项的前提下，筛选了山西省粉针剂和冻干粉针剂制造企业、产业概况及产品线情况，为标准的制定打好基础，进一步推进我省医药工业地方节能标准的规范化。

**【中药材提升和保障领域项目绩效评价】** 根据国家工信部、省经信委有关通知要求，完成中药材提升和保障领域项目绩效评价工作，组织由省经信委为主管机关，山西振东制药牵头的“10万亩连翘野生抚育及产地加工一体化基地建设项目”的绩效评价工作，配合工信部参加由中国中药公司和中国医药健康产业股份有限公司分别牵头的两个甘草项目的交叉检查工作。在组织过程中，省医药行办分别解答了企业编制自评报告的疑问及市、县经信委对组织过程的疑问，保证了评价过程的顺利进行；组织验收由山西振东制药承担的“新建2万亩红花规范化种植基地建设项目”，在验收会议后及时将专家意见与企业修改情况进行传达，保证了项目验收的顺利进行。

**【参加万名干部入企活动】** 按照省委省政府及省经信委的安排，参加山西省万名干部入企活动，服务企业分别为山西双人药业有限责任公司和晋城海斯药业有限公司，入企服务人员进驻企业后，研究制定具体方案，细化工作措施，建立工作机制，创造性地开展入企服务工作。在为期两个月的入企服务过程中，入企服务人员积极有效宣传贯彻各项政策，扎实深入了解企业情况，全面掌握分析企业诉求，认真梳理企业面临的困难和问题，着力解决制约企业发展的突出问题。

（康雁翔）

## 纺织工业

**【2016年山西省纺织工业经济运行情况】** 生产止跌企稳，经济效益有所好转。2016年，全省规模以上纺织工业总产值完成82.85亿元，比2015年增长1.28%。全省规模以上纺织企业中，亏损企业19户，减少4户，亏损面31.67%，下降8.68个百分点；亏损企业亏损额9400万元，减亏1.21亿元，下降56.28%；纺织工业整体效益明显提高，主营业务收入和利润分别增长14.68%和8.6倍。全年实现利润1.29亿元，增加1.14亿元。从纺织、服装、纺机三大行业来看，纺织行业困难较大，销售收入和利润均比2015年减少，出现了全行业亏损的局面；服装行业增收又增效，主营业务收入和利润分别增长59.06%和11.3%；纺织机械制造业的生产比较稳定，经济效益继续好转，实现了全行业扭亏增盈，全行业实现利润2200万元。

行业发展不平衡，后加工行业好于前加工行业。综合来看，服装行业好于印染行业，印染行业好于棉纺织行业。棉纺织行业的生产经营比较困难，部分企业出现了停产限产情况。究其原因，一是棉纺织企业资金紧张，尤其是流动资金缺乏，加上银行贷款融资限制较多，企业不得不压缩产量。二是棉花价格居高不下且波动较大，企业购棉意愿不强。三是订单较往年减少，纱线价格维持低位运行。印染行业的生产经营形势比较好，以山西华晋纺织印染有限公司为例，该企业生产规模占全省印染行业的一半以上，2016年加大销售力度，争取到了更多的国际订单，随着国家环境保护要求的提高，南方地区部分订单转移到北方地区，在一定程度上促进了本省印染行业的发展。从主要产品产量看，全省棉纺织行业纱产量4.88万吨，比2015年减少684.78吨，下降1.38%；布产量3357.88万米，减少442.58万米，下降11.65%；印染行业的印染布产量达到1.44

亿米，增加443.8万米，增长3.19%；服装行业生产服装1749.1万件，增加96.05万件，增长7.54%。

内部管理力度加大，三大费用明显下降。2016年，纺织工业原材料价格上涨幅度仍然比较大，全省规模以上纺织工业的主营业务成本82.07亿元，比2015年增长15.95%，高于主营业务收入的增长幅度。面对纺织工业的严峻形势，企业外抓市场，内挖潜力，在降成本、减费用上下功夫。2016年全省规模以上纺织工业企业的营业费用、管理费用和财务费用分别下降10.13%、6.39%和26.51%。

资金和用工“双紧”的问题突出。一方面是融资难，资金紧张，特别是中小企业生产性流动资金更加紧张。2016年全省规模以上纺织企业的利息支出1.07亿元，比2015年减少6400万元，下降37.43%。另一方面是招工难，用工紧张，劳动力成本持续上升，企业用工短缺的问题更加严重，甚至成为制约企业生存与发展的重要因素。2016年全省规模以上企业从业人员年平均人数仅1.93万人，下降6.76%。纺织、服装、纺机制造三大行业的从业人员均有所减少。

**【新产品开发】** (1)铜离子纤维抗菌内衣。山西森鹅服装有限公司作为山西省最大的针织服装生产企业，开发了铜离子抗菌内衣。这种抗菌内衣利用铜对细菌、病毒和真菌的抑制作用，采用含有铜离子纤维的面料制作的内衣，具有良好的抗菌、抗病毒作用。该面料经权威机构检测，其抗大肠杆菌、金黄色葡萄球菌、白色念珠球菌的能力都高于检测标准值。(2)丝麻系列高档面料。由山西吉利尔潞绸集团织造股份有限公司承担的“吉利尔丝麻系列高档面料研发项目”通过了山西省科技厅的验收，该项目是山西省科技创新计划项目，代表了丝麻行业高端织造水平。“丝麻系列高档面料研发项目”利用丝和大麻两种不同性质的纤维特性，选择合理的交织并捻、印染工艺技术参数，采用双活性环保染料颜色，开发出了符合GT/15551－2007、GB18401标准的多种丝麻面料，其中，丝麻格、TH－7、丝竹纺等多种面料入围中国流行面料，获国家外观设计专利22项。该项目依托现有的织造及印染生产线，不仅可以实现年产能力300万米的目标，而且牵头制定了行业标准《丝麻交织物》(FZ/T43034－2016，2016年9月1日起实施)。(3)大麻纺织新产品。2016年1月27日，由中国纺织工业联合会主办的“2016中国国际面料设计大赛”暨“第35届2017(春夏)中国流行面料入围评审”在北京举办。山西绿洲纺织有限责任公司参评的“银光闪闪”面料荣获“中国流行面料优秀奖”。该公司参评的“银光闪闪”面料以展现大麻文化为主题，面料具有大麻类纺织品抗霉抑菌、吸湿透气等优良的保健特性，嵌条银丝的加入使面料充满生机与活力，实现了时尚性、科技性、创新性的三者和谐统一。(4)火箭军服装。2016年3月，山西兵娟制衣有限公司承接制作“16火箭衬衣”生产任务，针对“16火箭衬衣”的新品种，新款式，在板样、裁剪、制作等生产环节的新要求，公司技术人员认真研究，细致攻关，严把质量关，经过多次试制、检验，4月开始批量生产，5月底前全部合格交付，圆满完成了全部生产任务。该公司承作的“16火箭衬衣”，是继2015年纪念“9·3反法西

2016年全省规模以上纺织工业企业主要指标统计表

单位：亿元

| 指标名称 | 纺织行业 | 服装行业 | 纺织机械 | 合计 |
|---|---|---|---|---|
| 单位数(个) | 28 | 14 | 18 | 60 |
| 亏损企业(个) | 10 | 2 | 7 | 19 |
| 工业总产值 | 36.97 | 20.73 | 25.15 | 82.85 |
| 工业销售产值 | 36.12 | 19.84 | 23.03 | 78.99 |
| 年末资产合计 | 53.78 | 33.17 | 28.14 | 115.09 |
| 流动资产合计 | 29.16 | 21.49 | 20.23 | 70.88 |
| 固定资产合计 | 17.02 | 6.71 | 4.81 | 28.54 |
| 负债合计 | 35.08 | 20.89 | 25.70 | 81.67 |
| 年末所有者权益 | 18.70 | 12.28 | 2.44 | 33.42 |
| 主营业务收入 | 36.27 | 33.88 | 20.23 | 90.38 |
| 主营业务成本 | 33.68 | 30.74 | 17.65 | 82.07 |
| 主营业务税金及附加 | 0.05 | 0.04 | 0.09 | 0.18 |
| 营业费用 | 0.47 | 0.50 | 0.45 | 1.42 |
| 管理费用 | 1.05 | 1.75 | 2.18 | 4.98 |
| 财务费用 | 0.79 | 0.23 | 0.20 | 1.22 |
| 利息支出 | 0.73 | 0.19 | 0.15 | 1.07 |
| 利润总额 | －0.15 | 1.22 | 0.22 | 1.29 |
| 亏损企业亏损额 | 0.84 | 0.01 | 0.09 | 0.94 |
| 利税总额 | 0.33 | 1.97 | 0.87 | 3.17 |
| 全部从业人员年平均人数(万人) | 0.79 | 0.67 | 0.47 | 1.93 |

斯战争胜利70周年"大阅兵的"07陆衬衣"和"07夏常服裤"制作任务的又一军服生产亮点。

新型高速剑杆织机。2016年，经纬纺织机械股份有限公司榆次分公司最新研发的JWG1732型数字化高速剑杆织机成功上市销售，标志着该公司开发生产的剑杆织机水平又上了一个新台阶。JWG1732剑杆织机具有高速、高效、节能、智能化自动化、适应范围广、布面质量优良等特点，广泛用于以棉、毛、麻、丝及化纤、混纺纱线为原料的牛仔布、试装面料、装饰用布等织物的织造，并且可满足以玻璃纤维、玄武岩纤维、碳纤维等为原料的工业用布的织造，该机技术水平国内领先、国际先进。

**【技术创新】** 2016年，山西绿洲纺织有限责任公司投资3000余万元的DF241B高温高压麻纤维煮漂锅、B062－8散纤维烘干机、FX502湿纺细纱机，瑞士立达RSB－D45C电脑自调匀整并条机、意大利POLAR自动络筒机等设备的引进和更新改造项目全部完成。之后又集中攻关两项创新技术：一是细纱紧密纺技术，这是近年来世界范围内兴起的一项纺纱工艺的技术革命，在棉纺、化纤行业得到广泛推崇和应用，而在麻纺行业应用还不成熟。该公司是国内较早开发大麻棉混纺纱线的企业，在行业内有着重要的地位。因此紧密纺技术在高比例大麻棉混纺生产上的应用成为企业技术创新的重头戏。经过对三罗拉紧密纺、四罗拉紧密纺、柔洁纺等多种紧密纺形式的比对试验，结合麻纤维的特别属性，确立了采用负压式四罗拉紧密纺技术的方案。通过与江苏某纺织机械制造公司的密切交流，提出了具有针对性的技术优化方案。两台紧密纺样机投入生产后，运行状态大大超出预期。在提高成纱强度、减少毛羽和细纱断头方面效果突出，各项物理指标均得到大幅度提升，为紧密纺技术在麻纺织行业广泛推广创造了条件。二是采用喷气织机生产麻类织物一直被纺织业内专家视为禁区，尤其是纯麻或高混纺比的麻棉混纺纱。该公司与浙江知名企业进行合作研发，两台样机已安装调试。按照既定目标，生产效率可达到85%以上，产品品质大幅度提升。该项目投资仅为进口设备的50%，产品品质达到国际一流水平，性价比极高，将成为公司走向国际市场的强势产品。经山西省高新技术企业认定管理机构组织专家对企业的核心自主知识产权、科技成果转化能力、研究开发的组织管理水平、成长性指标等方面的严格评审，该公司再次获得由山西省科学技术厅、山西省财政厅、山西省国家税务总局、山西省地方税务局颁发的"高新技术企业证书"。

山西新新纺织行业技术中心的"丝麻织锦画应用技术开发"项目被列入《2016年山西省企业技术创新百项重点项目》。该技术中心积极制定实施方案，并采取多方协作措施，加快开发进度。

（孙宝明）

# 轻工业

**【行业运行情况】** 轻工业运行情况。2016年，全省轻工业规模以上企业375家（食品工业300家），食品工业增加值比2015年增长4.9%，高于全省工业增加值增速（1.1%）3.8个百分点；轻工业主营业务收入735.1亿元，增长1.3%；利润总额36亿元，下降0.8%，高于山西省全部工业利润增长水平。

主要产品产量情况。1～12月份，全省轻工业主要产品中，白酒（折65度，商品量）、液体乳、软饮料、机制纸及纸板分别实现产量10.32万千升、56万吨、137.1万吨、41.7万吨，分别比2015年增长24.3%、22%、6.5%和20.8%。食醋、合成洗涤剂累计实现产量62.7万吨、7.8万吨，分别下降9.3%、10.2%。

行业运行趋势情况。2016年，全省工业经济总体呈现低位回稳、逐步向好的运行态势。山西省轻工业经济主营业务收入保持个位数增长，利润降幅逐步收窄，呈回暖复苏态势。食品工业运行态势较为平稳，工业增加值实现正增长，主营业务收入继续保持个位数低速增长，但增幅收窄，利润增速则自9月起增幅连续收窄，主要经济指标增速高于同期工业水平。

**【加强科技创新】** 科技创新先进集体。2016年9月，中国轻工业联合会发布《关于"十二五"轻工业科技创新先进集体和个人建议名单公告》（中轻联综合发〔2016〕10号），山西杏花村汾酒集团有限责任公司、中国日用化学工业研究院被推荐为"十二五"轻工业科技创新先进集体。

科技项目申报及验收。2016年组织申报科技厅项目3项：即山西杏花村汾酒科技开发有限责任公司的《汾酒发酵过程微生物群落结构及其变化规律研究》项目、山西省食品工业研究所的《酿酒副产物中萃取风味组分物质加工》《山西省食品工程技术开发实验室》项目，项目投资542万元，省筹资金454万元；申请省科研单位科研设备购置专项1个，对山西杏花村汾酒集团有限责任公司的4个项目验收资料进行审核，即《传统固态发酵关键技术研究及生物技术转化平台建设》项目、《汾酒酿造微生物功能菌群的开发与应用》《汾酒生产用曲标准化研究》《汾酒生产食品安全控制体系技术研究》。

开展能耗限额标准整合精简工

作。根据《国务院办公厅关于印发强制性标准整合精简工作方案的通知》(国办发〔2016〕3号)和省经信委《关于开展我省能耗限额标准整合精简工作的通知》(晋经信节能函〔2016〕151号)文件精神,对起草的山西省地方标准《日用陶瓷单位产品综合能耗限额》与《日用玻璃单位产品综合能耗限额》开展整合精简工作,6月份组织专家对标准进行评估,技术评估结果为两个标准均由强制转化为推荐。

**【制定政策情况】** 完成行业规划发布。食品、轻工等规划经省政府审议通过,分别以晋发改规划发〔2016〕271号、535号文印发执行。规划全面总结了"十二五"时期的发展经验和亮点,明确提出了"十三五"期间产业发展的指导思想、发展重点和主要任务,定位准确,内容翔实,特色突出。

起草"三品"实施意见。按照《国务院办公厅关于开展消费品工业"三品"专项行动营造良好市场环境的若干意见》(国办发〔2016〕40号)精神以及省经信委的指示,省轻工行业办起草《关于开展轻工业"三品"专项行动营造良好市场环境的实施意见(初稿)》,同时组织并征求相关行业协会意见。《实施意见》以"三品"为抓手,针对山西省轻工业总量偏小、品种较少、品质偏低、品牌较弱等突出问题,着力从品种、品质、品牌三个层面提高全省轻工业的有效供给能力和水平,更好满足人民群众消费升级的需要,实现包括轻工业在内的消费品工业创新、高效、协调、持续发展。《实施意见》以晋政办发〔2016〕156号印发执行。

编印"十二五"发展报告。为准确反映山西省轻工业发展成效和运行特点,挖掘和总结产业发展中的潜力及不足,按照省经信委《关于报送消费品工业发展报告及编撰材料的通知》(晋经信合作函〔2016〕64号)要求,撰写全省食品工业、轻工业"十二五"发展报告,作为《山西省消费品工业发展报告(2015)》的行业发展报告内容。《发展报告》重点推介轻工、食品工业的特色和亮点,集中展示了38户食品和19户轻工龙头企业的技术、产品、工艺等方面的发展优势,着力提升行业影响力。

**【进一步促进交流与合作】** 参加食品专业展会。2016年6月,汾酒集团等5家食品龙头企业参加2016年第十一届东亚国际食品交易博览会;12月,长治昊润食品等2家食品企业参加第25届中国食品博览会,通过展示与交流,推介山西省食品企业特色及品牌,拓展产品市场。

推动专项产业招商。按照省政府招商工作总体安排,围绕"深化民企合作,促进转型发展"招商主题,征集并筛选轻工、食品工业等重点推介项目。3～5月,参加北京、南京、厦门及济南制造业项目推介会,通过系列招商,旨在加强与京津冀、长三角地区、闽台地区和山东等地的交流合作深度和广度,促进山西省轻工产业转型升级和创新发展。

**【加强行业建设】** 开展行业运行分析。根据省经信委《关于开展消费品工业重点企业经济运行监测工作的通知》(晋经信合作字〔2016〕53号)、《关于报送消费品工业经济运行监测工作联络员的通知》(晋经信合作函〔2016〕86号)和5月12日召开的全省消费品工业重点企业监测运行联络员培训工作会议精神,为提高行业运行监测分析能力,夯实行业管理基础,促进轻工业成为全省工业经济增长的新动力,省办积极配合完成监测平台相关工作,确定行业联络员,从6月起,对接重点监测企业,结合掌握行业动态,按时完成食品、轻工行业月度生产快报和季度运行分析报告。平台重点监控主营业务收入中占比较大的白酒、乳制品、食醋、陶瓷、玻璃、塑料等14个轻工细分子行业,59户主营业务收入在细分子行业中占比70%以上的企业。

开展行业协会工作。8月23日,省塑料协会与山西乾通塑胶有限公司联合主办的2016年山西省塑料行业"交流合作,抱团发展"论坛,包括中德集团在内的20余家塑料企业代表参会。4月11日,由山西省室内装饰协会主办,居然之家山西分公司冠名的"山西装饰·辉煌二十"周年庆典系列活动启动仪式在太原市举行,展示了山西省装饰行业取得的巨大成就。

开展食品诚信体系建设。2016年4月,省食品工业研究所(诚信体系评价机构)对大同市青松惠民早餐食品有限公司进行诚信管理体系培训,并组织专家赴企业宣传贯彻诚信体系标准,协助企业编制建立体系标准程序文件、作业指导书、规章制度等,该企业整改后已通过食品诚信体系评价。全省现有诚信评价合格企业14家,涵盖酿酒、乳制品、肉禽加工、焙烤食品、啤酒制造等行业。下半年省食品研究所对其中的北京燕京(晋中)有限公司、太原六味斋实业有限公司、北京红星股份有限公司六曲香分公司等3家进行了跟踪评价。

(何运燕)

**【2016年山西省城镇集体工业系统发展概况】** 2016年,省城镇集体工业联合社全面深化改革、依法治社、以德兴业,结合全省城联系统和工美行业实际,以推进落实集体企业改革和发展混合所有制经济为指导,以二轻行业管理向集体资产监管运营转型发展、以传统手工业、手工技艺、工艺美术向文化产业、旅游产业融合发展为突破口,围绕一个中心,突出两条主线,落实三大任务,坚持"四权"原则,完成五项指标,推进百强项目建设,打造手工技

艺、工艺美术品牌展会，开创了全省城镇集体经济改革发展新局面。2016年全省城联系统和工美行业完成工业总产值95亿元，工业增加值35亿元，销售收入98亿元，实现利税9.8亿元。

完成目标责任推进企业改革。2016年，省城联社贯彻落实省委、省政府的决策部署，推进集体企业改革，发展混合所有制经济，做到中心工作、重点工作和业务工作统筹兼顾。一是落实好省政府每年制定的目标责任制，以文件形式《全省城联系统和工美行业落实省政府目标责任分解工作的通知》分解到各市城联社、各有关处(室)和各直属单位并进行严格认真考核。二是按照《全省"项目成效年"工作实施方案》和《全省"项目提质增效年"工作实施方案》，就项目储备、签约、落地、开工、建设和投产"六位一体"进行跟踪督查，在全省城联系统和工美行业开展"百强项目建设"活动，建立了项目库，对招商项目、新建项目、在建项目、竣工项目进行常态化管理和服务。三是发展混合所有制经济，推进集体企业改革，2016年底山西省集体企业混合所有制改革率达50%以上，在年度目标责任考核项目中增加了主要经济指标考核和保稳定、保民生的项目。四是通过创办《山西城联信息》《山西工美行业通讯》、山西省城镇集体工业联合社和山西省工艺美术协会网站，开通微博微信、电子显示屏和《山西城联党建》《山西城联组工·社保》《山西城联投资》《山西城联道德讲堂》《山西工美行业会员之家》《山西工艺美术集团》《山西黄河画院画廊》等微信群，广泛宣传贯彻中央和省委省政府重大决策部署和重要会议精神、中小微企业政策、文化产业政策等重要文件精神，及时向全省城联系统和工美行业传达。五是利用召开全系统行业会议为全省城联系统和工美行业改革发展出谋划策。2016年召开的全省城联社主任工作年会，对全省城联系统和工美行业"十二五"规划的实施进行了认真总结，科学谋划"十三五"规划，扎实推进全省城联系统、工美行业和机关自身建设及直属企事业单位改革、发展、维稳、解困、生存各项工作。六是关注弱势困难企业，2016年省城联社党组从机关财务有限的经费中筹措资金75万元，帮助山西省太行锯条厂解决了在2002年职工退休时替企业垫缴的养老保险金的企业部分，向争取省人社厅解决了山西省太行锯条厂八十年代农民协议工参保问题。

提升基本能力，做到有为有发展。2016年，省城联社紧紧围绕习近平总书记系列重要讲话精神和省委省政府重大决策部署及重要会议精神，落实《山西省政府工作报告》《山西省人民政府重点工作目标责任分解》《关于加快民营经济发展的意见》等重要文件中明确提出的"深化集体企业改革"和"积极发展混合所有制经济"等目标任务，草拟了《关于推进全省城镇集体企业改革促进民营经济发展的意见(建议稿)》，使集体资产权属、职工基本权益的保障、债务、产权及股权在改革中更加量化、更具操作性。根据国务院《关于推进文化创意和设计服务与相关产业融合发展的若干意见》和省政府《关于印发山西省推进文化创意和设计服务与相关产业融合发展的行动计划的通知》的精神，探寻全省城联系统和工美行业八条转型融合发展的路径，草拟了《全省城联系统和工美行业转型发展实施意见(建议稿)》和《关于加快山西省工艺美术产业发展的意见(建议稿)》。

做强工美行业，力争融合发展。2013年12月，省城联社注册成立山西工艺美术集团有限责任公司，现已组建4个分公司：山西工美集团进出口有限公司、山西太行山夕阳红休闲度假村(有限公司)、山西工美集团工艺美术创作基地(有限公司)、山西木偶皮影演艺研究院(有限公司)和山西黄河美术馆。创建了全国总工会授予的《劳模创新(荣誉)工作室》、山西黄河美术馆、山西工美少年红文工团、山西省图书馆山西工美少年红非遗传承展示基地，并注册《晋艺工坊》商标和《乐艺淘》电子商务中心。

山西工美集团各项工作步入正轨，组织机构和经营平台初步完善，利用大集团和省级文化产业示范基地，整合山西工艺美术市场，组织和参加了省内外、国际各类展会，提升了山西工艺美术的影响力。一是紧抓山西省大力发展文化产业、文化旅游业的契机，宣传山西特色工艺美术，将山西非物质文化遗产中的传统工艺和手工技艺带出娘子关、走出国门、走向世界。组织参加了首届山西艺术精品新疆行系列活动、晋善晋美—山西省非物质文化遗产精品展、中国工艺美术大师作品暨国际博览会等国内、国际艺术精品和创意产业博览会，不断扩大山西工艺美术行业的影响力。二是2016年先后开展"走出去"活动，自办、承办、参与国内外重大展演活动29场，其中：国内26场，国外3场；"引进来"活动28场，合计57场次。三是根据省委宣传部"文艺进景区"活动中工艺美术作品进景区的具体要求，山西工美集团对5个景区：山西非物质文化遗产云冈石窟展演中心、山西非物质文化遗产五台山展演中心、山西非物质文化遗产平遥古城展演中心、山西非物质文化遗产晋祠展演中心、山西非物质文化遗产山西红色廉政文化武乡展演中心进行了实地调研和市场分析，设立了山西非遗进景区标准化的进驻流程。与平遥县达成协议在中国推光漆艺博物馆院内设立山西非物质文化遗产平遥古城展演中心，与太原市教育局合作承担了太原市优秀文化艺术进校园“双百工程”暨非物质文化遗产走进校园活动，全年完成121所学校、120场次的演出。

努力营造人才培育和传承良好氛围，全面开展“五寻行动计划”，通过召开新闻发布会、《山西日报》刊登公告，动员各行各业征集资料，开展“寻找老行当、老手艺、老品牌、老字号、老艺人行动计划”，助推全省城联系统、二轻行业、手工业“抓老创新”工作。与省妇联联合举办第三届“三晋巧姐”手工艺品评选展，与省人社厅、省文化厅、省总工会联合举办了山西省工艺美术第二届“唐都杯”漆器技能大赛，与省人社厅、省文化厅、省总工会、省中小企业局联合举办了山西省工艺美术第三届“平定刻花瓷奖·神工杯”陶瓷职业技能大赛和山西省工艺美术第三届“唐都奖·神工杯”漆器职业技能大赛。通过竞赛、创意和设计，形成山西省文化产业发展的新优势，营造人人皆可成才、人人尽展其才的良好氛围。与省总工会、省人社厅联合创建了山西省传统工艺(手艺)大师创新工作室。被省总工会命名大师工作室17个，被人社厅命名大师工作室5个。

（冯晓东）

## 中小民营企业

**【2016年全省中小企业发展情况】** 中小企业发展主要经济指标情况。2016年，全省中小企业法人单位21.68万户，比2015年增长18.77%；年末从业人员401.2万人，增长4.59%；营业收入24058.85亿元，增长3.35%；上缴税金848.48亿元，下降3.79%；完成增加值6135.17亿元，现价同比增长3.35%，可比价同比增长6.87%，超过全省增速2.37个百分点，占全省地区生产总值的比重为47.46%，比2015年提高1.06个百分点。

从中小企业营业收入分月增长变化看，全省中小企业经济运行呈前低后高之势。2016年前半年，经济处在负增长区间，七、八月份经济逐渐向正增长区间靠近。三季度，中小企业经济增长同比由负转正，结束了2015年7月份以来连续16个月在负增长区间运行的态势，步入增长轨道。第四季度起，全省中小企业经济运行呈现企稳向好、一个月比一个月好、下半年好于上半年的态势，连续三个月稳定在正增长区间。

中小企业固定资产投资情况。2016年，全省中小企业完成固定资产投资1103.08亿元，比2015年下降2.1%。在本年完成的固定资产投资中，国家及有关部门扶持资金12.54亿元，占全部投资的1.16%；金融机构贷款139.11亿元，占12.88%；引进资金50.49亿元，占4.68%；自有资金806.54亿元，占74.7%；其他资金709.98亿元，占6.58%。

2016年，全省中小企业固定资产投资中，第一产业投资48.46亿元，下降26.18%，占比4.49%，比重下降1.51个百分点；第二产业投资655.10亿元，增长2.73%，占比60.68%，比重提高2.88个百分点；第三产业投资376.11亿元，下降5.12%，占比34.84%，比重下降1.36个百分点。

2016年，全省中小企业固定资产投资中，煤、焦、冶三大传统产业投资79.01亿元，与2015年基本持平；工业非传统产业投资520.95亿元，与2015年基本持平。

2016年，全省中小企业固定资产投资施工项目1834个，其中亿元以上项目528个，完成投资742.38亿元；5000万～1亿元项目281个，完成投资122.75亿元；1000万～5000万元项目723个，完成投资190.64亿元；500万～1000万元项目302个，完成投资23.91亿元。全年新开工项目1053个，其中工业项目627个，占比59.54%；第三产业项目274个，占比26.02%。全年投产项目749个，其中工业项目476个，占比63.55%；第三产业项目80个，占比10.68%。

中小工业企业主要经济指标情况。2016年，全省工业企业法人单位4.53万户，比2015年增加3800户；完成营业收入6063.09亿元，增长2.18%；上缴税金354.60亿元，增长2.43%；年末从业人员183.13万人，增长1%；利润总额471.70亿元，增长7.46%。

2016年，山西省规模以上中小工业企业3355户，比2015年减少131户；亏损面37.2%，比2015年缩小8.3个百分点；实现主营业务收入6258.3亿元，增长2.8%；主营业务成本5329亿元，增长1%；利润总额67.4亿元，增长1371.7%；产成品存货370.7亿元，下降5.2%；应收账款1131.9亿元，增长3.4%。

规模以上中小工业企业行业分布情况。2016年，中小工业企业数排在前6位的行业依次为：煤炭开采和洗选业、非金属矿物制品业、农副食品加工业、化学原料和化学制品制造业、其他制造业的通用设备制造业，这6个行业单位数占全部单位总计的56.7%。

从业人员排在前6位的行业依次为：煤炭开采和洗选业、非金属矿物制品业、化学原料和化学制品制造业、有色金属冶炼和压延加工业、石油加工炼焦和核燃料加工业、农副食品加工业，这6个行业从业人员占全部从业人员总计的64.61%。

营业收入排在前6位的行业依次为：煤炭开采和洗选业、石油加工炼焦和核燃料加工业、化学原料和化学制品制造业、黑色金属冶炼和压延加工业、有色金属冶炼和压延加工业、农副食品加工业，这6个行业营业收入占全部营业收入总计的63.64%。

500万～2000万元中小工业企业生产销售情况。2016年,500万～2000万元中小工业企业4070户,年平均从业人员22.18万人,实现工业产值606.42亿元,销售产值555.21亿元,营业收入573.19亿元,利润总额40.75亿元,上缴税金23.77亿元,劳动者报酬51.23亿元。

企业个数排在前6位的行业依次为:其他制造业、非金属矿物制品业、煤炭开采和洗选业、农副食品加工业、金属制品业、黑色金属冶炼和压延加工业,这6个行业单位数占全部单位总计的57.89%。

从业人员排在前6位的行业依次为:煤炭开采和洗选业、其他制造业、非金属矿物制品业、农副食品加工业、金属制品业、通用设备制造业,这6个行业从业人员占全部从业人员总计的46.93%。

营业收入排在前6位的行业依次为:其他制造业、煤炭开采和洗选业、农副食品加工业、非金属矿物制品业、黑色金属冶炼和压延加工业、金属制品业,这6个行业营业收入占全部营业收入总计的59.68%。

中小工业企业出口情况。2016年,全省有产品出口的中小工业企业246户,与2015年持平;实现出口产品交货值82.52亿元,增长1.34%。

按出口规模分,年出口产品交货值在500万～1000万企业46户,实现交货值4.52亿元;年出口产品交货值在1000万～3000万元企业66户,实现交货值12.13亿元;年出口产品交货值3000万元以上企业69户,实现交货值62.27亿元。

按主要商品分,全年出口焦炭企业3户,出口焦炭3万吨,实现交货值1.61亿元;出口金属镁企业5户,出口金属镁6300吨,实现交货值1.29亿元;出口活性炭企业5户,出口活性炭2.08万吨,实现交货值9957万元;出口玛钢件企业18户,出口玛钢件8.77万吨,实现交货值9.33亿元;出口铸铁件企业18户,出口铸铁件13.24万吨,实现交货值7.08亿元;出口汽车配件企业8户,出口汽车配件1.49万吨,实现交货值2.91亿元;出口法兰企业33户,出口法兰6.95万吨,实现交货值8.03亿元;出口磁性材料企业1户,出口磁性材料400吨,实现交货值6965万元;出口玻璃器皿企业42户,出口玻璃器皿4.05亿件,实现交货值5.08亿元;出口陶瓷制品企业4户,出口陶瓷制品3012万件,实现交货值3321万元;出口芦笋企业3户,出口芦笋1700吨,实现交货值2530万元;出口药品企业2户,出口药品871万片(粒/支),实现交货值2456万元;出口其他产品企业95户,实现交货值44.58亿元。

第三产业中小企业主要经济指标情况。2016年,山西省从事第三产业的中小企业法人单位14.23万户,比2015年增长23.95%;从业人员159.28万人,增长10.41%;实现营业收入4316.9亿元,增长7.16%;利润总额308.52亿元,增长3.28%;上缴税金163.06亿元,下降9.05%;劳动者报酬349.45亿元。

分行业看,交通运输仓储业营业收入682.76亿元,占第三产业营业收入总计的15.82%;批发零售业营业收入1681.93亿元,占38.96%;住宿及餐饮业营业收入779.89亿元,占18.07%;居民服务、修理和其他服务业营业收入542.61亿元,占12.57%;其他行业营业收入629.71亿元,占14.58%。

全省重点监测的中小企业情况。2016年,全省重点监测的中小企业1032户,其中工业745户,农林牧渔业83户,建筑业39户,第三产业165户。从企业规模上看,中型企业194户,占监测单位总数18.8%;小型企业665户,占64.44%;微型企业173户,占16.76%。

2016年12月,全省1032户重点监测企业中,亏损企业333户,亏损面32.27%,环比增加1.21个百分点。其中,中型企业亏损49户,亏损面25.26%;小型企业亏损230户,亏损面34.59%;微型企业亏损54户,亏损面31.21%。

2016年,全省1032户重点监测的中小企业实现营业收入819.65亿元,比2015年增长0.95%;营业成本663.14亿元,下降3.92%;应收账款176.47亿元,增长5.23%;上缴税金18.57亿元,增长17.28%;从业人员15.36万人,下降0.76%。

2016年,全省745户重点监测的工业中小企业中,采矿业实现营业收入28.89亿元,比2015年增长29.84%;制造业实现营业收入656.52亿元,增长2.01%。其中,农副食品加工业实现营业收入67.90亿元,下降15.63%;食品制造业实现营业收入43.88亿元,增长5.96%;石油加工、炼焦和核燃料加工业实现营业收入94.26亿元,增长10.11%;化学原料和化学制品制造业实现营业收入38.59亿元,增长8.93%;医药制造业实现营业收入49.15亿元,增长21.03%;非金属矿物制品业实现营业收入66.33亿元,增长9.39%;黑色金属冶炼和压延加工业实现营业收入63.80亿元,下降15.16%;计算机、通信和其他电子设备业实现营业收入11.61亿元,增长6.98%;设备制造业实现营业收入70.50亿元,下降5.48%;其他制造业实现营业收入150.51亿元,增长8.47%。

2016年,全省165户重点监测的服务业中小企业,实现营业收入79.76亿元,增长1.01%。其中,住宿业和餐饮业实现营业收入2.36亿元,下降6.81%;批发和零售业实现营业收入65.81亿元,增长2.22%;交通运输仓储和邮政业实现营业收入 7.59 亿元，增长 9.77%；其他服务业实现营业收入 3.99 亿元，下降 22.12%。

*全省重点监测的特色产业集群情况。*2016 年，全省重点监测的特色产业集群 22 个，涉及企业 2292 户。12 月开工生产的企业 1310 户，总开工率 57.16%，较 11 月环比回落 3.4 个百分点。其中，开工率在 80%以上的产业集群有 10 个，分别是大同医药、侯马装备制造、怀仁陶瓷、清徐醋业、稷山纸包装、太谷玛钢、屯留农副产品、闻喜金属镁、阳城陶瓷、榆次液压；开工率在 50～80%的产业集群有 5 个，分别是汾阳白酒、交城铸造机加工、万荣添加剂、榆次纺机、原平皮带机；开工率不足 50%的产业集群有 7 个，分别是大同县活性炭、定襄法兰、平遥铸造、祁县玻璃器皿、山阴乳制品、泽州铸造、阳泉耐火材料。

2016 年，全省重点监测的 22 个产业集群，实现营业收入 380.17 亿元，下降 6.7%。全年营业收入同比增长速度为正的产业集群有 12 个，分别是：大同活性炭、汾阳白酒、侯马装备制造、怀仁陶瓷、稷山纸包装、交城铸造、祁县玻璃器皿、山阴乳制品、万荣添加剂、闻喜金属镁、阳城陶瓷、原平皮带机。其中，万荣添加剂、阳城陶瓷和闻喜金属镁 3 个产业集群增速达两位数。全年营业收入增长速度为负的产业集群有 10 个，分别是：大同医药、定襄法兰、平遥铸造、清徐醋业、太谷玛钢、泽州铸造、屯留农副产品、阳泉耐火材料、榆次纺机、榆次液压。其中，定襄法兰、清徐醋业、屯留农副产品、阳泉耐火材料、榆次纺机、榆次液压 6 个产业集群降幅达两位数。

*主要产品产量情况。*2016 年，全省重点监测的 44 种产品产量中，30 种产品产量同比增长，14 种产品产量同比下降。产量增幅较大的产品主要有：洗精煤、焦炭、生铝矾土、暖气片、磁性材料、服装、乳制品、食醋等。产量降幅较大的产品主要有：铁矿石、生铁、粗钢、水泥预制件、铁精矿粉、汽摩铸件等。

*主要产品价格情况。*2016 年 12 月与年初相比，全省重点监测的 10 种主要产品出厂价格全部上涨。其中，主焦煤、主焦洗精煤、配煤、焦炭涨幅翻番，电煤涨幅接近 70%，钢坯、钢材、精矿粉涨幅在 40%～50%，水泥涨幅达 70%。与 2008 年金融危机前上半年相比，主焦煤出厂价格下降 53.7%，主焦洗精煤下降 70%，电煤下降 37.5%，焦炭下降 35.7%，钢坯下降近 40%，钢材下降 40%，精矿粉下降 42.3%。

*个体经济情况。*2016 年，全省个体工商户户数 86.88 万户，年末从业人员 291.56 万人，实现营业收入 3683.76 亿元，上缴税金 101.96 亿元。

**【狠抓政策落实，优化中小企业发展环境】** *推动政策有效落地。*围绕创优中小企业发展环境，在认真落实近年来国家和山西出台的一系列政策措施的基础上，突出抓好省委省政府《关于加快民营经济发展的意见》、省政府《关于进一步支持小型微型企业健康发展的措施》的贯彻落实，推动各项扶持措施在中小微企业落地生根、见到实效，让中小微企业真正从政策落实中增强获得感。

*加强政策调查研究。*对标一流，借鉴先进省市发展经验，组织调研考察组，分别赴浙江、广东、重庆三地就创业创新、转型升级等课题开展学习交流，积极做好政策研究与储备。深入开展政策落实"回头看"，综合评估政策落实效应，为中小企业提供政策分析与利用支持。

*加大政策宣传力度。*以"扶持小微、助力成长"为主题，深入企业宣讲解读政策、推广经验做法，先后组织"送政策、送专家、送服务"三送活动 14 场，开展"送法律进企业"活动 5 场，服务企业 1500 余家，中小微企业扶持政策的社会知晓率进一步提高。

*积极开展帮扶指导。*组织协调促进民营经济发展工作领导小组成员单位，开展多项调研检查活动，建立健全领导干部联系帮扶中小企业、民营企业工作机制，省、市、县三级选派精兵强将，深入开展干部入企服务，践行"亲""清"新型政商关系，宣传解读政策、开展专题调研、组织供需对接、实施跟踪辅导，帮助解决困难，累计帮扶企业 5000 余家。

**【实施"双创"工程，推动大众创业万众创新】** *开展双创示范县建设。*充分发挥市、县政府整合资源、聚集要素、缩短流程、提高效率的作用，探索建立政府扶持中小微企业发展的新机制，安排专项资金 6540 万元，支持全省 8 个"中小企业创业创新基地示范县"建设，引领带动中小企业创业创新发展。

*推进小微企业创办。*建立完善创业辅导师队伍，依托全省 375 个小微企业服务站，开展创业培训和创业辅导，不断壮大中小微企业总量。2016 年，新创办小微企业 8.59 万户，为全省经济发展注入了新活力。

*加强创业基地建设。*召开全省中小企业创业基地现场会，规范创业基地建设，提升综合服务水平。太原清控创新基地被国家工信部评为第二批国家级小型微型企业创业创新示范基地。2016 年新认定省级中小企业创业基地 19 个，全省省级中小企业创业基地达到 100 个，厂房面积 3762.26 万平方米，带动投资 391.55 亿元，入驻企业 4056 户，吸纳就业 11.76 万人，取得了明显的经济效益和社会效益。

*推动企业技术创新。*实施创新能力提升计划，开展产学研合作，引导中小企业改造升级和科技创新。

支持新建省级中小企业技术中心45个，全省省级中小企业技术中心达到203个，拥有全国领先技术125项、发明专利258项、实用新型专利739项、外观设计专利274项。

组织开展双创活动。组织中小企业“双创活动周”成果展览展示活动，举办“山西省中小微企业创业创新转型升级”高峰论坛，激发中小企业创业创新活力。推荐50个项目参加2016年“创客中国”创新创业大赛，2个项目入选大赛前200名，荣获优秀组织奖。组织“四新”中小企业评价活动，174家中小企业入选2016年山西省“四新”中小企业。

**【改善融资服务，缓解中小企业融资困难】** 深化政银企保合作。组织召开多场次、多层次的金融产品推介会、银企洽谈会，实施客户推荐制，有效提高供需对接成功率。全年各级中小企业管理部门向金融机构推荐中小微企业1800多户，达成融资担保合作意向410亿元。

推广创新融资模式。积极推广“助保贷”等有效融资模式，为各市拨付2016年创新中小微企业融资模式奖励资金1亿元，省市县三级政府累计投入资金16.67亿元，共为1883户中小企业发放贷款70亿元，杠杆效应明显。大力开展银税合作，累计向2400余户优质纳税小微企业投放贷款79.14亿元，纳税信用真正转化成了扶持企业发展的“真金白银”。

加强担保体系建设。为开展中小微企业担保业务业绩突出的担保公司进行担保业务补助，共下达担保补助资金2830万元。享受补助的33户担保机构共为2537户中小微企业提供担保贷款105亿元。

加大信贷支持力度。鼓励和引导银行业金融机构创新金融产品和服务方式，加大对小微企业的信贷支持力度，进一步缓解小微企业融资困难。安排专项资金1000万元，对57户银行业金融机构进行风险补偿补助。五是推动企业直接融资。实施《中小企业规范化改制三年行动计划》，落实资金奖励政策，建立挂牌企业资源库。围绕中小企业股权融资、改制上市，举办3期培训班，累计有760余户成长型中小企业参加培训。全年新推动33户中小企业在“新三板”挂牌，全省在“新三板”挂牌中小企业达到65户。

**【坚持分类指导，助推中小企业转型升级】** 组织编制发展规划。围绕“十三五”谋篇布局，做好顶层设计，组织编制《山西省“十三五”中小微企业发展规划》，提出了“十三五”时期的发展目标、主要任务和保障措施，明确了以提高中小微企业发展质量和效益为中心，以提高创业创新能力为主线，完善政策体系，改善公共服务，优化发展环境，促进健康发展的总体思路。

推进“小升规”企业培育。完善“小升规”企业培育库，强化跟踪监测与帮扶指导，安排专项资金进行奖励，推动小微工业企业规范升级。2016年，全省有313户小微企业进入规模以上工业企业行列，成为工业经济发展的新骨干。

推动产业集群发展。编制《山西省中小企业产业集群发展规划(2016～2020)》，推动产业集群转型升级，引导中小企业集群化发展。安排专项资金2860万元，对稷山印刷包装等6个产业集群进行奖励。全省已形成40多个产业特色鲜明、比较优势突出、具有一定竞争力的中小企业集聚区。

推进固定资产投资。积极开展全省“各类项目受理大起底”工作，实施“一月一跟踪、一月一分析、一月一汇报”的推进机制，研究解决固定资产投资工作推进过程中存在的困难和问题。2016年，全省中小微企业在建项目1153个，完成固定资产投资788.55亿元，对全省发展新兴产业、培育新动能和促进结构调整发挥了积极的促进作用。

**【创新服务方式，强化中小企业公共服务】** 推进公共服务平台建设。积极构建“1＋11＋24”平台网络体系(1个省级枢纽平台、11个市级综合服务窗口平台、24个产业服务窗口平台)，整合服务资源，完善服务功能，基本形成了互联互通、资源共享、服务协同、覆盖全省的中小企业公共服务平台网络。截至2016年底，省级枢纽平台共入驻中小微企业1.11万户，发布服务需求260项；入驻服务机构达758家，发布服务项目1559项、服务活动1194条，线下各类服务6738项。在全国已建成的29个平台网络中山西省综合排名位居前列。

加快培育示范平台。按照开放性和资源共享性原则，培育全省中小微企业公共服务示范平台，为区域和行业中小微企业提供各类服务。2016年，新培育认证省级中小企业公共服务示范平台14家，全省国家级和省级示范平台达91家。

切实加强人才培训。与清华大学合作，建立“山西省小微企业经营者素质提升工程培训基地”“山西省中小企业产学研合作培训基地”。实施“3个1”经营者素质提升工程，着力构建山西省多层次、广覆盖的中小微企业公益性人才培训体系，全省中小企业整体素质进一步提升。组织开展2016年度全省非公有制(乡镇)企业高级职称评审工作，212人获得高级工程师任职资格，全省非公企业专业人才队伍进一步壮大。

推动企业品牌建设。支持中小企业实施品牌发展战略，帮助近千家企业制定了商标品牌发展规划。安排专项资金对2015年获得国家驰名商标(3件)和山西省著名商标(301件)的中小企业进行资金奖励，引导广大中小企业树立品牌意识，创建自主品牌，增强市场竞争力。

帮助企业开拓市场。先后组织125户中小微企业、300多种产品，参加第13届中国国际中小企业博览会、第9届APEC中小企业技术交流暨展览会、第12届中俄蒙中小企业商品展览会等大型展会，累计签约22项，签约金额4110.8万元。荣获第9届APEC中小企业技展会最佳组织奖。

强化经济运行监测。依托省市县乡“四级联动”和全面统计、19个直报县、22个产业集群、1500户重点企业、200户企业手机快速调查“五位一体”的运行监测体系，及时了解企业发展动态，强化预测预警分析，为各级各部门科学决策提供依据，引导企业积极应对经济下行压力，实现持续健康发展。

（原晋军）

山西经济年鉴

YEAR BOOK OF SHANXI ECONOMY

# 交通·邮电

JIAOTONG YOUDIAN

09

# 交通·邮电

## 铁　路

**【太原铁路局经营概况】** 管内线路情况。2016年末，太原铁路局管辖大西高铁、石太客专、南同蒲、北同蒲、大秦、侯月、侯西、石太、太中银、韩原、太兴、瓦日、京原、京包、太焦、迁曹、京唐港等共计86条线路（含控股合资公司）。线路总延展里程11550.69千米，营业里程4460.46千米。其中客运专线424.05千米，电气化营业里程3820.27千米。配属机车1194台，客车1979辆，配属动车组39组。太原铁路局是全路18个铁路局中货运量最大、重载技术最先进的铁路局，是全路唯一运输主业整体改制上市的铁路局，也是山西省综合服务型5A级物流企业。路网纵贯三晋南北，横跨晋冀京津两省两市，主要担负着山西省的客货运输和北京、天津、河北、内蒙古、陕西等省（市、自治区）的部分货运任务，在山西省综合交通运输体系中处于骨干地位。

与4个铁路局交界：京包线K225＋000处（郭磊庄站）、京原线K234＋000处（灵丘站）、石太线K117＋000处（赛鱼站）、石太客运专线K222＋400处（太原东）与北京铁路局分界；南同蒲线K849＋500处（风陵渡站）、侯西线K76＋650处（禹门口站）、太中银线K1173＋650处（吴堡站）、大西客运专线K685＋214处（永济北）与西安铁路局分界；太焦线K190＋700处（夏店站）、侯月线K147＋273处（嘉峰站）、瓦日线K501＋417处（长子南）与郑州铁路局分界；京包线K380＋500处（古店站）与呼和浩特铁路局分界。

安全生产。始终把安全工作摆在各项工作的首位，突出高铁和旅客安全，强化综合施策，深化专项整治，安全关键得到有效控制。狠抓安全生产责任制落实，加大安全“大数据”集成运用，修订完善安全管理职责1.65万项、工作标准1.43万项、重点工作流程6956项。严格落实施工作业组织、行车组织、人身安全“三个方案”，实施机械化、大兵团作战。2016年开展集中修和综合维修施工12次，完成大机清筛558.8千米、更换轨枕9.3万根、道岔达标整治2033组，在设备养护效率和质量实现历史性突破的同时，确保了施工、行车、人身安全。深入开展安全大检查，扎实推进安全标准线建设，坚持重点问题领导干部挂牌督办，大秦线乘务员超劳、按图行车等突出问题得到有效解决。经受住了黄金周、防洪抗汛、防寒过冬、G20峰会、十八届六中全会召开等关键时期的多重安全压力测试。

货物运输。顺应国家“三去一降一补”供给侧结构性改革大势，稳大宗、抢白货、调结构，千方百计增运增收。适应煤炭市场持续低迷的严峻形势，大力开发货运新产品，新增特需班列产品18个，开行大宗直达班列2914列，实重计费、量价捆绑、阶梯运价等政策“红利”得到有效释放。深度开展货运营销，与海运公司、港口等广泛开展合作，组织块煤入箱、铁水联运，集装箱发送比2015年增长89%，增幅列全路第二，提前44天完成全年发运任务。大力挖掘新线潜力，成功开行兴县北——日照的点对点煤炭直达列车。进入四季度，抢抓市场回暖机遇，精细编制大秦线137万吨日运量方案，大力压缩开车间隔，组织C80车辆跨局运输、重去重回。大秦线非施工日运量持续保持在130万吨左右，创历史最高水平。全年，全局货物发运量完成5.12亿吨。

旅客运输。以客运服务质量年为抓手，大力推进站车“五化”改造和厕所环境卫生整治，增设售取票网点27个、设备64台，创新推出银铁通、空铁通、常旅客积分等便民利民措施，倾力打造20个局级客运服务品牌，投资9.5亿元新购动客车装备。坚持有流开车、无流停运，抓住调图契机，增开上海、济南、北京等热门方向列车，日常采取启用热备车组、动车组重联等灵活措施，满足了不同时段旅客出行需要。2016年，全局日发送旅客最高突破32.6万人。主动融入山西文化旅游产业链条，创新推出“云冈号”一站直达品牌列车，“运城号”“朔州号”“五台山号”等主题列车成功冠名，全年开行旅游专列71列，进一步提高了铁路在山西文化旅游产业中的影响力。2016年，全局发送旅客7120.7万人，比2015年增加114.6万人，再创历史新高。

现代物流。坚持开放共享，瞄准“国内一流、山西龙头”目标，充分运用“互联网＋”、大数据技术，扎实推进“地网”“天网”建设，全力打造现代物流新生态。中鼎物流园建成开园，“四区11港”初具规模，与德邦等物流企业成功合作，物流业务全面展开。同步推进“3＋13＋300＋N”基础网络建设，大同、运城、曹妃甸物流园建设有序展开，太原西、临汾北等13个货场升级改造项目稳步实施，313个无轨站遍布管内。与百度、清华同方携手合作，中鼎智慧物流云平台成功上线，园区智能管理平台投入使用。一个线上线下互动、“天网”“地网”合一的现代物流产业新生态正在形成。

中鼎物流园开园。2016年11月7日，由路局联手省内外企业共同打造，“山西龙头、国内一流”的中鼎物流园在山西太原、晋中两市交界处、太原都市圈核心版块开园营业。中鼎物流园是全国首家以铁路为主导的多式联运物流园，拥有国内首个铁路、公路、水路、航空“多位一体”的多式联运智慧物流信息系统，被列为“山西省重点工程”，是全国性的物流中心。标志着路局迈出了向现代物流进军、引领山西物流业转型、辐射带动相关产业同步发展的重要一步，为山西创新驱动、转型升级注入全新动能。

多元经营。坚持主辅融合，大力推进全资产开发、全方位经营，“五大板块”多点开花，创效明显。电液转辙机中标云贵高铁、出口巴基斯坦，75千克/米道岔、HXD2型车钩缓冲装置、客车合成闸片等产品市场份额不断扩大，装备制造板块利润占到全路的五分之一以上。客运延伸板块品牌化经营、一体化发展，“佳佳吃”“桑源水”双双入选“中国铁路餐饮”品牌，旅游列车开行列数、发送人数、旅游收入、经营创效4项指标同比均翻了一番以上。鸣李货场、许坦东街、太原动车所、晋中环城西路等高架桥土地开发项目取得新成效，“太铁广场”商业地产项目投入运营，太原铁路局土地综合开发做法在全路推广。物流总包、城市配送、企业大宗原料供应等实体业务有效延伸拓展，商贸物流板块转型提质步伐加快，有效吸引了公路货源回归。创新代建涉铁工程管理体制，工程施工板块利润同比增长62.6%。各运输站段延伸产业链条，拓展路内外市场，培育出了一大批新兴产业和创效项目。2016年，全局非运输业务完成营业收入114.3亿元、利润6.5亿元。太原电务器材厂等“十大品牌”焕发出蓬勃活力，全局多种经营开发结出累累硕果。

企业管理。不断优化企业管理体系和运行机制，大力倡导“机关服务、基层自立、各司其职、各负其责”理念，明确路局机关部门权力清单210项。开展“强三基、创三优”活动，持续优化制度、标准和流程，使各项工作干有标准、考有依据。充分发挥经济杠杆作用，大力推行计件工资分配机制，坚持收入向生产一线苦脏累险及关键岗位倾斜。全面加强预算管理，实施100项节支措施，实现节支16亿元。规范物资管理，节约采购成本2亿元。深

“大西高铁”忻州段

化劳动组织改革，推进检养修分开，优化劳动用工，实行多向流动、集中调剂，在用工同比减少的情况下，满足了新线建设、中鼎开园等新增岗位及高铁用工储备需求。出台容错机制，鼓励全员创新创效创业，优化评先推优，面向职工广泛征集合理化建议732条，108项已收到明显成效。全局管理效能充分释放，管理水平明显提升。

“和谐号”动车

铁路工程建设。坚持主动上手、提前介入，大张客专有序推进，太焦、大原客专相继开工。紧贴现代物流发展需求，中鼎物流园数十项重大项目同时施工，主体和配套工程同步上马，短短10个月时间，一座现代物流园拔地而起。着眼早建成、早运营，准朔铁路倒排工期、全力推进，逐项破解了拆迁、设计等21个难点问题。依靠技术创新，曹妃甸港区扩能改造在全路首次实现了“4米线间距双线墩”邻近营业线不停电架设单线梁。以打通瓶颈制约、实现能力匹配为目标，大西客专太原枢纽工程完成了太原北站Ⅱ、Ⅲ场改造，太原枢纽新建西南环线路基工程基本完成，京原、南同蒲电气化改造有序推进。2016年，全局完成建设投资113.78亿元，百分之百完成了年度计划任务。

科技创新。全年组织开展科研课题117项。扎实开展职工小发明、小创造、小革新、小设计、小建议“五小”竞赛，成功举办职工“五小”技术创新成果展。加强安全生产经营重大课题的顶层设计，现代物流综合体系规划研究、智慧物流云平台等课题被列入山西省和总公司科研计划。全力攻关解决运输安全突出问题，开展大秦重车线钢轨锈蚀、2万吨重载列车中部机车渡板变形等课题研究，大秦线重载列车惩罚制动等84项科研成果通过总公司、路局技术评审，高铁道岔打磨等科研成果得到推广运用。7项科研成果获得“铁道科技奖”。充分运用科技提效率、促管理，运输调度指挥系统全面升级，“视频进车间、网络进班组”工程覆盖到全局748个车间和3069个班组，电子公文系统延伸到一线站段。认真组织大西高铁综合试验，累计开行试验动车组1.3万列、走行77.2万千米，圆满完成了各项试验任务。具有完全自主知识产权的中国标动在路局管内原平——太原段跑出了385千米/小时的“中国速度”。

（孙淑环）

**【山西地方铁路基本情况】** 企业基本情况。山西地方铁路集团有限责任公司（以下简称“集团公司”）是2003年由山西省地方铁路局依法改制成立的国有独资大型一类企业。集团公司2004年2月18日正式挂牌，现下属5个全资子公司、4个控股公司和1个参股公司。集团公司主要业务为省内地方铁路基本建设及客货运输经营；铁路专用线的社会共用服务管理；省内地方铁路的煤台建设与经营管理；大秦铁路煤炭集运站的建设、设备管理、配件经销、维修及人员培训；铁路专用物资的经销；旅游开发、经济信息咨询等。目前经营管理有孝（义）—柳（林）、武（乡）—左（权）、沁（县）—沁（源）和宁（武）—静（乐）等4条地方（合资）铁路，铁路正线里程350千米，线路总里程420千米。年货物发运量3000万吨以上；与太原铁路局联合经营、行业管理的90条铁路专用线，运输总里程420千米，计费总里程994.5千米，年货物发运量1亿吨以上，为大秦铁路承担着大量的煤炭发送任务。

主要经济指标完成情况。2016年实现营业总收入17.6亿元，实现利润总额1824.4万元，铁路运输货运量2298万吨，行业管理的铁路专用线货运量8489万吨，实现增加值6.2亿元。

重点工作完成情况。1.转方式、拓市场、挖潜能、强服务，铁路运输主业稳步前进。一是实施一企一策，升级营销模式，主业市场得到有效拓展。所属运输企业开启货运营销新模式，成立专门营销机构，深入走访调研区域内市场，争取沿线企业到铁路发运。深入实施“互联网+”营销，利用互联网发运煤炭1458.4万吨。

二是优化运输组织，灵活运用价格杠杆，行业优势明显增强。各运输企业结合自身运输情况，调整运输组织方案，优化环节衔接，制定作业标准、考核办法并严格执行，压缩非生产时间，加快机车车辆周转，运输效率和作业质量有效提高。为扩大运输竞争优势，集团公司提出价格调整思路，相关企业通过运价阶梯优惠、“一口价”协议运输、量价捆绑、煤炭运价和分流运价下浮1分/吨千米等组合式措施，减少客户发运成本，吸引了大量流失客户。在冬季取暖季节，针对公路实行严格治超，公路成本费用上涨，货源回归铁路的情况，及时上调恢复铁路运价，使主业实现了增运增收。

2. 依托行业优势，多产业融合发展。“行业管理”板块：在宏观经济增速“软着陆”的新常态下，大同地铁公司针对性地开展业务攻关。一方面拓展主业经营，结合有关政策，形成专用铁路收费定价机制、量价互保策略，引进张家口蒙垣和五寨奥维乾元两家发运户；采取业务外包方式优化站场作业，降低客户成本，吸引煤炭发运户进驻小河头煤站；与神朔公司签订庄阴线联营运输协议，维系了双方长期合作关系。另一方面强化多元经营，建立与站段、处室、厂家密切联络协作机制，实现机车运管修工作的资源共享和信息互通，优化机车租赁服务，同时探索新模式，做强配件经销和剥岩土仓储物流业务。“煤炭运销”板块：煤运公司广泛联合沿线煤矿、经销商，开展多形式煤炭经销业务。依托宁静铁路，将发运业务从宁静线辐射到神朔线的王家寨、丈子沟和贺职三个发运站；抓住神华铁路签约煤炭定量供应大户的契机，与宁武开泰公司达成了合作发展意向；筹划与武沁铁路公司合作修建发煤站台，开展煤炭发运业务；与广西泛海商贸公司加强合作，创新货款支付方式，优化服务，稳固合作关系；利用与宏盛的债权关系，实行每月定量代销宏盛产煤，所销款80%返还宏盛，20%用于偿还公司债务和资金使用成本，全年共收回宏盛欠款351.5万元。大同地铁公司重点推动同方公司和铁盛公司融合发展，发挥煤炭发运基地和销售渠道的双重优势，建立起煤炭全程物流链。同时与山煤集团签订协议，在小河头煤站开展35吨敞顶集装箱发运业务。辅业经营板块：在工程监理方面，监理公司申请了市政公用工程乙级资质，并进行了房建工程和铁路工程资质升甲申请。承揽了河曲电厂铁路桥改建和职工食堂改造、神朔铁路2016年整治整修工程、沈阳铁路局魏塔线和锦承线平改立等项目，创收超过750万元。在集团公司支持下，承揽了山西能投煤炭物流有限公司物流园区煤炭储装运系统工程及站后综合项目的监理业务，并成立人力资源服务公司介入太焦高铁监理业务。在技术维修服务方面，大同技术服务公司坚持跑市场、搞调研，全面掌握集运站设备、材料消耗情况，加强与集运站、上游供应商沟通，加大营销力度，全年创收1073万元。

3. 强化企业内部管控，重点工作推进成效突出。精细化管理加强。深入实施“目标化、规范化、制度化”管理。层层分解任务目标，量化工作，加强过程管理、监督和评价。全面梳理整合内部制度，完善工作流程，制定了《山西地方铁路集团有限责任公司审批管理手册（试行）》，达到决策程序化、权责明晰化。健全规章制度，强化制度执行，确保制度落实。财务管控力度持续加大。强化成本费用控制，推进降本增效；严控采购资金，加强库存管理，提高实物资产综合使用率。依法治企水平逐步提高。完善企业法律顾问制度，全面落实总法律顾问职责。明确企业法律职能部门，加大法务工作保障力度。制定《集团公司法律事务管理办法》《集团公司合同管理办法》《地方铁路设定担保的若干规定》等制度，企业法律风险防范能力进一步增强。经营业绩考核管理不断夯实。按照能投公司对集团公司下达的业绩考核指标，认真分析考核侧重点，结合各企业主营业务类型，加大相关指标考核权重，并新增否决指标。及时与各企业签订经营业绩责任书，以业绩考核指标引领企业经营方向，倒逼企业风险防控意识。人力资源管理得到强化。加强干部职工档案管理，实行档案电子化管理。加强职工劳动纪律意识，强化职工考勤和薪酬管理。加强职工工资、奖金、各类津贴、补贴的审核发放工作，以及员工社会保险、职工教育培训和军转干部维稳解困等工作。网络信息化管理成效初显。加强企业官网建设，加大企业文化宣传和服务经济的力度。加强信息化创新，提升“互联网+煤炭物流”跨界融合发展水平。强化信息化安全管理，筑牢信息化安全防线。

4. 全面深化安全管理“六大体系”建设，安全生产形势总体持续稳定。安全生产大检查活动如期进行。深刻汲取同煤集团同生安平煤业“3·23”重大安全生产事故教训，2016年5月1日至9月30日开展了安全生产大检查活动。发现整改安全问题（隐患）466件。与能投公司第六检查组进行交叉检查，深入集团公司本部、静静和宁静公司进行安全督导，针对提出的7个方面问题，及时整改到位。安全生产专项整治有序开展。2016年5月至10月开展了危险化学品安全专项整治，发现整治问题（隐患）17件。按照能投公司安全紧急视频会议要求，在全系统开展防坠落、防倒塌、防触电安全生产专项整治，共发现整治问题(隐患)46件。结合春检春鉴、秋检秋鉴,开展《站细》《货细》、施工等13项安全专项整治。针对安全薄弱环节,开展了列尾管理、规章修订、人身安全等6项安全专项检查,发现并整改问题249件。同时,各企业加强汛期安全防控,对防洪重点区和事故多发区进行了巡检、清理、加固、维修。应急处置能力不断提高,安全培训教育持续加强。根据国家新《预案编制导则》《安全生产法》及有关规定,各企业对原有预案进行了修订、备案、发布实施,与集团公司应急预案进行了有效衔接。全系统共组织进行了机车(车辆)脱轨起复、消防、隧道坍塌等16次应急演练。组织2300人进行了业务知识和安全生产法律法规的培训考试,组织各类技术比武360人次。

(樊　璐)

## 公　路

**【交通基础设施网络进一步完善】** 2016年,全省交通建设完成投资228.7亿元,为年计划的101.6%。高速公路在建规模达到496.5千米,通车里程达到5265千米;普通国省干线完成新改建里程477.5千米,二级以上公路比重达到86.3%;农村公路建设完成通村公路4419千米,"通返不通"问题正在得到治理。全省新增公路通车里程1106千米,达到14.21万千米,公路密度达到90.89千米/百平方千米。省交通运输厅会同省发改委、省旅游局联合编制印发《山西省旅游公路建设规划(2016～2020年)》,计划用5年时间,投资184亿元,建设农村旅游公路4120千米,从根本上打通全省景区"最后一公里",为全省建设旅游经济强省提供坚强交通保障。

**【多条高速公路竣工通车】** 五台至盂县高速公路正式通车。2016年6月25日,五台至盂县高速公路正式通车。该项目是全省高速公路网"三纵十二横十二环"东纵重要组成部分,地处太行山区,是典型山岭段高速公路,全线桥隧比例达48%,起点与忻阜高速公路相接,终点与阳泉至盂县高速公路相接,全长75.22千米。项目连接起五台山和藏山等知名景区,对全省扩大开放、进一步融入京津冀,做大做强旅游产业,吸引京津冀及周边客人到山西来具有十分重要意义。

左权至黎城高速公路通车运营。2016年7月12日,贯穿太行山南北的左权至黎城高速公路正式通车。该项目是全省高速公路网"三纵十二横十二环"东纵天黎高速公路的重要组成部分,起点左权县东北辽阳镇殷家庄处,终点在黎城县北停河铺乡元村处接长邯高速公路黎城北枢纽,主线长78千米。左黎高速公路沿线有麻田八路军总部纪念馆、左权将军纪念亭、黄崖洞风景区等重要旅游资源。左黎高速公路的建成通车,对于打通全省东纵动脉,进一步完善全省高速公路路网布局,改善太行山区交通运输条件,加快革命老区脱贫致富步伐,促进区域经济发展和红色旅游资源开发,具有十分重要的意义。

吉县至河津高速公路正式通车运营。2016年9月9日,吉县至河津高速公路正式通车运营。该项目是山西省高速公路网"三纵十二横十二环"西纵主干线S85右芮高速(将调整为G59呼北高速)的重要组成部分,路线全长53.3千米。吉河高速公路开通之后,全省运营高速里程达到5230千米,这对完善全省高速公路路网、对沿线临汾、运城两市四个县旅游和工业园区发展、当地特色农产品销售以及沿黄地区脱贫攻坚具有十分重要意义。

**【交通扶贫攻坚扎实推进】** 省政府与交通运输部签署了"加快贫困地区交通运输发展共建协议"。省交通运输厅制定实施交通扶贫行动方案和2016年行动计划,以58个贫困县为主战场,全面推进交通扶贫项目建设,2016年完成投资124亿元。省交通运输厅定点扶贫的6个贫困村已有3个整体脱贫。

**【交通运输改革不断深入】** 高速公路建设事权改革取得重大突破。省政府批准并印发《关于进一步推进全省高速公路建设的意见》,确定"国高网省建、省高网市建"的建设模式,形成统一规划、分层负责、省市共建的发展格局,运城、吕梁、太原3市启动4个省高网项目建设,有1个项目已正式开工。

投融资体制改革迈出新步伐。完成和顺至榆社、忻州至阜平、忻州环城3条已建成高速公路的经营权实质性转让工作,收回投资150亿元,全省经营性高速公路里程达到1176千米,占高速公路里程的22%,比2015年提高3.85%;完成祁县至离石等4个高速公路BOT项目投资人招标工作,筛选出24个高速公路项目列入全省PPP项目库,其中5个项目完成咨询机构招标程序;阳城至蟒河等5个高速公路BOT、BT项目建设进展顺利,2016年完成投资64.4亿元,占全省高速公路总投资的54.7%,社会投资首次超过政府投资,成为高速公路投资的主力军。改变政府投资方式,采取"政府购买服务+委托建设"的方式,择优选择省路桥集团利用农发行政策性贷款落实农村旅游公路建设资金,2016年开工建设旅游公路24个项目203.7千米。债务结构进一步优化,2016年表外融资利率下降1%,节约利息支出6.9亿元。

"放管服"改革不断深化。取消省级交通运输行政权力3项,36项交通运输行政审批事项全部进入省政务中心，2016 年受理和认领行政审批事项 5.35 万件，全部在规定时间内办结；交通建设项目招投标全部进入省公共资源交易中心，完成招标项目 438 个，节约投资约 4 亿元。推行了信用信息归集公示、“双随机一公开”、失信联合惩戒等事中事后监管机制。

积极推进城市出租汽车行业改革。制定深化出租汽车行业改革实施方案及网约车经营服务管理实施细则，督促指导城市人民政府严格落实出租汽车管理主体责任，加强调查研究，及时回应社会关切，合理引导社会预期，促进网约出租车有序发展、巡游出租车稳定发展，方便城市居民出行。

**【交通运输服务管理水平进一步提升】** 一是公路建设养护管理进一步加强。高速公路、干线公路、农村公路优良路率分别达到 99.6%、80.84%、76.41%。二是城乡公共交通服务能力进一步提高。新增更新城市公交车 4100 多辆，新增公交运营线路网 1283.2 千米，2016 年运送旅客 15.6 亿人次，城市公交出行分担率平均达到 24.5%，比 2015 年提高 1%。忻州、晋中、阳泉、临汾、长治、吕梁 6 市基本实现城市公交“一卡通”。建制村通客车率达到 90%。三是运输服务转型升级步伐加快。鼓励发展多式联运、甩挂运输、物流联盟等先进物流组织方式，支持山西中鼎物流园建设多式联运示范工程。积极推进驾培模式改革，全省 74% 的驾驶员培训学校实行先培训后付费或计时收费。制定实施“三减两免”“新三减”差异化收费优惠政策，认真落实“绿色通道”、节假日小型客车免费通行等惠民政策，为运输企业减负 25.02 亿元，有力推动运输业发展。2016 年，全省完成营业性公路货运量 10.2 亿吨、货物周转量 1452.1 亿吨千米，分别增长 12% 和 5.6%；完成客运量 1.87 亿人、旅客周转量 141.1 亿人千米，分别下降 15.3% 和 14.2%；水路运输完成客运量 142.2 万人、旅客周转量 1041.1 万人千米，分别增长 30.1% 和 9.9%。全省车辆通行费收入 170.9 亿元，增长 36.1%。按时发布收费公路公报。四是节能减排成效进一步显现。全省新增纯电动公交车 4000 辆，占新增更新新公交车总数的 97%，更新电动出租车 9000 余辆，太原、阳泉、临汾、晋城打造绿色公共交通体系成效明显。全省淘汰营运黄标车 8.44 万辆，圆满完成省政府下达的指标。19 对高速公路服务区、38 座电动汽车快充站、15 个普通干线公路服务区建成投运，12 对高速公路服务区 24 座 LNG 加气站正在加紧建设。

2016 年春运期间，全省道路水路累计运送旅客 1551.8 万人次。高速公路、国省干线公路和水路运输保持安全畅通，未出现旅客滞留和大的服务质量投诉问题，未发生较大以上安全生产事故，圆满完成为期 40 天的道路水路春运任务。其中，道路客运累计发送班线客车 44.01 万辆次，组织包车 3423 辆次、加班车 2217 辆次，共运送旅客 1549.95 万人次；水路客运累计投放客船 204 艘、客位 8152 个，运输旅客 1.81 万人次，有力保障群众安全便捷出行和生产生活物资运输。春节期间，全省道路春运工作组织得力，运力储备充足，运行平稳有序，未出现大的客流高峰和旅客滞留现象。

**【安全生产基础进一步夯实】** 省交通运输厅连续 3 年每年以厅 1 号文件对安全生产工作做出安排部署，各级交通运输部门主动履行政府监管责任，推动企业落实安全生产主体责任，全行业抓住道路运输、公路桥隧运营、公路工程施工、水上交通等重点领域，深入开展安全生产大检查，2016 年，共排查出一般安全隐患 8074 项，整改 7939 项，整改率 98%。强化道路运输安全监管基层基础工作，建立道路运输省、市、县三级安全监管台账，9403 户运输企业全部建档入账并落实安全监管单位和安全监管责任人。继续加强公路安保防护设施建设，实施公路安全生命防护工程 3712.8 千米，完成危桥改造 18 座。启动新一轮治超，会同公安等有关部门联合开展整治违法超限超载行为专项行动，全省公路货运超限超载率始终控制在 0.2% 以内，继续保持全国领先地位。积极推进安全生产风险管理试点工作，在工程建设、道路运输等六大领域取得积极进展，提升全系统安全生产预警预控能力。加强信访维稳、社会综治与反恐工作，维护行业安全稳定。

**【交通科技创新硕果累累】** 全省交通运输系统科技创新优秀成果展览举行。2016 年 5 月 10 日至 12 日，全省交通运输系统“十二五”科技创新优秀成果展览在山西交通职业技术学院文华校区举办。本次展览重点展示了全省交通运输系统“十二五”期间取得的科研成果、专利、工法、标准，以及 QC 和“五小”活动的优秀成果。展出了各市交通运输局、厅直各单位、交通运输相关企业和社团共 23 家单位的 400 余项成果。

《采空区公路设计与施工技术细则》复审报告通过交通运输部审查。2016 年 8 月 12 日，交通运输部公路局组织对省交通设计院主编的《采空区公路设计与施工技术细则》（以下简称《细则》）复审报告进行审查并顺利通过。《细则》涉及公共安全，政策性和社会公益性强，是首部关于采空区处治技术的全国性行业技术规范，填补全国公路建设采空区处治领域空白。

“山区高速公路通涵工程设计

理论与方法、关键技术及工程应用”获省科技进步一等奖。2015年度山西省科学技术奖揭晓，由省交通科研院牵头的“山区高速公路通涵工程设计理论与方法、关键技术及工程应用”项目荣获省科技进步一等奖。该项目由省交通科研院主持，华中科技大学、黄土地区公路建设与养护技术交通行业重点实验室等单位产、学、研、用一体化合作完成。该项目针对山区高速公路通涵工程建造、养护、改扩建过程的特殊性和复杂性，在山区通涵设计方法、施工工艺、减载措施、养护维修、改建拓宽等方面形成具有自主知识产权的集设计、施工、养护、改扩建于一体的山区高速公路通涵工程成套技术，项目研究成果提出涵顶土压力全地形设计方法和粉煤灰加筋减载技术，完善全国涵洞工程设计施工方法；研发低温环氧结构胶、高强度橡胶混凝土等长寿命养护加固新材料；提出涵洞拼接段“强地基、等结构”设计方法，填补了改扩建通涵工程拓宽拼接技术的空白，总体技术达到国际先进水平。

（师国梁　陈瑞丽）

## 民用航空

**【2016年山西省民航机场集团公司发展概况】** 截至2016年底，山西省内在用民用机场7个。山西省民航机场集团公司下辖机场5个，分别为太原武宿国际机场有限责任公司、长治机场有限责任公司、大同机场有限责任公司、吕梁机场有限责任公司、忻州市五台山机场有限责任公司。其中，太原机场、长治机场隶属于山西省民航机场集团公司，由集团公司直接管理运营；大同机场、吕梁机场及五台山机场以委托管理方式由集团公司统一运营。运城机场和临汾机场（2016年1月25日通航）分别隶属于当地市政府。

航空运输保障。2016年，全省民用机场共保障运输起降11.19万架次，旅客吞吐量1245.36万人次，货邮吞吐量5.49万吨，分别比2015年增长9.85%、14.38%、8.77%。其中，太原机场通航航线126条，通航城市75个，完成运输起降8.2万架次，旅客吞吐量984.78万人次，货邮吞吐量4.91万吨，分别增长4.57%、11.36%、8.01%。长治机场通航航线11条，通航城市14个，完成运输起降0.91万架次，旅客吞吐量74.16万人次，货邮吞吐量0.07万吨，分别增长25.41%、20.02%、12.92%。大同机场通航航线16条，通航城市21个，完成运输起降0.61万架次，旅客吞吐量54.45万人次，货邮吞吐量0.17万吨，分别增长6.69%、15.64%、-13%。吕梁机场通航航线5条，通航城市9个，完成运输起降0.29万架次，旅客吞吐量21.38万人次，货邮吞吐量20.5吨，分别增长14.91%、51.67%、43.36%。五台山机场于2015年12月25日开航，通航航线8条，通航城市9个，完成运输起降0.17万架次，旅客吞吐量11.16万人次，货邮吞吐量10.7吨。运城机场通航航线15条，通航城市21个，完成运输起降0.79万架次，旅客吞吐量84.32万人次，货邮吞吐量0.32万吨，分别增长-0.38%、3.53%、31.2%。临汾机场于2016年1月25日开航，通航航线8条，通航城市12个，完成运输起降0.22万架次，旅客吞吐量15.11万人次，货邮吞吐量174.6吨。

强化市场开拓助推运输增长。2016年，在国内经济面临较大下行压力、高铁冲击、航空公司运力调整的严峻形势下，集团公司（管理局）继续加大市场开发力度，拜访了国航、东航、昆明航、南航、深航等国内大型航空公司，赴韩国拜访了全罗南道务安机场、济州航空公司、大韩航空公司和韩亚航空公司，争取到更多合作支持；引进昆明航作为第三家基地航空公司进驻太原机场，目前已投入两架运力在太原机场运营；首次参加中国航展、世界航线发展大会，向国内外、业内外人士全方位展示推介山西民航发展、通航产业和文化旅游资源，与各大航空公司洽谈达成了多项合作意向。此外，积极探索新的市场开发途径，以山西省推动旅游业转型发展为契机，在推动干线航线开发的基础上，着力开发支线旅游城市航点；探索陆空无缝中转服务模式，在阳泉正式启用太原机场首个异地城市航站楼，进一步提升了周边客源的吸引力度；持续推进空铁联运合作项目，携手东航山西分公司和太原铁路局推出的“空铁联运”产品已投放市场。

持续加大航线补贴力度，全省机场全年补贴共计近3.3万班次，补贴金额8.91亿元，通过合理补贴，在巩固和保持现有航班结构基础上，对航班结构进行优化，实现了航空市场的新发展。

国内航线：太原机场新增国内航线33条，加密国内航线13条，新增国内城市6个。累计运营航空公司43家（其中国内航空公司29家，外籍航空公司14家）。长治机场新增长治—昆明、长治—沈阳、长治—呼和浩特、长治—桂林、长治—南宁等航线；运城机场新增重庆—运城—沈阳、大连—运城—海口、运城—武汉—福州航线；大同机场新增大同—武汉、大同—银川、大同—大连、大同—南京、大同—烟台等航线；吕梁机场新增重庆—吕梁—天津和吕梁—兰州航线；忻州五台山机场先后开通上海浦东—五台山、天津—五台山、重庆—五台山、银川—五台山、海口—桂林—五台山、广州—五台山等航线。临汾机场先后开通海口—临汾—呼和浩特、上海—临汾—银川、重庆—临汾—天津、临汾—广州、青岛—临汾—昆明、临汾—北京、临汾—武汉、临汾—桂林等航线。

国际(地区)航线:新开太原—韩国全罗南道、太原—泰国罗勇,首次引进朝鲜高丽航空开通太原—平壤航线,首次引进俄罗斯艾菲航空开通太原—莫斯科洲际航线,开通并加密仁川—大同包机航班;大同航空口岸开放已正式列入国家口岸“十三五”规划;2016 年,太原机场完成国际及地区航班起降 3149 架次,运输出入境旅客 37.56 万人次,与 2015 年相比分别增长 2.34%,1.47%。

强化企业管理促进提质增效。(1)理顺管理机制,加强经营管控。出台《山西省民航机场“十三五”发展战略规划》,明确了发展目标、规划思路及重点任务;按照“板块化管理、专业化经营”的思路,通过机构调整、资产重组,进一步理顺管理机制和权责划分,明晰了业务边界;按照省政府安排部署,为深化国企改革,强化民航发展对山西省经济转型升级的促进作用,提出了山西民航体制改革建议;结合“六权治本”工作要求,修订了部门职责,推进集团本部、各成员企业梳理权力清单、划定权力运行流程;积极争取相关政策,2016 年共计获得各类政府资金支持 2.4 亿元。(2)优化薪酬体系,强化队伍培训。完善了以干部编制、薪酬、考勤为核心的各项人事管理制度;推进并实施了薪酬优化方案,薪酬结构进一步优化。首次在省内各支线机场开展 AHA 急救知识培训,提升了各支线机场应急救援效能和应对突发公共卫生事件的处置能力。(3)拓展对外合作,促进发展共赢。依托国家“一带一路”战略,与昆明航空签署战略合作协议,为借助云南面向南亚、东南亚的桥头堡优势丰富航线网络奠定了基础;与江西机场集团、南京禄口机场签订战略合作框架协议,搭建了沟通平台,建立了合作机制;为提升省内机场管理水平,扩大业务影响力,与航天长征集团、广东龙浩航空集团、中国民航报社开展战略合作。(4)履行政府职能,谋划通航发展。认真贯彻落实国家通航政策要求,加强顶层设计,完成了《山西省关于促进通用航空业发展的实施意见》《山西省通用机场布局规划》调研编制等工作;充分履行通航管理职能,营造通航发展环境,加强与省直部门、地方政府、行业部门及通航企业沟通协调和意见反馈,做好与相关政策规划衔接,协调省内通用机场用地指标分配,推进了省内通用机场的迁建和筹建,为省政府科学决策提供依据和意见。

加强基础建设提升保障能力。2016 年,全省各民航机场建设项目积极推进。太原机场机坪扩容项目省发改委已立项批复,此工程新增机位 18 个,配套相应的助航灯光、消防、排水等工程,总投资 8745 万元;飞行区安防系统建设项目、飞行区排水系统改造项目、出勤楼建设、国际服务设施改造项目完成可行性研究报告编制工作;桥载设备替代 APU 项目、1 号航站楼高架桥平台拓宽、燃煤锅炉清洁能源替代、航空货运物流基地建设项目完成初步设计编制工作。长治机场航站区改扩建工程项目初步设计已批复,施工图设计已完成,其他前期审批相关工作正在有序推进,项目总投资 3.68 亿元。大同机场助航灯光、飞行区视频监控及 1 号道口改造工程完成初步设计编制工作。吕梁机场防洪防汛系统改造工程获得立项批复。临汾机场复航改造工程及航站区扩建工程总投资 12.87 亿元,项目已全部完工,2016 年 1 月 25 日正式通航。

(郭　静)

【2016 年东航山西分公司经营概况】多措并举,安全态势趋于平稳。2016 年,分公司共飞行 7.24 万小时、3.54 万架次,比 2015 年分别增长 3.6%和 1.25%,飞行时间再创新高。一是强化安全基础。修订了《安全管理工作评审实施方案》,出台了《安全信息管理规定》,制作发放“事件样例速查单”。同时,紧盯安全运行状态变化和发展趋势,结合阶段性安全工作特点,及时组织安全教育和业务培训。二是强化风险防控。继续推进 SMS 建设,发布分公司级风险通告和风险提示 20 期,完成务安机场、HUD 运行及 EFB 运行专项安全风险评估。三是强化监督检查。结合隐患排查治理和违章违规整治,组织开展了 7 次安全运行质量审计,提出 28 条整改项目,覆盖各运行单位;组织 74 次现场专项安全检查,提出 97 条整改项目。现场检查坚持问题导向,直面问题、直面单位、直面个人,指出并整治运行当中存在的违规行为,倒逼各运行单位加强现场管理,整肃工作作风,保持运行秩序。四是强化文化引领。组织安全生产月、百日安全竞赛等活动,开展法治民航专题培训、新员工岗前安全教育,改善员工安全自愿报告,通过一系列工作进一步促进安全文化建设。五是强化安保能力。开展安保审计监察 12 次、整改问题 16 项;持续加强体能训练,提升队伍整体技能素质,圆满完成了 G20 峰会、“中国——东盟博览会”等重大活动的安保任务。

精准营销,收入指标稳步增长。在山西市场整体增速放缓、企稳回升态势不够明朗的背景下,销售工作顺势而为,理顺航线结构与“量价杠杆”调节举措并重,夯实管理内功,做实渠道营销,狠抓旺季收益。2016 年前 11 个月共完成贡献收入 9.6 亿元,完成站点收入 8.81 亿元。直销收入 5.98 亿元,两方集团客户收入累计完成 1.05 亿元,两舱贡献收入累计完成4779万元，国际航线收入累计完成1.97亿元，客机腹舱收入累计完成1010万元。一是优化航线结构。继续“延伸优化”并京航线，努力提升客座率；夏秋暑运及冬春航季先后新开太原——南昌——广州等四条热点航线，加密了太原——成都、太原——深圳航班。二是加班包机增收。共组织加班、包机272班次，收入4400万元。三是丰富营销举措。“旅游集市”“校园行”促销、迪士尼旅游产品推广等活动社会关注度高、反响热烈；加大微营销渠道产品推广力度，适时启动“空铁通”，努力构建营销“生态圈”，实现多方共赢；积极亮相，借助中国(太原)国际能源产业博览会、太原旅游文化建设成果展等大型活动，为品牌增辉。

真情服务，客户体验不断增强。前11个月中，空中客户投诉率有10个月达T3指标、地面投诉率均达T3指标，客户满意度均达T2指标，行李不正常运输率有7个月达T3指标。一是强化服务基础管理。坚持三级服务检查机制，以《快速改进单》《整改通知单》等形式实施督察跟踪验证，实现服务管理闭环。二是开展“真情服务”专项提升。专门成立领导小组，制定优化提升方案。结合投诉管理重点，细化分析服务案例，杜绝问题重复发生。结合航延治理情况，一方面努力提升航延信息通知率，另一方面继续完善航延服务保障流程。全年共启动快速过站保障225次，太原始发航班正常率89.81%。三是加强基础硬件建设。T2航站楼东航2号贵宾室顺利完工，各方面配套工作同步完成。

强基固本，管理风险持续降低。一是继续完善流程体系。全年新发布流程5篇、重新修订9篇，出台《分公司流程管理办法》等制度，为流程体系建设运转提供了明确依据。二是规范办公行政管理。出台电子公文处理、办公区域管理等多项管理规定，更新《办公行政文件汇编》，梳理、规范了因公、因私免优票操作细则，强化了合同审核的全流程管控。三是推进管理创新和管理改进。重新修订《管理类项目管理办法》，六个中管工作坊项目全部结项，能源检测平台系统顺利完工。四是努力实现增收节支。取得省政府香港、台北航线补贴1470万元、地方政府补贴共计1.44亿元、太原机场减免航空性业务收费723万元、取得非航收入868.35万元、房屋租赁收入19.6万元。五是不断盘活人力资源、提升干部状态。对部分中层管理岗位进行了补充和优化调整；“招飞”工作进展顺利，超额完成任务。

(顾　骁)

# 通信业

**【中国移动通信集团山西有限公司经营概况】** 2016年，山西移动通信服务收入增幅超过行业平均水平1.15倍，实现主营收入市场份额57.2%，通信客户市场份额70%。不断提升网络质量，4G网络健康度持续保持全国前列，整体客户满意度名列集团第3。流量收入首次超过语音加短彩信收入之和，大力推进互联网营销，手机营业厅用户超过700万，微厅粉丝突破1000万，经营模式转变成效凸显。持续重视和加强客户服务工作，行风纠风工作完成红线目标，百万客户升级投诉率持续保持行业最低。聚焦“大连接”，积极发展数字化服务，做好连接服务，提升连接价值、扩大连接规模，创新发掘消费领域和生产领域的信息化需求，推动产业加速向智能化、移动化、云化方向转型。

网络优势持续巩固。一是网络基础不断增强。进一步巩固网络优势，连续覆盖领先3PP，广域覆盖领先12.5PP，室内覆盖领先12.04PP。2016年新开通基站1.8万个，新建传输光缆1.4万皮长千米，新建分纤点1233个，新建管道509管程千米；解决深度弱覆盖问题3187个，完成1851个弱覆盖室分的优化整治。开展传输短板专项整治，成环率由年初的78.4%提升到85.9%，双上联率由80.3%提升至89.7%。强化前端规划审核和后端验收审核，规划准确性达到95%以上，基站初验一次性合格率提升至97%。二是4G建设成绩瞩目。着力推进4G网络“更深、更厚、更广、更精”，4G基站数达到4.5万个，4G网络综合覆盖率达到98%以上，4G综合下载速率超过35兆比特/秒，4G客户驻留比达到98.8%，4G客户网络质量满意度领先9.44PP。在核心城区建设4G+实验站2000个，提高核心区的4G网络上行能力，业务热点区域上行能力提升55%；在人口密集区规划使用微站2927个，在商业区、高校等区域开启载波聚合2116个，确保业务热点区域客户感知。三是宽带发展突飞猛进。落实“宽带山西”专项行动要求，2016年投资6.35亿元，新建9814个宽带小区/村庄，新建PON端口217.92万个，PON端口总数达到398.34万个，改造28.6万LAN用户，改造268个铁通小区，家庭覆盖率由32.5%提升至66.5%，PON端口装机率达到45.8%。按照“高起点、高品质、高价值”发展要求，建立山西移动宽带业务3H质量体系，确保宽带质量。四是集客支撑有效提升。提升支撑能力，加强切块投资，确保效益；规范工程管理，确保质量；优化建设周期，确保速度。全年新建集团专线2.4万条，优化集团专线绿色支撑流程。通过实施APN专网改造、优化专网业务开通模式、畅通客户沟通渠道等措施，2016年新开通25个行业专网业务，累计承载346家行业无线专网业务，行业并发在线用户数达到28万。

区域市场保持领先。一是4G市场主导地位牢牢确立。聚焦“加快4G终端普及”和“加强终端转化”两项重点，通过打通供货瓶颈、拓展渠道规模，实现了4G终端快速普及。4G客户规模持续扩大，4G用户渗透率达到59%。不断丰富流量产品，推广基于时间、区域、事件和内容的短期流量包，有效释放用户流量使用需求，客户流量消费不断激发。二是宽带市场份额大幅提升。推进客户规模发展，净增宽带用户增长84.3%；客户份额提升5.1PP。响应国家“提速降费”要求，宽带发展策略全面调整为以“20M起步、50M主推”，到达用户20M以上带宽占比51.7%，较2015年提升50PP；新增用户中20M以上宽带占比98%。积极推广魔百和业务和家庭安防产品“和目”，不断提升家庭信息化水平。三是集客市场竞争能力更加强健。挖掘集客传统产品潜力，做大行业客户规模。积极完善产品布局，引入和对讲、MDM、云企信等9项新兴产品，重点推广云视讯、和对讲、4G后视镜等终端类产品。优选18项信息化产品，以“和旺铺”为主打，拓展小微市场。通过加强客户经理过程管理，重点集团覆盖率提升至87.6%，确保了集团客户服务的全面覆盖。四是县域发展实现突破。针对区县乡镇等区域开展渠道加盟店试点，全面梳理连锁集中运营机制，不断扩展实体渠道覆盖能力。加强重点攻坚，针对双低区域、渗透下降区域、份额下降等区域，细分至乡镇一级，分析经营短板，整合营销资源进行突破。实现全省98%的营业部/县公司客户渗透率提升，80%的营业部/县公司客户份额提升。

数字化服务初见成效。一是积极布局数字化服务格局。全面落实“大连接”战略，明确了“321百”的大数据架构体系。完成大数据平台一期建设，接入O域统一DPI 2/3/4G信令数据。确立了“一云多级多池”的云计算目标架构，从纵向分域建设向横向分层整合逐步演进。三域云化比例高于全国平均值，各域基本完成云化改造；依托现有资源池搭建了两个融合资源池，同时启动数据中心资源池建设，实现资源融合。二是能力储备有效加强。加强IDC能力建设，按需定制地市级IDC机房建设，完成IDC网络能力、缓存能力及安全能力扩容，IDC出口带宽从440G增至1T。顺利通过了工信部的IDC信息安全管理系统检查，获得了集团公司“钻石五星级数据中心”、全国“2015～2016年度优秀数据中心”的称号。“云计算产业园区”建设进展顺利，为下一步发展数字化服务提供有力支撑。三是互联网内容服务不断提升。加快推动CMNET网络建设，骨干出口带宽达到1880G，省网出口带宽达到760G，地市出口带宽达到1310G，DNS容量达到160万QPS。全年CMNET省网、地市核心链路峰值利用率始终控制在70%以下，DNS利用率控制在50%以下，网络承载能力极大增强。开展多项网络优化，流量调度更加合理，客户点击本网率由年初的91%提升至94%，全网点击本网率由80%提升至88%。四是应用探索不断创新。在政务行业注重政府电子政务的顶层设计，紧跟公安厅政法网及各地市平安城市项目，推广交通行业重点发展专线业务及衍生产品。基于大数据技术建设山西省旅游局智慧旅游景区客流动态监测项目，并实现了与国家旅游局运行监测与应急指挥平台的对接。应用云技术实现了全省首个市级政务云“忻州市公共资源交易服务平台”的规划、建设与交付。

客户服务品质持续提升。一是深入落实纠风工作。全面加大违规业务处理力度，年度不明扣费申诉率由全国第26名改善至第10名，治理效果显著。二是升级星级服务机制。优化星级客户结构，修订星级服务业务规则，完成原VIP客户向星级客户的平移过渡并优化星级客户组成结构，结合星级开展专属活动，深入区县开展“星级客户尊享日”主题服务活动，中高星级客户满意度81.26，较年初提升1.65PP。三是建立客户需求闭环管理。加强省、市两级客户需求分析，建立了“采集—分析—调研—挖掘”的客户需求分析机制。整合各渠道数据，从客户需求角度，全面分层分级展现客户需求情况，建立了客户需求模型，实现客户需求统计、预警、跟踪。四是探索互联网服务品质监测。通过分析各互联网渠道的自身特点，以互联网服务评估体系为基本框架，建立互联网服务预警监测体系。优化互联网渠道服务，占比由年初的22.87%提升到32.53%，互联网渠道用户占比由年初的16.1%提升到32.4%。

净化网络环境，保障通信安全。一是全面净化网络环境。加强了对淫秽色情信息的举报受理工作，规范业务发展，开展行业端口垃圾短信科学封堵试点工作。二是强力推进实名制。通过开展电话“黑卡”治理专项行动，有效推进实名制管控工作，实现新增用户实名率保持100%，存量实名率接近100%。开展电信诈骗涉案号码入网渠道倒查，密切配合无线电管理机构和公安部门开展“伪基站”打击，强化客户信息保护机制，重点完善了客户信息保护技术手段。三是扎实做好通信保障。做好应急通信保障，开展应急技能大比武，及时应对全省夏季遇强降雨袭击，累计派出维护人员2148名、车辆973台、油机1415台，全力开展基站发电和故障抢修，确保网络平稳运行。严格落实G20杭州峰会的网络与信息安全保障工作，认真开展网络安全防护专项自查，提升安全防护水平。

（贺　硕）

【**中国联合通信集团山西分公司经营概况**】 2016年，山西联通紧抓影响企业发展的短板问题解决、体制机制优化和效率、效益提升，以专项工作为牵引，引入督察机制，先后出台三个阶段85项专项重点工作，加快探底转型，经营发展呈现出跌势趋缓，势态向好，位置前移的新面貌。全省主营收入累计完成77.41亿元，税息折旧及摊销前利润完成25.88亿元。

*联通服务口碑逐步向好。*2016年，山西联通以提升客户感知作为改善服务质量的着力点，采取一系列措施，申诉率行业排名提升至行业第2，全省客户满意度不断增高。一是搭建横向工单系统，上线并优化5类工单，实现基层责任单元支撑横向穿透。二是启动了宽带装、移、修满意度测评和营业人员服务评价工作，开展客户感知类KPI考核、重点问题挂牌摘牌、基层责任单元客服业绩积分考核工作。三是发布了宽带“480”服务承诺，并于11月份实现自动赔付。四是建立典型案例剖析常态化机制，先后两次抓取服务典型案例进行写实剖析并强化问责，同时还开展垃圾短信专项治理，累计拦截垃圾短信27万条。

*“跃马扬鞭，亮剑秋开”营销活动成效显著。*2016年9月，山西联通全面打响“跃马扬鞭，亮剑秋开”名单制高校秋季开学营销会战，各专业联动，前后台协同，提前进行网络建设，及时跟进网络优化，全面做好营销支撑，全员参与校园营销，在全省各大高校，刮起了山西联通业务发展的“橙色风暴”，实现了校园业务发展、市场份额拓展的双突破，校园营销取得阶段性成果。活动期间，全省校园移动网用户共发展12.7万户，校园用户渗透率28.06%；宽带发展3.6万户，校园宿舍渗透率80.4%。

*山西联通与山西省福利彩票发行中心签订“互联网＋智慧福彩”战略合作协议。*11月17日，山西联通与山西省福利彩票发行中心签订“互联网＋智慧福彩”战略合作协议，标志着“互联网＋智慧福彩”将更好地服务广大彩民，使彩票站点与管理平台的信息交互更快、更安全，有效提高福彩的管理服务水平。

*114微信公众号正式上线。*2016年3月，山西联通建成并开通运营114微信公众号业务，设有“联秘服务”“便民服务”和“理财服务”三个栏目，可为联通用户提供联通秘书自助、挪车、微信查号以及理财服务等。并对微信公众号改版升级，将公众号由单一的通信查询服务转变为生活信息服务为主的信息服务平台。打通了114平台与移动互联网的通道，实现了微信号码查询以及电子商务业务与语音114完全同步，解决了多年制约电子商务业务发展的在线支付问题。

*圆满完成“5·17”全国电信设施安全保护宣传周活动。*2016年6月，山西联通与中部战区66208部队、预备役83师、地方公安等单位联合组织开展“5·17”大规模的护线宣传活动，沿呼北、京太西、京太西2＃、3＃、济石太银等一级干线进行护线宣传。活动共出动人员643人次、车辆146台次，走访企事业单位、村镇1096个，极大提升了国防光缆品牌的知名度和震慑力，为干线传输的安全畅通打下良好基础。

*山西联通与山西焦煤集团共建“能源云”数据中心暨双创产业园。*7月8日，山西联通与山西焦煤集团举行了共建“能源云”数据中心暨双创产业园签字仪式。标志着山西联通、山西焦煤集团将围绕“互联网＋智慧能源”展开合作，共同建设山西省能源云数据中心基地和山西省创业创新产业园区，打造山西“能源云”，促进全省“大众创业，万众创新”的有效开展。

*山西联通首家“智慧工地”实施完工。*为助力省总工会实现关爱农民工、丰富农民工业余生活。2016年7月，山西联通圆满完成了“智慧工地”示范工程并投入试运营，农民工生活区、建筑单位办公区均实现了WIFI覆盖，塔吊监测监控系统、扬尘噪音监测监控系统、公共广播系统、扩建视频监控系统的建设施工任务顺利施工完毕。

*推出“免费提速无条件、宽带速率由您测、宽带服务‘480’”三项承诺。*9月7日，山西联通隆重举行“金秋回馈，感恩久久，宽带‘480’服务承诺”发布会，郑重向社会各界发布联通宽带“免费提速无条件、宽带速率由您测、宽带服务‘480’”三项承诺。此次承诺是进一步落实国务院提速降费要求，以实际行动回馈全省用户，推进“宽带山西”战略实施的具体体现。本次大规模提速后，户均带宽速率提升150%，单位带宽平均资费下降40%，全省有430万家庭宽带用户享受到这一福利。

*积极打击“伪基站”工作取得实效。*截至2016年11月底，山西联通在主动维护公众移动通信秩序和空中电波秩序加强网络监测、遏制非法信息的同时，积极配合各地市公安机关和无线电管理委员会查处涉“伪基站”“黑广播”“无线屏蔽器”案件数量5件，查缴“伪基站”“黑广播”“无线屏蔽器”设备数量2台，维护了人民群众的根本利益，营造了良好的舆论氛围。

（黄云霞）

【**中国电信山西分公司经营概况**】 2016年，中国电信山西分公司全业务收入超过28亿，比2015年增长8.7%。用户总数达到584万，其中移动用户339万，固网用户245万。

*推进规模发展。*2016年，中国

电信山西分公司坚持规模发展是第一要务，聚焦有效益规模发展，企业整体效益持续提升。全面完成收入目标任务，增幅行业保持领先，收入份额提升近1个百分点；移动用户实现规模增长，增幅提升明显，4G用户占比提升超过25%；宽带用户份额累计提升0.74个百分点，百兆宽带用户占比提升近70%。

全面深化改革。2016年，面对复杂的宏观经济形势和市场竞争态势，中国电信山西分公司坚持"深化改革，促进转型，聚焦重点，提升能力，转变作风，狠抓执行"工作方向，落实全面深化改革，推动企业规模发展。一是持续深化划小承包，强化资源穿透和权力下放，企业的组织活力和人员活力得到较大提升。二是构建"倒三角服务支撑体系"。建立省、市两级综合服务支撑中心，建成综合服务支撑系统，自下而上的接收问题派单，支撑服务一线。三是建立基于倒三角支撑系统的按单逆向评价与综合逆向打分的逆向考核体系，有效提升了专业及管理部门的支撑效率及倒三角支撑满意度。四是建立公司管理层与一线触点间的快速响应通道，有效保障客户和一线需求及时反馈到各级管理者，进一步提升了工作效能。

拓宽应用领域。2016年，中国电信山西分公司积极拓宽大数据、云计算、物联网、电子金融、"互联网＋"等信息化应用领域，服务地方经济发展。一是在大数据领域，中国电信山西分公司"天翼大数据"品牌和业务已拥有风险防控、精准营销、区域洞察、咨询报告、大数据云等几大类产品体系，为各行各业提供了大数据共享开放平台，推动了大数据产业链和生态圈的建设发展。同时，中国电信在大数据中心规划、建设和运行管理等方面具有丰富的经验，能够提供可靠的技术保障、安全保障和信用保障。二是在云计算领域，中国电信山西分公司"天翼云"重点应用可提供包括咨询、迁移、集成、灾备、维护等端到端的定制化云计算服务。三是在物联网领域，中国电信山西分公司为徐工集团、大运汽车等车辆生产企业提供了车辆物联网强大的信息监控和运行服务功能，远程电力、煤气、天然气抄表已经在山西省投放使用。四是在电子金融领域，中国电信山西分公司"翼支付"品牌和业务，作为国内第二大互联网金融服务应用，为各行各业和广大百姓提供了全方位的差异化金融服务和民生服务。五是在"互联网＋"领域，中国电信山西分公司在全国已经承建了8个省级政务云项目和50余个地市级政务云项目，并针对专业领域的要求，提供了精准扶贫、智慧旅游、智慧农业、警务通等成熟的应用服务。以精准扶贫应用为例，向各级扶贫办、扶贫工作队、贫困户提供了"瞄准对象、突出重点、精准对接"的高效支撑。

改善服务水平。2016年客户满意度同业排名第2，越级申诉完成红线要求，不明扣费管控成效显著，本级投诉下降15%，关键维系指标趋势向好。一是重点业务提感知。通过"先装后付"宽带服务快速落地，规范移动业务故障处理流程，优化服务提醒及业务规则等多项举措，提升用户感知。二是基础业务提能力。全省一线触点经营单元的服务显性化，标准化，健全省市两级客户建议闭环管理，实现服务管控互联网化，推进全局性问题解决，服务互联网转型初见成效。三是差异服务提保有。为星级客户提供9项固定权益服务，并在全渠道推广特色活动，星级客户覆盖全网59%客户，星级服务行权162万人次，行权星级客户达68万，行权参与度37%。

打造精品网络。中国电信山西分公司通过加强网络能力建设，不断改善网络质量，提升信息化服务能力。移动网络方面：4G网络覆盖人口91.8%，达到省内行业水平；4G下载速率与联通持平，领先移动；实现了石太高铁全线无掉话，领先行业水平；在VOLTE业务、物联网业务网络支撑等方面超越友商。宽带网络方面：服务"宽带中国"战略的实施，完成全光网络改造，实现"百兆＋天翼高清"业务全面普及，城市住户覆盖率达到74%，农村新增覆盖2333个行政村，覆盖率达16%；不断优化已有网络性能和业务承载能力，公司移动网络业务感知优良率保持在92%以上，名列全国前列；不断提升有线宽带品质，至2016年底全省百兆宽带用户占比提升至67.44%，近40万用户享受到了流畅不卡顿的天翼高清业务服务，用户满意度不断提升。

积极履行企业社会责任惠民生。一是积极响应国家号召，逐步取消长漫。率先实行套餐长漫合一，真正做到实实在在利民惠民。降低主要套餐的长途漫游费，调整为与市话统一资费，长途漫游费由0.4元/分钟调整为0.15元/分钟。二是光宽提速降费，利国惠民。回馈老用户全面提速，2016年6月底，在FTTH覆盖区域，10M以下用户免费提速至20M，20M用户免费提速至50M，50M用户免费提速至100M。光宽单产品提速降费，新入网20M产品资费不变，提速至50M；新入网50M产品资费不变，提速至100M。百兆宽带免费用行动，使用电信乐享4G、129元(月实际消费89元)及以上套餐即可享受百兆宽带免费优惠政策。提升上行带宽，所有宽带用户端口速率均高配10%，所有宽带用户端口速率均按照其签约带宽的1.1倍配置；提升百兆用户上行带宽为20M。三是全面落实用户个人信息保护管理。细化用户信息生命周期的信息收集、存储、使用、转移、销毁环节的具体措施；加强用户个人信息管理、系统访问、信息操作等关键环节的自查，强化安全防范；组织员工签订用户信息安全保密承诺书；强化对外合作过程中用户个人信息安全保护；持续做好防范打击通信信息诈骗服务保障工作，进一步提升用户个人信息安全管理能力。四是积极缓解社会就业难问题。全年累计招聘应届毕业生51人，接受复转军人30余名。五是全方位开展共建共享工作。做好与铁塔公司、山西联通分公司的全面对接，全面推进了基站、铁塔、机房、管道、杆路、室内分布等基础资源的共建共享，避免重复建设，有效节约了国家的投资。六是做好应急处置和通信保障。2016年7月至8月，山西省太原地区、晋中地区、阳泉地区、忻州地区、吕梁地区等均遭遇了强降雨过程。此次汛期灾情，全公司累计出动人员1182人次，车辆427辆次，水泵95台次，油机289台次，光缆熔接机69台次，卫星电话2部，保障了防汛救灾期间未发生一个县域通信网络全部中断现象，为当地抢险救灾活动提供了强有力的通信保障。

创新发展提升行业服务水平。一是创新移动业务发展模式，为移动用户提供优质服务。通过翼支付能省会赚的差异化优势与移动业务有效结合，将翼支付与天翼手机卡紧密关联，每月赠送翼支付金，可用于通信缴费或线上线下应用场景消费。二是创新宽带应用模式，2016年9月"天翼高清"全面启动上市，"天翼高清"成为与宽带、4G等同基础业务管理。截至2016年底，天翼高清用户达到30万。三是运用大数据分析，客服门户系统支撑能力增强。以"宽带障碍报修4号键"流程为切入点，通过用户拨打轨迹，服务诉求等数据分析，上线"宽带费用查询""宽带密码获取""自助报障"等自助服务能力，努力为用户提供优质便捷的业务服务。四是为省政府应急通信保障研发卫星电话点名系统。充分利用中国电信独有的卫星电话网络优势，主动提出为全省应急成员单位配备统一的铱星系列或ISATPHONE－PRO制式的卫星电话，并统一采用1349号段。主动组建专业技术团队，开展技术攻关，成功研发了卫星电话点名系统（也称"卫星电话自动拨测系统"），实现了全省的卫星电话自动点名拨测、自动生成测试报告和高效低成本管理。截至2016年9月，中国电信山西分公司已成功为省政府开展了6次点名测试并提交了报告，均满足测试标准，并为应急成员单位解决卫星电话使用难题10余起。目前，纳入省政府卫星电话点名系统的应急成员单位已近200家，卫星电话500多部，为全省卫星电话互联互通起到了积极的管理成效。

（赵　苇）

# 邮政业

【2016年山西邮政业发展概况】2016年，全省邮政行业业务总量完成56.87亿元，比2015年增长31.87%；业务收入54.25亿元，增长18.67%。其中，快递业务量完成1.87亿件，增长62.63%；快递业务收入22.14亿元，增长44.87%。

山西省邮政管理局深化改革创新，服务发展大局，年度重点工作相继取得突破，《山西省支持快递业发展的若干措施》顺利出台，全省"十三五"邮政业发展规划纳入省级专项规划体系，省级邮政业安全中心组建工作取得实质性突破，邮政专用车辆免费通行高速公路政策落地实施，两个市局的办公业务用房得到解决，3家县级邮政管理机构顺利获批，省市两级政府下拨专项资金补贴安检机配置，行业在经济社会发展中的作用不断发挥，为山西省"稳增长、促改革、调结构、惠民生、防风险"各项工作的推进做出了积极贡献。

【行业发展环境持续优化】行业规划编制工作顺利推进。高质量编制全省"十三五"邮政业发展规划，广泛征求业内意见，对"十三五"时期全省邮政业改革发展做出全面部署。加大与地方规划的衔接力度，邮政业发展六项重点内容纳入《山西省国民经济和社会发展第十三个五年规划纲要》，与服务业、综合交通体系等多项地方规划顺畅衔接。全省"十三五"邮政业发展规划纳入省级专项规划体系，已通过专家评审和法制办合法性审查，进入发布的审核流程。太原、阳泉、晋中、吕梁、大同、长治等6市邮政业规划先后由市政府办公厅发布，朔州由市发改委发布。

政策保障体系更加完善。以贯彻《国务院关于促进快递业发展的若干意见》为主线，推动协调省市两级政府先后下发19个行业利好政策文件。2016年11月，省政府出台《山西省支持快递业发展的若干措施》，这是全面指导山西省快递业发展的纲领性文件。《若干措施》政策性强、支持力度大，呈现出真金白银多、覆盖范围广、触角延伸长、地方特色浓、政策时效长等五个特点。与交通运输厅联合下发了《关于我省邮政专用车辆免费通行高速公路有关事宜的通知》，这是邮政体制改革以来山西省在普遍服务政策保障方面取得的重大突破，93辆邮政专用车辆可以免费通行省内高速公路，每年可节约普遍服务成本500余万元。此外，与省商务厅联合出台《关于促进快递业与电子商务协同发展的意见》，推动将"快递下乡"、快递物流园区和配送网络建设、快递车辆通行等多个方面内容纳入省政府出台的《关于促进农村电子商务加快发展的实施意见》《进一步支持服务业发展若干措施》等文件中。

地方政府支持力度不断加大。

聚焦重点任务推进，积极向地方政府主要领导汇报行业发展现状，获得有力支持。省市政府主要领导相继对行业发展做出批示，充分肯定邮政业发展取得的成绩，并深入行业一线检查指导工作。省政府大力支持省级邮政业安全中心组建工作，目前经过省局积极争取和多方协调，取得实质性进展，省编办、省财政厅先后函复同意设立，待省编委会通过批复后组建实施。年内，吕梁汾阳、孝义和长治黎城3个县级邮政管理机构也顺利获批，至此，全省县级邮政管理机构达到4个，邮政管理工作向纵深推进。

**【依法治邮能力不断增强】** 持续推进“放管服”改革。制定下发全省邮政管理系统推进“放管服”改革工作实施方案，统筹开展各项行政审批。坚持预报对接，做好普遍服务“两项审批”；完成全省经营邮政通信业务企业摸底调查工作。快递业务经营许可实现全流程网上办理，全省许可审批按时完成率达到100%，平均办结时限压缩到11.4个工作日。依法注销11家许可企业，退出机制不断完善。2016年全省许可快递企业达到221家，设立分支机构3188个。指导市局主动开展摸底排查，对2848个末端网点进行普查登记。

严格开展普遍服务监管。保持政治定力，严守“两条红线”，2016年扎实开展普遍服务“合标”检查，下发通报45份，下达责令整改通知书77份，行政处罚17起，处罚金额8.2万元。6月份起集中开展党报党刊投递专项检查，重点检查中央和省委向基层党组织免费赠阅的报刊投递情况，各市局深入一线、严格标准，严肃处理了一批党报党刊投递不“合标”现象，邮政企业内部管理制度不断完善，报刊投递考核更加严格，党报党刊投递延迟现象明显减少，县级城市党报当日见报率持续提升。开展机要通信专项检查，实现营业场所、处理流程、工作人员全覆盖，发现隐患223处，省局采取约谈、通报、座谈等方式，市局定期“回头看”，促使省邮政公司在全国率先开通了机要运输专线，消除了隐患、提升了效率。认真做好邮政社会监督工作，科学调整监督员结构，市县覆盖率达到64.49%。全年共反馈问题及建议161条。3人被国家局评为优秀邮政特邀监督员。

扎实推进快递市场规范化进程。突出重点开展快递市场经营秩序整顿和快递市场清理整顿专项行动，抽调人员分品牌、分区域、分重点开展专项整治交叉检查，严厉打击快递经营许可类违法违规行为，形成高压态势。认真开展快递企业参与电商刷信问题专项检查，加强集邮市场和邮政用品用具市场检查。全年共查处违法违规行为1055起，下达责令改正通知书992份，约谈企业132家，行政处罚204起，处罚金额74.6万元。快递企业依法合规经营意识进一步提高，快递市场经营秩序进一步规范。

积极推进普法工作。按照“法无授权不可为，法定职责必须为”要求，修改完善权力清单、责任清单。加大普法力度，通过知识竞赛、专题培训、送法上门等方式，广泛宣传邮政业法律法规，特别是新修订的《邮政普遍服务监督管理办法》《集邮市场管理办法》等。晋城局、朔州局组织辖区寄递企业开展了邮政业法律知识竞赛。

**【服务能力和水平明显提升】** 行业基础服务设施建设取得新成效。邮政基础设施建设持续加强，2016年全省中央预算内投资整修、翻建普遍服务网点和改造危旧县局房34处，更新和新增车辆263辆，安装机要通信安防设备834套。各市局建立项目库台账，认真做好行业审查工作。“零局所”问题全部解决，邮政营业场所达到1957处，其中普遍服务网点1649处，乡镇网点覆盖率和行政村邮件直接通邮率均达到100%。新增村邮站1813个，累计4556个。“快递下乡”工程深入推进，乡镇覆盖率达到93.6%，太原、晋城、运城、阳泉、晋中、长治、朔州、大同等8个市实现全覆盖。快递“三化”建设持续推进，营业网点标准化率达到77.9%。“快递进校园”取得初步成效，形成了菜鸟驿站、智能快件箱等模式，为解决高校快递服务难题提供了可借鉴的成功经验。

服务地方经济发展能力逐步提高。各市局依托商务部电子商务进农村示范县，以推进国家局确定的快递服务现代农业示范工程为抓手，因地制宜逐步形成了“快递＋苹果、樱桃、红枣、中草药、小米、核桃、杏”等模式，不断服务地方经济社会发展。电子商务与物流快递协同发展试点工作稳步开展，大同局积极协调市商务、财政等部门，立足当地快递业实际，找准着力点、落脚点和关键点，在快递园区、末端服务网点、智能快件箱建设等方面取得突破，X光安检机补贴、营业网点标准化改造资金先后落实到位，有力地促进了大同快递业的提质增效。

消费者满意度不断提高。普遍服务满意度和快递服务满意度稳中有升，消费者申诉满意度达到98%。建立快递服务质量联席会议制度，组织召开全省快递服务质量提升第一次联席会议，企业申诉处理质量不断提升。

**【行业安全态势持续稳固】** 安全监管能力明显提升。紧抓《山西省支持快递业发展的若干措施》出台的有利时机，围绕寄递渠道安全属地化管理，借鉴先进地区经验，加强部门沟通，争取到省市两级政府X光机配置专项财政补贴880万元。同时，督促企业落实安全生产主体责任，积极动员其加大资金投入力度。2016年全省快递企业共配备X光机158台，除邮政企业及EMS外，规模以上快递企业省级处理中心均具备安检能力。以运城河津申通“邻甲酚”泄漏案件为反面教材，召开全省寄递行业安全警示教育大会，认真开展自查整改，从一个案件辐射到全省寄递渠道，形成闭合管理。探索行业自律机制，在太原局试点推行企业安全员管理制度，基本形成了系统性的安全管理制度和措施。

全面落实寄递渠道安全监管责任。注重发挥部门联动作用，召开全省寄递渠道安全管理领导小组会议，配合公安、国安、新闻出版等部门开展寄递渠道安全、反恐、禁毒、打击侵权假冒、扫黄打非等工作。督导企业严格落实安全监管“三项制度”，运城局对严重违反“三项制度”问题突出的企业进行严肃查处。注重隐患排查、预防为主，落实国家局和省综治委有关要求，开展寄递渠道安全隐患大排查大整治活动，推进综治部门将寄递渠道安全纳入“平安山西”及综治管理考核体系。开展“安全生产月”宣传活动，各市局先后举办安全知识培训、安全生产宣传日咨询、安全知识考试测评等宣教活动。

重要时期和重大活动安全保障工作圆满完成。G20杭州峰会期间，各市局持续开展寄递渠道安全专项执法检查，严把邮(快)件“出省关口”，保障了峰会期间全省寄递渠道的安全平稳。快递业务旺季期间，坚持提前部署、全程督导、安全培训，先后开展了三轮现场督导，实现了“两不”“三保”的目标。妥善处理山西国通快递2.9万件快件积压事件，及时消除了安全隐患，全省行业安全形势进一步稳固。

(裴璟瑞)

**【中国邮政集团公司山西省分公司经营概况】** 邮政业务稳健发展。2016年，全省邮政实现业务收入32.69亿元，比2015年增长6.47%。全年新增金融总资产287.14亿元，增长51.22%。其中，新增储蓄余额189.55亿元，总余额规模1469.62亿元；新增保费85.2亿元；理财类资产新增12.4亿元。寄递收入3.57亿元，增长25.52%，其中快递包裹收入增长136.6%。

基础能力持续提升。2016年，完成了太原邮件处理中心工艺改造二期工程立项和建设，组织实施了侯马邮件处理中心扩能改造和部分市分公司网运设备升级改造，为县分公司安装皮带机90余台。持续加大揽投专网建设投入，新增网运生产车辆309辆、投递车辆496辆、投递三轮车830辆、PDA 2918部、图形终端300套，建设智能包裹柜15个；全省改造速递揽投网点104处。突出寄递能力建设投入，省内寄递服务质量显著提升。购置金融网点1处、装修改造77处，新增自助发卡机110台、CRS/ATM320台，配置社保IC即时发卡机23台、叫号机167台。加大安防投入，完成了全省金融网点监控联网和金融合规系统建设工作，更新运钞车31辆。61处空白乡镇局所已全部恢复设置，全省农村乡镇局所覆盖率达100%。开展服务质量专项检查和无着邮件清理整治活动，用户服务满意度达到93.96分，服务质量明显提升。机要通信质量继续保持全红，实现十连冠。省政府积极支持邮政事业，减免了山西邮政干线邮运车辆高速公路通行费。

企业管理不断加强。围绕人事、劳资、财务、资产、核算数据等企业管理重点和焦点，着力推进企业管理的“社会化、信息化、公开化”。强化人力资源优化配置，严控用工总量，人工效能持续提升。财务会计集中核算中心职能建设进一步深化，ERP内部往来等模块成功上线。全省财务费用对标管理进一步规范，核算管理体系不断健全，有力支撑了企业经营转型。宣传贯彻落实《分角色安全事项手册》，开展新一轮安全隐患彻底排查活动和全省县区分总经理独立排查工作，落实县区内控检查人员统一上收工作，全力做好国家各项重大活动期间的安全保障工作，确保了平安发展。深度整合全省网运资源，优化省区和市趟邮路，规范内部处理操作，调整县域投递作业组织，完成太原、侯马邮区中心局流水化工艺改造，全省特快邮件实现了同机分拣、同频发运、同段投递。开展了全省合规经营专项检查，严格问责追责。持续加大审计监督，推进关口前移，围绕经济责任、经营绩效考核、项目结算、离任审计以及财务收支等重点开展审计监督，督促规范工程项目建设和集中采购管理制度。坚持以问题为导向，聚焦全年重点工作目标任务，强化督查督办工作。

服务质效明显提升。2016年继续打造全省主动客服团队，采取小组制、分片区开展主动服务。加快邮件理赔速度，完善赔偿管理机制，建立邮件赔偿专项垫付基金。借助投递“最后一公里”能力提升，全省实现了全部县区和52%乡镇党报当日投递。健全完善客户增值服务体系，组织开展了“寄意邮新、邮礼相送”中国邮政开办120周年用户回馈等系列活动。坚持“服务金融”战略定位，着力抓好“两个服务”的提升，持续关注客户需求，聚焦提升客户体验。强化服务质量管控体系，开展专项服务问责和服务问题集中整治活动，促进了全省邮政服务水平有效提升。

积极拓展战略合作领域。2016年2月3日，中国邮政集团公司山西省分公司与山西省商务厅，就充分利用邮政农村物流配送网络，按照电子商务发展需求，升级转型、提升能力，解决制约农村电商发展“最后一公里”的瓶颈问题达成共识。

2016年9月21日，中国邮政集

团公司山西省分公司与上海光明乳业，就双方在企业运营、产品合作、渠道共享等领域开展深度合作达成共识。光明乳业表示将全力支持山西邮政在各个平台运作光明乳业全品类商品，在政策、活动等方面给予重点支持，承诺邮政运作产品在山西境内不存在窜货和跨区域限制。

2016年12月16日，中国邮政集团公司山西省分公司与北京星亿东方文化科技服务有限公司，就开展《游戏规则》邮资明信片兑换券项目进行合作洽谈，双方就电影宣传、票务销售、服务支撑、代销事项等合作细节进行了深度沟通。

*山西省集邮协会第八次代表大会在太原隆重召开。*2016年10月28日，山西省集邮协会第八次代表大会在太原隆重召开。会议全面回顾了山西省邮协“七大”以来的工作情况，总结了邮协工作中取得的成绩，提出今后五年的奋斗目标和主要工作任务：一是大力做实协会工作。积极推进邮协领导机构改革，努力解决好协会办公活动场地，做强秘书处，加强基层组织建设，保障协会活动经费，推进民主办会，重新定位《集邮报》。二是深入开展大众集邮活动。继续做好省邮协的指导、支撑和推动工作，下大力气推动产品转型，加强与社会文创公司合作，推进产品的市场化、商业化、大众化。三是着力培养青少年集邮队伍。四是进一步加强邮展工作。积极探索和创新邮展形式，开展特色大众邮展，抓好高水平邮集培育工作。五是认真抓好集邮学术研究。

（孙久臣）

# 住房和城乡建设

ZHUFANG HE CHENGXIANG JIANSHE

10

# 住房和城乡建设

## 住房和城乡建设

**【统筹推进城乡建设】** 城乡规划。2016年，省住建厅围绕"一核一圈三群"城镇布局，加大各类规划编制力度，完成了《山西省城镇体系规划》（草案）和《孝汾平介灵城镇组群空间规划》，14个市、县开展了城市总体规划修编，设区市、县级市和县城控规覆盖率分别达到100%、70%、60%，城乡规划体系不断完善。积极推进城市设计和"多规合一"工作，运城市完成总体城市设计试点，太原市启动"五规合一"试点，开辟了城乡规划编制的新领域，提升了城乡规划的质量和水平。

出台实施《城乡规划公开公示实施办法》，强化了全社会对规划编制实施管理的监督。运用卫星图斑比对、专项检查等手段，对规划实施依法进行严格监督，及时发现和制止违法违规建设行为。组织开展了城市建成区违法建设专项治理，共查处违法建筑547.5万平方米，有效维护了规划的权威性和严肃性。

改善城市人居环境。围绕设施提升、城市安居、城中村改造和环境提质"四大工程"，继续推进城市人居环境改善工作，设立PPP投资引导基金，分解投资计划，层层压实责任，加强统筹调度，狠抓项目建设，2016年完成投资3104.2亿元，比2015年增长8.7%，约占全社会固定资产投资的22%，为全省经济企稳、民生改善做出了积极贡献。

城市建设和管理。城市建设质量和运营管理水平不断提高，综合承载能力进一步提升。全省新建和改造城市道路1461千米、各类市政管网8030千米，新增绿化面积2190万平方米，均超额完成年度计划。重点推进城市地下综合管廊、海绵城市建设和黑臭水体整治，出台政

太原市摄乐桥雄姿

孝义市小城镇化建设

房地产市场平稳健康发展。2016年，全省完成房地产开发投资1597.4亿元，比2015年增长6.9%；商品房销售2061.1万平方米，增长29.4%。截至2016年底，全省商品房待售面积1761万平方米，消化周期10.3个月，较2015年底缩短3.4个月，商品房库存量和消化周期实现“双下降”，销售价格保持总体稳定。

策措施，强化资金支持，开展督查检查，开工城市地下综合管廊41.8千米，开工建设了太原市长风商务区、汾河景区，吕梁市新区生态治理工程，长治市三河一渠综合治理工程等一批海绵城市项目，完成19条黑臭水体整治。全省城市用水普及率、污水和垃圾处理率等主要指标均比2015年有明显提升。全省城市市政基础设施建设完成投资720亿元，市政设施水平持续提升，城市环境面貌显著改善。进一步强化城市市容环境卫生管理，积极推进城市管理执法体制改革，对相关法规规章进行认真清理，公布了市、县城市管理执法部门权责清单，在晋中市开展改革试点，城市管理迈上新台阶。

村镇建设。加快改善农村困难群众住房条件，完成了10万户农村危房改造和1万户农房抗震改建。稳步推进农村垃圾治理，建设垃圾中转站123个，创建达标村1.06万个，累计配备保洁员9万名，监管员1.5万名，垃圾清运车辆4.4万辆，完成投资10.3亿元，启动了11个农村垃圾治理示范县建设，在全国率先开展了县域农村垃圾治理专项规划编制，农村环境面貌得到明显改善。扎实推进特色小城镇建设，确定50个镇作为重点培育对象，开展了专题培训，阳城县润城镇、昔阳县大寨镇、汾阳市杏花村镇列入全国特色小镇名录。编制各类村镇规划129项，完成了56个传统村落保护项目，150处村落被公布为第四批中国传统村落，239个村庄被公布为第一批国家级绿色村庄，村镇建设迈出新步伐。

**【以去库存为重点推进房地产业稳健发展】** 保障性安居工程建设。2016年，全省新开工城镇保障性住房21.81万套，其中城市棚户区改造12.65万套，城中村改造8.6万套；基本建成保障性住房17.63万套；完成投资523.26亿元，各项指标均完成年度任务。棚户区改造既改善了城市面貌和城镇中低收入家庭住房条件，又促进了商品房去库存。

房地产去库存。认真贯彻国家和山西省“三去一降一补”供给侧结构性改革决策部署，出台实施了加快化解房地产库存和培育发展住房租赁市场等一系列政策措施，推动

**【全力推进建筑业健康发展】** 建筑业发展概况。紧紧围绕“建筑业增加值同比增长5.5%、力争7.5%”的工作目标，建立了定期分析调度制度，及时对建筑业运行情况进行跟踪监测，对重点企业实行分级帮扶，提升企业资质等级，增强综合竞争力。加快发展装配式建筑，太原、大同启动2个省级建筑产业园区建设，着力推进建筑业转型升级。全面清查工程建设领域保证金，有效减轻企业负担，强化市场监管，加快诚信体系建设，创造良好市场环境，促进了建筑业健康发展。2016年全省完成建筑业产值3318.5亿元，比2015年增长13.2%；实现建筑业增加值895.6亿元，增长5.7%，占全省地区生产总值的比重6.9%，继续发挥了支柱产业作用。

工程质量安全。严格落实质量终身负责制，加强对工程质量全过程监管，深入开展工程质量治理“两年行动”，工程质量水平明显提升。高度重视安全生产，组织开展了春季复工、雨季汛期等重点时段安全生产督查检查；集中开展起重机械、脚手架、模架支撑体系和城镇燃气

安全隐患排查整治，累计排查各类隐患1376项，有效防范和遏制了重特大事故发生。全省房屋建筑和市政工程安全生产事故起数和死亡人数实现“双下降”。

建筑节能。加强新建建筑节能监管，探索建立了贯穿规划、设计、施工、验收、运行全过程闭合式监管体系，新建建筑节能65%标准执行率达到100%。积极推广应用太阳能光热、地源热泵等节能新技术，可再生能源建筑应用面积达到新设计建筑面积的64%。开展绿色建筑集中示范，新增执行绿色标准建筑面积2011万平方米、二星级绿色建筑面积147万平方米。深入推进既有居住建筑节能改造，新开工改造项目1154万平方米。建筑节能的深入实施，有力推动了城市绿色、循环和低碳发展。

**【加强住房公积金管理】** 进一步健全完善住房公积金制度，严格规范缴存标准，阶段性适当降低缴存比例，持续加大提取和贷款发放力度，2016年全省新增住房公积金缴存额271.24亿元，比2015年增长20.7%；提取178.78亿元，增长5.35%；发放个人住房贷款228.69亿元，增长52.87%，个贷率由年初的60.62%提高到78.56%。住房公积金贷款占全省新增住房贷款的47.5%，为帮助职工改善住房条件、支持住房消费和稳定房地产市场发挥了重要作用。

（米玉婷）

## 引黄工程

**【转企改制顺利完成】** 2016年，在全省国企国资改革的进程中，引黄工程管理局（总公司）转企改制，成立山西省黄河万家寨水务集团有限公司，1月15日注册登记，注册资本90.73亿元，国有独资公司，省管重要骨干企业。集团公司自2月23日挂牌以来，稳步推进事关改革发展大局的各项工作。年内批复成立集团公司党委和纪检委，组建集团公司董事会、经理层、监事会，研究形成过渡期组织架构及薪酬制度方案。积极稳妥推进人员安置和身份转换工作。抓紧开展清产核资、审计和资产评估工作。落实到位10亿元资本金。

**【加快推进工程项目建设，全力确保安全稳定供水】** 安全生产保障供水。2016年完成供水2.93亿立方米，其中向汾河流域生态补水1.5亿立方米，向太原城市供水0.92亿立方米，向大同、朔州供水0.51亿立方米。编制完成《集团公司生产运行管理控制指标体系》，科学安排输水计划，努力降低运行成本，降低抽水电耗。完善安全生产规章制度，编制《突发事件应急预案管理办法》；层层落实安全生产责任制，执行一票否决；加强安全隐患排查、监控、整治措施，生产现场时时处于受控状态；定期不定期组织安全教育培训，提高各类人员安全意识、素质和技能，安全生产持续保持良好态势。

工程建设有序推进。2016年完成投资7.44亿元。清徐原水直供工程，作为在太原市建设的第一个“分质供水、原水直供”工程，36.2千米PCCP主管线全部铺设完成，实现向阳煤太化供水。阳曲供水工程，施工单位进场，部分地段开始施工。总干线、南干线泵站二期扩机工程，清水系统、消防系统改造全部完工，照明系统改造主体完工。对神池五寨、平鲁北坪工业园区、朔州煤化工基地等供水项目开展前期工作。一期工程已具备竣工验收条件。北干等扫尾工程正抓紧完成财政评审、尾款支付和决算验收工作。

**【拓展水务市场，创新投融资体制】** 供水市场进一步拓展。开辟新的水务市场，与大同、阳泉等市协议水务

崛起的太原市万柏林区

一体化服务的方案，以地级市为中心，辐射到县区水务市场。发挥“万家寨引黄”品牌效应，为南水北调大宁管理处、山西大水网泵站公司管理处等进行了生产运行方面的培训；接受黑龙江鸡西辰能水务有限公司的委托，在规程编制、生产人员培训和代运行服务项目方面提供帮助和服务。

*广辟多元化投融资渠道。*与省财政厅、省发改委和金融机构联系协商，通过向政策性银行申请专项建设基金和中长期贷款。参与设立晋商信用增进投资有限公司，占比15%。

*生态环保良好开局。*按照省政府要求，集团公司作为农村生活污水治理和农村改厕项目的承贷主体，按照“政府购买服务、企业投资建设运营、金融信贷支持”的PPP建设模式，和相关部门积极对接，推进两个项目贷款的申请和统筹管理工作。

（薛一哲）

山西经济年鉴

YEAR BOOK OF SHANXI ECONOMY

# 贸易

MAOYI

11

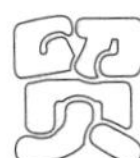

## 综　述

**【2016 年山西国内外贸易主要指标稳中有进，稳中向好】** 一是消费稳步增长。2016 年全省社会消费品零售总额实现 6480.5 亿元，比 2015 年增长 7.4%，消费稳增长作用进一步增强。二是进出口增速全国第一。全省进出口首次突破千亿大关，达到 1099 亿元，增长 20.5%。其中，出口 655.3 亿元，增长 25.2%，超过省政府目标 23.1 个百分点；进口 443.6 亿元，增长 14.2%。进出口、出口、进口增速均居全国第一。外贸结构进一步优化，装备制造等机电产品出口占比提高 11.5 个百分点，高新技术产品进口占比提高 13.6 个百分点。三是招商引资成果丰硕。2016 年全省招商引资签约项目 2226 个，到位资金 6513.4 亿元，增长 3%。引进了新型农牧食品绿色循环产业、新能源汽车核心技术、煤层气资源开发、现代物流、文化产业等一大批对全省具有重要带动作用的项目。四是双向投资保持良好势头。全省新设外资企业 30 家，实际到位外资 23.3 亿美元。对外投资额 1.95 亿美元，增长 18%。对外承包工程新签合同额 2.23 亿美元，完成营业额 6.86 亿美元，年末在外各类劳务人员 7575 人。五是开发区带动作用明显增强。全省开发区预计实现工业总产值 3950 亿元，增长 2.3%；企业主营业务收入 6450 亿元，增长 3%；固定资产投资 1200 亿元，增长 4%。

**【国内贸易】** *电子商务快速发展。* 2016 年，省政府与苏宁、阿里巴巴集团签署战略合作协议。加快推进电子商务进农村，龙头电商在山西省的县级运营中心、村级服务站覆盖率进一步提高。积极培育本土电商，探索形成具有山西省特色并向全国推广的乐村淘、粮易模式等农村电商模式。重点推动 15 个国家级电子商务进农村综合示范县搭建县域电子商务服务网络体系，培训各类人员 4 万人次，农村网络零售达到 4.5 亿元，网络购买达到 13.8 亿元。电子商务进社区引导生活服务业线上线下互动跨界融合发展，形成了“考拉之家”模式。

*流通基础设施更加完善。* 探索建立农产品国有资本投资运营机制，推进跨区域农产品流通基础设施和公益性农产品示范市场建设。开展农产品冷链物流标准化示范和农商互联工作，建立了农产品流通项目库，形成了一批有特色的冷链物流标准体系。加大商贸物流和再生资源回收体系建设投资，超额完成了省政府目标。推广太原城市共同配送标准项目经验，太原市被列为全国智慧物流试点城市。认定了 4 条特色商业街和 19 个国家绿色市场。

*消费促进活动成效显著。* 以“增强供给能力，促进消费升级”为主题，开展了 2016 全国消费促进月山西活动，销售额比 2015 年增长 5.3%。以“扩消费、惠民生、促增长”为主线，组织上万家企业上万种商品开展了第二届山西购物季活动，销售额超过 300 亿元，增长 10% 以上，拉动消费增长 0.5 个百分点。

*生活服务业供给能力提升。* 推动餐饮业转型升级，制定了推动餐饮业转型发展的实施意见，出台了山西刀削面制作规范标准。推动成立山西面食文化产业发展公司，鼓励山西面食走出去。举办了 2016 中国食品餐饮博览会暨山西面食节，山西省获“中国面食之都”荣誉称号。规范家政服务行为，推广母婴护理、居室保洁、家庭餐制作、家庭养老等行业标准，支持太原市创办了家政服务协会便民服务市场。

*消费环境进一步优化。* 商务综

合行政执法体制改革取得重大进展，忻州市、晋中市、晋城市圆满完成试点改革任务，形成可复制可推广改革经验，在全国率先提出将商务综合行政执法体制改革在全省市县层面全面推开。“双打”工作成效显著，与京津冀蒙建立跨区域跨部门合作机制，成品油市场、酒类流通专项整治有力维护了市场环境。规范二手车管理，取消限制二手车迁入政策，出台了促进二手车便利交易的政策。单用途商业预付卡管理工作继续领跑全国，太原市肉菜追溯试点圆满完成，晋中市肉菜追溯试点稳步推进。中药材、酒类等重要产品追溯体系建设成效良好，列入全国商务诚信建设试点省。完善市场监测体系，拓宽商务预报发布渠道，全省县级商务预报开通率达到80%。

**【对外贸易与经济】** 外贸发展方式进一步转变。推动太原市成功获批跨境电子商务试点，扶持外贸空白县实现进出口零突破。积极推进“一包两转”，促进全省近100家生产企业省内自营出口，扩大出口10亿美元。建立省市县三级包干联系制度，“一对一”精准帮扶省外供货出口企业，实现全省所有出口企业服务无缝对接。落实丝绸之路经济带沿线国家区域通关一体化改革和通关无纸化改革，深入推进关检合作“三个一”，启动国际贸易“单一窗口”建设。出口信用保险一般贸易渗透率、企业覆盖面居全国信用系统第一位。加快服务贸易发展，建立了全省加快发展服务贸易联席会议制度，认定了10家文化出口重点企业和4个文化出口重点项目。

利用外资水平提升。推动外商投资管理从注重审批型转向加强服务型，将外商投资管理关口后移，加强企业诚信建设和企业事中事后监督管理。外资企业对新兴产业的带动作用进一步增强，投资2.9亿美元的太原盛唐养老休闲文化公司、投资1亿美元的山西尧天舜日养老服务公司、投资1.22亿美元的山西八通新能源汽车装备制造公司、投资1.19亿美元的华润新能源（中阳）公司，有力推动了山西省新能源汽车、风能资源开发等新兴产业发展。

对外经济合作稳步扩大。规范各市对外劳务经营资格审批，构建外派劳务资源网络，开展对外劳务市场专项清理整顿，维护劳务人员合法权益。加强政银企合作，提升企业对跨境金融服务的利用能力。开展中澳自贸协定等政策解读，与捷克、马来西亚、新加坡、吉尔吉斯斯坦等“一带一路”重点国家建立工作机制，提升对境外企业的服务水平，推动山西省企业设立37个境外投资企业。晋非合作区重新定位为高端现代服务业园区，引入中非基金、中国银行等战略合作伙伴，引进了来自中国、南非、印度、毛里求斯的10户企业入园。

招商引资成果丰硕。推动央企、民企、外企入晋。先后在北京、南京、厦门、天津、上海、深圳、西安、重庆、济南和香港举办了10场招商推介对接活动，重点举办了2016太原能源低碳发展论坛暨中国（太原）国际能源产业博览会、全国民营企业助推山西转型创新发展大会，吸引央企、民企和跨国公司到山西投资合作，推动山西省与央企相关协议项目落地。开展招商引资签约项目大起底。对近几年签约的近1万个招商引资项目进行了一次全面摸排，了解掌握签约但未落地项目、已受理但未审批项目存在的具体问题，组织相关部门进行分析，分门别类提出处理意见，针对性地制定推

孝义市沃尔玛中心商务区

孝义市义乌商品交易国际博览城

进方案，重点推动2015年四大招商活动签约项目的落实跟踪。抢抓承接加工贸易产业转移机遇。成立了以省长为组长的承接加工贸易产业转移领导小组，出台支持承接加工贸易产业转移的若干政策措施，各市、各部门也制定了相应的鼓励措施和考核办法。开展了形式多样的招商引资和项目对接活动，太原市富士康手机区外保税维修项目、临汾市侯马电子产品区域性运营中心和生产基地等典型项目落地投产。

**【开发区成为转型升级新动能】** 加快开发区体制机制改革创新。向省委省政府提出一系列体制机制改革创新的思路和建议。省委省政府召开全省开发区改革创新发展电视电话会议，出台了《关于开发区改革创新发展的若干意见》，标志着山西开发区体制机制改革实现重大突破。同时，指导各市制定开发区改革创新发展实施方案，编制完成山西省开发区总体发展规划，修订《关于开发区建设和发展水平综合考核办法》《关于经济技术开发区招商引资考核办法》等配套政策文件和制度。推动开发区扩区升级。积极推动开发区"优化存量、培育增量、做大总量"，报请省政府批准新设了原平、汾阳杏花村、介休等3个省级经济技术开发区，批准了运城经济开发区、太原不锈钢产业园区2个省级开发区扩区，太原经济技术开发区扩区上报国务院审批。大力推进右玉、山阴、潞城、襄垣、太原西山、临汾、侯马等开发区设立、扩区。推动解决清徐、祁县、孝义开发区的编制机构问题，为这些开发区正常运作创造了条件。积极推动开发区转型升级创新发展。积极为开发区承接产业转移引进新兴产业搭平台，组织开发区和企业赴国内外对接投资合作。2016年，全省开发区新增签约项目300多个，大部分是战略性新兴产业项目，19家开发区项目签约额超过了3000亿元。

**【"山西品牌中华行、丝路行、网上行"引领全国】** "山西品牌中华行"实现全国省会城市全覆盖。山西品牌行系列活动历时四年，2016年举办了合肥、济南、长沙、贵阳、沈阳、银川、拉萨、杭州等十站活动，实现了对全国省会城市的全覆盖，充分展示了山西品牌的魅力所在，经济社会效益明显，成为一项全国聚焦、各省市学习借鉴的活动。"山西品牌丝路行"带动山西省外贸增长。山西品牌丝路行已成为推进投资贸易合作的重要平台和山西对外开放的靓丽名片。2016年举办了韩国、波兰、澳大利亚、印度四站山西品牌丝路行综合性活动，企业收获有效客户575户，现场成交135.75万元，意向成交2.9亿元。山西省与"一带一路"沿线国家的贸易额比2015年增长26%，高出全省进出口增速5个百分点；出口占比25.84%，提高3.53个百分点。"山西品牌网上行"重点促进农产品外销。与阿里、京东、苏宁等各大电商平台对接合作，组织全省68个品牌1000多种商品，开展了14场推广促销活动，浏览量4800万人次，提高了山西省品牌商品特别是红枣、核桃、苹果的知名度和市场占有率，推动山西特色产品走出山西、走向全国，有力解决了玉米、土豆等农产品滞销问题。

**【参与"一带一路"建设取得重要进展】** 中层设计基本完成。成立了由王一新副省长任组长，27个省直部门主要负责人组成的参与"一带一路"建设工作领导组，下设对外经贸交流等5个专业性工作小组，11个市政府成立了领导小组。太原、

吉县苹果出口美国

阳泉、临汾、忻州、大同5个市发布了参与“一带一路”建设工作方案。省直部门编制完成国际产能和装备制造合作、教育、文化、外事侨务等4个专项规划。开展产能合作。与蒙古投资合作项目列入国家推进国际产能合作省市、企业与重点国别对接组合，一胜百科技公司、山西华运能源集团在蒙古的项目被列入国家国际产能合作重点项目库。与哈萨克斯坦、蒙古国、阿尔巴尼亚的合作方签署了五个项目合作协议。鼓励民营企业抱团开展国际产能合作，建立了山西省煤焦国际产能合作项目库，成立了10家焦化企业组成的民营煤焦企业“走出去”合作联盟。推进人文交流。与德国北威州、美国怀俄明州、巴西卡塔琳娜州等友城建设进展顺利。在文化、教育、旅游、中医药、宗教等领域成功实施一批“一带一路”项目。组织《粉墨春秋》《千手观音》剧组赴加拿大、葡萄牙、瑞士、毛里求斯等10余个国家交流演出，提高了山西文化的影响力。

（徐晨星）

## 供销合作社

**【全力破解难题，各项目标任务圆满完成】** 加强组织协调，综改推进工作强劲有力。一是完善各项配套措施。为进一步突出改革内容任务化、项目化，增强改革的针对性和可操作性，制定印发《关于全面贯彻落实〈实施方案〉的指导意见》《综合改革试点县工作推进方案》等10个文件，与晋发8号文件、《2016年行动计划》形成山西省供销合作社综合改革1＋1＋10的组合拳。编制完成了省社“十三五”发展规划，为省社未来五年的改革发展指明了方向。二是健全完善工作机制。省社组成7个宣讲督导组，分赴各市及试点县对综合改革工作目标、重点任务进行宣讲。对试点县综合改革实行省社领导包市、处室包县，市级社一把手负责、分管领导落实、相关科室配合，县级社组织实施的工作机制。除晋城外，其他10个市委市政府均已出台综合改革实施办法，全面助推综合改革。三是积极协调部门联动。积极协调有关部门，建立部门联动机制，省委组织部、省财政厅、省农业厅、省扶贫办、省金融办等相关部门对供销社综合改革都给予大力支持，确保各项扶持政策落实落地。四是坚持走出去与请进来相结合。省社领导分别带队赴山东、重庆、陕西等兄弟省社学习综合改革、农业社会化服务、精准扶贫等工作经验。并邀请省内外专家到供销社调研指导工作，为综合改革提供了实践依据和智力支撑。五是狠抓试点县综合改革。通过试点培训、现场观摩、总结经验，指导督促试点县工作，引领带动非试点县改革。25个试点县供销社按照“5＋N”的工作思路和要求，建设惠农服务中心88个，新建或改造庄稼医院85个，建设惠农服务站887个，土地托管3.62万公顷，改造基层社57个，规范发展专业合作社119个，成立农民专业合作社联合社9个，新建改造综合服务社372个，分别占到全省完成数的73.3％、57.4％、76.5％、76.5％、52.8％、44.1％、69.2％和36.8％，改革引领作用显著。闻喜、潞城、高平等试点县形成了一系列可复制、可推广的好经验、好做法。

做大经济规模，各项指标任务圆满完成。2016年，全系统购进总额519.7亿元，比2015年增长21.9％；销售总额567.6亿元，增长23.8％；汇总实现利润2.15亿元，增长6.7％。建设惠农服务中心120个，新建、改造基层社58个，规范发展农民专业合作社示范社62个，分别完成任务数的150％、193％和124％；农村电子商务覆盖全省58个贫困县，8个农民专业合作社内部资金互助业务有序开展，全部100％完成任务；确保食盐安全，碘缺乏病地区碘盐覆盖率98.07%，合格碘盐食用率96.39%，分别超过目标任务的3.07%和6.39%。

*提高农民参与度，基层组织改造取得突破。*全省供销社始终把基层组织作为开展为农服务的前沿阵地和深化改革、加快发展的关键来抓，按照"强化合作、农民参与、为农服务"的要求，因地制宜推进基层组织改造，取得明显成效。一是基层组织的数量和覆盖面明显提升。截至2016年底，全省基层供销社达到1167个，乡镇覆盖率97.6%；领办创办专业合作社1580个，牵头成立农民专业合作社联合社9个；农村综合服务社（中心）达到8969个。二是基层组织经营规模和发展质量得到增强。全省基层供销社营业收入67.3亿元，增长7.95%；农民专业合作社经营收入由2015年的24.84亿元增加到29.8亿元；农民综合服务社销售总额由2015年的19.01亿元增加到22.9亿元。三是基层组织与农民的联结更加密切。全省基层供销社发展农民社员9.75万户，专业合作社8.8万户，共计18.55万户、55.65万人，同时带动农户13.6万户。四是基层组织的经营范围和服务领域逐步扩大。经营范围新增瓜果蔬菜、米面粮油等副食品和文化、体育、药品等生活用品；服务领域除农资和日用品外还开展了电话预约、养老幼教、红白理事、城乡环境卫生清洁等服务项目。

*创新服务体系，为农惠农工程成效明显。*各级供销社全面构建农业社会化服务体系，建设速度快、服务效果好、社会效益大、政府认可度高，取得了农民满意的阶段性成果。一是全面推进平台建设，"农业社会化服务惠农工程"扎实推进。通过新建或改造一批为农民提供土地托管、智能配肥等为主要内容的惠农服务中心（站）、庄稼医院，搭建起综合配套、功能清晰、高效便捷的为农服务平台。2016年共建设惠农服务中心120个，惠农服务站1159个，庄稼医院148个。闻喜县社东镇惠农服务中心购置40余套农机具开展农机服务，同时开展粮食代储代销服务。稷山县社庄稼医院运用信息网站、微信公众号和技术交流群等"互联网＋农资"技术，为农民提供从种到收的全程化服务。二是努力扩大服务规模，逐步开展农业适度规模经营。围绕破解"谁来种地，地怎么种"问题，全省供销社依托基层社、农资企业、惠农服务中心（站）等组织，为农民和各类新型农业经营主体提供耕、种、管、收、加、贮、销等环节的系列化、个性化土地托管服务。全系统土地托管、流转、服务面积达到31.35万公顷。潞城市黄池、黄牛蹄、下黄三个基层社采用土地全托管、半托管、农资托管、农机托管等独具特色的服务模式，完成土地托管934.8公顷、土地流转58.5公顷，惠及40余村2500多户农民。高平市社依托市农资公司成立惠农服务中心，2016年共托管和流转土地600公顷、测土配方施肥3333公顷、农资供应2万公顷，服务农户12万户，农资供应和耕、种、管、收等各项服务亩均比市场价优惠10～20元。三是更加注重科技兴农，农业技术服务培训成效突出。省社举办庄稼医生培训班，为指导农民科学种植提供了人才和科技支撑。各级社也采取多种形式，聘请农科专家、技术人员开展施肥技术、种植管理等多种形式的培训活动。仅山西农资集团运城分公司就培训农民9000余人，提高了农民科学种植水平和合理施肥用药能力，为农业增产增收打下基础。四是不断加快产业融合发展，农产品加工和流通水平得到提升。各级供销社积极创新流通模式，强化产销衔接，加强新网工程、农业综合开发等项目库建设，重点建设、改造、升级了5个骨干农产品批发市场，促进了农产品深加工、精加工和转化增值。和顺县青城供销社依托新瑞农产品加工专业合作社，大力开展以玉米为主的农产品收购、储藏、加工、销售等业务，其中玉米年吞吐量1万多吨，占

山西特色农产品北京展销

到全镇玉米总产量的20%以上。

*加快经营转型，“线上线下”格局初步形成。*全系统积极拓展为农服务经营领域，推进金融和商业模式创新，把电子商务与全系统实体网络资源相结合，加快经营服务网络的结构调整和转型升级，不断完善农村现代流通服务网络。一是大力发展农村电子商务。省社制定了全面推进农村电子商务发展的行动计划和省级电商公司与市县供销合作社合作经营指导意见，加快推进全省供销社系统电商网络建设。供销“农芯乐”商城作为省级电商运营平台，发挥了强有力的带动指导作用，对接总社农村电商、产业融合等项目25个，争取中央财政专项扶持资金1亿多元，山西省成为全国供销电商重点支持的7个省份之一。平遥、平定、汾阳、安泽4个全国电商示范县起到了示范引领作用。截至2016年底，全系统已有长治、晋城、太原、晋中、吕梁等市供销社组建了电商公司，已发展专业电商公司108个，207个企业和专业合作社开展电商业务，建设县级电商管理服务中心102个，实现了58个贫困县全覆盖，县级电子商务覆盖率达到86%；建设村级体验店9500多个，覆盖贫困村2054个，帮助贫困地区销售农产品近3000万元，解决贫困人口就业2000余人，实现线上销售额7.63亿元。二是稳步开展农村合作金融服务。按照封闭运行、风险可控的原则，省社选择了8个专业合作社积极稳妥开展资金互助业务，不断满足农民社员个体“小额、分散”的农业生产资金需求。目前，参加资金互助合作的农户有664户，可用于互助的资金1940万元，2016年以来为社员提供互助资金2900多万元。其中山阴县泰和牧业专业合作社通过“三个对接”，即对接商业银行、对接分散农户、对接监管制度，资金互助更加活跃和更加规范，社员存入互助金总额34万余元，通过商业银行累计为社员发放贷款1500万元，带动奶牛养殖协会12个奶牛养殖园区、27个养殖专业合作社日产50多吨优质鲜奶，成为山西古城乳业集团公司最大的优质奶源大户。三是积极创建功能多样的城乡一体化综合服务平台。省盐业公司开展的“城乡一体化”建设工程取得较好效果，已在全省11个市级区域全部运营开来，并延伸至运城、吕梁、阳泉、朔州、长治、晋城的部分县级区域，累计实现销售额4788万元。同时，商品种类、终端网点覆盖率、活跃度均在不断提升，现已上线日用消费品、优质农副产品近700种，取得了健力宝、百岁山、鲁花、统一、晋泉高粱白、稷山枣等75个单品的省市级代理权，覆盖终端网点近10万个。

**【改革与发展】** *强化顶层设计，深化综合改革迈出坚实步伐。*《中共中央国务院关于深化供销合作社综合改革的决定》(中发〔2015〕11号)出台后，全省供销社抢抓机遇，凝聚力量，把做好顶层设计作为重中之重。省社反复对《深化供销合作社综合改革的实施方案》(代拟稿)进行修改完善，先后经省政府常务会、省委深化改革领导小组会议研究通过，报中农办批准，并以晋发〔2016〕8号文件印发。

*制定配套措施，争取多项扶持政策。*为贯彻落实《实施方案》，突出改革内容任务化、项目化，增强针对性和可操作性，省政府印发《山西省深化供销合作社综合改革2016年行动计划》(晋政办发〔2016〕40号)，省社出台了10个配套文件，形成1+1+10综合改革组合拳。

省社积极与省财政厅沟通协商，对25个改革试点县、融资性担保公司给予资金扶持，并从2016年起列入财政预算；与省农业厅达成支持供销社参与农村产权交易市场建设，依规开展政策咨询、资产评估、产权交易、抵押融资、交易鉴证等方面综合服务的共识；同时，《实施方案》对中发11号文件有关扶持政策作了多方面的承接和突破。

*提升组织体系，为农服务基础得到夯实。*一是基层供销社改造步伐加快。按照“空白抓重建改造、较强抓发展创新”的原则，进一步增强基层社发展活力。晋中市社制定了“重建有标准、经营有机制、实施分步骤、注重搞服务”的建设标准，投入2487万元，恢复改造基层社20个。运城市社投入1.2亿元进行基层社改造。长治市社整合县域资源、吸纳新型农业经营主体入社，新建和改造新型基层社126个，入社农民达到3100余人，初步构建了社区服务的“网络化”。二是专业合作社建设稳步推进。各级社紧紧围绕特色产业，按照区域布局的原则，领办、创办、合办了一批特色专业合作社，引导专业合作社标准化建设、品牌化经营、市场化运作、专业化管理、科学化发展。省社先后在长治、大同召开片区中药材和小杂粮专业合作社座谈会，指导各级供销社发挥地域优势、整合产业集群、抓好联合合作，引导和支持特色专业合作社发展。忻州市社培育“全国50佳示范社”1个，省级和市级示范社28个。平遥晋伟中药材综合开发专业合作社投资1650万元的长山药加工项目年加工量可达3000余吨，产值3000余万元。三是为农服务规模化功能增强。各级社积极联合社会各界力量，依托农村便民店，合理布局农村综合服务社，进一步拓展服务范围，提供公益性和经营性相结合的综合服务。太原市社将综合服务社建设与电子商务平台建设相结合，着力打造“三农”综合服务智能平台。

*创新经营模式，农村现代流通网络逐步完善。*一是电子商务平台建设取得突破。通过“请进来专家讲课，走出去学习经验”进行集体补

课。在此基础上，以“互联网＋供销社”聚焦新业态为抓手，围绕“织密扎牢一张网，助农增收闯市场”的经营服务模式和经营理念，推进电子商务与全系统实体网络资源优势相结合。新组建的山西大宗商品交易中心“农芯乐”商城，于2016年8月正式上线运营，已在全省建设34个县级电商管理中心、1000余个村级服务点。安泽县实现105个农村便民店电商网点全覆盖，创造了“供销大集”网上销售模式。二是“新网工程”建设质量提升。重点建设了一批产地和集散地农产品批发市场、现代物流中心、城市社区生鲜超市等零售终端。加快原有市场的升级改造和功能提升，建立健全了仓储运输、冷链物流、终端配送等服务体系。吕梁、朔州、阳泉、晋城等市社重点在扩大区域配送中心经营规模、增加配送种类、提高商品配送率上下功夫，努力做到点、网、面同步，规范与提升同步，经济效益与社会效益同步。三是农村互助金融业务稳步推开。各级供销社把开展农村合作金融服务作为综合改革的有力支撑，着力破解农村融资难、融资贵的问题，探索构建以农村资金互助、融资担保、小额贷款等为主要形式的新型合作金融服务体系，实现全系统合作金融业务从无到有、有序发展。省社分别与省农信社、邮储银行山西省分行达成战略合作协议，取得20亿元授信额度，为解决各类经营主体严重“缺血”问题创造了条件。在全省选择了10个县开展农村合作金融试点，依托8个专业合作社成立资金互助社开展资金互助业务。省社目前正在积极推进融资性担保公司和小额贷款公司的组建工作。

加快转型发展，社有企业实力不断增强。一是抓项目。各级社围绕打造为农生产生活服务的主力军和综合平台，从农业产业化、流通网络化、为农服务功能多样化入手，积极实施项目带动、联合推动、接二连三互动，进一步优化产业结构，加快发展步伐，提高运行质量，在全系统上下形成了谋项目、上项目、促发展的良好氛围。山西省物流业发展中长期规划（2015～2020年）重大储备项目中，省供销社6个项目纳入其中。中国供销农产品批发市场有限公司投资10亿元建设的农产品物流园区、城乡综合服务社区“个十百千万”工程、大型中药材交易市场、果品冷库及农资配送中心等正在积极推进。二是抓升级。各级社积极做优做强农资、盐业、农副产品、日用消费品等主营业务，不断提升市场占有率，推进传统业务逐步向上下游产业领域延伸，实现对资源基地、产品加工、物流配送、终端销售等环节的渗透和覆盖，形成全产业链融合发展的格局。山西农资集团在强化和提高终端销售的同时，实现“贸易提升规模”的营销策略，立足国内贸易，拓展国际贸易，扩大市场占有率。长治市副食果品公司投资1700万元，对现有批发市场、配送中心、冷藏设施进行升级改造，并建设果蔬生产基地，年营销额达4.2亿元。三是抓业态。社有企业立足培育新的经济增长点，强化集成创新、品牌创新和商业模式创新，在新兴业务开拓发展上探索新路。省盐业公司积极拓展城乡一体化服务、辣椒贸易开发、中药材交易市场建设、金融资本运作等新的为农服务领域。省果品储运公司把加强冷链物流体系建设作为发展新型产业的切入点，现已改扩建冷库面积5000平方米，年收入1000万元，极大地提高了单位资产收益率。汾阳市新合作经济发展有限公司创新经营业态、拓展服务领域，累计投资1.2亿元，建设1个日用品配送中心，1个快捷商务酒店，11个直营超市，390个加盟便民店，构建起新型服务网络体系。

（司昌平　韩景洲）

## 粮油购销

**【2016年山西省粮油种植及生产概况】** 2016年，山西农作物种植面积372.08万公顷，比2015年减少4.69万公顷。其中，粮食种植面积324.14万公顷，减少4.58万公顷；油料种植面积11.47万公顷，减少0.65万公顷。在粮食种植面积中，玉米种植面积162.48万公顷，减少5.21万公顷；小麦种植面积67.29万公顷，减少0.22万公顷。2016年全省粮食总产量1318.5万吨，比2015年增加58.9万吨，增产4.7%。其中，夏粮总产275万吨，增产0.8%；秋粮总产1043.5万吨，增产5.8%。玉米产量888.9万吨，增长3%；小麦产量273.4万吨，增长0.7%；谷子产量42.7万吨，增长20.6%；豆类产量36.9万吨，增长20.8%。年消费粮食1365万吨左右，小麦缺口2806万吨，稻谷缺口115万吨，全部靠调入，玉米需销往省外432万吨。总体上看，总量不足，结构不平衡，产粗吃细，小麦不足，玉米有余。

**【粮食购销概况】** 2016年，全省各类粮食企业收购粮食689.3万吨，比2015年减少7.2万吨，下降1%。其中，国有粮食经营企业收购104.2万吨，占总收购量的15%。全年销售粮食947万吨，增长8%。其中，国有粮食经营企业销售142万吨，占总销售量的15%。

截至2016年末，全省共有国有粮食企业371户，年末职工人数2.05万人。山西国有粮食企业总仓容846万吨，其中可用仓房容量682万吨。

**【粮食安全保障】** 安全储粮方面。一是强化粮食质量安全管理。2016

年，山西省粮食局组织开展了省级储备粮油储存状况、春秋两季库存储备粮储存品质状况监测报备工作。二是落实粮油仓储设施保护制度。对全省粮食烘干设备使用情况和主要粮油企业的仓容情况进行调查摸底，出台了《山西省国有粮食仓储物流设施保护实施细则》。三是强化安全储粮。汲取大同市浑源县上韩粮站和运城东留储备库安全生产事故教训，及时通报有关情况，召开安全生产工作会议，安排部署安全生产工作。开展了全省粮食行业安全生产隐患排查专项整治"百日行动"，查找事故隐患，预防事故发生，并就排查情况进行了"回头看"。积极应对夏季消防和防汛形势，召开了全省粮食系统消防、防汛工作会议；针对冬春季储粮安全，下发《山西省粮食行业2016今冬明春火灾防控方案》。

粮食应急保障方面。山西省现执行的《山西省粮食应急预案》是2011年8月省政府办公厅印发的。山西省粮食局按照《山西省突发事件应急预案管理办法》有关要求和规定，2016年启动了《山西省粮食应急预案》的修订工作，按照专家意见进一步修改完善后，省政府办公厅已印发执行。12月6日，在高平国家粮食储备库联合开展了实战应急演练，提高了粮食应急状态下各级粮食应急保障能力。

粮食库存检查方面。2016年4月，山西省粮食局联合省财政、省农发行等有关单位集中开展了全省粮食库存检查。全省共清查511个库点，398.7万吨粮食库存。对绵山库的库存情况进行了重点检查，掌握了该库储备粮库存的真实情况，并对其亏库详细情况进一步追查。建立问题隐患台账，边查边改。帮助企业落实储备粮费用补贴268.84万元，检查发现的朔州市应急成品粮数量不足、仓储安全存在较大隐患问题，引起该市粮食局高度重视，及时进行了整改规范。

加快新增省级储备粮充实进度。加快推进山西省新增的20万吨省级储备粮工作。依据国家对地方粮食储备的布局和政策要求，结合山西现有省级储备粮规模布局情况，省粮食局按照各市城镇乡村人口和应建立的储备规模开展测算，并深入到太原、大同、忻州、晋中、长治、晋城、运城等市的14个省、市储备库，对空仓情况、仓房条件、设施状况、管理水平等进行实地调研和考察，提出省级储备粮增储库点的安排和建议。按照2016年粮食安全省长责任制考核要求，对新增的10万吨省级储备小麦实行市场公开、公正、公平竞价采购，并全部成交。为及时掌握各承储企业充实入库进展情况，建立了省级储备粮入库进度周报制度，每周定期统计汇总新增省级储备粮完成数量、入库价格等情况，协调解决增储工作的有关问题。

**【粮食保供稳价】** 扎实抓好粮食购销工作。履行粮食部门服务"三农"的行业职责，面对2016年部分小麦主产市、县遭遇连阴雨及大风、冰雹等自然灾害，新产小麦质量受到一定影响，玉米市场价格呈下行趋势的严峻形势，切实做好夏秋粮收购工作，守住农民"种粮卖得出"的底线。省粮食局先后组织有关人员，深入小麦、玉米主产市、县和基层粮站、购销贸易企业、加工转化企业及农户家中开展调研，全面了解粮食生产收购形势、价格走势、质量状况、收购资金落实、农民售粮意愿等情况。在调研的基础上，提出夏秋粮收购工作的有关意见和建议。贯彻全国夏秋粮收购工作会议精神，召开全省夏秋粮收购工作会议，分析夏秋粮生产收购形势，重申国家粮食收购和质价政策，安排部署收购工作。启动小麦和玉米收购进度和价格五日报制度，及时掌握收购动态，并在省局政府网站发布收购进度和价格等信息，为农民和各类企业提供信息服务。为积极应对春节过后玉米价格下跌，销售不畅等问题，开展了2016年农产品促销专项行动，并会同省农业厅、省商务厅、省供销社、省扶贫办联合下发《2016年山西省农产品促销专项行动方案》，发挥各政府部门的服务职能，拓宽外销渠道，促进全省玉米销售。为避免出现"谷贱伤农"，保护种粮农民利益，比照国家政策，完善制定了山西省小麦最低收购价执行预案，采取临时收储措施，解决农民产后余粮出售问题。积极推进新增省级储备粮充实联网交易，对新增的10万吨省级储备小麦实行市场公开、公正、公平竞价采购，并全部成交，成交额比原计划节约500多万元。通过市场公开竞价采购省级储备粮是山西省2006年以来的第一次，也是贯彻落实粮食安全省长责任制的新举措。

2016年1～12月，全省累计收购粮食689.5万吨，是年度目标任务的145.1%；销售粮食947万吨，是年度目标任务的164.7%；调入粮食221.5万吨，是年度目标任务的126.8%。

切实做好粮食市场供应工作。为贯彻落实全省"冬季行动"工作方案，切实做好粮油保供稳价工作，省粮食局组织人员赴太原、大同、阳泉、朔州、晋中等5个市，对当地大型连锁超市、粮油供应网点、粮油配送中心、面粉加工企业的粮油市场供应和生产加工情况开展专项检查。安排部署节日期间的粮油市场供应工作，对做好节日期间粮油市场供应工作提出要求。加强粮食市场监测预警，密切关注全省粮油市场动态。建立中央、省、市级粮食价格监测点247个，以80个省级粮食价格直报点为载体，重点强化对省会城市、工矿区成品粮油零售价格、批发价格、小麦、玉米主产区收购价格的监测预警，实行粮食市场价格周报制度，按时编报粮油市场价格周报，并报政府网站及时发布采集的粮油价格市场信息。

进一步深化粮食产销合作。省粮食局、吕梁市人民政府、中国粮食行业协会、中华粮网于2016年10月10日在吕梁汾阳市共同举办了“2016山西粮食(小杂粮、玉米)产销衔接会”。本次产销衔接会以彰显山西特色农业优势为重点，以杂粮、玉米调出和小麦、稻谷调入为切入点，以拓展惠农服务渠道，助推粮食产业经济为主题，旨在搭建省内外粮食企业产销合作平台，通过“政府推动、部门协调、市场机制、企业运作”，发挥山西省小杂粮、玉米资源优势和充分利用省外小麦、稻谷资源优势，立足于产、供、需有效对接，畅通山西省小杂粮、玉米外销渠道，调剂粮食品种余缺，为农民提供市场需求信息，服务三农，助农增收，促进粮食供给侧结构性改革和粮食产业经济发展，保障全省粮食安全。此次产销衔接活动，省际和省内外粮食企业共签约粮油购销总量625.5万吨，其中，调出334.5万吨(玉米211万吨，小杂粮119万吨，苦荞茶1000吨、醋4.4万吨)；调入291万吨(小麦177万吨、大米100.4万吨，面粉3.6万吨，豆粕10万吨，食用油1600吨)。

**【储备粮油管理】** 强化省级储备粮油管理，建立管理岗位职责。为贯彻落实省委省政府“六权治本”的决策部署，2016年3月，省粮食局印发《储备粮管理岗位职责》，将储备粮管理工作任务具体落实到每个环节、岗位，责任落实到人。4月至5月期间，会同省农发行组织联合检查验收组，督促指导太原、忻州、吕梁、长治、晋城和朔州等市及风陵渡储备库等10个省级储备粮承储企业，按期建立健全储备粮管理岗位职责。截至9月上旬，全省41个省级储备粮承储企业均已报备《储备粮管理岗位职责》，全面完成了建立管理岗位职责任务。

积极推进储粮轮换方式改革。一是开展轮换盈亏调研。在省级储备粮油轮换入库验收期间，省粮食局会同省农发行查阅了鸣李库、风陵渡库、太原河西储备库、忻州新建路库等省级储备粮承储企业2015年度省储轮换的购销合同、资金往来、会计账务等相关凭证，从粮食出入库价格、轮换方式方法、轮换贷款、粮油流向、出入库费用和损失损耗等方面认真总结分析了轮换盈亏的具体原因。二是制定了轮换改革工作方案。省粮食局修改完善了《关于加强省级储备粮轮换管理的调研报告》，起草了《关于省级储备粮轮换改革和加强管理工作方案》，向省农发行和省财政厅征求意见。6月28日，组织省财政厅、省农发行，召开储备粮轮换改革征求意见座谈会，对省级储备粮轮换改革的相关问题进行了充分讨论。

加强省级储备粮油轮换管理。2016年轮换计划全部完成。本年度共计轮换省级储备粮油15.91万吨，其中，小麦14.89万吨，食油1.02万吨。涉及企业20个，其中，市级储备企业10个，粮油集团所属储备企业8个，局属单位2个。由企业申请，经批复后，鸣李库5495.8吨，太原北城库3486吨，共计8981.79吨延期至2017年完成。2016年，全省共计轮入15.01万吨，占计划的100%。

推进仓储设施建设。2015年，国家下达山西省40万吨新建粮库计划，投资计划2.4亿元；实际建设规模41.7万吨，实际投资3亿元，其中，中央补助投资0.72亿元，省级配套资金0.98亿元。截至2016年12月底，全省22个项目全部开工建设，其中19个项目完工，新建粮库项目总体工程量完成92%以上。

实施农户科学储粮工程。2015年国家粮食局安排下达山西省农户科学储粮专项投资计划2.7万套，项目总投资1139.7万元，其中，中央补助投资405万元，省级配套405万元，项目市县配套137.7万元，农户自筹192万元，配置仓型为彩钢板组合仓(小粮仓)。其中，运城市4个县8000户，晋中市2个县2400户，忻州市4个县5500户，阳泉市1个县500户，长治市9个县1万户，朔州市1个县600户。

**【粮食行政监督】** 粮食安全责任制考核工作取得积极成效。一是建立健全考核机制。省政府出台《关于印发山西省粮食安全责任制考核办法的通知》(晋政办发〔2016〕30号)，以省政府专门文件的形式，明确省政府将对各市政府粮食安全责任制落实情况进行年度考核，这在山西省尚属首次。省领导小组15个成员单位联合向各市人民政府印发《关于开展2016年度粮食安全责任制考核工作的通知》(晋粮检〔2016〕69号)，也是全国第一个配套出台考核通知的省份。二是成立考核领导组织机构。省政府办公厅印发《关于成立山西省粮食安全责任制考核工作领导小组的通知》(晋政办函〔2016〕90号)，成立了由省委常委、常务副省长高建民任组长，省政府副秘书长闫晨曦、省粮食局局长丁文禄、省农业厅厅长关建勋任副组长，15个部门和单位组成的山西省粮食安全责任制考核工作领导小组。三是全面推进考核工作任务落实。2016年8月召开了省考核领导小组第一次会议，会议听取粮食安全责任制考核工作情况汇报，审议通过了《山西省粮食安全责任制考核工作方案》和《关于开展2016年度粮食安全责任制考核工作的通知》。组织7个职能处室对照国家考核评分细则查找不足，将查找出的17项差距、28项针对性措施，制作了问题清单，明确责任主体，确保责任落实。10月，省委组织部、省粮食局在省委党校联合举办了全省贯彻粮食安全省长责任制暨粮食产业经济研讨班。

加强粮食收购市场检查，收购市场秩序平稳有序。一是全面完成跨年秋粮收购检查任务。2015年11月到2016年3月，省粮食局组织了全省秋粮收购市场检查，查处纠正违法违规行为108件，为售粮者追回拖欠粮款180万元。二是组织开展夏粮收购市场检查。省粮食局成立夏粮监督检查工作组，与夏粮收获期同步部署了夏粮收购专项检查工作，检查时间从6月1日到9月30日，较往年时间延长1个月。将企业落实“五要五不准”收购准则和储备粮购销政策执行情况作为检查核心内容，把企业安全储粮和安全生产情况纳入检查范围，做到同部署同检查。三是部署秋粮收购市场专项检查。2016年是玉米收储政策改革的第一年，保护种粮农民利益、维护秋粮收购市场秩序是粮食部门职责所在。省粮食局印发《关于开展2016年秋粮收购市场专项检查的通知》，围绕粮食收购企业执行国家质价政策履行主体责任情况开展检查，重点查处向售粮农民“打白条”等损害农民利益的违法违规行为，向社会公布举报电话。全省粮食流通市场平稳有序，未出现“打白条”“卖粮难”“出库难”等情况。2016年，全省共开展夏秋粮收购市场检查1437次，出动检查人员5009人次，检查收购主体2235个次，查处各类违规违法行为493例，其中责令改正386例，警告6例，取消收购资格39例。

建立监管协调机制，确保政策性粮食顺畅出库。一是省粮食局、省农发行、中储粮山西分公司建立了国家政策性粮食出库省级联席会议制度，向社会公布举报电话。各市粮食、农发行和中储粮直属库都建立了出库协调议事机制。二是落实属地监管责任。省粮食局按照“四个共同”原则，落实属地监管责任，做到任务明确、责任落实。三是定期发布交易信息。从5月27日开始，将国家每期交易情况及时向有关市通报，密切关注出库进度，及时协调解决出库过程中出现的问题。全省国家政策性粮食出库工作已全部结束，未发现出库难情况。四是对政策性粮食部分卫生指标超标小麦出库过程全程监管。12月20日，省有关部门组织对政策性粮食部分卫生指标超标小麦公开竞价销售后，省粮食局迅速行动，在组织有关市对竞买企业情况摸底调查的基础上，印发了《关于做好政策性粮食部分卫生指标超标小麦竞价交易出库监管工作的通知》，提出落实监管责任、建立承诺书制度、实施全过程监管、建立随机抽查机制等7项针对性监管措施。特别是创新监管手段，引入“互联网＋政务监管”技术，实施运输车辆全程定位跟踪，结合出入库企业所在地粮食行政管理部门的无缝对接，实现全过程无缝隙监管。五是监督省储备粮招标采购工作。对新增省储备公开竞价采购工作进行了全程监督。

强化库存粮食质量抽查，保障“舌尖上”的安全。一是组织开展库存粮食质量抽查工作。省粮食局结合粮食库存检查同步开展库存粮食质量抽查工作，共扦样243份，其中国家下达样品计划60份，省安排抽查样品183份，抽查样品数量为国家监测计划的3.05倍，达到国家2～4倍的要求。二是创新扦样检验方法。省级层面引入第三方检验机构开展扦样检验，同时省局派专人全程监督扦样检验工作，确保扦样过程的公正、公平。三是加强不合规样品的跟踪检查。向中储粮山西分公司和省粮油集团下达了整改通知，同时通报有关市粮食局，按照属地监管原则，做好监管工作，严禁不符合食品安全标准的粮食进入口粮市场。

加强社会粮食市场检查，维护市场秩序。一是在2016年元旦、春节和“两会”期间，组织开展“放心粮油”工程网络、节假日市场检查，全省共组织检查489次，开展联合检查79次，出动检查人员2061人次，检查各类粮油经营企业1885个，查处违法违规案件60例，其中责令改正55例，警告5例，维护了节日粮食流通市场秩序。二是组织开展了执行《国家粮食流通统计制度》专项检查。下发《关于开展〈国家粮食流通统计制度〉执行情况专项检查工作的通知》（晋粮检发电〔2016〕161号），安排部署专项检查工作。9月12日至13日，组成联合检查组对太原市、忻州市及所属阳曲县、原平市进行了抽查。通过检查督查，促进了各级粮食行政管理部门和涉粮企业对统计工作的重视，提高了统计工作水平。三是部署了2017年元旦、春节期间市场检查工作。结合节日市场特点，重点对媒体反应和群众举报“打白条”“卖粮难”等问题的查处力度，加强军粮供应、应急成品粮油等政策性购销的检查，确保质量安全，加强对粮油质量和原粮卫生检测抽查，严防不符合国家质量和卫生标准的粮油流入口粮市场。同时部署了走私大米的检查工作，要求各级粮食行政管理部门严格核查应急成品大米的来源，坚决防止走私大米流入各级粮食储备。

**【国有粮食企业改革进展情况】** 积极发展混合所有制经济。2016年，按照国务院、省政府关于粮食安全省长责任制考核办法、考核细则和国有企业改革的一系列部署、措施，省国有粮食企业改革方向由原来的“一县一企、一企多点”转变为“创新企业经营方式和发展模式，积极稳妥地发展混合所有制经济”。省粮食局结合全省实际，制定了6条措施，在全省6个市和部分省级企业开展混合所有制试点，吸纳民营资本3700万元参与粮食流通基础设施建设，建立股份制企业，超额完成了省政府确定的2个试点任务。40个粮食储备企业吸引101户民营企业和粮食经纪人参与政策性粮食经营，累计代购粮食22.3万吨，销售粮食19.4万吨，代存粮油9.4万吨，民营资本投入8.07亿元。同时，改变省储备粮油轮换补贴拨付办法，为企业增加周转资金0.45亿元。对长期游离于储备体系之外的县级政策性粮食进行了清理规范，确定77个县的44.9万吨粮食符合政府储备条件，通过调整省级粮食风险基金对市补助政策，减轻市、县财政压力1.4亿元。

（辛剑波）

## 烟草专卖

**【烟草行业经济运行总体呈现低位企稳、稳中向好的发展态势】** “两个止跌回升”。即卷烟销量和税利总额实现止跌回升。2016年1～4月，全省系统卷烟销量、税利总额比2015年同期分别下降22.6%、26.7%，5～9月累计降幅逐月收窄，10～12月实现当月正增长。2016年完成销量129.41万箱，实现税利总额80.43亿元，分别下降11.98%、12.68%，降幅较4月末分别收窄10.6和13.99个百分点，11月以来彻底摆脱了在行业排名垫底的窘境，两大指标实现了“一月好于一月、下半年好于上半年”的预期目标，为行业“两个超万亿”做出了应有贡献。

“三个超额完成”。2016年，全省系统修理费、办公费、水电费、燃料费、车杂费、网络通信费等六项费用比2015年下降28.9%，超额完成下降5%的年度目标；管理费用和销售费用下降9.3%，超额完成不超上年实际水平的年度目标；全年实现降本增效8802万元，超额完成国家局下达的2500万元年度目标。

**【全力打好“三大战役”】** 全力打好专卖管理战役。针对一季度省内部分市场卷烟非法流通形势严峻的突出问题，重点在四个方面下功夫。一是强化市场监管。实行全省客户守法经营率达标专项考核，省烟草专卖局成立检查组，每月选取一定比例的县局进行暗访抽查，全年进店检查1.13万余户，覆盖全省各县（市、区）。二是强化大户治理。各市县局打破常规，从机关抽调人员配合专卖队伍，对违规经营大户实行挂牌监控、连续监控，从根本上扭转大户低价倾销、操控市场、扰乱秩序的被动局面。三是强化打假打私。出台重大涉烟违法案件奖励办法，会同省公安、交通、邮政管理部门建立打击物流、寄递和货运领域涉烟违法犯罪活动联合工作机制，突出重点时段、重点区域、重点环节，组织开展了3次全省清理整顿卷烟市场专项行动。组织全省专卖管理人员卷烟真伪鉴别技能竞赛，达到了全员练兵、全员提升的效果。四是强化规范经营。严格落实国家局“三条规定”、省局“六条要求”，进一步提出“五个坚决杜绝”，各市局矫枉纠偏、令行禁止，维护了正常经营秩序。2016年，市县两级局大力推行全员专卖、全天候专卖、全覆盖专卖，堵口子、断路子、拔钉子、办大案，竭力向专卖管理要市场、要销量、要效益。2016年，全省共查处假烟案件1453起（其中5万元以上52起），破获国际网络案件25起，其中太原市局破获5起，大同、长治市局分别破获3起，吕梁、临汾市局破获部督网络案件各1起；查获假烟1389.7件，标值1496.4万元；查获制假烟机3台，制假原辅料2.68吨；向公安机关移送案件104起，公安司法机关依法拘留59人、逮捕42人、判刑30人。同时，查处真烟案件7098起，查扣非法流通真烟1.13万件，价值4788.4万元。全年鉴别检验卷烟样品3.59万批次，出具检验报告9600余份，均比2015年增长40%以上。

全力打好卷烟营销战役。针对一季度卷烟销量断崖式下滑、社会库存高企、零售价格普遍下滑的突出问题，认真贯彻国家局“三步施策”重大部署，持续在“四个优化”上下功夫。一是优化市场状态。采取省局专卖业务两条线定期监测、市公司自主监测相结合的方式，及时掌握市场状态；坚持“目标引领”宝贵经验，及时调整各市公司销量指导计划，为消化社会库存和订单库存留足时间、留出空间；全年调整卷烟交易协议18万箱，提高货源供应匹配水平；对中华、芙蓉王、云烟等“压舱石”品规实行总量控制、间隔投放，加强全省联动调控。经过9个月的连续调控，全省社会库存从峰值17万箱逐步回落到13万箱。二是优化业务流程。出台全省系统精准需求预测、精准货源组织、精准货源投放、客户经理转型管理办法，大力推进“三精一转”营销创新；以太原市公司为试点单位，完善省级卷烟营销平台，有序推进市场化取向改革并取得较大成效。三是优化品规布局。严格按照《全省卷烟品牌规格退出实施细则》规定，对市场表现不佳的品规坚决予以清退，整合资源、腾出空间。截至2016年底，全省卷烟价格目录规格总数为302个，比2015年末减少39个。四是优化客户结构。按照“控制大户、发展中户、扶持小户”的方针，实行“控大扶小”专项考核，扭转全省大户比例过高和小户订单质量偏低局面。2016年，各市公司紧盯市场状态和销量目标。销量指标同比增幅，朔州、太原、阳泉、吕梁高于全省平均水平；税利指标同比增幅，朔州实现正增长，阳泉、吕梁、太原、运城高于全省平均水平。

全力打好降本增效战役。一是严控费用支出。按照“季度卡死、月度微调”的控制原则，细化分解指标，逐月核算分析，逐季排名通报，确保降本增效超额完成年度目标。“六项费用”降幅，吕梁、运城、晋中市公司位居全省前三名；“三项费用率”同比，朔州、太原、晋城、大同、运城市公司低于全省平均水平。二是严控增量资产。对一般性采购项目计划，能缓则缓，能停则停，全年共核减、暂缓项目 44 项，减少开支 5236.5 万元；全年压缩工程投资计划 11 项、金额 1.06 亿元。三是严控员工增量。继续把控制人工成本作为降本增效的重要抓手，整合部门岗位、优化人员配置，全省系统从业人员同比减少 103 人。晋城市局从严控制用工数量，采取岗位兼职、AB 角配置等方式，努力在提高工作效率上下功夫。四是优化存量资产。处理闲置资产 640 项，获得处置收益 385.7 万元，减少费用 60.9 万元。五是优化资金收益。在资金存量减少和存款利率一再下调的情况下，统筹调度安排资金，优化存款方式和存款结构，争取利率一浮到顶，2016 年利息收益 4.38 亿元，比 2015 年增长 1.99%。六是优化送货线路。减少送货线路 236 条、车辆 23 辆、人员 84 人，物流费用下降 2586 万元。

**【扎实推进监督保障】** 按照严管理、重服务、求实效的要求，持续加强管理监督、服务保障各项工作。实施全省系统“七五”普法规划，推进行政审批“网上办理”平台建设，开展互联网广告投放排查整改工作，清理废止规范性文件 34 份，审查专卖行政处罚案卷 6000 余份，评查案卷 2000 余份，未发生行政复议撤销或行政败诉案件。抓好常态化审计的同时，组织开展全省系统“六项费用”专项审计调查、历年审计问题整改落实大排查大起底工作，建立问题清单和整改台账，全年完成审计项目 285 项，整改历史问题 871 个，通过审计取得直接经济收益 1733 万元。将省局整顿办和三项办合并整合为规范办，明确部门职能，对原有相关制度和流程进行“废、改、立”，出台管理制度 13 项，着力健全“应招尽招、真招实招”的保障体系。强化烟叶合同计划和种植收购管理，把烟叶收购总量严格控制在 10 万担以内，守住了烟叶计划的红线。狠抓安全责任落实，开展隐患排查治理和安全岗位达标，不断提高安全保障能力。始终坚持严控上项目、严格管项目、严紧压费用，开展信息系统应用情况大调查活动，落实网络安全责任制，建立实时监控、通报预警制度，确保信息系统安全顺畅运行。

（朱永胜）

# 金融业

JINRONGYE

12

# 金融业

## 综述

**【金融运行情况】** 2016年，山西省金融业总体保持平稳健康的运行态势，改革创新不断推进，服务实体经济能力有效提升。2016年，山西省银行业资产负债规模稳步增长，各项存款平稳增长，各项贷款同比少增，贷款利率明显下降。

资产负债规模稳步增长。截至2016年末，山西省银行业资产总额39288.07亿元，负债总额38072.37亿元，所有者权益1215.70亿元，较年初分别增长8.53%、8.44%、11%。分机构类型看，政策性银行、国有商业银行、股份制商业银行、城市商业银行、农村金融机构资产总额分别为2940.56亿元、14563.27亿元、4683.9亿元、3953.98亿元、9893.28亿元，分别占总资产7.48%、37.07%、11.92%、10.06%、25.18%。非法人银行业资产占比56.47%，法人银行业资产占比43.53%。法人银行业资产占比上升2.45个百分点。

各项存款平稳增长。截至2016年末，山西省本外币各项存款余额30869.07亿元，比2015年增长7.8%，增速高于2015年2.1个百分点。人民币各项存款余额30371.4亿元，增长7.1%，在全国排名27位，增速低于全国3.8个百分点。2016年以来，存款增速由年初的5%左右上升至二季度的8%左右，之后持续稳定在8%左右。从增量看，2016年末全省人民币各项存款比年初增加2025.3亿元，比2015年多增553.9亿元；从存款主体看，非金融企业活期存款和财政性存款同比多增较多，分别多增320.3亿元和425.8亿元。

各项贷款同比少增。截至2016年末，山西省本外币各项贷款余额20356.5亿元，比2015年增长9.6%，增速低于2015年2.6个百分点，比年初增加1781.7亿元，少增234.4亿元。人民币各项贷款余额20228.6亿元，增长9.6%，增速低于2015年2.7个百分点，在全国排28位，增速低于全国3.9个百分点。分地区看，太原市各项贷款余额10216.78亿元，比年初增加1095.43亿元，增量占全省贷款增量的61.5%，多增51.7亿元。

从期限看，短期贷款增速放缓，中长期贷款持续发力。截至2016年末，全省金融机构本外币短期贷款余额7851.45亿元，比年初增加306.87亿元，增长4.07%，低于2015年同期12.23个百分点，少增749.07亿元；全省金融机构本外币中长期贷款余额10868.1亿元，比年初增加1381.49亿元，增长14.56%，多增659.89亿元。

从企业类型看，大型企业贷款同比少增，中型、小微型企业贷款同比多增。截至2016年末，山西省大型企业贷款仅增加293.8亿元，比2015年少增489.3亿元，占企业贷款增加额的23.1%，下滑35.5个百分点；中型企业贷款增加483.4亿元，多增177.7亿元，占企业贷款增加额的38.1%，上升15.2个百分点；小微企业贷款增加493.1亿元，多增245.0亿元，占企业贷款增加额38.8%，上升20.3个百分点。

银行业贷款加权平均利率下行。2016年，全省金融机构人民币贷款加权平均利率6.54%，比2015年降低0.84个百分点。从贷款利率上浮比例看，2016年全省辖内金融机构企业贷款执行上浮利率占比61.71%，比2015年降低4.52个百分点。其中，大、中、小、微企业执行上浮利率的贷款占比分别为56.4%、52.49%、79.45%、82.28%，分别降低0.35、13.01、6.71、8.19个百分点。从利率走势看，上半年利率较为平稳，经过7月的震荡回升后连续3个月下降，年底略有回升。总体来看，下半年贷款利率水平低于上半年，2016年贷款利率水平明显低于2015年，有效降低了企业融资成本，增强了企业活力，促进经济稳步增长。

**【综合运用货币政策工具，增强调控有效性】** 开展宏观审慎评估工作。人民银行太原中心支行组织召开落实宏观审慎政策框架电视电话会议，牵头成立山西省宏观审慎评估委员会，完善组织架构。召开山西省法人金融机构宏观审慎评估情况窗口指导电视电话会议，加强窗口指导。完成山西省153家法人金融机构2016年宏观审慎评估工作。

加强存款准备金管理。2016年3月1日下调山西省金融机构人民币存款准备金率0.5个百分点，释放流动性45亿元。监测和评估全省法人金融机构流动性状况。实施差别化存款准备金制度，对达标县域法人金融机构执行低于同类机构正常标准1个百分点的存款准备金率。

加强中央银行资金管理。出台《支农再贷款管理实施细则》《扶贫再贷款管理操作规程》《抵押补充贷款监测评估细则》《再贷款监测评估实施细则》，强化制度约束。截至2016年末，山西省支农再贷款余额75.44亿元，其中，扶贫再贷款余额30.72亿元，支小再贷款余额13.65亿元，再贴现余额30.86亿元。继续推动利率市场化改革。组织召开2016年山西省市场利率定价自律机制工作会议，出台《山西省市场利率定价自律机制公约》，督导各成员单位科学合理确定存款利率。开展法人金融机构市场利率定价合格审慎评估，具有同业存单发行资格的机构由2015年的22家增至70家，具有大额存单发行资格的机构由2015年的10家增至21家。

**【发挥牵头引领作用，做好精准扶贫金融服务工作】** 人行太原中心支行牵头建立金融助推脱贫攻坚工作联动协调机制，出台《山西省“十三五”时期金融助推脱贫攻坚实施方案》《山西省金融助推脱贫攻坚2016年行动计划》。建立扶贫开发金融服务主办银行制度，制定推进扶贫小额信贷精准扶贫工作，支持特色产业促进精准脱贫等多个指导意见和实施办法。引导金融机构创新扶贫金融服务并初见成效。创新“公司＋基地＋贫困农户”“专业合作社＋贫困农户”“公司＋基地＋贫困农户”等9种金融扶贫模式。加强金融设施建设，强化涉农尤其是贫困地区农村的金融服务。截至2016年末，全省贫困县建立了1.16万个农村金融综合服务站，建立金融服务网点1617个，自助设备布放2270个，助农取款服务点3.65万个，贫困地区金融服务明显改善。

**【加强金融风险监测与防控，切实维护全省金融稳定】** 完成对地方法人投保机构风险评级工作。做好投保手续办理、费率管理、保费核定与交纳等基础工作，截至2016年末，全省共有177家机构办理了投保手续，共交纳保费1.77亿元。向辖区177家地方法人投保机构反馈了存款保险评级结果。开展存款保险现场核查工作，完成对辖内保费交纳基数最大和风险较高的17家投保机构的核查工作。关注辖区投保机构流动性状况，重点监测高风险投保机构，及时提示风险。

完善金融风险监测系统运行工作。2016年风险监测系统的机构覆盖率达91.73%，较2015年末提高3.3个百分点；报表完成率78.8%，提高6.81个百分点。加强日常风险监测和评估，按季监测并报送银行业、证券业、保险业、准金融机构风险分析报告。完善大型有问题企业风险监测制度，做好总行金融稳定评估系统数据录入工作，加强重点领域风险监测、排查和预警。对纳入总行地方金融风险监测月报中“重点关注的高风险机构”的10家农信社，启动重点监测。认真开展风险排查分析工作，截至2016年末，共形成54份排查信息。完善辖区银行业金融机构重大事项报告制度，截至2016年末，共向总行报送13起重大事项。

做好“两管理、两综合”工作。严格开业申报，实行新设金融机构集中申报预审制和限时办结制，切实提高申报审批效率。截至2016年末，受理全省108家新设金融机构的开业集中申报，已批复办结105家。做好新设金融机构首次会谈工作，履行业务申报告知义务。组织全省开展2016年度综合执法检查工作。完成对太原辖内银行业、证券业、保险业共141家机构2015年度的综合评价工作。

**【深化金融服务社会功能，提升金融服务与管理水平】** 加强货币金银管理。合理摆布、灵活调拨发行基金。2016年，全省累计投放现金1720.29亿元，回笼现金1606.23亿元，净投放114.46亿元，较2015年下降16.01%，投放10元及以下小面额货币32.5亿元，有效满足了全省现金需求。推进人民币净化工程。目前，山西省银行业金融机构拥有对外支付现金的营业网点6387个、现金清分中心254个，共配备纸币清分机3991台，硬币清分机47台，清分机台数较2015年末增加12.89%，清分机营业网点配置率达到63%。制定《山西省硬币自循环工作方案》，推进硬币自循环模式。2016年共销毁残损人民币415.75亿元，流通中人民币净化程度好转。加强反假货币综合治理水平，2016年，全省累计收缴假币971.04万元、13.8万张(枚)，分别增长22.06%、24.66%。加大发行库检查力度，

2016年共检查各级发行库40次，确保库款安全。

支付结算业务系统平稳运行。2016年，山西省共有64家银行网点加入现代化支付系统（包括大额实时支付系统、小额批量支付系统、支票影像交换系统、网上支付跨行清算系统）；76家银行机构加入人民币银行结算账户管理系统，165家机构加入电子商业汇票系统，14家机构加入同城票据交换系统。现代化支付系统业务量2.11亿笔，金额47.77亿元，比2015年分别增长42.57%、5.27%。

非现金支付工具投放持续上升。截至2016年末，山西省47家发卡机构累计发卡1.5亿张，比2015年增长10.46%。特约商户、POS、ATM机累计达77.31万户、83.76万台、1.7万台，分别增长71.12%、72.81%、26.31%；全省银行卡特约商户交易3.24亿笔，金额6108.31亿元，分别下降16.92%、50.56%。银行卡受理环境进一步改善。

农村支付环境建设稳步推进。截至2016年末，山西省在农村地区共发展服务点7.23万个，布放终端12.19万台，服务点覆盖率和受理终端覆盖率均达到100%。全年全省累计办理助农取款业务455.05万笔，取款金额27.02亿元；全省累计发生“农民工银行卡特色服务”跨行交易业务10.49万笔，交易总金额1.01亿元。

支付结算监管不断深化。人行太原中心支行研究制定《山西省非银行支付机构风险专项整治工作实施方案》，有效开展全省非银行支付机构风险专项整治工作。组织开展全省法人支付机构的分类评级工作。完善“银行卡收单业务监管系统”，收单业务监管有效性显著提升。积极推广全省联网取现业务。配合公安部门做好打击治理电信网络违法犯罪活动，切实保障社会公众财产安全。联合开展整治支付结算重大违法犯罪行动和整治非法买卖银行卡信息专项行动，取得明显成效。

推进社会信用体系建设。金融信用信息基础数据库建设日趋完善。截至2016年末，数据库分别为山西省23.7万户企业和1755.5万自然人建立了信用档案。全年累计提供企业征信系统查询30.78万次，个人征信系统查询481万次，全省金融机构通过查询征信系统拒绝有潜在风险的贷款1.04万笔，金额88.06亿元。应收账款融资服务平台推广应用成效明显，截至2016年末，应收账款融资服务平台累计登记全省融资业务350笔，融资金额590.83亿元，比2015年增长93.83%。

社会信用环境逐步改善。截至2016年末，全省共为5.9万户小微企业、410万农户建立了信用档案。积极推动行政许可和行政处罚等信用信息“双公示”工作，全年向山西省信用信息共享平台推送“双公示”信息4.33万条。积极探索“将金融知识纳入国民教育体系”工作。以临汾市为试点，推动实施“春蕾工程”，将《金融与诚信》课本正式纳入临汾市小学课程。在太谷启航中学设立首个“山西省诚信教育基地”。

进一步加强反洗钱监管。推进全省反洗钱“风险为本”理念与“法人监管”模式。2016年共对全省80家机构的反洗钱现场检查，查出7大类、24小类、714个违法违规问题，对存在问题较为严重的9家被查机构和9名高管人员进行了行政处罚。探索现场检查与风险评估相结合的有效途径，对风险评估指标设置和评分标准进行了完善。认真开展反洗钱调查工作。2016年，共接收重点可疑交易线索133份，向公安机关移送线索14份，协查15起，有效地维护了全省经济金融和社会的和谐稳定。制定了《山西省县域反洗钱监管工作指引》，指导县支行积极履行反洗钱职责。

切实履行经理国库职责。“营改增”收入收缴工作顺利完成。积极扩展横向联网创新业务推广应用，全面推行横向联网电子退更免业务，积极推广新型电子缴税方式。试点运行国库无纸化系统办理集中支付业务取得显著成效。继续推进国库“直补”工作，不断丰富“直补”种类，全年全省累计支付政府补助资金475万余笔，金额29.61亿元，涉及资金类别10类。加强国债发行兑付管理。2016年组织发行凭证国债4期、61.26亿元，储蓄国债（电子）10期、111亿元，兑付国债收款单7000余元、实物券4000余元。

金融法制环境持续改善。2016年，山西省出台《山西省贯彻落实〈法治政府建设实施纲要（2015～2020年）〉的实施方案》，政府职能转变取得新成效，取消和下放行政审批事项，严格控制新设行政许可，简政放权、放管结合，更好地发挥市场和政府两方面的作用。2016年，全省金融机构在人民银行太原中心支行的牵头组织下，采取多种形式面向社会开展了反洗钱、征信知识、票据管理、反假货币、支付结算、银行卡管理、金融消费权益保护、互联网金融等方面的金融法治宣传活动，社会公众办理金融业务时遵守金融法律的自觉性和依法维权意识明显提高。

对金融违法行为的查处力度加大。2016年，全省各级人民银行依法查处金融违法行为，共做出行政处罚决定89件，处以罚款328.13万元。其中，人民银行太原中心支行做出处罚决定5件，处以罚款80万元。严厉处罚有效震慑了金融违法违规行为，有效维护了辖区金融秩序，确保了辖区金融市场稳健运行。

加强金融消费权益保护。2016年，全省人民银行系统认真贯彻落实《中国人民银行金融消费权益保护工作管理办法(试行)》,采取直接处理、转办、调解等多种方式化解金融消费纠纷。各金融机构有效地解决金融消费者投诉,针对投诉暴露问题采取措施,促进内部制度完善。截至2016年末,全省人民银行系统共受理金融消费者投诉317件,比2015年下降26.11%;受理金融消费者咨询5238件,增长3.76%。已办结投诉314件,办结率99.05%,消费者满意度98.65%。积极开展普惠金融建设和"金融消费者权益日"宣传活动。制定《山西省人民银行系统基层法治央行建设实施方案(2016~2020年)》,扎实推进依法行政工作。

**【加强外汇管理和服务,支持对外发展经济】** 在全省开展货物贸易、服务贸易、直接投资便利化等多项改革工作。推行全口径跨境融资宏观审慎管理,允许企业在一定范围内自主开展本外币跨境融资,拓宽企业融资渠道。大力推动跨国公司外汇资金集中运营试点业务,帮助企业降低财务成本,加速资金周转。2016年,全省跨国公司累计借入外债3.6亿美元,国际外汇资金主账户累计流入8.13亿美元,国内主账户累计净流入2.34亿美元。推进"控流出、促流入"专项工作,对经常项目1000万美元以上、资本项目100万美元以上的购付汇,实行银行事前报备制度。开展了10项专项核查和督促货物贸易收汇专项工作。出台《国家外汇管理局山西省分局关于助推全省对外经济回稳向好发展的实施意见》。正式启用外汇管理行政审批统一受理窗口,2016年共受理辖区各项行政审批事项435项,办结434项。加强外汇业务检查,进一步规范外汇市场秩序。依法加大外汇业务检查力度,共立案查处违规案件36件,收缴罚没款134.3万元。

(扈照轼)

## 中国工商银行山西省分行

**【主营业务经营质量和效益不断提升】** 2016年共实现拨备前利润54.99亿元,完成总行保底目标的99.51%;在拨备提取增加1.8亿元的基础上,实现净利润29.4亿元。截至2016年末,本外币各项贷款余额2233.4亿元,较年初增加84.3亿元,其中公司贷款较年初增加9.22亿元,个人贷款较年初增加7.21亿元,票据贴现较年初增加44.12亿元。本外币全部存款(本外币)余额4065.68亿元,较年初时点增加104.54亿元,其中储蓄存款时点增加101.68亿元,日均增加59.33亿元。全年实现中间业务收入(含银行卡还原)21.57亿元;压降潜在风险融资56亿元,清收处置不良贷款35.61亿元;不良贷款余额46.42亿元,控制在总行53亿任务目标以内;不良贷款率2.08%,较年初上升0.47个百分点。

**【各项工作扎实推进】** *存款业务*。客户扩容提质和存款稳步增长。全年新增有效对公结算账户1.61万户,完成全年计划的134.5%,完成率列系统内第1位,新开户时点存款达到65.9亿元;新增个人有效客户60.87万户,其中四星级及以上客户新增11.51万户。储蓄存款坚决稳固传统领先位次,紧紧围绕代发工资、大学生、普通商户、重点对公客户四大目标市场,突出薪金溢、节节高、存管通、大额存单等创新性产品优势,拉动储蓄存款稳健增长,年末储蓄存款时点和日均余额全部排名系统内第11位。公司存款紧盯传统大户和贷款客户,在月末季末关键节点锁定烟草、铁路、移动等传统大户资金动向,严格执行大额资金流动提前预警和挽留机制,防止存款大起大落;密切跟踪贷款支付链条,加强信贷派生存款管理和"裸贷"专项治理,最大限度实现派生存款体内循环。机构存款在继续发力财政、社保、军队、公积金等传统市场的同时,积极拓展工会社团、教育院校、住宅维修基金等新增长点,全年新拓工会组织客户329户,新增存款1345万元;与山西大学等3所高校签署全面战略合作协议,教育院校新增存款2.91亿元,比2015年多增3.96亿元;住宅维修基金营销面覆盖到9市23个机构,存款余额突破4亿元。

贷款业务。2016年累计投放各项贷款(含票据)1283.72亿元,比2015年多投60.78亿元,本外币各项贷款余额2233.4亿元,较年初增加84.3亿元。在传统煤炭领域,按照"不能只贷煤、只贷大,但首先必须贷好煤、贷好大"的工作导向,树立与重点煤企共克时艰、共担荣辱的责任意识,与省内七大煤业集团全部签订深化合作协议,达成新增融资意向300亿元,全年煤炭行业累放贷款229亿元,占全部公司贷款的36.23%。在优势项目贷款领域,继续加大对电力、交通等大型优质项目的支持力度,电力、高速公路、铁路行业分别累放贷款90亿元、52亿元、21.03亿元。在新兴行业领域,紧扣地方经济产业结构优化升级需要,大力支持新能源、装备制造、旅游文化等新兴行业发展,全年累放新兴行业贷款122亿元,占全部公司贷款的19.3%。在小微服务领域,成立太原、运城两个小微专营中心,发挥工行小微金融线上标准化和线下专营化的优势,大力推广网贷通、银政通、医保贷等创新类优势产品,提高了小微金融的专业水平和放贷效率。2016年实现小微金融网络融资2.42亿元,占比

42.23%；小微中心放贷 2.32 亿元，占比 40.5%。

资产质量。夯实信贷基础管理，落实专家治贷要求，在省分行组建信贷作业监测中心和不良资产管理处置中心，推进信贷人员持证上岗、信贷经营机构资质审核，实现信贷营销、监测、处置全流程的专业化、专职化管理。领导带头加大资产管理工作的督导力度，建立行领导分片包干督导二级分行资产质量的工作机制，确保各项风险管控措施和不良清收手段落地执行。加强对潜在风险的排查治理，深入开展法人客户风险滚动排查，组织召开 23 次专题会议，对 95 户重点客户涉及 1755 亿信贷资金开展统一会诊，一户一策提出风险控制意见，确保潜在风险可预测、可控制。全年压降潜在风险贷款余额 56 亿元，完成总行下达任务的 116.67%。坚持常规清收和创新清收“两条腿走路”的不良处置思路，统筹用好现金清收、债务重组、推动兼并、以物抵贷、打包处置、呆账核销等手段，尽可能以更少的财务成本撬动更多的不良资产化解。全年清收处置不良贷款 35.61 亿元，比 2015 年增加 16.14 亿元。创新开展信用卡透支逾期处置，成功对 1.16 亿信用卡不良贷款实施了证券化出表处理，不良率较处置前大幅下降 1.5 个百分点。持续加强对代理信托类表外风险、私人银行委托贷款等重点风险的化解维稳工作，积极争取政府职能部门以及法院的支持，督促合作机构和企业加快风险资产处置，确保各类风险可控，客户情绪稳定。

中间业务。2016 年实现中间业务收入(含银行卡还原)21.57 亿元，继续保持同业首位。坚决做强做大投行业务，举办山西首届资本论坛，与 38 家上市公司和 7 家拟上市企业共谋业务机会，实现资本市场类业务三个“第一笔”，即第一笔股票质押回购、第一笔结构化股票融资、第一笔定向增发，塑造了工银投行的品牌形象，全年落地投行项目 11 个，是 2015 年的 3.5 倍。创新运用投行手段，成功置换他行 76 亿元交通厅贷款，并于当年完成首期 36 亿元投放；抓住债转股政策机遇，年底与太钢、同煤、阳煤签署 300 亿元债转股协议，成为全国落实的最大一单债转股项目。发挥好大零售的压舱石作用，个人代理基金保险销售、信用卡分期、二维码支付、私人银行家族财富管理等重点业务均实现突破，大零售营业贡献达到 40.43 亿元，占比 51.98%，提高 7.04 个百分点；大零售实现中间业务收入 14.29 亿元，全行占比 66.52%，提高 0.1 个百分点。大资管业务发挥引擎拉动作用，全年向总行推荐资管项目 100.65 亿元，投资地方债 86 亿元，实现债券投资收益 2.51 亿元，系统内排第 4 位；累计销售养老金理财 175 亿元，任务完成率在系统内排名第 1 位；新增资产托管净值 1167 亿元，实现营业贡献 1.49 亿元。在贵金属业务线组建三级联动的柔性团队，明确“直通式”考核评价办法，调动营销队伍的积极性，全年净增贵金属有效客户 5.31 万户，实现贵金属业务收入 5139 万元。互联网金融以“三大平台”为核心，不断丰富场景设计，提升运营水平，在行内以业绩评选调动全员营销积极性，在行外连续开展多个主题活动提升平台流量和品牌知名度，全年新增融 e 联客户 214 万户、新增融 e 行客户 149 万户，融 e 购 B2C 交易额实现 8.9 亿元，B2B 交易额实现 52 亿元。

金融服务。统筹研究和推动各项改革创新工作。紧紧抓住城市行这个重点，确立“发展营业部、壮大营业部”的战略重点，从七个方面完善对接帮扶举措，形成了《营业部竞争力提升目标评价体系》，助力营业部稳固市场地位。紧紧抓住客户服务这个基础，以建设客户满意银行为目标，稳步推进网点竞争力提升工程，加快智能银行建设，启动“服务面貌专项整治季”活动和网点靓化工程，促进服务面貌有效改善。2016 年改造智能化服务模式网点 340 家，完成总行任务的 425%，智能网点覆盖率 74.73%；改建轻型网点 26 家，总量优化网点 4 家，均完成总行任务。创新队伍组织方式，在贷后管理、贵金属、信用卡收单等新兴业务条线组建 25 支柔性化工作团队，灵活开展人员组织和业务拓展，提高了业务发展效率。

(闫洁琼)

## 中国银行山西省分行

**【2016 年主要经营情况】** 基础业务稳步增长度报告。截至 2016 年末，人民币各项存款日均余额 2340.35 亿元，日均新增 167.12 亿元；外币各项存款日均余额 12.52 亿美元，日均新增 2.5 亿美元。人民币各项贷款时点余额 1271.44 亿元，较年初新增 160.21 亿元。人民币各项存贷款新增市场份额均位列四大行第二。其中，行政事业存款日均余额 610.87 亿元，较年初新增 64.34 亿元，新增额四大行排名第一；公司存贷款新增(公司存款新增 52.33 亿元，公司贷款新增 146.95 亿元)表现突出，四大行排名均为第一。

优势业务同业领先。国际贸易结算、跨境人民币结算、结售汇三项业务市场份额全部继续保持同业第一；ETC 发卡新增市场份额、存量市场份额同业排名第二；累计承销债券 190 亿元、分销债券 166.5 亿元、叙做福费廷业务 745 亿元。

不良资产持续“双降”。不良资产较年初下降 2.78 亿元；不良率 1.1%，较年初下降 0.4 个百分点，连续两个年度保持“双降”，不良率从省内四大行最高降到最低，是省内及中行系统内为数不多的连续实现不良“双降”的银行。

*持续提高金融创新水平。*牢固树立“以客户为中心”的理念，加强互联网、大数据技术在金融创新中的应用，重点围绕互联网金融、城投债、海外债、资产证券化、中银城市发展基金、产业基金、政府购买服务等前沿业务，积极为省内企业和广大人民群众提供多元化的“融资＋融智”金融服务。

**【多放贷，广融资，助力实体经济发展】** *加大投放，大力支持实体经济发展。*面对山西经济发展动力深度转换、经济结构全面升级的新阶段，中国银行山西省分行积极对接政府、企业的金融需求，为山西实现“创新驱动、转型升级”提供源源不断的金融活水。2016 年 4 月 27 日，中国银行总行与山西省人民政府签署《金融支持山西“十三五”经济发展战略合作协议》，中国银行山西省分行积极落实合作协议内容，优先满足政府支持的信贷需求，将信贷资源投向省内重点项目工程、重大基础建设项目以及骨干企业，持续提升金融服务实体经济工作的质效。在保证煤炭行业授信需求的基础上，积极扶持“非煤产业”做大做强，主动对接“六大工程”建设，全年累计为山西各界提供资金支持 740 亿元，累计向省属重点企业、重大项目和重点工程建设投放公司贷款 384.45 亿元。其中，为煤炭、交通运输、电力等支柱行业投放 233.7 亿元；为农林牧业、教育文化、医疗卫生、社会保障等弱经济周期行业投放贷款 31.84 亿元。支持潞安集团、晋煤集团、阳煤集团、山煤集团、同煤集团等省内重点企业完成归还再贷 325 亿元，将七大煤业 106.19 亿元的短期流动资金贷款转换为中长期专项贷款。在贷款周转中，该行通过加快内部审批流程，积极满足省内骨干企业的资金周转需求。

*减负让利，主动为企业降低成本。*一是严格执行山西省委省政府为企业减负让利的有关政策，对太钢集团、七大煤业、富士康等省内重点企业实行优惠利率。2016 年，中国银行山西省分行新发生公司贷款平均利率不到 4%，在同业和系统内都比较低，直接减轻了企业筹资成本。二是积极拓宽融资渠道，为企业多融资、降成本。近年来，中国银行山西省分行累计帮助省内企业发行债券 494.5 亿元，省内首笔中票、超短融、私募均由该行承销。2016 年，该行为省属七大煤业、太钢等大型企业累计发行非金融企业债务融资工具 196 亿元，位列四大行第一，以低成本融资有力支持省内实体经济发展。太化房地产 4 亿元城发基金、山西路桥集团 2.5 亿美元海外债、山西证券 3 亿元券商受益凭证、晋中东外环 5 亿元 PPP 项目等一批投行资管创新业务先后“破冰”；成功发放山西首只权益类公募基金。通过委托债权模式、中银城市发展基金等非标理财业务帮助企业获取融资，实现山西省城发基金业务的突破及非标资产投放模式的创新；通过外币债务套期保值等外汇交易保值产品，帮助企业有效规避汇率波动风险，锁定财务成本，实现资产增值保值。三是相继推出“中银接力通宝”“信用恢复”“医保贷”“应收通宝”“影视通宝”等产品，缓解中小微企业、民营企业的还款续贷压力，稳步推进“银税合作”，创新性地开办“出口退税账户质押融资”业务，不断提高对中小微企业服务水平。

*突出优势，助力省内企业“走出去”。*中国银行山西省分行立足国际国内两个市场、两种资源，坚持引进来和走出去协同，引资和引技引智并举，凭借多元化产品优势、代理行网络优势、海内外联动优势，为省内企业“走出去”提供一揽子产品组合方案。2016 年，该行为省内企业走出去办理福费廷、保函、内保外贷、融付达、融易达、保理等业务 1000 多亿元。一是按照“培育外向型骨干企业”的部署，2016 年，该行累计为省内重点外贸企业办理国际贸易结算业务 49.45 美元、跨境人民币结算业务 46.24 亿元、结售汇业务 31.05 亿美元，市场份额继续保持同业领先。二是按照“鼓励优势企业走出去”的部署，该行开办境外工程承包项目项下投标、履约等非融资性保函，风险专项资金项下保函以及“内保外贷”等特色业务，助力企业在国际市场上拼抢业务。2016 年，该行为中铁三局、中铁十二局、中铁十七局等多家企业办理上述业务 1.75 亿美元。三是按照“把山西经济纳入国际国内市场大循环”的部署，该行继续加强银保合作，将银行贸易融资与政策性出口信用保险有机结合，为“走出去”企业提供资金“融”通的便利；依托出口商业发票贴现、福费廷、中银货运保险等业务，支持外向型企业货物、技术和服务的出口。2016 年，累计叙做福费廷业务 745 亿元，同业和系统内排名前列。四是积极筹备跨境撮合。一方面，与山西省商务厅、科技厅、农业厅等政府职能部门对接洽谈合作，提前做好客户储备工作，积极推荐客户参加中总行和其他中行兄弟行组织的跨境撮合论坛；另一方面，积极筹备由山西省主办的跨境撮合活动，以山西省为主场，借助该行海内外业务平台的优势，吸引全球各地企业，搭建业务交流平台，畅通信息渠道，为山西省中小企业发展开拓市场，同时组织优势企业到境外开展对外投资促进活动，推动山西企业和境外企业的交流合作。

**【同舟共济，帮助困难企业恢复造血功能】** 认真落实有关债委会的工作要求。该行牵头组建成立 14 家债委会；作为参与行，签订 49 家企业的债委会协议。作为债委会牵头行，积极履行主席行职责，完善工作机制，建立议事规则，加强与各成员单位、企业以及政府的交流，定期开展调研并组织召开债委会会议，共享信息，共担风险。针对经营暂时出现困难的企业，与债委会成员单位共同研究解决方案，结合实际情况，一户一策，帮助企业渡过难关。作为债委会参与行，积极参与主席行组织的各项会议，共同协商，增进互信，推动企业解困、银行化险。

*打好风险化解工作的提前量。*成立大户化解中心和大户管控中心，加强对企业生产经营情况的实地调研，及时掌握企业的"活情况""真情况"，及时调整授信策略及管控策略，提高授信资产质量管理的前瞻性和主动性。对于潜在不良，做好两手准备，制定两套方案。一套是化解方案，对讲诚信、产品有销路、政府支持、资金周转暂时出现困难的企业，不抽贷、不断贷、不压贷，不简单通过法律诉讼解决问题，而是突出重组平移的主渠道作用，以时间换空间，帮助企业恢复造血功能。2016年，通过调整授信品种、调整还款计划、变更授信主体等方式，累计盘活化解逾期及潜在不良客户68户，对应金额87亿元。另一套是清收方案，对不讲诚信、逃废债的企业，从速从快、坚决清收。

*加大存量不良化解力度。*通过综合运用重组平移、打包核销、法律诉讼等手段，及早处置，全年共实现不良化解12.5亿元。同时，运用"不良资产证券化"这一创新性化解方式，实现化解3.72亿元。

*积极响应山西省委省政府全省万名干部入企服务工作。*选派政治素质硬、政策水平高、业务能力强的14名干部入企服务，了解企业的实际生产情况，加大对企业解决问题的帮扶力度。同时选派专门人员挂职县域金融副职，为当地经济金融发展提供人才支持。

**【心系民生，大力发展普惠金融】** 一是自2015年11月12日ETC卡首发以来，已在全省建成一站式服务网点110家，为20多万有车一族提供了便捷顺畅的通行服务，在省内合作服务银行中的市场份额达到22.25%。2016年，继续加大拓展力度，紧抓惠民生政策红利，继续拓宽ETC服务渠道、增加ETC服务产品，于2016年6月末投产ETC储值卡项目。二是该行首家实现银行、医保、医院系统"三网融合"，为参保群众提供"一站式"便民服务。以社保卡、医保卡、福农卡等产品为依托，以固话POS机、村村通等为平台，为广大人民群众提供高效便利的金融服务。截至2016年底，累计发放各类保障卡300余万张，设立"村村通"农村金融综合服务站1260个。三是大力叙做住房按揭贷款、汽车专向分期、爱家分期等产品，着力满足山西人民的消费需求。加快推进互联网金融创新，顺利启动"晋升计划"，加快传统个人信贷产品的网络化转型，2016年8月初投放首笔中银E贷业务，年末已突破7000万元。

**【多措并举，加大扶贫工作力度】** 一是大力实施金融扶贫。截至2016年末，该行扶贫贷款余额206.18亿元，其中，贫困地区基础设施公共服务建设项目贷款167.72亿元，其他扶贫贷款38.46亿元。二是大力实施教育扶贫。为晋中市左权县117名贫困大学生捐助40万元；携手山西黄河电视台为长治、大同、吕梁等贫困山区小学捐赠"中银黄河书屋"7座。三是大力实施精准扶贫。不断加大对省内重点贫困地区的扶持力度，累计为省内永和县、静乐县、夏县等对口帮扶点提供扶贫资金160余万元。

**【坚持合规经营，持续筑牢内控防线】** 扎实推进内控案防治理工作，深入开展"两个加强、两个遏制"回头看，认真组织开展"反洗钱——共同的责任"专项治理行动，全行的案防意识、底线意识、规矩意识进一步增强。

（宁裕东）

## 中国建设银行山西省分行

**【经营效益保持稳健，各项指标全面发展】** 2016年，建行山西省分行实现考核利润23亿元，主营业务收入81亿元。存款新增勇争第一。一般性存款日均余额2932亿元，四行占比24%；日均新增227.8亿元，四行占比34%，四行第一。其中，企业存款日均余额1265亿元，四行占比27%，四行第二；日均新增111亿元，四行占比51%，四行第一。个人存款日均余额1667亿元，四行占比22%；日均新增117亿元，四行占比23%。贷款投放创出新高。各项贷款余额1853亿元，新增221亿元，四行第一，四行占比38%。中间业务收入增量、增速四行第一。实现净收入16.7亿元，四行占比30%，四行第二，为四行中唯一正增长的行。客户发展增量四行第一。单位人民币结算账户快速增速，全量账户11万户，四行占比27%；新增1.58万户，四行占比39%，增速和增量连续三年保持四行第一。资产质量实现控制目标。处置不良贷款23亿元；不良贷款率1.94%，不良率由低到高四行第二。

**【支持供给侧结构性改革，助推地方经济转型升级】** *率先支持煤炭行业"去杠杆"。*与省国资委、山西焦煤集团签署全省首单市场化债转股合作框架协议，设立"150亿焦煤集团降杠杆基金”和“100亿焦煤集团促转型基金”，为企业节约财务成本9亿元，有效降低企业资产负债率5个百分点。

重点支持煤炭行业“降成本”。对省属七大煤炭集团确定积极支持策略，为企业融资争取主动。确保企业资金链条不断，2016年完成煤炭行业转续贷240笔，金额226亿元；配合企业实施转型升级，除对七大煤炭集团煤炭信贷支持210亿元外，对其非煤板块信贷支持80亿元；做好债委会工作，对34户企业牵头组建债权人委员会，涉授信余额1060亿元，贷款余额680亿元。

快速推进房地产行业“去库存”。通过利率优惠、降低首付比例、差别化农民工贷款政策等措施，全力做好商品房、保障房、二手房领域信贷投放工作。2016年，个人贷款余额突破400亿元，实现两年翻番目标。特别是住房类贷款，当年投放136亿元，四行占比62%，余额、投放、增速保持四行第一。

高度重视脱贫攻坚“补短板”。制定金融精准扶贫实施方案，精准对接选择客户及项目。截至2016年末，已发放各类扶贫开发贷款6.7亿元；在全省范围建设农村“金融综合服务站”7600余家，助农取款服务点1.42万个，发放农民社会保障卡约750万张。

**【深化金融服务创新，支持地方经济建设】** 紧抓地方经济支点，主动对接国家及省内大中型重点项目，多渠道、多方式支持地方经济发展。对162户煤炭行业客户逐户制定经营方案，对七大煤炭集团按“一户一策”确定支持策略。推出融资租赁服务，满足煤炭企业资金需求，优化企业财务报表，减轻企业财务负担。2016年，融资租赁投放规模124亿元。支持政府发债，以主承销商身份，承销政府一般性债券79.8亿元，承销企业债券128亿元，共承销208亿元，有力支持城市基础设施和民生工程建设。助推企业“走出去”，累计为客户开出境外工程项下投标、履约类保函1955万美元、办理跨境融资风险参与5600万美元、内保外贷1.05亿美元。服务城镇化建设，支持城中村改造项目，与小店区政府合作设立18亿元“太原市小店区城中村改造基金”。加大实体经济投入力度，小企业“助保贷”业务合作平台扩展到91个，基本实现区域内全覆盖。教育行业先后投入30多亿元支持高校新区建设，投入5000万元支持高校信息数字化校园建设，支持第二届山西省“互联网＋”大学生创新创业大赛。卫生行业累计投放2.5亿元为各地市卫生行业龙头医院提供信贷支持，投入4000万创新数字信息化“智慧医院”项目，有效缓解群众“挂号难、付费难、排队难”民生问题。2016年，投入银医通、银校通项目21个，同业最多。

**【围绕转型综改，创新金融服务】** 围绕省委省政府转型综改试验区建设战略，创新金融服务模式。成立信用卡、个贷、国际业务、同业（票据）、小企业、私行6个直营机构和1个渠道运营和电子银行服务中心，以团队模式把管理和服务的触角延伸到网点和前端。整合升级太原地区机构，成立并州分行，明确责任主体，主动对接、倾力支持转型综改试验区和开发区建设，全面助推和支持省会太原经济振兴繁荣。采取三级扁平化的架构，即省分行—并州

建设银行山西省分行开展征信关爱日宣传动

分行—营业网点(支行),着力加强统筹管理,形成合力,提升市场竞争能力。2016年,太原并州分行一般性存款日均新增全省系统占比73%,四行第一;各项贷款新增全省系统占比89%,四行第一;中间业务收入四行第二;经营效益增长17%,综合竞争力跃居同业第一。

**【着力优化信贷结构,推进资产业务发展】** 围绕“控煤、增电、强化双基、全力做大个人类贷款”的信贷业务发展主体思路,严控煤炭行业信贷余额零增长,适度支持国有五大发电集团优质项目、电网项目,强化基础设施建设和机构类业务。突出“三大一高”非煤产业。公司类非贴贷款新增同业创历史最好成绩。贷款余额新增前三位的行业为交通、租赁和商务服务业以及电力行业,合计新增78亿,占全部新增的145%。焦化、钢铁、煤贸等受调控的产能过剩行业贷款余额进一步下降。全力拓展机构客户。以“机构业务营销年”为契机,建设银医、银校金融服务生态圈25个,累计为教育、卫生行业投放贷款6.98亿元、3.83亿元。强化个贷业务发展。持续完善“个贷中心+网点”的营销体系,叫响叫亮“要买房到建行”口号,市场竞争力不断增强。2016年,个人贷款余额突破400亿元,四行占比46%,较年初提升5个百分点。

**【打造金融生态系统,夯实负债业务基础】** 以“个人金融生态圈建设”为抓手,开展“四全活动”;持续推进“县域、代工、社保、外汇、专业市场和社区金融”六大工程,布局旅游、社保、车友、银医及银校、社区五大方面,建设26个金融生态圈项目,新增发卡120万张,新增个人存款43亿元,新增对公存款11亿元。以客户提升为切入点,统筹结合数据分析结论和客群实际,重点关注六大客群,推广实施个人业务营销辅助系统,开展精准营销。抓好资金体内循环率和承接率。通过对客户资金流监控,强化对客户结算资金营销。截至2016年末,对公客户资金体内循环率46%,体内承接率45%。发挥机构存款“稳定器”作用。主抓财政国库定期存款,参与五期省级国库现金管理;抢抓社保新账户,以账户促存款;营销公检法司客户,打造多维度金融生态圈;推进县域机构业务,注重资金拓展。2016年,机构类存款新增86亿元,占全行存款新增45.4%。做好公积金存款的“缓降控流”工作,住房资金存款余额111亿元,四行占比47%。

**【突出综合融智服务,提升价值创造能力】** 突出综合性、体系化融智服务思维,一是加快同业票据业务发展。将同业和票据业务打造成全行转型发展中提质增效的新动力和新引擎。累计办理同业业务450亿元,新增373亿元,增长率达482%。二是加大投行业务发展。发挥投行业务驱动作用,满足客户多方位融资需求。发行资管投行产品42笔317亿元,增发79亿元。三是加强融资租赁业务发展。通过加强与子公司合作,投放融资租赁款28.5亿元,余额达79.69亿元。四是推进重点客户金融服务方案。针对不同客户类型,组建跨部门跨行级的客户经理专业团队,为涉及煤炭、钢铁、电力等多个行业的11户重点客户提供综合金融服务方案,发挥全牌照优势,充分满足客户需求,有效提升价值贡献度。

**【强化资产管控,提升不良处置】** 一是严控欠息逾期类贷款。通过实时调度、持续督导、重点检测、联合帮扶、现场指挥等多种方式,千方百计消除逾期贷款,非不良逾期明显减少。2016年逾期贷款33.5亿元,较全年峰值大幅下降71亿元。二是全力控制新暴露不良贷款。从讲政治角度对“30大”风险项目严防死守,全力化解。三是加大不良资产处置力度。以提升不良贷款处置“量、质、效”为核心,加大回收盘活力度;强化激励,建立现金回收项目名单制;积极运用再融资、变更借款人、期限调整等措施,加大运用贷款减免手段,发挥盘活重组的综合效益。积极创新处置手段,参加总行首单不良资产证券化试点工作,首次通过资产证券化方式成功处置对公不良贷款7527万元。

**【落实防控责任,严守风险底线】** 明确将“管控好资产质量”作为全行重中之重的工作来抓。一是强化信贷流程控制。贷前环节,在客户选择上下功夫,实施差别化分类管理;贷中环节,全面实施“集中放款中心”模式,放款审核和会计放款“双集中”;贷后环节,强化信贷管理责任落实,出台《贷后管理实施细则》,制定《大中型客户贷后岗位尽职指引》,细化岗位职责,对所有大中型客户逐户制定差别化贷后管理方案,覆盖率达到100%。二是强化信贷制度落实。将风险防控责任落实到各级机构、各业务条线和各管理岗位。率先实行预警客户分级差别化管理。启动跟踪评价,对重点项目、重点二级行和基层行督导帮扶,对重点区域重点项目精耕细作。三是强化信贷主体责任落实。省分行行级领导分片包干处置“30大”风险客户,重点帮扶,实时监控,一户一策,帮助企业共同化解风险。

(赵建伟)

## 中国农业银行山西省分行

**【存款市场份额稳步提高】** 2016

年，农行山西分行秉持“客户至上，始终如一”的服务理念，积极依托支行网点，不断增强渠道建设。截至2016年末，农行在全省共有一、二级支行281个，分理处、储蓄所221个，离行式自助银行571个，现金类自助设备2825台，为全省同业第一。在人力资源配置上，随着全行服务渠道的极大增强，营业服务窗口的一线临柜人员已从高柜大量向低柜分流，加大了“赢在大堂”的服务营销力度；在产品创新推广上，为企事业单位推出适合其资金效益实现最大化的投资或理财新产品和现金管理新平台，为城乡居民开发和推出包括“金钥匙·安心得利”“农银财富·如意”等系列适合其不同本外币理财需求的新产品；在服务营销强化上，加大公司、机构和国际金融业务的营销力度、加大同业战略合作力度，确保了全行存款业务“领先发展”。截至2016年底，全行各项存款余额3135亿元，比年初增加208亿元，排名四大行第一，市场份额提升0.26个百分点；核心存款日均余额3035亿元，市场份额提升0.11个百分点；存款时点、日均份额“双提升”，日均余额、份额“双突破”。个人存款逆势增长，时点、日均增量均居四行第一，时点、日均份额分别提升0.82、0.48个百分点。

**【支持实体经济稳中有进】** 认真贯彻国家宏观调控政策和货币信贷政策，积极支持全省实施“三去一降一补”的供给侧结构性改革。围绕服务“去产能”，创造性地提出了“三不、四调”管理思路（即授信总额不变、信用风险敞口不增加，行业贷款占比不提升的“三不原则”与调主体、调品种、调层级、调行业的“四调”思路，对煤炭、钢铁行业的信贷结构继续进行优化，继续不惜贷、不抽贷地支持有市场、前景好的煤炭、钢铁企业渡过结构调整难关。方法是有保有压服务“去产能”，“保”重点客户需求，“压”一般企业规模，八大煤业贷款稳中有增。积极按照“高碳产业低碳发展，黑色煤炭绿色发展”理念，加大对全省产业集中度高、设备技术先进、资源消耗低、环境污染少、安全保障高、经济效益好的企业支持力度。累计发放贷款190多亿元支持大煤炭企业进行技改，引进新技术、新装备、新工艺和精细化园区式管理模式，实施安全绿色高效开采。全力支持绿色清洁能源项目，累计为18个光伏、风电项目投放资金29.28亿元，投放农村电网改造项目8亿元。期间，农行山西分行还适时邀请15家机构投资者，走访重点煤炭企业，增强投资者对山西煤炭行业转型发展的信心，成功帮助多家煤企发行超短期融资券45亿元。通过大力发展直接融资业务，积极服务企业“降成本”。2016年承销地方政府债务85亿元，承销企业债77亿元，办理理财融资105亿元，为企业减息减费9亿多元。

*积极支持全省基础建设和高新产业发展*。2016年，农行山西分行紧紧围绕全省基础建设，重点支持了大西客专、晋豫鲁通道、蒙西华中铁路、准朔铁路、准池铁路等项目。截至2016年末，基建贷款增量占到法人贷款的88%。其中，涉及铁路运输行业贷款余额达150.83亿元，净增9.42亿元；对高端装备制造、新能源、清洁能源等新兴产业项目合计授信118.27亿元，已出贷108.26亿元。

*积极支持小微企业发展*。2016年，农行山西分行通过积极扶持小微企业发展壮大，到年底小微贷款余额达111.81亿元，净增16.84亿元，全面达到银监部门对小微企业贷款增速不低于各项贷款的平均增速、贷款户数不低于上年同期户数、申贷获得率不低于上年同期水平等“三个不低于”的监管要求，提升了小微企业信贷总量、服务覆盖面和满意度。

**【服务“三农”能力持续增强】** 2016年，农行山西分行大力服务“三农”，继续推进“惠农通”工程创新升级，截至年末建成农村金融综合服务站3.5万个，覆盖行政村2万多个，覆盖率高达72%；与山西水务投资集团有限公司签订了将为全省水利项目建设提供不少于500亿元的意向授信额度的战略合作框架协议和贷款跟进，有效支持了农业水利基础建设；通过发放贷款支持水塔陈醋集团、古城乳业、大同青龙养殖、平遥牛肉、紫林醋业等一大批农业产业化龙头企业，并围绕龙头企业，支持了160多个产、供、销一体化的产业链，涉及2000多户企业或经纪人，带动70多万农户；通过增加11亿元的城镇化贷款、增长11.8%的农户贷款，有效地支持了县域经济发展；通过推进光伏扶贫贷，贫困县贷款增加23.7亿元，建档立卡贫困人口贷款增加4267万元，有效加大了金融扶贫力度；通过加大惠民服务，全省农村基本实现“通用代收付平台”全覆盖，2378个惠农服务点上线“e农管家”，“农村金融支付平台”被省委、省政府推广，“惠农通”代理规模进一步扩大。同时，将服务“去库存”与支持城市居民改善性住房需求、进城务工人员购房需求紧密结合起来，加快个人住房贷款和“农民安家贷”投放步伐。截至2016年末，发放“农民安家贷”11.79亿元，支持5490户农户进城购房，受到市场欢迎、政府认可。

**【基础管理再上新台阶】** 2016年，农行山西分行始终坚持“违规就是风险，安全就是效益”的风险理念，坚持问题导向，坚持稳中有进，通过开展重点领域信用风险专项治理活动，不断促进盘活存量、优化增量，确保信贷资金安全性、流动性、效益性等“三性”实现最大化。持续强化风险管理，全行继续紧紧围绕客户评级管理、信贷资产分类和操作风险管控等重点工作，严防死守各类风险，确保全行风险状况总体可控；继续注重内控合规建设，力争以严明的责任体系、严密的制度流程、严格的监督管理、严厉的处理惩戒、严肃的追责问责、严谨的绩效考核，形成源头严防、过程严管、风险严控、违规严处的机制；继续坚持“稳中求进、控险强基”，着力抓好全行安全生产和重点工作治理，提升安全生产意识，全面夯实基础管理，大力推进“三化三达标”工作，坚守安全底线，为业务经营提供了安全保障。全面落实金融风险源头治理，通过警银配合，积极开展了治理电信网络诈骗专项行动，为维护社会治安和确保社会一方平安做出了应有贡献。

（田喜成）

## 中国农业发展银行山西省分行

**【概述】** 2016年，中国农业发展银行山西省分行（简称农发行）累放各类贷款320.3亿元，比2015年多放75.9亿元，增长31%；年末各项贷款余额505.5亿元，再创历史新高，较年初增加101.2亿元，增长25%，分别高于全国农发行系统、全省银行业平均增幅5.9、15.3个百分点，净增额连续三年实现翻番；基金投资余额77.3亿元，较年初增加51.7亿元，增长202%；两项合计全年净增152.9亿元，是“十二五”净增总和的1.5倍。年末各项存款余额276.4亿元，较年初增加127.6亿元，增长85.7%，总量、增量和增幅均创建行以来新高。实现利润4.45亿元，同口径增盈3.35亿元，增长300%。

**【强化责任担当，积极服务全省“三农”发展】** 信贷支农。一是加强银政沟通合作。2016年在总行与省政府2015年签署战略合作协议的基础上，分别与省交通、林业等厅局以及大同、吕梁、晋城、临汾等市政府签署战略合作协议，与省住建厅、扶贫办、供销社等部门联合发文，全面推动战略协议落实。二是服务全省粮食安全。加强各级储备粮管理，累计发放贷款21.4亿元，支持中储轮换和省储增储、收储，确保国家及地方粮油宏观调控政策的有效落实。主动适应粮改新形势，支持符合条件的企业入市收购。三是服务城乡发展一体化。打造易地扶贫搬迁、棚户区改造、农村人居环境改善等六大领域省级“统贷统还”业务模式，贷款总需求突破千亿元，审批通过贷款227亿元，实现由支持单一项目向整领域项目的推进。加快已审批贷款的投放进度，提高办贷效率，加快贷款投放，2016年累计发放中长期贷款171亿元，是2015年的2倍，支农力度不断加大。四是全力做好基金投资。开办以来累计支持七批基金项目93个，金额77.3亿元。注重投贷结合，对12个基金支持项目投放贷款55.3亿元，较好发挥了基金在“促投资、稳增长”中的拉动作用。

服务脱贫攻坚。一是构建全行扶贫工作格局。用服务脱贫攻坚统揽全局，制定金融扶贫五年规划，建立行领导包片扶贫工作机制，率先在全省金融系统建立省市县三级行扶贫金融组织体系，特别是在14个无机构贫困县设立扶贫工作组，实现全省县域机构全覆盖，集中全行资源服务脱贫攻坚。二是突出重点领域。把易地扶贫搬迁作为重中之重，在全省金融系统率先审批100亿元易地扶贫搬迁专项贷款和11.25亿元专项建设基金，投放专项贷款4.08亿元，占全省同业贷款总量的97%，易地扶贫搬迁贷款主办行地位凸显。积极探索光伏扶贫、旅游扶贫等，创新推进吕梁产业扶贫试点，多措并举服务脱贫攻坚。三是全力争取政策支持。与省扶贫办签署政策性金融扶贫合作协议，积极争取总行将山西列为第一批试点省份，全力推进省级政策性金融扶贫实验示范区创建和总行产业扶贫试点工作，助推山西整区域脱贫。对贫困县基础设施中长期贷款给予准入、期限、利率倾斜和服务、办贷、规模“三优先”，全年累放扶贫贷款41亿元，年末扶贫贷款余额80亿元，较年初增加40亿元，增长100%，是全行贷款平均增速的4倍。

**【提升经营管理质效】** 一是强化贷后管理。开展“贷后管理年”活动，延伸活动内容，摸清资产风险、操作合规、管理能力“三个底数”，开展“回头看”工作，狠抓问题整改，补齐信贷短板。二是强化财会核算。推进营改增工作，晋中市分行开出全国农发行系统首张增值税发票。修订经营绩效考核办法，按资产质量和地区差异分组考核，导向作用更加突出。强化收息管理，落实第三次粮食财务挂账制度化拨付机制，2016年全行贷款综合利息收回率92.4%，比2015年提高0.64个百分点。三是强化内控合规。开展“两加强、两遏制”回头看、案件和风险排查、基金支付专项检查。完善差别化授权，内控评价连续三年向好。发挥审计监督作用，开展贷后管理、信用审批等专项审计，配合外部监督检查。四是强化存款组织。开展“百日竞赛”活动，年末企业存款余额231亿元，比年初增加117.7亿元，增长103.9%。全面推进财政涉农存款主办行工作，65个县级机构完成主办行目标，年末财政存款余额44.5亿元，较年初增长25.4%。积极营销非贷客户存款，年末余额39.6亿元，较年初增长72.2%。

（牛晓辉）

# 交通银行山西省分行

**【实现“十三五”经营管理良好开局】** 2016年，交行山西省分行主要业务得到长足发展，各项经营指标完成总行下达的任务目标，实现了“十三五”良好开局。各项业务逆势而上，站稳了“二类分行”平台。截至2016年底，全辖本外币资产规模较2015年增长8%。人民币各项存款日均余额增长14%，其中，对公存款日均余额增长12%；储蓄存款日均余额增长17%。人民币各项存款时点余额增长6%，其中，储蓄存款时点余额增长11%。全行率先启动厅堂一体化营销，积极探索网点智能化，2016年全辖柜面业务替代率增长480个基点，电子银行分流率达到91%。人民币各项贷款余额增长12%，其中，实质性贷款余额增长12%。不良贷款余额与逾期非不良贷款余额双双控制在总行要求范围之内。全年实现经营利润增长12%，经济利润增长12%。

**【各项业务快速健康发展】** *对风险严防死守。*全行各级“一把手”亲自抓、负总责，做到重大风险直接处置，重大问题直接指挥；把风险责任从主要领导一直传导到所有基层单位、工作岗位和所有流程环节，做到风险管理人人有责；将所有逾期及潜在风险客户纳入重组政策适用范围，对发生逾期（欠息）30天以内的客户，媒体披露的具有负面信息的客户，监管部门检查、内外部审计中发现或提示存在问题的客户等，全部纳入“灰名单”进行管理。强化授信业务临期管理，在授信业务到期前，组织专门人员实地查访，及时了解客户生产经营、财务状况以及还款资金来源与资金到位情况；强化集团客户风险管控，既要支持国家改革发展，也要管好国企兼并破产、煤炭钢铁“去产能”可能诱发的逃废债风险；以降低损失、缓释风险为目标，不断盯住总行的专项奖励资源，减退与加固并重，重组与清收并用，全力化解资产风险。进一步加强流动性风险、声誉风险、市场风险、操作风险、或有风险、合规与反洗钱的管理；严防互联网金融、类信贷业务、第三方支付、交叉金融产品等新兴领域风险波及蔓延，严防非法集资、民间借贷风险向银行传染，对看不准的业务立即退出。

*主动创新求变、求发展。*在业务拓展上努力做到“传统＋创新”，做深做细传统授信、结算业务，抓好票据贴现、信用证、保函、租赁等表外业务，实现表内表外联动；发挥“两化一行”优势，优化融资方案，拓宽融资渠道，以更多的产品、更好的方案、更优的服务引领客户转型发展。在经营模式上努力实现“线上＋线下”，一方面进一步完善分行移动互联网线上营销服务平台，整合微信、短信、邮件、手机、电话等多种渠道，对外提供在线交流、产品预约、产品销售、营销宣传等服务；另一方面借助总行手机银行3.0、WIFI热点等线上营销渠道，完成客户信息预留、交易预约等环节，最终通过与线下渠道的交易终端实现对接，推动线上线下渠道协同配合，提高营销效率。在服务模式上不断创新努力做到“坐商＋行商”，对内运用智能自助柜台和ITM机，实现客户自助操作为主、柜员操作为辅的新型网点服务模式；对外持续开展企业行社区行市场行活动，做好到店客户交叉销售，提升网点销售产能。

*坚持依法合规经营。*做到销售合规、信息保密，提倡不是所有的产品都适合所有的客户，但总有一款产品适合客户，销售中将预期收益与潜在风险讲清楚；保证创新合规，看准基础资产，完善交易结构，确保创新业务依法合规开展；保障财务合规，及时根据要求完善制度，加强财务管理培训，开展财务检查，确保财务行为合规；保证收费合规，严格按照总行印发的服务价格目录收费，坚决禁止乱收费、高收费和变相收费；保证干部提任合规，坚决防止用人失察、带病提拔。

*认识新常态，寻觅新“商业机会”。*一是抓住政策机遇。全行紧紧抓住总行专项行动、FTP、专项规模、双边记账四大工具，进一步发挥政策资源的撬动作用；统筹运用分行开门红、专项行动、产品篮子、劳动竞赛、全产品计价五大资源，发挥分行资源配置的引导和杠杆作用。二是着力把握住市场机遇。加快投行业务创新，进一步加大营销省市级PPP基金、产业投资基金、股权投资基金等业务的营销力度，做好优质大型客户债券承销工作。扎实做实小微企业贷款，通过公司板块业务联动、建立项目制、重点领域产品创新、加大资源激励和考核力度等具体措施，确保小微企业贷款快速发展；做大个人贷款，做大住房按揭贷款，大力发展其他个人消费贷业务，重点拓展薪金贷、社区贷、“房贷＋消费贷”等，提升非房贷类消费贷占比。

*真正发挥好自身优势。*通过开发专门的产品，开展专门的营销活动，真正让零余额账户、小额客户、非有效户、睡眠卡等客户动起来、活起来；利用招标通、定制专户、“立码付”等具有差别优势的业务或冷门产品敲开客户的门，积极寻求合作机会，促进业务的健康发展。

*三大板块实现了协调发展。*进一步巩固、发挥公司板块主体作用，做深做透几个重点行业，不断从“做业务”向“做客户”转变，使其切实成为全行优质资产的供应商。以零售板块为转型先锋，将个人资产业务作为全年资产投放的重中之重，提高信用卡客户激活效率，不断推出

"晋心"系列理财产品,吸引行外资金。将同业板块作为综合利用板块资源,形成营销合力。

着力推进"三位一体"工作。以全功能综合型网点为旗舰,以多功能普通型网点为支撑,以有限功能普惠型网点为触点,通过提高"柜面业务替代率、到店客户销售服务率和电子银行分流率",进一步推进"物理网点+远程客服""自助银行+客户经理+电话银行"和"物理网点+移动渠道"协同,打破渠道壁垒,提升网点效益。以客户为中心,推进网点智能化改造,深入推进"人工柜台+智能柜台"相结合服务模式,进一步加强了营销、服务与管理信息的系统化、痕迹化处理,提高业务处理效率,延伸营运服务外沿;以推广手持终端应用为契机,探索了"营运人员"走出柜面流动服务,"客户经理"承担柜员部分交易,"手持终端"支撑客户经理交叉销售的网点经营和服务新模式。按照增量资产做早做优的原则,加快贷款投放力度,迅速扩大日均余额,对全年利润完成形成支撑。用活存量信贷资源,切实做好移位再贷,提升存量贷款的利润贡献,消除存量贷款的风险隐患,根据市场变化灵活做好优质核心资产配置、类信贷资产配置及表外理财资产配置,不断强化资产负债全表管理。进一步做强传统中收,大力发展投行、同业、托管、理财等新型业务,提高新型业务中收,使其逐步成为新的利润增长点。从风险管理和清收保全中挖效益,风险资产如果通过重组加固,提高经济利润。

强化"一体化经营管理","后评估"工作有效推进。一是开展了投放后评估、强化投后管理,对潜在风险"抓早抓小",做到"早识别、早预警、早处置"。二是推进投入产出后评估,避免低效浪费以及弄虚作假,实现投入产出的最大化。三是对全行的综合绩效考核办法、板块业务考核办法、人员考核办法、劳动竞赛方案、专项行动等进行动态后评估,不断提高制度的适用性。四是从严控制物理网点、普惠网点和自助银行,对于已经开设的网点要组织专门的后评估,不断优化网点布局,促进业务发展。五是对向分行提供各类服务的供应商、服务商进行后评估,确保全行利益最大化。全行不良率保持本地同业和交行系统较低水平,其中,小企业贷款不良率为零,个贷不良率为0.2%。逾期贷款和不良贷款的剪刀差大幅收窄。类信贷资产业务无逾期。

(阎瑞生)

## 光大银行太原分行

**【各项业务平稳健康发展】** 截至2016年12月末,光大太原分行共有营业机构30家,干部员工近千名,资产总额近570亿元,一般存款余额485.5亿元,一般贷款余额472.6亿元,贷款增量在山西省股份制银行中排名第一,同时,连续圆满完成"三个不低于"的目标,有力地支持了全省经济社会建设。

**【2016年经营情况和信贷运行情况特点】** 对公业务快速发展。一是以转型促发展。从传统信贷业务向综合金融、"大资产"和创新性业务转型;从以煤炭为主向非煤业务转型,对煤炭行业授信进行结构调整,支持山西煤炭行业供给侧改革;短期信贷向中长期信贷转型;从信用担保类融资向有风险缓释类融资转型。二是"大资产"业务收效明显。积极贯彻执行人民银行稳健货币政策及相关信贷政策,推动信贷业务平稳发展。同时,积极发展大资产业务,重点支持了城中村改造、高速公路、铁路、基础设施建设等一批省、市重点项目。光大太原分行全年累计实现投放275亿元,广义融资余额突破1000亿元。三是战略性业务快速发展。2016年,光大太原分行发行债券115.6亿元,其中为煤炭企业发债82亿元,既降低了煤炭企业的融资成本,又满足了煤炭企业的资金需求。

零售业务稳中有升。一是加大精细化、标准化管理力度。把开好晨会、夕会作为管理精细化的突破口,每天对标先进,寻找差距;制定了《零售业务标准化管理手册》,推广业务标准化营销;推广客户座谈会制度,加强与客户互动,深挖客户需求;探索新的考核机制,对全行零售客户经理大排队;加大培训力度,提升团队凝聚力和客户经理的展业能力。截至12月末,光大太原分行AUM时点余额达到507.8亿元,实现历史性突破。二是注重服务,打造服务领先银行。全年通过服务监测、"换眼看服务"交叉检查等方式,各网点服务有了明显提升。其中,桃园路支行被评为中国银行业协会"千佳"示范网点;分行营业部、北城支行、阳泉支行等10家网点被评为山西省银行业文明规范服务单位。三是个贷业务再上新台阶。个贷"信贷工厂"运转良好,同时,创新服务,在全省率先将房管局便民服务中心引入营业网点,实现了"房地产管理+金融服务"的创新。截至12月末,个贷时点余额58.1亿元,全年累计投放27亿元,新增投放近12亿元,增量创下历年的最高值。四是信用卡业务继续保持同业领先。持续优化用卡环境,信用卡客户、交易和收入规模持续增长。截至12月末,信用卡透支余额突破百亿,全年清算金额市场占比14%,全省排名第一。

风险管理扎实有效。一是多措并举,资产质量管控工作取得一定成效。综合运用打包出让、现金清收、核销、重组等措施,持续加大风险化解处置力度。二是强化合规风险管理。坚持"抓早抓小、治未病"，提高合规工作前瞻性，通过六项措施，让员工在违规行为面前不敢为、不能为、不想为。党员带头合规履职，带头开展案防教育，达到"以点带面"的效果。三是严防操作风险。不断优化业务流程，全面推广电子化印章及印控仪管理。关注重点岗位人员的履职管理，全面提升履职有效性。

*发展后劲不断增强*。一是完善绩效考评管理，优化资源配置。强调业绩导向，资源向一线倾斜，促进经营单位转型，提升中后台服务效能。二是强化财务合规管理，优化预算考核。持续强化资产负债管理，提升盈利能力。三是优化业务流程，促进线下向线上转移。手机银行开通84万户，电子支付交易量105亿，开通对公专业版网银2910户，有效地提升了客户体验，分流了柜台压力。四是加强企业文化建设，履行企业社会责任。通过工会、团委举办了多项文体活动，创办了《一缕阳光》内刊，丰富了内部沟通渠道。

（关　凝）

## 华夏银行太原分行

**【经营效益稳中有进，积极向好】** 2016年，华夏银行太原分行业务结构进一步优化，经营转型迈出了坚实步伐。一是资产结构进一步优化，高收益资产占比持续上升。贷款日均净增加34亿元，新增同业收益权投资21亿元，生息资产的"质"和"量"不断提高。二是负债结构进一步优化，基础型存款日均347亿元，占一般性存款日均的89.1%，高于系统内平均水平11.1个百分点。三是收入结构进一步优化，非利息净收入快速提高。全年营业收入18.2亿元，比2015年增长3%，中间业务净收入4.19亿元，增长32%，增幅远远快于营业收入增长。非结算类净收入对中间业务收入贡献度继续提升，其中，公司类（含金融市场和资产管理及托管业务）中收2.46亿元，增长43%；信用卡中收1.44亿元，增长46%。中间业务净收入占比26%，提高个8.3百分点，高于全系统平均水平1.9个百分点。四是成本结构进一步优化，付息和运营成本降低。全年存款付息率1.45%，下降0.47个百分点；运营费用成本收入比3.44%，下降0.07个百分点。

**【搭建平台，转换机制，营销局面取得新突破】** *营销工作和领域取得新突破*。公司业务坚持创新发展、绿色发展，助力企业节能减排。作为"京津冀大气污染防治融资创新项目"在山西省唯一的一家中标金融机构，为山西漳电国电王坪发电有限公司办理不超过100万欧元转贷款以及世行CHEEF项目不超过580万美元转贷款业务，加深了银企合作。积极拓展同业合作渠道，成功入围山西保险中介资本托管银行名单，实现了与保险专业中介平台的合作。个人业务突出信用卡、易达金、三方存管、代理保险、ETC等业务的重点营销，推动个人金融资产总量达到227.62亿元，比年初增加26.27亿元。积极拓展新的产品渠道，与阳光保险公司开展了保险保证贷款和出国留学贷款，首笔出国留学贷款业务已于年内成功发放。国际业务直销团队重点拓展资本项目与外债项目客户，办理了山西晋非投资有限公司对外投资项下汇款8100万元，为山西路桥建设集团有限公司办理借入外债2.4亿美元，带动客户开发向"贸易＋"的转型。年内还实现了买入同业福费廷业务零的突破，拓展了新的中收增长点。

*服务实体效能显著提升*。按照"贴着政府找项目"的思路，实行"项目制"管理，加强平台化开发。全年完成发行10期债务融资工具，109.5亿元，承销量占全系统的11.97%，占全省的8.66%。在保持金融市场业务优势的同时，资产管理、托管、租赁业务作用显现，全年新增理财项目融资投放60.46亿元，租赁投放量13.68亿元，机构理财12.6亿元，托管业务43.85亿元。托管基金、信托、保险、监管业务等共11只，托管规模92.71亿元，增长54%。年末华夏银行太原分行表内外的各类融资业务总量达到887.23亿元，包括贷款、信用证、保函、债务融资工具、金融租赁、理财项目融资、同业投资、资产证券化等，服务实体经济的形式多样，服务效能显著提升。

*客户基础进一步巩固*。公司业务以提升"客户融资服务能力和现金管理服务能力"为核心，推动对公客户"提质上量"。年内对公客户数首次突破万户大关，年末达到10729户，较年初净增1810户，计划完成率108%；对公有效户955户，较年初净增194户，计划完成率104%。个人业务紧紧围绕基础客群营销，POS开发紧贴个体经营商户，获取有效客户信息8000余份，刷卡流水超过3亿元。ETC客户开发效果明显，全年签约客户3.2万户，是2015年的两倍。新增手机银行2.5万户，网银1.2万户，信用卡5299户，成为稳定基础客户的有力抓手。小微企业持续实施"精准营销，平台对接，链式开发"营销模式，小企业结算客户9258户，较年初增加1760户，增长23.47%；小企业贷款客户260户，比年初增加24户，增长10.17%。移动银行客户累计达24.16万户，直销银行客户2万户，公司网银客户5885户，年末电子化替代率达到83%。

**【防控风险，强化管理，经营运行安全平稳】** *建立全面风险管理体系*，提升风险能力。设立风险管理部，完善了全面风险管理组织架构，加强全口径业务风险管理，强化风险识别、评估、监测、报告过程管理，持续推进风险管控“三道防线”。深化全行业务连续性管理工作，强化外包风险管控，切实防范外部风险；做好各条线授信尽职调查，收集问题授信典型案例，充分发挥尽职调查“查、处、改、防”的重要作用。

深化案件防控工作，实现“零案件”目标。全年开展了案件风险排查、非法集资和私售飞单等自查活动，组织基层负责人进行了案防及合规测试，采取案防培训、定期召开联席会议、下发风险提示等多项措施，确保案件防控工作落实到位，实现“零案件”目标。

持续防控声誉风险。明确声誉风险处置流程，强化舆情管理考核，主动搭建有效的媒体沟通渠道，运用外部舆情咨询平台，实现了舆情监测动态化管理。举办舆情管理培训，提升全行舆情应对能力，全年未发生重大声誉风险事件。

提升操作风险防范能力，柜台把关堵口成效显著。持续推广银企对账、支付密码器、电子芯片运用，提升技防硬控制水平。组织实施会计风险业务检查、存款风险滚动式检查等，完善全行风险预警工作机制，防范潜在风险。高度重视“八个环节、五项业务”管理，坚决杜绝因柜员违规操作导致案件发生。会计条线全年堵截柜面风险事件220起，涉及金额3136万元。

扎实推进内控建设，确保全行合规运营。严格落实监管要求，加强内部管控，组织开展全行“两个加强、两个遏制”回头看自查和整改，顺利完成了“制度执行年”收官工作。全面开展内部控制对标评估工作，积极有效开展反洗钱管理。加强对异地分支机构的检查力度，全年开展4次跨条线的联合专业检查，强化了对二级分行、异地支行在管理流程、制度执行等方面的管理，更好地发挥了二道防线的作用。严格按照“三不放过”原则做好内外部问题整改工作，全年问题整改率达到100%。

加强信息科技管理，保障业务系统平稳运行。不断应用新技术，完善安全运维架构，让数据平台发挥作用。完成了管理类系统虚拟集群的搭建。开发了太原分行资源监控系统、ETC批量处理业务系统等。将无线灾备及生产网络从3G升级为4G，提升了防控科技风险水平。优化系统升级和流程再造，完成个人理财双路系统上线，对分行特色业务屏蔽单位结算卡进行改造，配合总行完成BEAI特色业务可用性升级改造，对ETC系统及优惠方式进行多次调整改造，对财政代理支付对账系统进行了改造等。

安全保卫工作遵循“预防为主，综合治理，谁主管，谁负责”的指导原则，坚持“人防、物防、技防”三防联动，严格落实“一把手”安全责任制，积极组织各机构消防、安防演练，强化员工的安全防范意识，夯实了安全保卫工作基础。

**【完善服务体系，承担社会责任】** 机构网点布局全面落实。2016年有7家机构开门营业，年末辖内营业网点达到27个。临汾分行年末获准开业，晋阳街支行、云路街社区支行也获准筹建。辐射全省的机构建设布局和服务框架基本完成。

“华夏服务”品牌形象进一步提升。推出特色服务、亮点服务，打造精品网点，发挥示范效应。长治分行营业部获得中银协“百佳”服务示范单位，南城支行、平阳路支行获得“千佳”服务示范单位。另有8家营业网点荣获省银协授予的“山西省文明规范服务单位”。组织开展“靓丽厅堂”活动，赢得了社会关注，为“华夏服务”品牌建设增光添彩。

（韩　雪）

## 民生银行太原分行

**【业务经营稳健发展】** 2016年，民生银行太原分行在吕梁、大同、运城共有3家二级分行，各类网点214家，全行员工1800余名。自2001年起，存贷款规模一直稳居山西境内股份制商业银行首位，截至2016年末，各类信贷资产余额近2000亿元，存贷比接近3。成立18年来，分行已累计发放贷款1.2万亿元，累计纳税49亿元，为地方经济建设做出了积极贡献。

**【加大对省属煤炭集团支持力度】** 强化担当意识，加强金融服务供给，对重点煤炭企业尤其是七大省属煤炭集团信贷投放量持续增加，2016年新增授信额度73亿元，支持省属煤炭集团化解过剩产能，加快转型升级。6月，与阳煤集团举行战略合作签约仪式；8月，积极贯彻落实《关于做好省属煤炭集团转型升级中长期专项贷款推广落实工作的通知》要求，主动向七大重点煤企发出贷款到期后转中长期的征求意见函，落地推广转型升级中长期专项贷款。民生银行还与山西焦煤集团主动对接，商讨在发债项目、产业基金、非煤产业开展业务合作。

拓宽融资渠道，依托交易银行和投资银行两大产品线，聚焦资本债券市场，拓宽融资渠道，推动企业筹集低成本资金，在同煤集团发债最困难的时候，主动认购5亿元中期票据；以保险资金债权计划模式为阳煤集团融资50亿元；以股权融资代替债务融资，为晋能集团发行永续债10亿元，降低了企业的资产负债率；帮助阳煤、同煤等煤企发行承销债券融资工具100亿元。

【加大对非煤重点项目支持力度】 积极响应省委、省政府经济结构调整的战略决策，支持山西“非煤”产业发展，总分行联动加大对山西的政策支持和规模倾斜，助力山西重点工程项目建设和新兴战略产业的发展，实现融合互动。2016年，向天然气、节能环保、新能源、装备制造、医药等领域倾斜信贷资源，新兴产业信贷占到信贷投资总额的25%。主动对接重点工程项目名单，在交通项目方面，为全省公路建设融资余额达到245亿元，涉及闻合高速、侯禹高速、太佳高速等多条山西省内重点高速公路建设；2012年至今累计为山西铁路建设融资150亿元，其中90亿元重点支持了中南部铁路通项目、大西铁路客运专线等项目。在节能环保项目方面，践行绿色信贷理念，先后给予山西燃气产业集团、山西天然气、山西煤层气等10余户天然气产业重点客户信贷支持30亿元，助推“气化山西”建设进程；给予风力发电、光伏发电等新能源项目20余亿元融资支持。在新型城镇化建设方面，关注城中村和棚户区改造等基础项目建设，先后以“股权＋债权”模式、项目贷款模式给予棚户区改造资金支持近30亿元。

【加大对政府债券发行支持力度】 2015～2016年，山西省政府共发行地方债券8次，发行规模1327亿元，作为政府债券一般承销商，民生银行勇担重任，在竞标中始终保持较低的投标利率，按照各机构投资地方债规模的上限30%全力参与投标，以实际行动帮助地方政府有效降低负债支出，缓解偿债压力。两年来，累计投资地方债149亿元，占山西省地方债券发行总量的11.2%，在18家承销商中综合排名第四，在股份制银行承销商中位列第一，超过5家主承销商，成为地方债承销主力军。

【聚焦减费让利，银企共渡难关】 支持供给侧结构性改革，增强银企共渡难关意识，在严格执行“七不准、四公开”规定要求的基础上，优化流程，简化手续，规范服务，积极贯彻“减费让利、公开透明、质价相符”的理念，出台“减、免、降、缓”等减费让利办法，主动为企业减轻负担，让信贷资金直接高效进入实体经济。一是主动减免业务收费，根据省内地域情况，对账户明细查询、对公大额存取现、零钞清点等十类正常收费项目主动上报总行予以减免。二是主动让利，通过下调贷款利率、减免利息、调整还息方式等手段，让利于企业。三是完善转贷续贷机制，通过转换授信品种、延长贷款期限、调整还款计划、变更授信主体等手段，降低企业融资成本。四是借助资本市场，强化产品模式设计，为企业提供低成本融资，2015年以来通过发债、信用市场理财、同业投资、账户直投等产品设计累计为各类企业解决低成本融资近600亿元。

【支持小微企业发展】 进一步完善和创新小微企业金融服务。一是落实小微企业续贷转贷政策措施，2016年到期客户转贷续贷比例达到80%以上。二是实施差异化考核政策，大力推行担保圈解包还原，出台不良容忍度和员工尽职免责等措施，不断提高小微企业金融服务水平。三是创新小微服务产品，在定制推广商户卡、乐收银、小微手机银行等结算产品套餐的基础上，接轨互联网金融，推出小微二维码收银台产品，提供高效低成本资金结算服务。四是积极推进银税合作，受理A、B级纳税人名单11万户，发放银税通项目贷款21笔2600万元。五是实施小微惠民措施，推出账户管理费、商户卡手续费、结算机具手续费减免等多项优惠措施，累计减免小微客户手续费1.1亿元。

【聚焦普惠金融】 聚焦普惠金融，积极创新和促进符合消费群体特征的金融产品和服务。自2013年率先探索小区金融以来，在省内深入居民区设立62家社区支行，占到全省持牌社区支行的32%，位列股份制银行首位，覆盖零售客户13万户，为广大居民提供了便捷高效服务；完善消费金融，拓宽业务空间，瞄准住房消费、绿色消费、旅游休闲消费、教育文化体育消费等重点领域，支持购房、家庭综合消费等消费需求。截至2016年末，消贷业务余额42亿元，较年初新增19亿元，按揭贷款市场份额位居当地同业第三位，有效助力了房地产去库存；在省内信用卡发卡量近76万张，年内消费额达到345亿，满足了居民金融消费需求；大力推广互联网金融产品，手机银行客户近105万户，年交易量4000亿，“互联网＋”的直销银行产品在省内拥有10万名客户，金融资产总额30亿。

【维护消费者权益】 在消费者权益保护方面，民生银行积极开展金融知识普及教育，始终把确保客户资金安全、维护金融秩序、维护社会稳定作为第一要务，积极履行银行业保护金融消费者权益的社会责任。针对银行卡盗刷这一行业焦点问题，民生银行在全国首家创新推出安全账户，实现了账户管理的新突破，该产品通过手机银行签约并实现自主便捷操作，设定夜间锁、快捷支付锁、限额锁、跨境锁、常用地锁等5把“安全锁”，有高危交易阻断功能，可以有效防范借记卡盗刷。自10月下旬上线来，仅仅一个月的时间，产品省内签约量超过5万，“安全账户”项下客户金融资产达148亿元，已碰锁阻断疑似盗刷、欺诈交易7笔，有效保护了客户资产，为营造安全的金融消费环境发挥了积极作用。

（王　晶）

# 晋商银行股份有限公司

**【2016年经营概况】** 2016年，晋商银行发起设立了晋商消费金融股份有限公司，营业网点实现全省11个中心城市的全覆盖，共下设有13个分行（太原3个直属行，10个异地分行），157个营业网点（包括60个社区支行）和总行小企业金融服务中心。截至2016年12月末，资产总额、各项存款余额、各项贷款余额分别达到1728.1亿元、1161.22亿元、684.06亿元，累计实现经营利润134.86亿元、净利润66.43亿元，累计上缴税费49.49亿元。形成了以“盈”系列理财产品、“卡易贷”等为代表的多元化明星产品。

**【积极支持地方经济发展】** 强化资金支持。围绕省委、省政府重点抓好的八个方面和供给侧结构性改革，持续调整、优化信贷投向，集中信贷资源，促进实体经济发展。2016年累计向各类企业提供一般贷款534.19亿元，其中235.72亿元贷款集中投入到煤炭、化工、冶金、电力等山西支柱型产业上，131.8亿元贷款投入到了制造业、流通业等中小企业，166.67亿元贷款投放到了小微企业，为山西省主要企业平稳渡过难关提供了积极有效的金融支持。同时，进一步优化信贷审批流程，提高授信审批效率，全年累计为245户存量企业客户办理续贷589.77亿元，有效缓解了企业融资难、融资慢的问题。

助力小微企业。重塑小微金融业务管理体系，运用互联网思维，满足小微企业融资需求，小微企业贷款顺利实现“三个不低于”目标。2016年，累计向2286户小微企业发放一般贷款166.67亿元，余额达到157.39亿元，占全行一般贷款余额的29.52%。配合“双创”战略，加大对科技创新型小微企业的支持力度，与高新区管委会、科技局签署了战略合作协议，成立太原首家“科技银行”，为13家科技型小微企业提供融资7305万元，服务近40家科技型企业。发挥地方金融主力军的作用，在做好定点扶贫的同时，健全完善金融扶贫体制机制，加强金融扶贫产品和模式创新，为全省打赢脱贫攻坚战提供了强有力的金融支持。2016年，晋商银行累计发放金融精准扶贫贷款33.88亿元，其中单位精准扶贫贷款33.78亿元，带动贫困人口818人；个人精准扶贫贷款981万元，涉及贫困人口87人。

服务民生工程。积极响应省、市两级政府大力推进太原市“城中村”改造的政策，在市、区两级政府的大力支持下，以政府信用为基础，快捷高效地为太原市“城中村”改造项目提供了融资支持，并将业务合作范围扩大到临汾、大同、晋城等地市，不断创新设计出符合当地政策的“城中村”业务模式，较好地支持了城乡人居环境改善。截至2016年末，累计融资65.34亿元，余额9.56亿元。

优化政银企合作。充分发挥地方法人银行优势，与地市政府开展战略合作，及时跟进重点项目并给予资金支持。不断创新融资模式，与社会资本合作，共同发起成立医疗管理基金，以持股方式满足融资需求。作为山西省2015～2017年地方债主承销商，累计承销地方债券39.22亿元；针对山西省煤炭及相关产业创新支持方式，与保利能源搭建电商合作平台，展开“互联网＋”合作；与太原煤炭交易中心合作，落地供应链融资业务，帮助部分煤焦客户打开下游销售渠道、盘活存量。

**【积极推行绿色信贷】** 积极支持绿色信贷项目。深入贯彻落实国家出台的各项绿色信贷政策，突出“绿色信贷”导向，在2016年授信政策指引中，晋商银行提出按照国家及全省经济转型发展规划，一方面积极支持政府民生工程，另一方面继续加大对省内传统产业更新改造、循环经济、节能环保、现代服务业以及民生领域的授信占比，主要投入行业包括供热供气、新材料、装备制造、综合及循环利用经济项目等产业升级改造项目；市政基础设施建设项目；文化旅游、装备制造、新材料、新能源（煤层气、电动汽车）、食品医药、节能环保、养老家政、现代物流业等战略性新兴产业。2016年累计向上述行业批复授信金额117.01亿元。

严格执行信贷投放环保政策。在《晋商银行2016年信贷政策指引》中明确规定要严格执行绿色信贷政策和能效信贷指引有关要求，对环保有问题的项目不得介入；将继续坚持将环保政策作为授信审查审批的必要前提，对于不符合环保政策、未完善环评、能评手续的项目，一律不得介入。

严格控制“两高一剩”行业贷款。积极响应绿色信贷和信贷环保政策，在发放贷款时，严格控制“两高一剩”行业贷款，对能耗、排污不达标，或违反国家有关规定的贷款企业坚决收回贷款。对符合国家环保政策规定发放的贷款，建立了对高耗能、高污染重点企业贷款的持续监测机制；对达标不稳定或节能减排目标责任不明确、管理措施不到位的企业，及时主动调整贷款期限，压缩贷款规模，从严评定贷款等级。

**【提升金融服务能力】** 一是创新客户服务模式。零售业务方面，对现有零售客户进行分层梳理，进一步优化零售客户层级，及时修订零售客户统一视图管理策略，并针对财富管理系统提出相应业务需求、立项，以实现巩固、提升客户及稳定客户金融资产的目标。公司业务方面，总、分行共同拜访重点客户，协助设计综合服务方案，与政府重点部门建立联系机制，与核心客户合作实现业务落地，与高价值客户达成合作意向，并通过以干代训的方式，不断提高产品经理队伍建设水平，逐步在全行形成了从产品营销向方案营销转变的共识。二是产品创新。积极争取业务牌照，先后获得非金融企业债务融资工具意向承销类会员资格和北金所债权融资计划主承销商资格，成为山西省内具备债券承销（分销）业务的唯一法人机构。配合国家"双创"战略，加大对科技创新型小微企业的支持力度，与高新区管委会、科技局签署了战略合作协议，成立了太原首家"科技银行"，为13家科技型小微企业提供融资7305万元，服务近40家科技型企业。理财业务专业性得到提升，2016年共发行理财产品763.62亿元，理财能力在全国城市商业银行中位居第17名；依托互联网技术，推出了"商易贷"业务，积极探索通过直销银行、自助银行等电子渠道销售个贷产品；信用卡业务正式获得批准。三是电子银行覆盖范围进一步扩大。网上银行客户增加13.31万户，手机银行客户增加17.19万户，直销银行客户增加5.13万户，微信公众平台关注数创历史新高，稳定在7万户。新版个人网银客户端、网银助手正式对外推广，晋商快付项目顺利上线。四是提升服务水平。坚持"以客户为中心"，多措并举、着力提升金融服务水平。以柜面9.0系统升级改造为依托，优化梳理业务操作流程，促进网点效能优化提升，改善客户体验；发挥金融保障部和金融服务专岗的作用，督促分支机构持续强化金融服务能力，推动全行网点服务文化建设，组织开展了"防范电信网络诈骗宣传月""金融知识普及月"等专题活动，设立消费者权益保护部，提升金融消费者权益保护水平。

（韩晓俊）

## 山西省农村信用社

截至2016年末，全省农信社资产总额9872.47亿元，较年初净增1181.84亿元，占全省金融机构资产总额的23％；各项存款余额6330.28亿元，较年初净增680.04亿元，余额占全省金融机构存款总额的20.81％，新增存款份额占全省金融机构的28.89％；各项贷款余额3727.16亿元，较年初净增106.25亿元，增长2.93％，占全省金融机构贷款总额的18.32％；涉农贷款占全部贷款的85％以上，达3224.23亿元；实现各项收入509.56亿元，增收19.81亿元，增长4.04％；实现经营利润141.51亿元，增加3.02亿元，增长2.18％，经营效益进一步提升。

**【全力支持实体经济发展】** 全力推进金融精准扶贫。2016年末，精准扶贫贷款余额达114.98亿元，其中，面向建档立卡贫困人口发放贷款余额28.72亿元，支持户数4.49万户；5万元以下免抵押、免担保贷款9.82亿元，支持户数3.26万户；发放产业扶贫贷款49.72亿元，带动建档立卡贫困人口达到5.93万人。

坚定支持"三农"发展。持续实施"强农兴社金融普惠工程"，涉农贷款余额达到3224.23亿元，累计投放农业贷款2849.86亿元，110家机构开通福农卡授信业务，27家机构开办林权抵押贷款业务，9家机试点土地承包经营权抵押贷款业务，支持了1186户农业龙头企业、1692户农民合作社、1759户专业大户、699个基地（园区）、90户家庭农场发展，贷款农户总数达到102.96万户。

持续助力小微企业。积极开展支持小微企业专项活动，大力推广专营机构、微贷技术，积极推进银税合作、网上申贷、应收账款融资。2016年末，小微企业贷款余额2120.89亿元，较年初净增153.84亿元，贷款增速达7.82％，高于各项贷款增速4.89个百分点；贷款户数12.44万户，较同期增加6494户；申贷获得率99.71％，高于2015年同期0.4个百分点，实现了监管要求"三个不低于"目标。

大力支持重点项目。通过依法合规参与银团贷款、组织社团贷款向省内融资需求额度较大的实体企业投放贷款总额达到481.5亿元，重点支持了同煤集团、阳煤集团等一批省属重要骨干企业，以及太化园区搬迁、五台山风景区改造、太原城中村改造、王城高速公路建设等省重点工程项目。同时，通过投资债券、信托及资管计划等多种方式，支持省内企业融资340.07亿元，余额达到613.1亿元。

**【加快推进改革步伐】** 加大指导帮扶力度。制定出台了全省农村信用社2016～2018年改制化险三年规划，着力构建"政府领导、监管指导、省社主导、机构努力、多方参与"的五位一体工作机制。

加大募股引资力度。推动与太钢、山西移动、山西汾酒等集团战略合作尽快落地，组织部分机构赴省外招商引资，河北东旭集团注资朔州城区联社，成为该联社改制最大股东，江苏三胞集团与太原城区联社达成合作意向。

加大难点机构改制力度。下大力气解决高平市联社改制难题，探索出地方政府主导发行基金处置不良资产的新模式。全年成功改制10家农商行，全省已改制农商行达到

48家，其中高风险社成功改制农商行达到23家。

**【履行管理职责，加强风险防控】** 从严防控信用风险。制定出台《贷款客户管理办法》《客户经理管理办法》和《信贷资产质量评价办法》"三个办法"，推动信贷管理转型升级。开展借冒名贷款专项整治、票据业务检查、征信业务检查，并采取组建债委会、出台"十条禁令"、开办续贷通等措施，切实加强信用风险防控，全年发起和参与组建债委会77户，办理续贷通业务28325笔、486.83亿元。

推动规范财会管理。持续加强财务管理制度建设，稳步推进"营改增"工作，加大财务监督检查和财会人员培训力度，财会管理水平不断提高。此外，省联社首次向113家社员社分配红利，进一步规范了省联社经营行为。

逐步完善柜面业务。完善柜面操作规程，提升了柜面规范化操作水平；优化核心系统、整合外围系统、试点电子网络对账系统工作、上线金税三期财税库系统；完成了运营单证、运营机具的集中采购工作，压降了柜面运行成本；实施了2万余名柜面人员等级评定工作；成功举办全省首届柜面操作技能大比武。

建立健全行业制度。全年共审核规范性文件61项、订立48项、修订2项、废止2项，现行有效的386项，进一步形成了覆盖各项业务的行业管理制度。

**【创新业务成果丰硕】** 资金业务快速发展。积极推进资金服务协同平台建设，实现资金与理财业务系统投产运行，不断完善内控管理制度与流程，积极开展孵化、代理与投顾等服务指导，组织业务技能、风险控制等专题培训，推动资金业务工作的积极稳妥开展。全年承销省政府债券7期、31.8亿元，承销手续费287万元全部返还投标行社。

全面开通电子银行。全面运行网上银行、手机银行、微信银行，上线反钓鱼监测产品，启动银联云闪付、跨境电商平台合作等工作，试点开展利农商城惠农平台。全省农信社网上银行、手机银行累计开户数79.8万户，较年初新增51.76万户，全年交易笔数1481.94万笔，交易金额6142.73亿元。微信银行、支付宝、京东、腾讯财付等绑卡数286.2万户，全年交易笔数2931.5万笔，交易金额338.11亿元。

金融产品更加丰富。积极推动同业存单、资产证券化、利率互换、债券承销等新业务；加大银行卡在交通、医疗等行业的推广应用力度，研发出覆盖不同领域、适合不同人群的居民健康卡、自行车一卡通、薪财通等新型卡种；开发出"光伏贷"、脱贫贷、出租贷、林权抵押等接地气、有特色、受欢迎的信贷产品。

（李益友）

## 邮储银行山西省分行

**【主营业务稳健发展】** 2016年，全省业务收入比2015年增长4.42%；净利润增长10.77%；贷款不良率0.8%，较年初下降0.17%；贷款不良金额4.28亿元，较年初增加400万元。

**【坚持转型升级，提升企业效益】** 个人金融业务。加快网点转型，突出联动发展，狠抓旺季经营，2016年全省储蓄存款余额增加224亿元，创历史新高，增长284%，新增市场占有率列同业首位，其中自营网点余额增加34亿元，总余额507亿元。忻州市分行净增6.3亿元，列全省第一。信用卡业务，持续开展"悦享"营销，加大激励考核力度，深化银邮合作，2016年累计发卡16万张，创收6207万元，比2015年增长72%，主要指标优于全国平均水平。中间业务，重点产品拉动明显，人民币理财业务增收1000余万元，增长60%。

零售贷款业务。2016年，深化能力提升年活动，城区零贷中心业务下沉二级支行，统一零售信贷人员绩效考核标准，有效提升发展能力。消费贷款，以项目开发为抓手，积极推广新产品、开展宣传营销，余额净增29亿元，增长39%，创历史新高。小企业贷款，进一步优化营销组织体系，拓展合作平台，加快重点产品投放，余额净增1.16亿元，列全国第15位，较2015年上升2位。退出高风险客户17户、金额6458万元。晋中市分行余额净增5740万元，占全省净增额的49.5%。三农贷款，以模式和产品创新为手段，以扶贫贷、"双创"贷为重点，余额净增1.6亿元。家庭农场（专业大户）等新型农业主体贷款余额净增2.46亿元，占小额贷款总余额的39%。通过要素、模式调整，创新产品61个。与新大象公司合作推出委托经营扶贫新模式，精准扶贫工作得到省政府、监管部门的肯定。转化调研成果，编写《营销路线图》《风控宝典》，为市场营销和风险管控提供工具。临汾市分行小额贷款余额净增6689万元，列全省第一。

公司金融业务。加强项目管理，实施联动营销，重点突破新业务发展，客户结构和行业覆盖面进一步改善。2016年，集中发力财政专项资金、代收付类资金，公司存款日均余额净增20.85亿元，列全国第15位。公司贷款余额净增42.2亿元，放款量、余额、净增分别列全国第8位、12位和10位。结构调整成效显著，新增非煤非钢客户10户，煤炭行业集中度降至62%。累计票据直贴214.85亿元，增长73.5%。

敞口承兑、福费廷、信用证等产品落地，实现收入近千万元，累计引存3.6亿元，多元化产品体系初步形成。省直属支行、太原市分行公司存款、贷款余额分别净增33亿元、12亿元。

金融市场业务。倾斜资源配置，实施差异化、特色化发展策略，坚持创新与提能并重，2016年累计实现收入3.99亿元，增长40.3%，占总收入15.6%，较2015年提升4个百分点，拉动全行收入增长4.75个百分点。顺应社会融资方式变化，坚持创新引领，成功落地多项新业务。资产管理，销售机构理财495.6亿元，列全国第7位，规模达到400亿元，增长82.7%。托管业务，深化银银、银基、银证的合作，新增159亿元，规模达到456亿元。各市分行因地制宜，打造特色，临汾、晋城市分行分别销售机构理财179亿元、126亿元，合计占全省销售总量的62%。

电子银行业务。坚持电子优先战略，依托"亿路有你"系列营销活动，开展数据挖掘，推动精准营销，持续做大规模，全年全省新拓展客户93万户，总规模达到563万户。全省电子银行渗透率、交易替代率分别为40%、83%，均列全国第10位；累计交易3.7亿笔，列全国第11位。柜面小额现金可分流率压降3个百分点。完成10个市烟草B2C支付协议签订、系统上线。手机银行新增客户96万户，激活率列全国第9位。

**【坚持关口前移，增强风险管控】**

全面风险管理深入推进。强化风险限额管理，完善考核评价机制，管控能力进一步提升。开展零售贷款评级调研，为总行优化评级管理提供参考。突出管好信用风险，健全监测、预警体系，加快不良资产处置。2016年全行不良贷款移交率较年初提升13.1%，累计清收不良贷款1.59亿元；核销呆账1.63亿元。有效开展全省声誉风险管理，妥善组织上市前后舆情应对，全年发布正面宣传932篇，处置负面舆情76起。

内控案防基础不断夯实。启动三年内控合规建设，开展"内控达标年"活动，查找内控缺陷，整改各类问题7349个，经济处罚6391人次。上线合规管理系统，技防水平得到提升。落实监管要求，全面开展"两加强、两遏制"回头看，狠抓制度落实和问题整改。开展制度梳理，推进外规内化，修订、新建制度60项，废除42项。保持案防高压态势，银邮联控联防，加强压力传导，全年未发生资金案件。

内部审计监督扎实开展。扎实开展零售信贷、票据、负债、信用卡和中间业务审计项目，强化风险管控。有序开展经济责任审计，加强对领导人员履职监督。突出重点，开展财务收支、绩效考评、工程结算等常规类审计，严控各类违规支出。全年完成审计项目31项，累计发现问题802个，提出审计建议339条。

安全保卫能力持续提升。收官"三年能力提升"活动，取得较好成效。2个安全管理标准化达标网点入选全国首批名单。物防、技防分别改造营业网点13个、16个。充分发挥视频监控的技防作用，开展非现场检查、安全巡查、客户远程语音求助等。

**【坚持创新引领，强化支撑保障能力】** 科技作用有新发挥。完成市分行"三网"改造，启动网点WLAN建设；自主研发营销小秘书、设备管理等系统。拓展数据应用，上线运行生产经营信息发布平台，实现数据自动推送。开展6项主题数据分析，其中电子银行专项营销分析入选总行推广案例。梳理数据库表73个、创建524个字段的数据字典，数据抓取响应时间压缩至10天。加强巡查巡检、应急演练，重

邮储银行山西省分行将信贷服务送到田间地头

要前置系统可用率保持在99.9%以上。

*营运体系有新成果*。进一步实施运管分离、集中营运,成立省分行营运中心,实现网点个人业务柜面远程授权、资金汇划省行集中、个贷放款市行集中。105个网点完成高低柜整合优化,分流35名柜员充实至营销岗位。业务流程持续优化,上报总行14项软、硬优化项目,为营运效能提升奠定基础。备付金率列全国第6位。会计稽核重大差错率下降50%。

*网点转型有新突破*。通过规范管理、增加投入,网点布局逐步优化。稳妥变更“名行实所”机构。全年装修改造网点19个。推动网点智能化,新增离行自助银行6处、CRS74台、自助填单机23台。上线移动展业系统,应用于个金、公司业务营销和受理,为客户提供更加便捷的金融服务。

**【坚持制度先行,丰富管理手段】** *授信管理提能增效*。授信政策导向作用有效发挥,行业和客户覆盖面进一步拓宽,全省信贷投向结构持续优化。审查审批环节瘦身减负,授信决策链条缩短,审查要点和信审标准进一步规范明确,实行绩效考核与前台发展挂钩,促进信审效率大幅提升。持续监测行业与重点客户,定期开展监督检查,实行动态差异化授权管理,提升征信报送质量。

*财务管理凸显效益*。首次推行预算目标认领制,拉大绩效考核档差,调动机构发展积极性。夯实财务管理基础,实现财务资金集中管理,上线ERP系统,实现财务基础数据同源、同口径管理。完成“营改增”,建立进项税管理机制。提升资负管理能力,建立经济资本管理机制,上线利率定价系统,实行差别化定价。加强投资管理,整治营运用房租赁存在的问题。规范采购行为,出台招标代理机构管理、供应商后评估制度。全年组织采购125项,金额5592万元。实施县域扭亏增盈三年规划,亏损网点减少5个,亏损金额减少1996万元。

(杨宏东)

# 信托投资

**【经营整体稳步向好】** 2016年,山西信托股份有限公司实现营业收入3.51亿元,利润总额1.61亿元,净利润1.28亿元,截至2016年年底,公司固有资产总额22.48亿元,信托业务规模303.51亿元。

**【各项工作有效推进】** *有效遏制风险上升恶化态势,风险化解效果明显*。2016年,风险化解与处置仍是公司的首要工作,公司在原有措施的基础上,通过制定《风险项目识别判定管理办法》等新举措,多管齐下,大力抓推进、抓落实、抓成效。同时,根据企业实际经营状况,不断调整和完善处置方案,积极化解项目风险,公司风险化解处置工作取得了较大进展。截至2016年末,公司风险项目总规模及公司承担兑付责任的主动管理类风险项目规模较2015年分别下降27.52%和3.12%,有效遏制了公司风险不断恶化的趋势。

*推进业务转型发展,创新业务取得新突破*。2016年,公司加大对中小企业和“三农”等关系社会民生项目的支持力度,积极降低企业融资成本,努力使经济发展成果更多、更公平地惠及更广泛的社会群体。一是利用农业产业发展基金,充分发挥信托制度优势,实现社会资本的高效对接,有效支持省内农业企业发展。基金成立以来,通过基金、信托计划等形式向省内9家农业企业提供2亿多元的资金支持,其中,九牛牧业和山阳药业两个项目使用产业基金4000万元,产业基金撬动社会资金1.4亿元;信托计划直接投资万里红枣业等7家企业共计5800万元。与上海天赋资本签订合作协议,采用双GP模式共同运行农业产业基金;与东方亮等3家农业企业签订了投资意向书,意向投资规模1.33亿元。二是设立城镇化建设基金,积极引导资金投资城镇化建设,为城镇化持续发展提供资金支持保障。2016年4月,城镇化建设基金在太原市民营区工商局进行工商登记注册,完成了设立工作,并与山西晋城经济技术开发区签订协议,开展全面合作,发挥城镇化建设基金的积极作用,参与市政类与财政类项目,大力支持廉租住房、经济适用住房、公共租赁住房等保障性住房建设的资金需求。三是积极拓展公司业务范围,促进业务转型创新发展。2016年以来,公司高度重视业务创新工作,成立了由公司领导牵头的创新工作领导小组,有序开展以固有资产从事股权投资业务、信贷资产证券化特定目的的信托受托机构资格等创新业务资格的申报工作,上述两项资格在年内均成功获得批准,为公司转型创新发展奠定了良好的基础。

*有效发挥协同效应,信托功能发挥取得新进展*。积极与集团系统内中煤保险、股权交易中心、产权交易中心、担保公司、晋金所等兄弟公司合作,设计、开发系列标准化信托产品,如与中煤保险、山西产权以及外部投顾密切合作,推出《山西信托——晋信宏瑞系列财产信托计划》;与晋金所合作,推出财产权信托系列产品,为解决地方融资难题摸索出了一条新的路子;继续与担保公司合作,加大山西省中小企业发展基金系列信托计划发行力度,有效解决了中小企业的抵押物不足、担保不充分和融资难、融资成本

高的问题。2016年,中小企业发展基金为7户中小企业提供了规模9100万元的资金支持,2年期项目年融资成本下降一个百分点。

**加强投资者风险教育,切实保护客户权益。**认真贯彻执行银监局消费者权益保护指导意见,严格落实"双录"工作,全面防范柜面业务操作风险。适时对委托人进行理财教育,不断强化其风险意识,有效增强委托人对理财产品的风险认知度。先后制定了《信托计划信息披露管理办法》《客户投诉管理办法》等一系列消费者权益保护制度,建立了畅通的客户投诉处理渠道,促进了公司信托理财业务的健康发展。

(赵姗姗)

山西经济年鉴

YEAR BOOK OF SHANXI ECONOMY

# 保险业

BAOXIANYE

13

# 保险业

## 综　述

**【2016年山西保险业运行情况】** 行业发展迈上新台阶。2016年，全省保费收入突破700亿元大关，比2015年增长19.4%，较地区生产总值增速快14.9个百分点。其中，财产险市场实现保费收入184亿元，增长9.9%；人身险市场实现保费收入516.6亿元，增长23.2%。保险深度5.4%，提高0.8个百分点，位居全国第3位；保险密度1903元/人，增长18.8%。保险总资产1475.6亿元，较年初增加247.6亿元。行业为社会提供各类风险保障21.2万亿元，同比增长36.5%。赔付支出239亿元，增长19.4%。积累各项准备金1955.3亿元，增长15.3%。

行业主体建设有序推进。2016年，全省保险公司各级机构2415家，比2015年增加106家。其中，法人机构1家；省级分公司48家，省级分公司中，财产险公司25家，人身险公司23家；中心支公司311家；支公司1105家；营业部20家；营销服务部930家。保险公司中心支公司较年初增加18家，增量位居全国第10位，支公司较年初增加95家，增量位居全国第6位。全省有保险专业中介机构1021家，较2015年增加804家。专业中介机构中，区域法人机构71家。保险兼业代理机构5671家。

**【保险业积极服务经济社会发展大局】** 着力助推脱贫攻坚。2016年6月，山西在全国较早成立了保险业助推脱贫攻坚工作领导小组。7月，山西保监局联合省扶贫办在全国率先出台《关于保险业助推脱贫攻坚工作的实施意见》，协调省卫计委出台《健康扶贫工程实施方案》。12月，山西保监局与临县人民政府签订《创建临县山西保险业精准扶贫示范县合作备忘录》，标志着全省首个保险扶贫示范县正式落户临县。

2016年，全省扶贫保险实现58个贫困县全覆盖，为230万建档立卡贫困人口提供农业保险、大病保险、人身意外伤害保险等总保额近1.2万亿元的风险保障，累计支付赔款2289万元，2.87万贫困人口获得保险赔付。

积极服务经济转型升级。2016年，山西保监局大力推动"险资入晋"，保险资金在山西新增10项基础设施债权投资，新增投资额231亿元，比2015年增长33.76%，保险资金累计为山西基础设施建设投资787.5亿元。出口信用保险为山西企业"走出去"提供风险保障25.4亿美元，支持企业融资4543.3万美元，服务出口企业909家，出口企业覆盖率89.7%，一般贸易出口渗透率93.7%，两项指标位居全国第一。工程保险为全省工程建设提供风险保障805.08亿元，增长10.48%。其中，以平安产险为主承保方的8家财产险公司共保体承保了太原市轨道交通2号线一期工程的建筑/安装工程一切险，提供风险保障126.57亿元。首台(套)重大技术装备保险实现突破性进展，实现签单保费232.92万元，累计为12台重大技术装备提供8277.4万元风险保障。贷款保证保险为948家小微企业和1.5万人提供增信服务，支持贷款14.4亿元。借款人意外伤害保险，帮助35万人获得贷款302.3亿元。

有效保障农业生产。2016年4月，山西保监局推动省政府印发《关于2016年新实施强农惠农富农补贴政策的通知》，明确地方特色农险的"以奖代补"政策。5月，山西保监局联合省财政厅、农业厅下发《关于在全省开展政策性马铃薯保险的通知》，省级政策性农业保险险种增至6个，基本覆盖山西省大宗农畜产

2016 年山西省财产保险公司保费收入及市场占比情况

单位:万元

| 财产保险公司名称 | 保费收入 | 比 2015 年增长 | 市场份额 | 与 2015 年相比份额变化 |
|---|---|---|---|---|
| 中国人民财产保险股份有限公司山西省分公司 | 618958.08 | 7.01% | 33.64% | -0.91 |
| 中国平安财产保险股份有限公司山西分公司 | 288549.44 | 15.24% | 15.68% | 0.73 |
| 中国人寿财产保险股份有限公司山西省分公司 | 256651.16 | 1.08% | 13.95% | -1.22 |
| 中国太平洋财产保险股份有限公司山西分公司 | 118567.46 | 3.18% | 6.44% | -0.42 |
| 中国大地财产保险股份有限公司山西分公司 | 78866.47 | 10.99% | 4.29% | 0.04 |
| 阳光财产保险股份有限公司山西省分公司 | 67760.24 | 29.99% | 3.68% | 0.57 |
| 中煤财产保险股份有限公司山西分公司 | 61454.97 | -17.65% | 3.34% | -1.12 |
| 永安财产保险股份有限公司山西分公司 | 48147.75 | 72.08% | 2.62% | 0.95 |
| 太平财产保险有限公司山西分公司 | 46302.21 | 8.82% | 2.52% | -0.03 |
| 中华联合财产保险股份有限公司山西分公司 | 39052.83 | 30.17% | 2.12% | 0.33 |
| 安盛天平财产保险股份有限公司山西分公司 | 31254.09 | 17.48% | 1.70% | 0.11 |
| 华安财产保险股份有限公司山西分公司 | 30216.07 | 47.17% | 1.64% | 0.42 |
| 天安保险股份有限公司山西省分公司 | 24617.72 | 1.76% | 1.34% | -0.11 |
| 英大泰和财产保险股份有限公司山西分公司 | 24562.80 | 41.80% | 1.34% | 0.3 |
| 华泰财产保险有限公司山西省分公司 | 20457.28 | -1.58% | 1.11% | -0.13 |
| 紫金财产保险股份有限公司山西分公司 | 14594.50 | 34.80% | 0.79% | 0.15 |
| 永诚财产保险股份有限公司山西分公司 | 13396.90 | -10.26% | 0.73% | -0.16 |
| 信达财产保险股份有限公司山西分公司 | 12169.84 | 19.68% | 0.66% | 0.05 |
| 安诚财产保险股份有限公司山西分公司 | 10000.35 | 68.75% | 0.54% | 0.19 |
| 中银保险有限公司山西分公司 | 8748.05 | 32.81% | 0.48% | 0.08 |
| 都邦财产保险股份有限公司山西分公司 | 7518.52 | 15.05% | 0.41% | 0.02 |
| 中国出口信用保险公司山西分公司 | 5673.40 | 5.15% | 0.31% | -0.01 |
| 渤海财产保险股份有限公司山西分公司 | 3709.59 | 25.60% | 0.20% | 0.03 |
| 安邦财产保险股份有限公司山西分公司 | 3554.65 | 20.65% | 0.19% | 0.02 |
| 众安在线财产保险股份有限公司(虚拟) | 3088.56 | 42.62% | 0.17% | 0.04 |
| 中国铁路财产保险自保有限公司(虚拟) | 1608.62 | 9991.52% | 0.09% | 0.09 |
| 华农财产保险股份有限公司山西分公司 | 242.36 | — | 0.01% | 0.01 |
| 阳光渝融信用保证保险股份有限公司(虚拟) | 7.01 | 0.00% | 0.00% | 0 |
| 泰康在线财产保险股份有限公司(虚拟) | 5.85 | 859.79% | 0.00% | 0 |
| 安心财产保险有限责任公司(虚拟) | 2.18 | — | — | — |
| 易安财产保险股份有限公司(虚拟) | 1.76 | — | — | — |
| 合　　计 | 1839740.69 | 9.91% | 100.00% | — |

品。截至 2016 年底,全省 11 个地市共开展了包括葡萄、梨、设施蔬菜、核桃、苹果、红枣、小杂粮、羊、育肥猪、肉牛、西瓜、黄花、蚕、旱地西红柿、生猪价格指数、收获期农作物火灾保险等 16 个品种的地方政策性农业保险试点,累计承担风险保障 9.44 亿元,参保农户达到 20.77 万户次;累计支付赔款 3337.11 万元,受益农户 2.54 万户次。2016 年,全省农业保险实现保费收入 6.35 亿元,比 2015 年增长 12.23%,为山西 412.44 万农户提供保障 430 亿元;支付赔款 4.48 亿元,增长 3.52%,116.27 万农户受益。中央政策性玉米、小麦、奶牛、能繁母猪保险覆盖面不断拓宽,政策性公益林保险实现全覆盖,马铃薯保险试点正式启动。

切实保障改善民生。一是开展商业健康保险税优试点。2016 年 3 月,太原市启动税优健康险试点工作,个人税优健康险产品累计实现保费收入 120.31 万元,承保人数 626 人,赔付 12 人次,赔付金额 9.29 万元。二是优化城乡居民大病保险服务。梳理并公开省内 222 个大病保险服务网点联系方式、大病保险经营机构名单、即时结算定点医院等 8 项内容;承办公司建立大病保险专项投诉渠道,将大病保险基本赔付资料由 10~14 项精简为 8 项;积极推广“一站式”即时结算和异地就医及时结算，目前全省已有 9 个项目实现即时结算。三是推进老年人意外伤害保险发展。联合山西省财政、民政及老龄委等部门，将建立老年人意外伤害保险纳入政府“为民办实事”的重要内容，目前有 4 家人身险公司经营老年人意外伤害保险业务。2016 年，山西健康险业务实现保费收入 59.9 亿元，比 2015 年增长 46.6%；养老金业务实现保费收入 29.3 亿元，增长 34.8%。四是有效参与重大事故救援与善后处置。“6·3”太长高速特大交通事故 3 日内预付赔款 200 万元。“6·13”长治特大雹灾，一个月内赔付超过 1 亿元。“11·21”京昆高速重大交通事故，一周预付赔款 540 万元。

**【保险业改革发展步伐加快】** 全面实施商业车险改革。根据保监会统一部署，山西省于 2016 年实施商业车险条款费率管理制度改革。改革后，7 成以上消费者享受到费率优惠，签单保费和签单数量比 2015 年分别增长 12.4%和 17.4%，商业车险全年实现保费收入 99.78 亿元，增长 10.69%。车险市场持续呈现出保费稳步增长、效益保持良好、消费者普遍受益的态势。

稳步推进保险中介市场准入退出机制改革。2016 年，山西保监局按照商事制度改革要求，调整保险专业中介机构准入监管，完善市场退出机制。全年新设保险专业代理法人机构 2 家，保险经纪法人机构 1 家，对 233 家兼业代理机构、30 多家专业代理分支机构依法实施市场退出，进一步加强了保险中介市场体系建设，优化了保险中介市场结构。

积极推进太谷保险示范县建设。2016 年，山西保险业以晋中市太谷县为试验田，根据县乡村实际需求，加快保险创新。太谷县大病保险及补充医疗保险实现全覆盖。初步建立扶贫保险机制，为全县 1 万多名建档立卡贫困人口提供保障。

**【进一步规范保险市场秩序】** 2016 年，山西保监局加大综合检查和专项整治力度，从严查处违法违规行为，积极营造规范有序的市场环境。

2016 年山西省人身保险公司保费收入及市场占比情况

单位：万元

| 人身保险公司名称 | 保费收入 | 比 2015 年增长 | 市场份额 | 与 2015 年相比份额变化 |
|---|---|---|---|---|
| 中国人寿保险股份有限公司山西省分公司 | 1324153.18 | 18.54% | 25.63% | －1 |
| 中国人寿存续 | 28129.38 | －5.82% | 0.54% | －0.17 |
| 中国太平洋人寿保险股份有限公司山西分公司 | 675849.66 | 22.61% | 13.08% | －0.06 |
| 安邦人寿保险股份有限公司山西分公司 | 445519.80 | 299.89% | 8.62% | 5.97 |
| 中国平安人寿保险股份有限公司山西分公司 | 434079.62 | 38.16% | 8.40% | 0.91 |
| 中国人民人寿保险股份有限公司山西省分公司 | 375091.12 | 34.26% | 7.26% | 0.6 |
| 新华人寿保险股份有限公司山西分公司 | 303587.89 | 0.48% | 5.88% | －1.33 |
| 国华人寿保险股份有限公司山西分公司 | 275034.89 | －26.61% | 5.32% | －3.61 |
| 泰康人寿保险股份有限公司山西分公司 | 221782.69 | 11.93% | 4.29% | －0.43 |
| 太平人寿保险有限公司山西分公司 | 220517.04 | 24.53% | 4.27% | 0.05 |
| 生命人寿保险股份有限公司山西分公司 | 184563.11 | 8.56% | 3.57% | －0.48 |
| 中国人民健康保险股份有限公司山西分公司 | 115740.29 | 62.21% | 2.24% | 0.54 |
| 农银人寿保险股份有限公司山西分公司 | 114472.84 | 79.79% | 2.22% | 0.7 |
| 阳光人寿保险股份有限公司山西分公司 | 102236.71 | －53.01% | 1.98% | －3.21 |
| 工银安盛人寿保险有限公司山西分公司 | 90983.70 | 216.10% | 1.76% | 1.07 |
| 合众人寿保险股份有限公司山西分公司 | 86027.70 | 86.68% | 1.67% | 0.57 |
| 幸福人寿保险股份有限公司山西分公司 | 63275.02 | 37.25% | 1.22% | 0.13 |
| 百年人寿保险股份有限公司山西分公司 | 29063.96 | 542.96% | 0.56% | 0.45 |
| 民生人寿保险股份有限公司山西分公司 | 26948.11 | －50.54% | 0.52% | －0.78 |
| 光大永明人寿保险有限公司山西分公司 | 13345.56 | 24.98% | 0.26% | 0 |
| 英大泰和人寿保险股份有限公司山西分公司 | 11832.84 | 50.18% | 0.23% | 0.04 |
| 泰康养老保险股份有限公司山西分公司 | 10984.05 | 44.67% | 0.21% | 0.03 |
| 平安养老保险股份有限公司山西分公司 | 9244.90 | 13.19% | 0.18% | －0.02 |
| 信诚人寿保险有限公司山西省分公司 | 3275.74 | 157.61% | 0.06% | 0.03 |
| 合　计 | 5165739.79 | 23.19% | 100.00% | — |

一年来，山西保监局累计派出139人次，对42家次保险机构开展现场检查，共对13家保险机构、19名责任人实施了行政处罚，累计罚款190.9万元，案均处罚金额14.7万元，比2015年提高72.9%。

扎实开展“两两”回头看专项检查。2016年7月至12月，山西保监局按照中国保监会统一安排，组织辖内保险机构开展“两个加强、两个遏制”回头看工作。派出8个督导组，对233家保险公司分支机构及8家保险专业中介机构进行现场督导。结合基层监管巡查，深入152家县级机构开展督导。监管抽查阶段，分别对永安财险、平安人寿、长治市鼎铭保险代理有限公司进行现场检查，并对检查发现的问题进行严肃处理。

强化业务领域现场检查。财产险市场，赴11个地级市开展农业保险检查，覆盖全省三分之一以上的农险保单；根据指标监测情况，筛选机构实施车险检查。人身险市场，重点开展业务合规性检查，对1家省公司、两名责任人实施处罚，罚款28万元。中介市场，围绕“五虚”等问题，对部分专业代理机构实施重点抽查，处罚5家机构、6名责任人，罚款19.9万元。

开展反保险欺诈专项行动。2016年4月至10月，山西保监局与省公安厅组织开展了“安宁2016”反欺诈区域专项行动。专项行动期间，全行业累计向公安机关移送保险欺诈案件线索102条，公安机关立案13起，涉案金额550万元，已侦破9起，其中包括2起专业化犯罪团伙案。通过反欺诈专项排查和日常预防，辖内保险公司合计减损3216件，减损金额11483.41万元。

整治不规范销售行为。2016年6月，针对市场上出现的“买保险、送礼品”“买商品、送保险”等不规范销售行为，山西保监局下发《关于整治和规范保险销售行为的通知》，组织全行业开展了专项整治活动。重点查处反映突出的两家财产险公司，对机构及相关责任人给予行政处罚。

**【加强保险消费者权益保护】** 持续整治销售误导和理赔难。2016年，山西保监局加强积压未决赔案清理工作，加大车险理赔服务评价指标披露力度，车险服务水平稳步提升。继续深入开展销售误导综合治理效果评价及披露，强化保险公司主体责任，评价得分低于60分的保险公司，由2015年的6家减少至3家。

妥善处理消费者诉求。2016年，山西保监局对12378消费者维权热线和投诉系统进行升级改造，热线接通率和处理满意率进一步提高。加大对投诉处理情况的考评通报力度，督促各公司提高投诉处理效率。加强投诉数据分析，有针对性地对公司提出整改要求。全年处理消费者投诉2000余件，为消费者维护经济利益600多万元。

开展“亮剑行动”。2016年5月至9月，山西保监局开展打击损害保险消费者合法权益行为“亮剑行动”，严查电子网络销售业务领域存在的违法违规问题，对两家保险公司省级分公司开展现场检查并采取了监管措施。

完善矛盾纠纷化解机制。2016年，各地保险行业协会进一步完善保险纠纷调处机制，全年各调解机构受理保险纠纷案件799件，成功化解665件，涉案金额近5000万元。与省高院沟通，加强诉调对接，全年成功调解案件150件，增长154%，涉案金额248.6万元。

加强消费风险提示与消费者教育。2016年，山西保险业利用“3·15”消费者权益保护日、“7·8”保险公众宣传日，向消费者普及保险消费和维权知识。通过微信平台、外网网站等新媒体，宣传保险知识，开展风险提示，全年发布宣传提示信息160多条。

**【强化保险业风险防范】** 开展互联网保险风险专项整治。2016年，按照保监会统一部署，山西保监局联合省工商局、省金融办等部门，组织行业开展互联网保险风险专项整治，对存在突出问题的机构进行清理整顿，防范化解了相关风险。

防范非正常满期给付和退保风险。2016年，山西保监局建立双周监测报告制度，全面掌握风险底数，动态跟踪有关情况，针对问题进行窗口指导。重点关注中短存续期产品和电销网销渠道等情况，强化风险提示，确保相关风险总体可控。

防范非法集资风险。2016年5月，山西保监局组织保险业开展以“慧眼·守信·明责”为主题的防范非法集资宣传月活动，提高行业防范非法集资风险意识。全行业建立了非法集资风险排查机制，积极应对并果断处置了“紫登书院”房地产项目等假借保险名义、涉嫌非法集资的跨区域、跨行业风险问题。

（刘　蓉）

## 中国人民财产保险股份有限公司山西省分公司

**【保费规模攀升，经营效益稳定】** 2016年保费收入61.9亿元，比2015年增长7.01%；市场份额33.8%，增量保费4.05亿元，双双保持市场第一。全年综合成本率98.77%，优于行业0.1个百分点，10个市分公司实现承保盈利。车险万元以下赔案理赔周期10.1天，系统排名第6；客户投诉案均处理天数3.98天，下降58.11%；微信公众号绑定率80.1%；全年承担保险责任金额6.36万亿元，处理各类赔案61.48

万件，支付各类赔款36.84亿元，上缴税金4.1亿元。

【各项工作扎实推进】 战略牵引，深化精品创建。总结"十二五"精品创建成效，明确提出"全面推进精品创建"目标，强化顶层设计，注重基层实践，持续提升战略牵引能力。坚持效益第一，追求对标跑赢，高速度、有效益发展成为行动自觉；推广企划管理，建立动态预警机制，以企划实施推进战略落地；深化重点帮扶，加大综合经营落后分支机构分类指导，推进区域均衡发展；继续开展精品服务窗口创建，2016年新增8个，达到55个。

对标市场，优化发展格局。车险方面，顺利完成商车费改上线，战略性发展家自车，加快县域市场布局，推进地面电销团队建设，2016年车险保费收入45.9亿元，比2015年增长8.38%；家自车占比48.98%，第一客户群巩固。商业非车险方面，强化大格局思维，以专营机构和专业化团队建设为抓手，强化整体营销，着力一揽子风险方案解决，传统基础客户巩固，蓝海市场有效突破，商业非车险保费收入7.21亿元，市场份额32.04%，工程险、信用保证险、助贷险快速增长，首台(套)综合保险、诉讼财产保全责任险、金融机构贷款损失信用险相继破冰。政策支持型业务方面，升级保险供给，创新管理模式，加快从发展农业保险向农村保险升级，农险保费3.49亿元，市场份额54.98%；探索"基本医疗＋大病保险＋意外医疗＋民政救助"一体化运营模式，社保业务保费突破5亿元；稳步推进扶贫保险，以点带面，光伏保险、贫困人口补充医疗保险、扶贫公路工程险、贫困户羊养殖产业保险相继取得突破。

提质降本，盈利保持稳定。坚持有效益发展不动摇，扎实推进成本领先战略。狠抓承保定价，强化费率与业务质量联动，改善高风险业务，剔除负价值业务，优质业务占比持续提升；狠抓理赔管控，实施精益理赔，深化营业货车高赔付治理、人伤过程管理、非车险大额案件管控和诉讼案件管理，赔付成本呈现下降趋势；狠抓费用效能，深化全面预算管理，积极应对"营改增"政策变化，固定费用持续下降，税制改革平稳过渡。

优化界面，服务效能增强。坚持线上线下融合，启动卓越理赔服务计划，推广微信自助理赔，升级远程移动定损系统，推进优质客户"一站式"理赔，加大监管服务评价指标考核，完善客户投诉机制，客户满意度稳步提高；坚持服务与销售绑定，推进服务产品化、柜面一体化，探索服务与客户分级对接机制，推送服务直达客户。

合规经营，有效防范风险。以落实中央巡视整改、内外部专项审计整改、"四风"和"两加强、两遏制"整改回头看为契机，细化"六大纪律"标准，运用四种形态，抓严抓长，抓细抓小，持续营造风清气正氛围；推进基层内控体系建设，全面开展对标评估，内控缺陷有效弥补；落实偿二代监管要求，完善全面风险管理体系，合规三道防线更加巩固。

（茹哲峰）

## 中国人寿保险股份有限公司山西省分公司

【公司发展亮点纷呈】 总保费增速创8年来新高，续期资源跃上100亿台阶。2016年，公司实现总保费收入132.16亿元，比2015年增长18.51%，增速创8年来新高。特别是公司续期＋期交保费历史性的突破100亿元，达到107.62亿元。

核心业务增速创历史新高，价值贡献攀升全国系统前列。2016年，首年期交、10年期及以上期交和短期险(含大病保险)三项核心业务保费收入分别达到31.88亿元、14.76亿元和9.15亿元，比2015年增长61.29%、53.64%和48.1%，规模与增速均创历史新高。首年标保12.95亿元，增长25.47%，总量位居全国系统第8位。

关键预算指标执行刷新纪录。2016年，公司首年标保、首年新单、首年期交、10年期、短期险、个险季均有效人力等六项核心权重考核指标分别达成预算的122.38%、122.8%、135.4%、114%、105.49%和146.05%，实现了满堂彩。

首年期交首超趸交，业务结构发生根本性变化。2016年，公司系统首年期交保费收入31.88亿元，不仅自股改上市以来首次超过趸交，而且保费总量达到趸交的两倍。首年期交占首年保费的比重达67.22%，提升20.82个百分点；同时，银保趸交占首年保费的比重为32.69%，在2015年大幅回调的基础上又下调了20.82个百分点。

创费创佣总量实现大幅跃升，员工人均收入大幅提升。2016年，公司整体新单创费比2015年增长57.2%；全省费用预算控制率91.12%，市县两级公司非人员经营管理费用占比94.94%，提升14.76个百分点，基层公司费用状况持续改观。全省首年佣金突破6.24亿元，增长49.27%。员工薪酬总额增长22.18%。

综合销售大短险、大期交成效显著，政策性业务实现新的突破。2016年，个险、团险、银保三大渠道短期险增速分别达到48.12%、17.8%和200%；银保、团险分别销售个险期交保费1.58亿元和47.03万元，较2015年翻了三番以上。公司成功续签两个大病保险项目，8个项目完成系统对接工作；依托与省扶贫办的战略合作平台，扶贫保险成功统保70个县，承保人数达到143.53万，保费突破6000万元。

**【坚决贯彻“底线、标准线和根本线”的发展新理念，坚持在转型升级中加快发展】** 坚持把发展作为第一要务，正确把握“格局、布局、结局”的关系，业务发展全面提速。个险业务首爆日保费翻番，高达12.8亿元，提前三个月完成首年标保、首年期交和首年10年期三项核心指标，保费增速分别达到25.87%、69.24%和52.55%。银保业务借助大个险和大短险平台，近六年来首次在11月全面超额完成全年各项预算，首年标保、首年期交和首年10年期分别增长27.8%、28.3%和85.16%。团险坚持振兴发展，放大格局，做大板块，高效统筹，大短险提前超额完成预算，保费增速高达26.71%，排全国系统第6位，取得近年来最好成绩。与此同时，坚持在发展中转型，加大结构调整力度，注重发展的质量和效益，特别是积极推进产品多元化，2016年保障型产品保费收入突破2.78亿元，比2015年增长107.3%，保障型产品保费占10年期及以上保费占比18.84%，提高了4.87个百分点。

**【始终坚持“五个聚焦”布局，着力统筹“三位一体”运作】** 坚持把聚焦个险业务作为“五个聚焦”的重心，把聚焦队伍作为“五个聚焦”的核心。在全国率先启动了331组织架构改革和职场标准化建设两大战略工程项目，个险渠道人员配置由改革前的1078人充实至1457人，细化指挥系统部门横向与条线纵向绩效考核机制，建成94家三星级以上职场，初步形成了三条生产线与三大平台有序衔接、互动支持的发展格局。全面升级分支机构高管人员基本工资与个险人力发展指标考核挂钩政策，保持全面覆盖的配套战投力度，强势推进队伍扩量提质。加强收入分析和考核预警，深耕基本法制度经营，持续搭建荣誉平台，大力弘扬晋商文化。狠抓基础管理在职场落地，全面推进职场导师和职场训练系统建设，一大批营销“边缘人群”成功转变为团队经营“主角”。

**【深入统筹三大战略，厚植核心领域和重点区域的竞争优势】** 市场控制能力进一步增强。全面统筹大中城市战略和县域发展战略，做到城乡贯通、重点突破。针对省会城市和城区市场，制定出台省会“百花齐放”专项方案、城区“理直气壮”竞赛方案，着力加快推广区部管理办法，优化网点布局和区部管理，提升作战单元的覆盖面和战斗力。太原公司积极应对平安“狂奔计划”，个险首年期交对标比值较2015年提升13.7个百分点。在县域市场发展上，立足于挖掘公司县级机构多的优势，组织开展了个险“百千万”工程、团险“星火燎原”计划、银保“40强”比拼等活动，特别是开展了县域公司“唯我独尊”竞赛活动，个险百人以下有效人力县级公司减少到69个，团险千万规模县级公司达到4个，银保百万以下期交县级公司减少到61个。

**【着力强化创新驱动，积极推进市场化改革】** 坚持夯实基础建设与推进基础工作相结合，全方位提升公司经营管理水平。按照“激励充分、约束到位”方针，着力推进市场化改革步伐，进一步完善薪酬管理机制，落实按岗位、按价值、按贡献分配绩效原则，坚决实施简政放权、倾斜基层的政策，优化市对县绩效管理和分配机制，进一步激发基层的积极性和主动性。持续加大创新扶植力度，出台鼓励和促进创新实施方案，设立百万创新基金，制定科技国寿建设推动方案，强化科技创新项目制管理，自主开发项目12项。积极推进“营销＋互联网”的创新实践，e门店出单保费累计突破8600万元，“驾乘保”自9月份上线以来保费收入突破2200万元，银保渠道网销保费突破1200万元。

**【着力推进集约运营，持续深化服务升级】** 运营效能稳步提升。2016年，理赔省级集中度65.5%，比2015年上升8.19%；理赔自动通过率49.55%，上升7.56%；保全平均处理时效1.01天/件，理赔平均处理时效1.63天，理赔5日内结案率99.43%；95519服务客户达172.3万人次，增长45.6%；农村集中服务办理业务6.3万笔，服务客户近5万人次。

电子化服务有效推进。e宝账新增绑定客户数30.46万人，绑定保单107.52万件。短险电子化出单率82.2%，保全电子化率43.44%，移动理赔受理案件近6000件，智能理赔推广度73.34%；“微调查”覆盖1.2万人次，“微回访”推广率达到90.51%，“微客服”服务客户2.57万人次，“微通知”覆盖面达到3.11万人次，交互式短信服务客户2322人次。

客户体验持续改善。集团业务接入e宝账项目取得突破，基本实现集团与股份业务同质化管理。深入推进综合柜员制，综合柜员占比达到98%。“全国通”系统服务客户8320人次。持续推进“颗粒归仓”活动，清理失效保单8.73万件，复效保费3.75亿元。全年新增长险投保客户8.7万人，个险渠道新客户增长率达到20.26%；老客户二次购买率5.11%，较2015年提升1.15个百分点；投诉处理时长缩短至5.6天/件，件均处理时效提升76.67个百分点。

**【风险管控能力全面增强】** 扎实推进“两个加强、两个遏制”回头看工作，重拳打击“五虚”问题，集中开展非法集资专项治理。按照“偿二代”下风险管理的要求，着力推动公司内控管理升级，大力推广"一手册、两平台"，持续开展县支公司经理"每月半小时"风控专题活动。进一步加强销售人员风险管控，实现销售人员灰名单和黑名单管理，对74名销售人员和1015名客户实施了严管。积极强化后督管理，累计核查保单12.43万件，发现并整改问题6481件；积极推进承保后业务质量核查工作，累计排查保单3.25万件，解约重大阳性保单127件，止损金额达1264.61万元。有效应对满期给付高峰，全年满期给付金额48.24亿元，满期给付件数15.8万件，未发生一起群体性事件，守住了风险底线。

（刘建贞）

## 中国太平洋财产保险股份有限公司山西分公司

**【公司业务发展和经营水平持续提升】** 2016年，面对山西经济持续低迷和保险市场竞争日益复杂多变的严峻形势，太平洋产险山西分公司以承保盈利为底线，以合规经营为红线，以提升客户体验，满足客户需求为生命线，结构调整增活力、转型创新谋长远，实现可持续价值增长的战略目标。2016年，全省共有11家地市中心支公司，65家县级支公司。截至2016年底，全司保费收入11.86亿元。其中，机车险保费收入9.83亿元，非车险保费收入2.03亿元。赔款支出6.7亿元。

**【坚持成本管控，实现承保盈利】** 2016年，太平洋产险山西分公司从承保理赔质量、费用精细化管理等多方面采取措施，综合成本率大幅降低。2016年综合成本率96.36%，比2015年下降1.28%。其中车险、非车险综合成本率分别为97.3%、89.56%。

**【开拓创新产品，提升客户服务】** 2016年，太平洋产险山西分公司相继推出"航班延误险""太享贷""个人账户资金损失险""家政雇佣责任险""诉讼财产保全责任保险""驾乘人员意外伤害保险"等"码上保"系列产品及食品安全责任险等，为客户的"衣、食、住、行"提供全方位的保险保障。此外，为方便客户投保，简化投保流程，推出"车险电子保单"，客户在投保时只需提供手机号及电子邮箱即可马上投保，实现投保流程的"移动化""通用化""去纸化"，同时便于客户快速查找自己的投保信息。同时，"以客户需求为导向"创新客户服务模式，推出"指尖查勘"App，查勘员利用手机，现场进行查勘、定损、理赔，大大提升了车险理赔时效。截至2016年底，全险种综合赔付率下降1.84%，其中车险综合赔付率57.49%，非车险综合赔付率48.87%。不断优化理赔增值服务，针对三年未出险客户推出了金钥匙服务、无限次免费道路救援服务、小额案件授权授信服务；特别针对女性客群提供免费协助更换备胎及无限次免费道路救援服务、小额案件授权授信服务；针对新车首次出险客群提供查勘接触、全程导赔服务、理赔回访等服务。

**【依法合规经营，提高管控能力】** 一是依托"天眼"平台数据支持，与日常合规监测管控工作有效对接，进行动态监测扫描，将打假成果转化为常态管控机制，同时积极开展山西省保险业"安宁2016"反欺诈专项行动，通过公司自有筛查规则，对内部疑似欺诈线索进行提取、排查，加强了对地市工作的组织推动和督导考核，始终保持打击舞弊、欺诈行为的高压态势。二是积极开展"聚合力、出重拳、治顽疾"专项治理工作，制定了实施方案，安排全辖各机构开展多形式的风险隐患排查，进一步加强和规范了对单证、印章的管理。三是认真制定工作计划和方案，积极开展风险与内控自查工作，同时按照总公司要求，积极开展农险专项自查整改工作，扎实推进内控优化整改工作，为公司业务合规经营保驾护航。四是在分公司本部开展了非保险业务合同的大检查工作，进一步增强了对非保险业务合同的履约与管理。五是组织全辖开展打击非法集资宣传及排查活动，提高了辖内员工、各级管理人员、社会公众对非法集资的风险防范意识。六是反洗钱工作成效显著，被人行评为A级机构。开展各类宣传培训活动，圆满完成了人行巡视接待工作。七是制定山西分公司"两个加强、两个遏制"回头看专项自查实施方案，进行了广泛动员，全面宣导，通过对下级机构的督导督查强化落实。

**【助力公益事业，履行社会责任】** 助力公益事业，履行企业责任。在"3·15""7·8"活动期间，在全省开展了"高管倾听客户声音""客户服务问题大排查"等多种形式的消费者权益保护活动，为客户提供风险管理、防灾防损等方面的咨询与服务；春节、"五一"、国庆假日期间，开展了"爱心时刻相随，服务一路相伴"系列特色理赔服务活动。在各大旅游景点、高速路口、快处中心设立流动理赔服务点，通过温馨提醒送关爱、流动网点送服务、自动查勘易理赔、简化流程快赔付、全国通赔畅无忧等举措为客户出行保驾护航。太平洋产险山西分公司还致力于保险扶贫，在全省共设立11个农险服务站，大力推广大病保险，农村小额贷款保证保险等，切实维护农户的利益，真正体现保险让生活更美好。

（周苗为）

## 中国太平洋人寿保险股份有限公司山西分公司

**【2016 年主要业务经营概况】** 2016 年，太平洋寿险山西分公司积极实施“条线化经营、专业化推动、差异化投入、标准化评估”的经营策略，秉持“专业、务实、落地、升级”的工作要求，持续优化和调整业务结构，累计实现原保险保费收入 67.58 亿元，比 2015 年增长 22.6%，继续保持稳固的市场地位，总体规模保费在山西省保险市场位居第二。目前，全省 11 个地市均开设有地市机构，另有 100 余家县区机构，已覆盖了三晋大地。

在客户服务方面，公司坚持推进“以客户需求为导向”的战略转型，建设数字太保，打造智能营运，2016 年先后推出“云投保”异地签名、“太平洋寿险”App 自建平台、客户俱乐部品牌活动等多项举措。全年共计处理各类赔案 1.38 万件，累计给付理赔金 1.95 亿元，充分发挥了保险的风险管理功能。

**【个险业务持续稳健发展，客户经营品质不断提升】** 2016 年，山西分公司个险条线秉承落实“变人数为人力，变架构为机构，变产品为作品，变名单为保单”的推动思路，准确把握经营节奏，明确经营重点，按月达成业务目标，在业务、人力、客户经营各方面都取得较快成长。截至 12 月 31 日，公司实现营销新保保费 17.89 亿元，市场份额 20.38%，市场排名第二。营销新保期缴实现 17.54 亿元，市场份额 22.13%，市场排名第二。营销人力 4.25 万人，市场占比 24.7%，市场排名第二。

2016 年，公司相继推出《幸福相伴(尊享型)两全保险》《东方红·满堂红(尊享版)两全保险(分红型)》《东方红·状元红(尊享版)两全保险(分红型)》《少儿超能宝重大疾病保险》《安行宝两全保险 2.0》等客户欢迎、市场认同的产品，为山西客户提供专业、完备的保险保障。

2016 年，山西分公司创新客户服务模式，通过存量客户脸谱分析，应用客户洞见结果，借力新技术移动保全的推广、应用，提升客户体验、发掘客户需求，并获取加保、转介绍机会。结合投保和理赔数据分析发现，投保重疾险、意外险客户中，41～50 岁的客户占比较高，仅次于未成年人占比。重大疾病及意外险理赔中，41～50 岁的客户赔付占比也最高。基于此分析，山西分公司开展了 40 岁以上客户的加保活动，为客户提前规划，完善保障，获得了广大客户的欢迎和认同。

**【法人业务深化改革，转型发展动力升级】** 2016 年，山西分公司法人渠道深化改革，动力升级，按照总公司“沉下心、铆足劲、补短板、求突破”的十二字方针，进一步聚焦业务目标、聚焦利润达成，不断推进产品转型与业务结构调整。渠道业务精耕细作搭平台，将渠道纵挖深挖做大做强；员福业务走进企业做计划，为企业谋福创利送保障送关爱；政保业务积极对接新项目，与政府紧密合作勇于担当社会责任。同时在内部进一步理顺管理体制，严抓过程管控，严格基本法考核，严控经营风险，圆满实现了业务与利润目标的双达成。截至 12 月 31 日，法人渠道累计实现意外险保费 8171.36 万元，市场份额 19.71%，市场排名第二位；累计实现短险保费 9995.72 万元，市场份额 6.93%，市场排名第三位；传统银行渠道累计实现意外险保费 894 万元，市场份额 40.72%，市场排名第一位。

**【优化基础服务，创新技术运用，提升客户体验】** 2016 年，山西分公司营运作业效能进一步提高，全面反映公司营运管理水平的机构营运指数排全司第二名，获得 2016 年总公司营运条线“金海燕”“银海燕”、个人海燕奖及“最美柜员”等荣誉大满贯。移动互联技术在业务支持、客户服务等方面全面应用，新技术应用考核在全司排第二名。

“指尖上”的保险服务。公司依托“太平洋寿险”官微、“神行太保”App(PAD 版、手机版)及“太平洋寿险 App”客户端，打造智能客户服务体系，不受时间、地点限制，客户通过移动终端即可自助完成一系列保险服务。山西分公司于 2016 年 10 月 26 日正式上线“太平洋寿险 App”，客户可实现轻松查询、一键贷款、一键领取、理赔报案、积点兑换、客服咨询等保险服务。截至 2016 年底，山西分公司寿险 App 注册用户突破 10 万，绑定客户 8 万人，投保保单 2.9 万件，贷款 1.8 万件，新保客户投保使用率 80%。同时，“云投保”技术实现交互完成远程投保，从根本上解决异地客户无法完成远程投保签名的行业性难题，2016 年山西分公司通过“云投保”为近 300 名异地客户带去保险保障。

持续开展总经理接待日活动。2016 年，山西分公司全辖开展总经理接待日 140 余次，在开展总经理接待日活动期间，各中心支公司认真解答、及时处理保险消费者的各类咨询和投诉 400 余人次，获得了客户及业务人员的高度认可。

积极开展高管倾听体验活动。山西分公司各机构高管开展“调听一个投诉录音”“处理一件客户投诉”“研讨一件投诉案例”为具体内容的“三个一”活动，主动聆听客户声音、推动解决关键旅程痛点、营造提升客户体验的工作氛围。

积极开展“7·8”保险公众宣传活动。山西分公司整合内外部资源，在山西保监局和保险行业协会指导下启动并开展各项活动，精心组织了包括组建跑步方队参加协会“7·8”启动仪式、“保险进社区”、拍摄“名家说保险”视频、开展“保险让生活更美好——彩虹定位跑”等大型宣传活动等。

积极参与行协组织的星级柜面评选活动。2016年度山西省人身险公司星级柜面评选活动中，山西分公司申报的26个柜面有25个跻身星级柜面行列，占到本年度全省人身险公司获评星级柜面的26.6%，其中太原客户体验中心再次获评5A级柜面，忻州等3家机构获评4A级柜面，清徐等21家机构获评3A级柜面，5A、4A级柜面将同时获得省总工会金融工委授予的山西省金融系统“五一劳动奖状”。

开展丰富多彩的客户服务活动。(1)组织开展2016年度感恩季柜面创新服务体验活动。11月10日～12月20日，山西分公司在全辖组织开展30场“感恩季创新服务客户体验活动”，参与客户超过900人，其中763人绑定“中国太保”官微，682人订阅电子信函。(2)持续开展关爱工程活动。7月11日～9月30日，太平洋寿险客户俱乐部开展了主题为“绿色魔法小口袋”少儿环保创意大赛。

**【财务管理日趋完善】** 2016年，山西分公司财务条线以“优化财务管理，提升财务价值”为主题，围绕分公司新三年经营目标，深化资源配置改革；提升财务运营效率，支持业务创新转型；严肃财经纪律，控制财务风险；提升服务水平，加快队伍建设，提升专业能力和凝聚力，全面提升财务各项工作。

工作考核方面。通过考核牵引，财务工作质量提速提质，总公司工作考核排名第一。不断优化财务人员绩效考核体系，将日常工作要求以及重点工作完成目标融入考核办法中，通过考核方式明确工作重点，揭示管理薄弱环节，针对性提高工作质量。通过绩效考核体系的建设，形成对广大干部员工达成工作任务的有效牵引。

业务支持方面。聚焦业务一线，全力支持业务发展，通过整合经营分析报告框架，落实经营分析报告制度，完善财务内部按条线设置预算管理员制度，聚焦业务发展，通过保障业务节假日和业务节点收费，规范收费流程，保障业务顺畅运行。

预算管理方面。持续深化资源配置改革，提升投产效率，持续深化“透明化、标准化、差异化”的资源配置体系，以集约化的资源配置和精细化的预算管理为抓手，着力提升资源配置能力和成本管控能力，着力提升服务支持能力，助力公司取得较好的经营效益，各项KPI全面达成。

核算管理方面。确保财务信息真实完整，实现“营改增”平稳过渡，继续加强日常财务基础工作，推动会计升级工作。推进单证无纸化及核对自动化切换，加强日常会计核算、核对及分析管理。做好“营改增”项目的培训、衔接与落地，推进“营改增”顺利实施。

资金管理方面。加强资金风险控制，拓宽收付费方式，降本增效，加强零现金管理，继续推进资金集中管理。继续完善银行转账渠道，提高转账率。

督导合规方面。聚焦督导体系建设，继续持续落实内部监督机制，做好定期检视与督导，杜绝屡查屡犯。深入开展“金盾行动”，全员宣传，加强财务风控能力建设。积极配合内外部检查，提升风险控制能力。

队伍建设方面。强化服务意识，秉承“用我的微笑和技能让您满意”的工作态度，在全辖财务条线持续倡导正能量，持续加强员工凝聚力，打造“快乐工作，健康生活”的氛围，不断提高全辖财务干部员工的岗位技能和服务水平，推动财务工作“提速、提质”，实现升级目标。

**【合规经营防范风险】** 2016年，山西分公司积极响应落实监管要求，以“一守三全”为核心目标，以“两个不放松”为根本要求，以“夯实基础管理”为主要抓手，通过“量化要求、强化执行、深化追踪、细化管理”动作，加强案件预防与处置，持续夯实内控管理基础，落实合规常态举措，不断提升公司合规内控能力，支持业务创新发展，有效推动和实现公司的可持续价值增长。一是持续坚持合规经营和基础管理不放松，分层级细化合规责任归属，落实责任主体，使合规与风险管理工作真正内植于业务经营活动的全过程，助力公司业务健康发展，荣获总公司“2015年度内控管理优秀分公司”。二是反洗钱工作严格落实人行监管规定，日常管理常抓不懈，宣传活动形式内容丰富多彩，反洗钱工作连续两年获得人民银行反洗钱监管评级和两综合两管理工作监管评级为“A类”金融机构，年度监管检查实现零处罚。三是2016年进一步加大落实整改责任，加大缺陷追责力度，有效减少审计缺陷，杜绝了高风险缺陷，整改率有效提升。

（刘志平）

## 中国平安财产保险股份有限公司山西分公司

**【坚持发展战略，业绩增速持续领先】** 截至2016年年底，分公司全年保费达成28.85亿元，比2015年增长15.2%，实现利润21.23亿元。

【各项业务持续、稳健发展】 费改顺畅切换，商车改革大幕开启。商业车险改革工作启动以来，分公司共设有10家中心支公司，23家营销服务部及52家支公司。分公司从制度的完善、出单的检验、单证的储备、系统的监测等方面做好了充足准备，实现新老费率系统的平稳、顺畅切换，成功通过山西省保监局检查验收。

专业勇立潮头，超越市场惠及民生。不断改革创新，在实现公司价值的同时为客户创造价值。多年来，平安产险山西分公司承保了山西漳泽电力股份有限公司、山西省长晋高速公路、山西太钢不锈钢股份有限公司等多项大型保险项目，参与山西旅责险、校责险、承运人责任险、环境污染责任险等统保项目。2016年中标太原地铁二号线项目首席保险资格；全省医疗责任险、校方责任险统保项目资格；晋能集团国际电力项目首席承保资格；中煤陕西榆林能源化工首席保险资格；中国移动团车项目；中国联通企业员工综福项目独家服务资格。

营改增上线，正式步入增值税时代。平安产险山西分公司提前安排部署，经过多次系统上线前测试，于2016年5月1日成功开具第一张增值税发票，标志着分公司正式迈入增值税时代。

依托科技金融，开启E理赔体验模式。全面提升车主在移动互联时代的服务体验，不断挖掘客户需求，应用手持终端，优化理赔流程，不断缩短赔案时效，完善风控体系，提升县域综合服务能力。2016年，分公司以平安好车主App为核心载体，为更多用户打造更加开放的移动互联车生活平台，提供一站式车生活服务消费体验。好车主定位于用户专属的“用车助手、车主管家”，致力于打造“车保险、车服务、车生活”的一站式服务平台，便捷和服务的人性化，受到广大车主的好评。

【深挖客户需求，不断创新服务举措】 分公司长期坚持客户导向不动摇，将客户体验作为公司经营最根本的出发点和落脚点，努力打造最优体验的客户首选财产险品牌。分公司以提升客户满意度为主要工作目标，从售前、售中、售后全流程各环节检视服务品质，将客户调研常态化，以线上＋线下的模式通过门店端、理赔端等多触点调研客户个性化数据，依托大数据云平台逐点优化服务流程，为车主提供一站式综合金融平台。2016年，分公司畅通咨诉通道，规范咨诉处理流程，真正做到了“件件有答复，事事有回音”，得到广大客户和监管部门的认可。截至2016年年底，全量投诉受理2978件，投诉总量减少7.51%，亿元保费投诉量累计11.48件/亿元，投诉治理效果良好。

分公司加快网店布局，软硬件服务设施全面升级，旗舰店、社区店向功能化、智能化3.0时代转型，同时公司顺应互联网＋用户需求，推出“多快好省”服务模式，线上升级7＊24小时不打烊空中门店，多通道办理保险业务，让客户足不出户、省时省心；线下减免保险资料，优化办理业务流程，全力保障消费者合法权益。

（胡　升）

## 中国平安人寿保险股份有限公司山西分公司

【各项业务持续、稳健发展】 业务人力稳步增长。2016年，分公司累计实现总保费收入43.41亿元，比2015年增长38.2%。分公司营销员共有2.5万人，增长16.1%。

持续升级经营模式。一是积极倡导产品销售回归保障，坚持抓住发展保障型业务、服务民生的主线不放，做到真正满足保险消费者需求，提高居民风险保障水平，丰富社会保障体系。重点推动“双福”系列产品，持续深化保障型产品推动。二是改善市场保险产品的配置，开发更多符合经济社会发展需求的保险产品，提供更符合山西市场特点的保险服务。积极响应保监会费率市场化改革项目，在综合考虑产品的市场竞争力、客户体验的基础上，大力推广费率自由化的保障型产品组合，持续致力于推动保障型产品，满足客户不断增长的保障需求。三是积极响应政府政策及监管要求，加强各地市县域网点的布局，进一步扩大县域保险的覆盖面，进一步发挥保险业服务地方经济和城市建设的社会责任。

【提高服务质量，提升客户体验】 2016年，分公司秉承“专业·价值”理念，注重专业性提升，分公司各条线着力推动活动落地，文化、科技、产品、服务、传播五大体验提升平台全面发力，生态圈经营模式升华、服务水平大幅提升、慈善理念深入人心，“提升客户体验”思路在产品设计、前线服务、后援支持等方面全面贯穿。2016年5月，分公司第21届客服节正式启动。分公司通过“问医生”、平安欢乐秀、专家巡讲以及App系列活动，创新服务客户，并凭借优异表现进入平安客服节码上行公益秀全国决赛，为客户带去更多精彩体验。后台医务全年接待客户体检3615人次，结合少儿平安福上线，开展儿童体检特色服务举措。帮助队伍精准筛选客户，节约展业时间，有效提升体检时效及客户满意度。开设亲访、电话、信函、网络等多种投诉渠道，并在各营业场所公布投诉处理流程，便于客户咨询、投诉。为提高服务水平，管控业务品质，公司对投诉案件认真分析总结，并编写典型案例，规范开展业务、提高服务质量，减少投诉案件的发生。

**【打造优质理赔服务，提升客户满意度】** 从服务时效和服务品质两方面入手做好理赔服务，持续改善理赔案件服务时效，倡导爱心文化建设，重大突发事故、公众事故、高额意外医疗事故积极开展慰问关爱，通过绿色通道第一时间为出险客户预付赔款。2016年创新理赔服务模式，除原有传统的柜面受理外，大力推行“互联网＋”的理赔新模式，实现差异化、场景化的理赔服务。全年理赔案件2.69万件，赔付金额2.1亿，豁免保费2900万，理赔客户服务满意度93.72％。

全年标准案件共结案1.84万件，占整体案件量的65％以上，标准案件件均时效0.77天，标准案件2日结案率达成97.98％，保险小额理赔5日结案率99.08％，保险小额理赔平均索赔支付周期0.55天。

**【加强风险防范，确保合规经营】** 全面提升业务队伍整体素质，加强对业务员队伍的销售行为管控，及时向业务队伍宣导培训销售行为合规性方面的监管制度，重视预前管理，持续推进治理销售误导工作日常化、制度化。为防范可能出现的违规风险，营销管理部每季度进行非现场督导及现场督导和年度风险排查和销售误导专项工作，对销售误导行为进行自查自纠。为提升风险管理技能，及时发现、处置风险隐患，防范、打击保险欺诈犯罪，通过事前预防，事中阻断，事后处理三条主线以及风险识别、衡量、控制、监测四大步骤，形成风险管理闭环，使公司内外勤队伍认识到保险欺诈的严重性，对欺诈行为持续保持警觉，机构持续高压状态，从思想源头上形成“不想做”和“不敢做”从而减少保险欺诈的可能性。此外，通过双证管理、保单回执回销、虚假保单处理等方式对展业队伍的销售行为进行管控，从销售流程的各个环节有效管控销售误导行为。

（李晓光）

## 永安财产保险股份有限公司山西分公司

**【主要经营指标完成情况良好】** 2016年，实现保费收入4.74亿元，比2015年增长73.76％，其中：车险保费4.54亿元，增长78.93％；财产险1105万元，增长14.17％；意健险886万元，负增长5.08％。整体车险交强险保费收入占比54.8％，增加了7.66个百分点，车险结构中盈利险种占比上升。2016年单满期赔付率41.36％，上升3.46个百分点，整体车险签单口径销售费用率40.81％，当年单经营成本率81.83％。保费收入3.61亿元，综合费用率54.95％，综合赔付率44.2％，综合成本率99.14％，实现利润268.91万元。

**【业务快速发展，保持高速增长】** 不断开拓新市场，建立上下联动、效益规模、合作共赢的中介及其他业务渠道。2016年，总公司共批复点对点项目43个，预计签单保费2.2亿元，实际签单3.08亿元，所有项目的满期赔付率为42.12％，边际成本率84.62％。分公司共新设远程网点86个，全年保费收入1.24亿元，签订专业代理机构（含经纪公司）20家，全年保费收入2.45亿元，达到了规模效益的同步增长。

利用创新工具，助推业务发展。充分运用好“保险一指禅”展业利器，以创新的思维开拓新渠道，建立新客户（连续3个月出单位居全国榜首）。成立互联网保险产品和项目推动小组，使项目推动标准化、便捷化。设立微信推动群，与各机构推动人、站长实时互动，发现问题及时调整。分公司互联网保险金融工具的使用量逐步上升，保费占比达分公司整体保费规模的19％。

加快费用结算速度，促进业务发展。2016年，分公司重新梳理业务费用构成，根据公司销管系统费用设置分类及要求，及时指导分支机构合理分配费用结算方式及比例并固化至系统，实现了业务费用的系统控制核算功能。同时，对线下票据报销传递流程尤其是营改增之后的费用报销流程进行多次宣导培训，加快费用票据流转速度，提高业务费用的结算频率，基本满足了业务发展所需的费用兑付要求。目前，分公司整体业务费用中，手续费可实现周结、绩效工资实行月结、费用票据随时提交随时结付。

**【加强和提升理赔管控和服务能力】** 一是建立健全各项制度。健全完善内控制度、管理规定、实施细则及各种管理办法22个，初步形成一套完整的管理制度。二是加强过程管控。规范理赔流程和加强对各个环节监督检查，对滞留案件进行跟踪，每月随机抽查滞留案件，对无理由滞留或跟踪不及时的案件责任人进行警告直至辞退；做好环节管控，降低理赔成本，挤压理赔水分，加大追责力度，不断提高整个理赔水平。三是完善考核机制。在管理上全面提升水平，在竞争中发展，在竞争中前进。四是狠抓理赔管理。实行各条线主管包片负责制度，奖惩措施责任到人。配套微信使用率奖励制度，激励查勘定损人员加快案件流转速度，提高结案率；明确未决清理目标，梳理涉诉、人伤案件，实行机构一把手负责制，专人跟踪与督导；做好大案定责的管控工作，逐笔落实责任划分过程，降低全责事故责任比例；实施关键理赔指标按周统计监督。截至年底，16 单结案率 94.04%，4 年单件数结案率 98.41%，4 年单金额结案率 87.31%，12 月当月微信理赔结案占比 88.21%，位于全国第一；当年微信理赔结案占比 55.99%，位于全国第 4。告破骗赔案件、拒赔案件、剔除不合理赔付 60 余件，共为公司减少赔付近 200 余万元。

**【强化风险管控能力】** 综合分析业务品质，平衡专代业务结构。对现有合作的专业代理业务进行规模和质量的综合评价，进行成本核算，通过调整核保政策和费用政策，控制综合成本；对尚未合作的加快步伐，督导机构积极与当地专代合作，实现共赢，扩大市场影响力。巩固直销自有业务，快速提升互联网保险产品和项目的保费占比，平衡专代业务的不稳定性。

承保理赔数据共享，控制高风险业务。在家用车方面，根据总公司政策，对家用车的旧车新保高风险业务，在承保和理赔方面打组合拳，降低赔付。在大吨位营业牵引货车方面，对行驶区域固定，车队管理严格且赔付情况较好的给予核保政策支持。

实时监控业务数据，规避监管风险。2016 年 6 月，山西保险行业实施了跨时代的商业车险改革，商改前后保监会对商业车险的综合数据指标提出了监测要求。为了保障公司商改的稳步运行，对数据指标实时关注，实时调整控制风险。

**【市场地位和影响力不断提升】** 2016 年，山西分公司的市场占有率为 2.58%，市场排名第 8 位，比 2015 年上升两位，超越了中华和太平，摘掉了三亿公司的帽子，赢得了广大客户的认可，提升了在行业的地位和社会影响力。

（武永明）

山西经济年鉴

YEAR BOOK OF SHANXI ECONOMY

# 证券·期货

ZHENGQUAN QIHUO

14

# 证券·期货

## 证券期货监督管理

【概述】 2016年,在中国证监会党委的领导下,在省委省政府的支持下,山西证监局紧紧围绕"强监管、求创新、促发展"三条主线,不断创新监管手段,辖区资本市场各类主体机构活力不断激发,围绕服务实体经济积极作为,辖区资本市场各项工作得到扎实推进,监管工作和服务山西经济发展工作取得了明显成效。

2016年全省资本市场继续保持稳定健康的改革发展态势。各项改革创新工作力度加大,直接融资手段丰富,规模和比重持续扩大。多层次市场体系建设稳步推进,市场广度和深度不断拓展,资本市场的资源配置功能、投融资功能、财富管理功能和风险管理功能持续得到有效发挥,已逐渐成为服务和引领我省经济转型的重要无形之手。

【2016年山西省资本市场稳健发展】 *多层次资本市场体系建设*。一是联合省金融办、中小企业局等相关部门,继续开展新三板业务培训,积极推动中小企业在"新三板"挂牌、融资。二是支持山西省股权交易中心业务创新,截至2016年12月末,已有1456家中小企业在省股权交易中心挂牌。三是推动山西证券柜台交易市场建设。四是推动私募和创投基金发展。

*资本市场直接融资*。2016年,山西省共实现资本市场直接融资945.98亿元,比2015年增长9.21%。其中,上市公司增发股份融资186.99亿元,公司债融资311.7亿元,企业债融资10亿元,私募(创投)基金融资22.96亿元,证券公司柜台市场融资203.18亿元,证券业务创新融资149.12亿元,高新普惠公司融资5.36亿元,新三板定向增发融资额2.86亿元,山西省股权交易中心融资2.78亿元。全年山西省银行间市场融资1607.2亿元。以上两方面合计,2016年全年,山西省宽口径直接融资规模达2553.18亿元,下降2.32%。

*上市公司*。截至2016年12月末,山西省境内共有A股上市公司38家,其中主板31家,中小板4家,创业板3家;上市公司总股本743.22亿股,流通股本614.60亿股;总市值5629.70亿元,流通市值4568.50亿元,总市值在全国排第19位,在中部六省排名第5位。因阳煤化工注册地变更至山西省,上市公司数量较2015年增加1家。

*新三板挂牌企业*。截至2016年12月末,山西省境内共有新三板挂牌企业65家,其中,2016年新增32家。山西省新三板挂牌企业家数占全国股转系统挂牌企业总数的0.64%,排全国第23位。

*拟上市公司*。2016年拟上市公司培育工作稳步推进。一是加强拟上市和后备企业实地调研。二是完成对紫林醋业的上市辅导验收工作,新增中绿环保、锦波生物2家公司在省证监局辅导备案。

截至2016年末,山西省在证监会排队等候IPO审核的企业有申报主板的壶化集团和紫林醋业2家。进入上市辅导期在省证监局备案的企业还有7家,分别为尚风科技、晋商银行、晋煤集团、兴高能源、水塔醋业、中绿环保和锦波生物。

*证券经营机构*。截至2016年12月末,全省有山西证券、大同证券2家证券公司,28家证券分公司和164家证券营业部,比2015年新增5家分公司、14家营业部。辖区投资者资金账户开户总数313.44万户,增长29.73%;累计代理证券交易总额25134.56亿元,下降42.04%。2家证券公司注册资本35.59亿元,总资产519.39亿元,分别增长9.54%、

8.54%;净资产 133.86 亿元,下降 2.73%;净资本 97.41 亿元,下降 29.29%;累计营业收入 16.04 亿元,下降 56.04%;累计实现净利润 4.90 亿元,下降 71.58%。2 家证券公司风险覆盖率、资本杠杆率、流动性覆盖率、净稳定资金率分别高于 100%、8%、100%、100% 的监管标准,流动性良好,净资本充足。

2016 年,辖区证券经营机构数量、投资者数量均有所增加,受股市行情和市场活跃度影响,辖区证券交易额下降,证券公司营业收入、净利润随之下降;辖区证券公司抗风险能力较强,资产总额有所增长,创新业务有所发展,依赖经纪业务的盈利模式有所改善,证券公司经纪业务收入占营业收入的比重为 48%,下降 29.19%。

期货经营机构。2016 年,辖区期货经营机构规范经营,进一步发挥了中介服务功能,促进了辖区期货市场健康稳定发展。辖区期货公司风险监控指标全年未出现不达标与预警情况,资产总额、净资本有所增长。

截至 2016 年 12 月末,全省有 3 家期货公司、1 家分公司和 26 家期货营业部,比 2015 年增加 1 家分公司、减少 1 家营业部。3 家期货公司注册资本 4.65 亿元,净资本 2.8 亿元,资产总额 6.8 亿元,客户权益 2.61 亿元,投资者开户数 4.55 万户,分别增长 0%,1.68%,9.07%,28.2%,9.84%。辖区期货公司盈利能力较弱,3 家公司累计实现净利润 −831.86 万元,与 2015 年相比,亏损有所下降。2016 年,山西辖区期货市场累计成交额 19336.86 亿元,占全国市场份额 0.49%;辖区期货市场累计实现净利润 −874.21 万元,亏损下降 25.58%。

2016 年,3 家期货公司均符合监管指标标准,净资本均不低于 1500 万元,净资本与风险资本准备总额的比例不低于 100%,净资本与净资产的比例不低于 40%,流动资产与流动负债的比例不低于 100%,负债与净资产的比例不高于 150%,均符合最低限额的结算准备金要求。3 家公司经营相对稳健,防范风险能力较强。辖区期货公司通过产品和业务创新,服务实体经济的实力有所增强。但受投资环境、竞争加剧等因素的影响,期货经营机构盈利能力较弱,服务实体经济的深度依然有限。

基金管理行业。公募基金方面:山西省没有具有独立法人资格的公募基金管理公司,仅有山西证券 1 家公司取得公开募集证券投资基金管理资格。截至 2016 年 12 月末,山西证券共管理 4 只公募基金产品,分别为山西证券日日添利货币市场基金、山西证券保本混合型证券投资基金、山西证券裕利债券型证券投资基金、山西证券策略精选灵活配置混合型证券投资基金,规模共 51.57 亿元。私募基金方面:截至 2016 年 12 月末,山西辖区已在中国证券投资基金业协会完成登记的私募投资基金管理人 37 家,备案的私募基金 52 只,管理规模 58.23 亿元。其中,私募股权投资基金管理人 18 家,私募证券投资基金管理人 12 家,创业投资基金管理人 7 家。

并购重组。2016 年,山西省大力推动上市公司并购重组。截至 12 月末,振东制药、英洛华、永泰能源和大秦铁路等 4 家上市公司并购重组累计实现 103.39 亿元,比 2015 年减少 33.91%。截至 2016 年 12 月末,另有 * ST 煤气重大资产重组资产已过户,融资尚未完成;山西焦化重大资产重组已被证监会受理;ST 狮头重大资产重组已获得股东大会核准。

中投证券营业厅

**【资本市场各项改革力度不断加大】**资本市场改革创新。2016 年,山西省资本市场改革创新持续推进,辖区资本市场创新发展运行平稳。一是积极推动中小企业在新三板挂牌融资。全年新增32家新三板挂牌企业，挂牌公司总数达65家。二是支持山西省股权交易中心业务创新，截至2016年12月末，已有1456家中小企业在省股权交易中心挂牌展示。三是推动私募和创投基金发展。2016年，支持私募（创投）基金累计融资22.96亿元。四是支持发展普惠金融。2016年，山西省高新普惠资本服务有限公司累计为58家中小企业的500余个项目提供了融资服务，实现融资额5.36亿元。五是以金融创新和模式创新助力山西旅游振兴。指导山西开展“旅游振兴＋金融创新”试点，指导成立山西省首家混合所有制旅游文化产业发展集团，组建总规模10亿元的旅游文化产业基金，开展区域景区集群和泛旅游产业集群，试点工作取得初步成效。

中投财富运城分公司

证券期货经营机构创新发展。一是推动证券经营机构发挥融资服务功能，通过股权质押、定向资管、约定式回购、公司债、短期融资券、资产证券化等融资工具累计为企业融资287.83亿元。二是支持辖区证券期货公司开辟新的业务领域。支持山西证券和大同证券开通深港通业务交易权限，支持大同证券取得保荐机构资格，支持和合期货取得期货投资咨询业务资格与公开募集证券投资基金销售业务资格，业务领域进一步拓展。山西证券将其香港子公司增资至10亿港币，扩充资本实力，加强境内外业务协同，国际化经营迈出新步伐。三是支持期货公司与企业对接，推动企业开展套期保值业务，利用期货市场管理风险。2016年，太钢不锈、山西天鹏集团有限公司等9家公司开展套期保值业务，累计成交金额9.6亿元。四是加强市场主体培训工作。联合地方协会、交易所等组织举办各类专题培训10余次，受训人数2000余人。五是开展资本市场服务实体经济培训。与省金融办、省扶贫办联合举办“资本市场服务山西脱贫攻坚”专题培训会，指导贫困县用好资本市场利好政策；与工商银行总行联合举办“资本助力　振兴山西”资本市场论坛；与省金融办、省农业厅、山西保监局联合举办“期货＋保险”服务三农创新研讨会，推动期货经营机构积极试水“期货＋保险”新模式，进一步提升期货市场服务“三农”能力。

**【资本市场监管工作取得明显成效】**

日常监管工作。一是全年累计对各类市场经营主体进行现场检查110家次，累计对监管中发现的问题下发监管函25件，下发监管关注函32件，下发行政监管措施决定21件。二是对辖区市场主体各类风险进行系统梳理，并督促指导各公司予以妥善处置：密切关注煤炭行业上市公司经营情况，系统梳理行业面临的共性问题，防范行业经营风险向信息披露违规风险转化；督促4家上市公司采取有效措施化解退市风险；及时处置1家上市公司法人股解禁问题可能引发的群体性上访风险；督促1家期货公司彻底追回控股股东及其关联方占用资金，解除公司担保责任，有效化解公司持续经营风险；督促指导证券期货公司处置好信息系统安全运行风险。辖区市场主体运行平稳。

打击证券期货违法违规行为保护投资者合法权益。开展防范打击证券期货类非法集资宣传月活动和防范非法证券期货活动宣传教育进社区活动。建立健全投诉举报系统，强化舆情监控发现机制。2016年累计查办省内证券期货违法违规案件9件，做出行政处罚决定5件，向省政府报告非法发行线索2起，出具性质认定意见4件，维护了市场稳定。联合省金融办等省直部门，对互联网股权融资平台及其平台融资者的违法违规行为进行集中整治，排查、化解和处置相关风险。

对各类交易场所进行摸底调

查。根据清理整顿各类交易场所部际联席会议通知要求，联合省商务厅、金融办等部门，对辖区各类交易场所进行联合摸底调查，将摸底调查的结果报告省政府和部级联席会议办公室。

规范政务信息公开。加大监管信息公开力度，自觉接受社会监督。不断完善信息公开相关规章制度建设，编制证券期货监管信息公开指南，进一步丰富信息公开内容，严格工作流程，规范公开程序，有效提高监管透明度，信息公开工作成效显著。2016 年全年主动公开政府信息共 386 条，其中涉及省证监局监管工作动态 22 条、证券期货经营机构行政审批事项 17 条、行政监管措施决定事项 14 条、行政处罚决定事项 5 条、拟上市公司辅导备案信息 11 条、打击非法证券活动信息 2 条、投资者保护信息 271 条、各类统计信息 41 条、办事指南政策法规 3 条。5 起信息公开申请均按时办结。

（卫文省）

山西经济年鉴

YEAR BOOK OF SHANXI ECONOMY

# 旅游业

LÜYOUYE

15

# 旅游业

## 旅游业

**【2016年山西省旅游业发展概况】**

旅游接待与收入。2016年，全省共接待入境旅游者89.97万人次，比2015年增长6.07%；接待国内旅游者4.43亿人次，增长23.11%；实现旅游总收入4247.12亿元，增长23.19%；旅游业带动山西省城乡居民人均交通、通讯的增长贡献率达到70%；文化旅游业的增加值占全省第三产业增加值的比重达到20%以上；全省新增旅游直接从业人员1万余人，间接从业人员4万余人。

旅游产业规模。到2016年底，全省有旅游企业9000余家。旅行社851家，其中出境组团社97家，赴台组团社9家。2016年新批旅行社37家，注销旅行社28家，吊销旅行社3家。山西宝华盛世国际旅行社有限公司、山西红马国际旅行社有限公司、山西太平洋国际旅行社有限公司进入百强，分别排第35名、第64名、第78名。旅游星级饭店251家，其中五星级17家、四星级62家。旅游景区景点A级景区155家，其中5A级景区7家，4A级景区88家。全省持有导游证人员共有2.44万人。其中初级2.35万人，中级844人，高级77人。

重大活动。(1)2016年举办了两期全省旅游业改革发展培训班，省旅游改革发展领导小组成员单位负责人，市县乡政府负责人，投资集团、重点旅游企事业单位、旅游院校的相关人员约500人次参加了培训。(2)借力世界旅游发展大会，叫响晋善晋美品牌。由中国国家旅游局和联合国世界旅游组织共同主办的首届世界旅游发展大会于2016年5月18日～21日在北京召开。作为首届世界旅游发展大会一项重要活动，山西省在北京举办了高规格的“美丽中国·晋善晋美推介会”。(3)2016年旅游发展大会申办创新地采取电视竞演的方式进行，录制《人说山西好风光》系列节目，开书记市长“电视真人秀”之先河。8月31日，第二届旅游发展大会在大同隆重召开。(4)2016年9月30日，为全面深化文化旅游业改革发展，激发市场主体活力，山西省委、省政府出台了《关于推进旅游景区(景点)体制机制改革创新的意见》。11个地市积极进行调查摸底，确定首批149家景区景点进行改革创新。为深化景区景点体制机制改革创新，省政府办公厅印发了《2017年全省旅游景区(景点)体制机制改革创新工作推进方案》。(5)中央编办和省委办公厅、省政府办公厅分别于2016年9月6日、11月24日下发文件《关于山西省旅游局更名为旅游发展委员会的批复》(中央编办复字〔2016〕133号)、《关于山西省旅游局更名为旅游发展委员会的通知》(省办发〔2016〕49号)，同意将山西省旅游局更名为山西省旅游发展委员会，并由省政府直属机构调整为省政府组成部门。2016年11月24日山西省旅游局正式更名为山西省旅游发展委员会。

厕所革命。为贯彻落实国家“旅游厕所革命”和省“冬季行动”任务要求，2016年3月8日，全省旅游厕所革命暨旅游项目建设现场推进会在平遥县召开。会上，对2016年旅游厕所工作进行了安排部署，对2016年旅游厕所建设计划进行了分解，与各市签订了建设目标责任书。省旅发委与省发改委、省财政厅积极沟通研究，最终确定对属于景区范围内的1270座旅游厕所，总投资1.16亿元，省级资金给予一定支持。共补助1270座厕所，省级财政补助4875万元。

根据国家旅游局《关于对云南、吉林两省厕所革命暗访检查情况的通报》要求和局领导批示精神，拟定全省厕所革命暗访工作方案，组织各市有关人员、专家赴11个市开展2015年度厕所完工情况、厕所等级是否达标、服务管理情况等方面的暗访检查。暗访11市旅游厕所106座，占纳入国家旅游局旅游厕所管理系统已完工厕所748座的14.18%。

旅游扶贫。2016年，召开了旅游扶贫工作现场推进会，联合省委组织部、省扶贫办开展了乡村旅游资源和旅游扶贫调查，动员省内11家有资质的规划单位为乡村旅游扶贫试点村编制了旅游扶贫发展规划。在浙江大学、山西大学、汾阳市贾家庄组织310名旅游重点县、乡村旅游负责人进行培训，组织全省83个贫困村干部参加了国家旅游局北戴河培训，省旅游培训中心分片区对贫困村经营和服务人员约1000人进行了6期专题培训。

宣传促销工作。(1)5月19日，作为首届世界旅游发展大会一项重要活动，山西省在北京举办了“美丽中国·晋善晋美推介会”。通过播放山西旅游宣传片、文艺表演、山西民俗文化展示体验等活动，百余名外国嘉宾现场感受了精彩的旅游推介，也留下了“中国有个美丽山西”的深刻印象。(2)坚持以走出去、请进来为抓手，多渠道加强山西旅游宣传推广。3月21日～28日，先后赴沪赣皖和琼云贵六省(市)进行山西旅游宣传推介。4月20日～25日省旅游局带队赴海南、云南、贵州举办了“晋善晋美·山西旅游”推介会。各市旅游局以及五台山、云冈石窟、平遥古城、太行山大峡谷、应县木塔、解州关帝庙、藏山等重点旅游景区和部分重点旅行社及主流媒体组团进行推介。7月21日～25日举办了第二届中国·山西“一带一路”古城古镇国际文化旅游暨第三届国际旅行商采购大会。日本、韩国、泰国、越南、新加坡、亚美尼亚、俄罗斯、法国、美国、澳大利亚和港澳台等13个丝绸之路沿线国家和地区的121名境外旅行商，丝绸之路沿线有关省(区、市)旅游局(委)代表，凤凰古城、阆中古城、台儿庄、南浔古镇、宏村、青州古城等知名古城古镇代表和部分国内旅行商出席推介会，进一步拓宽了山西境外旅游市场。

国内旅游者情况。2016年，全省累计接待国内旅游者4.43亿人次，比2015年增长23.11%，实现国内旅游收入4227.55亿元人民币，增长23.19%。省内游客占总游客的62.9%；省外游客占37.1%，以北京、河北等周边省份的游客居多。一日游游客占比39.1%，过夜游游客占比60.9%。过夜游客在省内的平均停留时间为2.57天。

乡村旅游。截至2016年底，全省有休闲农业和乡村旅游示范县32个，其中国家级休闲农业和乡村旅游示范县9个，省级休闲农业和乡村旅游示范县23个；国家级休闲农业和乡村旅游示范点17个，省级休闲农业和乡村旅游示范点161个。全省共有831个村开展乡村旅游，乡村旅游经营户1.46万户，乡村旅游从业人员5.85万人，户均收入6万余元，人均收入1.6万元。全省具有旅游资源的建档立卡贫困村共有791个(其中132个村已经开展乡村旅游)。2016年8月，在张家口举行的第二次全国乡村旅游与旅游扶贫推进会议上，山西省云丘山景区、神潭大峡谷景区入选我国“景区带村”旅游扶贫示范项目；和顺县许村入选“中国乡村旅游创客示范基地”；五台县永安村、代县南口村、壶关县大河村3个村的旅游扶贫规划，入选全国旅游规划扶贫示范成果。为推进乡村旅游标准化建设，制订了《山西省乡村客栈标准(试行)》和《山西省乡村旅游景区标准(试行)》。

假日旅游。2016年春节假日期间，全省共接待海内外旅游者749.29万人次，比2015年同期增长25%，其中过夜旅游者221.21万人次，增长22.17%；一日游游客528.08万人次，增长26.23%。共实现假日旅游总收入37.05亿元人民币，增长31.24%。春节期间，纳入全省重点监测的24个重点景区共接待海内外游客223.49万人次，增长32.91%；实现门票收入4902.01万元，增长42.23%。旅游接待量位居前五位的依次是平遥古城、老顶山国家森林公园、运城盐湖、王家大院、神潭大峡谷。

2016年假日期间，全省共接待国内外游客3985.92万人次，比2015年同期增长18.71%。其中，过夜游游客1461.24万人次，增长14.40%；一日游游客2524.68万人次，增长21.36%。实现旅游综合收入253.18亿元人民币，增长18.6%。纳入全省假期旅游统计的36个重点旅游景区累计接待国内外旅游者609.03万人次；累计实现门票收入2.10亿元。接待量位居前5位的是：平遥古城、晋城皇城相府、绵山旅游区、王家大院、乔家大院；门票收入排名前5位的是：晋城皇城相府、绵山旅游区、壶口、平遥古城、乔家大院。

红色旅游。为进一步推进红色旅游工作，组织开展红色旅游景区工作人员赴江西新余、河北唐山、吉林通化等地进行培训学习。赴长治市石圪节煤矿进行转型发展红色旅游专题调研，指导煤矿企业转型发展旅游业。组织了2016全国红色旅游故事大赛山西地区预赛，推选6名选手参加全国复赛。按照全国红办要求，组织开展了纪念建党95周年“追寻红色印记，传承红色基因”红色旅游系列联展相关工作。

国际旅游者情况。2016年，全省商业住宿设施累计接待入境旅游者62.98万人次，比2015年增长6.07%。累计接待入境旅游人数89.97万人次，增长6%。旅游外汇收入3.17

亿美元,增长6.83%。

**【旅游监督管理】** 旅游监督管理。省旅发委代省政府起草了山西省《关于加强旅游市场综合监管实施意见》,5月25日省政府办公厅印发《山西省政府办公厅关于加强旅游市场综合监管的实施意见》。组织旅游、公安、工商、物价等省旅游改革发展领导小组成员单位,在春节黄金周、五一小长假、中秋节、十一黄金周等节假日,对旅游市场进行明察暗访,对检查发现的问题及时分类汇总,由主管单位责令其限期整改,并加强跟踪问效,涉及其他单位的转办有关部门。召开座谈会、实地考察、约谈、依法惩处违规违法企业、发布企业联合倡议书,对不合理低价行为重拳出击,在行业内部形成振动,在游客市场形成影响。截至2016年12月底,全省各级旅游质监执法机构共开展旅游市场检查3260次,联合多部门开展检查143次,共出动检查人员1.02万人次,检查旅行社4846家次(含分社、营业部)、星级饭店775家次、A级旅游景区1088家次、导游2375人次。查处违规旅行社12家,取缔无资质经营旅游业务3家,吊销旅行社业务经营许可证2家,做出罚款3.9万元的行政处罚。

旅行社管理。2016年6月,省旅游发展委员会将外商投资旅行社许可、领队证核发、出境社名单审核等行政审批事项移至省政务服务中心办理。按照国家对主体三证合一审批后加强监管的总体方向,对旅游企业变注重审批为注重事中事后监管,印发了《山西省旅游局关于规范下放行政审批事项的通知》。严格落实行政审批、行政处罚"双公开",通过企业信用信息,加强行业企业诚信建设。对2015年度旅行社提交的申报资料由第三方会计师事务所进行审核,审定奖励资金857.19万元。向省政府申请落实资金和继续执行"美丽山西"休闲游奖励。

导游员管理。2016年8月举办了全省导游领队文明旅游师资培训班,各市旅游局行业管理科(处)负责人、导服机构负责人及导游领队代表,全省出境旅游组团社负责导游工作的负责人共140余人参加了培训。2016年11月,组织开展了2016年"皇城相府杯"山西省导游员大赛,共发放初级导游证1219个、中级导游证51个,高级导游证8个。

旅游商品管理。组织全省数十家旅游纪念品生产销售单位参加了中国国际旅游商品博览会、中国旅游产业博览会、东盟旅游产业博览会和北京旅游商品博览会等,分别有三件作品获得了国家级大赛银奖和铜奖。在国际旅游商品博览会上,许多企业不仅展示了产品,还签到了订单,收效显著。

**【旅游公共服务】** 旅游公共信息服务。继续利用山西省旅游发展委员会官方网站、旅游服务热线(便民咨询服务窗口)、官方微博、官方微信及手机App等多位一体的信息服务构架,为社会公众提供专业快捷的旅游资讯信息服务。截至2016年底,网站刊发自有版权图片12万余张、视频资料116部,旅游时讯862篇、景点473篇。官网继续以形式多样的专题展现目的地旅游资源。根据时节推出丰富多彩的专题活动,为来晋游客提供各个季节适合游玩的景区介绍、游玩线路、自驾游线路以及旅行攻略等内容。继续加强两微一端自媒体平台作用。省旅发委官方微博(新浪、腾讯)全年发布信息共计1063条,新浪官方微博累计发布信息6312条,腾讯官方微博累计发布信息5879条。2016年进一步加强了官方微信的内容制作、审核、发布等工作,全年共推送图文信息217期,共计664条旅游资讯信息。内容不仅涵盖当季景区动态、旅游推介专题报道、城市形象、乡村旅游专题,还包括"道德讲堂""文明出游""安全出行"等内容。

旅游安全与应急管理。2016年,全省各级旅游部门共开展旅游市场检查761次,联合相关部门开展检查99次,出动检查人员4772人次,检查旅行社2458家次(含分社、营业部),星级饭店350家次,A级旅游景区397家次,导游人员1183人次。共排查出一般隐患983条,下达整改通知581份,已整改983条,整改率100%。印刷了《旅游安全事故应急救援预案》《旅游突发事件应急手册》《安全出行手册》等宣传资料,发放安全宣传资料13万余份,回答群众关心的问题3000余条。

旅游交通便捷服务。为解决"最后一公里"及乡村公路等级不高、与景区景点连接线道路不畅等问题,省旅发委联合省交通厅按照《山西省农村旅游公路建设规划(2016～2020年)》,启动了建设全省农村旅游公路4120千米工作,预计投资184亿元。继续实施高速公路旅游标志牌安装工程,利用省级专项资金1000万元在全省28条高速公路上建设45个景区200余块旅游标志牌。

**【旅游规划与建设】** 旅游规划。《山西省"十三五"旅游业发展规划(送审稿)》2016年12月印发实施。同时编制了沿黄地区、太行山、大历山等跨区域规划,对晋城市、晋中市、吕梁市旅游总体规划组织了专家评审。

招商引资。2016年5月13日,在西安市成功举办了山西省旅游项目招商推介会。来自晋、陕各市旅游部门、旅行社、投资商、相关企业代表以及山西、陕西各部门领导、多家媒体等300余人参加了推介会。山西省带来具备招商条件的旅游项目136个，重点推介5个项目，吕梁市柏叶口景区与交城利虎集团现场签约6.25亿元，平遥县人民政府与东源联创(北京)文化发展有限公司现场签约16亿元，取得了良好效果。

*旅游景区建设*。全面推进国家5A级旅游景区创建工作。雁门关、太行山大峡谷两景区接受了国家旅游局组织的暗访验收。2016年10月，洪洞大槐树景区通过国家旅游局组织的景观质量评审，芦芽山景区已进入国家旅游局景观质量评审序列。珏山景区编制了5A创建规划；恒山景区正在编制5A创建规划。2016年，雁门关景区成功创建国家5A级景区；太原市紫林醋文化产业园、太原市六味斋云梦坞、忻州市禹王洞、晋中市榆次老城4家景区成功创建国家4A级景区。

全域旅游示范区创建工作取得积极进展和明显成效。督导晋中市、壶关县、平顺县、右玉县、阳城县等5家首批全域旅游示范区创建市县优化旅游发展环境，设立相应机构，完善公共服务体系，开发多种旅游产品，加快创建工作。积极组织第二批全域旅游示范区创建市县申报工作，忻州市、阳曲县、灵丘县、浑源县、大同县、黎城县、武乡县、泽州县、永济市、芮城县、洪洞县、吉县、隰县、岚县、交城县等15市县已被列入第二批全域旅游示范区创建市县名单，总量居全国第五位。对8家达到省级旅游休闲度假区标准的景区进行了评审，截至2016年底，全省共有48家省级旅游休闲度假区。

*智慧旅游建设*。2016年3月，省旅发委举办了以“拥抱互联网，创新谋发展”为主题的全省互联网+旅游太原现场交流会。省旅发委与湖北省中青旅、武汉拓普伟域网络有限公司签订了战略合作协议。6月，在忻州芦芽山景区组织举办了智慧景区建设培训班。11月，云冈石窟、五台山、平遥古城、乔家大院、绵山和皇城相府等6家5A级景区视频监控系统全部正式接入国家旅游局应急指挥平台，实现了各景区人流动态、游客密度、客源地统计等常态化经营数据，以及突发事件实时监控调取、现场处置情况实时反馈、远程督导管理、视频会商决策等应急指挥管理功能与国家旅游局应急指挥平台的对接。

(任卫军)

山西经济年鉴

YEAR BOOK OF SHANXI ECONOMY

# 科学·教育

KEXUE JIAOYU

16

# 科学·教育

## 科学事业

2016年全省科技工作紧紧围绕经济建设，全面贯彻党的十八大和十八届三中、四中、五中全会精神，深入贯彻习近平总书记系列重要讲话精神，认真落实省委十届七次全会的总体部署和全国科技工作会议安排，以深入实施创新驱动发展战略为主线，积极推动以科技创新为引领的全面创新，着力深化科技体制改革，抓好科技创新城建设，着力提升科技创新能力，优化科技生态环境，充分发挥科技创新在供给侧结构性改革中的基础、关键和引领作用，提高科技创新供给的质量和效率，重点完成了以下几方面的科技任务：发布实施全省“十三五”科技创新规划，论证启动一批科技重大项目；全面实施新的科技计划体系，进一步完善五大类科技计划，统筹衔接各类专项计划，力争各类计划全部纳入科技管理平台；以“互联网＋技术市场”为核心，构建线上与线下相结合的科技成果转化平台；利用科技成果转化引导专项经费进行重点扶持，并以此引导各类基金和社会资本的投入，建立了一批科技成果转化示范基地；继续布局一批高新技术重点项目，组织实施好“数控一代”交通与重型装备、新能源汽车、新能源、电子信息、节能环保5条高新技术产业创新链上的省重点研发项目，全力推动山西省科技创新不断取得新突破，加快实现发展动力转换，为山西省“六大发展”提供坚实的科技支撑。

科技创新方面认真抓好以下几项重点工作：一、加强科技创新系统谋划，推动科技创新推进大会精神全面落实。二、率先完成省级科技计划管理改革，完善促进创新的体制机制。三、大力实施科技成果转化工程，争创成果转化示范区。四、组织实施重大专项和重点研发计划，强化科技创新对发展的引领支撑作用。五、不断提升企业创新能力，强化企业技术创新的主体地位。六、夯实平台、人才、投入等创新基础能力，增强创新驱动的源头供给。七、推动大众创业、万众创新，为全省经济社会发展注入新活力。八、完善创新治理机制，推动政府职能由研发管理向创新服务转变。九、推进山西科技创新城建设，把科技创新城打造成山西省创新发展的引擎和世界低碳中心。

**【多项科技活动驱动经济社会发展】**

李克强总理考察山西清控众创空间。2016年1月5日，中共中央政治局常委、国务院总理李克强考察了位于太原高新区的清控众创空间。清控众创空间是山西省首批认定的省级众创空间，已吸引各类创客及创业团队近百个，举办各类创新创业活动几十场，逐渐形成了独具特色的扶持创新创业新模式。

山西省首批认定35家众创空间。2016年，山西省科技厅公布了首批认定的35家省级众创空间名单。此次认定工作收到来自全省10个地市共83家单位申报材料，经形式审查、专家评审等环节，以创领空间、清控众创空间等为代表的35家众创空间通过评审，被认定为首批山西省众创空间。

随着山西省“双创”相关政策的陆续出台，全省众创空间等新型创新创业平台建设蔚然成风，运营主体多元化、服务模式多样化，初步形成了以创领空间、清控众创空间等为代表的综合服务型众创空间；以不锈钢深加工众创空间、广立机械加工工业园众创空间等为代表的产业链服务模式的众创空间；以运城星河众创空间等为代表的地产转型众创空间；以88聚投为代表的投资驱动型众创空间；以智慧创客空间为代表的培训辅导型众创空间和以数创工场为代表的媒体驱动型众创空间等六大发展模式。

众创空间已经成为山西省集聚创新创业人才的重要载体和服务创新创业的重要载体。以已认定的35家众创空间为例，已经建成6800余个工位，聚集了5100余名创客、近900个创业团队，极大地推动了创新创业思想交流和思维碰撞，积极营造鼓励创新创业的社会氛围。

在众创空间的配套政策上，山西省已陆续出台《关于发展众创空间推进大众创新创业的实施意见》《山西省众创空间认定和管理办法》《山西省大力推进大众创业万众创新的实施方案》等政策，切实为省内众创空间的建设与发展提供了保障与支持。

*山西省科技管理综合信息系统建设进展顺利。*山西省科技管理综合信息系统建设是科技管理改革工作的重要组成部分，包含科技计划管理信息平台、科技资源开放共享管理服务平台、科技成果转化和知识产权交易信息平台、科技报告信息平台、高新技术企业管理服务平台等五个子平台。其中，科技计划管理信息平台完成了计划项目申报系统和计划项目评审系统的初步开发，完成多个数据库建设和项目查重系统的开发等工作。2016年该平台已上线运行，实现了与原数据库对接，并完成了2016年科技计划项目的线上申报工作和初审工作。其他四个子平台也按照任务要求完成了平台的前期调研、需求分析和平台整体架构设计及主体框架开发，与相关协作单位签订合作协议。

*召开《山西省科技创新条例》和《关于贯彻落实〈国家创新驱动发展战略纲要〉的实施方案》专家论证会。*为深入贯彻落实全国科技创新大会和山西省科技创新推进大会精神，圆满完成了《山西省科技创新促进条例》的起草任务和"实施创新驱动发展战略"课题的研究任务。2016年9月9日，《山西省科技创新条例》和《关于贯彻落实〈国家创新驱动发展战略纲要〉的实施方案》专家论证会在山西大学召开。

*新增3家国家级科技企业孵化器。*2016年，山西省晋中经济技术开发区高新技术创业服务中心、太原高新区建设投资有限公司和山西创昇万通科技有限公司3家科技企业孵化器被确定为国家级科技企业孵化器。至此，全省国家级科技企业孵化器数量达到10家，加上已有的5家省级科技企业孵化器和正在认定中的新一批省级孵化器，山西省科技企业孵化器将迎来较大发展。

*太重榆液举办高性能轴向柱塞泵关键技术研讨会。*2016年4月9日，太重集团榆次液压工业有限公司举办"高性能轴向柱塞泵关键技术研讨会"。发布太重榆液高性能轴向柱塞泵产品取得的阶段性突破，征集专家和主机用户对进一步改进产品的意见和建议，让用户更加深入了解太重榆液柱塞泵产品水平，增强用户对产品替代进口产品使用的信心。

*山西科技创新城被批准设立为省级高新技术开发区。*2016年3月，省政府下发晋政函〔2016〕36号文件，正式批复山西省科技创新城设立为省级高新技术产业开发区，规划面积为山西科技创新城核心区的20平方千米。

山西科技创新城高新技术产业开发区将按照省政府要求，深入实施创新驱动、低碳发展战略，按照布局集中、产业集聚、用地集约、特色鲜明、规模适度、配套完善的要求，立足科学发展，着力自主创新，完善体制机制。以煤炭清洁、安全、低碳、高效利用为方向，全力推进低碳技术、低碳产业、低碳城区建设。

*山西省科技扶贫行动工作推进会在太原召开。*2016年10月20日，由省科技厅和省农业厅、省农科院、省科协、山西农业大学共同举办的全省科技扶贫行动工作推进会在太原召开。会上，省科技厅厅长张金旺从科技扶贫的重要性、科技扶贫行动实施方案、科技扶贫保障措施三个方面做了动员报告，指出"十三五"期间山西省科技扶贫工作要以《山西省科技扶贫行动方案》为总指引，统筹整合全省农科教资源面向58个贫困县全面覆盖、倾斜投入、重点服务，实施科技特派员创新创业、科技扶贫培训和农村信息化服务三大工程，构建星创天地、产业技术转化引导、科技精准扶贫示范、科技人才技术培训、技术信息服务五大平台体系，力争到2020年科技扶贫攻坚全面告捷。科技扶贫行动将以此次会议为契机，全面推进科技扶贫工作深入开展，为山西省实施精准扶贫脱贫、全面打赢脱贫攻坚战、如期实现小康社会奋斗目标提供科技支撑。

**【出台政策法规，积极支持地方经济建设】** *山西省《扶持众创空间发展专项资金管理办法(暂行)》出台。*为了落实《山西省人民政府办公厅关于发展众创空间推进大众创新创业的实施意见》，2016年，省财政厅联合省科技厅印发了《扶持众创空间发展专项资金管理办法(暂行)》。办法分为5章15条，对扶持众创空间发展专项资金的设立依据、管理部门、支持范围、补助标准、审批流程、监督管理等各方面进行了全面明确和规范。

*《山西省煤基重点科技攻关项目管理办法》正式印发实施。*随着山西省科技计划管理改革的不断深入，尤其是《国务院印发关于深化中央财政科技计划(专项、基金等)管理改革方案的通知》(国发〔2014〕64号)和《山西省人民政府关于印发山西省深化省级财政科技计划(专项、基金等)管理改革方案的通知》(晋

政发〔2015〕35号)等文件下发后,原《管理办法》中个别条款或用词已不符合新的机制,亟须修改。鉴于此,经省人民政府同意,对《山西省煤基重点科技攻关项目管理办法》进行了修订,并于2016年5月16日以省政府办公厅名义印发实施。

**【国际科技合作专项项目为山西经济发展注入活力】** 山西省生物研究所相关技术专家组团赴美国执行国家国际科技合作专项项目。2016年11月9日至17日,应美国南方研究所邀请,山西省生物研究所4位技术专家组团对美国南方研究所、阿拉巴马大学伯明翰分校进行了为期9天的访问,就执行国家国际科技合作专项项目"基于ATX/LAPR结构的新型靶向抗肿瘤药物的研究"开展相关学术交流。

煤与煤层气共采国家重点实验室承办第十六届国际煤层气暨页岩气研讨会。2016年9月12～13日,由国家煤矿安全监察局科技装备司和美国环保局煤层气办公室联合主办,国家安全监管总局信息研究院、山西晋城无烟煤矿业集团有限责任公司、晋城市人民政府和煤与煤层气共采国家重点实验室联合承办的第十六届国际煤层气暨页岩气研讨会在山西晋城举行。来自中国、美国、英国、蒙古等多个国家相关政府部门、煤矿安全监察机构、煤矿企业、装备制造企业、科研单位、院校的负责人、专家学者和科研技术人员等300余名与会代表,围绕煤矿瓦斯防治及抽采技术、地面煤层气和页岩气开发、煤矿瓦斯(煤层气)井上下联合抽采技术、废弃煤矿瓦斯开发利用技术、煤矿瓦斯与通风瓦斯利用等5个专题进行了交流研讨。本次会议对于进一步加强煤层气抽采利用、煤矿瓦斯防治的技术交流和合作,提升煤矿安全生产保障能力,不断促进清洁能源发展具有重要意义。

省科技厅新认定5家省级国际科技合作基地。2016年,经省科技厅办公会研究批准,认定山西三维集团股份有限公司、山西省交通科学研究院、太原理工大学机械电子工程研究所、山西大学应用生物学研究所和阳泉市口腔医院等5家单位为山西省国际科技合作基地。至此,山西省已有国家级国合基地11家,省级国合基地35家。

山西欣奥特自动化工程有限公司有关技术专家赴美国执行国家国际科技合作专项项目。应美国密歇根大学电气工程和计算机系邀请,2016年9月4日～8日,山西省自动化研究所下属企业山西欣奥特自动化工程有限公司5位技术专家访问美国密歇根大学,就执行国家国际科技合作专项项目"分布式可再生能源控制及优化利用技术的联合开发"开展相关技术交流。

潞安集团与美国空气化工公司签署技术合作协议。2016年9月8日,2016太原能源低碳发展论坛暨中国(太原)国际能源产业博览会重大项目签约仪式在煤炭交易中心举行,山西省与国外、兄弟省市、央企、知名民企、高等院校、企业的14个重大项目签署了合作协议。省科技厅推荐的潞安集团与美国空气化工公司(AP公司)技术合作意向书在仪式上正式签署。此次签约,双方主要将在煤基合成精细化工产品关键技术、共建国家煤基合成工程技术研究中心、建立定期交流互访机制等方面深化合作。

**【山西省重点实验室公众开放活动深入推进】** 2016年5月14日～21日,山西省科技活动周暨重点实验室公众开放活动周期间,山西省国家和省级重点实验室围绕"创新引领,共享发展"主题,结合自身领域和特色,以焕发创新活力、普及科学知识、感受科技魅力为目标,面向社会公众组织开展了一系列丰富多彩、形式多样、贴近生活的开放交流活动。活动周期间,全省重点实验室共举办229场科普讲座和学术报告、348场次现场演示实验和互动式开放实验、累计接待各类参观人员1.6万余人(其中中小学生5400人)、外出考察交流759人。

**【涌现出一批具有经济发展前景的重大技术成果】** 山西省5个项目荣获2016年度国家科学技术奖。2016年1月9日,国家科学技术奖励大会在北京召开,会上宣布了《国务院关于2016年度国家科学技术奖励的决定》。其中,山西省相关单位参与完成的5个项目获2016年度国家科学技术进步奖(通用项目)二等奖。5个项目分别为:中国科学院山西煤炭化学研究所参与完成的"大型高效水煤浆气化过程关键技术创新及应用"项目、太原钢铁(集团)有限公司参与完成的"红土镍矿生产高品位镍铁关键技术与装备开发及应用"项目、西山煤电(集团)有限责任公司参与完成的"煤层瓦斯安全高效抽采关键技术体系及工程应用"项目、阳泉煤业(集团)有限责任公司参与完成的"智能煤矿建设关键技术与示范工程"项目以及山西省肿瘤医院参与完成的"中医治疗非小细胞肺癌体系的创建与应用"项目。

5个获奖项目中,企业参与完成的达到3项。近年来,山西省深入实施创新驱动发展战略,积极推进构建以企业为主体、产学研相结合的自主创新体系,推动企业成为技术决策、研发组织、科技投入和成果转化的主体,已取得一定成效。

山西省10家众创空间进入国家队行列。科技部印发《科技部关于公布第三批众创空间的通知》(晋科发火〔2016〕292号)文件,山西省创领空间、清控众创空间、山大艺道众创空间、博创敢为众创空间、星河众创空间、晋中众创家园、C立方创空间、创咖小Q、太原创客空间、新创空间等10家众创空间获得科技部备案，成为国家级众创空间。

*风电机组远程实时状态监测与智能故障诊断系统研制完成并成功应用*。2011年，山西大学牵头，联合国家电投山西新能源有限公司、太原重工股份有限公司、晋能清洁能源风力发电有限责任公司、国网山西省电力公司电力科学研究院、清华大学等单位，承担了山西省"十二五"科技重大专项"3MW风力发电机组载荷测试与远程故障诊断监测系统"项目的研究。长期以来国内风电机组状态监测与诊断技术主要参照于火电机组，技术标准不成熟，该项目的成功研制填补了风电监测诊断领域的空白。

*清洁式气体抑爆装置取得突破*。山西新思备科技股份有限公司联合解放军后勤工程学院共同研制的清洁式气体抑爆装置，结合了现有国内外主动抑爆灭火技术的优点，针对现有抑爆装置的二次污染及副作用等问题，研发的抑爆装置，集远程探测、自动控制、灭火抑爆于一体，能够快速有效地扑灭燃烧的火焰，环保性能好，不会对环境造成二次污染，一定设计浓度下，对人体无害，对设备无损坏，为我国易燃易爆场所的安全生产提高了有效保障。

*变电站接地网状态评价与腐蚀监测防护技术研究取得进展*。山西省电力公司电力科学研究院通过研究山西省变电站土壤腐蚀分布特点，开发接地网腐蚀监测诊断技术以及不开挖条件下的快速检测方法，实现地网腐蚀程度的可观测，保障电网接地的安全可靠。2016年，该检测防控技术已成功应用于山西电网部分变电站的土壤腐蚀特性探测诊断与监测评价等方面，累积节约支出5000余万元，项目研究过程中发表论文18篇，其中被SCI、EI收录共4篇，申请专利21项，为电网的安全稳定运行提供了技术支持，具有显著的经济效益和社会效益。

*在煤沥青制备球状活性炭方面取得突破*。中国科学院山西煤炭化学研究所从20世纪90年代初开始进行研究，一直到90年代末顺利通过了国家863项目的验收，成功制备出了以沥青为原料的球状活性炭。近年来，在国家自然科学基金——山西省煤基低碳联合重点基金以及山西省煤基重点科技攻关项目支持下，该单位不断创新，诸多关键技术实现了颠覆性的突破，发明了一步法直接成球新工艺，显著提升了沥青的利用率。2016年，该技术已应用于规模化生产，经济、社会效益显著，为煤沥青的高附加值利用提供了新途径，推广应用前景广阔。

*炭材料的可控合成及对痕量金属离子的分离富集研究*。由中北大学与美国南伊利诺伊大学爱德华兹分校合作完成的"炭材料的可控合成及对痕量金属离子的分离富集"项目，以植物基和聚合物为原料，设计合成了系列对稀土中铁铝杂质以及钪具有高识别性能的炭材料，实现了高纯稀土中杂质的高效去除以及钪的有效回收。该项目研究成果已在国内外期刊发表学术期刊论文25篇，其中SCI收录21篇，EI收录2篇。发明专利授权2项。可解决稀土分离富集的瓶颈—稀土除杂效率低下问题，对稀土回收提纯、环境治理以及可持续发展具有重要的意义。

*智能物流搬运机器人研制取得新进展*。山西东杰智能物流装备股份有限公司承担的"基于协同调度管理系统的智能物流搬运机器人"项目，成功解决了路径优化控制、多车多任务协同调度管理、自调节移动平衡系统等技术，提高了系统的效率和生产适用性，可以满足各种工况下的生产需求。通过该项目研制的智能物流搬运机器人已经在国药集团、青岛海尔、安徽猎豹等项目中得到实际应用，为用户创造了良好的经济效益。该项目的实施极大丰富了智能物流装备产业结构，对中国制造业的发展起到积极的推动作用。

*山西省煤基(煤层气)重点科技攻关项目"煤层气、页岩气资源潜力综合评价及共探共采选区研究"取得重要进展*。2016年9月1日，由山西金地煤层气勘查开发有限责任公司牵头承担的2014年度山西省煤基(煤层气)重点科技攻关项目"煤层气、页岩气资源潜力综合评价及共探共采选区研究"在榆社——武乡区块一口实验井进行了压裂作业。该项目是2014年省科技厅重点支持的山西省煤基(煤层气)重点科技攻关项目之一。

*高速动车空心车轴材料制造技术效果斐然*。2016年，由太钢不锈钢股份有限公司作为项目承担单位，联合晋西车轴股份有限公司共同承担的"十二五"山西省科技重大专项"高速动车空心车轴材料制造及加工工艺研发"项目，经过几年来的联合研究和攻关，效果斐然。2016年，课题组已完成数字化设计平台硬件装置、采煤机扭矩轴试验台、刮板输送机链轮啮合试验台、掘进机截割特性试验台等10余套装置的研发；12项专利获得授权，其中5项是发明专利；获批国家软件著作权71个；获山西省科学技术二等奖3项、山西省高校科技一等奖1项、山西省与全国煤炭行业教学成果一等奖各1项；制定企业标准17项。项目成果已在太重煤机、山西煤机等多家企业成熟应用，效果良好。

*城市空气质量改善技术研究*。省科技攻关课题"城市空气质量改善技术研究取得创新研究"历经三年研究，2016年建立了PM2.5浓度与各影响要素的关联矩阵，各类无组织源扬尘规律识别及相应控制技

术，低矮面源、道路线源等的大气污染贡献评估等。课题研究针对性提出大气防治措施提供依据，建立了配套集成的区域空气质量预报预警技术、大气区域联防联控技术，对识别城市大气污染防治重点供决策提供参考，太原市VOCs污染源排放清单的建立为太原市现有排放VOCs的企业提出适合的VOCs末端控制技术，环境空气质量例行监测点优化分析结果可为山西省联防联控治理污染提供参考，从大气多污染物协同控制等方面提出大气污染防治对策与管控措施。

城市二元水系统全量循环机制设计及安全保障研究。该研究表明，通过中水回用实现城市污水全量循环，可减少36.9%的新鲜水的用量，产生明显的环境效益和经济效益；同时也可减少污染物的排放量，降低对环境的压力，中水对河道水体的补给对河流水质的改善具有重要作用，中水的地下回灌则可有效遏制地下水漏斗的发展，使地下水水位逐步回升，具有良好的环境效益。

2016年山西"大众创业、万众创新"科技成果展。2016年5月16日，由省科技厅、省委宣传部、省科协、太原市人民政府举办的"2016年大众创业、万众创业科技成果展"，在太原市高新区清控创业基地开幕。此次活动展以"创新引领　共享发展"为主题，共设众创空间、跨境电商、科技成果转化、电子商务、大学生创业五个展区和一个路演授课大厅。共计216个单位或项目集中参展。本次展示活动是2016年山西省科技活动周的主场活动，通过集中展示山西省近年来建立的众创空间及孵化的优秀项目，以及各类高等院校、科研院所研发的科技成果、先进技术，搭建一个技术成果展示、转移转化、交流合作的"线下"平台，为中小微企业提供科技服务，为促进山西省科技成果转移转化提供支撑。

智能动态称重关键技术研究及转化应用。2016年，由山西省智能动态称重研究重点企业山西万立科技有限公司主导实施的省级重大专项"智能动态称重系统研究及产业化项目"，带动了该行业的快速成长。该公司公路动态计量特征量补偿算法研究、知识库建设，产量监测加密、传感器融合技术、故障自诊断，以及多种衡器检定等关键核心技术研究获得新突破，多项技术取得自主知识产权并达到国内领先水平。融合该技术的产品多次成功中标省内外高速公路动态汽车衡建设项目。

磁载钛硅基催化剂制备及磁分离反应研究。中北大学研究了具有催化活性且可磁分离的功能复合催化剂，研制了磁分离反应一体化装置，成功地解决了细小催化剂的固液分离难题，减少了后序固液分离装置和相关配套设施。2016年，该技术已形成新型磁性催化剂4类，磁分离反应装置1类，已申报发明专利5项，受权2项，撰写专著1部，发表论文9篇，4篇被SCI收录。

焦化废水深度处理及回用成套技术。山西焦化股份有限公司联合山西大学共同承担了"焦化废水深度处理及回用(MJH2014－04)"项目。经产学研合作联合攻关，研发出适合山西焦化股份有限公司的焦化废水深度处理及回用成套技术，对焦化企业废水深度处理及回用技术的实践有了重大突破。2016年3月，山西焦化集团有限公司正式投产运行300立方米/小时的焦化废水深度处理回用工程，实现了焦化废水处理系统出水(生化出水)的全部深度处理和回用，过程中运行稳定，纯水回收率达到98%以上，出水水质经过反复检测均达到回用水水质标准。焦化废水深度处理及回用成套技术符合国家节能减排政策导向，具有较高的环境、社会效益和工程示范意义，适合在焦化行业进行大范围推广。

汾河源头生物物种与生态系统多样性研究。针对汾河源头的现状，山西省生物研究所与山西大学、山西省农业科学院等单位联系开展了"汾河源头生物物种与生态系统多样性研究"，首次对汾河源头区域的物种与生态多样性进行全面、系统的考察。该研究从不同层次，全面系统地研究了汾河源头各类生物资源的种类、分布、相互关系及其未来变化的趋势，为汾河源头的生态环境保护建设和自然资源的合理开发利用提供了基础数据和理论参考，对更好地推进汾河流域生态修复和生物多样性保护具有重要意义。

太原科技大学成功研究大模数花键冷敲精密成形工艺与装备。2016年，太原科技大学完成的"大模数花键冷敲精密成形工艺与装备"项目研究开发出一种大模数花键(齿槽)冷敲加工新工艺与设备，建立起完整的成形工艺理论，研制出具有完全自主知识产权的大模数花键冷敲机。新工艺具有生产效率高、成本低，成形的花键零件精度高、综合性能好等优点，可用于航空航天、核电、国防工业等高端装备领域高性能花键的成形制造，价格仅为国外同类产品价格的十分之一。该项目共申请发明专利4项、实用新型专利2项、外观专利1项，承担制定中华人民共和国机械行业标准三项；出版《轴类零件冷滚压精密成形理论与技术》专著一部。

立井井筒揭煤技术。2016年，山西晋煤集团赵庄煤业为解决当前常规立井揭煤技术存在的揭煤时间长、施工工程量大等难题，针对煤矿立井快速揭煤中的径向井压裂增透技术开展研究。通过该项目研究，赵庄煤业在国内外范围内首次尝试了径向井技术与水力压裂技术的高效组合，极大地提高了煤层的透气性和预抽效果，大幅降低了煤矿企业的安全生产投入，独创的径向井

2015 年山西省科学技术奖一等奖获奖项目

| 序号 | 项 目 名 称 | 完 成 单 位 |
|---|---|---|
| 自然科学类 | | |
| 1 | 神经毒化学物在职业暴露工人中引起的神经功能改变、毒作用机制及干预 | 山西医科大学 |
| 2 | 分子筛催化剂的结构、组成及其性能调控 | 中国科学院山西煤炭化学研究所 |
| 3 | 基于粒计算的数据建模理论与方法研究 | 山西大学 |
| 技术发明类 | | |
| 4 | MEMS 高量程加速度传感器及其标定测试系统 | 中北大学 |
| 科技进步类 | | |
| 5 | 晋汾白猪分子辅助育种与新品种选育推广 | 山西农业大学　山西省畜禽繁育工作站　大同市种猪场　运城市盐湖区新龙丰畜牧有限公司 |
| 6 | 舍饲养羊技术集成与示范 | 山西省农业科学院畜牧兽医研究所 |
| 7 | WC40E 铲板式搬运车 | 中国煤炭科工集团太原研究院有限公司　山西天地煤机装备有限公司 |
| 8 | 3MW 低温高速永磁风力发电机组研制 | 太原重工股份有限公司 |
| 9 | 具有铌钛最佳配比的高性能超纯铁素体不锈钢关键技术开发 | 山西太钢不锈钢股份有限公司　东北大学　太原钢铁(集团)有限公司 |
| 10 | 采动区煤层气地面抽采井优化设计技术及应用 | 山西晋城无烟煤矿业集团有限责任公司　中煤科工集团重庆研究院有限公司 |
| 11 | 山区高速公路通涵工程设计理论与方法、关键技术及工程应用 | 山西省交通科学研究院　华中科技大学　中国地质大学(武汉)　湖北工业大学　黄土地区公路建设与养护技术交通行业重点实验室 |

压裂技术在煤层气开发和煤炭开采行业具有强劲的市场竞争力和重大的推广价值,该项技术刷新了煤矿立井揭煤的历史,是立井井筒揭煤的新突破。

（宋培贤）

**【农业研究硕果累累】** 2016 年,山西省农业科学院共开展各类研究课题 942 项,其中,国家级 131 项,省级 380 项,横向协作课题 39 项,院级 392 项。在新上的国家级项目中,国家青年基金项目 1 项,国家重点研发子课题 11 项。

2016 年全院共鉴定科研新成果 16 项,其中,1 项达到国际领先水平,4 项达到国际先进水平。3 个农作物新品种获植物新品种权,6 个农作物新品种通过国家品种审定委员会审(鉴)定,24 个农作物新品种通过省级品种审定委员会审(认)定。获国家授权专利 165 件,较 2015 年增长 22.2%,其中,发明 47 件,实用新型 115 件,外观设计 3 件。发布农业地方标准 56 项。发表省级以上科技论文 514 篇,出版专著 13 部。

**【一项研究成果达到国际领先水平】** 食用菌研究所完成的“双孢蘑菇新品系‘沐野 1 号’选育及高效栽培模式研究”,发现和鉴定了分离自山西省五台山的双胞蘑菇新品系沐野 1 号,通过菌种的提纯复壮、适应性驯化、最佳原料配方筛选、菌种制作、出菇实验和子实体筛选等试验,完成了该品系菌种选育的驯化栽培;系统研究了日光温室栽培技术、林地仿野生栽培技术及工厂化栽培技术,实现了沐野 1 号多种模式下的高效栽培。

**【四项研究成果达到国际先进水平】** 农业环境与资源研究所完成的“大同盆地盐碱荒地改良与高效利用关键技术研究与应用”,系统监测了内陆盐碱荒地水盐运动规律,提出了水盐运动调控措施;利用定位试验观测不同化学改良剂对盐碱荒地的改良效果,阐明了脱硫石膏的性质和施用对土壤重金属含量的影响,建立了脱硫石膏定量施用方程;针对大同盆地盐碱荒地土壤理化特征,探明全膜覆盖、膜下滴灌、垄沟种植、秸秆还田等技术在盐碱地上的效果,建立了适合大同盆地盐碱荒地快速改良的作物种植模式和技术规程。该技术在内蒙古、甘肃、宁夏、新疆、吉林等地推广应用,建立盐碱改良示范基地 5 个,辐射推广 2.3 万公顷,取得了显著的经济、社会和生态效益。

畜牧兽医研究所完成的“山西老陈醋产业关键技术提升研究——

醋糟的营养价值评定及其利用研究"，对山西省53家醋生产企业的醋糟营养价值进行了分析和评定，制订了山西省地方标准《饲料原料 醋糟》(DB 14/T880－2014)。研制出提高低蛋白、高纤维醋糟利用价值的微生物发酵技术，并获国家发明专利1项。

畜牧兽医研究所完成的"玉米秸秆微贮复合菌系构建及作用机理研究"，研究筛选了乳酸菌和纤维分解菌2大类6株细菌，构建了微贮复合菌系，为改善玉米秸秆微贮品质提供了新思路；结合体内和体外消化试验，对微贮玉米秸秆的消化特性进行了研究，为饲料营养价值的评价提供了便捷方法。

畜牧兽医研究所完成的"利用和牛提高中国西门塔尔牛太行类群生产性能关键技术研究"，以中国西门塔尔牛太行类群为母本，以日本和牛为父本进行杂交，以太行类群牛为对照，比较研究了和杂一代牛生长、屠宰、肉质以及瘤胃消化特性，揭示了和杂牛具有快速启动小麦秸、粟秸及玉米秸降解的能力；利用全转录组测序技术，初步揭示了牛肉部分品质性状的分子机理。

**【6个新品种通过国家级审(鉴)定】** 作物科学研究所选育的谷子新品种晋谷62号，属黄谷黄米，平均生育期124天，平均株高147.5厘米，穗长24厘米，穗重24.6克，穗粒重18.9克，千粒重3.1克。蛋白质含量11.83%，粗脂肪4.07%，维生素B10.56毫克/100克，直链淀粉22.14%，胶稠度117.5毫米，糊化温度3(碱消指数)。抗倒性、谷锈病、谷瘟病、纹枯病均为1级，耐旱性2级，黑穗病、线虫病均未发生。2014～2015年参加国家区试，平均亩产346.9千克，比对照长农35号增产7.07%，居两年参试品种第1位。2015年参加生产试验，平均亩产396.0千克，比对照长农35号增产12.81%。适宜在山西省太原、晋中、吕梁、阳泉、忻州、临汾、长治、晋城等无霜期150天以上的谷子中晚熟区种植。

蔬菜研究所选育的大白菜新品种晋春3号，春秋兼用型，平均生育期60～70天，中桩合抱，耐抽薹性极强，抗病性好，产量高。2013～2016年在全国生产示范中表现优良，目前已在山西、贵州、广西、重庆等地大面积推广。

高粱研究所选育的玉米新品种甜糯182号，平均生育期87天，平均株高253厘米，鲜穗重301克，穗位128厘米，雄穗分枝14～18个，穗行14.6行，穗长22厘米，穗粗4.5厘米，穗型长锥，粒色白，穗轴白色。2013年参加山西省鲜食玉米区域试验，亩产鲜穗970.2千克，比对照晋单糯41号增产17.1%。适宜在山西各地推广种植。

高粱研究所选育的高粱新品种晋糯4号，纺锤形穗，穗型中散，褐壳红粒。平均生育期116天，平均株高173.2厘米，穗长31.4厘米，穗粒重65.9克，千粒重23.1克。籽粒粗蛋白7.94%，粗淀粉74.74%，单宁1.3%，粗脂肪3.62%，支链淀粉99.5%。丝黑穗病自然发病率为0，接种发病率29.4%。2013～2014年参加全国区试，平均亩产438.4千克，比对照增产6.9%。2015年参加生产试验，平均亩产423.7千克，比对照川糯粱15号增产12.7%，居参试品种第二位。适宜在山西、四川、重庆、贵州、湖南、湖北等地种植。

高粱研究所选育的高粱新品种晋草8号，平均株高252.4厘米，茎粗1.2厘米，分蘖数2.18个，倾斜率5.2%，倒折率1.3%。籽粒粗蛋白8.23%，粗纤维23.12%，粗脂肪15克/千克，粗灰分5.4%，可溶性总糖11.4%，水分4.02%。丝黑穗病自然发病率0.02%，接种发病率38.7%。2014～2015年参加国家区试，平均亩产7142.8千克，比对照皖草2号增产5%。累计在山西、河南、新疆、甘肃等省示范推广233公顷。适宜在全国活动积温达到2300℃以上的区域种植。

高粱研究所选育的高粱新品种晋草9号，平均株高262厘米，茎粗1.2厘米，分蘖数2.24个，倾斜率7.4%，倒折率1.85%。籽粒粗蛋白7.51%，粗纤维23.68%，粗脂肪18克/千克，粗灰分5.2%，可溶性总糖5.20%，水分4.33%。丝黑穗病自然发病率为0，接种发病率62.1%。2014～2015年参加国家区试，平均亩产6818.2千克，比对照皖草2号增产0.2%。累计在山西、内蒙古、新疆、河北等省区示范推广133公顷。适宜在全国活动积温达到2300℃以上的区域种植。

**【农业科技成果转化与示范推广取得新成效】** 2016年，省农科院556名科技人员在全省11个市28个县(市、区)实施56项农业科技成果转化与示范推广项目，共推广品种213个，集中展示先进适用技术196项，配套高产高效技术模式35项，示范1733公顷，推广4.34万公顷，粮、油、果、菜、畜牧、食用菌、贮藏保鲜、设施农业自动化等示范推广累计增加社会经济效益2.63亿元。全年开展各类培训344次，培训农民3.77万人次，发放技术资料15万余份，在山西电视台、地方电视台、山西日报、山西农民报、山西科技报等媒体宣传报道46次。

(朱俊菲)

# 教育事业

**【积极落实立德树人根本任务】** 切实加强和改进教育系统党建工作。2016年，高校党委班子进一步配齐配强，全省所属本科高校领导班子和高职高专院校正职领导干部绝大多数已基本调整到位。2016年8月22～29日，省委组织部、省高校工委和省委党校联合举办全省高校深化“两学一做”暨领导干部素质能力提升研讨班，对高校党委书记、校(院)长和新任领导干部进行集中培训。认真落实《贯彻执行普通高等学校党委领导下的校长负责制的实施办法(试行)》，实施教师党支部书记“双带头人”培育工程，健全完善党委会议、常委会议、校长办公会议和院系党政联席会议制度，高校党的组织建设得到持续加强。认真推进教育系统“两学一做”学习教育，结合纪念建党95周年开展系列教育活动，广大党员干部思想认识受到新洗礼，纪律规矩意识和贯彻党的教育方针的自觉性不断增强。指导高校开展党外代表“两学一跟”活动，有效提升了高校统战工作水平。

*加强思想政治教育工作*。认真落实《关于进一步加强和改进新形势下高校宣传思想工作的实施意见》，建立了省委、省政府领导联系高校和上讲台开展思想政治教育工作机制。举办高校宣传思想工作暨哲学社会科学工作“四支队伍”骨干研修班，培训高校宣传部部长、学生工作骨干、思政课教师和哲社教师350余人，组织开展第四届山西省辅导员职业能力大赛，有效提高了高校思政队伍的整体素质，有力地促进社会主义核心价值观融入教育教学全过程。结合红军长征胜利80周年，开展了一系列主题纪念活动。制定教育系统爱国主义教育活动实施方案，开展了“山西好风光”美图大赛、中小学生主题班会征集活动，德育工作实效性进一步增强。

*进一步加强体育艺术工作*。起草了《山西省人民政府办公厅关于强化学校体育促进学生身心健康全面发展的实施意见》和《山西省教育厅等6部门关于加快发展青少年校园足球的实施意见》。全面开展校园足球活动，组织足球骨干师资培训，135所学校成为全国青少年校园足球特色学校，太原市迎泽区申报全国校园足球试点县(区)。举办2016年山西省青少年校园足球联赛，共有74支代表队参赛，并首次设置本科女子组。推进落实“阳光一小时”体育活动，同时举办了大中小学生跳绳、排球、乒乓球等一系列赛事，促进了学校体育工作全面开展。起草了《关于全面加强和改进学校美育工作的实施意见》。组织第五届大、中小学艺术展演，选送的20个表演节目参加全国展演全部获奖。开展高雅艺术进校园活动，中央歌剧院、国家话剧院等高水平艺术院团赴全省高校进行专场演出，约10万余名师生受益。举办第十一届“三晋之春”合唱比赛、大中小学生钢琴比赛、首届高校毕业季优秀美术作品展等，搭建学生艺术实践平台，广大学生艺术素养得到进一步加强。

**【教师队伍建设持续加强】** *持续加强师德师风建设*。教师节期间，全省教育系统开展了一系列隆重、简朴的庆祝教师节活动，引导全省教师争做党和人民满意的“四有”好老师。将2016年度全国教书育人楷模各市、各高校推荐的34名人选的事迹在教育厅门户网站展播，形成示范效应。表彰奖励了7名研究生优秀导师，营造了研究生导师“爱岗敬业、重在培养”的良好氛围。开展师德师风专项整治，实行师德师风专项整治工作督办函制度和重点问题督查制度，对关于全省教师队伍中存在的违反职业道德行为进行了核查督办，全省教师队伍整体面貌继续好转。

*进一步加强义务教育教师队伍建设*。完善校长教师交流轮岗政策，参与交流的校长、教师分别达到应交流总数的20.5%和11.5%，全面完成年度目标。为35个贫困县招聘1582名特岗教师，落实813名部属、省属师范大学免费师范毕业生就业岗位，农村教师队伍结构和整体素质得到提升。为集中连片特困县的2.6万乡村教师落实生活补助1.11亿元，指导督促各地落实原民办代课教师教龄补贴，有力地保障了乡村教师队伍的稳定。扎实推进教师培训工作，通过国培项目对乡镇以下18万名中小学幼儿园教师开展混合式培训，组织中小学校长和教育行政干部培训1076人次。

*加强职业教育双师型教师队伍建设*。联合省编办、省财政厅、省人力资源和社会保障厅、省国资委联合制定了《进一步创新全省职业院校编制和人事管理的意见》，进一步推动全省职业院校编制管理和人事管理改革，有利于职业院校引进高技能人才开展职业教育。

*加强高校高层次教师队伍建设*。联合十部门制定下发《关于高等学校吸引、稳定高层次人才的若干意见》，并积极推进落实。修订完善《山西省“三晋学者”支持计划实施办法》，增加“青年三晋学者”名额，形成了“杰出三晋学者”“三晋学者”“青年三晋学者”三个层次的特聘教授(专家)体系。按照新修订的办法，选聘中北大学薛晨阳教授为山西省“三晋学者”特聘教授，选聘山西大学陈刚教授等40人为山西省“青年三晋学者”特聘教授。继续实施高等学校“131”领军人才工程，评审第三批高等学校“131”领军人才工程132名，其中院士5名，知名学者、学术技术带头人63名，中青年优秀拔尖创新人才64名。

**【教育领域综合改革进一步深化】** *加强教育改革发展的顶层设计*。研究起草了《山西省深化教育领域综合改革的意见(2016～2020年)》，报国家教育体制改革领导小组办公室备案后由省政府办公厅印发。认真谋划“十三五”教育改革发展，组织编制了《山西省“十三五”教育事业发展规划》。

简政放权，推进教育依法行政。取消高等教育自学考试专科专业审批等5项中央指定地方实施的教育行政审批，清理、保留中介服务事项2项，取消或部分取消行政审批事项2项，新增3项行政职权。对涉及本部门的省政府文件进行了认真清理，共有22个文件拟废止或宣布失效。制定了教育行政处罚自由裁量权适用规则、裁量权基本标准，加强“双随机、一公开”监管和信用公示，严格规范和监督教育行政行为。制定出台《山西省普通高等学校学士学位授权审核工作暂行办法》，将学士学位授权专业的授权审核评审权力下放至各学位授予单位。推进高校章程核准工作，审核了15所高校章程。启动中小学章程建设工作。

深化招生考试制度改革。发布《山西省深化考试招生制度综合改革方案（试行）》，出台普通高中学业水平考试、学生综合素质评价实施办法等配套政策，研制普通高中学生综合素质评价管理平台和评价试点方案，印发山西省高等职业教育考试招生制度改革方案，为山西省推进考试招生制度改革奠定了坚实基础。巩固专项整治成果，继续加大对幼儿园入园、义务教育免试就近入学、高中“阳光招生”及优质高中招生指标到校等方面违规办学行为的督查力度，保证了中小学校招生秩序平稳有序。

推进高校专项改革。指导山西大学、太原理工大学、山西农业大学启动综合改革试点工作。遴选太原工业学院、山西传媒学院、山西工程技术学院、山西能源学院、山西应用科技学院、山西大学商务学院等6所高校为本科高校向应用型转变试点高校，山西大同大学、吕梁学院为试点候补高校。

积极扩大教育国际交流与合作。起草了《山西省关于做好新时期教育对外开放工作的实施意见》，报请省政府印发实施。设立来晋留学政府奖学金，印发了《来晋留学政府奖学金管理办法实施细则》，吸引来晋留学。印发《山西省自费出国留学中介资格认定与监管办法》，规范自费出国留学工作，目前全省具有自费出国留学中介服务资质的机构达到10个。推动友好省州建设，与美国西弗吉尼亚州联合实施本科生奖学金项目。积极争取教育部“千名校长海外研修项目”，选派14名高校校领导赴6个国家研修。推动中美“千校携手”项目建设，推荐15所中小学为第三批“千校携手”项目候选学校。组织山西省10所高校与英国阿斯顿大学交流洽谈并签订了合作协议。

加强民办教育规范管理。开展民办教育办学风险调研，针对山西省民办教育存在的学校法人治理结构不完善、法人财产权没有完全落实、办学资金不足及违规办学等问题，在全省范围内广泛开展调研，形成了《关于我省民办学校办学风险情况的调研报告》。同时草拟了《山西省教育厅关于进一步加强民办学校管理促进民办教育健康持续发展的若干意见（试行）》，适时出台实施。《民办教育法》修订后，及时对修改精神进行贯彻，对全省民办学校登记情况及是否要求取得合理回报等情况进行调研统计。加强对民办学校的年度检查，对不合格的7所学院2016年停止招生。

**【大力推进实施教育精准扶贫】** 制定教育精准扶贫工作方案。结合全省教育工作实际，出台《山西省教育扶贫行动方案》《山西省2016年教育扶贫行动计划》，以“六个精准”（精准建设、精准招生、精准资助、精准培训、精准帮扶、精准发力）为目标，全面实施贫困学生关爱、农村薄弱学校改扩建、农村教师队伍支持、贫困家庭劳动技能提升、帮困助学

现代化的太原市新建路小学

农村寄宿制学校多媒体课堂

五项行动，强力推进教育扶贫攻坚工作。

大力推进结对帮扶。先后召开职业教育精准扶贫对口帮扶工作推进会和省示范高中精准扶贫对口帮扶工作推进会，对结对帮扶工作进行安排部署。突出职业院校帮助贫困县加快发展职业教育，加强职业技能培训，力争使所有建档立卡的适龄贫困人口都能接受相应的职业教育和培训。按照《山西省省级示范高中对口帮扶贫困县普通高中工作实施方案》，逐校制定帮扶方案，促进基本形成资源共享、优势互补、相互促进、共同发展的格局，帮助贫困县高中提高教育质量，为打赢脱贫攻坚战打下坚实基础。

**【基础教育质量稳步提升】** 学前教育。2016年，全省共有幼儿园6708所，比2015年增加258所。入园幼儿40.45万人，减少1.54万人；在园幼儿99.1万人，增加8042人；离园幼儿36.11万人，增加3298人。专任教师5.11万人，增加2825人。民办幼儿园2784所（其中：普惠性民办幼儿园43所），在园幼儿40.6万人（其中：普惠性民办幼儿园在园幼儿7350人），分别占全省总数的41.5%和40.97%。学前教育毛入园率达到88.2%，提高1.2个百分点。

持续扩大普惠性学前教育资源。认真组织实施新改扩建200所幼儿园建设任务。开展普惠性民办幼儿园认定和奖补工作，提高公益普惠性学前教育资源覆盖面。在高平市开展学前教育改革试点工作，试行中小学、幼儿园教师编制打通使用等措施，成效明显。出台《山西省城镇住宅小区配套建设幼儿园管理和使用实施办法（试行）》，推动城镇新建住宅小区配建幼儿园工作，满足城镇新增人口入园需求。在孝义市召开全省优质幼儿园帮扶工作现场会，深入推进优质幼儿园帮扶工作，缩小园所差距。太原市小店区、芮城县被确定为全国学前教育改革发展实验区。

义务教育。2016年，全省共有义务教育阶段学校7893所，比2015年减少405所。招生75.93万人，增加4.75万人；在校生336.36万人，减少3.27万人；毕业生79.13万人，增加2.26万人。专任教师28.17万人，减少4365人。

小学。2016年，全省共有小学6043所，比2015年减少360所。另有不计校数的教学点3218个，增加110个。招生38.36万人（其中：受过学前教育的37.99万人，占招生总数的99.06%），增加6939人；在校生227.09万人，增加1384人；毕业生38.03万人，增加3.92万人。民办小学180所，在校生18.22万人，分别占全省总数的2.98%和8.03%。小学学龄儿童净入学率达到99.9%。

小学专任教师17.15万人，减少1422人。其中小学15.66万人（含教学点）、九年一贯制学校1.27万人、十二年一贯制学校2198人。专任教师学历合格率达到99.95%，与2015年持平。生师比为13.24∶1。

小学（含教学点）校舍建筑面积1867.24万平方米，比2015年增加58.54万平方米。小学体育运动场（馆）面积达标学校的比例为73.23%，体育器械配备达标学校的比例为85.5%，音乐器械配备达标学校的比例为85.19%，美术器械配备达标学校的比例为85.01%，数学自然实验仪器达标学校的比例为83.93%。

小学共有寄宿制学生33.94万人，进城务工人员随迁子女21.83万人，农村留守儿童9.15万人，分别占全省在校生总数的14.94%、9.61%和4.03%。

初中。2016年，全省共有普通初中学校1850所，比2015年减少45所。其中初级中学1361所、九年一贯制学校489所。招生37.57万人，增加4.06万人；在校生109.27万人，减少3.41万人；毕业生41.1万人，减少1.66万人。民办普通初中196所，在校生23.84万人，分别占全省总数的10.59％和21.81％。

初中专任教师11.02万人，减少2943人。其中初级中学8万人、九年一贯制学校1.34万人、十二年一贯制学校2235人、完全中学1.43万人。专任教师学历合格率达到99.58％，提高0.06个百分点。生师比为9.92∶1。

初中校舍建筑面积1540.4万平方米，增加31.42万平方米。初中学校体育运动场（馆）面积达标学校的比例为78.86％，体育器械配备达标学校的比例为86.43％，音乐器械配备达标学校的比例为86.11％，美术器械配备达标学校的比例为84.97％，理科实验仪器达标学校的比例为87.51％。

初中共有寄宿制学生50.36万人，进城务工人员随迁子女6.83万人，农村留守儿童4.42万人，分别占全省在校生总数的46.08％、6.25％和4.04％。

推进义务教育均衡发展。从2016年春季学期开始统一城乡义务教育学校生均公用经费定额标准，起草了《关于统筹推进县域内城乡义务教育一体化改革发展的实施意见》等文件，城乡一体化的经费保障机制和改革发展态势逐步形成。投入15.9亿元启动实施21个项目县“全面改薄”工作，2016年底前设施设备采购任务全部完成，校舍建设任务完成60％以上。在61个县实施农村义务教育学生营养改善计划试点，其中21个国家试点县95％以上的学校实现食堂供餐，惠及近50万名农村义务教育阶段中小学生。全省累计有88个县（市、区）通过省级义务教育学校标准化建设验收。大力推进教育联盟、集团化办学等义务教育办学模式改革，目前，所有市辖区和已通过国家均衡发展督导评估认定的县（市、区）都启动办学模式改革工作。2016年有33个县通过国家义务教育均衡发展评估认定。

普通高中。2016年，全省共有普通高中503所，比2015年减少2所。其中完全中学208所、高级中学250所、十二年一贯制学校45所。招生24.45万人，减少3887人；在校生75.38万人，减少4万人；毕业生28.44万人，增加855人。民办普通高中154所，招生数5.23万人，在校生15.83万人，毕业生5.88万人，分别占全省总数的30.62％、21.37％、21.01％和20.66％。

普通高中专任教师6.33万人，增加1393人，其中完全中学2.13万人、高级中学3.93万人、十二年一贯制学校2739人。专任教师学历合格率达到97.77％，提高0.36个百分点。生师比为11.9∶1。

普通高中校舍建筑面积1732.88万平方米，增加49.14万平方米。普通高中体育运动场（馆）面积达标学校的比例为83.5％，体育器械配备达标学校的比例为84.89％，音乐器械配备达标学校的比例为82.9％，美术器械配备达标学校的比例为83.7％，理科实验仪器达标学校的比例为86.48％。

普通高中教育多样化发展。按省属高中600元/生年、县属高中300元/生年标准下达省级补助资金1.48亿元，弥补公办普通高中因取消择校费出现的经费缺口。出台《省级示范高中对口帮扶贫困县普通高中工作实施方案》，确定88所非贫困县省示范高中对口帮扶67所贫困县普通高中，努力提升被帮扶学校办学水平和教育质量。推进普通高中办学条件标准化建设，2016年累计验收308所学校，完成66％以上的建设任务。

特殊教育。2016年，全省共有特殊教育学校69所，比2015年增加5所。招生2050人，增加413人；在校生1.08万人，增加1564人；毕业生1296人，增加236人。专任教师1516人，增加71人。

普通小学、初中附设特教班和随班就读招收的学生931人，在校生4838人，毕业生573人，分别占全省总数的45.41％、44.92％和44.21％。

促进特殊教育发展。指导各地落实残疾儿童少年“一人一案”，为每一名未接受义务教育的6～14周岁视力、听力、智力残疾儿童少年制定入学方案，以上三类儿童少年义务教育入学率达到90％以上。科学规划高中阶段特殊教育布局，在市级特教学校增设普通高中或职业高中班，帮助残疾学生掌握一技之长。支持普通幼儿园创造条件接收残疾儿童，发展学前康复教育工作，提高残疾儿童入班（园）率。完善随班就读管理机制，鼓励普通中小学校接收轻度残疾学生就读。联合省残联召开2016年全省特殊教育工作会议，组织对750余名特殊教育教师进行培训。

**【职业教育快速发展】** 2016年，全省共有中等职业教育（含普通中等专业学校、成人中等专业学校、职业高中和技工学校）学校544所，比2015年增加2所。招生14.5万人，减少1.11万人；在校学生43.82万人，减少3.48万人；毕业生16.8万人，减少5958人。

普通中等专业学校。2016年，全省共有普通中等专业学校92所，其中中等技术学校88所、中等师范学校4所。招生3.71万人，减少2035人，其中普通中专学生3.68万人、职业高中学生263人；在校生12.12万人，减少1.87万人，其中普通中专学生11.06万人、职业高中学生1.05万人；毕业生5.32万人，增加3984人，其中普通中专学生4.13万人、职业高中学生1.19万人。民办中等技术学校13所，招生5170人，在校生1.11万人，毕业生

2201人，分别占全省总数的14.13％、13.94％、9.15％和4.14％。

普通中等专业学校专任教师7853人，增加23人。其中，具有高级专业技术职务的2193人，具有中级专业技术职务的3160人，具有本科及以上学历的7279人。生师比为15.43∶1。

普通中等专业学校占地面积641.86万平方米，减少12.53万平方米；校舍建筑总面积347.51万平方米，增加18.7万平方米；固定资产总值34.14亿元，增加1.99亿元；教学实习仪器设备资产值8.66亿元，增加9012.24万元；图书566.02万册，增加23.91万册。

成人中等专业学校。2016年，全省共有成人中等专业学校119所。招生2916人，比2015年减少933人，其中普通中专学生308人、成人中专学生2602人、职业高中学生6人；在校生9498人，减少1307人；其中普通中专学生1568人、成人中专学生7904人、职业高中学生26人；毕业生4200人，减少5118人，其中普通中专学生220人、成人中专学生3980人。

成人中等专业学校专任教师3242人，减少98人。其中，具有高级专业技术职务的439人，具有中级专业技术职务的1581人，具有本科及以上学历的2472人。

职业高中。2016年，全省共有职业高中235所。招生6.3万人，比2015年减少2289人；在校生17.83万人，减少743人；毕业生5.65万人，减少3056人。民办职业高中82所，招生1.89万人，在校生4.81万人，毕业生1.21万人，分别占全省总数的34.89％、30.04％、26.99％和21.43％。

职业高中专任教师1.42万人，增加202人。专任教师学历合格率达到89.4％，提高1个百分点。生师比为12.56∶1。

其他机构、附设中职班。2016年，全省共有其他中等职业教育机构8所和附设中职班61所，均不计校数。招生8046人，减少2607人，其中普通中专学生5534人、职业高中学生2512人；在校生2.89万人，减少8137人，其中普通中专学生2.1万人、成人中专学生390人、职业高中学生7566人；毕业生1.57万人，减少2346人，其中普通中专学生1.3万人、成人中专学生680人、职业高中学生1945人。

技工学校。2016年，全省共有技工学校98所。招生3.4万人，在校生10.03万人，毕业生3.85万人。

加快发展职业教育。一是贯彻落实全省职业教育工作会议精神。以落实省政府职业教育“1＋3”文件为主要内容，在全省开展职业教育专项督查，并通报督查结果，有力地促进了省委省政府加快发展现代职业教育战略部署的全面落实。制订《山西省贯彻落实〈高等职业教育创新发展行动计划（2015～2018）〉实施方案》，明确了下一步工作重点。二是加强职业教育基础能力建设。实施职业院校办学条件达标计划，指导各市制定了“十三五”期间职业院校办学条件达标分年度工作规划。全力推动县级职教中心建设，对尚未建成合格县级职教中心的30个县（市、区）教育局分类指导，确保2018年全面完成建设任务。加强职业院校实习实训基地和重点专业建设，利用中央财政现代职业教育质量提升计划专项资金和职业教育奖补资金共计4.46亿元，立项建设实训基地项目和重点专业项目255个，全省建成或在建的实训基地和重点专业项目达到652个，并开展建设质量监测，职业院校实训条件得到显著改善。完成第三批11所国家级中等职业教育改革发展示范校省级验收工作，结果已上报教育部复核。三是加强职业院校管理。完成376所中职学校办学资质清查，28所限期整改，1所取消办学资质。新增长治职业技术学院“绿色食品生产与检验”等89个专业点，山西省雁北煤炭工业学校等39所职业院校新增“焊接技术应用”等75个专业或专业方向。公布《山西省普通高等学校高等职业教育（专科）专业设置目录（2016年）》，进一步规范管理。全面启动高等职业院校内部质量保证体系内部诊改工作。持续推进管理星级评估认定工作，目前全省共认定管理五星级学校34所。实施职业院校管理水平提升行动计划，研究制定了《山西省职业院校管理水平提升行动计划实施方案》，提出6项行动20项活动，进一步细化为96个工作参考点，推动山西省职业院校内部管理工作再上新台阶。四是深化职业教育改革创新。部署开展了对口升学和“三二分段”人才培养工作，促进中、高职有效衔接、协调发展。在部分专业和高等职业院校开展“文化素质＋职业技能”考试办法试点工作，年底前争取出台中等职业学校毕业生对口升学、高等职业院校单独招生“文化素质＋职业技能”考试和五年制高职教育考试招生实施办法。举办山西省第十届职业院校技能大赛，选拔64所中高职学校的410名参赛选手参加全国职业院校技能大赛，获得7个一等奖。积极推进职业教育信息化，组织专家对全省6所教育部第一批教育信息化试点单位进行了验收，举办2016年山西省职业院校信息化教学大赛，促进了信息化应用。落实省政府“省级行业性职业教育集团由行业部门和组织牵头运行”的要求，相关交接工作年底前在职业教育部门联席会议框架内完成。五是大力推进终身教育体系建设。起草了《山西省教育厅关于社区教育机构建设的意见》和《山西省教育厅等七部门关于推进学习型城市建设的实施意见》，正在征求意见。全年创建3000个学习型组织，晋中左权县被确定为第六批全国社区教育实验区。牵头开展煤炭企业职工带薪转岗教育培训工作，制定《关于煤炭企业职工带薪转岗教育培训的实施细则》，建立部门协商沟通机制，确定了承担培训任务的学校名单，其中骨干人员培训共有11所学校可承担38个专业的培训任务，基层人员培训共有30所高职、中专院校可承担164个专业的培训任务，18个技师学院、技工学校可承担99个专业的培训任务，培训工作有序推进。

**【高等教育内涵建设成效显著】** 基本情况。2016年，全省共有培养研究生单位14个，其中普通高校11个，科研机构3个。普通高校80所(独立学院计入校数)，其中本科院校25所、独立学院8所、专科院校47所(高等专科学校6所，高等职业学校41所)。民办普通高校15所，其中本科院校2所、独立学院8所、高等职业学校5所。成人高等学校11所，其中职工高等学校7所、管理干部学院1所、教育学院2所、广播电视大学1所。

2016年，研究生招生1.01万人，比2015年增加309人，增长3.16%；其中，博士生531人，增长6.84%；硕士生9547人，增长2.97%。在学研究生2.93万人，增加631人，增长2.2%，其中，博士生2636人，增长3.66%；硕士生2.67万人，增长2.06%。毕业研究生9118人，增加323人，增长3.67%，其中，博士生376人，增长3.3%；硕士生8742人，增长3.69%。

2016年，普通高等教育本专科共招生21.99万人，减少2731人，降低1.23%，其中，本科12.58万人，增长2.67%；专科9.42万人，降低5.99%。在校生75.63万人，增加1.6万人，增长2.17%，其中，本科47.43万人，增长4.94%；专科28.2万人，降低2.18%。毕业生19.93万人，增加7986人，增长4.18%，其中，本科10.15万人，增长11.03%；专科9.77万人，降低2.11%。民办普通高校普通高等教育本专科共招生3.63万人，在校生12.81万人，毕业生3.39万人，分别占全省总数的16.52%、16.93%、17.02%。全省高等教育毛入学率达到43.1%，提高3.1个百分点。

2016年，普通高等学校校均规模达到9453人，增加83人，增长0.89%。其中，25所本科院校的在校生总数为44.23万人，校均规模1.77万人，比2015年减少326人，降低1.81%。

2016年，成人高等教育本专科共招生2.63万人，比2015年减少9928人，降低27.43%，其中，本科1.56万人，降低13.16%；专科1.07万人，降低41.45%。在校生10.8万人，减少3.65万人，降低25.25%，其中，本科5.67万人，降低13.3%；专科5.14万人，降低35.11%。毕业生6.03万人，减少2945人，降低4.66%，其中，本科2.34万人，降低1.31%；专科3.69万人，降低6.66%。

2016年，普通高等学校专任教师4.13万人，比2015年增加895人，增长2.22%。其中，具有高级专业技术职务的1.37万人，具有研究生及以上学历学位的2.66万人。普通高校占地面积3489.16万平方米，比2015年增加37.41万平方米，增长1.08%。校舍建筑面积2048.02万平方米，增长3.2%。教学行政用房面积974.32万平方米，增长2.57%。学生宿舍面积532.78万平方米，增长3.47%。教学仪器设备资产值79.29亿元，增长13.37%。图书5800.4万册，增长2.94%。

2016年，成人高等学校专任教师1141人，比2015年减少327人，降低22.28%。其中，具有高级专业技术职务的422人，具有研究生及以上学历学位的297人。成人高校占地面积78.62万平方米，校舍建筑面积62.93万平方米，教学行政用房建筑面积32.8万平方米，学生宿舍建筑面积13.46万平方米，教学仪器设备值1.41亿元，图书124.18万册。

高等教育改革发展不断取得新成绩。一是高等教育结构进一步优化。山西警察学院、山西能源学院分别在原山西警官高等专科学校、山西煤炭管理干部学院基础上成立并于2016年起正式招生，以山西中医学院为基础筹建山西中医药大学工作也取得突破性进展。积极探索推进筹建山西艺术学院，积极推动山西大学、太原理工大学建设大数据学院，开设相关专业。围绕省综改试验区建设对相关专业人才的需求，支持有关高校新增设置了新能源科学与工程、能源经济等67个本科专业，撤销3个本科专业，批准有关高校设置数字金融、大数据云计算、健康产业管理、新能源材料等专业方向。二是重点学科、重点专业建设取得新成效。组织实施“优势学科攀升计划”和“服务产业创新学科群建设计划”遴选工作，评选立项“山西大学物理学”等10个优势学科攀升项目，冲击国内一流学科；评选立项“太原理工大学能源与电气工程”等12个直接服务产业创新的学科群，构建地域特色鲜明的学位学科支撑体系；评选立项“山西大学生态学”等33个省级重点学科建设项目，培育新的学科方向。建立重点学科建设动态调整新机制，委托第三方对重点学科进行发展性评估，调整了20个学科的建设层次，撤销了8个重点学科资格。立项支持75项研究生教育改革研究课题，37项研究生联合培养基地人才培养项目和195项研究生教育创新项目，推动研究生培养模式改革。加快重点专业建设。启动本科教学质量工程项目建设，评选出优势专业20个，1门课程入选国家精品视频公开课程。三是高校科研创新能力有了新提升。推进高校协同创新中心建设，评选出太原理工大学煤层气高效开采与利用协同创新中心等8个高校协同创新中心，协同创新中心总数达22个，并指导其修订完善建设规划。立项建设高校人文社会科学重点研究基地5个，全省的基地总数达到34个。遴选出本年度山西省高等学校优秀创新团队3个，中青年拔尖创新人才12人，优秀青年学术带头人30人，创新人才队伍建设进一步加强。印发《关于促进高等院校科技成果转化的若干意见》，要求高校健全成果转化服务体系，建立科技创新成果转化项目储备制度，改革科技成果评价、处置和使用方式，提高科技成果转化率。遴选立项支持了109项科技创新项目、110项哲学社会科学研究一般项目和37项人文社科重点研究基地项目。全省高校共承担国家社科基金55项，占全省项目总数的93%，项目共计经费1145万元，占全省经费的93.5%。共承担国家自然科学基金项目293项，项目经费1.06亿元。山西省高校获得2016年教育部第七届高等学校科学研究优秀成果奖三等奖六项。四是积极推进创新创业教育，提升人才培养质量。报请省政府办公厅印发了《山西省深化高等学校创新创业教育改革实施方案》，明确了山西省深化高校创新创业教育改革工作时间表、路线图和有关责任部门。获批124项国家级大学生创新创业训练项目，评选出教学改革创新项目152项，大学生创新创业训练计划项目572项。遴选和支持了195项研究生教育创新项目，认定6个省级研究生教育创新中心和12个省级研究生联合培养基地，立项支持了37项研究生联合培养基地人才培养项目、立项75项研究生教育改革研究课题。抽检了2015学年博士、硕士学位论文，启动学士学位论文质量抽检工作，进一步加强学位授予质量监督，提高教育教学质量。成功举办第二届山西省“互联网+”大学生创新创业大赛，共评选出省级一等奖24项，二等奖44项，省级三等奖73项，并从省级一等奖项目中遴选出14个项目参加全国总决赛，获得国家级银奖1项，铜奖13项。

（秦志伟）

# 文化·新闻·广播·出版事业

WENHUA XINWEN GUANGBO CHUBANSHIYE

17

# 文化·新闻广播·出版事业

## 文化事业

**【文化政策体系不断完善】** 2016年，编制印发了山西省《“十三五”文化改革发展规划》《“十三五”红色文化传承保护与发展规划》，其中红色文化规划是全国第一个省级红色文化专项规划。贯彻落实中办、国办《印发〈关于加快构建现代公共文化服务体系的意见〉的通知》《关于转发文化部等部门关于做好政府向社会力量购买公共文化服务工作意见的通知》等重要文件精神，牵头起草印发山西省《关于提高公共文化服务水平的若干意见》《关于做好政府向社会力量购买公共文化服务工作的实施意见》《关于进一步加强对外和对港澳台文化工作的实施意见》《关于实施山西省戏曲传承发展振兴工程的意见》《关于进一步深化文化市场综合执法改革的实施意见》等文件。基层综合性文化服务中心建设、文化文物单位文创产品开发等文件正在会审会签。

**【艺术事业蓬勃发展】** 学习贯彻习近平总书记在文艺工作座谈会上的重要讲话精神，继续开展“深入生活、扎根人民”主题实践活动。紧扣“中国梦”主题，大力挖掘山西文化资源优势，启动《党的女儿》《槐树情》《印象山西》《绿色征途》《法显》《晋文公》《北魏孝文帝》等7部重点剧目创作，其中《党的女儿》《印象山西》已立于舞台，其他项目正在推进中。一批优秀剧目获国家级奖励，晋剧《于成龙》入选2016年度国家舞台艺术精品扶持工程十大重点扶持剧目，话剧《生命如歌》荣获全国少数民族汇演金奖，舞蹈《扫街》荣获第十一届中国艺术节“群星奖”舞蹈类比赛第一名。围绕纪念建党95周年，举办七一晚会、剧目展演、送戏下乡等活动，弘扬主旋律、传播正能量。积极申请国家艺术基金，29个项目获立项，资助总额2471万元，戏曲剧目、小戏、小品三类立项数量位居全国第一。根据文化部开展全国地方戏曲剧种普查工作要求，开展全省地方戏曲剧种剧团普查，基本摸清全省戏曲底数。加强文化人才培养，举办文化艺术人才培训班，完成2016年度山西省艺术科学规划课题立项评审。

**【公共文化服务水平进一步提高】** 督导朔州市完成第二批国家公共文化服务体系示范区创建，督导晋中市、大同市通过第二批示范项目验收，启动晋中市第三批示范区创建。完善政府购买公共文化服务机制，落实省级政府购买公共演出服务资金1100万元，组织省直文艺院团进社区、进军营、进校园、进乡村演出600余场。发挥省级重点文化设施示范带动作用，山西大剧院全年演出296场，观众超过19万人次。省图书馆日均接待读者6200余人次，举办各类讲座、展览等200余场。省群艺馆、山西画院、山西书法院等组织公益演出、展览、培训近300场，受惠群众20余万人次。着力打造文化惠民品牌，长风之夜、周二剧场、龙城剧场等演出深受群众欢迎。健全公共文化设施，山西晋剧艺术中心主体工程封顶，省少儿图书馆和省古籍保护中心建设扎实推进，10个县级两馆建设达标任务顺利完成，省市县三级公益文化设施建设达标率预计达到82.45%，比2015年增加约2个百分点。组织乡镇综合文化站资源利用情况调研，全面掌握全省乡镇综合文化站现状。圆满完成第三届“山西省文化强县创建工作先进单位”评选。发挥文化部门优势，推进扶贫工作，与11个贫困村、1292户贫困户实施“精准结对”，为对口扶贫点神池县虎鼻乡新建3个文化活动中心，免费送戏25

场，扶持开展光伏发电、农产品种植及加工等项目。

**【文化产业取得新突破】** 实施重点工程带动，山西文化保税区累计完成投资2.2亿元，山西省文化产业园5个示范馆完成主体工程建设。紧紧围绕发展非煤产业目标，加快推进文化旅游业发展，制定《关于大力推进文化旅游业和文化创意产业发展的工作方案》《关于推进演艺、非遗进景区的指导意见》《关于创建山西省文化旅游大县的指导意见》等文件。搭建展示平台，推动项目合作，组织近百家文化企业和投资公司进行投融资路演，组织文化企业参加国家级国际性文化产业博览会，推介项目200余个。参加2016山西品牌丝路行和中华行。加强与大型企业合作，与晋能集团共同推进山西文化云平台建设，与保利文化集团、中国文化传媒集团签订合作协议。深化供给侧改革，在太原市启动文化消费试点，发放3万张文化消费卡。筹备成立山西文化企业协会。

**【非遗保护迈上新台阶】** 探索和创新乡村文化资源保护新路子，继续实施"乡村文化记忆工程"，遴选318个乡镇开展第二批试点工作。"晋中文化生态保护实验区"顺利完成文化部检查评估。认真开展非遗法贯彻落实情况自查，通过文化部抽查评估。在全国率先完成国家级非遗代表性传承人抢救记录试点工作。组织10余项优秀非遗项目参加第四届中国非遗博览会，展示山西非遗大省良好形象。广泛开展"文化遗产日"系列活动，组织非遗进校园、进军营、进社区，营造非遗保护发展的良好社会氛围。实施2016年中国非遗传承人群研培计划，对290名非遗传承人进行培训。拓展宣传阵地，推进山西省非遗展示馆建设。

**【文化市场管理服务进一步完善】** 开展综合执法提升工程，贯彻落实中办、国办《关于进一步深化文化市场综合执法改革的意见》，开展全省文化行政综合执法改革摸底调查，探索文化市场分级分类管理和"双随机、一公开"模式，推动实现跨部门、跨行业综合执法。文化审批15个项目进入省政务服务平台，制定《简化优化公共服务流程方便基层群众办事创业工作方案》。落实文化部《关于推动文化娱乐行业转型升级的意见》，印发山西省配套实施方案，将转型升级工作拓展到全省文化娱乐行业。推动互联网上网服务行业转型升级，行业整体形象、社会评价明显改善。强化文化市场监管，2016年组织开展交叉检查与暗访抽查，完成文化市场技术监管和服务平台建设，经营场所录入和网上激活率达98%以上。

**【文化交流和文化援疆亮点突出】** 组织艺术团体赴加拿大、葡萄牙、瑞士、台湾、香港等国家和地区参加"中华风韵""欢乐春节"等活动，深受当地观众和华人、华侨好评。积极开展与"一带一路"沿线国家和地区的人文交流，按照省政府"山西品牌丝路行"工作安排，赴匈牙利、捷克、波兰和哈萨克斯坦、格鲁吉亚、白俄罗斯开展文化交流合作。2016年共完成文化交流项目20余个，300余人次。开拓山西海外文化阵地，省图书馆与毛里求斯中国文化中心、山投集团晋非经贸公司签署框架协议，启动毛里求斯中国文化中心图书室建设。落实全省援疆工作部署，举办"山西艺术精品新疆行"系列活动，组织优秀剧目赴疆巡演40余场，开展书画名家交流和非遗精品展示展演。

**【扎实推进法治建设】** 稳步推进法治建设。狠抓依法行政，组织编制党纪条规汇编和文化系统适用法律法规汇编，完善行政机关内部重大决策合法性审核机制，在重大行政决策、重大事项审议、较大金额合同签订等程序中引入政府法律顾问环节。编制印发省文化厅《关于开展法治宣传教育的第七个五年规划》，为文化系统"七五"普法奠定基础。深入开展"六权治本"。制订实施《"六权治本"目标责任分解方案》，建立考核评价机制。编制省文化厅行政处罚裁量标准适用准则和裁量权基准，确定权力范围和裁量标准。严格执行"两清单""两张图"，落实"放管服效"政策，进一步整理规范审批文书和审批流程，实现文化行政审批办理进度和办理结果网上实时查询，全程在线监督，2016年完成审批业务184件。

（杨 渊 邹文姣）

## 文物事业

**【贯彻落实文物工作的重大决策部署】** 科学谋划文物保护各项工作，全面提升文物保护工作水平。落实全国文物工作会议部署要求，积极筹备全省文物工作会议，报请骆惠宁书记对全省文物工作做出了重要批示，报请省政府核定公布了第五批省级文物保护单位，报请省政府印发了《关于进一步加强文物工作的实施意见》。2016年9月26日，省政府在太原召开全省文物工作会议，省长楼阳生、国家文物局局长刘玉珠、副省长张复明出席会议并做了重要讲话。

贯彻落实省第十一次党代会精神，明确文物工作发展的新思路和新目标。围绕贯彻落实省第十一次党代会精神，编制完成《山西省文物事业"十三五"发展规划》，研究确定了2017年的工作思路，即：以"推动三个转变"为导向，以"打造文物片区”为目标，以“实施重点工程”为抓手，进一步加大不可移动文物保护管理利用力度，按照本体、附属文物、安消防设施、环境和利用“五位一体”的保护思路推进，充分发挥文物在促进文化旅游产业发展中的基础性、支撑性作用；加大可移动文物资源整合力度，不断提升展览和公共文化服务水平，积极推进文创产品开发工作，充分发挥文物在弘扬社会主义核心价值观方面的独特作用。

*贯彻落实指示批示精神，有效破解文物保护工作难题。*重点加强了永乐宫壁画保护，科学评估全省文物保护工作并形成专题报告，认真研究了文物密集区体制改革试点、晋商博物馆筹建和动员社会力量参与文物保护利用“文明守望工程”、将文物保护单位纳入公安“天网”工程、在科技保护上设立古建筑、彩塑壁画和石质文物保护等三个研究机构予以加强等重点工作，初步形成了破解文物保护难题的新抓手。

**【文物保护法治建设水平不断提高】** *文物保护法规体系建设不断完善。*《山西省文物建筑构件保护办法》正式经省政府公布生效，成为今后依法推进文物保护的又一个新路径，在全国属首次。对全省社会力量参与文物保护的案例进行收集整理和分析研判，在此基础上以部门规范性文件形式出台了《山西省社会力量参与文物建筑保护利用暂行办法》。

*文物依法行政基础工作不断夯实。*按照行政审批制度改革要求，设立行政审批处，制定进驻全省政务服务平台实施方案，开展了“两清单、两图表”回头看工作，确保22个审批项目全部纳入政务服务平台办理，真正实现了“一个窗口受理，一站式办结”。先后印发《山西省市县级博物馆建设导则》《山西省古建筑日常养护工程实施意见》《山西省文物保护专项补助资金管理办法》和《关于加强我省文物安全工作的意见》，全省文物保护行业标准和技术规范不断健全。

*文物普法宣传教育工作有效开展。*出台“七五”普法规划，召开“七五”普法启动大会，举办普法专题辅导报告，做到了把法治建设工作与文物保护工作结合起来，同步推进。坚持有效利用文物保护节庆日，积极开展了“长城公开课”等一系列文物保护法制宣传和科普教育等活动，全省上下文物保护的法治氛围日益浓厚。

**【文物保护年度重点工作任务圆满完成】** *可移动文物普查工作圆满收官。*2016年是普查工作的收官之年。经过五年不懈努力，全省403家国有文物收藏单位共收藏文物322.06万件，第一次较为完整地摸清了全省国有可移动文物的家底，登记数量在全国排名第四。2016年12月30日，“厚重山西——山西第一次全国可移动文物普查成果展”在山西博物院与观众见面。

*世界文化遗产保护工程有序推进。*2016年，平遥古城内72号和69号墙体抢险加固工程已完成90%；云冈石窟第3窟和第21至30窟的岩体加固设计方案已按国家文物局意见修改完善；五台山殊像寺抢险维修工程和佛光寺东大殿护坡抢险加固工程完工，南山寺善德堂修缮工程设计方案已按国家文物局意见修改完善，塔院寺白塔修缮方案已编制完成，重点寺庙的文物价值研究和展示工作正在进行。对遗产地保护工程的持续实施和文物价值的深度挖掘，有效发挥了文化遗产在展示山西形象上的“金色名片”效应。

*古建筑保护工作扎实推进。*105处南部早期古建筑保护工程的本体修缮全部完工，其中101处通过了竣工验收。应县木塔加固保护工程正在按照国家文物局批复的施工深化和优化设计方案组织施工。由中央和省财政安排的国省保和重要市县保古建筑的维修抢险工程正在有序实施。沁水窦庄和湘峪、介休张壁等古村落整体保护工程进展顺利，2015年启动的45处院落已完工38处。首批420处国省保古建筑日常养护工程已经实施，由省本级财政每年专项列支1000万元用于古建筑日常养护，这在全国也是首创。

*长城保护工作不断加强。*贯彻落实国务院和省政府长城保护会议精神，全省历代长城保护范围及建设控制地带已经划定并报省政府公布、报国家文物局备案。《山西省长城保护规划》编制完成。明长城繁峙平型关、阳高县镇边堡、大同镇城等重要点段的保护修缮工程正在实施。大同新荣区得胜堡等6处重要点段保护修缮方案已上报国家文物局审批，其中3处已批复。认真配合国家文物局长城保护专项督察行动，组织开展了省内交叉检查，对自查发现案件进行了重点督办，在全国15个长城沿线省份督察评分中位列第四。

*红色文物遗存保护展示工作成效显著。*2016年省级安排1990万元用于17处红色及抗战遗存本体保护，目前已完工13处，其余4处正在实施；安排860万元对3个红色文化展览进行展陈提升，目前，红军东征纪念馆基本陈列展示提升工程已经完工，八路军总部王家峪旧址纪念馆“八路军总部在太行”完成了数字化展示，八路军太行纪念馆“八路军将领馆展示陈列提升”陈列大纲已完成编制并报省委宣传部审核。

*重要遗址的考古发掘成果丰硕。*2016年共组织实施考古发掘31项，其中主动性考古发掘12项，配合基本建设考古发掘14项，其他

抢救性考古发掘5项，有效保护了一大批珍贵文物。

在遗址发掘方面，比较重要的有三处，一是对晋阳古城遗址西北部二号建筑基址群的发掘，发现了“隋代晋阳宫”记事残碑，揭示了不同时代同一区域的不同建筑类型，基本厘清了晋阳古城从早期到晚期的完整地层，对于建立该地区魏晋——宋的时代序列提供了样本。二是对蒲州故城城墙遗址的考古发掘，对于确定北朝至唐代蒲州城的规制布局、探讨蒲州城址的沿革变迁以及建设蒲州故城国家考古遗址公园都具有十分重要的意义。三是对河津固镇一处宋金时期瓷窑址的考古发掘，填补了山西地区无相关制瓷遗迹的空白，为今后研究宋金时期的制瓷工艺及技术提供了重要依据，大大推进了山西陶瓷考古工作。在考古成果展示方面，推出了晋国三论，即《晋国之脉》《晋国之变》和《晋国之风》，引起了较大的社会反响。

文物合理利用途径不断拓展。一是博物馆事业取得新发展。在博物馆建设方面，太原市和运城市新建博物馆即将向公众开放，临汾市博物馆和陶寺遗址博物馆正在编制展示陈列大纲。山西博物院法人治理结构模式逐步规范，大同市博物馆理事会建设试点工作正在有序推进。在陈列展览方面，由台湾高雄科工馆和山西省民俗博物馆等合作推出的“无锁不谈”精品展相继在太原、晋城、大同三地巡回展出，由山西博物院策展的“山西古代艺术展”先后在西藏和俄罗斯成功展出，由山西省民俗博物馆策展的“钗钿花容——清代女子饰品展”入选2016年度《中国博物馆展览海外推介目录》。二是文博单位文创产品开发迈出新步伐。按照国家推动文化文物单位文化创意产品开发的有关精神，起草完成山西省实施意见和试点工作意见，编辑整理了16个文创产品开发的典型案例，成功申报山西博物院为全国文创产品开发试点单位，优选确定7家文博单位为省级第一批试点单位，初步拟定与中国（太原）煤炭交易中心和太原国家高新技术开发区签署战略合作协议。三是文物保护单位“互联网＋智慧旅游景区App平台”建设工作正式启动。联合省委台办、省旅游委共同印发《关于开展互联网＋智慧旅游景区App建设的通知》，对平台建设工作进行了安排部署，将确定文物保护单位建设名单，整个项目于2017年底结束。

文物安全监管和执法督察工作不断加强。一是在继续坚持常规性和重要节点文物安全检查不放松的前提下，重点部署开展了为期四个月的夏季消防安全大检查和为期五个月的今冬明春火灾防控工作。二是在全省部署开展了“文物法人违法案件专项整治行动”，指导督办各类文物违法案件22起，有效遏制了文物法人违法案件的频发态势。三是按照国家文物局督促加强平遥古城保护管理工作的要求，会同有关部门成立专项督查组，对平遥古城保护管理问题进行了实地调查核实并提出了整改措施和完成时限，全面整治古城内违法建设问题。

（王振华）

## 新闻出版事业

**【新闻出版业发展概况】** 截至2016年底，全省共有大型集团组织8家，包括山西日报报业集团、山西出版传媒集团两大龙头集团，山西新华书店集团以及非时政类报刊改革中组建成立的三晋报刊传媒集团、山西教育教辅传媒集团、山西科技传媒集团、山西医药卫生传媒集团、山西师大教育科技传媒集团；图书出版社8家（其中副牌社1家），音像（电子）出版社3家，报纸出版单位60家（不含高校校报），期刊出版单位201家，获得互联网出版资质单位22家；全省共有新闻出版单位6500余家，从业人员6.39万人。

图书音像电子出版。全省主要出版社有山西人民出版社、山西教育出版社、希望出版社、北岳文艺出版社、山西科学技术出版社、山西经济出版社、三晋出版社、山西春秋电子音像出版社等8个出版社。

2016年，山西省图书出版共3513种，较2015年下降7.84%，其中新出2264种，重印1249种；图书总印数为9859.67万册，下降20.75%；图书总印张9.79亿印张，下降22.65%。《山西文华》大型丛书累计出版24种164册。

2016年，山西省录音制品出版168种，增长78.72%；出版数量331.3万张，增长123.78%；定价总金额2919.5万元，增长97.2%。录像制品出版36种，下降20%；出版数量6.61万张，下降15.69%；定价总金额129.32万元，增长1.91%。电子制品出版49种，下降68.59%；出版数量18.23万张，增长58.52%。

2016年，山西省共有两种图书和两种音像电子产品获第六届中华优秀出版物奖，分别是，山西教育出版社的《中华佛教史（11卷）》荣获图书奖，山西经济出版社的《中国共产党经济思想史（1921～2011）（2册）》荣获图书提名奖；山西春秋电子音像出版社出版的《红色记忆——武乡人民抗战的歌》和山西教育音像出版社出版的《新编型教学电视片——新汉字宫》荣获音像电子游戏出版物提名奖。山西同方知网数字出版技术有限公司入选全国新闻出版业数字化转型升级软件技术服务商推荐名录。

期刊出版。2016年，山西省各类公开发行期刊共有201种，期刊营业收入 1.78 亿元，实现利润总额 1800 万元。平均期印数 127.93 万册，较 2015 年下降 8.32%；总印数 2420 万册，下降 5.92%；总印张 150408.99 千印张，下降 6.73%；定价总金额 2.51 亿元，下降 11.06%。

近年来，山西省学术期刊独树一帜，在业内形成较大影响。列入南京大学“中文社会科学引文索引”(CSSCI)来源期刊 7 种，列入北京大学中文核心期刊目录 24 种；《编辑之友》《新型炭材料》等 10 余种期刊获得全国“百强科技期刊”、中国出版政府奖期刊提名奖、中国最具国际影响力学术期刊、中国国际影响力优秀学术期刊等荣誉称号。

报纸出版。2016 年，山西省报纸出版 60 种(不含高校校报)，营业收入 9.48 亿元，利润总额 310 万元。全省报纸总印数 20.16 亿份，较 2015 年下降 0.95%；定价总金额 19.61 亿元，下降 1.07%。

山西省以《英语周报》《语文报》为代表的教辅类报刊被誉为“中国第一教辅报刊群”，产业实力和品牌影响力在全国同类报刊中持续多年保持领先地位。《英语周报》《小学生拼音报》等荣列全国“百强报纸”，教辅类报纸整体出版质量位列全国前茅。报纸融合传播不断增强，2016 年，山西日报荣登《中国报业新媒体影响力排行榜》省级以上党报 30 强，山西日报、山西晚报入选全国报纸融合传播百强。

印刷复制。截至 2016 年底，全省共有印刷复制企业 1425 家(不含打字复印店)，其中，出版物印刷企业 162 家，包装装潢印刷企业 312 家，其他印刷品企业 912 家，专项排版、制版、装订企业 13 家，专营数字印刷企业 26 家。2016 年，全省印刷复制业实现营业收入 88.92 亿元，实现营业利润 8250 万元。规模以上重点企业(年印刷产值 5000 万以上)共有 20 家。全省数字印刷企业(含专营和兼营)共 115 家，数字印刷装机 234 台(套)。绿色印刷工作继续推进，全省共有 11 家企业通过绿色认证。组织开展了第五届全省印刷行业职业技能大赛，全省共有 60 多人参加比赛，大赛的前三名被省政府授予了“三晋技术能手”荣誉称号，并代表山西参加了第五届全国印刷行业职业技能大赛，其中山西人民印刷有限责任公司的靳涛成同志获得全国一等奖。

出版物发行。2016 年，山西省共有各类出版物发行单位 1900 余家，其中国有企业 21 家(含新华书店 15 家)。2016 年，全省出版物发行业实现营业收入 81.05 亿元，利润总额 4.19 亿元。全省共建成农家书屋 2.83 万家，覆盖全省所有行政村，2016 年补充更新出版物 100 万册、报刊音像产品 9.2 万份。以省会太原为龙头，以中心城市的大型书店为中心，以区县、乡镇、社区网点为依托，各类连锁书店、专业书店、社区书店、书报亭和“农家书屋”“职工书屋”齐头并进，网点设置合理、类型齐全、总量适度、结构优化的出版物发行网络已经初步形成。

全民阅读活动深入开展。2016 年，全民阅读活动深入开展，营造“书香三晋 · 文化山西”浓厚氛围。制定年度工作方案，加强部门协作，全省联动，组织开展“人间四月读书天朗诵音乐会”“书香漫晋”“红色的魅力”“全民阅读邮政助力”等各类阅读活动，向社会推荐优秀晋版图书 300 余种，在山西新闻网、黄河新闻网等网站发布“2016 年优秀晋版新书书目”3 期 192 种。各市结合实际，广泛开展主题演讲、经典诵读、读书征文、知识竞赛等丰富多彩的主题阅读活动，广泛发动群众，充分展示十年来全民阅读取得的显著成效。山西出版传媒集团开展阅读推广活动，通过新书推介、阅读体验、图书捐赠、主题阅读等形式向群众推广思想性、艺术性俱佳的优秀图书。新华书店在全民阅读月组织活动 200 余场，向全省推荐了 100 种优秀图书，在全民阅读月期间延长营业时间，设立专柜，开展优惠售书、联展联销、名家签售等形式多样的活动，发挥了全民阅读主力军作用。

“扫黄打非”工作。持续保持“扫黄打非”高压态势，坚持“两抓两建一占领”(抓行动、抓案件、建队伍、建机制、占领网上“扫黄打非”新阵地)的工作思路，组织开展“护苗 2016”“清源 2016”“净网 2016”“秋风 2016”等专项行动。查缴各类非法出版物 14.36 万件，其中包括非法违禁出版物 3.09 万件，处置网络有害信息 8371 条，取缔关闭网站 5 个；转办各类“扫黄打非”案件线索 28 个，查办案件 200 起，一批“扫黄打非”案件查办工作取得突破和进展。开展 2016 年全省侵权盗版及非法出版物集中销毁活动，共销毁各类侵权盗版光盘音像制品、非法图书报刊及电子出版物 16.8 万余件。

**【广播影视事业发展概况】** 2016 年，农村公益电影放映全覆盖、广播电视直播卫星户户通用户继续增加，全省广播电视覆盖率不断提升，公共服务体系不断完善巩固。影视剧创作弘扬主旋律、提倡多样化，坚持思想性、艺术性和观赏性的统一，精品纷呈。全省广播电视制播数字化、网络化逐步推进，有线电视网络数字化、双向化改造迅猛发展，新媒体、新业态、新服务不断涌现，一张集有线、无线、卫星、网络于一体的传输覆盖网络连接起了节目源和人民群众，党和政府的声音及时、准确、便捷地传送到了每一位老百姓的家中。

广播电视制作播出。2016 年，全省共有广播电视播出机构 112 个，开办 272 套广播电视节目。其中省级 1 个(山西广播电视台)，市级 11 个(各市广播电视台)，县级 96

个，教育电视台4个。目前，全省共有电视频道140个，其中省级电视频道8个，市级电视频道32个（含4个教育电视台），县级电视频道96个，付费电视频道4个。全省共有广播频率132个，其中省级广播频率8个，市级广播频率28个，县级广播频率96个，较2015年新增1个市级广播频率。

2016年，全年广播节目播出时间41.58万小时，平均每日播音时间1139小时，比2015年增长0.62%，其中省级全年播出5.77万小时，平均每日播音时间158小时，与2015年持平；市级全年播出14.83万小时，平均每日播音时间406小时，下降0.73%；县级全年播出20.99万小时，平均每日播音时575小时，增长1.8%。全年制作广播节目19.45万小时，减少1472小时，下降0.75%，其中省级7套节目全年共制作广播节目4.82万小时，增加36小时，增长0.07%；市级全年制作广播节目9.17万小时，减少4721小时，下降4.9%；县级全年制作广播节目5.47万小时，增加3213小时，增长6.25%。

2016年，全年电视节目播出时间48.9万小时，平均每周播出节目9304小时，比2015年减少81小时，下降0.86%。全年制作电视节目8.53万小时，增加874小时，增长1.03%，其中省级全年制作电视节目1.33万小时，减少1573小时，下降10.59%；市级全年制作电视节目3.28万小时，增加2469小时，增长8.15%；县级制作节目3.93万小时，减少22小时，下降0.06%。

广播电视传输覆盖。2016年，全省中、短波转播发射台共计13座38部，比2015年减少1座；发射功率449千瓦，增加19千瓦。全省调频、电视转播发射台共201座。全省调频发射机215部，功率348.15千瓦，增加4部，功率增加3千瓦。全省广播人口覆盖率98.61%，增长0.14%。

2016年，全省电视发射机326部，发射功率364.99千瓦，比2015年增加1部，功率减少0.45千瓦。微波站84座，传送线路长度3746千米，减少20千米；全省有线广播电视传输网络干线总长10.79万千米，减少1228.5千米。有线电视用户数455.96万户，减少63.84万户。全省电视覆盖率99.41%，增长0.1%。山西卫视全国覆盖9.22亿人口。

广播影视公共服务。广播电视直播卫星户户通工程全面实施，2016年新增用户10.1万户，总数达到51.3万户，超额完成国家下达的整省两年50万户任务。全省53个无线发射台站基础设施全面改造，中央广播电视无线数字化覆盖工程全面展开。

全省目前共有市级农村数字电影院线公司11个，县级放映机构119个，放映队1400余个，从业人员2300余人，拥有各类流动放映车辆1000余辆，放映设备1400余套。按照一村一月放映一场公益电影的目标任务，2016年完成农村公益电影放映33.69万场，在全省2445所农村寄宿制学校放映爱国主义教育影片2.2万场，并积极开展了红色主题电影放映活动，受到广大农民群众和寄宿制学校师生好评。

城市影院建设发展。城市影院建设快速发展，影院数、银幕数快速增长，万达、浙江横店、广东大地、中影星美等20条城市主流院线公司在山西建设和经营影院，影院规模、档次跨越式提升，IMAX、中国巨幕、杜比全景声等高规格、新技术相继引入，3D影厅保有率高达85%以上。2016年，全省城市影院票房突破6.33亿元，比2015年增长7.29%，是全国增幅水平（3.73%）的近两倍。全省共有城市影院205家，银幕882块。2016年新增城市数字影院51家、银幕197块，全省96个县城中有82个完成了数字影院建设，覆盖率85.4%，有些县城的数字影院超过两家以上，较好地满足了当地群众的观影需求。

影视剧创作。2016年，全年共备案电影45部，电视剧5部；拍摄完成电影26部、电视剧2部、微电影44部。制作影片的数量稳步增长，质量不断提升，相继创作了《母亲》（戏曲）、《黄河传人》《大寒》《吕梁汉子》《右玉有个王一飞》《牛儿肥了》《白雪公主和三只小猪》（动画）等主题深刻、内容精彩，具有地方特色，贴近生活、贴近实际、贴近群众的影片；创作了《于成龙》《天地精魂》等电视剧。影片《土地志》荣获第十六届华表奖“优秀农村题材影片”提名奖，电视剧《于成龙》在央视一套、八套播出。

广播电视节目改革创新。山西卫视频道晚间自办文化节目带推出一年多以来，取得了“小成本、大情怀、正能量”的良好效果。《人说山西好风光》实现了省委、省政府中心工作与人民群众关注家乡发展的“同频共振”。《走进大戏台》推出《伶人王中王》全国戏曲名家巅峰汇特别节目，使传播优秀戏曲文化的品牌电视栏目得以升华。《歌从黄河来》连续推出了《中国民歌夜》《中国民歌春晚》《黄河歌王》等一系列特别节目，并成功在全国推出四场大型直播，赴欧洲组织了7场海外演出。广播电视理论宣传节目《理论天天学》更好地宣传了党的方针、政策。山西广播电视台《你贵姓》《天下寻宝》《都市110》《小郭跑腿》《黄河1890》《宝贝玩吧》《文化周刊》《88早高峰》《全城都在点》等品牌节目影响力不断加强。

广播电视从业人员与收入支出。2016年，全省广播电视从业人员2.1万人，比2015年减少664人。

2016年，全省广播电视行政事业、企业总收入46.47亿元，比2015年增加2.79亿元，增长6.4%，其中行政事业单位总收入25.68亿元，减少3.17亿元，下降10.99%；企业单位总收入20.79亿元，增加5.97亿元，增长40.25%。全省广播电视事业、企业单位实际创收收入33亿元，比2015年增加3.26亿元，增长10.94%，其中广告收入7.57亿元，减少2.01亿元，减幅20.79%，占事业、企业单位实际创收收入的22.93%；网络收入10.59亿元，减少1.15亿元，减幅9.81%，占事业、企业单位实际创收收入的32.1%。

2016年，全省广播电视资产总额117.32亿元，比2015年增长0.92亿元，增长10.27%。

**【版权管理与服务】** 版权管理执法。不断提高工作标准、加大打击力度、丰富监管方式，以打促防，打防结合，力求保持对侵权盗版不法分子和违法行为的持续高压态势，取得了较好的效果。一是加强版权监管源头治理。开展印刷复制发行企业大检查、大整顿、大治理工作，突出重点领域、重点环节、重点位置、重点对象的整顿工作，要求狠打快打、聚焦重点、追根溯源、强力查办，保持对生产、销售侵权盗版制品违法行为的持续有效打击，全面净化版权市场环境。二是全面整顿传统出版物市场秩序。坚持日常巡查与抽查暗访相结合，有效整合各种执法资源，突出重点时段和重点部位集中清理整治工作，多批次组织开展全省出版物市场清查行动，加强图书报刊音像市场、交通枢纽、集市景区、数码电脑城等重点部位的监管，对社会版权环境进行全方位的清理和管控，全年查办各类较大侵权盗版案件50起。三是继续加强网络版权环境治理。2016年7月至11月，省版权局与省互联网信息办公室、省通信管理局、省公安厅共同组织开展第12次打击网络侵权盗版专项治理"剑网行动"，以查办网络侵权盗版案件为抓手，加强网络版权监管，加大版权执法力度，保障权利人合法权益，营造网络版权良好生态。突出整治未经授权非法传播网络文学、新闻、影视等作品的侵权盗版行为，重点查处通过智能移动终端第三方应用程序(App)、电子商务平台、网络广告联盟、私人影院(小影吧)等平台进行的侵权盗版行为，进一步规范网络音乐、网络云存储空间、网络转载新闻作品的版权秩序。四是推动案件办理规范化建设。各级版权管理部门积极做好"双打"行政处罚案件信息公开工作和"双打"信息共享平台管理应用工作，完善网上办案机制，提高工作效率。

版权宣传教育。紧紧围绕"加强知识产权保护运用、加快知识产权强国建设"的宣传主题，开展"4·26知识产权宣传周"活动。一是开展版权宣传进媒体活动。重视利用各种传统和新兴媒介放大版权宣传工作的社会效应。二是开展版权宣传进机关活动。设计制作版权宣传漫画3种共计1.5万张，发放给100余个省级政府机关和各市市级政府机关，在全省各级政府机关形成了学正版、用正版、防盗版的良好氛围。三是开展版权宣传进企业活动。悬挂版权宣传标语，张贴宣传海报，解答版权问题，对经营人员进行版权法律宣传教育。四是开展版权宣传进校园活动。在山西大学开展版权宣传活动，太原市印制18万册《小学生漫画版权读本》发放给全市10县(区)各小学学生。五是开展全省知识产权街头集中宣传活动。晋中市各县(市、区)举行了"知识产权宣传周"版权宣传活动启动仪式，开展保护版权签名活动。朔州、晋城、阳泉、运城等市以多种方式宣传法律知识。

软件正版化工作。加强政府机关使用正版软件工作长效机制建设，进一步巩固政府机关使用正版软件工作成果。一是加强考核管理。以省政府办公厅文件下发《关于印发山西省政府机关使用正版软件工作考核办法(试行)的通知》，对全省各级党政机关、人大政协、法检两院、民主党派、人民团体正版化工作责任落实情况、软件正版化工作实施情况、软件安装使用情况、软件资产管理和长效机制建设情况等方面进行考核。二是加大检查力度。在各级政府机关使用正版软件工作情况进行全面自查的基础上，对省级政府机关软件正版化工作进行抽查考核，督促、指导各市软件正版化工作机构对本市政府机关软件正版化工作进行全面检查。三是落实工作责任。完善并及时更新省级政府机关和各市各单位软件正版化责任人数据库，将软件正版化工作成果巩固情况与具体责任人挂钩。四是组织业务培训。组织召开全省政府机关使用正版软件工作培训会议，对全省108个省级政府机关和11个市版权局的分管领导和工作人员进行培训，提高省级政府机关工作人员正版化业务素质，全面落实软件正版化工作考核办法的要求。五是开展审计工作。督促各级审计部门围绕政府机关软件资金预算编制、软件采购实施和软件资产管理情况进行审查，促使政府机关带头使用正版软件，维护软件市场正常秩序，促进软件产业健康发展。六是试点国产软件。10月20日，在山西省平顺县启动一铭操作系统和金山办公软件等国产软件应用试点，平顺县成为国务院推进使用正版软件部际联席会议确定的全国3个国产软件应用试点县之一。七是逐步推进省属国有企业和全省银行系统、民营企业使用正版软件工作。与省国资委积极推进省属国有企业的软件正版化工作，以软件资产管理为重点，督促企业建立软件资产台账，规范软件使用管理。

版权公共服务。在版权公共服务体系建设中，特别注意加强作品版权登记工作，努力为广大著作权人提供可靠便捷的版权保护服务。2016 年完成作品版权登记 328 件，完成版权贸易合同备案 40 件。总计答复著作权方面的社会咨询近 180 人次，调解多起著作权纠纷，版权工作的社会影响逐步显现。推动成立了山西省版权保护中心，努力将其建成版权服务、版权保护、版权交易、对外展示、宣传教育等版权服务的主要渠道。

（丁耿彪）

山西经济年鉴

YEAR BOOK OF SHANXI ECONOMY

# 卫生·体育

WEISHENG TIYU

18

# 卫生·体育

## 卫生和计生事业

**【概述】** 2016年是"十三五"的开局之年，全省卫生计生系统坚持"依法治理、深化改革、大兴人才、强化基层、正风肃纪、服务民生"的工作理念，圆满完成了年初确定的各项任务。截至2016年底，全省共有医疗卫生机构4.22万个，其中，医院1393个(三级61个、二级314个、一级292个、民营726个)，乡镇卫生院1199个，社区卫生服务机构927个，村卫生室2.9万个，门诊部8713个，专业公共卫生机构456个，其他机构490个。乡村医疗卫生机构基本实现服务全覆盖，94%的县级综合医院达到二级甲等及以上水平。共有医疗机构床位18.98万张，每千人口床位5.17张，较2015年增加0.17张。共有卫生技术人员22.58万人，其中，执业(助理)医师9.17万人，每千人2.5人，增加0.04人；注册护士9.21万人，每千人2.5人，增加0.24人。全省孕产妇死亡率控制在13.78/10万，婴幼儿死亡率、5岁以下儿童死亡率分别控制在6.53‰和8.14‰，均高于全国平均水平。2016年，山西省各级医疗卫生机构总诊疗量达1.29亿人次，增长3.75%；入院总量494.77万人次，增长29.7%；门诊病人次均诊疗费用237.6元，增长3.21%；住院病人人均住院费用8064.9元，增长0.23%。

据山西省统计局公报，抽样调查显示，2016年山西省人口出生率10.29‰，比2015年上升0.31个千分点；人口死亡率5.52‰，下降0.04个千分点；人口自然增长率为4.77‰，上升0.35个千分点。2016年山西省常住人口3681.64万人，增加17.52万人，增长率0.48%。常住人口中0～14岁的占15.45%、15～59岁的占69.49%、60岁及以上的占15.06%(其中，65岁及以上占9.49%)。常住人口中，男性1885.96万人，占51.23%；女性1795.68万人，占48.77%，性别比(女=100)为105.03。全省共有家庭户1138.49万户，家庭户人口为3643.15万人，占常住人口的98.95%，平均每个家庭户人口为3.2人。常住人口中，居住在城镇的人口为2069.63万人，占56.21%；居住在乡村的人口为1612.01万人，占43.79%。

**【深化医药卫生体制改革】** 完善医改领导体制和推进机制。自上而下实行"一把手"负责制，及时调整省医改领导小组，由省长楼阳生担任组长，确定常务副省长高建民分管发改、财政、人社、卫生计生、民政等部门，推动建立"三医"联动改革领导体制。落实政府规划和投入责任，印发并实施《山西省医疗卫生服务体系规划(2016～2020年)》；加强预算绩效管理，实现政府投入与绩效考核结果相挂钩。

加快公立医院改革步伐。县级公立医院综合改革在2015年全覆盖的基础上，2016年在全省17个县(市、区)开展示范工作；城市公立医院综合改革在太原、运城试点的基础上，新增晋中、长治、阳泉三市，5个试点市全部取消了药品加成，15所省级公立医院取消了一半药品加成。启动实施新的医疗服务价格，初步建立了补偿运行新机制。严格控制医疗费用不合理增长，山西省公立医院医疗费用增幅全国最低。

完善基本医保制度。2016年，全省城乡医保覆盖率稳定在95%以上，基本实现应保尽保。城镇居民医保和新农合人均政府补助标准提高到420元。职工医保、城镇居民医保和新农合政策范围内住院费用的支付比例分别达到86%、76%和78%。城镇居民医保和新农合实现机构整合。各统筹地区普遍开展了支付方式改革。巩固城乡居民大病保险全覆盖成果，累计14.65万人次受益，支付8.45亿元。疾病应急救助和医疗救助制度进一步完善。

完善药械供应保障制度。完成了新一轮基本药物和低价药品集中招标采购，实现全品种、多货源供应，中标价格总体下降18.35%，基本药物配送率由80%左右提高到93%。对21类高值医用耗材和体外诊断试剂开展阳光采购，对5类耗材实行限价采购，价格混乱虚高的状况得到初步遏制。同时，在公立医院改革试点市积极推行“两票制”。

推进分级诊疗制度建设。55个城市医联体建设得到巩固壮大，建成县乡医联体631个、医院社区医联体255个，帮助基层新增或拓展业务200余项。大力推行以病种分类管理为基础、以新农合支付调节为手段的分级诊疗路径，全省基层医疗卫生机构诊疗量增加12.5%。落实基层首诊，全省954个乡镇卫生院、1.76万个村卫生室和819个社区卫生服务机构参与家庭医生签约服务，覆盖城乡居民1320.3万人。

**【深化计划生育服务管理改革】** 实施全面两孩政策。1月20日，山西省十二届人大常委会第二十四次会议审议并通过关于修改《山西省人口和计划生育条例》的决定，全面两孩政策在山西落地。据省卫生计生委全员人口数据库数据，2016年全省已婚育龄妇女总量为656.24万，较2015年减少7万人，出生人口保持增加，其中二孩及以上出生人口占总出生人口的41.62%，提高5.69个百分点；符合政策生育率为97.48%，提高8.5个百分点。

提升妇幼保健服务能力。出台《关于加强儿童医疗卫生服务改革与发展的实施意见》，建成市县级危重孕产妇救治中心132个、危重新生儿救治中心125个，112个县建立了危重孕产妇救治中心，109个县建立了危重新生儿救治中心。创建省级规范化基层妇儿门诊100个、妇幼健康优质服务示范县20个，万荣、古交、榆次3个县区被评为全国示范县。全省新增产科床位557张、儿科床位589张。

推进计划生育服务管理改革。实行生育服务登记制度，对生育两个以内(含两个)孩子的，不实行审批，由家庭自主安排生育。将再生育审批权下放至乡镇人民政府(街道办事处)，开展生育服务证网上预约登记办理。开展计划生育基层基础发展年活动，召开全省现场会，推广晋中等地卫生计生融合发展经验做法。深入开展新一轮全国计划生育优质服务先进单位创建活动，创建国家级计划生育优质服务先进单位24个。

提升计划生育服务水平。2016年，全省投入计生家庭奖励扶(补)助资金7.15亿元，106.8万人(户)受益。开通计生特殊家庭就医“绿色通道”工作落实。筹集资金1679万元，为104.4万名计生家庭成员办理了意外伤害附加意外医疗保险；筹集资金近50万元为6034名计生特殊家庭成员办理了住院护理保险。流动人口基本公共卫生计生服务均等化以县为单位实现全覆盖。开展了流动人口卫生计生关怀关爱专项行动。

**【推进基本公共卫生服务均等化】** 人均基本公共卫生经费由2015年的40元提高到2016年的45元，服务包扩展到12类46项。完成138.2万农村60～64岁老年人健康体检。管理高血压患者291.8万人、糖尿病患者76.7万人、65岁及以上老年人305.7万人。为农村家庭发放健康教育口袋书776.5万套。在二级以上公立医院继续开展健康讲座6645场，33万群众受益。建立了涵盖30个部门的防治重大疾病工作厅际联席会议制度。实现了县级疾控机构第二类疫苗阳光采购，扩大免疫规划疫苗报告接种率达到98.96%。出台《山西省精神卫生工作规划(2016～2020年)》，县级精神科(门诊)覆盖率达到88%。地方病防治成果进一步巩固。与武警总队联合签署了突发事件直升机陆空立体紧急医学救援联动合作框架协议。食品污染物及有害因素监测覆盖100%县(市、区)，所有二级以上医疗机构全部纳入食源性疾病病例信息监测网络。截至2016年底，全省共有国家卫生城市7个，国家卫生县城(乡镇)28个，省卫生城市15个，省卫生县城50个，省卫生乡镇139个，省卫生村2644个，卫生示范景区32个。

**【提升医疗服务管理水平】** 2016年争取中央财政投入医疗卫生服务体系建设项目67个，总投资12.26亿元。中央和地方配套资金2亿元对54所乡镇卫生院、1所社区卫生中心重点加强建设，新建、改造村级卫生室1826个，投入9000余万元为6609个村卫生室配备健康一体机。108所卫生院被评为国家级“群众满意的乡镇卫生院”，推进卫生计生信息化建设，加强三大基础数据库建设，全员人口个案数据资源达到3661万以上，省级集中电子病历数据资源已近600万条，居民电子健康档案2288万份。深入实施改善医疗服务行动计划，新评审确定55个省级临床重点专科和40个县级临床重点专科，建成了省级预约诊疗平台建设。全省参加医疗责任保险的二级以上医院达348所，县级以上综合医院参保率达98%。实施人才优先战略，在北京、上海、广州成功举办招才引智大会，与国内外知名机构签订合作协议151项，柔性引进院士7名、海外高层次专家8

名、国内顶尖医学专家49名，现场招聘省外知名院校高层次人才117名。深入推进百千万卫生人才培养工程，选拔高端领军人才195名、培养131人次，选拔骨干精英人才824名、培养484人次，选拔基层适宜人才5989名、培养2606人次。全省选派各类人才海外研修197人次，国内研修7439人次。实施科教兴医战略，投入1500万元支持山西医学科学院中心实验室等9个省级医院科研实验室建设，由山西医大一院建设的"山西省头颈部恶性肿瘤精准诊疗重点科技创新平台"获山西省科技厅立项。确立各类科研项目356项，16项科研成果达国际先进水平，山西省肿瘤医院参与完成的"中医治疗非小细胞肺癌体系的创建与应用"项目荣获国家科技进步奖二等奖。

**【启动实施健康扶贫工程】** 出台了《山西省健康扶贫行动方案》《山西省2016年健康扶贫行动计划》《山西省健康扶贫工作考核办法》。完成了"因病致贫、因病返贫"核实工作，入户调查55.19万人，确认患病人数20.96万人。基本医保制度基本覆盖建档立卡贫困人口，新农合政策范围内住院费用报销比例提高5个百分点，启动大病集中救治工作试点，免费救治先心病贫困儿童2132名。所有贫困县医院均与两所以上三级医院建立了对口帮扶关系，在阳高、大同、五寨等贫困县医院开展"组团式"精准帮扶，在21个集中连片贫困地区县医院开展妇产科和儿科巡回医疗。免费为21个集中连片特困县儿童发放营养包1357万袋。新生儿疾病筛查由14个贫困县扩大到21个贫困县，受益新生儿3.9万人次。启动"山西护工"培训就业计划，确定培训基地72个，培训护工494人。

**【振兴中医药发展】** 出台了《山西省贯彻落实中医药战略规划纲要(2016～2030年)实施方案》《山西省中医药健康服务发展规划(2016～2020年)》《山西省卫生计生委中医药发展"十三五"规划》。确定运城市、静乐县、平遥县、万荣县为省级中医药综合改革试验区。启动基层中医药服务能力提升工程"十三五"行动计划，207个乡镇卫生院、社区卫生服务机构创建成为山西省中医药特色基层医疗机构。建设了13个中医药适宜技术视频推广基地。培训基层医疗卫生机构中医药适宜技术人员5495名。评选表彰首批省级名老中医74名。10名专业技术人员被命名为"第三批全国优秀中医临床人才"。新增2个国家级名老中医传承工作室，3个基层名老中医传承工作室。加强五寨县迷迭香等10个中药材种子种苗繁育基地建设。确认太原侯丽萍风湿骨病医院为中药炮制技术传承基地。山西振东药业的1个中成药和9个中药饮片、华卫药业的1个中成药纳入国家中药标准化项目。山西中医学院被确定为"全国中医药文化宣传教育基地"。参与"一带一路"工作，与墨西哥卫生部、俄罗斯传统医疗委员会分别签订卫生领域合作谅解备忘录、合作框架协议，推动山西中医药走出国门。

**【促进健康产业发展】** 推进健康山西建设，促进山西经济转型升级，启动了山西健康产业园建设工作，已有20多家企业表达了入园意向，初步明确项目12个，意向投资总金额约200亿。创优社会办医环境，2016年引资29亿元新办民营医疗机构801所，新增床位6064张。截至2016年底，全省共有社会资本举办的医疗机构1.54万所，占医疗机构总数的36.56%；社会资本举办的医院726所，占医院总数的52.12%；社会办医开放床位2.9万张，占总数的15.28%。社会办医总诊疗人次和出院人次分别达2753.5万和55.78万。指导社会性中医养生保健机构规范开展中医养生保健服务，探索制定中医养生保健机构的管理办法和服务标准。推进中医药旅游健康发展，将平遥县命名为省级中医药文化养生旅游示范基地。会同省老龄工作委员会办公室推进中医药健康养老服务发展，会同民政部门推进健康养老业发展，太原、大同、吕梁被确定为国家试点单位。积极推进山西省道地中药新食品原料申报工作，修订了《山西省食品安全企业标准备案管理办法》。

（王　鹏）

## 体育事业

**【群众体育公共服务效能提升】** 公共体育设施建设持续推进。2016年，围绕建设城市社区15分钟健身圈，采取有效措施，扎实推进公共体育设施建设。在全省范围内支持建设全民健身中心11个，乡镇农民体育健身工程41个，社区多功能运动场21个；资助每市建设1个笼式足球场，1个多功能健身场地，配备新型健身路径463套；资助太原市汾河健身长廊100套高质量移动式篮球架，健身环境明显改善。

全民健身活动深入开展。2016年，围绕"强健体魄·阳光生活·共享青运"主题，按照"春舞、夏泳、秋赛、冬跑"四大板块，广泛开展主题鲜明、群众喜闻乐见的全民健身活动，取得良好成效。省市两级先后开展迎新年健步行、冬泳入水、8·8全民健身日等一系列全民健身活动400多项，形成太原国际马拉松赛、汾河龙舟赛、五老峰登山节、乌金山冰雪节、云竹湖垂钓大赛、晋中国际柔力球大会、太谷形意拳国际大会、右玉赛马等知名群体活动品牌，民间自发组织的骑行、健步、登山、球

**2016 年山西省运动员参加世界比赛录取名次**

| 比 赛 名 称 | 姓 名 | 项 目 | 名次 |
|---|---|---|---|
| 蹦床世界杯上海站 | 董 栋 | 网上个人 | 1 |
| 蹦床世界杯意大利站 | 董 栋 | 网上个人 | 1 |
| 第二届世界太极拳锦标赛 | 崔碧晖 | 太极剑 | 1 |
| 亚洲区巴西里约奥运会资格赛 | 王路敏 | 古典跤 59 千克级 | 1 |
| 世界女子摔跤锦标赛 | 裴星茹 | 60 千克级 | 1 |
| 女子重剑世界杯 | 郝佳露 | 团体重剑 | 1 |
| 德国乒乓球公开赛 | 武 杨 | 女单 | 1 |
| 第 34 届世界跳伞锦标赛 | 贺亚楠 | 青年组个人特技 | 1 |
| 第 34 届世界跳伞锦标赛 | 贺亚楠 | 青年组个人全能 | 1 |
| 第 31 届奥运会 | 董 栋 | 蹦床个人 | 2 |
| 国际泳联游泳短池世界杯系列赛(多哈站) | 杨 畅<br>方 艺<br>侯明达<br>蒋天盛 | 4×50 米自由泳接力 | 2 |
| 女子重剑亚洲锦标赛 | 郝佳露 | 团体重剑 | 2 |
| 里约奥运会女子重剑 | 郝佳露 | 团体重剑 | 2 |
| 第 34 届世界跳伞锦标赛 | 贺亚楠 | 青年组个人定点 | 2 |
| 射击世界杯系列赛(巴西站) | 王智伟 | 50 米手枪 | 3 |
| 射击世界杯系列赛(泰国站) | 王智伟 | 50 米手枪 | 3 |
| 亚洲青年摔跤锦标赛 | 钱海涛 | 84 千克级 | 3 |
| 世界青年摔跳锦标赛 | 裴星茹 | 59 千克级 | 3 |
| 射击世界杯总决赛 | 王智伟 | 50 米手枪 | 4 |
| 国际泳联游泳短池世界杯系列赛(迪拜站) | 杨 畅 | 800 米自由泳 | 4 |
| 亚洲沙滩排球巡回赛(越南) | 陈春霞 | 沙滩排球 | 4 |
| 第 31 届奥运会 | 王智伟 | 50 米手枪 | 5 |
| 国际泳联游泳短池世界杯系列赛(迪拜站) | 刘海雲 | 400 米自由泳 | 5 |
| 国际泳联游泳短池世界杯系列赛(多哈站) | 杨 畅 | 800 米自由泳 | 5 |
| 国际泳联游泳短池世界杯系列赛(多哈站) | 刘海雲 | 200 米仰泳 | 5 |
| 国际泳联游泳短池世界杯系列赛(多哈站) | 刘海雲 | 400 米自由泳 | 5 |
| 国际泳联游泳短池世界杯系列赛(多哈站) | 曹 玥 | 200 米自由泳 | 5 |
| 亚洲沙滩排球锦标赛 | 陈春霞 | 沙滩排球 | 5 |
| 国际泳联游泳短池世界杯系列赛(迪拜站) | 杨 畅 | 200 米蝶泳 | 6 |
| 国际泳联游泳短池世界杯系列赛(迪拜站) | 刘海雲 | 200 米仰泳 | 6 |
| 国际泳联游泳短池世界杯系列赛(迪拜站) | 曹 玥 | 200 米自由泳 | 6 |
| 国际泳联游泳短池世界杯系列赛(多哈站) | 刘海雲 | 800 米自由泳 | 6 |
| 国际泳联游泳短池世界杯系列赛(北京站) | 杨 畅 | 800 米自由泳 | 7 |
| 国际泳联游泳短池世界杯系列赛(迪拜站) | 杨 畅 | 100 米自由泳 | 7 |
| 国际泳联游泳短池世界杯系列赛(迪拜站) | 刘海雲 | 100 米仰泳 | 7 |
| 国际泳联游泳短池世界杯系列赛(多哈站) | 杨 畅 | 100 米自由泳 | 7 |
| 国际泳联游泳短池世界杯系列赛(多哈站) | 刘海雲 | 100 米仰泳 | 7 |
| 国际泳联游泳短池世界杯系列赛(迪拜站) | 杨 畅 | 100 米蝶泳 | 8 |
| 国际泳联游泳短池世界杯系列赛(多哈站) | 杨 畅 | 200 米蝶泳 | 8 |
| 第 31 届奥运会 | 王路敏 | 古典跤 59 千克级 | 8 |

类等健身活动此起彼伏，贯穿全年。这些活动贴近生活、各具特色、受众广泛、影响持久，深受广大群众好评。

群众健身队伍不断壮大。城乡居民的体育健身意识普遍增强，体育人口稳步增长，每周参加 3 次及以上体育锻炼的人数显著增加。2016 年培训各级社会体育指导员 5300 多名，全省社会体育指导员队伍进一步壮大，对宣传、发动、组织广大群众参与体育运动起到积极作用。

青少年阳光体育活动取得实效。大力开展校园足球特色学校和试点县的普及和建设，全省 483 所学校被命名为全国校园足球特色学校，吕梁孝义市与太原迎泽区被命名为全国校园足球试点县；与省教育厅全面启动全省校园足球四级联赛，2016 年比赛 2000 多场次，参赛青少年学生超过万人次，参加校园足球骨干队伍培训的体育教师、教练员、裁判员和管理人员 1500 多人次。组队参加全国青少年“未来之星”冬季和夏季阳光体育大会，展示三晋阳光少年体育风采，取得运动成绩和精神文明双丰收。在太原举办全省青少年阳光体育大会，广大青少年参与其中，享受体育的快乐。

**【竞技体育整体实力稳步提高】** 里约奥运会取得佳绩。在第 31 届里约奥运会上，山西 5 名运动员顽强拼搏，奋勇争先，共夺得 2 枚银牌、1 个第 5 名和 1 个第 8 名。其中董栋获得男子蹦床网上个人银牌，郝佳露获得女子重剑团体银牌，王智伟获得男子 50 米手枪第 5 名，王路敏获得古典式摔跤 59 千克级第 8 名。在全国 31 个省市自治区中，参赛人数排列第 17 位，奖牌排列第 18 位。

全运会备战稳步开展。以打好天津全运会为目标，切实加强运动队管理，全力推进备战工作，努力提升训练水平，强化服务保障措施，对标先进，寻找不足，提升成绩。在一系列国际国内大赛中，2016年本省运动员共获得国际比赛金牌6枚，国内大赛金牌15枚、银牌19枚、铜牌25枚。竞技水平和实力进一步提高。

二青会筹备扎实推进。2016年省政府第133次常务会研究通过《第二届全国青年运动会筹备委员会工作方案》，召开二青会筹备委员会第一次会议，标志着二青会筹备工作全面启动。动员会后，筹委会积极推动工作，迅速落实集中办公场所，成立先期工作机构；竞赛项目布局方案初步形成，二青会队伍组建初具规模；二青会筹备工作新闻发布会召开，筹备氛围日趋浓厚。

足球改革发展工作取得初步成果。省委全面深化改革领导小组第20次会议通过《山西省足球改革实施意见》，省政府出台《关于推进山西省足球改革发展的实施意见》，建立山西省足球改革发展部门联席会议制度，省发改委等部门联合印发足球中长期发展和近期场地建设的两个规划，省市两级足协改革迈出实质性步伐。

积极承办体育赛事。2016年，先后承办了全国古典式摔跤锦标赛、全国田径大奖赛、全国击剑冠军赛、全国BMX冠军赛等一系列重要赛事，锻炼办赛队伍，积累办赛经验。CBA、WCBA延续火爆球市，带动篮球运动氛围不断升温。各市县积极承办精品赛事，大寨中国汽车拉力赛、晋中榆社环云竹湖全国山地自行车赛等各项赛事圆满成功。

后备人才体系日趋完善。在全省范围内开展“2017～2020年周期国家高水平体育后备人才基地”创建工作，大同市体校、潞城市业余体校等9所体校获得批准，数量较以往成倍增长。对36个国家和省级后备人才基地进行资金扶持和政策倾斜，组织1000多名教练员参加国家和省级专业培训。发挥全省青少年体育竞赛杠杆作用，举办全省田径、游泳、乒乓球等9项锦标赛和少

**2016年山西运动员参加全国锦标赛和冠军赛冠军名录**

| 比赛名称 | 姓　　名 | 项　　目 |
|---|---|---|
| 全国蹦床冠军赛暨里约奥运积分赛第二站 | 张　雒 | 单跳个人 |
| 全国蹦床锦标赛 | 廉时栋 | 网上个人 |
| 全国蹦床锦标赛 | 张　雒 | 单跳个人 |
| 全国蹦床锦标赛 | 穆　童　符　冰 | 双人同步 |
| 全国室内田径锦标赛(1) | 庾石锁 | 跳高 |
| 全国田径大奖赛(3) | 李菁华 | 七项全能 |
| 全国田径大奖赛(3) | 张　雨 | 女子跳高 |
| 全国田径冠军赛 | 杨红光 | 4×100米接力 |
| 全国武术套路冠军赛(传统项目赛区) | 曹　磊 | 形意拳 |
| 全国武术套路冠军赛(传统项目赛区) | 赵　诗 | 华拳 |
| 全国空手道冠军赛 | 陈晓东 | +76千克级 |
| 全国空手道冠军赛 | 袁怀斌　刘永升　南高飞 | 青年男子团体型 |
| 全国柔道锦标赛 | 张　雯 | －63千克级 |
| 全国奥林匹克项目锦标赛 | 于少卿 | 个人第三70米轮赛 |
| 全国奥林匹克项目锦标赛 | 祝珊珊　方玉婷　刘慧敏 | 团体淘汰赛 |
| 全国室外射箭锦标赛 | 方玉婷　刘慧敏　杜安琪 | 团体淘汰赛 |
| 全国古典式摔跤锦标赛 | 张　冰 | 66千克级 |
| 全国古典式摔跤锦标赛 | 闫鹏飞 | 71千克级 |
| 全国古典式摔跤锦标赛 | 钱海涛 | 80千克级 |
| 全国古典式摔跤锦标赛 | 张祥龙 | 85千克级 |
| 全国女子自由式摔跤冠军赛 | 张　兰 | 63千克级 |
| 全国沙滩排球巡回赛(吴忠) | 魏兆辰　张　娜 | 沙滩排球 |
| 全国沙滩排球巡回赛(文登) | 魏兆辰　陈春霞 | 沙滩排球 |
| 全国沙滩排球巡回赛(嵊泗) | 魏兆辰　陈春霞 | 沙滩排球 |
| 全国女子拳击锦标赛 | 楼倩倩 | 54千克级 |
| 全国男子拳击锦标赛 | 黄　鑫 | 49千克级 |
| 全国男子拳击锦标赛 | 郭　晋 | 91千克级 |
| 全国皮划艇(静水)锦标赛 | 张雅珏 | 500米单人划艇 |
| 全国皮划艇(静水)冠军赛 | 马亚男 | 500米单人划艇 |

儿摔跤分龄赛等赛事，体育后备人才体系建设日趋完善。

【**体育产业发展规模及效益持续提升**】 *体育健身休闲产业规模扩大。*体育健身休闲服务产品供给能力明显增强，服务项目和内容更加多样化。冬季运动方兴未艾，全省滑雪市场迅速扩大，晋中乌金山李宁国际滑雪场建成并投入运营。竞赛表演市场稳步发展，汾酒男篮、兴瑞女篮等一批职业化体育俱乐部发展态势良好，对运动项目市场化起到良好的示范效应。体育产业与文化产业、旅游产业融合发展。组团参加2016年在新疆举办的中国体育文化·体育旅游博览会，展示了山西深厚的体育文化底蕴和丰富的体育旅游资源。

*体育产业专项调查扎实推进。*联合省统计局，按照2016年全国体育产业专项调查统一部署，调查全省体育产业发展规模、结构与布局，系统了解新兴体育产业发展状况，进一步建立和完善体育产业基础数据库，为准确核算体育产业增加值等核心指标提供可靠的基础数据。

*场馆建设运营水平不断提高。*2016年，山西体育中心正式揭牌，文化、体育、健身、商务活动密集开展，全民健身、专业训练、赛事活动、体育产业、旅游观瞻和应急避险六大功能得到初步发挥，运营管理更加规范，社会影响不断扩大，服务水平不断提高，打造了一支体育场馆管理专业队伍。山西射击射箭训练基地于2016年1月18日开工建设，主体已经完工。省体育博物馆、省全民健身中心、太原滨河体育中心，以及全省各市、县一大批体育场馆在节假日免费或低收费开放，取得较好社会效益。

*航空体育产业服务更加完善。*抓好跳伞、航模、热气球等航空体育项目的训练工作，承办2016年全国热气球锦标赛、全国航空航天模型锦标赛。贯彻落实国家体育总局《航空体育产业发展规划》要求，大力推进航空科普和航空营地活动，开展飞播造林、防火灭虫、人工增雨等通用航空服务。

*全省体育彩票销量稳步增长。*全省体育彩票销售机构适应市场变化，服务市场发展，增强业务管控，提高管理效益，拓展销售渠道，提升品牌影响，狠抓重点产品，扩大销售规模，2016年全省体育彩票累计销售23.29亿元，比2015年增长11.72%。

【**体育系统自身能力建设不断加强**】
*“十三五”规划编制顺利完成。*《山西省“十三五”体育事业发展规划》《山西省全民健身实施计划(2016～2020年)》正式发布。在此基础上，省体育局编制了竞技体育、体育产业、青少年体育、体育法治、体育科技教育文化宣传、体育人才、体育彩票、航空体育等8个配套分规划，全省体育“2+8”十三五规划体系形成。各市、县也相继编制本级体育事业发展规划和全民健身实施计划。

*体育法治建设大力推进。*开展“七五”普法工作，制定印发《山西省体育系统法治宣传教育第七个五年规划(2016～2020年)》，召开全省体育系统“七五”普法工作动员会，组织“依法行政宣传月”、国家宪法日和全国法治宣传日等重要节点的法治宣传活动。省体育局进一步加强依法治体组织建设，推进政府规章和政府文件清理工作，完成审批事项进驻政务中心相关工作。

【**2016年山西体育十大新闻**】 (1)山西体育健儿在里约奥运会上取得佳绩。董栋获男子网上个人银牌，郝佳露获女子重剑团体银牌，王智伟获男子50米手枪慢射第五名，王路敏获男子59千克级第八名。(2)《全民健身实施计划(2016～2020年)》出台。8月23日，山西省政府第129次常务会议通过《全民健身实施计划(2016～2020年)》，提出到2020年基本形成全民健身与各项社会事业互促发展良好局面的奋斗目标。(3)山西选手国际赛场展雄风。2016年，山西体育健儿参加多项世界比赛，蹦床、跳水、击剑、跳伞、摔跤项目再创佳绩，共获得世界大赛金牌6枚。(4)举全省之力筹备第二届青运会。11月29日，第二届全国青年运动会筹备工作委员会第一次会议在太原召开。二青会是山西第一次承办的全国综合性大型运动会，对于优化发展环境、展示城市形象、提升知名度和美誉度、提高对外开放水平，具有十分重要的意义。(5)《山西省“十三五”体育事业发展规划》发布。10月25日，《山西省“十三五”体育事业发展规划》发布。《规划》的制定体现深化改革的指导精神，全面贯彻“创新、协调、绿色、开放、共享”的发展理念，顺应“十三五”时期全省体育发展乃至经济社会发展的时代潮流，是指导“十三五”时期全省体育事业的纲领性文件。(6)四海一家，聚跑太马。9月16日，2016太原国际马拉松赛开跑。全球5个国家29名特邀运动员和国内十余个省市3万名跑友参赛。(7)积极承办全国高水平赛事。2016年，山西先后承办全国古典式摔跤锦标赛、全国田径大奖赛、全国击剑冠军赛第二站(重剑)、全国BMX冠军赛第3、第4分站赛和亚洲BMX锦标赛等一系列重要赛事。(8)山西射击射箭训练基地奠基。1月18日，作为二青会比赛场地之一的山西射击射箭训练基地奠基，建设工期两年。(9)体育彩票销售创新高。2016年，山西省体育彩票销量再创历史新高，全年销售达23.29亿元，比2015年增长11.72%。(10)本土球队首战足协杯。3月26日，2016年中国足协杯首轮比赛中，山西龙城至盛队迎战云南丽江队，这是新中国成立以来，山西本土球队在足协杯的首个主场比赛。

(王宏德)

山西经济年鉴

YEAR BOOK OF SHANXI ECONOMY

# 民政事业

MINZHENG SHIYE

19

# 民政事业

## 民政事业

**【2016年民政工作任务全面完成】** 养老服务工作全面加强。2016年，着力推进养老机构改革，制定印发《关于开展养老机构公建民营试点工作的实施方案》，进一步提高社会力量参与发展养老服务业的积极性，有效激发公建养老机构活力，更好地发挥公建养老机构的“托底”作用。下拨省级补助资金3000万元，1000个新建农村老年人日间照料中心项目全部完工。完善残疾人保障制度，提请省政府印发《关于全面建立困难残疾人生活补贴和重度残疾人护理补贴制度的通知》，对困难残疾人两项补贴范围和补贴标准进行提标扩面。

社会救助工作稳步推进。按照中央关于推进农村低保标准与国家扶贫标准有效衔接的要求，从2016年1月1日起，全省统一提高城乡低保保障标准各20元，指导各地积极完善低保标准动态调整机制，全省103个县（市、区）农村低保标准达到或超过了2855元的扶贫标准，占全省涉农县的90.4%，超额完成省政府确定的70%的目标任务。提请省政府出台《关于进一步健全完善特困人员救助供养制度的实施意见》，指导各地完善医疗救助制度，全面开展重特大疾病医疗救助工作。协调推动农村低保与扶贫政策有效衔接，提请省脱贫攻坚领导组印发《农村低保扶贫行动实施方案》和《山西省2016年农村低保扶贫行动计划》，确保了兜底脱贫工作有序开展。争取中央各类社会救助补助资金49.9亿元，为保障困难群众的基本生活提供了资金保障。

自然灾害救助及时有效。针对2016年发生了多年未遇的严重洪涝、风雹等自然灾害情况，提前部署，快速响应，先后启动省级四级救灾应急响应1次、三级救灾应急响应2次，特别是在全国首次针对风雹灾害启动了救灾应急响应。2016年累计下拨救灾资金4亿多元及大量救灾物资，救助受灾群众249万人，紧急转移安置6.56万人。联合省发改委、省财政厅等8个部门下发了《关于加强自然灾害救助物资储备体系建设的指导意见》，全面布局、重点推进，着力构建“省—市—县—乡”纵向衔接、横向支撑的四级救灾物资储备体系。创建全国综合减灾示范社区28个、省级综合减灾示范社区81个。培训基层灾害信息员2000多人，灾情直报系统覆盖全部乡镇。

城乡社区治理水平不断提升。会同省委组织部、财政厅等10个部门联合下发了《进一步加强全省城市社区活动场所和公益性服务设施建设的若干意见》和《扶持补助办法》，决定每年筹措7000万元，扶持社区活动场所和公益服务设施建设，加快社区建设提档升级，2016年度90个项目的验收工作已全部完成。指导阳泉郊区“‘六议两公开＋全员承诺’织密乡村‘法治’、‘德治’围栏”的创新经验，荣获民政部“中国社区治理十大创新成果”提名奖。起草了《关于深入推进“三社联动”加强社区治理和服务创新的意见》，在阳泉召开“三社联动”创新社区治理机制现场会，进一步明确了创新社区治理机制、构建“三社联动”模式的工作思路和重点任务。组织了城乡社区干部培训班13期，培训人员1600余人。

社会组织管理服务工作进一步规范。印发《全省性行业协会商会与行政机关脱钩试点总体方案》，把党建工作纳入行业协会商会脱钩的重要内容，把带行政事业编制的行业协会作为脱钩重点，脱钩任务圆满完成。完成912家社会组织年检，并结合年检开展了涉企社团收费清理规范工作。配合省财政厅等部门对涉企收费进行了专项检查。

*双拥优抚安置政策全面落实。*全省11个市、县被命名为新一届“全国双拥模范城(县)”,1个单位、2名个人被评为“全国爱国拥军模范单位”和“全国爱国拥军模范”。下发《关于调整部分优抚对象等人员抚恤和生活补助标准的通知》,及时准确足额把抚恤金和生活补助发放到优抚对象手中。根据全省职工平均工资变动等情况,及时提高一至四级伤残人员护理费标准,提标幅度平均达到8.5%。建立了优抚对象数据核查规范化、常态化工作机制。积极配合省委、省政府举办了“9·30”烈士纪念日公祭活动。通过优化改进退役士兵安置计划,推行“阳光安置”,开展退役士兵安置工作专项督查,安置符合安排工作条件的退役士兵2252人,6058名自主就业退役士兵参加了职业教育和技能培训。军休干部接收安置工作全部完成。

*区划地名工作稳步推进。*落实第二次全国地名普查任务资金1.7亿元,圆满完成2016年度“二普”工作80%的目标任务。对行政区划设置现状、存在问题等进行分析论证,提出行政区划调整优化的意见建议,并向省政府提交了《山西省行政区划调整优化落实方案》。对泽州县政府驻地变更事宜进行调研审理,提请省政府上报国务院审批。省界冀晋线和省内4条市级、41条县级界线的联检工作全部完成。深入推进平安边界建设,全年没有发生边界纠纷和群体事件。

*农村留守儿童关爱保护制度框架基本建立。*出台《山西省人民政府关于加强农村留守儿童关爱保护工作的实施意见》,建立了省政府分管领导任召集人的联席会议制度,为进一步保障农村留守儿童权益提供了政策支持和组织保障。牵头开展了脱贫攻坚“特殊群体关爱行动”,提请省脱贫攻坚领导小组印发《山西省特殊群体关爱行动实施方案》,制定了《山西省2016年特殊群体关爱行动计划》,认真开展摸底排查,为7.79万留守儿童、2.82万留守妇女、9.36万留守老人、12.9万农村贫困残疾人建立了台账。

(李春伟)

# 防震减灾

FANGZHEN JIANZAI

20

# 防震减灾

## 防震减灾

【2016年山西地震活动情况】 2016年，山西省共发生M≥1.0级地震187次。其中，1.0～1.9级地震149次，2.0～2.9级地震30次，3.0～3.9级地震5次，4.0～4.9级地震3次，最大地震为3月12日运城市盐湖区4.4级地震。

*地震活动特点*。1.0级以上地震次数较2015年增加32次，地震活动频度有所增强。1999年11月1日大同阳高5.6级地震后，山西省一直处于5级以上地震平静期，尤其是2011年以来，已连续4年未发生4.0级以上地震，2016年发生3次4.0级以上地震，地震强度明显增强。

*4级以上地震烈度与震灾*。2016年3月12日运城市盐湖区4.4级地震震中烈度为Ⅵ度。Ⅵ度区面积约36平方千米，主要分布在盐湖区龙居镇的龙居村、美玉村、羊村一带。Ⅴ度区面积约506平方千米，涉及盐湖区、临猗县、永济市三个县市区。地震共造成11人受轻伤，18个村庄及关铝热电厂受灾，部分老旧房屋出现不同程度的破坏，总经济损失2069万元。

4月7日忻州市原平市4.1级地震震中烈度为Ⅴ度，Ⅴ度区面积约210平方千米，主要分布在原平市苏龙口镇、东社镇、中阳乡及代县西南的部分山区，包括33个村庄。地震震中极个别老旧房出现墙体倒塌、墙皮脱落等情况，无人员伤亡和房屋倒塌情况。

12月18日太原市清徐县4.3级地震震中烈度为Ⅴ度，Ⅴ度区面积约96平方千米，主要分布在清徐县王答乡、西谷乡、清源镇、柳社乡，太原市小店区北格镇、刘家堡乡，包括38个村庄。地震未造成人员伤亡和房屋破坏，仅有少量老旧房屋抹灰掉落或酥裂墙表皮局部掉落现象。

【地震监测与预报】 *监测预报管理*。2016年，山西省地震局制定印发《山西省2016年度震情监视跟踪工作方案》和《晋冀蒙交界协作区2016年度震情监视跟踪工作方案》，共召开各类会商会73次，向省委、省政府报送《震情反映》12期，有效把握全年震情趋势。现场核实异常11次，完成异常核实报告11份。继续实施流动水准和流动地磁加密观测，全年流动水准观测6期，加密观测6期；流动地磁观测4期，加密观测2期。

*晋冀蒙三省联防工作*。2016年，山西省地震局继续牵头开展晋冀蒙三省联防工作，召开晋冀蒙协作区震情跟踪工作会、晋冀蒙协作区2016年度年中会商会、晋冀蒙联防区震情跟踪工作联防区会议3次。3月12日运城市盐湖区4.4级地震后在山西运城召开晋陕豫交界地区震情跟踪专题会商会，讨论晋陕豫交界地区震情形势及北纬35°线东部地区震情趋势。继续牵头实施晋冀蒙交界区强震短临跟踪专项，年内完成跟踪区监测台阵的建设任务，进入试运行阶段。

*台网运行*。2016年，山西数字测震台网运行台站57个，总体运行率98.49%。山西前兆台网运行台站36个，全年平均运行率99.69%，数据连续率99.67%，完整率99.04%，预处理完成率100%。山西地震信息台网运行节点21个，全年网络综合运行率99.75%。

*监测台网基础建设*。2016年，山西省地震局组织完成"国家地震烈度速报与预警工程(山西分项)"1101个地震预警台站的勘选任务，包括81个基准站、159个基本站及861个一般站，产出测试数据9.1G，现场影像图7280张，专业图表件1930份，形成勘选报告1064份。组织完成省财政市县骨干台站优化改造项目，包括省局9个台站，市县12个台站。2016年各市新增前兆观测项目8个。

*科技工作*。2016年，山西省地震局共争取省部级科研项目17项，共计

经费 52.79 万元。下达局属科研项目 36 项，资助经费 23.94 万元。获批中国地震局地球物理研究所《中国地震科学台阵探测—华北地区中部》野外观测项目子专题《山西南部区域野外观测项目》，资助经费 169 万元。在全省地震系统推广由省地震局承担的测震台网青年骨干培养专项《山西省测震台网自动补数系统研制》和《山西地区中小地震的震源机制解研究》两项成果的应用。

**【防震减灾工作】** 抗震设防管理。持续推进抗震设防要求管理与服务，不断夯实抗震设防基础，通过抗震设防联席会议制度解决山西省抗震设防问题，开展抗震设防专项检查，开展新一代地震动参数区划图的宣传贯彻。完成 2016 年度市政府防震减灾目标考核工作。规范抗震设防要求管理工作，完善抗震设防工作的有关制度；深入推进行政审批改革，确保落实简政放权任务。积极推进活断层探测和其他震害防御基础项目。积极开展防震减灾宣传工作；开展省级防震减灾示范社区和省级防震减灾示范学校的评定工作；开展防震减灾示范县和科普教育基地评定验收工作。继续推进地震危险区农村民居抗震改建实施工作。

抗震设防联席会议。2016 年 2 月，山西省地震局召开首次抗震设防联席会议，省发改委、省财政厅、省住建厅、省国土厅、省教育厅、省水利厅、省农业厅等单位围绕省人大常委会《关于〈山西省建设工程抗震设防条例〉执行情况的调研报告》，研究解决全省抗震设防工作中存在的问题。

震害防御基础探查。2016 年，完成太原市"强震危险区大城市地震灾害情景构建项目"9 个子系统的研发和成果报告；推广忻州市云中新区（北区）地震小区划结果的运用，开展《忻州市地震地质构造图》（1∶20000）编制工作；阳泉市"矿区震后多地质灾害数值分析预测研究"项目通过验收；晋中市震害预测工程完成二期系统软硬件环境建设和系统数据库建设；吕梁市完成交城断裂（交城县段）跨断层钻孔和探槽野外施工、子专题报告编写；晋城市阳城县开展小区划项目；临汾市完善市区活断层基础数据库，编写《临汾市市区活断层简明使用指南》；运城市地震小区划项目完成野外钻孔施工；完成山西省及周边 1∶50 万地震构造图。

行政审批改革。2016 年，山西省地震局不再审批地震安全性评估报告，将地震安全性评价改为涉及安全的强制性评估，不列入行政审批事项。印发《关于撤销山西省地震安全性评定委员会的通知》和《关于贯彻落实国务院清理规范投资项目报建审批事项实施方案有关要求的通知》，各市、县及相关安评资质单位按照"需开展地震安全性评估的建设工程目录（暂行）"规定的范围开展地震安全性评估服务和监管工作。

第五代《中国地震动参数区划图》。2016 年 5 月 25 日，山西省政府新闻办举行媒体通气会，对第五代《中国地震动参数区划图》的颁布实施进行发布，并对涉及山西省的地震区划进行解读。阳泉、晋中、吕梁、朔州、临汾、晋城等市也通过新闻发布、专项培训、集中宣传等活动开展了全市范围的宣贯和实施工作。

2016 年 6 月 1 日，第五代《中国地震动参数区划图》正式实施，涉及山西省 47 个县约 2.7 万平方千米的国土面积设防烈度有所提高，其中，八度高烈度设防区面积 3.42 万平方千米，占全省总面积的 21.82%；七度烈度区面积 8.78 万平方千米，占全省总面积的 56.03%；六度低烈度区面积 3.47 万平方千米，占全省总面积的 22.15%。

防震减灾目标考核。2016 年，山西省地震局根据省政府下达各市政府的《2016 年度防震减灾目标责任状》，制定了《山西省 2016 年防震减灾目标考核评分细则》，分别从地震监测、震害防御、地震应急、宣传教育及保障措施等 5 个方

寿阳县采煤沉陷区整体搬迁项目

面进行了细化量化。考核组在查阅考核资料和实地核查的基础上，对各市防震减灾目标完成情况进行汇总评分，最后确定考核名次为：忻州、运城、临汾、大同、太原、晋中、吕梁、阳泉、晋城、朔州、长治，并将考核结果报省考核办。

*防震减灾示范创建*。2016 年，山西省地震局组织开展国家地震安全示范社区申报工作，10 个社区被认定为国家地震安全示范社区。山西省地震局认定 12 个省级防震减灾示范县(市、区)、10 个省级防震减灾科普教育基地、29 个省级防震减灾示范社区和 38 个省级防震减灾示范学校。

*法制工作*。2016 年 7 月，山西省地震局启动《中小学防震减灾示范学校评价规范》地方标准起草工作，11 月 22 日，通过地方标准技术审查会审查，12 月 27 日，山西省质量技术监督局批准发布山西省地方标准《中小学防震减灾示范学校评价规范》(DB14/T1267-2016)，于 2017 年 2 月 28 日开始实施。

*科普知识宣传*。2016 年，山西省地震局印发《2016 年防震减灾社会宣教工作要点》，组织各市在“5·12”国家防灾减灾日、“7·28”唐山地震纪念周期间开展防震减灾科普知识宣传活动。组织各市开展“平安中国”活动，“5·12”国家防灾减灾日期间，太原、忻州、朔州、晋城等市举行启动仪式，“7·28”唐山地震纪念周以运城市为主场开展纪念唐山地震 40 周年暨“平安中国”防灾宣导千城大行动主题宣传活动。

*《山西省“十三五”防震减灾规划》*。2016 年 5 月 18 日，山西省发改委、省地震局联合印发实施《山西省“十三五”防震规划》(晋发改规划发〔2016〕311 号，以下简称《规划》)。7 月 7 日，山西省地震局举行新闻发布会对《规划》进行说明和解读。《规划》紧扣“融合式发展”主题，围绕提升防震减灾综合能力、推动“六大发展”为主线，明确提出以提升防震减灾治理能力、公共服务能力、基础能力、科技创新能力为主要任务，以实施地震烈度速报与预警工程、省市县级地震台网优化升级、农村民居地震安全及区域震害防御基础探查探测、煤基产业开采监测与地震安全重点实验室建设等重点工程项目为支撑，阐明“十三五”期间山西防震减灾的发展目标、发展任务、发展重点和政策取向。

**【地震应急体系建设】** *应急救援管理*。省地震局制定《晋冀蒙交界地区应急准备工作方案》《山西省 2016 年地震重点危险区专项抗震救灾应对工作方案》《山西省地震局 2016 年地震现场工作方案》《山西省地震系统 2016 年重点危险区地震专项预案》。先后与山西能监办、省交通运输厅签订了框架合作协议或合作意向书。组织开展地震应急演练、地震应急救援培训。补充省地震救援队装备。

*地震应急准备*。2016 年，山西省地震局制定并实施《晋冀蒙交界地区应急准备工作方案》《山西省 2016 年地震重点危险区专项抗震救灾应对工作方案》《山西省地震局 2016 年地震现场工作方案》《山西省地震系统 2016 年重点危险区地震专项预案》。与山西能监办、省交通运输厅签订框架合作协议或合作意向书。与省公安厅、省交通运输厅共同召开地震应急车辆通行暨交通管制管控座谈研讨会，讨论制定《山西省地震应急通行联动方案》。利用省政府应急办收集全省应急基础数据的契机，更新了发改、民政、安监、通信、气象、住建等部门的应急基础数据。补充更新省地震救援队和地震现场工作装备，为省地震救援一队采购蛇眼探测仪、热成像生命探测仪和“宽量程”防爆核放射探测仪，为省地震救援二队采购地震救援个人装备和单兵破拆工具。

*应急避难场所*。2016 年，山西省新增 1 个Ⅰ类应急避难场所(运城市南风广场)，两个Ⅱ类应急避难场所(晋中市榆次区体育公园和社火公园)。截至 2016 年底，全省已建成符合国家标准的应急避难场所Ⅰ类 4 个，Ⅱ类 8 个，Ⅲ类 8 个。

*地震应急准备和抗震设防工作检查*。2016 年 3 月、5 月和 7 月，山西省防震减灾领导组 3 次派出检查组对太原、大同、朔州、忻州、临汾、运城 6 个市，清徐、阳高、怀仁、繁峙、蒲县、垣曲 6 个县进行了检查，检查组由省地震局、省发改委、省民政厅、省教育厅、省住建厅、省交通厅、省卫计委、省水利厅、省安监局、省通信管理局、省能源监管办等部门联合组成。重点检查防震减灾领导机制建设、地震应急预案建设、地震应急救灾队伍建设、应急避难场所建设管理、各类地震次生灾害隐患排查情况、应急物资(帐篷、食品、药品等)储备情况、建设工程抗震设防情况和《山西省建设工程抗震设防条例》执行情况，共实地查看学校、医院、救灾物资储备库、地震应急救援队伍等 52 个基层点。

*地震应急演练*。2016 年 5 月 12 日，山西省防震减灾领导组办公室和省减灾委办公室联合开展 2016 年地震信息联动演练，23 个省直厅局参加。此次演练首次采用“平台＋网络”联合演练的方式，依托省地震局开发的“省抗震救灾指挥部信息交换平台”报送互动信息 60 余条，实现震情、灾情等重要信息共享和重大灾情险情的应对互动。6 月 29 日，山西省防震减灾领导组在武警山西总队清徐训练基地组织开展省级地震专业救援队伍技能比武大赛，省军区、武警山西总队、省公安消防总队三支省级地震专业救援队伍共 180 人参赛。7 月 26 日，山西省地震局组织开展全省地震系统应急演练，省、市、县地震局和各地震台应急人员参加演练，运城市、永济

市两级抗震救灾指挥部启动联动处置措施。

应急救援培训。2016年4月，山西省地震局在运城市举办市级地震现场队伍培训班，各市地震局应急管理人员和现场工作人员共50余人参加培训。6月，派出省军区、省武警、省消防三支省级地震救援队伍和太原蓝天、绿舟、天龙三支志愿者队伍骨干共30人，参加由中国地震搜救中心在国家地震紧急救援训练基地组织的地震救援技能培训。10月，举办了2016年市县地震应急管理培训班。

地震应对处置。2016年，山西省共发生3次4级地震，5次3级地震，山西省地震局均第一时间启动应急响应，及时公开震情灾情现场工作队共计100人，共对66个村进行灾害调查、损失评估等现场科考工作。

（和　炜）

山西经济年鉴

YEAR BOOK OF SHANXI ECONOMY

# 人民生活

RENMIN SHENGHUO

21

# 人民生活

## 城镇居民生活

**【城镇居民可支配收入稳步增长，增速有企稳筑底迹象】** 2016年，山西省城镇居民人均可支配收入27352元，比2015年增加1525元，增长5.9%。增速比2015年同期(7.3%)回落1.4个百分点，比一季度(6.7%)回落0.8个百分点，比上半年(6%)回落0.1个百分点，与前三季度(5.9%)持平，有企稳筑底迹象。四大项收入三增一减，转移净收入增幅居首，财产净收入较快增长，工资性收入小幅上涨，经营净收入继续下降。

出台增资、促进就业新政，工资性收入小幅上涨。2016年，全省城镇居民人均工资性收入16954元，比2015年增加393元，增长2.4%，增速比2015年同期(6%)下降了3.6个百分点。工资性收入对城镇居民可支配收入增长的贡献率为25.8%，拉动收入增长1.5个百分点。工资性收入占城镇居民收入的62%，比2015年同期(64.1%)下降2.1个百分点。2016年以来山西城镇居民人均工资性收入增速始终在低位徘徊，一季度为2.3%，上半年为2.7%，前三季度为2.3%。

工资性收入增长的主要因素：一是新出台公车改革、调整机关事业单位工作人员基本工资标准、企业工资增长指导线等增资政策。山西省从2016年1月实施公务用车制度改革，补贴标准为：厅(局)级每人每月1625元，处级每人每月1000元，科级及以下每人每月625元，截至11月底已经基本落实到位；从2016年7月1日起，上调在职机关事业单位工作人员基本工资标准，人均月增资约370元；从2016年1月1日起，山西省执行2016年企业工资指导线，增长基准线为7%，上线为11%，下线为4%，该办法适用于全省境内所有城镇企业在岗职工工资分配。二是促就业政策力度不断加大，带动了城镇劳动力就业。2016年山西省大力实施各项就业政策，特别是促进小微企业吸纳劳动者就业，带动了城镇劳动力就业。省人社部门统计，全年全省城镇新增就业46.46万人。三是煤焦钢价格企稳回升，工业企业效益不断改善。山西煤炭价格从2016年5月起环比上涨，焦炭价格4月环比上涨，钢铁价格3月开始环比上涨。受此影响，工业企业运行状况不断好转，企业效益持续改善，职工工资待遇得到保障。四是许多煤企补发拖欠工资，稳定了企业职工工资。

增加养老金，提高社会保障补助标准，转移净收入增幅居首。2016年，全省城镇居民人均转移净收入5735元，比2015年增加1048元，增长22.4%，增幅居四大项收入之首。对可支配收入的贡献率为68.7%，拉动可支配收入增长4.1个百分点，是拉动城镇居民收入增长的主导力量。转移净收入占城镇居民收入的21%，比2015年同期提高了2.8个百分点。转移净收入绝对额仅次于工资性收入，是城镇居民可支配收入的重要组成部分，其中养老金和离退休金占近九成。

转移净收入增加的主要因素：一是增加养老金。2016年1月1日起，山西省上调退休人员基本养老金，采取定额调整与挂钩调整相结合的方式进行，人均月上调190元；2016年7月1日起增加机关事业单位离休人员离休费，人均月增资约500元；出台失业人员新政，即领取失业保险金期间的失业人员，可享受失业保险职业培训补贴、职业介绍补贴、职业技能鉴定补贴和求职创业补贴，并可一次性领取剩余期限的失业保险金。二是提高社保补助标准。城镇低保标准每人每月提

2016 年山西省城镇居民收入及构成情况

| | 2016 年 | | 2015 年 | | 2016 年比 2015 年 | | 贡献率（%） | 拉动可支配收入增长百分点 |
|---|---|---|---|---|---|---|---|---|
| | 绝对量（元） | 占比（%） | 绝对量（元） | 占比（%） | 增加额（元） | 增幅（%） | | |
| 可支配收入 | 27352 | 100.0 | 25828 | 100.0 | 1525 | 5.9 | 100.0 | |
| 工资性收入 | 16954 | 62 | 16562 | 64.1 | 393 | 2.4 | 25.8 | 1.5 |
| 经营性收入 | 2659 | 9.7 | 2790 | 10.8 | −131 | −4.7 | −8.6 | −0.5 |
| 财产净收入 | 2003 | 7.3 | 1789 | 6.9 | 215 | 12.0 | 14.1 | 0.8 |
| 转移净收入 | 5735 | 21 | 4688 | 18.2 | 1048 | 22.4 | 68.7 | 4.1 |

高 20 元，达到 419 元，提高 5%；残疾人补助标准，由 2015 年的每人每月 40 元提高到 50 元；城乡居民医保财政补助标准，由人均 380 元提高到人均 420 元，人均增加了 40 元。三是医疗保障水平进一步提高。2015 年底山西出台《关于全面实施城乡居民大病保险的实施意见》，大病报销额度进一步提高。住户调查数据显示，2016 年，全省城镇居民人均报销医疗费用 411 元，增长 57.1%。

财产净收入较快增长。2016 年，全省城镇居民人均财产净收入 2003 元，比 2015 年增加 215 元，增长 12%。对可支配收入增长的贡献率为 14.1%，拉动可支配收入增长 0.8 个百分点。

房屋虚拟租金增加，是城镇居民财产净收入增长的主要原因。2016 年城镇居民人均房屋虚拟租金 1269 元，增加 209 元，增长 19.8%。此外，居民购车、买房等提取存款，使利息收入增加，一定程度上增加了财产性收入。2016 年城镇居民人均利息净收入 107 元，增加 65 元，增长 1.6 倍。

受宏观经济形势影响，经营净收入小幅下降。2016 年，全省城镇居民经营性净收入一直呈下降趋势，下半年由于主导行业形势趋稳转好，经营净收入降幅大幅收窄。全年城镇居民人均经营净收入 2659 元，比 2015 年减少 131 元，下降 4.7%，降幅比上半年（11.8%）和前三季度（27.2%）明显收窄。经营净收入对可支配收入增长的贡献率为 −8.6%，影响可支配收入下降 0.5 个百分点。

经营净收入下降的主要原因是受宏观经济形势影响，各类经营主体经营状况不佳。住户调查资料显示，2016 年全省城镇居民人均第三产业经营净收入为 1589 元，同比减少 596 元，下降 27.3%。其中批发和零售业人均下降 32.6%，交通运输仓储和邮政业人均下降 20%，居民服务修理和其他服务业人均下降 26.3%。

收入增速低于全国和中部地区，绝对额仍偏低。2016 年，全国城镇居民人均可支配收入 33616 元，比 2015 年同期增加 2421 元，增长 7.8%。从增长速度看：2016 年，山西省城镇居民人均可支配收入增幅比全国平均水平低 1.9 个百分点，在全国 31 个省（市、区）中居 30 位，仅高于辽宁省（5.6%）。在中部六省居末位，低于湖北（8.6%）、湖南（8.5%）、江西（8.2%）、安徽（8.2%）、河南（6.5%）。从绝对量看：2016 年，全省城镇居民人均可支配收入比全国平均水平低 6264 元，在全国 31 个省（市、区）中居 24 位，在中部六省居第 5 位，比湖南（31284 元）低 6932 元、比湖北（29386 元）低 2034 元、比安徽（29156 元）低 1804 元、比江西（28673 元）低 1321 元，比河南（27233 元）高 119 元。

**【城镇居民八大类消费“六升二降”】** 2016 年，全省城镇居民人均消费支出 16993 元，比 2015 年增加 1174 元，增长 7.4%，增幅比 2015 年同期（8.1%）低 0.7 个百分点，八大类消费支出呈现“六升二降、涨跌明显”的态势。从绝对额来看，食品烟酒、居住和教育文化娱乐是构成城镇居民消费支出的重要组成部分，仅此三项支出占到消费总支出的 58.5%；从增幅来看，居住、医疗保健和交通通信支出位居前三，增速分别为 20.3%、18.5%和 11.8%；而食品烟酒和衣着支出分别下降 3%和 6%。

消费结构日趋合理。城镇居民在满足基本生存消费的同时，越来越注重生活的品质和自我的发展，旅游出行、接受再教育等越来越成为城镇居民享受生活的新选择。2016 年，城镇居民消费支出中属于发展型消费的交通通信支出、教育文化娱乐支出、医疗保健支出位居八大类消费支出增幅前列，共计 6492 元，占生活消费支出的比重为 38.2%，比 2015 年上升 1.6 个百分点。与此相对应，2016 年，全省城镇居民消费支出中属于生存型消费的食品烟酒、衣着和居住类支出 9100 元，占整个生活消费支出的 53.5%，下降 1.5 个百分点。

居住支出领跑城镇居民消费增长。2016年，全省城镇居民人均居住支出3634元，比2015年同期增加614元，增长20.3%，增幅位居八大类消费支出第一。其主要原因：一是随着人们对生存环境、生活环境的更高追求，以及房地产去库存政策的积极推动，家庭首套房房贷降低等利好一定程度上刺激了城镇居民的购房热情，由此带动了房屋装修支出的较快增长。2016年全省城镇居民住房维修及管理支出人均527元，增长42.6%，其中人均住房装潢和住房维修支出分别增长38.3%和70.3%。二是受城市建设的加快、城中村改造推进，以及外来人员增多、入住率高等因素影响，推动了租房需求和房租支出增加。2016年全省城镇居民人均租赁房房租支出173元，增长49%，其中租赁私房房租增长50.7%。三是新建小区在公共基础设施配置、园林景观规划、建筑用材等方面投入较大，一定程度上导致后期物业管理中对设施设备日常运行维护、绿化养护和小区清洁等方面的费用增加。2016年全省城镇居民物业管理费支出人均77元，增长14.9%。

医疗保健支出快速增长。近年来，随着城镇居民生活水平的不断提升，生活观念的逐步转变，防病治病的意识普遍增强。越来越多的居民由被动就医转变为主动预防，并进行健康投资，各类医疗保健器材和滋补保健进入普通居民家庭，医疗保健消费持续较快速长。2016年全省城镇居民人均医疗保健支出1652元，比2015年增加257元，增长18.5%，增幅居八大类消费支出第二。其中，人均医疗卫生器具、保健器具和滋补保健品分别增长29.2%、25%和200%。

耐用消费品消费呈现新特点。随着生活节奏的加快，生活质量的提升，越来越多的城镇居民倾向于生活用品的方便智能。城镇居民耐用品消费出现四大变化：一是家用汽车拥有量大幅上升。截至2016年末，全省城镇居民平均每百户汽车拥有量为34辆，比2015年增长17.2%。与此同时，摩托车拥有量下降9%。二是计算机拥有量基本饱和，联网比例高。截至2016年末，全省城镇居民平均每百户计算机拥有量为73台，与2015年基本持平，其中接入互联网的电脑为60台，占拥有量的82.2%，表明城镇居民家庭信息化程度正在不断提升。三是固定电话和移动电话拥有量此消彼长。截至2016年末，全省城镇居民每百户固定电话拥有量为32部，下降17.9%；而移动电话拥有量为231部，微增5%。四是居民注重享受生活，空调和热水器拥有量明显增多。截至2016年末，全省城镇居民平均每百户拥有空调器和热水器分别为34台和64台，分别增长3%和4.9%。

网上购物热情不减。随着信息化程度的不断加深，人们消费观念的不断转变，网上购物融入越来越多的平常百姓家。家用电脑和移动电话普及率的提高，接入互联网比重的增大，以及三大运营商提网速、降网费措施的有力贯彻，都为随时随地网上购物提供了极大的便利性，使这种新兴购物方式不断优化得到扩展。2016年，全省城镇居民通过互联网购买商品或服务的人均支出由2015年的163元增加到188元，增长15%。

**【制约城镇居民收入增长的不利因素】** 一是宏观经济下行，影响企业工资有效增长。受市场需求不足的影响，全省企业经济运行艰难，利润下滑，企业工资增长压力较大。虽然煤、焦、钢等产品价格持续回暖，但仍未恢复到下降以前水平，企业效益仍未达到从前水平，企业职工

2016年山西省城镇居民人均消费支出及构成情况

| | 2016年 | | 2015年 | | 2016年比2015年 | |
|---|---|---|---|---|---|---|
| | 绝对量（元） | 占比（%） | 绝对量（元） | 占比（%） | 增加额（元） | 增幅（%） |
| 生活消费支出 | 16993 | 100 | 15819 | 100 | 1174 | 7.4 |
| 食品烟酒 | 3863 | 22.7 | 3981 | 25.2 | −118 | −3.0 |
| 衣着 | 1603 | 9.4 | 1705 | 10.8 | −102 | −6.0 |
| 居住 | 3634 | 21.4 | 3020 | 19.1 | 614 | 20.3 |
| 生活用品及服务 | 952 | 5.6 | 948 | 6 | 4 | 0.4 |
| 交通通信 | 2401 | 14.1 | 2148 | 13.6 | 253 | 11.8 |
| 教育文化娱乐 | 2439 | 14.4 | 2208 | 13.9 | 231 | 10.5 |
| 医疗保健 | 1652 | 9.7 | 1394 | 8.8 | 257 | 18.5 |
| 其他用品和服务 | 450 | 2.7 | 415 | 2.6 | 35 | 8.5 |

**2016年山西省农村居民人均可支配收入及构成情况**

| | 2016年 | | 2015年 | | 2016年比2015年 | | 贡献率（%） | 拉动可支配收入增长百分点 |
|---|---|---|---|---|---|---|---|---|
| | 绝对量（元） | 占比（%） | 绝对量（元） | 占比（%） | 增加额（元） | 增幅（%） | | |
| 可支配收入 | 10082 | 100.0 | 9454 | 100.0 | 629 | 6.6 | 100.0 | 6.6 |
| 工资性收入 | 5204 | 51.6 | 4922 | 52.1 | 283 | 5.7 | 45.0 | 3.0 |
| 经营性收入 | 2730 | 27.1 | 2624 | 27.8 | 105 | 4.0 | 16.8 | 1.1 |
| 财产净收入 | 149 | 1.5 | 142 | 1.5 | 7 | 5.1 | 1.2 | 0.1 |
| 转移净收入 | 1999 | 19.8 | 1766 | 18.7 | 233 | 13.2 | 37.1 | 2.4 |

工资上涨困难甚至还有下降，摊薄了机关事业单位增加的工资。二是财政收入下降，城镇居民收入持续增长的基础不稳。2016年全省一般公共预算收入下降5.2%，财政收入整体保持低位运行的态势并未改变，减收压力依然较大。三是经营收入和财产收入渠道窄、增长受限，影响居民可支配收入的进一步增长。

（安　桉）

## 农村居民生活

**【农村居民收入稳步增长，首破万元大关】** 2016年，全省农村居民人均可支配收入10082元，首次突破万元大关，比2015年增加629元，增长6.6%。增速自2014年1季度以来首次出现回升，四大项收入实现全面增长。

增速止跌回升，但仍低于全国平均水平。一是增速三年来首次回升。自2014年以来，受经济新常态及山西经济下行等因素影响，全省农村居民人均可支配收入增速连续11个季度回落，由2014年1季度的12.7%回落至2016年前三季度的6.4%。进入2016年下半年以来，随着煤炭价格的持续上涨，山西经济形势回暖迹象明显，加之扶贫攻坚成效逐步显现，农村居民收入增速止跌回升，全年达到6.6%，比前三季度增速提高了0.2个百分点。二是增速仍低于全国平均水平，绝对量与全国差距继续扩大。从增速看，2016年全国农村居民人均可支配收入比2015年增长8.2%，山西比全国平均水平低1.6个百分点；扣除价格因素，全国农村居民人均可支配收入实际增长6.2%，山西实际增长5.5%，比全国平均水平低0.7个百分点。从绝对量看，2016年全国农村居民人均可支配收入12363元，山西与全国差距为2281元，差距已连续3年扩大。

四大项收入全面增长。从收入构成来看，2016年山西农村居民四大项收入实现全面增长，工资性收入平稳增长，经营净收入稳步增加，转移净收入较快增长，财产净收入小幅增加。

（1）工资性收入平稳增长。2016年，全省农村居民人均工资性收入5204元，比2015年增加283元，增长5.7%，对可支配收入增长贡献率45%，拉动人均可支配收入上涨3个百分点。工资性收入占可支配收入的比重为51.6%，下降0.5个百分点。（2）经营净收入稳步增加。2016年，全省农村居民人均家庭经营净收入2730元，增加105元，增长4.0%。对农村居民人均可支配收入增长的贡献率为16.8%，拉动可支配收入上涨1.1个百分点。经营净收入占可支配收入的比重为27.1%，下降0.7个百分点。（3）转移净收入较快增长。2016年，全省农村居民人均转移净收入1999元，增加233元，增长13.2%，对可支配收入增长的贡献率为37.1%，拉动农村居民人均可支配收入上涨2.4个百分点。转移净收入占可支配收入的比重为19.8%，下降1.1个百分点。（4）财产净收入小幅增加。2016年，全省农村居民人均财产净收入149元，增加7元，增长5.1%。财产性净收入对农村居民可支配收入增长的贡献率为1.2%，拉动可支配收入上涨0.1个百分点。财产净收入占可支配收入的比重为1.5%，与2015年持平。

促进农村居民收入增长的因素分析。1.稳投资、促就业，促进了农村居民工资性收入平稳增长。一是投资特别是民间投资保持稳定增长。2016年1～11月，全省固定资产投资完成12746.1亿元，比2015年同期增长6.8%，民间投资8299.3亿元，增长13.4%，比全国的3.1%快10.1个百分点，为保障和拉动居民就业奠定了基础。二是煤焦钢等主要工业品价格企稳回升。煤炭价格从5月起连续8个月保持环比上涨，12月同比上涨38.9%；焦炭价格4月起环比上涨，12月同比上涨62.3%；钢铁价格3月开始环比上涨，12月同比上涨22.5%。煤焦钢价格的上升，进一步促进了山西经济恢复回暖。三是促就业政策力度不断加大。2016年全省农村劳动力转移就业34.4万人。扶贫政策对贫困农民就业的推动作用明显。2016年全省有1.06万名贫困劳动力在生态保护扶贫中被聘为护林员，月工资1000元；吕梁护工、天镇保姆等扶贫就业培训共输出农村劳动力6515人，灵丘阿姨帮、五台泥瓦工等扶贫劳务品牌市场叫好。四是农民工务工收入上涨。2016年，全省农村劳动力本地非农务工人均全年收入16787元，比2015年增长4.6%；外出务工人均全年收入25196.5元，增长9.5%。五是治理欠薪等保障农民工权益工作取得成效。2016年山西成立治理拖欠农民工工资问题协调领导组，由19个部门联合成立督查组，共查处拖欠农民工工资案件1889件，涉及农民工4.8万人，追回工资6.07亿元，有效保障了农民工务工收入。

2. 粮食增产、种植结构优化促进了农村居民经营收入稳步增长。一是强农惠农政策力度继续加大。2016年山西省再出台10项惠农强农新政策，新增补贴资金63.9亿元，促进农业现代化发展，特别是大力发展具有山西特色的杂粮、干鲜果、设施蔬菜、草牧业、中药材等产业，推进农业产业化经营。二是粮食生产获得丰收。2016年山西粮食总产量1318.5万吨，比2015年增产4.7%，有效保障了农民家庭经营收入的增长。三是种植结构调整，农业效益提高。随着玉米等粮食作物价格的下跌以及马铃薯主粮化开发政策的实施等原因，一些农户调整了种植结构，转向发展青贮玉米、杂粮、马铃薯、中药材、蔬菜等其他高效益农作物，拉动了收入增加。2016年山西马铃薯种植面积18.28万公顷，增长9.4%；农村居民人均马铃薯出售量增长27.3%。四是产业扶贫政策扎实推进。山西已建成光伏扶贫村级电站783座，地面集中电站10座，共198.96兆瓦，惠及5.7万贫困户；电商扶贫发展迅猛，本土电商乐村淘、农芯乐等带动3.5万贫困人口综合增收。五是部分农产品价格好于上年。2016年薯类价格上涨17.8%、蔬菜价格上涨3.5%、生猪价格上涨17.8%，在一定程度上拉动了农村居民家庭经营收入增加。六是部分农产品出售量增加较多。2015年是玉米、苹果等主要农产品价格大幅下降的第一年，不少农民存在惜售观望心理，使得产出的不少农产品都集中在2016年销售，销售量同比增加较多。2016年山西农村居民人均谷物出售量同比增长37.6%，其中玉米出售量增长38.1%；水果出售量增长18.5%，其中苹果出售量增长14.3%。

3. 扶贫攻坚扎实推进、社会保障继续改善促进了农村居民转移收入较快增长。一是扶贫政策力度空前加大。异地扶贫搬迁、采煤沉陷区治理搬迁、农村地质灾害治理搬迁、农村困难家庭危房改造、农村住房抗震改造、生态补偿脱贫等多项扶贫政策扎实推进，各级政府转移支付力度不断加大，有效促进了农村居民特别是贫困家庭转移性收入较快增长。二是农村社保状况继续改善。2016年山西提高了城乡低保标准，增加20元；提高了残疾人补助标准，由原来每人每月40元提高到50元；提高了医保财政补助标准，由人均380元提高到420元，人均增加了40元；大病医保全面实施，农村居民大病医疗报销收入进一步增加。三是补助部分农产品生产。为配合国家玉米收储制度改革，山西2016年下达玉米大县奖励资金2.98亿元，用于弥补由于玉米价格变化对种粮农民收入的影响；新增开设政策性马铃薯种植业保险，每亩400元，费率为6%，保费为24元/亩，其中中央、省级补贴80%。四是外出务工人员增多，寄、带回收入增加。2016年山西外出农民工增加11.7万人，外出从业人均全年寄回带回收入增长10.3%。

**【人均消费支出增长8.2%，消费结构进一步优化】** 2016年，全省农村居民人均消费支出8029元，比2015年增加608元，增长8.2%。从消费构成看，八大类消费呈现“六升二降”特点。

*食品烟酒消费平稳增长。*2016年，全省农村居民人均食品烟酒消费支出2272元，比2015年增加122元，增长5.7%。食品烟酒消费支出占生活消费支出的28.3%，下降0.7个百分点。

*衣着类消费支出小幅增加。*2016年，全省农村居民人均衣着消费支出565元，比2015年增加7元，增长1.2%。衣着类消费支出占生活消费支出的7%，下降0.5个百分点。

*居住类消费支出快速增长。*2016年，全省农村居民人均居住类消费支出1789元，比2015年增加262元，增长17.0%。居住类消费支出占生活消费支出的22.4%，上升1.7个百分点。

*生活用品及服务类消费支出略有上涨。*2016年，全省农村居民人均生活用品及服务消费支出386元，比2015年增加3元，增长0.9%。生活用品及服务类消费支出占生活消费支出的4.8%，下降0.4个百分点。

*交通通信类支出快速增长。*2016年，全省农村居民人均交通通信消费支出962元，比2015年增加141元，增长17.3%。交通通信类消费支出占生活消费支出的12%，上升0.9个百分点。

*教育文化娱乐类消费支出较快增长。*2016年，全省农村居民人均教育文化娱乐消费支出1132元，比

2015年增加115元，增长11.3%。教育文化娱乐类消费支出占生活消费支出的14.1%，上升0.3个百分点。

医疗保健类消费支出略有下降。2016年，全省农村居民人均医疗保健消费支出770元，比2015年减少24元，下降3.1%。医疗保健类消费支出占生活消费支出的9.6%，下降1.1个百分点。

其他用品和服务类消费支出略有下降。2016年，全省农村居民人均其他用品和服务消费支出143元，比2015年减少18元，下降11.3%。其他用品和服务消费支出占生活消费支出的1.8%，下降0.4个百分点。

（郑海琪）

山西经济年鉴

YEAR BOOK OF SHANXI ECONOMY

# 县域经济发展概况

XIANYUJINGJI FAZHAN GAIKUANG

22

# 县域经济发展概况

## 太 原 市

**【自然概况】** 太原，简称并，别称并州，古称晋阳，也称龙城，是一座具有2500年建城史的历史文化名城，是中国北方军事、文化重镇，全国能源重化工基地，山西省政治、经济、文化、交通和国际交流中心。

行政区划。市域面积6988平方千米，占全省的4.5%，其中建成区面积300平方千米。现辖6区（小店区、迎泽区、杏花岭区、尖草坪区、万柏林区、晋源区）、3县（清徐县、阳曲县、娄烦县）、1市（古交市）和2个国家级开发区（太原经济技术开发区、太原高新技术开发区）、3个省级开发区（民营经济开发区、不锈钢生态工业园区、清徐经济开发区），共有31个乡、21个镇、53个街道办事处，639个社区、894个村民委员会、1512个自然村。2016年末常住人口434.44万人，其中，城镇人口367.32万人，乡村人口67.12万人，城镇化率84.55%。

自然环境。太原位于山西省境中央、太原盆地北端，西、北、东三面环山，中、南部为河谷平原，东西横距约144千米，南北纵约107千米，平均海拔约800米，汾河纵贯全境。市区坐落于汾河河谷平原上，市中心位于北纬37°54′、东经112°33′。属北温带大陆性气候，冬无严寒、夏无酷暑、四季分明，年均气温12°C，年均降水量468.4毫米，年均日照2388.7小时，无霜期年均202天。境内资源丰富，既有铁、锰、铜、铝、铅等金属矿，又有煤、石膏、硫黄、矾、硝石等非金属矿，其中煤、铁、石膏储量最为丰富，探明总储量分别为186亿吨、6.5亿吨、6112万吨。

历史沿革。太原是一座"控带山河，踞天下之肩背""襟四塞之要冲，控五原之都邑"的历史古城，先民们很早就生息、繁衍在这块土地上。随着王朝的兴替，太原建置名称多有变化，治所几经迁徙，辖区屡有伸缩。周敬王二十三年（前497年），晋卿赵简子家臣董安于筑晋阳城。周威烈王二十三年（前376年）三家分晋，赵国初以晋阳为都。入秦，置太原郡，治所晋阳，为全国36郡之一。汉武帝元封五年（前106年）设十三刺史部，其中并州刺史部领太原等九郡。东汉时，并州始治晋阳，这是太原又称并州的渊源。前秦、北魏、东魏、北齐曾定都于晋阳或以晋阳为实际政治中心。唐王朝发祥于晋阳，封晋阳为北都，与京都长安、东都洛阳并称"三都"。五代时期，后唐、后晋、后汉、北汉皆以太原为国都。宋太宗太平兴国四年（979年）五月，宋灭北汉，诏毁太原旧城，火烧水灌，晋阳夷为废墟。太平兴国七年（982年）在唐明镇重建太原新城，是为今日太原城之雏形。宋中期，太原发展成为一座商贸发达、风光秀丽的北方名城，被誉为"锦绣太原城"。太原处于华夏民族与草原民族交往和冲突的中心地带，从先秦两汉到宋元明清，均为我国北方军事重镇，素有"中原北门"之称。明、清时期，"晋商"崛起，太原发展成为我国北方重要的商业、手工业城市。1927年太原改建制为市。1949年4月24日太原解放，古城重获新生，成为全国能源重化工基地。

旅游名胜。太原境内名胜古迹众多，自然风光与人文景观交相辉映。名山、石窟、寺院、宫观、湖泊、河流、森林、温泉、峡谷、溶洞、古建筑、古遗址、名人故居、历史文化纪念地及博物馆等丰富的旅游资源和高品质的文物荟萃于此，主要有晋祠、天龙山、双塔寺、崛围山等景区，130多个景点。有201处市级以上重点文物保护单位，其中国家级33处，省级13处，市级155处。太原面食最为有名，品种多，历史久，制作方法各异，浇头菜码考究。炒莜面、拉面、猫耳朵、搓鱼儿、莜面栲栳栳、红面糊糊、肉丝炒剔尖、刀削面、炒疙瘩等特色独具。风味食品首推特色早点“太原头脑”（八珍汤），头脑能益气调元，滋补虚损，活血健胃，具有抚寒喘和强壮身体、延年益寿的作用。民间文化丰富多彩，晋剧、秧歌、背棍、铁棍、旱船、莲花落等极富晋阳特色。太原是“中国优秀旅游城市”。

市花、市树、市徽。太原市市花为菊花，市树为国槐。太原市徽是我国第一枚市徽，其图案内容由双塔、“并”字、煤层和火焰组成，象征太原市是一座历史悠久、煤炭资源丰富的能源重化工基地的中心城市和四化建设蒸蒸日上的新气象。

**【经济发展概况】** 2016年，全市地区生产总值2955.6亿元，比2015年增长7.5%；规模以上工业增加值571.81亿元，增长7.0%；固定资产投资2027.71亿元，增长0.1%；一般公共预算收入282.69亿元，增长3.1%；社会消费品零售总额1666.24亿元，增长8.1%；外贸进出口总额133.14亿美元，增长24.8%，其中，外贸出口总额83.29亿美元、增长26.4%，进口总额49.85亿美元、增长22.2%；城镇居民人均可支配收入29632元，增长6.9%；农村居民人均可支配收入14591元，增长7.1%。

产业转型升级初见成效。积极推进供给侧结构性改革。有力有度有效落实“三去一降一补”，坚决淘汰落后产能，关闭退出矿井两座，退出产能195万吨；将去库存与棚户区和城中村改造相结合，探索打通安置房与商品房之间通道，全市商品住房销售面积增长61.87%，商业用房销售面积增长3.34%，写字楼销售面积增长128.93%，全市城区商品住房消化周期保持在合理区间；发挥金融对实体经济的支撑作用，加强与国开行等战略合作，争取低息、中长期资金支持；利用多层次资本市场，推进企业改制、挂牌、上市，新增“新三板”挂牌企业24家；开展“降低实体经济企业成本行动”，累计为企业减负65亿元。构建多元化中高端现代产业体系，信息产业、高端装备制造业、新材料三大基地建设扎实推进，富士康手机制造及维保、太重风电等重大项目进展顺利，新兴接替产业增加值增长13.2%，占全市规模以上工业比重达到70.9%。现代服务业发展加快，华润万象城、华强华夏文明传承园等重点项目有序推进，服务业增加值占到市域地区生产总值的62.6%。都市现代农业提质增效，宝迪、润恒等农业产业化项目进展加快。全力推进科技创新，新建国家地方联合工程实验室3个，新认定高新技术企业233家，高新技术产业增加值增长10.5%；全市有效发明专利拥有量增长21.2%；技术合同成交额增长126%。

城市基础设施建设成效明显。加强城市基础设施建设，全年安排重大项目136项，完成投资462.5亿元，其中，道路桥梁建成215.86千米，完成投资220亿元。五一路、滨河西路南延、摄乐大桥等重点工程竣工通车，轨道交通2号线全面开工。新改建供水管网157千米、供热管网278.5千米，既有建筑节能改造工程完成518万平方米。公园绿地、人行天桥、地下通道、停车场、公厕建设等城市专项工作扎实推进。提升城市精细化、信息化、智能化管理水平，研究城市管理体制创新，推动城市管理重心下移，加强智慧城市建设，交通违法行为专项整治等工作成效明显。加快城中村、棚户区改造，全年启动改造31个村，近两年完成54个村整村拆除；开工保障性住房4.6万套，基本建成4.13万套，棚改货币化安置率50.3%，超额完成省定任务。

省城环境质量继续改善。继续抓好“五大工程”“五项整治”，太古长输供热项目和南部热电联产清洁能源项目建成投用，新增供热能力5000万平方米；关停西山矸石电厂等污染企业，30万千瓦以上机组全部完成超低排放改造；淘汰老旧机动车和黄标车4.72万辆，8292辆出租车全部更换为纯电动车。出台《大气环境质量冬防严控十二条措施》，加强恶劣天气应急管理，全市二级以上天数232天。生态环境治理力度进一步加大，启动汾河南延三期工程建设，推进黑臭水体治理。新增造林2.17万公顷，和平公园、晋阳街公园和一批小游园建成开放，建成区绿化覆盖率、绿地率、人均公园绿地面积分别达到41.6%、36.6%和11.86平方米。

改革开放不断深化。积极推进转型综改示范区建设，制定出台《太原市开发区改革创新发展工作实施方案》，深入推进开发区整合、改制、扩区、调规，启动23.3平方千米起步区，示范区建设进入实质性推进阶段。着力推进关键环节和重点领域改革，承接落实中央和省委省政府部署的财税和金融体制改革、司法体制改革试点、国资国企、社保、公务用车等各项改革工作。深化行政审批制度改革，市、县两级行政权责清单向社会公布，48个具有审批服务职能的部门将全部进驻为民服务中心，市直11个部门29个事项共压缩审批时限49个工作日。组织开展“万名干部入企服务”等活动，积极对接企业实际需求，帮助解决困难。进一步支持民营经济发展，继续开展小微企业创业创新基地城市示范建设，“双创”工作深入推进，构建创业创新载体191个，新增各类市场主体6.49万户、增长27.18%。做好系统定向招商引资，积极争取国家有关部委支持，全力推动富士康全球维保项目落户太原。

民生和社会事业成绩显著。加大脱贫攻坚力度。把脱贫攻坚作为“头号工程”，将精准要求落实到识贫、扶贫、脱贫各个环节，全力抓好责任制双签、四级书记联动、群众满意度测评、产业扶贫等重点工作。加大“城区包乡、单位包村”对口帮扶力度，龙头企业、专业合作社与贫困户利益联动机制作用进一步发挥。异地搬迁项目全部开工，完工率67%；实施产业扶贫项目89个，投资25.3亿元，全年脱贫2万余人。积极发展民生事业。坚持以人民为中心的发展思想，将发展和民生更加紧密结合，民生支出347.3亿元，占全市一般公共预算支出的81.9%。推动创业再就业，城镇新增就业9.89万人，城镇登记失业率3.46%。大力推进教育事业标准化、均衡化、优质化发展，新建续建市属学校23所，公办小学和初中实现90%以上学区就近入学。扎实推进公立医院综合改革，市直医院全部实行药品零差率销售，继续推进“百院兴医”工程，市中心医院新建等项目加快推进。城镇职工基本养老、城镇基本医疗、失业、工伤、生育保险等基本全覆盖。新建74个社区养老服务中心和78个社区老人日间照料中心。加强城乡公共文化基础设施建设，举办惠民演出371场。二青会相关筹备工作正式启动，成功举办太原国际马拉松赛等赛事。

（于黎明）

## 古交市

**【自然概况】** 古交市位于省城太原以西23千米处，总面积1551平方千米，辖7个乡、3个镇、4个街道办事处，37个社区居委会、146个村民委员会、369个自然村，2016年末总人口21.88万人。1958年建立古交工矿区，1988年撤区建市，是太原市唯一的县级市，也是全省扩权强县和转型综改试点县市。古交四面环山，是典型的土石山区，平均海拔1604米，丘陵山地占全市总面积的95.8%，河川谷地占4.2%。境内有“一河三川”，即汾河及其三大支流大川、原平川、屯兰川。气候干燥、多风少雨、寒暑温差较大。境内有山西省屯兰川林场、原平川林场和太原市林场、古交市阁上林场四大国有林场，林地面积12万公顷，森林覆盖率达20.06%。古交地下资源得天独厚，是全国重要的主焦煤生产基地，煤田面积754平方千米，已探明地质储量80.4亿吨，此外，还有铁矿、铝矾土、硅矿、石英石、石灰石、白云石等矿产资源。

**【经济发展概况】** 2016年，全市地区生产总值26.39亿元，比2015年增长4.9%；服务业增加值15.07亿元，增长1.4%；规模以上工业增加值7.64亿元，增长15.5%；社会消费品零售总额48.91亿元，增长9.7%；固定资产投资54.81亿元，下降14.7%；一般公共预算收入5.33亿元，剔除上年中央一次性补助收入因素，增长8.9%；城镇常住居民人均可支配收入27412元，增长6.3%；农村常住居民人均可支配收入13916元，增长6.5%。农林牧渔业总产值4.35亿元。粮食总产量1.06万吨。工业总产值21.05亿元。

*发展基础在克服困境中不断夯实。*辩证认识安全与发展的关系，扎实推进煤矿企业复工复产，除安全方面外均实行绿色通道，实现5座矿井生产，1座联合试运转，8座复工建设，生产原煤近300万吨，激活了煤炭产业链，稳定了经济基本面。全力支持兴能电厂一二期供热改造、三期低热值煤发电和热电联产等项目建设，项目建成后兴能电厂将成为全国最大的热电联产企业。

*产业转型在爬坡过坎中迈出步伐。*通过“三转一提升”，推进产业结构向“立体化”发展，输热、输电、输气综合能源输出基地日益壮大，为太原市供热面积近3000万平方米，电力输出71.72亿千瓦小时，天然气输出4711万立方米，该市正在向清洁能源输出大市迈进。煤电铝循环园区、西山煤电钛白粉、大数据等项目开展前期工作，高载能产业发展拉开序幕。盈捷3000吨微纤维玻璃棉、“饮领”沙棘系列产品、世纪宏业中药饮片加工等项目即将投产，赛隆龙无甲醛高密度纤维板、万方柴油机尾气净化器等项目加快推进，新兴产业发展步伐不断加快。黑枸杞、沙棘、油用牡丹、中药材等特色种植规模扩大，乡村体验、休闲采摘、农家乐等旅游项目加快发展，全年接待游客近8万人，红豆山庄被评为国家3A级景区。“乐村淘”、红果商贸等电商新业态发展取得突破，三次产业联动转型、融合发展的局面正在形成。

*发展活力在改革创新中日益彰显。*结合转型综改、扩权强县“双试点”，深入落实供给侧结构性改革，统筹推进“五个一批”，稳步推进6大类42项重大改革事项，9项探索性、创新性改革事项取得实效；围绕“三去一降一补”，落实化解过剩产能矿井4座。立足解决资金“短板”，不断创新金融服务，组建了经济建设投资管理有限公司，积极推进PPP、资产租赁、资产证券化、政府购买服务等多种融资方式，成功运作了火山新区基础设施、水利工程等项目融资。利用“助保贷”“助力贷”等融资模式累计为21户企业发放贷款3.3亿元，8户企业进入太原市“新三板”后备企业库。农村土地确权登记颁证工作扎实推进，农村综合产权流转交易体系建设启动。全年引资签约142.4亿元，重点项目建设投资37.3亿元，新增各类市场主体1217户。

*城乡面貌在统筹发展中得到改*

观。坚持城市规划、建设、管理三管齐下，编制完成了"十三五"城市近期建设规划、中心城区控制性详细规划等，城乡规划日臻完善。积极争取国家独立工矿区改造搬迁政策扶持，启动实施了火山片区市政道路、桥梁等基础设施项目。完成了金牛西大街地下空间综合利用和路面改造，开发商业面积1万余平方米、商铺200间，吸引100多个知名品牌入驻，提升了金牛商业街区的集聚能力和服务水平。结合太古长输供热管线建设，高标准完成滨河北路滩上桥至火山桥段路面改造，实现全线通车，有效缓解了市区交通压力。完善集中供热工程，新增供热面积150万平方米，基本实现了中心城区供热全覆盖。深入推进城乡清洁提档升级工程，有效整治"脏、乱、差"现象，主次干道实现了喷雾降尘、全天候保洁。投资5020万元提升改造了农村公路。马兰镇入选第三批国家城镇化综合试点。

*生态环境在治污增绿中持续改善。*大力加强生态建设，积极推进国家园林城市创建，持续实施"三环生态圈"战略，全面建成金牛森林公园，绿化造林3733.3公顷。汾河城区段河道综合治理一期工程全面完工，二期工程加快推进，逐步形成2.69千米的蓄水水面。加大污染防治力度，严守环境质量底线和环保责任红线，坚决打好大气、水、土壤污染防治"三项战役"，关停取缔违规企业23家，累计淘汰老旧、黄标车辆1500余台。实施网格化环境监管，采取有效措施积极应对重污染天气。全年二级以上优良天数288天，其中一级天数41天，优良率78.7%。

*民生福祉在加大投入中全面提升。*全年用于各项民生社会事业投入近14.38亿元，占支出的86.5%。大力发展教育、文化、卫生等各项社会事业，积极探索学区制办学模式改革，公开招聘教师80名，建设了3个科技创新专业团队；投资4170万元改善群众就医环境，实施全面两孩政策配套措施，连续12年被评为省级卫生城市，获得了"国家妇幼健康优质服务县市"和"新一轮国家计划生育优质服务县"两项荣誉。全面落实创业就业优惠政策，积极推进社会保险"全覆盖"，健全完善社会救助体系，城市和农村"低保"分别提高到每人每月525元和400元，发放低保金3500余万元、医疗救助金600余万元，社会保障能力不断增强。投入帮扶物资200余万元，全面完成了革命老区岔口乡扶贫帮困任务。采煤沉陷区综合治理扎实推进，建设安置项目9个、住房3567套，为1784户发放安置补贴1.01亿元，完成了21个遗留村居认定。

（古交市人民政府办公室）

## 太原市迎泽区

**【自然概况】** 迎泽区位于山西省太原市汾河之东、市区中部，城区东与晋中市榆次区、寿阳县相邻，西隔汾河与万柏林区相望，南连小店区，北接杏花岭区。总面积117平方千米，下辖1个镇、6个街道办事处，95个社区、19个村民委员会、33个自然村。2016年末常住人口61.04万人。

**【经济发展概况】** 2016年全区地区生产总值、服务业增加值分别达到602亿元和521亿元，比2015年增长6.6%和6.4%；规模以上工业增加值38.4亿元，增长2.3%；固定资产投资218亿元，增长14.3%；社会消费品零售总额440亿元，增长10.8%；一般公共预算收入13.9亿元，下降13.7%。

*坚定不移提质增效，产业转型升级取得新进展。*完成了开化寺街、海子边街改造，柳巷商圈基础设施进一步完善；实施了朝阳商圈综合整治和业态提升，太原小商品市场建成投运；首家敞开式休闲购物广场中正天街建成开业，丰富了传统服务业经营模式。大力发展新兴产业，扶持"双创"项目9个，互联网＋智慧产业园一期建成投运，引进了明鼎医药等一批高新科技企业；加快楼宇（总部）经济发展，引进企业区域总部35家。加大招商引资力度，引进资金255.7亿元，华润综合体、万科紫院等项目成功签约。实施省、市重点项目104个，完成投资186.6亿元。深化商事制度改革，全面推行企业"五证合一"，率先实行个体工商户"两证整合"，企业和个体工商户分别增长48%和19%。

*协调推进建设管理，城乡环境面貌有新改善。*实施了18条小街巷改造和五一路、南沙河快速路东延、迎泽大街下穿火车站通道、轨道交通2号线等重点工程房屋征收；启动了五一路周边、东五龙口铁路宿舍38号院等5个棚户区改造，征收房屋1667户、10.5万平方米。完成了郝庄、双塔、赵北峰3个村的拆迁收尾和马庄、店坡、郝家沟3个村的整村拆除。编制郝庄镇总体规划，完成了两条森防通道和小山岩凿井、小山沟水井配套工程建设。精益求精抓城市管理，整治了两个老旧片区和19条背街小巷，新建公厕5座，改造旱厕12座；持续扩大环卫机械化作业覆盖面，车行道和便道机械化作业率和里程数全市第一；积极推广垃圾分类试点，主城区实现生活垃圾上门全收集。严厉打击违法建设，拆除各类违建17万余平方米。综合整治大气环境，淘汰老旧车和黄标车2198辆，拆除燃煤锅炉109台，在全市率先实现分散燃煤采暖锅炉清零。完成提档造林200公顷，新建小游园、小绿地10处，城乡生态环境明显改善。

倾心尽力改善民生，人民群众获得感得到新提升。坚持建机制、补短板、兜底线，以十大惠民实事为载体，民生保障水平进一步提高。城镇新增就业1.8万余人。城乡低保、新农合门诊统筹补偿比例、一二级残疾人护理补贴和生活补贴全面提标，各项参保任务超额完成，新农合参合率99.96%。在4个基层医疗卫生机构设立了80个“医养结合”床位，新建社区养老服务中心15个、社区（农村）老年人日间照料中心17个。以更高水平推进教育优质均衡发展，启动3所中学改扩建和1所幼儿园新建项目，小学生、中学生、特教生生均公用经费分别提高到1000元、1200元和7000元，确保了教育经费的“三个增长”；创新教育督导工作，成为全省唯一一家国家级中小学校责任督学挂牌督导创新县区。深化医药卫生体制改革，加强重点特色专科建设，创新开展居家护理服务。新建成26个社区体育健身场地，社区全民健身活动场所实现全覆盖。新开工建设保障性住房6992套，完成既有居住建筑节能改造105万平方米。按照精准扶贫要求对口帮扶娄烦县静游镇，4087人实现脱贫。

（张国文）

## 太原市杏花岭区

**【自然概况】** 杏花岭区位于太原市区东北部，地理位置为东经112.38°～112.47°、北纬37.52°～37.59°，西北部与尖草坪区新城乡、阳曲镇、尖草坪街道办事处为邻，北部与阳曲县的侯村乡交界，东部与寿阳县南庄乡毗邻，南部与迎泽区的孟家井乡、郝庄乡以及市内的柳巷、庙前街道办事处相毗，西部以汾河为界与万柏林区隔河相望。杏花岭区地形北、东部高，西南部低，海拔在800米～1670米之间。东部丘陵较多，山坡和山间谷地被黄土层覆盖，构成黄土沟谷、洪积盆地、冲积扇等多种地貌特征。辖区总面积170.2平方千米，其中建成区面积32.2平方千米，农村面积138平方千米。下辖2个乡、10个街道办事处，116个社区、31个村民委员会、39个自然村。2016年末常住人口65.07万人。

**【经济发展概况】** 2016年，全区生产总值509.18亿元，比2015年增长7.6%；服务业增加值413.33亿元，增长5.6%；社会消费品零售总额204.43亿元，增长9.9%；规模以上工业增加值14.16亿元，增长49.5%；一般预算收入14.75亿元，完成调整任务数的101.2%；城乡居民人均可支配收入分别达到30463元和16816元，分别增长7.2%和6.6%。农林牧渔业总产值1.08亿元，粮食总产量880吨、工业总产值45.8亿元。

产业结构进一步优化。坚决贯彻落实省委、市委“创新驱动、转型升级”的部署要求，努力推动经济产业结构转型升级，三次产业结构比例为0.1∶18.7∶81.2。坚持以现代服务业为发展重点，加快发展楼宇经济和总部经济，万达5A级写字楼入驻企业240家，富力商业综合体开业运营。“双创”活力进一步释放，建成500平方米“一站式”服务平台，培育双创示范基地22个，入驻企业1566户，解决就业1.26万人。“新三板”企业稳步发展，山西睿信智达传媒科技股份有限公司已挂牌上市，4家企业在省青创板挂牌。大力推动工业转型，积极服务东山华能2F燃机热电联产项目。现代都市农业扎实推进，采薇庄园、舒清园、薰衣草庄园、孔雀庄园等休闲旅游项目继续扩大品牌优势，河里头大樱桃采摘园、水沟林果采摘园等项目初具规模。

城市建设和管理水平不断提高。城建项目动迁效率明显提高。2016年，城市道路建设、棚户区和城中村改造动迁总量达到93.8万平方米。完成了五一路、卧虎山路、凯旋街建设和17条小街巷改造的动迁工作。加快推进棚户区改造，6个新启动棚户区改造项目，小北关、南河湾、教场巷20号院等3个棚户区已完成动迁；15个原有棚户区改造项目中9个完成“清零”。全力推动城中村改造，杨家峪村累计签订动迁协议2143户，完成总任务的96.1%；柏杨树、中涧河、伞儿树3个村，完成道路改造动迁5.5万平方米。着力推进安置房建设，全年新开工保障住房5199套，建成2340套，完成任务的101.05%。作为全市首个启动改造的回迁项目，国樾龙城湾回迁安置2159户。城市管理水平逐步提升，持续加强环卫基础设施建设，全年新改建公厕10座，拆除改造旱厕6座，建立垃圾中转站1座，125条主次干道实现机械化清扫全覆盖，机械冲洗保洁率达85%，63条主要街道实现生活垃圾上门收集。开展交通违法行为和露天烧烤及占道经营等专项整治，山医大二院、万达广场、市中心医院等重要点位周边社会环境明显改善。

生态文明建设效果显著。深入推进“五项工程”和“五项整治”，拆除燃煤锅炉90台，完成任务的112.5%，新增清洁供热面积272.9万平方米，惠及居民2.1万余户，全区有条件接入供热管网的小区全部集中供热。拆除2211台土小燃煤火炉，淘汰黄标和老旧车辆2525辆。辖区二级以上优良天数247天，增加26天。持续推动生态绿化，完成东山生态建设干果经济林、薪炭林和提档升级绿化工程1076公顷；加快建成区绿化，新建5个城区内小游园。

教育文化事业特色突显。继续推行“大学区管理制”，五一路小学富力城校区、新建路小学富力华庭分校、职工新街小学如期开学，新增小学学位6600个。区属中小学义务教育标准化改造全部完成。初中教学改革稳步实施。文化事业积极发展，制定《杏花岭区文化产业发展规划(草案)》，推进“三馆一院”建设各项准备工作。配合普光寺、圆通寺、文殊寺、浙江会馆、关帝庙等文化古迹的保护修缮。

*民生社会事业持续改善*。民生事业累计投入19.08亿元，占一般公共预算支出的87.4%，增长2%。积极开展就业再就业工作，新增就业1.83万人，失业率为3.3%。城镇职工基本养老、医疗、失业、工伤、生育保险等基本实现全覆盖。全区城乡低保覆盖4736户、7546人，发放低保金4451.26万元。坚持办好民生实事，采煤沉陷区安置项目正加紧实施；完成100户农村危房改造；全面推行县级公立医院综合改革，加快实施区中心医院综合楼建设；持续提升社区综合服务的硬件设施，启动8个社区示范化改造；扶持养老服务业发展，建成城市养老中心和城乡日间照料中心20个；完成既有居住建筑节能改造97万平方米。扎实开展对口帮扶脱贫工作，13个村、1039户、3086人实现脱贫。

(杏花岭区人民政府办公室)

## 太原市万柏林区

**【自然概况】** 万柏林区地处风景秀丽的汾河西畔，西依蕴藏丰富煤炭资源的龙山山脉，南邻驰名中外的晋祠旅游胜地，北接全国不锈钢生产基地的太钢集团，东与繁华的市中心商贸区隔河相望。辖区面积304.8平方千米，下设1个乡、14个街道办事处，115个社区、43个村民委员会、58个自然村。2016年末全区常住人口77.9万人。万柏林区地势西高东低，环境优美，风景秀丽，旅游资源丰富，辖区道路四通八达，是一块区位优势明显、工业基础雄厚、商贸市场繁荣、生态环境良好、科研院所云集、内在潜力巨大的区域，素有“龙山叠翠钟灵秀，汾波浩荡涵物华”的美誉。

**【经济发展概况】** 2016年，全区生产总值352.8亿元，比2015年增长0.1%，人均地区生产总值4.54万元/人；农林牧渔业总产值1亿元，下降11%，粮食产量1592吨，增长35%；规模以上工业总产值249.5亿元，下降18.8%；社会消费品零售额总额224.5亿元，增长4.8%；一般公共预算收入17.48亿元，增长13.7%；固定资产投资完成328.8亿元，继续保持全省各县(市、区)前列；城镇居民人均可支配收入29472元，增长6.5%；农村居民人均可支配收入19937元，增长6.3%。

*产业转型步伐加快*。坚定推进供给侧结构性改革，坚决淘汰落后产能，白家庄矿整体关闭退出，西山煤电、太重等国有大型企业技改项目实现新突破，中车铁路装备基地投产达效，狮头水泥、东峰煤业等工业项目投产准备工作加快进行。积极推进老工业区搬迁改造，争取中央专项资金3203万元。现代服务业发展进一步加快，华润万象城、绿地中央广场等城市综合体项目进展顺利。积极布局生态旅游业，编制王封一线天景区旅游总体规划，签约西山滑雪场等招商项目，完成九润现代都市农业园一期建设。三次产业比重发生新变化，第三产业比重增长5.9个百分点。

*人居环境明显改善*。统筹推进城市道路建设，拓宽改造漪汾街、新晋祠路、兴华西街等20条主次干道及背街小巷。实施造林提档升级1053.3公顷，完成农村公路安全生命防护工程。和平公园建成开放，新建东社带状公园、南北寒公园等23处游园绿地。新改建21座垃圾中转站，新建8座高标准公厕。清淤美化虎峪河、黑水河等河道。完成既有建筑节能改造121万平方米。区城乡统筹规划、村镇规划编制有序推进。开展露天烧烤、占道经营等专项整治。完成分散燃煤锅炉清零任务，基本实现建城区采暖无煤化。空气质量持续改善，全年二级以上优良天数256天，名列城六区第二位。

*城中村改造快速推进*。继续坚定不移把城中村改造作为全区“一号工程”，寨沟、彭村在全市率先完成整村拆除，大王、瓦窑、南屯基本完成整村拆除任务，圆满完成沙沟、小王、小井峪、后北屯、东社、南社、黄坡7个村拆迁扫尾“清零”任务，累计拆除城中村各类建筑232.6万平方米。全力推进回迁安置房建设，下元、前北屯等6个村基本完成回迁安置，沙沟等6个村实现部分回迁安置。加大城改货币化安置比例，坚持破解资金难题与招商选商相结合，区城投公司成功融资117亿元，引入恒大、保利、融创等大企业大集团参与城改，创出了“政府主导、规范改造”的城中村改造“万柏林模式”。

*民生事业持续改善*。全面推进义务教育均衡发展，成功签约凤凰双语、区第三实验等6所小学合作办学，完成区实验中学、建筑北巷小学教学楼维修改造，区特殊教育学校投入使用。深入推进卫生事业发展，区中心医院综合改革取得成效，建成白家庄村等6个卫生室，新农合连续8年实现参合率100%。社区标准化建设实现全覆盖，新改扩建5个社区服务站和11个社区养老服务中心、19个社区日间照料中心。健全完善社会保障体系，严格落实城乡居民最低生活保障、困难群众医疗救助等惠民政策，完成城镇新增就业指标任务。新开工保障

性住房8526套，建成12447套。全面启动采煤沉陷区综合治理九院小区三期回迁安置。加大文化设施投入，三级文化网络建设实现全覆盖。

（万柏林区人民政府办公室）

## 太原市小店区

**【自然概况】** 小店区史属古晋阳，于1970年建南郊区，1998年区划调整设小店区，位于太原市东南部，东与晋中榆次区接壤，南与清徐县毗邻，西与晋源区隔汾河相望，北至南内环街与迎泽区相连。全域面积295平方千米，其中山区面积约49平方千米。地势北高南低，平均海拔763～780米，以平川为主，东部是山区丘陵。辖区内有汾河、潇河、五龙沟沙河、黑驼沙河等季节性河流。年均气温9.6℃，无霜期170天，年均日照2675.8小时，年均降水量495毫米。

全区辖2个乡、1个镇、7个街道办事处，118个社区居委会、38个村民委员会、43个自然村。2016年末常住人口83.48万，外来流动人口保持在75万左右，占全市总人口37%，人口密度5353人/平方千米。区内有山西大学毛泽东主席挥手立像和孙家寨延圣寺两处省级文物保护单位，小店牺汤、二鬼摔跤、狄仁杰传说等省级非物质文化遗产12项。

**【经济发展概况】** 2016年，全区地区生产总值738.8亿元，比2015年增长12%；人均地区生产总值8.76万元，增长11.3%；一般预算收入53.37亿元，增长8.6%；农林牧渔业产值15.42亿元，增长2.4%；粮食总产量6.24万吨，减少5.7%；工业总产值89.71亿元，增长17.3%；社会消费品零售总额510.15亿元，增长4.4%；城镇居民可支配收入30560元，增长7.9%；农村居民人均可支配收入19851元，增长7.1%。

*服务业筑基提质步伐加快。*“互联网＋服务业”发展迅猛，登记注册电子商务公司达到500余家，物流企业200余家。积极引进阿里巴巴创新中心、苏宁云商等一批标杆性项目，现代服务业体系加速形成。华宇百花谷、滨河时尚购物广场等一批城市综合商业体加快建设，南内环街电子数码、体育南路餐饮服务等6个特色商业街区初具规模，区域品牌辐射影响力不断提升。各类市场主体达到8万余户，中小微企业筑基作用进一步巩固。

*工业转型实现新突破。*以重大项目建设推动供给侧结构性改革，加快产业转型发展。发放“助保金”贷款1.8亿元，新认定高新技术企业28家。规模以上工业企业增加到40户，新增“小巨人”企业1户。中电智云等项目快速推进。科腾环保、山西创美建筑安装两家企业在新三板成功上市。

*农业转型发展取得新进展。*休闲观光农业、特色高效农业、健康畜牧养殖业加快发展。建成农业园区70个左右，年产值8.2亿元。农产品加工企业销售收入实现45.8亿元。新建集中连片日光温室基地32公顷，蔬菜种植面积达到5000公顷，总产量稳定在2.7亿千克以上。粮食产量6.8万吨。奶牛标准化养殖关键技术示范推广项目进展顺利。

*选商择资精准促进作用不断显现。*坚持招大引强与招才引智相结合，积极参加对标招商活动。健全完善全流程跟踪服务机制，保障汾酒文化商务中心、城中村改造等77项省市重点项目顺利推进。2016年实际引进外来到位资金113.75亿元，签约项目总投资额343亿元，均居全市第一。

*社会保障水平实现新提升。*全年新增就业人数1.86万人，城镇登记失业率控制在3.8%。发放各类低保、救助资金2000余万元。城乡居民养老、医疗保障和低收入群众基本生活保障、五保对象大病救助等实现全覆盖，新农合参保率达99.85%以上。

*民生事业提标扩面取得新进展。*进一步加强和改善公共服务供给，全年民生事业支出32.82亿元，占财政总支出的87.45%。继续推进集团化（学区化）办学，恒大小学西校区等3所小学投入使用，51中等3所学校新建教学楼开工建设。有序推进城市公立医院改革和医联体建设，基本药物和耗材实现网上阳光采购。试点推行“一票通”食品监管模式，肉类、蔬菜流通可追溯体系建设进一步拓展，“互联网＋明厨亮灶”工程加速推进。34个社区养老中心（日间照料中心）基本完成。完成既有居住建筑节能改造125.62万平方米。群众文化蓬勃发展，文化惠民进一步深入，开展各类文艺活动140余场。

*精准脱贫取得新成绩。*投入帮扶资金2500万元，对阳曲县14个贫困村进行“发展式”帮扶，协助对口帮助贫困县实施10大类39项脱贫产业项目。2016年，实现帮扶脱贫1971人，完成任务的89.3%。

（尤　娟）

## 太原市尖草坪区

**【自然概况】** 尖草坪区位于太原市区北部，东西北三面环山，汾河水贯穿全境，是省城的上风头、水源地。全区下辖3个乡、2个镇、9个街道办事处，63个社区居委会、84个村民委员会。总面积285.6平方千米，其中建成区面积41.6平方千米。2016年末总人口41.57万人，其中农业人口9.84万人。

**【经济发展概况】** 2016年，全区生产总值245.69亿元，比2015年下降1.7%；人均地区生产总值5.72万元，下降2.2%；一般公共财政预算收入7.33亿元，增长10.2%；农林牧渔业总产值6.89亿元，增长5.9%；粮食总产量1.49万吨，增长11.2%；工业总产值694.41亿元，增长0.73%；社会消费品零售总额91.45亿元，增长9.8%；城镇常住居民人均可支配收入29724元，增长6.9%；农村常住居民人均可支配收入13714元，增长6.7%。

*坚持项目支撑，“三区”建设全面推进。*人文生态休闲区建设全面铺开。以推动“国家农业公园”建设为目标，编制了《尖草坪区国家农业公园总体规划》和《尖草坪区旅游总体规划》，组织了崛㟲红叶节、金滩西梅采摘节及山西省首届帐篷音乐嘉年华等系列推介活动，被农业部评为“全国休闲农业和乡村旅游示范区”。创新转型产业区建设亮点频现。新兴产业不断壮大，成为该区工业转型发展的新亮点。充分发挥双创和科研资金的示范带动作用，为九牛牧业和恒山机电等企业提供了发展支撑。现代宜居都市区建设有声有色。三给片区5村连片整体开发摸底测算基本结束，省人民医院新院、太原外国语新校等名医名校进入建设阶段，锦绣国际建材城、辰兴优山美郡、万科公园里等项目快速推进，并初见成效。

*坚持创新驱动，重点领域改革不断深化。*“四驾马车”拉动“三区”建设。以“专业人办专业事”的理念，抽调全区精锐力量，组建了四个专业化工作推进平台。区经济建设发展指挥部全年新项目储备600亿元，区城市发展投融资指挥部为企业发展、项目建设、城中村改造等融资20余亿元，区重点工程建设指挥部累计征拆187.49万平方米，区人文生态休闲区建设指挥部引领和整合区内特色文化旅游资源，逐步打响和擦亮了集“山水田文林”于一身的“草坪游”品牌。区区融合步伐加快。成立了两区融合重大项目推进领导组，高起点布局不锈钢深加工业、装备制造业、现代物流业、环保科技产业和新能源产业等五大产业，培育两区发展新动能。转型综改和扩权强县工作有序推进。扩权强县下放事项实现无缝承接，发改、环保、工商等部门运用扩权事项共办理项目1112项。深化工作体制机制创新。推行工作项目化，将工作转化为300个项目，按照“项目经理制、一线工作法、集中调度法”的方式全面推进，完成率94.33%。

*坚持建管并重，城乡面貌焕然一新。*基础设施不断改善。西南环线征拆保障实现清零扫尾，轨道交通2号线、九丰路、三给街北侧规划路等16条道路征拆任务全部完成。卧虎山快速路、摄乐街、摄乐桥等7条道桥建成通车；农村公路提质完善工程和生命安全防护工程全面竣工，新（改）建、养护农村公路35.9千米。城改工作取得突破。推行“大兵团作战、集中式动迁、突击式拆除”的城改拆迁模式，西流社区仅用28天就实现了580处院落全部腾空，创造了太原城改的“西流速度”。城乡管理稳步提升。新建垃圾中转站8座，对23座公厕进行了改造和维修，对柴村迎宾路两侧116个临街门店全面实行了生活垃圾上门收集。开展城建城管领域环境大整治百日铁腕行动，累计拆除违建10万平方米。环境质量持续向好。深入开展全面改善省城环境质量工作，关停搬迁污染企业31家，拆除分散燃煤锅炉、小火炉、土小锅炉663台，洁净焦炭覆盖到村村户户。环境空气质量继续位列城六区第一。扎实推进生态建设。持续打造北部生态屏障，完成营造林733.3公顷，四旁植树126万株。新建二电厂、和平路等5个街头绿地和兴安、龙康等5个游园，金桥、小东流等公园征拆清表工作全面完成。

*坚持以人为本，民生实事扎实推进。*社保能力稳步提升。城镇新增就业8502人，城镇登记失业率控制在3.25%以内。共发放各项社会保险金、救济金和补贴金、城乡低保金等8.77亿元。持续推进劳动用工监管调处，清理拖欠工资1472万元。全面推动保障性安居工程建设，开工6551套，基本建成6622套。科教事业均衡发展。鼓励、支持小微企业科技创新和成果转化，专利授权数达103件。加强教育基础设施建设，完成了区职中改造整体规划，分步建设工作全面启动；加快新建小区配套幼儿园和学校建设，恒大名都小学建成投用，五龙湾幼儿园主体完工。医卫事业不断进步。加强基层站所建设，建成了34个医养结合基层院所，柴村社区卫生服务中心开工建设，阳曲镇卫生院完成选址。基本公共卫生服务均衡发展，顺利通过新一轮计生“创国优”先进单位和省级慢性病防治示范区、妇幼健康优质服务示范区验收。公共服务日趋完善。完成了滨丰苑社区300平方米社区活动场所、5个社区养老服务中心和4个老年日间照料中心建设，为20个社区配套了体育路径，建成两个社区篮球场。举办大中型文化活动7次，送戏送电影下乡1102场。脱贫攻坚稳步实施。累计为娄烦县马家庄乡发放慰问金和帮扶款700余万元。加强精准帮扶，引进了西洋参、香菇等农业种植和猪、牛、鸡等养殖项目，带动525户1461人（次）群众受益。

（王雨婷）

## 太原市晋源区

**【自然概况】** 晋源区位于山西省太原市区西南，北起义井东街，与万柏林区相依，南至姚村镇高家堡村，西南与清徐县、古交市接壤，东以汾河为界，与小店区隔河相望，区域面积289平方千米，辖义井街道、罗城街道、晋源街道3个街道，金胜镇、晋祠镇、姚村镇3个镇，43个社区委员会、79个村民委员会和96个自然村。2016年末总人口23.67万。

晋源区生态优美，环境宜居，属温带大陆性季风气候，年平均气温9℃，无霜期170天，年均降雨量462毫米，日照充足，四季分明。区域内山川各半，西边山均有良好的森林植被和珍奇的野生动物，山区森林覆盖率60%以上。特别是晋祠的难老泉、善利泉自古闻名于世，水域面积约5.1平方千米的晋阳湖是华北地区最大的人工湖。交通便利，区位优势明显，是太原市南部区域建设的主战场，有山西大剧院、山西体育中心、省科技馆、省图书馆、太原美术馆、市博物馆等省市重点建筑，是一个集山水风光与人文景观为一体，历史文化、特色文化和现代文明相融合的优美区域。

**【经济发展概况】** 2016年，全区生产总值57.16亿元，比2015年增长9.1%；人均国内生产总值24949元，增长8.5%；全社会固定资产投资194.56亿元，增长17.1%；服务业增加值32.74亿元，增长10.6%；规模以上工业增加值3.88亿元，增长20.1%；社会消费品零售总额36.58亿元，增长26.1%；城镇居民人均可支配收入29877元，增长7.6%；农村居民人均可支配收入13300元，增长7.2%；一般预算收入5.89亿元，下降8.6%；农林牧渔业总产值7.76亿元，增长3.8%；粮食总产量2.15万吨，增长0.3%。

转型升级取得新进展。实施“双创”孵化新产业新业态工程，区双创示范服务中心建设启动，鸿升众创、农创联盟等8个双创基地建成，培育文化创意、园艺展示、物联网研发等创新型企业178户，新增小微企业646户、从业人员3170人。积极走出去、引进来，组建招商引资团队到北京、广州、重庆等发达城市招大引强，引进传化物流、保利、红星美凯龙等一批高端优质企业，签约项目总投资284.5亿元。开展“万名干部入企服务”活动，重点对12家区属规模以上企业开展入企服务，解决困难问题25个。深入推进产业转型，国新晋药、太化太阳能电瓶车项目进入试生产阶段；鹏龙星徽奔驰4S店正式开业；鸿升时代金融广场、阳光城环球金融中心主体完工；化兴化工“新三板”挂牌上市，实现全区“新三板”上市企业零突破。蒙山景区市场化运作框架协议签订，改制工作迈出实质性步伐；乡村农耕文化保护工程取得突破性进展，城墙全面合拢，27处历史建筑修缮项目完工19处，明太原县城雄姿初现；晋农之窗农业文化博览园基本建成，晋文公祠全面开工；赵梅生美术馆建成开馆；开化寺大佛阁遗址发掘入选2016中国重要考古发现；程家峪古村落被住建部列入第四批中国传统村落名录。晋祠水稻新恢复面积34公顷，玉露香梨新增种植面积44公顷。

城市化水平得到新提高。举全区之力推动城中村改造，完成城中村宅院、公临建拆除任务1431处、54.39万平方米。城北村50天、棘针村40天、贾家庄村55天完成整村拆除，南堰、吴家堡、西寨完成扫尾清零，实现了100%整村拆除、100%扫尾清零。保利、富力、当代置业等大企业踊跃参与该区城改，区经投公司筹集城改资金13.4亿元，及时有效地解决了资金瓶颈问题。安置房开工建设56栋、12188套，南阜、北阜两村1838人喜迁新居。全力保障东区城市综合管廊工程、长兴南街、汾河治理三期及太山龙泉寺等33项省市重点工程建设，滨河西路南延、新晋祠路蒙山大街至古城大街段等7条道路顺利完工并通车，晋阳湖公园东岸初现雏形。全年累计完成征拆任务2503处、59.9万平方米，移植树木102万棵，征地清表256.64公顷。

区域环境展现新面貌。深入推进“五大工程”“五项整治”，扎实开展冬季大气污染防控专项行动。拆除燃煤锅炉26台，替代供热面积232万平方米；置换洁净煤4.99万吨，拔掉城中村黑烟囱1281根；完成高家堡村、枣元头村“煤改气”“煤改电”600余户；规范整治建筑工地76个；取缔露天烧烤142处；淘汰黄标车和老旧车1022辆。全面推进生态建设，实施巩固退耕还林工程薪炭林项目85.9公顷，完成“创森骨干”工程提档造林866.7公顷；新建街头绿地6处，绿化面积1.2万平方米；建成小游园5个；整治裸露地面53处，绿化25.7万平方米。乡村清洁工作扎实推进，创建省级达标村25个、三星级达标单元19个、省级容貌示范街1条。持续保持打击“两违”“四抢”高压态势，拆除违建51处，查处违建行为51起。治理水土流失面积840公顷，生态管护面积5526.7公顷，农田实灌面积完成5200公顷。数字化城管、治理超限超载、人防等工作成效明显。

民生改善取得新成就。全年民生投入12.9亿元，占全区财政支出的87.5%，增长36.8%，增幅创五年之最。社会各项事业和民生保障全面推进，为民办的十大惠民实事全部完成。义务教育基本均衡区创建工作通过国家验收，与青年路小学、太师一附小、二附小、四附小达成合作意向，成成中学、市二外建设进展顺利，两所中小学、4所幼儿园改建完成。省儿童医院、市人民医院与区人民医院合作共建项目主体完工，市妇幼保健院有序推进；乡村医生签约服务4.52万人；开展了晋源健康行暨计划生育家庭优质服务工程，免费为2.6万名计生家庭成员提供健康体检和亲情关怀。区、镇(街)、村(社区)三级公共文化服务体系初步形成，群众文化生活更加丰富。供暖供水接入市政管网，惠及9万余名群众，解决了建区以来群众反映最强烈、最迫切的热点难点问题。晋祠新镇停车场建成投用，全市首个旅游公交专车329路全线开通；增加两条公交线路频次，新开通3条公交线路，全区人民出行环境大大改善；赤桥、黄楼和晋阳堡3个农村公共浴室建成运行，古城营村浴室主体完工，惠及群众2万余名；区体育公园正式开放，昌宁公园建设完工；4个社区养老服务中心、8个日间照料中心建成投用；采煤沉陷区安置楼封顶15栋；实施农村危房改造工程，改善了400户农村困难群众居住条件。为2.1万名城乡居民每人每年增加基础养老金240元；各类社会保险征缴扩面工作超额完成任务；全区城镇新增就业人员3844人，安置下岗失业人员2440人，登记失业率控制在3.26%；为1118名农民工解决拖欠工资877万元；发放各类救助金5507.21万元；保障性住房年度任务超额完成。扎实开展阳曲县东黄水镇6个贫困村精准帮扶工作，拨付帮扶资金600万元，帮助谋划引进了便民栏网上电商、旅游壁画村、大北农集团养猪等产业发展项目，年度帮扶任务全面完成。

（晋源区人民政府办公室）

## 清徐县

**【自然概况】** 清徐县位于山西中部、太原盆地西南部，与3市（太原、吕梁、晋中）交汇，与8县（古交、晋源、小店、榆次、太谷、祁县、文水、交城）接壤。全县面积609平方千米，辖5个乡、4个镇，24个社区居委会、188个村民委员会、203个自然村，2016年末总人口35.32万。年均降水量420毫米，无霜期183天。耕地面积2.89万公顷，森林面积8041公顷。有汾河、潇河等大小河流12条，均属汾河水系。有天然湖东湖、人工湖清泉湖、清泉西湖三大湖泊，湖面183.9公顷。矿产资源有煤、铁、铝土、石膏等。煤炭探明储量31亿吨，现保有储量24.9亿吨。

**【经济发展概况】** 2016年，全县地区生产总值122.5亿元，比2015年增长6.9%；服务业增加值44.8亿元，增长7.8%；规模以上工业增加值21.7亿元，增长12.8%；固定资产投资74.5亿元，下降18.5%；社会消费品零售总额55.8亿元，增长10.6%；一般公共预算收入6.4亿元，增长4.1%；工业总产值251亿元，增长4.9%；规模以上工业增加值21.7亿元，增长12.8%；城镇常住居民人均可支配收入28492元，增长6.4%；农村常住居民人均可支配收入16752元，增长6.8%；农林牧渔业现价总产值25.98亿元，增长1.88%；粮食总产量10.41万吨。

深化供给侧结构性改革。围绕落实“三去一降一补”任务，积极推动传统产业转型升级。东于、李家楼煤矿正式投产。加大房地产去库存工作，消化房地产库存22.3万平方米。“西二村”整村搬迁货币化安置比例77.2%，采煤沉陷区和地质灾害搬迁治理项目签订协议1409户。推动中小企业与邮政、建设银行开展合作，为中小企业筹放贷款5838万元。焦化行业由以焦为主向以化为主转变，焦油、煤气实现深加工和综合利用，煤炭由燃料向原料转变，加快煤层气开发利用，全县20个井场投运80%，产量6000立方米/日。重点扶持现代农业示范园，建设高标准农田800公顷，连片发展设施蔬菜80公顷，蔬菜育苗基地达到16个，年育苗5050万株。农民专业合作社826家，家庭农场203家，主要农作物机械化水平达到78.1%，“一村一品”专业村达到95个，农产品加工企业销售收入54.96亿元。成功获批两个国家4A级景区、两个国家3A级景区，打造4条精品旅游线路，成为周边短途旅游的重要目的地。

统筹城乡一体化发展。滨河西路南延工程顺利通车，3条连接线同步完工，改造美锦南大街等8条街巷。采用PPP融资模式，顺利完成供水、供热体制改革，供水管网与市区并网，集中供热实现市场化运营。加强基础道路建设，开通高速南出口，完成县城高速出口改造，同步启动榆古路拓宽改造等，县域通行能力明显提升。加强农田水利基础设施建设，完成规模化节水灌溉增效示范、小型水利重点县建设、汾河生态修复中游核心区蓄水工程等，荣膺全省农建“红旗县”称号。省警官学院、太原幼师建成招生，市青少年实训基地主体完工，徐沟城镇化建设驶入快车道。推进美丽乡村建设，创建1个省级示范村、4个市级示范村和10个美丽宜居示范村。

加强生态文明建设。钢铁、焦化、水泥搅拌企业全部完成提标改造。19个社区4000余户居民用上民用洁净焦。乔武、西高白两村完成煤改电试点。开展铁腕治污专项行动，取缔非法选煤厂、储煤场66家，关停并拆除50家“土小”企业生产设施。全面清理整顿107个未批先建和295个久试不验项目，启动按日计罚，征收排污费3891万元、征缴罚款1238万元。严格执行“冬防12条”，130余家企业全部停产。启动建设垃圾压缩转运站，餐厨垃圾处理项目一期工程正式投运。成功创建2016～2018周期“山西省卫生县城”，建成西谷乡省级卫生乡镇、罗家庄等19个省级卫生村。实施创森工程，新增造林绿化面积2373.3公顷。48个村完成村庄绿化，森林覆盖率达到13.96%。建成区绿化面积增加3万平方米，城乡人居环境进一步改善。

坚持改革创新攻坚。成立县企业家协会电商分会，会员企业 84 家。改造升级 4 个乡镇服务站、70 个村级服务点，村级服务网点基本实现全覆盖。晋药物流一期、晋天峰物流等主体完工，现代物流配送体系日趋完善。全县电子商务交易额 6.8 亿元，比 2015 年增长 56%。打造两个众创空间、两个众创基地和一个孵化园，入驻小微企业 101 家。美锦能源完成重大资产重组，百澳绿洲成功登陆新三板，康镁、精诚镁合金加快股改，水塔、紫林进入中小板申报期。挂牌成立全市第一家不动产登记中心。依法依规推进农村土地确权，177 个村完成摸底、测量。深入推进农业供销体制改革。探索实行城乡综合执法新机制，拆除违章建筑 64 个，拆除面积 4 万平方米，不断规范城乡建设秩序，交通和市容秩序整治取得阶段性成果。

狠抓民生保障工作。累计发放低保金、救助金、优抚金等 5400 万元。农村 10 万余户群众领取冬季取暖补贴。顺利通过全国义务教育发展基本均衡县验收。推行 201 种分级诊疗病种和 48 种(类)协定处方管理，新增单病种 14 种，1.8 万名新农合群众享受免费体检，县乡报销比例提高 5 个百分点。新建开工保障房 915 套，分配保障房 223 套。建成 6 个农村老年日间照料中心、2 个城市社区养老服务中心和 2 个城市社区老年日间照料中心。组织开展"美丽清徐人"等评选活动，齐保林、贾晋卿入围第六届山西道德模范评选。

(清徐县人民政府办公室)

# 阳曲县

**【自然概况】** 阳曲县位于忻定盆地和晋中盆地之间，是省城太原上风上水之北部门户，绿色生态之屏障。全县面积 2070 平方千米，下辖 6 个乡、4 个镇，11 个社区委员会、117 个村民委员会、344 个自然村，2016 年末总人口约 15 万人。2500 多年的历史赋予了阳曲深厚的人文底蕴。郭子仪、狄仁杰、傅山以及人民币"中国人民银行"的书写者马文蔚等英才辈出。境内有 1 处国家级、88 处省市县级文物保护单位。

**【经济发展概况】** 2016 年，全县地区生产总值 33.47 亿元，比 2015 年增长 10.5%；服务业增加值 10.75 亿元，增长 10.9%；固定资产投资额 50.37 亿元，下降 12.5%；规模以上工业增加值 8.4 亿元，增长 13.4%；一般公共预算收入 3.61 亿元，增长 7.5%；社会消费品零售总额 13.36 亿元，增长 15.3%；城镇常住居民人均可支配收入 21572 元，增长 7%；农村常住居民人均可支配收入 7648 元，增长 8.1%。

精准脱贫稳扎稳打，脱贫攻坚首战首胜。一是坚持规划引领，细化精准识别。以脱贫攻坚统揽经济社会发展全局，强化干部驻村帮扶，规范项目实施和资金监管，全面推进"一图五表"挂图作战和"一人一表""一户一袋"精准帮扶模式。全省建档立卡精准扶贫现场会在该县举办，该县的工作模式吸引了全省 3 市 25 个县区 776 人组团前来观摩交流。扶贫工作全市综合考核排名第一，实现了 9 个贫困村脱贫摘帽，3454 户 8299 人精准退出。二是坚持综合施策，强化项目支撑。全县 40 个贫困村紧紧围绕"宜居宜业宜游"目标，启动八大工程 20 个专项行动，共支出扶贫资金近 1.5 亿元，精准实施脱贫项目 128 个，带动贫困户 4342 户 9123 人。强化"公司+贫困户"带动效应，2016 年新建 300 头以上猪场 21 个，50 头以上肉牛养殖场 11 个，500 只以上规模羊场 6 个，10 万只以上蛋鸡场 1 个，特种养殖场 1 个。新增设施蔬菜 169.1 公顷。三是坚持改革创新，拓宽脱贫路径。探索出宝迪"生猪寄养"、桦桂"赠母还羔"、永丰"送鸡还蛋"、青草坡"三金促脱贫"和企业通过"借本还息"精准帮扶贫困村等多种模式，强化了项目与贫困户的精准联结。加快"旅游+脱贫"对接，解决景点周边贫困户劳动力 1500 余人。积极营造良好的农村劳动力转移就业环境，增加劳务收入 1000 余万元。努力拓宽招商引资渠道，在省展览馆举办了该县首届特色农产品展销暨旅游产品推介会，实现贫困人口人均增收 432 元。加强教育扶贫，为 1160 名学前教育贫困家庭幼儿补助 116 万元，为 1666 名大学生提供生源地助学贷款 1051.21 万元，对 33 名建档立卡贫困户考取二本 B 类以上本科院校大学生给予每人一次性补助 5000 元，对 265 名中职中技和高职在校贫困生每年补助 2000 元。全年向 1397 户 2256 人建档立卡低保对象发放低保金 676.48 万元。

经济结构趋向优化，产业升级提速明显。一是"三农"基础继续夯实。2016 年共争取上级涉农资金 3.9 亿元，现代农业投资完成 12.2 亿元。全县粮食总产量 11.8 万吨。畜牧业呈规模化趋势发展，肉产量 0.88 万吨、生鲜乳产量 1.7 万吨、禽蛋产量 1.1 万吨。农业机械化作业面积达 98%以上。农业产业化销售收入完成 32.99 亿元。农业、畜牧、农机、粮食安全工作在全市综合考核中均排名第一。该县被确定为全国秸秆综合利用试点县、全省"一事一议"财政奖补美丽乡村建设试点县，荣获全省粮食生产先进县、全省新型农民职业培训先进县、全省乡村旅游与休闲农业示范县、全省农业机械化综合示范县称号。二是工业经济企稳转型。全面落实"三去一降一补"，在全省规模以上工业企业减幅较大的情况下，该县规模以上工业企业由20个增加到23个，非煤产业增加值比重达87.9%，新兴产业投资比重达100%，万元地区生产总值能耗下降3.2%。加快培育了一批龙头企业，国冀电力成为全国首个"互联网+新能源平台"全产业链实施项目，博瑞泰不锈钢项目与太钢达成战略合作意向。东铝成功复产，焦化、水泥等传统产业生产趋于正常。中广核风电、能投光伏、龙永太光伏等新能源项目已开工建设。小微企业园12个项目开工建设。2016年，该县大部分规模以上工业企业产能得到最大释放，规模以上工业总产值完成59.06亿元，为2015年同期的120%。有效发明专利拥有量26件，小微企业拥有授权专利12件，工业实力进一步增强。三是新型服务业突破发展。青龙镇拆迁工作取得阶段性胜利，基础设施建设扎实推进，辐射带动作用初步显现。占地67公顷的华夏文明传承园完成了前期手续，即将开工建设。青草坡景区被评为国家3A景区。旅游开发成效明显，全年共接待游客约80万人次，旅游收入约2500万元。该县成功列入第二批"国家全域旅游示范区"创建名录。加快双创示范基地建设，建成1个双创服务中心、2个众创空间、3个创业基地、2个双创示范村，县电商服务中心基本建成，大众创业、万众创新活力加速释放。

城乡一体协同发展，人居环境持续改善。一是基础设施建设扎实推进。通过政府债券置换资金6亿元，争取国开行、农发行等政策性银行贷款11亿元。继续推进"五城联创"。完成了新阳东、西大街路面改造工程和两侧既有建筑节能改造。启动"三场一所"建设，新建停车场3个，增加停车位210个，新阳西大街实现了机动车路面禁停。维修改造新阳集贸市场，新建新安东街便民市场，新建改建水冲式厕所5座。整合资源，高标准完成了南坡街、文明街1000平方米社区服务场所改造项目。启动县城生活垃圾中转站工程。完成康西线、大盂工业园主干道、小微企业园路网建设、贾城线路面大修、村通柏油（水泥）路完善提质和农村饮水安全工程，引黄阳曲原水直供工程进展顺利。二是环境整治成效明显。隆辉、三兴焦化焦炉尾气脱硫脱硝治理工程及熄焦废水污水治理工程全部完成。投资1.4亿元完成造林任务6240公顷。投资4200万元完成文庙梁、凤凰山、黑山湖小流域水保生态治理2800公顷。淘汰黄标车及老旧车784辆。成立了环境保护委员会，全省首家实施县、乡、村分级负责的环境监管网格化管理。全年二级以上天气达到264天，比2015年增加45天，PM2.5平均浓度下降7.81%，杨兴河出境断面水质达标率保持100%。

社会事业长足发展，民生福祉稳步提升。一是社会事业生机勃勃。完成了阳兴小学、阳兴幼儿园、启辰幼儿园和9所学校的改薄项目建设任务，以总分全市第一、全省第三的成绩通过国家义务教育发展均衡县验收。建立了卫生院首诊、县医院会诊、双向转诊的分级诊疗制度，率先在全市建成首个县级120急救站并投入使用，被确定为全省公立医院改革试点县。全民健身活动中心项目顺利推进，实施健身路径建设、乡村电影免费放映等惠民工程，成功协办了山西省公路自行车冠军赛。兴办了一批民生实事，全县民生类支出占财政总收入的87.52%，社会事业呈现出和谐有序、健康稳定发展的新局面。二是民生保障硕果累累。城乡低保应保尽保，低保资金按时足额发放。全年统筹发放各类救助资金5000万元。新建农村老年日间照料中心6所。全县城镇新增就业2010人，五项社会保险参保13.26万人，基金征缴累计达1.57亿元，参保人数和社保基金均实现了历史性突破。西凌井采煤沉陷区治理安置工程和河上咀地质灾害避险搬迁项目有序推进。2016年新开工保障性住房108套，2015年开工的续建项目建成364套，完成廉租住房租赁补贴98户254人，农村危房改造1200户。

（阳曲县人民政府办公室）

# 娄烦县

**【自然概况】** 娄烦县地处太原市西北部、吕梁山腹地、汾河中上游，距太原76千米，东邻古交市，南毗交城县，西接方山县，西北与岚县相衔接，东北部与静乐县接壤，是集山区、老区、库区为一体的国家扶贫开发重点县，也是省城太原的水源地和生态屏障。娄烦原是一个古老民族或部落的名称，春秋战国时有"楼烦国"，后演变为地域概念，成为历史上郡、县、乡的名称。1971年建县后属吕梁地区，1972年4月改属太原市至今。全县面积1289.85平方千米，辖5个乡、3个镇，6个社区居委会、142个村民委员会、217个自然村，总人口12.6万人，其中农业人口9.6万人。

境内有煤、铁、大理石等矿藏16种，其中煤炭储藏量15亿吨，铁矿石6亿吨，大理石1亿立方米，硅矿100万吨。有山西党团组织创始人高君宇故居及纪念馆、米峪镇战斗遗址等红色旅游基地。有全省最大的汾河水库，水面32平方千米，库容量7.2亿立方米。有太原最高的山峰云顶山，海拔2708米。建成天池生态园、石峡沟景区、东山生态园、南山森林公园等生态旅游园区。

**【经济发展概况】** 2016年，全县地区生产总值18.3亿元，比2015年增长33.3%；固定资产投资30.6亿元，增长12.8%；规模以上工业增加值3.8亿元，增长187.1%；服务业增加值9.4亿元，下降2.6%；社会消费品零售总额4.4亿元，下降0.6%；公共财政收入2.7亿元，下降7%；农村居民人均可支配收入6033元，增长9%。

脱贫攻坚首战首胜。坚持脱贫攻坚统揽经济社会发展全局，注重"六抓"，举全县之力攻坚，集全民之智推进，夺取了攻坚首战首胜。抓规划引领，编制《脱贫攻坚三年规划》《2016年脱贫行动计划》《"十三五"特色产业精准扶贫规划》等一系列规划，为脱贫攻坚确定"任务书"、制定"路线图"、明确"时间表"。抓责任落实，构建了到县、到乡、到村、到户、到人的责任体系，建立县、乡、村三级作战指挥系统，完善单位包村、领导包带和工作队到村、党员干部到户、第一书记到岗的联动帮扶机制，实现了对建档立卡贫困户帮扶全覆盖。抓政策激励，出台并实施《农业产业发展脱贫扶持奖励办法(试行)》《南川河蔬菜产业集群项目补助办法》《脱贫攻坚生态规模养殖补助办法(试行)》《农村贫困人口外出务工奖励办法》等一系列扶持政策，激发了贫困群众脱贫积极性；全面落实教育、健康、民政、残联等社会保障政策，救助贫困人口1.3万人次，发放各类救助金3022万元。抓资金整合，制定出台《财政涉农资金整合工作实施方案》和《统筹整合使用财政涉农资金管理办法(试行)》，统筹整合各类涉农资金1.4亿元，提高了资金使用效益。抓项目支撑，实施脱贫产业项目175个，启动704户1819人易地扶贫搬迁工程，成立71个脱贫攻坚造林专业合作社，其中16家合作社参与造林2833.3公顷，带动2432名贫困人口人均增收3280元。抓"两输"带动，实现贫困劳力就业1.5万人，销售特色农产品198万千克。通过努力，1.23万名贫困人口实现脱贫，43个贫困村有序出列，超额完成省市目标任务。

转型步伐不断加快。农业产业持续壮大，马铃薯在规模化上做文章，种植5334公顷，产值2.45亿元，带动农民人均收入1149元。中药材、蔬菜种植在园区化上下功夫，四家坪板蓝根基地、下静游枸杞示范园、大丰双孢菇基地、南川河蔬菜片区等一批特色高效农业项目初具规模。生态养殖在标准化上求突破，新发展程家岭养猪、陈家庄肉驴等养殖场20家。工业产业稳步推进，煤、焦、铁传统行业技改升级步伐加快，龙泉矿井项目竣工验收，东升煤焦公司完成烟气达标治理，山西陆海洗煤厂投产见效。新兴产业逐步发展，皇姑山4.75万千瓦风电项目开工建设，16个村分布式光伏电站建成，30兆瓦集中式光伏电站前期工作有序推进。

全域旅游起步良好。坚持旅游开发带全局的理念，立足全县"一山一水一伟人"资源，充分发挥"山、水、林、气"独特生态优势，围绕建设"省城后花园、避暑清凉地、绿色大氧吧"目标，编制完成全县旅游发展规划并顺利通过评审。成功创建高君宇故居红色旅游3A级景区。在对全县旅游资源全面摸底的基础上，制定出台《娄烦县乡村旅游脱贫扶持奖励办法(试行)》，启动发展了一批工农业旅游示范点和乡村客栈，旅游产业成为该县经济发展的新亮点。圆满完成了第一次全国可移动文物普查和文物库房标准化建设。

生态建设成效明显。抓住全市创建国家森林城市的机遇，不断加大荒山、通道、环城造林绿化力度。完成营造林5800公顷，全县绿化率48.7%，森林覆盖率29%。认真落实国家新一轮退耕还林政策，启动了1447公顷新一轮退耕还林前期工作。水源保护不断加强，汾河水库生态保护项目有序推进，5项已全面完工。建成环水库道路监控预警监测系统，覆盖库周55千米。加大环境综合治理力度，节能减排指标稳定达标，万元地区生产总值能耗下降3.2%，万元工业增加值用水量下降10.8%，六项污染指数平均值全部达到国家Ⅱ级新标准。

城乡建设有力推进。持续加大城乡建设管理力度，提升功能，改善环境，增加宜居度。实施了农村公路生命防护工程、火车站—县城连接线等交通路网建设和供热扩网改造等基础设施项目。着力推进采煤沉陷区3个村945户2744人的治理搬迁安置工程，完成100户农村危房改造、155户农村地质灾害搬迁治理、160户廉租住房补贴项目，基本建成218套保障房。提升改造11个村饮水设施，保障了6600余人饮水安全。维修改善55个村饮水安全工程，确保3.6万人正常供水。实施60千米农村公路完善提质工程，完成46个村2000个改厕任务。

民生保障持续改善。致力于惠民生、促和谐，不断增强群众获得感和幸福感。完成了26所中小学薄弱改造和教育信息化建设，义务教育基本均衡县创建通过国家评估验收。积极开展家校互动"小手拉大手"主题教育活动，营造了全社会关心、支持、参与教育的浓厚氛围。县城综合性医院主体基本建成，全县医疗卫生机构基本药物配备率和使用率均达95%以上，新农合参合率96%以上。全省妇幼健康优质服务示范县创建工作基本完成，省级爱婴医院创建通过市级复核。完成四个日间照料中心建设，规范三个中心敬老院管理，启动了老年福利院建设，多层次的养老服务业正逐步形成。城镇基本养老、工伤、失业、生育保险全部完成市下达任务。新增就业1605人，城镇登记失业率3.9%。文化体育事业进一步发展，117个贫困村文化站完成升级维护，组织开展文化下乡120余次，广播电视由"村村通"基本实现了"户户通"全覆盖。

(娄烦县人民政府办公室)

# 太原不锈钢产业园区

**【自然概况】** 太原不锈钢产业园区位于太原市北部，阳兴大道以南、新兰路以东、108国道（钢园路）两侧，现规划控制面积18.36平方千米。园区于2003年10月开工建设，2004年8月一期建成并正式开园。2006年5月，经省政府批准并经国家发改委审核，正式设置为省级开发区。2010年1月经国家工信部批准成为“国家新型工业化产业示范基地”。2013年9月经国家发改委和财政部联合批准成为全省唯一的“国家级循环化改造示范试点园区”。园区基础设施完善，交通便利，距武宿国际机场25千米，距太原南站20千米，距阳曲镇高速入口2.5千米，距不锈钢原材料供应地——太钢集团2.5千米，周边108国道、新兰路、阳兴大道、卧虎山快速路、滨河东西路等市政道路交织成网。现有入区企业130余家，其中工业企业85家（其余为物流企业和咨询服务企业），建成工业厂房110余万平方米。

**【经济发展概况】** 2016年，全区规模以上工业增加值12亿元，比2015年增长30%；固定资产投资32.9亿元，增长15%；公共财政预算收入1.97亿元，增长1.5%。

*招商引资情况*。一是拓展思路。重新布局优质项目，2016年整合企业10家，盘活厂房6.8万平方米。原野、远航项目顺利入驻。二是拓展方向。紧跟新兴产业发展趋势，紧盯“两新产业”进行产业链招商。新能源汽车产业方面，原野汽车2016年生产1636台，实现产值6.2亿元；销售535台，实现销售收入4.2亿元。远航汽车正在进行设备安装。新材料产业方面，万创新材料孵化器初步完成改造方案。三是拓展范围。大力实施“区区融合”战略，积极推进新能源汽车产业园、新材料产业园、中北大学科技园建设。四是拓展方式。变“等客上门来”为“主动出去请”，不断创新招商方式，通过全员招商、信息招商、以商招商、以诚招商等方式，努力形成多元化招商格局。2016年签约项目21个，协议引资192亿元。

*项目建设情况*。一是强化用地保障。按照“依法操作，先易后难，重点突破，全面推进”的原则，完成52.4公顷土地征收，拆迁5万平方米。二是强化手续办理。推行“并联审批”制度，加快项目建设所需土地、规划、建设等前期手续办理。完成土地初始登记8宗，办理抵押登记10宗；核发《建设用地规划许可证》17件，《建设工程规划许可证》145件；办理施工许可63件，有效保障了建设项目的顺利推进。三是强化施工环境治理。加强部门联动，及时解决企业因拖欠工程款、农民工工资等引起的阻工、扰工问题。受理劳动用工违法行为举报投诉案件12起，涉及人数278人，涉及拖欠工资金额259万元。

*基础设施建设情况*。2016年完成投资0.63亿元，园区基础设施进一步完善。完成兴安南二巷道路工程和润恒项目路网配套的5条市政道路建设，改造供水干线0.7千米，积极推进阳兴供水加压站、润恒供水加压站建设；改造燃气干线0.7千米，新建燃气干线6.4千米；建设集中供热干线1千米，供热管网0.4千米。完成三期片区阳铁线、浏河线两条10千伏架空线路迁改以及铁北线和阳铁线、浏河线入地迁改，为国药、东杰、华润等项目施工创造条件。完成黄土裸露地面绿化任务2.1万平方米和垂直绿化任务300延长米，新增社会绿化面积9万平方米。

*政务服务情况*。坚持深化服务内涵，创新服务方式，园区发展环境得到进一步优化。“进企业，搞服务，解难题，促发展”活动扎实开展。深入贯彻省委“万名干部进企业”有关部署，对首批48家企业进行一对一包联，梳理汇总各类问题95项，并限期解决。综合服务功能日趋完善。全面推进服务大厅标准化建设，加快电子政务建设，行政服务管理进一步规范。11个部门、13个窗口全年累计受理各类审批服务1.42万件（次），办结率100%。“双创”工作稳步推进。制定出台《小微企业创业创新基地示范工作方案》，从众创空间建设、提升公共服务水平等方面保障了双创工作的顺利开展。2016年拨付双创补贴资金约5000万元。

*民生工程情况*。坚持把惠民生、促和谐作为社会事务工作的核心，进一步强化政策扶持和资金投入，推动园区和谐发展。定点扶贫持续深入。向娄烦县盖家庄乡拨付300万元扶贫专项资金，制定了以沙棘、胡麻、油料牡丹为主的种植业及深加工扶贫计划。健全完善干部驻村帮扶机制，选派14名党员领导干部对32户贫困家庭进行包扶，积极帮助其解决实际困难和问题。2016年共完成241户、706人的脱贫任务。积极落实失地农民保险。为被征地农民缴纳养老保险共计170余万元，保障人数95人，确保被征地农民的基本生活保障及长远生计。

（太原不锈钢园区管委会办公室）

# 大 同 市

**【自然概况】** 大同市位于山西省北部，地处山西、河北、内蒙古“三角”地带，是国务院1984年批准设立的全国13个较大的市之一，是国务院首批公布的24个历史文化名城之一，素有“三代京华，两朝重镇”之称。全市共辖4个区7个县，总面积1.4万平方千米。2016年末全市常住人口342.2万人。先后获得国家园林城市、国家能源示范城市、全国性综合交通枢纽城市、中国十佳运动休闲城市、最具生态竞争力城市、区域流通节点城市等荣誉称号，实现了全国双拥模范城“七连冠”。成功举办了世界养生大会、国际太阳能大赛、国际自行车骑游大会、国际雕塑壁画双年展、云冈文化旅游节等大型赛事和节庆活动。

大同市地处温带大陆性季风气候，夏季气候温和，冬季寒冷漫长。平均气温5.5°C，年平均降雨量在370毫米左右，无霜期大约100～156天，年日照时数2973小时，光能利用潜力巨大。主要农作物以黍、高粱、玉米、杂粮为主，地方特色植物资源有黄芪、黄花、枸杞、苦荞等。

悠久的历史为大同留下了丰富的文化遗产，大同市现有各级文物保护单位346处，其中，世界文化遗产1处，国家级文物保护单位22处，省级文物保护单位20处，市县级文物保护单位300余处。建筑于北魏时期的云冈石窟是国内最大的石窟群之一，为1961年3月4日国务院公布的第一批全国重点文物保护单位，2004年被联合国教科文组织列为“世界文化遗产”，被誉为人类艺术的宝库，与龙门石窟和敦煌莫高窟齐名，合称为“石窟三圣”；大同九龙壁是我国建筑最早、规模最大、保存最好的龙壁；恒山悬空寺是我国唯一的高空绝壁建筑；建筑宏伟的上、下华严寺被誉为辽金艺术的博物馆。旅游文化景点景区的品牌效应不断放大，大同的知名度和影响力大幅提升。

境内已探明矿产资源有42种，探明储量的有28种，主要有煤、铜、铁、锰、铝、锌、铅、金、银、石墨、沸石、石棉、花岗岩、大理岩等。其中，以煤炭储量最多，素有“煤海”之称，现已探明储量380亿吨，且品位高、埋藏浅、易开采。煤炭的生产量、出口量、外销量居全国煤炭城市之首。依托煤炭资源优势，大同市年发电量约388亿千瓦小时，是华北地区重要的电力生产基地。

**【经济发展概况】** 2016年，全市地区生产总值1025.3亿元，比2015年增长7.1%；人均地区生产总值3万元；工业生产总值783.1亿元；全社会固定资产投资1212.8亿元，增长6.8%；公共财政收入88.9亿元；社会消费品零售总额609亿元，年均增长11.3%；城镇居民人均可支配收入26273元，增长6.1%；农村居民人均可支配收入8217元，增长6.6%。

*聚焦产业、调转结合，转型步伐明显加快。*2016年，设施农业突破1.8万公顷，规模养殖场920个，农业龙头企业176家，粮食产量实现七连增，顺利跻身全国北方农牧交错带核心示范区，农林牧渔业总产值111.6亿元。煤电等传统产业先进产能稳步提升。光电、风电装机容总量320万千瓦，占全省的1/3，成为国家能源示范城市。现代医药、装备制造业等优势产业规模扩大。以文化旅游为重点的现代服务业蓬勃发展，成功举办全省旅游发展大会等重大赛事，旅游总收入363.3亿元，增长22%。三次产业结构由5.3∶50.7∶44调整为5.8∶36.5∶57.7，第三产业比重逐年提升。

*落实上级重大决策，着力化解各类矛盾。*不折不扣落实“三去一降一补”任务，2016年压减煤炭产量2976万吨，占全省任务的1/5，占全国任务的1/8。争取政策性贷款140亿元用于棚改货币化安置，深度消化商品房库存。争取置换债券资金化解政府债务，减少财政负担3亿元。争取直供电交易37.1亿千瓦小时，惠及企业20多家。落实减税降费政策，为企业减负63亿元。启动开发区、国企国资、同煤三供一业、旅游管理体制等一系列重点改革。把脱贫攻坚作为第一责任，力度空前补短板，159个村有序退出、4.9万人脱贫。大力处置债务拖欠、社会保障、房屋权属等一大批复杂遗留问题，促进了社会和谐。积极回应群众关切，办理民生实事12件。

*狠抓重大工程建设，倾力增强发展后劲。*2016年，加快城乡基础设施建设，新建续建城市道路60.5千米，新建改造供热管网257千米、供水管网104千米、供气管网126千米，北环桥、武定东桥、清远南北桥建成通车。加快产业项目建设，全国最大的光伏先进技术示范基地一期100万千瓦项目并网发电，全球首个10万千瓦熊猫光伏电站奠基开工，100万千瓦高效单晶光伏组件领跑项目签约；同煤塔山二期2×66万千瓦机组、山柴煤层气发电机组研发项目试运行，国电湖东2×100万千瓦项目取得路条；晋商联盟古城东北隅开发项目落地，万达广场主体完工，大同—太原旅游专列开通运营，方特欢乐世界主体公园开园迎客，古都灯会开创了大同文化旅游冬令时。

*深化改革、致力创新，发展动力不断增强。*创新元素不断增多，新增各类市场主体9.8万户。大众创业、万众创新势头良好。全力对接京津冀、主动融入环渤海，积极参加乌大张，区域战略合作取得重大突破。大张、大西高铁开工建设，高速公路实现县县通，成为全国性综合交通枢纽城市(货运类)、区域流通节点城市、国家电商物流快递协同发展试点城市。城市总体规划修编完成，城市发展框架基本定型。古城墙合拢，护城河贯通，明堂遗址公园对外开放，代王府总体工程完工。博物馆、行政中心投入使用。大县

城建设步伐加快，城镇化率达到62%。

标本兼治、保护生态，环境质量显著改善。深入开展大气污染防治，努力创建国家环保模范城市，完成淘汰黄标车和更新公交车工作。8条主要河流断面水质止降回升，完成水土保持治理面积11.2万公顷。实施重点生态建设工程，新增城市绿化面积976.5万平方米，完成营造林12.7万公顷，成功创建国家园林城市。完成南城墙景观绿化、御东公共活动走廊建设和儿童公园改造一期工程。启动御河、十里河流域生态治理重大项目，坚持控煤、治污、管车、降尘四管齐下，二级以上良好天数达到314天，连续四年全省第一，“大同蓝”已经成为响亮的金字招牌。

尊崇民意、尽心竭力，人民福祉持续提高。2016年，投入财政资金240亿元，全力发展民生事业。养老、医疗保险实现全覆盖，社会保障体系不断完善。就业形势基本稳定，城镇新增就业4.3万人。居民消费价格指数涨幅1.1%，比全国低0.9%。实施整村推进项目212个，减贫人口18万人。农民收入增幅连续五年高于城市居民。办学条件显著改善，义务教育均衡化迈出重要步伐，教育事业协调推进。县级公立医院改革全面铺开，分级诊疗制度付诸实施，医疗联合建设实现两个全覆盖。解决近30万人饮水安全问题。开工保障性住房28.7万套、建成21.4万套，开工老旧小区综合整治858.5万平方米、完成627.8万平方米，城乡住房条件发生根本变化。

（张志坚　周日平）

## 大同市城区

**【自然概况】**　大同市城区位于山西省北端、大同盆地中北部，是大同市的政治、经济、文化中心。地形为西北高、东南低，海拔1045.9～1078.2米之间。区内地貌较为单一，属冲洪积平原。温带大陆性季风气候，一年四季分明，春多风沙，夏雨集中，秋凉霜早，冬冷少雪。年平均气温6.1℃，年平均湿度51%，年平均风速2.3米/秒，无霜期126天。区内河流属海河流域桑干河水系，主要有御河、十里河。城区是铁路、公路运输的枢纽所在，扼晋、冀、蒙三省区的咽喉，京包、同蒲铁路，京大、大运、得大高速公路在此交会，大秦铁路以此为起点，大同机场已开通直达北京、上海、广州、南京等航班。城区曾是秦汉名郡、北魏京华、辽金元三代陪都、明清重镇，是国务院首批公布的24座历史文化名城之一，有华严寺、善华寺、九龙壁、法华寺等众多古建筑。城区是典型的城市中心区，无农业、无农村、无农民，二产、三产结构比为30∶70。面积46.13平方千米，2016年末常住人口74.6万人，辖15个街道办事处、138个社区居委会。

**【经济发展概况】**　2016年，全区地区生产总值144.85亿元，比2015年增长7.5%；一般公共预算收入3.53亿元；工业总产值43.2亿元；社会消费品零售总额241.97亿元，增长7.8%；城镇常住居民人均可支配收入29200元，增长7.1%；固定资产投资105.93亿元，增长12.7%；规模以上工业增加值12.11亿元。

项目建设有力推进。重点工程“六位一体”目标任务顺利推进，储备、签约、落地、开工、建设、投产完成年度任务。落地项目126个、总投资596亿元，已落地项目45个、总投资121.8亿元。

产业转型加快实施。着力提高发展质量和效益，非煤工业、文旅产业、现代服务业等均取得突破性进展，出台发展康养产业实施意见，完成30个老年日间照料中心及健康主题公园建设，二产、三产结构比达30∶70，产业结构进一步优化。

民营经济蓬勃发展。成功申报全省中小微企业创业创新基地示范区。大同市互联网＋服务产业园等一批双创项目落户城区。全年新登记市场主体4074户，其中，企业220户、个体工商户3854户。民营经济税收完成7亿元，比2015年增长2.04%。

社区建设不断加强。2016年，大同市城区推进社区办公场所和活动设施达标升级，协调回办公用房18处、近1.2万平方米，争取回建设用地32块，社区平均面积达到200平方米以上，消除了50平方米以下社区。

教育文化取得突破。2016年，大同市城区顺利通过“全国义务教育发展基本均衡县（区）”国家验收。投资1.6亿元，完成5所学校（校区）的新建或改扩建工程。投资380万元，加强两所幼儿园建设。招聘小学教师118人，招收一年级新生9225名。对无证幼儿园进行清理整治，取缔10所，备案45所。开展文体惠民直通车社区行，进社区演出100余场，组织体育活动20余次。文化体育产业经营场所305家，从业人员近1万人。

民生保障全面进步。2016年，大同市城区城镇居民养老保险参保人数2.48万人，职工养老保险参保人数3.21万人，城镇居民医疗保险参保人数15.6万人，职工医疗保险参保人数1.99万人，生育保险参保人数1.25万人，工伤保险参保人数1.22万人，失业保险缴费人数1.12万人。城市低保对象1.58万户、2.95万人，发放低保金1.3亿元。人均基本公共卫生服务经费补助标准从40元提高到45元。

（大同市城区人民政府办公室）

## 大同市矿区

【自然概况】 大同市矿区于1980年2月正式建区，全区辖28个街道、106个社区，2016年末总人口50.21万人。

【经济发展概况】 2016年，全区地区生产总值23.01亿元，比2015年增长1.2%；规模以上工业增加值7529万元，增长2.7%；社会消费品零售总额94.54亿元，增长6.8%；公共财政收入8123万元，下降25%；城镇居民人均可支配收入28223元，增长5.4%。

产业升级步伐加快。煤机制造业持续发展，9家规上企业实现产值3.45亿元，新增工业固定资产1.25亿元。商贸服务业提档升级，社会消费品零售总额93.8亿元，总量全市第四。嘉禾众美等22家限上商贸企业完成销售额41.5亿元，商贸物流业重点项目完成投资4.36亿元。创新发展“互联网＋”产业，重庆迪迪逛客总部回迁矿区，积极引进北京怀亮互联网＋教育、小麦苗电商等互联网项目。

项目建设成效显现。2016年矿区成为全国66个转型发展独立工矿区之一，享受国家专项支持，申报项目41项，总投资2.6亿元。全年储备项目519.78亿元、签约39.24亿元、落地19.74亿元、开工15.9亿元、建设18.6亿元、投产14.87亿元，均超额完成年度目标任务。

服务企业持续深入。推进“服务活区”战略，启动与同煤集团全方位企地共建，实现互惠双赢。开展干部入企服务，帮助企业解决问题31个，为340家小微企业和个体户申请贷款8485万元，为富达昌煤机、华能煤机、龙鑫环保3家企业申请“助保贷”900万元，隆达煤机、汇林煤运分别挂牌上海股权交易中心E板、Q板，云雁石化挂牌山西股权交易中心中小企业板。百易通科技、裕隆环保、卓立机化、富达昌煤机、大源药业5家企业获得“省级技术研发中心”认证。围绕扩大就业建成富达昌、新发地、同煤青年3个青年众创空间。

民生得到重点改善。2016年全区民生支出7.32亿元，占财政总支出的89%。9件民生实事按期落实。全年新增就业3171人，安置下岗及就业困难人员1991人，安置公益性岗位699人，发放公益岗补贴533万元。1.69万户3.67万人享受低保，发放低保金1.38亿元，医疗救助低保对象1915人次284万元。全区首次集中52万多元，惠及1万户困难家庭，开展春节“寒冬送温暖、情暖万人心”活动。实施“铁腕治污”，环境质量又有改善。

（大同市矿区人民政府办公室）

## 大同市南郊区

【自然概况】 南郊区是大同市的近郊区，东临大同县，西接左云县，南连朔州市怀仁县，北靠新荣区，区内面积1068平方千米，辖7乡3镇、190个行政村，2016年末总人口30.39万人，其中乡村人口27.59万人，总耕地面积2.34万公顷。主要山脉有大西山、红梁山、武周山等，最高山峰海拔1714.1米。主要河流有御河、十里河、口泉河。属典型的大陆性季风气候，无霜期150天左右，年平均降水量393毫米。南郊区区位、资源、交通优势明显，新旺乡、马军营乡、古店镇、水泊寺乡四个乡镇与主城区相连，并四面环抱主城区，地理位置十分优越；京包、同蒲、大秦三大铁路交会本区，208国道、109国道、京大、得大、大运高速公路以及大塘、同丰、同张等26条国、省道及县际公路纵横交错，是晋、冀、蒙交会处重要的交通枢纽。

【经济发展概况】 2016年，全区地区生产总值333.9亿元；规模以上工业增加值190.5亿元；固定资产投资266.7亿元，增长8.7%；社会消费品零售总额105.7亿元，增长6.5%；公共财政收入8.1亿元，减少26.9%，超出年初下达任务7.3个百分点；城镇常住居民人均可支配收入2.3万元，增长5.9%；农村常住居民人均可支配收入13309元，增长6.1%。

供给侧结构性改革扎实推进。认真落实“三去一降一补”任务，关闭1座、缓建7座矿井，压减煤炭产能444.64万吨；政府回购商品房544套用于安置涉征户；积极协调驻区各大银行为53个重点项目投放贷款68.29亿元；减轻企业负担15.3亿元。转型综改不断深化。金融、土地、工商、科技等各项重点领域改革均取得不同程度进展。组建了大同市南郊经济建设投资有限公司，加快推进项目融资，泉新路1.79亿贷款已到位，采煤沉陷区搬迁安置、时庄棚户区改造等项目正在办理贷款相关手续；流转土地1000公顷；完成6个乡镇、122个村、2.6万户、1.92万公顷的农村土地承包经营权确权登记颁证工作；新增私营企业597户、个体工商户7046户，各类市场主体达3.67万户，增加27%，占到全市的1/4；申请科技专利70件。

全力以赴上项目促转型，发展后劲不断增强。全面开展了工业经济投资项目“回头看”，制定出台了《大同市南郊区产业发展鼓励扶持办法》，推动项目建设取得了实质性进展，全年共新上、续建各类重点项目162项，其中亿元以上95项，签约重点项目20项，签约额384.9亿元。工业转型步伐加快，采煤沉陷区高山一云冈片区50万千瓦光伏发电项目一期工程建成并网发电，2×66万千瓦坑口电厂二期、国新能源液化调峰等项目正在建设中，工业体系逐步完善。农业发展提质增效，新增粮改饲种植面积666.7公顷；发展设施农业在94.2公顷；新、改、扩建现代农业标准园区6个、养殖园区25个、家庭牧场100个，增加农业专业合作社94户；完成农业产业化建设投资4.8亿元，牧同乳业、博润苑、华建油脂等一批农业龙头企业带动力增强，实现销售收入15.47亿元。服务业迸发新活力，万达广场、阳光车城主体完工，方特欢乐世界、魏都生态水上乐园开门迎客，大西山生态旅游观光区初具规模，9月底成功举办了2016中国山地自行车公开赛大同亮马台分站赛。

不断加力抓统筹优生态，城乡环境持续改善。口泉中心区建设稳步推进，完成“四纵两横”6条5.6千米的道路建设及水、电、气、暖等管线工程，区国防动员指挥中心投入使用，法院审判大厅工程竣工，时庄安置工程主体完工。城乡路网不断完善，完成古店—圣水沟、博润苑一G208等乡级道路改造12.5千米、通村公路完善提质80千米、安全生命防护工程28千米，方便了群众出行。生态建设力度持续加大，完成国家级营造林514公顷，实施了总面积933.3公顷的大西山生态绿化工程；全面启动了十里河入御河交汇处生态湿地工程；加大了大气、水、土壤环境污染整治力度，实施了甘河裴家窑段面水质改善应急处理工程，关闭土小洗煤厂20家，取缔水源地保护区范围内企业5家，拆除建成区内燃煤锅炉13家14台，在城市周边3个乡22个村推广使用型煤，环境质量明显改善。城乡清洁成效明显，城市生活垃圾无害化处理率达100%，城市道路机械化清扫率达94.2%，70个村通过市级达标验收，城乡面貌焕然一新。口泉地区美丽乡村建设、绿地景观系统和公路路网等各项规划基本完成。

千方百计惠民生促和谐，生活水平显著提高。完成脱贫585户、1289人；实现了集体经济薄弱村全部“破零”的日标；启动了西韩岭集中安置区剩余5599套住房分配工作，搬迁安置高山镇采煤沉陷区受灾户7个村1766户；建设保障性住房4163套，改造农村危房1595户；完成云佛新村北侧廉租房建设工程，建设2个省级、4个市级、14个区级美丽宜居示范村；新建、改扩建18个村“支部大院(楼)”；解决了15个村、2.2万人的安全饮水问题；征收房屋3198户、47.01万平方米；在49所学校实施了标准化建设，该区顺利通过国家义务教育均衡发展验收，在全省接受验收的33个县区中名列第一；不断强化社会保障，城镇登记失业率控制在4.2%以内，安置转业士官和城镇退役士兵24人，为110名“两参”人员提供了生活保障；扎实开展安全生产大检查，消除各类安全隐患6167处，安全生产形势平稳向好；妥善解决了西韩岭收费站周边村民、甘河采煤沉陷区搬迁安置工程、时庄棚户区改造工程农民工群体性上访事件。

坚持不懈严管理提效能，政府建设全面加强。全年办复人大代表建议22件、政协委员提案49件；继续深化行政审批制度改革，公布了“两单两图”，全区权力事项由原来的2067项，精减至1874项，精减率9.3%；坚持厉行节约，“三公”经费支出下降19.52%；办结“12345”热线各类工单1.15万件、区政务大厅各类事项2.25万件，办结率分别达93%、99.45%。

（大同市南郊区人民政府办公室）

# 大同市新荣区

**【自然概况】** 新荣区建于1970年，辖1镇6乡、140个行政村。全区总面积1018平方千米，黄土丘陵地貌，平均海拔1245米。属温带大陆性季风气候，日照时间长，昼夜温差大，年均无霜期115天，年降水量350毫米左右。林草覆盖率43%，是首批国家级生态示范区之一，也是省定30个雁门关生态畜牧建设区之一。矿产资源主要有煤、石墨、玄武岩等，石墨资源储量大、品位高、易开采，开发潜力巨大。农业生产以杂粮种植和畜禽养殖为主，主要农产品有小杂粮、马铃薯、瓜菜、羊肉、奶、蛋等。由于独特的地理气候条件，新荣小杂粮营养价值高、糖脂含量少、口感好，已形成知名品牌。工业生产以煤炭、化工、制造业为主，主要产品有煤、焦炭、化肥、水泥、机械设备等。2007年被山西省确定为全省11个发展循环经济示范区之一。2014年被山西省政府授予“山西省林业生态县”荣誉称号。

新荣区文物古迹众多，有国家级重点文物保护单位1处，省级重点文物保护单位13处，是大同市近郊唯一的集人文景观、自然景观于一体的旅游胜地。永固陵、得胜堡、太玄观等名胜古迹和采凉山、饮马河等自然景观极具开发价值。永固陵是北魏文成帝拓跋凌之妻冯太后墓地，俗称祁皇墓，为我国已发掘的南北朝时期最大墓葬，是国家重点文物保护单位。境内有109.5千米的长城和10座军事边堡，其中得胜堡是明代规模最大、级别最高的军事边堡和通商口岸，现为省级重点文物保护单位。饮马河两岸自然滩涂湿地丛草茂密，气候凉爽，境阔景明，为休闲避暑胜地。

新荣区民族文化背景深厚，境

内有蒙、满、回、壮等7个少数民族。民俗独特新奇，各种传统鼓乐、民间活动颇为丰富，其中碓臼沟秧歌被列为山西省非物质文化保护遗产。

**【经济发展概况】** 2016年，全区地区生产总值24.39亿元，人均地区生产总值2.19万元，固定资产投资81.6亿元，公共财政收入1.35亿元，规模以上工业现价产值12.7亿元，规模以上工业增加值3.81亿元，农林牧渔业总产值7.77亿元，粮食总产量5.54万吨，社会消费品零售总额10.14亿元，城镇居民人均可支配收入22009元，农民人均可支配收入8185元。

经济转型步伐加快。坚持转型升级不动摇，努力培育新的经济增长极。建成华胜新成石墨示范车间，正在安装设备。新成新材料公司年产20万条受电弓项目竣工，2万吨电解液项目主体工程建成。宇林德公司成功在"新三板"上市。中能华泰2万千瓦光伏发电项目、华润新能源5万千瓦光伏发电项目并网发电。华润新能源风电项目基础工作正在推进。快康宝公司快餐项目开工。通过调结构、促转型，全区规上非煤产业增加值占比42.1%，新兴产业投资比重为55%。

第三产业较快发展。积极推进旅游产业开发进程，成功举办了"魅力新荣"摄影创作、"长城文化节"徒步走和"大同国际骑游大会越野赛"等系列活动，提升了新荣知名度，扩大了对外影响力。进一步完善旅游基础设施建设，实施了方山永固陵保护设施建设项目、得胜堡玉皇阁及瓮城抢险加固工程。积极开展电子商务，科蕾专业合作社等11家企业的特色农产品实现网上销售。畅通电商物流配送渠道，完成了电商物流服务中心及20个末端网点基础设施建设，电子商务与物流产业快速发展。金融、通信产业营业额2.4亿元，增长11.4%。现代服务业实现收入1.3亿元，增长53%。第三产业成为全区最具潜力和活力的朝阳产业。

"三农"工作成果显著。全区粮食总产量5.54万吨，增长33.8%，实现了五连增。打造标准化养殖小区20个，完成棚圈建设2.5万平方米。完成农机深松作业1000公顷，发放农机具购置补贴122万元。完成4个乡镇81个村土地确权工作，流转土地3246.7公顷，增加农民财产性收入195万元。积极改善农村居住环境，完成了八墩、畅家岭、刘安窑、安乐庄4个美丽宜居示范村建设。扶持伊磊牧业、华进薯业、森旺农林牧等公司，带动农业产业化发展，通过订单种植、土地流转、进厂务工等措施，帮助3000多户农民增收8000多万元。开拓门店直销、展览促销、超市代销、电商营销、企业包销等渠道，农产品商品化程度提高14%。与华联超市合作，成功将该区农产品打入北京市场。

城乡环境逐步改善。修订区址发展总体规划，编制了区址供水、排水、供热等专项规划。城际快速通道列入全市2017年道路建设计划，大呼高速连接线已上报省政府，并得到批复。"两区"改造有序推进，工矿棚户区30栋楼主体完工，28栋楼地基完工；采煤沉陷区一期13栋楼主体完工；对两个老旧住宅区、4栋教师楼综合整治，改善了近200户群众居住条件。对3个小区、3条街道近4000米供热主管道进行了改造，新增集中供热面积13万平方米。开展市容市貌"百日"集中整治行动，维修区址主干道路面153处；3个垃圾转运站完成土建工程及车辆采购，正进行设备安装。完成农村危房改造1170户、地质灾害治理搬迁100户。白庙—西村运煤公路、前井沟—下甘沟路面改造工程、农村公路拓宽工程全部建成通车，群众出行更加便捷。积极解决群众生活饮水和生产用水短缺问题，改造了区址部分供水管道，完成张士窑新水源地建设，为区址日增供水1000多吨；新建水源工程33处、节水工程20处。坚持不懈抓好生态建设，完成"两山"造林200公顷、工程固沙333.3公顷，"两网"荒山绿化133.3公顷，"两林"富民工程66.7公顷，村庄绿化5个。

民生事业不断进步。多渠道筹集资金，大力发展社会事业。完成一小、二小、新荣中学等12所学校维修，改扩建两所农村幼儿园。建立了统一的城乡居民基本医疗保险制度，新农合人均筹资标准由470元提高到540元，政策范围内住院报销比例平均达到75%。为农村60岁以上老人免费进行了体检。全面落实再就业优惠政策，全年城镇新增就业1110人，就业困难人员实现就业205人，各类失业人员再就业1010人，转移农村劳动力605人。积极开展"文化惠民"活动，完成了8142套"户户通"安装任务。继续做好低收入群众生活保障工作，为1.34万名城乡低保户发放低保金3946万元。

脱贫攻坚扎实推进。精准实施产业扶贫项目，完成了两个光伏扶贫项目和5个整村推进扶贫开发项目，直接惠及贫困户285户753人。实施教育扶贫"雨露计划"全覆盖，506名贫困生享受政策补助资金127万元。注重特色产业培育引导，通过电商扶贫、企业产业扶贫，受益贫困户570户1528人，增加收入300万元。社会扶贫成效明显，为贫困村办实事135件，解决实际困难326件，落实帮扶款物520万元。6个贫困村2529户5464人脱贫任务目标全部完成。

（大同市新荣区人民政府办公室）

## 左云县

**【自然概况】** 左云县位于山西省西

北端，全县辖3镇6乡、228个行政村，县域总面积1314平方千米，2016年末总人口14.9万人，其中农业人口10.6万人。左云水资源短缺，为全国人均水平的1/10，低于全省、全市人均水平。左云是全省苦荞、土豆、胡麻等小杂粮主产区，是全省“一县一业”马铃薯产业基地示范县和全省百万只规模养羊基地县。左云矿产资源丰富，是全国重点产煤县和全国优质动力煤基地县。左云生态环境优越，林草覆盖率58%，森林覆盖率45.03%。左云文化底蕴深厚，境内长城、关隘、边墩等文化遗迹较多，“左云楞严寺佛乐”和“左云平安灯会”分别被列为国家级和省级非物质文化遗产，县城古街区是全省第一批古城历史文化街区，摩天岭风景区是省级风景名胜区。

**【经济发展概况】** 2016年，全县地区生产总值36.9亿元，人均国内生产总值22862元，公共财政收入3.35亿元，农林牧渔业总收入5.7亿元，粮食总产量3.5万吨，工业总产值33.6亿元，社会消费品零售总额23.2亿元，城镇常住居民人均可支配收入24215元，农村常住居民人均可支配收入10714元。

突出项目引领，产业转型迈出新步伐。认真落实“项目创新年”安排部署，突出项目引领，狠抓项目建设，“六位一体”各项指标圆满完成。新型产业项目取得新突破，50万千瓦采煤沉陷区光伏项目并网发电，中海油煤制气、京同热电、引黄入左工程积极推进。煤炭产业供给侧结构性改革稳步推进，关闭退出北杏庄煤矿，先进产能得到释放。产业发展新平台加速推进，左云经济技术开发区临时供水项目主体工程完工，新兴产业园区完成前期40公顷土地征收补偿，启动了水电路配套设施建设。现代仓储物流园区完成总规编制，开展了土地手续办理等前期工作。特色现代农业加快发展，扶持发展蓬勃等4个马铃薯种薯繁育基地，建设设施大棚6.7公顷、旱作农业地膜覆盖2120公顷、小杂粮高产创建示范6666.7公顷，新增中药材种植面积333.3公顷，实现农产品销售收入5.51亿元。新发展农民专业合作社43家，培育家庭农场14家。新建15个标准化养羊小区，新增2.4万平方米圈舍。生态文化旅游业发展取得良好开端，建成了月华池和夏都国际书画写生基地，与北京潮尚户外俱乐部共同组织了露营彩跑音乐节，成功举办了首届左云清凉艺术节和“古塞风韵·魅力左云”绘画作品晋省汇展。

狠抓精准帮扶，脱贫攻坚取得新成果。按照“结亲连心、精准帮扶、三管齐下、两年脱贫”的工作思路和目标要求，选派443名干部进驻174个村开展帮扶，全力推进特色产业扶贫等八大工程20项行动。因地制宜大力发展养羊、马铃薯、中药材、小杂粮等特色农业产业，发挥雁门清高、云中紫塞等龙头企业的引领作用，带动农民增收；依托月华池、夏都国际写生基地，辐射带动周边群众增收；依托采煤沉陷区光伏项目建设，带动店湾、水窑近1000名贫困人口脱贫。扎实推进易地扶贫搬迁，涉及208户460人的3个搬迁安置点全部开工建设。累计拨付省市县财政专项扶贫资金536万元，积极动员12个农业龙头企业和专业合作社参与脱贫帮扶，完成产业扶贫新增投资1.14亿元，三兴农牧合作社对接贫困户建设的20个蔬菜大棚建成投用。2016年全县12个村、2249户4381名贫困人口顺利实现脱贫。

注重统筹发展，城乡面貌发生新变化。紧紧抓住国家城市棚户区改造、采煤沉陷区治理搬迁等政策机遇，启动了左云县城建史上规模最大的旧城整治和新区建设工程，实施道路、安居等6大项12个工程，县城发展格局进一步放大。北环路整体改造工程顺利通车，实施了城市棚户区改造、15个村采煤沉陷区搬迁以及“太阳城”商住开发项目。新建和泰路，完成615套公共租赁住房、297栋县城老旧楼改造、1455户农村困难家庭危房改造工程任务。由左云籍企业家投资建设的云文苑项目主体封顶，“益晟城”写字楼按期竣工入住使用。倍受群众关注的109国道县城段改线工程进入征地阶段。三屯至陈家窑旅游公路路基完成，4条便民公路和农村公路窄路面提质工程全部完工，县城公交车正式开通运营。综合整治了小街小巷，实施了北环路和高速公路连接线灯光工程。大力实施碧水蓝天工程，完成1733.3公顷造林任务，实施了24.75千米长城沿线旅游路绿化工程、19千米县乡通道绿化、6个村庄绿化和426.67公顷生态治理项目。开工建设小海子综合整治项目，完成了两个村生活污水防治和十里河湿地修复与保护工程。农村人居环境持续改善，新创建1个省级和1个市级宜居示范村。县城空气质量二级以上天数313天，居全市各县区之首。

聚焦民生改善，全县人民福祉持续提高。统筹抓好教育、医疗、文化等各项社会事业，全年财政用于民生支出占一般公共预算支出的79.97%，比2015年增长7.6%。政府承诺为民办的十件实事全部办结。义务教育学校管理标准省级实验区创建工作扎实推进，完成10所中小学校舍维修工程，高级中学标准化体育场、综合技校3个实训基地建设进展顺利。医药卫生体制改革持续深化，医联体建设成效明显。文化惠民工程认真实施，完成电影放映2736场、乡村惠民戏曲演出156场，安装农村广播电视“户户通”1.73万套。社会保障力度不断加大，城乡医保整合工作顺利完成。

（左云县人民政府办公室）

# 大 同 县

**【自然概况】** 大同县地处山西省东北部、大同市东郊，是一个近郊县、农业县，素有“黄花之乡”的美誉。全县总面积1497平方千米，耕地面积4.27万公顷。全县现辖3镇7乡、175个行政村，2016年末总人口18万人，其中农业人口14万人。

大同县地理气候粗犷，呈典型的黄土高原特征和温带季风型大陆性气候，平均海拔1157米，平均降水量386.9毫米，年平均气温6.7℃，无霜期153天。驰名中外的大同火山群坐落在县境东北部，2012年被国土部命名为“国家地质公园”，2015年被评为“大同西坪国家沙漠公园”和“大同桑干河国家湿地公园”。区位交通优越，境内3条铁路和4条国省道纵横交错，大同云冈机场居于其中，每天最高进出港航班24架次，飞往北京、上海、香港等16个城市。生态环境优美，林地面积7.04万公顷，森林覆盖率34.8%，是全国“绿化模范县”和全省“林业生态县”，全国“生态保护与建设示范区”。2016年被国家旅游局列为“全域旅游示范区”。

**【经济发展概况】** 2016年，县域地区生产总值26.92亿元，比2015年增长4%；人均地区生产总值1.51万元，增长3.6%；公共财政收入1.62亿元，下降6.2%；农林牧渔总产值14.14亿元，增长1.2%；粮食总产量9.9万吨，增长52.3%；现价工业总产值20.21亿元，增长10.5%；社会消费品零售总额15.93亿元，增长7%；城镇居民人均可支配收入18242元，增长6.9%；农民人均可支配收入8189元，增长6.7%。

发展动能有效提升。项目建设加快推进，森源激光、誉瑞硅微粉、积德益食品、大同以琳盛驰矿泉水4个项目投产运行；骏腾屠宰、大同装配式绿色建筑集成产业基地、通航产业园、联绿垃圾一体化处理等项目开工建设；初步形成以装备制造、货运物流、光伏发电、医药生产、通用航空、钢构建材等新型产业为支撑的多元化新型产业格局。

农业产业化提速增效。大力调整产业结构，积极发展特色农业、都市农业、休闲农业。新增黄花面积1600公顷，加工企业达到12家，特别是宜民公司的组建和运营，推动了黄花标准化、规模化种植、产业化发展，带动农民增收致富作用日益凸显。周士庄“双百万”蛋鸡养殖、南北两山肉羊规模养殖，呈规模化、板块化、园区化发展。

脱贫攻坚强力推进。围绕脱贫目标，精准发力，实施抗震房改建、农村危房改造和4560名贫困人口易地搬迁，实现了16个贫困村出列、4737名贫困对象脱贫。发放扶贫贷款1.67亿元，建成村级光伏电站73个，成为全省两个贫困村村村有村级光伏电站示范县之一。

民生事业普惠发展。各项惠民政策全面落实，新增城镇就业1105人，转移农村劳动力2110人。发放农机补贴503万元，粮食补贴3471万元。5所中学加固新建工程全面完工，县一中多功能会议厅建设加快推进。城乡基本医保参合率达95%，实现重特大疾病保险全覆盖。

（大同县人民政府办公室）

# 天 镇 县

**【自然概况】** 天镇县位于山西省东北部，地处晋、冀、蒙三省（区）交界，辖11个乡镇、222个行政村，2016年末常住人口21.26万人。

全县总面积1635.1平方千米，海拔高度在976～2106米之间，地貌特征为山区多、平原少，其中山区、丘陵、平原分别占总面积的51%、29%和20%。

天镇属大同断陷盆地，为大陆性北温带干旱区季风气候，四季分明，冬季偏长，风多雨雪少，蒸发量大，年均降水量400毫米，常年平均气温7.7℃，昼夜温差平均13.7℃，无霜期120天左右。

天镇没有煤炭资源，其他已探明的矿产资源有39种，其中铁、石墨、花岗岩、大理石、白云岩、玄武岩、霞石正长岩、泥炭等具有一定的开采价值。风能、太阳能、地热能资源丰富，属全国太阳能资源很丰富带，是山西省光伏产业重点县和光伏扶贫工作试点县；位于县城西北谷前堡镇马圈庠村一带的地热水储量达8400万立方米，含有锂、锶、偏硅酸等28种微量元素，是优质的复合型矿泉水。

天镇历史悠久，现存文物古迹388处，其中国家级重点文物保护单位有慈云寺、汉墓群两处，省级文物保护单位有盘山石窟、古长城、玉皇阁3处，市县级文物保护单位有惠庆塔等32处，都具有较高的开发和观赏价值。

**【经济发展概况】** 2016年，全县地区生产总值22.97亿元，比2015年增长6.8%；人均地区生产总值1.08万元；固定资产投资84.07亿元，增长11.9%；社会消费品零售总额9.56亿元，增长6%；农林牧渔业总产值12.37亿元，增长3.4%；规模以上工业增加值3.14亿元，增长3.2%；公共财政收入8077万元；城镇居民人均可支配收入1.96万元，增长5.3%；农村居民人均可支配收入6060元，增长6.6%。

农业转型步伐加快。着力培育龙头，宏丰蔬菜、中地奶牛、汇地果业三大项目稳步推进、初显成效；通航粮贸、博诚蔬菜等企业按照“企业十基地十农户十市场”的经营模式，发展基地近6500公顷。打好绿色品牌，成功创建国家级出口小杂粮质量安全示范县，促进小杂粮出口创汇178万美元，增长18.7%。积极发展农村电商，成功列入全省电商进农村综合示范县，县级电商公共服务中心、特色展示馆、物流园建设基本完工，并布局发展村级体验店97个。提升综合生产能力，实施坡改梯733.3公顷、小型农田水利工程1333.3公顷、高标准农田建设1547.7公顷，推广配方施肥3万公顷，粮食产量17万吨，创历史新高。

*工业后劲明显增强。*坚持新型工业化发展方向，着力补齐工业短板，晋能二期沙屯堡6.5万千瓦光伏发电、华润夏家沟2万千瓦光伏发电以及5.2万千瓦光伏扶贫项目先后并网发电，全县新能源发电并网装机总量达到55.7万千瓦。国网公司赵小堡220千伏变电站建成投运，解决了近期新能源项目并网难题。北辰正方住宅产业化生产基地项目全面开工建设，上马两条生产能力100万平方米的建筑构件生产线，即将投产。湖北阳光凯迪集团生物质发电、昆仑万维集团游戏软件发行推广、北京仟亿达公司碳汇交易中心、河北廊坊文安兴华制衣、河北霸州市奥美洁棉签加工等一批潜力项目成功签约。

*城乡基础不断改善。*持续推进造林绿化，完成新造林3600公顷，全县森林覆盖率提高到12.55%，县城建成区绿化覆盖率31.72%；保护和巩固造林成果，实施新造林地除草4240公顷、重点林业工程拉网围栏138千米。加快县城扩规提质，新建滨河北街西段道路1.15千米，改造学府西街、县城小东环等道路及管网2.4千米，完成老旧小区综合整治600套4.8万平方米；实施集中供热二期工程，供热能力达到320万平方米，供热面积达到143万平方米。完善交通路网建设，大张高铁、京乌高速、省道马走北线改建等重点工程顺利推进；实施农村公路改造建设87.8千米、生命安全防护工程88千米。狠抓城乡环境清洁，县城生活垃圾无害化处理项目投入试运行，新购置清运设备750多台辆，全年清运城乡垃圾8.8万吨。

*脱贫攻坚首战首胜。*将脱贫攻坚作为重大政治任务和最大民生工程，全面落实帮扶责任制，加大力度，精准施策，全年减少贫困村21个、贫困人口5039人，累计减贫34个村、2.35万人。重点实施2311户5421人移民搬迁和住房改造，新建住房5978间；累计完成改造99个村1.15万户2.94万人，新建住房2.71万间。黑石梁百村光伏扶贫电站当年建成、当年并网，在全省首家实现贫困村光伏扶贫全覆盖。积极打造“天镇保姆”升级版，当年培训2000人，输出1100多人；累计培训8900多人，输出4300多人。大力开展金融扶贫，发放富民强农贷款3200多万元。

*社会事业全面进步。*加快教育事业发展，新建小学1所、幼儿园2所，招聘教师69名。完善医疗服务体系，招聘医护人员61名，新建村卫生室22个。提升各类社会保障水平，特别是关注老年人生活，新建日间照料中心18个。

*改革创新取得突破。*抓紧抓实“多规合一”和“两减一增”，调整完善《天镇县土地利用总体规划（2006～2020年）》，核减基本农田3000公顷、耕地846.7公顷，增加建设用地规划指标171公顷，为产业发展、重点项目和城乡建设奠定了良好基础、留足了发展空间。积极推进金融创新，组建成立城乡建设投资有限公司和国有资产管理公司，积极探索PPP等融资新模式，谋划推进一批重大民生项目，成功启动南洋河县城段核心区生态修复工程。

（天镇县人民政府办公室）

# 浑源县

**【自然概况】** 浑源县位于山西省东北部大同盆地东南边缘，地处桑干河支流浑河中上游。东接广灵，西毗应县，东南部以恒山与灵丘、繁峙分界，北面由六棱山与大同、阳高相连。全县总面积1968平方千米，辖6镇12乡、315个行政村，2016年末总人口35.8万，是大同市辖区中面积较大、人口较多的县份之一。全县地貌特征可概括为“南山北坡中盆地”。山地面积1067平方千米，丘陵面积563平方千米，盆地面积336平方千米，分别占总面积的55.47%、26.12%和18.14%。耕地面积4.65万公顷，林地面积2.07万公顷，水域面积0.47万公顷，未利用土地面积8.93万公顷，其他面积1.93万公顷，分别占总面积的31.4%、10.6%、2.4%、45.7%和9.9%。

浑源属中温带干旱半干旱大陆性季风气候，年平均气温6.2℃，年平均降水量429.4毫米。全年太阳辐射总量135千卡/厘米，平均风速2.5米/秒，平均年日照量2696小时。无霜期平川为140天，山区为110至130天。

浑源旅游资源得天独厚，历史文物古迹数量多、档次高且相对集中。境内现有文物保护单位21处，其中有全国重点文物保护单位7处（悬空寺、永安寺、大云寺、圆觉寺、律吕神祠、栗毓美陵园、文庙）、省级保护单位4处。

**【经济发展概况】** 2016年，全县公共财政收入2.33亿元，超出年度目标任务11个百分点；地区生产总值36.95亿元，增长2.9%；规模以上工业增加值6.17亿元，增长4.9%；全社会固定资产投资131.2亿元，增长12.9%；社会消费品零售总额32.16亿元，增长8%；城镇居民人均可支配收入20530元，增长6.8%；农村居民人均可支配收入6610元，增长6.5%；粮食产量17.1万吨。

设施农业在提质扩面中特色发展。全年新增黄芪规范化种植1300公顷，柴胡等小药材种植83.3公顷，黄芪科技开发项目完成投资9800万元；新建扩建标准化养殖小区37个；投资7655万元，推进了王千庄水库建设、抗旱应急提水、神溪灌区节水改造等水利项目工程。

项目建设在转型升级中快速发展。谋划和推进了亿元以上重点工程项目29个，其中年内开工建设16个。150万千瓦的官儿抽水蓄能电站、东方宇华10万千瓦风电、省道203改线、扶贫产业园等一大批重点项目取得积极进展。风力发电投产25万千瓦、在建15万千瓦、开展前期25万千瓦，民营企业增加值完成6.82亿元。

旅游产业在固本强基中全域发展。110个村的乡村旅游试点争取到贷款2亿元，金融助力乡村旅游，全域发展的基础进一步夯实；投资1100万元实施了以文物保护、环境整治等为主要内容的大景区建设工程；唐家庄整村搬迁项目一期工程主体完工；成功举办了中国健身名山登山赛和三元官古建筑群修复竣工典礼暨北岳道教文化研讨会。全年门票收入5438万元，接待游客136万人，旅游综合收入3.8亿元。

社会事业在惠民利民中协调发展。筹集资金6428万元，实施了标准化操场、教师周转宿舍、幼儿园改扩建、校园信息网络建设四大教育工程。实施棚户区改造4619套40万平方米，完成农村危房改造4050户、抗震加固500户。城镇新增就业人员1100人，完成农村劳动力就业转移4500人，全县新增参保灵活就业人员5893人。投资8916.8万元，落实了低保、五保、困难救助等惠民政策。

精准扶贫成效显著。2016年，通过建档立卡核查整改和动态调整，新识别进入贫困人口1万余人。开工了149个贫困村的光伏电站扶贫项目，4万千瓦的两个集中电站项目，光伏收益覆盖149个贫困村。大力推进重点项目建设，经济发展呈现新的亮点。推进实施了亿元以上重点工程项目29个，其中，开工建设20个，推进前期9个。

（浑源县人民政府办公室）

## 广　灵　县

**【自然概况】** 广灵县位于山西省东北边陲、永定河上游、北岳恒山东襟。东与河北省蔚县毗邻，南同灵丘县接壤，西连浑源县，北接阳高县和河北省阳原县。全县辖2镇7乡、180个行政村，总面积1283平方千米，2016年末总人口18.6万人，其中农业人口15万人。属温带大陆性季风气候，年均气温7℃，年均降水量388毫米，无霜期134天。平均海拔1650米，最高为西北六棱山顶2375米，最低为壶流河出境处930米左右。

广灵是一个传统农业县，生态环境良好，绿化覆盖率18.96%，有湿地2000多公顷，耕地面积3万公顷（其中水浇地1.33万公顷），是大同市优质杂粮生产基地、山西省"无公害农产品认证整体推进县""国家级食品安全示范县""中国绿色名县""绿色农业示范区建设单位""国家首批绿色能源示范县"和"国家首批有机产品认证示范创建县"。

**【经济发展概况】** 2016年，全县地区生产总值22.4亿元，比2015年增长5.5%；人均地区生产总值1.2万元，增长5.91%；一般公共预算收入0.87亿元，完成市下达任务的100%；农林牧渔业总产值11.5亿元，下降0.19%；粮食总产量16.77万吨，增长5.79%；工业总产值10.45亿元，增长9.38%；社会消费品零售总额9.94亿元，增长7.10%；城镇居民人均可支配收入19656元，增长5.7%；农村居民人均可支配收入6400元，增长6%。

精准脱贫稳步推进。出台了《广灵县脱贫攻坚实施意见》和《广灵县"十三五"脱贫攻坚规划》。180个行政村实行了驻村帮扶全覆盖，派驻第一书记104名、驻村工作队180支、工作队员720人。投入专项财政扶贫资金3764.1万元。产业扶贫新增投资2.21亿元；完成了535间易地扶贫搬迁移民住房主体工程；完成千村万人就业培训150人、新型职业农民培训305人。全县退出贫困户2788户、5540人，退出贫困村17个。

现代农业扩面增效。新建扩建养殖小区16个，建设家庭牧场175个。发展"一村一品"专业村73个，"三品一标"认证16个，农民专业合作社647家、家庭农场46户。农业产业化建设项目完成投资2.34亿元，设施农业面积280公顷，农业产业化龙头企业实现销售收入13.2亿元。土地确权工作全面开展，完成目标任务3.27万公顷。完成梁庄、底庄等4村省级耕地开发项目和南村镇、梁庄乡等3乡镇16村补充耕地项目，新增耕地586.7公顷。

新型工业稳中提质。金隅水泥总投资5100万元的水泥窑协同处置技改项目顺利竣工。总投资8亿元的国电南村风电场二期、总投资8.5亿元的土巷口风电场项目和总投资8亿元的润广风电卧羊场三期完成前期工作。全县新增注册企业149家、合作社74户、个体户532户。新成立京东广灵县服务中心，6个乡镇设立村级合作点7个，实现总网销售400余万元。启动了总投资109.65亿元的37个重点项目。

城乡面貌明显改观。100套公租房基本建成,107套货币化安置房任务全部完成,1406套棚户区安置房工程顺利开工,1.19万套棚户区改造工程全部开工,3410户农村危房改造和1100户抗震改建工程顺利完工。秀水路南延段0.3千米建成,“城中村”3.25千米4条支线道路开工建设。完成投资1483万元的县乡道路改造工程18.4千米,完成撤并建制村通硬化路工程10.2千米,完成投资1652万元的安防工程84.5千米,完成投资259万元的水毁抢修工程40处。完成创建达标示范村80个,保洁示范街、容貌示范街各1条。

生态环境持续改善。深入实施林业“六大工程”,完成营造林3333.3公顷,森林覆盖率21.5%。扎实推进水污染、大气污染和土壤污染防治3个行动计划,4个农村污水防治项目全部完成,县城空气质量二级以上天数298天(市任务261天),县城饮用水水源地一、二级保护区和7个乡镇饮用水水源地保护区水质达标率100%。

全域旅游启动实施。启动了圣眷峪、白羊峪和长江峪3个旅游规划的编制工作。实施旅游产业扶贫行动,申报山西省“乡村旅游扶贫村”3个,申报美丽乡村15个。整理国有不可移动文物329处。洗马庄遗址、殷家庄古民居等6处古遗址、古建筑入选山西省第五批省级文物保护单位。

民生保障日臻完善。新建、改建下林关和尚疃两所村级幼儿园;实施“全面改薄”计划,顺利通过国家义务教育均衡发展评估认定;中考成绩位居大同市7个农业县之首。新农合参保率达到99.52%。人口自然增长率控制在6.5‰以内。城镇新增就业1100人,转移农村劳动力2100人,困难人员就业200人,城镇登记失业率3.8%。投资80万元建农村老年人日间照料中心8所。

(广灵县人民政府办公室)

# 灵 丘 县

**【自然概况】** 灵丘县地处山西省东北部、大同市东南角,县域面积2732平方千米,耕地面积3.88万公顷。地形由85.8%的土石山区、8%的丘陵和6.2%的平川构成。全县辖3镇9乡、255个行政村、186个自然村。2016年末常住人口24.2万人。

历史文化悠久。灵丘西汉置县,距今已有2300多年历史。因胡服骑射、首提“改革”的赵武灵王葬于此而得名。灵丘是著名的革命老区,是闻名中外的平型关大捷发生地,聂荣臻、林彪、王震、杨成武等著名将帅和国际共产主义战士白求恩曾长期在这里战斗和生活。

区位交通便捷。灵丘是晋冀交通要冲,荣乌高速公路横贯东西,京原铁路和大涞、天走、京原3条公路干线在境内交会,周边3小时距离覆盖北京、天津、石家庄、太原、大同、呼和浩特等城市,距离北京直线距离198千米,距离雄安新区中的容城直线距离150千米、安新160千米、雄县170千米。

矿产储量可观。境内金属、非金属矿藏丰富,已发现的有40多种,查明储量的17种,特别是金、银、铜、铁、锰、锌、钼、花岗岩、石灰岩、白云岩、沸石、珍珠岩等矿藏储量可观,锰矿资源在华北地区独一无二,银矿储量全国名列前茅。

自然条件优越。境内群峰拱翠,山泉成溪,林壑优美,山水以海拔2234米的太白巍山和流经本县58千米、流域面积1611平方千米的唐河为代表。森林覆盖率31.9%。水资源储量2.7亿立方米,出境断面水保持在Ⅲ级标准以上,有机农业园区的地表水达到了二类水标准,可直接饮用,山泉水的锶浓度为0.529毫升/升,达到了高锶矿泉水标准。县城空气质量二级以上天数年均330天以上。

旅游资源丰富。以平型关战役遗址、北魏觉山寺、赵武灵王墓、曲回寺唐代石佛冢群、桃花山天然溶洞、甸子梁空中草原、黑鹳自然保护区最为著名,旅游开发潜力巨大。丰富的历史文物、独特的区域文化、众多的革命遗迹、独特的山川地貌、优美的自然风景为灵丘打造“红古绿”三色旅游胜地创造了得天独厚的条件。2016年,灵丘县成功入选第二批“国家全域旅游示范区”创建名单,被评为“中国最美生态宜居旅游名县”。

**【经济发展概况】** 2016年,全县地区生产总值30.48亿元,比2015年增长10.2%;人均地区生产总值1.26万元,增长9.5%;一般公共预算收入1.12亿元,增长4.69%;农林牧渔业总产值8.28亿元,增长7.7%;粮食总产量9.2万吨,减少2.9%;规模以上工业总产值6.36亿元,增长13.2%;社会消费品零售总额30.21亿元,增长7.3%;城镇常住居民人均可支配收入24093元,增长6.1%;农村常住居民人均可支配收入6701元,增长7.2%。

脱贫攻坚实现首战首胜。把发展有机农业作为贫困群众脱贫致富的主要途径,采取“龙头企业+村集体+合作社+农户”的模式,发展特色种养产业,带动贫困人口增收致富。把资产收益扶贫作为帮扶深度贫困户的主要措施,整合资金1895万元,按照“财政资金注入、量化配股到户、企业主体管理、贫困群体分红、脱贫转股退出”的办法,实现实施主体、贫困户和村集体三方共赢。把易地搬迁与平型关国家有机农业公园建设相结合,与美丽乡村建设相结合,高标准建设集中搬迁点。

*项目支撑作用持续增强。*全年共实施省、市重点项目202个，完成投资84.3亿元。其中，总投资4.3亿元的建投南甸子梁49.5兆瓦风电场项目并网发电，全县风力发电总装机容量达到150兆瓦；总投资2000万元的天津恒嘉利冷链物流项目投产运营；总投资15亿元的东田超纯铁精粉项目一期工程、总投资10.68亿元的山煤100兆瓦光伏发电项目一期工程、总投资810万元的村级光伏电站项目全部建成；总投资8.6亿元的平型关城市综合体项目一期工程、总投资5100万元的门头峪水库完成主体；总投资3.8亿元的车河有机社区建成接待中心和民俗博物馆等；总投资3亿元的城头会有机社区恢复北魏文化古村落房屋16间，建设梯田6.7公顷，种植经济林6.7公顷；总投资1.2亿元的库邦医药中间体及科研基地项目、总投资1亿元的德威现代化农牧高新科技项目、总投资1亿元的养之源苦荞深加工项目、总投资1.2亿元的国春冰苦荞项目、总投资1.5亿元的赛欧有机农产品产业园综合开发项目进展顺利；总投资10.15亿元的国道108线改建工程完成投资6.5亿元。

*城乡人居环境显著改善。*综合整治老旧小区、城中村等51万平方米，超额完成年度投资任务3000万元；完成县城生活垃圾填埋场完善工程，生活垃圾无害化处理率达到99%；完成营造林0.3万公顷；拓宽改造农村公路30条76千米，建成撤并建制村通硬化路5条15千米；扎实开展“铁腕治污行动”，取缔、关停污染物超标企业8家，淘汰黄标车、老旧车89辆；建成省级、市级美丽宜居示范村8个，省政府命名的省级森林公园两处。

*社会民生事业全面推进。*投入资金1.39亿元实施了义务教育“改薄工程”，新建、改扩建校舍面积1.98万平方米；“全国义务教育发展基本均衡县”创建工作顺利通过省级验收和国家认定。新建村级卫生室30所，公共卫生经费达到人均45元，“县级公立医院综合改革示范县”创建工作顺利通过省级评估。全力打造乡村文化旅游品牌，成功推出大型实景演出“山水北泉”。全年转移农村劳动力3461人，城镇新增就业1557人，创业带动就业378人，城镇失业人员再就业1300人。发放低保、困难群众医疗救助金613万元，下拨救灾资金580万元，发放优抚金583万元。建设各类保障性住房1200套，发放租赁住房补贴645万元，新分配廉租房334套。

（灵丘县人民政府办公室）

# 阳　高　县

**【自然概况】** 阳高县位于山西省东北部、晋冀蒙三省（区）交界处，总面积1678平方千米，辖7个镇6个乡262个行政村。2016年末，全县总人口28.6万人。全县三面环山，森林覆盖率26.1%，最高海拔2420.5米，最低海拔980米，是典型的黄土丘陵区。气候属内陆干燥气候区，年均降水量400毫米左右，无霜期159天。境内水资源居大同市各县区前列，河川径流量年均8149万立方米，地下水资源量1.24亿立方米/年。境内交通便利，京包铁路、大秦铁路、京大高速、天黎高速、张同公路、109国道横穿东西，神丰公路纵贯南北。

**【经济发展概况】** 2016年，全县地区生产总值30.3亿元，比2015年增长4.9%，人均地区生产总值1.18万元；公共财政收入1.08亿元；农林牧渔业总产值21.99亿元，增长8.2%；粮食总产量26.5万吨；工业总产值14.93亿元，增长5.7%；社会消费品零售总额11.46亿元，增长7.6%；城镇常住居民人均可支配收入19352元，增长6.8%；农村常住居民人均可支配收入6730元，增长7.5%。

*脱贫攻坚快速推进。*统筹专项扶贫资金，帮助贫困户栽植寒富苹果、黄花、油桃等高效经济作物，发展肉驴、肉羊等特色养殖业。为增加贫困群众的工资性收入，吸收贫困人口参与造林、护林。开工建设3个移民新村。资助各学段建档立卡贫困生2135人。新纳入低保1381人，补贴困难残疾人和重度残疾人3422人。完成建档立卡贫困人口职业技能培训300人。建成6兆瓦的光伏扶贫村级电站。全年退出贫困村28个，减贫4918户9890人。

*特色农业稳步发展。*新建蔬菜大棚136公顷，新栽经济林900公顷。新建、改扩建标准化养殖园区24个、家庭牧场180个，全县生猪、羊、牛饲养量分别达到98万头、75万只、6.9万头。引进了正大集团100万头生猪全产业链养殖项目。建成马铃薯、蔬菜、果蔬科技试验示范基地3个。建成并投入运行畜禽无害化处理厂。全县“三品一标”农产品认证达到9个。

*工业经济持续向好。*阿特斯光伏发电公司纳入规上企业，山纳公司背压发电项目建成发电，金光公司搬迁扩建项目点火复产，同泰废旧轮胎回用项目建成投产，同煤集团低热值煤发电项目和晨昀碳素搬迁扩建项目的土建工程基本完成。紫中阳新型建材等项目的前期工作进展顺利。引进太原重工光伏发电等项目5个，协议引资额18.9亿元。

*康养旅游初具规模。*大泉山等3个风景区项目的前期工作有序推进，启动了高铁、高速周边及白登河公园建设一体化项目，佳润现代农业科技示范园功能区主体工程基本完工，镇边堡明清一条街投入运营。举办了杏花节、古韵长城摄影节等

节庆活动，九龙温泉与太原铁路局成功签下列车冠名，阳高县被评为“中国最美养生休闲旅游名县”。全年接待游客127.5万人次，旅游总收入增长15.6%。

重点改革有序深化。行政审批程序进一步简化，各类事项办理时限压缩57.75%。扩权强镇试点工作有序推进，累计下放经济社会管理权限16项。为缓解城乡基础设施和民生建设等方面的融资难题，成立了阳高县普惠城乡经济建设投资有限责任公司和阳高县安居城乡经济建设投资有限责任公司。为加快工业园区发展，成立了阳高县强力源投资有限公司。农村土地承包经营权确权登记颁证工作进展顺利。“三证合一”“一照一码”改革和电子营业执照登记全程电子化工作全面完成。

民生保障不断强化。新建和改建农村中小学3所、农村幼儿园3所，为城乡各类学校招聘教师68名。配套完善贫困村卫生室基础设施43个，完成新型农村合作医疗和城镇居民基本医疗保险整合工作。城镇实现新增就业1154人，转移农村劳动力4582人，城镇登记失业率2.35%。完成县文化馆改造、阳和城墙抢险加固及云林寺修缮工程，扎实推进“两馆一站一屋”免费开放和“文化下乡”工作，完成卫星直播电视“户户通”工程近3万户。

（阳高县人民政府办公室）

## 大同开发区

**【自然概况】** 大同开发区是1992年11月经省政府批准设立的首批省级开发区，2010年12月经国务院批准升级为国家级经济技术开发区。核准规划区域8.2平方千米，由湖东片（原雁北行署兴办的雁北湖东开发区）和城南片（原市人民政府兴办的开发区）组成，其中湖东片6平方千米，城南片2.2平方千米。2011年市政府将医药工业园区、高新技术园区纳入开发区管理，管理区面积30.18平方千米。初步形成以医药产业为支柱，机械制造、新材料、建筑安装、商贸物流、食品加工为辅助的产业格局。全区“四上”企业96家，上市企业两家，上市企业子公司5家，高新技术企业6家。规上医药产值占全市规上工业产值的7.8%。近年来开发区成功获批国家火炬计划医药特色产业基地、全国创新力百强园区和山西省转型综改试验区科技创新园、全省首批省级外贸转型升级专业型示范基地等荣誉称号。

**【经济发展概况】** 2016年，全区一般公共财政收入4.44亿元，比2015年增长11.93%，财政收入增幅居全市各县区之首。地区生产总值45.62亿元，增长7.9%；社会消费品零售总额24亿元，增长6%；规模以上工业增加值17.52亿元，增长28.4%；进出口总额2.02亿美元，增长0.72%，其中出口2.02亿美元，增长1.41%，占全市出口总额的82%。全年固定资产投资85亿元，增长13%。总投资21.84亿元的中小企业创业基地项目规划方案已编制完成。

项目建设扎实推进。2016年，全区重点项目“六位一体”推进任务提前一个月完成，其中项目储备1004.2亿元，完成率143.5%；项目签约165.92亿元，完成率103.7%；项目落地114.36亿元，完成率100.42%；项目开工14.08亿元，完成率148.52%；项目建设65.14亿元，完成率100.57%；项目投产54.79亿元，完成率101.1%。

进一步加快科技创新引领经济发展步伐。与市科技局联合，在医药园区转型综改建设中，推行建立企业研发准备金制度，要求入区企业从2015年起按不低于销售收入1.5%的比例提取研发费用。成立了高新技术企业创业服务中心，推进建筑面积近1万平方米的科技孵化器投入使用，对总部经济、高新技术产业、双创空间等三大类孵化项目实行办公场所3年免租金，闯开大门，积极引进，目前已入驻快安科技等科学型中小企业10家。拿出323万元支持同达药业、泰瑞集团、快安科技3个产学研平台和21个科技项目建设。通过与大同大学、公安部重点实验室开展合作，为企业牵线搭桥，创建多层次、多领域、多形式技术创新联合体。新申请专利30件，新获批高新技术企业1家。2016年全区6家高新技术企业产值46亿元，增长11%，占全区规上工业产值的73.8%。研究提出《大同开发区产业投资引资基金管理暂行办法》，设立“大同开发区产业投资引导基金”，基金首期规模5亿元，与社会资本共同组建总规模20亿元产业投资基金，推动全区产业创新和中小微企业快速成长。

（张维新）

## 阳泉市

**【自然概况】** 阳泉古称“漾泉”，因泉水喷涌而得名。1947年建市，是中国共产党创建命名的第一座人民城市，全市面积4559平方千米，现辖平定、盂县、郊区、城区和矿区5个县（区）和1个省级经济技术开发区，共有32个乡镇、12个街道办事处、960个行政村。2016年末全市总人口140.36万人，城镇化率66.68%。

阳泉历史悠久，文化厚重。境内共有不可移动文物1118处，其中国家、省、市级文物保护单位64处。有春秋战国时期“赵氏孤儿”的藏身之地——藏山祠，有唐代平阳公主镇守的“天下第九关”——娘子关，有省级森林公园药林寺、冠山、诸龙山，有集保健、休闲于一体的梁家寨大宋温泉度假区，有国家4A级景点——翠枫山等。阳泉历代重教兴学，北宋至明清时期的书院文化闻名于世，元代时平定的冠山书院是山西最大的书院。阳泉古往今来人才辈出，著名历史学家吕思诚，方志学家张佩芳，地理学家张穆，唐代名将张士贵，现代文坛名流石评梅、高长虹，百度总裁李彦宏等，均是其中的杰出代表。

阳泉区位独特，交通便利。素有“晋冀门户”“三晋要冲”“娘子关内第一城”之称，位于环渤海经济圈辐射区内，西联山西省会太原市，东接河北省会石家庄市，北靠佛教圣地五台山，南邻闻名遐迩的昔阳县大寨村，具有承东启西、双向传承的区位优势。境内铁路纵横交错，公路四通八达。石太铁路、朔黄铁路、石太高速铁路客运专线和京昆高速、石太高速以及307国道横贯东西，阳五高速、阳左高速、207国道和阳涉铁路纵贯南北。高铁两小时可达首都北京，半小时可达太原、石家庄。驱车1小时可达太原、石家庄机场，是京津冀及沿海发达地区向内地辐射的重要通道，交通优势十分明显。

阳泉资源丰富，产业多元。具有得天独厚的资源禀赋，可开采的矿藏资源多达65种，是我国重要的无烟煤、耐火材料、铝工业生产基地。煤炭地质储量103.5亿吨，铝矾土2.27亿吨，陶瓷黏土、紫砂陶土、高岭土、耐酸黏土、石灰石等资源储量也极为丰富。建市70年来，依托丰富的资源优势，阳泉为国家建设做出了重要的贡献，同时也形成了以煤炭、电力、铝工业、化工、装备制造、新型材料为主的多元产业格局，有20多万产业工人，产品多达2400余种。

**【经济发展概况】** 2016年，全市地区生产总值622.9亿元，比2015年增长3.4%；规模以上工业增加值184.4亿元，增长2.1%；全社会固定资产投资617.1亿元，增长2.7%；社会消费品零售总额306.3亿元，增长6.2%；一般公共预算收入41.3亿元，下降6.5%；海关进出口总额1.32亿美元，下降35.5%；城镇常住居民人均可支配收入27801元，增长5.3%；农村常住居民人均可支配收入12172元，增长5.9%；居民消费价格指数(CPI)100.7%，增长0.7%。

经济实现稳定增长。全面推开“营改增”，实施社会保险“两降、五缓、三补”，出台了《进一步促进工业稳定运行提质增效的实施意见》，共为企业减负15.45亿元。积极争取国家、省政策资金支持，全年共争取上级资金支持25.6亿元。地区生产总值增速比2015年加快2.3个百分点，规模以上工业增加值增速加快6.2个百分点。

项目建设扎实推进。十大领域十大标志性工程推进良好。全市人民关注的阳大铁路项目取得积极进展，累计完成投资23.6亿元。城市饮用水水质改善、娘子关二期供水、污水处理二期三大水务工程竣工投用。大力开展招商引资，赴北京、天津、上海、深圳召开招商推介会，组团参加能博会、兰洽会、厦洽会等活动。全市签约项目126个，总投资1013.3亿元，335个项目实现到位资金303亿元。召开了全市开发区改革创新发展大会，确立了未来5～10年开发区建设的目标任务，扩区调规工作进展有序，平台建设稳步推进，特别是大力推动平定龙川工业园、盂县中岚国际物流园、郊区苇泊高新装备制造园等在建园区上档升级。

产业转型扎实有效。按照“稳定煤炭、加快电力、扩大煤化、做强装备、创新冶金、重组耐材、突出信息、加强物流、做大旅游”的“36字”调产思路，下大力改造提升传统产业，发展壮大新兴产业。煤炭去产能工作顺利推进，产业集中度大幅提升，22座改造矿井建成投产，原煤入洗率提高到66.7%。电力产业发展取得重大突破，西上庄2×66万千瓦、鑫磊2×35万千瓦低热值煤、裕光煤电2×100万千瓦等发电项目推进顺利。该市获批采煤沉陷区国家先进技术光伏示范基地，一期100万千瓦项目加快推进。新兴产业发展加快，百度云计算二期、云谷创业科技园、开发区(三度)电商物流园、百度阳泉创新中心等项目进展顺利；阳煤乙二醇项目正在试车；中兴环能纳米洋葱碳项目实现量产；快递人均发生量领跑全省；旅游总收入增长24.6%。核桃、蔬菜、畜牧等优势产业和小杂粮、中药材、食用菌、休闲观光等特色产业加快发展。新兴产业投资占比达到50%以上，服务业产值占地区生产总值比重上升至50.3%。

新型城镇化加快发展。围绕建设“生态、智慧、宜业、宜居”的现代化城市目标，下大力推进市容市貌、环境卫生、交通秩序综合整治。重点推进南大街、义平路两条样板街路建设，共拆除建(构)筑物259处，面积12万平方米；整饰楼体129处，建设绿地39处，完成“三线”入地、公交港湾建设、路面和人行道维修等整治工程。市政建设迈出新步伐。新建和改造城市供气管网160.8千米、供热管网116千米、供水管网60千米，全市供水普及率、燃气普及率、集中供热率分别达到100%、91.1%、90.2%。漾泉大道、平阳街、宁波北路加快推进。扎实推进城中村和棚户区改造，21个城中村改造项目推进较快。出台了化解房地产库存的若干意见，全市商品房待售面积较2015年底减少63.8万平方米。农村人居环境改善四大工程成效明显，8个村达到省级美丽宜居示范村标准。智慧阳泉建设成效明显,智慧阳泉数据中心建成并投入使用,成功入选“宽带中国”示范城市。城镇化率达到66.68%。

生态文明建设成效明显。组织实施重点节能项目18个,形成年节约7854吨标准煤能力,万元地区生产总值能耗完成省定任务。加大环境治理力度,大力开展“铁腕治污”行动,坚决打好“七大攻坚战”,全力实施“三个清零行动”和“六项整治”工作。取缔“土小”竖窑1150支。对境内32条河流启动实行“河长”制。积极开展植树造林,共完成各类营造林8000公顷,建成区绿化率达到41.6%。

各项改革全面推进。进一步简政放权,取消、下放、调整、承接行政审批事项118项。完成了县级政府部门“两单两图”的编制工作。启动运行阳泉“随手拍”,注册用户超过10万,入驻单位351家,网友问政办结率达到91%。“五证合一、一照一码”等商事制度改革扎实推进。国有企业改革进一步深化,水泵阀门“退城进园”、蔬菜市场搬迁等项目开工建设,党政机关与所办企业脱钩工作全面推进。国有林场主体改革任务顺利完成。大力推动企业上市融资,天元绿环在全国股转系统挂牌,实现该市资本市场发展“零”的突破。大力发展民营经济,全年新创办小微企业1937户。建成科技孵化器、众创空间等双创孵化器14家,市科技孵化器升级为国家级孵化器,该市成为全省首家创新型城市试点市。获批并启动实施国家中小城市综合改革试点市。

民生福祉持续改善。2016年民生支出占一般公共预算支出比重达到78%。全年城镇新增就业2.1万人,城镇登记失业率3.15%,低于省控目标。棚户区改造、保障性住房、农村危房改造等指标完成省定任务。脱贫攻坚成效明显,脱贫8843人,退出贫困村45个。城乡低保标准、农村五保供养标准排全省前列。合并实施城镇居民养老保险和新型农村养老保险制度。新农合参保率达到99%以上,城乡居民大病保险实现全覆盖。在全省率先实现国家义务教育发展基本均衡县(区)全覆盖。覆盖城乡的现代公共文化服务体系基本建成,荣获全国文化体制改革先进市称号。

(师红艳)

## 阳泉市城区

**【自然概况】** 阳泉市城区是全市的政治、经济、文化中心,位于市境中部偏南,西与矿区相邻,东、南、北均与郊区相接,东西距河北省会石家庄市和山西省会太原市均100余千米,是京、津、冀环渤海经济区和东部沿海发达地区向内地辐射的重要通道。全区总面积16.19平方千米,下辖6个街道办事处、46个社区居委会。2016年末常住人口20.63万人。

**【经济发展概况】** 2016年,全区地区生产总值160.5亿元,比2015年增长3.5%;人均地区生产总值7.8万元,增长1.3%;服务业增加值138.4亿元,增长2.6%;社会消费品零售总额167.9亿元,增长6.2%;全社会固定资产投资33.5亿元,增长1.2%;规模以上工业增加值6.5亿元,增长27.6%;一般公共预算收入2.06亿元;城镇居民人均可支配收入28813元,增长4.9%。

有效投资逐步扩大。全年动态储备项目368个,总投资2163.2亿元;项目签约11个,总投资82.8亿元;项目落地28个,总投资43.9亿元;项目开工16个,总投资30.2亿元;重点项目建设33个,累计完成投资32.8亿元;项目投产19个,总投资41.4亿元。

发展活力不断释放。出台《阳泉市城区资源型经济转型综合配套改革试验实施方案(2016～2020年)》《阳泉市城区资源型经济转型综合配套改革试验2016年行动计划》。深化简政放权,建立健全1088项权责清单。公车改革顺利推进,率先在全市完成公车拍卖工作。全面实施“营改增”,为2400余户纳税人减税2100万元。为城区方正担保公司注资160万元,资本金达到1000万元。为芝麻开门和华通蓝天提供扶持资金30万元,协助天元绿环科技有限公司成功登陆新三板市场。投资850万元的“城区电商产业园”正式挂牌启动,入驻各类科研机构和科技型企业80余家。成功对接北京清控科创集团“阳泉双创大街”项目。全区有效发明专利拥有量45件。

发展能力持续增强。大力推进“百日行动”“四季行动”“铁腕治污”等环境整治行动,严厉查处环境违法行为。全力做好省环保督察组交办信访案件的办理工作,办理83件,办结率100%。以南大街综合整治为契机,率先在全市开展市容环境卫生集中整治行动,完成南大街整治拆迁3.8万平方米,外墙整饰109幢,新增绿化面积1.2万平方米。重拳治理“四乱”现象,取缔占道经营摊点100多个,清除城市“牛皮癣”1万余处,规范店外“伸舌头”1240余起,主要干道基本达到“零”摊位的标准。建成省级容貌示范街6条,省级保洁示范街6条,省级星级公厕5个。长效固化保洁成效,启动环卫体制改革,将14.8万平方米街道办事处管理路面移交区环卫处管理,投入8万元改善环卫工人工作条件。全面实行“河长制”,投资20余万元完成义井河道清障工程,平整河道3.5千米,清理垃圾600余方,设置栏杆围挡40余米,稳步推进黑臭水体治理工作。

社会事业亮点频现。提升低保金标准至452元,全年发放低保救助金2485.7万元,累计救助各类对象7.2万余人次;发放长寿保健金26.3万元;发放抚恤、优待金1311万元;发放住房补贴241万元,累计为1774户困难群众提供住房保障;发放残疾人生活护理补贴232万元;发放计划生育特殊家庭扶助奖励257.9万元;人均基本公共卫生服务经费提高至45元。深化医养融合模式,成立了全市首家民办老年医养中心——博大老年医养中心。教育事业均衡发展,投入200余万元改善办学条件。社会保障综合参保率达到96.8%,城镇新增就业人数2097人,下岗失业人员再就业人数1236人,城镇登记失业率控制在3.5%以内。46个社区全部建成了"一站式"服务平台,14个不达200平方米社区全部完成改扩建任务,全区社区服务活动场所平均面积达到423平方米,22个社区建成老年人日间照料中心,"幸福社区"创建实现全覆盖。登记、备案社区社会组织273个,持证专业社工达到148人,比例持续位居全市第一;召开了城区社会工作者协会成立暨第一次会员代表大会,在全市率先举办了首届社工实务大赛;编纂出版全国首部城市社区建设志——《阳泉市城区社区建设志(2001～2015)》。不断丰富群众文化生活,投入119万元用于文化建设,启动全市首家文化众创空间项目和全民健身中心项目,成功举办了城区首届毽球邀请赛和"2016·中国跆拳道馆联盟杯阳泉武道大赛"。

(裴旭东)

## 阳泉市矿区

**【自然概况】** 阳泉市矿区地处山西省中部东侧、太行山中段西麓,位于市区西部和南部,属温带大陆性季风气候。辖区总面积9.88平方千米。1984年因阳泉矿务局五矿新井区开发,根据市政府常务会关于贵石沟归矿区管辖的议定事项,矿区行政托管了平定县贵石沟地区,成为该区的一块飞地,面积9.35平方千米。全区共设6个街道办事处、38个社区居民委员会。2016年末总人口25万人。

矿区矿产资源蕴藏丰富,区域内可开采的矿产资源有10余种,开采价值较大的主要是无烟煤、煤层气、硫铁矿等,优质无烟煤可采储量21亿吨,煤层气年供气量达3600万立方米,是全国最大的无烟煤生产基地。

**【经济发展概况】** 2016年,矿区地区生产总值99.5亿元,规模以上工业增加值66.3亿元,社会消费品零售总额24.4亿元,固定资产投资85.2亿元,公共财政收入2.28亿元,城镇居民人均可支配收入2.84万元。

总部经济稳健发展。对50户重点企业开展"一对一"帮扶,总部企业得到政府与阳煤集团的双重扶持。新引进总部类企业30家,围绕阳煤集团经营的总部类企业达到451家,全年上缴税收2.68亿元,占财政总收入的53.8%,对促进经济发展、涵养增加税源起到了积极作用。

项目建设有序推进。狠抓项目引进。与上海虹口区工商联、北京重庆企业商会等签订战略合作协议,推动上海每天环保、联绿科技等公司与矿区本地企业达成合作意向。全年协议引资84.2亿元,实际到位33.4亿元。圆满完成漾泉大道二期矿区段拆迁扫障工作。启动实施6项校园改造及居民区道路绿化亮化等一批政府投资建设工程,协调驻地单位开展了矿区供电系统改造等25项重点项目建设,重点工程"六位一体"完成市定目标。

转型综改效应明显。行政托管争取工作取得初步成效。争取上级各类专项补助和转移支付3.14亿元。把握该区获得国家独立工矿区政策支持的机遇,做深做细前期工作,建立完善专项项目库,制定改造搬迁工程实施方案和转型发展行动计划,做细做实项目包装申报,实施了全区基础设施改善、智慧矿区等一批民生工程。

发展环境持续优化。开展百名领导干部入企服务,摸排问题解决率达到97.5%,有效改善了企业经营环境。开展项目受理大起底,全区待受理项目实现清零。畅通企业融资渠道,帮助企业利用动产融资15亿元,引导发行债券融资60亿元,搭建政银企平台,为企业担保融资2178万元。全面落实"营改增",为企业减负4145万元。携手上海小马创业村与阳煤集团共同推动"双创"园区建设,形成了矿区政府、阳煤集团、专业运营商三方合作共建的良性局面。协调阳煤集团成立创客空间管委会。全年新增各类市场主体984家,较2015年增长3.5%。

结构转型升级加速。围绕"新型能源、新型材料及装备制造业基地"建设,拨付科技研发经费400万元,支持重点科技项目21个,有效发明专利达到53件。加快文化产业发展,新开发100多种煤雕产品投入市场,剪纸、葫芦画、铝箔画等特色文化产品市场化水平不断提高。启动了铁炉沟、三矿竖井窑洞等老工业历史遗址遗迹保护性整修。三产增加值在地区生产总值中的占比达到28.3%,较2015年提高5.5个百分点。

智慧城市全面提速。建成了全省首家虚拟智慧档案馆和首个智慧消防物联网系统,智慧养老服务对象达到315人,华北首批智慧文化街区自助图书馆免费向市民开放，智慧食药、智慧医疗等系统上线运行，智慧化、信息化、社会化的公共服务体系初步建立。启动实施了智慧治安、智慧人社等智慧城市项目。推动社会网格化管理与智慧城市建设融合发展，矿区“智慧城市＋网格化”的社会治理升级版，入选全国中小城市改革20个典型案例。

城市环境大幅改善。启动了简子沟棚户区改造项目，271套回购公租房竣工，1016套棚户区改造住房基本建成。对辖区小街小巷及人行道进行全面整修，开展社区绿化建设，蔡东小游园、蔡西登山健身步道、东窑房小游园投入使用。全面清理占道经营、店外经营等行为，取缔育才路等区域马路市场3600余平方米。启动建成区违法建设专项治理，拆除二矿七股道等地段违建、临建6800余平方米，群众反映强烈的违建现象得到有效整治。在赛西路推行环卫作业市场化运作，实现了环卫作业“管干分离”。主要街路沿街商铺垃圾上门收集率达90%以上。

切实保障和改善民生。推进医药卫生体制改革，分级诊疗、双向转诊机制初步建立，全科医生团队签约服务家庭达到3.7万余户。“太阳能家用发电系统的研究与应用”项目荣获全国科技工作者创新创业大赛优秀奖，《助盲鞋》作品荣获第31届全国青少年科技创新大赛优秀创意奖。成立了全市首个教育发展基金会，实施高中学校标准化建设，十五中、十七中、外国语学校等一批学校办学条件进一步改善。8个社区老年日间照料中心全部启动，办公和活动场所面积不达200平方米的7个社区实现提质达标，南台、井沟等社区实现了净增500平方米，8个700平方米以上社区启动了标准化示范社区建设，基层公共服务能力显著提升。全年用于民生事业支出达5.36亿元，占财政支出的79.75%，各项惠民政策全部得到落实。

（李志鹏）

## 阳泉市郊区

**【自然概况】** 阳泉市郊区处于山西省东部，环绕阳泉市区。全区总面积499.62平方千米，耕地面积9071.36公顷，2015年末总人口17.14万人，辖3镇4乡、147个行政村。属温带大陆性气候，年平均气温11.2℃，年平均降水量347毫米，无霜期145天。境内现有无烟煤、铝矾土、硫铁矿、黏土、铁矿石、白云石、石灰石、石英砂、紫砂陶土等10多种矿产资源。

**【经济发展概况】** 2016年，全区地区生产总值82.6亿元，比2015年增长3%；公共财政收入4.24亿元，增速比市调整任务高出2.1个百分点；规模以上工业增加值15.4亿元，增长2.2%。农村和城镇居民人均可支配收入分别为12815元和23549元，增长5.7%、6.1%，全市排名第二和第一位。

开展项目建设大起底。全年实施项目118个，完成固定资产投资96亿元，增长6.1%。其中，实施一产项目22个，完成投资7亿元，温室大棚、果品和中药材种植面积进一步扩大，肉蛋奶产量稳步提升，青岛昌盛光伏农业、融昇园树莓产业园等项目进展顺利；实施二产项目41个，完成投资47亿元，坡头、神堂煤业转为生产矿井，国新能源煤层气液化调峰项目当年建设并完工，力宇煤层气发电项目竣工投产，西上庄2×66万千瓦低热值煤发电、荣光能源2×1.5万千瓦垃圾发电及“光伏领跑者”等项目有序推进；实施三产项目55个，完成投资42亿元，恒大新城地产、通宝鑫能物流等项目推进有力，桃林沟民俗文化园建设、翠枫山景区整治等乡村旅游重点工程成效明显。

开展园区发展大启动。高起点、高标准规划了40平方千米的荫营开发区，启动了苇泊高新技术装备制造园建设，形成平台40公顷。千亩坪农业产业园、西南舁耐火产业集聚区建设取得新进展。招商引资迈出新步伐，全年签订百万元以上经济技术合作项目34项，签约总金额161.3亿元，总投资35亿元的隆盛通镁合金汽车轮毂、总投资200亿元的中美京哈医院山西医院等项目顺利签约，并完成公司注册等前期工作。

开展重点工程大扫障。以阳大铁路、西上庄电厂、生态新城等拆迁为重点，全年共拆除各类建筑31万平方米，保证了市各项重点工程的有序实施。同时，全力打造生态新城，珍宝园小区、冯家庄新村完成回迁，平阳街一期、漾泉大道一期、二期等重点工程进展顺利；倾力建设魅力荫营，启动了207国道改线、荫营河治理等工程，完善了主城区道路、管网、大型车辆分流等设施，江正大街被评为省级“城市保洁示范街”；大力实施安居工程，重点推进8个棚户区（城中村）改造和6个采煤沉陷区治理项目建设，全年新开工保障性住房3838套，建成2600套，分配公租房201套，改造农村危房450户。

开展人居环境大整治。认真贯彻落实省、市环保专项整治部署要求，办理回复上级转办案件138件，立案查处违法企业28家，移送司法机关两件两人，问责处理党政干部74人，有力促进了环境保护责任落实和环境质量提升。投资3000万元，完成高速公路、重点景区林带建设1886.7公顷。人居环境加速改善，创建省市级美丽宜居示范村5个、区级36个。2016年全区二级以上优良天气247天，增加29天。

开展“放管服效”大提升。圆满完成“两单两图”编制工作，全面推开“两随机、一公开”工作机制，取消行政审批事项4项，政府管理进一步规范化、高效化。狠抓金融振兴，累计为64家企业发放助保金贷款2.16亿元，金土耐火等“新三板”后备企业上市工作稳步推进。加快科技创新，全年申请专利442件，有效发明专利19件，中创陶粒等3家企业被认定为国家高新技术企业。深入开展“百名干部进企业”活动，帮助企业解决生产经营问题56条。全面落实“降成本”政策措施，共为企业减负1.34亿元。认真做好农村土地承包经营权确权登记颁证工作，完成率达98.3%。

切实保障和改善民生。民生支出比例达到75%以上。荫营中学和玉泉中学顺利通过普通高中标准化建设市级验收。积极推进医药卫生体制改革，如期完成村卫生所改建、设备配置等工作，群众“看病难”“看病贵”问题得到有效缓解。新增城镇就业岗位2354个，开通了“阳光人社”手机App社保掌上应用系统，保费征缴、参保人数均走在全市前列。举办公益电影放映、农村演出等活动4300余场。精准脱贫13个村1423人，农民增收和农村“三资”管理两项工作被评为全省先进。

（刘世耀）

# 盂　县

**【自然概况】** 盂县位于山西省东部，地处太行山西侧。北依五台县、定襄县，西接阳曲县、寿阳县，南连阳泉市郊区、平定县，东邻河北省平山县、井陉县。东西长75千米，南北宽63千米，总面积2514平方千米。全县辖8镇6乡、453个行政村，2016年末总人口30.79万人。属温带大陆性气候，年均降水量525.3毫米，无霜期296天左右，年平均气温9.3℃。

**【经济发展概况】** 2016年，盂县地区生产总值128.22亿元，比2015年增长3.2%，人均地区生产总值3.95万元，增长1.8%；工业总产值104.05亿元，增长1%，规模以上工业增加值56.43亿元，增长4.8%；农林牧渔业总产值7.85亿元，增长5.2%；粮食总产量14.3万吨，增长1.6%；全社会消费品零售额48.65亿元，增长6.5%；一般公共预算收入5.35亿元，下降28%；农民人均可支配收入12170元，增长5.5%；城镇职工年平均工资27713元，增长5.3%。

产业转型成效积极、立体呈现。共实施重点项目126项，完成投资153.4亿元。煤炭产业企稳回升。全行业结束两年多的连续亏损，实现停亏增盈；淘汰落后产能100余万吨；矿井提升改造步伐加快，路家村煤业60万吨改扩建项目投入正常生产，东坪、石店、跃进、常顺、皇后、大贤、秀南煤业分别建成全省一级或二级质量标准化矿井和全国安全高效矿井；煤炭物流集散中心建设完成主体。电力产业多元发展。山西裕光盂县2×100万千瓦燃煤发电项目获得核准，“五通一平”全面展开；中广核三期2万千瓦风力发电项目建成完工。全县获批的风电、光电、火电和煤层气发电装机容量达到354万千瓦，新型能源基地建设向规模化迈进。现代农业特色初现。设施蔬菜种植、中药材种植、食用菌栽培分别达到260公顷、4000公顷、50万平方米；康泰来香菇畅销美国、韩国等国外市场，新瑞利邦万头肉牛繁育一期工程全部竣工，鑫源伟业5万只肉羊项目建成繁育；10余户农产品加工企业进入“513”工程目录，全县农产品加工销售收入达到11.29亿元。全程农业机械化率达到70%以上。大力推进“五个一批”脱贫工程，全县1600户、3548人实现当年脱贫。旅游业发展提质上档。全面实施全域旅游工程，启动《盂县全域旅游发展规划》和《北部四乡镇连片开发专项规划》编制工作；省级休闲农业示范点达到8个；成功举办国庆黄金周旅游直通车惠民活动，游客接待量达到10万余人次，增长53%；创新推出县内“一日游”等精品线路和4条外联精品线路，全年游客接待量达到60万人次，增长10%。现代服务业积极催生。成立电子商务商会，实施电子商务示范工程，发展电商200余户、物流企业82户、电子体验店176个，电商发展指数排名全省第6位。引导规范房地产业健康发展，成功举办2016金秋+房展促销会，并建立互联网“房源超市”，成交商品房1100余套，化解房地产库存52.6%。全年第三产业增加值完成46.3亿元，增长7%，占到全县生产总值的36.2%。

城镇化建设统筹推进、重点突破。《盂县城市总体规划》修编完善工作基本完成；永店坡老城棚户区改造全面启动；香河南路大修工程和北草市巷等5条街巷改造工程全部完工；高城山路三期、文化中心广场路、迎宾大道、天然气公司至藏山游园外环公路及省道盂榆线绕城公路建设顺利推进。大宗、乌玉被评为全省传统文化历史名村，建成6个国家首批绿色村庄和5个省级美丽宜居示范村。完成农村公路完善提质工程49.8千米。改造农村危房850户。大力实施城乡环境卫生整治攻坚战，金龙街成为省级容貌示范街。

改革开放对标前沿、深入实施。县经济技术开发区规划报告编制完成，中岚物流园奠基开工，牛村煤电化工业园和鑫磊循环经济工业园建设步伐加快。承接、取消、调整行政审批项目91项，全面推行“五证合一、一照一码”改革。深入推进“大众创业、万众创新”，新增中小微企业385户、新登记各类市场主体2527户。“营改增”新税制改革顺利完成。金融创新积极推进，扶持经济发展的各项贷款余额达到122.98亿元，增长6.69%。扎实推进农村改革，土地确权进入合同签订阶段，农村产权交易中心挂牌成立，全年流转土地3600公顷，诸龙山国有林场主体改革顺利完成。梁家寨乡被确定为省扩权强镇改革试点乡镇。积极开展向发达地区投资环境“对标”行动，开放引进力度加大，全年签订合作协议32项，协议利用外资183.5亿元，到位资金80亿元。

民生保障托底固守、水平提升。全年用于民生的支出占到公共财政支出的80%以上。新增城镇就业人员3355人，城镇登记失业率控制在3.5%。全面提高城乡低保、农村五保等财政补助标准，完成城乡居民医疗保险一体化建设，实现应保尽保。新增乡镇敬老院两所，新建农村老年日间照料中心30个。完成农村义务教育薄弱学校改造工作和6所农村幼儿园新改扩建任务，特殊教育学校投入使用。卫计食药创新发展，县人民医院与省人民医院合作成立医疗联合体。新农合参合率达到99%以上。文化事业繁荣发展，县文化中心室外装饰装修全部完工，举办各类文化惠民演出5600余场，并新建1个乡镇笼式足球场和两个城内全民健身广场。

（李昌龙）

# 平定县

**【自然概况】** 平定县位于山西省中部东侧，是山西的东大门，东邻河北井陉，西连寿阳，南毗昔阳，北接阳泉市郊区和盂县，素有“文献名邦”之称，是中国刻花瓷艺术之乡。县境东西最长处54千米，南北最宽处50.4千米，全县面积1394平方千米，辖10个乡镇、318个行政村，2016年末总人口34.3万人。

境内资源丰富，山川秀美，交通便利，有“晋冀通衢”之称。现已探明的30多种矿种中尤以无烟煤、高铝黏土、硫铁矿、石灰石著称，其中以煤炭为最，孙中山先生曾有“以平定煤，铸太行铁”之说。307、207国道、307复线东西贯通，石太铁路、阳涉铁路、太旧高速公路、阳五高速、京昆高速穿境而过。境内娘子关、冠山书院、固关长城、浮山、药林寺、红岩岭等旅游景区名扬三晋。

**【经济发展概况】** 2016年，全县地区生产总值94.97亿元，比2015年增长3.7%；人均地区生产总值2.63万元；一般公共预算收入3.63亿元，完成年度调整预算3.58亿元的101.35%；农林牧渔业总产值8.27亿元，增长2.55%；工业总产值110.52亿元，增长6.41%；规模以上工业增加值35.13亿元，增长5.1%；粮食产量9.28万吨；全社会固定资产投资166.28亿元，增长2.8%；社会消费品零售总额34.11亿元，增长4.1%；城镇居民人均可支配收入25692元，增长5.1%；农村居民人均可支配收入11669元，增长6.5%。

产业结构优化提升。农业稳步发展。核桃、蔬菜、药材、水果种植面积分别达到9066.7公顷、1466.7公顷、913.3公顷、266.7公顷；肉鸡、蛋鸡、生猪饲养量分别达到356万只、230万只、21.3万头，渔业养殖面积达到16公顷，肉、蛋、奶产量分别达到1.51万吨、1.5万吨、2200吨；泰东农业科技示范园、美好家居休闲文化园、金泉蛋鸡养殖等农业项目取得进展，“513”农产品加工企业销售收入实现10.84亿元。工业优化升级。原煤产量185万吨，洗选率达到90%以上；非煤产业增加值占规模以上工业增加值比重达到53.07%，提高13.71个百分点。重点项目完成投资140亿元，24个项目完工。阳煤平定化工20万吨乙二醇、贝特瑞3万吨高端人造石墨、泵阀集团水泵阀门制造、阳光发电烟气超低排放改造、250兆瓦采煤沉陷区光伏领跑者技术基地项目、石门建材、元丰建材等一批项目进展顺利。服务业快速发展。全县旅游接待20万人次，综合收入3000万元，增长68%；娘子关旅游招商取得突破，兆通置地、首旅集团、中景信等投资集团来该县考察洽谈；加大旅游推介宣传力度，全市旅游发展大会在该县召开。驿拓电子商务产业园被认定为省级众创空间，农村供销社电商村级体验店实现全覆盖，名邦农业网正式投入运营，电子商务发展势头良好。

改革活力日益增强。全县5个生产矿井核减产能73万吨，关闭阳煤泰昌60万吨生产矿井，完成煤炭去产能任务。通过房地产交易、棚户区改造安置等方式消化存量商品房19.29万平方米。开展百名干部入企帮扶活动，认真落实省市县企业减负政策，帮助103个企业解决236个问题，为企业减负1.81亿元。推进龙川工业园区道路建设和平台打造工程，平整场地66.7公顷，设立县产业集聚区管理中心，启动省级经济技术开发区申报工作，产业集聚区建设走在全市前列。天元绿环成为全市首家“新三板”上市企业。昌都村镇银行正式挂牌营业。激发“双创”活力，县财政投入扶持中小微企业和科技研发资金近2000万元，实施科技项目56个，新增民营经济市场主体2478户，总数达到1.72万户，占全县各类市场主体的95.1%，实现营业收入56.43亿元。

城乡面貌明显改观。市政基础设施建设投入2.04亿元，完成东大街、评梅街等城市道路工程18.5千米；新增集中供热面积44.9万平方米、煤气用户2595户、城市绿化面积4万平方米；实施义平路环境综合整治工程，完成拆迁面积2万平方米，规划建设13个主题游园。开展“三项整治”，县城环境卫生、交通秩序、管理水平有了明显改善。阳泉汽车客运南站主体、农村公路完善提质、安全生命防护等工程完工，阳五高速平定北互通开通。投资24.8亿元的12个冶西独立工矿区改造搬迁工程全面实施，饮用水水质改善工程投入运营。持续推进农村人居环境改善四大工程，农村生产生活条件进一步提升。

*生态环境持续改善。*开展防治大气、水体、土壤污染三大战役，6项主要污染物减排任务、万元规模以上工业增加值能耗和用水量等约束性指标全面完成。淘汰黄标车、老旧车945辆，106台纯电动公交车投入运行。县城和娘子关污水处理厂提标升级改造工程完成，总投资2.4亿元的南川河生态环境综合治理（一期）工程开工建设。全年营林造林1960公顷，治理水土流失面积1866.7公顷。

*民生福祉稳步提高。*2016年，财政民生支出比2015年增加1.04亿元，达到15.71亿元，占财政总支出的81.39%。实施“六个精准”脱贫攻坚，13个贫困村整村脱贫，1854户贫困户、3900名贫困人口稳定脱贫，易地扶贫搬迁工作得到市委、市政府认可。积极推进创业就业，新增城镇就业3264人，转移农村劳动力3074人。社会保障体系更加完善。

（赵启兰）

# 长 治 市

**【自然概况】** 长治市位于山西省东南部，与河南、河北两省接壤。现辖13个县（市、区）和1个国家级高新技术开发区，总面积1.39万平方千米。2016年总人口343.5万。

*历史古韵悠久深厚。*长治是华夏文明的重要发祥地之一，始祖炎帝神农氏曾在这里“尝百草、得五谷、教民耕种”，开创农耕文明之先河。精卫填海、女娲补天、后羿射日、愚公移山等脍炙人口的美丽传说均发端于此，被誉为“中国神话的故乡”。自秦置上党郡，至今已有2300多年的建城史，为历朝历代郡、州、府所在地。

*革命老区红色圣地。*抗战时期八路军总部和中共中央北方局在长治长期驻扎，解放战争时期闻名中外的“上党战役”在此打响，朱德、彭德怀、刘伯承、邓小平等老一辈无产阶级革命家都曾长期在这里战斗和生活。8年抗战，有12万人参加八路军，46万人随军参战，17万人为国捐躯，被誉为“子弟兵的摇篮、八路军的故乡”。现有革命旧址和纪念地783处。

*农业生产基础扎实。*长治是国家现代农业示范区，素有山西“米粮川”之称。全市耕地面积36.1万公顷，主要农作物综合机械化水平达到74%。现有沁州牌小米、世龙牌腊驴肉等5个中国驰名商标，黎城三泰核桃、长子大青椒等3个中国名牌农产品，壶关旱地西红柿、沁源马铃薯等10个国家农产品地理标志产品。

*工业门类较为齐全。*已探明的矿藏有40多种，其中煤炭探明储量295亿吨，占山西省的12%。水资源总量21亿立方米，境内河流分属海河、黄河流域，人均占有量是全省的1.6倍，是华北地区的相对富水区。现已形成煤焦冶电、现代煤化工、先进装备制造、新能源、新材料、生物医药为主的工业体系。

*旅游资源丰富独特。*境内有被称为“稀世珍宝”的2.5亿年前的树化石等自然遗产；有不可移动文物6833处，其中宋元以前木结构古建筑189座，占全国总数的40%以上；有太行山大峡谷、天脊山、灵空山等以喀斯特地貌、丹霞地貌为特征的自然山水景观，是八百里太行的最美地段。现有旅游景区景点68个，其中国家4A级旅游景区9个。

*交通网络便捷通达。*现已形成较为完备的高速公路、铁路、民航立体交通网络。有长邯、长晋、长太、长安4条高速公路，207、208国道纵贯南北，309国道横贯东西。境内太焦、邯长、山西中南部铁路大通道与国家铁路大动脉京广线、陇海线相连，太焦高铁开工建设。长治机场有直通北京、上海、天津、广州、厦门、海口、成都等地的多条航线。

*生态环境良好宜居。*地处北纬36°～37°之间“黄金人居带”，森林覆盖率30.9%，建成区绿化覆盖率46.7%，人均公共绿地面积10.04平方米，平均海拔1000米，年均降雨量600毫米，年均气温9.7℃，四季分明、冬无严寒、夏无酷暑、气候宜人，被誉为“北方的南方，南方的北方”。

**【经济发展概况】** 2016年，全市地区生产总值1269.2亿元，比2015年增长4.6%；人均地区生产总值3.7万元，增长5.7%；工业总产值1538.2亿元，增长7.2%；规模以上工业增加值583.1亿元，增长2.5%；固定资产投资1514.4亿元，增长5.1%；农林牧渔业总产值110.3亿元，增长4%；粮食总产量161.7万吨，增长3%；公共财政收入98.5亿元，增长2.2%；社会消费品零售总额566.6亿元，增长8%；城镇居民人均可支配收入28094元，增长6.4%；农村居民人均可支配收入11863元，增长6.9%。

*供给侧结构性改革深入推进。*坚决去产能，关闭襄垣永丰、壶关赵屋、潞矿石圪节等3座煤矿，退出产能210万吨，全年压减煤炭产量930万吨。加力去库存，加大棚改货币

化安置力度，加强房地产用地供应管控，商品房销售面积增长2.7%；鼓励本地企业在同质同价的条件下优先使用本地产品，全市企业使用本地大宗产品的比例达到80%以上，主要工业产品产销率达到95.7%。多措去杠杆，充分发挥“企业资金链应急周转保障资金”作用，为100多家企业循环发放资金32.3亿元，壶化集团主板上市已获证监会预批，两家企业在新三板成功上市。积极降成本，坚决贯彻中央、省减轻企业负担促进工业稳定运行的政策措施，全年为企业降低电力、物流等各类成本46亿元。全力补齐脱贫攻坚短板，建立“五帮联动”精准帮扶机制，成立市脱贫攻坚总指挥部，市级财政投入扶贫资金1.5亿元，每个退出村扶持25万～40万元不等的扶贫专项资金，注入6013万元资金成立扶贫开发公司，深入实施特色产业扶贫、光伏扶贫、旅游扶贫等扶贫工程，易地扶贫搬迁9781人，222个贫困村有序退出、5.6万贫困人口稳定脱贫。

产业结构不断优化。调减玉米种植面积0.67万公顷，新发展杂粮5300公顷、设施农业4000公顷、中药材1.37万公顷，新建改扩建标准化规模养殖场105个，新认证“三品一标”农产品69个，农产品加工龙头企业销售收入完成208.7亿元、增长9%。围绕“六大工程”，重点实施了118个工业转型项目，建成竣工35个，形成了一批新的经济增长点。扎实开展干部入企服务和项目受理大起底，为企业解决问题1174个，问题解决率95.8%，企业满意率99.5%，被评为全省入企服务先进市。举办第二届“长治制造”展销周，签订销售意向135亿元、销售合同近4亿元。新兴产业增加值增长8.8%，占工业增加值的13.7%；非煤产业增加值增长3.9%，占工业增加值的32.6%。开展金秋让利促销活动，销售额50亿元。全市电商企业达到5000家，实现交易额200亿元。主动融入“一带一路”建设，组织16家重点企业赴俄罗斯、蒙古国开展经贸交流和项目对接，签订各类贸易合同4.8亿元。发行旅游惠民“一卡通”，旅游总收入369.1亿元，增长15%。三次产业结构调整为4.7∶51∶44.3。

各项改革有序推进。深入推进“放管服效”改革，取消中央指定地方实施行政审批事项64项，成立项目联审联批办公室，建立“13710”工作落实平台，深入推进商事制度改革，全面推行“五证合一、一照一码”，新增各类市场主体2.4万户，总量达到15.8万户。召开民营经济发展推进大会，出台促进民营经济和实体经济发展20条，设立10亿元实体经济转型发展基金，民营经济增加值完成592亿元，增长5.9%。不断完善政府管理方式，实行财政资金预拨付制，加快征地拆迁和市政工程建设速度。

城乡一体统筹发展。主城区建设提档升级，全年共实施城建重点工程41项，完成投资15.7亿元。漳山电厂热电联供改造全面完工，新增集中供热面积500万平方米，供热总面积3800万平方米。辛安泉引水输水管道、生活垃圾卫生填埋场等项目有序推进。加快推进“智慧城市”建设，智慧交通体系基本建成。2500辆公共自行车、500辆纯电动公交车投入运行。积极推进上党城镇群建设，市区至6个卫星县城快速连接线基本贯通，以此为基础加快与主城区的设施对接、产业对接、机制对接、服务对接，积极推进县城公用设施向重点镇和中心村延伸。城乡人居环境改善“四大工程”完成投资215.2亿元。

环境质量持续改善。在主城区范围内全面禁止露天烧烤、禁止燃放烟花爆竹、禁止燃煤。拆除改造264台采暖燃煤锅炉和78台经营性燃煤锅炉，对城中村、城边村的3.5万台的土小燃煤锅炉清洁焦替代，淘汰黄标车、老旧车1.7万辆，实现露天烧烤、燃煤锅炉、黄标车“全部清零”。对26家焦化企业、6家钢铁企业进行环保设施升级改造，对50个“未批先建”、282个“久试不验”项目全部清理整改。开工建设郊区黄碾人工湿地、北寨人工湿地。严厉打击重点领域环境违法行为，对195家企业实施行政处罚，罚款4500余万元。完成营造林面积2.03万公顷、水保治理面积1.63万公顷。全年空气质量二级以上天数219天。

民生事业全面提升。启动主城区8所新改扩建义务教育学校建设，义务教育阶段学校校长、教师交流实现全覆盖，体校搬迁工程正式开工。统筹做好各类群体的就业创业工作，城镇新增就业4.1万人，城镇登记失业率1.96%，低于省控目标2.24个百分点。城乡居民基本医疗保险年人均财政补助标准由380元提高到420元，为经济困难的高龄与失能老年人以及百岁老年人发放补贴356.2万元，为重度残疾人发放护理补贴1783.7万元。市医院、市二院综合楼等重点民生工程进展顺利，16个乡镇卫生院、876个村卫生所新建改造工程全面开工，为2.6万名新生儿进行免费筛查。新开工保障性住房1.22万套，基本建成1万套，完成农村危房改造8380户。在《人民日报》发起评选“2016年中国地级市民生发展100强”活动中，参选的全国262个地级市中该市位列第87位，成为全省唯一入选者。

提质增效新动能增强。2016年新认定国家高新技术企业16家，总数达到53家。全市技术合同成交263项，成交额25.4亿元。成功申报山西省太阳能光伏科技工程技术研究中心，省级以上企业工程技术研究中心达到5家。组织22家企业与天津大学、中科院等15家高校、科研院所开展产学研合作，成功集团新能源汽车、易通低温余热发电、高科LED、潞宝己内酰胺等新兴产业项目技术水平达到国内领先。认定省级众创空间6家，服务初创企业485家，常驻创业团队133家。积极搭建科技创新服务平台，筹建长治国家级煤基合成油检验检测中心和长治工业技术研究院。全年申报专利863件，有效发明专利拥有量578件。

（长治市人民政府办公厅）

## 长治市城区

**【自然概况】** 长治市城区于1976年2月建区，区域总面积55.6平方千米，辖10个街道办事处、55个社区、28个行政村，2016年末总人口52万人，共有汉、回、满等31个民族，其中，回族人口近3万人，占全省回族总人口的1/4。

长治市城区位于太行之巅、漳河之滨的上党盆地，属温带半湿润大陆季风气候，年均降水量620毫米，年均气温9℃，森林覆盖率12.1%，绿化率46.7%，2016年空气质量二级以上天数219天，有"北方的南方，南方的北方"美誉。城区位于中原经济区金三角顶端，境内有高速公路5条、国道2条，是直飞北京、上海、广州、成都、天津、重庆等10多个大城市的山西第二大空港，荣获有"全国文明城市""全国卫生城市""全国社会工作服务示范地区""全国和谐社区建设示范城市""全国民族团结进步模范集体"等多项荣誉。

**【经济发展概况】** 2016年，全区地区生产总值206.4亿元，比2015年增长7.3%；人均地区生产总值4.05万元，增长6.7%；规模以上工业增加值15.9亿元，增长12.9%；固定资产投资199.6亿元，增长14.8%；社会消费品零售总额325.8亿元，增长8%；地方财政收入9.65亿元，其中，一般公共预算收入4.59亿元，增长11.3%；农林牧渔业总产值11479.7万元；粮食总产量1554.8吨；城镇居民人均可支配收入30136元，增长6.7%。

区域经济企稳向好。全力抓好总投资217亿元的51个重点项目，招商引资签约总额132.7亿元。LED光电、中德汽车轻量化等一批重点工业项目相继投产，城区图书馆、西南关城中村改造一期工程等一批民生项目主体完工。大力推动创业创新，"东山国际·左右为你"、易淘电商信息产业园通过省级"众创空间"认定，"唯美诺"入选省级中小企业创业基地，荣获"全省中小企业创业创新基地示范县"称号。加速发展工业经济，LED产业迅猛发展，全年新增300条封装生产线、15条显示屏生产线、20条注塑生产线，产值突破11亿元，实现连续三年翻番。中德集团与小米科技合作开展平衡车轮毂项目，汽车轻量化配套生产的零部件达30余种，产品进入规模化生产阶段。军民融合深度发展，城南工业区成功创建全省首个"国家级新型工业化军民结合产业示范基地"。

城市建设阔步迈进。强势推进路网征迁，12条路段和1个景区征迁任务全部完成，19条背街小巷硬化改造工程基本完成。"三河一渠"累计完成投资7.2亿元，完成工程总量的80%，环城水系与人工岸景交相辉映，吸引广大市民休闲观光。全力开展"双禁"和"煤改焦"，全面部署"铁腕治污"，燃煤锅炉、露天烧烤、黄标车老旧车全部清零。"违建清零"累计拆除违建897处，拆除建筑面积21.7万平方米，腾退违法占地57.5公顷，有力震慑私搭乱建行为。深入推进"五道五治"及市容市貌综合整治，驻街单位和大型小区全部实现了垃圾不落地，城市"十乱"问题得到有效遏制。

民生福祉稳步提升。全年用于民生支出7.8亿元，占公共预算支出的78.5%。优先发展教育事业，实验幼儿园顺利开园，上南街小学、长子门小学新建改扩建工程有序推进。加快推进医疗卫生体制改革，城区公立医院药品零差率销售额1986万元，分级诊疗定点医疗机构实现全覆盖，家庭医生签约人数7.2万人，开展了0～6岁儿童和孕产妇免费体检。持续加强就业和社会保障，城镇新增就业3910人，创业带动就业1513人，城镇登记失业率为1.26%，五险参保人数17.3万人，基金征缴1.27亿元。大力发展文化旅游事业，区图书馆新馆主体完工，塔岭山全民健身步道全线贯通，新建10个社区（农村）文化大院，成为全国第三批试点推广标准。

（长治市城区人民政府办公室）

## 长治市郊区

**【自然概况】** 长治市郊区地处山西省东南部、太行山南段西麓、上党盆地东缘，1976年2月建区，现辖5镇1乡、1个旅游开发管理中心、2个街道办事处、122个行政村，总面积285平方千米，2016年末总人口30万人。

历史悠久，文化底蕴丰厚。5000多年前，炎帝就在此尝百草、制耒耜，兴稼穑、教农耕，开创了人类由渔猎到农耕、由游牧到定居的历史，是神农文化的发祥地和上党战役的主战场，境内有观音堂、二贤庄、申家二十四院等86处文物保护单位和316处不可移动文物。

东山西水，生态环境秀美。全区年平均气温9.1℃，冬暖夏凉，四季分明，平均海拔930米。东有60余平方千米的老顶山国家森林公园，群峰叠翠，九顶竞秀，被誉为长治市的“城市之肺”。西有50平方千米的漳泽湖和长治湿地，蓄水量近2亿立方米，是华北地区相对富水区，被誉为长治市的“城市之肾”。

交通发达，地理区位优越。太长、长邯、长晋高速和208、309等主要干道贯通全境，太焦、长邯两条铁路在此交会，长北、长治两个火车站和正在建设中的太焦高铁火车站均坐落境内，机场航班直达北京、上海、天津、广州、成都等主要城市，形成了公路、铁路、航空立体交通网络。全区三面环绕长治市区，是长治城市发展的主阵地，15个村被市委、市政府列为首批城中村改造对象。

**【经济发展概况】** 2016年，全区地区生产总值165.6亿元，增长5.1%；规模以上工业增加值102.9亿元，增长3.1%；固定资产投资213.8亿元，增长14.6%；社会消费品零售总额47.9亿元，增长7.5%；地方财政收入9.5亿元，增长8.9%；城镇常住居民人均可支配收入35086元，增长7%；农村常住居民人均可支配收入16240元，增长6.9%。

产业基础不断夯实。全年实施重点项目177个，总投资761亿元。其中，在建项目48个，总投资259.89亿元；竣工项目32个，总投资45.97亿元，项目总量和投资总额全市排名第一，新兴产业项目投资比重达到80%以上。投产了首钢长钢200万吨焦化一期、霍家沟7万吨无水乙醇、布劳恩电梯等一批国内领先的精细化工、现代装备制造业项目，新增规模以上企业3家、限额以上企业3家。全区三次产业结构调整为1.9∶65.2∶32.9，第三产业比重较“十二五”末提高了7.8个百分点。

发展动能明显增强。缓建了吉祥煤矿，对石圪节煤矿实施了关停。采取降低住房公积金使用门槛、遏制房地产增量、开展违法建设项目治理等多种措施化解房地产库存，取得了较好成效。搭建“税易贷”“医保贷”融资平台，通过“助保贷”向企业贷款5130万元，帮扶润潞碧水科技公司成功登陆“新三板”，为中小企业拓展了融资渠道、降低了信贷门槛、减少了融资费用。加快科研成果转化，引导企业积极申报国家、省、市重点科技项目，全区国家级高新技术企业达到8家，省级民营科技企业达到20家。

人居环境大幅改善。米家庄、梁家庄等6个城中村改造“两规划一方案”手续基本完善，并开始实施。建成霍家沟污水处理厂和8个村的污水管网工程。开工建设了黄碾人工湿地、崔漳村采煤沉陷区治理、金果园经济适用房、6条背街小巷改扩建、环卫调度中心。区财政投入环保资金7500万元，企业投入环保治理资金2.7亿元，深入开展环保“六大专项行动”和“铁腕治污”行动，对11个村实施了洁净焦替代和燃煤清零，淘汰黄标车、老旧车2289辆，全区二级以上天数达到300天。深入推进农村人居环境改善“四大工程”，打响了“五道五治”“五村联创”战役，投入资金上亿元，拆除违章建筑721处、16.3万平方米，植树35万株，新增苗木花卉76.7公顷，创建省级改善农村人居环境绿化村庄3个、省级美丽宜居示范村1个、市级美丽宜居示范村3个。

社会事业全面进步。区财政在民生事业方面支出4.2亿元。投资6000余万元，对区属70所中小学校进行了提升改造，顺利通过国务院义务教育均衡化验收。采取政府购买服务方式，开工建设体育北路学校、金湛学校。改造了两所幼儿园和4所学校校舍，公开招聘教师38名，3所学校被命名为“省素质教育示范校”，4所学校被表彰为“全市初中教学质量先进学校”。加快推进郊区新建医院与市儿童医院共建工作，完成了区人民医院二甲医院评审工作。提高城乡低保标准，城镇新增就业2000人，新型职业农民培育458人。扎实推进德育郊区和全国文明城市创建工作，全面铺开“乡村文化记忆工程”，区文化馆、图书馆被评为“国家三级馆”。为群众送晚会20余场、送戏200余场、送电影1500余场、送图书3万余册、送文体器材100余套。

（长治市郊区人民政府办公室）

# 潞 城 市

**【自然概况】** 潞城市地处太行山脉中麓西段、上党盆地东北边缘。1994年撤县设市，辖4镇3乡2个办事处、191个行政村、11个社区，市域面积615平方千米。2016年末常住人口23.5万人。潞城是国家园林城市、卫生城市、平安城市、绿化模范市，是山西省资源型经济综合配套改革试点市（县）、扩权强县试点市（县）。

区位优势得天独厚。海拔高度616～1316米，暖温带气候，四季分明，气候宜人，冬无严寒，夏无酷暑，年均气温9.5℃，年均降雨量503.7毫米，年均日照时数2434.9小时。潞城是四省通衢之地，邯长、太焦、中南铁路，长邯、长安高速，207国道、309国道及正在建设的太焦客专高铁穿境而过，长治机场坐落境内。矿产资源丰富，石灰岩、溶剂白云石、石膏等储量多、易开采，境内有华北“第二大泉”——辛安泉。

历史文脉厚重绵延。黄帝时期参卢受封于潞城一带建立潞国，殷商时为微子封地，西周时为潞子国，秦置潞县，隋开皇十六年（公元596年）始称潞城县，距今有2300多年的县制史。全市共有古建筑、古遗址、古墓葬等不可移动文物405处，全国重点文物保护单位5处。“民间社火”和“上党落子”列入首批国家级非物质文化遗产名录。三仁文化、民俗文化、红色文化世代传承，境内有八路军总部北村旧址，神头之战遗址，以及全国最大的毛主席纪念馆、纪念园。

**【经济发展概况】** 2016年，全市地区生产总值90.5亿元，比2015年增长3.9%；人均地区生产总值3.87万元；地方财政收入6.2亿元，增长0.7%；农林牧渔业总产值7.2亿元，增长3.5%；粮食总产量12万吨，增长10%；规模以上工业总产值144.6亿元，增长4.4%；规模以上工业增加值53.6亿元，增长2.6%；固定资产投资170.6亿元，增长12.9%；社会消费品零售总额11.5亿元，增长14.3%；城镇居民人均可支配收入25785元，增长6.1%；农村居民人均可支配收入12199元，增长6.4%。

产业转型迈出坚实步伐。积极推进“三去一降一补”，淘汰不符合环保政策、工艺落后的建材企业24家；房地产去库存1400套13.6万平方米。三次产业协同发展，农产品加工龙头企业实现销售收入10.3亿元，增长8%；潞宝液氨、潞安精蜡等一批现代煤化工项目建成投产；铱格斯曼航空新材料、潞泰达电气一期、远翔塑料二期、无车承运人等一批新兴产业项目竣工投用；文教产业园、旅游集散地、智慧物流园、区域性大型物流运输集团规划建设。大力推进招商引资，全年共签约引进项目46个，总投资190.6亿元。

综合改革名列全省前茅。农村土地承包经营权确权试点工作圆满完成，农村集体资产股份权能改革深入推进。供销社土地托管服务试点工作进展顺利，托管土地1333.3公顷，带动900余户农民增收致富。城乡建设用地增减挂钩等土地利用机制深入实施，直报省国土厅批回用地指标169.5公顷，解决了21个项目用地问题；完成土地利用总体规划中期修改，追加规划指标150.5公顷，解决了48个项目用地问题；大力推进土地整理开发，新增耕地199.2公顷。省级经济技术开发区各项工作正在加速推进。深化行政审批制度改革，出台《固定资产投资项目联审联批实施方案》，政务服务中心受理事项办结率达到99%。完成了公车改革任务。转型综改综合考核名列全省27个试点县第一。

城乡面貌焕发勃勃生机。完善城市功能，推进人口集聚，城镇化率58.1%。城乡总体规划通过评审。全力推进旧城改造，启动中心城区棚户区改造工程，东南山社区等城中村改造项目主体完工。加速推进新区开发，水岸春城等一批精品小区加快建设。基本建成保障性住房585套，分配廉租房37套，完成农村危房改造233户。人民街建成通车，长潞城际线实现亮化，污水处理厂提标、城乡电网改造等工程全面完工；持续推进集中供热、供气扩容工程，新增供热面积20万平方米、天然气用户2800户；解决了4个乡镇、8个村、6543人的饮水安全问题；改造县乡公路1.7千米，拓宽窄路5.9千米，完善提质乡村道路17.4千米，城乡基础设施进一步完善。持续推进铁腕治污，加强大气、水、土壤污染治理，黄标车及老旧车淘汰任务超额完成，主城区空气质量二级以上天数263天，增加29天。造林533.3公顷，森林覆盖率24%；建成区绿化覆盖率45%。

社会事业再谱新篇章。2866名贫困人口实现脱贫，超年度任务366人。教育卫生事业加快发展，教育、卫生等事业单位公开招聘工作人员83名；职业高中实训楼、农村教师周转房等项目主体完工，卫生监督所疾控中心业务用房投入使用；基本公共卫生服务经费补助标准由每人每年40元提高到45元；新农合县级报销比例由75%提高到80%，封顶线由15万元提高到18万元。文体事业快速发展，市文化馆被评为国家二级馆，潞城布艺列入省级非物质文化遗产名录，体育场建成投用，文化惠民工程深入实施，全民健身运动广泛开展。社会保障体系日趋完善，老年公寓楼项目进展顺利，残疾人康复中心主体完工，4所老年人日间照料中心投入使用。

（潞城市人民政府办公室）

# 长治县

**【自然概况】** 长治县位于山西省东南部，北靠长治市城郊，东接壶关县，西连长子县，南和东南分别与晋城的高平市、陵川县相邻，区位优势明显。长晋高速、207国道、长陵公路、长晋二级公路、太焦铁路纵贯县境南北。全县总面积483平方千米，是山西省县域面积最小的县。全县辖6镇5乡2区、254个行政村、4个居委会，2016年末总人口34.8万人。煤炭资源丰富，煤田面积占全县面积的90%，煤炭地质储量48亿吨，可采储量40亿吨，属全国100个重点产煤县之一。

**【经济发展概况】** 2016年地区生产总值133亿元，比2015年增长3.5%；工业增加值68.85亿元，增长0.23%；固定资产投资149.4亿元，增长2.1%；社会消费品零售总额29.7亿元，增长9.5%；地方财政收入12.5亿元，增长3.81%；城乡居民人均可支配收入分别增长6.3%和6%。

新兴产业效益显著提升。成功新能源纯电动车进入2017年国家首批推广应用推荐目录，荣获“中国城市物流推荐用车”；日盛达太阳能光伏玻璃产销两旺，2016年完成销售收入6.3亿元,完成税收1052万元;易通环能自主研发的燃煤电厂烟气污染物高效脱除技术及装备顺利通过省科技重大专项验收;雅瑞地毯挺进西北市场,新视界照明与复旦大学合作开发面阵光源,市场前景看好。惠丰特车引进的韩国垃圾吸污车正式投入生产。

*文化旅游快速发展。*该县入选“中国最具投资潜力特色魅力示范县200强”名单。成功创建“国家公共文化服务体系示范区”,荣获“第三届山西省文化强县创建工作先进单位”称号,连续两年入选“中国避暑休闲百佳县”。组建黎都文化旅游产业发展有限公司,有力推动了文化旅游产业发展,全年接待国内外游客340万余人次,旅游总收入17.6亿元。

*电商物流业蓬勃兴起。*太行山农产品物流园区实现综合农产品交易量40万吨,交易额25亿元;苏宁易购、京东等70余家电商入驻该县,实现网上销售7000余万元。现代农业提质增效。实施规模经营,完成土地流转面积200公顷,新增设施蔬菜86.7公顷,育苗连栋大棚两座(1万平方米),改扩建规模养殖场5个,农产品加工销售收入达到16.3亿元,农业产业链条进一步延伸。

*坚持高标准规划,积极推进城乡一体化进程。*县城基础设施加快完善。太焦高铁长治县段开工建设,凯德世家广场全面投入使用。县城新建换热站7座,新增供热面积90万平方米。污水处理厂提标改造投入运行,垃圾处理中心设备调试完毕。新铺设燃气管网10千米,铺设供水管网13千米。后窑巷道路硬化、煤运东线道路排水等工程全部完工。城乡一体化深入推进。棚户区改造项目新开工1616套,基本建成468套。西源、崔家山地质灾害搬迁主体工程如期完工。荫城、苏店等重点镇公共基础设施进一步完善。琚寨、南宋村列入国家级传统村落。创建省级绿色生态村3个、省级美丽宜居示范村1个、市级美丽宜居示范村2个、县级美丽宜居示范村20个。

*生态环境进一步改善。*全年完成老雄山生态修复造林100公顷,营造林104.8公顷,未成林造林地管护466.7公顷,通道绿化30千米。黎都公园、海子河公园新增绿化面积3.5万平方米。小宋断面水质达标率100%,无劣质V类水体。淘汰黄标车、老旧车1313辆。扎实开展“铁腕治污”行动,取缔非法储煤场19家、“土小”企业9家,拆除取暖锅炉6台,安装除尘设施锅炉5台,清洁能源替代13台,全县二级以上天数267天。全力推进“五道五治”,拆除违章建筑500余处,清理非法占道经营171处,处理生活垃圾4.3万立方米,拆除公路两旁无序广告牌1000余处,清理各类小广告8300余处,处理秸秆600公顷,城乡面貌得到极大改观。

(长治县人民政府办公室)

# 襄垣县

**【自然概况】** 襄垣县位于太行山西麓、上党盆地北缘,属丘陵半山区。全县辖8镇3乡2区、323个行政村,总面积1178平方千米,2016年末总人口28万人。

*历史悠久。*公元前455年(战国初期),赵襄子筑城于此,故名襄垣。西汉初置县,历代未改,至今2400多年。2009年被联合国教科文组织命名为“中国千年古县”。

*物宝天华。*境内有煤、铁、铝、锰等矿产30余种。其中煤炭探明储量75.8亿吨,是全国优质动力煤生产基地之一。浊漳河的西、南、北三大支流在该县交汇,年过境水量7亿多立方,有大小水库14座,属华北地区相对富水县。丰富的煤炭资源和水资源,为发展工业经济提供了得天独厚的条件。

*人杰地灵。*该县历代英才辈出,主要历史名人有汉初政治家张良、东晋高僧法显、明代“三部尚书”刘龙等,其中法显是世界杰出的佛学家、旅行家、翻译家,是我国民间西行求法第一人,比唐玄奘早230年,比哥伦布发现美洲大陆早1080年。襄垣还有全国最美村官、2014年度感动中国十大人物段爱平。襄垣也是中华连氏发祥地,2009年4月国民党名誉主席连战先生曾专程回乡寻根祭祖。

*交通便利。*襄垣是长治市北部的交通枢纽。太焦铁路、太长高速公路、国道208线、省道榆长线以及正在建设的太焦高铁和即将建设的霍黎高速穿境而过。全县公路总里程1100多千米。到长治市区、长治机场约30分钟车程。

**【经济发展概况】** 2016年,全县地区生产总值148.1亿元,地方财政收入13.7亿元,粮食总产量14.5万吨,规模以上工业增加值90.1亿元,固定资产投资197.7亿元,社会消费品零售总额26.9亿元,城镇居民人均可支配收入31686元,农村居民人均可支配收入13641元。

*工业转型步伐加快。*紧扣“抓住煤、延伸煤、用好煤”的发展思路,快速推进一批重大转型项目。顺利完成了180项目涉及的两个行政村、700余户的搬迁任务,为180项目建设解决了466.7公顷用地指标、3.58万吨环境容量指标,顺利通过环保部、国家发改委的核准。180项目已是万事俱备,只待试车投产。市政府帮助襄矿集团的两个重大煤化工项目——投资45亿元的乙二醇、投资25亿元的聚氯乙烯项目,解决了10亿元企业债发行的担保问题,主动联系浦发、招商、民生等银行帮助企业借贷融资,想方设法

筹措资金，两大项目基本具备投产条件。此外，通过企业债、融资租赁、政府购买服务等方式，解决企业发展和基础设施建设资金，政府和企业通过多种渠道累计融资10亿多元，还将陆续到位10亿多元；10余家小微企业以助保贷、信易贷形式融资4000多万元；筹资3亿元，完成了两个工业园道路建设；以“一区两园”模式，积极申报省级经济开发区，前期工作全部完成，已报省政府待批。同时，帮助民营企业鸿达煤化公司解决环境容量、土地指标等实际问题，为该企业320万吨焦化项目2017年开工建设创造了条件。

“三农”工作稳步推进。新发展设施蔬菜200公顷、晚秋黄梨333.3公顷、中药材333.3公顷、小杂粮666.7公顷、油籽牡丹666.7公顷；林盛果业成功申报第三批国家级现代农业示范点；“襄垣手工挂面农产品地理标志”通过农业部评审。扎实攻坚脱贫任务，认真落实20项产业扶贫奖补政策，1394名建档立卡贫困人口实现脱贫，全县唯一贫困村马鞍山村全部搬迁新村实现“摘帽”。

城乡建设日新月异。全年用于城市基础设施建设的资金达到30多亿元，努力完善了一批停建和续建工程，到年底有20多项完工或接近完工。投资4亿元、全长6.6千米的文王大道全线开通；投资3亿元的县城集中供热二线工程投入运行，增加供热面积420万平方米；实施县城绿化提档升级工程，新增绿地面积2.5万平方米；精心打造了园林墙、音乐墙、体育墙、世界名湖墙、3D动画墙，城市文化品位进一步提升。此外，积极响应长治市委“五道五治”工作号召，治理沉陷公路、坑洼路面1.7万平方米，拆除违章建筑217处538个点，清理乱堆乱放4762处，刮除荒草4500万平方米，清理整修排水渠600多千米，整修林树80万余株，补植树木20万余株，取缔店外及占道经营189处。

民生事业持续改善。全年财政用于民生方面的支出达到20多亿元。投资9400多万元的县中医院投入使用；投资5000多万元完成了县城供水、供气管网改造；投资2400万元在全省县级率先建成公共自行车服务系统；投资2.9亿元开工建设了大关线、滨河东路南延两条旅游公路；投资1.5亿元改造了5条200千米县乡公路；投资5000万元实施了100千米农村自然村道路硬化工程；通过公开招聘补充教师44名、医技人员34名；高标准改造23所农村寄宿制学校厕所；山西机电职业技术学院襄垣校区建设加快推进；完成荒山造林1466.7公顷、通道绿化35千米。

（襄垣县人民政府办公室）

# 屯留县

**【自然概况】** 屯留县地处山西省东南部、上党盆地西侧，自古有“古韩要地”“三晋通衢”之称，是长治市“1＋6”上党城镇群之一。全县总面积1142平方千米，地势西高东低，由西向东山区、丘陵和平川各占1/3。辖14个乡镇(区)、294行政村，2016年末总人口27.1万人。

交通便利。境内有太长、长邯、长晋和正在建设的长临高速以及208、309国道贯穿东西南北，公路交通发达。县城距省城太原220千米，距长治20千米，区位优势十分明显，是国家卫生县城、园林县城，全省文明和谐县城、环保模范县城。

生态优美。属于暖温带半湿润大陆性季风气候，四季分明，气候宜人，冬无严寒，夏无酷暑，无霜期160天左右，年平均降雨量600毫米左右。全县用材林面积2.36万公顷，经济林总面积5333.3公顷，宜林山地2.67万公顷，牧坡2.47万公顷。境内地平水浅，土地肥沃，农业生产条件得天独厚，耕地面积4万公顷，素有“米粮川”之称，是全国有机旱作农业试点县、国家综合开发重点县和国家商品粮基地县。

资源丰富。矿产资源有煤炭、硫铁矿、菱铁矿、铅土岩等，其中以煤炭为主要矿产，含煤面积1120平方千米，储量131亿吨。现已探明储量91亿吨，境内有常村煤矿、余吾煤业、郭庄煤业和正在建设的古城煤矿等。全县水资源总量2.05亿立方米，可供开发利用1.1亿立方米。绛河、谷河、岚河三大河流自西向东流经全县，年径流量1.18亿立方米，拥有中小水库23座，人均占有量979立方米。境内地下水贮量0.728亿立方米，漳泽、屯绛两大水库库容在6亿立方的水资源，属于富水区。地上古建遗存249处，境内山水相间，生态良好，可供开发的有老爷山、巍山、盘秀山、绛河、抗日英雄魏拯民故居和女子抗大一分校等。

**【经济发展概况】** 2016年，全县地区生产总值86.68亿元，比2015年增长0.2%；公共财政收入6.47亿元，增长5.5%；规模以上工业增加值50.49亿元，下降2%；社会消费品零售总额15.6亿元，增长7.4%；城镇居民人均可支配收入23884元，增长5.6%；农村居民人均可支配收入13672元，增长6.7%。

项目顺利推进。坚持项目建设不动摇，全力推进总投资216.14亿元的45个重点项目，建成项目11个，太重榆液、宏发木业、天诗合成蜡等重大项目进展顺利。深入开展“五帮五包”入企服务活动，为企业解决各类问题118个。扎实开展项目大起底工作，起底项目130项，梳理问题27个，解决问题10个。加快康庄园区建设，编制完成了园区发展总体规划，集中供热工程投入运行，园区基础设施水平进一步提升。

转型加快步伐。粮食总产量26.4万吨，创历史新高。发展设施蔬菜993.3公顷，完成核桃提质增效466.7公顷，改造扩建养殖场(区)9个，中药材面积达到3333.3公顷。省级“一村一品”专业村达到93个，改善灌溉面积733.3公顷，治理水土流失2293.3公顷。农村土地承包经营权确权登记颁证工作有序开展，发展合作社41家，家庭农场总数达到26家，增加土地流转68.3公顷，农业机械化综合水平达到86%，丰宜镇石泉葫芦山庄获得省级休闲农业和乡村旅游示范点称号。工业转型升级，古城800万吨矿井、王庄矿北栗风井等项目有序推进；潞安太行润滑油、太行药业中药提取技改等项目进展顺利。高新技术企业和科技型民营企业总数达到19家，培育“小巨人”企业1个、“小升规”企业7个，创办中小微企业209户。三产提速发展，老爷山景区、巍山景区建设力度不断加大，签约启动了县城—老爷山—屯绛水库农村旅游公路，着力打造了抗大一分校岗上村旧址爱国主义教育基地。

城乡呈现新貌。映水兰香小区、北大附属长治实验学校等城建项目加快实施；改造扩建城市供水管网3千米，铺设供热主管网7.2千米，县城增加供热面积26.9万平方米，完成白云街和政府东、西巷等道路改造任务，开通两条县城公交线路，结束了县城无公交车历史。完成县乡公路改造工程5.4千米、窄路基路面拓宽改造工程7千米、村通水泥(油)路完善提质工程20.2千米、农村公路生命安全防护工程41.1千米。解决农村饮水不安全人口6000人。扎实推进城乡环境综合整治和“五道五治”行动，组建成立城乡环境卫生管理中心，创建乡村清洁达标村81个，实行垃圾不落地管理175个村，城乡环境显著改善。

融资实现突破。加快搭建融资平台，成立了1个担保公司、4个承贷公司，整合林、水、房等国有资产，建立起担保额度20亿。加快项目包装，完成了旧城改造、学校、医院等19个项目前期包装。积极与省市金融机构对接，省农发行成功授信棚户区改造项目5.55亿元，长治银行确定发放城市建设房屋征收补偿款1亿元，为项目建设提供了强有力的资金保障。

生态提档升级。高标准完成“两山”造林186.7公顷、“两林”富民333.3公顷、“两网”绿化660公顷、四旁植树114万株；县城增加绿化4.03万平方米，绿化覆盖率44.91%，绿地率40.3%，城市人均公园绿地11.8平方米。深入实施环保攻坚行动，全面推进铁腕治污，加大采煤塌陷区治理，完成减排项目18个，提标改造重点企业7家，清理淘汰黄标车、老旧车1303辆，创建生态乡镇1个、生态村4个。空气质量二级以上天数达到283天。

民生持续改善。坚持把脱贫攻坚作为“第一民生工程”，按照“五个一批”“六个精准”要求，结合县域实际，制定出台了产业扶持、光伏扶贫、教育资助、低保提档、医保提标等一系列扶贫政策，投入2032万元，稳定有序脱贫1947人，实现了脱贫攻坚首战首胜。城镇增加就业2583人，创业带动就业492人，转移农村劳动力2560人，培训新型职业农民799人；建成棚户区改造房、公共租赁房727套，改造农村危房560户，建设农村社区老年人日间照料中心5所，城乡基本医疗保险得到整合，发放80岁以上高龄老人补贴109.4万元。改造扩建乡镇幼儿园4所，农村义务教育学校在校生营养餐、农村留守儿童和残疾儿童救助等惠民政策深入实施。县级公立医院改革稳步推进，县中医院住院综合楼主体竣工，县妇幼保健计划生育服务中心办公楼搬迁改造全面完工，建成中医特色乡镇卫生院5所，新农合参合率100%。

(屯留县人民政府办公室)

# 平顺县

**【自然概况】** 平顺位于晋、冀、豫三省交界处，太行山和华北平原的断裂带上，国土总面积1550平方千米，全县辖5镇7乡、262个行政村，总人口16.7万人。

平顺是山水之城。平顺属北方稀有的喀斯特地形地貌和部分丹霞地貌，是八百里太行最巍峨、最壮美的精品地段。全县拥有一处国家地质公园，通天峡、天脊山、太行水乡3个国家4A级景区，豆口、东庄、岳家寨等11个中国传统古村落，大云院、龙门寺、九天圣母庙等14处全国重点文物保护单位，1566处文物古迹散落在1550平方千米的土地上，堪称“中国古代建筑艺术博物馆”。

平顺是药材之都。全县境内东南高西北低，最高处海拔1876米，最低处海拔380米，地势高差大、光照时间长、小气候多样，是中药材生长的理想王国。全县有动植物类中药材300多种，大宗中药材67种，潞党参、连翘、柴胡、黄芩等10多种道地中药材遍布山林。

平顺是一块红色沃土。抗战时期，朱德、刘伯承、邓小平等老一辈革命家在这里生活过、战斗过，是太行精神的重要发源地之一。

平顺拥有丰富的矿产资源、优越的区位优势。平顺地处“黄金人居带”的北纬36～37度之间，全县森林覆盖率41.6%，空气质量二级以上天数始终维持在360天左右，海拔高、湿度低、零酸雨，光照时间长、太阳辐射强、阴雨天气少，是理想的光伏发电、风力发电等新能源产业落脚地。全县已探明的矿产资源有铁、硅、镁、大理石、石英砂等20余种，其中铁矿储量2433万吨，硅矿储量60亿吨，镁矿储量90亿吨，且品位高、易开采。长安高速、中南铁路、国道341公路、省道河潞线穿境而过，两小时进中原，三小时达太原，四小时抵京津，北靠环渤海经济圈，南邻中原城市群，西接上党城镇群，东达沿海发达地区，区位优越、交通便捷。

**【经济发展概况】** 2016年，全县地区生产总值21.1亿元，比2015年增长5%；规模以上工业增加值6.91亿元，增长2.63%；固定资产投资41.24亿元，增长12.7%；社会消费品零售总额8.7亿元，增长7.7%；公共财政收入9418万元；城镇居民人均可支配收入20675元，增长6%；农民人均可支配收入5494元，增长8.7%。

*脱贫攻坚首战首胜*。按照精准扶贫、精准脱贫基本方略，全面推进“六个精准”和“五个一批”，积极引导各种资源向贫困群众倾斜、各类项目向贫困乡村布局、各方力量向脱贫村汇聚。全年共投入财政扶贫资金7038.62万元，增长30.4%，实现财政扶贫资金投入总量和增幅“双增长”；统筹整合使用涉农资金6789万元，协调金融贷款8109万元，补齐了脱贫村的基础设施和公共服务短板；因村施策发展脱贫产业，脱贫村全部实现集体经济收入“破零”；因人施策落实帮扶措施，脱贫人口全部实现“两不愁、三保障”；精准落实教育、卫生、民政、残联等各项扶贫政策，做到“不落一户、不少一人”。2016年全县实际退出49个贫困村，脱贫2597户、7562人，超预定目标982人，脱贫村、脱贫户各项退出指标全面达标，通过了国务院督查巡查组、国务院省际交叉考核组、省第三方评估组、省市委督查考核组的考核评估与验收，申纪兰同志荣获全国脱贫攻坚“奋进奖”。

*文化旅游产业蓬勃发展*。不断加大文化旅游产业的投入和开发，大力推进点线面融合发展。通天峡景区、神龙湾景区等重点景区建设向高端推进，岳家寨、王家庄等乡村旅游示范村提档升级，全县有80个村被列为全国乡村旅游扶贫重点村，带动发展农家旅社287家；新建农副土特产品加工和旅游纪念品开发企业12家，开发产品90余种，越来越多的群众干上“旅游活”，吃上“旅游饭”。2016年，全县共接待游客271.4万人次，增长18%，其中乡村旅游接待游客136.7万人次，增长12%；旅游综合收入19.61亿元，增长17%，其中乡村旅游综合收入7.92亿元，增长13%，全县11个村被列入中国传统村落名录，数量列全市第一、全省第二，西沟展览馆被列入“全国红色旅游经典景区名录”，该县被评为全国十佳生态休闲旅游城市。

*中药材产业惠农富民*。重点发展集科研、种植、加工、仓储、销售为一体的全产业链中药材产业。全县中药材面积3.36万公顷，中药材种植加工企业14家，专业合作社172家，种植户2万户，辐射带动1.2万贫困群众年人均增收1546元；中药材企业吸纳贫困户就业300余人，年均增收3000元。承办了全国第二届中药材联盟会议、全省特色农业产业扶贫现场会，该县被推荐为全国特色产业扶贫中药材范例县。

*新能源产业风光无限*。充分利用荒山荒坡，采取户用屋顶光伏系统、村级扶贫电站、集中式扶贫电站和企业带动四种模式，建成83套光伏系统和13个村级电站，帮助427户贫困户年均增收3000余元；漳泽电力一期30兆瓦光电项目并网发电，项目前期带动144名贫困群众年均增加劳务收入5000元，土地流转补偿惠及贫困户91户，户均补偿2万元；大唐二期30兆瓦风电项目顺利推进，即将并网发电。该县已成为全市建设综合能源产业基地的重要增长极。

*招商引资亮点纷呈*。狠抓招商引资不松劲，先后赴北京、上海、深圳、天津、南京、福建等发达地区开展招商引资活动，主动联络全国500强企业、各大财团来该县考察。成功引进了中船重工、浙江太子龙、杭州汉鼎云能源等23个项目，总投资137.89亿元。积极与福建华闽、哈药集团等大型企业进行对接，争取早日落户平顺、加盟平顺、发展平顺。

*造林绿化强力推进*。扎实推进三北防护林、太行山绿化、退耕还林等造林绿化工程，全年营造林4273.3公顷，建成双创示范村6个。将改善生态环境作为突破贫困的切入点，统筹治山治水，协调增绿增收，扎实做好林业脱贫攻坚“五个一批”，实施完成新一轮退耕还林86.7公顷、经济林提质增效26.7公顷，组建扶贫攻坚专业造林合作社54家，在造林绿化和资源管护中充分吸收贫困劳动力，共帮助3000多名贫困群众稳定增收。

*环境保护卓有成效*。全面开展“铁腕治污”行动，督促6家经营性燃煤锅炉单位实施清洁能源替代工程，对20余家建材企业实施扬尘控制综合治理，对15家石油经营单位实施油气回收治理，淘汰黄标车197辆，有效降低了$SO_2$、烟尘、粉尘、PM2.5和PM10等主要污染物，地表水及饮用水全面达标，各项约束性指标全面完成。全年环境空气综合污染指数始终保持全市第一，二级以上天数达到337天，空气质量全市最好。

*人居环境显著改善*。扎实开展“五道五治”工作，全县共拆除违章建筑365处，清理生活建筑垃圾619处，清理占道经营193处，整治乱停

乱放214处，清理无序广告565处，道路沿线洁化、绿化、美化、亮化水平有效提升。保障性住房完成市定建设任务，381套公共租赁住房全部配租到户；加强城乡水网改造，城东区应急供水工程投入使用，1万余人饮水质量得到改善；实施县城主街道综合改造和强弱电入地工程；全面完成县乡公路改造工程，建设里程284.6千米，全县公路通车总里程达到1413千米，成功申报全国交通运输一体化建设工程项目试点县；实施供热管网改造，扩大县城集中供热覆盖面，供热面积达到116万平方米；无害化垃圾填埋场投入使用，实现了县城及周边7个村的生活垃圾全部集中处理，无害化处理率达到100%，建成1个省级、两个市级美丽宜居示范村，50%的行政村达到了省级卫生标准。

社会事业持续发展。教育事业实现均衡发展。新建和改扩建幼儿园3所，新招聘幼儿教师50名，新建教师周转宿舍106套，义务教育阶段寄宿生营养改善全面提档升级；对县城8所学校进行校园内网升级改造，全县80%学校实现教育城域网“校校通”。

医疗保障体系不断完善。117个村卫生室新建改建工程全部完工并通过验收，12个乡镇卫生院标准化建设任务全部完成，全县94.3%的城乡居民建立了电子健康档案，新农合参合率99.81%。全面推行公立医院改革，深入开展“平安医院”创建活动，石城中心卫生院被评为全国“群众满意的乡镇卫生院”，苗庄中心卫生院和青羊镇卫生院被评为全省“群众满意的乡镇卫生院”。继续实行分级诊疗制度，全面推行同级医疗机构检验检查结果“一单通”。

文化建设成果惠及群众。成功创建省级文明县城，扎实推进文化惠民工程。县级图书馆、文化馆、乡镇文化站免费开放。全年完成送书下乡8次，送戏下乡148场，放映公益性电影3144场，完成了1.4万套广播电视“户户通”安装。

社会保障体系逐步健全。城镇就业、创业、失业再就业人数稳中有升，城镇登记失业率控制在1.68%。按照“一人就业、全家脱贫”理念，大力实施新型职业农民培育、“千村万人”就业培训等工程，全年共培训贫困家庭劳动力2256人。扎实推进低保标准与扶贫标准“两线合一”，农村低保标准提高到3030元。

（平顺县人民政府办公室）

# 黎城县

**【自然概况】** 黎城县位于长治市东北部，地处晋冀豫三省交界，是太行革命老区。全县总面积1101平方千米，其中耕地面积1.92万公顷。辖5镇4乡、242个行政村、13个居民委员会，2016年末总人口16.2万人。黎城是中国千年古县、国家卫生县城、全国文明城镇、国家园林县城、中国绿色名县、中国核桃之乡、中国精品文化旅游县、中国民间文化艺术之乡、国家全域旅游示范区、全国计划生育优质服务先进单位、中国影视文化拍摄基地。

矿产资源丰富。现已发现各类矿产21种，探明储量的有6种。其中，铁矿储量2亿吨，硅矿储量10亿吨，白云石储量20亿吨，钾矿储量5亿吨，石膏矿储量5000万吨。2009年黎城启动煤炭勘探工作，现初步探明，以主焦煤为主的优质煤炭储量在2亿吨左右。目前各种矿产资源中，铁矿优势最为突出，探明总储量2.03亿吨，黎城生产的铁精矿粉，是国内少有的可用来生产高科技粉末冶金的原材料。

自然风光壮丽。黎城地处太行山核心地段，北部山区地形奇特，属丹霞地貌，是八百里太行雄奇风光最为独特的一段，素有“太行画廊”之称。人民大会堂“山西厅”的核桃木刻“太行日出”的原景，就采自该县板山风光。

生态环境良好。黎城气候温和，四季分明，冬无严寒、夏无酷暑，光照充足，雨量适中。年平均气温10.4℃，年有效积温3583.8℃，平均降水量547毫米，无霜期186天。全县森林覆盖率达到50%以上。2016年，县城空气优良以上天数297天，人均公园绿地面积11.3平方米。黎城水资源丰富，境内有清、浊两漳河和漳北、漳南、勇进三大灌区，小泉小水40多处，有“上党小江南”的美誉，是华北地区少有的富水区。特别是源泉水、清泉水和洗耳河水，流量大、流速稳定，经检验属于低钠、低矿化度、含锶较高的优质矿泉水。

交通优势明显。黎城是全国交通大网络上的一个重要枢纽点，素有“三省通衢”之称，309、207国道贯穿县境，长邯铁路、长邯高速公路穿县而过，黎左高速建成通车，长邯高速公路改扩建工程正在实施，黎霍高速即将开工建设。

文化底蕴深厚。黎城历史悠久，文明史长达5000多年，是古黎侯国所在地，“黎民百姓”“洗耳恭听”等成语故事，女娲补天、蚩尤争天等神话传说和许由洗耳、燕王争雄、西伯戡黎等历史典故均产生于此。“黎侯布虎”和“上党落子”被列为国家级非物质文化遗产。黎城是抗战时期太行山抗日根据地的腹心，被誉为“一座没有围墙的抗战博物馆”。黄崖洞兵工厂被誉为“新中国军事工业的摇篮”，小寨村冀南银行是新中国金融事业的发源地。

**【经济发展概况】** 2016年，全县生产总值31.77亿元，比2015年增长3.6%；人均生产总值1.96万元；一般公共预算收入1.61亿元，下降8.53%；农林牧渔业总产值5.4亿元，增长 1.52%；粮食总产量 6.85 万吨，增长 15.15%；工业总产值 72.58 亿元，下降 19.24%；社会消费品零售总额 13.44 亿元，增长 7.9%；全社会固定资产投资 62.10 亿元，增长 9%；城镇居民人均可支配收入 16956 元，增长 6.3%；农村居民人均可支配收入 7790 元，增长 6.3%。

转型升级初见成效。新兴产业日益壮大。中技金谷二期轻钢轻混凝土结构住宅产业化项目建成 4 条生产线，正在筹备新三板上市工作；蓝天燃气煤高效洁净转化项目一期 3 万吨活性炭生产线全面恢复生产，正在筹备上马 1 条废碳再生利用生产线；脂肪醇精细加工项目全面建成。充分发挥龙头带动作用，组建了以协鑫集团为龙头的新能源产业园区。协鑫太阳能光伏发电项目一期 30 兆瓦工程已建成并网发电，补给站项目已投入使用；二期 30 兆瓦工程正在加紧办理各项手续。传统产业提质增效。青春玻璃窑炉技改项目全面完工，年生产平板玻璃 700 万重量箱、中空玻璃和钢化玻璃 200 万平方米；长福焦化煤气发电项目进展顺利；传统产业循环发展，抱团经营，降低生产成本，保持了稳定生产。现代物流产业已成规模。华驰物流 10 万平方米煤炭集运项目全面完工；国新能源物流扩建项目建成运行，发运能力达到 350 万吨；鑫源 300 万吨物流扩建项目按进度推进。装备制造业初具雏形。重点发展了粉末冶金压件生产、白龙运输公司挂车和消防清障车制造、潞安华信公司电机电器生产、山西潞安工程公司钢结构部件生产等项目，装备制造产业初具雏形。

农业调产进展顺利。以优化种植结构为切入点，实施了万亩中药材种植、3333.3 公顷优质小麦种植、6666.7 公顷优质玉米种植等项目，发展原生态农业 2000 公顷；推动农产品精深加工、现代制种、畜牧和水产特色养殖产业快速发展，农业综合生产能力有效提升。核桃、柿子、葡萄等 8 个农产品通过“三品一标”认证。

旅游产业逐步壮大。全面铺开了十大景区、六大徒步生态游览区建设。成功举办了太行红山国际自行车骑行月、中国好声音长治赛区半决赛等丰富多彩、各具特色的节庆活动。借助新闻媒体、微信平台、推介会、宣传广告等形式，大力开展旅游推介。文化旅游产业成为黎城最大的支柱产业。

脱贫攻坚首战告捷。以 9 个贫困村为突破，整体推进脱贫攻坚工作。明确帮扶责任，按照“五帮联动”机制，贫困村实行“五个一”分包制，确保帮扶村率先退出贫困村，贫困人口率先稳定脱贫。创新帮扶措施，8 个贫困村采取“方兴集团＋村集体合作社＋贫困户”的模式，解决了村集体经济破零和贫困户稳定脱贫问题。实施了元南村整村易地搬迁。非贫困村围绕“五个一批”，针对贫困户不同情况，通过生态、产业、教育、政策兜底等不同方式，一户一策，落实到人。整治村容户貌，按照“原有特色，原汁原味”的原则，充分挖掘民俗特色，因村制宜，建立了户容户貌整治 10 项标准，脱贫户户容户貌明显改善。

城乡建设一体推进。以黎侯古城、黎侯老城、桥北新区为重点，全面提升县城承载服务能力。完成了润泉路、教育西街、府后街等 10 多条新区主（次）干道建设，县城框架进一步拉大。新开工城镇保障性住房 471 套，基本建成 576 套；完成农村危房改造 260 户；创建省级美丽宜居示范村 1 个、市级美丽宜居示范村 1 个、县级美丽宜居示范村 25 个。新增县城集中供热面积 30 万平方米，新建污水管网 8.92 千米，县城服务承载能力进一步提升。

民生事业齐头并进。办学条件不断改善。投入 3000 余万元，完成 8 所农村幼儿园改扩建工程；二中餐厅、路堡中学宿舍楼等城乡教学设施基本建成。发放各类惠民资金 2000 余万元。医疗水平稳步提升。投入 5400 余万元，完成妇幼院、疾控中心、卫生监督所和平头、柏峪卫生院业务用房主体工程，中医院业务综合楼开工建设，完成 162 个村卫生室改扩建；扎实推进医疗卫生体制改革，公立医院全部实行药品零差率销售；县医院、中医院与省肿瘤医院、市和平医院等省、市 7 家三甲医疗机构组成联合体，积极开展基层义诊活动，受益群众 4 万余人次。文化事业蓬勃发展。广泛开展送戏、送电影、送文化下乡活动，受益群众 5 万余人次；文化馆、图书馆开工建设；启动实施西井、黄崖洞、上遥 3 个乡镇“乡村文化记忆工程”；乡村文化资源普查建档；完成了黎明、新星剧团资源整合，黎城落子保护工作扎实推进；积极挖掘保护黎氏文化，黎氏广场项目开工建设；完成 9400 套卫星直播户户通工程，农村群众看电视难问题得到有效解决。社会保障更加有力。“金保工程”实现全覆盖，完成新农合、职工医保和城镇居民医保三项医疗保险整合；县级和 4 个乡镇公共就业服务业务用房投入使用；城乡居民养老金全部实现社保卡发放；为 6734 户、1 万余名城乡低保对象发放社保金 2389 万元，做到了动态调整、应保尽保。

环境整治成效明显。环保治理方面，完成金元钢铁、太行钢铁、长福焦化、华太焦化、山西青春玻璃五家企业脱硫脱硝除尘升级改造。完成 38 个“久试未验”和两个“未批先建”项目清理整改，依法取缔 53 家“土小”企业，淘汰黄标车及老旧车 442 辆，取缔燃煤锅炉 28 台。“4＋2”主要污染物减排工作通过环保部核查。生态建设方面，大力实施荒山造林、路网绿化、干果经济林建设等重点林业工程和道路、庭院、公园、裸地绿化等管护工程，新增绿地15万平方米，建成区绿地率38.3%，绿化覆盖率42.6%。停河铺乡靳家街村被住建部认定为"全国第一批绿色村庄"。农村环境方面，发放第三批农村垃圾收集车87辆，实现村均一辆垃圾车。完成了103个省级达标村创建任务。

（郭晓军）

## 壶关县

**【自然概况】** 壶关县地处山西省东南部、太行山东南端，东与河南省林州、辉县两市接壤，西与长治市郊区、长治县为邻，北与平顺县相连，南与晋城市陵川县毗邻，全县总面积1013平方千米，辖5个镇、7个乡、1个经济开发区、390个行政村。2016年末总人口30万人，其中农业人口26.2万人。

境内地势东高西低，平均海拔1252.5米。年均温度9.1℃，无霜期153天，年均日照时数2665小时，平均相对湿度64%，属暖温带季风气候，是一个山区县、农业县和国家扶贫开发重点县。

**【经济发展概况】** 2016年，全县地区生产总值47.9亿元，比2015年增长6%；农林渔牧总产值9.29亿元，增长2.6%；粮食总产量12.33万吨，增长0.68%；规模以上工业增加值19.48亿元，增长4.12%；固定资产投资62.81亿元，增长16.2%；社会消费品零售总额18.52亿元，增长8.9%；一般公共预算收入2.11亿元，因税制改革和去产能调减计划，下降9.98%；城镇常住居民人均可支配收入20620元，增长6.7%；农村常住居民人均可支配收入5243元，增长8.5%。

*脱贫攻坚首战首胜。*严格按照"六个精准""五个一批"要求，制定出台《坚决打赢脱贫攻坚战的实施意见》《十三五脱贫攻坚规划》等系列文件，在13个乡镇（办事处）建立扶贫工作站，层层压实责任，实行挂图作战，做到了靶向治疗，精准施策。大力发展旱地西红柿、大棚蔬菜、光伏发电、乡村旅游等九大特色扶贫产业，培育发展特色种养基地80个，辐射带动120个村1500户贫困户增收致富。创新资产收益扶贫工作，探索推行了"经营主体＋集体经济组织＋贫困户"8种运行模式，整合产业资金8587万元，已实施资产收益项目112个，有101个村实现收益分红，累计分红419.07万元，惠及1万户2.55万人，户均增收410元。坚持"五个结合抓移民、六种模式搞搬迁"，完成915户2550人的搬迁任务，建设13个集中安置点，开工率100%，竣工率77%，投资完成率121%。强化社保兜底，全县贫困群众全部参加城乡居民养老保险和新型农村合作医疗，农村低保对象9936户1.45万人，五保对象1520人，全部做到了应保尽保，全县87个贫困村、1.5万名建档立卡贫困群众如期脱贫，顺利通过了省级第三方评估和省、市两级考核验收。

*发展动能加快成长。*招商引资方面，与全球500强中钢集团和全国500强张家港众智纺织公司成功签约，全年共签约引进项目15个，签约金额106.48亿元。工业方面，中钢特材、晋通磁材等一批产业转型项目取得重大进展，完成投资15.6亿元，占工业的70%以上。现代农业方面，全县农业产业化龙头企业达到20余家，养殖户6000户，规模以上养殖场570个，旱地西红柿种植专业村60多个，花卉种植面积6.7公顷，培育省级名牌产品3个，省级著名商标3个，"壶关党参""壶关旱地西红柿"获得国家地理标志证明商标。旅游方面，全年共接待游客323.6万人次，实现景区营业收入9200万元，旅游社会总收入37.62亿元。现代服务业方面，全县中小企业1286户，个体工商户7527户，其中新增各类市场主体1644户。

*各项改革扎实推进。*金融创新方面，组建4个融资平台，融资规模达10亿元。同时，壶关壶化集团主板上市已处于IPO（首次公开发行新股）预披露阶段，成才教育集团"新三板"上市工作取得实质性进展，晋融村镇银行筹建工作基本完成。公车改革方面，收缴公车328辆，拍卖38辆，公务用车平台运行规范正常。社保体制改革方面，城乡居民养老保险实现并轨，机关事业单位养老保险启动实施，城镇居民医疗保险和新型农民合作医疗正式合并，社保体制由"制度全覆盖"正式实现"人群全覆盖"。同时，积极推进供给侧结构性改革，在全省率先完成赵屋煤业去产能矿井关闭任务，减少产能90万吨。

*生态环境明显改观。*完成旅游线两侧荒山绿化66.7公顷，退耕还林成果巩固薪炭林248.9公顷，干果经济林提质增效200公顷，核桃经济林133.3公顷，未成林造林地管护2400公顷；完成园林村建设4个、古树名木保护20株。累计投资3500余万元，实施县污水处理厂设施提标改造及再生水回用等工程，实现了出水水质由一级B向一级A的顺利升级。大力实施"铁腕治污百日专项行动"，全年共计拆除10蒸吨以下营业燃煤锅炉6台，淘汰黄标车591辆，县城空气质量优良天数达到300天以上，连续第三年荣登"中国深呼吸小城百佳榜"。

*社会事业显著改善。*投资4900多万元，建成了树人学校综合教学楼项目，上马壶关一中初中部迁建工程，新建改建了43所中小学校教学用房、教师周转房，顺利通过国家义务教育发展基本均衡验收。投资1500余万元改扩建9个乡镇卫生院、200个村卫生室，实施了农村60

周岁以上老年人免费健康体检、6岁以下儿童免费健康管理、农村妇女免费宫颈癌筛查等项目。文体馆对外免费开放，数字影城投入使用，美术馆被确立为山西书法院创作基地，全年送戏下乡352场，放映公益电影4680场；新编了壶关秧歌《踹墙》《山寨玉珍》和鼓书《山村绣官》，拍摄完成百集电视系列剧《长治故事》之《警官申飞飞》。不断加大养老保险、医疗保险覆盖面，机关事业单位、企业和城乡居民养老保险参保人数分别达到9738人、6000人、15.24万人；城镇医疗和新型农村合作医疗参保人数分别达到2.95万人、23.63万人，全民参保登记率95%以上。

城乡面貌焕然一新。总投资14.6亿元的旧城拆迁改造、保障房建设、道路照明节能改造、东山旅游园、西山文化园等十大城建项目进展顺利；大力整治县城交通秩序、经营秩序，顺利通过"全国文明县城""国家卫生县城"复审验收，被省政府表彰为全省城乡爱国卫生清洁运动综合考核先进县。树掌镇入选山西省第五批历史文化名镇，百尺镇西岭底村、树掌镇神北村、店上镇瓜掌村3个村被住建部命名为第四批"传统古村落"。积极开展"五道五治"专项行动，累计拆除违章建筑286处、3.13万平方米，完成率分别为87.5%和89.9%，城乡面貌大有改观，焕然一新。

（壶关县人民政府办公室）

# 长 子 县

**【自然概况】** 长子县地处山西省东南部、上党盆地西侧，全县总面积1029平方千米，平均海拔910米，县城海拔900多米。共辖7镇、5乡、2个管理中心，399个行政村。2016年末总人口37万人。年平均气温9.3℃，森林覆盖率28%，县城绿化覆盖率45%。县城距市区仅20千米，是全市"1＋6"上党城镇群县区之一。太焦铁路、中南铁路贯通全县，中南铁路沿线最大的铁路编组站建在长子。

**【经济发展概况】** 2016年，县域地区生产总值111.9亿元，增长6.2%；人均地区生产总值3.08万元，增长15.2%；固定资产投资143.2亿元，增长16.5%；财政收入9.03亿元，增长17%；工业增加值完成65.7亿元，增长4.2%；粮食总产量24.51万吨，增长3.8%；农林牧渔业总产值20.67亿元，增长4.55%；城镇居民可支配收入26193元，增长7.5%；农村居民可支配收入12574元，增长6.9%。

产业结构日趋合理。2016年，煤炭产量1980万吨，工业增加值65.7亿元，增长4.1%，位列全市第三。连翘种植7066.7公顷，新发展优质蔬菜933.3公顷，新增畜禽饲养量700万只(头)。农业龙头企业实现销售收入27亿元，增长13%，农产品加工转化率达到50%。第三产业增加值增长10.5%，拉动全县经济增长3.1个百分点，对地区生产总值增长的贡献率49.3%，服务业成为拉动经济增长的主引擎。三产比例为10.3∶61.6∶28.1，产业结构明显优化，转型步伐明显加快。

社会事业发展力度加大。全面建成全省首条县级地下综合管廊，开工建设了全省面积最大的棚户区改造工程，荣获全省"多规合一"试点县称号。铺开城市基础设施、公共服务和城中村棚户区改造项目15个，完成投资13亿元，是2015年投资总额的7倍。征收拆迁房屋60多万平方米，占县城总建筑面积的15%。"一区两线四环六纵五横多点多片"城市建设框架初见成效，城镇化率较2015年提高2.3个百分点。开展"五道五治"，拆除违章建筑697处、5万平方米。投资1.3亿元，完成158千米县乡村道路修复改造工程。投资2.3亿元，完成改善农村人居环境年度建设任务，创建14个美丽宜居示范村，城乡面貌发生了巨大变化。认真落实免费公交、"五老"补贴、幼儿教育免学费等惠民政策，扎实抓好三大基地种养补贴、脱贫攻坚十项扶持政策等惠民举措，发放各类补贴3.9亿元。提高农村主干岗位报酬待遇，人均工资达到2.4万元。增发公务员工资、事业单位工作人员工资、离退休人员养老金共计3135万元，发放公务员公车补贴1080万元。全年公共财政用于民生支出达到7.9亿元，占一般公共预算支出的70%以上，全县各类群体都充分享受到了公共财政的阳光普照。

扶贫工作成效明显。通过建档立卡"回头看"，全县共精准识别贫困人口1.5万人，提出"五年任务三年完"的奋斗目标，制定了"短期靠劳务、长期靠产业、兜底靠政府"的脱贫路径，认真落实10项帮扶政策，依托连翘、蔬菜、畜禽养殖、烤烟生产、小杂粮五大脱贫产业，变"输血"为"造血"，推行"193"指挥部运行机制，发挥好包村领导、驻村工作队、第一书记"三支队伍"作用，举全县之力加快脱贫攻坚，2016年实现4529人稳定脱贫。

（长子县人民政府办公室）

# 武 乡 县

**【自然概况】** 武乡县位于太行山西麓、山西省东南部、长治市最北端，总面积1610平方千米，辖9个乡、5个镇、1个农业开发区，377个行政村，942个自然村。2016年末总人口21万人，其中农业人口17.8万人，贫困人口3.25万人，是全国592

个、全省36个扶贫开发工作重点县之一。

【经济发展概况】 2016年，全县地区生产总值51亿元，比2015年增长5.7%；规模以上工业增加值23亿元，增长2.6%；固定资产投资35亿元，增长12.7%；公共财政收入3.4亿元，增长3%；社会消费品零售总额13亿元，增长8.6%；城镇居民人均可支配收入21058元，增长5.9%；农民人均可支配收入5950元，增长9%；居民消费价格涨幅控制在3%以内；城镇新增就业岗位1461个，城镇登记失业率控制在1.97%以内。

脱贫攻坚夺取首战首胜。加大特色产业扶贫力度，巩固和发展特色种植业，全县核桃经济林9333.3公顷，梅杏种植面积1666.7公顷，油用牡丹突破666.7公顷，食用菌30.4公顷；积极开展"龙头企业+集体经济+贫困户"的资产收益扶贫试点，受益贫困户1838户。13个易地扶贫搬迁安置点全部开工建设，全县54个贫困村整村退出、9868人稳定脱贫。顺利通过了国务院扶贫办和山西省政府第三方评估，2016年9月，被中央农村工作领导小组、人民日报社表彰为"中国扶贫·政府创新奖"。

产业升级步伐显著加快。三次产业结构比例进一步优化为6.4∶46.2∶47.4，三产比重首次超过二产。全年粮食总产量110万吨；鸡、猪、牛、羊特色健康养殖规模不断扩大，全县牧业产值5亿元，增长6%；农民专业合作社1183个。全年压减煤炭产量130万吨。山西潞安温庄煤业120万吨/年技改扩能项目、恒盛洗煤300万吨/年洗煤项目正式投产运行；王家峪煤业120万吨/年技改扩能项目实现联合试运转；成功举办第六届八路军文化旅游节，顺利完成八路军零散烈士集中安葬三期、太行龙洞、板山等景点景区基础设施改造及"两园一剧"提档升级等工程。全年接待游客315万人次，增长15%；旅游总收入36亿元，增长15%，成功入选国家全域旅游示范区。

项目建设发展势头强劲。实施投资500万元以上项目117个，总投资139亿元。其中山西多维牧业有限公司秸秆养羊示范项目达到存栏5000只规模，全省养羊青年农场主培训基地投入运行；广志水库大坝顺利封顶；县城新区道路PPP新型城镇化(首期)项目SPV公司由省四建集团发起成立，被评定为2016年全市唯一的省级PPP示范项目；紧抓民企入晋、国际能源博览会等机遇，全年签约项目36个，签约额152亿元，到位资金25亿元。

民生保障水平着力提升。2016年县财政民生支出达到9亿多元。完成武乡一中和太行小学运动场地建设、47所中小学校舍维修改造。县城供热管网延伸、新建水源地、宽带网络建设等设施提升工程全面完成；投资4352万元，完成农村电网改造16个村43千米。加快保障房建设，汇宝佳苑住宅小区全面完工，金蓉佳苑住宅小区主体封顶；完成危房改造1167户。投资880万元，完成80辆纯电动出租车更新投用，成为全省第一个全部更新比亚迪e6型出租车的县。

改革创新持续迸发活力。农村土地承包经营权确权登记颁证工作顺利推进，核实公示213个村。推进商事制度改革，实施企业"五证合一"和个体工商户"两证整合"，新增登记企业1142家。成立了通畅公路建设工程有限公司、恒基建设工程有限公司、富景房地产开发有限公司三个融资平台。推出"助保贷""税易贷""扶贫再贷款""支农再贷款"等金融新产品，全年累计发放贷款16亿元。推进"一园两网六中心"建设，京东、苏宁、乐村淘三大电商平台落户该县，发展微店、微商712家。开展了岭头梨花节、权店梅杏赏花采摘节等一系列宣传推广活动，为全县5000多贫困户网销小米2000吨，户均增收1000多元。

（武乡县人民政府办公室）

## 沁 县

【自然概况】 沁县位于山西省东南部、长治市北部，太行、太岳两山之间，东接襄垣、武乡，南邻屯留，西连沁源，北倚平遥，自古有"冀州门户、潞泽咽喉"之称。全县辖6镇7乡、306个行政村、6个社区，总面积1318平方千米。2016年末总人口18万人。平均海拔1000米左右。境内水土资源丰富、生态环境良好，有大小泉水270多处、河流126条、湖泊湿地30余处，水资源总量1.21亿立方米。全县耕地面积4万公顷，是中国名米"沁州黄"的原产地。

【经济发展概况】 2016年，全县地区生产总值23.5亿元，人均地区生产总值1.31万元，一般预算收入8789万元，农林牧副渔业总产值10.1亿元，粮食总产量18.6万吨，工业总产值8.51亿元，社会消费品零售总额9.83亿元，城镇人均可支配收入17489元，农民人均可支配收入5650元。

产业开发迈出新步伐。沁州黄中老年米粉加工、汾酒集团生态循环产业、太焦高铁站点、光伏发电扶贫等一批骨干项目加快实施。2016年累计签约项目20个，签约金额111.94亿元。策划包装PPP项目28个，推行了政府与社会资本合作的市场化融资新模式。项目建设带动优势产业健康发展，新增沁州黄谷子666.7公顷、高粱333.3公顷、油用牡丹2666.7公顷、中药材666.7公顷、设施蔬菜333.3公顷，改造核桃低效林600公顷，畜禽养殖千万头(只)以上,有机认证基地面积1.67万公顷。成功举办第八届端午民俗文化节,拉动服务业持续升温,杨安乡瓮城山、定昌镇下曲峪、新店镇徐阳村、漳源镇漳河源头等乡村旅游呈现出蓬勃发展的良好态势。

脱贫攻坚有了新突破。圆满完成1903户、5752人和31个村的整村脱贫任务。沁县代表山西省接受"国考",顺利通过省级第三方评估和国务院脱贫成效考核验收。"企业+""党建+"等扶贫模式受到上级领导充分肯定。全省农信系统金融精准扶贫工作现场会在该县召开,金融扶贫做出了有益探索。

社会事业有了新进步。实施了职业中学、实验中学、第五中学、第六中学、册村中学、册村小学校舍新、改建等一批教育基础设施建设项目,新建6所农村幼儿园;招聘特岗教师30名、高中教师10名、幼儿教师35名。建设村级标准化卫生室125个,改造3个乡镇卫生院,民营沁州医院投入运行。人均基本公共卫生服务经费45元,城乡居民基本医疗保险财政补助标准410元;城镇新增就业1718人。城镇登记失业率控制在1.07%。解决了22个自然村8858人的农村饮水安全问题;改造农村危房1270户、棚户区451套,建成保障房560套。县城图书馆、乒羽综合训练馆等文体活动场馆建成使用;"中国曲艺之乡"品牌叫响三晋,沁州三弦书《好支书龚来文》列入国家艺术基金项目。

城乡面貌发生新变化。县城控制性详细规划覆盖率达到65%以上,5个重点镇总体规划编制完成。供水管网升级改造工程全面启动,维修更换管网8千米。改造背街小巷9条3000多米。主城区新建旅游公厕8座。县城建成区绿化覆盖率46.5%,绿地率39.1%。新一轮退耕还林提前启动,新造林2733.3公顷。西汤水库新建工程进展顺利,涅河河道治理项目主体完工。节水灌溉增加1000公顷。县城污水处理厂提标升级。淘汰黄标车及老旧车415台。实施农村公路完善提质29条58.7千米、农村旅游公路12千米、路面拓宽改造6千米、生命防护工程21千米。生态环保能力进一步提升,县城空气质量达标天数名列全市第一。

(沁县人民政府办公室)

## 沁源县

**【自然概况】** 沁源县位于山西省中南部、太岳山东麓、长治市西北,处在晋东南、晋南、晋中交会之地,西汉置县,初名谷远,后因地处沁河之源而得名。总面积2549平方千米,辖5镇9乡、254个行政村,2016年末总人口16万人,其中农业人口9万人。县域森林面积14.67万公顷、天然牧坡7.53万公顷,森林覆盖率超过57%,是全国天然林保护重点县、全国"油松之乡",省级限制开发重点生态功能区。沁源物产资源丰富,煤炭总储量128亿吨,是全国重点产煤县和全省主焦煤基地县;全县道地中药材资源有564种,盛产连翘、黄芩、党参、柴胡等20多种中药材。沁源文化遗存较多,主要景点景区有灵空山、沁河源、花坡等自然景观,太岳军区司令部旧址、抗日围困战纪念馆等红色文化景观,圣寿寺、菩提寺等宗教文化景观。

**【自然概况】** 2016年,全县地区生产总值102.9亿元,比2015年增长4.5%;工业增加值68.9亿元,增长2.5%;固定资产投资108.3亿元,增长1.3%;社会消费品零售总额23.4亿元,增长9.2%;公共财政收入7.42亿元,增长2.8%;城镇居民人均可支配收入30438元,增长6.8%;农村居民人均可支配收入12745元,增长7.1%。

产业转型扎实推进。实行煤炭减量化生产,推进新升等7个现代化矿井建设改造,全年生产原煤1110万吨、甲醇等化工产品5.6万吨,发电7.1亿千瓦小时。加快"一县一业"脱毒马铃薯和连翘发展,沁源马铃薯获得国家地理标志证明商标。特色种养业规模不断扩大,功能农业开展试点。启动了2.5千米县城沁河体育健身慢廊建设,太岳军区司令部旧址项目主体完工。

城乡建设有序推进。机关幼儿园二期等项目竣工。新开工保障性住房404套,基本建成729套,供气管网、供热管网、垃圾处理、污水处理等基础设施建设有序推进。完成农村危房改造1260户、地质灾害治理搬迁21户。实施农村公路建设90千米,"两高一铁"项目有序推进。沁河源头抗旱应急引水工程胜利完成,解决了21个村7500余人的饮水安全问题。实施农村电网改造工程,110千伏曹家园变电站竣工运营。

生态建设持续加强。沁河生态修复与保护规划编制工作有序推进。实施造林绿化1466.7公顷,县城新增公共绿地15万平方米。加强大气、水、土壤污染治理,认真开展"铁腕治污百日专项行动"等环保执法检查。沁河地表水水质稳定达到Ⅲ类标准,优良天数比例87.4%。

民生事业持续改善。脱贫攻坚首战首胜,圆满完成2635人的年度脱贫任务。启动第二轮教育质量提升工程,被省教育厅确定为全市唯一一家"义务教育学校标准化管理"改革试点县。全面落实全民健身行动计划,实施"文化惠民""文化下乡"工程。推进省级公立医院深化改革示范县建设,新农合住院补偿比例提高5个百分点,县乡村三级医疗服务质量稳步提升。千方百计扩大就业,新增城镇就业2542人,城镇登记失业率控制在2.8%以下。城镇低保标准、五保户供养标准均有提高。

（沁源县人民政府办公室）

## 长治高新技术开发区

**【自然概况】** 长治国家高新区1992年11月经山西省人民政府批准成立，是山西省最早成立的5家开发区之一，2015年2月经国务院批准升级为国家高新区。2017年4月扩区后，全区规划面积104.31平方千米，其中起步区4个工业园总面积40.68平方千米。2016年末常住人口10万人，其中户籍人口3.17万人。

**【经济发展概况】** 2016年，全区完成营业收入220亿元，比2015年增长15.78%；工业总产值175.3亿元，增长12.37%；工业增加值94.1亿元，增长8.16%；地区生产总值111.1亿元，增长8.92%；财政总收入16.99亿元，增长5.58%；公共财政预算收入6.55亿元，增长22.64%；一般预算收入2.21亿元，增长18.42%；固定资产投资13.1亿元，增长29.4%。

*产业发展步伐加快。*持续加大招商引资力度，成功举办了中国知名民企创新成果推介会、新材料新技术创新项目推介会等招商引资活动，引进了厦门万佳城市综合体、中石油煤层气生产调度与开采技术先导实验基地、奥科植保无人机、易捷互联网大数据分析等大项目、好项目。全年招商引资签约项目18个，总投资60.7亿元；完成外贸出口任务176万美元。同时强势推进了总投资71.32亿元的39个项目，其中，久豪电动汽车充电桩、炎黄照明新型玻璃LED等19个项目顺利竣工或投入生产。

*科技创新亮点频出。*坚持走产学研一体化发展路子，持续深化与中国科学院、中国军事医学科学院、清华大学、北京大学、英国曼彻斯特大学等高等院校和科研院所的合作，涌现出新型玻璃LED、雾霾沉降路灯、激光再制造、高效抗艾滋病病毒多肽药物、单层石墨烯等一批国际国内领先的新技术或新产品。全年申报11家企业全部通过高新技术企业专家评审，久安人工心脏研发院士工作站、德益高功率储能技术博士工作站顺利通过评审。山西佰和园技术中心被认定为省级中小企业技术中心。忠慧育乐园被评为山西省少儿科普基地。全年高新技术企业完成营业收入135.63亿元，增长5.85%，占全区的61.65%；纳税10.36亿元，增长1.67%，占全区的60.98%。

*发展环境更加优良。*积极创优发展环境，全年共投入基础设施建设资金1482万元，完善了工业园区基础设施。研究出台《长治高新区关于推进科技创新金融振兴民营经济发展的实施意见》和《长治高新区财政科研项目和资金管理办法》，加强对创新性人才和项目的扶持力度。财政金融担保公司注册资本金增加至1亿元，更好地为企业提供融资担保服务。加快推进产业基金和发行债券工作。山西凯康电梯股份有限公司成为2016年长治市唯一在新三板上市企业。深入开展干部入企服务工作，紧紧抓住国家直供电改革的契机，高新区与漳泽电力签署战略合作协议，打破直供电只是针对用电大户的限制，创造性地将园区企业整体打包、抱团用电，每年可帮助园区企业节约电费1600余万元。

*城市建设日新月异。*持续加大城中村改造力度，截至2016年底，共完成拆迁870户，拆迁面积30.64万平方米，开工建设面积152.5万平方米，建成84.4万平方米，回迁安置148户，完成投资33.2亿元。稳步推进棚户区改造，共开工建设保障性住房1003套，其中货币化安置308套；建成721套，完成投资3.55亿元。完成了北二环路、延安北路的道路征迁工作，保证了两条道路顺利建设。扎实开展文明城市创建、大气污染防治、“五道五治”、燃煤清零、“铁腕治污”等工作，进一步提高了城市建设管理水平。

*社会事业统筹推进。*加大对民生事业投入力度，重点推进火炬中学改扩建、容海学校新建、中心医院建设、消防站建设等城建重点工程，进一步完善了全区的教育医疗等基础设施。着力提升社会保障能力，为低保户、优抚对象、“五老”人员、一户多残家庭、失独家庭等弱势群体发放补助金250余万元。

（长治高新技术开发区办公室）

# 晋　城　市

**【自然概况】** 晋城市地处山西省东南部、太行山最南端，辖6个县（市、区），总面积9490平方千米。2016年末全市常住人口232.09万人，比2015年增长0.1%。是中国优秀旅游城市、全国卫生城市、全国创业先进城市、国家森林城市、国家园林城市、国际花园城市，也是国家循环经济示范市、低碳城市试点市和新能源汽车示范城市，是山西省煤机、煤层气装备制造产业基地。

晋城区位优越，生态良好，在山西率先实现县县通高速公路，密度全省第一。晋城气候温和，雨量充沛，夏无酷暑，冬无严寒。海拔在600～800米，年均气温12.5℃，森林覆盖率39.2%，居山西第一，是名副其实的“宜居之城”。晋城资源丰富，优势明显，是全国重要的无烟煤基地、煤层气基地和煤化工基地。

其中煤炭资源最具优势，素有“煤铁之乡”的美誉，已探明无烟煤储量占全国1/4以上，山西省1/2以上。煤层气地质储量6141亿立方米，探明储量3256亿立方米，是全国煤层气资源勘探程度最高、最具开发潜力的煤层气气田。晋城从事上游煤层气地面开采的企业主要有10家，抽采能力达到35亿立方米/年，2016年全市煤层气抽采量预计可达30亿立方米。晋城历史悠久，名胜众多，是华夏文明的重要发祥地之一。《康熙字典》总编撰、小说《大清相国》主人公陈廷敬，人民文学家赵树理等历史名人，以及台湾巨商郭台铭都是晋城人。据统计，晋城现存宋金以前地面结构古建筑约占全国同时期的1/3，居全国之冠，有“中国古建筑宝库”之称。其中，国家级重点文物保护单位65处，省级23处，市级512处，居山西省第一。全市现有国家级、省级历史文化名镇名村46处，居山西省第一。全市共有国家A级旅游景区27个，其中5A级景区1个，4A级景区7个。

**【经济发展概况】** 2016年，全市地区生产总值1049.3亿元，比2015年增长3.9%；人均地区生产总值4.53万元，增长3.6%；一般公共财政预算收入89.3亿元，下降4.9%；农林牧渔业总产值95亿元，增长0.74%；粮食总产量90.05万吨，下降6.4%；规模以上工业总产值833.9亿元，下降3.9%；社会消费品零售总额386.2亿元，增长7.6%；城镇居民人均可支配收入28223元，增长5.9%；农村居民人均可支配收入11635元，增长6.6%。

*潜力活力显著增强。*与省农发行签署200亿元的战略投资合作协议，与中船重工集团签署110亿元的项目投资协议。与省晋能集团、省能交投集团、省民航局、省金控集团进行项目对接。三次赴深圳与郭台铭总裁会谈，就富士康高技术玻璃项目落户晋城达成意向。组织企业家和市直有关部门赴上海自贸区、苏州工业园学习考察，引进上海临仕激光科技公司、上海迪威尼生物制造两家企业落户晋城。派6名同志赴上海商务部国家产业转移中心、上海漕河泾开发区、张江高科技开发区、松江开发区进行挂职招商。聘请郭台铭总裁、范守善院士和霍国庆教授担任市“双创”促进会顾问，聘请上海漕河泾开发区元老陈青洲博士担任晋城市政府产业发展总顾问，聘请南开大学旅游与服务学院院长白长虹为晋城市政府旅游顾问。

*新的动能正在蓄积。*兰花20万吨己内酰胺、纳米碳酸钙项目正式投产，清慧5000万件轨道交通新型材料项目、山西迪威尼生物高科技制造项目、中船重工风电总装维护基地项目开工建设，富士康摩拜单车项目产品正式下线。晋城海关、晋城商检、兰花保税物流中心正式运营。积极与国家发改委、交通部、民航局等对接民用机场前期建设事宜。陵沁路西北环改线工程正式通过省交通厅评审。

*民生改善持续提高。*全年民生支出143亿元，占总支出的82.6%。旅游职业教育集团挂牌成立，省定12所新建改建农村幼儿园全部完工，沁水县通过了国家义务教育发展基本均衡督导评估认定。晋城大医院新门诊楼正式投入使用。在全省率先启用居民健康卡“一卡通”，最早启动失业保险“四项补贴”的申领发放。市区提前半个月实施集中供暖。新农合人均筹资标准由470元提高到540元，参合率达99.31%。新增3种医保门诊慢性病病种，病种数、待遇水平均在全省领先。城乡低保标准每人每月提高30元。农村危房改造2370户，新开工城市棚户区改造6045套。

（陈高晋）

# 晋城市城区

**【自然概况】** 晋城市城区位于山西省东南部、晋城市中心，地理坐标为东经112°45′10″～112°55′08″，北纬35°24′55″～35°35′45″。总面积142.59平方千米，2016年末总人口49.29万人。辖1个镇、7个街道办事处，设有75个社区委员会、62个村民委员会。是晋城市的政治、经济、科技、文化、金融中心。

**【经济发展概况】** 2016年，全区生产总值249.8亿元，比2015年增长5%；人均地区生产总值5.08万元；固定资产投资334.9亿元，增长6.3%；粮食总产量7073吨，减产15.7%；社会消费品零售总额204.7亿元，增长7.9%；规模以上工业增加值8.9亿元，下降9.1%；公共财政收入8.9亿元，下降6.8%；城镇居民人均可支配收入30168元，增长5.9%。

*改革发展动能增强。*制定全区转型综改五年实施方案并完成了年度综改任务。西北片区和北石店镇“四化同步”两个市级试点建设持续深入，北石店镇被纳入第三批国家新型城镇化综合试点。财税金融改革力度加大。全面实施营改增，为各类企业减负近1亿元；创新“政银企”合作模式，引金融活水润实体经济，为14户企业提供倒贷周转金5985万元，为19家小微企业发放“助保贷”5115万元。工商登记制度改革不断深化。变“三证合一”为“五证合一”，提高了市场主体准入的便利化水平，全年新登记注册各类企业848户，新增注册资金4.2亿余元。村(社区)改革初见成效。土地确权有序推进，农村产权流转交易市场体系加紧建设，以南街办事处金华社区为试点的村(社区)集

体产权制度改革取得突破。公车改革工作圆满完成。

产业升级步伐加快。114 项省市重点工程扎实推进，“六位一体”各项指标全面超额完成。民间投资继续发挥主体作用，完成投资 310.4 亿元，增长 28.4%，占全区固定资产投资比重的 92.7%；电商、养老、休闲、文化等成为产业投资新方向、居民消费新热点，信息传输、软件和信息服务业投资增长 186.7%，文化、体育和娱乐业投资增长 85.2%，全年网络零售额增长 22.6%，达到 4592 万元；麦当劳、优衣库、上海世纪华联等一批知名品牌成功入驻，以兰花城、电子商务产业园、“幸福苑”等为引领的新项目、新业态、新模式亮点纷呈，服务业对全区经济增长的贡献率达到 88.5%。工业经济缓慢复苏，23 家规上工业企业利润降幅收窄，北石店工业园区建设正在推进；农业发展增势迅猛，司徒小镇、景熙绿谷生态园强势引领，十大农业园区的品牌示范效应进一步显现，全区三次产业发展更加协调，产业结构更加优化，产业整体质量有效提升。

城乡一体协调推进。把城市建设作为推动全区经济持续健康发展的重大战略举措，加快以路网建设为龙头的片区改造开发，彻底解决了太行印刷厂历时三年之久的征补遗留问题；实现了景西北路全线通车，破解了制约工程建设的管网迁改、水浇地置换、资金筹措等瓶颈问题；西北片区“两横三纵”路网骨架基本成形，沿线城中村改造及基础管网、学校工程、河道景观建设有序推进，城市配套功能日趋完善。北石店新区开发提速，富鑫广场招商、海斯药业用地、城中村（棚户区）改造、河道治理等重点难点工作取得突破性进展。协调推进了带状公园、时家岭公园、汇仟街、龙潭路、207 国道改线等重点项目进地建设，东南片区开发改造步伐加快。全区城中村改造累计投资 21.3 亿元，新增建筑面积 96.5 万平方米。积极探索村级经济发展和美丽乡村建设新机制、新路径，涌现出大车渠、东上村、南掩、金华、东岭巷等各具特色的先进典型。

人居环境大为改善。推进了“三山两河一场”六大生态龙头工程建设，吴王山公园后期围护、玉屏山生态治理和苇匠生活垃圾填埋场环境整治等重点工程全部完工，白马寺山至吴王山绿道基本成形，北石店河治理工程稳步推进，书院河治理工程即将立项。4 个村庄的绿化和 1 处街头绿地建设任务圆满完成。强力推进了以雾霾治理为重点的大气污染防治工作，清理煤堆、煤泥堆、煤矸石堆等各类堆场 83 处，清运煤泥、煤矸石约 26 万吨，取缔土小企业 41 家；整治露天烧烤 48 家；对 1703 家不达标经营户实施了清洁能源改造；集中开展优质型煤供应工作，从源头上遏制了环境污染。大力开展城乡清洁行动，高标准完成农村 500 户改厕任务，新增农村煤层气用户 1497 户，农村生产生活条件进一步改善。

社会大局和谐稳定。全年民生支出 14.3 亿元，比 2015 年增长 14.7%，占总支出的 85.3%。就业创业工作超额完成任务，全年新增就业 6321 人，创业带动就业 2176 人。社会保障覆盖范围继续扩大，基本养老保险和医疗保险实现全覆盖；机关事业人员全部纳入工伤保险统筹范围；城镇居民医保和农村居民新农合的财政补贴提高到 420 元；为 5405 名退休职工月均增资 161 元；建筑业农民工参加工伤保险参保人数达 2.1 万人；城乡低保标准分别提高到 511 元、273 元，共保障 3158 户、6237 人；为 750 户住房困难家庭发放了廉租房补贴。晋城八中、十一中、十二中投入使用，书院小学、东王台小学完成主体，北石店中心幼儿园、花园小学、北石店中心卫生院开工建设，程颢书院二期、晋冀鲁豫野战军十二纵队整军旧址、吕祖坛和怀覃会馆等文物修缮工程有序推进。

（晋城市城区地方志办公室）

# 泽 州 县

**【自然概况】** 泽州县环绕晋城市区，形似一片枫叶，是山西通向中原的重要门户，史称“河东屏翰”“冀南雄镇”。东与陵川县相连，西与阳城、沁水县衔接，北与高平市毗邻，南与河南省济源、博爱、沁阳等县市交界。县域面积 2023 平方千米，辖 14 镇 3 乡、635 个行政村（居委），2016 年末，全县总人口 49.17 万人。耕地面积 4.8 万公顷。

泽州县是华夏文明最早的发源地之一，有三万年前的新石器时代文明遗址，有女娲补天、孔子回车等许多人文历史传说。境内有国家级重点文保单位 19 处，曾哺育和造就了唐代著名佛经注疏家高僧慧远等历史文化名人。

境内矿产资源丰富，全县含煤面积 420 平方千米，占全县总面积的 1/4，煤炭探明储量 48 亿吨，是全国重要的无烟煤基地。全县水资源总量 3.54 亿立方米，是华北地区相对富水区。

**【经济发展概况】** 2016 年，泽州县地区生产总值 218.5 亿元；固定资产投资 226 亿元；一般公共预算收入 12.4 亿元；农林牧渔业总产值 27.45 亿元，粮食总产量 23.7 万吨；社会消费品零售总额 38.6 亿元；城镇居民人均可支配收入 29333 元；农村居民人均可支配收入 13129 元。

转型升级初见成效。“两带四板块”“五化”同步产业布局稳步推进。以长河经济带为重点，坚定走转型升级稳煤之路，煤电、煤化、煤企联盟深入推进，煤炭就地转化率不断提高，煤化工产能提高15%，煤层气转换率提高27%；以丹河生态旅游文化产业带为重点，坚定走全域旅游兴旅之路，成功入选全国第二批“国家全域旅游示范区”创建单位，被评为“全国生态特色旅游县”；以巴公板块、南村板块为重点，坚定走集群发展强铸之路，南村铸造园区建设启动、巴公装备制造园区集聚效应进一步提升，传统铸造开始迈向高端制造；以南部山区板块为重点，坚定走健康绿色优农之路，“一县一业、一乡一特、一村一品”持续提升；以金村板块为重点，坚定走低碳智慧育新之路，“四新经济”不断涌现，全县三次产业结构比重由2015年的6.0∶63.7∶30.3调整为6.4∶61.7∶31.9。

产业发展不断优化。重点项目“六位一体”目标任务全面完成，75个重点项目进展顺利。煤化工产业，天泽4060、兰花己内酰胺、纳米碳酸钙建成投产，晋煤华昱煤电化循环项目建设步伐加快。煤电产业，都宝、润红、寺河3个瓦斯发电厂并网发电。现代服务业，晋城海关、兰花物流保税中心运营，“泽州坊”“乐村淘”等电商平台覆盖面进一步扩大。全年新创办实体企业314家，增长18%；新增个体工商户1001家，与2015年持平。旅游产业，成功举办了2016“秋风古韵·畅游泽州”首届文化旅游节，大阳古镇、栖龙湾景区建设加快，可寒山成功创建3A级景区，珏山5A级景区创建总体规划通过评审；推进农旅一体发展，建设农业庄园26个，建成绿道42千米。全年接待游客753.3万人次，增长21.5%；实现旅游收入62.3亿元，增长15.6%。

发展活力日益增强。聚焦突破瓶颈障碍，积极推进深化改革，释放发展活力。农村集体经营性建设用地入市试点，修订完善了13项规章制度，完成10宗9.97公顷土地入市，实现了入市途径和入市方式全覆盖；国家级新型城镇化综合试点，邀请国家发改委制定实施方案，通过了国家中期评估；巴公国家级新型城镇化综合试点和省级转型综改扩权强镇试点，修订“五规合一”规划，建立了“一枚印章管审批”机制；金村镇国家级建制镇试点有序推进；南岭贫困山区转型综改试点，一路一桥一馆一校一坊“五个一”工程推进有序。加快国企改革民企股改，列支5000万元专项资金，国企改革出台《天泰公司加快改革提效指导意见》，理顺了天泰公司管理体制；民企股改出台《泽州县关于加快推进民营企业规范化改制上市的实施意见》，4家企业在新三板、E板、Q板上市。

城乡环境焕发新貌。主动融入全市“六区联动”发展，全力加快金村新区建设，丹河龙门湿地公园一期建成开园、二期开展前期、三期完成合作，丹河西路、碧水街建成通车，太岳街、西岭街加快建设，县政府驻地变更上报民政部待批。配合市政府谋划推进高铁新区和空港新区，民用机场选址正在进行，太焦高铁和通用机场有序推进。深入推进“美丽乡村”建设，3镇5村采煤沉陷区搬迁安置项目全面启动，新增集中供热面积54万平方米、煤层气用户7013户，城中村改造新开工1538套，危房改造完成210户，改建卫生厕所6000座，开工建设3个污水处理工程，建成3个垃圾填埋场。持续加强生态建设，开展了改善环境质量“百日攻坚战”“铁腕治污”等专项行动，空气质量综合指数下降3.7%，优于二级天数增加50天。强化水生态治理，丹河人工湿地四期投入使用；加强农田水利基本建设，任庄水库除险加固完工蓄水，荣获全省“禹王杯”先进县称号；病死畜禽无害化处理工作全省现场会在该县召开；绿化造林167.9公顷，森林覆盖率达36.7%。

社会民生持续改善。狠抓脱贫攻坚，全面实施精准扶贫“255”工程，10个村脱贫项目全部开始实施，4个村光伏扶贫项目全部并网发电，2503户、5050名贫困人口实现脱贫。十件惠民实事全面完成。新建25个农村老年人日间照料中心和川底、大东沟、南岭3所乡镇敬老院；新建成边道路11条75千米，农村公路生命安保工程完成143.4千米；新开通公交线路4条，新增通公交村67个，累计通公交村达370个；为6.58万名60岁以上老人免费体检；解决了1.48万人饮水安全问题，自来水入户率95.5%；更新了130个村级室外健身器材；义务教育均衡发展得到巩固，李寨国家级示范性综合实践基地主体完工；基本公共卫生服务项目在全省考核中位列第一；为1.43万名残疾人发放护理、生活补贴479.4万元；城镇新增就业5940人，培训农民工9967人。

（泽州县人民政府办公室）

# 高 平 市

**【自然概况】** 高平，春秋时称泫氏，战国时称长平，北魏至今称高平，至今已有2200多年的建县历史。1993年5月撤县设市，全市辖16个乡镇办、464个行政村（社区），总面积946平方千米，2016年末总人口49.3万人。

地理位置优越。高平位于山西省东南部，地处晋冀豫三省交界处、晋东南城镇群、中原城市群与中原经济区重要节点，是山西通往中原、走向全国的重要门户。高平土地肥沃，气候温和，年平均气温10.2℃，年均降水量600毫米，无霜期180～200天，是国家级商品粮生产基地。

道路交通便捷。高平北距长治机场55千米，南距郑州机场150千米；同天津港、日照港、连云港三个海港均有高速公路相连；太焦铁路穿境而过，长晋高速公路、207国道和高平至晋城一级公路纵贯南北，高新高速、坪曲公路横穿东西，基础设施完善，出行便捷自由。

历史文化悠久。高平是神农炎帝的创业之地、献身之地、长眠之地，拥有着最为密集的历史遗存，炎帝陵成为海峡两岸文化交流基地。是长平之战发生地，历史上著名的长平之战，奠定了秦王朝统一天下的军事基础，中华民族从这里走向统一。高平是全省文物大市，宋金时期以前古建筑达19处超过长江以南的总和，登记在册不可移动文物1574处；有中国历史文化名村4个，省级历史文化名镇2个、名村13个。是上党梆子戏曲之乡，五朵梅花奖得主悉数扎根于此。

自然资源丰富。高平是闻名全国的“煤铁之乡”，尤其是无烟煤分布广、储量大、埋藏浅、易开采，含煤面积占市域面积的85.7%，是全国首批100个重点产煤县（市、区）之一；“黄梨之乡”，“高平大黄梨”获得国家质检总局地理标志保护产品认证，境内百年树龄以上黄梨树达6万株；“生猪之乡”，是山西第一养猪大县，有千头以上规模猪场335个，万头以上18个，2016年生猪出栏150万头；“丝绸之乡”，是中华丝绸的重要发祥地，唐代，高平是潞绸的产地中心。

名人名家辈出。高平商贾云集、人文荟萃，曾有“潞泽青紫，多出高平”之说。汉代度辽将军陈龟、晋代名医王叔和、唐代上柱国李修、宋代抗金名将王彦、元代水利学家贾鲁、清代湖广布政使毕振姬、两广总督祁贡等历史名人，都来自高平。

城乡环境优美。高平城市建成区面积17.8平方千米，城镇化率54.45%。主城区四山环抱、中间一马平川、丹河由北向南纵穿全市，城市绿化覆盖率41.5%，绿地率35.9%，人均公园绿地面积10.36平方米。

**【经济发展概况】** 2016年，全市地区生产总值200.2亿元，比2015年增长3.6%；人均地区生产总值4.06万元；公共财政收入12.6亿元，增长0.8%；粮食总产量24.18万吨，平均单产521千克，分别下降10.7%和8.1%；农林牧渔业总产值28亿元，下降6.3%；工业总产值106.7亿元，下降8.8%；全市固定资产投资150.4亿元，增长0.8%；社会消费品零售总额59.9亿元，增长7.5%；城镇居民人均可支配收入28235元，增长5.0%；农村居民人均纯收入12168元，增长5.6%。

理直气壮抓发展。确立了“两件大事”“两个率先”战略部署，编制了“十三五”规划，明确了今后经济社会发展目标与思路。积极跑项目、争资金，全国电子商务进农村综合示范县、全省中小微企业创业创新基地示范县和农村垃圾治理示范县落户该市，争取各类资金2.53亿元，发展后劲更加有力。

坚定不移谋转型。整合原有4个工业园区，构建“一区三园”的开发区发展模式，为产业转型搭建平台；推进煤炭企业去产能、降成本，地方煤矿原煤产量、销量和销售收入分别增长59.7%、71.4%和50.6%，平均综合成本下降14.5%；帮助非煤企业引进战略投资者，唐一新能源、福川制铁等企业加快资产重组步伐，规模以上工业增加值结束了2015年3月以来的负增长局面。建成炎帝陵景区，成功举办海峡两岸神农炎帝文化旅游招商系列活动，深化与山投晋旅等企业的合作，文化旅游产业稳健起步；建成电子商务产业园、中小企业创业园等各类创业创新基地，引进阿里巴巴、京东、苏宁、乐村淘等知名电商企业，三产服务业发展势头良好。推进现代农业发展，稳定粮食、生猪、蔬菜和果品生产，再次荣获全国生猪调出大县和全省农田水利基本建设“禹王杯”红旗县称号。

攻坚克难促改革。完善了科兴集团法人治理结构，出台国有企业重大资产处置、投资管理、对外担保和国有资产监督管理办法，构建了国有资产监管体系。完成农信社改制，成功组建高平农商银行；实施了人民医院医技楼、神农健康城、炎帝文化苑、城市第三水厂等PPP项目；九康食品、天润农业E板挂牌，海诺科技、兰花药业新三板挂牌，全市挂牌上市企业达到9家，中小企业占比全省排名第六。成立市公立医院管理委员会，组建市人民医院集团，推进了市乡村医疗卫生机构一体化发展。基本完成土地确权登记颁证工作，建成晋城首家农村产权交易平台。开展“五规合一”规划编制，出台户籍制度改革实施意见，限价房配售放宽到全市户籍。供销社综合改革初见成效，该市被列为全省试点。启动综合行政执法体制改革，组建了市场监管局。开通“52345”一号通服务热线，公共资源交易中心、政务服务中心、政务云大数据中心和政务协同办公系统先后建成并投入运行，行政效能和服务水平不断提升。

坚持不懈强基础。贯通区域路网，神农路北段、精卫路南段、锦华街东段、康苑街竣工通车，金峰大道南延、建设路南延、锦华街西段工程有序推进，太焦高铁高平段开工建设；完善城市功能配套，市区新增供热面积105万平方米、集中供气用户3000户，开工建设保障性住房316套，“四山”绿化、丹河景观整治提升等工程基本完工，丹河公园、炎帝公园、凤和园等多处游园建成开放。推进特色小镇和美丽乡村建设，实施张峰供水二期、农村饮水提升、公路改造、危房改造、河道整治等项目，三甲、河西、马村被列为全国重点镇，石末乡侯庄村入选全国美丽宜居村庄，11个村入选第四批中国传统村落，32个村入选住建部第一批“绿色村庄”。

持之以恒惠民生。全年财政民生类支出22.6亿元，占总支出85%以上。完成5个村、1841户、5022人的脱贫任务，实现脱贫攻坚首战告捷。完成14所省级义务教育薄弱学校改造，高平六中投入使用。

（高平市人民政府办公室）

# 陵　川　县

**【自然概况】** 陵川县地处八百里太行山南端，被誉为山西东南之门户、中州平原后花园。全县总面积1751平方千米，辖7镇5乡、371个行政村和7个社区。2016年末总人口25万人，其中农业人口22.6万人，占全县总人口的80%以上。全县地势东北高、西南低，最高海拔1791.9米，最低海拔628米，山区面积占全县总面积的80%以上。

陵川历史悠久，文化源远流长。旧石器时代，“塔水河文化”首开陵川古代文明之先河，古域为尧舜部落，夏商两代均为“王畿之地”，自隋开皇十六年（公元596年）置县，至今已有1400余年历史。商周箕子曾隐居陵川棋子山，演绎出风行后世的围棋文化，是世界围棋发源地。陵川历史上曾出过7名状元、93名进士，金元时期学问大家、经世奇才郝经辅佐忽必烈开创了一代帝业。全县现有馆藏文物1.28万件，现存地上古建1000余处，登记不可移动文物1062处，其中国家级重点文物保护单位16处，金元古建17座，被誉为我国长江以北金元古建地上博物馆。

陵川自然风光秀美，旅游资源得天独厚。境内峰峦叠嶂，植被丰茂，森林覆盖率达到52.07%，绿化率60.3%，年平均气温7～9℃，素有“清凉圣境”“天然氧吧”之美誉。县域规划适宜开发旅游景区面积1000余平方千米。建成有围棋源地棋子山、太行至尊王莽岭、世外桃源锡崖沟、江南水乡武家湾、户外天堂欢乐谷、洞天福地黄围山、天瀑之源上云台等六大景区，生态旅游的影响力逐步扩大。

陵川山大坡广，特色农业资源丰富。境内区域小气候特征明显，昼夜温差大，年平均降雨量620毫米左右，无霜期130天左右，适合多种作物生长。全县共有耕地3万公顷，是发展特色种植业的天然园区；野生中药材分布达5.3万公顷，是山西省道地中药材主产区；有林地12万公顷，森林8.87万公顷，开发绿色林产品具有较大优势；山大坡广，有宜牧林地、牧坡7.27万公顷，牧草及植物秸秆丰富，发展草食畜牧业得天独厚。

陵川矿藏丰富，具有发展新兴工业的资源优势。已发现的地下矿产有12种，其中煤炭可采储量6000余万吨（全部为15号煤），石灰岩探明储量36亿吨，白云岩14亿吨，铝土矿9000万吨，优质电石灰岩9040万吨，并且矿藏品位极高，可为冶铸、化工、建材产业发展和镁合金、石头造纸、电石等项目建设提供充足优质的原料保障。

**【经济发展概况】** 2016年，全县地区生产总值35.27亿元，比2015年增长4.2%；人均地区生产总值1.5万元，增长0.03%；公共财政收入1.4亿元，增长25.2%；农林牧渔业总产值9.38亿元，增长4.11%；粮食总产量10.2万吨，下降6%；工业总产值37.48亿元，下降4.8%；社会消费品零售总额17.5亿元，增长6.9%；城镇居民人均可支配收入17256元，增长6.4%；农村居民人均可支配收入7929元，增长6.8%。

全力以赴稳增长，县域经济总体向好。认真落实“三去一降一补”各项重点任务，为各类企业减税降费2200余万元，提振了企业发展信心。深入开展“干部入企服务”活动，帮助解决征地、立项、融资等问题17个，提供担保1.2亿元，落实贷款3.4亿元，推动了企业稳定生产。狠抓项目建设“六位一体”，共实施省市重点工程36项，完成投资39亿元。大力开展招商引资，新落地项目17个，完成落地额43亿元，有效拉动了经济增长。

坚定不移调结构，产业转型步伐加快。2016年，全县中药材种植面积2.27万公顷，畜禽饲养总量370万头（只），农产品加工业销售收入6.51亿元，被确定为全省首个中蜂保护区，农业特色化、产业化、品牌化水平不断提升。积极探索发展现代新兴业态，中电投风电项目如期推进，百孚百富秸秆综合利用项目具备试运行条件，惠民新能源在山西股权交易中心挂牌上市，电子商务平台实现县乡村三级全覆盖，网络营销突破1亿元，县域电商综合发展指数全省排名第21位，传统工业综改转型升级正在起步。全力推进王莽岭景区综合整治，加强凤凰欢乐谷、黄围山景区扩景提质，创新旅游宣传营销模式，推出游客食宿、门票、导游等“互联网+”服务，旅游产业接待能力和服务水平日益增强。2016年全县旅游接待404万人次，实现旅游总收入10.3亿元。

精准施策聚合力，脱贫攻坚首战告捷。扎实开展建档立卡回头看，层层立下军令状，实行了挂图作战。强化驻村帮扶，实现贫困村帮扶工作队和贫困户帮扶责任人全覆盖。强力推进“五个一批”，全县2/3的贫困村启动了产业脱贫项目，1806人搬出山庄窝铺，1800人享受生态政策红利，1116人纳入社保兜底，贫困家庭学生实现应补尽补、应助尽助全覆盖。加快推进贫困村基础设施建设，改善出行条件16个村，解决饮水安全14个村，升级改造电网14个村，惠及贫困人口1万余人。2016年，贫困家庭人均可支配收入增幅超出全县城乡居民人均可支配收入增长水平，全县共有8069名贫困人口实现脱贫，51个贫困村退出贫困序列。

坚持不懈抓环境，城乡面貌显著改善。加强基础设施建设，磨河水库蓄水试运行，古郊互通全面完工，礼夺线礼义至附城段建成通车，乡村公路提质改造119千米，农村电网升级改造33个村。加快新型城镇化进程，档案馆、图书馆、美术馆"三馆合一"工程基本完工，西溪生态园、崇安休闲广场、棋山文化广场建成开放，集中供热、供气扩面提质，新增供热面积25万平方米，新增用气户1500户。推进"美丽乡村"建设，锡崖沟创建为省级美丽宜居示范村，东上河、双底、苏家井获评市级美丽宜居示范村，丈河、黄庄、浙水等9个村入选第四批中国传统村落名录，尧庄、平川等5个村进入首批全国绿色村庄榜单。加大生态建设保护力度，实施荒山造林绿化826.7公顷，水保综合治理6.8平方千米，县城绿化1.2万平方米，被评为省级林业生态县。深入开展环保整治专项行动，关闭二硫化碳企业，取缔土小企业，淘汰黄标车老旧车，县城空气质量优良天数达到259天，连续3年荣登全国百佳深呼吸小城榜。

倾心尽力惠民生，社会事业全面推进。公共财政用于民生支出达到14.8亿元，占公共预算支出的91.85%。12项教育重点工程全面完工，义务教育学校标准化建设通过省级验收。县级公立医院改革持续推进，城乡居民基本医疗保险完成整合，居民健康"一卡通"持有率90%。潞城特困移民敬老院建成投运，城乡低保、农村五保、残疾人补贴再次提标，城乡医疗救助、困难家庭临时救助惠及1万余人。转移输出劳动力1万余人，提供就业岗位近5000个，城镇登记失业率控制在1.5%以内。公开配租公租房147套，配售限价商品房95套，改造农村危房510户，更多困难群众的住房条件得到改善。推进农村数字电视升级改造，开展乡村文化记忆工程普查，举办"两节"及消夏系列文体活动，群众精神文化生活更加丰富活跃。

（陵川县人民政府办公室）

# 阳 城 县

**【自然概况】** 阳城县位于山西省东南部，太行、太岳、中条三山交汇处，与河南济源接壤，是山西通往中原的门户。全县总面积1968平方千米。辖10镇7乡、467个行政村。2016年末总人口39.2万人。

阳城气候温和。属于暖温带大陆性气候，年平均气温11.7℃，无霜期180天左右，年平均降水量627.4毫米，年蒸发量2000毫米以上，年平均日照时数2400小时。

阳城资源丰富。已探明矿产资源有20多种，尤以煤炭、铝矾土、陶瓷黏土最为富集，无烟煤储量约631平方千米59亿吨，是国家优质化工原料无烟煤生产基地；铝矾土储量约4亿吨，陶瓷黏土达标储量约20亿吨。可利用水资源储量15.8亿立方米，属山西相对富水县。森林覆盖率51.15%，林木绿化率56.9%，被命名为山西省园林县城。境内有动植物1100多种，野生中药材300余种，为国内四大山茱萸产地之一。境内旅游景点众多，有以"中国北方第一文化巨宅"、国家5A级景区皇城相府为代表的古堡民居建筑群，有以国家级森林公园、国家4A级景区蟒河为代表的山水景区，还有以亚高山草甸喀斯特地貌而闻名的析城山景区。

阳城历史悠久。古称獲泽，西汉置县，距今已有2000多年历史。历史上曾有"十凤齐鸣、十凤重鸣"之美谈。清康熙、雍正年间，与陕西韩城、安徽桐城同为文化发达之乡。在泽州府所辖五县中文风最高，赢得"名列三城、风高五属"的美誉。自隋朝实行科举制度以来，先后出过两名宰相、4名尚书、123名进士、325名举人，南宋有与李唐齐名的大画家萧照，清代有主持编纂《康熙字典》的文渊阁大学士陈廷敬、著名数学家张敦仁。阳城还是革命老区，1946年至1949年曾是太岳行署领导机关和八路军太岳军区司令部驻地，先后输出6批700多名干部支援全国革命。

**【经济发展概况】** 2016年，全县地区生产总值166.5亿元，比2015年增长1.3%；全社会固定资产投资164.8亿元，增长3%；社会消费品零售总额43亿元，增长7.6%；公共财政收入12.4亿元，增长16.6%；城镇居民、农村居民人均可支配收入分别为26037元、11488元，增长5.7%和6.6%。

转型步伐在产业升级改造中更加坚实。煤炭产业在全力保证安全生产的前提下，跟踪把握"去产能"形势，依规核减产能216万吨，主动引退产能180万吨，搁置延缓产能180万吨；加紧骨干接替矿井建设和煤矿升级改造，武甲、大桥两矿进入联合试运转，全年生产原煤1437万吨(含大宁)；进一步加强以阳泰集团为主的国有企业资产管理，促进各煤矿企业强化成本管控、创新营销方式、提升经营效益。陶瓷产业通过提升产品品质、创新研发新产品、拓展销售渠道等措施，全年完成总产量1.6亿平方米，实现产值30多亿元。农业生产以供给侧改革为突破口，稳步开展农村土地承包经营权确权登记颁证工作，完成调查面积3.78万公顷，占到国土二调面积的90%，全年粮食总产量17万吨。蚕桑、畜牧、干果经济林、食用菌、设施蔬菜等特色农业取得良好成效。

全域旅游在全民参与下渐成气候。田园城市"三圈"魅力初现,城市绿道休憩生态圈美韵公园至骏马岭公园10千米绿道和工业经济生态圈道路铺设全面完成,田园经济生态圈完成田园道路30千米、田园小镇6处和观景点13个,打造以生态、观光、休闲农业为主的经济带333.3公顷。美丽乡村内涵更加丰富,持续强化人居环境治理,建成"一村一品"专业村210个,观光园、采摘园等72个,打造美丽乡村示范村11个。持续打造"全国古堡民居第一县",荣获"全省文物保护先进县"称号。"悠然阳城"影响力进一步提升,成功举办首届阳城春、秋两季国际徒步大会和农业嘉年华两项活动,引导各乡镇立足当地特色、结合时令特点,开展各类乡村旅游节庆活动,成功入选首批创建"国家全域旅游示范区"名单,被确定为第三批"全国旅游标准化示范县"。

人居环境在建管协同中日趋优化。一批水电路气热等基础设施类项目全面铺开、有序推进。张峰水库一干渠郑庄至芹池段9号隧道全线贯通,累计工程量达到50%以上;12.7千米芦苇河河道治理和石窑、府底等8座水库除险加固全面完成,全县生产生活用水更有保障。全面实施城乡用电线路改造,新建改造35千伏、10千伏线路160千米,县域电网供电更加可靠。阳蟒高速、滨河路至演礼工业园区连接线顺利开工,阳礼大道运行通车,村村通完善提质工程、乡村公路窄路加宽路面改造进入扫尾,道路通畅能力明显提升。大力加快"气化阳城"建设,10个乡镇、6.8万户家庭、19个大中型陶瓷企业用上新型清洁能源,生产生活用气需求基本满足。进一步扩大县城集中供热范围和区域,全年新增供热面积45万平方米;持续推进城镇集中供热建设,完成北留至县城段主管网铺设约20千米,惠及7个乡镇、20多万人的"供暖梦"加速实现。坚定不移实施去污增绿攻坚行动,完成造林绿化424.7公顷。全年二级以上天数达到282天。

发展活力在创新驱动下竞相迸发。深化国有企业改革,粮食系统和县陶瓷厂改革试点有序启动。推进行政审批制度改革,县政务中心正式建成投用,"两集中四到位"和"一门受理一站服务"全面推行,行政效能极大提升。加大招商引资力度,促成温氏集团40万头生猪一体化养殖、云南铁峰10万吨二硫化碳生产等一批项目落地。扶持发展实体经济,出台了《关于推进金融振兴科技创新民营经济发展的实施意见》,开展万名干部入企服务和各类项目受理大起底,为实体经济发展加了油、助了力。

民生福祉在共建共享中持续提升。脱贫攻坚首战首胜。出台"百村光伏"、医疗扶贫、土蜂养殖、麦后西红柿复播、乡土树种开发、地方公益林管护等6项地方扶贫政策,推动实施特色产业扶贫、易地扶贫、光伏扶贫等10项扶贫工程,在县城安泽、惠泽两处回购经济适用房用于集中安置,完成易地搬迁426人。将2063人贫困人口列入低保,发放临时补助、医疗救助金、救灾资金等近1000万元,全年4194人的贫困人口脱贫任务圆满完成。基本民生持续提升。全面引深创业型城市建设,新增就业7276人,超额完成市政府下达目标任务;各类保险待遇按时、足额、社会化发放率达100%。狠抓教育资源配置,3所农村幼儿园完成省级改造任务,教育教学质量稳步提升。县肿瘤放疗中心和4所乡镇卫生院业务用房改扩建工程加紧建设,政府购买医疗服务顺利实施,健康阳城建设稳步推进。继续实施电影下乡、送戏下乡等文化惠民工程。

(阳城县人民政府办公室)

# 沁 水 县

**【自然概况】** 沁水县位于山西省东南部,太行、太岳、中条三大山系之间,地理坐标为东经111°56′02″～112°47′20″,北纬35°23′48″～36°04′03″。东连高平市、泽州县,西临翼城县,南与垣曲县、阳城县搭界,北和长子县、安泽县、浮山县接壤。地形东西长,南北窄,东西长约150千米,南北宽约55千米。地势西高东低,最高处西南舜王坪海拔2358米,最低处东南尉迟村沁河出境处海拔520米,相差1838米。行政隶属晋城市,全县总面积2676.6平方千米,占全市总面积的28.2%,下辖7个镇7个乡、242个建制村、9个社区。2016年末,全县户籍人口20.34万人。

沁水地下资源储量大。初步探明的矿产资源有煤、煤层气、铁、锰、铜、锆、钛、水晶岩、石灰岩、白云石、耐火黏土等18种,其中煤炭和煤层气储量最大。全县含煤面积2421.9平方千米,占总面积的90.5%,地质总储量265.25亿吨,探明储量86.67亿吨,且以无烟、优质、发热量大的"兰花煤"而享誉中外。县域内煤层气资源储量6000亿立方米,是国内最好的一块煤层气整装气田。

沁水地面资源丰富。有耕地面积3.27万公顷,园地面积1491.65公顷,草地面积7.36万公顷,林地面积18.57万公顷,森林覆盖率48.6%,林木蓄积量698.35万立方米。野生动物有220余种,属国家重点保护的珍稀动物有金钱豹、金雕、猕猴、大鲵(娃娃鱼)等26种。位于县城西南部的历山是国家级自然保护区,被誉为"山西动植物宝库"。野生植物有400余种,属国家重点保护的植物品种有红豆杉、连香树、领春木等11种。

*沁水水资源富集*。境内共有县河、沁河、端氏河、龙渠河、苏庄河、必底河、郑村河、土沃河、芦苇河、中村河十大河流。水资源总量6.75亿立方米，过境水资源量3.67亿立方米，本地水资源量3.08亿立方米(河川径流量2.93亿立方米)，为北方相对富水区。沁河为境内最大河流，发源于山西沁源西北的二郎神沟，流经境内4个乡镇82千米，系山西省八大河流中含沙量最少的河流。

沁水属暖带季风气候，四季分明，冬长夏短，雨热同季，季风强盛。2016年气温偏高，全县平均11.2℃；日照不足，为2179.3小时；降水略偏多，但时空分布不均匀，全年旱涝兼有，年总降水量599.3毫米；无霜期227天。

**【经济发展概况】** 2016年，全县地区生产总值172亿元，比2015年增长3.8%，人均地区生产总值7.98万元；规模以上工业增加值56.1亿元，增长4.1%；固定资产投资159.3亿元，增长6.2%，其中5000万元以上项目24个，累计完成投资28.6亿元，占全县投资总额的18%；一般公共预算收入11.7亿元，增长6.1%，一般公共预算支出18.2亿元，下降12.6%；社会消费品零售总额22.4亿元，增长7.7%；城镇居民人均可支配收入24825元，增长5.3%；农村居民人均可支配收入10098元，增长6.5%。

*发展动能不断增强*。煤炭行业逐步回暖，亿欣煤矿竣工转产，胡底煤矿联合试运转，全年原煤产量945.2万吨，增长6.3%；煤炭行业增加值24.8亿元，增长6.9%，总产值37.7亿元，实现利税11.3亿元。煤层气行业平稳发展，全年完成抽采28.6亿方、液化45.4万吨，分别增长4.8%、19.2%；蓝焰煤层气在主板成功上市；煤层气行业增加值25.9亿元，下降6.8%，总产值43.2亿元，实现利税11.6亿元。

*农业产业稳中调优*。设施蔬菜达到400公顷，苗木花卉2520公顷，肉鸡单批饲养能力突破200万只，肉羊出栏21.4万只，蜂存栏4.36万箱。全县完成农业总产值11.07亿元，增长5.8%。其中，种植业总产值4.95亿元，增长3.4%；林业总产值1.1亿元，增长33.7%；牧业总产值4.6亿元，增长4.3%；渔业总产值1727.8万元，与2015年持平；农林牧渔服务业总产值2483.7万元，增长4.7%。

*现代服务业稳步推进*。高新普惠落户历山，全县接待游客突破40万人次；金融业增加值6.9亿元，增长5.5%；交通运输、仓储邮政业增加值9.4亿元，增长10.1%；批发和零售业增加值3.7亿元，增长3.0%；住宿和餐饮业增加值3.6亿元，增长6.7%；营利性服务业增加值4.7亿元，增长10%。

*脱贫攻坚首战首胜*。完善"1+8"脱贫攻坚推进机制，构建"三位一体"大扶贫格局，落实"一册一状四制"驻村帮扶责任，推动28个省级贫困村和37个贫困户相对集中的行政村"挂图作战"。坚持产业引领、龙头带动、项目支撑，5个易地搬迁移民安置点开工建设，17个省定贫困村按程序退出，1937户、4398人稳定脱贫。

*城乡发展统筹推进*。梅杏水上广场、新建路改造、公交首站投入使用，全民健身中心即将投运，杏河商业带完成主体，18项城建工程全部按进度完工。端氏、嘉峰、郑村、中村等特色城镇化建设扎实推进，荣获"中国美丽乡村建设示范县"称号。在"2016年度国家级森林公园设立专家评审会"上，太行洪谷国家森林公园得到评审团专家的高度评价并全票通过，这是全省唯一一家从县级直接跃升为国家级的森林公园，为该县再添一枚国家级"金字招牌"。

*人民生活持续改善*。10件民生实事全部兑现。新增城镇就业5448人；新农合人均筹资标准由470元提高到540元；城市低保由每月455元提高到485元；农村低保由每年2556元提高到2916元；242个行政村的文艺广播设备投入运行；完成保障性住房1689套、农村危房改造1130户；数字电视网络改造1600户，广播电视卫星"户户通"累计达到8000户；"义务教育发展基本均衡县"通过国家验收。

(沁水县人民政府办公室)

## 晋城经济技术开发区

**【自然概况】** 晋城经济技术开发区(以下称晋城开发区)位于山西省晋城市的东南部，始建于1992年8月，1997年3月经省政府正式批准为省级开发区，2006年1月通过国家发改委设立审核，成为山西省首批公告的省级开发区之一，2013年3月经国务院正式批准成为国家级开发区。批准规划面积9.88平方千米，管辖面积30平方千米，管辖行政村(社区)14个，人口约10万人。

*园区规划*。晋城开发区位于主城区东部，东至城市规划绿化带，西至规划文化路，北至晋煤集团铁路专用线，南至二圣头村南，批准规划面积4平方千米，辖区面积9.3平方千米。区内辖5个社区。金匠新区位于主城区西南部，东至晋济高速公路，南至泽州县左匠、小箕村北，西至现状207国道，北至晋阳高速公路。规划区总面积约16.7平方千米，其中直管面积约5.85平方千米。以申匠河为界，分为南北两区，其中北区规划面积约10.5平方千米，南区规划面积约6.2平方千

米。区内辖9个社区。

【经济发展概况】 2016年，晋城开发区地区生产总值78.2亿元；工业总产值135.3亿元；规模工业增加值增速6.7%，其中高新技术产业增加值比重91%；财政收入12.06亿元；税收收入11.43亿元；一般公共预算收入2.85亿元。全年完成固定资产投资70.7亿元，建区以来累计投资360.5亿元，单位面积投资强度443万元/亩。

招商引资。系统定向招商引资持续加大力度，重大转型项目建设不断取得新成效。利用市场化手段，转变招商模式，鼓励园区开发建设公司和专业招商机构、招商公司开展合作，约定引进项目的产业类型、投资、税收等，进行委托招商，吸引一批优质项目入驻园区发展。2016年，全区累计签约项目11个，涉及投资总额253.5亿元；落地项目3个，到位资金81.4亿元。在承接大项目上，瞄准中船重工、富士康等500强企业，主动出击，精准对接，其中：中船重工项目正式签署战略合作协议，海装风电项目顺利落地，新能源装备产业园规划投资30亿元；富士康持续扩大规模，2016年累计新增投资11.5亿元，富士康已初步同意将3D玻璃项目、纳米光机电子科技研发中心、摩拜单车项目、锂钴氧正极新材料项目布局晋城开发区，这是晋城开发区继2005年引进富士康之后取得的又一次重大成果。

项目建设。2016年，晋城开发区制订出台《开发转型综改行动计划》，以"8535"全面推进全区转型综改工作，探索"政府主导，企业运作"的"管委会＋开发公司"的园区开发建设模式，寻求工业园区基础设施、投融资、招商引资、开发建设等工作的新突破。积极推进金匠新区基础设施PPP项目建设，PPP项目成功进入省库，获得了山西省政府80万的奖励资金，成为晋城市首家入选省级第二批示范项目。晋城开发区管委会与社会资本方中建七局、中信正业、新郑海创成功签约四方协议，PPP项目全面进入实施阶段。强化项目督查检查，继续落实领导包联制度，推进协调保障，促进了重点工程建设的提质增速，全区项目储备、签约、落地、开工、建设、投产等"六位一体"工作全面完成市下达目标。

继续扶持优势产业。一是紧盯富士康促进精密光电制造产业持续做大，重点瞄准光学镜头模组、光通讯产品生产项目，2016年富士康工业总产值100.2亿元，主营业务收入92.74亿元，上缴税金3.5亿元。其中，精密光电制造产业完成产值88.08亿元。二是抓住山西省政府确定晋城市建设煤机装备制造、煤层气装备制造基地的机遇，以《山西省新兴制造业三年推进计划(2015～2017年)》确定的晋城开发区重点项目为抓手，扶持做大装备制造产业，重点发展精密刀具、工业机器人、手机机构件、煤机煤层气装备、汽车零部件等。2016年该行业实现产值13.26亿元。三是扶持做大新能源产业，重点引进了锂离子动力电池、煤层气等项目，2016年该行业实现产值11.66亿元。三大优势主导产业2016年共实现产值113亿元，为支撑全区乃至晋城市经济增长做出了重要贡献。

培育发展新兴产业。一是推进与央企中船重工的项目合作，加快江淮新能源装备制造园区建设，大力推进以核级阀门为重点的第三代核电装备项目和以风电制动器为重点的风电机组关键配套装备项目建设，2016年该项目完成投资1.8亿元，一期5.8公顷、二期4.87公顷土地完成征购，已建成101#厂房，风电制动器生产线已经投产，核级阀门生产线已投产。二是抓住晋城被列为国家新能源汽车应用推广城市的机遇，推进以中道能源为重点的新能源汽车动力电池项目建设。2016年该项目完成投资7200万元，完成部分设备改造，实现销售收入3100万元。三是着力培育发展电子商务等新产业、新业态，出台了《开发区关于扶持电子商务产业发展的实施意见》，在区内企业普及电子商务应用，大力培育电子商务主体，积极引导电子商务企业入区发展。

(晋城经济开发区管委会)

## 朔州市

【自然概况】 朔州市地处晋西北，居内外长城之间，是山西、陕西、内蒙古交界区域的一座新兴城市。全市共辖2个区4个县，总面积1.07万平方千米。截至2016年底，总人口176.8万人。

朔州文化底蕴厚重。2.8万年前，峙峪"猎马人"拉开了史前文化的序幕。长期农耕文明和草原文明的碰撞交融，孕育出无数智勇双全的将帅、聪颖卓越的志士和名垂青史的豪杰，先后出现过5位皇帝和13位宰相。西汉著名女诗人班婕妤、三国曹魏名将张辽和"中华门神"尉迟恭等都是朔州人。朔州境内有与法国埃菲尔铁塔、意大利比萨斜塔并称为世界三大奇塔的应县佛宫寺释迦塔，有全国罕见的以减柱艺术筑就的朔城区崇福寺，有秦代著名将领蒙恬筑城养马的马邑古城，有见证蒙汉交融、晋商辉煌的著名"西口"杀虎口，以及汉墓群、金沙滩等标志性景区景点，无不彰显出历史遗存和人文资源交相辉映的文化内涵。

朔州地理区位优越，交通便利。东距首都北京约502千米，距雄安新区直线距离约200千米，南距省城太原约200千米，境内铁路、高速公路、国道纵贯南北、横贯东西，县乡公路四通八达，全市公路通车里程10215.7千米，其中，高速公路388.7千米，普通干线公路815.5千米，农村公路9011.5千米。

朔州气候宜人，风光秀丽。平均海拔在1000米以上，年平均气温为4.2～8.4℃，年平均降水量为400毫米左右。4～9月，温度湿度指数都在55～75之间。夏季白天最高气温一般不超过30℃，昼夜温差可达20℃。

**【经济发展概况】** 2016年，市域地区生产总值918亿元，比2015年增长4.2%；规上工业增加值213.1亿元，增长2.7%；一般公共预算收入49.1亿元，下降9.5%；固定资产投资637.7亿元，下降31.9%；社会消费品零售总额291.1亿元，增长7.7%；城镇居民人均可支配收入28989元，增长5.4%；农村居民人均可支配收入11478元，增长6.1%。

努力促进经济企稳回升。突出抓了"六个发力点"：提高重点工程开工率，帮助优势企业增产增效，科学释放煤炭先进产能，促进新建企业投产达效，推动三产服务业提质增效，保持农业农村经济稳定增长。特别是紧紧抓住重点工程开工建设和优势企业增产增效这两个关键点，在全市上下扎实有效开展了"双200集中帮促"行动。坚决贯彻省委、省政府万名干部入企服务的要求，市县两级共有759名干部深入企业蹲点包扶，先后解决了200多个突出问题，有效地调动了企业的积极性。到9月底，工业品出厂价格指数结束了连续39个月负增长，工业经济扭转了连续20个月负增长的态势。行动中对新建未开工的204项重点工程进行了集中攻坚，推动152个项目当年开工。

狠抓经济转型和结构调整。在经济结构调整中，大力发展非煤产业，从煤以外积极寻找战略突破点。新能源电力产业又有6家风电和光伏电厂建成投产，装机规模46.8万千瓦，全市新能源电力装机规模达到406万千瓦，排在全省前列。晋北(朔州)现代煤化工基地建设有新进展，签署了阳煤、国新能源总投资37亿元的低阶煤清洁高效利用多联产项目合作协议。三元碳素碳纤维、中美新能源现代煤化工中试、韩国爱德林垃圾处理等一批高科技项目启动。积极推动新材料、陶瓷、装备制造、食品、医药、电动汽车等产业发展。非煤产业工业增加值占规模以上工业的32.5%，提高6.3个百分点。服务业成为拉动经济增长的新动力，增加值占经济总量的50.8%。旅游业发展也呈现良好势头，旅游业收入160.7亿元，增长20.3%。

积极推进城镇化建设。组织实施了城市人居环境改善"四大工程"，完成投资119亿元。保障性住房建成1.01万套，完成投资30.32亿元。农村危房改造和抗震住房加固7670户，完成投资1.3亿元。户籍制度改革取得新进展，又有1万多农村户籍人口转为城市人口。全市城镇化率达到54.2%，提高1个百分点。市城区继续推进七里河综合治理、"三路四桥"、恢河大桥等35项重点工程，完成投资26亿元。进一步扩大城市绿化，新增绿地面积55万平方米，绿化覆盖率42.6%。进入冬季，围绕解决"脏乱差"问题，组织开展了为期100天的市城区市容市貌整治"五乱"和卫生清洁两个"专项行动"。行动中集中清理整治各类"五乱"问题3000多个，市容市貌发生明显变化。"五城联创"取得新的成绩，成功创建了全国双拥模范城。持续推进造林绿化，全年新造林1.16万公顷。

促进农民收入稳定增长。2016年，全市粮食总产量127万吨，比2015年增长15.5%，成为历史上第二个高产年。国家草牧业试验试点和"粮改饲"工作有新进展，完成耕地种草4万公顷。全市奶牛存栏18.7万头，肉羊饲养量591.5万只。畜牧业产值55.9亿元，占农业总产值的46.1%。奶牛存栏量、鲜奶产量、肉羊年出栏量、人均畜产品年占有量、农民年人均畜牧业纯收入以及畜牧业占农业总产值比重六项草牧业发展指标继续保持全省第一。积极培育新型农业经营主体，各级各类家庭农场和农民专业合作社8500多个。按照"六个精准"和"五个一批"的要求，认真组织实施十大脱贫攻坚工程，完成了59个村、2.29万名贫困人口的脱贫任务。

进一步推动改革开放。大力推进供给侧结构性改革，落实"三去一降一补"任务，关闭7座煤矿，退出了1100万吨产能；房地产去库存减少存量71.5万平方米。围绕"整合、扩区、改制、调规"四大任务，开发区改革创新发展工作全面展开，"三化三制"内部改革也做了大量准备工作。农村土地承包经营权确权登记颁证工作接近尾声，农村集体产权制度改革试点工作全面启动。金融创新有了新突破，市政府搭建四大融资平台，建立了总规模为200亿元的城市发展基金和经济发展基金，增强了政府公共投资能力、财政保障能力和企业融资能力。商事制度改革有新成效，新增各类市场主体近1.2万户。组织开展了北京、山东、浙江、重庆、厦门、深圳等点对点的招商引资活动，签约引资项目172个，投资总额1651亿元。

高度重视民生和社会事业。就业创业工作完成当年目标任务，新增城镇就业2.15万人。社会保障体系建设进一步完善，机关事业单位养老完成并轨，大病保险制度实现全覆盖，全民参保登记率达到96.3%，新农合医保参保率达到99.4%。教育事业有新发展，朔城区、山阴县、应县顺利通过国家义务教育均衡发展评估验收。全市乡镇卫生院、社区卫生服务机构、村卫生室实现了基本药物制度全覆盖。国家公共文化服务体系示范区建设获得文化部和财政部授牌。启动大西高铁、右平高速等一大批事关民生的重大项目，开通了“朔州号”旅客列车，右玉通用飞机场建设项目获得国家有关部门批准。

（聂日旺）

## 朔州市朔城区

**【自然概况】** 朔城区地处雁门关外、内外长城之间，汉属雁门郡，北齐称朔州，隋唐称鄯阳，自古兵家必争之地。1989年朔州建市时由朔县改名为朔城区，是全市的主城区。总人口52.01万人，占全市总人口的近1/3，其中城市人口32.77万人，农村人口19.24万人。全区总面积1793平方千米，辖9乡2镇4个街道、299个行政村。

历史悠久，人杰地灵。西汉著名女诗人班婕妤、三国名将张辽、唐代开国元勋中华门神尉迟敬德均诞生于此。城内有全国现存三大辽金建筑之一、国家重点文物保护单位崇福寺。

资源丰富，物华天宝。初步探明的矿藏资源有煤炭、石灰岩、铁矿石、石英等30余种，其中煤炭储量195亿吨，占全省的10%，占全市的40%。现有煤矿7座，8个大型电力项目，电力总装机容量255万千瓦，在建装机容量150万千瓦，是典型的内陆资源型城市。水资源比较丰富，桑干河、恢河流经全境；境内还有紫金山原始次生林保护区和素有“塞上西湖”之称的神头天然湿地等自然景观。

区位独特，交通便利。境内公路、铁路网络纵横，北同蒲电气化铁路复线与神朔铁路、准池铁路、朔黄铁路交会于此，大运高速、乌威高速、朔蔚公路纵贯全境。境内首条高铁——原大客运已开工建设。加之近年来实施的“村村通”水泥（油）路工程，构成了四通八达、较为完善的城乡交通网络。

环境优美，宜居宜业。重点实施了4万公顷西山生态综合治理、全长21千米的恢河公园治理，建成占地266.7公顷的金沙植物园，全区生态治理面积达到9.8万公顷，林草覆盖率达到54.6%，绿色成为城市主色调。

蓄势待发，后劲十足。抓住综改试验区的大好机遇，全力推进产业转型和社会进步，全区综合实力日益增强，连续6年跻身山西省经济社会发展综合考评优秀县区行列，先后荣获全国粮食生产先进区、国家园林城市、国家可持续发展实验区、山西省和谐社会建设先进区、山西省十大文化强区等30多项省部级以上殊荣。

**【经济发展概况】** 2016年，区内地区生产总值243.4亿元，比2015年增长5%；工业增加值增长4%；社会消费品零售总额99亿元，增长7.9%；固定资产投资95.5亿元，下降34.5%；一般公共预算收入7.9亿元，下降10.9%；农林牧渔业总产值22.2亿元，与2015年基本持平；城乡常住居民人均可支配收入分别为29911元和12925元，增长5.1%和5.8%，增速持续高于经济增速。

全力以赴调结构，产业转型步伐加快。深入推进供给侧结构性改革，做好煤与非煤两篇文章。改造提升传统产业，杨涧煤矿已退出市场，葫芦堂煤矿正在上报，两座煤矿去产能240万吨；新建隆康工贸、紫金山镁业两家型煤生产企业，国发兴业400万吨洗煤厂投产达效，同煤朔南电厂顺利推进。培育壮大新兴产业，亚麻厂复工复产，中电投光伏发电一期50兆瓦和大唐利民光伏发电20兆瓦并网运行，中电投光伏发电二期60兆瓦、天朔电动汽车、韩国爱德林垃圾处理等10余个项目加快推进。突出发展以开发西山和盘活老城为重点的文化旅游业，先后举办承办了以“边塞文化”为核心、“塞外风情”为特色的首届朔州老城旅游宣传季活动、首届中国朔州老城国际油画名家作品邀请展以及第21届国际奥委会主席杯全国百城市自行车赛华北赛区预赛、环西山森林公园山地自行车比赛等多项国家级比赛等盛大活动，新建崇福寺景区游客服务中心，文化旅游产业不断发展壮大。全方位支持促进北京电子城·朔州数码港、居然仓储等商贸物流项目建设，三产服务业占地区生产总值比重72.4%。坚持“走出去、引进来”，先后组织参加山西南京承接产业转移推介对接、温州台州产业对接、山西重庆民营经济产业对接等14场招商考察活动，接待华润集团、中兴集团、海泰集团等考察团150多人次，持续深化“朔州企业家投资在朔州”活动，抓住珠三角、长三角、京津冀产业转移的重大政策机遇，实施精准招商，以创新活力厚植发展优势，签约项目24个，总投资341.6亿元，连续3年跻身全国投资潜力百强区。

建管并重抓统筹，新型城镇化加快推进。围绕“五城联创”工作部署，重点推进了总投资4亿元的“五路三街一桥三箱涵”路桥建设，其中，投资9千万元的紫金街道路桥梁工程基本完工。加快推进市城区范围内规模较大的老城改造二期商住工程和神电生态园两个项目。积极推进1500套保障性住房建设，历时五年的西关四个片区改造工程交付使用。多措并举消化住房库存3074套、31万平方米，占总存量的20%。全区城镇化率达到62%。积极推进七里河综合治理“三路四桥”及高铁站、高铁快速路、飞机场等征地拆迁工作，保障了市级重点工程建设。全力推进城市精细化管理，组建城市管理综合执法工作领导组及综合执法队，开展了市城区市容市貌“五乱整治”和卫生清洁“两个专项行动”，推进增绿提质、整治整修等五大工程，主街道清扫率达到90%，亮灯率达到99%。朔沙路北延线改造、农村公路拓宽改造等4条道路建设全部完工。实施100个村的乡村清洁工程和400户农村危房改造，人居环境大幅改善。

倾力投入夯基础，“三农工作”提质增效。积极推进农村改革，大力发展现代农业，进一步夯实农业农村发展基础。粮食产量31.4万吨，连续11年被省委、省政府评为粮食生产先进区。稳步推进粮改饲试点，实施了6000公顷饲草种植，建设了板蓝根、藜麦、玫瑰等种植基地，推动粮经二元结构向粮经饲三元结构调整。新增露地蔬菜340公顷，全区露地蔬菜3400公顷、设施蔬菜1800公顷；开工建设规模健康养殖小区16个，总量达到260个，大畜饲养量达到8.5万头，农民增收渠道不断拓宽。完成总投资3850万元的17项民生水利工程和总投资1560万元的2.6万公顷地膜覆盖项目，建设高标准农田666.7公顷，改善和恢复灌溉面积5600公顷。全面推开国有林场改革和土地确权工作，已完成92个村的地块数据核实。率先在南邢家河村开展农村集体产权制度改革试点，成立了农村产权交易中心，农村产权制度改革逐步推进。扶持壮大绿源、绿鑫源等一批农业龙头企业，农产品市场占有率不断扩大。认真组织实施十大脱贫攻坚工程，完成1289户、3722名贫困人口的减贫任务。

涵养生态筑屏障，生态建设成效显著。坚持生态优先战略，大力推进生态治理和环境保护。完成总投资3亿元、总面积3333.3公顷的西山九期工程，共栽植各类乔灌木380万株。实施了总面积4666.7公顷的京津风沙源治理二期林业工程、巩固退耕还林成果工程、植被造林恢复工程等7个林业生态工程，启动了南山生态环境综合治理工程。积极创新生态治理模式，推广应用石质山综合造林等新技术，生态治理效果明显。同时，加强大气、水、土壤污染治理，加大节能减排力度，关停取缔所有实心黏土砖窑，完成12台市区燃煤小锅炉淘汰改造以及1860辆黄标车和老旧车淘汰任务，补贴4000多万元推进城中村清洁型煤替代和秸秆综合利用，依法整治煤场54家，有效改善了城乡环境质量。

共建共享惠民生，社会事业全面进步。优化财政支出结构，民生支出占到90%，努力让群众有更多的获得感。大力促进教育均衡发展，公开招聘23名高中教师，新建改造5所城镇幼儿园和2所农村幼儿园，启动区十中、特教学校、怡西路小学、七里河学校4所学校和一幼、五幼2所公立幼儿园，顺利通过全国义务教育发展基本均衡区评估验收。继续深化医药卫生体制改革，中医院顺利启动复诊，构建区乡医疗联合体，有效促进了医疗资源的合理配置；招聘20名医生，充实了基层医疗卫生队伍。大力实施文化繁荣工程，总投资9900万元的图书馆和档案馆前期准备工作基本完成，恢复朔城区电视频道，顺利通过国家级公共文化服务示范区创建工作考核验收。全力做好社会保障工作，区财政兜底7000多万元完成机关事业单位养老保险改革，全区各类保险参保人数达40.4万人次，征缴各项社保基金4.6亿元。

（朔城区人民政府办公室）

## 朔州市平鲁区

**【自然概况】** 平鲁区位于山西省西北部，总面积2314.5平方千米。平均海拔1400米，属北温带半干旱大陆性季风气候，四季分明，年平均气温5.4℃，无霜期115天，年均降雨量430毫米左右。辖1个街道办、2个工业园区、2镇11乡，共286个行政村、10个社区。全区总人口20.87万人。

**【经济发展概况】** 2016年，区内地区生产总值161.8亿元，比2015年增长3.4%；规模以上工业增加值57.6亿元，增长2%；固定资产投资184.7亿元，下降20.5%；社会消费品零售总额32.5亿元，增长7.5%；公共财政预算收入5.3亿元，下降11%，降幅收窄49.7个百分点；城镇居民人均可支配收入22365元，增长5.5%；农民人均可支配收入8824元，增长5.7%。

产业结构调整成效明显。三次产业结构不断优化，一产占地区生产总值比重2.2%，比2015年提高0.24个百分点；二产占比66.8%，降低2.5个百分点；三产占比31%，提高2.3个百分点。“一煤独大”的产业结构逐步破解，原煤产量减少829.6万吨，下降8%；工业增加值中煤炭占比进一步降低，降为39.7%。非煤工业增加值提高23.2个百分点，占比达到60.3%。电力产业结构不断优化，新增风电装机容量51万千瓦，累计建成165万千瓦，全区已建成电力项目装机容量355.5万千瓦，新能源电力占比达到46.5%。农业产业结构持续优化，种植业结构得到深度调整，中药材、藜麦种植面积分别达到866.7公顷、666.7公顷，荞麦种植面积613.3公顷，该区被中国粮食行业协会命名为“中国红山荞麦之乡”。

重点工程建设成效显著。2个火电、7个风电、2条特高压输电线路、右平高速、准朔铁路等一批事关平鲁长远发展的项目取得重大突破，为全区经济社会发展提供了重要支撑。下水头10万千瓦、蒋家坪二期20万千瓦、北山二期5万千瓦、高家堰二期16万千瓦等4个项目共计51万千瓦风电项目并网发电。蒙西—天津南1000千伏特高压输电线路建成投运，晋北—江苏800千伏特高压输电线路全线贯通。

招商引资取得丰硕成果。积极转变招商引资理念，创新招商引资方式，按照精准招商要求，大力开展招商引资活动。成功举办了杭州、厦门两次大型产业对接推介会，引进煤化工、固废利用、新能源、现代农业、服装加工等14个项目，总投资330亿元。积极对接河北港口集团和中煤平朔集团，启动内陆港项目，一期拟投资50亿元，打造晋陕蒙连通河北港口的大型煤炭交易平台，将成为拉动区域经济增长，吸引外来投资，促进该区融入环渤海经济圈，实现转型升级的重要引擎。

民生及社会保障工作成效显著。整合各类资金1915.6万元，大力实施产业扶贫、金融扶贫、教育扶贫、智力扶贫、社保兜底扶贫"五个一批"工程，圆满完成19个贫困村、1495户、4088人脱贫任务。大力加强城乡基础设施建设，成立了城乡基础设施建设投资有限公司，争取国开行、农发行贷款11.8亿元，强力推进古城小区棚户区和堡子沟城中村改造。新开工棚户区改造房屋1300套，购买存量商品房和纯货币化安置房580套，棚户区和城中村改造完成投资1.16亿元。投资1416万元，改造农村危房590户。投资3662万元，建设农村公路83.8千米。就业、社保、教育、卫生、文化等民生工作稳步推进。实现城镇新增就业2644人，城镇登记失业率2.79%，低于年度控制目标。完成新农合与城镇居民医保整合工作，各项社会保障实现了应保尽保和基金按时足额发放。教育教学质量稳步提升，高中升学率持续稳定增长。投资600多万元，对7所乡镇卫生院进行了改扩建，城乡医疗卫生基础条件明显改善。成功创建国家公共文化服务体系示范区。

改革创新工作持续深化。深入推进煤炭去产能，关停井东、阳煤泰安、东日升3座煤矿，总计化解落后产能270万吨。消化房地产库存426套。积极推进开发区改革创新发展，制定完成平鲁开发区改革创新、扩区升级发展方案，推动北坪、朝阳两大工业园区整合、改制、扩区、调规，打造总面积37.6平方千米的省级经济开发区。加快行政审批制度改革进程，简化优化公共服务流程，编制完成政府部门权力清单和责任清单，梳理行政职权1723项并全部投入运行。深化商事制度改革，启动"五证合一、一照一码"登记制度改革，简化证照办理手续，降低企业准入门槛，新增市场主体218家，全区纳入工商登记管理的市场主体达到7221家。

（张　瑞）

# 山 阴 县

**【自然概况】** 山阴县版图面积1651平方千米，辖4镇9乡、257个行政村，2016年全县总人口24.65万人。

山阴县春秋属狄域，战国为赵地，秦属雁门郡。金大定七年始称山阴。明朝属应州辖。境内有广武汉墓群、广武域等历史古迹。

山阴县位于东经112°25′～113°04′，北纬39°47′之间，东邻应县，南毗代县，西交朔城、平鲁二区，北与左云、右玉、怀仁接壤。境内有桑干河、木瓜河、黄水河等河流。年均气温7℃左右。

**【经济发展概况】** 2016年，全县地区生产总值143亿元，比2015年增长4.7%；人均地区生产总值5.81万元，增长2.27%；公共财政预算收入5.7亿元，下降11.3%；农林牧渔业总产值24.19亿元，下降2.13%；粮食总产量26.5万吨，增长5.9%；规模以上工业总产值126.6亿元，增长9.8%；社会消费品零售总额37.4亿元，增长7.5%；城镇居民人均可支配收入30470元，增长5.2%；农民人均可支配收入14119元，增长6%。

坚定不移促转型，培育经济增长新动能。成立了晋北现代煤化工基地管理委员会筹备委员会，大力招商引资，培育新能源、新材料、节能环保等新兴产业。中电投合盛堡二期5万千瓦光伏发电、联成偏岭1.2兆瓦分散式风力发电、正大桑田2万吨玉米仓储烘干物流项目竣工投产；昱光二期2×35万千瓦低热值煤发电项目主体工程竣工；森泰50万吨民用洁净型煤项目建成投产；华夏300万吨洗煤、昀鑫等畜禽养殖园区污水处理、五家沟等煤矿矿井水生活污水处理、老年公寓扩建等一批煤炭产业延伸、节能环保、健康养老项目开工建设。

以脱贫攻坚统揽农村工作全局，取得了脱贫攻坚首战首胜。以产业扶贫为龙头，举全县之力，推进八大工程20个专项行动，全年投入各级各类扶贫资金8000万元，实现了17个贫困村退出，1706户4388名贫困人口脱贫。重点实施1333.3公顷渗水地膜旱地谷子等产业扶贫项目，开辟了山坡区农民新的增收渠道。全省特色产业扶贫"渗水地膜谷子穴播技术示范推广"项目现场会、全省牧草机械化生产作业现场会在山阴县召开。实施"龙头企业、合作社＋贫困农户＋种养加产业"的资产收益扶贫模式，作为典型在全省推广。

统筹推进补短板，提升城市管理水平。全面规范城市用地和建设秩序，形成了依法打击"两违"的高压态势，形成了依法审批、依法建设、规范有序的城建格局。坚持建管并重、规划至上，编制完成《县城总体规划》和《县域城镇体系规划》。编制了城镇燃气、排水专项规划。完成了府南路、文卫西街、府东街延长线一期工程、纵四路、府东街至青年街东段等道路建设工程；新增供热能力 100 万平方米，新增供水能力 1000 多立方米，天然气入户 820 多户。

强力推动转型综改，激发市场活力。供给侧结构性改革任务全面完成，全年化解煤炭过剩产能 400 多万吨。创新筹资融资体制机制，组建了能源、农业、城市三大投资公司。推进公车改革，精简公车 57%，车辆费用下降 14%以上。推进电力改革，中煤华昱、石星化工等 4 家企业实行大用户直供电，降低用电成本 5100 多万元。

强力整治生态环境，改善人民生产生活条件。持之以恒推进造林绿化，全年完成京津风沙源治理人工造林 200 公顷，巩固退耕还林干果经济林 286.7 公顷等。深入开展“铁腕治污”专项行动，改造升级工业燃煤锅炉 13 台，取缔燃煤小锅炉 5 台，淘汰老旧车、黄标车 363 辆。

增收节支保民生，提升人民群众获得感。狠抓煤炭主体税源，保障了干部职工工资的按时发放，兑现了机关事业单位政策性增资，保障了社会各项事业资金需求。教育优先发展地位得到巩固加强，通过了教育部均衡教育验收，新招聘教师 110 名。公共卫生服务水平进一步提升，县乡“医联体”建设和分级诊疗制度得到落实。社会保障体系进一步完善，全民参保登记率达到 95%以上，机关事业单位养老并轨运行等。创业就业扎实推进，全年新增城镇就业 2842 人，农村转移劳动力就业 2617 人，城镇登记失业率控制在 2.85%。

（孙培峰）

## 应　县

**【自然概况】** 应县地处山西省北部、朔州市东端，总面积 1708 平方千米，辖 3 镇 9 乡 298 个行政村，2016 年末总人口 33 万人。

应县历史悠久，西汉置剧阳县，唐末置金城县，明洪武八年（1375）废金城县入应州，属大同府，1993 年归朔州市管辖。县城北部有驰名中外的应县木塔。

应县地跨东经 112°58′～113°37′，北纬 39°17′～39°45′之间，全县平面图呈平行四边形。东邻浑源县，西向平朔邻山阴，北邻怀仁县，南毗繁峙县、代县。

代县境内气候寒冷，年均气温 7℃左右。

应县是全国蔬菜产业重点县、全国全省粮食生产先进县、全省现代农业示范县、一县一业蔬菜基地县、奶牛养殖基地县。

**【经济发展概况】** 2016 年，全县地区生产总值 66.03 亿元，人均地区生产总值 2 万元，一般公共预算收入 1.39 亿元，农业总产值 31 亿元，粮食总产量 32.5 万吨，工业总产值 55.4 亿元，社会消费品零售总额 29.8 亿元，城镇居民人均可支配收入 21962 元，农村居民人均可支配收入 9331 元。

产业发展优化升级。新型工业方面，白马石风电一期工程并网发电，华电国际 100 兆瓦风电场项目积极推进前期工作。雅士利婴幼儿奶粉小包装生产线项目完成 70%的土建工程。引进建设了华屹、恒锐达两个高档地板砖项目，填补了建筑陶瓷产业的空白。欣宇、天美、东进、优尊 4 个陶瓷生产线扩建项目全部投产，盛福、顺鑫两个陶瓷技改扩建项目即将试产，全县日用瓷生产线达到 26 条，产能达到 10 亿件。吉呈生物全年出口创汇 936 万美元，以万发炉业为主的炉具业完成税收 245.2 万元。现代农业方面，在恒天然牧场群和 3333.3 公顷现代农业示范园区、万亩现代养殖示范园区的带动下，成立了奶牛扩繁中心，实施了蔬菜病害综合防治 1333 公顷，推进了国际肉羊综合产业化、世贸园肉牛屠宰加工两个项目。全县日光温室和移动大棚稳定在 1000 公顷，蔬菜收入 10.3 亿元。规模健康养殖小区达到 200 个，奶牛存栏 6.42 万头，肉羊饲养量 120.6 万只，畜牧业产值达到 15 亿元。特别是紧紧抓住被列为全省秸秆综合利用试点县和全市“粮改饲”试点县的机遇，发展青贮玉米 8667 公顷，能源化利用秸秆 13.2 万吨，两项带动农民增收 1.5 亿元。农业基础设施建设持续加强，被评为全省“2016 年度农田水利基本建设‘禹王杯’先进集体”。全年发放各类惠农补贴 9939 万元。农产品加工企业销售收入 57.6 亿元，省级以上示范社 16 个，新注册、申请涉农类商标 20 件。金城镇、南河种镇、下社镇、下马峪乡、杏寨乡共 105 个村的土地确权工作已近尾声。文化旅游和商贸物流业方面，推进了木塔实质性保护加固、木塔周边环境整治、净土寺文化遗产保护利用设施建设和吉祥村落 4 项工程；启动了木塔旅游景区体制机制改革工作；应县木塔被吉尼斯世界纪录认证为世界最高木塔。推进了经纬通达综合物流园二期工程，太原煤炭交易中心第一个煤炭产地交收仓库入驻园区，天津港内贸物流业务逐步进驻；原大客专项目确定了应县段线路走向和站点设置方案；在金亿建材市场成立了大学生创业园；乐村淘、京东、苏宁易购和邮政等电商平台相继入驻运营。

脱贫攻坚扎实有效。年内减少贫困人口 5466 人，两个建档立卡贫困村整体脱贫。扎实推进高标准农田建设、高效节水、垫滩造地等项目，扶持发展黄芪、燕麦、大棚菜等特色种植800公顷，免费提供种畜600多头，惠及贫困户2400多户。将144名建档立卡贫困户纳入农村低保范围，为建档立卡贫困生发放补助82万元、贫困大学生办理助学贷款每人8000元、贫困高中生减免学费、贫困残疾人发放护理补贴，将建档立卡贫困户慢性病门诊医药费用报销比例提高10%。易地搬迁贫困户332户1119人，开工建设白马石乡集中安置项目。在贫困人口集中的村实施营造林、集体公益林补偿等生态林业项目，增加贫困户收入130多万元。协调县信用联社为建档立卡贫困户发放小额贷款56万元。建立"两包三到、干部联户"精准帮扶联动机制，实现结对帮扶全覆盖。

人居环境持续改善。推进17个城市综合改造项目，开工建设保障性住房503套，新建和改造供气、供热、雨水等管网38千米。改造农村危房1300户，实施了乡村清洁工程。扎实推进战备公路、农村公路窄路拓宽等6项工程，新建修缮道路63千米，修筑路基26.2千米，新增新能源公交车80辆。小石口水库工程即将完工，马兰口水库项目完成立项、初设工作。完成乡村造林2660公顷，新增城市绿地6万平方米，绿地率达到35.2%，绿化覆盖率达到39.1%，人均公园绿地10.2平方米。升级改造了嘉兴化工、吉呈生物等7家企业的脱硫除尘设施，淘汰黄标车、老旧车400多辆。

幸福指数不断提高。完成了义务教育学校"改薄工程"，启动实施一中教学楼改扩建和学生公寓楼建设项目以及一小迁建工程，新建1所特殊教育学校，通过了国家义务教育发展基本均衡县的评估认定。公立医院取消药品加成政府补偿701万元，中医院综合楼建设工程完成主楼主体，城乡医保完成整合，通过了省级妇幼健康优质示范县考核验收。全年共发放各类民政资金、社保资金5.96亿元，增加工资性支出近1.2亿元。应县被评为全省十强文化先进县、全省平安县、首批全国科普示范县。

发展动力不断增强。26家单位158项审批事项入驻政务大厅，39家单位权力运行"两单两图"全面公布。确定33家行政执法单位随机抽查事项181项、市场主体1.53万个，落实行政执法人员490人。全面实施了"先照后证、一照一码"和"营改增"，工商注册登记更加便利，企业税负降低3000多万元。积极开展政银企对接，为25家中小企业发放各类贷款1.4亿元。

（赵景力）

# 怀仁县

**【自然概况】** 怀仁县地处雁门关外，县域面积1234平方千米，辖10个乡镇、162个行政村、22个社区，2016年末常住人口33.63万人。耕地面积5.1万公顷。城市建成区面积26.59平方千米，城市化率57.6%。

怀仁县历史悠久，秦汉为雁门郡属地，三国属魏国平城县。隋代属云内县，辽代首次置怀仁县，隶属大同府。1993年划归朔州市。境内有金沙滩古战场、清凉山辽代砖塔等历史文物遗址。

怀仁县介于东经113°10′，北纬39°52′之间，位于山西省北部、桑干河上游，境内有桑干河、浑河等河流。属北温带季风气候，年均气温7.3℃。

**【经济发展概况】** 2016年，全县地区生产总值204.9亿元，比2015年增长4.8%；人均地区生产总值6.06万元，在全省所辖县（不含县级市、市辖区）中居第三位；工业总产值175.9亿元，下降9.4%；规模以上工业增加值增长2.7%；社会消费品零售总额66.5亿元，增长7.8%；公共财政预算收入5.5亿元，增长1%；城镇居民人均可支配收入30812元，增长5.4%；农村常住居民人均可支配收入14017元，增长5.7%；农牧渔业总产值22.3亿元，粮食总产量23万吨。

产业转型步伐加快。实施工业调产项目26项，累计完成投资25亿元。新增陶瓷生产线10条，陶瓷产能达到20亿件。新增规模以上企业6家，全县规上企业达到70家。电子商务、文化旅游、健康养老等现代服务业稳步发展，全县服务业增加值81.6亿元，增长7.4%。深入开展干部入企帮扶活动，为65家企业解决各类难题70多个。加强中小企业金融服务，为10家企业落实贷款4.05亿元。扎实开展"助保贷"业务，为13家企业续贷、新贷7577万元。

项目建设推进有力。全年储备项目60个，动态保持1717.7亿元；落地项目投资额190.53亿元，完成率114.1%；开工项目148个，完成开工投资额113.4亿元，完成率98.6%；完成省、市重点工程134.94亿元，完成率101.5%；投产项目88个，完成投产投资额87.71亿元，完成率81%。积极推进招商引资，组织了5次大型招商引资推介会，主动外出招商19批次，外出参加省、市组织的大型展会10余次，共签约招商项目159个，总引资额365.2亿元。

"三农"工作持续加强。国家草牧业试验试点和"粮改饲"工作进展顺利，完成耕地种草3333.3公顷，粮经饲比例达到68∶25∶7。农业生产条件不断改善，建设高标准农田280公顷，滚动实施高效节水灌溉633.3公顷，获得全省农田水利基本建设“禹王杯”红旗县称号。畜牧业健康发展,全年肉羊饲养量达到410万只、奶牛存栏1.37万头、生猪饲养量28.3万头。健全完善农产品质量安全检测体系,获得“国家级农产品质量安全县”称号。脱贫攻坚精准到位,138户323人顺利脱贫,完成指标任务的162%。农村改革深入推进,土地承包经营权确权登记颁证工作完成总任务量的95%。

城乡建设统筹推进。加快城市基础设施建设,热电联供如期供暖,图书馆即将完工,体育馆投入使用,4条城市道路改造工程全部建成通车。市容市貌和环境卫生全面提高,“全国卫生县城”顺利通过复审验收。大力实施乡村道路提质完善工程,改造村村通水泥(油)路35.8千米。棚户区、城中村改造扎实推进,707套保障性住房和324套公共租赁住房主体基本完工,4片城市棚户区改造和东关村大榆树城中村改造项目全面铺开。“五村联创”成效显著,达到省级清洁村标准50个、省级卫生村标准50个、省级平安村标准75个、省级文明村标准30个,农村面貌发生了较大变化。

生态环境明显提升。扎实推进造林绿化工程,营造大片林133.3公顷。加大环境污染治理力度,推进重点行业清洁生产审核与技术改造,淘汰黄标车230辆。扎实开展“铁腕治污”行动,重点行业节能降耗和主要污染物减排任务圆满完成,县城空气质量(AQI)二级以上天数达到292天。

民生社会事业持续改善。民生投入不断加大,2016年民生领域累计投入资金14.45亿元,占到公共财政预算支出的85.6%。教育事业健康发展,改造农村幼儿园4所,完成6所中小学校标准化建设,义务教育“全面改薄”与均衡发展取得新进展。积极做好高校毕业生、农村转移劳动力、城镇困难人员、退役军人等群体就业工作,城镇新增就业人数3408人,城镇登记失业率2.71%。医疗卫生服务体系日益完善,新型农村合作医疗制度、基本药物制度以及公立医院综合改革、健康精准扶贫和计划生育政策有效落实,新农合参合率达到99.9%。社会保障能力不断提升,五大社会保险基金累计结余4.88亿元。

(怀仁县人民政府办公室)

# 右玉县

**【自然概况】** 右玉县位于晋西北边陲,地处朔州、大同、呼市三角地带,是山西的北大门。全县总面积1969平方千米,辖4镇6乡1个风景名胜区、321个行政村。全县平均海拔1400米,年均气温4.2℃。境内矿产资源丰富,主要有煤、硅线石、石灰石、铁矿石、黄金、云母、沸石、石墨等,初步探明煤田面积165平方千米,储量34亿吨。全县林木绿化率达到54%,被誉为“塞上绿洲”。2016年全县总人口11.55万人。

**【经济发展概况】** 2016年,全县地区生产总值56.5亿元,比2015年增长4.3%;人均地区生产总值4.89万元,增长1.8%;公共财政收入2.89亿元,下降0.89%;农林牧渔业总产值12.81亿元,增长3.01%;粮食总产量3.51万吨,增长4.4%;工业总产值35.3亿元,与2015年基本持平;社会消费品零售总额15.73亿元,增长7.6%;城镇居民人均可支配收入21132元,增长5.8%;农村常住居民人均可支配收入6588元,增长6.6%;

产业结构优化升级。特色农业稳步发展。全县播种粮油饲4.43万公顷,种植杂粮2.83万公顷,超额完成市定任务;完成马铃薯良种繁育66.7公顷、脱毒马铃薯良种覆盖5667公顷;新建、扩建标准化养殖园区10个、圈舍3.5万平方米;实施草牧业试点工程,种植当年生牧草7333公顷,建设人工草场1400公顷;4家公司被命名为市级农业产业化龙头企业。工业经济逆势而上。东洼北、玉岭两座煤矿通过安全高效矿井评审,永昌环宇煤炭集运站和银杉公司、隆泰达公司煤炭洗选项目正式投产;安德益源甘草精加工和塞上绿洲二期沙棘酵素项目进入试产;大唐新能源丁家窑风电等6个风电光电项目并网发电,全县清洁能源总装机容量近100万千瓦。服务业发展迈出新步伐。国家全域旅游示范区创建工作全面启动;设立省级生态文化旅游开发区可研报告上报省政府等待批复;实施了南山公园、牛心山、贺兰山景区绿化提升工程,修复了右卫古城南城门及瓮城,建成了右卫艺术粮仓,成功举办西口风情文化旅游招商系列活动;全年累计接待国内游客169.78万人次,实现旅游收入16.52亿元,分别增长7.25%、7.89%;成功申报电子商务进农村示范县,建成县级电子商务运营中心和右玉特色产品溯源监管云平台。

城乡建设步伐加快。县城基础设施建设方面,完成玉河东街、紫玉北路、滨河路西延工程,硬化县城街巷1.3万平方米,铺设污水管网3000米,改造供水管网1700米。建成压缩天然气和液化天然气加气站各1座,铺设中压管线10千米,新增供热面积30万平方米。城乡路网建设方面,右平高速主线控制性工程、高墙框至右卫生态旅游路完成路基桥涵工程,109国道县城过境改线桥涵工程完工。城乡人居环境建设方面,居民住房条件进一步改善,改造城市棚户区1010套、农村危房1300套。三个村获得“市级美丽宜居示范村”殊荣。

生态环境提档升级。持续推进

造林绿化，完成荒山造林1733公顷，补植补造1493公顷，提升通道绿化15千米。苗木产业发展壮大，全县育苗面积达到5333公顷，成功举办第二届苗木交易大会。治污减排工作深入开展，完成19台燃煤锅炉脱硫除尘升级改造，淘汰燃煤小锅炉4台、黄标车和老旧车92辆，对元堡工矿区储售煤厂、煤矸石堆放点和运煤车辆进行了专项整治。县城空气质量明显改善，全年优良天数290天，比2015年增加17天。

社会事业全面进步。脱贫攻坚首战首胜，按照“三年集中攻坚、一年巩固提升”的脱贫思路，重点采取了母驴养殖、中药材种植、光伏扶贫、易地搬迁、教育扶贫、社会兜底、医疗救助、生态补偿、金融扶贫、培训就业十大帮扶措施，扶贫工作取得明显成效。2016年底，25个贫困村摘帽，3548户7401口贫困人口脱贫，顺利通过省、市第三方评估验收和督导检查。教育振兴初见成效，启动实施《右玉县教育振兴五年行动计划》，引入名校精细化管理模式和先进教学方法。卫生改革稳步推进，县级公立医院全部药品实现零差价销售，全面推行新农合住院分级诊疗。文化事业繁荣发展，新拍现代道情戏《绿色梦》在全市第六届“山花奖”展演中荣获一等奖，在全省第四届“杏花奖”评比中荣获优秀创作奖；创建国家公共文化服务体系示范区通过文化部验收；全国第一次可移动文物普查顺利通过初验。社会保障水平进一步提升，各项社会保险参保人数达到13.62万人，社保基金达到5.6亿元，建成5个农村老年人日间照料中心。

（右玉县人民政府办公室）

## 朔州经济开发区

【自然概况】 朔州经济开发区成立于1992年，1996年经山西省人民政府批准为省级开发区。2006年9月通过国家发改委核准。规划面积14.3平方千米，管理面积16.4平方千米。2001年、2007年受朔州市人民政府委托先后代管西盐池生态园和红旗牧场。2012年3月省政府批准红旗牧场41.54平方千米土地正式划归开发区，开发区现有规划面积57.94平方千米，管理面积86.9平方千米。开发区按地理位置分为东区、南区和西盐池生态园区。东区以平朔铁路线为界分为铁东区和铁西区，铁东区12平方千米为工业园区，铁西区4.4平方千米属城市规划区；南区即红旗牧场，位于南环路5千米处，地势开阔、矿藏丰富、朔男大道贯穿南北是开发区未来重要的发展区域；代管的西盐池生态园园区位于山阴县古城镇，原为部队农场，总面积15.8平方千米，大部分为盐碱地，多年来一直发挥着占补平衡的作用。

【经济发展概况】 2016年，开发区生产总值47.7亿元，比2015年增长4.1%；规模以上工业增加值13.8亿元，增长3.9%；公共财政预算收入2.1亿元，增长5.2%；服务业增加值17.4亿元，增长3.6%；固定资产投资50.4亿元，下降34%；限额以上社会消费品零售总额10.1亿元，增长8%。

招商引资和项目建设。全年新签约项目29个，合同总金额150亿元。与漳泽电力、华能集团、浙能集团建立了长期战略合作关系，引进系列数控堆焊机、节能环保锅炉等科技项目。扎实开展“全省万名干部入企帮扶”“双二百”集中行动、“四个一批”和“双十双百”行动。省市重点工程年度计划投资65亿元，实际完成投资67.5亿元。省级重点工程红旗牧场危房改造项目预计2017年8月底全部完工，市级重点工程全部开工。中美新能源洁净煤技术研发、研弘煤机无轨胶轮车、北斗卫星导航应用产品生产研发及大数据中心、慧源创新科技园等转型项目进展较快。

民生事业稳步推进。完善红旗牧场与麻家梁煤矿签订的框架协议，启动整体搬迁工作。拓宽就业增收渠道，加大就业培训力度，全年新增就业1121人；着手扩建红旗牧场职工医院并在分场设立社区卫生服务中心；优化红旗新区的教育资源，很好地解决了当地孩子上学难的问题；继续为穆寨村、红旗牧场符合条件的老年人免费健康体检；落实各项社会保障制度，加快构筑更为完善的社会保障体系，推进全民参保，实现应保尽保。

（朔州经济开发区办公室）

# 忻州市

【自然概况】 忻州市位于山西省北中部，东倚太行，西临黄河，南接太原、阳泉、吕梁，北邻朔州、大同，是全省唯一横跨省境东西的市。全市南北长约170千米，东西宽约245千米，总面积2.5万平方千米，2016年末总人口314.1万人，辖14个县（市、区）、191个乡镇（办事处）、4888个行政村。

忻州是革命老区，曾是著名的晋察冀、晋绥两大革命根据地的中心腹地，也是高君宇、续范亭、徐向前、薄一波等老一辈无产阶级革命家的故乡，是一块红色热土。

忻州是欠发达地区，14个县（市、区）中有11个国家扶贫开发工作重点县，6个县分别属于吕梁山、太行山两个连片特困地区。

忻州是资源富区，全市耕地面积63.31万公顷，煤炭探明储量255亿吨、保有储量200.1亿吨，铁矿探明储量15.9亿吨、保有储量15亿吨，钼、金、铝土、金红石、高岭岩、白云石、大理石等保有储量在全省均占较大份额。

忻州是人文大区，全市共有各类文物4688处，依附于古建筑中的彩塑近万尊，寺观壁画约两万多平方米。有国家重点文物保护单位19处，省级47处，有国家级非物质文化遗产保护名录13项、省级26项。有中国“民间艺术之乡”“摔跤之乡”“八音之乡”“北方民歌之乡”等美誉。

忻州是旅游热区，全市共有旅游景区景点97处。有世界遗产地1处、国家级风景名胜区和5A级景区1处、国家级自然保护区1处、全国历史文化名城1处、国家地质公园2处、国家水利风景区2处、全国重点红色旅游景区2处、国家森林公园4处。

**【经济发展概况】** 2016年，全市地区生产总值716.1亿元，比2015年增长4.7%，增幅全省排名第三；固定资产投资1167.7亿元，增长4.3%，增幅全省排名第五；社会消费品零售总额338.0亿元，增长7.3%，增幅全省排名第六；一般公共预算收入69.2亿元，下降6%，增幅全省排名第九；城镇居民人均可支配收入24987元，增长6.5%，增幅全省排名第三；农村居民人均可支配收入7025元，增长7.2%，增幅全省排名第二。城镇新增就业3.73万人，登记失业率3.6%，控制在4.2%以内。居民消费价格涨幅0.9%，控制在3%以内。约束性指标全部完成。

经济增长缓中趋稳。深入开展项目建设和工业稳增长“双百”攻坚行动，推动项目落地投产，促进企业复工复产，培育新的增长点，着力稳定经济增长的基本面，努力增强经济发展后劲。181个在建项目的164个遗留问题得到解决，378个项目开工建设，312个项目储备入库，325个项目建成投产，“六位一体”考核指标全部完成。新开工分类考核重大产业项目94个，完成投资147.26亿元，继续重奖项目建设攻坚战先进县（市、区）、项目建设优秀服务单位，把项目建设攻坚战引向深入。开展系统招商、精准招商、市场招商，“迎老乡、回故乡、建家乡”，推动民企入忻，深化与京津冀区域产业协同发展，签约招商项目总投资2009亿元，到位资金507亿元。继续在“减、免、缓、帮、扶、替”上做文章，大力扶持实体经济。新增直供电企业5户，为企业减负12亿元。开展千名干部入企服务和各类项目受理大起底活动，企业存在问题办结率90%以上。

重点工作有力推进。供给侧结构性改革见到实效。关闭4座煤矿，退出煤炭产能330万吨/年；商品房销售面积增长135.3%；煤、铁、焦、水泥等主要产品库存大幅下降；严厉查处非法集资、高息揽储等违法行为，规范民间借贷行为，切实保障企业资金链安全，企业应急周转资金支持209户企业续贷48.14亿元，“助保贷”累计588户次为企业贷款18.06亿元，繁峙农商行挂牌成立，民营担保公司力天汇通融资公司开业，小额贷款公司经营不断规范。全市经济作物种植面积增长38.8%，全年粮食总产量176.7万吨，为历史上第二个丰收年。产业转型升级步伐加快。晋能保德等低热值煤发电项目扎实推进，全市电力装机突破千万千瓦，金宇超细煅烧高岭土等一批新材料形成规模，阳煤忻通、美新通用等煤机装备制造业集群发展，中科忻能电池项目加快建设，定襄县成功创建全国首家出口法兰锻造产品质量安全示范区，建成省级法兰锻造产品检测检验中心，法兰锻造产业产品延伸到塔筒等部件，以广宇煤电二期为代表的36个企业项目投产。五台山景区行政管理体制改革完成，五台山文旅集团公司成立，综合行政执法试点获批，忻州汇丰文旅投资公司组建，45个旅游项目在政府网站发布招商，芦芽山景区申报世界自然遗产和创建国家5A景区进展顺利，禹王洞晋级国家4A景区，五台县晋察冀军区司令部旧址纪念馆等入选全国红色旅游经典景区名录，忻州被列入第二批国家全域旅游示范区创建单位，全市旅游总收入增长15.1%；雁门关荣膺国家5A级景区，山西第一只市级文化旅游产业投资基金在该市成立，首期规模20亿元。重点领域改革不断深化。开发区体系规划和忻州经济开发区、原平经济技术开发区、各县产业园区规划开始编制，忻州市城市总体规划调整以及县（市）域城镇体系规划和城市（镇）总体规划修编、调整和补充工作同步启动；开发区管理体制理顺，扩区、整合改革积极推进，《开发区（产业园区）管委会领导班子任期制管理办法》《全员岗位聘用制和绩效工资制实施办法》制定印发并启动实施。云河集团商业综合体联合开发项目加快建设，云马焦化破产程序终结，五交化供应站改革重组实施，水务公司法人治理结构不断完善。不动产统一登记制度全面建立。农村土地承包经营权确权工作基本完成。“双创”势头强劲。新登记各类市场主体增长31%，忻州市大学生创业园建成投运，培育“小升规”企业22户，建成市中小企业公共服务平台，新认定省级中小企业技术中心6户、高新技术企业4家、省级众创空间5家，实施国家级科技项目1项、省级科技项目12项，全国第五届创新创业大赛山西赛区颁奖典礼暨项目展示活动在该市举办。基础设施持续改善。原平—太原高铁控制性工程进展顺利，原平—大同高铁开工建设，忻州—五台山—北京高铁列入铁总铁路建设“十三五”规划；五盂高速通车，灵河高速完工，神岢高速建设加快，城区30条道路和国道208线忻州市过境改线竣工通车；新建农村公路372.7千米、完善提质146千米；五台山机场连接线项目启动。对外开放不断拓展。以保德、河曲为重点面向陕蒙的西部门户，以忻府、定襄、原平为重点面向太原都市圈的中部门户，以五台、繁峙为重点面向京冀津的东部门户的开放辐射效益得以彰显；五台山机场旅客吞吐量突破11万人，口岸开放纳入国家"十三五"规划；定襄永旺物流园区获批为全市第一家保税仓库和出口监管仓库，列为交通部示范项目。

脱贫攻坚精准发力。立足区位存在欠缺、基础设施局限、产业发育不够、天灾人祸影响、个人因素制约和工作存在不足等6种致贫原因，出台了23个专项扶贫行动方案以及45个政策性文件，针对性采取系列脱贫措施。产业扶贫带动贫困劳动力就业1.47万人，易地扶贫搬迁完成年度投资任务的111.3%，3404名建档立卡贫困人口聘为护林员。90个集中和分布式光伏资产收益扶贫项目有69个已完工，60%的收益用于建档立卡无劳动能力的贫困户分配，1.85万户贫困农户获得金融扶贫贴息贷款3.9亿元，培训贫困劳动力1.07万名，对1141名建档立卡贫困户大学生发放补助570.5万元，对8311名中高职学生发放每年每生2000元的助学补助，对4.04万名贫困大学生办理生源地信用助学贷款2.5亿元，对医疗保障扶贫对象实行"先诊疗后付费"、免除定点医院普通门诊挂号费、大病保险报销起付线由1万元降到5000元，新农合报销比例平均提高2个百分点。全面提高农村低保标准，提前实现"两线合一"。严格扶贫资金使用监管，滞留结转财政扶贫资金清理实现"三个确保"，市县财政扶贫投入分别增长24.28%、54.09%，实现总量、增幅"双增长"。吃透群众需求，激发内生动力，对建档立卡贫困户、贫困边缘户、脱贫户、中等收入户、富裕户分类指导，因户施策。2016年全市脱贫人口8.64万人，出列贫困村576个。

致力改善民生事业。为522名大学生发放一次性求职补贴，为655名大学生购买基层公共服务岗位，托底帮扶安置就业困难人员6769人，失业保险金标准由930元提高到1060元。机关事业单位工作人员增资、县以下机关公务员职务和职级并行、公务用车补贴兑现，全市机关事业单位工资水平全省排名上升。企业退休人员基本养老金人均增加182元，城乡居民基本医疗保险财政人均补助标准提高40元，人均基本公共卫生服务经费财政补助标准提高到45元，城乡居民大病保险年度最高支付限额提高到40万元，县级公立医院药品全部实行零差率销售。为特殊教育学校教师提高津贴50%，生均公用经费提高到6000元/年，农村义务教育学生营养改善工程惠及10.55万名中小学生，从秋季学年开始市财政投入600余万元支持市直公办中小学校教育教学管理改革。城乡低保、五保、经济困难的高龄与失能老年人补贴按标准提高，困难残疾人生活补贴和重度残疾人护理补贴制度全面实施。社会保障水平稳定提高，机关事业单位、企业基本养老保险制度并轨运行扎实推进，城乡居民基本医疗保险完成初步整合，养老服务体系进一步完善，新增养老床位数1500张。教育事业不断发展，新建忻州高级中学、长征小学、实验幼儿园等竣工，改扩建农村幼儿园21所，代县、原平市、河曲县、五寨县"创建全国义务教育发展基本均衡县"顺利通过省级督导评估和国家认定，县级政府推进义务教育均衡发展工作得分全省排名第一。县级公立医院综合改革全覆盖，医用设备检查检验费降幅超过10%，创建国家级、省级群众满意的乡镇卫生院37所。县级图书馆、文化馆和乡镇文化站全部免费开放，市"五馆一院"建设加快，图书馆、博物馆主体封顶。定襄等6个县建成城市数字影院，一批世界遗产点和国家、省级重点文物保护修缮工程完工。

（王国良）

# 忻州市忻府区

**【自然概况】** 忻府区位于山西省北中部，东连定襄，西邻静乐，南靠阳曲，北依原平。其前身为县级忻州市，2000年撤地设市，改为县级行政区，是市委市政府所在地，地处晋西北交通枢纽中心，素有"三关总要""晋北锁钥"之称。南北宽41千米，东西长49千米。地形西高东低，逐步倾斜，北、西、南三面环山，东部开阔平坦，为忻定盆地的主体部分。区域总面积1986.53平方千米，2016年末总人口55万人，辖11个乡、6个镇、3个街道办事处，394个行政村。

**【经济发展概况】** 2016年，全区地区生产总值120.1亿元，比2015年增长3.9%；全社会固定资产投资121.3亿元，增长7%；一般公共预算收入4.5亿元，下降10.1%；社会消费品零售总额88亿元，增长6.3%；城镇居民人均可支配收入26792元，增长5.5%；农村常住居民人均可支配收入8923元，增长6.7%。

发展基础更趋稳固。重大产业项目积极推进，总投资59.64亿元的12个项目中有8个已开工并实现投资。项目储备、项目签约、民企入晋、项目开工、项目投产五项指标均超额完成年度任务，被市委、市政府评为重大产业项目建设三等奖和项目建设百日攻坚标兵单位。固定资产投资在高位基础上保持了持续增长，项目考核各项指标基本完成，储备、签约、开工、建设、投产均超额完成任务。产业集聚区建设不断加强，光伏发电产业带建设进展较快，全年新增光伏发电70兆瓦。

脱贫攻坚精准发力。帮扶机制逐步完善，区直机关2163名党员干部与7669户贫困户建立了“一对一”结对帮扶，实现了帮扶对象全覆盖。产业扶贫初显成效，投资150万元的解原乡大庄村光伏扶贫项目投入使用，户均年增收4000余元。怡居苑1.5兆瓦屋顶分布式光伏发电示范项目启动实施。特色种植养殖业持续推进，新增杂粮种植面积800公顷，新建养殖小区9个，新增肉牛610头、羊3546只、鸡1.5万只。易地扶贫搬迁有序推进，集中安置小区怡居苑第九期项目开工建设，第十期项目启动实施。建档立卡贫困户1500人、同步搬迁户300人享受了易地搬迁政策。精准脱贫成效显著。2016年，2865户、6015人实现脱贫，35个村整村退出，超计划完成年度任务。

现代农业成效显著。特色种植面积不断扩大，种植经济作物和杂粮2713公顷，种植辣椒3340公顷、香瓜800公顷、高粱267公顷、红薯733公顷。粮食产量保持稳定，达到29.5万吨。全国秸秆综合利用试点县(区)项目成功实施，争取到上级投资1100万元，完成机械化秸秆还田1.47万公顷，秸秆黄贮及打捆加工2.67万公顷，秸秆综合利用4.13万公顷。

城乡环境明显改善。中心城区创卫取得阶段性成果，2016年10月顺利通过国家爱国卫生运动委员会组织的专家暗访，2017年2月顺利通过专家组技术评估。城区基础设施持续改善，南环街新建、慕山路南延、建设南路南延、云中南路拓宽南延均按期完成。

民生福祉保障有力。投资430万元为58所学校265个班配置了多媒体设备，实现多媒体设备“班班通”，投资600万元为1.67万名农村学生提供营养食品。医疗卫生体制改革不断深化，50个病种列为全区基本诊疗病种，143个病种纳入分级诊疗病种范围，分级制定新农合报销比例和补偿限额，实现基层首诊、逐级转诊，直接惠及群众。为全区20个乡镇办事处村级群众文化活动队伍配发演出服装4000余套、威风锣鼓20套，购置体育器材560件(套)，实现全区文化体育服务全覆盖。城镇新增就业3340人，创业带动就业395人，农村劳动力转移就业3110人，企业下岗失业人员再就业1000人，城镇登记失业率控制在4%以内。社会保障覆盖面逐步扩大，新农合保障和服务水平稳步提升，农民参合率达到99%以上，人均筹资标准由470元提高到530元。完善了新农合补偿方案，政策范围内住院费用报销比例75%以上。

（忻府区人民政府办公室）

# 原平市

**【自然概况】** 原平市地处山西省北中部，辖7镇11乡520个行政村、3个街道16个社区，2016年末总人口50.2万人，是晋北唯一的县级市。地域广阔，资源富集。全域总面积2560平方千米，历来有“东山摇钱树、西山聚宝盆、中间米粮川”的美誉。境内富含煤、铁、铝、石灰岩等20余种矿产资源；水资源年可利用总量1.7亿立方米，是山西少有的富水县市之一。大营温泉热田面积22平方千米，有“华北第一泉”之称，氡、锶等微量元素含量居全国之首。

区位优越，交通便利。原平地处晋京津枢纽，南接太原，北连大同，历为三关锁钥、全晋机枢，距离佛教圣地五台山120千米。境内铁路、公路纵横交错，大西高铁全线通车后可实现两小时直通北京、一刻钟达太原；正在建设的忻原快速通道直通五台山机场，具有得天独厚的区位交通优势。

特产闻名，百业齐备。全市煤电铝、装备制造、节能环保、现代农业产业格局基本形成。是全国三大氧化铝生产基地之一，具备300万吨氧化铝生产规模；是全省电网南北联络的中心枢纽；是全国重要的商品粮基地。

人文荟萃，山川秀美。2000多年的悠久历史形成了深厚的文化积淀，凤秧歌、云胜锣鼓列入国家非物质文化遗产保护项目。名贤俊杰有我国文学史上第一位才女班婕妤，有以著《汉书》而彪炳史册的班彪、班固、班昭，有以“坦腹晒书”而成为美谈的郝隆等东晋名士。自辛亥革命以来，从这里走出续范亭、赵尔陆、傅全有等100多位将军。境内人文遗存荟萃，自然景观林立，有金代石桥、清代牌坊等国家、省级文物保护单位6处，天涯山风景区列入国家3A级景区、滹沱河景区列入国家水利风景区。

**【经济发展概况】** 2016年，全市生产总值116.8亿元，比2015年增长6.2%；人均地区生产总值2.22万元，增长1.4%；农林牧渔总产值21.9亿元，增长7.5%；规模以上工业增加值增长0.6%；社会消费品零售总额69.4亿元，增长9.7%；一般公共预算收入6.4亿元，下降39.1%；城镇居民人均可支配收入27202元，增长6.4%；农村居民人均可支配收入9290元，增长6.2%。

积极推进产业结构调整，转型升级步伐明显加快。杂粮种植、酥梨提质、畜牧养殖等特色农业开发取得明显成效，粮食总产量36万吨。全力支持服务轩岗煤电公司、国电投山西铝业、同华电厂等重点工业企业抱团发展，保持了正常生产。经济技术开发区入驻企业38个，总投资212.6亿元。推进中央时代广场、乐村淘等一批商贸物流、电子商务项目建设，促进天涯山、滹沱河、大营温泉抱团发展。三次产业增加值比例由2015年的10.4∶43.2∶46.4转变为10.3∶40.6∶49.1。

着力扩大有效投资，经济企稳回升基础进一步巩固。实施了华夏新能源汽车铝合金车身研制基地、国新能源煤层气液化等新型产业项目210个，集中开展了“项目建设百日攻坚行动”“各类项目受理大起底”等专项行动。在忻州市重大产业项目和项目建设百日攻坚考核中，荣获忻州市“2016年度重大产业项目建设先进县(市、区)”和“2016年度项目建设百日攻坚标兵单位”称号，实现了“双第一”的历史突破。

突出抓好改革创新，重点领域改革成效显著。全面推进供给侧结构性改革，3座煤矿引导退出产能90万吨/年，化解2000多套商品房库存，规上工业企业主营业务成本下降明显，同煤电力环保二期、一辰暖通滦射供暖供热机组等环保节能项目和石鼓农产品、汉唐绿色农产品加工等产业项目加快建设。“放管服”、国有企业等改革有效推进。

持续保障和改善民生，各项社会事业全面进步。“五城联创”稳步推进，国家卫生城市创建成果有效巩固，成功创建省级园林城市，省级环保模范城市、省级文明城市创建具备验收条件，国家智慧城市创建工作稳步推进。完成6409户采煤沉陷区集中安置小区主体工程、325户农村危房改造、800户农村住房抗震改建任务。通过精准帮扶，脱贫1485户3693人。全国义务教育阶段均衡发展创建工作通过国家级验收。

（原平市人民政府办公室）

# 定襄县

【**自然概况**】 定襄县位于山西省北中部、忻定盆地东侧，总面积865平方千米，辖3镇6乡、155个行政村。2016年末全县总人口22.37万人。定襄县地处山西“一核一圈三群”经济圈内，距忻州市20千米，距太原市90千米，距北京市500千米，境内的五台山机场已开通上海、南京、天津等13条航线，朔黄铁路、太河铁路、三瑶公路、忻台公路、忻阜高速公路贯穿全境，交通便利、通信发达。矿产资源较为丰富，初步探明的矿产有十余种，储量较大的有铁矿、大理石、石灰石、纹石、白云石等。其中，石灰石和白云石储量大、品位高、易开采，是制造水泥和冶金的优质原料。境内水资源充足，汤头地下温泉及南庄、圣阜山矿泉水资源丰富，具有较高的商业开发价值。

【**经济发展概况**】 2016年，全县地区生产总值35.8亿元，比2015年增长4.4%；人均地区生产总值1.66万元，增长4%；一般公共预算收入1.66亿元，增长6.7%；农林牧渔业生产总值6.91亿元，增长10.2%；粮食总产量17.6万吨，下降1.13%；规模以上工业增加值增长0.2%；社会消费品零售总额22.4亿元，增长6.4%；城镇居民人均可支配收入26712元，增长6.7%；农民人均可支配收入11296元，增长6.2%。

大力推进主导产业法兰锻造业做大做强。76户法兰锻造企业整合为22户集团公司；法兰锻造向汽车锻件、游乐设施、工程机械等行业拓展，风电法兰向塔筒、叶片、风机等部件延伸；加快国家级绿色锻造基地建设，法兰锻件检验检测中心通过省级验收，全国首家省级出口法兰锻件产品质量安全示范区挂牌运行。

大力推进新兴产业发展。积极打造电力装备制造基地，天宝塔筒、双环海上风电项目进展顺利，吉隆能源效益稳增，申华空冷设备制造规模扩大，投资20亿元的取向硅钢项目一期工程投产在即。

大力推进现代农业产业化、规模化发展。以设施农业为主要抓手，大力发展瓜菜产业、小杂粮产业和农副产品加工产业。截至2016年底，全县新增经济作物种植面积3333.3公顷，设施农业总面积666.7公顷；投资20亿元的山投集团晋北小杂粮基地项目进展顺利，投资2.3亿元的益众源杂粮加工项目、康瑞生物公司的万寿菊深加工项目当年开工、当年投产；成立了蔬菜产业协会，整合各方资源，推进现代特色农业产业化发展。

大力推进脱贫攻坚。认真贯彻落实省、市的脱贫策略，制定了“16568”脱贫攻坚总要求，扎实推进“4433”工作法。按照“六个精准”“五个一批”要求，制定全县脱贫攻坚行动计划，县乡村三级联动，县领导全部包村包户，配备脱贫专职副乡长，成立扶贫工作站，派驻驻村工作队和第一书记，所有扶贫资金全部下拨并用于精准脱贫项目，实现了责任到位、精准到位、帮扶到位。全年3105人顺利脱贫，20个贫困村成功摘帽，脱贫攻坚实现首战告捷。

大力推进民生事业全面进步。按照“14661”教育发展总思路，狠抓教育教学大整顿和队伍建设，公开招聘31名中小学教师。在教师节拿出100万元重奖优秀校长、教师，教育振兴工程稳步推进。县人民医院住院医技大楼投入运行，县中医院就医环境明显改善，全县定点医疗机构达到161个，乡镇卫生院和村卫生室基本药物使用率达

100%，群众就医条件极大改善。建成保障性住房972套，新增廉租住房补贴54户，改造农村危房163户，群众的获得感和幸福感得到全面提升。

（定襄县人民政府办公室）

## 五台县

**【自然概况】** 五台县位于山西省东北部，总面积2865平方千米，2016年末总人口32万，现行政管辖5镇11乡、510个行政村及驼梁景区。

区位优越，交通便利。县城距忻州65千米、太原135千米、北京370千米，为忻州市东部门户、环渤海经济圈的前沿。境内朔黄铁路35千米、忻阜高速83千米、五盂高速18千米，正筹建五繁高速和忻五保客专铁路。省道176千米、县乡道657千米。

资源富足，特产盛名。耕地面积3.53万公顷，草地13.3万公顷，林地5.47万公顷，森林覆盖率31.34%。有金属、非金属矿26种。水资源总量2.82亿立方米，水能理论蕴藏量4.5万千瓦。名优特产主要有台蘑、金莲花、沙棘、莜面、花椒、核桃、柿子等。

名胜古迹、享誉内外。境内有文物保护单位103处，其中国家级7处、省级2处、市级7处、县级87处。

历史悠久，人文厚重。新石器时代已有人类聚居，西汉置县，至今历时2000余年。有唯一生于北方的共和国元帅徐向前，有"近代正眼看世界第一人"徐继畬、理学家徐润第（徐继畬父亲）、"天麻之父"徐锦堂、画家赵凤瑞等名人名家。近年来，成功创建国家卫生县城、全国平安畅通县、省级环保模范县城、省级双拥模范县、省级平安县、省级园林县城。

**【经济发展概况】** 2016年，全县地区生产总值42.7亿元，人均地区生产总值1.4万元，一般公共预算收入2.86亿元，农林牧渔业总产值9.17亿元，粮食总产量11万吨，工业增加值8.1亿元，社会消费品零售总额26.95亿元，城镇居民人均可支配收入23802元，农村居民人均可支配收入5765元。

项目建设成效明显。完成省市重点工程42项49.63亿元，实施重大产业化项目9项53.17亿元。2016年，被市委、市政府评为重大产业项目建设先进县二等奖第一名，项目建设百日攻坚先进单位第二名；被市政府评为推进工业稳增长百日攻坚优秀单位第三名。

脱贫攻坚首战首胜。贫困村退出57个，贫困人口脱贫9396人，超额完成了任务。实施"771"工作法，认真进行贫困户精准识别动态调整。分散易地搬迁1000人和整村易地搬迁14个户籍50人以下的村已全部完成。认真落实从学前到大学贫困学生的资助政策，受助学生8449人，发放补助1541.38万元。为各类困难人群发放补助补贴4114.9万元。县财政投入253万元为全县所有贫困人口办理了大病医疗保险和意外伤害保险，每人投保38元。成功接受了云南省省际交叉考核，脱贫攻坚首战首胜。

"三农"工作全面推进。县财政投入1000万元"三农"奖补资金，促进农业现代化建设。阳白现代农业循环园区、东雷农业科技示范园区、高洪口生态农业示范园区提质增效，阳白再建温室大棚66.7公顷。金道物流有限公司完成销售收入1680万元，五台山酿酒厂完成销售收入500万元。建设特色种植基地1162.8公顷和健康养殖基地。全年农产品销售收入2.35亿元。

工业发展后劲不断增强。高标准建设工业园区，大力扶持新型产业。山西德奥电梯有限公司二期立体车库生产线项目，占地5.5公顷，年产立体车位5万个，正在调试设备；山西五台山沙棘制品有限公司完成销售收入2005.2万元；城园丰农机制造有限公司完成销售收入2193万元。认真落实省政府企业减负60条、工业20条，持续壮大煤铁铝镁电支柱产业。

大旅游格局加快形成。围绕五台山，以驼梁景区和佛光景区为依托，重点发展清水河高洪口以上地区以旅游地产和旅游服务业为主的第三产业。大力推进景区景点建设和旅游项目，全年接待国内外游客23.68万人次，旅游经济总收入7.93亿元。

城市品位进一步提升。扎实推进"五城联创"，在巩固国家卫生县城、省级环保模范县城的基础上，积极创建省级园林县城，重点建设26.3公顷的湿地公园和半岛公园，采取沿河植绿、破硬还绿、缺株补绿、立体造绿、小区建绿，增加绿地面积，形成山水园林格局。县城绿化覆盖面积185.86万平方米，绿化覆盖率41.6%。2016年被命名为"山西省园林县城"。

社会事业协调发展。城镇登记失业率4.2%。开展"铁腕治污"行动，县城空气质量二级以上天数337天，一级天数139天。坚决守住"三条底线"，以"四铁"要求，全面落实安全生产"4438"工作机制，安全生产形势稳定好转。

（五台县人民政府办公室）

## 代县

**【自然概况】** 代县位于山西省东北部，北据恒山余脉，南跨五台山麓，滹沱河自东向西横贯全境，基本地形地貌为"两山夹一川""七山一水二分田”。总面积1721.5平方千米，下辖6镇5乡1个居民办事处、377个行政村，2016年末总人口22.06万人。代县是中国历史文化名城、中国民间绘画之乡、中国民间文化艺术之乡、国际精品文化旅游县、中国特色文化产业示范县、中国传统建筑文化旅游目的地、国家扶贫开发工作重点县。代县历史文化底蕴厚重，有“赵国门户、汉室要塞、大宋边防、朱明重镇”之称，是历朝历代的州、郡、道、县行政治所。

*农业条件相对优越*。滹沱河沿岸土地肥美优良，南北半坡土地宜林宜草。年平均气温7.2～9.3℃，年降水量397～770毫米，全年无霜期100～160天。辣椒、黄酒、酥梨、大米等农副土特产品颇负盛名。

*矿产资源丰富*。全县已知矿藏24种，铁矿探明储量15.36亿吨，位居全省第一；金红石矿探明保有储量8651万吨，远景储量近2亿吨，名列全省第一、全国第二。

*旅游资源禀赋较好*。境内共有历史文化遗址、遗迹433处，其中国保文物4处、省保文物8处。峨口挠阁、雁门民居建造技艺、黄酒酿造技艺、上阳花社火、代县面塑分别入选国家、省级非遗保护名录。

*交通条件便捷畅通*。代县自古有“旱码头”之称。境内京原铁路、大西高铁、北同蒲复线、108国道、208国道、大运高速、灵河高速纵横交错，交通网络四通八达。

**【经济发展概况】** 2016年，全县地区生产总值53.1亿元，比2015年增长4.6%；人均地区生产总值2.41万元，增长3.9%；财政总收入4.1亿元，下降56%；一般公共预算收入2.2亿元，下降65.2%；农林牧生产总值5.67亿元，增长1%；粮食总产量8.69万吨，增长28.9%；规模以上工业增加值增长4.5%；固定资产投资56.4亿元，增长5.5%；社会消费品零售总额14.3亿元，增长3.5%；城镇居民人均可支配收入23706元，增长6.3%；农民人均可支配收入5169元，增长5.8%。

*脱贫攻坚稳步推进*。财政扶贫资金实现“双增长”，各项扶贫政策到村到户到人到位，2016年脱贫8150人。新发展特色瓜果、蔬菜种植193.3公顷，中药材种植520公顷，建设无公害玉米、水稻、小杂粮等种植基地3820公顷。农产品加工企业实现销售收入4.58亿元。连续四年实施全国小型农田水利重点县项目，获得省“禹王杯”先进县称号。

*工业经济平稳运行*。落实各项减费让利政策，县财政对传统产业技改升级进行奖补，31户企业安装智能程控系统35套、高频筛30台，节能率达到10%。围绕“止缓、回稳、促增”，深入开展工业稳增长百日攻坚行动和百名干部入企服务活动，为经济趋稳向好、可持续发展奠定了坚实的基础。

*文化旅游再创佳绩*。举办了雁门关国际自行车骑游大会、“博克森杯”中国高等学校篮球精英赛暨拳王统一战等大型体育赛事。雁门关伏击战遗址和夜袭阳明堡飞机场遗址入选全国红色旅游经典景区名录。三个村庄入列全国乡村旅游扶贫重点村。2016年，全县景点累计接待游客180万人次，门票收入突破2500万元，旅游综合收入25亿元。

*项目建设势头强劲*。全年项目储备73项，签约123亿元，落地77亿元，开工55.6亿元，投产73.5亿元，省、市重点工程投资完成36.7亿元。新开工重大产业项目8项，累计完成投资7亿元。

*城乡建设阔步迈进*。新建改建城市道路10.8千米，新建供气管网10千米、供热管网9千米、供水管网10.8千米。新城体育中心建成开放。关沟河、二虎寺河综合整治工程基本完成。保障房建设338套，农村抗震房改建800户，危房改造542户。

*民生事业持续改善*。全县幼儿毛入园率95%，获得“山西省实施学前教育三年行动计划先进县”称号；实施“全面改薄”项目，彻底改善了54所中小学及104个教学点办学条件，达到省定办学标准；义务教育均衡发展，高标准通过国家评估认定。新城医院投入使用，进一步改善了全县人民群众的就医环境；城乡居民医疗保险实现合并，实现了城乡医疗全覆盖；全面落实两孩政策，人口自然增长率3.13‰，控制在6.5‰以内。发放城乡低保4450万元；城镇新增就业3148人，转移农村劳动力2880人，城镇登记失业率控制在4.2%以内。生态环境持续改善，全年二级以上天数达到305天，造林2333.3公顷。各项安全生产指标均在控制范围内。

*深化改革卓有成效*。在全市率先完成不动产登记发证系统信息平台对接工作，颁发了全省首批、全市首本不动产权证书。开展“五证合一”工作，登记办理“两证整合”310多户。涉及全县400家纳税户的“营改增”试点工作顺利推进。

（代县人民政府办公室）

## 繁峙县

**【自然概况】** 繁峙县地处晋东北，东扼平型通京冀，西控雁门达省府，北依恒山通大同，南临佛都五台山，是晋北交通要冲和旅游循环圈的中心。总面积2368平方千米。全县辖3个镇、10个乡、1个居民办事处、401个行政村，2016年末常住人口27.5万人。

繁峙资源优裕，现已探明储量的有金、银、铜、铁、钼等27种，其中钼矿探明储量10.1万吨，岩金矿纯金储量20吨，均居全省之首；铁矿探明储量9.1亿吨。全县水资源总储量2.67亿立方米。风力资源充裕,高度65米处平均风速7.42米/秒。旅游资源丰富,文物景点45处,国保文物单位6处、省保文物单位4处。

**【经济发展概况】** 2016年,全县地区生产总值53.56亿元,比2015年增长4.4%;人均地区生产总值1.94万元,增长2%;公共财政收入2.14亿元,增长6.06%;农林牧渔业生产总值8.97亿元,增长5.11%;固定资产投资92.85亿元,增长5.7%;社会消费品零售总额18.96亿元,增长7.5%;规模以上工业增加值32.04亿元,增长0.5%;城镇常住居民人均可支配收入26664元,增长7.2%;农村常住居民人均可支配收入6940元,增长7.2%。

强力推进脱贫攻坚。代表全省接受了国务院脱贫成效考核第三方评估。全年123个村3625户1.05万人实现脱贫,其中整村退出47个村2477户7174人。1200个易地移民搬迁对象妥善安置。为全县建档立卡贫困户发放小额信用贷款835笔4766.2万元。低保线与贫困线实现"两线合一"。2016年共统筹整合各类资金2.4亿元用于精准扶贫,专项扶贫资金支出率96.2%。创新六大利益联结机制全力推动七大扶贫产业发展,4112名干部投身脱贫主战场。

扎实推进项目建设。坚持把项目建设作为应对经济下行压力、实现稳定增长的重要举措。148个县重点项目完成投资92.85亿元,占年度计划的134.78%;63个省、市重点工程项目完成投资82.03亿元,完成率100%;14个产业类考核项目完成投资17.34亿元,产业项目分类考核获得忻州市一等奖。

持续改善城乡面貌。2016年,市政基础设施建设完成投资2.38亿元。投资2.82亿元实施砂河镇城中村改造1169户,化肥厂国有工矿棚户区改造450套。投资1.8亿元实施农村人居环境改善工程,拓宽改造39.81千米的农村窄路基公路,成功创建12个县级美丽宜居示范村、两个市级美丽宜居示范村。改造农村困难家庭危房434户,改建农村抗震房1200户。"创卫""创模"成果全面巩固延伸,"省级园林城市"积极创建,城市面貌持续改善。

不断加强生态建设。强力推进"铁腕治污"专项行动,对全县60家违法违规砖瓦企业进行关停清理整顿,对182家违法违规项目进行全面清理。淘汰黄标车老旧车256辆,淘汰燃煤小锅炉10个。稳步推进华茂铸造、中兴实业清洁生产技术改造。全县城镇供热面积402万平方米,供热覆盖率91.5%。全县空气质量优良率100%,稳定达到国家二级标准,各水利断面劣V类水体比例全面达标。全年完成营造林任务7080公顷,森林覆盖率达到29%。

大力发展现代农业。全县粮食总产量8.13万吨,比2015年增长10.3%。设施农业总面积494.6公顷,农作物机械化综合水平86.23%,在全省率先创建农业机械化综合示范县。农业产业化龙头企业发展到17家,完成销售收入3.8亿元。万锦肉牛产品取得直供香港资质。

着力推进产业转型。全年完成旅游收入19.02亿元,增长15%。平型关关楼和两侧长城修缮、平型关—108国道旅游景区道路基本完成,大智镜圆文化产业园主题景观塔等重点工程顺利推进。积极筹建平型关景区管委会,注册成立繁峙县滹源文化旅游投资开发有限公司。平型关村、茨沟营村等乡村旅游蓬勃开展。重点推进晋绣、金石雕刻、星河银器等文化产业项目的发展壮大。淘汰落后钢铁产能34万吨、水泥产能8万吨;化解铁精粉库存115万吨、线材6万吨、房地产库存895套。中兴华德连铸有限公司与美国特雷克斯公司开展出口合作,中环铸业有限公司承接外省零部件加工1.1万吨。

深化重点领域改革。扎实推进行政审批制度改革,重新梳理行政职权10类3301项。推进"双随机、一公开"工作,梳理随机抽查事项195项,市场主体名录1.26万个,执法检查人员名录509人。稳步推进不动产统一登记,不动产登记中心正式揭牌。深化金融体系改革,繁峙农商行挂牌成立。积极推进开发区工作,成立了开发区管委会筹备委员会。

努力改善民生事业。全年县财政用于民生支出15.14亿元,占总支出的87.57%,比2015年增长9.51%。县级4个公立医院药品实现零差率销售,113个病种实现分级诊疗,98%的居民建立电子档案。城乡低保、五保、经济困难的高龄与失能老年人补贴按标准提高,困难残疾人生活补贴制度全面实施。新建8个老年人日间照料中心。新建44个基层综合性文化服务中心,城镇新增就业3186人,全县公益岗位人数达到959人。

(繁峙县人民政府办公室)

## 宁 武 县

**【自然概况】** 宁武县地处晋西北管涔山北麓,属内长城、外三关要塞,是三晋母亲河——汾河与北京永定河支流——恢河的发源地,属于国家扶贫开发重点县。全县总面积1936.4平方千米,辖4镇10乡、464个行政村、8个居委会,2016年末总人口16.1万人。年平均气温

6.8℃，年均无霜期 164 天，年均降水量 427.6 毫米。宁武县资源丰富，素有“地下黑色宝库”和“地上绿色银行”的美誉，其中，煤炭资源储量 290 亿吨，原始次生林 5.5 万公顷，是中国北方独具特色的山水自然生态和人文景观旅游新区。

**【经济发展概况】** 2016 年，全县地区生产总值 43.7 亿元，比 2015 年增长 8.4%；人均地区生产总值 2.65 万元，增长 7.4%；一般公共预算收入 5.9 亿元，下降 10%；农林牧渔业产值 2.04 亿元，增长 24%；粮食总产量 24.4 万吨，增长 12.3%；工业总产值 43.47 亿元，增长 6.94%；社会消费品零售总额 12.9 亿元，增长 8.2%；城镇和农村常住居民人均可支配收入分别为 21713 元、4825 元，均增长 6.2%。

脱贫攻坚首战告捷。盘活扶贫专项资金 1.1 亿元，整合涉农资金 3600 余万元，全面实施了产业扶贫、易地搬迁、生态补偿、教育培训就业、社会保障兜底、基础设施改善、公共服务提升、社会力量帮扶等工程，上马了大象生猪养殖、健康规模养殖、特色农业种植、村级光伏电站等项目，做到了扶贫对象精准、资金项目精准、脱贫成效精准。全年共出列贫困村 50 个，减贫人口 6327 人，超额完成了年度任务。

供给侧改革取得实效。坚定推进煤炭去产能，直接退出产能 210 万吨，引导煤企实行减量化生产；多措促进住房去库存，促进商品房销售 2000 多套。统筹做好金融去杠杆。完成了县扶贫开发融资担保公司前期工作，成立了瑞都村镇银行。积极服务企业降成本。做好“减、免、缓、帮、扶、替”政策落实，大力扶持民营经济发展，县工商联荣获“全国五好工商联”称号。

转型升级步伐加快。累计投入 2 亿元支持“三农”工作，全县大畜饲养量 3.1 万头、羊饲养量 51 万只，杂粮种植面积 1.53 万公顷。牢牢稳住工业基本面，重点做好了煤矿复产、复建验收工作，荣获全市推进工业稳增长百日攻坚行动优秀单位。全县原煤现价产值 27.5 亿元、销售产值 28.15 亿元。强力推进旅游重点项目建设，5A 级景区通过了国家旅游局初步考核，被评为“全国森林旅游示范县”。全年接待游客 109 万人次、旅游综合收入 7.3 亿元。

重点改革深入推进。加快开发区改革创新，成立园区建设领导组，启动园区规划调整修编，建立了开发区系列管理办法。创新用地机制，城乡建设用地增减挂钩 66.7 公顷周转指标获批，矿山企业完成复垦耕地林地 37.4 公顷。稳步推进国企改革，出台了钜盛能源集团完善内部机制的工作方案，着手开展清产核资工作。基本完成农村土地承包经营权确权登记，成立农村产权流转交易中心，完成了集体林权主体改革任务，8.67 万公顷集体林地确权到户。全面推开“五证合一、一照一码”改革，全县市场主体总数达到 8467 户。建立不动产统一登记制度，挂牌成立不动产登记中心，完成了不动产登记信息平台和发证平台建设。

民生事业不断改善。积极落实就业再就业政策，各类人群就业 3232 人，转移农村剩余劳动力 2414 人，各项社会保险待遇稳步增长，城乡居民基本医疗保险整合完成。统筹发展教育事业，建立了从幼儿到大学生的资助体系，学前教育资源不断优化，义务阶段教育均衡发展，大力发展高职中教育，新建示范性高中主体工程完工。开展公立医院综合改革，实现了基本药物制度全覆盖。提高最低生活保障标准，实现了农村低保线和脱贫收入线的“两线合一”。深入开展“铁腕治污行动”，空气环境质量稳定达标，水环境质量总体稳定，六类污染物减排顺利。完成人工造林 806.7 公顷、封山育林 666.7 公顷。国家级卫生县城通过复验，省级园林县城通过验收。图书馆、文化馆、档案馆、体育馆和数字影院全部投入使用，人居环境全面改善。

（宁武县人民政府办公室）

# 静乐县

**【自然概况】** 静乐县地处晋西北黄土高原、汾河上游，是“中国民间艺术之乡”“中国藜麦之乡”。全县总面积 2058 平方千米，境内海拔 1140～2421 米，属北温带大陆性气候。年均气温 6.8℃，年均降水量 460 毫米，无霜期 90～145 天。全县辖 4 镇 10 乡 1 个居民办事处、381 个行政村，2016 年末总人口 16.2 万人，其中农业人口 13.8 万人。

**【经济发展概况】** 2016 年，全县地区生产总值 24.4 亿元，比 2015 年增长 8.6%；固定资产投资 84.4 亿元，增长 9.9%；公共财政收入 3.9 亿元，增长 35.4%；规模以上工业增加值 4.89 亿元，增长 6%；社会消费品零售总额 10.6 亿元，增长 9.6%；粮食总产量 5.8 万吨；城镇常住居民人均可支配收入 20837 元，增长 7.1%；农村常住居民人均可支配收入 6004 元，增长 7.7%。

脱贫攻坚扎实推进。杨家山扶贫移民小区开工建设，完成易地搬迁任务 700 人。扎实开展扶贫资金整合试点工作，整合各类财政专项资金 1.4 亿元，财政扶贫资金比 2015 年增加 45%。发放各类贷款 5653 万元。建成村级光伏电站 10 个。开展农民工技能、就业、电商培训 18 期 3500 人次。加快县级电商运营服务体系建设，建立了“静乐生活”农产品品牌，发展乡村服务点 32 个，乐村淘分店 104 家。阿里金融

(旺农贷)启动实施,藜麦、玛咖、小杂粮等上线成交额2000余万元。直接带动建卡贫困户1280户,户均增收近1400元。选派县级扶贫工作队116个、第一书记247人。全年共退出贫困村49个、贫困人口4930人,脱贫工作年度考核进入全市第一方阵。

三次产业协调发展。大力发展特色农业。全县种植藜麦2000公顷、黑枸杞218.6公顷、红辣椒866.6公顷。建成农产品加工企业25家,销售收入3.2亿元。建成标准化规模养殖场147个,发展规模养殖户230户,羊饲养量42万只。新增节水灌溉面积2333.3公顷,解决了9个村、2160人、460头大畜的饮水困难问题。发展各类专业合作社174家。不断引深项目攻坚。累计新增储备项目92个,总投资1085亿元;完成签约项目18个,总投资129.3亿元;落地项目62个,总投资64.8亿元。加快发展文旅产业。全年来静乐观光旅游人数达到30万人次,拉动销售收入增加1600余万元,解决贫困户劳动力就业600余人,带动景点周边农民人均增收300余元,荣获"2016年度中国品牌最美特色旅游目的地"称号。依托汾河川生态经济技术开发区创建,发展了汾河川文化产业园。在静乐建设了非物质文化遗产保护工作站,设立以剪纸、刺绣、面塑等为主的非遗文化产品专柜。

基础建设持续加强。争取成为省水利厅小农水综合灌溉试点县,三年投资6900万元,实施提水上山工程。先后完成新增水浇地1000公顷。地质灾害搬迁50人,土地开发整理520公顷。县乡公路升级改造工程19千米,完成县乡公路提质改造3.4千米,通村公路窄道拓宽工程22千米,生命线防护工程20.8千米。

社会事业蓬勃发展。发放各项教育补助资金190万元,为2672名贫困大学生提供生源地助学贷款1670万元。招聘乡村医生167名,新建改建乡镇卫生院7所、村级卫生室61个,启动了县中医院建设,急救中心项目主体工程完工。开展送戏、送电影下乡2246场,恢复开通静乐县人民广播电台。对全县2607名因病致贫返贫人员逐一体检,全部建立健康档案;严格执行"两线合一"政策,扩大低保覆盖面,将1205名贫困人口纳入农村低保范围。救助各类农村医疗患者798人,发放医疗救助金124.8万元;按时足额给全县2300名重度残疾人和困难残疾人发放了护理补贴和生活补贴。举办职业技能培训班5期226人,千村万人就业培训两期120人。静乐县老年公寓项目主体完工,新建、改建老年日间照料中心8个。

城乡面貌明显改善。新建改造城市道路9千米,新增城市集中供热面积10公顷,新增城市绿化面积31公顷。建设各类保障性住房936套,综合整治棚户区373户,完成农村危房改造434户,采煤沉陷区治理两个村,新建改建农村幼儿园两所,实施3个贫困村农网升级改造工程。组建扶贫攻坚造林专业合作社51个,完成造林6666.6公顷,把建档立卡的286名贫困人口调整到护林岗位,占到全县护林员总数的60%,新增生态护林员116人。提前启动了新一轮退耕还林2333.3公顷,被列为全省生态扶贫重点县和"购买式"造林试点县。

(静乐县人民政府办公室)

# 神池县

**【自然概况】** 神池县位于山西省的西北部、管涔山脉的西北麓。东邻朔州,西连五寨,南接宁武,西北靠偏关,东北界平鲁。全县总面积1472平方千米。地势东高西低,最高海拔2545米,最低海拔1300米。东北部为土石山区,海拔均在1900米以上,西部是黄土丘陵区,海拔在1600米以上,县城海拔1548米(比泰山顶还高出3米)。属温带大陆性季风气候,年平均气温4.6℃,最冷极端气温为零下33.8℃,最热极端气温为34.8℃。年均无霜期114天,最短96天,最长165天。年平均降水481毫米。自然特征可以概括为:地多坡广、高寒冷凉、风大沙多,是一个典型的农牧交错区。全县辖3镇7乡、1个街道办事处,251个自然村、241个行政村,是全省35个国家级贫困县之一。2016年,全县总人口10.89万人,其中城镇人口4.33万人,乡村人口6.56万人。

**【经济发展概况】** 2016年,全县地区生产总值20.3亿元,比2015年增长5.4%;人均地区生产总值1.87万元,增长5.3%;规模以上工业增加值3.1亿元,增长10.5%;农林牧渔生产总值7.06亿元,增长16.6%;粮食总产量13.84万吨,增长25.45%;社会消费品零售总额9.9亿元,增长9.3%;财政总收入2.8亿元,下降12.9%;一般公共预算收入1.5亿元,下降8.7%;城镇常住居民人均可支配收入20825元,增长6.9%;农村常住居民人均可支配收入6732元,增长7.6%。

积极培育新动能、发展新业态。风电成为工业经济主体,全县建成投产的风电场达到14期70万千瓦。光电开始起步,与北京瑞宏伟业投资有限公司等六大集团签订了93万千瓦光电开发协议,目前已建成1万千瓦。东湖1万千瓦光伏发电项目正在建设,6月份建成。养羊产业提质增效。建成"六化"标准养殖小区65个,全县羊饲养量保持在100万只左右,紫云、南山等加工企业年屠宰加工羊30万只以上,全县羊年出栏量排名全省前十。

大力推进供给侧结构性改革。将易地移民搬迁与房地产去库存紧密结合起来，共在县城集中安置652户1448人。着力推进农业供给侧结构性改革，以合作社和龙头企业为带动，大力推广杂粮新品种和渗水地膜、膜下滴灌等新技术，积极调整种植结构，推动土地经营权有序流转，加大农民技能培训，不断提高农业产业化水平，全县家庭农场累计发展到564个，农民专业合作社累计发展到550个。大力推动产业转型升级，推进艾科二期5万千瓦风电、晋城润宏10万千瓦风电及4万千瓦和1.6万千瓦两个地面集中式扶贫电站完成前期手续，10个分布式村级光伏电站全面开工建设。大力发展旅游服务业，争取山西省文化产业发展中心在该县虎鼻乡建设拟投资11.68亿元的“一路风景汾河源文化乡村旅游”项目；投资50万元在太平庄乡西岭村实施了旅游扶贫项目。

强力推进脱贫攻坚。全年30个村1597户3919人脱贫，完成年度脱贫任务的109.25%。易地移民搬迁2400人，6个户籍50人以下行政村中村完成整村搬迁；实施“一个引领、六大支撑、三项促动”的“163”产业扶贫计划，产业扶贫投资1.03亿元，引进澳大利亚冻精技术，利用杜泊种羊优良基因改良本地品种，带动农民户均增收4975元，贫困村人均三亩高标准口粮田；实现建档立卡贫困学生从学前教育到高等教育资助补助全覆盖；对全县丧失劳动能力的2201户2994名贫困人口，全部政策兜底。实施新一轮退耕还林，推进国家重点公益林生态补偿、成立造林合作社、聘用贫困护林员三项具体工作，全年共计投入1437.4万元，惠及3196名贫困人口。全面提升金融精准扶贫水平，评定信用村32个，信用户3123户，授信总额1.13亿元，为1124户贫困户发放“富民贷”4641.51万元，为能人大户与合作社发放“强农贷”812万元。

群众生活不断改善。医改工作有序推进，医疗费用增速和药费占比下降，合并实施基本医疗保险和生育保险，有效落实计生工作、二孩政策。提高城乡低保、五保、经济困难的高龄与失能老年人补贴标准，扎实推进机关事业单位、企业基本养老保险制度并轨运行，投资3000万元的敬老院主体完工。文化事业稳步发展，文化阵地建设、送戏下乡等文化惠民工程持续升温。

（神池县人民政府办公室）

## 五 寨 县

**【自然概况】** 五寨县地处晋西北黄土高原丘陵区，位于忻州市西部八县的中心位置，东接神池，西连岢岚，南临宁武，西北部接偏关、保德、河曲三县，汇通晋、陕、蒙三省。全县总面积1391.3平方千米，下辖3镇9乡、250个行政村，2016年末全县总人口11.6万。

五寨县属传统农业大县，全县耕地4.96万公顷，农业人口人均0.5公顷，种植马铃薯、玉米、小杂粮、蔬菜、中药材等。中部由南向北为40千米“丁”字平川，是五寨的米粮川，有晋西北“乌克兰”之称，是全省扶贫开发先进县、粮食生产先进县。五寨也是传统畜牧养殖大县，全县羊饲养量102万只，牛、猪、鸡存栏分别达2.2万头、3.6万头、31万只，是全省35个畜牧重点县和10个养羊重点县之一。

五寨有良好的生态环境，南有芦芽山、华北最大的亚高山草甸荷叶坪、生态旅游区“五寨沟”；东西两梁有2.7万公顷柠条林，是华北最大的狩猎区。全县有林地7.85万公顷，林木绿化率38.5%，是国家级生态示范区，也是省级平安县。

**【经济发展概况】** 2016年，全县地区生产总值19.5亿元，比2015年增长8.1%；人均地区生产总值1.77万元，增长7.6%；固定资产投资35.7亿元，增长12.8%；公共财政收入1.8亿元，增长2.3%；农林牧渔业总产值6.92亿元，增长15.3%；粮食总产量21万吨，增长52%；工业总产值7.17万元，增长11.39%；社会消费品零售总额9.8亿元，增长8.4%；城镇、农村常住人口人均可支配收入分别为21567元和6616元，增长7.3%和6.5%。

加快产业转型升级。围绕甜糯玉米、马铃薯、小杂粮三大优势产业，实施了粮食高产创建、示范基地建设和特色杂粮振兴工程，种植玉米1.91万公顷、马铃薯8600公顷、小杂粮1.77万公顷、中药材、蔬菜等4200公顷，全年粮食总产量21万吨，再创历史新高。土地流转5333.3公顷，累计发展农民专业合作社430个；全县“三品”认证59个，无公害产地认证2.5万公顷，农业机械化综合作业水平达65%以上；新发展晋乡丰、百草清菏、绿谷3个农副产品龙头企业，全县18家农业龙头企业年加工转化各类农产品16万吨，实现销售收入8亿元。始终坚持工业强县战略不动摇，投入担保金为14户企业解决贷款2400万元，有效缓减了企业资金困难。加快推动鹏程淀粉、绿业牧业、康宇实业、宝石花、隆泰、昌泰等骨干企业上档升级，积极引导万通实业、甚喜茶园、金达制药、科园实业等企业延长产业链，提升经济效益。五寨400万吨煤制油联产、20亿立方米煤制天然气项目列入晋北现代煤化工基地规划。全力支持以煤炭运营为主的物流产业发展，先后建成9个大型煤炭发运站，发展洗选煤企业7家，从事煤炭运销企业达94户，全年发运煤炭 3658 万吨,创利税 1.38 亿元。鼓励有实力的民营企业挂牌上市,康宇公司、国源燃气、甚喜茶园等 7 户企业完成新三板挂牌培训。大力发展电子商务,引进“京东”“美淘村”“乐村淘”3 家电子商务企业,建立 94 个体验店,五寨电子商务发展指数和商购指数全省排名第八。全县民营企业总数发展到 1247 户,个体工商户 4466 户,从业人员 3.32 万人,有力地促进了县域经济发展。

全力推进转型综改。围绕产业转型、城乡统筹、生态修复、民生改善四大任务,扎实推进金融创新、行政审批、商事制度改革、农村改革等各项任务。其中,行政审批制度改革,在 162 项行政许可的基础上,取消行政许可 6 项,清理规范 19 项。商事制度改革,不断巩固“三证合一、一照一码”改革成果,办理“五证合一”企业 784 户,办理“两证整合”个体 212 户。农村土地确权,累计完成 241 个行政村,占总确权村数的 96%。供销社五项改革工作有序推进,张家坪国有林场改革任务已完成。

大力加强城乡建设。启动了园林城市创建,实施了清涟河道治理、北环汽车站建设、园林城市绿化等 16 项市政基础设施建设工程。清涟河道治理工程、北环汽车站建设项目基本完工;滨河北路、漪涟市场开工建设;完成城区街道、公园、广场、机关、小区等绿化补植,建成区绿化覆盖率 38.16%。108 个村乡村清洁工程达到省级标准,325 户农村危房完成改造。启动实施了三岔小集镇创卫工程,建成总投资 2900 万元的集中供热站 1 座,供热面积达 11 万平方米。神岢高速(五寨段)路基、桥涵基本完成,路面工程、场站建设接近尾声;国道 209 线偏关堡子湾—五寨三岔段公路改造路基工程全部完成,路面铺设及配套工程扎实推进。五寨—黄土坡、胡会—水槽、五阳线—韩岭庄三条县级公路完成改造,五寨(管涔)500 千伏输变电工程建成运营。实施抗旱应急水源引水工程、安全饮水提升工程、膜下滴灌工程、库坝灌区修建工程,解决了 11 个村、5470 人的饮水安全问题;完成小流域治理 1000 公顷,全县实灌面积 3600 公顷。大力推进“一园、一山、两梁、三村”造林绿化工程,全年绿化造林 5733.3 公顷。扎实开展“铁腕治污”行动,城区集中供热覆盖面积 166 万平方米,全县二级以上天数 346 天,其中一级以上天数 162 天。

大力发展民生事业。累计投入资金 5.1 亿元,着力解决民生实事。第一小学、第四小学、第二中学综合楼,东城区幼儿园新建项目扎实推进;总投资 1039 万元的 13 所学校操场建设全部竣工;投资 1296 万元为19所中小学校,购置了计算机、实验器材、图书、桌椅等设施设备;县义务教育均衡发展顺利通过国家验收。总投资 2 亿元的第一人民医院新建项目前期手续全部办结;砚城镇卫生院业务用房主体完工;韩家楼、小河头两个中心卫生院周转房全部建成;县级公立医院综合改革稳步推进,公共卫生服务质量明显提高。为 12 个乡镇拨付 130 万元农村文化活动资金,为重点农村、大型社区配备 30 余万元的健身器材,为 132 个农家书屋添置了 27 万元的图书报刊;实施广播电视户户通 1.22 万户;开展“送戏下乡”50 余场、“送电影下乡”3114 场。建立了大学生创业园区、创业孵化基地,全年新增城镇就业岗位 1667 个,转移农村劳动力 1366 人,城镇登记失业率控制在 4%以内。全县 2931 名城市低保、1.22 万名农村低保、1150 名农村五保、60 名孤残儿童全部应保尽保,保障标准不断提高。韩家楼敬老院、北苑新村敬老院开工建设;社会福利大楼、农村社区老年人日间照料中心投入使用,配套设施不断完善。累计投入 1.26 亿元,扎实推进精准扶贫、精准脱贫,全年退出贫困村 45 个,脱贫 6115 人。

(五寨县人民政府办公室)

# 岢岚县

**【自然概况】** 岢岚县地处晋西北黄土高原中部、管涔山西北麓,属中温带大陆性季风气候,平均气温 6.2℃,无霜期不足 120 天,年均降水量 450 毫米左右。境内以山地丘陵为主,总面积 1984 平方千米,平均海拔 1443 米,辖 2 镇 10 乡、202 个行政村。2016 年,全县总人口 8.6 万人。

岢岚县生态良好,境内有耕地 5.2 万公顷、林地 11.9 万公顷、天然牧坡 9.1 万公顷,是一个农田广阔、牧草丰富的农牧业县份,种植小杂粮、发展畜牧业具有得天独厚的自然条件和环境优势,打造出“晋岚绒山羊”“中华红芸豆”两个国字号品牌,以“羊”为主的畜牧业和以“豆”为主的小杂粮是农民增收的主要支撑。

岢岚环境优美,保存完好的宋长城绵延 30 多千米,有 2000 公顷荷叶坪高山草甸,县城南山森林公园、东山山地公园、有占地 1333 公顷的北山文昌塔公园,有较充足的光水风等自然资源,森林覆盖率达到 18.51%,城市建成区绿地率达到 35.15%。境内空气清新,碧水蓝天,气候凉爽,是避暑旅游的理想之地。

**【经济发展概况】** 2016 年,全县生产总值 20.9 亿元,比 2016 年增长 8.2%;人均地区生产总值 2.43 万元,增长 4.47%;一般预算收入 1.14 亿元,增长 -6.2%;农林牧渔业总值 6.82 亿元,增长 5.9%;粮食总产量 6.21 万吨，增长 51.2%；工业总产值 22.37 亿元，增长 6.9%；社会消费品零售总额 9.6 亿元，增长 8.8%；城镇居民人均可支配收入 23940 元，增长 7%；农村常住居民人均可支配收入 5898 元，增长 7.4%。

脱贫攻坚首战告捷。贯彻“五个一批”“六个精准”，完善党委领导、政府主导责任体系，国家、省、市、县 133 个单位结对帮扶，125 名第一书记一线帮扶，形成“党政同抓、上下联动、合力攻坚”的工作格局。总结推广精准脱贫“4433”工作法，精准识别贫困人口 6002 户、1.37万人，建成脱贫攻坚大数据平台，建立“2311”工作台账。整合涉农资金 9176 万元用于脱贫攻坚，社会保障 4 类 24 项政策精准落实到户到人，稳步推进产业扶贫、生态补偿、光伏扶贫、教育培训、金融富民等，实现 25 个贫困村出列、3518 人脱贫、1622 人易地扶贫搬迁。

产业培育初见成效。进一步优化招商环境，不断加大项目攻坚力度，全年储备项目 63 个、685.8 亿元，签约 25 个、94.3 亿元，落地 67 个、69.4 亿元，开工 54 个、60.9 亿元，投产 32 个、49.1 亿元。煤炭经销 598 万吨，创税 4875 万元，道生鑫宇 LNG 项目、晋兴奥隆水泥建材项目基本建成，大唐大阳坡一期、燕家村二期等 3 个风电项目开工建设，签约山西新大象百万头生猪养殖项目、山西建工集团宋长城景区旅游开发项目。

农牧产业稳步前行。围绕农业增效、农民增收，发挥“羊、豆”品牌优势，不断提升规模化、组织化、专业化水平。培育种粮大户 717 户、农民专业合作社 390 个，发展扩繁场 13 个、规模养殖场 71 个、大型养殖户 500 户。发展农业科技示范园区 666.7 公顷、新型经济作物示范园区 33.3 公顷，稳定红芸豆种植 8666.7 公顷，出口 6357 吨，创汇 651.5 万美元。完善晋岚绒山羊改良点 6 个，遴选组建核心母羊群 60 个，建设标准化圈舍 1.5 万平方米，全县羊饲养量达 80 余万只，畜牧业总产值 4.4 亿元。

改革创新步伐加快。深化供给侧结构性改革，推进“三去一降一补”，实施“1111”转型综改计划，主动融入太原都市圈、“三区联动”等区域发展战略，与省农科院合作开展羊产业、小杂粮、煤化工 3 个重点课题研究，加快承包经营权确权登记颁证和农村集体建设用地、宅基地使用权地籍调查，创新土地增减挂钩结余指标流转，在全省率先挂牌交易 2547 万元。加大政银企三方对接力度，创设支种贷、支养贷、支企贷、双创贷和富民贴息贷等，发放 2.17 亿元。申报科普惠农兴村计划国家级 3 项、省级 2 项，与山西股权交易中心战略合作，29 家企业集中挂牌。

五城联创成果丰硕。国家卫生县城创建工作进入抽检授牌阶段，省级园林县城已经命名，省级文明县城通过考核验收，荣获“省级文明县城创建先进县”荣誉称号，省级环保模范县城创建扎实有效，空气质量稳定达到国家二级标准，行政村全部达到乡村清洁省级标准，被省政府评为全省城乡爱国卫生清洁运动综合考核先进县。省级智慧县城信息服务平台和城市管理体系建设有序推进。

民生保障不断加强。广惠移民新村幼儿园主体完工，农村危房改造 742 户、城市棚户区改造 530 户，配售公租房 174 套。临时救助 1520 人 76 万元，医疗救助 816 人、202 万元，城镇新增就业 1556 人，城镇登记失业率 3.4%，新农合参合率 99.98%，实现城乡低保标准与扶贫线“两线合一”，转移农村劳动力 1184 人。神岢高速岢岚段、三井连接线控制性工程全部完工，岢大线至松井互通、石黄线、岢会线路面改造及李家沟至河曲赵家沟四级公路建设竣工通车。

（岢岚县人民政府办公室）

# 偏 关 县

【自然概况】 偏关县地处山西省西北部，位于晋蒙交界地带，是黄河入晋第一县和引黄万家寨水利枢纽所在地。西临黄河与内蒙古准格尔旗隔河相望，北倚长城与内蒙古清水河县接壤，东接朔州、神池，南邻河曲、五寨。辖区东西长 60 千米，南北宽 58 千米，总面积 1685.4 平方千米，下辖 4 个镇 6 个乡、246 个行政村，2016 年末总人口 11.5 万人，其中农业人口 8.7 万人。地势东高西低，平均海拔 1380 米，年平均气温变化 3℃～8℃之间，无霜期 105～145 天，年平均降雨量 425 毫米。明代与宁武关、雁门关合称“外三关”，境内黄河渡口、古栈道、古烽火台、古庙宇、古村落、古堡众多，自然风光与人文古迹交相辉映，黄河文化、长城文化、古村落文化与边塞文化在此相互交融，旅游资源丰富独特。

【经济发展概况】 2016 年，全县地区生产总值 25.5 亿元，比 2015 年增长 2.4%；财政收入 1.85 亿元，下降 38.2%；一般预算收入 0.98 亿元，下降 45.8%；农业总产值 7.51 亿元，增长 1.29%；粮食总产量 5.41 万吨，油料产量 3599.3 吨；工业增加值 3.3 亿元，增长 2.6%；全县社会消费品零售总额 9.9 亿元，增长 5.7%；城镇居民人均可支配收入 19929 元，增长 6%；农民人均纯收入 6030 元，增长 7.3%。

围绕特色做文章，杂粮、干鲜果、设施蔬菜、畜牧业等特色产业持续壮大。杂粮种植面积 1.52 万公顷；建成无公害生产基地7个，认证无公害产品6个；推广种植藜麦、363葵花等新品种农作物333.3公顷；瓜菜种植面积发展到666.7公顷；羊饲养量76万只。完成水保治理面积3733.3公顷，获得“山西省农田水利基本建设‘禹王杯’红旗县”荣誉称号。大力发展农村电商，成立山西供销“农芯乐”商城偏关县服务中心，入驻企业3家，加盟农村体验店30户。

立足资源、产业和区位优势，煤炭物流、火电、绿色能源产业蓬勃发展。在继续大力推进煤炭物流项目的基础上，积极发展火电和绿色能源产业，华电2×110万千瓦火电项目可研报告通过了电规总院审查，大唐5万千瓦风电项目实现并网发电，华能2万千瓦光电项目完成6000千瓦的建设任务，龙源5万千瓦风电项目顺利推进。

坚持多元开发、点面开花，文化旅游产业显著提质。老牛湾省级风景名胜区总体规划大纲通过专家评审；万家寨、老牛湾传统村落保护开发工作全面展开；寺沟护宁寺景区观光码头基本建成；水泉红门口地下长城景区初步具备接待游客能力；规划建设的4条旅游公路，其中两条已经在发改部门备案，总里程42千米的老营至水泉的旅游公路通过省交通厅行业评审。东线长城边塞游、西线黄河风情游旅游格局成型。

全面落实脱贫政策，脱贫攻坚成效突出。以脱贫攻坚统揽经济社会发展全局，全面落实脱贫政策，扎实开展社会保障四方面政策到村到户到人专项行动，全年累计落实政策资金1.27亿元。全年共退出贫困村35个、贫困户2000户、贫困人口5477人，完成易地搬迁556人，脱贫攻坚实现首战首胜。

全力推进城乡建设，全县城乡环境面貌明显改观。以“创卫”为载体，进一步完善市政基础建设，实施了古城大街改造、城北大街坡面治理、街巷硬化给排水改造及公共卫生间建设等一大批市政工程，全年累计完成市政投资1.45亿元。扎实开展“铁腕治污”专项行动，环保6项约束性指标全面完成年度减排任务。全年城区二级以上天数346天，城区空气质量稳定达到国家二级标准。

全力推进重点工程建设，各项目标任务态势良好。47项省市重点工程项目完成投资27.79亿元，完成年度计划的99%。其中，省级重点工程完成投资3.5亿元，完成年度计划的77%；市级重点工程完成投资24.29亿元，完成年度计划的103%。

（偏关县人民政府办公室）

# 河　曲　县

**【自然概况】** 河曲县地处山西省西北黄土高原地区，是晋陕蒙三省区结合部，明清时有“水旱码头”之称。是国家非物质文化遗产河曲民歌、二人台、河曲河灯会的发祥地，是中国北方民歌之乡和中国最具文化风情旅游名县。总面积1323平方千米，耕地面积4.01万公顷，辖4镇9乡、340个行政村。2016年末全县总人口14.48万人，其中农业人口12.05万人。

境内矿产资源分布较广，储量丰富。初探有相当储量的矿种6类18种，其中煤储量120亿吨，分布面积355平方千米，是晋陕蒙能源金三角河东煤田腹地；铁矿储量15.6亿吨，铝矾土储量1.79亿吨。此外，还有高岭土、锰矿、油页岩、工程砂等矿产资源。

**【经济发展概况】** 2016年，全县地区生产总值74.1亿元，比2015年增长5.5%；人均地区生产总值4.97万元；公共财政收入5.2亿元，增长23.1%；农林牧渔总产值5.91亿元，增长24.53%；粮食总产量6.74万吨；工业增加值下降3.1%；社会消费品零售总额16.3亿元，增长9.2%；固定资产投资总额146.2亿元，增长7.6%；城镇居民人均可支配收入24343元，增长5.8%；农村居民人均可支配收入5895元，增长7.9%。

坚持精准施策，脱贫攻坚首战告捷。围绕“五个一批”精准施策，特色产业发展壮大，易地扶贫搬迁有序开展，生态扶贫初见成效，“两免一补”“雨露计划”等惠民政策应补尽补，民政、教育、健康和残疾人帮扶精准到户24项政策全部落实，实现6948人脱贫，50个贫困村出列。

坚持产业转型，经济质效有效提升。组织实施重点工程142个，总投资472.77亿元，完成年度投资105.6亿元。“六位一体”考核指标全部完成年度任务。神东低热值煤电厂、河曲电厂运营稳健，神东电厂二期核准、河曲电厂三期“路条”报批等前期准备工作有序推进。同德化工两项发明专利获国家知识产权局授权，兴农科技被科技部列为首批国家级“星创天地”。四海进通被认定为省级中小企业创业基地。富硒杂粮加工、奥康农产品深加工、黄酒加工、马铃薯生产园区建设项目等加速推进。

坚持共享发展，民生事业更有作为。义务教育均衡发展通过国家评估验收。新建村卫生室149所，招聘36名乡镇医师和52名村医。9乡22村的农村饮水安全工程全部投运。新增城镇就业2133人，城镇登记失业率控制在4.1%以内。新农合和新农保参保率连年保持在99%以上，城镇居民医保参保率保持在95%以上，覆盖城乡的养老保险体系基本建立，被授予全国人社系统优秀窗口单位。全面落实安全生产责任,加强和创新社会管理,社会保持和谐稳定,公众安全感和社会满意度不断提升。

坚持统筹兼顾,城乡面貌更为改观。加大新城区开发、旧城区改造力度,“五馆三院”正式投运,“一带、三网、五路”市政提升工程全面启动,滨河生态湿地景观带全部建成。有序推进“五城联创”,顺利通过国家卫生县城复审,启动创建国家园林县城和省级智慧县城,扎实推进省级环保模范城市和省级文明县城创建工作。全县建成区绿地率40.5%,绿化覆盖率43.6%。持续巩固巡镇省级卫生城镇创建成果,完成旧县村省级美丽宜居示范村创建工作,全力实施农村人居环境“四大工程”,完成农村危房改造520户。

坚持深化改革,内生动力不断增强。深入推进供给侧结构性改革,认真落实“三去一降一补”重点任务,积极化解煤炭过剩产能,全年生产原煤1527万吨,下降8.5%。积极推进以消化存量商品房来实现城中村改造回迁户的有序安置,全年消化存量商品房912套。深化“放管服效”改革,保留行政权力2853项,“两单两图”向社会公布。推行“互联网+政务服务”,将全县94个部门和单位的7852项权力和服务事项全部纳入政务服务平台统一管理。

坚持绿色发展,生态保护更显成效。推进四大林业生态建设重点工程,完成5906.7公顷营造林任务和3万平方米的县城绿化提质改造工程,建设30万平方米的黄河湿地公园。开展“铁腕治污”等专项行动,对28家环保违法违规企业进行了清理整治,全年二级以上天数达339天。加大私采滥挖打击力度,清理利用闲置土地,坚守耕地“红线”。落实最严格水资源管理制度,守住“三条红线”。

（河曲县人民政府办公室）

# 保德县

**【自然概况】** 保德县地处晋西北黄土高原、晋陕蒙“金三角”辐射圈内,北与河曲县接壤,南与兴县毗邻,西与府谷县隔河相望,东与岢岚县为邻,是忻州的西部门户。辖区南北纵长约45千米,东西宽约22千米,总面积998平方千米。下辖4镇9乡、341个行政村,是国家扶贫开发重点县,也是山西省转型综改和扩权强县试点县之一。2016年末,全县总人口16.52万人。

境内梁峁起伏、沟壑纵横、植被稀少、岩石裸露,地势东高西低,平均海拔840米,属典型的温带大陆性气候。

早在新石器时期,就有人类繁衍生息。各级文物保护单位253处,保德铜贝更是人类金属货币之鼻祖,开中华五千年钱币文化之先河。

全县资源丰富,已探明的矿产资源多达14种,其中煤炭储量127亿吨,煤层气储量1000亿立方米,油母页岩储量10亿吨,铝土矿总储量1.64亿吨,铁矿总储量37.8亿吨,石灰石可开采量360亿吨,硫黄矿储量11.52亿吨。

**【经济发展概况】** 2016年,全县地区生产总值65.8亿元,比2015年增长4.7%;人均地区生产总值3.99万元,增长3%;公共财政收入3.7亿元,下降4.3%;农林牧渔业生产总值5.82亿元,增长9%;粮食总产量5.6万吨;工业总产值62.37亿元,增长4.6%;社会消费品零售总额18.9亿元,增长7.8%;城镇居民人均可支配收入26106元,增长5.7%;农村居民人均可支配收入6400元,增长7%。

脱贫攻坚首战首胜。产业扶贫取得明显成效,实施对户产业扶贫项目297个,初步形成九大特色产业。大力实施生态建设,全面启动新一轮退耕还林还草工作,完成造林2133公顷。教育扶贫六项政策顺利实施,高中以下建档立卡贫困学生实现教育帮扶全覆盖。健康扶贫扎实推进,建档立卡贫困人口新农合门诊补偿比例达到60%。民政扶贫到人到位,发放农村低保金、救助金等各类补贴资金853.62万元,兜底脱贫447户、824人。易地搬迁扎实推进,涉及62个贫困村的79个基础设施改善项目基本完工。2016年底,全县2788户、7567名贫困人口如期脱贫,69个贫困村成功出列,贫困发生率由14.29%降至9.06%。

产业转型成效明显。晋能保德2×660兆瓦低热值煤发电、王家岭500万吨煤矿、兴保铁路及3000万吨煤炭集运站、中石油煤层气12亿方产能建设等一大批转型项目扎实推进。现代农业加快发展,小杂粮、红枣、生态畜牧、设施蔬菜等主导产业不断扩大,新增农民专业合作社32个、家庭农场15家、种粮大户10户。服务业成为拉动经济增长的新动力,增加值达到15.9亿元,占地区生产总值的比重提高了1.3个百分点。

发展活力持续增强。大力推进供给侧结构性改革。全县9座生产矿井压减煤炭产能267.2万吨;打通保障房与移民安置房之间的通道,去库存230套、3.11万平方米;贷款余额34.78亿元,增长9.7%。农村土地承包经营权改革、商事制度改革、“放管服”改革等各项改革都取得积极成效。招商签约项目总投资122.7亿元,到位资金30.24亿元。

基础设施不断完善。新增城市集中供热面积18公顷,绿化面积15.4公顷,县城生活垃圾无害化处理率、供水普及率达到100%,污水处理率、建成区绿化覆盖率分别达到95%、39.4%。持续推进农村人居环境改善，建成1座农村垃圾中转站、1个乡村垃圾卫生填埋场、117个乡村清洁达标村。深入开展“铁腕治污行动”，城区空气质量二级以上天数达到325天。全面加强农村基础设施建设，完成通村公路提质、拓宽、生命安全防护工程45.4千米，新建农村饮水工程17处，动力电保障项目全面完成，农村互联网覆盖率达到90.3%。

*群众生活明显改善。*全年民生支出11.07亿元，占公共财政预算支出的85%，较2015年增长8%。转移农村劳动力2208人，城镇新增就业2190人，登记失业率控制在3.8%以内。企业退休人员基本养老金人均增长6.5%，城乡居民基本医疗保险人均财政补助标准提高40元，人均基本公共卫生服务经费财政补助标准提高到45元，新建农村老年人日间照料中心两处，困难残疾人生活补贴和重度残疾人护理补贴制度全面实施，城乡居民大病保险实现全覆盖。新改扩建城区幼儿园两所，顺利通过全国义务教育发展基本均衡县复查验收。深入推进公立医院综合改革，药品价格平均下降40%，新农合参合率达到99.67%。完成农村危房改造55户、城市棚户区改造400套，基本建成各类保障房584套，城乡居民居住条件持续改善。

（保德县人民政府办公室）

## 五台山风景名胜区

**【自然概况】** 五台山位于山西省忻州市东北部，其地理位置为东经113°29′～113°39′，北纬38°55′～39°66′，周边分别与五台县、繁峙县和河北省阜平县为邻。五台山风景区管辖台怀镇、金岗库乡、石咀乡3个乡镇，共计436平方千米，2016年末常住人口1.8万人。

五台山位居中国佛教四大名山之首，是首批国家级风景名胜区、国家森林公园、国家地质公园、国家5A级旅游景区，还是世界文化景观遗产。五台山拥有独特而完整的地球早期地质构造、地层剖面、古生物化石遗迹、新生代夷平面及冰缘地貌，完整记录了地球新太古代晚期至古元古代地质演化历史，具有世界性年代地层划界意义和对比价值。五台山至今仍保存有自唐代以来中国7个朝代的寺庙73座，其中国保单位5处，省保单位5处，县保单位31处，这些文物建筑代表了中国古代建筑技术和艺术的突出成就。五台山以古老而独特的地貌和清凉高寒的气候，与佛教文化相依相衬，孕育了世界佛教的文殊信仰中心，绵延承传1600余年，展现了一种独特而富有生命力的组合型文化景观，使之成为朝圣礼佛、科考探秘、避暑纳凉的理想场所。

**【经济发展概况】** 2016年，全区接待国内外游客512.25万人次，比2015年增长7.68%；财政总收入2.67亿元，增长0.26%；其中入山费收入2.39亿元，增长5.07%；旅游总收入50.82亿元，增长10.2%。

*体制改革基本完成。*2016年，成立了五台山党工委、管委会，机构设立、干部任免和人员安置工作基本完成，新的管理步入高效规范的运行模式；综合行政执法作为全省试点工作正在积极探索和积累经验；五台山文化旅游集团公司挂牌成立，“股份公司”组建正在全面推进，景区体制改革取得了阶段性成果。

*项目建设加速推进。*累计完成固定资产投资12.8亿元，储备库入库项目30个，入库金额152亿元。五台山直升机场用房改造工程基本完工；中心区污水提升改造、消防队特勤站、静音寺、普乐院、海螺城雷音寺3个寺庙复建项目、竹林寺道路等6个项目正在加速推进，基础设施日臻完善。

*规划监管成效突出。*《五台山总体规划》（2016～2035）已经省政府第140次常务会议审议通过并上报国务院。旅游服务基地详细规划、燃气设施、供水设施、文化旅游发展战略规划等各类专项规划正在加快编制。专项整治工作取得了阶段性成果，旅游秩序不断规范。

*环境治理持续深化。*原省道S205和S311的113千米道路正式移交景区，备受关注的省道设卡问题得到有效解决。加大环卫整治和督查力度，保证了垃圾随产随清。全面排查各单位烟煤锅茶炉，限期整改12户，核心景区内11个单位、7个商铺、51户居民使用上了天然气，大气环境得到明显改善。

*脱贫攻坚首战告捷。*向景区乡镇派驻3个工作组和15个驻村帮扶工作队，推荐选拔18名第一书记，全力推进脱贫攻坚工作，实现8个贫困村和679个贫困人口脱贫，较年初脱贫目标任务数增长63%，脱贫攻坚战役取得阶段性胜利。

（五台山风景名胜区办公室）

## 忻州经济开发区

**【自然概况】** 忻州经济开发区于1992年9月开始建设，1996年10月经省政府批准列为省级开发区，2006年10月经国家发改委审核通过，正式更名为山西忻州经济开发区，规划面积4平方千米。开发区位于忻州市中心东北部，东倚北同蒲电气化铁路、西傍七一路、南接忻台旅游公路、北邻云中河畔。距大运高速入口4千米，距大西高铁站3千米，距五台山飞机场30千米，距省会城市太原85千米，已进入大太原2小时经济圈和京津冀3小时通达圈。经过20余年建设，区内高标准完成了路、电、水、暖、气、信息网络等“九通一平”基础设施。区内“三纵六横”的高标准路网已成形。区内共建有110千伏大檀和110千伏播明两个变电站，特别是配合新建的播明变电站，管委会出资118万元，铺设出线管道400米，电力管线从梨花街分别与新建北路、云中北路、七一北路全部贯通，有效保障了区域内项目单位用电。中国移动、联通、网通、电信、铁通等企业均已入驻园区，天然气实现了全覆盖。

**【经济发展概况】** 2016年，忻州经济开发区地区生产总值54.57亿元，比2015年下降5.64%；工业增加值38.41亿元，下降4.39%；固定资产投资45.14亿元，下降4.56%；进出口总额442.32万美元，下降31.28%；第三产业增加值15.6亿元，下降10.47%；财政收入4.39亿元，增长0.18%。其中公共财政收入1.56亿元，增长1.69%，税收3.98亿元，增长5.26%。

坚持重大产业项目带动，高新技术产业项目引领，特色产业项目突破，走转型升级之路。2016年在建项目20个，总投资107.67亿元，年度计划投资24亿，累计完成投资24.78亿元，完成年度任务的103.25%。“六位一体”项目储备、签约、开工和重点工程建设投资四项指标提前超额完成年度目标任务。中科忻能、培森疫苗、甘净生化、长城钨钼、德国布朗公司投资的减速机等项目均为具有国内先进水平的高新技术项目。居然之家、红星美凯龙等旗舰店项目及汽贸文化园等商贸项目，填补了全市空白。煤机制造、汽贸文化、高新技术、高端商贸四大产业园区集群效应初步显现，产业架构已初具规模，成为引领全区产业转型和经济跨越发展的重要标杆。

围绕创新驱动发展，强科技、筑平台、激活力，内生动力不断增强。忻州大学生创业园自开园以来，累计吸纳71个创业项目，其中60个项目已完成工商注册，涉及智慧城市、智慧交通、大数据、云计算等领域。创业园中大学生创业企业56家，返乡创业企业4家、正在申报高新技术企业3家。忻州丰扬科技贸易有限公司和山西中天恒创商贸有限公司在山西股权交易中心成功挂牌上市。园区内企业获得知识产权数量30余个，15人以上规模企业10家，企业总收入达2000万元以上，共提供400余就业岗位，其中大专以上学历人数占企业总人数67%。截至2016年底，忻州市大学生创业园先后获得忻州市科学技术局授予的“忻州市众创空间”、山西省科学技术厅授予的“山西省众创空间”、团省委授予的“山西青年众创空间”等三项荣誉认证。

（忻州经济开发区办公室）

## 晋中市

**【自然概况】** 晋中位于山西省中部，因地处“三晋之中”而得名。1999年撤地设市，市域面积1.64万平方千米，2016年末常住人口334.9万人，辖11个县（区、市）和1个国家级经济技术开发区。

区位交通优越。晋中连接晋冀豫三省，历史上有“晋疆锁钥、南北通衢”之称。在国家京津冀协同发展和环渤海地区合作发展重大战略规划中的一大发展轴、三大合作区、四大基地全部覆盖晋中。在全省“一核一圈三群”城镇体系框架中，晋中处于“一核一圈”的核心区。境内石太、南同蒲、太焦、大西高铁、太中银、石太客专、阳涉七大干线铁路交会，太旧、大运、太长、榆祁、邢汾、阳黎六条高速公路过境，全市11个县（区、市）全部通铁路和高速公路。

资源禀赋独特。矿藏资源丰富，已探明储量的矿产17种，其中煤炭查明资源储量271亿吨，是山西三大煤炭基地之一。煤层气总资源量25572亿立方米，年可开采量7000亿立方米，分别占到全省的1/4。历史文化厚重，现存不可移动文物5538处，国家重点文物保护单位65处，拥有世界文化遗产平遥古城、中国清明节发源地介休绵山、晋商大院代表乔家大院等古迹名胜。2010年，晋中被列为国家级文化生态保护实验区。

产业基础良好。晋中是山西重要的传统农业区和国家现代农业示范区之一，形成了粮、畜、菜、果四大支柱产业，是山西重要的农产品生产和加工基地、华北重要的农副产品供应基地。晋中是山西老工业基地，有亚洲规模最大的纺机制造基地——经纬纺机，有全国实力最强的液压件制造基地——榆次液压，玛钢、药用胶丸、玻璃器皿产量居全国首位。近年来，随着吉利新能源汽车、东方希望铝等一大批转型项目的投产，新能源、新材料、新装备等产业加快发展。晋中文化旅游产业发达，全市A级景区26处，规模总量全省第一，其中5A级景区3处，占到全省的一半，是全省唯一入选国家全域旅游示范区创建的地级市，旅游总收入和接待游客人数居全省前列。

发展潜力巨大。晋中与太原一体化发展加快推进，两地交通、通讯、广电、供暖、天然气等基础设施实现互联互通。山西高校新校区在市城区北部建成，10所高校近15万师生入驻，与太原共同建设山西科技创新城，构成全省新的人才高地和创新引擎。山西转型综改示范区、山西“农谷”“108廊带”区域一体化发展示范区三大省级战略汇聚晋中，全面启动建设。

**【经济发展概况】** 2016年，全市地区生产总值1091.1亿元，比2015年增长5.1%。其中，第一产业增加值108.7亿元，增长2.8%；第二产业增加值468.2亿元，增长4.9%；第三产业增加值514.2亿元，增长5.7%。人均地区生产总值3.26万元，按2016年平均汇率计算为4858美元。全年粮食产量184.4万吨，增产4.9%。规模以上工业增加值374.3亿元，增长5%。固定资产投资1375.8亿元，增长4.8%。社会消费品零售总额569.2亿元，增长7.5%。一般公共预算收入100.8亿元，增长0.6%。城镇居民人均可支配收入29149元，增长5.9%；农村居民人均可支配收入11525元，增长6%。

产业结构在积极调整中逐步优化，夯实了构建现代产业体系、加快转型升级的坚实基础。致力推进煤电一体化、装备高端化、农业现代化、旅游集团化、业态新型化，吉利新能源汽车、东方希望铝、中鼎物流园、百草坡周末度假村、乌金山李宁国际滑雪场等转型标杆项目投产运行。4个低热值煤发电、晋能光伏电池以及万达广场、杉杉奥特莱斯等新业态项目加快建设。启动创建国家全域旅游示范区，推进产品、管理、营销、业态“四个升级”。全年接待游客6357万人次，位列全省第一，增长26.1%；旅游总收入658亿元，全省第二，增长28.2%。粮食生产再获丰收，国家现代农业示范区加快建设。三次产业增加值比例由2015年的10.1：43.8：46.1转变为10：42.9：47.1，服务业比重提高1个百分点；非煤产业增加值占规上工业的43.2%，提高5.4个百分点；高新技术产业占规上工业的3.9%，提高0.6个百分点。

城市品质在精细建管中明显提升，形成了生态宜居、现代文明的基本雏形。市城区实施“百亿城建重点工程”，积极运用PPP模式，市政道路当年投资、建成里程创历史之最，东南外环、迎宾街、锦纶路北段改造等快速互通主线通车，城际铁路2号线积极建设，立体化交通网加快形成；青少年实践基地、烈士陵园建成投运，博物馆、科技馆、图书馆、大医院、工人文化宫等公共服务项目主体完工，开始装修布展；王湖、侯方基本完成整村拆除。加强市容环境整治，推进城市执法管理重心下移，开展市容市貌和城乡环境卫生第三方考评；昔阳成功创建国家卫生县城，寿阳、和顺、太谷、平遥达到省级卫生县城标准，寿阳县成功创建省级园林县城，左权国家级湿地公园获批，大寨镇入选国家特色小镇。

改革创新在抢抓机遇中扎实推进，实现了重点领域和关键环节的探索突破。积极落实供给侧结构性改革重点任务，主动实行煤炭减量生产，抓住机遇释放先进产能，多措并举扩大销售，在原煤产量下降15.6%的同时，煤炭行业增加值增长2.1%；商品房待售面积减少8.6%，去化周期保持在10个月以内；金融机构高成本表外融资降低11.1%；减轻企业负担46.8亿元；交通、水利等基础设施投资291.8亿元，增长24%。紧紧抓住国务院表彰、“国字号”改革试点等机遇积极先行先试，各项深化改革年度任务基本完成，农村土地确权、政府购买服务等走在全省前列；山西转型综改示范区晋中区、山西“农谷”建设纳入省级战略并扎实推进，“108廊带”区域一体化示范区建设方案出台，重大标志性工程开工；创新推动“助保贷”“税易贷”等金融产品，通过农信社改制、城商行增扩、村镇银行设立、私募等吸纳民间资本170亿元进入金融领域，晋中银行太原分行和北京、上海两个财富中心投入运营，资产规模实现翻番。

民生福祉在优先保障中持续增进，推进了“软实力”与“硬指标”同步提升。扎实开展脱贫攻坚，151个村、4.9万贫困人口实现脱贫。大力发展社会事业，11个县（区、市）全部通过国家义务教育发展基本均衡县评估认定，基层卫生计生融合和乡村医疗卫生机构“五统一”管理走在全省前列，“国家公共文化服务体系示范区”建设、全省首家工业遗产保护利用项目“晋华1919”加快推进，居民大病保险实现参保全覆盖、在全省率先实现医院直接结算。引深便民服务，建成“市民之家”，政务服务平台和公共资源交易平台投入运行。

（张　静）

## 晋中市榆次区

**【自然概况】** 榆次古称“魏榆”“中都”，素有“凤城”之美誉，地处晋中盆地东北边缘，东依太行，西俯汾谷，北枕罕山，南抱八缚，形若雄狮，蹲之欲跃。早在3500年前的西周时期榆次就已有城邑，战国时设立县制，有着悠久的历史和深厚的文化底蕴。境内自然资源丰富，是山西乃至北方重要的农林果蔬之乡。全区面积1328平方千米，东西宽49.9千米，南北长53.7千米。2016年末总人口65.6万人，其中城镇人口49.8万、农业人口15.8万。全区辖6镇4乡、9个街道办事处、272个行政村、68个社区。是晋中市委、市政府的所在地，也是晋中政治、经济、文化、教育、科技的中心。

**【经济发展概况】** 2016年，全区地区生产总值216.3亿元，比2015年增长5.2%；规模以上工业增加值44亿元，增长5.9%；全社会固定资产投资275.8亿元，增长2.5%；一般公共预算收入12.1亿元，增长1.7%；社会消费品零售总额98亿元，增长7.5%；城镇居民人均可支配收入30815元，增长6.5%；农村居民人均可支配收入15624元，增长6.4%。

项目建设扎实推进。继续深化领导包项制度，实行项目全流程无缝对接服务，确保了年度投资190.7亿元的56项重点工程高质量推进，全年开复工50项，完成投资192亿元，投资完成率100.7%。“六位一体”指标完成额均排名全市第一，太铁物流一期、银河电子、尚品天香等19个项目竣工投产。坚持“服务本土企业就是最好的招商”，累计为企业提供各类扶持资金4800万元、解决贷款2.2亿元；精心选派207名干部组建69个帮扶小组，进驻138户企业精准帮扶；投资1.38亿元完善园区供汽、供热、道路、排水设施，吸引企业落户。红星美凯龙、碧桂园、谊融、北达等总投资318.9亿元的16项重大项目成功签约，招商引资总额、增幅均列全市首位。

产业转型步伐加快。坚定不移地把转方式、调结构作为转型发展的重中之重，三次产业比例优化为9.2∶30.1∶60.7。创新驱动激发工业活力。新增博士后工作站1处，高新技术企业9户，省级民营科技企业4家，依托32个创新平台及行业协会，搭建产学研用融合平台，提升企业核心竞争力。高行、方盛、海洋研发高端装备抢占市场先机；经纬纺机在全行业萎缩的情况下逆势突破，囊括90%高端客户订单；吉利新能源汽车下线，填补全省轿车生产空白。全区规模工业总产值232.2亿元，增长9.8%；规模企业达到81户。提质增效助力现代都市农业。主导产业不断壮大，粮食总产量稳定在20万吨，设施蔬菜9200公顷，果品总产量16万吨，肉、蛋、奶总产量10.2万吨，龙头加工企业实现销售收入40亿元。休闲农业与乡村旅游示范项目全面实施，“一带三区”框架的服务型、功能型农业逐步成型。多业并举繁荣现代服务业。“旅游业+”概念持续深化，李宁滑雪场、宏艺文化产业园盛装迎宾，榆次老城获评国家4A景区，传统旅游产品借力互联网精准营销，全年接待游客1255万，旅游综合收入144亿元。商贸物流提质扩容，印象城、沃尔玛盛大开业，多元化商业综合体时代全面开启；太铁、中储、长城等现代物流项目如期推进，全区城乡商贸流通体系更趋完善。

城乡一体阔步向前。继续深化“市区共建，造福榆次”理念，完成东南外环快速化改造、龙湖街东延、锦纶路北延、城际轨道交通等26项市政重点工程征拆任务，全年征地328.9公顷、拆迁48万平方米。创新推进城中村棚户区改造，与省、市农发行战略合作，取得首笔14.7亿元政策性资金支持，开创全市城中村改造融资速度、规模、质量、效果四个第一，王湖村征拆基本完成，安置区建设成功启动，源涡村两破征拆历史记录，小东关、寇村等项目有序实施。全区272个行政村清洁工程资金保障、人员配备率均达100%，长效机制更加完善。完成绿化造林2006.7公顷，治理水土流失666.7公顷；整治79台燃煤锅炉和1.3万户土小锅炉，各项减排任务圆满完成；新修董南线、运煤专线、源东线等乡村道路71千米，城乡人居环境持续改善。

社会事业全面发展。始终坚持民生优先，发展成果更多更公平惠及人民群众。精准扶贫步伐加快，实施帮扶项目145个，资金到位955万元，协调贷款1400余万元，相对贫困村基础设施和产业发展取得明显进步。加速发展教育事业，启动建设工业园区寇村学校、北大培文学校。卫计改革持续推进，全省卫生计生深度融合创新发展现场会在该区召开，家庭医生签约服务模式全省推广，荣获全国计生服务先进县、国家妇幼健康优质服务示范区。积极开展省级食品安全城市创建，严厉打击食品药品违法违规行为，全力确保人民群众饮食用药安全。社会保障不断完善，城镇新增就业6826人，转移农村劳动力3926人；城乡基本养老保险参保人数32.7万人、基本医疗保险参保人数43.3万人；新建6个农村日间照料中心。

（榆次区人民政府办公室）

# 介 休 市

**【自然概况】** 介休市位于山西省中南部，汾河横过境北，绵山雄峰屹立境南，周边与平遥、灵石、汾阳、孝义、沁源等县(市)接壤。全市总面积744平方千米。2016年末常住人口42.8万人，辖7镇3乡、5个街道办事处、230行政村。

介休市地处中纬度大陆性季风气候区域，属暖温带大陆性气候。一年四季分明，雨热同季，降雨主要集中于夏季。全年平均气温11℃，平均日照数2233小时，平均降雨量436.9毫米，无霜期180天，其分布趋势为平川丘陵长于南部山区。

**【经济发展概况】** 2016年，全市地区生产总值143.9亿元，比2015年增长5.3%；规模以上工业增加值62.9亿元，增长6.2%；固定资产投资149.6亿元，增长5.6%；社会消费品零售总额90亿元，增长7.1%；一般公共预算收入10.7亿元，增长6.9%；城镇常住居民人均可支配收入30650元，增长5.8%；农村常住居民人均可支配收入12333元，增长5.2%。

经济发展在主动作为中稳步向好。扶持“药蛋果产”，1333.3公顷绵黄芪项目落地，绿兴源蛋鸡养殖投产，干果经济林提质增效533.3公顷，长寿湾成为阿里巴巴乡甜农场，誉美香肉鸡养殖项目开工。15座矿井投产，重点企业加快扭亏脱困，其中安泰实现营收61亿元、上缴税收1.54亿元，益达、得一化工复工复产，原煤、洗精煤、焦炭、钢铁分别实现产量703.8万吨、1616.7万吨、480万吨、294.7万吨。经济技术开发区获省政府批复，崇光低热煤发电、博创纳米材料等项目加快推进，非煤产业产值占工业总产值比重达34%。加快"一山一村一城一市"景区建设，张壁古堡挂牌4A级景区，投资1200万元冠名三年山西电视台《天下寻宝》栏目，对外影响力不断扩大；启动老城4A级景区创建，虹霁寺景区对外开放。奥维德圣仓储、晋能物流、电商园冷链仓储建成投运；电子商务产业园交易额达4000万元，被省科技厅确定为省级众创空间。

民生事业在倾力投入中持续加力。2016年，财政用于民生支出18.9亿元，约占公共财政支出的79%。免费公交和1元公交正式开通，采用PPP模式投放公共自行车1000辆，维修改造小街巷5条、公厕38个，免费开放群众文化活动室20个，农村"六个一"全面铺开，社会福利中心主体完工。完成各类就业创业培训7830人(次)，新增城镇就业人数4750人。引进北京新学道等优质教育资源，中医药和妇幼健康服务工作获国家表彰。成立民生事务保障办公室，开通24小时民生服务专线。

城乡环境在合力攻坚中焕然一新。投资3000万元开展城乡环境综合整治，清运积存垃圾57.8万方，清理农村"四堆"10.3万方，粉刷墙面60.85万平方米，打造出25个精品村(社区)。完成政府广场和东大街、朝阳路升级改造，新建朝阳路便民市场，取缔街头摊点、店外经营6000余个，建成公共停车场6个，施划停车位1000余个，新增集中供热面积28.9万平方米、天然气主管网6千米，新建电力管沟5.8千米。铺开张兰、义安、三佳城镇化示范区建设，8个村入选第四批中国传统村落。

重点改革在统筹推进中创新突破。攻坚国家城镇化综合试点，在全省率先取消户籍区分、推开户改，城镇化率稳步提升；完成集体林权制度改革，成立不动产登记局；推动"放管服"改革，实行"五证合一"、集群注册和"一站式服务"，工商注册缩短到3个工作日，取消停征涉企收费49项，新增各类市场主体865个；推进10个总投资20亿元的PPP项目落地。

（介休市人民政府办公室）

# 榆社县

**【自然概况】** 榆社县地处太行山中段西麓，晋中市东南部。太焦铁路、太长高速贯穿南北，汾邢高速横跨东西，交通十分便利。全县总面积1699平方千米，2016年末总人口14.4万人，其中农业人口11.7万，辖4镇5乡、1个城区管委会、271个行政村。

榆社属丘陵山区，四周高、中间低，最高海拔2011米，最低海拔961米，平均海拔1100米。境内浊漳河北源水系纵横交错，水资源充足。气候为暖温带大陆性季风气候，年均气温8.8℃，年降水量560毫米，无霜期165天。

**【经济发展概况】** 2016年，全县地区生产总值27亿元，比2015年增长3.2%；规模以上工业增加值8.3亿元，增长0.9%；一般公共预算收入1.97亿元，增长1.5%；全社会固定资产投资15.45亿元，增长5.4%；社会消费品零售总额12.1亿元，增长7.3%；城镇居民人均可支配收入20020元，增长5.3%；农村居民人均可支配收入4693元，增长5.4%。

工业转型迈出新步伐。榆化公司4000吨四氯苯酐、5万吨氯乙酸、原料药项目投入试生产，广生公司高端植物胶囊项目28条生产线全部建成投用，华电中光公司2万千瓦光伏发电项目实现并网发电，成为推动工业经济加速发展的新引擎。五福小杂粮、紫金阿胶功能食品、森生核桃加工等中小微企业效益初显，山西原生肽公司小分子核桃肽项目进展顺利，食品加工业逐步发展壮大。

农业生产取得新成效。全县新发展设施蔬菜96公顷，累计866.7公顷；新发展养驴1500头，累计2000头；新发展核桃经济林66.7公顷，提质改造低产林400公顷，中药材种植面积200公顷，笨鸡产业稳定发展，特色农业增收作用明显增强。农村土地确权登记颁证工作全市领先。培育了3个省级示范社、3个市级示范家庭农场、2个市级生态庄园。

三产开发增添新活力。扎实推进云竹湖旅游开发项目，年度完成投资1.2亿元。成功举办了第十届云竹湖休闲旅游垂钓节、第八届环云竹湖全国自行车赛等赛事。2016年，云竹湖旅游度假区被省旅发委评定为"山西省休闲旅游度假区"。制定"互联网+"行动计划，积极发展电商产业，引导京东商城榆社办事处发展体验店8个，第三产业发展空间进一步拓展。三次产业占比为16.9∶37.2∶45.9，产业结构更趋合理。

城市建设扩容提质。编制完成《榆社县城市总体规划》。东河下游道路建设、东大街东延及凤台路北延、东外环道路及桥梁工程全部竣工，城市框架进一步拉伸。热电联产县城集中供热、北寨泉水河县城集中供水项目如期竣工，天然气供气工程运行稳定，城市功能不断完善。加强环境卫生综合整治，规划建设了一批便民市场、街心花园，新增绿化面积106万平方米，城市面貌焕然一新。

农村条件有效改善。投资1.8亿元、总长73千米的29条农村道路提质改善工程基本完工，群众出行更加便捷顺畅。投资1.29亿元的小流域综合治理、农村饮水安全等9项重点工程全部完工，进一步提高了农业综合生产能力，夯实了农业发展基础。

脱贫攻坚初见成效。科学制定《榆社县坚决打赢脱贫攻坚战实施方案》，打出了特色农业精准扶贫、易地移民扶贫搬迁、金融扶贫"贷资入企"、兜底脱贫、医疗救助等一系列政策"组合拳"，明确了"户申报、队帮扶、村提议、乡(镇)统筹、县审定"的扶贫项目管理办法。全县26个贫困村、2548户、6949人如期脱贫，圆满完成了市定任务。

教育、卫计、文体事业不断进步。16所学校基础设施进一步加强，榆社一中顺利通过标准化验收，全县教育教学条件明显改善。完成新农合和城镇医保整合工作，持续深化县级公立医院改革，中医院和计生妇幼院项目进展顺利，医疗卫生服务水平进一步提升。城镇新增就业1335人，登记失业率控制在2.72%以内，全年发放各类社会救助金2680万元。积极推进国家公共文化服务体系示范区建设，新建标准化农家书屋27个，全民健身运动红红火火。

(田永进)

## 左权县

【自然概况】 左权县位于山西省东南部、太行山主脉西侧，原名辽县，1942年9月为纪念于此殉国的八路军副总参谋长左权将军，易名为左权县。全县辖5镇5乡1个城区管委会、203个行政村、8个居委会。总面积2028平方千米，耕地面积1.6万公顷，有"八山一水一分田"之称。年均气温7.8℃、降水量502.6毫米，无霜期110～180天，属大陆性季风半干旱区。截至2016年底，全县总人口16.58万人。

【经济发展概况】 2016年，全县地区生产总值44亿元，比2015年增长4.2%；人均地区生产总值2.66万元，增长1.1%；农林牧渔总产值6.2亿元，下降2.6%；粮食产量56.7万吨，下降4.7%；工业总产值33.3亿元，下降6.3%；规模以上工业增加值14.4亿元，增长3%；全社会固定资产投资99.4亿元，增长12.8%；公共财政收入4.54亿元，增长0.7%；社会消费品零售总额14.3亿元，增长7.2%；城镇常住居民人均可支配收入23687元，增长6.1%；农村常住居民人均可支配收入4745元，增长7.1%。

脱贫攻坚首战告捷。制定"十三五"脱贫攻坚规划，出台《关于坚决打赢全县脱贫攻坚战的实施方案》，实施七大攻坚工程、21项专项行动，扶贫项目覆盖全部贫困乡村；成立乡村扶贫工作站室，省、市、县三级7255名党员干部入户帮扶，3.66万名贫困人口实现帮扶全覆盖；新发展中药材2000公顷、核桃666.7公顷、设施蔬菜80公顷，建成村级光伏电站15座、屋顶分布式光伏电站830座。培育规模养殖户292个，畜禽规模化养殖比重达57.8%；组建农建水保、整地造地、造林绿化三类专业队112支，吸纳贫困劳动力2000余人，全县8147名贫困人口稳定脱贫。

工业经济企稳向好。强抓经济运行监测调度，山煤宏远、汾西瑞泰正珠、省煤销盘城岭煤业投产，潞安阜生转为生产矿井，昌鑫等10个铁矿系统平稳生产，鼎盈煤化顺利入规，华能左权电厂发电57亿千瓦小时。统计监控的洗精煤、铁精粉、水泥、硅铁、电石等工业主导产品产量，分别增长56.2%、77.6%、25.1%、101.8%、660%。培育新动力，新登记市场主体1437户、增长36%，市场主体超万户，注册资本破百亿。推进"双百行动"，5户小微企业打包入驻山西股权交易中心，13户入驻浙江"投融界"，4户在上海、深圳股权交易所Q板上市。

第三产业蓬勃发展。编制完成左权百里红色生态走廊综合开发项目规划，麻田全域旅游专线开工，石佛寺城郊森林公园一期工程开工，麻田八路军总部纪念馆被评为省级文明景区、鲜森葡萄庄园达到国家3A级景区标准。29个村列入全国乡村旅游扶贫重点村，8个村基础设施建设全面展开。举办十大节庆活动，带动全县游客接待量达到286万人次、旅游综合收入突破25亿元。打造电子商务创业园，全县电商企业达50余户，线上交易额突破7000万元。"粮易模式"全省推广，"粮易网"成为全国首家第三方变现交易平台。浩宇石材创外汇2.5万美元，外贸出口实现零突破。服务业产值占地区生产总值的47%，三次产业比优化为6.4∶47∶45.6。

社会民生事业全面进步。开发公益性岗位66个、见习岗位50个，带动新增就业1442人。加大劳动保障监察执法力度，为1652名农民工追讨工资1133.4万元。持续实施"改薄"工程，9所学校校舍建成投用，2所农村幼儿园、3所学校教师周转房竣工，思源实验学校主体完工。左中被评为全市高中教育教学质量优秀单位。《左权县志(1991～2010)》出版。巩固公立医院改革成果，推进优质医疗资源下沉，新建10个村级卫生室，县域就诊率达80%。

(常旭峰)

# 和 顺 县

**【自然概况】** 和顺地处山西省境东陲、太行之巅，东临邢台，西通省府太原，北连太旧高速，南下上党盆地。全县东西长75千米，南北宽35千米，总面积2250平方千米，是晋中市版图最大的省份。辖5镇5乡、294个行政村，耕地面积1.67万公顷，总人口14.38万。属国家扶贫开发重点工作县。

*矿产资源极为丰富。*和顺矿藏资源丰富，已探明煤炭储量128亿吨，白云岩储量910亿吨，铝矾石储量15亿吨，煤层气储量4292.28亿立方米。此外，还有铁、铝、耐火黏土、铜、磷、硫、水晶石、辉缘岩、石榴子石等26种丰富矿藏资源。

*牧林资源得天独厚。*和顺牧坡广阔，水草丰盛，宜林宜牧面积达10万公顷，发展畜牧业具有得天独厚的条件，是全国畜牧重点县之一。"和顺肉牛"被国家质检总局认证为国家地理标志保护产品。和顺是全国林业基地县之一，森林覆盖率29.6%。主要树种有油松、杨树、旱树、白榆、落叶松及杂木等，林产品加工和四荒开发的前景十分广阔。

*区位优势日益凸显。*和顺是交通枢要之区，坐靠山西，面向冀、鲁、津、京，东与河北省邢台相邻，西通省府太原，北连太旧高速，南下上党盆地，省道董榆线横穿东西，207国道和阳涉铁路纵贯南北。随着阳左高速、汾邢高速的建成通车，和邢铁路的开工建设，和顺将成为山西东部煤炭外运最便捷的通道，成为坐靠山西、面向津冀鲁豫的山西"东大门"。

*旅游事业前景广阔。*和顺属北温带大陆性气候，平均海拔1300米，年平均气温6.3℃，昼夜温差大，"春寒如冬，夏无盛暑，初秋陨霜，将冬霏雪"，和顺是天然的消夏避暑胜地。一县之内，风光秀丽，名胜众多。云龙山灵溪胜境、合山泉神奇倒流、走马槽太行风光，阳曲山登高望远等景观，实属观光旅游、消夏避暑的好去处。

**【经济发展概况】** 2016年，和顺县地区生产总值46.1亿元，比2015年增长5.2%；固定资产投资68.6亿元，增长5.1%；规模以上工业增加值18.3亿元，增长5.9%；社会消费品零售总额14.4亿元，增长7.8%；公共财政收入4.3亿元，增长29.5%；城镇常住居民人均可支配收入22069元，增长6.6%；农村常住居民人均可支配收入5638元，增长6.7%。

*产业转型迈出新步伐。*工业转型扎实推进。深入推进供给侧结构性改革，化解煤炭产能80万吨，全年生产原煤1288万吨。积极培育非煤产业，新型包装材料、新光资源综合利用、山河醋业等项目建成投产。全年生产硅钢镁4085吨，天池、正邦瓦斯电站发电8803万千瓦小时。现代农业提质增效。粮食总产量5.9万吨。新增、改建设施蔬菜面积133.3公顷，以双孢菇为主的食用菌总产量4.69万吨，增长9%。投资5100万元，推进瓦房沟、紫罗沟、夫子岭沟、广务沟、申岩则沟5条沟域经济带建设。大力实施"十企百区千户"现代养牛业致富工程，人均养牛收入2114元，增长20.4%。现代服务业提档升级。太行鹊桥生态文化园、夫子岭文化休闲度假区、天凯庄园旅游度假区完成年度建设任务。建成禅堂寺、牛郎峪两条森林旅游健身步道，举办了首届太行山森林旅游健身步道徒步大赛。许村列入第二批中国旅游创客示范基地。全年实现旅游综合收入12亿元，增长40%。电子商务创业园一期工程基本完工，培育发展电商企业、平台37个，从业人员1000余人，交易额5000余万元，电子商务成为带动经济发展的新引擎。

*脱贫攻坚首战首胜。*把脱贫攻坚作为最大的政治任务和民生工程，精准识别、精准帮扶。精准识别贫困人口，扎实推进建档立卡"回头看"、再"回头看"工作，共识别建档立卡贫困村168个，贫困人口3.39万人。精准聚集帮扶力量，选调20名优秀年轻干部到县扶贫中心任职，充实脱贫攻坚力量。选派182名第一书记、185个驻村工作队、2300余名干部与1.19万个贫困户结成对子，实现三级包保全覆盖。精准实施脱贫项目，总投资6.94亿元，实施了整村推进、产业扶贫、光伏扶贫、易地搬迁、教育扶贫、金融扶贫等10项脱贫增收工程和10项基础设施改善"双十"工程，实施特色产业脱贫工程23个。成立了和顺县光伏扶贫开发投资有限公司，10个村级光伏电站和35兆瓦集中式光伏电站前期工作进展顺利。易地扶贫搬迁318口人。实施"雨露计划"，继续资助学前贫困幼儿和考入二本B类本科院校以上的建档立卡户贫困大学生，实现贫困家庭学生资助全覆盖。启动实施健康脱贫，免除3825贫困人口就诊挂号费。精准考评脱贫成效，将脱贫攻坚纳入年度综合考核"一票否决"事项，健全月报告、季调度、半年小结、年终考评机制，顺利通过省第三方评估验收，实现38个贫困村出列、7761贫困人口脱贫，贫困发生率下降6.75个百分点。

*项目建设和招商引资卓有成效。*全年实施重点项目80个，开工建设55个，开工率68.75%，19个项目竣工投产。重点项目"六位一体"有序推进。扎实开展项目大起底和干部入企帮扶活动，解决问题108个，办结率93.9%。抢抓"民企入晋"有利契机，积极承接长三角、京津冀等地产业转移，全年在谈和推进项目30个，签约项目14个，拟引

资 159.8 亿元。其中，依风风力发电、马坊绿色生态农业集约养殖等 4 个项目落地开工。

城乡建设稳步推进。城建上，实施了总投资 22 亿元的 19 项重点工程，完成投资 8.4 亿元。投资 9494 万元的自来水净化水厂及管网配套工程主体基本完工。棚户区改造 350 户。投资 3692 万元，完成城区综合整治工程，县城面貌大为改观。交通上，和邢铁路累计完成投资 5 亿元。完成完善提质、撤并建制村、窄路面改造等公路建设 46.2 千米，县乡公路通车里程达 997.6 千米。开通农村公交线路 11 条，着力解决群众出行难题。水利上，投资 397.9 万元，解决了 19 个自然村、1.05 万口人、4132 头大牲畜的饮水安全。投资 1432 万元，实施国家水保重点项目，综合治理面积 25.7 平方千米。投资 1315 万元，完成喂马乡、义兴镇抗旱应急水源工程。井子水库前期工作扎实推进。电力通信上，改造低压线路 48.3 千米，改造 10 千伏线路 15.4 千米；安装农村广播电视"户户通"759 套。同时，全力加快"7·19"水毁基础设施恢复重建工作，完成房屋恢复重建 140 户，清河桥、圪范线等恢复重建工程开工建设，河道整治工程有序推进。

生态环境明显改善。生态建设持续加力。投资 7081 万元，大力推进"两山两网两林"造林绿化工程，新造林 1420 公顷；潇河流域和顺段林业生态建设、207 国道县城周边景观绿化、董榆线通道绿化等工程全面完成；文昌森林公园、麻衣山森林公园进展顺利。环境保护有力有效。深入开展铁腕治污行动，大力推进大气、水、土壤污染防治，市政府下达的减排任务全面完成；淘汰黄标车及老旧车 309 辆，更换电动公交车 30 辆，更新清洁燃料出租车 138 辆；PM2.5 和 PM10 平均浓度下降 21.9%、12.4%，县城集中式饮用水源地水质达标率 100%，一个省级、四个市级地表水出境考核断面水质保持稳定达标。

社会事业协调发展。2016 年民生支出 6.4 亿元，增长 11%。10 件惠民便民实事提升群众获得感。城镇新增就业 1575 人，开发公益性岗位 104 个，创业就业 716 人，农村劳动力转移就业 2316 人，城镇登记失业率控制在 2.47%以内。创建金四方市级创业孵化示范基地。投资 1.1 亿元，实施了和顺一中综合楼、改建农村幼儿园重点工程，新建思源学校开工建设，全面改薄工程完成，办学条件逐步改善。新建县医院住院门诊楼开工建设。建成村卫生室 20 所。顺利完成省级健康促进县创建工作，被确定为国家级健康促进创建试点县。计生妇幼服务中心被国家卫计委命名为群众满意的十佳计生机构。新农合参合率保持在 99%以上。和顺体育馆基本建成投用。新建老年日间照料中心 12 个。完成保障性住房 122 套，改造农村危房 370 户。

（和顺县人民政府办公室）

# 昔 阳 县

**【自然概况】** 昔阳县位于晋中市东部、太行山西麓，东临河北赞皇县，西、南分别和本市的寿阳、和顺县毗邻，北面和阳泉市平定县接壤。总面积 1954 平方千米，辖 5 镇 7 乡、335 个行政村，总人口 23.7 万人。平均海拔 1116 米，属温带半干旱大陆性气候，年平均气温 9.5℃，年降水量 624 毫米左右，无霜期 158 天。昔阳历史源远流长，早在旧石器时代，就有人类在这里耕耘生息，秦时设沾县，东汉设乐平郡，隋初乐平郡降为县，民国初因与江西乐平县重名，故改昔阳县。境内矿产资源丰富，有煤、铁、铜、铝矾土等各类矿藏 40 多种，其中煤炭总储量达到 73.3 亿吨，是全国重点产煤县之一。区位优势明显，石太铁路、太旧高速相邻而过，阳涉铁路、207 国道、317 省道贯通全境，阳左高速全线通车，是全国公路建设示范县。河山毓秀，景色宜人，大寨旅游景区被评为全国 4A 级景区，为全省五大特色旅游景区之一。2016 年全县户籍总人口 23.72 万人，比 2015 年增长 0.4%。

**【经济发展概况】** 2016 年，全县地区生产总值 57.89 亿元，比 2015 年增长 5.4%；人均生产总值 2.5 万元，增长 5.2%；公共财政收入 5.21 亿元，增长 3.9%；农林牧渔总产值 8.68 亿元，增长 5.3%；粮食总产量 16.75 万吨，增长 3.5%；全县规模以上工业总产值 49.78 亿元；全社会消费品零售总额 25.19 亿元，增长 7.9%；城镇常住居民人均可支配收入 22720 元，增长 5.9%；农村常住居民人均可支配收入 7743 元，增长 6%。

坚持不懈调结构，发展方式转变迈出新步伐。坚持工业规模化、农业特色化、旅游品牌化、业态新型化，三产比重为 8.5∶50.4∶41.1，产业结构进一步提质升级。阳煤氯碱、大唐风电、国新能源煤层气热电联产、斯能光伏发电等一批工业转型项目实施投产，"煤电气化"四大支柱产业产量分别达到 1200 万吨、15 亿千瓦小时、5625 万立方米和 21 万吨。"菜果猪菇药"五大特色产业规模分别为 1533.3 公顷、1.3 万公顷、58 万头、150 万平方米和 1866.7 公顷。粮食总产量 16.75 万吨，实现"六连增"。双孢菇出口泰国，全县外贸进出口实现"破零"。举办了"越野昔阳，寻梦大寨"汽车场地越野锦标赛和"一汽大众"杯中国汽车拉力锦标赛两项国家级赛事，组织了第三届红叶文化旅游节和石马寺古庙会系列活动，"山水昔阳、户外天堂"品牌影响力进一步提升。全年游客接待量和旅游综合收入突破

200万人(次)和17亿元,增长均超过38%。获评2016年中国避暑休闲百佳县,大寨镇成为全国十佳避暑小镇,石马寺景区晋级国家3A级景区。云创电子商务运营中心和农村淘宝昔阳服务中心投入运营,农村淘宝、京东等村级服务点达到260余个,销售额达到6000万元。该县云创众创空间被认定为首批省级66个众创空间之一。

*不遗余力夯基础,经济社会发展增添新优势*。投资17.3亿元,大力实施水、电、路、网等基础设施建设。城市功能越来越完善,新建改造城市道路6.8千米、各类管网50.4千米,完成迎宾西街、317省道和陶乐公园绿化2万平方米,云翼天桥、秋树沟路、学府路竣工使用,供水、供热、供气普及率分别达到100%、88%、90%,绿化覆盖率达到41.86%。新增两条免费公交,4条线路双向对开,县城区"免费绿色公交"实现全覆盖。红旗一条街被认定为"山西省特色商业街",成功接受创建国家卫生县城评估。乡村基础越来越强,大力实施饮水安全、防汛抗旱、农田水利、水库维修等四大类水利工程,保障能力全面提高,该县成为全省四个"农田水利基本建设'禹王杯'先进县"之一。全面完成川口至三都、韩信井至东冶头、赵庄至库城、西峪至翟絮、赵壁至梭罗峪等道路改造和村通水泥(油)路工程,出行条件更加便利,代表晋中市接受省"农村公路建养管理"年检,获得好评。全面完成沾尚、闫庄、北石瓮3个35千伏变电站扩建和厚庄增容改造等新一轮农网改造项目,电网结构进一步优化。全年新造耕地1066.7公顷,农业生产条件有效改善。一批美丽乡村脱颖而出,一批古村落得到修缮保护,大寨村在2016年中国名村影响力300强中名列第四位,大寨镇成为国家卫生乡镇并入选国家首批特色小镇。生态环境越来越好,大力造林绿化,持续"铁腕治污",全年造林2266.7公顷,重污染天气天数、PM10、PM2.5浓度连续下降,二氧化硫、化学需氧量、氨氮、氮氧化物排放量和烟尘、粉尘削减量等6项指标完成市定任务,全年二级以上优良天数达到234天;水环境质量保持稳定,县域内三条主要河流出入境断面水质100%达标,12个城乡集中饮用水源地水质100%达标,县污水处理厂出水水质达到国家一级A排放标准。

*真帮实扶打硬仗,脱贫攻坚工作取得新成效*。多措并举,精准施策,精准识别建档立卡贫困对象151个村、1.88万户、3.99万人,精准实施"八大工程、20项行动",建立"县领导包点、乡镇主抓、部门帮扶、工作队驻村、干部包户"责任体系,5890名干部开展"不落人、全覆盖"帮扶,用于脱贫攻坚的各类扶贫资金达到2.1亿元,圆满完成6031户、1.35万人、50个整村退出的脱贫任务。顺利通过省政府和第三方的督查验收,并作为全省唯一一个省定贫困县接受国家第三方评估验收。

*持续发力惠民生,人民生活质量有了新提升*。社会事业全面进步。义务教育均衡发展工作走在全市前列。完成8所卫生院和20个村级标准化卫生室新建改造,安康苑医疗养老中心投入运营,日间照料中心建设规模全市第一。成为全国计划生育优质服务先进县。社会保障全面提质。全县城镇新增就业1704人,农村劳动力转移就业2919人,城镇登记失业率控制在4.2%以内。大力推进养老保险制度改革和城乡居民基本医疗保险整合,城镇居民医保参保人数1.44万人,新农合参保率达到99.95%。城乡五保低保实现应保尽保,全年累计救助1.8万人(次),发放救助资金2875万元。建成各类保障性住房522套,改造农村危房1450户。

(昔阳县人民政府办公室)

# 寿阳县

**【自然概况】** 寿阳县位于山西省东部、太行山西麓,是山西晋中的东大门。全县总面积2110平方千米,辖7镇7乡2个城区管委会、206个行政村,总人口21.4万。石太铁路、太旧高速公路、307国道横贯全境,素有三晋东部"金三角"之称。全县耕地面积6.9万公顷,是全国粮食生产先进县、旱垣无公害蔬菜生产示范基地县。境内富含煤炭、铝矾土、石膏等28种矿产资源,煤炭地质储量270亿吨,已探明储量70亿吨,是全国重点产煤县;煤层气储量3000亿立方米,是国内罕见的大型整装煤层气田。寿阳是清"三代帝王师"祁寯藻、刘胡兰式女英雄尹灵芝故里,是"中国寿星文化之乡"和寿文化研究基地。

**【经济发展概况】** 2016年,全县地区生产总值91.1亿元,比2015年增长4.3%;人均地区生产总值4.26万元,增长4.1%;公共财政收入6.1亿元,增长3.9%;农林牧渔业总产值22.3亿元,增长3.4%;粮食总产量35.4万吨,增长6.3%;工业总产值69.4亿元,增长2.2%;社会消费品零售总额26.5亿元,增长7.6%;城镇居民人均可支配收入30720元,增长5.6%;农民人均可支配收入11834元,增长5.5%。

*产业转型迈出新步伐*。认真落实煤炭去产能政策和减量化生产任务,全年压减煤炭产量306万吨,实现了工业止跌回升、煤企扭亏为盈;致力推进"四新"工业体系建设,明泰国能低热值煤电项目有序推进,阳煤乙二醇一期建成投产,1000兆瓦光伏领跑者项目通过初评,总装机规模近100兆瓦的4个发电项目顺利推进;扎实推进农业供给侧结

构性改革，新增特色农产品种植4533.3公顷，畜禽饲养量增长7%，汉世伟生猪项目开工建设，金粮农科、永昶奶牛项目投产运营；旅游收入、游客接待量同比上升，3个乡村旅游点形成接待能力，韩愈茶食成为中国金牌旅游小吃。全年一产、三产投资增幅较二产高出95和40个百分点，第三产业增加值占地区生产总值比重提升3.3个百分点，非煤产业增加值提升6个百分点，产业格局进一步优化。

*经济发展集聚新动能*。持之以恒推进项目建设，重点项目完成投资111.9亿元，超市定任务近3个百分点，其中转型项目占比超过60%，涉煤项目投资减少40%，地面项目投资增长211%；强化精准招商、以商招商，新签约7个项目总投资258亿元；延时扩面组织干部入企帮扶，帮助企业和项目解决4大类104个实际问题，为企业营造了宽松和谐的发展环境。

*改革攻坚开辟新境界*。在全省率先设立规范系统的县级PPP项目库，筛选储备总投资近50亿元的12个领域24个PPP项目，先后完成以人民医院建设为主体的省级PPP示范项目和市政道路、地下综合管廊及配套设施建设国家级PPP示范项目的签约落地，总投资14亿元，完成建设投资1.5亿元；先后与农发行、中行晋中分行签订了11个领域总额100亿元以上的战略合作协议，联合省财政厅、华夏银行设立全省首家县级PPP子基金3亿元，争取到上级扶持奖补资金2000多万元，在财政困难的情况下开创了“政府＋社会资本”“财税＋金融”的县域经济发展新模式。

*人居环境发生新变化*。集中供热面积达到428万平方米，供气新入户5100户。南张芹采煤沉陷区整体搬迁项目主体封顶，完成曹河河道治理，启动白马河、东梁河城区段河道治理工程，新创建19个县级以上美丽宜居示范村。万元地区生产总值能耗下降3.2%，万元工业增加值用水量下降2.5%，全年空气质量二级以上天数达到267天，4项主要污染物减排指标超市定任务。新增造林面积1800公顷，城区新增绿化15万平方米，绿地率提升到41%，成功创建省级园林县城。

*群众生活得到新改善*。新建并投用3所农村幼儿园、1所学校标准化操场；全年组织公共文化活动和艺术节会近300场(次)；人民医院、社会综合福利中心建设顺利实施，新建扩建2所乡镇卫生院，新建投用5处农村老年人日间照料中心，卫生计生服务新模式全省推广，成功创建首批全国计划生育优质服务先进县、省级妇幼健康优质服务示范县；货币化安置城市棚户区305户，完成农村危房改造600户；盂榆线改造工程竣工通车，60千米村通水泥路交付使用，新增1条城区公交线路，108辆新能源汽车投入运营，新建汽车站项目顺利推进；认真落实“五位一体”脱贫帮扶机制，统筹整合涉农资金3600万元，实施产业扶贫和基建项目32个，实现4个贫困村摘帽、2736名贫困人口稳定脱贫，年度脱贫任务全面完成。

（寿阳县人民政府办公室）

# 太谷县

**【自然概况】** 太谷县位于山西省腹地、晋中盆地东北部，隶属晋中市管辖。地理坐标东经112°28′～113°1′，北纬37°12′～37°32′。东北与榆次区相依，东南与榆社县交界，西北与清徐县接壤，西南与祁县毗邻。下辖3镇3区6乡、198个行政村，县域面积1050平方千米，2016年末总人口32万人，耕地面积2.89万公顷。太谷县处于山西省重要的交通枢纽区域，地理位置优越，交通便利发达。县境地貌由东南部的山区、丘陵和西北部的平川地带构成，地形复杂多样。属暖温带大陆性气候，夏秋暖热多雨，冬春冷而偏长。年平均无霜期175天，气温10℃，降水量405.8毫米。境内有乌马河等9条季节性河流。

**【经济发展概况】** 2016年，全县地区生产总值80.4亿元，比2015年增长5.6%；人均地区生产总值2.6万元，增长7.7%；固定资产投资82.9亿元，增长5.3%；规模以上工业增加值17.6亿元，增长7.3%；社会消费品零售总额36.3亿元，增长7.9%；一般公共预算收入4.43亿元，增长5.4%；农业总产值33.11亿元，增长4.4%；粮食总产量21.24万吨，增长4%；城镇常住居民人均可支配收入27410元，增长7%；农村常住居民人均可支配收入16322元，增长8.5%。

*工业转型拾级而上*。2016年，水秀新型产业园，签约企业44家，20家投产，实现产值4.7亿元；胡村玛钢铸造园，核心区入驻企业16家，13家投产，自动化生产线覆盖率达到85%以上，荣获“中国玛钢铸件产业基地”等称号，全行业实现产值40亿元；恒达循环经济园，20万吨精密铸造项目设备安装完毕，60万吨机焦项目实现投产，硅锰合金配套烧结工程主体完工，实现产值30亿元；南山医药食品园，广誉远整体搬迁项目顺利推进，中远威葡立胶囊通过GMP认证，元和堂、荣欣堂新厂具备投产条件，园区产值达到21.7亿元。同时，装备制造、碳素等支柱行业升级改造稳步推进，全县规模以上企业总产值80亿元。

*“农谷”建设势头强劲*。山西农谷管委会已批准设立，规划编制全面启动，招商引资和投融资平台建设等前期工作加速推进。重点项目金谷现代农业科技创新园一期完工，金谷农投综合服务中心投入使

用，科谷生物农药、“大麦”冻干红枣加工项目成功试生产，大学生创业园40个创业团队入驻，中试基地6个项目完成种植。巨鑫伟业物联网中心硬件建设基本完成，线下同步试运营。山西农产品国际交易中心、国新晋药中药材种植基地建设稳步推进。成为首批国家级农产品质量安全县、全国绿化模范县、全国首批农村产业融合发展试点示范县、全省农田水利基本建设红旗县。

*文旅发展亮点纷呈。*美宝山庄成为3A级景点，全省首家民营航空公司落户太谷，棋盘山生态旅游开发有限公司在上海股权交易中心成功上市，鑫炳记太谷饼文化园被评为“省级工业旅游示范点”。成功举办孟母文化节、冰雪节等系列节庆活动，乡村旅游突破300万人次，实现综合收入33亿元。

*城乡面貌持续改善。*鑫港湾商业街区开业运营，山西文化产业园非遗博物馆部分建成，孟母文化养生健康城20万平方米康养公寓主体完工，孟母祠堂、书院相继落成，明清古街初现规模。实施第二污水厂及城西退水渠改造工程，中水回用、城市供水提升改造等工程顺利推进，小街巷改造全面完成，“两桥”主体完工。持续推进南山生态修复四期工程，建成乌马河湿地公园，城区新增绿化面积15万平方米、供热面积78万平方米、供气3000户，污水处理率达到95%。全力应对雾霾重污染天气，六项污染物减排任务全部完成。建成10个美丽宜居乡村，荣获省级卫生城市称号。

*民生福祉不断提升。*全年民生事业支出8.2亿元，占财政总支出的85%。脱贫攻坚八大工程20项行动全面实施，5家企业开展产业扶贫，6对贫富村结对帮扶，7个易地搬迁安置点全部开工，1730人易地搬迁任务得到落实，855户1881名贫困人口实现脱贫。维修改造农村学校、幼儿园5所，25所学校基础设施设备上档升级，教育教学质量全面提高，品牌影响力持续提升。建成保障性住房678套，完成农村危房改造600套。为6.8万人发放各类保险6亿元，开展职业技能培训4924人次，51个创业团队入驻“双创”基地，新增就业岗位2827个，建成98个农村和3个城市社区日间照料中心。非遗展示馆建成运行，晋派砖雕列入国家艺术资金扶持项目，新版太谷秧歌剧《孟母三迁》首演成功，乡村文化记忆工程、文化下乡活动扎实开展。成功举办第五届国际形意拳交流大会，承办山西省乒乓球锦标赛，文化软实力显著增强。

（太谷县人民政府办公室）

## 祁　县

**【自然概况】** 祁县位于山西省中部、太岳山北麓、太原盆地南部、汾河东岸，古称“昭馀”，因“昭馀祁泽薮”而得名，春秋时为晋大夫祁黄羊食邑，西汉初年正式置县，距今有2200多年的历史，是国家历史文化名城，晋商故里。祁县总面积854平方千米，呈东南至西北长条状，南北纵长约44千米，东西横宽约25千米。辖6镇2乡3个城区1个经济开发区，154个行政村、13个社区。全县总人口27.36万人。

**【经济发展概况】** 2016年，县域地区生产总值71.7亿元，比2015年增长5.7%；人均地区生产总值2.63万元，增长5.14%；一般公共预算收入3.34亿元，增长3.4%；农林牧渔业总产值29.46亿元，增长14.61%；粮食总产量21.34万吨，下降3.52%；工业总产值64.82亿元，增长24.78%；社会消费品零售总额40.60亿元，增长7.5%；城镇常住居民人均可支配收入28619元，增长6.4%；农村常住居民人均可支配收入14841元，增长6.3%。

*项目支撑成效初显。*2016年，208旅游通道提升改造、文化艺术中心和县城中轴线3大项目纳入省财政厅PPP项目库，并完成社会资本招标采购；总投资70.9亿元的乔家景区综合开发、九牛万头奶牛养殖园区、红星集团六曲香新厂建设等九大项目快速推进，为县域经济发展提供了新的增长极。全县48个省市重点项目全部开工，开工率100%，累计完成投资58.6亿元，投资完成率119.23%。

*特色工业稳步发展。*“祁玻集团”成功组建；国家玻检中心通过国家实验室资质认证；玻璃器皿激光切口、自动化磨边等自主研发装备正式投入使用。液化调峰储备集散中心项目、红星六曲香迁建工程快速推进；新建阴极炭块生产线项目、福诺欧高分子新材料项目、统一饮品生产线项目全部投产。天久公司成为G20杭州峰会玻璃器皿唯一指定生产商；伊利16条生产线全部建成投运，产值突破13亿元。

*现代农业势头强劲。*全年粮食播种面积2.36万公顷；水果种植面积1.3万公顷，其中酥梨面积1.02万公顷；设施蔬菜种植面积2600公顷；牛饲养量达到16.9万头，奶牛存栏2.2万头。新创建省、市级示范社11个，完成家庭牧场认定202个。中国工程院南志标院士工作站和荷兰奶业技术中心成功落户该县，九牛万头奶牛标准化养殖园项目实现4500头奶牛进场。祁县酥梨成功打入欧美市场，出口创汇突破1000万美元。

*文旅事业生机蓬勃。*乔家大院景区经营体制改革基本完成，景区综合开发项目正式启动；千朝观园12月25日开始试营业，五大板块全面投入运营。成功举办第二届民间剪纸大赛和第二届祁太秧歌大赛；

CCTV-7《过年了》2017年农民新春联欢会中部区在祁县完成录制；“茶路万里·弦歌千年”2017晋中乔家大院新年交响音乐会在晋中大剧院隆重上演。全年主要景区接待游客261.6万人次，增长40%；实现门票收入1.3亿元，增长98.8%。

扶贫攻坚不断深入。对照“八不进”及省“三点意见”红线，反复清底贫困人口；充分调动包村领导、驻村工作队和第一书记三支队伍力量，以特色产业扶贫为主要措施，综合运用金融扶贫、社会扶贫，探索“以工代赈”扶贫模式，全面整合项目资金，稳定脱贫878户1719人。

城乡面貌持续改善。开展环境整治百日攻坚行动，全面清理城乡范围内垃圾杂物、卫生死角。组建市容秩序整治联合执法大队，集中查处乱摆乱放、乱贴乱挂等违法违规行为，新划设临时便民服务点20个，城区新施划停车位1797个，大雅路昌源小学段等4条路段实行机动车限时单向通行交通管制。高标准实施东外环、昌源南路景观化改造，新增绿地面积15万平方米。府东路、昌源南路、麓台西路改造工程按期完工，新建南路、友谊东街破损路面全面修复。

社会事业全面发展。新开工各类保障性住房1004套，农村危房完成改造550户，新增集中供热面积40万平方米。实施就业创业工程，新增就业2863人，转移农村劳动力2488人，城镇登记失业率控制在1.56%。积极争取并成功获评全市唯一省级“双创”基地示范县。持续推进教育体制改革，探索引入民办教育，进一步优化学校布局。全面加强科普服务能力建设，成功获批“全国科普示范县”。扎实推进卫生计生事业，进一步建立完善县、乡、村三级中医药服务网络，成功创建省级基层中医药工作先进县和省级妇幼优质服务示范县。

（祁县人民政府办公室）

# 平遥县

**【自然概况】** 平遥县位于山西省中部、太原盆地西南、太岳山之北，太行山、吕梁山两襟中央，辖3个街道、5个镇、9个乡，共计16个社区、273个行政村。2016年总人口53.6万人。县域面积1260平方千米，耕地面积5.1万公顷。

平遥古城是世界文化遗产，历史文化名城、国家级5A级景区，这也是平遥最响亮的“三张名片”。拥有各级重点文物保护单位143处，其中国家级19处、省级3处、市级4处、县级117处。是全省“一山（五台山）、一城（平遥古城）、一水（壶口瀑布）”旅游格局中晋商文化旅游的核心和龙头，也是全省的现代服务业基地县。被省政府正式划定为17个重点开发县域之一。

**【经济发展概况】** 2016年，全县地区生产总值100.7亿元，比2015年增长5.5%；规模以上工业增加值26.9亿元，增长6.6%；固定资产投资110.6亿元，增长8.7%；一般公共预算收入4.53亿元，增长4.8%；社会消费品零售总额58.9亿元，增长7.7%；城乡居民人均可支配收入分别为26815元、10885元，分别增长5.2%、4.8%。

农业生产效益凸显。2016年粮食总产量27.2万吨，增长2.3%。新建标准化规模养殖示范场13个、家庭牧场16个，农业龙头企业实现销售收入42.5亿元，畜禽饲养量、肉蛋奶产量分别达到2500万头（只）、21.5万吨。新增干鲜果近万亩，总产量22.9万吨。新改扩建设施农业136.7公顷，瓜菜总产量54万吨；以双孢菇为主的食用菌发展到86.7公顷，总产量1.5万吨，净增4000吨，经济效益稳步提升。

工业经济止跌回升。18个工业重点项目累计完成投资8.9亿元，当年新增投资5亿元。石头造纸、光学材料、液化天然气、中药材加工等项目进入量产阶段，新型工业实现产值7.2亿元，占工业总产值比重达到8.6%，首次超过机械铸造行业。41户规模以上企业上缴税金2.84亿元，占全县财政总收入近1/3。新培育规上企业5户。

文旅产业蓬勃发展。全年接待游客1063.6万人次，增长26.1%；综合收入121.6亿元，增长26.2%，荣获“2016中国县域经济旅游魅力县”殊荣。“又见平遥”演出795场，观演人数56.9万人次，演出总收入8225万元，增长27.9%。国际摄影大展、平遥中国年等文化活动继续成功举办，法国普罗万市“平遥古城旅游促销区”揭牌运行，平遥电影展项目成功落地。新改建旅游厕所45处，“旅游厕所革命”走在全省前列；开通古城周边游直通车线路11条；以襄垣、六河、横坡、丰盛、南岭底等为代表，乡村旅游持续发展。城墙内墙除险加固工程全面推进，清凉寺、双林寺安防工程基本完工，抢险修缮县保单位7处；启动古民居保护修缮工程18所，其中完工5所。

城乡建管提质升档。统筹推进县城总体规划、土地利用规划修编，完成洪善、宁固、襄垣3个乡镇总规及双林大道两侧部分区域详规编制工作。实施了平遥古城旅游通道快速化改造、顺城路南延、艺苑街西延等11条城市道路新改建工程，汇通路改造、兴平路南延项目稳步推进。新建绿地15万平方米，人均公园绿化面积达9.2平方米。完成柳根河永安路至汇通路段综合治理。稳步推进热电联产集中供热项目，对峰岩供热公司部分供热区域实施了热源置换，置换面积100万平方米，城区集中供热面积达380万平方米。铺开平孟线水磨头至孟山、南政至下平线两条道路改造工程，实施农村公路完善提质工程36.3千米。投资1800余万元，深入推进城乡清洁工程，新建农村垃圾中转站3座。植树124万株，造林1466.7公顷，生态建设持续推进。

社会事业统筹推进。备受关注的人民医院新建项目顺利启建；改造乡镇卫生站4所，新建村级卫生室13个。新改扩建中小学校11所、幼儿园4所，其中，汇济小学、东关小学、古陶二中投入使用。社会福利综合服务中心及襄垣、卜宜、杜家庄敬老院主体完工，新建老年日间照料中心32个。完成古城内居民煤改电改造774户。为3132户城市低收入家庭提供了住房保障；建成保障性住房946套，改造农村危房480户。新增城镇就业人员4545人，转移农村富余劳动力4251人，城镇登记失业率控制在2.1%以内。城乡居民社会养老保险参保人数达到26万人，累计支付五项社会保险待遇6.6亿元。城乡低保、农村五保供养保障标准进一步提高，累计发放供养金4555万元。为3900名重度残疾人发放生活、护理补贴234万元。涉及4个乡镇、7个村、3466人的饮水安全问题得到有效解决。建成乡镇供销社综合服务中心4个、惠农服务中心3个。文化馆、图书馆改建工程进展顺利，国家级公共文化服务体系示范区创建工作稳步推进。

（平遥县人民政府办公室）

## 灵石县

**【自然概况】** 灵石县位于山西省中部、晋中市最南端，北临介休市，南接霍州市，东靠沁源县，西连交口县、孝义市，全县总面积1206平方千米，辖6乡6镇3个社区、291个行政村，总人口27万人。境内矿产资源丰富，尤以煤炭为最，占县域总面积的71.3%。名胜古迹众多，现有县级以上文物保护单位78处，其中国家级6处、省级1处、市级4处、县级67处。耕地面积2.74万公顷，农作物以小麦、玉米、谷子、豆类及各种小杂粮为主。交通便利，南同蒲铁路、108国道、大运高速公路及大西高铁客运专线纵贯全境，城乡公路网、村村通水泥（油）路互联贯通，形成了四通八达、路路相连的交通网络，全县公路通车里程达1506.3千米。

**【经济发展概况】** 2016年，全县地区生产总值179亿元，比2015年增长5.1%；规模以上工业增加值91亿元，增长5.5%；全社会固定资产投资198.8亿元，增长6.7%；社会消费品零售总额71.5亿元，增长8%；一般公共预算收入11.2亿元，增长5.5%；城乡居民人均可支配收入分别为33364元和15072元，增长5.5%和5.6%；人均地区生产总值6.62万元，增长1.2%；农林牧渔业总产值9.4亿元，增长0.2%；工业总产值237.1亿元，增长5.2%。

结构调整不断深入。始终坚持抓项目促转型，实施重点工程94项，完成投资168.3亿元，招商引资签约297亿元。启光2×350兆瓦低热值煤发电项目快速推进，东方希望200万吨氧化铝生产线、晋阳碳素3万吨石墨质（化）阴极炭块等项目投产试产，新兴产业投资占工业投资比重提高12.3个百分点。全县粮食总产量6.05万吨，增长6.7%。核桃产量1.2万吨，设施蔬菜面积扩大到427公顷，畜禽饲养量超过500万头（只）。静升古镇王家大院5A景区创建、金山森林休闲度假区、少林资寿文化园等旅游开发项目有序推进，成功举办第三届中国灵石国际版画双年展，荣获省级“休闲农业与乡村旅游示范县”称号，旅游综合收入完成85.1亿元，增长27.9%。三次产业结构比调整为2.6∶60.6∶36.8，第三产业比重提高1.7个百分点。

城乡环境持续改善。新建改造供热供气管网33.3千米、污水处理配套管网5千米，纬九路东延伸及经八路、红崖沟旅游公路建成通行。新造生态林1733公顷，森林公园被命名为“山西省四星级公园”，国家卫生县城顺利通过复检验收，城乡市容市貌和环境卫生考评全市第一。节能降耗、减排治污工作扎实开展，万元地区生产总值能耗下降3.26%，空气质量优良率71%。

改革创新扎实推进。创新投融资机制，财政出资3000万元设立企业应急周转保障资金，为52户企业周转贷款15亿元；开展“助保贷”业务，为4户中小企业贷款1780万元。鼓励企业开展技术创新，1户企业被认定为省级高新技术企业，4户企业建成技术研发中心。实施增减挂钩项目解决项目用地34.6公顷，土地确权完成年度任务。推进“三证合一、一照一码”登记制度改革，全县新增注册企业835户、注册资本35亿元。

民生保障更加有力。县财政民生投入19.2亿元，占公共财政支出的86%。社会事业持续进步，8所乡镇卫生院改扩建工程完工，县文化馆通过国家一级馆验收，县文体活动中心建成投用。就业和社会保障成效明显，城镇新增就业2218人，转移农村劳动力3445人，城镇登记失业率1.57%，城乡低保、农村五保、社会救助等政策全面落实。脱贫攻坚首战告捷，减贫2030人，易地搬迁150人，省级贫困村吴庄村成功摘帽。“十件实事”全部兑现，242项“微民生”工程全部完工。

（灵石县人民政府办公室）

## 晋中经济技术开发区

**【自然概况】** 晋中经济技术开发区

(简称晋中开发区)是1996年1月经山西省人民政府批准设立的省级开发区,2012年3月经国务院批准升级为国家级经济技术开发区。管辖面积55.8平方千米,规划面积5.2平方千米,位于晋中市西北城乡结合部,与太原接壤。区内有17个村,城乡常住人口8.4万人。

**【经济发展概况】** 2016年,区内生产总值51.55亿元,比2015年增长17.5%;工业增加值26.82亿元,增长24.7%;财政总收入19.15亿元,增长5.45%;固定资产投资58.71亿元,增长2.1%;进出口总额3600万美元,增长38%。

主导产业稳步增长。截至2016年底,全区入驻企业3508个,其中规模以上工业企业36户,限额以上商贸流通企业54户,全球及国内500强投资企业14户,高新技术企业31户,形成了医药食品、装备制造、节能环保、电子信息4个工业主导产业和现代物流产业。

招商引资加快步伐,项目建设积极推进。2016年共签约项目10项,协议总投资167.5亿元,截至2016年底已有5个项目开工建设。储备在谈重点项目50余项,项目计划总投资300亿元以上。这批项目主要集中在新型装备制造、节能环保、新材料、医药健康等产业。2016年,晋中开发区列入晋中市考核重点工程(项目)共5类50项,总投资298.64亿元,当年计划投资49亿元。2016年实现开工项目47项,共计完成投资57亿元,投资完成率116%。承接东部产业转移项目。2016年共对接洽谈东部产业转移项目30余项,已签约入区的项目10项,计划总投资165亿元,代表性项目有晶科光电(北京)信息材料有限公司高品质蓝宝石晶体及砷化镓集成电路(芯片)项目、红杉药业人类干细胞库项目、通用航空飞行器产业化项目等高、精、特、新项目。

科技创新平台建设。山西省科技创新城核心区晋中区域内已有12家国际一流、国内领先研发机构落地并开工;晋中市108示范区科技产业园重点引进高端"智"造、通用航空、新材料等规模型科技产业的领军或龙头企业,目前已有天美杉杉奥特莱斯等项目落地建设;晋中开发区科技孵化器于2016年3月被认定为国家级科技企业孵化器,包括各类孵化器10个,已入驻企业121户。2016年新认定8户高新技术企业,累计达到31户。申报PCT国际专利申请3件,实现了晋中开发区科技发展史上零的突破。新增知识产权95件,其中发明专利11件,累计达49件,为晋中各县市区之首。引进海归及外籍高层次人才20人,引进博士15人,引进电子信息等新型产业拔尖人才29人。财政扶持。2016年继续以10%的比例增加科技研发经费,财政投入2200万元用于科技研发、创新平台建设等。通过引导使山西德元堂药业有限公司等18家企业项目加大科技创新、技术研发力度,市场占有率和企业效益稳步提高。9家企业获得晋中开发区种子资金扶持共520万元。给予山西双合成工贸有限公司、山西古城乳业集团公司八分厂等5家农产品加工龙头企业共400万元的扶持资金。

进一步完善法治体制。按照"六权治本"要求,组织专门人员对管委会以及各部门行使的行政权力事项进行了梳理和确定,形成了权力清单、责任清单,权力运行流程图和权力运行风险防控图,梳理管委会及16个部门行使的行政权力事项共计1360项。

改革创新工作机制。完善项目审批并联统筹办理机制、便民事项及时办理机制,通过清理,晋中开发区共有行政许可事项84项,其中管委会及所属部门共50项,在晋中市为最少。在项目许可办理中,推行了集中预审、通气、联合并联办理机制。便民服务事项在政务大厅即时办结,服务质量效率同步提升。

完善项目建设保障机制。党工委管委会、社管处、农村、企业四级联动,党政班子成员包项、包村,社管处、农村、企业设定专人跟进。2016年9月～11月开展了"百名机关干部入百企帮扶活动",送政策、办实事、解难题,综合协调配置项目所需路、水、电、气、热等公共基础设施,从企业收集的126个问题基本得到解决。

(赵新政　李　茂　侯惠芳)

# 吕　梁　市

**【自然概况】** 吕梁地处山西省中部西侧,西濒黄河与陕西省相望,东临汾河与晋中毗邻,北与忻州市接壤,南与临汾市相连,因吕梁山脉纵贯全境而得名,现辖1区2市10县,148个乡镇、13个街道、3111个行政村、236个社区,总面积2.1万平方千米,2016年末常住人口385.49万人。

吕梁为典型的黄土高原地貌,沟壑纵横、山峦起伏,地势北高南低,分山地区、黄土丘陵沟壑区和平川区,平均海拔1000～2000米,山区半山区面积占市域总面积的91.8%。境内河流众多,均属黄河水系,主要河流有岚漪河、湫水河、三川河、岚河、磁窑河、文峪河等。气候属大陆性季风气候,年平均气温10.2℃,年平均降水量652.3毫米,无霜期137～245天,年平均日照时数2439.3小时。

吕梁物产丰富,农特产品质优量大。主要粮食作物有小麦、谷子、玉米、高粱、马铃薯和豆类等,是全国著名的白酒、红枣、核桃、小杂粮生产基地,被誉为"白酒之魂""红枣之都”“核桃之乡”“沙棘之府”“杂粮之仓”。

*吕梁矿产资源禀赋优势明显。*境内矿产资源种类多、分布广、储量大，已探明的有煤、铁、铝矾土、石棉、石膏、煤层气、大理石、含钾岩等矿40余种，尤其以煤、铁、铝矾土的储量大、品位高著称。全市含煤面积占总面积的54.3%，储量1538亿吨，被誉为“国宝”的4号主焦煤储量达62亿吨，储量占全国的1/5。铁矿资源储量13.2亿吨，占全省储量的35%。铝矾土遍布吕梁11县(市)，探明6.92亿吨，占全省储量的45.7%，居全省第一。

*吕梁历史文化底蕴厚重，旅游资源极其丰富。*现有不可移动文物5901处，其中全国重点文物保护单位26处，省级重点文物保护单位55处。有汾阳汾酒文化景区、交城卦山、交城玄中寺、孝义市胜溪湖森林公园、孝义市孝河湿地公园、汾阳市贾家庄文化生态旅游区、孝义市三皇庙、北武当山风景名胜区、金龙山风景区等9处国家4A级旅游景区，文水苍儿会、柳林抖气河两处国家3A级旅游景区，有晋绥边区革命纪念馆、“四八”烈士纪念馆、刘胡兰纪念馆、石楼红军东征纪念馆等4处红色旅游经典风景区。其中国家级自然保护区庞泉沟、国家级风景名胜区北武当山、全国十大历史文化名镇碛口、全国十大历史文化名村西湾、中华名酒第一村汾阳杏花村等蜚声海内外。

**【经济发展概况】** 2016年，全市地区生产总值995.3亿元，比2015年增长4.1%，人均地区生产总值2.59万元；一般公共预算收入89.6亿元，下降1.2%；工业总产值1381.7亿元，增长5.2%；农林牧渔总产值101.7亿元，增长4.8%；社会消费品零售总额433.7亿元，增长6.8%；全市居民人均可支配收入14429元，增长6.2%；城镇居民人均可支配收入24180元，增长5.6%；农村居民人均可支配收入7644元，增长6.3%。粮食产量111.6万吨，增长54.2%。

*转型升级步伐加快，产业结构新格局初步形成。*聘请麦肯锡(上海)咨询公司制定全市九大产业集群发展规划，建立“四个一”机制，综合运用市场、金融和行政手段，推动煤电铝、煤焦化、大数据、文化旅游和光能等产业集群化发展。铝工业发展取得实质性进展，兴华科技2×35万吨铝基新材料、华兴铝业二期100万吨氧化铝项目投产，全省最大的轻铝合金生产线中铝华润一期50万吨项目开工建设；主动走出去与全国排名前十的河南明泰、嵩基、杭州鼎胜等铝精深加工企业达成合作意向，推动铝产业向下游延伸，推动煤电铝材一体化发展。煤焦产业提质增效成效显著，积极盘活企业闲置资源资产，大力引进高科技、金融资本和优秀人才，积极延伸煤焦化产业链，做精做深焦炉煤气制甲醇、煤焦油深加工、粗苯精制三大链条，孝义鹏飞60万吨甲醇联产4亿立方LNG一期已投产，成为全省首家、全国最大甲醇联产LNG项目。大数据产业加快发展，与华为公司正式签订战略合作协议，华为吕梁大数据项目落地并开工建设，离石区北航大数据产业园区项目有序推进，北京软通动力城市创新综合体项目落地孝义，中交网通智慧高速大数据中心项目落户交城。光能产业初具规模，太子光伏一期30兆瓦项目并网发电，二期30兆瓦和巨隆20兆瓦的光电项目加紧建设，交城明科光电30兆瓦等4个项目通过省核准，光伏领跑基地项目总体规划编制完成。文化旅游产业加快推进，聘请吕梁籍著名导演贾樟柯对该市旅游开发进行策划、包装，积极推进碛口等景区管理体制改革，举办吕梁旅游推介暨项目招商大会并推出了一批旅游产品和项目，通过政策性贷款推进旅游公路建设。全市煤电铝、煤焦化、大数据等产业集群化、集聚化发展格局初步形成。

*供给侧结构性改革不断深化，发展新动能持续增强。*严格落实“三去一降一补”，煤炭行业核减产能1060万吨，水泥行业退出落后产能45万吨；坚持与棚户区改造、移民搬迁、采煤沉陷区治理相结合，制定化解房地产库存、购房补贴等政策，减少库存商品房172.4万平方米；积极防范金融风险，联盛集团破产重整依法有序推进，孝义农商行挂牌运营，引导企业通过合资合作、债转股等方式处置银行不良贷款23.7亿元；减少企业税负4亿元，减征社会保险费1亿元，推动17户用电企业与发电企业直接交易电量23.1亿千瓦小时，节约电费1.16亿元；突出以贫困县、贫困人口为主，重点从教育、医疗卫生、社会保障等民生领域补短板。与此同时，重点领域改革取得进展，电力体制改革试点工作稳步推进，与晋能集团配合，编制完成了以建设吕梁区域电网为核心的《晋能集团(吕梁)电力体制改革试点方案》；市区公交运营体制改革基本完成，100辆新能源公交车投入运营。招商引资取得明显成效，成立开放发展领导组，开展“迎老乡、邀客商、兴吕梁”等系列活动招商，先后引进华为、软通动力、王老吉、天津宝迪、北京新瑞利邦等一批大型行业龙头企业；积极推广运用PPP项目融资模式，分三批次向社会发布总投资1138亿元的105个项目，在建PPP项目达19个。精准帮扶企业脱困，全市1328名干部深入439个重点企业开展帮扶服务，累计为28个项目发放企业应急周转保障资金1.5亿元，帮助企业成功续贷3.83亿元；加大对“新三板”挂牌上市的企业政策支持力度，交城新元太挂牌申请已受理，孝义科尔峰、孝义安达燃气、汾阳九都村镇银行已进入挂牌筹备阶段；组织

300名规模以上企业负责人，分三期参加了民营企业家创新转型培训班，并对1000名企业经营管理人员分期进行专题培训。

各项社会事业协调发展，人民福祉进一步增强。2016年，全市民生支出226.7亿元，占公共预算支出的82.2%。教育事业优先发展，新改扩建农村幼儿园26所，文水、交口、中阳等6县通过国家义务教育均衡发展评估认定；吕梁学院附中投入使用，整合教育学院、离石师范等教育资源，筹建高等幼儿师范专科学校，招生1140名。医疗卫生事业加快发展，13个县（市、区）公立医院改革实现全覆盖，197所基层医疗卫生机构实施基本药物网上平台采购，总投资14亿元的市医疗卫生园区开工建设，市中医院门诊恢复运行，市紧急医疗救援指挥中心正式运行，人均基本公共卫生服务经费财政补助标准由40元提高到45元。社会保障体系进一步完善，城镇新增就业3.2万人，城镇登记失业率2.72%，农村居民人均收入增速快于城镇居民0.7个百分点；参保扩面、城乡居民基本医保整合等工作扎实推进，全市新农合参合率达到97.8%，城镇基本医保和生育保险开通省内异地直接结算；建成120个农村老年人日间照料中心，1.15万名贫困残疾人得到康复救助。生态建设扎实推进，完成营造林3.82万公顷、吕梁山生态脆弱区造林3.14万公顷；开展"铁腕治污"行动，实施冬季城乡环境集中整治，加强重污染天气监测预警应对，市区优良天气数达到287天，环境空气质量综合指数全省排名第二。

（吕梁市人民政府办公室）

## 吕梁市离石区

**【自然概况】** 离石区地处山西西部、吕梁山脉中段，地势东部高而宽，西部低而窄，境内山多川少。全区总面积1324平方千米，辖3乡2镇7个街道办事处，2016年末全区常住人口34余万人。

**【经济发展概况】** 2016年，全区地区生产总值70.45亿元，比2015年增长5.4%；固定资产投资118.57亿元，增长0.14%；社会消费品零售总额67.07亿元，增长6.5%；一般公共预算收入8.01亿元，下降4.89%。城镇居民人均可支配收入26349元，增长5.5%；农村居民人均可支配收入5474元，增长6.6%，万元地区生产总值综合能耗、二氧化硫排放量等约束性指标圆满完成上级下达的目标任务。

经济转型升级发展格局基本形成。积极推进供给侧结构性改革，全面落实"三去一降一补"任务，压减煤炭产能133万吨；严格落实"企业减负60条"和"煤炭20条"扶持政策，设立了吕梁佳信德战略性新兴产业基金和中小企业创业创新投资基金，累计为企业减负6000万元。坚持与棚户区改造、移民搬迁、采煤沉陷区治理相结合，商品房去库存4845套、55万平方米。坚持上项目补短板，全年续建新建项目达52项，其中产业类项目17个，民生类项目16个，基础设施类项目17个，完成年度投资75.28亿元，增长13.7%。三次产业比重由2.9∶27.9∶69.9调整为2.9∶23.5∶73.6，初步形成了以煤炭焦化、新兴产业、文化旅游、现代商贸物流四大产业为支柱的产业体系。农业产业提质增效，全年投入2.24亿元，完成高标准核桃林管护2933.3公顷、高接换优866.7公顷，发展中药材、黑小米、油用牡丹、花椒树等特色种植1000公顷，标准化规模养殖达到72.21万只（头），农业产业化发展步伐进一步加快。工业经济加速转型，华为云数据中心成功落户离石，晶旭光伏光热项目、中包凌云环保纸项目正式建成投产，中磁尚善软磁电感、光电互感，高射速注塑成型机项目稳步实施，一批大数据、新能源、新材料等新兴产业项目和高新技术项目拉开了离石转型发展的序幕。现代服务业加快发展，天源物流、东谷仓食品园等三产项目扎实推进；彩家庄传统古村落保护与开发正式起步，高家沟高级军事会议纪念馆建成开馆，千年景区、白马仙洞景区接待能力大幅提升，与上海大西洋集团正式签订战略合作协议全面规划、全方位开发全区全域旅游产业，旅游业总收入达到48.21亿元。

群众生产生活条件明显改善。与省人居环境改善基金合作设立了离石子基金为城乡建设提供了资金保障。坚持市区共建一体化发展理念，全面推进"三城融合"。全力参与配合吕梁新城建设，完成了站前广场、中心医院、便民服务中心等市政工程征收拆迁任务，25栋安置楼完工建成，1000户征地拆迁群众分房到户，政府回迁承诺如期兑现；东城区滨河南、北两路及附属工程基本完工，东川河河道生态治理工程具备蓄水条件。道路交通完成投资5126万元，新建改造16条农村公路，店梁线改造全线完工实现通车，群众出行更加方便。改造农村危房1414户，实施19处安全饮水工程，解决了7610人的饮水安全问题；投资2615万元，新建了5个宜居示范美丽乡村，改造提升8个生态旅游村，达到了"环境秀美、配套完善、留住乡愁"的良好效果。投入2760.45万元实施农村清洁工程，大力推广垃圾不落地模式，人民群众生产生活条件有了明显改善。

生态环境得到大幅提升。坚持绿色永续发展战略，强化生态红线刚性约束，落实最严格的环境保护制度，大土河甲醇厂、热电厂等一批重点污染防治设施提标改造项目全部完工。淘汰黄标车、老旧车 351 辆，清理取缔城区燃煤锅炉，主要污染物排放量稳步下降。严格落实水污染防治行动计划，王家庄沟沟道治理一期工程全部竣工，城市建成区黑臭水体整治全面展开。水保生态全面铺开，生态修复 606.7 公顷，新增农田灌溉 133.3 公顷。实施大气污染防治行动计划，全年二级以上天数达到 287 天，环境空气质量在全省排名第二。东城区森林公园项目顺利启动建设，完成投资 1.8 亿元，营造林 3240 公顷，主体布局已基本成形。

人民群众获得感明显增强。集中财力办大事、办实事、办群众最期盼的事，全年民生支出 15.79 亿元，占公共财政支出的 76.35%。继续推进学前教育三年行动计划，茂塔沟、下楼桥两所幼儿园基本建成，离石二中搬迁项目顺利推进，城镇中学、江阴高中基础建设不断完善，总投资 387.76 万元的学校云课堂和学校多媒体“班班通”开通运行，全区中考优生率位居全市第一。持续实施医疗体制改革，新农合医疗补偿比例乡级由 85%提高到 90%，区级由 75%提高到 80%；城乡居民养老保险应保尽保，医疗保险应参尽参，城乡低保和住房保障提标扩面，城乡群众生活得到有效保障。城镇新增就业 4500 人，城镇登记失业率控制在 3.5%以内。文化惠民工程深入实施，乡级文化综合服务站、村级农家书屋实现了全覆盖，群众文体活动更加丰富多彩。

脱贫攻坚实现首战首胜。以脱贫攻坚统揽经济社会发展全局，举全区之力大打脱贫攻坚战，2016 年农村贫困人口人均可支配收入增长 35.3%，26 个村退出、4047 人脱贫，贫困发生率由 9.91% 下降至 7.46%。大力实施“5921 工程”，集中力量打出了“三个一”扶贫计划和“九大攻坚工程”系列组合拳，全力发展特色种植、规模养殖、农产品加工等脱贫富民产业，大力培育农村电商、休闲农业、乡村旅游等新产业新业态，产业扶贫覆盖了 4962 户、1.28 万名贫困人口。实施易地扶贫搬迁工程，解决了 1500 人的住房安全问题。贫困人口大病保险报销起付线由 1 万元下调至 5000 元，报销比例平均提高了 3 个百分点，农村低保一、二类对象和特困供养人员实现兜底脱贫，贫困群众实实在在享受到了发展成果。

（离石区人民政府办公室）

# 孝 义 市

**【自然概况】** 孝义市位于山西省中部、吕梁山下、汾水之滨，市域面积 945.8 平方千米，2016 年末总人口 48.3 万人，辖 7 镇 5 乡 5 个街道办事处、379 个行政村，1992 年撤县设市。境内矿产资源丰富，煤炭探明储量 90 亿吨，是全国首批 50 个重点产煤县（市）之一。铝矿探明储量 2.6 亿吨，约占全国的 16%，山西的 44%。铁矿、耐火黏土、白云石、石膏、瓷土、硫铁矿等矿产资源储量丰富。汾州核桃主产区享誉海内外。

**【经济发展概况】** 2016 年，全市地区生产总值 338.7 亿元，比 2015 年增长 2.4%；人均地区生产总值 7.02 万元，增长 0.8%；一般公共财政预算收入 15.6 亿元，下降 14.6%；农林牧副渔业总产值 17.4 亿元，下降 14%；粮食总产量 7.9 万吨，增长 32.5%；规模以上工业总产值 450.2 亿元，增长 5.1%；社会消费品零售总额 128.9 亿元，增长 6.5%；城镇常住居民人均可支配收入 30416 元，增长 4.6%；农村常住居民人均可支配收入 14978 元，增长 5.7%。

主导产业发展情况。认真落实“三去一降一补”任务，依托“五大园区”，把铝系、煤焦化两大核心支柱产业和农产品加工业、现代服务业、新兴科技产业三大新兴战略产业确定为经济转型升级的主攻方向，形成“2＋3”产业新格局。铝系产业，全市氧化铝产值完成 98.9 亿元，占全市工业总产值的 21.9%。千方百计推进信发、兴安高精铝材项目建设，稳步提升氧化铝产能，鼓励发展多品种氧化铝。煤焦化产业，13 座整合矿井建设稳步推进，正令煤矿进入联合试运转；焦化行业兼并重组形成产能 900 万吨，完成产值 89.1 亿元；大力延伸焦炉煤气、煤焦油、粗苯精制及深加工三条化工产业链，鹏飞 60 万吨甲醇联产 4 亿立方 LNG 项目一期 7 月建成投产，鹏飞 40 万吨费托合成蜡、金岩 45 万吨甲醇及 3 亿立方 LNG 项目启动建设，金达 2×5 亿立方液化天然气加快建设。农产品加工，发展农业企业 32 家，形成以肉禽、果蔬、小杂粮、玉米、核桃精深加工为主的特色产业链；大象熟食加工项目正式投产，年产量 2500 余吨；一果 6 万吨核桃系列产品加工项目试生产；王老吉顶养系列大健康产业园项目一期即将进入试生产；普尔特药胶项目进展顺利。现代服务业，推进沃尔玛、天福广场等商贸物流业向精细化、个性化、特色化、品牌化发展；金晖集团与杭州绿城集团合作，建设集养老、医疗、休闲、旅游、商贸为一体的高端服务项目；深入实施电子商务“百千万亿”行动计划，农村淘宝市级服务中心及首批 50 个村级服务站启动运营。新兴科技产业，深化产学研合作，申报吕梁市科技计划项目 8 个，技术合同交易额达 1.29 亿元。北京软通动力信息技术有限公司合作城市创新综合体项目 2016 年 12 月签约落地；太子光伏发电一期 30 兆瓦项目并网发电，二期 30 兆瓦项目加快推进；金晖兆隆 PBAT 项目形成 2 万吨产能。

重大改革措施。建立完善支撑资源型经济转型的政策体系和体制机制,10个重大改革、10个重大事项稳步推进。市民服务中心正式运行,入驻36家公共服务单位和37家行政审批部门,承办90项民生事项和249项审批事项,构建"一站式、一条龙"的政务服务管理新格局。农信社成功改制农商行,12月24日挂牌运营。健全"1+X"政府融资平台体系,与二十冶投资集团等央企、国企在棚户区(城中村)改造、基础设施和公共服务建设等领域达成57亿元合作意向。成功申报省级中小微企业创业创新基地示范县,新增小微企业575户,增长21%,17乡镇实现小微企业服务站全覆盖。制订《开发区整合改制扩区调规初步工作方案》,重点围绕"一区五园"格局,深入推进开发区改革创新发展,力争用3~5年时间打造成为吕梁第一个国家级开发区。积极推行"双随机一公开"监管改革,加强事中事后监管。启动全市"13710"电子督办系统建设,进一步强化了抓落实工作机制,提高了政务效能。

精准扶贫及社会事业发展情况。精准识别扶贫对象2268户5303人,出台两年脱贫攻坚行动计划,精心部署"十大脱贫专项行动"。启动脱贫攻坚挂图作战大数据平台建设;完成构树扶贫项目43.3公顷;鼓励引导金融资金投入脱贫攻坚,创新"政府+贫困户+龙头企业+农商行""四位一体"金融精准扶贫模式,评级授信建档立卡贫困人口412户1051人,授信金额5255万;积极开展雨露计划,为59名符合资助条件的贫困大学生发放国家助学金29.5余万元;组织31名建档立卡贫困户参加吕梁山护工培训;核桃栽植、畜禽养殖、设施农业、电子商务等扶贫项目有序推进。全年脱贫1411人。积极争取山西财经大学华商学院落户。市人民医院与山西大医院、省肿瘤医院,市中医院与省中医院,市妇幼计生中心与省妇幼保健院"联体"挂牌。公立医院市域内就诊率达80%以上,城镇医疗保险参保率98%,新型农村合作医疗参合率96%。积极开展就业培训,城镇登记失业率3.2%。大力推进大众创业,万众创新,共发放各类创业就业补贴429.81万元。企业退休人员养老金连续12年上调,人均月增188.9元;城镇居民医疗保险财政补助提高到420元。人民医院周边片区、三贤路片区棚户区改造惠及群众780户,阶段性完成4720户城中村改造项目。扎实推进涉及30村的采煤沉陷区搬迁安置工程。

(孝义市人民政府办公室)

# 汾阳市

**【自然概况】** 汾阳市位于晋中盆地,西靠吕梁山,东临汾河水。辖9镇2乡5个街道、262个行政村、38个社区,市域总面积1179平方千米,耕地面积4.5万公顷,其中基本农田3.8万公顷,2016年末总人口42.58万人,其中农业人口30万人。

资源丰富。汾阳地势西北高、东南低,山地、丘陵、平原各占1/3。地下煤、铝矾土、白云石等矿产资源丰富。地上文峪河、峪道河、禹门河相互贯通,水资源总量1.86亿立方米,森林覆盖率27.5%。

历史悠久。设县历史2600余年,著名人物有唐代郭子仪、宋之问,北宋狄青和现代联合国原副秘书长冀朝铸、中国油画先驱卫天霖、著名导演贾樟柯等。有百年历史的汾阳学院、三甲汾阳医院等9个省市驻汾单位。

交通发达。境内太中银铁路贯通,307国道、340省道、汾介公路纵横交错,青银高速、汾平高速相互交汇,有5个高速出入口,国省干线通车总里程100.95千米,县乡村公路通车里程1052.59千米。

品牌众多。有杏花村汾酒集团等知名企业和特色产品汾酒、竹叶青酒、汾州核桃等全国知名品牌,是全国食品工业协会命名的"全国食品工业强市"。2016年,杏花村镇入选国家住建部首批特色小镇名单。

**【经济发展概况】** 2016年,全市地区生产总值106亿元,人均地区生产总值2.46万元,公共财政收入7.24亿元,农林牧渔业总产值13.3亿元,粮食总产量17.67万吨,工业总产值93.5亿元,社会消费品零售总额60.72亿元,城镇居民人均可支配收入21328元,农民人均可支配收入12397元。

产业升级迈出新步伐。杏花村经济技术开发区5月份获批,中汾酒城实现复产,文峰焦化等企业恢复生产,汾酒集团改革等工作进展顺利,国峰粉煤灰等重点项目稳步实施。阳城商贸物流园区万泰国际商城等6个项目试运营。旅游产业异军突起,总收入达到36.98亿元,贾家庄三晋民俗文化体验地——贾(gǔ)街被评为"山西省特色商业街",上林舍生态旅游景区被国家旅游局批准为"首批全国乡村旅游模范村"。全市电商从业人员超过1.3万人,销售额突破10亿元。

经济发展探索新途径。加大项目储备力度。全年储备各类项目98项,规划投资96.8亿元,涉及市政建设、棚户区改造、交通、教育、卫生基础设施等方面。利用多种渠道广泛招商引资,成立了汾阳市城投、水投、交投三个投资公司,广泛与社会资本合作,共签约PPP项目100亿元。采取开展融资租赁等方式,为城市基础设施项目注入资金,加快项目建设进度。

农业产业化水平有新提升。成功举办山西粮食产销衔接会、吕梁市小杂粮推介会和第三届汾州核桃文化节。出台支持农业龙头企业贷款贴息办法，全市农产品加工企业发展到300余家，已认定各级农业产业化龙头企业41个。农产品加工企业实现销售收入20.1亿元。落实“8+2”农业产业化振兴三年计划，完成食用菌入户100万棒；种植绿色谷子666.7公顷，规模以上设施蔬菜园区推广新技术新品种33.3公顷。

精准扶贫首战首胜。落实“六个精准”和“五个一批”要求，专项安排脱贫攻坚财政资金1000万元，坚持做到因村因户施策、精准扶贫脱贫，落实了核桃林提质增效、高灌提水、湖羊养殖等产业项目。全市1536户、3922人和8个贫困村稳定脱贫。按照吕梁市委、市政府统一安排，派出80名机关党员干部分赴石楼县、兴县担任村第一书记，从项目、资金、人才、技术、管理等9个方面对石楼县进行结对帮扶。

社会事业全面进步。设立改善城市人居环境投资基金。新建给排水、气、热管网36.8千米。完成562公顷管灌节水工程。启动307国道改线、汾屯公路改线和两条旅游公路建设。铺开汾阳中学古建筑群修缮、府学街小学改造和南薰小学扩轨、青少年活动中心等教育基础设施建设项目。市文化馆被评为“国家一级馆”。成功创建省社会主义新农村建设档案工作示范市，市档案馆通过省三级档案馆考评验收。申报美丽宜居省级示范村1个、市级示范村3个。

（汾阳市人民政府办公室）

# 文 水 县

**【自然概况】** 文水县位于山西省中部、太原盆地西缘、吕梁山脉东麓，地处太原、晋中、吕梁三市交会点，距省会太原76千米，是一代女皇武则天的故里、女英雄刘胡兰的家乡。全县东西长72千米，南北宽30千米，总面积1068.57平方千米，辖7镇5乡1个办事处、199个行政村，耕地面积3.9万公顷。2016年末全县总人口45.1万人，其中农业人口33.66万人。

文水县地势西高东低，海拔落差1200米左右，有冲积平原区、基岩中山区、土石低山区、黄土丘陵区、山前倾斜平原区五种地貌类型。气候条件适中，属温带大陆性气候，平均降雨量457毫米、日照时间2254小时、气温10.4摄氏度、相对湿度63%、风速2.0米/秒。

境内资源丰富。有汾河、文峪河、磁窑河3条主河纵贯全境。煤、石灰岩、石英石、石膏等矿产资源储量丰富。有适合多种区域生产的树种、野生动物200余种、药材50余种。

历史人文悠久。有武则天纪念馆和梵安寺塔两处国家级文物保护单位、全国爱国主义教育基地刘胡兰纪念馆以及隐唐洞、东岩禅寺、狄青庙、石永市楼等众多的古遗址、古建筑、文物古迹，刘胡兰村、北徐村、前周村、北辛店村被列入国家级传统古村落名录。

**【经济发展概况】** 2016年，全县地区生总值60亿元，比2015年增长4.9%；人均地区生产总值1.38万元，增长4.3%；一般公共预算收入2.1亿元，降低19.5%；农业总产值21.3亿元，增长1.4%；粮食总产量24.9万吨，增长2.6%；工业总产值115.7亿元，增长2.3%；工业增加值30.7亿元，增长7.3%；社会消费品零售总额20.3亿元，增长7.9%；城镇居民人均可支配收入19695元，增长6.8%；农村居民人均可支配收入9050元，增长7%。

工业企业发展朝气蓬勃。依托省级经济开发区——山西文水经济开发区，先后引进的山西国金电力有限公司2×350兆瓦低热值煤发电项目和固废综合利用项目，为推动直供电交易提供便利和保障。晋能清洁能源科技有限公司太阳能电池及组件项目，在全省，乃至全国都处于领先地位，跻身全球前5%最具技术和成本竞争力的生产能力，获得了国家光伏行业首批“领跑者”认证证书，并带动山西兴宇机械设备制造有限公司实现产业成功转型。

农业产业化优势显现活力。文水县是吕梁市乃至全省的农业大县、畜牧大县，是全国商品粮基地县和瘦肉型猪生产基地县、全省养鸡重点县和养牛先进县。先后被确定为全国（特色农业）服务业综合改革试点县、全国特色农业服务业综合改革典型示范县、国家支持返乡创业试点地区和全省现代农业示范县、小型农田水利建设重点县、秸秆综合利用试点县。拥有省级农业科技园区1个，国家级龙头企业3户、省级龙头企业11户、市级龙头企业15户，各类农业合作社1029个。大象农牧集团为全省首家销售收入百亿级农业龙头企业，胡兰食品“牧标”牛排荣获“中国最具价值牛排品牌”和“中国牛肉领袖品牌”。现已基本形成优质农作物、梨果基地、设施蔬菜、葡萄种植、大牲畜养殖、农副产品加工六大名特优农产品生产基地。

服务业发展后劲足。推进苍儿会生态旅游开发建设，苍儿会生态旅游景区被评为国家3A级景区、中国最美休闲胜地、国家级森林公园、国家级休闲农业示范基地和省级休闲度假区、山西百佳休闲旅游产品、省高尔夫训练基地。世泰湖景区被评为全国休闲农业乡村旅游示范点、全国休闲渔业示范基地、省级休闲旅游度假区、省级水利风景区、省级湿地公园。全面实施“互联网+流通”行动计划，与阿里巴巴签订“农村淘宝”项目合作协议，县电子商务创业园正式运营，入驻企业达到20家，成为全省首家“阿里巴巴3.0标准示范县”。

高度关注民生事业发展。认真落实产业扶贫、教育扶贫、医疗扶贫、社会兜底等扶贫措施，依托农业产业化龙头企业创新开展了产业分红脱贫，共减贫2350人、退出贫困村4个。优先发展教育，顺利通过了教育部对该县义务教育均衡发展验收，新文水中学建成投入运行，文水二中恢复办学。推进医药卫生体制改革，乡村签约医生惠及群众，新建县医院投入使用。

（文水县人民政府办公室）

## 交 城 县

**【自然概况】** 交城地处山西省中部、晋中盆地西缘，是吕梁的东大门、太原的近郊县。307国道及大运、太离、夏汾高速公路、太中银铁路纵横交错，交通十分便利。全县辖6镇4乡、150个行政村，面积1822.11平方千米，2016年末总人口23.7万人。

交城县气候特殊。山区是温带大陆性气候，边山及平川属暖温带大陆性气候，全年日照时数2741.8小时。平川及边山年均气温10.5℃，无霜期165天；山区年均气温7～10.3℃，无霜期90～120天。年均降水465.2毫米。

交城县资源丰富。已探明蕴藏矿产资源30余种，依托2#配焦煤、低硫低磷铁矿等资源优势，铸造、冶炼、煤炭、机械、化工、建材等产业发展潜力极大。森林草场资源丰富，全县森林面积10.6万公顷，牧坡草地约7.3万公顷，森林覆盖率面积达57%，林木覆盖率达70%，是山西省第二大林业县，全国重点生态保护地区。水资源充沛，全县水资源贮量2.4亿立方米。境内孝文山海拔2830.7米，是华北第二大高峰。

**【经济发展概况】** 2016年，全县地区生产总值52.9亿元，比2015年增长4.1%；人均地区生产总值2.24万元；工业总产量108.3亿元，增长4.67%；公共财政收入4.11亿元，增长7.9%；社会消费品零售总额18.05亿元，增长7.6%；农林牧渔业总产值5.99亿元，增长7.7%；粮食总产量4.43万吨，增长8.44%；城镇常住居民人均可支配收入19751元，增长5.7%；农村常住居民人均可支配收入8763元，增长6.4%。

招商引资成效显著。提出了“一大三新”（大数据、新能源、新材料、新型化工）转型招商方向，引进投资7.9亿元的中交网通高速数据中心项目、投资18亿元的华气东成高变质无烟煤清洁高效利用项目、投资9亿元的中晶环保年产1000万方新型绿色建材产业园项目成功落地。明科光电、云顶山风电、湘电古冶等一批新能源项目获得省核准。国家级全域旅游示范县、国家级新型城镇化试点县、省级休闲农业和乡村旅游示范县成功获批，带动一批旅游业、餐饮业、物流业等三产快速发展，三次产业结构进一步优化，呈现出齐头并进、协调有序、融合发展的全新局面。

金融创新成功起步。汾河流域磁窑河、瓦窑河生态治理项目被财政部、省财政厅列为国家第三批PPP示范项目，争取国家专项基金1.3亿元。成立了正达资产等3家县级融资平台，成功为山医大一院交城分院项目担保贷款3亿元、为城市棚户区改造项目担保贷款2.95亿元，资金已全部到位。开展“助保贷”金融业务，为9户小微企业担保贷款5035万元。中小企业担保公司改制完成，注册资金扩大到5000万元，可为全县企业担保贷款3亿元。制定出台了新三板上市奖励政策，新元太在新三板成功挂牌。

城乡建设一体化推进。北环路改造工程、沙河西街延伸工程建成通车，磁窑河、瓦窑河治理工程奠基开工，龙门供水工程、旮旯水电站、世行贷款节水灌溉项目、小型农田水利重点县项目基本完工。完成县乡公路改造75.6千米、农村安全饮水工程23个、农网升级改造项目37个。61辆新能源电动公交车投入运营，基础设施保障能力大幅提升。梁家庄、成村、阳渠棚户区改造进展顺利。农村危房改造400户。全县爱国卫生运动日活动深入开展，城乡环境卫生整治取得阶段性成果。

社会事业全面发展。职业中学整体搬迁，两所农村幼儿园改造工程投入使用。交城体育馆、交中篮球馆主体完工。山医大一院交城分院建设顺利推进。新建老年人日间照料中心10个。全面两孩政策顺利实施。新增城镇就业岗位2448个，转移农村劳动力3500人，完成护工护理培训700人，城镇登记失业率控制在3.3%。

脱贫攻坚首战告捷。全年8514名贫困人口顺利脱贫，易地扶贫605人全部搬迁。重抓产业扶贫，出台了农业发展、畜牧发展、旅游发展、农机补贴等一系列产业扶贫政策，布局了“县有龙头企业、乡有主导产业、村有合作社、户有致富项目”的“四有”产业扶贫框架，成功引进宝迪、新瑞利邦两个国家级龙头企业，带动催生了一批养殖业、农村合作社，2800名入股贫困人口受益，成为全市样板。移民搬迁顺利推进，天宁镇梁家庄村集中移民安置一期工程顺利开工，夏家营敬老院集中供养安置五保户一期工程如期完工。生态扶贫成效显著，成立以贫困户为主体的经济合作社21个，完成造林绿化1686.7公顷，栽植各类苗木320万株，带动1300名贫困人口脱贫。加大财政投入，统筹各类资金

9475万元，集中用于贫困乡村基础设施、产业扶贫重点和试点项目，扶贫工作的强势开展，带动了“三农”工作的有效推进。

（交城县人民政府办公室）

## 兴　县

**【自然概况】** 兴县位于山西省西北部、吕梁市北端，东邻岚县、岢岚，南连临县、方山，北倚保德县，西隔黄河与陕西省神木县隔河相望，县域面积3168平方千米，是山西省版图最大的县。辖7镇10乡、376个行政村。2016年，全县总人口30.68万人。

兴县属北温带大陆性气候，四季分明，气温偏低，年平均温度8℃，无霜期120至170天，年均降雨量532毫米。森林面积6.05万公顷，森林覆盖率19.1%。全县已探明的矿种有煤炭、铝土矿、铁矿、硅、煤层气、石墨等23种，其中煤炭储量461.54亿吨，储煤面积约2000平方千米，是河东煤田的重要组成部分。铝土矿探明储量1.86亿吨，远景储量大于5亿吨，分布面积254平方千米，是全省五大铝土矿区之一。

**【经济发展概况】** 2016年，全县地区生产总值60.45亿元，比2015年增长3.8%；人均地区生产总值2.09万元，增长3.1%；一般公共预算收入7.12亿元，增长12.48%；农林牧渔业总产值6.19亿元，增长10.1%；粮食总产量10.12万吨，增长115.6%；规模以上工业总产值104.27亿元，增长3.5%；社会消费品零售总额14.75亿元，增长6.9%；城镇居民人均可支配收入19061元，增长5.2%；农村居民人均可支配收入4006元，增长6.3%。

重点项目稳步推进。兴县肖家洼专用线铺架完成；山西豫能兴鹤铁路联运有限公司兴县铁路煤炭集运专用线开工建设；华电锦兴兴县2×35万千瓦低热值煤发电项目前期手续办结；中铝山西铝循环产业吕梁基地氧化铝项目建成投产；山西吕梁轻合金科技循环产业基地一期50万吨/年电解铝项目开工建设；山西吕梁轻合金科技循环产业基地2×660千瓦自备电厂正办理前期手续；北蔡线Ⅱ接蔚汾220千伏站110千瓦线路投入运营；城西35千伏输变电工程完成70%。

农业产业持续壮大。按照市委、市政府“8+2”农业产业化发展要求，结合县域实际，科学规划，合理布局，着力打造三大产业带，即东部冷凉区4乡马铃薯、食用菌种植和绒山羊养殖产业带，西部沿黄5乡镇小杂粮产业带，中部8乡镇小杂粮、食用菌、生猪、设施蔬菜产业带。

社会事业全面发展。教育方面，在认真落实国家政策的基础上，县财政加大投入力度，对建档立卡贫困家庭在各教育阶段的学生予以资助。卫生方面，2016年人民医院新建项目建设过半，乡级定点医疗机构住院补偿提高到90%，重大疾病补偿种类扩大到24种，全县城乡居民健康档案规范化建档完成91.65%，全县定点医院免收门诊挂号费，普通门诊补偿比例达到80%。水利方面，新建提水工程24处、饮水工程3处、沿黄提灌工程1处，完成河堤修筑130.48千米，河道整治20千米，水土流失治理129.5公顷。社会保障和救助方面，城镇职工基本养老保险参保1.02万人、基本医疗保险参保3.08万人，新型农村养老保险参保15.55万人，对37名失能五保老人集中供养，对全县126名孤儿进行救助，建成农村社区老年人日间照料中心22所。就业方面，城镇新增就业1985人，转移农村劳动力就业2790人，创业带动就业447人，城镇失业人员再就业647人，各类职业培训5308人，城镇登记失业率控制在4.2%以内。基础设施建设方面，新建和改造城市道路11.5千米、供水管网6.7千米、雨水管网10.2千米，生活垃圾无害化处理率、污水处理率均达到100%；建成区绿化覆盖率32.8%，供水普及率99%，人均城市道路面积14.15平方米，集中供热普及率68.5%，燃气普及率77.1%；完成危房改造400套、保障性住房570套。

精准扶贫成效显著。培育小杂粮、经济林、光伏、家政服务、食用菌、畜牧养殖、设施蔬菜、农产品加工、乡村旅游、电子商务“十大富民产业”。全年实现40个贫困村摘帽、1.3万人脱贫。

（兴县人民政府办公室）

## 临　县

**【自然概况】** 临县位于晋陕黄河峡谷中部、吕梁山西侧，北靠兴县，东连方山，南接离石、柳林，西濒黄河与陕西佳县、吴堡相望。县域总面积2979平方千米，辖23个乡镇、631个行政村，2016年末总人口65.35万人，是国定贫困县。临县资源丰富。临县红枣栽植面积达5.47万公顷，正常年景产量18万吨，被誉为“中国红枣之乡”。矿产资源以煤炭为最，含煤面积占全县总面积的86%，储量311.75亿吨；煤层气探明储量4000亿立方米。碛口古镇是“国家级风景名胜区”“全国历史文化名镇”，西湾村是首批“全国历史文化名村”，整个景区集黄河风情、晋商文化、革命遗迹、明清建筑于一体，被国内外知名专家、学者誉为“世上珍奇、人间瑰宝”。紫金山、汉高山、正觉寺“十二连城”均为罕见的自然奇观。三交义居寺，岐道善庆寺、克虎宝珠山、白文阳坡水库等，极具旅游开发价值。

【经济发展概况】 2016年，全县地区生产总值41.72亿元，比2015年增长9.7%，人均地区生产总值6383元；一般公共预算收入4.02亿元，增长15.98%；农林牧渔业总产值12.1亿元，增长7.4%；粮食总产量15.53万吨，增长169.69%；工业总产值24.08亿元，增长16.49%；规模以上工业增加值9.58亿元，增长15.2%；社会消费品零售总额41.96亿元，增长7.1%；城镇居民人均可支配收入16169元，增长6.5%；农民人均纯收入4446元，增长6.9%。

千方百计稳定经济增长。大项目建设持续发力，全年确定重点项目99个，总投资715亿元，完成投资68亿元，重点工程“六位一体”排名全市第二。农业产业化进程加快，全年粮食作物播种面积7.87万公顷，粮食总产量13.5万吨。实施农产品加工龙头企业“513”工程，企业销售收入2.68亿元，风味小吃销售收入6680万元。文化旅游业加快发展，实施了李家山生态农庄、寨则山休闲度假村等旅游龙头项目，建成了民俗博物馆、古兵器博物馆、地质博物馆，对中央后委、中共中央西北局、陕甘宁晋绥联防军旧址进行了修缮。成功举办中国·碛口首届“枣儿红了”红枣旅游文化节和央视《美丽中国唱起来》吕梁专场，碛口古镇的知名度和影响力进一步扩大。

持续增进人民群众福祉。城镇新增就业3100人，创业就业500人。新建、改扩建幼儿园6所。成功创建国家级计划生育优质服务先进县、省级妇幼健康优质服务先进县。新建县人民医院投入使用。新建20所老年人日间照料中心、7所老年人活动中心。完成农村危房改造2400户，建成保障性住房130套。生态环境进一步改善，完成造林绿化4086.7公顷。实施6乡镇1449户采煤沉陷区治理项目。深入推进乡村清洁工程，开展了美丽宜居示范村创建活动。基础设施逐步完善，完成7处应急供水工程、7条县乡道路安全生命防护工程。农机花园等3个小区实现燃气集中供热。

夺取脱贫攻坚首战首胜。全年实现86个贫困村退出、3万贫困人口脱贫。以土地流转为突破口，投入1600万元实施了红枣、核桃经济林提质增效4666.7公顷。采取农光互补、牧光互补等模式，实施光伏电站16.1兆瓦，朝阳农牧、南圪垛等光伏电站在全市率先并网发电。依托白文职业技校，开展订单式护工护理培训，累计培训1869人、就业820人。易地移民搬迁扎实推进，争取到国开行扶贫搬迁贷款5040万元，落实安置任务1698户5200人。农业产业扶贫成效明显，投入1000万元推进舍饲养羊基地县建设，投入1800万元实施了绿色马铃薯1333.3公顷、食用菌500万棒、绿色杂粮666.7公顷、中药材666.7公顷。探索资产收益扶贫模式，组建造林合作社165个。实施金融富民工程，累计发放扶贫小额贷款2200余万元。被评为山西保险业精准扶贫示范县、商务部电子商务进农村综合示范县。全面落实教育扶贫6项政策、民政扶贫10项政策，全年发放各类民政救助资金1.5亿元，惠及困难群众10.54万人。把贫困人口纳入大病医疗补充保险、人身意外伤害保险，给予贫困人口合作医疗保费补贴，实行乡镇中医馆对贫困人口“零付费”医疗服务，健康扶贫取得实效。建立精准扶贫脱贫工作新机制，县乡村分别成立了脱贫攻坚指挥部、脱贫工作站、脱贫工作室，实行“一册一平台”、挂图作战和痕迹管理。开展“干部帮扶千人进万户”活动。出台《涉农资金统筹整合实施方案》及《管理办法》，整合1.24亿财政扶贫资金发展精准脱贫产业，配套完善了脱贫村基础设施和公共服务。

（临县人民政府办公室）

# 柳林县

【自然概况】 柳林县东依吕梁山、西俯黄河水，是山西的西大门。全县面积1288平方千米，辖8镇7乡、257个行政村，2016年末常住人口34.2万人。柳林县是全国优质主焦煤生产基地，境内探明储量76亿吨，远景储量100亿吨；境内煤层气、铝矾土、石灰岩、石膏等资源蕴藏丰富。煤炭产业是柳林县支柱产业，煤层气产业、铝工业、建材产业正成为县域经济转型新的支撑。柳林县是全国产枣大县，境内有1.9万公顷红枣林、1.4万公顷核桃林，柳林碗团、芝麻饼、小杂粮等特色农产品闻名遐迩，成为促进农民增收的主导产业。柳林县是华北通往大西北的交通枢纽，307国道、青银高速、太中银铁路、中南铁路途径柳林，沿黄干线公路、沿黄旅游公路纵贯县境。

【经济发展概况】 2016年，全县地区生产总值121.8亿元，比2015年增长5.3%；规模以上工业增加值77.78亿元，增长8.3%；财政总收入31.27亿元，下降5.8%；公共财政收入10.7亿元，下降2.9%。全县农作物种植面积2.48万公顷，全年粮食总产量4.68万吨；原煤产量2197.8万吨，下降4.4%；县属企业洗精煤产量1657.7万吨，增长22.1%。固定资产投资164.87亿元，其中民间投资比重58%；社会消费品零售总额37.97亿元，增长6.3%；服务业增加值40.7亿元，增长5.3%；城镇与农村常住居民人均可支配收入分别为28415元、10583元，分别增长5.1%、6.1%。

新兴产业曙光初现。依托铝土矿资源优势和氧化铝生产基础，与民营铝加工企业河南明泰铝业上市集团对接洽谈，推进铝系产业发展壮大。发挥李家湾光电子产业园区优势，推动高科技项目引进落地，园区内卫星通信楼装修已完成，卫星地面测控站投入运行；与北京理工大学初步达成在柳林设立博士工作站就煤矿井下智能化技术进行合作研发意向。抓好以铁路集运站为支撑的现代物流体系建设，孟门战略装车点形成800万吨运力，王家会集运站近期接轨。煤层气产业不断壮大，全年煤层气勘探开发投资10亿元，开采井527口、日产量20万立方米。京东商城柳林特色馆成功上线，拓宽了柳林红枣、核桃、碗团、芝麻饼等特色产品的销售渠道。

各项事业稳步发展。城乡建设方面：向省农发行争取贷款5.6亿元，对651户棚改拆迁户进行货币化安置；热电联产、307国道城区段改线、新医院建设项目进展顺利；完成采煤沉陷区治理828户、地质灾害治理搬迁35户、农村危房改造1400户、易地搬迁75户200人；完成农村饮水安全工程16处，解决了16个村8700人60头大畜饮水安全；完成造林绿化3053公顷，其中城区可见山体绿化66.7公顷。社会事业方面：义务教育均衡发展通过国家评估验收；投资474万元完成两所农村幼儿园改扩建和6所城区学校厕所改造。完善大病医疗救助"一站式"服务，全部药物零差价销售；政策范围内住院费用报销比例保持80%以上，新农合住院补偿封顶线18万元；新建村卫生室28所，改建30所，基层医疗卫生服务能力得到提高。长篇小说《下柳林》获山西文学最高奖赵树理文学奖，电影《下柳林》首映式在太原举行。注重保障基本民生支出，城市低保和农村低保救助标准平均每人每年提高240元，分别为5220元、3684元；五保老人集中供养和分散供养标准各提高300元，分别为6700元、4900元；完成4所敬老院消防安全改造和13个农村老年人日间照料中心建设；继续实行全民意外伤害保险、红枣保险、玉米保险、免费公交、高中教育免学费等惠民政策，各项社会保障实现应保尽保。

脱贫攻坚首战告捷。县财政统筹整合各类专项扶贫资金5427万元，用于14个贫困村的基础设施和公共服务。完成经济林提质增效2467公顷，扶持16个"一村一品"专业村发展绿色谷子333公顷、食用菌80万棒、中药材224公顷、规模养殖户20户，肉驴、生猪养殖和香菇种植等产业扎实起步。县财政向县农信社、邮储银行注入580万元风险补偿金，县人行争取2亿元扶贫再贷款，全年累计发放扶贫小额贷款和产业贷款8941万元，惠及贫困人口1487人。全县39家规模以上企业结对帮扶39个贫困村，解决贫困户劳动力就业545人。驻村工作队、第一书记、包村干部"三支队伍"挂图作战，农委、经信、教育、民政、卫生等部门全程指导，帮扶工作取得明显成效。2016年，全县共有14个贫困村2562户7482名贫困人口实现脱贫。

（柳林县人民政府办公室）

# 石 楼 县

**【自然概况】** 石楼位于山西省中西部，东依吕梁山，西濒黄河水，与陕西省清涧县相望。全县总面积1808平方千米，最高海拔2051米，最低海拔567米，耕地面积3.3万公顷。现辖4镇5乡、134个行政村。属暖温带大陆性季风气候，年平均降水量464.9毫米，平均气温10.0℃，平均无霜期202天。石楼历史悠久，早在新石器时代就有人类生存，殷商为沚国域，春秋为晋国属邑，汉置土军县，隋开皇十八年（公元598年）因县境东部通天山"石叠如楼"而得名。2016年末全县总人口11.57万人，其中贫困人口2.87万人。

**【经济发展概况】** 2016年，县域地区生产总值8.7亿元，比2015年增长10.5%，人均地区生产总值7519元；一般公共预算收入2876万元，下降30.5%；农牧渔业总产值4.32亿元；粮食总产量7.09万吨；工业生产总值8779.8万元，规模以上工业企业增加值1106万元，增长10.8%；固定资产投资14.6亿元，增长21.9%；社会消费品零售总额3.07亿元，增长6.6%；城镇居民人均可支配收入1.3万元，增长5%；农民人均可支配收入2877元，增长5.5%。

农业生产发展良好。大力推动以红枣、核桃为主导产业，以小杂粮、畜牧、食用菌、中药材、设施蔬菜等为辅助产业的"二主多辅"产业，2016年，红枣产量2万吨，核桃0.5万吨，新发展绿色谷子1000公顷、食用菌200万棒、中药材333.3公顷、油用牡丹333.3公顷。实现了有机产品发展的新突破，106.7公顷红枣、小米获得国家有机产品转换认证。全年共打造20多个沟域经济示范典型，辐射带动治理105条沟道。

重点项目积极推进。全面推动以"一气三电"（即天然气、风电、光电、生物质发电）为重点的项目建设，2016年开工建设45个，完工21个，完成投资11.54亿元。特别是天然气集气站项目顺利推进，2×60兆瓦天然气发电项目完成初步可研，光伏发电、风力发电、火车站站前广场等一批重点项目的征地拆迁和手续办理等前期工作加快推进，为全县经济转型跨越发展打下坚实基础。

基础设施不断完善。城区市政建设以提升公共服务功能为重点，完成了延安街地下管网改造、东征文化广场、南城初中天桥等工程，实施了火车站站前广场大桥、王村改河、鼓楼街棚户区改造、垃圾无害化处理厂等工程。乡镇基础设施建设以改善群众生产生活条件为重点，完成了37处安全饮水、65处农村电网改造、3条县级公路路基和15条农村公路提升等工程，完善通信基站165个，开工建设了双石线升级改造工程。特别是石汾高速签订了框架协议，迈出了具有里程碑意义的一步。

民生事业持续改善。教育事业稳步发展。东城九年一贯制学校主体竣工，南城初中迁建和西河湾幼儿园工程有序铺开。卫计事业加快发展。县医院住院大楼、县中医院具备使用条件。新农合参合率稳定在95%以上，公共卫生管理服务深入开展，二孩政策全面落实。社会保障不断加强。转移农村劳动力1800余人，兑现社保救助资金3245万元，1.3万农民享受农村低保，首批400套廉租房落实到户。

脱贫攻坚首战首胜。整合资金2.84亿元，大力推进12项脱贫行动，全县17个行政村7300名贫困人口率先跨过贫困线。产业扶贫投入2100万元激励贫困户发展脱贫产业，扶贫移民结合“去库存”安置588户2900人，护理护工培训3400人，生态脱贫902人，电商扶贫辐射带动500余户，教育、健康、社保等扶贫政策全部兑现到户。特别是该县启动了总投资5.2亿元的“金鸡计划”“银狐计划”“善农计划”三大产业扶贫计划，为脱贫攻坚增添了新动力。

（石楼县人民政府办公室）

# 交口县

**【自然概况】** 交口县位于山西省中部西侧、吕梁山脉中段，全县总面积1259.92平方千米，辖4镇3乡、95个行政村、381个自然村，2016年末总人口12.32万。

交口县处于中纬度地带，属中温带大陆性气候区。年均气温6.7℃，年均降水量618毫米，森林覆盖率33.8%，林木绿化率56.6%，居全省前列。是全国沙棘、汾州核桃和晋西小杂粮的主产区之一。

地下各类矿产资源较为丰富，主要有煤、硫、铁、铝、石灰岩、白云岩、耐火黏土等14种，且分布广、埋藏浅、易开采，尤以铝、镁资源开发潜力较大。

全县文物古迹众多，拥有云梦山、千佛寺、韩极石牌坊、金代大铁钟、红军东征总指挥部旧址、幸福泉、吴家大院等自然人文景观，在发展生态休闲旅游方面极具开发价值。

**【经济发展概况】** 2016年，全县地区生产总值35.72亿元，规模以上工业增加值26.90亿元，社会消费品零售总额7.67亿元，全社会固定资产投资63.84亿元，县级公共财政收入4.63亿元，城镇居民人均可支配收入18292元，农村居民人均可支配收入6829元。

产业转型升级成效显著。围绕“煤电铝材”一体化发展，进一步优化产业布局，扩大招商引资，积极推动科技创新和产业转型升级，引领县域经济向质量更高、效益更好、更可持续的“新常态”发展。信发氧化铝改造提质，实现年产能300万吨；中铝兴华科技二期55万吨特种氢氧化铝项目开工建设；道尔铝业200万吨低品位铝矾土深加工项目有序推进。积极推进500万吨煤炭产能重组，引导发展现代煤化工和装备制造业。积极推进省级经济开发区设立，全县产业整体素质得到提升，集聚效应逐步显现，核心竞争力不断增强。

农业产业发展蓬勃向上。集中力量强“三农”，持续推进“5+2”农业产业化发展。食用菌产业种植规模达到1200万棒；实施核桃林提质增效工程；百世食安生态农业示范园区一期10万头生猪养殖项目已建成投运；对接东阿阿胶集团，建成桃红坡镇红焰、卜家庄村两个养驴基地并部分投入运营；与山西新大象集团签订50万头生猪基地建设协议，部分项目完成“三通一平”，可稳定增加群众资产性收益。

基础设施建设稳步推进。围绕“五城联创”目标，整合打包PPP项目9个，争取农发行棚改贷款2.85亿元，持续推动城乡基础建设。实施国道209线广武庄、石口路段改造工程；县城区西环路工程变更路线方案报省公路局待批复；积极推动西纵高速列入国家高速路网规划，汾石高速签订合作意向；引黄小水网配套供水工程与山西水投公司签约。大力推进市政建设，棚户区改造、地下综合管廊、城区可视山体绿化等一批市政项目全面铺开，吕梁学院交口实习实训基地、二广场迎宾南苑北苑回迁安置房、东征文化广场建设项目基本完工，职业中学搬迁入驻。巩固省级卫生县城创建，市级文明和谐县城申报评审通过。

生态建设取得积极成效。高度重视生态建设，完成造林绿化2060公顷、水土流失治理2206.7公顷，土地复垦治理205.3公顷。开展环境违法项目专项治理、大气污染专项治理和“铁腕治污”行动，区域环境质量明显改善。

民生保障水平逐步提高。进一步加大民生投入，财政用于民生事业的支出占总支出的79%。开展教育大调研，研究出台《全面振兴教育事业的实施意见》。组织开展了校风、教风、学风“三风”集中整顿。全县义务教育基本均衡发展顺利通过国家评估验收。继续深化医药卫生体制改革和公立医院改革，创建新一轮国家级计划生育优质服务先进县。城乡居民社会养老保险、医疗保险完成并轨，实现各类人员就业5256人，贫困群众4个方面24项政策全面落实。建成交口县电子图书馆，不断丰富群众精神文化生活。

精准脱贫精准扶贫扎实推进。整合盘活涉农资金4000余万元，集中用于扶贫产业项目。桃红坡、双池两个乡镇率先整体脱贫，7个村摘帽，2294户、6500人稳定脱贫。食用菌产业种植规模达到1200万棒，带动贫困户1500余户，户均增收2万元以上。实施核桃林提质增效工程，农民年人均收入900元左右。坚持“治山治贫”结合，以贫困户为主体组建29个造林专业合作社，带动600余人参与，年人均收入8000元左右。以旺庄公司为试点，以点带面，实践探索形成“金融＋工业企业”等五种扶贫模式，撬动各类支农贷款2.1亿元，全市金融扶贫现场会在交口县召开。

（交口县人民政府办公室）

# 方　山　县

**【自然概况】** 方山县位于山西省西部、吕梁山西麓腹地，县域面积1434.1平方千米，耕地面积2.33万公顷，辖5镇2乡、169个行政村，2016年末总人口14.75万人，农业人口11.7万人。全县南北长62千米，东西宽46千米，整体地势为两山夹一川，由东北向西南倾斜狭长分布，属黄土丘陵沟壑区。境内平均海拔1300米，最高点为孝文山主峰海拔2831米，最低点为大武镇武回庄河滩海拔987米。年平均气温8.7℃，年降水量440～650毫米，无霜期90～180天，森林覆盖率41％，有4个省直国有林场。水资源总量1.09亿立方米，是吕梁市的饮用水水源地。矿产资源品种少、储量小，有煤、铁、陶瓷土等。主要农作物有玉米、土豆、小杂粮等。野生中药材有柴胡、党参、黄芪等，是山西省“十三五”期间13个中药材生产重点县之一、28个中药材产业规划县之一。旅游资源有国家4A级景区北武当山、省级风景名胜区南阳沟、廉吏于成龙故居、清代张家塔民居、西晋左国城遗址等28处可供开发的景点景区。境内209国道、太佳高速、吕临铁路、吕梁大武机场初步形成了立体交通网络。

**【经济发展概况】** 2016年，全县地区生产总值24.09亿元，规模以上工业增加值12.89亿元，固定资产投资24.68亿元，社会消费品零售总额9.11亿元，财政总收入7.52亿元，一般公共预算收入3.14亿元，城乡居民人均可支配收入分别为19087元、4142元。

转型升级步伐加快。凯川煤业、瑞隆煤业、新星煤业均被评为先进产能矿井和省一级安全质量标准化矿井；国电马坊48兆瓦风电项目一期工程并网试运行；远景风电项目数据测试基本完成；晋能35兆瓦、中金国泰13.53兆瓦光伏发电项目完成选址和立项备案；马坊10兆瓦光伏发电农业综合项目备案。旅游总体规划编制基本完成；与山西晋旅投资公司初步达成北武当山开发合作意向，为旅游产业发展奠定了良好基础。引进重庆恒都、山西国新晋药、北京仟亿达、中金国泰、深圳中苋、呼和浩特福利、北京惠丰清轩等一批国企、名企，多数合作项目正在积极推进。

基础设施建设力度大。按照“多规合一”的思路，启动县城总体规划、全县产业规划和城区控制性详细规划修编工作，城区规划面积由5.6平方千米扩展到12平方千米。吕梁新区建设累计完成拆迁4305户、59万平方米，建成6个安置区3719套安置房，目前已全部分房到户。方正北街、商贸区道路改造工程基本完工，瓦窑河治理工程完成蓄水，车道崖35千伏变电站投入运行。医疗园区、便民服务中心、易地移民搬迁安置区、积翠公园改扩建、县城棚户区改造、城东路网、东山万亩山楂园、凤凰公园、北川河综合治理等城区重点项目前期手续全部办结。深化城市管理体制改革，城区集中供热、环卫清洁、绿色公交实现市场化运营。新建换热站两个，新增供热面积13.5万平方米；10辆新能源公交车、70辆出租车投入运营。加大执法监督力度，违法占地、乱修乱建基本遏制。交通、水利、电力等基础设施建设全面推进，发展基础进一步夯实。

教育投入连续增长。全面整顿教育秩序，义务教育均衡发展顺利通过国务院验收，教育人事体制改革试点工作稳步推进，完成了全县中小学及幼儿园的核岗定编工作，基本完成了校级领导全员竞聘工作。对高中运行体制进行改革，将6个宏志班划归新成立的方山高中并实行委托管理。新高中一期主体工程基本完成，二期项目全部启动。

脱贫攻坚成效显著。与山西国新晋药、重庆恒都集团合作，解决了中药材、肉牛两大农业主导的市场问题和销售问题；争取并落实68.15兆瓦光伏扶贫指标，按“三统一”模式，投运11个村级分布式光伏电站，基本建成全省最大的刘家庄18兆瓦村级集中式光伏电站；新开工建设圪洞、峪口、大武三个集中移民安置区，省、市易地移民搬迁现场会在方山县顺利召开；低保、医保、救助、教育等24项政策全部提标到位，全县1.39万户1.6万名贫困人口实现应保尽保。探索形成“工程扶贫”“造林专业合作社＋贫困户”“护林管护＋贫困户”等生态扶贫和“桥沟模式”“大象模式”“后则沟模式"等资产性收益新模式。

（方山县人民政府办公室）

# 中 阳 县

**【自然概况】** 中阳，因"河之阳兮川之中"而得名，地处山西省西部、吕梁山脉中断西麓，系国家重点扶贫开发县。全县辖5镇2乡、100个村（居）委，县域面积1441.4平方千米，2016年末总人口15.5万人，其中农业人口10.1万人。

中阳历史悠久，春秋属晋，战国设邑，西汉置县，至今已有2200余年的发展历史。文化底蕴厚重，保留秦汉遗风的中阳剪纸为首批国家级非物质文化遗产，被命名为全国"剪纸艺术之乡"。物产资源丰富，有300多种中草药材和上百种野生动物，有煤、铁、铝矾土、石英等20多种矿产资源。生态环境良好，森林覆盖率47%，是省政府命名的"林业生态县"。

**【经济发展概况】** 2016年，全县地区生产总值45.03亿元，比2015年增长3.5%；规模以上工业增加值29.7亿元，增长2.6%；固定资产投资64.75亿元，增长－3.6%；一般公共预算收入3.76亿元，增长－10.5%；社会消费品零售总额13.21亿元，增长7.4%；城镇居民人均可支配收入20187元，增长6.3%；农村居民人均可支配收入6208元，增长7.2%。

产业建设稳步推进。一产方面：以"321"农业产业化为抓手，大力发展特色种养业。全县1.33万公顷核桃中，5333.3公顷进入初果期、4666.7公顷进入盛果期，核桃产量0.6万吨，农民人均收入近1000元。发挥畜牧龙头企业辐射带动作用，全县标准化畜禽养殖场达到40个，畜禽存栏55万头（只），实现产值2亿元。二产方面：县级领导包联项目、党政干部入企服务，助推企业脱困发展；组织两次政银企对接活动，促成贷款意向45.14亿元。全县新增投产煤矿1对，煤炭产量635万吨，实现税收2.2亿元。钢材产量269万吨，其中特钢产量占到16%，中钢集团创税1.75亿元。中钰热电3×13.5万千瓦热电联产项目环评获批，华润风电具备开工条件，东旭光伏发电进入最后审批阶段。总投资300亿元的铝工业循环经济一体化项目与杭州鼎胜集团成功签约，工业支撑经济增长的主导性作用明显增强。三产方面：借助北航帮扶东风，建立了"一中心三平台"电商体系，成立了该县首家高新技术企业（吕梁市润德电子信息公司）。柏洼山4A景区文庙大成殿地基工程完工。商贸、物流、金融、建筑等健康发展，服务业增加值15.5亿元，占全县地区生产总值的33.6%。

城乡建设扎实推进。桥坡底棚改拆迁取得重大进展，拆除24户，一期正在装饰，二期地基成型；府南一期554套入住，二期主体封顶；雷家沟棚户区道路配套工程竣工通车。金罗采煤沉陷区治理搬迁项目快速推进，280套具备入住条件、900套正在装修、828套主体完工。农村危房改造465户。玉洁污水处理厂投入运行，生活垃圾卫生填埋场基本建成。城区集中供热完成体制改革，有效解决了热源不足、管理不顺的问题。30辆新能源公交集体"上岗"。东山过境公路控制性工程先导试验段开工建设；万吴线路基全线贯通；336千米农村公路纳入"十三五"规划，部分工程实质性启动。新建抗旱应急工程4处、农村安全饮水工程10处，完成城网、农网和5座变电站改造。

民生事业持续改善。全县民生支出10.06亿元，占公共预算支出的83.4%。优先发展教育，雷家沟、钢城、金罗3所幼儿园新建改建工程基本完工，义务教育均衡发展顺利通过国家评估认定，"全面改薄"工程全部完成。繁荣文化事业，"两馆一站"继续免费开放，送戏曲、送歌舞、送春联、送书籍下乡活动获得群众"点赞"，书法、剪纸、摄影、长跑等文体活动有声有色，群众精神文化生活日益丰富。加快发展医疗卫生事业，50个病种纳入分级诊疗，与山大一院、二院和太原市中心医院建立了医疗联合体，进一步缓解了看病难、看病贵的问题。积极开展就业创业，城镇新增就业1650人，农村劳动力转移2905人。开发城市协管、卫生保洁、高校毕业生见习、护林员等公益性岗位412个，招录特岗教师27名。社会保障扩面提标，发放城乡低保金3211万元、五保供养金232.4万元；廉租房三期、四期626套分配到户，困难群众基本生活进一步得到保障。

脱贫攻坚首战告捷。构建了"四位一体、七个清楚、八个一批"的工作体系，"一册三卡一书一牌"入户上墙，扶贫政策措施落实兑现，做到了施策有力、成效精准、全程留痕。"光彩事业中阳行"达成意向投资62个、52.26亿元，捐款捐物总计2668.68万元，达成劳务输出意向1000余人，12家省级异地商会（联合会）结对帮扶12个贫困村。发放金融扶贫贷款近2000万元；834名贫困人口参加技能和创业培训，182人稳定就业；493户1802人通过易地扶贫搬迁实现安居梦，该县获得省级奖励100万元。对2.16万名建档立卡贫困人口每人补贴新农合个人缴费105元，缴纳大病补充险和人身意外险38元；1064名未纳入低保范围的特困人口，每人一次性救助1000元。2016年，全县共有1741户5064人稳定脱贫，郝家岭、南曲、下枣林3个贫困村整体脱贫。

（中阳县人民政府办公室）

# 岚　县

【自然概况】　岚县位于吕梁山北端、汾河上游，北靠岢岚，西接兴县，东邻静乐，南连娄烦、方山。全县辖4镇8乡1个城管委、167个行政村、336个自然村，总面积1512平方千米，2016年末总人口18万人，其中农业人口15.4万人。

岚县历史悠久。五、六千年前，岚县境内即有人类生息繁衍，春秋晋国建汾阳邑，北魏时期县境为秀容郡，明洪武年间定名岚县至今。岚县是世界著名生殖生理学家、“试管婴儿之父”张民觉的故乡。

岚县资源富集。境内矿产资源丰富，有煤、铁、石灰石、硅、铜、锰、大理石等20多种，煤铁资源尤为丰富。铁矿探明储量13.6亿吨，远景储量20亿吨。煤田总面积220平方千米，探明储量26.1亿吨，远景储量48亿吨，属优质动力煤，开发利用前景广阔。

岚县环境优美。平均海拔1415米，年平均气温6.9℃。夏日气候凉爽，绿色盈目，是理想的避暑胜地。2012年成功创建吕梁市第一个国家级卫生县城。2015年岚县荣膺“2015最美中国·绿色生态、休闲度假、民俗(民族)旅游目的地城市”称号。

岚县区位独特。距太原、忻州、吕梁三市均为100千米左右，国道209线、省道岚古线、忻黑线贯穿全境。太佳高速公路和即将建成通车的太兴铁路途经岚县，交通十分便捷。

岚县是革命老区。曾是晋西北革命中心，晋西北区党委、八路军120师司令部曾驻扎岚县，刘少奇、贺龙、关向应等老一辈革命家曾在岚县战斗生活。

【经济发展概况】　2016年，全县地区生产总值27.69亿元，比2015年增长1.9%；规模以上工业增加值15.8亿元，增长0.2%；固定资产投资39.95亿元，增长0.1%；全县公共财政收入3.25亿元，下降15.3%；城镇居民人均可支配收入18109元，增长6.6%；农村居民人均可支配收入4689元，增长7.3%；农林牧渔总产值4.06亿元，增长3.8%；粮食总产量6.5万吨，增长11%；工业总产值49.56亿元，下降1%。

以项目促转型，发展动能有效提升。积极推进太钢、正利、昌恒等重点企业强化管理、实施技改、降低成本、稳定生产。推动传统冶炼、铸造产业优化升级。实施了继亨30万吨精密铸造技改项目，20万吨矿棉项目一期建成投产。总投资25亿元的5个48兆瓦风电项目进展顺利，其中大唐阎家背和中电投河口、顺会三个项目已并网发电。新材料工业园区入驻的中磁浩源1200万只软磁芯生产线项目和绿缘景2万吨生物基复合材料生产线项目均投产达效。出台《岚县招商引资招才引智优惠政策》，与北京城投联盟、山西投资集团、山东双塔集团签订马铃薯产品集散市场及深加工合作项目，与华电山西能源有限公司签订总投资30亿元的10万千瓦光伏发电和25万千瓦风力发电项目，全年招商引资额159.5亿元。

以产业促增收，脱贫攻坚首战首胜。产业扶贫方面，全年共投入各类资金3110万元用于马铃薯产业，实施了“户有半亩微型薯保优种、户均1亩一级薯保增收，人均一亩绿色薯保脱贫”的扶持政策。成立了土豆主粮化研发推广中心，将108种土豆宴通过“互联网+”等方式推向市场，初步形成了“土豆种—土豆花—土豆—土豆饭”全产业链，仅马铃薯产业一项农民每人年增加收入近2000元，5000余人靠马铃薯产业实现脱贫。在第十四届中国国际粮油产品及设备技术展示交易会上，岚县马铃薯获得大会金奖。反映岚县土豆产业的电影《土豆花开了》在央视七套首映，岚县马铃薯知名度不断提高。同时，小杂粮、生态养殖、生态育苗、生态旅游等产业都有所发展，脱贫攻坚的产业基础进一步夯实。创新了合作式造林、购买式造林、购买式管护新机制，全年完成生态造林3666.7公顷。易地移民搬迁方面，集中规划土地9.3公顷，完成投资8400万元，870户3500名移民对象签订了搬迁协议。教育扶贫方面，完成新型职业农民培训1万余人次，完成护理护工培训620人，330人实现稳定就业。电商扶贫方面，建立了农产品电商基地10个，发展了198个农村电商体验店，农资、土豆、日用品等销售额累计达1859万元，有效解决了农产品销售问题。文化旅游产业扶贫方面，成功举办了第十届面塑文化艺术节、第十六届白龙山旅游文化节和中国·岚县“土豆花开了”旅游文化月活动，建成了15个农家乐示范户，吸引省内外游客40余万人次。入选国家旅游局公布的第二批创建“国家全域旅游示范区”名单，旅游品牌影响力进一步提升。2016年圆满完成了22个整村脱贫村、7952名贫困人口的脱贫任务，该县脱贫攻坚工作代表山西省接受了国务院第三方评估，得到了评估组的好评。

以惠民促和谐，民生幸福得到增强。2016年，用于民生的支出达11.7亿元，占总支出的83.7%。统筹推进学前教育、义务教育、高中教育和职业教育；总投资2亿元的12轨制职教中心一期工程全部完工，二期工程进展顺利；教育均衡发展扎实推进，顺利通过国务院督导验收。投资1.2亿元，以PPP模式建设的城南热源厂300万平方米集中供热项目一期工程建成投用，城区集中供热面积达到180余万平方米。解决了县城“停电即停水”的问题,供水安全得到保障。以环境整治为抓手,加大环境保护力度,污水处理厂二期工程完成建设,县域环境空气质量在全省位于前列,二级以上天数保持在287天以上。顺利通过了国家卫生县城的复审验收。首批24辆新能源电动公交车投入试运营,方便了居民日常出行,城市形象进一步提升。

(岚县人民政府办公室)

## 临汾市

【自然概况】 临汾市位于山西省西南部,黄河中游,汾水之滨,东倚太岳,西靠吕梁,中部是辽阔富饶的盆地。北起韩信岭与晋中市、吕梁市毗邻,东与长治市、晋城市相连,南与运城市相邻,西以黄河为界同陕西省相望。全市辖1区2市14县和2个省级经济技术开发区,总面积2.03万平方千米,总人口445万人。

临汾历史悠久,古为帝尧之都,因地处汾水之滨而得名,是中华民族的发祥地之一。因传说中的“五帝”之一尧曾建都于此,得“华夏第一都”之名。

临汾市地处温带大陆性季风气候区,年平均日照时数为1748.4～2512.6小时,年平均气温9.0～12.9℃,降水量420.1～550.6毫米,无霜期127～280天。

*农业生产条件较好。*临汾市以粮食和多种经济作物为主,土地产出率较高,农副产品资源丰富。特别是中部临汾盆地,土质肥沃,气候温和,物产丰富,素称“膏腴之地”和“棉麦之乡”。2016年,全市小麦产量102.9万吨,占全省的37.6%;玉米产量155.1万吨,占全省的17.5%;棉花产量155吨,占全省的0.2%,是山西省棉麦生产基地之一。干鲜果以红枣、核桃、苹果、山楂、柿子、花椒等为主。全年农林牧渔业总产值183亿元。

*矿产资源丰富。*临汾市目前已探明的矿种有40余种,矿产资源综合优势度为0.73,在全省11个市中位居第二位。煤炭是全市第一大矿产资源,储量456.9亿吨,占全省的16.86%,乡宁为全国三大主焦煤基地之一。铁矿是临汾市第二大矿产资源,储量1.94亿吨。

*交通便利。*临汾市境内同蒲铁路、大西高铁、京昆高速、108国道纵贯南北,侯月铁路、晋中南出海通道、晋侯侯西高速和309国道横穿东西,是欧亚大陆桥的关键节点和重要枢纽。临汾机场已建成通航,公铁空立体交叉的交通网络已经形成。所辖侯马市是全国五大物流重镇之一,华北地区的“旱码头”。境内侯北铁路编组站是华北地区最大的铁路货运编组站,年货运量达1.1亿吨,是东西部物资流通的重要通道。

*旅游资源得天独厚。*临汾市现有各级文物保护单位8691余处,其中国家级28处,省级67处,市级30处。各级文物藏品14万件,其中三级以上珍贵文物2847件(套),博物馆15个。著名旅游景区有:黄河壶口瀑布、洪洞广胜寺、大槐树祭祖园、尧庙、姑射仙洞、蒲县东岳庙地狱、霍州七里峪、陶唐峪、隰县小西天、襄汾丁村文化遗址等。

【经济发展概况】 2016年,全市地区生产总值1205.2亿元,比2015年增长3.4%;规模以上工业增加值309.7亿元,下降0.4%;一般公共预算收入86亿元,下降2.5%;固定资产投资1394.3亿元,下降0.5%;社会消费品零售总额609.4亿元,增长6.5%;城镇居民人均可支配收入27085元,增长6.2%;农村居民人均可支配收入10005元,增长6.7%。

*供给侧结构性改革扎实推进。*重点推进“三去一降一补”。去产能方面,关闭煤矿矿井5座,退出落后煤炭产能120万吨,退出临钢炼铁产能82万吨。去库存方面,商品房消化周期同比缩短0.9个月,煤炭库存较年初减少24%。去杠杆方面,通过国开行、农发行等政策性银行化解政府债务,与建行达成30亿元存量债务置换贷款,现已投放21亿元,年可节约利息1亿多元;通过银行给企业置换高息贷款,保持了较低的杠杆率。降成本方面,结构性减税降费政策全面落实,吨煤平均生产成本减少80元。补短板方面,全面推进科技创新,大力发展民营经济,发展短板不断加强。

*产业转型成效显著。*狠抓传统产业改造、新兴产业培育,全年新兴产业投资完成368亿元,比2015年增长12.4%,投资占比达到72.3%,超省定目标18.3个百分点。重点推进沃特玛新能源汽车、汾西其亚240万吨氢氧化铝、光宇石墨烯等单体投资在10亿元以上的15个项目,总投资1098亿元,2016年已有10个项目开工。全年新兴产业投资达到工业领域总投资的72.3%,新兴产业增速、贡献率双超传统产业,非煤产业贡献率超过煤炭产业,实现了动力转换。特别是大力实施投资112亿元的沃特玛新能源汽车核心技术产业园“10＋1”项目,着力打造新能源汽车全产业链。同时,大力发展商贸、物流、电子商务等第三产业,三产对经济增长的贡献率达72.2%。

*文化旅游产业快速发展。*围绕创建国家级历史文化名城和国家旅游城市“一城一市”的目标,突出“中国根·黄河魂”品牌,大力发展尧文化、晋文化、黄河文化等全域旅游。实施了陶寺遗址博物馆、云丘山、仙洞沟等景区景点建设。大槐树景区成功列入创建5A级旅游景区预备名单,壶口5A级旅游景区创建工作

加快进行。实施旅游公路项目7项108.2千米，累计完成投资9457万元。2016年，全市旅游总收入达到375亿元，增长27.1%，远高于省定14%的增长目标。

项目建设取得实效。开展了“各类项目受理大起底”活动和项目开工“百日攻坚”行动，全市共实施重点项目847项，完成投资687亿元，其中5000万元以上项目开工率达到86%。加大招商引资力度，除参加省里组织的10余场专题招商活动外，又举办了帝尧文化旅游节招商、承接加工贸易产业北京招商会等自主招商活动。书记、市长亲自带队赴北京、广东、杭州等地进行招商考察，促成了乐视乐生活、中美合资JDH、合肥华翔汽车配件等项目的签约。2016年，全市共签约项目151个，总投资2514亿元。

“三农”工作不断加强。2016年粮食总产量268万吨，比2015年增长13.4%。蔬菜、水果、干果、中药材“四个百万亩”特色农业基地规模不断壮大，休闲农业和乡村旅游持续推进，现代农业稳步发展。积极推进农业产业化，全市家庭农场达到1079个，农民合作社发展到1.06万个，农产品销售收入51.6亿元。狠抓农村人居环境改善“四大工程”，完成投资32.86亿元，农村面貌有显著改观。

扶贫工作扎实开展。坚持精准扶贫、精准脱贫，实施了易地扶贫搬迁、产业扶贫、生态扶贫等十大扶贫工程。特别是大力实施光伏扶贫工程，建成并网村级光伏电站101座、集中式地面电站2座。全面启动消费扶贫工作，吉县苹果、安泽有机玉米、汾西核桃露等优质农产品通过消费扶贫产品认证。积极对接中证扶贫板，5个国定贫困县的县域县情、9个产业项目、8个消费扶贫产品在扶贫板上进行了展示，汾西、隰县、吉县3个贫困县与3家券商实现“一司一县”对接。全年完成182个贫困村摘帽、8.19万人稳定脱贫。

城市建设步伐加快。实施了总投资69.39亿元的市区22项城建重点工程，当年完成投资21.8亿元。特别是投资16.9亿元，用7个月的时间，完成了鼓楼南北街道路拓宽改造工程，极大地提高了城市主干道的通行能力，显著改善了沿街沿线市容市貌，提升了城市品位。

环保工作力度持续加大。坚持铁腕治污，打好大气、水、土壤污染防治“三大战役”。特别是在市区空气环境质量改善上，先后组织开展了露天烧烤、建筑施工扬尘、重点区域环境和秸秆禁烧4个专项整治行动，实施了市区9个城中村共100万平方米的集中供热工程，对市区155平方千米规划区内未实行集中供热的城中村、城周村的4.2万户居民发放洁净焦，替代燃煤取暖。2016年，全市完成营造林3.1万公顷，超省定任务0.9个百分点。实施国家节能减排财政政策综合示范城市项目31个。超额完成黄标车及老旧车淘汰任务。市区投放公共自行车5055辆。全市新增更新纯电动公交车732辆，其中市区新增更新200辆，成为全省首个纯电动公交车全覆盖城市。

民生事业协调发展。持续加大民生投入，全市全年民生支出261.5亿元，比2015年增长7.51%。教育、文化、卫计、社保等民生工作扎实推进。连续三年实施学前教育优质普惠、乡村医疗服务提质、农业强基、饮水安全、城市综合整治、就业创业援助等“六大惠民工程”，人民群众得到了更多实惠。

（临汾市人民政府办公厅）

## 临汾市尧都区

**【自然概况】** 尧都区为临汾市委、市政府所在地，是临汾市的政治、经济、文化和商贸中心，东临浮山县，西与蒲县、乡宁县、吉县为界，南与襄汾壤，北与洪洞毗邻。尧都区总面积1304平方千米，辖6乡、10镇、9个办事处(8个城市街道办事处、1个农村办事处)，372个行政村、57个社区居委会，总人口97.63万人。

人文资源。尧都历史悠久，史称平阳，因4700多年前帝尧在此建都而得名。人文底蕴深厚，史传文字、华表、围棋、诗歌、印刷、戏曲等文化经典都发源于此。历史上人才辈出，著名人物有：仓颉、尧、舜、羊舍、卫青、霍去病、法显等。旅游资源丰富，境内现存古建筑、古遗址50余处，有古帝尧庙、尧居、尧帝陵、尧井、击壤台、大云寺、元代戏台等历史人文景观和仙洞沟、龙子祠、卧虎山等自然风景区。尧庙华门景区被评为国家4A级景区。

自然资源。全区属温带大陆性气候，四季分明，气候宜人。年平均气温9～13℃，无霜期197天。年均降水量550毫米。地下水储量1.48亿立方米，可开采量9400万立方米。境内河流水系主要有汾河及其支流涝河、洰河等。汾河为全区第一大过境河，境内长度28千米，流经6个乡镇，流域面积122平方千米。全区森林覆盖率13.17%，城市绿化覆盖率25.5%。

矿产资源。已探明矿种38种，煤炭资源最为丰富，全区含煤面积258平方千米，保有资源储量11亿吨，是全国优质焦煤基地之一。铁矿探明储量9000万吨，远景储量2亿吨；工业石灰岩储量2.3亿吨，石膏储量3亿吨，耐火黏土储量3000万吨。

交通优势。尧都区地处晋陕豫黄河金三角中心，境内交通便捷，大西高铁、南同蒲铁路、大运高速、108国道纵贯南北，309国道横穿东西，晋中南出海通道、青兰高速、张礼至台头地方铁路正在建设中，与临汾乔李民航机场共同形成了公路、铁路、航空一体化的立体交通网络。

**【经济发展概况】** 2016年，全区生产总值261.20亿元，人均地区生产总值2.68万元，公共财政预算收入11.93亿元，农林牧渔业增加值8.87亿元，粮食总产量25.3万吨，规模以上工业增加值20.32亿元，社会消费品零售总额239.45亿元，城镇常住居民人均可支配收入30371元，农村常住居民人均可支配收入12956元。

*产业转型迈出新步伐。*农业生产稳中调优。以2万公顷核桃基地为重点的五大基地建设取得新进展，新增核桃133.3公顷、设施蔬菜300公顷、优质水果433.3公顷，粮食总产量25.3万吨；投资2亿元实施了9个基础建设项目，农业生产条件持续改善。工业经济向好发展。组建博达工业园区投资建设有限公司，工业园区建设进入新的阶段；成立山西经纬达铸造集团，引导铸造企业联合发展；狠抓煤矿安全生产，原煤产量达到480万吨；坚持挂图作战、挂号问诊、挂牌服务、挂账销号，大力开展干部入企服务，助推了企业健康发展。第三产业活力涌动。加快五大商贸中心建设，生龙国际、新百汇商业广场投入运营，环城商贸圈格局基本形成；尧帝旅游景区管理委员会和帝尧旅游文化发展有限公司顺利组建并挂牌运营，促进了文化旅游业快速发展。

*城乡建设取得新进展。*东城建设快速推进。涝洰河生态建设工程"两园两桥一路"工程进展顺利，累计完成投资35.2亿元。东城"五纵五横"骨干路网六条道路工程已经通车。尧都人民医院、东城体育馆等配套工程取得新进展。全力配合市级重点工程建设，鼓楼南北街拓宽改造、奥体中心职工体育馆、规划五路、规划四街等重点工程征地拆迁工作圆满完成。涧头村、西关社区等城中村改造项目稳步推进，汾东、西王、西王沟等棚改项目启动实施。

*发展后劲得到新提升。*扎实开展项目"百日攻坚"活动，全区81个重点项目完成投资190亿元。成立招商机构，开展"尧商返尧"活动，成功举办临汾（杭州）招商引资推介会，全年签约资金167亿元。创新融资引资模式，设立创投引导基金，争取全省"双创示范县"、老工业区搬迁改造等政策性资金4亿多元，争取国开行、农发行政策性资金21.6亿元，经济发展的活力和后劲不断增强。

*生态治理进入新阶段。*大力开展城乡环境卫生百日综合整治和春秋大绿化，清理积存垃圾120万吨，粉刷墙壁650万平方米，新建垃圾收集点881处，硬化街巷45万平方米，植树造林1266.7公顷，建设省级园林村4个。严格落实全市大气污染防治"冬十条"和全区"紧急六条"，全区先后配发洁净焦和兰炭18.2万吨，新增供热改造面积95万平方米，清理散煤销售点37处，收缴散煤近6万吨，调配电暖气800余台，取缔、改造燃煤锅炉664台，开工实施村级煤改气工程8处，以壮士断腕的决心和勇气开展了大气污染整治攻坚行动。

*民生改善实现新变化。*统筹推进教育、文化、卫生、社保等各项工作，民生事业全面发展。启动民生保障社会救助系列活动，"五好"建设惠及千家万户。大力开展爱心助学捐赠活动，为贫困学生捐款228万元。扎实开展脱贫攻坚，3789人全面脱贫。

（尧都区人民政府办公室）

## 侯马市

**【自然概况】** 侯马市位于山西省南部、临汾盆地南端，东与曲沃县毗连，西与新绛县接壤，南依紫金山与闻喜县、绛县为邻，北隔汾河与襄汾县、新绛县相望。地处黄土高原南部，汾河下游，地形东西长，南北窄，略呈平行四边形。境内地貌分山地、丘陵和平原，其中山地和丘陵占11%，平原占89%。南有紫金山（绛山）和峨眉岭隆起带，最高处海拔1120米，最低处为庄里村浍河滩，海拔392米。地理坐标为北纬35°34′2″～35°52′9″，东经111°23′5″～111°41′1″，东西长17.5千米，南北宽16.5千米，总面积220.1平方千米。辖新田乡、凤城乡、高村乡三个乡和张村、上马、路东、路西、浍滨五个街道办事处。2016年，全市总人口24.78万人。

**【经济发展概况】** 2016年，市域地区生产总值94.7亿元，人均地区生产总值3.83万元。一般预算收入4.09亿元，农林牧渔业总产值6.29亿元，粮食总产量9.27万吨，规模以上工业总产值72.31亿元，社会消费品零售总额81.49亿元，城镇居民人均可支配收入25725元，农村居民人均可支配收入13177元。侯马市被确定为全国健康城市试点、第三批新型城镇化综合试点、服务业综合改革试点、返乡农民工创业试点、政务服务标准化试点、全省"多规合一"试点和首家不动产统一登记试点、中小微企业创业创新基地示范县。

*加快企业技术改造创新步伐。*汤荣、东鑫等企业市场份额逐渐扩大。海龙钻具、誉通混凝土实现"小升规"，晋烽机械被认定为省级技术中心，工业新兴产业投资比重达到84.4%。金融支持企业发展力度加大，新增投放信贷资金16.48亿元。抢抓加工贸易产业梯度转移机遇，梦之丽服饰、乐视·乐生活等项目落户。洋货码头完成7个展馆主体工程建设，大运公路货运枢纽项目

部分仓库主体完工，圆通快递入驻振通电商产业园投入试运营。电子商务继续山西省领跑，马上购、窝麦良品等本土电商企业快速扩张，全市“村淘”服务站总数50个，“双十一”期间，“村淘”覆盖率、成交额、销售量均居全省第一。

城郊型经济繁荣发展，农业规模化、集约化经营水平不断提升。新认定家庭农场22个，发展农民合作社31个，农业产业化龙头企业实现销售收入5.33亿元。粮食总产量9.27万吨，确定基本农田保护面积5666.7公顷。完成了总投资8016万元的小农水重点县项目。

文化旅游产业投入加大。首届侯马、曲沃、翼城三县市晋文化协同发展县际联席会议在侯马市召开。《侯马晋国古城国家考古遗址公园规划》初稿编制完成。为群众送戏下乡、送电影下乡1284场。“芳草香”“鸿满”“普罗旺斯”等现代农业示范园开园迎客。完成旅游收入29.09亿元，增长21%；文化产业增加值1.59亿元，增长12.1%。

社会事业全面进步。怡之福老年医养中心、汤荣双金属复合制动鼓、文体活动中心综合场馆等28个项目开工，投资累计完成30多亿元。浍河生态修复综合治理、紫金山旅游开发等14项重点工程稳步推进，北铜铜业精矿回收、东城路网道路等项目前期工作扎实开展。主城区控制性详细规划实现全覆盖。新医院东侧新建道路及凤城—南杨、下平—东高—西高改造道路竣工通车。新建雨污管网13.8千米，改造雨污分流管网6.5千米，铺设供气管网30千米、供热管网12千米，新增天然气用户1800户、供热面积10万平方米。加快推进美丽乡村建设，提升农村基础设施和公共服务水平，创建一批具有示范带动作用的美丽宜居乡村，单家营村率先实现集中供热。加快“一山一河”开发，紫金山开发完成整体勘察调研，浍河治理开发完成规划初稿编制。新增城市绿化面积20.1万平方米，农田林网建设666.7公顷。淘汰黄标车及老旧车640辆，新购137台纯电动公交车。积极应对雾霾等恶劣天气，开展八项大气环境专项整治行动，PM2.5、PM10浓度比2015年分别下降14.7%、4.5%，全年空气质量二级以上天数263天，其中一级天数86天。新农合完成整体移交，为推进城乡居民医保统一管理奠定基础。医药卫生体制改革深入推进，分级诊疗工作全面启动。落实就业创业优惠政策，新增就业6120人。新建农村老年人日间照料中心18个，棚户区改造累计建成514套，农村危房改造321户。脱贫攻坚扎实推进，207户、573人实现脱贫，超额完成年度目标任务。筹措资金7186万元，确保各项政策性增资兑现。

（侯马市人民政府办公室）

## 霍州市

**【自然概况】** 霍州市位于山西省中南部，地处晋中、临汾交界，是临汾市的“北大门”。总面积765平方千米，辖3乡4镇5个街道办事处，有199个行政村、34个社区居委会，2016年末常住人口19.16万人。霍州区位优越，交通便利，南同蒲铁路、大运高速、108国道、霍侯一级路、大西高铁纵贯南北，霍永高速、霍上、霍桃公路横跨东西。霍州资源丰富，能源产业基础雄厚，电力总装机容量300万千瓦，是山西南部重要的电力基地。霍州文化厚重，旅游资源得天独厚，最著名的是国家级重点文物保护单位、全国唯一保存完整的古代州级衙署——霍州署，国家级森林公园七里峪被誉为“天然大氧吧”“生物多样性宝库”。

**【经济发展概况】** 2016年，全市地区生产总值70.84亿元，人均地区生产总值2.43万元；一般预算收入5.85亿元；农林牧渔业总产值6.79亿元，比2015年增长8.53%；粮食总产量8.49万吨，增长26.9%；工业总产值73.18亿元，工业增加值29.4亿元；社会消费品零售总额33.3亿元，增长6.6%；城镇居民人均可支配收入26998元，增长6.1%；农民人均可支配收入12143元，增长5.7%。

转型发展步伐加快。突出工业转型。霍煤机电制造一期6个公司陆续投产，液化天然气调峰储气项目成功试运营，亿能电器新能源汽车制造项目有序推进，成为该市转型发展的又一亮点。突出农业增效。蔬菜种植面积达到2400公顷，优质干鲜果种植面积达到4667公顷，粮食播种面积稳定在1.8万公顷以上，规模养殖企业达到62家。打造了国新能源现代农业示范园区中药材种植基地和文冠果茶、太岳核桃、三教小杂粮等特色农产品龙头企业。突出三产提档。七里峪景区游客服务中心、景区停车场相继完工。陶唐峪开发项目开工建设。霍州署4A级景区申报工作进入关键阶段。许村传统古村落保护修缮工程启动实施，全域旅游示范区创建全面推开。南街农贸市场建成完工，乐村淘网络、固德网络等电商平台和一批物流企业发展壮大。招商引资共达成投资意向12项，投资总额169亿元。

城乡面貌焕然一新。新建南路城中村改造、橡胶厂棚户区改造等一批保障房项目顺利完工。中镇楼、赵家庄人行天桥、东门桥改造等一批市政工程相继竣工。纬五路、新建南路、经三路北段等一批城市道路建成通车。城市集中供热面积达到460万平方米，天然气用户达到3.8

万户。全年新建和改造城市道路10.51千米，城市供水、供气、雨污管网52.85千米。持续引深农村人居环境改善，完成4所农村老年人日间照料中心、3所农村公办幼儿园建设。不断改善农村群众出行条件，完成9条村通水泥(油)路共30.7千米。

生态质量稳步提升。扎实开展了城乡环境卫生整治系列活动。加快推进了南涧河、对竹河综合治理。大力实施植树造林和城市绿化工程，完成营造林面积1193公顷，新增城市绿化面积20万平方米。严格落实节能减排目标责任制，完成了燃煤发电机组超低排放改造工程，辛置污水处理厂建成试运行，淘汰黄标车、老旧车456辆。积极应对入冬以来出现的重污染天气，集中开展了环保突出问题大整治、铁腕治污、控硫治污等专项行动。全年二级以上天数204天，其中一级天数80天。

脱贫攻坚首战首捷。派出干部驻村帮扶工作队105支，实现精准脱贫帮扶全覆盖。投资364万元，完成了大张镇张望村、陶唐峪乡孔涧村、辛置镇北益昌村、白龙镇柳树腰村4个光伏电站扶贫项目，可带动600余名贫困人口脱贫。在白山、柳树腰等沿山村庄发展了双季槐、油料牡丹等经济作物187公顷。为全市贫困人口缴纳了大病保险，为1675名贫困人口办理了农村低保。全年共脱贫1404人，超额完成脱贫任务。

群众福祉持续增进。教育工作成绩突出，被确立为临汾市唯一的《义务教育学校管理标准》省级试点县。社会救助制度更加完善，全年共救助4395人次，发放救助资金320万元。持续开展爱心助学活动，458名学生受到救助。高度重视创业就业，新增就业岗位6000余个，新增就业人员4680人。建成各类保障性住房523套。

(霍州市人民政府办公室)

# 曲沃县

**【自然概况】** 曲沃县位于山西省南部、临汾盆地南端，县域总面积437.9平方千米。辖1个城市社区工委(6个城市社区)、2个乡(51个行政村)、5个镇(107个行政村)，2016年总人口24.54万人。境内地势平坦，气候温和，土壤肥沃，交通发达，水电矿产资源富集，人文历史古迹众多。历史上曾是“武公据之以兴晋，文公依之而称霸”的晋国建都之地，素有“桐叶封唐地，三晋发端处”之美誉。

**【经济发展概况】** 2016年，全县地区生产总值90.69亿元，比2015年增长4.7%；人均地区生产总值3.69万元，增长4.1%；规模以上工业增加值29.85亿元，增长4.1%；固定资产投资79.1亿元；一般公共预算收入2.5亿元；农林牧渔业总产值23.47亿元，增长4.1%；粮食总产量20.96万吨；社会消费品零售总额22.47亿元，增长8%；城镇居民人均可支配收入28431元，增长7.2%；农村居民人均可支配收入13135元，增长6.9%。

工业经济企稳向好。以工业园区为主战场，扎实开展干部入企服务活动，全面加大协调帮扶力度，工业经济取得稳中有进的发展成效。特别是在千万吨级钢铁工业园区建设上，为企业联系使用市“过桥资金”3亿余元，争取上级扶持资金2000余万元，落实直供电10.5亿千瓦时；大力推广“互联网＋钢铁”，年为企业增加效益3亿元以上；引导研发生产优特品种钢，园区优特钢占比达到20%以上。立恒40兆瓦高温超高压再热发电、通才2×18兆瓦煤气发电等一批节能技改项目投产达效。此外，新引进浙江靖恒、杭州均添两家水晶工艺品加工企业落户三星新型工业园区。

农民增收步伐加快。大力实施“晋之源”八大系列农业园区扩容提质工程，全县新增蔬菜633.3公顷，新发展水果200公顷，改造老果园400公顷。启动新建23个规模养殖场，新发展规模养殖户298个，全县畜牧业总产值达到12亿元。完成151个村的土地确权工作，培育新型职业农民600人。“互联网＋农业”线上交易额达5000余万元。积极推进农业标准化生产，建成13.3公顷部级标准园1个，认证无公害产地730公顷、无公害农产品5个、地理标志产品2个。改良大蒜合作社千吨洋葱和富农合作社香菇菌棒成功出口，实现全市新鲜蔬菜出口零突破。

文化旅游蓬勃发展。以弘扬“晋文化”为主题的“六区四园一场一城”精品旅游带建设加快推进。晋国博物馆旅游区曲村—天马国家考古遗址公园规划获国家文物局批准立项；景明诗经山水旅游区、磨盘岭休闲农业观光区、浍河水岸风光旅游区、太子滩温泉度假区和桥山黄帝文化旅游区基础配套建设稳步推进。成功举办了太子滩文化旅游节、磨盘岭农业观光旅游节和太子湖国际梦幻灯光节；高标准、高质量编排了以“晋文化”“诗经文化”“红色文化”为主题的系列情景剧；参与策划指导的大型电视连续剧《重耳传》正在加紧后期制作；总投资100亿元的黄河·中华主题文化产业园项目成功签约。

人居环境明显改善。围绕构架“一城三区、一体两翼”城市建设格局，加快推进了东城新区移动、广电等单位便民服务场所的室内外装修和大型商住小区建设；吉祥南路绿化美化工程全面完工；集中供热工程完成1号水井建设和东西大街管网铺设；晋都文化中心竣工验收；奥体中心、顾园具备开工条件。中心城区内绛园项目完成规划设计；府东府西街实施了道路硬化、沿街建筑立面整治等工程，成为中心城区的标杆路、示范路。在镇村建设上，连村路、窄路面拓宽改造完成年度任务；农网升级改造进展顺利；钢铁工业园区还迁房开工建设；重点打造的西海、曲村、景明、南林交等省级美丽宜居示范村呈现出全新的发展风貌。

民生福祉持续增进。中小学基础设施改善项目和职业中学实训基地建设项目全部竣工，3所农村幼儿园完成主体。妇幼保健站业务用房、中医院住院楼加紧建设。300套公租房开工建设，428户农村困难家庭危房改造任务全部完成；全年脱贫1029人。深入开展铁腕治污行动，加大水污染、大气污染防治力度，各类废气、烟尘等污染物超标排放得到有效控制。浍河河道综合治理暨城郊湿地公园建设工程加紧推进。大力实施桥山通道绿化、丘陵区绿化和村庄绿化工程，栽植各类树木80余万株。

（柴　文）

# 翼　城　县

**【自然概况】** 翼城县位于山西省临汾市东南端，地处黄河流域汾浍之间，东北部群山环抱，西南部平坦辽阔，境内平川、丘陵、山区大体各占1/3，县域总面积1170平方千米，辖4乡6镇、212个行政村，2016年末总人口32万。

翼城历史悠久，文明富庶，是中华民族的重要发祥地之一。相传尧及其后裔封于此，古称唐；西周初年，周成王封其弟叔虞于唐，建都于翼，为“翼城”始，迄今已有3100多年的历史。

翼城风光秀美，底蕴深厚。有华北地区最大的自然保护区——历山舜王坪风景旅游区，历山、绵山、佛爷山三大风景旅游区初具规模。

翼城交通便利，通信快捷。自古为晋南承东启西之咽喉要地。处于山西、陕西、河南三省“大三角”以及山西南部临汾、运城、晋城三市“小三角”的中心地带，地理位置适中，现代物流业蓬勃发展。

翼城气候宜人，物产富饶。盛产小麦、玉米、小杂粮和干鲜果等，是全国商品粮基地县、中国翅果油树之乡、国家级水果出口示范区、山西省果品生产重点县、山西省苹果产业“一县一业”基地县，全省瘦肉型商品猪基地县、新兴优质奶牛养殖县。

翼城三面环山，资源丰富。已初步探明的矿藏有30余种，以煤、铁、石灰石为主，铜、铝、石膏、硫黄等亦有蕴藏。其中煤炭已探明储量19.95亿吨，多属低硫、低灰、高发热量优势电煤。铁矿储藏量达7214万吨，主要为磁铁矿，低硫、低磷，品位在35%～61%之间。

工业主导产业为钢铁、煤炭、铸造、纺纱，现有钢铁、铸造企业17家；煤矿13座，其中单独保留的1座，阳煤、晋煤整合煤矿12座，年设计生产能力990万吨；有各类纺织企业12家。

**【经济发展概况】** 2016年，全县生产总值72.8亿元，人均生产总值2.27万元，公共财政预算收入2.5亿元，农林牧渔业总产值17.2亿元，粮食总产量23.8万吨，规模以上工业总产值71.2亿元，社会消费品零售总额40.7亿元；城镇常住居民人均可支配收入26852元，农村常住居民人均可支配收入10274元。

工业经济稳中向好。扎实开展干部入企服务工作，千方百计抓复产、稳生产，为企业解决各类问题和诉求51个。加快整合煤矿复工复产进度，全县煤炭产量达到280万吨，煤炭行业扭亏为盈。建立小微企业创业基地，完善乡镇小微企业服务站，重点培育的4家小微企业全部升规入统。

项目建设取得突破。全力开展项目开工“百日攻坚”行动，净水厂项目、全省第一条农村旅游路—舜王坪旅游路开工建设；县医院迁建项目农发行贷款通过审批，征地补偿、规划设计、地勘物勘等前期工作基本完成。翼钢二轧线技改项目进入收尾阶段，晟泰青洼煤矿竣工验收，环球铸造机加工项目开始试生产，春雷专用铜合金带项目完成主体设备安装，舜达锻造项目整合重组工作克难推进。

三农工作稳步提升。2016年粮食总产量23.8万吨，种植结构进一步优化。推进专业村、示范园和出口质量安全核心示范区建设，苹果产销两旺，总产量达到16万吨，产值4.7亿元。完成了533.3公顷核桃提质增效工程，新发展设施蔬菜333.3公顷。新建标准化规模养殖场15家。规模化节水增效、引黄二期、灌区维修养护、1666.7公顷保护性耕作、农网改造升级等项目全部完工。全力推进精准脱贫，全年减贫2331人，7个贫困村摘帽。

新兴产业不断成长。夯实文化旅游产业发展基础，启动了全域旅游规划编制工作，完善了11条农村旅游公路规划。实施了翔山文峰塔、中贺水泰岱庙、四圣宫等文保单位修缮工程，古桃园村、曹公村被列入中国传统村落名录，西闫镇、隆化镇入选省级历史文化名镇，古桃园、曹公、史伯、南撖、尧都、撖庄6个村入选省级历史文化名村。全县规模电商企业发展到17家，线上交易额达5000余万元。

城乡环境持续改善。集中开展综合整治，城乡环境卫生面貌和县城交通秩序有明显改观，顺利通过省级卫生县城验收。73项农村人居环境改善重点工程完成投资2亿元。城西防洪排水二期工程全部完工。实施了岳北线天马—曲村段、临么线东梁壁—冯史段、上吴东—刘王沟三个革命老区道路改造工程。深入开展环保综合整治和冬季大气污染防治攻坚行动,取缔城区小型燃煤锅炉14台,完成了6万平方米集中供热扩容改造,淘汰黄标车及老旧车438辆,浍河跨界断面水质稳定达标。

民生事业全面发展。全年民生支出11.2亿元,占财政总支出的72%。在教育事业上,持续改善中小学办学条件,提升教育教学质量,义务教育阶段校长和教师交流比例达到10%。县乡医联体建设、县级医院与上级医院的对口联系得到加强,乡镇卫生院、村级卫生室硬件条件和服务水平进一步提升,中医药服务体系不断向基层延伸;为60岁以上老年人进行了免费体检,居民健康档案建档率达到95.7%;成功创建了省级计生基层群众自治示范县。全县新增城镇就业3312人、再就业1122人、转移农村劳动力3959人;完成了城镇居民医保和新农合并轨,全民参保登记扎实推进,五大社会保险体系基本实现全覆盖,各项社保和救助资金足额发放;完成城市棚户区改造302套,春雷铜材厂420套棚户区改造回迁房建设有序推进。

(翼城县人民政府办公室)

# 襄汾县

**【自然概况】** 襄汾县位于山西省临汾市中南部,东邻浮山县、翼城县,南接曲沃县、侯马市、新绛县,西傍乡宁县,北靠尧都区。县境南北长39.3千米,东西宽26.5千米,总面积1034平方千米。辖7个镇、6个乡、348个行政村。2016年常住人口45.82万人。

襄汾历史悠久,源远流长,是中华民族的发祥地之一、华夏文明的根祖之地。驰名中外的"丁村人",10万年前就在这里繁衍生息;华夏之祖尧帝,5000年前在陶寺建国立都、兴业安邦,以丁村和陶寺两大遗址为代表的丁陶文化享誉三晋,闻名全国。襄汾土地肥沃,水源充足,资源丰富,交通便捷,是传统的农业大县,也是新兴的工业强县。

**【经济发展概况】** 2016年,全县地区生产总值117.17亿元,比2015年增长2.6%,人均地区生产总值2.56万元;社会消费品零售总额43.54亿元,增长6.6%;城镇居民人均可支配收入27397元,增长5.6%;农民人均可支配收入11752元,增长6.3%。固定资产投资118.77亿元,下降5.9%;公共财政预算收入3.69亿元,下降7.7%,降幅较2015年收窄38.7个百分点;规模以上工业增加值29.82亿元,下降1.4%,降幅收窄10.6个百分点。

产业转型步伐加快。农业方面,新增改善灌溉面积2000公顷,全县有效灌溉面积达到3.4万公顷。全年粮食总产量49万吨。中药材总产量2.23万吨,实现产值2.8亿元。引导支持碧云天公司投资2000万元,建成全省领先的生猪育肥基地,全年新改扩建标准化养殖场(区)20个,全县年生猪存栏32万头、出栏47万头。土地确权二轮公示顺利完成,农村各项改革扎实推进。全县农林牧渔业总产值26.63亿元。工业方面,大力实施转型升级,总投资5亿元的华基新型建材项目完成主体建设,投资1.5亿元的浦新生物质发电一期工程竣工试运行,投资2500万元的晋能焦炉煤气精脱硫、投资4200万元的星原烧结余热发电等节能减排利废项目建成投产。深入开展干部入企服务,帮助企业解决40余个审批手续的办理等实际问题。积极培育九龙煤业、昌祥建材、泰源煤焦3家企业实现"小升规"。大力开展招商引资,成功引进上海映智3万吨抛光液、振发能源20兆瓦光伏发电等项目。坚决落实去产能政策要求,依法关停荣世达128立方米炼铁高炉。文化旅游方面,全面肩负起陶寺遗址保护利用项目的主体责任,陶寺遗址博物馆立项、征地、拆迁等工作顺利完成,综合展示中心、陶寺旅游公路正在稳步推进。汾城镇区修建性详规完成编制,荷花园晋南民俗体验基地、东岭滑雪场水上乐园等项目顺利实施。深入开展群众性文体活动,组织实施非物质文化遗产展演,10项非遗项目入选市级保护名录。继续举办陶寺二月二龙抬头社火节等节庆活动。全年接待旅游人数181.9万人次;实现旅游收入19.3亿元,增长20%。

城乡建设统筹推进。完成了县城北片区控制性详细规划等10个专项规划。实施了原政府机关、审计局、棉麻公司等家属区改造,全年棚户区改造开工264套、货币化安置33套。强力推进滨河路湖李村20户房屋征收拆迁,完成原科委家属楼危楼拆除,消除了重大安全隐患。豁都峪综合治理工程完成初步设计,北大街翻修改造工程完成规划设计,丁陶风情街投入运营。新增绿地面积11.69万平方米,新增集中供热面积60万平方米。投资8000余万元,统筹推进"完善提质、农村安居、环境整治、美丽宜居"四大工程,邓庄镇贾庄村跻身省级美丽宜居示范村行列,汾城镇孝村、陶寺乡中梁村被推荐为市级美丽宜居示范村,景毛乡北李村被评为国家级传统村落。

项目建设提速增效。积极开展"以商招商""乡情招商""资源招商",全年参加专题招商引资活动10余场,签约项目39个,签约投资额197.86亿元。认真做好"各类项目受理大起底",对2013年以来受理的280个项目进行了起底自查，全部在规定时限内办结。扎实开展项目开工“百日攻坚”，涉及该县的6个项目全部开工。持续推进“六位一体”项目建设，超额完成全年任务。

环保整治深入开展。全面加强对环境保护的组织领导，健全完善工作制度，全面实施网格化监管。投资1.2亿元，完成5家焦化企业、9套焦炉的烟气脱硫设备提标改造。在邓庄、襄陵2个乡镇13个村实施洁净焦替代散煤，在景毛乡吉村、邓庄镇鄢里村试点推进煤改气，强制取缔66户无照经营煤场，294家财政供养单位一律采用清洁燃料取暖。召开千人环保誓师大会，打响生态环境治理硬仗，五大方面、33项具体治理任务全面铺开。工业企业环境治理方案全部确定，总投资超过18亿元。星原、光大等企业的提标改造启动实施。全市工业企业深度治理现场会在襄汾县召开。

社会事业全面进步。坚持精准脱贫，1663人实现稳定脱贫。累计投资8000万元，新改扩建校舍3万平方米，撤并“空壳学校”23所。顺利创建全国计划生育优质服务先进县、省级妇幼健康优质服务示范县和省级卫生县城。成功举办首届“晋襄酥”烧饼大赛，叫响劳务品牌，带动创业就业，全年城镇新增就业6106人，创业就业1015人，转移农村劳动力5821人。

（襄汾县人民政府办公室）

## 洪 洞 县

**【自然概况】** 洪洞地处山西南部、临汾北端，因城南“洪崖”、城北“古洞”得名。洪洞是人口大县，辖16个乡镇、463个行政村，总人口近80万人，总面积1494平方千米，是山西第一人口大县。洪洞是资源大县，境内拥有煤、铁、石膏等30多种矿产，其中煤炭的可开采量达20亿吨。洪洞是旅游大县，境内有250多处人文名胜及自然景观，闻名华夏的大槐树，全国四大名塔之一的广胜寺飞虹琉璃塔，全国唯一保存完整的明代监狱，都聚集在这里。

**【经济发展概况】** 2016年，全县生产总值165亿元，一般公共预算收入6.6亿元，规模以上工业增加值39.1亿元，固定资产投资168亿元，社会消费品零售总额56.3亿元，城镇居民人均可支配收入24605元，农村居民人均可支配收入10467元。

产业结构不断优化。农业方面，粮食再获丰收，总产量46.5万吨，其中旱地小麦单产创2016年全省最高。农业产业化进程加快，全县新增设施蔬菜106公顷、药材400公顷、果树193公顷、核桃222公顷；农田设施不断完善，完成500公顷高标准农田建设，新增灌溉面积9333公顷。畜禽养殖规模逐步扩大，重点发展了元利肉鸡、佳慧肉牛、万年柏肉羊及众诚肉羊等养殖项目，全年存栏牛1.7万头，猪24万头，羊15万只，禽类300万只。全年农林牧渔业总产值21亿元。工业方面，沃特玛动力电池一期正式投产、二期手续基本完成；华翔集团实现35万吨铸件及1亿件机加工能力，与美国JDH合资项目成功落地，与格力凌达、沈阳中航等企业合作项目已有9个正式签约；国新能源天然气储备集散中心、和泰弘业中小企业创业基地项目进展顺利。山焦烯烃、甲醇和太化重苯加氢项目有序推进。旅游方面，大槐树景区创建5A级景区通过国家初审，进入最后冲刺阶段；明代县衙修复工程进展顺利；广胜寺景区开发问题得到稳妥解决，迎来新的发展机遇。第26届大槐树文化节、三月十八传统庙会和三月三走亲等民间节庆活动成功举行，天下赵姓第一祠——造父纪念堂在兴唐寺落成，来自世界各地的赵氏宗亲举办了祭祖活动，旅游品牌带动效应逐步显现，全年接待游客690万人次。

城乡建设统筹协调发展。巩固深化“六城同创”成果，对城区所有街道路面、人行道、公厕等基础设施进行修缮管护，顺利通过国家卫生县城复审验收。河西新区主干道、涧河南岸景观道路、涧河生态修复治理、城市饮水改扩建等工程完成了征地拆迁、地表清理等前期工作。完成9个乡镇45个村的农村饮水提质工程，改造农村危房535户、乡村道路10千米，新增改造供热、供气管网20千米，城市垃圾无害化处理率达到100%。全面开展了乡村环境卫生整治，农村“脏、乱、差”现象明显好转。狠抓生态环境治理，践行“绿水青山就是金山银山”理念，深入开展“铁腕治污”行动，认真落实国家、省、市治污降霾各项措施；持续推进绿化造林，全年植树300余万株，造林1000公顷。

人民生活条件进一步改善。教育事业协调发展，实施了3所农村幼儿园的新建、改扩建工程；完成1所学校省级示范性图书馆达标认定。卫生体系不断健全，公立医院改革稳步推进，完善了分级诊疗和居民健康制度，群众健康服务水平逐步提升；强化中医药服务建设，该县荣获“全省基层中医药先进单位”称号。文化惠民深入基层，公共图书馆、文化馆、美术馆免费向市民开放，成功举办第十四届广场消夏文化艺术节、“迎国庆·创平安”文艺汇演和以“亲情洪洞·美丽槐乡”为主题的春节、元宵节文化活动，丰富了群众的精神文化生活。社保水平不断提高，认真落实各类人员养老金待遇，实行乡镇补贴、职务与职级并行制度，全面完成参保登记工作，发放低保金6400余万元，分配保障性住房516套。脱贫攻坚稳步推进，投资240万元，完成了苏堡镇后山头、南铁沟村的光伏扶贫项目，实现并网发电；由1100余名干部组成的237个驻村工作队，深入帮扶村和贫困户开展精准帮扶，全县脱贫2509户、5465人。

（洪洞县人民政府办公室）

## 古　县

**【自然概况】** 古县位于临汾市东北部，是太岳革命老区、省定贫困县、煤炭资源型山区县，辖4镇3乡、111个行政村，总面积1206平方千米，总人口9万余人。荣获"国家卫生县城""国家园林县城""国家县级文明城市提名城市"等称号。古县资源丰富，物产富饶，地下以煤炭为最，资源储量近50亿吨，是山西省优质主焦煤基地。地上特色产业以核桃和中药材为主，全县核桃种植达780余万株，农民人均过百株。古县历史悠久，盛景天成，是战国名相蔺相如的故里，相如文化绵延传承；是晋冀鲁豫边区太岳区党政军机关驻扎地，红色基因代代相传。古县山川秀美，神奇美丽，代表性的有中镇霍山第一峰老爷顶、隋唐古战场淤泥河等，特别是植于唐代的三合古牡丹，是全国最大的单株野生牡丹，被誉为"天下第一牡丹"，牡丹景区是国家4A级景区。

**【经济发展概况】** 2016年，全县地区生产总值44.3亿元，人均地区生产总值4.87万元；公共财政预算收入2.1亿元；农林牧渔业总产值4.47亿元，粮食总产量7.2万吨；工业总产值67.88亿元；社会消费品零售总额9.94亿元；城镇居民人均可支配收入27888元，农村居民人均可支配收入9065元。

持之以恒抓"兴煤"。全年新增2座生产矿井，兴煤12条措施有效落实。利达焦化1亿标方液化天然气项目开工建设。正泰煤气化120万吨6米顶装焦炉技改、新疆众和铝产业开发、安吉至大南坪高铝黏土等项目取得进展。顺杰耐材公司建立该县首家省级研发中心，与俄罗斯签订100万美元出口合同。佳盛能源60兆瓦光伏发电项目二期工程并网发电，华润新能源19兆瓦风电项目开工建设。

汇集优势抓"修路"。着力实施"连接高速公路、提升主要干线、改造乡村道路"三项工程。长临高速古县连接线、古阳至交里县乡公路改造开工建设。10千米店西线改造、24千米农村公路安全防护、76千米农村公路完善提质等工程全部顺利完工，道路交通出行环境进一步优化。

铁腕行动抓"治污"。涧河工业园区生态移民搬迁先期搬迁138户。淘汰黄标车、老旧车330辆。取缔"小散乱污"企业4家。新建城关村、古阳村两个农村生活污水处理设施。PM2.5空气质量监测站建成运行，全年二级以上天数258天，优良率71.5%。

精准发力抓"扶贫"。严格落实"双签"责任制和八大工程20个专项行动，制定并推行《精准扶贫精准脱贫帮扶贫困户手册》。扶贫资金有效整合，统筹使用7784万元。核桃、油用牡丹、生猪养殖等特色产业稳步发展。28个易地扶贫搬迁集中点全部开工，实现了778户2601口人的"安居梦"。教育扶贫应助尽助，圆了537户贫困家庭孩子的"求学梦"。为贫困户每人购买70元大病补充医疗保险。各类金融机构为1356户贫困户发放贷款7310万元。7个贫困村实现摘帽、5156口人稳定脱贫。

倾情倾力抓民生。全年民生支出6.05亿元，比2015年增长13.4%。城乡面貌不断改善。向阳西街、龙泉街建成通车，岳阳路和朝阳路改造、延平路新建基本完成，涧河北路拓宽工程进展顺利；城市供水、供气、污水、雨水管网等市政基础设施加快建设。文化旅游有效融合。全国县级文明城市创建年度测评顺利过关；成功举办第九届"天下第一牡丹"文化旅游节，电影《牡丹仙子》在全国公映。教育事业加快发展。北平、旧县、郭店3个幼儿园顺利竣工；实施了古县一中标准化建设和教师绿色通道招聘工作；启动了"三优"评选活动；爱心助学活动资助357名贫困学生。健康古县有序推进。国家基本药物制度实现全覆盖；县医院增设透析科；建立流动医院，开展巡回诊疗；妇幼保健院、卫生监督所整体搬迁；成功创建"新一轮省级计生优质服务先进县"；建设农村无害化卫生厕所1000座；石壁乡顺利通过国家卫生乡镇复审。社会保障逐步完善。全民参保登记顺利推进，城乡居民基本医疗保险完成整合；企业退休人员养老金待遇进一步提高，城乡居民大病保险实现全覆盖，残疾人两项补贴制度全面落实；建成保障性住房306套，完成农村危房改造817户，推进3个乡镇5个村采煤沉陷区治理搬迁安置。

（古县人民政府办公室）

## 浮 山 县

**【自然概况】** 浮山县位于太岳山南麓、临汾盆地东缘，距离临汾市区35千米，全县辖2镇7乡、185个行政村、2个居民委员会，总人口13万人，县域面积938平方千米。浮山境内矿藏丰富，煤炭探明储量75亿吨，覆盖全县面积的80%，铁矿石保有储量3000万吨，石灰石探明储量2亿吨。

**【经济发展概况】** 2016年，全县地区生产总值44.6亿元，比2015年增长5.2%；规模以上工业增加值8.4亿元，增长15%；固定资产投资45.6亿元，与2015年持平；公共财政预算收入9051万元，完成市定目标；社会消费品零售总额8.6亿元，增长6.7%；城镇居民人均可支配收入26674元，增长6.4%；农村居民人均可支配收入8031元，增长7.4%；人均地区生产总值3.42万元；农林渔牧业总产值7.98亿元；粮食总产量10.1万吨。

*全力推进项目建设。*年初确定的42个重点项目，完成投资23亿元，完成年度计划的107.5%，项目建设"六位一体"指标任务均超额完成，市"百日攻坚"行动涉及的8个项目，全部实现开工。临浮一级路建设项目完成前期手续和用地规划调整；臣南河生态综合治理工程的两大核心工程——丞相河大桥和臣南河水库完成手续办理、征地拆迁和项目融资，全面开工建设；西气东输浮山段改线工程主体即将完工，在消除重大安全隐患的同时，为建设气化浮山提供了重要支撑。

*传统支柱产业巩固提升。*通过加快办证推动传统产业升级改造，全面提升铁矿、选矿企业的生产效率和规模效益。全县26家铁矿企业中，13家达到开工基建条件，复工复产的铁矿企业达到11家。新型材料产业蓬勃发展。广和年产50万支定影膜改扩建项目竣工投产，威盛达通综合建设项目完成主要设备订货，富达锆制陶瓷微珠加工项目一期工程完工。尾矿利用产业加快构建。晋盛50万立方米无机发泡多功能建筑材料建设项目基建完成，泡沫陶瓷、农林土壤改良剂、烧结砖和保温板材等尾矿资源综合利用项目正在加紧开展前期工作。新能源产业异军突起。华润风力发电项目，完成投资8.3亿元，53台机组实现并网发电；投资1120万元，建设了14座100千瓦的光伏发电站，新能源产业正在成为县域经济转型发展新的增长点。

*农业基础进一步夯实。*引沁入汾浮山供水工程累计完成投资2.2亿元，一期工程基本结束；投资4722万元，实施了中央财政小型农田水利工程，新增和改善灌溉面积2146.7公顷；完成水土保持综合治理面积1946.7公顷。农村土地承包经营确权登记颁证工作完成了调查和公示阶段任务。现代农业发展成效显著。有机农业、循环农业、休闲农业快速发展，完成现代农业投资项目14个；新增设施蔬菜100公顷，带动户均增收1.4万元；"印象田园"三大板块的基础设施和服务功能进一步完善，园区接待能力进一步提升。农村人居环境持续改善。投资2560万元，完成了两个省级美丽宜居示范村建设项目；实施农村饮水安全提质攻坚项目和集中供水改建工程，解决了6个乡镇、31个自然村、5624口人的饮水安全问题。通过领导包联、单位帮扶，产业扶贫、生态扶贫，光伏发电、易地搬迁等措施，顺利实现13个贫困村脱贫摘帽，1437户、4255口人稳定脱贫。

*基础设施建设力度加大。*投资2000万元，完成西关街、广电巷、新安坪巷等街巷改造工程；新增供热面积19.6万平方米，集中供热面积达到105.9万平方米；投资500万元，完成农贸市场建设并投入使用；投资3930万元，完成96套廉租房、100套限价商品房建设；投资299.6万元，完成农村危房改造214户。总投资1673万元的米家垣至史演河、北韩乡至浮山火车站公路改造工程完工通车；旅游公路、村道窄路拓宽及完善提质工程进展顺利；尧山森林公园太和桥工程完成基础桥墩施工；15千米的生命安全防护工程全部完成，交通设施大幅改善。城市管理方面，深入开展违法占地和违规建设整治行动，清查违法占地11.9公顷，处罚违规建设445处，罚款605万元，非法违法建设行为基本得到遏制。环境治理方面，投资295万元，完成柏村、聚粮污水管网建设工程；完成6家乡镇卫生院燃煤锅炉脱硫除尘器的安装工作；关停5家不达标的选矿厂；淘汰黄标车245辆、老旧车214辆。各项约束性指标全面完成，二级以上天数达到282天。

*社会事业全面进步。*继续巩固义务教育均衡发展成果，投资700余万元，购置更新教育教学设备；投资1670万元，改造三所中学塑胶操场，新建响水河中心幼儿园，启动三所小学教师周转宿舍建设项目，教育基础设施不断完善。公立医院改革稳步推进；县疾控中心、急救中心建设项目全面竣工；东张乡卫生院改扩建项目即将完工；820座农村改厕任务全面完成。县文化中心多功能数字影厅投入运营；标准田径场和足球场开工建设；17项传统文化形式列入市级非物质文化遗产名录；全年送戏下乡60场，文化下乡30场，极大地丰富了群众文化生活。实现城镇新增就业704人，各类保险累计参保13.2万人次；为2264户城乡低保户发放低保金1901.8万元；为2741名重度残疾人发放护理补贴157.3万元；投资85万元，实现了60岁以上老年人免费公交出行。

（浮山县人民政府办公室）

# 吉　县

**【自然概况】** 吉县地处山西省西南部、吕梁山南端、黄河中游东岸，属黄土高原残垣沟壑区，县域面积1777平方千米，辖3镇5乡、79个行政村、567个自然村，是国家扶贫开发工作重点县。吉县地势东高西低，海拔最高1820米，最低393米，壶口海拔450米。吉县属暖温带大陆性气候，四季分明，春季干旱多风，夏季凉爽宜人，秋季降雨集中，冬季寒冷干燥。吉县光照充足，年平均日照时数 2309.5 小时，大于10℃的有效积温 1689.6℃，无霜期年平均 196 天，年均气温 10.5℃，年均日较差 12.4℃，年均降水 496.2 毫米。全县总人口 10.96 万人。

【经济发展概况】 2016 年，全县地区生产总值 19.89 亿元；人均地区生产总值 1.82 万元；公共财政预算收入 1.1 亿元；农林牧副渔总产值 10.86 亿元；粮食总产量 2.96 万吨；工业总产值 10.02 亿元；社会消费品零售总额 7.36 亿元；城镇居民人均可支配收入 18478 元；农村居民人均可支配收入 4661 元。

苹果产业。建成有机果园 1666 公顷，完成高架微喷、引水进园 260 公顷，新栽果树 473 公顷，减密间伐 666 公顷，黑膜覆盖 533 公顷，培育"三新"带头人 420 名；吉县苹果打开了上海市场，并且成功出口美国、澳大利亚等国家，进一步扩大了销路。2016 年苹果产量 18 万吨，产值 7 亿元，果农人均果品收入 7500 元。

旅游产业。壶口景区全面加强管理，大力整治环境，有效提升服务，游客量、门票收入再创新高，2016 年接待游客 120 万人，门票收入 8600 万元。人祖山景区进一步完善基础设施，举办了一系列文化旅游活动，游客量大幅增长。2016 年，全县旅游综合收入 39.3 亿元，比 2015 年增长 30%。

脱贫攻坚。按照"五个一批、六个精准"要求，扎实推进各项工作。易地扶贫搬迁，开工建设 1162 户；光伏扶贫，又建成村级电站 20 个；产业扶贫，积极争取上级项目资金，盘活结转结余财政专项扶贫资金，扶持全县贫困村、贫困群众发展苹果、旅游产业；金融扶贫，撬动"富民贷"8276 万元，"强农贷"8739 万元；生态扶贫，确定建档立卡贫困户护林员 400 人，成立脱贫攻坚造林专业合作社 11 个；教育扶贫，投资 450 余万元，资助贫困大学生 278 人，贫困高中生 343 人，中职、高职学生 1917 人；社会保障"三项政策"全部精准到村、到户、到人，为建档立卡贫困人口办理了大病医疗补充保险。2016 年实际脱贫 1.39 万人，超出任务 39%，贫困人口降幅 81%。

社会事业。着眼统筹、公平、共享，全力做好群众最关心、最急需的民生实事。实施了校园危房改造、薄弱学校改造、农村中小学标准化建设等项目工程，实现了义务教育、高中教育、职业教育学费、住宿费、教材费免费全覆盖。县乡医疗远程会诊系统投入使用。新增城镇就业岗位 865 个，为吉县籍居民办理了人身意外伤害保险。建设了数字电影厅，拍摄微电影 8 部，10 件惠民实事圆满完成。新增集中供热面积 2.56 万平方米，改造燃煤锅炉 15 台，投入运营纯电动公交车 20 辆，淘汰黄标车老旧车 88 辆，全年二级以上天数达 331 天。

（吉县人民政府办公室）

# 乡 宁 县

【自然概况】 乡宁县位于山西省临汾市西隅，东与临汾尧都区、襄汾县接壤，西隔黄河与陕西韩城市相望，南与运城河津市、稷山县为邻，北接临汾吉县。全县共辖 10 个乡镇、182 个行政村、1113 个自然村，2016 年末全县常住人口 24 万人，是临汾市人口最多的山区县。森林覆盖率 29%，林木绿化率 49%，是临汾市林业资源最为丰富的县份之一。县域面积 2029 平方千米。煤田面积 1600 平方千米，占全县总面积 78%，是临汾市煤炭资源最丰富的县份。煤炭总储量 153 亿吨，可采储量 107 亿吨，其中2＃主焦煤是国家三大稀缺煤种之一，是全国三大优质主焦煤基地之一和全国首批 100 个重点产煤县之一。煤炭行业去产能后，全县保留 27 座矿井，设计年产能 2625 万吨。

【经济发展概况】 2016 年，全县地区生产总值 83.7 亿元，比 2015 年增长 4.5%；规模以上工业增加值 40.8 亿元，增长 4.8%；固定资产投资 84.7 亿元，增长 17.6%；财政总收入 20.4 亿元，增长 0.4%；公共财政预算收入 8.9 亿元，增长 5.5%；农林牧渔业总产值 6.48 亿元，增长 7.47%；粮食总产量 8.15 万吨，增产 8.15%；社会消费品零售总额 20.2 亿元，增长 7%；城镇居民人均可支配收入 26251 元，增长 6.7%；农民人均可支配收入 8744 元，增长 6.4%。

产业结构持续优化。开发整理土地 800 公顷，水保治理 2600 公顷，培训农民 1.4 万余人次。出台经济林秋冬季管护办法，建立高标准经济林示范园 269 个，建成农业科技试验基地 4 个，培育科技示范户 810 户，农产品加工销售收入突破 3 亿元。扎实推进煤炭供给侧改革，淘汰关闭煤矿 2 座，化解产能 90 万吨，矿井建设完成投资 18.2 亿元，3 座投产达效，6 座达到先进产能标准，生产原煤 1053 万吨。重点旅游项目完成投资 3.1 亿元，云丘山景区收入达 7300 多万元；为 18 家中小微企业发放"惠商贷"1840 万元，培育"小升规"企业两家，民营企业完成总产值 19.9 亿元，增长 3%。

脱贫攻坚持续推进。坚持精准扶贫，组建 96 个驻村工作队、2500 余名干部驻村帮扶到户，12 项帮扶措施落实到户。开工建设移民集中安置点 16 个，搬迁 674 户、2500 人。贫困户发展特色产业享受补贴 131.5 万元。落实教育扶贫补助资金 659.5 万元，扶贫培训 2000 余人次，实现就业 300 余人。471 人参加造林合作专业社,588人通过退耕还林每亩受益1500元。实施村级光伏扶贫项目6处。新建贫困村网络电商平台6个。全年发放“强农贷”“富民贷”2481.5万元,“股加贷”人均受益390余元。积极开展“访贫问寒送温暖”活动,捐资75万多元,慰问贫困户5000余户。投资159万元,为所有建档立卡贫困户购买大病补充保险和意外伤害保险,全年4694户、1.58万人实现脱贫。

城乡面貌持续改观。坚持纠防并举,以防为主,编制完成了“十三五”城镇住房发展、城市地下综合管线建设、海绵城市发展等12个规划。启动了劳动保障服务大厅和政务服务中心建设项目,实施了东城健康公园、粮食棚户区改造等工程,完成了吉河高速引线绿化亮化及辅道建设、城市天然气置换煤气、樊家坪公交总站建设等工程。拓宽改造窄路基道路30.6千米,实施道路生命防护工程17.9千米。220千伏输变电工程进展顺利,改造升级农村电网141.7千米。深入推进完善提质、农民安居、环境整治、宜居示范等“四大工程”,农村生产生活条件明显改善。扎实开展铁腕治污、环境卫生等专项整治行动,3家焦化企业完成烟气脱硫提标改造,1家焦化企业停产整顿,2家砖厂配套安装脱硫除尘设施,新建垃圾厂渗滤液处理站1座、污水处理站2座,完成农村清洁工程达标村70个,淘汰黄标车、老旧车400辆,新增供热面积10万平方米。实施了166户、548人的采煤沉陷区治理工程,地质灾害治理搬迁35户、140人,植树造林3200公顷。全年二级以上天数300天,优良比例82%。

社会事业持续进步。统筹资金1亿元,改造薄弱学校68所;补充教师105人,表彰奖励优秀教师260人;国家义务教育发展基本均衡县高标准通过督导评估认定。新医院装修工程加快推进;轮训乡村医生364人次;对1.8万名60岁以上老年人进行免费体检;药品零差率销售额2532万元;新农合参保17.1万人,参保率98.5%;国家新一轮计划生育优质服务县顺利通过验收。乡宁油糕、空心月饼制作技艺等11项非物质文化遗产列入市级名录,举办广场消夏月等文体活动80余场次,文化产业增加值达4213万元。设立县长创新奖,完成专利申报151件,引进推广新技术、新品种30余种,实施各类科技项目10余项。“乡宁广播电视台微信公众号”“智慧乡宁”手机台上线运营。城镇登记失业率控制在4.2%以内,发放各类低保、社保救助金5198.4万元。开工建设公租房110套,完成棚户区改造和公共租赁住房721套,1268户居民住房条件得到改善。8件惠民实事逐一落实,群众获得感明显增强。

(乡宁县人民政府办公室)

# 蒲　县

**【自然概况】** 蒲县位于吕梁山脉南端西麓、临汾西北部,总面积1510.61平方千米,辖4镇5乡、93个行政村,总人口11万人,其中农业人口8.6万人。

“一脉久远厚重的历史”。境内的薛关镇龙王庙细石器遗址发掘证实,远在1.2万年以前,就有先民在此繁衍生息。相传上古时期,唐尧之师蒲伊子曾隐居于此,县名由此而来。2600多年前为晋文公重耳受封之地,1700多年前是汉刘渊称帝建都之所。北魏太和二十一年(497)置石城县,隋大业元年(605)改为蒲县至今。

“一块资源富集的宝地”。境内有20余种矿产资源,尤以煤为最,储量大、煤质优、易开采。全县含煤面积1360平方千米,占总面积的90%以上,远景资源量131亿吨,已勘探查明资源量111亿吨,是全省重点产煤县,也是1/3焦煤最优质、最集中之地。依托丰富的矿产资源,经过多年的积累,形成了以煤炭为主导的产业结构,建设新型能源基地、现代煤化工基地条件得天独厚。

“一个区位独特的县份”。蒲县被誉为“西山锁钥”,是临汾通往隰县、大宁、永和及吕梁石楼、交口等县的门户,临午一级公路贯穿全境,40分钟可通达临汾市区。中南铁路、临吉高速蒲县连接线竣工通车,随着霍永高速蒲县连接线的开工建设,蒲县将成为西山地区重要的交通枢纽、最大的煤焦集散地。

“一方灵动秀美的山水”。境内奇峰异洞、大峡深谷、古老文物、建筑遗址构成了发展旅游业的独特优势。现有各类文物保护单位279处,已公布17处。自然景观有五鹿山国家级自然保护区、梅洞山天然林保护区、峡村峡谷等景区等,人文景观有国家级文物保护单位柏山东岳庙、井沟战役主战场遗址、真武祠、段云书艺馆等。全县林木覆盖率53.5%。县城海拔960米,是临汾市海拔最高的县城,平均气温比尧都区低3℃～5℃,是避暑休闲的好地方。

**【经济发展概况】** 2016年,全县地区生产总值55.68亿元,比2015年增长3.8%;规模以上工业增加值37.8亿元,增长9.3%;一般公共预算收入7.1亿元;固定资产投资70.2亿元,增长15.9%;社会消费品零售总额7.8亿元,增长7.3%;城镇、农村居民人均可支配收入分别达到24252元和7871元,分别增长5.1%和6%。

脱贫摘帽夺取新胜利。研究出台脱贫攻坚《三年行动计划》《2016年行动计划》,成立脱贫攻坚和干部帮扶两个领导小组,构建“三包五到”精准帮扶机制，全党动员、全民动手，县乡村企合力攻坚，扎实推进富民产业、转移就业、易地搬迁、教育救助、生态补偿、社保兜底“六大工程”。总投资12亿元的天津宝迪百万头生猪养殖项目签约落地，开启了“龙头企业＋合作社＋基地带农户”的产业扶贫模式。全年脱贫2438户、7367人，退出10个贫困村，超额完成省定减贫任务。

*产业转型实现新突破。*工业转型步伐加快。现代化矿井建成投产15座，联合试运转1座，化解过剩产能关闭1座，全县形成煤炭产能1635万吨。山煤300万吨重介选煤二期竣工投产，全县煤炭洗选率达到95%以上。煤电铝一体化、江苏润晶光伏发电、远景能源风电等转型项目积极推进。农业升级成效明显。核桃标准化管理达到3000公顷，被评为省级核桃栽培标准化示范区。正茂核桃有限公司被列为全省核桃加工实训基地；马铃薯种薯繁育体系建设荣获年度“市长创新奖”。构树种苗研发基地建成投用，被列为全省构树扶贫试点县。第三产业不断壮大。电子商务综合平台建设完成项目申报和人员培训；“佳乐文创园”建成投用，众创空间通过市级认定；白杞柳手工艺品进驻侯马免税电子商务平台；中小企业实现营业收入12亿元，上缴税金1.45亿元，实现了较快增长。

*城乡建设再上新水平。*坚持城市扩容和功能完善并重，统筹推进28项城建重点工程，锦绣小区和鹿城山水小区一期竣工，鹿城山水小区二期完成主体工程，保障性住房三期3栋竣工、3栋完成主体，西气东输改线工程进展顺利，省级卫生县城实现五年联创。全面加快路、水、电等基础设施配套，霍永高速连接线加紧建设，井山线、蒲红线拓宽改造完成路基。四沟水库主体完工，刁口水库完成基础灌浆，化乐水库列入全省计划；实施小农水工程，新增灌溉面积1133.3公顷。建成4G宽带网络基站181个；完成农网改造32千米，薛关35千伏变电站增容工程建成投用。

*生态提升展示新形象。*加快西山片区国家主体功能区试点建设，完成营造林4493.3公顷，林木覆盖率54.5%；打造西河沟万亩造林精品工程，全市造林绿化现场会在蒲县召开。实施百里昕水河生态综合修复工程，集中开展了水土流失治理、河道清障清淤等专项行动。被评为省级乡村清洁工程农村垃圾治理示范县。严格落实污水排放源头治理责任，城区水源地水质达标率100%，工业用水重复利用率达到90%以上。城区二级以上天数达到316天。

*民生改善收获新成果。*启动第二轮教育振兴“三年行动计划”，顺利通过国家义务教育发展基本均衡县验收。荣获“山西省文化先进县”称号，县蒲剧团被评为“全国服务农村服务基层文化建设先进集体”。全年新增城镇就业1335人，转移农村剩余劳动力1437人，创业带动就业456人，被列为国家级农民工返乡创业试点县。大力发展卫计事业，深入推进公立医院改革，城乡医疗卫生服务水平不断提升，再次荣获“全国计划生育优质服务先进县”称号。开展全民健身运动，荣获首届全国“万步有约”健走大赛山西赛区第一名。实施安居工程，完成232户农村危房改造，287套廉租房全部分配到户。

*改革开放呈现新气象。*全面深化行政审批制度改革，开通重大项目并联审批和“五零”服务机制，审批时限大幅缩减。行政单位公车改革任务圆满完成。政府采购改革成效明显，全年节约财政资金199万元。农村产权改革稳步推进，规范流转土地2200公顷，确权土地2.33万公顷。引深“双创”工作，申报高新技术企业1家，发掘培育发明专利10项、实用型专利2项，孵化省市级科技项目4个。连续荣膺“全国科普示范县”称号。开展招商引资活动5次，签约项目11个，签约资金201.3亿元。

（蒲县人民政府办公室）

# 大宁县

**【自然概况】** 大宁县位于山西省吕梁山南端、临汾市西部、黄河东岸。全县总面积967平方千米，现辖2镇4乡、84个行政村、309个自然村，总耕地面积1.63万公顷，总人口6.9万人，其中农业人口5.2万人。

北周保定元年（公元561年）始置大宁县，距今已有1456年的历史。地貌属黄土高原残垣沟壑区，有“三川十垣沟四千，周围大山包一圈”之说。海拔最高1740米，最低481米。年平均气温10.9℃，昼夜平均温差12.7℃，年平均日照数2466.7小时，无霜期213天，年均降雨量493毫米，四季分明，光照充足。昕水河、义亭河纵贯全境，可利用的小泉小水有198处，全县水资源总量为4769.6万立方米。已探明的煤炭、煤层气、黄河砂岩储量分别在21亿吨、300亿立方米、30亿立方米以上。人文和自然景观有二郎山原始森林、黄河仙子祠、新旧石器遗址等。

**【经济发展概况】** 2016年，全县地区生产总值5.17亿元，比2015年增长12.9%；固定资产投资18.37亿元，增长51.9%；一般公共预算收入3101万元，好于年初计划；社会消费品零售总额3.17亿元，增长7.7%；工业增加值1373万元，增长4.8%。居民人均可支配收入8789元，增长7.4%，其中，城镇居民可支配收入17484元，增长5.7%；农村居民可支配收入 2905 元，增长 8.0%。

坚持以转型升级为重点，产业发展后劲增强。按照国家级水果出口质量安全示范区的要求，高标准打造了 6 个苹果出口基地示范点；依托沿川 100 公顷设施蔬菜大棚基地，逐步推广香菇、双孢菇、草莓等新品种，提升了大棚蔬菜的经济效益；新建标准化养殖场 3 个，生猪饲养量达 4 万头，生产有机肥料 8.37 万吨。坚持把煤层气、光伏发电等绿色新能源产业作为大宁县新的经济增长点和工业发展的重中之重。煤层气勘探工作及产能建设扎实推进，全年新建钻井 10 口，钻井累计达到 50 口，年产气量 2 亿立方米；山西宁扬能源公司 30 万立方米煤层气液化调峰项目全面启动；正午日电 20 兆瓦光伏地面站进展顺利。

坚持以改革开放为动力，发展潜能得到激发。持续推进简政放权，放管结合，县本级行政审批项目精简至 102 项；加大预算统筹力度，扩大预算公开范围，提高了预算透明度；加强耕地保护，坚守耕地红线，建立了农村产权交易市场，完成了 28 个村委的财务审计；深化商事制度改革，全面实施“五证合一”，进一步简化了登记手续；大力推行 PPP 模式，开展政银企对接，为政拓、辰康等企业协调融资贷款 4438 万元。加快构建开放型经济新体制，积极承接发达地区产业转移，签约项目 3 个，签约资金 76 亿元。

坚持以人民群众为中心，社会事业全面进步。针对无劳动能力的贫困人口，通过农村低保、城乡居民基本医疗保险、医疗救助、贫困户大病医疗保险和意外伤害保险等社会保障制度来兜底脱贫。全年共计 17 个贫困村摘帽，1777 户 4402 人脱贫，贫困发生率由 35.9% 下降至 24.9%。加快发展文化教育事业。成功举办了西山七县篮球赛，开展了文化消夏月和“美丽大宁乡村行”送文化下乡活动，完成了 3D 影院改造任务。顺利通过“全国义务教育发展基本均衡县”评估认定；继续实行从学前教育到高中阶段教育 15 年全免费，为全县中小学校学生免费订制了运动服；稳步推进义务教育阶段学生营养改善计划，县财政为农村学生每人每天补助 8 元，实现了全县农村学校学生食宿全免费；昕水中学改扩建一期工程主体完工，教师校长交流工作扎实开展，招聘特岗教师 24 名。提升卫计水平。继续实施国家药物制度，县中两院全部实行药物零差价销售；实施了卫生计生系统业务用房建设项目；开展卫生计生人才综合培养试点工作，全面启动了“施慧达”全科医生培养计划；全县新农合参合率 96.18%。全面加强社会保障。深入实施就业优先战略，新增就业人员 557 人，创业带动就业 352 人，城镇登记失业率控制在 3.68% 以内；建成各类保障性住房 502 套，改造农村危房 166 户；完成了城乡居民医疗保险整合工作，为全县所有公民缴纳了自然灾害公众责任险，实行城乡居民有线电视收视全免费。

强化“绿色发展理念”，加大生态保护力度。实施三北防护林、天然林保护等重点工程，全年完成营造林 3880 公顷；实施了而吉西沟生态综合治理工程，治理水土流失面积 620 公顷。集中推进大气、水体、土壤污染防治三大战役，全县空气质量二级以上天数达到 313 天，饮用水水源地水质达标率 100%；不断加大节能减排工作力度，完成了集中供热煤改气工作，报废淘汰黄标车和老旧车 50 辆。

坚持以统筹城乡为抓手，人居环境不断改善。深入开展“打非拆违”专项整治活动，实现了新增违建“零增量”、存量违建“负增长”，维护了城市规划的严肃性。扎实推进城市人居环境改善，完成了全民健身广场工程，实施了全民健身广场至南山公园天桥工程，完成了小冯新区道路二期工程和二级客运站改扩建工程，新建改造供水管网 2 千米，新建供气管网 10 千米。不断改善农村人居环境，完成道路改造 26.85 千米，硬化农村道路 13 千米，加宽路面 5.5 千米；新建农村饮水安全工程 11 处；绿化村庄 3 个；改造农网 40.97 千米；改扩建农村幼儿园 1 所；新建农村老年人日间照料中心 1 个；完成农村污水处理工程 2 处。美丽宜居示范村“三级联创”工作扎实推进。

（大宁县人民政府办公室）

# 永 和 县

**【自然概况】** 永和县地处吕梁山脉南端、黄河中游晋陕大峡谷东岸、临汾市西北边缘。县境东西宽 41 千米、南北长 46 千米，总面积 1212 平方千米。全县人口 6.5 万人，其中农业人口 5.3 万人，辖 2 镇 5 乡、79 个行政村，是革命老区、省界边区、国家扶贫开发工作重点县。全县可利用土地面积 11.3 万公顷，人均占有 1.75 公顷；现有耕地面积 2.3 万公顷，人均 0.36 公顷；基本农田 0.78 万公顷，人均 0.12 公顷；林地面积 7.9 万公顷，野生林 200 余种。境内蕴藏高品质的非常规天然气，储量约 1124 亿立方米，可开采量 500～770 亿立方米。

**【经济发展概况】** 综合实力全面增强。2016 年，全县地区生产总值 7.95 亿元，比 2015 年增长 10.1%；社会消费品零售总额 4.55 亿元，增长 7.2%；固定资产投资 16.95 亿元，增长 33.2%；工业增加值 5765 万元，增长 13.5%；财政收入 1.58 亿元，增长 57.64%，其中，一般公共预算收入 7629 万元，增长 41.30%；城镇居民人均可支配收入 19366 元，增长 7%；农村居民人均可支配收入3221元，增长8.3%。

脱贫攻坚首战告捷。2016年，实施产业扶贫、生态扶贫、光伏扶贫、健康扶贫等十大扶贫工程，完成了15个贫困村摘帽、1047户3083口人的脱贫任务。381户贫困户享受了“千人脱贫项目”补助，户均增收5000元；172名贫困人口被选聘为护林员，人均增收7000元；433户1643口贫困人口购买了住房；404名普通高考达二本线以上大学生、中等职业教育贫困生和学前入园贫困儿童享受教育资助共计58万元；建成村级光伏电站25个；改造“农家乐”78个；成立网店、电商公司55个，交易总额达到2200余万元；为连续4个月以上外出务工的贫困人口人均奖补2000元；发放“强农贷”“富农贷”2587万元。为所有贫困户购买了意外伤害扶贫保险、大病医疗补充扶贫保险、人身综合保险三份保险；积极探索“公司＋贫困村＋贫困户”资产收益扶贫新模式，开辟了新的扶贫途径。

转型升级优势凸显。农业方面，发展核桃579公顷，完成科技管护1300公顷，红枣、核桃、苹果产量分别比2015年增长20%、30%、15%。完善了芝河源头、阁西垣、桑壁垣三大农业园区建设，完成坡耕地改造553公顷，生态防护林376.7公顷，新增耕地108.5公顷，改造中低产田93.3公顷，完成了5级提水泵站主体工程建设，为发展高效现代农业奠定坚实基础。成功列入国家农业综合开发项目示范县。工业方面，投资6.8亿元，完成了19口水平井钻探、24口井压裂试气和集气站三期工程建设，年产能达到10亿立方米，上缴税费4954万元，占到财政收入的31.65%。投资1亿元，完成了官庄110千伏变电站建设，有效保障了进驻工业园区下游企业的用电需求。旅游方面，高质量实施旅游公路建设项目，完善了景区公路网络；实施乾坤湾景区基础设施建设，服务功能进一步提升；高标准完成红军泉二期工程及景区亮化工程，增添了新亮点。同时，加大宣传推介力度，央视《文明密码》《食尚大转盘》《道德观察》等12个栏目以及山西电视台、黄河电视台、临汾电视台，先后走进永和，多角度、大力度宣传推介，带动旅游产业强劲发展。

城乡环境日益改善。城市建设上，投资3500万元，重点实施了永红大桥及南端拓宽改造、城东路南端排水管网改造、芝河河道配套污水管网建设、城区巷道和县城至交口段公路亮化、城区公厕、无害化厕所改造，城市服务功能进一步完善。新农村建设上，实施了完善提质、农民安居、乡村清洁、宜居示范“四大工程”，解决了4000余口人的饮水安全问题；完成了36千米的农村公路改造、21.7千米芝河源头精品农业园区道路硬化；完成了116户地质灾害治理搬迁、963户农村危房改造；巩固了省市县美丽宜居示范村创建成果，有力带动了全县农业更强、农村更美。生态环境建设上，高标准实施荒山造林、天然林保护和城区绿化工程，完成了1533公顷三北防护林建设和533公顷林地补植补造，营林面积3780公顷，全县森林覆盖率达到28.3%，林木绿化率达到37%。

民生福祉大幅增进。教育方面，实施了义务教育“全面改薄”、教育信息化工程，教育教学条件不断完善；招聘特岗教师和公益性幼儿教师49名，解决了教师短缺问题；开展“三优”培养工程，6名教师被评为市级百优教师；顺利通过了国家义务教育均衡县达标验收工作。医疗卫生方面，深入推进医药卫生体制改革，医疗服务水平全面提升。县医院成功创建综合性二级甲等医院，投资1亿元的新医院综合大楼完成了门诊楼地下基础建设，预计2018年投入使用。启动“健康永和”建设，为3601名因病致贫的贫困人口建立“健康档案”，提供了全方位、全周期的健康服务。文体事业方面，举办了孔子诞辰读书教育活动、纪念红军东征胜利80周年红歌会、毛主席诞辰123年周年纪念活动；创作了歌曲《我在奇奇里》；影印了民国十九年永和县志；组织参加全市“梨花奖”广场舞大赛和西山篮球赛，分别荣获二等奖和第四名的好成绩；开展元宵节社火系列活动和全民健身、消夏篮球赛等群众性文体活动，丰富了群众文化生活。民生保障方面，全年共发放各类救助资金1913万元，新农合参合率99.6%以上。持续实施四大“暖心”工程，为全县80岁以上老人发放生活补助74万元；高考达二本线以上考生资助9.5万元；免除了高中教育阶段学费和住宿费92万元，为全县群众参加的小额人身意外险、自然灾害人身意外伤害险、见义勇为人身意外伤害险三份保险共理赔227万元，37个困难家庭得到救助。

（永和县人民政府办公室）

# 汾西县

**【自然概况】** 汾西县位于山西省中南部、临汾市北部，县域面积880平方千米，辖5镇3乡1个社区126个行政村（居委会）、484个自然村，总人口14.8万人，其中农业人口12.97万人。汾西是革命老区，也是国家级扶贫开发工作重点县，属典型的黄土高原残垣沟壑区，以山地、丘陵为主，是以旱作农业为主的山区农业县，沟坝地闻名全国，肉鸡、核桃产业已发展成为农业特色产业。汾西县境内矿产资源丰富，主要矿藏有煤、铁、铝矾土、石膏等，煤炭地质储量16.6亿吨，铝土矿地质储量15亿吨，石膏矿地质储量10亿吨，铁硫铁矿地质储量4.8亿吨，矿石地质储量2.1亿吨。汾西文化底蕴深厚,北齐置县,至今已有1400年历史,有国家级文物保护单位师家沟清代民居、山西省重点文物保护单位真武祠、吉祥墓碑。汾西县交通便利,东距南同蒲铁路、大运高速、108国道17千米,省道临桃线贯穿南北,霍永高速横跨东西。

**【经济发展概况】** 2016年,全县生产总值20.9亿元,比2015年增长5.9%;规模以上工业增加值4.6亿元,增长6%;固定资产投资42亿元,增长28%;社会消费品零售总额11.8亿元,增长7.8%;城镇居民人均可支配收入23582元,增长7.2%;农村居民人均可支配收入3374元,增长7.6%;一般公共预算收入6593万元,增长18.5%。

重点工程建设成效显著。全年开工建设重点工程43项,开工率95.5%;完成投资41.8亿元,占年度投资计划的110%。特别是一些打基础、利长远、调结构、促发展的重点工程取得实质性进展。以工代赈、农业开发、土地整理等项目顺利竣工;北掌水库完成基础开挖、坝肩削坡、导流泄洪洞建设工程;酸铁联产项目取得省政府协议出让硫铁矿探矿权的批复,即将进入招拍挂出让程序;其亚铝业项目进展顺利,完成了厂区勘察、场地平整、征地拆迁、采空区治理、用地规划指标上报等工作。

年度脱贫目标顺利实现。严格实行县乡村三级脱贫攻坚党政"一把手"负责制、帮扶单位和党员干部"两包三到"责任制,签订了责任书,立下了军令状。出台1个实施意见、6个办法、13项行动计划。全年整合扶贫资金1.48亿元,精准识别贫困人口,精准确定帮扶项目,精准投放扶贫资金,精准考核减贫成效。实施县乡村各类产业项目86个,带动贫困户2163户6708人,增加贫困户收入738万元;组建扶贫攻坚造林专业合作社39个,确定贫困户生态护林员151人、农村公路养护公益性岗位105人,带动贫困户增收375万元;建成并网10兆瓦企业光伏电站两座、100千瓦村级光伏电站28个、5～20千瓦户用光伏212户,贫困户受益达到938万元;筹建乡村电商服务站18个,培训转移就业2850人,实现贫困户增收3420万元;落实健康扶贫、民政扶贫、教育扶贫、残疾人帮扶等社会保障政策,补助资金5770万元。共计实现26个贫困村摘帽、8112人脱贫。

三大产业发展提质增效。2016年新建肉鸡养殖棚6个,全县达到298个,年出栏2300万只;新建核桃经济林666.7公顷,全县达到1.19万公顷,挂果面积5333.3公顷。继续实施姑射山真武祠文物修缮保护、师家沟古建群环境整治等工程,积极开发旅游资源,文化旅游的知名度和吸引力明显增强。大力发展玉露香梨、苦荞、小米、桑蚕、药材、食用菌、大棚菜、肉羊、肉牛等特色种养产业,拓宽了农民增收渠道;进一步稳定粮食生产,总产量达到7.77万吨,增长37%。

城乡面貌得到大幅改善。实施了府南社区城中村改造一期、北街城市棚户区改造二期、城市集中供热二期、古郡新区生活广场绿化、马沟河流域城市污水治理二期、北外环至桃荣连接线等10多项重点工程。深入推进城市人居环境改善,坚决打击城市违法占地、违法建设行为,市容环境明显改善,城市形象不断提升。加快城乡交通基础设施建设,改造僧念至小河、细上叉至和平县乡公路35千米,实施公路安全防护工程33千米、农村公路养护195千米。深入推进农村人居环境改善和乡村清洁工程,完成了县域农村生活垃圾治理规划编制工作,创建省市县级美丽宜居示范村11个、清洁达标村50个。

倾心尽力惠民生。扎实开展环境污染专项整治,清理了团柏河、对竹河、勍香河等重点河道污染,依法取缔土小污染企业5家,强制拆除10蒸吨以下的燃煤锅炉22家,淘汰黄标车80辆、老旧车99辆。全年达标天数247天,增加34天。新建了县卫生综合业务用房。开展农村转移劳动力、城镇失业人员培训就业工作,落实了民政优抚、社会保障等各项政策。新建就业和社会保障服务中心。筹资1.49亿元,兑现了10个方面36件利民为民实事。

(汾西县人民政府办公室)

# 隰　县

**【自然概况】** 隰县,古称隰州,位于晋西吕梁山南麓、临汾市西北部,属黄土高原残塬沟壑区,总面积1415.3平方千米,辖8个乡镇、97个行政村、351个自然村,2016年末,全县总人口10.7万人。是国家级扶贫开发重点县。

隰县历史文化源远流长。建城已有2600多年的历史,公元前16世纪是商朝属下基方小国,春秋时代为晋文公重耳封地,后汉刘渊曾迁都于此。隋朝废郡置州,始以"隰"命名。民国元年,改为隰县。曾是临汾西山政治、经济、文化和商贸中心,素有"三晋雄邦""河东重镇"之美誉。

隰县地理位势独特。境内山峦连绵,丘陵起伏,地势东北高、西南低,最高点与最低处海拔相对高差1247米。地貌主要由三川(东川、城川和西川)、七塬(无愚塬、陡坡塬、乔村塬、北庄塬、唐户塬、阳头升塬、后堰塬)、八沟(刁家峪沟、卫家峪沟、朱家峪沟、石马沟、古城沟、南峪沟、峪里沟、回珠沟)和两条水系(城川河和东川河)组成。

隰县梨果生产历史悠久。春秋时期就有栽植记载,明清年间"隰州金梨”驰名大江南北，奉为宫廷贡品。现有梨果品种100余种，有的老梨树至今300年仍根繁叶茂、挂果不衰。隰县被农业部命名为“中国金梨之乡”，被国家林业局命名为“中国酥梨之乡”，是农业部确定的黄土高原梨果优势产业区，省政府确定的山西省中南部无公害果蔬高效产业区、玉露香梨基地县，临汾市政府规划的西山百万亩水果经济带。

隰县是旅游胜地。小西天佛教文化圣地悬塑艺术精美绝伦；明代大观楼气势非凡；紫荆山、五鹿山、堆金山及万亩梨园等绿色生态风景区山绿水蓝、群山翠染；中国梨博园农业生态景区风景秀丽、清纯秀美；晋西革命纪念馆、毛泽东主席东征路居地、午城战役遗址等红色革命旅游景点更是探究革命史迹、追寻先烈传统、弘扬革命精神的重要爱国主义教育基地。

隰县境内资源丰富。现已探明的矿产资源有煤、花岗岩、大理石、石膏、白云石、硅石、高岭土、膨润土、高铝黏土、石灰岩、石英岩等十余种。

**【经济发展概况】** 2016年，全县地区生产总值14.66亿元，比2015年增长9.4%；固定资产投资22.57亿元；公共财政收入7361万元；社会消费品零售总额9.7亿元，增长7.95%；城镇居民人均可支配收入21063元，增长5.3%；农村居民人均可支配收入5129元，增长7.7%。

产业结构不断优化。一产上，玉露香梨面积达到1.33万公顷，产量2.25亿千克；粮食总产量11万吨，大棚蔬菜、马铃薯、畜禽养殖等种养业稳步发展；发展家庭农场105家，农民专业合作社129家。二产上，晋煤集团果品冷链仓储物流、好乐佳冻干食品等产业化项目顺利实施，京润泽数字化果业基地建成投产；瑞弗莱克煤层气勘探、地热开发、天然气利用等新能源产业加快推进，浙江盾安98兆瓦风电项目开工建设。三产上，隰县纳入了全国第二批全域旅游示范区；成功引进西子集团，紫荆山综合开发项目达成协议；建成农村电商扶贫培训基地，组建158个农村电商服务站，线上线下销售额突破亿元；全年旅游总收入15.6亿元。

精准脱贫取得实效。产业扶贫上，启动新大象百万头生猪养殖和晋龙公司百万只蛋鸡养殖项目。电商扶贫上，先后举办农村3期大讲堂和10期培训班，培训5000余人，电商扶贫销售额达到1771万元。光伏扶贫上，建成34个村级光伏电站，扎实推进分布式屋顶光伏电站项目。生态扶贫上，聘用护林员255人、乡村保洁员217人，造林合作社吸收贫困户545户。教育扶贫上，全年帮扶贫困学生3275人，资助减免各类费用1066万元。易地搬迁扶贫上，完成1231口人搬迁任务。金融扶贫上，金融机构风险补偿金由500万元提升到1635万元，发放扶贫小额贷款1.28亿元。兜底扶贫上，将2294户、5478名贫困户纳入低保范围，856户贫困户进行危房改造。健康扶贫、科技扶贫、旅游扶贫等工作同步推进。

城乡面貌展现新颜。城镇化率达到43.9%。投资1.32亿元，配套完善水、暖、气、路等市政基础设施，县城生活垃圾无害化处理率、供水普及率均达100%，污水处理率达90%，集中供热、燃气普及率达70%。实施洪永线、太和路、均岭线、回古线等公路改造工程，电动公交覆盖8个乡镇，全县公路通车总里程达865.97千米。新增城市绿化面积8.1万平方米，造林5333.3公顷，水保综合治理2266.7公顷，淘汰黄标车152辆，全县森林覆盖率29.68%，二级以上天数333天。

民生事业持续发展。全年民生支出8.32亿元，占一般公共预算支出的67.2%。新建三中、四中教学楼和两所幼儿园，完成龙泉小学、北城中学续建项目。公开招聘一中校长，培训教师500余人次。8个乡镇文化站建成使用。完成新医院住院楼和医技楼主体工程，新建33个村卫生室。新农合参合率稳定在98%以上，人均筹资标准提高到530元。各类参保人数10.76万人，五项保险征缴发放3.29亿元。城镇新增就业1000人。开工建设保障性住房504套。

（隰县人民政府办公室）

# 安泽县

**【自然概况】** 安泽县位于山西省南部、临汾市东部、太岳山东南麓，地处临汾、长治、晋城三市交界。全县辖4镇3乡、104个行政村和1个社区服务中心、4个社区居委会，总面积1967平方千米，2016年末总人口8.3万人。

安泽历史悠久。早在五千多年前就有先民定居，西汉时设立县治。魏晋南北朝时，因其位于安吉、泽泉两地之间，故取两地首字而称“安泽”，蕴有“安居吉地，泽泉美境”的内涵，县名沿用至今已有1479年的历史。安泽古风承袭，历史人文底蕴深厚，不仅孕育了“五夫三卿、四代八杰”的晋国上大夫郤芮、冀缺一家和协助司马光编纂《资治通鉴》的刘恕等历史名人，还诞生了伟大的思想家、教育家、文学家、先秦“诸子百家”集大成者——荀子。这里也是太岳革命老区，刘少奇、朱德、邓小平、陈赓、薄一波等老一辈革命家曾在这里生活、战斗过，现存太岳军区司令部、太行行署、邓小平路居地等革命旧址。

安泽资源丰富。全县煤炭资源面积达1944平方千米，贮量240多亿吨，均为优质主焦煤和优质电煤，煤层气储量多达4400多亿立方米。粮食作物以玉米为主，年产量稳定在10万吨以上，杂粮有小麦、谷子、高粱、大豆和薯类等。野生植物多达1000余种，有药用价值的中药材400余种，尤其是野生连翘面积6.67万公顷，蕴藏量5000吨，占全国总产量的1/4。松蘑、草磨、木耳、羊肚菌等菌类物质，年产量可达2000吨。

安泽生态良好。是国家级生态示范区、省级森林公园，也是全国首家通过ISO14001国际环境管理体系认证的县。拥有麻衣寺、黄花岭、青松岭、安泰山和荀子文化园等五个省级森林公园和红泥寺省级自然保护区。全县林木覆盖面积13.2万公顷，林木绿化率67.2%，居全省首位；水资源丰富，有较大的河流23条，小泉小水145处，黄河一级支流、全省第二大河——沁河由北而南贯穿全县109千米，人均水资源占有量2500立方米，是全省人均占有量的9倍。

【经济发展概况】 2016年，全县规模以上工业增加值增长4.4%，高于全市增速4.8个百分点，有力促进主要经济指标实现“下半年好于上半年”的目标。全县地区生产总值增长2.9%，增速比上半年提高0.2个百分点；固定资产投资55.9亿元，减少11.8%；一般公共预算收入完成3亿元，下降3.3%；社会消费品零售总额增长6.6%；城镇居民人均可支配收入增长5.7%；农村居民人均可支配收入增长6.7%。

产业转型步伐加快。优化农业生产布局，在稳定有机玉米种植规模的基础上，不断壮大以野生连翘为主的中药材抚育基地，7个乡镇及国有林场完成野生连翘抚育133.3公顷。加快发展黄牛、猪、羊、家禽等健康养殖业，推动农业增效、农民增收。突出抓好工业转型标杆项目建设，为投资企业提供“保姆式”服务，积极帮助耀阳公司解决用地、办理前期手续，耀阳光电200兆瓦/年光伏组件生产线项目建成投产；与中科院煤化所合作的永鑫年产1000吨甲醇制丙烯分子筛催化剂项目完成可研，省发改委已备案。围绕建设“精品旅游县”目标，重点推进绿色生态游、红色文化游、休闲娱乐游。国庆期间，同时举办和川岭南休闲娱乐游，府城红叶岭、马壁龙门口绿色生态游，杜村红色文化游等多个乡村旅游节活动，接待游客32万余人次，旅游综合收入4800余万元，有力促进了乡村旅游向全区域、全要素、全产业链发展。

脱贫攻坚首战告捷。按照“六个精准”和“五个一批”的要求，扎实推进光伏扶贫、油用牡丹种植、易地扶贫搬迁等工作。光伏扶贫方面，在和川镇、马壁乡、杜村乡选择采光较好的3个村，集中力量，统一施工，完成3800千瓦的集中式光伏发电项目建设。集中式光伏电站不仅节约土地、缩短工期、便于监理，还大大降低了后期的管理和维护成本，年可带动40个贫困村增收500万元以上；采取政府贴息的方式，帮助169户贫困户安装4千瓦～8千瓦的屋顶分布式光伏电站，并网发电后，平均每天每千瓦发电4千瓦小时，按照每千瓦小时0.98元的电价折算，户均年收益可达5000～1万元。油用牡丹种植方面，按照前三年每亩400元、200元、200元的标准补贴扶持贫困户，推广种植566.7公顷。易地搬迁扶贫方面，采取“乡级规划、村级建设、住建监管”的模式，集中安置91户160人，安置房屋竣工率100%。通过实施脱贫“组合拳”，全县1678户4400名贫困群众实现稳定脱贫，脱贫率51.7%。

城乡面貌明显改善。围绕建设“山水田园城”目标，先后与山西建筑工程(集团)总公司、北京首创资本投资管理有限公司签订战略合作协议，积极破解了“谁来投资、谁来建设”等难题。突出抓牢基础设施建设，完成县城“一纵一横”改造提升“一纵”工程建设和还迁，强力推进“一横”工程拆迁；中南铁路安泽站站前广场和通站道路完成总工程量的90%以上；市定644户农村危房改造和32户农村地质灾害治理搬迁任务全部完成。

环境保护全面加强。大力开展大气、水、土壤污染防治工作，在全县开展拉网式环保督查整治活动，集中整治工业污染、燃煤污染、面源污染，改造燃煤营业性炉灶45个，淘汰黄标车及老旧车136辆。六项减排指标全部完成年度任务。全年二级以上天数322天，其中一级天数43天，全市排名第三位。沁河水质稳定保持在三类水质以上。

民生事业加快发展。重点实施了和川、杜村、良马中心幼儿园建设和教育信息化提升工程。完成了县医院医技门诊综合楼、中医院住院楼主体和杜村乡卫生院业务用房建设。“新农合”参合率稳定在99%以上。全年新增就业岗位878人，转移农村劳动力1882人。

（安泽县人民政府办公室）

## 运城市

【自然概况】 运城，古称“河东”，位于山西省西南部，北依吕梁山与临汾市接壤，东峙中条山与晋城市毗邻，西与陕西省渭南市、南与河南省三门峡市隔黄河相望。2000年撤地设市，辖1区2市10县、149个乡镇(街道办事处)、3196个行政村，市域面积1.4万平方千米。2016年末全市常住人口530.5万人，常住人口城镇化率达到47.65%，是山西省第一人口大市、传统农业大市和新兴工业城市。

运城市地处北纬 34°35′～35°49′之间，属于暖温带大陆性季风气候，平均海拔 350～400 米，气候温和，土壤肥沃，光照充足，2016 年平均气温 14.4℃，总降水量 504.8 毫米，总日照时数 2057.6 小时。

运城是中华民族重要发祥地之一，历史悠久，文化底蕴深厚。古老的运城盐池有 4000 多年的开发历史。舜都蒲坂、禹都安邑及中国奴隶制社会第一个王朝—“夏”的都城，均建在运城。全市不可移动文物6729 处，其中，国保文物 90 处、省保文物 79 处，关帝庙、鹳雀楼、永乐宫、普救寺、黄河大铁牛、闻喜裴氏宰相村等享誉国内外。

**【经济发展概况】** 2016 年，全市生产总值 1222.3 亿元，比 2015 年增长 4%，三次产业占生产总值的比重分别为 16.5%、36.3%和 47.2%，人均地区生产总值 2.31 万元；农林牧渔业总产值 409 亿元，增长 0.4%；规模以上工业总产值 1291.1 亿元，规模以上工业增加值 226.3 亿元，增长 2.3%；固定资产投资 1483.7 亿元，增长 8.2%；社会消费品零售总额 704.7 亿元，增长 6.6%；财政总收入 106.1 亿元，增长 0.6%；一般公共预算收入 59.1 亿元，增长 5%；外贸进出口总额 80.1 亿元，增长 9.2%，其中，出口 21.4 亿元，增长 4.6%；城镇居民人均可支配收入 25636 元，增长 6.6%；农村居民人均可支配收入 9365 元，增长 7.4%。

*以“三个一百”为抓手，大力推进实体经济发展，经济增长的质量和效益进一步提升。*扎实开展干部入企服务、项目大起底，有效推进帮扶 100 个左右重点企业解困，推动 100 个左右在建重点项目建设，促进 100 个左右重点招商项目签约落地“三个一百”工作，解决资金、土地、审批、人才等方面问题 652 个。2016 年实施招商引资项目 385 项，到位资金 613.9 亿元；新兴替代产业实现增加值 107.5 亿元，占规模以上工业的 47.5%。国澳崇基电梯项目建成投产，芮城光伏领跑技术基地项目开工建设。运城铝工业基地建设扎实推进，与山西铝厂签订了战略合作协议。中铝山西分公司 80 万吨氧化铝项目全面复产。华圣铝业实现用电直接交易，扭亏为盈。建龙钢铁重整海鑫顺利复产。“三去一降一补”效果明显，原煤、焦炭产量分别下降 9.9%和 6.2%，民生领域投资大幅增长。

*以现代农业为方向，深入推进农业供给侧结构性改革，“三农”工作进一步加强。*2016 年粮食总产量 321.5 万吨，亩产 344.5 千克。水果产量 585 万吨，蔬菜产量 258 万吨。油桃出口澳大利亚，苹果出口加拿大、秘鲁，水果年出口量 15 万吨。首届运城国际果品交易博览会成果丰硕，签订 97 个项目，总投资 114 亿元。牧原、温氏、大象等畜牧养殖项目顺利推进，良种猪标准化养殖长荣模式得到推广，晋龙蛋鸡规模稳居全省前列。农产品加工销售收入 252.8 亿元。农村土地承包经营权确权登记工作基本完成，县、乡两级全部建立了农村产权流转交易中心。新型农业经营主体健康发展，农民专业合作社和家庭农场总数分别达到 1.29 万个和 1540 家。

*以培育战略性支柱产业为目标，加快文化旅游产业深度融合，服务业发展进一步提速。*举办了首届关公国际旅游节，以“全球华人朝拜圣地，关公故里，大运之城，山西运城欢迎您”为内容的城市形象宣传片，在央视综合频道、新闻频道和中文国际频道播出。着力打造盐池自然景观与关帝庙人文景观相融合的龙头景区，推进关帝庙、李家大院争创 5A 级景区。认真实施《运城市关圣文化建筑群保护条例》，永乐宫壁画保护工程顺利推进。依托夏县宇达、闻喜本命年两个国家级文化产业示范基地和绛州澄泥砚等省级文化产业示范基地，引领文化产业健康快速发展。2016 年全市旅游人数和旅游总收入均增长 30%以上，第三产业实现增加值 576.9 亿元，增长 6.4%。

*以中心城市建设为龙头，完善基础设施和公共服务，城乡一体化进程进一步加快。*紧紧围绕建设晋陕豫黄河金三角区域性中心城市的目标，统筹推进中心城市、大县城、小城镇和新农村建设。中心城区围绕城市道路体系、棚户区改造、公共文化和社会服务设施、城市水系等重点领域，实施重点工程 40 项，累计完成投资 11.1 亿元。创新城市建设投融资模式，以 PPP 模式实施的市民服务中心开工建设。编制完成城市水系规划。实施了中心城区集中供热扩网工程，新增热电联产供热面积 300 万平方米。全市新开工各类保障性住房 1.24 万套，基本建成公租房、棚户区改造安置住房 1.13 万套，均超额完成省定任务。完成农村危房改造 9220 户。

*以改革创新为动力，不断扩大对外开放，发展的活力和动能进一步释放。*完成了市县政府部门权责清单编制公布工作，取消、下放行政职权 195 项。财政预决算公开范围不断扩大。商事制度改革成效显著，市场主体达到 24 万户，增长 25.8%。大力推动农信社改制，10 个县(市、区)改制成功并挂牌运营。6 家村镇银行开业。积极推进机关事业养老保险制度改革，大力实施全民参保登记计划，城乡居民医保制度整合取得明显突破。城市公立医院综合改革试点工作启动实施，药品加成全部取消。成立了铝及铝加工、镁及镁加工、新能源汽车三个产业技术创新战略联盟。运城科技大市场建设有序推进。全年有效发明专利 700 件，技术合同成交额 7.3 亿元。F 型杂交小麦科研攻关取得重大进展，列入国家重点研发计划。星河众创空间被认定为国家级众创

空间。积极破解企业担保链困局，化解金融债务风险。金融业增加值占到地区生产总值的5.9%。企业应急转贷资金规模1.3亿元，累计服务企业150多户次，资金周转额累计达20亿元。"新三板"挂牌企业达到11家，募集资金超过7亿元。运城市产业引导基金总规模达到10亿元。积极推进开发区改革创新发展，明确了改革任务和产业布局。晋陕豫黄河金三角区域内基础设施实现互联互通，果业合作、文化旅游合作持续增强。

*以增进民生福祉为目的，持续保障和改善民生，人民群众的获得感和幸福感进一步增强。*2016年，全市民生领域支出239.6亿元，占一般公共预算支出的83.3%。城镇新增就业5.04万人，城镇登记失业率2.84%，居民消费价格涨幅1.3%。168个贫困村、6.07万名贫困人口实现脱贫。28所新建、改扩建农村幼儿园如期完工，盐湖、新绛、闻喜、河津完成国家义务教育基本均衡县达标验收。优化整合各类职业教育资源，成立八大职业教育集团，促进了产教深度融合。城乡低保标准提高。建成130家农村日间照料中心。群文舞蹈《扫街》荣获全国"群星奖"。完成农村公路建设改造815千米。环境质量持续改善，全年二级以上优良天数252天，比2015年增加15天。建立完善灾害性天气预警机制。成功抵御了20年来最大的汾河洪水。

（宁　江　张晓波）

## 运城市盐湖区

**【自然概况】** 运城市盐湖区地处华北高原，位于山西省南部，平均海拔370米，地势由东北向西南倾斜，南靠中条山，北依稷王山。大陆温带季风气候，光热资源丰富，年平均降雨量559.3毫米，年平均日照时数2247.4小时，年平均气温13.6℃。全区现辖7镇6乡9个街道办事处，279个行政村，88个社区。2016年全区总人口68万人，其中农村人口44万人。区域面积1237平方千米。

**【经济发展概况】** 2016年，全区地区生产总值224.9亿元，比2015年增长6%。社会消费品零售总额229.4亿元，增长6.6%。固定资产投资194.7亿元，增长15.1%。规模以上工业增加值11.02亿元，增长2%。外贸进出口总额2.15亿美元，增长45.5%。财政总收入31.09亿元，增长2.62%。一般公共预算收入8.6亿元，增长0.9%。城镇居民人均可支配收入27610元，增长7.1%。农村居民人均可支配收入10634元，增长7%。全年粮食播种面积4.53万公顷，总产量超过20万吨。果业种植2.33万公顷，果业总产量达70万吨。完成绿化造林2000公顷，森林覆盖率达到23.7%，其中双季槐和皂荚产业初具规模。

*工业经济在转型升级中呈现出良好态势。*扎实推进"三个一百"工作，认真开展干部入企服务，实施"一企一策"，精准帮扶、破难解困。全区新增中小企业305个，总数达到4738个；新增规模以上工业企业5家，总数达到55家，实现利润3亿元。强化产学研合作，增强企业内生动力，全区共发展高新技术企业18家、省级民营科技企业26家、省级工程技术研究中心2家、企业技术中心21家，全年发明专利165项，名列全市第一。

*商贸旅游在完善功能中增强了首位优势。*围绕建设功能性中心城市，优化产业布局，培育高端业态，提高配套能力。华曦广场、黄河世纪广场、鸿桥创业大厦等商业综合体投入运营；麦当劳、优衣库等知名品牌成功入驻；直营、加盟、特许经营等连锁店达到400余家，超市、专业店、专卖店、便利店遍布大街小巷；乐村淘、七品、新壹购、小二便利店等电商企业快速发展，增强了中心城区辐射带动力和核心竞争力。大力发展休闲旅游业，成功签约"袁家村·运城印象"旅游项目，完善会荣庄园、艺莲园、火龙果基地、桃园山庄等景点功能。全年旅游收入达到183亿元，增长34.9%；全年接待游客2246万人次，增长33.3%。

*"三农"工作在融合发展中激发出新的活力。*围绕农民持续增收这一核心，发展"健康+"有机绿色农业，拓展电商平台销售渠道，打造名副其实的专业合作社，调整优化产业结构，推动农村一二三产融合发展。新增27个"一村一品"专业村、20个家庭农场、5家龙头企业、59个农产品商标、8个"三品一标"、149家专业合作社。完成222个村土地承包经营权确权工作。完成262个村集体建设用地和宅基地使用权确权登记。

*民生实事在狠抓落实中全部兑现。*持续加大财政投入，投资34.4万元为全区1615名贫困人口缴纳医疗保险。完成3347人脱贫、3个贫困村摘帽。投资1200万元完成安邑、上王、三路里等5所乡镇卫生院改扩建工程。城乡居民医疗保险资源整合并轨，率先开通省内异地就医结算平台。解决了原二招、环卫、卫生系统等干部职工的养老保险问题。社会福利中心二期工程建成使用。为全区5.8万名60岁以上老人免费体检，为865名90岁以上老人发放69.2万元高龄补贴。新建的第二、第三实验幼儿园和实验小学五洲观澜校区如期开学，2800名学生实现了就近入学。完成67个村的568台农灌变压器、211千米供电线路改造。完成12个村的34台公用变压器、92千米主干线和94千米分支线改造。完成石碑庄站、峨嵋分干引黄一期工程，涑水

河一带8000公顷井灌变黄灌。完成解州连片供水水源工程，24个村近3万名群众生产生活用水得到了保障。

（盐湖区人民政府办公室）

## 永　济　市

**【自然概况】** 永济市地处山西省西南端，晋、陕、豫三省交会的黄河金三角区域中心。市域面积1208平方千米，辖7镇3个街道，265个行政村，23个社区居委会，2016年末常住人口45.9万人。永济历史悠久，古称蒲坂，史为舜都，后改为泰州、蒲州，一直是古河东地区的政治、经济、文化和军事中心。唐朝时，曾两建中都，蒲州城成为当时全国六大雄城之一；清雍正年间设置永济县名，一直沿用至今；1994年1月撤县设市。

**【经济发展概况】** 2016年，市域地区生产总值134.1亿元，比2015年增长2.4%，人均地区生产总值2.95万元；固定资产投资127.98亿元，增长10.7%；一般公共预算收入4.06亿元，增长0.1%；农林牧渔业总产值42.4亿元，增长1.7%；粮食总产量42.7万吨，增长0.7%；工业总产值236.76亿元，下降3.67%；社会消费品零售总额57.95亿元，增长6.3%；外贸出口总额2717万美元，增长50.2%；城镇居民人均可支配收入26366元，增长5.8%；农村居民人均可支配收入11640元，增长7%。

工业发展提质增效。积极落实惠企政策，全面加强“三个一百”工作和干部入企服务，一企一策、精准帮扶，先后解决困难问题170余个，粟海集团改制重组稳步推进，华圣铝业借力全电量电力直购政策一举扭亏为盈。鼓励企业强化科技创新，阳煤千军引进机器人浇筑单元生产的高档汽车配件供不应求；永济电机全年申请专利62项，被评为“国家两化融合贯标试点示范企业”。扎实推进工业项目建设，“上大压小”热电联产、麟龙铝合金连铸连轧生产线等11个项目建成投产。全力狠抓招商引资，实施招商项目50个，到位资金51.2亿元，工业发展后劲进一步增强。

现代农业迅猛发展。新发展干鲜果1866.7公顷，农业优势产业面积进一步扩大，设施化、科技化和机械化水平进一步提高。着眼于农业调产与旅游观光相融合，实施尧王洞天、紫韵花海薰衣草庄园等一批休闲观光农业项目，形成了集休闲采摘、乡村旅游于一体的现代农业发展新模式。积极扶持现有农产品加工企业发展，新建东信科技红枣加工、锦源食品菊花加工等项目7个，农产品就地转化率进一步提高，全年加工企业销售收入81.6亿元。大中型水库移民扶持、高标准基本农田整理等项目扎实推进，为现代农业发展奠定了更加坚实的基础。

人居环境持续改善。坚持强基础、补短板，“五城同创”走在了运城市前列。完成科技路、机电街等5条新开道路建设，中山街等街道架空电网入地、黄河大道污水导流等工程全面竣工。强力推进棚户区改造、伍姓湖污水处理厂升级、供热管网改造、农网中低压改造等基础设施项目，城乡功能更加完善。大力实施舜帝山山体色彩提升等造林绿化工程，完成滨河街、涑水东街等7条街道绿化提升，城市建成区新增绿化面积1.2万平方米，全市森林覆盖率达到26.8%。以西厢、太宁、水峪口等5个省级示范村为代表的“美丽乡村”建设成效明显。深入开展环保专项行动和“三治一化”行动，环境质量明显提升，2016年二级以上优良天数达到303天。

旅游突围初见成效。2016年，永济市成功入围国家全域旅游创建示范区，全面启动国有景区改制工作。神潭大峡谷玻璃栈道建成运营，成为晋南旅游又一亮点；五老峰基础设施提档升级、西厢名吃步行街等项目建成竣工，完成普救寺砖塔、东姚温砖牌坊等文保工程；深入挖掘地域文化，举办了五老峰登山节、鹳雀楼迎春灯会等10余项特色活动，进一步丰富了景区文化内涵。央视《风雨鹳雀楼》《相约普救寺》节目的成功播出，以及新媒体系列微推广活动的开展，极大提升了永济旅游景点的知名度。全年接待游客786万人次，增长33%；门票收入8002万元，增长99%，旅游经济效益和社会效益实现重大突破。

社会事业全面发展。坚持将脱贫攻坚作为第一位的民生工程，实施扶贫项目100余个，全年脱贫1255户3670人。乡村清洁工程、农村困难群众危房改造等“十件民生实事”圆满完成。大力压缩“三公”经费，全年民生支出15.3亿元，占一般公共预算支出的77.4%。深化医药卫生体制改革，落实分级诊疗制度，服务能力不断增强。非公经济单位参保、城乡居民基本医疗保险制度改革扎实推进。就业创业工作再上台阶，城镇登记失业率控制在3.2%以内。

（永济市人民政府办公室）

## 河　津　市

**【自然概况】** 河津市位于山西省西南部、运城市西北隅、吕梁山南麓、汾河与黄河交汇的三角地带。海拔高度在367.5米至1107米之间。东迎汾水与稷山县为邻，西隔黄河与陕西省韩城市相望，南有台地与万荣县毗连，北依吕梁山与临汾市乡宁县接壤。全市东西宽27.5千米，南北长35千米，面积为593平方千米，全市共辖2镇、5乡、2个街道办事处，148个行政村，2016年末常住人口40.95万人。

河津区位优越，地处晋陕峡谷南端，209国道、吉运高速、蒙华铁路纵贯南北，108国道、侯西铁路、侯禹高速横穿东西，"三纵三横"交通网络基本形成。

**【经济发展概况】** 2016年，河津市地区生产总值179.2亿元，比2015年增长2.2%；规模以上工业增加值47.9亿元，增长2.1%；固定资产投资150.1亿元，增长0.7%；一般公共预算收入7.58亿元；社会消费品零售总额74.2亿元，增长6%；外贸进出口总额2233万美元，增长90%。城镇居民人均可支配收入25695元，增长5.5%；农村居民人均可支配收入11993元，增长6.1%。

工业转型提速加快。按照"一上二转三延"的思路，积极促成运城市政府与中铝签订河津铝工业园区战略合作协议，阳光华泰72万吨煤焦油深加工、鑫银河铝型材等转型项目建成投产，华泽铝电、阳光集团等重点企业全面扭亏为盈，阳光华泰炭黑研发中心、津华药业重点实验室等科技平台建成投用，转型发展的动力不断增强。

帮扶企业措施得力。以纳入"三个一百"的16家企业和68家规模企业为重点，深入开展县处级领导包联和百名干部入企服务，先后解决远东特铝天然气供应、康庄焦化流资紧张等56个突出问题。

现代农业提质增效。创建高产示范基地6666.7公顷，流转土地6800公顷，全年粮食总产量19万吨。新增农民专业合作社48家，家庭农场19个。建设三北防护林666.7公顷，绿化景区33.3公顷、村庄20个。创建杨家巷、东辛封等一批美丽宜居示范村，农民群众生产生活条件得到有效改善。

脱贫攻坚全面铺开。严格按照"五个一批""六个精准"要求，整合各方力量，实行挂图作战，开展精准帮扶，8个贫困村的基础设施得到改善，226名大学生和中职生获得教育扶贫资助，1520名贫困人口入住新房，6285名贫困群众免费参加大病医疗补充保险，圆满完成501户、1434名贫困人口脱贫攻坚任务。

城乡建设扎实推进。坚持"大城区、小城镇、中心村"协同发展，完成城市总体规划和燃气、排水防涝专项规划，启动城市公厕和停车场等规划工作。莲池公园建成投用，吉河高速顺利通车，樊村、僧楼小城镇建设步伐加快，"五城同创"深入开展，城市品位进一步提升。

招商引资成效明显。抢抓黄河金三角承接产业转移示范区建设机遇，学习借鉴陕西富平陶艺村经验，规划建设河津琉璃灰陶文化产业园。组织14支招商分队到上海、新疆、无锡等地开展推介对接活动，先后引进江苏雪浪无缝钢管、上海毓德龙门古村落等19个项目，签约金额159亿元，到位资金54.8亿元。

民生福祉不断增进。坚持教育优先发展，投资9660万元，全力推进义务教育"全面改薄"工程，顺利通过教育部督导验收。积极发展卫生事业，总投资3.6亿元的市人民医院建成投用，并由省人民医院全面托管。加大社会保障力度，城乡居民医保、低保、养老等各项保障持续提标扩面。

（武彦青）

# 临猗县

**【自然概况】** 临猗县位于山西省西南部运城盆地北沿，西临黄河，东望太岳，北屏峨嵋岭，南面中条山。全县面积1339平方千米，耕地面积10万公顷，2016年末常住人口59.1万人，辖9镇5乡，375个行政村。

**【经济发展概况】** 2016年，县域地区生产总值138.14亿元，比2015年增长2.4%；规模以上工业增加值16.56亿元，增长2.2%；公共财政预算收入2.37亿元，增长0.11%；固定资产投资127.11亿元，增长16%；社会消费品零售总额63.23亿元，增长6.7%；外贸进出口总额1.16亿美元，与2015年基本持平；城镇居民人均可支配收入25565元，增长7.1%；农村居民人均可支配收入11408元，增长7.4%。

千方百计破解难题，项目建设推进有力。着力破解要素困扰，兑现了楚侯工业创业园、小微企业孵化基地、仁核山谷补充耕地等项目的优惠政策，解决了恒晟纺织新项目征地、力达纸业和绿海科技新项目选址等遗留问题，开展"项目大起底"行动，为项目稳步推进扫清了障碍。积极招商引资，多次赴北京、上海等地招商推介，举办临猗籍在沪人士座谈会，生物质发电、果品加工销售等一批项目落户临猗。

着力产业转型升级，实体经济稳步向好。一是工业转型不断提速。增强企业技术创新能力，实施阳煤丰喜合成气蒸汽联产气化炉、翔宇化工新工艺研发、卓里集团农机具电动化、东睦华晟汽车发动机零件研发等科技项目，恒晟、华恩、清泽环保分别与3家科研院所签订产学研合作协议，新增市级企业技术中心两家（达到10家）。开展干部入企服务，抽调102名干部进入全县34家企业，解决企业融资难、办证难、用工难等问题81个；积极破解企业发展难题，企业座谈会上收集的26个工业企业存在的突出问题，目前除两个正在积极协调外，其余的基本得到解决；创新思路破解华晋债务问题，与中投危困企业投资并购联盟达成了合作意向。召开政银企座谈会，构建良好金融生态，农商行、工行、建行等银行为企业续贷7.6亿元；加快青山化工上市融资步伐，帮助豪钢公司申报省“新三板”挂牌后备企业。二是农业现代化水平大幅提升。完成果树间伐2000公顷、果实套袋20亿枚、果园种草2000公顷，新建鲜枣设施大棚1000公顷。新发展合作社241个、联合社1个，入社农户4万户，带动非成员农户7万户。以香汇、誉美、康乐等为代表的农产品加工龙头企业实现销售收入34.5亿元，增长33%。培育新型职业农民1188人，带动培训农民9万人次。成功举办第五届果品文化节、首届鲜枣文化节，在中央七台、京沪高铁传媒投放宣传推介临猗苹果广告，微信、网上销售苹果势头强劲，“临猗苹果”获得国家级生态原产地保护产品称号，品牌价值达到6.18亿元，“中华果都·山西临猗”的品牌正在全国叫响。修建各类防渗渠道213千米，新增改善水地面积5533.3公顷；继续推进孙吉镇3333.3公顷高标准农田整理项目，完成楚侯666.7公顷高标准农田建设工程。启动农田水利设施产权制度改革，稳步推进农村土地承包经营权、农村宅基地和集体建设用地使用权确权登记颁证等工作。为2696台农机具发放补贴资金439.8万元。2016年粮食总产量299万吨，增长18%。三是文化旅游新业态加速崛起。推进临晋县衙二期工程，景区硬件建设基本到位；对猗顿墓园周边环境进行了维护修缮；打造万亩莲菜基地，对傅作义故居等景点进行环境整治和保护性修复，启动了角杯吴王古村开发项目。开展“花韵果都·多彩临猗”赏花系列活动，举办桃花节、梨花节、银杏杯摄影展等活动，建设了大嶷山生态农业观光园、楚侯天宇庄园、三管银杏园等一批农业观光旅游景点，挂牌确定葡萄、石榴、冬枣等各类采摘园30余家。

加强基础设施建设，城乡发展协调推进。编制南城区、县城东区控制性详细规划，为有序推进城镇化提供了科学依据。新建换热站9座、供热管网12千米，新增集中供热面积90万平方米；实施城市棚户区改造608套，其中货币化安置567套，新建安置房41套。对县城主要街道、两个广场等重要场所进行了高标准美化亮化，在县城出入口建成代表临猗特色的永久性雕塑。运城市创建文明城市现场会在该县召开，顺利通过中央文明委国家级文明县城年度测评，“五城同创”工作全面展开。临晋镇铺开污水处理、集中供热工程；孙吉、庙上、三管等乡镇街道改造、街景整治取得实效。完成农村道路提质改造15千米、农村危房改造300户、绿化提档升级15个村。

持续推进民生改善，社会事业全面发展。实施精准扶贫“八大工程”，完成4750名脱贫任务。城镇新增就业3948人，转移农村劳动力5154人；新招聘教育、卫生系统工作人员82人，城镇登记失业率控制在2.4%以内。城乡低保、五保和优抚对象等困难弱势群体各项补助资金足额发放；福利中心养护楼和残疾人康复托养中心主体已完工。投入1.5亿元完成农村义务教育薄弱学校改造工程，新建改建了角杯、贵戚坊两所标准化幼儿园，特殊教育学校建成投入使用。投入2亿余元，启动中医院项目和妇幼保健计划生育服务中心业务用房项目建设，完成4家乡镇卫生院业务用房改造，新建227家村卫生室。大剧院工程主体已完工，正在进行装修；深入开展各项文化惠民活动，为375个农村书屋配送价值50余万元的图书，免费送电影4752场、送戏246场。

坚守环保安全底线，社会治理不断加强。开展环保综合治理。实施集中供热锅炉提标改造、二道污水管网等工程，拆除县城内燃煤锅炉63台，取缔土木炭窑500余眼，回收黄标车及老旧车1389辆，环保部督办的问题全部整改到位，并通过验收；积极应对雾霾天气，改善空气质量。加大生态建设力度，在沿黄等地带造林666.7公顷，对临永线、临陌线等主干道及通村路绿化工程进行提质上档，新建5个省级园林村。

（临猗县人民政府办公室）

# 芮城县

**【自然概况】** 芮城县位于北纬34°35′16″～34°50′22″，东经110°14′30″～110°57′34″，是山西省的南大门，地处晋、秦、豫三省交界的黄河中游金三角地带，素有“鸡鸣一声听三省”之美誉。境内北高南低，东西狭长，阶梯分布，一面阳坡，东西最大距离66千米，南北最大距离25千米，国土面积1175.55平方千米。全县境内有7个镇、3个乡、1个城镇社区管理委员会、1个省级经济开发区，172个建制村（其中风陵渡经济开发区辖11个建制村）、721个自然村（其中风陵渡经济开发区辖21个自然村）、8个城镇社区（其中县城7个，风陵渡镇1个）。2016年末全县常住人口40.86万人，比2015年增长0.5%，其中乡村人口20.96万人，下降2.5%；城镇人口19.91万人，增长4%。城镇化率达到48.7%，提高1.6个百分点。

**【经济发展概况】** 2016年，全县地区生产总值76.82亿元，比2015年增长0.8%，人均生产总值1.89万元，增长0.3%；全县财政总收入（含风陵渡开发区）6.86亿元，下降12.6%，县内5.42亿元，下降9.1%；一般公共预算收入（含风陵渡开发区）3.26亿元，下降0.4%，县内2.78亿元，下降0.8%；全县农林牧渔业总产值43.69亿元,下降0.3%;粮食总产量35.31万吨,增长5.5%;县内规模以上工业总产值24.15亿元,下降4.8%;固定资产投资总额68.88亿元,下降16.3%;社会消费品零售总额32.59亿元,增长6.8%;全县居民人均可支配收入16655元,增长5.8%;城镇居民人均可支配收入25980元,增长5.6%;农民居民人均可支配收入9806元,增长6.3%;外贸进出口总额1376万美元,其中县内外贸进出口总额1173万美元。

增强工业发展新动力。2016年,芮城县光伏基地全面开工,新能源产业发展有了实质性进展。总投资9.6亿元的北京财富立方风光互补发电项目全面开工建设;总投资1.8亿元的中广核风力发电二期工程实现并网发电;总投资88亿元的"国家光伏领跑技术基地"项目成功获批,芮城县成为全国唯一获批县。一期工程已全面开工,2017年7月将实现并网发电,项目投产达效后,可实现年产值12亿元,增加财政收入1.5亿元。现代医药产业势头强劲,中小微企业孵化基地建成运营。新兴产业成为带动芮城"十三五"发展的强力引擎。

创新驱动成效显著。金融创新上,充分发挥财政资金的杠杆作用。金德融资与运城鑫沣融资担保有限公司成功合作,担保贷款额度不断提升;与邮政银行联袂搭建了助保贷平台,不断拓宽中小微企业融资渠道;农村信用社改制全面完成,农商银行服务地方经济更加有力;宏光医玻在"新三板"成功挂牌上市,企业竞争力明显增强。科技创新上,大禹生物和兆益生物成功申报国家高新技术企业,丰源药业和大禹生物技术中心被认定为市级企业技术中心。全县有效发明专利66件,发明专利申请19件,经济社会发展的新动能不断蓄积。

"三农"工作稳步推进。2016年粮食总产量35万吨,连续六年荣获"全国产粮大县"称号。在广东东莞果品展销会、广西南宁东盟博览会,以及运城国际果品交易博览会、上海果品展销会上,"芮城苹果"品牌大放异彩。以宋记果业、金顺源果业为龙头,不断拓展海内外市场,芮城苹果先后出口15个国家和地区,年出口量达5万吨以上,稳居全省第一;以温氏畜牧为龙头,带动农户发展标准化合作养殖,全县生猪存栏5万头;以天之润枣业为龙头,红枣浓缩汁生产线投产运营,带动红枣产业快速发展;以"乐村淘"等电商平台为龙头,大力发展电子商务,全年农产品网上交易量达3000吨以上,比2015年翻了一番。

现代服务业快速发展。全年旅游接待460.5万人次,增长32%;旅游总收入32.1亿元,增长23%。成功举办了山西(芮城)永乐宫第八届书画艺术节、西侯度遗址火种采集仪式、全市冬季旅游圣天湖启动仪式等系列活动。总投资1.63亿元的圣天湖景区开门迎客,成为晋陕豫黄河金三角地区颇具影响力的特色景区。特别是芮城县成功入围全国第二批"国家全域旅游示范区"创建名录,荣获"中国最美生态文化旅游名县""全省休闲农业与乡村旅游示范县",芮城的知名度和影响力不断提升。

芮城县基础设施日臻完善。实施了县城5条道路建设和给排水工程,新增城市道路2.3千米,县城"九纵九横"道路格局基本形成;建设了学府公园、平安公园和全民健身中心等,城市功能进一步完善;城市污水处理厂、垃圾处理场和垃圾转运系统全面运营。生活污水处理率、生活垃圾无害化处理率分别达到90%和100%;配套纯电动公交50辆,实现环保公交全覆盖,城市精细化管理水平再上新台阶。

脱贫攻坚首战首胜。按照"进院子、摸底子、问路子、提领子、开方子"的脱贫攻坚思路,精准施策,挂图作战,圆满完成了4个贫困村和1305户3442人的年度脱贫攻坚任务。"兴产业、带就业、置家业,实现安居乐业"的产业扶贫模式初见成效;易地扶贫搬迁工作有序推进,600人易地搬迁任务落实到户到人,5个集中安置点全面完工;53名建档立卡贫困户大学生,享受"雨露计划"26.5万元;县乡村三级驻村结对帮扶实现全覆盖,为全面脱贫奠定了坚实基础。

人居环境不断改善。全力推进"五城同创"。持之以恒实行县级领导包街和周二干部上街清扫制度,大力实施乡村清洁工程,城乡人居环境不断改善。加大"铁腕治污"严肃查处破坏生态环境问题;积极探索承担的两项国家重点课题,取得突破性进展。大力推进造林绿化。实施"三荒"造林933.3公顷,全县森林覆盖率达到33.4%。全年空气质量二级以上天数296天(一级95天,二级201天)。芮城县被省政府命名为"山西省园林县城"。

民生福祉持续改善。圆满完成"十件民生工程""50件为民实事"。实施了芮城三中迁建和蓝天小学、陌南四新幼儿园、南卫东城幼儿园建设工程,基础教育办学条件不断改善。新建公租房194套,改造棚户区住房486套、农村危房1140户;新建11个社区老年人日间照料中心。新型农村养老保险实现全覆盖,城镇居民医疗、养老保险参保率进一步提升,农村和城镇低保实现应保尽保。成功举办了首届全民运动会,群众精神文化生活更加丰富。

(董少峰)

# 万荣县

**【自然概况】** 万荣县位于山西省西南、运城市西北部。地理坐标:东经

110°25′52″～110°59′40″，北纬 35°13′45″～35°31′40″，东西长 47 千米，南北宽 35 千米，总面积 1081.5 平方千米。2016 年全县辖 14 个乡镇、5 个居民委员会、281 个村委会，2016 年末人口 45.4 万人。人均国内生产总值 1.41 万元。

**【经济发展概况】** 2016 年，全县地区生产总值 64.99 亿元，比 2015 年增长 2%；农林牧生产总值 35.75 亿元；一般公共预算收入 1.47 亿元，增长 8%；工业总产值 44.71 亿元，规模以上工业增加值 7.02 亿元，增长 2%；固定资产投资 90.99 亿元，增长 15.3%；社会消费品零售总额 31.9 亿元，增长 7.8%；城镇居民人均可支配收入 22565 元，增长 6.6%；农村居民人均可支配收入 8210 元，增长 7.7%；粮食总产量 18.01 万吨。

聚力提质增效，农业升级势头强劲。万荣油桃代表中国首次出口澳大利亚，万荣苹果再次出口美国和澳大利亚，以 25 亿元的估值入选“2016 年中国最有影响力的十大苹果区域公用品牌”，形成了“一个快乐的苹果”新的价值符号和品牌支撑体系，被评为“全国现代苹果产业 10 强县”。香菇规模达到 650 万棒，涌现出天天香、众香源、万家兴等一批龙头企业，具有万荣特色的香菇生产技术规程逐步成熟，菌种等关键技术实现突破，农民增收致富的渠道进一步拓宽。苹果、三白瓜、大葱等特色农产品在北京、上海、重庆、湖南等地成功推介，美誉度和影响力不断提升。畜禽养殖产业在牧原投建、温氏落地的带动下，存量持续增加。成功申建“电子商务进农村综合示范县”，全县电商从业人数突破 2000 人，日成交量突破 8000 单，农村电商经济活力迸发。

加速企业扩张，工业产能不断提高。德洋生物、华泰医药、瑞洁环保等项目顺利建成，宏润光伏一期项目即将并网发电，阳光凯迪生物质发电项目顺利签约，发展后劲不断增强。华康、朗致、万辉等医药企业的新建生产线，顺利通过新版 GMP 认证，新增药品批准文号 184 个，年生产能力增加 40%，工业规模不断扩张，销售 2.6 亿元，增长 2.3%。佳维建材在“新三板”挂牌上市，实现了该县企业资本市场融资“零”的突破。12 家化工建材企业通过中铁集团 CRCC 认证；万泰集采公司在降成本方面发挥的作用逐步显现，全年采购原料 3 万吨，为企业节约成本 2200 余万元；新一届万荣外加剂协会组建，助推企业抱团发展，全县化工建材的市场竞争力不断提升，实现销售收入 7.5 亿元，增长 3.5%。

彰显特色优势，文化旅游亮点纷呈。举办了李家大院民俗文化节、后土文化节等文化主题活动，创意策划了孤峰山帐篷风车音乐节、西滩摸鱼节等休闲主题活动，成功推出了汉薛桃花节、高村葵花节等乡村游主题活动。后土祠联手晋旅，进行高端策划，着手整体开发；飞云楼修缮一新，景点魅力提升，重新向游人开放；晋汉子农庄被确定为“全国休闲农业与乡村旅游示范点”，西滩景区被确定为“山西省休闲农业与乡村旅游示范点”，被确定为“山西省休闲农业与乡村旅游示范县”，旅游人气明显聚集。2016 年，全县接待游客 260 万人次，增长 28%，门票收入增长 20%。西村抬阁、软槌锣鼓、万荣面塑等非遗文化应邀参加首届关公国际旅游节，并进驻旅游景区展演。万荣笑话动漫剧、系列书籍出版发行，非遗文化和笑话文化的丰富内涵进一步挖掘，独特魅力进一步彰显。组织戏曲下乡 110 余次，放映公益电影 3300 多场。

强化基础建设，城乡面貌同步改善。建成恒磁南路、宝鼎北路、宝鼎南路、新建中路、荣河南路、汇源街等县城街路，实施文化馆、社会福利中心、大礼堂及广场修缮等工程，绿化亮化和入地管网配套跟进，14 辆新能源公交车投入运营，城区功能不断完善。蒙华铁路万荣段有序建设，本县没有铁路的历史正在改写。完成张高线、宁仁线、管裴线等 43 条 58.4 千米县乡道路的翻修改造；铺设万泉、高村、贾村、光华、荣河等乡镇天然气主管道 43 千米；1800 余户农村居民接上了天然气；北赵引黄二期顺利推进，西范东扩工程开工建设，孤峰山生态修复启动实施，农田水利建设全面提速，城乡居民的生产生活条件明显改善。

办好民生实事，人民福祉持续增进。扎实完成了 2016 年脱贫攻坚目标，提前谋划 2017 年、2018 年的脱贫攻坚工作，接受了国务院考核验收。教育事业坚持硬件软件同步提升的思路，新建可容纳 540 名学生的示范幼儿园，改造 122 所农村薄弱学校。卫生医疗着眼全民健康的目标，新建 3 个乡镇卫生院和 144 个农村卫生室，联合西安唐都医院、陕西中医院组成医联体，与北京 301 医院建成远程会诊平台，被授予“全国妇幼健康优质服务示范县”“全国计划生育优质服务先进县”称号。城乡居民医疗保险完成整合，机关事业单位工伤、生育保险全面实施。成功抵御 20 年来最大的汾河洪水，对“1·18”汾河新绛段粗苯泄露事件处理得当有力，得到市委、市政府充分肯定。

（薛勇勤　张东宏）

# 新 绛 县

**【自然概况】** 新绛县位于山西省西南部，汾河下游盆地，运城市北端，总面积 593 平方千米，耕地面积 3.53 万公顷，辖 8 镇 1 乡，220 个行政村，34 万人口，其中农业人口 28

万。县域南北高中间低，是运城盆地的一部分，一般海拔400～600米，最高海拔1438.4米，最低海拔381.9米。中部有汾河、浍河等，年径流量达15.4亿立方米，两岸为河谷平原，是主要粮食、蔬菜产区。气候属暖温带大陆性半干旱季风气候，年均气温13℃，年降雨量496毫米，无霜期190～198天。是国家级历史文化名城、全国文化先进县、全国无公害蔬菜生产基地县、全国食品安全示范县、全国农产品质量安全示范县、中国鼓乐之都、中国澄泥砚之都、中国民间艺术之乡、中国楹联文化县。

【经济发展概况】 2016年，全县生产总值73.7亿元，比2015年下降3.5%；人均国内生产总值2.15万元，下降3.5%；工业总产值102.9亿元，下降14.4%；农林牧渔业总产值36.2亿元，下降1.5%；规模以上工业增加值20.3亿元，下降13.3%；固定资产投资63亿元，下降24.2%；社会消费品零售总额42.9亿元，增长7.3%；财政收入3.52亿元，下降15.2%；一般公共预算收入1.73亿元，下降21%；城镇居民人均可支配收入25206元，增长6.6%；农村居民人均可支配收入10229元，增长7.4%。

现代农业在调整优化中扎实推进。全县小麦播种面积2.54万公顷，产量13.5万吨；玉米播种面积2.32万公顷，产量12.5万吨；粮食总产量26.1万吨。创建了中苏村现代农业示范园部级蔬菜标准园，打造了美霞种业基地和三泉镇南熟汾、泉掌镇王守刘建两个现代农业示范园。全县蔬菜年产量达142万吨，产值超过26亿元。水果面积发展到3334公顷，中药材面积达到2667公顷。引进和培育了一批龙头企业，其中，国家级1家、省级1家、市级7家。新绛县成为首批全国农产品质量安全示范县。

工业经济在艰难运营中企稳向好。落地了恒强化工年产750吨噻吩精制医药中间体、信义源贸易年产10万吨硅锰合金、煤化园污水处理厂等一批项目。实施了浩源电器中小微企业创业基地、佳昊高端研发中心、益佳机械年产10万件轮毂等项目。完成了双人药业水丸车间升级改造、天利塑制用电设备系统节电等项目。新培育两家“小升规”企业，储备了两户新三板拟挂牌企业。新申请发明专利7件，有效发明专利拥有量达到11件。全力落实“三去一降一补”系列政策措施，组建了22个工作队认真开展入企帮扶，先后帮助高义钢铁、威顿水泥、丰喜华瑞等“三个一百”企业项目化解问题11个，工业经济实现企稳回升。

城乡建设在“五城同创”中明显改观。动员全县68个机关单位包联城区63条街巷及广场，“脏、乱、差”的顽疾基本得到遏制。完成了汾河湾大桥加固改造。新建煤化园区供气管网10千米，改造城区供气管网4.7千米，实施了汾南供气管网建设。改扩建污水处理厂一期工程。完成了垃圾填埋场渗滤液处理工程。新建3座城市公厕。完成水源地至孝陵4.6千米的供水管道铺设，建成了农村水质检测中心。完成了640户农村困难家庭危房改造。

第三产业在转型发展中蓄势待发。实施白台寺、福胜寺、绛州州府基础设施及中轴线建设，完成了北池稷王庙修缮工程。举办第五届城隍庙会、第三届万安桃花节、首届北张石雕艺术节等活动。实施了汾河湾市场和西曲蔬菜批发市场升级改造，修缮一新的绛州市场投入运营。

民生事业在精准施策中显著提升。全力打好脱贫攻坚开局之战，全年3414人实现脱贫。全县薄弱学校改造完成273个校舍建设，顺利通过国家义务教育均衡县达标验收。医疗服务不断优化，建立了公立医院补偿机制，完成了中医院综合门诊楼建设。社会保障日益完善，城镇新增就业3792人，重大社会保险累计参保人数达32万余人。新建了10个农村老年人日间照料中心，综合福利大院及民政服务大厅建设竣工。文体活动广泛开展，成功举办全县非物质文化遗产精品展等系列文化活动，全年播放公益电影2640场、送戏下乡105场、其他各位文化惠民活动7场。

（新绛县人民政府办公室）

# 稷山县

【自然概况】 稷山县位于山西省西南部、运城市正北端，古属冀州，春秋属晋，战国属魏，唐属绛州，自北魏设县至今，已有1600多年的历史。中国农业始祖后稷曾在此教民稼穑，是中华农耕文明的发祥地，境内因有稷王山而得名。2016年末全县35.6万人，县域面积686.6平方千米，耕地面积3.8万公顷，下辖5镇（稷峰、西社、化峪、翟店、清河）、2乡（蔡村、太阳）、200个行政村。

人文历史厚重。县域内大佛寺、稷王庙、青龙寺、宋金墓、法王庙、玉壁城遗址、北阳城砖塔等7处国保文化单位。国家级非物质文化遗产方面有传承上百年的高跷走兽、高台花鼓、赵氏四味坊麻花、金银细工制作技艺、螺钿漆器髹饰技艺等5项，有北阳城、马趵泉2个中国传统古村落。

资源禀赋独特。稷山矿产资源主要有白云岩、石英石、石英砂、辉绿岩、磷灰石等，野生植物资源有百余科近400个品种。山西母亲河——汾河横贯全境，自东向西流经35个自然村。年平均气温13.5℃，年总降水量463.4毫米。截至2016年底，全县森林覆盖率

24.3%。

交通条件便利。境内侯禹高速、闻合高速、运吉高速、侯西铁路、108国道、运稷一级路纵横交错，县城与各乡镇之间形成了15分钟交通经济圈。全县公路总里程达到1990余千米。

【经济发展概况】 2016年，全县地区生产总值74.79亿元，比2015年增长4.2%；规模以上工业增加值12.8亿元，增长5.5%；固定资产投资88.3亿元，增长15%；财政总收入3.99亿元，增长18.9%；一般公共预算收入1.75亿元，增长9.5%；社会消费品零售总额28.9亿元，增长6.6%；外贸出口总额3242万美元，增长31.2%；城镇居民人均可支配收入23742元，增长7.4%；农村居民人均可支配收入9654元，增长7.1%。8项经济指标增幅超过了全市平均值，财政总收入增速全市排名第一。城镇新增就业4104人，城镇登记失业率控制在4.2%以内，居民消费价格涨幅1.6%。

扭住"三个一百"不放松，发展动力进一步增强。着力帮扶重点企业做大做强，为重点企业协调资金5000余万元，解决发展中的问题38个；着力推进重点项目加快建设，4个市级重点在建项目全部投产，39个县级在建项目顺利实施；着力扩大招商引资成果，6个市级重点招商引资项目进展顺利，全年招商引资项目14个，到位资金37.5亿元。西社、翟店工业园区承接产业转移能力不断增强。传统产业加快升级，永东化工成功上市后技术规模不断扩张，东方资源成为全国最大锰铁生产基地，阳煤泉稷"3052"项目满负荷运行，永祥焦化130万吨二期项目顺利投产。新兴产业蓬勃发展，天圣制药口服固体制剂生产线、稷山中能达光伏发电、耐科威建材岩棉、永东化工18兆瓦炭黑尾气发电等转型项目全面推进。

富民产业稳步发展，"三农"工作进一步夯实。西范东扩工程顺利推进，禹门口稷山水源工程全面启动，工程完工后，可解决汾南灌区1万公顷农田灌溉的水源问题。全年粮食总产量24万吨，实现13连增；板枣产量达历史新高，蛋鸡存栏稳居全省第一，葡萄、双季槐、核桃、花椒等富民特色产业持续发展。农村土地承包经营权确权登记基本完成，新增农民专业合作社98家，新增土地流转面积246.7公顷。

文旅融合全面加快，服务业发展进一步提速。成功举办了第七届板枣科技文化活动周，25家中央省市级媒体进行重点报道，签订各类招商引资项目16个，签订各类协议和购销合同总金额94.86亿元。诚邀全国60多名专家对后稷农耕文化进行了研讨，为弘扬稷王文化奠定了良好基础。成功申报国家板枣公园。螺钿漆器在深圳文博会荣获金奖。云丘山旅游路重新启动。整合现有资源，打通了稷王山旅游路，终结了稷山人去稷王山无路可走的历史。

城乡统筹强力推进，县城面貌进一步改观。成功创建省级文明县城、省级卫生县城和省级食品安全县城。汽车站、城东水系民悦园、步行街东拓、滨河文化广场等一批群众期盼多年的重点工程顺利实施。汾河流域生态修复稷山城区段综合治理工程获取省水利厅支持资金3500万元。翟店、西社按照全国特色小镇标准加快建设。全省美丽乡村建设示范县项目在稷峰镇、太阳乡落地实施。

改革开放不断深化，发展活力进一步释放。全年取消行政审批项目83项，承接行政权力项目11项，改为属地管理行政权力事项219项。晋龙集团、聚隆油脂进入国家"新三板"挂牌储备企业名单。河东村镇银行通过省银监分局批复，县信用社改制通过省银监分局批复，召开了农商行创立大会。翟店园区经过努力，成为全省首家国家级出口工业产品质量安全示范区。成功举办了海上丝路中斯友好文化交流活动，搭建了融入国家"一带一路"发展战略的通道桥梁。

民生福祉持续改善，群众幸福感进一步提升。县财政用于民生的投入达到11亿元，占到全县总支出的75.2%。坚持把脱贫攻坚作为第一民生，移民搬迁315人，7个贫困村摘帽，1814人脱贫。公开招聘94名中小学教师和40名医护人员。完成了造林绿化工程1133.33公顷，新建园林村5个，投资1000万元实施了县城增绿提升工程，环保整改工作受到环保部华北督查组好评。乡村公路改建93.63千米。基层医疗机构基本药物使用率达100%，成功通过国家健康促进县、省级妇幼健康示范县验收。投资2382万元建设保障性住房563套。

（稷山县人民政府办公室）

# 闻 喜 县

【自然概况】 闻喜县位于山西省西南部、运城市北端，地理坐标为北纬35°09′38″～35°34′11″、东经110°59′33″～111°37′39″之间，总面积1171.31平方千米，辖7镇6乡343个村民委员会，2016年底全县总人口41.73万人。

【经济发展概况】 2016年，闻喜县地区生产总值72.2亿元，比2015年增长12.4%，其中第一产业11.22万元，增长1.3%；第二产业2.41万元，增长24.7%；第三产业36.87万元，增长8.9%，人均地区生产总值1.74万元。规模以上工业总产值67.7亿元，增长44.1%。固定资产投资108.9亿元，增长15.1%。社会消费品零售总额42.39亿元，增长6.5%。城镇居民人均可支配收入25721元,增长7.3%。农村居民人均可支配收入8641元,增长7.8%。财政总收入4.35亿元,增长7.4%。一般公共预算收入2.39亿元,增长13%。

工业生产恢复增长态势。2016年,闻喜县建龙钢铁有限公司围绕"环保升级、物流优化"主题,投资11.5亿元实施一、二期复产检修并顺利复产,全年生产铁107.5万吨、钢106.9万吨、材74.6万吨,完成产值19.84亿元,实现销售收入20.3亿元、利润0.93亿元。银光镁业、振鑫镁业、瑞格镁业、八达镁业致力于调结构、助升级,加快转型发展步伐,全年生产镁锭7.5万吨、镁合金9.46万吨、各类深加工产品1.6万吨;完成产值28.1亿元、销售收入28.9亿元;实现利润7200万元,上缴税金1亿元。宏伟、新达、国艺等一批重点企业玻璃器皿产业开始由日用玻璃向工艺玻璃、水晶玻璃、微晶玻璃高端方向发展,全年生产玻璃器皿9.89万吨,完成产值3.22亿元、销售收入3.1亿元,实现利润350万元,上缴税金498万元。建材行业中部分企业通过技术改造、淘汰落后设备,降低生产成本,产值、利税稳步增长,全年生产水泥169.2万吨,完成产值3.06亿元,实现利润175.3万元,上缴税金2645万元。陶瓷行业全年完成产值2547万元、销售收入2298万元,实现利润20.5万元,上缴税金244万元。

新培育"小升规"企业3家,孵化中小企业150家。闻喜县被中国百货商业协会授予"中国日用玻璃生产基地"称号,银光镁业被国家发改委确定为国内镁行业唯一一家国家级"镁材料国防动员中心",闻喜县永祥和公司获得两项国家专利。

强化农业发展"新模式"。2016年,闻喜县加紧推广农业"基地+合作社+企业"发展模式,"粮、菜、果、药、畜"发展格局进一步稳固。新发展设施蔬菜100公顷、标准化中药材基地1333.3公顷、规模化养殖场10个,新建现代农业示范园20个,认证有机品种2个、无公害基地66.7公顷,农民专业合作社发展到1097家,农副产品加工企业发展到349家。全年农林牧渔业总产值完成23.35亿元。其中,农业产值17.41亿元,林业产值8777.3万元,牧业产值4.17亿元,渔业产值81万元,农林牧渔服务业产值8893.3万元。粮食总产量34.5万吨。

夯实社会事业基础。2016年全县中小学专任教师3744人,在校学生4.19万人(不含幼儿);全县二类以上幼儿园发展到63所,幼儿学前毛入学率94.4%。城镇新增就业4014人,失业人员再就业982人,城镇登记失业率控制在0.31%以内;转移农村劳动力4678人,农民工职业技能提升培训6160人。城镇职工基本养老保险参保人数5.19万人,城镇基本医疗保险参保人数6.89万人,新型农村合作医疗保险参保人数31.12万人,工伤保险参保人数5.59万人,生育保险参保人数3.82万人,失业保险参保人数2.75万人。全县共建立完善居民健康档案38.87万份,其中城镇居民5.42万份,建档率93.8%。基本公共卫生服务均等化有效推进,基层医疗机构全面实施基本药物制度。

精准扶贫起步。截至2016年底,全县共有贫困村53个,贫困人口4886户1.65万人。贫困人口分布在全县13个乡镇333个行政村。2016年圆满完成了"10个贫困村退出、5058名贫困人口脱贫"的目标。

(闻喜县人民政府办公室)

# 夏　县

**【自然概况】** 夏县位于运城市东陲,南接平陆县,北邻闻喜、垣曲两县,东隔黄河与河南省渑池县相望。东西长、南北窄,地形概貌为"七山二川一丘陵",总面积1352.6平方千米,耕地面积3.9万公顷。辖6镇5乡、242个行政村。2015年末常住人口36.3万人(其中农业人口32万人),是一个传统的农业县,也是一个省定扶贫开发重点县。夏县历史悠久,人文荟萃,生态良好,山川秀美。这里孕育了植桑养蚕的黄帝元妃嫘祖、晋国忠臣介子推、北宋名相、著名的政治家、史学家司马光等历史名人。

**【经济发展概况】** 2016年,全县生产总值48.6亿元,比2015年增长3.2%;规模以上工业增加值4.2亿元,增长5.3%;固定资产投资66亿元,增长15.2%;社会消费品零售总额25.5亿元,增长6.1%;城镇居民人均可支配收入22923元,增长6%;农村居民人均可支配收入6858元,增长7.4%;财政总收入2.6亿元,增长2.5%;一般公共预算收入1.4亿元,增长4.2%;外贸进出口总额280万美元,下降13.8%。

改革开放活力显现。以行政审批、商事制度为主的"放管服"改革不断深入,新增市场主体1949户,达到1.01万户,历史性突破"万"户大关;财政金融、社会保障、"不动产"登记、农村综合改革稳步推进,改革在各领域带来的内生动力逐步释放。引进山投集团、阳光凯迪、新大象、牧原集团等大项目、好项目13个,完成市下达26亿元招商引资任务的103%,"招商引项目,项目促发展"的开放型经济成效初显。

农民增收步伐加快。优质粮食、设施蔬菜、精品林果、生态养殖、高山绿茶、观光农业、中药材种植七大产业板块初具规模,全县粮食总产量27.2万吨;水果面积稳定在8333.3公顷,干果9000公顷,中药材8000公顷,蔬菜播种面积1.44万公顷。农产品品牌整合作用显现,

12家合作社优势互补成立了“农伯伯”联合社，“夏鲜”成为该县蔬菜品牌的新名片，整合后的“夏乐”西瓜供不应求，“夏乐”“格瑞特”同时被认定为山西省著名商标，格瑞特葡萄种植基地被列为省级农业标准化示范区。全县现代农业有力推进，畜牧产业正在兴起，新型经营主体竞相涌现，农业产业链条不断延伸，扶贫优惠政策全面落实，农民增收渠道逐步拓宽，农村居民人均可支配收入增速稳定在7%以上。

工业崛起基础向好。坚持盘活优化存量，引进扩大增量，挖潜提高总量，狠抓“三个一百”“三个十”，深入开展干部入企服务，先后解决企业困难问题58个，宇达集团在“新三板”顺利挂牌，安瑞风机和石羊饲料完成股改。落实“减负60条”“工业20条”政策，为各类企业减负近千万元。企业技改、产品转型步伐加快，市场竞争力增强。翔天钢铁、运力化工实施技改项目，安瑞风机由传统矿用风机向地铁风机转型，常运柴油农机向电动农机转型，威龙机械由高铁制动盘向制动盘系列产品转型，佳能达华禹开发穿心莲片和乳酸钙片新产品，获2016年山西省“四新”中小企业称号。开展“大起底、大亮相、大督办、大观摩、大促进”和“各类项目受理大起底”工作，在建项目扎实推进。格瑞特生态农业科技示范园年产1万吨葡萄酒生产线项目建成投产；田源果汁成功承接渭南脱脂脱酸浓缩果汁生产线，出口创汇200多万美元；华电10万千瓦风电项目即将并网运行；投资2亿元的大禹变电站将全面提升供电能力，打通经济发展的电力瓶颈。

文化旅游优势扩大。邀请国内顶级设计团队，启动全域旅游规划编制。完成了司马温公祠、堆云洞龙头景区修缮提升工程，裴介百年红枣观光园路网框架基本成形，蚕桑文化产业园项目正在洽谈。投资1.2亿元的恒泽山水旅游项目前期手续已办理到位，山投集团投资5亿元的祁家河旅游景区整体开发规划即将完成。庙前杏花节、泗交消夏月、堆云洞和瑶台山贺新年等活动开展为该县旅游提升了人气，全年实现旅游人数和门票收入双增长，荣获“2016旅游业最美中国榜最佳旅游县城”称号。

生态环境更加优化。完成通道绿化210千米、荒山造林666.7公顷、33个园林村提档升级、533.3公顷经济林提质增效和城区街道增景增色等八大林业工程。完成红沙河治理、温峪河流域水土保持等水利工程，治理水土流失2000公顷，解决了13个行政村19个自然村1.2万人的饮水安全问题。扎实开展环境综合治理，实施节能减排“煤改气”采暖工程，县城居民供暖如期实现，开展禁止“三烧”等专项行动，城乡共同努力，保障空气洁净清新，通过了严格的环保摘牌验收。全年县城环境空气质量二级以上天数301天，超市区优良天数49天，超全省平均数52天。

民生基础持续改善。全县用于民生领域支出达13.2亿元，占公共财政总支出的83.3%。始终把脱贫攻坚作为第一民生工程，20个村8562人如期脱贫，实现首战首胜。探索创新集体经济和产业融合发展的“三个六机制”得到了省委督查组的充分肯定，全县136个村实现集体经济“破零”。按照“三规三监三个配套到位”要求，将7775人的易地搬迁任务一次规划、集中办理、全面铺开。与贫困县、贫困村和贫困户退出指标相关的水、电、路、房、网加速推进。投资1.6亿元、贷款1.3亿元的实验中学迁建工程开工建设，新建2所幼儿园，大力实施名师、名校、名校长“三名”创建，新招聘特岗教师40名，卫技人员31名，全县公立医院和村卫生室实现价格公开透明，药品零加成；温泉老年公寓和福利中心养护楼主体已经完工，新建20个日间照料中心；新增城镇就业3642人，转移农村劳动力5148人。

（夏县人民政府办公室）

# 绛　县

【**自然概况**】　绛县位于山西省南部、运城市东北端，与侯马市及晋东南地区紧邻。辖8个镇、2个乡、205个行政村。2014年总人口30.5万人。总面积994平方千米。

绛县自然生态环境良好，全县林木覆盖率31%，超过全国平均水平，大气质量达国家一级标准。水资源丰富，水质优良，富含矿物质。林果、动物等生物及金、银、铜、铁、花岗岩等矿产资源丰富。

绛县历史悠久，是尧之故都，西汉大将周勃之封地。公元前541年晋平公设置绛县，使绛县成为古代中国第一个“县”，号称“天下第一县”。

绛县文物资源丰富，现有国家一级文物保护单位太阴寺，省级文物保护单位晋文公墓、晋灵公墓、晋献公墓等，新发掘的横水西周古墓群以揭开古倗国地理谜团而获得两项国家级大奖。绛县还是龙舞文化的发祥地之一，绛县飞龙获得国家专利，曾参加过十一届亚运会开幕式和香港回归庆典，先后出访过日本、马来西亚等国。

【**经济发展概况**】　2016年，全县生产总值54.7亿元，比2015年下降6%；规模以上工业增加值5.6亿元，下降33.8%；固定资产投资84.3亿元，增长15.3%；外贸进出口总额910万美元，下降71.9%；社会消费品零售总额24.1亿元，增长5.7%；财政总收入1.77亿元，下降23.7%；一般公共预算收入8972万元，下降22.5%；城镇居民人均可支配收入23177元，增长5.4%；农村居民人均可支配收入8425元，增长6.2%。

坚持项目为基。重点实施“五个十”重点工程，即明迈特、大唐安峪热电厂等十大重点企业建设工程，旅游公路、县城街道改造等十大基础设施建设工程，新建绛县中学、县医院改扩建、“五馆一中心”等十大重点民生建设工程，光伏扶贫、易地搬迁等十大脱贫攻坚工程，通航产业园、军工旅游等十大招商引资工程。

坚持工业强基。大力发展机械装备制造、中医药加工、光伏发电、新能源等新兴产业。推动五四一厂发展，建设华北最大、国际一流的铸造和机械加工基地。促进晋安通风电、新盛光伏、九鼎风电等在建项目建设，确保投产达效。推动大唐安峪热电厂、天润风电二期等项目尽快开工，发展新能源产业集群。

坚持农业固本。着力打造山楂、樱桃、草莓、绿色蔬菜、富硒水果等十大特色产业。在全县布局建设30个高标准的现代农业示范园区。推进电商农业、采摘农业、观光农业等新型农业业态，发展集循环农业、创意农业、农事体验于一体的田园综合体。大力扶持维之王、隆立康、金绛食品等企业开展精深加工，带动绛县农产品做强、做优、做特、做精。

坚持文化融合。抢抓“大众旅游时代”新机遇，以生态为基、文化为魂，推动文化与旅游深度融合。大力发展生态游、军工游、休闲游、健康游，利用县域内五四一军工厂，发展军工旅游和小火车观光。推动绛北大峡谷、紫云寺、东华山滑雪场等景区上规模、上档次、上水平。举办樱桃采摘节、山楂赏花节、东华山登山节、紫家峪红叶节，扩大绛县知名度，提升绛县影响力。

坚持统筹发展。全面推进城乡一体的新型城镇化。城市建设上，积极推进“五城同创”，实施“一横三纵”（振兴街、文公路、倗国路、健康路）工程。推进实施生态公园东入口综合工程、城东文化广场、县城燃气管道铺设及入户工程。继续推进开吉建材市场改造项目、南樊镇西堡村改造项目、横水镇横南村改造项目。加快实施中信机电制造公司铁运部棚户区项目、城市棚户区华龙花苑项目、国有工矿棚户区改造项目、星宇阳光城限价房和公租房项目。有序启动原开发公司家属院片区改造项目、古绛镇东关村第九居民组高杆灯南片区项目、古绛镇东关村第九居民组县医院片区项目、古绛镇东关村第六居民组广场西路片区和紫金山北路（媳妇沟）片区项目、涑水大街南毛家坡片区项目。特色城镇建设上，推动新型城镇化，因地制宜打造安峪工业重镇，郝庄优质粮食基地和畜牧养殖特色乡，古绛、南樊休闲观光农业和乡村旅游特色镇，陈村、磨里、冷口、卫庄避暑养生和生态旅游镇，横水、大交特色商贸集镇。乡村建设上，在每个乡镇精心打造3～5个园林绿化村。开展农村危房改造，实施25千米农村公路完善提质工程。

坚持民生优先。全面提升群众获得感。脱贫攻坚方面，以产业扶贫为支撑，大力实施“八大工程20个专项行动和70个具体项目”。全面完成丁家洼、冯村岭、小祁、西崖下、续鲁峪、斜曲、北仇、北牛等8个贫困村脱贫摘帽、3400名贫困人口脱贫。实施涉及山底坡、沸泉、续鲁峪、焦家洼等4村2075人的整村易地扶贫搬迁项目。启动涉及32个贫困村的7400千瓦光伏发电项目。做好斜曲、沸泉、炭元河、尧寓等4个全国乡村旅游扶贫重点村建设。民生事业方面，加快绛县中学、“五馆一中心”、政府机关幼儿园二园、职业高中实训楼和宿舍楼等项目建设，大力弥补教育欠账。推进县医院改扩建，从软硬两方面提升医疗水平。

（绛县人民政府办公室）

# 平陆县

【自然概况】 平陆县地处晋、秦、豫黄河“金三角”地带，是山西的南大门。辖6镇1区4乡，228个行政村，26.6万人，县域面积1173.5平方千米，耕地面积3万公顷，素有“平陆不平沟三千”之称。矿产资源丰富，已探明的矿藏有煤、铝、金、铜、铁、磷、石膏、大理石等26种，总储量25亿吨以上，其中煤炭预获储量8.4亿吨，铝矿远景储量1.16亿吨。是“中国大天鹅之乡”“中国十佳最具投资潜力文化旅游目的地”“中国最美生态文化旅游名县”“国家出口苹果质量安全示范县”、全省“林业生态县”。

【经济发展概况】 2016年，县域生产总值37.7亿元，比2015年增长2%；规模以上工业增加值7.5亿元，增长2%；固定资产投资78亿元，增长15.6%；社会消费品零售总额27.6亿元，增长7.4%；外贸进出口总额7700万美元，增长19.4%；城镇居民人均可支配收入21279元，增长6.6%；农村居民人均可支配收入6222元，增长7.6%；财政总收入3.51亿元，下降0.9%；一般公共预算收入1.99亿元，增长4.1%。

重点项目实现新进展。紧紧扭住“三个一百”工作核心，用心谋划，狠抓落实，43个重点项目全部达到预期目标。高速引线环境整治、移民后扶、抗旱应急、城市基础设施建设、全国小型农田水利设施建设重点县、土地整理和城乡电网改造等7个项目竣工投运；城市集中供热、污水处理厂二期、县医院整体迁建、西街初中和条山幼儿园新建等22个项目已完成序时进度；160万吨氧化铝、下阳城金鸡堡景区、新湖大街西扩、条山大街东扩等4个项目已立项，正在招商；10个储备项目正在做前期准备。2016年共签约项目13个，签约资金106.18亿元，到位资金31.07亿元，发展后劲进一步增强。

工业经济实现新发展。2016年复晟铝业实现产值15.7亿元，占全县规上企业总产值的46.9%；二期160万吨氧化铝已经省发改委备案，正在做环评等手续；园区电力设施升级改造完成。年产50万吨铝矾土矿开采、阳煤丰喜4万吨三聚氰胺联产12万吨碳氨、凯迪五龙山4.8万千瓦风电等集群项目相继开工；中广核三期4.2万千瓦风电、北京天润二期5万千瓦风电等4个项目完成年度计划。以复晟氧化铝为龙头、一大批配套项目为延伸的集群发展态势初步形成，集群效应逐步显现。

文化旅游迸发新活力。黄河金三角平陆大天鹅生态经济示范区和老龙潭两个景区开门迎客。部官桃花艺术节、风口凉都打铁花、东坪头篝火晚会、毛家山摄影展、坡底“赏红叶·摘柿子”体验游、张沟特色旅游等乡村旅游活动成功举办。中央电视台以大天鹅、民俗风情、自然风光为主题，播发平陆宣传稿件45次，平陆知名度进一步提高。

城乡面貌呈现新变化。改造建设城市道路3条。横店电影城项目主体正在施工。运用“PPP”模式，建设了城市集中供热项目，供暖面积达到106万平方米。深入开展城乡人居环境改善工程，重点对运三高速连接线和城市“十乱”、乡村“五堆”进行了整治；建设省级示范村2个、市级示范村3个，城乡宜居程度明显提升。生态建设实现新成效。全县二级以上优良天数302天；治理水土流失2000公顷、生态修复733.3公顷、恢复植被86.7公顷；吸纳社会资金3500万元，完成造林2266.7公顷、绿化通道60千米，是运城市2016年度道路绿化最长、造林面积最大的县份。

社会事业实现新进步。县医院整体迁建项目进入扫尾阶段。西街初中和条山幼儿园新建项目，主体工程已完工；曹川镇幼儿园投入使用，张店镇幼儿园开工建设。建成保障性住房685套。

脱贫攻坚实现新突破。规划了“县西玉露香、县东干果林”的产业发展布局，“政府出钱买树苗、群众免费建果园”，全年新发展玉露香梨2000公顷，干果经济林2000公顷，确保了有劳动能力的贫困人口至少人均有一亩经济林。整合资金7245万元，为建档立卡贫困户、贫困村办理了商业补充保险、意外灾害保险，开展了教育扶贫、健康扶贫、产业扶贫、造林专业合作社扶贫行动，实施了贫困村村级卫生室达标、贫困村基础设施建设等工程。全国小型农田水利设施建设重点县项目，全部完工；“四提三引”水利工程已通过省水利厅评审论证。组建159个工作队、选派149名第一书记进驻贫困村，开展“精准扶贫行动”，2016年实现了28个贫困村摘帽，2757户、8026人脱贫，赢得了脱贫攻坚首战首胜。

（平陆县人民政府办公室）

## 垣　曲　县

**【自然概况】** 垣曲县位于山西省南部、运城市东北隅，全县总面积1620平方千米，其中山地丘陵面积占97.2%以上，耕地面积2.63万公顷（水浇地5733公顷），辖11个乡镇、188个行政村，2016年末常住人口23.8万人。

垣曲是“山西省林业生态县”“山西省林业六大工程建设先进县”，拥有国家级自然保护区、国家级森林公园、古城国家湿地公园、国家级绿色能源示范县、全国绿化模范县等多个国字号生态品牌。全县森林覆盖率52%，动植物种类多达1800余种，其中国家一、二级保护珍贵种类41种，被誉为“山西天然植物园”和“华北物种基因库”。境内有总面积7333公顷的黄河中游保存最完整的历山原始森林，历山主峰海拔2358米，为晋南最高峰。有亳清河、允西河、板涧河、西阳河和五福涧河等大小河流30余条，年均径流量5亿立方米，尤其是小浪底水库垣曲库区面积达130平方千米，是华北地区最大的“人造内陆湖”。

**【经济发展概况】** 2016年，县域地区生产总值48.1亿元，比2015年增长7.5%；人均地区生产总值2.02万元，增长6.8%；一般公共预算收入1.89亿元，增长8.59%；固定资产投资74.9亿元；财政总收入3.87亿元，增长13.25%；农林牧渔业总产值9.98亿元，增长1.48%；粮食总产量10万吨，增长3.16%；工业总产值59.2亿元；社会消费品零售总额24亿元，增长6.4%；规模以上工业增加值17.8亿元，增长8.1%；城镇居民人均可支配收入23289元，增长7.2%；农村居民人均可支配收入6236元，增长7.9%。

工业转型卓有成效。总投资122.43亿元的63个重点项目稳步推进，全年签约项目16个，总投资112.5亿元，到位资金31.08亿元。为重点企业协调解决资金5.5亿元。主攻产业快速发展，投资3.4亿元的陶瓷产业园标准化厂房一期项目基本完工；投资12.5亿元的金世家陶瓷项目1号生产线已经投产；投资10亿元的中条山集团年产4000万平方米陶瓷项目开工建设，陶瓷产业步入快速发展轨道。低碳循环经济产业聚集区道路及“七通一平”基础设施建设全面完成，供水及污水处理综合工程加快推进。投资16亿元的中电投风电项目即将并网发电。

农业产业化水平不断提高。“一县一业”核桃经济林面积达到1.47万公顷，规模进一步扩大，产业素质持续提升，成功举办了首届核桃节；水果、食用菌、设施蔬菜等“一村一品”特色产业稳步发展，全县特色农产品种类达到35类210余种。全县土地流转总面积5173公顷，农民专业合作社587家。农副产品加工企业32家，实现销售收入9.8亿元。农村土地承包经营权确权登记工作全面完成，农村产权交易市场基本建成。新型职业农民培训完成300人、认定颁证32人。农村淘宝县级服务中心和31个标准化村级服务站正常运营。

脱贫攻坚首战告捷。2016年，全县37个贫困村6761名贫困群众实现脱贫，564户1803人的易地扶贫搬迁全部落实到位。参与核桃产业发展的贫困户达到68.7%。贫困群众大病补充保险和意外伤害保险参保率达到90%以上。发放“富民贷”“强农贷”7000万元。创新方式，选派优秀机关事业单位工作人员下乡开展创业扶贫试点，助力贫困人口脱贫致富。

民生事业持续发展。城北幼儿园、城东小学和幼儿园建设顺利推进。医药卫生体制改革深入推进，城乡公共卫生服务更加均等，计划生育两孩政策稳妥实施，县中医院综合楼项目开工建设。养老保险和基金征缴任务全面完成，城乡居民医保参保率达到99.1%，农村五保、城乡低保实现应保尽保。殡仪馆、社区便民中心、福利中心老年养护楼项目加快建设，新建了5个日间照料中心。县城集中供热项目覆盖3000余户居民，中心广场、亳清河县城段北延工程主体完工，惠民游园、人民路停车场等市政工程建成投用。刘张至岭回道路改造工程完工投用，闻垣高速华峰互通连接线完成路基路面主体工程，新望旅游公路正在进行工程设计。

（垣曲县人民政府办公室）

# 转型跨越发展专文

ZHUANXING KUAYUE FAZHAN ZHUANWEN

23

# 转型跨越发展专文

# 以习近平总书记系列重要讲话精神为指引 团结动员全省职工为全面建成小康社会 做出新的更大贡献

山西省人大常委会副主任、省总工会主席　**田喜荣**

"十三五"期间，是落实省委治晋理政总方略、全面建成小康社会的关键阶段。全省各级工会要深入贯彻习近平总书记系列重要讲话精神，全面落实省委"一个指引、两手硬"重大思路和要求，始终保持和增强工会组织和工会工作的政治性、先进性、群众性，坚定不移走中国特色社会主义工会发展道路，勇于担当，忠诚履职，团结动员全省广大职工在不断塑造美好形象、逐步实现振兴崛起的伟大事业中，充分发挥工人阶级主力军作用。

**一、以"五小"竞赛为重点，着力在服务经济建设这个中心任务上谱写新篇章**

创新是引领发展的第一动力。要把激励职工创新创造摆在全会工作突出位置，推动"五小"竞赛制度化、规范化、常态化，一任接着一任干，久久为功，在促进供给侧结构性改革、提高劳动生产率、提升职工素质上更好地发挥"五小"竞赛的积极作用。要以服务创新驱动、转型升级为目标，以劳模、大师创新工作室为带动，以制度建设为抓手，推进"五小"竞赛活动向全省各类企事业单位拓展、扩面、深化，确保每个企业至少建立一个劳模、大师创新工作室。要致力把现有近千家劳模、大师创新工作室建优做强，更好地发挥创新工作室在破解企业生产经营难题中的攻坚作用、在引领"大众创新、万众创业"中的先锋作用，形成"五小"竞赛热潮迭起、"五小"成果大量涌现的新局面，引领广大职工在经济建设主战场建功立业。

**二、以"两个机制"为重点，着力在构建和谐劳动关系这个关键职能上谱写新篇章**

劳动关系和谐稳定事关社会安定和谐，事关职工切身利益。要紧紧抓住职代会制度、平等协商和集体合同制度两大机制，敢作善为，努力做实维权工作，促进劳动关系健康发展。要实施职代会建设提质工程，推进职代会制度在覆盖上扩面，在机制上完善，在效能上提升。大力推行区域、行业职代会制度，推进厂务公开制度化、规范化，进一步完善职工董事监事制度，落实职工知情权、参与权、表达权和监督权，促进企业与职工协商共事、机制共建、利益共享。对煤炭、钢铁等行业化解过剩产能中的职工下岗、转岗等情况，要高度关注，督促履行民主程序。要实施集体合同制度建设增效工程，以规范平等协商机制、提高集体合同覆盖面、履约率为主攻方向，积极推进建会企业工资协商、集体合同和女职工权益保护专项集体合同的覆盖率保持在80%以上。加强对工资集体合同的履约监督，推动落实《山西省企业工资集体协商条例》。要把维护职工合法权益作为构建和谐劳动关系的重要抓手，加大帮助城市困难职工解困脱困力度，加快推进精准帮扶工作体系建设，持续深化“农民工有困难找工会，拿不到工资找工会”专项行动，巩固、提升常态化、长效化工作机制。广泛开展群众性安全生产活动，不断深化“安康杯”竞赛活动，切实加强安全生产监督检查和工会劳动保护工作力度，维护职工的安全健康权益。要积极融入我省发展社会主义民主政治、建设法治山西的伟大事业中，推动在人大代表、政协委员中增加一线工人、劳动模范比例，更好地代表职工行使当家做主权利。建立健全各级地方工会与政府联席（联系）会议制度，健全劳动关系三方协调机制，积极参与涉及职工切身利益的就业、收入、医疗、养老、住房、工伤、职业病防治、劳动保护等民生保障政策的制定和调整，主动参与人大执法检查、政府劳动监察和政协视察活动，从源头保障职工合法权益。

**三、以“互联网＋”为重点，着力在建设信息化工会这个新目标上谱写新篇章**

互联网是信息时代的领跑者，职工网上生活日益丰富，对工会工作提出新课题。要加大投入力度，加强网络建设，用新思维、新理念打开联系服务职工新窗口。要着力建设网上宣传平台，以弘扬主旋律、增添正能量为方向，整合工会系统网站、微博、微信、移动客户端等网络资源，壮大职工网络宣传队伍，加强与职工群众网上互动，加大工会网络宣传工作力度，有针对性地做好舆情引导工作，使工会网络成为宣传党和国家政策、省委省政府决策部署的重要窗口。要着力建设网上办公平台，以提升工作效能为目标，推进工会系统信息化建设，搭建全省工会统一的信息网络和大数据工作平台，提高工会干部运用互联网开展工作的能力，加速推进工会工作融入互联网，逐步实现各项工作网络化、信息化。要着力建设网上服务平台，以增强服务能力为目的，实施“互联网＋工会服务”工程，积极打造服务职工网络载体，有效利用网络设施和信息资源，推动职工入会、维权、帮扶、培训、普惠制等服务职工项目上网上线，使工会维权服务工作更加方便快捷、务实高效。

**四、以技能培训为重点，着力在提升劳动者素质这个战略任务上谱写新篇章**

全新的时代、崭新的事业呼唤高素质的现代工人。要大力实施职工素质提升工程，引深“中国梦·劳动美”主题教育，深入开展中国特色社会主义理想信念教育，以践行核心价值观主题活动、劳模故事会为载体，提高职工思想素质，在职工文化体育活动中突出思想性、教育性。大力弘扬劳模精神、劳动精神、工匠精神，做实“三晋工匠”品牌，为塑造山西美好形象凝魂聚智。把提升职工队伍技术水平作为推进经济结构调整的重要抓手，健全完善职工职业技能培训制度，督促企业依法依规提取职工教育培训经费，确保70%以上用于一线职工教育。广泛开展职工技术比武、技能大赛，培养造就知识型、技术型、创新型职工队伍。大力推进文化宫、俱乐部、职工书屋等阵地建设，突出公益属性，推进职工教育培训基地、女职工培训示范学校、劳模疗休养基地建设，为教育培训提供阵地保障。

**五、以激发基层活力为重点，着力在建设“职工之家”这个夯基工程上谱写新篇章**

组织建设是工会全部工作的基础，增强基层活力是工会组织建设的重中之重。扩大工会组织有效覆盖面，实施组建工会集中行动，依法推进非公有制经济组织、社会组织、各类新兴群体、新阶层的工会组建，最广泛地把广大职工特别是农民工、新生代职工、灵活就业职工吸收到工会组织中来，保持工会组建率、职工入会率在90%以上。深化“职工之家”创建活动，以“一条例五规范”“六有”工会为标准，大力开展星级工会创建竞赛和“双亮双争”活动，提升开发区（工业园区）、乡镇（街道）和非公有制企业工会建设水平，建设职工群众信赖、满意的“职工之家”。选齐配强基层工会主席，积极稳妥推进基层工会主席直选，用好专职、兼职、社会化招聘、下派“第一副主席”等干部配备方式，增强基层工会发展后劲。实施工会干部“百、千、万”培训工程，坚持省、市、县分级负责，坚持“院校＋实践”、“课堂＋网络”，坚持师资、教材双提升，提高培训针对性实效性，力争五年打造工会干部培训基地100个以上，举办各类各级培训班1000个以上，培训工会干部100万人次以上，为工会事业提供高素质的人才保障。

**六、全面加强工会系统党的建设，着力在不断塑造美好形象这个政治任务上谱写新篇章**

各级工会党组织要以党章为根本遵循，牢固树立抓好党建是最大政绩的意识，坚定落实中央、省委部署，切实履行从严治党主体责任。坚持严肃认真的党内政治生活，把落实《关于新形势下党内政治生活的若干准则》作为重要政治任务，以领导机关和领导干部为重点，着力增强党内政治生活的政治性、时代性、原则性、战斗性，实现党内政治生活制度化、规范化和程序化。着力抓好干部队伍建设，按照好干部标准和要求，把工运事业发展需要的好干部精心培养起来、合理使用起来。认真落实《中国共产党问责条例》，严肃处理不担当、不作为、乱作为干部。锲而不舍加强作风建设，严格执行中央八项规定，践行《中国共产党廉洁自律准则》，始终牢记宗旨意识，做到与职工群众肩并肩、心贴心，尽心竭力服务职工群众，团结带领职工群众干出一番新事业。坚定不移推进党风廉政建设和反腐败斗争，认真落实《中国共产党党内监督条例》和《中国共产党纪律处分条例》，严格落实“一岗双责”，努力实践“四种形态”，推动管党治党从宽松软走向严紧实。加强廉政文化建设和反腐倡廉教育，引导党员干部坚守道德高地，守住纪律底线。加强对工会资产的监督管理和经费使用的审查审计监督，加大经审力度，确保经费使用、资产管理依法合规。

# 加快实现“两个走在前列”，开创龙城幸福美好未来

太原市市长　**耿彦波**

2016 年，太原市认真贯彻习近平总书记系列重要讲话精神和治国理政新理念新思想新战略，按照“一个指引、两手硬”重大思路和要求，全市上下克难攻坚，奋力前行，经济运行稳中有进、稳中向好，实现了“十三五”良好开局。

2017 年是党的十九大召开之年，是实施“十三五”规划的关键之年，是供给侧结构性改革的深化之年，也是我市贯彻省市第十一次党代会精神、建设转型综改示范区的起步之年，做好 2017 年的工作，意义十分重大。

**一、2017 年政府工作的总体要求**

深入贯彻习近平总书记系列重要讲话精神和治国理政新理念新思想新战略，统筹推进“五位一体”总体布局，协调推进“四个全面”战略布局，认真落实省、市第十一次党代会总体部署和省委、市委十一届二次全会暨经济工作会议精神，按照省委“一个指引、两手硬”重大思路和要求，坚持新发展理念，坚持稳中求进工作总基调，坚持深化供给侧结构性改革与深化转型综改试验区建设有机结合，坚持以提高发展质量和效益为中心，以转型综改示范区为引擎，全面实施创新驱动、转型升级战略，全力做好稳增长、促改革、调结构、惠民生、防风险各项工作，努力实现“两个走在前列”，以优异成绩迎接党的十九大胜利召开。

**二、经济社会发展的主要预期目标**

地区生产总值增长 8%左右，规模以上工业增加值增长 7.5%左右，固定资产投资增长 7%左右，社会消费品零售总额增长 7.5%左右，一般公共预算收入增长 3.5%左右，城乡居民人均可支配收入分别增长 7.5%和 8%左右，居民消费价格涨幅控制在 3%左右，城镇登记失业率控制在 4%以内，圆满完成省下达的约束性指标任务。

**三、2017 年政府工作重点**

（一）以供给侧结构性改革为主线，推进创新驱动、转型升级。一是用改革的办法深入推进“三去一降一补”。扎实有效淘汰落后产能，坚决淘汰技术落后、污染严重、安全隐患较大的煤焦冶电企业。有效处置“僵尸企业”，落实职工安置政策。分类施策去库存，通过改变商业模式、降低运营成本等多元化途径消化商业写字楼库存。进一步采取减税降费、降低“五险一金”缴费比例、全面清理规范政府性基金、推进大用户直供电等举措，促进企业降成本。二是用供给侧结构性改革的力量振兴实体经济。大力发展电子信息、先进装备制造、新材料、新能源、节能环保等战略性新兴产业，努力形成若干千亿、百亿级产业集群，构建供给侧结构性产业新优势。着力抓好富士康手机智能化制造和维保、江铃重汽整车及发动机、比亚迪新能源汽车、太重地铁盾构和风电装备、中车地铁装备、太钢 T800 碳纤维和轮轴钢、大明不锈钢深加工、晋西春雷高精度铜合金、中电科二所碳化硅半导体等重点项目，以项目促转型，以创新添活力，建立高质量、多层次、宽领域的有效供给体系。弘扬工匠精神，厚植工匠文化，创建质量强市，推动经济发展进入质量时代。深入实施《中国制造 2025》，推进大数据、云计算、物联网运用，推动传统产

业生产、管理和营销模式变革。实施煤焦冶电等传统产业技术改造、智能改造、绿色改造。发挥军工基地产业优势，创新军民产业融合机制，开展军民协同创新，推动军民融合深度发展。三是推进人才强市战略。构建科学、开放、高效的人才管理体制。创新以增加知识价值分配为导向的人才政策，促进创新要素向高端人才流动、高端人才向转型综改集聚。加强与科研机构、高等院校产学研用深度结合，引进站在行业科技前沿、具有国际视野和能力的领军人才，加快新材料、人工智能、集成电路、生物制药、第五代移动通信等技术研发成果转化，培育高科技引领的产业集群。四是着力提升服务业发展水平。开展"互联网＋"产业集群行动，加快建设国家小微企业创业创新基地城市示范，打造面向大众的"双创"全程服务体系，推进大众创业、万众创新，发展新制造、新技术、新业态。大力发展现代服务业，推动生产性服务业向价值链高端延伸、生活性服务业向精细化高品质延伸。积极发展总部经济、数字经济、互联网服务等新兴产业，培育壮大金融、科技服务等重点产业，推进电子商务示范工程，发展跨境电子商务。着力抓好华润万象城、苏宁广场、润恒农产品冷链物流、万科现代仓储、传化公路港等重大服务业项目建设。完成农村信用社体制改革，设立支撑创新驱动、转型升级两个百亿元产业基金。开工建设12万平方米大型会展中心，创新太原低碳发展论坛等重点会展办会机制，培育会展品牌，打造全省会展核心区。五是推进农业供给侧结构性改革。发展具有省城特色的城郊型农业，重点抓好设施农业、观光农业、休闲农业、龙头企业、中药材基地、农产品加工销售产业链，开发和发展功能食品，打造农村一二三产业融合发展新格局，加快培育农业农村发展新动能。

（二）以关键环节和重点领域改革为突破口，增强内生发展动力和优势。一是持续推进政府职能转变。深化简政放权、放管结合、优化服务改革。全面实行清单管理制度，以清单管理推动简政放权。深化商事制度改革，实行多证合一、证照分离。完善事中事后监管制度，实现"双随机、一公开"监管全覆盖，推进综合行政执法。发展"互联网＋政务服务"，实现政府信息系统互联互通，公共资源交易、土地招拍挂网上办理。创造公平竞争、开放创新的制度环境，让企业和群众实实在在感受到"放管服"改革成效。二是深化投融资体制改革。大幅减少投资项目前置审批，大幅缩减政府核准投资项目范围。探索建立多评合一、多审合一、多图联审、联合验收等新模式。创新拓宽投融资渠道和方式，大力推广利用PPP、债券、基金等市场化融资模式，降低政府负债风险。推进多层次资本市场发展，培育上市企业，积极发展主板、创业板、新三板、区域性股权交易市场。三是继续推进财税体制改革。落实和完善营改增政策，进一步减轻企业税费负担。深化财政预算改革，推进政府预决算公开，超前谋划和科学编制预算，合理安排财力，提高资金使用效率。四是深化国企国资改革。以提高核心竞争力和资源配置效率为目标，形成有效制衡的公司法人治理结构、灵活高效的市场化经营机制。推动国资监管体制向管资本为主转变，确保资产保值增值、法人主体放开经营。彻底剥离企业办社会职能，解决历史遗留问题，瘦身健体、提质增效、健康发展。五是积极争取创建国家可持续发展议程创新示范区。对标世界先进水平，加强国际交流合作，以可持续发展理念为引领，发挥科技创新的核心作用，破解资源型城市路径依赖的难题，打造可复制、可推广、可持续发展的现实样板。六是更好激发非公有制经济活力。按"亲""清"二字处理好政商关系，努力形成亲商、安商、容商、富商的良好氛围。进一步优化政务服务环境，激励创新，促进发展。持续深化"万名干部入企服务"活动，真正解决企业发展的瓶颈障碍，做大做强民营经济支撑的半壁江山。

（三）以转型综改示范区建设为载体，打造转型升级新引擎。一要加快启动起步区建设。按照"整合改制扩区调规"要求，用好用足国家调整土地利用规划、核减基本农田的政策，加快小店、清徐、阳曲土地利用总体规划调整和永久基本农田划定，落实起步区土地规划指标，尽快完成2333公顷土地征收任务，确保4月份启动起步区建设。二要优化产业布局。高点起步、高端发展、高标准规划建设管理，打造聚集先进生产要素的政策洼地和发展高地。加大招商引资引智引技力度，力争在智能制造、电子信息、新能源、新材料、节能环保、生物医药等领域，引进一批高质量的大项目、好项目，推进高端化、智能化、绿色化、品牌化战略性新兴产业发展。巩固、提升、拓展示范区已经形成的产业基础，实现存量扩能提质、增量倍增发展，持续发力保增长。推动区区融合，深化不锈钢园区产业规划，优化空间布局，围绕不锈钢深加工形成产业集群，做大做强产业链。三要创新体制机制。借鉴国家自贸区可复制、可推广的改革试点经验，营造法治化、国际化、便利化营商环境，创造改革创新发展新优势。建立专业化、市场化、国际化管理运行机制，实行领导班子任期制、全员岗位聘任制和绩效工资制。加强全面深化改革开放各项措施系统集成，加快具有较大影响力的科技创新步伐。

（四）以建设宜居宜业幸福城市为目标，推进城市基础设施建设和城市管理水平提升。一是发挥规划先行引领作用。年内完成"五规合一"试点工作。高起点规划晋阳湖片区，加强汾河两岸及主要干道的规划控制和城市设计，点线面结合、山水城一体，打造太原历史文化底蕴和现代都市风貌的靓丽名片。二是继续加大城市基础设施建设力度。优化提升市域道路综合体系。开工建设太原西北二环高速，拉大城市框架。完成环城高速与北中环东延、南中环西延等互通工程，推进太长高速太原段改线，实现滨河东路南延发展。发展轨道交通，加快地铁 2 号线建设，启动 3 号线、1 号线建设。新建改造东中环北延、西中环南路、学府街东延等 50 条 300 千米城市快速路和主次干道，45 条 60 千米支路。继续推进公交都市建设。加大城市综合管廊、海绵城市建设力度。推进 220 千伏汾东等 24 项供电工程，提升完善电力输配网络体系。加快太原南站东广场、汽车客运东南站建设及功能配套。高标准完成高铁沿线环境综合整治。继续优化提升“铁、公、机”，更加重视“岸、港、网”建设。改造提升南坪头、马庄、七府坟等水库、缓洪池以及太榆退水渠防洪设施，以百年一遇标准夯实防洪排涝体系。三是大力推进城中村和棚户区改造。新启动 30 个城中村和 25 个集中连片棚户区改造，新建开工棚户区保障房 2.96 万套，基本建成 2.2 万套。推进县城、集镇和城边村改造提升，建设特色小镇和美丽乡村。加快城中村、棚户区改造拆迁清零，尽快完成安置回迁。四是深入开展城市管理全面提升行动。推进交通秩序、环境卫生、户外广告、打违拆违等十项综合整治，全面改善市容市貌。2017 年全面攻坚，2018 年巩固提升，形成常态化管理和长效工作机制。推进智慧城市建设，运用大数据、互联网等科技手段，提升城市现代化、精细化、智能化管理水平。五是扎实做好全国第二届青运会筹办工作。精心做好二青会比赛场馆和青运村建设，积极开展全民体育健身运动，大力加强宣传教育，携手提升文明素养，全面推进“五城联创”，以文明、开放、热忱、美丽的城市形象，迎接二青会胜利召开。

*（五）以生态文明发展理念为引领，持续加大环境污染治理力度。*实行最严格的生态环境保护制度，坚守生态保护红线，开展铁腕治污行动，压实各级党政环保责任，强化环保问责和执法，坚决打好蓝天保卫战，确保省城环境质量持续改善。一要全面改善空气质量。以“控煤、治污、管车、降尘”为重点，采取坚决措施，确保 PM2.5 浓度均值下降 9.09%，$SO_2$ 指标下降 10%。全力解决燃煤污染，加快实施集中供热全覆盖，新增供热能力 3500 万平方米，实现市区 151 个 35 吨以下分散采暖燃煤锅炉全部替代。全力推进 86 个城中村、188 个城边村、37 个集中连片棚户区分散燃煤整治，完成 10 万户清洁供暖，全年减少燃煤 100 万吨。继续推进既有建筑节能改造。严控工业污染排放，提升绿色企业标准，对达不到排放标准的，停产限期达标改造。涉煤企业要逐步退出建成区，夯实绿水青山的基础。全面控制扬尘污染。彻底淘汰黄标车，取缔非法经营黑车，施工车辆全面达标准入，提高燃油品质，严控机动车尾气排放。加强露天烧烤、秸秆焚烧等面源污染整治，建成区餐饮业全部加装高效油烟净化装置。推进畜禽粪便治理。积极应对气候变化，强化预警和应急措施。二要加强水生态建设。综合整治北涧河、北沙河、北排洪渠、玉门河等 8 条河流，源头治理、蓄水调洪，雨污分流、河水复清，快速交通、绿色长廊，连片改造、全面提升。推进晋阳湖和晋阳湖湿地为中心的大生态建设，打造山水一体、河湖连通、古今交融、人文自然辉映的一流生态功能区，彰显“三面环山、一水中分、一湖点睛、九河环绕”的水韵龙城格局。全面推行河长制，健全生态保护补偿机制。实行最严格水资源管理制度，强化饮用水源地环境治理与保护，确保汾河水库水质稳定达标。加快汾东污水处理厂、垃圾焚烧电厂、餐厨污泥处理等重点工程建设，加强中水回用。积极推进建筑垃圾资源化利用，加强土壤污染防治与修复。三要加强绿化造林和生态建设。推进荒山绿化，完成营造林 2.87 万公顷。加快迎泽公园、动物园、植物园、摄乐公园等公园新建改造，启动西山国家矿山公园、北部国家农业公园建设，新建 30 个街头小游园，建成区绿化覆盖率、绿地率、人均公园绿地面积分别新增 0.5%、0.5%和 0.3 平方米。

*（六）以提升城市文化软实力为核心，大力发展文化事业文化产业。*大力发展文化旅游产业。完善提升晋祠景区环境综合整治，加快晋阳古城大遗址保护和明太原县城保护性开发。启动双塔历史文化大景区建设、狄仁杰文化主题公园等项目，打造城市文化名片和文化客厅。继续推进府城历史文化片区保护，留住城市记忆，强化实物例证支撑。大力完善旅游设施和服务，发展乡村、休闲、全域旅游。积极发展文化事业。推动文艺繁荣发展，弘扬社会主义时代精神。推动基本公共文化服务标准化、均等化发展。加快推进太原博物馆陈列布展，市图书新馆 5 月 1 日对外开放。积极开展“书香太原”全民阅读系列活动，不断满足人民群众精神文化需求。着力培育文化市场主体。积极引进文化旅游龙头企业，打造精品景区和旅游路线。促进文化产业与互联网融合发展，培育发展新兴文化业态。建设华夏历史文明主题公园，打造文化领军企业和知名文化品牌，提升文化旅游业整体发展水平。

*（七）以保障和改善民生为重点，统筹推进各项社会事业。*一是坚决打好脱贫攻坚战。推动特色产业发展、易地移民搬迁、劳务输出、金融、教育和健康扶贫，建立健全稳定脱贫长效机制，今年完成 2 万人脱贫任务。二是继续推进教育医疗资源标准化、均衡化、优质

化发展。建设公办幼儿园20所，完成五中、成成、育英等6所中学新校和实践基地建设，加快推进职教园区建设。全面推行公立医院改革，基本完成市中心医院、市人民医院、市妇幼医院和省妇幼医院等6所新院建设。加强基层医疗服务保障能力建设，统筹三医联动，推进县乡医院一体化管理，逐步建立分级诊疗制度，提升人民群众健康水平。全面推进养老服务业发展，建设高标准示范性老年福利院，逐步建立以居家养老为主体、以社区养老为依托、以机构养老为补充的社会养老服务创新体系。加快推进康宁医院、救助站和儿童福利院建设，完善社会救助服务体系。鼓励创业带动就业，促进城乡居民收入增长。实施全民参保登记计划。加快采煤沉陷区搬迁建设和治理修复等民生工程。加强国防和后备力量建设，提高新形势下双拥工作水平。三是全力维护社会安全稳定。严格落实党政同责、部门监管、企业主体安全生产责任，加强重点行业领域安全监管，坚决杜绝重特大安全生产事故发生。积极创建国家食品安全城市，切实加强对食品药品的监督管理。推进平安省城建设，加强和创新社会治安综合治理，依法打击违法犯罪行为，营造平安和谐的社会环境。

# 加快建设更具实力、更富活力、更有魅力、更加宜居、更加幸福的省城首善之区

太原市迎泽区区长　李　慧

2016年是"十三五"规划的开局之年，也是我区建设省城首善之区的起步之年。一年来，面对复杂的宏观经济形势，在市委、市政府和区委的坚强领导下，在区人大、区政协的监督支持下，我们坚持稳中求进的工作总基调，自觉践行新发展理念，主动适应经济发展新常态，统筹做好改革、发展和稳定各项工作，较好地完成了区五届人大一次会议确定的目标任务，在扎实推进省城首善之区建设进程中迈出了坚实步伐。

2017年是实施"十三五"规划承前启后的关键之年，也是贯彻落实省、市第十一次党代会和区第五次党代会精神的重要一年，宏观经济环境依然严峻复杂，改革发展稳定任务更加艰巨繁重。我们必须主动担当，积极作为，撸起袖子加油干，不断提升发展指数和人民幸福指数。

## 一、2017年政府工作的总体要求

深入贯彻习近平总书记系列重要讲话精神和治国理政新理念新思想新战略，全面落实党的十八届六中全会精神，按照省、市委十一届二次全会暨经济工作会议安排部署，坚持新发展理念，坚持稳中求进工作总基调，坚持转型示范区建设与创新驱动、转型升级有机结合，紧紧围绕区第五次党代会提出的目标任务，解放思想、奋发进取、苦干实干，全力促进经济稳步向好、民生不断改善、社会和谐稳定，全面加快建设更具实力、更富活力、更有魅力、更加宜居、更加幸福的省城首善之区步伐，努力推动各项工作走在全市前列，以优异的成绩迎接党的十九大胜利召开。

## 二、2017年全区经济社会发展的主要预期目标

地区生产总值增长8%左右，社会消费品零售总额增长8%左右，一般公共预算收入增长8.5%左右，规模以上工业增加值增长2%左右，全社会固定资产投资增长目标根据新的统计口径研究设置。约束性指标全面完成省、市下达任务。

## 三、奋发有为做好各项工作

（一）着力培育新的动力源和增长极，持续提升区域综合实力。一是优化提升传统服务业。瞄准建设一流商业街区，加快柳巷—钟楼街商圈环境改善和基础设施建设，大力发展智慧型服务业和新型零售模式，改造提升一批特色商业街区和夜市街区，扶持老字号企业加强品牌建设，挖掘品牌价值，创新提升竞争力，努力打造体量强大、业态丰满、更具规模竞争力的城市核心消费圈。引导朝阳商圈商贸企业发展服装加工制造业，开展网上交易、扩大网上销售，鼓励周边物流配送业整合提档，加快形成产销配一体化格局，加大环境整治力度，提升商业街区承载能力，努力打造环境优美、功能完备、经营规范、多业态融合的现代商贸物流城。深化区属国有企业混合所有制改革，提高国有资本配

置和运行效率，实现国有资产保值增值。二是加快发展新兴产业。巩固国家可持续发展实验区成果，助推太原市创建国家可持续发展议程创新示范区。推动大众创业、万众创新，启动林业大厦双创基地和今鼎创意空间建设，打造国家级“迎联智慧大健康产业科技企业孵化器”；再打造一批创新创业公共服务平台，吸引更多科技型企业及创客团队“拎包创业”。加快推进国海广场、华润综合体、月星家居广场、红星美凯龙城市家居、东城现代装饰城等现代服务业项目，着力打造产业转型升级新引擎。继续实施楼宇（总部）经济三年行动计划，发挥好中心城区的核心优势，再引进一批国际国内知名企业区域总部，促进总部企业和高端业态发展提速。大力发展幸福产业、健康产业，再打造一批高标准、专业化的社区养老服务机构。三是做大做强园区经济。加快推进“互联网＋”智慧产业园扩园，力争启动生物医药产业园、新东峰汽车贸易园建设，吸引高端制造业、节能环保、生物医药等新兴产业入驻。加快中鲁物流园扩园，推进太原大数据中心、老鸿运物流总部等落户园区。探索推进政府和社会资本合作融资，高标准实施张家河特色小镇建设，加快东祁家山林果基地建设，谋划布局一批森林公园、现代农业、休闲度假等项目，打造面向城市、服务市民、具有影响力的生态旅游产业园区。四是强化招商引资工作。深化对外交流与合作，积极融入“一带一路”“京津冀”协同发展等国家重大战略，主动承接产业转移。加大招商引资力度，创新引资方式，围绕金融、互联网、现代服务业等重点，实施精准招商。完善招商政策，提升保障服务水平，切实提高招商引资的实效性。

*（二）着力统筹城乡一体发展，持续提升城市形象和品位。*一是加大城乡基础设施建设。继续做好轨道交通二号线、迎泽大街下穿火车站通道及东广场建设涉及的房屋征收工作，全力做好松小线、迎泽大街东延、南内环街东延等市政道路建设房屋征收，拉开城市框架，拓展发展空间。加大城市游园、绿地、停车场等基础设施建设力度，加快海绵城市、综合管廊、水电气暖及各类地下管网建设，维修改造24座院内户厕，不断提高城市综合承载力。完善东山地区路网建设，实施松小线观家峪至观枣线段、国道307至柳占线公路改造；启动区动物卫生监督所改建工程；实施小山岩、董家庄两个村的饮水管网配套建设，解决群众吃水和落地项目用水问题。加快美丽乡村建设，打造2～3个市级示范村。二是坚定不移推进城中村改造。全面完成松庄、新沟、水峪3个村的整村拆除，在全市率先实现城中村改造全覆盖，进一步提高改造品质。加快王家峰、东太堡、枣园等村的整村拆除清零和回迁安置房建设，科学谋划产业发展和教育、卫生、文化、社区等公共服务资源的布局配置，加快建设速度、确保工程质量、缩短时间成本，如期回迁安置。三是大力推进片区改造和棚户区改造。按照商文旅融合互促、一体发展的思路，启动钟楼街历史街区保护开发和双塔历史文化大景区建设，年内完成房屋征收。坚持棚户区改造与历史文物保护、建设历史文化名城相结合，与打造精品亮点、提升城市品位相结合，与完善公共服务、改善人居环境相结合，力争启动双塔南巷、桃园北路、五一东街老官坊等棚户区改造，进一步提高货币化安置比例，满足群众多元化需求。加快回迁安置房建设，确保具备条件的居民尽快回迁。四是深化城市管理体制改革。以智慧城市建设为契机，加快现代信息技术在城市管理中的应用，推进数字化城市管理与政务便民系统融合，探索“贴心城管”新模式，提高城市管理效能。理顺区、街（镇）、社区（村）之间的责权关系，试点推行城管执法队伍集中管理模式，提升城管队伍工作效能和水平。提升城乡道路清扫保洁、垃圾清运、无物业院落管理等作业标准，提高城市管理精细化水平。五是全面开展城市管理提升行动。扎实推进“五城联创”，深入开展道路交通秩序、占道经营、户外广告、违法建设、市容卫生、建筑工地扬尘噪声污染、公共场所、铁路沿线、各类景区、物流仓储等十项综合整治，倾力打造1～2个示范片区、5～6个精品片区，持续提升城市品位，不断增进民生福祉。

*（三）着力保障和改善民生，持续提升人民的幸福感和获得感。*一是千方百计扩大就业。加大就业创业扶持力度，建立健全政策扶持、创业服务、创业培训“三位一体”工作机制，扎实开展就业援助专项行动，鼓励创业带动就业，做好农村转移劳动力、城镇失业人员、“4050”人员、退役军人等群体就业工作，托底帮扶就业困难人员，确保零就业家庭动态清零。认真落实职业培训全覆盖计划，提升劳动者就业创业能力和职业转换能力，确保全年新增就业1.8万人。二是全面提升社会保障能力。持续扩大社会保险参保人群和险种覆盖面，做到应收尽收、应保尽保；开展城乡居民养老保险指纹认证工作，实现城乡居民养老保险基础养老金公平、公正发放。编密织牢困难群众兜底保障网，扩大困难残疾人“两项补贴”面，将三、四级精神残疾人纳入救助范围；设立“一门受理、协同办理”服务窗口，加大对低保群体、优抚对象、孤儿、残疾人、下岗失业人员等困难群体的帮扶力度，确保困难群众及时受助。加快保障性住房建设，缓解困难群体住房问题。按照精准扶贫要求，继续做好对娄烦县静游镇的对口扶贫工作，再实现6个村3000人脱贫。三是推进教育向优质均衡发展。实施教育事业改革和发展“十三五”规划，继续提高生均公用经费，积极开展“县域义务教育优质均衡发展”省级试点工作；完善迎泽教育督导现代化评估

监测平台的管理和使用，巩固全国中小学校责任督学挂牌督导创新县区成果。加快推进36中、37中、39中改扩建工程，围绕城中村和棚户区改造，提前布局东部地区教育基础设施，启动37中东校、青年路小学东校等学校建设。普及推广教育信息化，新建15个“智慧教室”。均衡配置教育资源，提升办学质量，推进教育事业由基本均衡向优质均衡迈进。四是加大文化惠民力度。加快文化强区步伐，完成86个社区图书室数字化改造，深入开展内容丰富、形式多样的文化惠民活动，丰富群众文化生活；充分运用新媒体拓展服务功能，打造标准统一、互通互联的数字化公共文化服务平台。加强执法队伍建设，规范文化市场管理。五是提高人民群众的健康水平。深化医药卫生体制改革，积极创建慢性病综合防控示范区，打造中医外科、骨伤科等4个重点专科，启动迎泽区中心医院建设，完成区产科医院和棉花巷社区卫生服务中心改造。继续推进家庭医生签约服务。全面落实国家普遍二孩政策，提高出生人口素质。六是提升社区建设管理服务水平。加快500平方米以下城市社区提档升级步伐，启动10个农村社区建设。落实加快养老服务业发展的扶持政策，探索推进机构养老、社区养老、居家养老等多种养老模式及养老产业协调发展，新建14个社区养老服务中心、18个社区（农村）老年人日间照料中心，启动一所区级公办养老机构建设，不断完善养老服务体系，提升为老服务质量。

（四）着力推进资源节约和环境保护，不断提升可持续发展能力。全面改善空气质量。深入推进集中供热全覆盖、城边村气化、城中村整村拆除、污染企业搬迁、水环境治理等“五大工程”，全面实施工业污染治理、机动车尾气控制、扬尘污染控制、商品交易市场和饮食服务行业综合整治、垃圾秸秆焚烧污染控制等“五项整治”，改善生态环境。围绕“控煤、治污、管车、降尘”四个重点，开展铁腕治污行动，严厉打击环境违法行为。以治理雾霾为重点，加大冬季大气污染防控。严格机动车尾气排放管理，全面完成老旧车、黄标车淘汰任务。扎实推进既有建筑节能改造，提高建筑的安全性、舒适性和健康性。加强生态安全屏障建设。加快推进港道、小山沟、大窑堖等村采煤沉陷区生态环境治理修复。实施绿化造林和生态建设，完成400公顷提档造林和6个村的村庄绿化，构筑东山生态屏障；新建10处小游园、小绿地，创建一批园林化居住区、先进居住区和标兵居住区。积极推进南沙河上游河道治理、水库清淤清障及水毁工程修复，打造东山生态景观。

（五）着力加强和改进社会治理，持续巩固社会和谐稳定大局。深入推进平安迎泽建设。落实社会治安综合治理领导责任制，深入开展综治中心标准化建设，着力提高社会治理能力水平。进一步完善立体化治安防控体系，提升打防管控水平。深入开展“打黑除恶”专项斗争，严厉打击非法吸收公众存款和“两抢一盗”等多发性犯罪。突出抓好安全监管。深入开展燃气、道路交通、危险化学品、特种设备、建筑施工、人员密集场所等重点领域安全生产隐患排查整治，坚决杜绝重特大安全事故发生。加快安全信息化平台建设。创新消防安全工作。开展食品安全城市创建。健全完善突发事件监测预警机制，提升应急处置能力。着力化解不稳定因素。加大对各类信访案件的化解力度，拓宽信访渠道，规范信访秩序。有效防范、依法处置各类金融风险，严厉打击非法集资等不法行为，维护金融安全。深入开展各类风险隐患大排查大整治，坚决防止大规模群体事件发生，坚决防止重大社会安全隐患的积累和突发，全力维护社会和谐稳定。

让我们更加紧密地团结在以习近平同志为核心的党中央周围，在市委、市政府和区委的坚强领导下，不忘初心、继续前进，扎实推进各项工作，为把迎泽早日建成更具实力、更富活力、更有魅力、更加宜居、更加幸福的省城首善之区努力奋斗，以优异成绩迎接党的十九大胜利召开！

# 全力建设活力晋源、宜居晋源、魅力晋源、法治晋源

太原市晋源区区长　李永强

2016年，在市委、市政府和区委的正确领导下，我们全面落实党的十八大和十八届三中、四中、五中、六

中全会精神,认真贯彻习近平总书记系列重要讲话精神和治国理政新理念新思想新战略,紧紧围绕省委"一个指引、两手硬"的重大思路和要求,按照市委"两个走在前列"的总体部署,着力推进活力晋源、宜居晋源、魅力晋源、法治晋源建设,全区经济社会发展呈现出争先进位的积极态势,实现了"十三五"良好开局。

2017 年是供给侧结构性改革和转型综改的深化之年,也是我区转型升级的关键一年。做好今年的各项工作,意义十分重大。

一、2017 年政府工作的总体要求

深入贯彻习近平总书记系列重要讲话精神和治国理政新理念新思想新战略,统筹推进"五位一体"总体布局,协调推进"四个全面"战略布局,认真落实中央经济工作会议,省委、市委十一届二次全会暨经济工作会议、区委五届四次全会暨经济工作会议精神及省、市、区党代会的全面部署,按照省委"一个指引、两手硬"重大思路和要求,落实市委实现"两个走在前列"的总体部署,坚持新发展理念,坚持稳中求进工作总基调,坚持以提高发展质量和效益为中心,围绕活力晋源、宜居晋源、魅力晋源、法治晋源建设目标,全力做好稳增长、促改革、调结构、惠民生、防风险各项工作,在太原市"两个走在前列"中争先进位,以优异成绩迎接党的十九大胜利召开。

二、2017 年经济社会发展的主要预期目标

地区生产总值增长 9%,全社会固定资产投资增长目标根据新的统计口径设置,社会消费品零售总额增长 8.5%以上,一般公共预算收入增长 4%,城乡居民人均可支配收入分别增长 7.5%和 8%左右,约束性指标完成市政府下达的任务。

三、2017 年政府工作重点

(一)毫不动摇抓好转型升级,做强做优实体经济。一是实施现代都市农业增效工程。大力发展特色优势产业。积极推进康培农业科技产业园建设,提档升级北河下、梅芝园艺等农业园区。大力升级改造老旧温室群,建设一批标准化、智能化设施蔬菜生产基地。继续扶持玉露香梨、樱桃、西梅等特色水果基地建设,打造两个生态标准化果园。加快黄楼沟生态养殖园区建设,推动农之乐蛋鸡、众和奶牛养殖等园区提档升级,打造 10 个现代化畜禽养殖园区。持续推进晋祠大米恢复与保护,建设休闲观光示范稻田。深入实施农村人居环境改善工程,申报创建 3 个省级美丽宜居示范村。深化农村土地改革,全面完成农村土地承包经营权确权登记颁证工作。开展城中村居民就业培训和农民实用技术培训,培养一批懂技术、善经营的新型职业农民。实施周家庄渠系泵站建设等节水工程,夯实农业发展基础支撑。二是实施战略型新兴产业培育工程。加快改造提升传统产业,把服务好一电厂关停、太化转型作为去产能的重点,抓好太原药业、远东城市管廊等一批企业技改项目,力争规上工业企业新增两户以上。加快培育战略性新兴产业,力促国新晋药投产达效,引进香港招商局新能源集团光伏产业。以转型综改示范区建设为契机,以建设省级开发区为目标,引进新技术、新能源、新材料等一批战略性新兴产业,做大做强姚村新兴产业园区,打造区域经济强力引擎。三是实施现代服务业发展工程。丰富完善长风商务区功能,推进鸿升时代金融广场、阳光城环球金融中心基础设施配套,发展与城市化相配套的楼宇经济、总部经济。积极引进红星美凯龙爱琴海购物公园、奥特莱斯购物中心,抓好万水物贸、万国汽贸园区迁建等项目建设。推进"互联网+",推动大数据与物流业、养老服务业深度融合。大力发展智慧物流、多式联运、城乡快递、冷链物流,加快推进传化物流、圆通速递、太化中环电子商贸园等项目建设,构建立体式现代物流产业格局。加快发展养老服务幸福产业,推进国新晋药冶峪大型医养融合项目建设,新改扩建 9 个社区养老服务中心、8 个城乡日间照料中心,促进生活性服务业向便利化、精细化、品质化发展。四是实施"双创"孵化新产业新业态工程。持续推进"大众创业、万众创新",完成区双创示范服务中心建设,继续扶持引导千诚信孵化园、蜂巢物联网等基地,打造全要素、开放式的专业化创业基地。把服务好企业上市融资作为去杠杆的重点,推动"个转企、小升规、规改股、股上市",力争再实现两家企业"新三板"上市。大力支持和培育民营经济发展,扶持化兴化工、梦飞动漫等企业做大做强。五是加大招商引资力度。开展"优化投资迎商环境专项行动年",创优环境抓招商,谋划和储备一批产业关联度高、投资规模大、市场前景好的大项目、好项目。深化企业服务和"各类项目受理大起底"活动,建立完善领导包企、全程跟踪、例会研判工作机制,实现服务企业常态化、规范化、制度化,确保项目引得进、落得下,发展得快、发展得好。

(二)全力以赴加强城市建设管理,不断提升区域承载力。一是全面提升城乡管理水平。以"五城联创"为统领,创新城乡管理水平。以群众反映强烈、社会广泛关注的城市环境重点难点问题为突破口,扎实开展道路交通秩序、占道经营、户外广告、违法建设、市容环境卫生、建筑工地扬尘噪音、公共场所环境秩序、村容村貌、旅游景区、各类市场和物流仓储等十项综合整治,打好城市管理全面提升行动攻坚战,重点把义井片区和新城片区打造成全区的示范区、亮点区,全面改善市容市貌,实现城乡环境整洁、社会秩序良好、人民生活和谐。推进小站营变电站、奥林变电站建设。实施晋源新城周边路灯节能改造。建成张村、西寨两个垃

圾中转站。加大供热服务保障，继续扩大集中供水范围，稳步推进关井压采，让晋源区更多的群众过上温暖冬、喝上洁净水。二是坚定不移推进城中村改造。坚持以人为本、依靠群众两个原则不动摇，继续用好“五个一”和“三个要公开”工作措施，完成金胜、董茹、北河下、周家庄4个城中村整村拆除。把规划引领放在更加突出的位置，以城中村改造为抓手，盘活晋源新城东区土地资源，打造“产、城、人、文”四位一体的特色城镇。把提高城中村改造、棚户区改造货币化安置比例作为去库存的重点，加大货币化安置力度。积极推进各村城改用地周边路网建设，加快安置房水电气暖等各项手续办理。启动城北、贾家庄、棘针、南堰4个村的安置房建设，交付义井、吴家堡、西寨等8个村村民首套安置房。加快棚户区改造进度，启动中化二建北堰宿舍区和迎宾路地块棚户区改造，完成市下达的保障房年度任务。充分发挥区经投公司融资平台作用，为城市建设发展提供资金保障。三是全力保障省市重点工程。继续保障好东区路网及综合管廊、环湖北路、蒙山大街、西南环铁等重点工程建设，夯实城市发展基础。保障好以晋阳湖为中心的西山区建设，打造山湖一体、河湖连通、古今交融、人文自然辉映的一流景区。保障好二青会场馆设施建设。保障好旧晋祠路、昌宁东西路、纬三路西延等13条道路和姚村、冶峪高速互通工程建设，争取将天龙山旅游路、七三公路列入市级改造计划，进一步完善区域路网，拉大城市发展框架。

（三）持之以恒保障和改善民生，着力增进人民福祉。一是推进民生保障建设。继续推进优质教育引进战略工程，落实青年路小学、太师一附小、四附小引进工作，全力保障成成中学、二外新校区建设。实施两所村级幼儿园改、扩建工程，完成14所中小学塑胶化操场建设工程，夯实义务教育基础。继续实施镇（街）文化站和村级文化活动中心标准化建设，开展文化惠民、文化下乡活动，启动区职工文体活动中心、区委党校等新建工程。推动在我区建设一所医养融合的三甲医院。保障好省儿童医院、市妇幼保健院、区人民医院与市人民医院合作共建项目。推进区中医院、晋源社区服务中心建设。积极创建全国慢性病综合防控示范区。加强基层医护人员专业培训，加快完善城乡基层卫生服务体系建设。为3个镇卫生院配备标准化医疗检验检测设备，提升镇卫生院和社区中心医疗服务能力。继续实施农村危房改造、公共浴室建设、公交线路新增和公交停车场充电桩设施建设等一批民生实事。扎实抓好就业创业、社会救助等兜底性民生工作，不断完善覆盖城乡居民的社会保障体系，加快构建和谐劳动关系。落实资金、人员、帮扶政策措施，突出产业扶贫、项目建设，抓好阳曲县东黄水镇剩余4个帮扶村贫困人口脱贫任务，确保年底全部脱贫，坚决打赢精准扶贫攻坚战。二是加强生态文明建设。以“控煤、治污、管车、降尘、增绿”为重点，铁腕治污，利剑斩霾，实现空气质量在全市争先进位。推进清洁供热全覆盖，抓好重点区域农村“煤改电”工作，加大洁净焦炭推广使用力度，切实做好“五个一批”改造工作。强化污染企业、耗能大户的监管力度，落实节能减排各项措施。严控机动车尾气污染，完成黄标车全淘汰。加强工程建设、渣土运输等扬尘污染整治工作，开展农田土壤污染调查和修复工作，实施裸露地面整治。实施“创森骨干”工程。新建5个小游园和5个街头绿地。加大化工排洪沟、冶峪河、南部退水渠等河道清淤，实施晋祠集中供水站5000米管网改造，全面提升城市防洪保障及供水抗旱能力。三是夯实安全稳定基础。以道路交通、建筑施工、城市运行、特种设备、危险化学品、油气管道、消防、食药安全为重点，抓好各行业领域安全生产工作。以“零容忍”态度，严肃查处事故，严肃追究责任。提高应急处置能力，及时妥善处置突发事件。高度重视社会矛盾化解，有效防范各种风险隐患。深入推进平安晋源建设，提升社会治安防控体系整体效能。

（四）蹄疾步稳发展文化旅游产业，建设全域旅游示范区。一是实施文化旅游业兴区工程。加快把文化旅游业培育成战略性支柱产业，成立旅游发展委员会，探索建立旅游综合协调、综合监管等机制，编制全区文化旅游产业发展规划。按时完成蒙山大佛景区公司化改制，实现景区市场化运作。加快乡村农耕文化保护工程建设，狠抓拆迁、安置、建设、修缮等环节，推进金牛湖公园、护城河及周边景观工程建设，力争年内完成所有清表拆迁，力争2019年青运会前建成投入使用，打造我区旅游产业新的增长极。加快旅游业全要素升级增效，推进晋祠国家级旅游特色小镇创建申报工作，保障好晋祠景区环境综合整治。以魅力晋源为主题，加大宣传策划力度，举办系列文化旅游推介活动，集聚文化旅游发展人气。优化整合旅游资源，打造两条以上旅游精品线路。整治旅游环境，推进“旅游厕所革命”。扎实推进晋阳古城大遗址保护工程，保障好太山龙泉寺风景区、太原植物园等市重点项目建设。加大品牌旅行社引进力度，吸引一批规模大、影响广、效益好的行业龙头来晋源共谋发展。二是发展乡村特色旅游。大力发展度假、休闲旅游，打造太原乃至全省休闲旅游目的地。加强古村落遗存保护，做好程家峪、店头、赤桥等历史文化古村落保护开发。加快晋农之窗农业博览园投产达效。大力发展休闲度假、养生养老、农耕体验等新业态，打造3个以上乡村旅游示范点。积极引导和支持社会资本开发休闲旅游项目，推动乡村旅游向品质化、特色化方向发展。三是壮大文化产业。以太化工业文明遗存展示为带动，积极引导文化企业向晋源集聚。发挥好赵梅生美术馆等辐射引领作用，吸引大艺术家向晋源集聚。引进保利文化集团、上海复星集团等，建设集文化创作、情景演出为一体的大型文艺中心。促进文化产业与互联网融合发展，发展创意设计、动漫游戏等文化创意产业。深入挖掘晋阳文化和民间文化资源，激活整合张氏、王氏等存量特色资源，加快张氏始祖文化园落地建设。聚焦晋源文化独特魅力，讲好“晋源故事”“晋之源故事”，营造文化产业发展浓厚氛围。

让我们更加紧密地团结在以习近平同志为核心的党中央周围，在市委、市政府和区委的正确领导下，忠诚担当，主动作为，全力推进活力晋源、宜居晋源、魅力晋源、法治晋源建设，为全面建成小康社会、加快实现振兴崛起做出新的更大贡献，以优异的成绩迎接党的十九大胜利召开！

# 塑造小店美好形象，实现小店振兴崛起

太原市小店区区长　**李卫平**

2016年，我们学习贯彻党的十八大和十八届三中、四中、五中、六中全会精神，深入贯彻落实省、市第十一次党代会、市委十一届二次全会暨经济工作会议精神和区第五次党代会精神，深入贯彻习近平总书记系列重要讲话精神和治国理政新理念新思想新战略，坚决落实“一个指引、两手硬”重大思路和要求，围绕“两个走在前列”目标和要求，创新驱动、攻坚克难、乘势而上，统筹稳增长、促改革、调结构、惠民生、防风险等各项工作，在“十三五”新起点实现了新发展。

2017年是实施“十三五”规划、决胜全面小康的重要一年，是供给侧结构性改革的深化之年，也是全面贯彻落实省、市第十一次党代会和区第五次党代会精神的起步之年。随着区位、交通、政策、经济结构优势不断加强，全区经济发展总体向好的基本面没有变，特别是转型综改示范区建设等一系列重大战略项目的实施，太原晋中同城化进一步提速，催动发展新动能加速形成，经济发展的内生动力和活力不断增强，推动全区经济平稳健康发展。

**一、2017年政府工作的总体要求**

深入学习贯彻习近平总书记系列重要讲话精神和治国理政新理念新思想新战略，统筹推进“五位一体”总体布局，协调推进“四个全面”战略布局，认真落实省、市第十一次党代会和区第五次党代会精神，按照省委“一个指引、两手硬”的重大思路和要求，贯彻落实市委“两个走在前列”的重要部署，坚持新发展理念，坚持稳中求进工作总基调，坚持深化供给侧结构性改革与深化转型综改试验区建设有机结合，坚持以提高发展质量和效益为中心，全面实施创新驱动、转型升级战略，大力发展新兴产业，壮大实体经济，全力促进经济稳步向好、民生不断改善和社会和谐稳定，当好全市“两个走在前列”排头兵，为塑造美好形象、实现振兴崛起奠定更加坚实的基础，以优异成绩迎接党的十九大胜利召开。

**二、2017年经济社会发展的主要预期目标**

地区生产总值增长8.5%左右，全社会固定资产投资增长5%左右，社会消费品零售总额增长8%，一般公共预算收入增长5%左右，城镇居民人均可支配收入增长9%左右，农村居民人均可支配收入增长7%左右，城镇新增就业岗位1.5万个，城镇登记失业率控制在4%以内。

**三、重点抓好七个方面的工作**

（一）更加注重供给侧改革发力，壮大实体经济，推动区域全产业转型升级。一是加快推进现代服务业战略升级。加快建设高端现代服务业基地，加快构建总部产业集群，启动年规模百亿元级苏宁区域结算总部项目建设。扩大多元商业集聚辐射效应，全力服务苏宁云商线上线下体验项目。降本增效，做大做强现代物流产业，启动中邮、万科两个物流园建设。加快推进阿里巴巴创新中心、中电智云等新兴产业项目，进一步提升商贸业发展品质。大力发展电子商务、文体健康、教育培训、现代金融、养老服务、商务咨询、售后服务等行业成长，促进消费提质升级。二是加快推进现代工业体系建设。整合信息、物流、资金、技术等资源，大力发展工业设计、技术研发、工业智能、技术服务等新型工业业态，着力打造多元发展、多种特色、多点集聚的城市工业空间格局。发挥政府采购政策导向作用，更好支持华豹涂料、奇美实业等本地优势企业上规模、上水平。推进“两化融合”，着力降低实体经济运行成本，促进企业盈利能力明显增强。三是加快推进传统农业功能性转型。着力打造一批休闲观光、集约生产、农业科研、设施蔬菜项目，重点支持坤锦园、好乐草莓、大汇嘉园、鹏飞种植等企业发展壮大，促进形成结构优化、功能互补的农业产业集群。进一步健全农业社会化服务体系，培育职业农民。深入开展农村“双创”，扶持壮大维客家族、乐村淘等农业互联网企业，加速传统农业与互联网相融合，培育农业农村转型发展新动能。四是提升选商引资精准促进作用。加强项目谋划储备，重点推进商贸综合体、核心商圈、骨干专业市场建设。实施点对点精准招商，探索实行购买招商服务的委托招商模式。聚集新项目策划包装，重点推进万科城、万科(太原)综合物流产业园、城中村改造等招商项目落地生效。力争全年签约项目总投资额达到300亿元以上。

(二)更加注重优化空间布局，提升区域综合承载能力，构建全域发展新格局。一是全面实施区域一体发展战略。紧抓综改示范区建设重大机遇，全面提速重大基础设施和功能性设施建设。大力促进以亲贤—长风商圈为轴心的省会核心商业板块提质升级；加快推进新一轮龙城大街商务宜居板块和小店城镇高端服务业板块强势崛起；全面推动东山生态休闲旅游板块品质升级；积极支持南部潇河产业园起步区域新兴产业板块率先发展。培育一批商业氛围浓厚、消费体验升级、文化特色鲜明的城市特色街区，打造城市发展新景观、新名片。重点发展高铁经济、临空经济，推进新兴产业、数字经济和园区建设，构建支撑多元、布局合理、链条高端的现代产业体系。二是坚定不移推进城中村和棚户区改造。启动寇庄、红寺、嘉节、北畔、横河、黄陵、大村等7个重点村整村拆除。推进原有项目动迁扫尾“清零”，加快回迁安置进程，推动绿城、融创、保利等城改项目开工建设。继续加大货币化安置力度，打通去库存与棚户区、城中村改造以及农业转移人口进城购房间的“绿色通道”。坚持改造与拆违紧密结合，加快推进铝材厂、省建二公司等棚户区改造项目开工建设，重点实施“一线一路”沿线非成片、老旧棚户区改造工程。新开工建设保障性住房5100套。三是全面提升城乡基础设施建设水平。积极服务大运路、人民路、真武路南延等40余条市政道路建设改造；实施康馨西路、小马西路、小马北路等市政道路自主建设改造工程，进一步提升区域交通承载力。加强地下空间的规划利用，深入推进管线入地和海绵城市建设。加快500千伏龙城变电站等15项电力基础设施项目建设进度，推进井井通电、小城镇(中心村)电网改造升级和困难小区自来水“一户一表”改造等工程，补足公共设施短板。继续实施既有居住建筑节能改造。提升乡村通信、燃气、供暖等基础设施水平，促进城乡区域协调发展。

(三)更加注重强化区位优势，倾力服务综改示范区建设，下好转型发展先手棋。一是举全区之力服务好、支持好示范区建设。加快推进摸底清资、政策宣传，依法严厉打击“双违”，全力完成涉及8个村1300公顷的征地拆迁任务，确保起步区建设4月份顺利启动。全面推进教育、医疗、交通、环卫、水电气热等基础设施建设，提高综合服务功能。启动就业培训，加大就业扶持力度，确保被征地农民基本生活有改善，长远生计有保障。二是打造经济新增长极。加快北格镇、刘家堡乡土地利用总体规划调整，开展基础设施升级改造工程，最大限度拓展区域经济回旋空间。三是社会管理扩容提质。加强顶层设计，加快建立政府主导、社会参与的公共服务供给模式，增强多层次供给能力。创新管理机制和运行机制，着力在违法建设、流动人口、房屋出租、交通安全、信访维稳等社会管理重点难点问题上实现机制建设新突破。

(四)更加注重激发内在活力，综合施策强化创新驱动，集蓄对外开放新动能。一是打造“双创”升级版。鼓励支持众创、众包、众扶、众筹，大力发展数字化“众创空间”，助力更多初创期小微企业上马启动、健康发展。培育扶持“邦荟网”“找焦网”“木材人”等一批示范项目。持续推进“个转企、小升规、规改股、股上市”，支持企业兼并重组，汇聚形成“双创”新优势。持续加大高新技术企业创新支持力度，鼓励企业与驻地科研院所联合开发产学研合作项目，力争高新技术企业数量同比增长10%以上。二是坚持“供改”“综改”协同推进。不断提升政务服务便捷化、便民化水平，放大“放管服效”改革与“双创”优惠政策叠加效应，最大限度激发发展活力。继续深化财政预算改革。推进政府融资平台市场化转型，增强汾东投资等区级平台筹融资能力，积极稳妥推广PPP合作模式，强化区域发展金融保障。进一步深化国土资源、农村产权、供销合作社等重点领域改革和文化体制、教育医疗等民生领域改革，推进“三去一降一补”，积极引导有效投资向新兴实体经济、重大基础设施等领域转移，全面提升供给体系质量和效率。三是构建融入式开放新局面。强化与周边地区互联互通、互动互融，积极承接产业梯度转移，加快培育新的经济增长极。充分发挥太原晋中同城化的纽带作用，推进产能合作，增强区域经济长效发展新动力。敢于拓展海外市场，引导支持有实力的本土企业对接国际市场、走出国门。

（五）更加注重保障和改善民生，大力发展社会事业，让发展成果更多惠及人民群众。一是稳步提高城乡居民收入。重点抓好高校毕业生、复转军人、农村转移劳动力等人员就业创业，开发更多就业岗位，全面落实最低工资标准，切实维护劳动者权益。二是提升民生保障水平。不断加强“三基”建设，完成社区（村）基层组织换届工作。加大社会救助力度，健全城乡低保、农村五保标准自然增长机制。积极构建社会化养老服务体系，完善配套运营20家、新建39家社区养老中心（日间照料中心）。积极探索试行城乡居民重大特殊疾病在指定医疗机构免费治疗。加快推进城乡居民基本医保并轨，推进机关事业单位养老保险制度改革。继续实施农村饮水安全工程，扎实做好农村危房改造工作。强化托底保障功能，扎实做好社会福利、慈善、优抚安置等工作。三是推动社会事业全面进步。促进教育公平发展和质量提升，推进与山大附中合作实行区域集团化办学，扩大优质教育资源覆盖面。继续支持民办普惠性幼儿园发展，逐步解决入园难问题。力争年内北营小学建成投入使用，51中、沙河街小学、育才小学教学楼主体完工。强化山西大学、财经大学新校区建设服务保障，启动区委党校新址建设。深入开展文化惠民系列活动。完善覆盖城乡的基本医疗卫生制度，提升基本公共卫生服务能力，加快构建布局合理、分工协作的医疗卫生体系和分级诊疗格局。制定旅游发展规划，推进文旅、体旅、农旅、商旅等融合发展，打造旅游特色品牌。四是全面改善人居环境。健全重污染天气应急响应机制。扎实开展“铁腕治污行动”，严厉打击工业污染、燃煤污染、扬尘污染等各类环境违法行为。全面实施城中村、棚户区清洁供暖改造，力争实现农村电力、燃气等清洁供热全覆盖。深入开展水环境综合治理，重点对农村生活污水和城市黑臭水体进行整治。实施土壤污染风险管控和治理修复，推动流涧村土壤修复示范项目达标见效。继续实施平原绿化、村庄绿化等生态工程，完成东山五龙城郊森林公园绿化提档升级166公顷。新建5个小游园和5个街头绿地，高标准建设3个美丽乡村，努力建设城市绿色廊道。五是高质量做好扶贫脱贫帮扶工作。继续投入2500万元帮扶阳曲县做好脱贫工作。将区域产业项目向帮扶对象延伸，细化量化实化目标任务，提升结对帮扶实效。

（六）更加注重社会公共安全，创新社会治理，着力营造稳定和谐大环境。一要夯实安全生产基础。牢固树立总体安全观，以“四铁”要求狠抓安全生产，坚决杜绝重特大安全事故发生。切实抓好道路交通、危险化学品、油气管道、建筑施工、公共消防、城乡燃气、特种设备、护林防火等领域及学校、商场、娱乐场所等人员密集场所的安全隐患排查治理。加强食品药品安全监管，保障群众饮食用药安全。推进“三品一标”认证，开展“国家级农产品质量安全区”创建活动。二要全力维护社会稳定。深化信访工作制度改革，加强初信初访处置能力建设。全面推进“平安小店”建设，持续深化打黑除恶专项斗争。强化地震、洪涝、重大动物疫病防控等监测预警和应急储备，提升综合应急处置能力。三要深入开展城市管理全面提升行动。全面加强环境综合治理，高水平打造“一线一路”轴带、学府片区环境综合整治示范区。改善全域市容环境。加大交通秩序整治力度。提升居民文明素质。

让我们更加紧密地团结在以习近平同志为核心的党中央周围，在市委、市政府和区委的坚强领导下，解放思想、真抓实干、不忘初心、奋力前行，当好全市“两个走在前列”排头兵，为全面建成小康社会，开创全区各项事业发展新局面努力奋斗，以优异的成绩迎接党的十九大胜利召开。

# 全面加快“三区”建设步伐，为太原“两个走在前列”做出新的更大的贡献

太原市万柏林区区长　**杨俊民**

2016年是实施“十三五”规划开局之年。一年来，我们深入学习贯彻党的十八大和十八届三中、四中、五中、六中全会精神和习近平总书记系列重要讲话精神，坚持新发展理念和稳中求进工作总基调，按照“一个指

引、两手硬”“两个走在前列”的要求，全力推进“产业强区、生态大区、服务新区”建设，全区经济社会持续平稳健康发展，主要经济指标呈现稳中求进、稳中向好的良好态势。

2017年是党的十九大召开之年，是实施“十三五”规划的重要一年，也是贯彻省、市第十一次党代会和区第五次党代会精神、全面推进“产业强区、生态大区、服务新区”建设的关键之年。做好今年的各项工作，意义十分重大。

**一、2017政府工作的总体要求**

深入贯彻习近平总书记系列重要讲话精神和治国理政新理念新思想新战略，全面贯彻省“两会”和省、市委十一届二次全会暨经济工作会议精神，认真落实区委五届三次全会精神，牢固树立新发展理念，坚持稳中求进工作总基调，坚持以提高发展质量和效益为中心，全面实施创新驱动、转型升级战略，坚持“一个指引、两手硬”，按照“两个走在前列”要求，统筹推进“三区建设”，全力做好稳增长、促改革、调结构、惠民生、防风险各项工作，努力促进全区经济平稳健康发展和社会和谐稳定，以优异成绩迎接党的十九大胜利召开。

**二、2017年经济社会发展主要预期目标**

地区生产总值增长8%左右；服务业增加值增长8%以上；规模以上工业增加值增长5%左右；固定资产投资增长8%左右；社会消费品零售总额增长5%左右；一般公共预算收入增长9%以上(考核指标为5%以上)；农民人均可支配收入增长8%；完成市下达的节能减排、就业保障等指标。

**三、重点围绕“三区”建设抓好各项工作落实**

(一)围绕产业强区建设，全力振兴实体经济。一是加快构建中高端现代产业体系。围绕传统产业提升改造，设立企业技术改造专项资金，以贴息等方式支持和引导工业企业提质升级，做大做强传统优势产业。大力发展高端装备制造业，围绕太重、中车铁路装备制造基地、晋西轨道交通等龙头企业，拉长产业链，发展相关配套产业，大幅提升先进装备制造业水平。发挥驻地军工企业集中、技术先进的优势，谋划建设军民融合示范产业园区，促进军民深度融合发展和技术双向转化。坚持创新驱动，大力推进大众创业、万众创新，规划建设带动引领作用强的高新技术产业园区，引入无人机等发展潜力大、科技含量高的好项目落地开工，落实房租减免等优惠政策，实现入园企业“拎包创业”。二是大力实施新兴产业培育工程。以100个重点工程项目为抓手，设立新兴产业培育专项资金，发展壮大新兴潜力产业。全力加快城市商业综合体重大项目建设，确保华润万象城如期开业，加快推进绿地中央广场、中海寰宇天下等项目建设，抓紧推进远大购物广场、海尔国际广场、万科中心等项目落地开工，积极发展高端商业、总部经济、楼宇经济等新业态、新商业模式，重点建设长风CBD(中央商务区)、下元、漪汾街等“商圈”，打造太原新型商业商务中心；大力发展金融服务业，加快推进信达国际金融中心等项目建设，积极引入银行、证券、保险等金融机构区域总部落户我区，深化政银企合作，支持企业利用主板、中小板、创业板和“新三板”扩大直接融资规模，不断增强金融服务实体经济的能力；大力发展现代物流业，推进电子商务产业平台建设，做好电子商务进社区工作，加大辖区内钢材、建材、机电、家具、农副产品等专业市场综合整治和提档升级，尽快形成现代物流体系；加快把文化旅游业培育成新兴支柱产业，启动西山国家矿山公园、王封一线天景区和西铭等城边村“特色小镇”重大项目建设，加大文物保护，加快发展文化、教育、体育、健康、休闲、养老等幸福产业，打造西山生态旅游品牌，扎实推进“产业强区”建设。三是大力发展现代都市农业。围绕农民增收、农业增产、农村稳定，利用采煤沉陷区移民搬迁腾退土地，大力发展“精品、绿色”农业，发展都市农业园、生态旅游园、文化产业园等园区，抓好以九润农业园为代表的采摘农业园、观光农艺园、休闲农家园等项目建设，积极培植体育健身、阳光养老等新业态，实现一、二、三产互动融合发展。四是加快城区老工业区搬迁改造。坚持把和平老工业区搬迁改造与转型综改示范区建设结合起来，积极实施《和平老工业区搬迁改造实施方案》，推动大众机械厂等企业转型升级，促进太原煤气化、平板玻璃厂等旧厂区改造项目开工建设。五是高效精准招商引资。进一步完善招商选商引资引智政策，改进招商引资考核体系，切实增强招商引资实效。坚持精准招商选商，引进一批大企业、好项目，特别要积极引进碧桂园、红星美凯龙、新城控股等大企业大集团，重点做好恒大、万科、保利、融创、远大、海尔等已落地项目的跟踪服务，启动实施晋商晋才“回乡”创业创新工程，吸引晋商晋才在我区设立总部企业、研发中心、营销中心、结算中心，进一步形成招商引资磁场效应和集群效应。

(二)围绕生态大区建设，全力建设宜居宜业新柏林。一要巩固生态绿化成果。加强林业资源保护管理，实施完成提档升级造林工程666公顷。继续加强绿化增彩创景工程，完成8条道路配套绿化，打造5条林荫路，力争建成区绿地率和全区绿化覆盖率增加0.5个百分点。二要推进基础设施建设促进城矿融合发展。拓宽改造21条主次干道及背街小巷，继续打造精品片区，新、改建42座公厕，新建4座垃圾中转站，创建20条标准化达标街巷，不断完善居民区服务功能。全力支持地铁1号、3号线、二青会场馆等省、市重点基础设施项目建设。实施九峪路、宋家山防火通道等农村公路建设。加快推进公共设施建设及水电气暖各类地下管网改造。源头防洪、雨污分流、快速交通、生态景观、城市改造五位一体、协调推进。推动“矿区”加快向现代化城区转变，促进城、“矿”融合发展，走出一条资源型地区转型升级发展的新路子。三要加快城中村棚户区改造。继续把城中村改造作为全区“一号工程”，坚决打赢城中村改造这场硬仗，确保完成后王、北寒、窊流 3 个村整村拆除及大王、瓦窑、南屯 3 个村拆迁扫尾“清零”任务，在全市率先告别“城中村”。同步加快回迁安置项目建设，规划建设好学校、医院、养老、社区等公共服务设施，加快水电气暖、道路、管网等基础设施配套建设，做到拆迁与建设并举，安置与开发并重。推进棚户区改造，用两年时间，完成全区棚户区改造任务。今年重点实施晋西集团、太重集团、大众机械厂、西山石膏矿等国有工矿棚户区改造项目，新建开工保障性住房 3450 套、基本建成 3688 套，完成九院廉租房项目，不断改善群众居住条件。四要坚决打好城市管理全面提升行动攻坚战。深入开展道路交通秩序、占道经营、广告乱象、违法建设、市容环境卫生、工地扬尘污染、公共场所环境等十项综合治理，围绕“五城联创”目标，全面清理垃圾、渣土、废弃物等，下大力气彻底解决环境卫生、市容市貌、市政设施的“脏、乱、差”问题，着力实现城市管理精细化、行政执法规范化、管理手段现代化，确保走在全市城市管理全面提升行动的前列。五要持续改善空气质量。继续实施“铁腕治污”行动，强化“控煤、治污、管车、降尘”措施，加大集中供热、清洁能源供热范围，确保空气质量二级以上优良天数继续位列城六区前列。

（三）围绕服务新区建设，全力提升区域品质。一是建立服务企业长效机制。引深“万名干部入企”和“项目受理大起底”活动，实现服务企业常态化，依托区政务服务中心，一站式受理、办结，提高办事效率，帮助企业提振发展信心，促进企业提质增效。构建“亲”“清”政企关系，突出营商服务，为企业创造良好的投资环境。二是持续保障改善民生。优先发展教育事业，深化教育领域综合改革，大力度开展名校建设、名师培育工程，全面推进义务教育优质均衡发展。优化中小学教育资源配置，大力引入高级中学优质教育资源，扶持民办教育和学前教育，高品质建设凤凰双语等 6 所与企业合作新建学校。推行中小学教师队伍“区管校聘”管理改革，全面提升教学质量。大力支持科大新校区、财专新校区建设，提高区域创新驱动力。推进健康城区建设，完善覆盖城乡居民的三级卫生计生网络服务体系，扎实推进区中心医院综合改革。推行城乡基本公共卫生服务均等化，为群众提供安全、有效、方便、价廉的医疗卫生服务。积极承接省、市优质医疗机构落户我区，大力支持市妇幼医院等新建工作。全面加强社会保障，完善创业就业优惠政策，切实做好就业工作。持续扩大社保覆盖面，稳步提高统筹层次和保障水平，落实企业退休职工养老金、城乡低保、农村五保供养和优抚对象待遇的正常调整，继续实施特殊困难群众家庭综合救助，加大对口精准帮扶力度，不断增强群众幸福感、获得感。全力推动“三基”建设，推动基层组织全面加强、基础工作全面进步、基本能力全面提升，提高基层干部待遇，加强社区“网格化”管理和服务，做好农村（社区）换届选举工作。新改（扩）建 10 个社区养老中心，17 个社区日间照料中心。三是切实推进投融资体制改革。充实完善上市后备企业资源库，加大对“新三板”挂牌上市企业的奖励和支持力度，年内新增两家“新三板”挂牌上市企业。发挥区城投公司等融资平台作用，大力推广政府和社会资本合作模式，扩大直接融资比重。有序规范小额贷款、融资担保机构，发挥区级政策性融资担保公司的作用，支持山西焦煤集团国有融资担保公司等做大做强。四是严格落实财政预算改革。积极组织财政收入，细化预算编制，建立健全财政存量资金和预算安排统筹结合机制。集中财力办大事，大力压缩一般性支出，整合规范专项资金，对沉淀资金坚决收回统筹使用，确保“三区”建设和民生保障需要。五是压实安全生产责任。牢固树立“红线”意识，按照“三个必须”和“四个铁”的要求，坚持“党政同责、一岗双责、失职追责”，压实各乡街领导责任和部门监管责任，落实好企业主体责任。健全组织机构，严格执行安全生产管理制度，加快建设安全信息化监管平台，织密全区安全生产防护网。强化安全隐患排查整改，持续开展覆盖各行业领域的安全生产大检查，坚决抓好煤矿和非煤矿山、护林防火、防汛、建筑施工、道路交通、消防、危险化学品、特种设备、城市燃气等重点领域安全生产专项整治，对重大隐患实行挂牌督办、限期整改，及时消除各类事故隐患。进一步完善统一权威的食品药品监管体制，全程保障群众食品药品安全。完善安全监管执法体制，落实安全生产目标考核“一票否决”，确保全区安全生产形势持续稳定向好。加强和创新社会治理，预防和打击各类违法犯罪活动。扎实推进“平安万柏林”建设，保持打黑除恶高压态势，严打暴恐犯罪，努力营造安全稳定、公平正义的社会环境。

目标催人奋进，实干成就梦想。让我们更加紧密地团结在以习近平同志为核心的党中央周围，在市委、市政府和区委的坚强领导下，坚定信心、积极作为，全面加快“三区”建设步伐，为太原“两个走在前列”做出新的更大的贡献，以优异成绩迎接党的十九大胜利召开！

# 加快建设和谐宜居、富有活力、崇文重教、文明幸福的现代城区

太原市杏花岭区区长　李文权

2016年，在市委、市政府和区委的坚强领导下，在区人大、区政协的有力监督支持下，区政府深入学习贯彻党的十八大、十八届三中、四中、五中、六中全会精神和习近平总书记系列重要讲话精神，全面落实省委“一个指引、两手硬”的重大思路和要求，统筹推进市委“两个走在前列”的工作部署，全区各项事业保持稳中向好的发展态势，实现了“十三五”良好开局。

2017年是党的十九大召开之年，是实施“十三五”规划的重要一年，也是全面落实区五次党代会精神，建设和谐宜居、富有活力、崇文重教、文明幸福现代城区的开篇之年。做好今年的工作意义十分重大。

**一、2017年政府工作的总体要求**

深入贯彻习近平总书记系列重要讲话精神和治国理政新理念新思想新战略，统筹推进“五位一体”总体布局，协调推进“四个全面”战略布局，认真落实中央经济工作会议、省委、市委十一届二次全会暨经济工作会议以及区委五届二次全会暨经济工作会议精神，全面贯彻省、市第十一次党代会和区第五次党代会总体部署，按照省委“一个指引、两手硬”重大思路和要求，落实市委实现“两个走在前列”各项部署，坚持新发展理念，坚持稳中求进工作总基调，坚持深化供给侧结构性改革与深化转型综改试验区建设有机结合，坚持以提高发展质量和效益为中心，以激发经济发展、产业转型的活力和潜力为目标，全力做好稳增长、促改革、调结构、惠民生、防风险各项工作，以优异成绩迎接党的十九大胜利召开。

**二、2017年经济社会发展的主要目标**

地区生产总值增长7.5%左右，一般公共预算收入增长3%左右。其他经济指标和节能减排等约束性指标均按省市要求完成。

**三、重点做好六个方面的工作**

(一)紧扣“创新驱动、转型升级”发展要求，加快推进活力杏花岭建设。一是深耕老城创活力，释放东山挖潜力。利用城市道路建设和北沙河、北涧河快速路的改造以及棚户区和城中村改造释放的空间，继续发挥中心城区发展的基础和资源优势，做大做强现代服务业，促进产业转型升级。另一方面要开辟新域，挖掘潜力。不断释放东山发展空间，开辟产业转型新战场，最大限度利用东山生态建设成果，以特色小镇建设和美丽乡村建设为载体，深挖城郊建设潜力。通过做好沿线城边村、村庄资源整合和环境整治，进一步拓宽区域发展新空间，大力发展一批生态产业、物流产业和体育健身、休闲观光、健康养老等新兴产业，拉动消费，激活新动力。二是持续推进转型升级，大力发展实体经济。加快发展现代服务业，以万达城市综合体、富力商业综合体为两大中心，积极发展总部经济，引进培育一批行业总部、区域总部、商贸总部；突出开发骨干道路交会区域和地铁沿线“黄金地段”，推进望府广场、北京华联、中车国际广场项目建设，积极引进红星美凯龙太原爱琴海购物广场、宜家家居购物中心等项目落地。加快推进现代物流业，支持丈子头物流园二期、农合成冷链物流建设，积极对接引进传化物流等项目，构建现代物流产业格局。加快发展现代都市农业，打造区域农业特色走廊，发挥东山地区现有温室大棚等农业设施作用，扩大小森霖农业生态园、鸿泰昌养殖园等规模，大力发展电子商务、乡村旅游、花卉种养、农耕体验等农业新业态，促进农业提质增效。结合美丽宜居示范村创建，支持生态农业项目建设；结合北沙河、北涧河快速道路改造，探索发展东山特色小镇建设。积极对接三胞集团康养项目，发展融旅游、度假、养老、医疗于一体的健康养老产业。三是着力实施开放创新，培育经济发展新动力。结合城中村、棚户区、道路改造和规划，推动产业发展，加大招商引资力度，创新招商理念和思路，细化优化招商服务，主动出击，精准招商。充分利用境内企事业单位的闲置土地、厂房、车间等资源，主动引进一批大项目、好项目。创新融资体制机

制，提升金融支撑能力，运用PPP、产业基金等多元融资方式，助推产业转型发展。引导民营企业用好多层次资本市场，做好山西元工电力工程设计有限公司、同城酒库商务有限公司上市前期筹备工作，推动山西嘉祥印刷包装有限公司、山西仁源堂药业有限公司实现“新三板”挂牌上市。深入推进“大众创业、万众创新”，发挥山西青创客文华创客空间和鼎盛青创城等“双创”示范基地作用，培育扶持创新型、成长型小微企业发展，激发企业自身动力，增添区域经济活力。

（二）狠抓城建城管两个重点，加快推进宜居杏花岭建设。一要全力推进棚户区和城中村改造。适时启动中涧河、柏杨树、伞儿树等5个城中村整村改造。积极引进行业知名企业参与城中村和棚户区改造。启动新建北路自来水、省轻工仓库等棚户区动迁，继续推进已启动棚户区改造动迁扫尾，及早全部“清零”。全力保障和推动安置房开工建设，破解长期未回迁项目的安置问题。二要加快实施城市道路基础设施建设。按期启动北沙河、北涧河快速路等道路改造动迁，全力配合轨道交通2号线建设工作，继续实施小街巷改造，进一步拓展骨干路网覆盖面。配合完善城市交通网络体系，推动水、电、气、暖供给设施等建设，加快区域内燃煤锅炉“清零”。完善停车场、便民市场、小游园等公共服务设施，实现旱厕全清零。加强老旧小区基础设施维护改造，完成既有居住建筑节能改造任务。三要开展城市管理全面提升行动。牢固树立“大城管”理念，推进城市综合执法，加强城管队伍建设，完善管理体制机制。扎实开展城市管理全面提升行动，突出抓好重点片区建设。全面启动区内9.4千米高铁沿线综合环境整治行动，打造生态优美的景观长廊。切实做好建设路沿线交通秩序、环境卫生、占道经营等“三乱”专项整治。结合背街小巷改造，改造一片、整治一片、美化一片，全力提升城市管理水平和城市形象。四要着力建设美丽宜居乡村。完成长沟、水沟等省市级美丽乡村创建示范工程，做好牛驼、瓦窑头、下岭、瓜地沟、山庄头等沿线村庄的改造，逐步改善农村生活环境。完善东山地区路网建设，积极开展农村人居环境综合整治，推进城乡发展一体化。

（三）坚决打赢环境保护攻坚战，加快推进绿色杏花岭建设。持续改善空气质量。着力推进“五大工程”和“五项整治”，全力改善省城环境质量。加大大气污染治理力度，解决散煤禁烧问题、推进冬季清洁供暖，抓好控制工业污染、整治面源污染、重污染天气应对等重点工作，做好工地扬尘在线监测和达标清运工作。强力推进9个城中村、23个农村和41个连片棚户区的燃煤清洁能源替代。积极推进水污染治理，开展污染土壤治理与修复试点。实行最严格的环境保护制度，严厉打击环境违法行为，不断提高人民群众生态福祉。努力打造青山绿水城区。扎实推进水体整治，完成北沙河、北涧河水环境综合整治，切实改善河道及周边沿线生态环境。以提高东山绿化品质为主线，释放生态建设潜力，构建省城绿色屏障。实施城市周边百万亩森林围城工程，继续推进东山绿化提档升级，构建城市生活、近郊休闲、远郊防护三大生态圈。积极推进城区园林绿化，新建5个小游园，绿化提档升级5个社区，不断改善居民生活环境质量。

（四）大力培育文教软实力，加快推进文化杏花岭建设。一是提升杏花岭教育品牌内涵。继续推行大学区制改革，构建科学、有序、高效、安全的管理体系，以名校带新校模式，打造优质学校；新建化工路、中车、长江、杨家峪等小学，不断扩大优质教育覆盖面；结合片区改造，加速推进大东关、解放路等小学改造建设，在拓面提质上迈出更大步伐。进一步加大初中教育综合改革力度，提升我区中学教学质量。二是打造文体旅游靓丽名片。发掘整合牛驼寨、卧虎山革命战争遗迹、东山碉堡群、日军驻军遗址等东山地区国防教育资源，打造集红色旅游、革命教育、国防训练为一体的东山国防教育训练基地；进一步完善基础设施，吸引社会参与，努力培育健身步道、体育训练等城郊健身运动片区。继续推进府城历史文化片区保护，结合普光寺、圆通寺、文殊寺等历史古迹修缮，传承太原府城历史文脉。综合统筹全区文化旅游资源，科学规划编制一批特色观光旅游线路，全力打造文化旅游品牌。健全公共文化设施，加快推进“三馆一院”建设，填补北部文化阵地空白。大力发展文化创意产业，促进文化与科技、旅游、体育、金融等产业融合发展，积极推进1898晋造文化创意园项目建设。挖掘强化杏花岭特色餐饮文化，深入开展非物质文化遗产的发现、保护、推介。三是提高居民文明意识。弘扬优秀传统文化，积极培育和践行社会主义核心价值观，深化群众性精神文明创建活动，不断提升居民文明素质和城区文明程度。

（五）着力办好各项民生事业，加快推进幸福杏花岭建设。一要强化医疗卫生服务质量。全面推开公立医院改革，建立现代医院管理制度。加快推进区中心医院综合楼建设，力争年内主体完工。充分发挥辖区优质医疗资源优势，组建成立区域医疗联合体，为群众提供安全、有效、方便、普惠的医疗卫生服务。二要着力做好社会保障工作。积极扩大就业，落实就业扶持政策，做好高校毕业生和城镇下岗职工等重点群体创业就业工作。全面落实最低工资标准，提高退休人员基本养老金标准，确保养老金按时足额发放。进一步提升社会保障水平，实施全民参保登记，推动机关事业单位养老保险制度改革入轨运行，实现城乡居民基本医保制度并轨。三要加快推进社区建设和养老服务。加强社区活动场所和公益性服务设施建设,新建16个达标社区,进一步提升社区服务水平。创新养老模式,健全以居家为基础、社区为依托、机构为补充、医养相结合的养老服务体系,完善社区养老服务中心和老年日间照料中心建设。四要切实办好一批民生实事。全力推进脱贫攻坚工作。切实做好残疾人、孤寡老人、孤儿等特殊群体和因病、因学返贫、生活困难群众的救助工作。加快改善农村生产生活条件,继续做好农村饮水安全巩固提升工程和道路改造等工程。加快推进采煤沉陷区治理。

(六)守好安全稳定底线,加快推进和谐杏花岭建设。加强和创新社会治理。深入开展社会风险隐患排查整治工作,推进治安防控信息化建设,加快推进社区“网格化”管理。健全矛盾纠纷多元化解机制,深化信访工作制度改革,从源头上预防和减少社会矛盾产生。深入推进“平安杏花岭”建设,创新社会治理,依法打击各类违法犯罪活动,构建完善社会治安防控体系。不断提高应急管理和处置公共安全事件的能力,切实提高人民群众的安全感。毫不松懈抓好安全生产。全面加强危险化学品、道路交通、油气管道、建筑施工、人员密集场所等重点行业领域的安全生产工作,严厉打击私挖滥采行为,坚决防止较大以上安全生产事故发生。加强食品药品监督工作,进一步健全完善食药监管体系,持续整治突出问题,切实保障人民群众身体健康和生命安全。

让我们紧密团结在以习近平同志为核心的党中央周围,在市委、市政府和区委的正确领导下,不忘初心,砥砺奋进,撸起袖子加油干,咬紧牙关迎难上,为加快建设和谐宜居、富有活力、崇文重教、文明幸福的现代城区而努力奋斗,以优异成绩迎接党的十九大胜利召开!

# 推动古交转型升级,实现古交振兴崛起

古交市市长　**翟永清**

2016年,古交市人民以党的十八大和十八届三中、四中、五中、六中全会精神为指导,保持定力,凝心聚力,精准发力,全面推进“三转一提升”“三大一统筹”“三型一增强”,全市经济企稳向好、稳中有进,实现了“十三五”的良好开局。

2017年是全面贯彻省和太原市十一次党代会精神的起步之年,也是全面完成“十三五”目标任务的关键一年,更是古交走出经济困难局面的攻坚之年。做好全年工作意义十分重大。

**一、2017年政府工作的总体要求**

深入贯彻落实习近平总书记系列重要讲话精神和治国理政新理念新思想新战略,统筹推进“五位一体”总体布局,协调推进“四个全面”战略布局,按照省委“一个指引、两手硬”和太原市委“两个走在前列”的重大思路和要求,紧紧围绕“三转一提升、三大一统筹、三型一增强”的发展思路,坚持发展第一要务,坚持稳中求进总基调,坚持群众需求导向,聚焦转型发展,深化改革创新,强化民生保障,夯实安全基石,全力促进经济稳步向好和社会和谐稳定,为推动古交转型升级、实现振兴崛起奠定坚实的基础,以优异成绩迎接党的十九大胜利召开。

**二、2017年主要经济社会发展预期目标**

地区生产总值增长8%左右,规模以上工业增加值增长20%左右,固定资产投资增长目标根据新的统计口径设置,社会消费品零售总额增长7%左右,一般公共预算收入增长3%左右,城乡常住居民人均可支配收入分别增长6.5%左右和7%左右,城镇新增就业人数4100人,城镇登记失业率控制在4%以内。约束性指标完成省和太原市下达任务。

**三、重点抓好七方面工作**

(一)深入推进“三去一降一补”,夯实古交转型发展新基础。一是坚持在去产能中提升先进产能比重。完成4座矿井去产能任务,退出煤炭产能225万吨。实现7座复工、6座生产,3座联合试运转,力争完成原煤产量500万吨。二是坚持在去库存中引导房地产健康发展。适度控制新建安置房审批,加大货币化安置力度，力争实现房地产去库存20万平方米。努力引导房地产库存消化周期进入合理区间，提升房地产业对经济发展和民生改善的贡献率。三是坚持在去杠杆中破解企业债务难题。稳妥推进企业债务重组，引导金融机构帮助企业置换债务，支持万方、一一等企业市场化、法治化债转股。扩大企业直接融资比重，鼓励引导企业在中小板、创业板和“新三板”挂牌上市融资。四是坚持在降成本中加快实体经济发展。出台降成本具体措施，进一步清理不合理收费，努力减轻企业税费负担。加快电力体制改革政策落地，积极争取具备条件企业享受大用户直供电政策，降低企业用电成本。切实加大对万方柴油机尾气净化器、银河镁业镁合金深加工等项目的协调帮扶力度，鼓励企业内部挖潜增效。五是坚持在补短板中促进传统产业提升。重点在提升煤焦主导产业生产工艺、延伸产业链上下功夫补短板，扶持10户洗煤企业提升工艺，实现原煤入选量200万吨；推进华润一焦、二焦恢复生产，鼓励延伸“煤—焦—化”“煤—电—材”产业链，加快西山华通粉煤灰水泥项目建设，力争年底前达到试生产条件。

（二）强力推进产业结构调整，开辟古交转型发展新路径。一是打造清洁能源输出板块。依托煤、电、热资源优势，瞄准清洁能源需求，大力推进兴能电厂三期2×66万千瓦低热值煤发电、中广核阁上4.8万千瓦风力发电等项目建成投产，启动中电投4.8万千瓦风力发电项目建设，形成总装机容量320余万千瓦的电力输出规模。大力支持蓝焰煤层气开发、国盛恒泰煤层气综合利用等项目扩大开采覆盖面、提升产能，新建200口抽采井及压缩站，形成年产量达8000万立方米的气源输出规模。继续推进兴能电厂热源厂项目建设，形成太原供热面积达5000万平方米的热能输出规模，使清洁能源输出成为古交经济发展新的支撑。二是打造现代高载能产业板块。依托丰富的铝土矿资源和厂供电价格优势，吸引实力企业投资打造集铝土矿、氧化铝、再生铝及铝型材加工的铝系循环产业链条。加强与驻地企业合作，支持鼓励西山煤电45万台服务器大数据、10万吨钛白粉及5000吨精密铸造等项目加快开展前期论证，尽快上马。三是打造新科技新材料产业板块。鼓励科技园区现有企业不断升级改造，推进赛隆龙无甲醛高密度纤维板等转产项目正常运转，支持银河镁业“银河”牌镁合金超轻便携电动轮椅拓展营销渠道，实现规模化销售。鼓励达亿源泡沫彩釉玻璃、科华纳米聚晶金刚石等项目转型改造。推行“腾笼换鸟”项目退出机制，有效盘活园区土地资源，主动开展“二次招商”，吸引更多高科技企业和项目入驻，实现园区“二次转型”。大力支持2000吨PVC压延超透薄膜生产线、凤霖板业二期3000万平方米纸面石膏板生产线、西曲矸石山15兆瓦农光互补光伏大棚等项目建设，努力培植新的经济增长点。四是大力发展特色功能农业。深化农村产权制度改革，持续推进农业增效和农民增收。实施5个土地开发整理项目。推广农业新技术15项以上，引进新品种25个以上，培育农民8000人次。重点发展马铃薯、小杂粮、设施蔬菜等特色规模农业，推进标准化生产，打造太原市优质精品小杂粮示范区。大力扶持岔口老农、龙城向新、龙子村蔬菜基地、白岸村蔬菜园等现代农业园区建设，力争休闲农业收入突破2500万元。推广种植中药材、油用牡丹、榛子。深度发掘中药材、黑枸杞、核桃、沙棘、藜麦等特色农产品功能，发展精深加工，加快“饮领”沙棘系列食品等项目达产达效，打造关头根据地、净苑、狐爷山等知名品牌。五是培育发展现代服务业。规划发展现代物流产业，积极在河下、冷泉、屯村等地规划布点，加强仓库、场站等基础设施建设，发展智慧物流、多式联运、城乡快递、冷链物流。鼓励发展养老服务业，加快发展公益性养老服务机构，不断增强养老服务供给能力。培育发展电子商务，依托电商服务中心，加大对17户入驻电商企业扶持力度，重点发展“乐村淘”、红果商贸等产值超200万元电商企业，实现商贸服务业线上线下融合发展。六是加快发展文化旅游业。倡导“旅游＋”思路，启动狐爷山旅游整体开发，切实打造具有古交特色的文化旅游品牌。引导发展生态采摘游、乡村体验游、周末休闲游、健康养生游，重点扶持岔口老农、红豆山庄等旅游龙头企业，鼓励开发建设农家乐、乡村民宿、自驾营地等旅游设施，抓好南北两条旅游公路规划建设，真正使文化旅游产业成为转型发展的重要方向。

（三）统筹城乡一体发展，搭建古交转型发展新载体。一要精心规划城乡布局。进一步优化空间结构和城镇化布局，推进“五规合一”，不断健全完善城市控规、重点区域详规等规划体系。全面启动“大交通”规划建设，扎实开展“贯通三川”市域公路网规划，提前做好与太原西二环规划衔接工作，不断拉大城市基本框架。二要精致提升城乡功能。加快城市片区提质，扎实推进旧城改造；完善市政设施项目建设；依法推进火山旧村拆迁，完成回迁安置项目建设。结合一批街巷道路提升改造，同步实施地下管线综合整治，加快强弱电入地；完成第二污水处理厂建设及污水管网配套，开展黑臭水体整治，完善雨污分离设施；开展大川东路南延前期工作，实施古交二级汽车客运站新建，不断加强城市基础保障能力。加快市域城镇化进程，重点打造马兰镇全国新型城镇化试点，加强河口、镇城底等特色小城镇建设，完成农村公路提质工程，持续改善农村人居环境，开展美丽宜居示范乡村“三级联创”，进一步促进城乡统筹一体化发展。三要精美打造城乡形象。扎实推进"大生态""大水系"建设和国家园林城市创建，切实打造"山川形胜，显山露水"的城市景观形象。围绕打造城市森林景观，继续实施"三环生态圈"战略，扎实开展新一轮退耕还林、三北防护林、天然林保护和未成林地提档等造林工程。围绕打造城市亲水景观，继续实施汾河城区段河道综合治理，扎实推进御道川水库建设。打造城市园林景观，完成滨河北路、兴园路、市区主干道等绿化提质改造，加快汾河公园景观恢复提档。四要精细管理城乡秩序。全面开展城乡环境卫生大整治，有效解决市容市貌脏乱差难题。扎实开展交通秩序综合整治和马路市场、流动摊点、小商小贩专项整治。深入开展"两打一整治"活动，有效解决城乡建设无序难题。推进城市执法体制改革，加强综合执法。

（四）全面加强改革创新引领，构筑古交转型发展新支撑。一是加快申报省级经济开发区。积极开展省级经济开发区申报工作，采取"一区三园"模式，积极整合现有科技园区、煤焦化工园区，规划发展高载能循环产业园区，提前做好开发区规划、园区布局、项目安排、土地利用等工作，力争尽快获批，早日启动建设。二是积极创新投融资模式。用足用活投融资政策，完善投融资平台，健全信用担保体系，综合运用项目贷款、政府购买服务、PPP、融资租赁、资产证券化等多种融资工具，解决城市发展和项目建设融资难题。继续发挥"助保贷""助力贷"等金融创新产品的作用，扩大金融规模，努力形成多层次、差异化的金融服务体系。三是全力支持民营经济发展。推进民营企业完善现代管理体系，实施股份制改造；鼓励民间资本发展新兴产业、现代服务业和现代农业，引导参与城乡基础设施、公共服务、民生建设等领域投资。全方位优化民营经济发展环境，不断激活民营经济发展活力。四是扎实开展"双创"工作。大力扶持创新型、创业型、劳动密集型中小企业特别是小微企业发展。继续开展"双创"示范工作。加强科技成果转化，培育高新技术企业2～3家，开发、引进和推广新技术新成果5项，完成科技孵化器建设，发展众创空间2～3个。五是切实加强财税管理。巩固煤焦洗主体税源，加强房地产和流通领域税费管理，健全协税护税监管机制，切实保障应收尽收。严格实行政府集中采购，完善国库集中支付，控制"三公"经费支出，努力降低行政成本。

（五）牢牢守住安全和环境底线，奠定古交转型发展新基石。不断夯实安全基础。加强煤矿、非煤矿山、道路交通、消防、危化品、冶金工贸、森林防火等各行业领域的安全监管，深入开展打非治违专项整治行动和安全生产大检查，坚决防止重特大安全生产事故发生。全面开展环境整治。切实打好大气、水、土壤污染防治"三项战役"，积极开展焦化、铸造等行业环保设施提升改造，加大城区燃煤锅炉和燃煤设施的清理改造力度，有效减少大气污染物排放。实行最严格水资源管理制度，加强汾河古交段水质监测，完善汾河城区段污水收集配套，提高城市污水管网并网率。完成土壤污染治理与修复规划，探索排污权交易机制。持续强化社会管理。深化"平安古交"建设，狠抓社会治安综合治理，深入开展打黑除恶、打击"盗抢骗""治爆缉枪"等专项行动。加大信访矛盾排查力度，健全完善社会稳定风险评估机制，有效调处征地拆迁等重点领域矛盾纠纷。强化应急管理和防灾减灾体系建设。加强食品药品监管和市场秩序管理，保障群众"舌尖上的安全"。

（六）大力发展开放型经济，打开古交转型发展新境界。全面优化发展环境。继续深化行政审批制度改革，推行"五证合一，一照一码"，放宽市场准入。全面落实"双随机，一公开"监管。进一步优化审批流程，减少审查环节，提高窗口办结率。全力扩大对外开放。改进招商引资方式，完善招商引资政策，健全招商项目对接、洽谈、签约、落地等全程跟踪服务机制，不断提升招商引资项目的落地开工率和资金到位率，完成签约资金210亿元。

（七）切实推进民生共享福祉，体现古交转型发展新追求。一要繁荣民生事业。大力实施"3+1"教育模式改革和学区制办学模式改革，建立教师队伍补充长效机制，扩大高中阶段教育规模；拓展学前教育资源，新建梭峪幼儿园，改造汾西苑等3所幼儿园；启动职教中心和东部新城中小学建设。围绕打造"健康古交"，深入推进医药卫生体制改革，健全完善公立医院现代管理制度，启动实施中医院建设；完善分级诊疗制度，探索"互联网+健康"服务模式，不断提升医疗卫生服务水平。繁荣基层文化事业，加强非物质文化遗产保护传承；加强文物保护和文化传承；建立健全公共文化服务体系，推进乡村文化记忆工程，加快文化站所、广播电视等基础设施建设，促进城乡基层公共文化服务资源的共用共享。二要夯实民生保障。进一步扩大养老、医疗、失业、工伤、生育等社会保险覆盖面。更加完善社会救助和福利服务体系，努力提高城乡低保水平，关心关注社会弱势群体。深入实施高校毕业生就业创业促进计划，加强下岗失业人员、农民工等技能培训和信息服务，鼓励创业，引导就业，进一步促进低收入群体增收。三要回应民生关切。彻底解决群众关心关注的热点难点问题，逐步实施天然气置换，保障居民充足用气需求；实施自来水大川河口过汾河主管线铺设和6项供水管网改造，不断提升供水质量；加强地质灾害防治，实施铁炉二沟等地质灾害治理工程；重点推进采煤沉陷区综合治理，启动2017年25个村、1771户搬迁安置任务，推进2015年和2016年8个安置项目建设，基本完成采煤沉陷区综合治理“一年试点，三年完成”工作任务。

实干托起梦想，奋斗铸就辉煌。让我们更加紧密地团结在以习近平同志为核心的党中央周围，全面落实省委“一个指引，两手硬”和太原市委“两个走在前列”的重大思路和要求，迎难而上，砥砺前行，撸起袖子加油干，确保全年各项目标任务圆满完成，以优异的成绩迎接党的十九大胜利召开！

# 打造全省综合实力强县，谱写决胜全面小康华章

清徐县县长　**王琳玉**

2016年，清徐县坚持稳中求进总基调，以推进供给侧结构性改革为主线，保持发展定力，聚力深化改革，突出转型升级，坚持创新驱动，着力改善民生，较好地完成了县十六届人大一次会议确定的目标任务，实现了“十三五”良好开局，在全面建成小康社会的道路上迈出了坚实步伐。

2017年是实施“十三五”规划的重要一年，也是供给侧结构性改革的深化之年。做好今年的工作，意义十分重大。

**一、2017年政府工作的总体要求**

深入贯彻落实习近平总书记系列重要讲话精神和治国理政新理念新思想新战略，全面落实中央经济工作会议、省市委十一届二次全会暨经济工作会议精神和县第十四次党代会总体部署，按照“五位一体”总体布局、“四个全面”战略布局，落实省委“一个指引、两手硬”和市委“两个走在前列”要求，坚持稳中求进工作总基调，以供给侧结构性改革和园区建设为主线，以城乡统筹发展为抓手，加快推进创新驱动、转型升级，全力做好稳增长、促改革、调结构、惠民生、防风险各项工作，继续推进全面从严治党，努力建设开放包容、城乡一体、产业低碳、田园秀美的全省综合实力强县，以优异的成绩迎接党的十九大胜利召开。

**二、经济社会发展主要预期目标**

地区生产总值增长8%左右，规模以上工业增加值增长11%左右，服务业增加值增长6%左右，社会消费品零售总额增长8%左右，一般公共预算收入增长4%左右，城镇居民人均可支配收入增长7%左右，农村居民人均可支配收入增长7.5%左右，固定资产投资按新口径统计。节能减排等约束性指标完成省、市下达的任务。

**三、重点做好十个方面的工作**

（一）全面推进供给侧改革。围绕“三去一降一补”，做好五方面工作。一是进退结合去产能。继续淘汰非法涉煤企业、土小企业等落后产能，逐步探索焦化、冶金、水泥等产能消化措施。加快处置“僵尸企业”，对闲置未开发土地、产业衰退造成的低效利用土地及农村空闲土地，通过政府回购、项目置换、整合利用等方式，重新出让或安排新建项目。二是多措并举去库存。鼓励农业转移人口进城买房，增加住房需求、降低购房门槛，打通商品房、保障房及安置房通道，加大棚改安置和住房保障货币化安置力度，适当放宽城镇居民申购保障房条件，积极引导房地产开发企业适当降低销售价格，培育发展住房租赁市场，强化房地产市场监管，促进房地产市场平稳健康发展。三是用好政策去杠杆。根据降低企业负债率和债转股政策，鼓励企业通过资产证券化等方式盘活存量资源，降低企业融资风险和成本。发挥“助保贷”融资平台作用，授信1亿元，力争融资达到5000万元，缓解中小企业融资难问题。继续推动企业上市融资，帮助企业解决上市相关问题。四是千方百计降成本。实施“减税轻费”，减轻企业税负。“放管服”三管齐下，规范行政行为，提高工作效率和服务质量。发挥企业降成本主体作用，通过精细化生产和信息化管理，提高劳动生产率。五是扎实有效补短板。重点补齐城市基础设施落后、管理水平不高等短板，加强人力资源、科技创新、生态环保等薄弱环节。通过项目扶贫、引导就业等措施，完成年度精准扶贫任务。

（二）加快开发区改革创新发展。尽快完成土地利

用总体规划修编，做好潇河产业新城起步区范围首批1000公顷征地拆迁工作，加快山西博通生态工业小镇、中铝高端铝产品等项目落地。明确以现代煤化工、装备制造、新材料、绿色食品为主导的园区产业发展定位。划定经济技术开发区起步区面积333公顷、拓展区面积133公顷，食醋产业园起步区面积66公顷，优先满足开发区基本农田核减、建设用地指标新增和年度计划指标落实工作。强化开发区经济属性，剥离社会管理职能，推行大部制、扁平化管理。探索开发区市场化运营改革，组建投资公司，采用PPP等市场化模式，引导社会资本参与开发区建设。以现状307国道为界，分步实施区内市政道路、雨污水、供水、供暖、供气、电力、通信等市政基础设施建设，积极争取307国道翻修改造。加快编制完善《食醋产业园控制性详细规划》，结合孟封百镇建设，积极推动交城—滨河西路—高花连接线工程，形成食醋产业园主干路网。

（三）做大做强实体经济。加快钢铁、焦化等企业提档升级和技术改造，实施阳煤化工炉渣粉煤灰循环利用、美锦钢铁高炉冲渣水余热利用等项目。按照四个转型发展方向，培育有竞争优势的精细煤化工产业，加快推动潞安2万吨/年低黏度PAO、三强10万吨/年新工艺湿法炭黑、华贵1000吨/年煤化工废催化剂及5000千克/年铂铑钯系列催化剂、一电厂搬迁等项目，走出一条差异化、高端化煤基化工发展路子。启动尚高百澳农业与山西水塔醋业“生物质资源综合利用规模化大型沼气工程项目”，带动实施“醋糟综合利用沼气建设”“生物质发电”项目，打造食醋全产业链，全面促进传统优势产业新型化。大力发展装备制造、新材料、节能环保设备制造、现代物流等新兴产业。加强中小型纺机铸造企业技术改造，提升工艺技术水平，推进兼并重组，提高规模化生产能力。持续扩大铸铁暖气片、镁合金、汽配等产业市场份额，重点推动鸿鹄年产8万吨汽车零部件等项目。围绕战略性新兴产业，开展产业链招商，以企招商，争取对接引进汽车、地铁配件等大项目、好项目。以争创省级“双创示范基地”为载体，纵深推进双创工作，支持通过旧企业闲置厂房改造等打造小微企业创业基地，年内新增两个众创空间，支持物流车辆车联网综合服务平台、云控智能锁等“互联网+”项目开发利用，努力以企业数量增长支撑新兴产业快速发展。

（四）扎实做好“三农”工作。组织开展第三次全国农业普查。加强农田水利基本建设，抓好汾河流域生态修复白石沟提水灌溉工程，实施渠道防渗、柏叶口—西一支输水、清泉西湖引水等工程，争取完成清泉湖维修改造工程。完成气象站新建，做好河道水毁工程及排退水渠治理工程。抓好农业供给侧结构性改革，培植功能农业，调优产品结构，增加农民收入，保障有效供给。重点发展设施蔬菜、葡果、中药材、杂粮等特色产业，集中连片建设设施蔬菜40公顷，打造5个现代农业高标准示范园，建设一批集循环农业、创意农业、农事体验于一体的产业园、科技园、创业园及田园综合体。支持农业向后延伸和农产品加工业向农业延伸，形成上下游紧密协作产业链，融合发展农村三次产业。规范农村土地流转，大力培育现代农业生产经营主体，支持培养新型职业农民，鼓励开展代耕代种代收、大田托管等市场化、专业化服务。建立农产品质量认证和追溯体系，健全完善农产品上行和工业品下行通道，抓好大禾电商等项目建设，搞活农村消费市场。

（五）发展壮大现代服务业。一是加快发展现代物流业。全面实施电子商务进农村综合示范项目，依托乐村淘、邮政等企业整合物流配送资源，完善电商公共服务中心、线下实体产品展示中心、县级物流仓储配送中心功能，继续改造升级村级服务站点，带动区域物流融合发展。加快晋药物流产业园、六味斋中央厨房生产配送、好朋友农产品配送等项目建设，推动连锁经营、物流配送和电子商务协同发展。二是融合发展现代农业、旅游业和文化产业。充分挖掘利用农村田园风光和农业文化遗产，开发一批具有乡土气息的乡村旅游产品。抓好“云梦坞”文化产业园、蓝海园艺科技生态园等项目建设，新申报4家工农业旅游示范点、1家省级乡村旅游客栈，打造生态环境优、发展势头好、带动示范能力强的乡村旅游景区。举办特色乡村旅游活动，年接待游客增长5%，旅游收入增长6%。三是大力发展金融服务业。鼓励中小融资性担保机构增资扩股，新设1家民营融资担保公司、两家小额贷款公司，争取年内开展小微企业贷款应急周转业务。继续支持清徐农商行扩大资产管理经营规模，在县外设立分行。

（六）稳步推进城乡一体化。完成国民经济和社会发展规划、城乡规划、土地利用规划、产业发展规划、生态环境保护规划“五规合一”，实现“一本规划、一张蓝图”。强化政府空间管控能力，改革行政审批体制，提升管理效率和空间资源集约利用水平。依托滨河西路南延修建循环经济环卫产业示范基地专用道路，实现滨河西路贯通全县；推动实施文源路东延工程，建设连接河东、河西的快速路，实现城镇化“一体两翼”统筹发展。年内完成国道307清徐段改线剩余工程，有计划实施小柳线、西边山旅游公路、都小路改造工程、葡峰山庄旅游公路安全生命防护工程，继续实施农村公路完善提质工程。加快东城市政设施建设。全面推动保障房配套工程。完善北城基础设施，完成拥军路、北城污水管网建设等工程。加大县城老旧管网改造力度。开展热电联产热源置换工作。实施文源路和12条街巷维修改造工程，以及县城街头绿地、节点绿化、滨河西路三条连接线两侧绿化工程，完成东湖公园建设后续工程。加快徐沟等重点镇基础设施建设，推动徐沟文化产业园、晋韵文化产业园、太原卫校、消防职业学校新建等工程。

（七）狠抓生态文明建设。继续开展“铁腕治污”专项行动，严厉查处环境违法行为。对铸造、炭黑、热源厂、金属镁、洗煤、酿造等行业进行提标改造，加快企业防护距离内村庄搬迁工作。县城范围20蒸吨以下燃煤锅炉实施清零，县域范围全面淘汰工业10蒸吨及以下燃煤锅炉、茶浴炉、大灶，燃煤工业炉窑置换清洁燃料。10蒸吨及以上燃煤锅炉配套高效脱硫、除尘装置，20蒸吨及以上燃煤锅炉安装在线监控并联网稳定运行，锅炉污染物排放执行重点地区特别排放限值要求。继续推广“煤改电”采暖试点，逐步替代传统燃煤小锅炉，减少大气污染排放。规划建设开发区工业污水处理厂，启动县城污水处理厂扩容项目，建成并运行南白石河污水处理项目，推动西边山清洁物流通道项目。大打一场城乡管理全面提升攻坚战，通过整治市容环境卫生、道路交通秩序、违法建设、占道经营、户外广告、公共场所卫生、建筑工地扬尘和噪声污染，以及综合整治307国道周边环境，整体提升城乡管理水平，全面改善市容市貌。完成30个村庄绿化工程，建设10个幸福乡村、30个美丽乡村、100个清洁乡村，改善农村人居环境。加强地下水管理和保护，严控地下水超采，逐步将城中村纳入集中供水范围。建立农村垃圾中转体系，推动循环经济环卫产业示范基地垃圾焚烧发电、医疗垃圾处理、淤泥处理等项目，彻底解决城乡垃圾无序问题。

（八）深化体制机制改革。深化行政审批制度改革，加强事中事后监管，全面推行“双随机一公开”工作机制，建立健全“一单两库”，规范行政执法行为，优化经济社会发展环境。继续深化改革城乡执法体制，改进城市管理。深化以“医联体”为主的公立医院改革，分级诊疗县域内就诊率达到80%。深化农村产权制度改革，完成农村土地确权登记颁证工作。推动供销社综合改革，结合农村电商实施“新网工程”，完善生产资料、农产品、日用消费品销售体系。年内争取推动紫林中小板上市、康镁新三板上市。加快推进政府和社会资本合作，新建项目积极推广使用PPP模式，存量项目鼓励运用TOT、ROT等方式，引入社会资本参与改造和运营，将政府性债务转换为非政府性债务，腾出资金用于重点民生项目建设。

（九）着力保障和改善民生。新改扩建3～6所幼儿园，完成4所危房校舍加固改造项目，完成10所特色化学校建设。围绕“健康清徐”建设，完成县妇幼院、王答卫生院改建工程，继续抓好农村卫生室标准化建设。继续完善医院补偿机制，推行县乡村医疗服务一体化。推进政府购买公共文化服务制度化建设，提高公共文化体育场馆经营管理和服务水平，促进群众性文化体育活动深入开展。建立公共文化服务城乡联动机制，促进城乡公共文化均衡化。全面加强社会保障，实现城乡居民基本医保制度并轨，推动机关事业单位养老保险制度改革入轨运行。建设1家公办标准化老年福利院，完成王答敬老院新建工程，引导社会资本投资养老服务业。启动中医院新建工程。启动殡仪馆和公墓建设。推进高校毕业生就业创业促进计划，进一步扩大就业。做好农村转移劳动力、城镇失业人员、“4050”人群、退役军人等群体就业工作，确保零就业家庭动态清零。

（十）确保社会和谐稳定。落实监管责任制，建立安全风险预防机制、安全风险数据库和空间分布图，实行差异化动态监管。推进安全信息化，加快建设瓦斯治理中心。继续深化重点行业领域安全专项整治，坚决防止重特大事故的发生。创建国家食品安全县城，建设“中国醋都食醋原产地可追溯体系”，确保食品安全。继续做好“平安清徐”创建工作，提升群众安全感。进一步健全应急管理和防灾减灾体系，妥善处置各类突发事件，维护人民群众生命财产安全。

让我们更加紧密地团结在以习近平同志为核心的党中央周围，在省市和县委的坚强领导下，俯下身子，撸起袖子，锐意进取，开拓创新，奋力打造全省综合实力强县，谱写决胜全面小康的华丽篇章，以优异成绩迎接党的十九大胜利召开！

# 加快建设一个中心、三个大同，夺取全面建成小康社会的新胜利

大同市人民政府

2016年，我们经受了"L"形经济突变，奋力实现经济运行止跌趋稳。面对二季度工业经济断崖式下跌的严峻态势，多措并举，精准发力，积极帮扶企业轻装上阵、扩大产销、降低成本、挖潜增效。非煤工业实现较快增长，服务业和建筑业对经济增长贡献率进一步增大。全市地区生产总值增长1%，实现了下半年好于上半年、全年转负为正的目标。

2017年是党和国家事业发展中具有重大意义的一年，也是我市新一届政府肩负重任、担当作为的起跑之年。做好今年的各项工作，意义重大，影响深远。

**一、2017年政府工作总体思路**

以习近平总书记系列重要讲话精神和治国理政新理念新思想新战略为指导，按照省委"一个指引、两手硬"重大思路和要求，深入贯彻落实省市党代会精神，坚持稳中求进总基调，推动全市经济社会持续健康发展。

**二、2017年经济社会发展主要目标**

地区生产总值增长5%左右；固定资产投资向注重质量和效益转变，完成省定任务；公共财政预算收入增长1.2%；社会消费品零售总额增长7%左右；城镇常住居民人均可支配收入增长6%左右；农村常住居民人均可支配收入增长6%以上。约束性指标完成省下达任务。

**三、重点做好八个方面工作**

（一）稳定经济增长。突出抓好实体经济、县域经济和民营经济，以更加有力的举措，把控缓中趋稳，力促稳中向好，争取好中求快。一是着力壮大实体经济。加快提升煤炭先进产能。着力培育新材料、磁动力、航空制造等中高端产业，促进工业经济新型化多元化。积极争取省财政技术改造专项资金，扶持中小企业做大做强，年内新增小升规企业11户。力争全市工业增长上半年转负为正，全年增长不低于3%。狠抓建筑业增量，适度扩大商品房建设规模，保持房地产业稳健发展。大力促进服务业发展，服务业增加值增长6.8%以上。支持和鼓励金融机构突出主业，重心下沉，服务实体经济。二是加快发展县域经济。立足资源禀赋、区位条件和产业基础，推动各县区发挥比较优势，尽快形成一至两个主导产业或发展方向，做大县域经济体量。左云侧重开发区发展、煤化工基地建设；浑源侧重景区开发、黄芪加工；灵丘侧重有机农业、红色旅游；广灵侧重杂粮加工、特色菌业；大同县侧重园区开发、黄花产业；天镇侧重功能农业、品牌劳务；阳高侧重康养产业、规模养殖；城区侧重古城开发、现代服务；矿区侧重产城融合、配套服务；南郊侧重综合能源、加工贸易、现代物流；新荣侧重新型材料、特色种养。三是大力发展民营经济。鼓励支持民营企业、社会资本通过PPP模式进入基础设施、金融服务、公共事业等领域，激发市场活力。通过出资入股、股权收购、认购可转债、股权置换等多种方式，参与国有企业改制重组，实现合作共赢。发挥在同社会名流、名企业家的人脉资源，吸引优秀企业家来同创业。力争民营经济占比较去年提高2个百分点。

（二）加快产业升级。对接省产业转型六大工程，实施大同版八大工程，横向构筑产业群，纵向拉长产业链，发展多元化中高端现代产业体系。一是培育战略性新兴产业。加强与中星微、浪潮、百度等信息技术企业和投资机构合作，争取建立大数据产业基地，大力发展数字经济。加快做大高铁受电弓、玄武岩纤维等前沿新材料产业。积极推进装配式绿色建筑集成产业基地、通用航空产业园、高效单晶光伏组件等项目的建设。支持发展煤制天然气、煤制烯烃等煤化工产品。二是创新能源产业。严格控制煤炭产能总量，支持同煤创新发展。推进煤炭清洁高效利用。开工建设国家光伏示范基地二期、晋北风电基地项目。积极发展高载能产业，主攻电动汽车产业发展。三是扶持绿色环保产业。加快环保产业绿色改造升级。推进煤矸石、

粉煤灰、脱硫石膏等大宗工业固废综合利用。推广节能环保炉具和洁净煤使用。四是改造提质传统优势产业。依托中车大同公司,发展电力机车和城市轨道交通装备制造。发挥军工企业技术优势,重点抓好重汽大同公司军用变速箱扩建、山柴煤层气发电机组推广应用项目。支持中银羊毛羊绒产业链生产基地等项目建设。做大做强医药产业,打造全球最大抗生素生产基地和国内独具特色的中草药生产研发基地。五是做强文化旅游产业。强化"旅游+"意识,创建全省文旅综改示范区,建成国内一流的旅游服务中心和中国大同旅游发展指数评价体系。加强文物保护。重视古堡开发,包装边塞文化,发展长城旅游。依托古都灯会,弘扬年俗文化,打造"大同年"品牌。推动民间工艺产业化。六是发展现代服务业。完善配送网络,培育龙头企业。建成华阳国际陆港,抓紧建设晋北国际物流园。推进绿色金融创新,绿色发展基金投入运行。七是壮大特色现代农业。优先保障财政支农特别是农业县区支出,加强农业基础设施建设,鼓励农业科技创新,扶持龙头企业成长。大力推进农业供给侧结构性改革,以稳粮优经扩饲为方向,以做精杂粮、做优果菜、做强畜牧、做好药材为重点,构建大同黄花、阳高京杏、天镇小杂粮、新荣马铃薯、浑源黄芪、灵丘苦荞、广灵小米、左云肉羊八大特色农业发展区域,推动国家级种植与加工示范园区创建工作。支持发展功能农业,培育药食同源产品开发企业。推进农牧交错带核心示范区建设,实施6666公顷苜蓿种植,抓好灵丘有机肉牛等基地建设,争创草畜一体化典型。提高主导农副产品深加工能力,增加绿色优质农产品供给。八是"双创"孵化新产业新业态。建设中国国际技术转移大同合作中心、市中小企业创业基地和孵化基地,推动与中关村集团、清华科技园、农业科技城合作共建科技产业园。

(三)深化重点改革。以改革激活力,以开放强实力,以创新增动力,着力开创发展新局面。一是深化重点领域和关键环节改革。深入推进"三去一降一补"。退出煤炭落后产能415万吨,抓紧完成棚改货币化安置任务,加大结构性减税力度,继续规范清理各类涉企收费,进一步降低企业生产经营成本。财政预算安排突出重点、有保有压,最大限度弥补经济建设和民生事业的各类短板。加快开发区改革创新发展。整合医药、装备制造、空港物流、新能源园区,完成大同经济技术开发区整合改制扩区调规工作,打造国家级综合性品牌示范园区。支持和指导阳高、浑源、灵丘获批省级开发区。深化国企国资改革。推进行政区划调整。支持同煤改革。实施农村土地三权分置改革。基本完成农村土地承包经营权确权登记颁证,推动农村集体资产股份权能改革试点。推进农村土地经营权和住房财产权抵押贷款试点。深化文化旅游体制改革。组建市和重点旅游县(区)旅发委,完成文旅集团组建并投入运营,实施云冈、恒山景区管理体制改革。推动电力体制改革。确保综合行政执法体制、统计管理体制、投融资体制、供销合作社等改革与全省同步推进。二是全面提升对外开放水平。抢抓"一带一路"战略机遇,融入"中蒙俄"经济走廊,广泛开展项目洽谈、展会论坛以及各种经贸合作、文化交流等活动,进一步增强大同在区域协同发展中的地位和作用。加快大乌高铁项目前期,实现航空口岸正式开放。积极扩大出口规模。主动承接发达地区产业转移,推动京同区域深度合作。着力提高招商引资的精准度、实效性,重点考核项目的资金到位率和开工率。三是大力实施创新驱动战略。落实企业技术创新"百项重点项目计划"。实施一批科技重点研发项目、应用示范工程,打通科技成果转化通道。大规模引进使用高学历高层次高素质人才,继续做好国家千人计划专家大同行工作。

(四)狠抓项目建设。强化项目倒逼机制,推动项目落地开工、投产见效。突出重点抓项目。一是抓好字字百亿的16字项目。加快建设投资170亿元的两河流域治理等工程,不断扩大投资量。抓紧开工抽水蓄能电站和超百亿康养等项目,盯紧中海油煤制气等项目。二是大力推进双环行动项目。抓紧抓实以古城为心、以文瀛湖为肺、一方一圆谋划布局的27个项目。潘家园文化商业项目建成运营,投资65亿元的古城东北隅开发工程加速推进,领阅综合体等一批总投资百亿元、总建筑面积300万平方米以上的房地产项目开工建设,会展中心、场馆、古城南广场、高铁广场等工程加快建设。实施好北宇低速电动汽车等20个省重点工程、50个产业转型的市重点工程、21个县区重点工程项目。整体推进抓项目。积极争取一批财政专项基金项目。主动承接产业转移,充实完善项目库,做好重大项目储备工作。巩固冬季行动战果,抓大项目,大抓项目,带动县区和部门谋划、招商、签约、落地、开工更多项目,实现项目建设全覆盖。

(五)推进脱贫攻坚。确保今年134个贫困村有序退出、6万人脱贫,南郊、新荣和左云三个区县插花贫困村全部脱贫。一是落实精准方略。做到目标任务细化实化量化,政策措施到村到户到人。紧扣建档立卡关键环节,对贫困村、贫困户、贫困人口,实行定期核查、严格进退、动态管理,绝不搞数字脱贫、虚假脱贫,过好群众满意关,经得起实践和历史检验。二是创新脱贫举措。分县实施、分类布点、分批推进、分年达标,确保八大工程20个专项行动取得实效。通过争取专项资金、增加本级财政资金、整合使用涉农资金、撬动银行信贷资金等多种途径，帮助贫困户破解资金难题、发展项目。因地制宜发展一村一业，再建成一批光电村、旅游村、电商村，增强贫困村自身造血功能。实施易地扶贫搬迁3.8万人。实施林业扶贫五个一批工程，优先保证贫困户退耕需求，优先选聘贫困户做生态护林员。加强教育扶贫，阻断贫困代际传递。强化对贫困户子女职业技能免费培训，通过一技之长摆脱贫困。实行社保兜底脱贫，对脱贫线、低保线进行“两线合一”，防止困难群众因病因学因老返贫，做到应保尽保、特困特扶。三是压实工作责任。对贫困县区脱贫攻坚进行单项考核，夯实县区主体责任，调动工作积极性。开展“五帮联动”。大力倡导社会扶贫，完善社会扶贫信息工作平台，聚力脱贫攻坚，彰显社会温情。

（六）统筹城乡发展。加快中心城市、大县城、重点镇建设，更加注重品质提升，促进区域协调发展。一是做好城市规划修编。加快新一轮总规、详规、专项规划修编。启动《大同中心城区总体城市设计》。编制海绵城市规划，提升我市生态系统功能。二是优化城市空间布局。积极推进古城保护与开发，开工府衙修复，完成带状公园建设和护城河景观工程，改造完善老城区。加快御东新区建设。完善口泉区设施配套，提升公共服务水平。深入推进大县城扩容提质，布局实施恒山等一批特色城镇，阳高、天镇等一批高铁小镇，抓好贫困村、采煤沉陷村、中心村、城中村和历史文化名村建设，申报绿色村庄216个，创建省市美丽宜居示范村15个。三是加强基础设施建设。开工建设城市快速路、跨线立交桥、地下综合管廊，新建续建城市道路80千米，加快改造小街小巷。开源桥完工，汽车客运东站投入使用。推进综合客运枢纽建设，建成交通智能指挥控制中心。实施国道省道改建，开工建设古长城旅游路、东纵脱贫攻坚路。四是提升城市管理水平。大力整治城市脏乱差，重拳整治营运车辆乱象，努力消除各种城市病，确保城市干净整洁、井然有序。创新城市管理方式，加快城市管理数字化、精细化和网格化，推动影响城市形象的问题及时发现、迅速会诊、有效解决。

（七）优化生态环境。持续加大生态环境治理力度，推进铁腕治污，深化综合整治，实行更加严格的考核办法和督查机制，营造山清水秀的生态环境。一是改善水体质量。落实“河长制”，抓好桑干河等重点流域区域水污染和农业面源污染防治，加强河道巡查和企业监管，确保水质量明显好转，全市地表水水质优良断面比例达到16.7%，集中式饮用水水源地水质全部达到或优于国家三类标准。二是强化土壤治理。开展土壤污染详查并分类治理。将土壤环境质量监测纳入例行环境监测体系，加强源头管控。加快矿山和非煤矿山生态修复。启动混合（应急）垃圾填埋场、融雪剂溶化池建设，市区内建成10座垃圾中转站。三是提升空气质量。坚决淘汰建成区燃煤锅炉，分步退出建成区原煤取暖，不断扩大洁净能源使用覆盖面。大力推进清洁能源供热工程。依法淘汰黄标车、老旧车。四是坚持造林绿化。完成营造林1.6万公顷，绿化村庄25个。启动大同公园改造和动物园迁建绿化。

（八）做实民生工作。一是发展社会事业。实施一批学校硬件建设工程，扎实推进义务教育均衡发展。支持办好大同大学。加快县级公立医院综合改革步伐，启动城市公立医院综合改革，为城乡居民提供家庭医生签约服务。加强生育医疗保健服务。继续推进全民参保。完善并兑现各类工资政策，努力增加人员工资收入。抓好各类政策性住房建设，开工城市棚户区改造3.14万套，改造农村危房2.12万户。二是办好民生实事。新建社区公园8个；新开工建设便民市场10个；新建公交场站2处；新建公共停车场10个；新建人行天桥10座；新增公共自行车1.5万辆；实施道路桥涵积水点排水改造工程；实施古城旱厕改造工程35处；组织开展千场大戏、万场电影文化惠民活动；新建农村老年人日间照料中心50个、城市社区服务中心20处；为就业大学生和引进人才提供1000套公租房。三是维护安全稳定。深入开展煤矿、非煤矿山、道路交通等领域安全生产隐患大排查大整治，坚决遏制重特大安全事故发生。创新社会治理方式，强化网格化管理，推进平安大同建设。高度重视社会矛盾化解，有效防范各种风险隐患，确保社会和谐稳定，扩大祥和共享新成果。

过去的大同，曾经耀世辉煌；未来的大同，必将全面振兴；今天的大同，自当奋勇争先。让我们更加紧密地团结在以习近平同志为核心的党中央周围，在省委、省政府和市委的正确领导下，不忘初心，怀抱梦想，甩开膀子，奋力前行，为夺取全面建成小康社会的新胜利，为加快建设一个中心、三个大同，为创造更加美好灿烂的明天而努力奋斗，以优异成绩迎接党的十九大胜利召开！

# 加快推进现代服务业示范区、城市管理示范区、幸福大同示范区建设

大同市城区区长

2017年是实施“十三五”规划的重要一年，大同市城区按照省委“一个指引、两手硬”重大思路和要求，落实市委“136”发展战略，紧紧围绕全区“一个核心、两个目标、三个方向”的整体发展思路，坚持稳中求进工作总基调，不断提高发展质量和效益，全力构建大同市核心区，着力打造大同首善之区、华北一流发展环境，统筹建设现代服务业示范区、城市管理示范区、幸福大同示范区。

**一、建设现代服务业示范区，让经济更加富有活力**

文旅产业作龙头。大力实施“五环联动”战略，推进古城、文化、旅游融合发展。保护挖掘古城文化，东北隅以皇城文化为主，西北隅以官府文化为主，西南隅以宗教文化为主，东南隅以民俗文化为主，增加北魏和辽金文化元素，彰显古城特色。加快古城复兴进程，保护传统民居建筑构件，推进南广场、开化寺、49处不可移动文物、48处历史建筑(含四合院)的修复、保护，进一步完善古城布局。举办丰富多彩的主题活动，吸引游客来大同。落实省旅发大会主要任务分工，积极对接服务“双环行动”中12个总投资113亿元的环古城项目。积极对接清华控股、中冶科工等企业，为古城发展引入新动力。

非煤工业补短板。鼓励引导工业企业加快技术改造，提升企业核心竞争力；落实减轻企业负担政策，帮助企业降低成本、挖潜增效，切实推动工业经济平稳较快发展。破解有天没地的限制，运用市装备制造园、筹备建设的绿色装备制造产业园区等资源，吸引非煤工业落地发展。落实中央和省、市发展实体经济的政策措施，深化干部入企服务成果，建立常态化服务机制，落实《创优发展环境推进实体经济振兴实施方案》，定期研究辖区内大企业诉求。积极承接京津冀、沿海发达地区产业转移，广泛捕捉商务信息，下大力气引进一批工业项目。积极对接碳素水制造、立体车库设备、逆变器生产、低氘水生产加工、非晶纳米晶材料、环卫装备制造、蒸汽动能磨制造、凯帝斯电梯8个投资约19亿元的项目。

现代服务业领方向。运用现代信息技术对传统商业进行改造，提升批零住餐企业的服务功能和服务空间。大力发展楼宇和总部经济、“互联网+”产业、金融服务业，切实提升全区服务业的规模、档次。加强政策扶持，着力提升万城中心的“互联网+”服务产业园区、桐城金域的科技创新园区、华阳玛里纳无水港等现代园区的实力、活力。积极对接凤凰金融控股集团、光伏基地项目、平安城市项目、金融街二期项目等30个投资约37亿元的项目。

创新发展添动力。推动大众创业、万众创新，既要扶优扶强，又要扶新扶小。完善创业创新支持政策体系，加强双创财政金融支持，创建好省中小微企业创业创新基地示范区，催生更多有前景的新产业、新业态。做大做强众创空间，完善创业孵化服务，着力培育双创主体，积极开展项目推介、企业招聘、人才就业、创业培训等系列主题活动。深化科技人才体制机制改革，大力推动科技创新，加快补齐人才短板。大力发展高新技术产业，培育1～2家企业作为发展对象。积极对接双创企业管理有限公司、院士工作站、科技创业园、安全文化创业园4个项目。

传统商贸促增收。加大扶持传统商贸企业力度，落实区级领导包联制度、企业直通车制度、项目直报制度，帮助企业扩大市场占有率，提高企业经营效益。引导商贸企业进行差异化定位，实现多种业态的错位经营和融合发展。优化企业经营环境，严格控制各类检查。积极培育壮大消费市场，着力提升消费的带动力，努力扩大本地产品的消费，以消费升级带动传统商贸升级。着力构建“亲”“清”新型政商关系，为民营企业提供必要支持，努力营造安心暖心的营商环境。

**二、建设城市管理示范区，让家园更加美丽宜居**

加强城市综合管理。推进市容环境卫生的立体综合整治，确保主次干道、公共绿地、建筑立面干净整洁、

规范有序。进一步规范早市、夜市等便民市场，坚决禁止露天烧烤。推进智慧环卫二期、微城管平台建设。开展古城庭院绿化美化达标活动，打造一批绿化样板庭院。在古城内建成一批街头园林小品或园林艺术景观。实施节能减排，淘汰落后产能，提高能源利用效率。开展环保专项行动，打击违法排污行为，持续改善环境质量。

加紧房屋征收安置。打赢冬季行动征收安置战役。加紧研究制定相关任务的征收方案，采取以“产权调换、货币补偿相结合，逐步过渡到以货币补偿为主”的方式，全力推进今年的九龙壁周边、公产平房片区、振华街片区等47项征收任务。

加快老旧小区改造。加强施工监管，严格标准规范，保质保量完成2016年老旧小区改造项目的续建任务和2017年市政府下达的新增任务，改善群众居住环境，实现房产保值增值。同时加强改造后的无物业小区物业管理工作。

**三、建设幸福大同示范区，让社会更加和谐稳定**

全力改善民生，让发展更有温度，让幸福更有质感。在区18校、45校试行“学乐云”教学平台。开展春风行动、就业援助月、就业服务周等公益就业服务专项活动。开展爱国卫生工作。打击制售“三无”食品和假冒伪劣药品违法犯罪问题。新建10个社区文体活动室。做好困难群众救助工作。加强重大疾病防控，做好妇女、儿童、老年人、残疾人等重点人群健康服务工作。继续开展健康扶贫“五个一”活动。积极创建省级慢病示范区和健康促进区。落实脱贫政策措施，广辟群众增收致富门路。做好廉租住房的实物配租和货币补贴发放工作。

实现康养产业六突破。实施“康养＋”战略，打造全产业链。围绕“康”字，完善健康主体公园项目，扶持爱博中医医院、同城医院、景慈中西医结合医院3个项目的运营，引导杨氏太极、手工编织、书法等社会组织在社区开展活动。围绕“养”字，在古城建立综合康养基地，完成中车集团、文博苑小区康养机构建设，加快推进开源街社区卫生服务中心日间照料示范点建设，对现有11家养老机构进行帮扶。围绕“护”字，由冠领物业牵头成立家政服务公司，建立社区家政服务信息平台；与大同大学医学院签订人才培养计划，培训专业护理人员1000人次。围绕“住”字，与10家星级酒店签订合作协议，推出康养住房和养生套餐，发挥冷凉气候优势与周边县区合作推出度假宾馆项目。围绕“游”字，与旅行社合作，打造一批养生旅游线路；与京津冀老龄协会合作，开拓老年人旅居新模式；挖掘寺院文化，开设禅修中心。围绕“购”字，完成西城墙旅游服务中心的建设，引导房地产公司借助高铁开通之机推出老年公寓房项目，与兄弟县区合作推出一批绿色健康食品。

维护社会稳定。创新社会治理，加强基层基础建设，构建社会服务管理体系。抓好信访维稳工作，及时解决群众的合理合法诉求，做好隐患排查、超前预防工作，依法及时处置信访活动中的违法行为。落实“七五”普法规划，抓好法治宣传教育工作。健全和完善行业性、社会性人民调解机制。完善立体化治安防控体系，推进“平安城区”建设，保持对犯罪活动的高压态势，着力防控和消除社会治安风险隐患，不断提高人民群众的安全感。

加强安全生产。加快构建风险分级管控和隐患排查治理双重预防工作机制。加强煤矿、危险化学品、民用爆炸品、烟花爆竹、交通运输、建筑工地等重点行业领域安全监管，严格落实“四铁”要求，坚决杜绝重大安全生产事故的发生。开展“安全文化”进社区、企业、学校活动。开展安全街道（社区）达标创建工作。健全安全生产应急救援体系，开展应急救援演练，提升应对处置安全生产事故的能力。

**四、走出转型综改新步伐，让发展更加强劲有力**

深化投融资体制改革。政府和市场“两只手”形成合力，共同推动经济社会发展。发挥“有道城投”的作用，承接区政府的经营活动，增强其运营能力，加快区属国有可经营性的资产、权益、资金划转速度，实现资源资产化、资产资本化，提升国有资本功能放大效应。发挥“文旅公司”的作用，整合和挖掘文化旅游资源，提高和增强我区旅游的市场化程度和核心竞争力。鼓励社会各界、民营企业家捐资助教，助力教育事业发展。完善政银企项目对接机制，积极为企业发展、项目建设提供融资服务。推进助保贷，缓解小微企业融资难。帮助企业上市，借力资本市场融资，推动企业发展壮大。

深化教育综合配套改革。实行区级统筹，深入推进管理体制、教学质量、激励机制、评价方法、保障机制5个方面改革，构建“大教育”格局。积极申报省基础教育综合改革试点县区。规范学校人事管理，试行“局管校用”。培养打造专家型校长，试点推开校长组阁制，建立区级教育人才后备库。深化招生制度改革，理顺集团校管理体系，促进资源共享。统筹推进学前与特殊教育发展。传承发展中华优秀传统文化，培育学生核心素养。加强师德师风建设，强化教师培训。积极筹措资金，提高教师待遇。推进教育信息化建设及教育质量综合评价改革工作。将学生体质健康纳入学校评价体系，促进学生体格和品格同步成长。创建平安校园，确保校园安全和师生饮食安全。

深化环卫管理改革。探索符合区情实际的环卫改革道路。引入市场机制，推进环卫业务的市场化运营，由政府主导向市场营销转变，由政府补贴向自主经营过渡。继续完善环卫工人星级考核机制，通过评选星级环卫工人，完善考核激励机制，进一步稳定环卫职工队伍。

深化城管执法改革。推进城市管理综合执法体制改革，提升城市执法综合管理服务水平，树立城管新理念，加强政府在城市管理领域行政执法的力度，积极整合城管系统执法力量，区街联动、综合治理，形成权责明晰、统一高效的综合行政执法体制机制。提升城管队员素质，增强规范意识、法治意识、文明意识。

深化社区综合改革。成立区社区工作研究会。建立社区信息平台和居民信息大数据。改革社区管理机制，2～3个社区组建1个“中心社区”，实行中心社区合署办公、财务独立；街道下派副科级干部兼任中心社区党总支书记，街道相关工作人员同步下沉，实现街道人、财、物向中心社区流动。推进社区办公场所和活动设施达标升级，进行市场化运营，降低费用支出，为区级财政减负。深入推进“三社联动”，继续引导社会组织参与社区服务和管理。

深化民生综合改革。实施积极就业政策，稳定扩大就业。做好高校毕业生、就业困难群体、破产关闭企业职工的就业再就业工作。加强人力资源市场建设，突出就业服务功能，加大职业培训力度，提高劳动者创业就业技能。成立劳务派遣公司，整合企业下岗职工、预算单位临时工等人力资源，规范临时用工，从事家政服务、物业管理、野广告清理等政府购买服务工作。深化社保改革，全面实施全民参保登记计划，大力提升社保服务水平。深化医药卫生体制改革，在分级诊疗、全民医保、药品供应保障、综合监管等基本医疗卫生制度建设上取得突破，努力提升健康保障水平。

# 全力打造“四区一中心”同心同力建设美丽富裕幸福南郊

大同市南郊区区长　任希杰

2016年，面对严峻复杂的经济形势和困难挑战，区政府团结带领全区人民坚决贯彻省委“一个指引、两手硬”的总体思路和市委“136”发展战略，全面落实中央和省、市重大决策部署，理直气壮抓发展，全力以赴稳增长、促改革、调结构、惠民生、防风险，积极培养新的经济增长点，奋力扭转经济颓势，有效控制住了经济直线下滑的态势，较好地完成了区十届人大一次会议确定的各项目标任务。

2017年是实施“十三五”规划的重要之年，是供给侧结构性改革的深化之年，也是我们努力走出经济困难局面的攻坚之年，我们要全力以赴做好今年的各项工作。

## 一、2017年政府工作的总体要求

深入贯彻习近平总书记系列讲话精神和治国理政新理念新思想新战略，统筹推进“五位一体”总体布局，协调推进“四个全面”战略布局，坚持稳中求进工作总基调，按照省委“一个指引、两手硬”重大思路和要求，围绕市委“136”发展战略，坚持以提高发展质量和效益为中心，以深化供给侧结构性改革和转型综改试验区建设为主线，以推进口泉地区提质振兴为目标，全力打造“四区一中心”(转型综改示范区、统筹城乡样板区、商贸物流中心区、生态有为建设区，建设低碳、绿色、集约、智慧的现代化城市西部副中心)，同心同力建设美丽富裕幸福南郊，塑造美好形象，实现振兴崛起，以优异成绩迎接党的十九大胜利召开。

## 二、2017年全区经济社会发展的主要预期目标

地区生产总值、规模以上工业企业增加值止跌回升，努力实现正增长；全社会固定资产投资要向注重质量和效益转变，根据新的统计口径设置；公共财政预算收入与上年持平；社会消费品零售总额，城镇、农村常住居民人均可支配收入和其他约束性指标要不折不扣地完成市下达的任务。

## 三、重点做好以下六个方面的工作

(一)以稳定增长为第一要务，努力促进经济平稳运行。一是狠抓工业增长。稳定煤炭生产，释放先进产能，促进全区煤炭产量稳中有增；积极为现有工业企

业解决实际困难，加快技术改造；推动已建成项目尽快达产达效；下大力气引进一批新的工业项目；强化对工业经济运行的监测和组织协调，推动干部入企服务常态化；落实好企业减负相关政策，推动大众创业、万众创新，努力增加规模以上工业企业数量。二是狠抓服务业增效。发展大商贸，开拓大市场，培育大集团，全面构建辐射晋冀蒙的商贸物流中心区。大力发展文化旅游、健康养老、教育体育等与百姓生活密切相关的幸福产业。培育发展金融保险、电子商务、信息咨询、商务会展等现代服务业，不断培育新的经济增长点。三是狠抓农业增质。紧紧围绕农牧交错带示范区建设，以粮改饲为重点，扎实推动农业供给侧结构性改革，逐步形成现代饲草料产业体系，为畜牧业发展奠定坚实基础。紧紧围绕国家级现代农业示范区建设，扶持发展功能农业，增加绿色优质农产品供给。扩大农产品精深加工规模，大力发展休闲农业、农村电子商务、乡村旅游等新产业新业态，拓展农业产业链价值链。培育一批农业龙头企业，不断提高牧同乳业、博润苑等农业龙头企业扩规模、提质量、增效益。四是狠抓财税增收。抓收入，控支出，用足用活财政政策。

（二）以改革创新为根本动力，全力破解经济发展难题。一要扎实推进供给侧结构性改革。坚定去产能，推进煤炭去产能，同时有序释放先进产能，促进煤炭市场供需关系持续改善；努力去库存，全面推进货币化安置，鼓励农业转移人口进城购房，培育住房租赁市场，推动房地产去库存；稳步去杠杆，稳妥推进企业债务重组，降低企业融资风险，积极拓宽企业融资渠道，有效降低企业杠杆率和负债率；多措降成本，降低企业税费负担、融资成本、用地用电用能成本、用工成本和物流成本等，引导企业大力开展精细化生产和对标管理，积极从内部挖潜增效，压缩管理费用，提高全员劳动生产率；着力补短板，确保2017年底全面完成脱贫任务，同时全力振兴实体经济，加快发展战略性新兴产业，推动产业转型升级。二要不断深化重点领域和关键环节改革。深化商事制度改革，深化农村土地三权分置改革，不断释放民营经济活力。三要着力推进创新驱动。加快推进金融创新，加快项目融资步伐；加快推广和运用“财政＋金融”组合、“1＋N”基金结构、PPP等模式，撬动更多的民间资本进入政府公共投资领域，缓解政府投资压力；盘活摸清政府资产底数，加快资产变资本速度；加强金融市场监管，坚决打击非法集资活动，促进实体经济与金融产业发展良性互动。加快推进科技创新，积极发展新技术、新产品、新业态，加快动力转化；抓好知识产权工作；精准联系高等院校、智库机构，做好高学历、高层次、高素质人才的成规模引进使用、国家千人计划专家大同行等工作；做好创客中心设立、专家工作站筹建工作，推动兴云智慧城和北京中关村软件园孵化器山西创新培育基地等项目投入运营。四要努力推动对外交流合作。积极参与“一带一路”建设，主动融入京津冀、环渤海、“长城金三角”，建立新型战略合作关系，推动我区优势产能、优秀企业和名优产品“走出去”；主动地为外来客商提供全方位、“保姆式”服务，把一批产业关联度高、市场潜力大、带动作用强的大项目、好项目“引进来”，为县域经济转型跨越发展注入新活力。

（三）以转型升级为主攻方向，不断转变经济发展模式。2017年全区计划新上、续建各类重点项目82项，总投资609.6亿元，年内计划投资109.6亿元，其中：新上50项，续建32项；亿元以上46项。一是加快煤炭产业转型升级。大力发展煤炭循环经济，加快煤电一体化和煤化工基地建设，推动同煤塔山二期2×66万千瓦低热值煤发电项目尽快并网发电，60万吨烯烃等项目尽快开工建设，国投塔山2×66万千瓦二期扩建、同煤大唐热电三期66万千瓦热电联产、御东热力站等项目尽快落地。二是培育壮大战略性新兴产业。加快新能源基地建设，推动采煤沉陷区高山—云冈片区50万千瓦光伏发电项目一期工程达产达效，二期工程尽快落地；加快新材料基地建设，推动年产18万吨无机矿纤维生产线等项目尽快落地，努力构建新型工业体系。三是提升现代服务业活力。积极推动万达广场及其配套建设、阳光车城、大同汽车客运东站等一批项目尽快建成投入运营；新旺国际商贸城、先锋村商业综合体等一批项目尽快落地。同时，积极实施“互联网＋”行动计划，加快推进农村电商发展，年内重点打造两个电商服务平台，推进阿里巴巴农村淘宝网和万城高科“电子商务＋”产业园项目建设，突破时空局限，拓宽交易渠道，进一步提升区域影响力，带动整个大同商贸物流圈活起来、火起来。四是发展城郊型特色农业。推进种植业结构调整，以养定种、种草养畜，推进草畜一体化发展。提升设施农业效益和水平，全力打造设施蔬菜发展、休闲观光设施农业、特色蔬菜生产三大区域，推进大路辛庄、白马城、西水磨等5个标准化设施蔬菜高新技术示范小区建设。推动畜牧业转型升级，巩固提升奶牛业，大力发展肉羊业，新、改、扩建四方高科、天和牧业等6个奶牛养殖园区和锦丰、绿草地等25个肉羊养殖场；加快推进绿色示范县创建工作；抓好重大动物疫病防控和畜产品质量安全监管，确保畜牧业健康发展。五是做大做强文化旅游产业。进一步完善魏都水上乐园、方特欢乐世界、大西山生态旅游观光园，加快建设鲁班窑、杨家窑旅游温泉度假村等旅游项目，并依托云冈景区，整合区内各类旅游资源，开辟旅游精品线路，促进文化旅游产业快速发展。

（四）以口泉地区提质振兴为重要抓手，加快推进城乡统筹发展。以口泉、西韩岭和平旺三个乡镇为核心，围绕“口泉地区提质振兴”一个总体目标，紧扣建设“美丽、富裕、幸福南郊”三条主线，深入开展美丽乡村建设、造林绿化、道路畅通、新区建设、治污治乱、园区升级、现代农业示范、扶贫攻坚、沉陷区治理、教育提质、平安创建、基层党建提升十二大行动，大力实施好45类200多个项目，力争一年见成效，三年变新样，到2020年把口泉地区建成经济发展更加繁荣、社会进步更加全面、人民生活更加富裕、生态环境更加优美的魅力新区。2017年重点抓好7个美丽乡村建设，两个新农村建设，推进205省道和泉运路通道绿化以及9个乡村道路绿化，完成3条道路建设工程，做好两条公路的前期工作，新建、改扩建48个村“支部大院（楼）”，特别要加快推进口泉中心区建设，力争通过几年的努力，将口泉中心区建设成为低碳、绿色、集约、智慧的现代化城市西部副中心。

（五）以打造生态有为建设区为主要目标，全力打好环境改善攻坚战。持续加大生态绿化力度。认真落实省政府“三加三不减”要求，在完成好口泉地区美丽乡村建设与通道绿化工程的同时，全面启动大同市西部绿色屏障建设工程，努力完成国家、省、市下达的造林绿化任务。做好环境保护工作。进一步加大大气污染防治力度，整治燃煤锅炉，推广使用型煤，强化秸秆禁烧，推进污染减排；积极推进“两河”流域生态综合治理，重点抓好十里河入御河交汇处生态湿地工程，推进流域断面治理，确保完成水环境考核目标；落实土壤污染防治行动计划，开展土壤修复和治理；全面开展环境保护大检查，依法严厉打击各类环境违法行为；建立环境应急响应机制，切实保障生态环境安全。积极推进市容环境综合整治。着力解决以路为市、占道经营等突出问题；持续开展城乡清洁工程，推动环境卫生市场化建设，力争创建国家级卫生村1个，省级卫生乡镇2个、卫生村32个，建设农村垃圾卫生填埋场1个，农村改厕率达到60%以上，为人民群众创造干净整洁的生活环境。

（六）以改善民生为第一追求，全面推进社会各项事业。一要决战决胜脱贫攻坚。大力度推进，全面落实扶贫攻坚八大工程。按照“六个精准”“五个一批”的工作方法和措施，抓产业培育、抓易地搬迁、抓生态补偿、抓教育培训、抓保障兜底，让生活困难群众得到“看得见、摸得着”的实惠，确保完成剩余221户、493人脱贫任务。二要持续改善城乡人居环境。全力推进采煤沉陷区相关搬迁安置项目建设及配套完善，加快受灾户安置进程，确保年底前完成全部搬迁安置任务，积极实施生态修复、就业保障、产业转型三大工程，让受灾村民“搬得下、留得住、能致富”。扎实推进城中村改造，加快实施北城云阁、天锐益城等续建工程。全面完成市政府下达的征收安置任务；启动实施小太村整体搬迁安置工程；完成农村危房改造1747户；打造白马城、杨家窑等20个美丽宜居示范村；完成马辛庄、郊城等8处饮水安全工程，解决1.05万人的安全饮水问题。三要着力稳定扩大就业。实施更加积极的就业政策，政府提供更多的公益岗位，优先安排失地农民和采煤沉陷区搬迁农民就业；鼓励发展乡村集体经济，重点扶持服务型、劳动密集型产业，进一步增加就业岗位。四要不断完善社会保障体系。积极开展新农合分级诊疗，推进优质医疗资源下沉。建立完善城乡统一的基本医疗保险制度，完成城乡居民医保并轨，实现基本医疗保险、大病保险与医疗救助有机衔接。积极推动机关事业单位养老保险改革，大力推进全民参保登记计划。加大社会救济力度，按时足额发放各类社会救助资金。推进农村敬老院和老年人日间照料中心建设；妥善解决拖欠农民工工资问题，切实维护劳动者合法权益。五要协调发展各项社会事业。启动职教中心建设，新改扩建两所农村幼儿园，对西韩岭九年一贯制学校、拖皮小学进行改造升级；狠抓校长、教师队伍建设，进一步提高教育教学质量。全面落实可生育两孩政策；扎实推进区、乡、村三级文化活动场所建设；认真落实全面健身计划。六要切实维护安全稳定。落实政府安全生产监管责任，强化企业安全生产主体责任；切实加强对重点行业领域的安全监管；深入开展“打非治违”专项行动，全面排查安全隐患，坚决杜绝重特大事故的发生。加大信访维稳力度，妥善化解信访积案，依法维护信访秩序。深入推进“平安南郊”建设，强化社会治安综合治理，为人民群众安居乐业创造良好环境。

百舸争流，奋楫者先。让我们在市委、市政府和区委的坚强领导下，忠诚担当、锐意进取，开拓创新、攻坚克难，只争朝夕、狠抓落实，以实际行动和出色业绩迎接党的十九大胜利召开！

# 推进“一轴一带三区”建设，实现“四个新荣”目标

大同市新荣区区长　李继忠

2016年，我们立足全区实际，聚焦突出问题，主动作为，积极进取，全力以赴保增长、促转型、惠民生，经济运行质量明显提升，各项社会事业全面发展，实现了“十三五”良好开局。

2017年是供给侧改革深化之年，也是全面完成“十三五”规划的关键之年，更是我区推进“一轴一带三区”建设、实现“四个新荣”目标的发力之年，做好今年的政府工作意义重大。

**一、2017年政府工作的总体要求**

认真落实中央经济工作会议和省、市、区委全会暨经济工作会议精神，按照省委“一个指引、两手硬”重大思路和市委“136”发展战略要求，紧扣“四个新荣”的宏伟目标，立足“一轴一带三区”的产业布局，紧盯“五件大事”，坚持稳中求进工作一个总基调，突出提高发展质量和效益两个中心，围绕促进经济稳步向好、民生不断改善和社会和谐稳定三大任务，抓好工业转型、农业增效、脱贫攻坚、旅游开发、城乡建设、社会事业、深化改革、安全稳定八个方面的工作。

**二、2017年区域经济社会发展的主要预期目标**

地区生产总值增长7%左右，固定资产投资增长10%，社会消费品零售总额增长7%左右，一般公共预算收入增长5.1%，城镇常住居民人均可支配收入增长6.5%，农村常住居民人均可支配收入增长6.5%以上。

**三、2017年政府工作重点**

（一）坚持转型升级，着力振兴实体经济。一是做强八大产业，加快转型升级。煤炭产业。坚持扩大先进产能，抓好唐山沟、甘庄煤矿薄煤层和断层采煤，保证产量均衡稳定。小梁沟、上深涧、北辛窑煤矿力争早日恢复生产。积极协调本地煤源，解决我区企业原料煤供应问题。稳定煤炭洗选产业，实现原煤在本区二次增值。石墨产业。推动华胜新成公司生产线投产达效，推动中国黄金、同煤集团等企业合作意向落地；加快推进石墨科技园建设，为石墨深加工创造条件；与科研院所合作，开展石墨高新技术研发；适时稳妥为具备条件的企业配置石墨矿产资源。碳素产业。积极引导7家碳素企业集团化发展，建设国内最大的特种碳素基地；引进配套项目，延长产业链条，扩大总体规模，增加产品种类，逐步把碳素培育成为支柱产业。清洁能源。推进华润新能源6万千瓦风力发电项目、中能华泰2万千瓦分布式光伏项目落地，在全区实施屋顶分布式光伏发电项目。机械制造。扶持唯实机电、康泽机械、特威尔、普奇瑞公司提质增效，把装备制造产业进一步做大做强。新型建材。扶持凯翔凯宇公司、明星门窗公司提高生产能力、提升企业知名度，扩大销售规模。医药化工。推进新宝源药业盐酸盐生产线投产达效，扩大产能；促进破鲁堡乡投资2亿元的花青素提取项目落地建设。现代服务业。支持科蕾专业合作社、爱尚淘宝城等电商发展壮大，完成电商与物流快递协同发展项目，做好全区特色产品的线上销售；建设电子商务终端网点7个，物流配送中心7个；稳定煤炭、农资等物流运销产业，发挥银行、保险等金融产业资源对全区经济发展的带动作用。二是落实三项措施，优化发展环境。优化环境。着力营造良好的政策环境，加强政策引导，牢牢把握国家产业导向和投资重点，帮助企业最大限度用好用足用活政策，推动产业、产品、技术、装备的升级；创新要素保障机制，着力破解企业土地、环境、资金等发展瓶颈。搞好服务。坚决简政放权，提高政府效率，降低项目建设的前期成本和时间耗费；落实万民干部进企业问题台账销号制度，帮助企业解决困难和问题。建设平台。今年重点围绕“一轴一带三区”产业布局，进一步完善园区规划，加快产业园区布局、建设进程，使之成为招商引资的重要平台、项目落地的坚实载体。三是用好三条途径，积极争取项目。利用区位优势谋划项目。深入参与“乌大张”合作；对接京津冀和东部沿海地区，做好产业承接工作。立足资源优势谋划项目。对我区的石墨、风、光等资源进行重新勘察，依托碳素、石墨等传统

优势产业，谋划一批产业链条延伸项目。瞄准央企、知名企业投资动向谋划项目。密切关注央企、知名企业投资动向，有针对性地开展对接，引进具有引领作用的项目。

（二）坚持市场导向，着力发展功能农业。一是优化农业产业布局。适应农产品消费升级需要，大力发展特色优势产业。发挥我区日照时间长、昼夜温差大的独特气候优势，大力发展莜麦、黍子、谷子、豆类等小杂粮种植。引导农民发展中药材、大葱、木耳等特色种植，努力提高农业单产效益。依托雁门关农牧交错带建设，大力发展牛、驴、羊、鸡、猪等畜禽规模养殖。以养定种、种草养畜，完成粮改饲 2000 公顷，秸秆回收 450 万立方米，推进草畜一体化发展。二是增加绿色产品供给。围绕发展功能农业，面向中高端市场，推进药食同源产品开发，大力发展保健食品等高附加值产品，做好地理标志、无公害、绿色、有机等层次的农产品认证。引导企业对大窑山莜面、道士窑羊肉、畅家岭旱地大葱、新荣胡油、森旺小米等特色农畜产品进行商标注册和绿色食品认证，增加产品的知名度和影响力。依托与北京华联超市的合作平台，争取我区更多的特色农产品进超市，打造首都农产品供应基地，带动全区农业提质增效。

（三）坚持精准施策，着力抓好扶贫工作。一是实施产业扶贫，以特色农业、光伏扶贫、电商扶贫、旅游扶贫为切入点，建设一批带动性强的整村推进产业项目。以大象集团养猪模式为载体，壮大养猪规模，拓宽养殖增收渠道。实施 10 个光伏扶贫项目，带动 820 户贫困户 1700 人增收。二是抓好易地扶贫搬迁。对花园屯乡西寺村、堡子湾乡得胜堡村和祁皇墓村实施搬迁整治，确保贫困户应搬尽搬。拓展搬迁贫困户增收渠道，确保搬迁对象搬得出、稳得住、能致富。三是加大社会保障脱贫力度。实施教育扶贫“雨露计划”扶助全覆盖。对无法依靠产业扶持和就业帮助实现脱贫的贫困人口实行政策性兜底脱贫。四是形成强大合力。注重发挥驻村工作队、第一书记、结对帮扶企业等在资金、技术、信息、市场等方面的独特优势，各类项目向贫困村布局，各类帮扶力量向贫困户聚焦，确保让贫困群众摘掉“穷帽子”、鼓起“钱袋子”、过上“好日子”。

（四）坚持梯次推进，着力发展旅游产业。充分发挥我区独特的旅游资源优势，深入挖掘旅游资源的文化内涵，加大旅游产业的包装和宣传力度，加快文化旅游产业的发展步伐。一是召开旅游发展大会，出台《加快文化旅游产业发展的实施意见》《文化旅游产业发展 2017 年行动计划》，建立起整体推进旅游工作的基本格局。二是科学制定规划。坚持高标准定位、高起点规划，统筹考虑长城、森林、湿地等资源的布局和特色，做好景点、景区、旅游线路的规划。三是筹划拍好一部旅游推荐片。四是开展一系列旅游宣传活动。五是破题一批重点项目。突出特色，打造精品，围绕得胜堡、方山，形成主题鲜明的推荐项目，积极开展对外招商引资工作。六是开工一批基础设施建设项目。配合市里完成 98 千米沿长城旅游带公路建设，开工建设北魏皇陵旅游专线。力争实施得胜堡基础设施建设项目和北魏皇陵安全防范项目。七是推进乡村旅游快速发展。挖掘乡村文化内涵，突出乡村民俗特点，开发形式多样、特色鲜明、个性突出的乡村旅游产品。依托休闲农业、林业、养殖业，发展采摘采购、垂钓野营、农耕体验等乡村度假游。大力开展乡村旅游富民工程和公益活动，支持大学毕业生、返乡农民工、专业技术人员等通过发展乡村旅游，培育乡村旅游带头人。八是搭建旅游投融资平台。成立区旅游投资开发有限公司，建立旅游发展专项基金，鼓励社会资本参股入股，撬动开发资金投入，推动文化旅游业产业化发展、市场化运作、企业化经营。

（五）坚持建管并重，着力建设宜居家园。一是完善基础设施。推进大呼连接线和引水入区项目建设是“五件大事”的重点，我们将全力解决这两大制约发展的瓶颈，争取早日开工。完成“两区”改造的一期配套工程，做好采煤沉陷区二期、三期建设工作。配合市里做好城际快速路建设前期工作。推进老旧小区改造，解决小区设施陈旧、环境脏乱的问题。完善垃圾转运站、垃圾处理厂运营设施，有效提高全区生活垃圾的处理能力。建设淤泥河两岸绿化带，形成一个环境优美的滨河生态公园。努力改善农村居住环境，完成农村危房改造工程，实施农村地质灾害治理搬迁。二是加强城市管理。修改和完善区址建设规划，严格用规划引领城市建设。严格控制新建商品房项目，坚决破除盲目建设的陋习。开展城乡环境综合治理，推动城市管理步入规范化、制度化轨道。推行“定片区、定路段、定人员、定任务”的网格化管理，实现卫生保洁大街小巷全覆盖。实行区址范围单位、店铺和居民“门前五包”责任制。根治“车辆乱停、摊点乱摆、广告乱贴、垃圾乱倒、污水乱排”的“五乱”现象。探索推广全区建成小区物业管理模式，让城市更美丽，人民更幸福。三是加强生态建设。努力做好“水”“林”“气”三篇文章。推进水环境综合治理。力争御河治理建设项目早日开工；严格落实“河长制”，抓好重点流域环境综合整治；强化饮用水水源地环境监管，城市水源地水质达标率达到 100%。加大造林力度，积极争取国家生态环境建设资金，结合京津风沙源二期治理和荒山造林等工程，启动实施古长城沿线绿廊绿道生态工程和方山永固陵生态景区建设，打造旅游生态景观。加强环境污染治理。深入推进“铁腕治污”，坚决清理取缔“十小”企业。加大大气污染防治，加快淘汰落后产能，全面完成减排任务。

（六）坚持以人为本，着力办好社会事业。一是丰富群众文化生活。加快区、乡、村公共文化、休闲健身场所、场地建设，积极开展区、乡、村和社区文体、休闲健身活动。二是办好人民满意教育。实施管理能力提升、教师素质提升、教研水平提升三大工程，努力提高全区教育水平。办好义务教育，振兴高中教育，扩大普惠性幼儿园建设。抓好职教中心验收准备工作。加强教师队伍建设，形成新老接替的师资梯队。三是深入推进医疗卫生体制改革，落实医改各项政策，全面实施分级诊疗制度。家庭医生签约服务覆盖率达30%以上，重点人群签约服务覆盖率达60%以上。健全区、乡、村三级卫生服务体系，完成区乡卫生、计生资源整合，切实提高基层卫生机构服务能力。四是继续做好五项社会保险的扩面征缴、待遇落实等工作。深入推进医疗医保体制改革，积极推进城乡居民医疗体制整合工作。努力扩大城乡就业，鼓励支持大众创业，带动城乡就业。五是认真做好城乡低保工作，提高城乡低保补助水平，力争做到应保尽保。扎实做好农村五保工作，提高集中供养和分散供养补助标准。六是大力发展慈善事业，深入开展爱心捐助活动，最大限度地帮助困难群众改善生活。

（七）坚持深化改革，着力增强发展动力。一是深化供给侧改革。在去产能方面，做好我区煤炭生产工作。在去库存方面，积极抓好存量房回购工作，化解房地产市场出现的风险。在去杠杆方面，发展股权融资，支持企业利用多层次资本市场做大做强，推动符合条件的企业在“新三板”和区域股权交易市场上市、挂牌和融资。在降成本方面，帮助企业降低债务负担，严格落实企业减负政策措施，切实降低制度性成本。在补短板方面，继续发力补齐民生社会事业短板，加大对重点民生和社会事业方面的投入。二是深化资源型经济综合配套改革。发挥我区综改试点作用，在行政审批、土地出让、环保容量、资源配置、企业税收区域划分等方面寻求省、市的政策性支持。三是进一步推进农村土地确权和“三权分置”改革，按照全省统一标准建立农村土地承包信息数据库和农村土地承包管理信息系统，完成区、乡、村三级确权档案建设。推进“三权分置”改革，促进土地资源优化配置，加大土地流转力度，培育新型经营主体，发展适度规模经营。四是扎实推进金融创新，加大资本市场改革和创新的力度，加快融资平台建设，解决项目融资难题，支持城建、交通等重大项目建设。五是深化综合行政执法体制改革，重点推进市场监督、卫生计生、文化旅游、商务流通、城市管理、交通运输等领域综合行政执法改革，探索跨部门、跨行业综合行政执法。六是深化综改示范园区改革，实施一区多园管理服务体制。七是深化国有企业改革。稳步推进水泥厂、化肥厂等企业依法破产。八是深化文化教育旅游体制改革。探索文化和旅游、文化和美丽乡村建设的融合，大力发展文化产业；积极推进教育领域的改革；建立大旅游格局，设置区旅游发展委员会，加快旅游景区景点体制机制改革。

（八）坚持和谐构建，着力保障安全稳定。切实加强安全生产。压实部门监管责任和企业主体责任，深入开展“反三违”专项行动和隐患排查治理，坚决打击私挖滥采和非法违法生产经营行为。加强食品药品监管，确保群众饮食用药安全。加强重点领域、重点企业专项治理，巩固安全生产整治成果，建立安全生产长效机制。切实维护社会稳定。加强社会治安综合治理，提高应对和处置突发事件的能力。巩固“百日行动”成果，严厉打击各类违法犯罪行为，保障人民群众生命财产安全，为全区经济发展和社会和谐稳定创造良好的环境。

团结凝聚力量，奋斗成就伟业。让我们在中共新荣区委的坚强领导下，团结依靠全区人民，同心同力，聚焦发展，以更加饱满的热情、更加务实的作风，真抓实干，开拓奋进，以优异的成绩迎接党的十九大胜利召开！

# 明确目标　苦干实干
# 全力推进“五型阳高”建设

阳高县县长

2017年是我们打赢脱贫攻坚战、全面推进“五型阳高”建设的关键之年，全县经济社会发展的基本思路是：深入贯彻习近平总书记系列重要讲话精神和治国理政新理念新思路新战略，按照省委“一个指引、两手硬”的重大思路和要求，市委“136”发展战略部署，以脱贫攻坚为统领，突出改革创新、责任担当、真抓实干，持续引深富民生态、新型工业、绿色农业、康养旅游、和谐宜居“五型阳高”建设，确保经济社会各项事业平稳、健康、全面发展。

**一、求真务实，突出精准，全面加快脱贫攻坚步伐**

以脱贫攻坚统领经济社会发展全局，年内确保1万人实现脱贫。一是提升产业可持续发展能力。打造短期可增收、将来稳得住、长期能致富的脱贫接续产业。重点扶持发展以绿色无公害蔬菜等为主的果蔬产业，以杂豆等为主的小杂粮，以黄芪等为主的中药材产业，以马铃薯等为主的可实现粮经饲或四季销售的农产品，以“龙头＋基地＋贫困户”模式为主的养殖产业。继续集中建设光伏发电村级扶贫电站。全力推进“一村一品一主体”到村到户，实现村有产业、有带动企业、有合作社，贫困户有项目，有劳动能力的贫困人口有技能的“五有”全覆盖，户均增收3000元以上，村集体经济全部破零。二是保障住房安全。把易地搬迁作为脱贫攻坚主要措施，建设有特色、有产业、有公共服务设施的移民新村。统筹解决脱贫户、边缘户的住房安全问题。配套发展庭院经济、特色种养、林下经济等产业，同步实施土地整治、生态恢复工程。三是兜牢脱贫底线。对符合低保五保条件的农村贫困人口应保尽保。对因病致贫人口提供基本医疗保险、大病保险、医疗救助“三重医疗保障”。落实好奖、贷、助、免、补等各项教育资助政策。加大就业帮扶，推行优先雇用，增加贫困人口工资性收入。四是加强资金统筹整合。加大政策资金争取力度，盘活用好各类资金。鼓励民间资金参与扶贫，推进政府＋银行＋保险＋实施主体＋贫困户“五位一体”的金融扶贫模式，力争产业扶贫贷款和扶贫小额信贷大幅增长。运营好县普惠城投公司，与政策性银行深入对接，采用政府购买服务和财政列入预算分期偿还的办法，为项目建设争取信贷支持。

**二、扭住关键，强化载体，全力发展实体经济**

坚持稳中求进总基调，不断提升经济运行质量和效益。一是狠抓项目落地开工。年内推动同煤低热值煤发电等两个项目建成投产。力促国电下深井风力发电等5个投资亿元以上的生产项目和同煤电厂至县城16千米管网建设等3个投资亿元以上的大县城建设项目开工。保障王官屯农业综合开发高标准建设项目开工，示范带动全县杏产业一二三产融合发展。推进正大100万头生猪全产业链项目。推动阿特斯光伏发电二期等两个新能源发电项目加快实施。二是全力创建省级园区。年内把龙泉工业园区列入省级经济开发区行列。以工业园区为依托，创建“双创”基地。探索园区建设融资合作机制，完善园区配套设施。加快项目填充，力争年内新增3家入园企业。三是大力开展招商引资。立足阳高优势，充实招商队伍，完善优惠政策，围绕产业链条、产业集群、产业目录，开展专业招商、以商招商、会展招商、网络招商、委托招商。改进招商引资考核体系，加大签约项目开工率、资金到位率考核权重。四是全力支持企业发展。对已经具备生产能力但运行比较困难的企业，帮助其开展技改升级、扩容提质。对正常生产经营且效益较好的企业，帮助其降低生产成本。依托工业园区服务中心电子商务平台，扶持“乐村淘”等电商发展。培育壮大中小微企业，推动“个转企、小升规、规改股”。引导传统服务产业转型升级。五是优化投资服务环境。全面推开“双随机、一公开”，完善政务审批大厅建设，努力做到审批最少、流程最优、体制最顺、机制最活、效率最高、服务最好。

**三、把握导向，大胆创新，全力推动农业供给侧结构性改革**

立足农业大县实际，用改革创新思维，努力实现农业增效、农民增收、农村增绿、集体经济壮大。一是优化产业结构。抓住我县被列入北方农牧交错带核心示范区建设的契机，以增加农民收入为主要目标，以提高农业供给质量为主攻方向，逐步形成牧农林复合、草果田契合、一二三产融合的产业体系。扩大经济作物种植面积，发展设施农业、功能农业。巩固现有规模，发展规模高效养殖业。做好农业科技带头人、示范户和新型职业农民培育工作，以承包、租赁等方式促进适度规模化经营。二是打造特色品牌。把品牌建设作为农产品提质增效的有效手段，以标准化建设倒逼农业供给侧结构性改革。加快实施"质量强县"战略，加强农业投入品市场监管和农产品质量检测。推广无公害蔬菜标准化集成技术，年内创建7个省级以上蔬菜标准园。加大"三品一标"认证力度，现有优质农产品年内实现商标注册。围绕"一村一品一主体"建设，打造阳高大接杏、长城马铃薯等一批优势品牌，培育放心、绿色、有机农产品，延伸优质农产品产业链条。三是夯实发展基础。完成守口堡水库大坝主体工程和堡子湾水库建设工程，不断改善农村水利条件。实施高标准农田建设，推广旱作农业等适用技术，提高农业生产机械化水平，提升综合生产能力。四是激活发展活力。全面完成农村土地确权登记颁证工作。推进农村土地所有权、承包权、经营权"三权分置"，采取"土地＋合作社＋能人大户＋实施主体＋贫困户"的办法，流转土地上项目，盘活闲置设施大棚。加强荒山荒坡、乡村集体用地管理，复垦治理废弃宅基地、山庄窝铺"空心村"。探索农业机械化经营模式改革，拓宽壮大农村集体经济的渠道。推进水权制度改革，探索多种形式的水权流转方式，完善农村小型水利工程管理体制和运行机制。

**四、全域谋划，梯次推进，着力培育康养旅游产业**

以前瞻的眼光、全域的思维、包容的理念，立足优势、突出特色，努力将康养旅游打造成全县新型支柱产业。一是突出主题高起点规划。用好国家养生养老基地、中国最美养生休闲旅游名县的品牌优势，突出"康养福地、乐活喜气"主题，遵循"观杏林、游长城、泡温泉、品美食、享蓝天"发展定位，以康养休闲为核心、生态长廊为纽带，构建以六棱山—桑干河灵山秀水观光游、大泉山中部地域休闲户外游、长城沿线边塞文化温泉游为主要内容的"一核一带三圈"康养休闲边塞文化游格局。二是建设天蓝地绿水清的绿色家园。继续实施荒山造林，巩固提高已实施的绿化工程，推进水土流失贷款造林项目。加强气、水、土壤污染防治，切实做好生态功能区、自然保护区、生态示范区的保护工作。加强河道管理，推行河长制。三是推进旅游项目包装和实施。以节为媒，以景区＋农家乐＋温泉为钥，开启旅游营销新格局。围绕脱贫攻坚、白登河生态公园综合整治、高铁高速、温泉资源，连线连片建设绿色生态和景区景点。打造守口堡景区，包装燕窝杏林，唱响大嘴窑品牌，举办春季杏花节、夏季采摘节、秋季摄影节，以"春看花、夏品果、秋赏叶"为招牌，吸引各地游客。四是提升旅游文化品位。树立"康养旅游＋文化产业"的发展理念，探索文化旅游融合发展新路径。保护和传承好恒山道乐等两项国家级非物质文化遗产与阳高二人台等4项省级非物质文化遗产。大力发展体育事业，使体育大县的品牌成为建设康养阳高的重要支撑。

**五、统筹城乡，夯实基础，持续改善人居环境**

突出功能完善、产城共建、综合管理、提升形象，推进宜业、宜居、宜游的大县城建设。一是拓展县城基础功能。完成县城北环路、阳和公园和县城生活垃圾压缩转运站建设工程，实施阳和大道、云林路整修、污水厂扩容升级改造和同煤热电厂至县城供热管网建设工程，同步改造地下管网。开工建设3000平方米的体育馆。坚持"见缝插绿、造景栽绿、建园增绿"，新增绿化面积6.93万平方米。二是推进特色城镇建设。抢抓我县列入大同市重点县城建设和大张高铁阳高设站的机遇，打造高铁小镇、温泉小镇。依托龙泉工业园区，以二产为主，融合发展一产、三产，打造园区小镇。规划建设9个富有特色的移民新村。发展一批商贸小镇、养生小镇和文化小镇，辐射带动大县城建设，打造新的经济增长极。三是改善城乡人居环境。稳步推进县城老旧平房成片搬迁，腾出土地用于绿化和基础设施建设。完成2016年8.2万平方米棚户区改造项目主体工程建设，实施2017年棚户区改造安置房工程。推进城乡街巷硬化亮化建设。巩固提升农村饮水安全工程。加强县城环境综合治理，加大城乡清洁投入力度，完善农村污水处理设施，探索环卫市场化运营机制。积极申报省市美丽宜居示范村项目。四是完善交通路网布局。全力保障大张高铁、长神线改线工程建设。继续推进窄路基路面拓宽改造等农村公路建设。配合上级交通部门实施好大同市域东纵脱贫攻坚公路阳高段和大同古长城旅游公路阳高段建设。

**六、关注热点，办好实事，切实提高民生福祉**

倾力改善民生，提高人民群众的生活质量。一是办好人民满意教育。全面实施义务教育阶段"改薄计划"。着力提高教育质量，促进各级各类教育协调发展。完善和创新高中尖子生培养思路，选优配强校长，加强教师队伍建设。深化"平安校园"创建工作。二是推进城乡卫生服务均等化。继续改善县乡村三级医疗条件，完成县人民医院传染病区改扩建、3所乡镇卫生院改建、55个贫困村标准化卫生室建设，新建县人民医院妇幼医技服务大楼。建立长效人才引进机制、培训机制,扩大与名院名医的交流合作,推进全县贫困人口健康服务全覆盖,努力实现小病不出村、常见病不出乡、大病不出县。三是不断提升社会保障水平。大力实施就业优先战略,积极开展免费培训、输出劳务工作,城镇新增就业1100人。完善镇边堡青年创业基地,引导大学返乡创业就业。建立统一的城乡居民基本医疗保险制度,提高门诊大额疾病保障待遇,扩大大病保险保障范围。新建8所日间照料中心。完善农民工工资专项保证金制度。建立重大疾病医疗救助制度,推进贫困线和低保线"两线合一",继续做好困难救助等工作。四是维护社会安全稳定。牢固树立安全发展理念,切实抓好道路交通、公路治超等重点领域重点部位的安全管理。加强食品药品监管。加强社会治安综合治理,保持严打整治高压态势,切实维护社会稳定。

# 加快把灵丘建设成为面向<br>京津冀地区宜居、宜业、宜游的山水特色城镇

灵丘县县长　罗永山

2016年,全县上下深入学习贯彻习近平总书记系列重要讲话精神,全面落实中央和省委的重大决策部署,在市委、市政府和县委的坚强领导下,精准发力,砥砺奋进,脱贫攻坚取得初步成效,经济社会发展呈现良好态势,"十三五"起步稳健、开局顺利。

2017年,是脱贫攻坚承上启下、全面突破的关键之年,也是供给侧结构性改革的深化之年。做好今年的工作,意义十分重大。

**一、2017年政府工作的总体要求**

深入贯彻习近平总书记系列重要讲话精神和治国理政新理念新思想新战略,按照省委"一个指引、两手硬"重大思路要求和市委"136"发展战略,坚持稳中求进工作总基调,以脱贫攻坚统揽经济社会发展全局,围绕"政府主导、规划先行、产业支撑、市场运作、社会参与、共同富裕"的思路,同心同力,苦干实干,坚决打赢脱贫攻坚战,全力促进经济社会持续健康发展和社会和谐稳定,为把灵丘早日建设成为面向京津冀地区宜居宜业宜游山水特色城镇打下坚实基础,以优异成绩迎接党的十九大胜利召开。

**二、2017年经济社会发展预期性目标**

地区生产总值增长6.5%,达到32.46亿元;规模以上工业增加值增长8%,达到2.47亿元;固定资产投资向注重质量和效益转变,完成市定任务;社会消费品零售总额增长7.2%,达到32.38亿元;公共财政预算收入增长3.2%,达到11577万元;城镇常住居民人均可支配收入增长6.5%,达到25829元;农村常住居民人均可支配收入增长6.8%,达到7110元。各类约束性指标完成省、市下达任务。

**三、扎实抓好八个方面工作**

(一)聚焦农业提质,增强内生动力。以发展有机农业为主要途径,紧盯贫困村、瞄准贫困户,打造一批脱贫带动能力强的特色产业,做到村村有产业,户户有项目,实现"一村一品一主体"产业扶贫全覆盖,确保群众持续稳定脱贫增收。一是增加特色种植面积。大力调整种植结构,充分发挥国春、养之源、赛欧、思源等龙头企业和农民合作组织的市场主体作用,在东河南、赵北等6个乡镇种植苦荞、莜麦、谷子等杂粮1.3万公顷,建设标准化生产示范基地,打造灵丘小杂粮品牌;在各乡镇推广种植黄芪、黄芩、柴胡、党参、苦参等中药材6667公顷,在武灵、落水河等乡镇种植水果玉米,在红石塄、独峪等乡镇种植旱地甘蓝、露地青椒等蔬菜,在有灌溉条件的平川区种植黄花菜,在南山区发展高效果业示范园,在红石塄乡建设全域有机农业示范基地,不断提高特色作物种植比例,努力在每个乡、每个贫困村都形成拳头产品。二是扩大有机养殖规模。积极鼓励中合三农、德威、润生等公司与贫困户建立利益联结机制,通过合同订单、"托养"等形式,让贫困户广泛参与畜牧产业发展各个环节,分享产业发展收益。重点实施总投资8亿元的中合三农有机肉牛肉驴养殖加工项目,开工建设总投资3000万元的润生大业牛血清加工自备基地项目,扶持引导佳农牧业、万鑫养殖、成发畜牧等一批龙头企业发展壮大。全年新建、扩建、

改造升级标准化养殖场30处以上，打造有机养殖场10个。三是发展农产品加工业。加强农产品加工技术引进、示范和推广，培育壮大新产业、新业态，促进跨区域农产品产销衔接，解决群众农产品销售问题。加快推进赛欧有机农产品产业园综合开发项目，支持宗银公司上马蜂蜜提纯加工项目，加强苦荞等药食同源食品开发应用，创造高附加值精品。积极引导社会资金，建设高标准的灵丘屠宰场，加大技术改造力度，打造集猪牛羊屠宰、加工、贮藏、配售一体化的畜牧业龙头企业，提高全产业链收益。四是打响灵丘有机品牌。大力实施有机农业品牌战略，推行有机农业质量标准，建设有机农产品检验检测中心。严把产品质量关，坚决淘汰不合格产品。积极参加国际国内绿色食品专业展会，探索建设专业流通网络，加强市场信息服务和品牌推介，推出“有机农业＋功能食品＋休闲度假＋养老养生”的高端产品，促进供需结构升级。

（二）聚焦工业振兴，促进群众就业。加快重点项目建设，以项目促发展，以就业促扶贫，实现互促互补、同步提振，全力打造工业扶贫新模式。一要抓项目建设。启动实施河北卓达绿色模块化建筑产业园项目，建设年产3000万建筑平方米的新材料装配式建筑产业基地。加快推进总投资15亿元的东田超纯铁精粉项目一期工程、总投资1.2亿元的库邦年产80吨医药中间体及科研基地项目和总投资500万元的润生细胞培养基项目，确保早日投产达效。积极推进总投资35亿元的东方能源40万千瓦风电供暖示范项目和由四川雅安一名微晶、灵丘银河公司合作建设的总投资8亿元的铬合金生产项目，争取年内动工。继续推进总投资100亿元的中电新能源1000兆瓦光伏发电项目、总投资10.68亿元的山煤100兆瓦光伏发电二期工程、总投资10亿元的太原重工100兆瓦风力发电项目、总投资4亿元的建投凤凰山49.5兆瓦风电场项目、总投资3.5亿元的山西中科汇海生物质热电联产项目、总投资9180万元的10.2兆瓦村级光伏集中电站项目等，尽快落地建设。加大通用航空产业园建设力度，启动机场建设工程，积极招商引资，努力形成总经济规模达100亿元的战略性新兴产业。加强与天津凯达机械制造有限公司联系，加速落地总投资6000万元的汽车零配件加工基地项目。二要抓协调运行。积极协调解决存在的困难和问题，推进项目早落地、早开工、早竣工、早投产。继续实行领导联系民营企业制度，落实减负措施，减轻企业负担，助推企业做大做强。扎实开展困难企业帮扶工作，鼓励传统企业创新技术、升级管理，提高先进产能占比和综合经济效益，推动企业降本增效。三要抓招商引资。加大开放力度，探索建立重点项目审批绿色通道，出台招商引资政策，增加比较优势，吸引更多的投资者落户灵丘。继续对接京津冀大企业、大集团，加强与河北定州东方铸造、四川一名微晶等公司洽谈，争取落地一批吸纳就业能力强的大项目、好项目，带动贫困群众脱贫致富。

（三）聚焦旅游发展，拓宽增收渠道。一是发展生态旅游。积极发展乡村旅游、观光农业和乡村休闲度假等产业。加大平型关国家有机农业公园建设力度，在红石塄乡全面推进有机农业示范区建设，重点推进车河有机社区建设，建设国际会展中心、休闲度假别墅群等；推进城头会有机社区建设，建设北魏民俗旅社、接待中心，恢复古栈道等；推进思源现代农业科技园建设项目，建设污水处理站等配套设施。在白崖台片区，由星光集团、山西赛欧集团联合建设烟云崖清新小镇，融合产业、生态、产权要素，打造现代有机农庄、欧牧庄园两款面向京津冀和太原的标准化产品。加大唐河湿地健康养老度假区建设力度，打造集养老、商务、休闲、住宿、娱乐、餐饮、购物于一体的旅游度假小镇。二是培育文化旅游。依托平型关大捷遗址、赵武灵王墓、存孝故里、觉山寺等文化遗产，打造辐射带动贫困人口就业增收的风景名胜区、历史文化村落，推出具有地方特点的旅游商品和纪念品，培植新的经济增长点，使文化资源优势转化为经济发展优势。三是改善生态环境。实施京津风沙源治理二期工程、环京津冀一体化工程、新一轮退耕还林工程、国家水土保持重点工程等。加快粮改饲核心示范区建设。推进生态补偿工程，使贫困人口从生态保护中得到更多实惠。深入实施大气、水、土壤污染防治三大行动计划，继续开展“铁腕治污行动”，严查环境违法行为，让灵丘大地常绿、空气常新、碧水长流、土壤长净。

（四）聚焦城乡建设，夯实脱贫基础。一是提升县城品位。实施生态产业新城项目，促进功能单一的工业园区向功能多元的城市空间转变。按照旅游城市的标准，统筹推进县城水系、道路、管网建设，实施育英街等5个片区棚户区改造项目；实施平型关大街道路两侧治理改造等工程；实施新华街西出口商住楼开发项目；实施泽水河和塌涧河治理工程；继续推进平型关城市综合体建设项目，启动数字化城市管理项目建设，提升市政管理水平，构建山、水、城相融合的生态系统，促进生态文明城市建设。二是建设特色小镇。扎实推进易地扶贫搬迁，建设搬迁点23个，本年度搬迁建档立卡贫困人口3400名、非建档立卡人口1000名；启动实施红石塄乡、东河南镇、白崖台乡天然气入户工程；继续推进农村垃圾治理工程，不断完善集镇功能，提升公共服务能力，加快建设生态旅游型、商贸集散型、移民安置型等特色小镇，努力形成具有较强生命力的特色产业集群。三是加快乡村发展。建设一批风格独特、环境优美的农村，并在各村合理布局有机种植、养殖点，积极探索农民就地城镇化道路。大力实施改善农村人居环境生活污水防治项目，在小寨等5个村铺设生活污水收集管网，建生活污水处理站5座。加快推进农村改厕项目。进一步优化农村路网，完成国道108线改建工程、沙六线白台—王城庄段道路改造工程、唐生线串岭—木佛台段道路改造工程，实施上北泉太平山森林公园旅游公路项目和2017年窄路基路面拓宽工程、撤并建制村通硬化路工程，推进东纵脱贫攻坚公路项目和庄头—空中大草原旅游公路项目。

（五）聚焦改革创新，助推脱贫攻坚。一是推进供给侧结构性改革。加快推进市场前景好、效益好的新项目、新产业，改变“一矿独大”的县域经济产业格局，努力形成以新型材料、清洁能源、生物制药、通用航空服务业等为主的多元支撑产业格局。以发展有机农业为核心，大力发展有机种养和农产品深加工产业，促进农业农村发展由满足“量”的需求向注重“质”的需求转变。以打造全域旅游为核心，提升平型关大捷遗址等文物保护单位品牌形象，推进车河、城头会、北泉等生态旅游景点建设，扩大旅游产品的有效供给，推进旅游业从资源向产品、产业发展。二是加快开发区建设。加快启动开发区创建工程，采取“一区多园”“园中园”等模式，抓紧开展整合、改制、调规等方面的工作，力争成功申报全省第一批省级开发区或纳入省转型综改示范区。三是开展金融创新。创新金融精准扶贫产品和服务，加大贷款发放力度。深化与山西国信合作，成立总规模16亿元的扶贫产业基金，为脱贫攻坚提供资金支持。建立扶贫企业总部基地，吸引更多企业入驻灵丘。开展PPP试点工作，争取将城头会有机社区建设项目列入省级示范项目库，力争年内再实施1～2个PPP项目。推进灵丘长青村镇银行建设，加快灵丘县农村信用合作联社清产核资和资产评估等工作。四是创新资产收益扶贫。采取“政府注资＋企业管理＋贫困户分红”模式，由润生大业公司在史庄乡实施乳肉兼用牛养殖项目，为620户建档立卡贫困户每户每年增加收益3400元；采取“企业＋合作社＋村集体”模式，由山水北泉公司经营集装箱主题酒店北泉营地，为188户建档立卡贫困户每户每年增加收益1700元；采取“企业＋贫困村＋贫困户”模式，由佳农牧业带动100名贫困群众养殖肉牛，为每人每年增加收益3155元；采取“授业＋创业＋就业”模式，由德威公司提供商品猪养殖场地和饲养管理技术，带动一批贫困户脱贫致富。同时，通过实施资产收益扶贫项目，逐步增加村集体的公共积累，解决公共基础设施建设问题，让群众共享项目成果。

（六）聚焦人才培养，注入脱贫活力。一是强化技能培训。以农业实用技术为重点，对全县65岁以下、具备一定劳动能力的建档立卡贫困户进行特色种养技术培训，推动劳动力由“体能型”向“技能型”转变，确保有劳动力的贫困户中至少有1名成员掌握1项实用技术。二是培育经营主体。培育壮大农民专业合作社、种养大户等新型经营主体，支持各类新型经营主体通过土地流转、牲畜托养、土地经营权股份合作等方式，与贫困村、贫困户建立稳定的利益联结机制，使贫困户从中直接受益。三是推进柔性引才。在引进项目、资金的同时引进经营管理人才和高技能人才，实现项目落地和人才引进的“双赢”效果。大力发展电子商务，加强与阿里巴巴、京东、国美在线等合作，搭建灵丘土特产电子商务平台，引进电商服务机构，培养电商人才。四是打造招才品牌。组建包含高层次专家学者、小微企业商户代表、网络工作人员等各类人才的灵丘智库，进行重大政策研究，参与重大项目决策。继续办好车河有机农业国际论坛，举办高层次的民宿论坛、航空论坛等，吸引国内外的知名专家学者、科研院校教授等参加论坛，为脱贫攻坚、转型发展提出更多更好的思路。

（七）聚焦民生改善，做好政策兜底。一要推进教育扶贫。实施“全面改薄”工程，为全县94所学校购置设备、建设校舍和运动场地，改善义务教育薄弱学校基本办学条件。健全学前教育资助制度，推进义务教育学生营养改善计划，免除农村贫困家庭学生普通高中学杂费，落实“雨露计划”职业教育助学补助政策。二要实施健康扶贫。完成19所村卫生室标准化建设，改善村级医疗卫生条件。加强基本医疗保险、大病保险、医疗救助、疾病应急救助等制度的衔接和资源整合，为全县建档立卡贫困户缴纳大病救助补充保险和意外伤害保险，减轻贫困人口医疗费用负担。三要完善社会保障体系。统筹推进扶老、爱幼、助残等福利事业发展，着力改善困难群体生活状况。完成庄头村养老公寓建设，逐步实现全县建档立卡五保户集中供养。实施福利中心儿童部项目，加快红石塄乡车河社区敬老院建设，推进东河南镇敬老院建设项目。四要抓好就业工作。大力发展劳动密集型产业和服务业，积极开展劳务输出工作，打造“灵丘阿姨”、保安、陪护等劳务品牌，面向京津等发达地区输送劳务人才。五要开展文化惠民活动。推进影剧院改扩建工程，组织一系列群众喜闻乐见的文化活动。加强文化遗产保护，推进平型关关口景区建设，实施禅庵寺维修项目和觉山寺安全防范系统建设项目。六要加强社会治理。严格落实“四铁要求”，围绕非煤矿山、建筑施工、道路交通、民爆、特种设备和人员密集场所等重点行业领域，扎实开展“打非治违”工作，深入排查整改安全生产隐患，严厉打击非法违法生产经营建设行为，切实维护人民群众生命财产安全。做好矛盾纠纷排查化解，切实把矛盾纠纷解决在基层、化解在萌芽状态。围绕重大政治活动，加强社会综合治理工作，提升社会面管控水平。构建源头防范、全程监管、社会共治的食品安全监管体系，保障人民群众“舌尖上的安全”。

（八）聚焦社会帮扶，形成脱贫合力。引导企业参与扶贫开发。鼓励企业开展村企合作，采取产业扶贫、就业扶贫、公益扶贫等方式，帮助贫困村、贫困户加快脱贫进程；指导帮扶村开展实用技术、生产技能、经营管理培训，提高贫困群众自我发展和参与市场经济的能力。广泛动员社会力量帮扶。支持社会团体、基金会、社会服务机构等各类组织从事扶贫开发事业，引导广大社会成员通过爱心捐赠、志愿服务、结对帮扶等多种形式参与扶贫。提升扶贫工作宣传成效。组织开展系列活动，大力宣传我县开展精准扶贫方面的好经验、好做法，宣传各乡镇、各部门、各行业“抓扶贫、管扶贫、助扶贫”的新思路、新举措，宣传扶贫工作中涌现出的模范人物、先进典型，营造浓厚的脱贫攻坚舆论氛围，吸引更多社会力量积极参与扶贫项目建设。

机遇前所未有，责任无比重大。让我们更加紧密地团结在以习近平同志为核心的党中央周围，在县委的坚强领导下，同心同德，砥砺奋进，撸起袖子加油干，全力推进脱贫攻坚，加快建设面向京津冀地区宜居宜业宜游的山水特色城镇，以更加优异的成绩迎接党的十九大胜利召开！

# 加快建设民富、县强、域美、安康、宜居新广灵

广灵县县长　王丽萍

2016年，在市委、市政府和县委的正确领导下，在县人大、县政协的监督支持下，县政府围绕建设民富县强域美安康宜居新广灵奋斗目标，团结依靠全县人民，真抓实干，攻坚克难，圆满完成了十六届人大一次会议确定的各项目标任务。

2017年是实施“十三五”规划的重要一年，是供给侧结构性改革的深化之年，也是脱贫攻坚承上启下的关键之年。做好2017年的工作，意义重大，影响深远。

## 一、2017年县政府工作的总体思路

深入贯彻习近平总书记系列重要讲话精神和治国理政新理念新思想新战略，统筹推进“五位一体”总体布局，协调推进“四个全面”战略布局，坚持稳中求进工作总基调，坚持“11255”发展思路，把握引领经济发展新常态，紧扣“增收脱贫、全面建成小康”主题，强化改革推动、开放带动、创新驱动，突出优化产业结构、提振实体经济、统筹城乡发展、保障改善民生的工作重点，统一思想行动，凝聚奋进力量，同心同力，苦干实干，为建设民富县强域美安康宜居新广灵做出新贡献，以优异成绩迎接党的十九大胜利召开。

## 二、全县经济和社会发展主要预期目标

地区生产总值增长5%；规模以上工业增加值增长3.6%；公共财政预算收入下降7.98%；固定资产投资向注重质量和效益转变，完成市定任务；社会消费品零售总额增长7%；城镇居民人均可支配收入增长5.5%；农村居民人均可支配收入增长6.5%。约束性指标完成市下达任务。

## 三、政府工作重点

（一）凝心聚力抓产业、补短板，在推进脱贫攻坚上实现新突破。扶贫攻坚是当前和今后一个时期最大的政治任务、最大的民生工程，按照“五个一批”基本路径，围绕国家脱贫攻坚成效考核4项主要内容和6项指标，把握精准识别和精准退出两个关键，按照精准到村、精准到户、精准到人、精准到事、精准到措施的“五到位”理念和方法，全力实施脱贫攻坚八大工程20项行动，确保完成年度脱贫任务。致力群众增收，把培强做大富民产业作为精准扶贫的根本举措，以“五个园区、四大基地”建设为目标，全面落实“一村一品一主体”产业脱贫和“五位一体”金融脱贫政策措施及目标任务，通过“公司＋基地＋农户”的模式，带动贫困户因地制宜发展种植、养殖等特色现代农业，实现贫困村、贫困户富民产业全覆盖。充分发挥农村经济合作组织等新型经营主体的带动作用，提升农业产业化发展水

平，增加贫困户在土地流转、务工收益、入股分红等方面的收入，拓宽脱贫增收渠道。让易地搬迁户搬得出、稳得住、能致富。做好生态扶贫工作，实施新一轮退耕还林 133 公顷，组建脱贫攻坚造林专业合作社队伍，发展干果经济林富民项目，增加贫困农户收入。积极向上争取各类扶贫项目，统筹整合项目资金，不断改善贫困群众生产生活条件，切实解决贫困群众最关心最迫切的吃水、行路、住房、用电等问题，不断夯实发展基础，补齐发展短板。在教育、卫生、民政、就业、金融等公共服务上，加大对贫困群众的倾斜力度。认真落实好各类兜底性社会保障和救助措施，全面提高针对贫困群众的保障水平。积极引导社会力量投入扶贫攻坚，形成全社会齐心协力抓脱贫的强大合力和良好氛围。

（二）坚定不移调结构、转方式，在加快转型升级上实现新突破。一要做优做活特色现代农业。以农业供给侧结构性改革为引领，规划实施经济林、杂粮、中药材种植和养殖 4 类基地，牵头推进“大同好粮”项目。大力培育农业龙头企业、农民专业合作社、家庭农场等新型经营主体，提升农产品精深加工水平和规模，延长产业链，增加附加值，提高农产品竞争力。完成北野公司的冷库及菌袋生产线建设，完成设施农业及水、电、路等配套设施建设。在加强农产品质量监管的基础上，抓好黄花菜种植加工、汉桑种植、反季蔬菜大棚建设、脱水蔬菜生产线蔬菜种植、马铃薯种薯繁育、中药材种植和规模养殖等重点项目。不断加强农业科技、金融、流通等服务体系建设，增强农业竞争力。积极发展农村电子商务，建设产地交易、仓储贸易和物流配送中心，打造配送、展销、直销、网上交易等农产品终端销售平台，拓宽农产品销售渠道。积极筹建广灵县农副产品加工贸易扶贫产业园区。实施南村镇蔬菜交易市场建设项目。突出抓好高标准基本农田整理项目、农村饮水安全提质攻坚、抗旱应急水源、京津风沙源小流域治理等重点水利工程项目。高质量完成第三次全国农业普查年度任务。二要做大做强新型环保工业。以新能源、再生铅和镁合金有色金属资源综合利用、水泥建材、民爆化工、食品等五大产业为依托，认真落实“三去一降一补”政策，加快产业升级步伐，努力构建新型工业体系。研究制定促进工业经济、民营经济发展的政策措施，积极承接京津冀产业转移和相关上下游配套项目及企业。加快实施工业园区和农副产品加工贸易园区项目。不断扶持壮大龙头企业，下大力气抓好金隅水泥、同德化工等骨干企业的挖潜增效工作，发挥好带动辐射作用。继续推进国电南村风电场二期、润广风电卧羊场三期等新能源项目建设。继续抓好机关干部“入企服务”，帮助企业解决发展难题，力促精华化工等传统优势企业重新焕发生机。积极促进精华集团引进镁合金新材料应用国家级示范基地项目，聚力实施以聚源银业 6 万吨再生铅项目为核心的广灵县城市矿产资源回收与综合利用园区建设。积极整合现有电商服务资源，推进建立统一电商服务平台，促进县域工业和商贸经济发展。三要做精做细全域旅游产业。编制完成《广灵县旅游总体规划》《乡村旅游规划》和圣眷峪、白羊峪、长江峪三条沟域旅游规划编制工作。积极引入投资开发主体，加强景区景点基础设施建设，开发旅游线路，将剪纸艺术博物馆、白羊峪、圣眷峪、长江峪、汉白玉石林旅游基础设施建设等一批项目申报进入省市旅游项目库。推进壶流河湿地保护区生态综合整治与保护工程，实施医养中心建设项目、水神堂修缮工程、殷家庄古民居修缮及民俗文化村建设项目，积极挖掘地方民食，推进乡村旅游发展。

（三）集中精力抓项目、扩投资，在增强发展后劲上实现新突破。一要加大项目实施力度。准确把握新常态下国家推进结构性改革、扩大有效供给的政策导向，集中力量抓好一批规模大、效益好，对广灵长远发展具有重要影响的重大基础项目和产业项目，以项目拉动投资、支撑发展。以“冬季行动”为契机，以谋划推进开发区建设为统揽，按照“一区多园”模式，着力抓好总投资 109.65 亿元，包括园区建设、基地建设、扶贫产业、基础服务、农业、文化旅游等方面 37 个重点项目，大力推进沟域经济、产学研、农牧基地等 15 个项目前期工作，增加项目储备、包装和推介，提高项目谋划精准度，进一步夯实产业转型发展基础，增强县域经济发展后劲。二要完善项目推进制度。不断完善县级领导和部门包联项目、项目调度月例会周通报、审批绿色通道、项目直通车、挂牌督办及目标责任考核等制度，加大项目建设推进力度。进一步细化项目实施方案，明确任务分工，倒排时间工期，挂图作战，全力抓好项目落实，确保如期完成。三要提升项目管理水平。严格项目审批程序，严厉打击违法违规招投标行为。强化财政、审计部门全程监督机制，加强资金管理，确保资金安全。强化工程质量控制，提升项目建设效益。

（四）坚持不懈优环境、强基础，在提升城乡品质上实现新突破。一是全力优化区域布局。继续抓好《广灵县县域乡村建设规划》《广灵县十三五近期建设规划》《蕉山乡殷家庄村美丽宜居示范村规划》和《壶泉镇赵庄村美丽宜居示范村规划》的编制工作。进一步完善城市功能，推进“百工小镇”“壶泉百味”项目建设和滨河公园南北延伸发展，新建休闲文化小吃一条街。二是全力优化人居环境。大力实施宜居“三大工程”，完成“冬季行动”征收安置任务，启动实施地方国营电厂旧址改造项目，盘活存量建设用地，完善、优化人居环境。围绕建设美丽宜居乡村,结合扶贫攻坚和发展乡村旅游,继续实施2017年农村危房改造工程,加快推进保障性住房建设和街巷通达、环境整治、生态建设、文明创建等重点工作,积极争取上级资金,推进农村生活垃圾治理体系建设,不断改善农村面貌。三是全力推进基础设施建设。继续协调推进广蔚高速公路建设,积极争取马走线环县城改道、洗朔线大岭及南村段改线和环湿地旅游公路建设工程,改善城乡道路交通环境。着力抓好市政基础设施提质升级,扎实推进垃圾转运及渗滤液处理、污水处理及中水回用、燃气管道、供水扩容、集中供热扩容、县城北防洪大坝和县城内雨涝点隐患排除工程建设。加快推进"光网城市""宽带乡村"工程建设,畅通城乡信息网络。四是全力提升城市管理水平。深入开展"五大整治行动",美化城乡和贫困村人居环境。不断完善公共设施管护机制,切实提高公共设施管护精细化水平。按照"四化同步"建设要求,突出抓好农村人居环境整治。五是全力改善生态环境。重点抓好通道绿化提档升级、千福山森林公园建设、干果经济林建设、荒山荒地造林绿化四大工程,推进生态扶贫管护、村庄绿化、退耕还林、景点绿化和环京津生态屏障区等项目建设。实施京津风沙源治理二期工程林业建设项目、农业综合开发林业生态示范项目和2017年度环京津生态屏障建设项目。不断提升绿化覆盖率,巩固园林县城建设成果。着力抓好水神堂泉域水资源保护管理。开展"铁腕治污"行动,扎实推进大气污染防治、水污染防治和土壤污染防治三个行动计划,严厉打击各类环境违法行为,确保生态环境安全。

(五)积极稳妥促创新、推改革,在激活发展动力上实现新突破。一是致力改革推动。加快转变政府职能,协同推进简政放权、放管结合和优化服务,减少审批事项和环节,降低行政成本,提高办事效率。继续抓好政府协同办公系统和电子政务建设,持续推进商事制度改革,深化公共资源交易体制改革,全面落实支持非公经济发展的各项政策措施,扎实推进国有及集体企业清产核资工作,深化投融资体制改革,深化社保改革,加快推进农村产权制度改革,持续深化集体林权制度配套改革,积极推进国有林场、供销合作社综合改革、农村信用社化险改制等改革,激发农村发展活力。二是大力创新驱动。实施创新驱动发展战略,积极谋划打造镁产业、"东方亮"谷子、食用菌、豆制品、特色文化及沟域旅游等产业研创基地,建设光伏扶贫、食用菌产业、豆制品加工、镁系列高端产品、优质杂粮产业等高新科技园区,全力推动"大众创业、万众创新"。加快供给侧结构性改革,淘汰落后产能,降低企业成本,发展新兴产业。三是突出开放带动。全力创新招商方式、拓宽招商渠道,立足风能、光能、特色农产品、文化旅游等资源和临近京津冀的区位优势抓好招商,大力吸引外来投资发展壮大绿色能源、特色现代农业和全域旅游等支柱产业。立足建设园区景区抓招商,全力争取引进带动能力强、市场前景广、效益显现快的企业和项目落户我县,不断延伸拓展产业链条,促进产业升级和产业集群发展,创造更多就业岗位,提高产业发展水平。

(六)持之以恒惠民生、促公平,在保障改善民生上实现新突破。一要抓好文化教育。继续实施"全面改薄"计划,进一步提高学校标准化建设水平,巩固"义务教育基本均衡县"成果。新建广灵三中教学楼及斗泉九年制学校综合教学楼。深化教育教学改革,改进办学模式,加强师资力量建设,促进教育教学质量和各项教育指标的大幅提升。完善体育场后续工程建设,组织开展丰富多彩的文体活动,实施送戏下乡等文化惠民工程,着力丰富广大群众的精神文化生活。二要抓好医疗卫生。深化医疗卫生体制改革,加大公共卫生投入,健全和完善县、乡、村三级医疗卫生服务体系,有效提高医疗服务质量和水平,解决好群众看病就医问题。全面落实国家计划生育二孩政策,促进人口均衡发展。三要抓好就业创业。加大就业再就业推进力度,突出抓好高校毕业生、农村转移劳动力、退役军人和零就业家庭的就业帮扶工作。四要抓好社会保障。积极做好养老保险、城镇职工医疗保险、城乡居民医疗保险、城乡低保、农村五保等各类社会保障工作,不断提高补助标准、扩大覆盖范围,切实为广大老年人提供更好的社会服务。五要办好惠民实事。在全面落实省市民生实事的基础上,县政府继续为广大人民群众办好事关切身利益的10件实事。

(七)尽心竭力抓安全、保稳定,在维护社会和谐上实现新突破。一要夯实安全基础。严格落实"党政同责、一岗双责、失职追责"的安全责任体系,严格执行安全生产和重大安全生产事故风险"一票否决"制度,坚决杜绝重特大事故发生;深入开展安全生产大排查大整治。严厉打击各类违规违法行为,确保全县安全生产秩序持续稳定。二要创新社会治理。积极推进城镇社区"网格化"管理,提高社会治理水平。加快公共安全视频监控网建设,切实增强各类风险防控能力。强化市场监管,狠抓食品药品综合治理,推进可追溯体系和检验检测体系建设。加强应急管理和防灾减灾能力建设,提高有效应对突发事件的应急保障能力。严厉打击各类违法犯罪活动,切实提高广大群众的安全感和满意度。三要加强信访维稳。构建立体化信访维稳防控体系,全力抓好网络舆情管控,畅通群众信访渠道,全力促进社会和谐稳定。

发展全靠实干,奋斗成就梦想!让我们在市委、市政府和县委的坚强领导下，在县人大、县政协的监督支持下，不忘初心、砥砺前行，撸起袖子、真抓实干，向着全面建成民富、县强、域美、安康、宜居新广灵的目标奋勇前进！

# 抓好“两大任务”，扭住“四个关键”努力推动朔州经济转型升级、振兴崛起

朔州市委副书记、代市长　**陈振亮**

2016年，朔州市面对严峻复杂的宏观经济形势和主要经济指标持续下滑的困难局面，认真贯彻落实党中央、国务院和省委、省政府一系列决策部署，紧扣市委提出的“两大任务”工作主题，坚持以经济建设为中心，凝心聚力，强化调度，精准施策，推动经济止跌趋稳、稳中向好，实现了“下半年好于上半年，为2017年进一步好转奠定坚实基础”的目标。

2017年是实施“十三五”规划的重要一年，是全面贯彻省第十一次党代会、市第六次党代会精神的起步之年，也是我市经济克服困难、走出困境的关键之年。做好今年的各项工作，意义重大，影响深远。

**一、2017年政府工作的总体要求**

深入学习贯彻习近平总书记系列重要讲话精神和治国理政新理念新思想新战略，统筹推进“五位一体”总体布局，协调推进“四个全面”战略布局，全面贯彻落实党的十八大和十八届三中、四中、五中、六中全会，以及省第十一次党代会和市第六次党代会精神，按照省委“一个指引、两手硬”重大思路和要求，坚持稳中求进工作总基调，践行“五大发展”新理念，主动适应经济发展新常态，深入贯彻落实市委“两大任务”和“五条新路”的总体部署，紧紧扭住“经济增长、产业转型、改革突破、民生改善”四个关键，全面提升经济发展质量、人民生活水平和整体发展形象，加快推进全市经济、政治、文化、社会和生态文明建设，以优异的成绩迎接党的十九大胜利召开。

**二、2017年经济社会主要预期目标**

地区生产总值增长5.5%，规模以上工业增加值增长4%左右，一般公共预算收入增长8%，全社会固定资产投资增长8%，社会消费品零售总额增长7%左右，城乡居民人均可支配收入分别增长6%左右和6%以上，居民消费价格涨幅控制在3%左右，城镇登记失业率控制在4.2%以内。

**三、2017年政府工作重点**

（一）全力推动经济稳定增长。一是发挥投资对经济增长的关键作用。今年全市安排了省市重点工程571项，总投资3600多亿元，其中当年完成投资610亿元。这些工程涵盖了农林牧水、交通、电力、煤及煤化工、轻工医药、旅游、保障性安居工程及房地产等13个重点领域。要突出抓好对经济发展具有全局意义的50个重大项目。特别是市城区基础设施全面配套工程，开发区扩区升级工程，飞机场、大原客专和右平高速等重大基础建设工程，两条电力外送通道工程，大型火电和新能源电力建设工程，七里河综合治理和桑干河生态修复综合治理工程，右玉全域旅游等文化旅游产业开发工程，文化教育卫生等公共文化设施工程，以及三元碳素碳纤维中试项目、右玉甘草酸项目等高新技术项目。二是支持和发展实体经济。把支持实体经济的政策措施落实到实体企业中，落实减税降费政策，努力减轻企业税费负担。努力引导实体经济加强管理，节能降耗，降低成本，提高企业效益。扎实开展干部入企帮扶活动，形成长期的帮扶机制。三是提高煤炭产业标准化、规范化、现代化建设水平。增加有效投资，完善硬件建设，大幅度提高煤炭现代产能建设，使先进产能占比达到70%以上，高标准示范性矿井数量达到45个以上。深入贯彻国家煤炭供给侧结构性改革和“三去一降一补”政策，坚定不移走集约、节约、延伸、增值、绿色的内涵式发展道路。四是提升县域经济发展水平。朔城区、平鲁区要促进煤电产业提质增效，培育壮大战略性新兴产业，提升现代服务业发展水平；山阴县要促进现代煤化工项目落地，扩张乳品产业；怀仁县要重点抓好陶瓷产业上档升级，特别是要把肉羊做成大产业；应县要在发展现代农牧业的同时，扩张和

提升陶瓷产业，特别是要把应县木塔的文章做足做好；右玉县要打好右玉精神和生态旅游两大品牌，全力推动国家级全域旅游示范区建设。

（二）大力促进经济转型升级。一是培育壮大现有的非煤产业和新兴潜力产业。抓好具有一定产业基础的高档陶瓷、先进装备制造、新材料、新能源、生物制药、特色农产品加工、文化旅游、现代物流业等新兴潜力产业，使其提高科技含量、升级上档、扩大规模。进一步引进和发展建筑瓷、卫生瓷、工业瓷等高档陶瓷项目，加强新产品开发，推动陶瓷产业向高附加值、高技术含量的品牌化方向发展。以全国工业固废综合利用示范基地为平台，加快推进以粉煤灰、煤矸石、活性石灰和脱硫石膏为原料的材料工业发展，推动保温耐火材料、地板、家具板材、提取超细纤维等领域的研发及工业化生产。支持中煤平朔宇辰、中煤四达、繁盛昇等企业提升维修装备和工控信息化水平。扩大风电、光伏发电、生物质能发电等新能源电力规模，建设先进技术光伏发电示范基地。抓好平鲁的虎头山风电场三期、刘家窑风电场一期、白玉山风电场二期等装机容量70.75万千瓦的8个在建新能源发电项目。同时，大力推动已开工的山阴昱光二期、同煤朔南、平朔木瓜界低热值煤发电厂加快建设进度。积极支持新能源汽车发展，加快城乡区间电动乘用车试点建设。医药产业重点抓好玉龙化工原料药和农药中间体生产线、中诺药业年产2000吨甲磺胺生产线建设。二是发展战略性新兴产业。推动山西北方北斗卫星导航项目加快建设。构建大数据产业框架，进一步开发云计算、物联网、移动互联网产业，推动大数据与制造业、现代农业、服务业逐步融合。三是煤炭资源清洁高效利用。促进煤基产业绿色清洁高效循环发展，全力推动已签署协议的阳煤集团年产200万吨低阶煤分质清洁利用多联产、松蓝化工年产2×40万吨丙烯酸及脂类、普大集团年产30万吨洁净型煤、神雾集团年产40万吨聚乙烯、中煤平朔年产75万吨煤制烯烃等一批煤化工项目落地。四是大力发展民营经济。支持一批民办煤矿发展非煤项目，进一步放宽民营经济发展新产业、新业态的市场准入，建立公平竞争的审查制度，保障非公有制经济与公有制经济一样，平等使用生产要素、公平参与市场竞争。推动基础设施、公共服务、金融、能源等领域向民间资本开放。五是实施科技创新和人才强市战略。引导企业加大研发投入，建立企业技术中心，发展高新技术项目。进一步加强北大固废研发中心和中北大学朔州校区的合作，做好山西省生态农牧研究院挂牌组建工作。继续办好亚洲粉煤灰及脱硫石膏处理与利用技术国际交流大会。实施人才强市战略，制定一流的人才政策，构建全新的人才自主流动机制，吸引各类高层次人才创新创业。着力抓好高层次创新型科技人才的培养。

（三）加快城镇化建设步伐。一是加快市城区发展步伐。把市城区建设成为具有鲜明特色的“园林式”城市，大规模开展城市植绿种树，城市绿化覆盖率要达到45%以上，到“十三五”期末城市人均绿地面积达到全国最好水平。二是抓好城市基础设施全面配套建设。今明两年要重点实施十大类城建工程项目，总投资103亿元，包括路桥工程、绿化工程、景观工程、供水工程、污水工程、垃圾处理工程、七里河和恢河综合治理工程、地下综合管廊工程、公共服务工程、商业网点工程等。今年新开工51项重点工程，当年完成投资50多亿元。重点抓好恢河大桥、“三路四桥”、高铁快速通道、地下综合管廊等工程。三是实施公共服务优质化建设。提升公共服务水平，着力建好涉及教育事业、卫生事业、文化事业、商贸物流业的配套工程。推进飞机场、高铁站、朔州市第一人民医院、市一中等一批公共服务设施建设。加快推进棚户区和城中村改造，开工6750套，基本建成5000套。同时抓好一批城市便民服务设施建设工程。持续开展市城区市容市貌“五乱”整治和卫生清洁两个“专项行动”。深入推进“五城联创”，巩固提升国家园林城市、全国双拥模范城创建成果。四是健全城镇化推进机制。重点抓好十个特色示范镇，提高城镇人口承载能力。合理安排全市范围内城镇建设、农田保护、产业集聚、村落分布、生态涵养等空间布局，推动水电路气等基础设施城乡联网、共建共享，推进教育、医疗、文化、社保等基本公共服务资源向基层倾斜、均衡配置。

（四）促进农业增效农民增收。一是深化农业供给侧结构性改革。实施种植业结构调整优化工程、草牧业试验示范工程、耕地综合生产能力提升工程。突出抓好6.67万公顷（100万亩）高产玉米、6.67万公顷（100万亩）饲用玉米、6.67万公顷（100万亩）小杂粮、6.67万公顷（100万亩）经济作物基地建设。粮食产量稳定在10亿千克左右。把发展草牧业作为农业供给侧结构性改革的主抓手，完成耕地种草5.13万公顷。启动朔州生态畜牧产业集聚区建设，重点打造好1000平方千米的怀仁现代肉羊产业集聚区和1000平方千米的山阴、应县现代奶牛产业集聚区。奶牛存栏达到19万头，肉羊饲养量达到600万只。积极做好全国草牧业发展现场会和全国杂粮全产业链现场会筹备工作。进一步做大做强农产品加工业，培育古城乳业、山西雅士利、怀仁皮革城、应县恒天然等龙头企业。全市农产品加工企业销售收入达到205亿元，增长6.8%。二是积极发展农业社会化服务。着力构建农业生产服务体系、农业科技创新和技术推广体系、农产品市场流通体系等。加快基层农技推广改革，培育多种形式的农业经营性服务组织。探索开展政府向农业经营性服务组织购买公益性服务试点。三是加强美丽宜居乡村建设。大力实施以“完善提质、农民安居、环境整治、宜居示范”为主的农村人居环境改善四大工程，加强农村基础设施建设。重点抓好垃圾治理、污水治理“两治”和改水、改厕、改路、改房、改能“五改”，改善农村生产生活条件和公共服务。全面完成3765户农村危房改造，完成30个村庄的农村气化工作，启动实施100个市级美丽乡村示范点建设。积极探索宅基地置换建设用地的模式，引进战略投资者，组织实施移民并村工程。

（五）加快发展服务业。一是促进金融业做大做强。完成朔州农商行筹建工作，力争上半年挂牌。启动怀仁县农村信用联社改制农商行工作。用好总规模为200亿元的建设银行经济发展基金、浦发银行城市发展基金。积极引进更多金融机构，不断提升金融服务地方经济发展水平。培育资本市场，鼓励支持企业上市，加大企业直接融资。二是加快文化旅游产业成长发展。全力整合和打造好应县木塔、右玉精神、安太堡露天煤矿、峙峪猎马人、广武明长城、金沙滩古战场这六个文化名片，深入挖掘其深厚的历史文化内涵，进一步提高和拓展知名度。推出40个重点历史文化资源开发项目，广泛开展招商，引进战略合作投资者，进行文化产业开发和文化旅游开发。深入挖掘整理200个历史文化题材，形成传承地域优秀文化的典籍。积极推进应县木塔申报世界文化遗产工作。三是发展生产性服务业。进一步发展城市商业、仓储、物流等生产性服务业。重点围绕矿山开采、煤炭外运、机械维修，发展矿山物流、交通运输、维修保养等服务业，带动全市生产性服务业整体快速发展。加快建设煤炭交易市场和煤炭外销内陆港。四是继续发展好消费性服务业。积极引进商业连锁店、大型超市等消费性服务业。鼓励建设家政服务、生鲜超市、便民修理等社区商业服务网络，完善社区商业服务。与国内外大型物流公司、快递企业合作，在山西雁门关农贸物流园区设立现代化电商物流中心和公共智能仓储配送中心。发展文化、体育、休闲、养老、健康等幸福产业。

（六）全面深化改革。一是推进供给侧结构性改革。落实好“三去一降一补”任务，力争完成1360万吨的去产能任务。探索建立购租并举的住房制度，用足用好住房公积金，多措并举促进商品房去库存。支持有条件的企业依法实施债转股，降低企业综合成本，减轻企业负担。二是深化农村改革。基本完成农村土地承包经营权确权登记颁证工作，年内市县农村产权交易中心全部挂牌运营。开展农村集体“三资”清产核资，稳步推进农村集体产权制度改革。进一步加大补贴力度，发展特色农产品保险，并实行以奖代补，不断完善农业自然风险和市场风险的分散机制。三是加快电力体制改革步伐。扩大直供电范围，探索工业园区与发电企业直接交易的体制机制，探索微电网运行模式，力争将我市列为全省市域电力体制改革先行先试市。落实煤电一体化企业享受厂用电价政策，构建煤、电、网、载能产业协同发展新格局。推动中煤平朔、中煤华昱增量配电申请获批，并列入全省区域电网运营试点，推动润臻公司列入固废综合利用企业厂用电试点。四是抓好开发区改革创新发展。围绕“整合、改制、扩区、调规”和“三化三制”内部改革，加大开发区改革创新发展。朔州经济开发区力争用2～3年时间申报国家级开发区，其他五个园区尽快打造成省级开发区。五是加快旅游景区（景点）体制机制改革。推进朔城区崇福寺、山阴县广武、怀仁县金沙滩、应县木塔、右玉县杀虎口景区建立现代企业法人治理机构。完成市县旅发委组建工作，加强旅游产业发展统筹协调。组建朔州旅游产业投资公司，引入战略投资者，包装一批旅游项目，进一步提升景区（景点）的核心竞争力。六是深化商事制度改革。深入推进“五证合一”改革，继续深化“先照后证”和工商登记便利化改革，力争全年市场主体总量增长8%，私营企业数量增长10%以上。加强事中事后监管，落实“双随机一公开”机制，构建新型市场监管体系，营造良好的市场环境。

（七）进一步提升对外开放水平。一是不断拓展开放领域。积极参与京津冀一体化，主动融入环渤海经济圈，在产业发展、招才引智、科技创新、基础设施、能源供应、文化旅游等方面加强合作，把我市建成京津冀清洁能源供应基地、旅游避暑休闲养老的“后花园”和优质农产品供应基地。二是用好各类招商平台。组织参加好省政府组织的“山西品牌中华行”“山西品牌丝路行”“山西品牌网上行”等招商引资活动，力争签约一批大项目、好项目。做好名优特产品外埠展销活动。大力发展电子商务，通过乐村淘、淘宝、苏宁易购等电商，将朔州名优农产品推向全国。培育右玉图远、山西晋坤、诺成制药等一批拥有自主品牌的重点出口企业。三是高效精准招商引资。围绕战略性新兴产业，包装策划一批转型项目。推进招商引资体制机制改革，改进和完善招商引资考核体系。组织好京津冀、长三角、珠三角等点对点招商活动，力争各县区项目签约额是重点工程投资额的3倍以上，全市签约总额突破1500亿元。

（八）大力发展民生和社会事业。一是加快发展教育事业。年内开工建设市一中新校区，新建市七小。加强农村中小学布局调整。深化教育教学改革。提高高中升学率。大力发展职业技术教育。规范民办教育，促进民办教育健康有序发展。二是发展医疗卫生事业。加大优质资源下沉力度，提升计生服务能力和基层医疗卫生机构服务能力。探索公立医院薪酬制度改革和医疗、卫生、计生、疾控“四位一体”网格化管理模式。鼓励和引导社会资本举办医疗机构。招录和培养更多专科医生，加强医疗队伍建设。三是继续提高社会保障水平。做好高校毕业生、去产能下岗职工、农村转移劳动力、城镇失业人员、退役军人等群体的就业工作。巩固全民参保登记试点成果，扎实推进“五险”参保扩面。稳步推进机关事业单位养老保险制度改革，整合城乡居民基本医疗保险制度。继续提高社会救助水平，促进社会福利事业发展。四是促进文化体育事业发展。继续巩固国家公共文化服务体系示范区建设，深化文化单位管理体制改革，全面提升图书馆、文化馆、博物馆、乡镇综合文化站使用效益。实施文化惠民工程，开展送戏下乡、周末大舞台等活动。加强文物和非物质文化遗产保护工作。五是坚决打好打胜脱贫攻坚战。确保82个贫困村、1.92万名贫困人口完成减贫任务，特别是平鲁区、山阴县两个省级贫困县（区）要整体“摘帽”。

（九）加强生态文明建设。一是坚持植绿兴水并举。重点实施朔城区南山生态综合治理一期、平鲁区高石庄造林绿化、山阴县偏岭荒山造林等“六大工程”，完成营造林8200公顷。狠抓林木资源管护。积极推进退耕还林，启动新一轮退耕还林。加大经济林种植力度。加强农田水利建设。二是强化环境污染治理。继续打好大气、水、土壤污染防治等环境治理的“三大战役”。在大气污染防治上，大力推广集中供热和煤改气、煤改电，积极推进朔南、木瓜界、华昱二期热电联供项目，坚决取缔集中供热范围内10蒸吨以下燃煤锅炉；依法关停不达环保要求及无证经营的小型煤场、洗煤厂、石灰窑等土小企业；按期完成陶瓷和其他行业煤气发生炉达标改造。在水污染治理上，加强工业集聚区水污染治理，加大城市污水收集管网建设，逐步实现雨污分流；实施最严格的水资源管理制度，落实河长制。启动土壤污染状况详查，推动土壤污染治理与修复技术应用试点和土壤污染综合防治先行区建设。三是开展生态治理修复。统筹实施采煤沉陷区土地复垦整理、矿山生态环境恢复治理工程，积极推进七里河综合治理工程。规划实施好已列入水利部重点项目的桑干河流域综合治理和生态修复工程。

（十）坚持不懈抓好安全生产和社会稳定工作。压实安全生产责任，认真开展“安全责任落实年”活动，坚持“党政同责、一岗双责、企业（单位）主责、失职追责”，不折不扣把党委政府领导责任、部门监管责任和企业主体责任落到实处。持续开展以煤矿安全隐患为重点的专项整治，在煤矿、非煤矿山、道路交通、危险化学品、燃气管道、建筑施工、人员密集场所等行业领域开展安全生产隐患大排查大整治。对重大隐患实行挂牌督办、限期整改，整改无望的予以关闭，对非法生产经营建设行为坚决打击取缔。加强安全工作的基层基础建设，加大安全生产投入，提高安全技术装备水平。全力维护社会稳定，深入开展平安朔州建设活动，完善立体化社会治安防控体系。加强食品药品监管，加快建立重要产品追溯体系。创新信访工作机制，有效调处各类矛盾纠纷，维护社会和谐稳定。

# 统筹推进经济、政治、文化、社会和生态文明建设，以优异成绩迎接党的十九大胜利召开

山阴县县长　**南志中**

2016年，我们团结带领全县人民，化危为机，逆势而上，主动担当，千方百计推动社会全面进步，开创了经济止跌趋稳、稳中向好、下半年好于上半年，社会和谐稳定、各项事业都有进步的良好局面。

2017年是实施“十三五”规划的重要一年，是供给侧结构性改革和转型综改的深化之年，也是我县经济克服困难、走出困境的关键之年。做好今年的各项工作，意义十分重大。

**一、2017年政府工作的总体要求**

深入学习贯彻习近平总书记系列重要讲话精神和

治国理政新理念、新思想、新战略，按照“四个全面”战略布局，认真落实省委“一个指引、两手硬”重大思路和要求，紧扣“两大任务”工作主题，创新实施“2361”工作思路，践行落实新发展理念，主动适应经济发展新常态，坚持稳中求进工作总基调，以提高经济发展质量和效益为中心，以深化供给侧结构性改革与深化转型综改试验区建设为主线，着力稳增长、调结构、促改革、惠民生、保稳定，统筹推进经济、政治、文化、社会和生态文明建设，以优异成绩迎接党的十九大胜利召开。

**二、2017年县域经济社会发展主要预期目标**

地区生产总值增长5.6%；规模以上工业增加值增长4%左右；一般公共预算收入增长13.32%；全社会固定资产投资增长目标，待省、市根据新的统计口径研究设置后实际研究确定；社会消费品零售总额增长7%左右；城乡居民人均可支配收入分别增长6%左右和6%以上。约束性指标完成省、市下达任务。

**三、政府重点工作任务**

*（一）以晋北现代煤化工基地建设为龙头，开辟经济转型升级主阵地。*年内要紧紧围绕基地规划环评的评审批复和普大100万吨洁净型煤、松蓝80万吨丙烯酸及脂类、阳煤200万吨低阶煤分质清洁利用三大项目开工建设展开工作。推进基地水、电、通讯和框架道路建设，完成土地规划指标调整和土地转用储备，为基地的快速集聚发展打下坚实基础。同时，发展“煤石化”高端项目，引领经济转型升级。年内山西玉竹1万吨针状硅酸钙新材料项目要建成，神雾40万吨聚乙烯项目要争取上马。积极扶持实体经济发展壮大，努力减轻企业负担，降低生产成本。做好政银企对接，多渠道帮助企业融资，为企业发展注入新的活力。继续引深“万名干部入企服务”活动，积极帮助企业走出困境。大力发展新兴能源产业，年内同煤织女泉四期5万千瓦、联成偏岭二期5万千瓦、漳泽吴马营5万千瓦3个风电项目都要开工建设。

*（二）以农业供给侧结构性改革为主线，打造雁门关农业结构调整先行区。*一是优化种植业结构。按照“北山小杂粮、南山经济林、川区粮草蔬”种植业三大区域布局，做精小杂粮，发展小杂粮标准化种植1.3万公顷。加快农产品加工企业的培育扶持，加强杂粮半成品、成品的研发生产，为消费者提供优质杂粮食品。布局建设一批杂粮交易市场，构建优质杂粮产销体系。做大饲草业，建设古城乳业、部队农场和山阴农牧场三大基地，为全县奶牛养殖业提质升级提供基础支撑。做强果蔬，扩大种植面积，推进品种改良、品质提升和平台建设，以雁门关物流园区为依托，加快蔬菜产地冷链物流建设，推动产销对接和优势品牌创建，提高蔬菜质量安全水平和商品处理率。做好中药材，新发展中药材266公顷，把功能农业培育成农民增收、农业增效的新业态。二是提升畜牧业水平。大力支持国家级重点龙头企业山西大象农牧集团20万头种猪养殖项目落地。力争年内发展标准化肉羊养殖场10个、规模化肉牛养殖场5个。实施奶业生产提质增效、转型升级工程，建设优质奶源基地，做强做大乳品加工业，促进奶业全面振兴，推进20个奶牛养殖园区向牧场化养殖转变。古城乳业集团与恒天然集团进行生产品牌合作，启动20万吨饲料加工厂生产，15万吨液态奶生产线年内投产达效；积极推进山阴农牧场奶粉加工厂项目建设。全县奶牛养殖业蓬勃发展，奶牛稳定在8万头左右。三是提高农产品质量。引导新型农业经营主体推行标准化生产，推进“三园一场”（果园、菜园、药材园、标准化畜禽养殖场）和“三品一标”（无公害农产品、绿色食品、有机食品、农产品地理标志）创建。年内开工建设10兆瓦沼气发电和5万吨生物有机肥项目。实行严格的农产品投入使用和监管制度，推行绿色生产方式，创建绿色安全农产品。加快畜禽粪便集中处理，推广秸秆还田，种植绿肥，增施有机肥，形成粮畜循环发展的绿色养殖模式。深入开展农产品和食品质量安全专项整治，保障人民群众舌尖上的安全。

*（三）以加快文旅产业融合发展为引领，培育县域经济增长新引擎。*加强规划论证，着力打造具有区域影响力的旅游集散地。加强项目推介，加大招商引资，全力实施“四个一批”开发建设战略，尽快将我县的文化旅游产业做起来、热起来。

*（四）以产业扶贫为抓手，夺取脱贫攻坚全面胜利。*实施特色种植扶贫，重点实施渗水地膜旱地谷子项目，落实普惠加特惠政策。实施畜牧养殖扶贫，大力发展肉羊、肉驴、奶牛等畜牧养殖项目，重点与大象集团合作，发展500头小型家庭养猪场5个，养猪1万头。实施“8311”产业扶贫重大项目，完成道地中药材种植10公顷，完成设施蔬菜种植13公顷，露地蔬菜开发66公顷，新发展食用菌33公顷。实施生态补偿扶贫，重点抓好新一轮退耕还林18.4公顷；组建造林专业合作社23家，吸收672个贫困人口，年人均获得造林绿化劳务收入3000元以上；加强林木管护，吸纳85个贫困人口管护林木，年人均获得林木管护劳务收入5000元以上。实施光伏项目扶贫，年内力争完成10个村100千瓦村级光伏扶贫电站建设，带动1000多贫困人口增收脱贫。实施电商扶贫，引导“百汇农珍”等电子商务平台做强做大，培育覆盖贫困村的村级电商，网上销售我县优质农副产品，年内网上交易额力争突破1000万元以上。同时，要坚持扶贫与扶智相结合，年内完成差异化技能培训600人、“山西护工”培训150人；大力推进劳务输出；鼓励支持各类企业、经济组织优先吸纳有劳

动能力的贫困人口就业。做实做好社会保障兜底工作，完善农村最低生活保障制度，提高低保、“五保”补助标准，扩大覆盖面，将符合条件的贫困户纳入低保范围，实现应保尽保。加大新型农村合作医疗补贴力度，对贫困人口合作医疗个人缴费部分给予政策补贴。凝聚社会合力，推动任务落实，全面完成贫困县摘帽、14个贫困村退出、569户1359人脱贫，夺取我县脱贫攻坚的全面胜利。

（五）以提档升级精致宜居为目标，打好城乡建设管理总体战。一是坚持规划引领。完成《桑干河新区控制性详细规划》和《县城排水防涝设施规划》的编制。二是完善基础设施。年内启动4条道路改造；完成天然气入户5000户；县城新增集中供热面积100万平方米；加大棚户区改造、城中村改造力度，加快府东街棚户区、兰园棚户区等配套设施建设，争取尽快投入使用。开工建设贺家窑—李家窑乡村旅游公路，完成岱岳—东榆林、董元线玉井段道路改造工程等。同时，做好大原客运专线、北同蒲朔山联络线两条铁路和蒙西至天津南、晋北至江苏南京两条特高压电力外送通道等国家和省、市重大项目建设的配合协调工作。三是强化城市管理。持续开展打击违章建设、违法占地“两违”专项行动，建立完善职责明确、监管到位、打击有力的长效管理机制，巩固已有整治成果。实施县城公共事业智能化、科学化管理。强化县城环境综合治理。建设城乡道路交通防控体系，维护交通秩序。扩大县城保洁范围，提高机械化清扫程度和保洁频次。四是推进乡村建设。全面实施农村生活垃圾治理和农村生活污水治理两个省级示范项目，深入开展美丽乡村、卫生乡村、清洁乡村、文明乡村、平安乡村“五村联创”活动。重点实施“两治三改”，即垃圾治理、污水治理，改水、改房、改电。探索推进“空心村”复垦整治试点工作，有效盘活闲置土地，实施村庄绿化、景观建设，全面整治改善村容村貌。

（六）以深化改革为统领，释放县域经济发展新动能。一是推进供给侧结构性改革。全面完成“三去一降一补”任务。坚定去产能，释放煤炭生产先进产能，淘汰、压减落后产能，不折不扣实现去产能目标。努力去库存，加大棚户区、城中村改造货币化安置力度，用好住房公积金，引导农民有序进城，多管齐下促进商品房去库存。有序去杠杆，全面推进金融创新，加强政银企对接，有效化解企业融资难问题。多措降成本，全面落实中央、省、市税改减费和扶持实体经济系列措施，减轻企业负担，促进实体经济不断发展壮大。精准补短板，围绕补齐制约发展的新型产业、基础设施、“三农”等短板，重点推进产业转型、基础设施建设和脱贫攻坚。二是深化农村综合改革。完成农村土地承包经营权确权登记颁证工作。推进农村土地集体所有权、农户承包权、土地经营权“三权分置”，全面完成集体土地和宅基地确权登记颁证工作。加快土地适度规模经营，培育产业化龙头企业、专业合作社、家庭农场、种粮大户等新型农业经营主体。深入推进供销合作社综合改革，提升支农服务水平等。三是推进电力体制改革。大力度推进大用户直供、网前直供、组建售电公司等改革措施，落实煤电一体化企业享受厂用电价政策，推进园区内直供电，构建煤、电、网、高载能产业协同发展新格局。不断深化电力改革，形成高载能产业竞争优势，加快构建煤—电—冶—建材循环发展体系。四是推进商事制度改革。深入推进“五证合一”改革，继续深化“先照后证”和工商登记便利化改革，扩大市场主体总量，增强经济发展后劲。

（七）以增进人民福祉为根本，兜牢基本民生底线。一是优先发展教育事业。完善县城教育基础设施，完成第七小学改建，完成北周庄镇小学和后所小学改造。发展职业教育，筹建一所职业中学。继续加强师资队伍管理。二是提升医疗卫生服务水平。加快中医院综合门诊楼建设；改善乡镇医疗条件，启动妇幼计生服务中心建设；巩固村级医疗卫生室标准化建设成果，完善基本公共卫生和医疗服务信息系统。全面推进医疗卫生体制改革，继续落实“医联体”建设、分级诊疗、基本药物制度，基本药物实行集中招标采购。三是大力发展文化事业。完善城乡公共文化服务设施，实施文化惠民工程，广泛开展全民健身运动，丰富群众文体生活。加大文物古迹和非物质文化遗产保护力度。四是织密扎牢民生保障网。实施全民参保登记，进一步扩大“五险”参保覆盖面。实现城乡居民基本医疗保险制度并轨，推进基本医疗保险异地就医结算。落实兑现省、市城乡低保补差政策，将农村低保线与贫困线有效衔接，实现“两线合一”。加快养老事业发展。

（八）以筑牢生态保护屏障为目标，创建天蓝地绿水清美好家园。持续实施造林绿化工程。完成京津风沙源治理人工造林333公顷，环京津冀生态屏障建设133公顷等工程，村庄绿化5个。继续完善荣乌高速公路通道绿化，扎实推进永定河水系桑干河综合治理和生态修复。加大环境污染治理力度。引深“铁腕治污”行动，打好蓝天保卫战，打好水和土壤污染防治战。集约节约利用能源资源。全面推进工业、建筑、交通、公共机构等领域节能，积极开展全民节约行动。推广绿色节能建筑，推进低碳交通发展。

（九）以安全稳定为基础，营造经济社会发展良好环境。压实部门监管责任，严格落实企业主体责任，切实做到安全责任、管理、投入、培训和应急救援“五到位”。开展安全生产隐患大排查、大整治，及时消除各类事故隐患，对非法生产经营的坚决打击取缔，对安全监管不到位、隐患排查走过场的予以严肃问责。深入推进社会治安综合治理，积极引深“六打六整三加强”行动，确保社会治安持续稳定。建立健全多元调解机制，畅通信访渠道，确保全县信访秩序明显好转。强化公共应急管理和应急救援体系建设，提高应急处置能力。加强食品药品安全监管。坚决防止发生重大群体性事件，确保群众安全感和满意度“双提升”，确保社会大局和谐稳定。

风雨砥砺鼓征帆，快马扬鞭自奋蹄。让我们更加紧密地团结在以习近平同志为核心的党中央周围，在中共山阴县委的坚强领导下，坚定信心、振奋精神，扎实工作、攻坚克难，为圆满完成经济社会各项工作而努力奋斗，以实际行动迎接党的十九大胜利召开！

# 不忘初心，奋发图强<br>加快忻州全面脱贫、全面小康步伐

忻州市市长　**郑连生**

2016年，面对艰巨繁重的工作任务和经济持续下行的困难局面，我们深入学习贯彻习近平总书记系列重要讲话精神，认真贯彻省委“一个指引、两手硬”重大思路和要求，按照省政府转型综改系列决策部署，全面实施市委“1661”发展战略，坚持“产业第一、项目至上、企业为重、服务为本”，立足自身努力，保持进取追求，统筹推进稳增长、促改革、调结构、惠民生、防风险等各项工作，在克服重重困难的情况下，取得了来之不易的成绩。

2017年是推进供给侧结构性改革和转型综改的深化之年，是走出经济困难局面的攻坚之年。做好今年的政府工作，任务艰巨，意义重大。

**一、2017年政府工作指导思想**

深入贯彻习近平总书记系列重要讲话精神和治国理政新理念新思想新战略，统筹推进“五位一体”总体布局，协调推进“四个全面”战略布局，认真贯彻中央经济工作会议精神和省第十一次党代会、市第四次党代会总体部署，坚持“一个指引、两手硬”重大思路和要求，坚持新发展理念，坚持稳中求进工作总基调，坚持脱贫攻坚统揽经济社会发展全局，以深化供给侧结构性改革与深化转型综改试验区建设为主线，以提高发展质量和效益为中心，全面实施“1661”发展战略，全力做好稳增长、促改革、调结构、惠民生、防风险各项工作，促进经济稳步向好和社会和谐稳定，加快全面脱贫、全面小康进程，以优异成绩迎接党的十九大胜利召开。

**二、2017年市域经济社会发展主要预期目标**

全市地区生产总值增长5.5%左右，全社会固定资产投资增长5%，社会消费品零售总额增长7%左右，一般公共预算收入下降3.7%，城乡居民人均可支配收入分别增长6.5%左右和6.5%以上，居民消费价格涨幅控制在3%左右，城镇新增就业2.9万人，城镇登记失业率控制在4.2%以内。约束性指标全面完成省定任务。

**三、重点做好以下10个方面的工作**

*（一）切实发挥转型综改的牵引作用，着力推动产业结构优化升级。*一是改造提升传统产业。继续推进新型综合能源基地建设，强化煤炭生产经营监管，推动矿井建设向集约高效型转变，推进保德王家岭500万吨/年煤矿及配套洗选项目尽快投产，确保煤炭经济平稳运行。推动煤电联营，加快华润宁武、山煤河曲、晋能保德等3个低热值煤电厂等项目进度。开工220千伏繁峙滹源等8项工程，投产110千伏忻府部落等6项主网基建工程，为全市煤电基地建设、新能源送出奠定基础。加大传统产业技术改造，加快传统产业与新技术、新工艺、新模式相互嫁接，推进保德彬凯、忻州奇石、忻州铁牛等3个60万吨水泥粉磨站技改项目，完成鑫盛铁矿等15个企业升级改造，推进岢岚道生鑫宇煤化工、禹王煤化工做大做强。深入开展消费品工业“增品种、提品质、创品牌”专项行动，推动食醋、白酒、乳制品、陶瓷、工艺品等产业提档升级。二是培育壮大战略性新兴产业。大力发展数字经济。成立大数据产业局，共同推动信息产业创新发展；抓好忻州政务云、

智慧城市、代县暖洋洋铁矿采选智能控制系统等大数据发展应用项目。大力发展装备制造业。推动繁峙由铁矿粉向铸件、铸件向部件延伸;抓好定襄风电塔筒,推动低端法兰向高端法兰转型,推进德奥电梯立体车库项目投产运营。大力发展新兴潜力产业。抓好金宇煅烧高岭土三期项目、蓝天锅炉、中恒制药甘净养肝产品、嘉兴制药等项目,推动中石油保德煤层气深度开发、利国磁性材料年产20万吨高性能取向硅钢等一批项目。三是大力发展现代服务业。大力发展农村电商。加快发展现代物流产业,永旺物流园区保税仓库和出口监管仓库投入使用。大力发展康养产业,突出打造忻府区顿村、奇村以及五台山、砂河、东寨等集旅游、度假、养老、医疗为一体的康养产业集群。四是加快把文化旅游产业打造成战略性支柱产业。加快景区的分类和景区管理体制、经营体制改革,进一步完善管理,确保五台山景区、芦芽山景区、雁门关景区等省市确定的首批34个景区(景点)上半年如期完成体制机制改革创新任务。抓好五台山风景区整治整改、经营体制改革、综合行政执法试点,实现严格保护、科学开发、精心利用,带动全域旅游发展。运作好文化旅游产业发展基金,发挥好"五台山号"旅游列车的宣传作用和忻州市旅游行业协会行业的自律作用。加快芦芽山申遗工作,以及代县古城等8个景区创建国家4A级旅游景区工作。加快打造一批旅游精品线路。五是加快推进"336"综改布局。坚持不懈建设以保德、河曲为重点的西部门户,以忻府、定襄、原平为重点的中部门户,以五台、繁峙为重点的东部门户;坚持不懈打造东部五台山,中部奇村、顿村温泉度假区,西部芦芽山"三个集散地";坚持不懈地发展河曲、保德煤电铝化板块,神池、五寨、岢岚、偏关现代农业板块,宁武、静乐煤电化板块,忻府、定襄、原平多元产业板块,繁峙、代县矿业冶炼板块,五台旅游板块等6大特色区域经济板块。

(二)大力实施创新驱动战略,提升企业的核心竞争力。一是强化理念创新。树立新型的开放观、市场观、资源观、竞争观、人才观、发展观,更加注重园区发展、板块发展、集聚发展,更加注重发展新兴产业,更加注重创新驱动,更加注重开放体系、中介服务、岸港网建设。二是强化经营创新。不断创新管理模式、经营模式、创业模式、营销模式、商业模式和营利模式。三是强化科技创新。切实强化企业创新主体地位,实施煤电一体化、锻造精加工等科技重大项目,新认定省中小企业技术中心两个以上,一批专利技术和科技成果真正得到转化,建成两个省级农村"星创天地",建成公开统一的科技管理平台和科技管理信息系统。四是强化金融创新。做实企业信用基础,不断提升企业信用等级,加快培育合格主体;巩固"助保贷""助羊贷""过桥资金"成效,创新融资手段,提供全方位综合金融服务。继续开展政银企项目对接活动,全力保障重点工程、重大项目的资金需求。加大对"三农"、脱贫攻坚、中小微企业等薄弱环节的金融支持。继续推进农信社改制。积极推动企业进入资本市场。防范和处置各类金融风险,不断优化金融生态环境。

(三)深化供给侧结构性改革,构建多元现代产业体系。一是坚定去产能。重点抓好煤炭去产能,坚持淘汰落后产能与发展先进产能相结合,实施减量置换、减量重组,坚定去产能、稳产量、保安全、增效益,加快煤炭绿色清洁高效利用。二是着力去库存。支持企业搞好产销衔接,降低工业产成品库存。继续做好"忻材忻用"工作,努力提高我市地方产品的使用率。加大棚户区改造和城中村改造货币化安置力度,全面打通商品房、保障房和安置房转换通道,两年内完成房地产去库存任务。三是稳步去杠杆。引导更多的企业在忻州落地,推动企业上市有新突破,融资总量突破5亿元;做好金融助推脱贫攻坚工作,不断提升11个国定贫困县贷款增加额全市占比,建档立卡贫困户贷款覆盖率高于全省平均水平。四是多措降成本。进一步落实国家、省级各项减税降费政策,合理降低企业人工成本、用能用地成本和物流成本,支持实体经济发展。鼓励企业挖潜创新,在提高劳动生产率和利润率上下功夫。

(四)不断引深项目建设攻坚战,切实增强发展后劲。一是抓好重点投资项目。实施省市两级重点工程项目74项,总投资991.08亿元,年度计划投资179.96亿元。其中:省级重点工程项目24项,产业转型重点工程项目14项,基础设施重点工程项目10项。市级重点工程项目50项,总投资639.27亿元,年度计划投资142.86亿元。其中:产业转型重点工程项目15项,基础设施重点工程项目35项。二是完善项目考评机制。继续实行重大产业项目分类考核,抓好14个县(市、区)、忻州经济开发区、五台山景区每家9个共计144个的重大产业项目建设。坚持"八位一体"推进机制,确保重大产业项目始终在强有力的组织领导下顺利推进。三是提升招商引资水平。力争全年招商引资项目到位资金500亿元以上。改进和完善招商引资考核体系,加大合同履约率、资金到位率、项目开工率考核权重。启动实施"忻商忻才回乡创业创新"工程,鼓励和吸引忻商忻才回流回乡、创新创业、投资发展。

(五)坚决打赢脱贫攻坚战,认真做好"三农"工作。一是强力推进脱贫攻坚。深入开展特色产业扶贫,推进贫困村"一村一品一主体"全覆盖,带动6万以上贫困群众增收;深入推进转移就业扶贫,开展以"忻州月嫂"为主打品牌的技能培训;稳步实施光伏扶贫;深入推进生态补偿扶贫,退耕还林奖补优先保证贫困户,一般公益林、国家级公益林管护任务的60%安排给贫困户；大力推进旅游扶贫，实施好26个旅游扶贫项目；认真落实省支持忻州脱贫攻坚的五项政策，确保取得实效。扎实推进易地扶贫搬迁。今年完成2万贫困人口搬迁、5500人同步搬迁的新开工任务；搞好50户以下贫困村整体搬迁工作。进一步加大教育、民政、健康、社会保障等专项扶贫政策到村到户到人到位落实力度。确保今年保德县脱贫摘帽，642个贫困村出列、11.9万贫困人口脱贫。二是加快农业产业化。进一步振兴忻州杂粮产业，组织实施“杂粮之都十大创建工程”，启动农产品电子商务物流园区项目建设。提升畜牧产业水平，新建、完善和提升30个现代化养殖园区、200个家庭畜牧养殖场和500个规模养殖户。新增认证无公害绿色有机和地标农产品50个以上、认定“三品”原料生产基地6666公顷以上。发展“农超对接”“农企对接”“农店对接”，力争县级农村电商运营中心达到10个以上、村级电商服务网点达到1000个以上。培育专业种养大户，发展专业家庭农场，壮大农民专业合作社，提升农业产业化、组织化水平。三是大力发展功能农业。加强农业供给侧结构性改革，提高农业供给体系质量和效率。大力发展藜麦、玛卡、黑枸杞等高附加值农产品，加快忻州特色农产品药食化、功能化、主食化、副食化。突出抓好晋北原料药基地建设，为生物医药发展提供原料保障。四是加强农业基础建设。落实各项强农惠农政策，建立完善服务体系，引导完善农业保险政策。五是改善农村人居环境。开展农村建筑特色风貌整治，实施农户庭院美化、农村街巷整治、村庄净化绿化“三大工程”，加大改气、改水、改厕力度，推进美丽宜居乡村建设。完成采煤沉陷区治理搬迁958户2656人、农村地质灾害治理387户、城中村改造1709户、农村危房改造7014户。抓好美丽宜居示范村提档升级和重点传统村落保护及开发利用。

（六）不断提升竞争软实力，打造投资洼地、创业乐土。一是持续改善基础设施。坚定不移把城镇化作为主攻方向，抓好大同至原平高速铁路、神池至岢岚高速公路建设，加快推进基础设施内联外通。推进“小水网”配套项目建设，争取部分输水和调蓄引黄水项目开工建设。实施忻州城区南部改造、中部提升、北部开发。市区实施好44条市政道路等工程建设。完成秀容书院修复、古城和历史文化街区保护。建设忻州—定襄、忻州—原平城际快速通道，建成机场高速连接线。实施农村旅游公路规划项目建设。持续推进“五城联创”。优化空间布局和功能，提高城市规划、建设、管理水平，深化特色小城镇建设。二是优化生产要素供给。优化土地、资金、技术、劳动力等生产要素配置，保障所有市场主体平等使用生产要素，同等受到法律保护。三是创造良好的社会环境。真心实意为企业服务，为项目建设和企业生产经营保驾护航。四是维护良好的市场秩序。着力加强对重点区域、重点领域、重点环节和重点产品的监管，保障经济社会持续健康发展。五是加强诚信忻州建设。建立和完善诚信体系，加快建立统一的社会信用平台。六是大力弘扬先进文化。弘扬改革创新的时代精神、转型综改、振兴崛起的发展主旋律。挖掘传统文化，把文化资源优势转化成发展优势和竞争优势。加强公共文化基础建设，促进文化与科技、信息、旅游、金融等产业融合发展。七是不断扩大对外开放。加快推动五台山机场航空口岸开放。积极参与山西品牌丝路行活动，推动我市特色企业、特色产品走出去，擦亮忻州品牌。

（七）深化重点领域改革，不断释放政策红利和发展活力。一是加快开发区改革创新发展。支持忻州经济开发区扩区整合，建设国家级开发区；做大做强原平经济技术开发区；推动定襄、繁峙、宁武、河曲、保德、岢岚等6个县建设经济技术开发区，代县、偏关两县建设文化生态旅游开发区，五台、静乐、五寨、神池等4个县建设现代农业产业开发区。围绕煤炭清洁高效利用、新型综合能源、新型电子产业、煤化工、装备制造、绿色农产品加工、文化旅游、现代物流和电子商务9大产业，科学确立开发区首位产业，引进实施主导产业。全面实施“三化三制”改革，理顺开发区管理体制、运行机制和各类利益关系。二是深化企业改革。分类推进市属35户国有企业改革，全面实施中小微企业规范化改制三年行动计划。三是深化电力体制改革。探索局域电网运营新模式，扩大直供电规模和范围，提高自备电装机比重，有效降低企业用电成本。积极实施火电机组节能改造，探索电力消纳新出路。四是深化农村产权制度改革。完善农村土地所有权、承包权、经营权分置机制，积极稳妥扩大试点范围。做好农村集体产权确权到户试点工作。加快推进国有林场改革，继续深化集体林权制度改革。深入推进供销合作社综合改革。五是深化行政审批制度改革。继续做好上级政府取消、下放、调整行政审批项目的承接工作，进一步取消、下放行政审批项目。六是深化投融资体制改革。落实企业投资自主权，实行企业投资项目管理负面清单、权力清单、责任清单制度。发挥好政府投资的引导和带动作用，完善PPP有效推进机制。七是深化综合行政执法体制改革。重点在质量监管、市场监管、药品监管等8个领域全面推开综合行政执法体制改革。探索建立行政执法全过程记录、重大行政执法决定法制审查等制度。

（八）大力强化人才支撑，不断促进创业创新。一是开展“教育振兴年”行动。启用忻州高级中学、长征小学、实验幼儿园;新建第十四中学、雁门小学、龙岗小学、和平小学等;改造忻州十二中、第二实验小学、实验小学,提升忻州职业技术学院,新建忻州高级技工学校,筹建忻州农业职业技术学院、旅游职业学院,形成从幼儿园、小学到初中、高中、大学,从农业、工业到服务业较为完整的教育体系,不断夯实人才强市基础。切实加大教育投入,认真落实教师待遇,切实加强校长和教师队伍建设,不断提升教育质量。二是以"双创"带动就业。发挥大学生创业园的孵化作用,推动大众创业、万众创新。创建"双创"示范基地,培育认证一批众创空间,支持个转企、小升规、规改股、股上市,加强双创政策支持。三是强化知识价值导向。实施以增加知识价值为导向的分配政策,积极引进、培养、用好各类科技人才、企业经营管理人才、高技能人才和农村实用人才。改革事业单位编制和人事管理模式,全面落实用人主体自主权,改革人才评价制度。实施"一园十站双百聚才计划",推进"百人计划""千人计划"扩容增量。四是充分发挥乡土人才作用。创新乡土人才选拔、培养、管理、使用机制,充分挖掘乡土人才在知识、技术、资源等方面的优势,让这些乡土人才在一线发挥作用。五是强化企业市场主体地位,保护企业家精神。拓展干部入企服务实效,建立完善服务企业长效机制,为企业发展和企业家创业创造好的发展环境,培育一批现代化的企业家。

(九)坚持以人民为中心,不断保障和改善民生。一是着力稳定和扩大就业。开发更多就业岗位,引导和支持企业采取多种办法稳定就业岗位。扎实开展就业援助专项行动,做好城镇失业人员、"4050"人群等群体就业工作,托底帮扶就业困难人员。促进农村富余劳动力转移就业,转移农村劳动力3.1万人。实施职业培训全覆盖计划,提升劳动者就业创业能力和职业转换能力。二是努力增加城乡居民收入。健全企业工资决定和正常增长机制,提高退休人员基本养老金标准。全面落实司法体制改革试点工资政策。着力增加农民经营性收入和工资性收入;深化农村产权制度改革,增加农民财产性收入;全面落实国家和省各项强农惠农补贴政策,增加农民转移性收入。健全农民工工资支付保障机制,构建和谐劳动关系。三是全面提升社会保障水平。推动机关事业单位养老保险制度改革入轨运行。实现城乡居民基本医保制度并轨,推进基本医保异地结算和医保支付方式改革,实现异地就医住院费用直接结算。城乡居民医保财政补助由每人每年420元提高到450元。做好低保政策和扶贫政策的有效衔接,继续提高农村低保标准。全面实施全民参保登记。加大医疗救助和临时救助帮扶力度,落实特困人员救助供养政策。开展医养结合试点工作,不断满足老年人健康养老服务需求。四是积极推进健康忻州建设。深化县级公立医院改革,推进城市公立医院改革,完善医院补偿机制,全部取消药品加成。加快建立分级诊疗制度,提升基层医疗卫生机构服务能力。开展基本公共卫生服务精细化管理年活动。提高基本公共卫生服务财政补助标准。推动中医药传承、创新、发展。推进全民健身和全民健康深度融合,巩固爱国卫生运动成果。五是认真办好省政府确定的6件民生实事。

(十)狠抓安全生产和生态环保,在持续增强群众生活满意度和幸福感上下功夫。一是全面加强安全生产工作。压实各级政府领导责任、部门监管责任和企业主体责任,全面落实新修订的《山西省安全生产条例》。强化事故问责,实行目标考核"一票否决"。深入开展安全生产隐患大排查大整治,及时消除各类事故隐患。强制推进重点领域安全生产标准化建设,强化企业生产一线、作业现场的安全生产管理,坚决杜绝重特大事故、有效遏制较大事故、着力减少一般事故。二是大力推进生态文明建设。深入打好大气、水、土壤污染防治"三大战役",努力改善环境质量。开展大气污染防治专项整治攻坚行动,依法严惩各类环境违法违规行为。深化"控煤、治污、管车、降尘"重要举措,开展重点行业污染治理专项行动。深入推进汾河、滹沱河、桑干河等重点流域生态修复治理,全面推行"河长制"。强化森林资源管护,推进造林绿化,完成营造林5.3万公顷以上。三是全力维护社会稳定大局。深化社区"网格化"管理,完善重大决策社会稳定风险评估机制,加强食品药品监管,营造良好金融生态环境,狠抓社会治安综合治理,努力营造和谐稳定的社会环境。

让我们更加紧密地团结在以习近平同志为核心的党中央周围,在市委领导下,全面实施"1661"发展战略,紧紧扭住发展第一要务,认真坚持"产业第一、项目至上、企业为重、服务为本",忠诚担当、开拓创新、攻坚克难、奋发图强、不忘初心、继续前进,以实际行动和崭新成绩迎接党的十九大胜利召开!

# 加快建设“经济强、百姓富、生态美、人居优、文化兴、活力旺”的首善忻府

忻州市忻府区区长　崔向松

2016年，我们深入贯彻习近平总书记系列讲话精神和省委提出的“一个指引、两手硬”的重大思路和要求，突出脱贫攻坚、项目建设、综改试验、“五城联创”等重点工作，攻坚克难，奋力拼搏，全区经济社会发展和各项工作保持了良好态势。

2017年是实施“十三五”规划的重要一年，是供给侧结构性改革的深化之年。做好今年的各项工作，意义十分重大。

**一、2017年政府工作总体要求**

深入贯彻习近平总书记系列重要讲话精神和治国理政新理念新思想新战略，认真落实中央、省、市决策部署和区第四次党代会、区委四届三次全会和区十五届人大一次会议确立的目标任务，坚持新发展理念，坚持稳中求进工作总基调，坚持“一个指引、两手硬”重大思路和要求，坚持市委确立的“1661”发展战略，深入推进区委“1696”战略部署，着力深化供改和综改，着力提高发展质量和效益，着力加快创新驱动和转型升级，着力推动开发区改革创新和发展，着力实施工业强基和商贸活区，着力保障和办好民生实事，着力推动率先脱贫和全面小康，为建设“经济强、百姓富、生态美、人居优、文化兴、活力旺”的首善忻府奠定坚实基础，以优异成绩迎接党的十九大胜利召开。

**二、2017年经济社会发展的主要预期目标**

地区生产总值计划增长6%；规模以上工业增加值计划增长3%以上；全社会固定资产投资按市下达任务执行；社会消费品零售总额计划增长7%；一般公共预算收入计划增长1.5%；城镇常住居民人均可支配收入增长6.5%左右；农村常住居民人均可支配收入增长6.5%。居民消费价格涨幅计划控制在3%以内；城镇新增就业计划3338人，城镇登记失业率计划控制在4.2%以内。约束性指标按市下达任务严格执行。

**三、突出做好十个方面的工作**

（一）着力产业强区目标，提升经济发展新水平。搭建发展平台。依托忻州国家级经济技术开发区创新发展，加强协作融合，发展建设忻州煤化工循环经济园区、忻州蓝天科技创新园区、金山现代工业园区、忻州龙岗生物科技（食品药品）园区、忻州豆罗建材工业园区、忻州云中温泉生态园区等六大产业园区，使产业园区成为要素集聚的主要平台，经济发展的重要载体。大力招商引资。做好承接珠三角、长三角、京津冀等区域的产业转移，组织好“中博会”“农博会”“能博会”“迎老乡、回故乡、建家乡”等系列招商活动；创优发展环境，完善招商政策，充实招商力量，加大招商力度，扩大招商成果。突出项目建设。围绕省市重点工程、重大产业项目和“五个一批”项目建设，重点推进云中制药、嘉兴制药两个省级重点项目和忻原、忻定快速通道项目、108外环汽车服务区等10个市重点项目；确保颐高集团颐欣电子商务产业园项目、浪潮大数据中心项目、上海航天三期耀能30兆瓦光伏项目等16个重大产业项目落地开工；确保恒能农业大棚项目、九江石材加工项目、金宇科林三期扩建项目等一批续建项目竣工投产；确保太科农业大棚项目、四方九瑞防水系列材料项目等一批项目投入运营，达产达效。抢抓政策机遇。进一步用好“忻材忻用”政策，坚决落实各项减税降费政策，帮助企业减负降本增效，支持实体经济发展。深化国企改革。积极稳妥推进区属国有企业改革，对化机厂、色织厂、砖瓦厂、煤建公司等企业通过招商引资，盘活土地资产，扶持发展现代服务业。

（二）着力农业结构优化，厚植现代农业新优势。调整种植结构，壮大特色农业。做大做强辣椒、甜糯玉米、香瓜、张杂谷、红薯等特色优势产业；加大农产品生产示范推广力度，积极引进培育农业新品种；实施好2000公顷果园改造计划；加大“三品一标”认证的推进力度，2017年再新认证4个以上，并做好申报红薯之乡的后续工作。发挥示范引领，发展功能农业。有针对性的发展富硒、富钙、富锌等微量元素农产品，大力

发展藜麦、黑枸杞等药食同源农产品，积极推动云中山药材产业基地建设，规划、支持龙头企业建设功能农业示范园。培育新型主体，促进规模经营。积极培育现代职业农民和专业大户、家庭农场、专业合作社等新型经营主体，培育省级示范性合作社3家、市级示范性合作社5家，区级示范性合作社7家。发展规模养殖，推动农业增效。发展标准化养殖小区20个，全力拓展草牧业项目发展，强化牛羊良繁体系建设，稳步提升各类畜禽的存栏量，促进农业增效，农民增收。整合惠农政策，推进项目实施。继续争取实施中央投资1100万元的秸秆综合利用试点项目，实施省厅已批复的投资260万元的测土配方项目，实施省投资15万元的水果提质增效项目，积极争取地膜旱作丰产方项目。

（三）着力推进脱贫攻坚，激活农村发展新动能。全面实施"3693"脱贫攻坚工程，确保完成45个贫困村摘帽，5500人脱贫。突出基础设施改善，加快贫困乡村道路改造，改善农村交通条件；按照"两不愁三保障"的要求完成好500户贫困户的危房改造工作；加快农业基础设施建设。突出产业扶贫，万亩退耕还林任务向计划摘帽的贫困村倾斜。大力推进特色种植、养殖业，大力发展中药材、仁用杏、玉露香梨等特色产业，帮助贫困户增加收入。突出易地搬迁，确保完成易地移民搬迁任务881户2466人。突出政策保障，全面兑现各项帮扶政策"到村到户到人到位"，积极推进省支持忻州五项政策扶贫行动，支持农村贫困劳动力掌握实用技术或转移就业技能，支持家政服务、物流配送、残疾人托养服务、养老服务等产业发展，拓展贫困地区劳动力外出就业空间。

（四）着力实施创新引领，培育新兴产业新极点。科技创新。进一步密切与科研院所、省内外高校及其他科研机构的交流合作，大力培育引进优秀科技管理人才和科技研发团队。以山西晨辉锻压设备制造有限公司创建的全市第一个专家工作站为引领，逐步扩展辐射到新型材料、大数据、节能环保等行业和领域，培育建立相应的专家工作站。积极鼓励企业进行科技创新和技术改造，促进产品更新换代和优化升级，提高企业的市场竞争力。业态创新。积极推进"互联网＋"，以省级众创空间"忻州创脉佳"为引领，鼓励培育发展更多的创新平台。积极培育电子商务市场主体，支持企业通过多种模式开展电子商务应用，鼓励甜糯玉米、香瓜、蜂蜜、辣椒、小杂粮等优势特色产品和地方特色手工艺品在线销售。服务创新。实施有针对性地精准帮扶，实行"一站式"服务，最大限度地为企业营造便利化的投资环境；为企业在厂区环境、基础设施方面给予最大的支持；加快直供电项目的实施，为企业生产降成本提供更大的保障。

（五）着力现代服务产业，打造区域经济新动力。优化提升生产性服务业。大力发展金融服务业，加大力度培强现代服务产业，加大力度保障电力供应，帮扶物流企业集团化发展、连锁化经营、标准化服务，为现代服务业发展注入新动力。培植壮大生活性服务业。大力发展养老、医疗、健康、家政等服务业，促进生活性服务业便利化、精细化、品质化。积极推进云河大欣城、田森汇等在建城市综合体项目的建设，积极推进东伟汽车检测线、海洋机动车监测站等服务类项目的建设，积极推进陶瓷厂商贸建材市场的建设，全力推进奇村、合索等一批康养旅游产业项目的建设，积极争取万达集团、阿里巴巴项目落地。培育发展"互联网＋"服务业。抓紧北大方正集团大数据项目落地建设，积极推进颐高集团颐欣电子商务产业园建设；围绕小杂粮做深做足文章，鼓励企业开展电子商务；大力培育本地电商企业，打造电商服务网络，实现电子商务区、乡、村全域覆盖；促进农业龙头企业及合作社实现网上直销，基本实现"三品一标"生产经营主体电子商务应用全覆盖。

（六）着力文旅康养发展，夯实加快发展新基础。融合旅游文化新资源。围绕忻州老城保护开发建设，弘扬历史文化精神，打造抗战文化、跤乡文化、八音文化、貂蝉文化、元好问文化、傅山文化、忠义文化为重点的文化产业。构筑全域旅游新格局。积极打造全域旅游示范区，围绕一城（忻州老城）两线（禹王洞—元遗山园—貂蝉故里—傅山旧居名人文化旅游线路、公孙杵臼—程婴故里忠义文化旅游线路）三区（云中温泉生态旅游区、杨胡奇山秀水旅游区、阳坡乡村风情生态旅游区）四点（陀罗山、翠岩山、忻口战役遗址、独担山）打造精品旅游线路。推动健康养老新发展。依托奇村、顿村、合索温泉，发展旅游集散、养老休闲产业，力争在健康养老产业上有所作为；突出抓好顿村各宾馆单位的改制、整合、转型，打造以"两山一关"为重点的全域旅游集散中心。

（七）着力城乡协调发展，塑造中心城区新形象。突出老城保护。组织实施秀容古城修复保护建设，对历史文化街区、文物古迹持续实施保护性、渐进式整治和修缮，打造既有文化韵味又有蓬勃生机的文化空间。完善城区功能。全面做好2017年城区44条道路改造和第十四中学、雁门小学等12所学校的服务保障工作；组织实施好忻州—定襄、忻州—原平城际快速通道忻府段的建设。推进"五城联创"。持续推进环保模范城市、智慧城市、文明城市、园林城市的创建工作，对城区及周边道路沿线进行环境集中整治，切实巩固创卫成果，持续完善城区卫生长效机制和城乡清洁经费投入机制，全面做好城区、城乡环境卫生工作。做优做美新农村。推进农村建筑特色风貌整治工作，积极申报2017年省、市级美丽宜居示范村，打造好北合索、禹王洞两个乡村旅游休闲亮点。通过做美新农村，促进农民生产方式和生活方式同步转变。

（八）着力增进民生福祉，顺应人民群众新期待。推动就业和社会保障工作。统筹做好就业工作，新增城镇就业岗位3338个，加大职业技能培训力度，完成1500人的技能培训任务；积极落实失业保险覆盖扩面工作，完成企业职工基本养老保险参保人数4.64万人、机关事业养老保险参保人数9900人、城镇医疗保险参保人数7.2万人、生育保险参保人数1.8万人、工伤保险参保人数1.97万人、城乡居民养老保险参保人数24.43万人、新型农村合作医疗参保人数28.8万人。加快健康忻府建设。深化医药卫生体制综合改革，切实提升卫生系统服务能力和水平，不断强化医疗卫生基础设施建设。优先发展教育事业。深化教育综合改革，积极推进"名师名校长"工程，提升师资质量和水平；推进义务教育办学模式改革，提升义务教育发展水平；持续推进义务教育均衡发展；加大教育基础设施建设力度，完成忻州一职中实训楼、忻州七中学生宿舍楼和忻州三中标准化操场建设。

（九）着力生态绿色发展，严守生态宜居新底线。大力营造山水城市、打造绿色小镇、建设美丽乡村、构建和谐社区，开展"城市修补""生态修复"。深入推进生态绿化工程。全面实施控污减排，确保污染物排放的有效控制。认真做好建成区燃煤小锅炉淘汰工作，推进冬季清洁取暖，推进以电代煤、以气代煤。积极配合做好城区集中供热管网全覆盖工作，严格控制城区污染物排放，确保城区二级以上天数达到260天以上，PM2.5下降4%。节约集约资源，发展绿色制造和清洁生产，积极引进温泉疗养、养生养老、健康体验等高端生态绿色产业。坚决落实"铁腕治污"，切实落实环境安全主体责任，以生态优先、绿色发展为目标，牢牢守住生态底线。

（十）着力维护安全稳定，增强和谐稳定新实力。维护稳定大局。开展重点信访问题源头化解专项行动，加强大调解体系建设，深化社区"网格化"管理，加强社会治安防范工作，严厉打击违法犯罪活动，着力使发案率明显下降。强化安全生产。强化安全生产的法律和制度保障，坚持不懈狠抓安全生产，坚决杜绝重特大事故、有效遏制较大事故、着力减少一般事故。构建诚信体系，净化市场环境，促进经济社会持续健康发展。

因势而动、顺势而为、乘势而上，我们将不忘初心，执着前行，"撸起袖子加油干"，为建设"经济强、百姓富、生态美、人居优、文化兴、活力旺"的首善忻府，为迎接党的十九大胜利召开而努力奋斗！

# 不忘初心，开拓进取，为实现原平人民的美好梦想而不懈奋斗

原平市市长　马志强

2016年，面对艰巨繁重的工作任务和经济下行的困难局面，我们深入学习贯彻习近平总书记系列重要讲话精神，坚决贯彻落实中央、省和忻州市各项决策部署，在市委的领导下，狠抓农业经济、产业集聚、文化旅游、商贸物流四大板块，统筹推进稳增长、促改革、调结构、惠民生、防风险等各项工作，经济社会发展总体好于预期，实现了"十三五"良好开局。

2017年是供给侧结构性改革的深化之年，是原平走出经济困难局面的攻坚之年。我们必须全力以赴，攻坚克难，做好今年的各项工作。

## 一、2017年政府工作指导思想

深入贯彻习近平总书记系列重要讲话精神和治国理政新理念新思想新战略，认真贯彻中央经济工作会议精神和省第十一次党代会、忻州市第四次党代会、我市第六次党代会总体部署，以深化供给侧结构性改革和转型综改试验区建设为主线，以提高发展质量和效益为中心，坚持省委创新驱动、转型升级战略，深入实施忻州市"1661"决策部署，坚定不移实施"123～456"发展战略，全力做好稳增长、促改革、调结构、惠民生、防风险各项工作，坚决打赢脱贫攻坚战，促进经济稳步

向好与社会和谐稳定，推进加快发展、率先发展进程，以优异成绩迎接党的十九大胜利召开。

## 二、2017年经济社会发展主要预期目标

地区生产总值增长5.5%左右；规模以上工业增加值增长3%以上；一般公共预算收入和地方财政总收入增速由负转正；全社会固定资产投资完成139亿元；社会消费品零售总额增长7%左右；城镇居民人均可支配收入增长6.5%左右，农村居民人均可支配收入增长6.5%以上；城镇新增就业3700人，城镇登记失业率控制在4.2%以内；居民消费价格涨幅控制在3%左右。约束性指标全面完成上级下达任务。

## 三、2017年政府工作重点

（一）突出振兴实体经济，推动产业结构优化升级。一是改造提升传统产业。加强龙宫煤业、盘道煤业、花沟煤业安全规范化生产，加快万鑫安平煤业、原宁煤业、卓达煤业3座矿井复工复产，积极推进贾庄接替井的批复，争取100万吨新石煤焦化项目复工建设；推动同煤集团轩岗煤电、国电投山西铝业、同华电厂抱团联营，促进神达洗煤项目建成投产，推进铝厂三期项目上马，构建煤—电—铝循环产业链；加快铁矿企业整合办证和基建进度，争取皇家庄、鑫源等5座铁矿企业投入生产；支持引导佳诚液压、兴胜机械、浩业通用、天一建工、金盾彩钢等机械装备制造企业，以及新聚星、暖圣等锅炉制造企业，争取技改专项资金，提升科技含量，加快转型步伐，提高抗风险和市场竞争力。在财政、用地、金融等方面加大扶持力度，推动小微企业由“少、散、弱”向“多、精、优”升级，培育发展规模以上企业。二是培育壮大战略性新兴产业。大力发展节能环保产业，加快同煤电力环保二期、一辰暖通、神沐制气、继禹环保等项目建设。积极扶持现代制造、新能源产业，推进华夏新能源汽车铝合金车身研制基地、凯宁电气电动汽车充电桩、新疆特变电工新能源、华润云中山二期等项目建设，为产业结构调整提供有力支撑。三是大力发展文化旅游产业。抓住省、忻州市“把文化旅游产业打造成战略性支柱产业”的机遇，依托大营温泉、滹沱河湿地和净土宗始祖慧远故里楼烦寺、崞阳古城等自然人文资源，规划建设华北最大的湿地温泉特色小镇。推动“北国侨城”欢乐谷项目落地建设，加快推进印象梨乡（原平）文化创意产业园建设，加大天涯山风景区、滹沱河水利风景区及大营温泉省级休闲旅游度假区开发力度。挖掘乡村旅游资源，开发生态养生、农事体验等旅游项目。加快景区管理体制、经营体制改革，努力建设忻州市第四个文化旅游集散中心。四是加快发展现代服务业。加快发展商贸物流业，抓好中央时代广场、忻州汽运公司物流汽贸等重点项目建设。引导发展数据产业，整合数字城管、平安原平、教育网“三通两平台”和电子政务等平台资源，启动大数据平台建设；鼓励扶持电商企业做大规模，推进“互联网+”在公共服务和城市建设等领域的广泛应用。大力发展养老、医疗、健康、家政、中介等服务业，促进生活、生产性服务业便利化、精细化、品质化。

（二）突出转型综改牵引，以改革创新发展增强驱动力。一是抓好开发区改革创新发展。落实整合、改制、扩区、调规“八字方针”，整合开发区、铝工业园区、煤电工业园区以及正在子干乡南郭下村附近规划的高新技术园区，尽快形成“一区三园”格局；争取机构获批，组建配齐开发区管委会领导机构；调整基本农田规划，做大做强经济技术开发区。加快“三化三制”改革，理顺开发区管理体制，实现体制机制改革重大突破。完善水、电、路、网等基础配套建设，大力发展高新技术产业，推动开发区建设管理提速提质。二是抓好供给侧结构性改革。坚定去产能，在退出落后产能、无效产能、不安全产能的同时，有序释放先进产能。着力去库存，加大货币化安置比例，采取多种措施化解房地产库存。稳步去杠杆，降低实体经济融资成本，鼓励发展融资担保机构和小额贷款公司，活跃金融市场，助推经济发展。抓好企业降成本，落实好国家、省以及忻州市政府各项减税降费政策，协调降低电力大用户企业的能源成本，支持实体经济发展。三是抓好重点领域改革。深化企业改革，在盘活资产、土地和转型发展上做文章，解决好停产、半停产企业职工的生活出路问题。推进农信社改制，完成农信社改制农商行工作。深化农村产权制度改革，推进农村土地所有权、承包权、经营权“三权分置”。深化投融资体制改革。继续抓好集体林权制度改革、供销合作社综合改革、行政审批制度改革、综合行政执法体制改革等重点领域改革。

（三）突出投资拉动，不断增强发展后劲。一是积极争资立项。争取将更多的项目纳入国家、省和忻州市发展规划盘子，包装一批上规模、有竞争力的项目，争取中央预算内投资项目；积极争取政策性银行支持县域经济发展的项目基金，破解沉陷区治理、城中村改造、基础设施建设等领域的资金难题。二是大力招商引资。夯实招商基础，实施产业招商、以商招商、会展招商、网络招商、委托招商，对接京津冀协同发展，承接珠三角、长三角等区域产业转移，重点在新材料、电子信息、特色食品加工、先进制造业、现代服务业等方面，引进一批附加值高、带动性强的项目。三是引深项目攻坚。新开工3亿元以上9个重大产业项目，抓好6项省、忻州市重点工程项目，落实好政府推进主体、部门服务主体、企业实施主体“三个主体责任”。在“六位一体”抓项目的基础上，改进和完善招商引资考核体系，提高合同履约率、资金到位率、项目开工率考核权

重。四是强化企业主体地位。拓展干部入企服务实效，成立入企服务领导组，服务好企业，服务好企业家。

（四）突出脱贫攻坚，促进农业提质增效。一是全力脱贫攻坚。积极争取省政府对忻州市脱贫攻坚5项特惠政策的支持，实施好特色产业扶贫、规模健康养殖业、乡村旅游扶贫、民营经济带动、光伏扶贫和金融扶贫等工程，确保各项支持政策见到成效。加快推进易地扶贫搬迁，年内完成2016年3587人的移民搬迁任务；搞好户籍人口50人以下行政村、50户以下贫困村整体搬迁工作。深入开展精准培训和劳务输出，增加农民工资性收入。推动教育、民政、健康、社会保障等专项扶贫政策到村到户到人到位，真正发挥好政策兜底作用，完成10个贫困村出列、4800名贫困人口脱贫的目标任务。二是推进种植结构调整。按照中央稳粮、优经、扩饲的调整方向，调产面积达到36%以上，把产品调特、品质调高、产业调强、结构调优。稳定粮食生产，同时大力发展“一乡一业、一村一品”特色种植，扶持楼板寨核桃、南白骏枣、同川酥梨、紫皮大蒜、中阳大葱、蜡质玉米、甜糯玉米、辣椒、中药材等特色农产品做大做强。实施石鼓、汉唐、麦百味、三晋三宝等农产品的深加工项目，完善种养加销产业体系，形成农业一二三产融合发展新格局。三是大力发展畜牧业。发展生猪100万头、禽500万只、牛1.5万头、羊60万只、驴2000头；引进和建设一批标准化规模养殖场（户）、屠宰加工和饲料生产企业，扶持如亮饲料、碧望生物科技等龙头企业发展，全力推进河南牧原集团200万头生猪养殖、山西大象集团50万头生猪项目落地建设。支持发展农牧结合、种养循环的适度规模经营，实现现代农业发展与中原农耕文化、游牧文化的有机整合，打造农牧交错带的现代农牧业品牌。四是加强现代农业建设。抓好高标准农田建设，实施高效节水灌溉和水土保持项目，积极争取膜下滴灌试点项目，支持农技推广人员与家庭农场、合作社、龙头企业开展技术合作。大力发展适度规模经营，建立“企业＋农户”“企业＋合作社＋农户”“企业＋金融中介＋农户”利益联结机制，让农民从完整的产业链中获取利益。增加绿色优质农产品供给，新培育“三品一标”农产品10个以上，推进高附加值农产品开发。大力发展休闲农业、设施农业、观光农业，拓展农业功能，加快把功能农业培育成农民增收、农业增效的增长点。

（五）突出统筹协调，推进城乡一体化发展。一是抓好基础设施建设。推动忻定原同城化建设，完成忻州—原平城际快速通道工程，积极争取通用机场项目，推进国道338改线与北环线连接，谋划实施“一带、四区、三改、三水、十一路、八桥涵”工程，加快城镇化进程。城区基础建设方面，2017年先行实施三街棚户区改造、前进街东拓、南滩北街等6项基础工程，同步进行水、暖、气管网配套建设；同时积极与太原铁路局、高管局沟通对接，解决道路建设瓶颈问题，掀起“大干城建年”热潮。二是持续改善人居环境。深入实施“五城联创”，巩固省级园林城市创建成果，完善环保模范城市创建工作，全面创建国家智慧城市，确保省级文明城市通过验收、国家卫生城市通过复审。大力实施乡村清洁工程，完成3296户农村改厕目标任务；全面开展农村垃圾治理。抓好天涯山景区和高铁、高速公路沿线6个村庄的农村建筑风貌示范村建设。抓住采煤沉陷区综合治理列入国家试点项目的机遇，确保轩岗镇安置小区具备入驻条件，推进长梁沟镇和段家堡乡安置工作，同时做好接续产业发展、基础设施建设及土地复垦、生态修复等工作。三是加强生态文明建设。打好大气、水、土壤污染防治三大战役，努力改善环境质量。加大环境污染治理力度，彻底取缔建成区燃煤锅炉，推进城中村以电代煤、以气代煤，引深“铁腕治污”，向环境违法犯罪行为亮剑。强化对重点用能企业的监察，持续削减污染物排放量，推广使用节能产品，完成黄标车老旧车淘汰任务。推进造林绿化，推进空心村、无人村复垦整治和生态修复。

（六）突出优化环境，不断提升竞争软实力。一是优化生产要素供给。做好土地、资金、技术、劳动力等生产要素配置，促进实体经济发展。严守耕地红线，落实最严格的耕地保护制度；引导鼓励社会资本开发造地，实现耕地占补平衡；强力推进土地收储工作，建立土地节约集约利用长效机制；严格用地批后监管，严厉打击非法违法占地行为。启动实施“原商原才回乡创业创新”工程，鼓励和吸引原平商人、人才回乡创业、投资发展。二是创造良好的社会环境。深化交通秩序、环境质量、私搭乱建、违法占地、非法违法采矿、超限超载、信访秩序、城乡清洁卫生等专项整治，构建良好的社会秩序。真心实意为企业家服务，切实维护投资者权益。三是维护良好的市场环境。着力加强对食品药品、生态环境、安全生产、金融服务、房地产等领域的监管，切实解决扰乱市场秩序、侵害消费者合法权益的问题，保障经济社会持续健康发展。四是加强诚信原平建设。建立和完善诚信体系，全面深化诚信乡、村、单位、企业创建活动。大力倡导契约精神，不断强化信用约束，营造人人讲诚信、个个守信用的浓厚氛围。五是大力弘扬先进文化。弘扬改革创新的时代精神、振兴崛起的发展主旋律。启动运行博物馆、美术馆、全民健身中心，推进体育馆、多功能剧院设施配套，建设全民健身广场。办好原平梨花艺术节、郝隆晒书节、忠孝文化艺术节和首届慧远文化节，促进文化与科技、信息、旅游等产业融合发展。

（七）突出民生建设，使人民群众拥有更多获得感。一是推进就业创业。开发更多就业岗位，搭建就业供需平台。发挥就业专项资金和失业保险基金作用，多渠道扩大就业、转移就业，做好城镇失业人员、退役转业军人、“4050”人群等群体就业工作。推进“大众创业、万众创新”，支持小企业创业基地发展，实施好大学生经营场地补贴、创业就业补助、小微企业吸纳就业补助等政策，推动以创业带动就业。二是坚持教育优先发展。进一步优化学校布点布局，改善城乡办学条件，实施三年学前教育行动计划，推进第六幼儿园社会化办学；打造兰村中学、刘家梁中学、东社镇中、沿沟乡中和第二中学初中部等5所区域规模初中；狠抓高中教育，引资启用第三中学；加快职业中学实训大楼建设，发展现代职业教育。加强教师职业道德建设。深化教育改革创新，提高教学管理水平。三是推进健康城市建设。深化公立医院改革，完善医院补偿机制，全部取消药品加成。健全完善分级诊疗制度。开展基本公共卫生服务精细化管理年活动。提高公共卫生服务财政补助标准。推动中医药事业传承、创新发展，争取市中医院开工建设。严厉打击各种形式的非法行医，加快医药卫生行业信用体系建设。落实好全面两孩政策，加强生育医疗保健服务。四是全面提升社会保障水平。推动机关事业单位养老保险制度改革入轨运行。实现城乡居民基本医保制度并轨，推进基本医保异地结算和医保支付方式改革，实现异地就医住院费用直接结算。城乡居民医保财政补助由每人每年420元提高到450元。做好低保政策和扶贫政策的有效衔接，保障低保户、五保户纳入建档立卡范围，继续提高农村低保标准，实现全市农村低保标准达到现行国家扶贫标准。加大医疗救助和临时救助帮扶力度，落实特困人员救助供养政策，完善困难残疾人生活补贴和重度残疾人护理补贴制度。建立农民工工资保障机制，严厉打击恶意拖欠行为，坚决保障农民工合法权益。五是抓好安全生产。压实政府领导责任、部门监管责任和企业主体责任。推进依法治安，完善政府安全监管执法体制。全面开展安全风险预控和隐患治理，坚决打击取缔非法违法生产、经营、建设行为。推进重点领域安全生产标准化建设，坚决杜绝重特大事故、有效遏制较大事故。六是全力维护社会稳定。高度重视信访工作，妥善处理矛盾诉求。建立食品药品等重要产品追溯体系。狠抓社会治安综合治理，完善网格化管理体系，维护社会稳定大局。七是办好六件民生实事。

“建设富美原平”前程似锦，“实现率先发展”催人奋进。让我们在市委的坚强领导下，同心同德，开拓进取，不忘初心，继续前进，为原平人民的美好梦想而不懈奋斗，以实际行动和崭新成绩迎接党的十九大胜利召开！

# 砥砺前行　奋力开拓<br>决胜全面小康　实现富民强县

定襄县县长　张生明

2016年，我们在县委的坚强领导下，坚持新发展理念，坚持稳中求进工作总基调，统筹推进稳增长、促改革、调结构、惠民生、防风险等各项工作，圆满完成了县十六届人大一次会议确定的目标任务，全县经济实现了下半年好于上半年的目标，实现了“十三五”良好开局。

2017年，是党的十九大召开之年，是供给侧结构性改革的深化之年，也是走出经济困难局面的攻坚之年。我们要砥砺前行，奋力开拓，做好2017年的各项工作。

## 一、2017年政府工作的总体要求

深入贯彻习近平总书记系列重要讲话精神和治国理政新理念新思想新战略，认真贯彻中央六中全会、省第十一次党代会、市第四次党代会、县第十四次党代会总体部署和中央、省、市经济工作会议精神，统筹推进中央“五位一体”总体布局和“四个全面”战略布局，按照省委“一个指引、两手硬”重大思路和要求以及市委“1661”发展战略，坚持稳中求进工作总基调，以深化供给侧结构性改革与创新驱动转型升级为主线，以提高发展质量和效益为中心，全面实施“12361”发展战略，全力做好稳增长、促改革、调结构、惠民生、防风险各项工作,促进经济稳步向好和社会和谐稳定,以优异成绩迎接党的十九大胜利召开。

**二、2017 年经济社会发展的主要预期目标**

地区生产总值增长 5.5%左右,全社会固定资产投资和规模以上工业增加值按市下达任务执行。社会消费品零售总额增长 7%左右,公共财政预算收入增长 1%,城乡居民人均可支配收入分别增长 6.5%左右和 6.5%以上,居民消费价格涨幅控制在 3%左右,城镇新增就业 3000 人,城镇登记失业率控制在 4.2%以内。完成各项约束性指标。农村贫困人口脱贫 3000 人,城镇棚户区住房改造 560 套。

**三、重点做好以下六方面的工作**

(一)聚焦供给侧结构性改革,全力增强产业升级新动能。一是全力推进“三去一降一补”。“三去一降一补”的主要任务是法兰锻造产业去落后产能,商品房去存量库存,多措并举降低企业成本。去产能方面,重点淘汰不符合安全环保要求的法兰锻造落后产能,取缔燃煤加热炉,全面推广清洁能源;去库存方面,重点加大棚户区改造力度,优先消化存量商品房,促进库存商品房改造为安置住房;降成本方面,落实好省市各项减税降费政策,在“减、免、缓、帮、扶、替”上做文章,切实减轻企业负担,促进增效发展;补短板方面,既补发展的短板,又补制度的短板,切实解决制约发展的重要领域和关键环节以及群众关心关注的突出问题。二是全力推进农业供给侧结构性改革。积极将我县打造成辐射晋北的小杂粮基地和华北闻名的瓜菜基地。推进农产品质量安全示范县创建,进一步完善农产品质量安全监管体系和制度建设,开展农业标准化、农产品质量安全检测等工作。认证无公害、绿色、有机农产品基地 3 个以上,建设无公害生产基地 1000 公顷以上和绿色、有机农产品基地 400 公顷以上,力争糯玉米列入地理标志认证农产品。推进农产品种植结构调整,继续调减玉米种植 2600 公顷。推进设施农业大力发展,推广雨田、美康达、众友等合作社的种植技术,扩大甜瓜、龙须菜等瓜菜种植面积,力争新增设施农业 200 公顷。推进农业技术推广应用,积极推进高标准农田建设,杂粮上实施绿色高产高效创建项目。引进推广“互联网+农机化”示范工程。推进农产品加工龙头企业培育,重点抓好晋北小杂粮基地、益众源杂粮加工及杂粮食品销售体系、中药材加工、温氏集团 40 万头生猪养殖一体化等项目建设,推动农村一二三产深度融合。三是全力推进工业供给侧结构性改革。继续推进法兰锻造企业整合重组,对内进行再整合,对外积极探索引资整合重组新模式,引进全国 500 强央企中国建材集团,与我县法兰锻造企业组建山西精密工业控股有限公司,打造整合大平台,培育大品牌,提高产业集中度。继续推进产品升级,法兰锻件产品逐步进入航天航空、船舶、军工、核电等四大核心领域;由法兰向汽车、工程机械整机产品的锻件转型;由锻钢法兰向钛、铝、镁和铝镁合金法兰轻量化方向转型;由零件向部件、整机转型,推进已研发成功的双轴智能车床、节能电机、人造金刚石压机等整机产品进入批量生产。继续推进技术提升,鼓励企业积极争取省级 10 亿元和市级 6000 万元的企业技改扶持资金,发挥企业创新主体作用。继续推进品牌建设,实施商标兴县质量强县战略,新增省级著名商标 3 个以上;积极创建国家级检测检验中心和国家级出口法兰锻件产品质量安全示范区。继续推进管理创新,完善法人治理结构,建立现代企业制度,规模以上企业全面推行六西格玛精细管理,规模以下企业全面实施 6S 管理。四是全力推进文旅产业融合发展。创新旅游管理体制机制,制定改革方案,完善现代企业制度,实现管理权和经营权分离,逐步向经营市场化方向发展。推进景区上档升级,推进阎锡山故居 5A 级景区和七岩山、遗山书院 3A 级景区的创建,开发新景点,扩大景区游览面积,打造我县旅游业的龙头企业;加快汤头温泉开发,打造全国休闲农业与乡村旅游五星级示范园区。开发文化旅游商品,加大木雕、石刻、剪纸、面塑等文化产业的整合力度,开发一批特色鲜明的文化土特产品。推出精品旅游线路,重点推出乡村游、工业游、红色游、探险游相结合的精品旅游线路,同时相应开展大马社、高跷秧歌等具有定襄特色的文艺演出,推动旅游和文化的深度融合。

(二)聚焦改革创新,全力激发转型综改新活力。一是全力抓好产业园区建设。按照“一区四园”的布局,积极申报我县开发区列入省级产业园区。永旺物流园“两仓”建成启用。推进五台山机场航空口岸建设,提升对外开放水平。二是全力深化农村改革。深化农村产权制度改革,鼓励土地向种植大户合理流转。建立农村产权信息管理平台。全面做好第三次全国农业普查工作。三是全力推进行政体制机制改革。推动“放管服效”改革向纵深发展。加快推进综合行政执法体制改革,加快“一网络两平台”建设,加强审计工作,提高财政资金的使用效益。四是全力开展金融创新。积极筹建政策性融资担保公司,推进农村信用社改制等重大事项。创优金融生态环境,防范金融风险。做好银企对接,继续推出助保贷、法兰贷、惠农贷、扶贫贷等金融产品。全力保障重点工程、重大项目的资金需求。

(三)聚焦项目建设,全力构建多元经济新格局。一是全力加快项目建设。坚持“八位一体”推进机制,抓好重大产业项目分类考核前期准备工作,及早谋划

9 个重大产业项目。全力抓好在建的 4 个重点项目，分别是：利国磁性材料有限公司投资 20 亿元的高性能取向硅钢项目，宝龙达锻造有限公司投资 5.46 亿元的 5000 吨高级双相不锈钢阀门零配件项目，双环重工集团投资 5.26 亿元的风电关键结构件项目，赛特德公司投资 2.2 亿元的电子科技项目。全力抓好新上的 3 个重点项目，分别是：山投集团投资 20 亿元的晋北小杂粮基地项目，温氏集团投资 5 亿元的年出栏 40 万头生猪养殖一体化项目，山投集团投资 2 亿元的机场酒店和名优产品展示中心项目。全力推进安徽省陶庄湖废弃物处置公司投资 20 亿元的年产 60 万吨再生铅综合利用项目、北京君语农业科技公司投资 3 亿元的森林特色小镇建设项目等一批重点项目签约落地。二是全力引深招商引资。创新招商方式，画好招商地图，持续引进新要素、新动能。积极筹建定襄商会，广泛参与全国各地重大招商活动，大力推动近年来招商活动签约项目成功落地。做好发达地区产业转移承接工作，进一步精准对接京津冀、长三角和东部产业转移地区，主动融入“一带一路”，精准对接北汽福田汽车齿轮、太钢、太重等大企业、大集团，精准对接法兰、玉米上下游产业，力争引进一批投入资金大、产业关联度高、带动效应强的产业化项目。三是全力开展“双创”活动。严格落实我县加快推进大众创业、万众创新的 26 条优惠政策，积极争取市级两个“3000 万元”支持全民创业和中小企业发展资金，扶持实体经济，激发市场活力。鼓励各类创业主体创业创新，鼓励和扶持各类人才创业。四是全力培育壮大新兴产业。积极发展电力装备制造产业，加大产品研发力度，扶持天宝集团、中标公司延伸产业链条，实现电力装备制造产品的专业化、整机化生产。积极发展新能源产业，开发利用生物质能，加快风能、太阳能等新能源的利用，重点推进系舟山 150 兆瓦风电项目。积极发展康养产业，大力发展健康养生产业，加快推进医养结合的仁爱医疗养老院建设。积极发展电商产业，整合全县电商企业在永旺物流园建立定襄电商运营中心，启动运行电商平台。

（四）聚焦精准扶贫，全力夯实全面小康新基础。实施特色产业扶贫、金融扶贫等“九大工程”，脱贫 3000 人，20 个村出列，贫困发生率降到 0.8%，明年实现率先脱贫。一是全力抓好特色产业扶贫和金融扶贫。把“一村一品一主体”作为产业扶贫的主要抓手，通过发展优特杂粮提质、规模健康养殖、特色高效种植、设施蔬菜、农产品电商营销、乡村旅游等特色产业，引领带动贫困人口增收脱贫。以金融扶贫为支撑，大力发展普惠金融，加大对贫困户的信贷投放力度，帮助贫困户立志创业，实现增收脱贫。二是全力抓好生态补偿、易地搬迁和培训就业扶贫。支持贫困村、贫困户优先实施国家新一轮退耕还林补偿政策。公益林等林业管护项目优先吸纳贫困人口，增加工资性收益。继续实施易地扶贫搬迁工程，5 个乡镇 15 个贫困村的 86 户 300 名建档立卡贫困人口全部搬迁完毕、安置稳妥。开展各类培训活动，提高贫困人口就业技能。三是全力抓好社会保障兜底和基础设施改善。完善临时救助、医疗救助、农村特困人员供养救助和残疾人救助制度，完善农村最低生活保障制度，推进“两线合一”，做到应保尽保。实施好交通扶贫、危房改造和农村饮水安全巩固提升三项工作，全面改善贫困地区和贫困人口的交通、住房和安全饮水条件。四是全力抓好公共服务提升和社会力量帮扶。落实好教育扶贫、健康扶贫、科技扶贫、文化扶贫等帮扶措施，全面改善公共服务条件，确保贫困人口上得起学、看得起病、致得了富。全面开展“企业帮村、精准到户”行动，57 户企业与帮扶贫困村精准对接，增加贫困人口收入，57 个贫困村集体经济实现破零。

（五）聚焦民生实事，全力提高为民服务新标准。一是全力推进教育振兴。引深教育教学大整顿，充实一线队伍，增强学校活力。加大薄弱学校改造力度，重新规划全县农村中小学校布局，确保义务教育均衡发展国家级验收顺利通过。二是全力打造健康定襄。深化医药卫生体制改革，加强公共卫生体系建设，健全完善分级诊疗制度和医保信息联网制度。力争启用计生大楼和残疾人托养中心，打通县医院循环通道。加强食品药品监管力度，严厉打击食品药品制假售假等违法行为。三是全力优化人居环境。重点实施好“335”惠民工程，推进“三城联创”，开展全县城乡环境卫生集中整治行动，全力推进省级园林县城创建工作和省级环保模范县城创建工作。推进“三条道路”建设，抓住忻定大道定襄段、忻原大道定襄段和机场连接线三条道路列为 2017 年全市重点工程的机遇，加快忻定原同城化步伐，确保如期开工，10 月份建成通车。推进六馆一院、职教中心新建和二中迁建、牧马河综合治理、城中街文化广场改造、西大街棚户区改造“五件大事”的落实。同时，大力开展农村建筑特色风貌整治全面提升乡村建设品位和宜居度。四是全力加强文化建设。大力弘扬“崇文、尚勇、重义、创新”的定襄精神。抓好民间特色文化挖掘，开展非物质文化遗产保护工作。实施农村公共文化服务提升工程，开展群众喜闻乐见的文化活动。

（六）聚焦平安建设，全力开创社会稳定新局面。全力抓好安全生产，引深安全生产大检查行动，坚决打击非法违法生产经营建设行为，坚决杜绝重大事故、有效遏制较大事故、着力减少一般事故。全力抓好环境保护，引深“铁腕治污”行动，加大以雾霾为重点的环境污染治理力度，推进滹沱河流域生态修复治理，实施农村饮水安全巩固提升项目，全面控制重点行业水污染物排放，加大造林绿化力度，切实改善生态环境。全力抓好信访维稳，切实解决好涉及群众利益的难点热点问题，把矛盾纠纷化解在基层，消灭在萌芽状态，坚决防止大规模群体性事件发生，确保全县信访形势整体稳定。全力抓好平安建设，狠抓社会治安综合治理，严厉打击各类违法犯罪行为；推进群众求助事项社会联动服务工作，构建立体化防控体系；严厉打击电信诈骗和各类非法金融活动，营造良好的金融生态环境。

新的一年，我们将更加紧密地团结在以习近平同志为核心的党中央周围，在县委的坚强领导下，在县人大和政协的监督支持下，不忘初心、撸袖实干，忠诚担当、锐意进取，为决胜全面小康、实现富民强县做出新的更大贡献，以优异的成绩迎接党的十九大胜利召开！

# 加快全面脱贫、全面小康进程，建设宜居、宜业、宜游美丽新五台

五台县县长　**武新亮**

2016 年，我们以全面脱贫全面小康为目标，以脱贫攻坚统揽全局，大打项目攻坚战，统筹推进一二三产，持续壮大园区经济，加快发展民生事业，促进经济社会全面发展，宜居宜业宜游美丽新五台建设取得新进展。

2017 年是实施“十三五”规划的关键之年，是供给侧结构性改革的深化之年，是决战脱贫的攻坚之年。做好今年的工作，意义十分重大。

**一、2017 年工作的总体要求**

深入贯彻习近平总书记系列重要讲话精神和治国理政新理念新思想新战略，坚持“一个指引、两手硬”重大思路和要求，贯彻实施“1661”发展战略，坚持脱贫攻坚统揽经济社会发展全局，以提高发展质量和效益为中心，全力做好稳增长、促改革、调结构、惠民生、防风险各项工作，促进经济稳步向好和社会和谐稳定，加快全面脱贫、全面小康进程，不断开创宜居宜业宜游美丽五台建设新局面，以优异成绩迎接党的十九大胜利召开。

**二、全面完成主要经济指标和约束性指标任务**

地区生产总值增长 5.5%，规模以上工业增加值增长 3%，全社会固定资产投资增长 5%，社会消费品零售总额增长 7%，公共财政预算收入增长 －8%，城镇居民人均可支配收入增长 6.5%，农村居民人均可支配收入增长 6.5%。约束性指标严格完成市定任务。

**三、2017 年政府工作主要任务**

*（一）以招商引资为突破口，大打项目攻坚战。*围绕产业链条、产业集群、产业目录，创新招商引资方式，实行定向招商、定点招商、以商招商、专业队伍招商，力争引进一批资金投入大、产业关联度高、带动效应强的产业化项目。强化招商引资考核，促进签约项目开工和资金到位，加速项目落地投产。完善“八位一体”项目建设工作机制，加快推进省市重点工程和分类管理新开工重大产业项目。搞好项目建设服务，抓好金融服务、用地服务、办理手续服务。

*（二）深化重点领域改革，不断激发内生发展动力和创新活力。*加快开发区改革创新发展。科学修编全县开发区总体发展规划，推进开发区整合、改制、扩区、调规，加快建设五台县现代农业产业开发区；全面实施“三化三制”改革，理顺开发区管理体制、运行体制和各类利益关系，建立专业化、市场化、国际化的管理运行机制。深化国有企业改革。分类推进国有企业改革，采取公司分立、推动人资分离、妥善安置职工、推动企业转型、创新经营模式“五步工作法”，积极探索一批国企改革典型。深化农村改革。全面完成农村土地承包经营权确权登记颁证工作，继续深化集体林权制度改革，完善农村土地所有权、承包权、经营权分置机制，推进农村集体经营性建设用地入市改革；深化农业农村管理体制改革，开展多种形式的农村产业融合；加强农业供给侧结构性改革，形成结构合理、保障有力的农产

品供给。

（三）大打脱贫攻坚战，不断加快脱贫步伐。加大脱贫攻坚投入。县财政再投入1000万元“三农”奖补资金，重点支持对贫困人口脱贫带动明显的农业园区、一产龙头企业、专业合作社、家庭农场、设施农业、经济林、特色种植、羊产业、农副产品加工等。确保完成2017年的脱贫任务，58个贫困村退出，1.23万贫困人口脱贫。突出抓好易地扶贫搬迁，2017～2018年易地扶贫搬迁6000人，坚持产业脱贫、产业移民，产业保障移民人口生活，移民人口支撑产业发展，按照一次规划、分步建设、分批搬迁的原则集中安置。大力培育扶贫产业，以“一村一品一主体”产业扶贫和“五位一体”金融扶贫为抓手，培育以中药材、小杂粮为主的特色种植业，以牛羊为主的健康养殖业，以农副产品为主的加工业，以及光伏、电商等为主的特色扶贫产业。认真落实社会保障政策。实施改善农村人居环境工程。

（四）全力推进园区建设，不断加快农业现代化。一是积极促进农业园区提质增效。阳白现代农业循环园区，大力建设五台山酿酒厂，阳白温室大棚蔬菜基地、核桃基地、优质梨果基地、高粱种植基地、牛羊养殖基地；重点推进阳白再建66公顷温室大棚二期工程。东雷农业科技示范园区，大力推进城园丰农机制造有限公司农机具生产、科丰农牧业开发有限公司微型脱毒种薯生产、西雷苗圃苗木基地、西雷莘茂养殖场肉猪养殖、西雷绿晨蔬菜大棚基地项目；重点推进五台县三叶农业发展有限公司万吨农副产品冷链物流中心项目。高洪口生态农业示范园区，大力推进邦禾生态农业开发有限公司建设生态农业开发项目、林海生物有限公司建设万寿菊种植加工项目、五台山野生火麻种植加工项目。二是大力扶持农业产业化龙头企业。扶持金道物流有限公司成为全县农副产品仓储物流加工销售龙头企业，扶持科丰农牧业开发有限公司成为全县脱毒马铃薯产业龙头企业，扶持五台山酿酒厂成为五台县阳白现代农业循环园区龙头企业。三是大力发展特色种植业。大力发展小杂粮，建设标准化小杂粮生产示范基地666公顷，培育小杂粮加工龙头企业两个，创建小杂粮产品知名品牌两个。大力发展马铃薯，建设脱毒马铃薯原种基地66公顷，带动全县马铃薯发展到4666公顷。大力发展中药材，依托新一轮退耕还林还草，发展万寿菊、党参等中药材2666公顷。大力发展干鲜果，实施新一轮退耕还林发展仁用杏、核桃等干果经济林333公顷，实施中低产果园示范工程，改造果园33公顷。稳步发展健康养殖业，建设标准化养殖小区和规模养殖场，加强动物疫病防控，确保免疫全覆盖；全县牛饲养量达到11.2万头，羊饲养量达到70万只，猪饲养量达到10万头，鸡饲养量达到72万只。

（五）发展壮大工业支柱产业，不断增强经济发展后劲。高标准建设工业园区。按照工业园区总体规划和控制性规划，为入园企业跟进配套基础设施，企业发展到哪里，基础设施跟进到哪里，重点建设民主路和扬帆路两条园区道路；绿化园区6万平方米；逐步完善园区功能，不断提升承载能力，促进区域经济集聚发展；在已入园4个企业的基础上，力争再入园1个亿元以上企业。不断壮大支柱产业。积极支持重点企业转型升级，持续壮大煤铁铝镁电支柱产业。煤炭业上，推进煤炭供给侧结构性改革，积极化解过剩产能，规范煤矿开采秩序，提升煤矿开采技术能力和安全管理水平，支持天和、同华煤业科技创新，延伸产业链。铁选业上，帮助铁选企业进一步完善手续，保障电力供应，尽快复工复产。铝产业上，促进中电投山西铝业有限公司五台矿稳定生产。镁产业上，推进云海镁业实施5万吨镁合金节能环保技改项目。电产业上，积极推进华能新能源山西风电分公司黄花梁风电项目和山西英利新能源有限公司豆村镇婆婆沟光伏电站项目。大力扶持德奥电梯有限公司、山西五台山沙棘制品有限公司、城园丰农机制造有限公司等新型产业。

（六）把文化旅游作为战略性支柱产业强力推进。编制《五台县旅游总体规划》，深入发掘顶级国保文物景点、红色革命遗迹、生态自然风光，合理布局寺庙朝观、生态观光、红色纪念、乡村旅游，发展全域旅游。完成旅游景区（景点）体制机制改革，进一步理顺管理体制、经营机制和各类利益关系，激发旅游发展活力。抓好佛光寺、驼梁、张老沟等15处景区景点旅游道路、停车场、厕所的规划和可研，重点建设驼梁景区道路和停车场。全力推进张老沟生态旅游项目，加快审批总体规划。推动驼梁景区创建A级景区、滴水崖旅游度假村创建省级旅游度假村。加快建设门限石桃花界生态旅游区和山西日报传媒集团豆村镇佛光村文化创意产业园区。

（七）扎实推进“五城联创”，不断改善人居环境。抓好四个规划。完成《五台县城镇体系规划》《五台县高速沿线旅游沿线村庄规划》《五台县县域乡村规划》《五台县传统村落专项规划》等4个规划的修编工作。强化城市管理。构建权责明晰、服务为先、管理优化、执法规范、安全有序的城市管理体制，提高执法水平，加强城市管理；重点抓好扶贫新区园林、环卫、监察支队建设，按照县城的管理模式和要求，做好扶贫新区的市政管理服务工作。扎实开展“五城联创”。巩固卫生县城、环保模范县城、园林县城创建成果，抓紧建设文明县城、智慧县城，全面提升城市公共服务水平、园林绿化水平、绿色低碳发展水平、网络设施信息化服务水平。加快完善基础设施建设。在巩固创卫成果的基础上，建设新城区，改造旧城区；进一步加强道路、公园和广场建设，不断完善各类基础设施。实施城乡人居环境改善工程。实施棚户区改造和农村贫困户危房改造工程，加快供水、供气、供热管网和电网建设改造，建设排水防洪设施，提高污水和垃圾处理水平，推进城中村改造；完善农村基础设施和公共服务，开展农村环境专项整治，全面改善农民生产生活条件。推进农村建筑特色风貌整治工程。开展农村建筑特色风貌整治，重点整治东冶镇永安村、豆村镇闫家寨村、阳白乡李家庄村、耿镇镇方子口村、门限石乡石瓮村。

（八）加大治污减排力度，不断加强生态文明建设。实施大气、水、土壤污染防治三大战役，加大控煤、治污、管车、降尘力度，大力开展“铁腕治污”行动，努力改善环境质量。抓好企业大气污染物控制，加强黄标车、老旧车淘汰工作，控制建设工地扬尘污染。做好城乡结合部、乡镇的锅炉改造取缔工作。深入开展畜禽养殖污染治理。在扶贫新区建设日处理1300吨的污水处理厂。推进环保机构监测监察执法垂直管理改革。实施六大造林工程和退耕还林工程。

（九）大力改善和保障民生，不断促进社会事业协调发展。一是高度重视教育。继续加大教育投入，充分调动教师工作积极性，不断提升教育教学质量。在扶贫新区建设四轨九年制学校和幼儿园，服务移民人口就近入学。建设新城区幼儿园。办好乡镇公办中心幼儿园。实施农村中小学厕所“旱改水”工程。推进义务教育“全面改薄”工程，确保通过国家义务教育均衡发展评估验收。积极推进职业教育综合实习实训基地建设。不折不扣落实从学前到大学贫困学生扶贫政策。二是千方百计扩大就业。加快发展中小微企业和劳动密集型产业，开发更多就业岗位。扎实开展就业援助专项行动，托底帮扶就业困难人员。确保城镇登记失业率控制在4.2%。加大贫困人口劳动力职业培训力度，提升劳动者就业创业能力和职业转换能力，加快转移农村劳动力。三是提高人民健康水平。深化县级公立医院综合改革。加快村卫生室标准化建设。全面建立健康档案。做好贫困户新农合定点医院普通门诊免挂号费，县内正常分娩免住院费工作。加强传染病预防控制工作。做好人口计生工作。强化食品药品安全管理。四是活跃群众文化生活。巩固乡镇综合文化站、村文化室、图书室、健身场建设成果。做好物质文化遗产和非物质文化遗产抢救保护工作。实施文化惠民工程，开展送戏下乡、送电影下乡活动。做好广播电视无线覆盖工程。五是做好社会保障工作。充分发挥社会保障在脱贫攻坚中的兜底保障作用，建立更加公平更可持续的社会保障制度。完善脱贫线和低保线衔接制度，做好医疗救助和临时救助帮扶，落实特困人员救助供养、困难残疾人护理补贴政策。抓好机关事业单位养老保险制度改革和城乡居民基本医保制度改革。

（十）严格落实“4438”工作机制，保持安全生产形势持续稳定好转。坚决守住不发生重大安全生产事故、重大群体性事件、重大金融风险“三条底线”，全面落实市委市政府安全生产“4438”工作机制。加强森林防火、道路交通、矿山、建筑施工、油气输送管线、学校等重点行业领域的安全监管，深入开展安全生产执法大检查、大排查、大整治活动，严防各类重特大安全事故发生。健全灾害性天气风险预警机制，做好应急协调联动工作。保持安全生产形势持续稳定好转。

让我们更加紧密地团结在以习近平同志为核心的党中央周围，全面贯彻落实中央、省市各项决策部署，在县委的领导下，忠诚担当、勇于任事、苦干实干，坚决打赢脱贫攻坚战，促进全县经济社会全面发展，以优异成绩迎接党的十九大胜利召开！

# 抢抓机遇，苦干实干<br>加快全面脱贫、全面小康进程

代县县长　**郝江陵**

2016年，全县上下深入学习贯彻习近平总书记系列重要讲话精神，按照省委“一个指引、两手硬”重大思路和要求，围绕市委、市政府提出的“1661”发展战略，坚持以脱贫攻坚统揽全局，克服各种困难和挑战，较好

地完成了年初确定的各项目标任务，实现了“十三五”良好开局。

2017年，是深化改革的关键之年，也是走出经济困难局面的攻坚之年，更是我县脱贫攻坚鏖战苦干之年。做好2017年的各项工作，意义十分重大。

**一、2017年政府工作的总体思路**

深入贯彻习近平总书记系列重要讲话精神和治国理政新理念新思想新战略，统筹推进“五位一体”总体布局，协调推进“四个全面”战略布局，认真贯彻中央经济工作会议精神和省第十一次党代会、市第四次党代会、县第十四次党代会总体部署，坚持新发展理念，坚持稳中求进工作总基调，坚持省委“一个指引、两手硬”重大思路和要求，深入贯彻落实市委“1661”发展战略，以脱贫攻坚为统揽，以深化供给侧结构性改革为主线，以提高质量和效益为中心，全面实施“12339”发展战略，全力做好稳增长、促改革、调结构、惠民生、防风险各项工作，促进经济平稳健康发展和社会和谐稳定，加快全面脱贫、全面小康进程，以优异成绩迎接党的十九大胜利召开。

**二、县域经济社会发展的主要预期目标**

地区生产总值增长5.5%，与全市持平；规模以上工业增加值增长3%；社会消费品零售总额增长7%；城乡居民人均可支配收入分别增长6.5%左右和6.5%；全社会固定资产投资按市下达任务执行。不折不扣完成各项约束性指标。

**三、全力以赴做好八个方面的工作**

（一）突出补齐发展“短板”，脱贫攻坚再战再胜。一要严格落实减贫任务。实施好“五个一批”工程，确保完成脱贫1.4万人，整村脱贫61个村。力争完成脱贫1.5万人，整村脱贫80个村。移民搬迁2600人。二要不断加大脱贫投入。发挥政府投入主体作用，整合规定范围内项目资金，重点用于年度出列贫困村。推进“五位一体”金融扶贫模式，力争产业扶贫贷款和扶贫小额信贷大幅增长。强化脱贫产业支撑，推进“一村一品一主体”到村到户，实现“五有”全覆盖和户均增收3000元以上的目标。充分发挥彩票公益金2000万元项目的带动引领作用，打包实施总投资2.5亿元的北半坡精准扶贫综合开发项目，带动北半坡6个乡镇66个村的贫困人口脱贫。三要逐步破解搬迁难题。严格落实搬迁政策，制定移民存量房消化办法。合理规划新建移民楼，配套完善滨河移民区的道路、学校、卫生所和产业项目。通过基础设施配套和拓宽增收渠道，真正让贫困户搬得出、稳得住、能致富。四要建立健全扶贫利益联结机制。鼓励贫困户通过土地流转、资产出租出让等形式获得财产性收益。农田水利、土地整理、生态保护等财政投资项目实施时，最大限度吸收贫困人口参与。政府购买公共服务岗位优先吸纳进城的贫困人口就业。通过建立健全与贫困户稳定的利益联结机制，增加贫困户收益收入。

（二）突出优势资源整合提升，加快文化旅游产业发展。一是牢固树立全域旅游理念。以“五区一线”为依托，开创区域资源有机整合、产业融合发展、社会共建共享的全域旅游发展模式。雁门关景区在国家5A级的基础上，科学合理地开发利用旅游资源。古城景区加大历史街区、历史民居和文物景点的保护开发，打造历史文化名城品牌。扎实推进乡村旅游富民工程，带动群众脱贫增收。启动雁门关伏击战遗址红色旅游景区和夜袭阳明堡飞机场遗址红色旅游景区的立项、招商工作。修建大西高铁代县站至雁门关沿线旅游专用公路，构建文化旅游立体交通网络。编制《代县全域旅游规划》，努力实现旅游业态从观光旅游到深度旅游的重大变化，逐步打造全域旅游目的地。二是全面推进景区景点体制机制改革。通过盘活、整合优质旅游资源，建立起与市场经济体制相适应的景区景点管理体制。雁门关景区，实行“事企分离”，6月底前完成改制工作。赵杲观景区，整合行政管理资源，成立景区管委会统一行使管理权。白人岩景区，重点引进有实力、有信誉的战略合作者，创新推进景区经营管理和开发建设。三是大力发展“旅游＋”模式。推进“旅游＋文化＋体育”模式，筹划举办中国雁门关国际体育旅游文化节、全国旅游城市定向越野赛、中国大学生篮球精英赛等国际性、全国性体育赛事。开创“体育＋旅游”产业模式，打造以自行车高速公路赛道、飞行基地、自驾车营地、冰雪体验等为主要建设内容的高标准雁门关体育特色小镇，进一步提升体育产业和文化旅游产业的融合发展。四是逐步完善文化旅游要素。雁门关景区全面巩固5A级成果，继续完善景区功能，开辟游乐体验项目。持续加大旅游宣传营销力度，不断加大客源市场营销，提升旅游地位和形象。发展壮大砖雕、泥塑彩绘、刺绣等优势传统工艺产业，积极培育新型文化产业和市场主体。

（三）突出供给侧结构性改革，加快构建现代产业体系。一是改造提升传统产业。通过科技创新提升企业竞争力。限制高耗能、高污染的低端产业，全面完成25家球团企业煤改气工作。抓好质量和品牌建设。在干部入企服务的基础上，建立完善服务企业的长效机制。进一步落实省政府“减负60条”“工业20条”和市政府“减负48条”“工业26条”等各项减税降费政策，支持实体经济发展。二是大力发展新兴产业。重点实施万泽肥业尾矿砂磁化复合肥项目、久力尾矿砂制微晶石项目和卫力生活垃圾及农林废弃物炭化还田项目。鼓励发展“互联网＋”新产业，积极推进电子商务进农村第二批示范县申报工作。鼓励引导古建匠人抱团发展，壮大传统古建施工企业。农业上要积极推进农业供给侧结构性改革，加快实现农业向提质增效、可持续发展转变。三是发展壮大特色农业。在确保粮食安全的前提下，发展功能农业，力争把产品调特、品质调高、产业调强、结构调优。大力发展牛羊产业，积极发展生猪和肉驴产业。培育发展10个特色农业园区，建设100个特色产业村，形成农村一二三产业融合发展的现代农业体系。扶持培育以功能食品加工为重点的龙头企业，以富硒大米、有机小米、青稞面等初具知名度的功能农产品为主，形成功能农产品系列品牌。四是改善农业生产条件。完成总投资1300万元的水保生态建设项目，实施京津风沙源治理二期水利项目、国家农业综合开发土地治理项目和农机深松作业项目。完成高标准农田建设1533公顷，发展节水灌溉9733公顷。五是培育新型经营主体。着力培育家庭农场、专业合作社、龙头企业等新型经营主体，鼓励新型经营主体通过土地流转、承包经营权入股、联耕联种等多种形式开展适度规模经营，增强农村发展活力，提高农业生产组织化程度。培育发展集体经营主体，多渠道带动农民脱贫致富，增加集体经济收益，实现集体经济破零。

（四）突出打造优质载体，加快培育转型升级新动力。一是推进园区创新升级。重点发展钢钛、商贸物流、文化创意、农副产品深加工和新能源新材料等产业。完成规划、环评和主体路网设计，做好园区土地收储工作。着力引进一批产出效益高、科技含量高、产业关联度高的新兴产业，形成产业聚集、升级。推动牧原生猪养殖、毓泽中药材加工、宝通40兆瓦光伏发电等项目尽快入园建设。二是加快推进项目建设。筛选重点建设项目20个，计划总投资72.18亿元。重点推进金发选矿厂扩建、泓润翔新能源黑石头沟15万千瓦风电等重点产业项目尽快投产达效。三是全力做好项目跟踪服务。加强建设项目审批程序管理，为投资者提供更便捷服务。要在提高项目资金到位率、开工建设率、投产达效率上狠下功夫，严格考核，确保项目早落地、早开工、早投产、早见效。四是提升招商引资水平。把装备制造、IT产业、生产和生活性服务业等作为承接重点，以开发区为承接载体，主动搞好衔接，积极创优环境，确保一批大项目、好项目入县落地。

（五）突出共建共享，加快城乡统筹融合发展。一要加快城乡重点工程建设。进一步加快新城基础设施和公用设施配套建设，启动新城幼儿园、小学建设。加大县乡公路改造力度，配合做好大西高铁过境及代县西站建设。二要切实改善城乡人居环境。推进园林县城创建工作。积极争取美丽乡村建设项目，启动5个村农村特色风貌整治工作。继续实施城乡清洁工程，促进“创卫”成果向乡村延伸，完善农村生活垃圾保洁处置体系。加快保障房配套设施建设和分配进度，多措并举做好房地产去库存工作。三要全面提高城市管理水平。推动城市管理现代化和智能化，公共服务进一步优化。加强住宅小区管理，严格规范物业服务，提高社区服务水平。编制完成《代县县域城镇体系规划（2017～2030）》，完成《代县县城总体规划》修编工作。

（六）突出深度精准治理，加快改善县域生态环境。一要加大环境污染治理力度。深入推进“铁腕治污行动”，认真开展大气污染防治专项整治攻坚行动。打好大气、水、土壤污染防治“三大战役”，健全重污染天气预警应急响应和联动机制，依法严惩各类环境违法违规行为。坚决完成年度各项治污减排任务。二要加快绿色发展建设步伐。加强造林绿化，实施新一轮退耕还林工程，抓好灵河高速通道绿化、水土保持林建设和公益林保护工程。积极开展林业资产收益扶贫试点县工作，依托合作造林、林下种养殖组建股份合作林场，鼓励引导贫困人口参与组建造林专业合作社35个。三要推进生态文明体制改革。逐步建立产权明晰、多元参与、激励约束并重、系统完善的生态文明制度体系。实施固定污染源“一证式”排污许可证管理制度，落实最严格水资源管理制度。

（七）突出以人为本，加快民生和社会建设。一要大力推进教育振兴。进一步优化学校布局，狠抓教师队伍建设，下大力气提升办学质量。启动实施第三期“学前教育三年行动计划”，新增幼儿学位800个。新建滨河移民区小学1所。继续实施“全面改薄”工程，进一步推进义务教育均衡发展。开展普通高中办学条件标准化建设。加快发展现代职业教育，开设旅游专业，为文化旅游产业发展提供人才保障。二要切实提高健康服务水平。深化医药卫生体制改革，优化全县医疗卫生服务资源配置，促进医疗卫生工作重心和医疗卫生资源向基层流动。落实基本药物相关政策，减轻群众用药费用负担。推进国家基本公共卫生服务均等化工作，确保13类45项基本公共卫生服务项目全部落实到位。实施健康扶贫工程，努力解决“因病致贫、因病返贫”问题。稳步推进养老服务社会化。三要筑牢社会保障底线。做好“两线合一”和“五保提标”工作，确保脱贫攻坚“政策兜底一批”落到实处。创新救助方式，扩大救助面，做好特困人员供养、城乡医疗救助和困难群众临时生活救助工作。新建农村老年日间照料中心8个，新建、改扩建峨口、峪口敬老院。落实扩大就业各项政策，统筹抓好高校毕业生、困难就业人员和下岗失业人员等重点群体就业工作，城镇登记失业率控制在4%以内。推进文化惠民工作，加强乡镇综合文化站、村级文化室、农家书屋建设。四要坚持不懈抓好安全生产。层层压实安全生产监管责任，建立常态化检查制度，深入开展非煤矿山、危化品、建筑施工、道路交通等重点领域的安全隐患排查和专项检查。全面落实食品药品安全监管各项措施，确保人民群众"舌尖上的安全"。持续做好地质灾害防治工作，严格抓好闲置土地处置和卫片执法检查工作。五要依法抓好财税征收管理。加大清理欠税稽查力度，努力做到应收尽收。积极寻找新的税收增长点，严厉打击偷逃抗税行为。六要创新抓好综合治理。全面推进矛盾纠纷排查化解工作，扎实开展"七五"普法工作，严厉打击各类违法犯罪活动，坚决打击超载超限行为。健全完善应急指挥、联动处置、舆论引导一体化工作机制，提高现场处置能力，确保及时、高效处置各类突发性、群体性事件，有效维护人民利益和社会稳定。

（八）突出增强发展活力，加快推进重点领域改革。一要深入推进"放管服"改革。做好取消、调整行政审批事项工作，巩固和扩大"三证合一"登记制度改革成果，全面实施"五证合一"。提高监管效能，维护公平竞争的市场秩序。建立统一的政务服务平台，力争全部事项实现"一张网、一站式"办理。二要稳妥推进投融资体制改革。通过城乡建设公司，做好投融资规划。在传统基础设施和公益性设施建设等重点领域推行政府购买服务或PPP等融资模式。加强产业政策和信贷政策协调配合，引导金融机构加大对实体经济的支持力度。做好金融去杠杆工作。三要深化农村集体产权制度改革和国企改革。完成农村土地承包经营权确权工作，加快农村产权流转交易市场建设。开展农村集体资产清产核资工作。加快推进白峪里铁矿、张仙堡铁矿改制工作。

加快新发展，深感时不我待；迈上新征程，更须奋勇争先。让我们在县委的正确领导下，在县人大、政协的监督支持下，紧紧团结和带领全县人民，抢抓机遇，苦干实干，努力实现全县经济稳步向好，社会大局和谐稳定，以优异的成绩迎接党的十九大胜利召开！

# 促进经济稳步向好和提质增效<br>加快全面脱贫、全面小康进程

繁峙县县长　**崔峥岭**

2016年，我们深入学习贯彻习近平总书记系列重要讲话精神，全面落实省委"一个指引，两手硬"的重大思路和要求，全面实施市委"1661"发展战略和县委"一个提前，两个翻番，三个提升"的发展目标，攻坚克难、砥砺奋进，全县经济社会呈现出健康稳步发展的良好态势，圆满实现了"十三五"良好开局。

2017年是全面贯彻落实党的十八大、十八届三中、四中、五中、六中全会精神和深入贯彻落实省第十一次党代会、市第四次党代会、县第十三次党代会精神的关键之年，做好各项工作至关重要。

**一、2017年政府工作的总体要求**

深入贯彻习近平总书记系列重要讲话精神和治国理政新理念新思想新战略，全面落实中央经济工作会议、省委十一届二次全会暨经济工作会议、市委四届二次全会暨经济工作会议精神和县第十三次党代会总体部署，统筹推进"五位一体"总体布局，协调推进"四个全面"战略布局，践行"五大发展理念"，坚持"一个指引、两手硬"的重大思路和要求，牢牢把握稳中求进工作总基调，坚持以推进供给侧结构性改革与深化转型综改试验区建设为主线，认真贯彻市委"1661"发展战略，坚持以脱贫攻坚统揽经济社会发展全局，全力做好稳增长、促转型、增动能、强实体、建城乡、惠民生、保稳定各项工作，促进经济稳步向好和提质增效，加快全面脱贫、全面小康进程，以优异成绩迎接党的十九大胜利召开。

**二、2017年县域经济社会发展的主要预期目标**

全县地区生产总值增长5.5%左右，社会消费品零售总额增长7%左右，一般公共预算收入增长6%以上，城镇常住居民人均可支配收入增长6%，农村常住居民人均可支配收入增长7%以上，城镇新增就业

3500人，城镇登记失业率控制在4.2%以内。

**三、重点做好以下十方面工作**

（一）坚持统揽格局，确保脱贫攻坚再战再胜。一是全面夯实统揽格局。2017年要完成涉及的169个村5950个贫困户1.67万名建档立卡贫困人口精准退出，其中整村退出66个贫困村3221个贫困户9426名贫困人口。二是全面推进产业扶贫提质增效。做大做强特色扶贫产业，确保到2017年底达到"村有产业、有带动企业、有合作社，贫困户有项目、有劳动能力的人有技能，户均新增产业收入3000元以上"的"五有"目标。继续实施特色种植加工产业和健康养殖脱贫产业，推进实施杂粮、水稻、黄花、牛、驴、羊、兔等种植、养殖特惠补贴，为贫困群众增收脱贫提供资金支持；积极推动乡村旅游发展，鼓励组织涉旅企业、农家乐、涉旅合作社等旅游经营主体带动贫困户就业；积极推进电商扶贫，拓宽农产品销售渠道，实现线上线下融合发展；大力推进电站扶贫，推进实施村级光伏扶贫电站、扶贫水电站等项目建设，进一步提高电站扶贫资产性收益带动效应。三是全面打赢易地扶贫搬迁硬仗。继续积极稳妥组织实施搬迁安置，全年完成易地扶贫搬迁1289人。结合创业就业扶贫政策，使搬迁群众能找到新的就业岗位、新的致富门路。四是全面推进劳务输出和技能培训。对2274名贫困户开展技能培训，着力打造"繁峙绣娘""繁峙师傅"等劳务输出品牌。五是全面推进生态脱贫。全力推进林业脱贫工程，加大贫困户覆盖面，大力实施好新一轮退耕还林1667公顷。鼓励组建贫困户造林合作社，通过造林合作社承接造林任务。继续强化生态护林员林地管护体系，吸收贫困人口参与管护。让更多有劳动能力的贫困人口获得苗木收入、植树务工收入、营林管护收入、退耕还林补助收入、生态补偿收入，实现稳定增收脱贫。六是全面加强脱贫攻坚资金保障。初步整合18个部门资金总额2.06亿元用于脱贫攻坚。继续强化金融助推作用，2017年争取通过金融精准扶贫信贷帮助1.6万余名贫困人口创业增收。

（二）坚持项目带动，推动发展后劲不断增强。抓好重点投资项目。扎实推进总投资198.97亿元的159个重点项目，年内完成投资79.15亿元。狠抓项目的落实见效，对年度投资20.78亿元的26个续建项目，及时跟踪掌握项目进展情况，加快建设进度；对年度投资58.37亿元的133个新建项目，开展项目前期手续集中办理攻坚行动，确保4月底前新建项目前期手续全部办结并开工建设；积极推动污水处理厂等总投资78.55亿元的23个推进和争取项目早日落地。重点推进年度投资3.5亿元的3个省级重点项目和年度投资12.74亿元的7个市级重点项目。重点抓好年度投资16.55亿元的9个重大产业考核项目。完善项目推进机制。继续实行项目建设任务分解和考核办法，加大合同履约率、资金到位率和项目开工率考核权重。全力推进选商引资。实施"繁商繁才回乡创业创新"工程。

（三）坚持深化农业供给侧结构性改革，激活农业农村发展活力。一是加快农业产业化进程。重点实施六大工程：(1)新型农民和新型经营主体素能提升工程。整合各类培训资源，开展农村劳动力劳动技能培训2960人。今年新发展农民专业合作社30家，培育示范合作社20个、家庭农场50家。(2)园区基地建设示范工程。继续加强繁城农副产品加工园区建设，全力推进大营镇蔬菜加工场、辰翔牧业肉羊加工场等农产品加工园区场地的建设。打造以玉米高产创建示范区、优质谷子生产基地、优质精黍生产基地、白水大杏及红富士苹果生产基地，新发展黄芪、柴胡等中药材基地、胡麻生产基地、黄花菜种植基地，建立万亩优质蔬菜种植基地、藜麦种植基地，恢复优质水稻种植基地，引领示范带动全县优特品种的种植推广。推进各类健康养殖基地建设。(3)龙头企业培育壮大工程。以龙头企业和现代特色农业产业项目为依托，进一步做大农产品加工产业。在继续推进现有17个销售收入百万元以上的农业产业化加工龙头企业的基础上，新增农产品加工龙头企业5个以上。(4)优势产业提质增效工程。引导和扶持有实力的龙头企业和专业合作社建立"公司＋合作社＋基地＋农户＋保险"的订单运作模式，开展特色产业订单种养和深加工。做优杂粮，做强畜牧，做优果蔬，做好中药材。(5)特色产品品牌打造工程。做好万锦肉牛、富云鸡蛋、富硒杂粮、白水大杏等已有品牌的保护和宣传。启动"繁峙大杏""繁峙大米""繁峙北芪"三个地标产品的认证。全县新认证无公害农产品、绿色食品、有机农产品至少10个。全面推动农产品溯源体系建设，努力打造成全省乃至全国的优质食品农产品基地。(6)市场营销体系构建工程。培养20个购销组织、150个营销经纪人大户。依托鸿深物流园区建立健全覆盖农产品收集、加工、运输、销售各环节的物流体系。依托并州物流，大力发展"乐村淘"农村体验店等农村电商平台，完善县乡村三级物流配送机制。鼓励和支持三晋农夫、繁荣盛峙、富硒三宝等电商品牌发展壮大。二是大力发展功能农业。加快发展功能农业，大力发展功能食品、功能农业产品等高附加值产品。三是加强农业基础设施建设。实施6个总面积846公顷的土地整理项目。在9个乡(镇)40个村高质量实施膜下滴灌2000公顷。推动农业生产规模化、标准化、集约化发展，全县主要粮食作物农机化综合水平达到87%以上。

（四）坚持深化工业供给侧结构性改革，推动工业产业转型升级。一是加大传统产业改造升级步伐。实施紫金矿业现代化矿井升级改造项目、义联金矿年产5万吨金精粉技改项目，推进实施金都黄金公司黄金冶炼厂建设项目、茶坊矿业金矿矿井建设项目等金矿采选项目。实施华茂精密铸造节能、环保、安全设施综合技改项目、宏基矿业30万吨铁精粉技改项目等一大批传统产业改造提升项目。重点培育年产20万吨以上铁选企业，力争3年内达到25户。加大对冶金铸造及装备制造业的扶持力度，实现全县铁精粉就地加工转化40%以上。推动铁矿粉向铸件、铸件向部件延伸。二是继续加大清洁能源的发展力度。加快推进云雾峪风电三期10万千瓦风电项目、国电投——繁峙金丰新能源20万千瓦风电清洁供暖项目、协合乔家窑10万千瓦风电项目建设。积极争取生物质发电项目、垂直微风发电项目等新能源项目。加大电网基础设施建设力度，打通电力等清洁能源输出的快速通道。三是全力推进企业复工复产。深入基层帮助企业解决突出问题，全方位优化企业发展环境，全力帮扶企业复工复产。

（五）坚持文旅支撑，推动第三产业蓬勃发展。一是加快把文化旅游产业打造成战略性支柱产业。打造一流旅游景区，全面推进平型关景区、灵岩山景区、大智镜圆景区、滹源景区建设。大力发展乡村旅游。全力争取和推进茨沟营景区、韩庄景区长城修复和景区建设项目。抓好景区旅游公路建设。加大旅游集散中心各类公共服务设施建设力度，提升旅游便利化水平。着力培育各类文化旅游市场主体，加大宣传推介力度。加快发展文化产业，开发特色文化产品，传承和开发佛教音乐，加大非物质文化遗产传承，深入研究弘扬繁峙特色文化。二是大力发展现代服务业。积极探索扶贫、“三农”等薄弱环节的金融支持。推进现代物流业智慧发展，大力发展智慧物流、城乡快递、冷链物流等。三是全面推进众创工作。积极推进“星创天地”建设，孵化培育一批创新型中小微企业，推动“个转企、小升规、规改股、股上市”。继续发挥好“助保贷”等融资支撑作用，有效化解中小微企业融资难问题。

（六）坚持城乡统筹，推动宜居宜业共建共享。不断强化规划引领作用，加快完成县城总体规划和砂河镇总体规划的修编工作，编制开发区（产业园区）规划、砂河镇旧区棚户区改造修建性规划等规划。继续完善城镇基础设施，实施县城6个市政道路建设项目、南关保障房配套建设工程、综合农贸市场改造工程，继续推进砂河镇棚户区改造项目，推进县城区老旧给水管网改造、红坡路污水管网改造工程。持续改善城乡人居环境，实施城市人居环境改善工程，提升城镇水气热、通讯、污水垃圾处理等设施保障能力，改造县乡公路36.7千米，积极推进7个村的农村特色建筑风貌整治工作；推进林业建设、乡村建设、水利建设、公路建设四大工程，把赵庄河流域建设成生态林业示范区、现代农业观光区、生态旅游样板区和河流生态修复的先导区；开展改善农村人居环境整治行动，推进美丽宜居乡村建设；全力推进省级农村垃圾治理试点县建设；改造农村危房967户；实施伯强沟泥石流地质灾害治理三期工程建设项目；努力将杏园乡打造成为国家卫生乡（镇），积极推进大营镇创建国家卫生乡（镇）。积极创建园林城市和文明县城，全面打赢“创建省级园林城市”攻坚战役，确保县城绿化覆盖率、绿地率和人均公园绿地面积达到省级园林县城标准；推进智慧城市创建工作。

（七）坚持生态优先，推动发展环境更加优化。加强污染防治，继续狠抓“铁腕治污行动”，健全重污染天气应急响应机制，严格执行排污许可证制度，加大滹沱河、峨河等重点流域的水污染防治，全面推进农业面源污染、重金属污染、农业废弃物治理。实施造林绿化，完成造林3133公顷，全面落实生态补偿长效机制。推进生态修复治理，深入开展矿山生态环境恢复治理，实施平型关生态绿化工程、中兴矿业公司采空区治理等工程，积极争取五台山风景名胜区关闭矿土地复垦项目。

（八）坚持民生为本，推动民生福祉全面改善。一要办好人民满意的教育。改善全县基本办学条件，壮大农村学前教育，完成繁峙中学多功能综合楼和砂河中学科技综合楼附属工程等项目建设。全面落实“质量提升三年行动计划”，继续强化课改，提升教师队伍素质。二要提高医疗服务水平。继续推进全民医保体系建设，推进医疗一体化改革。提升乡（镇）卫生院、村卫生室服务能力，努力实现公共服务均等化。加大公共卫生基础设施建设，统筹全县医疗卫生资源布局。继续稳妥推进二胎政策，提升计生管理水平和服务能力。三要全力做好社会保障。建立统一的城乡居民基本医疗保险制度，加快医疗费用结算方式改革。充分发挥失业保险保生活、促就业、防失业功能作用。大力推进“全民参保计划”，做好社会保障扩面工作，实现应保尽保。四要做好就业创业工作。进一步完善困难群体就业援助制度，开发更多社会公益性就业岗位。鼓励农村劳动力就地就近转移就业和返乡创业，全年新增就业3500人。五要繁荣文化体育事业。实施文化惠民工程，文化馆、图书馆、乡（镇）文化站等公益性文化设施免费开放。加大对境内重点文物保护力度。

（九）坚持和谐发展，推动社会环境安全稳定。坚持不懈狠抓安全生产，全方位推进安全生产风险管控和隐患排查治理双重预防机制建设工作，对非煤矿山、尾矿库、烟花爆竹、道路交通、建筑施工、特种设备、人员密集场所等行业领域开展安全隐患大排查大整治。严厉打击违规违法生产行为。严厉打击“五假五超”行为。全力维护社会稳定大局，坚决防止重大网络舆情事件的发生。深入开展“打黑除恶”专项斗争，严厉打击各类违法犯罪活动。创造良好金融生态环境，防止发生区域性、系统性金融风险。

（十）深化重点领域改革，不断增强发展内生动力。积极推动开发区（产业园区）改革创新发展。科学编制繁峙县开发区（产业园区）总体发展规划，推进开发区（产业园区）“七通一平”等基础设施建设，积极推进，一批重点项目入园，重点发展新能源、新材料、节能环保、生物医药等新兴产业。建立新型旅游景区（景点）体制机制。建立新型旅游景区管理体制和经营机制，实现管理权和经营权分离，推进景区景点专业化、公司化、市场化运营。积极稳妥推进国资国企改革。深化农村产权制度改革。加快完成农村土地承包经营权确权登记颁证，推进农村宅基地制度改革，积极开展农村集体资产股份合作制改革。积极推进县乡医疗卫生机构一体化改革试点。组建繁峙县人民医院医疗集团，实行县乡医疗卫生机构一体化管理，实现医疗资源的合理配置和有效利用，促进县乡卫生事业均衡发展。

2017 年，让我们紧密团结在以习近平同志为核心的党中央周围，在县委的坚强领导下，紧紧依靠全县人民，同心协力，奋发有为，以优异的成绩迎接党的十九大的胜利召开！

# 撸起袖子加油干、加快脱贫奔小康

宁武县县长　王　卓

2016 年，我们认真落实市委“1661”发展战略，全面实施县委“4851”发展战略，坚定不移推进供给侧结构性改革，坚定不移推进转型综改系列决策部署，统筹稳增长、促改革、调结构、惠民生、防风险各项工作，经济社会发展呈现出缓中趋稳、稳中向好的态势，实现了“十三五”时期的良好开局。

2017 年是召开中国共产党第十九次全国代表大会的重要一年，是供给侧结构性改革和转型综改的深化之年，是贯彻落实市第四次党代会和县第十三次党代会精神的起步之年。做好今年的工作，意义重大，影响深远。

**一、2017 年政府工作指导思想**

深入贯彻习近平总书记系列重要讲话精神和治国理政新理念新思想新战略，统筹推进“五位一体”总体布局，协调推进“四个全面”战略布局，认真贯彻中央和省市经济工作会议精神和省第十一次党代会、市第四次党代会、县第十三次党代会总体部署，全面落实省委“一个指引、两手硬”重大思路和要求和市委“1661”发展战略，坚持稳中求进工作总基调，坚持以脱贫攻坚统揽经济社会发展全局，以深化供给侧结构性改革与深化转型综改试验区建设为主线，全面实施“4851”发展战略，奋力抢抓十大发展机遇，全力做好稳增长、促改革、调结构、惠民生、防风险各项工作，促进经济稳步向好和社会和谐稳定，加快全面脱贫、全面小康进程，以优异的成绩迎接党的十九大胜利召开。

**二、2017 年经济社会发展主要预期目标**

地区生产总值增长 5.5％左右，固定资产投资按市下达任务执行，社会消费品零售总额增长 7％左右，一般公共财政预算收入减少 5％、力争与去年持平，城镇和农村常住居民人均可支配收入分别增长 7.5％左右和 7.5％以上，城镇新增就业 1877 人，城镇登记失业率控制在 4.2％以内。约束性指标完成市定任务。

**三、重点做好以下几个方面工作**

（一）持续深化供给侧结构性改革，推动改革取得更大成效。坚定不移去产能。稳妥关闭省煤运恒腾煤业，有效处置“僵尸企业”，杜绝煤炭企业超能力、超强度、超定员等违法违规生产行为。坚持淘汰落后产能和释放先进产能相结合，重点保障钜盛能源庄旺、南沟、老窑沟、德盛、张家沟煤业等，同煤同生同基煤业达产达效。认真努力去库存。支持居民自住和进城人员购房需求，加大棚改货币化安置比例，结合采煤沉陷区治理、棚户区改造、易地移民搬迁等渠道有效消化住房库存。积极稳妥去杠杆。推进企业债务重组，支持企业开展资源价格评估，重点开展煤炭企业清产核资；成立政府性扶贫开发融资担保公司，大力发展地方金融机构，积极推动信用联社改制，规范小额贷款公司运营，坚决防范金融风险，创优金融发展环境。多措并举降成本。突出降低企业非税负担，综合降低企业资金财务成本、用工物流成本和用地用能成本；特别是做好国有企业“三供一业”分离工作；引导企业向内挖潜增效，开展精细管理，压缩综合费用，提高经济效益。

（二）坚决打赢脱贫攻坚战，全面做好“三农”工作。强力推进脱贫攻坚。实现全年退出贫困村52个，贫困人口脱贫6500人，确保完成年度脱贫任务。突出抓好产业扶贫和金融扶贫，精准实施“五个一批”行动计划，依靠发展特色种植、羊驴牛养殖、光伏电站等产业稳定脱贫；易地搬迁贫困人口1500人、同步搬迁825人；加大生态保护修复力度，聘用贫困人口担任林业管护人员，林业工程全部由专业合作社实施完成，帮助实现生态补偿脱贫；全面实施教育扶贫工程，大力发展职业教育培训，阻断贫困代际传递，实现教育培训脱贫；严格落实教育、医疗、民政等各项救助政策，发挥政策最后兜底保障作用。重点发展功能农业。发展养殖业，羊饲养量稳定在50万只、生猪养殖争取达到30万头、驴养殖达到6700头；做强食用菌，继续以怀道千亩食用菌和西马坊农业集约化园区为龙头，辐射带动发展食用菌；做精小杂粮，农产品加工销售收入3.4亿元；做好中草药，建设管涔山中药材产业基地，发展食药同源产业；做大马铃薯，大力推广种植余庄脱毒马铃薯园区先进种薯，鼓励支持形成育种、栽培、种植、销售、加工一条龙的生产服务体系。同步发展好反季节设施蔬菜、区域特色芥菜、经济作物等种植业。加强农产品质量安全监管，确保不发生重大农产品质量安全事故和区域性重大动物疫情。保障粮食稳产丰收。规范管理县级储备粮，确保粮食存储安全；深入推进粮食高产创建工程，粮食总产达到2790万千克，增长8%以上。

（三）培育文旅战略性支柱产业，加速提升现代服务业。完成景区体制机制改革。理顺景区管理体制和经营机制，组建好芦芽山风景区管理委员会和县旅游发展委员会，建立旅游综合执法机构。培育景区企业化经营主体，促进旅游市场治理能力现代化。加强旅游基础设施建设。全面推进芦芽山旅游集散地建设，提升改造马仑草原、万年冰洞景区基础设施建设，搞好旅游服务配套设施，发展“一村一品”原生态乡村旅游。抓好全域旅游示范建设。深度对标国家5A级景区标准建设完善，力争年内通过国家资源质量验收评审；全面加快芦芽山申遗步伐；推动旅游业和相关产业融合发展，逐步实现旅游资源大县向旅游文化强县迈进。大力繁荣文化事业。完善县乡村三级公共文化服务设施，做好“四馆一院”运行管理；完成广播电视台制播能力建设项目，安装农村“户户通”5000余套；继续开展文化、科技、卫生“三下乡”和农村公益电影放映等文化惠民活动。加快发展现代服务业。全面优化发展环境，推进金融、公证、律师、会计、咨询、招标等生产服务业快速发展，促进教育、体育、健康、休闲、养老等幸福产业提质升级，扩大信息技术、智能家居、电子商务等新兴消费，推动商贸物流、餐饮住宿、家政服务等传统行业互动发展。

（四）引深项目建设攻坚战，切实增强经济发展后劲。抓好重点投资项目。今年突出抓好9个新开工重大产业项目，全面加快华润宁武2×350兆瓦低热值煤电厂主体工程建设，加快500千伏华润宁武—朔州送出工程建设；积极争取100万千瓦光伏领跑技术基地项目，争取晋北风电基地规划指标，争取开工建设吴家湾装机容量6580千瓦水电站。完善项目考评机制。继续开展项目观摩和考核评比活动。提升招商引资水平。改进招商引资考核体系，精准有效“选商引资”，加大合同履约率、资金到位率、项目开工率考核权重；启动“宁商宁才回乡创业创新”工程，鼓励吸引宁商宁才回流回乡、投资发展。

（五）全面深化重点领域改革，不断释放政策红利和发展活力。实施集成创新驱动战略。推进十大创新行动，积极争取省市技术改造专项资金；支持创业基地建设，培育众创空间等孵化基地，实施农村技术承包项目，争取建成农村“星创天地”；开展“三区”人才计划，大力引进科技专家，培训提升乡土人才；落实用人主体自主权，改革事业单位编制和人事管理模式。加快开发区改革创新发展。推进开发区整合、改制、扩区、调规，实行“五规合一”，实现“一张图”工程。全面实施专业化、市场化、国际化管理运行机制；加大政策支持力度，财政金融、项目安排、基础设施、公共服务等向开发区重点倾斜，打造承接产业项目的理想平台，推动开发区建设“二次创新创业”。稳妥推进企业改革改制。逐步开展县属国企改革改制工作，做好盘活资产、土地和转型升级工作，解决好破产、停产企业职工的生活出路问题；放宽民营经济市场准入，保障非公经济和公有经济一样平等使用生产要素、公平参与市场竞争、同等受到法律保护；实施小微企业规范化改制三年行动计划，推动“个转企、小升规、规改股”，壮大民企体量规模，促进民企转型升级。继续深化农村综合改革。落实细化农村土地所有权、承包权、经营权“三权分置”办法；深化农村集体产权制度改革，完成农村土地承包经营权确权登记颁证；完成集体林权制度改革，加快长方山国有林场改革，推进供销合作社综合改革。做好投资融资体制改革。落实企业投资自主权，争取专项转移支付资金、扶贫专项资金和政府债券资金，申请国家政策性银行低息优惠贷款，谋划对接省市新设的各类基金，用足用好上级政策，服务县域经济发展；建立完善PPP有效推进机制，加快重大基础设施项目建设；实施企业上市培育计划，加快钜盛能源集团和芦芽山旅投公司直接融资步伐。深化行政管理制度改革。继续深化“放管服效”改革，大力削减工商登记前置审批事项，完善企业信用信息公示系统，全面推开综合行政执法体制改革。

（六）提升基础设施支撑能力，全面改善城乡人居环境。强化城乡基础设施。统筹开展“五城联创”，继续巩固国家卫生县城和省级园林县城创建成果，全面开展智慧城市、文明城市创建工作；完善县城基础设施，续建东城区人民广场，建设供水管网工程，完成城区道路维修改造、照明设施维护、河道库区清淤、公园修缮提质工程；实施农户庭院美化、农村街巷整治、村庄净化绿化“三大工程”，开展石家庄镇和涔山乡创建国家卫生乡镇活动，推进美丽宜居乡村建设。优化交通路网结构。完善“一干五支六循环”旅游路网结构，建设黄土坡—滑雪场二级公路，争取投资建设小南沟—标准林、马仑草原—高桥洼、西栈沟—冰洞旅游循环道，改造分水岭—东庄旅游路。实施薛家洼—贾家窑路面拓宽改造工程，完成21个县乡村公路安全生命防护工程，完成迎宾大道美化、绿化、亮化工程和南外环—崞五线连接线工程以及东寨汽车站二期工程。加强农田水利建设。开展土地整治和中低产田改造，加强高标准农田建设；加快推进库容300万立方米的引黄南干线阳方沟调节水库前期工作；完成76村1.3万人安全饮水工程，推进阳方村水利基建项目，改善农村生产生活设施。

（七）坚持绿色发展理念，大力推进生态文明建设。深入开展“铁腕治污行动”。坚决打好大气、水、土壤污染防治三大战役，空气质量稳定达到国家二级标准，地表水断面水质符合水体功能需求，做好土壤污染防治工作。深入开展环保督查，严格环境执法检查，做到环保准入门槛从严从紧、环保监督管理从严从紧、环保执法查处从严从紧，全面提升环保工作水平。加快生态环境项目建设。启动县城污水处理厂中水回用工程，推进东寨污水处理厂提标改造，实施城区4条河道整治工程；启动汾河源头水源涵养林建设工程，完成汾河流域生态修复保护工程和恢河支流泥沙防治工程；完成营造林工程1353公顷，打造绿色秀美山川。

（八）不断保障和改善民生，持续提升群众幸福指数。积极扩大就业创业。全年计划城镇新增就业1877人、创业带动就业332人、城镇失业人员再就业728人、就业困难人员就业279人、转移农村剩余劳动力2393人，完成各类培训3000人。实现教育均衡发展。加大教育普惠投入，推动民办学校纳入政府管理范围，统筹实施学校搬迁，做好日常教学管理，全面提升教育质量；继续扩大学前教育，新建东城区幼儿园，投入使用东寨镇、阳方口镇幼儿园，完成东寨镇、圪廖乡完小教学楼建设，提升初中办学水平，保证通过国家义务教育均衡督导评估认定；确保新建示范性高中秋季投入使用，深入推进高考课程改革，力争达线人数实现新的突破；开工新建职业中学，推进职业教育产教融合，发展具有宁武特色的职业教育。推进健康宁武建设。深化医疗、医药、医保联动改革，开展家庭医生签约服务，促进公共卫生服务均等化；深化公立医院综合改革，完善医院补偿机制，全部取消药品加成，动态调整医疗服务价格，减轻群众就医用药负担；落实《医疗质量管理办法》，规范医疗安全管理；创新整合基层卫生服务资源，整合保留村卫生室100个，打造20分钟基层医疗卫生服务圈。提升社会保障水平。推进机关事业养老保险制度改革，保证城乡居民基本医疗保险制度顺利运行，实现全省基本医保易地结算；继续扩大社会保险覆盖范围，完成参保人数和收缴基金任务，实现社会保险待遇稳步增长；严格执行工资保证金制度，深入开展劳动用工专项整顿，维护劳动者合法权益；投入使用县就业和社会保障服务中心和4个服务站所，推进“金保工程”覆盖到乡镇和居民办事处，增强社保便民服务能力。大力发展民政事业。加大临时救助帮扶力度，落实特困人员救助供养政策，完善“三留守”关爱保护机制；完成248支床位的凤凰敬老院主体工程，完成救灾物资储备库建设，投入使用县社会福利服务中心。实施住房安居工程。加大县城棚户区改造力度，加快实施采煤沉陷区治理、易地移民搬迁、地质灾害治理等项目；基本建成公共租赁住房534套，分配入住公租房498套，完成农村危房改造245户。

（九）狠抓安全稳定工作，促进安全形势实现根本好转。压实安全生产责任。扎实推进依法治安。持续深化专项整治，持续开展大检查、大督查活动，坚决打击非法违法生产经营建设行为。严厉打击非法违法采矿。维护社会稳定大局，深化社区“网格化”管理，推进矛盾纠纷多元化解，做好信访维稳工作；深入开展“六安联创”活动，狠抓社会治安综合治理；加强社会公共安全管理，严厉打击违法犯罪行为。

坚持革命理想高于天、坚持奋斗目标不动摇，理直气壮抓发展、撸起袖子加油干，圆满完成全年经济社会发展目标任务，加快实现全面脱贫、全面小康步伐，以实际行动和出色业绩迎接党的十九大胜利召开！

# 着力脱贫攻坚　建设大美静乐

静乐县县长　王　昕

2016年，静乐县以脱贫攻坚统揽全局，统筹推进稳增长、促改革、调结构、惠民生、防风险等各项工作，全县经济社会发展企稳向好，实现了“十三五”良好开局。

2017年是推进供给侧结构性改革的深化之年，是脱贫攻坚的关键之年，是全面贯彻落实省、市、县党代会精神的起步之年。做好2017年的各项工作，意义十分重大。

## 一、2017年政府工作的总体要求

全面贯彻党的十八大和十八届三中、四中、五中、六中全会精神，深入学习习近平总书记系列重要讲话精神和治国理政新理念新思想新战略，统筹推进“五位一体”总体布局和协调推进“四个全面”战略布局，全面落实中央经济工作会议精神和省第十一次党代会、市第四次党代会以及县第十四次党代会总体部署，坚决贯彻“一个指引、两手硬”重大思路和市委“1661”发展战略，坚持新发展理念，坚持稳中求进工作总基调，紧紧围绕“扬正气、树新风，创环境、促发展”工作主线，着力推进脱贫攻坚，着力深化改革创新，着力激发有效需求，着力保障人民生活，全面做好稳增长、促改革、调结构、惠民生、防风险各项工作，促进经济平稳健康发展和社会和谐稳定，以优异成绩迎接党的十九大胜利召开。

## 二、2017年经济社会发展主要预期指标

地区生产总值增长6%，社会消费品零售总额增长7.5%，固定资产投资、工业增加值按市下达任务完成，公共财政预算收入力争与上年持平，城镇常住居民人均可支配收入增长7%左右，农村常住居民人均可支配收入增长7.5%以上。

## 三、2017年政府主要工作任务

（一）坚持精准施策，确保脱贫攻坚再战再胜。一是扎实抓好产业扶贫。构建“三区四带”产业格局。把河川区建成以大棚蔬菜、高效农业、庭院经济为主的休闲观光区；丘陵区建成以小杂粮、藜麦、黑枸杞、中药材为主的特色种植区；土石山区建成以山桃、山杏、沙棘种植，牛羊驴养殖为主的生态林牧区；宁白线、忻黑线、太佳高速、忻保高速沿线建成以规模种植、特色加工、传统作坊等为主的美丽乡村示范带。二是开展扶贫专项行动。深入实施精准扶贫“八大工程”“20个专项行动”，推进特色农业扶贫、光伏扶贫、旅游扶贫和电商扶贫。认真落实好全省发展特色农业特惠补贴政策和支持忻州的五项政策。抓好新一轮退耕还林还草和干果经济林提质增效工程。扎实推进北控集中式电站，积极争取村级光伏电站，实施好5300余户分布式发电，使光伏扶贫成为我县扶贫工作的特色和亮点。三是稳步推进易地搬迁。加快实施2016年杨家山扶贫移民小区续建项目。加快办理2017年风沟移民搬迁小区各项前期手续。四是积极实施金融扶贫。落实金融扶贫“五位一体”工作机制，利用好农发行、国开行金融扶贫政策，扩大财政资金规模，重点支持农村基础设施建设和龙头企业发展。扎实抓好资产收益试点工作。围绕“一村一品一主体”，创新精准扶贫小额信贷模式，畅通信贷渠道，扶持产业项目做大做强。五是深入开展精准培训。整合扶贫、农委、就业、电商等培训资金，多渠道、多层次、多形式开展农民工技能培训，完成3000人的年度培训任务。

（二）夯实基层基础，着力提升“三农”工作水平。一要抓好农业供给侧结构改革。进一步调整优化产业结构，不断扩大特色农业“333”发展模式，重点发展藜麦、黑枸杞、红辣椒等特色种植。扩大农产品精深加工规模，推进全产业链开发。大力开发功能性食品，狠抓农产品标准化生产，加快“静乐生活”农产品品牌建设。二要强化农业基础支撑。改革财政支农投入使用机制，重点支持农业基础建设、结构调整、农民增收。扎实开展小农水试点，积极推进土地整理和造地工程，实施杂粮产业平田整地、果业提质增效、中药材崛起工程等项目。三要大力培育农村经纪人。加大教育培训力度，搭建农民与市场的销售渠道和桥梁。支持并引导农民设立农村经纪合伙企业、农村经纪合作社、农村经

纪公司等组织。建立帮扶联系制度，培育发展龙头企业、合作社、家庭农场、种养大户等新型农业经营主体，打开农产品销路，进一步激活农村经济发展活力。

（三）振兴实体经济，切实增强县域综合实力。一要重点抓好工业经济。鼓励企业加快技改进度，力争汾源煤业、金能煤业建成投产；积极发展洗选煤项目，推动技术创新，不断引深原煤转化和深加工，提升煤炭生产效益；引进铝、建材、玻璃等新型产业，发展风电、光伏发电项目，上马煤层气开发项目，形成传统产业优化升级、新型产业规模扩张、优势产业集群发展的格局。二要加大帮扶企业力度。深化“百名干部入企服务”和“各类项目受理大起底”活动，认真落实各项扶持政策。继续优化政务环境，提高行政效率，建立完善服务企业长效机制。三要继续引深项目建设。围绕产业转型、基础设施建设板块，精准扩大有效投资。加快推进安华新农产业示范园、衡达涌金物流园区二期两个省市重点项目，上马山西绿蔓冷链物流、北控京仪35兆瓦光伏发电等12个重大产业项目，确保卓达新型建材、18万吨片麻岩等17个转型综改项目取得新突破。四要提升招商引资水平。探索多领域合作，加强与各类商会合作，抢抓全省扩大有效投资项目建设契机，积极向上争取项目，力争一批示范带动强、社会效益好的项目落户静乐。

（四）培育新兴产业，推动经济社会转型升级。加快发展电商产业。加大电商、微商人才培养，推进电子商务进零售、进社区，拓展网络消费范围；培育乡村两级电商示范基地，力争年底建成马家沟、王端庄两个淘宝村。推动电商与扶贫深度融合，着力打造“互联网＋脱贫”的静乐电商新模式。积极培育养老产业。静乐县社会福利中心建成并投入使用，积极探索“公建民营”新模式，探索发展生态健康养老的新兴产业。打造文化旅游支柱产业。启动天柱山4A级景区、岑山3A级景区、风神山国家级生态公园建设，不断发展休闲旅游，大力培育一批休闲农业示范园和旅游特色村，建设非物质文化遗产保护工作站。

（五）深化重点改革，不断增强发展内生动力。一是深化供给侧结构性改革。坚决主动“去产能”，多措并举“去库存”，加大力度“去杠杆”，想方设法“降成本”，精准发力“补短板”。把重点放在脱贫攻坚、现代农业、新兴产业、科技创新、金融信贷等薄弱环节上，切实采取有效措施，努力补齐短板，增加高效优质供给。二是加快推进开发区建设。全面启动汾河川产业园区建设。在产业布局上，大力度引进企业，发展新型综合能源、绿色农产品加工、文化旅游、现代物流和电子商务等产业。三是深化投融资体制改革。健全完善政策性融资担保体系；不断加强政府与社会资本投资合作；优化企业贷款结构，大幅增加信贷规模；加快农村金融综合服务站建设；积极推进农村信用社改制。四是稳步推进国有企业改革。对全县16户国有企业深入调研，结合实际，科学制定全县国企改革方案，积极推进各项工作。

（六）强化创新引领，推进大众创业万众创新。激发创业创新热情。加大对大学生创业的培训和扶持力度，提高自主创业的成功率，积极引导各行各业发挥创造力，在全社会营造大众创业、万众创新的良好氛围。强化创业创新支撑。完善创业创新扶持政策和激励机制，落实扶持小微企业发展、个人创业就业相关的优惠政策。提升科技创新水平。加强校企合作，实现科技成果转化；大力实施知识产权战略，扩大发明专利拥有量；认真落实全省“百项重点项目计划”，引导企业加大研发投入，促进产品更新换代、优化升级，提高市场竞争力。

（七）注重统筹协调，大力改善城乡人居环境。一要着力打造宜居县城。优化城市空间布局和功能，不断完善城市交通、供排水、供热、垃圾处理等基础设施。深入推进“五城联创”，完成国家级园林县城创建工作。加大棚户区改造力度。二要完善城乡一体化体制机制。加快推进规划编制、基础设施、公共服务、产业布局、制度安排“五个一体化”。鼓励就近城镇化、梯度城镇化，促进符合条件的农业转移人口有序落户城镇。合理安排县域城镇建设、农田保护、产业集聚、村落分布、生态涵养等空间布局，促进各种资源要素在城乡协调配置。三要大力改善农村面貌。深入开展城乡爱国卫生清洁运动，启动杜家村、神峪沟两个国家级卫生乡镇创建工作。加快推进农村人居环境改善工程，切实抓好贫困村基础设施建设、村容村貌整治和基本公共服务建设。加快采煤沉陷区治理，完成搬迁安置616户。抓好省级美丽宜居示范村提档升级示范县工作，开展5个村特色建筑风貌整治工作。实施好79个村饮水安全巩固提升工程。不断改善农村生产生活条件，推进美丽宜居乡村建设。

（八）突出生态建设，加快打造太原“后花园”。抓好林业重点工程，规范实施生态富民工程，扎实推进“购买式”造林，以成立的55个扶贫攻坚造林专业合作社为带动，吸收更多的贫困户参与造林。全面实施新一轮退耕还林工程，因地制宜、适地适树，大力发展以沙棘、山桃、山杏、白水杏等为主的经济林，实现生态增绿、生产增效、农民增收。加大环境治理力度。实施散煤综合治理，加快推进集中供热，提高清洁供暖比重；全面完成省、市下达的黄标车及老旧车淘汰任务；加快污水处理厂设施提标改造，加大汾河、碾河等重点流域环境综合整治力度。引深“铁腕治污”行动，依法严惩各类环境违法违规行为，确保汾河监测断面和居民用水水质达标。

（九）高度关注民生，统筹抓好各项社会事业。一要抓好教育均衡发展。积极推进标准化公办幼儿园和城镇小区配套幼儿园建设，全面推行中小学标准化建设，优化城乡教育结构，解决“乡村弱、县城挤”的难题；启动静乐一中新校区建设，积极探索与山大附中联合办学，提升初高中办学水平。加强职业教育，引深校园文化建设，提高职中入学率。加强教师队伍建设，强化行风整治，办好人民群众满意的教育。二要完善社会保障体系。进一步扩大养老、医疗保险覆盖面，确保贫困人口参保率达到100%。建立老年人服务体系。落实社会保障政策，提高城乡低保标准和特困人员救助供养标准。积极开展残疾人精准康复行动，加大残疾救助力度。三要稳定和扩大就业。加快发展服务业等劳动密集型产业，扶持中小微企业和民营企业发展，开发更多就业岗位。做好农村转移劳动力、城镇失业人员、“4050”人员、退役军人等群体就业工作。实施“静乐工匠”职业培训全覆盖计划。四要推进健康静乐建设。加强卫生队伍建设，全面推行公立医院改革，建立现代医院管理制度。构建分级诊疗制度，健全医疗保障体系。加快新建中医院综合楼建设，不断改善乡村卫生室医疗条件，提升基层医疗服务水平。

（十）狠抓安全生产，营造安定和谐发展环境。压实安全责任。压实领导责任、部门监管责任和企业主体责任，切实做到安全责任、管理、投入、培训和应急救援“五到位”。推进依法治安。全面落实新修订的《山西省安全生产条例》；持续开展安全、环保、应急三项基础体系建设专项行动；引深安全生产风险隐患大排查、大整治，加大打非法违力度。维护社会稳定。深化社区“网格化”管理，解决好涉及群众切身利益问题，深入推进依法治访，扎实开展“平安静乐”创建活动，严惩各类违法犯罪行为，努力营造和谐稳定的发展环境。

新的一年，蓝图绘就，让我们凝心聚力、团结拼搏，扎实苦干、奋勇争先，以奋进的工作状态和优异的工作成绩迎接党的十九大胜利召开！

# 坚决打赢攻坚战，勇于争当排头兵

神池县县长　孟宏斌

2016年，在县委的坚强领导下，我们全面贯彻党的十八大、十八届三中、四中、五中、六中全会和习近平总书记系列重要讲话精神，认真落实省委“一个指引、两手硬”重大工作思路，全面实施市委“1661”发展战略，着力构建全县“15561”发展新格局，圆满完成了年度目标任务。

2017年是推进供给侧结构性改革和转型综改的深化之年，也是我县走出经济困难局面的攻坚之年。做好2017年的政府工作，意义十分重大。

**一、2017年政府工作指导思想**

深入贯彻习近平总书记系列重要讲话精神和治国理政新理念新思想新战略，统筹推进“五位一体”总体布局，协调推进“四个全面”战略布局，认真贯彻中央经济工作会议精神和省、市、县党代会总体部署，坚持“一个指引、两手硬”重大思路和要求，坚持新发展理念，坚持稳中求进工作总基调，坚持脱贫攻坚统揽经济社会发展全局，以深化供给侧结构性改革与深化转型综改试验区建设为主线，以提高发展质量和效益为中心，全面贯彻市委“1661”发展战略，围绕县第十四次党代会确立的“15561”发展思路，积极适应、把握、引领经济发展“新常态”，全力做好稳增长、促改革、调结构、惠民生、防风险各项工作，力争在脱贫攻坚上实现新突破、力争在特色农业功能农业上实现新突破、力争在清洁能源产业发展上实现新突破、力争在生态建设上实现新突破、力争在民生改善上实现新突破、力争在体制机制创新上实现新突破、力争在创优发展环境上实现新突破，以优异的成绩迎接党的十九大胜利召开。

**二、2017年县域经济社会发展主要预期目标**

全县地区生产总值增长6.5%；工业增加值增长4%；社会消费品零售总额增长7%；固定资产投资完成18亿元；公共财政预算收入下降6.8%；城镇居民

人均可支配收入增长6.5%；农民人均纯收入增长6.8%；居民消费品价格涨幅控制在3%左右，城镇登记失业率控制在4%左右。完成市政府下达的各项约束性指标。

**三、重点抓好七个方面工作**

（一）以精准脱贫为统揽，坚决打赢攻坚战。落实“六个精准”“五个一批”要求，全面铺开脱贫攻坚工作，完成44个贫困村出列，7200口贫困人口脱贫，1700人的易地搬迁任务。一是系统强化攻坚实效。按照我县“6551”脱贫攻坚策略，统筹项目、资金、人力、政策，大力实施“36520”脱贫攻坚行动计划，统筹推进139个贫困村和102个非贫困村脱贫。持续做好53个已出列村后续帮扶工作，全面加快脱贫步伐。系统谋划好基础设施建设、产业发展、社会保障、社会管理、思想教育、乡风文明等工作，实现协调有序可持续发展。二是有效拓展攻坚路径。深入推进杂粮、瓜菜、中药材种植、油料生产、月饼和芥菜加工、畜牧养殖、退耕还林、农村电商等增收项目，确保光伏扶贫、旅游扶贫等产业项目见到实效。支持“企业＋专业合作社＋农户”产业化经营模式，力争贫困户户均新增产业收入3000元以上。三是全面加快攻坚进程。加快推进易地扶贫搬迁进度，确保年内完成1700人的搬迁任务。加强贫困农民技能培训，拓宽增收渠道。积极争取政策扶持，在退耕还林、生态管护等政策补偿方面取得新成效。全面推进金融富民工程，力争发放扶贫小额贷款6000万元。全面落实社保政策，确保到村到户到人。加快基础建设，在7个乡镇15个村新修水平梯田867公顷、生产道路50千米；改造240多座老旧温室大棚，提高温室大棚使用效率，促进农民增收。四是切实加强攻坚保障。抓好“三支队伍”建设，健全考核机制，有效提升第一书记和驻村工作队帮扶能力。整合扶贫资金，着力做好资金监管和政策服务，提高脱贫成效。

（二）以稳定增长为目标，狠抓项目建设。抓好重点投资项目。加快省市重点项目建设，推进神岢高速公路、南坡底站台改造两个项目建设。加快县重点项目建设，力争列入核准方案的晋城润宏5万千瓦风电项目和艾科五连山二期4.8万千瓦风电场建成投产；推动艾科1万千瓦光伏电站建设，确保6月底并网发电；帮扶神池宏远煤业有限公司完成基本建设，完成运通煤炭储运物流园区和山煤华茂集运站建设；帮扶200万吨干法水泥厂与北京金隅集团达成合作意向，力争年底建成投产。提升招商引资水平。编制完善《神池县招商引资规划》，科学规划一批技术水平高、产业链条长、转化能力强的重点项目。精心包装、储备一批“六大地标”认证农产品以及新能源、新型材料、基础设施、节能环保、现代物流为主的重大项目。做好招商引资的基础工作，积极开展多元化招商。争取宁夏嘉泽、苏州爱康、北京仟亿达等公司风光电、微电网、资源循环利用等项目顺利签约落地。引进1～2个东部加工贸易产业转移项目，促成本地2～3个有实力的企业落地园区，力争完成招商引资80亿元。做好协调跟踪服务。成立项目帮扶办公室，不断完善重点项目管理考核办法，加强对重点项目的协调管理、跟踪服务、监督考核，及时解决项目落地、开工、建设、投产中遇到的难题。

（三）以产业升级为支撑，加快转型提质增效。一是做特做优农业。紧紧围绕北方农牧交错带示范带建设，实施特色农业立县战略，进一步调优种养结构，推进“三品一标”认证。支持新型农业主体，发展订单农业，努力探索企业带动、农户跟进的经营模式，大力扶持家庭农场、农民合作社、产业化龙头企业等新型农业经营主体的发展；培育新型农业人才，培育多种形式的农业经营性服务组织和经纪人队伍。实施羊业富民战略，培育神池杜泊羊，提升“晋神高繁种羊”品牌效应，促进羊产业健康发展，确保全县100万只的饲养规模；拓展新型养殖模式，与山西新大象集团合作，发展肉猪、肉牛、肉驴等养殖产业。推动中药材试验示范基地建设。开发功能性食品，发展富硒小米、燕麦、胡油、月饼、羊肉等高附加值农产品，加快特色农产品药食化、功能化、主食化、副食化。二是做实做强新型工业。强化创新驱动。加快建设低成本、便利化、全要素、开放式的创业创新服务平台；大力实施知识产权战略，发明专利拥有量力争达到17件；加快传统产业技术改造，帮助企业申报专利，运用高新、适用技术改造提升月饼加工、粮油加工、冷榨胡油等传统产业，力争打造省名牌产品两个、著名商标1个。促进企业转型升级。进一步调优存量，做优增量，做优农业，做优园区，做优链条，靠延伸、靠衍生、靠提升、靠扩张，推动企业转型发展，不断提升经济增长的质量和效益。推进企业兼并重组。加快经贸、供销等系统的改制，妥善处理好改制过程中的各种矛盾和问题，依法维护企业职工的合法权益。强化骨干带动。支持晋神高繁种羊基地、紫云牧业、谷德福农业发展有限公司等企业上项目、扩产能，带动特色产业发展。强化集聚联动。借助生态农业开发区，加快招商引资，培育3～4家龙头企业。开展全民创业。大力发展民营经济，继续开展“助保贷”业务，缓解融资难题。积极扶持农产品加工企业快速发展，形成以羊肉、胡油、月饼系列产品为主的龙头加工企业，带动全县农业产业化发展。三是做精做活现代服务业。商贸物流“转起来”。完善物流运输网络，建设农机大市场，启动金盛汽贸服务广场，引进龙头企业入驻，打造区域性商贸物流集散地。形成以东湖设施园区为核心的县城—东湖—八角和县城—义井—贺职商贸物流带，带动汽修汽配、餐饮住宿等相关产业的快速发展。电子商务“火起来”。以大学生创业孵化基地为核心，组织青年农民开展业务技能培训，力争年内再开办网店50家。围绕大平台、大数据、大智慧、大市场建设，逐步构建完整的城乡电商网络体系，实现批发零售等传统行业线上线下互动，拓宽特色农副产品销售渠道。金融服务“活起来”。利用好“助保贷”“助羊贷”等金融手段，积极构建大融资平台。畅通供求信息，引导金融机构重点支持项目建设和小微企业发展。积极做好吕梁山连片特困地区扶贫开发金融服务试点工作，创新金融精准扶贫服务工作信息平台，助推脱贫攻坚。四是做好做实生态旅游产业。设立神池南山景区管理委员会。编制文旅产业发展规划，进一步招商引资，盘活旅游资源，将神池纳入全省、全市旅游格局。不断发掘长城文化，开发北齐长城、野猪口明长城遗存遗址，开发金山梁高山草甸、大磨沟特色露营自驾游等项目。发展东湖田园生态农业体验观光游，依托太平庄乡宋村区位优势，推动万亩玫瑰园建设项目，拓展食用玫瑰酱产业，建设集生态、观光、产业扶贫于一体的旅游龙头，逐步把文化旅游业培育成战略性支柱产业。

（四）以城镇建设为抓手，推进城乡一体化。一是在城市品质提升上下功夫。高起点、宽视野完善城市总体规划，高质量、高标准完成县城规划区详规。控制建筑密度，强化立体发展，增加绿地布局，提升品位；重点抓好园林城市创建，提质改造6个公园（广场）；打造园林式绿化单位9个；改善城区交通环境；改造20条小街小巷；推进城市供热扩容扩能，打造幸福、宜居、宜业的新神池。二是在培育美丽乡村上出亮点。加强人居环境改善，启动义井镇卫生乡镇创建工作，抓好窑子上、井儿上等5个村庄建筑特色风貌整治。加强道路建设，改造小神线公路，改造4条县乡公路、提质完善和拓宽改造19条农村道路，促进农村客运与公路建设同步发展。三是在强化精细管理上有提升。坚决清理拆除各类违章建筑，杜绝乱建乱搭；清除城市“牛皮癣”，美化人居环境，建设靓丽县城；广泛调动社会力量参与城市建设，形成全社会管理、全社会创建的良好氛围。

（五）以改革创新为动力，激发内生活力。继续深化供给侧结构性改革。加快清洁能源建设力度，积极利用山西（晋北）—江苏（南京）±800千伏高压直流输配电通道，提高清洁能源外送能力。抓好“三去一降一补”，将易地移民搬迁与房地产去库存紧密结合起来，实现资源整合。加快推进生态农业开发区改革。以“一区四园”基本框架扩规建园，建设绿色食品工业园、特色农业采摘观光园、光伏清洁能源服务示范园、现代物流园。以“五规合一”，抓好生态农业开发区的规划修编和基础设施建设，尽快实现“五通一平”。扎实推行“三化三制”改革。稳步推进转型综改试验区建设。编制《神池县国家资源型经济转型综合配套改革试点2017年行动计划》，着力破解重点领域、关键环节体制机制改革难题，推动资源型经济转型取得重大进展。以绿色发展理念推进主体功能区建设。坚持铁腕治污，重点抓好天然林、绿地和饮用水源地保护、燃煤小锅炉和黄标车老旧车淘汰、大气和水污染防治等工作，确保生态功能的恢复和保育。做好生态治理和绿化工作，至少打造两个生态样板工程，带动生态建设，使山更绿、水更清、天更蓝。深化行政体制改革，坚持“放、管、服”相结合，规范权力运行，发挥市场决定性作用；创新事中事后监管方式，全面推行“双随机、一公开”监管，进一步梳理行政职权，确保“两清单、两张图”规范统一、顺畅运行。深入推进商事制度改革，加快推进“五证合一”“两证合一”登记制度。扎实推进农村综合改革。实施农村集体资产股份改革，加快农地“三权分置”，壮大村集体经济；推动土地经营权规范有序流转，完成土地确权和土地承包经营权确权登记验收工作。深化供销社综合改革。

（六）以改善民生为根本，持续增进人民福祉。突出保障基本民生。统筹推进教育一体化改革发展，积极实施好“全面改薄”工作，吕梁山集中连片特困地区普通高中改造计划；加大公立医院改革力度，落实政府办医责任，加快建立分级诊疗制度，推进县乡卫生一体化，巩固基本公共卫生均等化服务，开展基本公共卫生服务精细化管理年活动，新建妇幼保健计生服务中心；扎实开展就业援助专项行动，托底帮扶就业困难人员，确保零就业家庭动态清零。坚决守住底线民生。实现城乡居民基本医保制度并轨运行，继续提高城乡低保标准，推动“贫困线”“低保线”有效衔接，实现农村低保标准达到现行国家扶贫标准；加大医疗救助和临时救助帮扶力度，落实特困人员救助供养政策，启动敬老院二期建设，启用残疾人托养中心，完善残疾人生活补贴制度；新建救灾物资储备库，提升救灾物资应急保障水平；新建图书馆，丰富群众文化生活；修缮保护明长城，加大长城文化研究力度。扎实办好农村新的6件实事。

（七）以安全稳定为目标，努力创设良好社会环境。严格落实安全生产目标责任考核“一票否决制”，健全完善安全生产体系建设，建立完善监管责任体系和执法体系，切实做到安全责任、管理、投入、培训和应急救援“五到位”；对重点行业、重点领域、重点环节隐患进行大排查大整治，抓好道路交通、危化品、食品药品等领域安全隐患的专项排查整治；严厉打击私采滥挖；深入开展“七五”普法，强化社会治安综合治理，强化法制县城、平安县城建设；严格落实信访责任制，及时有效化解各类社会矛盾，为经济社会发展提供良好环境。

时代赋予重托，奋斗铸就辉煌！让我们在县委的坚强领导下，团结带领全县广大干部群众，不忘初心，继续前进，上下同欲一起干，撸起袖子加油干，坚决打赢攻坚战，勇于争当排头兵，以实际行动和崭新成绩迎接党的十九大胜利召开！

# 撸起袖子加油干，建设美好新五寨

五寨县县长　**张宇光**

2016年，面对艰巨繁重的工作任务，我们以习近平总书记系列重要讲话精神为指针，认真贯彻市委“1661”发展战略，在县委的坚强领导下，团结带领全县人民，坚持稳中求进、改革创新，奋力拼搏、扎实工作，较好地完成了各项任务，实现了“十三五”良好开局。

2017年是实施“十三五”规划的重要一年，也是脱贫攻坚的关键之年，做好今年的工作意义重大而深远。

**一、2017年政府工作的总体要求**

深入贯彻习近平总书记系列重要讲话精神和治国理政新理念新思想新战略，统筹推进“五位一体”总体布局，协调推进“四个全面”战略布局，按照省委“一个指引、两手硬”重大思路和要求，深入贯彻落实市委“1661”发展战略，坚持新发展理念，坚持稳中求进工作总基调，以脱贫攻坚统揽经济社会发展全局，以深化供给侧结构性改革和转型综改试验区建设为主线，以提高发展质量和效益为中心，围绕深化改革、优化环境、发展经济、改善民生等重点工作，推动经济社会持续健康发展，加快全面脱贫、全面小康步伐，以优异的成绩迎接党的十九大胜利召开。

**二、2017年全县经济和社会发展的主要预期目标**

地区生产总值增长6%左右，固定资产投资按省市下达任务执行，社会消费品零售总额增长7.5%左右，一般公共财政预算收入增长1.01%，城乡居民人均可支配收入分别增长7%左右和7.5%以上，城镇新增就业1800人，城镇登记失业率控制在4%以内。约束性指标全部完成省市下达任务。

**三、政府工作重点任务**

（一）全力抓好精准扶贫，确保脱贫再战再胜。精准施策，多措并举，确保全年出列贫困村70个，脱贫11034人。一是突出抓好产业扶贫。实施“一村一品一主体”，重点发展马铃薯、甜糯玉米、小杂粮、蔬菜、中药材、羊产业、乡村旅游、光伏发电和农村电商九大产业，建成甜糯玉米、脱毒马铃薯、小杂粮、道地中药材和蔬菜“四个十万亩”特色种植基地；实施百万只羊、百万头生猪、百万只蛋鸡“三个百万”养殖基地建设项目；带动5924人脱贫。二是大力推进易地搬迁。重点抓好百梦苑、百万庄、阳光家园等移民小区建设，搬迁贫困户9508人，同步搬迁3000人。三是稳步实施生态扶贫。实施新一轮退耕还林1200公顷，延长上一轮退耕还林补助5年，吸纳贫困户参与造林及森林管护，带动2357人脱贫。四是继续抓好教育扶贫。落实学前教育、义务教育、中职教育、高中教育等各项资助政策，抓好“雨露计划”，资助二本以上大学生和中职、高职学生1000人。五是切实搞好社保兜低扶贫。认真执行城乡低保、农村五保、新农合、医疗救助、特困救助、健康扶贫等保障政策，稳步推进脱贫线和低保线“两线合一”，脱贫1753人。六是扎实推进金融扶贫。探索推进“政府＋银行＋保险＋实施主体＋贫困户”的“五位一体”金融扶贫模式，投入金融扶贫风险保证金600万元，投放政府贴息补助209.2万元，新增贫困户小额贷款4800万元，新增产业扶贫贷款2亿元。同时，根据扶贫项目需要，积极整合财政涉农资金，提高资金使用效率，切实帮助有能力的困难群众脱贫致富。

（二）不断引深项目攻坚，着力夯实经济基础。一是抓好重点项目建设。坚持“产业第一、项目至上”理念，狠抓项目攻坚。在实施好5个省市重点项目基础上，重点抓好新大象集团百万头生猪全产业链综合示范项目、华电集团杏岭子10万千瓦风电项目、太原重工李家坪10万千瓦风电项目、国耀2×15兆瓦生物质发电项目等10个亿元以上重大产业项目建设。全力做好项目的申报、争取、实施工作,确保项目早日建成、带动经济、推动发展。二是加强项目协调服务。完善重点项目管理考核办法,继续坚持"八位一体"推进机制,深化项目建设"百日攻坚"行动,突出项目落地、投资、建成投产三个环节,及时解决项目落地、开工、建设、投产中遇到的问题,确保项目快速推进。三是大力开展招商引资。完善招商引资办法,开展产业招商、园区招商、以商招商、务实招商,引进一批新能源、新材料、环保、物流等大项目、好项目。

(三)加快推进现代农业,不断繁荣农村经济。一是提升特色种植业。大力发展马铃薯、小杂粮、甜糯玉米、中药材、蔬菜等特色优势产业,实施马铃薯"一亩田"计划,开展小杂粮、瓜菜等新品种"三新"试验,引进万寿菊、金银花、油用牡丹等新作物,建设一批规模大、品种优、技术含量高的示范基地,力争全年粮食产量突破2.1亿千克。二是壮大规模养殖业。继续扶持羊产业发展,稳步打造种羊繁育基地,完善顺喜、鸿鹄、文秀等养殖场建设,发展畜禽饲草饲料产业,力争全县标准化养殖园区达到75个,规模养殖场达到500个,羊养殖总量突破110万只。三是推进农业产业化。打造区域品牌,加快无公害绿色农业基地建设和产品认证,新增"三品"认证3个,注册地理商标1件,力争全县无公害产地认证面积达到2.5万公顷。壮大龙头企业,投入1000万元扶持农业龙头企业技改升级,扩大精深加工规模,拓展农业产业链价值链。培育营销主体,探索实施"政府租赁门店、企业入驻经营"的营销模式,在北京、太原等大城市设立五寨特色农副产品销售店,提升农产品的市场开拓能力。创新经营模式,完成土地流转5333公顷,巩固发展专业家庭农场580个;开展"农超对接""农企对接"等销售模式,发展农村电子商务等新业态,促进一二三产业融合发展。推广农业科技,不断加强品种优化、平衡施肥、立体种植、旱作农业等新型实用技术培训,提高农民的科技致富能力;加大现代农业机具推广力度,实施土地整治、中低产田改造和高标准农田建设,推进现代农业提质增效,真正让农业成为充满希望的产业。

(四)大力发展民营经济,推动产业优化升级。一是巩固商贸物流产业。认真落实清费立税等政策措施,全力服务煤炭运销企业转型升级,抓好神朔线绕行技改等项目建设,确保全年煤炭发运量稳定在3000万吨以上。争取实施煤制油、煤制气等新型产业项目,推动煤炭运销企业优化升级。建设大型仓储物流项目,推进现代物流产业发展。二是加快产业开发区建设。规划实施五寨现代农业产业开发区,包括核心区两个。开发区内空间布局为特色农业创新示范园、农副产品加工园、农副产品商贸物流园、生态养殖示范园等4大园区。加大资金投入,完善开发区内的水、电、路等配套设施,提升承载能力。三是发展文化旅游产业。依托芦芽山、五寨沟、荷叶坪三大风景区,实施旅游小镇建设,快速推进县城至荷叶坪34千米旅游路改造项目。推动文旅融合发展,打造八大角秧歌、五寨道情、手工地毯、木雕、刺绣、标本制作等十大传统文化品牌,以文促旅,以旅载文,发展文旅新业态。四是积极推动全民创业。落实民营企业"专精特新"产业集群发展政策,积极争取市里安排的两个3000万元专项资金,支持民营企业和各类创业主体发展壮大,孵化培育一批创新型中小企业,扶持一批高成长性创新型"小巨人"企业,激发大众创业、万众创新,打造"众创"新业态,推动全县民营企业快速发展壮大。五是扎实推进科技创新。突出企业技术创新主体地位,鼓励企业与科研院所合作,搭建产学研合作平台,依托马铃薯、中药材饮品、毛建茶、甜糯玉米等特色优势产品,加大新产品开发力度,推动科技创新成果转化成现实生产力,走进生产生活。

(五)不断夯实基础建设,统筹推进城乡发展。一是加快园林城市创建。建设县城中心公园广场,改造迎宾广场,建设龙湾公园,完成滨河北路、旅游路等街道的遮阴绿化,推进县城机关、小区、城中村、城乡结合部绿化美化,力争全县建成区绿化覆盖率达到38.98%。二是加强市政基础建设。围绕设施提升、城市提质,抓好档案馆、综合检验检测中心、保障性住房、北环汽车站等项目建设,推进"六路三街两桥"项目建设,加快水、电、暖、气、通信等基础设施建设,推动城市扩容提质。组建数字化城市管理中心。巩固"创模""创卫"成果,加快"五城联创",提升城市品位。三是打造美丽宜居乡村。围绕"完善提质、农民安居、环境整治、宜居示范"四项工程,完成小河头镇、前所乡和右所村规划编制,推进三岔、前所、梁家坪创卫工程,实施农村建筑特色风貌整治工程,完成农村危旧房改造、农村清洁、污水治理等任务,打造美丽宜居乡村。四是完善城乡配套设施。保障神岢高速(五寨段)、国道209线偏关堡子湾—五寨三岔段公路改造项目建设,推进胡会—白家沟县道改造,抓好北环入口改线。实施农村饮水安全、清涟河治理、峤峪截潜流节水灌溉等工程;完成马家寺引水工程建设,全面提升县城居民饮用水质量。推进中所110千伏变电站建设。五是强化国土资源管理。严格执行土地利用总体规划,落实耕地红线保护政策,规范土地市场秩序,强化土地用途管制,积极开展农村土地开发和治理。

(六)精心整治生态环境,着力打造绿色家园。加强环境污染治理。不断引深"铁腕治污"行动,加强煤场扬尘治理,严控秸秆焚烧,完成黄标车及老旧车淘汰任务，依法严惩各类环境违法违规行为，有效防治雾霾天气，确保全年二级以上天数不少于320天。加强生态绿化建设。重点抓好南北两山，东西两梁的造林绿化，以及过境高速、国省道路、县乡道路和园林村的绿化补植，实施好南山公园提升工程、吕梁山生态脆弱区项目、京津风沙源治理工程。加强资源节约利用。认真落实生态功能区产业准入负面清单制度，推进工业、建筑、交通、公共机构等领域节能，加大废弃地复垦利用力度，推进资源集约节约高效利用。发展节能环保产业，加快风力、光伏、天然气等新能源项目建设。

（七）深化重点领域改革，增强内生发展动力。推进重点领域改革。不断深化土地、电力、财税、投融资等体制机制改革；尽快完成五寨现代农业产业开发区整合、改制、扩区、调规等工作；继续清理取消一批审批事项，推进商事制度改革，推行“多证合一、一照一码”改革；稳步推进农村土地承包经营权确权发证工作，建立健全农村集体产权流转体系，积极开展以土地承包经营权为主的产权流转改革工作。抓好供给侧结构性改革。扎实推进“三去一降一补”重点任务。去产能方面，主要是加快农业产业结构调整，发展马铃薯、小杂粮、甜糯玉米等特色优势农业，提高绿色优质农产品供给能力，去除玉米过剩产能，减少种植面积2000公顷。去库存方面，认真落实消化库存政策，积极消化商品房库存300套。去杠杆方面，加强信用体系建设，创新金融服务手段，做好“助保贷”“家庭农场贷”等金融产品，促进金融业和实体经济健康发展。降成本方面，围绕“减、免、缓、帮、扶、替”，抓好企业降成本，确保所有行业税赋只减不增。补短板方面，在补齐脱贫攻坚、基础设施、教育医疗事业等民生短板的同时，更加聚焦制约改革发展和群众关切的突出问题，增强经济社会发展的协调性。

（八）持续维护社会稳定，不断巩固社会和谐。狠抓安全生产，推动政府的领导责任、部门的监管责任和企业的主体责任落实到位。扎实开展专项治理，切实消除事故隐患。强化信访工作，畅通群众信访渠道，解决好所涉群众切身利益问题。维护社会稳定，深化平安五寨建设。

（九）统筹发展社会事业，着力改善人民生活。一是优先发展教育事业。加快发展学前教育，完成东城区幼儿园建设；扎实推进义务教育薄弱学校改造，不断巩固均衡发展成果；争取为易地搬迁贫困人口配建西城小学；积极推进高中学校标准化建设。深化教育体制改革，优化教育资源配置，加强教师队伍建设，提升教育教学质量。二是提高公共医疗水平。深入推进县级公立医院改革和基层医改，不断巩固国家基本药物制度的成果，加快推进分级诊疗制度，稳步提升新农合保障水平，健全农村三级医疗卫生服务网络，促进基本公共卫生服务均等化。积极创建国家级慢性病非传染性疾病综合防控示范区，加快第一人民医院建设，确保妇幼医院投入运营。三是加强文化基础建设。加强乡镇综合文化站运行管理，搞好农村文化基础设施建设，实施广播电视“户户通”工程，举办电影惠民工程和文化“三下乡”活动，努力丰富群众文化生活。四是完善社会保障体系。认真落实就业政策，统筹做好大学生、退役军人、困难群体的就业工作，确保城镇登记失业率控制在4%以内。推动机关事业单位养老保险制度改革入轨运行，实现城乡居民基本医保制度并轨，扩大城镇职工和城乡居民基本养老、医疗、失业保险覆盖面，加大对老、弱、病、残的帮扶救助力度。依法顺利完成村民委员会换届选举工作，促进社会和谐稳定。争取实施三岔镇、小河头镇敬老院项目，提升养老机构服务质量，积极发展妇女儿童、老龄等事业。

使命重在担当，实干铸就辉煌。让我们更加紧密地团结在以习近平同志为核心的党中央周围，在县委的坚强领导下，忠诚担当，锐意进取，撸起袖子，加油大干，以实际行动和崭新成绩迎接党的十九大胜利召开！

# 同心同力，苦干实干，加快美好岢岚建设

岢岚县县长　**侯俊生**

2016年，我们在市委、市政府和县委的坚强领导下，在县人大的监督支持下，团结带领全县干部群众，

深入学习贯彻习近平总书记系列重要讲话精神，按照省委“一个指引、两手硬”的重大思路和要求，全面落实市委“1661”发展战略，深化实施县委“331”发展思路，积极应对经济下行和脱贫攻坚等多重考验，保持定力，凝心聚力，精准发力，经济社会平稳较快发展，实现了“十三五”的良好开局。

2017年，是“十三五”规划的推进之年，是供给侧结构性改革和转型综改的深化之年，是决胜全面小康的关键之年。做好今年的政府工作，意义十分重大。

**一、2017年政府工作指导思想**

深入贯彻习近平总书记系列重要讲话精神和治国理政新理念新思想新战略，统筹推进“五位一体”总体布局，协调推进“四个全面”战略布局，坚持稳中求进工作总基调，按照“一个指引、两手硬”重大思路和要求，全面落实“1661”发展战略，深入实施“331”发展思路，以脱贫攻坚统揽经济社会发展全局，以提高发展质量和效益为中心，以深化供给侧结构性改革和转型综改试验区建设为主线，以推进“三年大变样”城乡一体化建设为抓手，不忘初心，继续前进，同心同力，苦干实干，为建设美好岢岚做出新贡献，以优异成绩迎接党的十九大胜利召开。

**二、2017年县域经济社会发展的预期目标**

全县地区生产总值增长5.5%；全社会固定资产投资完成40.52亿元；规模以上工业增加值增长6%；社会消费品零售总额增长7%；公共财政预算收入增长－3.7%，完成1.09亿元；城乡居民人均可支配收入均增长6.5%；居民消费价格涨幅控制在3%左右；城镇登记失业率控制在4.2%以内；各项约束性指标确保完成省市下达的任务。

**三、政府主要工作任务**

（一）聚焦聚力扩投资，加快推进项目建设。一是把握机遇，狠抓项目储备。统筹规划各类项目129个，总投资120亿元，计划投资54亿元。其中列入省市县重点项目的共20项，总投资90亿元，年度计划投资16.7亿元。列入市分类管理新开工重大产业项目共9项，总投资33.8亿元，计划投资11.6亿元。二是加快进度，狠抓项目建设。完善“八位一体”推进机制，进一步创新重点项目推进机制，优化项目服务，加快建设进度。三是重点突破，狠抓产业招商。以羊豆产业、功能农业、新型材料、新能源、医药化工、文化旅游、商贸物流和电子商务等为重点，抓好策划包装、推介对接，利用中博会、高交会、西洽会以及“迎老乡、回故乡、建家乡”等活动，多领域、全方位开展招商引资。改进和完善招商引资激励机制，确保完成签约项目投资任务。加强与外部资金、项目、技术、人才的有效融合，实现引资上项由数量型向质量型转变。

（二）聚焦聚力调结构，加快推进转型升级。一是改造提升传统产业。大力发展煤炭物流产业，扶持和鼓励安塘煤炭运销加工集中区龙头发运企业抱团发展，确保年内发运量600万吨以上。大力发展煤化工产业，帮助鑫宇煤气化走出困境、达产达效；推进道生鑫宇LNG项目建设。大力发展建材产业，依托大涧乡锦绣石业、建隆石业、鸿翔石艺3户企业，抓好水电路等基础设施配套，尽快形成产加销链条发展模式，同时要确保晋兴奥隆水泥厂投产运营。大力发展新能源产业，推进大唐大阳坡一期49.5兆瓦、大唐燕家村二期49.5兆瓦、大唐分散式风电场28.5兆瓦建设。大力发展农副产品加工产业，依托山西暖神、山地阳光、薯宴食品等龙头企业，不断延伸羊、豆、沙棘、马铃薯等产业链条。大力发展文化旅游产业，扎实推进旅游景区(景点)体制机制改革创新，挖掘景点内涵，提升服务水平，发展红色旅游；加快宋长城景区建设，同步加快岢岚古城、美丽乡村、传统村落、农业观光、生态休闲等特色旅游起步发展。二是培育壮大新兴产业。大力发展现代服务业，积极扶持发展医疗、健康、养老、家政等传统服务业，探索引领商贸物流园、融资担保、信息咨询、文化娱乐等新兴服务业。积极引进高新技术产业，发展电子、信息、通信、生物工程等产业，发展新型水泥和新型墙体材料，发展镁合金、透水砖等项目。全县新兴产业投资比重达到10%以上。三是扶持发展实体经济。建立服务企业的长效机制，深化干部入企服务活动。强化企业创新主体地位，制定扶持企业发展的优惠政策。加大金融扶持力度，保障企业资金链安全。完善打击非法集资长效机制，规范有序发展小贷公司，防范和处置各类金融风险，不断优化金融生态环境。四是推进开发区改革创新。规划经济开发区36.53平方千米，空间上形成“一核四园”基本框架。“一核”是以胡家滩产业集聚区为主体功能区，向西南延伸到大涧、阳坪形成的“核心区”，主要发展以现代煤化工为主的上下游产业、以“岢岚虹”为主的石材加工以及新型材料、食品服装等轻工产业。在此基础上规划了四个园区，安塘煤炭加工集运园区以煤炭发运洗选加工、装备制造业为主，高家会新型产业综合园区以生物制药、杂粮深加工、仓储物流、电子商务、新型材料产业为主，其余两个为王家岔旅游产业开发区和燕家村风光电新能源产业园区。加快组建开发区管委会，编制省级经济开发区发展规划。

（三）聚焦聚力奔小康，加快推进脱贫攻坚。精准实施“1＋15”脱贫攻坚小康行动，完成30个村脱贫销号、4900人脱贫、1440人易地搬迁任务。突出扶志扶智，有效增动力。激发贫困户脱贫内生动力，培育贫困户自身发展能力，确保贫困劳动力有事可做、有技能做、有人能带。突出利益联结,有效促增收。加大财政投入和资金整合力度,扶持发展羊、小杂粮、多种养殖、食用菌、马铃薯主粮化、沙棘种植加工等特色产业,通过利益联结带动全县6002户建档立卡贫困户稳定脱贫;动员22个龙头企业参与产业扶贫,创新组织方式、收益模式,带动贫困户增收3000元以上;组建47个造林合作社参与营造林建设,推进特色农产品网上销售平台建设,精准落实教育、民政、卫生、残疾人4类24项政策到村到户到人。突出重点重心,有效拓成果。实施广惠新村5期、6期移民楼建设工程,推进宋长城景区周边连片贫困村乡村旅游扶贫项目,完成出列村水电路网地等基础设施建设和环境整治,改造农村危房2387户,启动160户地质灾害避让搬迁,完成10村光伏扶贫和1个农光互补电站并网发电,推广"三支贷""富民贴息贷""双创贷""5321"扶贫小额信贷及农作物保险、大病医疗保险、意外伤害保险等,不断拓展脱贫攻坚成效。突出考核问效,有效强保障。健全督查、巡查、监管、考核"四方面"机制,严把精准识贫关、精准施策关、精准脱贫关、精准帮扶关、防范返贫关、考核问效关"六关",确保脱贫攻坚再战再胜,实现年度奋斗目标。

(四)聚焦聚力夯基础,加快推进三农发展。一要大力优化农业结构。稳定粮食生产,力争粮食总产保持在0.5亿千克左右。加快发展特色农业、效益农业、生态农业,推动粮经饲统筹、种养加一体、产供销衔接。二要大力推进特色养殖。结合"一县一业",建设晋岚绒山羊品种改良点和扩繁场13个,羊饲养量达到85万只。实施新大象集团百万头生猪扶贫养殖项目,壮大周通农业巴马香猪、野猪、蜜蜂等养殖规模,因地制宜发展肉牛、肉驴等多元养殖。三要大力发展功能农业。推进食药同源开发,大力发展柏籽羊肉、小杂粮、红芸豆、野生蘑菇、羊肚菌、沙棘黄酮等高附加值保健产品,加快岢岚特色农产品药食化、功能化、主食化、副食化。四要大力实施品牌战略。打造"岢岚小杂粮""岢岚羊肚菌"等极具潜力的农产品,加大对"晋岚绒山羊""中华红芸豆""岢岚柏籽羊肉"和无公害、绿色、有机农产品的宣传力度。五要大力推进农业产业化。依靠龙头带动和科技进步,加快农业产业化进程。大力扶持产业化龙头企业,加快推进绒山羊的皮毛绒肉一体化开发,红芸豆、马铃薯、沙棘等特色农产品精深加工,不断提高产品附加值。大力培育新型经营主体,壮大农村电商、经纪人队伍,规划建设农贸市场,推进"互联网+农业",不断提升农产品市场活力和平台交易比重。六要大力实施农田水利建设。落实各项强农惠农政策,夯实农业发展基础。完成13个村的基本农田整理项目等,实施坡改梯项目,实施京津风沙源治理二期水利水保项目,实施人畜饮水提质增效工程。

(五)聚焦聚力抓统筹,加快推进城乡发展。一是打造魅力县城,提升承载能力。推进"五城联创",扎实开展交通秩序、市容市貌、环境卫生、市场监管等综合整治。持续推进省级智慧县城、省级环保模范县城创建工作,加强城市管理。完善基础设施,加快住房、供水、路网改造,不断提升城市品位和承载能力。二是建设美丽乡村,改善农村面貌。对首批列入农村建筑特色风貌整治范围的5个重点村进行集中打造,精心建设一批极具区域特色和传统风貌的升级版美丽乡村。启动农村垃圾治理省级试点工作,不断改善农村人居环境。扎实推进三井镇创卫工程、北方沟村和王家岔村传统村落修缮工程及乡村清洁工程,不断提升中心村、出列村宜居水平。三是完善交通路网,畅通发展动脉。提高公交服务能力。提升县内路网循环联通水平。建设好生态旅游区旅游公路、宋长城景区旅游公路等,为打造战略性文化旅游支柱产业奠定基础。

(六)聚焦聚力优环境,加快推进环保绿化。加强生态绿化。大力实施三山生态提升工程、乡村及通道绿化工程,构建覆盖城乡的"绿道"网络;强化森林资源管护,完成4000公顷营造林任务,重点实施京津风沙源治理造林、封山育林、退耕还林、天保工程造林等工程。加强环保治理。扎实开展"铁腕治污行动",深入打好大气、水、土壤污染防治三大战役,推进空气污染治理,推进岚漪河、北川河等重点流域生态修复治理,推进"小水网"配套项目建设,按进度抓好土地规划等工作。

(七)聚焦聚力惠民生,加快推进社会事业。一是实施"教育兴岢"计划。巩固深化均衡县成果,切实加大教育投入,优化教育资源,启用广惠新村仰峤幼儿园,开展《义务教育学校管理标准》省级试点,实施中小学教育质量提升工程和普通高中办学条件标准化建设,不断提升教育质量和办学水平。二是强化公共卫生服务。继续深化医药卫生体制改革,健全覆盖城乡居民的基本医疗卫生制度和分级诊疗制度,实施城乡对口支援,完善全面二孩政策体系,完成县中医院、县疾控中心及7个乡卫生院建设,不断提升城乡公共卫生服务能力。三是大力发展文化事业。新建多种功能文体中心,坚持"三馆"免费开放,打造30个精品农家书屋,完成6个重点村1098户有线电视覆盖任务,实施乡镇文化站及农村活动室建设。加快文化资源保护开发利用。四是加强社会保障。推进机关事业单位养老保险制度改革工作。实现城乡基本医保制度并轨。加大社会医疗救助和临时帮扶力度,继续提高城乡低保标准,落实特困人员救助供养政策,完成未成年人救助保护中心建设,启动县级救灾物资储备库项目建设。建成3个农村老年日间照料中心。五是稳定和扩大就业。拓宽就业渠道，开发公益性岗位，鼓励大学生灵活就业、网络创业，支持失业人员再就业，引导返乡农民工和剩余劳动力就近就业和自主创业。认真办好省政府6件民生实事。

（八）聚焦聚力保安全，加快推进社会治理。全面加强安全生产工作。深入开展危化品、道路交通、烟花爆竹、消防等重点行业领域安全生产大排查大整治，推进重点领域安全生产标准化建设，确保全县安全生产形势持续好转。全力维护社会稳定大局。加强信访维稳，加强社会综治，加强食品药品监管，强化应急管理和防灾减灾能力。

（九）聚焦聚力促改革，加快推进创业创新。抓好重点改革。推进供给侧结构性改革，有效落实“三去一降一补”；制定实施2017年转型综改行动计划；推进简政放权，深化财税体制改革。加快创新驱动。加快创新成果的应用推广，争取完成技术合同交易额达715万元，有效发明专利拥有量7件；推进融资创新，引导金融机构、民营企业进行投资；推进创业创新，引导和支持发展本地特色优势产业和电子商务等。

展望新征程，让我们在县委的坚强领导下，在县人大的监督支持下，紧紧依靠全县干部群众，凝心聚力，开拓创新，苦干实干，对标前行，全面加快美好岢岚和全面小康建设，以实际行动和优异成绩迎接党的十九大胜利召开！

# 不忘初心、砥砺前行，奋力谱写河曲决胜全面小康新篇章

河曲县县长　任鸿宾

2016年，我们坚持以脱贫攻坚统揽经济社会发展全局，牢牢把握稳中求进工作总基调，深入推进供给侧结构性改革，全县经济社会发展呈现出稳中有进、稳中向好的良好发展态势，实现了“十三五”的良好开局。

2017年是全面落实省市县党代会部署和实施“十三五”规划的重要之年，是推进供给侧结构性改革和转型综改的深化之年，也是脱贫攻坚和全面建成小康社会的关键之年。做好今年的工作，意义重大，影响深远。

## 一、2017年政府工作的总体要求

深入贯彻习近平总书记系列重要讲话精神和治国理政新理念新思想新战略，统筹推进“五位一体”总体布局，协调推进“四个全面”战略布局，认真贯彻中央经济工作会议精神和省第十一次党代会、市第四次党代会、县第十四次党代会总体部署，坚持省委“一个指引、两手硬”重大思路和要求，全面落实市委“1661”发展战略，坚持稳中求进工作总基调，牢固树立和贯彻落实新发展理念，适应把握引领经济发展新常态，坚持脱贫攻坚统揽经济社会发展全局，以深化供给侧结构性改革与深化转型综改试验区建设为主线，以提高发展质量和效益为中心，创新实施“1266”工作思路，全力做好稳增长、促改革、调结构、惠民生、防风险各项工作，促进经济稳步向好和社会和谐稳定，加快全面脱贫、全面小康进程，以优异成绩迎接党的十九大胜利召开。

## 二、2017年全县经济社会发展的主要预期目标

全县地区生产总值增长5.5%左右，预计农业增长4%左右，工业增长3%以上，第三产业增长9%左右。全社会固定资产投资按市下达任务执行。社会消费品零售总额增长7%左右，与市持平。一般公共预算收入下降9%左右。城乡居民人均可支配收入分别增长7%左右和7%以上。居民消费价格涨幅控制在3%左右，与市持平。城镇新增就业完成市定任务，城镇登记失业率控制在4.1%以内。

## 三、围绕上述目标任务，重点抓好以下九方面工作

（一）聚焦脱贫攻坚，着力补齐民生发展短板。一是坚持“一个统揽”格局。始终坚持以脱贫攻坚统揽经济社会发展全局，形成全县统一部署、横向合力推进、纵向上下联动的扶贫大格局。通过综合施策、精准发力，确保全县4个乡镇整体出列、78个贫困村退出、7000名贫困人口脱贫，实现脱贫攻坚再战再胜。二是着力“五大重点”突破。深入实施“五个一批”“六个精准”，贯彻落实8大工程20个专项行动和“9+9”工程，

紧盯工作重点持续用力。持续抓好易地搬迁，加快推进户籍人口50人以下行政村整村搬迁工作，完成8个行政村3个自然村142户321人的搬迁安置任务。持续抓好产业扶贫，大力发展光伏扶贫发电项目，大力发展种养产业，建设20万头生猪养殖基地，新增饲养母驴3000头。持续抓好金融扶贫，主动对接产业扶贫项目，力争全年实现财政贴息放贷规模达到1.6亿元以上。持续抓好生态扶贫，实施退耕还林一批，实施造林绿化一批，聘用护林员一批，实施省级干果经济林提质增效一批，实施干果经济林一批。持续抓好基础建设，全面推进716户农村危房改造，集中解决22个贫困村37个非贫困村的饮水安全问题和9个村的网络通信问题。启动建设11个村卫生室，确保年内运行。三是大力实施特色产业。实施好优质杂粮增收、设施瓜菜提质增效、健康养殖增收、优质林果示范推广、农产品加工和电商营销五大工程。实现村有主导产业、户有增收门路，贫困人口年人均增收300元以上。四是加快发展功能农业。重点培育发展海红果、小杂粮、红葱等特色农业产业，着力开发果酒、果酱、果醋系列海红果深加工产品，打造具有区域竞争力的名优品牌。以富硒农产品为基础，发展老陈醋、黄酒、饮料、淀粉等，带动辐射功能性农业不断发展壮大，逐步形成功能性农产品的系列品牌。五是提升农业产业化水平。大力推动农业供给侧结构性改革，同步实现集体经济收入破零。加大对新大象集团、莲芯硒美、兴农科技、四海进通等农业企业扶持力度，着力发展一批带动能力强、辐射范围广、发展后劲大的农产品生产加工大集团、大企业。争取农业部“农业信息进村入户”项目，积极与淘宝、京东、苏宁、乐村淘等电商企业对接，多途径多形式创建各类农村电商交易平台。在种养殖上谋求突破，实现年内种植优质牧草200公顷、全株青贮玉米533公顷，新增羊饲养量1万只。六是强化农业基础支撑。大力兴水造地，实施项目支撑带动脱贫。加速推进引黄灌溉工程二期及配套管网工程建设，确保工程沿线4个乡镇45个村3.65万人受益。全面改善农业产业发展条件，实施农村饮水安全工程、淤地坝除险加固工程、京津风沙源治理工程、朱家川河道治理工程等。继续落实好农机购机补贴惠农政策。推进土地整理、中低产田改造和高标准农田建设，加快供水、供电、交通、通信设施等农业农村基础设施建设。

（二）实施创新驱动，引领实体经济转型升级。一是做大做强优势产业。深化煤电联营，推动煤电化建一体化发展，促进在建山煤河曲电厂早日并网投运，争取神东河曲电厂二期、神华河曲电厂三期、黄柏煤矿等重点项目前期工作取得突破性进展，积极支持振钢化工有限公司挂牌新三板，做好山煤河曲500千伏送出工程协调保障工作。二是改造提升传统产业。积极争取省里新设立总额10亿元的技改专项资金，切实抓好工业技术改造。重点支持同德化工上市公司提升产品市场竞争力，进一步做大做优做强。加快推进桃园华川二期、山煤旧县露天煤矿洗选加工项目，提高煤炭入洗率，通过煤炭产—运—洗—销、煤—电—建产业延伸，实施煤炭清洁生产利用，形成新的优势产业。三是创新发展园区产业。以建设一个省级开发区为目标，把蚰蜒峁产业集聚区作为起步区和核心区，辐射发展楼子营工业、开元功能农业、旧县循环经济、土沟农产品加工、沙泉仓储物流、沿黄旅游文化等6个产业园区，形成一区多园。在产业布局上，大力发展煤炭清洁高效利用、新型综合能源、新型电子材料、煤化工、装备制造、绿色功能农业加工、文化旅游、现代物流、电子商务等九大产业。四是培育壮大新兴产业。重点抓好风电、光伏发电等项目落地并开工建设。推进传统服务业提质发展，突出业态创新、管理创新和服务创新，实现餐饮、家政、房地产、健康、养老等服务便利化、精细化、品质化。加快发展现代物流产业，推进物流通道及网络建设。加快推进农村日间照料中心、老年公寓等项目建设，以新型业态的突破促进新兴产业的繁荣。五是打造发展文体旅产业。加快河曲民歌、二人台品牌的市场化、商业化进程。着力推进影视、文学创作、美术基地建设；以民歌二人台为龙头，促进民歌音乐剧和舞蹈推陈出新，着力打造西口文化品牌；加快开发黄河风情旅游带；加大对临隩公园、古渡广场等公益性景区的开发力度，积极打造城市旅游休闲娱乐新亮点，丰富城市旅游新业态。推动旅游与文化等产业的融合发展，促进旅游业向观光、休闲、度假并重转变，塑造河曲旅游新形象。

（三）推动供给侧改革，积极培育发展新动能。一是坚定不移去产能。提升安全生产水平，促进煤炭市场供需关系继续改善。二是扎实有效去库存。加大棚户区改造和城中村改造货币化安置力度，确保货币化安置比例不低于50%，采取多种措施积极化解商品房库存。支持企业搞好产销衔接，降低工业产成品库存。推动煤炭、化工、建材等行业的“河材河用”。三是积极稳妥去杠杆。建立健全产融合作机制，健全产融对接服务平台，缓解企业融资困难。四是多措并举降成本。合理降低企业用能用地成本、物流成本，大力开展精细化管理，有效提高劳动生产率和利润率。五是精准发力补短板。不断增加财政资金和民间资本投入，重点提升公共服务、基础设施、创新发展、资源环境等支撑能力。

（四）狠抓项目建设，切实增强发展支撑后劲。一是强化项目优质服务。继续强化项目建设“八位一体”

推进机制，实现闭环管理。深化"干部入企服务"和"项目大起底"活动。二是抓好重点投资项目。抓好全县24个新开工重大项目，总投资187亿元，计划年度完成投资41.73亿元。三是创新对外开放平台。实施晋陕蒙黄河金三角区域协同合作战略，强化交流互动，促进深度融合。加快煤炭、电力、炸药、水泥等优势工业产品"走出去"步伐，为产业转型升级挪腾空间。四是提升招商引资水平。加快推进山西国京电力有限公司50兆瓦风力发电项目、晋丰通融投资有限公司低层装配式建筑构件生产工厂项目落地开工建设。实施"互联网＋"行动，在医疗卫生、产业发展、招才引智、科技创新、基础设施、文化旅游等方面开展全方位合作，推动大数据与公共服务等深度融合。加大与北京忻州企业商会进行多领域、广范围的合作，合作开展智慧医疗县建设，统筹推进县乡村三级医疗体系建设。充分利用国家资本市场服务脱贫攻坚优惠政策，着力推动金融信贷支持、扶贫再贷款、PPP项目合作、开放招商合作，推动县内优质企业加快上市步伐。力争全年招商引资项目到位资金30亿元以上。

（五）推进城乡统筹，打造宜居宜业美丽河曲。一是改善基础设施。持续加大城市建设力度，旧城改造与新区开发协同推进、全面发展。重点实施"十路三网"建设，加快推进县城棚户区改造。二是加快内联外通。加快准朔铁路通车、晋蒙黄河大桥建设进度。实施园区公路建设。实施"十三五"农村公路网及贫困地区道路建设，积极谋划县城过境公路建设。三是推进五城联创。持续推进国家园林县城、省级智慧县城、省级环保模范城市和省级文明县城创建工作，进一步提升城市管理水平。四是建设美丽家园。构建以县城为龙头、城镇为带动、新农村为支撑的"一体两翼"发展格局。优化城镇空间布局，推进旧县古村落保护和完善提质、农民安居、环境整治、宜居示范等城乡人居改善工程，完成5个村的农村建筑特色风貌整治任务。

（六）深化重点改革，不断激活发展动力。深化重点领域改革。推动"放管服效"改革向纵深发展；实施"互联网＋政务服务"，健全完善政务综合服务平台；完善PPP有效推进机制。深化行政审批制度改革。继续做好国务院、省政府、市政府取消、下放、调整行政审批项目的承接工作。深化农村产权制度改革。推进农村土地所有权、承包权、经营权"三权分置"；深化农村土地承包经营权抵押贷款试点工作；推进农村产权流转交易市场建设，做好农村集体产权确权到户试点工作；加快推进国有林场改革，继续深化集体林权制度改革。深化综合行政执法体制改革。

（七）强化人才支撑，促进创业创新。积极培育双创主体。继续加大支持全民创业和服务中小企业力度，深化创业型城市创建工作；支持新建基地型、旧企业闲置厂房改造型、城市楼宇型等小企业创业基地发展，培育认证众创空间等孵化基地；提高基本公共服务保障水平，支持个转企、小升规、规改股、股上市，支持创新型中小企业成长为"科技小巨人"，支持龙头企业通过兼并重组成长为大优强的"行业领头羊"。构建人才流动机制。引进高端科技创新人才、高级经营管理人才和工匠型高技能人才，全面落实用人单位自主权，逐步打通政企、事企人才双向流动通道。

（八）注重民生改善，持续增进人民福祉。一是着力促进和改善民生。教育方面。完成新建南园幼儿园附属工程、启动新建黄河路学校项目工程、新建刘家塔联校项目工程、"初中教育强腰工程"；全面提高教育教学质量、全面落实教育资助惠民政策、全面落实农村扶贫即支教政策；强化校长教师两支队伍建设、强化办学模式和教育人事制度改革；严格规范招生办学行为。卫生方面。积极推动新建县医院年内开工建设，提高县医院自主创新能力和临床诊疗水平。深入推进医药卫生体制改革，健全药品供应保障机制，实施好国家基本药物制度，扎实推进公立医院改革；加快推进分级诊疗制度建设，加强乡镇卫生院建设和管理；加强县乡村三级医疗卫生体系建设。二是着力稳定和扩大就业。加快发展服务业等劳动密集型产业，开发更多就业岗位。扎实开展就业援助专项行动，托底帮扶就业困难人员。三是着力增加城乡居民收入。努力增加就业岗位和创业机会，着力增加农民经营性收入和工资性收入；深化农村产权制度改革，增加农民财产性收入；全面落实国家和省、市各项强农惠农补贴政策，增加农民转移性收入，确保农民收入增长实现"三个快于"目标。四是着力提升社会保障水平。大力推进县城居住低收入家庭住房保障工作。推进机关事业单位人员养老保险制度改革。全面落实城乡低保发放、大病医疗救助、临时困难救助、农村"五保"供养、残疾人帮扶等兜底性政策，加大财政对社会养老机构的奖补。

（九）维护社会稳定，抓好安全生产和生态保护工作。一是加强安全生产工作。压实政府领导责任、部门监管责任和企业主体责任。加强重点行业、重大活动、重要时间节点安全监管。全力开展隐患大排查、大整治，确保我县安全生产工作持续稳定好转。加强食品安全监管，保障人民群众饮食、用药安全。加强应急管理，全面提高应对突发公共事件的能力和水平。二是抓好生态环境保护治理。深入打好大气、水、土壤污染防治三大战役，持续引深"铁腕治污"行动。全力推进"一廊三点四区五纵"林业生态修复工程，实施新一轮退耕还林项目和县城绿化提质改造工程。三是全力维护社会稳定大局。不断完善"六网覆盖"工程。深化平安河曲建设，深入开展“打黑除恶”等专项斗争，健全立体化社会治安防控体系。

不忘初心、砥砺前行，让我们一起苦干实干积极干，撸起袖子加油干，奋力谱写决胜全面小康、让河曲更加出彩的精彩篇章！以实际行动和崭新业绩迎接党的十九大胜利召开！

# 实现新突破、全面建小康

保德县县长　韩　斌

2016 年，我们坚持以脱贫攻坚统揽经济社会发展全局，扎实推进稳增长、促改革、调结构、惠民生、防风险等各项工作，较好地完成了年度目标任务，实现了“十三五”良好开局。

2017 年是推进供给侧结构性改革和转型综改的深化之年，也是我县脱贫攻坚决战决胜之年。做好今年的政府工作，意义十分重大。

**一、2017 年政府工作的指导思想**

深入贯彻习近平总书记系列重要讲话精神和治国理政新理念新思想新战略，统筹推进“五位一体”总体布局，协调推进“四个全面”战略布局，认真贯彻省第十一次党代会、市第四次党代会、县第十四次党代会总体部署，坚持“一个指引、两手硬”重大思路和要求及市委“1661”发展战略，坚持新发展理念，坚持稳中求进工作总基调，坚持脱贫攻坚统揽经济社会发展全局，以深化供给侧结构性改革与深化转型综改试验区建设为主线，以提高发展质量和效益为中心，深入实施“1245”发展战略，围绕供给侧结构性改革、振兴实体经济、脱贫攻坚、生态建设、城乡统筹、改革开放、文化繁荣、改善民生八项重点，努力在产业转型升级、工业强基、补齐发展短板、打造青山绿水、推进协调发展、增强发展活力、文旅融合发展、共享发展成果八个方面实现新突破，以优异成绩迎接党的十九大胜利召开。

**二、2017 年县域经济社会发展的主要预期目标**

地区生产总值增长 5.5%左右；规模以上工业增加值增长 3.5%；全社会固定资产投资按市下达任务执行；社会消费品零售总额增长 7%左右；公共财政预算收入完成 3.72 亿元，与去年基本持平；城乡居民人均可支配收入分别增长 7%左右和 7%以上。城镇新增就业 2200 人左右，城镇登记失业率控制在 4.2%以内，居民消费价格涨幅控制在 3%左右。约束性指标和转型指标按市下达任务确保完成。

**三、2017 年政府工作重点**

（一）围绕同步小康，坚持一个统揽，坚决打赢脱贫摘帽攻坚战。确保全县贫困村退出 80 个以上、退出率达到 94%以上，确保贫困人口脱贫 1.2 万人以上、贫困发生率降到 0.75%以内，确保贫困县如期摘帽。同时，对已脱贫的 7965 户 2.23 万人进行巩固提升。一是扎实推进特色产业扶贫。以“4 个 1000 万”特惠补助为重点，强力助推产业发展。稳步发展特色种养、特色林果、设施蔬菜等传统产业，全面推进乡村旅游、电商营销、光伏发电等新兴产业，大力扶持恒胜酿酒、红源果枣、西府海棠等本地龙头企业，积极引进山地阳光集团、天生红枣业等外地加工企业，以龙头企业带动特色产业，以特色产业推动脱贫增收。通过发展产业，带动 9700 余名贫困人口脱贫。二是打赢增绿增收两场战役。采取“合作社＋贫困户”造林模式，继续推进退耕还林、京津风沙源治理、欧投造林项目、通道荒山绿化等林业工程，完成造林 5333 公顷。扎实抓好退耕经济林种植，通过开展退耕还林补偿、参与造林、管护劳务、干果经济林提质增效、扶持促进林业专业合作社发展等措施，带动 3990 余人脱贫。推进地质灾害治理，加快土地复垦整治。三是大力加强基础设施建设。交通方面，实施县乡公路改造养护、农村公路窄变宽、生命安全防护等工程，补齐交通发展短板，提升畅通服务能力。水利方面，坚持“六水共治”，完成 123 个村的饮水安全巩固提升工程，完善“一村一井”工程。此外，加快补齐贫困村发展短板。四是加快推进易地扶贫搬迁。今年完成搬迁任务 1184 户 3543 人，同时落实好安置区后续产业。五是全面发挥社保兜底功能。抓好教育扶贫、健康扶贫上、民政扶贫，完成兜底脱贫 1426 人。六是激发贫困群众内生动力。积极开展精神文化扶贫行动，积极开展实用技术培训，实现2000余名贫困群众持证就业。七是严格落实干部帮扶责任。深入开展干部进村入户帮扶活动，保证各项政策措施到村到户到人到位。八是多措并举拓宽筹资渠道。采取“涉农资金整合一块，县级财政切出一块，金融机构贷出一块，社会团体扶持一块”的筹资方式，聚集各方财源，保障脱贫攻坚各项工作的顺利开展。

（二）围绕工业转型，大力发展新兴产业，着力培育经济发展新动能。一是夯实转型基础。推进煤炭供给侧结构性改革，坚决淘汰落后产能，有序释放先进产能。确保全年煤炭产量稳定在1500万吨左右；积极推进煤电联营；破解铝土资源配置难题，推进山西高耐特石油支撑剂、慧能石油支撑剂等项目；大力发展新型建材产业，推进彬凯水泥60万吨粉磨站技改项目。二是坚定转型方向。围绕现代煤化工、新能源、新材料等领域，突出抓好煤层气、光伏发电等战略性新兴产业。煤层气产业要加快中石油煤层气12亿方产能建设，推进海通煤层气液化、燃气输送管道扩建及各类加气站等续建项目。完成11个续建1.1兆瓦村级光伏电站项目，确保年底全部并网发电。三是抓住转型关键。切实抓好两个省重点项目、5个市重点项目和9个重大产业项目。重点建设王家岭煤电化工循环工业园区、杨家湾铝电建材工业园区、冯林韩农业产业园区，加快在建项目，引进转型项目。四是厚积转型后劲。创新招商引资模式，年内要在山东信发集团、上海东方希望集团、江苏中利光伏集团的落地建设上取得新进展。全力推动冯红铁路建设项目、海通城市燃气管线扩建项目尽快落地、早日开工。

（三）围绕农业增效，大力发展现代农业，加快推进农业产业化进程。一是发展特色产业。实施小杂粮振兴工程，发展特色优势产业，突出抓好600公顷杂粮、600公顷渗水地膜谷子、600公顷薯类等种植基地建设，同时发展藜麦、油用牡丹、食用玫瑰、中药材等高附加值农产品。以实施规模养殖为重点，建设大象集团生猪养殖基地和厚德集团养驴基地，发展15个家庭养殖场、30个规模养殖户，推动庭院分散饲养向园区规模养殖转变，全方位推进农牧产业转型升级。二是壮大龙头企业。加快地理标志、绿色食品、有机食品认证，做大做强做响保德油枣、黄河石花鲤鱼等本地品牌。择优扶持一批市场前景广阔的本地红枣加工企业，延伸产业链，推进深加工，推动红枣产业从初加工向精深加工转化、从生产扩张型向质量效益型转变。三是发展经营主体。稳步推进农村集体产权制度改革，完成农村土地承包经营权确权登记颁证工作。积极发展家庭农场、专业大户、农民合作社、农业产业化龙头企业等新型农业经营主体。四是健全支撑体系。以基层农技推广、农产品质量安全监测、动植物疫病防控、气象防灾减灾、生产资料供应等为重点，进一步完善农业服务体系。加强“互联网＋农户＋零售商＋龙头企业”电子商务服务体系建设，逐步形成网上交易、仓储物流、终端配送的一体化经营模式。

（四）围绕三产提速，大力发展现代服务业，不断增强县域经济发展活力。发展现代物流。着力打造辐射晋陕、连接蒙冀的现代物流集散地，大力发展煤炭物流，推动世忻铁路及3000万吨煤炭集运站正式运营，建设一批集煤炭洗选、加工、仓储、配送为一体的现代化煤炭物流中心。开发文化旅游。深入挖掘西口文化、黄河文化、黄土风情和自然风光等旅游资源，完善飞龙山景区基础设施，申报“三山”省级森林公园，重点打造黄河风情游、晋商故居游和贺家山生态旅游区；大力开发乡村旅游，引导发展农家乐、古建筑、古民居、沟域经济、特色水果采摘园等旅游景点；组织策划旅游招商系列活动，加快融入忻州全域旅游经济圈。推动商贸活县。加快建设批零住餐、家政服务、快递配送、体育健身、交通运输等各类专业市场，大力发展健康养老、电子商务、金融保险等新兴产业，加快融入“保府城市圈”。

（五）围绕创新驱动，深化重点领域改革，不断释放政策红利和发展动力。“三大导向”抓改革。全力以赴抓好供给侧结构性改革，推进“三去一降一补”取得明显成效；深化转型综改，推进一批重大改革、重大事项、重大项目和重大课题；深化“放管服”改革，继续简政放权；推进农信社改制；扎实抓好行政综合执法体制、财税金融、行政审批、国有企业等重点领域改革。“三向发力”促创新。强化金融创新、科技创新、理念创新，最大限度争取各类转移支付资金、各类政策性资金和农发行、国开行等国家政策性银行的中长期低息扶贫贷款；拓展社会资本和市场资本融资渠道，吸引社会资本参与建设；今后凡属政府投资项目，均可以由政府购买服务。“三位一体”用人才。有计划地引进高级专业人才，大力培养本地乡土人才，构建全新的人才自主流动机制。

（六）围绕民企振兴，大力提升服务水平，不断开创民营经济发展新局面。坚持政策拉动。严格执行各项减税降费政策，通过简政放权、减免费用、缓缴基金、加大补贴等系列“组合拳”，支持有发展潜力的中小微企业。深化创新驱动。全面开展大众创业、万众创新，精心组织系列“双创”活动；开展科技创新，加大著名商标、知名商标、名牌产品培育力度；推进管理创新；推动金融创新。注重搭建平台。加快推进“一区三园”建设，鼓励民营经济向工业园区集中。切实搞好服务。不断提升服务水平，实现干部入企服务常态化；职能部门要为企业办理手续提供最便捷的服务，金融部门要为企业融资提供最大限度的支持。

(七)围绕教育强县,狠抓教学质量提升,努力办好人民满意的教育。深入推进“改薄”工程,实施农村教学点校舍改造,推进普通高中标准化建设。出台教育振兴五年规划,强化中小学教学质量检测考核,创新职业教育人才培养模式,全面提升办学水平与教学质量。加强对校长、教师的绩效考核,强化教师业务培训,鼓励引进社会资本办学。不断拓宽筹资渠道,不断优化教育发展环境,切实维护广大教师和学生权益,保障校园安全。

(八)围绕城乡统筹,持续改善人居环境,在美丽保德建设上取得新进展。完善规划体系。编制完成县城总体规划和县域城镇体系等规划,进一步加强城市管理,切实维护规划的权威性。改善人居环境。完成新城区水系、体育看台续建工程,启动旧城区雨污分流改造,完善城市路水气、热管网、电力通信、防洪排涝等公共服务,切实增强中心城区的辐射带动作用;深入推进“五城联创”,开展智慧城市建设;理顺城市管理体制,提高城市管理水平。加快桥头、义门、杨家湾三个重点镇建设;启动林遮峪、土崖塔国家卫生乡镇建设,持续巩固提升创卫成果;建设一批宜居宜业、各具特色的新型小城镇。着力打造5个建筑特色风貌示范村,大力开展158个贫困村的村容村貌、户容户貌整治活动。重点推进采煤沉陷区治理搬迁安置。按时间节点推进2016年和2017年14个村的年度安置任务,全面完成采煤沉陷区搬迁安置任务。加强环境保护。引深“铁腕治污行动”,加大以雾霾为重点的大气污染治理力度,扎实开展水污染防治,强化土壤污染整治,推进环境监管网格化管理,严厉打击各类环境违法行为。

(九)围绕平安创建,持续抓好安全生产,着力维护和谐稳定的社会环境。深入开展安全生产大检查,完善应急救援体系,不断提升企业本质安全水平;持续开展以煤矿为重点,涉及各行业领域的安全隐患排查;坚决维护矿产资源秩序,严厉打击私挖滥采、越层越界开采等非法违法生产经营建设行为。坚守信访稳定底线,进一步畅通信访渠道,加大信访积案化解办理力度。完善社会治安防控体系,建立健全信息化防控平台;完善社会应急联动指挥系统,强化应急避难场所建设,不断提高突发事件的预防处置能力。

历史赋予我们使命,时代呼唤我们担当。让我们在县委的坚强领导下,紧紧依靠和团结全县人民,攻坚克难,奋发图强,撸起袖子加油干,扑下身子抓落实,为全面打赢脱贫攻坚战、全面建成小康社会做出新的更大的贡献,以优异成绩迎接党的十九大胜利召开!

# 以脱贫攻坚统揽全局,加快实现全面小康进程

偏关县县长　**曲俊安**

2016年是“十三五”规划的开局之年,是全面实施县委“1551”发展战略的起步之年,也是我县脱贫攻坚、全面建成小康社会的首战之年。一年来,县政府一班人团结带领全县人民,以习近平总书记系列重要讲话精神为指导,按照省委“一个指引,两手硬”的重大思路和要求,全面落实市委“1661”发展战略,抢抓历史机遇,加大攻坚力度,统筹推进稳增长、调结构、促改革、惠民生、防风险各项工作,全县经济社会发展保持稳中有进、稳中提质、稳中向好的发展态势。

2017年是实施“十三五”规划的关键之年,是供给侧结构性改革和转型综改的深化之年,更是全面贯彻落实市第四次党代会和县十三次党代会精神的起步之年,做好今年的工作,意义重大,影响深远。

**一、2017年政府工作的总体要求**

深入贯彻习近平总书记系列重要讲话精神和治国理政新理念新思想新战略,坚持“一个指引、两手硬”重大思路和要求,坚持新发展理念,按照稳中求进工作总基调,认真贯彻市第四次党代会精神和县第十三次党代会精神,坚持市委“1661”发展战略,全面实施县委“1551”发展战略,牢牢把握推进“一个统揽、五大战略、五个起来、一个目标”的主要内容,统筹做好稳增长、促改革、调结构、惠民生、防风险各项工作,促进经济稳步向好、社会和谐稳定,加快全面脱贫、全面小康进程,以优异的成绩迎接党的十九大胜利召开。

**二、2017年全县经济社会发展的主要预期目标**

全县地区生产总值增长5.5%左右，规上工业增加值增长3%左右，社会消费品零售总额增长7%左右，公共财政预算收入增长5%左右，城镇常住居民人均可支配收入增长6.5%左右，农村常住居民人均可支配收入增长7%左右，全社会固定资产投资按市下达任务执行，居民消费价格涨幅控制在3%左右，城镇登记失业率控制在4.2%以内。约束性指标确保完成省、市下达任务。

**三、重点抓好以下十个方面工作**

（一）突出脱贫统揽全局，加快全面小康进程。全力加快贫困乡村、贫困群众脱贫致富步伐，确保年内实现6个乡镇脱贫摘帽、39个贫困村退出、8560口贫困人口脱贫、1218人易地搬迁的目标任务。一要着眼群众增收，培育富民产业。按照“一村一品一主体”产业扶贫和“五位一体”金融扶贫的模式，扶持贫困群众大力发展增收产业。积极支持配合山西元嘉药材开发有限公司在我县大规模发展中药材种植、加工，力争中药材种植成为我县农业新的支柱产业；扶持3000户贫困户发展养猪产业，同时巩固壮大现有的规模养羊专业户；在40个贫困村建设10个4×100千瓦村级光伏扶贫联合电站，并推广建设5000户（每户3千瓦）分布式户用光伏扶贫电站；用好用足省支持忻州的五项扶贫特惠政策，计划完成退耕还林1867公顷，推广渗水地膜谷子1333公顷，养驴2000头，整体搬迁两个常住人口50户以下贫困村，在12个旅游贫困村发展乡村旅游项目；培育规范化农民专业合作社50家，发展各类专业大户120户。同时，要充分发挥家庭农场、专业大户、农村经济合作组织带动作用，拓宽增收渠道，实现贫困户家庭收入稳步增长。二要强化项目支撑，改善基础条件。重点完成好500户农村危房改造，改善贫困群众生产生活条件。加快推进农村电网改造，实施农村安全饮水巩固工程，切实解决贫困群众最关心最迫切的吃水、住房、用电等问题。此外，着力推进新型职业农民培训，计划完成新型职业农民培训1000人。三要突出均等普惠，提升公共服务水平。教育、卫计、民政、人社等部门要围绕补短板、保基本、促均衡，全面落实好社会保障四方面政策，不断提高贫困村公共服务水平。加大政策性脱贫支持力度，确保财政扶贫资金投入绝对额和增幅双增长。四要强化工作措施，增强脱贫实效。

（二）突出项目牵引拉动，着力增强发展后劲。一要精心抓谋划，扎实做好项目论证争取。年内要重点落实黄河万家寨山西实业有限公司和潞安集团合作的3333公顷（5万亩）油用牡丹和光伏发电一体化项目，首乐能源、穆勒四通和山西火品生物科技有限公司合作的黑枸杞与光伏发电一体化项目，以及黄河偏关段旅游综合开发项目，力争早签约、早落地、早开工。二要跟踪抓落实，全力加快项目建设进度。大力推进同煤350万吨、博泰350万吨、国新能源500万吨煤炭集运站建设进度，力争早日建成投产；积极协调督促乾瑞德、远东晋兴加快前期工作，尽快核准开工；重点推进智慧能源10万千瓦风电项目和北京华翔偏关南堡子5万千瓦风电项目。继续抓好省市重点工程，协调服务好209国道提标、准朔铁路建设，做好各项配合工作。全力抓好9个分类考核项目的督促、服务和推进工作，力争分类考核的9个重点产业项目落地开工。三要严格抓管理，切实保障项目规范实施。全县上下要把创优发展环境作为保障项目落地的总抓手，积极主动为企业服务，超前谋划好产业规划、土地空间、环评、能评等工作，及时化解项目建设各类瓶颈难题，确保项目“进得来、留得住、早投产、早见效”。

（三）突出农业提质增效，大力推动“三农”发展。一要围绕提质增效，深度开发特色产业。大力发展杂粮、干鲜果、设施蔬菜、牧草业、中药材、油用牡丹等特色产业。以推进现代畜牧业发展为方向，新建标准化养殖小区4个，标准化规模养殖场5个，引进肉驴2000头，发展规模养羊户3534户，羊饲养量稳定在75万只以上，猪饲养量达6万头以上，家禽饲养量达38万只以上。大力推广得到农业部认证和许可的老营“意丰”牌无公害蔬菜，打通销售渠道，叫响品牌知名度。发展反季节水果，打造现代高效农业。全面落实标准化管理措施，进一步提升经济林管理水平。充分利用已取得国家地理标志产品认证的偏关小米、羊肉两项认证产品，做优品质、做亮品牌。不断完善产业服务体系，大力发展农产品深加工，推进全产业链开发。健全营销体系，以“农芯乐”为主体，全力实施电子商务进农村工程，推动县级电子商务运营中心稳步发展。切实保障粮食安全，确保粮食总产量稳定在5000万千克以上。二要着眼补齐短板，强化基础设施建设。大力实施水利水保工程，实施京津风沙源项目，对8座淤地坝进行除险加固，完成水土保持综合治理，加快农业机械化进程。严格落实耕地占补平衡制度，加大土地开发整理力度。三要强化科技兴农，加强科技支撑作用。继续实施基层农技推广体系改革与建设项目，加快科技转化利用，全县综合机械化水平达到45%，完善农产品质量安全监测中心项目建设。

（四）突出工业转型升级，提升发展质量效益。一是抓企业帮扶，实现稳定增产。继续引深干部入企服务活动，帮助企业解决实际困难。千方百计协助黄万公司、华能风电、大唐风电增加上网电量指标，力保发电机组能够正常运行；鼓励引导晋电化工、大乘电冶进行技术改造，提高产品附加值；鼓励引导吉泰、泰鑫、锦兴、广盛恒等涉煤企业抱团经营，融入区域煤炭产销联合体系，促进产销衔接，降低库存和资金占用。二是抓项目推进，增强发展后劲。加快推进一批投资规模大、技术含量高、市场前景好、带动能力强的重大项目，尽快形成全县工业新的经济增长点。保障服务好在建的华能2万千瓦光伏发电项目，确保年内建成并网发电；积极推进龙源49.5兆瓦风力发电项目建设，力争年内建成投产。协调金融等相关部门，搭建融资平台，为企业引资融资创造条件，积极扶持企业做大做强。

(五)突出城乡协调发展，加快新型城镇化建设。一要精心编制建设规划，不断优化城乡布局。高质量编制完成县城总体规划部分区域的修编、县城1∶500地形图测绘文本，同时完成县城控制性详细规划等。强化城乡规划执法，规范城乡建设秩序。二要全力推进开发建设，持续扩大城镇规模。高起点规划，分段实施马梁桥至罗汉坪新区道路及两侧立面整治、人行道铺设、绿化亮化工程，府街、城北大街道路建设工程，龙华西街道路排水改造工程，不断拉大城市框架。持续加大旧城区改造力度，精心实施所坡街、文昌庙街、隆岗寺街等道路提质改造工程，配套实施排污管网改造，进一步完善城市功能。实施县城古城墙恢复一期工程、古城大街临街仿古立面整治工程，彰显县城特色。加强交通基础建设，年内实施209国道杨家营至堡子湾二期改造项目。积极推进城区街巷硬化、排水管网铺设、残垣断壁整治和裸露坡面治理等项目。三要注重内涵提升，加快建设美丽乡村。高标准抓好一个省级美丽宜居示范村、两个市级美丽宜居示范村、两个县级美丽宜居示范村的创建工作。认真开展农村建筑特色风貌整治工作，年内完成5个村的整治任务。

(六)突出文旅深度融合，壮大文化旅游经济。一要精心编制产业发展规划。年内编制完成全县旅游发展控规、详规，启动对“西线黄河风情游”和“东线长城边塞游”沿途涉及景区(景点)进行可行性研究和规划论证。二要切实抓好重点景区建设。全力抓好重点景区建设，协调推进老牛湾码头项目建设，深度推进寺沟护宁寺景区二期工程建设，重点打造水泉红门口地下长城景区；全力推进12个贫困村旅游项目。三要持续加大宣传推介力度。加强宣传推介，打响“中华长城古堡第一县”“黄河风情特色县”“黄河入晋第一湾”等文化品牌，积极推介偏关旅游。创新宣传营销模式，提升偏关旅游知名度。四要健全完善经营管理机制。加快推进景区管理体制改革和创新，理顺景区管理体制。有选择地引进社会资本投资景区建设或开发重点旅游村，加快全县旅游产业发展步伐。

(七)突出改善生态环境，加快推进绿色发展。一要推进生态建设。继续深入推进造林绿化工程，重点实施好退耕还林、京津风沙源治理、吕梁山生态脆弱区治理等林业重点项目。大力推进退耕还林和干果经济林建设，打造万亩的长城生态景观林，全力实施以神河高速为主的通道绿化工程和乡村绿化工程，实施封山育林工程800公顷。结合县城创卫，启动城区绿化规划，大力实施“见缝插绿”工程，不断提升县城绿化水平。二要加强环境保护。健全和完善环境保护网格化管理体系建设，引深“铁腕治污行动”，严厉打击各类环境违法行为，打好大气、水、土壤污染防治三大战役；深化“控煤、治污、管车、降尘”重要举措，持续削减污染物排放量，完成黄标车老旧车淘汰任务，持续提升环境保护工作水平，全面完成省、市下达的年度减排任务。

(八)突出安全和谐发展，维护社会大局和谐稳定。一要抓好安全生产工作。按照“4438”工作机制，以铁的担当尽责、铁的手腕治患、铁的心肠问责、铁的办法治本，全面加强安全生产工作，促进全县安全生产形势持续稳定好转。二要强化社会综合治理。完善立体化社会治安防控体系，保持打黑除恶的高压态势，保障人民生命财产安全。严格落实信访条例，创新信访工作机制，着力解决信访突出问题，全力促进社会和谐稳定。

(九)突出保障改善民生，提升群众幸福指数。一要大力发展社会事业。继续加大教育基础建设投入，积极推进实验小学教学楼项目、二中科技楼项目、三中体育场改造项目前期工作。继续实施特岗教师招聘计划，优化教师队伍。全面深化医疗卫生体制改革，巩固完善基本药物制度。积极申报县中医院南楼改造项目，加强中医药服务能力建设。加强文化基础设施建设，加快推动全民健身中心、文化馆项目建设，全力实施文化惠民工程，丰富群众文化生活。切实加强文物保护工作。二要提升社会保障水平。稳步提高职工、居民养老保障水平，实现养老、医疗、失业、工伤、生育保险参保人数稳步增长。健全城乡最低生活保障动态管理机制，加大社会救助力度。启动运行马家坡社会福利服务中心。加快保障性住房建设，完成2016年棚户区改造续建任务798户和市政府下达的新建任务。积极推动和服务全民创业。

(十)突出全面深化改革，激发发展内生动力。一要深入推进简政放权。深化行政审批制度、商事制度等改革工作，进一步提高公共服务质量和效率。全面推进司法、社会治理、教科文卫等体制改革。深化财税体制改革，实施全面规范、公开透明的预算制度。加强社会信用体系建设。二要大力推动创新发展。全力推动“大众创业、万众创新”；加快供给侧结构性改革，淘汰落后产能，降低企业成本，打通供需通道，发展新兴产业。三要持续深化农村改革。加快推进农村产权制度改革，全面完成农村土地承包经营权确权登记颁证任务。积极探索和推进农村土地三权分置工作，建立健全农村集体产权流转体系，积极开展以土地承包经营权为主的产权流转改革试点工作。持续深化集体林权制度配套改革，巩固确权颁证成果。启动实施供销合作社综合改革试点工作，打造城乡社区综合服务平台。

实干成就梦想，奋斗赢得未来。让我们更加紧密地团结在以习近平同志为核心的党中央周围，在市委、市政府和县委的坚强领导下，坚持市委“1661”发展战略，按照县委“1551”思路要求，撸起袖子加油干，扑下身子抓落实，以优异的成绩迎接党的十九大胜利召开！

# 围绕品质提升　推进综合整治<br>努力打造五台山世界知名旅游目的地

五台山风景名胜区管委会主任

2016年，五台山景区党工委、管委会紧紧围绕省市关于五台山体制改革、综合整改整治的指导意见和实施方案，坚持问题导向，自我加压，主动作为，大胆探索实践，严格落实“两个责任”，强力推进体制改革、综合整改整治等各项工作，不断提升景区品位，强化旅游环境整治，有力推动了五台山旅游产业快速发展。2016年共接待国内外游客512.25万人次，比2015年增长7.68%；公共财政预算收入2.67亿元，增长2.85%，其中入山门票收入2.4亿元，增长5.07%；旅游总收入50.82亿元，增长10.2%。

**一、加快行政体制改革，完善组织体系**

围绕创建精品旅游景区目标，按照省市体制改革的总体部署，全力推动机构设置、职责划定、干部选任等各项工作，努力形成精干高效、管理科学、运行顺畅的行政体制机制。从2015年12月29日成立管委会筹委会(临时党委)开始，就启动了五台山行政体制改革各项工作，挂牌成立了五台山党工委、管委会，已完成管委会(党工委)下设的10个行政单位和38个事业单位的机构设置和职责划定，以及干部分流、人员安置和干部选任工作，制定了财政体制管理实施办法。同时，挂牌成立了忻州市公安局五台山风景名胜区公安分局，圆满完成了景区三个乡镇换届，依法按程序开展了综合行政执法试点工作。单设五台山金库已经省人民银行批复。景区行政体制运行基本实现了权限清晰、治权独立、事权下放、法权完备、罚权集中、财权分设的六权清晰目标。

**二、推进经营体制改革，建立现代企业制度**

针对景区政企不分、事企不分的现状，我们按照省市关于五台山体制改革指导意见精神，瞄准市场化、产业化、专业化、国际化目标，坚持管理权、经营权分离的原则，组织起草并报请省委、省政府批复了《五台山风景名胜区经营体制改革方案》。同时，按照“一个管委会加多个经营主体”的经营模式，积极推进经营体制改革，成立山西五台山文化旅游集团有限公司，完善了公司法人治理结构，开展了资产审核评估、相关手续报批等工作。加强与国内大型银企合作，与上海浦发银行太原分行签订了银政战略合作协议，与山西广电信息网络集团签订了智慧五台山信息化建设合作协议，与光大置业集团和青岛特来电集团签订了乡村旅游与新能源合作框架协议。组织编制《五台山旅游发展总体规划》，先后与海航、中青旅、国兴集团等80余家国内大型企业多次磋商，从中筛选合作伙伴。股份公司组建与数家大型企业达成了融资合作意向，经营体制改革迈出关键的一步。同时，组建了晋旅运通公司及其子公司，并完成该公司经营管理体制改革。

**三、引深综合整改整治，优化旅游服务环境**

综合整治是提升旅游环境品质的重要抓手。去年以来，我们按照省市综合整改整治的意见和实施方案，持续推进各项整治，取得了阶段性成效。一是违建专项整治。2016年1月，即对违规建设的台怀镇瓦窑村、明清街、台怀街3村22户及1个宾招单位的彩钢房进行了拆除，面积2871.5平方米。12月，景区排查出违建集中的台怀镇违法建筑351户，现已拆除和清理违法建筑139处，违法建设整治工作取得了阶段性成果。同时，编制了《台怀镇村民使用原宅基地改造住房实施方案》，印发了《台怀镇村民使用原宅基地改造住房管理暂行办法》，进一步规范了景区建设行为。二是建筑特色风貌专项整治。按照全市统一规划，确定2017年实施的核心景区11个风貌整治村庄。目前，整治工作已全面铺开，技术导则已通过专家论证，指导图集初步成型，广告牌匾整治扎实有序推进，村庄建筑特色风貌规划即将编制完成，待正式确定后即可实施。在此基础上，结合景区整村改造开发，全力推进其余村庄特色风貌整治。三是流动人口规范管理。组织开展了大规模的流动人口清理整治行动，共清理239人。在全面巩固整治成果的基础上，建立了流动人口长效管理机制，组织制定了《五台山景区流动人口长效管理实施方案》《出租房屋及流动人口管理办法》和《五台山佛事活动管理规定》；全面推行流动人口联防协管员制度，建立了日报台账、流动人口管理登记以及民警、协警、联防协管员管理制度；培训联防协管员30名，对重点村开展流动人口排查、登记工作。为防止不符合规定的流动人口在旅游旺季反弹回流，景区在加大巡检力度的同时组织开展了全方位拉网式清查行动，尤其对可能出现违规居住流动人口的村庄、宾馆、招待所等场所进行了重点检查。四是旅游市场秩序整治。制定印发了清理整治规范建设行为、旅游市场秩序集中整治、防范和化解舆情风险、加强台顶综合管理、加强寺庙僧人管理、维护稳定等6个工作方案，明确细化工作目标、整治重点、职责任务、方法步骤等内容，加大监管力度，重点清理整顿乱设摊点、游商游贩、停车场乱收费等各种乱象。2016年，累计清理乱设摊点1341个次、游商游贩2175人次、假僧假尼108人次、“黑牛”“黑导”233名、“黑导车”63辆次，规范越店经营商店153家次，清理送卡、送元宝人员31人次，救助遣送流浪乞讨人员47人次，置换游客手中高香1.06万片，补收门票1.52万人，补收金额204.3万元。同时，组建成立了旅行社协会和餐饮协会等行业自律组织，对宾馆、招待所、旅行社工作人员开展了管理、安全、技能等行业培训。五是环境污染整治。组织制定大气污染防治计划，完成了景区两个空气自动监测点的升级改造，委托编制了《五台山煤改电实施方案》，进一步修订完善《五台山环境保护规划》，将石咀乡纳入五台山风景名胜区环境保护范围。印发《关于关停违法违规建设项目的通知》，严格执行环评和“三同时”制度，严把环评审批、验收关。采取有效措施，完成景区18家“未批先建”和6家“久试不验”的环境违法违规建设项目的整改任务。同时，不断加大“铁腕治污”行动力度，对景区内27家重点单位进行了排查，梳理出4类11个问题，对11家不符合环保要求的单位下发了《责令改正违法行为告知书》，目前已全部整改完毕。

**四、加大规划建设力度，增强景区发展引擎**

积极与上级住建部门汇报沟通，《五台山总体规划》经修改完善评审呈报了国务院已批转住建部。《台怀镇总体规划》已通过专家评审和技术论证，《石咀乡总体规划》文本已由中国城市规划设计研究院编制完成。《五台山环境保护规划》正在修改调整。《五台山供水专项规划》已编制完成，待总规划批复后修编报批。《五台山旅游产业发展规划》正在有序推进。与此同时，强力推进公共服务基础设施项目建设。五台山直升机起降场项目已完工；服务基地污水厂4.5千米主管网正在规划设计当中，预计2017年5月开工建设；中心区污水提升改造工程完成了总工程量的70%，力争2017年上半年竣工投运；改造升级831家农户厕所；五台山消防大队特勤消防站项目已完工，总体工程预计2017年10月底建成投用；10个新建停车场正在编制可研、审批规划；核心区燃气集中供热锅炉房及市政供热管网项目，已编制完成《实施方案》，正在对营坊村100户居民推行煤改气工作；五台山幼儿园建设项目已经省发改委批复，并办理了施工许可证；常青学校和五台山医院等项目相继建成。加快景区智慧旅游建设，进一步完善景区微信公众号平台功能，为游客提供景区导览、在线订票、自助导游、实时景点查看等服务，电子验票系统将于五月底前投运。

**五、加大旅游投入力度，提升景区服务设施**

景区出台了《五台山景区整村改造开发招商引资优惠办法》，建成曹四姐村、易安客栈等4个乡村客栈。认真落实楼阳生省长的指示要求，在保护第一的前提下，深入开展地质资源综合利用研究，编制了《五台山国家地质公园地质旅游实施方案》，确定了金岗库—台怀镇、台怀镇—东台—北台、台怀镇—中台—西台、灵境—殊宫寺4条重点地质旅游线路；编制完成了20个地质遗迹景观点科普导游解说词、科普解说牌说明词、科考说明词，并完成汉译英工作。印制《五台山国家地质公园地质旅游线路简介》2000余份；国家地质公园系列丛书之《五台山国家地质公园》已正式出版发行，共印制出版5000册。完成地质科普基地验收初评工作。同时，积极响应国家旅游局“厕所革命”的号召，编制了《五台山旅游厕所提升改造实施方案》，在完成831家农户厕所改造的基础上，启动旅游厕所改造提升一期工程，预计2017年10月底前完工。

在今后的工作中，我们将继续加大综合整改整治力度，持之以恒，坚持不懈，扎实苦干，奋力拼搏，努力将五台山打造成为世界驰名旅游目的地。

# 以脱贫攻坚统揽经济社会发展全局，加快吕梁决胜全面小康步伐

吕梁市市长　王立伟

2016年，我们深入学习贯彻党的十八大和十八届三中、四中、五中、六中全会精神及习近平总书记系列重要讲话精神，按照省委"一个指引、两手硬"重大思路和要求，在市委的坚强领导下，团结带领全市广大干部群众提振信心、顽强拼搏，奋力推动全市经济企稳回升、稳中向好，较好地完成了全年主要任务。

2017年是脱贫攻坚的关键之年，也是供给侧结构性改革和转型综改的深化之年。我们一定要做好各项工作，完成各项任务。

**一、政府工作的总体要求**

深入学习贯彻习近平总书记系列重要讲话精神和治国理政新理念新思想新战略，统筹推进"五位一体"总体布局，协调推进"四个全面"战略布局，按照省委"一个指引、两手硬"重大思路和要求，认真落实骆惠宁书记对吕梁提出的扎实组织扶贫攻坚、扎实推动转型发展、扎实坚持全面从严治党"三件大事"要求，突出"六个坚持"，实现"六新目标"，坚持稳中求进工作总基调，全面做好稳增长、促改革、调结构、惠民生、防风险各项工作，全力促进经济稳步向好和社会和谐稳定，为决胜全面小康、塑造美好形象奠定更加坚实的基础，以优异成绩迎接党的十九大胜利召开。

**二、市域经济社会发展的主要预期目标**

地区生产总值增长5.5%，一般公共预算收入增长4%，规模以上工业增加值增长5%，全社会固定资产投资增长目标根据新的统计口径研究设置，社会消费品零售总额增长7%，城镇居民人均可支配收入、农村居民人均可支配收入分别增长6%和6%以上。城镇失业登记率控制在4%以内，城镇新增就业4万人。粮食总产量9.5亿千克。约束性指标完成省定任务。环境空气质量综合指数继续保持全省前列。

**三、重点抓好以下七方面工作**

（一）坚持以脱贫攻坚统揽经济社会发展全局，坚决打赢脱贫攻坚战。扎实推进"春季行动"，认真实施"八个一批"，确保年内文水、汾阳、孝义3个非贫困县整体脱贫，方山、柳林摘帽，全市418个贫困村退出，14万贫困人口脱贫。一要坚决啃下易地扶贫搬迁"硬骨头"。年内搬迁4.1万人，切实解决"一方水土养不活一方人"的问题。精准确定搬迁对象，全面加快搬迁进度。因地制宜规划好安置区后续产业发展，稳定增加搬迁群众经营性收入和资产性收入，确保搬得出、稳得住、能致富。二要推进特色产业扶贫。以功能农业为引领，主打"特色""优质"两张牌，重点打造兴县绿色谷子、临县肾型大豆、岚县马铃薯、方山中药材、交口食用菌、孝义设施蔬菜、汾阳核桃、文水交城养殖等特色产业基地县，努力把地方土特产和小品种做成带动农民增收的大产业。大力培育家庭农场、专业合作社等新型经营主体，扶持发展农村电商，开展农产品进北京、进省城、进高校活动，加快吕梁农产品"走出去"步伐。三要打赢增绿与增收两场战役。广泛推广政府购买式、合作式等多种造林模式，在生态治理战场上把吕梁打造成打赢增绿与增收两个战役的全国示范区。年内完成营造林7万公顷，完成新一轮退耕还林5.4万公顷，同时加大通道绿化、机场绿化、村庄绿化力度。有造林任务的贫困乡村要积极成立造林合作社，让更多有劳动能力的贫困人口，在参与造林绿化、森林管护中获取更多的劳务收入。四要全力推进"三个一"扶贫计划。深入实施光伏扶贫，在10个贫困县（区）铺开惠及285个村、总规模189兆瓦的光伏电站，年内建成并网发电；积极探索收益分配办法，保障无劳动能力的深度贫困户优先受益、村集体收益稳定增加。扎实做好护工护理培训。继续推进经济林提质增效。五要继续深化精准帮扶工作。大力提升基层组织和帮扶力量精准扶贫、精准脱贫的能力；完善县际结对帮扶机制，重点帮扶产业发展、学校医院等公共服务设施建设；积极引导各类企业参与贫困村产业开发。六要着力深化脱贫攻坚系列改革。建立市级信息管理大数据平台；扎实推

进贫困线和低保线"两线合一"兜底脱贫;改革财政专项扶贫资金使用管理方式,提高财政资金的使用效率;增加产业扶贫贷款和扶贫小额信贷投放。拓宽贫困户增收渠道,努力推动户户有增收项目、人人有脱贫门路。

(二)坚持加快转型升级,实施产业发展战略。一是大力培育新兴潜力产业。大数据产业,加快"天河二号"超算中心和"吕梁一号"微纳卫星数据产业化、市场化应用;年底前建成投运华为大数据中心;加快离石与北京协同创新研究院国家数据产业园项目建设。新材料产业,重点推进山西中磁尚善科技公司软磁电感、交口兴华290万吨铝基新材料、孝义信发20万吨氯化石蜡等项目建设。光能产业,重点推动晋能1100兆瓦太阳能电池组件、国利天能600兆瓦太阳能反射镜等项目投产。机械制造业,重点推进交城泰集重工2000辆专用车、文水华一重工重型设备制造和大型锻件及机加工技改等项目建设。二是发展壮大新的优势产业。铝工业,推进煤电铝材一体化发展,打造兴县、孝义、交口、中阳和柳林铝工业基地。电力行业,加快孝义晋能发电项目建设进度,推动离石晋能大土河、临县京能两个低热值煤发电项目投产。白酒产业,支持汾酒集团做大做强,支持中汾10万吨白酒项目早日达产,支持汾阳建立国家级白酒检验检测中心和白酒交易中心,鼓励汾阳、文水、方山中小微白酒企业与汾酒集团合作,打造全国最大的清香型白酒生产基地。三是改造提升传统产业。焦化产业,以孝义和交城经济开发区为主体,积极引导煤焦企业向煤化工产品高端化方向发展,重点推进孝义金岩250万吨焦化、金达150万吨焦化、金州5万吨煤系针状焦项目尽快投产;推进孝义鹏飞40万吨费托合成蜡、金岩45万吨甲醇联产3亿立方米LNG等项目开工建设,加快交城宏特煤系碳纤维、石墨烯电极、锂电池项目复产。钢铁产业,重点推进中钢一期50万吨线材拔丝项目建设,推进文水海威1800立方米高炉和120吨转炉全面复产。四是把文化旅游业培育成战略性支柱产业。改造提升200千米沿黄旅游公路,建设以碛口古镇为重点的百里黄河旅游带,打造"黄河·碛口"旅游目的地。推进交城、方山、孝义、离石创建国家5A级景区工作。进一步完善旅游景区标识牌、厕所、停车场和商场、酒店等基础设施。加快建设于成龙廉政文化园,打造中汾酒城旅游区,丰富旅游文化内涵,打响吕梁旅游文化品牌。五是推动现代服务业发展。加快离石、汾阳、兴县物流信息服务平台和货物配载中心建设,在新区启动铁路货运物流区建设。深化金融开放与合作,积极发展互联网金融,提高企业直接融资能力。启动离石、柳林、兴县信用社改制农商银行。推动岚县阿里巴巴农村淘宝项目尽快落地。

(三)坚持供给侧结构改革与转型综改相结合,推进事关发展的关键性改革。一是大力推进"三去一降一补"。坚持去产能与推动优质产能提升相结合,引导煤炭企业退出产能60万吨,加快推进安全高效矿井建设,年内新增安全高效矿井10座。坚持去库存与促进房地产平稳健康发展相结合,力争货币化安置比例达到60%以上。新开工棚改房1.18万套。坚持去杠杆与防范化解金融风险相结合,加快推进联盛集团金融风险化解工作,妥善处置临县白家峁矿权纠纷为重点的中诚信托风险。坚持降成本与改善企业管理相结合,继续推进电力直接交易,力争完成交易电量28亿千瓦每小时。降低企业税费负担和融资、财务、物流、制度性交易成本,切实提高效益。坚持补发展短板和补制度短板相结合,完善补短板项目储备和推进机制,切实提高补短板的精准性和有效性。二是抓好关键环节和重点领域改革。深化国企国资改革,重点推进离柳焦煤集团、吕梁中药厂等重点国有企业改革,妥善解决改制企业遗留问题。推进民企股份制改革,重点推进10户民营企业采取多种方式,与高科技和上市公司合作,试点股份制改造,着力提升企业现代管理水平。深化农村产权制度改革,基本完成农村土地承包经营权确权登记颁证任务。大力推进以光伏扶贫为重点的资产收益扶贫试点工作。加快电力体制改革,以吕梁铝循环产业园区为试点,积极探索局域电网运营新模式。加快旅游管理体制改革,推进碛口、北武当山、卦山和苍儿会等旅游景区管理体制机制改革创新,引进一批战略合作者参股投资或参与管理,实施旅游景区景点专业化、公司化、市场化运营。加快投融资体制改革。积极运用产业发展基金,发行企业债券,撬动金融资本和社会资本,支持实体经济转型发展;积极推广"助保贷"等融资模式,有效缓解中小企业融资难、融资贵问题。加快行政审批制度改革。深入推进"放管服效"改革,提高行政效能。大力推进"互联网+政务服务"。扎实推进城市管理执法体制改革,不断提升城市管理和服务水平。启动市辖区行政区划调整,稳妥推进县改区,逐步解决"一市一区"问题。

(四)坚持以开发区建设为平台,提高开放型经济发展水平。加快开发区改革创新发展。重点推进吕梁高新技术开发区、孝义经济开发区和汾阳、交城、文水经济开发区建设;加快兴县、岚县等8县"五规合一",力争"十三五"末,实现市有国家级经济开发区、县有省级开发区目标。推进科技和人才支撑。支持和引导企业开展技术改造;全力推进"百千万"人才工程和"百校千人"计划;推进在各乡镇、重点村、重点企业、重点中小学以及公共场所建设科普e站,力争2017年实现全覆盖。推动民营经济发展壮大。大力支持个转企、小升规、规改股、股上市，年内新创办小微企业3000户以上，新培育小升规企业30个以上，力争3户中小企业登陆“新三板”。精准招商引资。围绕产业链条、产业集群、产业目录，精心策划包装一批重点项目，积极探索在江浙沪等发达地区建立“异地孵化器”，实施专业招商、以商招商、委托招商，不拘形式引商引智；继续引深“迎老乡、邀客商、兴吕梁”活动。

（五）坚持不懈推进基础设施建设，加快城乡一体化发展。一是重点推进“一城十镇百村”建设。推动市区建设提档升级，加快智慧城市、海绵城市建设步伐，推进市政道路、地下综合管廊、集贸市场、公共文化、公共服务、小广场和小公园等设施建设，加大绿化、亮化、美化力度。主城区启动凤山公园提质改造、滨河东路南延等十大工程建设，新区启动吕梁广场、两带三湖北延工程、北川河生态治理等十大工程建设。推进“十镇百村”建设。重点打造10个特色小镇，加快推动方山大武、柳林李家湾等重点城镇发展，推进孝义、交城两个国家新型城镇化试点建设。精心培育以“环境整治示范村”“美丽宜居示范村”为内容的100个示范村庄，争取建设“一点”、靓丽“一片”。全面开展“五城联创”活动。岚县巩固国家级卫生县城成果，孝义通过国家级卫生城市复审，市区和汾阳、交城启动创建国家级卫生城市（县城），石楼启动创建省级卫生县城，其他县结合实际确立创建目标，启动创建工作。继续深入开展城乡环境卫生集中整治，加快城市污水处理、生活垃圾处理、集中供热供气等公共服务设施建设，大力推进城市公厕、街头游园、森林公园建设，提高公共服务水平。加快城镇基础设施建设。交通方面，全力做好北京—延安高铁吕梁段项目前期工作，太兴铁路年内开通客运，吕梁至太原城际列车上半年加开提速；全面启动静兴高速、祁离高速公路建设，加快推进汾石高速前期工作；实施500千米农村公路改造、600千米农村公路生命安全防护工程；开工建设新区客运枢纽下安汽车站。水利方面，加快推进中部引黄县域小水网10处分水口、17座调蓄水库的前期工作；完成龙门供水主体工程建设。气化方面，积极推动国新燃气公司在离石枣林、临县林家坪、兴县蔡家崖、交口温泉等乡村试点供气，进一步提高乡村气化率。

（六）坚持保障和改善民生，加快社会事业发展。一要加快教育事业发展。扎实推进义务教育均衡发展，优化各类学校布局，提升办学质量。市区筹建9所公办幼儿园；市区新建改扩建小学10所、初中4所，整体搬迁离石二中，启动新区吕梁一中建设；兴县、临县、石楼通过国家义务教育均衡发展评估认定；加强校长、教师队伍管理，加大师资培训力度，培育优良师德师风，全面提升教育质量；争取北京航空航天大学与吕梁职业技术学院合作办学；开工建设吕梁高等师范专科学校。二要推进健康吕梁建设。深入实施“人才强卫”战略。加快推进新区医疗卫生园区、市人民医院综合门诊楼等医疗卫生基础设施建设；推进市人民医院、汾阳医院与县级医院医联体建设；加强基础设施建设和社区、乡村医生队伍建设。加强计划生育服务能力建设，完善全面两孩政策体系。三要着力加强社会保障。全面实施机关事业单位养老保险制度改革，实现城乡居民基本医保制度并轨。实施残疾人精准康复服务行动。进一步提高农村低保保障标准，逐步实现兜底脱贫。健全完善特困人员救助供养制度，供养标准达到低保标准的1.3倍。完成市儿童福利院主体工程，开工建设市社会福利院，县级综合福利服务中心实现全覆盖。深入实施高校毕业生就业创业促进和就业援助专项行动，努力增加就业岗位和创业机会。扎实推进拖欠农民工工资专项整治行动，切实维护农民工权益。深入开展食品药品安全综合治理，切实保障人民群众舌尖上的安全。四要繁荣发展文化事业。加快市图书馆、群艺馆建设，完善市体育场维修改造工程。加快推动县级“三馆一院”和基层综合性文化服务中心标准化建设。广泛开展群众性文化体育活动，丰富群众精神文化生活。加强非物质文化遗产保护。

（七）坚持全面加强生态环保和安全稳定，进一步改善发展环境。扎实推进“铁腕治污”行动。实施“控煤、治污、管车、降尘”等举措，持续提升全市空气环境质量。建立重污染天气预警应急响应和联动机制，有效防止雾霾天气。改善河流地表水环境质量，全面提升辖区主要河流水质。积极开展土壤污染防治和环保隐患排查，确保环境安全。加大生态治理力度。全面推行“河长制”。加大汾河流域生态治理力度，开展重点河道综合整治。大力推进矿山生态环境治理和地质灾害防治。狠抓安全生产。突出抓好煤矿、非煤矿山、危险化学品、交通运输、建筑施工等重点行业领域专项整治；加快构建风险等级管控、隐患排查治理两条防线；全面推进安全标准化建设，加强安全应急管理。维护社会稳定大局。健全立体化社会治安防控体系，继续深化“打黑除恶”专项行动。依法强化网络管理，积极防范和处置突发性群体事件。

同志们，让我们紧密团结在以习近平同志为核心的党中央周围，在省委、省政府和市委的坚强领导下，凝心聚力、锐意进取，勤勉工作、求实高效，以实际行动和优异成绩迎接党的十九大胜利召开！

# 凝心聚力、乘势而上，努力加快汾阳全面小康步伐

汾阳市市长　吴晓东

2016 年，汾阳市委、市政府牢牢把握工作主动权，坚持止降趋稳、稳中求进，团结带领全市人民，紧紧围绕"三五"战略总要求，直面困难，积极应对，实现了"十三五"的良好开局。

2017 年，是我市坚决打赢脱贫攻坚战的决胜之年，是加快实施"三五"战略的奋进之年，也是超常发展、转型升级的关键一年。

**一、2017 年政府工作指导思想**

深入贯彻习近平总书记系列重要讲话精神和治国理政新理念新思想新战略，认真落实中央、省、吕梁市有关会议要求，紧紧围绕"三个领先、一个晋位"目标，以党的建设为统领，以实施"三五"战略为主线，以"一增三保三提高"为重点，积极培育新的经济增长点，始终坚持保企业、保民生、保安稳，持续提高工作劲头、提高工作标准、提高工作效率，不断加快汾阳全面小康、全面崛起步伐，以优异成绩迎接党的十九大胜利召开。

**二、经济社会发展主要奋斗目标**

地区生产总值增长 9.5%，公共财政预算收入增长 10%，规上工业增加值增长 5%，固定资产投资增长 7%，社会消费品零售总额增长 7%，城镇居民人均可支配收入增长 8%，农村居民人均可支配收入增长 9%，城镇失业登记率控制在 4%以内。万元 GDP 综合能耗、二氧化碳排放量、用水量降幅，二氧化硫、化学需氧量、氨氮等减排指标完成吕梁市下达任务。

**三、重点抓好以下工作**

（一）改革创新机制，激活内生动力，积极寻求发展经济的突破点。一要加速开发区这个"发动机"。首先是加速推进管理体制改革。以杏花村经济技术开发区为突破口，尽快理顺管理体制、运行机制和各类利益关系，强化开发区经济属性，建立专业化、市场化、国际化的管理运行机制，由开发区管委会统一管理，迅速提升管理水平。其次是加速完善园区建设运营机制。坚持规划先行，总体目标实现产业集群、企业集聚、要素集约、服务集中。加快管理运营机构建设，加快杏花村经济技术开发区管委会机构编制报批。再次是加速提升园区基础设施水平。杏花村经济技术开发区要抓好山西省白酒产品质量监督检验中心、山西白酒交易中心建设工程等。实施开发区道路绿化亮化、新石线通道绿化等工程，启动杏花村特色小镇建设项目。三泉焦化工业园区要争取铺开化产路建设。阳城商贸物流园区不断完善绿化、排污、供热等配套设施。二要扩充招商引资这个"燃料库"。放手放胆招商，全民上阵招商，以企引企招商，积极引项目、引资金、引人才。精准对接招商，开展产业链、点对点精准招商，积极承接产业转移。年内确定两处以上精准招商目的地，争取引进 4 个以上项目。创新机制招商，采取购买服务的办法，把招商工作推向市场，切实提高招商成功率、有效率。三要激活民营企业这个"孵化器"。加强政策引导，大胆放开予以扶持。鼓励企业创新，每年投入不少于 100 万元资金支持企业创新，推进企业规范化改制，引导企业进入开发区发展。推动科技创新，培育国家级高新技术企业、省级民营科技企业和市级科技创新型企业；建立科技项目平台，促进企业与大专院校、科研院所对接。深化金融改革，加快改制步伐，搭建银企联系平台和融资担保平台，确保今年全市企业贷款增速、户数及成功率高于去年。

（二）紧扣经济发展，推进结构调整，积极培育壮大我市主导产业。在传统产业的培育发展、结构调整、转型升级上下功夫，真正形成"龙头带动、一带支撑、两翼齐飞"的产业格局。龙头带动就是要做强做大白酒产业，真正让汾阳白酒在全国市场持续扩大份额、提升品牌知名度，成为带动全市经济发展的龙头。一带支撑就是要以南北干线公路经济带为支撑，联动发展煤焦、新能源、旅游、康养、商贸等产业。改造升级煤焦铝产业，合理布局新能源产业，整合发展旅游产业，尽快启动康养产业，巩固提升商贸产业。两翼齐飞就是要依托我市的农业优势，边山丘陵区重点发展核桃林、绿色谷子、林下经济、畜牧业基地。平川区重点发展酿酒高

粱、花生、红薯、长山药种植基地，让农业增效插上翅膀，让农民增收成为现实。注重政策激励，扩展农业功能，打响农业品牌，实施改革富民。

（三）创新发展模式，拓展融资渠道，大力度推进城乡基础设施建设。今年，市政府将以更大的魄力、更快的速度、更务实的态度，紧紧抓住国家政策的各种机遇，把基础设施建设作为重点突破口，采取 PPP 等模式，下大决心、下大力气，快速改变城乡基本面貌。一是城乡道路改造要大发展。计划投资 7.8 亿元，铺开胜利街道路改造、东湖路道排等 19 项市政工程。开工国道 307 线官道村至河北村改线工程，积极谋划城南汽车修配、物流配送园区，改善沿线环境面貌。铺开冀孝线等 8 条县乡公路完善提质工程，实施 25 条农村路网改造，开工建设一批城乡公交一体化项目主要站点及营运中心。二是棚户区改造要大发展。稳步推进总投资 35.83 亿元的 22 项棚户区改造工程。已铺开的汾运二宿舍、荣盛路等改造工程，要加快建设进度、早日实现回迁安置；今年铺开的文峰街西段、北关园等棚户区改造工程，要按照货币化安置为主的办法，年内完成拆迁任务；积极谋划市医院西侧、东正街东段等棚户区改造工程。三是水利建设要大发展。计划铺开 11 项、投资 17.89 亿元的水利工程，打造“三河护城、三湖连通、多源补水”的水生态环境。打造杏花、文湖、花枝水库三湖连通的水生态走廊。实施阳城河等 4 项治理工程，结合已经完成的河道治理工程和中部引黄工程，形成多源补水的综合治水格局。

（四）坚持以民为本，办好事谋实事，全力推动民生事业持续发展。一是全面完成脱贫攻坚任务。我市扶贫任务还有 5 个村、757 户、1842 人，我们要坚决完成所有建档立卡的贫困人口整体脱贫的任务。压实工作责任，充分发挥好包村领导、驻村工作队、农村第一书记在精准扶贫、精准脱贫中的管道作用。抓好产业扶贫，重点抓好核桃、养鹅、湖羊养殖、生猪养殖和杂粮、中药材等农业产业扶贫。抓好易地搬迁，加快杏花村镇庄上村易地搬迁工程。全面落实扶贫政策，认真落实“两线合一”政策，切实解决因病、因残、因学致贫返贫的问题。加强财政保障，继续利用“一事一议”奖补项目，安排财政专项资金，改善贫困村水电路、文教卫等公共基础设施。二是全力提高社会保障能力。强化社会保障。落实好社保补贴、公益性岗位、免费培训、创业培训等优惠政策，切实解决好下岗失业人员、特困人员、失地农民就业等问题。认真落实困难企业缓缴五项社会保险、小微企业“六补一缓”等政策。健全农民工工资保证金制度，完善劳动保障监察网格，有效遏制拖欠农民工工资行为。提高城镇职工和居民医保参保率和支付比例，开展重大疾病医疗救助、大病补充保险等工作。保障好高龄与失能老人、残疾人生活。认真做好农村危房改造工作，发放住房租赁补贴 1000 户。三是推动教育事业均衡发展。加快中小学标准化建设，逐步改善中小学和幼儿园教育教学设施，积极推进义务教育办学模式改革，整体提升各级各类学校办学水平和质量。铺开汾阳中学古建筑群修缮、府学街小学改扩建、南薰小学扩轨、青少年活动中心、县级职教中心和寄宿制初中等建设工程。四是提升医疗卫生服务水平。深入推进县级公立医院综合改革，积极实施 13 项国家基本公共卫生服务项目和常见病分级诊疗制度，实现优质医疗资源下沉。支持市医院发展，筹建市妇幼保健计划生育服务中心，完成中医院二期项目，招聘 100 名卫生专业人员，探索建立医技人员合理薪酬制度。五是保持社会安全秩序稳定。安全工作要严格落实管行业必须管安全、管业务必须管安全、管生产经营必须管安全的要求，细化各部门安全生产监管责任，深化重点行业领域安全生产专项整治，严防重特大安全事故发生。加快推进安全生产综合信息平台建设，推动企业安全生产标准化建设。信访工作要完善市级领导包案制度，加大信访积案集中研判化解力度，规范信访事项受理办理程序，保障信访工作正常运行。社会治理工作要大力推进基础信息化、警务实战化、执法规范化、队伍正规化“四项建设”，严厉打击重点领域、重点行业、重点地区的黑恶势力。六是统筹发展文化等各项事业。启动市人民剧院建设工程，完成全民健身活动中心建设工程，推进文物保护工程。培育一批优秀传统文化的传承载体、传播渠道和传习人群。

（五）实施“五城同创”，加强环境治理，不断改善全市人居环境。“五城同创”要统筹推进。以创建国家级卫生城市为抓手，统筹推进国家级园林、文明、旅游、双拥模范城市建设。继续深入开展爱国卫生运动、人居环境改善和乡村清洁工程，围绕健康教育、环境卫生、卫生防疫和基础设施建设四项重点工作。治理污染要多管齐下。将集中供热延伸至城区各社区，做到应供尽供；力争将我市列入全省“煤改电”试点；加快天然气管网建设，启动 7000 户农村居民用户入网工程，推进燃气锅炉替代燃煤锅炉；完成公交公司、阳城商贸物流园区电动汽车充电站建设工程，新建两个电动汽车充电站；强制拆除燃煤锅炉；实行政府补贴，减轻居民负担。造林绿化要梯次推进。重点实施总投资 9661 万元的欧投行贷款造林，石盘山景区绿化，汾平、汾介公路通道绿化工程；抓好 100 个重点村的绿化工作；完善禹门河公园园林景观绿化工程；启动董寺河等水系景观绿化准备工作；推进城区见缝插绿、破硬植绿等绿化工作。

蓝图绘就，重任在肩。让我们在市委的坚强领导下，在人大的有力监督和政协的大力支持下，以高昂的斗志、饱满的热情，凝心聚力、乘势而上、积极作为，全面完成今年经济社会发展的各项任务，以实际行动和优异成绩迎接党的十九大胜利召开！

# 聚力转型综改　推进城乡统筹
# 努力建设全国一流的现代化区域性中心城市

孝义市市长　**王廷洪**

孝义市被确定为全省转型综改试点以来，坚持向改革要活力、向创新要动力，立足在全省率先突破、引领发展，紧紧围绕产业转型、城乡统筹、生态修复、民生改善四大领域，大力推进重大改革、重大事项、重大项目，为经济社会发展注入了强劲动力。特别是在推进城乡统筹发展上，全市大胆突破，创新实践，坚持以人的城镇化为核心，全域统筹推进城镇化建设，探索出一条具有孝义特色的新型城镇化发展道路。被列为国家新型城镇化综合试点，先后荣获国家园林城市、国家卫生城市、省级综合宜居城市等称号。

## 一、突出规划引领，适度超前谋划全域城镇化

*坚持高点定位*。始终把孝义发展置身全省、全国的大坐标中，围绕全省“一核一圈三群”城镇化布局，明确建设全国一流的现代化区域性中心城市目标定位。以先进的规划理念引领城市发展，变“中心城区团块布局”为“以胜溪湖、孝河为东西绿轴，跨河、沿河、网络化组团式布局”，着力打造以孝河、胜溪湖为中轴的绿色生态旅游带，以主城区、古城区、南部新区、梧桐新区以及大孝堡新区为组团的“一带五组团”城市格局。

*全域统筹布局*。树立全域城镇化理念，把全市945.8平方千米作为一个整体，统筹布局。在全省率先启动市域城镇化战略研究，按照“人口向城镇集中、产业向园区集中、土地向适度规模经营集中”的思路，坚持“多规合一”，聘请中国建筑设计院编制完成《孝义市市域城镇化规划(2011～2020)》，成为引领全市城镇化发展的纲领性规划。主动适应新形势、新理念、新要求，统筹城乡规划衔接，编制完成《孝义市城乡总体规划(2015～2030)》。

*完善规划体系*。组建城市规划顾问委员会，聘请国内规划权威专家，为城镇化建设把脉问诊、参谋决策。建立城市规划评审、重大规划公示制度，形成了公众参与、专家评审、集中决策“三位一体”的规划审批机制。聘请北京清华、上海同济、天津园林、苏州园林等国内一流规划设计单位参与城市设计，编制完成5个城市分区规划，完善了城市基础设施、历史文化街区保护、中心镇村建设等各类规划体系，城市建设步入规范化发展轨道。

## 二、突出功能完善，全面增强城市辐射影响力

*拓展城市发展空间*。积极融入太原都市圈，推进“孝汾平介灵”城镇组群发展，主动与周边县市就相邻区域功能分布、产业布局、交通设施以及基础设施等规划设计进行沟通对接，推动区域规划衔接、融合发展。加强与周边交通联系，城际快速交通干道15分钟直达周边汾阳、介休，高速公路1小时直达太原。城市道路里程达到186千米，外部成环、内部成网、街路贯通的“开放型”区域性中心城市框架初步成型。城市规划面积拓展到60平方千米，建成区面积达到32平方千米。

*增强城市承载能力*。加大城市基础设施和公共服务投入力度，着力完善功能，提升承载能力。基础设施方面。城市集中供热率达到95%，燃气普及率达到96%，城市水质安全达标率100%；两个城市生活污水处理厂日处理能力达到5.4万立方米，城市生活垃圾无害化处理率达到100%；在全省率先实现4G网络全覆盖。城镇水、气、热、电、通信等市政基础设施基本完善。公共服务方面，大力发展教育事业，组建9个覆盖全市中小学校的集团化办学共同体，新改扩建学校、幼儿园66所。大力提升医疗卫生水平，残疾人康复就业综合服务中心建成投用，完成市乡村三级医疗卫生院所标准化建设，社区卫生服务中心实现全覆盖，建立起全域医疗资源一体化管理体系。同时，统筹整合科技、规划、美术、博物、图书等场馆功能，正在规划实施一批公共服务项目。

*扩大城市人口规模*。实施高教科技园区工程，吕梁职业技术学院、太原理工大学现代科技学院相继入驻，在校生规模超过1万人，孝义人民期盼多年的“大学梦”变为现实；实施76村1.71万户采煤沉陷区整村搬迁进城工程，目前已铺开65村1.51万户安置工程，其中14村3173户已搬迁入住；实施保障性安居工程，建设公廉租房5842套、分配2645套，实施5227套城市棚户区(城中村)改造。通过实施“三大工程”，将有效集聚城市人口10万余人。

*提升城市宜居水平*。大力实施“四绿”工程，即以大型公园为重点的“绿肺”工程，以城市道路绿化为重点的“绿廊”工程，以街头游园、庭院绿化为重点的“绿景”工程，以城周防护林为重点的“绿环”工程。城市园林绿地面积达到1060万平方米，绿化覆盖率达到43.82%，森林覆盖率达到32.5%，形成了现代园林城市格局。胜溪湖森林公园、湿地公园、三皇庙、金龙山文化旅游景区评定为国家4A级旅游景区。

**三、突出分类指导，加快镇村合理有序集聚发展**

*产城融合模式*。孝义现有1个省级经济开发区、5个产业园区，开发区坚持工业化、城镇化“两区互动”，在城市规划区周边合理布局煤化工、铝系新材料、高新科技、科教文化和国家农业园区，以产业发展带动就业、集聚人口，实现园区与集镇融合发展。依托煤化工循环经济园区，推进梧桐、下栅“一镇一乡”一体化发展，总建筑面积130万平方米的梧桐新区已入住2.3万人，总建筑面积28万平方米的下栅新型社区具备1万人搬迁入住条件；煤化工园区集中上马总产能1800万吨的8户新型焦化项目，被列为全省四大焦化集中发展区之一。依托铝系新材料产业园区，规划建设总建筑面积137万平方米、计划安置3.3万人的大孝堡安置新区；铝电循环产业园区先后引进山东信发、杭州锦江两大国内铝行业龙头企业，规划建设全国一流铝工业基地。依托国家级农业科技园区、高新科技产业园区、科教文化产业园区，启动建设总建筑面积142万平方米、计划安置3万人口的高阳镇安置区；现代农业园区升级为国家级农业科技园区，2016年实现产值22.8亿元，利税1.9亿元；高新科技产业园区被列为省转型综改重点支持园区；科教文化产业园区已引进两所高等学院、两所中学，拥有在校生1.17万人。

*区域组群模式*。针对下堡河流域下堡、南阳、杜村“一镇两乡”地理相邻、产业相近、功能互补，但人口分散的特点，大胆创新实践，统筹配置资源，整合256平方千米的区位、交通、资源等优势，启动实施“一镇两乡”一体化综改试验区建设。集中建设总建筑面积20万平方米、计划安置5000人的下堡新区工程，目前安置房一期分配到户，二期主体完工。

*镇矿融合模式*。针对高阳、兑镇、阳泉曲等乡镇与矿区相邻，因矿而兴的实际，充分利用矿区市政基础和公共服务配套完善，乡镇发展空间广阔、产业多元的互补优势，积极探索“镇矿一体化”发展模式，推进以矿带镇、镇矿融合发展。目前，兑镇与新峪煤矿整合市政、教育、卫生等资源，规划共建镇矿集中居住区。

**四、突出体制创新，充分激发城镇化发展活力**

*着力破解融资难*。设立金融办，出台扶持金融发展优惠政策，先后为孝河湿地公园等重点工程项目融资8亿余元；积极争取重大基础设施项目列入国家和省投资建设计划，先后利用国债项目投资、亚行贷款等，完成胜溪湖森林公园、梧桐新区等工程。搭建融资平台，健全城投公司加融资平台公司的“1＋x”政府投融资体系，组建城镇公共服务和基础设施建设、棚户区改造建设管理、医疗工程建设管理等若干重大项目运营公司，满足政府基础建设融资需求。

*着力破解用地难*。在全省率先争取到城乡建设用地增减挂钩试点，大力实施旧村庄、废弃工矿企业拆迁和土地复垦整治，累计争取增减挂钩建设用地指标666公顷，已按规划复垦返还耕地333公顷。积极推进迁村进城、集聚产业，提高建设用地节约集约化程度。获全国首批国土资源节约集约模范县市称号。

*着力破解管理难*。创新城市管理方式，建立吕梁首家“110一号通”社会联动系统，卫生、交通等36家涉及民生单位全部纳入。107个市直部门、17个乡镇(街道)、40个社区和45个农村微信平台上线运行，建立起城市经营、建设、服务虚拟平台。整合城乡规划管理职能，向中心集镇派驻规划管理机构，启动城乡规划管理信息系统建设。积极简政放权，向乡镇下放部门行政职权，22个职能部门向下堡、高阳两个试点乡镇分别下放行政职权112项、89项。

下一步，全市将继续大胆改革、创新实践、奋力攻坚，持续深化转型综改试点建设，为塑造山西美好形象、实现山西振兴崛起做出积极贡献！

# 顽强拼搏，锐意进取，谱写兴县发展新篇章

兴县县长　**刘世庆**

2016年，我们积极应对复杂经济形势，努力破解社会发展难题，坚定不移推进项目、民生、脱贫“三大攻坚”，努力实现兴县由国土大县向产业强县、资源大县向经济强县、贫困大县向富裕强县的“三大跨越”，经济社会发展取得了有目共睹的成绩。

2017年是全面深化改革的关键之年，也是全县脱贫攻坚的决战之年。全县上下必须正确认识当前形势，顺势而为，抢抓机遇，迎难而上，勇于担当，为实现全县经济转型跨越发展努力奋斗。

**一、2017年工作的总体思路**

深入贯彻习近平总书记系列重要讲话精神和治国理政新理念新思想新战略，按照省委“一个指引、两手硬”重大思路和要求，紧紧围绕市委“六新目标”，认真落实县委十六届二次全会精神，牢固树立创新、协调、绿色、开放、共享的发展理念，坚持以脱贫攻坚统揽经济社会发展全局，着力加快发展步伐，着力优化发展环境，着力维护社会和谐稳定，持续推进“三大攻坚”，努力实现“三大跨越”，全面开创强县富民新局面。

**二、2017年经济社会发展主要预期目标**

地区生产总值增长6%，达到62亿元；规模以上工业增加值增长5.5%，达到46亿元；一般公共预算收入增长19.4%，达到8.5亿元；社会消费品零售总额增长7%，达到15.8亿元；城镇居民可支配收入增长6%，达到20205元；农民人均纯收入增长7%，达到4286元；城镇登记失业率控制在4%以内；节能减排等约束性指标按要求完成市定任务。

**三、2017年政府工作重点**

（一）着力抓好脱贫攻坚，在精准施策精准发力上实现突破。今年，全县要实现64个贫困村退出、1.55万贫困人口脱贫。围绕这个目标，我们要着力构建“两个支撑”、落实好“三类政策”、推进“五项行动”，打好脱贫攻坚“235”组合拳。

“两个支撑”：一是产业支撑。全县要重点发展六大特色产业：小杂粮产业。以打造中国小米之乡为目标，着力建设全国重要的小杂粮基地，把小杂粮做成引领全县农民脱贫致富的大产业。畜牧养殖产业。大力倡导规模养殖，通过以奖代补形式，扶持蛋鸡养殖合作社5个、生猪养殖合作社20个、肉羊规模养殖合作社60个、肉牛养殖合作社10个，黄牛品种改良4100头，使畜牧养殖成为脱贫致富的重要支撑。食用菌产业。新建菌棚860个，培育食用菌600万棒，利用食用菌项目“短平快”的优势，有效增加贫困群众收入。设施蔬菜产业。改扩建日光温室8.7公顷，改扩建大棚33公顷，为设施蔬菜种植户提供种苗140万株，使全县人民吃上本地新鲜放心的蔬菜。马铃薯产业。发展种薯繁育基地133公顷，用两年的时间，对我县1万公顷马铃薯全部进行更新换代，逐步成为东山地区的农业支柱产业。中药材产业。发展白术、甘草、黄芪等多年生中药材1353公顷，融入全省大市场，打造山西道地中药材品牌。同时，着力培育新型农业经营主体，采取贷款贴息等形式，扶持龙头企业和专业合作社发展，推广“龙头企业＋专业合作社＋农户”的产业化经营模式，带动贫困群众脱贫致富。着力推进金融扶贫，为农户提供小额贷款，扶持发展产业。对无劳动能力或不愿从事农业生产的贫困户，鼓励通过土地流转由龙头企业或合作社经营，使贫困户获得稳定的租金收入。大力推广“五位一体”的金融扶贫模式，使贫困户通过小额贷款，实现资金变股金，农民变股东，获得稳定收益。二是就业支撑。开工建设公共实训基地，组织开展护理护工培训1700人，就业1000人。同时，组织开展新兴职业农民培训、千村万人就业培训、冬春农民素质大培训等，力争每个有劳动力的贫困家庭至少有1人参加培训。

“三类政策”：包括三农普惠政策、精准脱贫特惠政策和各级各部门的优惠政策。确保所有政策性补贴按时足额拨付到位，同时对特困大学生家庭进行针对性救助；对贫困患病人口，实施大病救助一批、慢性病签约服务一批、重病兜底保障一批的“三个一批”行动计

划，实行分类分批救助，有效解决群众因学、因病致贫的问题。

“五项行动”：一是生态建设。加大造林力度，通过组建造林专业合作社，组织贫困群众参与造林，增加劳务性收入；通过吸纳贫困人口从事经济林管护、护林员等工作，增加群众工资性收入；通过对现有经济林进行提质增效，增加群众经营性收入。全县计划组建造林专业合作社 206 个，吸纳贫困人口 3400 人。组建经济林管护专业队 50 支，吸纳贫困人口 700 人；从贫困人口中聘请护林员 500 人。二是易地搬迁。今年全县要搬迁贫困人口 4200 人，同步搬迁一般农户 600 人，并确保贫困群众搬得出、稳得住、能致富。迁出村土地纳入退耕还林规划区域，发展经济林。整村搬迁村利用旧村土地建设光伏电站，通过资产收益扶贫，保障搬迁贫困户稳定增收。三是光伏建设。新建村级电站 35 个、20.55 兆瓦，覆盖 16 个乡镇、81 个贫困村。四是电商发展。引进阿里巴巴发展农村电商，新建村级服务站 40 个，全力打造集培训、物流、供应链管理、营销服务为一体的县域农村电子商务公共服务体系。五是基础配套。着力补齐农村基础设施和公共服务设施建设滞后的短板，改造农村危房 900 户，新建、维修 109 个村级组织活动场所，实现村级组织活动场所行政村全覆盖，并力争所有行政村集体经济破零。

（二）着力推进转型发展，在县域产业体系构建上实现突破。一是积极培育农产品特色品牌。加大品牌培育力度，努力打造全国知名的小杂粮品牌和红枣品牌。同时，全面落实农业龙头企业扶持政策，加快发展农产品加工业，使农业产业真正成为全县经济发展的基础性产业。二是着力构建煤电铝气材一体化的工业体系。认真落实供给侧结构改革精神，严控煤炭产能，着力推进煤电联营，积极推进华电锦兴 2×35 万千瓦低热值煤发电项目和山西吕梁轻合金科技循环产业基地 2×66 万千瓦自备电厂项目，提高煤炭的就地加工转化率，促进煤电一体化发展。积极推进山西吕梁轻合金科技循环产业基地建设，确保中润公司一期 50 万吨轻合金项目今年 9 月建成投产，同步筹划铝合金、铝型材和高端铝系列产品加工，加快发展铝基装备制造业，着力构建铝土矿—氧化铝—电解铝—铝材加工一体化的产业格局，把兴县建设成为全国重要的铝工业基地。加快推进康宁、瓦塘 LNG 加注站项目建设，启动兴县天然气（煤层气）利用工程气源连接线项目，力争全县煤层气日产达到 100 万方。三是加快发展以现代物流和红色文化旅游为主体的现代服务业。加快推进肖家洼集运站、豫能集运站建设，确保年底建成投运，使全县物流运力达到 2000 万吨。同步建设豫能兴鹤物流园，打造联通省市、辐射晋陕蒙的物流集散地。着力打造晋绥“红色文化”品牌，全面推进以晋绥边区革命纪念馆、“四八”烈士纪念馆为核心区域的两个 4A 级景区建设，规划建设蔡家崖红色文化民俗一条街，完善开放北坡晋绥分局旧址，努力把红色文化旅游产业打造成为县域经济新的增长点。

（三）着力整治城乡环境，在营造舒适宜居环境上实现突破。一要打造美丽宜居县城。加快建设蔚汾南路河道景观工程、县城污水处理厂改造工程等；蔚汾南路棚户区改造配套工程、4 个安置点工程 10 月底前全部完工。开工建设南山生态公园、蔚汾河湿地公园、明珠广场等工程。引进大企业和房地产开发商，加快县城新区开发步伐。积极推动县城棚户区二期改造工程。开工建设蔚汾河清淤蓄水东延扩建工程、蔚汾河西关桥到五龙堂桥南岸箱涵及慢道工程和北岸河堤工程。全面启动国家级卫生县城创建工作，同步推进生态园林、环保模范、文明城市和垃圾治理“五城联创”。二要大力改善农村环境。实施生活垃圾卫生填埋场、生活垃圾中转站、新建渣土场、保洁专用设备购置、农村垃圾收集设施建设等 5 个项目。继续实施农村增绿工程，力争用 2～3 年的时间对所有行政村全部进行绿化。精心培育打造 10 个美丽宜居示范村、1 个示范乡镇。三要切实加强环境保护。打好大气污染防治攻坚战，力争城区空气质量优良天数比例达到 70%以上、PM2.5 年均浓度比 2016 年下降 4%。开展河流地表水环境质量改善攻坚行动，城镇及乡镇集中式饮用水水源地水质全部达标。实行最严厉的环保管制，对不符合环保政策的高能耗、高污染项目绝不批准建设。

（四）着力发展社会事业，在提升公共服务能力上实现突破。一是加快发展教育事业。开工建设友兰中学教学楼续建项目、图书艺术综合楼项目和 120 师学校新增学生宿舍及餐厅建设项目。完成 55 所全面改薄项目学校的校舍改造及设施设备配套，在城区新建两所小学。不断提升全县教育水平和教学质量。二是着力建设健康兴县。加快推进县人民医院迁建项目；完成 4 个乡镇卫生院的改扩建工程；实施国家基本公共卫生服务项目 13 类 49 项，妇幼重大公共卫生项目 6 项。同时，加强卫生执法，抓好健康教育，强化食品药品市场监管。三是全面繁荣县域文化。在县城新区建设集体育馆、影剧院于一体的综合文体中心。再建设乡村文化服务中心 9 个，实现 17 个乡镇全覆盖。继续开展送戏下乡、送阅读下乡、送电影下乡活动。四是建立全方位、广覆盖的社会保障体系。全面启动机关事业单位养老保险；积极推进城乡居民医保制度整合并轨；加强公务员和事业人员培训工作，建立以绩效考核为重点的考核机制；进一步扩大社保覆盖面，实施全民参保计划；加快社保卡发放进度，6 月底实现全省范围住院异地结算，年内实现社保卡全国“一卡通”。开工建设社会福利服务中心扩建项目；新建可容纳100人以上规模的敬老院1所，力争建设完成10个农村社区老年日间照料中心；逐步建立以居家养老为基础、社会养老为依托、机构养老为补充的社会化养老服务保障体系。全面落实城乡低保补差救助，实施按户施保，提升城乡低保管理水平。全面落实退伍军人安置政策，全额资助重点优抚对象参加城乡居民基本医疗保险。

（五）着力完善基础设施，在改善人民群众生产生活条件上实现突破。着力改善路、水、电、气、网、暖六个方面的基础条件。路：改造枣林坡至罗峪口、裴家川口至瓦塘县乡道路；改造沿黄旅游公路、灰灰山至“四·八”烈士纪念馆红色旅游公路。实施贫困村道路拓宽改造、完善提质、防护工程项目25。全力搞好协调服务，确保静兴高速建设顺利推进。今年要开通中南铁路兴县站客运列车，从根本上改变我县群众“出行难”问题。水：实施饮水安全提质增效工程150处，为4.3万农村人口解决饮水安全问题。加快建设县城第二水厂工程、县城供水系统改造工程、城市供水管网续建工程。电：进一步优化电网结构，农网改造214个台区、1.6万户；城西35千伏输变电工程、蔡家会站增容改造工程、郑家塔站增容改造工程力争年内全部竣工；贺家会110千伏输变电工程完成前期工作。气：新建中低压管线7.2千米，新增居民用户3000户，配套建设6个供热站的燃气设施。网：广电宽带覆盖新增12个乡镇、102个村，使所有乡镇以及30%以上的行政村看上有线电视；移动、联通、电信加大工作力度，确保4G手机信号覆盖所有行政村，互联网覆盖50%以上的行政村。暖：开工建设6个集中供热站，全部采用燃气取暖，新增集中供热面积168万平方米。对城区内的燃煤锅炉进行“煤改气”工程。

（六）着力推进改革创新，在加快改革开放步伐上实现突破。一是申报省级经济技术开发区。在魏家滩、瓦塘布局占地63平方千米的煤电铝材深加工产业园区，尽快组建管委会，加快推进“五规合一”，争取把兴县经济技术开发区建设成为省级开发区。二是完成红色旅游景点景区体制机制改革。成立旅游开发公司，引进国内大型旅游企业，运营景区收费项目，构建“两权分离”管理体系，着力打造两个4A级景区。三是组织开展全员大招商。积极参与省市组织的各类招商引资活动，出台招商引资优惠政策，鼓励全员招商。四是鼓励扶持民营经济发展壮大。充分发挥政府风险补偿金的杠杆效应，帮助企业解决融资难题。支持个转企、小升规、规改股、股上市。五是深化农村产权制度改革。继续推进农村土地确权工作，依法推进土地经营权有序流转。六是全面启动“信用兴县”建设。

（七）着力维护安全稳定，在夯实社会管理基础上实现突破。高度重视安全生产，全面推进安全标准化建设，加大隐患排查治理力度，深入开展安全生产大检查，严厉打击非法违法建设生产经营行为，确保全县不发生较大以上事故。切实抓好信访维稳，着力化解一批信访积案，完善矛盾纠纷排查调处机制。全力维护社会治安，加强对重点区域的治安管控，深化“打黑除恶”专项行动，营造和谐稳定的发展环境，提升群众安全感和满意度。

兴县正面临着千载难逢的发展机遇，让我们在县委的坚强领导下，牢固树立“兴县情怀”，切实担当“家园责任”。解放思想，转变作风，顽强拼搏，锐意进取，为开创兴县人民新生活、谱写兴县发展新篇章而努力奋斗！

# 融入太原都市圈、打造省城后花园，建设富裕美好新岚县

岚县县长　乔　云

2016年，全县人民认真贯彻落实党的十八大、十八届三中、四中、五中、六中全会和习近平总书记系列重要讲话精神，坚定发展第一要务不动摇，咬定发展既定目标不放松，提振信心，砥砺前行，经济社会保持了平稳健康发展的态势。

2017年是迎接党的十九大胜利召开之年，是供给

侧结构性改革的深化之年，我们要积极把握有利条件和不利因素，再鼓干劲、顽强拼搏，长期奋斗、持续发力，全力推动经济社会实现平稳持续发展。

**一、2017年政府工作的指导思想**

深入学习贯彻习近平总书记系列重要讲话精神和治国理政新理念新思想新战略，认真贯彻中央和省、市经济工作总体部署，围绕融入太原都市圈、打造省城后花园战略目标，坚持新发展理念，坚持稳中求进总基调，坚持以提高发展质量和效益为中心，坚持党建统领、教育优先、改革挖潜、法治保障四轮驱动，扎实抓好扶贫攻坚、转型发展、从严治党三件大事，实施脱贫攻坚、产业升级、基础配套、城乡统筹、民生改善、生态文明、社会稳定七大工程，聚焦精准扶贫、精准脱贫，补齐经济社会民生短板，全力促进经济稳步向好、社会和谐稳定，为决胜全面小康、塑造美好形象奠定更加坚实的基础，以优异成绩迎接党的十九大胜利召开。

**二、2017年县域经济和社会发展的主要预期指标**

地区生产总值完成28.8亿元，增长4.5%；规模以上工业增加值完成16.3亿元，增长3%；固定资产投资按照省市新的统计口径研究设置；社会消费品零售总额完成11.7亿元，增长7%；公共财政预算收入3.3亿元，增长3%；城镇居民人均可支配收入19376元，增长7%左右；农村居民人均可支配收入5040元，增长7.5%左右。节能减排等约束性指标确保完成市下达年度任务。

**三、重点抓好七个方面的工作**

（一）着力推进脱贫攻坚，进一步加快稳定脱贫。一是大力推进产业扶贫。要深入开展“一县一业”“一村一品一主体”的产业扶贫行动，加大产业扶贫步伐。做大做强优势特色产业。马铃薯产业，围绕打造“山西马铃薯第一县”“全国马铃薯主粮化开发第一县”目标，按照“种薯繁育扩量、基地建设提质、市场营销创新、产业链条延伸”的基本思路，将投入5000余万元，加大品种、品质、品牌建设，制定扶持政策，对建档立卡贫困户实行特惠政策，推动全县马铃薯产业提质增效。全县马铃薯种植面积2.23万公顷，加大种薯繁育体系建设力度，建设1～2个现代农业科技示范园区，扶持建设岚县土豆直销店以及土豆宴中央厨房和土豆宴旗舰店，进一步打造“土豆种—土豆花—土豆—土豆饭”全产业链，形成土豆花经济、土豆经济、土豆饭经济三大板块，实现一二三产融合发展。小杂粮产业，加大扶持力度，打造谷子、糜黍、红芸豆、莜麦基地，推广旱地渗水地膜覆盖谷子，推进小杂粮规模化、专业化、标准化生产。同时狠抓杂粮加工。生态育苗产业，大力发展多品种、多形式的园林花卉、景观树种等育苗产业，规范种苗产业发展。生态养殖产业，一方面大力引进良种，与精准脱贫工作相结合，另一方面强化良种繁育体系建设。加快推进大象生猪产业化项目，加快推进肉驴产业化育种养殖基地项目，支持秸秆草加工转化项目，推动农牧循环发展。二是统筹推进各项扶贫工程。移民搬迁扶贫，年底完成集中搬迁贫困人口4000人，同步移民搬迁800人。重点打造23个整体脱贫示范村，年内完成脱贫1.08万人，力争完成47个村1.6万人稳定脱贫。生态扶贫，大力培育新型农业经营主体和服务主体，使全县造林扶贫攻坚合作社达到95个左右。教育扶贫，整合各种培训资金资源，提高建档立卡贫困户培训覆盖面，力争使1500人通过劳动力转移就业实现增收脱贫。大力实施“雨露计划”和大学生助学工程。光伏扶贫，在100个贫困村建设总规模34兆瓦的光伏电站，力争6月底前全部并网发电。金融扶贫，力争全年发放贴息贷款8400万元，覆盖贫困户3000余户8000余人。规范19个扶贫互助社运行机制，有效解决贫困村、贫困户生产发展资金短缺问题。社会保障兜底扶贫，对整村脱贫村建档立卡贫困户中的低保户进行兜底保障。进一步健全完善医疗救助机制，扩大救助范围。同时，要抓好企业扶贫、社会扶贫、电商扶贫、农机扶贫、农村资产性收益扶贫等工作。

（二）着力推进产业转型升级，进一步培育新的经济增长点。一是推动传统产业改造提升。积极采用新装备、新技术、新工艺，对现有产业进行改造提升，延伸产业链，提高产品科技含量和附加值。大力推进三鑫继亨30万吨铸造及20万吨矿渣棉保温材料二期项目、岚县煤焦油加氢项目、60万吨洁净型煤项目建设。二是加快新兴产业发展壮大。加快推进中电投王狮48兆瓦风电项目、华润30兆瓦光伏扶贫电站和湖北追日20兆瓦光伏发电项目年内并网发电。新材料工业园区电感绕线项目、聚乙烯超分子成型项目年内建成。三是推进工业园区提档升级。加快推进省级经济开发区的申报工作，按照“一区三园”模式建设岚县省级经济开发区，形成装备制造工业园、太钢冶金工业园和新材料产业发展园，三园同步发展、一区联接循环的产业格局。四是健全完善项目推进机制。紧紧抓好在建项目建设，促进其尽早完工。抓好竣工项目的投产达效。进一步论证好储备项目。形成项目推进专门班子，提供全方位服务。

（三）着力推进基础设施建设，进一步加快新型城镇化步伐。一是提升城乡规划建设水平。年内完成县域总体规划调整，县城城镇体系规划、县城乡村建设规划、城区综合管廊建设规划等编制，启动社科、梁家庄、岚城、界河口4个乡镇的乡村规划编制。二是推进重大基础设施项目建设。加快推进岚县西客站、太佳高速东连接线、普明集运站建设。完成230千米乡村公路改造，全力推进静兴高速连接线和国道209线、省道313线升级改造，着力构建以太佳高速和国省道为骨架的现代化交通网络新格局。引入社会力量投资建设“四馆一园一院一场”等项目。三是提高基础设施建设水平。加快90个城乡小区的宽带覆盖。进一步扩大集中供热面积，年内新增供热面积30余万平方米。完成保障房小区基础设施配套工程建设。全面完成省市下达的农村危房改造任务，优先保障建档立卡贫困户住房安全。全面启动岚县粮食收储总站城关粮库建设项目，加强粮食流通建设。四是加快户籍制度改革。提高户籍人口城镇化率，推行居住证制度，促进在城镇稳定就业和生活的农业转移人口进城落户。五是提升城乡宜居水平。深入推进“五城联创”，争创国家生态园林县城。完成岚河南路行道树、绿化带和带状公园建设，人均绿地面积达到14.4平方米。

（四）着力推进民生改善，进一步加快社会事业发展。一要着力提高教育水平。进一步巩固义务教育均衡发展成果，全面完成改薄工程。改善学前教育、义务教育环境。加强师资队伍建设，逐步充实中小学短缺师资。继续加大岚县高中与孝义中学、文水中学，育红中学与太原实验中学等省内优质学校建立校校合作、学科对接、教师跟班学习合作办学力度。科学优化农村中小学布局，建好办好农村寄宿制学校、乡村小规模学校和教学点。切实加强师德师风建设，提高教学质量和管理水平。二要全力保障人民健康。实施分级诊疗制度，力争县域内就诊率达90%。进一步深化公立医院改革，加强全行业监管，加快形成基本医疗卫生制度框架。全面落实各类医保兜底保障机制，实行“一站式服务”。完成37个村卫生室的标准化建设。深入开展爱国卫生城乡清洁工程，巩固国家卫生县城成果。积极争取县医院中央健康扶贫投资项目实施。加强计划生育服务能力建设，全面加强公共卫生标准化服务，扎实抓好疾病预防控制和卫生监督工作。三要大力推进文化旅游事业。建立完善村通广播电视、农村书屋和村级文化活动场所的长效管理机制，推进公共文化服务标准化、均等化。力争年内完成新建图书馆、文化馆、美术馆的前期准备工作，县城首家数字影院上半年建成投用。全力开展全域旅游示范县创建工作。大力推进白龙山4A景区创建和土豆花风景区建设。四要强化社会保障能力建设。完成城乡最低生活保障综合整治，落实补差救助政策，降低低保人口比重至10%以下，充分发挥社保兜底作用。建立统一的特困人员供养制度。提升社保基金征缴扩面范围和服务水平，实现四险一金一卡通。加快推进电子商务，推进全县电子商务服务网点布点建设。

（五）着力推进生态建设，进一步打造宜居环境。一要强化生态建设。全年完成造林任务9247公顷。实施荒山绿化、退耕还林、城乡绿化、通道绿化、重点区域绿化、森林公园绿化“六大工程”，推广完善购买式造林模式，实现增绿与增收双赢。二要夯实生态基础。全力构建政府、企业、公众共治的环境治理体系。持续加强水资源保护和水污染防治。全面推进城乡环境综合整治，开展城乡环境清洁工程等专项行动，持续改善城乡人居环境。大力发展生态经济、低碳经济，加快发展节能环保、旅游休闲等与生态相适宜的新产业新业态。三要加强环境治理。狠抓污染监管不放松，加大对重点区域的环境监管力度。加强岚河流域污染治理工作，上半年实现污水处理厂二期项目调试投运。推进城区清洁能源使用，加快对标提质工程项目的施工进度，确保全年优良天数达到292天，力争达到300天。依法严肃查处各种环境违法行为，保持环境执法高压态势。四要狠抓节能降耗。继续加强规模以上工业企业用能管理，确保2017年节能降耗任务完成。

（六）着力推进改革开放，进一步加快转型发展。一要主动开放大力招商引资。确定招商引资的重点领域，突出招商引资的重点目标，创新招商引资的有效方式。二要深入推进供给侧结构性改革。“去产能”方面，推动冶炼、水泥等行业化解潜在过剩产能，重点是推动太钢铁矿项目优化升级。“去库存”方面，实现全县562套、6.88万平方米商品房和400套、2.8万平方米保障房库存化解。“去杠杆”方面，努力降低企业杠杆率，盘活企业存量资产，创新担保方式，积极拓宽企业融资渠道，有效化解小微企业融资难。“降成本”方面，制定出台降低实体经济企业成本方案，进一步压缩企业税费负担，促进降低成本、提高效益。“补短板”方面，加快农业供给侧结构性改革，大力发展特色农业和功能农业，主培育新型农业经营主体和服务体；推进农村土地所有权、承包权、经营权“三权”分置，全面完成农村土地承包经营权确权登记颁证，深化农村产权制度改革；全面完成国有粮企改革改制工作；突出抓好教育医疗体制改革和企事业单位绩效工资改革。三要加快推进转型综改工作。进一步推进政务公开，深化行政审批制度改革，做好省市行政审批权限下放承接工作，全力推进“接放管服效”改革。积极推进“大众创业、万众创新”，抓好科技创新。积极推进农民工返乡创业试点改革工作，实施“十百千”人才培育工程。抓好县级水价、污水处理费、天然气、供热价格等重点领域价格改革工作。加快推进企业改制。

（七）着力推进社会治理，进一步加快和谐社会建设。高度重视安全生产。严格落实“党政同责、一岗双责、齐抓共管、失职追责”的安全生产责任制和责任追究制。围绕重点行业、重点领域、重点企业，开展拉网式隐患排查整治；坚决打击处置私挖滥采行为，打击非法违法生产经营行为，不断提高安全生产水平；全面强化食品安全工作，确保全县食品安全。全面加强应急管理。进一步强化安全生产基层基础和安全应急救援体系、能力建设，健全完善突发事件应急处置机制。强化社会综合治理。扎实开展平安创建行动，创新社会治理方式，健全立体化社会治安防控体系；完成天眼工程建设，继续引深打黑除恶专项行动，严密防范和依法严惩各类违法犯罪行为；实现网格管理全覆盖，自治服务无缝隙；积极防范和处置突发性群体事件。

时代赋予重托，奋斗铸就辉煌！让我们在县委的坚强领导下，团结和带领全县广大干部群众，不忘初心，继续前行，凝心聚力共奋进，撸起袖子加油干，为融入太原都市圈、打造省城后花园，建设富裕、文明、开放、宜居新岚县而努力奋斗，以优异成绩迎接党的十九大胜利召开！

# 实现“三个转变”，建设美好临县

临县县长　**李双会**

2016年，县政府在县委的坚强领导下，在县人大、县政协的监督支持下，深入学习贯彻党的十八大、十八届三中、四中、五中、六中全会精神和习近平总书记系列重要讲话精神，坚决贯彻落实省委、市委决策部署，按照“六新临县建设”要求，坚持以脱贫攻坚统揽经济社会发展全局，围绕“一个目标”，实施“五大战略”，建设“五大基地”，较好完成了全年主要目标任务，实现了“十三五”经济社会发展良好开局。

2017年是坚决打赢脱贫攻坚战、全面建成小康社会的关键之年，也是供给侧结构性改革的深化之年。做好今年的各项工作，意义十分重大。

**一、2017年政府工作的总体要求**

深入学习贯彻以习近平同志为核心的党中央治国理政新理念新思想新战略，统筹协调推进“五位一体”总体布局和“四个全面”战略布局，认真贯彻省委“一个指引，两手硬”重大思路和要求、市委“六个坚持”“六新目标”总体部署，按照县委“六新临县建设”要求，以脱贫攻坚统揽经济社会发展全局，围绕“一个目标”，实施“五大战略”，建设“五大基地”，全力促进经济稳步向好、民生不断改善和社会和谐稳定，加快实现资源大县向经济大县转变，人口大县向人力资源优势大县转变，贫困大县向文明开放大县转变，为决胜全面小康、塑造美好形象奠定坚实的基础，以优异成绩迎接党的十九大胜利召开。

**二、2017年县域经济社会发展主要预期目标**

地区生产总值增长6.5%，公共财政预算收入增长8%，规模以上工业增加值增长8%，社会消费品零售总额增长7%，城镇居民人均可支配收入、农村居民人均可支配收入分别增长7%和7%以上。89个贫困村退出，3.5万贫困人口脱贫。城镇登记失业率控制在4%以内。环境治理、节能减排等约束性指标完成市定任务。

**三、重点要抓好六个方面的工作**

（一）坚持精准方略引领，确保脱贫攻坚再战再胜。全力推进“三个一”扶贫计划。以林地流转经营为突破口，积极推广“公司＋农户”“公司＋基地＋农户”“合作社＋农户”等模式，实施红枣、核桃经济林提质增效1.87万公顷。深入推进光伏扶贫，全面完成2016年光伏电站建设，确保5月底前全部并网发电；启动实施30兆瓦光伏电站项目，力争年内建成并网发电；制定收益分配办法，保障无劳动能力贫困户优先受益、村集体收益稳定增加。扎实做好护工护理培训，全年培训2500人、就业1250人；开展系列宣传活动，打响“吕梁山护工”品牌。坚决啃下易地扶贫搬迁“硬骨头”。全面完成2016年搬迁任务，确保上半年5200人分房到户。加快实施2017年8400人搬迁，积极争取项目贷款，在城南、城北建设两个集中移民安置小区，在三交、刘家会、克虎、兔坂、林家坪等乡镇建设集中移民安置点。精准确定搬迁对象，合理布局搬迁点和人口规模，培育增收产业，开辟就业门路，确保贫困群众搬得出、稳得住、能致富。狠抓精准扶贫脱贫措施落地。全面开展脱贫攻坚“春季行动”，深化拓展干部帮扶，提高精准帮扶成效和群众满意度。深入推进精准脱贫挂图作战和痕迹管理，完善精准脱贫信息管理大数据平台功能，确保精准方略在动态中贯彻好、落实好、执行好。加大涉农资金整合力度，制定资金统筹整合方案，加快扶贫项目到村到户进度，形成“多管道进水、一个池子蓄水、一个出口放水”的资金投入新格局。创新金融扶贫方式，推广“合作社承贷＋贫困户使用”“公司担保＋贫困户贷款＋入股分红”等金融扶贫模式，增加扶贫小额贷款投放。加快保险业精准扶贫示范县建设，推进保险业全面参与精准扶贫。强化脱贫成效考核监督，严格贫困退出标准，提高脱贫质量，坚决防止数字脱贫、虚假脱贫。

（二）坚持产业转型拉动，确保县域经济稳中有进。一是加快农业产业提档升级。推动农业供给侧结构性改革，调整优化种养加结构，大力发展特色农业和功能农业。扩大建设肾形大豆示范基地以及绿色马铃薯、绿色谷子，发展食用菌、中药材、设施蔬菜种植，培育畜牧产业示范园区 20 个、标准化养殖加工园区 50 个、生物有机肥和饲草加工示范企业 5 户。加快推进红枣产业化发展，大力培育一批红枣加工销售企业，逐步建成山西最大的红枣生产加工销售基地。积极引进上海云月集团落户临县，建立红枣、核桃、小杂粮 3 个万亩原料基地，建设休闲食品生产加工物流基地。推进与王老吉集团合作事宜，加快推进枣源地等红枣加工企业红枣原浆、浓缩汁生产线项目，年内投产达效。扶持丰林现代、朝阳农牧、欧莱特等一批农产品加工企业做大做强，打造一批驰名商标、著名商标，形成一批有影响力的农业品牌。探索农村合作经济组织形式，培育种养大户、家庭农场、专业合作社等新型经营主体，支持农民以土地入股、代耕代种、土地托管等多种形式发展适度规模经营。探索“村村有产业、户户有项目、人人能参与”的产业扶贫模式，构建“一村一品、一户一业”产业发展新格局。二是促进工业经济扩量提质。加快煤炭产业结构调整步伐，推进吕临能化 1000 万吨煤矿、京能吕临 2×350 兆瓦低热值煤发电厂年内投产，开工建设美锦锦源 600 万吨、晋煤太钢 600 万吨矿井，加快中石油、中联、中澳、国新、国化等煤层气开发利用项目建设，逐步实现以煤为主向煤基多元化转型，形成煤电气一体化发展的新型产业格局，建设晋西最大的煤电气新型能源基地。落实工业提质增效“20 条”政策措施，帮助企业降杠杆、防风险，稳定全县经济基本面，促进县域经济健康持续发展。三是推动服务业提速发展。突出抓好文化旅游、电子商务、现代物流三大业态发展，着力培育县域经济新的增长点。推进碛口景区改革创新发展，加大景区乱修乱建整治力度，改善景区旅游环境质量，举办好第二届中国·碛口“枣儿红了”红枣旅游文化节，不断提升景区知名度和美誉度。抓好红色资源保护利用，加快中央后委、中共中央西北局、陕甘宁晋绥联防军等红色旧址修缮保护进程。挖掘古村落和民俗优势，推进南圪垛、青塘、李家山等乡村旅游发展。开发黄河黄土风情游、红色文化游、乡村枣园采摘游等特色精品旅游线路，培育具有黄河文化特色的碛口旅游基地。加快发展电商物流业，全力建成县级运营服务中心、29 个乡镇综合服务站、400 个村级服务点，打造两个电子商务产业、创业集聚区，引进阿里巴巴、京东、乐村淘等全国知名电商企业，带动发展电子商务应用示范龙头企业 10 个。打通代购货物下乡进村和农产品外销通道，解决乡村物流配送“最后一公里”问题。实施“互联网＋精准扶贫”战略，探索电商扶贫新模式。四是提高项目服务管理水平。初步安排重点项目 100 个，总投资 720 亿元，年度计划投资 95 亿元。不断强化项目服务管理，确保项目尽快建成达产达效。强化政银企对接，破解企业发展、项目建设融资难题。优化项目建设环境，着力营造健康有序的建设环境。

（三）坚持城镇建设带动，确保城乡一体化进程加快。一是不断完善城乡功能。加大县城建设力度，建设安业、白文两个火车站站前广场，推进公安局业务技术用房和法院审判大楼项目建设。加快自来水节水改造工程、城区燃气集中供热工程建设，县城引水工程年内投入使用。启动东山生态公园、湫水河治理二期南段及太佳高速连接线城区段项目，西纵高速连接线年内建成通车，开工建设城南、城北两个移民安置小区，铺开城南安业、城北东关等 6 个棚户区改造项目，加快城中村改造开发步伐，改善城区居住环境，不断提升县城功能品位。结合产业发展布局、移民搬迁集中安置，加快推进重点镇、特色镇建设，打造宜居宜业美丽乡村。二是强化基础设施建设。推进临县北、林家坪、白文、车赶等 4 个战略装车点项目建设，新国道太克线二期临县段工程年内建成通车。完成三曲线三交—李家沟、杨家坡—曲峪段、碛口旅游公路等续建工程 64 千米。拓宽改造沿黄旅游公路，实施生命防护工程 36.7 千米、脱贫村公路通畅达标 130 千米，完成农村公路完善提质、窄路面拓宽改造任务。铺开城南 110 千伏、东胜 35 千伏变电站增容改造工程，实施农网中低压改造 293 千米，实现脱贫村通动力电。推进中部引黄县域小水网建设，完成 43 个自然村安全饮水工程和 10 座淤地坝改造。实施 2552 户农村危房改造、127 户农村地质灾害治理搬迁和 1954 户采煤沉陷区治理搬迁工程。三是提升城乡管理水平。严厉打击未批先建、乱修乱建行为。规范交通秩序，强化环境卫生整治，改善城乡人居环境。强化房地产市场管理，有效化解房地产库存，稳定房地产市场。

（四）坚持生态文明推动，确保增绿增收实现双赢。加大造林绿化力度，加快建设黄河中游生态绿色基地。

全面开展治污控污，持续推进大气、水、土壤污染防治，加大控煤、治污、管车、降尘力度；实施县城污水处理厂提标改造，争取湫水河综合治理项目列入环保部项目库；深入开展环保督查，持续引深“铁腕治污”行动。扎实推进生态脱贫，推进林业资产性收益试点县建设，实施林业扶贫“五个一批”工程；抓好造林专业合作社建设，落实好公益林管护政策，把护林员岗位提供给贫困劳力，让贫困人口在参与管护中就业脱贫。

（五）坚持改革开放驱动，确保开放型经济迈出新步伐。推动开发区建设发展。科学编制开发区发展规划，争取3年内建成省级经济开发区；加快构建现代农业和物流园区、红色文化和自然风景旅游园区“一区二园”开发区发展格局；推进开发区管理体制改革。落实综合配套改革措施。着力推进转型综改试验区建设，落实好各项改革措施；加快推进国企国资改革；推进国有林场改革，稳步实施供销合作社改革；深化农村产权制度改革，探索土地所有权、承包权、经营权“三权分置”改革，年内基本完成农村土地承包经营权确权登记颁证工作。支持民营经济发展。全面落实加快民营经济发展省33条、市28条等政策措施；强化政银企合作，有效化解小微企业融资难题；推动民营资本参与投资红色文化旅游、健康养老等新型产业，引导民营企业实施股权制改革，实现转型发展。实施高效精准招商引资。实施精准招商和跟踪服务，加强与金融机构战略合作；强化招商队伍建设，创新招商方式；扎实开展优化投资环境专项活动，提升行政效能和服务水平，促进项目落地投产。

（六）坚持民生改善促动，确保群众生活水平持续提升。一是优先发展教育事业。大力发展学前教育，完成省市下达的幼儿园建设任务。启动义务教育“全面改薄”工程，实施88所中小学校舍改扩建和设施设备配备达标升级，通过国家义务教育均衡发展评估验收。加快推进高中标准化建设，积极发展职业教育、民办教育、特殊教育。深入推进教育扶贫工作，落实好各项惠民政策。加强教师队伍管理，提升教育教学质量。二是推进健康临县建设。争创全国健康扶贫示范县，建立完善基本医疗保险、大病保险、医疗救助和商业补充保险等多重医疗保障体系，实行贫困人口先诊疗后付费和“一站式”结算服务，提高贫困人口住院报销比例。加快建立分级诊疗制度，实行医疗对口援助，提升基层医疗机构服务能力，促进县乡医疗卫生一体化。加强医疗卫生机构标准化建设，完成县中医院搬迁和脱贫村卫生室升级达标。加强人才队伍建设，提高医疗服务水平。深入推进食品药品安全专项整治，切实保障人民群众安全。三是繁荣发展文化事业。加快建设碛口书画艺术采风基地、碛口美术馆、青塘民俗博物馆。做好伞头秧歌、道情戏、大唢呐等非遗保护和传承工作，挖掘文化资源，打造文化精品。加快发展文化产业，培育新型文化市场主体，促进文化产业与旅游、信息、金融等产业融合发展。四是全面加强社会保障。实施全民参保计划，推进五大基本保险全覆盖。推动机关事业单位养老保险制度改革，实现城乡居民基本医保制度并轨。落实落细各项兜底政策，稳步推进城乡低保减量提标，逐步实现农村低保线和扶贫兜底线有效衔接。加快农村劳动力转移就业，培育山西最大的劳务输出基地。五是持续抓好安全生产。压实安全生产责任，做到安全责任、管理、投入、培训和应急救援“五到位”。加强安全生产队伍建设，强化安全监管执法保障。深入开展煤矿、非煤矿山、道路交通、地质灾害等重点行业领域的安全大检查。努力实现全年“三个继续下降”目标，确保安全生产形势持续稳定好转。六是维护社会稳定大局。加大信访积案化解力度，完善矛盾纠纷排查化解制度。加大平安临县创建力度，完善突发事件应急预案，加强应急处置救援工作。创新社会治理方式，健全立体化社会治安防控体系，继续深化“打黑除恶”专项行动，严密防范和依法严惩各类违法犯罪行为，不断提升群众安全感和满意度。

新的一年，让我们更加紧密地团结在以习近平同志为核心的党中央周围，认真贯彻落实省市各项决策部署，在县委的坚强领导下，不忘初心、继续前行，凝心聚力、奋发有为，以实际行动和优异成绩迎接党的十九大胜利召开！

# 攻坚克难，真抓实干，率先脱贫，决胜小康

方山县县长　李溢涛

2016年，县政府按照省委“一个指引、两手硬”、市委“六个坚持”“六新目标”的重大思路和总体要求，在县委的坚强领导下，团结带领全县广大干部群众提振信心，顽强拼搏，奋力推动全县经济社会全面发展，较好地完成了十届人大一次会议确定的目标任务。

2017年是打赢脱贫攻坚、率先脱贫摘帽的决战之年。做好今年的工作，意义重大，影响深远。

**一、2017年政府工作的总体要求**

深入学习习近平总书记系列重要讲话精神和治国理政新理念新思想新战略，牢牢把握省委“一个指引、两手硬”以及市委“六个坚持”“六新目标”的总体要求，按照县委“三个坚定坚持”“三个强力推进”的总体部署，以脱贫攻坚为统揽，以供给侧结构性改革为主线，以重点项目为引擎，以民生改善为根本，统筹推进“六项重点工作”，全力促进经济稳步向好和社会和谐稳定，为决胜小康、塑造美好形象奠定更加坚实的基础，以优异成绩迎接党的十九大胜利召开。

**二、2017年经济社会发展主要预期目标**

地区生产总值完成25.6亿元，增长6.4%；规模以上工业增加值完成13.9亿元，增长8%；固定资产投资完成26.2亿元，增长6.2%；社会消费品零售总额完成9.79亿元，增长6%；公共财政预算收入确保完成3.36亿元（市下达任务3.05亿元），争取完成3.8亿元；城镇居民人均可支配收入达到20232元，增长6%；农村居民人均可支配收入达到4432元，增长7%；城镇登记失业率控制在4.2%以内；粮食总产量4400万千克以上。约束性指标完成市下达任务。

**三、政府重点工作**

（一）聚焦精准方略，坚决打赢脱贫攻坚战役。确保年内完成整村脱贫85个村，脱贫9187户2.33万人，率先实现脱贫摘帽。一是倾力推动重点产业发展。落实好“奖补办法”，整合各类涉农资金，加大投入，推动中药材和肉牛养殖两大农业主导产业发展壮大，着力解决贫困群众脱贫增收的产业支撑问题。中药材：进一步加大与山西国新晋药等企业的合作，年内重点完成国家级正品北柴胡、党参种子、种苗科研基地建设。肉牛养殖：鼓励全县2.16万户建档立卡贫困户户均养殖一头能繁母牛；扶持规模养殖，大力发展肉牛圈舍育肥；结合退耕还林还草，扩大饲草种植面积。其他产业：大力推动小杂粮、蔬菜、马铃薯、核桃、沙棘等特色产业提质增效，大力培育新型经营主体，支持农民以土地入股、代耕代种、土地托管等多种形式发展规模经营，大力发展农产品精深加工，延伸农业产业链条。二是全面完成光伏电站建设。按照“统一规划建设、统一运营维护、统一分配收益、提升综合利用率”的“三统一、一提升”模式，加速刘家庄18兆瓦村级集中式电站建设，5月底前并网发电；新开工中金国泰13.53兆瓦和山西晋能35兆瓦地面集中式扶贫电站建设，9月底前并网发电。进一步完善电站收益分配机制，将纯收益的70%用于保障全县5806户1.3万名深度贫困人口的兜底脱贫，30%用于增加贫困村集体经济收入。三是按期完成易地移民搬迁任务。搬迁与脱贫并举，年内搬迁贫困户2197户5893人，同步搬迁1600人。结合棚户区改造、地质灾害治理、农村危房改造、采煤沉陷区搬迁等项目，新建圪洞、峪口、大武三个集中安置区，年底前分房到户。积极探索旧村复垦、土地置换、土地流转等土地开发模式，结合我县重点产业，鼓励企业参与，吸纳贫困户加入，大力培育后续产业，拓宽增收渠道。四是着力解决贫困劳动力就业。按照“五个一批”的思路，切实增加贫困群众的工资性收入。提高技能输出一批，造林护林吸纳一批，公共服务安置一批，企业用工消化一批。五是完善提升行政村基础设施。加快完善全县169个行政村的路水电网、综合性文化活动场所、村级卫生室、乡村垃圾处理系统等基础设施建设。本着“补齐短板”的原则，充分摸清底数，科学规划建设，节约使用资金，全面提升村级公共服务能力。六是建立健全资产性收益机制。出台资产性收益实施意见，完善提高、推广复制“桥沟模式”“大象模式”“后则沟模式”等已形成的资产性收益模式，建立健

全村集体、企业、合作社与贫困户利益联结机制和资产收益分配机制，确保村集体经济和贫困户获得稳定分红收益，为贫困户持续增收提供坚实基础。

（二）加快产业转型，促进经济实力稳步提升。一要大力培育工业经济。加快方山经济开发区规划编制工作，适时启动建设。巩固提升传统产业。深入贯彻落实全省煤炭供给侧结构性改革实施意见，不断提高霍州煤电木瓜、店坪、金晖瑞隆等矿井的现代化水平，努力提升煤矿综合实力。进一步优化煤炭产业结构，延伸产业链条，提高产品附加值。加快老传统酒业、良泉酒业年产5000吨白酒一期工程改扩建项目，鼓励老传统酒业与高端白酒企业合作，实现品牌化、集约化。积极发展新兴产业。推进中金国泰产业基金、新能源机械设备制造项目落地；推进远景能源150兆瓦、国电马坊48兆瓦风电二期项目启动；全面完成晋能集团35兆瓦、中金国泰13.53兆瓦、马坊10兆瓦光伏电站的建设任务。二要切实做好“三农”工作。积极开展农业供给侧结构性改革，以草牧业和粮改饲为重点，全力推进深圳中苋集团266公顷苋草种植和畜牧养殖项目；结合退耕还林还草扩大沙棘种植面积，引进有实力的企业开发以沙棘为原料的功能性食品，启动申报“中国沙棘第一县”工作，做大做强沙棘产业。不断深化农村改革，细化和落实土地所有权、承包权、经营权“三权分置”的办法，发展适度规模经营；探索开展农村土地征收、集体经营性建设用地入市、宅基地制度改革等“三块地”改革；完成农村土地承包经营确权登记颁证工作；探索形成土地流转的有效模式。着力打造美丽宜居乡村，以完善提升行政村基础设施建设为突破口，全面改造提升农村人居环境。培育壮大农产品加工业，引进一批大型农产品加工企业，扶持一批发展后劲强的中小加工企业，淘汰一批潜力资质差的小型加工企业；加强农产品种植与加工、销售的有机衔接，不断提高农产品附加值；大力实施农田水利基本建设，不断提高农业综合生产能力；全面落实粮食补贴政策，稳定粮田面积，力争今年粮食产量达到4400万千克以上。三要发展壮大文化旅游产业。坚持高标准规划。抓紧编制完成《全县旅游总体规划》，确立规划的法律地位，以规划引领开发，推动发展。推进旅游体制机制改革。成立文化旅游开发建设领导组，设立旅游发展委员会，成立旅游开发投资公司，对景区进行统筹开发。打造一流景区景点。以北武当山创建5A景区和南阳沟创建4A景区为龙头，加快北武当山与山西晋旅公司的合作，建设一批特色鲜明、内涵丰富、趣味别致的景区景点；配套建设公共服务设施，发展乡村游、休闲游、生态游等新业态。加快文化与旅游深度融合。成立旅游文化研究会，挖掘于成龙廉政文化、北武当山道教文化等资源，开发具有县域特色的旅游文化产品，着力提升景区景点的文化品位和核心竞争力。加大宣传推介和招商力度。四要稳步发展现代服务业。大力推进“互联网+”，将我县名、优、特产品、旅游业态推向全省、全国市场。适时启动大武现代物流园区建设，推动现代物流业的发展。传统服务业，依托一、二、三产，特别是旅游产业的带动力，促进传统服务业提档升级、发展壮大。

（三）推进重点项目，加快城乡一体化步伐。一是切实加快县城开发步伐。全面启动“北城开发”，以医疗园区、便民服务中心、棚户区改造、易地移民搬迁安置区等项目建设为抓手，启动文教路以北的新城区建设，使主城区向北延伸。重点铺开“十大工程”，筹集建设资金近30亿元，年内完成新高中、积翠公园改扩建、移民安置区三项工程；开工建设医疗园区、棚户区改造、城区路网、东山万亩山楂园四项工程；适时推动便民服务中心、凤凰公园、北川河综合治理（县城段）三项工程。二是持续推进大武新区建设。全面完成大武安置区拆迁任务，启动剩余安置区项目建设。今年基本完成大武小学、大武医院、木楼广场及市政配套基础设施建设项目，适时启动安置区商用、办公等项目建设，全力配合完成吕梁护理学院、吕梁高等幼儿师范专科学院、吕梁一中、4号湖的工程建设。三是积极推进基础设施建设。交通方面，积极推动209国道改线工程项目；力争下半年开工建设国道339线15千米改造工程；完成赤麻线和圪张线旅游路35千米；改造县乡公路18.2千米；积极争取“圪洞沟—北武当—骨脊山—庞泉沟”循环旅游路立项。水利方面，加快推进北川河综合治理项目（乡镇段），力争年内开工建设；完成农村饮水安全巩固提升工程、水土保持综合治理等各项任务。电力方面，开工建设大武35千伏升压110千伏输变电工程，配合完成峪口220千伏串补变电站建设，积极争取积翠工业园区110千伏变电站项目立项。供水方面，实施水质提升工程，积极推进管网建设，有效解决县城水质较差和南城区供水困难问题。供热方面，以旧城区为重点，新建换热站4个，新增供热面积60万平方米。供气方面，加强与山西国兴燃气公司的沟通对接力度，推进燃气管网直供建设。环卫方面，结合完善农村基础设施建设工程，启动农村垃圾治理试点县项目。四是提升城乡管理水平。加强城市规划的实施管理，维护城市规划的权威性和严肃性。加快理顺执法管理体制机制，依法查处打击违法违规建设和小产权房违规出售等行为。加大市容环境整治力度，保持城乡环境卫生干净整洁。大力开展国家级卫生城市、环保模范城市、生态园林城市、旅游城市和文明城市创建活动，进一步提升县城品位，优化人居环境。

（四）突出教育改革，统筹社会民生事业发展。一要坚持优先发展教育。出台全面振兴教育的实施意见,配套出台“中小学校级领导管理办法”和“中小学教师管理办法”;加快启动教师全员竞聘上岗和教师分流工作;严格考核兑现教师绩效工资;设立教育奖励基金。推行教育体制改革试点工作,推行教育集团化运行管理试点工作;选取基础好、条件好、班子好的学校,试行积分制管理办法。完成新高中建设工程和义务教育“改薄”项目,确保8月底前全部建成投用。积极引进国内知名教育集团,对新高中进行合作办学或委托管理,全面提升办学水平与教学质量。二要大力发展卫计事业。开工建设医疗园区项目,打造集医疗、疾控预防、妇幼保健、计划生育、健康养老为一体的县级医养结合综合医疗园区。加快理顺卫生计生体制机制,不断提高医疗质量和服务能力,推动城乡基本医疗服务均等化。三要不断加强民生保障。全面贯彻社会保障政策,提高城乡低保标准和特困人员救助供养标准,推动“贫困线”“低保线”两线合一。健全完善社会保障体系,推进基本医疗保险省内、跨省异地就医实时结算;全面实施机关事业单位养老保险制度改革,实现城乡居民基本医保制度并轨;大力发展社会慈善事业,积极开展救灾救济工作。四要加快文化兴县步伐。扎实推进乡镇文化站建设和“乡村文化记忆工程”试点工作,继续开展文化惠民和送戏下乡活动。启动实施广播电视制播能力提升工程和有线电视双向网建设改造工程。

(五)保持生态环境,着力推动可持续发展。一要扎实推进“铁腕治污”行动。加大以雾霾为重点的环境污染治理力度,实施“控煤、治污、管车、降尘”等举措,持续提升县域范围空气环境质量。大力改善河流地表水环境质量,全面提升辖区主要河流水质。积极开展土壤污染防治和环保隐患排查,确保环境安全。二要扎实抓好安全生产。突出抓好重点行业领域安全生产专项整治和隐患排查治理,全面加强煤矿、非煤矿山、道路交通、危险化学品、建筑施工、消防、食品等重点行业领域的安全生产工作,促进全县安全生产形势持续稳定好转。三要全力维护稳定大局。扎实开展社会治安重点整治行动,严厉打击各类违法犯罪行为,不断提高人民群众的社会安全感。全力维护社会稳定大局,妥善处置各类群体性事件,坚决维护社会和谐稳定。

脱贫攻坚重任在肩,振兴发展前途光明!我们将更加紧密地团结在以习近平同志为核心的党中央周围,提振信心、攻坚克难,求真务实、真抓实干,以实际行动和优异成绩迎接党的十九大胜利召开。

# 阔步前行,一步一个脚印向“三个交城”目标迈进

交城县县长　**张潞萍**

2016年,交城县委、县政府围绕“实施五个提升、打造一城三区、建设三个交城”的总体思路,团结带领全县广大干部群众提振信心,克难攻坚,全县经济社会发展在困境中破浪前行,为今后发展奠定了更加坚实的基础。

综合分析2017年宏观形势,机遇和挑战同在,宏观形势整体向好和周边县区百舸争流的发展态势并存。我们必须抢抓机遇,创新发展,阔步前行,一步一个脚印向“三个交城”目标迈进。

**一、2017年政府工作的总体要求**

深入学习贯彻习近平总书记系列重要讲话精神和治国理政新理念新思想新战略,按照县十五次党代会提出的“实施五个提升、打造一城三区”总体部署,坚持稳中求进工作总基调,坚持以脱贫攻坚为统领,坚持创新驱动、转型升级战略,深入推进“六城同创”,扎实开展“十大行动”,努力实现“五大突破”,振奋精神,苦干实干,全力促进经济稳步向好和社会和谐稳定,为建设生态交城、活力交城、宜居交城奠定更加坚实的基础,以优异成绩迎接党的十九大胜利召开。

**二、2017年县域经济社会发展的主要目标**

地区生产总值增长6%,公共财政预算收入增长4.7%,规模以上工业增加值增长7.3%,社会消费品零售总额增长8.3%,城镇常住居民人均可支配收入增长6%,农村常住居民人均可支配收入增长6.5%,主要指标增幅要超过全省平均水平,在全市争先晋位。

## 三、全县经济社会各项工作力争实现五大突破

*（一）以“3558”脱贫思路为引领，开展春季扶贫行动，在脱贫攻坚上求突破。*要紧紧围绕2017年脱贫攻坚春季行动，以春季带全年，因地制宜、因村施策，产业为先、重点突破，确保年内23个贫困村有序退出、1万贫困人口稳定脱贫，脱贫攻坚再战再胜。一是产业脱贫要全面覆盖。确保产业扶贫到村、到户、到项目，实现村级合作社全覆盖、贫困户致富项目全覆盖，行政村集体经济破零全覆盖。大力发展扶贫主导产业，继续扩大生态扶贫，电商扶贫和光伏扶贫要加快推进。二是移民搬迁要因地制宜。坚持贫困户与非贫困户同步考虑、分类搬迁。贫困户以改善居住条件为主，三年任务统筹安排。2016年和2017年集中安置搬迁工程6.5万平方米，2018年集中安置搬迁工程4.7万平方米。同步规划建设移民村和贫困村教育、医疗、文化、通信等基础设施和便民服务中心、卫生室、活动中心等公共服务设施，确保移民户搬得出、稳得住、能致富，彻底改善全县16万农民群众生产生活条件。三是扶贫资金要统筹整合。创新集体收益增长机制，完善资产收益扶贫机制，落实“五位一体”金融扶贫机制，抓好新型经营主体、乡村两级、第一书记发展扶贫产业的能力培训，巩固农村低保线和扶贫线“两线合一”，全县低保标准每人每月再提标20元，解决无劳动能力贫困人口兜底脱贫问题。四是社会扶贫要创新推进。开展光彩资金助力行动；定期开展扶贫文艺作品下乡宣传、开展“传承好家风、争创文明户”等活动，激发贫困群众发展生产、脱贫致富的主动性和能动性，形成全社会参与脱贫攻坚工作的强大合力。

*（二）按照“一产增效、二产转型、三产做活”的思路，实施“6530”项目攻坚，加快产业转型，在经济总量和发展质量上求突破。*一是坚持以农业供给侧结构性改革为引领，做优六大产业，推进一产增效。精心谋划“畜、果、蔬、菌、药、蜂”六大主导产业，为全域旅游提供丰富的“名、优、稀、特”农旅产品。大力发展畜牧产业，全年实现生猪出栏15万头，牛存栏2.2万头。打响交城林果品牌，推进全县核桃基地标准化生产，加快核桃深加工产品开发；全年红枣核桃销售收入达到2亿元。扩大优质蔬菜种植，完成9项“三品一标”认证，打造交城优质蔬菜品牌。全年生产优质蔬菜8000吨。发展交山特色产业，建成万亩特色中药材种植基地，形成特色菌类品牌，延伸蜂蜜产业链条。推进休闲农业发展，用好省级休闲农业与乡村旅游示范县各项优惠政策，加大对瑞景苑、翠丰庄园、宏禾园等示范基地的支持力度，带动全县文、旅、农融合发展。二是坚持以“一大三新”发展方向为引领，确定六条战略性新兴产业链，推进工业转型。做大做强大数据、新材料、新能源、新型化工、装备制造、生物医药，让新兴产业尽快成为支撑交城未来发展的“顶梁柱”。大数据方面，加快北京中交网通公司中西部智慧高速数据中心建设，发起成立大数据产业基金，筹划建设山西（交城）大数据产业园。新材料方面，集中发展碳纤维、高档玻璃、高磁材料、环保建材等新材料产业，形成新材料产业多元化发展格局。新能源方面，集中发展风电、光电、水电等新能源产业，使全县风电、光电、水电等装机容量达到159.6兆瓦。新型化工方面，加快形成现代煤化工、精细化工为主的新型化工产业，进一步巩固和扩大“中国肥都”“中国钙都”的市场占有率和“话语权”。装备制造方面，重点发展风电配件、托车器、健身器材等产品；发展轨道交通装备；依托正泰机械建设中国装备制造区域（交城）公共服务信息平台，促进全县装备制造企业线上线下融合。生物医药方面，积极开发原料药和成品药，逐步形成基本化工原料—中间体—原料药—制剂（成药）产业链；改造提升传统产业，鼓励企业引进新技术、新装备和新工艺，提升企业综合竞争力。三是坚持以创建国家全域旅游示范县为引领，做好六方面工作，培育新型三产。加快旅游资源整合，创新旅游投融资机制，组建交城文旅集团和旅投集团。建设旅游标志项目，提升旅游接待能力，树起交城全域旅游新形象。加快旅游景区建设，启动卦山·玄中寺创建5A景区、大草坪至分水岭庞泉沟森林旅游景区等7个大景区建设。加大文旅产品开发，设计全域旅游吉祥物，深入挖掘非遗文化，开发交城特色菜系。完善旅游基础设施，全面提升旅游服务水平。四是坚持以项目建设攻坚年为引领，进一步把转型发展的发力点打在项目上，全力实施好“6530”大项目攻坚年。大力推进总投资约60亿元的基础设施项目建设，继续推进“大县城”战略，围绕“十纵十横五循环”路网框架结构，加快“54321”工程建设。大力推进总投资约160亿元的产业项目建设，今年列入全县总盘子的产业项目共78个，其中一产项目30个、总投资23亿元，二产项目21个、总投资102亿元，三产项目27个、总投资35亿元，要抓好项目立项、开工、投产，确保列入今年完工的项目提前或如期建成投产。全力开展“6530”项目攻坚年行动，严格落实项目包联责任，严格实行重点项目“3个24小时”工作制度，形成大项目顶天立地、好项目争相落地、扶贫项目铺天盖地的新格局。

*（三）紧紧围绕创建国家级全域旅游示范县目标，开展六城同创，在环境改善和城乡面貌上求突破。*一要干净卫生。深入开展以“十乱”为重点的市容市貌、乡容乡貌、村容村貌集中整治，确保全县城乡面貌整体改善、全面提高、持久保持。二要突出绿色。通过规划建绿、拆迁造绿、见缝插绿、垂直挂绿等途径，让绿色充

满大街小巷，让绿色成为交城的底色。三要崇尚文明。大力推进“传承好家风、争当文明户”创建活动，深入开展“交城好人”评选活动，让文明礼尚在交城大地蔚然成风。四要生态环保。扎实开展环境改善年活动，深入推进大气、水、土壤污染防治“三大战役”，大力实施“控煤、治污、管车、降尘”等举措，坚决打赢“交城蓝天保卫战”。加强生态文明建设，加快推进村庄绿化和可视山体绿化，有效增加城乡绿地面积。五要统筹城乡。将全县十个乡镇逐步打造成特色鲜明的旅游小镇、休闲小镇、商贸小镇、民俗小镇，吸引周边农民就地城镇化，不断提升城镇化水平，使常住人口城镇化率达到67%。

（四）按照“胆子要大、步子要稳、统筹兼顾”的方针，全面深化改革，在创新驱动和转型升级上求突破。加快投融资体制改革。一是基础设施和公共事业项目要用好财政资金“四两拨千斤”的撬动作用。积极争取上级投资，用足用活政府融资新政策，解决好产业发展融资问题。二是破解要素瓶颈制约。破解土地制约。确保今年新增建设用地指标233公顷；加快科技创新，积极争创省级“双创”基地示范县，高新技术产业增加值占工业增加值比重达到15%；补齐人才短板，充分发挥好科技人才带动作用，加强职业技能培训。三是推进体制机制创新。加快推进经济开发区体制机制改革，努力把经济开发区打造成我县改革创新的“桥头堡”；深化农村产权制度改革，基本完成农村土地承包经营权确权登记颁证工作，积极开展农村集体资产清产核资，积极开展农村集体产权制度改革试点，促进农村资源资产化、农民资产资本化，有效增加农民财产性收入；开展多领域综合改革，深化财税体制改革，完善政府预算体系，深化商事制度改革，加快推进户籍制度改革，完善集体林权制度配套改革。

（五）坚持民生为本，启动“幸福交城”行动，多谋群众之利，多解群众之忧，在保障民生和改善民生上求突破。一是努力办人民满意的教育，巩固全县义务教育发展基本均衡县创建成果，优化教育资源布局，完成洪相学校整体搬迁、成村初中配套设施工程、职业中学技能培训楼，加快推进城西小学、开发区移民和扶贫移民区配套小学、交城二中薄弱高中改造工程，启动新建小学整体搬迁、幼儿园前期准备工作。实施好校长、好教师培育工程，加大师资培训力度，提升办学水平和教学质量。二是健康交城要持续发力，加快推进山大一院交城分院、妇幼保健计划生育服务中心与县中医院合并建设项目、天宁镇卫生院改扩建工程建设，规划建设高标准的康养休闲基地。深化医药卫生体制改革，推进公立医院药品采购“两票制”，降低药品价格，解决“看病贵”问题；推进分级诊疗，扩大医疗联合体覆盖面，基本实现“小病就医在基层、大病就医不出县”。三是文化交城要成为“硬实力”。完成县文化馆、图书馆、美术馆改扩建工程，开工建设县体育馆改扩建工程。启动广播新闻中心大楼建设。大力实施文化惠民工程，广泛开展群众性文化体育活动，做好送文化下乡活动。四是社会保障要持续加强。就业方面，认真落实高校毕业生创业就业扶持政策，做好农村转移劳动力、城镇失业人员、退役军人等群体再就业工作，实现城镇新增就业2500人，城镇登记失业率控制在4.2%以内。社保方面，深化社会保障制度改革，建立统一的城乡居民基本医疗保险制度，年内基本实现符合规定的跨省异地住院费用直接结算。完成夏家营敬老院二期工程、7个农村老年人日间照料中心建设，启动社会福利院养护楼建设。加快推进保障性住房建设，完成城市棚户区住房改造1100套。严格落实低保、五保、残疾人、大病救助等保障政策，完善社会救助体系，提高社会保障水平。五是全力抓好安全生产，始终压实“两个责任”，强化红线意识。突出抓好煤矿、非煤矿山、护林防火、道路交通、食品药品、特种设备、危险化学品和公共场所等重点行业领域的专项整治，确保安全形势持续稳定好转。六是维护社会和谐稳定，加快“平安交城”建设，做好信访维稳工作，全力维护社会和谐稳定大局。深入开展打黑除恶、治爆缉枪、铲除黄赌毒“三大战役”，依法严厉打击黑恶势力犯罪。

任何困难都不能阻挡我们加快发展的脚步，任何挑战都不能动摇我们建设“三个交城”的决心！面对全县23万人民的殷切期望，我们将聚改革之力、鼓实干之劲，带领全县人民锐意进取、真抓实干，以优异成绩迎接党的十九大胜利召开！

# 打赢脱贫攻坚战,建设文明、宜居、小康新柳林

柳林县县长　刘惠民

2016年,柳林县政府在县委的正确领导下,在县人大、县政协的有效监督和大力支持下,紧紧围绕县第八次党代会提出的融合“五大发展”理念、实现“三县共建”目标,以脱贫攻坚统揽全县经济社会发展全局,团结和带领全县人民,提振信心、负重前行,奋力推进全县经济和社会发展,实现了“十三五”良好开局,开创了全县经济社会新局面。

2017年是脱贫攻坚决胜之年,是转型发展希望之年,也是走出困境的关键之年。做好今年的各项工作,意义十分重大。

**一、2017年政府工作的总体思路**

深入学习贯彻习近平总书记系列重要讲话精神,按照省委“一个指引、两手硬”和市委“六个坚持”“六新目标”的工作要求,紧紧围绕县委打赢脱贫攻坚战,建设文明、宜居、小康“三县”奋斗目标,全力抓好“脱贫攻坚、产业转型、民生改善、安全稳定”四件大事,全面实现脱贫摘帽、转型升级、招商融资、人居改善、民生保障、社会和谐“六大目标”,为塑造柳林美好形象、实现柳林振兴崛起打下坚实基础,以优异成绩迎接党的十九大胜利召开!

**二、2017年经济社会发展的主要预期目标**

地区生产总值完成129.7亿元,增长5.5%;公共财政预算收入确保完成12亿元,增长12.2%,力争完成14亿元,增长30.8%;城镇居民人均可支配收入达到29840元,增长5%;农村居民人均可支配收入达到11220元,增长6%;城镇化率达到41.5%,提高1.5个百分点;森林覆盖率达到34.4%,提高0.6个百分点;其他指标完成省、市责任制考核下达的目标任务。

**三、政府工作的主要措施和具体目标**

(一)坚持精准发力,脱贫攻坚要实现顺利摘帽。对标冲刺剩余25个村9771人的脱贫任务,保证年内我县整体脱贫摘帽。坚持动态精准识别,确保不落一户。打造特色产业支撑,全力推进“一村一品一主体”到村到户,引导贫困村发展红枣、核桃、小杂粮、食用菌、蔬菜、中药材种植及肉驴、生猪养殖等特色农业产业,年内要实现贫困村有产业、有带动企业、有扶贫合作社,贫困户有项目、有劳动能力的贫困人口有技能的“五有”全覆盖和户均新增产业收入3000元以上的扶贫目标。支持小杂粮、红枣、核桃、碗团等特色农产品发展壮大,支持柳林企业走出去,扩大柳林特色农产品的市场份额。加快推进凌志、大庄、龙门垣等农业园区建设,打造特色养殖、无公害蔬菜、林下经济等特色农业产业基地,支持凌志肉驴养殖和金家庄、王家沟、留誉新大象及县内大型生猪养殖项目,带动全县规模养殖发展壮大。强化耕地保护,严格落实耕地保护目标责任。继续做好农村土地确权登记颁证工作,基本完成第三次全国农业普查。拓宽就业扶贫渠道。年内完成39个建档立卡贫困村1362人和全县插花贫困户的就业帮扶目标;支持和鼓励企业向乡镇提供就业帮扶资金,由乡村开发公益岗位,全力保障贫困家庭劳动力就业。加大对贫困群众的培训力度,年内完成培训900人,争取实现就业800人。扎实开展金融扶贫。大力实施金融扶贫小额贷款富民工程,切实增加小额贷款发放。继续开展农业企业“助保贷”业务,年内融资规模争取达到亿元以上。落实落细社保政策。将以教育扶贫、民政扶贫、健康扶贫和残疾人帮扶为主的24项社保兜底政策落实到户,实现农村低保线高于贫困线的目标。加快改善基础条件。加快今年拟退出25个贫困村的公共服务和基础设施建设项目进度;做好易地移民搬迁工作,2016年基本完工的孟门镇柳家坡村易地移民搬迁,完善配套公共服务和基础设施。严格干部帮扶责任。大力开展“千名干部进村入户”帮扶活动,实行最严格的考核机制,建立鲜明的资金保障导向,确保今年我县扶贫攻坚顺利实现脱贫摘帽。

(二)立足多元驱动,产业转型要迈出坚实步伐。一是巩固提升煤炭基础产业。加快哪哈沟、龙门塔两座煤矿的技改步伐,年内争取办结延期手续并进入联合试运转。对已完成技改的24座煤矿要增强可持续发展能

力。不折不扣落实好上级各类优惠政策，切实为企业减轻负担；积极协调处理好各类村企矛盾，不断创优企业的发展环境；加大政银企对接力度，积极帮助企业解决贷款难、融资难问题；尽最大能力帮助企业释放现有产能、稳定基本生产。二是做大做强铝系产业。加快森泽煤铝公司60万吨氧化铝(三期)项目建设，千方百计帮助企业破解资金难题，确保年内形成130万吨氧化铝生产能力。继续抓好与河南明泰铝业集团等国内大型铝后加工企业的对接，争取省市支持柳林铝后加工产业基地建设，力争在引进铝产品后续加工项目上取得进展。三是大力发展高新技术产业。创优李家湾高科技产业园区发展平台，理顺与山西绿色光电研究院的投资经营关系，推进配套完善园区基础设施。加快入园卫星测控站项目建设，争取与北京理工大学合作设立博士工作站，推进煤矿井下生产线智能化技术研发。年内力争有3～5个高科技项目入驻园区。四是扶持壮大其他非煤产业。打造特色旅游业，年内编制完成旅游产业总体规划，着力打造体现百姓乡愁的“下柳林”品牌。推进煤层气开发利用，争取年内煤层气产量达到1亿立方米以上。加快战略装车点建设，协调推动中南铁路孟门战略装车点后续工程；启动建设太中银铁路柳林集运站，推动中南铁路留誉荣欣专线加快完成前期，年内争取开工建设。

(三)培育发展动能，招商融资要取得新的突破。打造招商政策洼地，做好招商引资策划和项目包装，不断提高招商引资的层次和水平。营造招商浓厚氛围，推动形成全民招商、全社会招商的浓厚氛围。加大向上争资力度，加大对新增中央投资项目和专项建设基金的争取力度，把各级各部门争取上级资金纳入目标责任制考核。开辟债券融资新路，全力推动县经投公司发行企业和公司债券，已申报25亿元的发行规模，力争在3月底发行成功。积极探索运用城市建设和产业发展基金，积极加强与国开行、农发行等政策性金融机构的联系，争取更多的金融资本和社会资本，支持我县经济社会和转型发展。

(四)加强城乡建设，人居环境要得到切实改善。一是强化城乡规划管理。严格按照城乡规划建设，强化城乡建设执法管理，全力维护规范有序的城乡用地和建设秩序。二是大力整治城乡环境。以“三区三线”(城区、矿区、景区，国、省、县道主干线)和60个传统古村落、历史文化名村、乡村旅游村、“美丽乡村”试点村和建档立卡贫困村为重点，在全县范围内全面启动“脏乱差”问题专项整治大行动。三是全力推进棚户区改造。加大城市棚户区改造力度，年内要在对近几年拆迁的651户拆迁户进行货币化集中安置基础上，全面完善旧煤炭局、薛家湾、龙门会和锄沟片区的拆迁改造。四是挖掘城乡文化底蕴。全面推动县城明清古街恢复改造。加大对已申报的5个国家级历史文化名村和已认定的7个国家级传统古村落的修复保护力度，着力打造一批城乡历史文化名片。五是统筹城乡基础建设。加快城乡路、水、电基础设施建设，全面开工建设307国道城区段改线工程，进入市级融资平台的34条农村路网改造及贫困地区道路建设工程要全面完工。新建30处农村安全饮水工程，完成韩家峪等4座骨干坝除险加固任务；成家庄调蓄水库年内要完成前期。推进城网和农网升级改造。提升城市基本服务功能，年内实现贺昌片区供热，逐步在县城建成区范围内延伸覆盖。编制完善集贸市场、停车场、居民活动场所等公共服务设施专项规划，不断改善城区居民的基本生活条件。

(五)补齐民生短板，各项事业要取得全面发展。一是全面提高教育水平。建成联盛教育园区高中部和庙湾小学，启动建设青龙小学；完成142所义务教育学校“全面改薄”工程，促进教育资源均衡配置；整合资源、强化培训，做好基础设施和教师配备等各项准备工作；强化教师队伍管理，创优教育环境。二是提升医疗服务质量。加快柳林新医院建设，年内完成主体工程。继续巩固医改成果，全面落实基本药物制度。筹建社区卫生服务中心，逐步开展健康档案、高血压、糖尿病、老年人和妇幼管理等13项市民公共卫生服务。强化医疗队伍建设，不断提高医疗卫生服务质量。三是繁荣发展文化事业。年内要启动县影剧院改建工程，筹建县档案馆、美术馆及社区文化活动中心，不断完善文化基础设施。继续实施县图书馆、文化馆及乡镇文化站等公益性文化设施免费开放，大力实施电影、图书、文艺“三下乡”，着力提高城乡公共文化服务水平。强化非遗申保和文物修保工作，做好《柳林县志》编纂工作，更好地保护和传承柳林特色文化。四是高度重视社会保障。城市低保、农村低保、五保老人集中和分散供养、孤儿救助等各类政策性保障继续做到应保尽保，充分发挥好社保兜底作用。扎实推进机关事业单位人员养老保险改革工作，全面开展拖欠农民工工资专项整治行动。保证全民意外伤害保险、免费公交、高中教育免学费等惠民政策继续实行，新建10个农村老年人日间照料中心。五是持续改善生态环境。实施好以新一轮退耕还林工程为主的造林绿化项目，积极推进干果经济林提质增效项目，全面推进依法治林，巩固造林绿化成果。继续开展“铁腕治污”行动，严厉打击各类环境违法行为，确保大气、土壤和水主要污染物的浓度持续下降，实现全年城区二级以上天气达到70%以上。实行严格的环保准入和环境监管制度，坚决守好环境质量的底线。

(六)强化社会管理，全县大局要保持和谐稳定。切实加强安全监管，扎实开展隐患排查，深入开展专项整治,抓好煤矿、非煤矿山、道路交通、消防、油气管道、粉尘设备、危险化学品和涉氨制冷等重点行业安全整治。加快食品安全监管体系建设,强化食品风险防控和抽检工作。全面实行网格化管理,进一步充实安全监管力量,推动全县安全生产形势持续好转。规范信访工作,妥善解决各类信访问题。全力维护社会稳定,严打各类非法行为,扎实推进“平安柳林”建设。

34万人民群众热切期盼着柳林的改革和发展,沉甸甸的责任历史地落到了我们肩上。让我们在中共柳林县委的坚强领导下,振奋精神、乘势而上,不忘初心、奋勇前行,为塑造柳林美好形象、实现柳林振兴崛起而努力奋斗!

# 坚定信心,开拓创新,奋力建设和美厚实小康中阳

中阳县县长　**田安平**

2016年,全县广大干部群众扎实推进“大生态大发展大民生”战略,在压力下砥砺前行,在困难中奋力开拓,经济社会发展实现了省委提出的“下半年好于上半年,为2017年进一步好转奠定坚实基础”的目标。

2017年是党的十九大召开之年,是供给侧结构性改革和转型综改的深化之年,也是我县脱贫攻坚决战决胜之年。我们一下要下大力气做好今年的各项工作。

**一、2017年政府工作的总体要求**

深入学习贯彻习近平总书记系列重要讲话精神和治国理政新理念新思想新战略,统筹推进“五位一体”总体布局,协调推进“四个全面”战略布局,按照省委“一个指引、两手硬”和市委“六新目标”要求,扎实推进“大生态大发展大民生”战略,以脱贫攻坚统揽经济社会发展全局,以供给侧结构性改革为主线,以提高发展质量和效益为中心,坚持稳中求进工作总基调,全面做好稳增长、调结构、促改革、惠民生、防风险各项工作,全力促进经济稳步向好、民生不断改善、社会和谐稳定,为实现整体脱贫、早日建成和美厚实小康中阳努力奋斗,以优异成绩迎接党的十九大胜利召开。

**二、2017年经济社会发展预期目标**

地区生产总值47.7亿元,增长6%;规模以上工业增加值31.2亿元,增长5%;社会消费品零售总额14.13亿元,增长7%;一般公共预算收入5.5亿元,增长46%;城镇居民人均可支配收入21398元,增长6%;农村居民人均可支配收入6642元,增长7%;全社会固定资产投资增长目标,根据新的统计口径研究设置。约束性指标完成省、市下达任务。

**三、着力抓好七方面工作**

*(一)坚持强农富农惠农,在整体脱贫上赢得新胜利。*一是积极发展特色农业。做优核桃产业,重点打造2667公顷优质核桃示范园、2000公顷富硒核桃示范园;推广防冻、防旱技术,引进低温微冻保鲜项目;引导农民分品种采收、按规格售卖,进一步破解价低卖难、增产不增收的难题。做强生猪产业,按照“公司＋合作社＋农户＋金融＋保险＋公证”发展模式,规划发展20个专业合作社,年出栏生猪10万头;发展富硒猪肉,扶持有机肥生产销售、生猪屠宰加工和鲜肉微冻,着力打造省内一流的生猪养殖基地。做大肉羊产业,争创“柏籽养生羊”知名商标;以紫云羊业为龙头,引导鼓励1000户农民舍饲圈养5万只。做精特色产业,推动中药材、食用菌、肉牛、肉驴等适度规模经营和差异化发展,力争桃园集团与振东药业合作的1333公顷中药材种植项目落地;依托凯明、绿源等专业合作社,建成500万棒食用菌生产基地、车鸣峪4.67万公顷富硒香菇示范基地;积极扶持小杂粮、仁用杏、食用醋、手工挂面、枣夹核桃、肉类食品等特色加工业。实施“富硒产业增收计划”,加大富硒产品的开发力度,创建特色品牌。二是培育新型农业经营主体。建立健全农村土地承包经营权流转制度和服务体系,提高规模化、社会化经营水平。规范提升农民专业合作社,培育新型职业农民和社会化服务组织,进一步激发农村发展活力。三是决战决胜脱贫攻坚。确保年内4233户1.01万人稳定脱贫、32个贫困村全面退出。着力抓好扶贫产业入村入户和贫困户入社入股“双增收工程”,让每一个贫困户都能通过产业直接或间

接带动实现脱贫。力争通过光伏扶贫使2240户深度贫困户受益脱贫,40%以上的农特产品通过电商扶贫增值增收,300名贫困人口通过生态扶贫摆脱贫困,1000名贫困人口通过转移劳动力稳定脱贫。加快易地扶贫搬迁基础设施和公共服务配套建设,2017年通过县城集中安置1407户3940人,乡村就近安置379户1062人。大力发展农村集体经济,通过整合资源、盘活资产、服务企业、购买服务以及发展三产、旅游、光伏、文化产业等8种模式,确保贫困村集体收入全部达到5万元以上。完善公共服务设施,加快改善贫困村生产生活条件,7个行政村文化活动场所达标,16个行政村通互联网,19个自然村实现安全饮水,25个行政村卫生室改扩建,所有项目10月底前建成投运。整合各方帮扶力量,完善“四位一体”帮扶机制,实现县乡干部帮扶建档立卡贫困人口全覆盖。统筹用好扶贫资金。推进各项惠民政策到村到户到人。

(二)坚持发挥优势和盘活资源资产相结合,在推进传统产业优化升级上取得新成效。一是积极释放煤炭先进产能。加快煤矿项目审批建设、投产达效。鑫岩、南山、11号矿争取年内全部获批,彻底解决煤炭资源兼并重组整合遗留问题;西合、付家焉和宏岩煤矿分别于8月底、12月底进入联合试运转;坤龙、张子山、朱家店煤矿年内验收投产,全县生产矿井再增3对,达到10对,产量保底800万吨,力争1000万吨。二是着力盘活煤焦领域闲置资源资产。力争年内至少新增产量400万吨。全力配合福裕煤化工破产重组工作,争取洗煤项目3月底先行投产,焦化、甲醇项目在破产重组完成后重启建设。对全县闲置土地资源进行全面调查摸底,通过增减挂钩,置换用地指标,引进上马新项目,实现腾笼换鸟,盘活宝贵的土地资源。三是大力推进煤焦伴生资源综合利用。朱家店、宏岩两个总计39兆瓦的瓦斯发电项目,6月份开工建设;付家焉7兆瓦、西合1.5兆瓦发电项目,争取年内完成国家发改委新能源上网手续;荣欣一期7兆瓦发电项目力争9月份建成。中钢8万千瓦余气回收热电联产项目10月份投产。鼓励兴办煤矸石大宗利用、高附加值利用项目,生产建筑材料、制取化工产品,实现变废为宝。四是全力支持钢铁产业创新升级。把中钢研发中心打造成为国内一流的技术中心和工程中心,引领中钢创新驱动、转型升级;加快推进锚杆钢、“W钢带”项目建设,尽快上马100万吨拔丝生产线,争取特钢占到总产量的20%以上,进一步优化产品结构、延伸产业链条;向内降成本,向技改要效益、向管理要效益、向物流要效益,节能降本、增产增效,不断把成本优势转化成为竞争优势,提升可持续发展能力。

(三)不断挖掘潜力资源,在培育战略新兴产业上迈出新步伐。一是推动铝后加工项目落地。以备案的100万吨氧化铝产能为依托,通过购买省内、省外电解铝产能的方式,推动已签约的100万吨高精铝箔项目落地;通过项目捆绑、电力参股等形式,破解高载能项目的用电难题。二是促进电力产业快速发展。华润一期12万千瓦风电3月份全面开工、年内并网发电,二期5万千瓦年内启动建设;加快推进东旭一期2万千瓦光伏、晋能清洁能源10万千瓦风电前期手续办理;继续大力争取晋能桃园2×35万千瓦低热值煤发电项目核准,早日形成热电、风电、光伏发电“三电并举”的格局。三是借力北航发展信息技术产业。大力发展信息技术产业,支持“北航中汇科技孵化器”建设;强化场地、人力、设施等配套,全方位服务入驻的10余家高新技术企业,推动虚拟现实云渲染平台、电磁采暖炉、充电桩等5个项目落地转化;积极申报省级“双创”空间。整合全县电商优质资源,建成覆盖全县、辐射全国的农村电商服务网络,争创“电子商务进农村全国示范县”。四是加快文化旅游资源开发。突出柏洼山、上顶山、车鸣峪三大核心景点,以“旅游+”的思路,对文化旅游资源进行整体包装、策划,对接好省市旅游产业布局,5月份完成旅游发展规划修编工作。改革旅游管理体制和经营机制,组建旅游投资开发平台,项目化管理,市场化运作;鼓励支持中钢公司投资文化旅游,努力把旅游资源优势转化为现实优势。

(四)统筹城乡发展,在改善人居环境上展现新面貌。一是强化城市规划建设管理。高起点规划“城市畅通工程”。建成社会福利院养护楼,加快城区西山休闲健身公园建设,启动客运站、街道综合改造、农贸市场片区改造、“三馆合一”项目,争取铺开旧城区雨污分流工程。加大城市综合执法力度,严厉打击乱修乱建现象。建立清洁保洁长效机制,探索引入政府购买服务。大力开展“五城联创”活动,启动园林城市、环保模范城市、优秀旅游城市创建工作。二是推进特色村镇建设。重点打造金罗特色小镇,精心培育阳坡塔、弓阳等10个美丽宜居示范村、保障基本示范村、环境整治示范村,力争年内达到示范镇、示范村建设标准。深化农村“两治三改”,扎实推进乡村清洁工程。三是加快基础设施建设。交通方面,东山过境公路全面开工,万吴线7月底铺油通车,启动乾河线隧道工程,年内建成5条公路。电力方面,启动车鸣峪35千伏变电站改造,实施5个乡镇4102户农网改造升级工程。水利方面,新建淤地坝5座,加强水源地保护。四是加强生态文明建设。实施新一轮退耕还林工程,加强森林资源保护。加大大气、土壤、水污染防治力度,推进重点行业节能环保技术升级改造,继续推进城区集中供热、供气基本覆盖,新增供热面积20万平方米、供气用户1000户;提前筹划城区原煤散烧清洁能源替代工作。继续淘汰黄标车、老旧车。全面推行“河长制”,完成金罗镇区污水收集处理、暖泉河综合整治工程。深化“铁腕治污行动”，依法严惩各类环境违法行为。

（五）协调发展社会事业，在增进民生福祉上实现新提高。一是改善群众住房条件。桥坡底棚改一期6月底回迁、二期年内竣工、三期下半年开工；府南二期回迁；府东一期分配入住；城北一期开工。安置小区二期力争6月份开工建设。金罗采煤沉陷区2008套住房6月底分配到户，桃园容大186套安置房上半年开工建设。160户地质灾害治理工程，汛期前交付使用。二是加快发展教育事业。统筹发展各类教育，巩固提高义务教育“全面改薄”和均衡发展成果；实施第三期“学前教育行动计划”，城内幼儿园上半年启动改造，宁兴、钢城、雷家沟幼儿园争取年内投入使用；推动县级职教中心达标，促进职业教育与产业发展深度融合。三是强化健康中阳建设。稳步推进医药卫生体制改革，公立医院全部取消药品加成；完善分级诊疗制度，提升基层医疗卫生机构服务能力；促进中医事业发展；力争重启第一人民医院建设；开展“万步有约健走”等全民健身活动，不断增强人民体质。四是大力发展文化事业。完善7个标准文化站、100个农家书屋建设；开展健康向上、形式多样的文化惠民活动；加强非物质文化遗产传承保护。五是健全社会保障体系。实施全民参保登记，推动机关事业单位养老保险制度改革入轨，实现城乡居民基本医保制度并轨。推进低保线与脱贫线“两线合一”，加快发展以扶老、助残、救灾为重点的社会福利和慈善事业。

（六）强化改革创新，在发展开放型经济上开拓新局面。一是深化重点领域改革。加快“放管服效”改革，加强政务服务标准化建设，严格落实行政审批“两集中、两到位”，推进“互联网＋政务服务”。实施农村产权制度改革，完善农村土地“三权分置”机制，完成承包经营权确权登记颁证。深化商事制度改革，探索“多证合一”登记模式，强化事中事后监管。推进投融资体制改革，完善PPP推进机制。二是高效精准招商引资。强化“两库一平台”建设，完善招商项目库，储备一批经济效益好、带动能力强的大项目、好项目；建好招商引资平台，营造开放发展、高效服务的环境。创新招商引资模式，不拘形式引商引智。狠抓项目落地，巩固“光彩事业中阳行”活动成果，开展项目“大起底”；完善招商引资优惠政策和项目推进机制，确保项目引得来、留得住、能见效。三是全力支持实体经济。支持民营经济发展，大力支持个转企、小升规、规改股，年内新创办小微企业300户，新培育小升规企业两户。

（七）加强安全稳定，在深化平安中阳建设上再上新台阶。压实安全生产责任，推进打非治违专项行动，引深安全生产大检查，开展重点行业领域安全风险隐患大排查大整治，提高本质安全水平。强化应急管理，开展应急演练，切实提高突发事件应急处置能力。加强社会治安综合治理，巩固扩大“三大战役”成果，健全立体防控体系，积极排查调处矛盾纠纷，有效防范和处置突发性群体事件，进一步提高人民群众的安全感、满意度。

我们将更加紧密地团结在以习近平同志为核心的党中央周围，在县委的坚强领导下，坚定信心、振奋精神、忠诚担当，撸起袖子加油干，以实际行动和出色业绩迎接党的十九大胜利召开！

# 凝心聚力、开拓创新，加快建设“五新”交口

交口县县长　乔劲松

2016年，交口县政府坚持以脱贫攻坚统领经济社会发展全局，按照县十次党代会提出的“五先引领、五大体系、五条路径和建设富裕、绿色、宜居、平安、幸福交口”的总体思路，团结带领广大干部群众积极应对经济下行严峻形势，克难攻坚，真抓实干，经济社会基本保持平稳运行态势。

2017年是决胜脱贫攻坚和全面建成小康社会承前启后的关键之年，是供给侧结构性改革和转型综改的深化之年。做好2017的各项工作，意义重大，影响深远。

## 一、全县经济社会发展的总体要求

深入学习贯彻习近平总书记系列重要讲话精神和

治国理政新理念新思想新战略，认真落实省委“一个指引、两手硬”重大思路和对吕梁“三件大事”的工作要求，按照市委、县委决策部署，坚持稳中求进总基调和稳步向好基本判断，紧紧围绕脱贫攻坚和稳增长、促改革、调结构、惠民生、防风险各项重点工作，凝心聚力谋发展，全力以赴抓落实，促进经济社会平稳健康发展，以优异成绩迎接党的十九大胜利召开。

**二、2017 年县域经济社会发展主要预期指标**

地区生产总值 45 亿元，增长 8.1%；一般公共预算收入 5.6 亿元，增长 20.95%；规模以上工业增加值 33.5 亿元，增长 7%；全社会固定资产投资增长目标根据新的统计口径研究设置；社会消费品零售总额 8.21 亿元，增长 7%；城镇居民人均可支配收入 19664 元、农村居民人均可支配收入 7273 元，分别增长 7.5%、6.5%。城镇失业登记率控制在 4%以内，城镇新增就业 2050 人。

**三、2017 年政府主要工作任务**

（一）精准扶贫精准施策，全面决战脱贫攻坚。年内确保水头、回龙、温泉 3 个乡镇整体脱贫，全县 17 个贫困村摘帽退出，3393 户 9500 人脱贫。一是产业扶贫。整合筹措项目资金，持续推进“5＋2”农业产业化发展。规模发展食用菌产业，力争年生产规模达 2000 万棒，带动 2000 余户农户稳定脱贫。巩固提质核桃林产业，完成提质增效、综合管护 2000 公顷，推动核桃向深加工方向转化，带动 1500 户贫困户实现增收。大力发展养殖产业，实现年出栏 20 万头，驴存栏达 1200 头，带动 1000 余户 3000 余贫困人口脱贫。在此基础上，合理调整农业种植结构，鼓励发展小杂粮、中药材、油用牡丹、薯类、林下养殖等特色产业。加大特色农业“品牌”创建，提高辐射带动能力和产品附加值。二是易地扶贫搬迁。搬迁与脱贫同步，采取中心村、集镇、县城集中就近安置方式，年内完成列入 2016 年任务的云梦豪景、桃红坡瑞霖花园库存房回购和广武庄舍子沟续建安置房。完成 2017 年确定的 6 处新建安置房 1235 套，解决 3429 人搬迁问题。加大搬出村退耕还林、产业扶持力度，因地制宜规划好安置区后续产业发展，稳定增加搬迁群众经营性收入和资产收入，确保搬得出、稳得住、能致富。三是金融扶贫。探索建立“政府＋银行＋保险＋实施主体＋贫困户”五位一体小额信贷模式，设立财政风险补偿基金、贷款保证保险，做好财政贴息、保费补贴工作。支持贷款需求企业发展产业，促进、帮助 1000 户 2800 人脱贫增收，加快贫困村基础设施建设。四是生态扶贫。大力开展植树造林活动，积极探索“合作社＋贫困户”模式，实施城区可视范围山体绿化工程。通过一系列工程，让更多有劳动能力的贫困人口，在参与造林绿化、森林管护、土地整理中获取劳务收入。五是教育扶贫。全面落实义务教育“两免一补”政策。整合各类培训资源，依托吕梁学院实习实训基地加大对贫困家庭子女及富余劳动力的技能培训和劳动力转移培训，真正拔穷根、稳就业、阻断贫困代际传递。六是扶贫。落实医疗服务扶助政策，对建档立卡贫困户给予新农合个人缴费资助、实施大病医疗救助，确保建档立卡贫困户的“基本医保、大病保险、医疗救助”三重医疗保障报销费用达到 90%，着力解决贫困群众看病就医难题，避免贫困对象因病致贫、因病返贫。此外，积极做好旅游、基础设施、光伏、护工护理等各类专项扶贫。继续深化精准帮扶工作，大力加强“三基”建设，加大经费投入和教育培训力度，落实好“三支力量”帮扶工作责任制，实施“六个一”计划，落实全市“百企百村结对帮扶”活动，努力营造全社会关注扶贫、支持扶贫、参与扶贫的良好氛围。

（二）立足县情多元发展，推进产业转型升级。一是壮大新的优势产业。延伸铝系产业上下游链条，进一步拓展铝系材料深加工。推进辉煌能源公司 20 万吨聚合氯化铝建设项目，推进山西道尔铝业公司与河南伊电集团合作的 240 万吨氧化铝项目，推动交口兴华科技 290 万吨铝基新材料项目。二是大力培育新兴潜力产业。新能源产业，推进风能、光伏等新能源产业发展，加快推进中电投蒙东能源集团公司棋盘山 10 万千瓦风电项目开工建设，全力争取国家光伏领跑者计划项目。新材料产业，重点推进欣兴玻纤公司 16 万吨玻璃纤维一期 8 万吨项目。机械制造产业，围绕铝后精深加工，重点推进山西晟安电铝 20 万吨铝硅合金铸件，一期 5 万吨铝硅合金项目、茂华镁业 6 万吨镁合金项目，力争年内开工建设。旅游产业，构建集特色风貌、餐饮消费、创意工坊、娱乐游乐、远客度假、养老居住为一体的特色休闲旅游集散中心。重点推进红军东征总指挥部旧址陈列馆等一批景区项目开发建设。三是巩固改造提升传统产业。煤炭产业，重点抓好改造提质和巩固产能，重点推进华瑞煤业产能整合提升。焦化产业，以旺庄和道尔为主体，重点打造“煤—焦化—精细煤化工”产业链。冶铸产业，围绕 100 万吨绿色铸造基地建设，重点培育旺庄、天马等企业，推进冶炼铸造产业向装备制造、机械加工高端水平迈进。洗选产业，盘活停产、半停产的洗选煤企业闲置资产，下决心淘汰一批落后产能和僵尸企业，提高洗选业的集中度和竞争力。

（三）不断深化改革创新，提高开放发展水平。一要持续抓好重点领域改革。深化农村产权制度改革，基本完成农村土地承包经营权确权登记任务，大力推进以光伏扶贫为重点的资产收益扶贫试点工作。深化供销社综合改革。支持实体经济转型发展，有效缓解中小企业融资难、融资贵问题。加快行政审批制度改革，深入推进“放管服效”改革。二要加快省级开发区审批设立。积极创建全省首批以铝工业为主的省级经济开发区，规划组建交口县经济技术开发区。力争通过开发区的设立，打造煤电铝材深加工主导产业集群和绿色冶炼铸造辅助产业集群，提升我县产业发展的集聚效应和综合竞争力。三要推动科技人才要素支撑。探索建设科技企业孵化器和工程技术研究中心。积极帮助企业争取省级技术改造资金，支持和引导企业开展技术改造。落实全市“百千万”人才工程和“百校千人”计划，深化与高等院校的合作。最大限度推进科技成果转化，提高科技对县域经济的贡献率，引领结济结构上档升级。四要推进民营经济发展壮大。巩固完善干部入企常态化机制，加大干部包联、帮扶企业力度，实实在在帮助企业解决土地、资金等具体难题。创新企业融资渠道。积极孵化培育中小微企业。五要不断加大招商引资力度。创新招商引资政策、方式、机制，精心策划包装一批重点项目。强化招商引资考核，科学设置考核指标，鼓励符合国家产业发展方向、科技含量高、资产质量优、发展前景好的企业来投资。

（四）加大基础设施建设，补齐城乡发展短板。一是推动城区建设提档升级。启动“五城”创建工作。进一步探索经营城市理念，完成县城及中心集镇《总规》《控规》的修编。引导社会力量参与市政建设。加快实施市政重点项目建设，完成市责任制考核安排的公租房建设、数字化城管、易地扶贫搬迁、可视山体绿化工程项目。加大“智慧城市”建设步伐。二是推进集镇乡村一体发展。完善集镇乡村规划编制，加大基础设施建设力度，年内解决17个村委50个贫困村4468名贫困人口的安全饮水问题，做好新一轮农网升级改造工程，推进实施36.6千米的农村道路改造工程，继续实施农村危房改造工程，加大乡村绿化、亮化和净化的力度。三是巩固加快城乡基础建设。交通方面，以高速、省道干线、一级路建设为重点，形成开放大通道，旅游大走廊。水利方面，全力推进中部引黄工程南河水库及县域小水网建设，力争引黄工程早日受益。电力方面，推动桃红坡220千伏变电站线路架设和温泉、大南沟两个35千伏输变电增容改造工程；推进城区4个村的电网改造。气化方面，积极推动集中供气向中心集镇、乡村试点延伸，进一步提高城乡气化率。

（五）加快社会事业发展，着力保障改善民生。一要坚持大办教育事业。落实教育振兴20条，巩固和扩大义务教育基本均衡发展成果；启动实施“全面改薄”二期工程；出台交口县教师、校长两支队伍管理与交流办法，强化师德师风建设，持续开展“校风、教风、学风”三风整顿主题系列活动；巩固和发展县一中特色教育亮点；深化与太原师范学院的深度合作。二要办好医疗卫生事业。加大医药卫生投入。继续深化医药卫生体制改革，积极创新县医院、中医院、乡镇卫生院的管理机制和运行体制。落实健康扶贫政策，解决23个贫困村卫生室业务用房问题。实施医技人员招聘计划，探索县乡医疗卫生机构编制改革。巩固城乡爱国卫生清洁整治成果，继续抓好疾病预防控制，不断提高医疗质量和服务能力。三要着力加强社会保障。全面实施机关事业单位养老保险制度改革，实现城乡居民基本医保制度并轨。实施残疾人精准康复服务行动。进一步提高农村低保保障标准，逐步实现兜底脱贫。推进老年人日间照料中心建设，实施残疾人精准康复服务行动。提高特困人员救助供养标准。深入实施高校毕业生就业创业促进和就业援助专项行动，努力增加就业岗位和创业机会。扎实推进拖欠农民工工资专项整治行动，切实维护农民工权益。深入开展食品药品安全综合治理，切实保障人民群众舌尖上的安全。四要繁荣发展文化事业。积极做好文化下乡，继续实施送戏、送书、送电影等文化下乡活动，推进镇村两级免费开放服务升级和非物质文化遗产的传承保护工作。同时，不折不扣落实省政府“六件实事”和市政府“六件实事”。

（六）统筹抓实环保安全，维护社会和谐稳定。一要扎实推进“铁腕治污”。强化节能降耗，实施大气、水、土壤污染防治三大战役，下决心解决环境污染突出问题。实施“控煤、治污、管车、降尘”等举措，从严打击重污染行业土小企业死灰复燃，持续改善城乡环境。大力开展双池河水质达标攻坚行动，全面改善双池河出境断面水质。深入开展城乡环境卫生整治，巩固扩大县城污水、生活垃圾处理和集中供热、供气等公共服务范围。二要狠抓安全生产监管。压实县乡两级党委政府的领导责任、行业领域的部门监管责任、企业的主体责任，切实做到安全责任、投入、培训、监管和应急救援“五个到位”。推进安全生产依法治理，突出抓好重点行业领域安全整治。三要维护社会稳定大局。加大信访积案化解力度，引导群众依法合理反映诉求。加大社会治安防控管理，强化网格化管理，严厉打击各类刑事犯罪，不断提高人民群众的社会安全感和满意度。

蓝图激发动力，实干铸就梦想。让我们紧紧围绕在以习近平同志为核心的党中央周围，在上级党委政府和县委的坚强领导下，团结和依靠全县人民，凝心聚力、开拓创新，加快“五新”交口建设，以优异成绩迎接党的十九大胜利召开！

# 凝心聚力、开拓进取
# 全面挺进全省第一方阵

晋中市市长　王　成

2016年，我们认真贯彻落实中央、省一系列决策部署，按照省委“一个指引、两手硬”重大思路和要求，在市委的坚强领导和市人大、市政协的监督支持下，围绕“两个全面”奋斗目标，坚持创新驱动、转型升级主基调，主动作为，攻坚克难，经济发展稳中有进、稳中向好，社会事业全面进步，实现了“十三五”良好开局。

2017年是实施“十三五”规划的重要一年，是供给侧结构性改革和转型综改的深化之年，是我市全面挺进全省第一方阵的首战之年。做好2017年的各项工作，意义重大，影响深远。

## 一、2017年政府工作的总体要求

深入学习贯彻习近平总书记系列重要讲话精神和省委治晋理政新方略，统筹推进“五位一体”总体布局，协调推进“四个全面”战略布局，认真贯彻落实省第十一次党代会和省委十一届二次全会暨经济工作会议精神，按照市四次党代会和市委四届二次全会暨经济工作会议总体部署，坚持新发展理念，坚持稳中求进工作总基调，坚持深化供给侧结构性改革与深化转型综改试验区建设有机结合，坚持以提高质量和效益为中心，全面实施创新驱动、转型带动、改革推动、项目拉动四大战略，突出抓好转型升级、改革创新、项目建设、城乡发展、脱贫攻坚、环境改善、民生保障、政府建设八个重点，全力促进经济稳步向好、民生不断改善和社会和谐稳定，为全面挺进全省第一方阵开好局、起好步，以优异成绩迎接党的十九大胜利召开。

## 二、2017年市域经济社会主要预期目标

地区生产总值增长6%，规模以上工业增加值增长3.2%，全社会固定资产投资增长目标根据新的统计口径设置，社会消费品零售总额增长7%，一般公共预算收入增长4%，城乡居民人均可支配收入分别增长7%和7%以上，居民消费价格涨幅控制在3%左右，城镇登记失业率控制在4.2%以内。

## 三、重点抓好七个方面的工作

（一）持续深化供给侧结构性改革，努力在构建晋中特色现代产业体系上取得突破。一是坚决完成“三去一降一补”任务。在去产能上，支持灵石煤焦电铝硫化铁循环项目发展，全面完成省定煤炭去产能年度任务；积极推进工业园区增量市场售电侧改革，建立大用户直购电和10千伏高新技术项目直购电申报绿色通道。在去库存上，推动工业品去库存，实行甲控（供）管理，协调推动我市工业企业、重点项目产需对接；继续落实促进农民工进城、扩大货币化安置、刺激改善型消费等房地产去库存政策，遏制投资投机性购房。在去杠杆上，把降低企业负债率作为重中之重，对因行业周期性波动面临暂时困难的企业、战略性新兴产业领域的成长型企业和居于过剩行业前列的关键性企业，优先支持去杠杆。在降成本上，落实好制度性交易、中介服务、税费、融资、用电、物流等方面降低实体经济企业成本的政策措施，强化企业精细化生产和对标管理，增强盈利能力。在补短板上，重点在脱贫攻坚、基础设施、公共服务、生态环保等方面，加大投入、打牢基础。二是加快做大做强文化旅游产业。高标准完成全域旅游规划编制工作。加快体制机制改革创新。完善旅游产业体系。大力发展生态、度假、康养、乡村、红色、体育旅游等新业态，建设一批特色文化旅游园区、生态庄园、省级休闲旅游度假区和红色旅游景区，打造一批特色旅游线路；推动旅游与一二三产业融合发展，实现旅游产业全域辐射带动；开展旅游扶贫工作，充分发挥旅游富民功能；积极申报全省旅游发展大会主办权，办好平遥国际摄影展和电影展、中蒙俄万里茶路市长峰会等节庆活动；加强与华侨城等旅游大集团合作，实施好昔阳大寨、榆社云竹湖、和顺鹊桥生态文化园、左权百里红色走廊、介休张壁古堡等项目建设；加快王家大院5A景区创建步伐。强化服务保障，进一步完善全市旅游公共服务设施，规范旅游市场秩序，提升服务质量和

管理水平，确保全年接待境内外游客7350万人次、旅游总收入760亿元三是加快发展高端装备制造业。以吉利山西新能源汽车项目为龙头，全面推进新能源汽车装备制造园区建设；积极引进汽车零部件配套企业，构建新能源汽车产业链。纺机产业突出龙头企业做强成套主机、配件企业做精配套产品两大重点，完善产业配套合作机制，提升市场拓展能力。液压产业重点推进太重榆液产品试验检测中心投产运行，加快高行液压高铁导轨板生产线项目建设，全年产值突破14亿元。四是加快培育清洁能源产业。加大煤层气开发利用力度，完成煤层气资源及矿权调查摸底，加快中联、中石化煤层气和漾泉蓝焰左权未利用井的开发利用，推进凯嘉煤层气发电等项目，全年煤层气抽采量力争达到5.5亿立方米，利用量3亿立方米以上。鼓励发展可再生能源，推进一批风力、光伏等发电项目，抓好寿阳1吉瓦光伏、晋能高效光伏电池及组件项目建设与投产达效。五是加快提升现代农业。调整优化产业结构，在稳定粮食生产的同时，发展设施蔬菜666公顷(1万亩)，优质水果666公顷(1万亩)，优质高产干果2000公顷(3万亩)，中药材6666公顷(10万亩)。大力培育新型经营主体，规范提升省市县示范合作社100个，示范家庭农场10个。促进一二三产融合发展，扶持壮大8个农产品加工产业集聚区和10大产业集群，打造10个领军企业、100个骨干企业、200个小微企业集群，农产品加工业销售收入突破200亿元，祁县酥梨、昔阳双孢菇等特色农产品出口创汇突破1500万美元；以两个国家级、15个省级、55个市级休闲农业与乡村旅游示范点为重点，全面推进提质升级，休闲农业营业收入达到10亿元。推行绿色生产方式，完成无公害农产品、绿色食品、有机农产品认证30个以上，认定面积1.46万公顷。推进农作物秸秆综合利用，综合利用率力争达到90%以上。加快国家现代农业示范区建设，围绕粮、菜、果、牧及休闲农业五大产业，重点在6个创建县区打造国家现代农业示范区核心片区。六是加快壮大特色产业。玻璃器皿产业依托祁县“中国玻璃器皿之都”品牌，完成国家级玻检中心实验室等级验收。玛钢铸造产业以太谷胡村玛钢铸造园为突破，全面启动“气化玛钢”，重点推进华北铸造物流城等项目。医药产业以高成长性医药企业为突破口，支持广誉远、德元堂等企业进一步做强做大；加快广生普鲁兰多糖、振东安特中药家护用品项目前期工作。特色食品围绕食品企业规模化、集约化发展，重点抓好伊利、统一、娃哈哈项目一期达产达效和二期前期工作，加快晋汉生物科技一期项目建设，年内建成投产。七是加快改造提升传统产业。加大煤、焦、冶、化、电等行业技术改造力度，延伸产业链、提升价值链，重点推进灵石和介休两个千万吨级焦化集聚区、东方希望铝系工业园二期、阳煤寿阳乙二醇、阳煤昔阳化工园区聚氯乙烯、烧碱二期以及4个低热值煤发电等项目的技改和扩产。八是加快实施品牌战略。鼓励企业或社团组织发布执行联盟标准、团体标准。加强质量管理，整合提升全市质量检验检测能力和服务平台，筹建晋中市质量与品牌发展研究机构，鼓励“榆次液压”“太谷玛钢”“平遥牛肉”创建全国知名品牌示范区。推动品牌孵化增值，通过品牌培育和传播，打造具有晋中城市名片效应的产业集群，塑造晋中质量和晋中品牌良好形象。

(二)持续抓好事关全局的关键性改革，努力在转型综改上取得突破。一是全面推进山西转型综改示范区晋中区建设。依托晋中经济技术开发区管委会设立山西转型综改示范区晋中区管委会，与省同步挂牌运行。抓紧推进土地利用总体规划调整、规划编制、招商引资等工作，4月份全面启动起步区建设，先行实施山西半导体产业园、晋中通用航空产业园等20个重点产业、基础设施项目，尽快形成示范带动效应。推进全市现有开发区(园区)整合扩区。将108廊带示范区建设融入转型综改示范区建设和开发区改革创新工作中，启动108国道市城区段人居环境综合改善工程，推进108科技产业园等重点项目建设，年内取得实质性进展。二是加快打造山西“农谷”。以太谷县为核心，全力推进山西“农谷”建设。加快规划编制，重点实施总投资196亿元、年度投资41亿元的27个项目，完成园区路、水、电、气等基础设施建设，基本建成“农谷”雏形。三是深化国资国企改革。稳步推动国企改革，晋华、锦纶、轻机三户政策性破产企业在完成职工安置、财产处置、学校医院幼儿园剥离移交的基础上，力争终结破产法律程序；完成药材公司职工安置及财产处置，启动市属国有企业9户厂办大集体改革；完成山西佳新国旅有限公司国有股权转让，推动市押运护卫中心开展混合所有制改革，加快推进商粮系统18户企业改革。四是深化财税和金融体制改革。推动财政预算改革和全过程绩效管理，加大预算执行监管和支出优化整合力度。加大金融工作力度，强化政银企合作；做强做大地方金融机构，加快推进农信社改制农商行步伐；年内新增新三板上市公司3户。五是深化科技和人才发展体制机制创新。鼓励高校技术人才和大学生创办企业，重点扶持和培育高成长性的科技型中小微企业60家，全年新增10家高新技术企业；提升全市产业整体创新水平，重点扶持成果转化项目20个；创新科技服务方式，鼓励企业与高校院所共同承担科技重大专项和重点研发项目。吸引高层次人才，构建全新的人才自主流动机制。六是深化农村综合改革。全面完成农村土地承包经营权确权工作，基本完成登记颁证任务；加快农村产权流转交易市场体系建设向乡村延伸，实现乡镇交易所全覆盖；年内全市 1/3 的行政村完成清产核资；推进国有林场和集体林权制度改革；深化供销社综合改革。

（三）持续推进重点项目建设，努力在增加有效投资上取得突破。一是创新项目推进机制。建立市县两级政府领导领办转型项目机制，实行重点项目动态调整机制，建立重要问题解决定期通报制度。二是创新招商引资办法。创新招商方法，创优项目落地条件，全年引资总额 2100 亿元，签约项目落地率达到 50%以上。三是创新要素保障方式。进一步拓宽渠道，撬动更多社会资本参与项目建设。市财政预算安排 2 亿元专项资金，通过股权投入、项目引导、示范奖补等方式推广 PPP 模式；安排 2 亿元设立促转型增动能投资基金和促转型增动能担保资金。做好城乡建设用地增减挂钩，充分利用闲置土地，缓解规划指标紧张压力；对转型项目和优势企业用地，实行土地出让金分期缴纳，试行工业用地弹性出让，最低出让期由规定的 50 年缩短为 30 年，降低前期投入成本。

（四）持续加快扩容提质，努力在新型城镇化发展上取得突破。一是强化基础建设。市城区实施当年投资 277 亿元的百项城建重点工程。提升公共服务能力。进一步完善路网体系，畅通交通出行，重点实施 13 个市政道路项目，改造 18 条小街巷，加快晋中太原城际铁路 2 号线建设，做好 1 号线前期工作。强化便民服务。改善居住条件，实施 22 个城中村改造，推进 5 个片区改造。优化城市环境，加快晋商公园和潇河公园三期工程建设。改造供水、供热危旧管网，增加燃气管道和中水管网。二是强化规划管理。编制完成城区停车场、便民市场、绿化等专项规划，启动各县市重点基础设施专项规划。引深市容环境综合整治，突出抓好街巷街景、小广告清理、车辆乱停乱放、私搭乱建、马路市场、小区环境卫生六大专项整治。深化城市管理综合执法体制改革，年底实现全市城市管理机构综合设置。全面推进“四城联创”。三是强化城乡统筹。加快县城提档升级，完善市政基础设施和公共服务设施，全市新建改造燃气管网 95 千米，新增集中供热面积 200 万平方米，城市污水处理率提高到 95.6%，垃圾无害化处理率达 85%，建成区绿地率达 34%。推进特色小镇建设，新创建国家级省级特色小镇两个。深入实施农村人居环境改善工程，深化灵石县农村垃圾治理和介休市生活污水治理试点工作，打造市级美丽宜居示范村 15 个。优化城乡交通条件，开工建设晋衡高速榆次至昔阳段，新建改建农村公路 400 千米。继续配合东山供水、中部引黄两大水网建设，实施好娘子关调水工程，启动 5 县（市）县域小水网建设，巩固提升 8 万人饮水安全标准。推进“宽带中国”示范城市创建，开展 45 个行政村宽带建设和改造。完成 186 个村农网升级改造，新建、改造配变 1145 台，提升区域性电力供应保障能力。

（五）持续实施精准脱贫，努力在打赢脱贫攻坚战上取得突破。一是抓好产业。围绕农业、光伏、旅游、电商等特色产业，在 4 个贫困县实施优质核桃经济林提质增效 8000 公顷，巩固发展 1.53 万公顷优质小杂粮种植，新增 5 万头家畜和 100 万只家禽养殖、50 万平方米菌类，区域光伏电站装机容量突破 100 兆瓦，扶持 45 个村发展乡村旅游。二是用好政策。统筹运用和落实好各类扶贫政策，推动政策精准落实到村到户到人。充分发挥好产业政策的支撑作用，确保贫困村形成特色优势产业，贫困户在产业健康发展中稳定增收；充分发挥好社保政策的兜底保障作用，着力推动教育、医疗、文化、科技、就业、社会救助等公共服务和社会保障政策措施全面落实；充分发挥好金融政策的引导作用，全市贫困户小额贷款和强农贷款达到 5 亿元。三是打好基础。全面落实脱贫攻坚规划和当年行动计划，有效指导和推进工作；实施总投资 3.8 亿元的道路、水利、电网、人居环境等基础设施提升工程，加快改善贫困地区生产生活条件，完成易地搬迁 5400 人。四是搞好帮扶。落实“两包三到”精准帮扶联动机制；配合县、乡、村三级抓好业务培训，提升贫困群众的知识水平和劳动技能，实现持续脱贫、本质脱贫。

（六）持续狠抓生态环境保护，努力在美丽晋中建设上取得突破。一要打好铁腕治污硬仗。实施大气、水、土壤污染防治三大攻坚，强力推进铁腕治污行动，加大环保督查力度，持续改善全市环境质量。多措并举清霾，综合施策治水，标本兼治净土。二要打好节能降耗硬仗。重点在冶金、电力、煤炭、焦化、化工、建材等六大主要耗能行业开展“双百企业节能行动计划”。推动交通节能，加大新能源汽车推广力度。三要打好生态建设硬仗。推进省级林业生态市建设，加快打造“双百公里林果带、千里林业生态圈”，启动新一轮退耕还林，全年新造林合格面积 2.3 万公顷以上，林木绿化率增长 1.5 个百分点以上。启动汾河流域生态修复祁县、平遥、介休核心区项目和左权县清漳河国家级湿地公园建设，做好祁县昌源河和介休市汾河两个国家级湿地公园验收工作，推进全市 80 个生态庄园提质增效。推进采煤沉陷区和农村地质灾害治理，分别启动 175 户和 327 户治理搬迁项目。加大森林资源保护力度，切实做好森林防火工作。

（七）持续保障和改善民生，努力在提升人民群众获得感和幸福感上取得突破。一是进一步加快发展社会事业。深入推进现代化教育强市建设，实施第三期学前教育行动计划，加强小区配套幼儿园建设，建立普惠性民办幼儿园扶持机制；统筹推进城乡义务教育一体化改革发展，深化义务教育均衡发展等6项国家级教育改革试点；完成7所普通高中标准化建设评估，全市公办普通高中学校全部达到省定办学标准；建成10个省级职业教育实训基地，6所职业学校基础能力通过达标验收。实施健康晋中计划，巩固县级公立医院改革成果，推进8所城市公立医院综合改革；加快33所县乡级医疗卫生机构基础设施建设，做好榆次、平遥、寿阳分级诊疗试点工作；开展家庭医生签约服务，重点人群覆盖率达到60%以上；积极推进健康城市和健康村镇试点建设。深入实施全民健身国家战略，完善公共体育服务体系。二是进一步增强文化软实力。全面实施“十大工程”。全面完成国家公共文化服务体系示范区创建任务。深入推进晋中国家文化生态保护实验区建设。繁荣艺术创作，重点推出一批文艺精品力作。加强文物保护利用，完成“晋华1919”项目。加快文化产业发展，推动文化与旅游、科技、教育、体育、金融等产业融合，积极扶持引导文化创意、动漫游戏、数字印刷等新业态。三是进一步提高就业和社会保障水平。积极扩大就业，全年新增城镇就业3.5万人。全面加强社会保障，推动机关事业单位养老保险制度改革入轨运行；实现城乡居民基本医保制度并轨，推进基本医保异地结算和支付方式改革；开展生育保险和基本医疗保险合并实施试点；提高城乡低保和特困人员救助供养标准，推动“脱贫线”和“低保线”有效衔接。开工建设保障性住房7100套，改造农村危房3627户。全面加快养老服务业发展，新建10所城市社区养老服务中心，支持太谷县创建省级康养产业示范园区；加快医养融合发展，积极推进老年人医养护理体系建设。四是进一步筑牢安全生产防线。严格落实安全生产责任，坚持“党政同责、一岗双责、企业(单位)主责、齐抓共管、失职追责”要求，形成完善的责任网络体系。强化政府排查和管控风险责任措施，深入开展隐患排查治理，确保监管到位。深化重点行业领域专项整治。推进依法治安，坚持规范化管理，严把安全行业准入关，完善监管执法体制，强化执法检查，强化责任追究，促进全市安全生产形势持续稳定好转。五是进一步加强和创新社会治理。健全完善“网格化”管理体系。创新网上信访机制，高度重视征地拆迁、村矿矛盾、医患纠纷等领域的矛盾排查化解，及时妥善处置各类群体性事件。健全应急管理和防灾减灾体系，提高突发事件应急处置能力。深化“平安晋中”建设，完善立体化社会治安防控体系，依法打击违法犯罪活动，有效化解各类社会矛盾，全力维护公共安全和社会稳定。

实现全面挺进全省第一方阵和全面建成小康社会“两个全面”奋斗目标，是时代赋予我们的历史重任，责任重大，使命光荣。让我们更加紧密地团结在以习近平同志为核心的党中央周围，在省委、省政府和市委的坚强领导下，凝心聚力、开拓进取，忠诚担当、攻坚克难，撸起袖子加油干，扑下身子抓落实，全面完成经济社会发展目标任务，以实际行动和出色成绩迎接党的十九大胜利召开！

# 勇当全市排头兵，挺进全省前十强

晋中市榆次区区长　**张　鹏**

2016年，全区上下紧紧围绕“勇当全市排头兵，挺进全省前十强”奋斗目标，着力实施“五大战略”，全面加快“五区建设”，较好地完成了全年各项目标任务，实现了“十三五”良好开局。

2017年是我区深入实施“十三五”规划的重要一年，也是供给侧结构性改革的深化之年，更是我区实现“勇当全市排头兵，挺进全省前十强”目标的关键之年。我们要全力抢抓机遇，强化赶超措施，加快实现“勇当全市排头兵，挺进全省前十强”的奋斗目标。

**一、2017年政府工作的总体思路**

深入贯彻习近平总书记系列重要讲话精神，统筹推进“五位一体”总体布局，协调推进“四个全面”战略布局，深入落实省委“一个指引，两手硬”和市委“两个全面”战略要求，按照区十三次党代会和区委十三届二次全会暨经济工作会议总体部署，紧紧围绕“勇当全市排头兵，挺进全省前十强”宏伟目标和“五大战略”“五区建设”思路要求，牢牢把握稳中求进总基调，以壮大实体经济为抓手，以提升发展质量为根本，全力推动社会和谐进步，以优异成绩迎接党的十九大胜利召开。

**二、2017年经济社会发展主要预期目标**

地区生产总值增长7.5%，规模工业增加值增长9%，固定资产投资增长目标按照新统计口径设置，一般公共预算收入增长6.47%，社会消费品零售总额增长8%，城镇居民人均可支配收入增长7%，农村居民人均可支配收入增长8%以上。约束性指标不折不扣完成市下达任务。

**三、2017年政府工作重点**

（一）千方百计加速经济回升，在扩大投资、增强后劲上实现新突破。一是强化重点项目支撑。围绕总投资722.5亿元、年度计划投资216.46亿元的42项重点工程，全面落实项目建设责任，确保重点工程顺利实施。重点推进瑞光二期、丰润泽休闲农业、省二院等新建项目，力争尽早开工；全力实施晋能光伏、北达发动机、云智慧、太铁、中储等续建项目，加快项目进度；着力推进吉利电动汽车、尚品天香二期、万达广场项目建设，实现如期投产。二是提升招商引资实效。紧扣基础设施、重大产业、民生工程等领域策划包装，引进一批规模大、实力强、前景好的税源企业和项目，重点在PPP项目上实现突破；加大与政策性银行合作力度，继续探索各类政府购买服务融资方式；完善创业创新扶持措施，积极孵化培育各类市场主体；坚持招商引资与服务本土企业并重，千方百计培育壮大传统产业、本地企业，依托现有液压、纺机、汽车等优势产业和项目，以企招商；抢抓全省转型综改示范区建设机遇，立足108廊带一体化榆次定位，面向发达地区、行业龙头、优质企业主动上门，精准招商，全年引资总额达到250亿元。三是优化投资发展环境。强化政府服务，打造优质服务环境，深化并联审批、联审代办制度，加快项目审批，构建高效政务环境。进一步深化政银企合作，强化担保体系建设，继续抓好企业上市融资工作，多方位、多渠道解决融资难题。积极争取项目建设用地指标，盘活存量土地，对破产、停产和无能力建设企业“腾笼换鸟”。四是主动融入综改示范区建设。确保4月份起步区建设顺利实施；全力完善基础设施硬件配套和综合服务软件配套两大服务体系，创新管理和运行机制，积极谋划承接示范区产业链延伸；统筹做好征地拆迁、社会保障、信访维稳等社会事务管理工作，勇当加快综改示范区建设排头兵。

（二）坚定不移壮大实体经济，在提质增效、优化结构上实现新突破。一是强化主导产业带动。液压行业重点推进太重榆液产品试验检测中心投产运行，加快高行液压高铁轨道板生产线项目建设，助推方盛液压由元器件生产向液压成套装备升级；纺机产业推动经纬纺机整合配套企业“退城入园”，提升带动能力，加速行业转型；食品行业支持娃哈哈、东湖等知名品牌扩大产能，扶持海玉、尚品天香等优质本土企业成长壮大，继续规范提升怀仁村传统酿醋作坊，推进怀仁醋产业基地建设；紧抓国家扶持新能源汽车战略机遇，依托吉利汽车，发展电动乘用车、电动客车及新能源汽车配件产业园。二是强化科技创新驱动。鼓励企业科技创新、技术改造、兼并重组，引导企业与大专院校、科研院所开展合作，加快信息化与工业化融合，培育更多方盛、高行等创新型企业，研发更多潜力型、创新型产品；推进技术、资本、人才、服务与新型商业模式渗透融合，构建“榆次智造”新优势；不断加大研发投入，年内新增有效发明专利拥有量10件以上，达到120件，加快科研成果转化为经济增长点进程。三是强化企业帮扶推动。完善入企服务常态化机制，认真实施我区系列帮扶措施，帮助企业解决困难。以质量提升和品牌打造为抓手，全面加强质量管理；鼓励榆次液压创建全国知名品牌示范区，推动品牌孵化增值，着力增强企业内生动力。

（三）全力以赴推动农业供给侧改革，在农业转型、促农增收上实现新突破。一是优化农业产业结构。积极推动种养结构调整优化。建设以谷子为主的2000公顷特色优质杂粮基地，推广全株玉米、小麦一年两季种植模式，促进“粮经饲”三元种植结构调整；新建1000公顷中药材种植基地。全力推动农业产业化龙头企业发展，带动农业产业升级和产业链条延伸，扶持金粮全产业链、得天缘60万头生猪养殖和德御“杂粮城”建设，探索提升农产品附加值的新途径。二是壮大新产业新业态。大力发展乡村休闲旅游，推进农业与旅游、教育、文化、康养等产业融合发展。培育5～10个农业文化旅游“三位一体”、生产生活生态同步改善、一二三产深度融合的特色村镇。推动线上线下互动发展，建设2～3个“智慧农业”集成应用和示范基地，促进物联网、云计算、移动通信在现代农业中的运用。三是激活三农内生动力。用新型农民和农企协作发展农业，培养农业新型经营主体，做好新型职业农民培育认证，新发展省、市、区示范农民专业合作社10个，认证示范家庭农场3个。深化农村综合改革，完成农村土地承包经营权确权登记颁证，稳步推进农民住房财产权抵押试点，启动农村集体经营性资产股份合作制改革试点；着力发展壮大农村集体经济，实施农村集体经济“破零”行动，培育10个集体经济收入示范村。四是夯实农村发展基础。建设一批设施完善、带动力强的农业核心产区，扶持一批管理规范、效益突出的农业园区。加快北田553公顷高标准农田建设、14.9千米潇河上下游河道综合治理、1000公顷农田水利灌溉和水利设施维修改善工程；优化路网结构，实施农村公路完善提质、窄路基路面拓宽改造、生命安全防护等工程，做好得天缘三期等园区道路配套。

(四)拓宽思路加快服务业发展，在提升品位、彰显特色上实现新突破。加快旅游全域化进程。深入挖掘文化内涵，以现有文化旅游资源为主体，108和东部旅游专线为两翼，构建"一体两翼"都市休闲旅游布局。加速旅游管理体制机制改革，建立旅游资源一体化管理和运行新模式。着力打造晋商文化、乡村休闲、特色工业、体育康养等旅游产品，推动旅游业与三次产业深度融合。继续加大景区、景点提质扩容力度，辐射建设一批特色旅游小镇和乡村旅游特色村。改进和创新宣传营销手段，完善旅游线路，加强基础设施、智慧旅游等公共服务，构建具有区域影响力的度假游目的地和全域全景全产业旅游发展新格局。推动传统服务业转型。打造商业综合体经济，完善传统商圈服务，推进万达、红星美凯龙等综合体项目建设，构建多层次、多方位、多功能的大型综合商圈；扶持本地电商发展壮大，推动电子商务与传统商业融合发展良性互动。积极发展以仓储、加工、配送、中转为重点的现代物流业，全力打造华北物流新港。

(五)抢抓机遇加快城镇化步伐，在破解难题、完善功能上实现新突破。一要全力配合市政重点工程。主动融入晋中发展框架，积极配合做好城际轨道车辆段、龙城大街东延、科创城综合通道市政重点工程的征拆任务，确保顺利推进。二要稳步推进城乡融合发展。有序推进13个城中村改造工作。用足用好棚改政策，积极推进潇河商场、郭家堡卫生院等棚户区改造，改善城区人居环境。下大力气加强城市管理，主动承接职能下放，建立综合协调机制，开展集中整治，迅速提升城市管理能力。三要不断完善城镇功能定位。重点打造生态农业为主的东北片区、休闲农业为主的东南片区、产业园区为主的西南片区、现代服务业为主的工业片区四大城镇集群，强化基础设施建设，带动区域经济发展。四要大力支持新农村建设。打造10个省、市、区级美丽宜居示范村。组建区环卫局，启动全省农村垃圾治理试点，探索乡村清洁工程新机制；大力实施农村人居环境改善"四大工程"，有效改善农村人居环境。

(六)真心实意守住民生底线，在做实民生、保障民利上实现新突破。一要全力做好扶贫攻坚。深入推进三年扶贫攻坚计划，实现"精准"扶贫措施到户到人，结合项目倾斜、电商扶贫、金融扶持、社保兜底，进一步拓宽相对贫困群众增收渠道。继续安排200万元扶贫资金改善相对贫困村基础设施；强化金融扶持，建立规模适度主导产业体系，完成6个村扶贫增收任务。二要协调发展社会事业。立足义务教育优质均衡发展，深化校际教育联合体办学改革，促进城乡教育一体化发展；加快5所学校、两所幼儿园新改扩建工程建设进度；统筹优化全区教育布局，加强教师队伍建设；启动第三轮学前教育行动计划，实施普通高中特色发展，推动普通高中与中等职业教育相互融合，全面提升教育教学质量。持续深化医疗卫生体制改革，取消公立医院药品加成，完善医保支付方式，扶持中医药发展，强化卫生计生深度融合，扎实推进家庭签约服务，全面提升"健康榆次"水平。持续做好食品药品安全监管，切实维护人民群众饮食用药安全。三要持续加强民生保障实施更加积极的就业政策，新增城镇就业人数5880人，转移农村劳动力3360人，城镇登记失业率控制在3.5%以内。加强社会救助和养老服务体系建设，调整完善低保政策，提高城乡低保、农村五保标准，推动脱贫线和低保线有效衔接，确保应保尽保；对因病致贫、因病返贫实施"靶向治疗"，针对性做好医疗救助、应急救助和大病保险等；探索"医养游结合"，多思路、多渠道发展养老产业，构建新型养老模式。四要不断强化社会治理。进一步落实安全生产责任、健全隐患排查体系，坚决杜绝较大以上事故，力争不发生一般事故，努力实现安全生产形势稳定。完善重大决策社会稳定风险评估机制，畅通信访渠道，健全社会治安智能化防控体系，完善应急管理处置机制，确保社会大局和谐稳定。

(七)持之以恒提升"软实力"，在增强福祉、丰富内涵上实现新突破。一是丰富精神文化强内涵。加强理想信念教育，培育弘扬社会主义核心价值观，全面提升居民思想道德素质；打造特色的"榆次文化名片"，实施精神文明建设"五个一工程"，挖掘、整合红色文化、晋商文化、休闲文化、醋文化等资源；打造丰富的"榆次文化精品"，打造优质的"榆次文化服务"，大力实施文化"四送""六进"工程。二是突出改革创新增福祉。在继续加大财政投入基础上，探索盘活存量国有资产，引导更多社会资本投向民生短板领域，提升政府公信力。不断创新社会保障的体制机制，完善城乡居民养老保险并轨运行，加快城乡居民医疗保险并轨，全面推进机关事业单位养老保险制度改革，开展生育保险和基本医疗保险合并试点，努力实现城乡全体居民社会保障普惠公平。三是巩固生态优势促安居。坚决打赢榆次"蓝天碧水保卫战"，全区林木绿化率提高1个百分点以上。继续强化"铁腕治污"，全面铺开城中村土小锅炉整治，加强煤矿环境综合整治；继续加大工业污水和农村水环境综合治理，推进河道综合整治和水源地环境监管，确保地表水质量持续好转。严格落实项目节能准入制度，扎实开展重点能耗企业能效达标对标，做好冶金、电力、煤炭、焦化、化工、建材六大主要能耗行业节能低碳行动，确保节能降耗目标实现，让榆次的天更蓝、水更清、山更绿、空气更清新。

千帆竞发春潮涌、百舸争流正逢时，让我们以高昂的斗志、饱满的热情、超常的举措，团结拼搏、勇于担当，为实现“勇当全市排头兵，挺进全省前十强”的宏伟目标，撸起袖子加油干！

# 苦干实干，敢于担当，争做晋中全面挺进全省第一方阵的排头兵

介休市市长　张　驰

刚刚过去的2016年是充满挑战的一年，也是孕育希望的一年。一年来，在晋中市委、市政府和市委的坚强领导下，在市人大和市政协的监督支持下，市政府团结带领全市人民，认真贯彻落实中央、省、晋中市一系列决策部署，紧紧围绕“振兴崛起、城乡美丽、生活富足、人民幸福”的奋斗目标，砥砺前行、主动作为，较好地完成了市七届人大一次会议确定的目标任务，实现了“十三五”良好开局。

2017年是晋中全面挺进全省第一方阵的首战之年，是全面落实我市第六次党代会精神的攻坚之年。做好2017年的各项工作，责任重大，意义非凡。

**一、2017年政府工作的总体要求**

深入贯彻习近平总书记系列重要讲话精神和治国理政新理念新思想新战略，推进“五位一体”总体布局和“四个全面”战略布局，按照省委“一个指引、两手硬”重大思路、要求和晋中市委“苦干三年全面挺进全省第一方阵”的决定，以振兴崛起、城乡美丽、生活富足、人民幸福为目标，聚焦有效投资、产业发展、改革创新、城乡统筹、民生改善五个方面，苦干实干，敢于担当，争做晋中全面挺进全省第一方阵的排头兵，以优异成绩迎接党的十九大胜利召开。

**二、2017年经济社会发展的主要预期目标**

地区生产总值增长7.5%；规模以上工业增加值增长8%；固定资产投资增长目标根据新的统计口径设置；社会消费品零售总额增长8%；一般公共预算收入增长7%；城乡居民人均可支配收入分别增长7%、8%；居民消费价格涨幅控制在3%左右；城镇登记失业率控制在4.2%以内。

**三、聚焦五个方面，重点抓好二十项工作**

（一）聚焦有效投资，抓好重点项目建设、开发区承载、投融资创新、招商引资。一是重点项目建设。今后三年重点扶持总投资100亿元的40个重点产业项目，培育15户优势企业、总产值达300亿元。2017年，计划实施各类项目150个，完成投资151.1亿元，其中重点产业项目19个，确保完成投资31.9亿元。19个重点产业项目包括8个工业项目、6个农业项目和5个服务业项目。二是开发区承载。科学编制开发区“五规合一”总体规划，优化“一区三园”空间布局，明确产业发展方向，打造焦炭、钢铁、化工、新材料、电力、装备制造六大板块，促进开发区全产业链布局、产品循环利用、企业集群式发展；核减开发区基本农田，促进土地高效利用，产业用地占比60%以上。加大开发区水、电、路、气等基础设施建设力度，实现基础设施全面升级；制定促进开发区创新发展的政策措施；试点组建园区售电公司，实行大用户直供电，降低企业成本。三是投融资创新。进一步拓宽资金保障渠道，争取省级投融资基金和晋中市促转型增动能投资基金、促转型增动能担保基金、PPP模式专项资金支持，市财政设立5000万元专项资金，为企业提供增值服务和担保服务，撬动社会资本投资。建立金融机构分类考核评价机制，实行财政性资金存放与信贷投放挂钩制度，促进金融机构更好服务地方经济发展。完善PPP项目库，重点引进各类社会资本；积极引入社会资本投资教育、医疗、城市建设和文化旅游产业，推进城市道路提档升级、天峻山旅游开发等PPP项目落地。四是招商引资。以企业招商、以项目招商，实现高效精准招商。积极引进文旅、物流、商贸、电商企业。对意向项目加强跟踪服务，盯紧签约项目开工率和资金到位率，力争签

约项目落地率达到50%以上。

（二）聚焦产业发展，抓好工业脱困、农业上档、服务业升级。一是工业脱困。传统产业提升“煤焦钢化”，加快实现“3131”目标。煤炭产业进一步提高矿井装备水平，强化安全标准化和现代化矿井建设，推动17座标准化煤矿全部投产，煤炭产量力争达到1000万吨；引导骨干洗煤企业组建洗配煤研究中心，打造华北地区洗配煤研究基地，“规上”洗煤企业产量突破2000万吨。焦炭产业积极推进兼并重组，推动焦炭企业大型化、规模化改造，焦炭产量力争达到600万吨，加快打造千万吨级焦炭产业集聚区。钢铁产业延伸产业链条、优化产品结构，稳步扩大H型钢生产，钢铁产量稳定在300万吨。化工产业在稳定益达、得一等化工企业生产的基础上，围绕焦炉煤气综合利用、煤焦油深加工、粗苯精加工实施一批重大项目，延伸焦化产业链条，化工产品产量力争达到50万吨。新兴产业“电装新建”，力争非煤产业增加值占规模以上工业增加值比重达到36%。电力产业加快低热值煤发电项目建设，争取年底具备投产运行条件；推广煤层气、光伏等新型发电，推动泓兴与汾矿合作的光伏发电等项目开工建设。装备制造产业充分放大洗煤机制造全国领先的技术优势，鼓励煤机制造企业提升系统集成能力和技术创新能力，推动企业合作共享；稳妥处置青云、中加两个项目，引进战略合作伙伴，盘活现有资产，推动项目重启或调整。新材料产业积极引导路鑫碳化硅、三佳有机硅复产，依托博创纳米打造全省纳米新材料产业基地。建材产业积极推广安晟泡沫保温材料应用，鼓励企业与钢企、建筑企业加强合作，整合H型钢、泡沫保温材料、加气砌块砖，发展装配式建筑。二是农业上档。围绕“药蛋果产”，加快培育现代农业体系。突出产业重点，新发展药材种植面积200公顷、蛋禽饲养量60万只、双孢菇栽培5万平方米，打造六个丰产示范园，推进铁皮石斛、陈醋、牛驴肉、小杂粮以及红枣、核桃等特色农产品加工产业升级，培育金核仁、忠平、强胜等农产品加工龙头企业，打造绵黄芪、绵山小米等国家地理标识产品。培育新型规模经营主体，完成新型职业农民培训900人。夯实基础条件，推广秸秆还田、土地深松、主要农作物全程机械化等技术。三是服务业升级。突出“文旅商物”发展，力争服务业增加值占地区生产总值比重达到45%。文体产业要深度挖掘历史内涵，实施一批文化重点工程，塑造一批有介休特色的文化品牌，抢救一批文化遗产。大力发展体育经济，推广“体育＋旅游”，培育健身休闲、竞赛表演、场馆服务等体育服务业。旅游产业推进旅游管理体制改革，组建旅发委，落实晋中全域旅游战略，加快“一山一村一城一市”精品景区建设，加强绵山旅游规范化管理，推动张壁古堡做好5A级景区申报前期工作，加快老城创建国家4A级景区步伐，全年完成旅游总收入125亿元，努力打造全国旅游强县。商贸产业支持和诺、银益等本土商贸企业提升经营水平，打造区域性商贸核心区；大力发展电子商务，完成电商孵化、创业基地建设。物流产业利用区位优势，深化与大秦铁路、汾西矿业的合作，发展好奥维德圣物流集散中心，大力发展智慧物流、多式联运、城乡快递、冷链物流，打造山西中部现代物流枢纽。

（三）聚焦改革创新，抓好财税改革、农业农村改革、金融创新、“双创”驱动。一是财税改革。开展规范经营秩序加强市场监管行动，推进国税、地税征管体制改革，确保完成11.5亿元收入任务。硬化预算约束，加强财务精细管理。统一和规范全市国有资产经营管理，建立政府资本资产运作新机制；通过现有资产整合注入，做大城投公司资产盘子。二是农业农村改革。积极推进农业供给侧结构性改革，提高农业供给体系质量和效率。深化农村集体产权制度改革，全面完成土地确权登记颁证工作，建立市级农村产权交易中心、乡镇交易所、村级服务站“三位一体”土地产权流转体系。开展农村集体资产股份权能改革试点，推动农村集体经营性资产折股量化。试点城中村“村转居”。深化林业和水利改革，落实水资源管理制度。完善市乡村三级耕地保护责任机制，依法加强对耕地占补平衡的监管。三是金融创新。优化金融生态环境，加强政银企常态合作。大力培育资本市场和保险市场，扩大直接融资。做大做强本土金融力量，支持开发互联网投融资平台，增加互联网金融产品。大力引进培育金融机构，推动晋商银行正式开业。加强社会信用体系建设，增强金融机构扩大信贷的信心。四是“双创”驱动。强化企业创新主体地位，鼓励有实力的企业与高校、科研院所开展产学研合作，建设研发中心，申报高新技术企业。积极盘活低成本载体资源，打造一批专业化、特色化、便利化的人才培训中心和创业园区。探索建设食品工业园区。构建“双创”服务体系。全年新增“小升规”企业6户。

（四）聚焦城乡统筹，抓好城区提质、城镇发展、城乡治理。一是城区提质。水，开源节流加压多措并举，打通跨铁路管网瓶颈，增加城市水压调节设施。电，继续推进城市电网改造工程。气，新建天然气主管网2.1千米，提高供气保障能力，新增天然气用户3000户。热，提高集中供热覆盖率，对旧城、“城中村”、老旧小区散煤供热区域分步改造，实现高效、清洁供热。衣，力推城区新商业综合体开工，活跃城市商贸。食，新建一批小吃城、便民市场，方便群众生活，加强食品安全监管。住，扩大保障房货币化安置，刺激改善型消费，加快保障房和商品房“去库存”，做好拆迁户安置；对6个公园、广场实施升级改造。行，打通“断头路”，拓宽“瓶颈路”，改造“小街巷”；改善公共出行，公共交通出行分担率达到30%。二是城镇发展。加快构建中心城区、小城镇、中心村“三位一体”新型城镇化体系。积极推进张兰、义安、三佳城镇一体化示范区建设，努力打造设施配套、生态优美、宜居宜业的城镇示范区。因地制宜打造特色小镇，推动城市公共基础设施、服务设施向城关、宋古、三佳和小城镇延伸，鼓励各乡镇整合资金实施道路改造、提高“三供两处理”能力，办一批民生实事，支持镇村实施民生重点工程。统筹推进农村人居环境改善、古村落保护和旅游村建设，完成农村危房改造622户，建设天峻山旅游公路、师屯北到北角头公路、农村公路提质、安全生命防护等交通工程，巩固提升7000人安全饮水标准，完成39个村电网升级改造，打造一批产业强、环境美、生活富、村风好的美丽乡村。三是城乡治理。完善环卫基础设施，实施城乡环卫市场化改革。完成城乡总体规划批复，完善控制性、专项、片区、乡村等规划，启动城市设计和城市“双修”工作。提高城市精细化管理水平，实施好城市综合执法管理体制改革试点。

（五）聚焦民生改善，抓好精准脱贫、社会事业、社会保障、环境保护、安全稳定、民生实事。一是精准脱贫。全力推进十大精准扶贫工程，确保完成50%贫困人口脱贫任务。抓好产业脱贫，培植发展种、养、加等贫困人口参与度高的农业产业，安排贫困人口就业。落实政策脱贫，完善“一户一策一干部”结对帮扶机制；充分发挥好社保政策的兜底保障作用，着力推动教育、医疗、文化、社会救助等公共服务和社会保障措施全面落实。提升素质脱贫，提升贫困村劳动力职业技能和整体素质，优先为贫困人口提供培训就业机会。二是社会事业。实施教育振兴工程，实施“三通两平台”教育现代化升级改造，全面完成改薄任务和普通高中标准化验收。加强校长、教师两支队伍建设，推进学校教学常规管理精细化。实施医疗提升工程，加快公共卫生服务中心建设，盘活新建人民医院，迁建中医院，推动4所乡镇卫生院投入使用；深化公立医院改革，推进集团化发展，提升全市医疗服务保健水平；鼓励发展各类民办专科医院；加强医疗人才的引进和培养；积极推动省级健康促进县创建工作。实施文化普惠工程，落实文化“四送”“六进”工程，重视文物安全。三是社会保障。持续优化创业就业环境，积极扩大就业，新增就业人数5100人。全面推进机关事业单位养老保险制度改革，完成城乡居民医保整合、医保支付方式改革、生育保险和医疗保险合并工作，扩大参保覆盖面。推进城乡居民低保提标增人，发挥好脱贫兜底作用。加快养老服务体系建设，建成社会福利中心，利用社区、乡镇医疗资源，推广、发展医养结合模式。四是环境保护。重点推进环保“天眼”、工业污染综合治理、城镇清洁供热、农村污水处理、境内流域断面水净化“五大工程”。打好重拳治污硬仗，开展大气、水、土壤污染防治三大战役，完成工业企业提标改造，加大水环境治理，开展土壤污染调查。打好生态修复硬仗，实施矿山生态环境恢复治理，积极推进采煤沉陷区搬迁；打造十大林业精品工程；开展汾河生态建设；实质性启动3户企业卫生防护距离内居民搬迁。打好绿色节能硬仗，开展绿色建筑集中示范区建设。五是安全稳定。严格落实安全生产责任，压实各级领导责任和部门监管责任；强化企业主体责任，切实做到安全责任、投入、培训、管理、应急救援“五到位”。全面推进依法治安，完善安全监管执法体制。从严整治安全隐患，扎实开展安全生产大检查和“打非治违”等专项行动。加强食品安全监管，完成省级食品安全示范县创建。深化平安介休建设，细化网格化管理，加强社会治安防控，维护公共安全和社会稳定。六是民生实事。办好十件民生实事，不断提高人民群众的获得感和幸福感。

唯有奋勇前进，方能不负重托。让我们更加紧密地团结在以习近平同志为核心的党中央周围，在晋中市委、市政府和市委的坚强领导下，以高昂的斗志、饱满的热情、超常的举措，撸起袖子加油干，全面完成经济社会发展目标任务，争做晋中全面挺进全省第一方阵的排头兵，以实际行动迎接党的十九大胜利召开！

# 在全省振兴崛起、晋中晋位升级中
# 扮好“灵石角色”，讲好“灵石故事”，打好“灵石战役”

灵石县县长　刘　旋

2016年，是“十三五”开局之年。一年来，在县委的坚强领导和县人大、县政协的监督支持下，县政府团结带领全县人民，认真贯彻落实中央、省、市一系列决策部署和政策措施，攻坚克难，创新实干，圆满完成了县十六届人大一次会议确定的目标任务，全县经济社会发展取得显著成效。

2017是实施“十三五”规划的关键时期，我们必须只争朝夕，勠力奋进，攻坚克难，乘势而上，做好各项工作，在全省振兴崛起，在晋中晋位升级。

**一、2017年政府工作的总体要求**

深入学习贯彻习近平总书记系列重要讲话精神，认真落实中央、省、市经济工作会议和县委十四届三次全会精神，全面实施“十三五”战略部署，坚持稳中求进的工作总基调和供改、综改相结合的工作主线，以提高质量和效益为中心，以项目建设为抓手，全力做好稳增长、促改革、调结构、惠民生各项工作，推动经济稳步向好和社会和谐稳定，全面加快挺进全省第一方阵步伐，以优异成绩迎接党的十九大胜利召开。

**二、县域经济发展的主要预期目标**

地区生产总值增长6%以上，规模以上工业增加值增长5%以上，全社会固定资产投资增长目标根据新的统计口径设置，社会消费品零售总额增长7%以上，一般公共预算收入增长6%以上，城乡居民人均可支配收入均增长7%以上，城镇新增就业1800人，城镇登记失业率控制在4.2%以内。完成各项约束性指标。

**三、围绕上述目标，重点抓好以下各项工作**

（一）加快工业经济提质增效。一是稳定煤焦产业基本面。坚持把去产能与提高先进产能占比结合起来，通过股权置换、采矿权转让、资本整合等方式，组建大型煤企，重点抓好5座矿井重组整合工作。围绕提升煤炭生产规模化、集约化、机械化、信息化水平，加快推进煤矿技改工程，确保两座矿井联合试运转，生产矿井达到29座。以稳产、促销为重点，继续落实推动煤企脱困的各项措施。加强煤炭生产调度，释放产能，稳定产量，力争原煤、精煤、焦炭产量分别达到1800万吨、2300万吨、420万吨。用好保利淘煤网、晋煤邯郸公司等销售平台，加强产销衔接，煤炭产品产销率达到90%以上。二是构建循环经济产业链。探索争取煤炭伴生资源兼采政策落地，将铝矾土、铁矿、硫黄矿资源统一规划，煤铝硫铁综合开采，实现矿产资源节约与综合利用。整合煤矿、焦化、电力、铝业、化工等企业资源，实施煤电铝硫化铁循环经济项目，力争启光电厂建成投产，东方希望铝业三、四线工程开工建设。三是加速发展非煤工业。以提升技术档次、开发高新产品为重点，加快推进晋阳碳素二期工程建设，尽快形成年产8万吨石墨质(化)阴极炭块的生产能力。加快亨泰荣和金属压铸件产能释放和二期工程规划实施，进一步扩大规模、丰富产品，全面提升集成制造和自主研发能力。大力发展清洁能源，抓好晶澳光伏发电、风脉能源风电、海装天宝风电项目，争取年内开工建设。

（二）全力抓好项目建设。大兴招商引资。围绕优势资源策划包装一批填补行业空白、提升产业层次、引领发展转型的好项目。围绕精准招商、定向招商，主动承接东部省份产业转移，重点开展以企招商、以商招商。扶持本土企业做大做强，加大闲置土地、资产盘活力度，推动增资扩股、兼并重组等二次招商。全年引资总额达到250亿元以上，签约项目落地率达到50%以上。完善推进机制。继续实行重大项目指挥部、重点项目月调度办法，建立领导包抓、定期巡查、限时预警制度，实现督导协调、资金投入、形象进度和质量安全“四个到位”。建立县政府领导领办重点项目工作机制，对项目推进中遇到的问题全程跟踪、领衔办理。推进项目储备库、预备库、重点库“三库联建”。加快推进投资项目在线审批监管平台建设，建立网上预审机制，推动并联审批，压缩项目前期。实行重点工程和固定资产投资动态考核，倒逼任务落实。强化要素保障。

在资金保障上，创新推广 PPP 模式，引导社会资本参与公共设施建设。在用地保障上，向内挖潜，盘活存量土地，保障项目用地。在环境容量保障上，建立重点项目环境容量总量调配制度，统筹做好淘汰落后产能和节能减排，有效化解项目建设的资源环境压力。

（三）扎实做好“三农”工作。一是落实脱贫攻坚“军令状”。抓好产业扶贫、兜底扶贫、教育扶贫、金融扶贫等工程，精准落实各项政策措施，全年脱贫 3000 人、易地搬迁 730 人。充分发挥包村领导、驻村工作队、第一书记“三支队伍”作用，推动“两包三到”精准帮扶联动机制落实，提高脱贫成效。强化评估考核，坚决防止数字脱贫、弄虚作假。二是深入推进农业结构调整。认真落实粮食生产扶持政策，确保粮食总产稳定在 5000 万千克以上。加快发展核桃产业，力争集中连片示范园达到 20 个，建成 1 户核桃深加工企业，新增 5 个核桃收购、初加工合作社。实施设施蔬菜提质增效工程，完成 20 公顷大棚日光温室改造。加快嘉禾源中药材等项目建设。进一步扩大养殖规模，新发展 1 个省级、5 个市级、8 个县级养殖示范合作社，创建 5 个市级示范家庭牧场。用好 1000 万元核桃产业发展专项资金，设立 1000 万元现代农业和现代畜牧业发展专项资金，通过生产扶持、以奖代补、贷款贴息等方式，带动金融和社会资本投向农业农村。三是提高农业产业化经营水平。实施农村集体经济“破零”工程。大力扶持培育农产品加工龙头企业，力争新增农产品加工企业 5 户，农产品加工销售收入达到 3 亿元以上。把增加绿色优质农产品供给摆在突出位置，狠抓农产品标准化生产、品牌创建和质量安全监管，力争 3 户企业完成无公害认证和绿色认证。加快农民经纪人队伍建设，充分发挥带动农民增收的桥梁纽带作用。四是深化农村改革。落实农村土地“三权分置”，抓好土地确权扫尾工作，推进土地经营权有序流转。年内全县1/3的村完成清产核资。加快推进国有林场和集体林权制度改革，促进林业规模化经营。

（四）大力发展文化旅游产业。激活全域旅游。加快编制我县全域旅游发展规划，主动融入晋中全域旅游示范区建设；实施“旅游＋”工程，推动旅游与农业、工业融合发展，培育催生乡村旅游、休闲养生等复合型旅游新业态；整合全县旅游资源，规划一批精品线路；优化旅游发展布局，以王家大院为龙头建设“人文旅游片区”，以石膏山、红崖峡谷为核心建设“生态休闲旅游片区”，以核桃园、生态休闲农庄、新型农家乐为依托建设“现代农业旅游片区”，形成龙头景区带动、全域旅游推动的发展格局。打造精品景区。加快静升古镇王家大院 5A 景区创建步伐，抓好石膏山、红崖峡谷两个 4A 景区提升工程，推进少林资寿文化园、金山森林休闲度假区等项目建设，实施三清寨景区开发，尽快在全县形成一批精品景区。强化营销推介。充分利用网络、数字旅游、影视植入等技术，扩大营销覆盖范围；注重包装策划，研究制作一批高质量的旅游宣传产品，挖掘整理一批具有灵石特色的民间传说和故事，为旅游项目赋予更多的文化内涵。创新体制机制。加快推进王家大院景区体制机制改革，实现景区管理权和经营权“两权分离”；创新旅游管理体制，组建旅游发展委员会；启动文化旅游大平台建设融资工作，引进一批合作者参股投资或参与管理。

（五）加强城乡建设管理。突出规划龙头作用。按照“一城三区、四镇五乡、86 个中心村”的整体布局，高标准完成县城总体规划评估和修编、马和片区控规编制，抓好县域乡村建设规划、地下综合管廊专项规划编制，确保控规覆盖率达到 90％。完善城乡基础设施。增强水支撑能力，启动东山供水、中部引黄配套工程，抓好汾河支流河道综合治理和静升河城区段美化亮化治理，铺开第二污水处理厂建设；加快完善交通网络，实施城区道路微循环改造，完成夏木线至 108 国道连接线、纬五路西段及纬九路、经八路附属工程；实施小南关、铁路西、李家沟等区域集中供热供气工程，两年内实现县城区供热供气全覆盖；推进燃气升级改造工程；加大电网改造力度；抓好园林绿化。提高综合管理水平。开展“市容市貌、环境卫生、美化亮化”专项整治；开展全省农村垃圾治理示范县创建工作；采取调整房地产市场结构、支持农业转移人口进城、回购公共租赁住房等措施，化解房地产库存 20％以上。

（六）打好环境保护硬仗。重拳整治环境污染。坚持“控煤、治污、管车、降尘”并举，全面完成工业燃煤锅炉治理，持续削减污染物排放量，完成黄标车、老旧车淘汰任务，严格落实扬尘控制措施，健全重污染天气预警应急响应机制；加快汾西矿业矿井水深度处理改造系统建设；加快编制土壤污染防治工作方案，进一步改善土壤环境质量。全力抓好节能降耗。推行合同能源管理，开展节能低碳行动和能效对标活动；实施“绿色建筑”行动，推动交通节能。积极实施生态修复。抓好造林绿化，森林覆盖率、林木绿化率分别达到 33.5％和 60％；推进水土流失治理、中低产田改造和高标准农田建设。

（七）抓好事关全局的关键性改革。加快开发区改革创新发展。依托中煤循环经济园区，整合两渡、南关、段纯交口、静升马和四个片区，形成“一区多园”发展格局；加快开发区可研报告编制、土地调规等工作；优化开发区产业布局，着力构建煤电铝、精细化工、高新科技融合发展的产业体系。深入推进金融创新。积极探索政府平台发债融资新模式；鼓励企业参与期货市场；用好城镇化建设基金、企业应急周转保障资金，拓宽“助保贷”业务受众面，增加间接融资供给。强化科技创新和人才支撑。引导企业加大研发投入，支持企业与高校、科研院所深化合作，突出企业创新主体地位，吸引高层次人才。

（八）切实抓好安全生产。以铁的担当尽责。压实党委政府的领导责任、行业部门的监管责任；严格落实企业主体责任，切实做到安全责任、管理、投入、培训和应急救援“五到位”。以铁的手腕治患。坚持风险分级管控和隐患排查治理双重预防工作机制，持续开展安全大检查和打非治违；继续深化重点行业领域安全专项整治，狠抓企业风险防控和隐患自查自改。以铁的心肠问责。严格实行安全生产和重大安全生产事故风险“一票否决”，有责必究、有过必罚、一查到底。以铁的办法治本。定期集中会诊区域性和行业性突出问题，推进安全生产标准化创建活动，加强企业生产一线、作业现场的安全生产管理。

（九）不遗余力改善民生。一是做好就业和社会保障工作。积极扩大就业，组织实施好高校毕业生、返乡农民工、城镇就业困难人员等重点群体就业创业计划。推进机关事业单位养老保险制度改革，实质性完成城乡居民医保制度整合和医保支付方式改革，实现城乡居民基本医保制度并轨。进一步完善社会救助体系，落实好城乡低保、农村五保、大病救助等政策，保证特殊群体基本生活。二是大力发展社会事业。加快落实晋中创建国家公共文化服务体系示范区各项任务，加强县文化馆、图书馆和文体活动中心运行管理，完善县乡村三级公共文化设施网络，进一步提升文化软实力。继续改善办学条件，实施致诚学校、灵石五中等5所学校新建、改扩建工程，落实好乡村教师支持计划。大力发展医疗卫生事业，加快县人民医院工程进度，完成仁康医院建设主体工程。三是加强和创新社会治理。建立网上信访机制，妥善处置各类群体性事件。健全应急管理和防灾减灾体系，提高突发事件应急处置能力。深化平安灵石建设，狠抓社会治安综合治理，全力维护公共安全和社会稳定。继续兴办十件民生实事。

责任与重托鞭策着我们，希望与梦想激励着我们。让我们在县委的坚强领导下，同心同德，砥砺奋进，加快建设经济强、百姓富、生态美、民风好的幸福灵石，以实际行动和优异成绩迎接党的十九大胜利召开！

# 上台阶、强实力、进前列<br>争当挺进全省第一方阵排头兵

太谷县县长　刘　伟

2016年，我们紧紧围绕省委、省政府战略部署，按照“上台阶、强实力、进前列”的奋斗目标，凝心聚力、开拓创新、求真务实，圆满完成县十六届人大一次会议确定的目标任务，经济社会发展呈现出稳中有进、后劲增强的喜人态势，实现了“十三五”的良好开局。

2017年是全面落实县委第十三次党代会精神、深入推进“十三五”规划的关键之年，是大力实施“三年行动计划”、争当挺进全省第一方阵排头兵的首战之年。做好今年的各项工作，意义十分重大。

## 一、2017年政府工作的总体要求

认真落实党的十八大和十八届三中、四中、五中、六中全会精神，深入学习贯彻习近平总书记系列重要讲话精神和治国理政新理念新思想新战略，牢固树立“四个意识”，统筹推进“五位一体”总体布局，协调推进“四个全面”战略布局，认真贯彻落实中央、省市经济工作会议精神，紧紧围绕省委“一个指引、两手硬”的重大思路和要求以及市委“两个全面”的奋斗目标，坚持新发展理念，坚持稳中求进工作总基调，坚持深化供给侧结构性改革与深化转型综改试验区建设有机结合，坚持以提高发展质量和效益为中心，全面实施创新驱动、转型升级战略，大力推动工业、农业、文化旅游发展突破，全力促进经济进中向好、社会和谐稳定，为实现“上台阶、强实力、进前列”奋斗目标奠定更加坚实的基础，争当挺进全省第一方阵排头兵，以优异成绩迎接党的十九大胜利召开。

## 二、2017年经济社会发展主要预期目标

地区生产总值完成85.6亿元，增长7%；规模以上工业增加值19.2亿元，增长9%；全社会固定资产投资根据新的统计口径设置，保持12%的增速；社会消费品零售总额完成39.6亿元，增长9%；一般公共预算收入完成4.63亿元，增长4.47%；城镇常住居民人均可支配收入29439元，增长7.5%；农村常住居民人均可支配收入17759元，增长8.5%。全面完成省市下达的各项约束性指标。

**三、主要做好以下五方面工作**

（一）坚持项目拉动，主攻三大领域，着力打造省级开发区。采取"一区两园"模式，整合水秀新型产业园和胡村玛钢铸造园，设立太谷经济技术开发区。年内完成管委会组建和总体布局规划编制，同步推进"三化三制"等各项工作，抓好总投资120亿元、年度投资21亿元的49个工业项目。主攻服务提标。一是夯实基础。完善四大园区基础设施，建成南山医药食品园区地下管网，推进水秀、胡村园区污水处理设施建设，新建小白110千伏输变电工程，建成水秀园区纬十路等5条道路和胡村园区主干路，推进水秀、胡村园区天然气全覆盖工程，全力保障园区企业健康运行。二是创优环境。实施优化投资营商环境专项行动，深化"放管服效"改革，推行行政审批一体化，推进"五证合一"，引深机关干部入企帮扶活动。抓紧调整土地利用总体规划，积极争取新增建设用地指标。加大土地开发整理力度，开展"腾笼换鸟"计划，最大限度地节约集约利用土地。年内完成农商行挂牌运营，深化"一企一策"银企对接，鼓励培育有条件的企业上市融资，增强企业"造血"功能。三是强化招商。重点引进国内外知名企业和优势项目落户太谷，力争全年新增引资120亿元以上。主攻园区提质。推进产业升级，加快建设"四个百亿园区"。一是壮大新兴产业规模。水秀新型产业园要推进年产2万台美国房车生产线等13个重点项目，加快中鼎铝业、荣昌盛新材料等项目建设，确保开源益通等25户企业达产达效；南山医药食品园继续引进生物科技类企业，确保广誉远新厂项目全部投产；帮助中远威、通宝醋业全面复产，推动元和堂中药饮片、黄河中药百草园等项目投产。二是提升传统产业档次。胡村玛钢铸造园要加快华北铸造物流城等7个项目建设，办好产品展示交易会，启动建设国家级检验检测中心；树立10户标杆品牌企业，确保宏坊电力等14户企业达产达效。恒达循环经济园要实现高铁刹车盘项目实质落地，同时，完成20万吨硅锰合金二期项目。主攻企业提效。一是重点创品牌。打响品牌战略，出台行业联盟标准，统一"太谷玛钢""太谷饼"等对外标识标牌，积极参加"山西品牌中华行"等国内外大型展会，打造一批影响力大的品牌产品和品牌店铺，提高太谷对外知名度。二是核心抓创新。设立工业、农业、文旅三大产业发展基金，打造一批"两化融合"示范企业。发挥行业协会的协调服务作用，与中国五矿化工进出口商会共建"中国玛钢外贸出口孵化基地"，培育出口新优势。鼓励优质企业触网升级，建成电子商务公共服务中心。三是关键育人才。开展技能比武，选拔拔尖人才；实施企业家素质提升工程；坚持人才培养与引进并举，建立健全以增加知识价值为导向的分配机制，吸引高层次、专业性、技能型人才。着力做好小升规工作。

（二）坚持创新驱动，突出三个重点，着力打造山西"农谷"。一是突出全县域打造。着力构建"一城三园五区"的空间架构。"一城"，即以山西农业大学为主体，打造农谷科技创新城。"三园"，即以巨鑫和金谷园区为基础，打造高新技术产业孵化园；以山西农产品国际交易中心为基础，打造特色农产品加工交易园；以省果树研究所为核心，打造北方林果科技园。"五区"，即以小白乡为重点，建设红枣苗木特色产业推广示范区；以阳邑乡为重点，建设绿色养殖产业推广示范区；以任村乡、范村镇为重点，建设设施农业推广示范区；以侯城乡、北洸乡为重点，建设生物技术推广示范区；在南山一线开展农业观光园和生态庄园建设，恢复传统古村落，大力发展观光、休闲、体验等新型业态，建设农村产业融合发展示范区。二是突出全产业升级。狠抓现代农业产业园区、功能农业试验示范和农产品提升三项工程，在功能农业、功能食品上求突破。在现代农业产业园建设上，强化科技装备应用，延长产业链条，着力加大现有各类农业园区的提档升级，重点扶持设施蔬菜、干鲜果等传统优势产业做大做强，积极发展食用菌、杂粮、中药材产业和规模高效养殖业。在功能农业发展上，启动功能农业研究院、功能食品研究院建设，力促国家林业局华北地区木本油料工程技术中心、天津纽艾格功能性绿色肥料园落地；加快衡荣有机农业、东怀远和妙时局油用牡丹等项目建设。在农产品提升上，重点抓好功能食品开发和农产品质量安全；加强新食品原料、药食同源食品的开发应用，研发具有太谷特色的功能食品；开展功能养殖试验，推进大北农种猪养殖基地建设，创建畜牧业绿色发展示范县；建设省级、争取国家级农产品质量检验监测中心，建立农产品质量安全在线监测体系，支持新型农业经营主体申请"三品一标"认证；大力推广"生产基地＋中央厨房＋餐饮门店""生产基地＋加工企业＋商超销售"、综合电商销售平台等产销模式，提升山西"农谷"的品牌知名度。三是突出全要素保障。抓好基础设施、科技研发、改革创新三项工作。在基础设施上用力，进一步拉大"农谷"框架，完成"农谷"总规和9个专规编制；全面实施总长66千米4条主干道，构建“两纵两横”的农谷路网；实施省级高标准农田建设创新试点项目，推进两个光伏农业以及3个风电项目；加快推进“农谷”核心区“七通一平”建设以及南山水库、东山供水小水网等基础配套工程。在科技研发上下功，推进科技特派员重点园区全覆盖，加快建设国新晋药中药材繁育研发中心和北方林果良种繁育基地，推进全省葡萄与葡萄酒工程中心和果树云平台建设，积极争取农业部现代农业产业科技创新中心和全省职业农民培训基地落地，确保金谷现代农业科技创新园现代农业展示中心年内投入使用。在改革创新上破题，组建山西农谷现代农业开发有限公司，构建山西农谷科创城有限公司融资平台；积极推进保险试点县各项工作，探索金融支农新模式；搭建科研平台，最大限度引导社会资本、优质资源、品牌项目投向“农谷”。同时，下大力气完成土地确权登记颁证扫尾工作，适时启动农村集体产权制度改革，推进农村产权流转交易规范化建设，扎实开展农村土地承包经营权抵押担保贷款试点工作，稳步实施供销社、国有林场、农业行政执法等系列改革。

（三）坚持绿色推动，融汇三条举措，着力打造省城后花园。一是厚植生态优势，打牢旅游底色。制定管护办法，提升管理水平。突出景观打造，持续推进南山生态修复工程。启动国家级园林县城建设，提升城区绿化档次。完成城市供水提升改造主体工程，加快第二污水处理厂建设，改造城西退水渠，规划建设城市雨污分流管网。二是打造四大板块，创优旅游特色。打造“古城大院、产业文化、健康养生、乡村旅游”四大板块。古城大院，启动古城规划保护与开发，逐步恢复三多堂整体风貌，同步修复上安古镇，包装打造青龙寨、赤伍庄等古堡古寨、古寺古刹。产业文化，建成山西文化产业园的44个驿站、5个非遗馆、青少年教育基地等项目，提升箕子文化园、鑫炳记太谷饼文化园功能。健康养生，确保孟母文化养生健康城康养公寓年内运营，推进中医药康养特色小镇、文体活动中心等项目建设。乡村旅游，重点建设格子头番茄小镇，发展沟域经济，提升杏林、康源等庄园功能。全面推进旅游公路建设，加大景点景区沿线环境整治力度。举办好“中国·太谷”首届孟母文化年等活动，不断提升太谷文化旅游影响力。三是强化环境治理，永葆旅游本色。开展“铁腕治污”专项行动。推进企业安全标准化建设。全面推行河长制，实施高效节水灌溉工程，开展设施农业土壤改良，强化农村面源污染治理，实现永续发展。

（四）坚持协调联动，做精三大工程，着力打造宜居新家园。一是精致建设城市。将生态特色及文化意蕴融入城市设计和建筑管理中，开展县城总规修编。加快推进“四路两桥”新建、续建工程，分步实施覆盖城乡及园区的冷热电“三联供”系统，不断增强城市承载力。加大古城保护和城区棚户区改造力度，适时贯通古城中轴线。保障太焦高铁太谷段顺利施工，推进东站广场及高铁连接线建设。二是精细管理城市。深化城市执法体制改革，引深市容环境综合整治，积极创建市级文明县城。规划建设标准化便民市场以及城区主干道多点停车场，开展县城亮化工程，新增供热面积30万平方米，新改建天然气管网20千米。完善城乡环境卫生长效管理机制，启动省级农村生活垃圾试点县建设。三是精美塑造乡村。推进农产品电商平台和乡村电商服务站建设，推广“生态庄园＋”“农业园区＋”等多种模式，建成7个产业型美丽乡村。大力度推进农村环境综合治理，建成6个生态型美丽乡村。支持农业文化遗产保护，建成7个文化型美丽乡村。同时，加快北郭新农村试点工作，启动一批新农村示范工程。继续实施农村危房改造，完成78户地质灾害搬迁任务。开展农村安全饮水巩固提升工程和新一轮农村电网改造升级工程，完成206千米的生命防护工程和50千米的公路改造。

（五）坚持民生促动，提升三项指数，着力打造和谐幸福地。一是强力度推进精准扶贫，提升“幸福指数”。扎实开展八大攻坚工程20项专项行动。用好政策强帮扶，着力推动教育、医疗、文化、科技、就业、社会救助等公共服务和社会保障政策措施全面落实。抓好产业稳脱贫，围绕农业、光伏、旅游、电商等特色产业，实施240公顷中低产果园改造示范工程，新建两个千亩高效果业示范园区，新增166公顷中药材和666公顷杂粮种植，6个贫困村光伏电站装机容量达到1800千瓦，扶持4个贫困村发展乡村旅游，60％的贫困村发展电子商务应用。实现2300人脱贫，小店、庞庄两个省级贫困村退出。二是均等化发展公共服务，提升“满意指数”。实施乡村记忆工程，提升两个乡镇综合文化站功能，完成千人以上农村综合服务中心标准化建设。稳步推进义务教育办学模式改革和县域义务教育优质均衡发展改革两大省级试点工作，新建4个幼儿园，完成义务教育阶段薄弱学校改造；完善现代职业教育体系，推动普通高中多样化、特色化发展，全面促进各类教育高位均衡发展。开展省级县乡医疗卫生机构一体化改革试点工作，深入推进县级公立医院改革；建设人民医院综合住院楼、中医院综合大楼和卫计妇幼保健大楼；探索医养结合新模式，推进夕阳红二期、任村敬老院投入使用。全面实施全民参保登记计划，实现城乡居民医疗保障一体化统筹，规范低保、五保等社会救助工作。组织开展好高校毕业生、返乡农民工、城镇就业困难人员等重点群体就业创业，新增就业岗位2000个以上。三是深层次创新社会治理，提升“和谐指数”。

切实履行好安全监管责任，督促企业落实主体责任，促进安全生产形势持续稳定向好。抓好食品药品安全管理。健全完善"网格化"管理体系，深化"平安太谷"建设，畅通信访诉求渠道，有效化解各类社会矛盾，强化应急和防灾减灾能力，全力维护公共安全和社会稳定。

展望美好前程，任何困难都阻挡不了我们加快发展的脚步，任何挑战都动摇不了我们建设美丽家园的决心！让我们在县委的坚强领导下，干字当头，实字托底，争当挺进全省第一方阵排头兵，以实际行动和优异成绩迎接党的十九大胜利召开！

# 加快挺进晋中方阵第二梯队，建设美丽文明、无煤有为新祁县

祁县县长　**冯耀黎**

2016年是"十三五"规划的开局之年。一年来，我们认真贯彻落实中央、省、市一系列决策部署，在县委的坚强领导和人大、政协的监督支持下，全县上下以"苦干三年，挺进晋中方阵第二梯队"为引领，紧紧围绕"发展速度站前列、经济实力上台阶、争创全省一流无煤县"目标，以"项目建设、环境整治、财税增收"三大战役百日攻坚行动为突破口，抓改革、谋发展，破难题、保民生，全县经济社会呈现稳中有进、进中提质的良好态势。

2017年是我县提出"苦干三年，挺进晋中方阵第二梯队"的首战之年，做好今年工作意义十分重大。

**一、2017年政府工作的总体思路**

深入贯彻落实党的十八大和十八届六中全会精神，以习近平总书记系列重要讲话精神为指导，统筹推进"五位一体"总体布局，协调推进"四个全面"战略布局，认真贯彻落实中央、省市经济工作会议精神，坚持稳中求进工作总基调，全面实施"四轮联动"战略，全力深化"供改"与"综改"，以"1234"工作为抓手，加速推进开发区改革创新、文化旅游繁荣发展、108廊带一体化建设、传统特色产业集群化升级，促进全县经济在稳的前提下又好又快发展，实现发展速度站前列、综合实力上台阶，为挺进晋中方阵第二梯队开好局、起好步，以优异成绩迎接党的十九大胜利召开。

**二、县域经济社会发展主要预期目标**

地区生产总值增长7.5%，规模以上工业增加值增长9%，公共财政预算收入增长7.2%，固定资产投资增长目标根据新的统计口径设置，社会消费品零售总额增长8%，城镇常住居民人均可支配收入增长7%，农村常住居民人均可支配收入增长8%。约束性指标按市下达任务完成。

**三、2017年政府工作重点**

主攻"1234"工作。打造1个平台，用好2张名片，实施3个PPP项目，建设4个产业集聚区。打造1个平台，即把经济开发区建成县域经济发展主平台；从抓好开发区转型综改、经济发展、招商引资、基础设施四个方面入手，倾斜要素资源，完善体制机制，创新服务理念，确保2017年开发区地区生产总值突破23亿元，工业总产值突破65亿元，公共财政预算收入突破1.3亿元，打造一流省级经济开发区，建成带动全县挺进晋中方阵第二梯队的主引擎。用好2张名片，即用好祁县酥梨和九牛牧场这两张名片，重点支持以耀华、源凯等为代表的出口型龙头企业，以九牛、泓润等为代表的标准化示范养殖场建设，引领农企抱团开拓市场、提升品牌，带动全县酥梨产业、畜牧产业做大做强，确保祁县酥梨出口全省第一。实施3个PPP项目，即重点实施208旅游通道综合开发、县城中轴线、文化艺术中心3个PPP项目，为基础设施大提档，城乡面貌大改观，宜居城市大发展奠定坚实基础。建设4个产业集聚区，即建设玻璃器皿产业、酒类饮品产业、碳素制品产业、208旅游产业4个产业集聚区，利用3～5年时间，打造4个产值超50亿元的产业集聚区，带动县域经济发展壮大。

**四、统筹推进七大攻坚任务**

（一）抓住主线，加快改革创新步伐。大力推进国企改革。全面盘点国有资产，加快推进城投、旅投、华丰、鑫泽资产整合和重组，组建县级国有资产经营总公司；创新国有资产监管和投资运营模式，建立健全现代企业制度，完善公司法人治理结构。大力推进金融创

新。完成农信社改制工作，推动晋融村镇银行和晋中银行祁县支行正式运营；加大金融扶持力度，强化政银企联动，扩大金融新产品覆盖面，完善“续贷通”业务；设立产业发展基金，推动国有公司资产证券化，破解我县发展资金“瓶颈”；加强金融市场监管，继续做好非法集资等风险防控工作。大力推进“大众创业、万众创新”。持续推进双创示范县建设；加快中小企业孵化中心、农村“星创天地”建设步伐；创新科技服务方式，探索政府购买科技服务模式，鼓励企业与高等院校、科研院所开展产学研交流对接，促进产业优化升级。大力推进农业农村改革。全面完成农村土地承包经营权确权登记颁证；建立健全县乡村三级土地流转服务体系，实现乡镇交易所全覆盖；继续推进肉牛、酥梨、设施番茄、设施黄瓜目标价格保险覆盖范围和受益面，圆满完成农产品目标价格保险试点试验任务；加快推进国有林场改革，继续深化集体林权制度改革；深入推进供销社综合改革，积极申报省级供销社综合改革试点，全面提升为农服务能力。

（二）精准定位，推进项目建设进程。巩固首届开发区（北京）招商引资洽谈会成果，加快新签约的华电光伏发电、天波热电联产、宏鹏新能源汽车等 13 个项目落地、开工、建设，促进项目早日投产。同时，积极筹备玻璃器皿和文化旅游专题招商活动。全力推进“互联网＋”高效物流，培育和引进大型运输企业集团。完善项目准入、会审、评估等机制，变“招商引资”为“招商选资”，全面提升招商项目质量。继续巩固食品、玻璃器皿、碳素等传统产业优势，充分发挥新能源、新材料、新技术等新兴产业比较优势。重点实施六曲香新厂迁建、宇通微孔超微孔碳砖、液化调峰、莱特斯二期等 10 个生产经营类项目和 12 个片区棚户区综合改造、六中新建、职中迁建、城市中轴线等 10 个民生类项目，切实带动项目建设稳步推进。

（三）抱团集聚，打造特色工业强县。加快开发区建设。尽快完成开发区 30 平方千米扩区面积的报批审核，同步推进“三化三制”改革，理顺开发区管理运行体制机制，剥离行政和社会管理职能；完善开发区“七通一平”及配套设施，加快开发区水厂、污水处理厂建设；结合永久性基本农田划定，将全县核减基本农田指标和建设用地规划指标向开发区倾斜；建立土地弹性供应机制，加大闲置低效利用土地盘活力度，有效保障园区项目用地需求。挖掘传统产业潜力。一是建设玻璃器皿产业集聚区，以新组建的祁玻集团为龙头，加快行业整合壮大；助推企业在国内重点城市建立直营店，鼓励企业利用“互联网＋”，扩大国内国际市场；完成玻检中心国家级实验室等级评定工作，探索出台玻璃器皿产品地方标准；积极筹办首届中国玻璃器皿节暨中国日用玻璃协会 2017 年会。二是建设酒类饮品产业集聚区，引导和鼓励伊利公司加快新增 3 条生产线建设；支持统一饮品公司现有生产线达产；加快红星新厂迁建；积极帮助燕京、今麦郎全力扩大市场份额，实现产量提升；鼓励为民酒厂与牛栏山酒厂开展深度合作。三是建设碳素制品产业集聚区，推动丹源碳素与太原东方铝业、宁夏秦毅集团开展深层次合作，力争年内实现参股；加快宇通微孔超微孔碳砖项目建设进度，上半年实现全面投产。同时，积极引导水泵制造企业顺应市场需求，研发新产品，扩大市场占有率，巩固华北最大污水泵生产基地地位。发挥新兴产业优势。聚焦新材料、新能源，加快培育发展“氟、光、电、气”四大新兴产业。“氟”要依托福诺欧优秀科研团队，加大新产品研发，提升生产工艺水平，尽早达产达效；“光”要依托全省光伏产业基础和我县太阳能资源优势，重点支持集中式和分布式光伏发电，推动华电光伏发电和天波热电联产项目落地；“电”要以风电、生物质发电为重点，全力争取华润风力项目核准和顺发生物质发电产能提升；“气”要围绕打造全省液化天然气集散中心，延伸产业链条，加快推动国新能源液化调峰项目建设，规范天然气加气站运营，促进新能源产业健康发展。

（四）夯基固本，打造现代农业大县。一要夯实农业增效基础。重点支持耀华、源凯等出口型农业龙头企业建设，带动全县新增酥梨种植面积 266.7 公顷，出口创汇突破 1200 万美元；充分发挥九牛牧场标准化示范作用，全年新改扩建万头牛场 1 个，千头牛场 3 个，百头牛场 20 个，带动全县养牛业做大做强；持续推动东观晓义片区万亩、北堡双千亩、贾令千亩设施蔬菜基地建设。二要加快农民增收步伐。调整玉米播种面积，为林、果、菜、中药材等特色优势产业发展留足空间。开展粮食高产创建，确保粮食产量稳定在 21 万吨以上。借助“互联网＋水果电商”平台，提升我县水果在国内外市场的竞争力。大力发展智慧农业气象服务，提升气象为农服务水平和气象防灾减灾能力。加大农民补贴补偿和村级财政性补助资金的监管力度，确保惠农资金及时到位。三要促进农村和谐发展。继续实施改善农村人居环境“四大工程”，打造 1 个省级，完善 1 个市级、10 个县级美丽宜居示范村；协调配合东山供水项目建设，推动左家滩水库项目开工，完成昌源河灌区配套改造工程建设。积极探索“农旅融合”模式，重点提升梨花苑、腾达生态园等景点综合服务能力。完成第十一届村委会换届选举工作，实现 80％以上村集体经济“破零”。

（五）品牌引领，打造文化旅游名县。推进 208 国道旅游产业集聚区建设，启动 208 国道沿线旅游景观轴建设，加快乔家大院景区综合开发，继续推动传统戏曲、曲艺、工艺、非遗文化进景区，加快千朝商务酒店建设，推动千朝大马戏园项目落地、开工，促进旅游多元化发展。推进昭馀古城旅游开发，加快推进昭馀古城保护开发，积极推进古城保护7000万欧元法署贷款项目落地，加快对渠家大院、长裕川茶庄等景点重新布展，提升古城旅游品位。推进乡村旅游发展，精心谋划梨花节踏青系列活动，辐射带动周边农家乐发展；扶持腾达生态园拓展旅游元素，完善基础设施；支持修善村以“善”文化、剪纸文化发展乡村文化旅游；鼓励社会资本参与谷恋等传统古村落和麓台山、紫金山、昌源河湿地等自然景观的保护开发，丰富旅游“吃住行游购娱”元素，做大旅游市场。

（六）碧水蓝天，打造生态宜居美县。推动建设提质提速。高标准实施208国道榆祁高速出口至东观段、城赵高速出口至南谷丰段、友谊西路的通信、电力管线入地工程，重点推进昌源南路拓宽改造、东夏线综合改造、城区主干线提质改造工程；加快实施108国道城区段、城赵高速出口绿化提质工程，继续推进城区小游园建设，逐步完善服务功能，提升城市品位。推动管理精细高效。巩固提升环境整治百日攻坚成效，强化集中执法力度，确保城乡环境面貌持续、显著改善；探索环卫作业市场化运作，引入社会资本参与清扫保洁和垃圾清运作业；规范流动摊贩管理，逐步清理取缔流动摊点和马路市场；严厉打击未批先建、私搭乱建行为；加大交管科技执法力度，确保道路交通安全、畅通、有序。推动环境污染防治持续加力。紧抓“控煤、治污、管车、降尘”等重点工作；强化水污染防治力度，持续加大汾河、沙河、乌马河等重点流域和区域水污染防治，完成东观污水处理厂建设并投入运营；强化农业面源污染治理，完成畜禽养殖污染综合防治任务；持续开展“铁腕治污”专项行动，严控各类环境违法行为，严厉打击土小企业，对“土炼油”加工窝点及销售渠道进行重点查处，确保县域环境安全。推动生态环境持续改善。启动汾河流域核心区祁县段和左家滩水库项目建设，修复河道自然形态，改善沿河生态环境；加快昌源河国家湿地公园建设，重点实施湿地科普馆、植物园、鸟类主题公园等重点工程；实施林业“八大工程”，完成年度造林绿化任务。加大森林资源保护力度，切实做好森林防火工作。

（七）民生为要，打造文明和谐新县。一要持续打好脱贫攻坚战役。按照“六个精准”要求，持续推进20个专项行动，确保2800名贫困人口增收脱贫，北岗头村摘帽退出。统筹整合财政扶贫资金，确保资金发挥最大效益；加大金融扶持力度，大力发展种植、养殖等特色产业扶贫，保障贫困人口获得资产性收益；鼓励贫困户通过企业入股分红获得持续稳定收益；充分发挥社保政策保障兜底作用，着力推动医疗、教育、卫生、就业、残疾人保障等政策措施精准落实到户、到人；坚持扶贫与扶志相结合，切实增强贫困群众的内生动力；鼓励引导企业、合作社与贫困户结对帮扶，带动贫困户通过发展产业实现脱贫。强化考核评估，严格退出机制，坚决防止“数字脱贫”。二要统筹做好各项社会事业。实施更加积极的就业创业政策，全年新增就业2600人，失业人员再就业1100人，转移农村劳动力2200人，城镇登记失业率控制在4.2%以内。积极推进养老服务业综合改革试点工作。扩大社保、医保等社会保障覆盖面。严格落实城乡居民最低生活保障社会救助政策。繁荣发展文化事业，深入推进乡村记忆和“四送六进”工程，办好山西省第三届祁太秧歌文化品牌赛事。三要办好人民满意的教育。实施第三期“学前教育行动计划”，建立健全普惠性民办幼儿园和民办学校扶持机制；稳步推进教育资源整合，力争三年内完成全县百人以下学校和单轨制初中整合；推进义务教育“全面改薄”工作，加快职中迁建、六中新建，启用东观青少年素质教育综合基地；抓好校长和教师两支队伍建设，稳步提升教学水平。四要全力打造健康祁县。大力推进分级诊疗制度和医联体建设，加大紧缺医药人才引进和培养力度，推动开发区卫生院年内开工，切实提高乡镇卫生院基本医疗卫生服务能力；积极开展家庭医生签约服务，重点人群覆盖率达到60%以上。深入实施全民健身战略，着力打造祁县特色品牌体育赛事，全力争取县级全民活动中心项目落地。五要持续抓好安全生产与社会稳定。严格落实“党政同责、一岗双责、企业（单位）主责，失职追责”要求，构建起完善的责任网络体系。以道路交通、食品药品、旅游景点等为重点，深入开展安全检查、打非治违、集中整治行动，坚决杜绝较大以上安全生产事故发生。加强和改进信访工作，有效化解社会矛盾。扎实推进“平安祁县”建设，全力维护公共安全和社会稳定。

让我们在市委、市政府和县委的坚强领导下，在县人大、县政协的监督支持下，以时不我待的紧迫感、勇于担当的责任感和再创辉煌的使命感，凝心聚力、苦干实干，为挺进晋中方阵第二梯队，建成美丽文明、无煤有为新祁县而努力奋斗！

# 为建设“大美古城，小康平遥，国际旅游城市”而努力奋斗

平遥县县长　石　勇

2016年是“十三五”开局之年。一年来，县政府团结带领全县上下，紧紧围绕“大美古城，小康平遥，国际旅游城市”战略目标，埋头苦干，主动作为，以稳增长、调结构、惠民生为主的各项工作取得明显成效，实现了“十三五”的良好开局。

2017年是“十三五”规划的关键一年。做好今年工作，必须认清形势、凝聚共识，找准路径、明确方向，担当作为、精准发力。

**一、2017年全县经济社会发展的总体思路**

深入贯彻落实习近平总书记系列重要讲话精神和中央、省市各级会议精神，“立足三个瞄准，奋力进位争先”，坚持全面从严治党，坚持新发展理念，坚持稳中求进总基调，坚持“供改”和“综改”工作主线，以改革创新为动力，以项目建设为支撑，以组织建设为保障，以改善民生为目标，突出抓好现代农业、新型工业、全域旅游、城乡建管、生态环境、社会共建、改革攻坚七项重点，全力促进经济稳步向好、社会和谐稳定，为建设“大美古城，小康平遥，国际旅游城市”奠定坚实基础，以优异成绩迎接党的十九大胜利召开。

**二、县域经济社会发展的主要预期目标**

全县地区生产总值增长6.5%，力争7.5%；规模以上工业增加值增长3.5%，力争8.5%；一般公共预算收入增长3.65%，力争7.02%；社会消费品零售总额增长7%，力争9%；城镇居民人均可支配收入增长7%；农村居民人均可支配收入增长7%，力争8.5%；全社会固定资产投资增长目标根据新的统计口径设置。约束性指标完成市定任务。

**三、2017年政府工作重点**

（一）以增收增效为目标，坚定不移发展现代农业。一是因地制宜发展特色农业。进一步调整种植结构，大力发展特色农业，致力构建“东水果、南干果、西蔬菜、北粮食、中设施农业”的发展新格局。二是创新模式推广订单农业。探索“先找市场、再抓生产，产销挂钩、以销定产”模式，大力推广订单农业。以东泉镇为重点，实施籽粒苋、油料芍药、速生林等种植项目；在段村镇实施小茴香种植基地建设项目。推动与周大福集团旗下控股农业版块企业展开合作，尽快启动油用牡丹炼制精油、食用油产品开发项目。三是全力以赴打造旅游农业。继续开展农副产品调查；进一步调整种植结构，为涉旅酒店、宾馆定向生产农副产品；全面打通农产品基地和涉旅消费市场的连接通道，努力增加本地农副产品在旅游餐饮市场中的占比份额，着力解决全县1000万游客市场与农业脱节的问题，进一步提升农副产品附加效益。大力发展观光采摘、休闲度假、农家体验等多种形式的旅游农业，引导更多农民参与到旅游农业发展上来。四是高扬优势壮大龙头企业。以项目建设为抓手，综合推进国家、省、市、县四级龙头企业方阵建设。继续扶持冠云、龙海两大国家级龙头企业上档升级，实施国青公司养殖基地扩建、丰翼天和猪场技改、兆辉馍片二期、晋升油茶杂粮茶、四清醋业酿造二厂等技改扩建项目18个；支持昱兵药业公司推进中医药产业示范园建设。实施国青公司年屠宰1100万只淘汰母鸡生产线、晋润公司年出售10万头仔猪养殖基地、伟海蛋鸡养殖场区建设项目；实施大象集团种养产业园一期1.08万头种猪场和万头标准化育肥厂建设项目；实施华润集团万头驴养殖基地和24兆瓦光伏产业“驴光互补”项目；建成病死畜禽无害化处理厂和12个病死畜禽暂存点，提高畜产品质量安全水平。五是多措并举夯实发展基础。以“治土”“兴水”为重点，实施32项农田水利基本建设工程。尽快出台设施农业、露地蔬菜、健康规模养殖、水果、干果及中药材产业发展扶持政策和农业经纪人队伍、农产品品牌建设扶持办法，落实农民合作社、家庭农场扶持措施，支持农业产业化发展；加强农业服务体系建设，抓好科技推广与技能培训，进一步提高农业标准化生产水平。

（二）以转型升级为主线，坚定不移打造新型工业。

一要倾力园区建设。尽快完成“一区三园”规划、可研的评审与修订，将平遥经济技术开发区列入省级开发区序列。尽快启动具有核心承载力的“工业两园”建设。循环经济工业园要征收土地66.7公顷，完成园内主干道路新建工程。启建中科钢研蓝宝石、碳化硅长晶生产项目、10万吨轮胎再生循环利用项目；华为集团云计算大数据处理中心项目实现落地。绿色食品加工园基本完成水、电、气、热、路及污水、垃圾处理等基础设施的全面升级改造，进一步完善园区功能。实施色素辣椒深加工项目，力争年内建成投产；引进天龙集团，启建又见迎泽、又见平遥啤酒生产线项目。二要服务实体经济。成立企业服务办公室，为转型项目和优势企业提供全程代办服务，全力支持实体经济发展。研究出台采购政策，支持本地企业发展。积极推进大用户直供电。力争建成铸造行业院士工作站，提高铸造行业工艺水平。认真落实金融振兴、科技创新、民营经济发展等各项惠企政策，切实缓解企业发展资金压力。力争新培育“小升规”企业8户。三要推动产业升级。加快培育壮大战略性新型产业，完成投资20亿元，重点实施7大新兴项目。其中，宇皓新型光学材料有限公司建成平面绿色照明光源项目；朱坑100兆瓦风电项目和年产30万立方米粉煤灰加气混凝土砌块项目；华丰防爆电动机生产线、晋明通脱硝催化剂再生及农友绿色食品专用碳基有机肥生产线3个项目，年内力争投产或试运行。四要转变招商方式。创新项目策划包装，开展精准招商、定向招商。进一步创优项目落地环境，全年引资总额突破150亿元，项目落地率达到60%以上，项目开工率、资金到位率达到50%以上。

（三）以提档升级为抓手，坚定不移构建全域旅游。围绕“五大板块”“七个融合”发展目标，进一步扬优势、挖潜力、补短板，助力旅游产业上档升级。全年接待游客达到1293万人次，综合收入突破150亿元。倾力保护遗产，进一步厚植发展优势。全面加快遗产保护进程，继续推进城墙内墙结构加固项目；实施惠济桥修缮及武庙、龙王庙、杜村玉皇庙等文保单位抢险工程；加大古民居修缮力度；稳步推进古城内地下综合管廊建设，提升古城安全保障水平。抓好推光漆艺、纱阁戏人等非物质文化遗产的保护与传承工作。倾力引资上项，全方位丰富发展业态。一方面，引进顶级文创产品开发团队，打造“平遥礼物”品牌；另一方面，全面推进项目建设，打造集醋文化、民俗文化、特色饮食、特色工艺于一体的游客体验文化小镇；完成印象新街建设项目；力争启建1～2个品牌旅游酒店；启建休闲体育园；在六河、郝开、遐角、横坡、新营等5个乡村旅游发展较好的村，实施滑水滑沙、游泳休闲、太阳能大棚及桑葚、茶叶深加工项目，带动全县乡村旅游发展。倾力创新管理，综合性提升发展水平。进一步创新景区管理模式，完成旅游管理“1＋3”模式改革，推动旅游管理从单一部门向部门联动转变。引深“铁腕治乱”行动，进一步净化旅游环境。倾力宣传营销，深层次激发发展动能。与法国普罗万市全方位开展交流互动，开创国际旅游新局面；紧盯京津冀、江浙沪等重要目标市场，开展立体化营销。加大政府引导力度，提升服务供给水平，力争全年举办会展突破150场；高品质举办国际摄影大展、平遥中国年等节庆活动，高水准承办世界面食大会、第五届中蒙俄市长峰会，高规格举办首届平遥电影展和平遥古城申遗成功20周年系列纪念活动，进一步提升古城知名度和影响力。

（四）以扩容提质为路径，坚定不移提升城市承载。综合推进国际旅游城市建设，力争创建为国家园林城市和卫生城市。2017年，重点实施总投资50亿元的基础建设项目31个，其中，利用PPP模式实施项目19个。在总体布局上，立足国际旅游城市定位，致力形成以古城片区为核心，东部会展功能区、南部旅游集散区、西部文化产业区、北部功能缓冲区为支撑，五大片区统筹发展的空间布局。重点启动古城南部和东部两大片区建设，进一步打通古城南门和下东门两大游客通道。在基础建设上，实施城乡路桥建设项目17个，实施惠济公园二期项目，新增绿化面积17万平方米；加强建成区雨污水、电气暖及停车位配套建设，进一步完善城市功能，全县城镇化率力争提高1.6个百分点。在城市风貌上，融入县城总体规划修编，进一步彰显平遥特色风貌。先行启动主干街道的立面改造工程，完成7个乡镇总规修编，强化历史文化名村保，力争将东泉镇创建为全国第二批特色小镇。在管理创新上，通过政府购买服务，实现城区道路保洁、垃圾清运的市场化运作；启动智慧城市、智慧旅游、数字化城管系统建设，提高城市管理精细化、智能化水平；新建农村垃圾中转站9个，实现乡镇垃圾中转站全覆盖；统筹推进农村垃圾综合治理，力争168个村达到省级验收标准，新创建美丽宜居示范村20个。

（五）以碧水蓝天为方向，坚定不移改善生态环境。开展铁腕治污攻坚行动。综合开展“气、水、土”污染治理行动。彻底取缔“土小”企业，严厉打击超标排污、偷排及擅自停用污染物防治设施等违法行为，开展燃煤污染专项治理，坚决整治秸秆、垃圾焚烧行为，完成黄标车、老旧车淘汰任务，严禁在饮用水源地保护区范围内进行养殖与建设，完成污水处理厂二期建设，全面落实土壤污染防治措施。开展节能降耗攻坚行动。重点围绕煤炭、焦化、铸造、橡胶、建材等高耗能行业，启动能源管理控制中心和能源管理体系建设；打造一批节能建筑，新增、更新公交车辆全部使用新能源汽车，倡导居民绿色出行。开展生态绿化攻坚行动。实施岳壁林综开发、孟山文风塔旅游通道、横坡生态庄园建设三大绿化工程，启动汾河流域生态修复平遥核心区建设，实施新一轮退耕还林。

（六）以社会共建为着力，坚定不移保障民计民生。一是倾力脱贫攻坚。全面落实脱贫攻坚规划和当年行动计划，精准实施八大工程20个专项行动，确保15个贫困村、6500名贫困人口退出贫困序列。大力培育特色产业、特色产品，加快推进贫困村“一村一品一主体”建设，年内全县所有贫困村基本达到“五有”标准，确保户均新增产业收入3000元以上。大力推进贫困村基础设施建设，进一步补齐发展短板。全面落实教育、医疗、文化、科技、就业、社会救助等社会保障政策，扩大兜底范围，提高兜底标准。二是严守安全底线。严格落实安全生产“党政同责、一岗双责、失职追责”制度，进一步强化企业的主体责任、部门的监管责任和党政的领导责任。深入开展隐患排查治理，严厉打击违法生产行为，确保安全生产形势持续稳定。高度重视食品安全，确保群众“舌尖上”的安全。全面抓好信访工作，强化社会治安综合治理，引深农村治理法治化，推进“平安平遥”“法治平遥”建设，切实保障公共安全和社会稳定。全力办好10件实事。三是统筹社会事业。全面完成实验小学扩建、平遥二中学生公寓楼及8所农村薄弱学校改建项目，加快实验三小建设，完成高中学校标准化建设。力争完成县人民医院新建项目主体工程；以分级诊疗试点为抓手，深化医疗卫生体制改革，巩固公立医院改革成果。文化馆、图书馆、体育馆年内投入使用；积极实施乡村文化记忆工程；启动40集大型电视连续剧《平遥人家》的拍摄工作；所有乡镇文化站、70％的村级文化活动室建成达标，完成国家公共文化服务体系示范区创建任务。全面落实城乡居民大病保险制度，进一步提高社会保障水平。强化配套建设，确保福利综合服务中心、襄垣敬老院年内投入使用。启动平遥乡村简志编纂工作。

（七）以增强活力为根本，坚定不移实施改革创新。一是推进农村综合改革。严格落实农村土地所有权、承包权、经营权三权分置政策，完成农村土地承包经营权确权登记颁证扫尾工作。14个乡镇全部建成农村产权流转交易所，实现乡镇交易所全覆盖。稳步推进农村集体产权制度改革。全面完成国有林场改革。深化供销社综合改革。二是推进行政审批制度改革。深化商事制度改革，全面落实“五证合一”“一照一码”登记制度。深入推进“两集中、两到位”行政审批制度改革，探索建立“互联网＋”政务服务体系。重点围绕“三个清单”，提高服务水平，营造更加宽松的政务环境。三是创新行政管理体制。深入推进“双随机一公开”工作，规范完善“一单两库”，切实加强行政行为的事中、事后监管。进一步优化房屋交易和产权管理业务流程，确保不动产登记工作规范运行。稳步推进预算体制改革，严格预算约束管理。四是创新要素保障模式。2017年将铺开总投资420亿元的重点项目46个，创新机制，全力破解，确保项目顺利实施。

让我们上下同心，目标同向，在市委、市政府和县委的坚强领导下，为建设“大美古城，小康平遥，国际旅游城市”而努力奋斗！

# 加快建设大美山川、小康榆社、生态旅游宜居城

榆社县县长　韩　军

2016年，榆社县政府团结依靠全县人民，紧紧围绕“实现争先进位、如期脱贫摘帽、建成全面小康”三大目标，深入实施“生态立县、农业富县、工业强县、旅游靓县、人才兴县”五大战略，担当作为，扎实苦干，全县经济社会发展呈现稳中有进、稳定向好的喜人态势，实现了“十三五”良好开局。

2017年是实施“十三五”规划的重要一年，是深化供给侧结构性改革的攻坚之年，也是全面挺进全省第一方阵的首战之年。我们要坚定信心，负重前行，苦干实干拼力干，撸起袖子加油干，努力开创榆社各项事业新境界。

**一、2017年政府工作的总体要求**

深入贯彻习近平总书记系列重要讲话精神，认真

落实省委“一个指引、两手硬”重大思路和要求，按照市委四届二次全会暨全市经济工作会议、县委十六届三次全会暨全县经济和农村工作会议的安排部署，坚定大发展信心，树立新发展理念，把握脱贫攻坚政策机遇，坚持改革创新主线，深入实施“生态立县、农业富县、工业强县、旅游靓县、人才兴县”五大战略，突出抓好脱贫攻坚、项目建设、产业转型、城乡发展、民生改善五项重点，不断增强经济发展内生力，加速形成振兴崛起新优势，推动建成全面小康新榆社迈出坚实步伐，以实际行动和优异成绩迎接党的十九大胜利召开。

**二、2017 县域经济社会发展主要预期目标**

地区生产总值增长 7%，规模以上工业增加值增长 8%，全社会固定资产投资增长目标根据新的统计口径设置，社会消费品零售总额增长 8%，一般公共预算收入增长 7.5%，城乡居民人均可支配收入分别增长 7%和 8.5%。各项约束性指标控制在市定目标内。

**三、重点抓好以下五方面工作**

（一）抓实精准扶贫，全力精准脱贫，持续增强全面小康推动力。2017 年要确保 40 个贫困村退出、8000 人脱贫。一是产业扶贫要精准有力。积极研究制定养殖业扶持政策，大力发展特色种养业，努力构建“一村一品一主体”产业扶贫格局，力争带动 6000 人以上的贫困人口增收脱贫。抓紧制定旅游扶贫、电商扶贫政策，推进乡村旅游，搞活电商产业，构建产业扶贫多元体系。二是易地搬迁要全面发力。坚持易地搬迁和县城扩容、中心村建设相结合，对首批确定的中心村，强化政策扶持，加大资金投入，实施水、电、路等基础设施提升工程，改善教育、医疗、养老等公共服务水平，增强集聚能力，吸引贫困人口主动搬迁。切实提高搬迁村的土地利用率，同步加大空壳村、搬迁村的开发力度，让闲置资源焕发新的生机，创造更多的就业机会，真正做到“贫困人口迁出来，新资本、新业态植进去”。三是项目选择要尊重基层。探索推行人力财力捆绑使用机制，干部入村要一包到底，扶贫资金要下放到村。要不断增强乡（镇）村两级的决策权、能动性，根据实际情况选择发展方向、确定工作重点、制定推进措施。四是增加收入要多管齐下。重点抓好退耕还林、光伏扶贫、劳务输出、金融扶贫四项“保本产业”，多渠道增加贫困户收入。以经济效益好的产业项目为平台，以贫困户“贷资入企”为突破口，积极构建政府、银行、保险、新型经营主体、贫困户“五位一体”金融扶贫格局，推动更多农村集体经济“破零”，增加贫困人口的资产性收益。创新以职业中学为载体的培训就业扶贫模式，不断增强贫困户自主脱贫、增收致富的能力。五是兜底脱贫要加大力度。进一步加强和改进农村最低生活保障，实现脱贫线和低保线“两线合一”，不断扩大特困群体惠及面。最大限度减轻困难群众的医疗费用负担，切实提高兜底脱贫水平。六是脱贫成效要经得起检验。积极开展“送政策”行动，把精准扶贫各项政策宣传到村、到户、到人，真正让贫困户知晓政策、用足政策、得到实惠。完善基础资料，提升脱贫实效。坚决防止“数字脱贫”，切实做到廉洁脱贫，确保脱贫工作得到群众满意，经得起上级检验，经得起第三方评估。

（二）狠抓项目建设，强化招商引资，持续增强经济发展牵引力。一是狠抓重点项目。实施好华能公司光伏发电、新疆特变电工新能源公司风力发电、城北小学等总投资 116 亿元的 53 个市、县重点项目，确保重点工程投资、固定资产投资完成年度目标任务。全力以赴推进项目建设，确保项目顺利推进。二是创新建设机制。提高项目精细化管理水平。严格落实重点项目代办制，积极推行政府投资类工程代建制，健全完善项目中介咨询库，切实做好重点项目前期工作。三是强化要素保障。持续发力抓好机制创新，多措并举破解项目用地、融资等难题。做好城乡建设用地增减挂钩工作，加快“批而未供”土地处置，争取更多的建设用地指标，切实提高供地率和亩均含金量。创新融资模式，用足用好市政府 PPP 项目专项扶持政策，大力推广 PPP 项目运作模式，撬动更多社会资本参与项目建设。加强与金融机构的合作，拓宽“助保贷”“税易贷”等产品受众面，为一批成长型项目提供融资服务。统筹抓好榆化公司、华能榆社电厂的直供电交易，帮助广生公司、广华源公司两户高新技术企业落实直供电政策。四是搞活招商引资。做实招商项目储备库，实施精准招商、定向招商。加强对外合作，力争引进一批转型带动强的大项目、好项目。制定招商引资优惠政策，创优招商引资良好环境，努力在全县形成人人议招商、想招商、抓招商的浓厚氛围。

（三）发展特色产业，加快转型升级，持续增强争先进位原动力。一是实施新型工业提档升级行动。坚定实施工业优先发展战略，完成榆社开发区总体布局规划编制工作，2017 年规上企业要达到 10 户，工业经济实现较快增长。打造精细化工基地。推动榆化公司氯乙酸、原料药项目一期达产达效，改造提升 DHPPA、四氯苯酐等精细化工项目，积极争取原料药项目二期上马，努力实现规模扩张、效益提升。打造医药包装基地。加强与河北梅花集团的战略合作，做好普鲁兰多糖项目的前期，新上 100 亿粒植物胶囊生产线、植物纤维素两个项目年内开工；积极推动广生公司“新三板”挂牌上市，引导企业进入资本市场发展壮大；加快推进广华源公司 6000 吨药用高阻隔包装新材料项目，不断增强医药产业发展后劲。打造新能源产业基地。倾力搞好已落地项目的建设服务，确保华能公司 5 万千瓦光伏发电、新疆特变电工新能源公司一期5万千瓦风力发电项目开工建设;加强对签约未落地项目的跟踪对接,积极推进华润公司风力发电、北控集团光伏发电等项目,全力培育经济发展新动能。打造绿色环保产业基地。加快推进山西原生肽公司500吨小分子核桃肽、山西赛文太行山水业公司高端桶装水项目,年内要建成投产;同步推进美岳公司9.9万吨高档文化用纸、祁宏公司陶粒板材等项目,努力打造产业发展新亮点。二是实施特色农业提质增效行动。深化农村改革。探索完善农村土地所有权、承包权、经营权三权分置机制,基本完成农村土地承包经营权登记颁证;开展农村产权流转交易规范化建设,推进国有林场和集体林权制度改革,完成小型水利工程管理体制改革。调优产业结构。做优果菜,改造低产低效核桃经济林;做强畜牧,新发展笨鸡50万只、养驴3000头,重点推进北京十四只绵羊公司乳业、天津宝迪公司养猪等项目;做好药材,新发展中药材1000公顷,致力打造产业增收新亮点;做精杂粮,稳定全县小杂粮种植面积,促进小杂粮就地转化加工增值,全力打造都市近旁的"绿色产品供应基地""滋补药品原产地"。促进产业融合。依托金粮、兰田、太铁等农业龙头企业,构建种养、加工、商贸"三位一体"的全产业链发展模式,带动新型经营主体和农户专业化、标准化、集约化生产,推动农业全环节升级、全链条增值;全面推进休闲农业与乡村旅游深度融合,推出一批美丽乡村休闲旅游线路,打造一批特色农产品精品店,倾力打造都市人"找回乡愁的目的地"。三是实施旅游产业提速扩规行动。大力推进云竹湖旅游开发。加快环湖旅游公路、旅游服务设施、自行车文化旅游馆建设,推动云竹湖旅游品牌扩张;积极举办云竹湖第十一届休闲旅游垂钓节和第九届环云竹湖全国山地自行车赛等品牌节庆赛事。大力发展全域旅游。加快推进北原山、关元则旅游开发,加强讲堂、北山晕等传统古村落保护性开发,发展辉教、下赤峪等乡村旅游,实现各个景点连线,倾力打造精品旅游线路。3月底前完成县旅发委组建和挂牌工作。四是实施生产性服务业培育行动。积极推进农产品交易中心和电商服务平台建设。加大购买服务力度,为农民提供更多的技能培训、技术服务。积极培育农民合作社、专业大户等新型经营主体,发展壮大经纪人队伍。全力支持职业中学做大做强。完成以榆社笨鸡蛋为代表的优质农产品质量鉴定,真正叫响叫亮"榆社笨鸡蛋"品牌。倾力支持榆社农信社改制为农商行、晋中银行榆社支行年内挂牌,鼓励各类金融机构入榆发展。稳步扩大"贷资入企"规模,拓展金融扶贫的受益面。积极探索农产品入保,降低农业经营风险。支持企业参加"山西品牌中华行"等活动,不断提高榆社阿胶、河峪小米等优势产品的竞争力。

(四)统筹城乡建设,完善基础设施,持续增强宜居城市承载力。一是生态环境提升工程。推进东河上游综合治理、浊漳河北源人工湿地生态治理,打造东河、浊漳河沿线绿色生态景观廊带。加大县城周边和云竹湖周边绿化力度,实施城乡增绿工程,确保"绿色资源"只增不减。二是城市功能提升工程。全力实施漳源大道北延至太长高速北出口快速路、漳源大道南延、建南路南延等市政道路工程,不断拉大城市框架,拓展城市发展空间。新建一批菜市场、街心公园等便民利民工程,稳步实施北泉苑、北泉新苑城市棚户区改造及连家庄、板坡、杜余沟二期城中村改造项目,进一步完善城市功能,提升宜居水平。加强城市管理,引深市容环境综合整治,全面提升市民文明素质,努力打造榆社宜居新形象。三是美丽乡村提升工程。优化云竹镇、河峪乡的空间布局,打造特色小镇"范式",提高全县城镇化水平。持续推进"完善提质、农民安居、环境整治、宜居示范"四大工程,着力改善农村人居环境。稳步实施桃阳—高庄农村公路改造工程、24千米农村公路生命防护工程,努力提升道路通达率和出行便捷率。

(五)改善民生民利,促进社会和谐,持续增强共谋发展凝聚力。一是提升公共服务水平。优先发展教育事业,实施第三期学前教育行动计划,加快新建小区配套幼儿园建设。扎实推进城北小学、潭村中心校教学辅助用房、榆社一中操场改造、职业中学实训楼等工程,不断优化办学条件。大力发展职业教育,实现东山县职业教育率先突破。持续发展卫计事业,巩固县级公立医院综合改革成果,中医院和计生妇幼院力争年内建成投用。深化乡村卫生服务一体化"五统一"管理,人均基本公共卫生服务经费补贴标准由40元提高到45元,打造两个健康村镇试点。繁荣发展文体事业,完成国家公共文化服务体系示范区创建任务,年内建成县田径场、足球场,进一步满足广大人民群众的文体活动需求。二是兜好民生保障底线。持续稳定扩大城乡就业,多渠道解决高校毕业生、返乡农民工、退伍军人等重点群体的就业问题。深化社会保障体系改革,建立统一的城乡居民基本医疗保险制度,做好城乡居民大病与医疗救助衔接工作,提高企业退休人员基本养老金、城乡低保和特困人员救助供养标准。扩大农村老年人日间照料中心覆盖面,做好困难残疾人生活补贴、失能老年人补贴工作。三是全面加强社会管理。压实各级领导责任和部门监管责任,推动企业做到责任、管理、投入、培训和应急救援"五到位",持续开展安全生产大检查、风险隐患大排查大整治,确保全县安全生产形势持续稳定。落实信访工作责任制,提高信访息诉率。抓好舆情引导管控,提高突发事件应急处置能力。引深“平安榆社”建设，强化社会管理综合治理，有效化解各类社会矛盾，确保社会大局和谐稳定。

唯有奋勇前进，方能不负重托。让我们在县委的坚强领导下，紧紧依靠和团结全县人民，凝心聚力，务实担当，开拓创新，锐意进取，为建设大美山川、小康榆社、生态旅游宜居城而不懈努力，以优异成绩迎接党的十九大胜利召开！

# 三年全面脱贫、整体位次前移、奋力跻身全市第二梯队

和顺县县长　**马海军**

2016年，是“十三五”规划的起步之年，也是我县站在新起点上展现新作为、实现新跨越的一年。新一届政府在县委的坚强领导下，咬定任务不放松，攻坚克难抓落实，圆满完成了县十六届人大一次会议确定的目标任务，实现了“十三五”良好开局。

2017年是供给侧结构性改革的深化之年，是全市全面挺进全省第一方阵的开局之年，更是我县实现三年全面脱贫、整体位次前移奋斗目标的关键之年。我们要聚焦重点难点，奋力攻坚突破，保持战略定力，主动担当作为，努力在新一轮县域竞争中把握先机、争先进位，奋力把和顺发展推向新的更高水平。

**一、2017年政府工作的总的要求**

全面贯彻党的十八大和十八届三中、四中、五中、六中全会精神，深入贯彻习近平总书记系列重要讲话精神、省委治晋理政新方略和市委“两个全面”目标要求，统筹推进“五位一体”总体布局，协调推进“四个全面”战略布局，认真贯彻落实省委十一届二次全体会议暨经济工作会议、市委四届二次全体会议暨经济工作会议精神，牢固树立“和民心、顺民意”理念，落实“五大发展”新理念，坚持“稳中求进”总基调，紧紧围绕脱贫攻坚一条主线，倾力打造“和顺生态”“和顺干部”两张名片，全面做好稳增长、调结构、促改革、惠民生等各项工作，促进经济平稳健康发展和社会和谐稳定，奋力实现三年全面脱贫、整体位次前移的目标，以优异成绩迎接党的十九大胜利召开。

**二、2017年县域经济社会发展主要预期目标**

全县地区生产总值完成50亿元，增长7.5%；规模以上工业增加值完成20亿元，增长9%；固定资产投资增长目标根据新的统计口径设置；社会消费品零售总额完成15.6亿元，增长8.5%；公共财政预算收入完成4.5亿元，增长4.58%；城镇常住居民人均可支配收入23830元，增长8%；农村常住居民人均可支配收入6090元，增长8%以上。约束性指标在市控范围内。

**三、聚焦“三个主战场”，突出抓好八项重点工作**

（一）聚焦“三个主战场”。一是聚焦脱贫攻坚主战场，全力打好精准脱贫硬仗。全力推动精准扶贫、精准脱贫各项政策落地，确保58个村、1.14万贫困人口如期脱贫。重点抓好总投资2.47亿元的209个脱贫攻坚项目，力争10月底全部竣工，确保1.6万贫困人口稳定增收；完成1502人的易地搬迁任务；加强水利、交通、文化、卫生、养老等基础设施建设，加快补齐基础设施短板；加大培训力度，千村万人教育培训1030人，新型职业农民培训600人；继续实施“雨露计划”，落实义务教育“两免一补”和营养改善计划、高中阶段免除学费等政策，为贫困人口脱贫提供智力支撑；全面兑现24项保障政策和12项产业扶持政策，确保符合条件的农村贫困家庭应保尽保。加强金融扶持，积极发展扶贫小额贷款，提高扶贫资金使用效益；加大财政投入力度，整合财政资金1.47亿元用于脱贫攻坚。培育新型经营主体15个，实现年度脱贫贫困村集体经济破零。加强对已脱贫农户的动态跟踪帮扶，防止返贫。强化督查考核，在提高脱贫攻坚成效上求突破，确保脱贫攻坚再战再胜。二是聚焦项目建设主战场，全力打好扩总量增后劲硬仗。抓项目强化支撑，扎实推进总投资115亿元的85个重点项目，对68个新建项目加快立项、融资、环境、土地、招投标等前期工作；对17个续建项目倒排工期，力争年底80%的续建项目竣工投产。抓服务保障发展，进一步加大项目推进力度，切实为企业（项目）提供“保姆式”服务，实施百名干部入企帮扶行动，确保项目进度。三是聚焦招商引资主战场，

全力打好项目签约落地硬仗。突出招强选优，全力引进一批投资规模大、辐射带动强的大项目，选好一批科技含量高、成长基础好的中小项目。突出质量效益，切实提高项目履约率、资金到位率和开工投产率，对已签约的江苏鸿典集团复合保鲜膜材料、太行山大峡谷牛郎织女生态旅游景区、市政基础设施 PPP 等 10 个项目和正在洽谈的苏粮特色农副产品生产加工基地、颐高集团双创基地等 20 个项目，坚持分类指导，精准对接，确保项目早日签约落地。突出机制创新，组建招商小分队，有针对性地开展精准招商、产业招商、驻点招商、以商招商；鼓励合作共建、托管、BOT 等“飞地经济”模式，扩大合作广度。突出环境建设，进一步完善项目审批“绿色通道”，实行跟踪服务、上门服务和全程服务，力争全年签约项目落地率达到 50%以上，资金到位率达到 40%以上。

（二）突出抓好八项重点工作。1. 突出抓好工业转型升级。扩量提质传统产业。坚持稳定煤炭基本面，确保现有生产矿井正常生产，全年煤炭产量保持在 1300 万吨左右。坚持分类施策，嫁接盘活，加快推进隆华、益德、隆鑫等长期停工企业问题解决，进一步释放产能。同时，注重用新技术、新业态、新模式改造提升传统产业，鼓励煤炭企业延伸产业链条，实现转型升级。神磊煤业瓦斯发电项目完成前期工作，力争良顺煤业瓦斯发电项目年底并网发电。加速培育潜力产业。重点发展光伏、风能等新能源产业，大力培育新的经济增长点。35 兆瓦集中式光伏扶贫电站、10 个村级光伏扶贫电站 6 月底前建成并网。加快推进山西依风风力发电二期、山西龙源风力发电等项目建设。力促年产 5 亿只新型包装材料和山西新光金属资源综合利用项目达产达效。完善工业园区基础设施和要素建设，加快工业园区扩能增效，提升开发水平。积极发展新材料、信息技术、节能环保等新兴潜力产业，打造支撑县域经济发展的增长极。大力提振民营经济。完善中小企业公共服务平台建设，设立中小企业特别流转金和风险保证金，引导企业拓市场、提效益，尽快发展壮大。大力实施科技创新和产业升级工程，孵化培育一批技术水平领先、竞争力强、成长性好的科技型中小企业群体，实现山河醋业、天粮科技公司小升规，壮大县域经济总量。

2. 突出抓好现代农业。一是着力提升农业产业化水平。加快推进农业供给侧结构性改革，优化调整农业产业结构。一方面壮大特色优势产业，在稳定粮食持续增产的基础上，推动特色农业规模化、产业化、标准化发展，重点推进东部粮食高产、九京食用菌、平松中药材、马坊杂粮、松烟休闲观光农业五大基地建设。另一方面积极培育农业发展新动能，大力发展新型经营主体，培育市级示范家庭农场两个；加快推进禾宝公司中药材深加工、宏田嘉利火麻加工项目；加大杂粮米、杂粮醋、中药材酵素产品等功能农业开发力度；加快土地、技术、劳动力等要素流转整合，支持新型农业经营主体建基地、兴产业、创品牌，启动“和顺苦荞”“和顺火麻”申报全国地理标志产品计划。二是着力壮大现代畜牧产业。扎实推进“十企百区千户”现代养牛致富工程，全年新增肉牛 1 万头，发展 10 头母牛繁育户 500 户，发展家庭牧场 20 个，新增养牛收入 2000 万元。加快推进德牧公司、绿和公司牛奶、牛肉深加工项目。出台《2017 年扶持畜牧龙头企业助推脱贫攻坚暂行办法》，从饲草、秸秆加工、带动贫困户等方面给予补贴，增强龙头企业、专业合作社、养殖大户在脱贫攻坚中的带动作用。鼓励贫困户发展特色养殖业，带动更多的贫困户增收致富。三是着力改善农业生产条件。全面完成“7·19”水毁农田设施修复工程。整合以工代赈、农业开发、土地整理、生态建设、水土保持等项目，加强农业基础设施建设，增强农业抵御自然灾害的能力。认真落实各项惠农政策，加强基层农技推广体系建设，强化动植物疫病防治、农作物病虫害统防统治，确保农业持续丰产、农民持续增收。

3. 突出抓好文化旅游业。一是彰显特色做强文化旅游业。组建旅游委员会，积极推进牛郎织女、合山、太行龙口、阳曲山等景区管理机制改革试点工作。以“一带两路五区十道”为重点，促进景区景点提档升级。加快太行鹊桥生态文化园、天凯旅游风景度假区建设，力争夫子岭文化休闲度假区投入运营。启动阳曲山省级地质公园建设。配套完善酒店、交通、饮食、互联网等服务体系，拉长旅游产业链条。完成 10 个村乡村旅游基础设施建设工程。全年力争接待游客 100 万人次，实现旅游综合收入 14 亿元。二是乘势而上做活现代服务业。进一步推广“粮易”模式，建设全国首家农民数据中心，新建乡村服务站 10 个，村级服务点 130 个，培训 8000 人，实现电商销售收入 1 亿元以上。阳煤集团和顺物流园建设力争完成投资 1 亿元。及时兑现各项惠民补助资金，扩大居民消费需求，繁荣城乡消费市场，实现第三产业繁荣壮大。

4. 突出抓好城乡建设。打造宜居新县城。2017 年，城建重点项目总投资 15.2 亿元，当年计划投资 11.1 亿元，重点开展五项攻坚行动、实施十大城建工程。一是城市提质扩容攻坚行动。实施以新和大街为主轴线的四大城中村改造及新和大街西延拓宽工程，完成城中村改造 1200 户。二是基础设施完善攻坚行动。实施城市规划展览馆布展、新城至会里桥梁及道路建设、垃圾处理厂环保设施完善以及 26 项城区综合整治工程。三是民生服务保障攻坚行动。实施新改扩建、提标升级热源厂及供热管网配套工程，完成自来水净化水厂二期工程。四是生态宜居建设攻坚行动。完成清漳河县城段生态治理，启动云龙山体育公园建设，实施县城主街道和节点绿化工程。五是城市管理升级攻坚行动。完成数字化城市管理系统、县城停车场和综合市场建设，规范城市管理秩序，提升城市精细化管理水平。六是建设美丽新农村。加快环境整治、基础设施和公共服务配套建设，完成松烟镇前营、后营、夫子岭、大发沟、小拐等村美丽乡村建设。围绕完善提质、农民安居、环境整治、美丽宜居“四大工程”，加快美丽宜居乡村建设。坚持产村融合，推进“一村一品”建设，打造10个以上特色种植专业村。大力推进乡村清洁工程，持续改善城乡人居环境。七是强化基础设施建设。和邢铁路完成投资6亿元；实施159.7千米的县乡公路改造、完善提质、农村旅游路等工程，新改建桥梁13座；完成乔夫线、天河路、清河桥、汾邢高速连接线水毁工程建设；力争阳左高速新增和顺互通开工建设；董榆线二期改建、榆次至昔阳高速和顺连接线完成前期工作。综合治理水土流失面积25.7平方千米。改造10千伏线路240余千米，110K千伏城南变电站投入使用。

5. 突出抓好生态环境建设。围绕“两圈两河三线三区一带”，完成造林2000公顷以上。实施新一轮退耕还林1333公顷、荒山造林600公顷、低产低效林改造400公顷。同时，始终保持森林防火高压态势，锲而不舍抓好封山禁牧，巩固生态建设成果。扎实推进“铁腕治污”行动，打好大气、水、土壤污染防治三大战役。

6. 突出抓好安全发展。加强安全生产法治建设，不断强化安全生产的法律和制度保障。强化隐患排查治理，引深安全生产大检查、打非治违、反三违等专项行动，重点加强煤矿、道路交通、非煤矿山、危化品、人员密集场所等行业和领域安全隐患排查整治，坚决打击非法违法生产经营建设行为。强化问责追究，严肃查处安全事故，坚决杜绝较大以上事故，减少和遏制一般事故。健全完善矛盾纠纷多元化解机制，推进社会服务管理信息化，构建全方位、立体化、信息化的社会治安防控体系。积极化解信访积案，切实维护群众合法权益。严厉打击各类违法犯罪活动，深入推进平安和顺建设。加强食品药品安全监管，提升食品药品安全保障水平。健全应急管理机制，提高突发事件应急处置能力。

7. 突出抓好改革创新。深入推进供给侧结构性改革，通过简政放权、放管结合、优化服务等，为市场主体创造平等竞争环境。加快推进农业农村改革，深入推进农村土地“三权分置”。基本完成农村土地承包经营权确权登记颁证，完善农村产权流转交易市场体系和信息服务网络平台。完成国有林场改革任务。加快推进工业园区改革，实现工业园区逐步向开发区过渡。加快推进投融资体制改革。加快推进城市管理体制改革，推动城市治理体系和治理能力现代化。加快推进商事制度改革，巩固和扩大“五证合一、一照一码”成果，加快工商登记全程电子化和简易注销登记。加快推进教育体制改革。实施中小学教师“县管校聘”管理改革试点工作。

8. 突出抓好民生改善。优先发展教育，完成和顺二中、松烟中学运动场建设，推进和顺一中周边场地和教育技术标准化建设，建成寺头村、下石勒村两所农村幼儿园；思源学校一期工程主体完工；完成迁建和顺职中、新建8所农村学校教师周转宿舍项目前期工作。新建县医院门诊住院楼主体完工，青城镇卫生院、义兴镇卫生院紫罗分院竣工投用，积极推进国家级健康促进县创建工作。着力提升文化软实力，深入推进文化惠民和文明创建工作；县文体中心对外开放；改造广播电视“户户通”100户。完善社会保障体系，新增城镇就业1420人，城镇登记失业率控制在4.2%以内；完善社会救助体系，加大对孤儿、残疾人、流浪人员等特殊群体救助力度；进一步提高民生保障水平，特供人员、低保对象、优抚对象医疗救助比例由50%提高至70%；符合五保、低保条件的农村贫困家庭实现应保尽保；继续提高企业退休人员基本养老金标准；农村危房改造350户；县福利服务中心投入使用。

实现“三年全面脱贫、整体位次前移”的宏伟目标，我们重任在肩，责无旁贷。让我们以更加饱满的热情、更加务实的作风、更加有力的举措，不断开创经济社会发展新局面，以优异成绩迎接党的十九大胜利召开！

# 团结拼搏，奋发进取，争创全市上游、东山一流

昔阳县县长　许利伟

2016年，我们紧紧围绕“全市争上游、东山创一流，全面建成小康昔阳”的总目标，全力应对挑战，奋力攻坚克难，经济社会发展缓中趋稳、稳中向好，开启了全县经济社会崛起的新征程。

2017年是实施“十三五”规划的重要一年，是晋中市“全面挺进全省第一方阵”的起始之年，也是我县脱贫摘帽的决胜之年。做好今年的工作，意义重大，影响深远。

**一、2017年政府工作的指导思想**

全面贯彻党的十八大和十八届三中、四中、五中、六中全会精神，深入贯彻习近平总书记系列重要讲话精神和治国理政新理念新思想新战略，按照省委“一个指引、两手硬”的重大思路和要求，围绕市委“全面挺进全省第一方阵”的决策部署，认真落实县第十五次党代会目标任务，以脱贫攻坚统揽经济社会发展全局，坚持项目支撑、坚持改革驱动、坚持开放引领、坚持民生共享，苦干实干、争先争上，全市争上游、东山创一流，以优异成绩迎接党的十九大胜利召开。

**二、2017年县域经济社会发展主要预期目标**

地区生产总值增长7.5%，规模以上工业增加值增长9%，固定资产投资增长目标根据新的统计口径设置，一般公共预算收入增长6.3%，社会消费品零售总额增长9%，城镇常住居民人均可支配收入增长7.5%，农村常住居民人均可支配收入增长8.5%。约束性指标完成市定目标。

**三、2017年政府工作重点**

（一）决胜脱贫攻坚，致力在精准施策、真帮实扶上实现新突破。一是培育富民产业。大力发展扶贫产业，围绕“菜果猪菇药”、光伏、旅游、电商等特色产业和新型业态，发展规模种养业、农产品加工业和农村服务业。全年建成菜、果、杂粮加工、销售项目129个，发展农家乐100家以上，新增村级电子商务服务站点20个以上。大力发展贫困村集体经济，实现集体经济“破零”。大力推动扶贫创新，建立龙头企业、专业合作社和能人大户与贫困户增收脱贫紧密的利益联结机制，壮大优势产业，盘活社会资源，引导贫困户土地入股、联户经营、参与发展，最大限度地带动贫困户稳定增收。二是改善基础条件。加强农田水利建设，新造耕地466公顷以上，实施丁峪沟防洪治理、河上水库、洪水河综合治理等水利工程，争取娘子关引调水、赵壁河综合治理工程立项上马。完成109处农村饮水安全巩固提升和维修养护工程，解决60个贫困村、1.4万人的安全饮水问题。推进电力通信改造，实施新一轮农村电网改造升级；为17个贫困村搭建信号基站，实现通信信号全覆盖。提高道路通畅能力，实施14个贫困村41千米道路和三泉、小腰咀2座危桥改造工程，完成5条公路安保工程，积极创建全省“四好农村公路”示范县。加大贫困村、贫困户危房改造力度，年内完成1000户改造任务。三是完善帮扶机制。抓好就业服务，进一步强化技能培训，全面提高困难群众自我发展能力和就业能力。抓好易地搬迁，完成600名建档立卡贫困人口的集中安置工作。统筹运用和落实好各类扶贫政策和资金，形成专项扶贫、行业扶贫、社会扶贫三位一体的“大扶贫”工作格局。

（二）强化项目带动，致力在招商引资、落地见效上实现新突破。狠抓招商引资。引进一批投资大、科技含量高、带动能力强、具有支撑和引领作用的大项目、好项目；进一步提高签约项目履约率、落地率和资金到位率；紧盯镁及镁基合金、分布式煤层气热电联产、农业扶贫光伏发电、腐殖酸、钡盐和阳煤聚氯乙烯、烧碱二期等一批项目，尽快签约落地，上马实施，达产达效。狠抓项目建设。全力抓好总投资356亿元的86项重点工程项目建设，重点跟踪、高效推进投资在10亿元以上的重大项目，为转型项目和优势企业提供“保姆式”服务，加快投资进度，提高投资比重，尽快建成投产。

（三）加快转型升级，致力在产业融合、提质增效上实现新突破。一是做强新型工业。抓优势产业，重点

抓好中煤、阳煤、丰汇、安顺四大煤炭集团所属煤矿的改造升级，煤炭产量稳定在1200万吨左右；继续做大恒泰、丰汇、白羊岭、坪上等洗煤企业，搞好煤炭精深加工，提高产品附加值；加速实施煤层气热电联产、鼎丰瓦斯发电、大唐风电二期、聚成光伏发电等项目，电力总装机容量力争达到1000兆瓦；大力推进地面煤层气开发与煤矿井下瓦斯抽采，年抽采煤层气达到3亿立方米以上；进一步扩大阳煤氯碱、电石厂等生产能力，全面提升产业核心竞争力；大力培育新兴产业，围绕化工、煤层气产业链推动医药、轻工、新材料、精细化工等项目建设，带动全县经济结构战略性调整。抓重点企业，培育壮大山西碧洲科技、大唐昔阳新能源、昔阳斯能光伏发电、大寨制衣等重点企业，年内实现规模以上工业企业数量"稳19争20"。抓开发区创建，全力抓好经济技术开发区的申报创建工作，同步推进"三化三制"和统计制度改革、社会职能剥离、目标责任考核等各项工作，年内取得实质性进展。二是做优现代农业。产业特色化，全力推进五大特色产业规模化、品牌化发展。经营多元化，大力培育发展农民合作社、专业大户、家庭农场等各类经营主体，鼓励支持经营性组织参与良种示范、农机作业、抗旱排涝、农资配送、信息提供等农业生产性服务，形成"主体多元、形式多样、市场运行"的服务模式。农民新型化，培养一批专业技术队伍和"乡土专家"，加大对生产营销人员的业务培训，打造一批懂经营、会管理的新型农民和职业营销队伍。三是做活第三产业。内外贸易要上规模，优化商贸项目布局，加强物流市场管理，年内完成晋中烟草物流配送中心昔阳中转站建设；积极争取政策支持和资金补贴，鼓励企业做大出口业务，稳步扩大对外贸易规模。文化旅游要上档次，以大寨红色游为龙头，以特色乡村游和体旅结合游为依托，夯实旅游基础，强化宣传营销，办好各项赛事，打响叫亮"山水昔阳、户外天堂"品牌；加大体制机制创新力度，完成旅游发展委员会组建工作；全年旅游人数突破240万人(次)，综合收入达到20亿元。现代服务要上水平，优先发展交通运输、现代物流、金融、科技等生产性服务业，积极发展商贸、中介、咨询、物业管理等生活性服务业，努力发展文化、展览等新兴综合性服务业，让现代服务业成为经济发展的"黄金产业"。四是做大民营经济。建设园区，大力推进云创众创电子商务园区和中小企业创业园发展，实施中小微企业"倍增计划"。建设品牌渠道，引进外来资源，全面提升我县产品的营销水平、品牌效应；精心培育核心品牌，力争6个商标获得省著名商标，1个商标获得国家驰名商标。建设企业家队伍，大力实施"双创"工程，为民营经济发展提供强有力人才保证。建设项目库，建立符合我县资源和产业特色的项目库，让资本找到项目，让项目落地开花。

(四)坚持改革创新，致力在激活动力、释放红利上实现新突破。大力推进"三去一降一补"。推进煤炭去产能；推动房地产去库存；加大不良贷款处置力度，化解企业债务风险去杠杆；全面落实企业减负各项规定措施，减轻企业负担降成本；重点围绕脱贫攻坚、基础设施、公共服务、民营经济、生态环保等方面，加大投入补短板。全面深化农村综合改革。细化落实农村土地所有权、承包权、经营权三权分置办法，全面完成农村土地确权登记颁证；加快农村产权交易市场建设，力争实现乡镇交易所全覆盖；积极推进农村土地经营权流转，鼓励引导专业合作社、龙头企业、家庭农场实施规模化生产，不断提升农业产业发展水平；深入推进国有林场改革，积极探索扶贫造林投融资新机制。持续加强重点领域改革。深化行政审批制度改革，基本实现政务服务标准化、网络化；深化商事制度改革，推广"五证合一、一照一码"登记模式，全面实现企业网上注册登记；深化县级公立医院改革；深化财税体制改革；深化金融和投融资改革，加大金融支持中小微企业力度，推广政府和社会资本合作(PPP)模式，解决融资难问题。

(五)坚持环保优先，致力在生态保护、环境改善上实现新突破。突出铁腕治污，强化污染防治。加强大气污染防治，扎实开展工业气体、机动车管理、煤炭及燃煤锅炉、扬尘整治和抑尘保洁、大气环境监管等五大专项整治行动；加强水污染防治，深入落实"河长制"，加大水质监测和水源保护力度，县污水处理厂出水水质达到国家一级A排放标准；加强土壤污染防治，强化对未污染土壤的保护和受污染土壤的治理与修复，确保土壤环境质量稳中向好。突出造林绿化，筑牢生态屏障。深入推进造林绿化，全县森林覆盖率达到22.38%；扎实开展矿山生态环境恢复治理，完成白羊岭煤矿矸石山固废治理和三都、北坪、铁炭窑沟三个露天煤矿矿山绿化和综合治理年度任务，切实改善矿山生态环境。突出节能降耗，推动绿色发展。推广节能新技术、新设备、新材料、新产品，降低能耗，杜绝浪费；大力推广建筑节能新技术和新材料，积极实施建筑节能改造；进一步完善交通网络建设，实施公交优先发展战略，推广使用低能耗和新能源汽车。

(六)推进城乡统筹，致力在提质提标、宜居宜业上实现新突破。城市建设扩容提质。重点铺开棚户区改造、城市绿化、路网建设等10大类、23项城建工程，着力抓好供水、供热、供气、污水处理、垃圾无害化处理等事关民生的基础设施完善；全面推进棚户区改造，建设300套保障性住房，完成10个老旧居民小区改造；继续做好迎宾西街、西外环道路绿化和陶乐公园、澳壿山公园绿化工作；大力实施"5路3桥"工程；巩固国家卫生县城和国家园林县城成果，启动国家级文明县城创建工作。特色小镇加速推进。加快编制大寨特色小镇建设总体规划和专项规划，做好前期各项工作，大力推进3大类、21个项目建设，推动城乡一体化发展。美丽乡村打造样板。对长岭、毛家大院、二月河旧居继续进行修缮保护，对大寨、西南沟、楼坪、三教河、东寨、北岩等6个国家级传统村落进行规划保护，留驻乡村古风；重点加大乡镇中心村、国省道沿线村环境卫生综合整治力度，继续推进"六个一"工程和绿化、亮化、美化、净化、文化"五化"工程，完成3000个农村无害化卫生厕所改造，打造一批家园美、田园美、生态美、生活美的宜居示范村、精品村、样板村。

（七）持续改善民生，致力在补齐短板、增进福祉上实现新突破。一是倾心倾力做好社会事业。巩固和扩大"改薄"成果，启动昔阳中学教学综合楼、职业中学教学综合楼建设，完成北渡海小学、大寨幼儿园等工程；大力加强校长、教师队伍建设，全面提高教育教学水平，努力办好人民满意教育。推进城乡居民医保一体化管理服务，尽快实现覆盖范围、筹资政策、保障待遇、医保目录、定点管理、基金管理"六统一"；探索县乡村卫计人员一体化管理模式，完成剩余15个村级卫生室建设，实现全覆盖。加快养老服务体系建设，提高养老院服务质量，积极推进晋祥养老院社会化养老公建民营试点，建设皋落镇和东冶头镇医疗养老服务站，实现医养产业新突破。抓好大寨文化资源的保护利用，全力做好文化馆、图书馆工作，乡镇（社区）综合文化站年底全部达标。加快宋金文化博物馆建设步伐，完成崇教寺、福严寺、寿圣寺保护修缮。落实好低保、五保、救济救助等各项政策，发挥好社保政策的"兜底"作用。以创业促就业，完成3500人（次）农民工职业技能培训，城镇登记失业率控制在4.2%以内。二是不遗余力抓实安全生产。严格落实安全生产责任，全面加强煤矿、非煤矿山、道路交通、建筑施工、危化品、油气管道、人员密集场所、民爆物品和森林防火等重点行业和领域的安全生产工作，坚决杜绝重大事故，遏制较大事故，减少一般事故，确保全县安全生产持续稳定。三是齐心协力强化社会治理。深入推进"平安昔阳"建设，创新立体治安防控体系，持续加强社会治安综合治理，严厉打击各类刑事犯罪活动，进一步提高人民群众安全感满意度。创新信访机制，下大力气解决征地拆迁、村矿矛盾、涉军诉求、劳资纠纷、社会保障等引发的问题，维护社会稳定。

昔阳正进入一个新的发展时期，让我们在市委、市政府和县委的坚强领导下，在县人大、县政协的监督支持下，团结拼搏，奋发进取，全市争上游、东山创一流，以实际行动和一流业绩迎接党的十九大胜利召开！

# 全力促进经济发展稳中有进，确保在全面挺进全省第一方阵中首战告捷、勇站前列

寿阳县县长　史　洁

2016年，面对经济持续下行的不利形势，我们在县委的坚强领导下，在县人大、县政协的监督和支持下，按照争当晋中挺进全省第一方阵排头兵的发展定位，迎难而上，砥砺前行，全县经济社会发展呈现出缓中趋稳、稳中向好的发展态势，较好完成了县十六届人大一次会议确定的各项任务，实现了"十三五"良好开局。

2017年是实施"十三五"规划的重要一年，是推进供给侧结构性改革的深化之年，也是晋中挺进全省第一方阵的首战之年。我们将牢牢把握转型发展的窗口期和改革创新的机遇期，以更大的责任担当和改革力度开山辟路、奋力前行，在新的起点上谋求经济新发展、实现寿阳新跨越。

**一、2017年政府工作的总体思路**

深入贯彻落实党的十八大和十八届历次全会精神，以习近平总书记系列重要讲话为指引，围绕"一率先、五领先、双进位"的总目标，紧扣支撑经济社会全面发展的"硬指标、软实力、硬任务"，以转型升级为总方向，以项目攻坚为总抓手，统筹推进产业振兴、改革创新、城乡建设、民生改善、文明创建各项工作，全力促进

经济发展稳中有进，确保在全面挺进全省第一方阵中首战告捷、勇站前列。

**二、经济社会发展主要预期目标**

地区生产总值增长6.5%以上；规模以上工业增加值增长8.5%以上；固定资产投资按新的统计口径设置，完成市定目标；一般公共财政预算收入增长7.8%以上；社会消费品零售总额增长8%以上；城镇、农村居民人均可支配收入分别增长7%、8%以上。

**三、重点抓好以下六方面工作**

（一）坚持不懈抓项目。做大做优项目盘子。全年储备重大新型产业项目16个以上，项目库动态保持在1630亿元以上；创新招商方式，开展精准招商，以商招商，以企招商，引资、引项、引技、引智，全年计划招商引资不少于250亿元；把好招商入口，同时进一步完善项目退出机制，防止出现“僵尸”项目、半拉子工程。做精做细项目服务。要做到全过程管控、精细化管理，初步确定重点项目80个，总投资452亿元，年度计划投资117.4亿元，其中，亿元以上项目、新建项目和转型类项目投资占年度总投资的60%至90%。做全做实项目保障。加强项目资金争取力度，全年争取项目资金不少于10亿元；创新项目用地机制，努力争取土地规划指标200公顷；严控水资源供给，合理开发水资源，多渠道解决工业用水，实现水资源配置全域化、最大化；努力争取光电指标，力争上半年完成1吉瓦光伏领跑者项目的审批落地，促进光电产业健康发展；完善要素退出机制，努力实现资源要素的最优配置。

（二）统筹兼顾抓产业。一要改造提升传统能源基地。支持国有煤炭企业改革，积极推进企业兼并重组、减量重组，全年计划压减煤炭产量300万吨左右；坚持淘汰落后产能与发展先进产能相结合，支持阳煤集团完成七元煤矿的产能置换，有序释放先进产能，促进煤炭市场供需关系持续改善。二要打造新型电力能源基地。做大做强新型电力能源产业，加快明泰国能2×350兆瓦低热值煤发电项目建设，推动装机容量244兆瓦的7个已投产项目达产达效，加快装机容量148兆瓦的3个核准项目建设，助推1000兆瓦光伏领跑者基地项目尽快获准，力争打造省内一流的新型电力能源基地。三要着力构建现代循环经济。推进产业循环化发展，依托阳煤集团煤电铝化材循环产业链，加快明泰国能电厂项目建设，确保阳煤40万吨乙二醇一期项目达产达效，形成我县煤发电、煤制乙二醇、生物质制乙二醇等循环经济发展新格局；引导国新能源、国际能源等企业集团整合资源要素，提升开发转化效益，实现开采、集输、配送、加气、发电等全产业链循环发展，煤层气年抽采量达到2亿立方米，销售、转化煤层气、天然气达到10亿立方米。四要发展壮大现代服务产业。大力发展“互联网＋新型工业”“互联网＋现代农业”“互联网＋商贸物流服务业”等线上线下深度融合的新业态。重点支持美淘村、煤老大、晋汇达、乐村淘等电商平台做大做强；全力跟进中国网库寿阳基地项目，力争再培育发展3～5家“互联网＋”新企业；加大金融、养老、快递等高成长性服务业发展，进一步丰富消费业态，培育更多新的增长点，力争服务业增加值提升三个百分点以上。五要潜心培育旅游文化品牌。以“中国寿星文化之乡”为依托，以傩舞爱社、大竹马等非物质文化遗产为积淀，重点打造“福寿之乡、清凉胜境”形象品牌，全面提升文化软实力，编制完成三项旅游规划，完成龙栖湖度假村、丽馨庄园两个国家3A级旅游景区创建，有序推进方山国家森林公园、祁寯藻故里两个景区的体制机制改革创新；推动南东、南河、常村、西草庄等6个村初步形成旅游接待能力，打造丽馨庄园、常村常绿园等省级农业休闲度假基地，新建5处乡村文化旅居实验基地，推动文化旅游产业做大做强。六要因势利导滋养新兴产业。加快兰凯博200万吨醚基燃料项目建设，支持圣火科技双基液体燃料拓展市场；帮助江苏鸿典纳米复合膜项目达产达效、占领市场，加快强伟造纸三期项目上马建设、形成效益；鼓励引导金牛、华越、奥泰、恒特等煤机制造企业整合资源、资金、技术等生产要素，形成装备制造差异化、集团化、集群化发展新格局。鼓励永丰扫地机、环界石油钻具等企业加大自主研发与技术引进力度，不断提升产品竞争力；积极推进珩舟中药材种植和饮片加工基地建设，形成规模集聚效应，引领产业发展壮大。

（三）创新突破抓农业。在特色上狠下功夫。围绕功能农业定位，实施玉米减面增效和杂粮、蔬菜、干鲜果扩面提质工程，推动色素辣椒、油用牡丹、薰衣草、葵花等特色种植业集中连片发展；依托汉世伟生态养猪、金粮养鸡、永昶奶牛等龙头项目带动，新改扩建各类规模养殖小区及家庭牧场10个，全县畜禽饲养总量增长5%；依托现代农业精品示范园、农作物全程机械化代耕种示范项目、常村玉露香梨产业园区等载体，全面推进现代农业示范区建设；依托晋养米业、健民实业等农产品加工企业，延伸发展特色农产品精细加工产业链，提升产品附加值。在模式上勇于探索。深化农村产权制度改革，推动农村土地所有权、承包权、经营权“三权分置”，扎实开展农村产权流转交易规范化建设试点，全面完成农村土地确权任务，规范引导农民流转承包土地经营权，发展适度规模经营；大力培育龙头企业、专业合作社、家庭农场等新型农业经营主体，新培育专业合作示范社8个，新发展家庭农场3个；加强新型职业农民培训；鼓励农产品无公害绿色有机认证、地理标志认证。在保障上加大投入。大力实施基础提升工程，全面提高农业综合生产能力。在西洛、松塔两个乡镇、20个村实施3333公顷新增粮食产能项目；在松塔镇实施288公顷高标准农田示范区项目；完成段王白鹿寺经济林灌溉工程；继续提升改造农村供电设施，改善农村用电质量，为农业发展、农民增收提供坚实的基础和保障。

（四）立足双创抓改革。启动工业园区改革。全面完成扩区调规，启动省级经济技术开发区申报，全力推进“三化三制”改革、社会职能剥离、统计制度改革等措施，进一步优化产业布局。深化金融领域改革。进一步引深PPP项目建设，完成首笔PPP子基金拨付，力争入选全国推广PPP模式成效明显县。进一步推进金融改革创新，鼓励金融机构创新金融产品；深化国企改革，创新国资监管，提升国有资本使用效益；进一步引深“营改增”工作；鼓励民营担保贷款公司发展，增强对中小微企业的担保能力；进一步推动企业上市融资。扶持民营经济发展。落实民营经济发展各项优惠政策，帮助企业与科研院所、研发中心等科研技术单位搭建合作平台，提升企业研发水平，开展百名创新型人才和千名农村科技带头人培训，全年推广应用新科技、新技术30项。抓好双创平台建设。支持企业和个体创业者建设众创空间，新培育创业孵化基地两个、小微企业100个，新增“个转企、小升规”企业10个；逐步建立县域人才智库；以全国首批农民工返乡创业试点县为基础，进一步完善“一园、一区、一基地、一空间”县域创业支持系统，有效提升全县创业创新水平。

（五）四位一体抓建管。始终坚持规划先行。做好各种规划的编制修改，全面推进总体规划与各类专项规划多规合一。始终坚持城乡一体。继续实施路网改造、河道治理、管网覆盖、信息和通信技术提升工程。进一步加大市政基础设施改造和管护力度；持续推进城乡宽带全覆盖工程，加快智慧城市基础设施建设；尝试以PPP模式推动人居环境改善工程，全面启动和推进平头、温家庄、解愁采煤沉陷区治理，持续开展美丽宜居示范村三级联创，打造13个县级以上美丽宜居示范村。始终坚持建管并重。创新管理模式，试点应用PPP合作方式对传统保洁管理工作进行市场化改革，进一步推动农村环境治理规范化；加大硬件投入，建立数字化城乡环卫考评系统，强化管理考核；规范城市管理，下大力气从严整治“三乱”行为，从严打击违章建筑等违法行为，营造良好的人居环境和发展氛围。始终坚持环境至上。抓好节能减排、污染治理、造林绿化、生态修复等各项工作，扎实推进“铁腕治污行动”，空气质量天数优良比例力争达到72%以上，林木绿化率再提高2个百分点。

（六）满怀深情抓民生。一要进一步完善保障体系。推进机关事业单位养老保险制度改革，完善职工养老保险个人账户制度，深化医保付费改革，实现城乡居民基本医保制度并轨；加强社会保险提标扩面，城乡低保和农村五保补助标准提高3%；进一步完善城乡医疗救助制度，城乡医疗救助比例提高10%；积极实施创业就业工程，加大重点群体的职业技能培训力度，全年新增城镇就业2000人，实现再就业500人，城镇登记失业率控制在3%以内；进一步夯实基层基础，全面激发基层工作活力。二要进一步提升社会事业。教育投入方面，推进实施寿阳二中2号教学楼工程，完成4所学校标准化操场建设，完成青少年活动中心游泳馆建设并投入运营；卫生健康方面，继续深化公立医院改革，全面启动县乡医疗卫生机构一体化改革，加快推进人民医院新建项目、中医院综合业务楼项目建设；文化建设方面，深入推进国家公共文化服务体系示范区创建，继续推进体育馆项目建设，整合文化馆、图书馆、博物馆，改建“三馆合一”的文化活动中心；交通建设方面，完善实施农村公路融合发展规划和农村公路建设PPP项目试点工作，加快推进太旧高速西互通建设，推进松塔至马坊、松塔至阔郊等道路升级改造工程，全力配合太原东二环高速公路建设，进一步构建和完善县域交通网络。三要进一步筑牢安全防线。按照“党政同责、一岗双责、失职追责”和省政府“四铁”要求，层层落实安全监管责任；严格落实“六责”责任体系，继续保持打非治违“四个一律”高压态势，深化煤矿、非煤矿山、危险化学品、道路交通、消防等重点行业领域的专项整治；推进企业安全标准化建设，确保重点企业、高危行业安全生产全部达标；加强应急救援体系建设，着力提高防灾、救灾能力；进一步强化安全生产教育培训，持续加大宣传教育力度，全力推进安全生产形势持续稳定向好发展。四要进一步精准脱贫攻坚。立足农业结构调整，新增杂粮、核桃、玉露香梨等特色农作物面积1000公顷以上，实施退耕还林66公顷，户均增收1000元；完成50户以上贫困人口异地搬迁脱贫，乡村道路项目80%安排在贫困地区，自来水普及率达到96%以上，力争在4个贫困乡镇各创建1个美丽宜居示范村；资助200名建档立卡贫困学生共计40万元，政府补贴对500名贫困人口开展实用技能培训，创新“扶贫小额信贷”模式，扩大农业保险扶贫覆盖面；加大特困人员供养和临时救助力度，提高医疗保险对贫困人口的保障水平。全面完成17个贫困村摘帽，6392人稳定脱贫的年度任务。

新的一年，让我们凝心聚力、开拓创新，“撸起袖子加油干”，统筹推进经济社会发展各项工作，为实现全面建成小康寿阳目标，争当晋中挺进全省第一方阵排头兵而努力奋斗，以优异的成绩迎接党的十九大胜利召开！

# 冲锋在第一线，争当晋中战役“最强生力军”

晋中开发区管委会主任　**温毓诚**

晋中市委做出“苦干三年全面挺进全省第一方阵”的战略部署后，开发区作为全市唯一的国家级开发区，既是改革开放的窗口，也是招商引资和经济转型创新发展的重要载体，肩负着重要的历史使命，理应在“晋中战役”中冲锋在第一线。围绕“苦干三年全面挺进全省第一方阵”的总目标，开发区党工委、管委会经多次专题会议讨论，组织专题调查研究，精细测算、确定路径、创新举措、精准发力。

在我市全面挺进全省第一方阵的征程中，开发区要以塑造美好晋中形象、实现晋中全面崛起为宗旨，以”转型发展、创新发展”为主题，抢抓“同城化”“108廊带示范区”、大学城、科创城、新能源汽车基地等独特的历史机遇，坚持“四个全面”“五大发展理念”，决战三年，一是挺进全省开发区第一方阵；二是领跑全市转型升级、科技创新发展；三是争当晋中战役“最强生力军”；四是主要经济指标总量至少在全市每年前进一位。力争在政府服务能力，市场要素培育、生态环境创造、承接产业转移，民生获得感等五个方面，走在全市乃至全省前列。

我们计划经过三年努力，力争实现全区地区生产总值、工业总产值、固定资产投资、社会消费品零售总额等 4 项指标突破 100 亿；工业增加值力争超 40 亿元；公共财政预算收入力争超 20 亿元；进出口总额力争达到 5000 万美元以上。三年协议引进项目总投资 500 亿元以上、500 强企业（项目）5 户以上、上市或知名品牌企业（项目）10 户以上，并在承接产业转移目标任务完成上力争走在全省开发区第一方阵，在晋中发挥产业转移引领示范作用。科技创新方面，支柱产业实现高新技术全覆盖，科技研究发展资金 3 年翻一番；三年内建成各类科技孵化器 15 个，孵化面积达到 20 万平方米以上；有效发明专利年均增长 20%；规模以上工业企业 70%设立企业（技术）研发中心。同时，积极推进辖区“城中村”改造，彻底转变村民生产和生活方式，居住环境得到根本性改变。2020 年以前全部完成所有 17 村改造。辖区农民人均可支配收入以年均 10%的速度增长，城乡居民养老保险、医疗保险实现全覆盖，使开发区成为农民幸福指数全市最高，民生获得感全市最强的区域。

围绕奋斗目标，开发区重点推进四个板块布局及四大产业发展。四个板块布局是：山西科技创新城板块（12.3 平方千米），市 108 示范区科技产业园板块（4.58 平方千米），高端装备制造园板块（4 平方千米），现代物流园板块（3 平方千米），这 23.88 平方千米，为下一步项目落地和产业发展提供了充裕的空间。同时，在现有产业基础上，积极培育引进发展后劲强的新型产业项目，逐步强化和提升高端装备制造产业、医药食品产业、创新型产业、现代商贸物流产业四大主导产业。

创新实施七项服务，为发展助力。一是土地资源科学配置，突出承载要素保障。目前，开发区发展空间相对充裕，为承接重大项目提供了重要的载体。下一步，将重点引导土地资源向优势企业项目集中。二是创新投融资体制，突出资本保障。发挥开发区担保公司作用，服务实体经济；发挥晋中金控股权投资管理有限公司作用，重点支持区内发展潜力大但达不到银行贷款条件，或贷款额度已超限额的中小企业；对符合条件重点企业进行贷款贴息扶持，推动企业上市。三是人力资源服务升级，突出人才保障。建设人才特区，形成比较成熟的鼓励科技人才创新创业人才的培育和引进机制；为企业开展人才信息提供、免费培训、招聘服务，继续实施用工企业招用区内失地农民给予补贴的政策；加大财政扶持人才薪酬占比，并全力解决他们的住宿、就医、保险、子女上学等问题，营造爱才、容才、留才的良好氛围；充分发挥大学生创业孵化基地的作用，鼓励大学生创业并带动就业。四是实施行政服务能力提升，突出效能保障。继续创新流程责任机制，对重点项目从管委会层面实行招商、审批、供地、建设、投产流程责任制模式，为项目推进和企业入驻提供一条龙服务；创新审批机制，推行好由管委会层面组织的集中预审、通气、联合并联审批机制，对涉及审批事项的14个部门科室负责人直接与法人进行同频共振对接，全区行政效率实现上级、同级、企业三满意；创新项目进地开工建设保障服务机制，进一步完善管委会、社管处、农村、企业四级联动机制，通畅信息，及时跟进。五是基础设施超前配套，突出功能保障。2016～2018年，开发区计划实施市政基础设施工程项目共43项，计划总投资概算79.103亿元。发挥新成立的开发区供水服务中心作用，拟成立开发区供电分局，为企业发展提供水、电、气、热保障。六是社会稳定和谐，突出安全保障。开展重点项目治安环境治理，努力营造让投资者放心、安心、顺心发展的环境；坚决贯彻落实新《安全生产法》，确保人民群众生命和财产安全；充分发挥党员领导干部示范带头作用，加大信访案件化解力度。七是注重绿色发展，突出生态保障。始终坚持环保第一门槛的原则，所有入区企业环保必须达标才允许入区落地建设；大力开展环境治理，约束性指标要全面完成。加快城乡环境综合整治，为人民群众打造良好的居住环境。

特别是要承接好产业转移，增强发展新动能。抢抓国家东部产业转移的历史机遇，出台了《开发区贯彻落实省、市〈关于支持承接加工贸易产业转移若干政策措施〉的实施意见》，在省政府21条、市政府22条基础上整理出24条，重点在减少成本、金融支持、引导机制、优化服务4个方面进一步具体化，政策更优惠；并配套出台了《关于促进城中企业搬迁、扩规、技改、升级的实施方案》《企业（项目）入驻工业标准厂房管理办法》两个文件，明确个性化的优惠政策。并制定了落实兑现流程，确保优惠政策落实到位。并以省科创城晋中开发区区域、晋中108示范区科技产业园和新型产业园区为产业转移重点承接园区，全力培育通用航空产业、大健康产业、半导体材料产业、现代商务业、高端“智造”业五个承接新型产业集群。下一步，将通过上门对接、设立工作站、聘用兼职招商专员或招商助理等措施，全方位、多渠道开展招商引资工作。同时，建设工业标准厂房，承接转移项目；发挥科技孵化器作用，提供从孵化到产业的全套服务。

为确保此项工作的顺利推进，结合开发区实际，成立了开发区参与“晋中战役”指挥部，工作任务与年底考核相挂钩。同时，牢固树立“抓党建就是抓发展，抓发展必须抓党建”的理念，强化管党治党责任，加强基层基础建设，确保农村、机关、非公三个党组织在推动开发区加快发展中发挥战斗堡垒作用。结合“两学一做”学习教育，引导党员干部主动作为，千方百计把承担的任务完成好。按工作绩效对干部进行评价并严格考核问责。强化监督执纪问责，重点解决不作为乱作为的问题。科学运用“四种形态”，提升干部敢干事成大事的底气。严格区分探索性失误与利己性失误的性质、工作失误与违纪违法的政策界限，积极营造支持改革、鼓励创新、保护担当、宽容失败的政治生态，激发广大干部尽心竭力、干事创业的热情，提升忠诚履职、敢于担当的勇气。

# 着力走好转型升级、新型城镇化建设和社会治理创新“三条路”

阳泉市郊区区长　**武建功**

2016年，新一届区政府在省、市和区委的正确领导下，团结带领全区广大干部群众，认真贯彻党的十八大和十八届三中、四中、五中、六中全会精神，深入学习贯彻习近平总书记系列重要讲话精神，按照省委“一个指引、两手硬”重大思路和市委“四个定位”战略部署，坚定不移推进供给侧结构性改革，坚定不移实施创新驱动战略，攻坚克难，奋勇拼搏，实现了下半年好于上半年的目标。

2017年是党的十九大召开之年，也是我们全面贯彻落实省、市党代会精神，进一步深化供给侧结构性改革，全力推动郊区经济走出困局、转型升级的攻坚之年。做好今年政府工作，意义十分重大。

**一、2017年政府工作总体要求**

全面贯彻党的十八大和十八届三中、四中、五中、六中全会精神，深入贯彻习近平总书记系列重要讲话精神和治国理政新理念、新思想、新战略，按照省委“一个指引、两手硬”的重大思路和市委“四个定位”的战略部署，围绕率先打造城乡统筹示范区的总目标，坚持稳中求进工作总基调，以提高发展质量和效益为中心，以深化供给侧结构性改革与转型综改试点区建设为引领，以开展“全面落实年”活动为抓手，着力走好转型升级、新型城镇化建设和社会治理创新“三条路”，以优异成绩迎接党的十九大胜利召开。

**二、2017 年主要奋斗目标**

全区生产总值增长 5%；公共财政预算收入力争超额完成市下达任务；规模以上工业增加值增长 3%；全社会固定资产投资按改革后新的口径确定；社会消费品零售总额增长 7%；城镇居民人均可支配收入增长 6%；农村居民人均可支配收入增长 6%以上；资源节约、环境保护、安全生产等约束性指标控制在市政府下达控制范围之内。

**三、重点抓好八项工作**

（一）优化产业结构，做强实体经济。一是煤炭行业要坚持“有退有进”。有序退出鸿泰、荫营煤业，抓好保安、旧街煤业正常运行和神堂、坡头煤业达产达效，使煤炭产量稳定在 280 万吨左右。大力发展煤炭精洗、煤转电等链条产业，推进煤层气、矿井水、煤矸石等伴生资源循环利用，实施好神堂咀煤层气制天然气项目，扩大先进产能占比，力争原煤入洗入选率达到 90%以上，煤层气年抽采量达到 1.1 亿立方米以上。二是耐火行业要依托茂园公司规范铝矾土资源开发利用，促进资源向优势企业配置。加快佳林森和大西庄两大烧成小区整合，推进贤亨、林里和明鑫等耐火企业联合重组。支持金隅、华岭等龙头释放产能优势，延伸产业链条。三是电力行业要支持河坡电厂和力宇煤层气发电项目早日达产达效，推进总投资 53 亿元的西上庄 2×66 万千瓦和总投资 4.8 亿元的荣光能源 2×1.5 万千瓦发电项目，抓好总投资 4.9 亿元的北京宣力和总投资 4 亿元的三峡新能源等两个 5 万千瓦风电项目，总投资 18 亿元、装机容量 20 万千瓦的中广核太阳能等“光伏领跑者”项目，以及桑掌和佛洼两个煤层气发电项目实施，力争年内各类电力装机总量达到 120 万千瓦以上。四是建材行业重点要推进总投资 2.7 亿元的星火金源 30 万吨氧化钙生产线、总投资 2.5 亿元的中庸科创 10 万吨空心微珠生产线等项目建设。继续支持冀东、天隆等优势企业优化产品结构，巩固市场占有，实现持续发展。五是制造业要重点围绕苇泊高新技术装备制造园产业定位，加快总投资 35 亿元的山西隆盛通镁合金汽车轮毂项目的引进建设。同时，大力引进总投资 35 亿元的阳煤集团 50 万吨铝加工循环产业园项目，抓好总投资 3 亿元的华骏机械现代装备制造、总投资 6000 万元的宏承基矿用锚杆生产线等项目实施。六是服务业要以服务阳泉市区为依托，启动总投资 13.6 亿元的中旭鑫源医养敬老产业园和总投资 1 亿元的市养老公益苑项目，扶持永顺物流、煤运公司物流、通宝鑫能等商贸物流企业进一步扩规上档，打造服务业发展龙头。抓好市车管所项目建设，带动汽车贸易集群发展。推进“智慧郊区”建设，加大“互联网＋”、大数据、物联网、电子商务、双创孵化等新型信息技术产业支持力度，推动服务业向高端化迈进。七是旅游业要依托我区特有的小泉小水、民宅民俗、红色红韵、古村古商、生态生活和节日节庆等资源，大力发展全域旅游。加强重点景区建设，加快“刘关张忠义文化”长廊、旧街百里健身步道等设施完善，巩固汉河沟、保安沟、咀子上等乡村旅游基地，积极开发旅游产品，提升服务质量。

（二）加快“筑巢引凤”，增强发展后劲。一要全力打造荫营开发区。重点要抓好“一规一园一线”，“一规”即荫营开发区总体规划；“一园”即苇泊高新技术装备制造园，是荫营开发区的起步区，总规划面积 400 公顷，要按照“绿色、低碳、循环、智能”的高端制造业发展定位，加快完善园区控规详规；“一线”即总投资 11.8 亿元、全长 13.6 千米的国道 239 改线工程，是荫营开发区的主轴。二要大力招商引资。定向招商，盯紧铝镁加工、耐火材料、文化旅游、商贸物流、信息技术等转型产业，努力在引进技术含量高、发展潜力大、带动能力强的优势项目上形成新突破。定点招商，充分利用省、市属国有企业大面积改制的契机，主动出击，适时介入，力促阳煤、煤销等大型企业集团配套产业项目以及市区“退城入园”项目尽可能落户郊区。精准招商，定制服务，贴身跟进，做好已签约、有意向招商引资项目的跟踪、对接和商洽等工作，确保签约项目尽快落地，落地项目尽快启动。三要狠抓项目推进。今年全区计划实施各类建设项目 104 项，总投资 309.6 亿元，当年计划投资 74 亿元。其中产业转型类 45 项，城乡统筹类 35 项，基础设施类 11 项，社会事业类 13 项。特别要突出抓好起引领和示范带动作用的“十大重点推进工程”和“十大产业转型项目”。

（三）突出示范引领，统筹协调发展。打造生态新城。突出抓好漾泉大道一期建设，加快桃坡、余积粮沟村新村建设，抓好石马沟、甘河、龙凤沟和西河等村的搬迁安置。推进宜居荫营。强化基础设施建设，加快主城区供水、供热、供气及城市防洪、排涝等功能完善，分步实施好荫营河综合治理工程；加快下荫营、南窑庄等“城中村”改造，推进主城区企业“退城入园”；扎实做好区文化中心标志工程前期工作，实施好 207 国道改线工程。建设特色乡镇。河底镇要继续推进“百镇”建设,积极启动自来水厂、污水处理厂、站前广场、苇泊河治理等工程,进一步完善城镇功能,增加人口集聚;平坦、义井两镇要抓好“城中村”改造,做好“村改居”试点工作,加快区域城市化进程;李家庄乡重点要配合好生态新城建设,主动融入,超前谋划,推动跨越发展;杨家庄乡要加快棚户区改造和采煤沉陷区治理,实现产城相融共生;西南舁、旧街两乡要立足实际,加快传统农业升级和高效农业发展,努力在打造特色魅力乡镇上迈出新步伐。

(四)做特城郊农业,促进农民增收。一要发展特色农业。大力发展蔬菜、果品、杂粮、食用菌、中药材等产业,鼓励发展树莓、欧李、杜仲、花卉特别是油用牡丹、中天玫瑰等特色产业,扩大蛋鸡、生猪等规模养殖,逐步压减玉米播种面积,提高农业比较优势和效益。积极培育龙头企业、农民专业合作社、家庭农场、专业大户等农村新型经营主体,进一步加大土地流转力度,通过“举龙头、带基地、连农户”,努力形成“一村一品”“一乡一特”的集聚发展格局。继续扶持裕盛源醋业、三来食品、田园乳业等农产品加工做大做强,支持药食同源产品开发,加快冷链、加工、仓储、配送等相关产业发展,提高农产品附加值。以千亩坪农业产业园建设为引领,下大力发展一批休闲农业、创意农业、高效农业示范基地,推进“生产生活生态、宜居宜业宜游、一产二产三产”深度融合,真正在“农业+”发展上形成新动能、新业态、新优势。二要狠抓精准脱贫。严格按照“六个精准”工作要求,全力完成好10个村1300人的脱贫任务。狠抓易地搬迁,今年任务为415人,要逐村完善搬迁计划、逐户制定搬迁措施、逐人落实搬迁资金,确保贫困人口“搬得出、稳得住、可发展、能致富”;加大产业扶贫,完善“一户一策五千部”帮扶机制,按照“一村一品一主体”要求,积极帮助贫困村、贫困户因地制宜发展果业、中药材、养蜂、光伏、旅游等产业,从根本上解决脱贫问题;推进金融扶贫,用好扶贫风险保障金和小额贷款,真正为贫困户发展生产、劳动致富提供有力的金融支持。三要夯实农业基础。加强基本农田和耕地保护,全面完成土地承包经营权确权合同签订工作。加快农业新技术推广,完成魏家峪、山底等6处节水灌溉工程。推进农村饮水提质,重点实施好河底水厂扩建工程,同时再解决5000人的水质提升问题。启用区水质检测中心,实现农村饮用水取水点免费检测全覆盖。

(五)加快改革创新,提升发展动能。一要推进科技创新。强化企业创新主体地位,鼓励企业实施专利战略和标准化战略,积极开展产学研合作,促进专利技术产业化,力争年内新增发明专利拥有量20件以上。完善万新双创基地软硬件设施,加快农湾孵化器建设,推动科研成果加速转化。加快建立“培养方式多元开放、引进方式柔性灵活、选拔方式不拘一格、激励机制规范刚性”的人才涵养和使用新机制,真正为创新提供有力的人才支撑。设立科技成果转化奖励、传统产业改造提升、新兴产业培育扶持三大基金,助推科技型企业、创新性产业成长。力争再认定1家高新技术企业、2家专利试点企业。二要加快金融振兴。继续开展“助保贷”业务,支持企业运用私募债、短期融资券、融资租赁等方式进行融资,努力缓解企业融资难问题。充分利用晋东城乡投资有限公司承接国家项目贷款和政策资金,融合社会资本,推进基础设施建设及园区平台打造。运作好首创资本基金,以PPP模式推进政府和社会资本合作。支持区信用联社改制农商银行,助推阳泉商业银行分行落户我区。三要大力发展民营经济。制定出台扶持民营企业发展政策措施,进一步改善民营经济发展环境。加强企业家队伍建设,努力构建“清”“亲”的和谐政商关系。助推小微企业发展壮大,力争年内完成“小升规”两户以上。以窑沟耐火小区为突破口,积极探索“僵尸企业”处置办法,盘活建设用地,努力使“死资产”变为“活资本”。四要协调推进重点领域改革创新。做好行政审批事项的取消、调整和承接工作。深化财政体制改革,完善现代预算制度,加强政府债务管理。加快国地税联合办税大厅建设,推广自助办税、网上办税等新模式。搞好城中村、城郊村改“城市社区”“农村社区”试点工作。协调推进户籍制度、司法体制、农村事务等改革工作。

(六)狠抓“创卫”攻坚,建设美好家园。一是全面创建国家卫生县区。重点抓好四个方面:造氛围,大力弘扬创卫意识,提倡良好行为规范,努力形成人人创卫、从我做起的良好氛围。抓重点,切实加强荫营城环境卫生综合整治,加快环卫清扫、市容保洁等机制体制创新,加大重点环节整治,坚决治理城市“顽疾”,率先打造国家级卫生县城。治难点,确保重点区域特别是城乡结合部、主次干道、背街小巷、建筑工地、居民小区等重点部位的有效整治;加强河道治理,全面推行“河长制”,落实属地责任,健全长效保洁机制。严考核,把创卫工作作为乡镇目标责任考核重点,年终排名最后的乡镇,一票否决评优评先资格。二是切实加强环境保护。严格整治,铁腕治污,认真开展无证煤场、矾石场、洗煤厂、运输车辆、建筑工地、公路扬尘及饭馆油烟等治理整顿,完成好散煤治理、秸秆禁燃、黄标老旧车淘汰及土壤、矸山、废弃矿井水等治理任务。严格执法,认真贯彻新《环境保护法》,严惩违法排污,严打违法生产,严控土小企业死灰复燃,从源头上控制污染。严格问责,进一步建立完善区、乡、村三级网格化管理机制，坚决启动问责程序予以追责问责。三是大力改善人居环境。进一步完善基础设施，年内完成通村公路改造 50 千米、县乡公路改造 9 千米、安全生命防护工程 72 千米。加大保障房建设力度，抓好续建和新建的桥上等采煤沉陷区治理、老虎沟等棚户区（城中村）改造项目。深化农村“两治三改”，进一步提升乡村清洁水平。继续开展美丽宜居示范村创建，力争年内新增省级示范村 1 个、市级 4 个。加快生态修复治理，年内营造林 1000 公顷以上。

（七）创新社会治理，促进和谐稳定。狠抓安全生产不松懈。进一步严格企业主体责任、部门监管责任和乡镇属地责任；深入开展煤矿、道路交通等重点行业和领域安全大检查，坚决遏制重特大事故、减少一般事故、防止意外事故；建立完善风险管控和隐患治理双重机制；切实加大督察检查力度。严打非法采矿不手软。认真落实国土行业主管、乡镇属地监管责任，推进台账化建设、网格化管理，确保对重点区域的有效监控；加强宣传引导，完善举报奖励制度；严肃惩处，重处重罚，严肃追责问责。维护稳定大局不动摇。做好信访、调解、维稳等各项工作，努力将矛盾化解在基层、问题解决在当地、隐患消除在萌芽。深入开展“平安郊区”“法治郊区”创建和“七五”普法教育，引深打黑除恶，严厉打击违法犯罪行为。加强基层政权建设，做好村民委员会换届工作。深化城乡网格化管理，确保农村和谐稳定。

（八）致力普惠共享，发展社会事业。一要优先发展教育事业。改善办学条件，实施好村级幼儿园新改扩建项目，加快标准化幼儿园建设和区职业中学迁址新建。加强师资建设。继续落实学前一年免费、寄宿制学校专项补助、山村教师岗位津贴、村办幼儿教师工资补贴等惠民政策。抓好全省义务教育管理标准试验工作，促进教育公平均衡发展。二要提升人民健康水平。巩固公立医院改革成果，深化医药卫生改革，完善基本药物制度，加强基层队伍建设，推进基本公共卫生服务均等化。认真落实全面两孩政策。高度重视食品安全。注重发展体育事业，推进全民健身常态化发展。三要抓好就业和社会保障工作。抓好重点人群及困难群体就业，年内新增城镇就业岗位 2200 个以上。抓好全民参保登记，推进机关事业单位养老保险工作。加大弱势群体救助力度，完善企业工资支付监控制度，健全防范拖欠农民工工资长效机制，切实维护农民工合法权益。

新征程孕育新希望，新蓝图铸就新辉煌。让我们更加紧密地团结在以习近平同志为核心的党中央周围，在省、市和区委的正确领导下，凝心聚力，苦干实干，开拓创新，砥砺前行，努力走好“三条路”，率先打造城乡统筹示范区，以优异的成绩迎接党的十九大胜利召开！

# 努力把盂县建设成为<br>宜居宜业宜游、服务阳泉发展的首善之区

盂县县长　孔禄泉

2016 年，盂县上下砥砺前行，奋力开拓，统筹抓好稳增长、促改革、调结构、惠民生、防风险、保安全等各项工作，经济社会发展取得新的成绩，实现了“十三五”良好开局。

2017 年是供给侧结构性改革和转型综改的深化之年，更是我县经济走出困境、全面建成小康盂县的攻坚之年和提速之年。做好 2017 年的各项工作，任务艰巨，意义重大。

**一、2017 年政府工作的总体要求**

深入学习贯彻习近平总书记系列重要讲话精神和治国理政新理念新思想新战略，认真落实省委“一个指引、两手硬”的重大思路、市委“四大定位”的发展战略和县十三次党代会总体部署，深入开展“全面落实年”活动，全面实施创新驱动、转型升级战略，全力促进经济稳步向好、民生不断改善和社会和谐稳定，为建设宜居宜业宜游、服务阳泉发展首善之区、跻身全省十强县而不懈努力，以优异成绩迎接党的十九大胜利召开。

**二、2017 年经济社会发展主要预期目标**

地区生产总值增长 5%；规模以上工业增加值增长 4%；社会消费品零售总额增长 6.5%；一般公共预

算收入增长1.98%;固定资产投资待新统计口径出台后研究确定;城镇和农村常住居民人均可支配收入分别增长6%和6%以上。约束性指标严格完成省、市下达任务。

三、2017年政府工作重点

(一)以打造"四大板块"为主攻方向,深化供给侧结构性改革,加快产业转型升级。一是打好"三去一降一补"组合拳。坚定去产能,年内关闭万和兴煤矿,淘汰落后产能60万吨。努力去库存,加快棚户区和城中村改造中货币化购置商品房安置力度,并与租赁商品房结合起来,促进房地产业健康发展。稳步去杠杆,着力解决好企业融资难、融资贵特别是财务费用过高的问题;引导金融机构、资产公司帮助企业优化债务结构,降低企业负债率,重点是推进企业特别是煤炭企业债转股工作,推进其他企业债务、资产重组,加大不良贷款处置力度。多措降成本,落实各级对企业的减负政策,大力开展精细化生产和对标管理,健全完善以成本费用利润率为导向的考核评价体系,提高劳动生产率。着力补短板,重点在补齐城市基础设施、公共产品、公共服务等短板上下功夫。二是推进煤炭产业提质增效。提升先进产能占比,开工建设坤宁煤业120万吨现代化矿井,辰通煤业60万吨改扩建项目前半年投入联合试运行,玉泉煤业120万吨改扩建项目完成复工复建、投入联合试运行。提升洗选配煤占比,晋盂煤业集团300万吨配煤中心投入运行,谋划搞好鑫磊300万吨洗配煤中心建设。提升煤矿再生能力,推进晋盂煤业集团牵头开发梁家寨生态旅游区和中岚国际物流园项目建设。三是加快电力产业规模化发展。全面开工建设山西裕光盂县2×100万千瓦燃煤发电项目,加快鑫磊2×35万千瓦低热值煤发电项目建设进度。完成采煤沉陷区50万千瓦光伏发电项目建设,前半年并网发电;完成中广核四期5万千瓦风电项目建设,年内并网发电。四是多层面拓展全域旅游。以北部四乡镇为突破,带动全县文旅产业发展。加快打造以藏山、水神山为核心的人文景观旅游群,以大宋温泉、龙台山、滹沱河为核心的梁家寨特色旅游小镇,以雁子崖、尖山为核心的体育休闲景观旅游群,特别要围绕"山水大宋梁家寨、藏山一个有故事的地方、高城山水神山报国寺烈女祠名山名寺名僧、北国风光雁子崖"打造四大旅游板块。突出"乡村游""特色游""农家乐"主题,大力发展休闲度假、养生养老、农耕体验等有特色、叫得响的旅游项目,推进农工、农商、农旅融合发展。大力发展智慧旅游,促进旅游和互联网深度融合,逐步实现智能导游、在线预订、信息推送等网络功能全覆盖。用好新媒体、互联网、高铁冠名等便捷高效的传播途径,全方位、多层次、宽领域宣传盂县旅游。抓好旅游局行政管理体制改革。五是改造激活耐材化工。完善实施高铝耐材产业布局规划,推进仙人耐火园区和牛村、南娄两个耐材产业集聚区建设,抓好耐材重组。积极推进阳煤盂县化工碳素技改项目启动实施、恒耀化工4A沸石分子筛及联化多产品项目投产达效。六是培育壮大新兴服务产业。加快推动物流、电子商务发展。规划建设3~4个大型农村物流配送中心,拓宽农产品流通渠道。发展我县的大数据应用、"互联网+"、物联网、云计算等信息产业,努力催生新兴业态。

(二)以开发区建设为突破,引深改革创新,扩大对外开放。一是抓好开发区改革创新发展。按照整合、改制、扩区、调规"四管齐下"的方针,抓好"一区三园"规划建设,即以牛村煤电化工业园和中岚国际物流园为主体,整合鑫磊循环经济产业园,设立盂县经济技术开发区。重点抓好县城区域内经济技术开发区规划,牛村煤电化工业园要深化煤电联营,促进煤—电—化工一体化发展,以现有项目带动园区建设;中岚国际物流园要加快"七通一平"建设,推进产业集聚。鑫磊循环经济产业园要在规划初步形成的基础上进一步提升完善。要搞好开发区组织设置,推进"三化三制"改革。二是大力开展招商引资。全年策划包装招商引资项目80个,合同签约协议利用外来资金150亿元,外来到位资金60亿元以上。三是推进国企国资改革。深化国有集体企业改革,特别是晋盂煤业集团要以债转股为突破,建立推行现代企业制度。积极支持民间资本通过多种方式参与国有集体企业改革。有序推进县属商贸流通国有企业改革,加快国有资本退出。四是着力振兴实体经济。把发展壮大民营经济作为振兴实体经济的"重头戏",抓数量、抓质量、抓改制、抓企业家队伍建设,大力推进"大众创业、万众创新"。继续做好各类项目"大起底"和干部入企帮扶活动,帮助企业解决困难,加快推进"个转小、小升规、规改股、股上市",年内培育"小升规"企业1家,新增中小微企业400家。五是深化投融资体制改革。成立盂县国有资产投资集团,深度加强政、银、企、保合作交流和工作协调,完善支持担保机构服务中小微企业发展的各项措施,大力推动资本市场发展,争取更多国省资金投资我县,进一步加强和改进金融监管,确保金融稳定。六是着力推进科技创新。提升企业创新能力,重点在新能源、新材料、节能环保和信息产业等领域培育一批高新技术企业、创新型企业和省级民营科技企业。加快推进科技孵化器载体建设,大力培育创新型企业群体。进一步创新产学研合作模式、深化科技金融结合、强化人才招引培育、深化科技惠民富民等工作。七是稳妥引深农村改革。重点推进农村集体产权制度改革,开展清产核资，明晰农业集体产权归属。积极探索农村集体土地所有权、承包权、经营权“三权分置”实现的有效途径，推进土地流转，增加农民财产性收入。同时，进一步引深教育、医疗、文化等各项改革。

（三）以“三位一体”为支撑，加快新型城镇化建设，推进城乡一体化进程。一是高端化打造中心县城。制定完善县城总体规划、控制性规划、详细规划，提升县城建设品位。搞好县城路网规划，形成畅通、便捷、安全、舒适的城市路网。2017年，县城高城山路、李宾山路、迎宾大道三条城市主干道和西南外环要建成通车，东外环、西北外环建设工程要全面开工。启动对县城棚户区域的南村、北村、北关、秀水村四个片区的综合改造，年内完成南村、北关两个片区的回迁安置。完成县文化中心广场路建设。启动香河、秀水河两河综合治理工程和金龙广场二期建设工程。完成龙华口水电站下闸蓄水。进一步抓好县城供水、排水、供暖管网主干和支线建设。配合做好阳大铁路工程建设。强化城市管理，启动国家级卫生县城创建工作，打造宜居家园。二是多样化建设特色小镇。孙家庄镇要围绕与县城的同城化步伐，西烟镇要围绕打造西部经济文化重镇，梁家寨乡要围绕整体生态旅游水乡建设，牛村镇、南娄镇、路家村镇要围绕清洁能源基地建设，推进产业集聚、人口集聚、功能集聚。进一步改善乡村旅游交通路网，开工建设菩萨崖自然风景区和雁子崖风景区旅游公路工程。三是个性化培育美丽乡村。以创建农村生活垃圾处理省级示范县为重点，继续实施农村人居环境改善工程，深化农村“两治三改”（治水、治垃圾，改水、改气、改厕）工作，引深推进美丽宜居示范村和绿色村庄创建活动。深化搞好大宋、乌玉等古村落保护开发利用。完成农村道路硬化200千米。进一步开展城乡环境卫生综合整治，创新环境卫生管理体制和机制，实现城乡环境卫生管理常态化、标准化，全面优化城乡环境。

（四）以脱贫攻坚为重点，扎实做好“三农”工作，促进农民持续增收。一是精准实施扶贫攻坚。大力实施“五个一批”脱贫工程，年内完成脱贫人口2712人，退出贫困村24个。其中，通过发展生产脱贫1530人、易地扶贫搬迁脱贫500人、生态补偿脱贫329人、发展教育脱贫135人、社会保障兜底脱贫218人。二是打造现代特色农业。进一步优化农业种、养结构，扩大农产品精细加工规模，推进全产业链开发。粮食生产稳定在1亿千克以上，确保粮食安全。全年新增设施蔬菜、商品蔬菜种植73公顷、中药材种植666公顷，食用菌种植稳定在50万平方米。着力提升畜牧业发展水平，年肉牛饲养量达到1.5万头、肉羊20万只、生猪20万头。大力发展农产品加工，引导谷味天小杂粮加工、启耀中药材加工、孙家庄小杂粮加工等一批农产品优势加工企业做大做优做强。积极发展流通型、服务型农业龙头企业，畅通农产品销售渠道，全年农产品加工企业年销售收入达到25亿元。三是强化农业基础建设。全年新建高标准基本农田1000公顷，完成3处膜下滴灌工程，新建农村饮水安全工程10处；引深推广玉米全程机械化项目，积极发展机械化家庭示范农场、示范合作社、示范农机大户；广泛实施玉米烘干及秸秆综合利用技术，改良土质土壤；坚守耕地红线，推动藏粮于地、藏粮于技战略落地生根。

（五）以生态环保为抓手，大力改善人居环境，增强永续发展能力。一是综合防治大气污染。重点深化“降尘、治矸、管车、控煤、执法”等重要举措，确保大气质量持续好转。二是加大水污染防治力度。认真落实“水十条”要求，系统推进地表水、地下水、饮用水污染综合防治，抓好龙华河、滹沱河等重点河流的保护工作。抓好工业点源深度水污染治理。三是抓好采煤沉陷区治理。扎实做好西崖底、秋子峪两个村、381户、879名采煤沉陷区的治理工作。四是进一步推进造林绿化。全年完成荒山绿化1333公顷，乡村道路绿化70千米，义务植树90万株，四旁植树80万株，并高标准打造40个生态园林村。

（六）以“四铁”要求为标准，筑牢安全生产防线，着力维护社会稳定。坚持不懈抓好安全生产，压紧压实各级党委、政府的领导责任，压紧压实企业和行业领域的部门监管责任，深入开展对煤矿、非煤矿山、危险化学品、道路交通、建筑施工、人员密集场所等行业领域安全隐患大排查大整治，推进安全生产形势持续稳定好转。进一步引深开展打击私挖滥采攻坚战，维护正常的矿业开采秩序。着力创新社会治理，高度重视社会矛盾化解，有效防范各种风险隐患；进一步完善立体化社会治安防控体系，继续完善“天网”工程；创新网上信访机制，完善县、乡、村三级矛盾纠纷多元调解机制；深化平安盂县建设，依法严厉打击各类违法犯罪活动，着力维护社会和谐稳定。

（七）以增进民生福祉为目标，统筹发展社会事业，倾力倾心改善民生。一要着力稳定扩大就业。深入实施高校毕业生就业创业促进计划，扎实开展就业援助专项行动，做好农村转移劳动力、城镇失业人员、“4050”人员、退役军人等群体就业工作，托底帮扶就业困难人员，确保零就业家庭动态消零，全年新增城镇就业人员2900人，转移农村剩余劳力3000人，城镇登记失业率控制在4.2%以内。二要全面加强社会保障。推动机关事业单位养老保险制度改革入轨运行。实行城乡居民基本医保制度并轨，扩大社保覆盖面，全面实施“全民参保”登记计划，实现法定人群应保尽保。三要办好人民满意教育。加快义务教育优质均衡发展县改革试点步伐，推进教育资源共享；完成4所幼儿园新改扩建任务，推进普惠性学前教育；实施县二中、三中和6所学校改扩建项目；支持普通高中教育教学改革；努力打造职业教育新模式，服务促进经济发展。四要推进健康盂县建设。进一步深化医药卫生体制改革，做好省人民医院托管县人民医院各项后续工作。完成县中医院新建工程，加强基层卫生机构能力建设，提高基层医疗技术和服务水平。全面落实“两孩”政策，促进人口均衡发展。进一步加强食药监管，保障人民群众食药安全。五要提升文化软实力。完善城乡文化场所建设，县文化中心建成使用，推进乡村文体场所升级。继续开展送电影下乡、送戏下乡等文化惠民活动。加快文化与旅游、信息、科技、金融等产业融合，推进文化产业发展。

责任重大，使命光荣。让我们更加紧密地团结在以习近平同志为核心的党中央周围，开拓创新、攻坚克难，撸起袖子加油干，只争朝夕抓落实，为建设宜居宜业宜游、服务阳泉发展首善之区、跻身全省十强县而不懈努力，以实际行动和优异成绩迎接党的十九大胜利召开！

# 加快把开发区建设成为山西向东开放桥头堡，晋东区域中心城，转型发展先行市，统筹城乡示范区

阳泉经济技术开发区管委会主任　**杨全生**

2016年，在市委、市政府的正确领导下，开发区党工委、管委会紧紧围绕年初制定的各项目标任务，造园区、落项目、引投资、帮企业、改旧村、惠民生、推创新、抓队伍，实现了“十三五”的良好开局。

2017年是党的十九大召开之年，也是实施“十三五”规划的重要一年，是贯彻落实省第十一次党代会、市第十二次党代会精神的开局之年，更是开启开发区二次创业的关键之年。做好今年工作，意义十分重大。

## 一、2017年工作的总体要求

全面贯彻落实党的十八大和十八届三中、四中、五中、六中全会精神，深入贯彻习近平总书记系列重要讲话精神和治国理政新理念新思想新战略，统筹推进“五位一体”总体布局，协调推进“四个全面”战略布局，根据省第十一次党代会和省委全会暨经济工作会议以及市第十二次党代会和市委全会暨经济工作会议的部署，按照省委“一个指引、两手硬”重大思路和要求以及省、市委、政府对开发区改革创新发展的要求，牢固树立和落实新发展理念，坚持稳中求进工作总基调，围绕改革创新第一要务，着眼转型升级第一目标，坚持扩区与扩量并重、提速与提质并重、创新与创优并重，全面实施开发区转型创新升级行动，促进经济稳步向好发展，维护社会和谐稳定，塑造对外开放良好形象，全力推动开发区二次创业，以优异成绩迎接党的十九大胜利召开。

## 二、2017年开发区经济社会发展主要预期目标

地区生产总值完成17.57亿元，增长7%左右；公共财政预算收入1.6亿元，力争实现2亿元，与去年持平；规模以上工业增加值完成4.91亿元，增长5%左右；固定资产投资完成市下达目标任务；社会消费品零售总额完成15.49亿元，增长7%左右；外贸出口总额完成2014万美元，增长3%左右。约束性指标完成市下达目标任务。

## 三、重点抓好以下几方面工作

（一）推动改革创新，激发发展活力。一是整合扩区调规。整合阳泉东区工业园，将不在城市总体规划内的23.35平方千米区域通过调规纳入阳泉市城市总体规划，将有条件建设区和限制区29.66平方千米通过调整土地总体利用规划变更为允许建设区，扩区后的总面积要达到56.69平方千米。统筹整合扩区调规与重点项目落地，为今后五年和今年落地的项目及早调整土地规划、争取用地指标等，保证项目顺利推进。在整合扩区调规的同时，紧密结合我区产业定位，以产业规划为基础，统筹做好经济社会发展规划、城乡建设规划、土地利用规划、环境保护规划等规划的修编工作，实现“多规合一”，编制一本规划、一张蓝图。二是创新体制机制。按照“三化三制”的要求，理顺内部管理体制、运行机制，设立环保、安监、审计、规划等派驻

机构，优化财税管理体制，探索市场化运营机制。三是优化营商环境。进一步推进简政放权、放管结合、优化服务。做好省、市下放权限的承接工作，因地制宜做好开发区的行政审批工作。加强“两清单、两张图、两平台、一网络”建设，结合“三化三制”改革要求，深入推进“放管服”改革，坚持以清单管理推动减权放权。继续推行“五证合一”登记制度，“一站式”服务、并联审批。大力推进“互联网＋政务服务”，主动对接市网上政务平台，并逐步向村（社区）延伸，不断提升政务的便捷化和便民化水平。

（二）狠抓项目建设，帮扶实体企业。一是加快推进项目建设。按照“四个加快”的要求统筹推进各类项目建设。园区项目要尽快开工北海北路项目，加快办理科技大街建设项目手续。围绕“一路一街”，加快形成1.88千米的园区道路和1平方千米的园区平台。云谷创业科技园项目要确保5月份开工，年底争取形成更多的实物工程量。加快谋划庙堰工业园、张家洼工业园、深情沟治理工程、科技园标准厂房项目，争取早日开工建设。产业项目要加快推进纳米洋葱碳项目、百度创新中心项目、百度5、6＃模组项目、超音速火焰喷涂项目、智能光电数控设备制造项目、LED半导体照明项目等。城市功能项目要加快推进200万平方米工业余压余热热泵回收供暖项目、北山西门项目、百度周边环境提升工程等。民生项目要加快推进侯家沟、驼岭头、张家洼、王垅河坡、洪城北路和盛世新城南区棚户区改造项目建设，积极谋划推进平坦垴村、长岭村、路家山村、庙堰村项目建设。加快推进天峰国际新城、北苑C区项目建设，争取形成更多的实物工程量。加快推进实验小学二期、巨兴小学、阳泉十中教学楼改扩建和新泉社区、居馨社区、惠泽社区等项目。二是加大招商引资力度。摸清招商引资的项目载体，尽快摸清我区园区、楼宇、街区等项目载体的区位、面积、权属、性质和功能定位、需求等，并加大宣传推介力度。规范招商引资的准入条件，制定各类载体、各种项目和特殊情况下的项目准入条件。制定招商引资的优惠政策，全面掌握国家、省、市的产业政策、用地政策、环保政策、财税政策、人才政策等，结合实际制定我区引资、引技、引智的优惠政策。创新招商引资的方式方法，落实好招商引资的指标，更多地签约一批好项目、大项目。完善招商引资决策程序，营造招商引资的文化氛围。三是开展企业精准帮扶。继续深入开展企业帮扶工作，特别是要围绕“三去一降一补”，帮助房地产企业去库存，化解债务风险，帮助企业解决制度性交易成本、税费负担、融资成本、用地用电用能成本、用工成本、物流成本等方面的问题。持续帮助百度云计算中心争取更多的大用户直供电指标，帮助中兴环能年内实现“新三板”上市，重点培育金星激光、明诺阀门两家企业小升规。四是加快创新平台建设。建设“双创”示范基地，加快“加速器”基地建设，进一步优化开发区科技园功能布局，完善配套服务，形成承接“双创”孵化新项目、并加速其尽快产业化的创新创业创造基地。实施“互联网＋双创”工程，培育创新型的项目和企业，延伸和发展新的电子信息关联产业。积极推动山西区域百度云大数据应用基地建设。

（三）提升城市功能，建设宜居家园。一是加快旧村改造步伐。洪城北路城市棚户区改造项目要完成主体工程；洪城北路（东地块）项目要加快研究解决开发模式问题，确保5月份开工；王垅河坡片区城中村改造项目加快推进；侯家沟城中村改造项目要加快与开发商签订开发协议，加快办理详规等建设手续；驼岭头城中村改造项目要加快与阳煤谈判确定出资额、土地置换、拆迁等问题。张家洼村易地扶贫搬迁货币安置工作，要加快居民选房，上半年完成搬迁。加快研究庙堰、路家山城中村改造项目的货币化安置方案，争取早日搬迁安置。二是完善提升城市功能。北山公园西大门建设项目要加快迁坟清障和招投标工作，确保7月底开工建设；百度周边环境提升工程项目要尽快开工；5月底完成道路停车位划线、单位内部停车位对外开放、小区停车位错时停放、规划新建停车位等任务。加快编制完成雨污分流管网规划、综合管廊规划，适时开工建设。加快推进数字城管建设，落实网格化管理。三是加大环保整治力度。深入推进“铁腕治污行动”，对开发区范围内的污染源进行大排查、大清理、大整改。用3个月的时间完成整改落实，有效改善开发区环境面貌，切实提高环境质量。重点推进实施东区工业园区、李家庄河开发区段、兆丰铝业公司氧化铝分公司等地段生活污水接入城市污水管网工程，实现生活污水应收尽收，彻底解决生活污水直排河道影响周边环境的问题。四是打好创卫攻坚战役。以创建国家卫生城市为契机，进一步加大环境卫生整治力度，全面完成创卫目标任务。加大拆违专项整治力度，坚决打击一批违建难点。继续加强河道管理工作，全面落实“河长制”管理制度，强化河道环境治理，确保汛期河道行洪安全及非汛期河道干净卫生。

（四）保障改善民生，增进民生福祉。一是扎实推进精准扶贫。进一步健全完善干部驻村帮扶机制和扶贫政策精准到户机制，确保全区40％的贫困人口年底如期脱贫。上半年完成张家洼村全村80户村民易地扶贫搬迁，并通过提供多种就业渠道，解决贫困户搬迁后的增收致富问题。加快低收入村脱贫工作进程，积极推进农村集体经济“破零”工程，重点发展商贸、餐饮、家政服务等产业，引深“百企帮百村”，开展“精准到村到户”扶贫行动,帮助低收入村农户增收和低收入村发展。进一步做好全区建档立卡 37 名贫困学生教育帮扶工作,确保各项教育资助政策落实到位。实施社会保障兜底脱贫,推行农村低保与扶贫开发有效衔接,对符合低保条件的贫困户全部纳入最低生活保障范围,做到“应保尽保”。二是切实加强民生保障。推进创业就业工作,搭建服务平台,确保完成城镇新增就业人数 900 人、创业带动就业 200 人、城镇失业再就业人员 300 人,城镇登记失业率控制在 4.2%以内。提升师资水平,加强教育管理,提高教育质量。新建阳泉十中教学楼和中小学操场联通桥,开工建设实验小学二期工程,启动完成平坦堖村八中附近新建初中的规划工作,完成阳泉二十中改造规划并分步实施建设,配合阳煤集团完成巨兴小学的拆迁扫障工作并启动建设。做好社会保障工作,积极推进“全民参保”;扎实做好机关事业单位养老保险制度改革;结合开发区脱贫攻坚,做好贫困人口最低生活保障和医疗救助保障工作,发挥社保兜底作用。积极引导、鼓励基层群众文化社团建设,强化基层文化阵地建设。三是规范基层自治管理。选优配强村、社区“两委”班子,进一步优化班子结构,提高人员素质,扎实推进农村、社区队伍建设。实施社区活动场所达标升级行动,改善和提高活动场所条件。完善“三社联动”活动机制,创新服务载体,培育一批组织健全、制度规范、功能完善、作用突出的社区社会组织,参与社区管理,激发社区活力。深入开展“六议两公开”工作,完善相关工作制度,创建示范村,提升村务公开民主管理水平。引导小区业主成立业主委员会,建立完善社区议事协商的民主自治机制,构建和谐社区。四是维护社会治安稳定。加快“天网”二期工程建设,实现城市区公共区域“天网”全覆盖。持续开展“打黑除恶”、打击“两抢一盗”、铲除“黄赌毒”等专项行动,严厉打击私挖滥采、环境污染违法犯罪行为。抓好信访工作责任落实,完善信访工作协调机制,重点开展劳资保障、融资纠纷、旧村改造、业主与物业、征地拆迁等重点领域矛盾纠纷排查调处工作,抓好全国、省、市两会以及党的十九大等重要时间节点的信访维稳工作。五是守牢安全工作底线。压实党工委、管委会的领导责任和“四类部门”的监管责任。严格落实企业主体责任,切实做到安全责任、安全投入、安全培训、安全管理、应急救援“五到位”。深入推进遏制重特大事故试点城市工作,全面开展安全风险排查与评估。加强应急能力建设。持续加强道路交通、危险化学品、建筑施工、人员密集场所等行业领域的安全监管,推动安全生产形势持续向好。突出抓好餐饮业质量安全提升工程、“放心肉、菜示范”超市创建活动、学校及周边食品安全监管、农村食品安全监管和网络食品经营监管等重点工作。进一步强化“三小”“三无”专项整治工作,确保全区不发生食品安全事故。

面对经济社会发展的新形势、新情况、新任务,我们要鼓足干劲,攻坚克难,推动开发区全面改革创新,掀起开发区二次创业高潮,为把我市建设“山西向东开放桥头堡,晋东区域中心城,转型发展先行市,统筹城乡示范区”做出积极贡献,以优异成绩迎接党的十九大胜利召开。

# 撸起袖子加油干　把长治打造成山西重要的增长极

长治市市长　**卢建明**

2016 年,我们在市委的坚强领导下,围绕把长治打造成为山西重要增长极的目标,坚定不移推进供给侧结构性改革,坚定不移实施创新驱动、转型升级战略,经济运行呈现稳步向好的积极态势,主要经济指标扭转了负增长的局面,结束了五年来增速下滑的态势,实现了下半年好于上半年,全年好于上年的目标,为今后进一步好转奠定了基础。

2017 年是新一届政府的开局之年,是全面建成小康社会和实施“十三五”规划的关键之年,也是供给侧结构性改革和转型综改的深化之年。做好今年的工作具有重大而深远的意义。

**一、2017 年政府工作的总体要求**

以习近平总书记系列重要讲话精神和治国理政新理念新思想新战略为根本指针，全面贯彻省、市十一次党代会和十一届二次全会暨经济工作会议精神，按照省委“一个指引、两手硬”的重大思路和要求，牢固树立新发展理念，坚持稳中求进工作总基调，全面实施创新驱动、转型升级战略，坚持以提高发展质量和效益为中心，以全面深化“双改”为主线，以“对表、对标、对接”为要求，全力创优发展环境，保持全市经济稳步向好、社会和谐稳定，为如期实现脱贫攻坚和全面小康奠定坚实基础，以优异成绩迎接党的十九大胜利召开。

**二、2017 年市域经济社会发展的主要预期目标**

地区生产总值增长 5.5%左右，固定资产投资增长目标根据新的统计口径设置，社会消费品零售总额增长 7%左右，一般公共预算收入与上年持平，城乡居民人均可支配收入分别增长 6%左右和 6%以上，居民消费价格涨幅控制在 3%左右，城镇新增就业 4.1 万人，城镇登记失业率控制在 4.2%以内。约束性指标严格完成省定任务。

**三、2017 年政府工作重点**

（一）狠抓“三去一降一补”。一是坚决去产能。运用市场化、法治化方式推进煤炭去产能，今年关停退出太行王家峪煤业、庄底煤业、师庄煤业 3 座矿井，压减产能 165 万吨。坚持淘汰落后产能与发展先进产能相结合，争取更多煤矿进入先进产能行列，有序释放先进产能。积极推进钢铁、电力、水泥、焦化等行业的去产能工作。二是加力去库存。重点抓好房地产去库存和工业品去库存。加大棚户区改造、城中村改造货币化安置力度，货币化安置比例不低于 80%，加强房地产用地供应管控，加快保障房分配，有效化解房地产库存。鼓励企业创新营销模式，加大销售衔接力度。深入推进“晋材晋用”，不断提高市内企业使用本市产品的比例。力争全市商品房销售面积增长 15%以上，主要工业产品产销率达到 95%以上。三是多措去杠杆。以降低企业负债率为重点，支持企业市场化、法治化债转股，引导金融机构帮助企业优化债务结构。建立企业债务重组和不良资产处置协调机制，有效防范企业债务风险。引导企业走向资本市场，力争壶化集团在主板上市，5 家企业在新三板挂牌，不断扩大直接融资规模。四是积极降成本。全面落实减税降费政策，努力减轻企业税费负担。支持企业多渠道融取低成本资金。将企业直供电范围扩大到 40 户以上，降低企业用电成本。加强企业内部管理，挖潜增效降低管理成本。深化行政审批制度改革，降低制度性交易成本。五是强力补短板。加大补短板力度，提高投资的有效性，做实产业转型、创新驱动、基础设施、民生改善的重点项目，产业转型重点项目完成投资 584 亿元，重大基础设施项目完成投资 65 亿元，城乡一体化建设完成投资 293 亿元，民生社会事业完成投资 54 亿元。重中之重是加快补齐脱贫攻坚这个短板。深入实施精准扶贫精准脱贫，全面落实八大工程 20 个专项行动，加大涉农资金统筹整合力度，简化资金拨付程序。坚持产业为要，大力发展特色农业带动 2.4 万名贫困人口脱贫，发展光伏发电带动 3900 名贫困人口脱贫，发展乡村旅游带动 2400 名贫困人口脱贫，发展农村电商帮扶 2000 名贫困人口创业。坚持就业为重，通过提供岗位、劳务输出和特色培训，帮助 8000 名贫困人口实现脱贫，吸纳 5800 名贫困人口参与专业队造林或参加天然林、公益林管护。坚持教育为基，全面落实“雨露计划”和贫困大学生资助，不断加大对贫困人口上学的支持力度。坚持健康为本，落实各项社会保障和社会救助政策，加强对贫困地区的医疗救助服务，有效解决因病致贫。加大金融扶贫力度，创新精准扶贫小额信贷模式，确保完成小额信贷 4.6 亿元的任务。实施 9000 人易地扶贫搬迁，完善贫困村的基础设施、公共服务和村容村貌建设。确保完成 291 个贫困村退出，6.8 万名贫困人口脱贫，沁源省级贫困县摘帽的目标任务。

（二）狠抓实体经济振兴。一是发展壮大战略性新兴产业。信息技术产业，实施大数据战略，培育大数据产业，举办长治第三届互联网大会，筹划建设智慧长治云平台；加快推进国家北斗数据中心（山西）分中心、联通、移动、电信等数据中心建设。装备制造业，重点打造新能源汽车、新能源装备、军民融合、节能环保装备、民用爆破器材、煤机装备等先进装备制造产业集群，加快推进成功集团 30 万辆新能源汽车、高科 LED、易通低温余热发电机组、太重高性能液压产品等项目建设。新能源新材料，推动新能源示范城市建设，重点打造光伏、风力发电、新型建材、镁铝合金等新能源新材料产业集群，加快推进潞宝 10 万吨己内酰胺聚合切片、中德铝业汽车轻量化等项目建设。现代生物医药，重点打造党参、连翘、黄芪等道地中药材种植深加工现代生物医药产业集群，加快推进康宝血液制品、振东制药抗肿瘤药物、太行药业中药提取技改等项目建设。二是改造升级传统产业。全力创建“老工业城市和资源型城市产业转型升级示范区”，加快推进综合能源产业基地建设。全面提升煤炭产业、焦化产业的规模化、机械化、信息化水平。加快实施低热值煤发电和漳泽电力 2×100 万千瓦“关小上大”项目。稳步提升煤层气抽采水平，年内完成长子 5 亿立方米煤层气开发项目。加快推进潞安 180、瑞恒 60 万吨聚氯乙烯、襄矿 20 万吨乙二醇等项目建设。做大做优建筑业，扩大钢结构、装配式混凝土和市政构件预制加工能力，努力构建全产业链生产体系。提高产业准入门槛，逐步淘汰低端产业。三是积极推动大众创业、万众创新。全年新增小升规企业12户以上，小巨人企业5户以上，新创办小微企业3300户以上。大力发展新建基地型、闲置厂房改造型、城市楼宇型等创业基地，推动唯美诺中小企业创业基地、钜星众创空间、天空之城创业基地上水平，年内完成长丰、长轴等5个创业基地建设。四是大力发展民营经济。保障非公经济与公有制经济一样平等使用生产要素，公平参与市场竞争，同等受到法律保护。扎实开展民营经济政策落地、产业清底、创新提质、服务提升、融资对接行动。实施专精特新企业培育工程，支持民营企业技术中心创新提质，推进民营企业股份制改造。继续办好"长清班"和各项专业培训，促进民营企业家素质提升。五是持续加大实体经济帮扶力度。建立完善干部入企服务长效机制，积极帮助企业解决困难和问题。引深项目受理大起底，加快项目联审联批。创新要素配置机制，建立完善矿产资源、土地资源市场化配置机制，努力实现资源的最优配置。

（三）狠抓农业供给侧结构性改革。一是大力发展现代农业。加快国家现代农业示范区创建，建成6个省级、20个市级绿色高产高效示范片区，建设八大绿色标准化生产示范基地，加快紫团、方兴、沁州黄等现代农业产业园发展，壮大潞宝金和生、浩润食品等30个骨干龙头企业。大力发展"互联网＋现代农业"，推进智慧农业发展。加快发展功能农业，推进药食同源产品开发。粮食总产量稳定在14亿千克以上。二是强化农业基础建设。整合强农惠农政策，重点支持农业基础设施建设、农业科技创新、农民增收工程。完善农业保险体系，切实抓好农田水利建设，扩大机耕机播面积，加强重大动植物疫病防控，加大农业科技推广力度。三是深入推进农村综合改革。创新农村土地所有权、承包权、经营权"三权"分置办法，健全农村产权流转交易市场。完成农村土地承包经营权确权登记颁证，全面推进村集体经济组织清产核资。加快推进国有林场改革、集体林权制度改革、农村供销合作社综合改革。

（四）狠抓现代服务业发展。一是加快现代物流业发展。重点发展能源矿产品物流、大宗商品物流、城市配送物流和农产品物流。加快物流基础设施建设，培育现代物流企业集团，延伸物流配送网络。引导商贸物流企业运用电子商务拓展销售规模，培育5至10家市级电商示范企业，新增两个电商孵化基地、500个村级电商服务站。二是加快高新技术服务业发展。大力发展研发设计、知识产权、检验检测、科技成果转化、信息技术等高新技术服务业。加快发展以会计、法律、审计、评估、专利代理为重点的咨询服务业。三是加快传统服务业优化提升。推动商贸、餐饮、住宿、家政等行业加快业态创新、管理创新和服务创新，促进线上线下互动发展。推进大型商业综合体建设。大力发展健康养老、社区服务、文化休闲等幸福产业。四是加快文化旅游业发展。做大做强"太行山水·红色经典"文化旅游品牌，推进神龙湾、太行红山、太行欢乐谷等重点旅游项目建设，力争太行山大峡谷创建成5A级景区。上半年基本完成18个旅游景区的改制工作。开工建设31项、530千米旅游公路。加大旅游宣传推介力度。实施"旅游＋"，建设全市智慧旅游平台，推动旅游与文化、体育、工业、农业等相关产业融合。

（五）狠抓重点领域改革。一是加速开发区改革创新。坚持"五规合一"，加快起步区"九通一平"、标准化厂房建设。统筹产业布局，完成长治高新区的扩区工作，新设立长治经济技术开发区。理顺开发区管理体制、运行机制，5月份前完成开发区"三化三制三改"工作。确保襄垣、潞城两个工业园区升级为省级经济技术开发区。二是加速国资国企改革。对恢复生产无望的"僵尸企业""空壳企业"和问题突出的国有集体企业进行改制，妥善安置职工，解决历史遗留问题，有效盘活国有企业闲置资产和土地，年内完成20户企业的改制工作。全面完成行政机关与所办企业脱钩改革任务。三是加速投资体制改革。大力推进投资审批改革。主动争取上级各类专项资金，积极引进世行、亚行、亚投行等国际资金。大力推广政府与社会资本合作的PPP模式，力争有50个项目落地实施。发挥民营经济转型发展基金、扶贫开发基金、美丽乡村建设基金等政府性基金的引导作用，支持重大改革、重大项目、重点工程建设。四是加速金融改革创新。促进长治银行做优做强做大，支持设立村镇银行，加快推进黎城、沁县、沁源的信用社改制步伐，力争在全省率先实现农商行全覆盖。完善政银企联席会议制度，加强政银企对接，提升信贷支持实体经济的质量和效益。促进互联网金融健康发展。发挥保险资金投融资功能，推广贷款保证保险，探索吸收保险资金支持经济建设。

（六）狠抓科技人才质量强市战略。一是全面推进科技强市。强化企业创新主体地位，支持企业深化产学研合作，新增两个省级技术中心、5户国家高新技术企业。加快推进技术成果和知识产权交易。筹建长治市工业技术研究院，实施20项以上科技重点攻关项目。二是全面推进人才强市。实施"潞商潞才回乡创业创新工程"，力争引进2至3家企业的核心研发团队。创新用人机制，实行以增加知识价值为导向的分配政策。三是全面推进质量强市。深入开展质量提升行动，开展品牌创建行动，力争推出10家山西省名牌企业，两个地理标志保护产品。加快质量标准化体系建设，推动更多的企业标准、地方标准上升为国家标准。全面开工建设国家煤基油质检中心。实施计量惠民工程，推动社会诚信体系建设，争创全国质量强市示范城市。

（七）狠抓开放型经济发展。一是全面落实“东融南承西联北拓”战略。主动参与中原城市群建设，积极融入环渤海经济圈，加快融入国家“一带一路”发展战略。积极承接长三角、珠三角、港澳台地区的产业梯度转移。不断扩大太阳能电池片、硝酸铵、新型建材、农产品等优势产品出口规模，新培育3至5家出口创汇企业，全年出口额增长3%以上。二是加快推进基础设施内通外联。不断完善综合交通网络，加快太焦客专、长治机场改扩建、长临高速、长邯高速改扩建等项目建设，积极争取黎霍高速公路开工建设。加快建设“岸、港、网”，在中南铁路长子南编组站设立铁路口岸作业区，推进无水港建设。进一步完善互联网、物联网等信息网络设施，推动“互联网+”工程实施。三是更加注重招商引资成效。创新招商方式，实施精准招商和跟踪服务，促进项目落地投产。加大对签约项目的开工率、资金到位率进行考核，力争境外到位资金达到5亿美元以上。

（八）狠抓城乡一体化发展。一要推进主城区扩容提质。全力推动行政区划调整，优化城市发展框架，全面启动主城区城中村、棚户区改造，年内完成36个城中村整村拆除任务，新开工棚户区改造1.14万套，基本建成8000套。开工建设一批市政道路、桥梁等市政基础设施工程。启动机场与高铁站、东客站的快速通道建设。积极推进海绵城市建设，加大黑臭水体治理力度。全力推进207、208、309国道过境段改线工程，全面完成“三河一渠”综合治理。二要提升城乡综合管理水平。引深“五道五治”行动。深入推进城市执法体制改革。实施路灯节能改造和街道亮化提升工程。加快智慧城市建设，提升智能化管理水平。做好国家卫生城市的复审验收工作。三要加快上党城镇群建设。加快推进规划编制、基础设施、公共服务、产业布局、制度安排“五个一体化”，规划建设一批特色小镇，积极推进医疗、教育等基本公共服务城乡均等化，有序推动水电路气等基础设施城乡联网、共建共享。促进符合条件的农业转移人口有序落户城镇，稳步推进城镇基本公共服务常住人口全覆盖。四要建设美丽宜居乡村。大力实施农村人居环境改善四大工程。抓好“改气、改厕、改水、改电”，切实改善农村生产生活条件。新创建12个省级、20个市级美丽宜居示范村，改造农村危房7038户，推进5个农村垃圾治理试点县建设，所有行政村全部建成乡村清洁工程达标村。

（九）狠抓文化软实力培育。一要完善公共文化服务体系。巩固提升国家公共文化服务体系示范区创建成果，加快推进市博物馆、图书馆、档案馆建设。完善市县乡村公共文化服务设施。实施优秀传统文化传承发展工程和乡村文化记忆工程。深入挖掘、保护、传承非物质文化遗产。二要大力推进文化惠民。继续办好周末大剧院、流动图书车、农村公益电影放映、上党文化大讲堂等文化惠民活动。加强网络文化建设，净化网络环境。做好修志编鉴工作。三要加快发展文化产业。做好文化产业统计普查。促进文化与旅游、科技、信息、体育、金融等产业融合发展。办好武乡八路军文化旅游节、黎城太行红山国际自行车骑游文化节、沁县端午民俗文化节等文化节庆活动。积极发展文化创意、动漫游戏、数字出版等新业态，支持中小微等各层次文化企业发展，着力打造一批市场化的产业基地。四要加强精神文明建设。牢固树立社会主义核心价值观，大力弘扬太行精神、纪兰精神，拓展群众性精神文明创建活动，争创第五届全国文明城市，提高全社会文明水平。

（十）狠抓生态文明建设。一要突出大气污染防治。不断深化“控煤、治污、管车、降尘”措施，全面开展县城建成区燃煤锅炉整治，实施主城区及周边农村冬季取暖煤改电、煤改气替代工程。开展“小散乱污”企业专项取缔行动，实施工业企业冬季采暖期错峰生产。强化扬尘污染控制。加强企业节能降耗。二要强化水污染防治。全面实施“河长制”，综合利用好地表水，严控地下水开采。全力保护上党盆地、长治湿地，完成5项湿地生态工程。辛安泉供水和东山供水工程正式投用，加快推进县域小水网建设。实现城镇生活污水、工业园区污水直排清零，确保水质断面达标。三要注重土壤污染防治。全面落实国家《土壤污染防治行动计划》，启动农用地污染状况详查。加大土壤环境监测力度，保障农业生产环境安全。四要创新环境保护机制。坚持资源集约节约高效利用，把土地产出率作为重要考核指标，提高土地集约节约高效利用水平。全面实施主要污染物排污权有偿使用和交易制度。扩大企业在线监测范围，强化环境风险防控，确保全市环境安全。五要打造生态安全屏障。完成营造林面积2万公顷。抓好浊漳河南源河流生态修复工程，治理水土流失面积3万公顷，完成2566户的采煤沉陷区治理。

（十一）狠抓民生改善。一要扎实办好“六件实事”。实施4410名残疾预防重点干预和残疾儿童抢救性康复项目，对3个国家贫困县3.2万名建档立卡的农村妇女免费进行“两癌”筛查，为全市城乡怀孕妇女提供免费产前检查和诊断服务，新建79个农村老年人日间照料中心，实施8000名建档立卡农村贫困劳动力免费职业培训，免费送戏下乡800场。二要着力促进就业创业。实施职业培训全覆盖计划，推进高校毕业生就业创业促进计划，扎实开展就业援助专项行动，做好城镇失业人员、“4050”人群、退役军人、残疾人等群体就业工作。三要优先发展教育事业。认定扶持90所普惠性幼儿园，确保学前三年毛入园率达到90%以上。主城区8所义务教育学校建设主体基本完工，完成180所农村寄宿制学校的标准化建设，确保长子县、长治县今年通过国家义务教育发展基本均衡县验收。全市所有普通高中办学条件基本通过达标验收，稳定提升高中阶段教育水平。开工建设职教园区，推进职业教育健康发展。加强师德师风建设，不断提升教学研究水平。四要完善社会保障体系。积极推进养老保险制度改革和城乡居民医保制度整合。提高城乡低保标准，推动脱贫线、低保线有效衔接。提高城乡基本医保财政补助标准。不断完善社会救助体系。加快推进城市社区养老中心建设，实施残疾人精准康复服务行动。全面实施全民参保登记，实现人人享有基本社会保障。五要加快发展健康事业。加快市医院、市二院综合楼、市妇幼保健院改扩建、市中医院等项目建设。落实医药流通领域“两票制”改革，推进城乡药品配送一体化。积极推进县乡医疗卫生机构一体化改革，提升市县医疗机构服务能力。实施乡村卫生标准化覆盖和健康扶贫工程，提高乡村医生待遇。全面落实两孩政策，继续实施新生儿疾病筛查“健苗工程”。加强公共卫生安全体系建设，确保食品药品安全。

（十二）狠抓安全稳定工作。一要压实安全生产责任。严格落实各级各部门的安全生产监管责任。严格落实企业安全生产主体责任，切实做到安全责任、管理、投入、培训和应急救援“五到位”。二要强化安全生产监管。健全安全生产夜查突查和“两议一报”制度，始终保持安全监管高压态势。完善开发区、工业园区、风景区等功能区的安全生产监管。抓好山西省应急救援长治基地建设，切实提高应急处置能力。三要强力整治安全隐患。在各行业各领域全面开展安全隐患大排查大整治，严厉打击各类非法违法生产经营建设行为，确保安全生产事故起数、死亡人数持续“双下降”，全市安全生产形势保持稳定。四要维护社会大局稳定。深化社区“网格化”管理。创造良好金融生态环境。扎实做好信访工作，有效调处化解各领域矛盾纠纷。健全应急管理和防灾减灾体系，不断提高突发事件应急处置能力。深入推进平安长治建设，努力营造和谐稳定的社会环境。

转型发展时不我待，全面小康只争朝夕。让我们在省委、省政府和市委的坚强领导下，团结带领全市人民，凝心聚力，开拓进取，撸起袖子加油干，努力把长治打造成为山西重要增长极，为如期实现脱贫攻坚和全面建成小康社会目标而努力奋斗，以优异成绩迎接党的十九大胜利召开！

# 凝心聚力，攻坚克难，谱写“品质之城、幸福之区”新篇章

长治市城区区长　杨　隽

2016年，区政府认真贯彻落实党的十八大和十八届三中、四中、五中、六中全会精神，紧紧围绕建设“品质之城、幸福之区”奋斗目标，积极应对经济持续下行的压力，全力以赴保增长，着眼长远促转型，坚持不懈打基础，团结一心、矢志攻坚，经济社会发展呈现总体平稳、稳中有进的良好态势。

2017年是党的“十九大”胜利召开之年，是全面贯彻落实省市党代会精神的起步之年，也是建设“品质之城、幸福之区”的突破之年。做好今年的各项工作，意义深远，责任重大。

## 一、2017年区政府工作的总体要求

深入贯彻习近平总书记系列重要讲话精神和治国理政新理念新思想新战略，统筹推进“五位一体”总体布局，协调推进“四个全面”战略布局，按照省委“一个指引、两手硬”重大思路和要求，认真贯彻落实市委市政府各项决策部署，大力实施“一园两带”经济发展战略，决战决胜城中村综合改造，全面创优发展环境，忠诚担当、攻坚克难，奋力开创“品质之城、幸福之区”建设新局面，以优异成绩迎接党的十九大胜利召开。

## 二、全区经济社会发展的主要预期目标

地区生产总值增长6%；规模以上工业增加值增长4%；固定资产投资根据新的统计口径研究设置；社会消费品零售总额增长7%；一般公共预算收入与去年持平，力争实现正增长；城镇居民人均可支配收入增长6%。节能减排、环境保护等约束性指标全部控制在市控范围内。

三、全力抓好以下四方面工作

（一）以更大的力度推动转型，培育经济新增长极。一要持续发展园区经济。围绕“高端产业园”发展定位，加快实施城南工业区“三化三制”改革，积极申报省级经济技术开发区。大力扶持LED产业。加大LED上游企业帮扶力度，解决高科集团历史遗留问题，盘活企业沉淀产能；规划LED下游显示屏、照明灯具等产品的创新发展，引导企业提升自主创新能力，逐步向植物生产照明、可见光通信等领域延伸；引进配套产业相关项目，积极推动东莞恩瑞精密电子、青岛勤固电子两家企业落户园区，进一步完善和壮大LED产业链，打造产业集群，力争实现产值20亿元。加快培育新能源汽车配套产业。支持成功集团车用动力蓄电池项目落户园区；帮助中德集团解决土地规划问题，推动中德汽车轻量化项目提档扩规，鼓励企业加强镁合金轮毂、VBU壳体、压缩机支架等产品的研制开发，力争实现为北汽、小米等大型企业全面供货。整合提升军民结合装备制造产业。通过政府搭建平台，采用PPP、融资租赁等方式，探索清华、淮海民用环卫产品整体打包，组建清洁装备集团，扩大产品市场占有率和企业融资渠道；拓展军民结合产业新领域，重点抓好MEMS传感器、随车起重、飞机清洗等项目的研发实施，实现技术融合、军地融合、产业融合协调发展。二要狠抓三产提档升级。加速发展现代服务业。现代服务业促进要素流动，助力创业创新，是我区产业升级的重要方向。推进金融业发展，依托金融商务区建设，加大金融业招商引资力度，着力引进各类银行、证券、保险等金融机构，统筹发展私募基金、融资租赁、股权众筹、互联网金融等新业态，推动金融与产业互动发展。大力发展咨询服务业，培育一批以会计服务、资产评估、法律服务、专利代理为代表的咨询服务业，提升咨询服务业水平，创建一批省际业内知名品牌咨询机构。积极发展会展业，在长壶路两侧规划建设“长治制造”工业品展销中心、长治机械设备交易中心和新能源汽车仓储、展销、维修服务中心。围绕东山休闲观光带和“三河一渠”经济带建设，规划和布局以文化教育、健康养老、休闲旅游为代表的幸福产业，以消费升级带动服务业升级，建设全市幸福产业高地。加快打造传统优势产业升级版。改造提升商贸流通业，实施“互联网＋商贸流通”计划，培育5～10家商贸流通限上企业。改造提升传统餐饮业，挖掘上党美食文化内涵，积极打造餐饮文化品牌，着力打造淮海小吃街、县前巷小餐饮街、东华门上党特色小吃街等一批餐饮示范街。壮大互联网经济。加快发展第三方网络零售平台，支持易淘网、博源e购、百佳e购、紫坊义电园、紫坊农产品电子商务交流中心等本土电商企业做大做强，全力打造线上线下融合“新零售”业态。三要大力推动创业创新。发挥“全省中小企业创业创新基地”示范带动效应，多举措建设“双创”示范基地，引导园区停产企业或低效用地企业，盘活土地资源，利用自有土地、设备，建设创业创新工场；支持辖区高等院校联合周边存量土地和楼宇，设立创业创新载体，形成环高校知识经济圈为主体的创业群落；多层次打造“双创”示范先锋。抓好东山国际创业基地建设，扶持唯美诺创业基地升级发展，加快建设长轴文化创意园。全方位加强“双创”政策扶持，加强“双创”财政金融支持，推进人才、技术与资本的嫁接，力争签约10个创新项目。四要不断强化项目支撑。抓好总投资418亿元的73个重点项目，进一步增强发展后劲。抓紧项目建设。重点推进现代服务业、新型工业、民生事业等领域投资，加快建设烟草物流配送中心、20万吨节能铝型材、惠丰养老院等一批重点项目，年内完成投资98.4亿元。抓实要素保障。做大鑫海投资公司平台，做好项目“设计”和“包装”，充分运用债券、产业投资基金等市场化方式融资，有效破解资金难题。认真落实全省投资审批改革要求，积极推行企业投资项目管理负面清单、权力清单、责任清单制度。完善服务企业常态化机制，成立服务企业办公室，切实解决好项目用工、用水、用能等实际问题。抓好选商引资，全年引进千万元以上投资项目15个，协议引进投资额保持在100亿元以上。

（二）以更强的决心合力攻坚，打造区域性中心城市。一是全力推进城中村改造。强化规划引领。统筹生产、生活、生态三大布局，优先考虑教育、文化、体育、医疗等公共设施，同步配套水电气暖、道路、绿地、环卫等基础设施，策划实施能记得住乡愁、讲得出故事的产业项目，实现产城融合。坚持依法依规。层层把关修建性详细规划、合作改造协议、拆迁安置方案，严控拆迁、成本、资金、市场风险，做到依法征拆、阳光安置。加快改造进程。鼓励和吸引大集团、大企业参与城中村改造，打通去库存与城中村改造之间的通道，打通商品房与村民安置房之间的通道，打通货币化安置与产权调换之间的通道，推动附城、角沿、紫坊等22个村的整村改造。二是着力加快城市建设。初步确定了紫金西街、东洲门路、华丰路等多条道路建设；启动政府主导的城市中心地带棚户区改造，年内保障性住房开工建设4200套，基本建成2800套；推动“三河一渠”综合治理提档升级;启动实施石子河上下游及人民公园人工湖黑臭水体整治;巩固“违建清零”战果,坚决遏制违法建设增量,加快消除违法建设存量,推进“违建清零”行动向纵深发展。三是全面加强城市管理。深化环卫体制改革,创新工作机制,开启环卫工作区域化、网格化属地管理新格局;探索环卫市场化运营模式,建立多渠道、多元化的高效环卫运行体系,全面提升环境卫生管理水平;加大环卫基础设施建设。完善城市服务功能,新建15个标准化惠民市场,规划建设20个停车场,进一步扩大“10分钟便民生活服务圈”辐射范围。四是持续发力环境治理。大力改善生态环境,不断加大控煤、治污、管车、降尘力度,全力以赴完成“铁腕治污百日专项行动”各项任务。完成大气、水、土壤污染防治各项任务,加快推进集中供热,抓紧探索、论证、试点城中村居民煤改电、煤改气等清洁能源替代模式,让“城区蓝”成为常态。

(三)以更实的举措改革创新,提高社会治理水平。一是打造综合行政执法新体制。探索推进综合行政执法体制改革,加快实施相对集中行政处罚权改革,实现“一支队伍管全部”。加快综合执法信息平台建设,实施执法计划、执法检查、整改情况、处理结果等执法信息全程留痕,利用信息化推动执法工作公正、透明、受监督。二是开启大数据社会治理新局面。依托“三位一体”信息平台,整合系统资源,推动政府信息和公共数据互联开放共享,完善“大数据”社会治理平台,建立高效快捷的行政审批和政务服务。以大数据推动社会管理智能化,推动社会治理向“管理精细化、服务智能化、决策科学化、品质高端化”迈进。三是开拓社区建设新境界。强化“基层组织、基础工作、基本能力”建设,夯实服务群众的前沿阵地。着力优化队伍结构,推进社区干部与专业社工深度融合。深入推进共建共享,借助网格化和信息化手段,把社区建成管理有序、服务完善、文明祥和的社会生活共同体。四是构筑平安创建新格局。坚持“党政同责、一岗双责、企业(单位)主责、失职追责”,压实责任,严格落实目标考核“一票否决制”。持续开展安全生产隐患大排查大整治,重点抓好危险化学品、建筑施工、消防、城市燃气、特种设备等行业领域的安全监管和专项整治,坚决杜绝重特大事故,减少一般性事故,确保安全生产形势持续向好。严格食品药品安全监管,规范食品药品生产流通秩序。加强社会治安综合治理,严厉打击各类违法犯罪。扎实做好新形势下的信访工作,及时妥善解决群众合理诉求,维护社会稳定。

(四)以更高的标准改善民生,实现发展成果共享。一是继续优先发展教育事业。加强基础设施建设,加快长子门、建东、上南街等学校教学楼新建和改扩建工程,完成惠丰小学、澳瑞特小学等学校操场改扩建工程,全面提升学校硬件设施水平。推进多元化办学模式,满足居民多元化教育需求,建设全市优质基础教育资源核心区。探索集团化办学模式,强化教育改革。二是更加重视全民健康事业。推进公立医院改革,扶持城区医院、常青医院、城区二院等医疗机构向专科化、特色化发展,启动城区医院改扩建项目,加快推进长治市精神卫生住院楼项目建设。实施药品流通领域改革,减少药品流通中间环节。促进医疗资源重心下移,大力推行预约诊疗、检查检验结果互认、家庭医生签约服务等便民惠民举措。鼓励和引导社会资本兴办医疗机构,加快推进胡大一心血管医疗中心项目。强化社会办医监督管理,规范医疗市场秩序。三是切实抓好社会保障事业。加快完善社会保障体系,确保新农合和城镇居民医保的合并,持续扩大社会保险覆盖面,强化社保扩面征缴力度,着力巩固全覆盖成果,努力实现全民参保登记计划。进一步拓展就业创业渠道,城镇新增就业3000人,创业带动就业1200人,城镇登记失业率控制在3%以内。关心关爱弱势群体,启动“全国残疾预防综合试验区创建试点”工作,探索“医养结合”养老模式,继续提高城镇低保标准,不断加大困难群体帮扶力度,提升基本民生保障水平。四是统筹发展文旅事业。深化文明城市创建,大力培育和践行社会主义核心价值观,深入推进文明评选系列活动。加强基础设施建设,区图书馆新馆投入使用,新建一批篮球场、健身小广场、笼式足球场等文体活动场所。繁荣文化创作,打造上党地域特色文化品牌。以“旅游业+”为思路,推动旅游产业升级,打造旅游集散中心,开辟精品市区一日游线路,丰富城市旅游内涵。

实干成就梦想,奋斗赢得未来。让我们在市委、市政府和区委的坚强领导下,在区人大、区政协的监督支持下,紧紧团结全区人民,提振精气神,汇聚正能量,凝心聚力,攻坚克难,为谱写“品质之城、幸福之区”新篇章而奋勇前进!

# 发展特色城郊经济，全面建成小康社会

长治市郊区区长　张晋伟

2016年是实施“十三五”规划的开局之年，区政府团结带领全区人民，紧紧围绕“突出‘三大重点’，落实‘五项举措’，大力发展特色城郊经济，率先全面建成小康社会”的工作思路，主动作为抓机遇，创新实干迎挑战，凝心聚力促发展，较好完成了年度各项目标任务，取得了喜人业绩。

2017年是党的十九大召开之年，是供给侧结构性改革和转型综改的深化之年，是全面贯彻落实省区市党代会精神、走出经济困难局面的攻坚之年，做好2017年的各项工作意义十分重大。

**一、2017年政府工作的总体要求**

以习近平总书记系列重要讲话精神和治国理政新理念新思想新战略为根本指针，全面贯彻中央和省、市有关要求和会议精神，以大手笔谋划大战略，以大改革赢得大突破，以大举措助推大发展，持续推进“三大重点”，深入实施“五项举措”，着力实现“十大突破”，大力发展特色城郊经济，坚持稳中求进，打造实干郊区，促进经济稳步向好和社会和谐稳定，为率先全面建成小康社会打下更加坚实的基础，以优异的成绩迎接党的十九大胜利召开。

**二、2017年区域经济社会发展主要预期目标**

地区生产总值增长6%，规模以上工业增加值增长4.5%，地方财政收入增长3%，固定资产投资按新的统计口径确定任务完成，社会消费品零售总额增长8%，城镇常住居民人均可支配收入增长5%，农村常住居民人均可支配收入增长5.5%。安全生产、节能减排等约束性指标严格控制在市定范围内。

**三、政府重点做好以下工作**

*（一）以提高发展质量和效益为中心，坚定不移转方式、调结构，推进产业新型化。*一是做强做优二产，巩固发展基础。实施装备制造业优先发展工程。建立以澳瑞特健康产业公司、布劳恩电梯股份有限公司为代表的装备制造业技术联盟，围绕精密铸造、煤机设备、矿用电机、健身器材等优势领域，加大科研经费、技术改造投入，提升企业自主创新能力；立足10家规模以上制造企业的技术、产品、市场优势，上马一批产业衔接、配套紧密的项目，全力推进青岛高测金刚石线、新兴际华、诺尔昌泰等重点项目建设。实施传统优势产业改造提质工程。建立以首钢长钢公司和长信工业公司为代表的冶炼技术联盟，以漳泽电力公司、漳山发电公司、晋能热电公司为代表的电力技术联盟，加大技术改造力度，延伸产业链条，提高产品附加值，提升核心竞争力；全面限制和逐步淘汰“三高一剩”的低端产业；切实抓好漳电2×100万千瓦发电机组、首钢长钢垃圾焚烧发电、霍家沟合成橡胶等9个重点项目建设。实施战略性新兴产业培育工程。建立以霍家工业公司、昌晋苑煤化公司为代表的精细化工和煤化工技术联盟，着力推动以潞安太阳能公司、晨洋光伏科技公司等企业为重点的太阳能产业，以海森生物制品公司、杏林饮片有限公司等为重点的生物医药产业快速发展，加快培育现代煤化工、新能源、新材料、生物医药、信息技术等产业集群；切实抓好霍家工业公司8万吨聚苯硫醚、昌晋苑煤气化替代综合利用二期等24个战略性新兴产业项目建设，加强太阳能、健身器材、输送带等优势产品出口。二是做大做活三产，带动结构优化。优化提升传统服务业。切实加快万达广场、昌盛综合商贸城二期、福星商贸城等重点项目建设，抓好王庄春草市场、马厂集贸市场升级改造，发展智慧物流、多式联运；推动互联网与流通产业的深度融合，推动商贸、餐饮、住宿等行业加快业态创新、管理创新和服务创新，促进线上线下互动发展。大力发展现代服务业。培育壮大现代金融、商务会展、信息咨询等现代服务业；促进健康与养老、旅游、互联网、健身休闲、功能食品等行业融合发展，大力发展健康产业；加强与国内知名商贸企业对接，力争引进1～2个标志性、标杆性服务业项目。加快发展数字经济。注重加强信息基础设施建设，构建信息惠民体系；重点推进浪潮长治云计算中心、电信大数据云基地项目建设；通过促进信息化与

工业化、信息化与城市化的“两化”深度融合，推进智能制造，建设智慧郊区。三是做精做特一产，提升产业结构。深入推进农业供给侧结构性改革。围绕老顶山旅游区发展规划，种植适销对路、景观效应明显的中药材、干果经济林，实现老顶山旅游区玉米“零种植”；培育畜牧业新型经营主体，增加优质畜产品产能。创优现代农业发展模式。大力推进农业嘉年华项目建设；促进现代农业与旅游业的融合发展，全力创建国家中医药健康旅游示范区和农业可持续发展试验示范区。打造农产品特色品牌。加强无公害、绿色农产品认证管理，打造特色农业品牌；帮扶潞奥园林工程公司、新埔木糖公司等龙头企业做精做特；扶持建设5个绿色农业示范村、8个绿色现代农业示范园和5个绿色高效种植片区，新认证无公害农产品基地两个、“三品一标”农产品6个；发展宾花食用菌种植、富硒粮食种植；农产品龙头企业销售收入突破10亿元；大力实施农村集体经济收入破零和壮大集体经济工程，发展壮大农村集体经济合作组织，推动农民增收致富。四是加快发展文化旅游业，促进产业升级。不断完善旅游产业发展规划。做到先规划后建设，先储备后开发，强化旅游带动功能。推进景区(点)体制机制改革。推进景区(点)所有权和经营权分离，探索“旅游＋健康”“旅游＋养老”新发展模式，加快环漳泽湖旅游项目开发。全力打造四大旅游品牌。重点打造以始祖百草堂、环漳泽湖水利风景区为主的山水旅游品牌；以故县红色革命教育基地为重点的红色旅游品牌；以农业嘉年华、潞奥园林、瓦窑沟、南村为重点的乡村旅游品牌；以申家二十四院、二贤庄、观音堂为重点的古建文化旅游品牌，培育国内知名旅游线路和景区(点)。繁荣文化事业。大力发展文化休闲、文化体育、文化创意等产业，健全完善公共文化服务体系，加大文化惠民工程实施力度，满足群众多样化精神文化需求。五是做好帮扶服务，振兴实体经济。认真落实各项政策措施，最大限度减轻企业负担。全面深化入企服务活动，巩固入企服务工作成效，帮助5户以上企业脱困。全力帮扶企业发展，有效帮助企业解决融资困难；帮助首钢长钢公司、长信工业公司、昌晋苑煤化公司等企业争取直供电指标，降低企业用电成本；加大新入规、新入限企业培育力度，支持潜力企业发展壮大。六是推进项目建设，优化投资结构。着力优化投资结构。拟谋划实施重点项目168个，其中一产项目9个，二产项目39个，三产项目50个；城建、社会事业及基础设施类项目70个。不断简化审批流程。持续深化联审联批制度改革，进一步提高行政审批事项即时办结率，提升综合服务能力。

(二)以城中村改造为抓手，产城融合塑特色、提品质，推进区域城市化。一要加快城中村、棚户区改造步伐。年内完成53个村的村庄建设规划编制工作。全力推进旧村拆除和改造工作，完成城中村、棚户区改造融资工作方案，抓好新兴际华7445厂棚户区改造项目实施。二要全力完善城乡基础设施。加大城乡供热、供气、供电、通讯、光纤等管网建设力度，推进漳泽湖旅游路、老顶山旅游路、长治火车站广场改造等重点工程建设，完善区内LNG或CNG加气站、加油站、加电站规划，并加大实施力度，不断补齐城乡基础设施短板。构建城乡环境卫生长效机制，加大环卫工作投入，新增4个压缩密闭式垃圾转运站。三要努力提升城市建设品质。进一步优化城乡区域发展空间格局，力争每个乡镇创建1～2个“产、城、人、文、景”有机结合的特色小镇。扎实推进体育北路学校、金湛学校、区环卫调度中心、区档案馆等基础设施项目建设，不断提升公共服务能力，增强城市承载功能。

(三)以经济社会可持续发展为目标，持之以恒美环境、强环保，推进城乡生态化。一要全力打赢“五道五治”“五村联创”战役。重点抓好28个示范村创建，打造具有浓郁乡村特色、独特文化品位、典型示范作用的先进村。继续深入实施农村人居环境改善“四大工程”，扎实抓好农村“三改”“两治”“一化”等重点工作，新创建一批美丽宜居示范村。力争全区50%的行政村达到卫生(清洁)乡村创建标准，农村污水管网普及率达到50%，无害化卫生厕所普及率达到60%。二要全面推进环保攻坚。建立重污染天气预警应急响应和联动机制；持续引深“六大专项行动”和铁腕治污行动；实施主城区冬季清洁取暖工程，大力推进煤改气、煤改电；全面实施“河长制”，加大土壤环境监管力度，全面强化重金属、规模养殖、河道水面和农业面源污染防治，加快黄碾、北寨两个人工湿地建设，切实提升大气、水、土壤污染治理水平。三要大力实施造林绿化工程。狠抓植树造林和生态修复，扩大干果经济林种植面积。启动老顶山采石场生态恢复工作，大力实施新一轮退耕还林，森林覆盖率再提高0.8个百分点。

(四)以深化重点领域改革为主线，进一步增强发展动力。一是深入推进供给侧结构性改革。坚定不移去产能，全面淘汰煤、焦、铁、电等落后产能，严格控制钢铁、水泥等过剩产能。真抓实干去库存，重点抓好房地产去库存，打通去库存与城中村、棚户区改造之间的通道，加大货币化安置力度，全年力争化解商品房库存2000套。不遗余力去杠杆，推进企业资产重组，加强企业自身债务杠杆约束，降低企业负债率，保障区内各企业杠杆率低于全省平均水平。多措并举降成本，认真落实各项减负政策，尽最大能力帮助企业降低融资、用电、用地和物流等成本。千方百计补短板，抓住制约经济社会发展的重要领域和关键环节，努力补齐产业发展、基础设施、公共服务、科技创新和生态环保等方面短板。二是抓好事关全局的关键性改革。完善国有林场改革、新农合与城镇居民医保并轨等后续工作。探索推进城市建设、开发区建设“多规合一”。扎实推进医药卫生体制和城市公立医院改革。深化商事制度改革,推行“双随机一公开”制度。深化农村集体产权制度改革,全面完成农村土地承包经营权确权登记颁证工作,探索推进农村土地所有权、承包权、经营权“三权分置”。构建土地流转管理服务平台,引导农村土地规范有序流转。三是全力推动金融振兴。创新融资模式,搭建更为广阔的政银企合作平台。重点抓好晨洋光伏科技公司、飞跃工程机械公司、华望电子设备公司3家企业上市工作。积极推动“三农”信贷业务创新,帮助农民解决创业融资难题。四是着力助推科技创新。加大科技人才培养引进力度,加快科研成果转化,引导企业积极申报国家、省、市重点科技项目。五是积极推进经济技术开发区建设。创新“建区模式”,立足“一区两园”模式,推进经济技术开发区建设。实施园区提质行动,创新融资引资和引智引才模式,重点布局高端装备制造业、新材料、新能源、现代煤化工、精细化工、生物医药、现代物流、文化旅游、节能环保、信息技术等主导产业。推动产业转型升级,开展多种形式的招商选商活动,发展上下游产业,不断延伸产业链条、提升经济效益。六是加快民营经济发展。实施市场主体培育工程,进一步加大“个转企”“小升规”“规转股”“股上市”步伐,引导民营企业入园发展。实施转型引导工程,全力支持现有企业技术改造、转型升级、做大做强。实施“质量强区”战略,注重品牌效应,培育一批有核心技术、有自主品牌、有优势产品、有发展潜力的中小微成长型企业。实施营商环境优化工程,积极争取国家和省、市项目资金及优惠政策扶持,提升政府部门服务企业发展的能力和水平。七是着力扩大对外开放。创新以商招商、以地招商等模式,延伸产业链招商,鼓励区内化工、装备制造、新能源等企业引进相关项目,发展上下游产品。加强与漳泽电力长治公司对接,促使该企业配套太阳能光伏项目落户我区。积极尝试有偿招商,确保全区签约资金不低于300亿元,签约项目不少于36个。大力实施“人才强区”战略,健全服务保障“五大体系”,加大工作力度,引进一批高层次人才。

(五)以提高人民幸福指数为要义,进一步改善民生福祉。一要加快社会事业发展。不断巩固义务教育均衡发展成果,实施寄宿制学校标准化建设,逐步科学整合百人以下学校,强化中小学招生入学管理;加强联盟办学和城乡中小学校长、教师交流,全面提升教学水平和教学质量。推行药品采购“两票制”,加强医疗卫生系统人才梯队建设,促进中医药发展;科学整合村级卫生计生服务职能,推进医疗联合体实质性运行;认真落实全面两孩政策,促进家庭幸福和人口均衡发展。二要强化就业和社会保障。努力帮助大学生、返乡农民工、下岗职工等群体就业创业,城镇登记失业率控制在3%以内。持续扩大社会保险覆盖面,强化社保基金监管,进一步保障城乡低保、农村五保供养待遇。鼓励扶持民办养老机构建设。三要着力办好惠民实事。全力办好八件民生实事,让广大群众幸福感、获得感更加强烈浓厚!

(六)以创新治理方式为突破,进一步促进社会和谐稳定。加强平安郊区建设,确保实现安全生产“双零”目标;加强食品药品、产品质量、特种设备安全监管;深入开展“平安郊区”建设活动,深化“打黑除恶”专项行动和重点项目(工程)建设领域环境专项整治,不断提高群众的社会治安满意度。加强和谐郊区建设,深化网格化管理,强化网络舆情引导和管理。加强法治郊区建设,扎实开展“七五”普法教育,加大法律援助和司法救助力度,确保社会和谐稳定。

让我们在区委的坚强领导下,以更加坚定的意志迎接挑战,以更加饱满的热情开拓创新,以更加务实的作风勤勉工作,全力开创我区经济社会发展新局面,为郊区更加美好的明天而努力奋斗!以更加优异的成绩迎接党的十九大胜利召开!

# 推进两个优化、实现二次崛起

潞城市市长　秦苏良

2016年，面对严峻复杂的经济形势，在市委的坚强领导下，在市人大、市政协的监督支持下，市政府团结依靠全市人民，认真贯彻落实“推进两个优化、实现二次崛起”的发展思路，全力以赴抓发展，千方百计惠民生，务实担当，攻坚克难，较好地完成了市六届人大一次会议确定的各项目标任务。

2017年是全面落实市第六次党代会精神的起步之年，是推进供给侧结构性改革和转型综改的深化之年，也是加快潞城转型发展的关键之年。做好2017年的各项工作，任务艰巨，意义重大。

**一、2017年政府工作的总体要求**

深入贯彻习近平总书记系列重要讲话精神，认真贯彻省、长治市党代会和经济工作会议总体部署，认真落实“推进两个优化、实现二次崛起”的发展思路，以转型综改和供给侧结构性改革为主线，加快“三三”发展，优化经济结构，强化十大举措，优化发展环境，全力打好项目攻坚年、优化服务专项行动年、城建起步年、改革深化年四大攻坚战，统筹做好稳增长、促改革、调结构、惠民生、防风险各项工作，推动经济社会持续健康发展，以优异成绩迎接党的十九大胜利召开。

**二、2017年经济社会发展的主要预期目标**

地区生产总值增长7%，规模以上工业增加值增长6%，社会消费品零售总额增长7%，地方财政收入增长5%，城乡居民人均可支配收入分别增长6.5%和7%；全社会固定资产投资增长按新统计口径确定。居民消费价格指数、城镇登记失业率、单位生产总值能耗、主要污染物排放总量、安全生产等约束性指标控制在省、长治市确定的目标以内。

**三、重点推进以下九个方面工作**

（一）大力推进“三去一降一补”。一是分类指导去产能。焦化行业向精深加工延伸，推动焦炭由主产品变成副产品；水泥行业提高质量、扩大市场、增加效益；钢铁行业提升工艺水平，加大技术创新，开发新产品；妥善处置停产、半停产企业，推动兼并重组、转型转产、脱困发展；坚决关停生产工艺落后、高耗能、高污染的企业或项目，为新上项目置换更多产能、腾出更多环境容量。二是因势利导去库存。科学编制供地计划，加大棚户区改造和城中村改造货币化安置力度，大力培育住房租赁市场，鼓励有稳定就业条件的农民进城购房，力争全年去库存率提高10个百分点。三是积极稳妥去杠杆。鼓励符合条件的企业到资本市场直接融资，降低融资成本。推进企业债务重组。加大不良资产处置力度。引导商业银行对市场前景好、暂时有困难的企业不断贷、不抽贷，保障企业正常生产。四是多措并举降成本。认真落实减税降费政策，降低企业投资成本。合理降低企业人工成本，减轻企业用地负担，有效降低企业物流成本。五是聚焦重点补短板。大力推进城中村、棚户区改造，配套完善路网、水网、供热和供气管网，补齐基础设施不足短板。加大教育基础设施建设力度，推进医疗卫生机构提档升级，补齐民生领域投入不足短板。围绕推动转型发展，大力培育引进高端人才，加快科技创新，补齐人才缺乏、核心竞争力不强短板。

（二）大力推进农业供给侧结构性改革。一是稳定粮食生产。提升综合生产能力，保障全年粮食总产量稳定在1亿千克左右。保障农产品质量安全和生态环境安全。二是调优农业结构。大力发展特色种植，引导扶持农民积极发展杂粮、设施蔬菜、干果经济林等特色种植。大力发展林下经济，继续扩大连翘、板蓝根等中药材种植规模。大力发展规模健康养殖，打造标准化生猪养殖、现代化蛋鸡养殖、狐貉特色养殖三大特色养殖基地。三是做特农业产业。立足解决卖粮难问题，引进大型玉米深加工企业，提高玉米就地转化率。加快智康核桃深加工生产线调试进度，推进核桃粉、核桃油等保健产品尽快投放市场。保护和传承凤栖桥酿业白酒千年传统酿造手法，开发保健醋、果汁醋等系列产品，打响“潞城醋”品牌。推进神农鲜奶吧扩张连锁经营规模，打响“神农奶”品牌。建设旱地西红柿储存与深加工项目，带动扩大种植面积，提升种植效益。依托潞盈农业，实行餐饮食材一站式配送，建立覆盖长治地区的农产品购销、物流配送营销网络。大力发展新型农业经营组织，发展多种形式适度规模经营。增加绿色优质农产品供给，推行农业标准化生产，实行农产品质量安全溯源制度，推动"三品一标"认定。

（三）大力推进工业转型升级。一是巩固提升传统产业。推进潞安焦化5.5米捣固焦炉项目开工建设，重启三元微子煤业和宋村煤业两座矿井基建工程，支持兴宝钢铁加快技术革新，引导卓越、华润等水泥企业生产高标号水泥、特种水泥，加快推进王曲电厂汽轮机通流改造项目。二是做强做大新材料产业。潞宝园区、潞安园区围绕发展精细化工，延伸产业链条，生产新材料产品。推进天脊集团2×15万吨硝酸铵钙、苯胺硝基苯固废处理二期等项目尽快开工建设。引进建设石膏晶须等新型功能材料项目。三是培育发展新兴产业。航空航天方面，依托铱格斯曼隐形帐篷、隐形玻璃和平流层卫星等多项国内领先技术，规划建设航空小镇，做大做强航空制造业。装备制造方面，加快推进潞泰达电气设备二期、省三建装配式建筑等项目投产达效，加快推进东莞晋源祥3C配件等项目开工建设，打造装备制造基地。新能源方面，重点抓好盛洋能源40兆瓦光伏发电、三一重工风力发电等项目建设；投放一批电动运营车，建设租赁点和充电桩，推进智慧绿色交通出行。食品医药方面，盘活昂生制药和圣合得啤酒，做大中药产业和食品产业。

（四）大力发展三产服务业。一是优化提升传统服务业。推动商贸、餐饮、住宿、家政等行业加快业态创新、管理创新和服务创新；引进中国"智库"等知名电商企业，促进线上线下互动发展，构筑产品销售流通新模式。建设城市商业综合体，改善购物环境，提升商业服务水平。新建、改造各类专业和综合市场、乡镇集贸市场、社区便民市场；推进乡村两级商业网点提档升级，建立覆盖城乡、布局合理的商贸流通体系。二是加快发展现代服务业。大力发展公路物流业，扶持壮大运输物流业，打造长治地区最大的运输物流基地。大力发展铁路仓储物流业，依托北京铁路局，规划建设危险化学品仓储及铁路物流园；依托潞安运销五里后专用发运站，建设潞安集团煤炭仓储物流基地。大力发展航空物流业，规划建设通用机场，发展临空经济。加快推动长治大专院校搬迁等工作，规划建设文教产业园。三是发展壮大旅游业。启动旅游发展规划编制工作。抓好古村落和文物保护，加快八路军总部北村旧址院落修缮。打造一批精品旅游景点，大力发展乡村游、古色游、生态游、红色游。

（五）大力推进城乡一体化。一是科学编制各类规划。加快推进城乡总体规划修编工作，积极做好主城区控规编制工作。二是着力提升主城区品质。加快城中村改造，重点推进城市中心区域棚户区改造工程。完善城市基础设施，继续实施供气、供水扩容工程，实施污水处理厂提标改造二期工程。三是全面加强城乡管理。推进城市管理综合执法体制改革，提升精细化管理水平。坚持"拆、建、管"三位一体，深入推进"五道五治"专项行动。四是扎实推进美丽乡村建设。实施农村人居环境改善工程，大力改善农村人居环境。培育发展两个特色小城镇。扎实有序建设美丽乡村，创建两个长治市级、10个县级美丽宜居示范村。五是持续推进生态文明建设。实施养水工程，启动市域小水网工程。实施增绿工程，创建省级生态村5个、长治市级生态乡镇1个，持续推进卢医山省级森林公园建设，森林覆盖率提高1个百分点。推进主城区绿化提档升级，稳定绿化覆盖率。六是积极推进治污减排。全面推进节能改造，加大环境污染治理力度，打好大气、水、土壤污染防治三大战役。深入开展"蓝天行动"，大力实施"碧水行动"，有序推进"净土行动"。严格环保执法，引深"铁腕治污"行动，依法严惩各类环境违法违规行为。

（六）大力推进项目建设。高效精准招商选资。积极承接发达地区加工贸易产业转移，突出土地招商，抓好熟地储备；突出产业招商，重点引进国内知名农产品深加工企业，重点引进装备制造、生物医药、新能源、食品加工和己内酰胺下游聚合、拉丝、纺织等行业领域的大项目、好项目，重点引进信息技术、咨询服务、现代物流、文化教育等方面的现代服务业项目，推动产业协同发展。强力推进项目建设。加快在谈项目签约落地；加快新建项目开工建设，积极做好68个新建项目的各项前期准备工作，推进尽早开工；加快在建项目建设进度；精心抓好项目储备；全力抓好项目争取。

（七）大力推进重点领域改革。一是推进经济开发区体制机制改革。加快翟店经济开发区可研编制工作。用全新的理念谋划空间布局、产业定位，完善基础设施，强化政策引导，土地、财政、金融、公共服务等政策优先向开发区倾斜。以全新的体制推进开发区管理，把开发区打造成行政管理体制的改革先锋。二是深化农村产权制度改革。做好农村土地承包经营权确权登记扫尾工作，年内颁发土地承包经营权证书。全面推开农村集体资产股份权能改革，完成试点改革任务。健全农村产权流转交易市场。深化土地托管工作。大力实施农村集体经济"破零"工程。三是深化投融资体制改革。实行企业投资项目管理负面清单、权力清单、责任清单制度。创新企业投资项目管理。对政府投资类项目，尽可能采取PPP模式合作建设，减轻财政负担。四是深化商事制度改革。将更多涉企证照与营业执照整合，积极探索"多证合一"登记模式。创新事中事后监管，完善企业信用信息公示系统。稳步推进国有企业、户籍制度和社会保障体制等方面的改革。

（八）大力优化发展环境。一是加快发展民营经济。推进民营企业创新发展，力求在民营经济占比、民营企业数量等方面取得大的突破。全力营造亲商、爱商、优商、富商的浓厚氛围。鼓励民营企业建立现代企业制度，规范企业治理结构，加强企业经营管理。二是全面激发双创活力。引导天脊、华润、潞安焦化等国有企业自主创新，辐射带动化工、水泥等关联企业提升创新能力。依托中关村天合科技成果转化促进潞城分中心，在翟店经济开发区建设“双创”孵化基地，为企业提供“拎包入住”式服务。依托企联大厦，发展总部经济，吸引知名企业在潞城设立地区总部机构。三是深入实施科技创新。鼓励企业与高等院校、科研院所、行业协会加强战略合作，加快科技创新和成果转化，支持申报创建高新技术企业。四是培育引进高端人才。构建全新的人才合理流动机制，开展职业技能培训，培育高技能人才。五是持续强化要素支撑。做大政府投融资平台。不断优化投资环境，引进长治银行、晋商银行等金融机构在我市设立分部。引导企业在资本市场融资，年内启动农商行、天脊精细化工等企业新三板上市工作。吸收更多社会资本，有效解决企业信贷担保难问题。用足、用好、用活土地政策，拓展用地空间，提高土地使用效率。建立服务企业长效机制，切实为企业解决实际问题。

（九）大力推进民生改善。一是倾力推进脱贫攻坚。大力实施健康扶贫，高度重视困难群众的健康医疗保障，切实解决因病致贫问题。大力实施教育扶贫，全面实施雨露计划和贫困大学生资助行动。大力实施就业扶贫，想方设法帮助有劳动能力的贫困人员实现就业，保障稳定收入。大力实施产业扶贫，因地制宜发展产业，推动脱贫攻坚。完善“五帮联动”机制，加大涉农资金整合捆绑使用力度，实行资金预拨付制，确保年内2500名贫困人口稳定脱贫。二是办人民满意教育。全面改善办学条件，优化学校区域布局，加快推进育才小学操场、城关小学东综合楼、城关小学附属幼儿园等项目建设。加快学前教育和普通高中标准化建设。加强师资队伍建设。三是建设健康潞城。推行公立医院药品采购“两票制”，降低药品价格，有效解决看病贵问题。提升基层医疗卫生服务水平，建设高标准中心卫生院，推进优质资源向乡镇卫生院辐射延伸，实现农村标准化卫生室全覆盖。四是加强社会保障。深入开展“全民参保登记”活动，实现参保人群全覆盖；完成城乡居民基本医疗保险制度并轨；推动机关事业单位养老保险制度改革入轨运行。鼓励发展劳动密集型产业，推进高校毕业生创业就业；健全劳务输出长效机制，加大农村劳动力转移力度，推进城乡零就业家庭动态清零。提高城乡低保标准和五保供养标准。加快老年公寓楼建设，新建4所老年人日间照料中心。五是培育文化软实力。完善公共文化服务基础设施，办好公益性群众文化活动。实施文化惠民工程。六是全力抓好安全生产。全面落实企业主体责任、部门监管责任，保障安全责任、管理、投入、培训和应急救援“五到位”。切实提高安全管理水平，推行科技治安，保障安全生产。深入开展隐患大排查大整治活动。加强食品、药品日常监管，保障人民群众“舌尖上的安全”。七是维护社会和谐稳定。做好信访维稳工作，抓好社会稳定风险评估和矛盾纠纷排查调处工作，维护社会稳定。加强社会治安综合治理，继续开展严打整治专项行动，着力营造安定和谐的社会环境。

时代赋予重任，奋斗铸就辉煌。让我们在市委的坚强领导下，紧紧依靠全市人民，聚改革之力、鼓实干之劲，锐意进取、勇于创新，敢于担当、真抓实干，以优异的成绩迎接党的十九大胜利召开！

# 弘扬革命精神，奋力迎难而上，夺取脱贫攻坚、全面小康新胜利

武乡县县长　**阎新平**

2016年，在市委、市政府和县委正确领导下，县政府团结带领全县广大干部群众，认真贯彻落实省委“一个指引、两手硬”和市委“两个目标”重大部署，深入实施“11355”发展战略，以脱贫攻坚统揽经济社会发展全

局，统筹推进稳增长、促改革、调结构、惠民生、保安全等各项工作，在困难中砥砺前行，全县经济实现了下半年好于上半年的目标，实现了“十三五”良好开局。

2017 年是供给侧结构性改革关键一年，是我县脱贫攻坚全面攻坚之年。做好今年的各项工作，意义十分重大。

**一、2017 年政府工作的总体要求**

深入学习贯彻习近平总书记系列重要讲话精神和治国理政新理念新思想新战略，全面落实中央经济工作会议和省委、市委十一届二次全会暨经济工作会议精神，按照县委十五届四次全会暨经济工作会议确定的目标任务，坚持稳中求进工作总基调，以创新驱动、转型升级为主线，以全力创优发展环境为抓手，以提高发展质量和效益为根本，深入实施“11355”战略，坚持“一个统领”、推进“八大工程”，弘扬革命精神，奋力迎难而上，夺取脱贫攻坚、全面小康新胜利，以优异的成绩迎接党的十九大胜利召开。

**二、2017 年县域经济社会发展主要预期性目标**

地区生产总值增长 5.5%左右，工业增加值增长 3%，固定资产投资按照新的统计口径设置，地方财政收入增长 2%，社会消费品零售总额增长 8%左右，城乡居民人均可支配收入分别增长 6%和 8%。约束性指标严格完成市定任务。

**三、重点抓好十个方面的工作**

（一）精准发力奋战脱贫攻坚。充分发挥县脱贫攻坚总指挥部作用，进一步引深完善“五帮联动”机制，健全全县脱贫攻坚信息平台，加快推进项目建设，确保 75 个贫困村退出，1.1 万贫困人口脱贫。一是实施特色产业扶贫工程。到 2017 年底，全县贫困村基本确立“一村一品一主体”，达到“五有”标准，户均新增产业收入 3000 元以上。依托大山禽业、多维牧业、绿农农牧、鑫四海等 10 个龙头企业，开展“五位一体”金融扶贫。二是加快实施易地扶贫搬迁。对 2017 年确定的县城集中移民安置二期工程等 9 个集中安置点、528 户 1587 人的移民工程，11 月底主体工程完工。实施易地扶贫搬迁后续产业项目，实现贫困户搬得起、稳得住、能致富。三是深化资产收益扶贫试点。进一步完善资产收益扶贫机制，有效保障经营主体、贫困村、贫困户三方共同受益，实现村集体经济稳定“破零”和贫困户持续增收。四是精准落实各项保障政策。认真落实好教育、卫生、民政、残联等政策措施，兜好政策扶贫网底。实施好 12 个乡镇 63 个贫困村 2505 千伏光伏电站项目，帮助 1200 人稳定脱贫。推广“合作社（公司）＋苗木基地＋农户”的扶贫攻坚造林模式，全县的造林任务全部由造林专业合作社承担，吸收 754 人参与合作社造林实现脱贫。全面启动新一轮退耕还林工程，聘用贫困人口担任护林员，4415 名贫困人口从中受益。五是加强基础设施建设。抓好 75 个贫困村饮水安全巩固提升工程，完成两个中心村 35.8 千米低压改造和 16 个村 17.2 千米动力电改造，统筹抓好乡村道路完善提质、窄路面改造、生命安全防护工程建设，实现 2017 年脱贫村通宽带全覆盖。六是创新扶贫资金使用办法。加大财政资金投入力度，加大涉农资金整合力度，切实提高资金使用效益。

（二）全力推进产业转型升级。一是大力发展新材料产业。抓好六大新材料产业项目，持续推进镁铝新材料循环经济产业园建设，启动建设镁铝新材料一期项目；加快推进兴源钙业与深圳贝特瑞公司合作，动力电池硅基复合材料项目力争年内建成；抓好东正建材年产 20 万吨脱硫石膏粉及 3000 万平方米纸面石膏板项目；加快推进泓晨万聚年产 20 万立方米透水砖、新型蔬菜生长基及海绵城市建设专用材料项目，年内开工建设；抓好山予钙业年产 10 万吨纳米碳酸钙项目，3 月份开工建设；积极推进北京颐合公司总投资 3 亿元年产 30 万平方米的新型防火 A 级材料项目落地建设。二是积极推进新能源产业。大力发展以光伏、风力发电、煤层气开采、生物质能源、沼气发电等为重点的新能源产业。抓好广志地块煤层气开发，潞安太阳能科技有限公司 50 兆瓦光伏发电项目确保 3 月份开工，上半年并网发电；大山禽业公司积极推进沼气发电项目建设，以能源结构优化促进工业转型升级。三是大力发展装备制造业。在大力发展镁铝合金新材料项目的基础上，积极引进镁铝合金装备制造产业，在汽车轻量化、航空航天、3D 打印设备等领域取得突破。四是加快发展数字经济。实施大数据战略，发展数字经济。整合现有政务网络资源，实现数据共享，建设数字武乡。培育大数据产业，以信息化促进工业化、城镇化、农业现代化。加快智慧武乡建设。加大信息基础设施建设力度，全面提升信息化普遍服务水平。五是努力提升食品加工业。大力发展农业产业化经营，全力抓好潞安油用牡丹深加工产业园建设，加快推进多维牧业养殖屠宰全产业链项目，抓好鑫四海百万头生猪屠宰生产线项目建设，积极推进三里湾农业科技有限公司 6666 公顷绿色杂粮种植加工基地建设，加快推进国药集团投资 6 亿元的小米、中药材种植加工项目，实施太行涌泉公司年产 20 万吨天然饮用水项目。六是提升改造传统产业。深化“三去一降一补”。坚定去产能，压减产能 120 万吨，推进煤矿技改扩建，提高煤炭加工转化率。提升建材业技术水平，实施西山电厂节能改造项目。七是加快发展民营经济。全年新增小升规企业 1 户，小巨人企业 1 户，新创办小微企业 150 户以上。

（三）推进农业供给侧结构性改革。一是优化农业产业布局。稳粮、优经、扩饲，合理调整农林牧结构。调减供过于求的农产品生产，增加谷子为主的杂粮和油用牡丹、中药材等经济作物种植面积。实施现代农业增效工程，推动肉蛋奶、果菜菌全面发展，不断提升农产品附加值。围绕“粮、畜、果、蔬、药”五大产业，通过龙头企业＋基地＋农户产业化带动，有序推进农业适度规模经营。二是发展农业产业化经营。扩大农业生产规模、服务规模和产业规模，多路径提升规模经营水平。积极培育和扶持专业大户、家庭农场、专业合作社、龙头企业等新型农业主体发展。壮大新型职业农民队伍，鼓励和引导更多普通农户参与规模经营实现持续增收。培育多种形式的农业服务主体，让农民获得更多收益。三是有效扩大优质农产品供给。扩大有机食品生产，加快功能食品开发，放大武乡小米、康达陈醋、汇丰饮料等功能性农产品品牌效应。抓好农产品质量安全监管，实施农业标准化战略。稳步推进“武乡梅杏”和“武乡小米”农产品地理标志认证工作。四是强化农业基础支撑。加快基础设施建设，优先保障支农支出，完成中低产田改造1333公顷、水土流失治理1333公顷、测土配方施肥1.33万公顷，夯实农业发展基础。

（四）大力发展文化旅游产业。一是探索建设红色文化旅游产业开发区。八路军文化园扩园项目力争年内开工建设；太行山影视文化创意产业园争取上半年立项建设；3月份红色旅游公路二期开工；进一步完善游客接待中心、停车场、旅游厕所等基础设施建设，为八路军太行纪念馆申报国家5A级景区创造硬件条件。二是着力建设全域旅游示范区。抓紧编制完成“十三五”旅游产业发展规划和武乡县全域旅游发展规划，提升旅游接待服务水平。以红色为主体，绿色、古色为两翼，推进太行板山健身步道、崇城山开发建设。做深“旅游＋特色小镇”文章，做精乡村休闲旅游，推出形式多样、特色鲜明、彰显人文的乡村旅游产品。三是着力创新体制机制。加快机构整合，组建旅游发展委员会。加大旅游招商引资力度，创新合作机制，引进高等院校、文创基地、文旅开发、精品酒店、联销品牌入驻园区。四是加大旅游营销力度。做好“旅游＋互联网”，创新宣传方式，跨区域举行旅游推介会、旅游促销活动，打造精品节会，引爆武乡旅游特色品牌。

（五）加快发展现代服务业。一是扶持电商快速发展。推广电商扶贫“四大模式”，打造武乡农特产品“网红”品牌，建立完善农产品质量保障和溯源体系，充分利用农民专业合作社、供销社基层合作社，组织贫困户参与，把分散的农特产品统一标准、统一分拣、统一包装、统一价格进行网上销售，形成田头到市场的供应链。依托供销社“农芯乐”“乐村淘”“扶贫购”等平台，持续推进贫困村便民服务店建设，扩大本地特色农产品销售。依托“互联网＋”，大力发展城乡快递、冷链物流，争取纳入全省智慧物流云平台，打通农村物流“最后一公里”。年内新建村级电商服务点100个，新增从业者3000人，电子商务交易额力争突破3亿元，电子商务进农村综合示范县创建工作要走在全省前列。二是推进金融业创新发展。继续加大政银企互动合作，增加信贷规模，全力支持实体经济发展。运用信贷杠杆引导发展生态农业、高效农业，支持“一村一品一主体”、美丽乡村等工程项目建设，加大“农金村办”服务力度，带动小微企业、合作社发展。提升普惠金融服务水平，鼓励农行、农商银行、邮储银行在具备条件的贫困村设立金融服务站，支持泽都村镇银行设立乡镇金融服务网点。继续做好“助保贷”、电商贷、城镇化基金、三农贷款担保、众筹基金等业务，创新融资模式，鼓励支持有条件的企业上市、发行债券，有效化解小微企业融资难题。三是优化提升传统服务业。适应大众消费多样化、个性化、信息化需求，推动商贸、餐饮、住宿、家政等行业加快业态创新、管理创新和服务创新，促进线上线下互动发展。优化城乡商贸流通网络，发展现代经营方式。开发武乡特色小吃，弘扬武乡面食文化，积极打造武乡特色品牌，带动大众餐饮、特色餐饮快速发展。引进大型集团公司，推进住宿业连锁化、品牌化发展。健全城乡居民家庭服务体系，提高居民生活便利化水平。整顿和规范市场秩序，营造良好的消费环境。

（六）大力推进改革开放。一是加快开发区改革。拟设立的武乡蟠洪经济技术开发区面积达到47平方千米，新增规划区39平方千米。着手对规划建设开发区内现有园区机构进行改革，按照“九通一平”标准加快推进开发区基础设施建设，制定项目建设和招商引资措施，确保年内开发区项目建设实现实质性突破。二是加快国资国企改革。前半年完成25个党政机关所属企业、15个事业单位所属企业脱钩改革工作，抓好国资监管部门改革，全年完成3户企业改制工作。推进商事制度改革。推进农民承包土地所有权、承包权、经营权“三权分置”，全面完成农村土地承包经营权确权登记颁证工作。三是积极推动大众创业、万众创新。多层次培育双创主体。扶持一批高成长性创新型“小巨人”企业，引导正明石材、山海商砼等十多家民营企业体制创新，发展混合所有制经济，引导企业技术创新，积极申报多维牧业、绿农农牧两个省级中小企业技术中心，新培育“专精特新”企业8户。加快企业家队伍建设，全面提升企业管理水平和队伍素质。力争将电子商务创业中心建成全市第5个省级中小企业创业基地，争创省级双创示范基地。四是强化科技创新和人才支撑。加大科技投入，落实优惠政策，加快科技开发和试验示范，支持企业技术研发和成果转化。全面实施人才强县战略,不断改善和优化人才环境,开发乡土人才,引进高端科技创新人才,培养造就一支适应全县经济社会发展要求的人才队伍。五是进一步扩大对外开放。加快基础设施内通外联,拓宽我县对外交流渠道。深化区域合作水平,主动融入中原经济区,加强与太原、晋中、晋城及介休、平遥、黎城等市县的合作,发起建立太行山红色旅游联盟。完善大山禽业禽蛋出口基地建设,争创出口品牌。六是加大招商引资和项目攻坚。全力以赴抓好初步确定的总投资423亿元104个重点项目,首批48个重点项目要力争在前半年完成各项前期准备工作,确保3月份集中开工16个项目。主动外出招商,引进一批高新技术、现代物流、环保节能等好项目、大项目,不断增强经济发展后劲。

(七)统筹推进城乡一体化进程。一是让县城面貌有新改观。优化城镇空间布局,按照“一城两区三中心,三山两河、六纵七横”大县城框架,强力推进县城“东扩、北延、西进、内增”。加快新区东扩,推动老城西进,实施基础设施北延,实施旧城区增容提质。结合新区建设与旧区改造,畅通路网微循环,提高县城基础设施配套水平。二是城市管理水平有新提升。高质量完成好县城总体规划修编工作。巩固国家卫生县城成果,推动水电路气等基础设施城乡联网、共建共享,促进各种资源要素在城乡协调配置,推进教育、医疗、文化、社保等基本公共服务均衡配置。深入推进城市执法体制改革。深化户籍制度改革。鼓励农村转移人口举家进城、进镇落户,形成就近城镇化、梯度城镇化发展格局。三是让乡村建设有新气象。以美丽乡村、农村人居环境改善为抓手,加大改气、改水、改厕力度,集中力量实施好集中供热、集贸市场、垃圾处理厂等基础设施项目,全面完成1587户扶贫移民搬迁、30户地质灾害治理、1293户农村危房改造、904户2672人采煤沉陷区治理。抓好重点传统村落保护及开发。抓好9个美丽乡村的提档升级,完成10个美丽乡村建设,投资1.8亿元开展农村垃圾综合治理,完成所有行政村省级乡村清洁工程达标创建。

(八)持之以恒发展民生事业。一是推进教育事业全面发展。积极发展学前教育,均衡发展义务教育,加快发展高中阶段教育,大力发展职业教育。充实完善教师队伍,全面实施校长、教师交流制度。二是提高医疗卫生服务水平。深化公立医院改革,扩大分级诊疗覆盖面,推动医养结合,深入实施健康扶贫工程。减少药品购销环节,降低药品虚高价格。年内完成县中医院门诊住院楼主体工程,全面铺开151个整村脱贫村标准化卫生室建设,确保75个建成投用。推动中医药传承、创新和发展,加快发展中医药健康服务、养老服务,做好12大类45项基本公共卫生服务项目。三是健全完善社保体系。实施“五大保险”提标扩面,大力实施全民参保计划。健全社会救助体系,实施重特大疾病住院医疗救助,完善特困人员救助供养服务网络;全面落实各项优抚政策,扎实推进特殊群体关爱行动。做好社会救助、失业帮扶、低保、五保等兜底性民生工作。四是千方百计促进就业。将低收入群体纳入就业困难人员认定范围,全面落实各项就业扶持政策;积极开展就业“春风行动”。全年培训新型职业农民3000人,新增城镇就业1600人,转移农村劳动力就业2351人。五是积极发展公共文化事业。加强基层公共文化设施管理,广泛开展群众性文化活动。加强非物质文化遗产传承保护。扎实推进“乡村文化记忆工程”。完善公共体育设施,广泛开展全民健身活动。

(九)大力推进生态文明建设。强化环境污染治理。深入开展大气、水、土壤污染治理环保攻坚行动。全面开展燃煤锅炉整治,开展“小散乱污”土小企业取缔行动和挥发性有机物综合治理,加大黄标车、老旧车查处力度,完善建筑工地扬尘管控措施,建立重污染天气预警应急响应和联动机制,有效防治雾霾天气。全面落实“河长制”,优化全域水资源配置,实现县城建成区和工业园区直排“双清零”。加大畜禽养殖污染和农业面源污染的监管,启动农用地土壤污染状况详查。引深“铁腕治污”行动,依法严惩各类环境违法违规行为。抓好生态绿化工作。加大工矿废弃地复垦利用力度,健全生态保护补偿机制,实施新一轮退耕还林、荒山造林、五道绿化等工程,森林覆盖率提高1个百分点。完成1个生态乡镇、5个生态村创建。

(十)全力以赴确保安全稳定。压实各乡镇、各部门的安全生产监管责任,严格落实企业安全生产主体责任,切实做到安全责任、管理、投入、培训和应急救援“五到位”。推进依法治安,实现重点监控企业、危化品运输车辆等安全监管领域全覆盖,对违法违规行为零容忍、严查处。深入开展安全生产隐患大排查大整治,对煤矿、非煤矿山、危险化学品、道路交通、建筑施工、食品安全、人员密集场所等行业领域开展安全隐患大排查大整治,严厉打击各类非法违法生产经营建设行为,确保安全生产事故起数、死亡人数持续“双下降”,全县安全生产形势保持稳定。加强和创新社会治理,深入开展矛盾纠纷排查调处,妥善处置各类群体性事件;狠抓社会治安综合管理,依法严厉打击各类违法犯罪活动,努力营造安全稳定的发展环境。

让我们在市委、市政府和县委的坚强领导下,紧紧团结和依靠全县广大干部群众,勇立潮头不忘初心,敢于担当继续前行,奋力开创全县经济社会发展新局面,坚决打赢脱贫攻坚中期战役,以优异的成绩迎接党的十九大胜利召开!

# 以必胜信念铸就“北方水城、美丽沁州”崛起之梦

沁县县长　张宏伟

2016年是我县决战脱贫、奋力发展的一年，我们深入学习贯彻习近平总书记系列重要讲话精神，坚决落实省委、市委、县委一系列决策部署，全面实施“六大战略”，不断提升“六条路径”，全县经济稳中有快，各项事业持续向好，实现了“十三五”良好开局。

2017年是“双改”深化之年，是“全面创优环境年”，也是决战脱贫攻坚、实施“十三五”规划的重要之年。我们必须登高望远、占得先机，举全县之力抢抓新机遇、谋求新发展。

**一、2017年政府工作的总体要求**

以习近平总书记系列重要讲话精神为指引，深入贯彻省委治晋理政总方略，认真落实省市县党代会总体部署，全面落实县委十三届三次全会暨经济工作会议精神，坚持稳中求进，以提升发展质量和效益为根本，全面深化“双改”，全面创优发展环境；全面加强政府建设，促进经济转型升级、社会和谐稳定，奋力开创脱贫攻坚和全面建成小康社会新局面，以优异成绩迎接党的十九大胜利召开。

**二、2017年全县经济发展的主要预期目标**

地区生产总值完成25亿元，增长6.5%；全社会固定资产投资要根据新的统计口径研究设置，更加注重优化投资结构；社会消费品零售总额完成10.57亿元，增长7.5%；规模以上工业增加值完成2.65亿元，增长3.5%；一般预算收入与上年持平；城镇常住居民人均可支配收入达到1.87万元，增长7%；农村常住居民人均纯收入达到6100元，增长8%；资源节约、环境质量、民生改善等各类约束性指标，全面完成市下达任务。

**三、统筹推进各项工作，突出抓好七大任务**

*（一）以决战脱贫攻坚为统揽，在抓好“三农”工作和农业供给侧结构性改革上持续发力。*一要把脱贫攻坚作为“三农”工作的重中之重。坚持脱贫攻坚与“三农”工作协同推进，更加注重健康为本、教育为基、就业为重、产业为要，继续实行“五帮联动”“两包三到”精准帮扶机制。在巩固去年脱贫成效的同时，再减贫2978户、8000余人，完成57个整村脱贫任务。建立健全扶贫开发数据库、项目库、政策库、人才库“四库”。全方位做好脱贫攻坚项目整理、包装、申报、争取工作，变“资金等项目”为“项目等资金”。按照贫困村退出标准，实施退出村基础设施建设和公共服务提升工程，探索“特色小镇＋扶贫”模式，因地制宜开展特色小镇助力脱贫攻坚建设试点。扶智与扶志并举，扶勤不扶懒。开展贫困户千村万人就业培训，加强思想引导和政策宣传，消除思想上的贫困。扩大“雨露计划”和贫困大学生资助等教育扶贫覆盖面，让更多贫困学生上学有保障。开展健康扶贫。推进合作医疗、大病保险、大病深度保险和人身意外伤害保险全覆盖。政策兜底。推动农村低保标准与国家扶贫标准“两线合一”。实施农村基层助残扶贫工程，落实残疾贫困救助政策。推行“政府＋银行＋保险＋新型经营主体＋贫困户”的“五位一体”金融扶贫模式，力争全县产业扶贫贷款和扶贫小额信贷大幅增长，优先对扶贫项目和脱贫带动力强的合作社、企业、能人提供贷款贴息支持。培育“一村一品一主体”。按照村村有产业、有带动企业、有合作社，贫困户有项目、有劳动能力的贫困人口有技能“五有”要求，推进产业扶贫到村到户，逐步实现每个贫困村都有特色产业和产品，有带动脱贫的新型经营主体。二要以农业供给侧结构性改革助推脱贫攻坚。要把农业供给侧结构性改革与脱贫攻坚有机结合起来，把推动农业产业化与实施特色产业扶贫有效统筹起来，落实精准扶贫方略，不断探索农业增效、农民增收的“沁县路径”，努力形成“沁县模式”。优化我县特色农业种养品种和结构，依托大集团、大企业，辐射带动“五种三养”快速发展。加快农村改革步伐，激发农业农村发展活力。完善农村承包地确权登记颁证，启动农村集体产权制度改革，深化集体林权制度改革，加快完善不动产登记改革工作，抓好城乡建设用地增减挂复垦工作。补齐农业基础设施建设短板，继续开展好高标准农田创建和水浇地建

设，开展农业废弃物资源化利用试点，实现节能降本。

（二）以推动转型升级为导向，在抓好供给侧结构性改革和构建现代产业体系上持续发力。一是实施有机食品加工提质行动。继续以创建全国有机食品加工基地为目标，鼓励企业自主研发食品，建设精深加工转化产业体系，提高产品附加值。优化产品供给，加快发展有机食品等中高端食品，培育开发婴幼儿配方食品、老年食品、保健和功能性食品，推进传统米面制品的工业化、规模化、标准化生产。扶持龙头企业，推动沁州黄小米集团2万吨中老年营养小米粉项目尽快完工；支持潞宝金和生食品公司实施产能“翻番”计划，由1000万只扩大到2000万只；帮扶潞宝金和生饲料公司发展玉米饲料、有机肥、物流仓储及配送等产业链。提升品牌品质，打好“全国有机农产品认证示范县”“国家生态原产地保护产品”“国家级出口农产品质量安全示范区”三大品牌，建好“三品一标”示范基地。二是实施水制品产业提效行动。继续帮扶沁园春矿泉水公司扩大生产规模、全面达产达效，丰富产品规格，拓展市场销售，全力将沁园春品牌打造成为中国矿泉水行业的领先品牌。三是实施服务业发展提档行动。文化旅游必须加速提档。申报“全域旅游示范区”，推进千泉湖国家湿地公园、南湖文化旅游园、北方水城国家水利风景区、等旅游景点整合开发建设工程，尽快出台《沁县全域旅游创建实施方案》；创建一批等级旅游景区；编制完善沁县旅游发展总体规划，做好旅游项目整体包装、宣传推介和招商引资，推动旅游与一、二、三产融合发展。四要实施水城旅游服务功能提档计划。完善旅游基础设施；加快培育商贸流通，特别是要以太焦高铁站点为核心区，在沁州黄农业园区规划建设一个综合物流中心，编制好“沁州黄农业园区—县城—沁园春矿泉水园区”现代服务产业带发展规划。四是实施新兴产业提速行动。启动实施“新兴潜力产业培育行动计划”，建立沁县战略性新兴产业储备项目库；加快新能源产业发展，推动恒通新能源产业循环项目尽早投产见效；帮助漳泽电力新能源等企业做好光伏发电项目申报立项等工作；引进北京佰仟亿公司生物质能发电、碳资产管理与综合利用开发等新能源项目；加大新材料、生物及医药、节能环保等项目招商力度，力争储备一批、引进一批、落地一批。

（三）以提升发展动能为核心，在抓好项目建设和招商引资上持续发力。一是抓实现有项目。计划建设重点项目59个，涵盖“六大工程”，以及城镇化、铁路、公路、水利等重大基础设施建设、社会事业发展等领域。项目总投资63.52亿元，年度计划完成投资19.07亿元。其中：新建项目48个，续建项目11个。在全面推进各项重点工程的同时，要重之又重地抓好“十亿十项”工程，加快建设10个亿元以上项目。二是抓紧招商引资。制定实施2017年招商引资行动计划。大力开展以商招商、以企引企、会展招商、网络招商、亲情招商、委托招商、小分队招商，引进发展一批适合沁县发展的新项目。全程跟进招商项目签约落地，主攻“十大招商重点项目”。三是抓牢对外开放。在产业发展、招才引智、科技创新、基础设施、能源供应、文化旅游、商贸物流等领域，加强内引外联，搭建互通平台，力争融入山西“东融南承西联北拓”开放经济圈。依法依规以特许经营的方式，支持外资企业参与我县城镇化建设和产业开发。

（四）以深化转型综改为牵引，在抓好重点领域改革和创新驱动上持续发力。一要深化开发区体制改革。以现有的沁州黄农业产业示范园区为基础，突出农业科技引领，“快”字当头，迅速行动，规划发展好沁县开发区。科学规划，以建设沁县经济第一增长级和省级一流开发区为目标，以发展有机食品和牡丹籽油加工为产业定位，合理布局主导产业、生态农业、科技孵化、商贸物流、特色小镇、休闲旅游等功能区，打造特色鲜明的产业集聚区。加快建设，先行先试铺开4.6平方千米起步区和20平方千米规划区的改革创新，加快开发区基础设施建设，支持社会资本采取PPP等方式参与开发区建设。创新管理，探索建立沁县开发区“三化三制”管理体制机制，尽快出台一套具有沁县特色的促进开发区发展一揽子政策措施。二要深化投融资体制改革。投资方面要继续推行政府和社会资本合作的PPP项目模式，融资方面要依托金融机构合作加大市场化融资、直接融资和贷款协调力度，缓解中小微企业“融资难”问题。三要深化国有企业改制。采取兼并重组、产权划转、破产关闭等方式，全面启动县属国有企业改制。四要深化科技创新和人才强县。培育“双创”主体，推动“个转企、小升规”。落实科研经费、成果转化、资源共享等科技创新政策。实施更加积极的人才政策，打通政企、事企人才双向流动通道。

（五）以统筹城乡发展为抓手，在抓好以人为核心的新型城镇化建设上持续发力。更加注重规划的科学性和协调性。加快编制和补充完善各类控规、详规、专规，规划编制要接地气，留住沁州特有的地域环境、历史文脉、特色文化、建筑风貌等“基因”。深度推进“北方水城”建设。以提升水城综合功能、彰显沁州特色魅力为着力点，深入实施“76355城镇化提升行动”：围绕大县城实施“七大城建工程”、围绕重点镇和中心村抓好“六完善、三争创”、围绕改善人居环境巩固引深“五道五治”、围绕促进农民市民化推进“五个一体化”。

（六）以实现绿色发展为基点，在抓好生态文明建设提档升级上持续发力。坚决打好铁腕治污攻坚战。实行最严格的环境保护制度，不符合环保政策的项目坚决不上；引深“铁腕治污百日专项行动”，严惩各类违法违规行为；对环保督查巡查排查出的问题要实行清单制、“销号”制，实打实整治环境隐患；加强大气和土壤污染治理，落实“治污、管车、降尘”措施；继续做好华安焦化等重点监管企业环保整改工作，确保污染物排放达标；结合县城集中供热工程的实施，加大燃煤锅炉淘汰和改造力度；严格管控工地、道路及堆场扬尘，确保县城空气质量达标，一级、二级以上天数只增不减。坚决打好造林绿化大会战。大力开展山水农田林网综合绿化，实施造林绿化劳务精准脱贫、生态保护劳务精准脱贫、干果经济林及其他林业产业助推脱贫工程，继续开展园林县城、园林村镇、园林企业创建工作，开发千泉湖国家湿地公园“水上乐园”，加强森林资源保护。坚决打好科学治水持久战。严格水资源管理“三条红线”，优化水资源配置，合理开发利用地下水、地表水；继续抓好以“一源四泉”为重点的水源地保护工作；完善西汤水库及小农水重点县项目建设、浊漳河流域口头段河道治理，启动县城小水网工程、西汤水库与浊漳河贯通工程；加强全县河湖湿地管理保护。

（七）以提高民生质量为根本，在抓好各项社会事业全面协调发展上持续发力。一要千方百计促进就业创业。扶持发展中小微企业，开发更多就业岗位。托底帮扶就业困难人员。做好城镇失业人员、“4050”人群、退役军人等群体就业工作。实施职业培训全覆盖计划。开展就业服务和援助活动。农村劳动力转移3500人，城镇新增就业1300人，城镇登记失业率控制在3%以内。二要优先发展教育事业。继续抓好学前教育，办好普惠性民办幼儿园。完善“全面改薄”工作，推进农村中小学校厕所“旱改水”工程，完成学校标准化建设。实行教育经费随学生流动可携带机制、中小学和高中阶段教学统考、教师赛讲、名师、名校、名校长培育及评选等制度。鼓励职业中学实施“产教融合”。推动民办教育持续健康发展。三要织密扎牢社会保障网。推动机关事业单位养老保险制度改革入轨运行。在城乡居民基本医保制度并轨的基础上，提高财政补助标准。实行全民参保登记制度。开展残疾人精准康复服务行动。加快养老服务机构改革，启动医养结合试点。四要推进“健康沁县”建设。全面推开公立医院改革，取消公立医院药品加成。实施乡村卫生室标准化覆盖和健康素养促进工程，实行基层首诊、分级诊疗，进行家庭医生签约服务。开展全民健身，促进全民健康，提升人口计生服务管理水平。五要加强文化软实力建设。继续巩固“中国曲艺之乡”“国家公共文化服务体系示范区”创建成果。深入实施优秀传统文化传承工程、乡村记忆工程、“文明守望工程”，保护开发利用好沁州三弦书等非物质文化遗产。推进全民阅读，建设书香社会。加快文化产业发展，整合沁州文化资源，引导发展文化创意、数字服务、出版等新业态，促进文化与旅游、信息、科技、体育、金融等产业大融合。六要致力营造安全稳定发展环境。坚持“党政同责、一岗双责、企业（单位）主责、失职追责”，强化落实安全生产责任制，确保安全责任、管理、投入、培训和应急救援“五到位”。继续开展安全生产隐患大排查，加强重点领域或行业安全监管，杜绝重特大事故发生。做好信访稳定工作，健全矛盾调处和应急管理机制，深化平安沁县建设，营造更加安定和谐的发展环境。

沁州崛起风正劲，快马加鞭不下鞍。我们要扑下身子，真抓实干，以必胜信念铸就“北方水城、美丽沁州”崛起之梦，以夺取脱贫攻坚和全面小康新胜利的优异成绩迎接党的十九大胜利召开！

# 加快襄垣振兴崛起　全面建成小康社会

襄垣县县长　胡三虎

2016年是充满挑战的一年，也是收获满满的一年。面对复杂形势和诸多困难，在县委的坚强领导下，在县人大、县政协的监督支持下，我们认真贯彻落实中央、省、市各项决策部署，全力攻坚“两场硬仗”，扎实推进“双创战略”，全县经济社会发展呈现出稳中向好的良好局面。

2017年是承前启后、继往开来的重要一年，是供给侧结构性改革和转型综改的深化之年，也是襄垣加快振兴崛起的攻坚之年。做好今年的各项工作，意义重大，影响深远。

**一、2017年政府工作的总体要求**

全面遵循“五大发展”理念，坚决贯彻省委、省政府“一个指引，两手硬”和市委、市政府“两个目标”总体部署，严格按照县委十三届二次全会提出的“打赢两场硬仗、推进双创实践”的发展思路，紧扣“夯实四大工程、攻坚十大任务、筑牢三大保障”的总体目标，奋力开创全县经济社会发展的新局面，以优异成绩迎接党的十九大胜利召开。

**二、2017年经济社会发展的主要预期目标**

全县地区生产总值增长5.5%左右，工业增加值增长5%，公共财政预算收入与去年持平，社会消费品零售总额增长7%左右，城镇居民人均可支配收入增长6%左右，农民人均可支配收入增长6%以上。约束性指标不折不扣完成市里下达任务。

**三、2017年政府工作重点**

（一）突出抓好项目建设，增强经济发展后劲。2017年全县重点建设130项重点工程项目，概算投资680亿元，项目涉及工业、农业、城建、商贸文旅、生态治理、民生改善等各个领域。认真落实“一个项目、一名领导、一套人马、一抓到底”的工作机制，倒排工期，挂图作战，跟踪督查，快速推进，力争早建成、早达效。

（二）突出抓好开发区建设，稳步推进新型工业化。抓紧协调申报，力争尽快获批省级开发区，实现提档升级。加快建立管理运行机制，抓紧调整开发区规划，拓展发展空间，完善园区基础设施，力争早日建成全国最大的现代煤化工基地、循环经济发展示范区、具有国内一流水准的经济技术开发区，成为襄垣未来新的经济增长极。一是加快转型项目建设。认真落实上级扶持政策，为企业减负松绑。全力支持潞安、襄矿、七一等大企业的发展，加速推进重大转型项目建设，潞安180项目力争3月具备试车条件。襄矿40万吨聚氯乙烯项目力争6月投产，20万吨乙二醇项目力争7月投产，尽快让这些重大转型项目成为我县经济增长的新引擎。鸿达煤化320万吨焦化、聚力环保装备制造、潞安精细煤化工项目、七一集团30万吨乙二醇项目，年内力争开工建设。积极协调波力科技体育复材、七一新发煤业瓦斯发电、恒昌元公司多相镍锰锂离子电池项目，加快建设进度，力争年底建成投产。二是转变招商理念。提高招商门槛，围绕煤化工产业链条和战略性新兴产业，瞄准世界500强、全国500强企业招商，既大抓招商引资，又注重招才引智。坚决禁止污染大、耗能高、工艺技术落后的项目进入园区，建立园区项目准入和退出机制，确保土地集约节约利用。三是力促民营经济发展。放宽准入领域，降低准入门槛，鼓励支持民间资本无障碍进入，形成全民创业的浓厚氛围。全力支持金鑫集团、鸿达煤化等有潜力、有前景的民营企业发展壮大，力争到十三五末，民营经济占到全县国民经济的“半壁江山”。抓住煤炭价格企稳回升的机遇，在抓好安全生产的基础上，保证7座煤矿正常生产，加快石板沟120万吨、善福煤业90万吨技改和金星煤业新建矿井建设，全年煤炭产量稳定在900万吨左右，为现代煤化工产业发展提供强有力的能源保障。

（三）突出抓好农业供给侧改革，加快发展现代农业。一是调整优化种植结构。引导农民适度降低玉米等传统农产品的种植规模，大力发展特色农业。重点抓好林盛黄梨种植基地扩建、高标准农田模式创新项目。抓好大华宇万头养猪、源生农业综合开发等项目。培训农民1万人、职业农民1000人。二是发展适度规模经营。大力培育新型农业经营主体和服务主体，培育种养大户、家庭农场主等新型经营主体，加快发展土地流转型、服务带动型等多种形式规模经营。加强农民合作社规范化建设，积极发展生产、供销、信用“三位一体”的紧密合作。三是发挥龙头带动作用。全面落实强农惠农政策，继续扶持林盛果业、天下襄、山窝窝、仁达机电等龙头企业。大力发展功能农业，积极推进农产品精深加工，着力开发挖掘一批高附加值的功能性食品，不断延长产业链条。加快推进林盛药食同源、乡元食用油、宝达菇业葡萄深加工等项目。抓好夏店农副产品交易市场和生猪屠宰场建设。

（四）突出抓好城市建设，提升辐射带动能力。抓硬化，年内完成富垣大道、朝阳西街、府前北路改造等工程，开工建设东二环、北二环、东外环改造、霍黎高速枢纽等工程，积极做好通用机场筹备工作，使县城框架进一步拉大，交通更加顺畅，居民出行更加便捷。启动河东新区、朝阳新区拆迁，实施都杜湾、北关东厢房棚户区改造，推进地下综合管廊建设，改造火车站站前广场，完善金融中心建设，兴通大厦投入使用。抓绿化，完成19处45万平方米的补植补种，建设县城周边160万平方米防护林工程，不断提升县城绿地率，着力打造“森林城市”。抓亮化，对环湖周边、漳河两岸、主要街道、公园、绿地、广场、桥梁、社区、住宅小区等地段和区域进行亮化提档升级，让襄垣古城的夜晚更美更亮。抓美化，对东湖周边及浊漳河两岸、城市残垣断壁、背街小巷脏乱差状况，进行综合整治；对森林公园、绿地、广场，进一步修缮和提档升级；开工建设阳泽河（北关小河）综合治理、北底滨河游园工程。抓文化，要保护好城市的“遗传密码”和文化基因，把襄垣传统文化艺术、历史名人故事有机植入到城市建筑、广场绿地中。完成文昌阁内部艺术陈设、城市规划展馆项目，修缮北关五龙庙，加固明代城门，努力把襄垣建设成为历史文化与现代文明交相辉映、相得益彰的文化名城。同时,严格执行城市规划,推行精细化、网格化管理,加强综合执法管理,全面规范县城秩序。

(五)突出抓好五道五治,推进全域旅游。一是纵深推进五道五治。要全面延伸拓展,由观摩道路向其他道路延伸,实现全面覆盖。要与美丽乡村建设有机结合,各乡镇都要选择1～2个有特色的村重点打造。要建立长效机制,建立财政保障机制,努力形成城乡环境卫生制度化、长效化,保护整治成果,使襄垣城乡路路有特色、村村可观光。二是加快景区建设。围绕法显文化品牌,加快仙堂山、东湖、宝峰湖、凉楼景区开发,东湖要坚持精细化管理,立体化提档升级;法显文化产业园要进入实质性建设阶段,襄子文化产业园建设要重新启动;积极申报宝峰湖国家级水利旅游风景区。加快南街历史文化街区改造、林盛果业观光园、天下襄手工挂面文化园建设。推进3条旅游公路建设。三是加大旅游宣传推介。继续鼓励旅游景区走进央视等知名媒体,积极参加和举办旅游推介会,增强襄垣旅游品牌的知名度、传播力和影响力。创新旅游经营管理体制,提升景区经营水平。

(六)突出抓好创新突破,激发发展内生动力。推进科技创新。鼓励企业申报科技专利和高新技术企业,加强与高等院校、科研院所的战略合作,充分发挥高级技术人才作用,推进企业科技创新,助力县域经济发展。推进金融创新。创新财政收入机制,抓好历年税费清缴工作,确保应收尽收;加大国有土地使用权转让,采用招拍挂等方式增加土地出让收益;积极争取上级资金;推进银企合作,争取银行贷款支持;推动企业上市融资;吸引社会投资。推进改革创新。不断深化商事制度改革,继续落实"五证合一",进一步降低门槛、规范审批、优化服务;研究制定国企改革方案,规范运行,科学管理,挖潜降耗,提升竞争力,实现以管企业为主向管资本为主转变;深化农村改革,完成国有林场改革,加快供销社综合改革,完成农村土地确权登记工作,完善农村土地"三权分置"办法,探索建立农村产权交易平台,更好激活农村"三权""三资"。

(七)突出抓好脱贫攻坚,加快小康襄垣建设。严格按照"两不愁、三保障""四个切实"和"五个一批、六个精准"的总体要求,完成1200人脱贫任务,确保全县所有贫困人口2018年前全部脱贫。积极创新产业扶贫模式,继续抓好襄矿资产收益金融扶贫、光伏发电扶贫,按照"公司+基地+贫困户"的模式,培育壮大特色富民产业,带动贫困人口持续稳定增收。因地制宜扶持发展资产经营型、为农服务型等村级集体经济,增强经济薄弱村发展后劲。大力实施教育帮扶"雨露计划",推动民生实事、惠民工程向贫困人口倾斜。强化政策托底,确保对丧失劳动力贫困人口的帮扶救助及时到位。强化统筹协调,严格督查考核,充分发挥帮扶单位作用,提升结对帮扶实效。突出群众主体作用,更加注重调动贫困群众的积极性和主动性,形成外部多元扶贫与内部自我脱贫的良性互动。

(八)突出抓好民生改善,促进社会事业发展。一是加快发展教育事业。新建永惠小学、潞安小学、滨河小学、滨河幼儿园,扩建太行小学,加快山西机电职业技术学院襄垣校区建设,确保今年秋季招生入驻。扎实推进素质教育、均衡教育发展,加强校长和教师队伍管理,全面提高教育质量。二是推进健康襄垣建设。深化县级公立医院改革。落实全面二孩政策,不断提升计生服务水平。抓好县医院介入导管室建设,开展专家远程诊疗服务,实现大病不出县。三是大力发展交通事业。加快农村路网建设,完成5条县乡公路改造,开通县城至下良快速路,改造侯堡东外环,实施县乡公路生命防护工程,建设208国道服务区。加快城乡交通运输一体化试点,推进路网一体、城乡公交一体、信息物流一体、执法管理一体化建设,努力实现交通公共服务均等化。四是全面加强社会保障。成立全县就业培训中心,创建大学生创新创业基地,大力开展职业技能培训。稳步推进机关事业单位、企业基本养老保险制度并轨运行,继续提高退休人员基本养老金待遇水平。建立统一的城乡居民基本医疗保险制度,完善重特大疾病医疗救助政策,推进农村低保标准与国家扶贫标准相衔接。改造农村危房334户。完善社会福利服务中心,完成保障房二期工程。推进采煤沉陷区治理搬迁工作3年计划基本完成。五是强化精神文明建设。实施公共文化服务体系提档升级工程,完善乡村综合性文化服务中心,继续开展"送戏下乡"、公益电影放映活动,推进"乡村文化记忆"试点工程,建设非遗鼓书剧场,完善非遗数据库建设,加大国保文物保护力度。培育和践行社会主义核心价值观,弘扬襄垣精神,塑造文明襄垣新形象。

(九)突出抓好环境保护,推进生态文明建设。按照"党政同责、一岗双责、失责追责"和"管行业必须管环保、管业务必须管环保、管生产经营必须管环保"的要求,严厉打击环境违法行为,坚决查处偷排偷放、非法排放有毒有害污染物等行为。新建固废填埋场、矿山生态示范工程,实施淤泥河治理、浊漳河地表水净化和小峧断面水质治理工程,坚决打赢环境保护攻坚战,加大造林绿化力度,完成荒山造林1200公顷,坚持专业化栽植,精细化管理,保证造林成活率。加强森林防火系统建设,提高技防水平。

(十)突出抓好安全稳定,促进社会和谐。强化安全生产,全力抓好煤矿、危化、非煤矿山、道路交通、公共场所、食品药品等各方面安全生产工作，坚决减少一般性事故，杜绝重特大事故。加强信访稳定工作，创新信访工作机制，依法化解信访矛盾。继续深入开展严打整治专项行动，依法打击“黄赌毒”、两抢一盗、非法集资、黑恶势力等违法犯罪行为。特别是要继续深入开展全民禁毒工作，精准发力，精准打击，始终保持高压态势。

任何困难都动摇不了襄垣人民创造美好生活的坚定信心，任何挑战都阻挡不了襄垣转型发展的铿锵步伐！让我们更加紧密地团结在以习近平同志为核心的党中央周围，在县委的坚强领导下，瞄准目标，凝心聚气，撸起袖子，甩开膀子，扑下身子，苦干实干，只争朝夕、狠抓落实，以实际行动和出色业绩迎接党的十九大胜利召开！

# 加快转型发展　建设全面小康

黎城县县长　**牛晨霞**

2016年，面对经济下行压力，面对去产能、调结构、稳增长的艰巨任务，我们深入贯彻落实党的十八大、十八届三中、四中、五中、六中全会精神和习近平总书记系列重要讲话精神，在市委、市政府和县委的坚强领导下，持之以恒抓项目，统筹推进促和谐，经济发展呈现出稳中向好、稳中有进的好态势，社会事业呈现出齐头并进、协调推进的好局面，全县上下呈现出凝心聚力、干事创业的好氛围，实现了“十三五”良好开局。

2017年是实施“十三五”规划的重要一年，是供给侧结构性改革的深化之年，是实现脱贫攻坚和全面建成小康社会的关键之年。我们要激发昂扬斗志、凝聚强大力量，乘势而上、顺势而为，谱写黎城加快转型发展、建设全面小康的崭新篇章！

**一、2017年政府工作的总体要求**

全面贯彻党的十八大和十八届三中、四中、五中、六中全会精神，深入学习贯彻习近平总书记系列重要讲话精神和治国理政新理念新思想新战略，认真落实省委“一个指引、两手硬”治晋理政方略和市委“两个目标”要求，全力实施县委“唱响太行红山、打造创新强县、建设宜居黎城”三大战略，以提高发展质量和效益为中心，以供给侧结构性改革为主线，以培育发展新动能为关键，以“对表、对标、对接”为要求，全力促进经济稳步向好、民生持续改善、社会和谐稳定，以优异的成绩迎接党的十九大胜利召开。

**二、2017年县域经济社会发展的主要目标**

地区生产总值增长5.5%；固定资产投资按改革后的新口径统计；一般公共财政预算收入与上年持平；社会消费品零售总额增长7%；城镇居民人均可支配收入增长6%；农村居民人均可支配收入增长6%以上。

**三、2017年政府工作重点**

（一）以招商引资大力度，掀起项目建设新高潮。优化环境促招商。年内每个单位都要至少引进一个项目，要以项目建设论工作成效，以招商成果作为评优评先依据，在全县形成人人议招商、向招商、招大商的浓厚氛围，做到每季有签约活动、每月有项目落地、每周有招商洽谈。对接政策谋招商。挖掘黎城区位、资源、生态、交通、文化优势，紧扣新能源、新材料、文化旅游、现代农业、现代物流、装备制造等产业政策，采取园区招商、网络招商、以商招商、产业招商、亲情招商等多种形式，提高招商引资的质量和水平。盯紧项目大招商。力争引进5～10个投资亿元以上的大项目，加大对协鑫集团、中粮集团、唐山建华集团等企业的跟踪对接力度，争取意向项目早日签约；加大中航明德无人机、光伏发电、风力发电等项目跟进服务力度，力争早日开工建设，以招商引资的大力度，掀起项目建设的新高潮。

（二）以转型发展为提领，促进实体经济大发展。战略性新兴产业培育工程。积极推进中技金谷预制装配式轻钢轻板建筑体系产业化示范、蓝天燃气煤制活性炭提质增效、聚英科技镁合金提纯等项目，科研攻关，达产达效，占领行业高端，形成支柱产业。能源产业创新工程。重点抓好协鑫50兆瓦屋顶分布式光伏发电、协鑫光伏210兆瓦农光互补、山西漳泽电力50兆瓦光伏发电、中电投50兆瓦风力发电、三晋绿农秸秆沼气提纯项目建设，把我县打造成全市乃至全省重要的新能源基地。传统优势产业提质工程。继续深化与中科院、中国农大等科研院校合作，加大传统产业技术革新力度，提升传统工艺，拉长产业链条，提高产品附加值；加快推进太行钢厂优质高强度钢及精密铸造、青春玻璃炉窑纯氧燃烧技改、长福焦化煤气发电等项目建设，推动白龙公司特种车辆制造、潞安工程公司钢结构部件生产、潞安华信电机电器生产项目达产达效。现代服务业发展工程。大力发展铁路、公路物流产业。千万吨铁路物流园区要建立集仓储、加工、流通于一体的产业链条；引导白龙公司等企业，由单一运输发展成为集物流、制造、服务为一体的现代生产服务型企业。“双创”孵化新产业新业态工程。鼓励大众创业万众创新，大力发展民营经济，进一步深化商事制度改革。

（三）以全域旅游为统领，推动文化旅游产业大繁荣。完善基础设施。编制全域旅游总体规划，全面加快旅游产业发展；洗耳河游客集散中心尽快投入运行，四方山、杨岐山景区游客接待中心加快建设；引进北京盈科集团在黎侯古城开发温泉项目，建设游客接待中心；扶持发展农家乐，游客接待能力力争达到1500人。二是加强市场营销。举办“9·26”骑游节、黄花节、红叶节等节庆活动，加大在央视等主流媒体宣传推介力度；实行旅游“一卡通”消费模式，开通太原、邯郸、晋中、晋城等周边城市旅游直通车，与周边县区联手开设旅游精品线路，进一步提高黎城旅游的知名度和影响力，年内游客达到10万人次。三是拓展旅游内涵。积极探索“旅游+”发展模式，与休闲观光、红色文化、黎氏文化、民俗文化、户外体育、医疗养生、特色农业相结合，打造全域、全时、全景、全产业旅游新格局。

（四）以特色休闲农业为重点，焕发现代农业新生机。龙头带动发展特色农业。实施国药集团中药材深加工、振东集团中药材种植、优质小麦种植及深加工等10大农业重点项目，打造小杂粮、优质水果、桑果等10大优质农产品生产基地，发展壮大虹鳟鱼、中华鲟、鸵鸟、眼镜蛇等10大特种养殖观光项目，靠特色在全市乃至全省农业发展中占领一席之地。产业融合发展休闲农业。以省级休闲农业与乡村旅游示范县为引领，打造“一城一镇两区三带”休闲观光农业发展格局。巩固提高同安水果、环翠庄园、海丰农业、宝方生态园等10个休闲观光采摘园发展水平。全力做好美丽乡村省、市、县三级联创工作，加快美丽乡村建设步伐。促进农村电商、休闲农业、乡村旅游深度融合，实现一、二、三产共融发展。结构调整促进农民增收。调整种植结构，扩大优质小麦、小米、大豆种植规模。开发功能食品，积极引进农产品加工企业，支持汇禾源腐竹加工项目落地建设。探索推进“粮改饲”工作，提高种植收益。实施农业标准化战略，继续推进“三品一标”认证，加大农产品质量安全监管力度，提升绿色优质农产品供给能力。落实农机具购置补贴政策，提高耕种收综合机械化水平，夯实农业发展基础，实现农业持续增效，农民稳定增收。

（五）以城中村（棚户区）改造为切入，掀起城市建设新高潮。稳步改造黎侯老城。积极争取国开行和农发行贷款，推进桥南城中村改造、棚户区改造和桥北城中村改造三个项目列入全省棚户区改造计划。完善桥南片区基础设施配套，启动街心广场改造，力争2018年棚改安置全部到位，2020年城中村改造全部完成，实现县城面貌明显改善。全面建设桥北新区。开工建设顺鑫名邸一期、集贤苑经济适用房等住房改造项目；打通教育东街、城北街世纪城至康杰小区等新区框架道路；统筹推进供水、供热、供气地下综合管廊建设，不断提高县城基础设施供应保障能力。加快开发古城新区。全面完成古城二期、古城三期和府后街西延道路建设。司法局、档案馆、卫生监督所、老年人日间照料中心等业务用房全部建成。白岩大道竣工通车，启动古城至白岩寺文化旅游产业带建设，带动古城新区扩规提质。

（六）以改革创新为突破，激发经济发展新活力。加快推进开发区建设。科学编制26平方千米的开发区总体规划；整合现有的新材料产业园、新能源产业园，新建装备制造园，积极打造省级工业经济技术开发区；探索“一区多园”模式，同步推进文化旅游产业园建设。全面启动旅游体制改革。3月底前挂牌组建“旅游发展委员会”；组建山西太行红山旅游开发有限公司，建立有利于资源保护和开发建设的景区管理体制、运行机制，实现旅游产业管理、经营“两权”分离。依法规范土地征用供给。建立科学、规范、高效的土地储备供应管理制度，做实规划区土地利用基础，引导园区企业规范用地，盘活闲置土地，提高土地利用率和产出率，走节约、集约、高效的用地之路。全面深化融资体制改革。力争撬动25亿元资金，投向文化旅游、城市建设、道路交通等重点领域、重点项目；积极吸引社会投资，引入PPP融资新模式；加快推进中技金谷公司“新三板”挂牌上市；加快信用社改制进程。加快推进农村综合改革。完善农村土地所有权、承包权、经营权分置机制，基本完成农村土地承包经营权确权登记颁证；加快推进国有林场改革；加快推进农村供销合作社综合改革，完善农村社会化服务体系。积极创新县城综合执法改革。稳妥推进国企改革。

（七）以“五道五治”为抓手，推动人居环境大改善。

引深"五道五治"工作。一是坚定不移拆，二是因地制宜建，三是久久为功管，四是突出特色治，真正实现"治好、治美、治顺、治彻底"目标。加大环保整治力度。继续开展减煤、治企、降尘、控车、净烟、碧水六大行动，完成长福焦化、华太焦化地面除尘站升级改造，青春玻璃、太行钢厂环保治理设施投入运行；积极推行煤改气、煤改电等清洁供暖方式，加快土小锅炉淘汰进程；启动污水处理技改项目，实施县城重点路段雨污分流改造工程；加快建设小东河生态湿地；积极推进水污染、土壤污染、噪声污染整治专项行动，全面完成减排任务，确保环境质量稳步提升。提升生态绿化水平。完成造林绿化和经济林建设 2666 公顷，通道绿化提档升级 96 千米，四旁植树 60 万株；提升黎侯大道、文化广场、东河公园、火车站广场、桥北路、广通路等街道绿化档次；全力做好森林防火工作。

（八）以精准脱贫为方略，打赢脱贫攻坚歼灭战。聚焦脱贫重点。重点抓好 8 个贫困村脱贫攻坚，加快推进贫困村"一村一品一主体"建设；进一步加大贫困村"六通六有"基础设施建设力度；着力抓好低保对象、孤寡老人、残疾人等特殊群体帮扶；加大教育、健康扶贫力度，加大医疗救助、临时救助和社会救助帮扶力度。强化精准发力。用好特色农业、乡村旅游、生态补偿、农村电商和企业务工等具体措施，做到户户增收有办法，人人脱贫有门路；完成 154 名贫困人口、36 名非贫困人口的易地搬迁；加强技能培训，确保年内 2500 名贫困人口稳定脱贫，力争 8 个贫困村全部摘帽。创新帮扶机制。完善财政扶贫资金增长机制，加大涉农资金整合力度，积极探索财政支农资金资产收益扶贫有效途径；引深"五帮联动"工作机制，做好县直单位对口帮扶工作，建立严格的考核和问责机制，切实提高脱贫质量。

（九）以改善民生为目标，统筹社会事业快发展。办好人民满意教育。实施第三期学前教育三年行动计划，加强普惠性幼儿园建设，古城幼儿园今年投入使用；通过购买服务性岗位，补充乡镇幼儿园教师；实施义务教育"全面改薄"工程，优化教育资源配置，促进城乡教育标准化、均衡化发展；围绕服务县域经济社会发展，办好职业教育；加大特殊教育扶持力度；深化教育领域综合改革，提升教育教学质量。保障人民群众健康。强化医疗资源下沉，加强县级公立医院改革，提升村卫生室服务水平，夯实分级诊疗基础；落实药品流通"两票制"管理规定，降低医药成本；加强公共卫生防控工作，不断增强人民体质。推动文化事业发展。实施红色、古色文化系统保护工程；加快构建现代公共文化服务体系，完成文化馆、图书馆主体工程；加快乡村两级文化平台建设，丰富人民群众精神文化生活；做好黎侯布虎、上党落子等非遗项目传承保护工作。提升社保服务能力。以养老保险制度改革为重点，扩大社会保障覆盖面；完善社会救助体系，逐步提高困难群众保障水平；全面落实"全民参保登记计划"，按照"六统一"要求，做好城乡医疗保险整合工作。扩大就业。认真组织务工就业；着重发展电子商务、家政服务，促进就业。积极培育引导群众发展电商产业；打造"太行月嫂""黎城小吃"两大劳务品牌，加大培训力度，提高技能水平，带动劳务输出。

（十）以责任落实为关键，创优安全稳定大环境。压实安全责任。坚持"党政同责、一岗双责、企业（单位）主责、失职追责"，按照"三个必须"和谁主管谁负责的要求，压实党政领导责任和行业（属地）监管责任。严格落实企业主体责任，切实做到安全责任、管理、投入、培训和应急救援"五到位"。整治安全隐患。全面推行安全风险排查评估，创新实行安全生产隐患"三三查"工作机制，开展安全生产隐患大排查大整治，及时消除各类安全隐患。维护社会稳定。深化城乡"网格化"管理，完善县乡村三级联动机制；完善社会稳定风险评估机制，有效调处化解社会矛盾；健全应急管理和防灾减灾体系；加强食品药品安全监管；加强社会信用体系建设；狠抓社会治安综合治理，全力营造和谐稳定的社会环境。

机遇前所未有，责任无比重大，人民充满期待。让我们以壮士断腕的勇气、统筹谋划的智慧、愚公移山的韧劲，忠诚担当，改革创新，在市委、市政府和县委的坚强领导下，锲而不舍坚持，义无反顾向前，走好新的长征路，为夺取全面建成小康社会新胜利而努力奋斗！

# 对表对标、苦干实干<br>高质量全面建成小康屯留

屯留县县长　翟卫华

2016年，我们全面落实省委“一个指引、两手硬”重大思路和市委“两个目标”总体要求，坚持“四化推进”，突出“四个着力”，全力以赴稳增长、促改革、调结构、惠民生、保稳定，经济社会各项事业取得了新成效，实现了“十三五”良好开局。

2017年是党的十九大召开的特殊之年，是全面实施“十三五”规划的关键之年，是高质量全面建成小康屯留的攻坚之年。做好今年的政府工作，责任更加重大，意义更加深远。

**一、2017年政府工作的总体思路**

深入贯彻习近平总书记系列重要讲话精神和治国理政新理念新思想新战略，认真落实省市县党代会总体部署，全面把握中央和省市经济工作会议精神，坚持稳中求进，加快转型发展，深化改革创新，创优发展环境，主动对表对标，大力苦干实干，促进经济稳步向好和社会和谐稳定，为高质量全面建成小康屯留奠定坚实基础，以优异成绩迎接党的十九大胜利召开。

**二、2017年经济社会发展的主要预期目标**

地区生产总值增长5%左右；全社会固定资产投资根据新的统计口径设置；规模以上工业增加值增长3%左右；社会消费品零售总额增长8%左右；城乡居民人均可支配收入分别增长6%和6.5%左右；地方财政收入确保与上年持平，努力增长5%以上。约束性指标严格完成市定任务。

**三、重点抓好八方面工作**

（一）深化改革创新，全力激发转型升级新活力。一是稳步推进“三去一降一补”。去产能，鼓励企业通过主动压减、兼并重组、转型转产等途径，积极化解过剩产能，促进煤炭、焦化行业结构优化、提质增效；去库存，重点打通去库存与棚户区、城中村改造之间的通道，打通去库存与农业转移人口进城购房之间的通道，实现库存化解、农民进城和城镇发展，不断提高户籍人口城镇化率；去杠杆，鼓励扶持企业上市挂牌直接融资，积极引导银行创新金融产品，增加信贷规模，支持实体经济。降成本，用足用活等政策套餐，减轻企业负担，提高企业效益。补短板，着力加强创新能力提升、新兴产业培育、基础设施建设、公共服务配套等薄弱环节。重点是加快补齐脱贫攻坚的短板。大力实施特色产业扶贫、易地扶贫搬迁、生态扶贫、就业扶贫、教育和健康扶贫等工程，努力完成53人易地搬迁和2023人脱贫任务，确保脱贫攻坚再战再胜。二是持续深化重点领域改革。深化“放管服效”改革；加快投资体制改革；继续深化商事制度改革，全面推行“五证合一、一照一码”，积极探索“多证合一”，扎实推进“双随机、一公开”；持续推进农村产权制度改革，稳步推进农村土地所有权、承包权、经营权“三权分置”，重点推进项目用地制度改革。三是大力拓展项目融资渠道。进一步做实做强融资平台，积极推广PPP模式，积极向上争取资金，坚持传统融资与直接融资并举，着力解决企业融资难、融资贵问题。

（二）聚焦项目建设，全力打造经济发展新引擎。一是抓招商、引资金，增强内生动力。重点围绕我县经济技术开发区、农业“一园三基地”和体育、旅游产业，广泛加强与央企、国企、上市公司等“大块头”企业接洽合作，全力引进和争取一批有利于促进产业转型集聚、城乡设施改善的大项目、好项目。积极参加各种洽谈会、博览会，主动开展上门招商、驻点招商；动员全民招商，突出实施以企招商、以商招商、以资引资，切实提高招商引资工作的灵活性；尽快建立招商引资信息库，加大对外宣传推介，让外界了解屯留、客商关注屯留、资金流向屯留、人才青睐屯留。确保全年引进项目20个、资金150亿元；强化对接跟踪服务，确保项目能够引得进、落得下、扎住根；充分发挥激励机制作用，制定完善招商引资政策办法，落实各项奖励措施，努力形成全县上下大招商、全力以赴引项目的良好局面。二是抓项目、扩投资，全年确定重点项目82个，总投资

287.72亿元，其中续建项目22个，新建项目53个，规划项目7个。按照“续建项目抓投产、新建项目抓进度、规划项目抓落地”的要求，继续推行“一个项目、一位领导、一套班子、一抓到底”工作模式，进一步提高项目开工率、竣工率、达产率。三是抓园区、搭平台，集聚创新要素。加紧编制屯留经济技术开发区总体规划和产业集群规划，加快建设主干道、供热系统、电力通信、排水管网等基础设施，配套建设物流、信息、金融、科技等生产生活设施。加快重点骨干企业技术改造，建设开发区污水处理厂，做好省级经济技术开发区申报工作。稳妥推动“三化、三制”改革，创新管理体制机制，吸引更多大企业、大集团落户，努力把开发区打造成县域经济的顶梁柱和转型发展的主战场。

（三）加速工业转型，全力拓展县域发展新空间。一是大力度培育新兴产业。新型煤化工产业，重点抓好潞安太行润滑油年产10万吨全系列润滑油、潞安天诗合成蜡年产6万吨特种合成蜡、潞安煤基合成油40万吨尿素扩产等项目。新材料产业，重点抓好天华新瑞年产5000吨煤基负极材料、彬烨钙1万吨金属钙扩建等项目。新能源产业，重点抓好远景能源丰宜48.4兆瓦风电、华润一期张店100兆瓦风电、古城煤矿20兆瓦乏风氧化发电、余吾煤矿11.2兆瓦低浓度瓦斯发电等项目。生物医药产业，重点抓好三宝恩替卡韦原料药及制剂产品研发、振东开元成品医剂仓储等项目。装备制造产业，重点抓好太重榆液100万件高性能液压产品产业基地、安泰再生资源回收利用等项目。二是循环式提升传统产业。煤炭产业，着力抓好余吾、常村、郭庄、小南村煤矿技改工程，重点加快建设古城800万吨矿井、王庄煤矿北栗风井、古城煤矿铁路专用线等项目，推动煤电联营、煤化联营、煤油联营，促进高碳产业低碳化。焦化产业，继续推进麟源、祥瑞、尔安、兴旺、华诚等大型焦化企业兼并重组，推动以焦为主向焦化并举、以化为主转变，基本实现资源梯级利用。电力产业，全面完成农网升级改造工程、低电压治理工程和拉需工程。三是全方位帮扶企业解困。坚持优质服务零距离、环境保障零干扰、政策落实零折扣，重拳治理不作为、乱作为、变相吃拿卡要等损害发展环境的现象和行为；制定更加具体的帮扶措施，力争金泽生物、潞安聚氯乙烯等停产企业年内盘活复产；支持企业与高校、科研院所深化合作，促进产学研相结合，创办一批科技型企业。坚定不移实施“人才强县”战略，依托县职业中学，着力培养一批有理论、有技能的新生代“职业蓝领”，切实引进一批实用人才、高端人才，为全县转型发展提供高技能人才支撑。

（四）发展绿色农业，全力谱写“三农”工作新篇章。一是围绕绿色建基地。重点规划建设好“一园三基地”：绿色生态农业观光园，积极发展功能农业，鼓励引导每个乡镇（区）发展1～2个以休闲养生、体育健身、观光旅游为主题的绿色生态观光园，带动发展绿色农业示范村20个、绿色现代农业产业园10个、绿色高效种植示范片10个，提升完善石泉葫芦山庄、吾龙湾、屯阳湾等农业观光园，重点打造漳泽湖农业观光园区。万亩尖椒基地，努力打造1000公顷尖椒种植基地，力争全县蔬菜种植面积达到3333公顷。6666公顷（10万亩）核桃干果基地，引导鼓励7个乡镇（区）农民扩大优质核桃干果种植规模，打造一批33公顷（500亩）以上精品核桃示范园。规模养殖基地，加快引进广东大光集团、山西大象集团等大型农业龙头企业，支持瑞康源禽业、昌达养猪、天篷畜禽养殖等企业扩大规模，改造提升32个标准化养殖场（区），力争年内全县畜禽饲养量达到900万头（只）。二是扶持龙头创品牌。进一步扶持本源蔬菜、佳禾农业等龙头企业做大做强，培育20家有带动辐射能力的涉农企业。积极推进土地流转，培育一批种养大户、家庭农场、专业合作社等新型农业经营主体。实施农产品品牌升级行动，加快“珍珠黄”小米、“羿神”白酒、“薄壳香”核桃等农产品申报认证“三品一标”。三是全面兴农强基础。加快建设国家水土保持重点工程、新增粮食产能项目、抗旱应急提水工程等项目，力争农业机械化综合水平达到87%，在全省率先实现农业机械化综合示范县。健全基层农技推广体系，重点培养10名农业科技创新与推广专家、100名村级农技推广员、1000名科技示范户，培训新型职业农民500名。

（五）突出旧城改造，全力塑造人居环境新风貌。一是以旧城改造为突破，提升县城新品位。做好县城建设总体规划、县城控制性详规和10个专项规划的立法工作。积极实施羿神街、东环路、盘秀北路3条主干道新改扩建工程，加快建设公交一体化服务中心、辛安泉配套屯留生活供水、县城供热等重点基础设施项目，全力推进旭光幼儿园教学楼、麟绛中心小学、一中教学教研综合楼、县人民医院等公共配套项目，高标准完成绛河水系景观打造工程。重点是全面启动实施旧城改造工程。力争5月底完成征收拆迁任务，下半年开工建设安置房，确保3个棚户区顺利建设。建立完善常态化、长效化、规范化城市管理机制。加大县城环境综合整治力度，努力营造整洁、有序、优美城市环境。二是以“五道五治”为抓手，创建乡村新特色。把建设美丽乡村与“五道五治”行动结合起来，集中打造208、309两条国道，重点抓好乡镇政府所在地村、公路沿线村，新建生活垃圾中转站10个、生活垃圾填埋场3个，着力抓好垃圾不落地管理，积极创建全省农村垃圾分类治理试点县。深入实施完善提质、农民安居、环境整治和宜居示范四大工程，扎实开展贫困村脱贫、沉陷村搬迁、城中村改造、中心村提升、文化村发展旅游“五村”建设行动，全面开展创建省级乡村清洁工程达标村活动，努力打造一批特色乡镇、美丽农村。三是以基础设施为重点，增添城乡新内涵。积极做好长临高速公路和G208线小河北至常金段改扩建工程协调工作，完成8.8千米县乡公路改造工程、5.7千米窄路基路面拓宽改造工程、30千米农村公路安全生命防护工程。力争年内开通4条县城、1条城际、3条城郊、5条城乡和3条旅游公交线路，率先在全市实现城乡公交一体化目标。

（六）融合体育旅游，全力开创三产发展新局面。叫响体育名片。启动嶷山足球训练基地暨足球学校、嶷山产业园养老服务中心项目，规划建设环嶷山自行车、健身步道，加快建设全民健身中心，新建足球、篮球、羽毛球、乒乓球等集中连片标准化体育场地；举办好老爷山全国汽车拉力赛、环嶷山全国自行车赛和长治市老爷山定向徒步越野赛、全县第三届全民健身运动会和第四届篮球联赛，叫响“中国体育人第二故乡”体育名片。打好旅游品牌。推动各景区升级改造，重点打造漳泽水库、屯绛水库、盘秀山“上党关”等5个精品旅游点；启动实施老爷山旅游二期工程，发展一批有特色的农家乐、主题酒店，叫响“红色、古色、绿色”品牌，切实把旅游产业做大做强。做活商贸物流。统筹推进金融服务、现代物流、检验检测等生产性服务业和家政服务、餐饮娱乐、健康养老等生活性服务业发展；加强城乡商业网点规划建设，改造建设一批品位高、配套全的商贸中心和专业市场，积极引进连锁超市、名商名店；利用京东、苏宁、乐村淘、昂生医药、588商城等知名电商平台，大力扶持农村电子商务发展，全面繁荣城乡消费市场。

（七）保护青山绿水，全力提升生态文明新水平。一是实施铁腕治污，让美丽屯留更净。围绕“减煤、降尘、控车、治企、监管”五大治污手段，加快落实大气、水、土壤污染防治措施。持续推进区域面源污染整治、黄标车及老旧车淘汰、燃煤小锅炉整治、扬尘防治等重点行业污染整治工作。推进渔泽、余吾、上村3个乡镇污水处理厂建设，确保垃圾处理场正常运行。全面推行“河长制”，启动实施绛河县城至漳泽水库入口段河道生态修复工程，完成重点河流河道治理任务，保障集中式饮用水水源安全。二是加强生态建设，让麟绛大地更绿。大力实施九大造林绿化工程。加快实施采煤沉陷区矿山地质环境治理工程，着力实施公园改造建设、道路绿化升级等一批园林绿化工程，创建市级生态乡镇1个、生态村4个。切实加大林木管护力度，巩固提升造林绿化成果。三是突出集约节约，让资源利用更好。提高资源就地转化率和废物利用率，实现资源深度开发和循环利用。创新节能管理机制。转变生产生活方式，积极倡导全民绿色消费、低碳生活、文明出行。实行最严格的节约用地、最严格的水资源管理和最严格的能耗强度控制制度，切实推进资源节约利用。

（八）坚持惠民共享，全力营造和谐稳定新氛围。一是进一步强化社会保障。全面落实创业就业扶持政策，力争城镇新增就业2952人，创业就业491人，转移农村劳动力2800人。深入推进机关事业单位基本养老保险制度改革，做好全民参保登记工作，实现农村贫困线与低保线“两线合一”。完善社会救助体系，逐步提高困难群众保障水平。继续抓好各类保障性住房建设，努力构建覆盖城乡居民的社会保障体系。二是进一步发展社会事业。实施第三期“学前教育行动计划”；启动农村中小学厕所“旱改水”工程，切实做好31所中小学校“全面改薄”工作；加快建设北大附属长治实验学校。继续深化医药卫生体制改革，稳步推进县级公立医院改革，抓好县中医院住院楼配套设施，实施乡村卫生院所标准化覆盖和健康促进工程，全面开展分级诊疗工作；稳妥落实全面两孩政策，提高公共卫生计生服务质量，加快建设健康屯留。实施基层公共文化提升工程，开展好送戏、送电影、送图书下乡工作。三要进一步加强社会治理。深化平安屯留创建，加快建设“天网”工程，依法打击各类违法犯罪行为。建立健全应急管理和救援体系，提高突发事件快速应对处置能力。不断提高信访工作法制化水平。持续加大对重点行业和领域专项整治力度，坚决遏制重特大事故发生，确保全县安全稳定局面。

雄关漫道真如铁，而今迈步从头越。让我们在市委、市政府和县委的坚强领导下，在县人大、县政协的监督支持下，以美好的目标凝心聚力，以高昂的斗志砥砺前行，以饱满的热情干事创业，努力完成今年经济社会发展各项目标任务，奋力谱写高质量全面建成小康屯留新篇章，以优异成绩迎接党的十九大胜利召开！

# 埋头苦干、勠力前行，加快建设共享、生态、平安、人文、宜居新长子

长子县县长　赵永进

2016年，在县委的坚强领导下，我们深入学习习近平总书记系列重要讲话精神，坚决贯彻省市和县委各项决策部署，认真落实县十六届人大一次会议确定的目标任务，坚持六化引领，推进六大发展，敢作善为，奋力开拓，砥砺前行，取得了“五个长子”建设的丰硕成果，实现了“十三五”的良好开局。

2017年是实施“十三五”规划的关键之年，是推进供给侧结构性改革的深化之年，也是全面建设“五个长子”的重要一年。

**一、2017年政府工作的总体要求**

我们要全力以赴做好2017年的各项工作。深入贯彻习近平总书记系列重要讲话精神和治国理政新理念新思想新战略，全面落实中央及省、市、县总体部署，坚持六化引领，加快六大发展，努力夺取五个长子建设更大成果，以优异成绩迎接党的十九大胜利召开

**二、2017年全县经济社会发展各项主要指标**

全面完成市下达任务，并力争有较大突破。各项约束性指标要严格控制在市下达目标之内。

**三、全力抓好八个方面工作**

（一）全力推进农业供给侧结构性改革。一是着力夯实农业基础。严格落实耕地保护责任制，全力实施新增粮食产能项目2466公顷，粮食总产量稳定在2亿千克以上，确保粮食安全。切实抓好农田水利建设，新发展节水面积400公顷，治理水保生态面积866公顷。如期完成第三次全国农业普查。二是发展绿色农业。依托国家现代农业示范区创建，继续抓好三大基地建设。中药材上，年内新植连翘1000公顷。设施蔬菜上，年内新建百亩以上设施蔬菜园区30个，新增设施蔬菜1000公顷。畜禽养殖上，年内新建千头以上猪场20个、万只以上禽场20个、家庭牧场100个，新增畜禽饲养量1000万只（头）。龙头企业上，加快建设方兴三产融合示范区，推动温氏养殖项目落地开工，扶持壮大生贵大棚、新拓养殖等种养龙头企业，做优做强浩润食品、福源淀粉等农产品深加工龙头企业，农产品加工转化率达到55%以上，打造优质农产品供应基地，推进一产提质增效。三是着力完善服务体系。完善农业合作社服务体系，促进土地有序流转、规模经营。完善科技服务体系，抓好新型农民职业技术培训。四是着力推进品牌建设。积极创建国家级农业可持续发展试验示范区和农产品质量安全县。完成助民、绿溢金、丹朱绿等5个国家级品牌创建，“三品一标”认证达到20个，无公害产地认证面积达到2000公顷。五是着力深化农村综合改革。抓好农村土地承包经营权确权登记颁证。健全县乡农村产权流转交易市场体系，推进农村土地经营权和农民住房财产权抵押贷款。依托农民专业合作社，做好资产收益扶贫试点工作，增加农民财产性收入。

（二）全力培育新的经济增长点。一是提升发展煤电产业。认真落实煤炭“去产能”政策，积极释放先进产能，引导煤炭企业均衡生产，产销率达到98%以上。加快建设高河、赵庄两个2×66万千瓦低热值煤电厂，高河电厂年底要建成试运营，赵庄电厂要加快建设进度，争取早日建成。二是培育发展新兴产业。煤层气上，全力抓好中石油、中海油、东宝能、蓝焰等采气企业能力建设，全年新打气井不少于300口，产气量突破6亿立方米。建成远东公司宋村加气母站，完成森众燃气10千米输气管道建设，实现县城和宋村气化全覆盖。新能源上，抓好朗空2万千瓦光伏发电、朗晴5万千瓦风电、江苏远景10万千瓦风电和禾能电厂二期扩建，6月底建成投产，推动太阳能、风能、生物质能等新能源产业集群发展。三是扶持发展民营经济。出台扶持优惠政策，解决好民营企业发展的瓶颈制约，鼓励民间资本参与投资经营基础设施和城市建设，引导民间资本进入依法放开的社会事业领域。扶优扶强富森饲料、海宏农机、玖兴炉响铜乐器等一批中小企业，全年新增“小升规”企业不少于5家。四是深化国有资产管

理。全面开展国有资产家底清查，搞清国有资产现状，积极推动国资监管体制向管资本为主转变，努力提高国有资产收益。五是推进省级开发区建设。以宋村工业园区为依托，创新管理体制，完善基础设施，加快扩容升级，使开发区规划面积达到10.8平方千米。同时，整合现有企业，引进关联企业，力争将开发区打造成我县战略性产业孵化地、对外开放桥头堡，率先步入全省开发区行列。

（三）全力推动三产转型升级。一是大力发展现代服务业。精品商贸上，加快推进以老城十字街精品商贸区为中心的“一区五馆”建设，加大招商引资力度，引进连锁超市、品牌企业，整体提升商贸服务水平。现代物流上，能交投综合物流园10月份完成快速装车、储装运输等设施，全面投入试运营，并积极申报建设铁路口岸，努力打造山西南半部、辐射周边省的大宗物流“无水港”；新易达煤炭物流园要大力发展配煤销售，按需配煤、按炉配煤，着力扩大销售量；轩阳科技物流园要抓紧完善基础设施，推进“双创”基地建设，年内建成信息交易平台，吸引更多电商企业入驻。二是大力发展文化旅游产业。坚持全域化旅游发展理念，深入挖掘我县历史文化底蕴，有效整合现有文物文化、自然风光、农业观光等旅游资源，着重打造特色城市、地域文化、生态山水、园区体验“四大旅游线路”，建设景区配套服务设施，带动旅游产业发展。三是大力发展新兴业态。注重发展连锁经营、物流配送、网上营销、中介服务、管理咨询等行业，鼓励供销系统、邮政行业、快递企业、商贸流通企业建设电子商务平台。培育和引导金融服务业发展，支持农商银行等金融机构，增资扩股、拓展业务、增设网点，更好地服务全县发展。

（四）全力加快城乡建设。一是完善城乡规划体系。做好城乡总体规划报批、系列重要规划评审，全面完成城市规划展览馆布展，编制完成7个重点乡镇的总规、控规和美丽乡村建设规划。二是加快重点工程建设。抓好“三个一批”城乡建设项目。续建项目上，全面完成南北街拓宽改造和慈林街延伸改造两项工程，全面完成丹朱街立面整治和绿化亮化工程，完成北大街、南大街还迁小区主体工程。新建项目上，全面完成北环路，加快建设长子至长治快速通道，开工建设长临高速长子连接线，启动实施庆丰片区、气象站片区、东大街片区等棚户区改造项目，抓紧建设第三水厂，同步完善供暖、供气、污水处理、老年荣军福利中心等公共服务设施。前期准备项目上，抓好汉阙门至市区段、东西街、南环路、东环路、鹿谷街、熨台街、广场西路等路网工程前期手续办理，尽快开工建设。抓好东湖新区、东城商贸区、环城商业圈等城建工程前期准备工作。三是加大征收拆迁力度。加快征迁进度，3月底前全面完成。乘借“五道五治”东风，对各种违建、乱建和土小企业彻底拆、拆彻底。四是拓宽项目融资渠道。设立城乡建设专项基金，组建城市资产运营管理公司，将县城国有土地、商业铺面、地下管廊等国有优质资产整合打包，推动城市滚动发展、良性发展；对道路、学校等重大基础设施和公共服务项目，深度包装，精准对接，最大限度争取信贷支持。积极争取中央专项债券资金3亿元、政府债务置换债券资金2亿元。五是提升综合管理水平。深化城市综合执法，整顿城乡管理秩序。推进城市管理数字化，年内建成综合信息平台。以政府购买服务形式，引进北控、桑德等企业集团，对城乡环卫等重大公共服务项目实行市场化管理。做好国家卫生县城复查验收工作，推进乡村清洁工程，所有行政村都要成为省级达标村。六是推进美丽乡村建设。以特色宜居县城为带动，着重抓好5个重点集镇和15个美丽乡村示范村建设。加快建设法兴寺至崇庆寺、省道326线至方兴园区两条高等级旅游公路，全面提档升级261千米县乡主干线环境，不断提升美丽乡村建设水平。

（五）全力保障改善民生。一要突出抓好脱贫攻坚。不折不扣落实好10项帮扶政策。依托连翘、蔬菜、畜禽养殖、烤烟生产、小杂粮五大脱贫产业，变“输血”为“造血”。发挥好包村领导、驻村工作队、第一书记“三支队伍”作用，形成上下联动、协同作战的脱贫合力，确保今年脱贫4400人，完成7个村134户288人的易地搬迁任务。二要大力发展社会事业。深入推进五大民生工程。教育强基上，加快县直新小学、新东方红学校建设进度；全面完成21所薄弱学校改造任务；开工建设新二中，年内完成主体工程；确保今年通过国家“义务教育发展基本均衡县”验收。健康提质上，进一步完善分级诊疗制度，推动城乡公共卫生服务均等化；年内完成县医院新门诊楼等配套设施建设，启动中医院、妇幼计生服务中心改造提升工程，扩规改造2～3所乡镇卫生院；加强食品药品安全监管，保障人民群众“舌尖上的安全”。文化惠民上，完成体育馆内部装修，提档升级文化馆、图书馆和乡镇文化站；加强长子鼓书、八音会、响铜乐器等非物质文化遗产保护和开发，提高公共文化产品供给服务能力。就业创业上，适度开发公益岗位，提供就业援助，认真做好高校毕业生、农村转移劳动力、城镇失业人员等重点群体的就业工作。社会保障上，推进城乡居民基本医保制度并轨，实施养老、医疗等“五险”提标扩面，治理采煤沉陷区，抓好保障性住房建设、农村困难家庭危房改造和残疾人家庭无障碍改造。三要切实加强生态环保。狠抓铁腕治污，深入开展“铁腕治污”百日专项行动，取缔土小企业，治理大气污染，严控面源污染，整治环境突出问题，严查环境违法行为，确保重点行业达标排放。推进节能减排，倡导绿色低碳生活方式，推进工业、交通、公共建筑等领域的节能降耗，抓好企业固体物排放综合利用，实施畜禽养殖废弃物无害化处理和资源化利用。抓好造林绿化，全面实施590千米乡村通道绿化补植补造，新增造林面积4000公顷，森林覆盖率提高1个百分点。治理生态环境，全力推进生活垃圾无害化治理示范县建设，积极实施浊漳河南源水源地生态修复与保护工程，着力推动精卫湖、皇明湖人工湿地建设，抓紧完成城东污水处理厂，保护好赖以生存的生态环境。

（六）全力推进改革创新。加强引资引智工作。抓好重大城市基础设施和公共服务项目包装，实施精准招商、专业招商。积极争取各类政策性基金和竞争性财政资金。做好专业人才和高端人才的引进工作，引导和鼓励长子籍在外企业家“回乡”创业，力争全年驻县亿元以上项目达到100个。创新投融资方式。加强与金融机构合作，进一步运用好“助保贷”模式，解决中小微企业资金难题。鼓励支持优质企业在主板、创业板、中小板等资本市场挂牌上市、在“新三板”等资本市场直接融资。破解土地难题。采取跨区域回购用地指标的办法，缓解用地难问题。强化增减挂措施，释放用地指标。完善土地补偿和腾退机制，盘活闲置土地。调整土地规划，加强土地收储，确保城市建设、重点项目用地需求。

（七）全力抓好安全稳定。严格落实安全责任。压实各级各部门安全监管责任，严格落实企业安全主体责任，深入开展隐患排查，持续深化安全生产专项整治，严厉打击各种违法违规行为，确保安全形势稳定好转。切实维护和谐稳定。加快社区建设，依法处理各种上访问题，健全信用体系，深化平安长子建设，努力实现长治久安。

（八）全力创优发展环境。制定实施方案，列出问题清单、整改清单、目标清单，深入持久地开展一场“环境创优革命”。特别在创优政务环境方面，要结合“放管服效”改革，按照审批最少、流程最优、体制最顺、机制最活、效率最高、服务最好的“六个最”要求，建立多评合一、多审合一、多图联审、联合验收的新模式，把长子打造成为全市乃至全省审批事项最快、办事成本最低、服务效率最高、投资环境最优、兑现优惠政策最及时的县份。

前景无限美好，落实责任重大。让我们在县委的坚强领导下，在县人大、县政协的监督支持下，埋头苦干、勠力前行，为全面建设共享、生态、平安、人文、宜居新长子做出更大贡献，以优异成绩迎接党的十九大胜利召开！

# 突出一个重点，打好六场硬仗<br>实现振兴崛起，建设美好壶关

壶关县县长　**崔江华**

2016年，我们紧紧围绕县委“突出一个重点，做好五篇文章”总体部署，坚定不移推进稳增长、促改革、调结构、惠民生、防风险等各项工作，在压力下砥砺前行，在困难中奋力开拓，全县经济社会呈现出稳中有进、稳中向好的发展态势。

2017年，是全面贯彻落实省第十一次党代会精神的起步之年，是供给侧结构性改革的深化之年，是打赢脱贫攻坚战的关键之年。做好今年工作意义重大。

**一、2017年政府工作的总体要求**

深入贯彻习近平总书记系列重要讲话精神和治国理政新理念新思想新战略，全面贯彻中央和省、市、县委经济工作会议精神，深入落实省、市、县党代会总体部署，坚持稳中求进工作总基调，以深化“双改”为主线，以转型升级提升发展质量和效益为根本，以创优发展环境为抓手，突出一个重点，打好六场硬仗，全力促进经济稳步向好和社会和谐稳定，为如期实现脱贫攻坚、全面建成小康社会奠定坚实基础，以优异成绩迎接党的十九大胜利召开。

**二、2017年经济社会发展的主要预期目标**

全县地区生产总值增长5.5%左右，规模以上工

业增加值增长3.5%左右，固定资产投资根据新的统计口径研究设置，社会消费品零售总额增长7%左右，一般公共预算收入与上年持平，城镇居民人均可支配收入增长6%左右，农民人均可支配收入增长6%以上，居民消费价格涨幅控制在3%以内，城镇登记失业率控制在4.2%以内，约束性指标完成市下达任务。

**三、围绕总体要求和预期目标，重点抓好八方面工作**

（一）勠力同心抓攻坚，进一步加快脱贫步伐。一是大力发展脱贫产业。切实抓好旱地西红柿、食用菌、蔬菜大棚、中药材、花卉、规模养殖、乡村旅游、光伏发电、电子商务、劳务输出等十大特色产业。发展绿色种植大棚，发展中药材标准化种植，积极推广家庭农场、农业合作社，加快发展康乃馨、百合、玫瑰等特色花卉种植。抓好农村贫困劳动力技能培训，确保年内3000人就业增收、脱贫致富。大力扶持农业龙头企业和各类专业合作社，深入探索和总结推广“经营主体＋集体经济组织＋贫困户”的资产收益扶贫模式，辐射带动更多的贫困户增收致富，确保80个整村脱贫村、1.6万贫困人口稳定脱贫。二是精准落实脱贫举措。全力推进和精准实施特色产业扶贫、易地扶贫搬迁、培训就业扶贫、生态补偿脱贫、社会保障兜底、基础设施改善、公共服务提升、社会力量帮扶等八大工程20项行动。认真落实“双签”责任，完善“六帮联动”工作机制和“4321”党员干部精准帮扶责任制，精准落实各项社会保障和社会救助政策措施，确保每个贫困村都有一名包村领导，都有一支扶贫工作队，每个贫困户都有一名帮扶责任人。三是充分激发脱贫活力。深入实施思想扶贫、文化扶贫、教育扶贫、健康扶贫等工程，最大限度激发贫困群众内生动力。

（二）着眼项目抓转型，进一步振兴实体经济。一是培育新兴工业。发展风电、光伏发电和生物质发电等新能源产业，重点抓好潞安集团光伏产业基地项目、国电风力发电项目、华能风力发电项目等，形成新的优势产业链。抓好中钢特材现代工业物流、首钢长钢壶关集运站、天禹新举节能保温砌块项目等项目建设，不断夯实县域经济基础。二是提升传统产业。切实抓好钢铁、民爆、服装制造等传统产业提升改造。重点是支持整合重组后的中钢特材科技（山西）公司实施技术改造，抓好100万吨普钢和50万吨特钢生产线建设项目，提高产业效益，增强经济实力。支持帮助壶化集团加大创新力度，提高科技含量和产品附加值，增加市场竞争力和占有率。支持服务众智纺织品公司在我县成立，帮助公司早日投入生产。三是发展现代农业。全面推进农业供给侧结构性改革，扶持发展旱地西红柿、设施蔬菜、中药材、花卉种植等特色产业，扩大经营规模，提高生产效益。打造中国北方旱地西红柿之乡、中药材种植大县、花卉种植基地。积极支持紫团公司、郭氏公司、大象集团、辛寨醋业等龙头企业发展，着力提高农业龙头企业的市场占有率和品牌影响力。推进特色现代农业提质增效，增加绿色优质农产品供给。大力实施“一村一品一主体”，努力实现乡乡有主导产业和特色产业，村村有实施项目和经营主体，推动全县农民就业创业，增收致富。四是推进电子商务。以山西老陈醋电商网为带动，引进一批辐射带动能力强的国内知名电子商务平台，发展壮大一批区域性、特色性的农产品电子商务平台，尽快完成电商产业孵化园创建。积极推进电子商务向农村延伸，依托“乐村淘”便民连锁超市，建立农村电子商务服务站点。支持庄稼园、紫团、郭氏等传统企业和588、千友超市、客旺鑫来等大型商贸企业，开展“线上市场”与“线下市场”良性互动的网络零售业务，不断拓展电子商务在生活服务和公共服务领域的应用。五是加快开发区建设。抓好土地利用总体规划调整完善和永久基本农田划定工作，在原壶关常平经济开发区基础上，整合常平旅游资源、集店工业园区、壶关紫团及集店东北部分区域，将开发区面积扩展到30.49平方千米，组建新的壶关经济技术开发区。进一步创新开发区体制机制，力争年内改制完成。科学确定开发区产业布局，加快发展特种钢冶炼及其深加工、现代物流仓储、文化旅游、高端民爆化工和新型科技材料、商贸集聚和金融服务等五大产业，推动高新技术产业产值占比提升5个百分点。申报设立太行山大峡谷生态文化旅游开发区，为全县旅游产业奠定良好的发展基础。六是高效招商引资。推进招商引资体制机制改革，力争年内签约项目10个，引进资金75亿元。进一步加强项目库建设，搞好项目储备。

（三）围绕“双创”抓旅游，进一步强化支撑效应。一是着力破解基础设施瓶颈。加快推进直通大峡谷景区的旅游专线铁路、中华太行大峡谷旅游公路等建设项目，尽快破解道路交通“瓶颈”。加快完善公共基础设施，提升旅游便利化水平。突出抓好景区服务管理，为游客提供全方位、全身心的快捷服务。二是扎实推进旅游项目建设。做好旅游规划，建设旅游项目，发展旅游经济，提升旅游质量。大力发展乡村旅游，丰富旅游内容，优化旅游线路。三是不断创新宣传营销方式。进一步提升旅游宣传的广度、深度和强度，提高大峡谷的知名度和吸引力，力争全年实现接待游客350万人次，营业收入1亿元，旅游社会总收入40亿元。

（四）统筹城乡抓开发，进一步改善人居环境。一是突出规划引领。积极落实“五规合一”，尽快完成《壶关县城控制性详细规划》编制工作。确保规划落实到位，真正让规划引领县城建设。二是加快县城开发。全力抓好27项城建重点项目。加快推进9个城中村拆迁改造工程。拓展城市空间，加快道路拓宽改造工程。完善城市功能，加快推进县城集中供热三期、垃圾填埋场二期、自来水三水厂、外环路污水管网、县城污水中水回用等6项公共基础设施工程，统筹抓好供电、供水、雨水、污水、供热、燃气、通信等各类管线铺设，加快推进“海绵城市”“智慧城市”建设。三是建设美丽乡村。积极推进重点镇和中心村建设，提升城镇规划建设水平。店上、百尺、树掌、晋庄、桥上等五个中心集镇，要完善基础设施，发展主导产业，增强辐射带动能力。美丽乡村建设要上水平、提标准，重点建设20个美丽乡村示范村，每个乡镇至少建设1个美丽乡村示范村。四是提升管理水平。加快推进城市管理综合执法体制改革。实施“平安天眼”工程，加快“平安壶关”建设。实施防洪排涝改造工程。五是完善体制机制。加快推进城乡一体化建设，探索实施城镇建设用地增加规模同吸纳农业转移人口落户数量挂钩机制，鼓励就近城镇化、梯度城镇化。促进各种资源要素在城乡协调配置，实现教育、医疗、文化、社保等基本公共服务均衡发展。加快土地供给结构改革，推进房地产用地和房地产去库存，在保障重点城建项目用地、支持社会资本投资用地、盘活闲置低效用地等方面有所创新。

（五）突出环保抓生态，进一步提升环境质量。持续抓好造林绿化。全年完成荒山造林666.7公顷，建设绿色生态产业村6个，园林化村庄5个，绿化覆盖率提高0.5个百分点。加大环境治理力度。持续抓好“铁腕治污”行动，深入开展蓝天、碧水、净土行动，坚决打好大气、水、土壤污染防治三大战役，力争全年可吸入颗粒物和细颗粒物浓度同比下降3%和4%，空气质量优良天数稳定达到300天以上。改善城乡人居环境。大力实施农村人居环境改善工程，建成农村人居环境达标村162个、创建示范村20个，建设农村生活垃圾综合转运站3个，实施饮水安全工程98处，不断改善城乡居民的生产生活条件。深化“五道五治”行动。扎实抓好省、市、县、乡、村五级道路沿线的环境卫生整治，坚持集中整治与长效管理相结合，拆违治乱与建章立制相结合，因地制宜搞好规划设计，同步推进绿化、白化、美化。强化资源保护利用。全面推进工业、建筑、交通等领域的节能工程，重中之重是抓好森林资源的保护工作。

（六）深化改革抓创新，进一步激发发展活力。扎实推进科技创新。强化企业创新，进一步提高自主创新能力，积极促进专利技术研发和科技成果转化应用，全年申请专利量达到5件以上。深化融资体制改革。积极构建投资主体多元化、融资渠道多样化的投融资新格局；进一步优化项目建设和企业发展投融资环境；健全完善财政支持和金融配套政策，探索开发新型金融产品。深化商事制度改革。继续削减工商登记前置审批事项，抓好“证照分离”改革试点。深化农村产权改革。进一步深化农村产权制度改革，细化和落实农民承包土地所有权、承包权、经营权“三权分置”办法，发展适度规模经营；抓好土地管理制度改革，建立农村土地流转服务平台，创新土地流转模式；盘活土地存量，加强土地储备，强化转型升级用地保障；加大闲置土地清理力度。

（七）加大投入抓民生，进一步增进群众福祉。一是发展教育事业。坚持教育优先发展，大力改善办学条件，加快推进壶关一中初中部建设项目、4所农村中小学改造提升项目，进一步推动义务教育均衡发展。大力发展职业教育、学前教育，继续实施重奖中高考优秀教师和优秀学生奖励政策。全力推进教学改革，不断提升教育质量。逐步提升农村学校信息化基础设施与教育信息化应用水平。不断强化教师培训，提高教师队伍素质。二是强化卫生保障。推进医疗制度改革，全面优化资源配置，着力提升全县医疗服务水平，重点抓好县医院住院楼、县中医院医技楼、县妇幼保健院医技业务楼、100所村卫生所，以及三个乡卫生院的改扩建项目，进一步提高县三级医疗机构标准化建设水平。破除以药养医、取消药品加成、理顺医疗服务价格，建立公立医院运行新机制。实施分级诊疗制度，提升基层医疗卫生机构服务能力。全面提高计划生育服务水平。三是推进文化产业。积极构建现代公共文化服务体系，实行“三馆一站”免费开放，建设2～3个高标准的乡镇综合文化站，促进城乡公共文化服务标准化、均等化建设。加大文艺创作力度，积极实施中华传统优秀文化的传承和发展，抓好国家“非遗”项目上党乐户壶关班社的传承保护，完成上党乐户壶关班社（牛府）保护项目。四是积极扩大就业。深入落实各项就业优惠扶持政策，加强公共就业服务，力争全年新增城镇就业人员3000人以上，劳务输出3500人以上，城镇登记失业率控制在3%以下。五是加强社会保障。加快推进“五险统征”和社保卡应用工作进度。深入实施“全民参保登记计划”，着力扩大社会保障覆盖面。继续抓好城镇居民医疗保险和新型农村合作医疗的合并整合工作，实现城乡居民医疗一体化。提高城乡低保标准和特困人员救助供养标准，推动贫困线、低保线“两线合一”。实施残疾人精准康复服务行动。

（八）严明责任抓安全，进一步稳定社会大局。落实安全责任。坚持“党政同责、一岗双责、企业主责、失责追责”，加快建立生产经营单位负责、职工参与、政府监管、行业治理和社会监管的安全生产工作机制。严格落实企业主体责任,加大安全投入,注重过程管理,强化安全培训,切实做到安全责任、监管、投入、培训和应急“五到位”。推进依法治安。不断规范安全生产行为,开展企业安全生产标准化建设,进一步健全联合执法工作机制和安全生产“黑名单”制度,对违法违规行为零容忍、严查处。整治安全隐患。深入开展隐患排查治理,及时消除各类事故隐患,严防各类安全生产事故发生,坚决杜绝私挖乱采。进一步创新安全生产监管执法机制,把好有关建设项目规划、设计环节的安全关,防止从源头上产生隐患。强化安全维稳。进一步畅通群众诉求表达、利益协调、权益保障渠道。强化矛盾纠纷排查化解,做好新形势下的信访工作。加强应急预案建设,健全突发事件应急管理机制,有效预防和处置各类突发事件。持续引深平安创建活动,加强社会治安综合治理,严厉打击“两抢一盗”等违法犯罪行为,维护全县和谐稳定大局。

乘风破浪会有时,直挂云帆济沧海。让我们更加紧密地团结在以习近平同志为核心的党中央周围,在县委的坚强领导下,忠诚担当、锐意进取,开拓创新、攻坚克难,为实现振兴崛起和全市打造山西重要增长极,做出新的更大贡献,以优异成绩迎接党的十九大胜利召开!

# 实现脱贫摘帽　全面建成小康

沁源县县长　**连树斌**

2016 年,全县上下紧紧围绕在全省率先实现全面建成小康社会奋斗目标,认真落实新发展理念,主动适应经济发展新常态,奋力推动经济回稳促增,全力加快经济社会各项工作,实现了“十三五”良好开局。

2017 年是全面贯彻省、市十一次党代会精神的起步之年,是供给侧结构性改革和转型综改的深化之年,也是我县脱贫攻坚决战决胜之年。做好今年工作必须坚持问题导向、目标导向相统一,既要从迫切需要解决的问题着手,明确破解难题的途径和方法,又要从实现全面建成小康社会目标倒推,厘清各时间节点必须完成的任务。

## 一、2017 年政府工作的指导思想

深入学习贯彻习近平总书记系列重要讲话精神和治国理政新理念新思想新战略,认真贯彻中央和省委、市委经济工作会议精神,深入落实县第十三次党代会和县委十三届二次全会暨经济工作会议总体部署,牢固树立新发展理念,坚持稳中求进工作总基调,以全面深化供给侧结构性改革和转型综改为主线,以创优发展环境为抓手,以提升发展质量和效益为核心,以“对表、对标、对接”为要求,全面推进交通破题、产业转型、文化旅游、城乡统筹、生态保护、脱贫攻坚、民生改善、安全生产和供改综改等,确保今年如期实现脱贫摘帽,为在全省率先实现全面建成小康社会奠定坚实的基础,以优异成绩迎接党的十九大胜利召开。

## 二、2017 年全县经济社会发展的主要预期目标

全县地区生产总值增长 5.5%左右,全社会固定资产投资根据新的统计口径研究设置,社会消费品零售总额增长 7%左右,地方财政收入增长 9%以上,城乡居民人均可支配收入分别增长 6%和 6.5%左右,居民消费价格涨幅控制在 3%左右,城镇登记失业率控制在 4.2%以内,约束性指标不折不扣完成市下达任务。

## 三、2017 年政府工作重点

*(一)突破交通第一瓶颈,全力解决制约经济社会发展最大难题。*强力推进“两高一铁”项目,全力攻坚“两高一铁”等重大基础设施建设,黎霍高速公路争取 2018 年调整列入交通部高速路网“十三五”规划,平遥—沁源—安泽高速公路争取列入全省高速公路路网规划,沁沁铁路至安泽中南铁路连接线已列入规划,争取尽快开展前期工作。强力推进县域交通建设,开工建设黄土坡隧道、汾屯线上滩至新店上段 8.3 千米路面改造工程,推动沁洪线拓宽改造立项工作;开工建设绵上—花坡—任家庄旅游公路,实施西下线上舍段等县乡农村公路改造、前西窑沟至汾屯线等窄路基路面拓宽改造,积极推进友仁至管家沟旅游公路前期工作。

*(二)优化三次产业,有效破解“一煤独大”的结构*

性矛盾。一是振兴工业实体经济。改造提升传统产业，加快推进煤矿现代化和安全质量标准化建设，实施安达等煤矿和660万吨沁能选煤厂的技术改造项目。开工建设通洲集团144万吨综合煤化工等项目，提高煤层气抽采利用水平，促进煤电联产、煤化联产、煤气联产，不断提升煤炭循环产业的整体实力和综合竞争力。培育发展新兴产业，全力推进新疆特变电工300兆瓦和北京两吉新能源150兆瓦风力发电、联鸿50兆瓦药光互补光伏发电、晶鑫和众鑫两个20兆瓦光伏发电等项目，积极发展水力发电、余热发电、瓦斯发电，打造新能源基地；发展壮大沁新汽车零部件及管道阀门等装备制造产业，推进沁新3万吨宝珠砂新型材料等项目，建设道地中药材产业发展基地，新增小巨人企业1个、小升规企业两个，新创办小微企业150个，进一步提升新兴产业比重。二是大力发展绿色农业。打造太岳山生态农业经济走廊，大力发展脱毒马铃薯、连翘、食用菌、苗木、生态肉驴、黑山羊、肉牛等特色种养业，建设示范基地，优化产业布局；打造百里沁河生态经济带，融合发展沿河文化旅游、创意农业、示范产业、特色城镇、美丽乡村和景观生态经济，创新打造立体经济模式；打造现代农业园区，启动集科技研发、农产品加工、农贸市场、物流运输等为一体的现代农业园区建设；打造“六大绿色农业产业板块”，即抓好“一县一业”脱毒马铃薯，连翘等道地中药材，松蘑、双孢菇和羊肚菌等食用菌，牛羊驴等绿色养殖，夏季草莓和高山蔬菜，豆制品等农副产品加工和功能农业这六大板块；鼓励扶持无公害农产品、绿色食品、有机食品与地理标志产品“三品一标”的认证。三是做强做优服务业。加快电商产业发展，建设集网货仓储、电商平台、物流配送为一体的电子商务产业园，实现农村电子商务服务全覆盖；优化金融服务业，创新信贷产品，健全融资担保体系；规划建设农村农产品集散中心和汽修、建材等专业市场；大力发展智慧物流、多式联运、城乡快递、冷链物流，充分发挥沁沁铁路的作用，提升物流水平。四是推动产业结构优化升级，最终要落实到项目建设上。大力开展“招商引资年”活动，争取全年引进资金120亿元；强化项目建设服务，切实抓好协调保障、抓好落地开工、抓好竣工投产。

（三）打造“国际慢城”名片，倾力推动全域旅游大开发。编制“国际慢城·生态沁源”规划。将体育元素融入慢城方式，建设沁河健身慢廊，完成内河慢道建设，沿滨河南路布局文化、体育旅游产业，建设全民健身广场。规划建设东山公园—李家庄—法友线道路工程，建设东山慢道，打造微型循环人行慢道、山地自行车道等休闲产业。将创意农业融入慢城景观，进一步拓展农业观光功能，加快昶苑生态园建设。将森林康养融入慢城生活，逐步发展森林度假、疗养、保健、养老等产业。将太岳文化融入慢城内涵。创建国家级全域旅游示范区，整合县域各类旅游资源，实施旅游大开发，全力推动旅游业成为我县战略性支柱产业。

（四）统筹城乡发展，大力改善人居环境。一是建设品质县城。全面启动棚户区和城中村改造。实施沁园路南延工程，规划建设县城西环路、丁城渠和曹家园湿地公园。开工建设县城第二自来水厂，配套完成县城河东污水管网。加快天然气入户工程，推进图书馆改建、公安现役消防站续建等项目。建设300套限价商品房，完成1026套公租房配租。加强社区建设，提升服务水平。推进县城环境卫生一体化管理。二是建设中心城镇。加快郭道、李元、灵空山、王和等重点镇规划建设，实施一批镇区基础设施建设项目，整体提升重点镇建设品位。三是建设美丽乡村。大力发展乡村旅游，全面改善农村人居环境，创建省级美丽乡村1个、市级2个、县级10个。加快推进全省农村垃圾治理试点县建设，继续实施乡村清洁工程。完成采煤沉陷区治理避让搬迁42户、地质灾害治理搬迁5个村32户。完成永和水电站工程，铺开配套输水工程建设。实施20个中心村农网改造升级工程。四是推进“五道五治”。继续加大国道、省道、县道、乡道、村道五级道路沿线的治违、治乱、治污、治路、治理五项整治力度，从根本上提升管理水平，确保治好、治顺、治彻底。

（五）坚持绿色发展，实施最严格的生态保护。一是严格落实生态功能区划。加强省级限制开发重点生态功能区建设，落实生态保护红线要求，实行分级分类管控，推动低碳经济发展。执行最严格的水资源管理制度，加强沁河源头生态保护。强化生态环境监测预警，加强铝土矿资源管理。二是铁腕整治环境突出问题。开展“铁腕治污”行动，深入实施大气、水和土壤污染防治行动计划，确保PM10、PM2.5浓度稳定下降。全面推行河长制，加强饮用水源地管理与保护。加大环境监测和环保执法力度，严厉查处违法排污企业，切实提升污染管控水平。三是大力推进绿色生态建设。实施新一轮退耕还林366.7公顷，新建通道两侧林带34.3千米，完成新造林地管护5067公顷。推进生态恢复治理，开展生态乡镇、生态村示范创建，积极争取矿山生态环境恢复治理试点工程，切实构建生态环境屏障，努力实现绿满沁源。

（六）补齐脱贫攻坚短板，确保今年如期脱贫摘帽。实施保障兜底工程，打通农村低保户和建档立卡贫困户评定标准，全面实现“二户合一”，保障标准提高到3532元，稳步提高农村五保户集中供养和分散供养标准。实施教育扶贫工程，完善教育扶贫措施，加大对贫困学生的资助力度。实施健康扶贫工程，全面推行因病致贫群众“一人一策”扶贫机制，健全完善基本医疗保险、大病保险、大病救助等多重医疗保障机制。实施就业扶贫工程，开展实用技术培训，提升贫困人口就业技能，鼓励县内企业吸纳贫困人口就业。实施产业扶贫工程，加快推进贫困村“一村一品一主体”建设，大力发展中药材、乡村旅游、特色种养、造林绿化、光伏发电、电商网店等产业扶贫，扶持、引进、培育一批带动能力强的企业、农民合作社、家庭农场、能人大户等新兴农业经营主体。实施金融扶贫工程，创新金融产品，降低信贷门槛，支持贫困群众发展产业，不断增强“造血”功能。实施住房安全保障工程，加快实施建档立卡贫困户易地搬迁和贫困户危房改造。实施基础设施改善工程，规划实施农村饮水安全和乡村公路完善提质工程，布局建设 17 个通信信号塔。同时，加大财政涉农资金整合和扶贫投入力度，探索建立资产收益长效机制，落实“五帮联动”“两包三到”精准帮扶机制，坚决打赢脱贫攻坚战。

（七）着力保障和改善民生，全面提升群众幸福指数。一是加快发展教育事业。继续实施第二轮“教育质量提升工程行动计划”，开展现代学校管理改革省级试点工作，全面提升学校管理水平和教育质量。扎实推进山西机电职业技术学院对口帮扶职业中学工作。大力支持学前教育发展。实施一批教育惠民工程。二是推进健康沁源建设。建设一批便民利民的中小型体育活动场所、校园足球场等场地设施。推进县级公立医院改革，抓好省人民医院与县人民医院医联体建设。规划实施县人民医院住院楼、县中医院附属工程、县二院透析中心扩建等项目，改善县医院和中医院配套设施设备。三是大力发展文化事业。深入实施文化强县和文化惠民工程，继续开展送戏、送电影、送图书下乡等活动，完善现代公共文化服务体系。加强非物质文化遗产保护，推进乡村文化记忆工程。加大对古村落、古建筑和传统民居的保护力度，申报古寨村国家历史文化名村。四是积极扩大就业创业。完成城镇新增就业 3157 人、创业就业 491 人、城镇失业人员再就业 390 人、就业困难人员就业 110 人、转移农村劳动力 2695 人。继续推进和完善农民工工资保证金制度，切实维护劳动者的合法权益。五是提高社会保障水平。以养老保险制度改革和整合城乡医保为重点，深入推进社会保障制度改革，扩大社会保障覆盖面，抓好全民参保登记。继续提高城乡低保和退休人员基本养老金标准，规范乡镇敬老院管理，推动社区养老中心和农村日间照料中心建设。

（八）夯实安全基础，着力推动安全发展。一是从严压实安全责任。强化部门和乡镇政府监管责任，落实“五级五覆盖”责任体系。强化企业安全生产主体责任，建立健全安全生产责任制和安全生产规章制度，推进标准化建设，改善安全生产条件，提高安全生产水平。严格落实责任倒查制度，实行安全生产“一票否决”制。二是全面开展安全生产大检查。持续引深安全生产大检查，突出煤矿、非煤矿山、危险化学品、油气管网、食品药品等重点行业领域，集中开展打非治违专项行动。切实推动安全关口前移，不断提高事故防控能力。三是狠抓安全生产隐患治理。深层次挖掘隐患和问题，建立健全隐患排查治理体系，对排查出的隐患和问题一查到底。认真落实安全生产约谈制度。四是提升应急管理水平。加强安全生产应急预案修订、审查、备案和演练工作。加大应急救援队伍建设力度，做好应急救援物资储备，严格应急值守，健全处置机制，引导公众增强风险防范意识。

（九）深化改革创新，不断释放市场活力和社会创造力。持续深化重点领域改革。建设经济技术开发区，以沁绵工业园区为基础，科学做好已确定的 8.57 平方千米起步区和 15.75 平方千米规划区的各项基础工作。深化“放管服效”改革，继续精简行政审批事项，全面落实“13710”工作制度。推进项目用地制度改革，开展城乡建设用地增减挂钩工作，全面完成土地确权登记颁证工作。拓宽投融资渠道，撬动更多社会资本参与全县重大项目、重点工程建设，引导社会资本参与投资建设运营。完成县信用联社改制农商银行工作。大力推进科技创新。加大科技研发力度，提升自主创新能力；在农业领域加大农科技术应用和推广力度，重点培育高附加值农副产品的加工转化；在三产领域广泛应用互联网技术、数字技术、移动技术，促进信息服务业发展。加大财政、金融对科技创新研发与攻关的倾斜力度，强化政校企联合、产学研一体发展模式。积极实施人才战略。认真落实人才发展政策，优化人才服务保障，最大限度激发人才创新创造创业活力。

激情绘就蓝图，实干成就梦想。让我们在县委的正确领导下，在县人大、县政协的监督支持下，紧紧团结和依靠全县干部群众，撸起袖子加油干、扑下身子埋头干，再创新业绩，再谱新篇章，以优异成绩迎接党的十九大胜利召开！

# 再铸黎都辉煌　全面建成小康

长治县县长　**王现敏**

2016年，面对经济下行压力和艰巨繁重的改革发展任务，我们在创新驱动和转型升级上精准发力，经济发展呈现出由负转正、企稳回升的新态势，干部队伍呈现出齐心协力、干劲十足的新气象，全县上下呈现出勠力同心、奋发进取的新风貌，较好地完成了县十六届人大一次会议确定的目标任务，实现了"十三五"良好开局。

2017年是党的十九大召开的大事之年，是全面贯彻省、市党代会精神的开局之年，是全市深化改革年、创优环境年，也是我县贯彻落实县委十二届三次全会，深入实施"五大战略突破"的关键之年。做好今年的政府工作，具有十分重要的意义。

**一、2017年政府工作的总体要求**

以习近平总书记系列重要讲话精神和治国理政新理念新思想新战略为根本指针，全面贯彻省、市党代会精神，深入落实市委十一届二次全会暨经济工作会议和县委十二届三次全会、县三干会的决策部署，坚持稳中求进，以深化"双改"建设为主线，以创优发展环境为抓手，以深入实施"五大战略突破"为重点，以打造"六大产业集群"为目标，全力促进经济稳步向好和社会和谐稳定，为再铸黎都辉煌、全面建成小康社会奠定坚实基础，以优异成绩迎接党的十九大胜利召开。

**二、2017年全县经济社会发展的主要预期目标**

地区生产总值增长6.5%左右，固定资产投资根据新的统计口径研究设置，社会消费品零售总额增长8%，地方财政收入增长2%，工业增加值增长4%，城乡居民人均可支配收入分别增长6.5%和7%。各项约束性指标完成省市下达的目标任务。

**三、2017年重点抓好以下七项工作**

(一)深化改革创新，在激活发展中实现新突破。一是加快推进开发区体制机制改革。大胆简政放权，明确管理职责，赋予开发区更加灵活的社会经济管理权限。要将现有的科工贸产业聚集区整合为长治县信义经济技术开发区；将太行山农产品物流园区、新型工业创业园区、振东科技园区三个园区整合为长治县黎都经济技术开发区，分别成立开发区管委会，并在机构设置、管理体制、人事管理、薪酬管理等方面进行改革，全力推动两个经济技术开发区升级为省级开发区，争做全市开发区建设"排头兵"。二是加快推进重点领域改革。国资国企方面，研究成立独立的国有资产管理机构和经营机构，加强对国有资产收益上交的管理，确保国有资产保值增值。全力做好国有资产摸底统计上报，盘活国企存量资产，分类推进国企提质增效、转型升级。商事制度改革方面，认真落实"五证合一""一照一码"和个体工商户"两证整合"登记制度，深化"先照后证"改革，加快推进电子营业执照和全程电子化。人事制度改革方面，灵活采取政府购买服务、末位淘汰和人员整合分流等方式，推进人事制度改革。投融资体制改革方面，发展完善"六大投"投融资平台建设，推进全县重点项目的融资建设；帮助惠丰特车等企业挂牌上市；支持黎都农商行筹建村镇银行，实现长治农商银行长治县支行正式营业；加大对中小微企业信贷支持，力争"助保贷"发放2500万元以上。农村产权制度改革方面，推进农村经营性资产改革试点和农村土地承包经营权确权登记颁证工作，规范和完善县乡两级农村产权流转交易中心管理。三是加快推进招商引资体制机制改革。围绕"六大工程"，充实招商引资项目库、客商库、信息库和人才库，实施精准招商。对接京津冀、环渤海经济圈，积极开展与首钢集团的全方位合作；充分发动老乡、老友、老板招商引资，掀起新一轮招商引资热潮。四是鼓励大众创业、万众创新。用足用活创业创新政策，通过建设标准化厂房、"晋材晋用"等措施，为创业主体提供全方位、多层次、高质量服务。全力推进"双创"孵化新产业新业态工程，力争创建3个创新企业孵化基地。抓好长治锦东创业园、南宋小微企业创业基地建设，成功扶持20家创业企业。突出企业创新主体地位，力争全年技术专利申请量达到57

件，申报省市级科技成果项目12项，申请国家、省、市科技项目22项。重点扶持发展一批潜力大、成长性好的中小微企业，全年新注册创办中小微企业200户，培育“小升规”企业2家，“小巨人”企业1家。

（二）打造“六大产业集群”，在产业转型升级上迈出新步伐。一是推进医药健康产业集群发展。积极推动抗肿瘤药物系列产品创新研制和产业化项目建设。加快推进道地药材9种重要饮片标准化项目建设，延伸现代中药产业链条。推进振东中医药文化园建设，完成神农氏文化广场及附属配套设施建设，推动中药健康与旅游体验有机结合，打响“北有五台山、南有五谷山”知名品牌，着力打造健康医药产业集群。二是推进机械制造产业集群发展。加快推进成功汽车年产30万辆新能源汽车和新建自动变速器生产线项目建设，积极引进与汽车制造配套的关联产业，从而带动机电设备、矿山机械、特种车辆制造等不断发展壮大。三是推进环保产业集群发展。以易通集团为龙头，加快推进300兆瓦双循环低温余热发电成套设备制造、100万平方米节能蓄热电采暖技术和年产120台（套）烟气脱硫脱硝一体化设备续建等项目建设，利用技术优势和示范带动效应，抢占市场先机，扩大市场占有率，发展壮大环保产业。四是推进特色农业产业集群发展。以太行山农产品物流园区为龙头，大力发展贸易农业、设施农业和特色农业。大力发展特色农业，全年新增设施蔬菜33公顷，蔬菜集约化育苗场1万平方米；发展绿色中药材示范基地66公顷，设施果业提质增效20公顷；新建或改扩建标准化养殖场5个；培训职业农民1000人；发展市级农业龙头企业两家，农产品销售收入达到20亿元。着力提升电商物流产业，积极支持潞卓商贸公司社区O2O商业平台建设，新增村级电商服务站点50家，实现电商线上交易总额突破1.1亿元。积极申报电子商务进农村示范县。加快组建太行山农产品物流集团，全力推动长治金鑫水果市场、长治面粉厂、快递物流产业入园发展，全年综合农产品物流总量达到48万吨，物流总额突破28亿元。依托太行山农产品物流园区，全力打造集工业、农业、商贸为一体的物流“公路港”。五是推进新材料产业集群发展。以日盛达集团为中心，大力发展新材料产业集群。加快推进2条日熔量1000吨超白压延玻璃生产线、500兆瓦太阳能电池双玻组件生产线和硅砂基地等项目建设，巩固强化行业优势，延伸新材料产业链条，形成集约化集聚化发展模式。六是推进文化旅游产业集群发展。加快推进全县旅游资源整合和市场化经营步伐，努力把旅游产业打造成我县的战略性支柱产业。与中青旅加强战略合作，加快推进全域旅游的调研、整体规划和项目申报工作，引领和推动全域旅游快速发展。发展大产业，着力提升荫城古镇、振兴新区、西火十泉岭等重点景区品质，扶持指导振兴乡愁公园创建3A级旅游景区。继续办好天下都城隍文化旅游节、西火金秋乡村文化旅游节等各类文化旅游节庆活动。推出荫城古镇专刊，完成荫城古镇“中国历史文化名镇”的申报验收，启动申报“中国特色小镇”。推进天下都城隍、振兴景区、五凤楼景区、黎都公园（体制）机制改革。形成大融合，大力实施“旅游＋”工程，启动实施旅游“一卡通”，推进天下都城隍、振兴新区、神农生态园等特色旅游景区的联动整合。

（三）夯实煤炭基础，在传统产业升级改造上再上新台阶。一是推进煤炭供给侧结构性改革。坚决淘汰一批落后产能，今年要关闭联盛师庄煤业，主动退出产能45万吨。整合县域洗选煤、储煤等涉煤行业，提高准入门槛，实现全县煤炭产业的合理布局。鼓励企业组建配煤中心，推动煤炭产品商品化、个性化，提高煤炭附加值。积极引导煤炭企业固定资产向新兴产业转移，力争转移资产达到3亿元。二是推进煤炭产业升级改造。加快推进矿井建设，雄山煤炭有限公司、联盛长虹、联盛太义掌3座煤矿5月底前竣工投产；联盛首阳山、羊头岭南仙泉两座煤矿年底前实现联合试运转；西山煤业和东掌煤业延伸下组煤二期、新建煤业和西掌煤业延伸下组煤一期年底前全部完工；红兴煤业下组煤项目开工建设。加强安全质量标准化建设，生产矿井一级质量标准化达到5座，二级质量标准化达到14座。完成煤炭监管信息平台建设并投入使用，正常生产矿井数据录入率达到100%。

（四）统筹城乡发展，在城乡扩容提质上塑造新形象。一是加强城乡规划发展。以精品县城建设为核心，加快县城总体规划修编和九大专项规划的批复，推进长治县海绵城市规划和城市地下综合管网规划编制。以荫城次中心镇、信义经济技术开发区为两翼，实行“镇当县制”，高标准、高质量地完成“两翼”规划设计，吸引产业、商贸、文化、人口等城市要素集中，提高城镇化水平。加快完成县城北片区（包括县城—市城区快速路两侧500米）控规编制。二是完善城乡基础设施建设。按照“五规合一”的功能定位，加大基础设施建设力度。加快太焦高铁长治南站、和谐广场扩建、污水处理厂中水回用、黎岭街（北环路）道排、正大路延伸等工程项目建设。新上两台高温热水锅炉，新建5个换热站，铺设供热管网8千米。完成荫城、南宋加气站建设，新铺设燃气管网12.5千米，加快推进南宋乡子乐沟村地质灾害整村搬迁工程。协调推进国道207、208线过境公路改造工程，加快旅游公路建设。合理布局教育、医疗、文化、社保等基础公共服务配置，不断提高城镇综合承载力和竞争力。三是推进棚户区和城中村改造。成立棚户区改造领导组和城中村改造指挥部，强化对棚改、城改工作的组织领导和项目实施，打通房地产去库存与棚改、城改和采煤沉陷区治理的政策通道，积极推进货币化安置，力争全年货币化安置比例达到50%以上。鼓励支持社会资本参与棚户区、城中村改造，力争年底1～2个试点村实现搬迁。四是提升城乡管理水平。加强城市精细化管理，加快垃圾处理设施建设，进一步深化环卫作业、园林养护、市政设施管理维护等作业市场化。抓好琚寨、南宋等国家级传统古村落的保护开发，完成1个省级美丽宜居示范村、两个市级美丽宜居示范村、20个县级美丽宜居示范村的创建申报。

（五）突出生态保护，在建设“美丽长治县”上展示新面貌。一是加强生态治理。全面落实“河长制”，加快推进黎水河生态修复治理和司马人工湿地建设。继续推进陶清河生态治理工程建设。启动农用地土壤污染详查工作，实施化肥农药零增长行动。积极推进国家园林县城创建，完成绿化面积5.8万平方米，补植补种32万平方米。对“五道五治”腾退出的土地实行“见缝插绿”。扎实推进以太行山绿化为重点的林业生态建设，全年完成老雄山生态修复40公顷，经济林66公顷，通道绿化70千米，完成3个农村人居环境村庄绿化建设。二是加强环境保护。深入推进“铁腕治污”专项整治行动。强力推进大气污染防治，强化扬尘污染控制，落实禁烧限放，开展燃煤锅炉整治，严格执行大气污染物特别排放限值，实现PM2.5年均浓度下降3%。严格执行环评和“三同时”制度，坚决杜绝“两高一资”项目上马。加强沿线企业和村庄环境监管，推进第二污水处理厂建设，实现城镇生活污水、信义经济技术开发区污水直排“双清零”。开展“小散乱污”企业专项取缔行动，全面完成省市下达减排任务。三是狠抓“五道五治”。坚持规划先行，大力度整治，全面推进“五道五治”行动，实现县容县貌、村容村貌、户容户貌的大改观，把城乡环境治好、治美、治顺、治彻底，为全县经济社会发展和群众生活营造良好环境。四是注重资源集约利用。积极推进工业、建筑、交通、公共机构等领域节能，确保万元工业增加值能耗下降3.2%，大宗工业固废综合利用率达到67%。依托易通环能建设李坊农业废弃物综合示范工程。未来三年，我们要在全县建设10个农业废弃物资源化综合利用示范点，全面推进农村废弃物资源集约利用。同时，要加大工矿废弃地复垦利用力度，推进土地、矿产集约利用，力争完成城乡建设拆旧区土地复垦验收工作。

（六）加快共建共享，在持续改善民生上得到新提升。一是持续改善人民群众生活。就业方面，搭建就业平台，统筹做好大学生、城镇失业人员、“4050”人群、退役军人等各类群体就业工作，确保全年城镇新增就业3070人，转移农村劳动力2680人。教育方面，完成77所学校的改薄任务，做好7所标准化幼儿园、教育园区、荫城寄宿制学校、青少年活动中心等后续工程建设，开工新建柳林学校和司马幼儿园；确保通过“全国义务教育基本均衡县”评估验收；全力推进长治医学院新校区落户教育园区；推进义务教育学校校长、教师交流轮岗；大力发展现代职业教育。医疗卫生方面，巩固公立医院改革成果，深化医疗卫生体制改革，推进分级诊疗制度建设，提升基层医疗卫生机构服务水平；全力推动与长治医学院附属和济医院合作共建长治县大医院；依法组织实施“全面两孩”政策，促进人口均衡发展，着力提高人口质量和健康水平。社会保障方面，大力推进“全民参保登记计划”和机关事业单位养老保险制度改革，积极推进医保异地结算和医保支付方式改革；完善养老服务体系，加快安馨养老院投入使用，推进城市社区养老中心建设。文化体育方面，加快县文化博物展览馆建设，继续推进农家书屋、农村电影放映、文化活动场馆等免费开放，提高完善“乡村文化记忆”工程，实施送戏下乡工程，加大对潞安大鼓、八音会等非物质文化遗产的保护、挖掘、传承和利用；完善体育设施建设，深入开展全民健身活动。二是深入抓好精准扶贫。全面深化“五帮联动”工作机制，实现贫困户责任人全覆盖。加强对建档立卡贫困户、五保、低保、计生特殊家庭参合代缴工作，确保应参尽参。全面落实“雨露计划”和贫困大学生资助工作，加强贫困人口技能培训、劳务输出。积极稳妥推进“金融扶贫”，完成贫困户扶贫小额信贷贴息100万元。启动“百企帮百村”“一乡一策”工作机制，实现产业扶贫、资产收益工作全覆盖。继续落实好易地搬迁扶贫、教育扶贫、生态扶贫、电商扶贫等政策措施，确保3100人实现脱贫。

（七）强化安全稳定，在创安维稳上达到新水平。一是加强安全生产工作。严格落实企业主体责任，切实做到安全责任、管理、投入、培训和应急救援“五到位”。全面推行安全生产挂牌责任制，实现安全监管全覆盖。深入开展安全隐患大排查，严防各类安全事故发生。二是加强社会管理。深入推进社会综合治理和平安黎都建设，深化反恐防暴和信访稳定工作，加强消防、民爆、网络等公共安全管理，突出社会治安整治，推进立体化防控体系建设。强化应急管理和减灾防灾体系建设，提高救灾应急处置能力。健全完善社会矛盾综合协调化解长效机制，及时妥善处理各类矛盾和敏感事件，努力维护全县安定团结的大好局面。

大道至简，实干为要。让我们在县委的坚强领导下，干在实处、干出成效，努力把长治县打造成长治市重要增长极，为再铸黎都辉煌、全面建成小康社会而不懈奋斗，以优异成绩迎接党的十九大胜利召开！

# 突出高新特色　深化改革创新
# 全面开启高新区"二次创业"新征程

长治高新区管委会主任　张　圣

2016 年，高新区党工委、管委会在市委、市政府的坚强领导下，团结带领全区广大干部群众，紧紧围绕中央"四个全面"战略布局和"五大发展理念"，围绕省委"一个指引、两手硬"重大思路和市委、市政府的各项决策部署，持续深入实施"二三四五"工作思路，圆满完成了"十三五"开局之年的各项目标任务，谱写了高新区历史上又一华美篇章。

2017 年是党的十九大召开之年，是全面贯彻落实省、市第十一次党代会精神的起步之年，是供给侧结构性改革的深化之年，同时也是我们高新区全面改革创新之年。我们必须乘势而上、破浪前行，全面开启高新区"二次创业"新征程。

**一、2017 年全区工作的总体要求**

深入贯彻落实习近平总书记系列重要讲话精神和治国理政新理念新思想新战略，统筹推进"五位一体"总体布局，协调推进"四个全面"战略布局，认真贯彻落实中央、省、市经济工作会议精神和省、市第十一次党代会精神，紧紧围绕"高"和"新"两大特色，以创新驱动、转型升级为主线，以整合扩区、机制改革为突破，全面深化"二三四五"工作思路，为把高新区打造成改革创新先行区、高新产业集聚区、产城融合示范区和全省经济增长极而努力奋斗！

**二、2017 年全区经济社会发展的奋斗目标**

营业收入、地区生产总值增长 7%左右；工业总产值、规模以上工业增加值增长 7.5%；固定资产投资增长 7.6%，新的统计口径实施以后，按新的统计口径重新确定目标；财政总收入增长 8%；地方财政预算收入增长 7%。

**三、2017 将重点抓好以下几个方面工作**

（一）牢牢抓住项目建设这个牛鼻子，在壮大实体经济上培育新动能。一要做大做强优势产业。高新区目前的优势产业是装备制造产业、生物医药产业和光电子产业，这也是高新区实体经济的支柱产业。在装备制造上，西门子大型特种电机、钜星锻压、久豪充电桩、玉华再制造等装备制造企业都积累了一定的基础，今年要进一步开拓市场、扩大产能，并逐步向智能制造、高端制造转变，领跑长治制造产业。同时，要加快推进奥科植保无人机、中科飞创无人机、新能源汽车配件、上海首坤激光机器人、玉华集团新型医疗器械制造等新引进或正在引进的装备制造项目，不断提高我们的高端制造水平。在生物医药上，重点要抓好康宝痢疾疫苗、幽门螺旋杆菌疫苗、靶向抗肿瘤血管抑制剂、慢性阻塞性肺疾病疫苗等基因疫苗项目，力争 2～3 年这几个疫苗项目全部投入生产，新增产值 200 亿元，税收 20 亿元。加快推进康宝与中国医学科学院共同研发的高效抗艾滋病病毒多肽药物，力争尽快取得突破性进展。在光电子产业上，重点要抓好中池联华新产品研发、炎黄照明新型玻璃 LED 和福万达照明空气净化路灯等新产品推广，努力把技术优势转化为市场优势，形成新的经济增长点。二要加快发展新兴产业。按照全省实施战略性新兴产业培育工程的要求，依托现有的产业基础，加快推进德益超级电容、单层石墨烯、新型氧化铝高阻隔薄膜、新型彩色医疗胶片、中镁镁合金、钜星超硬工具等新材料项目，逐步形成新材料产业集群。积极引进培育大数据、文化创意、智能终端等新兴产业。特别是在大数据产业方面，我们要积极筹划建设大数据产业小镇，引进医疗健康大数据、教育大数据、农业大数据、旅游大数据等大数据项目，形成产值上百亿甚至上千亿元的大数据产业钜阵。重点要抓好北斗数据中心、医疗健康大数据中心、北京易捷互动大数据分析、艾普卓客大数据分析等大数据项目，筹建大数据人才培训基地，逐步形成大数据产业链条，打造全省重要的大数据产业基地。三要持续提升传统产业。高新区的传统产业主要集中在涉煤装备制造业、食品加工业和商贸服务业，今年重点要在质量、品牌、标准上下功夫。坚持质量第一，不断完善质量信用评价机制，推动建立完善社会诚信体系，为争创全国质量强市示范城市做出积极贡献。贝克、山河、惠元等涉煤制造企业要进一步把产品做精做细做优，以质量优势占领市场、应对竞争。金威、益东、晋峰、佰和园食品、世龙食品等传统企业要加大品牌的包装、策划、营销力度，真正把企业打造成家喻户晓的知名企业。积极推进质量标准化体系建设，支持企业参与国家标准制定，推动更多的企业标准、地方标准、行业标准上升为国家标准或国际标准。四要加强项目跟踪管理。继续实行重点项目领导包保责任制，深化干部入企服务工作，创新服务形式、丰富服务内容、提升服务水平。加大小升规企业扶持力度，力争年内新培育2～3家规模以上工业企业。

（二）注重突出科技创新这个总引擎，在推进创新创业上打造新优势。一要实施科技企业倍增工程。全面实施科技型企业倍增工程，确保年内新引进、培育科技型企业30家以上，新增高新技术企业10家以上。继续坚持走政校企联合、产学研一体的发展路子，加强与各大高校和科研院所的沟通对接，及时掌握最新的科研成果，引进更多的科研人才，促进科技成果在高新区更好更快地实现产业化。积极鼓励企业建立研发机构，力争2～3年内实现规模以上企业技术中心全覆盖。探索建立科技综合服务平台，提高全区的科技服务水平。二要实施双创基地孵化工程。进一步完善科技企业孵化器、加速器以及大学生创业园的基础设施和配套服务。继续大力发展便利化、全要素、开放式的众创空间，年内要推动钜星众创空间升级为国家级众创空间、众创社众创空间认定为省级众创空间。积极支持社会力量创办创业咖啡、创客空间、创业社区等双创基地，继续发挥长治青年创融投综合服务平台作用，为创业创新提供“场地＋资金＋培训＋指导”等全方位服务。三要实施创新要素融合工程。积极探索创新链与资金链、产业链、人才链的有效融合，为科技成果快速产业化奠定基础。稳步推进科技与金融相结合，加快建设融资平台，设立产业引导基金和科技创新基金，大力发行公司债、企业债，吸引更多的社会资本在高新区投资兴业。加大重点企业上市服务力度，确保新增“新三板”挂牌企业1～2家。积极实施一流的人才政策，吸引更多的优秀人才来入驻高新区、投资高新区、扎根高新区、发展高新区。

（三）主动聚焦招商引资这个突破口，在扩大对外开放上取得新成效。一要围绕招商引资扩大开放。积极引进世界500强、中国500强、跨国公司、外资企业、央企等重要战略投资者入驻高新区，为高新区加快发展注入持续活力。进一步突出产业链招商。围绕生物医药、装备制造、大数据、新材料等优势产业和战略性新兴产业，同步引进上下游相关产业，形成产业集群。突出中介招商、代理招商，完善“招商大使”工作机制，力争通过中介招商引进5～10家带动能力强、科技含量高的重大项目。二要依托企业优势扩大开放。立足现有的企业资源，加强与美国、德国、英国等国家的对接，筹划建立国际合作产业园，以此来引领带动提升全区的开放发展水平。同时，加大西门子大型特种电机、福万达照明、炎黄照明、中镁科技、中天汽车半轴等高新技术企业和产品“走出去”力度，努力开拓国内国际两个市场，打造一批国内国际知名的“长治智造”品牌。三要融入国家战略扩大开放。坚持把高新区工作融入“一带一路”、京津冀协同发展、环渤海经济区、中原经济区等国家战略中去思考和谋划，引进和储备一批国家重点支持的高新技术和重大项目，力争有更多的大项目、好项目列入国家重大科技专项或重大项目建设库。积极向上争取投资，紧密对接国家、省、市“十三五”规划、专项规划以及相关政策，完善“十三五”项目库，力争在争取专项建设资金、利用优惠贷款、国家产业基金和创投基金等方面取得更大突破。

（四）紧紧围绕改善民生这个根本点，在促进社会和谐上实现新突破。一要加大城中村改造力度。加快推进史家庄三期、小化家庄城中村改造项目，稳步推进捉马村、化家庄村拆迁改造工程。组织好拆迁户回迁工作，确保拆迁居民顺利回迁。继续抓好“五道五治”工作，全面加强背街小巷整治力度，为全区营造一个干净整洁的发展环境。二要全面发展社会事业。继续落实好“五老”补贴、一户多残补贴、失独家庭补贴等惠民政策。加快推进容海学校、火炬中学改扩建和中心医院“两校一院”建设，确保年内完成主体工程。进一步加大就业保障力度，鼓励企业在同等条件下优先安置失地居民和拆迁改造居民，切实解决好辖区群众的就业问题。完善农民工工资保证金制度，保护好广大农民工的合法权益。加快推进防爆电机厂和市物资公司仓库棚户区改造工程。统筹抓好卫计、民政、社保等各项民生工作，推动全区各项社会事业取得更大进步。积极开展丰富多彩的文化活动，不断满足全区干部群众的精神文化需求。加大环保整治力度，大力实施城市扬尘治理、重点工业污染源治理等环境整治工程，促进大气质量持续改善。三要全力维护社会安全稳定。严守不发生重特大事故这条底线，提高全社会安全治理能力。建立健全安全生产党政同责、一岗双责、企业（单位）主责、失责追责工作机制，持续加大安全隐患排查整治力度，特别是要突出抓好燃气安全和特种设备安全，确保全区安全生产形势持续平稳。加大信访问题化解力度，妥善解决好各类群访案件和陈年积案，确保社会大局持续稳定。加大社会治安乱点整治力度，加大打黑除恶力度，严厉打击黄赌毒和两抢一盗等违法犯罪行为，不断提高全区群众的安全感和满意度。

（五）充分激发改革创新这个原动力，在机制体制改革上展现新作为。一要科学谋划产业布局。委托国内一流的规划设计单位，对全区的功能定位、产业布局等进行高起点、全方位、系统性的规划。初步计划依托现有产业基础，规划建设生物医药产业园、智能制造产业园、大数据电子信息产业园、新材料产业园、空港物流园等专业化的产业园区。二要积极推进机构改革。整合扩区以后，将按照大部制、扁平化和小政府大服务的原则，重点围绕经济建设、产业发展和科技创新，设立精干高效的内设机构，并成立若干专业化的平台公司，具体负责专业园区的建设、招商以及日常运营管理。实行大部制改革以后，将进一步提高高新区的办事效率和服务水平，真正实现一枚印章管审批、一个部门管市场、一支队伍管执法。三要全面实施“三化三制”。全面推行专业化、市场化、国际化，领导班子任期制、全员岗位聘任制、绩效工资制“三化三制”改革，努力激发干事创业活力，促进高新区更好更快发展。

高新区“二次创业”的号角已经吹响，让我们更加紧密地团结在以习近平同志为核心的党中央周围，在市委、市政府的坚强领导下，解放思想、锐意创新，抢抓机遇、奋力拼搏，不断开创高新区各项工作新局面，以优异的成绩迎接党的十九大胜利召开！

# 加快创新驱动、转型升级，实现经济稳步向好、社会和谐稳定

晋城市市长　**武宏文**

2016 年，新一届政府组成以来，在省委、省政府和市委的坚强领导下，在市人大、市政协的监督支持下，市政府紧紧依靠全市人民，坚持“大开放、大转型、大创新”三大发展思路，以谋划推进“十大战略工程”为重点，践行发展新理念、适应发展新常态，统筹推进稳增长、促改革、调结构、惠民生、防风险各项工作，在极为艰难的形势下，实现了“下半年好于上半年，2016 年好于上年”的努力目标。

2017 年是实施“十三五”规划的关键之年，是推进供给侧结构性改革的深化之年，也是落实市第七次党代会战略部署的开局之年。认真做好今年的政府工作，任务艰巨，责任重大，使命光荣。

## 一、2017 年政府工作的总体要求

深入贯彻习近平总书记系列重要讲话精神和党中央治国理政新理念新思想新战略，按照省委“一个指引、两手硬”的重大思路和要求，以及市委“一争三快两率先”战略部署，坚持稳中求进总基调，坚持“大开放、大转型、大创新”发展思路，以“转型升级攻坚年”为主题，着力深化“供改”和“综改”，提高发展质量和效益，加快创新驱动、转型升级，促进经济稳步向好和社会和谐稳定，在决胜全面小康的新征程中迈出坚实步伐，以优异成绩迎接党的十九大胜利召开。

## 二、2017 年市域经济社会发展主要预期目标

地区生产总值增长 5.5%左右，规模以上工业增加值增长 3%，固定资产投资增长目标根据新的统计口径确定，公共财政预算收入增长 1%，社会消费品零售总额增长 7.5%，城镇居民人均可支配收入增长 6%、农村居民人均可支配收入增长 6.5%，居民消费价格涨幅控制在 3%左右，城镇新增就业 3.4 万人，城镇登记失业率控制在 4.2%以内。资源节约、环境质量、民生改善等约束性指标控制在省下达指标以内。

## 三、全力实施好“十大行动”

（一）产业转型升级行动。2017 年，要以十大转型项目建设为主要抓手，把深化供给侧结构性改革作为加快产业转型升级的根本途径，以项目调结构、以项目促转型，以改革促升级、以创新增规模，扎实推进产业转型升级行动。全力推动十大转型项目开工建成投产。一是富士康光学相机模组设计线项目要加快完成设计生产线工程设备件的转移规划，年内完工投入运行；二是富士康纳米光机电研发中心要于 9 月份建成，研发中心工作组 5 月份进驻中心；三是富士康高技术玻璃项目要加快完成从意向到实地勘查的进程；四是

中船重工风电总装基地要实现首台套设备下线；五是清慧5000万件轨道新型材料要于9月份建成投产；六是上海临仕激光再制造项目年底前建成激光焊接、切割、熔覆三条生产线；七是山西迪威尼生物高科技制造项目10月份要投产；八是国家量子协会大数据项目要完成一期工程；九是晋钢铸造产业园铸钢件工业升级10月份要试产；十是晋煤华昱煤电化循环工业园于11月份要试产。要以十大转型项目开工建成投产，搭起晋城转型升级的骨架，迅速把项目变为晋城经济版图新的增长点和增长极。全力推动深化国企国资改革任务全面完成。年内完成国有资本投资运营公司组建并投入运营，构建"国资监管机构—国有资本投资运营公司—国有企业"三个层面的国资监管新体系，大力推动兰花集团等优势骨干企业在全市国企国资改革中领先一步。全力推动传统产业提升改造。要引导传统产业提高技术水平、提高制造能力、优化产品结构、拉长产业链条。煤炭产业，抓好科兴赵庄、煤销盛泰、阳泰武甲等11座矿井联合试运转和竣工转产工作，新增产能1000万吨/年以上，新增先进产能30%以上。紧紧盯住清洁高效利用目标，重点把中煤集团国投里必400万吨煤矿建成清洁高效利用的先进产能综合示范矿井。冶铸产业，抓好10家中小型铸造企业的技改工作，全力推动冶铸企业由粗放生产向循环经济发展，由铸造向制造发展，重点抓好晋钢铸造产业园项目建设。南村各铸造企业今年要全部实施煤改气和环保设施改造。促进铸造产品提档升级，抓好泫氏实业年产40万吨大口径球墨铸管项目建设。电力产业，积极调整电力结构，对容量小、煤耗高、排放不达标、单机20万千瓦以下的火电装机分类分年代逐步淘汰。进一步扩大电力直接交易规模，适当发展有比较优势的高载能产业。重点抓好中船重工30万千瓦风力发电，阳城大连尚能、恒瑞两个15万千瓦风力发电项目，泽州华电、沁水远景汇合、中电投陵川3个10万千瓦风力发电项目和金驹煤电化胡底瓦斯发电项目建设。煤化工产业，以煤基新材料和煤基新能源为发展方向，全力攻关煤基领域科技创新链，加快谋划一批现代化高端新型煤化工产业项目，把进入产业的各种资源"吃干榨尽"。

（二）开发区改革创新行动。全力抓好国家级晋城经济技术开发区改革创新。聚焦招商引资、园区建设、服务企业"三大主业"，强力实施专业化、市场化、国际化的管理运行机制和实行领导班子任期制、全员岗位聘任制、绩效工资制的"三化三制"改革要求。整合北留周村煤电化工业园和巴公装备制造工业园区，年内要完成整合园区、"五规合一"和新区土地报批工作，形成新的"一区两园"的运行管理机制。创新各县（市）园区管理体制和内部机制改革。坚持规划引领，3月底前完成制定细化落实措施，上半年完成县（市）开发区改革创新发展规划。推行"五规合一"，完善组织机构，创新突破"三化三制"要求，实行"开发区＋开发公司"的模式，整合现有工业园区，形成错位发展、差异竞争的产业发展格局。高平、阳城今年完成申报省级开发区的报批任务。通过开发区的改革创新，努力把开发区全力打造成为转型升级的重要载体、区域经济的强力引擎和转型综改的主战场。

（三）招商选资引智行动。今年招商选资引智行动要突出招新兴工业项目、高科技工业项目两大重点，围绕光机电、电子信息、高端装备制造、生物科技、节能环保、新能源、新材料等七大产业，进行系统化、定点式、有序性、精准对接的模式招商，承接好"长三角"地区的好项目、大项目。坚决盯住项目、盯住人才、盯住成果，真正实现招商选资引智结合起来；盯住长三角、珠三角、京津冀地区、中原城市群等重点区域，进行系统化、精准化招商，把招商选资引智作为增动能、补短板的重点工程，变成解决结构性矛盾和产业单一的突破口。优化政策政务环境抓招商，加大对龙头企业、外来企业，特别是高科技企业的贴息、奖励和扶持，积极由一站式审批向代办式服务转化，由线下服务向线上服务转变。扩大对外开放抓招商，采取以企招商方式，引进上下游配套企业，延伸产业链条。创新制度抓招商，积极探索购买服务式的招商，对能够带动一个产业，特别是高科技产业的龙头企业，要实施一企一策，用一切办法为项目落地扫清障碍、铺平道路。对中小企业，要在金融创新上下功夫，重点解决融资难、融资贵的问题。对成长型的小微企业，要以"双创"园区的建设和科技孵化基地的创新为依托，采取"创业苗圃—孵化器—加速器"阶梯式孵化体系，在新型创业高科技企业的孵化培育工作上下功夫。

（四）城建质量提升行动。重点实施"双十"城市建设工程。一是加快城市道路建设，重点建设十大城市基础设施工程。新开工建设4街8路10互通，总长140.2千米。今年完成7街8路8互通，总长57.5千米。道路工程完工后，主城区将在现有"一纵一横"的基础上，新增文博路、景西路、太岳街"两纵一横"道路骨架工程，将形成新的"三纵两横"的主城区路网骨架格局。二是完善城市服务功能，重点实施十大公共基础设施建设。开工建设晋城大剧院、市民广场、市民公园，建成丹河水城音乐喷泉。实施晋城火车站、高速东口改造工程，完成高速南口提升改造。启动"大水源"工程，从高平引张峰水库优质水源进入市区。启动"大热源"工程，加快阳电向市区供热工程建设。启动"大气源"工程，开工建设阳城北留崇上至泽州南村门站高压长输管线，尽快实现双气源供气。加强城市规划建设，积极推行城市建设的“五规合一”总纲，6月底编制完成《美丽晋城战略规划》。加快推进市区城中村改造步伐，新开工建设棚户区改造801套，年内建成1500套。提升城市管理水平，深入推进城市执法体制改革和文明城市创建工作，集中开展市容环境大整治。加大城市交通管理执法力度，优化重点区域、重点时段交通秩序。积极推进城市地下综合管廊和海绵城市建设，积极创建国家节水型城市。努力打造特色城镇，持续加快大县城和重点城镇建设。各县(市)要突出功能分区，重点完善市政配套和服务功能，加大边街小巷、环境卫生、交通秩序等整治力度，进一步改善人居环境。扎实推进重点城镇建设，围绕全域旅游，打造一批商贸物流、休闲旅游、山水田园、历史文化等特色小镇，继续抓好巴公国家新型城镇化综合试点工作。通过城建质量提升行动，努力把中心城区和县城，建成交通快捷、功能完善、环境舒适、品位提升、生态优美的宜居宜业宜游城市，实现城市面貌一年一个样、五年大变样！

(五)通道快捷建设行动。一是畅通外联交通“大动脉”。按照“十三五”提出的建设“双百”大市区的目标，加快打造“铁、公、机”立体综合交通体系，实现交通提质提效。认真做好民用机场建设前期工作，年底前争取列入《2016～2025年全国民用机场布局规划》。加快推进太焦高铁建设，认真做好郑银高铁在我市境内的前期准备工作。继续推进阳蟒高速项目建设，积极协调高陵高速河南段建设，高沁高速年底前正式通车。晋阳一级路东沟至周村段年内建成通车。二是构建内通“三环”大格局。开工建设晋阳晋济连接线，与环城高速相连接，确保今年建成便捷通畅的高速大外环(三环)。开工建设36千米的陵沁路西北环改线项目，加快推进207国道改线及8个互通工程，确保2018年建成城市新外环(二环)。启动现状陵沁路西北环城市道路化改造，实施白水街和金凤路延伸与改造，确保2019年建成城市新内环(一环)。三是优化互联互通“毛细管”。加快推进国道207线新房洼至省界瓶颈路段改造工程。启动长晋二级路、省道坪曲线改造工程，认真做好丹河快线工程项目前期工作。围绕全域旅游大通道建设，加快完善通达县城、中心镇及重要旅游景区的公路连接线。推进市域县乡公路和农村公路建设。今年，要通过推进通道大建设，实施交通大会战，全面优化路网结构，加快打造外部配套成环、内部纵横成网的大进大出、快进快出的大格局，扎实奠定“双百”规模大市区建设的框架。

(六)全域旅游打造行动。一是启动建设总长约500千米，途经陵川、泽州、阳城、沁水、高平5县(市)，覆盖30个乡镇、262个行政村、26万人口，串联7个旅游片区23个旅游景点的太行屋脊全域旅游大通道，10月份完成项目前期、开工建设。通道将辐射太行古八陉中的3条古陉、10条古道、17个关隘和14个全国重点文物保护单位、6个省级保护单位，3个中国历史文化名镇、7个中国历史文化名村、2个省级历史文化名镇、10个省级历史文化名村，18个古八景，46个自然名胜和风景点。二是开工建设总长37千米，途经吴王山、玉屏山、白马寺、司徒小镇、龙门、丹河湿地的天下公园生态观光大走廊，将主城区周边分散的景区、景点、公园通过观光走廊的形式串联起来，搭建起一条连续不间断“景观廊道观光带”。三是举办晋城首届全域旅游嘉年华，把全域旅游嘉年华打造成一场彰显晋城魅力的全域旅游盛会。

同时，通过实施“大通道、大走廊、嘉年华”，带动全市旅游体制机制、顶层设计、基础设施、景点景区、宣传营销各个方面全面提升。今年要成立市旅游发展委员会，2月底前各县(市、区)旅游发展委员会列入政府组成部门，并完成机构、人员、职能整合。列入《全省旅游景区(景点)体制机制改革创新工作推进方案》的16家旅游景区，在6月底前完成景区体制机制改革任务。2月底要编制完成《沁河干流古村落文物密集区保护利用总体方案》，争取国家立项。5月底编制完成《晋城市全域旅游发展五年规划》。新建、改建高标准旅游厕所60座，每个县(市、区)完成10座2A级以上旅游厕所。开通4A级以上景区的直通车或常态化的客运公交专线，完成县道以上公路旅游标识标牌全覆盖，构建省内一流的全域旅游导示系统。完成北留、大阳、神农3个特色旅游乡镇，司徒、东四义、冶底村等30个特色旅游村，以及皇城相府、大阳古镇、司徒小镇等300个特色乡村旅游客栈建设。依托中原经济区和京津冀地区，多管齐下，构建立体式、辐射型宣传促销模式。全力打造“全域布局、全景覆盖、全局联动、全业融合、全民参与”的大旅游格局，把全域旅游培育壮大为我市的优势主导产业。

(七)精准脱贫攻坚行动。深入推进农业供给侧改革，明确县区功能定位，优化产业发展布局，推进优势产业集聚。深入推进农产品加工“513”工程，培育亿元以上龙头企业14家。实施“品牌”战略，新增1～3个著名商标或名牌产品。推进美丽乡村建设，以城郊城镇化带动型、工矿企业支撑型、现代农业产业发展型、农旅一体乡村旅游型等模式，创建市级美丽宜居示范村20个。加快培塑家庭农场、规模养殖场、专业大户、农民专业合作社、农业园区等新型农业经营主体，完成新型职业农民培训3000人。建立和完善市、县两级农产品质量安全监管与市场信息、农业执法、安全认证、检验检测“四位一体”的农产品质量安全监管体系，农产品抽检合格率稳定在96%以上。实施八大产业扶贫工程。实施畜牧产业扶贫工程，在贫困村新发展养羊存栏2万只、养牛存栏500头、出栏生猪5万头、养蜂5000箱；实施蔬菜产业扶贫工程，新发展设施蔬菜（食用菌）133公顷；实施干鲜果产业扶贫工程，提质增效干水果3333公顷；实施蚕桑产业扶贫工程，新发展桑园200公顷；实施小杂粮产业扶贫工程，涉及贫困户人均1亩种植面积；实施中药材产业扶贫工程，新发展中药材2000公顷；实施休闲农业和乡村旅游工程，在贫困县创建200个省级休闲农业与乡村旅游示范点、200个高标准"农家乐"；实施农产品电商扶贫工程，在每县建设1个电子商务服务中心，乡村站点超过1000个。扎实推进易地搬迁扶贫，完成建档立卡贫困人口易地扶贫搬迁6511人，同步搬迁916人，确保搬迁对象搬得出、稳得住、能致富。推进贫困地区基础设施建设。扎实推进生态补偿扶贫，通过支持贫困人口转化为护林员等措施，带动全市684人稳定脱贫；完成农村公路建设72千米，完成沁水、陵川13个乡镇、26个贫困村的26处饮水安全配套改造工程，巩固提升1.03万人的饮水安全保障水平。确保今年完成84个村、2.54万人的脱贫任务，沁水、陵川两个贫困县脱贫摘帽，其他非贫困县全部完成贫困村、贫困人口脱贫。

（八）高端人才引进行动。重点实施三大工程。一是实施引智政策配套工程。以"服务于一流人才"为目的，3月份开工建设"梧桐苑"人才房项目，其中建设60套高端人才引进房工程，进一步让一流人才留得住。二是实施项目科技孵化工程。支持引导社会资本建设"众创空间""星创天地"等创新创业平台，丰富一流人才创新创业载体。晋城市科技研发基地（科技企业孵化器）项目9月份竣工，积极为入驻企业提供物理空间和完备的科研基础设施，降低创业者的创业风险和创业成本。按照"专业服务＋天使基金＋投资导师"模式，为科技企业提供资金支持、引导支持，让有潜力的企业在孵化器内成功"孵化"，发展壮大。重点引进清华碳纳米研发项目。三是实施成果转化工程。加快百名院士博士工作站的建设，引导高校及其科研人员参与到晋城创新创业，不断解放和激发科技潜能，推动提高科技成果转化率。争取富士康纳米光机电高科技研发中心、国际煤层气产业联盟、国家级环境保护环境感官应激与健康重点实验室三大院士工作站落户晋城。要通过人才引进行动，吸引高端人才来晋城创业，把晋城打造成山西乃至全国最具硅谷气质的"人才之城""爱才之城"。

（九）生态环境治理行动。一是强力推进大气污染防治。扎实开展"铁腕治污"专项治理，深化"减煤、降尘、控油、治烟"重要举措，持续削减污染物排放量。全面取缔市区20蒸吨及以下燃煤锅炉8台、县城建成区10蒸吨及以下燃煤锅炉和茶浴炉80台，完成老旧车淘汰任务。二是强力推进水污染防治。实施市区、高平、阳城生活污水处理厂扩容工程，加快丹河高平河西段污染治理步伐，完成城区西河、书院河等10条黑臭水体治理。加大环境执法监管力度，坚决打击各类环境违法行为。三是强力推进生态文明建设。继续实施林业"六大工程"，完成营造林工程780公顷，村庄绿化工程40个。积极推进沁（丹）河流域生态修复与保护工程建设，完成水土流失治理8000公顷。四是强力推进低碳循环发展。加快推进国家低碳城市试点工作，扎实开展国家循环经济示范城市创建。大力支持清洁能源普及，积极推广新能源汽车，年底要实现全市电动汽车充电桩全覆盖。

（十）民生福祉改善行动。一是教育方面，在市区新建现代化双语幼儿园1所，全市新建改建幼儿园12所。通过国家义务教育发展基本均衡督导认定。启动高中办学条件标准化行动。成立制造业教育集团。开工建设太原科大晋城校区图书馆、实训中心、科研实验室建设，扩展学科专业。二是医疗卫生方面，推动全市医改一体化工作全面完成，提升基层医疗服务能力。开工市人民医院扩建工程和市中医院建设工程。三是文化方面，加大史志资源开发利用力度，启动优秀传统文化传承工程和乡村文化记忆工程。持续实施文化惠民工程，继续完善市、县、乡、村四级基础公共文化活动场所建设，大力扶持文化精品创作，广泛开展群众性文体活动。四是社会保障方面，继续提高城乡低保标准，特困人员供养标准每人每年提高500元。整合新农合和城镇居民医疗保险两项制度，建立全市统一的城乡居民基本医疗保险制度，实现覆盖范围、筹资政策、保障待遇、医保目录、定点管理、基金管理"六统一"和城乡居民一体化管理服务，使城乡居民得到更多实惠。推进城乡社区老年日间照料中心建设。全市城镇新增就业达到3.4万人，转移农村劳动力2.3万人，城镇登记失业率控制在4.2%以内。五是社会管理方面，深化"平安晋城"创建活动，强化源头治理，严格落实社会稳定风险评估制度，坚决防止大规模群体性事件的发生。严厉依法打击各类犯罪活动，进一步加强社会治理防控体系建设，持续推进视频监控"天网工程"建设。以煤矿、非煤矿山、危险化学品、烟花爆竹、道路交通、冶金工贸行业、职业健康防护为重点，进行全方位的安全隐患排查治理，坚决做到减少一般事故，遏制较大事故，杜绝重特大事故，为全市经济社会发展创造安全、稳定的社会环境。

让我们更加紧密地团结在以习近平同志为核心的党中央周围，在省委、省政府和市委的坚强领导下，坚定信心、主动作为，只争朝夕、狠抓落实，全面完成各项目标任务，以实际行动和出色业绩迎接党的十九大胜利召开！

# 加快实现振兴崛起,塑造高平美好形象

高平市市长　邹树琦

2016 年是“十三五”的开局之年。面对复杂严峻的经济社会发展形势和诸多困难挑战,市政府在市委的坚强领导下,在市人大、市政协的监督支持下,认真贯彻落实市六次党代会精神,紧紧围绕“两件大事”“两个率先”战略部署,凝心聚力,攻坚克难,统筹推进稳增长、促改革、调结构、惠民生、防风险各项工作,经济运行稳步向好,社会大局保持稳定。

2017 年是全面贯彻市六次党代会精神的关键之年,是供给侧结构性改革的深化之年,是转型升级的攻坚之年。做好今年的政府工作,任务艰巨,责任重大。

**一、2017 年政府工作的总体要求**

深入贯彻习近平总书记系列重要讲话精神和治国理政新理念新思想新战略,认真落实中央、省、晋城市决策部署和省委骆惠宁书记调研讲话精神,坚持稳中求进工作总基调,深入推进“两件大事”“两个率先”战略部署,着力深化“供改”和“综改”,着力加快创新驱动、转型升级,着力保障和改善民生,促进经济稳步向好和社会和谐稳定,为塑造美好形象、实现振兴崛起奠定更加坚实的基础,以优异成绩迎接党的十九大胜利召开。

**二、2017 年市域经济社会发展主要预期目标**

地区生产总值增长 6%,规模以上工业增加值增长 5%,固定资产投资增长目标根据新的统计口径确定,社会消费品零售总额增长 7.5%,一般公共预算收入增长 2%,城镇居民人均可支配收入增长 6%以上,农村居民人均可支配收入增长 6.5%以上,资源节约、环境质量、民生改善等约束性指标完成上级下达任务。

**三、2017 年重点抓好十方面工作**

(一)推进煤炭供给侧结构性改革,提高煤炭经济效益。一要强化矿井安全管理。严格落实企业主体和地方属地监管责任,做到安全责任、管理、投入、培训和应急救援“五到位”。构建风险分级管控和隐患排查治理双重预防工作机制,开展矿井全面安全“体检”专项行动和强制安全标准建设,不断夯实安全基础,提升煤矿安全生产能力。二要做强做优煤企集团。加大煤炭主体企业改革力度,科兴集团要加强精细化管理,积极发展股权多元化的混合所有制产权,全力打造大型旗舰企业集团。煤销、兰花、晋煤等集团要抓好煤炭矿井建设生产,积极发展非煤项目。三要推进释放先进产能。年内完成 3 座矿井配采和两座矿井沿空留巷无煤柱开采试点。强化标准化矿井建设,年内所有生产矿井全部达到二级及以上标准。全年地方煤矿生产原煤 1350 万吨左右。加强与晋煤、晋能、青龙的沟通协商,做实源野公司,加快西部煤田沟底矿井手续办理,推进产能置换,力争年内复工建设。四要提升煤炭综合效益。科学有序组织生产,做优做强销售平台,扩大直销用户,建立煤电产销联盟,开发煤炭新产品,稳固拓展市场空间。加强洗煤行业管理,促进各类洗煤厂的合作联营,力争原煤入选率达到 80%。积极发展煤焦电、煤制造、煤物流等项目,拉长煤炭产业链条。

(二)推进开发区建设,打造转型升级主战场。一要明确功能定位。对马村、米山、三甲工业园区进行整合、改制、扩区、调规,组建核心区为 26 平方千米的高平市经济技术开发区,重点发展新能源新材料、高端装备制造、煤炭深加工等产业,首位发展新能源汽车上下游关联产业集群。年内完成省级经济开发区申报设立。二要创新体制机制。健全开发区工作机构,实行“管委会+公司”管理模式;建立专家智库,面向全国公开选聘知名专家和专业技术人员。组建开发区投融资公司,设立产业引导基金,吸引各类资本参与开发区基础设施和项目建设。积极为企业项目搞好“一站式”服务,不断创优开发区发展环境。三要完善基础设施。统一对开发区公共基础设施进行规划建设。深化与山西工业设备安装集团等企业的合作,推进“七通一平”基础设施和标准化厂房建设,做到熟地等企业、等项目。四要抓好项目建设。推进泫氏铸业 40 万吨大口径球墨铸管、福鑫铸管 10 万吨水平铸铁型材、晋煤天源三废炉、鑫盛金属材料激光融覆和智能制造、唐一新能源重组、海诺科技二期等项目建设，不断增强园区内生动力。

（三）推进对外开放合作，大力招商选资引智。深化区域交流合作。积极参加各类招商活动，持续加强与京津冀、长三角、珠三角、环渤海经济圈地区对接，主动融入太原经济圈、晋东南城镇群和中原经济区，深化与台商交流合作，建立区域合作新机制，做好承接产业项目转移工作。加强精准有效招商。抓好文化旅游、现代农业、商贸物流等已签约项目的跟踪对接，促进海诺科技与比亚迪、吉利轻质汽车材料、唐一新能源与北京智行鸿远等项目落地开工，力争再引进一批关联企业和项目。大力推进招才引智。按照“项目＋团队＋技术”模式，吸引高层次人才。加强与省内外高校、科研院所合作，为我市产业发展、企业管理和人才培养提供支持。建立人才激励机制，让人才引得进、用得上、留得住。

（四）推进重点领域改革，增强经济发展新动能。深化国企国资改革。做好第二批地面企业改制收尾，稳妥推进第三批国有地面企业改制；实施股份制改造和公司化改革，通过破产重组、关闭等措施，盘活存量土地，妥善安置职工；健全国资监管体系，加强分类监管考核，保障国有资产收益和保值增值。深化医疗卫生机构一体化改革。深入推进公立医院改革，打造紧密型医疗集团；神农中医集团要整合市中医院和妇幼保健院，创新经营模式，打造中医药与养老融合发展的医疗集团；积极推进医保、医疗、医药联动改革，构建分级诊疗模式，提升医疗服务水平。深化财税和投融资体制改革。加强全面预算管理，强化预算执行；最大限度争取债券资金；积极推行政府购买服务模式和 PPP 模式，推进龙渠、城南片区棚户区改造和城市基础设施、公共服务项目建设；完善政银企合作对接机制，加大贷款协调力度，加快市场化融资步伐，加大直接融资力度和社会投资强度。深化农村产权制度改革。规范农村产权交易平台运行；完成农村土地承包经营权确权登记颁证、农村宅基地和集体建设用地使用权地籍权属调查，推进土地经营权规范有序流转；加快国有林场改革，开展水权水务、小型水利工程产权和农业综合水价改革试点。深化“放管服”改革。推进行政审批制度改革，实现“双随机、一公开”监管全覆盖；推进相对集中行政审批权改革，积极筹建行政审批局；推进综合行政执法体制改革，开展跨部门综合行政执法。

（五）推进农业精品化品牌化发展，提升农业供给质量。一是发展精品精致农业。完善惠农补贴扶持政策，推进高标准农田、新增粮食产能和农田水利基础设施建设，创建国家农业可持续发展试验示范区。依托我市富硒资源优势，深化与山西地质调查院以及国内知名硒产业研发机构合作，制定富硒农产品生产标准，划定富硒种养区，开展富硒农产品生产试点和精深加工，打造粮食、生猪、薯类、水果、蔬菜五大类富硒功能性农产品。推进农业品牌整合创建，加大“三品一标”认证力度，强化质量检测检验，提高我市农产品的竞争力。二是延伸完善产业链条。生猪产业要实施“高平生猪”生产标准，改造提升现有生猪养殖基地及家庭农场，推进凯永基础母猪基地、温氏生猪养殖一体化等项目建设，发展高端养殖；抓好新胜肉类、上海杰隆、乾元明胶等企业达产达效，积极引进知名企业和品牌，着力构建生猪全产业链。蔬菜产业要推广新技术新品种，抓好金田、天润等企业技术改造，加快智慧农业建设，促进规模园区提质增效，构建种苗培育种植—技术服务—加工包装—物流销售产业链条。黄梨产业要制定梨树、梨园管护标准，推进陈区、野川、寺庄优质梨产区标准化建设；开展黄梨仓储与产品研发，发展梨片、梨膏、梨酒等精深加工项目。丝绸产业要加快吉利尔潞绸园和金澜丝纺项目建设，开发创意产品，打造特色品牌。三是培育新型经营主体。大力培育家庭农场、专业大户等新型农业经营主体，规范农民合作社管理，发展多种形式的适度规模经营。做大做强农业龙头企业。强化农业科技推广应用，培育新型职业农民队伍。

（六）推进全域旅游发展，培育战略性新兴产业。科学编制全域旅游规划。对接晋城市太行屋脊全域旅游大通道建设，高水平编制全域旅游总体规划和核心景点详细规划；启动国家全域旅游示范县创建。加强重点景区景点建设。抓好炎帝陵景区提质、羊头山景区、长平之战古军事园、农耕文化园等旅游项目建设，配套完善宾馆酒店、停车场、公厕等基础设施。培育发展新兴旅游业态。以举办第二届海峡两岸神农炎帝文化旅游招商系列活动为契机，大力发展“旅游＋”，推动文旅一体、农旅一体发展；大力发展乡村休闲游、体验游，年内完成 3 个特色旅游乡镇、10 个特色旅游村和 30 个特色乡村旅游客栈建设。改革旅游发展体制机制。整合各类旅游企业，推进旅游景区体制机制改革创新，5 月前完成旅游集团组建。

（七）推进大众创业万众创新，全面振兴民营经济。加快双创示范县建设。强化专利技术发明与应用，促进科技成果引进转化；建设泫氏、店上等众创空间，新建 2～3 个晋城市级创业基地；年内新建 1～2 个省级技术中心，完成 5～10 户企业股份制改造，新创办企业 500 户、个体工商户 2000 户。大力发展电子商务。完善电商产业园功能，完成公共服务中心、创客梦想城、智慧物流区等功能板块的建设运营；建设乡村服务站点，建成 13 个乡级电商服务中心、15 个村级旗舰店和

100个村级示范店，推进省运神农云仓电商物流园建设，完善市、乡、村三级物流设施网络体系。创优民企发展环境。抓好企业家培育，壮大民营企业家队伍；落实各项减税降费措施，深入开展干部入企帮扶，为民营企业发展提供优质服务。

(八)推进城乡一体化发展，建设魅力宜居城市。一要强化规划引领。完成“五规合一”、主城区控制性详细规划、城市综合管廊规划编制，完成城市总体规划、土地利用规划和旧城改造修建性详细规划修编，完善乡镇总体规划和新农村建设规划体系。二要推进城市扩容提质。实施“旧城、两园、三片、五网”工程。启动旧城改造。建成炎帝文化苑，开工建设古泫文创园。推进城北、城南、城东片区棚户区改造，加快秦庄、龙渠、桥北、圪塔等城中村改造项目进度。抓好暖网建设，新增集中供热面积100万平方米；抓好气网建设，新增集中供气3000户；抓好水网建设，完成城市第三水厂主体工程，推进城乡供水改造提质；抓好路网建设，完成锦华街、港湾街、建设路南延、金峰大道南延工程，开工建设丹凤街、文博街、精卫路北段，做好太焦高铁拆迁安置和工程建设服务；抓好绿网建设，加强公益林、道路林带、重点林区景区林木管护，构建环城绿带。严格规划管理执法，开展建成区违法建设、交通秩序治理和市容市貌综合整治，不断加强城市管理。三要加快特色小镇建设。马村、河西、米山、三甲、寺庄、神农等乡镇要结合经济开发区、高铁新区、炎帝文化开发和现代农业示范区建设，先行先试、做好示范，年内要有实质性进展。四要建设美丽乡村。加强村庄环境综合治理，统筹推进农村改水、改厕、危房改造、采煤沉陷村治理和生态绿化，年内完成100个村饮水安全巩固提升改造和采煤沉陷村治理搬迁，申报创建1个省级、4个晋城市级美丽宜居示范村。推动基础设施和公共服务向农村延伸，推进城乡交通一体化；全市农户通气达到1万户，加快气化高平进程。五要加强环境保护。打好大气、水、土壤污染防治攻坚战，加大控煤、治污、管车、降尘力度，努力改善环境质量。加快城市污水处理厂二期、马村生活污水处理厂、南部两河人工湿地等项目建设。推行河长制，开展重点河流、大型水库综合治理。支持规模养殖场建设配套处理设施，促进资源循环利用。

(九)推进精准扶贫，打赢脱贫攻坚战。完成4个贫困村摘帽、3467名贫困人口脱贫。培育产业促进增收。大力发展小杂粮、蔬菜、干鲜果、中药材、畜禽养殖等特色农业，继续抓好光伏发电项目。改善贫困村人居环境。加大贫困村基础设施建设力度，年内改造危房80户，完成野川镇圪台村、沟南村等贫困村异地搬迁项目建设，坚决完成1170人易地扶贫搬迁任务。落实保障兜底政策。实行农村低保与脱贫标准“两线合一”，确保无劳动能力贫困人口应保尽保；加大医疗保障力度，为贫困户缴纳大病医疗补充保险，提高贫困人口大病费用实际报销比例；实施“雨露计划”，资助300名职业教育贫困学生就学；推进“五位一体”精准扶贫小额信贷工作；加强就业技能培训，促进贫困劳动力转移就业增收。

(十)推进社会事业发展，保障改善民生。一是教育方面。推进义务教育均衡发展，完成80所中小学(幼儿园)维修改造，实施高平二中扩建改造，开工建设市委党校。深化幼儿教师队伍管理改革，发展现代职业教育。加强教师培训和师德师风建设，提升教育教学质量水平。二是文化方面。实施文化惠民工程，开工建设神农大剧院，建设农村公益电影放映厅，开展免费送戏下乡，丰富群众性文化活动。实施乡村文化记忆工程，开展城镇村落历史文化资源、非物质文化遗产、民间艺术的挖掘整理和保护传承，扶持文化精品创作，发展文化产业。三是医疗卫生方面。完善医疗基础设施，建成120急救中心及人民医院医技楼，完成神农健康城和河西卫生院主体工程，开工建设神农卫生院，启动人民医院南扩；加强医护人员培训和医德医风建设，提升医疗卫生服务能力。健全食品药品安全监管体系，确保人民群众饮食用药安全。四是就业保障方面。做好高校毕业生、下岗职工、农村劳动力等重点群体就业创业，年内城镇新增就业5000人，转移农村劳动力4000人。推进社会保障制度改革，建立基本生活保障协调机制，做好城乡低保、特困人员供养以及医疗、自然灾害等各类救助。加快市老年精神托养中心、福利中心和日间照料中心等项目建设。五是安全稳定方面。严格落实企业主体、部门监管和党委政府领导、员工岗位责任，推进安全生产标准化建设，提升安全基础保障能力，全力确保安全生产形势持续稳定。加强社会治理，做好“七五”普法宣传教育和法律服务，推进依法治市进程；实施“天网”工程，强化社会治安防控，严厉打击各类违法犯罪活动，推进平安高平建设；搞好村级组织换届，妥善做好各类矛盾纠纷化解和信访工作，维护社会大局和谐稳定。

振兴崛起使命光荣，苦干实干责无旁贷。让我们在市委的坚强领导下，在市人大、市政协的监督支持下，紧紧围绕“两件大事”“两个率先”战略部署，凝心聚力、攻坚克难，担当尽责、狠抓落实，全面完成各项目标任务，以优异成绩迎接党的十九大胜利召开！

# 打造新型城镇化示范县,率先全面建成小康社会

泽州县县长　高喜全

2016年,全县人民认真贯彻落实中央、省、市决策部署,大力实施"161"发展战略,主攻"双一双五"年度工作重点,齐心协力、奋力拼搏,保持了经济社会在困境中持续健康发展的良好态势,实现了"十三五"的良好开局。

2017年是实施"十三五"规划的关键之年,是推进供给侧结构性改革的深化之年,也是构建产业新体系新格局、努力走出经济困局的攻坚之年。我们必须坚定信心,稳中求进,做好今年的各项工作。

**一、2017年政府工作的总体要求**

深入学习贯彻习近平总书记系列重要讲话精神,统筹推进"五位一体"总体布局,协调推进"四个全面"战略布局,认真落实省委"一个指引、两手硬"的重大思路和要求,以及市委"一争三快两率先"的决策部署,大力实施"161"发展战略,坚持稳中求进工作总基调,着力深化"供改"和"综改",紧扣"项目建设推进年""脱贫攻坚决胜年""从严治党夯基年",全力稳增长、促改革、调结构、惠民生、防风险、强党建,谱写转型升级、振兴崛起新篇章,不断推进"打造新型城镇化示范县、率先全面建成小康社会"伟大事业,以优异成绩迎接党的十九大胜利召开。

**二、2017年经济社会发展主要预期目标**

地区生产总值增长5.5%左右,规模以上工业增加值增长5%,固定资产投资增长目标根据新的统计口径确定,一般公共预算收入增长3%,城镇居民人均可支配收入增长6%,农村居民人均可支配收入增长6.5%,约束性指标完成市下达目标。

**三、重中之重打好"六大攻坚战"**

(一)打好产业转型攻坚战。一是全力以赴抓好重大转型项目。重点抓好总投资212.8亿元的十大工业项目。包括晋煤华昱煤电化循环项目,清慧年产5000万件轨道新材料项目,泽州华电98兆瓦风电项目,晋钢铸造产业园项目,华西能源200兆瓦分布式发电项目,泽州晶耀新能源50兆瓦光伏发电项目,兰花纳米新型材料二期项目,成庄瓦斯发电项目,天泽乙二醇技改项目,泽州中小微企业孵化园。二是抢抓机遇推进园区改革创新。聚焦"整合、改制、扩区、调规"四大任务,全面创新园区管理、制度、商业模式和产业培育机制。长河经济带,推动煤炭、煤化工、瓦斯发电等主体企业,整合重组、股份联合,全面推进天泰公司与徐矿集团、与天安公司的合作,岳南煤业10月底投产,完成天安盈盛、壁盈等4座煤矿联合试运转和竣工转产工作,全年煤炭产量达到700万吨。周村煤化工园区,5月完成岸村拆迁,6月完成碗周路改线、环园区道路、长河杜河提水、防洪治理工程。南村板块,高标准规划建设南村铸造产业园区,引导207国道沿线企业向园区集中,打造全国重要的铸造产业基地。巴公板块,加快巴公装备制造园区建设,打造全省一流的开发区。金村板块,配合市里做好高铁新区和空港新区的前期工作,航空小镇完成规划;城东物流园区,中国青年城年底一期工程主体完工,兰花物流园一期投入运营;教育园区,开工建设太原科大晋城校区图书馆、实训中心、科研实验室;文化产业创意园区,完成总体规划、招商引资,10月开工建设。三是千方百计招商引资。突出产业招商,围绕高端装备制造、煤化工、新能源、新材料、电子信息等产业,进行系统化、定点式,精准招商。突出园区招商,制定招商引资优惠政策,招引投资强度大、带动作用大、科技含量高、税收贡献高的重大项目。突出以企招商,引进战略合作伙伴,引进上下游配套企业,延伸产业链条。四是不遗余力扶持实体经济。切实减轻企业负担,继续落实省企业减负60条、市企业减负20条,提高市场竞争力。引导企业加强内部管理,政府采购优先使用本地产品,大力扶持企业发展,帮助企业解决实际问题。争取省直供电试点,有效降低园区企业用电成本。积极化解企业风险,鼓励民营企业参与担保融资平台建设与运营。深化"助保金"

"聚力贷"业务，建好"政银企"合作平台，帮助企业解决融资难题。全力推动企业创新，发挥好"红土创业投资基金"和锦绣鑫源、巴公来村等创业孵化基地的作用，支持企业创新发展。大力优化发展环境，推行《公安服务经济20条》，营造良好的发展环境。

（二）打好改革创新攻坚战。一是稳步推进试点改革。稳妥推进农村土地征收和集体经营性建设用地入市两项试点，探索开展凋敝宅基地整治盘活利用试点，打造泽州改革"品牌"。扎实推进国家级新型城镇化综合试点。推进巴公省级转型综改扩权强镇试点，形成"三区联动""四化同步"发展格局。争创国家采煤沉陷区综合治理试点，启动实施西元庆、古洞墕、西王庄3个村治理任务，筹办采煤沉陷区综合治理全省现场会。加快推进南岭贫困山区转型综改试点，重点实施一景一道一园一村一镇"五个一"工程。二是切实加强国企国资改革和民企股改。出台《泽州县深化国企国资改革的指导意见》和实施细则，完成25家国有企业改革。深入开展民营企业规范化改制"五年行动计划"，推动"两高六新"企业"个转企、小升规、规改股、股上市"。完成5家民营企业股份制改造，推动两家民营企业上市融资。三是强化创新驱动。加强科技创新，引导社会资金建设孵化园、众创空间等全链条服务体系，支持清慧制造、彤康食品、天巨重工等企业与科研机构共建研发中心、引进关键技术和领军人才，催生产业变革。实施"互联网＋"战略，大力发展电商产业。创新融资渠道，开展PPP合作，充分释放民间资金创富活力和金融资金的杠杆效应。深化财税制度改革创新。开展品牌创建行动。四是深化农村产权制度改革。完善农村土地"三权分置"机制，基本完成农村土地承包经营权确权登记颁证；加快推进国有林场改革；在17个乡镇继续推进供热、供气等改革。加强耕地保护，做好永久基本农田划定工作。

（三）打好全域旅游攻坚战。一是打通全域旅游"大动脉"。全面启动太行屋脊全域旅游大通道泽州段建设。通道全长约153千米，覆盖7个乡镇、32个行政村，连接珏山、栖龙湾等9个景区，10月开工建设。与大通道相对接，同步开工建设南部山区步道。统筹做好天下公园生态观光大走廊和环城绿道建设。加快旅游道路建设。二是壮大全域旅游"主骨架"。珏山景区引入合作主体，完成签约，提升基础设施，创建5A级景区；丹河龙门湿地公园二期、三期开工建设，申报国家级湿地公园；适时启动丹河沿线村庄的控制性规划，推动特色小镇建设：高都古镇年内启动开发，完成古街改造；大阳古镇完成老街整修改造，建成4个"活态化"博物馆。在做强做大景区（景点）的同时，连点成线、扩线成面，串联珏山—丹河龙门湿地公园—高都古镇与任庄水库—大阳古镇—乾明寺—李寨—山里泉磨滩—聚寿山等景区（景点），形成全域旅游大循环。三是集聚全域旅游"大人脉"。启动第二届文化旅游节、第六届乡村摄影节，大力发展一批健康养生、农耕体验、低空空域等旅游新业态，培育一批旅游品牌，开发一批特色旅游产品，打造一批精品旅游线路，形成"春看花、夏观景、秋赏月、冬有节"的全年性旅游态势。四是叫响"古韵泽州"大品牌。成立县旅游发展委员会，组建文化旅游产业集团有限公司；6月前完成珏山、山里泉磨滩、聚寿山等景区体制机制改革任务。启动县级智慧旅游平台建设，构建省内一流的全域旅游导示系统。完成3个特色旅游乡镇、7个特色旅游村、50个特色乡村旅游客栈建设，新建15座高标准旅游厕所。全力打造"五全"旅游格局，叫响"古韵泽州"大品牌。

（四）打好美丽泽州攻坚战。一是打造品质品味新区。完成金村新区控制性详细规划修编，组建金村新区建设发展有限公司，启动青山街、丹川路等4条道路建设，完成西岭街、滨川路建设。二是加快融城连城步伐。做好21项"双百"大市区项目的拆迁、服务和建设工作。太岳街国庆节前通车，金匠街西延10月开工建设。全力配合市里做好晋阳一级路大东沟至周村段、民用机场、大水源等项目建设。三是建设宜居宜业城镇。主攻"一乡一特"和基础设施建设，引进一批功能型、配套型、服务型项目，打造一批特色产业小镇、旅游风情小镇、历史文化小镇。加快推进巴公镇国家级新型城镇化试点，开工建设畅安路北延、巴公大道、民生路和巴公河景观风貌整治等工程。大力推进金村镇国家级建制镇试点，抓好金村水厂、集中热源建设，积极稳妥地推进枣园、大岭头、湛家等城中村改造。培育发展大阳晋风晋貌小镇、周村传统村落小镇、北义城现代农业小镇、晋庙铺国学文化小镇、高都夏商文化小镇、南岭健康养生小镇，抓好洞八岭、西黄石等历史文化名村和传统村落保护与发展。四是守护山清水秀家园。深入开展"铁腕治污"、改善环境质量"提标提质攻坚年"活动，全力打好大气、水、土壤污染防治三大战役。完成福盛、大通等7个钢铁企业以及35台20蒸吨及以上燃煤锅炉特别排放限值提标改造任务，淘汰市区建成区20蒸吨及以下燃煤锅炉，取缔"小散乱污"企业，完成老旧车淘汰任务。全面推行"河长制"，开展丹河、长河排污调查，完成高都、巴公、大阳、金村、下村等乡镇生活污水处理工程，抓好南河西人工湿地生态治理工程，启动大箕河、小箕河酸性废水治理工程，完成巴公镇东四义村生活污水处理站建设。深入开展身边增绿行动。深入推进人居环境改善工作，加快推进乡镇环卫体制改革全覆盖。新增煤层气用户3000户、集中供热30万平方米；加强河道和公路沿线环境整治和生态修复，创建15个美丽乡村和50个特色村庄。

（五）精准脱贫攻坚战。确保2237户5209人全面脱贫、10个贫困村全面摘帽。一要深入推进农业供给侧结构性改革。打造优质特色功能性农业。创建国家畜牧业绿色发展示范县。抓好川底万亩连翘公园、北义城万亩小米基地等特色农业产业。大力发展智慧农业，培育一批网络化、智能化、精细化的现代农业新模式和示范基地。大力发展创意农业，强化农业新技术、新品种、新装备创新应用。大力发展标准农业，加强农产品质量监管，加大绿色优质农产品开发力度，加快农业市场化进程。大力发展品牌农业，拓展农副产品销售空间。加快发展休闲农业和乡村旅游，促进农村一二三产业融合发展，提高农民收益，带动贫困人口增收致富。二要精准施策扶贫。聚焦“六个精准”，加大政策、项目、资金整合力度，落实扶贫小额贷款“5321”政策，大力推进产业扶贫、资产收益扶贫，完成10个50千瓦以上集体光伏发电站建设，做好圪针掌、北石瓮、窑掌三个贫困村旅游项目建设，抓好17个资产收益扶贫项目，全年产业脱贫2200人。坚持扶贫先扶智，持续实施“两免一补”政策、“雨露计划”和贫困大学生资助，抓好新型农民培训，全年教育培训脱贫1009人。加大生态补偿扶贫，通过支持贫困人口转化为护林员、退耕还林再补贴等措施，带动全县200人稳定脱贫。加快推进易地扶贫搬迁，建成金村、南村、山河、南岭四个集中安置点，完成移民安置2555人，确保搬得出、稳得住、逐步能致富。三要保障“兜底”扶贫。建设成边道路10千米，完成24个建档立卡贫困村安全饮水工程和85户农村危房改造任务；继续提高城乡低保标准；统筹医疗救助、临时救助和慈善救助，完善特殊人群集中供养制度。

（六）民生改善攻坚战。一要坚持创业带动就业。加大创业就业扶持力度，全年城镇新增就业5600人，转移农村劳动力5000人，城镇登记失业率控制在4.2%以内。二要提升社会保障水平。完善城镇职工和城乡居民基本养老保险制度，全面解决机关事业单位养老保险遗留问题；整合新农合和城镇居民医疗保险，建立统一的城乡居民基本医疗保险制度；开展重特大疾病医疗救助，鼓励扶持民办养老机构建设。三要推进健康泽州建设。深化医药卫生体制改革，积极推进县乡医疗卫生机构一体化改革。开工建设泽州县中医院（医养中心），完成5个乡镇卫生院改造。继续对60岁以上农村老人进行免费体检、为残疾人发放护理和生活补贴。强化食品药品监管，创建省级食品药品安全县。四要加快教育文化发展。实施教育提质工程，建成6所中小学校特殊教育资源教室，新建南村镇中心幼儿园，改建巴公镇东四义幼儿园和北义城镇河底幼儿园；开工建设枣园学校；盘活“空心校”资源，促进教育资源公办民用；优化教育资源，推动优质资源下沉，打通教育资源使用“最后一公里”。持续实施文化惠民工程，全县文化场所全部免费对外开放，建设大阳、西黄头、县职业中学三个“非遗”传承基地。深入开展全民健身活动。五要高度重视安全生产。构建“四个四”安全生产体系，切实加强煤炭、燃气、道路、消防、公共场所、危险化学品等领域的安全监管，开展全方位的安全隐患排查治理，坚决减少一般事故，杜绝重特大事故。六要强化社会管理创新。深化平安泽州建设，狠抓社会治安综合治理，加强和改进新形势下群众工作，深入开展打黑除恶专项斗争，持续推进“天网工程”，努力营造和谐稳定的社会环境。

实干才能实现梦想，奋斗才能赢得未来。让我们以饱满的热情，必胜的信心，创新的精神，求实的作风，只争朝夕，锐意进取，攻坚克难，狠抓落实，全面完成各项目标任务，以实际行动和优异成绩迎接党的十九大胜利召开！

# 凝心聚力求发展　脱贫攻坚奔小康

陵川县县长　**任彩虹**

2016年是实施“十三五”规划的开局之年，新一届县政府在县委的坚强领导下，在县人大、县政协的监督支持下，紧紧团结依靠全县人民，全面落实党的十八大和十八届三中、四中、五中、六中全会精神，深入贯彻习近平总书记系列重要讲话精神，牢牢把握稳中求进工作总基调，凝心聚力实施“11613”发展战略，较好地完成了县十六届人大一次会议确定的各项目标任务，实现了“十三五”良好开局。

2017 年是实施“十三五”规划的关键之年，是推进供给侧结构性改革和转型综改的深化之年，是打赢脱贫攻坚战的决胜之年，也是党的十九大召开之年，做好今年的政府工作，责任重大，使命神圣。

**一、2017 年政府工作的总体要求**

以习近平总书记系列重要讲话精神为指导，遵循“五位一体”总体布局、“四个全面”战略布局和全国“两会”精神，自觉践行新发展理念，坚持稳中求进工作总基调，按照省委“一个指引、两手硬”重大思路和要求，市委“一争三快两率先”战略部署，紧紧围绕县委“11613”发展战略，以提高发展质量和效益为中心，以推进“供改”和“综改”为主线，全面做好生态建设、脱贫攻坚、产业转型、城乡一体、民生改善、改革开放各项工作，促进全县经济稳步向好和社会和谐稳定，以优异成绩迎接党的十九大胜利召开。

**二、县域经济社会发展主要预期目标**

地区生产总值增长 6%左右，规模以上工业增加值增长 3%，固定资产投资增长目标根据新的统计口径设置，社会消费品零售总额增长 7.5%，公共财政预算收入增长 3%，城镇居民人均可支配收入增长 6%左右，农村居民人均可支配收入增长 7%。资源节约、环境质量、民生改善等约束性指标，控制在省市下达指标以内。

**三、打好三场硬仗，实现五个突破**

（一）坚定不移，持续精准发力，坚决打好三场硬仗。一是坚决打好脱贫攻坚硬仗。要严格落实“六个精准”“五个一批”，持续精准发力，年内完成 9000 名贫困人口的脱贫目标，摘掉贫困县帽子。加快推进“一村一品一主体”建设，实现 114 个贫困村产业项目全覆盖。统筹抓好基础设施建设，精准推动水电路和公共服务设施向贫困村倾斜，继续抓好易地搬迁扶贫，从根本上改善贫困人口生产生活条件。充分发挥社会帮扶的巨大合力，强化帮扶职责，压实帮扶责任，不断完善脱贫攻坚评估考核机制。二是坚决打好生态保护硬仗。把推进绿色发展纳入国民经济和社会发展各项规划中，贯穿经济社会发展各领域和全过程；以生态建设为标尺，加快制定和完善生态发展的产业政策，向生态建设要效益，要发展成果。对不符合生态发展的项目坚决不上，实行最严格的环境保护制度，深入推进“铁腕治污”行动，彻底取缔土小企业，全面整治大气、水、土壤污染等突出环境问题，坚决守护陵川山清水秀、天蓝地绿的生态环境。加快产业转型步伐，推动落后产能“腾笼换鸟”，培育壮大绿色农业、文化旅游、清洁能源等新型业态，使产业结构变“新”、发展模式变“绿”，逐步增厚“底色”，放大优势，让绿色生态成为我县未来崛起的强力支撑。三是坚决打好开放创新硬仗。坚定不移在改善发展硬环境上下功夫，统筹规划建设“大路网”“大水网”“大电网”，补齐县域经济发展要素短板。坚定不移在招商引资上下功夫，加快礼杨新型工业园区建设，创新工作机制，扩区调规提质，打造具有特色的招商引资平台，努力实现招商与选资的双赢。深化放管服效改革，建设集约高效、便捷周全的行政服务中心，在全县倡导尊重发展、服务发展、促进发展的新理念，全力营造依法经营、诚信经营、公平竞争的良好发展环境。

（二）深化改革，创新发展理念，努力实现五个突破。一要五城联创，城乡一体，在优化城乡发展环境上实现新突破。(1)全面启动“五城联创”，推进“大县城”建设。全面推进省级森林县城、省级文明县城、国家卫生县城、国家园林县城、国家全域旅游示范县“五城联创”工作。优化县城空间布局，按照“北控南扩东进”的总体规划，开工建设棋山南路，启动实施黄围东街、望川街延伸工程，进一步拉大城市发展的框架。完善县城服务功能，持续实施县城街巷翻修改造和硬化工程，推进集中供热供气扩面工程，抓好县城污水处理厂、县城垃圾填埋场、德日升热源厂环保设施提标改造。凸显生态绿色特征，形成独具特色的绿色生态体系。攻克环境脏乱差难关，强化城市综合管理，提升城市管理水平，大力度“治堵”，高标准“治脏”，全方位“治乱”，营造整洁、规范、有序的市容市貌环境。提升城市居民素质，广泛开展“人民城市人民建、建好城市为人民”主题活动，大力培育“陵川好人”“文明单位”“文明社区”“文明家庭”“文明校园”。(2)坚持城乡一体发展，推进“美丽乡村”建设。持续推进特色城镇化发展战略，带动促进农村面貌持续改善。发展区域性特色产业，增强集镇和农村经济发展后劲。持续推进改善农村人居环境“四大工程”，启动省级农村生活污水综合利用试点县项目，实施 11 个乡镇 53 个村的污水治理及综合利用，建设古郊、马圪当两个乡镇垃圾中转站，绿化公路 20 千米、村庄 20 个。加强美丽宜居示范村建设，新建 1 个省级示范村、3 个市级示范村、10 个县级示范村，巩固提升 9 个省、市级示范村，打造一批“家园美、田园美、生态美、生活美、宜居宜业”示范村。加大传统村落保护力度，为“美丽乡村”增添鲜活的历史记忆。(3)加快水电路提档升级，推进城乡互联互通。不断夯实发展基础，全面改善群众生产生活条件。提质改造农村道路 60 千米，全力构建城乡发展“大路网”。加强水源保护和水利工程建设，实现磨河水库供水运行，实施精准实施贫困村饮水安全改造工程，新解决 1.7 万人饮水安全问题，努力建设城乡发展"大水网"。持续实施农村电网升级改造，竣工验收曹庄35千伏变电站工程，开工建设杨村110千伏变电站，抓好中电投风力发电外送通道建设工程，做好陵川500千伏、附城110千伏变电站建设前期准备，同步推进农村机井通电工程，实现村村通动力电，精心织牢城乡发展"大电网"。

二要农业增效，农民增收，在发展特色农业上实现新突破。(1)夯实农业发展基础。坚守耕地红线，完成永久性基本农田划定工作。建设高标准农田333公顷、基本口粮田133公顷，开发造地33公顷，抓好土壤有机质提升、旱作农业科技推广地膜覆盖、农业科技示范推广等项目，不断提高耕地综合生产能力，全年粮食产量稳定在1亿千克左右。全面完成农村土地确权登记颁证工作，深入推进农村土地"三权分置"，加快农村土地有序流转，提升适度规模化经营水平。推行绿色生产方式，深入实施化肥农药使用量"零"增长行动，大力推广化肥减量增效技术，提高农田地力水平，确保农业持久发展。(2)加强特色基地建设。持续抓好特色种植业上档扩规，依托小杂粮、干鲜果、设施蔬菜等重点，建设1～3个市级现代化农业示范园区。着力提升规模健康养殖业规范化水平，全县畜禽饲养总量达到373万头(只)。大力实施干果经济林提质增效工程，继续抓好食用菌大棚立体化改造和菌种示范推广，不断提高绿色林产品规模效益。持续推进"一县一业"中药材基地县建设，启动万亩潞党参规模开发工程，抓好以连翘为主的山地野生中药材抚育。(3)培育壮大龙头企业。持续推进兰花太行中药饮片、北京同仁堂党参饮片、九州天润中药材仓储物流、棋源饮料等项目建设，年内投入生产运营，进一步提升农业产业化水平。积极推行农业标准化生产，强化"三品一标"认证工作。切实加强农产品质量安全监管，加快绿色防控技术推广应用，完成县、乡基地农产品质量安全监管追溯平台建设，确保农产品质量安全。大力支持家庭农场、专业大户、农民合作社等新型农业经营主体发展，培树一批农业产业领军人才，走出一条新型可持续的现代农业发展道路。

三要改造提升，创新驱动，在发展新型工业上实现新突破。(1)推动传统产业改造升级。狠抓煤炭产业提质增效，实施关岭山煤业3#煤与15#煤配产项目，推进苏村煤业资源置换，抓好新沙河、南营河煤业竣工投产，完成附城、北关两座矿井去产能任务，提升全县煤炭产业可持续发展能力。加快非煤产业转型升级，完成鸿生化工工艺尾气回收及自动化改造，新上骅磊盛钙业二期。强化企业内部管理，建立完善现代企业制度。推动"大众创业、万众创新"，扶持培育一批创新型"小巨人"企业和中小微企业，不断发展壮大实体经济。(2)培育新兴产业发展壮大。大力发展太阳能、风能、生物质能等新能源产业，中电投一期99.5兆瓦风电项目具备发电条件，二期50兆瓦开工建设，三期100兆瓦完成核准立项，新发展一批地面小型光伏电站和分布式光伏发电项目。加快新型装备制造业发展，推进晟特恒煤机制造一期工程落地并投产运行。落实"互联网＋"行动计划，持续推进国家级电子商务进农村综合示范县建设，培育和壮大电商市场。增强企业自主创新能力，培育1家高新技术企业和1家省级民营科技企业。加快发展第三方物流、商贸流通等现代服务业。(3)加强财税金融改革创新。认真落实财税和投融资体制改革措施，加强与山西省经济建设投资集团有限公司、山西省工业设备安装有限公司等大企业、大集团的项目对接，用好政府与社会资本合作(PPP)模式，放大财政投资融资的乘数效应。继续加强金融创新，深化政银企合作，创新融资方式，积极为中小企业融资和项目投资服务。稳步推进农村信用联社改制农村商业银行。

四要激活机制，增强活力，在发展文化旅游产业上实现新突破。(1)构建全域旅游大格局。全力打造晋城市"天下公园"的"园中之园"。坚持全域推进，启动5个特色旅游乡镇、50个特色旅游村、2个民宿旅游示范村、100个特色乡村旅游客栈建设，完成10座2A级以上旅游厕所，实现县道以上公路旅游标识标牌全覆盖。坚持融合发展，深度做好智慧旅游"旅游＋"这篇大文章，精心构建自然山水游、户外运动游、休闲养生游、古建文化游、特色乡村游"五大产品体系"，提升旅游发展整体效能和旅游综合带动效益。坚持交通突破，借力全市太行屋脊全域旅游大通道建设，集中力量主攻旅游循环路，加快构建串联各景区快进快出的旅游公路网。(2)加快体制机制改革步伐。加快旅游行政管理体制机制改革，实现陵川旅游由单一部门推动向部门综合联动转变。推进旅游景区体制机制改革，全面提升景区核心竞争力。积极探索文化旅游产业资本化运作新模式，破解旅游企业投融资难题，推动旅游资源优势向旅游产业优势转变。(3)加大品牌宣传营销力度。以"领秀太行·清凉陵川"为统领，主打"太行山"品牌，以王莽岭国家地质公园、棋子山国家森林公园为名片，办好"连翘节""消夏避暑节""金秋红叶节""围棋文化节"等系列节庆活动，不断丰富旅游内涵，构建旅游品牌，凝聚旅游人气。强化旅游推介，推行旅游电子商务，发展智慧旅游，进一步提升陵川旅游的知名度和影响力。2017年，力争完成接待游客440万人次，旅游总收入达到11亿元。

五要以人为本，共建共享，在促进社会事业全面发展上实现新突破。(1)持续抓好"教育优先"工程。进一步加强和规范学前教育,促进学前儿童身心全面健康发展。统筹推进城乡义务教育一体化发展,高质量实施“全面改薄”项目,顺利通过国家“义务教育发展基本均衡县”评估认定。优化农村中小学校布局,合理配置教师资源,促进教育均衡发展。加快职业教育发展,构建具有县域特色的现代职业教育体系。(2)大力发展文化体育事业。加强公共文化基础设施建设,档案馆、图书馆、美术馆“三馆合一”工程全面竣工并对外开放。继续开展好文化科技卫生“三下乡”、农村公益电影放映等文化惠民工程。启动优秀传统文化传承工程,重点做好“太行屋脊大通道”沿线景区、乡村的文化资源挖掘整理和保护传承。实施乡村文化记忆工程,完成3个乡镇86个村的普查工作。深度挖掘地域文化特色,推动文化与科技、金融、旅游、体育等深度融合,促进文化事业繁荣发展。(3)加快推进“健康陵川”建设。全面深化公立医院改革,科学统筹公共卫生资源,中医院完成搬迁。加快医疗卫生县乡一体化管理体制改革,不断提升基层医疗服务能力和水平。积极探索分级诊疗制度,提升医疗卫生服务能力。(4)全面加强社会保障工作。继续推进创业孵化基地后期开发工作,以完善的服务吸引中小微企业入驻。加强创业创新人才培育,稳住就业基本盘。完善社会保障体系,建立统一的城乡居民基本医疗保险制度,不断提升“四险两金”保障水平。加强养老服务能力建设,新建农村老年人日间照料中心10个,加快推进县老年公寓“公建民营”市场化运作。不断提高城乡低保标准,实现低保线与脱贫线“两线合一”。实施残疾人精准康复服务,提升残疾人生存和发展能力。统筹推进城乡社会救助体系建设,支持社会福利和慈善事业,切实提高社会困难群众生活水平。(5)全力维护社会和谐稳定。大力开展安全生产大检查,切实抓好煤矿、非煤矿山、道路交通、危险化学品、森林防火、食品药品等重点行业和关键领域的安全监管,确保全县安全生产形势持续稳定。加强和改进新形势下群众工作,着力化解老案积案,全力维护社会和谐稳定。不断完善应急管理体系建设,强化各种突发事件的实战演练,提高应急处置能力。完善社会治安防控体系,严厉打击各类违法犯罪活动,最大限度净化社会治安环境。

# 为建设生态美、百姓富、县域强的幸福美好新阳城而努力奋斗

阳城县县长　**史小林**

2016年是“十三五”的开局之年,是推进结构性改革的攻坚之年,也是全面建成小康社会的关键之年。一年来,县政府团结带领全县人民,理直气壮抓发展、攻坚克难破瓶颈,力促经济社会健康平稳发展,实现了“十三五”的良好开局。

2017年是实施“十三五”规划的重要一年,也是供给侧结构性改革的深化之年。做好今年的政府工作,意义重大,影响深远。

**一、2017年政府工作的总体要求**

深入学习贯彻习近平总书记系列重要讲话精神,遵循“四个全面”战略布局,牢固树立“五大理念”,坚持稳中求进工作总基调,适应把握引领经济发展新常态,以“就业增收、富民强县”为重点,持续实施“田园城市、美丽乡村,产城融合、城乡一体”发展战略,强化“改革创新、项目建设、招商引资”三项举措,着力在“全域旅游、转型升级、就地城镇化、脱贫攻坚、民生改善”五个方面取得新的成效,推动全县经济社会健康稳步发展。

**二、2017年全县经济社会发展的主要预期目标**

全县地区生产总值增长5.5%左右;规模以上工业增加值增长3%左右;固定资产投资目标按照新的统计口径研究设置;社会消费品零售总额增长7.5%;公共财政预算收入增长1.2%;城镇居民人均可支配收入增长6%;农村居民人均可支配收入增长6.5%。上级下达的约束性指标任务要全面完成。

**三、重点抓好以下工作**

(一)坚持开发区建设与实体经济同步,打造集约发展新引擎。全力加快省级开发区建设。一是以“一区三园”模式创新发展平台。“一区”即山西阳城经济

技术开发区，“三园”即演礼新兴产业园、安阳陶瓷工业园、芦苇河清洁能源与物流园。演礼新兴产业园以“高、精、特、新、轻”为特色，打造新兴产业融合创业平台；安阳陶瓷工业园通过提升生产工艺，使用清洁能源，创新转型机制，促进陶瓷产业二次腾飞；芦苇河清洁能源与物流园主要是深挖优势资源，发挥我县无烟煤、煤层气、化工、陶瓷、蚕桑等传统产业优势，打造集仓储、运输、配送、流通、加工、服务和商贸于一体的现代绿色生态物流园。二是努力推动开发区“三化三制”改革进程。实行“开发区＋公司”管理模式，全力建设规划引领、产业集聚、资源共享、科技创新的省级开发区，打造发展新引擎。三是创优环境搭建招商引资大平台。以优势资源为依托，积极推进改革创新，不断加大软硬环境创优力度，真正把开发区建设成为新兴产业的集聚区和对外开放的大平台。大力发展实体经济。支持有核心竞争力的龙头企业通过整合优势资源，组建企业集团，发展混合所有制经济；积极支持中小企业走出去，推动企业“小升规”。同步在开发区内集中拓展众创空间，打造我县新开放、新开发、新创业的经济发展新局面。

（二）坚持传统产业升级改造与新兴产业培育发展并重，激发转型升级新动能。一是改造提升传统产业。围绕“保增长、促转型”，着力抓好“四项工作”。煤炭增效，全年实现煤炭产量1400万吨，深入推进煤炭供给侧结构性改革，抓好煤炭洗选、配选，进一步提高煤炭利用率和附加值。煤层气挖潜，以高端化技术培育高端化产业产品，大幅提高就地转化能力，真正把煤层气资源“吃干榨尽”；同步做好煤层气气源整合工作，确保煤层气资源优先保障“气化阳城”用气需求。电力扩规，重点抓好足羿能源10兆瓦瓦斯发电、大连尚能150兆瓦、恒瑞能源150兆瓦风力发电等项目，逐步形成以煤电为主体，水电、风电协调发展的电力产业格局。化工换代，全力抓好云南铁峰化工全自动连续法环保安全型二硫化碳生产这一带动力相对较强的重大项目。二是纵深推进全域旅游。编制完成《阳城县全域旅游总体规划》。抓好“一圈一线一区一带一园”建设，即沁河古堡民俗文化旅游圈、阳城历史文化旅游线、南部山区休闲度假养生旅游区、磨董专线乡村旅游带和阳城中国农业公园“五个一”建设，促进全域旅游形成特色、形成规模。持续提升骨干景区景点基础设施建设，进一步加大以皇城相府、蟒河、天官王府、郭峪古城为重点的景区景点建设力度，启动蟒河景区国家级度假区创建工作。大力推进文化遗产保护利用，进一步加大历史文化遗产挖掘力度，继续打造“全国古堡民居第一县”。积极稳妥推进旅游企业管理体制改革，提升景区景点核心竞争力。加强宣传推介，真正使“悠然阳城”成为全国旅游知名品牌。三是培育发展新兴产业。继续加大新技术、新工艺、新产品的推广运用力度，加强对新能源、新材料的科研开发力度。全面推进互联网与高科技深度融合，着力做大做强新兴产业，不断提高产业核心竞争力。

（三）坚持田园城市与美丽乡村统筹发展，构建城乡一体新格局。一是田园城市突出提升品质。集中力量围绕凤城主核心板块，兼顾其他次核心板块，突出在功能完善、品质提升、特色打造上下功夫。进一步完善“三圈”建设，有序推动濩泽古城复兴，深入实施六大公园提升改造工程。二是美丽乡村突出改造升级。全力抓好乡村旅游设施升级、景观升级和旅游产品创意升级，完成5个特色旅游乡镇建设以及10个特色旅游村、60个特色乡村旅游客栈创建工作，促进乡村旅游升级创A。切实巩固垃圾不落地成果，认真落实新一轮改善农村人居环境行动计划，大力开展农村厕所革命，探索建立长效保洁机制，全力打造“四美”乡村。三是城市建设突出建管并重。建设方面，抓好南部片区城中村改造工程，打造城市文明新地标，大力推进海绵城市建设，不断增强城市基础服务功能。管理方面，建立健全城市长效管控机制，强化个体经营户疏导管理，努力塑造交通顺畅、市容整洁、环境优美的城市形象。四是基础设施建设突出质效同步。水利方面，完成张峰水库一干渠郑庄至芹池段7千米隧洞开挖等工程；继续实施人畜安全饮水工程，集中解决78个自然庄、8306口人的饮水安全问题。交通方面，抓好六条主干路网建设，促进晋阳一级公路、郑银高铁、阳运高速等项目加快前期，争取早日开工。电力方面，完成25个行政村中低压配网改造工程，启动周壁220千伏、上李110千伏变电站输变电工程。集中供热方面，实现阳电供热主管网与县城顺利对接，完成沿线各乡镇和县城相关区域二网及入户管网建设，缓解当前县城供热压力。气化阳城方面，加快气源整合，加大协调力度，全力保障新上项目气通气足，提高城乡居民用气覆盖面。

（四）坚持农业供给侧改革与内部结构性调整协调推进，加快现代农业发展新步伐。扎实推进农业供给侧结构性改革。推进农村土地承包经营权确权登记，全面深化农村产权制度改革，积极探索发展农业产业化经营，大力扶持发展农业产业化龙头企业，狠抓农产品标准化生产、品牌创建、质量安全监管，全面提升农业综合竞争力。努力提升农业产业效益。积极引进优质蚕种，改良现有品种，提高产业效益，并大力发展桑枝食用菌、林下养殖、桑蚕副产品开发应用等，全方位开展复合经营；畜牧产业重点抓好温氏40万头生猪一体化养殖项目，加快推进12万头种猪场和饲料厂建设；抓好中药材、干果经济林、设施蔬菜以及小杂粮生产。着力保障农业基本生产能力。加强农田水利基础设施建设，实施粮食丰收工程、高标准农田建设等项目，改善农业生产条件，确保正常年景粮食产量稳定在1.4亿千克以上。

（五）坚持环境保护与生态治理齐头并进，加快建设生态美丽新阳城。引深“铁腕治污”。完成安阳园区及周边19家重点企业煤改气工作，全面拆除燃煤锅炉，实现县城建成区10蒸吨以下民用燃煤锅炉和茶浴炉全部清零；加快推进伏岩、大西、西沟和皇城相府集团储煤厂等4家煤企以及全县所有石子厂、石料加工厂降尘改造工作；全面加强汽车尾气治理，严格淘汰老旧黄标车，确保全年二级以上天数保持在275天以上。强化生态保护。认真做好水资源保护工作；全面推行“河长制”，实现河湖管理的科学化和规范化；大力开展植树造林，结合精准扶贫工作，持续推进“山上治本、身边增绿、产业富民”工程。发展循环经济。重点围绕煤炭、电力、陶瓷等行业，培树一批循环经济试点示范企业；抓好煤炭等资源型初级产品的加工转化，推动煤矸石、粉煤灰等资源的综合利用，尽快形成废弃物和副产品的循环利用产业链条，让循环经济成为发展新亮点。

（六）坚持激发内生动力与引进外部活力两手齐抓，增强县域竞争新优势。狠抓招商引资，力促项目落地。立足优势招商，认真办好山东淄博陶瓷和江苏苏州茧丝绸两次产业招商活动；依托人脉招商，依托广阔的人脉关系选项目、引资金、招人才、引技术，做到以情招商；主动外出招商，切实开展好太原、福建两场阳城招商项目活动，吸引更多产业项目入驻阳城。狠抓国企国资改革，力促机制转换。继续完善阳泰集团规范化运作，加快推进以粮食系统和陶瓷厂为重点的国企改革试点工作，进一步完善国有资产管理体制。狠抓多元融资，力促金融振兴。继续加大金融创新力度，加大投融资体制改革，积极探索政府债券、PPP等各种模式吸引更多的社会资本、民间资本；深入推行“聚力贷”“助保贷”等特色金融产品；支持企业通过资本市场进行融资，引导扶持符合条件的企业在“新三板”上市融资。

（七）坚持民生改善与社会和谐共建共享，提升人民群众新福祉。打赢脱贫攻坚战。继续落实6项地方扶贫政策，实施精准脱贫“八大工程、20个专项行动”，启动2351人的易地搬迁，加大工作力度，确保完成9个村3753人脱贫任务，保证贫困人口和贫困村全部脱贫摘帽。开展“五项行动”。一是就业安心行动。认真落实和完善就业创业政策措施，扎实开展就业困难人员、低收入群体、困难群体的就业帮扶工作。二是托底暖心行动。强化社会保险扩面征缴、基金监管和经办管理服务工作，持续推进机关事业单位养老保险制度改革，不断提高社保经办服务水平；健全社会养老服务体系，完成老年日间照料中心建设。三是教育树心行动。深化教育教学改革，全面提升学生发展核心素养，整体提升教育教学质量；实行全县乡村幼儿教育免费政策，完成上级下达的两所普通高中办学条件标准化建设和新改扩建农村幼儿园建设任务；大力发展现代职业教育，办好旅游、陶瓷、塔杆等符合阳城产业发展实际的特色专业，不断提高职业高中学生的就业创业能力。四是健康舒心行动。深入推进以县乡医疗机构一体化为重点的医药卫生体制改革，完成大医院集团组建，加快县肿瘤放疗中心和配套工程建设，完成董封、寺头、横河、白桑等4个乡镇卫生院的新改扩建工程；持续落实基本药物制度，继续实施好健康扶贫“五个一”活动，将精准扶贫辐射到全县所有边远山区村庄。五是和谐放心行动。全力深化重点行业领域安全生产专项整治，深入开展隐患排查治理，全面加强煤矿、非煤矿山、道路交通、食品药品、危险化学品、人员密集场所等各行业、各领域的安全生产工作，确保安全形势总体持续平稳；认真做好信访工作，妥善解决群众的合法合理诉求；强化社会治安防控，创新社会治理，切实推动群众安全感满意度持续提升。继续实施文化惠民工程，丰富群众文化生活。持续落实全面两孩政策，提高人口出生素质。

阳城的发展任重道远，阳城的未来充满希望。让我们撸起袖子加油干、甩开膀子拼命战，抢抓机遇促转型、创新引领谋发展，为建设生态美、百姓富、县域强的幸福美好新阳城而努力奋斗！

# 加快开发区转型升级创新发展，继续当好改革开放的排头兵

晋城经济技术开发区管委会主任　程　琳

2016年以来，面对复杂严峻的经济形势，晋城开发区在省商务厅和晋城市委、市政府的正确领导下，紧紧围绕全市“一争三快两率先”发展战略，始终把“稳增长”作为全区经济工作的重点，强化经济运行监测，狠抓重点工业转型项目建设，积极培育“小升规”企业，创新发展举措，全区经济总量和运行质量实现新的增长。系统定向招商引资持续加大力度，重大转型项目建设不断取得新成效。探索建设新模式，推进重点工程加快建设。加快金融创新，助力中小企业发展。做强做优优势产业，培育发展新兴产业。进一步规范建设政务服务大厅，优化开发区体制机制。全区经济社会各项事业取得了新的成绩。

2017年，开发区将进一步加快开发区转型升级创新发展，不断增强开发区发展动力和活力，继续当好改革开放的排头兵。今后发展的基本思路是：按照省委、省政府关于开发区改革创新发展的总体要求，围绕“整合、改制、扩区、调规”四大任务，突出“三化三制”改革重点，创新“运营、管理、建设、服务”四个模式，彰显小政府、大服务、高效率“三大特色”，把开发区建设成为新型工业化发展的引领区、高水平营商环境的示范区、大众创业万众创新的集聚区、开放型经济和体制创新的先行区。

主要经济指标预期目标：规模工业增加值预计增长5%左右；一般公共财政预算收入预计完成2.9亿元，增长2%左右；外贸进出口额预计增长8%左右；实际利用外资预计新增2亿美元。

2017年开发区将做好以下主要工作：

（一）聚焦“三大主业”，明确发展方向。晋城开发区要始终坚持以产业发展为主，成为高新技术产业、高端智能装备制造业以及新能源、新材料集聚发展的平台。始终聚焦“招商选资（引智）、园区建设和管理、服务企业”三大主业，着力为企业投资经营提供优质高效的服务、配套完备的设施、共享便捷的资源，着力推进经济体制改革和政府职能转变。力争到2020年创造的增加值，占到全市开发区生产总值的50%，成为全市经济的重要增长极和主引擎。

2017年开发区重点工程项目共有六项：富士康光学相机模组设计线项目新增产值5亿元；富士康高技术玻璃项目，目前刚起步协商谈判；中船重工风电总装基地项目年度投资5亿元，年底装机15万千瓦；上海临仕激光再制造项目年度投资5000万元，年底建成三条生产线；金匠街西延道路工程年度投资3.6亿元，完成道路、供水、供热、排水、供气、路灯、绿化、交通设施等配套工程，年底具备通车条件；文化路全线贯通道路工程，年度投资7640万元，完成道路、供水、供热、排水、供气、路灯、绿化、交通设施等配套工程，国庆节前实现全线贯通。

（二）加快开发区行政管理体制改革。一是加快人事制度改革，全面推行领导干部任期制、全员岗位聘任制和绩效工资制。二是加快开发区内设机构改革，全面提高行政管理效能。开发区在管理体制上实行“管委会＋公司”运作模式。在内设机构上实行“大部制”，在运行机制上推行扁平化管理；在公司经营上实行“股份制”；在领导体制上实行党政一套班子，交叉任职。纪工委为市纪委的派出机构。

（三）加快开发区制度创新。一是创新服务模式，实行两个“转变”。实现“线下服务”向“线上服务”的转变，让投资者享受到更为高效的“五个一”服务（一个窗口、一个端口、一套资料、一份表格、一个公章）；实现“一站式服务”向“代办式服务”的转变，真正把首问负责、限时办结、超时默认落到实处。二是创新招商方式，实现从政府主导向政府招商与市场化招商相结合的转变。紧盯大项目、大集团、大企业（富士康、中船重工、晋煤集团煤机板块）上、中、下游产业链，实现“以企招企”，提升产业集中度和增加值。提供金融、信息、物流、教育培训和人力资源服务，支持中小企业发展。设立融资担保机构风险补偿资金，参与组建融资租赁公司；设立股权投资和风险投资基金，加速企业对接资本

市场、代建定制化厂房。构建“创业苗圃—孵化器—加速器”的阶梯式孵化体系，扶持小微企业发展。三是创新园区建设和运营模式，加快公共服务、基础设施项目建设。全面推行政府与社会资本合作(PPP)模式，力争用3～5年的时间，完成金匠新区基础设施PPP项目建设。四是创新社会事务管理方式，集中精力抓好经济管理和投资服务。在保留社区基层组织和政权建设，信访、安全，征地拆迁、城中村改造“三项”职能前提下，坚持积极、稳妥的原则，逐步剥离其他社会管理职能。

(四)提供政策支持。一是财政支持：继续将开发区公共财政预算收入中上解市级分成收入比上年增加额全额返还开发区，用于项目引进、人才引进和激励、基础设施建设。设立开发区发展专项资金，支持开发区服务平台建设和基础设施建设。二是土地支持：为开发区扩区留足空间，单列年度用地计划指标，优先保障用地需求。三是简政放权：下放项目建设的规划、土地审批权。成立晋城市行政综合执法局开发区分局、晋城市审计局开发区分局。

(五)认真做好整合、扩区、调规工作。“整合”：要按照“三统一、三不变”(统一领导、统一规划、统一政策；乡村行政隶属不变、行政区划不变、财税体制不变)的原则，坚持利益共享、风险共担、责任共尽。整合园区的行政和社会事务管理职能，全部归当地政府统一管理；开发区对整合园区的建设、招商、运营、服务，按照市场化的方式，交由“平台公司”管理运营。整合园区的基础设施、公共服务建设，纳入开发区PPP项目库，加强与社会资本合作建设。整合园区当地政府可以参股的方式，共同搭建招商平台、融资平台，建设标准化厂房，设立产业投资引导资金、“政企银”融资担保平台等支持企业发展；开发区对整合园区提供金融服务、信息服务、物流服务、教育培训和人力资源服务、服务外包等经营性有偿服务。被整合园区的地区生产总值、财政收入等经济统计数据，按属地原则进行分成。“扩区”：在金匠新区先期扩区10.85平方千米，现已报省政府待批，批复之后，可以满足开发区今后5年发展需要。“调规”：紧紧抓住富士康在新区的产业布局，审视修改开发区“十三五”经济发展总体规划、环境保护规划，产业发展规划，城乡建设规划和土地利用总体规划，做到“五规合一”。目前，先期启动产业发展规划和环境保护规划的修编。

# 决胜全面小康，实现振兴崛起，建设富裕、文明、绿色、幸福新临汾

临汾市市长　**刘予强**

2016年，市政府深入贯彻落实党的十八大和十八届三中、四中、五中、六中全会精神和习近平总书记系列重要讲话精神，按照省委“一个指引、两手硬”重大思路和要求，围绕市委、市政府“345”发展战略和“12345”工作思路，坚持以新发展理念为引领，牢牢把握稳中求进工作总基调，深入推进供给侧结构性改革，全市经济社会发展实现稳中向好、稳中有进。

2017年是实施“十三五”规划的重要一年，是推进供给侧结构性改革和转型综改的深化之年，是我市走出经济和环保困难局面的攻坚之年。做好今年的各项工作，意义重大，影响深远。

## 一、2017年政府工作的总体要求

深入贯彻习近平总书记系列重要讲话精神和治国理政新理念新思想新战略，统筹落实“五位一体”总体布局和“四个全面”战略布局，按照省委“一个指引、两手硬”的重大思路和要求，紧紧围绕市委、市政府“345”发展战略和“12345”工作思路，坚持新发展理念，坚持稳中求进工作总基调，坚持深化供给侧结构性改革与深化转型综改区建设有机结合，坚持以提高发展质量和效益为中心，全面推进转型综改、创新驱动，持续加强生态环境治理，坚定走加快转型、绿色发展之路，为决胜全面小康、实现振兴崛起奠定更加坚实的基础，以优异成绩迎接党的十九大胜利召开。

## 二、2017年市域经济社会发展主要预期目标

地区生产总值增长5.5%；规模以上工业增加值增长3%；社会消费品零售总额增长7%；一般公共预

算收入力争完成86亿元，与上年持平；城镇居民人均可支配收入增长6%，农村居民人均可支配收入增长6.5%；居民消费价格涨幅控制在3%左右；城镇新增就业4.5万人，城镇登记失业率控制在4.2%以内。固定资产投资完成省定任务。约束性指标完成省定任务。

三、2017年政府重点抓好以下工作

（一）坚定不移保持经济平稳健康发展。一是以项目建设为支撑精准扩大有效投资。实施645个有重大引领支撑作用的重点项目，总投资3935亿元，当年计划完成投资674亿元。创新投资机制和方式，大力推广政府和社会资本合作模式。深化投资体制改革，推动投资审批制度规范化、标准化。积极承接产业转移，推进中美合资JDH、侯马开发区宏凯集团电子类产品综合产业基地等项目建设，精准引进大项目、好项目。二是以促进金融业发展为手段全力振兴实体经济。大力推进金融业创新发展，做好我市首家民营银行黄河银行筹建和村镇银行普设工作；逐步推进县级农信社改制为农村商业银行；加强政银企合作平台建设，推动重点项目融资；大力发展股权投资基金、创业投资基金等，引导民间资本有序进入实体经济。三是以做大做强为目标大力促进民营经济发展。重点抓好尧都、侯马两个省级中小企业“双创示范县”工作，培育洪洞中小企业创业基地和尧都、侯马电商物流创业基地；新创办小微企业3000户，力争完成10家企业股份制改造，争取更多的企业在“新三板”挂牌。进一步优化民营经济发展环境。

（二）坚定不移加快新旧动能转换。一要加快改造传统产业。突出主焦煤品牌，积极筹建临汾焦煤集团。全年竣工投产矿井8座，产能660万吨/年；现代化矿井不少于10座，一级安全质量标准化矿井不低于20座，其余全部达到二级标准。大力推进新一轮技术改造和设备更新，重点实施产品结构调整、装备水平提升、产业整合重组“三大工程”，抓好曲沃立恒精炼炉、安泽永鑫甲醇制丙烯、侯马北铜铜精矿综合回收等项目建设。二要加快发展新兴产业。围绕现代煤化工、现代装备制造、新能源、新材料、新医药、节能环保等六大领域，重点抓好沃特玛新能源汽车产业园、霍州亿能电器新能源汽车、西山煤层气开发以及永和天然气勘探开发、汾西其亚240万吨氢氧化铝等项目建设，促进产业集群发展。积极发展大数据、云计算、物联网等前沿产业，建设华为（临汾）云计算大数据产业园，启动临汾（尧庙）“互联网+”智慧产业园项目。三要加快提升创新动力。力争年内培育市级众创空间3～4家、“星创天地”2～3个。加大高新技术企业培育力度，力争全年新建1家工程技术研究中心、培育1家省级重点实验室、新认定4家高新技术企业。加快补齐人才短板，完善本土科技人才激励机制，吸引更多创新型人才落户临汾。积极与山西师大、山西中医学院等高校开展“市校合作”，实现产、学、研无缝对接。四要加快发展现代服务业。推进“互联网＋物流”发展，加快建设山西方略洋货码头、晋润农副产品冷链物流、兴荣物流园区等项目；推进电子商务提速发展，着力建设沿汾电商发展带和淘宝、京东、苏宁特色中国临汾馆，实现“网货下乡”和“农产品进城”；推进传统服务业提质发展，实现餐饮、家政、房地产、健康、养老等服务便利化、精细化、品质化。

（三）坚定不移发展文化旅游产业。加快旅游体制机制改革。在成立市旅游委的基础上，在尧都、洪洞、吉县、霍州等重点县市区设立旅游发展委员会。组建市文化旅游产业集团，全面整合我市文化旅游资源。进一步理顺旅游景区管理体制、经营机制和各类利益关系，引进一批战略合作者，培育一批经营主体。联动开发文化旅游资源。大力发展全域旅游，全力推进大槐树、壶口、云丘山、人祖山、丁村、广胜寺、晋国博物馆等5A、4A级景区创建工作，加快推进陶寺遗址博物馆、陶寺遗址展示中心、尧陵以及云丘山、仙洞沟、乾坤湾等景区建设，同步推进基础配套服务设施建设，加快旅游公路建设。促进文化与旅游深度融合。实施戏曲传承发展振兴工程、《赵城金藏》复制工程、非物质文化遗产推广工程、文艺精品创作工程、品牌文体活动打造工程、舆论宣传引导工程等“六大工程”，推动文化与旅游融合发展。

（四）坚定不移全面深化改革开放。一要深入推进供给侧结构性改革。坚决完成淘汰落后产能任务，依法依规处置“僵尸企业”；有效化解房地产库存，促进房地产平稳健康发展；提高直接融资比重，积极稳妥降低企业杠杆率，控制和化解政府融资风险。继续打好降低制度性交易成本、生产要素成本等“组合拳”，切实降低企业成本；加大公共服务、基础设施、生态环保、防灾减灾等领域补短板力度。二要深入推进综改试验区建设。加大我市转型综改示范区建设申报力度，努力将百里汾河生态文明保护区建设成国家级生态文明试验区，将百里汾河生态经济带打造成产城融合发展示范区，推动综改试验区建设取得新突破。三要深入推进开发区体制机制改革。科学编制开发区总体发展规划。建立专业化、市场化、国际化的管理运行机制。重点推动临汾、侯马开发区以及侯马综合保税区、洪洞经济开发区、襄汾经济开发区、尧都高新技术开发区扩区升级、申报工作。四要深入推进国资国企改革。加快国有企业公司化改革，加快发展混合所有制经济，优化国有资本结构，加快“僵尸”企业退出市场步伐。探索组建国有资本投资(运营)公司,以管资本为主加强国有资产监管,实现国有资产监管全覆盖。五要深入推进重点领域关键性改革。深化"放管服效"改革。加快实行"多证合一""一照多址"等便利化措施,推进企业登记全程电子化。深化价格机制改革。统筹抓好电力、财税、土地、工商、城镇化、社会保障、生态文明、商事制度等各项改革。六要大力推进更深层次更高水平双向开放。深度融入"一带一路"、京津冀、环渤海、黄河金三角等区域交流合作,着力开拓东盟、中亚、南亚等市场。推进与世界500强、央企在产业转型、园区共建等方面深化合作。加快侯马综合保税区建设,积极发展市场采购贸易、跨境电子商务和服务贸易。

(五)坚定不移推进农业农村改革发展。一是全面深化农村改革,激发农村发展活力。全面完成农村土地确权工作。落实农村承包土地"三权分置"政策,引导农民土地流转,发展多种形式的适度规模经营。全面开展农村集体资产清产核资,积极开展农村集体产权制度改革试点工作,分类推进农村集体资产确权到户和股份合作制改革。加快推进国有林场、林下经济试点、水权制度、小型水利工程产权和农业水价等改革工作。二是优化农业布局,加快农产品供给结构升级。在稳粮食的前提下,大力发展特色产业,推进西山以水果、干果、杂粮为主,东山以干果、中药材、杂粮为主,沿汾河平川县市区以粮食、蔬菜、水果为主,以及以尧都、侯马为中心的都市休闲农业等四大特色农业板块建设。全面推进农业标准化和品牌化创建,力争到年底农业类山西省品牌产品达到两个,绿色产品达到5个,地理标志产品达到20个,无公害认证面积达到9.3万公顷。大力发展养猪产业,促进隰县、蒲县、大宁、乡宁等百万头生猪养殖产业化项目落地建设。实施龙头企业转型升级计划,支持农产品加工骨干企业扩大生产规模,延伸产业链条。培育壮大多种新型经营主体,促进农业加工企业转型升级。三是推进美丽村镇建设。持续实施完善提质、农民安居、环境整治、宜居示范"四大工程",全面改善农村条件。打造一批家园美、田园美、生态美、生活美的美丽乡村,创建美丽宜居示范村50个以上。

(六)坚定不移推进精准扶贫精准脱贫。全力实施易地扶贫搬迁"头号工程"。把易地扶贫搬迁与发展产业、就业创业相结合,完成易地扶贫搬迁1.99万人。着力推进特色产业扶贫"重点工程"。扶持发展杂粮、水果、蔬菜、中药材、畜牧、农产品加工和休闲观光农业等七大特色农业产业,带动1.03万贫困户、2.97万贫困人口实现脱贫。大力抓好生态扶贫"试点工程"。稳步推进"五个一批"林业脱贫工作,实现以生态建设统领脱贫攻坚,用脱贫攻坚推动生态建设。引深光伏扶贫"亮点工程"。新建200座村级光伏电站,优先使乡宁、安泽、吉县3个县所有贫困村实现全覆盖,确保贫困村集体经济破零和贫困户脱贫。继续开展消费扶贫"创新工程"。推进"一司一县"结对帮扶,力争使一些管理规范、经济实力强的扶贫龙头企业能够在新三板上市。全年实现吉县、乡宁、安泽3个贫困县摘帽,204个贫困村退出、7.4万贫困人口脱贫,侯马现有贫困人口全部脱贫。

(七)坚定不移推进铁腕抗污治霾。一要严治工业污染。坚持红线管理、提标改造、超低排放,确立临汾标准。对钢铁、焦化和其他涉气工业企业实施深度治理。全面整治"小散乱污"企业,最大程度削减工业排放量。二要狠抓燃煤污染。2017年新增集中供热面积389万平方米,两年内新增清洁供热面积793万平方米,实现"无煤化"。进行"煤改电""煤改气"清洁能源改造,实现"清洁化"。对燃煤锅炉实施深度治理,非平川区域燃煤锅炉全部升级污染治理设施,达到新建锅炉污染物排放标准,实现"集约化"。三要整治面源污染。强化扬尘治理;强化餐饮油烟治理;强化机动车污染防治,持续推进老旧车辆淘汰,减少尾气排放污染。市区逐步推广纯电动出租车,平川县市基本实现纯电动公交车全覆盖。四要推进水土防治。做好饮用水水源地规范化建设和不达标饮用水治理,确保全市集中式饮用水源地供水水质达标率100%。全面推行"河长制",开展重点河流生态环境综合整治。完成浍河、昕水河等重点河流人工湿地建设,稳步提升地表水水质。划定畜禽养殖禁养区,完成农村生活污水综合利用示范项目建设。推进焦化废水、煤矿矿井水深度治理。开展土壤污染防治试点工作。五要加强环境监管。完善属地管理、分级负责四级网格监管体系。建立全市大气污染防治监控大数据平台,加强监测监控。全力推进地方环保立法,为整治燃煤污染和管控二氧化硫提供法律保障。六要提升环保基础。加快提标改造和配套污水收集管网建设;加快市第二污水处理厂管网建设,完成建设市第三污水处理厂;市区和各县市区城市生活垃圾处理场全部建成投运;建立农村生活垃圾处理运行管理长效机制;推进全市工业园区污水集中处理。七要加快生态建设。大力开展造林绿化,全市森林覆盖率提高1个百分点以上。加大小流域治理力度,加快推进汾河、涝洰河等重点流域生态修复项目。持续推进西山七县主体功能区建设,实施采煤沉陷区、水土流失区、煤矸石山等环境治理修复工程。

(八)坚定不移推进城乡协调发展。加快中心城市建设。实施新建道路、桥梁枢纽、街巷改造、园林绿化、环城水系、市政管线等10大类170项城建项目。重点新建规划三街、机场快速通道等29条道路,实施滀汾花园公租房、北城濠西段棚户区改造、高河店城中村改造等30项保障安居项目。优化城镇空间布局和功能。有序调整行政区划，加快“一城三区”、侯马曲沃同城化发展；继续实施“大县城战略”，积极推进产城融合，建设一批特色小城镇，加快构建多极发展新格局。统筹城乡基础设施建设。加强城市综合交通网络、地下综合管廊建设，完善城乡道路交通体系，积极推进城市供水、燃气、供热、污水和垃圾处理向周边村镇延伸，实施农村基础设施提升工程。完善一体化推进机制。加快推进规划编制、基础设施、公共服务、产业布局、制度安排“五个一体化”。鼓励就近城镇化、梯度城镇化，出台财政支持政策，促进符合条件的农业转移人口有序落户城镇。

（九）坚定不移推进安全稳定工作。全面压实安全责任。严格落实“党政同责、一岗双责、尽职履责、失职追责”要求，严格落实企业主体责任，切实做到安全责任、管理、投入、培训和应急救援“五到位”。坚持依法依规治安。进一步健全安全联合执法工作机制，对违法违规行为零容忍、严查处；对典型事故和瞒报、谎报、迟报行为，一律提级调查。深入整治安全隐患。坚持“四不两直”突查和“双随机”检查方式，全面开展安全隐患大排查大整治，及时消除事故隐患，对非法生产经营建设行为坚决予以打击取缔；加大安全生产考核权重，严格落实“一票否决”。全力维护社会稳定。建立畅通、规范、有序的群众诉求表达渠道，积极推动社会治理创新，深入推进“平安临汾”“法治临汾”建设；强化应急救援管理，妥善处理各类突发事件，确保社会和谐稳定。

（十）坚定不移推进民生改善。一要大力加强文化建设。重点推动市图书馆、奥体中心体育场、文化中心等标志性文化建筑和县级“四馆一场一院”建设。促进全民阅读、全民健身。二要优先发展教育事业。大力实施学前教育奠基、义务教育均衡、普通高中教育提升、职业教育接轨、“三优”培养选拔等五大工程，提升教育教学质量，办好人民满意的教育。全力推进山西师大和师大临汾学院新校区建设。三要切实加强卫计事业。深化医药卫生体制改革，重点启动城市公立医院综合改革；加强重大疾病防控；大力推动中医药创新。四要千方百计扩大就业。全面做好高校毕业生、农村转移劳动力、城镇失业人员、退役军人等群体就业工作。加强职业培训，提升劳动者就业创业和职业转换能力。五要织牢社会保障安全网。健全社会救助体系，兜住困难群众民生底线。推动机关事业单位养老保险制度改革入轨运行。在全市建立统一的城乡居民基本医保制度。推进和完善养老服务体系建设。继续加大各类保障房建设力度。加快社会公共法律服务体系建设。

让我们在市委的坚强领导下，在市人大、市政协和社会各界的监督支持下，撸起袖子加油干，扑下身子抓落实，一锤接着一锤敲，一步一个脚印走，凝心聚力，攻坚克难，为决胜全面小康，实现振兴崛起，建设富裕、文明、绿色、幸福新临汾而不懈努力，以优异成绩迎接党的十九大胜利召开！

# 加快“五个尧都”建设，决胜全面小康，实现振兴崛起

临汾市尧都区区长　**杨保春**

2016年是我区经济社会发展迈出坚实步伐的一年，我们围绕区党代会提出的“奋战五年、保持领先、全面建成小康社会”的宏伟目标，坚持以新发展理念为引领，扎实推进“五个尧都”建设，全区经济社会平稳发展，实现了“十三五”顺利开局。

2017年是转型综改的深化之年，是“五个尧都”建设的关键之年，也是我区应对各种挑战的攻坚之年。做好今年的各项工作，意义十分重大。

**一、2017年政府工作的总体要求**

深入贯彻习近平总书记系列重要讲话精神和治国理政新理念新思想新战略，全面落实党的十八大和十八届三中、四中、五中、六中全会精神，按照省委“一个指引、两手硬”的重大思路和要求、市委、市政府“345”发展战略和“12345”工作思路，坚持新发展理念，坚持

稳中求进工作总基调，紧紧围绕区党代会提出的“136”举措，全力做好稳增长、调结构、促改革、惠民生、防风险各项工作，促进经济稳步向好、社会和谐稳定，为决胜全面小康、实现振兴崛起奠定更加坚实的基础，以优异成绩迎接党的十九大胜利召开。

**二、2017年区域经济社会发展主要预期目标**

全区生产总值完成275.6亿元，增长5.5%；规模以上工业增加值完成20.9亿元，增长3%；社会消费品零售总额完成256.3亿元，增长7%；一般公共预算收入力争完成11.9亿元，与去年持平；城镇居民人均可支配收入达到32193元，增长6%；农村居民人均可支配收入达到13798元，增长6.5%。固定资产投资完成市定任务。约束性指标力争超额完成市定任务。

**三、重点抓好以下十个方面工作**

（一）千方百计推动经济稳步向好。一是积极扩大有效投资。实施重点项目137个，总投资1095亿元，当年完成投资190亿元。继续实行四大班子“八位一体”包联机制，严格落实政府投融资项目管理和资金管理办法，派驻财务总监和质量总监，确保项目建设在力度、速度和强度上实现新提升。二是促进消费稳定增长。加快发展服务消费，重点推进环城商贸圈、特色商业街和15分钟便民商圈建设，促进电商、快递进社区进农村，推动实体店销售和网购融合发展。支持社会力量发展医养结合、文化创意等新兴消费，推动服务业模式创新和跨界融合。三是全力振兴实体经济。认真落实各项减税降费政策，切实减轻企业税费负担。落实国家融资政策，降低企业融资成本。组织企业开拓市场，促进产销对接。力争全区规模以上企业达到50家以上。

（二）坚定不移推进农业固本强基。一是加快发展功能农业。重点抓好五大基地建设：优质粮食基地，优化布局，提升质量，突出抓好十大小麦和玉米万亩高产示范方建设，力争粮食总产量稳定在20万吨以上；设施蔬菜基地，争取新增设施蔬菜133公顷；特色水果基地，发展苹果、葡萄、鲜桃等优质水果产业，争取年内新增200公顷，创建优质水果示范基地666公顷；优质核桃基地，重点实施2万公顷核桃基地管理增效工程，建立核桃示范园186个，启动核桃深加工项目；畜牧养殖基地，重点实施傲康养殖秸秆养畜示范项目、三农奶牛标准化养殖基地改建项目和30万头生猪养殖基地项目，健全完善畜禽养殖防疫体系，推进畜牧业持续健康发展。二是继续改善农业农村条件。加快农田水利基本建设，完成涝河灌区节水配套改造、洰河河道治理和仙洞沟水库建设；启动汾河吴村生态修复工程和1333公顷高标准农田建设项目。加快农村道路工程建设，完成80千米村通水泥（油）路完善提质、20千米窄路面拓宽改造项目等。启动临吉高速公路连接线尧都区段公路工程。加快农网升级改造。三是加快培育农业龙头企业。鼓励支持澳坤生物、唐明园、中德农牧等企业做大做强。加快尧王台现代农业示范区建设。推动临汾海吉星农产品物流园区和浙江新农农贸园区建设项目尽快落地。四是不断激发农村发展活力。全面完成农村土地承包经营权确权登记颁证工作，落实农村承包土地“三权分置”政策，健全完善农村产权流转交易市场。引导农民土地流转，发展多种形式适度规模经营。加强农村集体“三资”管理规范化建设工作，全面开展农村集体资产清产核资，分类推进农村集体资产确权到户和股份合作制改革。加快推进国有林场、林下经济试点、水权制度、小型水利工程产权和农业水价等改革工作。健全农业保险制度。

（三）全力以赴推动工业振兴崛起。一是以园区为载体加快工业集群发展。创新园区投资建设和管理运营机制，支持博达工业园区投资建设有限公司设立产业基金，推动贾得工业园区发展。重点实施“三个一”工程：启动中小企业创业孵化基地标准化厂房项目，启动10项园区基础配套项目，力争预期产值100亿元项目落地。二是以做优为目标加快传统产业升级。扶持发展精密铸造产业，以经纬达铸造集团为龙头，整合区内铸造企业。加快煤矿基建改造，确保年内四通、金辛达两座煤矿正式投入生产，全年原煤产量突破800万吨。加快焦化产业新型化发展，鼓励同世达和海姿焦化集团等焦化企业实施提标改造，实现转型升级。三是以服务为手段加快发展新兴产业。继续开展干部入企服务活动，全力解决企业生产经营中的困难和问题。加快发展新兴产业，重点抓好光宇石墨烯、临汾沙石金复合建材、康腾威1万吨球墨精密铸件等5个项目，力争年内投产见效，推动新兴产业发展实现新突破。

（四）云领未来促进商贸提档升级。一是启动尧庙云商产业园项目。整合尧庙片区旅游、物流、商贸、农业等线上线下资源，启动尧庙云商产业园项目，重点发展大数据、物联网、云计算等产业，助推临汾数字经济快速发展。重点启动尧庙云商产业园大数据、互联网交易、互联网金融三大中心建设，力争乐视集团、阿里巴巴、浪潮、华为等知名企业入驻。二是继续推进环城商贸圈建设。重点实施五大项目：华门新天地乐视乐生活项目，年内完成相关产业加盟工作；上东世纪CBD项目，10月份完成一期装修工程并开业运营；东城城市综合体项目，年内完成拆迁并开工建设；五一路商业综合体项目，力争年内启动建设；华夏国际商贸城项目，6月底完成“五通一平”及管网工程。三是加快推进智慧物流业发展。大力发展智慧物流、多式联运、城乡快递、冷链物流，培育2～5家现代物流企业集团。

重点实施临运物流园、汾河物流配送中心项目；支持兴荣集团构建物流联盟平台，建设区域性现代物流服务中心。

（五）创新驱动做大文化旅游产业。一是加快旅游景区体制机制改革。在组建尧帝旅游景区管理委员会和帝尧旅游文化发展有限公司的基础上，设立旅游发展委员会，推进景区实现管理权、经营权“两权”分离。整合境内旅游资源，引进战略合作伙伴，加快景区开发建设，走经营市场化、资产证券化、景点品牌化的旅游开发新路子。二是全力推进景区基础设施建设。重点实施五大项目：姑射山仙洞景区建设项目，重点完成道路、给水、停车场、旅游服务配套设施工程；中国尧帝陵景区建设项目，重点完成祭祀大殿内部装修及祭祀广场建设工程；尧庙华门景区提升项目，重点完成长廊维修、祭祖堂改造、网络安全覆盖等工程；启动彩虹桥至仙洞沟旅游公路快速通道工程；实施尧陵至尧庙旅游公路项目。三是促进文化旅游产业深度融合。坚持以尧文化为核心，实施精准宣传，重点做好“五个一”宣传活动。全力抓好金殿镇官磑村玫瑰庄园、吴村镇薰衣草庄园、贺家庄乡李家庄桃花会等乡村旅游示范点，推动全区乡村旅游业快速发展。挖掘帝尧文化，整合传统文化，发展现代文化，促进文化旅游产业深度融合。

（六）积极稳妥推进城市扩容提质。一是加快涝洰河生态治理工程建设。重点实施七大项目：完成润州园地形塑造及园建基础结构，完成尧贤街北延道路绿化、景观建设及两座跨河桥梁工程，完成苇塘环路、南环路等支线道路工程，实施人工湿地生态建设工程，完成5.8千米主园路及栖霞园滨河生态工程，完成尧乡园起步区工程，完成润州园液压坝工程。二是实施东城十大道路畅通工程。重点推进10条道路拓宽改造工程，年内7条道路工程竣工通车。三是打造东城五条精品示范街。实施主要城市道路硬化、绿化、亮化、净化、美化“五化工程”，打造五条精品示范街。启动东城环城水系工程，年内完成前期规划，实施道路改造项目。四是启动主城“四街一园”项目。争取年内迎春街南延、体育街南延、中大街、广宣街至科委巷道路工程启动建设；抓紧实施广宣街游园绿化工程，力争年内竣工开园。五是实施市区十条街巷硬化工程。重点启动10条街巷硬化工程。六是配合完成省市重点项目建设。全力服从服务市级重点工程，完成师大搬迁、临汾学院等西城区重点工程的征地拆迁工作。积极配合长临高速、飞碟靶场等重点项目建设，完成征地拆迁任务。

（七）背水一战实施铁腕抗污治霾。一是坚决打好蓝天保卫战。全面整治燃煤锅炉。实施东城供热系统改造，对平川区域所有燃煤锅炉实行改造、置换。全面整治“小散乱污”企业。全面推进清洁化能源改造。建立完善环保管控机制，建立大环保责任体系。二是大力开展植树造林。完成退耕还林159公顷、干果经济林提质增效333公顷、营造林640公顷。抓好5866公顷公益林补偿资金兑现工作。三是持续开展城乡环境卫生综合整治。启动“国家级卫生城区”创建工作，扎实开展城乡环境卫生百日综合整治。启动建设乔李、屯里、尧庙三个清洁能源示范小镇，加快涝洰河片区生态治理与汾河景观互通互联。全面推行“河长制”，开展重点河流生态环境综合整治。建设美丽宜居示范村10个。

（八）蹄疾步稳深化改革扩大开放。一是深入推进综改试验区建设。用足用活综改示范区政策，突出抓好贾得工业园区、涝洰河生态治理工程、2万公顷核桃基地、尧庙云商产业园等重大项目。二是大力推进“三去一降一补”。重点抓好煤炭去产能，压减煤炭产能30万吨。努力去库存，落实棚户区改造和城中村改造货币化安置政策，加快推进洞头村、西关社区、乔家院等12个城中村改造项目。稳步去杠杆，提高直接融资比重，积极稳妥降低企业杠杆率；新增新三板挂牌企业3家。多措降成本，用足用好“双创”示范基地项目政策，降低企业生产经营成本。精准补短板，加大补短板力度，提升公共服务、基础设施、产业发展、资源环境等支撑能力。三是启动尧都高新技术开发区建设。整合贾得工业园区、尧庙云商产业园和尧都新兴产业园三个园区，启动占地83.4平方千米的尧都高新技术开发区建设，打造临汾生物制药基地、LED智能产业基地、全省精密铸造基地和区域云商产业基地。四是持续推进大众创业、万众创新。抓紧实施省级“双创”示范基地项目，重点抓好尧庙云商产业园、工业园区小微企业孵化基地、上东世纪创业基地三大创业基地建设。开展创新创业培训。五是大力开展高效精准招商引资。以高新技术产业、智能产业和加工贸易产业为重点，争取招商引资签约资金突破200亿元，资金到位率达到80%以上。六是积极破解资金难题。搭建融资平台，设立创投基金，加大政策性资金争取力度，为重点项目建设提供资金保障。七是加快招才引智步伐。深化人才发展体制机制改革，建立人才政策体系，引进高端人才和高技能人才，为我区发展提供人才支撑。

（九）不遗余力改善民生兜牢底线。一是全力推进精准扶贫。重点实施教育扶贫、产业扶贫、光伏扶贫三大工程，建立完善专项扶贫、行业扶贫、社会扶贫“三位一体”扶贫机制，继续落实“2+1”帮扶机制，推进212个帮扶工作队帮扶常态化。实施6个村级光伏扶贫项目，落实核桃产业扶贫计划。二是优先发展教育事业。推进义务教育均衡发展，全面提升教育质量。启动东城教育园区建设。重点实施"两路一馆三校"项目,启动图书馆、档案馆、文化馆、博物馆、美术馆"五馆合一"工程前期工作,启动区委党校搬迁、区技工学校新建校区、山西通航学院三个项目。加快教育基础设施建设。实施铁十五局学校教学楼新建工程、两所公办幼儿园新建工程、特殊教育学校改造工程、职业技术学校阶梯教室和实验楼建设工程。三是千方百计扩大就业。城镇新增就业7500人,下岗失业人员再就业1800人,就业困难人员就业450人,职业技能培训1500人,城镇登记失业率控制在3.5%以内。四是大力加强文化建设。继续实施送图书、送电影、送戏"文化三下乡"惠民工程。五是加快发展卫计事业。整合组建区人民医院,启动区直医疗机构资源整合配置工作。积极稳妥实施全面两孩政策。大力开展爱国卫生运动,加大重大疾病防控,推进基本公共卫生计生服务均等化。建立完善食品安全监管体系,确保公众舌尖上的安全。六是织密扎牢民生保障网。对全区困难学生、困难家庭、困难群体实行救助。扩大社会保险覆盖面,力争参保人数达到103万人次。全面落实残疾人"两项补贴"制度。加快推进采煤沉陷区和地质灾害治理工程。

(十)标本兼治全力抓好安全稳定。全力抓好安全生产。进一步健全安全监管责任体系,全面落实企业主体责任,进一步健全安全联合执法工作机制,深入推进打非治违专项治理行动和安全生产隐患大排查大整治。大力实施科技兴安。严格安全生产目标责任考核,全面落实"一票否决制",确保全区安全形势持续稳定。全力维护社会稳定。落实信访工作责任制和重点案件领导包案制度,启动区信访服务中心项目。畅通信访渠道,提升信访服务水平。深入推进"平安尧都""法治尧都"建设。全力创新社会治理。深化社区"网格化"管理。加强农村矛盾调解机制建设。强化应急救援管理,妥善处理各类突发事件。

使命重在担当,实干铸就辉煌。让我们紧密团结在以习近平同志为核心的党中央周围,在区委的坚强领导下,在区人大、区政协的监督支持下,不忘初心,继续前进,凝心聚力,攻坚克难,为加快"五个尧都"建设,决胜全面小康,实现振兴崛起而不懈努力,以优异成绩迎接党的十九大胜利召开!

# 进军省强市,全面达小康,共建文明开放幸福美丽新霍州

霍州市市长　**黄晓君**

2016年,全市上下在市委的坚强领导下,统筹创新、协调、绿色、开放、共享的发展理念,坚持稳中求进总基调,认真落实供给侧结构性改革措施,扎实推进产业转型、城乡建设、生态治理、改革攻坚、民生改善、社会管理等各项工作,全市经济社会发展实现了稳中向好,稳中有进。

2017年是实施"十三五"规划、全面深化改革的关键之年,也是我市经济发展走出困境实现企稳回升的攻坚之年。做好今年的各项工作,意义十分重大。

**一、2017年政府工作**

深入贯彻习近平总书记系列重要讲话精神和治国理政新理念新思想新战略,统筹落实省委"一个指引,两手硬"的重大思路和临汾市委"345"发展战略,按照市委七届二次全会工作要求,坚持稳中求进总基调,以提高发展质量和效益为中心,以"五城联创"为统领,奋力推进工业转型、农业增效、文旅提档、城市提质、改革创新、生态优化、安全稳定、民生改善等八项工作,进一步凝聚共识,克难攻坚,为实现"进军省强市,全面达小康,共建文明开放幸福美丽新霍州"的目标而努力奋斗,以优异成绩迎接党的十九大胜利召开。

**二、2017年市域经济社会发展的预期目标**

地区生产总值完成75亿元,增长4%;工业增加值完成30亿元;社会消费品零售总额完成35亿元,增长6%;一般公共预算收入完成5.7亿元;城镇居民人均可支配收入达到28750元,增长6.5%;农民人均纯收入达到13000元,增长7%;固定资产投资完成临汾市定任务;节能减排等约束性指标完成省市下达的任务。

### 三、突出抓好以下八个方面的工作

(一)突出绿色低碳,奋力推进工业转型升级。一是建好经济技术开发区。按照“整合、改制、调规、扩区”的要求,规划建设面积为32.5平方千米的霍州经济开发区。建立政府产业发展基金,引进投资机构开发经营园区,大力发展新型产业、高新产业。重点推进开发区一期建设,科学布局装备制造、新能源汽车、电商物流、新材料制造等产业,着力构建多元稳固、低碳高效的现代产业体系,打造经济发展新引擎。二是推动工业转型升级。全力扶持霍煤机电制造等6家制造企业继续做大做强,服务好亿能新能源汽车制造项目,尽快完成生产线安装,力争年内投产达效。重点推进华得宇光伏发电项目,确保6月份并网发电。加快推进七里峪风能发电项目,力争年内取得进展。推动液化天然气项目尽快投入正式运营,形成新的经济增长点。同时,积极帮助霍煤、霍电、兆光等大型企业在延伸产业链条、实施技术创新、培育新型产业等方面求突破,为稳增长、调结构、促转型创造良好条件。三是力促民营经济壮大。设立中小微企业扶持资金,出台扶持中小企业专项资金管理办法,在手续办理、审批服务、资金扶持、学习培训等方面给予民营企业更多的支持和帮助。不断扩大政府购买社会服务范围,鼓励民营企业涉足基础设施建设和公共服务领域。进一步规范各类涉企行政性收费,为民营企业发展壮大提供良好环境。

(二)突出特色优质,奋力推进农业提质增效。一是建设现代农业。今年重点是实施“一园五基地”建设。“一园”就是西张垣现代农业生态示范园,以打造高效现代农业示范园区为重点,盘活固定资产,理顺管理体系,规范运营模式,不断提升经济效益。“五基地”就是优质干鲜果基地、规模养殖基地、小杂粮基地、中药材基地、文冠果基地。优质干鲜果基地,要巩固拓展西张垣、罗涧山优质核桃产业,发展壮大李曹、三教优质苹果种植;大力发展干鲜果深加工产业,扶持壮大田牧禾、裕鑫博康、健峰生态等干鲜农产品深加工企业做大做强。规模养殖基地,继续加大对同兴禽业、绿源乳业、聚盛牧业等企业的扶持力度,全面提升我市养殖业的市场竞争力。小杂粮基地,要扩大三教、李曹、陶唐等沿山乡镇小杂粮种植规模,提升产品品质,发展订单农业,进一步提高市场份额。中药材基地,以西张垣农业生态园区为中心,发展黄芪、半夏等高品质中药材种植,辐射带动周边农户大力发展中药材种植业,形成规模效应。文冠果基地,要以文冠果科技公司为龙头,进一步扩大种植面积。深入挖掘文冠果的药用、食用以及工业原料价值,新上文冠果叶提取和油脂加工两条生产线,开发更多新产品投放市场,打造文冠果种植开发全国知名品牌。二是夯实农业基础。完成李曹柏乐片高标准农田改造工程,启动李曹镇北片综合开发和什林北垣高标准农田建设,持续推进小型农田水利重点县建设工程,进一步提高农业综合生产力。实施大张镇、李曹镇、三教乡、辛置镇乡村生态绿色走廊建设工程,改善农村生态环境,为农业生产创造良好条件。全面推广节水灌溉、机械化耕作、深耕深松、测土配方施肥等农业技术,不断提升科技对农业的贡献率。三是打赢脱贫硬战。持续推进光伏产业扶贫、生态扶贫、就业扶贫、教育扶贫、金融扶贫等扶贫措施,重点发展分布式屋顶光伏发电项目,继续扩大沿山地区文冠果、油料牡丹等经济作物种植规模。坚持开展贫困户就业技能免费培训,积极引导贫困群众参与生态建设、环境卫生、护林防火、河道管护等方面工作,增加贫困群众收入。确保年内完成1800人的脱贫攻坚任务。

(三)突出文旅品牌,奋力推进三产繁荣壮大。一是打造文旅品牌。加快推进旅游景区景点体制机制改革,成立旅发委,健全完善管理制度和工作机制,着力打造“一署两峪三小镇”,推动旅游景区(景点)专业化、公司化、市场化运营,加快创建国家级全域旅游示范区。二是促进文旅融合。着力实施娲皇庙、观音庙、宋代瓷窑和许村传统古村落的保护性开发,加强对各类非物质文化遗产的保护,深入挖掘廉政文化、官衙文化、锣鼓文化、面塑文化、民俗文化等文化元素,促进文化与旅游的深度融合。扶持壮大年馍、剪纸、布艺、传统小吃等民俗文化产业发展,着力培育和打造民俗文化品牌。加强宣传推介,推动实现全年全域旅游。三是壮大现代服务业。金融服务业,积极对接国开行、农发行等政策性银行,争取更多的政策性贷款,推动重点项目建设;加快市场化融资步伐,大力推广PPP等投融资模式,进一步畅通民间资本融资渠道;加强企业的上市引导和培育,年内实现我市企业“新三板”挂牌“零突破”。物流服务业,着力启动联源物流园区建设,打造社会化、专业化、信息化的现代物流基地,加快培育一批现代物流企业。商贸服务业,加快培育我市电商服务平台和孵化园建设,扶持乐村淘、固德网络、金蚂蚁等电商平台,推动物联网、大数据和智能装备等新兴产业的发展,推进电子商务与商贸流通的融合;大力扶持鼓楼地下商业街、华怡商场、南街农贸市场、中镇商贸城、现代家具装饰广场等商企做大做强,推动三产上档升级。

(四)突出创新驱动,奋力推进改革不断深化。一是推动“三去一降一补”。鼓励引导煤电企业调整产业结构,消减过剩产能。在城市棚户区、城中村改造和采煤沉陷区治理中,不断提高货币化安置比例,积极化解房地产库存。与各类金融机构合作,化解各类企业融资难题。继续深入推进行政审批制度和“商事制度”改革，切实降低企业运营成本。二是深化农业农村改革。扎实推进农业供给侧结构性改革，完成农村集体土地确权登记颁证工作，加快农村土地流转，发展多种形式的适度规模经营。大力培育新型农业经营主体和服务主体，加强农民合作社规范化建设。加强农村集体“三资”管理，全面开展农村集体资产清产核资，积极开展农村集体产权、国有林场、水权制度、小型水利工程产权和农业水价等多项改革。三是加大招商引资力度。制定出台新的招商引资优惠政策，吸引一批机电制造、新型材料、清洁能源等新兴产业项目入驻我市。同时，加快实施创新创业孵化园项目，深化同省内外科研院所和商业组织的沟通合作，大力开展招才引智工作，引进储备一批高技术创新创业人才，促进我市新型业态和创新项目的竞相迸发。

（五）突出宜居宜业，奋力推进城乡协调发展。一是实施“两区两河”改造工程，加快城市建设。老城区以提质为重点，大力开展城市棚户区改造工作，启动实施一批城市棚户区改造项目。加快推进霍州署文化产业示范园工程，进一步改善群众居住条件。着力实施光明路改造、桥西街改造等城区道路工程，进一步提升老城区公共设施水平。新城区以扩容为目标，继续推进水暖电气路等基础设施建设，全面推进新医院、全民健身中心、第二消防站等项目建设，全面完成霍东新区供水工程，持续推动热电联产集中供暖和天然气管网东扩工程。引进建设一批宾馆酒店、休闲健身场馆、文化娱乐场所和创新创业基地，着力打造集文化娱乐、休闲健身、教育医疗、住房安居、行政办公等为一体的现代新区。“两河”以生态修复为中心，实施汾河、南涧河生态修复工程。同时，大力推进植树造林工程，新增城市绿地面积10万平方米，全力打造生态宜居新城。二是实施卫生清洁工程，加强城乡管理。集中对城乡脏乱差现象进行专项治理，健全环卫基础设施，合理配置环卫保洁人员，完善环境卫生市乡村三级网格化管理机制。三是实施美丽乡村创建工程，统筹城乡发展。持续引深农村环境整治和美丽宜居示范村创建工作，巩固提升两个省级示范村、两个临汾市级示范村创建标准。不断完善农村水、电、气、路等公共基础设施，切实抓好农村饮水安全、采煤沉陷区治理、地质灾害治理等工作，实施农村垃圾清理、改水改厕、饮水安全巩固提升等工程。围绕民俗旅游、特色农业、传统文化、农产品加工等产业，带动一批有特色、有亮点，有产业、有内容的“两区同建”示范村庄，进一步改善农村环境面貌，实现城乡协调发展。

（六）突出治污控霾，奋力推进生态环境持续优化。一要狠抓工业污染治理。对火电和其他涉气工业企业实施深度治理，启动实施常鑫陶瓷公司“煤改气”改造，6月底前完成国电霍州发电厂2号机组超低排放改造，关停、改造、整合全市所有“小散乱污”企业。二要狠抓燃煤污染治理。推进“煤改气”“煤改电”等清洁能源改造工作，年内新增天然气用户不低于3500户，实施辛置矿区热电联产集中供热置换工程，实现主城区集中供热全覆盖、天然气覆盖率达到95%以上。三要狠抓面源污染整治。强化扬尘治理，强化餐饮油烟治理，强化机动车污染防治，基本实现公交纯电动化、出租车燃料清洁化。四要狠抓水土污染防治。坚持做好饮用水源地规范化建设，严格实施汾河、南涧河排污监管，进一步提升地表水水质。拓宽中水利用途径，提高废水复用量。通过铁腕整治，创建天蓝、地绿、水清的优美生态环境。

（七）突出和谐平安，奋力推进安全稳定工作。一是全力抓好安全生产。进一步压实党委政府的领导责任、行业部门的监管责任、生产企业的主体责任，全面加强安全生产监管。深化重点行业领域的安全生产专项整治，对煤矿、非煤矿山、道路交通、食品药品、建筑施工、燃气管道、危化品生产经营等重点行业领域开展安全隐患大排查大整治。健全应急预案，不断提高应对突发事件的能力，确保全市安全生产形势持续向好。二是全力化解社会矛盾。畅通群众诉求渠道，推动信访秩序持续好转。三是全力创新社会治理。不断推进社会治安网格化管理，进一步健全治安防控体系，加快依法治市进程。

（八）突出共建共享，奋力推进民生持续改善。一是持续抓好教育提质。巩固提升义务教育均衡发展水平，加强教育教学管理，统筹推进普通高中教育、职业教育、义务教育、学前教育、特殊教育全面协调发展。完成职教中心建设工程，加快技工学校建设进度，启动实施霍东新区小学、辛置镇中心幼儿园和市二中运动场改造工程。进一步优化师资结构，全面提升教育教学质量。二是持续加强卫计服务。深入推进医药卫生体制改革，抓好市、乡、村三级医疗卫生机构建设。加快实施新医院、疾病预防控制中心、卫生监督所、残疾人康复中心等项目。积极推进公立医院改革，深入开展家庭医生签约服务，巩固完善基本药物制度。全面建设城乡统筹的医疗卫生保障体系，持续推进计生工作改革，进一步加强流行性疫病防治。三是持续完善社保体系。不断扩大社会保险覆盖面。城镇医保参保率要达到97%，城乡养老保险覆盖面达到100%，新农合参合率达到97%。加快推进社会保障体系建设，年内完成儿童福利院建设项目。不断推进四类困难家庭学生救助、大病救助、市级领导包联孤儿等救助机制，切实保障广大人民群众特别是困难群众的基本生活。

四是持续扩大创业就业。完善公共就业服务体系，全年新增就业岗位 5000 个，完成 110 名事业单位人员招聘工作，全面清除“零就业”家庭。

蓝图绘就，重任在肩。让我们在市委的坚强领导下，在市人大、市政协和社会各界的监督支持下，撸起袖子加油干，扑下身子抓落实，为实现“进军省强市，全面达小康，共建文明开放幸福美丽新霍州”的宏伟目标而努力奋斗！

# 加快建设美丽永和、富裕永和、人文永和、平安永和

永和县县长　**范洋平**

2016 年，我们紧紧围绕省委“一个指引、两手硬”重大思路和要求、市委“345”发展战略和市政府“12345”工作思路，以脱贫攻坚统揽经济社会发展全局，持续实施“四大战略”，突出抓好“八项重点”，全县经济社会发展呈现出稳中有为、稳中有进的良好态势。

2017 年是党的十九大胜利召开之年，也是全县推进脱贫攻坚、创建国家卫生县城的关键之年。做好今年的各项工作，意义重大，影响深远。

**一、2017 年县政府工作的总体要求**

深入贯彻习近平总书记系列重要讲话精神和治国理政新理念新思想新战略，统筹落实省委“一个指引、两手硬”的重大思路和要求，围绕市委“345”发展战略，坚持新发展理念，坚持稳中求进工作总基调，坚持深化供给侧结构性改革与深化转型综改区建设有机结合，坚持以脱贫攻坚统揽经济社会发展全局，继续实施林果富民、生态立县，转型发展、工业强县，文化引领、旅游兴县，以德为先、依法治县“四大战略”，突出抓好项目建设、优势农业、能源开发、特色旅游、城镇建设、基础设施、民生改善、安全稳定八项重点，坚决打赢脱贫攻坚和创建国家卫生县城两场硬仗，优化提升林果业、天然气、文化旅游三大产业，努力建设美丽永和、富裕永和、人文永和、平安永和，以优异成绩迎接党的十九大胜利召开。

**二、2017 年经济社会发展主要预期目标**

地区生产总值增长 5.5%，达到 8.39 亿元；社会消费品零售总额增长 7%，达到 4.87 亿元；规模以上工业增加值增长 3%，达到 5938 万元；公共财政收入增长 9%，达到 8316 万元；城镇居民人均可支配收入增长 6%，达到 20528 元；农民人均可支配收入增长 8%，达到 3479 元；城镇新增就业 700 人，城镇登记失业率控制在 4%以内。固定资产投资完成市定任务。

**三、重点抓好以下六方面的工作**

*（一）以精准脱贫为统揽，坚决打赢攻坚战役。*一是深化攻坚措施。围绕省委、省政府八大工程和 20 个专项行动，精准聚焦建档立卡贫困村、贫困人口，持续推进我县脱贫攻坚“十大工程”。产业扶贫，大力实施特色产业扶贫项目，提高贫困户发展生产和就业创业能力，不断激发贫困群众内生动力，多渠道增加群众收入。生态扶贫，全力实施新一轮退耕还林工程，栽植水果、核桃经济林 3000 公顷；实施干果经济林提质增效扶贫项目；加大贫困户选聘护林员的工作力度，充分发挥造林专业合作社作用，带动贫困人口通过参与生态建设脱贫致富。易地搬迁扶贫，采取集中和分散安置的办法，完成 1000 人的移民搬迁任务。光伏扶贫，在 59 个村委建设 200 千瓦村级光伏电站，实现 79 个村光伏电站全覆盖，村集体经济收入达到 17 万元以上；对 2002 个贫困户，每户实施 5 千瓦户用光伏电站，可保障 39.2%的贫困户有长期稳定的经济收入。旅游扶贫，加快发展乡村旅游、打造特色“农家乐”和“民俗客栈”，新发展农家乐 60 户，进一步带动贫困户增收。电商扶贫，进一步完善县、乡、村三级电商平台，建设 20～30 个基层电商服务站；探索建立网络便民服务平台；组织参加国家、省、市各类大型农特产品展销活动，创新“企业家＋电商＋贫困户”扶贫模式，促进线上线下同步销售。金融扶贫，大力实施“富民贷”“强农贷”，实现贫困户小额信贷贴息全覆盖；用活用好国开行、农发行政策性扶贫贷款，使更多的中小企业、能人大户、贫困人口受益。教育科技扶贫，继续对贫困学生实行教育资助，实现资助“全覆盖”；完成 3000 人的劳动技能培训任务；启动实施“晋商晋才回乡创业创新”工程，

带领群众就业增收、就地脱贫；加大品牌推广力度，助力永和农特产品推向市场。健康扶贫，继续落实国家、省、市健康扶贫政策，努力提高贫困人口健康水平，有效降低大病费用实际负担，持续实施“暖心工程”。兜底扶贫，农村低保、五保提标扩面，确保应保尽保；全面落实贫困户意外伤害扶贫保险、大病医疗补充扶贫保险、人身综合保险政策，着力解决因病致贫、因灾返贫的问题。二是改善基础设施。重点改善2016年、2017年脱贫村的道路、电力、饮水、通信等基础设施；实施县乡公路改造、通村公路窄路面拓宽和提质工程，提高贫困村整体发展能力，确保有序退出。三是全面落实责任。继续实行四大班子领导、各级工作队包村联户帮扶工作机制，严格落实“双签”责任制，健全四级联动、齐抓共管责任体系。同时，加强扶贫资金的使用和管理，提高资金使用效率。确保2017年全县33个贫困村摘帽、4647个贫困人口脱贫的任务圆满完成。

（二）以创卫工作为抓手，着力提升城市品质。在市政设施建设上下功夫。重点实施九大城建工程，包括创建国家卫生县城基础设施配套工程，芝河东岸新建坡城中村改造项目，正大路管网改造项目，芝河扶贫路建设项目，药家湾回迁安置项目，芝河河道改造项目，城区饮水安全工程，污水处理场尾水深度治理工程，绕城公路建设工程。在城市精细管理上抓提升。充分发挥城市综合执法大队作用，加大执法力度，确保市容整洁、管理有序。提升市民文明素质，引导群众共同维护良好城市形象。

（三）以产业升级为目标，强力推进提质增效。一是推进农业提质，强化发展承载力。加快建设农业园区，科学规划优势农产品布局，优化农业产业结构，大力发展经济林、中药材、小杂粮等特色产业，形成多元化发展格局；绑涉农项目，着力打造芝河源头北方农耕梯田文化、桑壁垣绿色有机农产品、阁西垣生态文化旅游三大精品农业园区，进一步强化园区承载力。切实加强经济林管护，加强红枣防裂果、枣疯病治理、病虫害防治等新技术的推广和运用，促进我县经济林产业提档升级；完成红枣、核桃、苹果管护1666公顷；大力推广林下中药材种植，重点在沿黄的四个乡镇，积极探索发展各种特色种植、养殖，持续发展林下经济新模式。着力创建特色品牌，创建永和的特色产业品牌，加大“喜和合”“永和乾坤湾”区域公共品牌宣传力度，继续扶持龙头加工企业和有实力的合作社，打造一批能体现永和特色、引领产业升级、叫响全省全国的知名品牌；积极开展特色农产品的无公害、绿色、有机等地理标志申请认证工作。注重农产品加工营销，大力推动农产品精深加工，延伸农业产业链条，提高农产品附加值，开发枣夹果仁、枣泥、枣饮品系列产品，新建干鲜果储存库，拓宽销售渠道，切实增加绿色、优质、中高端农产品供给。二是推进工业突破，强化发展支撑力。着力提升天然气产业服务地方经济发展的能力，全力推动新型能源工业取得重大突破。加快勘探开发，完成31口井的钻探、压裂试气，实施集气站建设，铺设管网20千米，力争日产能突破400万立方米，年产能达到15亿立方米。促进转化利用，完成日加气能力20万立方米的CNG母站建设，争取年内投产运营；实施大吉区块钟楼山至桑壁88号阀室35千米管线及加压站建设、18井集气站至87号阀室10千米管线铺设项目，解决天然气销售难的问题。加强招商引资，积极与蓝色洁能股份有限公司、河北昆仑电力公司沟通协调，加快对接偏远零散气发电和天然气发电项目落地，从根本上解决我县天然气加工转化利用问题。三是推进旅游升级，增强发展吸引力。完善景区基础设施建设。完成白家山、于家咀游客接待中心及步行道、停车场等建设；完成交口至阁底、西后峪至奇奇里20.3千米旅游公路通道绿化亮化；实施东征村富民工程，完成东征纪念馆游客服务中心、停车场建设，进一步提升旅游景区服务功能。加快景区管理体制改革。着力打造乾坤湾生态文化旅游园区；进一步理顺旅游景区管理体制、经营机制，实现景区景点管理权和经营权“两权分离”；筹备成立文化和旅游发展委员会；进一步加快乾坤湾风景名胜区4A景区的创建工作。加大精准招商力度。进一步完善《旅游产业十三五规划》，编制旅游项目招商引资手册，力争在招商引资方面取得实质性进展。加强对外宣传推介。组织举办内涵丰富、能够反映永和特色的大型推介活动，多角度、多层次进行宣传报道，进一步提高永和特色文化旅游的知名度和影响力。

（四）以民生改善为根本，提升群众幸福指数。一要优先发展教育事业。进一步改善教育教学条件，完善教育基础设施，建设职业中学实训基地，强化职业技能培训。进一步加强教学管理，深化新课程改革，深入开展“三优”工程创建活动，提升教师专业化水平，提高教育教学质量。二要切实加强卫计事业。深入推进“健康永和”建设，全面深化医药卫生体制改革，完成医疗卫生机构一体化改革试点工作，推进医疗资源合理配置，落实分级诊疗制度，提高县域内就诊比例，切实降低群众医疗费用。加快建设新医院综合大楼，争取2018年投入使用。突出健康素养提升，切实抓好健康促进试点县工作，全面提高广大群众健康意识和疾病预防能力。三要大力加强文化建设。加大基础设施建设力度，启动建设文体活动中心和全民健身中心，满足群众文体活动需求。组织开展群众性文体活动，切实丰富群众精神文化生活。大力弘扬诚信文化，全面推进“诚信永和”建设。四要全面提升社保水平。稳步提高城乡低保、五保保障标准，不断扩大医疗救助范围，落实各类优抚政策，兜住困难群众民生底线。不断提高新农合保障水平，确保全县农民参合率达到99.8%以上。健全社会救助体系，完善灾害救助机制，切实增强社会保障能力。加快残疾人托养中心建设，确保年内投入使用。持续实施四大“暖心工程”，让更多的百姓享受到发展的成果。

（五）以环境治理为基础，提升生态建设水平。着力开展三大环境治理专项行动。一是严控大气污染专项行动。加强煤烟污染治理、黄标车及老旧车淘汰、扬尘整治等工作，加大城市供热供气项目建设力度，提倡推行煤改气、煤改电。继续实施燃气供热和城市供气项目，新增供热面积9万平方米、集中供气用户300户。加大整治面源污染，确保空气质量持续好转。二是严治水体污染专项行动。全面落实“河长制”。开展芝河河道生态环境综合整治，加快污水收集管网建设。三是严防土壤污染专项行动。认真落实《土十条》，加大土壤环境监测投入，完成全县土壤污染调查。开展污染场地环境风险评估和污染土地修复治理工作，进一步提升土壤生态功能。加快生态建设，大力推进造林绿化工作。实施三北防护林、吕梁山生态脆弱区荒山造林绿化、森林植被恢复、高速路两侧绿化工程，完成人工荒山造林1933公顷，通道绿化33公顷。进一步扩大生态治理面积，改善县域生态环境。

（六）以社会治理为根本，创优和谐发展环境。切实加强安全生产。一是全面压实责任。建立健全“党政同责、一岗双责、齐抓共管、失职追责”责任体系，制定安全生产权利和责任清单，尽职照单免责、失职照单追责。二是开展隐患整治。持续推进重点行业领域安全隐患大排查大整治，坚决杜绝各类安全事故的发生。三是坚持依法治安。健全安全联合执法工作机制，严厉打击违法犯罪，对违法违规行为做到零容忍、严查处。四是强化安全宣传。深入开展“安全生产月”等宣传教育活动，不断增强群防群治意识，全力提升全县安全生产整体水平。切实维护社会稳定。继续落实信访工作责任制和领导包案制度，建立健全群众诉求表达通道，不断加大矛盾纠纷和信访积案化解力度。创新社会综合治理，深入推进“平安永和”“法治永和”建设。强化应急救援管理，妥善处置各类突发事件，确保社会和谐稳定。

乘风破浪潮头立，扬帆起航正当时。让我们在县委的坚强领导下，在县人大、政协的监督支持下，同心同德、同甘共苦，撸起袖子加油干，迈开步子加快赶，为加快建设美丽永和、富裕永和、人文永和、平安永和，喜迎党的十九大胜利召开而努力奋斗！

# 攻坚克难，真抓实干，打赢脱贫攻坚、建设小康隰县

隰县县长　**王晓斌**

2016年，在市委、市政府和县委坚强领导下，在县人大、政协监督支持下，全县上下深入贯彻落实党的十八大、十八届三中、四中、五中、六中全会精神和习近平总书记系列重要讲话精神，全面落实省委“一个指引、两手硬”重大思路要求和市委、市政府“345”发展战略及“12345”工作思路，统筹推进经济、政治、文化、社会和生态文明建设，圆满完成目标任务，实现“十三五”良好开局。

2017年是党的十九大召开之年，是实施“十三五”规划重要一年，是推进供给侧结构性改革和转型综改的深化之年，也是打赢脱贫攻坚、建成小康隰县的关键之年。做好今年的工作，意义十分重大。

## 一、2017年政府工作总体要求

全面贯彻党的十八大和十八届三中、四中、五中、六中全会精神，深入学习习近平总书记系列重要讲话精神和治国理政新理念新思想新战略，认真落实中央、省、市经济工作会议和省市“两会”决策部署，坚持稳中求进工作总基调，坚持以脱贫攻坚统揽经济社会发展全局，围绕供给侧结构性改革、生态主体功能区建设两条主线，实现经济提档升级、民生持续改善、党建全面

加强三大突破，狠抓“十项重点工作”，打赢脱贫攻坚、决胜全面小康，以优异成绩迎接党的十九大胜利召开。

**二、2017 年县域经济社会发展的主要预期目标**

全县地区生产总值增长 6%左右，社会消费品零售总额增长 8%，一般公共预算收入与上年持平，城镇居民人均可支配收入增长 7%，农村居民人均可支配收入增长 8%，居民消费价格涨幅控制在 3%左右，城镇登记失业率控制在 4.2%以内，固定资产投资增长目标根据新统计口径研究设置。约束性指标、转型指标力争超额完成市定任务。

**三、重点抓好七个方面的工作**

（一）加快脱贫攻坚步伐。一是抓好特色产业扶贫。把产业扶贫作为脱贫攻坚重要举措，扎实推进“一村一品一主体”，带动贫困群众早日脱贫。突出梨果产业扶贫，扶持贫困户大力发展玉露香梨产业，在栽植上提供苗木，管理上技术指导，销售上结对帮扶，增加生产性收入。推进光伏产业扶贫，新建 20 座 100 千瓦光伏电站，实施贫困户分布式屋顶光伏电站项目，增加财产性收益。抓好“电商＋消费”扶贫，依托电商扶贫开发孵化基地，鼓励电商结对帮扶贫困户，解决农产品“卖难”问题。积极与中国证券协会、中证报价公司对接联系，大力推广销售农特产品，促进消费扶贫。推进畜牧产业扶贫，加快实施百万头生猪养殖、百万只蛋鸡养殖项目，实现梨果、畜牧产业同步发展，稳定增加贫困群众产业收入。二是抓好行业领域扶贫。开展生态扶贫，实施新一轮退耕还林和干果经济林提质增效工程。组建专业合作社，吸收贫困群众参加植树造林和水土治理，增加工资性收入。开展科技扶贫，加强技能培训，促进贫困劳动力就业创业。开展教育和健康扶贫，严格落实各项政策，确保贫困户应享尽享，防止因学致贫和因病返贫。开展易地搬迁扶贫，与美丽宜居示范村创建、乡村旅游项目、农村危房改造相结合，完成 1400 人移民搬迁。开展金融扶贫，探索推进“五位一体”金融扶贫模式，用活用好“富民贷”“强农贷”，鼓励发展梨果、养殖、光伏等产业。三是抓好政府兜底扶贫。提高城乡低保标准和特困人员救助标准，加大社会慈善救助力度，落实好临时救助、高龄老人生活补贴、重度残疾人护理补贴等政策，确保无劳动力贫困人群同步脱贫。强化脱贫攻坚评估考核，坚决防止弄虚作假、数字脱贫。确保 2017 年完成 32 个村、9695 口人脱贫任务。

（二）推动农业转型升级。一是精心打造梨果产业。全面抓好梨果标准化管理和品牌化创建，推动梨果产业提档升级。新栽玉露香 1000 公顷，实现玉露香梨面积持续增长。完善果水、果库、果肥、果路配套，推广《玉露香梨生产技术规程》，强化果农培训，规范四季管理，严格水肥投入，推动分级采收，努力实现梨果绿色、有机、无公害，不断提升果品质量。营销上，精心组织梨花节、采摘节、梨果订货会、果树定制认养等活动，积极参加各类农展会，推进二维码全覆盖，加大网络营销力度；强化品牌保护，严厉打击冒用品牌违法行为，提升果品市场竞争力，塑造隰县玉露香梨品牌。二是巩固农业基础地位。全面落实强农惠农政策，加强耕地保护，严守耕地红线，加强气象预警监测，粮食种植面积稳定在 2 万公顷、总产量稳定在 8500 万千克以上。加快发展“互联网＋农业”，打造区域性农产品网上集销基地。抓好京润泽数字化果业基地、好乐佳真空冷冻干燥食品、金土地粮油农产品加工、禾丰田园百亩羊肚菌示范园等项目，提升农业产业化水平。三是推进农村综合改革。完成农村土地确权工作，落实农村承包土地“三权分置”政策，鼓励土地向专业大户、农民合作社、家庭农场集中，发展多种形式的适度规模经营。加强农村集体“三资”管理，加快推进国有林场、水权制度、小型水利工程产权和农业水价等改革工作。健全农业保险制度。

（三）大力发展新兴产业。一是高效精准招商引资。转变招商理念，围绕全县资源优势、产业链条，科学制作“招商地图”，持续用好招商引资 2.0 模式，精准引进大项目、好项目。深化银企交流合作，积极探索多种投融资模式，化解项目建设融资难题。优化项目服务，做实前期工作，严把建设环节，扎实推进项目建设。二是发展壮大新能源产业。完成山西盾安 98 兆瓦风电厂一期项目，启动 50 兆瓦风电厂二期项目。实施北控集团 20 兆瓦城镇公共机关屋顶光伏发电项目，积极争取东川农光互补光伏电站项目。加快地热开发利用，建设 6 口地热井及配套设施，打造集沐浴、疗养、休闲、娱乐为一体的凤凰山生态园。推进天然气利用项目，完成城区燃气连接管网及供气门站，新建城南加气站。加强与瑞弗莱克油气公司对接合作，力争“十三五”完成煤层气勘探 500 平方千米，建设日产气 10 至 30 万立方米的先导实验开发区，发展新的优势产业集群。三是加快发展电子商务。依托电商培训基地，加强电商理论知识和实操技能培训，培养一批农村电商带头人。鼓励企业、电商人员和电商服务站，入驻淘宝、天猫、京东、苏宁等网购平台销售农特产品。创新电商平台运营模式，完成股份制改造，完善支付结算功能。深化二维码溯源内容，保障经销商和消费者利益。培育支持传统产业大户“商店变电商”，鼓励大学生、务工返乡人员和农民从事电商，力争电商销售额达到 3 亿元。四是积极推进全域旅游。理顺旅游景区管理体制、经营机制和各类利益关系，推动旅游事业改革。加快推进西子集团紫荆山综合旅游开发项目，实施新兴乡村旅游富民工程，完善小西天景区配套设施。树立

“互联网＋旅游”理念，搭建旅游网络营销平台，开展旅游专题促销活动，扩大我县旅游影响力。

（四）统筹推进城乡发展。凝心聚力抓好创卫工作。对照“国家卫生城镇”标准，科学制定《隰县创建国家卫生城镇实施方案》，全县动员、全民参与，全力打造“优美、整洁、文明、和谐”的国家卫生城镇。规划先行引领城市建设。健全完善城区控制性详细规划及排水、交通、供水、园林绿化等专项规划，控规覆盖率达到100％；加大执法力度，严肃查处未批先建、少批多建、占压红线、私自加层等违法违规建设行为。完善基础优化城市功能。加快棚户区改造，推进南大街南延项目，完成太和路北延工程，配套完善电力通信、防洪排涝等公共设施，推进城乡一体化进程；启动智慧城市建设，建设公共资源信息平台，提高城市信息化、网络化水平；推进美丽村镇建设，继续实施完善提质、农民安居、环境整治、宜居示范“四大工程”，不断改善农村条件。强化管理塑造城市形象。成立市容环境综合执法局和园林环卫局；实施“交通畅通工程”；加强卫生保洁，落实“门前五包”和单位分包路段责任制；开展占道经营、户外广告、临街管线等市容市貌整治，打造文明、舒适、整洁的人居环境。

（五）打好打胜“三大战役”。一是打好水利建设攻坚战。实施小流域综合治理、坡耕地水土流失综合治理、宋家垣坝系工程，完成2000公顷水保治理，加固7座骨干坝，力争“十三五”末水土流失治理度达76.42％。新建南峪水库，争取北沟河调蓄水库、引黄工程与调蓄水库连通工程，逐步解决水源不足问题。抓好小型农田水利重点县建设，新建5处果园高效节水灌溉工程，新增梨果灌溉面积1000公顷，努力实现提水上塬全覆盖。解决16个村、4000余人饮水问题，提高自来水普及率。二是打好交通建设攻坚战。加快推进霍永高速蒲县连接线项目，争取实施隰县连接线项目，启动22条乡村公路改扩建工程，逐步打通出境路，消灭断头路，建成旅游路，联成循环路，形成干支相连、内通外畅的农村公路网络。完善养护机制，加强路政执法，排查道路隐患，治理超限超载，让群众出行更加安全便捷。三是打好生态建设攻坚战。严格落实市委、市政府“铁腕治污”安排部署，狠抓散煤污染，推广清洁取暖，扩大供热面积，强化面源治污，做好大气、水、土壤污染防治工作，深入持久开展好环境治理攻坚行动。严格环境执法，用好环境保护“六个一律”和森林保护“六个严禁”，依法打击破坏环境违法行为。完成4300公顷“三北”“天保”、退耕还林工程，实施高速路、国省道、县乡道通道绿化工程，提高森林覆盖率。

（六）切实抓好安全稳定。全面压实安全责任。严格落实“党政同责、一岗双责、尽职履责、失职追责”要求，将安全生产目标责任逐级分解，进一步明确党委、政府领导责任和部门监管责任；严格落实企业主体责任，切实做到安全责任、管理、投入、培训和应急救援“五到位”。深入整治安全隐患。坚持“四不两直”突查和“双随机”检查方式，扎实开展安全隐患大排查大整治；对重大隐患挂牌督办、限期整改，对非法生产经营建设行为严厉打击、坚决取缔；严格落实“一票否决”，严肃追责安全事故责任人，确保安全生产形势持续稳定好转。全力维护社会稳定。落实信访工作责任制和重点案件领导包案制度，建立畅通、规范、有序的群众诉求渠道；深入推进“平安隰县”建设，抓好网络舆情监测，强化应急救援管理，确保社会和谐稳定。

（七）持续推进民生改善。一是提高教育教学质量。努力抓好学前教育奠基、义务教育均衡、普通高中教育提升、职业教育接轨、“三优”培养选拔等工作。加快发展职业教育，鼓励发展民办教育，全面实施素质教育，促进教育协调发展。组织名校名师对口帮扶，开展专家引导和专业指导计划，加快培养后备人才，办好人民满意的教育。二是提升医疗服务水平。深化医药卫生体制改革，全面推进卫生与健康改革发展，加快“健康隰县”建设。大力推动中医药创新，突出中医特色，完善综合服务功能，拓宽中医药服务领域。加快推进新医院二期建设项目。扎实开展爱国卫生运动，加强重大疾病防控，推进基本公共卫生计生服务均等化，努力提升健康服务水平。三是持续加强社会保障。做好困难群体就业工作，完善社会救助标准与物价上涨联动机制，兜住困难群众民生底线。推进和完善养老服务体系建设，不断满足养老服务多样化需求。继续加大保障房建设力度。加快社会公共法律服务体系建设。四是加快文化事业建设。开展“文化、图书、电影”三下乡活动，丰富群众文体活动。发展新闻出版、文学艺术和文化产业，促进文化与旅游、科技、体育、金融等产业融合发展。在抓好各项工作同时，县政府重点办好五件民生实事。

空谈误国，实干兴邦。让我们在县委坚强领导下，在县人大、县政协监督支持下，抢抓机遇，攻坚克难，真抓实干，为打赢脱贫攻坚、决胜全面小康努力奋斗，以优异成绩迎接党的十九大胜利召开！

# 凝心聚力、攻坚克难，为打赢脱贫战，全面建小康，实现大宁振兴崛起而不懈努力

大宁县县长　樊　宇

2016 年，在市委、市政府和县委的坚强领导下，在县人大、县政协的监督支持下，我们按照省委“一个指引、两手硬”重大思路和要求与市委“345”发展战略、市政府“12345”工作思路，坚持以脱贫攻坚统揽经济社会发展全局，统筹推动稳增长、促改革、调结构、惠民生各项工作，全县经济社会发展实现了稳中向好、稳中有进。

2017 年是实施“十三五”规划的重要一年，是推进供给侧结构性改革和转型综改深化之年，也是我县打赢脱贫战、全面建小康的关键之年。做好今年的工作，任务艰巨，意义重大。

**一、2017 年政府工作总体要求**

深入贯彻习近平总书记系列重要讲话精神和治国理政新理念新思想新战略，统筹落实“五位一体”总体布局和“四个全面”战略布局，按照省委“一个指引、两手硬”重大思路和要求与市委“345”发展战略、市政府“12345”工作思路，围绕县十二次党代会提出的“四个五”发展战略，以实现生态产业化、农业有机化、经济新型化、民生普惠化和社会治理科学化为目标，坚持新发展理念，坚持稳中求进工作总基调，坚持深化供给侧结构性改革与深化转型综改区建设有机结合，坚持以提高发展质量和效益为中心，为打赢脱贫战、全面建小康，实现大宁振兴崛起奠定更加坚实的基础，以优异成绩迎接党的十九大胜利召开。

**二、2017 年县域经济社会发展主要预期目标**

地区生产总值增长 5.5%；规模以上工业增加值增长 3%；社会消费品零售总额增长 7%；一般公共预算收入力争完成 3100 万元，与上年持平；城镇居民人均可支配收入增长 6%；农村居民人均可支配收入增长 6.5%；居民消费价格涨幅控制在 3%左右；城镇新增就业 700 人，城镇登记失业率控制在 4.2%左右。其他指标确保全面完成市下达任务。

**三、重点抓好以下八个方面的工作**

（一）聚焦精准方略，实现脱贫再战再胜。一是实施十大工程。在全力实施省八大工程 20 个专项行动和全市十大扶贫工程的基础上，扎实推进我县十大扶贫工程。推进思想教育扶贫，开展政策解读、技术培训等活动，增强贫困群众的生产实用技术，带动贫困户增产、增收。推进产业扶贫，扶持发展优质苹果、设施蔬菜、高效养殖等特色产业，为农民持续增收奠定坚实基础。推进生态扶贫，稳步推进“五个一批”林业扶贫工程，重点实施好购买式造林，大力发展造林专业合作社，广泛吸收贫困劳动力参与造林管护、种草绿化、治理水土流失等工程建设。推进园区扶贫，依托轻工业园区承载的电子元件企业，以徐家垛乡南桑峨村和三多乡刘家庄村为试点，逐步在全县推广生产线下乡进村工作，把工厂建在群众家门口，增加贫困户务工收入。推进光伏扶贫，大力推进分布式 5 千瓦屋顶光伏电站建设，带动贫困户脱贫。推进电商扶贫，以辰康生物科技等现有企业为承载主体，完善自主的网络销售平台；鼓励企业、合作社在淘宝、京东等网络营销平台注册更多的商城店；建立农产品“电子商务＋智慧农业”物联网平台，扩大特色农产品营销范围。推进易地扶贫搬迁，最后确定全县移民搬迁任务数，按时间要求完成 1610 口贫困人口的搬迁和 284 人的同步搬迁任务；把轻工业园区和易地扶贫搬迁工程有机结合，吸纳有劳动能力的搬迁贫困人口在园区就业。推进金融扶贫，落实好扶贫小额信贷、扶贫再贷款、风险补偿金和保险扶贫等政策，用活用好“富民贷”“强农贷”。推进健康扶贫，落实好贫困户新农合参合费用补贴、住院补贴、大病保险报销、免普通门诊挂号费等政策。推进教育扶贫，严格执行建档立卡贫困家庭学生资助政策；落实好贫困大学生助学贷款政策；不断提高城乡低保标准和特困人员救助供养标准，加强社会慈善救助，落实好临时救助、高龄老人生活补贴、重度残疾人护理补贴等政策，确保无劳动力贫困人群同步脱贫。压实工作责任，严格落实脱贫攻坚“双签”责任制；加强对脱贫攻坚各项措施落实情

况的督查、考核与问责，建立健全贫困人口退出机制，扎实开展精准识别"回头看工作"。加大投入力度，严格落实财政扶贫投入增长机制，充分发挥信贷市场融资主渠道作用，强化扶贫项目和资金监管，真正做到资金投放精准、项目安排精准，确保资金安全、项目安全。

（二）推动产业升级，壮大县域经济实力。一是发展有机农业。启动"有机大宁"创建工程，争取有机认证和出口认证，推进优质苹果、设施蔬菜和高效养殖三大主导产业提质增效。优质苹果上，2017 年再打造 6 个高标准出口示范基地，发展 6 个有机果园；实施品牌战略，叫响"大宁苹果"特色品牌；提前谋划苹果市场服务体系建设，把辰康公司打造成集清洗包装储藏销售于一体的苹果出口企业，打通苹果出口渠道，有效增加果农收入。设施蔬菜上，继续巩固提升传统品种，引导农户种植香菇、双孢菇、草莓等高效益品种，提升大棚蔬菜的经济效益，把大宁打造成为西山有机蔬菜生产集散地，全年发展有机蔬菜大棚 6 座；全力支持山西隆泰集团启动现代农业花卉双创示范园区建设，发展花卉种植，开发花卉品牌。高效养殖上，推动与新大象集团合作的生猪养殖建设项目；发展牛、驴等家畜养殖，推广生态猪、土鸡、乌鸡等特色养殖，不断提升产业水平和经济效益。二是壮大新型工业。加快煤层气综合开发，大力发展煤层气综合利用产业，全年新增 6 口致密气井，年产气量达 5 亿立方米；完成煤层气液化调峰一期建设工程，提升煤层气开发利用综合效益。努力壮大轻工业园区，启动大宁县贫困人口脱贫教育实训基地建设工程，新建实训厂房 3 座，实训大楼 1 栋及附属设施，提升园区的企业承载能力；主动承接沿海新型产业，做好河南同城光电等企业入驻工作，建设山西最大的光学产品生产基地。大力开发绿色能源，大力发展光伏发电和风力发电。采取 PPP 融资模式，力争在 1～2 年内新建 38 个村级光伏电站，实现 80 个贫困村全覆盖，增加村集体收入；以企业为主体，承建大型地面光伏电站和风力发电站，尽快实现正午日电 20 兆瓦大型光伏地面站并网运营。三是培育文化旅游产业。加快体制机制改革，成立县旅游发展委员会，编制出台《大宁县全域旅游发展规划》。积极以"西翼"黄河风情游为重点，构建政府主导、社会参与、品牌化运作、项目化推动的发展模式，整合全县文化旅游资源，努力打造"一体两翼四驱动"的文化旅游发展总格局。加快发展文化产业，强化公共文化服务体系建设，健全县乡村三级公共文化服务设施，丰富群众文化需求；实施优秀文化传承工程和乡村文化记忆工程；发展新闻出版、广播影视、全民健身、文学艺术事业和文化产业，促进文化与旅游、体育、信息、金融等产业融合发展。

（三）全面深化改革，释放经济发展活力。一是深入推进供给侧结构性改革。综合采取提高棚户区和城中村改造货币化安置率、鼓励补贴农民进城购买新建商品房等措施，有效化解房地产库存；充分运用股权融资、市场化债转股等多种手段，提高直接融资比重，积极稳妥降低企业杠杆率，控制和化解政府融资风险；加大公共服务、基础设施、生态环保、防灾减灾等领域补短板力度。二是加快推进行政审批制度改革。深化"放管服效"改革，进一步完善政府权力清单和责任清单，加快推行负面清单制度，逐步建立健全上下衔接、系统联动的权力事项动态调整机制；加快推进行政管理体制改革，积极承接好国务院、省、市政府下放的审批事项。三是加快推进投融资体制改革。进一步拓宽民营经济投资领域，放宽市场准入，完善服务体系；加快市场化融资步伐，大力推广 PPP 投融资模式，拓宽融资渠道；加快不动产确权和他项权力登记管理，盘活全县闲置资源，有效激发投资活力；严厉打击非法集资活动，着力防范金融风险。四是加快推进农村综合改革。扎实推进农业供给侧改革，以打造功能农业为重点，推进农业向绿色、优质、中高端发展；落实农村承包土地"三权分置"政策，引导农民土地合法有序流转，促进土地向专业大户、农民合作社、家庭农场集中，发展多种形式的适度规模经营；全面完成土地确权工作，加强农村集体"三资"管理；加快推进国有林场、水权制度、小型水利工程产权和农业水价等改革工作；健全农业保险制度。五是加快开发区创建进程。坚持"布局合理、产业集聚、结构优化、绿色生态、功能完善"的 20 字方针，按照"多规合一"要求，科学编制开发区总体发展规划，启动大宁县生态农业技术开发区建设工作。

（四）强化项目建设，持续扩大有效投资。一是继续谋划项目。按照我县"十三五"规划，提前安排项目计划，牢牢把握国家投资方向和重点，积极主动作为，最大限度地向国家、省、市争项目、争政策，争资金。二是加强项目储备。建立符合政策和客观实际的项目储备库，不追求数量，只追求质量，确保储备项目在条件成熟时快速启动；将全县储备项目全部纳入项目库管理，切实做到"在建一批、预备一批、规划一批"。三是强化项目过程管理。围绕重点项目，落实工作责任，强化项目调度，完善双包双联、联动建设等有效措施，全力抓协调、抓推进；畅通项目审批"绿色通道"，为重点项目提供"一站式"服务，加快项目审批速度；加强项目储备、评审、项目部建设、项目前期到项目开工、建设、竣工验收、项目效益评价 8 个重点环节的管理，扎实开展项目督查，确保重点项目按时有序推进。四是加大招商引资力度。出台招商引资优惠政策，以情招商、以商招商、精准招商，"引老乡、回故乡、建家乡"，激励更多的创业者和各类人才返乡创业；面深化与周边县市交流合作；建立健全招商引资考核体系，把招商引资工作纳入目标责任考核，建立全员招商责任制。

（五）坚持绿色发展，推进生态文明建设。一是创新机制推进生态建设。持续推进主体功能区建设，采取市场化运作，贫困户参与的模式，实施购买式造林、护林，年内完成造林绿化 4000 公顷；设立脱贫攻坚生态效益补偿专项基金，用于购买造林后每亩每年 5 元的生态效益补偿；探索建立贫困人口通过耕地、林地及造林各种形式投资入股，参与股权分红的资产收益扶贫长效机制；建立森林交易市场，推进森林资源转让迈入规范化、法制化轨道；继续抓好护林防火、封山禁牧等工作，确保全县森林资源安全。二是严守红线狠抓环境保护。重点开展三项专项整治。开展农村环境综合整治，以农村垃圾清运和处理为重点，大力开展农村环境综合整治；开展河道环境综合整治，把河道整治同“河长制”改革统筹结合起来，重点整治从罗曲村到甘棠村的昕水河段；开展城市环境卫生综合整治，全面启动国家级卫生县城创建工作，重点整治城区卫生、垃圾清运、建筑工地管理。此外，突出抓好三项重点工作。突出抓好烟煤污染大气治理，进一步扩大集中供热面积；扎实开展燃煤锅炉整治，加快推进煤改气、煤改电等清洁能源置换工作；突出抓好露天焚烧和垃圾堆场治理，对城乡结合部建筑生活垃圾、露天堆场进行彻底清理，坚决杜绝焚烧秸秆、落叶、沥青、垃圾等行为；突出抓好道路扬尘治理，加强建筑工地扬尘污染管控，加强对施工车辆管理。同时，全面推进饮用水水源地规范化建设、昕水河等重点流域人工湿地建设、生活污水处理厂尾水治理、畜禽养殖禁养区划定、加油站防渗池改造等工作，确保全县人民能够喝上“放心水”；全面落实《土十条》，启动土壤污染防治试点工作；推进环保执法和环境监管机制改革，做好老旧车、黄标车淘汰工作，确保完成省、市下达的节能减排任务。

（六）推进城乡统筹，促进区域协调发展。一是加快县城建设。加快推进“大县城”建设。继续引深“打非拆违”专项整治行动，实施公租房三期工程，逐步启动城南滨河路棚户区改造、瓦窑坡城中村改造、旧防疫站改造等工程，进一步拉大城市框架，增强承载能力。二是提升服务功能。逐步推进县城主街道人行道改造，加强对县城公共设施的维护；实施政府大楼、档案馆大楼亮化工程，启动小冯新区供热、供水管网扩建等工程；新建热源厂 1 个，新增集中供热面积 20 万平方米，进一步提升服务能力。三是推进乡村建设。继续实施好完善提质、农民安居、环境整治、宜居示范工程。启动太古片高标准农田建设模式创新试点工程，推进贫困人口饮水安全提质增效、淤地坝除险加固和固沟保垣水土保持工程，不断改善农村人居环境。四是完善路网体系。全力支持洪大和隰吉高速公路项目建设，实施县级公路改造工程。同时，建立健全新型城镇化推进机制，确保农业转移人口真正融入城镇，加快提高户籍人口城镇化率。

（七）突出民生改善，增进群众生活福祉。一是大力加强文化建设。开展文化“三下乡”和群众性文体活动，推进“四馆一场一院建设”，不断夯实文化阵地。二是优先发展教育事业。大力实施学前教育奠基、义务教育均衡、普通高中教育提升、职业教育接轨、“三优”培养选拔等五大工程，提升教育教学质量，办好人民满意的教育。大力普及学前教育；巩固均衡教育验收成果，实施昕水中学改扩建二期建设工程，完成农村教育资源整合工作；加大教育投入力度，实现全县寄宿生食宿全免费；健全教师培训机制，全面提升教师专业水平和业务能力。三是切实加强卫计事业。完善城乡医疗卫生服务体系，逐步改善医疗卫生条件，完成卫计系统业务用房建设项目；全面推进山医一院大宁分院建设工程，打造区域医疗中心；继续深化医药卫生体制改革，加快县乡医疗机构一体化建设；深入开展卫计人才综合培养试点工作，实施“施慧达”全科医生培训计划和专业人员远程教育；扎实推进国家级健康促进县创建工作，力争年底通过达标验收；提升新农合保障和服务水平，进一步扩大覆盖面；加强食品药品监管，做好疾病预防控制；坚持计划生育基本国策，落实好“全面两孩”政策。四是不断提升社会保障水平。健全社会救助体系，兜住困难群众民生底线；完善职工养老保险个人账户制度，健全城镇退休人员基本养老金正常调整机制，完善机关事业单位养老保险制度配套政策，建立统一的城乡居民基本医疗保险制度；扎实开展就业援助专项行动，加强职业培训，提升劳动者就业创业和职业转换能力。

（八）强化使命担当，维护社会和谐稳定。一是高度重视安全生产。进一步明确政府部门监管责任和企业主体责任，切实做到安全责任、管理、投入、培训和应急救援“五到位”；进一步健全安全联合执法工作机制，对违法违规行为零容忍、严查处。全面开展安全隐患大排查大整治，切实抓好重点行业领域安全生产工作，及时消除隐患。加大安全生产考核权重，严格落实“一票否决”，确保全县安全生产形势持续稳定。二是全力维护社会稳定。落实信访工作责任和重点案件领导包案制度，畅通群众诉求表达渠道；深入开展打黑除恶和社会治安专项整治，全面推进“七五”普法教育工作；强化应急救援管理，妥善处理各类突发事件，确保社会和谐稳定。

实干成就梦想，奋斗铸就辉煌。让我们更加紧密地团结在以习近平同志为核心的党中央周围，在县委的坚强领导下，凝心聚力、攻坚克难，为打赢脱贫战，全面建小康，实现大宁振兴崛起而不懈努力，以优异成绩迎接党的十九大胜利召开。

# 实施“五大战略”积蓄力量,保证“保优夺魁”全面实现

洪洞县县长　**解高民**

2016年,县政府深入贯彻落实党的十八大和十八届三中、四中、五中、六中全会精神和习近平总书记系列重要讲话精神,按照省委“一个指引、两手硬”重大思路和要求,围绕市委、市政府“345”发展战略和“12345”工作思路,主动适应经济发展新常态,积极把握稳中求进总基调,以“保优夺魁”为目标,大力实施“五大战略”,较好地完成了年初确定的目标任务,全县经济社会发展实现了缓中趋稳、稳中向好。

2017年是党的十九大召开之年,是决胜全面小康的关键之年,是供给侧结构性改革和转型综改的深化之年,更是为实施“五大战略”积蓄力量、保证“保优夺魁”全面实现的夯基之年。做好今年的各项工作,意义重大,影响深远。

**一、2017年政府工作的指导思想**

全面贯彻党的十八大和十八届三中、四中、五中、六中全会精神,深入贯彻习近平总书记系列重要讲话精神,统筹推进“五位一体”总体布局,协调推进“四个全面”战略布局,按照省委“一个指引,两手硬”重大思路和要求,围绕市委、市政府“345”发展战略和“12345”工作思路,坚持稳中求进工作总基调,坚持推进供给侧结构性改革和转型综改区建设有机结合,持之以恒深化“保优夺魁”目标,全力以赴落实“五大战略”部署,锲而不舍建设经济更加稳健、环境更加优美、百姓更加富足、城乡更加协调、党建更加坚强的新洪洞,以优异成绩迎接党的十九大胜利召开。

**二、2017年全县经济社会发展的主要预期目标**

生产总值增长5.5%左右,规模以上工业增加值增长3%,社会消费品零售总额增长7%左右,一般公共预算收入与上年持平,城镇居民人均可支配收入增长6%左右,农村居民人均可支配收入增长6%以上。固定资产投资、约束性指标、转型指标完成市下达任务。

**三、突出抓好六个方面的工作**

(一)围绕项目建设,做大投资总量,提升发展竞争力。一是加快项目建设步伐。重点实施的五大类重点工程项目,投资额约480亿元。其中,有强实力、促转型的沃特玛电池、华翔JDH等结构调整类项目;有强功能、优服务的河西新区主干道、城市供水改扩建等基础设施类项目;有补短板、解民忧的义务教育均衡发展、采煤沉陷区搬迁安置等民生固本类项目;有挖潜力、增后劲的城市棚户区改造、中医院建设等争取发展类项目。全力以赴、坚定不移地以这些项目的建设,不断积蓄加快发展的内在能量,释放振兴发展的不竭动力,奋力实现“保优夺魁”目标。二是强化项目责任落实。坚持项目“六位一体”工作机制,全力抓协调、抓推进,积极解决项目推进中存在的困难和问题。继续抓好项目开工,强化土地、资金、环境等要素配置。规范项目建设程序,提升项目管理水平,确保把每个项目都建成优质工程、德政工程。三是加大招商引资力度。优化发展环境,争取引进一批科技含量高、辐射带动力强、经济效益好、资源消耗低、环境污染少的好项目。扩大槐乡美誉度,鼓励更多的本地企业家留在洪洞,再次创业、回报家乡;吸引更多的有识之士来到洪洞,发展投资、实现梦想。

(二)围绕供给改革,做优农业质量,夯实发展支撑力。积极发展现代农业。毫不放松抓好粮食生产,稳定粮食播种面积,继续主攻粮食单产,力争再创新高。积极推进西山以核桃、养殖为主,东山以小杂粮、延秋蔬菜为主,平川以蔬菜、中药材、现代园区为主的特色农业板块建设。以大槐树、历山、天泽三个园区为基础,鼓励发展以采摘体验、农耕文化、观光旅游为主题的现代农业园区。扶持壮大养殖业规模,全力抓好古原盛牧肉牛繁育、佳慧肉牛有机肥和合丰农牧肉牛养殖项目。狠抓农产品标准化生产、品牌创建、安全监管,切实提高我县农产品质量安全水平。深化农村各项改革。加强农村集体“三资”管理,全面完成土地承包合同的签订完善工作。加快农村土地流转,促进土地向专业大户、农民专业合作社、家庭农场集中。积极

推进农村集体产权制度、集体林权配套制度、水权制度、小型水利工程产权和农业水价等方面改革。全力推进脱贫攻坚。深入实施光伏扶贫、产业扶贫、保险扶贫和教育扶贫，深入推进干部驻村精准帮扶，落实各项社会保障政策，加强贫困村基础设施建设，强化脱贫攻坚评估考核。完成两个贫困村的摘帽及全县4000名贫困人口的脱贫，为实现全面脱贫奠定坚实基础。

（三）围绕转型升级，做强新型工业，强化发展牵引力。一是改造提升传统产业。加快煤矿标准化、现代化建设，年内洪崖、亿隆两座煤矿实现投产；加强与国有控股公司的对接沟通，力争更多的煤矿尽早恢复生产。加快传统企业与新技术、新工艺相互嫁接，促进煤基产业绿色、清洁、高效、循环发展，打造精细煤焦产业。年内要加快实施山焦60万吨烯烃、100万吨甲醇和焦炉干熄焦项目，太化重苯加氢项目达到试车条件，三维乙烯中试项目竣工投产。二是培育壮大新兴产业。重点发展现代煤化工、现代装备制造、新能源、新材料、新医药、节能环保等六大领域。华翔JDH项目完成厂房、管网建设，积极推进华翔集团与珠海凌达、沈阳中航等公司合作的汽车、空调零部件加工项目；加快实施西山能源公司矿山采掘设备再制造和正和机械锁胚项目。新能源方面，沃特玛电池项目年内投产，积极做好沃特玛10+1项目落地工作；国新能源液化调峰储备集散中心和绿如蓝电动助力车项目年内竣工。三是做实做强开发区建设。以甘亭、赵城、秦壁三个工业园区为载体，建立专业化、市场化、国际化的管理运行机制。甘亭工业园区精心布局装备制造业、新材料、新能源、节能环保等战略性新兴产业，逐步扩大园区规模。赵城工业园区和秦壁工业园区合并打造省级开发区。四是推进大众创业、万众创新。加大县内企业创新扶持力度，认真落实各项政策措施，促进企业完成技术改造，实现提档升级。同时，加强人才培养力度。

（四）围绕文旅融合，做活第三产业，催生发展推动力。全力开发文化旅游业。积极推进旅游景区景点体制机制改革，引进一批战略合作者，培育一批经营主体，包装一批旅游项目；创新旅游景区管理，成立旅游发展委员会，组建文化旅游产业集团；加快大槐树、广胜寺景区拓展提质开发步伐，做强寻根祭祖、古建宗教旅游品牌。加大景区建设力度，年内大槐树景区力争创5A成功，广胜寺抢救性文物保护、明代县衙修复提升工程全面竣工。抓好旅游公路建设。大力发展生态游、商务游、休闲游、乡村游、养生游等新业态。积极繁荣现代服务业。大力发展以金融、保险、租赁、中介等为重点的现代服务业。推进现代物流业加速发展，鸿泰新能源60万吨物流中转库竣工投产。积极发展金融中介、电子商务、养老度假、咨询服务等业态，形成种类齐全、功能完备、品质优良的现代服务业格局。

（五）围绕城乡统筹，做靓城市形象，增强发展承载力。加大河西新区开发力度。按照“沿汾崛起、两翼齐飞”的总体布局，以“一河两岸”滨河城市为目标，科学制定河西新区发展规划，积极推进交通、教育、医疗等城市基础设施配套完善，逐步引导餐饮、休闲、娱乐、体验等产业集聚。河西新区主干道年内通车；积极促成农副产品交易中心项目顺利落地，着力做好河西新区完全中学、医养结合中医院的前期工作。加速老城区改造步伐。稳妥推进城市棚户区和城中村改造，涧河南岸景观道路年内竣工通车，加快推进县城供水改扩建和城区人防工程。不断扩大城市集中供热、供气覆盖面，力争城区范围年内实现全覆盖。分步实施涧河生态修复治理，打造“三水环城、以水活城”的现代特色城市。加快美丽宜居乡村建设。启动以“晋南印象、幸福小镇”为主题的甘亭天泽国家级特色小镇创建工作。深入推进改善农村人居环境工程，全面优化农村生产生活条件，启动国家卫生乡镇创建活动。持之以恒地把乡村环境卫生作为环保基础性工作抓紧抓好，扎实开展环境卫生百日综合整治活动；探索建立市场化的农村垃圾收运处理模式，加快平川乡镇垃圾中转站建设步伐，妥善处理农村垃圾问题，杜绝农村“脏、乱、差”现象，把古槐大地装扮得更加美丽，使国家卫生县城这张名片更加响亮、更具“含金量”。

（六）围绕以人为本，做实民生工程，凝聚发展向心力。一要出重拳强化生态治理。对全县所有工业企业实施深度治理、提档升级、防尘抑尘等措施，对“小散乱污”企业分类实行关停、整合、转产等措施，实现企业排放“达标化”。对全县所有行政事业单位、营业性燃煤锅炉和重点区域实施清洁能源改造，实现“清洁化”。今明两年重点抓好大槐树、甘亭、曲亭、淹底、龙马、辛村六个乡镇和霍侯一级路、大运二级路、高速、高铁沿线镇村的清洁能源置换工作。加大源头治理力度，从煤炭生产、运输、销售等环节入手，禁止劣质煤焦流入市场，实现劣质煤焦治理“源头化”。强化水土污染防治，分步实施舞阳河、团柏河、洪三涧河污染治理。持续推进节能减排和生态建设，认真实施国家节能减排财政政策综合示范项目。加强汾河生态精细化管理，扎实做好汾河国家级湿地公园的建设工作。大力开展造林绿化，全年造林933公顷。二要均等化发展公共服务。加大教育投入力度，重点做好国家义务教育发展基本均衡县创建工作，确保顺利通过评估验收；持续推进建名校、创名师、树名校长、育名学生“四名”工程；加强学校基础设施建设，完成职业中学实训楼建设；完成新英学校教学楼和惠源学校建设；强化教育队伍管理，完善教师补充机制，不断提高教育教学质量。持续深化医药卫生体制改革，完善分级诊疗制度，提升医疗服务水平。加大公益文化事业扶持力度，深化文化市场综合执法改革，加强文物、非物质文化遗产保护；巩固“全国武术之乡”创建成果，大力推进武术“六进”工作；广泛开展文化下乡、送戏下乡等惠民活动，满足人民群众精神文化需求。健全食品安全风险监测体系，做好创建“省级食品安全县”工作。三要广覆盖完善社保体系。积极落实城乡居民医保制度并轨政策，不断扩大城乡居民社会保障覆盖面；健全社会救助体系，加大在最低生活保障、特困人员供养、社会救助等方面的帮扶力度，兜住兜牢困难群众民生底线。加快保障性住房建设和供应，全面完成农村危房改造任务和采煤沉陷区搬迁治理。全面落实就业创业扶持政策，全年新增城镇就业岗位4600个，失业人员再就业860人，城镇登记失业率控制在4.2%以内。四要强举措筑牢安全防线。严格落实各部门、各企业的监管责任和主体责任。坚持“四不两直”突查和“双随机”检查方式，深入开展隐患排查治理，全面加强各行业、各领域的安全生产工作，确保全县安全生产形势持续稳定好转。始终保持打非治违高压态势，依法从严打击各类非法盗采资源行为。不断完善信访工作机制，保障群众合理诉求。加强应急管理，提高公共安全和防灾减灾能力，妥善处理各类突发事件。深入推进社会治安防控体系建设，确保社会和谐稳定。五要举全力办好五件惠民实事。

唯有奋勇前进，方能不负重托。让我们在中共洪洞县委的坚强领导下，在县人大、县政协的监督支持下，紧紧团结和依靠全县人民，对标一流、凝心聚力、攻坚克难，不忘初心、奋力前进、再创佳绩，为实现“保优夺魁”目标而努力奋斗！

# 打好打赢“四场硬仗”，全面建成小康社会

安泽县县长　**牛庆国**

2016年，面对持续下行的经济压力，在县委的坚强领导下，在县人大、县政协的监督支持下，我们坚持“稳中求进”总基调，主动适应经济发展新常态，统筹推进“稳增长、促改革、调结构、惠民生”各项工作，经济社会发展实现稳中向好、稳中有进，各项事业都取得了全面进步。

2017年是实施“十三五”规划的第二年，是推动供给侧结构性改革的深化之年，我们一定要全力以赴做好今年的各项工作。

## 一、2017年政府工作的总体要求

深入学习贯彻习近平总书记系列重要讲话精神，统筹推进“五位一体”总体布局和“四个全面”战略布局，认真贯彻落实中央、省、市经济工作会议精神，按照县委“1142”工作思路和要求，坚持新发展理念，坚持稳中求进总基调，打好打赢“国卫创建、脱贫摘帽、产业转型、城建提质”四场硬仗，全力促进经济稳步向好、民生不断改善、社会和谐稳定，为安泽全面振兴、绿色崛起奠定坚实基础，以优异成绩迎接党的十九大胜利召开。

## 二、2017年经济社会发展的主要目标

地区生产总值增长5.5%；规模以上工业增加值增长3.5%；一般公共预算收入完成3亿元，与上年持平；社会消费品零售总额增长7%；城镇居民人均可支配收入增长6%，农村居民人均可支配收入增长6.5%。

## 三、重点做好以下七方面工作

（一）全力保持经济平稳健康发展。强化经济运行调度。加强对重点企业、重要因素、重点项目、重点产品、企业开工等方面的监测调度，及时协调解决经济运行中的存在的突出问题；继续落实好省市减负措施，帮助企业降低成本；扎实开展“助保贷”业务，设立中小企业发展基金，发挥中小企业融资担保平台作用，积极组织召开银企洽谈会，多渠道解决企业融资问题；深入开展“干部入企服务”活动，加强对煤、电、油、运、资金等生产要素的协调配置，保障企业正常运转；支持煤炭、焦化等上下游企业开展多种形式的联合协作，增强企业抵御市场风险的能力。扩大精准有效投资。做好项目储备库的动态调整和充实，最大限度地向上争项目、争政策，争取上级资金支持。全力实施28项重点项目

建设，加快推进项目落地建设，为重点项目提供“一站式”服务，加速项目审批。探索实施招商引资2.0模式。积极参加国家、省、市重大招商活动，承接与发达地区的产业转移。研究出台《招商引资优惠办法》，打造安泽投资洼地，精准引进大项目、好项目。

（二）加快产业转型升级。一是狠抓传统产业改造。扎实推进煤矿质量标准化建设，确保全县3座地方监管煤矿全部达到一级标准化，全部达到现代化标准。积极推进煤转电、煤转化、煤转材，鼓励发展“互联网＋煤炭”等新业态，推进煤炭资源充分开发、循环利用、提质升级。积极推进永鑫、太岳焦化企业向“以化为主”转变，切实延伸煤炭产业链条，提升产品附加值；重点推进永鑫1000吨/年甲醇制丙烯分子筛催化剂项目建设，加速形成新的增长点。二是狠抓新兴产业培育。加快推进煤层气抽采综合利用项目前期工作，力争取得实质性进展；大力发展新能源产业，加快河北建投风力发电项目、中电投300兆瓦太阳能光伏发电等大工业项目前期工作，力争尽快落地建设。加快建设唐城精细煤化工业园区和府城现代生物医药产业园区，带动全县经济转型升级。科学编制“一区两园”总体发展规划，将经济社会发展规划、城乡建设规划、土地利用规划、产业发展规划、环境保护规划合并为“一本规划、一张蓝图”。启动府城现代生物医药产业园建设，推进“九通一平”基础设施建设。全面打好“安泽连翘”金字招牌，力争引进广州香雪制药、四川太极中药材、山东宏济堂等药企入驻安泽，把“自古连翘出安泽”变为“最好的连翘在安泽”。三是狠抓服务业规模扩张。加快推进旅游体制机制改革，探索建立与“精品旅游县”战略相适应的旅游行政管理体制，重点做好“连翘、红叶、荀子”三篇文章，力争6月底前完成荀子文化园、红叶岭景区体制改革任务；加快全域旅游开发，积极发展QQ农场、林间木屋、水上游乐和农家乐等多种形式的休闲观光农业。要将马壁乡马壁村打造成以休闲旅游为特色的市级示范村，将府城镇小黄村打造成以休闲观光农业为特色的省级示范村。跟进配套旅游线路的基础设施建设，实现与省市旅游路线的深度融合。加快发展电商物流业，大力扶持“农芯乐”“乐村淘”等电商平台建设，逐步扩大电商覆盖面；依托中南铁路客运站，加快周边仓储物流中心建设。同时，推进商贸、餐饮等传统服务业，信息、中介等生产性服务业和家政、文娱等生活服务业加快发展，提升服务业水平。

（三）扎实做好“三农”工作。一是优化农产品供给结构。在稳定有机玉米种植的前提下，大力发展优势特色产业。扩大野生连翘抚育基地建设规模，引进推广野生连翘“果树化”管理，加快设施蔬菜、露地蔬菜、高效畜牧、道地中药材等集中连片、特色鲜明、带动力强的优势农业示范园区建设，全力打造绿色、有机、健康食品供应地。在稳定牛、羊、鸡养殖量的基础上，加强与大象集团的对接合作，带动全县生猪养殖业加快发展。积极推进农业标准化和品牌化创建工作，完成3个农产品的品牌认证。大力发展新产业新业态，推进农业生产与加工流通和休闲旅游深度融合，加快创建市级以上标准的“农家乐”和采摘园。规范农民专业合作社管理，增强专业合作社的引领带动作用，努力建设1个省级专业合作社和3个市级专业合作社。二是坚决打赢脱贫攻坚战。确保到年底全县贫困人口全部脱贫，40个贫困村全部摘帽，贫困发生率控制在2%以内。突出抓好“十大扶贫任务”：申报建设10个贫困村村级光伏电站，帮助1000户贫困户建设分布式光伏电站，支持贫困村增加集体经济收入；推广落实油用牡丹种植666公顷；大力推广“旅游＋扶贫”模式，积极打造省级休闲农业与乡村旅游示范点，带动农民稳定就业，带动建档立卡贫困人口200人直接就业；完成易地扶贫搬迁1489人，其中建档立卡1183人，同步搬迁人口306人；用足用活“富民贷”“强农贷”“惠企兴农贷”“光伏贷”、人民银行扶贫再贷款、农发行政策性扶贫贷款，完善小额信贷到户扶贫措施，通过贴息帮扶支农再贷款，探索解决贫困户担保难、贷款难、贷款成本高的问题；加快推进农村电商网店服务建设，大力扶持已建成的100多个电商村级服务站，逐步扩大电商扶贫覆盖面；大力发展造林专业合作社，最大限度吸纳贫困劳动力参与造林管护、水土流失治理等工程建设，增加他们的收入；继续实施“雨露计划”，全面落实中职中技、普通本科院校贫困生补助和“五类困难家庭学生”资助、住宿费全免、住宿生交通补助等十项“免补”政策，对识别出的879名适龄对象全面开展“一对一”结对精准帮扶，确保不让一个贫困家庭学生因贫失学；抓好医疗扶贫“绿色通道”“一站式”综合服务平台建设，突出做好国家基本卫生公共服务，妇幼卫生健康服务，重大传染病、地方病、慢性病防治等工作，有效遏制和减少“因病致贫、因病返贫”；按照“两包三到”要求，扎实做好精准帮扶联动工作，切实提高群众满意度和获得感。三是全面深化农村改革。落实农村承包土地集体所有权、农户承包权、土地经营权“三权分置”政策。全面完成农村土地承包合同的签订完善工作。建立完善县、乡、村三级农村土地流转网络服务平台和土地流转服务仲裁体系。加强农村集体“三资”管理力度，切实做好规范化建设工作。加快推进国有林场、水权制度、小型水利工程产权和农业水价等改革工作。不断健全农业保险制度。

（四）统筹城乡一体发展。一是全力冲刺国卫创建。全力冲刺创卫“八大工程”，突出抓好大气环境、水体质量、城乡清洁、生态治理、交通秩序“五大提升工程”，全面整治垃圾乱倒、私搭乱建、乱贴乱画、乱停乱放等突出问题，提升城乡环境质量；要对县城集中供热、农贸市场建设、污水管网改造等群众密切关注的重点工程进行集中攻坚，确保如期达标见效。大力开展健康教育工程。统筹做好传染病防治、病媒生物防制、食品安全、公共场所卫生等各项工作，确保全部达标。加快推进府城、冀氏、马壁三个乡镇创卫工作，加快垃圾中转、污水处理、农村改厕等基础设施建设，改善农村生产生活条件。二是全力提升城市品位。加快各项基础设施规划编制工作，不断夯实城建提质的规划基础。新建8千米的县城北外环公路，新建孔村大桥，加快长临高速连接线建设，逐步完善道路网络，拉大城市框架。启动实施府后街、迎宾馆两侧棚户区改造工程。规划建设农贸市场。全力推进义唐河县城段治理工程。继续推进经济适用房和廉租房建设。深入推进城市管理综合执法，切实解决“脏、乱、堵”等突出问题。三是全力建设美丽乡村。继续实施基础设施提质、农民安居、环境整治、宜居示范“四大工程”，致力打造一批家园美、田园美、生态美、生活美的美丽乡村。规划启动红叶岭、黄花岭、青松岭、上党关、杜村至马壁等五条旅游公路和沁河健身骑行步道，努力创建1个市级示范村和1个省级示范村。

（五）狠抓生态文明建设。严守生态红线。加强环保责任制考核，严格落实环保“一票否决”制度；严把环境准入关，从源头上遏制和减少污染；加强环保宣传，扎实开展“六·五”世界环境日、环保宣传“六进”等活动。推进铁腕治污。建立和强化联防联控机制，狠抓环保问题整治和环境监管力度，确保沁河水质全年稳定在Ⅲ类标准以上，全县集中式饮用水源地水质达标率始终保持在100%；以高压的态势铁腕治污，突出抓牢永鑫、太岳脱硫脱硝提标改造，确保按期保质完成；重点加大燃煤污染、机动车污染、扬尘污染、露天烧烤污染等问题的专项整治工作，确保我县环境质量持续改善。筑牢生态屏障。狠抓造林绿化，积极推进森林公园提标升级，大力实施国家级森林公园和国家级湿地公园创建工作。以太行山绿化工程为支撑，加快通道绿化、沁河百公里防护绿化、重要水源地造林绿化和退耕还林等工程建设。加强多部门联合执法，重点打击破坏生态的违法行为，全力守护好我县的自然生态。

（六）全力保障安全稳定。一是全面压实安全责任。不断完善党政同责“四级五覆盖”，压实各级各部门监管责任。进一步强化企业的主体责任，切实做到安全责任、管理、投入、培训和应急救援“五到位”。二是深入整治安全隐患。坚持“四不两直”突查和“双随机”检查方式，全面开展安全生产大检查和隐患大排查大整治，切实抓好煤矿、危险化学品、森林防火、道路交通、油气管道、地质灾害、建筑施工、人员密集场所等重点行业领域的安全监管，及时消除事故隐患。对重大隐患实行挂牌督办，限期整改。围绕标准化建设，不断夯实安全生产基础。加大安全生产考核权重，严格落实“一票否决”，确保全县安全生产形势持续稳定好转。三是全力维护社会稳定。扎实做好社会防控体系建设，扎实推进“三级中心、一网一格”社会服务管理体系建设，有效化解社会矛盾纠纷。继续深化“平安安泽”“法治安泽”建设，深入开展“七五”普法，加强社会管理综合治理，严厉打击各类违法犯罪活动，切实强化应急管理，促进社会和谐稳定。

（七）持续推进民生改善。一要优先发展教育事业。着力构建布局合理、全面覆盖的学前教育公共服务体系，加快完成和川中心幼儿园等建设工程，基本实现乡镇公立幼儿园全覆盖；大力推进普通高中教育标准化建设，实现办学条件基本达标；以就业需求为方向，实施职业教育产教融合。二要切实加强卫计事业。启动县中医院与北京阜外医院心血管介入合作诊疗中心建设项目，建立县级公立医院远程会诊系统，完善县乡医院结对帮扶机制，建立健全以县级医院为龙头、乡镇卫生院和村卫生室为基础的三级医疗卫生服务网络。持续深入地开展爱国卫生运动，促进人民群众身心健康。三要大力发展文化事业。持续加强精神文明建设，大力弘扬社会主义核心价值观，倡导文明新风尚。全力实施文化惠民工程，持续开展好群众性文化活动，丰富全县群众的精神文化生活。四要全面加强社会保障。强化职业教育和职业培训，提升劳动者就业创业和职业转换能力，做好农村劳动力转移、城镇失业人员再就业工作。进一步健全社会救助体系，稳步提高各项补助标准。推动机关事业单位养老保险制度改革入轨运行，实现城乡居民基本医保制度并轨。

展望新征程，肩负新使命，让我们在县委的坚强领导下，在县人大、县政协和社会各界的监督支持下，锐意进取、开拓创新，只争朝夕、狠抓落实，为加快安泽全面振兴、绿色崛起而不懈努力，以实际行动和优异成绩迎接党的十九大胜利召开！

# 加快建设富裕襄汾、文化襄汾、法治襄汾、绿色襄汾

襄汾县县长　乔飞鸿

2016年，面对错综复杂的形势和艰巨繁重的任务，我们在县委的坚强领导下，在县人大、县政协的监督支持下，全面落实党的十八大和十八届三中、四中、五中、六中全会精神，深入贯彻习近平总书记系列重要讲话精神，全力克服各种困难挑战，推动全县经济社会稳步发展，奋力实现了"十三五"良好开局。

2017年是实施"十三五"规划承上启下的重要一年，也是襄汾经济走出发展困局的攻坚之年。做好今年的工作，任务艰巨、意义重大。

## 一、2017年政府工作的总体要求

深入贯彻习近平总书记系列重要讲话精神和治国理政新理念新思想新战略，统筹推进"五位一体"总体布局和"四个全面"战略布局，坚持新发展理念，坚持稳中求进工作总基调，坚持深化供给侧结构性改革和转型综改试验区建设，坚持全面从严治党，按照省委"一个指引、两手硬"重大要求、市委"345"发展战略、县委"一二三四"发展思路，全力促进经济稳步向好、社会和谐稳定，为着力构建富裕襄汾、文化襄汾、法治襄汾、绿色襄汾，全面建成小康社会奠定更加坚实的基础，以优异成绩迎接党的十九大胜利召开。

## 二、2017年县域经济社会发展主要预期目标

地区生产总值增长5.5%左右；工业增加值增长4%；社会消费品零售总额增长8.8%；城镇居民人均可支配收入增长6%；农村居民人均可支配收入增长7%；一般公共预算收入完成3.77亿元，略高于去年水平；固定资产投资根据新统计口径设置。各项约束性指标完成省市下达任务。

## 三、具体要扎实做好以下九方面工作

（一）大力发展现代农业。一是创新农业经营模式。落实农村土地所有权、承包权、经营权分置机制，完成农村土地承包经营权确权登记颁证。二是拓宽农产品销售渠道。大力发展"互联网＋农业"，鼓励和支持"乐村淘""晋邮惠民""十方泽"等电商平台。三是壮大农业龙头企业。重点加快尧京葡萄酒庄建设和品牌认证。支持老关家肘子、维天百味豆制品扩大规模，跻身市级龙头企业行列。推广"企业＋银行＋农户"模式，加快碧云天全价值链饲料生产和养殖项目建设，建成两个年存栏万头生猪育肥基地。高标准建设大象集团百万头生猪养殖产业化项目，提高畜产品就地转化率。四是做大中药材产业。重点抓好山西泽宇沃冠中药材＋乡村旅游项目建设。建立良种繁育体系，改进加工技术，打造市场放心的高品质中药材品牌。加大流通投入，稳定市场份额，提高产品美誉度，真正把中药材产业做成富民强县的支柱产业。

（二）大力推进工业转型。一是提升传统产业。支持星原集团实施400万吨钢铁升级项目，完成光大焦化干熄焦配套发电和工业废水深度处理项目。鼓励引导钢铁、焦化企业以环保约束倒逼提标改造。整合提升我县铸造产业，通过兼并重组、产权合作、托管经营等方式，积极推进现有的34家铸造企业、65万吨铸造产能，改进生产工艺，完善环保设施，实现行业整体升级。二是培育新兴产业。新能源方面，抓好中电投300兆瓦风电和振发能源20兆瓦光伏发电项目落地建设；推进浦新生物质发电二期工程，加快建设万园新绿日产1万立方生物天然气、年产1.5万吨有机肥项目。新型建材方面，实施华基混凝土利用建筑垃圾、尾矿渣发展新型建材项目，加快晋鑫昌热工设备项目建设。新材料方面，建设上海映智3万吨抛光液等项目，扩大现有产能，实现规模发展。轻工产业方面，推进沃莱姆300万支咖啡壶生产线项目，力争年内投产。三是创优外部环境。全面落实企业减负政策措施，降低企业生产成本。积极搭建"政银企"合作平台，提高金融服务实体经济水平。深入实施民营企业品牌发展战略、"小升规"成长工程和"小巨人"企业培育工程，帮助浦新生物质发电项目直接入规，兴盛混凝土、华达纸业、山佳阀门3家企业完成"小升规"。全面引深"干部入企服务"活动。

（三）大力实施文化旅游开发。一是突出规划引

领。高起点制定全县文化旅游改革发展实施意见和全域旅游发展规划。二是深化体制改革。成立县文化旅游发展委员会。实现旅游景区管理公司化、专业化、市场化,增强景区景点发展活力。三是加快陶寺开发。博物馆方面,做好建筑主体设计、陈展设计与施工招标,完成前期准备工作。国家考古遗址公园方面,编制完成遗址公园规划等七种材料,启动陶寺遗址出土文物展示长廊建设,建设陶寺遗址综合展示中心,形成“冲沟—展示中心—观象台—宫殿区—城墙剖面—博物馆”的游览线路。旅游公路方面,年底前建成大运高速口至陶寺遗址、临汾主城区至陶寺遗址两条旅游公路,力争启动108国道改线工程。四是创新发展模式。引进战略合作伙伴,启动丁村、汾城两个旅游景区建设。加大宣传推介力度,实施文化走出去战略。五是发展全域旅游。加快发展“旅游+休闲农业”“旅游+健康养老”“旅游+特色餐饮”等旅游新业态,规划建设2～3条乡村休闲游精品线路,带动全域旅游发展。

(四)大力推进城乡建设。一是提升县城承载能力。按照“河东做减法”的思路,坚持“只拆不建”的原则,着力疏解人口。年内完成百货库等棚户区改造工作。按照“河西做加法”的思路,实施集中供热管网改造工程,启动光大河西热源厂建设,实施豁都峪城区段综合治理工程,加快河西新医院、县城第四小学建设,形成路网微循环,完善城市功能,增强人口吸纳能力。全年努力消化商品房库存2000套。二是推进滨河新区开发。按照“滨河建新区”的思路,以打造开发区的配套生活服务区为定位,全面布局生活性服务业,建设住宅区,打造新城镇。在霍侯路沿线布局工业企业和生产性服务业。在临襄线以东大力实施生态建设。着力推进晋润冷链物流、福寿康养老、宜居风情小镇、燕村荷花园等项目建设。三是加强城市管理工作。扎实开展县城违法建设专项治理行动,严查非法违法建设行为;疏通河东河西道路,使东西城区更加融合,努力解决脏、乱、差、堵等城市病。四是统筹做好村镇建设。推进农村危房改造、传统村落保护、特色小城镇建设、绿色村庄创建等工作。完成陶寺、丁村、西中黄三个国家级传统村落保护项目。加快乡镇卫生填埋场、垃圾中转站等治理项目建设。深入开展环境卫生百日综合整治,年内启动3个国家级卫生乡镇申报工作,完成1个省级、2个市级和15个县级美丽宜居示范村创建任务。

(五)大力创设开发区。按照“一区三园”、板块打造、多元发展的模式,规划建设总面积65.25平方千米的经济技术开发区,重点建设河东高新产业示范园、河西精细煤化工产业园、星原传统优势产业提质园,打造发展“特区”,形成投资“洼地”。河东高新产业示范园着力打造三大板块:一是高端装备制造业板块。以万鑫达、新金山、众泰、新兴、山佳等企业为主体,大力发展冶金配件、工程机械、汽车零部件、精细煤化工,走高端化、规模化发展路子。二是现代物流+双创孵化板块。以霍侯路为主线,以晋润农产品冷链物流、旭坤医药仓储物流、南同蒲铁路沿线发运站台及壹度创客空间、十方泽产业园为主体,发展电子商务、食品加工、医药物流等新兴产业,推动大众创业、万众创新,打造以“互联网+”为特色的双创孵化和现代物流基地。三是文化创意+幸福产业板块。以滨河东路为主线,加快建设唐人居、忠华瑞、鼎集红木等晋作家具为主的文化创意产业园,实现晋作家具、砖雕、木雕、石雕、青铜器等非物质文化遗产产业化;以荷花园、尧京葡萄、福寿康养老、宜居风情小镇为主体,大力发展特色现代农业及养老服务、健康休闲产业,打造临汾“一城三区”现代服务业集聚地。河西精细煤化工产业园,以原河西煤化工园区为基础,依托乡宁煤田,重点加快与陕西黑猫集团、阳煤丰喜集团等大型企业对接,承接煤炭精细加工、高附加值煤化工等项目,构建煤焦化、煤气化两条产业链,形成煤基多联产精细化工产业基地。星原传统优势产业提质园,以原星原循环经济园区为基础,加快实施星原集团400万吨钢铁升级项目,推动传统产业信息化改造,进一步节约和高效利用资源,再造传统产业新优势。到2020年,开发区地区生产总值达到112亿元,工业总产值达到300亿元,就业人数超过2.5万人。

(六)大力推进生态环境治理。一是层层落实责任。把责任分解落实到县乡村企各个层面,建立“大环保”工作格局,做到环境保护事事有人问、处处有人管、时时有人查。二是严控工业污染。全面整治“小散乱污”企业。提档升级全县所有钢铁、焦化、建材、铸造及其他涉气工业企业的环保设施,执行更加严格的排放标准。强化燃煤项目源头控制,严格耗煤行业准入,严控煤炭消费总量。三是整治煤烟污染。深入推广农村燃煤清洁替代。对县城范围内的燃煤锅炉淘汰“清零”,全县范围内的营业性燃煤锅炉,全部实行煤改电、煤改气改造,不能完成替代的一律强制取缔。积极探索空气能热源泵、地源热泵供暖,有效减少燃煤污染。四是防治面源污染。强化建筑工地扬尘治理,强化道路交通扬尘治理,强化臭氧污染防治和挥发性有机物减排,强化餐饮油烟治理,强化露天烧烤和露天堆场整治,强化机动车污染防治。年底前实现公交纯电动化、出租车燃料清洁化。五是治理水土污染。全面推行“河长制”,开展重点河流生态环境综合整治,确保跨界断面主要污染物浓度明显下降。加强水源地规范化建设,全县集中式饮用水源地水质达标率稳定在100%。

开展农村环境综合治理、畜禽养殖污染治理和焦化废水深度治理，加快生活污水处理设施建设运行。完成全县重点行业土壤污染调查，推进污染场地环境风险评估和污染土地修复治理试点工作，进一步提升土壤生态功能。六是加大执法力度。严格落实“新环保法”，组织实施“环保风暴”系列联合执法行动，集中查处一批超标排放典型案件，判决一批环境违法犯罪案件，形成震慑警示作用。七是强化节能减排。扎实开展六大高耗能行业能效对标活动，有效控制钢铁、建材、化工等重点行业碳排放。加大公共机构节能，推广绿色建筑。推动煤矸石、粉煤灰、尾矿渣等大宗工业固废综合利用。八是推进生态建设。加快退耕还林建设进度，实施滨河东路、陶寺旅游公路两侧通道绿化，促进生态环境质量改善。

（七）大力抓好安全生产工作。一是强化责任落实。压实各级政府领导责任和部门监管责任。严格落实企业主体责任，切实做到安全责任、管理、投入、培训和应急救援“五到位”。二是抓好安全监管。扎实抓好非煤矿山、道路交通、危化品、烟花爆竹、消防、人员密集场所、特种设备等重点行业和领域的安全生产工作。严格执行企业安全生产国家强制标准，全面推行企业安全标准化建设。发挥好安全生产重点部位、重点行业电子监测监控作用，不断提高安全生产防范水平。三是夯实基础工作。狠抓基层监管执法队伍建设，不断提升监管执法专业水平。大力推广先进、适用、可靠的现代化控制技术和安全防护设备，从根本上改善安全生产条件。督促企业严格执行行业规程标准，采用新设施、新设备，提高安全生产水平。四是排查治理隐患。持续引深“安全隐患风险大排查大整治专项行动”。推进依法治安，持续开展“反三违”和重点行业领域安全生产专项整治，实施重大隐患挂牌督办限期整改，对非法生产经营建设行为坚决打击。按照“四不放过”的原则，严肃事故责任追究，坚决实行目标考核“一票否决”。五是健全工作机制。进一步完善应急机制，加强应急演练，落实救援队伍、物资、装备等应急资源，有效提高应急处突能力。

（八）大力开展招商引资。积极参与全省“东融南承西联北拓”战略，转变招商理念，注重选商引资，改进招商引资体制和考核机制，扩大经济外向度，全年完成项目签约150亿元、外来到位资金45亿元。

（九）大力保障改善民生。一是实施精准脱贫工作。发展特色产业扶贫，对种植中药材的建档立卡贫困户给予补贴；加快光伏扶贫，实施景毛乡新城庄光伏电站项目建设，再安排100座户用光伏电站；推进就业创业扶贫，抓好农村贫困劳动力技能培训；实施教育扶贫，落实“雨露计划”，对全县符合条件的学生实施精准帮扶；实施健康扶贫，对建档立卡的贫困户，县财政全额补助新农合参保个人缴费部分，购买大病医疗补充保险和意外伤害保险，并实行住院先诊疗后付费服务。全年实现稳定脱贫2000人。二是促进教育协调发展。推进义务教育均衡发展，全面改善义务教育薄弱学校办学条件。调整县城初中学校布局，整体提升办学水平。做好普通高中标准化建设，促进职业成人教育快速发展，提高特殊教育普及水平。加强师资队伍建设，深入开展“三优”活动，发挥助学助教基金作用，确保教育教学质量稳步提升。三是提升全民健康水平。做好国家级卫生县城创建工作。巩固完善县级公立医院综合改革，加快建立符合医疗卫生行业特点的薪酬制度。着力构建分级诊疗制度，以基层首诊为导向，提升基层医疗卫生机构服务能力。加大食品药品监管力度，确保群众饮食用药安全。完成中医院新院区建设。抓好县医院河西新医院建设。四是实现充分就业创业。深入实施就业优先战略和更加积极的就业政策，全年完成城镇新增就业5000人、创业就业1000人、转移农村劳动力5000人，城镇登记失业率控制在3.5%以内。五是强化社会保障水平。认真做好低保、救助和优抚等工作。扩大五大保险覆盖面，确保全县参保人数稳定在44万人以上。加强社保基金征缴管理，确保4亿元社保基金安全运行。六是提高文化普惠水平。加大非物质文化遗产保护项目的挖掘开发和宣传推广，开展“强健体魄、阳光生活”全民健身活动。倡导全民阅读，建设书香社会。七是提高社会治理水平。做好社会矛盾调处化解。下大力气做好信访稳定工作。落实社会治安综合治理网格化管理，扎实开展反恐维稳、打黑除恶等专项行动，营造和谐稳定的社会环境。

让我们在县委的坚强领导下，在县人大、县政协和社会各界的监督支持下，撸起袖子加油干，扑下身子抓落实，为决胜全面小康，建设富裕襄汾、文化襄汾、法治襄汾、绿色襄汾努力奋斗，以优异成绩迎接党的十九大胜利召开。

# 坚定信心,知难而进
# 决胜全面小康,实现振兴崛起

古县县长　刘舒华

2016 年,我们在县委的坚强领导下,在县人大、县政协的监督支持下,坚持以"四件大事"为引领,以百项工程为抓手,紧紧依靠全县干部群众,攻坚克难、开拓进取,经济运行稳中向好,发展动能不断增强,全面建成小康社会取得新的进展。

2017 年是实施"十三五"规划的重要一年,是推进供给侧结构性改革的深化之年,也是我县走出经济困难局面、实现振兴崛起的攻坚之年。做好今年的各项工作,意义重大,影响深远。

**一、2017 年政府工作的总体要求**

深入贯彻习近平总书记系列重要讲话精神和治国理政新理念新思想新战略,统筹推进"五位一体"总体布局,协调推进"四个全面"战略布局,认真落实省委"一个指引、两手硬"的重大思路和要求,按照市委、市政府"345"发展战略和"12345"工作思路,围绕"四件大事"和百项工程,坚持新发展理念,坚持稳中求进工作总基调,坚持以脱贫攻坚统揽经济社会发展全局,持续深化改革创新,全力办好民生实事,不断加强自身建设,为决胜全面小康、实现振兴崛起奠定坚实基础,以优异成绩迎接党的十九大胜利召开。

**二、2017 年县域经济社会发展主要预期目标**

地区生产总值增长 5.5%;规模以上工业增加值增长 3%;社会消费品零售总额增长 7%;一般公共预算收入完成 2.1 亿元,与上年持平;城镇居民人均可支配收入增长 6%;农村居民人均可支配收入增长 6.5%。固定资产投资完成市定任务。

**三、重点抓好以下六项工作**

(一)深入推进"三去一降一补",增强经济发展内生动力。坚定去产能。重点抓好煤炭行业去产能,坚持淘汰落后产能与发展先进产能相结合,提高先进产能占比,有效释放先进产能,促进煤炭市场供需关系继续改善。努力去库存。加大棚户区改造和城中村改造货币化安置力度,促进库存商品房改造为安置住房;完善住房保障和供应体系,还原住房居住属性;支持企业搞好产销衔接,降低工业产成品库存。稳步去杠杆。稳妥推进企业债务重组,支持企业市场化、法治化债转股;加强企业自身债务杠杆约束。规范政府举债行为。多措降成本。落实减税降费政策,引导企业向内挖潜增效。着力补短板。加大公共服务、基础设施、生态环保、防灾减灾等领域补短板力度。重中之重是全力办好脱贫攻坚这件大事,深入实施省精准扶贫八大工程 20 个专项行动、市精准扶贫十大工程。推进易地扶贫搬迁,年内实施搬迁 1480 人;推进特色产业扶贫,实施"一村一品一主体",继续发展核桃产业,鼓励贫困户发展家庭畜禽养殖,发展特色小杂粮、中药材;推进光伏扶贫,加快实施 23 个村级光伏电站建设;推进电商扶贫,年内建设 20 个村级服务站;抓好农村贫困劳动力技能培训;出台"五位一体"金融扶贫办法,鼓励金融机构投入脱贫攻坚;健全脱贫攻坚责任制,发挥好包村干部、驻村工作队、第一书记"三支队伍"的作用,确保 13 个贫困村摘帽、5580 口人脱贫。

(二)深入推进农业供给侧结构性改革,加快培育农业农村发展新动能。一是优化农业产业化经营。大力发展核桃、小杂粮、中药材、种养殖等特色优势产业,拓展农业产业链价值链。助推种业型、加工型、流通型、服务型农业企业转型升级。创新农村集体经济合作组织,培育多种形式的农业经营性服务组织。推进化肥农药零增长行动,开展有机肥替代化肥试点,促进农业节本增效。实施农产品质量安全综合检验检测站改造项目,把严农产品质量关。打造特色农产品品牌,探索药食同源产品开发,把小品牌和地方土特产做成带动农民增收的大产业。二是强化农业基础支撑。严守耕地红线,推动藏粮于地、藏粮于技战略加快落实。做好基本农田划定工作,稳定粮食作物种植面积。实施南垣乡集雨节水工程、15 平方千米小流域水土保持综合治理工程。实施三水合一水源及双管网改造。做好农民购置农业机械补贴工作。加快农业科技创新，完善农技推广服务体系。三是深化农村产权制度改革。加快推进农村承包地确权登记颁证。实行农村土地集体所有权、农户承包权、土地经营权“三权分置”。加强农民合作社规范化建设，积极发展生产、供销、信用“三位一体”综合合作。推进集体林权、水权水务、小型水利工程产权、农业综合水价和国有林场、供销合作社等领域改革。

(三)深入推进新旧动能接续转换，做大做强实体经济。一是改造提升传统产业。抓好安吉欣源、泓翔、登福康3座煤矿的联合试运转，推进金谷、东瑞等矿井改扩建步伐。抓好利达焦化1亿标方液化天然气、90蒸吨干熄焦等项目建设，推进正泰煤气化120万吨6米顶装焦炉技改项目前期，力争早日开工建设。二是积极培育新兴产业。跟进新疆众和铝产业开发、安吉至大南坪高铝黏土项目前期，推进古鑫30万吨低品位矿综合利用项目建设。加快华润新能源19兆瓦风电项目建设步伐，年内光之源公司10兆瓦分布式光伏发电二期工程实现并网发电。推动河北建投低风力发电等新能源项目落地。鼓励顺杰耐材公司不定型耐火材料精深发展，积极开拓对外市场。三是深入推进开发区改革创新。依托涧河工业园区，认真做好开发区申报工作，逐步理顺管理体制、运行机制，营造转型生态，培育后发优势。

(四)深入推进旅游体制机制改革，带动第三产业蓬勃发展。加快推进改革步伐。理顺管理体制，成立文化旅游发展委员会；理顺经营机制，全面提升经营管理水平，不断拓展旅游市场，加快产业发展步伐。全域开发旅游资源。全面整合我县文化旅游资源；大力实施“五个一批”，以谷雨时节赏牡丹、寒露时节登霍山等理念和思路，积极探索二十四节气旅游节庆活动；办好第十届牡丹文化旅游节，推进伴森缘度假村康养中心项目，支持石壁村、三合村、热留村发展乡村休闲旅游产业。大力发展现代服务业。主动适应消费升级趋势，鼓励发展金融、保险、租赁、中介、信息、咨询、快递、会展、大数据运用、云技术运用等产业，围绕能源矿产品、特色农副产品，推进现代物流业发展，支持发展养老、健康、家政等幸福产业。

(五)深入推进安全环保工作，打牢经济社会发展硬基础。坚定不移狠抓安全生产。坚持“党政同责、一岗双责、企业(单位)主责、失职追责”，坚决做到“三个必须”“三个同步”，实现“三个成果”，确保安全生产事事有人抓、处处有人管、件件落实处。坚持不懈推进铁腕治污。严治环境污染，全面开展控硫治污攻坚行动，实施散煤综合管理，严格整治燃煤锅炉，全县所有行政事业单位和营业性锅炉、茶浴炉全部实施“煤改电”“煤改气”和脱硫除尘等清洁能源设施替换改造；深度治理工业企业污染，完成13家企业环保设施改造；强化扬尘治理，完成老旧车淘汰任务；划定畜禽养殖禁养区，大力整治面源污染；建立重污染天气预警应急响应和联动机制，有效防治雾霾天气；推进水土防治，加强水源地管护，全面推行“河长制”。加强环境监管，严格落实环境保护责任，深化环境监管网格化管理。加大环境整治力度，依法严惩各类环境违法违规行为，取缔“小散乱污”企业，削减工业排放量。提升环保基础，继续推进涧河工业园区生态移民搬迁，实施城市污水处理厂技术改造、二期扩容和主管网维修工程。积极推进省级低碳示范县试点工作，鼓励发展新能源交通。加快生态建设，推进造林绿化。深入实施涧河河道治理及生态修复工程。加大工矿废弃地复垦利用力度。严厉打击非法侵占破坏林地行为，开展林业生态修复。推进土地、矿产集约节约高效利用。

(六)深入推进“三项创建”活动，优化经济发展软环境。一是“迎考”全国县级文明城市创建。全面提升城市功能。启动城市集中供热二期工程，推进城市燃气管网更新改造和天然气置换工程，新建城市供水应急水源1处，实施有线数字电视双向网络延伸工程，实施保障性住房建设工程，实施涧河北路、岳阳路、小河街、教育街提质改造工程。全面改善城市环境。巩固国家卫生县城、国家园林县城创建成果，实施城市绿化工程，启动县城中心区综合商住楼及广场、停车场建设项目，新建城市生活垃圾处理场，落实文明交通行动计划。二是夯实全国卫生乡镇全覆盖。大力实施“完善提质、农民安居、环境整治、宜居示范”四大工程，巩固石壁乡国家卫生乡镇创建成果，做好北平镇国家卫生乡镇复审工作，抓好古阳、旧县、永乐、南垣4个乡镇创建工作。完善提质方面，加强城市配电网建设，实施新一轮农村电网改造升级工程；建好、管好、护好、运营好农村公路；实施农村饮水安全巩固提升工程。农民安居方面，完成北平、古阳、岳阳3个乡镇581户2107口人采煤沉陷区治理搬迁安置，实施农村危房改造和地质灾害治理搬迁。环境整治方面，完成1000座农村无害化卫生厕所改造，开展岳阳、旧县、南垣3个乡镇垃圾中转站建设前期。宜居示范方面，培育与社会主义核心价值观相契合、与社会主义新农村建设相适应的优良家风、文明乡风和新乡贤文化，全力创建美丽宜居示范村。三是启动健康城市和健康村镇创建。优化健康服务。继续深化医药卫生体制改革，推进“医疗一体化”；抓好医疗卫生人才队伍建设；为全县城乡孕妇免费提供产前筛查和诊断服务，为农村妇女免费开展“宫颈癌”筛查。完善健康保障。推进分级诊疗、现代医院管理、全民医保、药品供应保障、综合监管等5项基本医药卫生制度建设;实施疾控中心实验室改扩建工程,补充公共卫生应急物资储备;实行妇幼保健院药品零差价补贴;启动新建中医院前期工作;加强重大疾病防控。建设健康环境。持续深入开展爱国卫生运动;实施食品药品监管标准化建设工程,严防严管严控食品安全风险;发展健康产业。普及健康生活。

(七)深入推进各项社会事业,不断增进人民群众福祉。一要着力推进交通建设。继续办好“修路打通瓶颈”这件大事。加快长临高速连接线建设进度。做好省道323线拓宽改造、牡丹景区至大槐树景区旅游公路前期工作。继续跟进黎霍高速建设项目,积极协调服务国省项目建设。实施第安线改造工程。年内完成古大线、北凌线道路建设。加大公路养护力度,进一步改善群众出行条件。二要优先发展教育事业。大力实施学前教育奠基、巩固义务教育均衡、普通高中教育提升、职业教育接轨、“三优”培养选拔等五大工程。实施城北幼儿园建设工程。优化教育资源配置,继续采取绿色通道招聘高中教师,加强乡村教师队伍建设,缩小城乡教育差距。三要大力加强文化建设。健全县乡村公共文化服务设施。整合各类农村文化建设资金,提高使用效益。促进全民阅读,推进全民健身。实施优秀传统文化传承工程、乡村文化记忆工程和“文明守望”工程。加大非物质文化遗产的挖掘和传承。四要全面加强社会保障。推行“阳光仲裁”,构建和谐劳资关系。加快完善社会保障体系,落实城乡居民基本医保制度,加强社保基金监督管理。做好社会救助家庭经济状况核对和城乡低保对象信息比对工作,建立严格统一的数据信息管理制度。启动古县中心敬老院建设项目。扎实做好残疾人、丧失劳动力等困难群众帮扶救助工作。五要维护社会和谐稳定。严格落实信访工作责任制和重点案件领导包案制。加快实施平安智慧城市建设。保持“打黑除恶”高压态势,严厉打击各类违法犯罪行为。充分利用社会服务管理三级平台,推进“平安古县”建设。积极推进应急处置信息共享机制,妥善处理各类突发事件。推进“七五”普法,开展“法律六进”和“示范五建”活动。加快社会信用体系建设。扎实推进“阳光司法”。构筑县乡村三级公共法律服务平台,完善人民调解、行政调解、司法调解衔接机制,推动社会管理方式创新。

蓝图已经绘就,逐梦唯有笃行。让我们紧密团结在以习近平同志为核心的党中央周围,在市委、市政府和县委的坚强领导下,坚定信心、知难而进,为实现振兴崛起,决胜全面小康不懈努力,以优异成绩迎接党的十九大胜利召开!

# 加快建设绿色、开放、秀美、富裕新浮山

浮山县县长　**廉海平**

2016年,在市委、市政府和县委的坚强领导下,在县人大、县政协的监督支持下,县政府深入贯彻党的十八大和十八届三中、四中、五中、六中全会以及习近平总书记系列重要讲话精神,认真落实省、市决策部署,适应经济发展新常态,统筹推动稳增长、促改革、调结构、惠民生、防风险各项工作,砥砺奋进,开拓创新,经济社会保持了稳中向好的发展态势。

2017年是实施“十三五”规划的关键一年,是供给侧结构性改革的深化之年。做好今年的经济工作,保持经济企稳回升、量质并举的良好势头,具有十分重要的意义。

**一、2017年经济工作的总体思路**

深入贯彻习近平总书记系列重要讲话精神和治国理政新理念新思想新战略,统筹落实“五位一体”总体布局和“四个全面”战略布局,按照省委“一个指引、两手硬”重大思路和要求、市委“345”发展战略,围绕县十三次党代会确立的加快建设临汾后花园战略定位和建设绿色开放秀美富裕新浮山的奋斗目标,坚持稳中求进工作总基调,落实全面从严治党新要求,以“331”目标任务为主线和抓手,提高政治站位,推进产业发展、基础建设、生态环境、脱贫攻坚、民生改善和党的建设“六大提升”,弘扬担当精神,全力促进经济稳步向好、社会和谐稳定,以优异成绩迎接党的十九大胜利召开。

**二、2017年全县经济社会发展的主要预期目标**

地区生产总值增长5.5%，规模以上工业增加值增长3%，社会消费品零售总额增长7%，一般公共预算收入达到9000万元，城镇居民人均可支配收入增长6%，农村居民人均可支配收入增长6.5%。约束性指标不折不扣完成市定任务。

**三、重点完成好"1234"工作任务**

（一）突出"一号工程"，奋战脱贫攻坚。全力以赴推进脱贫攻坚，确保全年44个村，1700户、5000口人实现脱贫。一是着力解决深度贫困户的脱贫问题。对达不到脱贫收入标准的深度贫困户，免费安装5千瓦的分布式光伏电站，帮助他们实现稳定收入。同时，进一步建立完善深度贫困户动态识别机制，让所有深度贫困户及时得到帮扶。二是着力解决贫困户的住房安全问题。完成2058口人的移民搬迁任务，加紧完善规划、选址、用地等各项前期手续，确保3月底动工建设，年底前全部搬进新房。三是着力解决贫困村的基础设施建设问题。对全县78个贫困村的各类基础设施进行统筹规划、分步完善，逐步改善贫困村的基本生产生活条件。四是着力解决贫困村的产业发展问题。谋划实施一批产业扶贫项目，重点进行粮改饲，鼓励发展养殖业、蔬菜种植。充分发挥农民专业合作社的管理、引导、服务作用，采取自主经营、合作经营、委托经营的办法，让更多贫困户参与其中，做到村村有产业，户户有项目，脱贫有保障。五是着力解决金融扶贫政策落地问题。搭建"政银企"对接平台，推进扶贫小额信贷。积极发展政策性保险，面向各类新型经营主体和贫困户，普及覆盖特色农业产业链的组合型农业保险产品。六是着力解决扶贫政策与贫困户的对接问题。对国家、省、市出台的各项优惠政策进行全面梳理、精准掌握，在帮扶工作中精准对接，实现应助尽助全覆盖。把造林绿化、流域治理等工程优先安排给扶贫攻坚造林专业合作社和农建专业队，保证更多贫困户参与工程建设，获取劳务收入。加大农村贫困劳动力就业培训力度，实现更多贫困户转移就业。

（二）筑牢两道防线，夯实发展基础。一是切实抓好安全稳定。在严格执法上做文章，狠抓安全检查、督促整改、闭环管理，强力推进安全执法监督再上新台阶。在科技治安上下功夫，加快推进安全生产综合监管信息平台建设，开展安全技术改造和工艺设备更新，不断加大安全科技支撑力度。在落实企业主责上见成效，加大企业安全投入，推进安全生产标准化建设，切实做到责任、管理、投入、培训和应急救援"五到位"。在社会治理上求突破，创新完善立体化的社会治安防控体系，强化应急管理，实施城市交通电子监控工程，深入开展"七五"普法，扎实推进"平安浮山""法治浮山"建设，确保社会和谐稳定。二是深入开展环境治理。以铁的理念完善工作机制。积极探索环境污染"大治理"模式，继续健全重污染天气预警应急响应机制，推进环境治理工作制度化、规范化、常态化，坚决打好蓝天保卫战。以铁的担当落实环保责任。构建"定责、履责、问责"的环保网格化监管体系，形成共防、共治、共享的工作格局。以铁的手段强化治污措施。实施"煤改电""煤改气"等清洁能源替换改造；对煤炭销售点进行严肃整顿，彻底取缔劣质煤和高硫煤销售；加大对供热公司、垃圾处理厂、污水处理厂等重点企业的监管力度，确保达标排放；积极倡导绿色出行，加快完善配套设施。以铁的心肠加强环保执法。保持密集执法和常态化夜查的高压态势，依法采取重处重罚措施，有效震慑恶意环境违法行为。同时，进一步强化生态治理，实施圣王山生态综合开发项目，进一步推进采煤沉陷区治理，完成70户的搬迁安置任务。

（三）抓好三项建设，培育发展动能。一是抓好重点项目建设。重点实施临浮一级路、臣南河生态综合治理工程、新建浮山中学3件大事，实施好30个重点项目，办好10件惠民实事。抓招商促落地。继续强化招商引资，激发民间资本活力，内商外商一起招，引进一批大项目、好项目；把握国家政策导向和投资重点，最大限度向上争项目、争资金；不断创新融资模式，保障建设资金，力促项目落地。定责任保进度。采取整合资源、倒排工期、挂图作业、定期考核等措施，确保重点项目按时投产达效。重服务优环境。简化前置审批手续、优化审批流程、完善保障措施，切实提高服务水平，为项目建设提供优质服务和良好环境。二是抓好经济开发区建设。新建涉及天坛、北王两个乡镇、10个行政村的浮山经济开发区，初步规划为"一区三园"。加快组建园区管委会，快速启动相关工作。开展规划编制工作。将浮山经济开发区打造成农产品加工、新型材料、商贸物流、现代煤化工、装备制造等特色产业和新兴产业聚集区。三是抓好民营经济建设。做好企业帮扶。落实市"22条"帮扶措施，引深"百名干部"入企服务活动，开展银企对接，设立中小微企业发展资金和服务体系专项资金，申报省级中小微企业发展基金项目1个、市级项目3个，争取资金100万元。强化人才培养。做好科技型领军人才、创新型技术人才和技能型实用人才培训，增强民营企业科技研发和创新能力。抓好提质升规。争取两家企业列入全省"专精特新"企业名单；支持汉中洋食品饮料公司申报山西名牌产品和省级技术中心；新增规模以上工业企业1家，培育规上储备企业3家；新增限额以上商贸企业两家。

（四）推进四项工作，聚力全面小康。一是加快产业转型。大力发展现代农业。培育优势产业，新发展西红柿、黄瓜、豆角等绿色环保的大田蔬菜200公顷，加快打造临汾放心“菜篮子”。杂粮产业方面，突出抓好谷子、杂豆两个重点作物，推广绿色增产技术，建设杂粮标准化生产示范基地，不断巩固小杂粮和薯类种植面积。中药材产业方面，发展以连翘为主的规范化药材生产基地，推进林下中药材和药用经济林建设。生态农业方面，继续抓好“印象田园”生态农业示范区建设，进一步完善园区各项基础设施，打造绿色品牌，拓宽营销渠道，提高经济效益。壮大龙头企业，新建神农公司年产5000吨西红柿蘑菇酱生产线，年底前建成投产振强有机醋生态示范基地项目，对古桓牧业生猪标准化养殖基地进行改扩建。推进农村改革，全面完成农村土地承包经营确权登记颁证工作的合同签订任务，建立全县农村土地确权数据库；健全农业保险制度，提高农业抗风险能力；加快农村土地流转。积极发展新型工业。提升传统产业，持续加大办证力度，确保新领回采矿许可证的铁矿企业达到3家以上，有采矿证的达到22家以上；再有4家企业进入建设项目安全设施“三同时”并开工基建；1家企业新办回安全生产许可证，实现正常生产，全县70%的铁矿企业复工复产。矿山冶金企业实施技术升级和扩能改造，不断提高产品质量和层次；支持中强福山煤业实施综采技术改造，支持鸿丰达铸业公司改进技术工艺。发展新兴产业，加快尾矿资源综合利用“双百工程”示范基地县建设。提速发展文化旅游。文化产业彰显特色，实施弟子规道德文化推广工程，建设弟子规文化产业园；实施饮食文化推介工程，梳理浮山特色饮食名目，借助现代传媒，推出浮山饮食主打品牌，建设浮山饮食文化一条街，推动浮山剪纸产业规模化发展。旅游产业打造精品，把尧山森林公园纳入尧庙、尧陵等尧文化旅游线路，促进尧文化与旅游业深度融合、互动发展；“印象田园”生态休闲旅游区继续完善基础设施，打造景观节点，提升服务能力；修缮寨圪塔八路军总部旧址，完善相关设施，建成爱国主义教育基地和党性教育基地，推动红色文化旅游快速发展；臣南河水系生态景观区完善景区道路、水利设施和生态绿化；依托乡村旅游开发，建设各具特色、自然淳朴、景色宜人的农家庭院，打造集生态观光、休闲娱乐、民俗体验为一体的生态旅游新龙头。二是强化基础提升。在交通设施建设上，临浮一级路加快实现开工建设；丞相河大桥建设工程年底前完成桥墩基础施工；3条旅游公路全部建成投用；县城—寨圪塔旅游公路项目年底前完成路基建设。在水利设施建设上，引沁入汾浮山供水工程一期工程全部完成；臣南河水库工程完成大坝主体建设。在电力设施建设上，对涉及77个自然村的57个低压台区、27个机井及线路进行改造，切实解决乡村线路设备老旧、供电半径长、低电压等问题。在通信设施建设上，新建4G基站21套，全县城区和乡镇政府所在地4G信号覆盖率达到100%，全县3G信号覆盖人口达到90%；解决24个贫困村的宽带接入，实现行政村宽带网络全覆盖。在供气工程建设上，西气东输浮山段改线工程力争3月底完工；协调推进西气东输浮山分输站及配套门站、加气站前期手续办理，加快建设进度，尽早完工投用。三是推进国卫创建。以市政建设为基点，实施天坛路东扩、尧山路提质和城北路、西环路改造等街巷改造工程；续建210套经适房，新建200套公租房；实施财神巷片区棚户区改造工程。以环境整治为载体，进一步完善环卫保洁长效机制，实现城区垃圾“不落地”；认真开展病媒防治工作，彻底消除卫生死角；合理规划市场摊点布局；加强机动车辆管理；加大违章建筑整治力度；继续推进农村人居环境改善“四大工程”，重点推进5个美丽乡村建设。以健康教育为核心，加强健康教育组织领导、机构网络和教育阵地建设；开展学校、医院、控烟协会等行业健康教育；狠抓群众习惯养成和窗口单位建设，建立健全长效机制，确保创建活动常态化、制度化、规范化。四是促进民生改善。进一步提高教育水平。加强教育教学管理，强化校长和教师队伍建设，继续开展“三优”争创活动，切实提高教育教学质量；东张中心幼儿园、3个教师周转宿舍项目年内建成投用；完成浮山第二幼儿园主体建设；启动新建浮山中学项目。进一步提高医疗卫生水平。继续推行县、乡、村三级公办医疗机构基本药物全覆盖，提升基本公共卫生服务均等化水平；不断加强食品药品监管力度，扎实开展专项整治；新建槐埝乡卫生院业务用房和周转宿舍。进一步提高就业水平。抓好农村转移劳动力特别是贫困劳动力、城镇失业人员、退役军人等重点群体的就业工作；进一步加强职业培训，提高培训质量，促进稳定就业；打造优良的创业环境，激发大众创业、万众创新的潜能，实现创业带动就业的倍增效应。进一步提高社会保障水平。持续加强社会保障，健全社会救助体系，推动机关事业单位养老保险制度改革入轨运行；推动县就业和社会保障服务中心及9个乡镇服务站全面投入使用；继续加大劳动监察执法力度，认真落实工资保障金制度，全力保障农民工合法权益。

使命重在担当，实干铸就辉煌。让我们在县委的坚强领导下，在县人大、县政协和社会各界的监督支持下，撸起袖子加油干，扑下身子抓落实，为建设绿色、开放、秀美、富裕新浮山而努力奋斗，以优异成绩迎接党的十九大胜利召开！

# 同心同德，攻坚克难，为加快实现翼城振兴崛起、全面建成小康社会而不懈努力

翼城县县长　高永贤

2016年，在市委、市政府和县委的坚强领导下，在县人大、县政协的监督支持下，我们紧紧围绕"加快实现振兴崛起、全面建成小康社会"奋斗目标，坚持目标导向和问题导向，凝心聚力，苦干实干，实现了全县经济社会平稳发展和"十三五"良好开局。

2017年是实施"十三五"规划的重要一年，是推进供给侧结构性改革的深化之年，也是我县走出经济困难局面的攻坚之年。做好今年的工作，意义重大，影响深远。

**一、2017年政府工作的总体要求**

深入贯彻习近平总书记系列重要讲话精神和治国理政新理念新思想新战略，统筹落实"五位一体"总体布局和"四个全面"战略布局，按照省委"一个指引、两手硬"的重大思路和要求、市委"345"战略和市政府"12345"工作思路以及县第十三次党代会总体部署，紧紧围绕县委十三届四次全会暨经济工作会议确立的"1155"发展战略，坚持稳中求进总基调，全力促进经济稳步向好、社会和谐稳定，为加快实现振兴崛起、全面建成小康社会奠定更加坚实的基础，以优异成绩迎接党的十九大胜利召开。

**二、2017年经济社会发展主要预期目标**

地区生产总值增长5.5%；规模以上工业增加值增长3%；社会消费品零售总额增长7%；公共财政预算收入力争完成2.5亿元，与上年持平；城镇居民人均可支配收入增长6%，农村居民人均可支配收入增长6.5%；居民消费价格涨幅控制在3%左右；城镇登记失业率控制在4.2%以内。固定资产投资指标、节能减排等约束性指标完成市定任务。

**三、重点做好九个方面的工作**

（一）保持经济平稳健康发展。一是狠抓有效投资。全力实施总投资257亿元的139个重点工程项目。打好项目建设攻坚战，确保完成年度目标任务。完善投资项目在线审批监管平台，落实项目用地、用水、用电等要素保障。二是精准服务企业。全面落实减税清费措施，强化困难企业分类帮扶，推动企业转型发展，依法依规淘汰落后产能。加大对实体经济支持力度，帮助企业降低融资成本，为企业发展创造宽松融资环境。推进农信社改制组建农村商业银行，增强服务实体经济的能力。抓好6家挂牌上市后备企业培育工作。三是提振民营经济。扎实开展送政策、送专家、送服务"三送"活动。完善"小升规"培育机制，提升小微企业创业基地服务功能和孵化水平。进一步优化民营经济发展环境，构建"亲""清"新型政商关系。

（二）促进新旧动能接续转换。一是改造提升传统工业。加快释放优势煤炭产能，协调帮助石丘、山凹、晟泰青洼3座煤矿全面投产，推动东沟、上河两座煤矿尽快启动技改工程，全县煤炭产量稳定在300万吨左右，洗选率达到80%以上。成立铸造产业联盟，建立专业人才培训基地，整合资源力量，推动全县铸造业升级崛起。以发展铸造机加工为主攻方向，引进优势产业转移项目，加大融资扶持力度，重点盘活励鑫、华尔等企业闲置厂房，建设福旺、飞翔泰信等企业机加工配套车间，扩大振丰、环球机加工生产规模，力争铸造行业机加工率达到50%以上。全面规范铁矿、选矿厂等非煤业发展。二是培育发展新兴产业。加快舜达锻造项目整合重组，实现8000吨锻造生产线投产运行。扶持中药材产业发展，建设乐林林牧连翘、天亚翅果油深加工项目，着力引进生物制药项目。大力发展铜基新材料产业，推进春雷铜材公司1.2万吨精密铜合金带、5000吨高性能铜带、5000吨新能源汽车专用合金带3个项目按期完工，加快无锡腾达3万吨高铁和电气化铁路专用铜合金棒材项目建设。发展新能源产业，争取运能200兆瓦风力发电项目落地开工。鼓励发展节能环保新型建材，提高煤矸石和工业固体废弃物综合利用率。积极融入省市大数据、云计算、物联网等前沿产业发展布局的大盘子。三是加快提升创新动力。发

挥企业技术创新主体作用，支持企业与高校、科研院所深化合作，开发高技术含量、高附加值的“拳头产品”。建立铜合金新材料技术研发中心。重点培育1家众创空间和1个“星创天地”，与京东公司对接，筹建双创示范基地。完善本土科技人才激励机制，加大招才引智力度。四是做活做优现代服务业。加快发展电子商务，培育壮大本土电商企业，引进阿里巴巴“农村淘宝”项目。推进物流集聚区和配送服务中心建设，促进电商与物流协同发展。积极发展教育、体育、健康、养老等幸福产业。提高棚户区、城中村改造货币化安置率，促进房地产市场稳定健康发展。

（三）扎实做好农业农村工作。一是调整农产品供给结构。推进粮食绿色高产高效创建工作，引导农民适度调减普通籽粒玉米，扩大谷子、豆类等优势小杂粮种植面积，建设“隆化小米”标准化生产基地。做优林果产业，在6个乡镇建设10个优质苹果标准化示范园，打造全省最大的“绿色富硒樱桃园区”，发展融观光、餐饮、科普、科研为一体的综合性功能农业。完成核桃经济林提质增效项目，提升设施农业示范园区建设标准。发展30个以苹果、核桃、中药材为主导产业的“一村一品”专业村。做强畜牧产业，完成永利肉牛养殖、华丰无公害蛋鸡养殖和巨辉康、鑫农、唯丞生猪养殖等新上项目，加快推进里砦继伟合作社农副资源饲料化利用示范项目建设。二是优化农业产业体系。大力发展品牌农业，开展“农产品品牌建设年”活动，加强“三品一标”认证工作，加大营销推介力度，提升翼城农产品市场认可度和竞争力。促进农业龙头企业转型升级，支持农产品加工企业扩大生产规模，延伸产业链条，全年农产品加工销售收入力争实现10亿元。培育新产业新业态，打造“一镇一带一园”三产融合示范区。三是改善农业农村基础条件。加快王庄乡王庄片、殷庄片高标准农田建设，完成水库移民后期扶持项目和4个水库标准化建设项目。抓好农机购置补贴、电动农机推广和农机化示范县建设。加强农业技术推广体系建设，4个基层农技推广站全部投入使用。持续实施“完善提质、农民安居、环境整治、宜居示范”改善农村人居环境四大工程，夯实环卫清扫保洁和生活垃圾收集转运长效管理机制。完成南梁镇、隆化镇美丽乡村连片建设项目，创建1个省级、两个市级、20个县级美丽宜居示范村。四是扎实推进脱贫攻坚。全力实施省定脱贫攻坚八大工程20个专项行动和市定十大扶贫工程。全年完成1500名贫困人口脱贫、6个贫困村摘帽任务。

（四）大力发展文化旅游产业。一是加快旅游体制机制改革。有效整合文化旅游职能，组建翼城县文化旅游发展委员会。完成历山、城内古城、绵山、佛爷山4个景区体制机制改革，加快景区市场化开发运营。高标准编制完成全域旅游规划，按照“旅游+”的思路，整合各类资源要素向全域旅游创建工作倾斜。二是抓好景区景点建设。全力打造历山、城内古城、西闫古镇3个重点景区。举全县之力开展A级景区创建工作，实现3A级景区零突破。扎实推进历史文化名镇、名村和传统村落的保护利用，加强重点文保单位修缮。加快旅游公路建设。三是加大宣传推介力度。突出“唐尧故地、晋国源头”文化品牌建设，加强与周边县市旅游开发合作，积极融入晋文化核心带、太行山水生态旅游带和全省、全市旅游经济圈。加强媒体和网络宣传，办好传统文化、民俗风情、自然观光、参与体验等各类旅游节庆活动，开发推广尧都砂锅、翼城花鼓、传统小吃、土特产等特色旅游商品，丰富配套文化旅游产业元素。

（五）持续推进城乡协调发展。一是完善县城功能。年内完成净水厂项目建设，两年内实现城区集中供热全覆盖。推进县城生活垃圾清扫保洁、收储转运政府购买服务项目，全面提升环卫质量和保洁水平。启动兴华街北段拓宽改造工程和绵山街东段、潞公街建设。实施县城亮化美化绿化改造提升工程，全面推进补植增绿工作。二是统筹城乡建设。推动交通互联互通，完成20条道路安全生命防护工程和4条农村公路建设。大力发展公共交通，做好50辆纯电动公交车运营工作。积极推进县城供水、供气、供热、污水和垃圾处理向周边村镇延伸，提升乡镇驻地中心村基础设施。完善城乡规划编制、基础设施、公共服务、产业布局、制度安排“五个一体化”推进机制。推动小城镇与产业园区、旅游景区、生态建设互动融合发展，积极培育产城融合型、旅游服务型、农业开发型等特色小城镇。三是加强城乡管理。强力推进非法占地违法建设专项治理五年行动，健全网格化管控长效机制。加大交通秩序管理力度，提升县城住宅小区物业管理水平，推进海绵城市建设。全面启动“六城联创”工作，推进里砦、中卫国家级卫生乡镇创建，提升城乡综合承载能力和宜居水平。

（六）坚定不移深化改革开放。一是推进开发区申报设立。启动建设省级翼城经济技术开发区，初步规划为“一区两园”。完善基础设施和功能配套，逐步把开发区打造成新兴产业集聚区、开放型经济承载区和产城融合发展样板区。二是推进重点领域改革。深化投融资体制改革，完善县级投融资平台运作机制，充分争取政策性优惠贷款，加大政府和社会资本合作(PPP)项目实施力度，提升融资担保、资产经营水平。深化“放管服效”改革。落实好“三去一降一补”和转型综改任务。统筹推进财税体制、国资国企、商事制度等各项改革。三是推进开放招商工作。着力创造更优的营商环境，精准务实推进招商引资，积极开展专业招商、以商招商。落实招商引资优惠政策，继续深入开展“引老乡、回故乡、建家乡”活动。四是推进农村综合改革。全面完成农村土地确权工作，加快产权交易市场运营。落实农村土地所有权、承包权、经营权“三权分置”政策，引导农民土地流转。加强农村集体“三资”规范化管理，做好唐兴镇城内村农村集体产权制度改革试点工作。加快推进国有林场、水权制度、小型水利工程产权和农业水价等改革工作。

（七）深入开展环境污染治理。一是严控大气污染。狠抓燃煤污染整治，实施“煤改电”“煤改气”等清洁能源改造。实施工业燃煤锅炉、炉窑、钢铁和其他涉气工业企业深度治理，全面整治“小散乱污”企业，最大程度削减工业排放量。引导推动居民生活采暖清洁化。以扬尘治理、餐饮油烟治理、油气回收治理、秸秆垃圾禁烧和机动车污染防治为重点，综合整治面源污染。二是推进水土防治。做好饮用水水源地规范化建设和饮用水治理。实施县城生活污水处理厂设施提标改造，完善污水收集管网。落实“河长制”管理，确保浍河跨界断面水质稳定达标。编制全县土壤污染防治行动计划和化肥、农药、农膜污染防治规划，完成土壤污染风险管控调查与评估。三是加强环境监管。依法严惩各类环境违法违规行为，推动环保执法与刑事司法联动。同时，抓好生态建设，推进矿山生态环境恢复治理，加强自然保护区监管，启动浍河流域生态治理，大力开展造林绿化，重点完成15个园林村提档升级和80千米通道绿化工程。

（八）切实维护安全稳定大局。全面压实安全责任，严格落实企业主体责任，切实做到安全责任、管理、投入、培训和应急救援“五到位”。深入整治安全隐患，全面开展安全隐患大排查大整治，切实抓好煤矿、非煤矿山、尾矿库、道路交通、危化品、建筑施工、油气管道、人员密集场所、地质灾害、森林防火等重点行业领域安全生产工作，及时消除事故隐患。坚持依法依规治安，健全安全联合执法工作机制，加大安全生产考核权重，确保全县安全生产形势持续稳定好转。全力维护社会稳定，做好矛盾纠纷调处化解工作，深入推进“平安翼城”“法治翼城”建设，健全立体化、信息化治安防控网络，严厉打击恶意逃废金融债务和各类非法金融活动，加强应急救援管理，妥善处理各类突发事件。

（九）倾心尽力保障改善民生。一是着力稳定和扩大就业。扎实开展就业援助专项行动，落实好省政府高校毕业生创业就业“七补一贷”政策，全面做好农村转移劳动力、城镇失业人员、退役军人等群体就业工作。强化职业培训，提升劳动者就业创业和职业转换能力。二是织牢社会保障网。健全社会救助制度，实现动态管理下的应保尽保，兜住困难群众民生底线。抓好社会保险扩面征缴，确保按时足额发放。推动机关事业单位养老保险制度改革入轨运行。在全县建立统一的城乡居民基本医保制度。完成县基层就业和社会保障服务中心项目建设。继续加大各类保障房建设力度。改建5个农村老年人日间照料中心。三是优先发展教育事业。实施“学前教育行动计划”，落实城镇新建住宅小区配套幼儿园政策。巩固义务教育基本均衡成果，促进优质教育资源共享。改善普通高中办学条件，推进翼城中学、翼城二中标准化建设。大力发展职业教育，鼓励民办教育加快发展。四是推进健康翼城建设。健全分级诊疗制度，推进县乡医联体建设，开展“医卫双优下基层活动”。深化公立医院改革，建立县医院预约诊疗服务平台，加快县医院迁建项目建设。为20万城乡居民提供家庭医生签约服务，推进基本公共卫生服务均等化。大力推动中医药创新。健全食品安全风险监测体系，完成综合检测检验中心项目建设。积极稳妥实施全面两孩政策，开展全国计生优质服务县和计划生育群众自治示范县创建工作。五是大力发展文体事业。强化文化引领，深入挖掘县域特色文化内涵，促进非遗保护与开发更好的结合，推动文化创新和文艺精品创作，倡导全民阅读，建设花鼓传承基地。积极开展文化惠民、全民健身活动，完成县档案馆项目建设，启动体育馆、图书馆、文化馆等建设前期工作，逐步夯实文化阵地。

成就事业靠实干，重任千钧唯担当。让我们在县委的坚强领导下，在县人大、县政协和社会各界的监督支持下，撸起袖子加油干，扑下身子抓落实，同心同德，攻坚克难，为加快实现翼城振兴崛起、全面建成小康社会而不懈努力，以优异成绩迎接党的十九大胜利召开！

# 忠诚担当　奋发有为
# 全力谱写开发区创新创业新篇章

侯马开发区管委会主任　**张瑜庆**

2016年宏观形势复杂多变，经济下行压力持续加大。全区上下团结一心，克难攻坚，主动适应经济发展新常态，狠抓经济运行、招商引资、项目建设、安全环保等工作，较好地完成了年初确定的各项目标任务。

2017年开发区面临着新形势新挑战，做好2017年的各项工作，意义十分重大。

**一、2017年开发区工作的指导思想**

深入贯彻落实党的十八大、十八届三中、四中、五中、六中全会精神，以习近平总书记系列重要讲话精神为指导，按照省委"一个指引、两手硬"重大思路和要求，紧紧围绕市委"345"战略和市政府"12345"工作思路，以建设国家级开发区为目标，进一步完善方略保税物流中心、加工贸易梯度转移重点承接地、中国现代物流产业基地和国家电子商务示范基地四个平台，全力扶持智能制造、电子商务、医疗健康、国际会展与国际贸易、现代服务业五大产业，着力在招商引资、项目建设、金融支撑、人才发展、科技创新、创新服务六个方面取得重大突破，切实抓好全面从严治党主体责任、基层党组织建设、党风廉政建设、安全生产、环境保护、社会稳定和改革创新七项保障工作，为把我区建设成为智慧开发区、绿色开发区、活力开发区、清风开发区、幸福开发区而奋斗。

**二、2017年开发区工作的目标任务**

主要经济指标在2016年基础上有较大提高，力争进入全省开发区前列。按7%增幅预计，全区地区生产总值完成56.47亿元，工业总产值完成35.51亿元，固定资产投资完成39.16亿元，公共财政预算收入突破1亿元，进出口总额完成669.92万美元。全面完成市委市政府下达的各项指标。扩区升级取得实质性进展。启动"五规合一"编制工作，加快推动扩区审批，扩区工作年内完成。改革创新工作取得重大突破。"大部制"和"三化三制"改革任务基本完成，人才探索专业化、市场化、国际化运行模式，目标任务考核更加完善，各种要素得到充分利用，各种活力得到持续迸发。

**三、2017年工作重点**

进一步完善四个国家级发展平台，扶持发展五大主导产业，着力推进六大突破，切实做好七项保障工作。

（一）进一步建设完善四大发展平台。一是完善方略保税物流中心平台。首先要充分发挥一系列政策性功能优势，利用政策洼地效应，发展跨境电商、国际贸易、融资租赁等新产业、新业态。其次要充分利用国家整合海关特殊监管区域的利好政策，积极推进保税物流中心升级为综合保税区，为打造内陆自贸区奠定基础。二是完善加工贸易梯度转移重点承接地平台。进一步优化承接产业转移环境，完善企业服务机构设置调整。推进我区传统产业提升、新兴产业发展和产品升级换代，加快实现传统产业新型化和新兴产业规模化。积极承接开发区五大产业的关联配套产业转移，积极承接智能制造、医疗健康等生产性项目入区发展。三是完善中国现代物流产业基地平台。发展电商物流，重点建设电子商务快递物流园，积极推进快递业与电子商务的融合发展；发展口岸物流，培育具备保税仓储、国际采购、国际分销等国际货代业务和国际物流服务支撑企业，大力推动以保税物流为特征的口岸物流建设发展；发展产业物流，大力发展机电产品、农副产品、食品医药、煤焦铁电等产业物流。四是完善国家电子商务示范基地平台。进一步完善电商基地基础设施和公共服务平台建设，构建完整的运营、销售、技术、人才等"生态"服务体系，加快电子商务与实体经济的融合速度，探索"互联网＋"和"大数据"引领下的创新业态，形成开发区独有的电商品牌。

（二）加快扶持发展五大主导产业。按照开发区"五区发展定位"，在现有"三大产业"基础上，加快扶持以互联网大数据工业云平台为依托的智能制造、电子商务、医疗健康、国际会展和国际贸易、现代服务等五大主导产业，以特色小镇建设为载体，引导配套产业集聚，实现集群化发展。智能制造产业方面，力争到2020年，智能制造产业总产值达120亿元，成为全省高端机电制造业集聚区。电子商务产业方面，力争到2020年，电商基地入驻企业达300家以上，年网络交易额达到200亿元，网络零售额不低于10亿元，成为全省电子商务发展高地。医疗健康产业方面，力争到2020年，引进各类“大健康”企业超100家，总产值达50亿元，建成全省“大健康”产业发展的“硅谷”。国际会展和国际贸易产业方面，到2020年，国际贸易总额力争突破100亿元人民币。现代服务产业方面，要依托侯马开发区CBD商务办公环境，按照“政府引导＋市场运作”的模式，推动私募理财、股权基金、互联网金融、新型租赁等新金融业态发展。到2020年，现代服务产业总额力争突破100亿元。

（三）着力推进六大突破。一是在招商引资上实现新突破。2017年，我们要紧紧抓住国家实施中部崛起、“一带一路”和京津冀协同发展战略机遇，创新招商思路，改进工作方式，拓展辐射领域，充分发挥侯马开发区“四个国家级平台”优势，围绕五大产业，深入开展专业化、精准化、定向化招商，积极引进关联度高、辐射力强、带动作用大的优势项目，确保完成全年签约协议投资额100亿元以上，引进各类项目160个，其中工业项目20个，商贸物流项目75个，电子商务项目25个，医疗健康项目25个，总部金融项目5个，外经贸类项目10个。二是在重点项目上实现新突破。2017年，两委决定启动实施“417”重点项目推进工程，即17个重点帮扶企业、17个重点培育税源企业、17个重点新建续建项目和17个重点争取招商项目，各包联领导和责任部门要勇于担当、积极作为，真正把项目抓紧抓好抓实，举全区之力推进重点项目建设再上新台阶。三是在金融支撑上实现新突破。按照“规划先行、政策配套、充实要素”的工作思路，优化金融产业布局，加强金融产业招商力度，全力推进“金融小镇”建设，力争新增税收1000万元以上。四是在人才发展上实现新突破。坚持把加快实施人才强区战略，作为加快开发区发展的核心优势，按照“搭平台、聚产业、引人才、搞服务”的工作思路，全力抓好人才工作。五是在科技创新上实现新突破。建立科技成果转化新模式，推进产学研深度融合；强化企业创新主体培育；积极打造“双创”示范区。六是在创新服务上实现新突破。完善公共服务平台，做到面对面零距离服务；创新服务企业举措，实行门诊把脉诊疗服务；强化服务企业意识，树立服务企业形象；严格服务企业考评，加强服务考核问效。

（四）切实做好七项保障工作。一要切实履行全面从严治党的主体责任。二要切实加强基层党组织建设。三要切实加强党风廉政建设。四要持之以恒抓紧安全生产。不断强化安全生产红线意识，严格落实“党政同责、一岗双责、尽职履责、失职追责”的要求，明确领导责任、监管责任，确保企业安全责任、管理、投入、培训和应急救援“五到位”。全面压实责任，深入落实隐患整治工作，坚持“四不两直”和“双随机”检查方式，突出重点领域和关键部位，全面加强对重点行业安全生产隐患的排查整治，坚决杜绝重特大事故发生。五要下大力气抓好环保工作。扎实开展“铁腕治污”“春季行动”“冬病夏治行动”“百日会战行动”“冬季攻坚行动”等专项治理活动，实施最严格的环保制度，严守生态红线，严控企业排放，切实解决存在的突出问题，打赢环保工作这场攻坚战。六要扎实做好社会稳定、综合治理和应急处置工作。建立畅通、规范、有序的群众诉求表达渠道，努力将矛盾纠纷化解在萌芽状态，坚决杜绝引发群体性上访和越级上访事件。创新完善立体化社会治安防控体系，继续推进“网格化”管理，持续开展好打黑除恶、消防安全整治专项行动。强化应急管理，协调完善各类应急预案，妥善处理各类突发事件，确保社会和谐稳定。七要切实加强改革力度。全区上下要进一步统一思想，做到上下齐心协力转观念，党政集中精力抓改革。

2017年侯马开发区已进入扩区升级、改革创新发展的关键时期，面临全新竞争态势，我们要有时不我待、只争朝夕的紧迫感，敢于担当、奋发有为的责任感，以踏石留印、抓铁有痕的劲头抓落实，各项事业才能取得新突破，迈上新台阶。让我们团结一致、振奋精神、攻坚克难，加快建设智慧、绿色、活力、清风、幸福开发区，以优异成绩迎接党的十九大胜利召开！

# 主动作为，开拓创新，加快建设幸福盐湖

运城市盐湖区区长　李　哲

2016年是"十三五"规划的开局之年，也是盐湖承上启下、继往开来之年。区政府紧紧围绕区委制定的"一个建成、两个翻番、六个实现"的宏伟目标，坚定信心，迎难而上，主动作为，开拓创新，奋力推进全区经济社会平稳健康发展。

2017年是实施"十三五"规划的重要一年。做好今年的工作，意义重大，影响深远。

**一、2017年政府工作的总体要求**

深入学习贯彻习近平总书记系列重要讲话精神和治国理政新理念新思想新战略，坚持稳中求进工作总基调，紧紧围绕"三市一中心"的战略目标，以深化供给侧结构性改革和转型综改试点为动力，按照"三圈经济""四大融合"总体发展布局，以实施现代服务业、实体经济、全域旅游三大推进计划为抓手，全力打造区域功能性中心城市，加快提升城市首位度，促进经济稳步向好、民生不断改善、社会和谐稳定，主动谋事，务实干事，真诚共事，勇于成事，为建设幸福盐湖奠定更加坚实的基础，以优异成绩迎接党的十九大胜利召开。

**二、2017年经济社会发展主要预期目标**

地区生产总值增长6.5%，规模以上工业增加值增长4%，固定资产投资增长目标根据新的统计口径研究设置，区本级一般公共预算收入下降5%左右，社会消费品零售总额增长7%，城乡居民人均可支配收入分别增长7%和8%。约束性指标确保全面完成省、市下达的目标任务。

**三、政府重点工作任务**

（一）狠抓提质增效，力推特色发展，深入推进农业供给侧结构性改革。一要加快农业产业布局调整。在稳定粮食种植面积和总产量的基础上，大力发展功能性农业、城市供给型农业。在中部涑水河沿线，以优质水果和设施蔬菜为主，重点打造万亩休闲观光农业带；在南山沿线，以皂荚、泉水莲菜为主，重点打造万亩生态经济林带；在北山峨嵋岭，以优质核桃、高效双季槐为主，重点打造万亩高效经济林带，逐步形成主导产业突出、区域布局合理、产品品质优良、产业效益明显的新型农业结构。二要实施农业提质增效工程。推进标准化管理，打响品牌，实现由数量规模型向质量效益型转变。重点推进"十大农业标准示范园"建设。在西张耿村建设休闲观光农业示范园，在孙余村建设酥梨标准化示范园，在王南村建设红香酥梨标准化示范园，在石碑庄建设日光温室冬枣示范园，在乔家庄村建设晋汾白猪新品种培育示范园，在四十里岗建设甜柿高接改优示范园，在王范乡建设设施葡萄示范园和甜瓜示范园，在北贾村建设千亩冬枣提质增效示范园，在西姚村建设皂荚创新示范园。继续实施区域地标品牌战略，推进"三品一标"认证，打造国家级出口酥梨质量安全示范区。三要推动农村一二三产融合发展。深度挖掘农业的多种功能，大力发展休闲农业、农村电子商务、乡村旅游等新业态。实施农产品精深加工，加大双季槐、皂荚、玫瑰等特色农产品的开发力度，推进阜民公司"中央厨房"、凯盛集团现代循环农业等项目建设。丰富乡村旅游业态和产品，打造乡村旅游精品线路。引导设计创意、包装印刷等企业和农产品生产、加工、销售企业深度融合，提高农产品附加值，提升市场占有率。四要强化农业基础支撑。在3个乡镇实施省级耕地开发基金项目，在三个村建设高标准农田600公顷。完成孙坞站北扩二期北相段、峨嵋分干二期上郭段3千米管道铺设工程。在解州镇常平村、蚕坊村等5个村实施美丽乡村连片建设项目。全年培训新型职业农民1200名。推广普及农机新模具、新技术，农业机械化综合水平达到77%以上。加快光纤到村建设，实现农村4G网络全覆盖。五要深化农村综合改革。积极稳妥推进农村土地制度改革。推进第三次全国农业普查。完成永久性基本农田划定、农村集体建设用地及宅基地确权登记数据入库工作。加强农村产权交易服务市场建设，不断完善区、乡、村三级服务体系。积极推进农村承包土地经营权抵押贷款试点工作，进一步拓宽农村融资渠道。探索农村土地所有权、承包权、经营权"三

权分置”。培育50家示范合作社、10家示范家庭农场。

（二）培育优势产业，鼓励科技创新，强力推动工业经济实现新跨越。一要支持传统产业转型升级。以“三个一百”为抓手，推进干部入企服务常态化。用好省、市工业技改专项资金，引导水泵、风机、锅巴等优势传统产业，加快技术改造，推动产品升级换代。加大中小企业扶持力度，完成小升规4家。帮扶困难企业破解用地、融资、人才等问题，建立风险化解协商机制。淘汰退出“僵尸企业”，兼并重组，分类处置，盘活土地、厂房、设备等闲置资产。二要推动新兴产业发展壮大。重点发展电子信息、人工智能、生物医药、新型材料、装备制造等战略性新兴产业。支持寰烁科技、宏安翔科技、国强高科等高新技术企业，加大技术研发和转化力度，提升核心竞争力；扶持石药银湖、亚宝药业等生物医药企业，扩大销售半径，提高市场控制力；鼓励引导佳宇丰水性漆、龙飞有色等新型材料企业，加强与大连理工、格力集团等科研院所、知名企业深度合作，借力发展壮大。帮助飞宇建材、浩腾科技申报山西省著名商标，博鸣木业申报国家驰名商标。持续推进“大众创业、万众创新”，加快星河广场、盐湖工业园等创业孵化基地发展，争创“全省中小微企业创业创新基地示范县”。倡导企业工匠文化，培育“盐湖智造”的品牌企业。三要加快科技创新步伐。支持企业在核心技术、工艺流程、升级改造上实现突破。力争新增5家高新技术企业、建成10家企业技术中心。以“互联网＋”促进产业转型升级，提供高端供给，促进消费需求，形成新的经济增长点。依托寰烁科技、中兴大数据，加快推动两化融合，着力发展智能制造、网络化协同、个性化定制等新模式和新业态，推动相关产业价值链向高端延伸。

（三）发挥区位优势，完善功能配套，促进现代服务业提速提质。一要促进商贸业提档升级。加快东星向上广场建设，支持恒隆商场、黄河世纪广场等商业综合体做大做强做优。完善便民商业网络。提升酒店业、餐饮业经营管理水平，大力发展地方特色餐饮。二要推动物流业加快发展。促进现代物流业快速发展，加快黄河金三角铁路物流中心、晋善晋美农产品批发市场、顺丰冷链物流等项目规划建设。策划包装现代仓储物流园区，加快项目落地。构建公共信息平台，整合小物流、小运输等企业，实现集群发展。三要积极培育新型服务业态。支持电子信息、设计创意、外包服务、金融保险、咨询策划、技能培训等生产性服务业发展。打造连接全国、连通乡村的电子商务平台。加快文化产业发展，为群众提供丰富多彩的精神产品。利用我区优质的教育资源和丰富的医疗资源，大力发展教育培训和医疗健康产业。

（四）全面整合资源，多元融合联动，努力打造全域旅游新格局。一要龙头景区带动。按照“山水田园，朝圣古镇”和“一核两翼三线”的定位布局，打造5A级关公文化主题公园；挖掘舜帝德孝文化内涵，提升德孝公园基础设施和管理服务水平，完成管理权、经营权“两权分离”改革，实行企业化管理、市场化运作。二要不同模式推动。开展农业生态观光游、农耕文化体验游、民俗休闲度假游、户外体育观赏游、文化遗产研学游，加快形成全域旅游格局。三要多元融合联动。实施“旅游＋”战略，开发具有地域特色鲜明、市场前景广阔的旅游主打产品；精准推介营销，加大招商引资，提升第三产业比重，做到结构跟着旅游调；加强市场监管，开通智慧旅游服务，建设综合交通网络，调整区域布局规划，做到功能跟着旅游配。推动文化与旅游深度融合，增强区域旅游产业实力，开辟群众增收的新渠道。

（五）抓好园区建设，发挥要素功能，积极培育经济增长新动能。一要提升产业平台。以工业园和文化产业园合并申报高新科技园区为契机，抓好产业平台的整合、改制、扩区、调规，积极推进“三化三制”，打造高新技术产业投资洼地。要做好各产业平台道路、绿化、照明、排水等基础设施建设，积极引进金融服务、创意策划、评估咨询等机构进驻园区。二要加快项目建设。确定省区市重点项目23项，年度计划投资35.8亿元。加快推进运城黄河金三角铁路物流中心、袁家村·运城印象、中兴大数据园区、天瑞集团关帝圣像二期等新开工项目，城北供热、气化盐湖、华电风电二期、石药银湖舒血宁等在建项目力争早日投产达效。三要强化招商引资。围绕城市建设、文化创意、健康教育、科创服务、旅游餐饮、电子商务等6个重点产业，策划包装项目，积极向外推介。创新招商方式，争取更多大项目、好项目落户我区。实施“晋商晋才回乡创业创新”工程，吸引盐湖籍在外成功人士回乡创业、共谋发展。四要推进金融创新。鼓励社会资本和政府合作，积极组建旅游发展投资集团。做大做强恒舜通，发挥水务投资公司、教育投资公司主体作用，采取多种模式，拓宽融资渠道，为经济发展提供资金保障。积极运作申报，将城中村改造项目和运风高速西出口连接线改造工程纳入PPP项目库。鼓励优质企业加快股权改制，上市融资。积极帮助凯盛肥业、格瑞特建材加快股改进度，力争早日在“新三板”挂牌；推动天海泵业进入中小板辅导期，寰烁科技、国强高科向创业板迈进；支持运城农商银行优化股金结构，启动主板上市。着力优化金融生态，强化政银企合作，加大贷款协调力度，缓解企业融资压力。

（六）强化标本兼治，坚持多措并举，持续改善生态环境。一要加大环境保护力度。打好蓝天保卫战，整治燃煤锅炉，推进散煤清洁化能源替代，加快气化盐湖项目建设，强化机动车尾气治理，巩固大气防治成果。开展水污染综合防治，推进城北污水处理厂建设。全面落实“河长制”，保护水域生态环境。加强饮用水水源地监管，确保城市饮用水水质全面达标。启动土壤污染防治工作，划定生态保护红线，有效保护土壤环境。建立污染源在线监控平台，实现实时监控。引深铁腕治污行动，严惩违法违规行为。二要扎实开展造林绿化。做好林网规划，做好南山皂荚创新产业园栽植工程、义同园林村绿化工程、关帝庙南广场景观造型绿化工程、常平高速口绿化造型工程，完成运城南绕城高速公路两侧绿化工程，完成400千米通道补植补栽。三要提升城乡环卫水平。提高机械化程度，增强垃圾转运能力，在中心城区建设3座地埋桶式垃圾中转站。规范建筑渣土运输行为，有效解决超载、抛洒、污染等问题。强化对启迪桑德、龙澄、美洁达监管工作，启动第三方考核评价，实行退出机制。深入开展城乡环境卫生整洁行动，启动国家卫生乡镇、省级卫生乡村创建工作。

（七）强化矛盾化解，狠抓安全生产，切实维护社会和谐稳定。一要建设“平安盐湖”。以“大起底、大排查、大调解、大处置”为抓手，认真做好矛盾纠纷排查化解，及时解决群众合理诉求。完善社会治安防控体系，深入开展打击网络犯罪、打黑除恶、禁毒严打等专项行动，不断提升人民群众安全感。二要确保安全生产。严格落实政府领导责任、部门监管责任和企业主体责任。积极推进应急平台系统建设。在非煤矿山、危险化学品、道路交通、建筑施工、人员密集场所、特种设备、消防安全等重点行业和领域，深入开展安全生产隐患大排查、大整治，坚决杜绝各类安全生产事故发生。三要抓好食品安全。深入开展食品安全隐患排查整治，强化食品安全监管能力，维护人民群众“舌尖上的安全”。

（八）突出共享发展，多办为民实事，用实实在在的行动增进人民福祉。全力做好脱贫攻坚。坚持精准扶贫，落实“两包三到一支撑”联动帮扶机制，用好低保、教育、医保、危旧房改造等兜底政策。以产业扶贫为主攻方向，引导社会力量参与扶贫开发，推广上郭新型经营主体带动脱贫模式，统筹推进皂荚栽植、冬枣种植等8个扶贫产业项目。确保完成全年3400人脱贫、4个贫困村摘帽。全面加强基础教育。巩固义务教育均衡发展成果，探索城乡教育共同发展新机制，提升办学水平。为全区4000名农村小学生提供安全可靠、快捷方便的校车服务。推进学前教育普惠发展，改扩建两所农村幼儿园。推进健康盐湖建设。做好区乡医疗卫生机构一体化试点工作，组建盐湖医院集团，整合区人民医院、乡镇卫生院和社区卫生服务中心，构建医疗卫生共同体，加快建立分级诊疗制度，促进优质资源下沉，缓解群众“看病难、看病贵”问题。为26.5万重点人群签约家庭医生，开展健康管理和基本医疗。落实全面“二孩”政策，促进人口均衡发展。繁荣文化体育事业。坚持免费开放“两馆一站”。继续推进数字档案馆建设，建立盐湖档案数据库。落实全民健身计划，推动各项体育运动发展。持续强化社会保障。推动机关事业单位养老保险并轨运行，实现社会化养老保险全民覆盖。开展城乡居民社会保险征缴扩面工作。探索“居保+”模式，建立社保金融助农服务站，让群众享受到一站式服务。进一步加快解州、安邑、北相、东郭等小城镇建设。办好十件民生实事。

让我们紧密团结在以习近平同志为核心的党中央周围，在市委、市政府和区委的坚强领导下，忠诚担当，开拓创新，团结一心，锐意进取，努力建设幸福盐湖，以实际行动和优异成绩迎接党的十九大胜利召开！

# 顽强拼搏，开拓创新<br>奋力谱写永济“四基地一名城”建设新篇章

永济市市长　**孙中全**

2016年，面对改革攻坚、转型升级的艰巨任务，在市委的正确领导下，在市人大、市政协监督支持下，市政府深入落实新发展理念，紧紧围绕市六次党代会确定的建设“四基地一名城”奋斗目标，团结带领全市人民，顽强拼搏，负重奋起，强力推进“五大战略”实施，实现了“十三五”稳健开局。

## 一、2017年政府工作的总体思路

深入学习贯彻习近平总书记系列重要讲话精神和治国理政新理念新思想新战略，认真落实中央、省、运城市经济工作会议及“两会”精神，按照市第六次党代会和全市经济工作会议的总体部署，坚持新发展理念，坚持稳中求进工作总基调，以深化供给侧结构性改革为主线，以提高经济发展质量和效益为中心，以“三动三新”战略为统领，解放思想，开拓创新，大力实施“五大战略”，加快建设“四基地一名城”，全力促进经济稳步向好、民生不断改善、社会和谐稳定，以优异的成绩迎接党的十九大胜利召开。

## 二、2017年经济社会发展的预期目标

生产总值增长6%，规上工业增加值增长3%，固定资产投资增长目标根据新的统计口径研究设置，社会消费品零售总额增长7%，一般公共预算收入力争增长3%，城乡居民人均可支配收入分别增长7%。约束性指标不折不扣完成运城市下达的目标任务。

## 三、重点抓好六个方面的工作

（一）坚定不移推进工业崛起，进一步壮大主攻产业集群。一是在项目建设上下功夫、求突破。2017年，以铝深加工、机电装备制造、农产品深加工三大产业为主，共确定工业项目41项。要全力加快西沙金属年产4.5万吨铝深加工、键健铝业年产3万吨高端铝型材、“上大压小”热电联产项目配套设施等9个续建项目建设，确保快投产、快达效。积极推进北京怡豐农光游、永济电机轨道车整车生产线、广东新龙浩铝合金焊条等24个新建项目，力促快启动、快实施；全面加强中车株洲电力机车研究所5万千瓦风电场等8个预备项目对接，力争快落地、快开工。二是在企业帮扶上下功夫、求突破。继续抓好“三个一百”工作，积极帮助骨干龙头企业破解发展难题。支持中车永济电机实施国际化、多元化战略，提升产品科技含量，开发电动车电机等新型产品，不断扩大市场份额；积极推进华圣铝业铝电联营，降低生产成本，增强企业竞争力；加快粟海集团资产重组，帮助企业尽快走出经营困境。扎实做好干部入企服务工作，因企施策做好帮扶。加快推进金融创新，组建政府融资担保公司，优化政银企协作平台，用足用好产业引导资金、中小微企业发展专项扶持资金和风险补偿金，吸引信贷资本、社会资本重点扶持成长潜力型民营企业。研究出台《工业用地弹性出让管理办法》。积极申请降低工业用地土地使用费，争取上半年落实到位。三是在发展民营经济上下功夫、求突破。以永济电机国家火炬特色产业基地为依托，建立科技创新示范园区，提高机电加工企业自主创新能力，提升产品市场竞争力；强化产学研合作，加快新产品开发、新技术应用。围绕链条延伸促升级，机电装备制造业积极发展机电制造、机电配件、电子电器等上下游产品；铝深加工业大力发展铝型材、铝板带箔、精密铸造、电子铝箔等中高端产品，推动粗放、低端的铝产品转型升级。广泛开展“双创”活动，完善鼓励“大众创业、万众创新”优惠政策，加快颐高互联网＋双创运营中心、众创企业孵化园项目建设，进一步优化创业平台。积极开展“财力返乡、智力返乡”活动，大力支持本土能人创办企业，不断壮大民营企业群体规模。整合铝深加工和机电制造园区，申报设立永济经济技术开发区，改革创新园区、开发区管理体制机制，建好企业公共检验检测平台、中小微企业公共服务平台、财务代管平台，为民营企业提供全方位服务，助推工业经济跨越式发展。

（二）坚定不移加快农业转型，进一步促进现代农业发展。一是优化产业结构，着力推进农业提质增效。在稳定粮食生产的基础上，大力发展“两高一优”特色产业。高标准完成凡谷归真现代农业园、紫韵花海薰衣草庄园、新意农业观光采摘园等精品园区建设，引领农业科技水平提升。加快设施蔬菜、大棚冬枣、核桃、香椿、葡萄、莲菜等调产步伐。稳步实施牧原集团优质生猪养殖产业化体系项目，着力抓好长荣农科原种猪养殖基地、张营集成化家庭农场养殖小区等规模养殖项目。扎实推进农田水利基础设施建设，加快高标准农田整理项目实施，抓好大中型水库移民扶持、姚暹渠综合治理等工程建设，加强大型灌区灌溉管理、东北腹地排水工程管护工作，进一步夯实现代农业发展基础。二是壮大农产品加工业，拓展农业产业链价值链。做强做优忠民油脂、长荣农科等带动力、辐射力强的龙头企业，全力扶持福润德食品、惠畅棉纺等中小型农产品加工企业发展。加快推进国强食品芦笋基地及产品研发、董村农场面粉厂等农产品加工新项目建设。鼓励新型农业经营主体发展，新认定家庭农场20家，新培育农民专业合作社30家。积极招引设施种植、高端养殖、副食品加工、冷链物流、包装材料等产业链纵向延伸和横向配套企业，不断提高农产品就地转化率。三是强化科技创新驱动，引领现代农业加快发展。积极开展新型农民培育工程，多渠道为农民提供农技服务。推进农机化综合示范市建设，不断提升农业机械化水平。全面加强农业信息化建设，大力发展“网农”等新型农产品经纪人队伍，进一步做大做强“乐村淘”“同城配”，争取入选阿里巴巴“千村万户”试点。依托中农乐高科技园区和功能性农产品基地，打造种植、收购、仓储、物流及销售完整产业链的电子商务平台，促进互联网与农业融合发展。四是扶持在外餐饮行业发展，多元促进农民增收。组建行业联合会，探索永济在外餐饮行业发展模式，选择100家经营比较成功的餐饮户

作为示范店，发挥其区域联络、示范带动作用，促进在外餐饮户相互扶持、规范经营，逐步实现标准化、品牌化发展。挖掘永济名吃文化，实现以文化推动餐饮、以餐饮宣传永济的互利效果。

（三）坚定不移实施旅游突围，进一步培育壮大文旅产业。一是以体制改革为突破，做优旅游产品。破除束缚景区发展的体制机制障碍，依托鹳雀楼旅游集团公司进行资源整合，4月底前将四大国有景区彻底改制到位。招引有理念、有实力、有品牌的战略合作者和专业团队参与鹳雀楼、普救寺、铁牛馆、五老峰的开发建设和经营管理，全面盘活资源，激发景区活力。加快完成蒲州故城和栖岩寺修缮等文保项目，大力推进五老峰高空玻璃吊桥、神潭大峡谷景区三期、尧王洞天等项目建设。全力打造两大文化旅游新亮点：以鹳雀楼为核心，实施古蒲州国际婚庆摄影基地、夜游普救寺等项目，高标准建设西厢爱情主题特色小镇；抓紧抓好伍姓湖保护利用，积极实施湖水治理、环湖路、植被改良项目。二是以全域旅游为统领，完善旅游业态。扎实做好"旅游＋"这篇大文章。"旅游＋农业"上，做优沿山一带农业特色产业，打造生态休闲、农业观光、养生度假等多种类型乡村旅游产品；"旅游＋文化"上，大力挖掘舜帝文化、大唐文化、黄河文化、爱情文化，积极开发地方特色创意旅游纪念品，高水平创作反映永济民俗文化的文学作品，积极联系拍摄彰显永济地域文化的影视作品；"旅游＋商业"上，全力开发好张营米醋、田营粉条、常营挂面、永济芦笋等地方精品农产品。不断完善五老峰森林生态体验功能，积极推进"美丽公路"建设，大力发展生态游、商务游、体育游、文化游、乡村游等旅游新业态。进一步加强旅游配套设施建设，完善服务设施。强化智慧旅游建设，努力将永济打造成为能够全面满足游客体验需求的综合性旅游目的地。三是以宣传营销为抓手，叫响旅游品牌。做好旅游总体策划包装，加强与渭南、三门峡景区合作，打造精品旅游线路，密切协作，互送游客。积极参加各种旅游推介活动，强化重点客源市场和潜在客源市场宣传，全面推广永济旅游。

（四）坚定不移抓好城建提升，进一步建好宜居宜业家园。一是全力狠抓城乡建设。科学编修城市规划，突出抓好各镇及重点村规划。强力推进大西高铁引道项目，打造城市西部景观大道；高标准启动体育场馆建设。全面完成迎新街、东风路北段等路桥改造提升，进一步改善城乡综合交通网络。完善殡仪馆、中医院、图书楼等公益设施，提升公共服务水平。积极推进电机工业园水源地迁移、北郊供热管网、城区供水系统改造升级等工程，提高水电热气保障能力。抓好华信达城市生活垃圾处理节能利用、电机厂"三供一业"移交改造项目。实施一批街头文化小品、小游园建设。积极实施棚户区改造工程，进一步改善群众住房条件。深入推进蒲州等四镇垃圾中转站、卿头镇小城镇建设等工程。扎实开展"美丽乡村"建设。二是全力推进"五城同创"。积极深化专项整治，健全创建工作长效机制，不断提升城市管理科学化、精细化、规范化水平，确保硬件到位、软件达标。更加注重以城带乡，把创建工作向镇村延伸，全面提升城乡基础设施和文明程度，形成统筹推进、共创共建的良好格局。三是强化生态环境保护。高标准完成舜都大道北段、市府街绿化提升，切实抓好舜帝山荒山绿化色彩提升东扩、通道绿化、园林村建设等六大林业工程，全年新增造林面积666公顷，栽植各类苗木65万株，实现城市添彩、农村增绿。坚决打好"蓝天保卫战"，对建成区内10蒸吨以下燃煤锅炉全部取缔或改用清洁能源，10蒸吨以上燃煤锅炉完善脱硫脱硝除尘设施；抓好道路、矿石开采企业、建筑工地、物料堆场等重点领域扬尘治理。扎实推进涑水河流域生态修复治理，强化环境监察监测，不断改善区域水环境质量。科学划定畜禽规模养殖禁养区，加强农业源污染防治，努力使永济的天更蓝、地更绿、水更清，环境更宜居。

（五）坚定不移落实开放带动，进一步增强转型发展动力。一是深化重点领域改革创新。扎实推进供给侧结构性改革，以"三去一降一补"为重点，坚决淘汰技术落后、工艺落后、装备落后的"三高"企业；严控新建房地产项目审批，努力打通去库存与棚户区改造、与农村人口转移进城"两个通道"，解决好房地产库存问题；积极引导金融机构帮助企业优化债务结构，支持优势企业上市，去除金融杠杆；严格落实惠企减负政策，切实降低企业成本；重点补齐教育、医疗、就业等民生短板。完善政府部门"三清单"，推进"放管服"改革。加快推进投融资体制改革，制定PPP项目财政管理办法，大力推动民间资本、社会资本向基础设施、文化旅游、生态保护等领域投资。深化农村综合改革，继续做好农村土地经营权确权登记颁证工作，启动农村产权制度改革试点，完善产权交易中心。统筹推进财税、教育、卫生、统计、城镇化等领域改革，进一步释放发展活力。二是构建开放型经济新格局。以机电装备制造、铝深加工、农产品加工、文化旅游为重点，积极承接符合国家产业政策。强化与中原、关中经济区深度合作，加快同周边县市及"4＋2"（黄河金三角四市＋洛阳、济源）多领域合作。积极参加省、运城市产业合作、招商引资、产品展销、旅游推介等活动，全面推进多层次交流合作。对接国家"千人计划"和省"百人计划"，积极引进金融、旅游、科技等领域高层次人才。三是打好招商引资攻坚战。突出专业招商、产业链招商、中介招商、以商招商、领导招商等措施，完善招商引资奖励办法，强化考核，用倒逼机制推动实现招商引资大突破，增强经济发展硬实力。

（六）坚定不移保障改善民生，进一步提升群众幸福指数。一是办好十件“民生实事”。二是打好脱贫攻坚战。以产业扶贫为重点，结合“两不愁三保障”和“五个一批”要求，大力实施“8大工程、17项专项行动和55个项目建设”。全面加大农村贫困劳动力实用技术或转移就业技能培训。积极推进农村低保和扶贫开发政策有效衔接，着力构建以农村低保、医疗救助为主体，社会力量参与为补充的新型社会救助体系。支持引导金融机构和各类企业参与产业扶贫，构建政府、市场、社会协同推进的扶贫开发大格局，圆满完成全年2700人脱贫目标。三是推进社会事业发展。坚持优先发展教育，加强教师队伍建设，统筹推进各类教育均衡发展。严格落实分级诊疗制度，强化重大疾病防控。加快中医药事业发展。积极开展文体活动，推进文化馆、图书馆总分馆制，提高公共文化服务水平。坚持新增就业和扶持创业并举，着力解决重点人群就业问题。扩大社会保险覆盖范围，落实机关事业单位养老保险制度改革，加大社保基金监督管理力度。完善救灾救济、农村五保、医疗救助、城乡低保等制度。强化社会综合治理，突出抓好重点行业、重点领域安全生产，坚决杜绝安全事故发生；着力防控金融风险，严厉打击非法集资和电信诈骗，营造良好的金融生态环境；打防并举，积极开展打黑除恶、铲除黄赌毒、治爆缉枪等专项行动。加强和改进新形势下的群众工作和信访工作，狠抓矛盾纠纷排查调处，全力化解信访积案，切实维护全市社会大局持续稳定。

唯有奋勇前进，方能不负重托。让我们更加紧密地团结在以习近平同志为核心的党中央周围，在市委的坚强领导下，以高昂的斗志、饱满的热情、超常的举措，撸起袖子加油干，奋力谱写“四基地一名城”建设的新篇章！

# 奋力建设实力闻喜、活力闻喜、绿色闻喜、幸福闻喜

闻喜县县长　**黄亚平**

2016年，在县委的正确领导下，在县人大、政协的监督支持下，我们认真落实中央、省、市部署要求，团结带领全县干部群众，坚定信心、攻坚克难，爬坡过坎、砥砺前行，推动经济发展取得逆转性新成效，步入全面持续回升向好的新阶段。

2017年是全面实施“十三五”规划的重要一年，是供给侧结构性改革的深化之年，也是党的十九大召开之年。做好今年工作，具有十分重要的意义。

**一、2017年政府工作的总体要求**

认真贯彻党的十八届六中全会精神，省第十一次党代会、市第四次党代会和中央、省、市经济工作会议精神，深入落实县第十四次党代表大会部署，坚持新发展理念，坚持稳中求进工作总基调，坚持深化供给侧结构性改革，坚持以提高经济增长质量和效益为中心，牢固树立“四大”发展思路，着力抓好“六项”重点工作，全面推进党的建设新的伟大工程，全力促进经济稳步向好和社会和谐稳定，奋力建设工强农富的实力闻喜、开放创新的活力闻喜、生态宜居的绿色闻喜、文明和谐的幸福闻喜，以优异成绩迎接党的十九大胜利召开。

**二、2017年经济社会发展的主要预期目标**

地区生产总值增长10%以上，一般公共预算收入增长5%左右，城乡居民人均可支配收入增长7%左右，污染减排等约束性指标完成省市核定下达的目标任务。

**三、主要任务是推进“四个闻喜”建设**

（一）推进产业转型，做强实体经济，全力建设实力闻喜。一是转型升级、顺势而为，再造工业新优势。改造提升传统产业，注入新血液。钢铁行业，以建龙公司为依托，以建筑用钢、板带钢、优钢特钢为中心，加快产业细分延伸，积极推进精深加工，打造中西部精品钢生产基地；金属镁行业，以银光集团为龙头，发挥国家级研发中心作用，延伸产业链条，提升深加工转化率，加

快产品更新换代，打造镁业之都；玻璃行业，以宏伟、新达公司为带动，改造提升生产工艺，开发高档玻璃器皿，做强中国日用玻璃生产基地。支持国艺玻璃启动实施改扩建项目；化工行业，加快提升生产工艺，支持晋丰公司实施生产系统优化技改、三聚氰胺及尿素改造项目，加快建材、陶瓷等传统产业转型步伐，增强综合竞争力。培育壮大新兴产业，集聚新优势。加快发展信息技术产业，积极落实网络强国战略，实施高速宽带网络和农村及偏远地区4G建设，打造速度更快、成本更低的信息网络，推动“互联网＋”深入发展；大力发展新能源、新材料、生物医药、商贸物流、电子商务等产业集群，积极争取高新企业来我县投资创业，今年重点抓好宏伟10万千瓦风电、润泰固废资源利用、大唐新能源10万千瓦风电、光伏惠民电站等项目建设，不断提高新兴产业的比重。加快优势产业集群发展，构筑新高地。以建龙、城西、礼元三个工业集聚区为主体，对钢铁、镁合金加工、高档玻璃器皿、建材及蓄电池等行业进行整合，积极筹备建设17平方千米省级开发区；对经济开发区建设进行高标准规划，加快申报工作步伐，力争早日通过审核批复，打造产业集群发展示范区。注重提升科技研发水平，增添新动力。深化产学研合作，推进产业技术创新联盟建设，积极申报省、市级企业技术中心；完善鼓励企业自主创新政策，引导企业积极研发具有自主知识产权的新技术、新工艺、新产品；支持企业弘扬工匠精神、加强品牌建设、提升产品品质，打造更多的企业品牌和品牌企业，今年争取申报市级企业技术中心两家、著名商标5个，扶持1～2家技术含量高、效益显著的企业。深入推进“大众创业、万众创新”，培育新支撑。引导企业向现代企业制度迈进，积极创建省级中小企业创业创新示范基地，积极争取省级中小企业发展专项资金，积极推进“助保贷”工作，全力推动“个转企、小升规、规改股、股上市”。

二是强基固本、打造亮点，培育功能农业新形态。优化布局、提升效益。依托现有的特色种植和养殖基地建设现代农业产业园，发展设施农业、精准农业、精深加工、现代营销，带动新型农业经营主体和农户专业化、标准化、集约化生产，带动农业全环节升级、全链条增值。突出特色、做强品牌。实施“品牌提升”战略，逐步实现农产品可追溯体系架构，在市场上打好闻喜特色农产品品牌；重点对煮饼产业进行统一规划、规范标准、整合资源，严格市场准入，加强品牌保护，集中力量将“闻喜煮饼”打造成为地理标志性商标。融合发展、优势互补。实施“三产融合”战略，大力推进农产品精深加工，加快发展“农业＋互联网”；加快发展现代食品产业，对农产品加工业进行改造升级。高端对接、借梯攀高。实施“高端对接”战略，重点推进与牧原集团、潞安牡丹、湖南九九慢城杜仲、天地网中药材等行业龙头的对接合作，实现规模化生产、集约化经营、规范化管理，建立跨县、跨市、跨省生产基地和加工、仓储物流等产业体系。循环发展、绿色崛起。实施“循环发展”战略，促进农业节本增效、可持续发展；强化农产品质量安全监管；大力推行高效生态循环的种养模式。创新机制、强化保障。实施“机制创新”战略，继续深化农村产权制度改革，积极推进农村土地所有权、承包权、经营权“三权分置”改革，建立农村产权流转交易平台，抓紧落实土地确权登记颁证工作。

三是整合资源、发挥优势，激活文化旅游新潜能。叫响“闻喜地域文化”品牌。裴氏文化是我县独有的文化瑰宝，要深度挖掘裴氏文化的精髓和内涵，同时抓好汤王文化、后稷文化、豢龙文化、晋国文化、郭璞堪舆学文化、红色文化等人文资源的内涵提升、策划包装和开发利用。构建“旅游＋”发展新形态。科学编制全域旅游规划，坚持旅游业与农业发展相结合，大力发展乡村休闲旅游产业，深入挖掘开发农业的生态、休闲旅游功能，重点打造“花之海·俏闻喜”、农事体验园等旅游品牌；坚持把手工业发展融入旅游发展；推进旅游业与文化产业融合发展，挖掘并发展锣鼓、花馍、刺绣、剪纸等非物质文化遗产，提升文化旅游扩张力，让游客领略闻喜的民俗风情。打造“乡土情”特色旅游。突出特色，抓住鲜明的地域特征，凸显闻喜的文化和建筑特色，打造“一村一亮点、百村百特色”的美丽乡村；搞好保护，实施乡村文化记忆工程，将各乡镇、各村留下的能够凸显时代特色的古建筑和历史遗存保护好、传承好；守住乡愁，充分体现农村特点，注重乡土味道，保留乡村风情，让居民望得见山、看得见水、记得住乡愁。着力打造一批乡村旅游样板，抓好乡村生态旅游产品、特色资源展示、乡村客栈、农家乐等要素的优化整合，加快构建“吃、住、行、游、购、娱”一条龙服务体系。

（二）树立开放思维，拓展发展空间，着力建设活力闻喜。一是深化改革，激发发展活力。不断深化简政放权、放管结合、优化服务改革，抓好综合行政执法体制改革，持续推进政府职能转变。落实好国家、省、市惠企政策，推进降成本、减负担，让企业轻装上阵。建立项目管理、监督保障和技术创新等激励机制，进一步激活发展的无穷动力。

二是用活政策，调动发展活力。主动对接国家层面的发展战略，最大限度地变政策机遇为发展红利。要增强机遇意识、争抢意识，既要把现有的政策和资金使用好，又要“眼睛向上”，主动加强与上级部门的对接，努力争取更多的项目和资金支持！

三是解放观念，创造发展活力。瞄准重点行业、重点领域，积极承接产业转移，加快引进和实施一批项目,保持投资对经济增长的强劲拉动。积极参加各种展会和经贸交流活动,大力开展精准宣传、专业推介和定向洽谈等活动。积极推进四方面的项目对接工作:建龙无缝钢管技改项目招商工作,加快与攀钢集团进行对接;乾坤电动车、仁正和公司中药材切片、博盛公司金属制品加工、发虎公司生态鱼缸及配套包装等项目的招商工作,争取尽快落地;天地网中药材生产销售项目的招商工作,争取落地开工;尽快与四川晋商会进行对接洽谈,争取达成一批项目投资意向。今年要完成招商引资到位资金39亿元。

四是整合要素,培育发展活力。着力破解资金难题。大力实施PPP模式,在抓好县城集中供暖、县城污水处理提升改造等PPP项目建设的同时,继续对现有的公共服务设施项目进行全面梳理,积极与省四建公司等实力企业进行对接,力争在PPP项目实施方面取得更多成果。着力破解用地难题。加大城乡建设用地增减挂钩项目实施力度,加快完善空心村、空壳村宅基地退出复耕机制,鼓励民间资本参与实施土地复垦开发,运用市场化法制化手段处置"僵尸企业",盘活废弃土地、闲置厂房等资源,有效拓展土地利用空间。着力破解人才短缺难题。实施柔性人才引进机制,加快实施高层次人才服务基层计划,鼓励学校、医院、企业与高等院校、科研院所建立合作关系;充分发挥好外地企业家的人脉优势;开展"回乡创业"行动;完善户籍、社保、医疗、子女入学等配套政策,吸引更多优秀人才到我县创业就业。

五是创优环境,集聚发展活力。要不折不扣落实国家、省、市优惠政策,制定出台符合实际、务实管用、更接地气的优惠办法,打造热情包容的投资"洼地";加强诚信道德体系建设,打造诚信友善的人文环境;构建"亲""清"新型政商关系,打造亲商敬商富商爱商的社会环境;抓好"五城同创",完善城乡基础设施,打造宜居宜业、文明和谐的城乡环境;充分利用县域文化、体育设施,积极承办国家、省、市文化体育赛事,展示闻喜对外开放的良好形象。

(三)推动绿色发展,加强生态保护,倾力建设绿色闻喜。一是培育绿色生态环境。完成全县林业生态建设总体发展规划及城郊森林公园规划设计。重点从磨盘岭治理抓起,统筹规划,大力开展植树造林,建设绿色生态屏障,做到经济、生态、观赏为一体,增绿、增效、增收相统一。完成工程造林613公顷、乡村园林绿化6个,让城乡用绿色装扮,让企业有绿色环绕,让桐乡大地绿色涌动。

二是构建绿色生产体系。严格执行国家环保、能耗、质量、安全等相关要求,坚决淘汰不达标的落后产能和工艺,严控过剩行业新上产能。加快高耗能行业节能技术改造,推广先进技术和节能产品,推进工业废物和生活垃圾资源化利用。坚持经济生态化、生态产业化,使绿色发展贯穿经济发展全过程,逐步构建以绿色发展为核心的新兴产业体系,实现经济发展和生态保护的良性互动。

三是打造绿色生活空间。严守耕地红线,努力打造城市绿色屏障和农村绿色乡愁。引深"铁腕治污"行动,依法打击环境违法行为。坚决打好蓝天保卫战,加大"控煤、治污、管车、降尘"力度,抓好严禁"三烧"和PM2.5有效监控,完成县城空气质量监测点位搬迁工作,加快淘汰黄标车和老旧车,加强城中村散煤清洁化治理,推进县城区以外企事业单位10蒸吨以下锅炉清洁能源改造。加强水污染防治,抓好礼元污水处理站项目建设。加强土壤污染防治,开展土壤污染状况调查,抓好土壤污染防治方案编制,推进畜禽禁养区划定工作,进一步改善环境质量,建设天蓝、地绿、水清的美丽闻喜。

(四)聚焦民生改善,增进百姓福祉,竭力建设幸福闻喜。一是加快脱贫攻坚富民。坚持精准扶贫战略,以产业发展为支撑,以农业专业合作社为载体,加强各类资源要素整合,统筹用好项目资金,大力实施"八大工程20项行动和70个具体项目"。探索推行"公司+基地+合作社+贫困户""能人大户+贫困户""社会事务服务+贫困户"等精准脱贫模式,想方设法让贫困群众多挣钱。特别关爱低保户、五保户、残疾人以及因病因灾返贫群众等弱势群体,通过政策倾斜、兜好底线、重点帮扶。今年要重点抓好《2017年脱贫攻坚行动计划》的落实,投资650万元,扶持1808户贫困户发展脱贫产业;投资349万元,帮助23个贫困村完善基础设施;投资1200万元,为400户无劳动能力深度贫困户安装5千瓦户用光伏电站;投资2200万元,为28个贫困村建设100千瓦分布式光伏电站,确保90%以上的贫困村有序退出,贫困发生率不高于2%,坚决实现脱贫摘帽目标。

二是改善人居环境利民。在规划编制上,完成剩余15平方千米城市控制性详细规划、供热专项规划以及8个乡镇总体规划,落实好已编制完成的城市"四片区"控制性详细规划;加快土地规划修编,严查违法违规占地,促进节约集约用地。在县城建设上,不断完善城市水、电、气、暖、通信等基础设施,加快建设交通、文化、体育等公共设施。继续推动城市安全供水、涑水河综合治理、垃圾发电、污水处理厂升级改造、等7项工程;启动实施县城集中供暖、西湖路南延、城中村改造等8项工程;积极谋划外环建设工程。在重点镇建设上,在桐城镇抓好大众市场、店头流域防汛等工程,在东镇抓好东西立交桥排水、东立交桥至建龙3号门道路改造等工程,在河底镇抓好网线"三线"入地、集镇绿化工程，在郭家庄镇抓好集镇北延、莲坪村至沟东村道路建设工程，在甿底镇抓好部分农村田间道路硬化工程，在礼元镇抓好污水处理工程，在薛店镇抓好堡头村至店头村道路拓宽、集镇及沟渠头至丰乐庄段道路绿化工程。在美丽乡村建设上，积极申报国家和省级特色小镇项目，大力实施乡村清洁、农村改厕、危房改造、绿色村庄、气化农村和污水处理工程，抓好农网改造、农村公路完善提质、生命安全防护、县乡公路改造及侯风线挖补罩面工程，改善农村人居环境，加快创建一批美丽宜居示范村。

三是创优公共服务惠民。千方百计扩大就业，多渠道开发就业岗位，确保城镇登记失业率控制在4%以内、零就业家庭动态清零。不断完善社会保障体系。实施全民参保登记计划，确保社会保险法定人群应保尽保。新建农村日间照料中心40个。进一步健全城乡低保制度，推进脱贫线、低保线"两线合一"。加强残疾人就业、扶贫、康复、托养工作，提高残疾人生活质量。大力发展教育事业。突出抓好"调布局、抓管理、强素质、提质量、有特色"五大任务：调布局，就是要整合资源，打造名校，重点抓好城西小学建设项目，统筹抓好农村幼儿园建设，完成薄弱学校改造、苗圃幼儿园二部建设工程；抓管理，就是要抓好学校的规范化管理；强素质，就是要抓好校长的管理水平和综合素质提升，抓好教师素质和专业化水平提升，抓好学生综合素质的全面提升；提质量，就是要抓好教育教学质量，确保中考、高考成绩进一步提高；有特色，就是要坚持个性化定制、特色化教育。持续推进健康闻喜建设。完善医疗基础设施，提升基层医疗卫生服务能力，继续深化医改，实施好全面两孩政策，促进人口均衡发展。提升文化普惠水平。传承发展中华传统优秀文化，加强文化对外宣传交流，加强对群众性文化活动和体育活动的支持引导，精心打造文艺精品，加强对电子阅览室、图书馆、乡镇综合文化站、农家书屋的管理。

四是抓好安全稳定安民。完善安全生产责任制，压实政府领导责任、部门监管责任和企业主体责任。加强对食品药品、危险化学品、非煤矿山、道路交通、建筑施工、市政运营、人员密集场所等重点领域的安全隐患排查治理。不断推进社会治理创新。加强社会治安综合治理，积极创建平安闻喜。

让我们在县委的正确领导下，在县人大、县政协的监督支持下，集全民之力，汇万众之智，不畏艰难，不惧挑战，不辱使命，努力完成各项目标任务，为推进"四个闻喜"建设做出新贡献，以优异成绩迎接党的十九大胜利召开！

# 抓重点，攻难点，补短板，惠民生

万荣县县长　**李永辉**

2016年，我们在县委的坚强领导下，在县人大、县政协的监督支持下，紧紧围绕"三个五"总体发展思路，干工程、上项目，办实事、惠民生，推动全县经济社会持续健康发展，实现了"十三五"良好开局。

2017年是党的十九大召开之年，也是实施"十三五"规划承上启下的重要一年。做好今年的各项工作，意义重大，影响深远。

**一、2017年政府工作总体思路**

深入贯彻习近平总书记系列重要讲话精神和治国理政新理念新思想新战略，根据省、市经济工作会议部署要求，坚持稳中求进工作总基调，紧紧围绕"三个五"总体发展思路，抓重点，攻难点，补短板，惠民生，全力促进万荣经济健康发展，以优异成绩迎接党的十九大胜利召开。

**二、2017年县域经济社会发展主要预期目标**

地区生产总值增长5%；规模以上工业增加值增长3%；一般公共预算收入增长2%；外贸进出口总额与上年持平；社会消费品零售总额增长6.5%；城镇居民人均可支配收入和农村居民人均可支配收入增长7%以上；固定资产投资增长目标根据新的统计口径研究设置。约束性指标确保完成市下达目标任务。

**三、重点抓好十方面工作**

（一）深入推进农业供给侧结构性改革，提升现代农业。一是提高农业供给质量。做优苹果产业。按照提品质、创品牌、走高端、降成本、重营销的思路，抓技术、抓间伐、抓改良、抓分级，加快建设优质果业县。启动建设两个万亩水果主题公园和10个精品水果示范园，持续推广“三改六配套”“晚采八增加”等优质苹果生产技术规范，提升苹果品质、规范分级销售。壮大香菇产业。继续设立香菇发展专项扶持资金，申报“万荣果木香菇”地理标志产品和商标，争创“山西食用菌(香菇)产业示范县”。发展特色农业。建设道地中药材标准化种植区，打造中药材原料直供产地，申请万荣柴胡地理标志产品，适度发展玉露香梨、早熟樱桃等稀茬水果，稳步发展日光温室、小弓棚等设施农业。推广标准养殖。加快建设总投资30亿元的牧原生猪养殖一体化项目，新建饲料厂、有机肥厂、无害化处理厂，稳步发展标准化养殖场；启动实施总投资7亿元的温氏生猪养殖项目；继续推进现有生猪、鸡、牛、水产等养殖生产的良种化、规范化和防疫制度化、粪便无害化，让养殖业成为稳定的富民产业。二是创新农业经营机制。完善农业发展的利益分享机制，培育种养大户、家庭农场、农民专业合作社等新型农业经营主体，发展适度规模经营，不断提高农业综合效益。支持农业项目进行技术改造、规模扩张、结构优化，形成以市场牵龙头、龙头带基地、基地连农户的农民增收新机制。全面完成土地确权颁证，有序实施农村土地所有权、承包权、经营权“三权分置”，稳步推进供销社综合改革、国有林场改革、水权制度改革，用改革激发农业农村发展的活力。三是强化农业基础支撑。持续改善水利设施。实施西范东扩工程，实施西范节水改造、西范灌区农田水利配套、小农水重点县等水利工程，实施孤峰山生态修复工程。全面改良耕地质量，改善农田质量5467公顷。集中改造城乡电网，实施城镇配电网改造和24个中心村电网改造、190个村机井电力配套等工程，为城乡发展提供充裕的电力保障。

(二)突出规模扩张和转型升级，发展新型工业。一是内部挖潜做强。加快技术升级。设立化工建材专项基金，支持企业与科研院所开展产学研合作，建立研发中心，攻克关键技术，开发新的产品。盘活用好现有药品生产文号，加强经典方剂二次研发，开发定制化、精细化、高端化的新药品。加快规模升级。新建飞帆建材、瑞邦环材、中航明星、晋机机械生产线，鼓励在外企业回乡发展总部经济。推动朗致双人药业提取车间、华康药业提取车间、万辉制药固体制剂生产线、汇源公司易拉罐和利乐生产线等项目建设，助推企业扩张规模、提高产能、增加产值。加快销售升级。以华康“大山楂丸”、朗致“舒血宁”等优势品牌为拳头，提升单品效益。鼓励中磁科技高性能永磁材料项目引进战略投资，扩大市场份额。帮助外加剂行业融入“一带一路”，进军国际市场。加快管理升级。完善万泰公司集采机制，助推化工建材企业降低生产成本，帮助企业建立现代企业管理制度，提高市场竞争能力和抗风险能力。二是外部招商做大。围绕建设“五大基地”，对接引进一批大项目、好项目。全力抓好签约项目落地，推进宏润光伏发电、阳光凯迪生物质发电、陕西特变电工稷王山风力发电等项目，形成新的经济增长极。三是创优环境做实。继续强化金融服务，解决好企业融资难、融资贵的发展瓶颈。设立服务企业办公室，协调解决土地、环评手续办理等问题，优化发展环境。认真落实各项减负措施，支持企业争取省市技术改造引导基金，让企业更好地享受政策红利。

(三)充分挖掘特色旅游资源优势，打造全域旅游。一要打造龙头景区。实施总投资10亿元的后土祠景区综合开发项目，突出后土文化和黄河风情，打造高端文化旅游综合体。推进李家大院慈善小镇文化休闲商业街项目，创建国家5A级景区。完成稷王庙抢救性文物保护、薛瑄家庙及墓地修缮等文物保护项目，为后续开发奠定基础，留足空间。二要丰富主题活动。开通运城至李家大院、后土祠、西滩、东岳庙等景区的观光巴士，打造一日游精品旅游线路。将飞云楼、秋风楼等融入山西古建精品线路，将后土祠融入华夏根祖文化主题线路，将李家大院融入晋商文化主题线路，吸引更多外地游客。组织开展“踏青赏花祭后土、游山玩水享清凉、苹果飘香柿叶红、相约笑城过大年”系列旅游活动，让万荣旅游月月有活动，季季有亮点，全年无淡季。三要推进农旅结合。积极探索以特色优势农业、特种风景资源、特定优势文化、特别环境体验相结合的乡村旅游发展模式。突出南景桃花、高村葵花、全域果花的乡村韵味，大力发展农产品采摘、农事体验、乡村寻美等主题旅游；依托万顷黄汾湿地、万亩荷塘莲叶、万亩水产养殖的黄河风情，发展生态观光、休闲度假、养生垂钓等水上主题乐园；立足传统晋南民居，改建特色窑洞、农家小院，开发生态庄园，发展民宿经济，让农旅结合成为万荣旅游的新名片。

(四)发展商贸物流和电子商务，繁荣县域经济。发展实体商贸。规划建设农贸市场、农机农资市场、特色小吃市场等专业市场和大型商场，推进县城商贸划行归市。逐步培育形成乡镇二级商圈，促进乡镇商贸划片归市。依托“万村千乡市场”服务网络，合理增设农村日用商店、粮油店、蔬菜店、农资店等网点，实现农村商贸划点归市。抓好电子商务。深化“电子商务进农村综合示范县”创建工作，建设“双创”孵化中心、乡镇电商快递综合服务中心和村级服务网点，培育电商从业人员，鼓励网货产品开发，推进淘宝、京东等电商平台落地，建设网上万荣特色馆，力争电子商务交易额和网络销售额增长100%以上。建设物流园区。启动实施黄河金三角国际农产品交易基地，建设区域综合性物流集散中心。规划建设现代化物流园，形成以连锁经营、冷链物流、城市配送为一体的商贸体系。

（五）着力建设文化名县，增强县域软实力。开发非遗文化。拍摄大型蒲剧古装戏《薛瑄》，精心排演经典笑话剧目，创意推出国家级非遗项目微电影。做好非遗文化项目的挖掘整理、申报立项、传承展演和产业运营工作。挖掘古建文化价值，拓宽古建产品市场。以八龙、银河等文化企业为带动，开发文化产品，培育文化产业，让万荣文化得到更好的传承与发展。彰显品牌文化。做好名牌产品、驰名商标的申报注册，加强品牌保护，规范品牌使用。组织开展系列品牌推介活动，提高品牌价值，创造品牌效益。活跃群众文化。逐步打造文化主题街路、文化主题游园、文化主题广场，集聚展示人文景观。深入实施文化惠民工程，开展文化知识、科技知识、卫生知识"三下乡"和送书、送戏、送电影"三到村"活动，让群众感悟文化魅力、体验文化乐趣、享受文化生活。

（六）加大基础设施投入，建设美丽城乡。一要提升县城品位。加强规划引领，编制供水、供热、供气、污水处理、垃圾处理等专项规划，提高县城控制性详细规划和专项规划的覆盖面、约束力。建好县城街路，同步完善地下管网，进一步拓展城市发展空间。完善城区功能，建设完成文化体育中心，启动建设城东生态公园和党校、剧场、市民中心等东部公共服务设施，完善水、气、暖、公厕等基础设施，建设绿地、小游园和停车场。创新城市管理，以创建文明县城为总抓手，同步创建卫生县城、食品安全城市、全域旅游示范区、生态园林城市。整治私搭乱建、整顿交通秩序、规范夜市摊点、取缔占道经营，全面提升城市形象，营造宜居环境。二要建设美丽乡村。科学制定小城镇、新农村建设规划，探索建立竞争性使用财政资金的长效机制，打造一批科学规划布局美、村容整洁环境美、乡风文明身心美的特色小镇和美丽乡村。推进"五小两配套"建设。实施农村人居环境改善工程，建设乡镇垃圾中转站，推动农村生活垃圾治理和生活污水综合利用。持续改善村级组织活动场所。三要畅通乡村路网。投资5146万元，修建14条乡村道路。畅通循环路方面，翻修改造4条道路；打通断头路方面，修建4条道路；绕开穿村路方面，修建杜村—吴村—荣河工业园区道路；提质扶贫路方面，对5条道路进行改造，构建外通内联、通村畅乡、安全便捷的县域路网格局。

（七）践行绿色发展理念，优化生态环境。推进全域绿化。建设后土大道至北环路1.5千米生态绿廊，新增绿化面积1.3万平方米；对县城—西村、县城—里望、县城—皇甫20千米绿化提档升级；在汉薛、万泉、荣河、南张等乡镇种植双季槐、花椒等干果经济林266公顷；在万泉、荣河、里望等乡镇种植生态林144公顷；在高村、万泉等乡镇实施封山育林4266公顷，做到经济、生态、观赏为一体，增绿、增效、增收相统一。实行铁腕治污。建立保护生态环境的长效机制，依法严惩各类环境违法违规行为，落实"控煤、治污、管车、降尘"举措，持续改善空气质量；加大水污染综合防治力度，提高中水回用率，监管工业企业污水达标排放。倡导节能降耗。全面开展工业、建筑、商贸流通等重点领域的节能降耗工作，推广使用节能产品，确保节能降耗约束性指标顺利完成。

（八）坚持精准扶贫战略，确保再战再胜。干实基础项目。整合财政涉农资金，动员社会力量参与，配套建设贫困村通村公路、安全饮水、卫生室、互联网、动力电等公共服务设施和田间路、末级渠等产业发展设施，让贫困户和非贫困户都能享受到扶贫带来的实惠。稳步推进易地扶贫搬迁，确保搬得出、稳得住、有事做、能致富。抓实产业支撑。按照"一村一品一主体"的要求，发展水果、药材、蔬菜等种植产业和牛羊猪鸡等畜牧养殖产业，开展针对性实效性强的就业技能培训、就业岗位对接、就业产业扶持，实现当下脱贫快、长期致富稳。落实兜底保障。确保贫困户应该享受的各项政策全面兑现，对因病、伤残、智障、五保等失去劳动能力的贫困户，给予更多关爱，在统筹兜底政策的基础上，探索亲朋奉养、农村日间照料中心和敬老院集中供养的办法，让生活不能自理的贫困户稳定实现"两不愁、三保障"。

（九）切实办好民生实事，增进人民福祉。一是办好人民满意教育。建成10轨制的示范初中，新建6轨制的示范小学，新建4轨制的六一幼儿园，配套建设实验小学教辅用房，改造建设万荣二中和职教中心操场。在完善县城教育基础设施的同时，持续关注农村的办学条件，完成20所农村学校的加固改造工程，让城乡孩子都能享受公平优质的教育资源。设立教师队伍素质提升专项基金，建设德才兼备、务实敬业的校长队伍，锻造师德高尚、业务精湛的教师队伍。二是优化健康保障体系。规划建设万荣县第一医院。新建解店、荣河、汉薛3个乡镇卫生院。对接一批国内一流医院，签订医联体合作协议，提高合作层次、拓展合作范围。引进高端人才，培养专业人才，打造名科，创建名院。实施残疾预防重点干预和残疾儿童抢救性康复项目，对建档立卡的农村贫困妇女免费进行"两癌"筛查，让健康政策惠及全县群众。三是积极回应群众关切。对20条街巷进行翻修亮化。建设农村饮水安全巩固工程39处，解决2.3万人的饮水安全问题。新建30个农村社区日间照料中心。统筹抓好农村转移劳动力、城镇失业人员、退役军人、高校毕业生等群体的就业工作。巩固扩大社会保险覆盖面，推进全民参保。

（十）守牢安全稳定底线，强化社会治理。抓好安全生产。持续不断开展非煤矿山、危险化学品、人员密集场所等重点行业领域安全隐患大排查大整治。加强食品药品安全监管，把好群众饮食用药安全的每一道关口。维护社会稳定。构建农村社区、社会组织、社会工作联动机制，做好矛盾纠纷排查化解工作。加强治安管控。持续深入推进打黑除恶、铲除黄赌毒、治爆缉枪"三大战役"专项行动，始终保持对严重刑事犯罪、"两抢一盗"犯罪的严打高压态势，及时查处各类治安案件，提升公众安全感和群众满意度。

实干托起梦想，奋斗铸就辉煌。让我们肩负起时代赋予的庄严使命，回应好人民寄予的深切期盼，在县委的坚强领导下，对标一流争先锋，干在实处立新功，以实际行动和出色业绩迎接党的十九大胜利召开！

# 坚定信心，锐意进取，为实现"六个突破"、建设"三县一基地"目标而努力奋斗

夏县县长　樊双全

2016年，夏县围绕实现"六个突破"、建设"三县一基地"目标，全力以赴稳增长、调结构、促改革、惠民生、防风险，扎实有效解难题、补短板、打基础、谋长远、保安全，全县经济发展稳中有进、社会大局和谐稳定。

2017年是供给侧结构性改革和转型综改的深化之年，也是我县集中发力、赶超发展的关键之年。做好今年的工作，意义重大，影响深远。

**一、2017年政府工作总体要求**

深入学习贯彻习近平总书记系列重要讲话精神和治国理政新理念新思想新战略，认真贯彻中央、省、市"两会"精神，坚持稳中求进工作总基调，坚持以深化供给侧结构性改革为主线，坚持以提高发展质量和效益为中心，坚持把"三市一中心"、盐临夏一体化和建设"三县一基地"有机结合，认真践行"一个指引、两手硬"，强力推进"三动三新"，牢固树立"32字"工作导向，全面从严强党建、凝心聚力谋发展、千方百计惠民生、以上率下抓落实，努力实现"六个突破"，全力促进经济稳步向好和社会和谐稳定，以优异成绩迎接党的十九大胜利召开。

**二、2017年经济社会发展主要预期目标**

地区生产总值增长5.5%，规模以上工业增加值增长3.5%，社会消费品零售总额增长6%，城镇居民人均可支配收入增长6.5%，农村居民人均可支配收入增长7%，一般公共预算收入增长3%，外贸进出口总额与去年基本持平，固定资产投资增长目标根据新的统计口径研究设置。约束性指标严格完成省、市下达任务。

**三、重点抓好九方面工作**

（一）以改革创新开放为动力，全面提高发展的质量和效益。一是深化供给侧结构性改革。"去产能"，力促转型升级。引导传统工业企业及时进行技术改造和设备更新，淘汰低端产能；鼓励企业优化产品结构，增强内生动力，提高潜在增长率。"去库存"，激发市场活力。支持金融机构和住房公积金对首套和改善型购房需求加大贷款力度，打通易地搬迁安置、棚户区城中村改造、农民工市民化、外来购房需求和新就业人员的购房通道；引导企业以需定产，鼓励企业加大产品推介力度和创新营销模式，有效降低工业品库存。"去杠杆"，提升服务水平。发挥金融调节经济作用，优化企业资产负债结构，创新质押抵押方式和途径，探索完善新的担保机制，解决企业发展的资金瓶颈。"降成本"，创优发展环境。落实好国家、省、市惠企减负政策，多措并举降低企业综合成本。"补短板"，破解发展难题。补齐脱贫攻坚中规划布局不清晰、产业与集体经济融合不充分、易地搬迁产业配套不到位的短板；补上城市发展中存在的规划编制缺失、基础设施薄弱、城中村改造进展缓慢的硬短板和文明素质不高、违法违章建设时有发生的软短板；补好民生事业中存在的教育发展水平不高、医疗卫生投入不够、文化产业发展缓慢、就业形势不容乐观的短板。二是抓好关键性体制机制改

革。“放管服”改革方面，推进行政审批制度改革；减少审批层级、优化办事流程、压缩审批时限，推行“互联网＋政务服务”；实施“双随机、一公开”，加快综合行政执法改革；继续实施“五证合一、一照一码”，做好个体工商户营业执照和税务登记证“两证整合”。财政金融创新方面，创新投融资模式，成立融资公司、担保公司，推行PPP模式、政府购买服务，争取更多政策贷款、基金投资，更快更好用于公共服务、基础设施等重大民生工程。社保领域改革方面，落实机关事业养老保险制度，实施全民参保登记计划，促进社会保险全覆盖；深化公立医院综合改革，加快建立分级诊疗制度，提升医疗服务能力，提高县域就诊率，努力实现大病不出县。农村综合改革方面，加快土地确权登记颁证、“不动产”登记，有序推动农村土地所有权、承包权、经营权“三权分置”，完善产权交易中心建设；深化农村集体产权制度改革，开展集体资产清产核资工作，创新农村集体经济合作组织，有效盘活农村资金、资产、资源；开展供销社、国有林场、林权、水权制度改革。三是加快工业园区向开发区迈进。科学制定工业发展规划和开发区改革实施方案，推动“三化三制”改革；依托晋新双鹤和佳能达华禹筹建医药产业园区，做好产业对接协作，打造特色鲜明的技术创新平台，成为新型工业发展的引领区和新兴产业的聚集区。四是扩大对外开放交流。积极参与、融入“一带一路”规划，主动承接沿海地区加工贸易产业梯次转移，在综改试验区建设、晋陕豫黄河金三角区域合作、中原城市群等区域性规划实施中进行战略布局，加快同城化，打造后花园，推进“盐临夏”一体化发展进程。

（二）以推进项目建设为支撑，不断蓄积经济发展后劲。一是坚定不移抓项目。策划包装项目，精心策划包装格瑞特生态园、宇达工业文化艺术园、中药材种植基地、食用菌加工等一批可行性高、特色优势明、发展前景好、带动能力强的重点招商引资项目，力争将其列为省市发展重点。积极争取项目，加强与上级部门对接，争取更多的政策、项目、资金支持；采用PPP模式，引导社会资本参与，实施一批民生改善和基础设施完善工程。加快落实项目，抓好75个重点建设项目的落地推进，保障项目快速推进。二是锲而不舍抓招商。力争项目签约达到80亿元以上，到位资金达到16亿元以上。三是坚持不懈抓服务。营造良好政务环境和投资环境，落实国家、省、市优惠政策，制定出台县域优惠办法，引导全社会尊重、支持和爱护企业家，形成亲商敬商富商爱商的浓厚氛围，在全县掀起项目建设和招商引资的热潮。

（三）以壮大实体经济为重点，着力建设新型工业基地。一是主攻产业提质扩规增效。农副产品加工方面，以格瑞特、田源果汁、晋星牧业、石羊饲料等为重点，加大配套延伸，提高产业集聚，完成田源果汁浓缩果蔬浆加工项目，推进山西粮食储备库仓储物流贸易项目，加快润恒物流项目复工。生物医药产业方面，以晋新双鹤、佳能达华禹为重点，发挥特色优势，拓展销售市场，助推其申报省级高新技术企业。装备制造产业方面，以安瑞风机、晨丰交通等为重点，加快转型步伐，重点实施同利电机现场效能测试仪生产线项目、威龙新建动车制动盘生产线项目、东晟彩印生产线项目，完成安瑞年产1000台地铁风机生产线和晨丰交通专用汽车建设续建项目。新能源产业方面，在天润一二期投入运营、华电风电项目并网运行的基础上，新开工天润三期、四期风电项目，风电装机容量达到34.75万千瓦。实施年产6万吨生物质颗粒燃料项目，循环利用农林废物。二是传统产业改造延伸提升。以多种方式支持翔天钢铁、运力化工、金星镁业等传统产业加大技术改造，提升产品技术、工艺装备、能效环保等水平，拉长产业链条，促进传统产业新型化，增强核心竞争力，提高市场占有率。三是实体经济创新转型升级。以“三个一百”“三个十”企业为重点，大中小企业全覆盖，既扶优扶强，也扶新扶小，加大解困扶优工作力度。争取省市中小企业发展专项基金，引导优势企业实施人才提质、管理提高和品牌提升“三大工程”，降低成本，提高效益。力争全县规模以上企业发展到21家。四是推进大众创业、万众创新。打造中小企业孵化平台，营造“双创”的浓厚氛围，支持个转企、小升规、规改股、股上市，创新型中小企业成长为“科技小巨人”。

（四）以培育特色优势为导向，加快推进现代农业步伐。一是提高农业供给质量。实施农业功能化战略，加强科技创新，延伸拓展链条，引进生物营养强化技术，发展富硒、富锌、富钙等具有改善健康功效的农产品；鼓励农产品加工企业，大力研发葡萄酒、柿子醋、钙果酱、香菇酱、绿茶、花椒等具有养生保健功效的功能性食品、药食同源产品，推动供给结构由低端向中高端迈进。实施农业标准化战略，实施核桃、花椒、红枣、桃杏等干鲜水果经济林提质增效工程和设施蔬菜提质增效试点工程，发展食用菌种植；加强质量安全监管，推进“三品一标”认证。实施农业品牌化战略，开展“优品种、提品质、创品牌”行动，做强做优“夏乐”西瓜品牌。实施农业园区化战略，以西瓜、红枣、葡萄、花椒、菊花、茶叶、食用菌等特色产业为主，推进“百园千村”建设，打造一批科技含量高、生产技术领先的现代农业高端示范园、科技示范园和精品示范园。实施养殖规模化战略，充分发挥畜牧龙头企业的带动作用，新大象种猪养殖、德盛养殖精准帮扶园区、裴介犇鑫肉牛养殖等项目要投产见效，打造竞争力强、带动面广的全产业链基地。二是夯实农业发展基础。稳定粮食生产，确保粮食安全，总产量保持在22.4万吨左右。改善新增禹王、裴介两个乡镇10个村优质农田灌区面积2133公顷；完成标准农田整治项目和土地整理项目，加强耕地质量保护和提升。持续加大财政和金融对"三农"的支持，加快农产品集散中心建设。三是拓宽农民增收渠道。积极发展农业新模式、新业态，鼓励多种形式适度规模经营，培育一批新型经营主体，培养一批新型职业农民，创新农村集体经济合作组织。开展"互联网＋"现代农业行动，加快发展农村电商，依托"阿里巴巴""农芯乐"等电商平台，畅通农产品供给渠道。发展休闲农业和乡村旅游，促进一二三产业融合发展。落实惠农补贴政策，加大农业保险力度，帮助农民规避风险、增加收入。

（五）以发展全域旅游为路径，全力实现文化旅游突破。一是整体布局，全域规划。成立旅游发展改革委员会，编制完成全域旅游发展规划，争取全域旅游示范县。打造精品旅游线路，推进文物和文化遗产合理适度利用。二是发挥优势，拓宽融资。创新管理经营机制，探索旅游业市场化道路，拓宽融资渠道，引进战略合作者，加快景点开发步伐。三是提升龙头，重点突破。重点启动温泉综合开发项目；加快完成祁家河旅游综合开发项目规划编制；实施恒泽山水旅游、司马光景区提升、城内关帝庙修缮和晋茶文化长廊建设项目；加快旅游基础设施配套。四是扬长补短，融合发展。将现代农业、新兴工业、城市建设、美丽宜居乡村、"互联网＋"等多种特色优势元素与文化旅游产业深度融合，发展农村休闲、农园采摘、农家餐饮、农耕体验等系列乡村旅游品牌，把城乡基础设施建设按照景区来规划和布局，培育温泉养生、泗交避暑、老慢支康疗等相关幸福产业，全方位走农旅融合、景城融合、产城融合之路。

（六）以绿色发展理念为引领，持续打造生态文明强县。加大生态建设力度。实施城区、村镇、道路水系、特色经济林和山区森林保护抚育与建设五大森林工程，完成50千米通道增景增色、15个园林村提档升级、林荫路东延和西北环道路绿化美化工程，争取山西太宽河省级自然保护区升级为国家级保护区。加大水域治理力度。成立夏县大禹水务投资有限公司，完成温峪引水工程和农村饮水安全工程，实施涑水河夏县段河道治理工程，强化水库、河道隐患排查和治理，确保河道、水库运行安全。加大环境整治力度。落实大气、水、土壤污染防治行动计划，新建投资水头污水处理厂，提高中水回用率；深化"控煤、治污、管车、降尘"重要举措，扎实推进"铁腕治污"和扬尘污染专项行动，坚决打赢生态环境保卫战。

（七）以开展六城同创为抓手，统筹推进城乡均衡发展。一是实施大县城战略。优化城市布局，在路网框架、水系建设、房屋建筑、产业发展、公共服务等方面科学合理布局，强化规划引领，切实维护规划的严肃性、权威性。完善城市功能，巩固"煤改气"采暖成果，继续扩大覆盖面；完成生活垃圾处理场续建工程和建筑垃圾处理场建设，改造升级后的县城污水处理厂投入运营；启动全民健身中心；有序运行120辆城市公交新能源纯电动汽车，让广大群众生活更加便捷。提升城市品质，加大县城基础设施建设投入，重点实施"一河五路多节点改造"。整治城市环境，大力推进文明县城创建，规范集贸市场、规范经营秩序、整治交通秩序、整治市容环境、打击违法违章建设，彻底优化、美化城市环境。二是发展特色小城镇。配套基础设施，完善服务功能，侧重发展瑶峰、水头、胡张工业型城镇，裴介、庙前商贸型城镇，禹王、埝掌、尉郭、南大里现代农业型城镇，泗交、祁家河旅游型城镇，鼓励水头蒸馍、裴介猪蹄、鲁因挂面、禹王木雕、尉郭荷包等特色手工艺发展壮大，培育产业"特而强"、功能"聚而合"、形态"小而美"、机制"新而活"的特色小镇。三是建设美丽宜居小康村。完成泗交村、西下冯村省、市级美丽宜居乡村建设。完成600户农村危房改造。加强农村公路和电力建设，创建全省"四好农村路"示范县。继续实施农村人居环境改善工程，推动农村生活垃圾治理和生活污水综合利用。

（八）以脱贫攻坚工作为统领，切实改善民生社会事业。坚决打赢脱贫攻坚战。如期实现67个村11407人稳定脱贫、贫困县摘帽。一是发展产业支撑。壮大农村集体经济，确保今年退出的67个村集体经济"破零"，带动贫困户脱贫增收。二是加大金融帮扶。以财政扶贫资金为撬动，推进"政府＋银行＋保险＋实施主体＋贫困户"五位一体的金融扶贫模式，扩大产业扶贫贷款和扶贫小额信贷成效。三是提速易地搬迁。涉及6个乡镇7775人的8个集中安置点全部如期保质完工，基本达到入住条件，确保贫困人口搬得出、稳得住、可发展、能致富，创造经验，树立样板。四是完善基础设施。加强对贫困村公共服务设施和农业基础设施的投入，抓好水、电、路、房、网到村到户。五是落实政策保障。加大财政补贴力度，提高城乡低保标准，推进低保线、贫困线"两线合一"，教育、卫生、民政、保险等相关政策要兜住底线。全力保障和改善民生。一是坚持教育优先发展。全方位创优环境，大力提升高中教育水平；扎实开展"三名"创建，狠抓教学管理，提升教育质量；加大教育基础设施建设力度，实施实验中学迁建工程，完成中小学全面改薄工程并通过国家义务教育均衡验收，新建埝掌、郭道两所中心幼儿园；抓好运城护理职业学院对口帮扶我县职业中学，为县域经济发展培育技能人才。二是发展文化体育事业。健全完善县、乡、村文化体育基础设施，开展全民健身、全民阅读和各类文艺活动。三是抓好医疗卫生工作。开展爱国卫生运动，加快健康夏县建设，争取国家中医药工作先进县；加快医疗机构人才引进和地方人才培养；完成水头镇、胡张乡中心卫生院业务用房建设，新建改建63个村卫生所。四是积极扩大就业。坚持以创业带动就业，实施职业培训全覆盖计划，拓宽就业渠道，提升就业服务水平；统筹抓好农村转移劳动力、城镇失业人员、退役军人、高校毕业生等群体的就业工作；确保零就业贫困家庭动态清零，稳步增加城乡居民收入。五是推进其他社会事业。福利中心养护楼投入运营，启动县城中心敬老院建设，为贫困重度残疾人发放生活补贴和护理补贴；坚持军民深度融合发展，继续做好“双拥”共建工作。

（九）以保障安全稳定为根本，维护社会大局和谐有序。加强安全生产监管。所有企业都要做到安全责任、管理、投入、培训和应急救援“五到位”。强化乡镇执法力量，严格执行安全生产风险隐患排查治理“零报告”制度，开展反“三违”行动，对食品药品、危险化学品、道路交通、建筑施工、人员密集场所等重点领域开展专项治理活动，健全隐患排查治理长效机制。加强社会综合治理。深入开展“平安夏县”建设，做好矛盾纠纷排查化解，实行网格化管理，强化网络安全管理，建设立体化社会治安防控体系，严厉打击各种违法犯罪活动，确保社会安全和谐稳定。

全面小康前景美好，转型升级重任在肩。让我们更加紧密地团结在以习近平同志为核心的党中央周围，在县委的坚强领导下，坚定信心，锐意进取，为实现“六个突破”、建设“三县一基地”目标而努力奋斗，以优异成绩迎接党的十九大胜利召开！

# 努力建设经济繁荣、社会和谐、民生殷实、生态优美新平陆

平陆县县长　李　旸

2016年，在市委、市政府和县委的正确领导下，我们深入学习贯彻党的十八大、十八届三中、四中、五中、六中全会和习近平总书记系列重要讲话精神，认真贯彻落实“三动三新”战略，按照“一二三四五”总体思路和“一城两集群”发展格局，以“三个一百”为抓手，以重点项目建设为突破，团结和带领全县人民攻坚克难、负重奋进，圆满完成了各项目标任务，实现了“十三五”的良好开局。

2017年是全面贯彻落实省委第十一次党代会、市委第四次党代会、县委第十四次党代会精神的起步之年，是供给侧结构性改革的深化之年。做好今年的工作，意义重大，影响深远。

**一、2017年政府工作总体思路**

深入学习贯彻习近平总书记系列重要讲话精神和治国理政新理念新思想新战略，认真贯彻中央经济工作会议、省委十一届二次全体会议暨经济工作会议、市委四届二次全体会议暨经济工作会议精神，按照省第十一次党代会、市第四次党代会、县第十四次党代会的总体部署，坚持以脱贫攻坚统领经济社会发展全局，坚持稳中求进工作总基调，坚持以供给侧结构性改革为主线，深入实施“一二三四五”经济社会发展总体思路，着力构建“一城两集群”发展格局，全力确保脱贫攻坚年度目标完成、经济持续向好、社会和谐稳定，努力建设经济繁荣、社会和谐、民生殷实、生态优美新平陆，以优异成绩迎接党的十九大胜利召开。

**二、2017年县域经济社会发展主要预期目标**

地区生产总值增长6％左右，规模以上工业增加值增长3％左右，固定资产增长目标根据新的统计口径研究设置，社会消费品零售总额增长6％左右，一般公共预算收入下降3.8％左右，城乡居民人均可支配收入分别增长7％和8％左右，居民消费价格涨幅控制在3％左右，城镇登记失业率控制在4％以内。约束性指标不折不扣完成市、县任务。

**三、重点实施“六大工程”**

（一）重点领域改革工程。一是深入推进“三去一

降一补”。全力推进总投资189.53亿元的45个重点项目，今年完成投资20.88亿元，着力优化产能结构，不断提升经济增长的质量和效益。积极对接帮扶好复晟铝业、昌盛不锈钢、阳煤新科等重点企业，帮助企业降低成本、减轻负担，实现轻装上阵。二是稳妥推进农村综合改革。深化农村集体产权制度改革，开展集体资产清产核资工作。在全面完成土地确权登记颁证的基础上，有序实施农村土地所有权、承包权、经营权“三权分置”，完善产权交易中心建设。稳步推进供销社综合改革。加快推进国有林场改革，深化集体林权制度改革。三是扎实推进社保领域改革。落实城乡居民基本医保并轨制度，推进基本医保异地结算和医保支付方式改革。继续推进机关事业养老保险制度改革，实施全民参保登记计划，促进社会保险全覆盖。巩固深化公立医院综合改革，落实政府办医责任，完善医院补偿机制，严格实行药品流通“两票制”，确保药品配送使用安全高效。加快建立分级诊疗制度，大力开展家庭医生签约服务，提升基层医疗卫生机构服务能力。推进县乡医疗卫生一体化，县域内就诊率平均提高到85%左右，基本实现大病不出县。四是积极推进“放管服”改革。继续简政放权，着力优化审批流程，加快实体政务大厅建设。加快推进市场监管、卫生计生、文化旅游、商务流通、城乡建设、城市管理6个领域的综合行政执法体制改革，全面实施“双随机、一公开”监管。继续削减工商登记前置审批事项，重点做好个体工商户营业执照和税务登记证“两证整合”。

(二)“一城两集群”崛起工程。一要狠抓“大县城”战略。加快中心城区建设。大力开展“五城同创”，不断完善城市功能，提升城市品位和形象，使“路更畅”“住更暖”“环境更美好”。积极推行“PPP”模式，深入推进城市基础设施建设。桥西路项目争取年底前北段基本建成，太阳南路项目5月开工，向阳街西扩项目(古虞路至桥西路段)加快建设进度。做好圣人大街太阳路至高速引线段、新湖大街西扩两条道路的前期工作。污水处理厂二期项目2018年完工投用。继续扩大城市集中供热面积，努力实现中心城区集中供热全覆盖。加快小城镇建设。抓好张店、常乐、曹川等小城镇建设，增强产业集聚功能，形成一批经济繁荣、功能齐全、环境优美、辐射力强、特色鲜明的中心镇，实现城乡发展深度融合。打通阻碍大县城、小城镇、新农村协调发展的“肠梗阻”，重点抓好曹三线陡泉至三门段道路改造项目，4月开工，11月建成通车。加快美丽乡村建设。深入实施农村人居环境改善工程，铺开沿山、中塬、沿河三个连片示范区，3年内创建美丽乡村示范村15个；打造人口相对集中、产业相对集聚、公共服务设施相对完善的新型农村社区1个，努力实现村容整洁环境美、村强民富生活美、村风文明人文美、村稳民安和谐美。二要狠抓“煤电铝材”一体化产业集群。以扩大规模、优化结构为目标，重点抓好总投资112.93亿元的11个工业重点项目，2017年要完成投资12.95亿元。对续建的年产50万吨铝矾土矿开采、凯迪五龙山4.8万千瓦风电、阳煤丰喜4万吨三聚氰胺联产12万吨碳氨等项目，要全程跟踪，搞好服务。对新开工的晋虞铝业年产60万吨铝矾土开采、中广核三期4.2万千瓦风电、新环公司年产8000万件冶金粉末迁建等项目，要重点帮扶，全力培育。对储备的160万吨氧化铝、北京天润二期5万千瓦风电、30兆瓦生物质发电、3×15兆瓦热电联产、工业园区供水等项目，要尽快完成前期工作，力争早日具备开工条件。继续开展“干部入企”和“项目大起底”，及时发现问题，及时解决问题。注重中小微企业培育和发展，广泛开展“双创”活动，努力实现“投资500亿元、实施50个项目、达到500亿产值”目标。鼓励支持“煤电铝材”一体化企业加大科技投入，开展技术改造。抓住复晟铝业列入国家智能制造试点、新环橡塑全国行业技术领先的机遇和优势，开展重大研发活动，深化产学研合作，不断提升企业核心竞争力。大力实施“人才强县”战略。加快网络基础设施建设，促进“互联网+工业”有序发展，为“煤电铝材”一体化发展提供智力支持和信息保障。三要狠抓“文化旅游”产业集群。精心打造旅游品牌，依托“中国大天鹅之乡”“中国十佳最具投资潜力文化旅游目的地”和“中国最美生态文化旅游名县”品牌，加大宣传推介力度，不断拓展旅游客源地，力争3年打造两个以上3A级旅游景区。加快旅游项目建设，大力发展乡村休闲、特色村寨、度假养生等新型旅游业态。重点推进黄河金三角平陆大天鹅生态经济示范区项目、老龙潭景区提档升级工程；横店电影城力争下半年投入使用；杜马上村至凤凰谷、金鸡堡旅游路项目年底建成通车；下阳城金鸡堡景区、黄河大漂流、毛家山景区等项目加快筹备步伐，不断提升文化旅游品质。加大文物保护投入，切实做好文物保护和开发利用工作。

(三)精准脱贫攻坚工程。一是规划引领，设计先行，把作战龙头舞起来。及时调整优化20个行动计划，促进真扶贫、扶真贫、真脱贫。二是宣传引导，思想脱贫，把脱贫主体热起来。加强对贫困群众的宣传引导，激活贫困群众在产业发展、项目建设上的积极性和主观能动性。三是瞄准产业，因地制宜，把支柱产业立起来。深入实施投资1.2亿元的脱贫攻坚项目；大力推介平陆苹果、鲜桃、玉露香梨等特色农产品，积极开拓国内外市场，持续增加农民收入。四是锁定重点，强化措施，把扶贫对象扶起来。按照“六个精准、五个一批”的要求，采取“拉、帮、带”的方式，夯实工作基础，助推贫困户早日脱贫。2017 年要完成脱贫人口 1.2 万人。五是排除困难,想尽办法,把搬迁房屋建起来。精准落实易地扶贫搬迁工作措施,全面完成移民搬迁 1000 人,让贫困群众搬得出、稳得住、能致富。六是对接政策,出台方案,把扶贫资金用起来。整合扶贫、农委、水利、林业、金融等资金,统筹安排、优化配置,集中财力、高效使用,实现扶贫资金效益最大化。七是分解任务,传导压力,把扶贫责任扛起来。充分发挥驻村工作队、包村领导和第一书记"三支队伍"的作用,严格执行"精准扶贫业绩考核评价办法"和"脱贫攻坚工作问责暂行办法",切实以真考实评促真抓实干。八是消除顾虑,讲究方法,把脱贫信心树起来。强化示范引领,推广先进经验,坚定脱贫攻坚必胜信心。九是对标标准,统筹兼顾,把各项任务推起来。严格对照脱贫退出标准,细化工作任务,实时跟进贫困村、贫困户脱贫进度,确保脱贫攻坚工作有序推进。十是创新方式,树立标杆,把脱贫模式创起来。及时探索总结可复制、可推广的经验和做法,建立具有平陆特色的脱贫模式,力争成为全市、全省乃至全国的标杆示范。

(四)开放带动工程。深化区域合作。紧抓"五大国字号"政策叠加机遇,以煤电铝材、文化旅游、干鲜水果等特色产业为媒,推进跨区域资源共享和公交互通、医疗结算等公共服务领域的合作,拓展广度、增加深度,实现内涵式发展,让群众享受更多区域合作"红利"。加大招商引资力度。围绕"一城两集群"发展格局,制定相应的招商引资产业政策和规划,充实做大招商引资项目库,确定重点招商项目,瞄准重点区域,创新招商方式,不断提高合同履约率、资金到位率和项目开工率,确保完成市下达的招商引资任务。

(五)生态文明建设工程。加强环境污染治理。全面抓好大气、水、土壤污染防治。以"控煤、治污、管车、降尘"为抓手,全面落实大气污染防治行动计划。高度重视重污染天气监测预警及应对,强化重污染天气应急措施督查。加快曹川、杜马、洪池 3 个乡镇 10 个村生活污水处理工程建设,确保污水达标排放。加强饮用水水源地保护和入黄断面监管,确保水质达标率 100%。引深"铁腕治污"行动,依法严惩各类环境违法违规行为。初步确定生态保护红线边界,全面完成空气质量考核指标。扎实开展植树造林。大力开展植树造林,建设绿色生态屏障,全年完成造林 1733 公顷。推进资源能源节约集约利用。全面推进工业、建筑、交通、公共机构和商贸等重点领域的节能降耗工作,推广使用节能产品,确保节能降耗约束性目标如期完成。

(六)民生民本改善工程。一是扎实办好民生实事。全面承接落实省政府提出的六件民生实事:实施 60 名残疾预防重点干预和残疾儿童抢救性康复项目;对所有建档立卡的农村贫困妇女免费进行"两癌"检查;为城乡怀孕妇女提供免费产前筛查和诊断服务;新建农村老年人日间照料中心 5 个;免费培训建档立卡农村贫困人口 319 名;免费送戏下乡 120 场。办好办实市政府提出的五件民生实事:抓好集中供热工程,对城区居民清洁能源替代实施财政补贴;用两年时间完成城镇所有小街小巷道路平整、路灯照明、视频监控三项工程;用两年时间完成农村乡镇垃圾中转站建设任务,2017 年建成两座;实现免费法律咨询全覆盖,法律援助工作机构覆盖所有农村、社区及困难企业,做到应援尽援;中心城区公共自行车系统积极与市有关部门对接,探索符合平陆实际的绿色出行方式。二是全面加强社会保障。实施职业培训全覆盖计划,统筹抓好农村转移劳动力、城镇失业人员、退役军人、高校毕业生等群体的就业工作。扎实开展就业援助专项行动,托底帮扶就业困难人员,确保零就业家庭动态清零。2017 年城镇新增就业 3900 人。做好妇女儿童和老龄工作,维护弱势群体切身利益。提高城乡低保标准,推动脱贫线、低保线有效接轨。三是加快发展文教卫生事业。大力发展普惠性学前教育,西街初中和条山幼儿园力争秋学段投入使用;改扩建农村幼儿园两所;巩固义务教育均衡发展成果;全面实施农村义务教育学生营养餐改善计划。国庆节前建成杜马战役英烈西牛纪念园、柳沟纪念园项目。开工建设殡仪馆和人文纪念园。县医院整体迁建项目力争 10 月正式投用。在解决偏远山区 5300 余户群众看电视难问题的基础上,新建转播塔 5 座,实施地面数字化覆盖工程。四是狠抓安全生产。持续开展煤矿、非煤矿山、危险化学品、冶金工贸、道路交通、建筑施工、防火防汛、人员密集场所等重点领域专项治理行动。严厉打击矿山、成品油等领域非法违法行为,消除安全隐患。加强食品药品安全监管,保障人民群众舌尖上的安全。强化应急管理,提高应急处置能力,确保安全生产形势持续稳定好转。五是全力维护社会稳定。深化"平安平陆"建设,强化信访工作,认真做好征地拆迁、劳动关系、交通事故、医患纠纷、环境保护、脱贫攻坚等领域的矛盾纠纷排查化解,妥善处置各类群体性事件,持续深入推进打黑除恶、铲除黄赌毒、治爆缉枪"三大战役"专项行动,不断提升群众安全感和满意度。

我们将更加坚定全面建成小康社会的信心和梦想,撸起袖子、甩开膀子、扑下身子、狠抓落实,坚持推进"一二三四五"总体思路和"一城两集群"发展格局,坚决打赢打胜脱贫攻坚战,以优异的成绩迎接党的十九大胜利召开!

# 攻坚克难,奋力拼搏,推动全省环境质量进一步改善

山西省环境保护厅党组书记、厅长　**郭长青**

2016年,全省环保系统在省委、省人大、省政府的正确领导和有力监督下,以环境质量改善为导向,以打好大气、水和土壤污染防治三大战役为重点,以治理雾霾为切入点,坚持改革创新,坚持突出重点,坚持法治思维,积极应对不利因素,集中解决突出环境问题,全省环保工作取得积极成效。

尽管2016年在环境质量改善方面采取了积极的措施,不断加大工作力度,但与2015年相比,我省大气、水环境质量出现下滑问题。其中,PM2.5平均浓度上升7.1%,平均达标天数减少4天,达标天数比例下降1.1个百分点;劣五类水体断面比例较控制目标高出3.5个百分点。认真分析,主要原因有以下三点:

一是从能源和产业结构看。能源结构和产业结构决定了环境质量的现状。我省主要污染物排放总量和排放强度居高不下。2015年,全省二氧化硫、氮氧化物排放量分别居全国第4位、第7位;万元GDP排放量分别居全国第2位、第3位;单位面积排放负荷分别居全国第5位、第9位。2016年,单位面积耗煤量是全国平均水平的5倍左右。特别是去年以来,全省经济回暖,工业复苏,焦炭、粗钢、水泥、氧化铝、发电量等主要工业产品产量均同比增加,污染物排放量进一步加大。

二是从自然条件看。环境空气质量方面,2016年进入秋冬季以来,我省空气湿度增大、地面风速减小、冷空气减弱、静稳天气增多,污染物扩散条件极为不利,导致高强度、大范围雾霾频发。2016年全省重污染过程和天数同比分别增加9次和77天次。全省共发布103次重污染天气预警,比2015年增加82次。水环境质量方面,我省多数河流自然径流小,季节性断流普遍,自净能力差。加之城镇污水处理能力不足,部分污水直排河道,加大了水环境质量改善的难度。2016年大同固定桥断面和阳泉桃河断面均因上游污水处理厂提标改造,导致污水直排,未能完成国家考核要求。

三是从工作推进情况看。一些地方在科学把握经济发展与环境保护关系上还不到位,仍然存在重发展轻环保的问题。应对重污染天气的预见性、科学性、针对性和有效性还不强。环保基层基础工作特别是基层环境执法监管基础薄弱,人员不足、素质不高、装备不良等问题依然存在。

2017年5月,省人大常委会听取和审议省政府2016年环保工作,并继续组织"三晋环保行"活动。楼阳生省长主持召开省政府常务会议,先后审议通过大气、水、土壤污染防治2017年行动计划,在临汾市主持召开由重点市市长参加的环境质量改善工作座谈会,强调坚持绿色发展理念,正确处理环境质量与转型发展、稳增长和治污染、治标与治本的三个关系,改善和提升全省环境质量。我们要将省委、省人大、省政府的安排部署进一步工程化、项目化、措施化,重点做好以下工作:

一是突出打好"三大战役"。打响蓝天保卫战。全面落实行动计划安排的七个方面30项重点任务。要强化重污染天气应对,加快修订重污染天气应急预案,严格实施重污染天气调度令,严格落实应急减排措施。特别是要把燃煤污染控制作为应对重污染天气的重中之重。省政府近期将印发《关于进一步控制燃煤污染改善空气质量的通知》,各市也在抓紧制定控制燃煤污染工作方案,积极抓住非采暖期施工黄金期,加大力度推进煤改电、煤改气工程,推进集中供热工程建设,提高城市集中供热率;"4+2"城市要划定"禁煤区"、实现煤炭消费总量负增长、执行燃煤锅炉特别排放限值。要强化工业企业污染治理,已出台《工业污染源全面达标排放工作方案》,全面排查工业污染源排放情况,加大超标排放整治力度,规范在线监控运行监管。年底前,9个重点行业要实现全面达标排放。特别是钢铁、焦化行业要在去年提标改造的基础上,要按照全面达标的要求进一步深化。要把扬尘治理作为非采暖期大气污染防治的重中之重。住建部门已下发《扬尘污染管控工作方案》,要加强对施工工地、道路运输、物料堆场的扬尘监管。同时,加大黄标车老旧车淘汰力度。做好5月份北京"一带一路"高峰论坛期间的空气质量保障工作。实施水污染治理攻坚战。全面落实《水污染防治2017年行动计划》安排的8个方面39项重点

任务。重点是突出175个重点工程项目，督促市县政府落实责任，明确施工进度，加快推进工程建设。2017年175个工程要全部开工建设，力争年底前完成65%左右。突出国家考核的58个地表水断面监管，制定水体达标方案，强化断面周边水体污染源整治，特别是针对改善难度大的劣五类水体断面，落实政府责任，实施专项整治，确保全省地表水断面达到国家下达的控制目标。突出"河长制"落实和黑臭水体治理，太原市要在年内基本消除建成区内黑臭水体。其他设区市建成区黑臭水体消除比例达60%。实施土壤污染治理攻坚战。推进土壤污染详查，建立污染地块名录及其开发利用的负面清单，以耕地和建设用地为重点有序开展土壤环境治理修复，实施农用地分类管理和建设用地准入管理，强化土壤环境风险管控和安全利用。

*二是深化体制机制改革。*加快推进生态保护红线划定工作，在已有成果的基础上，对照国家新的要求和技术指南，会同发改部门进一步修改完善《山西省生态保护红线划定方案》，确保2018年底前完成。积极推进环保垂管制度改革，在学习借鉴试点省作法的基础上，结合我省实际，抓紧情况摸底，制定实施方案，确保2018年6月底前完成垂改任务。推进排污许可制度改革，在去年试点工作的基础上，抓紧制定出台《关于贯彻落实控制污染物排放许可制的实施意见》，尽快形成以排污许可为核心的固定源环境管理制度体系。年底前按规定完成重点行业及产能过剩行业排污许可证核发。加快环保大数据建设。按照省政府《生态监测网络建设工作方案》，抓紧制定出台年度推进计划，充分运用信息化手段，在完善污染源在线监控、优化城市环境空气质量监测网络、非国控水质监测数据联网、县级监测事权上收等方面取得实质性进展。

*三是进一步强化环保督察。*在2016年对4个市实施省级环保督察的基础上，按照省环境保护督察领导小组第三次会议部署，适时启动对忻州、晋中、吕梁三个市的省级环保督察。同时，2017年中央环保督察组将进驻我省进行环保督察。为做好迎接中央环保督察前期准备工作，省政府和省环保督察领导小组相继召开专题会议进行部署，成立了七个工作小组，向各市下发了生态环境突出问题自查自纠实施方案和问题整改清单。目前，各工作小组和各市正按要求开展工作。当前重点是认真收集、整理、汇总相关工作资料，深入开展自查自纠，切实解决突出环境问题。

*四是严格生态环境执法。*严格的环境执法是改善环境质量的重要保障。要严格贯彻落实《山西省环境保护条例》，进一步加大宣传力度，依法开展执法行动，"四类典型案件"查处工作要确保在全国继续保持领先水平。要主动向省人大常委会汇报工作，接受人大监督。积极配合省人大开展"三晋环保行"活动和放射性污染防治法、放射性废物安全管理条例专项执法行动。要继续深化"铁腕治污"，开展强化行动，将"铁腕治污"常态化，重点向县（区）聚焦，督促县级党委政府落实环保主体责任，推进重点环境问题整改。

*五是高度重视环境安全。*加强监测预警能力建设和应急处置指挥系统建设，完善突发环境事件预警和应急平台，加强环境敏感项目源头预防措施和事中事后监管，加强环境应急事件的处置，确保全省环境安全；自觉接受舆论监督，完善环保舆情监控和应对机制，进一步畅通与群众沟通的渠道，动员全社会积极参与环境保护。

2017年，全省环保系统将坚决按照省委、省政府的工作部署，自觉主动接受省人大的监督，攻坚克难，奋力拼搏，推动全省环境质量进一步改善，为不断塑造美好形象，实现振兴崛起做出新的更大贡献。

# 提升管理服务水平<br>开创社会保险经办工作新局面

山西省社会保险局局长　孔宪江

2016年是极不平凡的一年，全省经济发展低位企稳回升，企业欠费形势严峻，全省各级社保经办机构在厅党组的正确领导下，迎难而上，认真履职，社保改革向纵深发展，安全网越织越密，保障水平持续提高，信息化建设加快步伐，经办能力不断提升，对全省经济发展和社会稳定做出了积极的贡献。

2017年，山西省社保经办工作总体形势不容乐观。一是基金失衡日益加剧，养老保险呈现“倒挂”现象，二是服务要求日益提高，基层服务能力不足，三是社会保险管理体制没有理顺，服务成本高、效率低。面对困境，我们要把思想和行动统一到省委省政府对经济形势的科学分析和正确判断上来，统一到中央和省委的决策部署上来，变压力为动力，抓住机遇，深化改革，以更加积极主动的心态，打好这场攻坚战。

**一、2017年社会保险经办管理服务工作的总体思路**

深入学习习近平总书记系列重要讲话精神，认真贯彻十八届三中、四中、五中、六中全会精神，坚决落实省委“一个指引、两手硬”重大思路和要求，坚持稳中求进工作总基调，进一步深化社会保障制度改革，全面实施全民参保登记计划，加快推进机关事业单位养老保险入轨运行，加强社会保险基金管理，筑牢民生底线，积极引导预期，确保养老保险待遇按时足额发放，以“互联网＋社保”和大数据应用为支撑，不断提高社会保险经办管理服务水平，再创社会保险经办工作新辉煌，为十九大的胜利召开营造和谐稳定的良好氛围。

**二、主要预期指标**

全省人社系统“3710”行动计划提出37项考核指标，社会保险工作指标包括参保人数和基金征缴额两个方面共18项，占考核指标数的48.6%。参加城镇职工基本养老保险755万人，城镇企业基本养老保险职工433万人，机关事业单位基本养老保险职工105万人，城乡居民基本养老保险1543万人，城镇职工基本医疗保险650万人，城乡居民基本医疗保险2450万人，失业保险413万人，工伤保险576万人，生育保险458万人；城镇职工基本养老保险基金征缴870亿元，企业职工基本养老保险基金征缴408亿元，机关事业单位职工基本养老保险基金征缴462亿元(2014年10月至2017年12月)，城乡居民基本养老保险基金征缴15.46亿元，城镇职工基本医疗保险基金征缴165.58亿元，城乡居民基本医疗保险基金征缴37亿元，失业保险基金征缴18亿元，工伤保险基金征缴30.8亿元，生育保险基金征缴7.38亿元。

**三、2017年的重点工作**

(一)全面实施全民参保登记计划，努力实现社会保险法定人群全覆盖。全面实施全民参保计划登记计划已列入2017年省政府的重点工作，也是省厅“3710”行动计划的一项重点任务，我们要在总结试点经验的基础上，最后启动大同、晋中、忻州和吕梁4个市工作，在全省范围内全面实施全民参保登记计划，年底前完成数据比对清理，实现辖区内全部目标人群的参保登记，完善省级数据库，为建成全国全民参保数据库奠定基础。前期已试点的市，要尽快完成登记数据省级集中管理，并逐步探索建立数据动态管理机制，开展数据分析应用。要坚持边登记边扩面的原则，加大精准扩面力度，实现社会保险法定人群全覆盖。

(二)全力抓好社会保险费征缴，切实加大清理欠费工作力度。社会保险制度是以基金为支撑的，社会保险费的征缴是基金收入的主渠道，当前，企业严重欠费的不良局面已经引起省委省政府主要领导的关注，并亲自开会研究部署清欠工作，限期清理完毕。对各级社保经办机构来说，社会保险费的征缴、清欠是我们义不容辞的职责，我们绝不能满足于完成征缴任务，现在省委省政府下大决心、下大力气帮我们抓这项工作，我们一定要以此为契机，摸清底数，迎难而上，积极配合，主动与企业对接，逐户审定清欠计划，逐月跟踪落实，重点做好省国资委监管的22户省属企业的清欠工作，力争“五一”节前清理完毕，其余单位的欠费，也要同步跟进，争取年底前基本清理完毕，维护好参保人员的合法权益。

(三)确保机关事业单位养老保险改革入轨运行，实现新老制度顺利接轨。机关事业单位养老保险制度改革实施两年多来，经办工作取得了新进展，但也面临着工作进展不平衡、经办管理不到位、经办工作基础薄弱等矛盾和问题，需要引起高度重视。机关事业单位养老保险入轨运行是今年经办工作的重头戏，省本级和8个市已开始使用集中参保系统进行参保登记，大同、晋城、吕梁3个市没有开展相应工作，一定要按照时间表加快进度，绝不能拖全省的后腿。要使用全省统一的信息管理系统经办业务，规范业务经办流程，3月底系统将完成测试，届时各市要将接收的数据尽快导入，同时，网上经办系统也将同步上线运行。要认真做好2014年10月1日改革启动以来的基金结算工作。按照新老标准比较的办法，确保“中人”待遇计算准确无误。做好职业年金经办管理和账户管理工作，建立职业年金投资运营管理方案，建立机关事业单位基本养老保险和职业年金转移接续办法，确保新老制度平稳过渡、新制度全面入轨运行。

(四)确保养老保险待遇按时足额发放，稳步提高各类人员待遇水平。进一步强化确保发放的主体责任，确保各类人员养老保险待遇按时足额发放。按照人社部的部署，2017年将继续同步调整企业和机关事业单位退休人员基本养老金标准，我们要认真总结企业养老保险“十二”连调的经验，及早谋划，多渠道筹集资金，按规定严格支出管理，做好政策宣传解释，积极引导社会预期，按照要求如期调整到位，确保好事办好。特别是一些征缴困难、基金缺口较大的地区，要加强基金运行情况的分析研究，建立基金监控和风险预警机制，完善确保发放的应急举措。为提高全省城镇居民可支配收入，省人社厅、财政厅已经联合出台了提高企业退休人员取暖补贴标准的政策，各级经办机构要尽快落实到位。

(五)加强风险管控，确保基金安全。为防范社会保险经办领域各种潜在风险，确保基金安全可持续运行，人社部决定在各经办系统开展为期两年的社会保险经办风险管理专项行动。将以建设完善的经办风险管理为主线，以落实内控要求为核心，以基层经办机构为重点，以现场检查评估为手段，不断夯实经办机构风险管理基础，健全风险管理制度，提高风险管理水平，遏制基金安全重大案件的发生，使基金安全得到有效保障。各级社保经办机构要以此次专项行动为契机，强化制度建设，完善风险防控机制。按照要求先行自查，对每一项经办业务做细致的排查和梳理，找出风险点，完善管理制度，加以重点防控，特别要注意加强对乡镇、街道、社区等基层平台的考核和指导，对查出的问题必须限期整改。省里将组织检查验收，部里要进行抽查。

(六)深化社会保险领域各项改革，确保改革平稳过渡。要充分认识省厅关于企业职工正常退休审批办法改革的重要意义，做好这项工作责任重大，政策性强，敏感度高，各级养老保险经办机构既要把省厅“简政放权”的意图落到实处，又要按照各项政策规定严格把关；既要确保退休人员合法权益，又不能放任自流、乱开口子。我们一定要加强学习研究，深入了解退休政策，核准各项数据信息，确保养老保险待遇发放的时间、金额不出差错，基金不流失。要及早研究制定配套办法，确保改革平稳过渡，顺利接轨。要强化审计稽核工作。推广以购买服务的方式，借助会计师事务所等第三方专业审核机构的力量，开展社保征缴和待遇支付稽核，利用信息技术手段提高稽核效率。要全面落实城乡居民医保制度并轨经办工作，城乡居民养老、医疗保险经办机构之间、城乡居民医疗保险经办机构之间要加强沟通协调，本着便民高效的原则，以城乡居民养老保险集中缴费期制度为基础，积极探索城乡居民基本养老、医疗保险统一征缴办法。

(七)全面提升经办管理服务水平，加快建立便捷高效的社会保障服务体系。要充分发挥“互联网＋”的作用，不断夯实基础管理，大力推行综合柜员制，继续推进社保卡应用，积极推广网上办事、掌上社保等业务模式，加强跨省转移接续平台的应用，全力打造“电子社保”，实现数据向上集中、服务向下延伸。全面实施“五证合一”参保登记，加快推进登记信息共享工作，简化相应业务流程。太原、长治、朔州、忻州和吕梁要进一步强化工作，按照部和省的调度要求，按月上报推进情况。继续大力推行“五险统征”经办，再造社会保险经办业务流程，打破原有分险种设置的多个业务流程，以统筹设计、精确管理、风险控制为原则，根据各险种业务中的“共性”进行整合，统一归并“共性”，即参保登记、信息变更、核定基数、征缴保费、审计稽核等直接与参保对象发生业务的环节。暂不具备条件的地区要积极探索经办窗口和网上办事大厅等服务平台的整合，推动共性业务实现统一经办。要认真总结晋城标准化建设试点经验，继续推进全省社会保险经办机构标准化建设，全面提升社保经办管理服务水平，加快建立便捷高效的社会保障服务体系。

(八)精心组织，扎实做好其他各项重点工作。一是加强与住建、安监、工会等部门的沟通与协调，继续推动建筑业参加工伤保险，努力实现全部建筑企业从业人员参加工伤保险。二是扎实做好退役军人、军队职工和随军家属的社会保险转移接续工作。三是提高业务档案管理水平，实现档案管理系统与业务系统的衔接，逐步实现业务档案的电子化管理，保证档案完整性，提高档案使用效率。四是强化资格认证工作，将协助认证由城镇职工扩展到城乡居民，由经办机构认证扩展到自助认证，探索即时认证方式，全面推行全国异地认证平台的运用。五是开展基金运行分析，适时召开全省基金分析会，人社部将印发《基本养老保险基金运行风险管理预案》，我们要以此为契机，强化基金风险评估和研究，防范和化解基金运行风险，以短期预测和长期精算为基础，提高基金分析运行能力，积极做好预防和处置。六是要积极开展社会保险经办工作的课题研究，特别是经办机构的负责同志更要积极投身到课题研究之中，不当门外汉，不当旁观者。

(九)维护劳动者合法权益，全力做好维护社会稳定各项工作。社保经办机构作为服务发展、服务民生的重要窗口，每项工作都与人民群众的利益息息相关，一定要牢记全心全意为人民服务的宗旨，把回应民愿、化解民忧作为巩固和扩大“两学一做”活动成果的切入点，坚持以人民群众需要为重，以人民群众期盼为要，以人民群众满意为标准，认真解决群众反映的难点、热点问题，特别要注意弱势群体、退役军人等特殊群体的诉求，畅通投诉渠道，及时、合规地处理矛盾纠纷和侵害劳动者社保权益的事件和案件，认真负责地做好各项信访维稳工作。

(十)全面加强经办机构的作风建设，树立窗口单位新形象。按照“五位一体”总体布局和“四个全面”战略要求，坚持以人民为中心的经办服务理念，统筹兼顾、改革创新，持续推进窗口单位作风建设，当前重点是加强窗口单位的标准化、信息化、便利化和工作队伍“四项建设”,着力解决人民群众反映的突出问题,着力实现场所设置合理化、内部管理制度化、办事流程规范化、为民服务精细化、工作方法多样化,着力把各级窗口单位打造成展示良好形象、人民群众满意的公共服务平台。

面对严峻的经济形势和繁重的工作任务,我们要统一思想,砥砺前行,以时不我待的紧迫感和安国为民的责任心,全力以赴做好各项工作。一要牢固树立“四个意识”,确保中央政令畅通,二要坚决落实主体责任,始终坚持一岗双责,三要把握纪律底线,始终把加强廉政建设放在经办工作的首位。同志们,让我们凝聚起攻坚克难的正能量,共同塑造社保经办部门美好形象,以更加方便、快捷、优质的服务,确保完成全年社保各项目标任务,为党的十九大胜利召开守住民生底线,营造和谐氛围,做出社保经办的更大贡献。

# 坚持创新发展　加快转型升级 全力助推山西经济社会发展

太原铁路局局长　**赵春雷**

2016 年,太原铁路局认真学习领会党的十八大和十八届三中、四中、五中、六中全会精神,坚决贯彻落实国家供给侧结构性改革部署,在山西省委、省政府和中国铁路总公司的坚强领导下,坚持以服务山西经济转型发展为己任,加快推进创新发展、转型升级,整体工作保持了良好发展态势。

**一、坚持“人民铁路为人民”宗旨,持续提升客运服务品质**

坚持以“人民群众满意”为标准,全力服务人民群众出行和山西省经济社会发展需求,不断提升客运服务品质和能力,2016 年完成旅客发送量 7101.1 万人,同比增加 94.4 万人。一是围绕市场和人民出行需求,在客流高峰时段、热点热门方向实行加开、加挂、以卧代座等措施;在周末、节假日,启动大西高铁“周末线”“高峰线”,启用热备车底,加密动车和普客开行,极大地增加了运输能力。二是积极融入山西省文化旅游产业链条,开行了太原—大同的一站直达城际列车,并与地方政府及各旅游景点合作开展车票与景点门票联动互惠等活动,促进“游客变旅客,旅客变游客”;加大旅游列车开行力度,深度开发周末休闲游、主题文化游、群体度假游等产品,形成“铁路搭台、大家唱戏”的分享发展模式。三是联手东方航空公司、省民航机场集团签署“空铁联运”三方合作协议,创新性地将高铁车次与航班打包销售,实行空铁合作“一条龙服务、无缝化衔接”,构建区域综合交通运输体系,最大限度地方便旅客出行。四是创新推出二十大客运服务品牌,不断完善、拓展品牌内涵,创新服务项目,实现由数量扩展向质量提升转变。拓宽延展服务领域和深度,主动开通列车免费 WiFi,改造具有山西特色的餐车,做到有特色、有品质,实现路地双赢。

**二、推动货运产品供给创新,为经济社会发展提供可靠运力保障**

坚持在大局下行动,着眼国民经济发展和地方经济需求,优化运输组织,释放运输能力,全力确保关系国计民生的重点物资运输,2016 年货物发送量 5.12 亿吨,晋煤外运 3.86 亿吨,为经济社会发展提供了坚强的运力保障。一是以管内重载铁路为重点,编制“高、中、低”三种运行图,采取机车跨线运行、跨段调拨、交路混套等措施提高周转效率,积极组织 C80 车辆跨局运输和重去重回,全力保障晋煤外运和国家能源运输安全。二是积极适应经济发展新常态,从方便省内南北物资流通的角度出发,组织开行“晋南货运快线”“晋北货运快线”;开发了到达京津冀、广东佛山等地的特色货运班列产品 18 个,累积开行 2914 列,推动山西加快融入环渤海、京津冀、珠三角等发达地区;落实国家“一带一路”战略,开行了山西清徐—越南安员的首趟国际联运货物列车。三是结合山西氧化铝生产增量的实际,与海运公司、港口深度合作,采用“块煤入箱+铁水联运”方式,开行块煤集装箱铁水联运班列,集装箱发送同比增长 89%。四是充分挖掘瓦日线潜力,加快专用线建设,创新运输组织,充分调动沿线地方政府、相关企业的发运积极性,不断提升瓦日线发运能力，有效拉动了沿线经济发展。

**三、积极推进现代物流发展，助力山西资源型经济转型综改**

贯彻落实国家供给侧结构性改革要求，以发展现代物流为突破口，加快推进全局发展转型。一是主动发挥铁路在综合交通体系中的骨干作用，运用“互联网”思维，大胆涉足“互联网＋”、大数据、云计算等领域，探索出了依靠“互联网＋”、大数据发展现代物流，推进多种交通方式、多种产业跨界融合、共享共赢的新路子。二是瞄准“国内一流、山西龙头”目标，主动走出去到山东临沂、广东林安、浙江传化、郑州莆田等32个物流园区、基地和企业考察调研，多方邀请国家发改委、国资委、中国物流学会等各层面的专家学者现场指导，完成了推进现代物流发展的顶层设计。三是加快推进物流网络建设，中鼎物流园于11月7日成功开园，大同、运城、曹妃甸物流园建设有序展开，太原西、临汾北等13个货场升级改造稳步实施，300多个无轨站遍布管内；与百度、清华同方携手合作，中鼎智慧物流云平台成功上线，园区智能管理平台投入使用。

**四、切实履行社会责任，科学有序推进铁路重点工程建设**

充分认识铁路建设调结构、促增长、惠民生，拉动山西经济增长的重要作用，抢抓《中长期铁路网规划》重大发展机遇，用发展的眼光、经营的思路推进铁路建设。2016年完成建设投资113.78亿元，100％兑现了年度计划任务。一是主动上手、提前介入，有序推进大张高铁工程建设，太焦、大原客专等重点工程相继开工。二是着眼早建成、早运营，倒排工期、全力推进准朔铁路工程建设，逐项破解了拆迁、设计等21个重点问题。三是依靠技术创新，曹妃甸港区扩能改造在全路首次实现了“4米线间距双线墩”邻近营业线不停电架设单线梁。四是打通瓶颈制约、推进能力匹配，大西客专太原枢纽工程完成了太原北站Ⅱ、Ⅲ场改造，太原枢纽新建西南环线路基工程基本完成。五是充分发挥铁路绿色环保节能优势，京原、南同蒲电气化改造有序推进。

**五、牢固树立“安全第一”思想，确保铁路运输安全持续稳定**

坚决落实党中央、国务院和山西省、铁路总公司关于加强安全工作的系列部署，坚守发展决不能以牺牲安全为代价这条不可逾越的红线，坚持把安全特别是高铁和旅客安全放在全局各项工作的重中之重、首中之首，坚持预防为主、综合施策，着力加强企业安全生产工作。一是狠抓安全生产责任制落实，加强安全“大数据”集成运用，修订完善安全管理职责1.65万项、工作标准1.43万项、重点工作流程6956项。二是严格落实施工作业组织、行车组织、人身安全“三个方案”，实施机械化、大兵团作战，全年开展设备集中修和综合维修施工12次，在设备养护效率和质量实现历史性突破的同时，确保了施工、行车、人身安全。三是深入开展安全大检查，扎实推进安全标准线建设，坚持重点问题领导干部挂牌督办，有效解决了大秦线乘务员超劳、按图行车等突出问题。全局上下齐心协力，成功经受住了国庆黄金周、防洪抗汛、防寒过冬、G20峰会、十八届六中全会召开等关键时期的多重安全压力测试。全年安全目标全部兑现，顺利实现了安全年。

**六、大力推进科技兴企，新技术应用创新能力不断增强**

积极学习运用前沿创新思维和先进科学技术，围绕铁路技术标准、安全生产、经营管理等重点领域，加大创新力度，广泛运用现代信息技术，推进科技成果不断转化为现实生产力，有效提高企业运行质量和效益。一是全年组织开展科研课题117项，加强安全生产经营重大课题的顶层设计，现代物流综合体系规划研究、智慧物流云平台等课题列入山西省和铁路总公司科研计划。二是全力攻关运输安全突出问题，深入开展大秦重车线钢轨锈蚀、2万吨重载列车中部机车渡板变形等课题研究，大秦线重载列车惩罚制动等84项科研成果通过铁路总公司、路局技术评审，高铁道岔打磨等科研成果得到推广运用，7项科研成果获得“铁道科技奖”。三是认真组织大西高铁综合试验，累计开行试验动车组1.3万列、走行77.2万千米，按期完成了各项试验计划。具有完全自主知识产权的中国标准动车组在原平—太原间跑出了385千米/小时的“中国速度”。四是“视频进车间、网络进班组”工程覆盖到全局748个车间和3069个班组，电子公文系统延伸到一线站段，运输调度指挥系统全面升级，科技提效率、促管理、保安全的作用发挥更加明显。

**七、改善职工生产生活条件，全力构建内外和谐的良好发展局面**

牢固树立以人民为中心的发展思想，从职工群众最关心、最关注的难点热点问题入手，想方设法为干部职工快乐工作、幸福生活创造条件。一是成立路局职工服务中心，提供职工诉求受理、政策宣传咨询、便民惠民等服务，7万多名干部职工注册；常态化开展职工代表民主恳谈会、主题巡视等活动，职工民主监督、参政议政的方式更灵活、渠道更畅通。二是实行集体合同和工资集体协商制度，在铁路经营十分困难的情况下，努力增收创效，确保职工收入稳定。三是大力改善职工生产生活条件，以推进“八小工程”建设为抓手，下拨专项经费，组织专项整治，全局511处沿线车间班组生产生活设施得到了优化改造；有序推进民生工程三年攻坚计划，铁路住宅小区燃气设施、集中供热、清洁能源等改造项目如期兑现。四是高度关注职工身心健康，认真落实职工健康行动计划，全年组织 9.36 万名职工进行了健康体检，新开放定点医院 6 家、定点药店 54 家，补充小药箱 5745 个；全年共组织 1.74 万名职工进行健康休养，并积极回应职工期盼，实行职工健康休养带家属新政，开行了职工休养旅游列车。五是深入开展“金秋助学”“双进双千”等送温暖活动；在继续坚持择优集中调剂和解决特殊困难调剂的同时，出台同工种跨单位对调机制，解决职工远离家居地上班问题，切实帮助职工解决实际困难；广泛开展职工运动会、纪念建党 95 周年歌咏比赛、“百千万”站区文体活动、“中国梦·太铁情·劳动美”等群众性文体活动，丰富职工业余文化生活，使广大职工群众有了更多的获得感。

# 立足三晋　服务全省　推动创新支持转型

## ——建行山西省分行支持地方转型思考与展望

建行山西省分行行长　**尚朝辉**

山西经济是银行业赖以生存的土壤，银行业与全省各级政府、广大企业和客户是唇齿相依、唇亡齿寒的关系。为此，建设银行山西省分行以供给侧结构性改革为主线，围绕国企改革和开发区建设两大主战场，推动创新，支持转型，全力支持地方经济建设。

**一、认真研判，提出转型发展总基调**

逆水舟难行。地处中部的山西省，产业结构相对单一，经济过度倚重能源型产业，属于典型的资源型经济。山西经济受到“五期叠加”的冲击，增速急剧下降，2016 年增速仅为 4.5%，全国排名倒数第二。山西经济结构性矛盾突出表现为“一煤独大”，体制性矛盾突出表现为“一股独大”，素质性矛盾突出表现为市场主体创新能力不足、效益不高、负担较重。深思区域经济形势，可以说，山西经济仍未走出最困难时间，处于重大历史拐点。

困顿中探寻机遇。建行山西省分行敏锐地研判到转型发展的诸多良机：总行层面，转型发展已经被提升到应对经济发展和市场竞争的战略高度，印发《中国建设银行转型发展规划》。建行有史以来的首部战略转型规划，成为分行转型发展的行动指南。国家政策层面，国务院颁布京津冀协同发展和环渤海地区合作发展纲要和分工方案，更多地将山西的发展上升到国家战略层面。地方层面，新一届山西省委省政府把转型综改试验区建设提升到了时代发展新高度，鲜明地提出了“一个指引、两手硬”的重大思路和要求，通过深化供给侧结构性改革，以创新驱动转型升级，带动全省经济闯出新路、稳步向好。

建行山西省分行统一思想，认为加快推进转型发展极其重要、尤其迫切、更加现实。明确转型发展指导思想，以大资产为带动、以大负债为提升、以合规风控为保障、以优质服务为抓手，全力以赴促转型、不遗余力强发展、千方百计降不良、持之以恒夯基础、提升占比保二类，实现健康持续发展，打造最具价值创造力的当地最优银行。树立转型发展五个意识，转型意识、发展意识、合规意识、服务意识、担当意识。推进转型发展五大路径，大资产、大负债、大同业、大数据、大太原。采取差别化策略，突出太原地区行改革，划分其余 10 个二级分行为保优发展、争先发展和跨越发展三大类。选取投行、社保业务等十项转型重点业务及领域。通过“六维治行”的转型发展激励约束机制，明确考核导向，即等级行考核、KPI 考核、竞争力考核、主要业务指标市场竞争力考核、系统内主要业务和产品的计划完成率考核、自身可持续发展考核，扎实推动转型有效落地，积极融入地方经济。

**二、主动作为，把握转型发展主旋律**

在供给侧结构性改革大背景下，建行山西省分行强调有所为有所不为。在信贷结构调整上，坚持“区别对待、有扶有控”原则，加强与地方政府协作，对于有发展前景、技术先进的企业，落实差异化信贷支持政策。对于不好的项目，不支持乃至主动退出，更为精准有效地支持地方经济转型升级。在深化转型综改试验区建设的大背景下，主动作为、高效作为。开发区建设的关键环节和重点领域必定离不开银行的融资支持，尤其在“铁、公、机”和“岸、港、网”以及轨道交通等基础设施建设领域，这些恰好是建设银行的传统优势所在，“哪里有建设，哪里就有建行”。依托建设银行全牌照经营模式，为全省转型综改试验区建设提供强有力的融资支持服务。在消费领域快速发展的大背景下，创新作为、大有作为。加大在消费金融生态圈系统建设方面跑马圈地力度，扩大受用客户群规模，抢占线下消费制高点。积极应对互联网金融的冲击，加快自身产品创新和服务创新，以网络金融、快贷、龙支付等产品为拳头品牌，组合创新出更贴近消费市场、更具市场竞争力的线上消费信贷产品。

**三、多项创新，落实转型发展大方向**

积极支持山西转型综改。以国家、省市重点项目和优质基础设施项目为支持重点，保持传统优势，加大对“三大一高”重大项目支持，不断壮大资产规模；加强对引进开发区项目、搬迁入园企业的跟踪支持。紧密对接新兴产业规划，支持发展新一代信息技术产业建设智慧山西，支持轨道交通、能源化工等先进装备制造业发展，支持新材料、新能源、节能环保、生物医药、煤层气等领域重大项目建设。围绕传统产业新型化，支持新型综合能源基地建设、煤电联营、高端煤基化工发展、消费品工业提档升级和建筑业做大做优。高度关注并积极支持文化旅游业。抓实银政、银企合作协议落地，加速项目衔接，加大项目储备，已具备落地实施条件的项目，明确责任分工，动态跟踪、高效推动。

紧跟山西国企改革进程。提升投行业务支持实体经济能力。项目营销以“政府主导与国企改革”作为两大主线；产品支持以“债券承销、基金、信贷类理财、财务顾问”为四大产品；政策机遇集中在“PPP业务、资产证券化、绿色债、并购以及资本市场”等新产品、新领域，重点从“抢抓机遇推动资产转型、搭建创新平台推动负债转型、夯实基础推动管理转型”三方面发力。大力发展基金、股权融资、并购、上市公司定向增发等新型理财融资业务。

抢抓供给侧结构性改革市场机遇。支持去产能。加大信贷结构调整，坚持“区别对待，有扶有控”原则，对煤炭、钢铁等去产能调控行业客户，强化名单制管理，完善“一户一策”金融服务方案，加大存量客户主动退出力度。树立绿色信贷理念，鼓励支持“绿色信贷”投入，加大政府采购服务贷款、PPP项目等领域营销。支持去库存，牢牢抓住我省住房刚需尚未完全消化、商品房快速增长的市场机遇，发挥个人住房贷款“体系、流程”优势，推进“重点客户、重点营销”策略，早投放、早受益，提高效率、优质服务，提升份额、扩大总量。关注棚户区和城中村改造项目，主动营销货币化安置资金，在体内形成存、贷良性循环。支持去杠杆，多管齐下、多措并举助力企业去杠杆。一方面，加大对企业股权融资、发债、并购融资等直接融资手段的支持力度；另一方面，加强自身业务创新，探索投贷联动、债转股等新模式；积极复制和移植与省国资委、山西焦煤集团全省首单市场化债转股项目，筛选产品有市场、公司管理及行业发展有前景的优质企业作为债转股项目进行推广。支持降成本，加强本外币市场、境内外市场联动，发挥全牌照综合经营的优势，通过资管、信托、租赁、保险、年金等多个融资渠道解决企业资金需求，帮助企业降低融资成本。支持补短板，坚持“以小为主，以微为重”，创新发展小微企业和“三农”金融服务，加大对“双创”企业支持力度，做强做优大数据、“税易贷”等优势产品，优化重整“助保贷”，推广小微快贷互联网金融服务模式，确保实现监管“三个不低于”要求。同时，以高度的政治觉悟，主动做好金融扶贫和定点扶贫工作，积极向总行申请扶贫专项贷款规模及专项财务费用，精准对接选择客户及项目，不断丰富惠及贫困地区的服务产品和种类。

**四、补齐短板，提升转型发展高质量**

建立完善的信贷管理制度体系。贷前环节，重点做好客户选择，在综合协同的基础上，建立“拟营销客户分析例会”制度，制定切实可行的营销方案。贷中环节，重点关注贷款条件、抵押担保的落实和管理。贷后环节，强化信贷管理责任落实到位。构建“以责任到位为前提、以贷后管理到位为关键，以监督制衡到位为保障、以考核到位为手段、以人员到位为基础”的“五位一体”信贷岗位尽职尽责体系。

创新工作方式，提升不良处置效益。强化不良资产经营，有效覆盖风险敞口，最大限度降低损失，向不良资产要效益。调整回收处置方式，重点采取现金回收和重组盘活方式，抢收“真金白银”，力争回收处置效益最大化。

坚持问题导向，夯实管理基础。依托审计检查部门，把脉问诊、找出问题。深挖根源，认真分析，整改到位。重点关注屡查屡犯问题，强化过程监控，加大整改效果的监督、评估和考核力度，以问题整改为契机提升信贷管理能力。

完善风控体系，推进信贷文化建设。落实责任收贷。风险贷款管控切实做到“四铁”：铁的担当尽责，铁的手腕治患、铁的心肠问责、铁的办法治本。强化风险缓释措施。推进押品专业化管理，押品准入要规范，从资本节约角度择优选择押品；评估要准确，未雨绸缪做好资产保全计划；强化关键环节专业专注、做细做到位。加强综合授信，提高授信审批环节对实质性风险的把控能力，高效发挥放款中心的审核作用。

不忘初心，方得始终。在山西省改革开放和转型发展的关键时期，建行山西省分行将紧密契合山西省“十三五”战略规划，主动对接、倾力支持省委省政府供给侧结构性改革与转型综改试验区建设的战略实施，着力提升服务全省经济转型升级、支持实体经济创新发展的能力，全力助推山西经济稳步向好，逐步实现振兴崛起。

# 凝心聚力　主动作为　加快发展　提质增效　奋力开创邮储银行山西省分行发展新局面

邮储银行山西省分行行长　**孙江涛**

2016年面对严峻的经济形势和繁重的经营任务，在集团公司和总行的正确领导下，在监管部门的大力支持下，全行上下主动适应经济发展新常态，坚持战略定位，坚定发展信心，迎难而上，开拓进取，圆满完成全年工作任务，经营管理取得良好成绩。

2017年是“十三五”规划实施的重要一年，是供给侧结构性改革的深化之年，也是邮储银行上市元年，深入研判形势，准确把握方向，是做好全年工作的关键。

**一、2017年工作总体工作思路**

全面贯彻落实总行和监管部门要求，坚持“提升能力、精细管理、合规运营、稳健发展”战略定位，以价值创造、效益提升为目标，以结构调整、综合发展为手段，以严守底线、防控风险为保障，抓好集约发展、精细管理、协调发展三大任务，持续挖掘增长新动力，大力营造干事创业氛围，确保完成全年收入、利润预算目标。

**二、2017年经营目标**

业务收入增长3.96%，净利润增长13%；各项存款余额达到821.32亿元，贷款余额达到624亿元；不良贷款率控制在0.79%；全省资金零案件。

**三、全年要重点推进以下五个方面的工作**

（一）*着力提能增效，加快业务发展*。一是立足培育增长点，加快个人金融转型升级。依托网点转型，实施三个联动（批零联动、产品联动、银邮联动），抓好低成本存款发展，大力提升中间业务占比，扩大信用卡发展规模，巩固个金业务基础地位。保增长，调结构，提高个人存款收益。狠抓旺季营销，大力拓展代收付、支付结算类业务和中高端客户，促进存款余额持续增长。全年新增存款28亿元。以总资产管理为目标，制定个人存款结构调整方案，加大政策引导和激励考核力度，推动存款期限结构调整。抓联动，促消费，培育信用卡收入增长点。条线协作，重点推进贷款、公司结算、代发工资等联动发卡项目，促进规模提升。当年消费贷款客户持卡率达到20%。拓宽渠道，用足用好省分行发卡奖励政策，开展县邮政分公司信用卡引荐发卡优胜单位评选活动，调动代理网点推荐积极性。策划活动，丰富主题，扩大特惠商户范围，引导客户用卡和分期。年末分期资金规模占透支总额比例提升至5%。全年确保信用卡发卡25万张。抓重点，强队伍，提升中间业务占比。重点加快期交、保障型保险、开放式理财、基金定投业务发展，积极培育贵金属增长点，依托外部专业力量强化培训，提高销售专业能力。全年中间业务收入增长13%，销售代理保险13亿元、人民币理财93亿元、基金5亿元。二是立足能力提升，扩大零售贷款规模。要突出抓好扶贫金融，用足用好财政贴息和担保金，加快扶贫富民贷、惠农易贷产品发展。实施项目扶贫、产业扶贫，重点推进与林业部门扶贫造林项目合作，积极拓展光伏、旅游扶贫项目，促进扶贫贷款规模增长。紧抓创业就业政策机遇，扩大创业担保贷款服务范围。高度重视传统小贷发展，确保全年余额净增6亿元，传统小贷余额增幅不低于10%。着力扭转个商贷款余额负增长局面，结合各地房产情况，因地制宜，适度调整产品要素，推动传统房产抵押贷款稳定增长；创新产品，打通发展路径。开办应收账款质押、经营性车辆按揭贷款业务。确保全年余额净增3亿元。推动小企业贷款综合化发展。以“三化”建设为抓手，全年余额净增4亿元。深化名单制管理，拓展工业区、开发区等新市场。全面加快重点产品推广，重点拓展额度高、周期长、民生类及弱周期行业，渗透受经济波动影响较小的健康医疗、环保、教育等行业，做好快捷贷推广和租金贷开发，年末快捷贷占传统房产抵押贷款余额比重超过30%。注重提升综合效益，由推介单一信贷产品向提供全方位的综合金融服务转变，年末非利差收入占到条线收入的5%以上。提升消费贷款业务贡献度。突出市域重点，适度放宽授信审查标准，加大一手房项目营销力度，做好利率管理，破解商用房、二手房业务发展瓶颈，全年余额增长7000万元。稳健发展信用消费贷款，发力综合消费贷、车贷业务，培育增长点，全年消费贷款余额增长33亿元。三是立足项目开发，推动公司业务高效发展。稳固政务类存款基础，打造资金池产品，开发政府信用类项目资金监管、提升联动引存规模。把握产业结构调整方向，以总行支持中部崛起授信政策为契机，积极参加政府投融资，继续拓宽行业覆盖面。发挥资源综合效能，加强板块间协调联动。四是立足创新驱动，保持金融市场业务发展态势。持续开展金融产品创新，大力布局资产管理、托管、投资银行等新兴业务，培育新的中收增长点，全年实现收入4亿元。做好四个统筹：统筹好长线业务和短线业务，统筹好省分行和市县行协调配合，统筹好金融市场条线与其他条线联动，统筹好业务发展和风险管控。五是坚持客户导向，强化综合营销体系建设。建设以客户为中心、多级联动、立体化的客户营销体系，力争用三年时间，实现市行、县行客户经理人员占比达到30%。

(二)加强风险管控，确保企业安全运营。一是加强全面风险管理。优化评价考核指标设置，逐步提高定量指标占比，细化定性指标，提升可操作性。突出管好信用风险，严格限额管理。加大资产保全力度。高度重视声誉风险管理。二是加强授信风险管控。认真落实总行中部地区崛起区域授信政策，主动研究和制定契合山西实际的区域授信政策指引，科学有效的指引信贷业务扩面拓量。三是加强合规案防管理。完善内控体系，提高内控管理信息化水平。保持案防高压态势，狠抓案防基础制度落实，完善反洗钱内控制度，夯实消保工作基础。四是提升安防能力。强化消防安全责任落实；落实新版安防标准，推进安防达标；统筹全网安防履职检查；引入智能分析系统，重点完善系统新增功能。五是强化审计监督作用。对标上市银行，推动合规性审计向合规审计与经济效益审计并重转型。提高审计质量，加强对主要业务制度落实情况的审计，突出对问题整改的"回头看"。

(三)强化运营支撑，提高核心竞争能力。一是提升信息科技水平。推进智能运维，建设一体化运维管理系统，扎实开展安全运行年竞赛活动。加强自主研发，打造"双平台"，即在管理网建设支撑后台决策管理的信息化平台和在生产网建设支撑前台生产运营的信息化平台。强化数据分析，年内完成5项主题数据分析，充分发挥信息科技创新引领作用。二是统筹线上线下服务渠道。推进网点智能化，推进网点轻型化，优化网点和自助设备布局。三是加快互联网金融发展。继续坚持电子银行优先发展战略，加强客户渗透力度。积极探索和实践互联网金融转型。强化自助运营管理，有效替代柜面交易。四是打造集中化营运后台。深化市县机构改革，优化营运体系，加强集中营运管理。

(四)推进精细化管理，提升资源综合效应。一是充分发挥财务管理职能。"开源"，强化资本刚性约束，加大经济资本考核力度；科学配置资产，强化经济资本和信贷规模双线管控；提高定价管理水平。"节流"，规范支出，加强成本管控，探索定额标杆管理，各项成本有保有压。"管控"，加速财务管理转型，强化财务基础管理；设置满足转型发展的考核办法，加大考核力度；提升集中采购效率。二是挖潜人力资源潜力。落实重点工作，优化员工结构，提高人员整体素质，完善薪酬分配机制。三是深化"强县域"战略。落实三年规划，出台分步推进方案，完善县域分类分等、资源配置机制；明确省、市两级领导组成员部门职责，建立定期策略指导、问题解决平台和机制，形成合力；启动二级支行综合化产能提升工程，选取信贷业务下沉网点，总结提炼适合全省推广的营销管理模式，聘请第三方公司开展定点辅导，切实助推县域支行扭亏增盈。四是提升全网资源效应。自营与代理一体同心、利益相关，共同抓好金融风险，重点在信用卡、公司存款、电子银行营销上取得突破，支持代理网点营销小额贷款，实现优势互补、互惠双赢，提升全网资源效应。

(五)全面加强自身建设，营造良好发展环境。一是持续加强党的建设工作。认真学习贯彻党的十八届六中全会精神，深入开展"两学一做"专题教育，丰富活动形式和载体，强化党委中心组理论学习，切实增强党员的"四种意识"，永葆党的先进性。加强和规范党内政治生活，重点规范"三会一课"，重点跟踪民主生活会、组织生活会对照检查问题的整改，持续转变作风。全面推进"强基固本"工程，具备条件的基层党支部全部达标。二是加强干部队伍建设。要突出政治引领作用，抓好各级机构班子建设。注重选拔和培养年轻干部，加强年轻干部的培养锻炼。从严管理干部，完善干部退出机制。完善后备干部选拔工作机制，加大储备力度。三是扎实开展党风廉政建设。强化监督执纪，提升主动监督意识和能力，继续做好党廉考核、"两个责任"检查，加大专项检查力度，督促做好问题整改。运用好"四种形态"，严查"三类人"，严把"三个以后"，畅通信访举报渠道，加大纪律审查力度。四是积极构建和谐企业。以集团公司《企业文化手册》为指引，提出全行企业文化建设框架，发挥文化引领思想、文化催生动力、文化塑造品牌的正向作用。加强民主管理，推进行务公开，鼓励职工代表积极提案，落实工资集体协商协议签订。创新工作方法，关心关爱员工，推进“职工小家”建设，畅通诉求受理渠道，真正把员工关心转化为企业关切。牵头组织全条线劳动竞赛，选树先进，凝聚士气，营造争先创优、奋发向上的良好氛围。

新的征程催人奋进，新的目标鼓舞人心，让我们以更加饱满的干事激情，更加务实的工作作风，更加有为的责任担当，砥砺前行，锐意进取，为开创邮储银行山西省分行发展新局面而努力奋斗！

# 做强做优做大，全力打造全球最大的炼焦煤企业

山西焦煤集团有限责任公司

2016年是极不平凡的一年。年初煤价跌入谷底，经营极度困难，二季度供给侧结构性改革初见成效，煤炭市场探底回升。面对去产能、调结构、促改革等艰巨任务，集团上下深入贯彻习近平总书记系列重要讲话精神，以李克强总理视察调研为鼓舞，认真落实省委省政府各项部署要求，紧紧围绕企业“十三五”发展规划和“11236”发展战略，全面实施“668”年度行动计划，团结一致、真抓实干、攻坚克难，主要生产经营指标逐季回升，企业整体实现稳健发展，“十三五”实现了开门红。

2017年对山西焦煤来讲是非常重要和关键的一年，是推进煤炭供给侧结构性改革深化之年，是深入实施“11236”发展战略和“十三五”发展规划重要之年，是降本提质增效、深化改革创新、加快转型升级的攻坚之年，也是企业乘势而上、做强做优做大、全面打造全球最大炼焦煤企业的关键之年。

**一、2017年的总体工作思路**

深入贯彻落实“一个指引，两手硬”等上级各项部署要求，紧紧围绕企业“十三五”发展规划和“11236”发展战略，坚持把党的领导贯彻生产经营发展全过程，坚持稳中求进工作总基调，以提高发展质量和效益为中心，深化改革、创新驱动、提质增效、转型升级，突出七个全面、深化八大工程、开展九项行动，全面提升企业核心竞争力，加快建设全球最大的炼焦煤企业。

**二、2017年主要生产经营指标任务**

利润、营业收入、增加值按照国资委下达计划完成；煤炭销售量10080万吨，其中生产煤销量9020万吨；原煤产量10080万吨；精煤产量4500万吨；焦炭产量980万吨；发电量140亿千瓦小时；化工产品产量339万吨；掘进总进尺64万米；固定资产投资力争完成80亿元，38项重点工程完成投资45亿元以上，32项重大项目顺利推进；坚决杜绝3人及以上事故，减少零敲碎打事故；保持工资总额与经济效益、生产效率同步，职工收入与效益、劳动生产率同步；其他约束性指标按照国资委下达计划完成。

**三、2017年将重点开展以下工作**

（一）突出三基四铁，整治重大隐患，全面加强安全生产。一要坚定安全发展理念。深刻汲取各类事故血的教训，切实强化安全“红线”意识和底线思维，毫不放松地抓好安全生产工作。要坚持标本兼治、综合治理、系统建设，瞄准坚决防止较大及以上事故、坚决消灭重大隐患两大目标，全面提升安全防范治理能力和安全保障水平。二要全面提升“三基”工作。切实抓好基层建设、夯实基础工作、提升基本素质。三要全力整治风险隐患。加快完善风险分级管控和隐患排查治理双重预防机制，构建全面彻底的安全监管体系，促进各类风险隐患特别是重大隐患的整治和消除。深入开展安全风险隐患排查治理专项行动。四要严格落实“四铁”要求。深入开展“知责履责，失职追责”专项行动。强化问责，发生事故严格依责追究，严格安全生产“一票否决”。

（二）构建一体两翼，稳价增量拓市，全面创新市场营销。一是做优生产销售。紧盯市场加大开发与拓展力度。切实加强产品全过程质量管理，提高质量标准，以质量塑品牌保市场。以执行好与14户战略用户签订的中长期供需协议为重点，全面提高合同兑现率。坚持煤焦联动、销贸一体，进一步锁定和扩大市场，提高国内炼焦煤市场占有率，并积极拓展国际市场。二是强化外采统销。统筹部署好外采统销各项工作。深入开展外采统销增量专项行动，全年外采统销量力争达到1000

万吨以上。三是创新营销模式。继续深入全面推广好"焦煤在线",力争全年自有煤炭产品上线交易量达到8000万吨以上。积极与煤钢协会沟通对接,推进其他企业炼焦煤产品的上线交易。推动营销模式升级,努力把"焦煤在线"建成全国煤焦化大宗货物交易的"淘宝网"。通过电商平台加强对客户和市场大数据收集整理,为营销决策提供科学依据。在大数据分析基础上,结合期现货运作实际,年内力争发布焦煤行业价格指数,引导市场价格,进一步提高市场影响力。四是优化结构调整。优化产品结构,坚持精煤战略,优化生产布局,积极开发新产品。优化运输结构,合理配置资源,加强储装运系统升级改造,积极参控股铁路主要运输通道,努力争取铁路运力,力争达到2500车/日水平。优化回款结构,多措并举加大回款与清欠力度,建立欠款客户风险评估与预警机制,确保新账不欠,旧欠力争下降30%。优化定价体系,紧跟市场科学灵活调价,以市场竞争压力倒逼结构调整,提升供给质量,产销良性互动形成合力。

(三)降本提质增效,注重风险防控,全面提升精细管理。一是全力以赴挖潜降本。加强目标成本管理,力争主要产品成本同比继续降低。进一步深化对标管理,深度挖潜,制定针对性措施全面整改提升。强化集中采购,实现集中采购的精准化、成本化、效益化组织与管理。着力提升经营管理水平,全员参与经营,促进经济效益提升。二是突出重点减亏增效。继续深化减亏增效工程,制定切实可行的扭亏脱困方案并狠抓落实,力争用2～3年时间扭亏脱困。对持续亏损、扭亏无望的"僵尸企业"要通过政府支持和市场化手段逐步"出清",要选择人员少、负担轻的"僵尸企业"开展试点。三是协同联动盘活资产。继续深化闲置资产盘活工程。全面梳理非主营业务和资产,对所有低效无效资源和股权要运用产权转让、协议转让、无偿划转、资产置换等方式加快退出,回笼资金。力争全年盘活闲置资产5亿元以上。四是"六个一批"转岗分流。继续深化转岗分流安置工程,力争全年在册人员总数降低4%。积极拓展对外创收的渠道,促进转岗职工再就业。五是优化融资降低杠杆。继续深化融资结构优化工程。积极推进资源资产再评估和清产核资等工作,降低资产负债率。全力争取各类政策支持资金。进一步强化资本运作,年内三个上市平台力争全部启动再融资;继续推进安瑞风机等优质中小企业的新三板上市。六是全面加强风险防控。加强内控体系建设,提高决策的科学性,切实加强资金管控,强化法律审查和审计监察,促进防范风险。深入开展重大经营风险消除专项行动。七是科学优化绩效考核。全面推行"4+1"业绩考核和绩效评价体系,并根据考核实际效果进行修订完善。切实加大对外采统销、手续办理等关键工作的专项考核力度;对亏损单位要加强效益指标考核。

(四)坚持四轮驱动,强化项目引领,全面加快转型升级。一要改造升级三大传统产业。深入开展传统产业淘汰落后产能专项行动,确保年内再关闭退出两座煤矿、150万吨/年产能;对接好全省焦化、电力去产能政策,稳妥推进;确保落后产能退出所涉及职工的稳妥分流安置。做强做优煤炭主业。全力加快现代化先进产能建设,年内力争新增公告产能3470万吨/年,先进产能占比提高10%。继续推进老矿井"瘦身",进一步优化布局。继续深化整合矿分批推进工程。焦化、盐化、电力等传统产业要在确保现有装置"安稳长满优"(安全、稳定、长周期、满负荷、优质)运行基础上,加快向产业中高端的改造升级。焦化产业要坚持焦化并举、上下联产,积极推进现代煤化工、煤基精细化工产业发展。盐化、日化产业要借助退城入园契机,加快设备技术的更新升级,做强特色盐化、日化产品。日化产业要充分运用好电商、微商等新营销手段,不断扩大市场销量。电力产业积极对接电力体制改革,推进厂用电、自备电、直供电、外送电、新能源发电等发展;借助全省"电改"机会,加快售电企业建设。二要积极培育九大新兴产业。积极发展金融产业,以财务公司、融资租赁、融资担保、资本投资公司四大平台为基础,推进产融结合,全面打造集团金融产业集群。积极发展高端煤机制造产业和新型建筑建材产业,提高核心竞争力,加快走向外部市场。积极发展现代物流贸易产业,做实做精现有业务,拓展增值业务,提高综合效益,运用好"互联网+"平台,积极参与国际物流贸易。积极发展节能环保产业,加快碳资产公司业务拓展运营,推进内部节能环保的产业化、专业化发展。积极发展新能源产业,推进瓦斯综合利用项目开发,积极发展光伏发电产业。积极发展信息产业,争取在西山古交地区建设山西省大数据中心,推进信息产业集群化发展;切实运营好焦煤在线、焦煤易购等电商平台。积极发展生产生活服务业,组建专业化队伍和公司,对外提供煤焦化生产加工等方面技术和咨询服务,以及安保、物业等生活服务。积极发展现代农业和生态旅游业,积极推进运城盐湖、西山地质公园等旅游资源开发建设,认真落实产业扶贫政策,促进现代农业、观光旅游和生态休闲旅游的产业化发展。三要以六大园区为重点大力推进循环经济发展。继续深化循环经济园区配套工程。加快推进六大循环经济园区建设。古交"煤电材"园区加快推进古交电厂三期建设和水泥项目投产;兴县、临县、交口"煤电材"园区加快项目证照手续办理;洪洞"煤焦化"园区加快推进100万吨/年甲醇项目的开工,以及甲醇、烯烃项目一体化建设;曹妃甸"煤焦钢"循环经济园区要重点推进京唐焦化二期项目建设。四要以三个一体化为重点努力扩大对外开放合作。继续深化低成本扩张工程，加大联合、重组和并购力度，加快做强做大焦煤主业。继续跟踪推进与河北建投合作“晋电送冀”项目、与国电合作太原一电厂搬迁项目、与国电投合作灵北电厂项目、与山东钢合作日照精品钢基地焦化项目、与河北钢合作邯钢搬迁焦化项目、与中铝和山东信发合作煤电铝项目等重点对外合作项目。积极推进国际合作，积极寻找澳大利亚等国炼焦煤生产、加工、贸易企业参股合作；瞄准印度、印尼等发展需求拓展技术与产业合作；积极参与央企“走出去”投资。五要切实发挥好重点工程项目引领带动作用。坚持重大项目“六位一体”统筹推进机制，加强重点工程项目建设，确保集团38项重点工程、32项重大项目顺利推进；加强招商引资，现有项目要推进引资引技引智发展。加强项目投资管理，加强基本建设管理，加大证照手续办理力度。

（五）优化体制机制，深化三项改革，全面激发企业活力。一是深化国有资本投资公司改革。切实承接好省国资委授权，全面推进国有资本投资公司改革各项工作。深入推进资产资本化、资本证券化。通过股权运作、价值管理、有序进退等方式，实现集团由管资产向管资产和管资本转变，切实推进国有资本投资公司建设。进一步完善法人治理结构。加快现代企业制度建设。优化集团管控模式，进一步完善“集团决策中心—子公司利润中心—矿厂成本中心”的三级母子公司组织构架和职能定位，充分发挥好子公司比较优势，构建协同联动发展格局。二是深化三项制度改革。深入开展深化三项制度改革专项行动，以“能上能下、能高能低、能进能出”为目标，全面激发干部职工工作积极性和主动性。三是深化其他方面改革。积极推进混合所有制改革，大力推行契约化管理，积极推进分离办社会改革。

（六）加强科技创新，推进双创工作，全面增强发展动力。一要扎实推进科技创新。健全科技创新体系。推进产学研联合创新。深入开展重大科研专项攻关，积极推进科创城项目建设；积极参与国家、省重大科研项目，继续推进好18类79项重大技术攻关项目。加大科技投入，用好省科技成果转化引导资金，加快科研成果落地转化，切实提高科技成果转化率和科技进步贡献率。进一步健全完善科研技术人员激励机制，大力吸引外部专业技术领域领军人才参与企业科技创新，大力弘扬“工匠精神”。加强信息化建设，推进信息化工业化“两化”融合。二要积极推进“双创”工作。深入开展推进职工“双创”专项行动。继续规范和优化集团“双创”基地运营，切实把山西焦煤“双创”基地打造成为具有影响力的省级“双创”平台。各子公司继续加大“双创”力度，充分发挥各自优势组建多种形式的“双创”基地和空间，推进“双创”工作高效开展。

（七）持续改善民生，凝聚发展合力，全面促进和谐稳定。一是全力打造优美矿区环境。加强环境保护和节能减排工作。深入开展焦化、电力等行业污染防治；规范矸石山治理，提高资源综合利用效率，加大矿区生态保护力度；严格环境监管，全面整治重大环境隐患和违规行为，严防较大突发环境事件发生；加强建设项目环评、能评和排污许可管理；加强工业节能管理，加快推进电厂节能改造；完成上级下达的环保节能目标任务。加强矿区环境综合整治力度，推进矿区基础设施升级改造，逐步完善矿区公共环境，推进矿区净化、亮化和美化，打造清洁优美的矿区生产生活环境。二是努力增强职工福利保障。深入开展增强职工福利保障专项行动，努力做到“三实现三提高三加强”。2017年要努力实现职工工资的恢复性增长，实现住房公积金的恢复缴存，实现欠缴社保的足额补缴。更好地发挥社会保障作用，按照要求提高基本养老金标准，确保退休职工能够正常领取养老金，进一步提高职工应有福利落实和保障；稳妥推进保障性住房建设，全年力争再竣工20万平方米、1870套。加强职业健康工作，加强扶贫解困送温暖活动，加强畅通有序的诉求表达、矛盾调处和权益保障机制的健全完善，全力维护好职工合法权益。三是着力强化精神文明创建。加强山西焦煤品牌的塑造和管理，积极履行社会责任，进一步提升品牌形象。继续深化焦煤文化提升工程，加强企业文化建设和企业文化实践渗透；深入开展“迎接十九大，改革添活力”大讨论活动；加强文化阵地建设；厚植企业精神和核心价值观，深入开展好职工文化活动、活跃文化生活。四是持续推进工作作风改进。深入开展工作作风改进专项行动。全面加强清单式、台账式管理。强化督查促落实，健全督查工作机制。强化问责促落实，推进追责问责制度化、常态化。切实提高机关工作与服务的质量和效率。五是全力以赴确保和谐稳定。高度重视稳定工作，落实信访稳定工作责任制，完善领导干部大接访制度，加大信访积案大案处理力度；落实社会稳定风险评估机制，创新网上信访机制，健全矛盾纠纷预警处置机制，从源头上预防化解矛盾纠纷的产生，全力确保全国“两会”、党的十九大等特殊敏感时期的稳定工作。加强平安矿区建设，强化社会治安综合治理和应急管理，提升防灾减灾能力，让职工生活得更加安心、更加放心。

让我们坚定信心、坚定前行，真抓实干、攻坚克难，全面开创企业改革创新、转型升级发展新局面，为建设全球最大的炼焦煤企业而努力奋斗！

# 开拓创新，锐意进取 奋力打造一流的国家级开发园区

太原不锈钢产业园区管委会主任　**郭建发**

2016年，在市委、市政府的坚强领导下，园区上下深入学习习近平总书记系列重要讲话精神和治国理政新理念新思想新战略，全面贯彻党的十八大、十八届三中、四中、五中、六中全会精神，省、市第十一次党代会精神和全省开发区改革创新发展会议精神，坚决落实省委"一个指引、两手硬"的重大思路和要求，深入落实市委为实现"两个走在前列"目标做出的各项决策部署，以全面实施区区融合发展战略为核心，主动适应新常态，抢抓发展新机遇，构筑发展新优势，园区经济稳中有进、稳中向好。

2017年是党的十九大召开之年，是我省深化供给侧结构性改革、走出经济困难局面的攻坚之年，是我市贯彻省市第十一次党代会精神、建设转型综改示范区的起步之年，也是园区壮大总量、提高质量、二次创业、争创国级的关键之年，做好今年的经济工作具有十分重大和深远的意义。2017年经济工作总的要求是：深入贯彻习近平总书记系列重要讲话精神和治国理政新理念新思想新战略，统筹推进"五位一体"总体布局，协调推进"四个全面"战略布局，认真落实中央、省、市经济工作会议精神和省、市第十一次党代会总体部署，按照省委"一个指引、两手硬"重大思路和要求，落实市委"两个走在前列"的目标要求，围绕一条主线，突出一个重点，打造三个平台，推行三化三制，营造两个环境，强化招商引资，提升经济效益，实现跨越式发展，为到2020年前把园区打造成国家级开发区奠定坚实的基础。

**一、围绕一条主线抓学习**

一是领导干部带头学。园区领导班子要严格执行中心组学习制度，全年完成中心组（扩大）学习12次。各部门领导要切实抓好本部门的学习，将强化学习与业务工作同安排、同部署、同落实。各企业领导要充分发挥表率和引领作用，教育和引导企业职工深刻认识学习的重要性，用学习来统一思想，用学习来指导生产、推动发展。二是机关全体集中学。我们把每周二、五作为集中学习日，安排全体机关工作人员集中学习，全年组织专家辅导不少于6次，通过原原本本原文学、专家讲座辅导学、座谈交流探讨学等多种形式，营造浓厚的学习氛围。三是企业自主深入学。各企业要充分发挥党、团、群、工会等机构的作用，组织形式多样的学习活动，推动学习由管理层向生产一线延伸，实现班组、车间全覆盖。

**二、突出一个重点抓融合**

园区今年的重点工作和头号任务，就是要抓好两区融合发展，具体内容要推动"一区六园"建设。"一区"是指园区目前18.36平方千米的基础区，"六园"是指两区在尖草坪区域内共同打造的六个专业产业园。

（一）"一区"建设要重点抓好四个方面的工作。一要狠抓招商引资。制定优惠政策招商。紧盯综改示范区政策体系，制定和完善一批操作性强、吸引力高的招商优惠新政策、硬办法。聘请专业团队招商。以专业团队的加入来进一步提高招商引资质量，近期将与国内的5家和德国的1家专业机构签订合作协议。领导干部带头招商。园区班子成员年内每人招商落地两家，部门负责人每人招商落地1家，招商局至少招商20家，今年基本完成50家左右的招商落地，为下一步的发展奠定良好的基础。鼓励全员招商。出台招商奖励政策，营造"人人都是招商员"的良好氛围。继续坚持以商招商、以情招商等成功做法，不断增加发展的后劲。二要狠抓项目建设。2017年共确定25个新续建项目，总投资153亿元，年内计划完成36亿元。新建项目13个，总投资25亿元，年内计划完成14亿元，其中远航、3D打印、医科大、华润、新中宝等10个项目年内完工，国控、京丰等3个项目要确保年度建设计划的如期完成。续建项目12个，总投资128亿元，累计已完成投资74亿元，年内计划完成投资23亿元，其中原野、润恒、东杰等7个项目建成投产，正通、金阳等5个项目全部完成主体工程。三要狠抓企业服务。大力弘

扬开放包容的服务理念，园区各部门、各单位全体工作人员在面对企业时，不论是生产企业还是在建企业，不论是本地企业还是外地企业，都要牢固树立“企业无小事、事事都上心”的意识，必须做到一般问题即知即办、复杂问题跟踪快办，区内问题马上就办、区外问题协调督办，必须做到克服困难主动办、坚决不说不能办。着力营造高效透明的政务环境，按照审批最少、流程最优、效率最高、服务最好的“四个最”要求，组建专门班子，研究建立多评合一、多审合一、多图联审、联合验收的新模式，打造全市办事成本最低、投资环境最优、兑现优惠政策最及时的开发区。继续开展“进企业、搞服务、解难题、促发展”活动，针对企业在施工建设和生产经营过程中存在的各类问题，列出责任清单、目标清单、整改清单，按照建账—认账—销账的流程，限时办结，切实解决。四要狠抓基础设施配套。今年计划完成投资2亿元，进一步完善基础设施。其中，通过向市政府争取，投资6800万元，推进丰润街西段、小返河东路等11条道路建设，新增通车里程3.4千米；投资7900万元，推进污水处理厂建设；投资2300万元，完成小返河东路等电力排管工程，并成立园区售电平台公司。投资2580万元，完成三期片区绿地公园等园林绿化工程；投资900万元，完成12条道路的路灯工程；投资700万元，完成广立西侧挡墙工程；积极协助市供水公司完成阳兴供水加压站和润恒供水加压站建设。同时，安排建设发展专项资金3000万元，引导和撬动社会资本通过PPP等模式，参与园区基础设施建设。

（二）“六园”建设要以规划为统领，推动六个专业园区尽快启动。在“六园”建设中，我们主抓的“三园”是新能源汽车产业园、大学科技园、新材料产业园，配合草坪区抓的“三园”是总部金融商贸园、农业观光园、人文生态园。主抓的“三园”：一是新能源汽车产业园。这个园主要依托原野汽车建设，占地190公顷，建设整车及零部件生产销售、技术创新研发、配套设施供应等全产业链条的千亿级新能源汽车产业园，形成年产5万辆以上纯电动SUV轻型乘用车和微型面包车、3万辆大中巴和改装车的产能。目前，原野已与北汽、首创签订了全面战略合作协议，前期合作资金1.6亿元已经到位，解决了技术和资金的两大难题。同时，项目的总体规划已编制完成，15.7公顷补充耕地指标已落实，160公顷新增建设用地指标已列入全市土地利用总体规划。力争年内开工建设。二是大学科技园。联合尖草坪区与中北大学签署了战略合作协议，共同打造国家级大学科技园平台。项目占地466.7公顷，建设孵化、研发、中试、产业、教育、生活深度融合的创新型联合体。目前，《大学科技园智慧城项目规划方案》已正式上报。年内启动规划、建设、招商及基础设施等各项工作。三是新材料产业园。这个园重点发展石墨烯、碳纤维等新材料应用产业。新材料产业是引领工业革命的先导，是工业发展的“味精”。园区的发展与新材料产业相结合，我们的效益会更好，潜力会更大，竞争力会更强。2016年已经对接了不少科技研发企业，2017年重点是要建设石墨烯、碳纤维、不锈钢新材料、新能源产业化示范中心，以及线上、线下推广交易中心，力争引进3家新材料项目入驻。

**三、打造三个平台抓服务**

以打造“三个平台”建设为载体，通过机制市场化、服务专业化、技术资本化，构建低成本、便利化、全要素、开放式的技术服务平台，承载吸纳科技含量高、发展前景好的企业，并加以孵化壮大，进一步提升园区的创新能力和水平。云计算中心。2017年计划投资4000万元，占用面积3000平方米，与国家重点高新技术企业中科曙光合作，共同建立全省首家工业企业云计算中心，力争三季度投入使用。新材料专业孵化器。采用市场化的运作办法，与万创公司合作，投资1800万元，占用面积5000平方米，建设包括石墨烯、碳纤维、不锈钢复合材料等在内的新材料孵化器，打造一体化、全方位、专业性的新材料创新创业研发实训基地，力争3月底改造完毕并正式运营。园区创新创业平台。出台一系列政策措施，全力支持创业创新发展，并免费提供20万平方米的厂房、办公用房等硬件支持，进一步降低创业创新成本。设立双创专项资金，加大资金扶持力度，引入专业投资机构，提升双创企业的发展动力，力争将园区打造成独具特色的全国双创示范基地。

**四、推行三化三制抓改革**

（一）对标“三化”推行运行机制改革。“三化”是指开发区的管理运行机制要“专业化、市场化、国际化”。2017年将组建3支专业团队来参与园区的运营管理，以市场化手段和专业化运营，带动园区的国际化进程。3支专业团队，第一个是前面讲到的专业招商队伍，要紧跟“中国制造2025”“一带一路”“互联网＋”等国家战略，将招商范围由国内拓展到国际；第二个是专业的管理团队，全权负责园区污水处理厂、供热公司、售电公司、孵化器、云计算等平台的运营管理；第三个是专业的财务管理队伍，进一步提高财务管理的规范化、标准化水平。

（二）瞄准“三制”推进人事组织改革。按照“领导班子任期制、全员岗位聘任制、绩效工资制”的要求，推动有关工作落实到位。一是积极贯彻执行省、市有关决策部署，落实好领导班子任期制改革各项工作。二是全员岗位聘任制。简单地讲，就是全员下岗，竞聘上岗，有能力的上，能力差的下，不适应的坚决淘汰。三是全面推行绩效工资改革。就是以岗定职，以绩定酬，在实行千分制考核的基础上，按照工作实际和完成效果，合理确定薪酬标准，做到绩效越好，待遇越高。

**五、营造两个环境抓保障**

（一）坚持不懈地抓好党风廉政建设，构建良好政治生态。一是园区广大党员干部要坚决维护党中央权威，向党中央看齐。不断增强“四个意识”，特别是核心意识、看齐意识，思想上绝对忠诚、组织上自觉服从、行动上坚定紧跟，始终在思想上政治上行动上与以习近平同志为核心的党中央保持高度一致，确保中央和省委、市委各项决策部署在园区落地生根、取得实效。二是坚持把守纪律、讲规矩摆在更加重要的位置，自觉做到“四个服从”，始终牢记“五个必须”，坚决反对“七个有之”，进一步严明政治纪律和政治规矩。三是要构建“亲”“清”政商关系，研究规范政商关系的措施和办法，既防止官商勾肩搭背，又防止干部谈商色变，做到有交集不搞交换，有交往不搞交易。四是各部门党组（党支部）书记要负好主责、首责、全责，做到真管真严、敢管敢严、长管长严。班子成员要自觉履行“一岗双责”，切实把管党治党的分内职责担起来。要注重加强对主体责任落实情况的监督检查，对在党的建设和党的事业中失职失责的，既要追究主体责任、监督责任，又要追究领导责任。五是坚持把落实中央八项规定作为一场攻坚战、持久战来抓，紧盯不放、寸步不让。要针对“四风”隐形变异问题，从小抓起，点滴做起，一个节点一个节点坚守，一个阶段一个阶段推进，抓常、抓细、抓长，抓出好习惯，抓出新成效。

（二）千方百计抓好安全生产，构建稳定发展环境。一是对安全生产的认识要再提高。园区领导干部要高度重视安全生产工作，把安全生产工作当作经济发展、社会稳定的重中之重，安全是一切工作的基础，离开了安全，一切都是空谈。二是安全生产重点要再突出。扎实开展隐患大排查、大整治、大管控，做到所有领域全覆盖。三是安全措施要再强化。加强组织领导，落实党政同责、一岗双责，特别是企业的主体责任，要加强事前问责，加强安监执法，严厉查处各种违法行为。

新的一年孕育着新的希望，新的一年我们要展现出新的气象。让我们不忘初心，砥砺前行，以“马上就办，办就办好”的工作作风，以“撸起袖子加油干”的精神状态，攻坚克难，开拓创新，锐意进取，扎实推进园区经济社会发展，为实现“到 2020 年前把园区打造成国家级开发区”的目标做出积极贡献，以优异的成绩迎接党的十九大胜利召开！

# 抓住机遇，精准发力，努力开创集团经营发展新局面

山西省高速公路集团有限责任公司董事长　**韩文军**

2017 年是全面贯彻落实省第十一次党代会精神的开局之年，是我省国企国资改革的攻坚之年，更是山西省高速公路集团有限责任公司（以下简称“高速集团”）改革创新发展的关键之年。高速集团的总体工作思路是：全面贯彻落实省第十一次党代会、省委十一届二次全体会议暨全省经济工作会议、全省国有资产监督管理暨党风廉政建设工作会议和全省交通运输工作会议精神，牢固树立和贯彻落实新发展理念，坚持以提高发展质量和效益为中心，以推进改革为主线，以建立现代企业制度为核心，以全面从严治党为保障，坚持稳中求进，抓住机遇，精准发力，寻求发展路径，破解发展难题，努力开创集团经营发展新局面。

**一、坚持问题导向，抢抓改革机遇，增强集团发展动能**

2017 年 2 月 9 日，在全省国有资产监督管理工作会议上，王一新副省长的重要讲话，清晰地梳理出我省国企国资存在的主要矛盾和问题，指出了国企国资改什么、怎么改的方向、措施，进一步明晰了改革路径。

（一）加强预算管理，建立以资本和利润为核心的管控体系。树立全面预算管理意识，以成本控制为基础，以现金流控制为核心，加强考核与激励措施，强化预算监督，防范经营风险，提质增效，不断提升经营管理水平和盈利能力。树立“花钱必须有预算，没有预算不能花钱”的基本理念，强化审计监督，杜绝乱投资、乱

担保、乱拆借、乱融资现象。以资金管理为中心，实施收支两条线管理模式，有效防控风险，提高资金使用效益。建立以利润为核心的经营业绩考核体系，从重规模向重效益、从粗放管理向精细化管理转变。加大监督力度，建立财务管控、审计监督、纪检监察、法律审核及民主监督的多层次、多角度风险防控体系。

（二）推进混合所有制改革，整合资源，为集团发展提供持续动力。谋划监理公司股份制改造，选择试点推进股权多元化，解决国有资本一股独大问题。积极搭建集团投融资平台，盘活存量资产，通过股权转让、债转股等方式，实施产融深度融合，储备建设资金，降低运营成本，增强集团发展动能。整合技术力量，在集团内部新建项目推行"代建＋监理"一体化模式，通过实行费用包干，精简项目管理机构、节省建设管理费用，克服项目管理与工程监理之间的职责交叉弊端，提高项目专业化、集约化管理水平，为监理公司转型升级、为集团一体化发展提供平台。以太原公司为平台，整合路内附属产业资源，拓展广告、服务区等高速公路延伸产业，辐射上下游产业链，实现集团多元发展。充分利用通行费收入现金流和增量收益，积极参股优质上市公司定向增发，扩大集团资产规模，提高盈利能力。继续加大与央企及省属国有企业的战略合作，组织引进战略投资者，利益共享，优势互补，合作共赢。通过控股、参股等多种方式，有效提高集团市场竞争力。为集团发展提供持续动力。

（三）完善人力资源管理体系，建立经济有效的用人机制。尊重历史、认真负责，实行"老人老政策、新人新办法"，对现有员工采用竞聘上岗、考核淘汰等措施，最大限度发挥其工作效能。以为集团公司"十三五"规划提供人力资源保障为宗旨，加快建立人才培养机制、竞争机制和吸引机制，认真进行人力资源规划，对企业发展急需的政策研究、财务、金融、交通建设、信息化建设等高精尖人才，采取市场化方式进行招聘，保障企业发展所需。完善薪酬分配与绩效考核的联动机制，从收入指标考核向利润、人均利润等指标考核转变，条件成熟时推进契约化制度。积极探索在高速公路收费、养护等岗位实行业务外包、第三方劳务用工等方式，降低人力成本，逐步建立经济有效的用人机制。

**二、规范投资决策机制，强化市场意识，全力推进集团进市场、上项目**

确立以经济效益为中心的投资决策理念，建立科学规范的投资决策机制，投资方向服从服务于全省经济社会发展特别是高速公路发展的大局，投资项目坚持市场化导向，没有未来前景的短命产业坚决不投，经济效益评价达不到回报要求的项目坚决不投，明显与国家产业政策冲突的项目坚决不投。围绕"精准发力、项目落地"指导思想，坚持市场化导向，不断增强参与市场竞争的意识和能力，全力推进集团进市场、上项目，在确保经济效益的前提下，不断壮大资产规模，做实、做强高速公路主业。掌握政策，乘着新一轮国企国资改革的东风，积极争取特许经营政策和 PPP 经营模式，承接、受让更多的高速公路建设、运营项目，履行化解政府交通债务职责。主动与省公路局和地方政府联系，积极承揽干线公路和城市道路升级改造中的收费还贷和 PPP 项目，扩大集团资产规模，增加集团盈利收入。

**三、坚持精细化管理，全面提升运营管理服务水平**

继续以推进"四站"建设、打造"五心"服务收费队伍为抓手，进一步加强员工素质建设，不断提高业务技能，树立集团品牌，展示文明窗口形象。推行精准养护、预防性养护，加强重点路段、重点桥梁、隧道技术状况评定巡查，优化公路通行环境，稳步提高路况水平，确保道路安全畅通。加强路政、治超管理，建立路警联合机制，进一步提高处理各种突发事件的快速反应能力和应急处置能力，确保路产、路权安全。提高服务区综合管理水平，推广专业化连锁经营，不断完善服务功能。进一步推进运营管理精细化、运营服务标准化，全面实现运营管理服务指标，确保人民群众安全舒适便捷出行需求。

**四、强化安全管理，维护和谐稳定的良好局面**

进一步贯彻落实习近平总书记关于总体安全观的重要思想，认真贯彻党中央、国务院《关于推进安全生产领域改革发展的意见》，按照楼阳生省长强调的"四铁"要求，牢固树立红线意识，强化安全生产责任落实，切实抓好党政同责、五个全覆盖，严格安全生产目标考核。加强安全生产检查、教育培训、制度建设、信息报送、安全投入等基础工作。以平榆宝塔山隧道和吕环梨树塔隧道为试点，启动运营高速隧道安全风险管控，逐步建立风险隐患双重预防机制。强化运营高速公路领域和工程监理领域以及重要时段的安全专项整治。进一步加强应急管理，完善应急预案，提升应急保障能力，确保集团系统安全生产形势平稳。加强信访维稳责任制，畅通信访沟通渠道，认真开展社会治安风险和信访积案、信访矛盾排查整治活动，建立重大决策社会稳定风险评估机制，完善矛盾有效化解和多元化解机制，为十九大的胜利召开营造和谐稳定的社会氛围。

**五、推进创新发展，提高集团整体创新活力**

积极探索应用新一代信息技术，服务于智能收费、路况监测、信息发布、养护管理及安全保障工作，进一步提升运营管理的质量和效益。继续加强与河北工业大学、长安大学等大专院校和科研单位的合作，进行"基于当地环境及重载交通的桥梁耐久性分析项目"等科研课题研究，开展科研攻关、科技创新，培育具有自主知识产权的核心技术。建立科技创新激励机制，做好科技成果的转化应用工作，组织开展QC小组等群众性创新活动，鼓励广大职工立足岗位开展“五小”活动，提高集团整体创新活力。

**六、全面加强党的建设，为集团改革发展提供坚强保障**

始终坚持贯穿一条主线，抓好党的十八届六中全会精神、全国国有企业党的建设工作会议精神的学习贯彻落实，把党要管党、从严治党落到实处，推动广大党员、干部牢固树立“四个意识”特别是核心意识、看齐意识，在我省国企国资新一轮改革中体现担当。突出引深“两学一做”学习教育常态化制度化，扎实开展维护核心见诸行动主题教育，坚决维护以习近平同志为核心的党中央，在思想上、政治上、行动上同党中央保持高度一致，立足本职岗位，践行系列讲话，凝聚改革共识，破解发展难题，创造一流业绩。着力推进党建工作与完善公司治理结构相统一，党建工作与生产经营深度融合。通过完善党的领导与公司法人治理相统一的治理机制，确立党组织在集团法人治理结构中的法定地位，落实“四同步”“四对接”工作要求，确保党的领导、党的建设在集团改革中得到加强；明确党组织研究讨论作为董事会、经理层决策重大问题的前置程序，从制度层面推动党的领导、党的建设与集团改革发展深度融合，加强党组织对集团经营工作的领导，坚持党建工作服务生产经营不偏离，把抓改革、搞经济、促发展作为党组织工作永恒的出发点和落脚点；完善党建工作考核评价机制，将改革发展成果作为评价党组织的工作和战斗力的重要检验，切实把党建工作成效转化为企业发展活力和竞争实力。压实“两个责任”，着力推进集团党风廉政建设。深入学习贯彻习近平总书记在十八届中纪委七次全会上的讲话精神，按照骆惠宁书记在省纪委二次全会上提出的“三个警惕、三个进一步”的新要求，坚持高标准和守底线相统一，坚持抓惩治和抓责任相统一，坚持查找问题和推动改革相统一，认真分析研判党风廉政建设和反腐败斗争形势，强化党内监督，从严落实纪委监督责任，勇于担当、敢于较真，立好标杆、树好榜样，抓住“关键少数”，切实加强党风廉政建设，为集团改革发展保驾护航。加强精神文明建设和宣传工作，为集团改革发展营造良好氛围。加强集团精神文明建设，切实做好以“做文明职工、创文明部室、建文明单位”为主要内容的“三创”活动，把建立健全群团组织和维护员工合法权益与精神文明建设相结合，把国企国资改革精神落实到精神文明建设中；探索新形势下企业文化建设的规律，构建符合国企国资改革需要、符合现代企业制度需要、符合集团发展需要的企业文化体系，使文化成为牵引集团发展的不竭动力。加强宣传工作，全面传播国企国资改革正能量，进一步弘扬正气，凝聚力量，为集团改革发展凝聚强大精神力量。

千川汇海阔，风好正扬帆。高速集团将乘着新一轮国企国资改革的东风，坚定信念，不负使命，勇于担当，善于作为，致力于将集团建设成为承接政府还贷高速公路、减轻政府交通债务和创新高速公路建设、运营、管理、投融资模式的新型平台，以优异成绩迎接党的十九大胜利召开！

# 依托传统优势，打造大健康产业

山西广誉远国药有限公司董事长　**张　斌**

广誉远是中国最悠久的中药品牌，距今已有476年历史。作为“中华中医药活化石企业”，近年来，广誉远国药有限公司不断通过对传统医药资源的深度挖掘，利用资本纽带优势，实现打造大健康产业的发展目标。

**一、企业概况**

广誉远依托传统特色，致力于传承创新，公司形成五大核心竞争优势：一个老字号称号，两个保密品种，三项国家级非物质文化遗产保护项目，四大经典产品，五百年历史文化。

**二、名优产品**

龟龄集素有“补王”之称。采用炉鼎升炼制成，是目前复方炼丹技术最完整的现实生态。作为复方丹剂“活化石”，2004年被认定为国家级保密处方及工艺技术，2008年列入国家级非遗保护名录。

妇科综合治疗制剂定坤丹是由我国清代乾隆年间全国名医集体创造，其组方中“参脂共用”的配伍，被历代医家称为组方配伍的经典之作。2004 年被认定为国家级保密处方及工艺技术，2011 年列入国家级非遗保护名录。

广誉远安宫牛黄丸自创建以来在急救中屡建神功，是我国传统药物中久负盛名的急症用药，素有“救急症于即时，挽垂危于顷刻”的美称，目前广泛用于中风等心脑疾病的防治。2014 年列入国家级非遗保护名录。

**三、致力于创新发展**

作为医药行业的老字号企业，广誉远在始终不忘恪守古训、传承传统文化的同时，致力于新经济模式下的创新发展：

(一)学术推广，打造国药经典。坚持以学术推广为先导的营销方法，高举学术大旗，全面建立龟龄集、定坤丹在男科、妇科用药的第一品牌，并以此带动公司近百个传统品种，以代代传承的炮制修合，惠及广大消费者。鉴于公司在传统医药研究方面的成就，2016 年被认定为高新技术企业。

(二)精品中药，打造国家名片。通过精选原料、挖掘传统独特的炮制技艺，推出精品龟龄集、精品安宫牛黄丸、精品牛黄清心丸、定坤丹口服液等系列精品产品，引导经典国药价值回归，推动高端养生产业模式，并作为国礼赠送各国元首，成为中医药文化的国家名片。

(三)品牌建设，树立中医药文化自信。与央视《国宝档案》合作推出帝王、后宫用药养生故事，与故宫博物院合作推出《龟龄集探秘》等历史书籍，并在高端杂志及各类论坛、讲堂等宣传推广企业品牌。从 2016 年起在中央电视台等重大媒体开始投放广告，成为央视上榜品牌。

(四)九大 GAP 基地，建立全产业链发展模式。通过在地道药材产地采取合作方式建立专属公司的 GAP 基地，中游建设精品中药生产基地、下游建立“优质中药饮片＋国医大师”中医服务平台，打造全产业链的发展模式。

(五)百家千店，活态展示中医药文化。在全国各大中城市建设 1000 家广誉远国药堂、100 家国医馆进行精品中药的直销及品牌在各地的根植深化。并通过实体传播，进行中医药文化的实体体验。目前，该工程已经覆盖全国 23 个省市自治区、67 个城市，开店 200 多家。

(六)互联网＋，建立 O2O 电子商务模式。目前建设有广誉远官网、微信公共平台，并在京东、天猫、一号店、央视网商城及工商银行融 E 购等网店开办电商，进行现代营销模式的创新。同时开设杏林壹号 App，致力于成为以互联网“中医问诊、专家预约、照方抓药、健康管理”的中医药综合服务提供商。

(七)自媒体推广，传播中医药文化。目前广誉远公众号有十几个，在新媒体领域的粉丝量有近 50 万。通过日常发布中医药四季养生知识，进行中医药知识的普及及中医药文化的传播。

(八)一带一路，推动中医药世界发展。在澳大利亚的国医馆已正式挂牌，海外国医馆中设有海外文化交流中心、中医学堂，展示并传授中国的中医药文化，推动中国传统医药走向世界。

传承与创新并举，公司各项经济指标累创新高。2016 年实现生产总值 9.29 亿元，较 2015 年增长 71%；实现销售收入 6.24 亿元，增长 119%；上缴税金 1.02 亿元，增长 142%。企业连续多年位居太谷县第一纳税大户，成为地方经济发展的重要引擎，2016 年获山西省制造业百强称号。

**四、全面建立中医药文化传承基地及中医药第一品牌**

发扬工匠精神，致力中医药文化全面复兴，公司于 2015 年启动“新建广誉远中医药产业项目”，对老字号进行再造与转型升级。项目位于太谷县凤凰山脚下，位属太谷南山风景区，总占地面积 500 亩，总投资 25 亿元。按使用功能及建设规划分为生产区、中医药历史文化博览区、中医疗养区。其中在建的一期工程暨生产区投资 6.4 亿元，建成后可实现产值 80 亿元，利税 16 亿元，吸纳就业人员约 1000 人。

整个工程全部建成后，广誉远将成为一座具有浓厚中式传统，弘扬祖国医药文化的中医药文化之都，将是我国重要的中医药文化传承基地、教育基地、养生基地和旅游基地，形成集产业、文化、旅游、养生在内的多元化发展格局。

该项目为 2016 年、2017 年山西省重点工程项目。目前一期工程各主体已基本完工，将于 2017 年下半年建成并投产使用。

依托新建广誉远中医药产业项目及公司“治未病”的养生思想，借助国家健康产业发展的快车，广誉远将着力进行以养生文化为主的大健康产业的构造，打造中医药养生文化第一品牌，实现大健康产业代表性企业的发展目标。

# 夯基础　谋发展
# 全力打造具有竞争力的现代化企业

山西省晋神能源有限公司总经理　张有河

2016年，在公司股东、董事会的领导下，面对去产能工作的深入推进和煤炭能源市场深刻变化，我们认真落实晋能集团“1255”战略，全力以赴保销售，千方百计降成本，坚守安全、环保和法律三条工作底线，强化风险防控，深化体制改革，直面挑战，破难前行，较好地完成了年初确定的各项生产经营任务。

2017年，我们要以党的十八大精神为指导，以安全为基础，以销售为龙头，以融资为抓手，全面推行精细化管理，夯基础、谋发展、转作风、提质量、增效益，进一步深化经营体制改革，加快公司发展步伐，为全面打造具有竞争力的现代化企业而奋斗。

2017年生产经营主要指标与计划投资。一是安全目标。煤矿和安装公司实现“零死亡”，其他地面单位杜绝重伤及以上事故；矿井安全质量标准化达到一级，其他企业达到行业标准。二是生产经营目标。原煤产量达到640万吨，其中沙坪煤矿400万吨，磁窑沟煤矿240万吨；掘进进尺达到1万米，其中开拓进尺6000米，回采进尺4000米；商品煤产量达到600万吨；商品煤销量达到900万吨；销售收入达到13.11亿元；实现利润与上年持平。2017年计划投资项目为三项，总投资金额1.17亿元。其中，沙坪煤矿下水平延深项目，计划投资5200万元；磁窑沟煤矿下水平延深项目，计划投资5600万元；阴火铁路火山隧道严重病害段整治工程，计划投资930万元。

**一、确保安全，治大隐患，防大事故**

深入推进“一落实、双建设、双达标”，按照“系统无缺陷、设备无故障、管理无漏洞、人员无失误”的管理要求，严格执行“安全第一，生产第二”的原则和纪律，坚持“治理大隐患、预防大事故与预防零打碎敲事故并重并举，管理、装备、培训并重并举”，强化安全责任落实，一级管好一级，一级对一级负责，突出抓好“三基”落实。

**二、确保生产，优化布局，集约高效**

围绕商品煤销量900万吨的任务目标，全面优化生产布局，提高集约化水平。把原煤生产的重点放在“合理配采、保证衔接、简化系统、提升运力”这四个方面，制定一矿一策的衔接和配采措施，不断优化采掘部署和产品结构；提高装备控制系统智能化水平，各矿井单产单进要同比提高10%。把精煤生产管理的重点放在设备维护保障、降低消耗、提高人员操作水平、提高产率上。突出项目建设重点。坚持“节约、高效、环保”原则，强化调研论证，加强项目管理，健全项目开发管理机制，抓好两个项目建设：两矿下水平延深项目要积极推进；阴火铁路火山隧道严重病害段整治工程，力争9月底竣工投用。要进一步密切铁路公路协作联动，确保所有生产矿井正常循环作业，强化生产、洗选、储装、运输、销售的全过程监管，用铁的纪律提质量，保数量。

**三、确保效益，严格管理，刚性考核**

建立以利润为核心的经营管理考核体系，综合运用工资杠杆、行政手段和党纪政纪，规范各单位的经营管理行为，激发各单位降本增效的积极性和创造性。从优化设计入手，所有基建工程项目要做到“技术、经济两合理”，把费用降到最低。压缩压减专项资金计划，把节余下来的资金用到有效益的项目上。加大融资力度，通过股权置换、联合重组、融资租赁、委托借款等方式，破解筹资融资难题；同时，积极争取地方政府在财政、税收、资源和转型配套改革项目建设等方面的优惠政策。严格计划管理，强化计划编制的科学性、合理性和严肃性，坚决杜绝“三外”工程。改进招投标管理，对所有工程招标项目设置拦标价，严厉打击招标过程中的违规违纪行为。严把用人关，控制非生产用工。加强劳动用工和薪酬管理，按照“主业精干、满足一线”的原则进行减人提效，优化一线工人结构，改善劳动组织。进一步完善工资分配体系和管控措施，严肃工资纪律，健全激励约束机制。强化资金管理，规矩规范、用好用活有限资金，降低资金使用成本。进一步加强合同管理，严格审计管理，防范企业经营风险，提高法律防范意识，务必使重大经营决策、经济合同、规章制度的法律审核率达到100%。强化“省下的就是赚下的”经营理念，继续推行“三全”（全面计划、全面质量、全面预算）管理，严格成本管控，重点在物资采购、修旧利废、管理费用以及技术进步等方面，制定与领导干部年薪挂钩的刚性考核办法，形成全覆盖、全考核、全兑现成本管控格局。降低物资采购成本，以保证矿厂安全正常生产为原则，以市场为导向，以代储代销为主，继续加大与厂家合作，盘活废旧物资，降低采购成本，降低仓储库存。理顺财务管理体系，提升企业财务管理能力，推动企业强化内部约束和财务管控，实现管理创新。向盘活存量要效益，继续深挖存量资源增值潜力，向资金管理要效益，向人员优化要效益，从而提高资产的使用率。加大煤炭销售力度。一是确保晋神公司自产煤炭外运销售。重点做好装车计划的提报与兑现、煤款结算以及煤质纠纷处理等工作。二是开展点对点煤炭购销业务。联系上下游用户，与神华销售集团华北公司做好业务对接等工作。三是开展下水煤业务。积极推进下水煤户头的办理工作，进一步增加商品煤销售量和经营收入。四是进一步加强与北京铁路局、神华销售集团的合作，将北京铁路局空车进入终端用户，实现供需双方面对面直销。五是积极开展外购煤和地销煤业务，进一步提升晋神公司在周边煤炭销售市场的影响力与话语权。总之，要一把手亲自抓，人人事事都算账，努力形成方方面面增收节支、点点滴滴降本增效的经营局面，确保全年收入目标实现和融资渠道畅通。

**四、确保素质提升，统筹推进，完善机制**

要从实现安全生产，维护和谐稳定，提高职工队伍素质，增强企业活力和竞争力的高度，充分认识职工队伍建设的重要性和紧迫性。统筹推进三支人才队伍建设。一是企业经营管理人才队伍。适应经济全球化和日趋激烈的市场竞争需要，以提高现代经营管理水平为核心，以培养优秀企业经营管理人才为重点，采取自主培养与外部引进相结合的方式，推进企业经营管理人才职业化和市场化，打造一支高素质的企业经营管理人才队伍。二是专业技术人才队伍。围绕经济社会发展的需要，以提高专业水平和创新能力为核心，以培养高层次创新型人才和紧缺人才为重点，建设一支数量充足、结构合理、创新力强、素质优良的专业技术人才队伍。三是高技能人才队伍。适应工业新型化要求，以提升职业技能为核心，以技师和高级技师为重点，完善高技能人才培养体系，建立技能人才梯次培养结构机制，形成一支与公司发展相适应的门类齐全、技艺精湛的高技能人才队伍。

**五、确保落实，强化执行，实现目标**

在当前公司发展的关键时期，各级干部必须更加牢固地树立执行理念，增强落实的自觉性和主动性，对照公司下达的任务目标，不讲价钱、不讲条件，主动克服困难，千方百计完成各项任务。一要高度重视作风建设。要从文风会风做起，倡导开短会、讲短话、讲管用的话，进一步转变干部作风，以作风的转变推动工作的落实。各单位“一把手”要减少社会活动，静下心来、沉下身子抓好工作落实。二要以问题为导向，扎实解决工作出现的问题。要瞄准发展中的主要矛盾和制约瓶颈，把发展的难点作为工作落实的重点，盯住不放，抓实抓紧，不能避重就轻、避难就易。要弘扬讲诚信、守规矩、说实话、出实招、办实事的作风，带着问题搞调研，严禁走过场、打官腔，把精力用在帮助基层单位解决好工作中的实际问题上。三要充分发挥机关和基层工作人员的积极性。深入开展“四好”领导班子建设活动，重视后备干部尤其是70后、80后优秀干部培养，加强“三支人才”队伍建设，发挥好职工教育培训中心作用；继续举办系列讲座，不断提升干部员工业务素质，改善生产生活条件，提高员工“幸福指数”，充分调动各级工作人员的积极性。四要发挥考核的指挥棒作用。坚持定性考核与定量考核有机结合、逐月考核与年终综合性考核前后衔接，构建“责任到岗、任务到人、考核到位”的绩效考核评价体系。机关各部门有权力、有责任就分管业务工作对各单位实施量化考核，排名排队，典型引领；基层单位也要对机关业务部门服务工作进行测评打分，畅通自上而下、自下而上的考核通道，实现科学化、规范化的“双向考核”。考评结果要与干部的“票子、面子、帽子”挂钩，与单位的评优挂钩。

**六、确保正能量，发挥作用，体现作为**

全面贯彻党的十八大和十八届三中、四中、五中、六中全会精神和集团公司党建工作精神，以“两学一做”学习教育为抓手，突出“抓基层，抓服务，抓质量”主题，坚定不移地推进从严治党，进一步推进思想建设、队伍建设、组织建设、党风廉政建设、思想意识形态建设，切实维护企业和谐稳定，全力开创党建工作新局面。围绕公司中心工作，深化形势任务教育，统一思想，凝聚力量；深入开展主题教育活动，破解发展难题，推动重点工作进展，把党的建设与企业生产经营管理有机结合；巩固“两学一做”成果，实现党员教育常态化，真正使党组织成为企业改革发展的战斗堡垒，使党员成为转型脱困中的模范和先锋。加强党风廉政建设，增强政治意识、大局意识、核心意识、看齐意识。各级党委、纪委要深入落实“两个责任”，围绕重点岗位、重点人员，抓好监督执纪问责，保护好领导人员干事创业的积极性，为加快提质增效营造风清气正的环境。

面对晋神公司三千员工家属的殷切期盼，我们要更加紧密地团结起来，以更加坚定的信心、更加昂扬的斗志、更加有力的措施，夯基础，谋发展，奋力推进晋神公司的宏伟事业，以优异的成绩为党的十九大献礼！

山西经济年鉴

YEAR BOOK OF SHANXI ECONOMY

# 2016年国民经济统计资料

2016NIAN GUOMIN JINGJI TONGJIZILIAO

24

# 2016年国民经济统计资料

## 行政区划（2016年末）

| 市　名 | 城市 | | | 市辖区 | 县 | 镇 | 乡 | 街道办事处 |
|---|---|---|---|---|---|---|---|---|
| | 合　计 | 地级市 | 县级市 | | | | | |
| | 22 | 11 | 11 | 23 | 85 | 564 | 632 | 202 |
| 太原市 | 小店区　迎泽区　杏花岭区　尖草坪区　万柏林区　晋源区　清徐县　阳曲县　娄烦县　古交市 | | | | | | | |
| 大同市 | 城　区　矿　区　南郊区　新荣区　阳高县　天镇县　广灵县　灵丘县　浑源县　左云县　大同县 | | | | | | | |
| 阳泉市 | 城　区　矿　区　郊　区　平定县　盂　县 | | | | | | | |
| 长治市 | 城　区　郊　区　长治县　襄垣县　屯留县　平顺县　黎城县　壶关县　长子县　武乡县　沁　县　沁源县　潞城市 | | | | | | | |
| 晋城市 | 城　区　沁水县　阳城县　陵川县　泽州县　高平市 | | | | | | | |
| 朔州市 | 朔城区　平鲁区　山阴县　应　县　右玉县　怀仁县 | | | | | | | |
| 晋中市 | 榆次区　榆社县　左权县　和顺县　昔阳县　寿阳县　太谷县　祁　县　平遥县　灵石县　介休市 | | | | | | | |
| 运城市 | 盐湖区　临猗县　万荣县　闻喜县　稷山县　新绛县　绛　县　垣曲县　夏　县　平陆县　芮城县　永济市　河津市 | | | | | | | |
| 忻州市 | 忻府区　定襄县　五台县　代　县　繁峙县　宁武县　静乐县　神池县　五寨县　岢岚县　河曲县　保德县　偏关县　原平市 | | | | | | | |
| 临汾市 | 尧都区　曲沃县　翼城县　襄汾县　洪洞县　古　县　安泽县　浮山县　吉　县　乡宁县　大宁县　隰　县　永和县　蒲　县　汾西县　侯马市　霍州市 | | | | | | | |
| 吕梁市 | 离石区　文水县　交城县　兴　县　临　县　柳林县　石楼县　岚　县　方山县　中阳县　交口县　孝义市　汾阳市 | | | | | | | |

# 国民经济主要指标

| 指标 | 单位 | 1978年 | 1980年 | 1985年 | 1990年 | 1995年 | 2000年 | 2005年 | 2010年 | 2015年 | 2016年 |
|---|---|---|---|---|---|---|---|---|---|---|---|
| **一、年末总人口** | 万人 | 2424 | 2476 | 2673.5 | 2899 | 3077 | 3247.8 | 3355.2 | 3574.1 | 3664.1 | 3681.6 |
| **二、全社会从业人员** | 万人 | 965 | 1003 | 1154.1 | 1304 | 1424.5 | 1392.4 | 1500.2 | 1685.9 | 1872.8 | 1908.2 |
| #职工人数 | 万人 | 268 | 299 | 377.1 | 438.7 | 463.5 | 370.2 | 352.1 | 384.5 | 421.9 | 412.4 |
| **三、地区生产总值** | 亿元 | 88.0 | 108.8 | 219.0 | 429.3 | 1076.0 | 1845.7 | 4230.5 | 9200.9 | 12766.5 | 12966.2 |
| **四、农业生产** | | | | | | | | | | | |
| 1. 农林牧渔业总产值 | 亿元 | 29.0 | 38.2 | 62.9 | 124.8 | 299.7 | 322.4 | 483.8 | 1047.8 | 1522.6 | 1534.0 |
| 2. 主要农产品产量 | | | | | | | | | | | |
| 粮　食 | 万吨 | 707.0 | 685.7 | 822.7 | 969 | 917.1 | 853.4 | 978.0 | 1085.1 | 1259.6 | 1318.5 |
| 棉　花 | 万吨 | 6.94 | 7.8 | 7.3 | 11.2 | 9.1 | 4.5 | 10.3 | 6.9 | 1.4 | 1.0 |
| 油　料 | 万吨 | 4.23 | 13.4 | 44.4 | 39.4 | 22.3 | 44.8 | 21.3 | 17.6 | 15.3 | 15.4 |
| 猪牛羊肉 | 万吨 | 18.23 | 17.3 | 20.9 | 29.3 | 56.1 | 59.2 | 81.0 | 63.6 | 73.0 | 70.9 |
| 3. 大牲畜年末数 | 万头 | 223.64 | 224 | 260.4 | 293.2 | 358.6 | 309.3 | 312.7 | 127.6 | 122.0 | 125.5 |
| 猪年末数 | 万头 | 578.5 | 531.2 | 372.1 | 363.1 | 561 | 519.5 | 626.1 | 474.8 | 485.9 | 449.7 |
| 羊年末数 | 万只 | 872.04 | 909.9 | 414.3 | 709.6 | 915 | 1058.4 | 1196.4 | 734.7 | 1001.5 | 910.4 |
| **五、工业生产** | | | | | | | | | | | |
| 1. 工业增加值 | 亿元 | | | | | | | 1756.7 | 4591.5 | 3965.0 | 3948.9 |
| 轻工业 | 亿元 | | | | | | | 107.1 | 224.9 | 335.4 | 306.4 |
| 重工业 | 亿元 | | | | | | | 1649.6 | 4366.6 | 3629.6 | 3642.5 |
| 2. 主要工业产品产量 | | | | | | | | | | | |
| 原　煤 | 万吨 | 9825 | 12103 | 21418 | 28597 | 34731 | 25152 | 55426 | 74096 | 96680 | 83044 |
| 发电量 | 亿千瓦小时 | 106.63 | 120.2 | 184.6 | 314.2 | 506 | 624.7 | 1316.5 | 2150.6 | 2457.5 | 2510.5 |
| 钢 | 万吨 | 119.99 | 149.4 | 183.7 | 238.6 | 339.8 | 472.7 | 1654.7 | 3048.8 | 3847.0 | 3936.1 |
| 成品钢材 | 万吨 | 74.04 | 86.4 | 110.8 | 128.8 | 217.1 | 392.6 | 1368.6 | 2866.4 | 4267.3 | 4279.0 |
| 水　泥 | 万吨 | 255.87 | 287.9 | 458.7 | 612.5 | 1169.9 | 1434.0 | 2310.7 | 3670.3 | 3786.1 | 3851.5 |
| 金属切削机床 | 台 | 3131 | 1706 | 1288 | 1678 | 688 | 832 | 1813 | 1822 | 109 | 13 |
| 布 | 万米 | 32756 | 38652 | 37555 | 42948 | 35593 | 33253 | 36256 | 7381 | 7720 | 4176 |
| 机制纸及纸板 | 万吨 | 9.35 | 11.55 | 18.75 | 35.44 | 59.69 | 27.00 | 40.49 | 21.8 | 35.3 | 41.7 |
| **六、运输邮电** | | | | | | | | | | | |
| 1. 货物运输量 | 万吨 | 15620 | 18080 | 29181 | 50111 | 65962 | 86624 | 125367 | 124677 | 161772 | 167082 |
| #铁　路 | 万吨 | 9166 | 11067 | 16110 | 23332 | 26095 | 28779 | 49067 | 63836 | 70509 | 64861 |
| 2. 货物周转量 | 百万吨千米 | 18964 | 22538 | 36101 | 59493 | 71805 | 86808 | 136312 | 233242 | 343855 | 356546 |
| #铁　路 | 百万吨千米 | 17848 | 20965 | 30869 | 47955 | 53638 | 59797 | 96970 | 136247 | 206373 | 211332 |
| 3. 旅客发送量 | 万人 | 4498 | 5865 | 10564 | 15960 | 21337 | 31818 | 40209 | 39059 | 30676 | 27619 |
| #铁　路 | 万人 | 2124 | 2523 | 3391 | 3226 | 3308 | 2953 | 3433 | 5746 | 7393 | 7530 |

续表

| 指　　标 | 单位 | 1978年 | 1980年 | 1985年 | 1990年 | 1995年 | 2000年 | 2005年 | 2010年 | 2015年 | 2016年 |
|---|---|---|---|---|---|---|---|---|---|---|---|
| 4. 旅客周转量 | 百万人千米 | 3874 | 4979 | 9318 | 12604 | 17510 | 22458 | 32954 | 37157 | 37995 | 36046 |
| ＃铁　路 | 百万人千米 | 2710 | 3564 | 6214 | 6681 | 8066 | 8336 | 10564 | 15582 | 21542 | 21931 |
| 5. 邮电业务总量 | 亿元 | 1.1 | 1.2 | 1.6 | 2.5 | 13.8 | 75.9 | 280.6 | 260.0 | 511.0 | 386.0 |
| **七、固定资产投资** | | | | | | | | | | | |
| 全社会固定资产投资 | 亿元 | 21.5 | 28.2 | 91.7 | 123.4 | 295.6 | 625.2 | 1859.4 | 6352.6 | 14137.2 | 14285.0 |
| 第一产业 | 亿元 | 0.2 | 1.8 | 1.1 | 5.2 | 7.6 | 12.0 | 50.1 | 281.3 | 1563.7 | 1870.4 |
| 第二产业 | 亿元 | 13.2 | 16.2 | 55.5 | 75.6 | 140.2 | 289.6 | 1130.4 | 2628.1 | 5206.0 | 4909.6 |
| 第三产业 | 亿元 | 8.1 | 10.2 | 35.1 | 42.6 | 147.7 | 323.6 | 678.9 | 3443.2 | 7367.5 | 7505.0 |
| **八、商　　业** | | | | | | | | | | | |
| 社会消费品零售总额 | 亿元 | 32.38 | 42.7 | 89.4 | 158.0 | 376.0 | 722.7 | 1401.2 | 3318.2 | 6033.7 | 6480.5 |
| **九、财　　政** | | | | | | | | | | | |
| 财政总收入 | 亿元 | 19.6 | 21.0 | 25.0 | 51.7 | 129.4 | 194.6 | 757.8 | 1810.2 | | |
| 一般公共预算收入 | 亿元 | 19.6 | 21.0 | 25.0 | 51.7 | 72.2 | 114.5 | 368.3 | 969.7 | 1642.3 | 1557.0 |
| 一般公共预算支出 | 亿元 | 21.1 | 19.6 | 35.5 | 54.9 | 112.9 | 225.1 | 668.8 | 1931.4 | 3423.0 | 3428.9 |
| **十、物价指数**(以1950年为100) | % | | | | | | | | | | |
| 商品零售价格总指数 | % | 143.1 | 148.8 | 174.5 | 290.6 | 510.2 | 500.5 | 506.8 | 580.8 | 630.9 | 634.1 |
| 城镇居民消费价格总指数 | % | 141.3 | 150.6 | 181.1 | 301.4 | 595.6 | 690.0 | 718.8 | 832.6 | 945.6 | 956.0 |
| **十一、工　　资** | | | | | | | | | | | |
| 全部职工工资总额 | 亿元 | 16.7 | 21.9 | 41.0 | 90.7 | 215.5 | 256.1 | 548.1 | 1268.8 | 2241.5 | 2257.5 |
| 全部职工平均工资 | 元 | 632 | 754 | 1122 | 2111 | 4721 | 6918 | 15645 | 33544 | 52960 | 54975 |
| 国有单位职工工资总额 | 亿元 | 14.6 | 19.0 | 33.9 | 75.9 | 186.2 | 200.9 | 394.4 | 760.3 | 1064.9 | 1117.9 |
| 国有单位职工平均工资 | 元 | 655 | 795 | 1200 | 2263 | 5094 | 7249 | 16027 | 33119 | 54953 | 58952 |
| **十二、教育、文化** | | | | | | | | | | | |
| 高等学校在校学生数 | 人 | 20940 | 33104 | 41946 | 51309 | 67420 | 125674 | 407036 | 562924 | 740245 | 756287 |
| 中等专业学校在校学生数 | 万人 | 2.9 | 4.6 | 5.1 | 8.7 | 10.7 | 19.7 | 20.2 | 20.7 | 14.0 | 12.1 |
| 普通中学在校学生数 | 万人 | 194.3 | 179.6 | 157.0 | 145.1 | 151.0 | 199.8 | 261.2 | 253.7 | 192.1 | 184.7 |
| 小学在校学生数 | 万人 | 377.4 | 384.2 | 335.2 | 297.4 | 327.0 | 343.6 | 350.3 | 291.1 | 227.0 | 227.1 |
| 报纸出版数量 | 万份 | 17869 | 17590 | 55174 | 54361 | 59254 | 58825 | 329713 | 206698 | 203549 | 201619 |
| 杂志出版数量 | 万份 | 598 | 1905 | 7981 | 2815 | 3586 | 2657 | 5914 | 4000 | 2573 | 2421 |
| 图书出版数量 | 万册 | 6422 | 9055 | 9991 | 12166 | 13919 | 10105 | 10081 | 13183 | 12439 | 9860 |

注:本表1990年及以前一般公共预算收支为财政收支。

# 国民经济主要比例关系

单位：%

| 指　　标 | 1978年 | 1980年 | 1985年 | 1990年 | 1995年 | 2000年 | 2005年 | 2010年 | 2015年 | 2016年 |
|---|---|---|---|---|---|---|---|---|---|---|
| **一、城乡人口比例** | | | | | | | | | | |
| 城镇 | 19.2 | 20.3 | 24.2 | 28.9 | 30.1 | 35.9 | 42.1 | 48.1 | 55.0 | 56.2 |
| 乡村 | 80.8 | 79.7 | 75.9 | 71.1 | 69.9 | 64.1 | 57.9 | 51.9 | 45.0 | 43.8 |
| **二、国内生产总值中三次产业比例** | | | | | | | | | | |
| 第一产业 | 20.7 | 19.0 | 19.3 | 18.8 | 15.7 | 10.8 | 7.7 | 6.0 | 6.1 | 6.0 |
| 第二产业 | 58.5 | 58.4 | 54.8 | 48.9 | 46.0 | 45.9 | 54.8 | 56.6 | 40.7 | 38.3 |
| 第三产业 | 20.8 | 22.6 | 25.9 | 32.3 | 38.3 | 43.2 | 37.5 | 37.3 | 53.2 | 55.7 |
| **三、工业增加值中轻重工业比例** | | | | | | | | | | |
| 轻工业 | | | | | | | 6.1 | 4.9 | 8.5 | 7.8 |
| 重工业 | | | | | | | 93.9 | 95.1 | 91.5 | 92.2 |
| **四、农林牧渔业总产值内部比例** | | | | | | | | | | |
| 农业产值 | 78.3 | 73.7 | 74.4 | 72.2 | 62.2 | 65.3 | 58.2 | 63.8 | 63.7 | 62.5 |
| 林业产值 | 7.0 | 8.4 | 7.4 | 4.9 | 5.9 | 4.4 | 3.4 | 6.2 | 6.4 | 6.5 |
| 牧业产值 | 14.6 | 17.8 | 18.1 | 22.6 | 31.5 | 29.7 | 30.7 | 23.9 | 23.6 | 24.5 |
| 渔业产值 | 0.1 | 0.1 | 0.1 | 0.3 | 0.4 | 0.6 | 0.6 | 0.6 | 0.7 | 0.7 |
| 农林牧渔服务业 | | | | | | | 7.1 | 5.4 | 5.7 | 5.8 |
| **五、全社会固定资产投资中三次产业的比例** | | | | | | | | | | |
| 第一产业 | 0.8 | 6.2 | 1.2 | 4.2 | 2.6 | 1.9 | 2.7 | 4.4 | 11.1 | 13.1 |
| 第二产业 | 61.5 | 57.5 | 60.5 | 61.3 | 47.4 | 46.3 | 60.8 | 41.4 | 36.8 | 34.4 |
| 第三产业 | 37.8 | 36.3 | 38.3 | 34.5 | 50.0 | 51.8 | 36.5 | 54.2 | 52.1 | 52.5 |
| **六、文教卫生科学事业费占财政支出的比例** | | 20.4 | 23.0 | 28.4 | 30.2 | 25.0 | 22.4 | 24.6 | 29.3 | 29.6 |

## 人口和自然资源

| 项　　目 | | 2016 年 | 项　　目 | | 2016 年 |
|---|---|---|---|---|---|
| 全省总户数 | （万户） | 1304.4 | ＃在岗职工 | （万人） | 412.4 |
| 全省总人口 | （万人） | 3681.6 | 城镇私营企业及个体 | （万人） | 317.1 |
| 城镇人口 | （万人） | 2069.6 | 土地面积 | （万平方千米） | 15.67 |
| 乡村人口 | （万人） | 1612 | 平原 | （万平方千米） | 3.12 |
| 人口出生率 | （‰） | 10.29 | 丘陵 | （万平方千米） | 6.96 |
| 人口死亡率 | （‰） | 5.52 | 山地 | （万平方千米） | 5.58 |
| 人口自然增长率 | （‰） | 4.77 | 森林覆盖率 | （%） | 20.5 |
| 人口密度 | （人/平方千米） | 235 | 水资源总量 | （亿立方米） | 93.95 |
| 社会从业人员 | （万人） | 1908.2 | 地下水资源量 | （亿立方米） | 86.39 |

注：本表水资源总量和地下水资源量为 2015 年数据。

## 地区生产总值及构成

（按当年价格计算）

| 年　份 | 绝　对　数　（万元） | | | | 构　　成　（%） | | |
|---|---|---|---|---|---|---|---|
| | 总　　计 | 第一产业 | 第二产业 | 第三产业 | 第一产业 | 第二产业 | 第三产业 |
| 1952 | 159978 | 93831 | 27484 | 38663 | 58.6 | 17.2 | 24.2 |
| 1957 | 291594 | 115415 | 93994 | 82185 | 39.6 | 32.2 | 28.2 |
| 1962 | 324083 | 110666 | 121848 | 91569 | 34.2 | 37.6 | 28.3 |
| 1965 | 439158 | 127041 | 205199 | 106918 | 28.9 | 46.7 | 24.3 |
| 1970 | 576900 | 151931 | 302600 | 122369 | 26.3 | 52.5 | 21.2 |
| 1975 | 698101 | 208009 | 346700 | 143392 | 29.8 | 49.7 | 20.5 |
| 1978 | 879946 | 182040 | 514685 | 183221 | 20.7 | 58.5 | 20.8 |
| 1980 | 1087619 | 206348 | 635098 | 246173 | 19.0 | 58.4 | 22.6 |
| 1985 | 2189896 | 422629 | 1200573 | 566694 | 19.3 | 54.8 | 25.9 |
| 1990 | 4292736 | 808080 | 2100746 | 1383910 | 18.8 | 48.9 | 32.3 |
| 1991 | 4685100 | 687700 | 2362800 | 1634600 | 14.7 | 50.4 | 34.9 |
| 1992 | 5511200 | 829400 | 2702800 | 1979000 | 15.0 | 49.0 | 35.9 |
| 1993 | 6804100 | 972700 | 3350300 | 2481100 | 14.3 | 49.2 | 36.5 |
| 1994 | 8266600 | 1238400 | 3965700 | 3062500 | 15.0 | 48.0 | 37.0 |
| 1995 | 10760300 | 1686900 | 4944500 | 4128900 | 15.7 | 46.0 | 38.4 |
| 1996 | 12968122 | 2029822 | 6002100 | 4936200 | 15.7 | 46.3 | 38.1 |
| 1997 | 14852068 | 2010468 | 7075800 | 5765800 | 13.5 | 47.6 | 38.8 |
| 1998 | 16261771 | 2223471 | 7612500 | 6425800 | 13.7 | 46.8 | 39.5 |
| 1999 | 16828221 | 1756821 | 7854700 | 7216700 | 10.4 | 46.7 | 42.9 |
| 2000 | 18680826 | 2022226 | 8583700 | 8074900 | 10.8 | 45.9 | 43.2 |
| 2001 | 20553640 | 1969240 | 9560100 | 9024300 | 9.6 | 46.5 | 43.9 |
| 2002 | 23600662 | 2330662 | 11343100 | 9926900 | 9.9 | 48.1 | 42.1 |
| 2003 | 28995998 | 2595698 | 14633800 | 11766500 | 9.0 | 50.5 | 40.6 |
| 2004 | 36362566 | 3411866 | 19194000 | 13756700 | 9.4 | 52.8 | 37.8 |
| 2005 | 42998417 | 3317317 | 23570400 | 16110700 | 7.7 | 54.8 | 37.5 |
| 2006 | 49600091 | 3581691 | 27556600 | 18461800 | 7.2 | 55.6 | 37.2 |
| 2007 | 61257757 | 4132957 | 34544900 | 22579900 | 6.7 | 56.4 | 36.9 |
| 2008 | 74271005 | 4252805 | 42423600 | 27594600 | 5.7 | 57.1 | 37.2 |
| 2009 | 73563828 | 4775900 | 39819711 | 28968217 | 6.5 | 54.1 | 39.4 |
| 2010 | 91888284 | 5544800 | 52023556 | 34319928 | 6.0 | 56.6 | 37.3 |
| 2011 | 112141991 | 6414200 | 65739573 | 39988219 | 5.7 | 58.6 | 35.7 |
| 2012 | 121265818 | 6983200 | 66495493 | 47787126 | 5.8 | 54.8 | 39.4 |
| 2013 | 126652500 | 7410100 | 66130600 | 53111800 | 5.9 | 52.2 | 41.9 |
| 2014 | 127614900 | 7888900 | 62939100 | 56786900 | 6.2 | 49.3 | 44.5 |
| 2015 | 127664900 | 7831600 | 51942700 | 67890600 | 6.1 | 40.7 | 53.2 |
| 2016 | 129662000 | 7847800 | 49633000 | 72181200 | 6.0 | 38.3 | 55.7 |

# 全社会固定资产投资

单位：万元

| 年份 | 总计 | 房地产开发 | 农户 | 住宅 | 第一产业 | 第二产业 | 第三产业 |
|---|---|---|---|---|---|---|---|
| 1978 | 214935 | | 11313 | 15006 | 1645 | 132080 | 81210 |
| 1979 | 232713 | | 14940 | 38261 | 10752 | 131838 | 90123 |
| 1980 | 281960 | | 21173 | 59117 | 17560 | 162157 | 102243 |
| 1981 | 254719 | | 38452 | 76511 | 13723 | 129473 | 111523 |
| 1982 | 345486 | | 38244 | 95144 | 20698 | 186438 | 138350 |
| 1983 | 448347 | | 57569 | 96277 | 26159 | 257200 | 164988 |
| 1984 | 688991 | | 63475 | 114800 | 15352 | 384594 | 289045 |
| 1985 | 916918 | | 87387 | 158060 | 11443 | 554744 | 350731 |
| 1986 | 970247 | | 106473 | 176525 | 22578 | 600777 | 346892 |
| 1987 | 1062371 | 6207 | 136987 | 193745 | 25621 | 597032 | 439718 |
| 1988 | 1076779 | 5421 | 141201 | 169236 | 33359 | 662277 | 381143 |
| 1989 | 1079587 | 2370 | 136709 | 184680 | 28614 | 668424 | 382549 |
| 1990 | 1234137 | 28486 | 164556 | 220354 | 51962 | 756324 | 425851 |
| 1991 | 1495206 | 32642 | 202269 | 238231 | 56159 | 934621 | 504426 |
| 1992 | 1727858 | 51869 | 119330 | 240328 | 48795 | 1079071 | 599992 |
| 1993 | 2512628 | 129685 | 191765 | 415095 | 84534 | 1424294 | 1003800 |
| 1994 | 2909041 | 116512 | 201153 | 464303 | 63897 | 1427878 | 1417266 |
| 1995 | 2955570 | 150886 | 188798 | 456871 | 76160 | 1401945 | 1477465 |
| 1996 | 3334714 | 147893 | 302383 | 666374 | 90324 | 1587144 | 1657246 |
| 1997 | 3983959 | 181736 | 317673 | 708704 | 104368 | 2008130 | 1871461 |
| 1998 | 5346852 | 278653 | 331200 | 920980 | 83706 | 2135036 | 3128110 |
| 1999 | 5753507 | 350458 | 245781 | 1083149 | 103046 | 2261965 | 3388496 |
| 2000 | 6251628 | 394556 | 344392 | 1113447 | 119648 | 2896273 | 3235707 |
| 2001 | 7083468 | 466464 | 399594 | 1021534 | 205239 | 3090533 | 3787696 |
| 2002 | 8382683 | 674331 | 462572 | 1173468 | 334467 | 3793232 | 4254984 |
| 2003 | 11163486 | 950740 | 533216 | 1210898 | 359529 | 6127825 | 4676132 |
| 2004 | 14776985 | 1449898 | 621851 | 1551521 | 362856 | 8697815 | 5716314 |
| 2005 | 18593969 | 1779937 | 757098 | 2245567 | 501034 | 11304223 | 6788712 |
| 2006 | 23214735 | 2086231 | 933279 | 3503467 | 651894 | 13463726 | 9099115 |
| 2007 | 29271653 | 2589251 | 1157947 | 4619967 | 838947 | 16171517 | 12261189 |
| 2008 | 36351396 | 3279807 | 1443268 | 5651842 | 1119701 | 18688907 | 16542788 |
| 2009 | 50335333 | 4772748 | 1785790 | 7600820 | 2203844 | 21636020 | 26495469 |
| 2010 | 63526011 | 5922376 | 2179375 | 9003350 | 2812813 | 26281280 | 34431918 |
| 2011 | 73730582 | 7901982 | 2353725 | 11877169 | 2712048 | 33485814 | 37532720 |
| 2012 | 91763142 | 10104513 | 2784109 | 14670489 | 3814072 | 41466603 | 46482467 |
| 2013 | 112002376 | 13086275 | 2865426 | 16889560 | 7140003 | 46579278 | 58283095 |
| 2014 | 123545298 | 14035549 | 3190738 | 20045373 | 9462029 | 50040489 | 64042780 |
| 2015 | 141371594 | 14948719 | 3295638 | 21067639 | 15636698 | 52060392 | 73674504 |
| 2016 | 142849820 | 15973532 | 3386310 | 18827570 | 18703803 | 49096362 | 75049655 |

# 人民物质文化生活提高情况

| 指标 | 单位 | 1978年 | 1980年 | 1985年 | 1990年 | 1995年 | 2000年 | 2005年 | 2010年 | 2015年 | 2016年 |
|---|---|---|---|---|---|---|---|---|---|---|---|
| 一、城乡居民收入 | | | | | | | | | | | |
| 城镇居民人均可支配收入 | 元 | 301.4 | 379.9 | 595.3 | 1290.9 | 3306.0 | 4724.1 | 8913.9 | 15647.7 | 25827.7 | 27352.3 |
| 农村居民人均可支配收入 | 元 | 101.6 | 155.8 | 358.3 | 603.5 | 1208.3 | 1905.6 | 2890.7 | 4736.3 | 9453.9 | 10082.5 |
| 职工平均工资 | 元 | 632 | 754 | 1122 | 2111 | 4721 | 6918 | 15645 | 33544 | 52960 | 54975 |
| 二、平均每人住房面积 | | | | | | | | | | | |
| 城镇居民建筑面积 | 平方米 | | | | | | | 25.6 | 28.0 | 32.0 | 33.21 |
| 农村居民居住面积 | 平方米 | 9.4 | 11.1 | 13.7 | 16.5 | 17.1 | 21.6 | 24.2 | 28.7 | 33.5 | 37.51 |
| 三、交通、文化、教育、卫生 | | | | | | | | | | | |
| 每百户拥有(抽样) | | | | | | | | | | | |
| 电视机(彩电) | | | | | | | | | | | |
| 城镇居民 | 台 | | | 18.8 | 60.1 | 86.2 | 107.2 | 113.7 | 111.8 | 107.2 | 106.0 |
| 农民 | 台 | | | 1.3 | 6.7 | 20.6 | 63.5 | 82.3 | 109.0 | 104.6 | 105.9 |
| 洗衣机 | | | | | | | | | | | |
| 城镇居民 | 台 | | 1.6 | 57.5 | 81.7 | 91.2 | 93.4 | 99.8 | 100.7 | 98.9 | 99.1 |
| 农民 | 台 | | | 2.8 | 13.8 | 19.8 | 51.7 | 69.3 | 81.0 | 83.2 | 88.4 |
| 移动电话 | | | | | | | | | | | |
| 城镇居民 | 台 | | | | | | | 109.7 | 146.6 | 220.6 | 230.6 |
| 农民 | 台 | | | | | | | 27.5 | 107.7 | 201.2 | 215.5 |
| 每百人每天拥有报纸 | 份 | 2.0 | 2.0 | 5.8 | 5.3 | 5.3 | 5.0 | 27.0 | 16.2 | 15.3 | 15.0 |
| 每人每年拥有杂志 | 册 | 0.8 | 1.2 | 1.9 | 1.5 | 1.2 | 0.8 | 1.8 | 1.1 | 0.7 | 0.7 |
| 每万人拥有在校大学生 | 人 | 8.6 | 13.4 | 15.7 | 17.7 | 21.9 | 38.7 | 121.3 | 157.5 | 202.0 | 205.4 |
| 每千人拥有医院床位数 | 张 | 2.7 | 2.9 | 3.3 | 3.5 | 3.4 | 2.4 | 2.4 | 3.1 | 3.8 | 4.0 |
| 每千人拥有卫生技术人员 | 人 | 3.2 | 3.5 | 4.2 | 4.6 | 5.7 | 4.2 | 3.9 | 5.5 | 5.8 | 6.1 |
| 四、储蓄 | | | | | | | | | | | |
| 城乡居民储蓄存款年末余额 | 亿元 | 7.2 | 12.9 | 52.9 | 231.3 | 844.5 | 1748.4 | 4119.7 | 9223.0 | 15747.9 | 17231.1 |
| 平均每人储蓄存款余额 | 元 | 30 | 52 | 198 | 798 | 2744 | 5383 | 12278 | 25805 | 42979 | 46802.8 |

注：本表2010年及以前年份农村居民人均可支配收入为农民人均纯收入口径。

# 2016年全国各省市区国民经济主要指标排序

| 省市区 | 常住人口（万人） | | | 地区生产总值（亿元） | | | 人均地区生产总值（元） | | | 地区生产总值比上年增长（%） | | |
|---|---|---|---|---|---|---|---|---|---|---|---|---|
| | 指标值 | 位次 | 比重（%） | 指标值 | 位次 | 比重（%） | 指标值 | 位次 | 比重（%） | 指标值 | 位次 | 比全国高低百分点 |
| **全国总计** | **138271** | | | **744127.2** | | | **53980** | | | **6.7** | | |
| 北　京 | 2173 | 26 | 1.6 | 24899.3 | 12 | 3.3 | 114653 | 2 | 212.4 | 6.7 | 28 | 0.0 |
| 天　津 | 1562 | 27 | 1.1 | 17885.4 | 19 | 2.4 | 115053 | 1 | 213.1 | 9.0 | 4 | 2.3 |
| 河　北 | 7470 | 6 | 5.4 | 31827.9 | 8 | 4.3 | 42736 | 19 | 79.2 | 6.8 | 26 | 0.1 |
| 山　西 | 3682 | 18 | 2.7 | 12928.3 | 24 | 1.7 | 35198 | 27 | 65.2 | 4.5 | 30 | −2.2 |
| 内蒙古 | 2520 | 23 | 1.8 | 18632.6 | 16 | 2.5 | 74069 | 6 | 137.2 | 7.2 | 24 | 0.5 |
| 辽　宁 | 4378 | 14 | 3.2 | 22037.9 | 14 | 3.0 | 50314 | 14 | 93.2 | −2.5 | 31 | −9.2 |
| 吉　林 | 2733 | 21 | 2.0 | 14886.2 | 22 | 2.0 | 54266 | 12 | 100.5 | 6.9 | 25 | 0.2 |
| 黑龙江 | 3799 | 17 | 2.7 | 15386.1 | 21 | 2.1 | 40432 | 21 | 74.9 | 6.1 | 29 | −0.6 |
| 上　海 | 2420 | 24 | 1.7 | 27466.2 | 11 | 3.7 | 113615 | 3 | 210.5 | 6.8 | 26 | 0.1 |
| 江　苏 | 7999 | 5 | 5.8 | 76086.2 | 2 | 10.2 | 95257 | 4 | 176.5 | 7.8 | 14 | 1.1 |
| 浙　江 | 5590 | 10 | 4.0 | 46485.0 | 4 | 6.2 | 83538 | 5 | 154.8 | 7.5 | 20 | 0.8 |
| 安　徽 | 6196 | 8 | 4.5 | 24117.9 | 13 | 3.2 | 39092 | 25 | 72.4 | 8.7 | 6 | 2.0 |
| 福　建 | 3874 | 15 | 2.8 | 28519.2 | 10 | 3.8 | 73951 | 7 | 137.0 | 8.4 | 8 | 1.7 |
| 江　西 | 4592 | 13 | 3.3 | 18364.4 | 17 | 2.5 | 40106 | 23 | 74.3 | 9.0 | 4 | 2.3 |
| 山　东 | 9947 | 2 | 7.2 | 67008.2 | 3 | 9.0 | 67706 | 9 | 125.4 | 7.6 | 16 | 0.9 |
| 河　南 | 9532 | 3 | 6.9 | 40160.0 | 5 | 5.4 | 42247 | 20 | 78.3 | 8.1 | 9 | 1.4 |
| 湖　北 | 5885 | 9 | 4.3 | 32297.9 | 7 | 4.3 | 55038 | 11 | 102.0 | 8.1 | 9 | 1.4 |
| 湖　南 | 6822 | 7 | 4.9 | 31244.7 | 9 | 4.2 | 45931 | 16 | 85.1 | 7.9 | 13 | 1.2 |
| 广　东 | 10999 | 1 | 8.0 | 79512.1 | 1 | 10.7 | 72787 | 8 | 134.8 | 7.5 | 20 | 0.8 |
| 广　西 | 4838 | 11 | 3.5 | 18245.1 | 18 | 2.5 | 37876 | 26 | 70.2 | 7.3 | 23 | 0.6 |
| 海　南 | 917 | 28 | 0.7 | 4044.5 | 28 | 0.5 | 44252 | 17 | 82.0 | 7.5 | 20 | 0.8 |
| 重　庆 | 3048 | 20 | 2.2 | 17558.8 | 20 | 2.4 | 57902 | 10 | 107.3 | 10.7 | 1 | 4.0 |
| 四　川 | 8262 | 4 | 6.0 | 32680.5 | 6 | 4.4 | 39695 | 24 | 73.5 | 7.7 | 15 | 1.0 |
| 贵　州 | 3555 | 19 | 2.6 | 11734.4 | 25 | 1.6 | 33127 | 29 | 61.4 | 10.5 | 2 | 3.8 |
| 云　南 | 4771 | 12 | 3.5 | 14870.0 | 23 | 2.0 | 31265 | 30 | 57.9 | 8.7 | 6 | 2.0 |
| 西　藏 | 331 | 31 | 0.2 | 1150.1 | 31 | 0.2 | 35143 | 28 | 65.1 | 10.0 | 3 | 3.3 |
| 陕　西 | 3813 | 16 | 2.8 | 19165.4 | 15 | 2.6 | 50398 | 13 | 93.4 | 7.6 | 16 | 0.9 |
| 甘　肃 | 2610 | 22 | 1.9 | 7152.0 | 27 | 1.0 | 27458 | 31 | 50.9 | 7.6 | 16 | 0.9 |
| 青　海 | 593 | 30 | 0.4 | 2572.5 | 30 | 0.3 | 43531 | 18 | 80.6 | 8.0 | 12 | 1.3 |
| 宁　夏 | 675 | 29 | 0.5 | 3150.1 | 29 | 0.4 | 46918 | 15 | 86.9 | 8.1 | 9 | 1.4 |
| 新　疆 | 2398 | 25 | 1.7 | 9617.2 | 26 | 1.3 | 40427 | 22 | 74.9 | 7.6 | 16 | 0.9 |

续表 1

| 省市区 | 规模以上工业主营业务收入(亿元) | | | 规模以上工业利润总额(亿元) | | | 发电量(亿千瓦小时) | | | 粗钢产量(万吨) | | |
|---|---|---|---|---|---|---|---|---|---|---|---|---|
| | 指标值 | 位次 | 比重(%) | 指标值 | 位次 | 比重(%) | 指标值 | 位次 | 比重(%) | 指标值 | 位次 | 比重(%) |
| **全国总计** | **1151617.5** | | | **68803.2** | | | **61424.9** | | | **80836.6** | | |
| 北京 | 19413.6 | 21 | 1.7 | 1549.3 | 16 | 2.3 | 434.4 | 29 | 0.7 | | | |
| 天津 | 27835.8 | 14 | 2.4 | 1984.9 | 13 | 2.9 | 617.5 | 27 | 1.0 | 1798.9 | 15 | 2.2 |
| 河北 | 46729.4 | 6 | 4.1 | 2610.0 | 8 | 3.8 | 2630.6 | 10 | 4.3 | 19260.0 | 1 | 23.8 |
| 山西 | 13957.0 | 22 | 1.2 | 208.7 | 26 | 0.3 | 2535.1 | 11 | 4.1 | 3936.1 | 5 | 4.9 |
| 内蒙古 | 19797.9 | 19 | 1.7 | 1242.1 | 19 | 1.8 | 3949.8 | 4 | 6.4 | 1813.2 | 14 | 2.2 |
| 辽宁 | 23802.0 | 15 | 2.1 | 657.6 | 22 | 1.0 | 1778.8 | 16 | 2.9 | 6029.0 | 4 | 7.5 |
| 吉林 | 23268.3 | 16 | 2.0 | 1241.8 | 20 | 1.8 | 760.3 | 25 | 1.2 | 832.0 | 22 | 1.0 |
| 黑龙江 | 11166.5 | 23 | 1.0 | 244.0 | 25 | 0.4 | 900.4 | 23 | 1.5 | 372.3 | 25 | 0.5 |
| 上海 | 33844.3 | 13 | 2.9 | 2906.2 | 6 | 4.2 | 807.3 | 24 | 1.3 | 1709.1 | 16 | 2.1 |
| 江苏 | 157789.5 | 1 | 13.7 | 10525.8 | 1 | 15.3 | 4709.4 | 2 | 7.7 | 11080.5 | 2 | 13.7 |
| 浙江 | 65307.6 | 5 | 5.7 | 4322.7 | 5 | 6.3 | 3197.7 | 6 | 5.2 | 1299.6 | 19 | 1.6 |
| 安徽 | 41645.9 | 9 | 3.6 | 2078.9 | 12 | 3.0 | 2252.7 | 13 | 3.7 | 2731.3 | 8 | 3.4 |
| 福建 | 42124.1 | 8 | 3.7 | 2643.3 | 7 | 3.8 | 2007.4 | 14 | 3.3 | 1516.8 | 17 | 1.9 |
| 江西 | 35518.7 | 12 | 3.1 | 2399.4 | 10 | 3.5 | 1085.4 | 22 | 1.8 | 2241.5 | 10 | 2.8 |
| 山东 | 150034.9 | 2 | 13.0 | 8643.1 | 2 | 12.6 | 5329.3 | 1 | 8.7 | 7167.1 | 3 | 8.9 |
| 河南 | 79195.7 | 4 | 6.9 | 5174.1 | 4 | 7.5 | 2652.7 | 9 | 4.3 | 2849.5 | 7 | 3.5 |
| 湖北 | 45169.9 | 7 | 3.9 | 2441.4 | 9 | 3.5 | 2479.0 | 12 | 4.0 | 2948.5 | 6 | 3.6 |
| 湖南 | 37686.5 | 11 | 3.3 | 1620.5 | 14 | 2.4 | 1385.1 | 18 | 2.3 | 1827.8 | 13 | 2.3 |
| 广东 | 127363.1 | 3 | 11.1 | 8025.4 | 3 | 11.7 | 4263.7 | 3 | 6.9 | 2283.2 | 9 | 2.8 |
| 广西 | 21978.4 | 18 | 1.9 | 1287.7 | 18 | 1.9 | 1346.5 | 19 | 2.2 | 2109.6 | 11 | 2.6 |
| 海南 | 1660.3 | 30 | 0.1 | 103.5 | 29 | 0.2 | 287.7 | 30 | 0.5 | 27.6 | 29 | 0.03 |
| 重庆 | 22947.6 | 17 | 2.0 | 1584.2 | 15 | 2.3 | 701.2 | 26 | 1.1 | 366.5 | 26 | 0.5 |
| 四川 | 40639.3 | 10 | 3.5 | 2176.1 | 11 | 3.2 | 3273.9 | 5 | 5.3 | 2007.7 | 12 | 2.5 |
| 贵州 | 10654.9 | 24 | 0.9 | 658.7 | 21 | 1.0 | 1904.0 | 15 | 3.1 | 515.9 | 24 | 0.6 |
| 云南 | 10342.0 | 25 | 0.9 | 309.1 | 24 | 0.4 | 2692.5 | 8 | 4.4 | 1417.3 | 18 | 1.8 |
| 西藏 | 170.7 | 31 | 0.01 | 16.5 | 31 | 0.02 | 54.5 | 31 | 0.1 | | | |
| 陕西 | 19776.8 | 20 | 1.7 | 1472.4 | 17 | 2.1 | 1757.4 | 17 | 2.9 | 924.7 | 20 | 1.1 |
| 甘肃 | 7711.5 | 27 | 0.7 | 116.1 | 28 | 0.2 | 1214.3 | 20 | 2.0 | 628.4 | 23 | 0.8 |
| 青海 | 2227.1 | 29 | 0.2 | 76.9 | 30 | 0.1 | 553.0 | 28 | 0.9 | 114.9 | 28 | 0.1 |
| 宁夏 | 3636.1 | 28 | 0.3 | 137.7 | 27 | 0.2 | 1144.4 | 21 | 1.9 | 159.2 | 27 | 0.2 |
| 新疆 | 8222.3 | 26 | 0.7 | 345.1 | 23 | 0.5 | 2719.1 | 7 | 4.4 | 868.4 | 21 | 1.1 |

注:规模以上工业主营业务收入、规模以上工业利润总额为快报数据。

续表 2

| 省市区 | 社会消费品零售总额（亿元） | | | 全社会固定资产投资额（亿元） | | | 房地产开发投资额（亿元） | | | 商品房销售额（亿元） | | |
|---|---|---|---|---|---|---|---|---|---|---|---|---|
| | 指标值 | 位次 | 比重（%） | 指标值 | 位次 | 比重（%） | 指标值 | 位次 | 比重（%） | 指标值 | 位次 | 比重（%） |
| **全国总计** | **332316.3** | | | **606465.7** | | | **102580.6** | | | **117627.0** | | |
| 北京 | 11005.1 | 12 | 3.3 | 7943.9 | 25 | 1.3 | 4000.6 | 11 | 3.9 | 4561.6 | 10 | 3.9 |
| 天津 | 5635.8 | 24 | 1.7 | 12779.4 | 21 | 2.1 | 2300.0 | 18 | 2.2 | 3478.2 | 14 | 3.0 |
| 河北 | 14364.7 | 8 | 4.3 | 31750.0 | 5 | 5.2 | 4695.6 | 7 | 4.6 | 4301.8 | 12 | 3.7 |
| 山西 | 6480.5 | 22 | 2.0 | 14198.0 | 18 | 2.3 | 1597.4 | 23 | 1.6 | 1027.1 | 26 | 0.9 |
| 内蒙古 | 6700.8 | 20 | 2.0 | 15080.0 | 17 | 2.5 | 1133.5 | 24 | 1.1 | 1149.1 | 23 | 1.0 |
| 辽宁 | 13414.1 | 10 | 4.0 | 6692.2 | 27 | 1.1 | 2094.8 | 20 | 2.0 | 2256.9 | 17 | 1.9 |
| 吉林 | 7310.4 | 17 | 2.2 | 13923.2 | 19 | 2.3 | 1016.8 | 25 | 1.0 | 1029.6 | 25 | 0.9 |
| 黑龙江 | 8402.5 | 15 | 2.5 | 10648.3 | 22 | 1.8 | 864.8 | 27 | 0.8 | 1121.0 | 24 | 1.0 |
| 上海 | 10946.6 | 13 | 3.3 | 6755.9 | 26 | 1.1 | 3709.0 | 13 | 3.6 | 6695.8 | 5 | 5.7 |
| 江苏 | 28707.1 | 3 | 8.6 | 49663.2 | 2 | 8.2 | 8956.4 | 2 | 8.7 | 12293.0 | 2 | 10.5 |
| 浙江 | 21970.8 | 4 | 6.6 | 30276.1 | 6 | 5.0 | 7469.4 | 3 | 7.3 | 9605.1 | 3 | 8.2 |
| 安徽 | 10000.2 | 14 | 3.0 | 27033.4 | 10 | 4.5 | 4603.6 | 8 | 4.5 | 5035.5 | 8 | 4.3 |
| 福建 | 11674.5 | 11 | 3.5 | 23237.4 | 11 | 3.8 | 4588.8 | 9 | 4.5 | 4530.8 | 11 | 3.9 |
| 江西 | 6634.6 | 21 | 2.0 | 19694.2 | 13 | 3.2 | 1770.9 | 22 | 1.7 | 2678.4 | 16 | 2.3 |
| 山东 | 30645.8 | 2 | 9.2 | 53322.9 | 1 | 8.8 | 6323.4 | 4 | 6.2 | 6902.9 | 4 | 5.9 |
| 河南 | 17618.4 | 5 | 5.3 | 40415.1 | 3 | 6.7 | 6179.1 | 5 | 6.0 | 5612.9 | 6 | 4.8 |
| 湖北 | 15649.2 | 6 | 4.7 | 30011.7 | 7 | 4.9 | 4296.4 | 10 | 4.2 | 4994.1 | 9 | 4.2 |
| 湖南 | 13436.5 | 9 | 4.0 | 28353.3 | 9 | 4.7 | 2957.0 | 14 | 2.9 | 3751.9 | 13 | 3.2 |
| 广东 | 34739.1 | 1 | 10.5 | 33303.6 | 4 | 5.5 | 10307.8 | 1 | 10.0 | 16214.6 | 1 | 13.8 |
| 广西 | 7027.3 | 19 | 2.1 | 18236.8 | 14 | 3.0 | 2398.0 | 17 | 2.3 | 2207.5 | 18 | 1.9 |
| 海南 | 1453.7 | 28 | 0.4 | 3890.4 | 28 | 0.6 | 1787.6 | 21 | 1.7 | 1490.2 | 22 | 1.3 |
| 重庆 | 7271.4 | 18 | 2.2 | 16048.1 | 16 | 2.6 | 3725.9 | 12 | 3.6 | 3432.0 | 15 | 2.9 |
| 四川 | 15601.9 | 7 | 4.7 | 28812.0 | 8 | 4.8 | 5282.6 | 6 | 5.1 | 5358.9 | 7 | 4.6 |
| 贵州 | 3709.0 | 25 | 1.1 | 13204.0 | 20 | 2.2 | 2149.0 | 19 | 2.1 | 1790.5 | 20 | 1.5 |
| 云南 | 5722.9 | 23 | 1.7 | 16119.4 | 15 | 2.7 | 2688.3 | 16 | 2.6 | 1917.8 | 19 | 1.6 |
| 西藏 | 459.4 | 31 | 0.1 | 1596.0 | 31 | 0.3 | 48.5 | 31 | 0.0 | 38.1 | 31 | 0.03 |
| 陕西 | 7367.6 | 16 | 2.2 | 20825.3 | 12 | 3.4 | 2736.8 | 15 | 2.7 | 1785.2 | 21 | 1.5 |
| 甘肃 | 3184.4 | 26 | 1.0 | 9664.0 | 24 | 1.6 | 850.0 | 28 | 0.8 | 873.5 | 27 | 0.7 |
| 青海 | 767.3 | 30 | 0.2 | 3528.1 | 30 | 0.6 | 396.9 | 30 | 0.4 | 236.4 | 30 | 0.2 |
| 宁夏 | 850.1 | 29 | 0.3 | 3794.2 | 29 | 0.6 | 728.2 | 29 | 0.7 | 409.7 | 29 | 0.3 |
| 新疆 | 2825.9 | 27 | 0.9 | 10287.5 | 23 | 1.7 | 923.4 | 26 | 0.9 | 846.8 | 28 | 0.7 |

注：本表全社会固定资产投资额不包括跨省项目投资。

| 省市区 | 客运量（万人） | | 货运量（万吨） | | 海关进口总额（亿美元） | | | 海关出口总额（亿美元） | | |
|---|---|---|---|---|---|---|---|---|---|---|
| | 指标值 | 位次 | 指标值 | 位次 | 指标值 | 位次 | 比重(%) | 指标值 | 位次 | 比重(%) |
| **全国总计** | **1900194** | | **4386762** | | **15874.2** | | | **20981.5** | | |
| 北京 | 61519 | 14 | 20734 | 29 | 2301.9 | 3 | 14.5 | 518.4 | 7 | 2.5 |
| 天津 | 18377 | 25 | 50506 | 25 | 583.7 | 7 | 3.7 | 442.9 | 8 | 2.1 |
| 河北 | 50701 | 17 | 210586 | 5 | 160.5 | 14 | 1.0 | 305.8 | 12 | 1.5 |
| 山西 | 26374 | 24 | 167076 | 11 | 67.1 | 25 | 0.4 | 99.3 | 22 | 0.5 |
| 内蒙古 | 15735 | 26 | 186726 | 10 | 72.4 | 24 | 0.5 | 43.7 | 25 | 0.2 |
| 辽宁 | 73632 | 10 | 207064 | 6 | 434.6 | 9 | 2.7 | 430.7 | 9 | 2.1 |
| 吉林 | 34910 | 22 | 45060 | 26 | 142.4 | 16 | 0.9 | 42.1 | 26 | 0.2 |
| 黑龙江 | 39386 | 21 | 53569 | 24 | 114.9 | 19 | 0.7 | 50.4 | 23 | 0.2 |
| 上海 | 14416 | 27 | 88324 | 21 | 2503.7 | 2 | 15.8 | 1834.7 | 4 | 8.7 |
| 江苏 | 133580 | 1 | 202070 | 9 | 1902.6 | 4 | 12.0 | 3192.7 | 2 | 15.2 |
| 浙江 | 105018 | 6 | 215558 | 4 | 686.4 | 6 | 4.3 | 2678.6 | 3 | 12.8 |
| 安徽 | 81106 | 9 | 364567 | 2 | 158.9 | 15 | 1.0 | 284.4 | 14 | 1.4 |
| 福建 | 51649 | 16 | 120352 | 17 | 531.7 | 8 | 3.3 | 1036.8 | 6 | 4.9 |
| 江西 | 62876 | 13 | 138118 | 16 | 102.6 | 20 | 0.6 | 298.1 | 13 | 1.4 |
| 山东 | 63463 | 12 | 285386 | 3 | 970.5 | 5 | 6.1 | 1371.6 | 5 | 6.5 |
| 河南 | 120528 | 5 | 206087 | 8 | 284.0 | 10 | 1.8 | 427.9 | 10 | 2.0 |
| 湖北 | 102990 | 7 | 162460 | 12 | 133.2 | 18 | 0.8 | 260.2 | 16 | 1.2 |
| 湖南 | 121760 | 4 | 206527 | 7 | 85.8 | 22 | 0.5 | 176.7 | 18 | 0.8 |
| 广东 | 130345 | 2 | 366839 | 1 | 3566.5 | 1 | 22.5 | 5988.6 | 1 | 28.5 |
| 广西 | 48699 | 18 | 160761 | 14 | 248.7 | 11 | 1.6 | 229.6 | 17 | 1.1 |
| 海南 | 13912 | 28 | 21786 | 28 | 92.1 | 21 | 0.6 | 21.2 | 29 | 0.1 |
| 重庆 | 61255 | 15 | 107966 | 19 | 220.8 | 12 | 1.4 | 406.9 | 11 | 1.9 |
| 四川 | 123746 | 3 | 160970 | 13 | 213.9 | 13 | 1.3 | 279.3 | 15 | 1.3 |
| 贵州 | 89464 | 8 | 89526 | 20 | 9.6 | 28 | 0.1 | 47.4 | 24 | 0.2 |
| 云南 | 46519 | 19 | 115505 | 18 | 84.1 | 23 | 0.5 | 114.8 | 21 | 0.5 |
| 西藏 | 1155 | 31 | 1971 | 31 | 3.1 | 30 | 0.02 | 4.7 | 31 | 0.02 |
| 陕西 | 69820 | 11 | 149046 | 15 | 140.9 | 17 | 0.9 | 158.3 | 19 | 0.8 |
| 甘肃 | 41626 | 20 | 60661 | 23 | 27.9 | 26 | 0.2 | 40.9 | 27 | 0.2 |
| 青海 | 5934 | 30 | 16881 | 30 | 1.6 | 31 | 0.01 | 13.7 | 30 | 0.1 |
| 宁夏 | 8757 | 29 | 43260 | 27 | 7.8 | 29 | 0.05 | 25.0 | 28 | 0.1 |
| 新疆 | 32148 | 23 | 71961 | 22 | 20.5 | 27 | 0.1 | 156.1 | 20 | 0.7 |

注：海关进口、出口总额口径为按经营单位所在地分。

**续表** 4

| 省市区 | 城镇居民人均可支配收入(元) | | | 城镇居民人均消费支出(元) | | | 农村居民人均可支配收入(元) | | | 农村居民人均消费支出(元) | | |
|---|---|---|---|---|---|---|---|---|---|---|---|---|
| | 指标值 | 位次 | 比重(%) | 指标值 | 位次 | 比重(%) | 指标值 | 位次 | 比重(%) | 指标值 | 位次 | 比重(%) |
| **全国平均** | **33616** | | | **23079** | | | **12363** | | | **10130** | | |
| 北京 | 57275 | 2 | 170.4 | 38256 | 2 | 165.8 | 22310 | 3 | 180.4 | 17329 | 2 | 171.1 |
| 天津 | 37110 | 6 | 110.4 | 28345 | 5 | 122.8 | 20076 | 4 | 162.4 | 15912 | 4 | 157.1 |
| 河北 | 28249 | 22 | 84.0 | 19106 | 24 | 82.8 | 11919 | 14 | 96.4 | 9798 | 15 | 96.7 |
| 山西 | 27352 | 24 | 81.4 | 16993 | 31 | 73.6 | 10082 | 24 | 81.6 | 8029 | 27 | 79.3 |
| 内蒙古 | 32975 | 9 | 98.1 | 22744 | 9 | 98.6 | 11609 | 19 | 93.9 | 11463 | 8 | 113.2 |
| 辽宁 | 32876 | 10 | 97.8 | 24996 | 8 | 108.3 | 12881 | 9 | 104.2 | 9953 | 14 | 98.3 |
| 吉林 | 26530 | 29 | 78.9 | 19166 | 23 | 83.0 | 12123 | 12 | 98.1 | 9521 | 16 | 94.0 |
| 黑龙江 | 25736 | 30 | 76.6 | 18145 | 27 | 78.6 | 11832 | 16 | 95.7 | 9424 | 18 | 93.0 |
| 上海 | 57692 | 1 | 171.6 | 39857 | 1 | 172.7 | 25520 | 1 | 206.4 | 17071 | 3 | 168.5 |
| 江苏 | 40152 | 4 | 119.4 | 26433 | 6 | 114.5 | 17606 | 5 | 142.4 | 14428 | 5 | 142.4 |
| 浙江 | 47237 | 3 | 140.5 | 30068 | 3 | 130.3 | 22866 | 2 | 184.9 | 17359 | 1 | 171.4 |
| 安徽 | 29156 | 14 | 86.7 | 19606 | 18 | 85.0 | 11720 | 17 | 94.8 | 10287 | 11 | 101.6 |
| 福建 | 36014 | 7 | 107.1 | 25006 | 7 | 108.3 | 14999 | 6 | 121.3 | 12911 | 6 | 127.5 |
| 江西 | 28673 | 15 | 85.3 | 17696 | 29 | 76.7 | 12138 | 11 | 98.2 | 9128 | 21 | 90.1 |
| 山东 | 34012 | 8 | 101.2 | 21495 | 10 | 93.1 | 13954 | 8 | 112.9 | 9519 | 17 | 94.0 |
| 河南 | 27233 | 25 | 81.0 | 18088 | 28 | 78.4 | 11697 | 18 | 94.6 | 8587 | 23 | 84.8 |
| 湖北 | 29386 | 13 | 87.4 | 20040 | 17 | 86.8 | 12725 | 10 | 102.9 | 10938 | 9 | 108.0 |
| 湖南 | 31284 | 11 | 93.1 | 21420 | 11 | 92.8 | 11930 | 13 | 96.5 | 10630 | 10 | 104.9 |
| 广东 | 37684 | 5 | 112.1 | 28613 | 4 | 124.0 | 14512 | 7 | 117.4 | 12415 | 7 | 122.6 |
| 广西 | 28324 | 21 | 84.3 | 17268 | 30 | 74.8 | 10359 | 22 | 83.8 | 8351 | 25 | 82.4 |
| 海南 | 28453 | 18 | 84.6 | 19015 | 25 | 82.4 | 11843 | 15 | 95.8 | 8921 | 22 | 88.1 |
| 重庆 | 29610 | 12 | 88.1 | 21031 | 13 | 91.1 | 11549 | 20 | 93.4 | 9954 | 13 | 98.3 |
| 四川 | 28335 | 20 | 84.3 | 20660 | 15 | 89.5 | 11203 | 21 | 90.6 | 10192 | 12 | 100.6 |
| 贵州 | 26743 | 28 | 79.6 | 19202 | 22 | 83.2 | 8090 | 30 | 65.4 | 7533 | 28 | 74.4 |
| 云南 | 28611 | 16 | 85.1 | 18622 | 26 | 80.7 | 9020 | 28 | 73.0 | 7331 | 30 | 72.4 |
| 西藏 | 27802 | 23 | 82.7 | 19440 | 20 | 84.2 | 9094 | 27 | 73.6 | 6070 | 31 | 59.9 |
| 陕西 | 28440 | 19 | 84.6 | 19369 | 21 | 83.9 | 9396 | 26 | 76.0 | 8568 | 24 | 84.6 |
| 甘肃 | 25693 | 31 | 76.4 | 19539 | 19 | 84.7 | 7457 | 31 | 60.3 | 7487 | 29 | 73.9 |
| 青海 | 26757 | 27 | 79.6 | 20853 | 14 | 90.4 | 8664 | 29 | 70.1 | 9222 | 19 | 91.0 |
| 宁夏 | 27153 | 26 | 80.8 | 20364 | 16 | 88.2 | 9852 | 25 | 79.7 | 9138 | 20 | 90.2 |
| 新疆 | 28463 | 17 | 84.7 | 21229 | 12 | 92.0 | 10183 | 23 | 82.4 | 8277 | 26 | 81.7 |

**续表 5**

| 省市区 | 农林牧渔业总产值（亿元） | | | 粮食总产量（万吨） | | | 居民消费品价格指数（%） | | | 农产品生产价格指数（%） | | |
|---|---|---|---|---|---|---|---|---|---|---|---|---|
| | 指标值 | 位次 | 比重（%） | 指标值 | 位次 | 比重（%） | 指标值 | 位次 | 比全国高低百分点 | 指标值 | 位次 | 比全国高低百分点 |
| **全国平均** | **112091.3** | | | **61625.0** | | | **102.0** | | | **103.4** | | |
| 北京 | 338.1 | 29 | 0.3 | 53.7 | 31 | 0.1 | 101.4 | 25 | －0.6 | 99.7 | 22 | －3.8 |
| 天津 | 494.4 | 26 | 0.4 | 196.4 | 26 | 0.3 | 102.1 | 7 | 0.1 | 103.0 | 18 | －0.5 |
| 河北 | 6083.9 | 6 | 5.4 | 3460.2 | 7 | 5.6 | 101.5 | 22 | －0.5 | 96.8 | 26 | －6.7 |
| 山西 | 1534.0 | 24 | 1.4 | 1318.5 | 18 | 2.1 | 101.1 | 31 | －0.9 | 95.2 | 27 | －8.2 |
| 内蒙古 | 2794.2 | 20 | 2.5 | 2780.3 | 10 | 4.5 | 101.2 | 30 | －0.8 | 95.1 | 28 | －8.3 |
| 辽宁 | 4421.8 | 12 | 3.9 | 2100.6 | 13 | 3.4 | 101.6 | 20 | －0.4 | 100.7 | 21 | －2.7 |
| 吉林 | 2724.9 | 21 | 2.4 | 3717.2 | 4 | 6.0 | 101.6 | 18 | －0.4 | 93.1 | 30 | －10.3 |
| 黑龙江 | 5197.8 | 9 | 4.6 | 6058.5 | 1 | 9.8 | 101.5 | 23 | －0.5 | 93.6 | 29 | －9.8 |
| 上海 | 285.1 | 30 | 0.3 | 99.2 | 30 | 0.2 | 103.2 | 1 | 1.2 | 106.6 | 6 | 3.2 |
| 江苏 | 7235.1 | 3 | 6.5 | 3466.0 | 6 | 5.6 | 102.3 | 5 | 0.3 | 104.0 | 15 | 0.5 |
| 浙江 | 3146.1 | 15 | 2.8 | 752.2 | 23 | 1.2 | 101.9 | 11 | －0.1 | 104.5 | 13 | 1.1 |
| 安徽 | 4655.5 | 10 | 4.2 | 3417.4 | 8 | 5.5 | 101.8 | 16 | －0.2 | 101.0 | 20 | －2.5 |
| 福建 | 4155.7 | 13 | 3.7 | 650.9 | 24 | 1.1 | 101.7 | 17 | －0.3 | 108.3 | 3 | 4.8 |
| 江西 | 3130.3 | 16 | 2.8 | 2138.1 | 12 | 3.5 | 102.0 | 9 | 0.0 | 104.1 | 14 | 0.7 |
| 山东 | 9325.9 | 1 | 8.3 | 4700.7 | 3 | 7.6 | 102.1 | 8 | 0.1 | 102.8 | 19 | －0.6 |
| 河南 | 7799.7 | 2 | 7.0 | 5946.6 | 2 | 9.6 | 101.9 | 10 | －0.1 | 103.2 | 17 | －0.2 |
| 湖北 | 6278.4 | 5 | 5.6 | 2554.1 | 11 | 4.1 | 102.2 | 6 | 0.2 | 106.2 | 8 | 2.8 |
| 湖南 | 6081.9 | 7 | 5.4 | 2953.2 | 9 | 4.8 | 101.9 | 13 | －0.1 | 104.7 | 11 | 1.3 |
| 广东 | 6078.4 | 8 | 5.4 | 1360.2 | 17 | 2.2 | 102.3 | 4 | 0.3 | 106.5 | 7 | 3.1 |
| 广西 | 4591.4 | 11 | 4.1 | 1521.3 | 15 | 2.5 | 101.6 | 19 | －0.4 | 106.1 | 9 | 2.7 |
| 海南 | 1470.4 | 25 | 1.3 | 177.9 | 27 | 0.3 | 102.8 | 2 | 0.8 | 106.7 | 5 | 3.2 |
| 重庆 | 1968.3 | 22 | 1.8 | 1166.0 | 21 | 1.9 | 101.8 | 15 | －0.2 | 109.8 | 1 | 6.4 |
| 四川 | 6831.1 | 4 | 6.1 | 3483.5 | 5 | 5.7 | 101.9 | 12 | －0.1 | 105.6 | 10 | 2.1 |
| 贵州 | 3097.2 | 17 | 2.8 | 1192.4 | 20 | 1.9 | 101.4 | 27 | －0.6 | 108.7 | 2 | 5.3 |
| 云南 | 3633.1 | 14 | 3.2 | 1902.9 | 14 | 3.1 | 101.5 | 21 | －0.5 | 103.9 | 16 | 0.5 |
| 西藏 | 173.0 | 31 | 0.2 | 101.9 | 29 | 0.2 | 102.5 | 3 | 0.5 | | | |
| 陕西 | 2985.8 | 18 | 2.7 | 1228.3 | 19 | 2.0 | 101.3 | 29 | －0.7 | 98.0 | 25 | －5.4 |
| 甘肃 | 1778.0 | 23 | 1.6 | 1140.6 | 22 | 1.9 | 101.3 | 28 | －0.7 | 99.2 | 23 | －4.2 |
| 青海 | 338.8 | 28 | 0.3 | 103.5 | 28 | 0.2 | 101.8 | 14 | －0.2 | 104.5 | 12 | 1.1 |
| 宁夏 | 493.6 | 27 | 0.4 | 370.6 | 25 | 0.6 | 101.5 | 24 | －0.5 | 98.7 | 24 | －4.7 |
| 新疆 | 2969.7 | 19 | 2.6 | 1512.3 | 16 | 2.5 | 101.4 | 26 | －0.6 | 107.6 | 4 | 4.2 |

# 2016 年各市基本情况排序

| 名称 | 常住人口（万人） | | 地区生产总值（亿元） | | 人均地区生产总值（元） | | 地区生产总值比上年增长（%） | | 一般公共预算收入（亿元） | | 农林牧渔业总产值（亿元） | |
|---|---|---|---|---|---|---|---|---|---|---|---|---|
| | 指标值 | 位次 | 指标值 | 位次 | 指标值 | 位次 | 指标值 | 位次 | 指标值 | 位次 | 指标值 | 位次 |
| 太原市 | 434.4 | 3 | 2955.6 | 1 | 68234 | 1 | 7.5 | 1 | 282.7 | 1 | 76.8 | 10 |
| 大同市 | 342.2 | 6 | 1025.8 | 7 | 30046 | 7 | 1.0 | 11 | 88.9 | 6 | 111.6 | 7 |
| 阳泉市 | 140.4 | 11 | 622.9 | 11 | 44461 | 4 | 3.4 | 9 | 41.3 | 11 | 20.5 | 11 |
| 长治市 | 343.5 | 5 | 1270.5 | 2 | 37063 | 5 | 4.6 | 4 | 98.5 | 3 | 112.4 | 6 |
| 晋城市 | 232.1 | 9 | 1049.3 | 6 | 45271 | 3 | 3.8 | 8 | 89.3 | 5 | 95.0 | 9 |
| 朔州市 | 176.8 | 10 | 918.1 | 9 | 51753 | 2 | 4.2 | 5 | 49.1 | 10 | 121.3 | 4 |
| 晋中市 | 334.9 | 7 | 1091.1 | 5 | 32646 | 6 | 5.1 | 2 | 100.8 | 2 | 190.6 | 2 |
| 运城市 | 530.5 | 1 | 1222.3 | 3 | 23105 | 10 | 4.0 | 7 | 59.1 | 9 | 409.0 | 1 |
| 忻州市 | 315.5 | 8 | 716.1 | 10 | 22747 | 11 | 4.7 | 3 | 69.2 | 8 | 118.4 | 5 |
| 临汾市 | 445.8 | 2 | 1205.2 | 4 | 27102 | 8 | 3.4 | 9 | 86.0 | 7 | 183.0 | 3 |
| 吕梁市 | 385.5 | 4 | 995.3 | 8 | 25896 | 9 | 4.1 | 6 | 89.6 | 4 | 101.7 | 8 |

| 名称 | 粮食总产量（万吨） | | 工业销售产值（当年价，亿元） | | 社会消费品零售总额（亿元） | | 城镇居民人均可支配收入（元） | | 农村居民人均可支配收入（元） | |
|---|---|---|---|---|---|---|---|---|---|---|
| | 指标值 | 位次 | 指标值 | 位次 | 指标值 | 位次 | 指标值 | 位次 | 指标值 | 位次 |
| 太原市 | 31.3 | 10 | 2211.2 | 1 | 1666.2 | 1 | 29632 | 1 | 14591 | 1 |
| 大同市 | 112.7 | 7 | 668.7 | 9 | 609.0 | 4 | 26273 | 8 | 8217 | 9 |
| 阳泉市 | 25.9 | 11 | 490.7 | 11 | 306.3 | 10 | 27801 | 6 | 12172 | 2 |
| 长治市 | 161.7 | 5 | 1445.8 | 2 | 566.6 | 6 | 28094 | 5 | 11863 | 3 |
| 晋城市 | 90.1 | 9 | 824.3 | 7 | 386.2 | 8 | 28223 | 4 | 11635 | 4 |
| 朔州市 | 127.0 | 6 | 715.3 | 8 | 291.1 | 11 | 28989 | 3 | 11478 | 6 |
| 晋中市 | 184.4 | 3 | 1124.7 | 6 | 569.2 | 5 | 29149 | 2 | 11525 | 5 |
| 运城市 | 321.5 | 1 | 1298.6 | 4 | 704.7 | 2 | 25636 | 9 | 9365 | 8 |
| 忻州市 | 176.7 | 4 | 597.4 | 10 | 338.0 | 9 | 24987 | 10 | 7025 | 11 |
| 临汾市 | 267.9 | 2 | 1241.0 | 5 | 609.4 | 3 | 27085 | 7 | 10005 | 7 |
| 吕梁市 | 111.6 | 8 | 1371.4 | 3 | 433.7 | 7 | 24180 | 11 | 7644 | 10 |

# 2016年全省各市（县、区）主要经济指标

| 市、县、区名称 | 常住人口（人） | | 地区生产总值（万元） | | 一般公共预算收入（万元） | | 一般公共预算支出（万元） | | 农林牧渔业总产值（万元） | |
|---|---|---|---|---|---|---|---|---|---|---|
| | 指标值 | 位次 | 指标值 | 位次 | 指标值 | 位次 | 指标值 | 位次 | 指标值 | 位次 |
| **太原市** | | | | | | | | | | |
| 小店区 | 834814 | 2 | 7388145 | 1 | 246035 | 1 | 375279 | 1 | 154162 | 36 |
| 迎泽区 | 610358 | 9 | 6022009 | 2 | 139219 | 5 | 193940 | 36 | 7052 | 115 |
| 杏花岭区 | 663272 | 7 | 5091806 | 3 | 147489 | 4 | 218239 | 20 | 10843 | 113 |
| 尖草坪区 | 430465 | 27 | 2456869 | 9 | 73287 | 25 | 132819 | 84 | 69027 | 76 |
| 万柏林区 | 779038 | 3 | 3527703 | 4 | 174766 | 2 | 254909 | 11 | 10398 | 114 |
| 晋源区 | 230090 | 74 | 571632 | 67 | 58984 | 35 | 147508 | 72 | 77594 | 68 |
| 清徐县 | 353186 | 38 | 1224624 | 33 | 64146 | 30 | 180097 | 43 | 259839 | 14 |
| 阳曲县 | 122511 | 104 | 334743 | 93 | 36095 | 64 | 133653 | 82 | 95184 | 55 |
| 娄烦县 | 108442 | 113 | 183388 | 115 | 26482 | 75 | 112482 | 101 | 40268 | 103 |
| 古交市 | 212253 | 80 | 263913 | 100 | 53304 | 41 | 166210 | 54 | 43482 | 99 |
| **大同市** | | | | | | | | | | |
| 城　区 | 745951 | 5 | 1448503 | 26 | 35316 | 65 | 222810 | 18 | | |
| 矿　区 | 514611 | 15 | 230141 | 106 | 8123 | 113 | 129410 | 88 | | |
| 南郊区 | 419136 | 29 | 3339481 | 6 | 81215 | 20 | 224078 | 16 | 126172 | 43 |
| 新荣区 | 111263 | 108 | 243852 | 103 | 13506 | 102 | 71818 | 117 | 76144 | 70 |
| 阳高县 | 279954 | 56 | 302967 | 96 | 10857 | 106 | 181819 | 41 | 219982 | 24 |
| 天镇县 | 212620 | 79 | 229721 | 107 | 8077 | 114 | 169032 | 50 | 123734 | 44 |
| 广灵县 | 188813 | 84 | 224041 | 108 | 8673 | 111 | 176115 | 45 | 115104 | 49 |
| 灵丘县 | 241968 | 67 | 304772 | 95 | 11218 | 104 | 204802 | 28 | 84919 | 62 |
| 浑源县 | 353945 | 37 | 371526 | 88 | 23253 | 80 | 236390 | 14 | 164575 | 35 |
| 左云县 | 161417 | 93 | 369038 | 89 | 33529 | 66 | 124789 | 90 | 57207 | 89 |

| 市、县、区名称 | 粮食总产量（吨） | | 工业销售产值（万元，当年价） | | 社会消费品零售总额（万元） | | 城镇居民人均可支配收入（元） | | 农村居民人均可支配收入（元） | |
|---|---|---|---|---|---|---|---|---|---|---|
| | 指标值 | 位次 | 指标值 | 位次 | 指标值 | 位次 | 指标值 | 位次 | 指标值 | 位次 |
| **太原市** | | | | | | | | | | |
| 小店区 | 62240 | 86 | 489076 | 73 | 4423982 | 1 | 30560 | 8 | 19851 | 2 |
| 迎泽区 | 409 | 115 | 634532 | 57 | 4401717 | 2 | 30421 | 12 | 19112 | 3 |
| 杏花岭区 | 881 | 114 | 342447 | 80 | 2044306 | 9 | 30463 | 10 | 16816 | 4 |
| 尖草坪区 | 14896 | 109 | 6962393 | 1 | 914496 | 17 | 29724 | 19 | 13714 | 16 |
| 万柏林区 | 1592 | 112 | 2174820 | 11 | 2244762 | 7 | 29472 | 20 | 19937 | 1 |
| 晋源区 | 21534 | 107 | 198703 | 95 | 365797 | 45 | 29877 | 18 | 13300 | 20 |
| 清徐县 | 104105 | 57 | 1486265 | 20 | 557684 | 31 | 28492 | 25 | 16752 | 5 |
| 阳曲县 | 79270 | 73 | 566716 | 63 | 133595 | 90 | 21572 | 86 | 7648 | 72 |
| 娄烦县 | 16820 | 108 | 83207 | 110 | 43653 | 117 | 18702 | 109 | 6033 | 88 |
| 古交市 | 10923 | 110 | 237857 | 91 | 489117 | 32 | 27412 | 35 | 13916 | 15 |
| **大同市** | | | | | | | | | | |
| 城　区 | | | 460480 | 75 | 2419666 | 4 | 29200 | 22 | | |
| 矿　区 | | | 60489 | 115 | 945403 | 16 | 28223 | 31 | | |
| 南郊区 | 68743 | 80 | 914595 | 36 | 1057281 | 14 | 23518 | 75 | 13309 | 19 |
| 新荣区 | 55423 | 90 | 114045 | 104 | 101386 | 98 | 22009 | 83 | 8185 | 66 |
| 阳高县 | 264672 | 15 | 161022 | 100 | 114580 | 95 | 19352 | 106 | 6730 | 77 |
| 天镇县 | 170895 | 39 | 61785 | 114 | 95643 | 103 | 19647 | 104 | 6060 | 87 |
| 广灵县 | 167670 | 41 | 104298 | 105 | 99468 | 99 | 19656 | 103 | 6400 | 82 |
| 灵丘县 | 91546 | 65 | 90517 | 106 | 302095 | 53 | 24093 | 66 | 6701 | 78 |
| 浑源县 | 169396 | 40 | 164353 | 99 | 321589 | 51 | 20484 | 97 | 6633 | 79 |
| 左云县 | 35544 | 99 | 167645 | 98 | 232169 | 67 | 24215 | 65 | 10714 | 44 |

**续表 1**

| 市、县、区名称 | 常住人口（人） | | 地区生产总值（万元） | | 一般公共预算收入（万元） | | 一般公共预算支出（万元） | | 农林牧渔业总产值（万元） | |
|---|---|---|---|---|---|---|---|---|---|---|
| | 指标值 | 位次 | 指标值 | 位次 | 指标值 | 位次 | 指标值 | 位次 | 指标值 | 位次 |
| 大同县 | 192213 | 83 | 269206 | 99 | 16200 | 95 | 157096 | 64 | 141308 | 39 |
| **阳泉市** | | | | | | | | | | |
| 城　区 | 198093 | 82 | 1604590 | 24 | 20589 | 87 | 54632 | 119 | | |
| 矿　区 | 250033 | 63 | 995017 | 42 | 22782 | 81 | 67232 | 118 | | |
| 郊　区 | 290527 | 53 | 826221 | 50 | 42420 | 53 | 119977 | 97 | 42544 | 101 |
| 平定县 | 343985 | 41 | 949682 | 43 | 36284 | 63 | 192996 | 38 | 83944 | 63 |
| 盂　县 | 320947 | 47 | 1264382 | 32 | 53450 | 40 | 177118 | 44 | 78480 | 67 |
| **长治市** | | | | | | | | | | |
| 城　区 | 510961 | 16 | 2064141 | 14 | 45918 | 47 | 99765 | 110 | 11480 | 112 |
| 郊　区 | 289397 | 55 | 1655956 | 21 | 39550 | 58 | 110137 | 103 | 55788 | 91 |
| 长治县 | 351613 | 39 | 1331694 | 31 | 105571 | 16 | 193150 | 37 | 132638 | 41 |
| 襄垣县 | 277945 | 57 | 1473907 | 25 | 124521 | 7 | 201368 | 30 | 111351 | 50 |
| 屯留县 | 272423 | 60 | 866816 | 48 | 52382 | 43 | 132934 | 83 | 123202 | 47 |
| 平顺县 | 151539 | 95 | 211379 | 109 | 8452 | 112 | 123573 | 92 | 52855 | 94 |
| 黎城县 | 161930 | 92 | 317688 | 94 | 16144 | 96 | 110680 | 102 | 53591 | 92 |
| 壶关县 | 298591 | 50 | 479004 | 77 | 21081 | 85 | 171397 | 47 | 92869 | 58 |
| 长子县 | 362286 | 35 | 1122551 | 38 | 75640 | 24 | 170611 | 48 | 206736 | 28 |
| 武乡县 | 184638 | 85 | 517371 | 74 | 29416 | 71 | 142171 | 77 | 61216 | 84 |
| 沁　县 | 176639 | 87 | 234923 | 105 | 8789 | 110 | 120593 | 96 | 101015 | 53 |
| 沁源县 | 162864 | 91 | 1027856 | 40 | 62996 | 32 | 129038 | 89 | 49332 | 96 |
| 潞城市 | 234554 | 72 | 905406 | 47 | 56693 | 38 | 113623 | 99 | 82084 | 64 |

| 市、县、区名称 | 粮食总产量（吨） | | 工业销售产值（万元，当年价） | | 社会消费品零售总额（万元） | | 城镇居民人均可支配收入（元） | | 农村居民人均可支配收入（元） | |
|---|---|---|---|---|---|---|---|---|---|---|
| | 指标值 | 位次 | 指标值 | 位次 | 指标值 | 位次 | 指标值 | 位次 | 指标值 | 位次 |
| 大同县 | 99709 | 62 | 205016 | 93 | 159265 | 80 | 18242 | 112 | 8189 | 65 |
| **阳泉市** | | | | | | | | | | |
| 城　区 | | | 159136 | 101 | 1678784 | 11 | 28813 | 23 | | |
| 矿　区 | | | 1629647 | 18 | 243968 | 63 | 28403 | 28 | | |
| 郊　区 | 23026 | 106 | 424159 | 77 | 167472 | 79 | 23549 | 74 | 12815 | 26 |
| 平定县 | 92798 | 63 | 1082371 | 30 | 341083 | 47 | 25692 | 57 | 11669 | 38 |
| 盂　县 | 143350 | 47 | 1454166 | 21 | 486535 | 33 | 27713 | 33 | 12170 | 32 |
| **长治市** | | | | | | | | | | |
| 城　区 | 1555 | 113 | 520210 | 68 | 3258061 | 3 | 30136 | 16 | | |
| 郊　区 | 54995 | 91 | 3435355 | 3 | 478541 | 34 | 35086 | 1 | 16240 | 7 |
| 长治县 | 134883 | 49 | 1357843 | 23 | 297111 | 55 | 28346 | 29 | 14941 | 11 |
| 襄垣县 | 176926 | 36 | 2340580 | 8 | 268510 | 58 | 31686 | 3 | 13641 | 18 |
| 屯留县 | 264230 | 16 | 876319 | 42 | 156159 | 82 | 23884 | 68 | 13672 | 17 |
| 平顺县 | 53642 | 93 | 178334 | 96 | 87186 | 109 | 20675 | 95 | 5494 | 97 |
| 黎城县 | 68542 | 81 | 694543 | 52 | 134406 | 88 | 16956 | 117 | 7790 | 70 |
| 壶关县 | 123300 | 51 | 757825 | 49 | 185173 | 73 | 20620 | 96 | 5243 | 99 |
| 长子县 | 245082 | 20 | 1011762 | 34 | 182038 | 74 | 26193 | 49 | 12574 | 28 |
| 武乡县 | 111820 | 54 | 523781 | 66 | 133816 | 89 | 21058 | 92 | 5950 | 91 |
| 沁　县 | 186252 | 34 | 78556 | 111 | 98340 | 101 | 17489 | 114 | 5650 | 95 |
| 沁源县 | 75216 | 77 | 1274171 | 24 | 233613 | 66 | 30438 | 11 | 12745 | 27 |
| 潞城市 | 120686 | 53 | 1409107 | 22 | 153243 | 83 | 25785 | 53 | 12199 | 31 |

**续表 2**

| 市、县、区名称 | 常住人口（人） | | 地区生产总值（万元） | | 一般公共预算收入（万元） | | 一般公共预算支出（万元） | | 农林牧渔业总产值（万元） | |
|---|---|---|---|---|---|---|---|---|---|---|
| | 指标值 | 位次 | 指标值 | 位次 | 指标值 | 位次 | 指标值 | 位次 | 指标值 | 位次 |
| **忻州市** | | | | | | | | | | |
| 忻府区 | 562131 | 12 | 1200652 | 35 | 45355 | 49 | 199312 | 31 | 150544 | 37 |
| 定襄县 | 224407 | 75 | 357658 | 90 | 16616 | 94 | 130424 | 86 | 64347 | 79 |
| 五台县 | 306154 | 49 | 427035 | 85 | 28602 | 73 | 198568 | 32 | 91862 | 59 |
| 代　县 | 220617 | 76 | 530838 | 72 | 21768 | 82 | 143812 | 74 | 56743 | 90 |
| 繁峙县 | 275299 | 58 | 535618 | 71 | 21380 | 83 | 172929 | 46 | 89727 | 60 |
| 宁武县 | 165168 | 90 | 436531 | 83 | 59190 | 34 | 143041 | 75 | 36608 | 105 |
| 静乐县 | 160885 | 94 | 245779 | 102 | 38685 | 59 | 150412 | 69 | 62755 | 82 |
| 神池县 | 108882 | 112 | 203062 | 112 | 15343 | 97 | 97506 | 112 | 130581 | 42 |
| 五寨县 | 110924 | 109 | 195490 | 114 | 17622 | 91 | 108990 | 104 | 70341 | 74 |
| 岢岚县 | 86845 | 116 | 208859 | 111 | 11403 | 103 | 107081 | 106 | 70132 | 75 |
| 河曲县 | 149313 | 97 | 740559 | 54 | 51564 | 45 | 121737 | 94 | 58817 | 86 |
| 保德县 | 165231 | 89 | 660948 | 61 | 37197 | 61 | 130197 | 87 | 57820 | 88 |
| 偏关县 | 115597 | 106 | 254965 | 101 | 9804 | 107 | 100824 | 109 | 75090 | 71 |
| 原平市 | 503859 | 17 | 1168137 | 37 | 63566 | 31 | 272520 | 6 | 218942 | 25 |
| **临汾市** | | | | | | | | | | |
| 尧都区 | 976259 | 1 | 2612024 | 7 | 119266 | 11 | 350913 | 2 | 171075 | 34 |
| 曲沃县 | 245397 | 66 | 906899 | 46 | 25000 | 77 | 132783 | 85 | 234614 | 20 |
| 翼城县 | 321017 | 46 | 728099 | 56 | 25368 | 76 | 156177 | 65 | 171874 | 33 |
| 襄汾县 | 458179 | 23 | 1171709 | 36 | 36920 | 62 | 209590 | 23 | 266255 | 13 |
| 洪洞县 | 756682 | 4 | 1648397 | 22 | 65981 | 29 | 305075 | 4 | 211764 | 27 |
| 古　县 | 95039 | 115 | 442554 | 82 | 21286 | 84 | 88390 | 113 | 44684 | 98 |

| 市、县、区名称 | 粮食总产量（吨） | | 工业销售产值（万元，当年价） | | 社会消费品零售总额（万元） | | 城镇居民人均可支配收入（元） | | 农村居民人均可支配收入（元） | |
|---|---|---|---|---|---|---|---|---|---|---|
| | 指标值 | 位次 | 指标值 | 位次 | 指标值 | 位次 | 指标值 | 位次 | 指标值 | 位次 |
| **忻州市** | | | | | | | | | | |
| 忻府区 | 304803 | 10 | 779462 | 46 | 1054742 | 15 | 26792 | 42 | 8923 | 57 |
| 定襄县 | 175786 | 38 | 311589 | 87 | 211257 | 70 | 26712 | 43 | 11296 | 42 |
| 五台县 | 110043 | 56 | 224017 | 92 | 253797 | 61 | 23802 | 69 | 5765 | 94 |
| 代　县 | 86866 | 67 | 506390 | 71 | 130324 | 92 | 23706 | 71 | 5169 | 100 |
| 繁峙县 | 81330 | 72 | 764913 | 47 | 176117 | 76 | 26664 | 45 | 6940 | 73 |
| 宁武县 | 24413 | 104 | 332920 | 82 | 114104 | 96 | 21713 | 85 | 4825 | 102 |
| 静乐县 | 57820 | 88 | 154451 | 103 | 94347 | 104 | 20837 | 93 | 6004 | 90 |
| 神池县 | 138384 | 48 | 66720 | 113 | 87448 | 108 | 20825 | 94 | 6732 | 76 |
| 五寨县 | 210080 | 28 | 84508 | 108 | 85148 | 112 | 21567 | 87 | 6616 | 80 |
| 岢岚县 | 62125 | 87 | 204550 | 94 | 86283 | 110 | 23940 | 67 | 5898 | 92 |
| 河曲县 | 67414 | 82 | 805234 | 45 | 149928 | 84 | 24343 | 63 | 5895 | 93 |
| 保德县 | 46728 | 95 | 557436 | 64 | 173413 | 78 | 26106 | 50 | 6400 | 82 |
| 偏关县 | 54132 | 92 | 83758 | 109 | 89436 | 107 | 19929 | 100 | 6030 | 89 |
| 原平市 | 346919 | 7 | 1098481 | 29 | 673863 | 22 | 27202 | 38 | 9290 | 54 |
| **临汾市** | | | | | | | | | | |
| 尧都区 | 253323 | 18 | 872230 | 43 | 2394536 | 5 | 30371 | 14 | 12956 | 24 |
| 曲沃县 | 209575 | 29 | 1970328 | 14 | 224679 | 68 | 28431 | 26 | 13135 | 22 |
| 翼城县 | 236451 | 24 | 650894 | 56 | 407389 | 40 | 26852 | 40 | 10274 | 48 |
| 襄汾县 | 497259 | 1 | 1564443 | 19 | 435418 | 35 | 27397 | 36 | 11752 | 37 |
| 洪洞县 | 468841 | 2 | 2388369 | 5 | 563436 | 30 | 24605 | 62 | 10467 | 47 |
| 古　县 | 72006 | 78 | 668660 | 53 | 99366 | 100 | 27888 | 32 | 9065 | 55 |

续表 3

| 市、县、区名称 | 常住人口(人) | | 地区生产总值(万元) | | 一般公共预算收入(万元) | | 一般公共预算支出(万元) | | 农林牧渔业总产值(万元) | |
|---|---|---|---|---|---|---|---|---|---|---|
| | 指标值 | 位次 | 指标值 | 位次 | 指标值 | 位次 | 指标值 | 位次 | 指标值 | 位次 |
| 安泽县 | 84869 | 117 | 428065 | 84 | 30005 | 70 | 85744 | 115 | 72062 | 73 |
| 浮山县 | 130780 | 102 | 446009 | 81 | 9051 | 108 | 97872 | 111 | 79833 | 66 |
| 吉　县 | 109586 | 111 | 198909 | 113 | 11087 | 105 | 113298 | 100 | 108628 | 52 |
| 乡宁县 | 240705 | 68 | 836927 | 49 | 89176 | 17 | 158617 | 62 | 64777 | 78 |
| 大宁县 | 66737 | 118 | 51739 | 119 | 3101 | 118 | 86492 | 114 | 24776 | 110 |
| 隰　县 | 107236 | 114 | 146627 | 116 | 7361 | 116 | 123926 | 91 | 81340 | 65 |
| 永和县 | 65682 | 119 | 79455 | 118 | 7629 | 115 | 79068 | 116 | 53565 | 93 |
| 蒲　县 | 110810 | 110 | 556843 | 69 | 71106 | 28 | 155055 | 66 | 48659 | 97 |
| 汾西县 | 149746 | 96 | 209154 | 110 | 6593 | 117 | 104618 | 108 | 57958 | 87 |
| 侯马市 | 247756 | 64 | 947048 | 44 | 40858 | 55 | 133693 | 81 | 62986 | 80 |
| 霍州市 | 291568 | 51 | 708396 | 59 | 58547 | 36 | 165031 | 55 | 67919 | 77 |
| **吕梁市** | | | | | | | | | | |
| 离石区 | 332616 | 44 | 704473 | 60 | 80108 | 21 | 206784 | 26 | 36279 | 106 |
| 文水县 | 436437 | 25 | 600192 | 65 | 20988 | 86 | 211710 | 22 | 212747 | 26 |
| 交城县 | 237382 | 70 | 528776 | 73 | 41071 | 54 | 141994 | 78 | 59875 | 85 |
| 兴　县 | 289506 | 54 | 604451 | 64 | 71191 | 27 | 205113 | 27 | 61879 | 83 |
| 临　县 | 600397 | 10 | 417167 | 86 | 40260 | 57 | 333552 | 3 | 121046 | 48 |
| 柳林县 | 330468 | 45 | 1218193 | 34 | 106994 | 15 | 202943 | 29 | 37517 | 104 |
| 石楼县 | 115732 | 105 | 86888 | 117 | 2876 | 119 | 108708 | 105 | 43176 | 100 |
| 岚　县 | 180002 | 86 | 276951 | 97 | 32452 | 68 | 143017 | 76 | 40608 | 102 |
| 方山县 | 147555 | 99 | 240891 | 104 | 31423 | 69 | 138779 | 79 | 30388 | 108 |
| 中阳县 | 145953 | 100 | 459892 | 79 | 37568 | 60 | 120652 | 95 | 27132 | 109 |

| 市、县、区名称 | 粮食总产量(吨) | | 工业销售产值(万元,当年价) | | 社会消费品零售总额(万元) | | 城镇居民人均可支配收入(元) | | 农村居民人均可支配收入(元) | |
|---|---|---|---|---|---|---|---|---|---|---|
| | 指标值 | 位次 | 指标值 | 位次 | 指标值 | 位次 | 指标值 | 位次 | 指标值 | 位次 |
| 安泽县 | 154258 | 45 | 579882 | 61 | 90480 | 106 | 25195 | 60 | 8335 | 63 |
| 浮山县 | 101051 | 61 | 473396 | 74 | 86017 | 111 | 26674 | 44 | 8031 | 67 |
| 吉　县 | 29627 | 102 | 74456 | 112 | 73630 | 115 | 18478 | 110 | 4661 | 106 |
| 乡宁县 | 81508 | 71 | 612223 | 59 | 201734 | 72 | 26251 | 48 | 8744 | 60 |
| 大宁县 | 43961 | 97 | 4724 | 118 | 31711 | 118 | 17484 | 115 | 2905 | 112 |
| 隰　县 | 111083 | 55 | | | 97006 | 102 | 21063 | 91 | 5129 | 101 |
| 永和县 | 82243 | 70 | 30089 | 116 | 45468 | 116 | 19366 | 105 | 3221 | 111 |
| 蒲　县 | 82507 | 69 | 897801 | 38 | 77963 | 113 | 24252 | 64 | 7871 | 69 |
| 汾西县 | 77685 | 75 | 155634 | 102 | 117716 | 94 | 23582 | 73 | 3374 | 110 |
| 侯马市 | 92658 | 64 | 704518 | 50 | 814916 | 19 | 25725 | 54 | 13177 | 21 |
| 霍州市 | 94979 | 68 | 761872 | 48 | 332954 | 48 | 26998 | 39 | 12143 | 34 |
| **吕梁市** | | | | | | | | | | |
| 离石区 | 26223 | 103 | 424852 | 76 | 670719 | 23 | 26349 | 47 | 5474 | 98 |
| 文水县 | 249028 | 19 | 1154322 | 28 | 203137 | 71 | 19695 | 102 | 9050 | 56 |
| 交城县 | 44240 | 96 | 1051141 | 31 | 180534 | 75 | 19751 | 101 | 8763 | 59 |
| 兴　县 | 101263 | 60 | 1045523 | 32 | 147496 | 85 | 19061 | 108 | 4006 | 109 |
| 临　县 | 155348 | 44 | 264348 | 90 | 419614 | 39 | 16169 | 118 | 4446 | 107 |
| 柳林县 | 46837 | 94 | 1929823 | 15 | 379667 | 43 | 28415 | 27 | 10583 | 46 |
| 石楼县 | 70935 | 79 | 8780 | 117 | 30731 | 119 | 13063 | 119 | 2877 | 113 |
| 岚　县 | 65344 | 84 | 518128 | 69 | 109559 | 97 | 18109 | 113 | 4689 | 105 |
| 方山县 | 43116 | 98 | 300194 | 89 | 91089 | 105 | 19087 | 107 | 4142 | 108 |
| 中阳县 | 23057 | 105 | 895024 | 40 | 132064 | 91 | 20187 | 98 | 6208 | 86 |

**续表 4**

| 市、县、区名称 | 常住人口（人） | | 地区生产总值（万元） | | 一般公共预算收入（万元） | | 一般公共预算支出（万元） | | 农林牧渔业总产值（万元） | |
|---|---|---|---|---|---|---|---|---|---|---|
| | 指标值 | 位次 | 指标值 | 位次 | 指标值 | 位次 | 指标值 | 位次 | 指标值 | 位次 |
| 交口县 | 123968 | 103 | 357226 | 91 | 46300 | 46 | 115188 | 98 | 33246 | 107 |
| 孝义市 | 483612 | 21 | 3387764 | 5 | 155569 | 3 | 262445 | 8 | 174441 | 32 |
| 汾阳市 | 431243 | 26 | 1059682 | 39 | 72432 | 26 | 212149 | 21 | 132885 | 40 |
| **晋城市** | | | | | | | | | | |
| 城　区 | 492880 | 19 | 2498081 | 8 | 88567 | 18 | 167482 | 53 | 15758 | 111 |
| 沁水县 | 215866 | 77 | 1720483 | 19 | 117105 | 12 | 181487 | 42 | 110720 | 51 |
| 阳城县 | 391986 | 33 | 1665181 | 20 | 123548 | 9 | 240161 | 13 | 174731 | 31 |
| 陵川县 | 235317 | 71 | 352685 | 92 | 14352 | 99 | 158780 | 61 | 93792 | 56 |
| 泽州县 | 491789 | 20 | 2185348 | 12 | 123756 | 8 | 279410 | 5 | 274512 | 12 |
| 高平市 | 493020 | 18 | 2002904 | 16 | 126586 | 6 | 265293 | 7 | 280102 | 11 |
| **朔州市** | | | | | | | | | | |
| 朔城区 | 521827 | 13 | 2433839 | 10 | 79336 | 22 | 192306 | 39 | 221943 | 23 |
| 平鲁区 | 209476 | 81 | 1617671 | 23 | 52957 | 42 | 149125 | 71 | 77249 | 69 |
| 山阴县 | 246549 | 65 | 1430972 | 28 | 57359 | 37 | 182647 | 40 | 241898 | 18 |
| 应　县 | 338445 | 42 | 660300 | 62 | 13906 | 100 | 168692 | 52 | 312313 | 9 |
| 右玉县 | 115498 | 107 | 565058 | 68 | 28875 | 72 | 106344 | 107 | 128128 | 43 |
| 怀仁县 | 336308 | 43 | 2049374 | 15 | 55208 | 39 | 168856 | 51 | 223018 | 21 |
| **晋中市** | | | | | | | | | | |
| 榆次区 | 658289 | 8 | 2162832 | 13 | 120602 | 10 | 261559 | 9 | 319333 | 8 |
| 榆社县 | 139132 | 101 | 275966 | 98 | 19688 | 89 | 122100 | 93 | 73416 | 72 |
| 左权县 | 165796 | 88 | 447904 | 80 | 45366 | 48 | 137318 | 80 | 62797 | 81 |
| 和顺县 | 147620 | 98 | 461097 | 78 | 43029 | 52 | 150025 | 70 | 51427 | 95 |

| 市、县、区名称 | 粮食总产量（吨） | | 工业销售产值（万元，当年价） | | 社会消费品零售总额（万元） | | 城镇居民人均可支配收入（元） | | 农村居民人均可支配收入（元） | |
|---|---|---|---|---|---|---|---|---|---|---|
| | 指标值 | 位次 | 指标值 | 位次 | 指标值 | 位次 | 指标值 | 位次 | 指标值 | 位次 |
| 交口县 | 34843 | 101 | 864140 | 44 | 76670 | 114 | 18292 | 111 | 6829 | 75 |
| 孝义市 | 78830 | 74 | 4352097 | 2 | 1288947 | 12 | 30416 | 13 | 14978 | 10 |
| 汾阳市 | 176740 | 37 | 905380 | 37 | 607176 | 26 | 21328 | 88 | 12397 | 29 |
| **晋城市** | | | | | | | | | | |
| 城　区 | 7073 | 111 | 321291 | 86 | 2046880 | 8 | 30168 | 15 | | |
| 沁水县 | 144848 | 46 | 892853 | 41 | 224373 | 69 | 24825 | 61 | 10098 | 50 |
| 阳城县 | 165937 | 42 | 1230430 | 26 | 430122 | 36 | 26037 | 51 | 11488 | 40 |
| 陵川县 | 102128 | 58 | 88230 | 107 | 175078 | 77 | 17256 | 116 | 7929 | 68 |
| 泽州县 | 236668 | 23 | 1776966 | 16 | 386410 | 42 | 29333 | 21 | 13129 | 23 |
| 高平市 | 241770 | 21 | 1162369 | 27 | 599080 | 27 | 28235 | 30 | 12168 | 33 |
| **朔州市** | | | | | | | | | | |
| 朔城区 | 312337 | 9 | 2352150 | 6 | 1091800 | 13 | 29911 | 17 | 12925 | 25 |
| 平鲁区 | 75677 | 76 | 524541 | 65 | 324696 | 50 | 22365 | 81 | 8824 | 58 |
| 山阴县 | 265010 | 14 | 1250663 | 25 | 373641 | 44 | 30470 | 9 | 14199 | 13 |
| 应　县 | 345420 | 8 | 493777 | 72 | 297912 | 54 | 21962 | 84 | 9331 | 53 |
| 右玉县 | 35183 | 100 | 351445 | 79 | 157299 | 81 | 21132 | 90 | 6588 | 81 |
| 怀仁县 | 230360 | 25 | 1725973 | 17 | 665372 | 24 | 30812 | 5 | 14017 | 14 |
| **晋中市** | | | | | | | | | | |
| 榆次区 | 197336 | 31 | 2304489 | 9 | 1792932 | 10 | 30815 | 4 | 15624 | 8 |
| 榆社县 | 87768 | 66 | 322122 | 85 | 121632 | 93 | 20020 | 99 | 4693 | 104 |
| 左权县 | 56729 | 89 | 310578 | 88 | 143482 | 87 | 23687 | 72 | 4745 | 103 |
| 和顺县 | 67132 | 83 | 329679 | 83 | 144300 | 86 | 22069 | 82 | 5638 | 96 |

**续表 5**

| 市、县、区名称 | 常住人口（人） | | 地区生产总值（万元） | | 一般公共预算收入（万元） | | 一般公共预算支出（万元） | | 农林牧渔业总产值（万元） | |
|---|---|---|---|---|---|---|---|---|---|---|
| | 指标值 | 位次 | 指标值 | 位次 | 指标值 | 位次 | 指标值 | 位次 | 指标值 | 位次 |
| 昔阳县 | 231496 | 73 | 578858 | 66 | 52088 | 44 | 160608 | 58 | 86766 | 61 |
| 寿阳县 | 214332 | 78 | 911217 | 45 | 61050 | 33 | 153783 | 67 | 222523 | 22 |
| 太谷县 | 308233 | 48 | 800007 | 51 | 44320 | 51 | 169946 | 49 | 331102 | 7 |
| 祁　县 | 273592 | 59 | 717370 | 58 | 33401 | 67 | 163385 | 56 | 284630 | 10 |
| 平遥县 | 519058 | 14 | 1007343 | 41 | 45345 | 50 | 243760 | 12 | 256252 | 16 |
| 灵石市 | 271402 | 61 | 1791916 | 17 | 112166 | 13 | 224057 | 17 | 93621 | 57 |
| 介休市 | 419788 | 28 | 1439804 | 27 | 107077 | 14 | 230611 | 15 | 124436 | 45 |
| **运城市** | | | | | | | | | | |
| 盐湖区 | 701178 | 6 | 2248834 | 11 | 85686 | 19 | 257704 | 10 | 256861 | 15 |
| 临猗县 | 591050 | 11 | 1351885 | 29 | 23712 | 79 | 219571 | 19 | 877894 | 1 |
| 万荣县 | 454040 | 24 | 637683 | 63 | 14710 | 98 | 209061 | 24 | 357533 | 6 |
| 闻喜县 | 417342 | 30 | 722359 | 57 | 23891 | 78 | 207257 | 25 | 239557 | 19 |
| 稷山县 | 359490 | 36 | 747449 | 53 | 17470 | 92 | 147224 | 73 | 245931 | 17 |
| 新绛县 | 344636 | 40 | 737199 | 55 | 17333 | 93 | 158213 | 63 | 362341 | 5 |
| 绛　县 | 290965 | 52 | 547212 | 70 | 8972 | 109 | 159112 | 60 | 181626 | 30 |
| 垣曲县 | 238550 | 69 | 481336 | 76 | 18880 | 90 | 162208 | 57 | 99802 | 54 |
| 夏　县 | 364550 | 34 | 485700 | 75 | 13539 | 101 | 159891 | 59 | 385580 | 4 |
| 平陆县 | 266328 | 62 | 375703 | 87 | 19852 | 88 | 150469 | 68 | 187856 | 29 |
| 芮城县 | 408628 | 32 | 768168 | 52 | 27809 | 74 | 198371 | 33 | 436895 | 2 |
| 永济市 | 458920 | 22 | 1340707 | 30 | 40634 | 56 | 197214 | 34 | 424021 | 3 |
| 河津市 | 409501 | 31 | 1777369 | 18 | 75808 | 23 | 196573 | 35 | 148993 | 38 |

| 市、县、区名称 | 粮食总产量（吨） | | 工业销售产值（万元，当年价） | | 社会消费品零售总额（万元） | | 城镇居民人均可支配收入（元） | | 农村居民人均可支配收入（元） | |
|---|---|---|---|---|---|---|---|---|---|---|
| | 指标值 | 位次 | 指标值 | 位次 | 指标值 | 位次 | 指标值 | 位次 | 指标值 | 位次 |
| 昔阳县 | 162465 | 43 | 513496 | 70 | 251912 | 62 | 22720 | 79 | 7743 | 71 |
| 寿阳县 | 382451 | 4 | 702028 | 51 | 264777 | 59 | 30720 | 6 | 11834 | 36 |
| 太谷县 | 215222 | 26 | 523117 | 67 | 362427 | 46 | 27385 | 37 | 16368 | 6 |
| 祁　县 | 212364 | 27 | 616932 | 58 | 406040 | 41 | 28619 | 24 | 14841 | 12 |
| 平遥县 | 271941 | 13 | 933498 | 35 | 589177 | 28 | 26815 | 41 | 10885 | 43 |
| 灵石市 | 62606 | 85 | 2220750 | 10 | 714967 | 21 | 33364 | 2 | 15072 | 9 |
| 介休市 | 122145 | 52 | 2107581 | 12 | 900466 | 18 | 30650 | 7 | 12333 | 30 |
| **运城市** | | | | | | | | | | |
| 盐湖区 | 205610 | 30 | 2084633 | 13 | 2294047 | 6 | 27610 | 34 | 10634 | 45 |
| 临猗县 | 300123 | 11 | 897316 | 39 | 632334 | 25 | 25565 | 58 | 11408 | 41 |
| 万荣县 | 180144 | 35 | 322574 | 84 | 319127 | 52 | 22565 | 80 | 8210 | 64 |
| 闻喜县 | 356349 | 5 | 662341 | 55 | 423858 | 38 | 25721 | 55 | 8641 | 61 |
| 稷山县 | 241284 | 22 | 664461 | 54 | 289092 | 56 | 23742 | 70 | 9654 | 52 |
| 新绛县 | 261018 | 17 | 1018178 | 33 | 429555 | 37 | 25206 | 59 | 10229 | 49 |
| 绛　县 | 196160 | 32 | 604494 | 60 | 241573 | 64 | 23177 | 77 | 8425 | 62 |
| 垣曲县 | 101766 | 59 | 567669 | 62 | 239527 | 65 | 23289 | 76 | 6236 | 84 |
| 夏　县 | 272265 | 12 | 172113 | 97 | 254796 | 60 | 22923 | 78 | 6858 | 74 |
| 平陆县 | 129328 | 50 | 342180 | 81 | 275807 | 57 | 21279 | 89 | 6222 | 85 |
| 芮城县 | 353149 | 6 | 371290 | 78 | 325992 | 49 | 25980 | 52 | 9806 | 51 |
| 永济市 | 427323 | 3 | 2348083 | 7 | 579514 | 29 | 26366 | 46 | 11640 | 39 |
| 河津市 | 190192 | 33 | 2930126 | 4 | 742009 | 20 | 25695 | 56 | 11993 | 35 |

山西经济年鉴

YEAR BOOK OF SHANXI ECONOMY

# 地方经济法规·规章

DIFANG JINGJI FAGUI GUIZHANG

25

# 地方经济法规规章

## 法　规

### 山西省煤炭管理条例

（2001 年 1 月 12 日山西省第九届
人民代表大会常务委员会第二十次会议通过
根据 2016 年 1 月 20 日山西省第十二届人民代表大会
常务委员会第二十四次会议《关于修改＜山西省
安全生产条例＞和＜山西省煤炭管理条例＞
的决定》修正）

#### 第一章　总　　则

第一条　为合理开发利用和保护煤炭资源，规范煤炭生产、经营活动，保障和促进煤炭行业健康发展，根据煤炭法及其他有关法律、法规的规定，结合本省实际，制定本条例。

第二条　在本省行政区域内从事煤炭生产、经营和管理活动，适用本条例。

第三条　煤炭资源的开发实行统一规划、合理布局、综合利用的方针。鼓励煤炭的加工转化，推广洁净煤技术，提供多种煤炭产品，以适应市场需求，提高经济效益。

第四条　依法保护煤炭资源，禁止乱采、滥挖等破坏煤炭资源的行为。

开发利用煤炭资源，必须保护生态环境，防治污染，防止地质灾害和其他公害。

第五条　各级人民政府应当依法保护煤炭生产经营企业的合法权益，维护企业正常的生产、经营秩序，加强对煤矿安全生产的领导。

第六条　县级以上人民政府煤炭管理部门负责本行政区域内煤炭行业的监督管理。

县级以上人民政府国土资源、环境保护等有关部门在各自职责范围内负责对煤炭行业的监督管理。

第七条　鼓励和支持煤矿企业、煤炭经营企业依法通过收购、兼并、重组、联合等方式组建跨地区、跨所有制、跨行业的企业集团，实行生产、经营一体化。

第八条　煤矿企业应当采取措施，加强劳动保护，保障职工的安全和健康，对井下作业的职工采取特殊保护措施。

#### 第二章　煤炭生产开发规划与煤矿建设

第九条　省煤炭管理部门根据全国煤炭生产开发规划和全省矿产资源开发规划，组织编制本省煤炭生产开发规划，经省人民政府批准后组织实施并报国务院煤炭管理部门备案。

第十条　开办煤矿企业，应当具备下列条件：

（一）符合全省煤炭生产开发规划和煤炭产业政策；

（二）有煤矿建设项目可行性研究报告或开采方案；

（三）年生产能力不得少于30万吨；开采零星资源、极薄煤层及残采、复采的矿井，年生产能力不得少于3万吨；

（四）煤炭资源的采区回采率，开采薄煤层不得低于百分之85％，开采中厚煤层不得低于80％，开采厚煤层不得低于75％；

（五）有开采所需的地质、测量、水文资料和其他资料；

（六）能够利用的共生、伴生矿种必须综合开采、综合利用；

（七）有符合煤矿安全生产和生态环境保护要求的矿山设计及地质灾害防治方案；

（八）有与煤矿生产规模相适应的资金、设备、技术人员和先进的开采技术；

（九）法律、行政法规规定的其他条件。

第十一条　开办煤矿企业，须向省煤炭管理部门提交下列材料：

（一）开办煤矿企业申请书；

（二）县（市、区）、市（地）煤炭管理部门逐级审核签署的意见，开办乡镇煤矿企业的，还须提交由资源所在地乡（镇）人民政府签署的意见；

（三）省国土资源主管部门划定矿区范围的批准文件；

（四）环境保护部门的评价报告；

（五）法定验资机构出具的验资证明；

（六）法律、法规规定的其他材料。

第十二条　省煤炭管理部门按照国务院规定的分级管理权限审批煤矿企业，应当自收到本条例第十一条规定的材料之日起四十五日内依法进行审查，并做出批准或不批准的决定。不批准的，应当书面说明理由。

经批准开办的煤矿企业，凭省煤炭管理部门的批准文件，由国土资源主管部门颁发采矿许可证。

第十三条　对具有重要价值的主焦煤、活性炭原料煤、特种石墨（鳞片状石墨、电池用石墨）以及含镓、锗元素伴生煤等特殊煤种或稀缺煤种，省人民政府应当设立资源保护区，实行保护性开采；稀缺煤种实行专户供应。

在资源保护区开办煤矿企业，必须经省煤炭管理部门审查，报省人民政府批准。在资源保护区已经开办的煤矿企业应当进行整顿、联合、改造，在规定期限内达到保护和综合利用要求。

资源保护区管理办法由省人民政府制定。

第十四条　在本省行政区域内开办下列煤矿企业须经省煤炭管理部门签署意见，并按规定报国务院煤炭管理部门审批：

（一）年生产能力60万吨以上的煤矿企业；

（二）跨省、自治区行政区域的煤矿企业；

（三）中外合资、中外合作的煤矿企业；

（四）在国家规划矿区范围内开办的煤矿企业；

（五）其他应当由国务院煤炭管理部门审批的煤矿企业。

第十五条　已经批准开办的煤矿企业，在采矿许可证有效期内变更企业名称的，须向设立煤矿企业的原审批机关、采矿许可证颁发机关分别申请办理有关手续；变更矿区范围的，必须报请原审批机关批准，并报请原颁发采矿许可证的机关重新核发采矿许可证。

在国有煤矿企业矿区范围内已经开办的乡镇煤矿企业合并、分立、终止或出租、抵押采矿权的，须经国有煤矿企业同意后，经省级有关主管部门批准；申请变更登记须经有关部门批准的，按照国家规定办理有关手续。

第十六条　煤矿建设工程按照批准的矿山设计进行施工，实行项目法人责任制和工程监理制，并接受工程质量监督机构的监督。

煤矿建设工程实行工程质量终身责任制，项目法人、勘察设计、施工、监理等单位的法定代表人，按各自的职责对其参与的项目工程质量负终身责任。

第十七条　煤矿建设工程，由煤炭管理部门组织矿山安全、环境保护、消防、建设、国土资源等有关部门进行竣工验收。审计部门应当对国家投资的建设工程项目进行竣工决算审计。

## 第三章　煤炭生产、煤矿安全与矿区保护

第十八条　取得采矿许可证的煤矿企业在投产前必须依法领取安全生产许可证。禁止转让、出租、涂改、伪造安全生产许可证。

煤矿企业未取得安全生产许可证，不得从事煤炭生产活动。

第十九条　煤炭的开采、加工应当符合地质灾害防治和生态环境保护要求。造成地表土地塌陷、挖损的，由采矿者进行复垦；造成他人损失的，应当依法赔偿。

第二十条　煤矿企业在批准的矿区范围内开采煤

炭的共生和伴生资源,不再办理采矿许可证;主要开采矿种发生变化时,应当办理环境影响评价和采矿许可证变更手续。

第二十一条　煤矿企业应当在依法批准的矿区范围内进行煤炭生产,不得越界、越层开采。

第二十二条　煤矿企业应当按照国家和省有关规定提取维持简单再生产费用,专款专用。

第二十三条　建立和推行煤矿企业积累煤矿衰老期转产资金制度。

鼓励和扶持煤矿企业发展多种经营。

第二十四条　县级以上煤炭管理部门应当指导煤矿企业贯彻落实国家有关煤矿安全生产的方针、政策和法律、法规,参与重大伤亡事故的救护、调查和处理。

第二十五条　煤矿企业的安全生产管理,实行企业法定代表人负责制。法定代表人及其他负责人必须遵守有关煤矿安全的法律、法规和煤炭行业安全规章、规程,加强对煤矿企业安全生产工作和环境安全的管理,实行安全生产责任制,防止伤亡和其他安全生产事故以及环境事故的发生。

第二十六条　违章指挥、强令职工冒险作业的,煤矿职工有权抵制。

在煤矿井下作业中,出现危及职工生命安全并无法排除的紧急情况时,作业现场负责人或安全管理人员应当立即组织职工撤离危险现场。

第二十七条　煤矿企业的特种作业人员,必须接受专门技术培训,经考核合格取得操作资格证书后,方可上岗作业。特种作业人员的考核、发证工作按照国家有关规定执行。

第二十八条　煤矿企业应当按照国家规定,定期为职工缴纳失业、医疗、养老、工伤、生育等社会保险费用。

第二十九条　任何单位和个人不得危害煤矿矿区的电力、通信、交通及其他生产设施,不得扰乱煤矿矿区的生产秩序和工作秩序。

未经煤矿企业同意,任何单位和个人不得占用煤矿企业的电力专用线路、铁路专用线、专用道路、专用通信线路和专用供水管路。

## 第四章　煤炭经营

第三十条　在本省行政区域内销售煤炭产品应当根据市场需求实行总量控制、定额管理,具体管理办法由省人民政府制定。

第三十一条　在煤炭经营活动中禁止下列行为:

(一)国家机关开办煤炭经营企业或从事、参与煤炭经营活动;

(二)行政机关违反国家规定擅自设立煤炭供应的中间环节、额外加收费用;

(三)从事煤炭运输的车站及其他运输企业利用其掌握的运力参与煤炭经营;

(四)在煤炭中掺杂、掺假、以次充好;

(五)哄抬煤价或以低于成本的价格倾销煤炭,扰乱正常的生产经营秩序,损害国家利益或其他经营者的合法权益。

## 第五章　法律责任

第三十二条　违反本条例第十九条规定,造成地表土地塌陷、挖损或其他生态环境破坏的,依照有关法律、法规的规定给予行政处罚。

第三十三条　违反本条例第二十一条规定,超越批准的矿区范围,越界、越层开采的,由县级以上国土资源主管部门责令退回本矿区范围开采,拒不退回的,依法给予行政处罚;给他人造成损失的,依法承担民事责任。

第三十四条　违反本条例第三十一条规定,开办煤炭经营企业或从事、参与煤炭经营活动,擅自设立煤炭供应的中间环节或额外加收费用的,由其上一级主管部门责令改正,并对直接责任人员给予行政处分;擅自设立煤炭供应中间环节收取的费用以及额外加收的费用,一律上缴财政。

第三十五条　煤炭管理部门和其他有关部门的工作人员,在煤炭管理活动中滥用职权、徇私舞弊、玩忽职守的,由其所在单位或上级主管部门给予行政处分;构成犯罪的,依法追究刑事责任。

第三十六条　县级以上煤炭管理部门可以委托符合行政处罚法第十九条规定条件的煤炭纠察机构负责行使行政处罚权。

## 第六章　附　　则

第三十七条　本条例具体应用中的问题,由省人民政府负责解释。

第三十八条　本条例自2001年3月1日起施行。1985年9月10日山西省第六届人民代表大会常务委员会第十四次会议通过,1988年1月16日山西省第六届人民代表大会常务委员会第二十八次会议修正的《山西省煤炭开发管理条例(试行)》同时废止。

# 山西省人口和计划生育条例

（1999 年 4 月 6 日山西省第九届
人民代表大会第二次会议通过
根据 2002 年 9 月 28 日山西省第九届人民代表大会
常务委员会第三十一次会议关于修改《山西省
计划生育条例》的决定修正
2008 年 11 月 28 日山西省第十一届
人民代表大会常务委员会第七次会议修订
根据 2014 年 5 月 29 日山西省第十二届人民代表大会
常务委员会第十次会议关于修改《山西省
人口和计划生育条例》的决定修正
根据 2016 年 1 月 20 日山西省第十二届
人民代表大会常务委员会第二十四次会议关于修改
《山西省人口和计划生育条例》的决定修正）

## 第一章　总　　则

第一条　为了促进人口长期均衡发展，实现人口与经济、社会、资源、环境协调可持续发展，根据《中华人民共和国人口与计划生育法》等有关法律、行政法规，结合本省实际，制定本条例。

第二条　本条例适用于户籍在本省的公民。

本省行政区域内流动人口的计划生育服务和管理，执行国家和本省的有关规定。

第三条　实施计划生育基本国策是全社会的共同责任。

开展人口和计划生育工作，应当坚持人口与发展综合决策，坚持国家指导与群众自愿、宣传教育与利益导向、依法管理与优质服务相结合，实行综合治理。

第四条　公民有依法实行计划生育的义务。公民实行计划生育享有的合法权益受法律保护。

提倡优生、优育。

第五条　县级以上人民政府应当将人口发展规划纳入国民经济和社会发展规划，制定和完善有利于统筹解决人口数量、素质、结构等问题的政策，组织、协调有关部门共同做好人口和计划生育工作，保证人口控制在预定目标以内。

第六条　人口和计划生育工作实行目标管理责任制和一票否决制。

各级人民政府的主要负责人是本行政区域人口和计划生育工作的第一责任人。

人口和计划生育工作目标管理责任制的实施情况，应当作为考核各级人民政府及其主要负责人政绩的重要内容。

第七条　县级以上人民政府应当将人口和计划生育工作所需经费列入本级财政预算，并根据国民经济和社会发展状况逐年增加，保障人口和计划生育工作的正常开展。

机关、社会团体、企业事业单位和其他组织应当安排必要的人口和计划生育工作经费。

第八条　县级以上人民政府卫生和计划生育行政部门主管本行政区域的人口和计划生育工作，负责人口和计划生育工作的指导、协调、监督和管理。

县级以上人民政府其他部门应当根据职责分工，做好有关的人口和计划生育工作。

工会、共青团、妇联和计划生育协会等社会团体、企业事业单位、其他组织以及公民，应当协助卫生和计划生育行政部门开展工作。

广播、电视、报刊、网络等大众传播媒体应当开展人口和计划生育的宣传工作。

## 第二章　生育调节

第九条　提倡一对夫妻生育两个子女。夫妻要求再生育的，应当符合本条例规定。

本条例所称再生育，是指生育第三个及以上子女。

第十条　收养子女应当遵守《中华人民共和国收养法》等法律、法规。

禁止借收养、代养名义违反本条例规定生育子女。

禁止以送养、寄养方式违反本条例规定再生育子女。

第十一条　符合下列情形之一的，经批准可以再生育一个子女：

（一）夫妻已有两个子女，其中一个子女经设区的市以上病残儿童医学鉴定机构鉴定，患有非遗传性残疾不能成长为正常劳动力的；

（二）再婚夫妻再婚前合计生育一个子女，再婚后生育一个子女的；

（三）再婚夫妻再婚前合计生育两个及以上子女，且未共同生育子女的。但有违法生育的不予批准再生育；

（四）再婚夫妻再婚前一方生育过两个及以上子女，另一方未生育的；

（五）再婚夫妻按照第二项、第三项和第四项规定经批准再生育的子女，经设区的市以上病残儿童医学鉴定机构鉴定，患有非遗传性残疾不能成长为正常劳动力的。

第十二条　夫妻生育第一个、第二个子女的，应当到一方户籍所在地或者现居住地村(居)民委员会免费办理生育服务登记。国家另有规定的，从其规定。

符合本条例规定申请再生育子女的，由一方户籍所在地乡(镇)人民政府或者街道办事处批准。乡(镇)人民政府或者街道办事处应当严格按照本条例的规定进行审查，符合批准条件的，应当自受理申请之日起30日内予以批准并免费发放《再生育服务证》;不符合批准条件的，应当自受理之日起30日内以书面形式向申请人说明理由。需要进行病残儿童医学鉴定的，不得超过180日。

第十三条　夫妻申请再生育的，应当向批准机关提供真实、有效的证明材料。

任何组织和个人不得为申请再生育子女的夫妻出具虚假证明。

弄虚作假骗取计划生育批准文件的，批准机关应当收回批准文件或者宣告批准文件无效。

## 第三章　技术服务

第十四条　省、设区的市、县(市、区)、乡(镇)人民政府应当建立健全由计划生育技术服务机构和从事计划生育技术服务的医疗保健机构组成的计划生育技术服务网络，改善技术服务条件，为公民提供生育、节育、不育等计划生育服务和生殖保健服务。

鼓励计划生育新技术、新药具的研究、应用和推广。

第十五条　实行计划生育的育龄夫妻免费享受国家规定的基本项目的计划生育技术服务。

第十六条　计划生育技术服务机构依法取得执业许可证或者医疗保健机构的执业许可证登记计划生育服务诊疗科目的，方可从事计划生育技术服务。

各级计划生育技术服务机构是具有医疗保健性质、从事计划生育技术服务的非营利的公益性事业组织，其设置、执业许可、变更、注销，应当严格执行国家《计划生育技术服务管理条例》;其医疗技术人员应当取得执业资格和计划生育技术服务合格证。

第十七条　计划生育技术服务机构和从事计划生育技术服务的医疗保健机构必须严格按照国家《节育手术常规》的规定施行计划生育手术，保障受术者的安全和健康。

禁止个体行医者和未取得执业资格的人员施行计划生育手术。

第十八条　各级人民政府应当建立健全婚前保健、孕产期保健和出生缺陷干预制度，组织开展优生筛查、优生检测等工作，提高妇女和出生婴儿的健康水平。

鼓励有条件的地方逐步推行免费婚前医学检查。

第十九条　结婚和生育应当接受优生优育指导。

计划生育技术服务机构和从事计划生育技术服务的医疗保健机构应当普及避孕、节育、优生、优育和生殖保健知识，定期为已婚育龄妇女提供孕情检查、节育和生殖保健等方面的技术服务，育龄夫妻应当予以配合。

第二十条　计划生育技术服务机构和从事计划生育技术服务的医疗保健机构及其技术服务人员，应当指导公民知情选择安全、有效、适宜的避孕、节育措施，预防和减少非意愿妊娠。

夫妻一方患有医学上认为不宜生育的遗传性疾病的，医师应当告知，并指导其采取安全、有效的避孕、节育措施;已经怀孕的，应当告知其终止妊娠。

对产前诊断其胎儿患有严重遗传性疾病或者严重缺陷的孕妇，医师应当提出终止妊娠的医学建议。

育龄夫妻自主选择计划生育避孕、节育措施。

第二十一条　夫妻一方接受绝育手术后，符合再生育条件要求生育的，由受术者提出申请，经县(市、区)人民政府卫生和计划生育行政部门批准，可以施行复通手术，费用从计划生育手术费中支付。

第二十二条　经依法鉴定确因计划生育手术引起并发症的，给予免费治疗，治疗费用由人民政府承担，具体办法由省人民政府制定。经治疗不能从事重体力劳动的，所在单位或者乡(镇)人民政府、街道办事处应当在工作和生活上予以照顾;丧失劳动能力、生活确有困难的，民政部门应当给予社会救济。

第二十三条　禁止非医学需要的胎儿性别鉴定和选择性别的人工终止妊娠，具体办法按照国家和本省有关规定执行。

第二十四条　县级以上人民政府卫生和计划生育行政部门负责避孕药具发放、供应的管理，并会同食品药品监督、物价等部门对避孕药具经营活动进行检查、监督。

## 第四章　优待和奖励

第二十五条　依法办理结婚登记的夫妻可以享受婚假30日;符合本条例规定生育子女的，女方在享受国家和本省规定产假的基础上，奖励延长产假60日，男方享受护理假15日。婚假、产假、护理假期间，享受与在岗人员同等的待遇。

符合前款规定的农业人口，村民委员会可以给予一定的奖励。

第二十六条　在国家提倡一对夫妻生育一个子女期间，自愿终身只生育或者依法只收养一个子女的夫妻，领取《独生子女父母光荣证》的，享受下列奖励和优待：

（一）农业人口从领取《独生子女父母光荣证》起到60周岁止，非农业人口从领取《独生子女父母光荣证》起到独生子女16周岁止，按月各给予夫妻双方不低于50元的独生子女父母奖励费；

（二）子女入园、接受教育、就医时，双方所在单位可以给予一定补贴；

（三）退休时所在单位可以按照其上年度职工平均工资收入的30%给予一次性奖励。

第二十七条　按照本条例第二十六条规定享受奖励和优待的夫妻，一方或者双方为农业人口的，还享受下列优待：

（一）优先列为脱贫或者致富对象，在项目、资金、技术等方面予以扶持；

（二）农业、林业、水利、科技、供销等部门在技术服务、提供信息、农业生产资料供应等方面予以优待；

（三）在劳务输出或者招工时，同等条件下优先安排其家庭劳动力；

（四）在实施新型农村合作医疗制度时，县（市、区）人民政府可以对独生子女家庭个人筹资部分给予资助；

（五）优先批给宅基地；

（六）集体收益以人均分配的，增加1人份的份额，以户计发的应当高出户均标准20%以上的额度；

（七）夫妻双方均为农业人口，其子女在接受义务教育期间寄宿的，由当地人民政府给予寄宿和生活补助；

（八）当地人民政府规定的其他优待。

第二十八条　在国家提倡一对夫妻生育一个子女期间，夫妻符合规定可以生育第二个子女，但自愿终身只生育一个子女，领取《独生子女父母光荣证》且子女满10周岁的，由人民政府给予1000元至3000元的一次性奖励金；夫妻双方均为农业人口的，由人民政府给予不低于5000元的一次性奖励金。

第二十九条　在国家提倡一对夫妻生育一个子女期间，自愿终身只生育或者依法只收养一个子女，且领取《独生子女父母光荣证》的夫妻，独生子女死亡或者被依法鉴定为二级以上残疾的，由人民政府按照不低于5000元的标准给予一次性补助；独生子女死亡或者被依法鉴定为三级以上残疾，夫妻不再生育和收养子女的，从女方满49周岁起，由人民政府给予每人每月不低于400元的特别扶助金。独生子女康复或者扶助对象又生育、收养子女的，终止发放特别扶助金。

符合前款规定的夫妻，双方均为农业人口，其独生子女死亡或者因伤（病）残丧失劳动能力的，可以优先享受农村五保供养待遇，并优先进入农村五保供养服务机构。

第三十条　夫妻双方均为农业人口，在国家提倡一对夫妻生育两个子女之前，符合计划生育法律、法规和政策规定生育，在国家提倡一对夫妻生育两个子女之后没有生育或者收养子女且具有下列情形之一的，从60周岁起由人民政府给予每人每月不低于50元的奖励扶助金，国家另有规定的，从其规定：

（一）只有一个子女的；

（二）只有两个女孩的；

（三）国家和省规定的其他情形。

第三十一条　独生子女父母奖励费、一次性奖励金、特别扶助金以及奖励扶助金的具体发放办法由省人民政府制定。

第三十二条　夫妻领取《独生子女父母光荣证》，享受各项优待和奖励后生育或者收养第二个子女的，收回证件，并从生育或者收养第二个子女之月起停止享受全部优待和奖励。

第三十三条　夫妻一方接受绝育手术的，术后享受休假2至3周；需要另一方护理的，经施术机构证明，给予护理假2周。休假和护理假期间，享受与在岗人员同等的待遇。

夫妻双方均为农业人口，已有两个女孩，一方接受绝育手术的，参照本条例第二十七条的规定给予优待，并由人民政府给予一次性节育奖励，具体奖励标准和发放办法由设区的市人民政府制定。

第三十四条　对从事人口和计划生育工作的人员，当地人民政府或者所在单位可以给予一定的补助。

第三十五条　完成人口和计划生育工作目标管理责任指标的人民政府及其主要负责人，以及在人口和计划生育工作中做出显著成绩的单位和个人，由上级人民政府给予表彰和奖励。

第三十六条　对违法生育或者在人口和计划生育工作中弄虚作假、徇私舞弊等行为如实举报的，应当给予奖励。

## 第五章　综合管理

第三十七条　县级以上人民政府应当根据人口发

展规划和本条例规定，制定人口和计划生育实施方案并组织实施。

县级以上人民政府及其部门制定与人口有关的规范性文件时，应当统筹考虑人口和计划生育工作。

第三十八条　县级以上人民政府卫生和计划生育行政部门主要履行下列职责：

（一）组织开展人口和计划生育宣传教育；

（二）承办人口和计划生育工作目标管理责任制实施和考核的具体工作；

（三）负责育龄人群的生育服务和管理；

（四）协同有关部门做好提高出生人口素质、改善出生人口结构等工作；

（五）综合管理计划生育技术服务工作；

（六）法律、法规规定的其他职责。

第三十九条　建立人口信息资源共享制度。

县级以上人民政府卫生和计划生育、公安、民政、人力资源和社会保障等部门应当互相通报人口出生、死亡、新生儿户籍登记、暂住人口登记、人口迁入迁出、婚姻登记、收养登记和出生证明办理等方面的信息。

第四十条　乡（镇）人民政府、街道办事处应当按照人口比例配备人口和计划生育工作专职人员，负责人口和计划生育的具体工作。

城市建立属地管理、单位负责、居民自治、社区服务的人口和计划生育服务和管理机制。

第四十一条　各级人民政府及其工作人员应当按照法律、法规规定的职责和程序开展人口和计划生育工作，不得侵犯公民的合法权益。

依法执行人口和计划生育公务受法律保护，任何组织和个人不得阻碍。

第四十二条　村（居）民委员会应当宣传人口和计划生育法律、法规，将人口和计划生育工作纳入村（居）民自治内容，教育和督促村（居）民履行计划生育义务，并按照人口比例确定人口和计划生育服务员，承办人口和计划生育的具体工作。

村民委员会人口和计划生育服务员的报酬应当不低于所在村民委员会的主要负责人报酬的80％。居民委员会人口和计划生育服务员应当享受国家和省规定的社会保障待遇，其报酬不得低于所在县（市、区）的最低工资标准。

村（居）民委员会和育龄人员在双方自愿的基础上，可以签订计划生育合同，明确各自的权利和义务，但不得违反有关法律、法规的规定。

第四十三条　机关、社会团体、企业事业单位和其他组织的人口和计划生育工作，由其法定代表人或者主要负责人负责。

机关、社会团体、企业事业单位和其他组织应当教育和督促本单位人员履行计划生育义务，执行本条例规定的优待、奖励或者限制措施，确定人口和计划生育工作机构和专（兼）职人员，承办人口和计划生育的具体工作。

第四十四条　失业人员的计划生育服务和管理由现居住地、户籍所在地乡（镇）人民政府或者街道办事处共同负责，以现居住地为主。

第四十五条　涉嫌违法生育的，卫生和计划生育行政部门应当组织调查。调查时，当事人应当予以配合，必要时提供有关证明材料。

卫生和计划生育行政部门调查涉嫌违法生育当事人的有关情况时，当事人所在单位和公安、税务、工商等有关部门应当予以协助和配合。

第四十六条　婴儿死亡的，其亲属应当及时报告乡（镇）人民政府或者街道办事处，并提交医疗保健机构或者计划生育技术服务机构出具的证明；医疗保健机构或者计划生育技术服务机构不能出具证明的，由乡（镇）人民政府或者街道办事处核实。

第四十七条　人口和计划生育统计应当及时、准确。任何组织和个人不得虚报、瞒报、伪造、篡改人口和计划生育统计数据。

## 第六章　法律责任

第四十八条　违反本条例规定生育子女的，应当缴纳社会抚养费。社会抚养费由县（市、区）人民政府卫生和计划生育行政部门或者其委托的乡（镇）人民政府、街道办事处征收，并专户储存，专款专用，接受财政、审计部门的监督。

第四十九条　不符合本条例第十一条规定的情形生育第三个子女的，按照夫妻双方上年总收入的20％，合计征收7年的社会抚养费，其总额不得低于7000元；生育第四个子女的，按照夫妻双方上年总收入的40％，合计征收14年的社会抚养费，其总额不得低于3万元；再多生育子女的，加重征收社会抚养费。

未办理结婚登记再生育子女的，按照本条第一款规定的标准征收社会抚养费。有配偶的一方与他人非婚生育的，按照违法生育加重征收社会抚养费。

第五十条　借收养、代养名义违反本条例规定生育子女的，按照违法生育加重征收社会抚养费。

违反本条例规定收养、送养、寄养子女的，按照违法生育征收社会抚养费。

第五十一条　违反本条例规定再生育子女的，除缴纳社会抚养费外，在限制期间还应当按照下列规定处理：

(一)国家工作人员不得晋职、晋级、评模、评奖,并给予降级或者撤职处分,情节严重的给予开除处分;

(二)不得录用、聘用为国家工作人员;

(三)在村民委员会任职的,依法予以罢免;

(四)农业人口不再增加宅基地使用面积;

(五)集体收益以人均分配的,减发违法生育户1人份的份额,以户计发的减发户均标准20%以上的额度。

违反本条例规定生育第三个子女的限制7年,生育第四个及以上子女的限制14年,但国家另有规定的除外。限制期间从社会抚养费征收决定书送达之日起计算。

第五十二条　违反本条例规定,有下列行为之一的,由县级以上人民政府卫生和计划生育行政部门按照职责权限责令改正,给予警告,没收违法所得;违法所得1万元以上的,处违法所得2倍以上6倍以下的罚款;没有违法所得或者违法所得不足1万元的,处1万元以上3万元以下的罚款;情节严重的,由发证机关吊销执业证书;构成犯罪的,依法追究刑事责任:

(一)非法进行胎儿性别鉴定或者选择性别的人工终止妊娠的;

(二)进行假医学鉴定、出具假计划生育证明的;

(三)非法施行计划生育手术的。

有前款所列行为之一的,由所在单位或者上级主管部门对直接负责的主管人员和其他直接责任人员给予记大过以上的处分。

第五十三条　伪造、变造、买卖计划生育证明的,由县级以上人民政府卫生和计划生育行政部门没收违法所得,违法所得5000元以上的,处违法所得2倍以上10倍以下的罚款;没有违法所得或者违法所得不足5000元的,处5000元以上2万元以下的罚款;构成犯罪的,依法追究刑事责任。

第五十四条　对当事人的再生育申请和相关证明材料不予审查或者不严格审查,批准其生育的,依法给予直接负责的主管人员和其他直接责任人员处分。徇私舞弊批准他人生育的,给予直接负责的主管人员和其他直接责任人员降级以上直至开除的处分。

第五十五条　国家机关工作人员在人口和计划生育工作中有下列行为之一的,给予降级以上直至开除的处分;有违法所得的,没收违法所得;构成犯罪的,依法追究刑事责任:

(一)侵犯公民人身权、财产权和其他合法权益的;

(二)虚报、瞒报、拒报、伪造或者篡改人口和计划生育统计数据的;

(三)截留、克扣、挪用、贪污社会抚养费或者人口和计划生育经费的;

(四)索取、收受贿赂的;

(五)其他滥用职权、玩忽职守、徇私舞弊的。

第五十六条　有下列行为之一的,对直接负责的主管人员和其他直接责任人员给予降级以下的处分;情节严重的,给予撤职的处分;构成犯罪的,依法追究刑事责任:

(一)对直接管辖范围内违反本条例规定的行为不制止、不查处或者隐瞒不报的;

(二)授意弄虚作假,造成人口和计划生育统计数据严重失实的;

(三)提拔任用违法生育限制期未满人员的;

(四)为申请再生育子女的夫妻提供虚假证明,或者在调查涉嫌违法生育行为时提供虚假证明的;

(五)在人口和计划生育工作中有其他失职、渎职行为的。

第五十七条　未完成人口和计划生育工作目标管理责任指标的机关、社会团体、企业事业单位和其他组织,不得评为先进单位和文明单位;对主要负责人依法给予处分或者通报批评。

未完成人口和计划生育工作目标管理责任指标的各级人民政府,当年不得评为先进,主要负责人不得晋职、晋级;连续两年没有完成上述指标的,对主要负责人依法给予处分。

第五十八条　违反本条例规定,不履行职责或者不履行协助人口和计划生育管理义务的部门、单位和个人,由县级以上人民政府责令改正,并给予通报批评;对直接负责的主管人员和其他直接责任人员依法给予处分。

第五十九条　有下列行为之一的,由公安机关依照《中华人民共和国治安管理处罚法》的有关规定处罚;构成犯罪的,依法追究刑事责任:

(一)阻碍人口和计划生育工作人员依法执行公务的;

(二)侮辱、伤害人口和计划生育工作人员或者故意损害其财物的。

第六十条　对按照本条例规定做出的具体行政行为不服的,可以依法申请复议或者向人民法院起诉。

当事人对征收社会抚养费的决定或者处罚决定不申请复议、不起诉又不履行的,由做出征收或者处罚决定的机关申请人民法院强制执行。

## 第七章　附　　则

第六十一条　本条例所称国家工作人员,是指在国家机关中从事公务的人员,国有公司、企业、事业单位和人民团体中从事公务的人员，国家机关和国有公司、企业、事业单位委派到非国有公司、企业、事业单位、社会团体从事公务的人员，以及其他依照法律从事公务的人员。

第六十二条　本条例自2009年6月1日起施行。

# 山西省通信设施建设与保护条例

（2016年9月30日山西省第十二届人民代表大会常务委员会第二十九次会议通过）

## 第一章　总　　则

第一条　为了规范通信设施建设与保护，保障通信安全和畅通，提升通信服务水平，促进经济社会发展，根据《中华人民共和国电信条例》等有关法律、行政法规的规定，结合本省实际，制定本条例。

第二条　通信设施属于公共基础设施。

本条例所称通信设施，是指组成通信网络系统的所有设施，包括通信设备、通信线路和配套设备。

第三条　县级以上人民政府应当加强对通信设施建设与保护工作的领导，制定支持通信设施建设与保护的政策措施，将通信设施建设规划纳入国民经济和社会发展规划、城乡规划、土地利用总体规划，统筹协调解决通信设施建设与保护工作中的重大问题。

第四条　省通信管理部门负责全省通信设施建设与保护的组织协调、监督管理工作，促进资源共享，确保通信设施安全运行。

县级以上人民政府发展和改革、经济和信息化、公安、国家安全、国土资源、环境保护、住房和城乡建设、城乡规划、交通运输、林业、新闻出版广电、旅游、文物等相关部门应当根据各自职责，依法做好通信设施建设与保护的相关工作。

乡（镇）人民政府、街道办事处应当协助做好通信设施建设与保护工作。

第五条　电信业务经营者应当按照国家规定的电信服务标准，向用户提供迅速、准确、安全、方便、优质的电信服务，听取用户意见，不断提高电信服务质量。

电信业务经营者应当按照有关规定，加大对学校、农村及贫困、偏远地区的通信设施建设力度，完善电信普遍服务。

各级人民政府应当保障电信普遍服务，在建设、用地、补偿、供电等方面提供支持。

第六条　任何单位和个人不得阻碍依法进行的通信设施建设和维护活动，不得危害通信设施安全。

任何单位和个人对危害通信设施安全的行为，有权制止并向公安机关举报或者告知通信设施所有权人、管理人。

第七条　鼓励民间资本按照国家有关规定参与通信设施的建设和维护。

## 第二章　规划与建设

第八条　省通信管理部门应当根据国民经济和社会发展规划、城乡规划、土地利用总体规划以及全省通信行业发展规划，组织编制通信设施建设规划。

编制通信设施建设规划应当避免重复建设，遵循统筹规划、合理布局、远近结合、共建共享、保障安全的原则。

第九条　通信设施建设应当遵守有关法律、法规的规定，执行国家强制性标准。

通信设施建设应当与当地城乡建设风貌相协调，新建基站和天线应当小型化、美观化。在风景名胜区、森林公园、自然保护区、文物保护区和历史文化名城、名镇、名村、名街等区域新建、改建、扩建通信设施，应当采用景观化或者隐蔽化建设方式。

第十条　县级以上人民政府应当统一规划建设城市地下综合管廊（沟），为通信线路入地提供条件。

城市建成区内已有的架空通信线路应当逐步入地。城镇规划中确定入地路由的，通信设施建设单位不得在城市规划建设用地范围内建设架空通信线路。

第十一条　下列建设项目应当配套设置通信设施：

（一）开发区、园区；

（二）机场、车站；

（三）学校、医院、公园、文化体育场馆；

（四）公共机构办公场所、商住楼、商场、人防工程；

（五）旅游、度假景区；

（六）法律、法规规定的其他建设项目。

前款所列建设项目用地范围内的通信管道以及建筑物内的通信管线和配线设施，应当纳入主体建设项目的设计文件，并随主体建设项目同时施工与验收。所需经费应当纳入建设项目概算。

规划、建设城市道路、高速公路、轨道交通、铁路、桥梁、隧道等，应当事先与省通信管理部门和电信业务经营者协商配套通信设施的规划、设计、施工、验收等事宜。

第十二条　政府全额投资建设的公共场所、公共设施及公共机构的办公场所，所有权人或者管理人应当为公共通信设施建设免费提供必要的场地。

其他公共区域建设通信设施，所有权人或者管理人应当为公共通信设施建设提供场地、用电、平等接入等便利条件，相关费用由双方协商解决。

第十三条　县级以上城区新建住宅区和住宅建筑配套的通信设施应当采用光纤到户方式建设，建设单位应当按照国家强制性标准将配套的通信设施纳入建设项目的施工图设计文件。施工图设计文件不符合光纤到户国家强制性标准的，住房和城乡建设主管部门不予核发施工许可证。建设单位应当对配套的通信设施进行验收，并在验收通过后十五日内将验收文件报省通信管理部门备案。

电信业务经营者不得将未经验收、验收不合格或者验收文件未经备案的通信设施接入公用电信网。

乡（镇）以及农村地区新建住宅区和住宅建筑配套的通信设施优先采用光纤到户方式建设。

第十四条　新建、改建、扩建通信管道、杆路、室内分布系统、铁塔等基站配套设施，应当实行统一建设或者联合建设。已有的通信设施满足条件的，应当共享。

鼓励交通道路、广播电视、电力等公共基础设施及其附属设施与通信设施建设共建共享。

省通信管理部门会同省发展与改革、经济和信息化、公安、住房和城乡建设、交通运输等有关部门和单位，根据经济社会发展规划，建立行业间公共基础设施共建共享机制，促进资源节约利用。

第十五条　通信线路通过或者跨越铁路、公路、河道、林地、桥梁、涵道、地下通道、城市道路、城市管网、电力管网、城市绿化等设施的，由建设单位与相关单位协商，依法办理相关手续，相关单位应当提供通行便利。

第十六条　通信设施施工单位应当按照国家有关标准和设计要求组织施工，不得擅自修改设计，不得降低工程质量标准。

通信设施施工单位在通信设施建设过程中，应当文明、规范施工，采取必要的安全防护措施，避免或者减少影响其他单位和个人的正常生产生活。施工结束后，应当将施工过程中损坏的建筑物、林地、绿地、道路等予以恢复；不能恢复的，根据损坏程度依法给予赔偿。

第十七条　电信用户有权自主选择电信业务经营者提供的服务。

商住楼、办公楼、住宅区等建筑的开发人、所有权人和管理人应当为电信业务经营者的通信设施提供平等接入和使用条件，除场地租赁费及保障通信设施正常运行的必要费用外，不得收取其他费用。

电信业务经营者不得与商住楼、办公楼、住宅区等建筑的开发人、所有权人或者管理人签订含有排他性条款的协议，不得阻碍其他电信业务经营者为用户提供服务。

第十八条　任何单位和个人不得从事下列阻挠或者危害通信设施建设的行为：

（一）擅自移动或者损坏杆路、设备、工具、器材、标识等；

（二）破坏或者封堵施工现场、道路，切断施工电源、水源；

（三）法律、法规禁止的其他行为。

第十九条　通信设施建设应当执行国家电磁辐射防护标准。

通信设施建设单位应当对移动通信基站的电磁辐射进行检测，向社会公布检测结果，并对检测结果的真实性负责。公民、法人或者其他组织对检测结果有异议的，可以向环境保护主管部门投诉。

环境保护主管部门应当依法对移动通信基站的电磁辐射环境影响进行监督管理，对电磁辐射投诉、举报案件，依法查处。

## 第三章　安全保护

第二十条　通信设施所有权人应当对通信设施采取必要的安全保护措施，消除安全隐患，落实安全保护责任，完善应急预案，提升通信设施安全运行保障能力。

通信设施所有权人应当定期检查、检修和维护通信设施，在通信设施或者围墙、栅栏等处设置警示标识，标明所有权人、警示内容等信息。

通信设施所有权人进入放置通信设施的场所进行正常维护和管理活动的，相关单位和个人应当予以配合。

第二十一条　通信设施周围应当设立安全保护区。通信设施安全保护区的范围按照下列规定确定：

（一）架空设施保护区：城镇区内、外架空通信光缆分别向两侧水平延伸 0.75 米、2 米，并垂直于地面所形成的两平行面内的区域；

（二）地面设施保护区：室外通信设备及配套设备水平向外延伸 1 米，野外通信基站（机房、杆塔）水平向外延伸 3 米；

（三）埋设设施保护区：地下通信光缆两侧各 3 米。

第二十二条　在通信设施安全保护区内禁止下列

行为：

（一）擅自新建、改建、扩建建筑物、构筑物；

（二）挖沙、取土、堆土、采石、钻探、打桩、挖沟，倾倒垃圾、矿渣或者腐蚀性化学物品，修建粪池、牲畜圈、沼气池等；

（三）点火烧荒、爆破、堆放易燃易爆物品；

（四）法律、法规禁止的其他行为。

第二十三条　禁止下列危害通信设施安全的行为：

（一）侵占、盗窃、损毁通信设施；

（二）干扰或者中断通信设施正常运行；

（三）擅自改动、迁移通信设施；

（四）在通信铁塔、杆路、基站等通信设施上张贴广告标语，悬挂广告牌，搭挂物品，拴系牲畜；

（五）攀爬通信铁塔、杆路、基站、拉线或者进入地下通信管道、通道；

（六）接入通信供电系统取电或者中断通信设施电力供应；

（七）移动、涂改、拆除或者损毁通信设施标识；

（八）向通信设施抛掷物体；

（九）法律、法规禁止的其他行为。

第二十四条　在通信设施安全保护区，经依法批准实施可能影响通信设施安全或者通信质量行为的，建设单位应当事先告知通信设施所有权人或者管理人，采取必要的安全防护措施，并承担通信设施安全防护等费用。

第二十五条　因城市建设、规划调整等需要改动、迁移通信设施的，建设单位应当与通信设施所有权人，就经济补偿、设施防护、选址重建等进行协商；协商不一致的，由县级以上人民政府组织协调。需要重新建设通信设施的，应当先建后拆，确保通信畅通，所需费用由建设单位承担。

水、电、气等管线需要与通信线路等通信设施交叉、跨越、平行建设时，应当保持规定的安全间隔距离。不能保持规定安全间隔距离的，后建单位应当与先建单位协商，采取措施，保障通信设施安全，并依法承担相关费用。

第二十六条　通信设施所有权人在应急情况下进行通信设施抢修时，可以在道路、绿地等公共区域或者设施上先行施工，并及时通知市政、园林、公安交通运输等部门；施工结束后，依法补办相关手续，造成损失的，依法给予赔偿。

执行特殊通信、应急通信和抢修、抢险任务的通信车辆，经县级以上公安交通管理机关批准，在保障交通安全畅通的前提下可以不受各种禁止机动车通行标志的限制。

第二十七条　通信设施报废后，向收购生产性废旧金属企业销售的，应当出具书面证明。废旧蓄电池应当按照国家有关规定，送交具有蓄电池处置资质的单位处置。

收购废旧通信设施的单位，应当遵守国家有关废旧金属收购、再生资源回收的规定，如实登记出售者基本信息和废旧通信设施的来源、规格、数量等情况。登记记录保存期限不得少于两年。对无合法来源证明的，应当立即向所在地公安机关报告。

## 第四章　法律责任

第二十八条　违反本条例规定，建设单位未将配套设置的通信设施随主体建设项目同时施工或者验收的，由县级以上人民政府住房和城乡建设主管部门依法责令改正，根据情节轻重，并处该项目中通信设施建设工程合同价款百分之二以上百分之四以下的罚款，造成损失的依法承担赔偿责任。

第二十九条　违反本条例规定，电信业务经营者有下列行为之一的，由省通信管理部门责令改正，根据情节轻重，并处十万元以上三十万元以下罚款：

（一）将未经验收或者验收不合格的通信设施接入公用电信网的；

（二）采用不正当竞争手段阻碍其他电信业务经营者提供公共电信服务的。

第三十条　违反本条例规定，建设单位未按国家强制性标准建设配套通信设施的，由省通信管理部门责令限期改正，逾期不改正的，根据情节轻重，处二十万元以上三十万元以下罚款。

第三十一条　违反本条例规定，商住楼、办公楼、住宅区等建筑的开发人、所有权人或者管理人拒绝为电信业务经营者提供平等接入和使用条件或者妨碍用户自主选择电信业务经营者的，由省通信管理部门责令停止违法行为，限期改正；逾期不改正的，根据情节轻重，处一万元以上五万元以下罚款。

第三十二条　违反本条例规定，损坏通信设施，危害通信设施安全，阻断通信，阻碍通信设施建设或者维护活动的，依法承担相应的赔偿责任。尚不构成犯罪的，由公安等行政管理部门依法处理；构成犯罪的，依法追究刑事责任。

第三十三条　违反本条例规定，省通信管理部门及其他有关行政管理部门的工作人员在通信设施建设与保护过程中，玩忽职守、滥用职权、徇私舞弊，尚不构成犯罪的，依法给予行政处分；构成犯罪的，依法追究刑事责任。

## 第五章　附　　则

第三十四条　本条例下列用语的含义：

（一）通信设备，是指基站、中继站、微波站、地球站、直放站、室内分布系统、无线局域网（WLAN）系统、有线接入设备、公用电话终端等；

（二）通信线路，是指通信光（电）缆、供电电缆等，交接箱、分（配）线盒等，管道、槽道、人井（手孔），电杆、拉线、吊线、挂钩等支撑加固和保护装置，标石、标志标牌、井盖等附属配套设施；

（三）配套设备，是指通信铁塔、收发信天（馈）线，公用电话亭，用于维系通信设备正常运转的通信机房、空调、蓄电池、开关电源、不间断电源（UPS）、太阳能电池板、油机、变压器、接地铜排、消防设备、安防设备、动力环境设备等附属配套设施。

第三十五条　本条例自2016年12月1日起施行。

# 山西省永久性生态公益林保护条例

（2016年12月8日山西省第十二届人民代表大会常务委员会第三十二次会议通过）

## 第一章　总　　则

第一条　为了保护永久性生态公益林，改善生态环境，促进经济社会可持续发展，根据《中华人民共和国森林法》等有关法律、行政法规的规定，结合本省实际，制定本条例。

第二条　本条例所称永久性生态公益林，是指生态区位重要或者生态状况脆弱，对国土生态安全、人类生存、生物多样性保护和经济社会可持续发展具有特殊重要作用，以发挥森林生态服务功能为主要目的，依法划定需要长期保护的重点防护林和特种用途林。

永久性生态公益林由国家级公益林和省级公益林组成。

第三条　在本省行政区域内从事永久性生态公益林的规划划定、保护补偿、培育利用和监督管理等活动，适用本条例。

第四条　永久性生态公益林保护应当遵循政府主导、统一管理、严格保护的原则。

第五条　永久性生态公益林保护工作由县级以上人民政府统一组织实施。

县级以上人民政府应当将永久性生态公益林保护纳入国民经济和社会发展规划，统筹协调永久性生态公益林保护工作中的重大事项。

第六条　省人民政府林业主管部门负责全省永久性生态公益林保护的规划、管理、监督工作。

省人民政府林业主管部门所属的永久性生态公益林管理机构、设区的市人民政府林业主管部门，负责所辖区域内永久性生态公益林保护的业务指导和监督管理的具体工作。

县级人民政府林业主管部门和省、设区的市直属国有林管理机构，负责所辖区域内永久性生态公益林保护、培育、利用等实施工作。

县级以上人民政府其他有关部门按照各自职责负责永久性生态公益林保护的相关工作。

第七条　任何单位和个人不得破坏永久性生态公益林，并有权举报、制止破坏永久性生态公益林的违法行为。

第八条　县级以上人民政府应当对在永久性生态公益林保护工作中做出显著成绩的单位或者个人给予表彰。

## 第二章　规划和划定

第九条　省人民政府根据生态建设和经济社会发展需要，确定永久性生态公益林的规模和布局。

省人民政府林业主管部门根据永久性生态公益林的规模和布局，编制全省永久性生态公益林保护总体规划，报省人民政府批准后公布实施。

第十条　永久性生态公益林应当在下列林地范围内按照先后顺序划定，不得重复交叉：

（一）汾河、桑干河、滹沱河、浊漳河、沁河以及流域面积大于一千平方公里的河流源头、河道管理范围外两岸的林地；

（二）中型以上水库周围、主要岩溶泉重点保护区域的林地；

（三）荒漠化、沙化和水土流失严重地区集中连片的林地；

（四）省级以上森林、湿地和陆生野生动物自然保护区以及列入世界遗产保护范围的林地；

（五）省级以上森林公园、湿地公园、沙漠公园的林地；

（六）省、设区的市、县属国有林场范围内的生态公益林地；

（七）其他集中连片的天然林地。

第十一条　永久性生态公益林的划定应当依据全省永久性生态公益林保护总体规划，坚持生态优先、统一规划、国有为主、集中连片的原则，与土地利用总体规划等其他相关规划相衔接。

第十二条　在本条例第十条规定的林地范围内，集体所有的森林、林木和林地，个人所有的林木和使用的林地，拟划为永久性生态公益林的，在坚持生态优先的前提下，依法保护林权权利人的合法利益，经征得林权权利人的同意后，由县级人民政府林业主管部门与其签订协议，协议应当包括管护、经营、收益分配等内容。

第十三条　设区的市、县级人民政府和省直属国有林管理机构，按照国家级公益林和省级公益林区划界定的技术规定，提出永久性生态公益林划定意见，报省人民政府林业主管部门批准。

第十四条　依法划定的永久性生态公益林，由县级以上人民政府予以公告。

## 第三章　保护和补偿

第十五条　依法划定的永久性生态公益林，由县级以上人民政府设立界桩和标牌，严格用途管制，保持面积长期稳定。

第十六条　县级人民政府林业主管部门和省、设区的市直属国有林管理机构，应当依据全省永久性生态公益林保护总体规划和批准的划定意见，编制永久性生态公益林保护实施方案，报省人民政府林业主管部门批准后实施。

经批准的永久性生态公益林保护实施方案，任何单位和个人不得擅自变更，确需变更的，应当经原批准机关批准。

第十七条　任何单位和个人不得改变永久性生态公益林用途或者占用永久性生态公益林地，下列情形除外：

（一）国家重点建设项目和省重点基础设施建设项目选址无法避让，确需占用永久性生态公益林地的，应当依照有关法律法规规定办理林地使用手续；

（二）符合省级以上自然保护区、森林公园、湿地公园、沙漠公园总体规划的建设项目和保护永久性生态公益林的工程设施，依照有关法律法规的规定办理林地使用手续；

（三）其他法律法规规定确需占用永久性生态公益林地的，依法办理林地使用手续。

第十八条　因批准征收、征用、占用林地而减少的永久性生态公益林地面积，应当按照占一补一的原则和划定程序进行调整补充，保证质量。

第十九条　在永久性生态公益林范围内禁止下列行为：

（一）商业性采伐；

（二）采脂、割漆、剥树皮、掘根；

（三）开垦、采土、采石、采砂；

（四）新建公共墓地、露天采矿；

（五）破坏或者擅自移动永久性生态公益林保护设施和界桩、标牌；

（六）其他破坏永久性生态公益林的行为。

第二十条　国家所有的永久性生态公益林，由国有林经营管理单位实行统一保护管理。

划定为永久性生态公益林的集体所有的森林、林木和林地，个人所有的林木和使用的林地，由县级人民政府林业主管部门统一保护管理。

与国有林插花及毗邻的划定为永久性生态公益林的集体所有的森林、林木和林地，个人所有的林木和使用的林地，由县级人民政府组织，通过流转或者委托的形式由就近的国有林经营管理单位统一保护管理。

第二十一条　县级人民政府林业主管部门和国有林经营管理单位应当建立永久性生态公益林管护体系，完善管护制度，划分管护责任区，落实保护措施，建设管护站点，配备必要的交通、通信等工具，采取聘用管护人员或者专业管护组织等方式进行管护。

聘用管护人员，同等条件下当地贫困人口、林权权利人优先。

第二十二条　县级以上人民政府林业主管部门和国有林经营管理单位应当按照国家和省有关规定，将永久性生态公益林纳入森林保险的范围。

第二十三条　集体所有的森林、林木和林地，个人所有的林木和使用的林地，划定为永久性生态公益林的，所有权、承包权不变，林权权利人有权获得经济补偿。

第二十四条　省人民政府应当加大永久性生态公益林保护投入力度，建立与经济社会发展相适应的资金动态投入机制。

第二十五条　永久性生态公益林保护资金包括：

（一）国家级公益林森林生态效益补偿资金；

（二）国家天然林保护工程森林管护资金；

（三）省级公益林森林生态效益补偿资金；

（四）其他保护补偿资金。

永久性生态公益林保护资金主要用于经济补偿、管护劳务、小型设施设备、监督检查和评价监测等方面的支出，具体办法由省人民政府制定。

第二十六条　设区的市人民政府、县级人民政府设立的森林生态效益补偿资金，可以配套用于永久性生态公益林的保护。

第二十七条　鼓励社会组织和个人以捐助、捐资等形式参与永久性生态公益林的保护。

## 第四章　培育和利用

第二十八条　县级人民政府林业主管部门和国有林经营管理单位应当根据永久性生态公益林保护实施方案、森林经营方案以及相关专业规划，遵循森林自然演替规律，充分利用自然力，辅以人工措施，对永久性生态公益林进行修复和培育。

第二十九条　在永久性生态公益林范围内，除法律法规规定禁止开展生产经营活动的区域外，对下列森林、林木、林地采取措施进行修复、培育：

（一）疏林地、宜林地、迹地，采取封山育林、人工促进天然更新或者人工造林等修复措施，增加森林植被；

（二）密度较大、林木竞争激烈、生长发育显著不良的永久性生态公益林，采取抚育采伐等措施，提高森林质量；

（三）灌木林和生态防护功能低下的低效林、退化林、残次林、疏林，采取综合改造和补植改造等措施，增强防护功能；

（四）成过熟林，采取择伐、渐伐的更新措施，促进天然更新。

第三十条　修复、培育永久性生态公益林，应当编制作业设计，按照规定程序审批后实施。涉及林木采伐的应当执行森林采伐限额管理规定，依法办理林木采伐许可证。

第三十一条　因自然或者人为因素，致使永久性生态公益林受到毁坏的，县级人民政府林业主管部门和国有林经营管理单位应当尽快采取补救措施，恢复森林植被。

第三十二条　在永久性生态公益林范围内，除法律法规禁止开发的区域外，在不改变林地用途、不破坏森林生态系统功能的前提下，经县级人民政府林业主管部门或者省、设区的市直属国有林管理机构同意，可以适度开展林下种植、养殖、森林游憩等非木质资源开发利用。

## 第五章　监督和管理

第三十三条　永久性生态公益林保护工作实行政府目标责任管理，纳入政府年度目标责任考核内容。

第三十四条　县级以上人民政府应当组织开展永久性生态公益林保护年度检查，由林业主管部门具体实施。

检查内容包括永久性生态公益林保护制度的建立和落实、修复和培育、资源动态变化、保护效果以及资金使用等情况。

检查结果作为对下一级人民政府永久性生态公益林保护工作年度目标责任考核评价的依据。

第三十五条　省人民政府林业主管部门建立永久性生态公益林保护效益监测体系，组织开展下列工作：

（一）监测永久性生态公益林涵养水源、保育土壤、固碳释氧、积累营养物质、净化大气环境、生物多样性保护等情况；

（二）调查永久性生态公益林面积、地类和森林质量等变化情况；

（三）评估永久性生态公益林保护实施方案执行情况；

（四）发布监测结果。

第三十六条　县级以上人民政府林业主管部门应当建立健全永久性生态公益林数据库和管理档案。

第三十七条　县级以上人民政府林业主管部门应当优先在永久性生态公益林范围内安排实施封山育林、人工造林、森林抚育等项目，建设森林管护站、瞭望台和防火、避雷等设施。

县级以上人民政府其他相关部门应当优先在永久性生态公益林范围内安排实施直接为永久性生态公益林保护服务的林区道路、通讯、供水、供电等基础设施项目。

## 第六章　法律责任

第三十八条　违反本条例规定，有下列行为之一的，由上一级人民政府林业主管部门责令纠正，依法对直接负责的主管人员和其他责任人员给予处分：

（一）弄虚作假改变永久性生态公益林范围的；

（二）擅自变更永久性生态公益林保护实施方案的；

（三）商业性采伐永久性生态公益林的；

（四）过度开展非木质资源开发利用的；

（五）永久性生态公益林保护管理工作中的其他失职渎职行为。

第三十九条　违反本条例规定，擅自占用永久性生态公益林地，改变林地用途，由县级以上人民政府林业主管部门责令停止违法行为，限期恢复原状，并处非法占用林地每平方米三十元的罚款。

第四十条 违反本条例规定，在永久性生态公益林范围内进行采脂、割漆、剥树皮、掘根等活动的，由县级以上人民政府林业主管部门责令停止违法行为；森林、林木受到毁坏的，处以毁坏林木价值五倍的罚款。

第四十一条 违反本条例规定，在永久性生态公益林范围内进行开垦、采土、采石、采砂等活动的，由县级以上人民政府林业主管部门责令停止违法行为，限期恢复原状；森林、林木受到毁坏的，责令依法赔偿损失，补种毁坏株数三倍的树木，并处以毁坏林木价值五倍的罚款。

第四十二条 违反本条例规定，新建公共墓地、露天采矿的，由县级以上人民政府林业主管部门责令停止违法行为，没收违法所得；致使永久性生态公益林受到毁坏的，责令恢复原状、赔偿损失，并处以占用林地森林植被恢复费征收标准一倍以上二倍以下的罚款。

第四十三条 违反本条例规定，破坏或者擅自移动永久性生态公益林保护设施和界桩、标牌的，由县级以上人民政府林业主管部门责令限期恢复原状；逾期不恢复原状的，由县级以上人民政府林业主管部门代为恢复，所需费用由违法者支付；破坏造成损失的，责令赔偿损失。

## 第七章 附 则

第四十四条 本条例自2017年3月1日起施行。

# 山西省安全生产条例

(2007年12月20日山西省第十届人民代表大会常务委员会第三十四次会议通过 根据2016年1月20日山西省第十二届人民代表大会常务委员会第二十四次会议《关于修改〈山西省安全生产条例〉和〈山西省煤炭管理条例〉的决定》修正 2016年12月8日山西省第十二届人民代表大会常务委员会第三十二次会议修订)

## 第一章 总 则

第一条 为了加强安全生产工作，保障人民群众生命和财产安全，根据《中华人民共和国安全生产法》等有关法律、行政法规，结合本省实际，制定本条例。

第二条 本省行政区域内从事生产经营活动单位的安全生产适用本条例。法律、法规另有规定的，从其规定。

第三条 生产经营单位依法履行安全生产主体责任，其主要负责人是本单位安全生产工作的第一责任人，对安全生产工作全面负责；分管安全生产的负责人具体负责本单位安全生产管理工作；其他负责人履行相应的安全生产管理工作职责。

第四条 县级以上人民政府应当加强对安全生产工作的领导，制定安全生产规划，将其纳入国民经济和社会发展规划，并组织实施。

各级人民政府主要负责人是本行政区域安全生产工作第一责任人，对本行政区域安全生产工作负全面领导责任；其他负责人对分管范围内的安全生产工作负相关领导责任。

第五条 各级人民政府以及街道办事处、开发区管理机构等人民政府的派出机关应当建立健全安全生产工作协调机制，设立安全生产委员会，主要负责人担任安全生产委员会主任，其他负责人担任安全生产委员会副主任。

第六条 县级以上人民政府安全生产监督管理部门对安全生产工作实施综合监督管理，并承担同级人民政府安全生产委员会办公室职责。

县级以上人民政府有关部门在各自的职责范围内对有关行业、领域的安全生产工作实施监督管理。

安全生产监督管理部门和对有关行业、领域的安全生产工作实施监督管理的部门，统称负有安全生产监督管理职责的部门。

第七条 乡、镇人民政府以及街道办事处、开发区管理机构等人民政府的派出机关应当按照职责，加强对本行政区域内生产经营单位安全生产状况的监督检查，协助上级人民政府有关部门依法履行安全生产监督管理职责；发现事故隐患或者违法行为的，督促其改正并向有关部门报告，负有安全生产监督管理职责的部门应当及时予以处理。

第八条 县级以上人民政府应当加大安全生产基础设施的资金投入，支持安全生产先进技术的研究、推广和应用，鼓励企业开展安全生产技术创新。

第九条 从事安全生产技术服务的机构应当依法从事安全生产技术、管理服务，并对服务结果依法承担责任。

负有安全生产监督管理职责的部门应当加强对安全生产技术服务机构的监督管理。

第十条 各级人民政府及其有关部门应当加强安

全生产法律、法规和安全生产知识的宣传教育，推动安全文化建设，开展事故警示教育活动，增强全社会的安全意识。

广播、电视、报刊、互联网等媒体应当开展安全生产公益性宣传教育，报道安全生产情况，对安全生产工作进行舆论监督。

教育行政主管部门应当将安全教育纳入教学计划，大、中、小学校应当定期开展安全教育和应急演练，普及安全知识。

第十一条　各级人民政府及其有关部门、生产经营单位应当对在改善安全生产条件、推进安全文化建设、防止生产安全事故、参加抢险救援、安全生产科学技术研究和推广应用、安全生产监督管理等方面取得显著成绩的单位和个人，给予表彰和奖励。

对报告重大事故隐患或者举报安全生产违法行为的有功人员，应当给予保护和奖励。

## 第二章　生产经营单位的安全生产保障

### 第一节　一般规定

第十二条　开展生产经营活动的单位应当具备下列安全生产条件：

（一）依法取得相应证照；

（二）具有保障安全生产的规章制度和操作规程；

（三）依法设置安全生产管理机构或者配备安全生产管理人员；

（四）主要负责人和安全生产管理人员具备与所从事的生产经营活动相适应的安全生产知识和管理能力；

（五）矿山、金属冶炼、建筑施工、道路运输和危险物品的生产、经营、储存单位主要负责人和安全生产管理人员应当经考核合格；

（六）特种作业人员按照国家有关规定取得相应资格；

（七）从业人员经安全生产教育和培训合格；

（八）生产经营场所和设备、设施以及生产工艺符合安全生产法律、法规的规定和国家标准或者行业标准；

（九）为从业人员配备符合国家标准或者行业标准的劳动防护用品；

（十）对从事有职业危害的从业人员每年至少进行一次职业健康检查；

（十一）法律、法规和国家标准、行业标准规定的其他安全生产条件。

第十三条　生产经营单位应当建立下列有关安全生产管理制度：

（一）安全生产委员会制度；

（二）安全生产费用提取、使用和管理制度；

（三）安全生产例会制度；

（四）安全生产宣传、教育、培训制度；

（五）安全生产检查和事故隐患排查治理制度；

（六）重大危险源管理制度；

（七）危险作业管理制度；

（八）安全设施、设备管理制度；

（九）职业病防治制度；

（十）劳动防护用品管理制度；

（十一）应急管理和事故报告、调查处理制度；

（十二）安全生产考核、奖惩制度；

（十三）其他保障安全生产的制度。

第十四条　生产经营单位应当建立安全生产责任制，加强对安全生产责任制落实情况的监督考核，考核结果与安全生产奖惩措施挂钩，并在本单位公示。

国有及国有控股生产经营单位的安全生产责任制考核结果，由履行出资人职责的机构纳入生产经营单位负责人的经营业绩考核管理，并与奖惩措施挂钩。

第十五条　生产经营单位的主要负责人应当每年向职工代表大会或者职工大会报告本单位的安全生产工作以及个人安全生产履职情况，并接受从业人员的监督。

第十六条　生产经营单位的主要负责人、管理人员应当履行安全生产职责，不得有下列行为：

（一）指挥、强令或者放任从业人员违章、冒险作业；

（二）超过核定的生产能力、生产强度或者生产定员组织生产；

（三）违反操作规程、生产工艺、技术标准或者安全管理规定组织作业。

第十七条　生产经营单位应当在醒目位置设置公告栏，公布本单位安全生产风险提示、安全防范措施、事故应急预案等主要内容；在存在安全生产风险的场所设置明显的安全警示标识；向从业人员发放告知卡，详细标明作业场所和工作岗位存在的危险有害因素、事故预防以及应急措施、报告电话等内容。

第十八条　矿山、金属冶炼、建筑施工、道路运输和危险物品的生产、经营、储存单位从业人员超过一百人的，应当设置安全生产管理机构，配备不少于从业人员百分之一的专职安全生产管理人员，但不得少于两名专职安全生产管理人员；从业人员在一百人以下的，可以不设置安全生产管理机构，但应当至少配备一名专职安全生产管理人员。

第十九条　矿山、金属冶炼、建筑施工、道路运输和危险物品的生产、经营、储存单位应当按照安全生产管理人员相应比例配备或者聘请注册安全工程师。

第二十条　矿山、金属冶炼建设项目和用于生产、储存、装卸危险物品的建设项目的安全评价以及安全设施设计及其审查按照国家有关规定执行。

第二十一条　矿山、金属冶炼建设项目和用于生产、储存、装卸危险物品的建设项目竣工投入生产或者使用前，建设单位应当委托具有相应资质的安全技术服务机构对安全设施进行验收评价，编制建设项目安全验收评价报告。

安全设施竣工验收工作由建设单位组织。验收组应当由项目建设单位和设计、施工、监理、评价单位项目负责人以及具有相应专业资格的专家组成，按照法律、法规、规章和国家标准、行业标准的规定组织验收。专家可以从设区的市级以上人民政府负有安全生产监督管理职责的部门建立的专家库中聘请，组成专家组。

专家组应当出具安全设施竣工验收意见，建设单位应当出具安全设施竣工验收报告，验收人员应当签字确认，建设单位和验收人员应当对安全设施竣工验收结果负责。验收不合格的建设项目，不得投入生产或者使用。

建设单位应当自安全设施竣工验收合格之日起十五日内，将安全设施竣工验收报告等相关资料报送建设项目安全设施设计审查部门。审查部门应当加强对建设单位验收活动和验收结果的监督核查。

第二十二条　生产经营单位应当对重大危险源登记建档，并采取下列安全措施：

（一）定期对重大危险源的有关装置、设施、设备和场所开展风险辨识和安全评估，并记录在案；

（二）在重大危险源现场建立监控系统，设置明显的安全警示标志，载明重大危险源危险物质种类、数量、危险危害特性，标明紧急情况下的应急处置办法；

（三）将重大危险源可能发生事故的危害后果、应急措施等信息，向受影响的单位、区域以及人员进行公告；

（四）制定重大危险源专项应急预案和现场处置方案，每年至少进行一次应急演练，每半年至少进行一次现场处置演练。

生产经营单位应当将重大危险源数据、评估报告等资料报负有安全生产监督管理职责的部门备案。

第二十三条　生产经营单位应当加强安全生产风险管控，及时排查治理事故隐患，如实记录排查、治理、评估、验收等内容。

重大事故隐患排除前或者排除过程中无法保证安全的，应当从危险区域内撤出人员，暂时停产停业或者停止使用相关设施、设备。

重大事故隐患的治理方案和验收结果应当及时在本单位公示，并报告负有安全生产监督管理职责的部门。

第二十四条　矿山、金属冶炼、建筑施工、危险物品的生产、经营、储存单位有关负责人应当现场带班，巡查关键环节、重点部位，掌握现场安全生产情况，及时发现和处置事故隐患，发现直接危及人身安全的紧急情况时，应当立即组织人员撤离现场。

地下矿山带班负责人应当与当班作业人员同时下井、同时升井。

第二十五条　生产经营单位进行国家和行业部门认定的危险作业，应当执行危险作业管理制度，开展危害识别和风险评估，制定现场应急处置方案，按照操作规程和作业方案作业，安排专人负责现场安全管理。

第二十六条　生产经营单位的生产区域、生活区域、储存区域之间的安全距离以及周边安全防护距离，应当符合国家标准或者行业标准。

油气长输管道、水库、尾矿库和危险物品生产、储存场所与公共设施、居住区等人员密集场所以及重要工业设施、重点保护区域的安全防护距离，应当符合国家有关规定。

居民区（楼）、学校、医院、集贸市场以及其他人员密集场所的安全距离内，具有审批职能的部门不得批准设置油气长输管道、水库、尾矿库和危险物品生产、储存场所；违法批准设置的，原批准机关或者其上一级机关应当依法撤销批准，限期迁出。

油气长输管道、水库、尾矿库和危险物品生产、储存场所安全防护距离内，不得建设居民区（楼）、学校、医院、集贸市场以及其他人员密集场所；已经建成的，县级以上人民政府应当采取措施，消除危害。

第二十七条　矿山、金属冶炼、建筑施工、道路运输和危险物品的生产、经营、储存单位应当开展安全生产标准化建设。鼓励其他生产经营单位开展安全生产标准化建设。

第二十八条　鼓励生产经营单位投保安全生产责任保险，具体办法由省人民政府负有安全生产监督管理职责的部门会同保险监督管理机构制定，报省人民政府批准后实施。

## 第二节　特别规定

第二十九条　煤矿办矿主体应当加强对所属煤矿的安全管理，安全管理层级不得超过三级。

煤矿应当达到安全生产标准化二级及以上等级标准。

第三十条　煤矿的发包、承包应当符合法律、法规的规定。禁止生产煤矿将井下采掘工作面或者井巷维修作业作为独立工程承包给其他生产经营单位或者个人。

承揽煤矿建设项目的施工单位应当具备建筑业企业资质，并符合国家有关标准。禁止转包、违法承包项目或者出借资质。

第三十一条　煤矿应当加强建设、生产期间的地质勘查，采用综合勘查技术查明井(矿)田范围内的瓦斯、水、火、采空区塌陷等致灾因素，并采取相应的防范措施。

第三十二条　天然气(煤层气)勘探、开采、输送生产经营单位，应当加强勘探、开采、输送的安全生产管理，其重要设施和危险场所应当有安全防范措施和警示标志，并配备防雷、防爆、防静电装置。

第三十三条　金属、非金属矿山生产建设规模和服务年限应当符合国家和省有关规定。禁止新建低于国家或者省规定标准的矿山。

第三十四条　尾矿库建设项目选址应当符合安全要求。建设尾矿库应当办理土地使用审批手续。

禁止在居民区和重要工业设施上游直接威胁范围内新建山谷型、傍山型尾矿库。

鼓励尾矿干排和尾矿综合利用。

第三十五条　危险化学品生产、储存实行统筹规划、合理布局。县级以上人民政府编制城乡规划时，根据实际需要规划设立危险化学品生产、储存的园区或者化工集中区。

新建危险化学品生产、储存项目应当进入化工园区或者化工集中区。

第三十六条　涉及重点监管危险化工工艺、危险化学品的装置应当装设自动化控制系统；涉及危险化工工艺的大型化工装置应当装设紧急停车系统；涉及易燃易爆、有毒有害气体化学品的场所应当装设易燃易爆、有毒有害介质泄漏报警等安全设施，并保持正常运行。

第三十七条　危险化学品使用单位应当建立健全危险化学品采购、储存、使用、处置等环节的安全管理规章制度和操作规程，其使用条件应当符合法律、法规和国家标准、行业标准的要求。

有关部门应当加强本行业、领域危险化学品使用的安全管理。

第三十八条　从事道路运输的生产经营单位，应当加强对驾驶人员的安全教育和培训，严禁超载、超限、超速、人货混载、酒后驾驶、疲劳驾驶等违法违章行为，并对车辆进行定期维护、日常检查，确保运营安全。

严禁使用非法改装、报废、安全设施不全等存在事故隐患的车辆从事道路运输。

第三十九条　通过道路运输托运危险货物，托运人应当履行下列义务：

(一)查验和登记承运人、承运车辆资质等有关凭证；

(二)向承运人说明危险货物的品名、数量、危害以及应急措施等情况；

(三)依法办理有关凭证运输手续；

(四)对托运的危险货物和承运人等相关信息予以记录并保存一年以上。

第四十条　危险货物道路运输有下列情形之一的，承运人不得承运：

(一)凭证运输货物相关手续不齐全或者法律、法规限运的；

(二)危险货物运输车辆无资质或者驾驶人员、押运人员无从业资格的；

(三)运输车辆或者罐体检测不合格的；

(四)液体危险货物罐车未按规定安装紧急切断阀的；

(五)安全告示、警示标志不符合标准要求的；

(六)未明确标示载运货物名称的；

(七)未随车携带道路运输危险货物安全卡的；

(八)车辆超载的；

(九)法律、法规禁止道路运输的。

第四十一条　危险货物运输车辆应当配备符合国家规定的运输装置、防护用品和应急救援器材，悬挂安全标识牌，设置明显的警示标志。按照安全操作规程装卸危险货物，采取防止危险物品燃烧、爆炸、辐射、泄漏的措施。

第四十二条　道路旅游客运、包车客运、三类以上班线客运生产经营单位、道路危险货物运输生产经营单位和拥有五十辆以上重型载货汽车或者牵引车的道路运输生产经营单位，应当按照国家标准建设道路运输车辆动态监控平台，或者使用符合条件的社会化卫星定位系统监控平台，对所属道路运输车辆和驾驶员运行过程进行实时监控和管理。公安机关交通管理部门、安全生产监督管理部门根据需要可以通过道路运输车辆动态信息公共服务平台，随时或者定期调取系统数据。监控数据应当保存六个月以上。

第四十三条　钢水、铁水等高温熔融金属吊运作业应当使用冶金铸造起重机和标准吊具，吊运线路以及附近区域不得有积水，正上方不得存在滴、漏水隐患。

在高温熔融金属的吊运影响范围内，禁止设置会议室、活动室、休息室、更衣室等场所。

第四十四条　金属冶炼生产经营单位在燃气区域进行作业，应当加强安全管理；有人值守的岗位、燃气容易泄漏的关键部位等场所，应当按照标准设置固定式可燃气体检测报警装置，配备呼吸防护用品，燃气浓度超标时不得作业。

生产、供应、使用煤气的金属冶炼生产经营单位应当按规定设立煤气防护站或者防护组，配备相应的人员、救援设施以及特种作业器具。

第四十五条　金属冶炼生产经营单位燃气系统应当按照有关规定设置可靠切断装置，禁止在未可靠切断燃气气源、未进行燃气浓度检测或者检测不合格、无可靠措施的情况下进行检修作业。

燃气管道吹扫和置换，应当按照要求使用蒸气、氮气或者合格烟气，禁止采取自然放散或者用空气直接置换燃气。

第四十六条　涉及液氨制冷的冷库以及制冷系统应当由具备冷库工程设计、压力管道设计资质的设计单位设计。

禁止液氨管线通过办公、休息和居住的建筑物；液氨制冷机房贮氨器等重要部位应当安装氨气浓度检测报警仪器，并与排风机自动开启联锁。包装间、分割间、产品整理间等人员较多的生产场所的空调系统禁止采用液氨直接蒸发制冷系统，快速冻结装备应当设置在单独的作业间内，作业人员按规定配置。

对构成重大危险源的冷库，应当登记建档、定期检测、评估、监控等。

第四十七条　可燃性粉尘作业场所应当按照国家标准、行业标准，安装通风除尘系统、泄爆装置，使用防爆设施设备，采取防雷、防静电等安全措施，定期清理粉尘，检测密闭空间、通风管道的粉尘浓度。铝镁等金属制品加工生产单位应当根据粉尘的特性配备粉尘生产、收集、贮存的防水防潮设施，防止粉尘遇湿自燃。

禁止在可燃性粉尘作业场所违规使用明火和违规作业。

第四十八条　车站、机场、餐饮、住宿、集贸、旅游景点、娱乐等人员密集场所的经营单位，应当遵守下列安全规定：

（一）不得擅自改变场所建筑的主体和承重结构；

（二）按照国家标准、行业标准配置安全设施、器材，定期进行检测、检验、维修，并记录存档。设置警示、疏散等安全标志，保持疏散通道、安全出口、消防车通道畅通。保证防火防烟分区、防火间距符合消防技术标准；

（三）制定安全措施和应急救援预案，配备应急救援人员，定期组织应急演练；

（四）从业人员应当履行岗位应急救援职责，熟练使用消防器材，熟知安全出口和疏散通道的位置；

（五）场所实际容纳的人员不得超过行业标准和设计限定的人数；

（六）播放安全告知、张贴安全须知或者悬挂安全警示标志；

（七）组织安全检查，及时消除安全事故隐患；

（八）法律、法规规定的其他安全事项。

## 第三章　从业人员的安全生产权利义务

第四十九条　生产经营单位应当保障从业人员的权利，从业人员享有下列权利：

（一）与生产经营单位依法签订劳动合同，合同中载明有关保障劳动安全、防止职业危害、办理工伤保险等事项；

（二）享有工作所需的符合国家标准或者行业标准的安全工作环境、设施和劳动防护用品；

（三）参加安全生产教育和培训，掌握工作岗位所必需的安全生产技能；

（四）了解作业场所、工作岗位存在的危险因素、防范措施以及事故应急措施；

（五）对本单位安全生产提出建议，对存在的问题提出意见、检举和控告；

（六）发现直接危及人身安全的紧急情况，停止作业或者采取可能的应急措施后撤离作业现场；

（七）因生产安全事故受到损害的，依法享有工伤保险。依照有关民事法律尚有获得赔偿权利的，有权提出赔偿要求；

（八）拒绝违章指挥或者强令冒险作业；

（九）法律、法规规定的其他权利。

第五十条　从业人员履行下列义务：

（一）遵守本单位的安全生产规章制度和操作规程，服从管理，正确佩戴和使用劳动防护用品；

（二）接受安全生产教育培训，参加应急演练，提高安全生产技能，增强事故预防和应急处置能力；

（三）发现事故隐患或者其他不安全因素，应当立即向现场管理人员或者本单位负责人报告；

（四）发生生产安全事故时，应当及时报告并按相关规定处置，紧急撤离时服从现场统一指挥；

（五）配合生产安全事故调查，如实提供有关情况；

（六）法律、法规规定的其他义务。

第五十一条　生产经营单位应当按照规定对从业人员进行安全生产教育和培训，不得安排未经安全生产培训合格的从业人员上岗作业；从业人员离岗一年以上或者换岗的，上岗前应当重新组织进行安全生产教育和培训；对劳务派遣人员和学校实习学生应当组织进行安全生产教育和培训。

生产经营单位应当建立从业人员安全生产教育和培训档案，如实记录安全生产教育和培训的时间、内容、参加人员以及考核结果等情况，记录保存期限不得少于三年。

第五十二条　生产经营单位对从业人员安全生产

教育和培训的主要内容包括：

（一）安全生产法律、法规和政策；

（二）从业人员在安全生产方面的权利和义务；

（三）安全生产规章制度和操作规程；

（四）安全设备、设施、劳动防护用品的使用、维护和保养；

（五）作业场所和工作岗位存在的危险有害因素以及应急救援、自救互救等防范措施；

（六）作业场所职业卫生防护知识；

（七）生产安全事故案例警示教育；

（八）其他需要培训的安全生产内容。

第五十三条　具备安全培训条件的生产经营单位，应当以自主培训为主；不具备安全生产培训条件的生产经营单位，应当委托具备安全培训条件的安全培训机构，对从业人员进行安全培训。

第五十四条　从业人员在作业前，应当进行岗位安全检查，检查时发现不安全因素或者事故隐患应当立即向现场安全生产管理人员或者本单位负责人报告；接到报告的人员应当及时予以处理。检查内容主要包括：

（一）设施、设备和安全防护装置的安全状态；

（二）所用工具符合安全标准和安全操作规定要求；

（三）作业场地和物品堆放符合安全规范；

（四）劳动防护用品和用具齐全完好；

（五）安全生产措施落实情况；

（六）其他需要检查的内容。

第五十五条　当班生产活动结束后，从业人员应当对本岗位负责的设备、设施、作业场地、安全防护设施、物品存放等进行安全检查，清理现场。从业人员在交接班时，应当做好生产设备、设施以及安全设施运行情况的确认工作。

## 第四章　安全生产的监督管理

第五十六条　县级以上人民政府应当加强安全生产监督管理执法队伍建设，保障安全生产工作经费并列入本级财政预算，配备执法监督管理人员和装备，实行统一标识。

第五十七条　县级以上人民政府应当履行下列职责：

（一）贯彻执行安全生产法律、法规和方针政策，研究制定安全生产政策措施；

（二）定期召开安全生产工作专题会议，研究解决安全生产中存在的重大问题；

（三）实行安全生产工作目标管理；

（四）组织开展安全生产专项整治，依法决定关闭不符合安全生产条件的生产经营单位；

（五）建立健全安全生产应急救援体系，健全安全生产应急指挥机构，制定完善生产安全事故应急预案，定期组织应急演练，领导和组织指挥事故应急救援工作；

（六）依法组织生产安全事故调查；

（七）法律、法规和上级人民政府规定的其他职责。

第五十八条　县级以上人民政府安全生产监督管理部门依法履行下列综合监督管理职责：

（一）分析安全生产形势，定期向本级人民政府报告安全生产工作，提出安全生产工作的意见和建议；

（二）指导、协调和监督同级有关部门、下级人民政府履行安全生产监督管理职责；

（三）组织实施本级人民政府对同级有关部门、下级人民政府的安全生产巡查和目标责任考核；

（四）组织事故调查，负责事故报告、统计分析和安全生产信息发布工作；

（五）法律、法规和上级以及同级人民政府规定的其他职责。

第五十九条　负有安全生产监督管理职责的部门依法履行下列职责：

（一）组织开展安全生产法律、法规和安全生产知识的宣传培训教育；

（二）研究制定安全生产政策措施，并负责组织实施；

（三）制定安全生产年度监督检查计划，开展安全生产监督检查，查处安全生产违法行为；

（四）建立安全风险评估制度和重大安全风险源头防控制度；

（五）建立健全重大事故隐患治理督办制度，督促生产经营单位消除重大事故隐患；

（六）法律、法规和上级以及同级人民政府规定的其他职责。

第六十条　负有安全生产监督管理职责的部门采取下列方式，加强安全生产工作：

（一）根据职责牵头建立安全生产联席会议制度，分析研究相关行业、领域安全生产情况，协调解决相关行业、领域安全生产工作中存在的重大问题；

（二）建立和完善安全生产信息平台，公开行政许可、监督检查、重大危险源监控、隐患排查治理、安全诚信、事故调查报告等安全生产事项；

（三）实行安全生产失信惩戒制度，建立安全生产违法行为信息库，如实记录生产经营单位违法信息，并向社会公告；

（四）建立安全生产专家库，制定专家管理办法，建立专家选聘、使用、考核、退出等机制。

第六十一条　安全生产监督管理实行分级、属地的原则。省级负有安全生产监督管理职责的其他部门应当会同省安全生产监督管理部门，制定分级属地安全生产监督管理办法，报省人民政府批准后实施。

第六十二条　县级以上人民政府应当根据所属乡镇、街道办事处、开发区生产经营单位数量、高危行业和劳动密集型生产经营单位分布、经济总量，确定安全生产工作监督管理机构，配备安全生产专职监督管理人员。

负有安全生产监督管理职责的部门可以委托符合《中华人民共和国行政处罚法》规定条件的乡镇人民政府和街道办事处的安全生产监督管理机构实施行政处罚。

第六十三条　居民委员会、村民委员会应当做好安全生产宣传、信息报送等工作，发现事故隐患或者违法行为，应当劝导其改正，并向所在地乡、镇人民政府或者街道办事处报告。

第六十四条　负有安全生产监督管理职责的部门可以采取政府购买服务的方式，委托行业协会、有资质的技术服务机构或者专家为安全生产提供技术支持。

第六十五条　县级以上人民政府及其有关部门应当依法维护生产经营单位的合法权益，不得因本行政区域内个别生产经营单位发生生产安全事故而影响其他合法生产经营单位的正常生产经营活动。

## 第五章　生产安全事故应急救援与调查处理

第六十六条　县级以上人民政府应当建立健全生产安全事故应急救援体系，完善应急救援机制，建立相应的应急救援队伍，保障应急救援工作经费和应急救援物资、装备的足额储备。

第六十七条　县级以上人民政府应当组织有关部门制定本行政区域内生产安全事故的应急救援预案。

生产经营单位应当制定本单位生产安全事故应急救援预案，与所在地县级以上人民政府的生产安全事故应急救援预案相衔接，并定期组织演练。

第六十八条　矿山、金属冶炼、城市轨道交通运营、建筑施工单位和危险物品的生产、经营、储存单位应当建立应急救援组织，配备必要的应急救援器材、设备和物资，并进行经常性维护、保养，保证正常运转。

生产经营规模较小的，可以不建立应急救援组织，但应当指定兼职的应急救援人员，也可以与专业应急救援机构签订应急救援服务协议。

第六十九条　重大事故、较大事故、一般事故，分别由省、设区的市、县级人民政府授权本级安全生产监督管理部门牵头组成事故调查组进行调查处理。对瞒报、谎报、迟报可以提高一个事故等级进行调查处理。事故调查报告由负责事故调查的人民政府做出批复。

因事故发生单位对事故情况瞒报、谎报、迟报或者破坏事故现场，导致事故原因和责任无法查明的，认定该单位负有事故责任。

法律、行政法规另有规定的，从其规定。

第七十条　县级以上人民政府安全生产监督管理部门应当定期统计、分析本行政区域内发生生产安全事故的情况，并及时向社会公布。其他负有安全生产监督管理职责的部门，应当每月对本行业、领域发生的生产安全事故情况进行统计、分析，并于每月五日前将上一个月的生产安全事故统计报表报送同级安全生产监督管理部门和本行业、领域的上一级管理部门。

县级以上安全生产监督管理部门应当于每月六日前将上一个月的生产安全事故统计报表报上一级安全生产监督管理部门。

第七十一条　事故应急救援、调查处理和伤亡赔偿的费用，由发生生产安全事故的生产经营单位承担，当地人民政府负责统筹协调，并督促及时支付所需费用。事故涉及两个以上生产经营单位的，由当地人民政府根据事故调查认定的责任划分各自承担的份额。

## 第六章　法律责任

第七十二条　违反本条例规定，法律、行政法规已规定具体法律责任的，从其规定。

第七十三条　违反本条例规定，生产经营单位不具备安全生产条件开展生产经营活动的，由负有安全生产监督管理职责的部门责令限期改正；情节严重的，依法责令停产停业整顿；经停产停业整顿仍不具备安全生产条件的，由负有安全生产监督管理职责的部门报县级以上人民政府依法决定关闭，有关部门应当依法吊销其有关证照。

第七十四条　违反本条例规定，生产经营单位未设置安全生产管理机构或者配备安全生产管理人员的，由负有安全生产监督管理职责的部门责令限期改正，可以处一万元以上五万元以下的罚款；逾期未改正的，责令停产停业整顿，并处五万元以上十万元以下的罚款，对其直接负责的主管人员和其他直接责任人员处一万元以上二万元以下的罚款。

第七十五条　违反本条例规定，生产经营单位未建立健全重大危险源管理制度，未采取安全措施的，由负有安全生产监督管理职责的部门责令限期改正，可以处一万元以上十万元以下的罚款；逾期未改正的，责令停产停业整顿，并处十万元以上二十万元以下的罚款，对其直接负责的主管人员和其他直接责任人员处二万元以上五万元以下的罚款；构成犯罪的，依法追究刑事责任。

第七十六条 违反本条例规定，生产经营单位未及时排查治理事故隐患并如实记录排查、治理、评估、验收等内容的，由负有安全生产监督管理职责的部门责令限期改正，可以处一万元以上五万元以下的罚款；逾期未改正的，责令停产停业整顿，并处五万元以上十万元以下的罚款，对其直接负责的主管人员和其他直接责任人员处一万元以上二万元以下的罚款。

第七十七条 违反本条例规定，矿山、金属冶炼、建筑施工、危险物品的生产、经营、储存单位未实行生产经营单位负责人带班制度的，由负有安全生产监督管理职责的部门依法查处。

第七十八条 生产经营单位进行国家和行业部门认定的危险作业，违反本条例规定的，由负有安全生产监督管理职责的部门责令限期改正，可以处一万元以上十万元以下的罚款；逾期未改正的，责令停产停业整顿，并处十万元以上二十万元以下的罚款，对其直接负责的主管人员和其他直接责任人员处二万元以上五万元以下的罚款。

第七十九条 负有安全生产监督管理职责的部门工作人员滥用职权、玩忽职守、徇私舞弊的，依法给予处分；构成犯罪的，依法追究刑事责任。

## 第七章 附　　则

第八十条 本条例自2017年3月1日起施行。

# 山西省环境保护条例

（1996年1月19日山西省第八届人民代表大会常务委员会第二十次会议通过 根据1997年7月30日山西省第八届人民代表大会常务委员会第二十九次会议《关于修改〈山西省环境保护条例〉的决定》修正 2016年12月8日山西省第十二届人民代表大会常务委员会第三十二次会议修订）

## 第一章 总　　则

第一条 为了保护和改善环境，防治污染和其他公害，保障公众健康，推进生态文明建设，促进经济社会可持续发展，根据《中华人民共和国环境保护法》及相关法律、行政法规的规定，结合本省实际，制定本条例。

第二条 环境保护坚持保护优先、预防为主、源头控制、综合治理、公众参与、损害担责的原则。

第三条 各级人民政府对本行政区域的环境质量负责。

县级以上人民政府环境保护主管部门对本行政区域的环境保护工作实施统一监督管理。

县级以上人民政府有关部门依法对资源保护和污染防治等环境保护工作实施监督管理。

第四条 县级以上人民政府应当将环境保护投入列入本级财政预算。逐步建立政府、企业、个人和其他社会组织共同参与的多元环境保护投融资机制，引导民间资本和社会资本参与生态环境保护。

各级人民政府、县级以上人民政府有关部门对国家和省规定用于环境保护的资金，应当予以落实并合理安排使用，不得截留或者挪用。

第五条 公民、法人和其他组织依法享有知悉环境信息、参与和监督环境保护的权利，有保护环境的义务，有权对污染环境和破坏生态的行为进行举报。举报属实的，有关部门应当奖励，并对举报人的个人信息予以保密。

对在环境保护工作中做出显著成绩的单位和个人，由各级人民政府按照有关规定给予表彰和奖励。

## 第二章 监督管理

第六条 省人民政府环境保护主管部门应当根据国家环境保护规划和本省国民经济和社会发展规划，会同有关部门编制省环境保护规划，报省人民政府批准并公布实施。

设区的市、县（市、区）人民政府环境保护主管部门应当根据上一级人民政府环境保护规划和本行政区域的环境状况，会同有关部门编制环境保护规划，报本级人民政府批准并公布实施。

环境保护规划的内容应当包括生态保护和污染防治的目标、任务、保障措施等，并与主体功能区规划、土地利用总体规划和城乡规划等相衔接。

第七条 省、设区的市人民政府及其有关部门组织编制工业、农业、城市建设、自然资源开发等专项规划，应当进行环境影响评价。

第八条 省人民政府可以制定严于国家环境质量标准和国家污染物排放标准的地方环境质量标准和地

方污染物排放标准；对环境问题突出的地区或者区域内产能饱和的行业，决定执行污染物特别排放限值。

第九条　省人民政府环境保护主管部门应当对国务院下达省人民政府的环境质量改善目标和污染物排放总量控制指标，按照设区的市、县（市、区）逐级分解落实，并制定本省环境质量改善目标和污染物排放总量控制计划，报省人民政府批准后组织实施。

省人民政府环境保护主管部门可以根据本行政区域污染物防治的需要，制定本省实施特征性污染物的总量控制计划，报省人民政府批准后组织实施。

设区的市、县（市、区）人民政府环境保护主管部门应当按照上一级人民政府环境质量改善目标和污染物排放总量控制计划的要求，制定本行政区域环境质量改善目标和污染物排放总量控制实施方案，报本级人民政府批准后组织实施，并报上一级人民政府环境保护主管部门备案。

污染物排放总量实行等量、减量置换，余量可以进行交易。

第十条　建设项目的环境影响报告书、报告表，由建设单位依法报有审批权的环境保护主管部门审批。

建设项目建设过程中，建设单位应当同时实施该项目环境影响评价文件及其审批意见中提出的环境保护对策措施。

实行排污许可管理的建设项目在投入生产或使用前，应当按照有关规定向县级以上人民政府环境保护主管部门申请取得排污许可证。

第十一条　建立健全环境监测制度。

省人民政府环境保护主管部门对全省环境监测工作实行统一监督管理，定期公布环境监测机构名录，会同有关部门完善省环境监测网络和环境监测数据库，健全环境监测预警机制。

县级以上人民政府环境保护主管部门所属环境监测机构应当组织开展环境质量监测、污染源监督监测、排污许可证管理监测、环境状况调查及评价监测、应急监测，为环境质量评价提供真实可靠的监测数据，组织实施环境质量预报。组织开展飞行监测及检查，开展环境监测科学技术研究。

各类环境监测机构应当按照环境监测标准与技术规范从事环境监测活动，接受环境保护主管部门的监督。不得伪造、篡改环境监测数据和环境监测报告。

第十二条　省、设区的市人民政府环境保护主管部门根据本行政区域的环境承载能力、重点污染物排放总量控制指标以及排污单位排放污染物的种类、数量和浓度等因素确定重点排污单位，并依法向社会公布。

重点排污单位应当按照国家有关规定和监测规范安装使用自动在线监控设备，不得擅自拆除、闲置、改变或者损毁。自动在线监控设备应当与环境保护主管部门的监控平台联网。

自动在线监控设备的运营单位应当保障自动在线监控设备的正常运行，保证自动在线监控数据的真实、可靠和有效，并保存原始监测记录，不得隐瞒、伪造、篡改自动在线监控数据。

第十三条　重点排污单位应当按照国家规定开展污染源及厂区周围环境质量的自行监测，保存原始监测记录，不具备自行监测能力的重点排污单位应当委托有资质的环境监测机构为其实施监测。

重点排污单位应当在国家和省环境保护主管部门规定的网站向社会如实公开主要污染物的名称、排放方式、排放浓度和总量、超标排放情况，以及防治污染设施的建设和运行情况，接受社会监督，并对公开信息的真实性、准确性和完整性负责。

第十四条　实行煤炭消费总量控制制度。

省能源主管部门会同有关部门制定能源结构调整规划，确定燃煤总量控制目标。设区的市人民政府应当按照燃煤总量控制目标，制定削减燃煤和清洁能源改造计划并组织实施。

第十五条　建立排污权有偿取得和交易制度，实行排污权的有偿取得和有偿转让。

省人民政府环境保护主管部门负责建立统一的交易平台，实施排污权有偿取得和交易的监督管理。市级人民政府环境保护主管部门对本区域排污权交易进行监督管理。

第十六条　建立排污单位环境信用评价制度。

县级以上人民政府环境保护主管部门每年对重点排污单位进行环境信用评价，并向社会公开评价结果。

县级以上人民政府环境保护主管部门应当会同发展改革、财政、商务、人民银行等部门建立联合奖惩机制，根据排污单位环境信用评价状况，在公共采购、评先创优、金融支持等方面予以支持或者限制。

第十七条　排污单位可以委托具有相应能力的第三方机构实施污染治理。委托方与受托方依法签订委托协议，明确双方权利和义务。

第十八条　排污单位在污染物排放达标后，进一步减少污染物排放的，县级以上人民政府应当予以财政、价格、政府采购等方面的鼓励和支持。

第十九条　县级以上人民政府环境保护主管部门应当定期公布本行政区域环境质量状况信息。

县级以上人民政府环境保护主管部门应当公布建设项目环境影响评价、排污许可、环境监测、行政处罚等信息。

第二十条　省、设区的市人民政府根据区域环境质量状况和环境污染防治工作需要，划定环境污染防治重点区域、流域，建立环境污染联合防治协调机制，实行统一规划、统一标准、统一监测、统一措施，明确环境质量改善目标、污染防治措施、重点行业及重点治理项目，组织相关人民政府实施联合防治。

实施联合防治的人民政府应当建立相关环境信息实时共享机制，制定共同实施的环境保护计划和措施，开展联合检查和执法活动，处理重大环境问题。

第二十一条　县级以上人民政府应当建立环境保护联席会议制度，由政府召集、有关部门参加，环境保护主管部门承担日常工作，研究和解决环境保护监督管理工作中的重大问题。

第二十二条　县级以上人民政府对下一级人民政府及本级人民政府负有环境保护责任的部门主要负责人的环境保护工作实绩进行年度考核。考核结果作为被考核人任职以及对其奖惩的依据。

各级人民政府应当每年向上一级人民政府报告环境保护工作目标、任务的完成情况；县级以上人民政府有关部门应当每年向本级人民政府报告环境保护工作目标、任务的完成情况；未完成的，应当做出说明，提出整改措施并负责落实。

各级人民政府应当将环境保护工作目标、任务的完成情况向社会公开，接受社会监督。

第二十三条　省、设区的市人民政府应当对下一级人民政府及其有关部门开展环境保护督察，对存在突出环境问题的地区，可以不定期开展专项督察。

第二十四条　设区的市、县(市、区)人民政府应当将本行政区域划分为若干环境监管网格，明确监管责任人，制定环境监管方案，建立环境监管档案，采取差别化监管措施。

省环境保护主管部门应当加强对市、县人民政府落实网格化环境监管措施的指导和监督。

第二十五条　乡(镇)人民政府应当采取措施，对本行政区域秸秆焚烧、垃圾和污水处理、畜禽养殖粪便处置实施监督管理。

街道办事处和基层群众性自治组织应当协助环境保护主管部门做好本辖区的环境保护工作。

## 第三章　防治污染和其他公害

第二十六条　对超过重点污染物、特征性污染物排放总量控制指标或者未完成国家和省确定的环境质量目标的地区，省人民政府环境保护主管部门应当暂停审批其新增重点污染物排放总量的建设项目环境影响评价文件。

对未完成环境保护工作目标和任务的地区，由省人民政府环境保护主管部门会同相关主管部门约谈其主要负责人，并向社会公开。

第二十七条　排污单位在执行国家和地方污染物排放标准的同时，应当遵守分解落实到本单位的重点污染物排放总量控制指标。

对超过污染物排放总量控制指标的排污单位，环境保护主管部门可以暂停审批其新增重点污染物排放总量的建设项目环境影响评价文件。

第二十八条　县级以上人民政府根据主体功能区规划、环境保护规划和本行政区域的资源环境承载能力，调整产业结构，合理规划产业布局，引导工业企业入驻工业园区。

工业园区应当配套污水处理、固体废物收集转运等防治污染的设施，并确保其正常运转。

新建煤化工、冶金、焦化等污染型项目应当按照规定入驻工业园区。

禁止引进高污染、高环境风险项目，淘汰严重污染环境的工艺和设备。

第二十九条　排污单位应当建立环境保护责任制度，明确责任人和环境保护岗位相关工作人员的责任，制定防治污染设施操作规程，建立环境保护管理台账。

第三十条　设区的市、县(市、区)人民政府应当组织制定区域供热规划，建设和完善供热系统，对工业园区和城市建成区的用热单位实行集中供热，并逐步扩大供热管网覆盖范围。

在燃气管网和集中供热管网覆盖范围内，禁止新建、扩建燃用煤炭、重油、渣油的设施，原有分散的燃煤锅炉应当限期拆除。对集中供热管网未覆盖地区原有锅炉，应当进行升级改造或者使用清洁燃料。

第三十一条　禁止焚烧沥青、油毡、橡胶、塑料、皮革、垃圾以及其他产生有毒有害烟尘和恶臭气体的物质。

在省人民政府划定的区域内，禁止露天焚烧秸秆、落叶等产生烟尘污染的物质。

第三十二条　产生含挥发性有机物废气的生产和服务活动，应当在密闭空间和设备中进行，并按照规定安装和使用污染防治设施，减少含挥发性有机物废气的产生。无法密闭的，应当采取措施减少废气排放。

第三十三条　省人民政府环境保护主管部门可以通过现场检查、抽样检测等方式，加强对新生产、销售机动车和非道路移动机械大气污染物排放状况的监督检查。

县级以上人民政府环境保护主管部门可以在机动车集中停放地、维修地，对在用机动车的大气污染物排放状况进行监督抽测；在不影响正常通行的情况下，可以通过遥感监测等技术手段，对在道路上行驶的机动车的大气污染物排放状况进行监督抽测，公安机关交通管理部门予以配合。

第三十四条　施工单位应当在施工现场设置独立的建筑垃圾收集场所，对施工现场出入口地面作硬化处理，设置清洗设施、设备，清洗出场车辆，防止污染环境。

运输建筑垃圾应当使用密闭式运输工具，按照有关部门规定的时间、路线运送到指定的消纳场地。

第三十五条　县级以上人民政府应当加强城市排水与排污管网建设，保障污水集中处理设施正常运行，提高污水收集处理率。

省人民政府应当每年公布设区的市、县（市、区）人民政府城市污水集中处理设施的建设、运营、达标排放情况，对按期完成城市污水集中处理设施建设并按照规定运营、达标排放的，予以鼓励和扶持。

对污水集中处理设施不正常运营，或者不能稳定达标排放的，省人民政府应当督促当地人民政府限期整改。

第三十六条　从事畜禽规模养殖的单位和个人应当按照规定收集、贮存、利用、处置畜禽粪便。未达到规模养殖的畜禽养殖单位和个人应当采取与其养殖规模相适应的防治污染措施，防止污染环境。

除法律、法规规定的禁止养殖区域外，县级以上人民政府有关主管部门应当根据当地环境承载能力和污染物排放总量控制等要求，划定畜禽禁止养殖区和限制养殖区，报同级人民政府批准后实施，并向社会公布。

第三十七条　本省实行跨设区的市、县（市、区）的地表水交界断面水质监测考核制度。

上级人民政府应当责令地表水交界断面水质不达标的设区的市、县（市、区）人民政府限期整改；有关人民政府应当采取有效措施削减水污染物排放量，使出界断面水质达标。

第三十八条　餐饮、洗浴、洗车等经营者不得直接向水体排放污水。

加油站、码头、装卸站、野外勘探点等布局分散、位置偏远的排污单位，应当将未处理的生活生产废水转运集中处理，不得直接排入地表水体。

第三十九条　医疗机构、学校、科研院所、企业等单位的实验室、检验室、化验室产生的有害废液应当按照国家有关规定单独收集，进行无害化处理，不得直接排入城市污水管网或者水体。

县级以上人民政府环境保护主管部门应当按照有关规定加强对实验室、检验室、化验室废液处理的监督管理。

第四十条　县级以上人民政府应当采取措施，组织排查、治理本行政区域内黑臭水体，向社会公布黑臭水体名称、治理责任人及达标期限。

第四十一条　进行地下勘探、采矿、工程降排水、地下空间的开发利用等可能干扰地下含水层的活动，应当采取防护性措施，防止地下水污染。

第四十二条　县级以上人民政府应当建立土壤分级分类分用管理制度、土壤监测调查及评估制度、污染风险管控制度和监督检查制度，有序开展土壤污染治理与修复，保障农产品安全和人居健康安全。

第四十三条　县级以上人民政府应当推进秸秆还田、增施有机肥、少耕免耕、粮豆轮作间作、农膜残留减量与回收利用等措施，确保农用地土壤安全。

县级以上人民政府应当开展灌溉水水质监测。灌溉用水应当符合农田灌溉水水质标准。禁止未经处理或者处理不达标的污水直接用于农田灌溉。

第四十四条　工业原址场地和其他被污染场地以及潜在污染场地，土地使用权人应当按照国家及省有关规定开展场地环境风险评估和修复；土地使用权人无法确定的，由所在地人民政府依法负责评估和治理修复。未经环境风险评估和修复的场地不得转让。

第四十五条　排污单位应当采用科学的方法和先进的工艺，减少煤矸石、粉煤灰、尾矿、废石、弃渣等固体废物的产生量，并对固体废物进行综合利用。

煤矸石、粉煤灰、尾矿、废石、弃渣等固体废物的贮存设施停止使用后，排污单位应当按照国家有关规定封场，并进行复垦或者绿化。

第四十六条　各级人民政府应当采取措施，组织对生活垃圾分类收集处置、回收利用和无害化集中处理，逐步推广废旧商品回收利用、焚烧发电、生物处理等生活垃圾资源化利用方式。

公民、法人和其他组织应当按照规定对生活垃圾进行分类投放，减少日常生活废弃物对环境造成的损害。

食品加工、餐饮服务、集体供餐等产生餐厨垃圾的单位和经营者，应当按照规定单独收集、存放餐厨垃圾，交由具有资质的单位进行集中处理。

第四十七条　产生固体废物的单位，不能确定其产生的固体废物物理特性、化学成分、危害特性的，应当委托具有相应资质的鉴别单位对其产生的固体废物鉴别分类，属于危险废物的，纳入危险废物管理。

第四十八条　产生危险废物的单位应当建立危险废物台账。用填埋方式处置危险废物的，应当永久保存台账。

第四十九条　县级以上人民政府应当根据区域卫生规划，合理布局医疗废物集中处置设施，加强医疗废物集中处置设施建设，并保障其正常运行。

第五十条　在噪声敏感建筑物集中区域内，公共服务设施和居民住宅区配套建设的设施产生的环境噪声排放，不得超过国家和地方规定的环境噪声排放标准。

## 第四章　生态环境保护

第五十一条　编制或者调整、修改土地利用总体规划、城乡规划、环境保护规划、林地保护利用规划、水土保持规划等，应当遵守生态保护红线的有关规定。

第五十二条　各级人民政府对具有代表性的各类自然生态系统区域，珍稀、濒危的野生动植物自然分布区域，重要的水源涵养区域，具有重大科学文化价值的地质构造、著名溶洞和化石分布区，以及自然遗迹、人文遗迹、古树名木等，应当采取措施严格保护，严禁破坏。

在前款规定的区域内从事各种活动，应当遵守相关规定，维护生态安全。

第五十三条　各级人民政府应当安排资金，加强农村饮用水水源地保护、生活污水和其他废弃物处理、畜禽养殖和屠宰污染防治、土壤污染防治、农业面源污染防治和农村工矿污染治理，推动农村环境综合整治。

第五十四条　县（市、区）人民政府应当合理设置、建设农村生活垃圾、污水的收集和处理设施，对生活垃圾、污水集中收集，就近分类处理。

乡（镇）人民政府应当指导村民委员会制定村规民约，规范保洁行为，建立日常卫生保洁制度。

第五十五条　建立饮用水水源地生态保护补偿制度。饮用水水源地生态保护补偿的具体办法由省人民政府制定。

## 第五章　法律责任

第五十六条　违反本条例规定，法律、行政法规对法律责任已有具体规定的，从其规定。

第五十七条　违反本条例规定，应当取得而未取得排污许可证排放污染物的，由县级以上人民政府环境保护主管部门责令停止排污，并处十万元以上一百万元以下罚款；对拒不停止排污的，报经有批准权的人民政府批准，责令停业、关闭。

第五十八条　违反本条例规定，重点排污单位不公开或者不按照规定公开环境信息的，由县级以上人民政府环境保护主管部门责令改正，处二万元以上二十万元以下罚款，并予以通报。

第五十九条　违反本条例规定，产生危险废物的单位未建立危险废物台账的，由县级以上人民政府环境保护主管部门责令限期改正，处二万元以上五万元以下罚款。

第六十条　县级以上人民政府环境保护主管部门和其他负有环境保护监督管理职责的部门及其工作人员滥用职权、玩忽职守、徇私舞弊、弄虚作假的，依法给予处分；构成犯罪的，依法追究刑事责任。

## 第六章　附　　则

第六十一条　在本条例施行后六个月内，省人民政府应当根据本条例制定实施办法。

第六十二条　本条例自2017年3月1日起施行。

# 规　　章

# 山西省重大建设项目稽察办法

（山西省人民政府令第244号）

## 第一章　总　　则

第一条　为加强重大建设项目监督管理，规范重大建设项目稽察行为，保障建设工程质量和资金安全，提高投资效益，根据法律法规和国家有关规定，结合本省实际，制定本办法。

第二条　在本省行政区域内开展重大建设项目稽察活动，适用本办法。

第三条　本办法所称重大建设项目，是指关系社会公共利益、公众安全的重大基础设施和公用事业建设项目，使用政府财政性资金、政府融资资金和政府设立投资主体的建设项目，以及县级以上人民政府确定需要稽察的其他建设项目。

本办法所称稽察，是指稽察特派员和稽察工作人员（以下简称稽察人员）对项目建设的前期工作、实施阶段和竣工验收全过程进行的监督检查以及项目后评价。

第四条　重大建设项目稽察工作遵循依法监督、客观公正、分级负责、权责统一的原则。

第五条　县级以上人民政府应当加强对本行政区

域内重大建设项目稽察工作的领导，协调有关部门配合做好重大建设项目稽察工作。

重大建设项目稽察特派员由本级人民政府委派，并配备稽察工作人员协助工作。

第六条　省发展改革主管部门组织开展本行政区域内重大建设项目稽察工作，并负责指导全省重大建设项目稽察工作。

设区的市、县级发展改革主管部门负责本行政区域内重大建设项目稽察工作。

县级以上人民政府相关部门应当按照各自职责依法做好重大建设项目监督管理工作。

第七条　重大建设项目稽察工作所需经费应当列入本级财政预算。

第八条　县级以上发展改革主管部门应当建立重大建设项目稽察举报制度，接受社会公众对重大建设项目违法违规行为的举报，并及时查处。

第九条　稽察工作应当接受社会监督。任何单位和个人对稽察人员的违法违纪行为，有权向发展改革主管部门或者有关部门举报。

## 第二章　稽察职责

第十条　县级以上发展改革主管部门应当对重大建设项目的建设规模、内容和标准，工程质量和进度，投资概算控制、资金使用和财务管理，以及项目业主、参建单位和中介机构与重大建设项目有关的行为，实施项目稽察。

重大建设项目稽察包括下列内容：

（一）国家投资建设有关法律法规、政策规定、专项规划等执行情况；

（二）项目申报以及审批、核准、备案情况；

（三）政府预算内投资计划下达与执行情况；

（四）项目前期工作落实情况，建设规模、内容和标准，工程质量和进度，投资概算控制、资金使用和财务管理等情况的真实性、合法性；

（五）项目建设法人负责制、合同管理制、工程监理制、招标投标制等项目管理制度执行情况；

（六）项目竣工验收、投资绩效情况；

（七）参建单位在项目勘察、设计、施工、监理、代建、招标代理等工程建设过程中的履约情况；

（八）对项目进行后评价；

（九）跟踪监督重大建设项目稽察发现问题的整改情况；

（十）其他需要稽察的内容。

第十一条　县级以上发展改革主管部门负责对上级和本级人民政府出资、融资和设立投资主体并经本级发展改革主管部门审批、核准、备案的重大建设项目进行稽察。

上级发展改革主管部门可以将本级负责稽察的重大建设项目书面委托下一级发展改革主管部门稽察，也可以对下一级发展改革主管部门负责稽察的项目进行抽查和监督。下级发展改革主管部门对上一级发展改革主管部门委托稽察的重大建设项目，应当依据本办法规定的稽察程序进行稽察，稽察结果书面报告上一级发展改革主管部门。

下级发展改革主管部门应当协调配合上级发展改革主管部门开展重大建设项目稽察工作，落实稽察整改事项。

第十二条　县级以上发展改革主管部门实施重大建设项目稽察应当派出稽察组。稽察组应当由两名以上稽察人员组成。

县级以上发展改革主管部门可以根据实际需要聘请专门机构或者专业技术人员协助工作，也可以委托具有相应资质的专业机构开展项目后评价等工作。

第十三条　重大建设项目稽察范围包括：

（一）使用政府财政预算内资金直接投资、资本金注入、投资补助和贴息的项目；

（二）使用国家和省各类专项建设基金的项目；

（三）使用政府融资和政策性贷款的项目；

（四）政府授权投资主体融资的项目；

（五）县级以上人民政府确定的其他重大建设项目。

第十四条　稽察人员可以采用下列方式开展稽察工作：

（一）听取被稽察单位和主管部门有关重大建设项目的情况汇报，参加被稽察单位与稽察事项有关的会议；

（二）查阅项目投资计划、审批、工程管理、财务管理等文件资料；

（三）进入与项目建设有关的施工、仓储、检测和试验等场所进行查验；

（四）要求被稽察单位或者相关人员就有关问题提交书面说明或者进行询问；

（五）向审计、财政、税务、工商等有关部门和金融机构了解情况并取得有关资料；

（六）采用复印、复制、录音、摄影、摄像等形式收集相关资料；

（七）委托具有相应专业资质的机构进行专项检查、鉴定以及提供有关咨询服务；

（八）向与被稽察单位有经济业务往来的部门和单位核实有关情况，开展延伸稽察。

第十五条　被稽察单位和相关部门、单位应当配合稽察，如实向稽察组提供与被稽察项目有关的文件资料，报告建设和管理过程中的重大事项，不得销毁、隐匿、转移、篡改或者拖延、拒绝提供有关文件资料。

相关部门及其工作人员应当依法履行项目行政许可、建设管理等职责，不得干预项目招标投标，不得截留挪用项目资金。

第十六条　稽察人员从事稽察活动不得有下列行为：

（一）参与或者干预被稽察单位项目建设和生产经营活动；

（二）泄露国家秘密和被稽察单位的商业秘密；

（三）向被稽察单位收取或者变相收取任何费用；

（四）收受、索取被稽察单位以各种形式提供的馈赠、报酬、福利待遇等不正当利益，以及利用职务便利为自己、亲友或者他人谋取非法利益；

（五）参加被稽察单位安排、组织或者支付费用的宴请、娱乐、旅游等活动；

（六）在被稽察单位报销费用；

（七）捏造、歪曲事实，隐瞒、掩盖、缩小或者夸大稽察中发现的问题；

（八）其他违反职业道德的行为。

## 第三章　稽察程序

第十七条　县级以上发展改革主管部门根据本级人民政府和上级发展改革主管部门的工作要求，结合本行政区域重大建设项目安排情况，征求同级审计部门意见，制定年度稽察计划，并报本级人民政府和上级发展改革主管部门备案。

县级以上发展改革主管部门应当按照年度重大建设项目稽察计划开展稽察工作。对上级发展改革主管部门和相关部门委托稽察的重大建设项目，本级人民政府安排稽察的重大建设项目，以及单位和个人举报的涉嫌存在严重违法违规行为的重大建设项目，应当及时组织稽察。

第十八条　县级以上发展改革主管部门实施重大建设项目稽察，应当于五个工作日前向被稽察单位发出书面通知，并附稽察实施方案；情况特殊的经本级发展改革主管部门负责人批准，可以由稽察人员持稽察通知书直接实施稽察。

第十九条　重大建设项目稽察工作实行回避制度。稽察人员与被稽察单位和稽察事项有利害关系的，应当申请回避。

稽察人员未回避的，被稽察单位有权提出回避申请，并说明理由。发展改革主管部门有关负责人应当就是否回避作出决定。

第二十条　稽察组在稽察过程中应当如实记录稽察情况，形成稽察记录。对稽察发现的问题，应当向被稽察单位核实情况，并取得相关证明材料。

被稽察单位对稽察发现的问题有异议或者认为稽察记录有遗漏、差错的，有权陈述、申辩、补充资料和申请补正；稽察人员认为不予补正的，应当说明理由并记录在案。

被稽察单位应当对稽察中发现的问题和事实进行确认，在稽察记录上签字盖章；拒绝签字盖章的，稽察人员应当记录在案。

第二十一条　稽察人员发现被稽察单位的行为可能危及建设项目的工程质量、资金安全，造成国有资产损失以及其他紧急情况的，应当及时报告本级发展改革主管部门。发展改革主管部门应当采取相应措施并告知相关行政部门。重大问题应当及时向本级人民政府报告。

第二十二条　稽察组在项目稽察结束后，应当在十五个工作日内向本级发展改革主管部门提交稽察报告。稽察报告应当包括项目审批基本情况、实施情况、存在的主要问题以及整改意见或者建议等内容。

稽察报告应当征求被稽察单位及其主管部门的意见。被稽察单位及其主管部门对稽察报告有异议的，应当在五个工作日内向稽察组提交书面意见。稽察组应当对异议进行核实，未采纳的意见应当与稽察报告一并报送发展改革主管部门审定。

第二十三条　被稽察单位对稽察报告作出的结论有异议的，可以自收到有关书面材料之日起五个工作日内，向派出稽察组的发展改革主管部门提出书面复查申请。发展改革主管部门应当自收到复查申请之日起十五个工作日内，另行派出稽察组进行复查，复查意见应当书面通知申请人。

第二十四条　县级以上发展改革主管部门审定后的稽察报告应当抄送相关行政部门，必要时应当向本级人民政府和上级发展改革主管部门报送。

第二十五条　县级以上发展改革主管部门应当对本行政区域内被稽察单位存在问题的整改工作负责。

县级以上发展改革主管部门对稽察报告进行审定后，确认重大建设项目存在问题的，应当向被稽察单位发出整改通知书，责令限期整改。

被稽察单位应当按照整改通知书的要求进行整改，整改完成后向发展改革主管部门提交整改报告，并接受核查。

县级以上发展改革主管部门发出整改通知书后，应当跟踪监督整改情况，指导督促被稽察单位并协调有关部门落实本级和上级稽察整改要求，采取复查、约谈、督办等方式，督促整改落实。

第二十六条　县级以上发展改革主管部门确认被稽察单位存在违反相关法律法规以及有关规定的行为，依法需由本级人民政府处理的，应当提出处理建议，并报本级人民政府批准；依法需由有关行政部门或者下一级人民政府处理的，应当移交处理，有关行政部门或者下一级人民政府应当依法处理，并于处理结束后十个工作日内将处理结果书面告知发展改革主管部门。

第二十七条　县级以上发展改革主管部门应当根据稽察发现的问题，会同相关部门研究制定相应的管理制度和规定，规范重大建设项目的建设与管理。

重大建设项目稽察结果应当作为发展改革主管部门审批项目和安排投资计划的重要依据。

县级以上发展改革主管部门审定后的稽察报告可以作为国有企业事业单位工作考核的参考依据。

第二十八条　县级以上发展改革主管部门应当定期发布重大建设项目稽察信息，对重大问题和重要事项向社会公布；对问题较多、整改不力、屡查屡犯的单位，予以公开曝光。

## 第四章　协同监管

第二十九条　省发展改革主管部门应当建立与设区的市、县级发展改革主管部门和相关部门的协同稽察监督管理机制。

第三十条　县级以上发展改革主管部门应当与监察、审计等机关协调配合，避免重复监督检查，稽察中发现重大问题线索及时移交监察机关。

县级以上发展改革主管部门应当与财政、国土资源、环境保护、安全生产、住房城乡建设等相关部门建立信息互通和工作联动机制，形成监督管理合力。根据需要，可以采取联合检查等方式进行协同监督管理。

审计、财政、国土资源、环境保护、安全生产、住房城乡建设等行政部门对重大建设项目依法检查作出的结论，发展改革主管部门可以在稽察工作中采用。

稽察工作需要有关行政部门配合的，有关行政部门应当协助。

第三十一条　省发展改革主管部门应当加强与设区的市、县级发展改革主管部门协同监督管理，指导、协调、监督设区的市、县级发展改革主管部门开展稽察工作，培训稽察人员。

省发展改革主管部门根据需要可以与设区的市发展改革主管部门开展联合稽察。

第三十二条　县级以上发展改革主管部门应当建立重大建设项目稽察监督管理信息系统，建立健全实时动态的网络在线监测和项目预警机制，利用计算机网络技术对重大建设项目实施动态监督管理。

设区的市、县级发展改革主管部门和其他部门以及项目实施单位，应当按照要求及时、准确、完整地逐级向省发展改革主管部门提供项目电子数据信息和必要的技术文档，并协助省发展改革主管部门开展重大建设项目在线监测工作。

第三十三条　省发展改革主管部门应当将被稽察单位信用信息纳入全省社会信用体系。

## 第五章　稽察处理

第三十四条　审批类项目的实施单位在重大建设项目建设过程中，不得有下列行为：

（一）提供虚假情况骗取项目审批和政府投资；

（二）违反有关规定擅自开工建设；

（三）未经批准擅自调整建设标准、投资规模，改变建设地点、建设内容；

（四）转移、侵占、挪用建设资金；

（五）未按照规定及时办理竣工验收手续、未经竣工验收或者验收不合格即交付使用；

（六）已经批准的项目，无正当理由未按照批复时限实施或者完成；

（七）未依法进行招标；

（八）存在安全质量问题；

（九）其他违反投资项目管理规定的行为。

第三十五条　审批类项目的实施单位有本办法第三十四条行为之一的，由县级以上发展改革主管部门视情节做出下列处理决定；情节严重的，可以提请本级人民政府批准做出处理决定：

（一）通报批评；

（二）纳入不良信用记录；

（三）暂停项目建设；

（四）暂停政府投资安排；

（五）核减、停止或者收回政府拨付资金；

（六）撤销原审批项目。

第三十六条　核准、备案类项目的实施单位在重大建设项目建设过程中，不得有下列行为：

（一）以隐瞒有关情况、拆分项目或者提供虚假申报材料等不正当手段，申请核准、备案或者取得核准文件、备案通知书；

（二）未依法取得核准文件或者备案通知书而擅自开工建设；

（三）未按照核准文件或者备案通知书内容实施项目。

第三十七条　核准、备案类项目的实施单位有本办法第三十六条行为之一的，由县级以上发展改革主管部门视情节做出下列处理决定；情节严重的，可以提请本级人民政府批准做出处理决定：

（一）不予受理或者不予核准、备案项目申报文件；

（二）纳入不良信用记录；

（三）暂停项目建设；

（四）撤销项目核准文件或者备案通知书。

第三十八条　建设单位、代建单位和参建单位在参与重大项目建设过程中存在违法违规行为的，由县级以上发展改革主管部门和有关部门依法做出处理。

## 第六章　法律责任

第三十九条　被稽察单位和相关部门、单位未按照整改通知要求整改和纠正错误的，由县级以上发展改革主管部门给予通报批评；情节严重的，由县级以上人民政府有关部门依法追究相关单位和责任人的法律责任。

第四十条　被稽察单位有下列行为之一的，对直接负责的主管人员和直接责任人员依法给予处分；构成犯罪的，依法追究刑事责任：

（一）拒绝、阻挠、逃避稽察人员依法履行职责的；

（二）拒绝提供、无故拖延提供有关资料和情况的；

（三）销毁、隐匿、转移、篡改或者伪造有关资料的；

（四）其他妨碍稽察人员履行职责的行为。

第四十一条　县级以上人民政府相关部门及其工作人员有下列行为之一的，由县级以上发展改革主管部门报请本级人民政府给予通报批评；对直接负责的主管人员和直接责任人员依法给予行政处分；构成犯罪的，依法追究刑事责任：

（一）截留、挪用政府资金的；

（二）干预项目招标投标的；

（三）不依法履行项目行政许可、建设管理等职责，造成项目建设和管理出现严重问题的。

第四十二条　被稽察单位及其相关人员对发展改革主管部门和其他行政主管部门，依据稽察事实做出的行政行为不服的，可以依法申请行政复议或者向人民法院提起行政诉讼。

第四十三条　稽察人员从事稽察活动违反本办法第十六条规定的依法给予行政处分；构成犯罪的，依法追究刑事责任。

第四十四条　县级以上发展改革主管部门和其他行政主管部门的工作人员在重大建设项目相关工作中滥用职权、玩忽职守、徇私舞弊的，依法给予行政处分；构成犯罪的，依法追究刑事责任。

## 第七章　附　　则

第四十五条　被稽察单位，是指项目实施单位、建设单位、代建单位、参建单位和与稽察事项相关的部门和单位。

代建单位，是指政府通过招标的方式，选择专业化的负责组织实施项目投资管理和建设的单位。

参建单位，是指勘察、设计、施工、监理、材料和设备供应单位以及招标代理、咨询评估等中介服务机构。

延伸稽察，是指稽察部门根据稽察发现的问题，对勘察、设计、施工、监理、材料和设备供应、建设代理、招标代理、咨询评估、检验等与项目建设有关的单位、中介机构进行调查核实。

第四十六条　本办法自2016年9月1日起施行。

# 山西省重大活动档案管理办法

（山西省人民政府令第245号）

## 第一章　总　　则

第一条　为了规范重大活动档案管理工作，确保重大活动档案的齐全、完整、真实和安全，更好地为经济社会发展服务，根据《中华人民共和国档案法》《山西省档案管理条例》等法律法规，结合本省实际，制定本办法。

第二条　本省重大活动档案的形成、归档、收集、整理、移交、接收、保管和利用等工作适用本办法。

第三条　本办法所称重大活动，是指本省各级机关、团体、企业事业单位以及其他社会组织在省内外、境外组织举办的涉及政治、经济、科学、文化、教育、卫生、体育、外事、宗教等方面具有一定行业性、地方特色、国家意义或者国际影响的会议、节庆、会展等大型活动；突发事件的应对处置活动；关系改革、发展、民生等专项或者综合性的工作活动。

本办法所称重大活动档案，是指在上述重大活动过程中形成的具有保存利用价值，经过归档处理的文字、图表、音像、数据、实物以及其他形式的原始记录。

第四条　重大活动档案工作遵循统一领导、分级负责、完整归档、系统整理、集中管理、有效利用的工作原则。

第五条　凡属重大活动中形成的文件材料，应当归档保存，任何组织和个人不得据为己有或者拒绝归档；未列入归档范围的文件材料，应当编制文件销毁清册，经单位主要负责人审批后方可销毁。

第六条　凡属重大活动中形成的涉密文件，应当依法加强安全管理，未经解密，不得进行寄存托管、档案整理业务外包和数字化加工。

第七条　县级以上人民政府应当加强对重大活动档案工作的领导，建立健全档案行政管理部门参与重大活动的工作机制，协调解决本行政区域内重大活动档案管理工作中出现的问题，保障重大活动档案管理工作所需经费。

县级以上人民政府应当对重大活动档案管理方面做出突出贡献的单位和个人予以表彰奖励，对重大活动档案捐赠者给予一定的经济补偿。

第八条　参与重大活动的工作人员要做好文件材料的形成和积累工作，依法保守国家秘密；参与重大活动档案管理的工作人员，应当具备档案管理专业知识和业务技能，履行职责，恪守职业道德。

## 第二章　主办单位职责

第九条　主办单位负责重大活动过程中档案的形成、归档、收集、整理、保管、利用和移交工作。

县级以上人民政府作为主办单位的，执行单位或者承办单位履行前款规定的职责。

第十条　主办单位应当将档案管理纳入重大活动管理范畴，成立专门的档案管理机构，明确重大活动档案管理的责任部门和责任人，保障重大活动档案工作经费。

单位独立举办的非周期性的重大活动，或者联合其他单位举办的重大活动，应当将同级档案行政管理部门纳入重大活动档案管理机构，并在重大活动确定后20个工作日内书面告知。

第十一条　主办单位制发的重大活动实施方案、应急预案和项目计划任务书，应当明确重大活动档案管理机构的职责范围和目标任务。

第十二条　主办单位应当按照国家有关规定建立重大活动档案形成责任制，利用现代化的技术、手段，开展重大活动重要片段采集和全程记录工作，编制和实施各类文件材料归档范围和保管期限表。

第十三条　主办单位应当对参与重大活动的工作人员进行培训，提高重大活动档案管理效率和质量。

第十四条　单位独立举办重大活动的，应当将本单位所有参与部门、工作人员形成的文件材料收集齐全，科学整理；其档案归入本单位档案全宗，另设类目妥善保管；编制专题目录、概要，开展档案信息化建设，发挥重大活动档案的现实效用；保管期满后按规定向同级国家综合档案馆移交，保管条件不具备可能导致档案不安全或者损毁的，可以提前向同级国家综合档案馆移交。

第十五条　两个以上单位不分主次、联合举办的重大活动，相关单位应当将重大活动中各自形成的文件材料收集齐全，系统整理，活动结束后6个月内各自向同级国家综合档案馆移交，特殊情况需要延期移交的，须经同级国家综合档案馆同意，并向其报送重大活动档案目录。

第十六条　两个以上单位分主次、共同举办的重大活动，主办单位应当将重大活动中所有参与单位、工作人员形成的文件材料收集齐全，统一整理，活动结束后6个月内，由主办单位向同级国家综合档案馆移交，特殊情况需要延期移交的，按本办法第十五条办理。

第十七条　临时机构举办的重大活动，应当邀请同级档案行政管理部门参加，直接负责重大活动文件材料的管理工作，活动结束后1个月内向同级国家综合档案馆移交。

## 第三章　协办单位职责

第十八条　协办单位应当成立专门机构或者指定专人负责重大活动所承担项目中形成的各类文件材料的归档、移交工作。

第十九条　协办单位应当参加主办单位组织的档案专业培训和档案协调工作，按照档案专业要求，妥善管理活动期间所形成的文件材料。

第二十条　协办单位应当在活动结束后10个工作日内，将列入重大活动文件材料归档范围的各种原始记录向主办单位移交。

## 第四章　档案部门职责

第二十一条　县级以上人民政府档案行政管理部门负责监督、检查、指导本行政区域内重大活动档案管理工作。

第二十二条　县级以上人民政府档案行政管理部

门接到主办单位邀请参加重大活动档案管理工作的通知后,应当及时委派专业人员提前介入,协助主办单位进行档案专业培训,制定重大活动档案管理工作方案,确定重大活动文件材料归档范围。

第二十三条　县级以上人民政府档案行政管理部门参与的重大活动,可以采用录音、摄影、摄像等技术手段直接采集、记录重大活动。活动结束后5个工作日内将采集、记录的信息移交主办单位统一归档整理。

第二十四条　国家综合档案馆应当建立重大活动档案征集制度,采取收购、征购、合作开发等方式征集重大活动档案。

第二十五条　档案行政管理部门应当鼓励个人、社会组织向国家综合档案馆捐赠、寄存重大活动档案,对捐赠、寄存档案的保管和利用,按照国家有关规定执行。

第二十六条　国家综合档案馆对移交进馆的重大活动档案,应当设立专门全宗,科学管理,进行缩微处理和数字化加工等,实施异质异地备份。

第二十七条　国家综合档案馆应当加强重大活动档案的开发利用工作,建立现代化的检索系统和信息共享平台,通过展览陈列、汇编史料等形式,依法向社会公布不涉密和非控制使用的重大活动档案信息,满足社会利用需求。

提供社会利用的重大活动档案,应当提供复制件或者数字副本,附有档案馆印章标记或者法定代表人签名的,具有与档案原件同等效力。

## 第五章　法律责任

第二十八条　违反本办法规定,有下列行为之一,由县级以上人民政府档案行政管理部门责令限期改正,逾期未改正的给予通报批评,对直接负责的主管人员或者其他直接责任人员,由其所在部门、上级主管部门依法给予处分;造成档案损失的,由县级以上人民政府档案行政管理部门、有关主管部门责令赔偿损失;构成犯罪的,依法追究刑事责任:

(一)未按规定开展重大活动档案管理工作的;

(二)拒绝档案行政管理部门参与重大活动工作机构的;

(三)将属于重大活动归档范围的文件材料据为己有、拒绝移交、移交不完整、擅自销毁的;

(四)未按规定对涉密文件进行安全管理的;

(五)未按规定收集、整理、保管重大活动档案的;

(六)未对重大活动形成的各种门类、载体档案进行集中统一管理的;

(七)未按规定向国家综合档案馆移交重大活动档案或者档案移交不完整的;

(八)未按规定报送重大活动档案目录的;

(九)未按规定对重大活动档案管理工作进行监督、指导的;

(十)拒绝接收重大活动档案的;

(十一)擅自将未经开放鉴定的重大活动档案复制、提供、公布的;

(十二)涂改、伪造、抽换、损毁、丢失重大活动档案的;

(十三)擅自将重大活动档案出卖、转让、交换、赠送给各级国家档案馆以外的组织和个人,或者私自携运、邮寄出国出境的;

(十四)违反重大活动档案管理的其他行为。

第二十九条　档案工作人员在重大活动档案管理工作中滥用职权、徇私舞弊、玩忽职守、失密泄密的,由其所在单位或者有关行政管理部门依法给予行政处分;构成犯罪的,依法追究刑事责任。

## 第六章　附　　则

第三十条　本办法所称重大活动文件材料,是指重大活动过程中形成的各种门类和载体的历史记录。

本办法所称重大活动主办单位,是指重大活动项目的召集、组织、策划者。

本办法所称重大活动执行单位或者承办单位,是指受重大活动主办单位委托具体执行或者承办重大活动项目的实施者。

本办法所称重大活动协办单位,是指重大活动项目某一方面工作的协作者或者合作者。

本办法所称临时机构,是指不在正式编制序列,存在时间短暂、没有设立档案工作机构或者配备档案工作人员的非常设机构。

第三十一条　本省公民举办重大活动形成的档案,其管理可以参照本办法执行。

第三十二条　本办法自2016年10月20日起施行。

# 山西省文物建筑构件保护办法

(山西省人民政府令第246号)

第一条　为加强文物建筑构件的保护,维护文物建筑的完整性和历史真实性，根据《中华人民共和国文物保护法》等有关法律法规，结合本省实际，制定本办法。

第二条　本省行政区域内文物建筑构件的保护，适用本办法。

第三条　本办法所称的文物建筑构件，是指本省行政区域内列入《中华人民共和国不可移动文物目录》的文物建筑上的构件及装饰件，以及县级以上人民政府文物行政部门认定具有保护价值的古建筑上的构件及装饰件。如：柱、梁、枋、斗拱、雀替、博风、墀头、天花、藻井、勾栏、垂鱼、叉手、替木、椽、昂、斜撑、门窗、门罩、隔扇、匾额、楹联、牌坊、柱础、砖、石雕件、琉璃件、吻(兽)、画像砖、彩画砖和瓦当等。

第四条　各级人民政府负责本行政区域内文物建筑构件的保护工作，负责协调解决文物建筑构件保护的重大问题。

第五条　县级以上人民政府文物行政部门应当加强对文物建筑构件保护工作的监督、检查和指导，组织开展文物建筑构件保护宣传工作，增强全民保护文物建筑构件的意识。

县级以上人民政府公安、财政、规划、住房和城乡建设、审计、国有资产管理、工商、旅游、宗教和海关等部门应当在各自职责范围内做好文物建筑构件保护工作。

第六条　县级人民政府文物行政部门应当以适当形式公布本行政区域内的文物建筑名单，并以书面形式告知文物建筑所有人和使用人。

第七条　县级人民政府文物行政部门应当会同文物建筑所有人或者使用人建立文物建筑构件档案，并报上一级人民政府文物行政部门备案。

第八条　文物建筑构件的认定，由县级人民政府文物行政部门负责。认定发生争议的，由上一级人民政府文物行政部门做出裁定。

第九条　文物建筑所有人、使用人以及保管人应当采取措施，确保所有、使用或者保管的文物建筑构件安全、完整。

文物建筑构件丢失、被盗，所有人、使用人以及保管人应当及时向公安机关报案，同时报告所在地县级人民政府文物行政部门。

第十条　任何单位和个人不得盗卖、倒卖文物建筑构件。

第十一条　文物保护修缮工程应当尽可能使用原文物建筑构件。

经批准的文物保护修缮工程，拆除或者更换文物建筑构件，所有人或者使用人应当建立记录档案，并报县级人民政府文物行政部门备案。

未经批准，不得擅自拆除、更换文物建筑构件。

第十二条　文物建筑所有人、使用人应当采取措施，妥善保管拆除或者替换的文物建筑构件。不具备保管条件的，经所有人或者使用人同意，由所在地县级以上人民政府文物行政部门指定国有文物收藏单位或者文物保护管理机构代为保管。

第十三条　文物建筑构件的保管者或者收藏者，应当建立保管或者收藏档案，采取保护措施，确保构件安全。

第十四条　国有文物建筑构件不得转让或者抵押。

非国有文物建筑构件不得转让或者抵押给境外人员。

转让或者抵押集体所有文物建筑构件的，应当依法由村民会议讨论决定。

不能用于文物建筑本体修复的非国有文物建筑构件的转让或者抵押，其所有人应当自转让或者抵押之日起15个工作日内到所在地县级人民政府文物行政部门备案。文物建筑构件的受让人或者抵押权人应当确保文物建筑构件的安全、完整。

第十五条　文物建筑所有人、使用人不得擅自拆除文物建筑构件转让或者抵押。

第十六条　擅自拆除或者盗卖、倒卖的文物建筑构件，应当在查实后依法归还文物建筑所有人或者使用人，用于修复原文物建筑。不能用于原文物建筑修复的，应当在登记后交由文物建筑所有人或者使用人妥善保管。

文物建筑所有人、使用人不具备保管条件的，经所有人或者使用人同意，由所在地县级以上人民政府文物行政部门指定国有文物收藏单位或者文物保护管理机构代为保管。

第十七条　违反本办法第六条规定，县级人民政府文物行政部门未公布本行政区域内文物建筑，并告知文物建筑所有人、使用人的，由上一级人民政府文物行政部门责令改正。

第十八条　违反本办法第十条规定盗卖、倒卖文物建筑构件，尚不构成犯罪的，由县级以上人民政府文物行政部门处以违法所得3倍以下罚款，最高不得超过3万元。构成犯罪的，依法追究刑事责任。

第十九条　违反本办法第十一条规定，擅自拆除、更换文物建筑构件的，由县级以上人民政府文物行政部门责令限期改正，并对公民个人处500元以下罚款，对法人或者其他组织处1000元以下罚款。造成损失的，应承担赔偿责任。

第二十条　违反本办法第十四条、第十五条规定转让或者抵押文物建筑构件的，由县级以上人民政府文物行政部门责令改正，并处违法所得3倍以下罚款，最高不得超过3万元。构成犯罪的，依法追究刑事责任。

第二十一条　违反本办法规定，县级以上人民政府文物行政部门以及其他相关部门的工作人员，在文物建筑构件保护工作中滥用职权、徇私舞弊、玩忽职守的，依法给予行政处分；构成犯罪的，依法追究刑事责任。

第二十二条　本办法自2017年1月10日起施行。

# 山西省流动人口服务管理办法

（山西省人民政府令第247号）

## 第一章　总　　则

第一条　为保障流动人口的合法权益，规范流动人口服务管理，维护社会秩序，促进经济发展和社会和谐，根据有关法律、法规，结合本省实际，制定本办法。

第二条　本办法适用于本省行政区域内流动人口服务管理活动。

本办法所称流动人口，是指离开户籍所在地进入本省行政区域内居住或者在本省行政区域内跨县（市、区）居住的人员。但本省设区的市所辖各区常住人口跨区居住的除外。

香港特别行政区居民、澳门特别行政区居民、台湾地区居民、华侨和外国人、无国籍人的居住登记，按照国家有关规定执行。

第三条　流动人口服务管理遵循公平对待、便捷服务、合理引导、依法管理的原则。

第四条　县级以上人民政府应当将流动人口服务管理工作纳入本行政区域国民经济和社会发展中长期规划和年度计划，建立健全覆盖流动人口管理、权益保障和公共服务体系，将流动人口服务管理工作经费和居住证工本费纳入同级财政预算并予以足额保障。

第五条　县级以上人民政府公安机关负责本行政区域内流动人口的居住登记和居住证的发放、管理工作。

县级以上人民政府发展和改革、教育、民政、财政、司法行政、人力资源和社会保障、住房和城乡建设、卫生、人口和计划生育、工商行政管理等有关部门和机构应当按照各自职责，协调配合，共同做好流动人口管理、权益保障和公共服务等工作。

工会、共青团、妇联等群众团体应当协助做好流动人口服务管理的相关工作。

第六条　县级以上人民政府应当依托乡镇人民政府、街道办事处、村（居）民委员会建立和完善流动人口综合服务管理平台，配备流动人口协管人员。

乡镇人民政府、街道办事处、村（居）民委员会应当配合公安机关做好辖区内流动人口居住信息采集和居住证受理、发放等服务管理工作。为流动人口提供劳动就业、社会保障、计划生育、教育等公共服务。

## 第二章　居住管理

第七条　流动人口服务管理实行居住登记和居住证制度。

第八条　流动人口拟在居住地居住10日以上30日以下的，应当自到达之日起10日内持有效身份证件向居住地公安派出所申报居住登记。

第九条　流动人口登记信息包括：姓名、性别、民族、出生日期、公民身份证号码、近期照片、常住户籍所在地住址、居住地住址、服务处所、受教育状况、劳动就业、社会保障、计划生育、未满16周岁的随行人员、签发机关和签发日期等内容。

第十条　流动人口在申报居住登记时，应当提供真实、准确、完整的信息。

第十一条　流动人口登记信息错误或发生变动的，居住登记申报人应当自变动之日起10日内持本人有效身份证件向居住地公安派出所办理更正或变更登记。

第十二条　在宾馆、酒店、旅店、招待所以及可供住宿的其他经营性服务场所住宿的人员，由经营单位按照有关规定进行登记。

在医院住院就医的人员，由医院按照患者住院管理相关规定进行登记。

在各类教育、培训机构寄宿就学或者培训的人员，由其寄宿的单位在入学时进行登记。

流浪乞讨人员救助管理机构负责对求助的流浪乞讨人员进行登记。

第十三条　房屋出租人或者其委托代理人、中介服务机构应当在流动人口入住后24小时内登记，并在10日内向居住地公安派出所报告，督促流动人口申报居住登记。流动人口终止居住的，房屋出租人或者其委托代理人、中介服务机构应当自流动人口离开之日起10日内报告居住地公安派出所。

第十四条　用人单位聘用流动人口，应当自聘用之日起10日内组织流动人口申报居住登记；与流动人口终止或者解除劳动关系的，应当自终止或者解除劳动关系之日起 10 日内报告居住地公安派出所。

第十五条　大型集贸市场、商品集散地经营管理机构以及建设工程的建设单位或者建设单位委托的项目管理、工程总承包、施工总承包单位应当自流动人口入驻之日起 10 日内，将流动人口登记信息报告居住地公安派出所，并督促流动人口申报居住登记。

第十六条　年满 16 周岁拟在居住地居住 30 日以上的流动人口，应当在到达居住地 10 日内申报居住登记的同时，申领《山西省流动人口居住证》(以下简称居住证)。

探亲、访友、旅游、出差和依法不需要领取居住证的除外；未满 16 周岁的公民应随其监护人登记，不领取居住证。

第十七条　流动人口申领居住证时，应当出示有效身份证件、近期照片、房屋租赁登记备案证明或借住证明等材料。

符合申领条件的，公安派出所应当自受理之日起 10 日内发放居住证，偏远地区可延长至 15 日；对不符合申领条件的，应当告知申领人，并说明理由。

居住证一人一证，有效期为五年。

居住证的名称、式样、规格、材质和制作单位由省人民政府公安机关统一规定。

第十八条　居住证由县级人民政府公安机关签发。每年签注一次。

居住证持有人在居住地连续居住的，应当在居住满一年前 30 日内，到居住地公安派出所或者受公安派出所委托的社会服务机构办理签注手续。

逾期未办理签注手续的，居住证废止；补办签注手续后，居住证持有人在居住地的居住年限连续计算。

第十九条　居住证持有人在居住证有效期限内，居住地址变动的，应当自到达现居住地 10 日内在居住地公安派出所办理居住登记变更，跨公安派出所管辖区域变动的，居住证持有人应先到原居住地公安派出所办理居住登记注销手续。

居住证持有人离开登记居住地不再居住的，应当自离开前 10 日内到居住地公安派出所办理居住证注销手续，并交回居住证。流动人口死亡的，由其近亲属、房屋出租人或者用人单位等办理居住证注销手续。

居住证持有人在 30 日内返回登记居住地的，不办理居住证注销手续。

第二十条　居住证有效期满，居住证持有人需继续在居住地居住的，应在有效期满 30 日前到居住地公安派出所办理换发手续。

居住证严重损毁不能辨认的，居住证持有人应当及时到居住地公安派出所申请办理换领手续。居住证丢失的，原居住证持有人应当持有效证件或证明及时到居住地公安派出所申请办理补领手续。

居住证持有人换领新证时，应当交回原证。

第二十一条　公安机关人民警察依法执行公务时，经出示执法证件，有权查验居住证，流动人口不得拒绝。

有关行政管理部门和机构工作人员在依法执行公务或者为流动人口提供服务时，经出示执法证件或者工作证件，要求流动人口出示居住证的，流动人口应当予以配合。

除公安机关人民警察依法执行公务外，其他任何单位和个人不得收缴或者扣押居住证。

第二十二条　任何单位和个人不得伪造、变造、买卖居住证或者使用伪造、变造的居住证，不得骗取、冒领、出租、出借、转让居住证。

第二十三条　公安机关为流动人口中的育龄妇女办理居住登记时，应当核查流动人口婚育证明，没有婚育证明的，应当及时通报给居住地人口计划生育部门。人口计划生育部门在核查流动人口婚育证明时，发现没有办理居住登记的，应当及时通报居住地公安派出所。

第二十四条　省人民政府公安机关应当建立全省统一的流动人口综合信息服务管理系统，实现流动人口基本信息整合与共享。具体办法由省人民政府公安机关另行规定。

第二十五条　公安机关和有关行政管理部门、公共服务机构、商业服务组织及其工作人员应当对知悉的流动人口信息予以保密。

## 第三章　权益保障和公共服务

第二十六条　流动人口的合法权益受法律保护，任何单位和个人不得侵犯。流动人口依法享有居住地人民政府提供的公共服务。

流动人口应当遵守法律、法规，依法履行义务。

第二十七条　县级以上人民政府应当将流动人口权益保障和公共服务纳入居住证登记制度，逐步推进流动人口基本公共服务均等化。

第二十八条　居住证持有人享有下列权益：

(一)依法参与居住地有关社会事务管理；

(二)依法参加居住地社会组织；

(三)依法参加社会保险，按相应规定缴纳社会保险费并享受社会保险待遇；

(四)居住地人民政府规定的住房保障；

(五)实行计划生育的，按照规定在生产经营等方面获得支持、优惠，在社会救助等方面享受优先、优待；

（六）获得法律援助；

（七）法律法规规定的其他权益。

第二十九条　居住证持有人享有下列公共服务：

（一）求职登记和失业登记的政策咨询、职业指导、职业介绍、就业信息查询等服务；

（二）按照规定参加居住地专业技术职称资格评定或者考试、职业（执业）资格考试、职业（执业）资格登记；

（三）实行计划生育的育龄夫妻免费获得避孕药具，免费享受国家规定的计划生育技术服务；

（四）国家规定的传染病防治、儿童计划免疫等基本公共卫生服务；

（五）在居住地办理往来港澳地区的商务签注；

（六）在居住地申领机动车驾驶证，办理机动车注册登记；

（七）乘坐城市公共交通工具享受与常住人口同等优惠；

（八）居住地人民政府规定的其他公共服务。

第三十条　设区的市人民政府可以根据本地实际情况，确定居住证持有人享受公共服务的具体内容。

流动人口符合居住地人民政府规定条件的，可以申请常住户口。

第三十一条　流动人口符合居住地人民政府规定条件的，其适龄子女接受学前教育、义务教育应当与常住户口学生同等对待。

第三十二条　县级以上人民政府民政部门应当做好城市生活无着落流浪乞讨人员的救助管理和流浪未成年人的救助保护工作。

第三十三条　流动人口户籍所在地乡镇人民政府、街道办事处应当加强流出人员的教育、培训，保护留守妇女、儿童和老人的合法权益。

第三十四条　有关行政管理部门、公共服务机构和商业服务组织应当为居住证的办理和使用提供便利。

## 第四章　法律责任

第三十五条　违反本办法，法律、法规、规章已有处罚规定的，依照其规定。

第三十六条　违反本办法，流动人口未申报居住登记和申领居住证的，由公安机关责令限期改正。

第三十七条　违反本办法，房屋出租人或者其委托代理人、中介服务机构未登记、报告流动人口居住或者终止居住基本信息的，由公安机关责令改正，并对房屋出租人或者其委托代理人处100元以上300元以下罚款；对中介服务机构法定代表人或者直接责任人处200元以上500元以下罚款，情节严重的，处500元以上2000元以下罚款。

第三十八条　违反本办法，用人单位未组织、督促流动人口申报居住登记或者与流动人口终止、解除劳动关系后未报告的，由公安机关责令改正，并对法定代表人或者直接责任人处300元以上500元以下罚款；情节严重的，处500元以上3000元以下罚款。

第三十九条　违反本办法，大型集贸市场、商品集散地经营管理机构以及建设工程的建设单位或者建设单位委托的项目管理、工程总承包、施工总承包单位未报告流动人口基本情况的，由公安机关责令改正，并对法定代表人或者直接责任人处200元以上500元以下罚款；情节严重的，处500元以上2000元以下罚款。

第四十条　违反本办法，骗取、冒领、出租、出借、转让居住证的，由公安机关收缴居住证，处200元以上500元以下罚款；违法行为人有非法所得的，没收非法所得。

第四十一条　违反本办法，非法收缴或者扣押居住证的，由公安机关处500元以上1000元以下罚款；情节严重的，处1000元以上3000元以下罚款。

第四十二条　公安机关、相关行政管理部门和其他机构及其工作人员在流动人口服务管理工作中玩忽职守、滥用职权、徇私舞弊，泄露流动人口登记管理信息，侵犯流动人口合法权益的，对直接负责的主管人员和直接责任人员，由其所在单位或者上级主管部门依法给予行政处分；构成犯罪的，依法追究刑事责任。

## 第五章　附　　则

第四十三条　本办法所称居住证，是指流动人口在本省行政区域内合法居住的证明和享受权益、公共服务的有效证件。

第四十四条　本办法所称有效身份证件，是指居民户口簿、居民身份证和临时居民身份证等。

第四十五条　首次申请领取、到期换发居住证，免收证件工本费。损坏换领、丢失补领居住证，应当缴纳证件工本费。

损坏换领、丢失补领居住证工本费标准，由省人民政府价格主管部门会同财政部门按照国家有关规定核定。

第四十六条　流动人口在本办法施行前领取的暂住证，在有效期内继续有效，并享受本办法规定的居住证持有人享有的权益和公共服务，有效期满需要继续居住的，依照本办法申领居住证。

第四十七条　本办法自2013年4月15日起施行。

# 山西经济年鉴

YEAR BOOK OF SHANXI ECONOMY

# 山西经济大事记

SHANXI JINGJI DASHIJI

26

# 2016年山西经济大事记

## 1月

5日

〇4日至5日，中共中央政治局常委、国务院总理李克强在山西考察。他先后到太原钢铁集团、太原市小北关棚户区、晋商博物馆等地调研，鼓励山西发扬晋商精神，尽快走出一条转型发展之路。

6日

〇全国总工会党组书记、副主席、书记处第一书记李玉赋率全总送温暖慰问团来到山西，在阳泉、晋中、长治走访困难企业，看望慰问老劳模、困难职工。

7日

〇山西省召开领导干部会议，传达贯彻中共中央政治局常委、国务院总理李克强考察山西重要讲话精神，对贯彻落实做出安排部署。

8日

〇国家科学技术奖励大会在北京举行。由山西省参与完成的6项科技成果获2015年度国家科学技术奖，所获奖项均为国家科学技术进步奖。其中，特等奖1项，二等奖5项。

12日

〇山西省企业职工“五小”竞赛优秀展在省展览馆举行。省委书记王儒林、全国总工会书记处书记赵世洪等出席启动仪式并观看展览。

14日

〇省长李小鹏参观全省企业职工“五小”竞赛成果展。他强调，要牢固树立“五大发展”新理念，深入实施创新驱动发展战略，在全省掀起大众创业、万众创新新热潮。

15日

〇中车永济电机有限公司被国家质检总局授予全国首批“中国出口质量安全示范企业”，是山西首家也是唯一的一家。

16日

〇由大同市委、市政府与北京中关村发展集团共同主办的大同(北京)招商对接会暨项目签约仪式在北京举行，现场签订总计涉及投资251.9亿元的招商“大单”。北京市副市长隋振江、山西省副省长王一新出席并讲话。

19日

〇国务院扶贫开发领导小组成员、国家卫计委副主任王培安，率领中央扶贫开发工作会议精神宣讲组第五组来山西省进行宣讲调研慰问活动。

20日

〇18日至20日，副省长王一新赴天津考察学习自贸试验区建设和金融创新工作。

21日

〇省委常委、常务副省长高建民主持召开省城环境质量改善指导协调组会议，听取太原市的汇报，研究2016年改善省城环境质量工作。

〇副省长郭迎光在并会见来晋调研扶贫开发工作的交通银行党委副书记、监事长宋曙光一行。

23日

〇省长李小鹏会见了由会长胡晓明率领的香港山西商会访问团一行。

25日

〇省长李小鹏会见浪潮集团党委书记、董事长兼首席执行官孙丕恕一行。

26日

〇省委书记王儒林、省长李小鹏、省政协主席薛延忠会见参加省政协十一届四次会议的港澳委员。

## 2月

1日

〇省长李小鹏主持召开省政府

第110次常务会议，贯彻落实全省“两会”精神，细化分解2016年政府工作报告目标责任，听取2015年政府工作完成情况督查汇报，安排部署加强政府自身建设等工作。

2日

○省长李小鹏深入阳煤集团新元煤矿井下，看望慰问一线矿工，检查指导安全生产和煤炭脱困工作。他强调，要深入推进煤炭行业供给侧结构性改革，抓好煤矿安全生产工作，推进煤炭清洁高效利用，促进煤炭行业早日走出困境。

6日

○中国(太原)煤炭交易中心第一个煤炭产地交收仓库——应县经纬通达交收仓库正式投入运营，由此，山西北部煤炭直达天津港的物流通道进一步畅通。

○省政府与中国华融资产管理股份公司签署战略合作框架协议暨华融晋商资产管理股份有限公司揭牌仪式在太原举行。

15日

○省委副书记楼阳生到省扶贫办就“冬季行动”推进落实情况进行调研。他强调，全省各地各单位要全面贯彻落实省委十届七次全会和全省脱贫攻坚大会的安排部署，扎实推进“冬季行动”，动员全省上下齐心协力打赢脱贫攻坚这场硬仗，努力实现“十三五”开好局、起好步。

16日

○省政府召开山西省制造振兴领导小组会议，传达国家制造强国建设领导小组会议精神，研究讨论《中国制造2025山西行动纲要》。省委常委、副省长付建华出席会议。

○15日至16日，副省长、省公安厅厅长刘杰到忻州市保德、河曲、偏关、五寨四个偏远县公安局和黄河万家寨水利枢纽有限公司等地进行调研。

19日

○省委常委、统战部部长、省促进民营经济发展工作领导小组组长孙绍骋在阳泉市，就贯彻全省民营经济发展推进大会、开展民营企业待批项目大起底、办理完善民营企业土地使用和房屋产权登记手续进展等方面工作调研。

○省委常委、副省长付建华会见中国铝业公司党组书记、董事长葛红林一行。

○副省长王一新会见浦发银行董事长吉晓辉一行。

23日

○省长李小鹏主持召开省政府第111次常务会议，研究部署加强安全生产和2016年固定资产投资、重点工程建设、主要经济指标分解落实等工作。

○国务院深入推进新型城镇化建设电视电话会议召开，全面部署推进新型城镇化建设工作。省委常委、常务副省长高建民在山西分会场参加会议。

○山西省黄河万家寨水务集团有限公司正式揭牌，标志着山西省万家寨引黄工程管理局(总公司)转为国有独资有限责任公司正式运营。副省长郭迎光出席仪式并揭牌。

24日

○山西省首家消费金融公司——晋商消费金融股份有限公司正式开业。副省长王一新出席仪式并揭牌。

25日

○全国妇联授予10位杰出女性“全国三八红旗手标兵”荣誉称号。长治市襄垣县王桥镇返底村党支部书记段爱平成为山西省唯一一个获此殊荣的杰出女性代表。

29日

○长治市城南工业园区被国家工信部命名为国家级新型工业化军民结合产业示范基地，成为山西省第一家国家军民结合型产业示范基地。

○山西五台山文化旅游集团有限公司正式揭牌，标志着五台山经营体制改革迈出了实质性步伐。

## 3月

1日

○副省长王一新会见捷克PPF集团最高管理委员会委员梅凯威先生一行，双方就进一步加强消费、金融领域等方面的合作进行了深入交流。

9日

○山西医科大学崔永萍教授领衔的“消化系统恶性肿瘤防治”山西省科技创新团队，近期在山西省高发恶性肿瘤食管癌防治研究方面取得系列突破进展，多篇重量级研究论文连续在国际顶尖学术期刊上发表。

11日

○副省长王一新与东航集团总会计师徐昭一行围绕航空市场拓展、旅游、金融领域合作、航空食品采购等问题进行了深入交流。

16日

○晋煤激光科技股份有限公司在激光显示关键技术方面拥有国际发明专利1项、国内发明专利11项、国内实用新型专利2项，成功推出了全球第一款集成度最高、体积最小，集家庭影院和工程投影为一体的三基色纯激光投影机和全球首例三基色纯激光背投应用方案。

18日

○省长李小鹏主持召开省促进民营经济发展工作领导小组会议，进一步学习贯彻习近平总书记在参加全国政协十二届四次会议民建、工商联界委员联组会时的重要讲话精神，研究部署山西省民营经济发展工作。

23日

○22日至23日，省长李小鹏在大同市调研。他强调，要深入贯彻落实全国“两会”精神，统筹发展煤与非煤产业，扎实推进供给侧结构性改期，促进经济持续健康发展。

25 日

〇22 日至 25 日，省委书记王儒林深入忻州市沿黄贫困县，就脱贫攻坚、退耕还林还草、水土保持综合治理等进行调研。他强调，要坚持脱贫攻坚生态建设紧密结合，实现群众增收环境改善互促双赢。

〇省长李小鹏主持召开省政府第 112 次常务会议，贯彻落实习近平总书记关于加强生态文明建设的一系列重要指示精神，分析当前经济形势，研究部署安全生产等工作。

〇太原比亚迪公司新能源汽车生产基地在太原经济技术开发区开工建设。

〇潞安集团余吾煤业公司开展的“分段固井套管装置”课题研究，被国家知识产权局确定为国家专利，填补了我国地面钻井抽采技术研究与应用的空白。

28 日

〇太钢不锈中标青山长江大桥工程。太钢不锈产品在我国内河桥梁主塔系梁中的使用尚属首次。

29 日

〇国内“功能性蛋白”领域的领跑者——山西锦波生物医药股份有限公司，与复旦大学签订合作协议，成立复旦——锦波功能蛋白联合研究中心。这是国内首个功能性蛋白研究中心。

31 日

〇副省长王一新应邀率省政府代表团对韩国、俄罗斯、蒙古进行了友好访问。

## 4 月

5 日

〇朔州市平鲁区通过中国科协验收，获得“2016～2020 年全国科普示范区”荣誉称号。

6 日

〇省长李小鹏主持召开省政府第 113 次常务会议，研究部署中国制造 2025 山西行动，省属国有企业加强党的领导和完善法人治理结构等工作。

〇省委副书记楼阳生深入扶贫联系点方山县马坊镇赤坚岭村，就精准扶贫工作进行调研。

〇山西省《关于深化供销合作社综合改革的实施方案》正式出台，全面部署供销合作社综合改革，以服务规模化推动农业现代化，到 2020 年，基本形成综合性、规模化、可持续的为农服务体系。

7 日

〇6 日至 7 日，省委书记王儒林深入吕梁市交口县、石楼县，就沿黄贫困地区生态建设与脱贫攻坚相结合、小流域治理、移民搬迁等进行调研。他强调，要坚持龙头带动，聚集精准脱贫，加快群众增收致富步伐。

〇6 日至 7 日，省长李小鹏在太原市调研。他强调，要落实新的发展理念，提速太原率先发展。

12 日

〇省长李小鹏会见来晋参加吕梁轻合金基地建设推进现场会的中国铝业公司董事长葛红林、华润集团总经理罗熹，双方就加快项目建设，推进供给侧结构性改革进行了深入交流。

〇山西省新兴产业重点项目(厦门)推介对接会在厦门举行。山西省企业推介对接重点项目涉及装备制造业、材料工业、食品工业、医药工业、轻纺工业、化工工业、信息产业等。

13 日

〇省委书记王儒林、省长李小鹏在太原拜会了全国人大常委会副委员长、全国妇联主席沈跃跃。沈跃跃此行是就贯彻落实习近平总书记“注重家庭、注重家教、注重家风”要求进行专题调研。

〇省长李小鹏在晋中市调研。他强调，要深入贯彻落实新的发展理念，促进经济持续健康发展。

14 日

〇省长李小鹏主持召开省政府第 114 次常务会议，学习贯彻国务院营改增专题座谈会和近日国务院常务会议精神，研究部署煤炭供给侧结构性改革、行政审批制度改革、工业稳定运行提质增效以及开展城乡采暖煤改电试点、加强公共文化服务等工作。

18 日

〇省委书记王儒林、省长李小鹏会见前来山西调研深化医药卫生体制改革工作的国家卫生计生委主任李斌。

21 日

〇省委书记王儒林会见全国工商联副主席、传化集团董事长徐冠巨一行。徐冠巨此行是就传化物流太原“公路港”物流项目进行选址考察，并与太原市政府达成合作。

〇省长李小鹏主持召开省政府第 115 次常务会议，分析一季度经济形势，部署当前重点工作。

〇山西省国有资产投资控股集团有限公司与晋商银行在太原签订战略合作协议，双方的合作将加快推进国控集团“十三五”重点项目建设步伐，打造产业板块，实现转型发展。

24 日

〇23 日至 24 日，省长李小鹏在朔州、忻州两市调研。他强调，要践行新的发展理念，持续加力，狠抓落实，全力稳工业增投资保民生，推动山西省供给侧结构性改革取得新成果。

〇山西潞安太行润滑油有限公司与中国科学院高等研究院建立长期战略合作关系，共同创建“先进润滑材料实验室”，成为全球首家高粘度 PAOIV 基础油和 CTLⅢ＋基础油生产企业。

26 日

○25 日至 26 日，省委书记王儒林深入潞安集团、水塔醋业、佰合园食品、久豪科技等企业进行调研。他强调，要坚定信心，深化改革创新，推进转型升级，全力为企业排忧解难。

○省政府与交通银行在太原签署战略合作协议。省长李小鹏、交通银行董事长牛锡明出席。

○副省长王一新会见渣打银行华北区域行政总裁杨传东一行，双方就加强金融领域合作、实现互利共赢进行了深入交流。

27 日

○省委书记王儒林、省长李小鹏会见前来山西调研并签约的中国银行董事长田国立一行。

○省长李小鹏在太原、晋中调研山西科技创新城项目建设情况。他强调，要抢抓机遇，主动作为，优质高效完成序时进度任务。

28 日

○省委书记王儒林、省长李小鹏会见前来山西考察并签约的清华大学业校长邱勇一行。

## 5月

1 日

○太原市湖滨国际大酒店开出住宿业第一张增值税专用发票，标志着全面营改增试点在山西省顺利落地。

○山西省首批电动力充电桩在长治国家高新区科技工业园下线，填补了山西省电动车充电桩生产空白。

4 日

○省委书记王儒林、省长李小鹏会见水利部部长陈雷一行。

○省长李小鹏主持召开省政府第 116 次常务会议，听取重点工作目标任务推进落实情况督查汇报，研究部署深化行政审批制度改革和国企国资改革等工作。

○山西省晋煤集团古书院矿采掘一队生产队副队长李鹏飞荣获第 20 届“中国青年五四奖章”。

○为吸引和鼓励更多优秀外国学生来山西学习，推动山西省外国留学生教育事业的发展，省政府设立了来晋留学政府奖学金，并制定了实施细则。

6 日

○民政部副部长高晓兵带领国务院第二考核组对山西省 2015 年度消防工作检查考核。

8 日

○5 日至 8 日，省委书记王儒林深入临汾市汾西、隰县、永和、大宁、蒲县等县，就沿黄地区脱贫攻坚与生态建设相结合进行专题调研。他强调，要以脱贫攻坚统揽全局，在治山治水中让群众实实在在受益。

9 日

○省委书记王儒林、省长李小鹏、省政协主席薛延忠拜会了全国政协副主席、国务院侨务办公室主任李海峰一行。

10 日

○省委书记王儒林、省长李小鹏会见前来山西出席中药材产业发展研讨、考察交流活动暨全国第二届中药材商品规格等级标准联盟成员会议的嘉宾。

○省委书记王儒林、省长李小鹏会见全国“扫黄打非”工作小组专职副组长李长江一行。

○省长李小鹏会见民生银行党委书记、行长郑万春一行，双方就进一步加强合作进行了深入交流。

○省长李小鹏主持召开省政府第 117 次常务会议，研究部署加强环境保护等工作。

11 日

○省委副书记楼阳生深入太原、晋中、临汾三市沿汾河县区，就深入推进汾河流域生态治理工作进行专题调研。

○副省长王一新会见中国港中旅集团公司总经理助理郑江、香港中旅国际投资有限公司常务副总经理曲涛一行，双方就加强旅游合作进行了深入交流。

12 日

○国家卫生计生委副主任金小桃带领的调研督查组对山西省医改工作进行调研督查。

○由中车大同电力机车有限公司申报的“出口白俄罗斯宽轨耐高寒交流传动电力机车”，即中白货运电力机车，成功入选国家火炬计划产业化示范项目。

13 日

○省长李小鹏会见浦发银行董事长吉晓辉。

14 日

○省委书记王儒林会见前来寻根祭祖、交流研讨的新党主席郁慕明及台湾各界代表人士。

○9 日至 14 日，全国政协副主席李海峰率香港特别行政区全国政协委员考察团在山西就“扩大对外开放，促进经济结构转型升级”进行考察。

○“问祖炎帝　寻根高平”海峡两岸神农炎帝农耕文化研讨会在晋城召开。

16 日

○14 日至 16 日，省委书记王儒林深入晋城市城区、泽州、陵川、高平，就加快脱贫攻坚，高平试点工作推进情况进行调研和座谈。他强调，要以上率下苦干实干，坚决打赢脱贫攻坚战。

○省委常委、副省长付建华会见人社部副部长兼全国总工会副主席邱小平一行。

18 日

○省长李小鹏深入晋中市、临汾市调研采煤沉陷区治理工作。他强调，要统筹兼顾奋力攻坚，坚决完成新一轮治理任务。

19 日

〇省委书记王儒林、省长李小鹏拜会前来山西出席“2016海峡两岸中华传统文化与现代化研讨会”的全国人大常委会副委员长、民进中央主席严隽琪。

〇省长李小鹏主持召开省政府第118次常务会议，学习贯彻习近平总书记在中央财经领导小组第13次会议上的重要讲话精神，分析当前经济形势，研究部署重点工作。

〇山西省在北京举办“美丽中国·晋善晋美推介会”，此项推介会是首届世界旅游发展大会的一项重要活动。

**20日**

〇19日至20日，全国人大常委会副委员长、民进中央主席、叶圣陶研究会会长严隽琪在山西介休出席“2016海峡两岸中华传统文化与现代文化研讨会”。

〇省委书记王儒林、省长李小鹏、省政协主席薛延忠会见前来山西运城出席“弘扬传统文化、践行核心价值”舜帝德孝文化实践活动启动仪式的全国政协副主席卢展工。

**22日**

〇省长李小鹏深入帮扶联系企业大象农牧集团和山西焦煤集团进行调研，协调解决企业生产经营中遇到的困难和问题。

〇省委副书记楼阳生深入帮扶联系民营企业亚宝药业集团股份有限公司进行调研。

**23日**

〇省长李小鹏会见以国务院妇儿工委委员、全国妇联副主席、书记处书记崔郁为组长的国家妇女、儿童发展纲要中期评估督导组一行。

**24日**

〇省委书记王儒林、省长李小鹏会见前来山西出席民盟山西省十届五次全委（扩大）会议的全国人大常委会副委员长、民盟中央主席张宝文一行。

〇截至2015年底，全省医疗保险参保人数达到1113.8万人，基本实现了全民医保目标。

**25日**

〇24日至25日，省委书记王儒林深入太原经济区、高新区、交通科学研究院、省科技厅，就科技创新进行专题调研。他强调，要大力推进科技创新，引领支撑转型升级。

〇省委书记王儒林、省长李小鹏会见中国国电集团公司董事长乔保平一行，双方就推进产业合作进行了深入交流。

〇副省长王一新会见国务院旅游市场综合监管专项督查组组长温忠民一行。

**26日**

〇省委书记王儒林、省长李小鹏会见中国石油化工集团公司董事长王玉普一行。

〇省委书记王儒林、省长李小鹏会见农业部部长韩长赋一行。

〇《中国制造2025山西行动纲要》正式发布。《纲要》提出了山西制造业的远景，到2025年，重点制造企业装备水平、创新能力达到国内先进水平，确定四大战略方向、八大战略重点，持之以恒推动制造业振兴升级。

**27日**

〇25日至27日，农业部部长韩长赋一行深入大同市左云县、南郊区和朔州市怀仁县的田间、牧场、农户、企业，就奶牛养殖、牧草种植、小杂粮加工等农业结构调整工作进行了实地考察和调研。

**28日**

〇25日至28日，中央农村工作领导小组副组长、办公室主任陈锡文一行，就贯彻落实习近平总书记在安徽小岗村农村改革座谈会上的重要讲话精神，加快推进农村改革发展在运城调研。

**30日**

〇省长李小鹏主持召开省政府第119次常务会议，研究承接加工贸易产业转移、推进脱贫攻坚等工作。

〇国家发改委发布《关于新建太原至焦作铁路可行性研究报告的批复》，同意建设太原至焦作铁路，进一步完善区域路网布局，强化晋东南与中原经济区的快速联系，带动沿线地区经济社会发展。

**31日**

〇省长李小鹏会见由州务卿约瑟夫·凯斯·伯德特率领的美国西弗吉尼亚州代表团一行，双方就进一步加强务实合作进行了深入交流。

## 6月

**1日**

〇省委副书记楼阳生带领省直相关部门负责同志深入省林业厅和水利厅，就贯彻落实全省脱贫攻坚推进大会精神，加快生态脱贫步伐进行调研。

〇以全国政协常委、云南省政协常务副主席白成亮为团长的住滇全国政协委员考察团一行莅晋考察。省政协主席薛延忠会见考察团一行。

**4日**

〇1日至4日，中共中央政治局原常委、国务院原副总理李岚清同志在山西考察调研。

**5日**

〇5月30日至6月5日，省委常委、统战部部长、省促进民营经济发展工作领导小组组长孙绍骋带队，省委统战部、省商务厅、省外事侨务办公室、省工商联、省投促局负责同志参加，赴香港、澳门对全国工商联常委企业进行拜访对接。

〇副省长王一新在武汉出席中国中部国际产能合作论坛暨企业对接洽谈会期间，分别会见了与山西省有产能合作的蒙古国、德国、哈萨克斯坦、阿尔巴尼亚、伊朗等“一带一路”沿线国家客人和与山西省结好的意大利阿布鲁佐大区议会主席基斯普·迪·潘哥拉齐奥先生一行。

7 日

○5 日至 7 日，中共中央政治局委员、中央统战部部长孙春兰在山西调研。她强调，要认真贯彻落实习近平总书记重要讲话，切实做好非公有制经济和宗教领域统战工作。

○省长李小鹏主持召开省政府第 120 次常务会议，研究通过山西省“十三五”服务业发展规划、交通运输体系规划、战略性新兴产业发展的若干措施，安排部署深化权力清单制度改革和光伏扶贫等工作。

11 日

○国家发展改革委、交通运输部联合印发《交通基础设施重大工程建设三年行动计划》，其中涉及山西的项目有 4 个，包括 1 个铁路项目，1 个城市轨道交通项目，2 个公路项目，涉及投资金额近 800 亿元。

8 日

○省委书记王儒林会见阿里巴巴集团董事局主席马云一行，双方就开展多领域合作深入商谈。

12 日

○省供销社与省扶贫办就共同推进农村电商和合作金融精准扶贫工作签署战略合作框架协议。双方就围绕开展农村电子商务培训、农村电子商务、探索农村合作金融服务、实施“百社万户精准扶贫工程”等内容达成协议。

14 日

○13 日至 14 日，省委书记王儒林深入晋中市和顺、榆社、灵石、太谷、榆次区等县(区)，围绕贯彻落实全国科技创新大会、全省脱贫攻坚推进大会精神进行调研，就推进煤炭供给侧结构性改革等听取意见建议。

○省委副书记楼阳生深入忻州原平市、代县、繁峙县，就贯彻落实王儒林书记在全省脱贫攻坚推进大会上所做的部署，扎实推进脱贫攻坚工作进行调研。

○全国第一个“民用清洁焦产学研基地”在山西亚鑫集团工业园区挂牌成立。

15 日

○省委书记王儒林会见武警部队副司令员潘昌杰一行。

16 日

○15 日至 16 日，省长李小鹏在晋城市阳城县、泽州县、沁水县、高平市调研。他强调，要坚定信心，奋力攻坚，持续巩固积累经济运行中的积极因素，奋力推进经济社会持续健康发展。

○太原至焦作高速铁路工程在高平市神农镇开工建设。

18 日

○中共中央政治局委员、中央书记处书记、中宣部部长刘奇葆在山西调研。他强调，要认真学习贯彻习近平总书记哲学社会科学工作座谈会重要讲话精神，努力推进哲学社会科学繁荣发展。

20 日

○省委书记王儒林、省长李小鹏会见中华全国供销总社党组书记、理事会主任王侠。

○省政府与浪潮集团签署战略合作框架协议，省长李小鹏、浪潮集团董事长孙丕恕出席签约仪式。

21 日

○20 日至 21 日，中华全国供销合作总社党组书记、理事会主任王侠一行来到山西，就中发〔2015〕11号文件贯彻落实情况、山西省供销合作社综合改革情况等进行调研考察，并召开座谈会。

22 日

○省委书记王儒林、省长李小鹏拜会前来山西省就“加强基层法治建设”课题进行专题调研的全国人大常委会副委员长、民革中央主席万鄂湘。

○省长李小鹏在太原市调研军工科研院所和企业。他强调，要深入贯彻落实军民整合发展战略，发挥军工优势，助力产业转型。

23 日

○省长李小鹏会见中国中铁股份有限公司总裁张宗言。

24 日

○22 日至 24 日，全国人大常委会副委员长、民革中央主席万鄂湘在山西省就加强基层法治建设进行专题调研。他强调，要加强科学立法，推进全民守法。

○23 日至 24 日，省委书记王儒林深入朔州、忻州、太原三市，就深化煤炭供给侧结构性改革进行调研，听取意见建议。他强调，要坚定战略自信，优化产品供给，切实做好煤炭这篇大文章。

27 日

○省委书记王儒林、省长李小鹏、省政协主席薛延忠拜会来晋出席全国工商联十一届八次常委会议暨民营企业助推山西转型创新发展大会的全国政协副主席、全国工商联主席王钦敏一行。

28 日

○由省政府和全国工商联共同主办的民营企业助推山西转型创新发展大会在太原举行。大会签约项目 298 个，总投资 4152 亿元。

29 日

○28 日至 29 日，全国工商联十一届八次常委会议在太原召开。

○省长李小鹏主持召开省政府第 122 次常务会议，研究“十三五”工业和信息化、农村旅游公路建设等规划，安排部署整合使用财政扶贫资金等工作。

○副省长王一新会见来太原出席中澳自由贸易协定解读研讨会的澳大利亚驻华使馆公使衔参赞裴丽莎女士一行。

30 日

○省政府与中国中车集团公司在太原签署战略合作协议，省长李小鹏、中国中车集团公司董事长崔殿国出席签约仪式。

○国家林业局局长张建龙一行深入太原市娄烦县、万柏林区的生态园、合作社、森林公园，就造林绿化、退耕还林、城市绿化等林业工作进行了实地考察和调研。

## 7月

4 日

○省委常委、统战部长孙绍骋会见香港山西商会参访团一行。

5 日

○省长李小鹏主持召开省政府第 123 次常务会议，研究部署承接煤层气矿业、专利奖励、重大项目稽察等工作。

○太原科技大学申报“中西部高校基础能力建设工程”项目获批，获得中央预算内投资计划 8000 万元。

6 日

○省长李小鹏在山西科技创新城调研。他强调，要保证安全，保证质量，加力加速推进项目建设。

○省长李小鹏会见东北亚地区地方政府联合会秘书长全哉垣一行，双方就加强合作进行了深入交流。

7 日

○省长李小鹏在阳泉市调研经济运行和环境保护等工作。他强调，要真抓实干，奋力拼搏，促进经济发展实现更好水平。

8 日

○副省长王一新会见国家开发银行首席经济学家、研究院院长、国开发展基金公司总经理刘勇一行。

○5 日至 8 日，以全国人大环资委副主任委员王云龙为组长的全国人大常委会《环境保护法》执法检查组，深入忻州、太原两市检查《环境保护法》实施情况并召开座谈会。

9 日

○7 日至 9 日，省委书记骆惠宁深入太原地区有关园区、企业和科研院所就经济发展进行调研。他强调，要坚定不移推进供给侧结构性改革，强化创新驱动，加快转型升级，推动山西经济稳步向好。

○吕梁市军民融合协同创新研究院与国防科技大学合作的重点项目——“无人机视觉巡查实时综合应用系统”通过验收，填补了此项技术空白。

13 日

○省长李小鹏主持召开省政府第 124 次常务会议，研究部署安全生产、农业农村经济、综合行政执法体制改革、科技创新城建设等工作。

○省委副书记楼阳生深入省司法体制改革领导小组办公室，就加快推进司法体制改革试点工作进行调研。

14 日

○省长李小鹏在吕梁市调研项目建设和固定资产投资等工作。他强调，要抓紧抓实重大项目建设，确保固定资产投资持续较快增长。

○省委副书记楼阳生深入文水县，就安全稳定风险隐患大排查整治工作推进落实情况进行调研。

○省内 LED 领军企业高科光电检测中心获国家 CNAS 实验室认可，这是山西省 LED 照明行业首次获国家 CNAS 实验室认可，标志着高科光电实验室管理水平、技术水平和整体实力迈上新台阶。

19 日

○省长李小鹏会见来晋考察工作的中国中煤能源集团公司董事长李延江一行，双方就深入合作进行了交流。

21 日

○省长李小鹏主持召开省政府第 125 次常务会议，学习贯彻习近平总书记关于加强安全生产和做好当前防汛抗洪抢险救灾等工作的重要讲话指示精神，传达贯彻全国安全生产会议精神、国务院地方负责人促进社会投资健康发展会议精神，研究部署山西省煤炭供给侧结构性改革、工业经济运行和固定资产投资等工作。

○省委常委、统战部部长孙绍骋会见来并参加“第十八届无机和有机电致发光国际研讨会”的两院院士及专家学者。

26 日

○省长李小鹏在山西农业大学微藻燃油中试基地调研。他强调，要大力推动能源科技创新，推动煤炭革命。

○副省长王一新会见中国进出口银行山西省分行筹备组组长吴皖中一行。

27 日

○全国最大甲醇联产 LNG 项目——鹏飞集团年产 60 万吨甲醇联产 4 亿立方米 LNG 项目一期在孝义市千万吨级新型煤化工园区投产。

29 日

○全国双拥模范城(县)暨双拥模范单位和个人表彰大会在北京举行。山西省 11 个市、县被命名为“全国双拥模范城(县)”，1 个单位被表彰为“全国爱国拥军模范单位”，3 人被表彰为“全国双拥模范”。

## 8月

1 日

○由省林学会和省林科院共同完成的“山西省高寒区枣树设施促成栽培技术研究”达到国际先进水平。

3 日

○省长、省钢铁煤炭行业化解过剩产能实现脱困发展领导小组组长李小鹏主持召开会议，传达贯彻国务院钢铁煤炭行业去产能专题会议和重庆、杭州两个现场交流会议精神，进一步安排部署山西省化解煤炭钢铁行业过剩产能工作。

○省长李小鹏会见由美国加利福尼亚州财务长江俊辉率领的美国西部市长代表团一行，双方就开展务实合作进行了深入交流。

○编组30辆、发往越南的79185次列车从太原铁路局清徐站开出，最终抵达越南安员站。这是山西省开行的首趟国际联运货物列车。

4日

○省长李小鹏主持召开省政府第126次常务会议，贯彻省委常委会精神，部署下半年经济工作，研究电力供给侧结构性改革、法治政府和知识产权强省建设等事宜。

○省委副书记楼阳生深入朔州市左云县，就贯彻落实省委决策部署，推动经济社会持续健康协调发展进行调研。

9日

○省长李小鹏主持召开省政府第127次常务会议，研究通过山西省“十三五”科技创新和文化强省规划，安排部署加强文物保护等工作。

○在山西银监会牵头下，山西投贷联盟在太原正式成立。初始成员7家银行、5家投资机构。

10日

○8日至10日，省委书记骆惠宁深入朔州、大同进行调研，并召开部分煤炭企业座谈会。他强调，要贯彻落实省委常委会重大决策部署，加快推进煤炭供给侧结构性改革。

○省长李小鹏主持召开深化省属国有企业改革工作领导小组会议，研究部署省属国有企业功能界定与分类、建立人工效率评价体系等工作。

○9日至10日，省委副书记楼阳生深入晋中市左权县、榆社县，就贯彻落实省委决策部署，抓好脱贫攻坚，推动经济社会持续健康发展进行调研。

○民政部副部长窦玉沛深入忻州、太原等地，就基层养老、社区防灾减灾救灾工作展开调研。

11日

○省产权交易中心与北京文化产权交易中心签约，将共建山西文化产权交易平台。

12日

○9日至12日，中宣部副部长、中央文化体制改革和发展领导小组办公室主任孙志军在山西就文化体制改革和发展、基层公共文化服务等工作考察调研。

○大同至原平铁路客运专线工程在朔州市朔城区福善庄乡开工建设。该客运专线是国家《中长期铁路网规划》中“八纵八横”高速铁路网的重要组成部分。

13日

○省长李小鹏在五台山会见了以外交大臣丹曲·多吉为团长的不丹王国代表团。

15日

○省财政厅联合省科技厅印发《扶持众创空间发展专项资金管理办法(暂行)》明确，对众创空间实际发生的开办建设运营支出费用，给予最高不超过100万元的一次性运行补助。

17日

○农发行总行批准将山西列入省级政策性金融扶贫实验示范区。山西省成为该行在全国的首批实验示范区。

○以山西医科大学为依托单位，中国工程院徐建国院士、山西医科大学校长段志光教授为负责人的“我国公共卫生人才培养战略研究”专项课题在并正式启动。

18日

○山西省首家跨境贸易电子商务平台在太原武宿综保区上线运行。

19日

○省长李小鹏主持召开省政府第128次常务会议，分析当前经济运行情况，研究部署煤炭去产能减产量经济保增长、固定资产投资、税收征管体制改革等工作。

22日

○省长李小鹏会见莅晋考察的中国科学院党组副书记、副院长刘伟平。

○山西省29个项目和个人入选国家艺术基金2016年度资助名单，入选数量和获得扶持资金总额均位于全国前列。

23日

○省长李小鹏主持召开省政府第129次常务会议，研究部署旅游景区(景点)体制机制改革、全民健身和高速公路建设等工作。

24日

○省人社厅最新发布《关于机关事业单位养老保险制度改革有关具体问题的处理意见》，就山西省关于参加机关事业单位养老保险制度改革人员、改革试点期间个人缴费本息处理等问题做出明确处理意见。

○芮城县荣膺“中国最美生态文化旅游名县”，成为山西省唯一上榜的县城。

29日

○中国信息通信研究院发布《2016年中国工业百强县(市)发展报告》，孝义市位列中国工业百强县(市)第95位，是山西省唯一入围县(市)。

○在国家自然科学基金委公布的2016年国家自然科学基金项目评审结果中，省农科院小麦遗传与分子育种山西省科技创新团队主要成员詹海仙博士的《小麦－偃麦草创新种质CH7086中抗条锈基因Yr69的精细定位》和郑军博士的《小麦产量性状基因Ta－MYB－7A功能鉴定及其调控机制研究》获得国家自然科学青年基金的资助。

30日

○国家发改委副主任林念修任组长的国务院专项督查组一行莅晋督查工作，听取了山西省钢铁煤炭行业化解过剩产能工作汇报。

○国家开发银行山西分行向吕

梁市方山县发放易地扶贫搬迁专项贷款1300万元，标志着全省金融支持易地扶贫搬迁的第一单“落地”。

31日

○2016山西旅游大会在大同召开。

## 9月

2日

○1日至2日，省委书记骆惠宁深入革命老区长治市武乡、襄垣、屯留、城区、平顺等地调研，并主持召开座谈会。他强调，要弘扬革命精神，奋力迎难而上，为与全国同步全面建成小康社会努力奋斗。

○代省长楼阳生主持召开省政府第130次常务会议，研究部署重点工作督查、汾河流域生态修复治理、永久性生态公益林保护和安全生产等工作。

5日

○省政府与苏宁控股集团举行工作会谈，签订战略合作框架协议。

6日

○省委书记骆惠宁、代省长楼阳生分别会见莅并出席2016太原能源低碳发展论坛暨中国(太原)国际能源产业博览会的嘉宾。

○由山西省政府、国家商务部和科技部共同主办的2016中国(太原)国际能源产业博览会在中国(太原)煤炭交易中心隆重开馆。

7日

○2016太原能源低碳发展论坛在并召开。

○省政府与美国能源部长代表团举行工作会谈，代省长楼阳生出席。

○省政府与匈牙利索尔诺克州政府举行工作会谈。代省长楼阳生、索尔诺克州州长桑德尔·科瓦齐出席。

8日

○6日至8日，共青团中央书记处第一书记秦宜智就定点扶贫及共青团工作在吕梁市石楼县、太原市考察调研。

○2016太原能源低碳发展论坛暨中国(太原)国际能源产业博览会重大项目签约仪式在中国(太原)煤炭交易中心举行，现场签约重大合作协议和项目14个。

9日

○代省长楼阳生主持召开省政府第131次常务会议，研究通过山西省“十三五”环境保护规划，部署加强档案管理、规范展会活动、促进煤层气产业发展和国家工作人员宪法宣誓等工作。

11日

○8日至11日，中央统战部常务副部长张裔炯率中央统一战线工作领导小组第五调研检查组莅晋，调研检查党中央关于统一战线一系列重大决策部署贯彻落实情况。

12日

○代省长楼阳生在太原市调研城市建设发展工作。他强调，要深入调查研究，摸准实情，出好实招。

14日

○省委书记骆惠宁会见前来山西访问的新西兰食品安全部部长乔·古德修一行。

○山西电力交易中心有限公司揭牌成立。

○“2016中国地级市民生发展100强”名单出炉，长治市位列第87位，成为山西省唯一入选者。

19日

○国家质检总局公布了2016年国家级出口食品农产品质量安全示范区名单，山西省新增沁县、天镇县、右玉县3个国家级出口食品农产品质量安全示范区。至此，全省已建成16个国家级出口食品农产品质量安全示范区。

○2016第16届中国平遥国际摄影大展盛大开幕。

21日

○19日、20日和21日，代省长楼阳生在太原市调研开发区建设发展工作。他强调，要创新开发区体制，打造新动能引擎。

22日

○19日至22日，省委书记骆惠宁深入吕梁、忻州看望老区人民，就推进脱贫攻坚进行调研，并主持召开座谈会。他强调，要强化责任担当，精准扶贫脱贫，确保贫困地区与全省同步进入小康。

23日

○代省长楼阳生主持召开省政府第132次常务会议，进一步部署山西省化解煤炭钢铁过剩产能、“三去一降一补”五大重点任务，研究继续取消下放一批行政职权事项和政务服务管理工作。

○19日至23日，全国人大常委会安全生产执法检查组在山西进行执法检查。全国人大常委会副委员长张平在检查中指出，任何时候都不能放松安全生产，要通过执法检查进一步提升安全生产工作法治化水平。

24日

○23日至24日，省委书记骆惠宁深入阳泉市平定、盂县、阳泉经济技术开发区进行调研。期间，主持召开省属钢铁煤炭企业主要负责人座谈会并做重要讲话。他强调，要以煤炭产能结构优化，促进全省经济结构调整。

○20日至24日，全国政协常委、著名经济学家厉以宁教授率全国政协经济委员会调研组就山西省推进供给侧改革，加快经济转型进行调研。

○芮城县人民政府与中国华电福新能源股份有限公司山西分公司、中国电力国际有限公司等7家企业成功签约光伏领跑技术基地项目建设。芮城成为全国首家在县级层面实施的国家光伏领跑技术基地县。

〇全省首座煤炭去产能关闭矿井——晋能集团所属矿井赵屋煤业永久性关闭。

27 日

〇代省长楼阳生深入同煤大唐塔山煤矿井下检查指导安全生产工作,主持召开安全生产座谈会。他强调,要以铁的担当尽责,铁的手腕治患,铁的心肠问责,铁的办法治本,坚决守住不发生重大安全生产事故等“三条底线”。

〇国务院医改办主任、国家卫生计生委副主任王贺胜带领国务院医改办调研组一行莅晋调研医改工作进展情况。

28 日

〇省政府与中国银行间市场交易商协会举行工作会谈,代省长楼阳生、中国银行间市场交易商协会秘书长谢多出席并讲话。

〇晋商信用增进投资股份有限公司揭牌成立。

29 日

〇省委书记骆惠宁深入长治、忻州就宗教工作进行调研,并与宗教界人士座谈。他强调,要全面贯彻党的宗教工作基本方针,促进宗教和谐健康发展,为全面建成小康社会凝心聚力。

30 日

〇太原市本级及城六区启动不动产统一登记,标志着山西省不动产统一登记全面“颁发新证、停发老证”,全省进入不动产统一登记时代。

〇全国首座分布式低浓度瓦斯电站——晋煤集团金驹股份公司芦家峪瓦斯电站顺利通过带电调试,正式并网发电。

## 10月

9 日

〇副省长王一新会见中国保监会副主席梁涛一行。

〇晋城海关开关运营。

11 日

〇代省长楼阳生在静乐县调研易地扶贫搬迁工作。他强调,要坚持精准方略,实施易地搬迁,坚决打好脱贫攻坚第一场硬仗。

〇10 日至 11 日,中国人民政协理论研究会 2016 年度理论研讨会在并召开。全国政协副主席兼秘书长、理论研究会会长张庆黎出席会议并讲话。

12 日

〇11 日至 12 日,省委书记骆惠宁深入临汾、晋中,就全省万名干部入企服务工作进行调研,与企业和入企干部进行座谈。他强调,要上下联动、部门联动,为企业发展提供优质服务和良好环境。

〇山西省资源型经济转型促进会成立。

14 日

〇代省长楼阳生主持召开省政府第 133 次常务会议,研究部署推行“双随机、一公开”监管、“十三五”综合能源发展规划、安全生产目标责任考核、县域经济考核评价等工作。

〇代省长楼阳生在山阴县调研渗水地膜谷子穴播技术示范推广项目。他强调,要大力推广先进适用技术,加快发展特色农业。

〇《关于进一步推进全省高速公路建设的意见》出台,明确提出加大政策支持力度,推进高速公路建设和投融资体制改革。

〇为加大力度推进以审判为中心的刑事诉讼制度改革,省高院决定在全省部分法院对相关制度先行先试,并确定 10 项重点项目及试点法院。标志着山西省成为首个在全省范围内试点以审判为中心刑事诉讼制度改革的省份。

18 日

〇省政府与泰康保险集团在并举行工作会谈并签署战略合作框架协议。

19 日

〇代省长楼阳生主持召开省政府第 134 次常务会议,研究当前经济运行和生态环境监测等工作。

20 日

〇2016 中国计算机大会在并开幕。

〇省政府与浙江大学举行工作会谈并签署战略合作框架协议。

〇省政府与中国东方航空集团公司举行工作会谈。

21 日

〇20 日至 21 日,省政协主席薛延忠率省政协专项视察监督组,围绕省委省政府加快民营经济发展重大部署落实情况在太原市开展视察调研。

## 11月

4 日

〇山西转型综改示范区管委会筹委会成立,标志着示范区建设进入实质性推进阶段。

7 日

〇代省长楼阳生到中鼎物流园调研现代物流业发展。他强调,要加快发展现代物流业,打造转型升级新支撑。

9 日

〇代省长楼阳生在太原市调研数字经济发展工作。他强调,要实施大数据战略,培育数字经济,建设智慧山西。

10 日

〇代省长楼阳生会见莅晋考察的三胞集团有限公司董事长袁亚非。

〇山西省投资集团有限公司与国开行签署了开发性金融合作协议,合作规模预计 200 亿元。

11日

○代省长楼阳生主持召开省政府第136次常务会议，听取万名干部入企服务工作情况汇报，安排部署加强食品安全、发展会展经济、建设山西“农谷”等工作，研究通过深化制造业与互联网融合发展的实施方案。

13日

○山西新能源发电装机容量首次突破千万千瓦大关。其中，风电装机724.53万千瓦，光伏装机290.93万千瓦，累计达到1015.46万千瓦。

16日

○15日至16日，代省长楼阳生在长治市调研重点工程建设、工业转型升级、文化旅游业发展和脱贫攻坚等工作。他强调，要以创新驱动转型，以产业带动致富。

○为进一步推进政府和社会资本合作(PPP)工作取得实质性进展，发挥示范项目引领作用，调动社会资本参与积极性，山西省推出国家第三批及省级第二批PPP示范项目，共27个项目，总投资192.66亿元。

21日

○代省长楼阳生在太原市调研金融改革发展工作。他强调，要做大做强金融产业，更好服务转型升级。

22日

○21日至22日，中央直属机关工委副书记李勇在定点帮扶单位宁武县，就脱贫攻坚工作进行调研。

○省委常委、常务副省长高建民在太原航空口岸实地察看检验检疫、海关、边检等通关过程，对内陆口岸出入境检验检疫工作进行专题调研。

23日

○代省长楼阳生主持召开省政府第137次常务会议，部署国务院第三次大督查反馈意见整改落实工作，原则通过关于健全生态保护补偿机制的实施意见、建立完善守信联合激励和失信联合惩戒制度加快推进社会诚信建设实施方案，研究降低实体经济企业成本等工作。

○省委副书记黄晓薇到省总工会，就深入学习贯彻党的十八届六中全会精神和省第十一次党代会精神，进一步做好新形势下的工会工作进行调研。

○省政府与中信银行举行工作会谈并签署战略合作框架协议。

○省政府与中国工商银行举行工作会谈，代省长楼阳生、中国工商银行董事长易会满出席并讲话。

25日

○中共中央政治局常委、中央深化国家监察体制改革试点工作领导小组组长王岐山近日到北京、山西、浙江就开展国家监察体制改革试点工作调研。他强调，要实现对公职监察全覆盖，完善党和国家的自我监督。

29日

○教育部党组成员、副部长林蕙青深入山西大学和太原理工大学调研。

○副省长王一新拜会国家电网公司董事长舒印彪，并代表省政府与国家电网公司进行工作会谈。

○副省长王一新拜会中国兵器工业集团公司总经理温刚，并就进一步加强双方合作与交流进行座谈。

○司法部副部长在山西就监狱安全监管和安全生产工作进行调研。

30日

○省委常委、副省长孙绍骋会见韩国全罗南道国际关系大使金大植一行，双方就进一步开展务实合作进行了交流。

○中华全国总工会党组书记、副主席、书记处第一书记李玉赋在山西省工会第十三次代表大会期间，深入省属国有企业太重集团、山西焦煤西山煤电官地矿进行调研。

## 12月

2日

○省长楼阳生主持召开省政府第138次常务会议，通过山西省贯彻中医药发展规划纲要(2016～2030年)实施方案、全民科学素质行动计划纲要实施方案(2016～2030年)、“十三五”加快残疾人小康进程发展规划，研究文化市场综合执法改革、妇女儿童工作、流动人口服务管理、文物保护等事项。

○省长楼阳生会见阿里巴巴集团副总裁钟天华一行。

○11月29日至12月2日，团中央书记处书记汪鸿雁一行，就脱贫攻坚、农业产业发展、电商扶贫等工作在山西调研。

3日

○1日至3日，国务委员、公安部部长郭声琨在山西调研。他强调，要深入学习贯彻六中全会精神，努力创造安全稳定社会环境。

○省长楼阳生到省环保厅调研。他强调，要扎实有效做好生态环境保护工作，坚定走“绿水青山就是金山银山”的发展之路。

6日

○第六届全球新能源企业500强发布大会暨2016新能源发展高峰论坛召开。山西省本土光伏组件制造商晋能清洁能源科技有限公司首次入围全球新能源企业500强，位列346位。

7日

○省委书记骆惠宁深入山西焦煤集团、太重集团，就深入贯彻省第十一次党代会精神、推动供给侧结构性改革进行调研。他强调，要深入贯彻省第十一次党代会精神，推动供给侧结构性改革取得新成效。

8日

○山西焦煤集团公司、中国建

设银行、山西省国资委三方共同签署市场化债转股合作框架协议。这是2016年国务院出台《关于积极稳妥降低企业杠杆率的意见》及《关于市场化银行债权转股权的指导意见》后，山西省首单国有企业市场化债转股合作项目。

11日

○2016中国企业领袖年会在北京举行，副省长王一新出席并作主旨演讲。

○中国工业大奖第四届表彰大会在北京举行，山西焦煤集团华晋焦煤“近距离突出煤层群稀缺资源安全开发与利用”项目获得“中国工业大奖”。这是山西省煤炭工业首次也是唯一获此奖项的企业。

12日

○国家开发银行山西分行与省转型综改示范区管委会筹委会、省水利厅分别签订开发性金融合作协议，与太原市轨道交通发展有限公司签订贷款合同。

13日

○省长楼阳生在北京考察了汉能控股集团，并出席山西太原移动能源产业园签约仪式。

14日

○山西省首只排污权金融产品成功落地。该产品以排污权为标的，首次引入排污权收益概念，通过创新排污权收益权转让模式成功实现排污权融资。

17日

○省政府与科技部在北京举行省部工作会商。全国政协副主席、科技部部长万钢，省长楼阳生出席并讲话。

○在“2016第十一届中国全面小康论坛”上，山西省长治县振兴村与华西村、茅台镇、乌镇等10个村镇入围“2016中国全面小康十大示范村镇”。

19日

○全国人大常委会审议相关决定草案，拟授权国务院在全国12个生育保险和基本医疗保险合并实施试点城市行政区域暂时调整实施《中华人民共和国社会保险法》有关规定，山西省晋中市入选。

20日

○省长楼阳生在太原市调研新材料产业发展情况。他强调，要加大支持力度，下大气力做大做强新材料产业。

○19日至20日，国家发改委副主任、国家统计局局长宁吉喆一行在太原、忻州两市进行调研。

21日

○省政府与信达资产管理公司签署金融支持山西供给侧结构性改革战略合作协议。

23日

○省长楼阳生主持召开省政府第140次常务会议，研究主要经济指标和健康山西建设、医药卫生体制改革、生态文明建设、土地利用总体规划调整等工作。

26日

○太钢集团、同煤集团、阳煤集团与中国工商银行签订《债转股合作框架协议》。根据协议，三家企业与工行的“债转股”合作资金规模达300亿元。

○省扶贫办和中国人民财产保险股份有限公司山西省分公司签订保险扶贫战略合作协议。

○山西大学整合学科资源优势，成立大数据学院和大数据科学与产业研究院。

（马天天　整理）

# 管理精细、效益领先、平安和谐

## ——北方铜业股份有限公司铜矿峪矿

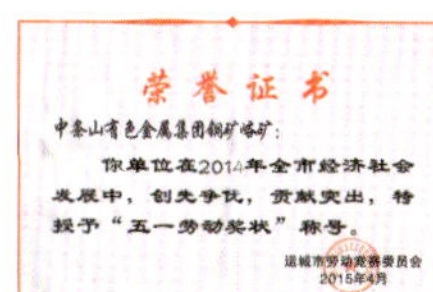
荣誉证书

中条山有色金属集团铜矿峪矿：

你单位在2014年全市经济社会发展中，创先争优，贡献突出，特授予“五一劳动奖状”称号。

运城市劳动竞赛委员会

2015年4月

北方铜业股份有限公司铜矿峪矿隶属中条山有色金属集团有限公司，是集铜原料采、选为一体的大型联合矿山企业。2013年二期工程达产达标，建成全国乃至亚洲最大地下非煤矿山企业，主要产品为铜精矿。现有职工3778人。2016年，完成处理矿量720万吨，再次刷新历史纪录；推行了68项精细化管理项目，直接创效4100万元；实现考核利润3.3亿元，各项工作走在所在集团公司的前列。

★提高系统生产效率,优化生产组织，确保满负荷生产。加强生产协调管理，进一步提升生产系统保障能力。加大了4#矿体高品位区域出矿量，优化了4#矿体运输方案。全年增加高品位区域矿量60万吨，增加利润2123万元。提高设备的运行效率和系统保障能力，减少了碎矿循环时间，提高了新系统中细碎处理能力。优化压仓、地表矿堆铲矿组织，保证了井下停产期间“三大两小”球磨机满负荷运行，全年完成720万吨。

团结奋进的矿领导班子

★对标运行，多措并举,确保节本增效。全年节电345.5万千瓦小时，节约电费172.7万元；节约水费1656.3万元；建立了成本消耗预警机制，阶段成本管控体系基本建成；规范保险索赔程序；提高劳动效率，减少工资支出83.3万元。

精细管理，安全生产

★构建长效机制，实现年度安全生产目标。抓好日常安全生产工作，加强作业现场安全管理，持续开展梯进式安全文化管控评价考核，落实安全精细化管理工作，连续834天实现人身伤亡事故为零。编制完成《铜矿峪矿二期建设工程职业危害控制效果评价》，通过了国家安全生产监督管理总局职业卫生“三同时”竣工验收。

★关注民生，改善环境，积极构建和谐矿区社会。公租房分配平稳有序，完成水网改造，改善供暖质量和供电质量。关心困难职工群体，为特困户发放救济金，资助困难学生，对矿区“零就业”家庭和困难职工家庭在招收短期合同工时予以倾斜，解决了困难家庭的就业问题。

现代化生产

铜矿峪矿近年来先后荣获山西省“五一劳动奖状”“文明和谐单位”“先进基层党组织”、运城市“五一劳动奖状”“模范集体”和中条山集团“模范单位”“企业文化建设先进单位”等荣誉称号。

（铜矿峪矿　供稿）

日新月异的太原

# 克难攻坚 奋力前行
# 稳中有进 稳中向好

——太原市

2016年，太原市按照省委“一个指引、两手硬”重大思路和要求，积极适应经济发展新常态，坚持稳中求进总基调，统筹做好稳增长、促改革、调结构、惠民生、防风险各项工作，努力实现“两个走在前列”，经济运行稳中有进、稳中向好，实现了“十三五”良好开局。

★经济运行持续稳定增长。2016年，完成地区生产总值2955.60亿元，增长7.5%；规模以上工业增加值571.81亿元，增长7%；固定资产投资2027.71亿元，增长0.1%；一般公共预算收入282.69亿元，增长3.1%；社会消费品零售总额1666.24亿元，增长8.1%；外贸进出口总额133.14亿美元，增长24.8%，外贸出口总额83.29亿美元、增长26.4%，进口总额49.85亿美元、增长22.2%；城镇居民人均可支配收入29632元，增长6.9%；农村居民人均可支配收入14591元，增长7.1%。

太原市成为全国首个实现纯电动出租车的城市

城中村改造

摄乐桥雄姿

柴村桥东西立交建成

五一路改造完成

卧虎山快速路通车

★产业转型升级初见成效。积极推进供给侧结构性改革。有力有度有效落实“三去一降一补”，坚决淘汰落后产能，关闭退出矿井两座，退出产能195万吨；将去库存与棚户区和城中村改造相结合，探索打通安置房与商品房之间通道，全市商品住房销售面积增长61.87%，商业用房销售面积增长3.34%，写字楼销售面积增长128.93%，全市城区商品住房消化周期保持在合理区间；发挥金融对实体经济的支撑作用，加强与国开行等战略合作，争取低息、中长期资金支持；利用多层次资本市场，推进企业改制、挂牌、上市，新增“新三板”挂牌企业24家；开展“降低实体经济企业成本行动”，累计为企业减负65亿元。构建多元化中高端现代产业体系，信息产业、高端装备制造业、新材料三大基地建设扎实推进，富士康手机制造及维保、太重风电等重大项目进展顺利，新兴接替产业增加值增长13.2%，占全市规模以上工业比重达到70.9%。现代服务业发展加快，华润万象城、华强华夏文明传承园等重点项目有序推进，服务业增加值占到地区生产总值的62.6%。都市现代农业提质增效，宝迪、润恒等农业产业化项目进展加快。全力推进科技创新，新建国家地方联合工程实验室3个，新认定高新技术企业233家，高新技术产业增加值增长10.5%；全市有效发明专利拥有量增长21.2%；技术合同成交额增长126%。

双塔寺

和平公园一角

★城市基础设施建设成效明显。加强城市基础设施建设，全年安排重大项目136项，完成投资462.5亿元，其中，道路桥梁建成215.86千米，完成投资220亿元。五一路、滨河西路南延、摄乐大桥等重点工程竣工通车，轨道交通2号线全面开工。新改建供水管网157千米、供热管网278.5千米，既有建筑节能改造工程完成518万平方米。公园绿地、人行天桥、地下通道、停车场、公厕建设等城市专项工作扎实推进。提升城市精细化、信息化、智能化管理水平，研究城市管理体制创新，推动城市管理重心下移，加强智慧城市建设，交通违法行为专项整治等工作成效明显。加快城中村、棚户区改造，全年启动改造31个村，近两年完成54个村整村拆除；开工保障性住房4.6万套，基本建成4.13万套，棚改货币化安置率50.3%，超额完成省定任务。

★省城环境质量继续改善。继续抓好"五大工程""五项整治"，太古长输供热项目和南部热电联产清洁能源项目建成投用，新增供热能力5000万平方米；关停西山矸石电厂等污染企业，30万千瓦以上机组全部完成超低排放改造；淘汰老旧机动车和黄标车4.72万辆，8292辆出租车全部更换为纯电动车。出台《大气环境质量冬防严控十二条措施》，加强恶劣天气应急管理，全市二级以上天数232天。生态环境治理力度进一步加大，启动汾河南延三期工程建设，推进黑臭水体治理。新增造林2.17万公顷，和平公园、晋阳街公园和一批小游园建成开放，建成区绿化覆盖

夜色中的南中环桥

率、绿地率、人均公园绿地面积分别达到41.6%、36.6%和11.86平方米。

★改革开放不断深化。积极推进转型综改示范区建设，深入推进开发区整合、改制、扩区、调规，启动23.3平方千米起步区，示范区建设进入实质性推进阶段。着力推进关键环节和重点领域改革，承接落实中央和省委省政府部署的财税和金融体制改革、司法体制改革试点、国资国企、社保、公务用车等各项改革工作。深化行政审批制度改革，市、县两级行政权责清单向社会公布，48个具有审批服务职能的部门将全部进驻为民服务中心，市直11个部门29个事项共压缩审批时限49个工作日。组织开展"万名干部入企服务"等活动，积极对接企业实际需求，帮助解决困难。进一步支持民营经济发展，继续开展小微企业创业创新基地城市示范建设，"双创"工作深入推进，构建创业创新载体191个，新增各类市场主体6.49万户。做好系统定向招商引资，全力推动富士康全球维保项目落户太原。

公共自行车维护保养

无人机人才实训基地

国家级琉璃传承人——葛原生

★民生和社会事业成绩显著。一是加大脱贫攻坚力度。异地搬迁项目全部开工、完工率67%，实施产业扶贫项目89个、投资25.3亿元，全年脱贫2万余人。二是积极发展民生事业。民生支出347.3亿元，占全市一般公共预算支出的81.9%。推动创业再就业，城镇新增就业9.89万人，城镇登记失业率3.46%。大力推进教育事业标准化、均衡化、优质化发展，新建续建市属学校23所，公办小学和初中实现90%以上学区就近入学。扎实推进公立医院综合改革，市直医院全部实行药品零差率销售，继续推进"百院兴医"工程，市中心医院新建等项目加快推进。城镇职工基本养老、城镇基本医疗、失业、工伤、生育保险等基本全覆盖。新建74个社区养老服务中心和78个社区老人日间照料中心。加强城乡公共文化基础设施建设，举办惠民演出371场。二青会相关筹备工作正式启动，成功举办太原国际马拉松赛等赛事。三是全力保障社会和谐稳定。全面加强煤矿、非煤矿山、危化品、交通运输等重点领域的安全监管。加大社会治安综合治理力度，创新立体化社会治安防控体系，群众的安全感和满意度进一步提升。信访工作取得新成效，着力畅通群众诉求表达、利益协调、权益保障渠道，从源头上预防和减少社会矛盾产生。

（太原市政府办公厅　供稿）

# 加快建设更具实力、更富活力、更有魅力、更加宜居、更加幸福的省城首善之区

## ——太原市迎泽区

2016年，迎泽区主动适应经济发展新常态，统筹做好改革、发展和稳定各项工作，在扎实推进省城首善之区建设进程中迈出了坚实步伐。全区地区生产总值、服务业增加值分别达到602亿元和521亿元，增长6.6%和6.4%，总量继续领先全省各县区；规模以上工业增加值38.4亿元，增长2.3%；固定资产投资完成218亿元，增长14.3%；社会消费品零售总额440亿元，增长10.8%；一般公共预算收入13.9亿元，下降13.7%。

★坚定不移提质增效，产业转型升级取得新进展。推进传统服务业提质转型，完成开化寺街、海子边街改造，柳巷商圈基础设施进一步完善；实施朝阳商圈综合整治和业态提升，太原小商品市场建成投运；首家敞开式休闲购物广场中正天街建成开业，丰富了传统服务业经营模式。大力发展新兴产业，扶持“双创”项目9个，互联网+智慧产业园一期建成投运，引进了明鼎医药等一批高新科技企业；加快楼宇（总部）经济发展，引进企业区域总部35家。加大招商引资力度，引进资金255.7亿元，华润综合体、万科紫院等项目成功签约。实施省、市重点项目104个，完成投资186.6亿元。深化商事制度改革，全面推行企业“五证合一”，率先实行个体工商户“两证整合”，企业和个体工商户同比增长48%和19%。

★协调推进建设管理，城乡环境面貌有了新改善。建成区基础设施建设步伐加快，实施18条小街巷改造和五一

永祚寺双塔

省长楼阳生和副省长、省公安厅厅长刘杰在迎泽区调研社会治安风险隐患大排查大整治工作

保"两节"联合执法暨交通整治统一行动

路、南沙河快速路东延等重点工程房屋征收;启动5个棚户区改造,征收房屋1667户、10.5万平方米。推进城中村改造,完成了郝庄、双塔、赵北峰3个村的拆迁收尾和马庄、店坡、郝家沟3个村的整村拆除。精益求精抓城市管理,高标准整治两个老旧片区和19条背街小巷,持续扩大环卫机械化作业覆盖面,积极推广垃圾分类试点。严厉打击违法建设,综合整治大气环境,完成提档造林200公顷,城乡生态环境明显改善。

★倾心尽力改善民生,人民群众获得感得到新提升。以十大惠民实事为载体,民生保障水平进一步提高。城镇新增就业1.8万余人。城乡低保、新农合门诊统筹补偿比例、一二级残疾人护理补贴和生活补贴全面提标,新农合参合率达99.96%。在4个基层医疗卫生机构设立了80个"医养结合"床位,新建15个社区养老服务中心和17个社区(农村)老年人日间照料中心。推进教育优质均衡发展,启动3所中学改扩建和1所幼儿园新建项目,确保教育经费的"三个增长";成为全省唯一一家国家级中小学校责任督学挂牌督导创新县区。深化医药卫生体制改革,加强重点特色专科建设,创新开展居家护理服务。社区全民健身活动场所实现全覆盖。新开工建设保障性住房6992套,完成既有居住建筑节能改造105万平方米。对口帮扶娄烦县静游镇,4087人实现脱贫。

★践行总体国家安全观,和谐稳定局面得到新巩固。大力推进"平安迎泽"建设,社会面发案率持续降低。扎实做好信访稳定工作。深入开展重点行业、重点领域安全生产隐患排查整治,全年未发生重特大安全事故。

(迎泽区政府办 供稿)

中正天街

城中村改造

朝阳街小学

杏花岭区委书记张磊在基层调研

杏花岭区区长李文权在基层调研

# 和谐宜居、富有活力 崇文重教、文明幸福

## ——太原市杏花岭区

2016年，杏花岭区各项事业保持稳中向好的发展态势，实现了“十三五”良好开局。全年地区生产总值完成509.18亿元，同比增长7.6%；服务业增加值413.33亿元，增长5.6%；社会消费品零售总额204.43亿元，增长9.9%；规模以上工业增加值14.16亿元，增长49.5%；一般预算收入14.75亿元，完成调整任务数的101.2%；城乡居民人均可支配收入分别为30463元和16816元，分别增长7.2%和6.6%。

★产业结构进一步优化。三次产业结构优化为0.1∶18.7∶81.2。坚持以现代服务业为发展重点，加快发展楼宇经济和总部经济，万达5A级写字楼入驻企业240家，富力商业综合体开业运营。“双创”活力进一步释放，建成500平方米“一站式”服务平台，培育双创示范基地22个，入驻企业1566户。“新三板”企业稳步发展，山西睿信智达传媒科技股份有限公司挂牌上市，4家企业在省青创板挂牌。大力推动工业转型，积极服务东山华能2F燃机热电联产项目。现代都市农业扎实推进，采薇庄园、舒清园、薰衣草庄园、孔雀庄园等休闲旅游项目继续扩大品牌优势，河里头大樱桃采摘园、水沟林果采摘园等项目初具规模。

★城市建设和管理水平不断提高。2016年，城市道路建设、棚户区和城中村改造动迁93.8万平方米。完成了五一路、卧虎山路、凯旋街建设和17条小街巷改造的动迁工作。新启动6个棚户区改造项目，3个棚户区完成动迁；15个原有棚户区改造项目中9个完成“清零”。全力推动城中村改造，杨家峪村签订动迁协议2143户；柏杨树、中涧河、伞儿树3个村完成道路改造动迁5.5万平方米。全年新开工保障住房5199套，建成2340套。城市管理水平逐步提升，持续加强环卫基础设施建设，重要点位周边社会环境明显改善。

★生态文明建设效果显著。深入推进“五项工程”和“五项整治”，拆除燃煤锅炉90台，新增清洁供热面积272.9万平方米。拆除2211台土小燃煤火炉，淘汰黄标和老旧车辆2525辆。辖区二级以上优良天数达到247天。持续推动生态绿化，完成东山生态建设干果经济林、薪炭林和提档升级绿化工程1067公顷；加快建成区绿化，新建5个城区内小游园。

中心医院综合楼项目效果图

东山华能2F燃机热电联产项目

棚户区改造

★教育文化事业特色突显。继续推行"大学区管理制",五一路小学富力城校区、新建路小学富力华庭分校、职工新街小学如期开学,新增小学学位6600个。区属中小学义务教育标准化改造全部完成。文化事业积极发展,推进"三馆一院"建设各项准备工作。继续做好文化古迹的保护修缮工作。

★民生社会事业持续改善。积极开展就业再就业工作,新增就业11.83万人。城镇职工基本养老、医疗、失业、工伤、生育保险等基本实现全覆盖。全区城乡低保覆盖4736户7546人,发放低保金4451.26万元。坚持办好民生实事,采煤沉陷区安置项目加紧实施;完成100户农村危房改造;全面推行县级公立医院综合改革,加快实施区中心医院综合楼建设;持续提升社区综合服务的硬件设施,启动8个社区示范化改造;扶持养老服务业发展,建成城市养老中心和城乡日间照料中心20个;完成既有居住建筑节能改造97万平方米。扎实开展对口帮扶脱贫工作,13个村、1039户3086人实现脱贫。安全生产形势总体平稳,社会秩序和谐稳定。

(杏花岭区政府办 供稿)

万达广场

新建路小学富力华庭分校

# 产业强区 生态大区 服务新区

——太原市万柏林区

中海寰宇天下

信达国际

2016年，万柏林区经济社会持续平稳健康发展，主要经济指标呈现稳中求进、稳中向好的良好态势。固定资产投资完成328.8亿元，总量连续三年超过300亿元，继续保持全省各县(市、区)首位；一般公共预算收入17.5亿元，增长13.7%，总量跃居全市第二位，增速名列全市第一。

★产业转型步伐加快。坚定推进供给侧结构性改革，坚决淘汰落后产能，白家庄矿整体关闭退出，西山煤电、太重等国有大型企业技改项目实现新突破，中车铁路装备基地投产达效，狮头水泥、东峰煤业等工业项目投产准备工作加快进行。积极推进老工业区搬迁改造，争取中央专项资金3203万元。现代服务业发展进一步加快，华润万象城、绿地中央广场等城市综合体项目进展顺利。积极布局生态旅游业，编制王封一线天景区旅游总体规划，签约西山滑雪场等招商项目，完成九润现代都市农业园一期建设。三次产业比重发生新变化，第三产业比重增长5.9个百分点。

★人居环境明显改善。统筹推进城市道路建设，拓宽改造20条主次干道及背街小巷。实施造林提档升级1053公顷，完成农村公路安全生命防护工程。和平公园建成开放，新建东社带状公园、南北寒公园等23处游园绿地。新改建21座垃圾中转站，新建8座高标准公厕。清淤美化虎峪河、黑水河等河道。完成既有建筑节能改造121万平方米。区城乡统筹规划、村镇规划编制有序推进。开展露天烧烤、占道经营等专项整治。完成分散燃煤锅炉清零任务，基本实现建城区采暖无煤化。空气质量持续改善，全年二级以上优良天数256天。

中车集团

华润中心

★城中村改造快速推进。继续坚定不移把城中村改造作为全区"一号工程"，寨沟、彭村在全市率先完成整村拆除，大王、瓦窑、南屯基本完成整村拆除任务，圆满完成沙沟、小王、小井峪、后北屯、东社、南社、黄坡7个村拆迁扫尾"清零"任务，累计拆除城中村各类建筑232.6万平方米。全力推进回迁安置房建设，下元、前北屯等6个村基本完成回迁安置，沙沟等6个村实现部分回迁安置。加大城改货币化安置比例，坚持破解资金难题与招商选商相结合，创出了"政府主导、规范改造"的城中村改造"万柏林模式"。

★民生事业持续改善。全面推进义务教育均衡发展，成功签约凤凰双语、区第三实验等6所小学合作办学，完成区实验中学、建筑北巷小学教学楼维修改造，区特殊教育学校投入使用。深入推进卫生事业发展，区中心医院综合改革取得成效，建成白家庄村等6个卫生室，新农合连续8年实现参合率100%。社区标准化建设实现全覆盖，新改扩建5个社区服务站，11个社区养老服务中心、19个社区日间照料中心。健全完善社会保障体系，严格落实城乡居民最低生活保障、困难群众医疗救助等惠民政策，完成城镇新增就业指标任务。新开工保障性住房8526套，建成1.24万套。全面启动采煤沉陷区综合治理九院小区三期回迁安置。加大文化设施投入，三级文化网络建设实现全覆盖。积极做好对口精准帮扶工作。安全生产稳定向好，加强和创新社会治理，积极化解信访积案和矛盾纠纷，应急处突能力全面提升，社会保持和谐稳定。

（万柏林区政府办　供稿）

九润农业园

# 加快建设活力晋源、宜居晋源、魅力晋源、法治晋源

## ——太原市晋源区

明太原县城

4A级旅游景区——蒙山大佛

2016来，晋源区经济社会发展呈现出争先进位的积极态势，经济运行稳步向好，实现了“十三五”良好开局。地区生产总值完成57.16亿元，增长9.1%；社会消费品零售总额36.58亿元，增长26.1%；全社会固定资产投资完成194.56亿元，增长17.1%；服务业增加值32.74亿元，增长10.6%；规模以上工业增加值3.88亿元，增长20.1%；一般公共预算收入因受政策性因素影响减收2亿元，仍然完成5.89亿元。

★转型升级取得新进展。实施“双创”孵化新产业新业态工程，区双创示范服务中心建设启动，建成鸿升众创、农创联盟等8个双创基地，培育创新型企业178户，新增小微企业646户。引进传化物流、保利、红星美凯龙等一批高端优质企业，签约项目总投资284.5亿元。开展“万名干部入企服务”活动，重点对12家区属规模以上企业开展了入企服务。深入推进产业转型，国新晋药、太化太阳能电瓶车项目进入试生产阶段。鸿升时代金融广场、阳光城环球金融中心主体完工。化兴化工“新三板”挂牌上市，实现全区“新三板”上市企业零突破。蒙山景区改制工作迈出实质性步伐，开化寺大佛阁遗址发掘入选2016中国重要考古发现。晋祠水稻新恢复面积33公顷，玉露香梨新增种植面积43公顷。

新太原城市客厅

城中村改造回迁小区

*办公区新貌*

★城市化水平得到新提高。大力推动城中村改造,完成城中村宅院、公临建拆除任务1431处、54.39万平方米。安置房开工建设56栋、1.22万套。全力保障东区城市综合管廊工程、长兴南街等33项省市重点工程建设,滨河西路南延、新晋祠路蒙山大街至古城大街段等7条道路顺利完工并通车,晋阳湖公园东岸初现雏形。

★区域环境展现新面貌。深入推进"五大工程""五项整治",扎实开展冬季大气污染防控专项行动。全面推进生态建设。数字化城管、治理超限超载、人防等工作成效明显。

★民生改善取得新成就。全年民生投入12.9亿元,增幅创五年之最。十大惠民实事全部完成。义务教育基本均衡区创建工作通过国家验收,成成中学、市二外建设进展顺利,2所中小学、4所幼儿园改建完成。省儿童医院、市人民医院与区人民医院合作共建项目主体完工,市妇幼保健院有序推进。开展了晋源健康行暨计划生育家庭优质服务工程。区、镇(街)、村(社区)三级公共文化服务体系初步形成,群众文化生活更加丰富。供暖供水接入市政管网,惠及9万余名群众。全市首个旅游公交专车329路全线开通。4个社区养老服务中心、8个日间照料中心建成投用。采煤沉陷区安置楼封顶15栋。实施农村危房改造工程,改善了400户农村困难群众居住条件。为2.1万名城乡居民每人每年增加基础养老金240元。各类社会保险征缴扩面工作超额完成任务。全区城镇新增就业人员3844人,安置下岗失业人员2440人,登记失业率控制在3.26%。发放各类救助金5507.21万元。保障性住房年度任务超额完成。扎实开展阳曲县东黄水镇6个贫困村精准帮扶工作,年度帮扶任务全面完成。安全生产形势持续稳定,应急管理水平明显提升,加强社会治安综合治理,全区社会局面保持稳定。

*旅游推介招商会项目签约仪式*

*旅游推介会代表参观晋祠景区*

(晋源区政府办　供稿)

太原市副市长刘鶴在清徐县调研

太原市民的菜篮子基地

# 打造实力强县 决胜全面小康

——清徐县

2016年，清徐县坚持稳中求进总基调，以推进供给侧结构性改革为主线，保持发展定力，聚力深化改革，突出转型升级，坚持创新驱动，着力改善民生，较好地完成了县十六届人大一次会议确定的目标任务，实现了“十三五”良好开局。

★经济运行稳步向好。2016年全县地区生产总值122.5亿元，比2015年增长6.9%；服务业增加值44.8亿元，增长7.8%；规模以上工业增加值21.7亿元，增长12.8%；固定资产投资74.5亿元，下降18.5%；社会消费品零售总额55.8亿元，增长10.6%；一般公共预算收入6.4亿元，增长4.1%。工业企业产销两旺，销售产值146.1亿元，增长15.3%；产销率92.5%，增长6.5%。规模以上工业企业整体扭亏为盈，实现利润3.17亿元，净增11.82亿元。

★产业结构不断优化。粮食产量保持平稳，蔬菜产量增长1.5%，产值增长4.5%，新兴接替产业增加值10.95亿元，增长8.7%，占规模以上工业增加值50%以上。旅游接待人次增长5.1%，收入增长7.5%。三次产业结构调整为11.2∶52.2∶36.6。

★支撑能力逐步增强。133平方千米土地纳入全省转型综改示范区，县经济技术开发区面积拓展到48.8平方千米，划定整合食醋产业园13.87平方千米，为经济发展提供平台支撑。推进基本农田划定及土地利用总体规划修编，争取土地指标172公顷，征收储备166公顷，供应建设用地38公顷；引黄原水直供开发区，年供水能力6250万立方米；220千伏马峪变电站、110千伏西贾线等建成投运，有效保障了项目建设。

★改革红利持续释放。推动“先照后证”、企业“五证合一”、个体工商户“两证整合”等商事制度改革，新增市场

清徐县义务教育均衡发展现场推进会

群众体育

主体3809户。推行"权责清单",230余项行政许可、确认、便民服务事项进厅办理,全年办件38.1万件,按时办结率100%。公共资源交易平台完成各类交易72项、3.79亿元,基本形成交易监管集约化、资源配置市场化。

★人民生活进一步改善。城乡常住居民人均可支配收入分别增长6.4%、6.8%。新增城镇就业完成年目标任务的118%。高考成绩再创历史新高,中考成绩名列全市前茅,职中对口升学蝉联全市第一。县医院和县二院建立医疗联合体,全面托管乡镇卫生院,乡村卫生院实行一体化管理,"小病在乡村,大病进医院,康复回乡镇"的就医格局初步形成。举办首届网络春晚,送戏下乡、公益电影等丰富了群众文化生活,荣获第三届全省文化强县创建工作先进单位称号。

"五四"青年节活动

★保持和谐稳定大局。发挥政府保基本、兜底线、促和谐作用,累计发放低保金、救助金、优抚金等5400万元。农村10万余户群众领取冬季取暖补贴。加固改造5所学校,3所初中校舍建设完工并投入使用,6所幼儿园新改扩建工程主体完工,顺利通过全国义务教育发展基本均衡县验收。分级诊疗实现"五升二降一平稳"的效果。1.8万名新农合群众享受免费体检,县乡报销比例提高5个百分点。基本建成保障房941套,新建开工915套,分配保障房223套。建成6个农村老年日间照料中心、2个城市社区养老服务中心和2个城市社区老年日间照料中心。全县生产安全和治安形势持续好转。加强社会治理,管控帮扶各类重点人群,健全完善大调解体系,一批信访问题得到公正妥善处理。

(清徐县政府办　供稿)

点爱·小橘灯百校互联网爱心教室

古交市市委书记贾慕权在兴能电厂调研重点工程建设

古交市市长翟永清在科技园区调研新兴产业发展情况

# 推动古交转型升级 实现古交振兴崛起

——古交市

2016年，古交市全面推进“三转一提升”“三大一统筹”“三型一增强”，全市经济企稳向好、稳中有进，实现了“十三五”的良好开局。全年完成地区生产总值26.39亿元，增长4.9%；服务业增加值15.07亿元，增长1.4%；规模以上工业增加值7.64亿元，增长15.5%；社会消费品零售总额48.91亿元，增长9.7%；固定资产投资54.81亿元，下降14.7%；一般公共预算收入5.33亿元，增长8.9%；城镇常住居民人均可支配收入27412元，增长6.3%；农村常住居民人均可支配收入13916元，增长6.5%。

★发展基础在克服困境中不断夯实。扎实推进煤矿企业复工复产，实现5座矿井生产，1座联合试运转，8座复工建设，生产原煤近300万吨，激活了煤炭产业链，稳定了经济基本面。全力支持兴能电厂一二期供热改造、三期低热值煤发电和热电联产等项目建设。

★产业转型在爬坡过坎中迈出步伐。通过“三转一提升”，推进产业结构向“立体化”发展，输热、输电、输气综合能源输出基地日益壮大，为太原市供热面积近3000万平方米，电力输出71.72亿千瓦时，天然气输出4711万立方米，正在向清洁能源输出大市迈进。煤电铝循环园区、西山煤电钛白粉、大数据等项目开展前期工作。盈捷3000吨微纤维玻璃棉、“饮领”沙棘系列产品、世纪宏业中药饮片加工等项目即将投产，赛隆龙无甲醛高密度纤维板、万方柴油机尾气净化器等项目加快推进，新兴产业发展步伐不断加快。黑枸杞、沙棘、油用牡丹、中药材等特色种植规模扩大，乡村体验、休闲采摘、农家乐等旅游项目加快发展，红豆山庄被评为国家3A级景区。“乐村淘”、红果商贸等电商新业态发展取得突破。

★城乡面貌在统筹发展中得到改观。积极争取国家独立工矿区改造搬迁政策扶持，启动实施了火山片区市政道路、桥梁等基础设施项目。完成金牛西大街地下空间综合利用和路面改造，提升了金牛商业街区的集聚能力和

兴能电厂

政务大厅

服务水平。完成滨河北路滩上桥至火山桥段路面改造，有效缓解了市区交通压力。新增供热面积150万平方米，基本实现中心城区供热全覆盖。深入推进城乡清洁提档升级工程。提升改造了农村公路。马兰镇入选第三批国家城镇化综合试点。

★生态环境在治污增绿中持续改善。大力加强生态建设，积极推进国家园林城市创建，持续实施"三环生态圈"战略，建成金牛森林公园，绿化造林3733公顷。汾河城区段河道综合治理一期工程全面完工。加大污染防治力度，坚决打好大气、水、土壤污染防治"三项战役"。全年二级以上优良天数288天。

★民生福祉在加大投入中全面提升。大力发展教育、文化、卫生等各项社会事业，积极探索学区制办学模式改革，公开招聘教师80名；开展了纪念建党95周年等活动，不断满足群众精神文化生活需求；改善群众就医环境，实施全面两孩政策配套措施，连续12年被评为省级卫生城市。全面落实创业就业优惠政策，积极推进社会保险"全覆盖"，健全完善社会救助体系，发放低保金3500余万元、医疗救助金600余万元，社会保障能力不断增强。采煤沉陷区综合治理扎实推进，建设安置项目9个、住房3567套。狠抓安全生产，强化社会治理，社会环境和谐稳定，全市人民的获得感和幸福感不断增强。

（古交市政府办　供稿）

召开市第八次党代会

红豆山庄

大同市委书记张吉福参观“大同—太原‘云冈号’城际旅游首发专列”

京同区域合作签约仪式

# 加快建设“一个中心、三个大同”夺取全面建成小康社会的新胜利

——大同市

过去五年，面对复杂严峻的经济形势和艰巨繁重的改革发展稳定任务，大同市认真贯彻党的十八大，十八届三中、四中、五中、六中全会和习近平总书记系列重要讲话精神，全面落实省委、省政府和市委决策部署，主动适应经济新常态，积极探索转型新路径，稳增长、促改革、调结构、惠民生、防风险，攻坚克难，砥砺前行，取得了令人瞩目的成效。

★五年来，专注发展、主动作为，经济保持平稳增长。地区生产总值跨越千亿大关，达到1025.3亿元，年均增长7.1%。固定资产投资达到1212.8亿元，实现五年翻番。社会消费品零售总额达到609亿元，年均增长11.3%。

★五年来，聚焦产业、调转结合，转型步伐明显加快。设施农业突破1.8万公顷，规模养殖场达到920个，农业龙头企业达到176家，粮食产量实现七连增，顺利跻身全国北方农牧交错带核心示范区。煤电等传统产业先进产能稳步提升。光电、风电装机容量达到320万千瓦，占全省的1/3，成为国家新能源示范城市。现代医药、装备制造等优势产业规模扩大。以文化旅游为重点的现代服务业蓬勃发展，成功举办国际太阳能十项全能大赛、世界养生大会、全省旅游发展大会等重大赛事和节庆活动，旅游总收入363.3亿元，年均增长22%。三次产业结构由5.3∶50.7∶44调整为5.8∶36.5∶57.7，第三产业比重逐年提升。

大同泰瑞集团与杭萧钢构就建设国家级装配式建筑生产基地举行签约仪式

举办山西省旅游发展大会

正在建设的御河开源桥东引桥

融入京津冀协同发展投资大同推介座谈会

正在建设的大张高铁

★五年来，深化改革、致力创新，发展动力不断增强。供给侧结构性改革和转型综改步伐加快，关键环节和重点领域改革深入推进，行政管理改革成效明显。创新元素不断增多，新增各类市场主体9.8万户。大众创业、万众创新势头良好。全力对接京津冀，主动融入环渤海，积极参与乌大张，区域战略合作取得重大突破。大张、大西高铁开工建设，高速公路实现县县通，成为全国性综合交通枢纽城市（货运类）、区域流通节点城市、国家电商与物流快递协同发展试点城市。

★五年来，注重统筹、建管并重，城乡一体协调发展。城市总体规划修编完成，五规合一持续推进，城市发展框架基本定型。古城墙合拢，护城河贯通，明堂遗址公园对外开放，代王府主体工程完工。博物馆、行政中心投入使用。大县城建设步伐加快，城镇化率达到62％。智慧城市建设积极推进，城市管理和服务水平稳步提升。

★五年来，标本兼治、保护生态，环境质量显著改善。新增城市绿化面积976.5万平方米，完成营造林12.7万公顷，成功创建国家园林城市。严格落实“气十条”“水十条”“土十条”，8条主要河流断面水质止降回升，完成水土保持治理面积11.2万公顷，二级以上良好天数连续四年全省第一，“大同蓝”已经成为响亮的金字招牌。

南环桥

大同机场航站楼

★五年来，尊崇民意、尽心竭力，人民福祉持续提高。累计投入财政资金1014.4亿元，全力发展民生事业。养老、医疗保险实现全覆盖，社会保障体系不断完善。就业形势基本稳定。实施整村推进项目212个，减贫人口18万人。农民收入增幅连续五年高于城市居民。办学条件显著改善，义务教育均衡化迈出重要步伐，教育事业协调推进。县级公立医院改革全面铺开，分级诊疗制度付诸实施，医疗联合体建设实现两个全覆盖。解决近30万人饮水安全问题。开工保障性住房28.7万套、建成21.4万套，开工老旧小区综合整治858.5万平方米、完成627.8万平方米，城乡住房条件发生根本变化。民生实事有诺必践，安全生产常抓不懈，社会局面和谐稳定。

大同大学南校区

文瀛湖畔五大场馆

博物馆和科技馆

2016年，面对二季度工业经济断崖式下跌的严峻态势，大同市多措并举，精准发力，积极帮扶企业轻装上阵、扩大产销、降低成本、挖潜增效。非煤工业实现较快增长，服务业和建筑业对经济增长贡献率进一步增大。全市地区生产总值增长1%，实现了下半年好于上半年、全年转负为正。

★着力化解体制性、结构性、素质性矛盾。不折不扣落实"三去一降一补"任务，压减煤炭产量2976万吨，占全省任务的1/5，占全国任务的1/8。争取政策性贷款140亿元用于棚改货币化安置，深度消化商品房库存。争取置换债券资金化解政府债务，减少财政负担3亿元。争取直供电交易37.1亿千瓦时，惠及企业20多家。落实减税降费政策，为企业减负63亿元。启动开发区、国企国资、同煤三供一业、旅游管理体制等一系列重点改革。把脱贫攻坚作为第一责任，力度空前补短板，159个村有序退出、4.9万人脱贫。大力处置债务拖欠、社会保障、房屋权属等一大批复杂遗留问题，促进了社会和谐。积极回应群众关切，办理民生实事12件。

华严寺木塔

凤临阁

方特游乐园

★狠抓了一批重大工程建设，倾力增强发展后劲。加快城乡基础设施建设，新建续建城市道路60.5千米，新建改造供热管网257千米、供水管网104千米、供气管网126千米，北环桥、武定东桥、清远南北桥建成通车。加快产业项目建设，全国最大的光伏先进技术示范基地一期100万千瓦项目并网发电，全球首个10万千瓦熊猫光伏电站奠基开工，100万千瓦高效单晶光伏组件领跑项目签约；同煤塔山二期2×66万千瓦机组、山柴煤层气发电机组研发项目试运行，国电湖东2×100万千瓦项目取得路条；晋商联盟古城东北隅开发项目落地，万达广场主体完工，大同—太原旅游专列开通运营，方特欢乐世界主题公园开园迎客，古都灯会开创了大同文化旅游冬令时。

★促进社会事业协调发展，全力提升共建共享水平。城乡常住居民人均可支配收入分别达到26273元和8217元，分别增长6.1%和6.6%。公共财政预算收入88.9亿元，增速高出全省1.4个百分点，在财政收入增长明显放缓的情况下，既实现了保基本、保运转、保支出，又支持了重大工程和项目建设。城镇新增就业4.28万人。居民消费价格指数涨幅1.1%，比全国低0.9个百分点。实施教育、卫生等多项重要工程，公共服务水平持续提升。启动御河、十里河等流域生态治理重大项目，坚持控煤、治污、管车、降尘四管齐下，二级以上良好天数达到314天。其他约束性指标任务全部完成。有效化解各类信访案件。工矿商贸企业事故起数和死亡人数实现双下降。深入开展百日严打整治专项行动，有力震慑了违法犯罪。

★强力促进创新驱动、转型升级。积极参加“读党书、论责任、抓落实”干部专题培训，全市人心思上、人心思进，广大干部的责任意识大幅提升，干事创业热情日益高涨，一个中心、三个大同发展目标和136发展战略深入人心，创新驱动、转型升级成为发展的最强音。全市上下内联外引，谋划布局了总投资690亿元的双环行动项目、总投资2000多亿元的16字项目，我们相信，这些项目、这股热潮、这种精气神，必将催生大同全面振兴的春天。

（大同市政府办公厅　供稿）

*大同城西南角*

*古都灯会*

城区区委书记张韬在基层调研

山西大同大学附属小学揭牌

# 推进改革创新 攻坚三场硬仗 增进民生福祉

——大同市城区

2016年是"十三五"的开局之年，大同市城区全力打好三场硬仗，促进全区经济社会平稳健康发展，实现了"十三五"良好开局。

★群众幸福指数不断提高。社区建设得到加强。推进社区办公场所和活动设施达标升级，社区平均面积达到200平方米以上，消除了50平方米以下社区。教育文化取得突破。顺利通过"全国义务教育发展基本均衡县(区)"国家验收，完成5所学校(校区)的新建或改扩建工程。开展了文体惠民直通车社区行活动。民生保障全面进步。推进社保扩面，城镇居民养老保险参保2.48万人，职工养老保险参保3.21万人，城镇居民医疗保险参保15.6万人，职工医疗保险参保1.99万人，生育保险参保1.25万人，工伤保险参保1.22万人，失业保险缴费1.12万人。城市低保对象1.58万户、2.95万人，发放低保金1.3亿元。人均基本公共卫生服务经费补助标准提高到45元。

★综合承载能力不断提高。古城保护修复加快推进。成功举办古都灯会，实施"点线面环"灯光工程，组织魏都冰工场、同乐冰雪世界、云中民族风等主题活动，取得良好的经济效益和社会效益。同时，做好文旅项目，签约古城东北隅文化旅游项目、潘家园(大同)古城文化商业项目；落地博纳影业等4个项目。房屋征收安置有序实施。2016年完成征收9667户、60.57万平方米，安置5990户、55.82万平方米，签订

华严寺广场

善化寺

修复后的四牌楼

货币补偿协议688户，相继完成一批征收难点，保障了古城墙全面合拢、护城河全线贯通。老旧小区改造加快推进。对市区82个老旧小区开展综合整治，完成1.87万套，完成率116%。同时，完成2015年开工的8317套续建整治任务。此外，完成了8条老旧小区改造道路配建任务。

迪卡侬大同店

★改革创新深入推进。投融资体制机制更加灵活。成立城区重点项目办、城区投资促进局、城区金融服务中心（筹备）、大同市有道城市发展投资有限公司等机构，运用市场思维和方式推动经济发展。基础教育综合改革平稳实施。出台《大同市城区基础教育综合改革暂行方案》《创优教育环境、弘扬尊师重教风尚实施意见》，大同市教育局将城区列为全市基础教育综合改革试点县区；与大同大学签署战略合作框架协议，原城区14校分校更名为大同大学附属小学；建立校园纠纷人民调解委员会、校园周边环境综合治理委员会，实现了校园专职保安全覆盖。创建一流环境步伐更加有力。制定《城区优化发展环境“八不准”》等7项制度，与30家单位签订《优化环境促进发展责任状》，举办“爱大同、先干事”系列演讲会，全面解放干部思想，激发干事创业激情。

（大同市城区政府办　供稿）

# 推进"一轴一带三区"破题"五件大事"建设"四个新荣"

## ——大同市新荣区

新荣区区委书记邓志蓉调研基层党建工作

新荣区区长李继忠调研采煤沉陷区治理搬迁工作

2016年,新荣区主动作为,积极进取,全力以赴保增长、促转型、惠民生,经济运行质量明显提升,各项社会事业全面发展,实现了"十三五"良好开局。全区经济呈现出企稳回升的良好趋势。地区生产总值完成24亿元,增长5.1%;固定资产投资81.6亿元,增长11.8%;第三产业增加值10.23亿元,增长4.5%;规模以上工业增加值3.81亿元,增长5.7%;社会消费品零售总额10.14亿元,增长6.2%;一般公共预算收入1.35亿元,完成年度目标的117.46%;城镇居民人均可支配收入22009元,增长6.4%;农民人均可支配收入达到8185元,增长7.3%。

★经济转型步伐加快。坚持转型升级不动摇,努力培育新的经济增长极。建成华胜新成石墨示范车间;新成新材料公司年产20万条受电弓项目竣工,2万吨电解液项目主体工程建成;宇林德公司成功在"新三板"上市;中能华泰2万千瓦光伏发电项目、华润新能源5万千瓦光伏发电项目并网发电。全区规上非煤产业增加值占比达到42.1%,新兴产业投资比重达到55%。

★"三农"工作成果显著。农业丰产丰收,全区粮食总产量5542万千克,增长33.8%。打造标准化养殖小区20个。完成4个乡镇81个村土地确权工作。积极改善农村居住环境,完成了4个美丽宜居示范村建设。扶持伊磊牧业、华进薯业、森旺农林牧等公司,带动农业产业化发展。开拓门店直销、展览促销、超市代销、电商营销、企业包销等渠道,农产品商品化程度提高。

饮马河湿地

★脱贫攻坚扎实推进。精准实施产业扶贫项目，完成了两个光伏扶贫项目和5个整村推进扶贫开发项目。实施教育扶贫“雨露计划”全覆盖。注重特色产业培育引导，通过电商扶贫、企业产业扶贫，增加收入300万元。社会扶贫成效明显。6个贫困村、2529户5464人脱贫任务目标全部完成。

★第三产业较快发展。积极推进旅游产业开发进程。进一步完善旅游基础设施建设。积极开展电子商务，科蕾专业合作社等11家企业的特色农产品实现网上销售。畅通电商物流配送渠道，完成了电商物流服务中心及20个末端网点基础设施建设，电子商务与物流产业快速发展。金融、通信产业快速发展。现代服务业实现收入1.3亿元，增长53%。第三产业成为全区最具潜力和活力的朝阳产业。

★城乡环境逐步改善。“两区”改造有序推进，改善了近200户群众居住条件。新增集中供热面积13万平方米。开展市容市貌“百日”集中整治行动。完成农村危房改造1170户、地质灾害治理搬迁100户。路面改造工程、农村公路拓宽工程全部建成通车。新建水源工程33处、节水工程20处。坚持不懈抓好生态建设。

★民生事业不断进步。完成一小、二小、新荣中学等12所学校维修，改扩建两所农村幼儿园。建立了统一的城乡居民基本医疗保险制度，新农合人均筹资标准由470元提高到540元，政策范围内住院报销比例平均达到75%。全面落实再就业优惠政策，全年城镇新增就业1110人，转移农村劳动力605人。积极开展“文化惠民”活动。继续做好低收入群众生活保障工作。强力推进严打整治“百日行动”，加大矛盾纠纷排查力度，持续开展安全生产大检查和安全生产专项整治活动，人民群众安全感和满意度不断提高。

（新荣区政府办　供稿）

宇林德石磨设备有限公司

新城新材料高铁受电弓滑板生产车间

利国种鸡场

灵丘县县长罗永山深入农村调研脱贫攻坚工作

灵丘县县长罗永山、副县长张秀丽检查农村环境集中整治工作

# 宜居宜业宜游的山水特色新灵丘

——灵丘县

2016年，灵丘县精准发力，砥砺奋进，脱贫攻坚取得初步成效，经济社会发展呈现良好态势，“十三五”起步稳健、开局顺利。全县地区生产总值30.48亿元，增长10.2%；规模以上工业增加值2.28亿元，增长36.5%；公共财政收入1.12亿元，增长4.7%；第三产业增加值16.76亿元，增长10.3%；社会消费品零售总额30.21亿元，增长7.3%；城镇常住居民人均可支配收入24093元，增长6.1%；农村常住居民人均可支配收入6701元，增长7.2%。

★项目支撑作用持续增强。全年共实施省、市重点项目202个，完成投资84.3亿元，其中总投资过亿项目16个。建投南甸子梁49.5兆瓦风电场项目并网发电，全县风力发电总装机容量达到150兆瓦；天津恒嘉利冷链物流项目投产运营；东田超纯铁精粉项目一期工程、山煤100兆瓦光伏发电项目一期工程、村级光伏电站项目全部建成；平型关城市综合体项目一期工程、门头峪水库完成主体；车河有机社区建成接待中心和民俗博物馆等；城头会有机社区恢复北魏文化古村落房屋16间，建设梯田6.7公顷，种植经济林6.7公顷；库邦医药中间体及科研基地项目、德威现代化农牧高新科技项目、荞之源苦荞深加工项目、国春冰苦荞项目、赛欧有机农产品产业园综合开发项目进展顺利；国道108线改建工程完成投资6.5亿元。同时，盛益、宏运、中源、永鑫等10多家企业复产复工。

★城乡人居环境显著改善。综合整治老旧小区、城中村等51万平方米；完成县城生活垃圾填埋场完善工程，生活垃圾无害化处理率达到99%；完成营造林3087公顷，森林覆盖率达到31.9%；拓宽改造农村公路30条76千米，建成撤并建制村通硬化路5条15千米；扎实开展“铁腕治污行动”，取缔、关停污染物超标企业8家，淘汰黄标车、老旧车89辆；出境断面水保持在Ⅲ级标准以上，空气质量二级以上优良天数达到293天。建成省级、市级美丽宜居示范村8个，北泉、平型关两处森林公园被省政府命名为省级森林公园，成功入选第二批“国家全域旅游示范区”创建名单，被评为“中国最美生态宜居旅游名县”。

灵丘县县长罗永山、副县长张秀丽实地调研公租房配套设施建设情况

建成投产的德威众创农牧高新科技项目

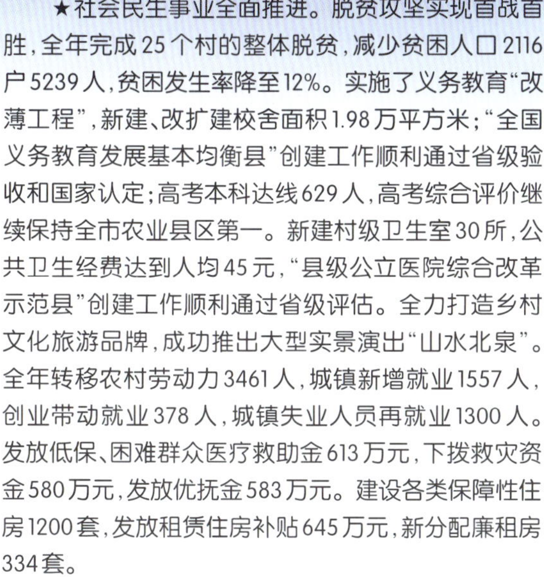

★社会民生事业全面推进。脱贫攻坚实现首战首胜，全年完成25个村的整体脱贫，减少贫困人口2116户5239人，贫困发生率降至12%。实施了义务教育“改薄工程”，新建、改扩建校舍面积1.98万平方米；“全国义务教育发展基本均衡县”创建工作顺利通过省级验收和国家认定；高考本科达线629人，高考综合评价继续保持全市农业县区第一。新建村级卫生室30所，公共卫生经费达到人均45元，“县级公立医院综合改革示范县”创建工作顺利通过省级评估。全力打造乡村文化旅游品牌，成功推出大型实景演出“山水北泉”。全年转移农村劳动力3461人，城镇新增就业1557人，创业带动就业378人，城镇失业人员再就业1300人。发放低保、困难群众医疗救助金613万元，下拨救灾资金580万元，发放优抚金583万元。建设各类保障性住房1200套，发放租赁住房补贴645万元，新分配廉租房334套。

★社会环境保持安全稳定。严格落实安全生产责任，扎实开展安全生产大检查和隐患排查治理活动，深入开展严打整治“百日行动”、冬季严打整治等专项行动；不断强化食品药品安全监管和专项整治，全年未发生食品药品安全事故；积极开展矛盾纠纷排查、社会面防控和信访积案化解工作，信访案件办结率达到92%，化解率达到87%。

（灵丘县政府办　供稿）

东河南镇小寨易地扶贫搬迁安置点

正在建设的国春冰苦荞项目

# 同心同力建设美丽、富裕、幸福南郊

——大同市南郊区

四方高科养殖园区

牧同乳业

2016年，区政府团结带领全区人民全力以赴稳增长、促改革、调结构、惠民生、防风险，积极培养新的经济增长点，奋力扭转经济颓势，较好地完成了区十届人大一次会议确定的各项目标任务。全年全区地区生产总值完成333.9亿元；规模以上工业增加值190.5亿元；固定资产投资266.7亿元，增长8.7%；社会消费品零售总额105.7亿元，增长6.5%；公共财政预算收入8.1亿元，下降26.9%，超出年初下达任务7.3个百分点；城镇常住居民人均可支配收入23518元，增长5.9%；农村常住居民人均可支配收入13309元，增长6.1%，其他各项主要考核目标均圆满完成。

★突出改革创新，活力南郊生机更强。供给侧结构性改革扎实推进。压减煤炭产能444.64万吨，政府回购商品房544套用于安置，减轻企业负担15.3亿元。转型综改不断深化。加快推进项目融资；完成6个乡镇、1.9万公顷的农村土地承包经营权确权登记颁证工作；新增民营企业523户，各类市场主体达3.5万户；申请科技专利70件。

★突出项目建设，富裕南郊产业更实。全年共新上、续建各类重点项目162项，签约重点项目20个。工业转型步伐加快，初步形成了以煤电一体化、煤化工、新能源、新材料为主的新型工业体系。现代农业稳步推进，牧同乳业、博润苑等一批农业龙头企业带动力增强。三产发展彰显活力，商贸、旅游业发展迅速，南郊区影响力全面提升。

★突出统筹城乡，美丽南郊形象更佳。口泉中心区加快基础建设步伐；完成乡级道路改造、通村公路完善提质工程；实施大西山生态绿化工程；全面启动十里河入御河交汇处生态湿地工程；加大生态环境整治力度，环境质量明显改善；城乡清洁成效明显，城乡面貌焕然一新。

★突出共建共享，幸福南郊保障更牢。完成脱贫585户、1289人；搬迁安置采煤沉陷区受灾户1766户；建设保障性住房4163套，改造农村危房1595户，解决了15个村、2.2万人的安全饮水问题；在49所学校实施标准化建设，顺利通过国家义务教育均衡发展验收；不断强化社会保障，城镇登记失业率控制在了4.2%以内，养老、医疗、工伤、失业保险应缴尽缴，农村、城市低保应保尽保；扎实开展安全生产大检查，办结信访积案91件，不断加强社会综合治理，为经济发展和人民群众安居乐业创造了良好环境。

（大同市南郊区政府办　供稿）

南郊区大路辛庄村香菇大棚

南郊区大西山绿化工程

南郊区口泉乡杨家窑村居民小

# 着力打造富民生态、新型工业、绿色农业、康养旅游、和谐宜居“五型阳高”

## ——阳高县

大张高铁阳高段建设现场

阳高县与正大集团签约合作新型农牧食品绿色循环综合示范暨”产业扶贫“项目

工厂化育苗基地

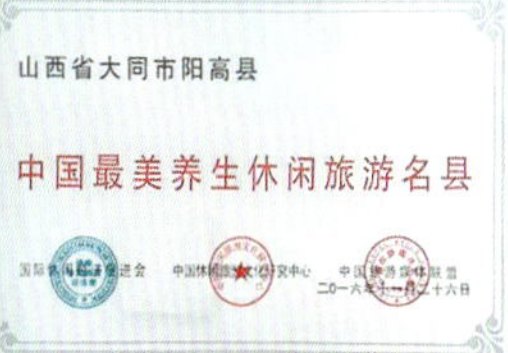


2016年，砥砺前行，攻坚克难，较好地完成了全年主要目标任务，经济社会各项事业得到全面发展，实现了“十三五”良好开局。

★项目建设取得实效。阿特斯50兆瓦光伏发电项目投产达效，山纳公司2×6兆瓦背压发电项目建成发电，同煤集团低热值煤发电项目和晨昀碳素搬迁扩建项目加快推进。积极谋划争取了国电下深井风电、阿特斯光伏发电二期、紫中阳新型建材等一批上亿元的项目。

★特色农业稳步壮大。新增蔬菜大棚2056栋，新栽植经济林900公顷。全县生猪、羊、牛养量分别达到98万头、75万只、6.9万头。建成马铃薯、蔬菜、果蔬科技试验示范基地3个。改造高标准农田850余公顷，实节水灌溉工程600余公顷，全县粮食总产量26.5万吨。

★康养旅游得到发展。启动大张高铁站、天大高速口周边及白登河公园建设一体化项目。完成集旅游、康养、休闲、文化验、现代农业科技示范为一体的佳润生态农林示范园项目主体工程。成功举办杏花节、古韵长城摄影节等系列活动。全年待游客127.5万人次，实现旅游收入9.69亿元。被评为“中国最美养生休闲旅游名县”。

★生态环境持续改善。实施了7个重点林业项目，绿化村庄5个，新增造林绿化面积3000余公顷。推进农村采暖“煤改”工程，扎实开展环保大检查和“铁腕治污”等专项行动，环境质量进一步改善。

★城乡建设有序推进。完成了道路改造、县文化馆改建、区域排水管网改造等项目。启动县城老旧平房成排成片置换搬工程。新建美丽乡村2个，建设乡村公路77千米，有效地改善了城乡人居环境。

★重点民生有效保障。脱贫攻坚首战告捷，2016年全县退出贫困村28个、减贫4918户9890人。改善两所高中的基础设，完成1所农村小学和3所农村幼儿园校舍建设。完成43个贫困村卫生室建设任务。改造农村危房3840户，完成了2015公租房建设工程，开工建设2016年公租房建设项目和棚户区改造安置房项目。城镇实现新增就业1154人，转移农村劳动4582人，城镇登记失业率2.35%。完成新型农村合作医疗与城镇居民医疗保险合并工作，完善了城镇医保信息系统和省异地医疗费用结算工作。实施卫星直播电视“户户通”工程近3万户，开展送戏下乡200多场次。

（阳高县政府办　供稿）

# 依托传统优势 打造大健康产业

——山西广誉远国药有限公司

广誉远是中国最悠久的中药品牌，距今已有476年历史。作为“中华中医药活化石企业”，近年来，广誉远不断通过对传统医药资源的深度挖掘，利用资本纽带优势，实现打造大健康产业的发展目标。依托传统特色，致力于传承创新，公司形成五大核心竞争优势：一个老字号称号，两个保密品种，三项国家级非物质文化遗产保护项目，四大经典产品，五百年历史文化。

名优产品。素有“补王”之称的龟龄集，作为复方丹剂“活化石”，2004年被认定为国家级保密处方及工艺技术，2008年列入国家级非遗保护名录；妇科综合治疗制剂定坤丹，被历代医家称为组方配伍的经典之作，2004年被认定为国家级保密处方及工艺技术，2011年列入国家级非遗保护名录；广誉远安宫牛黄丸，是我国传统药物中久负盛名的急症用药，广泛用于中风等心脑疾病的防治，2014年列入国家级非遗保护名录。

创新发展。打造国药经典，全面建立龟龄集、定坤丹在男科、妇科用药的第一品牌，并以此带动公司近百个传统品种，以代代传承的炮制修合，惠及广大消费者。打造国家名片，通过精选原料、挖掘传统独特的炮制技艺，引导经典国药价值回归，成为中医药文化的国家名片。树立中医药文化自信，形式宣传推广企业品牌，成为央视上榜品牌。建立全产业链发展模式，通过在地道药材产地采取合作方式建立专属公司的GAP基地，中游建设精品中药生产基地、下游建立“优质中药饮片+国医大师”中医服务平台，打造全产业链的发展模式。

活态展示中医药文化，在全国各大中城市建设1000家广誉远国药堂、100家国医馆进行精品中药的直销及品牌在各地的根植深化。建立O2O电子商务模式，进行现代营销模式的创新。致力传播中医药文化，通过日常发布中医药四季养生知识，进行中医药知识的普及及中医药文化的传播。推动中医药世界发展，在澳大利亚的国医馆已正式挂牌，海外国医馆中设有海外文化交流中心、中医学堂，展示并传授中国的中医药文化，推动中国传统医药走向世界。

传承与创新并举，公司各项经济指标屡创新高。2016年实现生产总值9.29亿元，较2015年增长71%；实现销售收入6.24亿元，增长119%；上缴税金1.02亿元，增长142%。2016年获山西省制造业百强称号。

（山西广誉远国药有限公司　供稿）

# 加快建设和美、厚实、小康中阳

## ——中阳县

特钢生产线

府南棚户区项目

护工(护理)行业技能比拼

核桃示范园

2016年,中阳县扎实推进"大生态大发展大民生"战略,经济社会发展实现了"下半年好于上半年,为2017年进一步好转奠定坚实基础"的目标。全年地区生产总值完成45.03亿元,增长3.5%;规模以上工业增加值29.7亿元,增长2.6%;固定资产投资64.75亿元,增长-3.6%;一般公共预算收入3.76亿元,增长-10.5%;社会消费品零售总额13.21亿元,增长7.4%;城镇居民人均可支配收入20187元,增长6.3%;农村居民人均可支配收入6208元,增长7.2%。

★产业建设稳步推进。一产方面,大力发展特色种养业,核桃产量600万千克,畜禽存栏55万头(只)。二产方面,全年煤炭产量635万吨,钢材产量269万吨,中钰热电3×13.5万千瓦热电联产项目环评获批,华润风电具备开工条件,铝工业循环经济一体化项目与杭州鼎胜集团成功签约。三产方面,建立"一中心三平台"电商体系,成立了首家高新技术企业;柏洼山4A景区文庙大成殿地基工程完工;商贸、物流、金融、建筑等行业健康发展。

★脱贫攻坚首战告捷。构建了"四位一体、七个清楚、八个一批"的工作体系,扶贫政策措施落实兑现,1741户5064人稳定脱贫,3个贫困村整体脱贫。

★城乡建设扎实推进。桥坡底棚改拆迁取得重大进展,雷家沟棚户区道路配套工程竣工通车,金罗采煤沉陷区治理搬迁项目快速推进,农村危房改造465户。玉洁污水处理厂投入运行,生活垃圾卫生填埋场基本建成。城区集中供热完成体制改革。336千米农村公路部分工程启动。新建抗旱应急工程4处、农村安全饮水工程10处,完成城网、农网和5座变电站改造。城区环境大清理、秩序大整治成效明显。开展"铁腕治污行动",严厉打击非法违法排污行为,节能减排任务圆满完成。

★民生事业持续改善。优先发展教育,3所幼儿园新建改建工程基本完工,义务教育均衡发展顺利通过国家评估认定,"全面改薄"工程全部完成。繁荣文化事业,"两馆一站"继续免费开放,送文化下乡活动等活动有声有色。加快发展医疗卫生事业,50个病种纳入分级诊疗,与山大一院、二院和太原市中心医院建立了医疗联合体,进一步缓解了看病难、看病贵的问题。积极开展就业创业,城镇新增就业1650人,农村劳动力转移2905人。社会保障扩面提标,发放城乡低保金3211万元、五保供养金232.4万元;626套廉租房分配到户。持续加强安全稳定,扎实开展信访案件"一交办三治理"活动,实施以打黑除恶为重点的"三大战役",安全稳定形势持续好转。

(中阳县政府办 供稿)

山西华鑫肥业有限公司

# 决胜全面小康 塑造美好吕梁

## ——吕梁市

2016年，吕梁全市广大干部群众提振信心、顽强拼搏，奋力推动全市经济企稳回升、稳中向好，较好地完成了全年主要任务，实现了省委提出的“下半年好于上半年，为2017年进一步好转奠定坚实基础”的目标。全年地区生产总值995.3亿元，增长4.1%，增速排名从2015年的全省末位上升到第6位；规模以上工业增加值546.7亿元，增长2.6%，从2015年全省末位上升到第4位；一般公共预算收入89.6亿元，下降1.2%，从2015年全省第10位上升到第5位；社会消费品零售总额433.7亿元，增长6.8%；固定资产投资完成1118.5亿元，下降4.1%；城镇居民人均可支配收入24180元，增长5.6%；农村居民人均可支配收入7644元，增长6.3%。万元GDP能耗、二氧化碳排放量和用水量降幅，二氧化硫、粉尘、烟尘等减排幅度，均完成了省定任务。市区优良天气数达到287天，环境空气质量综合指数全省排名第二。

★以脱贫攻坚统揽经济社会发展全局，脱贫攻坚首战首胜。举全市之力打出“3105”政策组合拳，全面开展“三个一”扶贫行动，精准实施“十项重点工程”，扎实推进“五项机制”创新。推进光伏扶贫迈出坚实步伐，方山建成全省最大的村级集中式光伏电站。“吕梁山护工”品牌开始叫响省城、京城。经济林提质增效进展顺利。易地扶贫搬迁全省现场会在吕梁召开。“8+2”农业产业化继续推进，生态脱贫探索形成“合作社+贫困户”“政府购买式造林”等模式，得到国务院领导的高度肯定。建成219处农村饮水安全工程和14个水质检测中心，10万农村人口饮水标准得到提升。出台医疗救助“16条”和教育扶贫系列措施，城乡低保和五保供养标准大幅提高，兜底工作逐步夯实。加强第一书记队伍建设，推进了县际结对帮扶工作。278个贫困村、11.1万人脱贫，脱贫攻坚实现首战告捷。

山西国金电力有限公司
2x35WM低热值煤发电项目

煤矸石综合利用示范园区阻燃新材料项目

新光华铸管有限公司光华铸管集团球墨铸管车间

王老吉顶养系列大健康产业园

★抢抓机遇推动转型升级，产业结构初现新格局。与河南明泰、嵩基、杭州鼎胜等铝精深加工企业达成合作意向，推动铝产业向下游延伸。兴华科技2×35万吨铝基新材料、华兴铝业二期100万吨氧化铝项目投产，全省最大的轻铝合金生产线中铝华润一期50万吨项目开工建设。积极盘活企业闲置资源资产，大力引进高科技、金融资本和优秀人才，加快煤焦产业纵向延伸，推动交城华鑫与太原理工大学、孝义鹏飞与北京三聚环保、孝义金岩与山东科瑞合作，鹏飞集团建成全国领先的甲醇联产LNG项目。在太原举办旅游推介暨项目招商大会，推出了一批旅游产品和项目。华为公司大数据中心项目落地离石，北京软通动力城市创新综合体项目落地孝义，中交网通智慧高速大数据中心项目落户交城。全市煤电铝、煤焦化、大数据等产业集群化、集聚化发展格局初步形成。

★坚定不移抓好供给侧结构性改革，发展新动能持续增强。严格落实“三去一降一补”，煤炭行业核减产能1060万吨，水泥行业退出落后产能45万吨。减少库存商品房172.4万平方米。积极防范金融风险，联盛集团破产重组依法有序推进；农信社改制步伐加快，孝义农商行挂牌运营；引导企业通过合资合作、债转股等方式，处置银行不良贷款23.7亿元。全市1328名干部

万亩土豆花海

深入439个重点企业开展帮扶服务。减少企业税负4亿元，减征社会保险费1亿元。推动17户用电企业与发电企业直接交易电量23.1亿千瓦小时，节约电费1.16亿元。市区公交运营体制改革基本完成。积极推广运用PPP项目融资模式。香港王老吉、天津宝迪、北京新瑞利邦等一批行业龙头企业落户吕梁。

★狠抓基础设施建设，城乡面貌明显改善。新区16个安置区69栋楼主体工程及配套设施完工，供热、供水、供电、供气、通讯、雨污等市政管线建设基本完成，1000户征地拆迁群众拿到新房钥匙。城建“双十”重点工程加快推进，市医疗卫生园区、儿童福利院开工建设，市图书馆、群艺馆启动前期工作，吕梁大道一期绿化、主城区人行天桥、便民公厕等一批工程完工。祁离、静兴两条高速和三条国省道改线前期工作进展顺利。新建和改造农村公路769千米。吕梁至太原开通城际列车，极大地方便了群众出行。

已建成投用的120师学校

在建的吕梁市便民服务中心项目

孝义沃尔玛中心商务区

全省最大的18兆瓦村级集中式光伏电站

核桃林提质增效工程

★持续加大民生投入，人民福祉进一步增强。全市民生支出226.7亿元，占公共预算支出的82.2%。优先发展教育事业，新建、改扩建农村幼儿园26所，文水、交口、中阳等6个县通过国家义务教育均衡发展评估认定。吕梁学院附中投入使用。整合离石师范、吕梁教育学院等学校资源，筹建吕梁高等师范专科学校。加快发展医疗卫生事业，120个农村老年人日间照料中心建成。1.15万名贫困残疾人得到康复救助。城镇新增就业3.2万人，失业率控制在2.72%。完成营造林3.8万公顷、完成水土流失治理2.87万公顷、生态修复1.47万公顷。开展"铁腕治污"行动，实施冬季城乡环境集中整治。毫不松懈抓安全，全市未发生重大以上事故，安全生产形势总体平稳。深入开展以打黑除恶为重点的"三大战役"，刑事案件和"两抢一盗"发案数大幅下降，有力维护了社会大局稳定。

（吕梁市政府办公厅　供稿）

岢临高速

朝阳农牧有限公司牧光互补精准脱贫项目

城市发展

# 加快建设全国一流的现代化区域性中心城市

——孝义市

2016年，面对错综复杂的经济形势和艰巨繁重的改革发展任务，全市认真贯彻落实省委“一个指引、两手硬”重大思路和要求，迎难而上，真抓实干，推动经济社会有速度、有质量、有效益的发展，实现了“十三五”良好开局。全市完成地区生产总值338.8亿元，增长2.4%；公共财政预算收入15.6亿元，下降14.6%；规模以上工业增加值213.4亿元，增长2.5%；固定资产投资270.1亿元，增长0.8%；社会消费品零售总额128.9亿元，增长6.5%；城镇常住居民人均可支配收入30416元，增长4.6%；农村常住居民人均可支配收入14978元，增长5.4%。

★全力以赴稳增长、扩总量，经济发展的后劲不断增强。深入开展“项目创新年”活动，超额完成“六位一体”年度目标，综合排名吕梁第一。新上马总投资90.58亿元的6个转型项目。健全各级领导干部入企服务机制，累计帮助企业解决各类问题139条，为企业减负5.7亿元。与山西煤炭清洁利用投资有限公司签订战略合作协议，设立20亿元的现代煤化工转型升级基金，为主导产业加快发展注入强劲动力。

梦幻海室内主题乐园

东义循环经济产业园总部

★坚定不移调结构、促转型，发展质量和效益同步提升。以“五大园区”为依托，“2+3”产业转型取得新突破。对标国际一流工艺，规划启动信发110万吨轻质合金、兴安110万吨高精铝材项目，推进铝系产业纵向延伸、多元发展。以鹏飞60万吨甲醇联产4亿立方LNG一期投产为标志，新型煤化工项目加快落地、建设、投产。一果核桃深加工、王老吉顶养系列饮料一期投入试生产，普尔特药胶加快推进，农产品加工向品牌化、功能化方向发展。成功引进软通动力集团城市创新综合体项目，太子光伏发电一期30兆瓦并网发电，新兴产业正在兴起。大力培育新业态、新模式，农村淘宝市级服务中心及49个村级服务站启动运营，“梦幻海”、曹溪河生态旅游等项目不断扩大规模、提升档次。

煤化工园区走精细化、系列化、规模化、高附加值化发展的路子

碧山标准核桃园

王老吉顶养系列大健康产业园

金龙山景区

★持之以恒抓改革、促创新，发展的新动能加快集聚。顺利完成转型综改2016年行动计划，10个重大改革、10个重大事项、20个重大项目稳步推进。市民服务中心正式运行，承办114项民生事项和235项审批事项，构建"一站式、一条龙"政务服务新格局。市农商行挂牌运营，孝义人有了自己的银行。健全"1+X"政府融资平台体系，多样融资平台达到11个。中小企业融资担保公司增资扩股至5000万元。成功申报省级中小微企业创业创新基地示范县，

孝义中心医院

小城镇化建设——梧桐新区

孝义采煤沉陷区治理项目

建成六大“双创”基地，在全省首家实现小微企业服务站乡镇、街道全覆盖。全年新增小微企业615户，增长21%。

★坚持不懈强基础、抓管理，城乡面貌持续改善。启动海绵城市建设，完成1200千米地下管线普查。建成区基本实现生活污水管网全覆盖。更新纯电动公交车50辆、天然气双燃料汽车744辆。梧桐新区入住2.3万人，下栅新区33栋住宅具备入住条件。持续加大环境治理力度，深入开展“铁腕治污”行动，城区空气质量优良率达到70.2%。全年营造林1920公顷，启动“亲情林”暨城区可视山体造林绿化工程。全市森林覆盖率达32.7%，建成区绿化覆盖率达43.8%。

★千方百计惠民生、办实事，群众幸福感和获得感持续提升。不断加大民生投入，民生支出占一般公共预算支出79.5%。精准推进“十大脱贫专项行动”，创新“金融精准扶贫贷”模式，全年脱贫1411人。“义务教育学校管理标准”实验工作在全省推广，高考二本B类以上达线3148人。各类社会保险不断扩面提标，启动城乡基本医保并轨。完成4720户城中村改造项目。2645套公廉租房分配到户。涉及5个乡镇30个村的采煤沉陷区治理搬迁工程加快推进。扎实开展安全生产大检查，安全生产形势持续稳定。严厉打击各类违法犯罪行为，社会治安形势良好。广电出版、史志档案、气象地震、妇女儿童、老龄、残疾人等事业都有了新的发展和进步。

（孝义市政府办　供稿）

*太原理工大学现代科技学院*

*市民服务中心*

# 加快崛起步伐 实现良好开局

## ——汾阳市

2016年，汾阳市委、市政府坚持止降趋稳、稳中求进，团结带领全市人民，紧紧围绕“三五”战略总要求，直面困难，积极应对，实现了“十三五”的良好开局。

全年地区生产总值完成106亿元，比2015年增长14.8%，在吕梁市总量排名第三，增速排名第一、全省排名第二；财政总收入23.73亿元，增长16.9%，在吕梁市总量排名第三，增速排名第二、全省排名第七；公共财政预算收入7.24亿元，增长26.9%，在吕梁市总量排名第四，增速排名第一、全省排名第四；规模以上工业增加值50.1亿元，增长34%，在吕梁市总量排名第三，增速排名第一、全省排名第四；固定资产投资88.67亿元，增长4.5%，在吕梁市总量、增速均排名第四；社会消费品零售总额60.72亿元，增长7.2%，在吕梁市总量排名第三，增速排名第六；城镇常住居民人均可支配收入21328元，增长6.1%，在吕梁市总量排名第四，增速排名第五；农村常住居民人均可支配收入12397元，增长6%，在吕梁市总量排名第二，增速排名第十。

汾阳市市委书记　武跃飞

汾阳市市长　吴晓东

一年来，全市各项重点工作取得了新成效：

★产业升级迈出新步伐。省级杏花村经济技术开发区获省政府批准设立。推进汾酒集团国企混改。成立了以汾阳企业为主导力量的吕梁市白酒行业协会。星宇化工二硫化碳等列入2016年吕梁市工业转型升级的7个项目进展顺利。国峰粉煤灰等项目顺利建成。栗家庄乡上林舍生态旅游景区被国家旅游局批准为“首批全国乡村旅游模范村”。

★三农工作提升新水平。在经历洪涝灾害后，全市秋粮实现恢复性增长，粮食总产量1.76亿千克。县乡两级农村产权流转交易中心全部挂牌成立。出台支持农业龙头企业贷款贴息办法。安排1000万元资金用于脱贫攻坚，落实了核桃林提质增效、高灌提水、湖羊养殖等产业项目，8个贫困村、1536户、3922人实现稳定脱贫。

★城乡建设展现新面貌。设立改善城市人居环境投资基金。新建雨污水管网6.5千米、供水管网6千米、天然气管网12.3千米、集中供热管网12千米，新增集中供热面积100万平方米。启动307国道改线、汾屯公路改线和两条旅游公路建设。

团结奋进的领导班子

禹门河生态公园

吕梁市白酒协会在汾阳成立

★民生事业跃上新台阶。不断提升综合服务水平，城镇登记失业率控制在2.9%。铺开汾阳中学古建筑群修缮、府学街小学改造和南薰小学扩轨、青少年活动中心等教育基础设施建设项目。新农合参合率稳定在95%以上，人均筹资标准由470元提高到530元。开展了形式多样的全民文化活动。全年未发生较大以上安全事故，社会秩序保持稳定。

★生态环保推出新举措。实施两条高速通道绿化，大力推进村庄农田林网绿化和荒山绿化，栽植各类苗木28.5万株。开展铁腕治污、铁腕斩污等行动，生态环境大幅改善。申报省级美丽宜居示范村1个、吕梁市级3个。

（汾阳市政府办　供稿）

# 塑造柳林美好形象 实现柳林振兴崛起

## ——柳林县

高红工业园区大电厂

华润福龙水泥厂

煤矸石综合利用示范园区

2016年，柳林县政府紧紧围绕县第八次党代会提出的融合“五大发展”理念、实现“三县共建”目标，以脱贫攻坚统揽全县经济社会发展全局，团结和带领全县人民，提振信心、负重前行，奋力推进全县经济和社会发展，实现了“十三五”良好开局，开创了全县经济社会新局面。

★全力以赴稳增长，经济运行企稳向好。2016年，全县地区生产总值完成121.8亿元，增长5.3%；规模以上工业增加值77.78亿元，增长8.3%；财政总收入31.27亿元，下降5.8%，但降幅比2015年收窄23.7个百分点；公共财政预算收入10.7亿元，下降2.9%，降幅收窄44.7个百分点。全年原煤产量2197.8万吨，县属企业洗精煤产量1657.7万吨。固定资产投资完成164.87亿元，其中民间投资比重达到58%；社会消费品零售总额37.97亿元，增长6.3%；服务业增加值40.7亿元，增长5.3%；城镇与农村常住居民人均可支配收入分别达到28415元、10583元，增长5.1%、6.1%。

★精准施策抓落实，脱贫攻坚首战告捷。扎实推进“8大重点工程和23项专项行动”。统筹整合各类专项扶贫资金5427万元，用于脱贫村基础建设和扶持发展特色产业。14个贫困村的路、水、电、讯等基础设施和医疗卫生、住房保障等公共服务，对照退出标准完成配套任务。大力扶持发展特色产业，完成经济林提质增效2466公顷，凌志肉驴养殖，金家庄、王家沟新大象生猪养殖，高家沟、三交香菇种植，李家湾“一户一项”等特色产业扎实起步。全县各金融机构累计发放扶贫小额贷款和产业贷款8941万元，惠及贫困人口1487人。全县39家规模以上企业结对帮扶39个贫困村，解决贫困户劳动力就业545人。驻村工作队、第一书记、包村干部“三支队伍”深入一线、挂图作战，干部帮扶工作取得了明显成效。年内共有2562户7482名贫困人口实现脱贫，14个贫困村顺利退出。与此同时，持续推进农业产业化进程，沟门前碗团在省城太原成功开辟窗口店。扶持16个“一村一品”专业村，发展绿色谷子

333公顷、食用菌80万棒、中药材224公顷、规模健康养殖户20户，农业产业化取得了新的成效。土地确权登记颁证完成清查241个行政村，清查面积3.7万公顷。

★坚定不移促转型，新兴产业曙光初现。与全国最具实力的民营铝加工企业河南明泰铝业上市集团对接洽谈，推进铝系产业发展壮大。积极发挥李家湾光电子产业园区平台优势，推动高科技项目引进落地，园区内卫星通信楼装修工作基本完成，卫星地面测控站已投入运行。持续抓好以铁路集运站为支撑的现代物流体系建设，孟门战略装车点形成800万吨的运力，王家会集运站可望于近期接轨。煤层气产业不断壮大，全年煤层气勘探开发完成投资10亿元，开采井达到527口、日产量达到20万立方米。京东商城柳林特色馆成功上线，拓宽了柳林红枣、核桃、碗团、芝麻饼等特色农产品的销售渠道。大力发展乡村旅游工程，申报成功17个乡村旅游试点村。

红枣矮化示范种植

特色养驴项目

廉租房小区

高家沟乡贺家坡新农村

高速东口美化绿化

★千方百计惠民生，各项事业稳步发展。持续加快城乡基础设施建设。对651户棚改拆迁户统一进行了货币化安置；热电联产项目进展顺利，青龙片区集中供热春节前正式投入使用；307国道城区段改线项目特许经营获得省政府批复；柳林新医院建设项目全面开工；完成采煤沉陷区治理828户、地质灾害治理搬迁35户、农村危房改造1400户、易地搬迁75户200人；完成农村饮水安全工程16处，解决了16个村、8700人、60头大畜的饮水安全问题，农田水利建设荣获山西省“禹王杯”红旗县称号；完成造林绿化3053公顷。全面发展社会事业。义务教育学校“全面改薄”有序推进，义务教育均衡发展成功通过国家评估验收；改扩建两所农村幼儿园，完成了6所城区学校厕所改造；高考二本以上达线1116人，连续三年突破千人大关。完善大病医疗救助“一站式”服务，全部药物实行零差价销售；政策范围内住院费用报销比例保持在80%以上，新农合住院补偿封顶线达18万元；新建乡村卫生室28所，改建30所，基层医疗卫生服务能力明显提升。巩固提升图书馆、文化馆、乡镇综合文化站、农家书屋管理服务和免费开放水平；长篇小说《下柳林》荣获山西文学最高奖赵树理文学奖。注重保障基本民生支出，党政机关和行政事业单位人员工资及时足额发放。城市低保和农村低保救助标准平均每人每年提高240元，分别达到5220元和3684元；五保老人集中供养和分散供养标准各提高300元，分别达到6700元和4900元；完成了4所敬老院消防安全改造及13个农村老年人日间照料中心建设。继续实行全民意外伤害保险、红枣保险、玉米保险、免费公交、高中教育免学费等县定惠民政策，各项社会保障实现了应保尽保。

★万众一心保平安，社会大局保持稳定。深入开展安全生产大检查，深化“打非治违”专项整治，全县安全生产形势持续好转。进一步畅通信访渠道，规范信访秩序，推进信访积案化解。不断加强社会治安综合治理，持续深化“打黑除恶、铲除黄赌毒、治爆缉枪”三大战役，全力维护了全县社会的和谐稳定。

（柳林县政府办　供稿）

县城全景

黄河河畔孟门古镇

黄河河畔三交古镇

沿黄干线通道绿化

县城总体规划

# 决战脱贫攻坚 实现全面小康 塑造美好方山

## ——方山县

省长楼阳生在方山县调研农光互补光伏电站

吕梁市市委书记李正印在方山县调研易地移民搬迁工作

国务院扶贫办副主任欧青平、吕梁市市长王立伟在方山县调研扶贫工作

2016年，方山县广大干部群众提振信心，顽强拼搏，奋力推动全县经济社会全面发展，较好完成了十届人大一次会议确定的目标任务。全年地区生产总值完成24.09亿元，增长7.4%；规模以上工业增加值12.89亿元，增长9%；固定资产投资24.68亿元，增长6.2%；社会消费品零售总额9.11亿元，增长7.5%；一般公共预算收入3.14亿元，增长23.6%；城镇居民人均可支配收入19087元，增长5.4%；农村居民人均可支配收入4142元，增长6.7%。约束性指标均完成了市下达任务。全县二级以上优良天气数达到300天，环境空气质量综合指数全市排名第一。

★脱贫攻坚首战告捷。2016年完成整村脱贫33个贫困村，脱贫4974户1.3万人。产业扶贫，与山西国新晋药、重庆恒都集团合作，为发展中药材、肉牛两大农业主导产业奠定了基础；光伏扶贫，争取并落实68.15兆瓦光伏扶贫指标，投运11个村级分布式光伏电站，基本建成全省最大的刘家庄18兆瓦村级集中式光伏电站；易地移民搬迁，新开工建设圪洞、峪口、大武三个集中移民安置区；生态扶贫，探索形成“工程扶贫”“造林专业合作社+贫困户”“护林管护+贫困户”等生态建设与扶贫相结合的模式，1400多名贫困劳动力通过从事造林绿化、护林管护人均获得工资性收入5900元以上；金融扶贫，完成贷款等级评定授信1235户，发放小额贷款647户、5025万元；社会扶贫，2.1万建档立卡贫困户得到资助；兜底扶贫，对1.39万户1.6万名贫困人口应保尽保，低保、医保、救助、教育等24项政策全部提标到位。另外，探索形成“桥沟模式”“大象模式”“后则沟模式”等资产性收益新模式，为贫困户发展产业、贫困村集体经济破零开辟了新路径。

★转型升级成效凸显。结合“三去一降一补”，全力推动产业转型升级，优化产业结构。煤铝行业，煤炭共核减产能30万吨；加强对铝矾土企业的监管，铝矾土、陶瓷黏土产销量比2015年增长118%。新能源，国电

刘家庄18兆瓦村级集中式光伏电站

马坊48兆瓦风电项目一期工程并网试运行。文化旅游，基本完成旅游总体规划编制，与山西晋旅投资公司初步达成北武当山开发合作意向。招商引资，引进重庆恒都、山西国新晋药、北京仟亿达等一批国企、名企，积极推进合作项目。

★基础设施稳步提升。启动县城总体规划、全县产业规划和城区控制性详细规划修编工作，城区规划面积由5.6平方千米扩展到12平方千米。完成方正北街拆迁工作，方正北街、商贸区道路改造工程基本完工。瓦窑河治理工程完成蓄水。车道崖35千伏变电站近期投入运行。医疗园区、便民服务中心、易地移民搬迁安置区等城区重点项目加快推进。深化城市管理体制改革，城区集中供热、环卫清洁、绿色公交实现市场化运营。建成6个安置区3719套安置房，分配安置房223套。交通、水利、电力等基础设施建设全面推进，发展基础进一步夯实。

★教育振兴有序推进。义务教育均衡发展，顺利通过国务院验收；教育人事体制改革试点工作稳步推进；新高中一期主体工程基本完成，二期项目全部启动，力争9月1日启用新校区。

（方山县政府办　供稿）

云杉苗圃地

进村路绿化

峪口镇易地扶贫搬迁安置房

吕梁新区大武安置区施工现场

# 开创小康新生活　谱写发展新篇章

## ——兴　县

城市建设

康宁农业园区清泉醋业公司

蔡家崖特色农业园区蔬菜花卉大棚

2016年是“十三五”的开局之年，兴县坚定不移推进项目、民生、脱贫“三大攻坚”，努力实现兴县由国土大县向产业强县、资源大县向经济强县、贫困大县向富裕强县的“三大跨越”，经济社会发展取得了新成绩。全年完成地区生产总值60.45亿元，增长3.8%；规模以上工业增加值44.3亿元，增长2.5%，实现了由负转正；社会消费品零售总额14.75亿元，增长6.9%；一般公共预算收入7.12亿元，增长12.5%；城镇居民人均可支配收入19061元，增长5.2%；农村居民人均可支配收入4006元，增长6.3%。

★聚焦脱贫精准施策，脱贫攻坚实现首战首胜。坚持多产业并进、多路径发力，实施产业扶贫、生态扶贫、易地搬迁扶贫、教育卫生扶贫、社会保障兜底扶贫、金融扶贫“六大工程”，培育小杂粮、经济林、光伏、家政服务、食用菌、畜牧养殖、设施蔬菜、农产品加工、乡村旅游、电子商务“十大富民产业”。全面落实了4200人的易地搬迁任务。为1287户农户提供小额贷款6434万元。对3.6万城乡困难群众进行了低保救助；资助建档立卡贫困家庭学生1.48万人次，发放资助金1318万元；投入资金1593万元，对8000余名特殊困难群众进行了医疗补助和救助。全年实现40个贫困村摘帽、1.3万人脱贫。

★产业结构优化升级，发展后劲明显增强。华电锦兴肖家洼煤矿全面达产达效，全县煤炭产能稳定达到2690万吨，成为吕梁市第一产煤大县。华兴铝业二期100万吨氧化铝项目建成投产，中铝华润吕梁轻合金基地一期年产50万吨轻合金项目开工建设，铝产业发展迈出了关键性的一步。华盛燃气公司30万方煤层气液化调峰及管线项目一期工程建成投产，全县煤层气日产达到20万立方米；全长160千米的临兴区块煤层气连接线项目基本建成，天然气居民用户达到6000户，天然气产业逐步成为全县重要的转型产业。华电锦兴2×35万千瓦低热值煤发电项目开工建设，中润2×66万千瓦自备电厂获得“路条”，电力产业初步实现起步。蔡家崖煤炭集运站投入运营，肖家洼煤矿专运线和豫能煤炭集运站开工建设，豫能兴鹤物流园区前期工作稳步推进，物流产业蓬勃发展。

★城市建设持续发力，市政功能日趋完善。全面启动蔚汾河河道景观工程、第二水厂建设工程、城区全天候供水管网改造工程，新建西滩坪供热工程，新增城市集中供热16万平方米，改造城市道路11.5千米、城市供水管网6.7千米，新建供气管网8.14千米、供热管网3千米。开工建设北山过境公路。启动了县城棚户区改造一期工程，累计完成拆迁9.2万平方米，4个安置点全部开工，蔚汾河南岸城市发展框架初步形成。

★民生投入继续加大，社会事业健康发展。全面完成友兰中学、120师学校续建前期工作。县医院迁建项目土建完成80%；省、市、县医保网上审核与补偿标准双接轨全面完成。农村路网改造开工31个项目，改造里程180千米。继续开展文化下乡活动，送书下乡31次，县剧团下乡演出220场次，农村公益电影放映4355场次，极大地丰富了农村文化生活。

（兴县政府办　供稿）

兴县中南铁路全线第一高桥——蔚汾河特大桥

岢临高速兴县段

环境整治成果

友兰中学

# 决胜全面小康 建设美好临县

——临 县

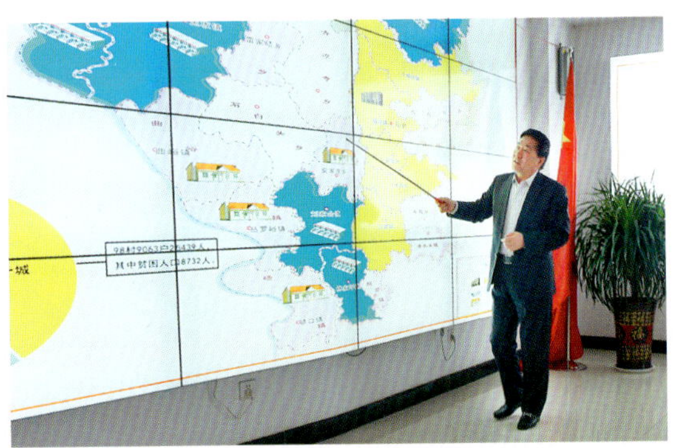

临县县委书记张建国介绍精准扶贫工作

临县朝阳农牧有限公司牧光互补精准脱贫产业

临县林家坪镇南圪垛村"美丽乡村"示范村建设

过去的一年，临县围绕"一个目标"，实施"五大战略"，建设"五大基地"，较好完成了全年主要目标任务，实现了"十三五"经济社会发展良好开局。2016年完成地区生产总值41.72亿元，增长9.7%；公共财政预算收入4.03亿元，增长15.98%；规模以上工业增加值9.58亿元，增长15.2%；社会消费品零售总额41.96亿元，增长7.1%；城镇居民人均可支配收入16169元，增长6.5%；农村居民人均可支配收入4446元，增长6.9%。主要经济指标增速居全市靠前位置。

★夺取脱贫攻坚首战首胜。全年实现86个贫困村退出、3万贫困人口脱贫。以土地流转为突破口，实施了红枣、核桃经济林提质增效工程。采取农光互补、牧光互补等模式，实施光伏电站16.1兆瓦，朝阳农牧、南圪垛等光伏电站在全市率先并网发电。开展订单式护工护理培训，累计培训1869人、就业820人。易地移民搬迁扎实推进，落实安置任务1698户5200人。农业产业扶贫成效明显，推进舍饲养羊基地县建设，扩大实施绿色马铃薯、食用菌、绿色杂粮、中药材种植。探索资产收益扶贫模式，拓宽了贫困群众增收脱贫渠道。创新农村合作经济组织形式，组建造林合作社165个。实施金融富民工程，累计发放扶贫小额贷款2200余万元。争取到山西保险业精准扶贫示范县、商务部电子商务进农村综合示范县。全面落实教育扶贫6项政策、民政扶贫10项政策，全年发放各类民政救助资金1.5亿元，惠及困难群众10.54万人。把贫困人口纳入大病医疗补充保险、人身意外伤害保险，给予贫困人口合作医疗保费补贴，健康扶贫取得实效。开展"干部帮扶千人进万户"活动。整合1.24亿财政扶贫资金发展精准脱贫产业，配套完善了脱贫村基础设施和公共服务。

★千方百计稳定经济增长。大项目建设持续发力，全年确定重点项目99个，总投资715亿元，完成投资68亿元。农业产业化进程加快，粮食总产量1.35亿千克。实施农产品加工龙头企业"513"工程，企业

中国碛口首届枣儿红了旅游文化节

枣木香菇菌棒生产基地

临县经济林提质增效红枣管理技术培训

销售收入达到2.68亿元，风味小吃销售收入6680万元。文化旅游业加快发展，开展了碛口旅游环境整治提质专项行动，建成了民俗博物馆、古兵器博物馆、地质博物馆，对中央后委、中共中央西北局、陕甘宁晋绥联防军旧址进行了修缮。

★持续增进人民群众福祉。提高了医保、低保标准和退休人员基本养老金，实现大病保险城乡全覆盖。城镇新增就业3100人，创业就业500人。新建、改扩建幼儿园6所。新建县人民医院投入使用。新建20所老年人日间照料中心、7所老年人活动中心。完成农村危房改造2400户，建成保障性住房130套。生态环境进一步改善，完成造林绿化4800公顷。实施6乡镇1449户采煤沉陷区治理项目。加强大气和水污染治理。深入推进乡村清洁工程，开展了美丽宜居示范村创建活动。法治临县、平安临县建设扎实推进，信访秩序逐步规范，安全生产形势平稳好转，依法治县成效显著，社会大局和谐稳定。

（临县政府办　供稿）

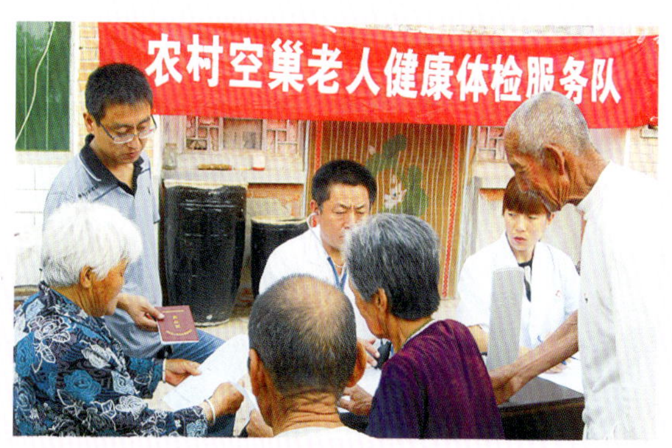


农村空巢老人救助服务

# 决胜全面小康　建设美好岚县

——岚　县

岚县万亩土豆花海

白龙山景区

2016年，全县上下坚定发展第一要务不动摇，咬定发展既定目标不放松，提振信心，砥砺前行，经济社会保持了平稳健康发展的态势。

★以质量促效益，县域经济持续发展。地区生产总值、规模以上工业增加值、固定资产投资等几项主要经济指标由近几年来的持续负增长一举实现了正增长，经济质量和效益得到进一步提升。2016年，全县地区生产总值27.69亿元，比2015年增长1.9%；规模以上工业增加值15.8亿元，增长0.2%；固定资产投资39.95亿元，增长0.1%；全县公共财政预算收入3.25亿元，下降15.3%；城镇居民人均可支配收入18109元，增长6.6%；农村居民人均可支配收入4689元，增长7.3%。三次产业结构进一步优化，三产服务业比重明显增加。

★以项目促转型，发展动能有效提升。推动传统冶炼、铸造产业优化升级。实施了继亨30万吨精密铸造技改项目，20万吨矿棉项目一期建成投产。总投资25亿元的5个48兆瓦风电项目进展顺利。签订了马铃薯产品集散市场及深加工合作项目以及10万千瓦光伏发电和25万千瓦风力发电等项目，全年招商引资额159.5亿元。

岚县正利煤业厂区

岚县新中学体育场

绿化环境，改善生态

岚县新大象农牧发展有限公司

★以产业促增收，脱贫攻坚首战首胜。产业扶贫方面，2016年共投入各类资金3110万元用于马铃薯产业，实施了“户有半亩微型薯保优种、户均1亩一级薯保增收、人均一亩绿色薯保脱贫”的扶持政策。成立了土豆主粮化研发推广中心，初步形成了“土豆种-土豆花-土豆-土豆饭”全产业链，5000余人靠马铃薯产业实现脱贫。在第十四届中国国际粮油产品及设备技术展示交易会上，岚县马铃薯获得大会金奖。创新了合作式造林、购买式造林、购买式管护新机制，全年完成生态造林3667公顷。易地移民搬迁方面，870户3500名移民对象签订了搬迁协议。教育扶贫方面，完成新型职业农民培训1万余人次。电商扶贫方面，建立农产品电商基地10个，发展了198个农村电商体验店。文化旅游产业扶贫方面，举办了第十届面塑文化艺术节、中国•岚县“土豆花开了”旅游文化月等活动，入选国家旅游局公布的第二批创建“国家全域旅游示范区”名单。2016年完成了22个整村脱贫村、7952名贫困人口的脱贫任务。

★以惠民促和谐，民生幸福得到增强。2016年用于民生的支出达11.7亿元，占年度总支出的83.7%。统筹推进学前教育、义务教育、高中教育和职业教育；12轨制职教中心一期工程全部完工；教育均衡发展扎实推进，顺利通过国务院督导验收。城南热源厂300万平方米集中供热项目一期工程建成投用，城区集中供热面积达到180余万平方米；解决了县城“停电即停水”的问题，供水安全得到保障；污水处理厂二期工程完成建设。县域环境空气质量在全省位于前列，二级以上天数保持在287天以上。农村医疗卫生服务网络进一步健全，药品保障体系进一步完善。社会保险、社会救助、社会福利和慈善事业等有序推进，广覆盖、保基本、多层次、可持续的社会保障体系基本建成。

（岚县政府办　供稿）

# 富裕、绿色、宜居、平安、幸福新交口

## ——交口县

便民高效的行政审批服务大厅

宽敞靓丽的青城大街

建成投用的吕梁学院交口实训基地

2016年，交口县委、县政府团结带领广大干部群众，积极应对经济下行严峻形势，克难攻坚，真抓实干，经济社会基本保持平稳运行态势。全县地区生产总值35.72亿元，增长0.5%；规模以上工业增加值26.90亿元，下降2.6%；一般公共预算收入4.63亿元，下降14.09%；固定资产投资完成63.84亿元，增长11.4%；社会消费品零售总额7.67亿元，增长6.8%；城镇、农村居民人均可支配收入分别为18292元、6829元，增长4.8%和5.6%。县域经济呈现企稳回升、稳中向好态势。

★集中力量强“三农”，脱贫攻坚扎实推进。整合盘活涉农资金4000余万元，集中用于扶贫产业项目。桃红坡、双池两个乡镇率先整体脱贫，7个村摘帽，2294户、6500人稳定脱贫。食用菌产业种植规模达到1200万棒，带动贫困户1500余户，户均增收2万元以上。实施核桃林提质增效工程，农民人均年收入900元左右。百世食安生态农业示范园区一期10万头生猪养殖项目已建成投运，带动玉米订单种植2000余户。坚持“治山治贫”结合，以贫困户为主体组建29个造林专业合作社，带动600余人参与，人均年收入8000元左右。实践探索形成“金融+工业企业”等五种扶贫模式，撬动各类支农贷款2.1亿元，全市金融扶贫现场会在交口县召开。

★坚定不移调结构，产业转型步伐加快。信发氧化铝改造提质，中铝兴华科技二期55万吨特种氢氧化铝项目开工建设，道尔铝业200万吨低品位铝矾土深加工项目有序推进。辉煌能源20万吨聚合氯化铝项目已经省发改委立项。积极推进500万吨煤炭产

环境优美的交口一中

朝气蓬勃的交口县城

能重组，引导发展现代煤化工和装备制造业。中电投蒙东能源棋盘山10万千瓦风电项目完成核准，吕梁市露天矿区生态恢复示范基地交口200万千瓦光伏项目完成规划上报。

★全力以赴补短板，基础建设全面推进。持续推动城乡基础建设。实施国道209线广武庄、石口路段改造工程，积极推动西纵高速列入国家高速路网规划，引黄小水网配套供水工程与山西水投公司签约。大力推进市政建设，棚户区改造、地下综合管廊、城区可视山体绿化等一批市政项目全面铺开。巩固省级卫生县城创建。市级文明和谐县城申报评审通过。

★竭尽全力惠民生，社会事业不断发展。进一步加大民生投入，财政用于民生事业的支出占总支出的79%。出台《全面振兴教育事业的实施意见》（简称教育振兴20条），组织开展了校风、教风、学风"三风"集中整顿，实施的"全面改薄"一期工程完工投用，全县义务教育基本均衡发展顺利通过国家评估验收。继续深化医药卫生体制改革和公立医院改革。健全城乡社会保障体系，城乡居民社会养老保险、医疗保险完成并轨，实现各类人员就业5256人，贫困群众4个方面24项政策全面落实。建成交口县电子图书馆，不断丰富群众精神文化生活。

★持之以恒抓基础，社会实现和谐稳定。全年未发生较大安全事故，安全生产形势持续好转。启动创建省级依法治理先进县，加大矛盾纠纷排查调处化解力度，人民群众的安全感、幸福感进一步提升。

（交口县政府办　供稿）

山西道尔铝业公司200万吨低品位铝矾土生产车间

十里香菇长廊——菌棒养殖大棚

交口与东阿阿胶合作发展的农村养驴基地

# 生态交城、活力交城、宜居交城

——交城县

山西华鑫肥业有限公司

2016年，交城县坚持稳中求进总基调，主动适应新常态，围绕“实施五个提升、打造一城三区、建设三个交城”的总体思路，克难攻坚，全县经济社会发展在困境中破浪前行。

★经济形势稳定向好。全年地区生产总值彻底扭转连续两年负增长态势，完成52.9亿元，比2015年增长4.1%；规模以上工业增加值29亿元，增长3.4%；公共财政预算收入4.11亿元，增长7.9%；固定资产投资71.56亿元，与2015年基本持平；城镇常住居民人均可支配收入19751元，增长5.7%；农村常住居民人均可支配收入8763元，增长6.4%。

★脱贫攻坚首战告捷。坚持以“3558”脱贫行动为统领，全年8514名贫困人口顺利脱贫，易地扶贫605人全部搬迁。出台一系列产业扶贫政策，成功引进宝迪、新瑞利邦两个国家级龙头企业，带动催生了一批养殖业、农村合作社，2800名入股贫困人口受益。天宁镇梁家庄村集中移民安置一期工程顺利开工；夏家营敬老院集中供养安置五保户一期工程如期完工。成立以贫困户为主体的经济合作社21个，完成造林绿化1687公顷，带动1300名贫困人口脱贫。统筹各类资金9475万元，集中用于贫困乡村基础设施、产业扶贫重点和试点项目，扶贫工作的强势开展，带动了“三农”工作的有效推进。

★工业领域创新转型。一批重点企业享受了直供电政策，企业生产成本大幅下降，焦炭、玻璃、锰铁合金、硝酸盐复合肥等主要产品量价齐升；加快产业链延伸，一批新型项目陆续投产。开发区内已形成了煤化工、精细化工、节能环保等10余条循环产业链。

★招商引资成效显著。引进了中交网通高速数据中心项目、华气东成高变质无烟煤清洁高效利用项目、中晶环

交城大数据产业园规划一期工程

交城大数据产业园规划二期工程

柏叶口水库

保年产1000万方新型绿色建材产业园项目。明科光电、云顶山风电、湘电古冶等一批新能源项目获得省核准。国家级全域旅游示范县、国家级新型城镇化试点县、省级休闲农业和乡村旅游示范县成功获批，三次产业结构进一步优化。

★城乡建设一体化推进。完成北环路改造等工程，龙门供水工程、世行贷款节水灌溉项目、小型农田水利重点县项目基本完工；完成县乡公路改造75.6千米、农村安全饮水工程23个、农网升级改造项目37个；棚户区改造进展顺利，农村危房改造400户。全县爱国卫生运动日活动深入开展，城乡环境卫生整治取得阶段性成果。

★社会事业全面发展。加快发展教育、卫生、就业等民生事业。职业中学整体搬迁，两所农村幼儿园改造工程投入使用；交城体育馆、交中篮球馆主体完工；山医大一院交城分院建设顺利推进；新建老年人日间照料中心10个；新增城镇就业岗位2448个，城镇登记失业率控制在3.3%。深入开展"铁腕治污"行动，狠抓安全生产，全县安全形势总体平稳，全县人民群众的获得感和幸福感持续提升。

（交城县政府办　供稿）

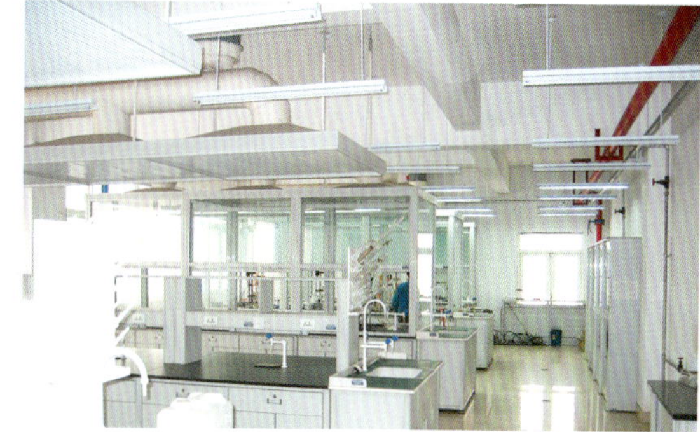
交城新天源医药中间体研发中心

山西古特金铸造风电轮毂、机舱

如金生态园

翠丰农业庄园

市委书记王安庞在恢河大桥建设工地调研

市委书记王安庞在朔城区南城街道督查

# 改革突破 经济增长
# 民生改善 产业转型

——朔州市

2016年，朔州市认真贯彻落实党中央、国务院和省委、省政府一系列决策部署，紧扣市委提出的"两大任务"工作主题，坚持以经济建设为中心，凝心聚力，强化调度，精准施策，推动经济止跌趋稳、稳中向好，实现了"下半年好于上半年，为2017年进一步好转奠定坚实基础"的目标。

全年地区生产总值完成918亿元，比2015年增长4.2%，比上半年提高3.8个百分点；规上工业增加值213.1亿元，增长2.7%，比上半年提高5个百分点；一般公共预算收入49.1亿元，下降9.5%，比上半年收窄19.5个百分点；固定资产投资完成637.7亿元，下降31.9%；社会消费品零售总额291.1亿元，增长7.7%；城镇居民人均可支配收入28989元，增长5.4%；农村居民人均可支配收入11478元，增长6.1%。各项约束性指标均完成年度任务。

★努力促进经济企稳回升。提高重点工程开工率，帮助优势企业增产增效，科学释放煤炭先进产能，促进新建企业投产达效，推动三产

平朔粉煤灰研发中心

市委书记王安庞慰问复员老军人

市委副书记、代市长陈振亮在新一中选址地调研

服务业提质增效，保持农业农村经济稳定增长。特别是紧紧抓住重点工程开工建设和优势企业增产增效这两个关键点，在全市上下扎实有效开展了“双200集中帮促”行动。坚决贯彻省委、省政府万名干部入企服务的要求，市县两级共有759名干部深入企业蹲点包扶，先后解决了200多个突出问题，有效地调动了企业的积极性。到9月底，工业品出厂价格指数结束了连续39个月负增长，工业经济扭转了连续20个月负增长的态势。行动中对新建未开工的204项重点工程进行了集中攻坚，推动152个项目当年开工。

★狠抓经济转型和结构调整。在经济结构调整中，大力发展非煤产业，从煤以外积极寻找战略突破点。新能源电力产业又有6家风电和光伏电厂建成投产，装机规模46.8万千瓦，全市新能源电力装机规模达到406万千瓦，排在全省前列。晋北（朔州）现代煤化工基地建设有新进展，签署了阳煤、国新能源总投资37亿元的低阶煤清洁高效利用多联产项目合作协议。三元碳素碳纤维、中美新能源现代煤化工中试、韩国爱德林垃圾处理等一批高科技项目启动。积极推动新材料、陶瓷、装备制造、食品、医药、电动汽车等产业发展。非煤产业工业增加值占规模以上工业比重达到32.5%，提高6.3个百分点。服务业成为拉动经济增长的新动力，增加值占经济总量的比重达到50.8%。旅游业发展呈现良好势头，旅游业收入160.7亿元，增长20.3%。

市委副书记、代市长陈振亮在市国税局调研

市委副书记、代市长陈振亮在井坪镇小白洋洼村观摩

桑源新能源

★积极推进城镇化建设。全市组织实施了城市人居环境改善“四大工程”，完成投资119亿元。保障性住房建成1.01万套，完成投资30.32亿元。农村危房改造和抗震住房加固7670户，完成投资1.3亿元。户籍制度改革取得新进展，又有1万多农村户籍人口转为城市人口，全市城镇化率达到54.2%。市城区继续推进七里河综合治理、“三路四桥”、恢河大桥等35项重点工程，完成投资26亿元。进一步扩大城市绿化，新增绿地面积55万平方米，绿化覆盖率达42.6%。进入冬季，围绕解决“脏乱差”问题，组织开展了为期100天的市城区市容市貌整治“五乱”和卫生清洁两个“专项行动”。行动中集中清理整治各类“五乱”问题3000多个，市容市貌发生了明显变化。“五城联创”取得新成绩，成功创建全国双拥模范城。

第三届山西文博会朔州推介会

七里河大桥

晋能公司粉煤灰建筑砖生产车间

陶瓷生产车间

燕京啤酒生产车间

山西省科技重大专项——“闪氢热解提油”中试开车仪式

★促进农民收入稳定增长。粮食总产量达到12.7亿千克，比2015年增长15.5%，成为历史上第二个高产年。国家草牧业试验试点和“粮改饲”工作有新进展，完成耕地种草4万公顷。全市奶牛存栏18.7万头，肉羊饲养量591.5万只。畜牧业产值55.9亿元，占农业总产值的46.1%。奶牛存栏量、鲜奶产量、肉羊年出栏量、人均畜产品年占有量、农民年人均畜牧业纯收入以及畜牧业占农业总产值比重等六项草牧业发展指标继续保持全省第一。积极培育新型农业经营主体，各级各类家庭农场和农民专业合作社达到8500多个。按照“六个精准”和“五个一批”的要求，认真组织实施十大脱贫攻坚工程，完成了59个村、2.3万名贫困人口的减贫任务。

西山森林公园

★进一步推动改革开放。大力推进供给侧结构性改革，落实“三去一降一补”任务，关闭7座煤矿，退出了1100万吨产能；房地产去库存减少存量71.5万平方米。围绕“整合、扩区、改制、调规”四大任务，开发区改革创新发展工作全面展开，“三化三制”内部改革做了大量准备工作。农村土地承包经营权确权登记颁证工作接近尾声，农村集体产权制度改革试点工作全面启动。金融创新有新突破，市政府搭建四大融资平台，建立了总规模为200亿元的城市发展基金和经济发展基金，大大增强了政府公共投资能力、财政保障能力和企业融资能力。商事制度改革见到新成效，新增各类市场主体近1.2万户。先后组织开展了北京、山东、浙江、重庆、厦门、深圳等点对点的招商引资活动，签约引资项目172个，投资总额1651亿元。

★加快生态文明建设步伐。持续推进造林绿化，完成新造林1.16万公顷。深入开展大气污染防治，推进实施电力行业超低排放改造、淘汰燃煤小锅炉和黄标车、清洁燃煤替代等重点任务。水污染

群众文化生活丰富多彩

农村寄宿制学校多媒体课堂

应县释迦塔

防治、生态修复治理和地质灾害治理取得新成效。

★高度重视民生和社会事业。优化财政支出结构，确保民生投入稳步增长。就业创业工作完成了当年目标任务，新增城镇就业2.15万人。社会保障体系建设进一步完善，机关事业单位养老完成并轨，大病保险制度实现全覆盖，全民参保登记率96.3%，新农合医保参保率99.4%。教育事业有新发展，朔城区、山阴县、应县顺利通过国家义务教育均衡发展评估验收，全市高考二本达线率41.7%，高出全省平均水平6.2个百分点。全市乡镇卫生院、社区卫生服务机构、村卫生室实现了基本药物制度全覆盖。国家公共文化服务体系示范区建设获得文化部和财政部授牌。启动大西高铁、右平高速等一大批事关民生的重大项目，开通了“朔州号”旅客列车，右玉通用飞机场建设项目获得国家有关部门批准。市城区集中供热体制改革，扩大了供热面积，提高了服务质量。全面落实安全生产责任，强化重点行业领域专项整治，各类安全生产事故起数、死亡人数与“十二五”期间平均水平相比，分别下降27%和25%。加强国防后备力量建设，积极开展双拥工作。发展妇女儿童、老龄和残疾人事业，信访、民族、宗教、外事、侨务、地震、气象、档案、史志等各项工作都取得新成绩。

（朔州市政府办公厅　供稿）

恢河伏流

神海湿地

# 砥砺前行 开拓进取 攻坚克难 全面进步

——山阴县

晋北现代煤化工基地规划建设

昱光发电二期项目完成主体工程

2016年，山阴县人民砥砺前行，奋力开拓，逆势而上，积极应对，开创了经济止跌趋稳、稳中向好、下半年好于上半年，社会和谐稳定、各项事业都有进步的良好局面。全年地区生产总值143亿元，增长4.7%；规模以上工业增加值31.8亿元，增长4.2%；一般公共预算收入5.7亿元，下降11.3%；社会消费品零售总额37.4亿元，增长7.5%；城镇常住居民人均可支配收入30470元，增长5.2%；农村常住居民人均可支配收入14199元，增长6%。被省政府评为“县域经济发展争先进位县”。

★逆势而为保增长，顶住了经济下行压力。最大限度释放煤炭生产先进产能，全县煤炭主导产业成为县域经济的有力支撑，对财政的贡献率达到60.9%。“三农”稳步发展，成为经济回升向好的“稳定器”，推动奶牛乳品业挺过了经济严寒。40家规上企业成为经济发展的主力军。

★坚定不移促转型，培育了经济增长新动能。成立了晋北现代煤化工基地管理委员会筹备委员会，阳煤200万吨低阶煤清洁高效利用多联产、普大100万吨洁净型煤和松蓝80万吨丙烯酸及酯类三大项目准备落地。培育新能源、新材料、节能环保等新兴产业，中电投合盛堡二期5万千瓦光伏发电、联成偏岭1.2兆瓦分散式风力发电等项目竣工投产；引进了神雾集团煤炭清洁高效利用40万吨/年聚乙烯项目；引进了新大象集团年出栏6000头生猪养殖项目等。全力激活内资，玉竹万吨针状硅酸钙项目为钙化工产业探出一条新路，森泰50万吨民用洁净型煤项目建成投产。一批煤炭产业延伸、节能环保、健康养老项目正在积极兴建，成为县域经济新的增长极。

★脱贫攻坚首战首胜。全年投入各级各类扶贫资金8000多万元，重点实施了1333公顷渗水地膜旱地谷子等产业扶贫项目，全力推进八大工程20个专项行动，实现了17个贫困村退出，1706户4388名贫困人口脱贫，圆满完成了年度脱贫攻坚目标任务。

释放煤炭先进产能

古城集团与贫困户建立利益联结

★统筹推进补短板，提升了城市管理水平。重拳出击打击违法占地和违法建设，全面规范城市用地和建设秩序，建立健全房地产开发、居民房屋翻修新建等制度。健全城市卫生清洁机制，加大卫生清洁力度。完成了府南路、文卫西街等道路建设工程。新增供热能力100万平方米，新增供水能力1000多立方米，天然气入户820多户。

★强力整治生态环境，改善了人民生产生活条件。全年完成京津风沙源治理人工造林200公顷，巩固退耕还林干果经济林287公顷等。深入开展“铁腕治污”专项行动，出重拳依法打击私挖滥采，打击非法采矿取得决定性胜利。

★增收节支保民生，提升了人民群众获得感。有效保障干部职工工资的按时发放，兑现了机关事业单位政策性增资。全县教育投入不减，2016年通过了教育部均衡教育验收。公共卫生服务水平进一步提升，县乡“医联体”建设和分级诊疗制度得到落实。社会保障体系进一步完善，全民参保登记率达到95%以上，机关事业单位养老并轨运行。全年新增城镇就业2842人，农村转移劳动力就业2617人，城镇登记失业率控制在2.85%。文化事业繁荣发展，全民健身活动深入推进，“三下乡”活动扎实开展。

（山阴县政府办　供稿）

旱地谷子成为全县一大扶贫产业

奶牛养殖园区向现代化牧场转型

# 全面脱贫 全面小康 全面崛起

——忻州市

忻州市市长郑连生深入108线改线工地现场办公

神池县艾科光电有限责任公司龙泉北1万千瓦项目

2016年，忻州市全面实施市委"1661"发展战略，坚持"产业第一、项目至上、企业为重、服务为本"，统筹推进稳增长、促改革、调结构、惠民生、防风险等各项工作，在克服重重困难的情况下，取得了来之不易的成绩。

★经济增长缓中趋稳。2016年，全市378个项目开工建设、312个项目储备入库、325个项目建成投产，"六位一体"考核指标全部完成，新开工分类考核重大产业项目94个、完成投资147.26亿元。深化与京津冀区域产业协同发展，签约招商项目总投资2009亿元，到位资金507亿元。2016年，全市地区生产总值增长4.7%，固定资产投资增长4.3%，社会消费品零售总额增长7.3%，一般公共预算收入下降6%，城镇居民人均可支配收入增长6.5%，农村居民人均可支配收入增长7.2%，城镇新增就业3.73万人、登记失业率3.6%。约束性指标全部完成。

★重点工作有力推进。一是供给侧结构性改革见到实效。关闭4座煤矿，退出煤炭产能330万吨/年；商品房销售面积同比增长135.3%，煤、铁、焦、水泥等主要产品库存大幅下降；规范民间借贷行为，切实保障企业资金链安全，"助保贷"累计588户次为企业贷款18.06亿元，繁峙农商行挂牌成立。全年粮食总产量17.67亿千克，为历史上第二个丰收年。二是产业转型升级步

风电项目

原平市中电投山西铝工业园区

伐加快。晋能保德等低热值煤发电项目扎实推进，金宇超细煅烧高岭土等一批新材料形成规模，阳煤忻通、美新通用等煤机装备制造业集群发展，中科忻能电池项目加快建设，定襄县成功创建全国首家出口法兰锻造产品质量安全示范区，建成省级法兰锻造产品检测检验中心；五台山景区行政管理体制改革完成，五台山文旅集团公司成立，芦芽山景区申报世界自然遗产和创建国家5A景区进展顺利，雁门关荣膺国家5A级景区，禹王洞晋级国家4A景区，忻州被列入第二批国家全域旅游示范区创建单位，全市旅游总收入同比增长15.1%。三是重点领域改革不断深化。开发区体系规划和忻州经济开发区、原平经济技术开发区、各县产业园区规划开始编制；开发区管理体制理顺，扩区、整合改革积极推进。云河集团商业综合体联合开发项目加快建设，云马焦化破产程序终结，五交化供应站改革重组实施。不动产统一登记制度全面建立。农村土地承包经营权确权工作基本完成。四是“双创”势头强劲。新登记各类市场主体增长31%，培育“小升规”企业22户，新认定省级中小企业技术中心6户、高新技术企业4家、省级众创空间5家，实施国家级科技项目1项、省级科技项目12项。五是基础设施持续改善。原平—太原高铁控制性工程进展顺利，原平—大同高铁开工建设，忻州—五台山—北京高铁列入铁总铁路建设“十三五”规划；五盂高速通车，灵河高速完工，神岢高速建设加快，城区30条道路和国道208线忻州市过境改线竣工通车；新建农村公路372.7千米、完善提质146千米；五

河曲县大电厂

繁峙县中兴实业公司5万吨车床卡盘铸造生产线

五台县高洪口生态农业示范园区万寿菊种植基地

五寨县小杂粮种植

定襄县受禄乡设施农业园区

宁武县连片养殖脱贫工程

台山机场连接线项目启动。六是对外开放不断拓展。五台山机场旅客吞吐量突破11万人，口岸开放纳入国家“十三五”规划。定襄永旺物流园区获批为全市第一家保税仓库和出口监管仓库，列为交通部示范项目。

★脱贫攻坚精准发力。针对性采取系列脱贫措施，产业扶贫带动贫困劳动力就业1.47万人，易地扶贫搬迁完成年度投资任务的111.3%，3404名建档立卡贫困人口被聘为护林员。90个集中和分布式光伏资产收益扶贫项目有69个已完工，1.85万户贫困农户获得金融扶贫贴息贷款3.9亿元，培训贫困劳动力1.07万，为贫困户学生发放了助学补助和助学贷款，对医疗保障扶贫对象实行“先诊疗后付费”、大病保险报销起付线降到5000元，新农合报销比例平均提高2个百分点。全面提高农村低保标准，提前实现“两线合一”。全市脱贫人口8.64万人，出列贫困村576个。

★致力改善民生事业。为655名大学生购买基层公共服务岗位，托底帮扶安置就业困难人员6769人，失业保险金标准提高到1060元。全市机关事业单位工资水平全省排名上升。企业退休人员基本养老金人均增加182元，城乡居民基本医疗保险财政人均补助标准提高40元，城乡居民大病保险年度最高支付限额提高到40万元，县级公立医院药品全部实行零差率销售。城乡低保、五保、经济困难的高龄与失能老年人补贴按

五台山机场

大西高铁忻州段

新建的忻州一中北校区

标准提高,困难残疾人生活补贴和重度残疾人护理补贴制度全面实施。社会保障水平稳定提高,机关事业单位、企业基本养老保险制度并轨运行扎实推进,城乡居民基本医疗保险完成初步整合,养老服务体系进一步完善。教育事业不断发展,新建忻州高级中学、长征小学、实验幼儿园等竣工,改扩建农村幼儿园21所,代县、原平市、河曲县、五寨县"创建全国义务教育发展基本均衡县"通过评估认定。县级公立医院综合改革全覆盖。县级图书馆、文化馆和乡镇文化站全部免费开放,市"五馆一院"建设加快。全民健身活动广泛开展,竞技体育水平全面提高。切实做好安全生产各项工作。生态环保全面加强,深入开展"铁腕治污行动",设区市城市空气质量优良天数比例完成年度任务。

(忻州市政府办公厅　供稿)

# 加快建设"经济强、百姓富、生态美"的首善忻府

——忻府区

广宇电厂

2016年，忻府区突出脱贫攻坚、项目建设、综改试验、"五城联创"等重点工作，攻坚克难，奋力拼搏，全区经济社会发展和各项工作保持了良好态势。全年地区生产总值完成120.1亿元，增长3.9%；全社会固定资产投资121.3亿元，增长7%；一般公共预算收入4.5亿元，下降10.1%；社会消费品零售总额88亿元，增长6.3%；城镇居民人均可支配收入26792元，增长5.5%；农村常住居民可支配收入8923元，增长6.7%。

★发展基础更趋稳固。重大产业项目积极推进，总投资59.64亿元的12个项目中有8个已开工并实现投资。项目储备、项目签约、民企入晋、项目开工、项目投产五项指标均超额完成年度任务。固定资产投资在高位基础上保持了持续增长。产业集聚区建设不断加强，光伏发电产业带建设进展较快，全年新增光伏发电70兆瓦。

核桃丰收

开园香瓜上市

★脱贫攻坚精准发力。帮扶机制逐步完善，实现了帮扶对象全覆盖。产业扶贫初显成效，投资150万元的解原乡大庄村光伏扶贫项目投入使用，怡居苑1.5兆瓦屋顶分布式光伏发电示范项目启动实施，特色种植养殖业持续推进。易地扶贫搬迁有序推进，集中安置小区怡居苑第九期项目开工建设，第十期项目启动实施。建档立卡贫困户1500人、同步搬迁户300人享受了易地搬迁政策。精准脱贫成效显著，2865户、6015人实现脱贫，35个村整村退出，超计划完成年度任务。

★现代农业成效显著。种植结构进一步优化，特色种植面积不断扩大。粮食产量保持稳定，达到2.95亿千克。全国秸秆综合利用试点县(区)项目成功实施。

★民生福祉保障有力。教育投入持续加大，为58所学校265个班配置多媒体设备，实现多媒体设备“班班通”；实施了“营养餐”工程。医疗卫生体制改革不断深化，积极推进优质医疗资源下沉，大力提升医疗服务质量和水平；实施分级诊疗，分级制定新农合报销比例和补偿限额，实现基层首诊、逐级转诊，直接惠及群众。公共文体服务不断完善，乡镇文化活动日趋活跃，实现全区文化体育服务全覆盖。就业再就业全面加强，全年实现城镇新增就业3340人，城镇登记失业率控制在4%以内。社会保障覆盖面逐步扩大，新农合保障和服务水平稳步提升，农民参合率达到99%以上，人均筹资标准由470元提高到530元；完善了新农合补偿方案，政策范围内住院费用报销比例达75%以上。社会大局和谐稳定，安全生产监管水平进一步提高，认真开展全区信访重点群体稳控工作，积极开展社会矛盾大调解，人民群众安全感和满意度不断提高。

（忻府区政府办　供稿）

冬季行动项目集中开工

京津冀区域产业协同发展项目恳谈会

大西高铁广场

# 实现率先发展 建设富美原平

——原平市

省级经济技术开发区

2016年，原平市狠抓农业经济、产业集聚、文化旅游、商贸物流四大板块，统筹推进稳增长、促改革、调结构、惠民生、防风险等各项工作，经济社会发展总体好于预期，实现了“十三五”良好开局。

★千方百计稳增长，经济运行稳步向好。深入开展项目建设和工业稳增长“双百”攻坚行动，促进企业复工复产，积极培育经济增长点，解决在建项目遗留问题11个，推进42个项目集中开工建设、51个项目储备入库，“六位一体”考核指标全部超额完成任务。继续在“减、免、缓、帮、扶、替”上做文章，组织百名干部帮助30个企业改善管理、破解难题，大力扶持实体经济发展。2016年，全市地区生产总值完成116.8亿元，增长6.2%；规模以上工业增加值增长0.6%；固定资产投资额174.9亿元，增长6.9%；社会消费品零售总额69.4亿元，增长9.7%；财政总收入13.9亿元，下降35.2%；一般公共财政预算收入6.4亿元，下降39.1%；城镇居民人均可支配收入27202元，增长6.4%；农村居民人均可支配收入9290元，增长6.2%；城镇新增就业3736人、登记失业率控制在4.2%以内；居民消费价格涨幅低于3%左右的控制目标。约束性指标任务全部完成。

高效农业

酥梨之乡

天然牧场

★引资上项促发展，产业转型取得新成效。全年启动实施重点产业项目210个，总投资575.3亿元。农业生产克服自然灾害再获丰收，粮食总产量3.6亿千克；杂粮种植面积增加到1.1万公顷；4.6公顷“玉露香”梨挂果销售，酥梨提质换优工程初见成效；大象集团36万吨饲料加工项目落地；农产品加工业销售收入完成12.3亿元。轩岗煤电、国电投山西铝业、同华电厂等重点工业企业抱团发展；经济技术开发区入驻企业累计38个，投资规模212.6亿元，荣获“2016中国产业园区成长力百强”称号。15户电商企业、46户物流配送企业、300个“村级电商服务站”，构成覆盖城乡的现代营销体系。三次产业占比优化为10.3∶40.6∶49.1。

★改革创新增活力，重点改革任务扎实推进。深入实施转型综改试验区建设，城乡建设用地增减挂钩获得土地周转指标100公顷，重大课题研究成果丰硕。供给侧改革见到实效，市地方监管煤矿退出产能90万吨/年；化解2000多套商品房库存；规上工业企业主营业务成本下降明显；民营企业“新三板”挂牌上市取得突破；开发区供水厂、污水处理厂两个项目被确定为国家级PPP示范项目。行政审批项目由最初的347项减少到115项，179项重要审批和服务事项全部纳入政务服务中心统一办理。全面建立不动产登记制度。全年向农发行原平支行申请项目融资贷款2.8亿元。

国家电投山西铝业

西山煤电

文体广场

★夯实基础优环境，对外形象进一步树立。集中供热普及率达到91.3%，建成区绿化覆盖率达到41%。全年二级以上天数314天。开展了乱搭乱建、安全生产、道路交通等专项整治，社会秩序进一步规范，社会大局和谐稳定。成功创建省级园林城市，国家智慧城市创建工作稳步推进。举办首届忠孝文化艺术节，荣获"中华散曲之乡"称号。

★牢记宗旨办实事，民生事业全面发展。深入推进产业扶贫、精准帮扶、易地搬迁等重点工作，全年共脱贫1485户3693人，13个贫困村出列。认真兑现各项惠民政策，为64名大学生购买基层公共服务岗位，托底帮扶安置就业困难人员353名，失业保险金标准由930元提高到1060元。企业退休人员基本养老金人均增加182元，城乡居民基本医疗保险人均补助标准提高40元，人均基本公共卫生服务经费财政补助标准提高到45元，城乡居民大病保险年度最高支付限额提高到40万元。社会保障水平稳定提高，机关事业单位、企业基本养老保险制度并轨运行扎实推

滨河公园

大营温泉

国家非物质文化遗产——凤秧歌

新型社区

城区鸟瞰

文旅联动

进，城乡居民基本医疗保险完成初步整合。全国义务教育发展基本均衡县创建工作，通过国家级验收认定；科技创新成果亮点纷呈，高新技术企业数量位列忻州市第一。县级公立医院药品全部实行零差率销售；人口计生工作14项指标任务全部完成。图书馆全面免费开放，省级重点文物保护修缮工程基本完工。在忻州市率先更新56辆新能源公交车，进一步改善了群众出行条件。完成325户农村危房改造、800户农村住房抗震改建任务，新增廉租住房租赁补贴家庭200户。

（原平市政府办　供稿）

# 实现全面小康 建设美好岢岚

——岢岚县

岢岚晋兴奥隆建材有限责任公司

道生新宇公司

蜿蜒30千米的宋长城

2016年，岢岚县积极应对经济下行和脱贫攻坚等多重考验，保持定力，凝心聚力，精准发力，经济社会平稳较快发展，实现了“十三五”的良好开局。经济增长保持新常态，全县经济持续稳步向好发展。全年地区生产总值20.9亿元，增长8.2%；规模以上工业增加值4.7亿元，增长6.9%；固定资产投资51.8亿元，增长10.8%；社会消费品零售总额9.6亿元，增长8.8%；公共财政预算收入1.1亿元，下降6.2%；城镇常住居民人均可支配收入23940元，增长7%；农村常住居民人均可支配收入5898元，增长7.4%。省、市下达的各项约束性指标全部完成。

★项目建设取得新成效。加大招商引资和项目攻坚力度，全年储备项目63个685.8亿元，签约25个、94.3亿元，落地67个、69.4亿元，开工54个、60.9亿元，投产32个、49.1亿元，重点工程建设完成46.4亿元，“六位一体”考核指标全部超额完成。认真落实“三去一降一补”，煤炭物流回暖企稳，煤炭经销641万吨，道生鑫宇LNG项目、晋兴奥隆水泥即将投产，3个风电项目开工建设，启动实施宋长城旅游开发项目，支撑县域经济的煤炭物流、煤化工、新型建材、新能源利用、农副产品加工、文化旅游等六大产业架构逐步形成。

★脱贫攻坚再上新台阶。聚焦116个贫困村出列、6002户1.37万名贫困人口脱贫，整合涉农资金9176万元，靶向攻坚，精准退出贫困村25个、贫困人口3517人，年度贫困人口人均收入达到3044元，增长13.5%。

★三农工作迈出新步伐。完成占补平衡造地、坡改梯及京津风沙源治理二期水利项目，解决两乡2800人饮水安全问题。农作物总播面积3万公顷，粮食总产量0.62亿千克。完善晋岚绒山羊基层改良点6个，建设标准化棚圈1.5万平方米。全县羊饲养量78万只，畜牧业总产值4.4亿元。

★城乡发展展现新气象。全面推进“五城联创”，加快推进省级环保模范县城、省级智慧县城创建工作。大力改善城乡人居环境，启动实施194个村卫生室建设，改造农村危房742户、城市棚户区530户，配售公租房174套。完成县道改造33.8千米、农村公路建设40.8千米等公路建设，县域城镇化率达到47%。

★民生事业有了新进步。改善办学条件，教育扶贫、教育惠民政策全面落实。优化公共卫生服务，人均补贴标准由40元提高到45元，新农合参合率99.98%，中医院门诊住院楼、疾控中心业务楼全部完工。发展文化事业，积极开展送戏下乡活动，打造精品书屋24个，安装户户通1500套。加强社会保障，五大保险健康运行，实现城乡低保标准与扶贫线“两线合一”，医疗救助“一站式”体系初步形成。千方百计扩大就业，城镇新增就业1556人，城镇登记失业率3.4%，转移农村劳动力1184人。筑牢生态安全屏障，推进“治污、管车、降尘”专项治理，空气质量稳定达到国家二级标准。扎实开展安全生产大检查大排查，全面落实“三五”信访工作法，维护发展大局持续稳定。

（岢岚县政府办　供稿）

*祥熙农牧业养殖场*

*山西山阳药业生物有限公司*

七彩临隩公园

# 全面决胜小康 建设出彩河曲

## ——河曲县

2016年，河曲县坚持以脱贫攻坚统揽经济社会发展全局，牢牢把握稳中求进工作总基调，深入推进供给侧结构性改革，全县经济社会发展呈现出稳中有进、稳中向好的良好发展态势，实现了“十三五”的良好开局。全县地区生产总值74.1亿元，增长5.5%；规模以上工业增加值32.3亿元，增长3.1%；固定资产投资146.2亿元，增长7.6%；公共财政预算收入5.2亿元，增长23.1%；社会消费品零售总额16.3亿元，增长9.2%；城镇居民人均可支配收入24343元，增长5.8%；农村居民人均可支配收入5895元，增长7.9%，约束性指标均在控制范围之内，经济社会发展保持进位争先态势。

★坚持精准施策，脱贫攻坚首战告捷。脱贫攻坚首战首胜，2016年实现6948人脱贫，50个贫困村出列。围绕“五个一批”精准施策，合力攻坚，高效农业示范区建设稳步推进，脱毒种薯、富硒杂粮、设施农业等特色产业发展壮大。易地扶贫搬迁有序开展，生态扶贫初见成效。“两免一补”“雨露计划”等惠民政策应补尽补。民政、教育、健康和残疾人帮扶精准到户24项政策全部落实，实现全覆盖。

★坚持产业转型，经济质效有效提升。项目建设加速推进。全年组织实施重点工程142个，总投资472.77亿元，完成年度投资105.6亿元。“百名干部入企服务”和“双百攻坚行动”效果明显。产业转型集聚发展。同德化工产销爆一体化覆盖全市，神东低热值煤电厂、河曲电厂稳健运营。民营经济提质增效。同德化工两项发明专利获国家知识产权局授权，兴农科技

五馆三院

神华神东河曲低热值煤发电项目

神华国能河曲电厂生产车间

被科技部列为首批国家级“星创天地”。四海进通被认定为省级中小企业创业基地。富硒杂粮加工、奥康农产品深加工、黄酒加工、马铃薯生产园区建设项目等加速推进。

★坚持共享发展，民生事业更有作为。社会事业全面进步。高考、中考成绩再次名列全市前茅，义务教育均衡发展通过国家评估验收；新建村卫生室149所；9乡22村的农村饮水安全工程全部投运。社会保障日臻完善。新增城镇就业2133人，城镇登记失业率控制在4.1%以内；新农合和新农保参保率连年保持在99%以上，城镇居民医保参保率保持在95%以上，覆盖城乡的养老保险体系基本建立。平安创建扎实推进。全面落实安全生产责任，加强和创新社会管理，社会保持和谐稳定，公众安全感和社会满意度不断提升。

★坚持统筹兼顾，城乡面貌更为改观。加快城乡建设步伐。加大新城区开发、旧城区改造力度，“五馆三院”正式投运，“一带、三网、五路”市政提升工程全面启动，滨河生态湿地景观带全部建成。有序推进“五城联创”。顺利通过国家卫生县城复审，启动创建国家园林县城和省级智慧县城，扎实推进省级环保模范城市和省级文明县城创建工作。县城绿化提质改造工程进展顺利。积极打造美丽乡村。持续巩固巡镇省级卫生城镇创建成果，完成旧县村省级美丽宜居示范村创建工作，全力实施农村人居环境“四大工程”。

（河曲县政府办　供稿）

长城大街

正在建设的晋蒙黄河大桥

易地扶贫搬迁小区

# 经济稳步向好、社会和谐稳定

红门口景区

2016年，偏关县全面落实市委"1661"发展战略，统筹推进稳增长、调结构、促改革、惠民生、防风险各项工作，全县经济社会发展保持稳中有进、稳中提质、稳中向好的发展态势。全县地区生产总值完成25.5亿元，增长2.4%；规模以上工业增加值3.3亿元，增长2.6%；社会消费品零售总额9.9亿元，增长5.7%；固定资产投资29亿元，增长9.8%；城镇常住居民人均可支配收入19929元，增长6%；农村常住居民人均可支配收入6030元，增长7.3%；公共财政预算收入0.98亿元，下降45.8%。主要经济指标企稳回升，顺利实现下半年好于上半年的目标。

★加大力度调结构，转型升级加速推进。围绕特色做文章，大力发展杂粮、干鲜果、设施蔬菜、畜牧业等特色产业。完成杂粮种植面积1.5万公顷；建成无公害生产基地7个，认证无公害产品6个；推广种植藜麦、363葵花等新品

宏钜大磨坊杂粮加工车间

日光温室大棚

# 加快全面脱贫、实现全面小康

——偏关县

种农作物；羊饲养量达到76万只。不断加大农田水利建设力度，获得“山西省农田水利基本建设‘禹王杯’红旗县”荣誉称号。大力发展农村电商，成立山西供销“农芯乐”商城偏关县服务中心。在继续大力推进煤炭物流项目的基础上，积极发展火电和绿色能源产业。华电2×110万千瓦火电项目可研报告通过了电规总院审查；大唐5万千瓦风电项目实现并网发电。全面加快旅游开发步伐，千方百计搞活文化旅游产业。万家寨、老牛湾传统村落保护开发工作全面展开，全县东线长城边塞游和西线黄河风情游旅游格局初步成型。

★凝心聚力惠民生，社会事业全面发展。全年共退出贫困村35个、贫困户2000户、贫困人口5477人，完成易地搬迁556人，脱贫攻坚实现首战首胜。全面推进社会事业，不断加大教育基础设施建设力度，第三中学新建学生公寓楼、第四中学教师周转宿舍全面竣工，城乡学校办学条件明显改善，农村教师队伍结构不断优化。全面深化医疗卫生体制改革，巩固完善基本药物制度，医疗保障和服务水平不断提高。坚持计划生育基本国策，贯彻落实全面二孩政策。加强非物质文化遗产保护，“踢鼓子秧歌”“炕围画”“三关泉醋”等4个项目获得市级非遗项目批复。稳步提高社会保障水平，养老、医疗、失业、工伤、生育保险参保人数实现稳步增长。统筹推进生态文明建设，扎实开展“铁腕治污”专项行动，环保6项约束性指标全面完成年度减排任务，全年城区二级以上天数达到346天。以“创卫”为载体，进一步完善市政基础建设，实施了古城大街改造、城北大街坡面治理等一大批市政工程。全面加强城市管理，集中开展城区秩序和环境综合整治，城乡居民人居环境得到进一步改善。

★统筹兼顾防风险，社会大局和谐稳定。加强社会综合治理，完善立体化社会治安防控体系，有效防范和依法处置金融风险，严格落实市委、市政府安全生产“4438”工作机制，全县安全生产形势持续稳定好转。

（偏关县政府办　供稿）

华能光伏发电

大唐风电

偏关县贫困村基础设施建设项目开工

王家岭煤化工工业园区

夏柳青神东电厂

# 打赢脱贫攻坚战 建设美好新保德

## ——保德县

过去的一年，保德县坚持以脱贫攻坚统揽经济社会发展全局，扎实推进稳增长、促改革、调结构、惠民生、防风险等各项工作，千方百计稳增长，经济发展稳中有进，实现了"十三五"良好开局。2016年，全县地区生产总值完成65.8亿元，比2015年增长4.7%；规模以上工业增加值增长3.4%；固定资产投资完成125.5亿元，增长3.4%；社会消费品零售总额18.9亿元，增长7.8%；财政总收入8.7亿元，下降5.4%；公共财政预算收入3.7亿元，超额完成年度任务目标；城镇居民人均可支配收入26106元，增长5.7%；农村居民人均可支配收入6400元，增长7%。各项约束性指标顺利完成年度任务。

★全力以赴促增收，脱贫攻坚首战首胜。产业扶贫取得明显成效，大力实施生态建设，教育扶贫六项政策顺利实施，健康扶贫扎实推进，民政扶贫到人到位。全县2788户7567名贫困人口如期脱贫，69个贫困村成功出列，东关、义门、杨家湾3镇率先整体脱贫。贫困发生率由14.29%降至9.06%。

桥头镇文体广场

组织新型职业农民培训

光伏发电项目

蘑菇规模化种植

★坚定不移调结构，产业转型成效明显。全面推进85项省市县重点工程，持之以恒优化产业布局，全县三次产业比重优化为4.4∶71.4∶24.2。工业转型势头强劲。晋能保德2×660兆瓦低热值煤发电、王家岭500万吨煤矿、兴保铁路及3000万吨煤炭集运站等一大批转型项目扎实推进。现代农业加快发展。2016年全县粮食总产量5.6万吨，再创历史新高；小杂粮、红枣、生态畜牧、设施蔬菜等主导产业不断扩大；农林牧渔总产值增长9%。第三产业不断壮大。服务业成为拉动经济增长的新动力，增加值达到15.9亿元，占GDP比重提高1.3个百分点。

专业化养殖

★坚持不懈优环境，城乡面貌不断改善。全面展开“五城联创”，城市品位进一步提升。不断加强市政公用设施建设，新建改造城区道路、供气管网、供水管网、供热管网，县城生活垃圾无害化处理率、供水普及率均达到100%，污水处理率、建成区绿化覆盖率分别达到95%、39.4%。持续推进农村人居环境改善，建成1座农村垃圾中转站、1个乡村垃圾卫生填埋场、117个乡村清洁达标村。深入开展“铁腕治污行动”，城区空气质量二级以上天数达到325天。全面加强农村基础设施建设，完成通村公路提质、拓宽工程，新建农村饮水工程17处，动力电保障项目全面完成，农村互联网覆盖率达到90.3%。

红枣深加工

★倾心尽力惠民生，群众生活明显改善。各项民生支出11.07亿元，增长8%。全面加强社会保障，多渠道拓宽就业岗位，登记失业率控制在3.8%以内。企业退休人员基本养老金人均增幅6.5%，城乡居民基本医疗保险人均财政补助标准提高40元，新建农村老年人日间照料中心两处，困难残疾人生活补贴和重度残疾人护理补贴制度全面实施，城乡居民大病保险实现全覆盖。协调发展教育事业，全面实施“改薄”工程，顺利通过全国义务教育发展基本均衡县复查验收。深入推进公立医院综合改革，药品价格平均下降40%，新农合参合率99.67%。持续改善城乡居民居住条件，完成农村危房改造55户、城市棚户区改造400套，基本建成各类保障房584套。加强安全监管，深入开展安全风险隐患大排查大整治，安全生产形势持续稳定好转。进一步畅通信访渠道，规范信访秩序，信访形势趋稳向好。

（保德县政府办　供稿）

# 打赢攻坚战 争当排头兵

——神池县

神池国家登山健身步道

2016年，神池县认真落实省委“一个指引、两手硬”重大工作思路，全面实施市委“1661”发展战略，着力构建全县“15561”发展新格局，圆满完成了年度目标任务。完成生产总值20.3亿元，增长5.4%；规模以上工业增加值3.05亿元，增长10.5%；固定资产投资24.9亿元，下降32.5%；社会消费品零售总额9.9亿元，增长9.3%；公共财政预算收入1.5亿元，下降8.7%；城乡常住居民人均可支配收入20825元和6732元，分别增长6.9%和7.6%。约束性指标全部完成。

★多措并举凝聚力量，脱贫攻坚首战首胜。夯实产业扶贫基础。推进光伏发电、坡改梯、特色种植、电商、金融等扶贫产业，贫困户获得稳定收入。推进扶贫易地搬迁。县城安置和移民点新建工作全面开工，年底可完成2400人移民任务；7个50人以下的行政村有6个完成整村搬迁、分散安置。强化社保扶贫托底。全面落实社保政策，为全县所有贫困人口建立了健康档案，签订医疗服务契约2.3万份，设立100万元贫困户大病医疗救助基金，为所有贫困人口购买大病医疗补充险和意外伤害险，新农合慢性病报销比例提高至60%以上，大病保险支付比例每档提高3%。加大教育扶贫力度。实现贫困生学前教育生活补助和义务教育“两免一补”全覆盖，资助贫困大学生，免除家庭困难高中生学费，给贫困高中生发放国家助学金。强化金融扶贫。为1067户贫困户发放“富民贷”4136.11万元，为能人大户与合作社发放“强农贷”1600万元。加大就业培训力度。开展千村万人就业培训和新型职业农民培育工作，为贫困村劳动力开办以种植、养殖技术为主的实用技能培训班6期。推进干部驻村帮扶。举全社会之力，助推脱贫攻坚，如期实现了30个村出列、3919人脱贫的年度目标。

设施农业

神池莜麦

塘涧煤炭集运站

★依托六个地标，加快发展高原农业，特色产业提质增效。坚持“稳粮优经扩饲”，调减玉米，增加谷子，突出品牌，农业生产喜获丰收，粮食产量达1.38亿千克，油料总产750.3万千克。全县家庭农场累计发展到564个，农民专业合作社550个。建成“六化”标准养殖小区65个，全县羊年出栏量排名全省前十。

★加快发展社会事业，民生福祉显著增强。教育强县步伐加快，教育质量稳步提升，中考成绩稳居全市前列；高考成绩稳中有升。医改工作有序推进，医疗费用增速和药费占比下降。社会福利事业健康发展，提高城乡低保、五保、经济困难的高龄与失能老年人补贴标准，扎实推进机关事业单位、企业基本养老保险制度并轨运行。文体事业稳步发展，文化阵地建设、送戏下乡等文化惠民工程持续升温。社会治安防控体系不断完善，着力解决群众反映强烈的治安问题。建立覆盖城乡的矛盾调解体系。深入开展道路安全、燃气安全等专项整治行动，全县安全生产形势平稳好转。

★切实加强综合治理，生态环境明显改善。扎实推进“五城联创”。狠抓环境综合治理，造林绿化3200公顷。环境质量明显改善，二级以上天数达353天。

（神池县政府办　供稿）

神池县艾科光电有限责任公司龙泉北1万千瓦项目并网发电

神池月饼

干部帮扶推进神池养羊业的发展

神池羊肉

潞宁孟家窑煤矿

# 实现全面脱贫 建设全面小康

——宁武县

2016年，宁武县经济社会发展呈现出缓中趋稳、稳中向好的态势，实现了“十三五”时期的良好开局。2016年，全县地区生产总值完成43.7亿元，增长8.4%；规模以上工业增加值17.4亿元，增长5.9%；固定资产投资完成89.9亿元，增长6.4%；社会消费品零售总额12.9亿元，增长8.2%；财政总收入11.0亿元，下降10.2%；公共财政预算收入5.9亿元，下降10%；城镇和农村常住居民人均可支配收入分别达到21713元、4825元，均增长6.2%。

★供给侧改革取得实效。直接退出产能210万吨，全县生产原煤1460.8万吨，同比减少18.4%。打通商品房、保障房、安置房转换通道，适当降低房价，促进商品房销售2000多套。加大金融监管力度，提升金融服务水平。积极服务企业降成本，大力扶持民营经济发展。

★脱贫攻坚首战告捷。上马了大象生猪养殖、健康规模养殖、特色农业种植、村级光伏电站等项目，做到了扶贫对象精准、资金项目精准、脱贫成效精准。全年共出列贫困村50个，减贫人口6327人，超额完成年度任务。

★产业发展成效显著。现代农业亮点频现。全县粮食总产量2584.14万千克，大畜饲养量3.1万头、羊饲养量51万只，杂粮种植面积1.5万公顷，农副产品加工销售收入3.23亿元。工业经济稳步向前。重点做好了煤矿复产、复建验收工作，全县原煤现价产值27.5亿元，销售产值28.15亿元。项目建设扎实推进。成功签约6个项目，华润宁武2×350兆瓦低热值煤电厂开工建设，华能东马坊50兆瓦风电项目并网发电，光大长方山、赵家山96兆瓦风电项目投入

东寨汾河公园

汾河源头

化北屯循环农业科技示范园区

体育馆

运营。文旅产业健康发展。强力推进旅游重点项目建设，芦芽山申报世界自然遗产预备清单上报住建部，5A级景区创建通过国家旅游局初步考核，全年旅游综合收入7.3亿元。

★民生事业持续改善。全面做好人社工作，积极落实就业再就业政策，完成各类人群就业3232人，各项社会保险待遇稳步增长。统筹发展教育事业，学前教育资源不断优化，义务阶段教育均衡发展，教育管理水平稳步提高，新建示范性高中主体工程完工。医卫服务普惠群众，全面落实医卫体制改革措施，县乡村三级医疗卫生机构实现基本药物制度全覆盖；开始县级公立医院综合改革，破除了以药补医机制。民政工作有力推进，逐步提高最低生活保障标准，实现了农村低保线和脱贫收入线的“两线合一”。环境质量初步好转，空气环境质量稳定达标，水环境质量总体稳定，六类污染物减排顺利。基础设施得到加强，改造城区道路5.5千米，新建供水管网5千米，新增绿化面积12.58万平方米，新增集中供热面积14万平方米；图书馆、文化馆、档案馆、体育馆和数字影院全部投入使用；开工建设棚户区改造住房902套，实施农村危旧房改造325户，完成多条乡村公路维修改造工程。深入整顿规范食药品市场秩序，安全生产形势持续稳定好转，社会保持和谐稳定局面。

县人民医院

芦芽山国际大酒店夜景

（宁武县政府办　供稿）

静乐县委书记李德新慰问贫困户

静乐县县长王昕入户访贫问苦

# 扎实苦干　进位争先

——静乐县

过去的一年，静乐县上下以脱贫攻坚统揽全局，统筹推进稳增长、促改革、调结构、惠民生、防风险等各项工作，全县经济社会发展保持了企稳向好、进位争先的态势，实现了“十三五”良好开局。2016年地区生产总值完成24.4亿元，比2015年增长8.6%；固定资产投资完成84.4亿元，增长9.9%；公共财政预算收入3.9亿元，增长35.4%；规模以上工业增加值4.89亿元，增长6%；社会消费品零售总额10.6亿元，增长9.6%；城镇常住居民人均可支配收入20837元，增长7.1%；农村常住居民人均可支配收入6004元，增长7.7%。

★精准发力拔穷根，脱贫攻坚扎实推进。科学制定了全县“三年脱贫、两年赶超”的奋斗目标，出台了“十三五”脱贫攻坚规划、2016年行动计划和17个专项扶贫规划。杨家山扶贫移民小区开工建设，完成易地搬迁任务700人。扎实开展扶贫资金整合试点工作，财政扶贫资金增长45%。发放各类贷款5653万元。建成村级光伏电站10个。全年共退出贫困村49个、脱贫4930人。

★培育特色促增收，农业产业稳步发展。大力发展藜麦、黑枸杞、红辣椒为主的三大特色富民产业。粮食总产量5.8万吨。建成农产品加工企业25家。建成标准化规模养殖场147个。新增节水灌溉面积2333公顷。发展各类专业合作社174家。完成藜麦、黑枸杞生态原产地保护认证。

★坚持不懈抓项目，重点工程成效显著。深入开展项目建设和工业稳增长“双百”攻坚行动，累计新增储备项目92个，总投资1085亿元；完成签约项目18个，总投资129.3亿元；落地项目62个，总投资64.8亿元。积蓄了发展后劲，增添了发展活力。

★立足转型求突破，新兴产业逐步兴起。将电子商务作为转型升级、脱贫攻坚的重要抓手，2016年实现销售额7550万元。开展“静乐生活”公共品牌建设，着力打造以藜麦、玛咖、黑枸杞等为主的农业特色品牌。大力发展养老产业。推进旅游产业，全年来静乐观光旅游人数达到30万人次，荣获“2016年度中国品牌最美特色旅游目的地”称号。

★夯实基础增品位，城乡面貌明显改善。国家卫生县城、国家园林县城创建工作进入抽检授牌阶段。新建改造

省商务厅厅长孙跃进在静乐调研电子商务

省林业厅在静乐调研生态建设

城市道路9千米，新增城市集中供热面积10万平方米，新增城市绿化面积31万平方米。建设各类保障性住房936套，综合整治棚户区373户。实施农村人居环境改善，完成农村危房改造434户，改造乡村公路33.4千米，采煤沉陷区治理2个村，实施3个贫困村农网升级改造工程。坚持“生态立县”的发展战略，静乐被列为全省生态扶贫重点县和“购买式”造林试点县，林业生态建设取得显著成效。

★突出民生重保障，社会事业协调推进。推进教育均衡发展，教学质量不断提升。新建改建乡镇卫生院7所、村级卫生室61个，启动了县中医院建设。开展送戏、送电影下乡2246场。建立完善社会保障体系，城乡养老、医疗保险发放标准进一步提高，农村低保标准与农村困难群众扶贫标准实现了“两线合一”。城镇居民基本医疗保险、农村养老保险和农民工工伤保险覆盖面不断扩大。各类强农惠农资金、社会保障资金均按期足额发放。

（静乐县政府办　供稿）

静乐县政协委员参观考察王村乡永丰合作社

弘扬传承国家非物质文化遗产——静乐剪纸

静乐县人大代表观摩五家庄老年公寓项目

# 担当作为、扛起使命 砥砺奋进、创造辉煌

——繁峙县

云雾峪风力发电场

大力发展设施农业——集义庄万亩现代高效实施农业园区

富云牧业有限公司70万只蛋鸡的标准化养殖园区

2016年，繁峙县全面实施市委“1661”发展战略和县委“一个提前，两个翻番，三个提升”的发展目标，攻坚克难、砥砺奋进，全县经济社会呈现出健康稳步发展的良好态势。地区生产总值完成53.56亿元，比2015年增长4.4%；规模以上工业增加值32.04亿元，增长0.5%；社会消费品零售总额18.96亿元，增长7.5%；公共财政预算收入2.14亿元，增长6.06%；城镇常住居民人均可支配收入26664元，增长7.2%；农村常住居民人均可支配收入6940元，增长7.2%。全年共实施重点工程项目148个，完成固定资产投资92.85亿元，增长5.7%。

★脱贫攻坚首战首胜。全县123个村、3625户1.05万名贫困人口实现精准退出。1200人的易地移民搬迁任务稳步推进。创新六大利益联结机制全力推动七大扶贫产业发展。教育、民政、健康、残疾人等社会兜底保障政策全面落实到位。统筹整合使用各类涉农资金2.4亿元用于脱贫攻坚。

★产业结构持续优化。农业产业提质增效。粮食总产量8133万千克，设施农业面积494.6公顷，农作物机械化综合水平86.2%，繁峙黄米、繁峙胡麻油两个地理标志产品通过农业部评审认证；健康养殖六畜并进；全县年销售百万元以上龙头企业达到17家。工业结构持续优化。全力推进供给侧结构性改革，淘汰落后钢铁产能34万吨、水泥产能8万吨，化解铁精粉库存115万吨、线材6万吨、房地产库存895套；持续推进传统产业转型升级；全力优化企业发展环境，推动28户规上企业复工复产。文旅产业步伐加快。加快平型关景区建设，乡村旅游快速发展。“双创”生态正在形成。众创产业园成功创建成为“山西省创业示范园”；培育电商企业3户、电子商务平台8个、网络销售企业15家、“乐村淘”农村体验店148家。

★城乡发展提质扩容。城市基础设施配套继续强化，市政工程、城市综合体等项目顺利推进。县城污水处理率97.6%，生活垃圾处理率100%。改造农村困难家庭危房和抗震房1634户。实施农村道路改造工程。成功创建了12个县级美丽宜居示范村、2个市级美丽宜居示范村。

★生态文明全面加强。全面加强大气、水、土壤污染治理，环保减排任务全面完成。全县城镇供热覆盖率91.5%以上。空气质量优良率稳定达到国家二级标准。绿化造林7080公顷，森林覆盖率大幅提升。

★民生福祉保障有力。县财政用于民生支出增长9.5%。教育质量稳步提升，新建滨河小学、繁峙中学多功能综合楼等工程竣工。公立医院改革全面推进，县级4个公立医院药品实现零差率销售，113个病种实现分级诊疗。城乡低保、五保、经济困难的高龄与失能老年人补贴按标准提高。社会保障水平稳步提高，机关事业单位、企业养老制度并轨扎实推进，城乡居民基本医疗保险完成初步整合，基本医疗保险和生育保险合并实施。新建8个老年人日间照料中心。新建44个基层综合性文化服务中心，各类全民健身赛事活动蓬勃开展。全县城镇新增就业3186人。

（繁峙县政府办　供稿）

繁峙县宝山鼎盛科技有限公司生产车间

华茂精密铸造有限公司装备制造项目

生态繁峙——滹沱河湿地公园

# 经济稳步向好 社会和谐稳定

——定襄县

2016年，定襄县上下紧紧围绕“12361”发展战略，坚持新发展理念，砥砺前行、奋力开拓，全县经济实现了下半年好于上半年的目标，实现了“十三五”良好开局。

★三产联动协调发展。现代农业、特色农业发展规模不断壮大。增加经济作物3333公顷，建立了6个现代农业示范区，山投集团小杂粮加工项目进展顺利，温氏生猪养殖项目成功签约落地。工业产业转型升级步伐持续加快。打造法兰锻造基地，全国首家省级出口法兰锻件产品质量安全示范区和省级法兰锻件产品质量监督检验中心挂牌运行，锻造企业转型升级步伐加快。文化旅游商贸物流融合发展取得进步。凤凰山景区、阎锡山故居、七岩山等成为热点景区；商贸物流业发展迅猛，山西永旺国际物流园区电子交易平台等5个市场营业，国内保税仓库、出口监管仓库获批建设；乐村淘电商实现乡村全覆盖；五台山机场全年旅客吞吐量突破11万人次，起降1700架次。

★发展后劲不断增强。“双百攻坚”扎实推进。项目攻坚中，完成签约项目22个、125.59亿元，落地9个项目、86.57亿元；工业稳增长攻坚中，帮助40户规上企业解决土地、资金、技术、市场、管理等方面的困难，全年纳税1000万元以上企业达到6个。帮扶企业成效明显。帮扶企业90户，为企业融资3.66亿元。招商引资效果显著。成功引进温氏养殖项目，成功签约60万吨再生铅循环利用和氧化铁红生产等项目。

中美合资施必得冷却技术有限公司生产线投入运行

天宝公司风电塔筒助力定襄法兰锻造转型升级

★经济发展稳步向好。各项经济指标企稳回升。全县地区生产总值完成35.8亿元，增长4.4%；规模以上工业增加值增长0.2%；固定资产投资完成46.6亿元，增长11.3%；社会消费品零售总额22.4亿元，增长6.4%；财政总收入3.8亿元，增长4%；公共财政预算收入1.66亿元，增长6.7%；城镇常住居民人均可支配收入26712元，增长6.7%；农村常住居民人均可支配收入11296元，增长6.2%。开发区规划建设进展顺利。确定了“一区四园”框架方案。“一区”即定襄县经济技术开发区，“四园”即法兰锻造产业园、空港经济园、永旺物流园和庄力产城新园，总规划面积31.4平方千米。

★夺取脱贫攻坚首战首胜。帮扶力量集中到位。扎实推进“4433”工作法，实现了责任到位、精准到位、帮扶到位。涉农资金整合到位。财政投资140万元的地膜覆盖项目优先向贫困村倾斜，投资130万元扶贫资金支持18个贫困村用于产业扶持和基础设施建设。扶贫政策落实到位。扶贫政策全部兑现，全年3105人顺利脱贫，20个贫困村成功摘帽。

★民生事业持续改善。教育振兴工程稳步实施。狠抓教育教学大整顿和队伍建设，义务教育“全面改薄”取得新进展。医疗卫生事业全面加强。县医院住院医技大楼投入运营，中医院医疗办公环境全面优化；积极推进分级诊疗制度，全县定点医疗机构达到161个；进一步完善基本药物制度，乡镇卫生院和村卫生室基本药物使用率达100%。社会保障体系更加完善。保障房建设任务全面完成；城乡居民医保、低保标准和退休人员基本养老金稳步提高；全年发放农村五保供养金368万元、大病救助金260.2万元、低保金5210万元。

（定襄县政府办　供稿）

定襄甜瓜远销各地

棚户区改造——明月小区

义务教育基础设施持续改善

代县雁门关风景区升级为国家5A级旅游景区

# 加快全面脱贫　实现全面小康

## ——代　县

过去的一年，代县坚持以脱贫攻坚统揽全局，克服各种困难和挑战，较好地完成了年初确定的各项目标任务，实现了"十三五"良好开局。

★从数字看发展，综合实力稳中有进。2016年地区生产总值完成53.1亿元，增长4.6%；全社会固定资产投资完成56.4亿元，增长5.5%；规模以上工业增加值增长4.5%；社会消费品零售总额14.3亿元，增长3.5%；城镇居民人均可支配收入23706元，增长6.3%；农村居民人均可支配收入5169元，增长5.8%。

★从质效看产业，转型升级取得重大进展。"一县三业"协调发展。农业上，努力调整种植结构，粮食总产量8690万千克，新发展特色瓜果、蔬菜和中药材种植667公顷；农产品加工企业达到13家；全县综合机械化水平达到69%；获得省农田水利基本建设"禹王杯"先进县称号。工业上，落实各项减费让利政策，推进铁矿企业复工复产，生产企业由年初的40户增加到105户；县财政拿出资金奖补传统产业的技改升级。文化旅游上，通过"体育+文化+旅游"模式，举办了一系列大型体育赛事，扩大了代县在国内外的知名度和影响力。雁门关伏击战遗址和夜袭阳明堡飞机场遗址成功入选全国红色旅游经典景区名录。全县三次产业比例调整为5.8∶58.4∶35.8，经济结构进一步优化。

★从动力看态势，潜力活力加速释放。开展项目建设百日攻坚行动，全年项目储备73个，签约123亿元，落地77亿元，投产73.5亿元，省、市重点工程投资完成36.7亿元，新开工重大产业项目8个。突出创优发展环境，强化招商引资工作。深化改革释放发展活力。扎实推进"六权治本"。在全市率先完成了不动产登记发证系统信息平台对接工作。

★从变化看环境，城乡面貌焕然一新。新建、改造城市道路10.8千米，新建供气管网10千米、供热管网9千米、供水管网10.8千米；城区生活垃圾无害化处理率、污水处理率不断提高。创建国家卫生县城通过省、国家评估，创建省级卫生乡镇2个，卫生村38个；完成保障房建设338套，危房改造542户；实施各项农村公路改造工程47千米；解决了11个村1.2万人的饮水不安全问题，城乡宜居性进一步提升。年度造林2333公顷，全年二级以上天数达到332天，生态环境得到进一步改善。

★从获得看民生，人民生活持续改善。学有所教上，义务教育均衡发展，高标准通过国家评估认定；实施“全面改薄”工程，彻底改善了54所中小学及104个教学点办学条件。病有所医上，新城医院投入使用；开展城乡居民医疗保险合并工作，基本实现城乡医疗保险全覆盖。老有所养上，城乡居民养老保险参保10.8万人；深入推进机关事业养老保险制度改革；发放“五保”供养金519万元、高龄与失能老人补贴115万元。困有所济上，全年发放城乡低保4450万元、临时救助金等1300万元。贫有所扶上，完成脱贫8132人，25个户籍50人以下贫困村整体搬迁工作进展顺利；发展脱贫项目11个；完成千村万人就业培训300人，新型职业农民培训500人。全县贫困人口人均纯收入2520元，增长12%。

（代县政府办　供稿）

*代县大唐公司48MW风力发电项目建成投产并网发电*

*代县宇华管业有限公司积极发展节水灌溉农业*

*代县县城关沟河治理改造工程竣工*

*代县雁门万达苗木有限公司成为带动周边村庄农民脱贫致富的龙头企业*

五台县工业园区

五台县阳白现代农业循环园区

# 宜居宜业宜游美丽新五台

## ——五台县

2016年,五台县以全面脱贫全面小康为目标,以脱贫攻坚统揽全局,大打项目攻坚战,统筹推进一二三产,持续壮大园区经济,加快发展民生事业,促进经济社会全面发展,主要经济指标稳中向好。全县地区生产总值42.7亿元,增长4.8%;规模以上工业增加值8.1亿元,增长5.9%;全社会固定资产投资49.9亿元,增长8.3%;社会消费品零售总额26.95亿元,增长4.1%;财政总收入5.3亿元,增长-17.3%;公共财政预算收入2.5亿元,增长-20.9%;城镇居民人均可支配收入23802元,增长6.6%;农村居民人均可支配收入5765元,增长7.5%。

★脱贫攻坚首战首胜。重点支持对贫困人口脱贫带动明显的农业园区、一产龙头企业、专业合作社等发展壮大,有力促进产业脱贫。分散易地搬迁1000人和整村易地搬迁14个户籍50人以下的村已全部搬迁完毕。发放“富民贷”和“强农贷”1963.07万元,贫困人口1330人受益。完成千村万人就业培训和新型职业农民培训900人。为全县所有贫困人口办理了大病医疗保险和意外伤害保险。建成8个村级电站。

★“三农”工作全面推进。大力促进阳白现代农业循环园区、东雷农业科技示范园区、高洪口生态农业示范园区提质增效。重点推进阳白再建温室大棚66公顷;金道物流有限公司完成销售收入1680万元;五台山酿酒厂完成销售收入500万元。建成建安生态蟹米基地33公顷,灵境藜麦种植基地100公顷,万寿菊种植基地666公顷。累计建成“一县一业”肉牛示范园区12个,标准化养殖小区9个,规模养殖场140个,各类规模养殖户2103个;推进畜产品品牌建设,认证12个无公害场社。

五台县高洪口生态农业示范园区

五台县东雷农业科技示范园区

★工业发展后劲不断增强。以工业园区为载体，重点发展以豆村、蒋坊为中心的第二产业；以茹村、白家庄为中心的煤炭产业。高标准建设工业园区，大力扶持新型产业，积极支持重点企业转型升级，持续壮大煤铁铝镁电支柱产业。

★大旅游格局加快形成。围绕五台山，以驼梁景区和佛光景区为依托，重点发展清水河高洪口以上地区以旅游地产和旅游服务业为主的第三产业。门限石桃花界生态旅游区项目、张老沟旅游生态度假休闲开发项目、山西日报传媒集团豆村镇佛光村文化创意产业园区项目正在有序推进。

★生态环境进一步改善。深入推进大气、水、土壤污染防治，实施矿山生态环境治理修复和“绿色矿山”创建工程，巩固林业生态建设年成果，县城绿化覆盖率达到41.6%，二级以上天数达到337天。

★社会事业协调发展。教育上，2016年高考二本以上达线810人；豆村等3所幼儿园改扩建项目主体已完工；落实从学前到大学贫困学生的资助政策，受助学生8449人，发放补助1541.38万元。文化上，送戏下乡166场，送电影下乡7218场。就业上，城镇登记失业率4.2%。卫生上，深化县级公立医院综合改革；农村居民住院报销最高限额提高到20万元；扩大重大疾病医疗保障范围；全面建立健康档案；提高大病医保报销比例2%。住房保障上，完成农村危房改造170户。民政上，农村低保标准提高到3026元与脱贫线相衔接，建成16个农村老年人日间照料中心。

（五台县政府办　供稿）

五台县扶贫新区

五台县半岛公园

# 世界知名旅游目的地 加快打造五台山

## ——五台山风景名胜区

2016年，五台山景区党工委、管委会紧紧围绕省市关于五台山体制改革、综合整改整治的指导意见和实施方案，主动作为，大胆探索实践，严格落实"两个责任"，强力推进体制改革、综合整改整治等各项工作，不断提升景区品位，强化旅游环境整治，有力推动了五台山旅游产业快速发展。2016年共接待国内外游客512.25万人次，比2015年增长7.68%；入山门票收入2.4亿元，增长5.07%；旅游总收入50.82亿元，增长10.2%。

★推进经营体制改革，建立现代企业制度。2016年成立了山西五台山文化旅游集团有限公司，完善了公司法人治理结构，与数家大型企业达成融资合作意向，经营体制改革迈出关键的一步。同时，组建了晋旅运通公司及其子公司，并完成该公司经营管理体制改革。

★引深综合整改整治，优化旅游服务环境。违建专项整治。清理违章建筑面积2871.5平方米，拆除和清理违法建筑139处，违法建设整治工作取得了阶段性成果。建筑特色风貌专项整治。确定2017年实施的核心景区11个风貌整治村庄，村庄建筑特色风貌规划即将编制完成；结合景区整村改造开发，全力推进其余村庄特色风貌整治。流动人口

消防队特勤站

道路亮化工程

规范管理。组织开展大规模的流动人口清理整治行动;建立了流动人口长效管理机制;全面推行流动人口联防协管员制度,对重点村开展流动人口排查、登记工作。旅游市场秩序整治。2016年累计清理乱设摊点1341个次、游商游贩2175人次、假僧假尼108人次、“黑牛”“黑导”233名,规范越店经营商店153家次,补收门票金额204.3万元。组建成立了旅行社协会和餐饮协会等行业自律组织,对宾招单位、旅行社550人开展了管理、安全、技能等行业培训。环境污染整治。委托编制了《五台山煤改电实施方案》,进一步修订完善了《五台山环境保护规划》,将石咀乡纳入五台山风景名胜区环境保护范围。完成景区18家“未批先建”和6家“久试不验”的环境违法违规建设项目的整改任务。不断加大“铁腕治污”行动力度,对景区内27家重点单位进行排查,对11家不符合环保要求的单位下发了《责令改正违法行为告知书》,目前已全部整改完毕。

★加大规划建设力度,增强景区发展引擎。《五台山总体规划》经修改完善评审呈报国务院已批转住建部,《五台山旅游产业发展规划》有序推进。强力推进公共服务基础设施项目建设。五台山直升机起降场项目已完工;服务基地污水厂主管网正在规划设计;中心区污水提升改造工程完成了总工程量的70%;五台山消防大队特勤消防站项目已完工;核心区燃气集中供热锅炉房及市政供热管网项目顺利推进;常青学校和五台山医院等项目相继建成。加快景区智慧旅游建设,电子验票系统即将投运。

★加大旅游投入力度,提升景区服务设施。编制完成《五台山国家地质公园地质旅游实施方案》,确定了4条重点地质旅游线路。国家地质公园系列丛书之《五台山国家地质公园》正式出版发行。完成地质科普基地验收初评工作。积极响应国家旅游局“厕所革命”的号召,启动旅游厕所改造提升一期工程,预计2017年10月底前完工。

(五台山风景名胜区管委会办公室　供稿)

台顶风光

在建的五台山直升机场

清水河流域环境治理与生态建设项目

# 经济稳中向好 社会和谐进步

## ——晋中市

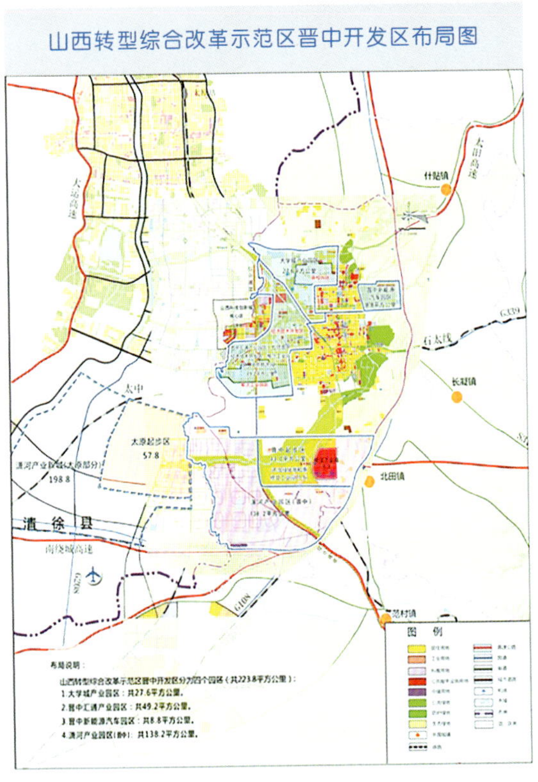


刚刚过去的2016年，是全面实施“十三五”规划的起步之年，是全市经济社会发展成效显著、成果丰硕的一年。一年来，全市上下围绕“两个全面”奋斗目标，坚持创新驱动、转型升级主基调，主动作为，攻坚克难，经济发展稳中有进、稳中向好，社会事业全面进步，实现了“十三五”良好开局。

★经济发展在强服务、增后劲中取得新成绩。2016年，主要经济指标总体保持全省中上游水平，地区生产总值增长5.1%，规模以上工业增加值增长5%，固定资产投资增长4.8%，社会消费品零售总额增长7.5%，一般公共预算收入增长0.6%，外贸进出口额增长8.2%，城、乡居民人均可支配收入分别增长5.9%和6%，实现了省委省政府“下半年好于上半年，为明年进一步好转奠定坚实基础”的目标要求。其中，地区生产总值、规模以上工业增加值、外贸出口额3项总量实现进位，地区生产总值、规模以上工业增加值、固定资产投资、一般公共预算收入4项增幅居全省前列。

★产业转型在调结构、促升级中迈出新步伐。坚持煤电一体化、装备高端化、农业现代化、旅游集团化、业态新型化，推动产业结构优化升级。吉利新能源汽车、东方希望铝、博创纳米材料、中鼎物流园、乌金山李宁国际滑雪场等转型标杆项目投产运行，4个低热值煤发电、晋能光伏电池、杉杉奥特莱斯等项目加快建设；启动创

*东方希望铝系综合循环经济项目*

介休崇光低热值煤发电项目

阳煤氯碱试生产

建国家全域旅游示范区，全年接待游客6357万人次、位居全省第一，旅游总收入658亿元、位居全省第二，分别增长26%、28%；粮食生产再获丰收，总产量18.4亿千克，国家级现代农业示范区加快建设。全年非煤产业增加值占规上工业43.2%、提高5.4个百分点；高新技术产业占规上工业3.9%，提高0.6个百分点。

★城乡面貌在夯基础、抓管理中发生新变化。东南外环、迎宾街和锦纶路北段改造等快速互通项目主线通车，晋中太原城际铁路2号线加快建设；中小学示范性综合实践基地、烈士陵园、晋中大剧院建成投入使用，市博物馆、科技馆、图书馆、工人文化宫、第一人民医院等公共服务项目进展顺利；王湖、侯方基本完成整村拆除。创新城市管理，加强市容环境综合整治，在全省率先实行城乡一体第三方考评，昔阳县成功创建国家卫生县城，寿阳县成功创建省级园林县城，大寨镇成功创建国家卫生乡镇并入选国家特色小镇。

龙湖街东延工程立交桥正在建设中

和顺醋业员工正在生产线包装瓶醋

乔家大院宝元堂、宁守堂2016年重新布展开放

现代物流龙头企业——中鼎物流园开园运营

榆社县云竹镇东庄太铁农业生态园无土栽培自动化种植

山西大寨中国汽车场地越野锦标赛

著名摄影师让·皮埃尔·拉丰在平遥国际摄影大展开幕式上致辞

晋中市第一人民医院迁建项目

左权县盘城岭瓦斯发电项目进入试运转

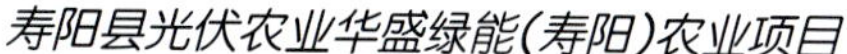

寿阳县光伏农业华盛绿能(寿阳)农业项目

大学生创业园多肉植物大棚

★改革创新在抢机遇、破难题中实现新突破。积极推进供给侧结构性改革,原煤产量下降15.6%,煤炭产业增加值增长2.1%;商品房待售面积比年初减少8.6%;金融机构表外融资降低11.1%;减轻企业负担46.8亿元;交通、水利等基础设施完成投资291.8亿元,增长24%。农村土地确权、政府购买服务等改革走在全省前列;山西转型综改示范区晋中区、山西"农谷"建设筹备工作顺利推进,108廊带示范区整体建设方案出台,重大标志性工程开工建设;2个市本级、1个县级项目入选财政部PPP项目示范库。晋中银行太原分行和北京、上海两个财富中心投入运营,资产规模实现翻番。

★民生事业在补短板、上水平中得到新改善。全力打好脱贫攻坚开局之战,精准实施六大攻坚工程,151个贫困村退出、4.9万贫困人口脱贫。全面实施大学生就业创业促进计划,全市城镇新增就业3.5万人,农村劳动力转移就业3.47万人,城镇登记失业率控制在4.2%以内。扎实推进机关事业单位养老保险制度改革和城乡居民基本医疗保险整合,居民大病保险实现参保全覆盖,并在全省率先实现医院直接结算。城乡义务教育均衡发展工作走在全国前列,各级各类教育协调发展政策制度在全省推广。基层卫生计生融合整合和乡村医疗卫生机构"五统一"管理走在全省前列。"国家公共文化服务体系示范区"建设、全省首家工业遗产保护利用项目"晋华1919"进展顺利,全民健身活动广泛开展。全年各类安全生产事故起数、死亡人数同比下降0.36%和2.87%,未发生重大以上安全生产事故。

(晋中市政府办公厅 供稿)

山西农谷金谷现代农业科技创新园效果图

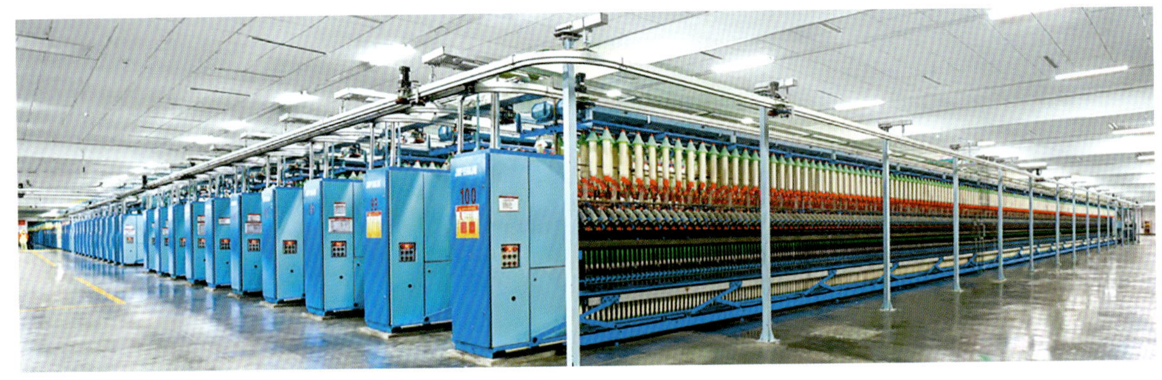

经纬纺机最新研发的JWF1566型细纱机

# 勇当全市排头兵 挺进全省前十强

## ——晋中市榆次区

2016年，榆次区着力实施“五大战略”，全面加快“五区建设”，较好地完成了全年各项目标任务，实现了“十三五”良好开局。全区经济发展稳中有进、进中向好。地区生产总值216.3亿元，增长5.2%；规模以上工业增加值44亿元，增长5.9%；全社会固定资产投资275.8亿元，增长2.5%；一般公共预算收入12.1亿元，增长1.7%；社会消费品零售总额98亿元，增长7.5%；城镇居民人均可支配收入30815元，增长6.5%；农村居民人均可支配收入15624元，增长6.4%。

★突出项目支撑不动摇，项目建设扎实推进。年度投资190.7亿元的56项重点工程高质量推进，全年开复工50项，完成投资192亿元。太铁物流一期、银河电子、尚品天香等19个项目竣工投产。累计为企业提供各类扶持资金4800万元、解决贷款2.2亿元，69个帮扶小组进驻138户企业精准帮扶；完善园区供汽、供热、道路、排水设施，吸引企业落户，红星美凯龙、碧桂园、谊融、北达等总投资318.9亿元的16项重大项目成功签约，招商引资总额、增幅均列全市首位。

★紧扣结构调整不减力，产业转型步伐加快。三次产业比优化为9.2:30.1:60.7。创新驱动激发工业活力，新增博士后工作站1处，高新技术企业9户，省级民营科技企业4家；高行、方盛、海洋研发高端装备抢占市场先机，经纬纺机逆势突破，吉利新能源汽车下线，全区规模工业总产值232.2亿元，增长9.8%，规模企业达到81户。提质增效助力现代都市农业，主导产业不断壮大，粮食总产稳定在2亿千克，设施蔬菜达到9200公顷，龙头加工企业实现销售收入40亿元；休闲农业与乡村旅游

晋能集团

工厂化育苗

示范项目全面实施，“一带三区”框架的服务型、功能型农业逐步成型。多业并举繁荣现代服务业，“旅游业+”概念持续深化，榆次老城获评国家4A景区，全年接待游客1255万，旅游综合收入144亿元；商贸物流提质扩容，多元化商业综合体时代全面开启；太铁、中储、长城等现代物流项目如期推进，全区城乡商贸流通体系更趋完善。

★统筹城乡发展不畏难，城乡一体阔步向前。完成26项市政重点工程征拆任务。创新推进城中村棚户区改造，王湖村征拆基本完成，安置区建设成功启动。行政村清洁工程长效机制更加完善，完成绿化造林2000公顷，各项减排任务圆满完成。新修乡村道路71千米，城乡人居环境持续改善。

★狠抓民生保障不懈怠，社会事业全面发展。精准扶贫步伐加快，实施帮扶项目145个，相对贫困村基础设施和产业发展取得明显进步。加速发展教育事业，启动建设工业园区寇村学校、北大培文学校；二中高考取得历史性突破，各级各类学校教学质量不断提高。卫计改革持续推进，家庭医生签约服务模式全省推广。严厉打击食品药品违法违规行为，确保人民群众饮食用药安全。社会保障不断完善，城镇新增就业6826人，转移农村劳动力3926人，城乡基本养老保险、基本医疗保险参保人数分别达32.7万、43.3万人；新建6个农村日间照料中心，城乡低保、农村五保标准提高，实现应保尽保。强化安全生产责任落实，加强规范化、制度化、标准化建设，安全生产三项控制指标全部为零。

（榆次区政府办　供稿）

粮食特色化——谷子机械化联合收割

榆次区政府与农发行晋中市分行签署战略合作协议

博创纳米产业园

益达工业园区

# 振兴崛起、城乡美丽 生活富足、人民幸福

——介休市

刚刚过去的2016年是充满挑战的一年，也是孕育希望的一年。一年来，市政府团结带领全市人民，砥砺前行、主动作为，较好地完成了市七届人大一次会议确定的目标任务，实现了“十三五”良好开局。

★综合实力争先进位。地区生产总值完成143.9亿元，增长5.3%；规模以上工业增加值62.9亿元，增长6.2%；固定资产投资完成149.6亿元，增长5.6%；社会消费品零售总额90亿元，增长7.1%。一般公共预算收入10.7亿元，增长6.9%；城镇常住居民人均可支配收入30650元，增长5.8%；农村常住居民人均可支配收入12333元，

山西凌云现代农业生态园区

绿健60万只蛋鸡养殖项目

大西高铁转体桥及连接线项目

增长5.2%。总量上，规模以上工业增加值、社会消费品零售总额居晋中第二位，地区生产总值、固定资产投资、一般公共预算收入、城乡居民人均可支配收入居晋中第三位，各项指标均保持在全市上游水平。

★实体经济稳步向好。农业稳定发展，粮食总产量达1.2亿千克，调整玉米种植面积800公顷；1333公顷（2万亩）绵黄芪项目落地，绿兴源蛋鸡养殖投产，干果经济林提质增效533公顷，长寿湾成为阿里巴巴乡甜农场，誉美香肉鸡养殖加工项目开工。工业蓄势崛起，原煤、洗精煤、焦炭、钢铁分别实现产量703.8万吨、1616.7万吨、480万吨、294.7万吨；煤炭生产矿井达到15座，益达、得一化工复工复产，全市亿元以上企业达到49户，10亿元企业6户；大力发展煤层气利用、低热值煤发电、新材料等新兴产业，非煤产业增加值占规模以上工业增加值比重达33.4%。服务业提质增效，加快“一山一村一城一市”景区建设，张壁古堡挂牌4A级景区，启动老城4A级景区创建，虹霁寺景区对外开放，全市旅游综合收入达到108.1亿元，同比增长26%；推进商贸物流发展，家家利超市进驻太原，奥维德圣仓储、晋能物流一期、电商园冷链仓储建成投运。

崇光低热值煤发电项目

奥维德圣物流园

★发展后劲加快集聚。4个省级重点工程完成投资17.18亿元，73个晋中市重点工程完成投资110.6亿元，完成年度投资任务的100.5%。经济技术开发区获省政府批复，开发区面积39.47平方千米。积极破题项目不足、支撑不够的问题，加大项目储备谋划力度，帮助茂胜大机焦完善环评手续，引进国能中电5万吨脱硫脱硝碳基催化剂项目，确定了化工园区焦炉煤气综合利用、天峻山旅游、北京新学道介休书院等一批大项目、新项目。

★城乡面貌焕然一新。集中开展城乡环境综合整治，打造全省最宜居的县级城市。推进城区12条重点路段整治，规范整顿13个便民市场；对城市道路标线重新施划，新增停车位1000余个、公交车停车点55个；完成政府广场、火车站广场等改造工程，新增绿地面积12.55万平方米；新增集中供热面积28.9万平方米、天然气主管网6千米。开展农村环境攻坚，铺开张兰、义安、三佳城镇化示范区建设，8个村入选第四批中国传统村落。

祆神楼广场

★人民生活更加幸福。财政用于民生支出18.9亿元，占公共财政支出近80%。扎实推进民生实事，开通2条免费公交和4条1元公交线路，采用PPP模式投放公共自行车1000辆，维修改造小街小巷5条、公厕38个，免费开放群众文化活动室20个，农村“六个一”工程全面铺开，社会福利中心主体完工。全力推进脱贫攻坚，确定十大脱贫工程。大力推进教育改革创新，引进社会资本发展教育事业，为介休一中引进名校校长。加强医疗卫生服务体系建设，中医药和妇幼健康服务工作获国家表彰。新增城镇就业人数4750人，城镇登记失业率3.1%。

国家级汾河湿地森林公园

国家4A级景区——张壁古堡

城市全景

集诸多民生服务事项于一体的民生大院

保障性住房——永康嘉园

全市首个禁煤村——三道河村新貌

改造后的印染厂居民小区

★内生动力不断增强。攻坚国家新型城镇化综合试点，在全省率先取消户籍区分、推开户改，城镇化率达到65%。完成集体林权制度改革，成立不动产登记局。深化商事制度改革，全面实施企业“五证合一”和个体工商户“两证整合”。创新投融资机制，打包总投资20亿元的6个PPP项目申报国家示范库；新引进晋商银行、兴业证券、国海证券3家金融机构。大力实施“互联网+”行动，建成覆盖所有乡镇的59个农村淘宝服务站，电商园入驻企业36家，培育新兴业态市场主体50个，被省科技厅命名为省级众创空间。

（介休市政府办 供稿）

天峻山风光

东方希望铝系综合循环经济项目

# 经济强、百姓富、生态美、民风好

## ——灵石县

2016年，县政府团结带领全县人民，攻坚克难，创新实干，圆满完成了县十六届人大一次会议确定的目标任务，全县经济社会发展取得显著成效。

★经济运行企稳向好。2016年，在煤炭市场逐步回暖、煤焦产业效益上扬和接续产业发育成长、能力释放的共同作用下，全县经济保持稳定增长。地区生产总值完成179亿元，比2015年增长5.1%；规模以上工业增加值完成91亿元，增长5.5%；全社会固定资产投资完成198.8亿元，增长6.7%；社会消费品零售总额71.5亿元，增长8%；一般公共预算收入11.2亿元，增长5.5%；城乡居民人均可支配收入分别为33364元和15072元，增长5.5%和5.6%。

★结构调整不断深入。始终坚持抓项目促转型，实施重点工程94项，完成投资168.3亿元，招商引资签约297亿元。启光2×350兆瓦低热值煤发电项目快速推进，东方希望200万吨氧化铝生产线、

纬九路东延伸

荣鑫核桃加工

启光2×350MW低热值煤发电项目

嘉禾园中药材基地

晋阳碳素3万吨石墨质(化)阴极炭块等项目投产试产,新兴产业投资占工业投资比重提高12.3个百分点。核桃产量达到1200万千克,设施蔬菜面积扩大到426公顷,畜禽饲养量超过500万头(只),农林牧业增加值增长3.8%。静升古镇王家大院5A景区创建、金山森林休闲度假区、少林资寿文化园等旅游开发项目有序推进,成功举办第三届中国灵石国际版画双年展,荣获省级"休闲农业与乡村旅游示范县"称号,旅游综合收入85.1亿元,增长27.9%。三次产业结构比调整为2.6:60.6:36.8,第三产业比重提高1.7个百分点。

★城乡环境持续改善。新建改造供热供气管网33.3千米、污水处理配套管网5千米,纬九路东延伸及经八路、红崖沟旅游公路建成通行。新造生态林1733

琳琅羊肚菌基地

福苑蛋鸡养殖

兴晟源香菇基地

公顷，森林公园被命名为“山西省四星级公园”，国家卫生县城顺利通过复检验收，城乡市容市貌和环境卫生考评全市第一。节能降耗、减排治污工作扎实开展，万元地区生产总值能耗下降3.26%，空气质量优良率71%。

★改革创新统筹推进。创新投融资机制，财政出资3000万元设立企业应急周转保障资金，为52户企业周转贷款15亿元；开展“助保贷”业务，为4户中小企业贷款1780万元。鼓励企业开展技术创新，1户企业被认定为省级高新技术企业，4户企业建成技术研发中心。实施增减挂钩项目解决项目用地34.6公顷，土地确权完成年度任务。推进“三证合一、一照一码”登记制度改革，全县新增注册企业835户、注册资本35亿元。

县文体活动中心

森林公园

金山森林休闲度假区

红崖峡谷高山草甸

石膏山

★民生保障更加有力。2016年县财政民生投入19.2亿元，占公共财政预算支出的86%。社会事业持续进步，高考达线人数再创新高，8所乡镇卫生院改扩建工程完工，县文化馆通过国家一级馆验收，县文体活动中心建成投用。就业和社会保障成效明显，城镇新增就业2218人，转移农村劳动力3445人，城镇登记失业率1.57%，城乡低保、农村五保、社会救助等政策全面落实。脱贫攻坚首战告捷，减贫2030人，易地搬迁150人，省级贫困村吴庄村成功摘帽。"十件实事"全部兑现，242项"微民生"工程全部完工。安全生产持续加力、总体稳定。老龄、妇女、儿童、残疾人、慈善和红十字等各项事业都有新进步，人武、人防、双拥、民族、宗教、外事、侨务、对台、气象、地震、档案、史志、科普等工作都取得新成绩。

（灵石县政府办　供稿）

少林资寿寺

华夏民居第一宅——王家大院

煤化集团焦化公司

利用改性材料造纸项目

# 大美古城、小康平遥 国际旅游城市

——平遥县

2016年，平遥县委、县政府团结带领全县上下，埋头苦干，主动作为，以稳增长、调结构、惠民生为主的各项工作取得明显成效。全县地区生产总值100.7亿元，增长5.5%；规模以上工业增加值26.9亿元，增长6.6%；固定资产投资110.6亿元，增长8.7%；一般公共预算收入45345万元，增长4.8%；社会消费品零售总额58.9亿元，增长7.7%；城乡居民人均可支配收入分别为26815元、10885元，分别增长5.2%、4.8%，实现了“十三五”的良好开局。

★重产业、促转型，倾力提升经济实力。农业生产效益凸显。粮食总产量27.2万吨，增长2.3%；畜禽饲养量、肉蛋奶产量分别达到2500万头（只）、21.5万吨；干鲜果总产量22.9万吨，瓜菜总产量54万吨。工业经济止跌回升。煤炭、铸造等传统产业逐步回暖，煤炭价格结束了连续10个月的下跌趋势。18个工业重点项目累计完成投资8.9亿元，当年新增投资5亿元；新型工业实现产值7.2亿元，首次超过机械铸造行业。中小企业公共服务平台科学运营，新培育规上企业5户。文旅产业蓬勃发展。全年接待游客1063.6万人次，综合收入121.6亿元，荣获“2016中国县域经济旅游魅力县”殊荣。国际摄影大展、平遥中国年等文化活动继续成功举办，开通古城周边游直通车线路11条，乡村旅游持续发展。产业结构进一步优化。

★重民生、增福祉，倾力保障人民生活。人民医院新建项目顺利启建，改造乡镇卫生站4所，新建村级卫生室13个。新改扩建中小学校11所、幼儿园4所。社会福利综合服务中心主体完工，新建老年日间照料中心32个。建成保障性住房946套，改造农村危房480户。新增城镇就业4545人，城镇登记失业率控制在2.1%以内。城乡居民社会养老保险参保人数达到26万人，累计支付五项社会保险待遇6.6亿元。城乡低保、农村五保供养保障

西郭村康飞蔬菜种植专业合作社

华春肉牛育肥双菇

标准进一步提高。涉及4个乡镇、7个村、3466人的饮水安全问题得到有效解决。文化馆、图书馆改建工程进展顺利，国家级公共文化服务体系示范区创建工作稳步推进。全县安全生产形势保持稳定。

★重功能、强建设，倾力改善城乡面貌。统筹推进县城总体规划、土地利用规划修编。实施了平遥古城旅游通道快速化改造等11条城市道路新改建工程。新建绿地15万平方米。稳步推进热电联产集中供热项目，城区集中供热面积达380万平方米。实施农村公路完善提质工程36.3千米。深入推进城乡清洁工程。造林1467公顷，生态建设持续推进。

（平遥县政府办　供稿）

国青百万只蛋鸡养殖场

“又见平遥”场馆

保障性住房

# 上台阶 强实力 进前列

## ——太谷县

2016年，太谷县凝心聚力、开拓创新，圆满完成县十六届人大一次会议确定的目标任务，经济社会发展呈现出稳中有进、后劲增强的喜人态势，实现了“十三五”的良好开局。地区生产总值完成80.4亿元，增长5.6%；规模以上工业增加值17.6亿元，增长7.3%；全社会固定资产投资82.9亿元，增长5.3%；社会消费品零售总额36.2亿元，增长7.9%；一般公共预算收入4.43亿元，增长5.4%；城镇常住居民人均可支配收入27385元，增长6.9%；农村常住居民人均可支配收入16368元，增长7.3%。连续两年荣获市对县年度综合考核第一名，连续四年荣获“山西省县域经济发展先进县”称号，稳居全省38个B类县综合考核前三名。

★工业转型拾级而上。水秀新型产业园，签约企业44家，20家投产，实现产值4.7亿元。胡村玛钢铸造园，核心区入驻企业16家，13家投产，带动全县35家重点企业完成技改扩规；“气化玛钢”试点成功，荣获“中国玛钢铸件产业基地”等称号。恒达循环经济园，20万吨精密铸造项目设备安装完毕，60万吨机焦项目实现投产，硅锰合金配套烧结工程主体完工。南山医药食品园，广誉远整体搬迁项目顺利推进，中远威葡立胶囊通过GMP认证。装备制造、碳素等支柱行业升级改造稳步推进，全县规模以上企业总产值完成80亿元。

★“农谷”建设势头强劲。山西农谷管委会批准设立，规划编制全面启动。重点项目金谷现代农业科技创新园一期完工。山西农产品国际交易中心、国新晋药中药材种植基地建设稳步推进。设施蔬菜、苗木花卉、干鲜果分别达到7466公顷、8666公顷、2.1万公顷，畜产品总量30万吨。累计培育家庭农场261个、合作社804个、龙头企业54家、农业示范园区84个。土地确权工作进入尾声。

★文旅发展亮点纷呈。乔里、云松等8家生态庄园完成升级改造，美宝山庄成为3A级景点，实现了A级景区零突破。全省首家民营航空公司落户太谷，棋盘山生态旅游开发有限公司在上海股权交易中心成功上市，鑫炳记太谷饼文化园被评为“省级工业旅游示范点”。成功举办孟母文化节、冰雪节等系列节庆活动，文旅魅力不断彰显。乡村旅游突破300万人次，实现综合收入33亿元。

★城乡统筹更加有效。城乡品质更趋精致化。鑫港湾商业街区开业运营，山西文化产业园非遗博物馆部分建

*体育、艺术“2+1”项目展示*

太谷玛钢铸造园区

成，孟母祠堂、书院相继落成，明清古街初现规模。15条小街巷改造全面完成。建成10个美丽宜居乡村，完成农村危房改造600套。城乡生态更显低碳化。启动建设第二污水处理厂，中水回用工程顺利推进。城区新增绿化面积15万平方米、供热78万平方米、供气3000户，建成区绿地覆盖率超过40%，污水处理率达到95%。全力应对雾霾重污染天气，六项污染物减排任务全部完成。

★发展成果惠及民生。脱贫攻坚首战告捷。八大攻坚工程20项专项行动全面实施，1730人易地搬迁任务得到落实，855户1881名贫困人口实现脱贫。民生事业日益繁荣。完成5所学校、幼儿园维修改造。非遗展示馆免费开放，乡村文化记忆工程、文化下乡活动扎实开展。为6.8万人发放各类保险6亿元，新增就业岗位2827个，建成保障性住房708套、日间照料中心101个，公共服务水平不断提升。社会大局和谐稳定。积极推进企业安全标准化创建，事故防控能力有效提升。“七五”普法全面启动。

（太谷县政府办　供稿）

山西农产品国际交易中心

山西金谷现代农业科技创新园

箕城公园

太谷曹家三多堂博物馆

# 展现新作为 实现新跨越

## ——和顺县

阳煤化工

李阳煤业

瓦斯发电

2016年，和顺县政府围绕县委“三年全面脱贫、整体位次前移”奋斗目标，咬定任务不放松，攻坚克难抓落实，圆满完成了县十六届人大一次会议确定的目标任务，实现了“十三五”良好开局。全年地区生产总值完成46.1亿元，增长5.2%；固定资产投资完成68.6亿元，增长5.1%；规模以上工业增加值18.3亿元，增长5.9%；社会消费品零售总额14.4亿元，增长7.8%；公共财政预算收入4.3亿元，增长29.5%；城镇常住居民人均可支配收入22069元，增长6.6%；农村常住居民人均可支配收入5638元，增长6.7%。各项指标增幅均高于全市平均水平。

★产业转型迈出新步伐。工业转型扎实推进。深入推进供给侧结构性改革，化解煤炭产能80万吨；积极培育非煤产业，新型包装材料、新光资源综合利用、山河醋业等项目建成投产。现代农业提质增效。粮食总产量5916万千克，新增、改建设施蔬菜面积133公顷；大力实施“十企百区千户”现代养牛业致富工程。现代服务业提档升级。太行鹊桥生态文化园、夫子岭文化休闲度假区、天凯庄园旅游度假区完成年度建设任务，许村列入第二批中国旅游创客示范基地，全年实现旅游综合收入12亿元；成功申报全国电子商务进农村综合示范县，培育发展电商企业、平台37个，电子商务成为带动经济发展的新引擎。

★脱贫攻坚首战首胜。实施了整村推进、产业扶贫、光伏扶贫、易地搬迁、教育扶贫、金融扶贫等10项脱贫增收工程和10项基础设施改善“双十”工程。易地扶贫搬迁318人；实施“雨露计划”，实现贫困家庭学生资助全覆盖；启动实施健康脱贫。顺利通过省第三方评估验收，实现38个贫困村出列、7761名贫困人口脱贫，贫困发生率下降6.75个百分点。

★项目建设和招商引资卓有成效。全年实施重点项目80个，开工建设55个，19个项目竣工投产。重点项目“六位一体”有序推进。全年在谈和推进项目30个，签约项目14个，拟引资159.8亿元。其中，依风风力发电、马坊绿色生态农业集约养殖等4个项目落地开工。

石拐会议纪念园

山河醋业

天凯现代农业示范园

★城乡建设稳步推进。城建上，实施了19项重点工程，自来水净化水厂及管网配套工程主体基本完工；棚户区改造350户；完成城区综合整治工程，县城面貌大为改观。交通上，和邢铁路累计完成投资5亿元；完成了完善提质、撤并建制村、窄路面改造等公路建设任务。水利上，解决了19个自然村、1.05万人、4132头大牲畜的饮水安全；实施国家水保重点项目，综合治理面积25.7平方千米。电力通信上，改造低压线路48.3千米，安装农村广播电视"户户通"759套。

天和牧业

★生态环境明显改善。大力推进"两山两网两林"造林绿化工程，潇河流域和顺段林业生态建设、207国道县城周边景观绿化等工程全面完成。大力推进大气、水、土壤污染防治，市政府下达的减排任务全面完成。

★社会事业协调发展。10件惠民便民实事提升群众获得感。城镇新增就业1575人，城镇登记失业率控制在2.47%以内。和顺一中综合楼投入使用，改建3所农村幼儿园，全面改薄工程全面完成。新建县医院住院门诊楼开工建设，建成村卫生室20所，顺利完成省级健康促进县创建工作。新农合参合率保持在99%以上。和顺体育馆基本建成投用。新建老年日间照料中心12个。完成保障性住房122套，改造农村危房370户。全力抓好安全生产工作，深化"平安和顺"建设，推行"阳光信访"，加强综合治理，社会保持和谐稳定。

（和顺县政府办　供稿）

阳煤氯碱试生产

昔阳煤层气热电联产项目

# 全市争上游 东山创一流

——昔阳县

2016年，昔阳县上下紧紧围绕“全市争上游、东山创一流，全面建成小康昔阳”的总目标，全力应对挑战，奋力攻坚克难，经济社会发展缓中趋稳、稳中向好，全县综合实力再上新台阶的。地区生产总值完成57.9亿元，增长5.4%；规模以上工业增加值22.8亿元，增长6.3%；固定资产投资完成111.3亿元，增长1.3%；社会消费品零售总额25.2亿元，增长7.9%；一般公共预算收入5.21亿元，增长3.8%；城镇常住居民人均可支配收入22720元，增长5.9%；农村常住居民人均可支配收入7743元，增长6%。

★坚持不懈调结构，发展方式有新转变。三产比重为8.5∶50.4∶41.1，产业结构进一步优化。阳煤氯碱、大唐风电、国新能源煤层气热电联产等一批工业转型项目实施投产，“煤电气化”四大支柱产业产量不断提高。“菜果猪菇药”五大特色产业规模继续扩大，粮食总产量1.67亿千克。双孢菇出口泰国，全县外贸进出口实现“破零”。“山水昔阳、户外天堂”品牌影响力进一步提升，全年游客接待量和旅游综合收入突破200万人(次)和17亿元。云创电子商务运营中心和农村淘宝昔阳服务中心投入运营，农村淘宝、京东等村级服务点达到260余个，销售额6000万元。

★不遗余力夯基础，经济社会发展增添新优势。城市功能越来越完善。新建改造城市道路6.8千米、各类管网50.4千米，完成绿化2万平方米，供水、供热、供气普及率分别达到100%、88%、90%，绿化覆盖率达到41.86%。县城区“免费绿色公交”实现全覆盖。乡村基础越来越强。大力实施饮水安全、防汛抗旱、农田水利、水库维修等四大类水利工程。全面完成川口至三都、韩信井至东冶头等道路改造和村通水泥(油)路工程；全面完成新一轮农网改造项目，电网结构进一步优化；全年新造耕地1000余公顷，农业生产条件有效改善；一批美丽乡村脱颖而出，一批古村落得到修缮保护，大寨村在2016年中国名村影响力300强中名列第四位，大寨镇成为国家卫生乡镇并入选国家首批特色小镇。生态环境越来越好。大力造林绿化，持续“铁腕治污”，全年二级以上优良天数达到234天。

双孢菇出口泰国，外贸"破零"

医养结合典范——安康苑项目

★真帮实扶打硬仗，脱贫攻坚工作取得新成效。精准实施"八大工程、二十项行动"，圆满完成6031户1.35万人、50个整村退出的脱贫任务。顺利通过省政府和第三方的督查验收，并作为全省唯一一个省定贫困县接受国家第三方评估验收。

★持续发力惠民生，人民生活质量有新提升。义务教育均衡发展工作走在全市前列，高中教育教学质量稳中有进。完成8所卫生院和20个村级标准化卫生室新建改造，安康苑医疗养老中心投入运营。社会保障全面提质，全县城镇新增就业1704人，农村劳动力转移就业2919人，城镇登记失业率控制在4.2%以内；大力推进养老保险制度改革和城乡居民基本医疗保险整合，城镇居民医保参保人数达到1.44万人，新农合参保率99.95%；城乡五保低保实现应保尽保；建成各类保障性住房522套，改造农村危房1450户。安全生产持续稳定，平安昔阳持续推进，信访维稳持续好转。

（昔阳县政府办　供稿）

电子商务红红火火

千年古刹石马寺

山西大寨中国汽车场地越野锦标赛

# 迎难而上，砥砺前行 争当晋中挺进全省第一方阵排头兵

——寿阳县

寿阳阳煤博奇2×35万千瓦低热值煤发电项目

阳煤集团寿阳化工有限责任公司年产20万吨乙二醇项目

寿阳县光伏农业华盛绿能(寿阳)农业项目

过去的一年，面对经济持续下行的不利形势，寿阳县上下迎难而上，砥砺前行，全县经济社会发展呈现出缓中趋稳、稳中向好的发展态势，实现了“十三五”良好开局。2016年地区生产总值完成91.1亿元，增长4.3%；规模以上工业增加值33.3亿元，增长3.1%；固定资产投资完成129.4亿元，增长11.8%；社会消费品零售总额26.5亿元，增长7.6%；一般公共财政预算收入6.1亿元，增长3.9%；城镇、农村居民人均可支配收入分别为30720元和11834元，增长5.6%和5.5%。

★大力调整结构，产业转型迈出新步伐。认真落实煤炭去产能政策和减量化生产任务，全年压减煤炭产量306万吨；致力推进“四新”工业体系建设，明泰国能低热值煤电项目有序推进，阳煤乙二醇一期建成投产，1吉瓦光伏领跑者项目通过初评，总装机规模近100兆瓦的4个风、光、气、生物质发电项目顺利推进；借势现代农业示范区建设，扎实推进农业供给侧结构性改革，新增特色农产品种植4533公顷，畜禽饲养量增长7%；深挖旅游文化资源，提升县域发展软实力，旅游收入、游客接待量同比上升。三次产业结构比调整为14.1∶48.1∶37.8，产业格局进一步优化。

★突出项目引领，经济发展集聚新动能。持之以恒推进项目提质增效加速，重点项目完成投资111.9亿元，

其中转型项目占比超过60%，涉煤项目投资减少40%；项目建设“六位一体”考核成绩斐然；进一步完善重大项目预审联审机制，完成13个项目的前期预审；强化精准招商、以商招商，新签约7个项目，总投资258亿元。

★统筹城乡建设，人居环境发生新变化。完成县城区1.5万多平方米的道路补修硬化，集中供热面积428万平方米，新增供水管道4500米，供气新入户5100户；南张芹采煤沉陷区整体搬迁项目主体封顶，新解决53个村、1.1万人的饮水安全问题，完成曹河河道治理，新增20公顷集中灌溉农田，新创建19个县级以上美丽宜居示范村；全年空气质量二级以上天数达到267天，4项主要污染物减排指标超市定任务；新增造林面积1800公顷，城区新增绿化15万平方米，成功创建省级园林县城。

★狠抓民生民惠，群众生活得到新改善。新建并投用3所农村幼儿园、1所学校标准化操场；累计建成农村社区文化大院、村级文化体育健身广场246个，乡镇综合文化站、农家书屋实现全覆盖；人民医院、社会综合福利中心建设顺利实施，新建扩建两所乡镇卫生院，新建投用5处农村老年人日间照料中心；货币化安置城市棚户区305户，完成农村危房改造600户；盂榆线改造工程竣工通车，60千米村通水泥路交付使用；认真落实“五位一体”脱贫帮扶机制，实现4个贫困村摘帽、2736名贫困人口稳定脱贫，年度脱贫任务全面完成。

（寿阳县政府办　供稿）

*新能源公交汽车投入运营*

*寿阳常村2016年梨花文化旅游节*

*新建人民医院项目*

# 美丽文明、无煤育为新祁县

——祁 县

福诺欧含氟新材料项目正式投产

祁县液化调峰储备集散中心项目

2016年，祁县上下抓改革、谋发展，破难题、保民生，全县经济社会呈现稳中有进、进中提质的良好态势。全县地区生产总值71.7亿元，增长5.7%；规模以上工业增加值15.8亿元，增长8.3%；固定资产投资完成73.9亿元，增长10%；公共财政预算收入3.3亿元，增长3.4%；社会消费品零售总额40.6亿元，增长7.5%；城镇常住居民人均可支配收入28619元，增长6.4%；农村常住居民人均可支配收入14841元，增长6.3%。公共财政预算收入完成进度居全市第一，规模以上工业增加值增幅居全市第一。

★着力优化产业结构，发展基础全面夯实。三次产业分别占比24.4∶26.7∶48.9，结构调整更为优化。现代农业势头强劲。全年粮食产量2.2亿千克，水果种植面积1.3万公顷，设施蔬菜种植面积2600公顷，牛饲养量16.9万头；

乔家大院宝元堂、宁守堂重新布展开放

2016年祁县梨花节

千朝谷一期五大板块全部投入运营

新创建省、市级示范社11个，家庭牧场累计达到202个；农村土地确权工作稳步推进。特色工业稳步发展。玻璃器皿业成功组建“祁玻集团”，机制进口设备国产化研发项目快速推进；酒类饮品业伊利16条生产线全部建成投产，统一饮品生产线项目正式投产；规划设立循环经济园，顺发生物质再生利用项目完成立项，新兴产业在工业经济中比重持续增加。旅游集群初具规模。208国道旅游产业集聚区框架和县城周边休闲、观光游集群框架基本成形。全年主要景区接待游客261.6万人次，实现门票收入1.3亿元。

祁县电子商务产业园区

★着力推进项目建设，发展后劲更加坚实。48个省、市重点项目全部开工建设，累计完成投资58.6亿元。208旅游通道综合开发和文化艺术中心项目成为全省PPP示范项目。天禧物流、福诺欧新材料、统一饮品、宇通新厂、千朝谷一期等项目全部顺利投产运营，液化调峰、红星六曲香迁建、九牛牧场等项目稳步推进。

统一饮品生产线正式投产

★着力抓好环境整治，城乡面貌初步改观。开展环境整治百日攻坚行动，城乡环境卫生面貌有效改善。组建市容秩序整治联合执法大队，城市管理水平逐步提高。新增绿地面积15万平方米。基础完善、管理提升、环境宜人的新祁县正在崛起。

★着力改善民生民利，社会事业全面发展。精准实施八大工程，878户1719人实现脱贫。全面实施就业创业工程，新增就业2863人，转移农村劳动力2488人，城镇登记失业率控制在1.56%；成功获评全市唯一省级“双创”基地示范县。狠抓教育质量提升，中考成绩在全市排名前进5个位次。扎实推进卫生计生事业，成功创建省级基层中医药工作先进县和省级妇幼优质服务示范县。大力发展文化体育事业，乡村体育场地基本实现全覆盖。扎实开展各类安全生产大检查活动，安全生产形势稳定向好。

（祁县政府办　供稿）

# 打造宜居、宜业、宜游新盂县

——盂 县

阳泉市市委副书记、盂县县委书记李云峰调研县文化中心建设

盂县县长孔禄泉调研高城山路

2016年，盂县砥砺前行，奋力开拓，统筹抓好各项工作，经济社会发展取得新的成绩，实现了“十三五”良好开局。全县生产总值完成128.2亿元，增长3.2%；规模以上工业增加值56.4亿元，增长4.8%；固定资产投资188.1亿元，增长6.2%；社会消费品零售总额48.6亿元，增长6.5%；城镇居民人均可支配收入27713元，增长5.3%；农民人均可支配收入12170元，增长5.5%；一般公共预算收入5.3亿元，实现了当年收支平衡和保工资、保运转、保民生“三保”目标。

★全力推进产业转型。全年共实施重点项目建设126项，累计完成投资153.4亿元。煤炭产业企稳回升，实现停亏增盈，矿井改造提升步伐加快，煤炭物流集散中心建设主体工程全部竣工。电力产业多元发展，山西裕光盂县2×100万千瓦燃煤发电项目获得核准，鑫磊2×35万千瓦低热值煤发电项目建设稳步推进，中广核三期2万千瓦风力发电项目全面建成；全县获批的风电、光电、火电和煤层气发电装机容量达到354万千瓦，新型清洁能源基地建设向规模化坚实迈进。现代农业特色初现，全县粮食总产量1.43亿千克，设施蔬菜、中药材和食用菌种植规模不断扩大，新瑞利邦万头肉牛繁育一期工程全部建成，鑫源伟业5万只肉羊项目建成繁育，全县农产品加工销售收入达到11.29亿元；农业基础进一步夯实，机械化率达到70%以上；大力推进“五个一批”脱贫工程，全县1600户、3548人实现脱贫。

旅游业发展提质上档，全面实施全域旅游工程，梁家寨生态旅游区开发前期工作顺利推进，藏山、水神山等重点景区设施建设和服务功能进一步提升，"公司＋农户"等乡村旅游蓬勃发展，全年游客接待量达到60万人次。现代服务业积极催生，实施电子商务示范工程，引导规范房地产业健康发展，全年第三产业增加值46.3亿元，三次产业比例更加趋向合理。

★城镇化建设统筹推进。着手修编《盂县城市总体规划》，永店坡老城棚户区改造全面启动，高城山路三期、文化中心广场路等建设项目顺利推进。大汖、乌玉被评为全省传统文化历史名村，建成6个国家首批绿色村庄和5个省级美丽宜居示范村。完成农村公路完善提质工程49.8千米。改造农村危房850户。大力实施城乡环境卫生整治攻坚战，城乡环境卫生明显改观。

★重拳强化生态环保。深入开展大气环境综合整治"百日行动"和"六项整治"专项行动，县城二级以上优良天数达到257天。环城、通道、荒山、景区、厂矿、乡村绿化"六大造林绿化"工程深入实施，全年完成造林2000公顷。

★社会事业协调进步。就业再就业稳步扩大，新增城镇就业人员3355人，转移农村劳动力3190人，城镇登记失业率控制在3.5%。社会保障进一步完善，全面提高城乡低保、农村五保等财政补助标准，完成城乡居民医疗保险一体化建设，实现应保尽保；养老服务体系不断完善，新增乡镇敬老院两所，新建农村老年日间照料中心30个。教育教学稳步提升，完成农村义务教育薄弱学校改造工作和6所农村幼儿园新改扩建任务，特殊教育学校投入使用。卫计食药创新发展，县人民医院与省人民医院合作成立医疗联合体，新农合参合率达99%以上，依法加强食品药品监管。文化事业繁荣发展，县文化中心完成主体工程，继续举办送戏下乡、消夏晚会等各类文化惠民演出。不断强化安全生产和社会治理，群众安全感和满意度不断上升。

(盂县政府办　供稿)

山西国际物流园双创基地和集成电路封装测试项目开工奠基仪式

山西康泰来食用菌车间

高城山路

省长楼阳生(左三)在科创城调研

晋中市委书记胡玉亭(右三)调研中鼎物流项目

# 同心协力 弛而不息
# 开拓创新 攻坚克难

——晋中经济技术开发区

2016年是“十三五”规划的开局之年，也是开发区创建20年承前启后、转型升级、创新发展的关键一年。开发区统筹经济、政治、文化、社会、生态文明和党的建设，主动应对经济下行严峻考验，着力破解社会发展难题，开发区发展实现了稳中求进。

★经济发展实现稳中求快，外向型指标创历史新高。2016年开发区地区生产总值31.08亿元，比2015年增长6%；规模以上工业增加值14.14亿元，增长6.4%；社会消费品零售总额81.29亿元，增长7%；固定资产投资57.80亿元，增长10.2%；公共预算收入5.54亿元，增长2.4%；进出口总额3600万美元，增长36.06%。

★重点工程建设扩规增速，产业项目投资成倍增长。2016年，开发区列入市考核的重点工程(项目)共5类50项，总投资298.64亿元。当年开工项目47项，完成投资57亿元。产业类项目完成投资总额增长126%，位居全市首位。

★招商引资走在全市前列，承接产业转移全省居先。招商引资实现创新升级。2016年共签约项目10项，协议总投资167.5亿元，已有5个项目开工建设。储备在谈重点项目50余项，总投资300亿元以上，主要集中在高端装备制造、节能环保、新材料、医药健康等新兴产业。承接东部产业转移取得重大突破。全年共对接洽谈产业转移项目30余项，已签约入区项目10项，计划总投资165亿元，代表性项目有晶科光电(北京)信息材料有限公司高品质蓝宝石晶体及砷化镓集成电路(芯片)项目、西红杉药业人类干细胞库项目、通用航空飞行器产业化项目等高、精、特、新项目。

★转型发展迈上新台阶，新兴产业初见成效。以实体经济为重点的产业发展势头趋强。转型升级产业项目中，安特药业完成搬迁技改扩产后产值突破5亿元，跃进消化类药品生产总量全国前列；德元堂药业的国家独家专利药红花黄色素生产销售量居全国同类药品之首，税收超亿元，居开发区工业企业之冠，这两家企业年产值11.5亿元，占开发区规上产值的25.9%。创新型项目中，中聚晶科高品质蓝宝石晶体及砷化镓集成电路(芯片)生产项目实现“五个当年”(当年签约、当年开工、当年建成、当年投产、当年见效)，无人机装配制造业已开始组装，3D打印、智能机器人等高端智能制造项目正在加快推进中。新签约项目方面，国际能源、天美杉杉奥特莱斯和苏宁物流等一批重量级的项目推进较

晋中市市长王成(右四)调研天美杉杉奥特莱斯项目

晋中开发区管委会主任温毓诚(左二)带队进行安全联合检查

天美杉杉奥特莱斯项目封顶

晋中开发区党工委书记赵春雷(中)调研产业研究院项目

快,设计规模为华北第一的中鼎物流园一期工程顺利建成,如期投入运行,二期顺利开工。以转型创新为特色的新兴产业体系正在形成。努力推动以资源优势为基础、技术为支撑、应用为核心的产业项目快速发展,通用航空、生命健康、半导体新材料、新一代信息技术、智造制造产业已见雏形,现代物流产业百亿级产业园区已初步形成,为开发区向山西转型综改示范区晋中区过度奠定了坚实基础。

(晋中经济技术开发区管委会　供稿)

晋中开发区社火博物馆

# 大美山川 小康榆社

——榆社县

省长楼阳生在榆社同宇农业综合开发有限公司调研

山西广生胶囊有限公司新引进的加拿大高速胶囊生产线

榆社县金粮农业科技开发有限公司养鸡场

河峪小米无公害种植基地

2016年是全面实施“十三五”规划的开局之年，也是榆社县改革创新取得实效、经济社会快速发展、群众生活更加幸福的一年。全县地区生产总值27亿元，增长3.2%；规模以上工业增加值8.3亿元，增长0.9%；一般公共预算收入1.97亿元，增长1.5%；全社会固定资产投资15.45亿元，增长5.4%；社会消费品零售总额12.1亿元，增长7.3%；城镇居民人均可支配收入20020元，增长5.3%；农村居民人均可支配收入4693元，增长5.4%。

★蓄势奋进调结构，发展质量不断提升。工业转型迈出新步伐。榆化公司4000吨四氯苯酐、5万吨氯乙酸、原料药项目投入试生产，广生公司高端植物胶囊项目28条生产线全部建成投用，华电中光公司2万千瓦光伏发电项目实现并网发电。中小微企业效益初显，食品加工业逐步发展壮大。农业生产取得新成效。全县新发展设施蔬菜96公顷，新发展养驴1500头，新发展核桃经济林66公顷，中药材种植面积达到200公顷，笨鸡产业稳定发展，特色农业增收作用明显增强。三产开发增添新活力。扎实推进云竹湖旅游开发项目，成功举办了第十届云竹湖休闲旅游垂钓节、第八届环云竹湖全国自行车赛等赛事。积极发展电商产业，引导京东商城榆社办事处发展体验店8个，第三产业发展空间进一步拓展。

★固本强基搞建设，发展基础不断夯实。城市建设扩容提质。道路建设工程全部竣工，城市框架进一步拉伸。热电联产县城集中供热、北寨泉水河县城集中供水项目如期竣工，天然气供气工程运行稳定，城市功能不断完善。加强环境卫生综合整治，城市面貌焕然一新。农村条件有效改善。29条农村道路提质改善工程基本完工，小流域综合治理、农村饮水安全等9项重点工程全部完工，进一步提高了农业综合生产能力，夯实了农业发展基础。

★共建共享强服务，发展成果不断惠民。脱贫攻坚初见成效。全县26个贫困村、2548户、6949人如期脱贫，圆满完成了市定任务。教育发展优质均衡。16所学校基础设施进一步加强，榆社一中顺利通过标准化验收，全县教育教学条件明显改善。高考再创佳绩。卫计事业不断进步。完成新农合和城镇医保整合工作，持续深化县级公立医院改革，医疗卫生服务水平进一步提升。社会保障扎实有效。城镇新增就业1335人，登记失业率控制在2.72%以内。文体事业繁荣活跃。积极推进国家公共文化服务体系示范区建设，新建标准化农家书屋27个。发展大局和谐稳定。持续抓好安全生产，全县未发生较大以上安全生产事故。不断加强社会管理综合治理，“平安榆社”建设成效显著。

（榆社县政府办 供稿

# 攻坚克难 奋勇拼搏<br>率先打造城乡统筹示范区

——阳泉市郊区

2016年，阳泉市郊区坚定不移推进供给侧结构性改革，坚定不移实施创新驱动战略，攻坚克难，砥砺奋进，实现了下半年好于上半年的目标。地区生产总值前三季度增速分别为0.9%、1.3%、2.3%，全年完成82.6亿元，增长3%；公共财政预算收入4.24亿元，增速比市调整任务高出2.1个百分点；工业经济彻底扭转了持续下行的颓势，规模以上工业增加值连续7个月实现正增长，全年完成15.4亿元，年末增幅达到2.2%。农村和城镇居民人均可支配收入分别达到12815元和23549元，增长5.7%、6.1%。

★开展项目建设大起底。全年共实施项目118个，完成固定资产投资96亿元，增长6.1%。其中，实施一产项目22个，完成投资7.22亿元，温室大棚、果品和中药材种植面积进一步扩大，肉蛋奶产量稳步提升，青岛昌盛光伏农业、融昇园树莓产业园、中天玫瑰园等项目进展顺利；实施二产项目41个，完成投资47亿元，坡头、神堂煤业转为生产矿井，国新能源煤层气液化调峰项目当年建设当年完工，力宇煤层气发电项目竣工投产，西上庄2×66万千瓦低热值煤发电、荣光能源2×1.5万千瓦垃圾发电、德诚2.5万吨玻璃纤维及“光伏领跑者”等项目有序推进；实施三产项目55个，完成投资41.84亿元，恒大新城地产、通宝鑫能物流等项目推进有力，桃林沟民俗文化园建设、翠枫山景区整治、小河古村开发等乡村旅游重点工程成效明显。

★开展园区发展大启动。高起点、高标准规划了40平方千米的荫营开发区，启动了苇泊高新技术装备制造园建设。千亩坪农业产业园、西南舁耐火产业集聚区建设取得新进展。招商引资迈出新步伐，全年签订百万元以上经济技术合作项目34项，签约总金额161.3亿元。

★开展重点工程大扫障。全年共拆除民宅、厂房等各类建筑31万平方米，有力保证了市各项重点工程的有序实施。全力打造生态新城，倾力建设魅力荫营，大力实施安居工程，重点推进8个棚户区(城中村)改造和6个采煤沉陷区治理项目建设。全年新开工保障性住房3838套，建成2600套，分配公租房201套，改造农村危房450户。

★推动社会事业大发展。全年民生支出比例达到75%以上。教育事业均衡发展，荫营中学和玉泉中学顺利通过普通高中标准化建设市级验收。积极推进医药卫生体制改革，如期完成村卫生所改建、设备配置等工作。新增城镇就业岗位2354个，保费征缴、参保人数均走在全市前列。狠抓扶贫攻坚等各项工作，精准脱贫13村1423人。人居环境加速改善，创建省市级美丽宜居示范村5个、区级36个，全年二级以上优良天气247天，空气质量排名全市第一。

(阳泉市郊区政府办 供稿)

阳泉郊区区长武建功检查安全生产、开展入企帮扶

阳泉金隅通达高温材料有限公司

全国最早的武庙建筑、国家重点文物保护单位——玉泉山关王庙

开发区党工委书记要真在阳泉市众创电子商务产业园调研科技创新工作

国务院参事王石奇一行在康达社区调研“三社联动”工作

# 推动全面改革创新 掀起二次创业高潮

——阳泉经济技术开发区

2016年，开发区党工委、管委会紧紧围绕年初制定的各项目标任务，造园区、落项目、引投资、帮企业、改旧村、惠民生、推创新、抓队伍，实现了“十三五”的良好开局。全区地区生产总值16.42亿元，增长5.87%；固定资产投资31.24亿元，增长1%；规模以上工业增加值4.67亿元，增长10.2%；财政总收入3.72亿元，增长5.08%；公共财政预算收入2.04亿元，增长4.82%；社会消费品零售总额14.48亿元，增长5.88%；外贸进出口总额3813万美元，下降1.3%。

★基础设施加快建设。积极推进开发区东区道路平台建设和西区城市基础设施提升。重点完成了东区北海北路、科技大街等园区道路的前期可研、环评、立项等工作。同时，着手开展北海北路、科技大街两侧平台的规划方案设计和审批。完成了双槐街道路改造工程、北山公园地震应急指挥中心建设工程；启动实施了大连东街铁路桥至五渡桥段排水管道改造工程，完成了康达小区节能改造一期工程。

开发区管委会主任杨全生在平坦垴村调研城中村改造工作

开发区与百度签约“百度(阳泉)创新中心”项目

★项目建设扎实推进。各重点项目推进顺利。百度云计算中心7、8#模组改造项目整体工程基本完工;纳米洋葱碳完成中试进入量产,实现日产3千克,超级电容器项目实验室升级扩容增至2000平方米;麟豪智能化防火防盗门项目进入中试阶段;华鼎高端液压支架油缸升级项目竣工并试生产;云泉岩土有限公司成功在“新三板”上市。

★招商引资再现亮点。2016年,开发区累计签约项目25个,总投资131.58亿元,完成全年任务的182.75%。实际利用外资4630万美元,增加4013万美元。百度(阳泉)创新中心项目落户开发区,成为全国九个布点城市之一。与江苏爱康实业有限公司签订分布式光伏发电、光伏支架生产、园区PPP项目、配售电等合作协议,光伏支架、分布式光伏发电项目启动实施。中国供销石油(山西)有限公司石油销售总部项目、三和国投互联网呼叫中心项目落户开发区。

中兴环能——纳米洋葱碳

★帮扶企业扎实有效。组织76名干部开展“一对一”入企帮扶工作,共协调解决省、市、区三级企业帮扶小组反馈问题13个。为百度公司申请大用户直供电指标6720万千瓦时,节约电费约800万元。积极培育创新企业,新增研发机构和高新企业5家,孵化企业新增160个。为企业和项目争取各类资金4.78亿元。东区科技园入驻创新型企业5家,全区新增849家,年末全区企业总数达到1975家,其中规上工业企业新增1家,达到13家。

★民生工作保障有力。深入推进精准脱贫攻坚,建立精准帮扶台账,对贫困人口进行精准识别,落实扶贫专项资金8万元、易地搬迁资金206.08万元。开工建设城镇保障性住房957套,基本建成821套。旧村搬迁有序推进。城镇新增就业人数826人。城镇职工、居民养老保险和医疗保险均超额完成年度计划。积极推进教育均衡化,实验小学室外工程完工,落实“三免”政策共计347.7万元。信访维稳形势保持稳定。全年安全形势平稳向好。

(阳泉经济技术开发区管委会办公室　供稿)

阳泉市首个集创客培育、众创孵化、电子商务于一体的创新基地

晋城市市长武宏文深入晋煤集团调研

市长武宏文深入泽州县调研工业经济

# 加快创新驱动 促进转型升级 经济稳步向好 社会和谐稳定

## ——晋城市

2016年，新一届政府组成以来，在省委、省政府和市委的坚强领导下，在市人大、市政协的监督支持下，市政府紧紧依靠全市人民，深入贯彻落实党的十八大和十八届三中、四中、五中、六中全会精神和习近平总书记系列重要讲话精神，按照省委“一个指引、两手硬”的重大思路要求和市委“一争三快两率先”战略部署，坚持“大开放、大转型、大创新”三大发展思路，以谋划推进“十大战略工程”为重点，践行发展新理念、适应发展新常态，统筹推进稳增长、促改革、调结构、惠民生、防风险各项工作，在极为艰难的形势下，实现了“下半年好于上半年，2016年好于上年”的努力目

市长武宏文在深圳与郭台铭进行项目会谈

市长武宏文为泽州装备制造产业服务平台揭幕

市长武宏文在供热企业调研

标。全年生产总值完成1049.3亿元，增长3.9%；规模以上工业增加值增长2.5%；固定资产投资完成1150.4亿元，增长4.1%；社会消费品零售总额386.2亿元，增长7.6%；一般公共预算收入89.3亿元，下降4.9%；外贸进出口总额6亿美元，下降32.8%；城镇居民人均可支配收入28223元，增长5.9%；农村居民人均可支配收入11635元，增长6.6%。

★发展思路更加清晰。明确提出"十三五"时期确立的"三大"发展思路和大干快干的"十大战略工程"。紧紧围绕"十三五"时期建设"双百"规模大市区目标，提出了把环城高速作为外环，207国道、陵沁路改线作为市区二环，以现行的西环、北环、东207改线、南白水街作为内环的"三环"城市道路骨架新格局，确定了今年全力推进的"双十"城市建设工程。紧紧围绕转型综改、创新驱动经济工作的主线，制定了《2017•"1533"工业转型升级攻坚年行动方案》。启动了《美丽晋城战略规划》和《全域旅游发展五年规划》编制工作。

★精准施策收效明显。面对经济下行压力，持续实施年初制定的《2016•"1533"工业行动方案》，按照方案的九条政策措施，实行"三个一"运行监测服务。建立政银企常态化对接机制，开展干部入企服务活动，有力促进了企业稳定生产，实现了工业经济稳步回升。规模以上工业增加值累计增速从10月份开始由负转正。

市长武宏文检查防汛工作

市长武宏文在临港新兴产业园上海临仕激光科技公司考察

推进城市交通贯通，提升城市整体素质

市长武宏文在沁水县土沃乡南阳村访贫问寒

太焦高铁在高平开工建设

农发行投放7.5亿元助力兰花物流园区项目

山西晋城海关正式开关运行

江淮重工风电制动器生产线正式投产

省民航局领导在晋城市调研民用机场选址工作

中船重工晋城海装风电总装维护基地项目开工

★潜力活力显著增强。与省农发行签署200亿元的战略投资合作协议，与中船重工集团签署110亿元的项目投资协议。与省晋能集团、省能交投集团、省民航局、省金控集团进行项目对接。赴深圳就富士康高技术玻璃项目落户晋城达成意向。组织企业家和市直有关部门赴上海自贸区、苏州工业园学习考察，引进上海临仕激光科技公司、上海迪威尼生物制造两家企业落户晋城。赴上海商务部国家产业转移中心、上海漕河泾开发区、张江高科技开发区、松江开发区进行挂职招商。聘请郭台铭总裁、范守善院士和霍国庆教授担任市"双创"促进会顾问，聘请上海漕河泾开发区元老陈青洲博士担任晋城市政府产业发展总顾问，聘请南开大学旅游与服务学院院长白长虹为晋城市政府旅游顾问。

清慧机械年产5000万件轨道交通新材料结构件项目开工建设

★新的动能正在蓄积。兰花20万吨己内酰胺、纳米碳酸钙项目正式投产，清慧5000万件轨道交通新型材料项目、山西迪威尼生物高科技制造项目、中船重工风电总装维护基地项目开工建设，富士康摩拜单车项目产品正式下线。晋城海关、晋城商检、兰花保税物流中心正式运营。积极与国家发改委、交通部、中国民航局等对接民用机场前期建设事宜。陵沁路西北环改线工程正式通过省交通厅评审。

★民生改善持续提高。全年民生领域财政支出完成143亿元，占总支出的82.6%。旅游职业教育集团挂牌成立，省定12所新建改建农村幼儿园全部完工，沁水县通过国家义务教育发展基本均衡督导评估认定。晋城大医院新门诊楼正式投入使用。在全省率先启用居民健康卡“一卡通”，最早启动失业保险“四项补贴”的申领发放。新农合人均筹资标准由470元提高到540元，参合率达99.31%。新增3种医保门诊慢性病病种，病种数、待遇水平均在全省领先。城乡低保标准每人每月提高30元。农村危房改造达到2370户，新开工城市棚户区改造6045套。安全生产保持平稳态势。平安晋城建设深入推进。国防动员和双拥工作扎实开展，第三次荣膺“全国双拥模范城市”称号。率先在全省提前三年完成“市志”“年鉴”两全目标。同时，妇女儿童、民族宗教、外事侨务、档案、统计、气象、人防、地震、红十字、慈善、残疾人、老龄等各项事业都取得了新的成绩。

（晋城市政府办公厅　供稿）

市领导与中船重工集团高层座谈

市政府与中船重工在京签署战略合作协议

兰花科创己内酰胺一期工程项目

市政府与省农发行签订战略合作协议

召开全市2016"1533"工业行动动员大会

召开全市应急管理工作会议

召开山西省干部入企服务晋城对接会议

举办首届电子商务高峰论坛

晋城大医院新门诊楼正式投用

高平市金田农业园区

# 不断塑造高平美好形象 逐步实现高平振兴崛起

——高平市

2016年是“十三五”的开局之年。面对复杂严峻的经济社会发展形势和诸多困难挑战，高平市政府紧紧围绕“两件大事”“两个率先”战略部署，凝心聚力，攻坚克难，统筹推进稳增长、促改革、调结构、惠民生、防风险各项工作，经济运行稳步向好，社会大局保持稳定。

高平科兴昌平煤机项目

★理直气壮抓发展。积极应对经济下行压力，不等不靠、主动出击，千方百计跑项目、争资金，全国电子商务进农村综合示范县、全省中小微企业创业创新基地示范县和农村垃圾治理示范县落户高平，争取各类资金2.53亿元，发展后劲更加有力。2016年，全市地区生产总值增长3.6%，规模以上工业增加值增长3.2%，固定资产投资增长0.8%，社会消费品零售总额增长7.5%，一般公共预算收入增长0.8%，城镇、农村居民人均可支配收入分别增长5%和5.6%，经济运行稳中向好、一季好于一季。

★坚定不移谋转型。千方百计稳企增效，多措并举招商引资，转型升级步伐不断加快。整合原有4个工业园区，构建“一区三园”的开发区发展模式，为产业转型搭建平台。加强企业分类帮扶，推进煤炭企业去产能、降成本，地方煤矿原煤产量、销量和销售收入同比分别增长59.7%、71.4%和50.6%，平均综合成本下降14.5%；帮助非煤企业引进战略投资者，泫氏、昌平、海诺、天润、凯永等企业积极寻求合作伙伴，进行产品技术升级改造，唐一新能源、福川

高平市神农炎帝农耕文化园（千亩油菜花）

高平市前和农工商千亩红薯种植基地

太焦高铁神农隧道施工现场

制铁等企业也加快了资产重组步伐。通过多方努力，企业亏损面收窄，效益逐步转好，规模以上工业增加值结束了2015年3月以来的负增长局面。建成炎帝陵景区，成功举办海峡两岸神农炎帝文化旅游招商系列活动，深化与山投晋旅等企业的合作，文化旅游产业稳健起步；建成电子商务产业园、中小企业创业园等各类创业创新基地，引进阿里巴巴、京东、苏宁、乐村淘等知名电商企业，新兴业态不断涌现，三产服务业发展势头良好。推进现代农业发展，稳定粮食、生猪、蔬菜和果品生产，再次荣获全国生猪调出大县和全省农田水利基本建设“禹王杯”红旗县称号。

★攻坚克难促改革。完善了科兴集团法人治理结构，出台国有企业重大资产处置、投资管理、对外担保和国有资产监督管理办法，构建了国有资产监管体系。完成农信社改制，成功组建高平农商银行；启动实施了人民医院医技楼、神农健康城等PPP项目；全力推进九康食品、天润农业E板挂牌和海诺科技、兰花药业新三板挂牌，全市挂牌上市企业达到9家，中小企业占比全省排名第六。成立了市公立医院管理委员会，组建市人民医院集团，推进了市乡村医疗卫生机构一体化发展。基本完成土地确权登记颁证工作，建成晋城首家农村产权交易平台。开展“五规合一”规划编制，出台了户籍制度改革实施意见，限价房配售放宽到全市户籍。供销社综合改革初见成效。启动了综合行政执法体制改革。开通“52345”一号通服务热线，公共资源交易中心、政务服务中心、政务云大数据中心和政务协同办公系统先后建成并投入运行，行政效能和服务水平不断提升。

高沁高速公路工程

高平南部限价房项目

高平市电子商务公共服务中心

★坚持不懈强基础。加强城市基础设施建设，提升城市品质。贯通区域路网，神农路北段、精卫路南段、锦华街东段、康苑街竣工通车，太焦高铁高平段开工建设，城市发展空间不断拓展；完善城市功能配套，市区新增供热面积105万平方米、集中供气用户3000户，开工建设保障性住房316套，“四山”绿化、丹河景观整治提升等工程基本完工，人居环境明显改观。推进特色小镇和美丽乡村建设，实施张峰供水二期、农村饮水提升、公路改造、危房改造、河道整治等项目，三甲、河西、马村被列为全国重点镇，石末乡侯庄村入选全国美丽宜居村庄，11个村入选第四批中国传统村落，32个村入选住建部第一批“绿色村庄”。全面开展“铁腕治污”行动，环境质量持续改善。

★持之以恒惠民生。全年财政民生类支出22.6亿元，占总支出的85%以上。扎实推进精准脱贫，完成了5个村、1841户、5022人的脱贫任务。协调推进教育事业发展，完成14所省级义务教育薄弱学校改造，高平六中投入使用；高考成绩再创新高，中考质量稳中有升，学前教育改革试点取得初步成效。大力推进就业创业，全年公开招聘事业单位人员180人，选聘、储备各类人才583人。城乡医疗、养老、低保、救助和住房公积金等各类保障标准进一步提高，社会保障基本实现应保尽保。强化社会治安综合治理，安全生产和信访形势总体平稳，荣获省级平安县称号。

（高平市政府办　供稿）

全国美丽宜居村庄——高平市石末乡侯庄村

“问祖炎帝　寻根高平”海峡两岸同胞炎帝故里民间拜祖典礼

高平市与晋旅投资集团签订旅游开发协议

高平市农信社改制——高平农村商业银行开业

高平六中

泽州县县委书记赵新年调研重点项目

泽州县县长高喜全深入企业调研

# 打造新型城镇化示范县 率先全面建成小康社会

## ——泽州县

高产谷子

2016年，泽州县认真贯彻落实中央、省、市决策部署，大力实施"161"发展战略，主攻"双一双五"年度工作重点，齐心协力、奋力拼搏，经济社会在困境中持续健康发展，实现了"十三五"的良好开局。全年地区生产总值218.5亿元，增长4.8%；社会消费品零售总额38.6亿元，增长7%；规模以上工业增加值增长5.4%；一般公共预算收入12.4亿元，增长7.8%；城镇常住居民、农村常住居民可支配收入分别为29333元、13129元，增长7.1%、7.5%；固定资产投资完成226亿元，增长7.5%；粮食总产量2.36亿千克。

★突出上项目调结构，产业业态在转型升级中不断优化。重点项目"六位一体"目标任务全面完成，75个重点项目进展顺利。煤化工产业，天泽4060、兰花己内酰胺、纳米碳酸钙建成投产，晋煤华昱煤电化循环项目建设步伐加快。煤电产业，都宝、润红、寺河3个瓦斯发电厂并网发电。现代服务业，晋城海关、兰花物流保税中心运营，"泽州坊""乐村淘"等电商平台覆盖面进一步扩大，全年新创办实体企业314家，新增个体工商户1001家。旅游产业，大阳古镇、栖龙湾景区建设加快，可寒山成功创建3A级景区，珏山5A级景区创建总体规划通过评审；推进农旅一体发展，建设农业庄园26个。全年接待游客753.3万人次，实现旅游收入62.3亿元。

湿地公园

★聚焦破瓶颈除障碍，发展活力在深化改革中日益增强。农村集体经营性建设用地入市试点，完成10宗10公顷土地入市；国家级新型城镇化综合试点通过国家中期评估；巴公国家级新型城镇化综合试点和省级转型综改扩权强镇试点，修订了“五规合一”规划，建立了“一枚印章管审批”机制；金村镇国家级建制镇试点有序推进；南岭贫困山区转型综改试点，一路一桥一馆一校一坊“五个一”工程推进有序。加快国企改革民企股改，理顺了天泰公司管理体制，4家企业在新三板、E板、Q板上市。农村土地承包经营权确权登记、“放管服效”、商事制度等重点领域改革稳步推进。

福盛钢铁

★着力抓统筹打基础，城乡环境在协调发展中焕发新貌。全力加快金村新区建设，丹河西路、碧水街建成通车。太焦高铁和通用机场有序推进。深入推进“美丽乡村”建设。3镇5村采煤沉陷区搬迁安置项目全面启动，新增集中供热面积54万平方米、煤层气用户7013户。城中村改造新开工1538套，危房改造完成210户。开展改善环境质量“百日攻坚战”“铁腕治污”等专项行动，二级以上天数增加50天。强化水生态治理，加强农田水利基本建设，绿化造林168公顷，森林覆盖率达36.7%。

路宝铝轮毂

★倾力办实事解民忧，民生民利在共建共享中持续改善。狠抓脱贫攻坚，2503户5050名贫困人口实现脱贫。10件惠民实事全面完成。新建25个农村老年人日间照料中心和3所乡镇敬老院；新建成边道路11条75千米，农村公路生命安保工程完成143.4千米；新开通公交线路4条；解决了1.48万人饮水安全问题；义务教育均衡发展进一步巩固；城镇新增就业5940人；机关事业单位养老保险制度改革全面完成。食品安全持续稳定，信访总量大幅下降，安全生产形势总体平稳，全县保持了和谐稳定的良好局面。

（泽州县政府办　供稿）

# 生态美、百姓富、县域强

2016年，县政府团结带领全县人民，理直气壮抓发展、攻坚克难破瓶颈，力促经济社会健康平稳发展，实现了“十三五”的良好开局。全年地区生产总值166.5亿元，增长1.3%；固定资产投资164.8亿元，增长3%；社会消费品零售总额43亿元，增长7.6%；公共财政预算收入12.4亿元，增长16.6%；城镇居民人均可支配收入26037元，增长5.7%；农村居民人均可支配收入11488元，增长6.6%。

海会寺景区

★转型步伐更加坚实。跟踪把握“去产能”形势，依规核减产能216万吨，主动引退产能180万吨，全年生产原煤1437万吨（含大宁）。陶瓷产业全年完成总产量1.6亿平方米，实现产值30多亿元。农业生产以供给侧改革为突破口，稳步开展农村土地承包经营权确权登记颁证工作，全年粮食总产1.7亿千克。蚕桑、畜牧、干果经济林、食用菌、设施蔬菜等特色农业取得良好成效。

绿道驿站

★全域旅游渐成气候。田园城市“三圈”魅力初现，城市绿道休憩生态圈美韵公园至骏马岭公园10千米绿道和工业经济生态圈道路铺设全面完成，田园经济生态圈完成田园道路30千米、田园小镇6处和观景点13个，打造以生态、观光、休闲农业为主的经济带333公顷。美丽乡村内涵更加丰富，建成“一村一品”专业村210个，观光园、采摘园等72个，打造美丽乡村示范村11个。“悠然阳城”影响力进一步提升，成功举办首届阳城春、秋两季国际徒步大会和农业嘉年华等活动，成功入选首批创建“国家全域旅游示范区”名单，被确定为第三批“全国旅游标准化示范县”。

★人居环境日趋优化。一批水电路气热等基础设施类项目全面铺开、有序推进。全县生产生活用水更有保障，县域电网供电更加可靠，道路通畅能力明显提升。大力加快“气化阳城”建设，全年新增供热面积45万平方米。坚定不移实施去污增绿攻坚行动，积极开展“铁腕治污行动”，空气质量持续改善，全年二级以上天数达到282天。

皇城相府生物制药

演礼工业园区产业孵化基地

建筑陶瓷现代化生产线

★民生福祉持续提升。脱贫攻坚首战首胜。出台“百村光伏”、医疗扶贫、土蜂养殖、麦后西红柿复播、乡土树种开发、地方公益林管护等6项地方扶贫政策，推动实施特色产业扶贫、易地扶贫、光伏扶贫等10项扶贫工程，完成易地搬迁426人。将2063人贫困人口列入低保，发放临时补助、医疗救助金、救灾资金等近1000万元，全年4194人的贫困人口脱贫任务圆满完成。基本民生持续提升。全面引深创业型城市建设，新增就业7276人，各类保险待遇按时、足额、社会化发放率达100%。狠抓教育资源配置，3所农村幼儿园完成省级改造任务，教育教学质量稳步提升。县肿瘤放疗中心和4所乡镇卫生院业务用房改扩建工程加紧建设，政府购买医疗服务顺利实施。继续实施电影下乡、送戏下乡等文化惠民工程。扎实开展隐患大排查大整治，安全形势保持稳定；加强社会治安综合治理，群众安全感和满意度继续名列全省前茅。

（阳城县政府办　供稿）

陵川县县委书记胡晓刚调研脱贫攻坚

陵川县县长任彩虹检查煤矿安全生产

# 大美古陵　小康陵川

——陵川县

2016年，新一届县政府紧紧团结依靠全县人民，牢牢把握稳中求进工作总基调，凝心聚力实施“11613”发展战略，较好地完成了县十六届人大一次会议确定的各项目标任务，实现了“十三五”良好开局。

★全力以赴稳增长，县域经济总体向好。2016年共实施省市重点工程36项，完成投资39亿元。大力开展招商引资，新落地项目17个，完成落地额43亿元。全县地区生产总值完成35.27亿元，增长4.2%；规模以上工业增加值增长4.4%；固定资产投资完成41.6亿元，增长6.7%；社会消费品零售总额17.5亿元，增长6.9%；城镇居民人均可支配收入17256元，增长6.4%；农村居民人均可支配收入7929元，增长6.8%；公共财政预算收入1.4亿元，增长25.2%。

★坚定不移调结构，产业转型步伐加快。粮食产量稳定保持在1.1亿千克，被确定为全省首个中蜂保护区，农业特色化、产业化、品牌化水平不断提升。积极探索发展现代新兴业态，中电投风电项目如期推进，惠民新能源在山西股权交易中心挂牌上市，电子商务平台实现县乡村三级全覆盖，网络营销突破1亿元。全力推进王莽岭景区综合整治，加强凤凰欢乐谷、黄围山景区扩景提质，旅游产业接待能力和服务水平日益增强。

★精准施策聚合力，脱贫攻坚首战告捷。强力推进“五个一批”，全县2/3的贫困村启动了产业脱贫项目，1806人搬出山庄窝铺，1800人享受生态政策红利，1116人纳入社保兜底，加快推进贫困村基础设施建设，惠及贫困人口1万余人。2016年，全县共有8069名贫困人口实现脱贫，51个贫困村退出贫困序列，超额完成省定目标任务。

★坚持不懈抓环境，城乡面貌显著改善。加强基础设施建设，乡村公路提质改造119千米，农村电网升级改造33个村。加快新型城镇化进程，档案馆、图书馆、美术馆“三馆合一”工程基本完工，集中供热、供气扩面提质。推进“美

环县城绿化

晟特恒采矿机械制造一期工程奠基

新建陵川县中医院

丽乡村"建设，锡崖沟创建为省级美丽宜居示范村。加大生态建设保护力度，被评为省级林业生态县。深入开展环保整治专项行动，县城空气质量优良天数达到259天，连续三年荣登全国百佳深呼吸小城榜。

★倾心尽力惠民生，社会事业全面推进。12项教育重点工程全面完工，义务教育学校标准化建设通过省级验收。县级公立医院改革持续推进，城乡居民基本医疗保险完成整合。潞城特困移民敬老院建成投运，城乡低保、农村五保、残疾人补贴再次提标。城镇登记失业率控制在1.5%以内。公开配租公租房147套，改造农村危房510户。全县安全生产形势持续稳定，"平安陵川"建设持续加强。

（陵川县政府办　供稿）

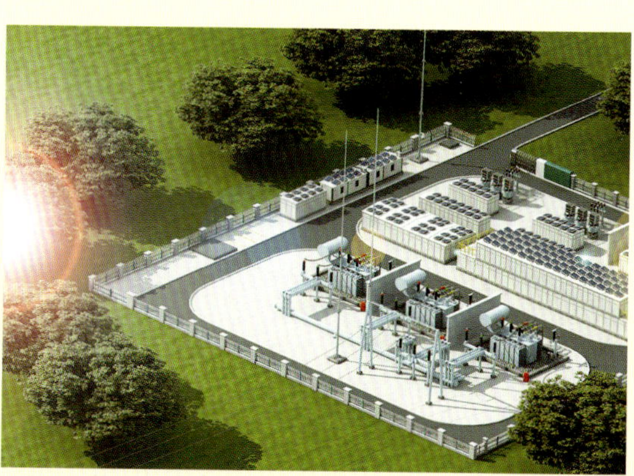

中电投风电项目升压站鸟瞰图

# 加快转型升级创新发展 当好改革开放的排头兵

## ——晋城经济技术开发区

金鼎煤机现代化厂房

2016年，晋城开发区在省商务厅和晋城市委、市政府的正确领导下，紧紧围绕全市"一争三快两率先"发展战略，着力加大招商引资力度，推进重点工程项目建设，促进创新创业，助力中小企业发展，优化体制机制，全区经济社会各项事业取得了新的成绩。

★千方百计"稳增长"。2016年，全区规模工业增加值增长6.7%，超年度目标2.7个百分点，其中高新技术产业增加值占工业增加值比重达到91%；一般公共预算收入2.85亿元，超年度目标1.8个百分点；固定资产投资完成70.7亿元，增长5.9%；外贸进出口额3.11亿美元，其中出口1.1亿美元；实际利用外资2亿美元。

★重大转型项目建设取得新成效。持续发力推进招商引资，吸引一批优质项目入驻园区发展。2016年，全区累计签约项目11个，涉及投资总额253.5亿元；落地项目3个，到位资金81.4亿元。在承接大项目上，主动出击，精准对接，其中，中船重工项目正式签署战略合作协议，海装风电项目顺利落地，新能源装备产业园规划投资30亿元；富士康持续扩大规模，2016年累计新增投资11.5亿元。创新模式，积极采取厂房代建制，为入区重点项目落地提供配套厂房设施。

★推进重点工程加快建设。积极推进金匠新区基础设施PPP项目建设。PPP项目成功进入省库，获得了省政府80万的奖励资金，成为晋城市首家入选省级第二批示范项目，开创了全市政府与社会资本合作之先河。管委会与社会资本方中建七局、中信正业、新郑海创成功签约四方协议，PPP项目全面进入实施阶段。强化项目督查检查，推进协调保障，全区项目储备、签约、落地、开工、建设、投产等"六位一体"工作全面完成市下达目标。

★加快金融创新，助力中小企业发展。积极推进金匠“双创”基地项目和金匠科技孵化基地建设，已有多家优秀创新创业企业和实力中介服务机构入驻。2016年新增1家省级创业基地，首期“双创”园区已引进企业20户，投资4.5亿元。加快金融创新，推进企业上市，建立开发区上市挂牌企业后备资源库，皇城药业、汉通鑫宇、兰花汉斯、金鼎高宝钻探和富士康极致光机等企业入库。皇城相府药业公司在全国股转系统正式挂牌，成为晋城市首家新三板上市企业。

★做强做优优势产业，培育发展新兴产业。继续扶持优势产业作为工业稳增长的重点。紧盯富士康促进精密光电制造产业持续做大，重点瞄准光学镜头模组、光通讯产品生产项目；扶持做大装备制造产业，重点发展精密刀具、工业机器人、手机机构件、煤机煤层气装备、汽车零部件等；扶持做大新能源产业，重点引进了锂离子动力电池、煤层气等项目。培育发展新兴产业。推进与央企中船重工的项目合作，加快江淮新能源装备制造园区建设，大力推进以核级阀门为重点的第三代核电装备项目和以风电制动器为重点的风电机组关键配套装备项目建设；推进以中道能源为重点的新能源汽车动力电池项目建设；着力培育发展电子商务等新产业、新业态。

（晋城经济技术开发区管委会　供稿）

晋城经济技术开发区办公楼

汉通公司

金鼎煤机生产车间

富士康晋城科技工业园生产车间

# 加快建设富裕、文明、绿色、幸福新临汾

——临汾市

临汾市沃特玛新能源汽车核心技术产业园区生产车间一角

2016年，临汾市政府深入贯彻落实党的十八大和十八届三中、四中、五中、六中全会精神以及习近平总书记系列重要讲话精神，按照省委"一个指引、两手硬"重大思路和要求，围绕市委、市政府"345"发展战略和"12345"工作思路，坚持以新发展理念为引领，牢牢把握稳中求进工作总基调，深入推进供给侧结构性改革，全市经济社会发展实现稳中向好、稳中有进。

★凝心聚力稳增长，应对经济下行取得明显成效。在全省率先开展项目开工"百日攻坚"行动、"各类项目受理大起底"活动，扎实推动千名干部入企服务，有效顶住了经济下行压力，主要指标实现下半年好于上半年目标。2016年全市地区生产总值完成1205.2亿元，比2015年增长3.4%；规模以上工业增加值309.7亿元，下降0.4%；一般公共预算收入86亿元，下降2.5%；固定资产投资1394.3亿元，其中5000万元以上项目投资比重比上半年提高4.6个百分点；社会消费品零售总额609.4亿元，增长6.5%；城镇居民人均可支配收入27085元，增长6.2%；农村居民人均可支配收入完成10005元，增长6.7%，城乡居民收入增速均高于全省平均水平。

多年专注于车辆曲轴生产的侯马市东鑫机械铸造公司质量检测线

大宁县鑫辉电子元件制造有限公司工作人员正在制作加工半导体元件

国家大型"西气东输"惠民工程曲沃施工段现场

浮山县威盛达防火建材公司利用当地尾矿资源进行深加工，图为厂房钢结构吊装作业现场

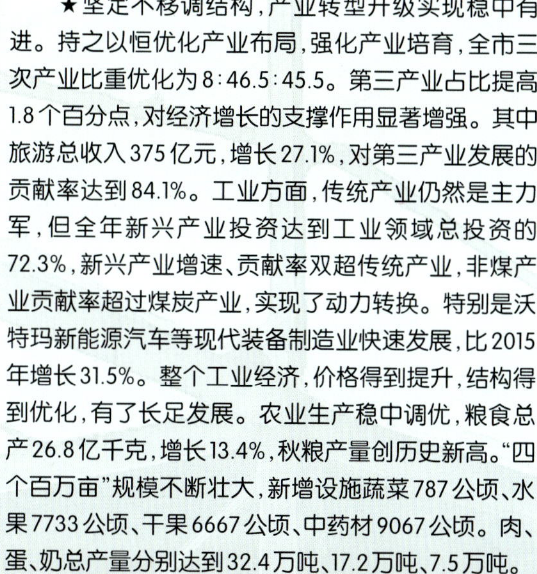

★坚定不移调结构，产业转型升级实现稳中有进。持之以恒优化产业布局，强化产业培育，全市三次产业比重优化为8:46.5:45.5。第三产业占比提高1.8个百分点，对经济增长的支撑作用显著增强。其中旅游总收入375亿元，增长27.1%，对第三产业发展的贡献率达到84.1%。工业方面，传统产业仍然是主力军，但全年新兴产业投资达到工业领域总投资的72.3%，新兴产业增速、贡献率双超传统产业，非煤产业贡献率超过煤炭产业，实现了动力转换。特别是沃特玛新能源汽车等现代装备制造业快速发展，比2015年增长31.5%。整个工业经济，价格得到提升，结构得到优化，有了长足发展。农业生产稳中调优，粮食总产26.8亿千克，增长13.4%，秋粮产量创历史新高。"四个百万亩"规模不断壮大，新增设施蔬菜787公顷、水果7733公顷、干果6667公顷、中药材9067公顷。肉、蛋、奶总产量分别达到32.4万吨、17.2万吨、7.5万吨。

★毫不动摇促改革，发展活力和内生动力不断增强。扎实推进"三去一降一补"，压减炼铁产能82万吨、煤炭产能270万吨、退出煤矿矿井5座；商品房去库存成效明显；结构性减税降费政策全面落实。财政一般公共预算收入质量显著改善，税收收入占比超过非税收入。金融创新、银企合作效果良好，银行各项贷款余额达到1184亿元，有力地支持了实体经济发展。融资渠道不断拓宽，融资手段更为丰富，"新三板"挂牌企业达到5家，在省股权交易中心挂牌的企业达到170余家。政务服务国家级标准化试点在全省率先启动，"放管服效"改革纵深推进，"营改增"全面推开，"五证合一"全面实施，开发区改革创新加快推进。科技体制改革不断深化，"双创"氛围日趋浓厚，建成省级创业基地6个、市级创业基地1个、小微企业

中国民营企业500强、中国民营制造业500强以及山西省27家重点骨干民营企业——曲沃县钢铁工业园区山西通才公司

山西立恒钢铁集团股份有限公司农业园区20MW光伏食用菌大棚项目

浮山县印象田园生态农业示范园区育苗基地

襄汾县赵康镇的椒农们分拣三樱椒

服务站30个，培育“小升规”企业24户，创办小微企业3592户。全市医疗卫生体制、国有林场改革、集体林权配套制度、农村土地确权等各项改革都取得积极成效。加快构建开放型经济新体制，积极承接发达地区产业转移，签约中美合资JDH、合肥华翔汽车件等项目151个，签约资金2514亿元。

★坚持不懈优环境，城乡面貌发生积极变化。从功能特色着力，完善城镇功能与建设美丽乡村双轮驱动，促进人口、产业聚集，全市常住人口城镇化率达到50.03%，城镇人口首次超过乡村人口。全面加强城乡基础设施建设。市区完成鼓楼南北街、燕尔巷、东关步行街等拓宽改造工程；加快城市供热、供气、供水管网等市政基础设施建设。加快城乡交通基础设施建设，吉河高速全面通车，长临高速、霍永高速西段二期工程加快推进，新改建国省干线公路41千米、农村公路915千米。超额完成农村人居环境改善“四大工程”年度任务，创建省级美丽宜居示范村13个，创建清洁达标村1330个。

鼓楼南北街拓宽改造工程竣工通车

尧都区郭村城中村改造项目

正在建设的临汾市博物馆

★倾心尽力惠民生，群众获得感更实更足。全年民生支出261.5亿元，增长7.5%，占一般公共预算支出的83.7%。全面打响脱贫攻坚战。产业扶贫成效明显，易地扶贫搬迁有序推进，教育扶贫应助尽助，健康扶贫政策到位，生态扶贫、金融扶贫、电商扶贫、旅游扶贫成效初显，共计182个贫困村摘帽、8.19万人脱贫，超额完成省市下达的目标任务。加快发展文化教育事业。市图书馆完成主体工程，市奥体中心体育场、市文化中心加快推进；新建农村幼儿园24所；乡宁、永和、大宁、隰县、蒲县通过义务教育均衡县认定；山西师大新校区、师大临汾学院搬迁工程取得积极进展。不断提升卫计水平。市区医疗资源整合全面完成；在全省率先开展了“全民健康•临汾在行动”活动；侯马市入选我省唯一的全国健康城市试点市。全面加强社会保障。城镇新增就业5.13万人；企业和机关事业单位退休人员养老金待遇进一步提高，落实了乡镇补贴及职务与职级并行制度，提高了城乡低保标准；建成各类保障性住房9768套，完成农村危房改造1.12万户；11个县27个乡镇采煤沉陷区治理工程全面开工。加大生态保护力度。全年完成营造林3.1万公顷；实施国家节能减排财政政策综合示范城市项目31个；超额完成黄标车及老旧车淘汰任务；全市新增更新纯电动公交车732辆，成为全省首个纯电动公交车全覆盖城市。持续加强安全工作。强化安全责任，加强安全监管，深入推进“平安临汾”“法治临汾”建设。连续三年实施“六大惠民工程”，人民群众得到了更多实惠。

（临汾市政府办公厅　供稿）

永和县阁底乡阴德河村200KW光伏扶贫项目

临汾机场开通“青岛-临汾-昆明”航线，打开了临汾与华东地区、西南地区的空中通道

# 决胜全面小康，实现振兴崛起 加快“五个尧都”建设，

——临汾市尧都区

东城体育馆效果图

2016年，尧都区坚持以新发展理念为引领，扎实推进“五个尧都”建设，全区经济社会平稳发展，实现了“十三五”顺利开局。主要经济指标稳步向好，全区生产总值完成261.2亿元，增长4.5%；规模以上工业增加值20.3亿元，下降3.9%，降幅收窄24.3个百分点；社会消费品零售总额239.5亿元，增长6%；固定资产投资完成252.1亿元，下降1%，降幅收窄3.8个百分点；一般公共预算收入11.9亿元，增长2.7%；城镇居民人均可支配收入30371元，增长6.8%；农村居民人均可支配收入12956元，增长6.9%。

华门新天地云商产业园规划图

临汾环城水系景观工程景观分区效果图

★产业转型迈出新步伐。农业生产稳中调优。以2万公顷核桃基地为重点的五大基地建设取得新进展，新增核桃113公顷、设施蔬菜300公顷、优质水果433公顷，粮食总产量达25.3万吨；投资2亿元实施了9个基础建设项目，农业生产条件持续改善。工业经济向好发展。组建博达工业园区投资建设有限公司，工业园区建设进入新的阶段；成立山西经纬达铸造集团，引导铸造企业联合发展；狠抓煤矿安全生产，原煤产量达到480万吨；坚持挂图作战、挂号问诊、挂牌服务、挂账销号，大力开展干部入企服务，助推了企业健康发展。第三产业活力涌动。加快五大商贸中心建设，生龙国际、新百汇商业广场投入运营，环城商贸圈格局基本形成；尧帝旅游景区管理委员会和帝尧旅游文化发展有限公司顺利组建并挂牌运营，促进了文化旅游业快速发展。

★城乡建设取得新进展。东城建设快速推进。涝洰河生态建设工程“两园两桥一路”工程进展顺利，累计完成投资35.2亿元。东城“五纵五横”骨干路网六条道路工程已经通车。尧都人民医院、东城体育馆等配套工程取得新进展。全力配合市级重点工程建设，鼓楼南北街拓宽改造、奥体中心职工体育馆、规划五路、规划四街等重点工程征地拆迁工作圆满完成。涧头村、西关社区等城中村改造项目稳步推进，汾东、西王、西王沟等棚改项目启动实施。

★发展后劲得到新提升。扎实开展项目“百日攻坚”活动，全区81个重点项目完成投资190亿元。成立招商机构，开展“尧商返尧”活动，成功举办临汾(杭州)招商引资推介会，全年签约资金167亿元。创新融资引资模式，设立创投引导基金，争取全省“双创示范县”、老工业区搬迁改造等政策性资金4亿多元，争取国开行、农发行政策性资金支持21.6亿元，经济发展的活力和后劲不断增强。

★生态治理进入新阶段。大力开展城乡环境卫生百日综合整治和春秋大绿化，清理积存垃圾120万吨，粉刷墙壁650万平方米，新建垃圾收集点881处，硬化街巷45万平方米，植树造林1266公顷，建设省级园林

涝洰河一角

涝洰河润州园全景

万亩核桃基地

仙洞沟旅游景区之华北第一大嶂谷

村4个。严格落实全市大气污染防治“冬十条”和全区“紧急六条”，坚持宣传、督查、问责三管齐下，区、乡、村三级联动，点、线、面三措并举，全区先后配发洁净焦和兰炭18.2万吨，新增供热改造面积95万平方米，清理散煤销售点37处，收缴散煤近6万吨，调配电暖气800余台，取缔、改造燃煤锅炉664台，开工实施村级煤改气工程8处，以壮士断腕的决心和勇气开展了大气污染整治攻坚行动。

★民生改善实现新变化。统筹推进教育、文化、卫生、社保等各项工作，民生事业全面发展。启动民生保障社会救助系列活动，“五好”建设惠及千家万户。大力开展爱心助学捐赠活动，为贫困学生捐款228万元。扎实开展脱贫攻坚，3789人全面脱贫。深入开展打击违法占地、非法建设和私挖盗采“利剑”行动，持续推进安全隐患大排查大整治，全年未发生重大安全生产责任事故。全面引深“平安尧都”“法治尧都”建设，启动实施“七五”普法规划。高度重视信访维稳工作，扎实开展大走访活动，社会保持和谐稳定。

（尧都区政府办　供稿）

农村循环公路

通道绿化工程

新东城夜景

洪洞滨河公园

# 实施“五大战略”实现“保优夺魁”

## ——洪洞县

2016年，洪洞县政府主动适应经济发展新常态，积极把握稳中求进总基调，以“保优夺魁”为目标，大力实施“五大战略”，较好地完成了年初确定的目标任务，全县经济社会发展实现了缓中趋稳、稳中向好。

★经济发展平稳健康运行。2016年，全县生产总值完成165亿元，增长2.1%；一般公共预算收入6.6亿元，增长1%；规模以上工业增加值39.1亿元；固定资产投资完成168亿元，增长2.6%；社会消费品零售总额56.3亿元，增长6.2%；城镇居民人均可支配收入24605元，增长5.4%；农村居民人均可支配收入10467元，增长5.5%。

★农业综合效益稳步提升。农业稳中调优，粮食再获丰收，总产量达4.65亿千克，其中旱地小麦单产创2016年全省最高。农业产业化进程加快，积极推进天泽农业示范园、大槐树农业生态园、历山农业观光园建设，全县新增设施蔬菜107公顷、药材400公顷、果树193公顷、核桃333公顷；启动实施了大槐树秦壁创意农业园区建设，秦壁村荣获2016年“中国十大最美乡村”称号。农田设施不断完善，完成500公顷高标准农田建设，新增灌溉面积933公顷。畜禽养殖规模逐步扩大，重点发展了元利肉鸡、佳慧肉牛、万年柏肉羊及众诚肉羊等养殖项目，全年存栏牛1.7万头、

佳慧牧业肉牛养殖项目

旱地小麦单产创全省最高纪录

猪24万头、羊15万只、禽类300万只。积极培育农业合作社和家庭农场，利用土地合理流转，大力发展规模经营，各类规模种植、养殖户达360余个。积极发展互联网+现代农业，农村电商取得长足发展，石磨面粉、洪洞莲藕等地方特色农副产品实现线上销售。

★工业企业实力进一步增强。坚持以煤为基、多元发展，大力推进甘亭、赵城、秦壁、辛村四大园区建设，狠抓传统产业改造提升和新兴产业培育壮大，工业经济竞争力不断提升。沃特玛动力电池一期正式投产、二期手续基本完成；华翔集团实现35万吨铸件及1亿件机加工能力，与美国JDH合资项目成功落地，与格力凌达、沈阳中航等企业合作项目已有9个正式签约；国新能源天然气储备集散中心、和泰弘业中小企业创业基地项目进展顺利。山焦烯烃、甲醇和太化重苯加氢项目有序推进。园区设施不断完善，甘亭园区第一大道竣工通车。招商引资成效明显，全年签约项目7个，总投资200亿元。

★第三产业日益繁荣活跃。不断加大旅游开发力度，大槐树创建5A级景区通过国家初审；明代县衙修复工程进展顺利；广胜寺景区开发问题稳妥解决。第26届大槐树文化节、“三月十八”传统庙会和“三月三走亲”等民间节庆活动成功举行，天下赵姓第一祠——造父纪念堂在兴唐寺成功落成，来自世界各地的赵氏宗亲举办了祭祖活动，旅游品牌带动效应逐步显现，全年接待游客690万人次。商贸金融蓬勃发展，莲花广场文化商业街建成营业；网络电商、物流快递行业快速壮大；城乡居民储蓄存款余额161亿元，贷款余额78.4亿元。

国新能源临汾液化调峰集散中心

★城乡建设统筹协调发展。巩固深化“六城同创”成果，对城区所有街道路面、人行道、公厕等基础设施进行修缮管护，顺利通过国家卫生县城复审验收；河西新区主干道、涧河南岸景观道路、涧河生态修复治理、城市饮水改扩建等工程完成了征地拆迁、地表清理等前期工作。完成9个乡镇45个村的农村饮水提质工程，改造农村危房535户、乡村道路10千米，新增改造供热、供气管网20千米，城市垃圾无害化处理率达到100%。全面开展了乡村环境卫生整治，农村“脏、乱、差”现象明显好转。狠抓生态环境治理，深入开展“铁腕治污”行动，认真落实国家、省、市治污降霾各项措施；持续推进绿化造林，全年植树300余万株，造林1000公顷。

沃特玛新能源汽车有限公司车间

★人民生活条件进一步改善。教育事业协调发展，实施了3所农村幼儿园的新建、改扩建工程；完成1所学校省级示范性图书馆达标认定；全县高考二本达线人数实现六年连增。卫生体系不断健全，公立医院改革稳步推进，完善了分级诊疗和居民健康制度，群众健康服务水平逐步提升；强化中医药服务建设，荣获“全省基层中医药先进单位”称号。文化惠民深入基层，公共图书馆、文化馆、美术馆免费向市民开放，成功举办第十四届广场消夏文化艺术节、“迎国庆•创平安”文艺汇演和以“亲情洪洞•美丽槐乡”为主题的春

华翔集团生产车间

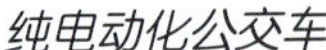
纯电动化公交车

莲花城

节、元宵节文化活动，丰富了群众的精神文化生活。社保水平不断提高，认真落实各类人员养老金待遇，实行乡镇补贴、职务与职级并行制度，全面完成参保登记工作，发放低保金6400余万元，分配保障性住房516套。脱贫攻坚稳步推进，完成苏堡镇后山头、南铁沟村的光伏扶贫项目，实现并网发电；由1100余名干部组成的237个驻村工作队，深入帮扶村和贫困户开展精准帮扶，全县脱贫2509户、5465人。

★社会大局持续和谐稳定。强化安全责任，加强安全监管，深入开展安全生产隐患大排查、大整治行动，对全县煤矿、非煤矿山、危险化学品、道路交通、民爆物品、森林防火、食品药品、地质灾害、校车安全等行业和领域进行了排查整治，全县安全生产形势总体平稳。不断夯实基层平安建设基础，强化社会治安防控体系。认真落实县级领导信访接待日制度，及时有效化解各类矛盾纠纷。与此同时，国防动员、双拥共建和优抚安置工作进一步加强。民族宗教、外事侨务、老龄残疾、妇女儿童等事业都有了新进步，人防、统计、审计、文物、气象、地震、档案等工作均取得新进展。

（洪洞县政府办　供稿）

第二十七届大槐树文化节

2016中国十大最美乡村——秦壁村

汾河牡丹文化旅游节

# 进军省强市 全面达小康<br>共建文明开放幸福美丽新霍州

——霍州市

2016年，霍州市紧紧围绕“进军省强市，全面达小康，共建文明开放幸福美丽新霍州”的奋斗目标，全市上下坚持稳中求进总基调，认真落实供给侧结构性改革措施，扎实推进产业转型、城乡建设、生态治理、改革攻坚、民生改善、社会管理等各项工作，全市经济社会发展稳中向好，稳中有进。全市生产总值70.8亿元，工业增加值29.4亿元，固定资产投资139.6亿元，一般公共预算收入5.85亿元；社会消费品零售总额33.3亿元，增长6.6%；城镇常住居民人均可支配收入26998元，增长6.1%；农村常住居民人均可支配收入12143元，增长5.7%。各项指标完成了预期目标。

★着力调结构，转型发展步伐加快。突出工业转型。霍煤机电制造一期6个公司陆续投产，液化天然气调峰储气项目成功试运营，亿能电器新能源汽车制造项目有序推进。突出农业增效。蔬菜种植面积达到2400公顷，优质干鲜果种植面积达到4667公顷，粮食播种面积稳定在1.8万公顷以上，规模养殖企业达到62家，打造了国新能源现代农业示范园区中药材种植基地和文冠果茶、太岳核桃、三教小杂粮等特色农产品龙头企业。突出三产提档。七里峪、陶唐峪景区建设快速推进，霍州署4A级景区申报工作进入关键阶段，全域旅游示范区创建全面推开；乐村淘网络、固德网络等电商平台和一批物流企业发展壮大；招商引资共达成投资意向12项，投资总额169亿元。

★着力抓统筹，城乡面貌焕然一新。修订编制《霍州市“十三五”近期建设规划》《霍州市综合交通体系规划》等城市规划。新建南路城中村改造、橡胶厂棚户区改造等一批保障房项目顺利完工。中镇楼、东门桥改造等一批市政工程相继竣工。纬五路、新建南路等一批城市道路建成通车。城市集中供热面积达到460万平方米，天然气用户达到3.8万户。持续引深农村人居环境改善，完成4所农村老年人日间照料中心、3所农村公办幼儿园建设。扎实推进

中国现存最完整的古代州级官衙——霍州署

“天然氧吧、华北绿肺”国家级森林公园——七里峪

霍州市经济技术开发区

采煤沉陷区治理，推进了农村地质灾害搬迁、农村危房改造等工作。

★着力优环境，生态质量稳步提升。扎实开展城乡环境卫生整治系列活动，大力实施植树造林和城市绿化工程，严格落实节能减排目标责任制，集中开展了环保突出问题大整治、铁腕治污、控硫治污等专项行动。

★着力惠民生，群众福祉持续增进。被确立为临汾市唯一的《义务教育学校管理标准》省级试点县，高考再创佳绩。社会保障体系不断健全，城乡养老、医疗、失业、工伤等社会保险的覆盖面和保障标准进一步提高。大力推进城乡居民医保制度整合，圆满完成新农合移交工作。有序推进公立医院改革，积极落实财政补贴药品差价政策，群众“看病难、看病贵”问题得到有效缓解。社会救助制度更加完善，广泛推行了“救急难”制度。高度重视创业就业，全年新增就业岗位6000余个，新增就业人员4680人。建成各类保障性住房523套。实现精准脱贫帮扶全覆盖，全年共脱贫1404人，超额完成上级任务。全力抓好安全生产工作，加强信访维稳工作，狠抓社会治安综合治理，群众社会安全感和满意度进一步提高。

（霍州市政府办　供稿）

全市电力产能达310万千瓦

亿能新能源电动汽车

百里坝系农业示范区

汾西肉鸡养殖大棚

# 富裕、文明、和谐 美丽新汾西

——汾西县

汾西传统文化

2016年，汾西县主动适应经济发展新常态，统筹推进“稳增长、促改革、调结构、惠民生、防风险”等各项工作，经济社会发展稳中向好、稳中有进，实现了“十三五”良好开局。全县生产总值完成20.9亿元，增长5.9%；规模以上工业增加值4.6亿元，增长6%；固定资产投资42亿元，增长28%；社会消费品零售总额11.8亿元，增长7.8%；城镇居民人均可支配收入23582元，增长7.2%；农村居民人均可支配收入3374元，增长7.6%；一般公共预算收入6593万元，增长18.5%。

★全力以赴抓项目，重点工程建设成效显著。全年开工建设重点工程43项，完成投资41.8亿元。以工代赈、农业开发、土地整理等项目顺利竣工；酸铁联产项目取得省政府协议出让硫铁矿探矿权的批复；其亚铝业项目进展顺利，完成了厂区勘察、场地平整、征地拆迁等工作。

★挂图作战攻难关，年度脱贫目标顺利实现。全年整合扶贫资金1.48亿元，实施县乡村各类产业项目86个，带动贫困户2163户6708人，增加贫困户收入738万元；组建扶贫攻坚造林专业合作社39个，确定贫困户生态护林员151人、农村公路养护公益性岗位105人，带动贫困户增收375万元；建成并网10兆瓦企业光伏电站两座、100千瓦村级光伏电站28个、5～20千瓦户用光伏212户，贫困户受益938万元；筹建乡村电商服务站18个，培训转移就业2850人，实现贫困户增收3420万元；落实健康扶贫、民政扶贫、教育扶贫、残疾人帮扶等社会保障政策，补助资金5770万元。共计实现26个贫困村摘帽、8112人脱贫。

村级光伏发电站助产业扶贫

汾西核桃

★坚持不懈创特色，三大产业发展提质增效。持续发展肉鸡养殖和核桃经济林产业，新建肉鸡养殖棚6个，新建核桃经济林666公顷。继续实施姑射山真武祠文物修缮保护、师家沟古建群环境整治等工程，积极开发旅游资源。在稳定粮食生产的同时，大力发展玉露香梨、苦荞、小米、桑蚕、药材、食用菌、大棚菜、肉羊、肉牛等特色种养产业，拓宽了农民增收渠道。

★建管并重优环境，城乡面貌大幅改善。实施了府南社区城中村改造一期、北街城市棚户区改造二期、城市集中供热二期等10多项重点工程，深入推进城市人居环境改善，市容环境明显改善。加快城乡交通基础设施建设，改造县乡公路35千米。深入推进农村人居环境改善和乡村清洁工程，创建省市县级美丽宜居示范村11个、清洁达标村50个。

★倾心尽力惠民生，群众安全感、获得感显著提升。强化安全责任，加强安全监管，深入开展重点行业和领域安全生产隐患排查治理，持续引深打击非法采矿和“打非治违”整治行动，全县安全生产形势稳定好转。扎实开展环境污染专项整治，全年达标天数247天。落实义务教育两免一补、学生营养餐改善计划、大学生生源地助学贷款等政策，实施了汾西三中操场、汾西二中学生宿舍建设项目；深化公立医院改革，提升公共卫生服务水平，完成了城乡居民医保机构整合工作。开展了农村转移劳动力、城镇失业人员培训就业工作，落实了民政优抚、社会保障等各项政策，新建了就业和社会保障服务中心。10个方面36件利民为民实事全部兑现。

（汾西县政府办　供稿）

姑射山风景

# 美丽、富裕、人文、平安新永和

——永和县

2016年，永和县以脱贫攻坚统揽经济社会发展全局，持续实施“四大战略”，突出抓好“八项重点”，全县经济社会发展呈现出稳中有为、稳中有进的良好态势。

★致力于经济增长，综合实力全面增强。圆满完成了“六位一体”目标任务，60个重点项目完成投资11.3亿元。全县地区生产总值完成7.95亿元，增长10.1%；社会消费品零售总额4.55亿元，增长7.2%；固定资产投资16.95亿元，增长33.2%；工业增加值5765万元，增长13.5%；财政收入1.58亿元，增长57.64%，其中，一般公共预算收入7629万元，增长41.3%；城镇居民人均可支配收入19366元，增长7%；农村居民人均可支配收入3221元，增长8.3%。

阁底乡于家咀光伏发电站

★致力于精准施策，脱贫攻坚首战告捷。奋力补齐短板，扎实推进脱贫攻坚，实施了产业扶贫、生态扶贫、光伏扶贫、健康扶贫等十大扶贫工程，完成了15个贫困村摘帽、1047户3083口人的脱贫任务。

★致力于产业发展，转型升级优势凸显。林果富民、生态立县。全年新发展核桃579公顷，红枣、核桃、苹果产量分别比2015年增长20%、30%、15%。完善了芝河源头、阁西垣、桑壁垣三大农业园区建设。转型发展、工业强县。完成了19口水平井钻探、24口井压裂试气和集气站三期工程建设，年产能达到10亿立方米；完成了官庄110千伏变电站建设。加大招商引资力度，与河北昆仑等5家公司达成合作意向，天然气加工转化利用取得新进展。文化引领、旅游兴县。全力推进旅游产业提档升级，实施了旅游公路建设项目和乾坤湾景区基础设施建设。开展形象宣传推介活动，永和的知名度和影响力得到空前提升。

霍永高速公路建成通车

★致力于基础设施建设，城乡环境日益改善。在城市建设上，重点实施了道路拓宽改造、排水管网改造、污水管网建设等项目，城市服务功能进一步完善。规范城市管理，开展环境大整治，城市环境面貌明显改观。新农村建设上，实施了完善提质、农民安居、乡村清洁、宜居示范“四大工程”，解决了4000余口人的饮

永和县县委书记加天山调研脱贫工作

永和县县长范洋平调研移民建设工程

水安全问题；完成了36千米的农村公路改造，完成了116户地质灾害治理搬迁、963户农村危房改造。在生态环境建设上，实施了荒山造林、天然林保护和城区绿化工程，全县森林覆盖率达到28.3%，林木绿化率37%。开展"铁腕治污"、环境保护、保障空气质量冬季严查等环保行动，加大大气、水源、土壤污染防治力度，生态环境进一步优化。

★致力于民生改善，人民福祉大幅增进。一是加大教育投入，提升教育教学水平。实施义务教育"全面改薄"、教育信息化工程，教育教学条件不断完善；扎实开展"三优"培养工程；顺利通过了国家义务教育均衡县达标验收工作。二是立足全民健康，推进"健康永和"建设。深入推进医药卫生体制改革，县医院成功创建综合性二级甲等医院，新医院预计2018年投入使用。启动"健康永和"建设，为3601名因病致贫的贫困人口建立"健康档案"，提供了全方位、全周期的健康服务。三是丰富文体活动，促进文化繁荣发展。开展丰富多彩的文体活动，丰富了群众文化生活。四是强化民生保障，提高群众幸福指数。逐步提高社会保障救助标准，健全完善临时救助制度，新农合参合率99.6%。持续实施四大"暖心"工程。社会秩序安全稳定，发展环境持续向好，群众安全感满意度持续提升。

（永和县政府办　供稿）

丰收的喜悦

圣境乾坤湾

# 奋力脱贫攻坚 建设小康大宁

——大宁县

全民健身活动中心

山医大一院大宁县分院

2016年，大宁县坚持以脱贫攻坚统揽经济社会发展全局，统筹推动稳增长、促改革、调结构、惠民生各项工作，全县经济社会发展实现了稳中向好、稳中有进。全县地区生产总值5.17亿元，增长12.9%；固定资产投资18.37亿元，增长51.9%；一般公共预算收入3101万元，好于年初计划；社会消费品零售总额3.17亿元，增长7.7%；工业增加值1373万元，增长4.8%；城镇居民可支配收入17484元，增长5.7%；农村居民可支配收入2905元，增长8.0%。

★坚持以转型升级为重点，产业发展后劲增强。高标准打造了6个苹果出口基地示范点；依托沿川100公顷设施蔬菜大棚基地，逐步推广香菇、双孢菇、草莓等新品种；新建标准化养殖场3个，生猪饲养量达4万头。煤层气勘探工作及产能建设扎实推进，年产气量达2亿立方米；山西宁扬能源公司30万方煤层气液化调峰项目全面启动；正午日电20兆瓦光伏地面站进展顺利。

★坚持以人民群众为中心，社会事业全面进步。一是脱贫攻坚首战首胜。重点实施了产业扶贫、生态扶贫、金融扶贫、光伏扶贫、易地扶贫搬迁、园区产业扶贫、教育扶贫等工程，针对无劳动能力的贫困人口，通过社会保障制度来兜底脱贫。全年共计17个贫困村摘帽，1777户4402人脱贫，贫困发生率由35.9%下降至24.9%。二是加快发展文化教育事业。开展文化消夏月和“美丽大宁乡村行”送文化下乡活动。顺利通过了

“全国义务教育发展基本均衡县”评估认定；继续实行从学前教育到高中阶段教育十五年全免费；稳步推进义务教育阶段学生营养改善计划；昕水中学改扩建一期工程主体完工；教师校长交流工作扎实开展。三是不断提升卫计水平。继续实施国家药物制度，县中两院全部实行药物零差价销售。全县新农合参合率96.18%。四是全面加强社会保障。深入实施就业优先战略，新增就业人数557人，城镇登记失业率控制在3.68%以内。企业和机关事业单位退休人员养老金待遇进一步提高，提高了城乡低保标准。建成各类保障性住房502套，改造农村危房166户。完成了城乡居民医疗保险整合工作。五是加大生态保护力度。全年完成营造林3880公顷，治理水土流失面积620公顷。集中推进大气、水体、土壤污染防治三大战役，全县空气质量二级以上天数达到313天，饮用水水源地水质达标率100%。不断加大节能减排工作力度，完成了集中供热煤改气工作。七是持续维护社会稳定。深入开展安全风险大排查大整治，安全生产形势持续稳定。全面加强食品药品安全监管，确保了群众“舌尖上”的安全。严格落实信访工作责任制和重点案件领导包案制度，积极推动社会治理创新。持续开展打黑除恶专项行动，确保了社会和谐稳定。

★坚持以统筹城乡为抓手，人居环境不断改善。扎实推进城市人居环境改善，深入开展“打非拆违”专项整治活动，完成了全民健身广场工程，新建改造供水管网2千米，新建供气管网10千米。不断改善农村人居环境，完成道路改造26.85千米，新建农村饮水安全工程11处，改造农网40.97千米，改扩建农村幼儿园1所，新建农村老年人日间照料中心1个。美丽宜居示范村“三级联创”工作扎实推进。

（大宁县政府办　供稿）

光伏发电项目

苹果丰收

购买式造林

历山云海

# 实现翼城振兴崛起 全面建成小康社会

## ——翼城县

2016年，翼城县紧紧围绕“加快实现振兴崛起、全面建成小康社会”奋斗目标，凝心聚力，苦干实干，实现了全县经济社会平稳发展和“十三五”良好开局。

★多措并举稳增长，推动经济运行稳步向好。全力开展项目开工“百日攻坚”行动，扎实推动干部入企服务，千方百计抓复产、促生产，主要指标实现下半年好于上半年的目标。全县生产总值72.8亿元，增长2.8%；规模以上工业增加值14.5亿元，增速与上年基本持平；固定资产投资88.4亿元，增长6.8%；社会消费品零售总额40.7亿元，增长7.4%；公共财政预算收入2.5亿元；城镇常住居民人均可支配收入26852元，增长6.5%；农村常住居民人均可支配收入10274元，增长5.5%。

★夯实基础增后劲，推动产业结构优化升级。努力做精一产、做强二产、做活三产，转型发展迈出新步伐。农业生产稳中调优，粮食总产量达到2.38亿千克，苹果总产量16万吨、产值4.7亿元，完成533公顷核桃经济林提质增效

工程，新发展设施蔬菜333公顷，新建标准化规模养殖场15家，栽植连翘666公顷。推进工业增效升级，煤炭产量达到280万吨，行业整体扭亏为盈，翼钢二轧线、晟泰青洼煤矿技改项目完成建设，积极推进舜达锻造项目整合重组，实施了春雷铜合金带、环球铸造机加工等产业链延伸项目，重点培育的4家小微企业全部升规入统。夯实文化旅游产业发展基础，启动了全域旅游规划编制，完善11条农村旅游公路规划，舜王坪旅游路开工建设，实施了翔山古塔、四圣宫、泰岱庙等文保单位修缮工程，古桃园村、曹公村被列入中国传统村落名录，西闫镇、隆化镇及6个村入选省级历史文化名镇名村。全县规模电商企业达到17家，线上交易额达到5000余万元。

★建管并重补短板，推动城乡环境持续改善。集中开展环境卫生综合整治，城乡环境面貌明显改善。超额完成农村人居环境"四大工程"年度任务，创建省级美丽宜居示范村1个、市级4个。县城供水、供气管网等市政基础设施建设加快推进。提升城乡通达能力，重点实施了三个革命老区道路改造工程。深入开展环境保护综合整治和铁腕治污、控硫治污专项行动，大气环境质量持续改善。

★以人为本惠民生，推动社会事业协调发展。全面打响脱贫攻坚战，扶贫资金整合到位，产业扶贫、光伏扶贫、电商扶贫成效明显，教育扶贫和健康扶贫应助尽助，全年减贫2331人，7个贫困村摘帽。加快发展教育事业，持续改善中小学办学条件，提升教育教学质量，高考二本以上达线率50.8%。不断提升卫生计生水平，县乡医疗联合体建设、县级医院与上级医院的对口联系得到加强，乡镇卫生院、村级卫生室硬件条件进一步改善。全面加强就业和社会保障工作，全县新增城镇就业3312人，完成了城镇居民医保和新农合并轨，企业和机关事业单位退休人员养老金待遇进一步提高，提高了城乡低保标准。完成城镇棚户区改造302套、农村危房改造244套。全县社会治安、信访工作、安全生产形势持续稳定。

（翼城县政府办　供稿）

九龙公园天地一色

城市建设日新月异

里砦小城镇风貌

# 实现“四有五喜六新”建设美好新蒲县

——蒲　县

五鹿山美景

2016年，蒲县积极推进“四六三”总体思路，全县经济社会发展稳中向好、稳中有进。概括起来，就是实现了“四有五喜六新”。

★“四有”：一是难中有进。全县地区生产总值55.68亿元，增长3.8%；规模以上工业增加值37.8亿元，增长9.3%；一般公共财政预算收入7.1亿元，完成市定任务；固定资产投资完成70.2亿元，增长15.9%；社会消费品零售总额7.8亿元，增长7.3%。二是难中有民。优先增加民生投入，全县民生支出7.8亿元，占财政总支出的72.3%。城乡居民收入分别达到24252元和7871元，分别增长5.1%和6%。三是难中有保。压缩一般性支出，“三公”经费持续下降，做到了保运转、保民生、保重点。四是难中有获。先后荣获“新一轮全国计生优质服务先进县”“全国国土资源节约集约模范县”“全省文化先进县”等荣誉称号，义务教育均衡发展通过国家级验收，省级“卫生县城”实现五年联创。

★“五喜”：一喜两大富民产业强势开局。与宝迪集团签订百万头生猪养殖基地建设项目，同山西茂洲公司签订5万头晋南黄牛产业化建设项目，成为蒲县脱贫攻坚的强硬抓手。二喜两大特色农业受到国省关注支持。构树产业被列为“全国首批构树扶贫试点县”；核桃产业被列为“省级核桃栽培标准化示范县”。三喜“两线”工程破土动工。霍永高速连接线全线开工；西气东输改线工程启动实施。四喜两大水利工程顺利建设。四沟水库完成主体，刁口水库完成基础灌浆，两座水库建成后将彻底改写蒲县干旱缺水历史。五喜两种经济手段落地运行。产业发展对社会资本“首开大门”，成立国企中科蒲惠，引进民企中科宏发，发挥国企对接政策、民企经营灵活作用，政府、市场两手发力助推产业发展；基础建设对社会资本“首开大门”，与山西三建签订昌平东大街棚户区改造协议，标志着蒲县首个PPP项目正式落地。

★"六新":一是脱贫攻坚打出了蒲县新士气。坚决有力落实"三包五到"、推进"六大扶贫工程",全年脱贫7367人、退出10个贫困村,超额完成省定任务。二是产业转型构筑了蒲县新高地。建成现代化矿井15座,化解过剩产能关闭1座,全县形成煤炭产能1635万吨,工业效益实现总体回升。新注册农业合作社60个,达到580个。核桃标准化示范基地达到3000公顷,构树研发基地繁育种苗900万株、推广种植253公顷。宝迪太林如意沟千头猪仔基地建成运行。"佳乐文创园"众创空间通过市级认定,中小企业实现收入12亿元。三是城乡建设展示了蒲县新形象。积极推进城乡基础建设,保障性住房二期分配到户287套、三期主体完工,综合档案馆项目开工建设。井山线、蒲红线改造(辛庄至返底)完成路基,建成4G宽带网络基站181个,薛关35千伏变电站增容工程建成投用。四是生态提升彰显了蒲县新担当。集中打造了西河沟万亩造林精品工程,全年造林4500公顷。深入开展"铁腕治污"行动,城区二级以上天数达到316天,被列为全省乡村清洁工程农村垃圾治理示范县。五是民生改善丰富了蒲县新内涵。新改扩建校舍4.12万平方米,高考二本达线率首次名列山区10县第一。文化"三下乡"深入开展。全面落实二孩政策和公立医院综合改革,城乡医疗服务水平持续提升。新增城镇就业1355人,转移农村剩余劳动力1437人。各项社会保险基金累计结余4.6亿元,发放城乡低保、农村五保、医疗救助资金4000余万元。实施安全生产清单化管理,深入开展安全风险隐患大排查大整治,安全生产事故起数、死亡人数同比下降20%。积极化解信访积案,构建立体化社会治安防控体系,严厉打击各类违法犯罪行为,社会治安形势总体稳定。六是改革开放激发了蒲县新活力。开通重大项目并联审批和"五零"服务机制。深化商事制度改革。农村土地承包经营权确权7333公顷,集体林地确权6.6万公顷。培育发明专利10项。新增中小微企业156家。签约项目11个,协议资金201.3亿元。

(蒲县政府办　供稿)

蒲子文化宫

奥林匹克体育中心

蒲县现代农业示范园区

企业深度治理后的华基建材科技公司

新兴的商业集散地——丁陶风情街

# 富裕襄汾、文化襄汾 法治襄汾、绿色襄汾

## ——襄汾县

2016年，襄汾县全力克服各种困难挑战，推动全县经济社会稳步发展，奋力实现了“十三五”良好开局。全县地区生产总值117.17亿元，增长2.6%；社会消费品零售总额43.54亿元，增长6.6%；城镇居民人均可支配收入27397元，增长5.6%；农民人均可支配收入11752元，增长6.3%。固定资产投资完成118.77亿元，下降5.9%；公共财政预算收入3.69亿元，下降7.7%，降幅较上年收窄38.7个百分点；规模以上工业增加值29.82亿元，下降1.4%，降幅收窄10.6个百分点。

★产业转型步伐加快。农业方面，全年粮食总产量4.9亿千克，中药材总产量2.23万吨，全年新改扩建标准化养殖场(区)20个；土地确权二轮公示顺利完成，农村各项改革扎实推进。工业方面，大力实施转型升级，华基新型建材项目完成主体建设，浦新生物质发电一期工程竣工试运行，晋能焦炉煤气精脱硫、星原烧结余热发电等节能减排利废项目建成投产。积极培育九龙煤业、昌祥建材、泰源煤焦3家企业实现“小升规”。大力开展招商引资，成功引进上海映智3万吨抛光液、振发能源20兆瓦光伏发电等项目。坚决落实去产能政策要求，依法关停荣世达128立方炼铁高炉。文化旅游方面，陶寺遗址博物馆立项、征地、拆迁等工作顺利完成，综合展示中心、陶寺旅游公路稳步推进。深入开展群众性文体活动，10项非遗项目入选市级保护名录。全年接待旅游人数181.9万人次，实现旅游收入19.3亿元、增长20%。

★城乡建设统筹推进。棚户区改造开工264套、货币化安置33套。强力推进滨河路湖李村20户房屋征收拆迁。北大街翻修改造工程完成规划设计，丁陶风情街投入运营。新增绿地面积11.69万平方米，新增集中供热面积60万平方米。统筹推进“完善提质、农村安居、环境整治、美丽宜居”四大工程，邓庄镇贾庄村跻身省级美丽宜居示范村行列，汾城镇孝村、陶寺乡中梁村被推荐为市级美丽宜居示范村，景毛乡北李村被评为国家级传统村落。

★项目建设提速增效。全年签约项目39个，签约投资额197.86亿元。扎实开展项目开工“百日攻坚”。持续推进“六位一体”项目建设，超额完成全年任务。

全线通车的滨河路

复原后的陶寺遗址观象台

★环保整治深入开展。完成5家焦化企业、9套焦炉的烟气脱硫设备提标改造。在邓庄、襄陵2个乡镇13个村实施洁净焦替代散煤，在景毛乡吉村、邓庄镇鄗里村试点推进煤改气，强制取缔66户无照经营煤场，294家财政供养单位一律采用清洁燃料取暖。星原、光大等企业的提标改造启动实施。

★社会事业全面进步。坚持精准脱贫，1663人实现稳定脱贫。新改扩建校舍3万平方米，撤并“空壳学校”23所。顺利创建全国计划生育优质服务先进县、省级妇幼健康优质服务示范县和省级卫生县城。全年城镇新增就业6106人，创业就业1015人，转移农村劳动力5821人。

★安全生产形势稳定。制定出台《关于进一步细化分解安全生产监管职责的通知》。加强培训教育，进一步提高了从业人员的安全意识和操作技能。深入开展隐患排查整治，排查整改各类安全隐患2057条。全县安全事故起数和死亡人数严格控制在下达指标之内。

（襄汾县政府办 供稿）

首届“晋襄酥”烧饼大赛

省级“美丽宜居示范村”一角

# 决战贫困　首战首胜

——隰　县

风电项目开工启动

站前广场开工建设

2016年，隰县统筹推进经济、政治、文化、社会和生态文明建设，圆满完成目标任务，实现"十三五"良好开局。全县地区生产总值完成14.66亿元，增长9.4%；固定资产投资完成22.57亿元，保持平稳发展势头；公共财政预算收入在主体税源不足、"营改增"形势下，达到7361万元；社会消费品零售总额9.7亿元，增长7.95%；城镇居民人均可支配收入21063元，增长5.3%；农村居民人均可支配收入5129元，增长7.7%。经济运行稳中有进、总体向好。

★产业结构不断优化。一产上，玉露香梨面积达到1.33万公顷，梨果总面积2.33万公顷、产量2.25亿千克。粮食总产量1.1亿千克，大棚蔬菜、马铃薯、畜禽养殖等种养业稳步发展。发展家庭农场105家，农民专业合作社129家。二产上，晋煤集团果品冷链仓储物流、好乐佳冻干食品等产业化项目顺利实施，京润泽数字化果业基地建成投产。瑞弗莱克煤层气勘探、地热开发、天然气利用等新能源产业加快推进。三产上，纳入全国第二批全域旅游示范区，一批新兴乡村旅游项目即将实施。建成农村电商扶贫培训基地，组建158个农村电商服务站，线上线下销售额突破亿元。全年旅游总收入达到15.6亿元。三次产业比重进一步优化。

★精准脱贫取得实效。2016年共投入各类扶贫资金5000余万元，实施一批惠民生、利长远、重实效的扶贫工程。34个贫困村摘帽、6598人脱贫，超额完成目标任务。

★城乡面貌展现新颜。城镇化水平提高1.56个百分点，达到43.9%。配套完善水、暖、气、路等市政基础设施，县城生活垃圾无害化处理率、供水普及率均达100%，污水处理率达90%，集中供热、燃气普及率达70%，城市功能日臻完善。实施洪永线、太和路等公路改造工程，全县公路通车总里程865.97千米。新增城市绿化面积8.1万平方米，造林5333公顷，全县森林覆盖率29.68%，二级以上天数达333天。城市管理水平和市民素质同步提升。

玉露香梨推广活动

★民生事业持续发展。全年民生支出8.32亿元，占一般公共预算支出的67.2%。加快发展文化教育精神文明事业。新建三中、四中教学楼和两所幼儿园，完成龙泉小学、北城中学续建项目；通过国家义务教育均衡县验收；8个乡镇文化站建成使用。不断提升医疗健康水平。完成新医院一期住院楼和医技楼，新建33个村卫生室；新农合参合率稳定在98%以上，人均筹资标准提高到530元；加快推进分级诊疗制度建设，完善县、乡、村三级医疗卫生服务体系。全面加强社会保障。各类参保人数10.76万人，五项保险征缴发放3.29亿元；城镇新增就业1000人；开工建设保障性住房504套。持续抓好安全工作。全面落实安全生产责任体系“五个全覆盖”，深入推进“平安隰县”“法治隰县”建设，人民群众安全感进一步增强。

（隰县政府办　供稿）

首届隰县玉露香梨采摘节隆重开幕

千万吨级钢铁工业园区夜景

三星新型工业园区鸟瞰图

# 美丽曲沃 幸福家园

——曲沃县

2016年，全县广大干部群众围绕实施“三大战略”、建设“三大基地”总体思路，深入拓展延伸“551011”工程，全县经济社会呈现出稳中向好的发展态势。全年地区生产总值90.69亿元，增长4.7%；规模以上工业增加值29.85亿元，增长4.1%；固定资产投资完成79.1亿元；一般公共预算收入2.5亿元；城镇居民人均可支配收入28431元，增长7.2%；农村居民人均可支配收入13135元，增长6.9%。

★工业经济企稳向好。在千万吨级钢铁工业园区建设上，为相关企业联系使用市“过桥资金”3亿余元，争取上级扶持资金2000余万元，落实直供电10.5亿千瓦时；大力推广“互联网+钢铁”营销模式，年为企业增加效益3亿元以上；引导企业走改造升级之路，通才公司积极研发生产优特品种钢。三星新型工业园区新建标准化厂房两座，壳型铸造和消失模铸造生产线正式投产。紫金山黄金产业开发园区前期手续办理取得重大进展。

★农民增收步伐加快。大力实施“晋之源”八大系列农业园区扩容提质工程，各园区产业规模日益壮大，产品效益不断提高。启动新建23个规模养殖场，新发展规模养殖户298个，全县畜牧业总产值达到12亿元。完成151个村的土地确权工作；省级以上农业专业合作示范社达到22家；供销社产销对接项目投入运营；“互联网+”模式取得明显成效，线上交易额达5000余万元。认证无公害农产品5个、地理标志产品2个。被确定为“国家级农产品质量安全创建县”。

东城新区夜景

晋之源红提葡萄园区

高显汾河滩涂循环农业园区

★文化旅游蓬勃发展。全县六大景区功能设施更加完备、文化内涵更加丰富、主题特色更加鲜明。成功举办了太子滩文化旅游节、磨盘岭农业观光旅游节等活动。大力开展“国家文化名城”“千年古县”等国字号名片申报争取工作。被评为“全国休闲农业和乡村旅游示范县”。

★人居环境明显改善。在县城建设上，加快构架“一城三区、一体两翼”城市建设格局；在镇村建设上，连村路、窄路面拓宽改造完成年度任务，农网升级改造进展顺利，钢铁工业园区还迁房开工建设，重点打造的美丽乡村呈现出全新的发展风貌。“五城联创”工作全面启动，城乡环境卫生大整治取得阶段性成效，县域环境大为改善。

★民生福祉持续增进。中小学基础设施改善项目和职业中学实训基地建设项目全部竣工，3所农村幼儿园完成主体。妇幼保健站业务用房、中医院住院楼正在加紧建设；医药卫生体制改革扎实推进。养老、医疗、工伤、生育、失业五大保险健康运行，覆盖面进一步扩大；全年城镇新增就业3495人；300套公租房开工建设，完成428户农村困难家庭危房改造；大力实施精准扶贫工程，1029人实现脱贫。深入开展铁腕治污行动，各类废气、烟尘等污染物超标排放得到有效控制。扎实开展安全生产隐患风险大排查大整治活动，高度重视信访工作，严厉打击违法犯罪活动，切实维护了全县社会和谐稳定。

（曲沃县政府办　供稿）

府东、府西街道路硬化、沿街建筑立面整治等工程效果图

曲村古镇旅游区《晋献嘉禾》情景剧演出

# 绿色安泽 小康安泽

——安泽县

健身文化广场

联合国颁发千年古县铜匾

月亮湾

黄花岭之春

2016年，安泽县主动适应经济发展新常态，统筹推进"稳增长、促改革、调结构、惠民生"各项工作，经济社会发展实现稳中向好、稳中有进，各项事业都取得了全面进步。

★经济运行企稳回升。扎实开展"各类项目受理大起底"、项目开工"百日攻坚"行动、"干部入企服务"等多项活动；严格落实省、市"减负"要求，全年为企业减免税费4050万元；供给侧结构性改革效应初步显现，煤焦价格持续回升，全年规模以上工业增加值增长4.4%，有力促进主要经济指标实现"下半年好于上半年"的目标。全县地区生产总值增长2.9%，增速比上半年提高0.2个百分点；固定资产投资完成55.9亿元，减少11.8%；一般公共预算收入3亿元，下降3.3%；社会消费品零售总额增长6.6%；城镇居民人均可支配收入增长5.7%；农村居民人均可支配收入增长6.7%。

★产业转型步伐加快。优化农业生产布局，在稳定有机玉米种植规模的基础上，不断壮大以野生连翘为主的中药材抚育基地，7个乡镇及国有林场完成野生连翘抚育133公顷。加快发展黄牛、猪、羊、家禽等健康养殖业，推动农业增效、农民增收。突出抓好工业转型标杆项目建设，为投资企业提供"保姆式"服务。围绕建设"精品旅游县"目标，重点推进绿色生态游、红色文化游、休闲娱乐游，乡村旅游向全区域、全要素、全产业链发展。

★脱贫攻坚首战告捷。扎实推进光伏扶贫、油用牡丹种植、易地扶贫搬迁等工作。光伏扶贫方面，完成3800千瓦的集中式光伏发电项目建设，全部实现并网发电，年可带动40个贫困村增收500万元以上；帮助169户贫困户安装4千瓦至8千瓦的屋顶分布式光伏电站，并网发电后，户均年收益可达5000至1万元。油用牡丹种植方面，按照前三年每亩400元、200元、200元的标准补贴扶持贫困户，推广种植566公顷。易地搬迁扶贫方面，集中安置91户160人。通过实施脱贫"组合拳"，全县1678户4400名贫困群众实现稳定脱贫，脱贫率51.7%。

★城乡面貌明显改善。突出抓牢基础设施建设，完成县城"一纵一横"改造提升"一纵"工程建设和还迁，强力推进"一横"工程拆迁；中南铁路安泽站站前广场和通站道路完成总工程量的90%以上；市定644户农村危房改造和32户农村地质灾害治理搬迁任务全部完成。全面开展创建国家卫生城镇活动，大力实施城市净化、蓝天碧水、绿色魅力、街道畅通、亮化提升、市容美化、花园机关、健康教育"八大工程"，城乡面貌得到极大改善。

★环境保护全面加强。大力开展大气、水、土壤污染防治工作，集中整治工业污染、燃煤污染、面源污染，改造燃煤营业性炉灶45个，淘汰黄标车及老旧车136辆。六项减排指标全部完成年度任务。全年二级以上天数322天。沁河水质稳定保持在三类水质以上。

★民生事业加快发展。重点实施了和川、杜村、良马中心幼儿园建设和教育信息化提升工程，高考二本B类以上达线113人，全县教育教学质量稳步提升。完成了县医院医技门诊综合楼、中医院住院楼主体和杜村乡卫生院业务用房建设。"新农合"参合率稳定在99%以上。持续实施文化惠民育民工程。全年新增就业岗位878人，转移农村劳动力1882人。

（安泽县政府办　供稿）

威盛达通防火建材综合建设项目

引沁入汾浮山供水工程

# 绿色、开放、秀美、富裕新浮山

——浮山县

2016年，浮山县适应经济发展新常态，砥砺奋进，开拓创新，经济社会保持了稳中向好的发展态势。全县地区生产总值44.6亿元，增长5.2%；规模以上工业增加值8.4亿元，增长15%；固定资产投资45.6亿元，与上年持平；公共财政预算收入9051万元，完成市定目标；社会消费品零售总额8.6亿元，增长6.7%；城镇居民人均可支配收入26674元，增长6.4%；农村居民人均可支配收入8031元，增长7.4%。

华润风力发电项目

★工业转型稳步推进。铁矿采选产业巩固提升，全面提升铁矿、选矿企业的生产效率和规模效益，全县13家铁矿企业达到开工基建条件，复工复产的铁矿企业达到11家。新型材料产业蓬勃发展，广和年产50万支定影膜改扩建项目竣工投产，富达锆制陶瓷微珠加工项目一期工程完工。新能源产业异军突起，华润风力发电项目66台机组并网发电，建设了14座100千瓦的光伏发电站。

光伏发电扶贫项目

★"三农"工作不断加强。农业基础进一步夯实，引沁入汾浮山供水工程一期工程基本结束，实施了中央财政小型农田水利工程，农村土地承包经营确权登记颁证工作完成调查和公示阶段任务。现代农业发展成效明显，有机农业、循环农业、休闲农业快速发展，"印象田园"三大板块的基础设施和服务功能进一步完善。农村人居环境持续改善。脱贫攻坚工作有力推进，13个贫困村脱贫摘帽，1437户、4255人稳定脱贫。

★城乡面貌明显改善。完成街巷改造工程，供热面积不断扩大，完成96套廉租房，农村危房改造214户。旅游公路、村道窄路拓宽及完善提质工程进展顺利，交通设施大幅提升。城市管理不断加强，城乡环境卫生明显改善。各项约束性指标全面完成，二级以上天数达到282天。

★社会事业全面进步。巩固义务教育均衡发展成果，教育基础设施不断完善。公立医院改革稳步推进，县疾控中心、急救中心建设项目全面竣工。实现城镇新增就业704人，发放低保金1901.8万元，实现60岁以上老年人免费公交出行。

（浮山县政府办　供稿）

# 决胜全面小康 实现振兴崛起

## ——古 县

华润新能源古县南垣19.5兆瓦风力发电项目

长临高速公路古县连接线工程开工建设

中国•古县第十届"天下第一牡丹"文化旅游节开幕

新建城市集中供热热源厂投入使用

2016年，古县政府紧紧依靠全县干部群众，攻坚克难、开拓进取，经济运行稳中向好，发展动能不断增强，全面建成小康社会取得新进展。全年地区生产总值完成44.3亿元，增长4%；一般公共预算收入2.1亿元，增长8.5%；规模以上工业增加值16.7亿元，增长7%；固定资产投资完成56.3亿元；社会消费品零售总额9.9亿元，增长8.3%；城乡居民人均可支配收入分别为27888元、9065元。

★持之以恒抓"兴煤"，发展根基逐步夯实。全年新增两座生产矿井，兴煤12条措施有效落实。利达焦化1亿标方液化天然气项目开工建设。正泰煤气化120万吨6米顶装焦炉技改、利达焦化90蒸吨干熄焦及余热发电等项目取得进展。佳盛能源60兆瓦光伏发电项目二期工程并网发电，华润新能源19兆瓦风力发电项目开工建设。现代物流、电子商务、信息技术等新兴产业不断涌现。

★铁腕行动抓"治污"，生态环境逐步改善。涧河工业园区生态移民搬迁有序推进，先期搬迁138户。淘汰黄标车、老旧车330辆。取缔"小散乱污"企业4家。新建城关村、古阳村两个农村生活污水处理设施。PM2.5空气质量监测站建成运行，全年二级以上天数258天，优良率71.5%。

★精准发力抓"扶贫"，脱贫攻坚首战首胜。扶贫资金有效整合，产业扶贫成效明显，易地扶贫搬迁有序推进，教育扶贫应助尽助，健康扶贫政策到位，金融扶贫成效显现，生态扶贫、电商扶贫、旅游扶贫、光伏扶贫成效初显。7个贫困村实现摘帽、5156口人稳定脱贫。

★倾情倾力抓民生，社会事业逐步健全。城乡面貌不断改善，道路改建、新建工程基本完工，城市供水、供气、污水、雨水管网等市政基础设施加快建设。文化旅游有效融合，全国县级文明城市创建第二次年度测评顺利过关。教育事业加快发展，北平、旧县、郭店3个幼儿园顺利竣工，实施了古县一中标准化建设和教师绿色通道招聘工作。健康古县有序推进，三级医疗卫生服务体系不断完善，国家基本药物制度实现全覆盖；妇幼保健院、卫生监督所整体搬迁。社会保障逐步完善，全民参保登记顺利推进，城乡居民基本医疗保险完成整合；企业退休人员养老金待遇进一步提高，城乡居民大病保险实现全覆盖，残疾人两项补贴制度全面落实；建成保障性住房306套，完成农村危房改造817户，推进3个乡镇5个村采煤沉陷区治理搬迁安置。安全稳定持续加强，深入推进"平安古县""法治古县"建设，群众安全感和满意度不断增强。

（古县政府办 供稿）

# 推进"五个乡宁"建设 加快全面小康步伐

——乡宁县

2016年，乡宁县上下围绕县委加快"五化进程"、建设"五个乡宁"决策部署，踏实苦干，砥砺奋进，经济运行缓中趋稳、稳中向好，各项任务目标较好完成，实现了"十三五"良好开局。

★综合实力持续增强。全年完成地区生产总值83.7亿元，增长4.5%；规模以上工业增加值40.8亿元，增长4.8%；固定资产投资84.7亿元，增长17.6%；财政总收入20.4亿元，增长0.4%；公共财政预算收入8.9亿元，增长5.5%；社会消费品零售总额20.2亿元，增长7%；城镇居民人均可支配收入26251元，增长6.7%；农民人均可支配收入8744元，增长6.4%。积极参加招商引资活动，成功签约远景能源、中电投风力发电等12个重大项目，签约金额179亿元。扎实推进重点工程建设，项目建设"六位一体"指标超额完成。

申南凹年产120万吨矿井竣工投产

★产业结构持续优化。农业加快发展。粮食产量达8万余吨，以核桃为主的2万公顷经济林不断提质增效，发展畜牧规模养殖511户，农产品加工销售收入突破3亿元。工业稳步发展。扎实推进煤炭供给侧改革，淘汰关闭煤矿两座，化解产能90万吨，生产原煤1053万吨。服务业蓬勃发展。重点旅游项目完成投资3.1亿元；金融保险、信息咨询、快递物流、家政服务、健康休闲等现代服务业不断壮大；培育"小升规"企业两家。

乡宁县琪尔康翅果生物制品有限公司

★城乡面貌持续改观。城乡规划趋于完善。基础设施加快建设。启动劳动保障服务大厅和政务服务中心建设项目，实施棚户区改造等工程，完成了城市天然气置换煤气等工程。改造升级农村电网141.7千米。人居环境不断优化。深入推进完善提质、农民安居、环境整治、宜居示范等"四大工程"。扎实开展铁腕治污、环境卫生等专项整治行动，完成农村清洁工程达标村70个，新增供热面积10万平方米。不断强化生态环境综合治理，地质灾害治理搬迁35户、140口人，全年二级以上天数达300天。

成功实施天然气入户工程

★社会事业持续进步。教育卫计事业突破发展。改造薄弱学校68所，教育质量稳步提升，国家义务教育发展基本均衡县高标准通过督导评估认定。新医院装修工程加快推进，药品零差率销售额2532万元，新农合参保率98.5%。文化科技广电工作平稳推进。11项非物质文化遗产列入市级名录，广电安全播出设施进一步完善。社会保障和民生改善全面覆盖。城镇登记失业率控制在4.2%以内，发放各类低保、社保救助金5198.4万元，完成棚户区改造和公共租赁住房721套，扎实推进农村危房改造。脱贫攻坚持续推进。全年4694户、15778口人实现脱贫。

吉河高速正式通车

（乡宁县政府办 供稿）

# 开放创新 扩区提质 加快创建国家级开发区

## ——临汾经济技术开发区

沃特玛新能源汽车产业园电池生产车间

华翔 VES 专机自动化设备

2016年，临汾经济技术开发区不忘初心、聚力前行，创新发展、扩区提质，圆满完成了各项指标任务。区内生产总值完成78.5亿元，增长9%；工业总产值29亿元，增长24%；企业主营业务收入350亿元，增长8%；固定资产投资53亿元，增长11%；进出口总额5032万美元；财政总收入4.07亿元，增长12%。

★优化投资环境，助力企业发展。营造和改善投资环境。帮助推动区内企业上市，多措施拓宽助保贷业务，累计向区内企业发放助保贷贷款4000万元。出台《临汾经济开发区党工委、管委会领导联系民营企业工作方案的通知》，明确了党工委、管委会领导的包联对象及包联任务，切实解决企业发展困难，确保企业稳中求进，持续健康发展。

★招商引资与利用外资成果斐然。全年共签订入区合同和协议20多项，总资金突破200亿元。重点引进了投资112亿元的沃特玛新能源汽车核心技术产业园项目、投资30亿元的华翔新型产业升级园项目（含16个产业链项目）、投资30亿元的智能电池管理系统项目、投资4亿元的临汾液化调峰储备集散中心项目和中国云谷电子商务产业园项目等。山西华翔集团与美国JDH公司签订中美合资JDH项目，总投资6000万美元，2016年实际利用外资额148.46万美元。2016年引进的重大战略投资项目有投资6亿元的华翔恒泰世家A区及商业广场建设项目、112亿元的新能源汽车推广及新能源汽车核心技术产业园项目、30亿元的智能电池管理系统项目、10亿元的甲骨文（临汾）信息产业园项目、25亿元年产3GWh的动力电池生产项目（新能源汽车推广及新能源汽车核心技术产业园项目的子项目）。

*临汾市市长刘予强在临汾开发区调研*

*临汾开发区管委会主任郑育敏带队参加2016太原能源低碳发展论坛暨中国(太原)国际能源产业博览会*

*举办2016年项目“冬储行动”招商引资推介活动*

*沃特玛新能源汽车推广及核心技术产业园项目签约仪式*

★着力打造主导产业和重点企业。临汾开发区以创建国家级开发区为目标，着力打造高端服务区、空港自贸区、新型工业园三大经济区，重点培育现代装备制造园、新能源汽车产业园、生物医药标准科技产业园、光电科技产业园、跨境自贸物流产业园、金融资本产业园、中国云谷临汾电商园、大数据云计算科技产业园、食用油产业园等九大园区。重点企业有重点发展压缩机零部件、汽车零部件、工程机械零部件、电力管阀件及机加工产业的山西华翔集团有限公司；以研发、生产和销售大功率白光LED用化合物半导体外延片及其芯片的高新技术企业——山西飞虹微纳米光电科技有限公司；以动力电池研发与生产、纯电动汽车市场运营及充维服务两大产业群为主的高新技术民营企业——沃特码电池有限公司，该公司入围2016全球新能源企业500强。

★突出科技创新，加快产业优化升级。建立了临汾中联万创.3W众创空间，设立了“云谷电子商务产业基地”，2016年孵化小微业80余户。区内现有高新技术企业5家、研发机构3家，拥有专利98个，实现技术转化等科技性收入17.46亿元。

★强化环境保护，创优发展环境。进一步改善城中村环境质量。加大建筑工地施工和道路扬尘污染治理力度，强力整治煤烟污染，对区域内的燃煤采暖锅炉进行清洁能源改造，严格监管餐饮、洗浴、洗车等行业的污水排放。实行环境保护网格化监管。建立健全突发环境事件及重污染天气应对工作机制，保障人民群众生命财产安全和环境安全。

★社会事业成效显著。全面落实中央和省、市、区各项惠民利民政策，按时足额兑现失地农民补偿、“两免一奖”、各种补贴和养老、医保、低保、优抚补助、冬季采暖补贴，社区精神文明建设蓬勃发展，广大居民充分享受到了开发区发展的红利。

（临汾开发区管委会办公室　供稿）

省政协经济委员会主任刘致远一行到侯马经济开发区就推进民营经济发展进行专题调研

临汾市市委书记岳普煜到侯马经济开发区调研

# 加快建设智慧、绿色、活力、清风、幸福的开发区

——侯马开发区

2016年，侯马开发区上下团结一心，克难攻坚，主动适应经济发展新常态，狠抓经济运行、招商引资、项目建设、安全环保等工作，较好地完成了年初确定的各项目标任务。

★经济在克服困难中实现持续增长。2016年，全区完成生产总值53.16亿元，增长4.8%；工业总产值33.19亿元，增长4.9%；公共财政预算收入8127万元，完成全年任务的81.27%；固定资产投资36.6亿元，完成全年任务的89.3%。

★项目建设工作势头良好。年初制定的“316”项目建设基本完成，经济增长的基础进一步夯实。重点项目“六位一体”均顺利完成任务，其中项目储备729.8亿元、签约111亿元、落地48.06亿元、开工34.16亿元，重点工程建设完成投资26.02亿元，项目投产25.71亿元。

★招商引资取得显著成果。全年全区共引进各类项目130余个，其中宏凯集团加工贸易电子产品、三棵树新型建材、卫泰医疗器械、西门子调节阀、电蓄能设备及换热机组等工业项目10个，商贸物流、检测中心、电子商务、总部金融、公共服务平台等现代服务业项目90余个，医疗健康项目28个。

★扩区工作取得实质进展。积极推进扩区并申报国家级开发区工作，已完成了可研编制、市级论证和省级评审，现已上报省政府待批。

★安全环保工作成效明显。安全生产工作方面，全年共排查各类生产经

临汾市市长刘予强到侯马经济开发区就开展承接加工贸易产业转移进行专题调研

侯马开发区管委会主任张瑜庆深入企业调研

侯马经济开发区与山西股权交易中心开展战略合作

侯马开发区党工委书记刘锋深入企业调研

营单位167家，排查安全隐患263处，整改完毕251项，隐患整改率95%，没有发生一起大的生产安全责任事故。环境保护方面，制定了《开展改善空气环境质量五个专项整治行动实施方案》《环境保护大检查实施方案》等一系列文件；全年共开展环保执法检查96次，发现问题10处，整改完毕10项，整改率100%。信访稳定方面，及时处理化解上访事件，化解率100%。结合"平安开发区"创建工作，进一步加快社会治安防控体系建设，不断强化基层防范组织体系，较好地维护了社会稳定，优化了外部环境。

2016年，侯马开发区荣获"中国产业园区创新力百强"称号。

（侯马开发区管委会　供稿）

侯马经济开发区成功承办"临汾—佛山'大健康'产业合作座谈会"

国务院副总理、国务院扶贫开发领导小组组长汪洋在武乡县调研扶贫工作

省委书记骆惠宁在长治市调研

# 全力脱贫攻坚奔小康 建设美丽富裕新上党

## ——长治市

2016年，长治市围绕把长治打造成为山西重要增长极的目标，坚定不移推进供给侧结构性改革，坚定不移实施创新驱动、转型升级战略，经济运行呈现稳步向好的积极态势，全市地区生产总值1269.2亿元，增长4.6%；规模以上工业增加值583.1亿元，增长2.5%；一般公共预算收入98.5亿元，增长2.2%。主要经济指标扭转了负增长的局面，结束了五年来增速下滑的态势，实现了下半年好于上半年，全年好于上年的目标。

★全力以赴抓项目、帮企业，经济实力有了新提升。扎实开展项目受理大起底、干部入企服务，着力推进项目建设，经济运行持续向好。高科LED、康宝基因疫苗等科技含量高、带动就业多的好项目建成投产，潞安180、漳泽电力2×100万千瓦“关小上大”等投资大、见效快、支撑能力强的大项目顺利推进，潞宝己内酰胺、大唐风力发电等新兴产业项目在长治落地生根，中南铁路大通道、长安高速、黎左高速等重大交通项目投入运营，太焦高铁、长临高速、长治机场改扩建等重大基础设施项目正在加紧建设。切实加大帮扶实体经济力度，为企业减轻负担80多亿元。地区生产总值、固定资产投资、工业增加值总量始终保持在全省前两位。

★坚定不移抓转型、调结构，产业升级迈出新步伐。有力有序有度推进供给侧结构性改革，全面完成120万吨煤炭去产能任务，煤炭行业告别了30万吨以下的开采时代，焦炭行业进入了5.5米以上大机焦发展阶段，煤化工行业实现多基联产；生物制药走在全国前沿，光伏光电产业从无到

潞安集团高硫煤清洁利用油化电热一体化示范项目

山西潞安长子高河2×660兆瓦低热值煤发项目

省长楼阳生在太焦高铁施工现场调研

长治市市委书记席小军在“三河一渠”改造工程实地调研

有不断壮大，新兴产业投资占工业投资的比重提高到62.9%，新兴产业增加值占比提高到13.7%。设施蔬菜达到4.2万公顷，粮食产量持续稳定，粮经作物种植比例进一步优化。农产品加工龙头企业销售收入208.7亿元。能交投长子集运站、太行山农产品物流园、新易达物流园建成运营。大力发展电子商务，促进消费稳定增长，社会消费品零售总额达566.6亿元。完成了太行山大峡谷旅游资源整合，新增4A级旅游景区4个，壶关、武乡、平顺、黎城成为全国创建全域旅游示范县，旅游总收入369.1亿元。全市三次产业结构调整为4.7∶51.0∶44.3。

长治市市长卢建明在长子调研水网工程

★攻坚克难抓创新、促改革，经济发展增添新动力。持续推进“放管服效”改革，实行重大项目联审联批，审批时限进一步缩短。不断完善和改进政府管理方式，实行财政资金预拨付制，加快了征地拆迁和市政工程建设速度。深入开展“大众创业、万众创新”，培育6家省级众创空间，新发展私营企业1.8万户。在全省率先建成技术交易市场和技术交易信息平台，完成技术交易额87.2亿元。有效发明专利拥有量达到583件。长治商业银行升级更名为长治银行，各类金融机构达到158家。长治高新区升级为国家级高新区，长治海关正式批准设立。积极推进开发区改革创新、商事制度改革、国企改制、农村土地承包经营权确权颁证、供销社综合改革。全面实施不动产统一登记。

★坚持不懈抓城建、夯基础，城乡面貌发生新变化。深入推进上党城镇群建设，以主城区建设为龙头，新建改造

成功集团新能源汽车项目

长治高科集团LED项目

漳泽电力平顺龙溪镇30兆瓦光伏发电项目

山西省35项重点新水源工程之一、长治市目前在建的最大水利枢纽工程——沁源永和水电站

市政道路39条，新增市政道路28千米，“三环八纵十二横”路网框架基本形成。新敷设各类管道800多千米，新增集中供热面积1700万平方米，新增集中供水用户3万户，主城区辐射带动力进一步增强。以大县城、重点镇、中心村建设为节点，加快城乡基础设施建设，集聚能力显著提升，全市常住人口城镇化率51.53%。全面完成城乡人居环境改善“四大工程”各项任务，深入开展“五道五治”行动，成效明显。

★不遗余力抓治理、强生态，环境治理取得新成效。在主城区全面禁止露天烧烤、禁止燃放烟花爆竹、

太焦铁路建设现场

振东集团中药材生产车间

沁县油用牡丹项目

“三河一渠”综合治理工程

禁止燃煤，淘汰燃煤锅炉842台，对3.54万台燃煤土小锅炉实施洁净焦替代。2500辆公共自行车、500辆纯电动公交车投入运行，大气污染防治成效明显。三类以上水质断面达标率完成省定目标。大力推进焦化、电力、钢铁、水泥等高耗能企业对标升级改造，淘汰落后产能1395.5万吨。深入推进浊漳河流域生态综合治理工程。完成营造林面积12.7万公顷，建成区绿化覆盖率达到46.7%。

★真心实意抓保障、保稳定，民生福祉又有新增进。新增城镇就业22.6万人，转移农村劳动力21.5万人，稳定脱贫16.1万贫困人口。城镇居民人均可支配收入28094元，农村居民人均可支配收入11863元，城乡居民收入增速持续快于地区生产总值增速。探索建立联盟校办学模式，主城区建成3所公办幼儿园、启动8所义务教育学校建设工程，5个县区通过国家义务教育均衡发展验收，新建改扩建200所农村幼儿园。城乡居民养老、医疗保险、大病保险实现全覆盖。新农合人均筹资标准提高到540元。城市低保标准、农村低保标准均有大幅提高。为经济困难的高龄与失能老年人及百岁老年人、重度残疾人发放补贴。加强基层公共文化服务，实施全民健身计划。开工建设各类保障性住房9.7万套，完成农村危房改造近5万户。进一步完善安全生产责任体系，连续四年实现事故起数和死亡人数“双下降”。不断完善信访处置机制。始终保持打黑除恶高压态势，严厉打击各类违法犯罪活动，社会治安综合治理得到加强，人民安全感满意度持续提高。

（长治市政府办公厅　供稿）

举办2016中国•山西第二届长治制造展销推介周

# 品质之城　幸福之区

## ——长治市城区

城区区委书记李国强、区长杨隽入企调研

LED光电产业势头良好

2016年，长治城区全力以赴保增长，着眼长远促转型，坚持不懈打基础，经济社会发展呈现总体平稳、稳中有进的良好态势。

★区域经济企稳向好。经济指标顺利完成，全区地区生产总值206.4亿元，增长7.3%；规模以上工业增加值15.9亿元，增长12.9%；固定资产投资199.6亿元，增长14.8%；社会消费品零售总额325.8亿元，增长8%；地方财政收入9.65亿元，其中，一般公共预算收入4.59亿元，增长11.3%；城镇居民人均可支配收入30136元，增长6.7%。项目建设扎实推进，全力抓好总投资217亿元的51个重点项目，一批重点工业项目相继投产，一批民生项目主体完工。创业创新成绩斐然，全年新创办小微企业1650户，培育"小升规"企业两家、"小巨人"企业1家，成为经济增长的新引擎。工业经济发展提速，LED产业迅猛发展，新材料业持续壮大，军民融合深度发展。

★人居环境显著改善。路网征迁强势推进，12条路段和1个景区征迁任务全部完成，19条背街小巷硬化改造工程基本完成。"三河一渠"扮靓古城，环保攻坚实现历史性突破。大力推广"煤改焦"，全面部署"铁腕治污"，环保攻坚重点任务圆满完成。环境卫生明显改观，全面开展爱国卫生运动，深入推进"五道五治"及市容市貌综合整治，城市"十乱"问题得到有效遏制，城乡环境质量进一步提升。城中村改造蓄势待发，整村改

"三河一渠"淮海公园段

造全面启动，马坊头城中村改造项目获得农发行政策性贷款，附城城中村改造项目融资申请通过省城投公司审核。

★民生福祉稳步提升。全年用于民生支出7.8亿元，占公共预算支出的78.5%。教育事业健康发展。实验幼儿园顺利开园，上南街小学、长子门小学新建改扩建工程有序推进。医疗卫生体制改革成效显著。城区医院、城区二院两所公立医院实现药品零差率销售，分级诊疗定点医疗机构实现全覆盖，累计建立居民健康档案35万份，家庭医生签约人数达7.2万人。就业和社会保障不断增强。城镇新增就业3910人，创业带动就业1513人，城镇登记失业率1.26%，五险参保人数和基金征缴收入实现新高，参保人数达17.3万人，基金征缴1.27亿元。文旅融合发展日益深化。区图书馆新馆主体完工，新建10个社区（农村）文化大院，刘伯承工厂、抗日五专署保护修缮工程基本完成。

★社会安全形势持续稳定。深化平安城区创建，扎实开展禁毒、“打黑除恶”、治安乱点整治等专项行动，社会治安综合治理不断深化。坚持不懈狠抓安全生产，深入排查整治各类安全隐患，全面提升安全保障水平，群众安全感和满意度进一步提高。

（长治城区政府办　供稿）

大数据社会治理平台

淮海社区一站式服务大厅

“城区因你而精彩”道德楷模颁奖盛典

新落成的城区实验幼儿园

# 发展特色城郊经济 全面建成小康社会

——长治市郊区

全省循环经济示范园区——昌晋苑

2016年，长治郊区主动作为抓机遇，创新实干迎挑战，凝心聚力促发展，较好完成了年度各项目标任务，取得了喜人业绩。全年完成地区生产总值165.6亿元，增长5.1%；规模以上工业增加值102.9亿元，增长3.1%；固定资产投资213.8亿元，增长14.6%；社会消费品零售总额47.9亿元，增长7.5%；地方财政收入9.5亿元，增长8.9%；城镇常住居民人均可支配收入35086元，增长7%；农村常住居民人均可支配收入16240元，总量全市第一，增长6.9%。

★千方百计稳增长、促转型，综合实力量增质优。地区生产总值、规模以上工业增加值和地方财政收入3项衡量经济发展的主要指标增速由负转正，正增长态势得到有效巩固。大力实施“质量强区”战略，推动产业转型升级。新增著名商标3件、驰名商标1件；霍家工业公司新入围2016年山西省100强企业，首钢长钢公司、南耀集团、霍家工业公司和晨洋光伏科技公司4家企业跻身2016年山西省制造业100强企业。农业产业化迈出坚实步伐，新增中药材133公顷，无公害农产品产地达到13个，农产品加工龙头企业销售收入9.8亿元。不断优化投资结构，大力发展文化旅游和三产服务业，新增三产服务类企业296户，旅游综合收入达到43.35亿元。全区三次产业结构调整为1.9:65.2:32.9，区域经济发展调速不减势、量增质更优的局面初步形成。

晨洋太阳能科自动化生产车间

布劳恩电梯生产车间

城中村改造项目

全省首个光伏+现代农业项目——潞安光伏育苗大棚

霍家沟居民小区

★坚定不移上项目、扩投资，产业基础不断夯实。全年实施重点项目177个，总投资761亿元。投产了首钢长钢200万吨焦化一期、霍家沟7万吨无水乙醇、布劳恩电梯等一批国内领先的现代煤化工、精细化工、现代装备制造业项目。全方位推进招商引资工作，民企入晋签约项目21个，招商引资签约项目32个。

★统筹城乡夯基础、优生态，人居环境大幅改善。5个村“两方案一规划”手续基本完善，并开工建设；建成了霍家沟污水处理厂和8个村的污水管网工程；开工建设了黄碾人工湿地、崔漳村采煤沉陷区治理、金果园经济适用房、6条背街小巷改扩建、区环卫调度中心；启动了北寨人工湿地、2条旅游公路和14条区乡公路改扩建工程；中铁航空港铁三局棚户区改造（二期）项目主体完工；改造农村危房34户，新建农村老年人日间照料中心2个。深入开展环保“六大专项行动”和铁腕治污行动；在全市率先开展了“煤改电”工作试点，全区二级以上天数达到300天。打响了“五道五治”“五村联创”战役，深入推进农村人居环境改善“四大工程”，创建省级改善农村人居环境绿化村庄3个、省级美丽宜居示范村1个、市级美丽宜居示范村3个、区级美丽宜居示范村14个。

★不遗余力办实事、惠民生，社会事业全面进步。对区属70所中小学校进行了提升改造，顺利通过国务院义务教育均衡化验收；改造了2所幼儿园和4所学校校舍；全面落实集团化办学战略。认真贯彻全面两孩政策，疾病防控、妇幼保健和卫生监督等公共卫生服务水平明显提升。提高了城乡低保标准。城镇新增就业2000人，城镇职工基本养老保险参保11.82万人，城镇基本医疗保险参保3.82万人，新型职业农民培育458人。

（长治市郊区政府办　供稿）

# 全面建成小康 再铸黎都辉煌

## ——长治县

成功集团

盛达集团

2016年,长治县在创新驱动和转型升级上精准发力,经济发展呈现出由负转正、企稳回升的新态势,实现了"十三五"良好开局。全年完成地区生产总值133亿元,增长3.5%;工业增加值68.85亿元,增长0.23%;固定资产投资149.4亿元,增长2.1%;社会消费品零售总额29.7亿元,增长9.5%;地方财政收入12.5亿元,增长3.81%;城乡居民人均可支配收入分别增长6.3%和6%。新增城镇就业3410人,城镇登记失业率1.84%。约束性指标中,万元地区生产总值能耗下降幅度、出境断面水质、资源综合利用率等指标均完成年度目标任务。

★抓转型促升级,发展势头进一步向好。新兴产业效益显著提升。成功新能源纯电动车进入2017年国家首批推广应用推荐目录,荣获"中国城市物流推荐用车";日盛达太阳能光伏玻璃完成销售收入6.3亿元,完成税收1052万元;易通环能自主研发的燃煤电厂烟气污染物高效脱除技术及装备顺利通过省科技重大专项验收;雅瑞地毯挺进西北市场,新视界照明与复旦大学合作开发面阵光源,市场前景看好。文化旅游快速发展。入选中国最具投资潜力特色魅力示范县200强名单,成功创建国家公共文化服务体系示范区,荣获"第三届山西省文化强县创建工作先进单位"称号,连续两年入选"中国避暑休闲百佳县";组建

副省长孙绍骋在高河煤矿调研

长治市市委书记席小军在长治县农村废弃物综合利用项目建设现场调研

县领导巡查五道五治情况

长治县县长王现敏深入锦家庄贫困户家中调研

黎都文化旅游产业发展有限公司;全年接待国内外游客340万余人次,旅游总收入17.6亿元。电商物流业蓬勃兴起。太行山农产品物流园区实现综合农产品交易量40万吨,交易额25亿元;苏宁易购、京东等70余家电商入驻长治县,实现网上销售7000余万元。现代农业提质增效。实施规模经营,完成土地流转面积200公顷,新增设施蔬菜86公顷,育苗连栋大棚2座,改扩建规模养殖场5个,农产品加工销售收入达到16.3亿元,农业产业链条进一步延伸。

★抓改革谋创新,发展活力进一步迸发。"放管服效"改革纵深推进。"两单两图"如期公布,承接省市下放项目65项,取消33项。民营经济健康发展。全面实施企业"五证合一"和个体工商户"两证整合",全年新注册创办中小微企业332户,发展"小升规"企业8家,"小巨人"企业3家。融资和科技创新成效初显。加快推进政府主导新兴投融资体系建设,完成"六大投"融资平台组建;投入科技资金320万元,完成科技成果交易量7000余万元,组织申报国家、省、市各类计划项目17项,申报发明专利57件,培育高新企业1家。精准施策扶持实体经济。认真贯彻落实工业提质增效"20条"、降低实体经济企业成本"44条",扎实开展了百名干部入企服务和各类项目受理大起底,实施项目"集中审批"机制,为企业解决了一大批要素保障类问题和行政审批类问题。

★抓建设重管理,基础设施进一步夯实。县城基础设施加快完善。太焦高铁长治县段开工建设,凯德世家广场全面投入使用;县城新建换热站7座,新增供热面积90万平方米;污水处理厂提标改造投入运行;新铺设燃气管网10千米,铺设供水管网13千米;后窑巷道路硬化、煤运东线道路排水等工程全部完工。城乡一体化深入推进。棚户区改造项目新开工1616套,基本建成468套;西源、崔家山地质灾害搬迁主体工程如期完工;荫城、苏店等重点镇公共基础设施进一步完善。琚寨、南宋村列入国家级传统村落,创建省级绿色生态村3个、省级美丽宜居示范村1个、市级美丽宜居示范村2个、县级美丽宜居示范村20个。

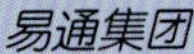

易通集团

雅瑞地毯

★抓生态强环保，生态环境进一步改善。全年完成老雄山生态修复造林100公顷，营造林105公顷，通道绿化30千米。黎都公园、海子河公园新增绿化面积3.5万平方米。扎实开展“铁腕治污”，全县二级以上天数267天。全力推进“五道五治”，城乡面貌得到极大改观。

★抓民生办实事，发展成果进一步惠民。教育方面，15年免费教育、学生营养餐、贫困大学生资助等教育惠民实事全部落实，义务教育均衡发展取得新进展。卫计方面，药品实行零差率销售，医疗服务价格实行“五升两降”，人均基本公共卫生经费财政补助标准提高到45元，新农合人均筹资标准提高到540元，城镇居民医疗保险人均财政补助420元，政策范围内报销比例平均达到75%以上。社会保障方面，养老、工伤等社会保险覆盖面进一步扩大，机关事

长治县环城高速

携手共建新校区

扩大，机关事业单位人员基本工资调整和企业退休人员养老金提高落实到位。脱贫攻坚方面，在全省首家推出“上一份大病医疗保险、出一份户容改善补贴、发一份外出务工奖补”三项精准扶贫措施，在全市率先实施资产收益扶贫试点工作，实现2626名贫困人口稳定脱贫，超额完成年度脱贫任务。安全稳定方面，全年工矿商贸等行业未发生安全生产事故，社会矛盾妥善化解，“平安黎都”建设取得明显成效。

（长治县政府办　供稿）

靓丽琚寨

潞宝甲醇

# 全力以赴抓发展 千方百计惠民生

——潞城市

2016年，潞城市政府团结依靠全市人民，认真贯彻落实“推进两个优化、实现二次崛起”的发展思路，全力以赴抓发展，千方百计惠民生，务实担当，攻坚克难，较好地完成了市六届人大一次会议确定的各项目标任务。

★各项经济指标稳中向好。全市完成地区生产总值90.5亿元，增长3.9%；工业增加值53.6亿元，增长2.55%；地方财政收入6.2亿元，增长0.66%；固定资产投资170.6亿元，增长12.9%；城镇居民人均可支配收入25785元，增长6.1%；农村居民人均可支配收入12199元，增长6.4%。

★产业转型步伐加快。认真落实“三去一降一补”重点任务，煤炭行业实施减量化生产，水泥行业实行协同停窑、错峰生产，对不符合环保政策、工艺落后的24家建材企业实施关闭取缔；房地产去库存1400套13.6万平方米。加快三次产业协同发展，粮食总产量达到1.2亿千克，农产品加工龙头企业实现销售收入10.3亿元；潞宝液氨、潞安精蜡等一批现代煤化工项目建成投产；钛格斯曼航空新材料、潞泰达电气一期等一批新兴产业项目竣工投用；文教产业园、旅游集散地、智慧物流园、区域性大型物流运输集团规划建设。大力推进招商引资，全年共签约引进项目46个，总投资190.6亿元。

★综合改革名列全省前茅。圆满完成农村土地承包经营权确权试点

元通运业

工作，农村集体资产股份权能改革深入推进。供销社土地托管服务试点工作进展顺利。创新实施城乡建设用地增减挂钩等土地利用机制，大力推进土地整理开发。成立3个融资平台公司，新开展“助保贷”业务。加快推进省级经济技术开发区申报工作。深化行政审批制度改革。转型综改综合考核名列全省27个试点县第一。

★生态环境有效改善。实施“五道五治”专项行动，城乡环境明显改善。持续推进铁腕治污，加强大气、水、土壤污染治理，6项污染物减排任务全面完成，主城区空气质量二级以上天数达到263天。黄标车及老旧车淘汰任务超额完成。造林533公顷，森林覆盖率达到24%，建成区绿化覆盖率达到45%。

★城镇化建设有序推进。城镇化率达到58.1%。“五道五治”专项行动深入实施，五项治理取得阶段成效。人民街建成通车，污水处理厂提标、城乡电网改造等工程全面完工；新增供热面积20万平方米、天然气用户2800户；解决了4个乡镇、8个村、6543人的饮水安全问题；改造县乡公路1.7千米，完善提质乡村道路17.4千米。基本建成保障性住房585套，完成农村危房改造233户。

★社会事业再谱崭新篇章。脱贫攻坚扎实推进，2866名贫困人口实现脱贫。教育卫生事业加快发展，职业高中实训楼、农村教师周转房等项目主体完工；基本公共卫生服务经费补助标准由每人每年40元提高到45元；新农合县级报销比例由75%提高到80%。文体事业快速发展，潞城布艺列入省级非物质文化遗产名录，文化惠民工程深入实施，全民健身运动广泛开展。社会保障体系日趋完善，老年公寓楼项目进展顺利，4所老年人日间照料中心投入使用；低保五保、企事业单位退休人员养老金标准按规定提高。食品药品市场稳定有序，安全生产形势总体平稳。

（潞城市政府办　供稿）

潞安精蜡

天脊潞安煤制油项目

兴宝钢铁高速线材

神农奶牛养殖基地

神泉村旱地西红柿种植

# 决战脱贫攻坚 实现全面小康
# 弘扬革命精神 奋力迎难而上

——武乡县

国务院副总理汪洋在武乡调研脱贫攻坚工作

2016年，武乡县以脱贫攻坚统揽经济社会发展全局，统筹推进稳增长、促改革、调结构、惠民生、保安全等各项工作，在困难中砥砺前行，全县经济实现了下半年好于上半年的目标。全县地区生产总值完成51亿元，增长5.7%；规模以上工业增加值23亿元，增长2.6%；固定资产投资35亿元，增长12.7%；地方财政收入3.4亿元，增长3%；社会消费品零售总额13亿元，增长8.6%；城镇居民人均可支配收入21058元，增长5.9%；农民人均可支配收入5950元，增长9%；居民消费价格涨幅控制在3%以内；城镇新增就业岗位1461个；城镇登记失业率控制在1.97%以内。约束性指标全部完成市下达任务。

★夺取脱贫攻坚首战首胜。加大特色产业扶贫力度，巩固和发展核桃、梅杏、油用牡丹、食用菌等特色种植业；加快推进牧养鸡、生猪、肉鸡、肉羊等养殖基地规模化建设，大山禽业、多维牧业、绿农农牧等龙头企业带动作用明显，进一步拓宽了贫困群众增收渠道，受益贫困户1838户。扎实开展电商扶贫、光伏扶贫，启动新一轮退耕还林工程，持续深化教育扶贫，不断提升政策兜底保障水平。13个易地扶贫搬迁安置点全部开工建设，全县54个贫困村、9868人稳定脱贫。顺利通过了国务院扶贫办和山西省政府第三方评估。

★着力推动产业转型升级。三次产业结构比例进一步优化为6.4:46.2:47.4。现代农业稳步发展，粮食再夺丰产，全年总产量达1.1亿千克；鸡、猪、牛、羊特色健康养殖规模不断扩大；农民专业合作社达到1183个，农民组织化程度进一步提高。坚定推进煤炭去产能，全年压减煤炭产量130万吨。文化旅游业取得新突破，成功举办第六届八路军文化旅游节，顺利完成八路军零散烈士集中安葬三期、太行龙洞、板山等景点景区基础设施改造及“两园一剧”提档升级等工程；乡村旅游蓬勃发展，涌现出一批旅游名村。全年接待游客315万人次，旅游总收入36亿元。成功入选国家全域旅游示范区。

★扎实推进项目建设。全面开展项目大起底和干部入企服务等活动。全年实施投资500万元以上项目共117个，总投资139亿元，已完工59个，正在建设33个。全年签约项目36个，签约额152亿元，到位资金25亿元。

★持续改善民生社会事业。县财政用于民生的支出达到9亿多元，超过财政总支出的六成。47所中小学校校舍维修改造，3所幼儿园顺利通过市级验收，全县117所中小学校联通了校园局域网和互联网；教育质量进一步提高，高考取得重大突破，本科达线率达66%。加强医疗卫生服务体系建设，建成村级标准化卫生所127所。加强城乡基础设施建设，县城供热管网延伸、新建水源地、宽带网络建设等设施提升工程全面完成；完成农村电网改造16个村43千米。加快保障房建设，完成危房改造1167户，有效解决了特困户安居问题。积极做好城乡就业工作，城镇新增就业1461人，失业人员再就业432人，农村劳动力转移2257人。

★大力改善生态环境。深入持久开展环境保护大检查，强力实施“铁腕治污”百日专项行动，严厉打击各类环境违法行为。完成80辆纯电动出租车更新投用。实施两山造林、两林富民、两网绿化六大工程，全年完成造林1666公顷。墨镫乡新村成为全国第一批绿色村庄。

（武乡县政府办　供稿）

恒盛洗煤300万吨洗煤项目投产运行

纯电动出租车投入运营

大山禽业有限公司现代化养殖场

第六届八路军文化旅游节隆重开幕

# 加快襄垣振興崛起 全面建成小康社會

——襄垣县

聚氯乙烯二期项目

襄矿合成气制乙二醇项目

2016年，襄垣全力攻坚“两场硬仗”，扎实推进“双创战略”，全县经济社会发展呈现出稳中向好的良好局面。全县地区生产总值148.1亿，地方财政预算收入13.7亿元，规模以上工业增加值90.1亿元，固定资产投资完成197.7亿元，社会消费品零售总额26.9亿元，城镇居民人均可支配收入31686元，农村居民人均可支配收入13641元。全县主要经济指标呈现出好的更好、负的转正的良好态势。

★重大项目加速推进。紧扣“抓住煤、延伸煤、用好煤”的发展思路，快速推进了一批重大转型项目。着重抓好国家重点工程、山西省转型标杆项目——潞安180项目，顺利完成了项目涉及的两个行政村、700余户的搬迁任务，为项目建设解决了467公顷用地指标，解决了3.58万吨环境容量指标；太焦高铁建设项目加快前期准备工作；襄矿集团的乙二醇、聚氯乙烯两个项目即将投产；积极申报省级经济开发区，前期工作全部完成。农业上，新发展设施蔬菜200公顷、晚秋黄梨333公顷、中药材333公顷、小杂粮666公顷、油籽牡丹666公顷；林盛果业成功申报第三批国家级现代农业示范点；“襄垣手工挂面农产品地理标志”通过农业部评审。三产上，仙堂山、宝峰湖、凉楼景区开发步伐加快，电子商务异军突起。

新建县中医院

县城公共自行车项目

兴通大厦

美丽乡村——善福乡郄家烟村

★城市建设日新月异。努力完善了一批停建和续建工程，到年底有20多项完工或接近完工。文王大道开通，实现了与潞安的同城化发展；县城集中供热二线工程投入运行，增加供热面积420万平方米；城北街实现全线贯通；实施县城绿化提档升级工程，新增绿地面积2.5万平方米；精心打造了园林墙、音乐墙等特色墙，城市文化品位进一步提升。

易地搬迁贫困村——马鞍山新村

★脱贫攻坚扎实有效。深入推进“五个一批”“六个精准”，全面推行“五帮联动”干部帮扶机制，积极开展教育扶贫、健康扶贫、生态扶贫、金融扶贫等行业扶贫，认真落实20项产业扶贫奖补政策，襄矿集团资产收益金融扶贫三年内每户每年固定分红3500元，光伏发电产业扶贫前三年每户每年固定收益2000元，成为贫困户脱贫致富的两项稳定收入。1394名建档立卡贫困人口实现脱贫，全县唯一贫困村马鞍山村全部搬迁新村实现“摘帽”。

★社会大局持续稳定。认真落实安全生产“党政同责、一岗双责”，开展安全大检查和专项整治，全县安全生产形势持续稳定好转。积极化解矛盾纠纷，信访流量大幅下降。深入开展“打黑除恶、禁毒大会战、治安乱点大整治”等专项行动，有力维护了社会稳定。

★民生条件不断改善。县中医院投入使用；完成了县城供水、供气管网改造；在全省县级率先建成了公共自行车服务系统；开工建设大关线、滨河东路南延两条旅游公路；改造了5条200千米县乡公路；实施100千米农村自然村道路硬化工程；通过公开招聘补充教师44名、医技人员34名；高标准改造23所农村寄宿制学校厕所；山西机电职业技术学院襄垣校区建设加快推进；完成荒山造林1467公顷、通道绿化35千米。随着这些民生工程的实施和完工，全县人民早日过上小康生活的梦想将逐步实现。

（襄垣县政府办　供稿）

县城全景

# 唱响太行红山 打造创新强县 建设宜居黎城

——黎城县

奥利种业有限公司

路堡现代农业示范园区

2016年，黎城县持之以恒抓项目，统筹推进促和谐，经济发展呈现出稳中向好、稳中有进的好态势，社会事业呈现出齐头并进、协调推进的好局面，实现了"十三五"良好开局。地区生产总值完成31.77亿元，增长3.6%；规模以上工业增加值完成9.32亿元，增长0.3%；一般公共预算收入1.79亿元，完成市下目标；固定资产投资62.1亿元，增长9%；社会消费品零售总额13.44亿元，增长7.9%；城镇居民人均可支配收入16956元，增长6.3%；农村居民人均可支配收入7790元，增长6.3%。万元地区生产总值能耗、二氧化碳排放量、主要污染物减排等约束性指标，均圆满完成市下达任务。

★转型发展初见成效。全力推进转型发展，2016年共实施转型项目27个，投资96.34亿元。其中，新兴产业投资占到工业总投资的66.9%。建成全市首家淘宝县区馆，注册电商企业20家。新注册市场主体940家，较2015年增长9.2%。三次产业比例优化为11.1∶33.5∶55.4。

★旅游产业亮点纷呈。全面铺开了十大景区、六大徒步生态游览区建设，成功举办了太行红山国际自行车骑行月、中国好声音长治赛区半决赛等丰富多彩、各具特色的节庆活动。多渠道、多形式广泛宣传，黎城旅游的对外影响力与美誉度明显提升。

★农业调产进展顺利。以优化种植结构为切入，实施了万亩中药材种植、5万亩优质小麦种植、10万亩优质玉米种植等项目；推动农产品精深加工、现代制种、畜牧和水产特色养殖产业快速发展，农业综合生产能力有效提升。全年粮食总产量达到6854万千克，增长29.1%。实施了“五个十”特色农业项目，核桃、柿子、葡萄等8个农产品通过“三品一标”认证，“黎城核桃”地理标志在国家工商总局成功注册。

★城乡建设一体推进。以黎侯古城、黎侯老城、桥北新区为重点，全面提升县城承载服务能力。古城建设有序推进，老城改造稳步实施，桥北新区完善提质进展顺利。全面完成城镇保障性安居工程建设和农村人居环境改善年度任务，县城服务承载能力进一步提升。

★民生事业齐头并进。办学条件不断改善。完成8所农村幼儿园改扩建工程，认真落实教育惠民政策，加强师资队伍建设。医疗水平稳步提升。医院业务综合楼开工建设，完成162个村卫生室改扩建；扎实推进医疗卫生体制改革，公立医院全部实行药品零差率销售；推动优质医疗资源下沉，积极开展基层义诊活动。文化事业蓬勃发展。广泛开展送戏、送电影、送文化下乡活动；文化馆、图书馆开工建设。环境整治成效明显。县城二级以上优良天数达到297天，绿化覆盖率达到42.6%，全面推进“五道五治”行动。脱贫攻坚初见成效。实现了村集体经济破零和贫困户持续增收；南信、五十亩两个贫困村顺利“摘帽”，2370名贫困人口实现脱贫。社会保障更加有力。“金保工程”实现全覆盖，完成新农合、职工医保和城镇居民医保三项医疗保险整合；城乡居民养老金全部实现社保卡发放。

（黎城县政府办　供稿）

*协鑫光伏发电项目*

*中技金谷新型建材*

屯留煤油循环经济园区

# 对表对标 苦干实干

## ——屯留县

2016年，屯留县全力以赴稳增长、促改革、调结构、惠民生、保稳定，经济社会各项事业取得新成效，实现了“十三五”良好开局。地区生产总值86.68亿元，增长0.2%；地方财政收入6.47亿元，增长5.5%；规模以上工业增加值50.49亿元，增长-2%；社会消费品零售总额15.6亿元，增长7.4%；城镇居民人均可支配收入23884元，增长5.6%；农村居民人均可支配收入13672元，增长6.7%。主要经济指标实现了下半年好于上半年、全年好于上年的目标。

★项目顺利推进。全力推进总投资216.14亿元的45个重点项目，建成项目11个，太重榆液、宏发木业、天诗合成蜡等重大项目进展顺利。深入开展“五帮五包”入企服务活动，为企业解决各类问题118个。加快康庄园区建设，编制完成了园区发展总体规划，集中供热工程投入运行，园区基础设施水平进一步提升。

★转型加快步伐。农业提质增效，现代农业示范区建设有序推进，粮食总产量达到2.64亿千克，创历史新高；发展设施蔬菜993公顷，完成核桃提质增效466公顷，新改扩建养殖场（区）9个，中药材面积达到3333公顷；省级“一村一品”专业村达到93个；农村土地承包经营权确权登记颁证工作有序开展，农业机械化综合水平达到86%。工业转型升级，古城800万吨矿井、王庄矿北栗风井等项目有序推进，潞安太行润滑油、太行药业中药提取技改等项目进展顺利；高新技术企业和科技型民营企业总数达到19家，新培育“小巨人”企业1个、“小升规”企业7个，新创办中小微企业209户。三产提速发展，老爷山景区、嶷山景区建设力度不断加大。

★城乡呈现新貌。新改扩建城市供水管网3千米，县城新增供热面积26.9万平方米，开通两条县城公交线路，结束了县城无公交车历史。完成县乡公路改造工程5.42千米、拓宽改造工程7千米、村通水泥（油）路完善提质工程20.2千米、农村公路安全生命防护工程41.07千米。解决农村饮水

潞安天诗合成蜡项目

宏发木业

本源现代化智能大棚

农家书屋

不安全人口6000人。扎实推进城乡环境综合整治和“五道五治”行动，组建成立城乡环境卫生管理中心，创建乡村清洁达标村81个，城乡环境显著改善。

★生态提档升级。高标准完成“两山”造林、“两林”富民、“两网”绿化、四旁植树等工程；县城新增绿化4.03万平方米，绿化覆盖率44.91%。深入实施环保攻坚行动，全面推进铁腕治污，加大采煤塌陷区治理，完成减排项目18个，提标改造重点企业7家，清理淘汰黄标车、老旧车1303辆，创建生态乡镇1个、生态村4个。空气质量二级以上天数达到283天。

★民生持续改善。稳定有序脱贫1947人。城镇新增就业2583人，转移农村劳动力2560人，培训新型职业农民799人；建成棚户区改造房、公共租赁房727套，改造农村危房560户，新建农村社区老年人日间照料中心5所，城乡基本医疗保险得到整合，发放80岁以上高龄老人补贴109.4万元。新改扩建乡镇幼儿园4所，农村义务教育学校在校生营养餐、农村留守儿童和残疾儿童救助等惠民政策深入实施，全县教育质量明显提高。县级公立医院改革稳步推进，县中医院住院综合楼主体竣工，县妇幼保健计划生育服务中心办公楼搬迁改造全面完工，建成中医特色乡镇卫生院5所，新农合参合率100%。提档升级乡镇文化站11个、村级文化活动室30个。持续加大重点行业和领域的安全生产专项整治力度，各类生产事故均控制在市下达指标以内。加强社会综合治理，全县信访流量明显下降，信访秩序持续好转。

（屯留县政府办　供稿）

碧水蓝天新矿区——康伟集团总部

# 再创新业绩 再谱新篇章

## ——沁源县

2016年，沁源县团结一心，紧紧围绕在全省率先实现全面建成小康社会奋斗目标，认真落实新发展理念，主动适应经济发展新常态，奋力推动经济回稳促增，全力加快经济社会各项工作，实现了“十三五”良好开局。

★经济实力稳步提升。2016年，全县地区生产总值完成102.9亿元，增长4.5%；工业增加值68.9亿元，增长2.5%；固定资产投资108.3亿元，增长1.3%；社会消费品零售总额23.4亿元，增长9.2%；地方财政收入7.42亿元，增长2.8%；城镇居民人均可支配收入30438元，增长6.8%；农村居民人均可支配收入12745元，增长7.1%。

★产业转型扎实推进。实行煤炭减量化生产，推进新升等7个现代化矿井建设改造，全年生产原煤1110万吨、甲醇等化产品5.6万吨、发电7.1亿千瓦小时。一批新型工业项目进展顺利，成功引进一批新兴产业项目。加快“一县一业”脱毒马铃薯和连翘发展，沁源马铃薯获得国家地理标志证明商标。特色种养业规模不断扩大，功能农业开展试点。启动了2.5千米县城沁河体育健身慢廊建设，太岳军区司令部旧址项目主体完工。乡村旅游、商贸物流等服务业蓬勃发展。

★改革创新不断深化。持续深化行政审批制度改革。全面推行“营改增”。编制完成了县经济技术开发区规划方案。农村土地承包经营权确权登记颁证顺利推进。全面实施企业“五证合一”和个体工商户“两证整合”。公立医院改革、公车改革等进展顺利。

★城乡建设有序推进。机关幼儿园二期等项目竣工。新开工保障性住房404套，基本建成729套，供气管网、供热管网、垃圾处理、污水处理等基础设施建设有序推进。完成农村危房改造1260户、地质灾害治理搬迁21户。实施农村公路建设90千米，“两高一铁”项目有序推进。沁河源头抗旱应急引水工程胜利完成，解决了21个村7500余人的农村饮水安全问题。实施农村电网改造工程，110千伏曹家园变电站竣工运营。

★生态建设持续加强。沁河生态修复与保护规划编制工作有序推进。实施造林绿化1467公顷，县城新增公共绿地15万平方米。加强大气、水、土壤污染治理，认真开展“铁腕治污百日专项行动”等环保执法检查。沁河地表水水质稳定达到Ⅲ类标准，优良天数比例达到87.4%。

清洁型企业——通洲集团公司

沁新集团

★民生事业持续改善。脱贫攻坚首战首胜，圆满完成2635人的年度脱贫任务。启动第二轮教育质量提升工程，被省教育厅确定为全市唯一一家"义务教育学校标准化管理"改革试点县。全面落实全民健身行动计划，实施"文化惠民""文化下乡"工程。推进省级公立医院深化改革示范县建设，新农合住院补偿比例提高5个百分点，县乡村三级医疗服务质量稳步提升。千方百计扩大就业，新增城镇就业2542人，城镇登记失业率控制在2.8%以下。城镇低保标准、五保户供养标准均有提高。

连续五年荣获"中国最具投资潜力中小城市百强县"，连续三年获评"中国深呼吸小城100佳"，荣获"中国生态魅力县"荣誉称号。

（沁源县政府办　供稿）

南石庄园经济园区苗木基地

基本医疗保险全覆盖

县城住宅小区建设

县城集中供热工程实现供热

污水处理厂升级改造

# 北方水城　美丽沁州

——沁　县

2016年，沁县全面实施“六大战略”，不断提升“六条路径”，全县经济稳中有快，各项事业持续向好，实现了“十三五”良好开局。

★着力稳增长，综合实力再上新台阶。2016年，全县地区生产总值23.53亿元，增长5.9%；规模以上工业增加值2.45亿元，增长7.83%；社会消费品零售总额9.83亿元，增长7.2%；全社会固定资产投资43.56亿元，增长13.6%；一般预算收入8789万元，增长13.2%；城镇常住居民人均可支配收入17489元，增长7.1%；农村常住居民人均纯收入5650元，增长8.1%。省市下达的各类约束性指标全面完成。

★着力上项目，产业开发迈出新步伐。项目“六位一体”指标超额完成市下达任务。49项重点工程扎实推进。

山西千泉湖国家湿地公园白沙滩一角

沁州黄中老年米粉加工、汾酒集团生态循环产业、太焦高铁站点、光伏发电扶贫等一批骨干项目加快实施。全年累计签约项目20个，签约金额111.94亿元。策划包装PPP项目28个，推行了政府与社会资本合作的市场化融资新模式。项目建设带动优势产业健康发展。第八届端午民俗文化节成功举办，拉动服务业持续升温。

★着力抓统筹，城乡面貌发生新变化。县城控制性详细规划覆盖率达到65%以上，5个重点镇总体规划编制完成。供水管网升级改造工程全面启动，维修更换管网8千米。改造背街小巷9条3000多米。县城建成区绿化覆盖率达到46.5%。新一轮退耕还林提前启动。西汤水库新建工程进展顺利，涅河河道治理项目主体完工。县城污水处理厂提标升级。淘汰黄标车及老旧车415台。实施农村公路完善提质29条58.7千米、农村旅游公路12千米、路面拓宽改造6千米、生命防护工程21千米。生态环保能力进一步提升，县城空气质量达标天数名列全市第一。

★着力保民生，社会事业有了新进步。全年民生领域累计投入资金10.3亿元。实施了职业中学、实验中学、第五中学、册村小学校舍新改建等一批教育基础设施建设项目，新建6所农村幼儿园。建设村级标准化卫生室125个，改造3个乡镇卫生院，民营沁州医院投入运行。人均基本公共卫生服务经费达到45元，城乡居民基本医疗保险财政补助标准达到410元。城镇新增就业1718人，城镇登记失业率控制在1.07%。解决了22个自然村8858人的农村饮水安全问题。改造农村危房1270户、棚户区451套，建成保障房560套。县城图书馆、乒羽综合训练馆等文体活动场馆建成使用。安全生产和信访稳定形势不断好转，2016年沁县人民群众安全感名列全市第一、全省第二。

（沁县政府办　供稿）

油用牡丹种植成为富民产业

肉鸡屠宰加工

新建的综合训练馆

保障性住房建设

光伏发电产业助农脱贫

# 在压力下砥砺前行
# 在困难中奋力开拓

——壶关县

中钢特材即将复产

2016年，我们紧紧围绕县委“突出一个重点，做好五篇文章”总体部署，坚定不移推进稳增长、促改革、调结构、惠民生、防风险等各项工作，全县经济社会呈现出稳中有进、稳中向好的发展态势。全年完成地区生产总值47.9亿元，比2015年增长6%；规模以上工业增加值19.48亿元，增长4.12%；固定资产投资62.81亿元，增长16.2%；社会消费品零售总额18.52亿元，增长8.9%；一般公共预算收入2.11亿元，因税制改革和去产能调减计划，下降9.98%；城镇常住居民人均可支配收入20620元，增长6.7%；农村常住居民人均可支配收入5243元，增长8.5%。圆满完成了县十六届人大一次会议上确定的各项目标任务。

★脱贫攻坚首战首胜。大力发展旱地西红柿、大棚蔬菜、花卉种植、光伏发电、乡村旅游、电子商务等九大特色扶贫产业，培育发展特色种养基地80个，建成村级光伏发电项目29个，实施资产收益项目112个。完成915户2550人的搬迁任务。强化社保兜底，全县贫困群众全部参加城乡居民养老保险和新型农村合作医疗。完善了基础设施，改善了农村环境，全县87个贫困村、1.5万名建档立卡贫困群众如期脱贫。

★产业结构日趋优化。实施的总投资143.6亿元、总数量111个“双百”重点项目推进顺利。全年共签约引进项目15个。着力培育新兴工业，中钢特材、晋通磁材、邦仕得制药、潞安光伏发电等一批产业转型项目取得重大进展。大力发展现代农业，全县农业产业化龙头企业达到20余家，养殖户达到6000户，规模以上养殖场达到570个，旱地西红柿种植专业村达到60多个，“壶关党参”“壶关旱地西红柿”获得国家地理标志证明商标。加快旅游产业发展，大力推进旅游项目建设，全年共接待游客323.6万人次，旅游社会总收入37.62亿元。注重发展现代服务业，电商、物流、餐饮、文化创意等各种服务业态迅速发展。三次产业比例更加优化。

★城乡面貌焕然一新。倾力抓好城市建设各项工作，旧城拆迁改造、保障房建设、道路照明节能改造、东山旅游园、西山文化园等十大城建项目进展顺利，县城品位进一步提升。顺利通过“全国文明县城”“国家卫生县城”复审验收。积极推进重点镇和“美丽乡村”建设，树掌镇入选山西省第五批历史文化名镇，3个村被住建部命名为第四批“传统古村落”。

★生态环境明显改观。持续推进造林绿化，完成园林村建设4个。积极抓好环境治理，全面开展城乡清洁工程、农村环境卫生整治工程，大力实施“铁腕治污百日专项行动”，县城空气质量优良天数达到300天以上，连续第三年荣登“中国深呼吸小城百佳榜”。

★民生民计显著改善。教育惠民方面，加强教育基础设施建设，顺利通过了国家义务教育发展基本均衡验收。卫生惠民方面，改扩建了9个乡镇卫生院、200个村卫生室，医疗保障水平进一步提高。文化惠民方面，文体馆对外免费开放，数字影城投入使用，继续开展送文化下乡活动。社保惠民方面，不断加大养老保险、医疗保险覆盖面，全民参保登记率达到95%以上。与此同时，承诺办好的“十件惠民实事”全部兑现。

（壶关县政府办　供稿）

晋通磁材钕铁硼项目

克烧净

陈醋工艺

太行山大峡谷景区

长治国家高新区积极推动双创工作引领创新发展

全国重点高新技术企业山西康宝生物制品股份有限公司新上世界领先的抗艾滋疫苗项目

# 突出高新特色　深化改革创新

## ——长治高新区

2016年，长治高新区团结带领全区广大干部群众，持续深入实施“二三四五”工作思路，圆满完成了“十三五”开局之年的各项目标任务，谱写了高新区历史上又一华美篇章。

★狠抓项目建设，各项指标逆势增长。坚持把项目建设作为经济增长的重要支撑，强势推进了总投资71.32亿元的39个项目，其中19个项目顺利竣工或投入生产。大力实施企业提升工程，潞安环能、康宝药业、达利食品等一批重点企业进一步做大做强。持续加大招商引资力度，全年招商引资签约项目18个，总投资60.7亿元；完成外贸出口任务176万美元。2016年，全区共完成营业收入220亿元，增长15.78%；工业总产值175.3亿元，增长12.37%；工业增加值94.1亿元，增长8.16%；地区生产总值111.1亿元，增长8.92%；财政总收入16.99亿元，增长5.58%；地方财政预算收入6.55亿元，增长22.64%；一般预算收入2.21亿元，增长18.42%；固定资产投资13.1亿元，增长29.4%。

全区四个村中有两个即将实现整村拆迁改造

长治久豪科技有限公司全省首家生产电动汽车充电桩及充电站系列产品

★突出创新驱动，创新成果成批涌现。持续深化与高等院校和科研院所的合作，进一步提高了企业的研发水平和创新能力，涌现出了新型玻璃LED、雾霾沉降路灯、激光再制造等一批国际国内领先的新技术或新产品。持续加大高新技术企业培育和申报力度，2016年申报的11家企业全部通过高新技术企业专家评审。全区高新技术企业数量占全市的1/3以上。积极鼓励企业开展技术合同交易，共完成技术合同交易额5700万元。大力发展众创空间，先后培育了天空之城文化创业园、钜星众创空间、众创社众创空间等创新创业基地。注重加强科研机构建设。积极创优发展环境，制定出台了《关于推进科技创新金融振兴民营经济发展的实施意见(试行)》。扎实开展百名干部入企服务工作。高度重视金融创新，加快推进了产业基金和发行债券工作；积极扶持山西凯康电梯股份有限公司成功在新三板挂牌上市。

长治国家高新区连续两年主办全国大学生移动应用创新大赛

★着力改善民生民计，社会事业全面进步。持续加大城中村改造力度，拆迁面积30.64万平方米，开工建设面积152.5万平方米，建成84.4万平方米，回迁安置148户。稳步推进棚户区改造，开工建设保障性住房1003套，建成721套。完成了北二环路、延安北路的道路征迁工作。扎实开展文明城市创建、大气污染防治、“五道五治”、燃煤清零、“铁腕治污”等工作，进一步提高了城市建设管理水平。加快推进火炬中学改扩建、容海学校新建、中心医院建设、消防站建设等城建重点工程，进一步完善了全区的教育医疗等基础设施。加大社会保障投入力度，为低保户、优抚对象、“五老”人员、一户多残家庭、失独家庭等弱势群体发放补助金250余万元。坚持以“四铁”要求狠抓安全生产，实现了全年安全生产零事故和零死亡。持续加大信访问题化解力度，实现赴省进京零非访目标。

长治国家高新区与漳泽电力签署直供电战略合作协议

(长治高新区管委会　供稿)

长治市市委副书记卢建明深入高河电厂调研

长治市人大常委会主任李年善在高河电厂调研

长子县县委书记王震在华晟荣煤业调研

# 全面建设共享、生态、平安、人文、宜居新长子

——长子县

长子县县委书记王震在高河电厂调研

长子县县长赵永进调研康路酒厂项目

长子县县长赵永进深入横水林区管理中心调研烤烟产业

2016年，长子县坚持六化引领，推进六大发展，敢作善为，奋力开拓，砥砺前行，取得了"五个长子"建设的丰硕成果，实现了"十三五"的良好开局。主要指标稳步回升、增势强劲，实现了下半年好于上半年，全年好于上年的目标。地区生产总值、固定资产投资、地方财政收入分别达到111.9亿元、143.2亿元和9.03亿元，分别增长6.2%、16.5%和17%；工业增加值65.7亿元，增长4.1%；城镇居民人均可支配收入26193元，增长7.5%；农村居民人均可支配收入12574元，增长6.9%。

★城乡面貌变化发生。建成全省首条县级地下综合管廊，开工建设了全省面积最大的棚户区改造工程。铺开城市基础设施、公共服务和城中村棚户区改造项目15个。"一区两线四环六纵五横多点多片"城市建设框架初见成效。开展"五道五治"，完成乡村道路修复改造工程。完成改善农村人居环境年度建设任务，创建14个美丽宜居示范村。

★产业结构持续优化。粮食总产量2.45亿千克，创历史新高。新增经济作物1333公顷。农业龙头企业实现销售收入27亿元，农产品加工转化率达到50%。新兴产业投资占工业总投资的79.1%。第三产业增加值增长10.5%，产业结构不断优化。

★民生福祉不断增强。严格执行中央和省市出台的各项强农惠农补贴政策，认真落实免费公交、"五老"补贴、幼儿教育免学费等惠民政策，扎实抓好三大基地种养补贴、脱贫攻坚十项扶持政策等惠民举措。提高农村主干岗位报酬待遇，增发公务员工资、事业单位工作人员工资、离退休人员养老金。全年公共财政用于民生支出达到7.9亿元，占一般公共预算支出的70%以上。

★社会大局和谐稳定。狠抓安全生产不放松，全年没有发生较大以上安全生产事故，各类安全生产事故起数、死亡人数保持"双下降"态势。排查化解矛盾纠纷，信访流量大幅下降。强化社会治安综合治理，加快平安长子建设步伐，群众的安全感和满意度持续攀升。

（长子县政府办　供稿）

# 经济繁荣、社会和谐 民生殷实、生态优美的新平陆

——平陆县

2016年，平陆县全县人民攻坚克难、负重奋进，圆满完成了各项目标任务，实现了"十三五"的良好开局。千方百计保持"稳中求进"，经济指标实现新增长。2016年地区生产总值完成37.7亿元，增长2%；规模以上工业增加值7.5亿元，增长2%；固定资产投资78亿元，增长15.6%；社会消费品零售总额27.6亿元，增长7.4%；外贸进出口总额7700万美元，增长19.4%；城镇居民人均可支配收入21279元，增长6.6%；农村居民人均可支配收入6222元，增长7.6%；财政总收入3.51亿元，下降0.9%；一般公共预算收入1.99亿元，增长4.1%。

★项目建设实现新进展。43个重点项目全部达到预期目标，经济增长质量和效益得到提升。开展入企服务活动，倾心帮扶重点企业解困。推进重点项目建设，高速引线环境整治、移民后扶、抗旱应急等7个项目竣工投运；城市集中供热、凯迪五龙山4.8万千瓦风电、污水处理厂二期等22个项目已完成序时进度；160万吨氧化铝、下阳城金鸡堡景区等4个项目立项；10个储备项目前期工作取得积极进展。促进招商项目落地，全年共签约项目13个、签约资金106.18亿元、到位资金31.07亿元。

★县域经济实现新提升。深入推进"五城同创"，城市功能进一步完善，城乡环境进一步优化。工业经济实现新发展，复晟铝业实现产值15.7亿元，二期160万吨氧化铝项目已经省发改委备案，园区电力设施升级改造已经完成；年产50万吨铝矾土矿开采、阳煤丰喜4万吨三聚氰胺联产12万吨碳氨、凯迪五龙山4.8万千瓦风电等集群项目相继开工。乡村旅游迸发新活力，黄河金三角平陆大天鹅生态经济示范区和老龙潭两个景区开门迎客，一批特色旅游等乡村旅游活动成功举办，平陆知名度进一步提升。

★生态建设实现新成效。扎实开展燃煤锅炉取缔、"铁腕治污"、黄标车淘汰等专项整治行动，环境质量持续改善，全年二级以上优良天数达到302天。完成造林2266公顷、绿化通道60千米。狠抓水资源保护。开展了湿地生态环境专项整治行动。

★社会事业实现新进步。脱贫攻坚首战首胜，全年实现28个贫困村摘帽，2757户8026人脱贫。教育卫生事业健康发展。县医院整体迁建项目进入扫尾阶段。西街初中和条山幼儿园新建项目主体工程完工；曹川镇幼儿园投入使用，张店镇幼儿园开工建设；高考达线人数实现"十三连增"。加强食品药品安全监管。安全生产水平明显提高，社会治安综合治理全面加强，人民群众安全感和满意度不断提高。

（平陆县政府办　供稿）

平陆县"煤电铝材一体化"产业园区龙头项目——复晟氧化铝

平陆县张店休闲农业观光园

阳煤新科农业开发有限公司生产线

农业生产

# 主动作为 开拓创新 加快建设幸福盐湖

——运城市盐湖区

2016年，盐湖区紧紧围绕区委制定的“一个建成、两个翻番、六个实现”的宏伟目标，坚定信心，迎难而上，主动作为，开拓创新，奋力推进全区经济社会平稳健康发展。地区生产总值完成224.9亿元，增长6%；社会消费品零售总额229.4亿元，增长6.6%；固定资产投资194.7亿元，增长15.1%；规模以上工业增加值11.02亿元，增长2%；外贸进出口总额2.15亿美元，增长45.5%；财政总收入25.2亿元，增长5.5%；一般公共预算收入8.6亿元，增长0.9%；城镇居民人均可支配收入27610元，增长7.1%；农村居民人均可支配收入10634元，增长7%。

★“三农”工作在融合发展中激发出新的活力。发展“健康+”有机绿色农业，拓展电商平台销售渠道，打造名副其实的专业合作社，调整优化产业结构，推动农村一二三产融合发展。全年粮食总产量超过2亿千克，果业总产量70万吨。新增27个“一村一品”专业村、20个家庭农场、5家龙头企业、59个农产品商标、8个“三品一标”、149家专业合作社。完成222个村土地承包经营权确权工作。完成262个村集体建设用地和宅基地使用权确权登记。完成绿化造林2000公顷，森林覆盖率达到23.7%。提升水果品质，苹果远销秘鲁，酥梨出口美国，盐湖酥梨产区获批省级出口食品农产品质量安全示范区。加强基础设施建设，实施农村人居环境改善工程，农村面貌进一步改观。

★工业经济在转型升级中呈现出良好态势。扎实推进“三个一百”，认真开展干部入企服务。全区新增中小企业305个，新增规模以上工业企业5家。鼓励企业自主创新。强化产学研合作，全区共发展高新技术企业18家、省级民营科技企业26家、省级工程技术研究中心2家、企业技术中心21家，全年发明专利165项。支持企业上市融资，国强高科、鑫度武术成功在新三板挂牌，经济增长新动能加快形成。

★商贸旅游在完善功能中增强了首位优势。围绕建设功能性中心城市，优化产业布局，培育高端业态，提高配套能力。华曦广场、黄河世纪广场等商业综合体投入运营；麦当劳、优衣库等知名品牌成功入驻；直营、加盟、特许经营等连锁店达到400余家；乐村淘、七品等电商企业快速发展。大力发展休闲旅游业。全年旅游收入183亿元，增长

关帝庙

盐湖区四大班子领导赴韩城考察

盐湖区区委书记王吉敏访贫问苦

34.9%。

★民生实事在狠抓落实中全部兑现。持续加大财政投入，全年民生支出占财政总支出的84.6%。投资34.4万元为全区1615名贫困人口缴纳医疗保险。完成3347人脱贫、3个贫困村摘帽。城镇新增就业4248人，城镇登记失业率控制在2.5%以内。转移农村劳动力5190人。启动中医院综合大楼建设项目，完成5所乡镇卫生院改扩建工程。城乡居民医疗保险资源整合并轨，率先开通省内异地就医结算平台。社会福利中心二期工程建成使用。顺利通过全国义务教育发展基本均衡验收，新建的第二、第三实验幼儿园、实验小学五洲观澜校区如期开学，全力推动圣惠、规划十四、涑水联合等公立学校开工建设。新建农村日间照料中心5家。完成农村危房改造426户。广泛开展全民文化健身活动。大力推进“平安盐湖”建设，研判各类社会矛盾纠纷，不断强化安全生产隐患排查治理，确保人民群众生命财产安全，幸福盐湖建设水平持续提高。

（盐湖区政府办　供稿）

建设中的石药银湖二期项目

建设中的涑水联合学校

盐湖酥梨

小街小巷改造

# 加快建设“四基地一名城”新永济

——永济市

“上大压小”热电联产项目建成投产

阳煤千军汽车部件有限公司发动机缸盖加工车间

山西长荣天兆畜牧科技有限公司厂区

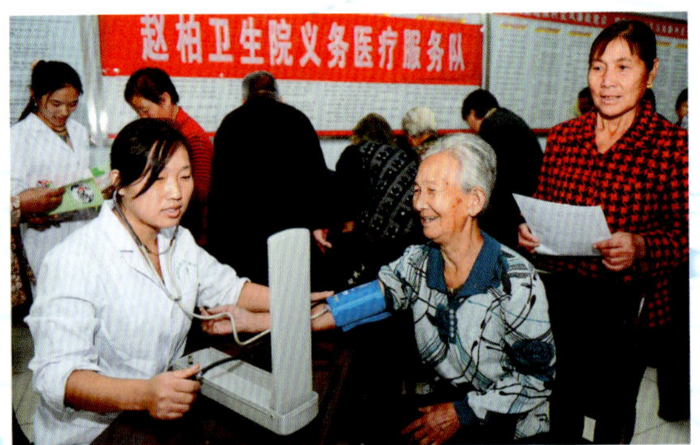


免费医疗下乡

2016年，永济市深入落实新发展理念，紧紧围绕市六次党代会确定的建设“四基地一名城”奋斗目标，团结带领全市人民，顽强拼搏，负重奋起，强力推进“五大战略”实施，实现了“十三五”稳健开局。

★积极应对经济下行压力，主要指标企稳回升。社会消费品零售总额、一般公共预算收入、城镇居民人均可支配收入、农村居民人均可支配收入、外贸出口总额5项指标圆满完成年度目标。生产总值完成134.1亿元，增长2.4%，增速在四季度扭负为正；规上工业增加值完成25.7亿元，下降2.8%，降幅逐月收窄；固定资产投资增长10.7%。

★狠抓企业帮扶解困，工业发展提质增效。积极落实惠企政策，全面加强“三个一百”工作和干部入企服务。粟海集团改制重组稳步推进，华圣铝业借力全电量电力直购政策一举扭亏为盈。鼓励企业强化科技创新，阳煤千军引进机器人浇筑单元生产的高档汽车配件供不应求；永济电机全年申请专利62项，被评为“国家两化融合贯标试点示范企业”。扎实推进工业项目建设，“上大压小”热电联产、麟龙铝合金连铸连轧生产线等11个项目建成投产。全力狠抓招商引资，实施招商项目50个，到位资金51.2亿元。

★加快农业转型步伐，现代农业迅猛发展。全年粮食总产量4.27亿千克，新发展干鲜果1866公顷，农业优势产业面积进一步扩大。实施了尧王洞天、紫韵花海薰衣草庄园等一批休闲观光农业项目，形成了集休闲采摘、乡村旅游于一体的现代农业新模式。新建东信科技红枣加工、锦源食品菊花加工等7个项目，农产品就地转化率进一步提高。大中型水库移民扶持、高标准基本农田整理等项目扎实推进。

★统筹推进城乡发展，人居环境持续改善。完成5条新开道路建设，中山街等街道架空电网入地、黄河大道污水导流等工程全面竣工。强力推进棚户区改造、伍姓湖污水处理厂升级、供热管网改造、农网中低压改造等基础设施项目，城乡功能更加完善。大力实施舜帝山山体色彩提升等造林绿化工程，全市森林覆盖率达到26.8%。以西厢、太宁、水峪口等五个省级示范村为代表的“美丽乡村”建设成效明显。深入开展环保专项行动和“三治一化”行动，环境质量明显提升，二级以上优良天数达到303天。

★加快文旅融合发展，旅游突围初见成效。成功入围国家全域旅游创建示范区，全面启动国有景区改制工作。五老峰基础设施提档升级，完成普救寺砖塔等文保工程。全年接待游客786万人次，门票收入8002万元。

★持续增进民生福祉，社会事业全面发展。实施扶贫项目100余个，全年脱贫1255户3670人。乡村清洁工程、农村困难群众危房改造等“十件民生实事”圆满完成。全年民生支出15.3亿元，占一般公共预算支出77.4%。教育教学质量稳步提升。深化医药卫生体制改革，落实分级诊疗制度。非公经济单位参保、城乡居民基本医疗保险制度改革扎实推进。城镇登记失业率控制在3.2%以内。城乡低保、医疗救助、救灾救济等社会救助工作扎实开展。强化社会治安管控，积极调处信访矛盾、化解信访积案，严厉打击违法犯罪，确保了全市大局和谐稳定。

（永济市政府办　供稿）

蒲州镇特色水果产业

樱花园美景

永济市文化中心夜景

运城市市长朱鹏在万荣县调研

万荣县县委书记杜中伟在基层调研

# 对标一流争先锋 干在实处立新功

——万荣县

2016年，万荣县紧紧围绕“三个五”总体发展思路，干工程、上项目，办实事、惠民生，推动全县经济社会持续健康发展，实现了“十三五”良好开局。

★狠抓项目建设，经济运行稳中有进。扎实开展“项目大起底”和“三个一百”工作，在建项目抓投产、落地项目抓推进、签约项目抓入驻、招商项目抓落实，全年共实施各类项目100余项，覆盖一二三产和基础建设等各个领域，拉动全县经济持续稳定向好。全县地区生产总值完成64.99亿元，增长2%；一般公共预算收入1.47亿元，增长8%；规模以上工业增加值7.02亿元，增长2%；固定资产投资90.99亿元，增长15.3%；社会消费品零售总额31.9亿元，增长7.8%；城镇居民人均可支配收入22565元，增长6.6%；农村居民人均可支配收入8210元，增长7.7%。

★聚力提质增效，农业升级势头强劲。万荣油桃首次出口澳大利亚，万荣苹果再次出口美国和澳大利亚，以25亿元的估值入选“2016年中国最有影响力的十大苹果区域公用品牌”，被评为“全国现代苹果产业10强县”。香菇规模达到650万棒，具有万荣特色的香菇生产技术规程逐步成熟，菌种等关键技术实现突破，农民增收致富的渠道进一步拓宽。苹果、三白瓜、大葱等特色农产品在北京、上海、重庆、湖南等地成功推介。畜禽养殖产业存量持续增加。成功申建“电子商务进农村综合示范县”，农村电商经济活力迸发。

★加速企业扩张，工业产能不断提高。德洋生物、华泰医药、瑞洁环保等项目顺利建成，宏润光伏一期项目即将并网发电，阳光凯迪生物质发电项目顺利签约。华康、朗致、万辉等医药企业的新建生产线顺利通过新版GMP认证，新增药品批准文号184个。佳维建材在“新三板”挂牌上市。12家化工建材企业通过中铁集团CRCC认证；万泰集采公司在降成本方面发挥的作用逐步显现；新一届万荣外加剂协会组建，助推企业抱团发展，全县化工建材的市场竞争力不断提升。

万荣县县长李永辉主持北京万荣推介会

100兆瓦光伏电站建设项目签约仪式

★彰显特色优势，文化旅游亮点纷呈。成功举办一系列文化主题活动和乡村游主题活动。后土祠联手晋旅进行高端策划，着手整体开发；飞云楼修缮一新，景点魅力提升。被确定为“山西省休闲农业与乡村旅游示范县”，旅游人气明显聚集。2016年全县接待游客260万人次，增长28%，门票收入增长20%。非遗文化和笑话文化的丰富内涵进一步挖掘，独特魅力进一步彰显。

★强化基础建设，城乡面貌同步改善。建成恒磁南路、宝鼎北路、新建中路等县城街路，实施文化馆、社会福利中心、大礼堂及广场修缮等工程，绿化亮化和入地管网配套跟进，城区功能不断完善。蒙华铁路万荣段有序建设，结束了万荣没有铁路的历史。完成43条58.4千米县乡道路的翻修改造，铺设乡镇天然气主管道43千米，北赵引黄二期顺利推进，农田水利建设全面提速，城乡居民的生产生活条件明显改善。

★办好民生实事，人民福祉持续增进。扎实完成2016年脱贫攻坚目标，接受了国务院考核验收。新建可容纳540名学生的示范幼儿园，改造122所农村薄弱学校，高考文理两大类达线人数再创历史新高。新建3个乡镇卫生院和144个农村卫生室，被授予“全国妇幼健康优质服务示范县”“全国计划生育优质服务先进县”称号。城乡居民医疗保险完成整合，机关事业单位工伤、生育保险全面实施。“打防管控一体化”的社会治安防控体系不断完善，有效维护了社会安全稳定。

（万荣县政府办　供稿）

北赵引黄三期暨孤峰山生态修复工程启动

万荣油桃成功出口澳大利亚

# 实力闻喜、活力闻喜、绿色闻喜、幸福闻喜

——闻喜县

闻喜县县委书记张汪尤在基层调研

闻喜县县长黄亚平在基层调研

2016年，闻喜县经济发展取得逆转性新成效，步入全面持续回升向好的新阶段。综合实力稳步提升，主要经济指标增速全部转负为正。地区生产总值完成72.2亿元，增长12.4%；规模以上工业增加值10.7亿元，增长38%；固定资产投资完成108.9亿元，增长15.1%；社会消费品零售总额42.39亿元，增长6.5%；城镇居民人均可支配收入25721元，增长7.3%；农村居民人均可支配收入8641元，增长7.8%；财政总收入4.35亿元，增长7.4%；一般公共预算收入2.39亿元，增长13%。

★调结构、助升级，转型发展步伐加快。工业培育孵化进程提速，新培育"小升规"企业3家，孵化中小企业150家，特别是建龙公司接盘海鑫成功复产，带动5000人返岗就业，实现销售收入20.3亿元、利润0.93亿元，昔日十里钢城又焕发出勃勃生机。银光镁业被国家发改委确定为国内镁行业唯一一家国家级"镁材料国防动员中心"。中国百货商业协会授予闻喜县"中国日用玻璃生产基地"称号。永祥和公司获得两项国家专利。同时，农业"基地+合作社+企业"发展模式得

易地扶贫搬迁项目

到推广，"粮、菜、果、药、畜"发展格局更加稳固，粮食总产量达到3.45亿千克，新发展设施蔬菜100公顷、标准化中药材基地1333公顷、规模化养殖场10个，新建现代农业示范园20个，认证有机品种2个，农民专业合作社发展到1097家，农副产品加工企业发展到349家，农业产业化水平进一步提升。

★抓工程、上项目，发展后劲不断增强。认真落实重点项目责任包联、联席会议、现场办公等制度，有效推进"三个一百"工作，帮助企业和在建项目化解资金、土地等问题11个。全年实施重点项目71个，"十大工程""十件实事"年度建设任务全部完成，项目建设"六位一体"各项指标超额完成任务，建龙生产线及运输改造、丰农有机菌肥、牧原养殖等项目先后竣工或正在抓紧建设。

★强功能、优环境，城乡面貌持续改观。统筹推进大县城、小城镇和美丽乡村建设。编制完成了闻喜县城市总体规划、"四片区"控制性详细规划、5个乡镇镇域总体规划及城市供水、道路等4个专项规划。建成涑水新街一期、

山西建龙1500mm热轧板卷项目

镁合金汽车轮毂生产线

杜仲栽植

闻喜煮饼生产

综合体育馆等21个城市基础设施项目，城镇化率达到48.5%。完成16个集镇重点项目，完成农村危房改造工程950户，一批农村道路、绿化、排水等工程陆续竣工，重点镇和中心村辐射带动能力进一步增强。

★办实事、惠民生，民生福祉有效提升。脱贫攻坚稳步推进，1518户5058名贫困人口、14个贫困村退出任务全面完成。全面改善薄弱学校项目扎实推进，教育均衡工作通过国家验收。创业就业服务质量持续提高，城镇登记失业率始终控制在0.31%以内。新型农村合作医疗机构整体移交工作顺利完成，公共卫生服务水平进一步提高。主要污染物减排任务超额完成。文化发展、社会保障等各项工作全面加强。安全生产形势保持稳定，社会治安防控体系和信访工作全面加强。全县群众的生活幸福指数明显提升。

（闻喜县政府办　供稿）

# 实现"六个突破" 建设"三县一基地"

——夏 县

夏县县委书记张宏志调研新能源纯电动公交车

夏县县长樊双全调研扶贫易地搬迁工作

2016年，夏县以推进供给侧结构性改革为主线，着力转方式、调结构、提质量、增效益，经济指标稳中向好，县域经济逆势奋进，实现了"十三五"良好开局。全县地区生产总值48.6亿元，增长3.2%；规模以上工业增加值4.2亿元，增长5.3%；固定资产投资66亿元，增长15.2%；社会消费品零售总额25.5亿元，增长6.1%；城镇居民人均可支配收入22923元，增长6%；农村居民人均可支配收入6858元，增长7.4%；财政总收入2.6亿元，增长2.5%；一般公共预算收入1.4亿元，增长4.2%。

★投资规模持续扩大，发展引擎更为强劲。积极扩大有效投资。持续抓好重点项目建设，完成投资53亿元，大禹变电站、天润风电三期、华电风电等项目进展顺利。促进居民消费扩大升级。加快电子商务建设，旅游总收入16.2亿元，增长32.24%。努力稳定外贸和扩大对外合作。积极实施承接加工贸易产业转移招商工程，签约项目19个，引进大企业、好项目13个，引进资金26.8亿元。深入开展"万名干部入企服务"工作，实施精准帮扶。全县规模企业工业增加值已扭转下滑局面，呈现出正增长趋势。

★经济结构加快优化，特色产业亮点纷呈。夯实农业基础地位。全县粮食总产量27.2万吨，加强标准化基地建设，突出品牌带动战略，七大特色产业板块初具雏形，新型经营主体不断涌现，畜牧产业正在兴起，农业产业链条不断延伸，扶贫优惠政策全面落实，农民增收渠道不断拓宽，现代农业建设有力推进。新型工业壮大县域经济。主攻"农副产品加工、生物医药、装备制造、新能源"四大产业，宇达集团成功在"新三板"上市，国家主席习近平在日内瓦访问世界卫生组织时赠送的"针灸铜人"由宇达集团承制；格瑞特酒业、好医生华禹制药、安瑞风机等优势企业运行平稳、逆势上扬；壮大了晨丰挂车、常运农机等一批骨干企业；新上一批新能源项目，新建华电10万千瓦风电项目即将并网运行，15万千瓦的天润三期四期开始实施。加快布局新能源汽车等战略性新兴产业，逐步推进金融、物流等现代服务业发展，2016年服务业增加值19.98亿元。

宇达集团

★环境保护力度加大，绿色发展日益彰显。强化节能降耗工作，万元GDP能耗下降3.21%以上。加强大气、水、土壤污染治理，加大重污染天气监测预警及应对。主要污染物排放量削减幅度全部完成年度目标。实施了八项造林重点工程，全省林业工作现场会在夏县召开。狠抓环保综合整治，全县空气质量二级以上良好天数301天，饮用水各项指标达标率100%。

★脱贫攻坚精准实施，社会事业全面进步。脱贫攻坚首战首胜，8562贫困人口实现脱贫，20个贫困村有序退出。完成农村公路改造60余千米，农村危房改造主体竣工790户，完成棚户区改造226套。完成社会福利中心养护楼、温泉老年公寓、乡镇卫生院综合楼等民生工程，新建农村社区老年人日间照料中心20个。完成城镇新增就业3642人，城镇登记失业率控制在1.6%。大力实施“三名”工程，新建两所幼儿园，教育教学基础进一步夯实。城乡养老、城乡低保、农村五保等补助标准逐年提高，覆盖面持续扩大。新建改造供电线路435千米，解决城乡居民用电“低电压”问题。实施“六城同创”，加快城乡一体化步伐。食品安全、计生、档案、气象、地震等工作均取得较好成绩，社会大局和谐稳定。

（夏县政府办　供稿）

安瑞节能风机有限公司

格瑞特酒厂生产车间

南大里乡光伏发电项目

埝掌镇花椒干果经济林